COLLECTION

DE

DOCUMENTS INÉDITS

SUR L'HISTOIRE DE FRANCE

PUBLIÉS PAR LES SOINS

DU MINISTRE DE L'INSTRUCTION PUBLIQUE.

TROISIÈME SÉRIE.

ARCHÉOLOGIE.

Par arrêté du 24 mai 1875, le Ministre de l'Instruction publique, sur la proposition de la Section d'archéologie du Comité des travaux historiques et des Sociétés savantes, a ordonné la publication des *Comptes des Bâtiments du Roi sous le règne de Louis XIV*, par M. Jules GUIFFREY, archiviste aux Archives nationales.

M. Anatole DE MONTAIGLON, membre du Comité, a suivi l'impression de ce volume en qualité de commissaire responsable.

COMPTES

DES

BÂTIMENTS DU ROI

SOUS LE RÈGNE DE LOUIS XIV,

PUBLIÉS

PAR M. JULES GUIFFREY,

ARCHIVISTE AUX ARCHIVES NATIONALES.

TOME PREMIER.

COLBERT.

1664-1680.

PARIS.

IMPRIMERIE NATIONALE.

M DCCC LXXXI.

INTRODUCTION.

Au nombre des documents les plus riches en précieuses indications sur les usages, les mœurs, la vie intime de nos ancêtres, sur les détails du costume, du mobilier, sur l'intérieur et l'extérieur des anciennes habitations, sur le développement des beaux-arts aux différentes époques de notre histoire, figurent en première ligne les Inventaires et les Comptes.

Les Inventaires, plus séduisants grâce à leur variété, à leur concision, jouissent d'une véritable faveur. On les recherche avec ardeur, on les publie, on les commente, et les textes de cette nature mis au jour depuis vingt ou trente ans forment une série déjà considérable.

Les Comptes au contraire sont restés jusqu'à ces derniers temps ensevelis dans un profond oubli. Sauf un petit nombre de privilégiés, peu de documents appartenant à cette catégorie ont paru dignes des honneurs de l'impression. Est-ce leur étendue ou leur monotonie qui rebute les travailleurs? Encore les rares exceptions qu'on trouverait à citer ont-elles presque exclusivement porté sur des comptes d'orfévrerie ou de garde-robe, sur ceux, en un mot, qui pouvaient nous initier aux modes du temps passé, au luxe du mobilier, aux incessantes transformations du costume. Ces énumérations, souvent fort détaillées, de bijoux, de robes, de chapeaux, de gants, ont toujours eu le don d'exciter vivement la curiosité.

Les Comptes possèdent cependant sur les Inventaires un incontestable avantage. Tandis que ceux-ci entassent une multitude d'objets disparates de toute provenance et de toute époque, dont la description même est souvent fort imparfaitement transcrite par un copiste ignorant ou pressé, les articles portés dans un Compte reçoivent, de cette circonstance même, un certificat d'origine et d'authenticité, ou tout au moins une date certaine, point capital quand on étudie l'art ou l'industrie de nos pères.

Ainsi les registres de Comptes, plus arides au premier aspect, plus rébarbatifs que les Inventaires, offrent sur eux une supériorité marquée. Ils nous renseignent souvent sur la provenance, presque toujours sur la date des objets dont ils parlent. Il serait donc essentiel, pour pénétrer plus avant dans la connaissance des temps passés, de publier simultanément des documents appartenant à ces deux grandes séries qui se complètent, se rectifient et s'éclairent l'une l'autre.

A la famille des Comptes appartient une classe spéciale singulièrement négligée jusqu'à ce jour, nous voulons parler des Comptes de bâtiments.

Il faut dire que les registres originaux ont pour la plupart disparu. Une sorte de fatalité semble s'être acharnée sur eux. Tandis qu'on épargnait encore les registres de l'Argenterie, de l'Hôtel, de la Chapelle, de l'Écurie, les dépenses relatives à la construction des Maisons royales étaient vouées à une implacable proscription. On jugeait sans doute fastidieuses et sans intérêt, par conséquent inutiles à conserver, ces longues énumérations de maçons, de charpentiers, de serruriers et de peintres, au milieu desquelles il paraissait malaisé de distinguer les véritables artistes des simples manœuvres.

Les descriptions des costumes ou des œuvres d'orfévrerie parlent encore à l'imagination; mais quel parti tirer de ces prolixes détails sur la maçonnerie et la charpenterie, s'appliquant à des monuments depuis longtemps disparus, à des édifices tombés dans un complet discrédit?

Aussi la rage de la destruction a-t-elle surtout sévi sur les Comptes des Bâtiments; à peine rencontre-t-on çà et là quelques fragments incomplets. Depuis Colbert seulement, il devient possible de suivre, année par année, ces grands travaux de construction, qui furent de tout temps, au Moyen Age comme sous la Renaissance, la distraction favorite de nos rois, et qui exercèrent sur le développement de l'art national une incontestable et féconde influence.

Perte irréparable! Jamais on ne connaîtra, jamais on ne pourra glorifier comme ils le méritent ces maîtres de pierre, ces grands artistes dont les merveilles de nos cathédrales gothiques, à défaut des châteaux détruits ou transformés par les exigences de la politique ou les révolutions de la mode, attestent le génie. En vain espérerait-on arracher aux recoins encore inexplorés des Archives le nom de ces modestes grands hommes. Les Comptes des Bâtiments ont péri presque tous, emportant avec eux les précieuses révélations que seuls ils pouvaient offrir.

Sur toute la période du Moyen Age, pendant laquelle l'architecture et la

INTRODUCTION.

sculpture françaises couvrent notre sol de tant d'œuvres grandioses, que reste-t-il aujourd'hui? A peine quelques fragments de Comptes, quelques registres incomplets, disséminés dans les dépôts publics, sans suite, sans corrélation les uns avec les autres, insuffisants pour prêter matière à une étude complète et méthodique. Heureuse l'Italie qui a pu, en sauvant ses archives, préserver la mémoire des citoyens qui l'honorent et permettre ainsi aux générations successives de renouveler de siècle en siècle, sans jamais épuiser cette mine intarissable, l'histoire de ses artistes!

La France n'a pas eu cette fortune. La pauvreté de ses archives est pour le travailleur un sujet incessant d'étonnement et de tristesse. Pour toute la période antérieure au xvie siècle, que rencontre-t-on dans le plus riche de nos dépôts scientifiques, aux Archives nationales? Quelques registres insignifiants[1], mutilés, et c'est tout.

Ce seul exemple donne une idée de la pénurie des autres collections publiques. Est-il besoin de pousser plus loin ces stériles investigations? Demandez à la Bibliothèque nationale ce qu'elle a reçu de Comptes des Bâtiments antérieurs à l'an 1500. La réponse sera navrante.

Si l'époque de la Renaissance paraît mieux partagée que le Moyen Age, il s'en faut que nous possédions des renseignements suivis et précis. Il reste toutefois sur cette glorieuse période un document de grand prix; mais sa conservation rend plus sensibles encore les pertes que nous déplorons.

---

[1] Nous ne voyons guère à citer, aux Archives nationales, comme pouvant rentrer dans les comptes de construction du Moyen Age, que les articles suivants :

1° «OEuvres et travaux de divers arts faits aux châteaux des comtes d'Artois au xiiie et au xive siècle.» Rouleau en parchemin écrit d'un seul côté, aujourd'hui découpé en feuillets et relié en volume; il a appartenu à Monteil, qui avait placé en tête une dédicace à M. Boileau, professeur de menuiserie architecturale à Paris (Passy, 4 août 1839). Par ses détails techniques et sa date, ce compte peut passer pour un des plus curieux qui nous soient parvenus. Il porte, aux Archives nationales, la cote KK, 399.

2° «Bâtiments du duc de Berry de 1382 à 1387.»

Plusieurs cahiers incomplets cotés KK 255, 256 et 257. Il y est surtout question de transports de sable, de pierres, de journées de manœuvres, de fournitures de matériaux; en somme, ces cahiers présentent un intérêt médiocre.

3° «Comptes de travaux au château de Blaye, du 26 août 1469 au 16 juin suivant.» Cahier de six feuillets seulement, coté KK, 261.

C'est à peu près tout ce qu'indiquent les inventaires pour les Comptes de construction. Rien pour le Louvre et autres châteaux royaux.

Sans doute on rencontrerait plus de renseignements sur les travaux des églises ou monuments religieux. Mais nous nous en tenons strictement ici aux châteaux princiers et aux édifices civils.

Une compilation rédigée dans la seconde moitié du xviie siècle pour les besoins de l'historiographe des Bâtiments royaux, c'était André Félibien, offre l'analyse et le résumé de plus de soixante-dix registres originaux. Or, plus un seul de ces Comptes du xvie siècle n'existe aujourd'hui. On les connaît uniquement par le travail de Félibien, et encore la moitié de cette compilation paraît-elle à jamais perdue. Elle comprenait à l'origine deux volumes et s'étendait de 1528 à 1600; malheureusement, par un effet de la fatalité qui poursuit les Comptes des Bâtiments, le second des volumes composés pour Félibien a disparu. Il ne subsiste que le résumé des Comptes s'étendant de 1528 à 1570. Quelque incomplète qu'elle nous soit parvenue, cette analyse reste encore le document le plus précieux que nous possédions sur la période qu'elle embrasse.

Elle a fourni à M. Léon de Laborde la meilleure partie de son célèbre travail sur la Renaissance française. Les nombreux extraits imprimés à la suite du premier volume de cet ouvrage n'en avaient point épuisé l'intérêt. M. de Laborde le comprit et commença l'impression intégrale du manuscrit rédigé pour l'usage de Félibien, en y joignant l'analyse de plusieurs Comptes de la même époque.

La préparation de cet ouvrage touchait à son terme, quand d'autres occupations contraignirent l'éditeur à interrompre les soins qu'il y donnait. Cette publication vient de paraître tout récemment par les soins de la *Société de l'histoire de l'art français*[1].

Les fragments ou extraits qui l'accompagnent et la complètent méritent d'être rappelés sommairement :

C'est d'abord « le Compte de la marguillerie de l'œuvre et fabrique de l'église parroichial monseigneur Saint-Germain de l'Auxerroys[2] » pour l'année 1542. Le grand nom de Jean Goujon donne à ces feuillets, sauvés d'une destruction imminente par un heureux hasard, un prix inestimable.

Citons ensuite : le « Compte des bastimens du chasteau de Saint-Germain en Laye pour les années 1548 à 1550[3] », publié par extraits d'après le registre original de la Bibliothèque nationale; — « Le payement des ouvriers orfévres

---

[1] *Les Comptes des Bâtiments du Roi* (1528-1571) suivis de documents inédits sur les châteaux royaux et les beaux-arts au xvie siècle, recueillis et mis en ordre par le marquis Léon de Laborde, Paris, J. Baur, 1877-1880, 2 vol. in-8°.

[2] Archives nationales, K, 530, pièce 21, n° 21.

Le compte est publié intégralement dans le second volume de la publication indiquée ci-dessus, t. II, 275-290.

[3] Bibliothèque nationale, manuscrits : fonds français, 4480. Publié par extraits à la suite des *Comptes des Bâtiments du Roi* (t. II, 291-325).

INTRODUCTION.

logeant et besongnant dans l'hostel de Nesle (1549-1556)[1] », où se retrouvent à chaque page les noms des ouvriers et élèves de Benvenuto Cellini ; — le registre des « Travaux faits pour Catherine de Médicis au pallais des Thuilleries en 1571[2] », déjà utilisé par Adolphe Berty dans la *Topographie du Louvre et des Tuileries*[3] ; — un fragment de « Compte de travaux exécutés au jardin des Tuileries en 1570 », suite naturelle du précédent ; — enfin deux registres de 1581, relatifs à l'hôtel de Soissons et au château de Saint-Maur[4], propriétés de la reine Catherine de Médicis.

Un double motif nous commandait d'insister sur cette publication. Elle renferme, d'une part, à peu près tous les Comptes du xvie siècle existant encore, relatifs à des bâtiments royaux. D'un autre côté, elle forme en quelque sorte le préambule de l'ouvrage qui paraît aujourd'hui. A part ces deux volumes[5], on ne possède rien ou presque rien sur les artistes éminents associés à la construction ou à la décoration des châteaux les plus fameux de la Renaissance. Cette pénurie explique et justifie à la fois la date à laquelle commence notre publication.

La première moitié du xviie siècle, à vrai dire, est moins pauvre que la période antérieure en témoignages authentiques sur les constructions royales. Mais, s'il existe alors des fragments de plus en plus nombreux, on chercherait vainement une série complète, ininterrompue, de comptes, fût-ce pour un seul édifice.

Il nous paraît indispensable de dresser ici une liste succincte de ces registres du xviie siècle, disséminés dans les dépôts publics de Paris ou de la province. Cette récapitulation n'a pas la prétention de ne rien ignorer; mais en provoquant des additions et des rectifications, elle contribuera à faire connaître, nous l'espérons du moins, des volumes restés inconnus jusqu'ici. Ne serait-il pas fort intéressant de rassembler les passages les plus curieux de ces différents Comptes tout en présentant une analyse détaillée de chaque registre ? Ce travail formerait la tête de la collection que nous entreprenons aujourd'hui. Un volume suffirait à cette publication, dans laquelle on se contenterait de donner les totaux des diffé-

---

[1] Archives nationales, KK, 285. (Voy. *Comptes des Bâtiments*, II, 326-339.)

[2] Bibliothèque nationale, manuscrits : fonds français, 10399. (Voy. *Comptes des Bâtiments*, II, 340-350.)

[3] Tome II, pages 49-52. Dans ce compte il est question, comme l'a remarqué Berty, de Bernard Palissy et de Jean Bullant.

[4] Archives nationales, KK, 124. (Voy. *Comptes des Bâtiments*, II, 351-358.)

[5] Les Comptes du château de Gaillon, si précieux qu'ils soient, n'ont pas ce caractère d'intérêt général qui s'attache aux constructions royales. Toutefois nous nous empressons de reconnaître que le livre de M. Deville est un document capital sur les débuts de la Renaissance française.

rents chapitres sans entrer dans le détail des dépenses de pure construction. Ces manuscrits ont déjà été soigneusement examinés; il ne reste qu'un petit nombre d'articles à tirer de chacun d'eux.

Voici la liste des Comptes de la première moitié du xviie siècle encore existants. Nous les classons autant que possible par châteaux, en suivant l'ordre chronologique.

Châteaux de Monceaux et du Luxembourg : 1° « Payement des Bastimens de la Royne mère pour six années, finies le dernier décembre 1620, au château de Monceaulx. » (Archives nationales, KK, 193.)

2° « Compte particulier des Bastimens de la feue Royne Marie de Médicis, tant du pallays du Luxembourg et chasteau de Monceaux... durant les années 1629, 1630, 1631 et 1632. » (Archives nationales, KK, 194.)

3° Toisés des travaux de maçonnerie, charpenterie, etc., faits au palais de la reine Marie de Médicis, sous la direction de l'architecte Salomon de Brosse, en 1623, juin-août. (Bibliothèque de l'Arsenal : manuscrits, n° 5995.)

Château de Fontainebleau : 4° Comptes des travaux exécutés au château de Fontainebleau sous le règne de Louis XIII, de 1639 à 1642, 4 registres. (Bibliothèque de la ville de Nevers.)

M. de Laborde, à qui ces registres avaient été signalés, les eut à sa disposition, et en donna une analyse sommaire dans la *Revue universelle des arts* (t. IV, p. 206-218). L'éminent érudit s'attachait surtout à faire connaître les dépenses pour travaux d'art, ou les modifications apportées dans la distribution des appartements. La récolte fut assez maigre, il le constatait lui-même. Il exprimait le souhait, peut-être imprudent, que ces registres fussent transportés à la bibliothèque du château de Fontainebleau. Ce vœu a-t-il été entendu? Nous l'ignorons; nous savons seulement qu'une demande récente de communication des registres, adressée officiellement au maire de Nevers, n'aboutit à aucun résultat. Il fut répondu qu'on ne connaissait pas ces manuscrits. Ils se trouvaient cependant à Nevers il y a vingt-cinq ans à peine.

Bâtiments royaux en général : 5° « Extraict des parties employées en l'estat général des bastimens du Roy dont la despence est à faire et commandée par Sa

INTRODUCTION.

Majesté en la présente année 1624. » (Bibliothèque de la Sorbonne, manuscrits : histoire, I, 44.)

Les *Archives de l'art français* (t. II, p. 337-349) ont publié tous les passages du compte de 1624 présentant quelque intérêt au point de vue de l'art.

6° « Estat général par le menu des ouvraiges, réparations et despences faites pour les bastimens des chasteaux du Louvre, Sainct-Germain, Versailles, et aultres maisons royalles, parcqs, jardins, etc. etc., durant l'année 1639... » (Archives nationales, O^1, 2127.)

Ce registre réunit déjà les différentes Maisons royales et appartient ainsi à la série qui nous occupe. A défaut d'une reproduction intégrale, nous nous étions proposé d'en donner une analyse détaillée, avec de nombreuses citations, à la fin du présent volume. La place nous manque. Pour y suppléer, voici un résumé très-sommaire des articles de ce compte. La dépense totale s'élève à 277,985^{tt} 15^s 8^d et se répartit ainsi :

Le Louvre............................	137,740^{tt}	5^s	4^d
Le Luxembourg........................	1,415	15	
Saint-Germain........................	23,791	18	9
Vincennes............................	7,748	1	5
Versailles............................	1,030	5	2
Chasteau-Thierry.....................	2,041		
Collèges de Cambray et de Tréguier (à Paris)........	1,580		
Remise à l'Épargne...................	22,068	10	
Gages et entretenements..............	70,570		
Dépense commune......................	10,000		

La dépense de Fontainebleau, portée sur un registre séparé, aujourd'hui perdu, s'élevait à 195,197^{tt} 17^s 2^d. Remarquons à ce propos que les dépenses du palais de Fontainebleau ont toujours fait l'objet d'un chapitre particulier.

Sans entrer dans d'autres détails, constatons que la plus grosse dépense s'applique à la maçonnerie du Louvre. Elle atteint 103,627 livres. Les travaux se trouvaient donc en pleine période d'activité. L'entrepreneur, Nicolas Messier, prenait le titre de « juré du Roy ès œuvres de maçonnerie et maistre maçon ordinaire de Sa Majesté ». C'était, comme on le voit, un personnage d'importance.

7° « Extraits des dépenses des Bâtiments de 1643 à 1689. » (Archives nationales,

O¹,2128.) Ce registre, qui serait si précieux en rattachant les temps antérieurs à l'époque de Colbert, fournit bien peu de renseignements. Nul ordre, nulle méthode; il y aurait à peine quelques articles à en tirer.

États d'officiers des Bâtiments. Bien que les comptes de cette nature ne rentrent qu'accessoirement dans la dépense des Bâtiments du Roi, ils fournissent cependant d'utiles détails sur les personnages et les artistes qui présidaient soit à la conservation, soit à la décoration des Maisons royales. Aussi ne pouvions-nous les passer sous silence.

8° «État des officiers que le Roy veult et entend estre entretenuz en son chasteau de Saint-Germain en Laye, pour la conservation d'iceluy, durant la présente année 1605.»

État semblable pour les châteaux de Fontainebleau, Louvre, palais des Tuileries et Saint-Germain en Laye, en 1608.

États pour les mêmes châteaux, auxquels est venu se joindre celui de Vincennes, en 1618, 1625, 1636, 1645, 1656.

États spéciaux des officiers du château de Fontainebleau pour 1635, 1646, 1647, 1648.

Ces cahiers, de peu d'étendue chacun, sont reliés en un volume conservé aux Archives nationales sous la cote O¹,2387.

Ils ont été connus de plusieurs érudits et mis en œuvre, d'abord par M. Berty qui, dans sa *Topographie du vieux Paris*[1], a donné intégralement les états d'officiers du Louvre et des Tuileries pour les années 1608, 1618 et 1624. Les *Nouvelles archives de l'art français*[2] ont plus récemment extrait de ces états les nombreux articles concernant les artistes et les ont reproduits intégralement.

Sous l'administration de Colbert, le compte relatif à chaque année est toujours accompagné d'un état des officiers employés dans les Maisons royales. Cet état se trouve à la fin du registre. On a réuni les états d'un certain nombre d'années dans le volume suivant :

9° États des gages des officiers des Bâtiments du Roi de 1664 à 1678. (Archives nationales, O¹,2388.)

[1] *Région du Louvre et des Tuileries*, tome II, p. 204-315. — [2] Année 1872, page 1-54.

INTRODUCTION.

C'est la copie fidèle du chapitre de gages placé à la fin de chaque exercice avant les Dépenses diverses. Ce relevé peut servir à contrôler, et, dans certains cas, à compléter les comptes de Colbert. Ainsi, sur le volume de l'année 1676, le chapitre des gages d'officiers payés suivant l'état se trouve omis, probablement par la négligence d'un copiste. Nous retrouvons au registre spécifié ci-dessus[1] le chapitre oublié dans le registre de l'année 1676.

Avec ce dernier registre nous arrivons à l'administration de Colbert. A partir de 1664, les Comptes des Bâtiments royaux forment une suite ininterrompue jusqu'en 1774.

Colbert avait pris, il est vrai, dès 1662, la direction des finances; mais il ne remplaça Antoine de Ratabon dans la place de Surintendant des Bâtiments qu'à la date du 1er janvier 1664. Nous possédons par conséquent au complet les registres de l'administration de Colbert. Nous aurions voulu comprendre dans ce volume toute la période qui s'étend jusqu'à la mort du grand ministre et y faire entrer les années 1681, 1682 et 1683; mais le développement considérable qu'atteignent les registres à partir de 1678, et surtout de 1681, a rendu l'exécution de ce plan impossible. Force nous a été de suspendre la publication à l'année 1680.

Il nous paraît nécessaire, avant d'aller plus loin, de présenter une liste détaillée des registres qui renferment les Comptes des Bâtiments du Roi de 1664 à 1774, pendant une période de cent onze années.

Tous ces registres sont de format in-folio.

Les quatre premiers sont conservés à la Bibliothèque nationale, dans les *Mélanges de Colbert*, sous les numéros suivants :

ANNÉES.

1664............................... N° 311 (285 feuillets).
1665............................... N° 312 (197 feuillets).
1666............................... N° 313 (168 feuillets).
1667............................... N° 315 (222 feuillets).

Chacun de ces volumes est relié en maroquin rouge décoré de fleurs de lis sur le dos et aux quatre angles des plats, qu'encadre un triple filet. Le dos porte ce

---

[1] Sur ce volume, les augmentations de gages sont indiquées chaque année en marge, et l'écriture de ces notes ressemble beaucoup à celle de Charles Perrault, le premier commis et l'homme de confiance de Colbert pour tout ce qui avait rapport à l'administration des Bâtiments.

titre : « BÂTIMENTS, 1664, » répété sur le plat, où on lit : « BÂTIMENTS DU ROY. — Année 1664. » De même pour les années suivantes.

Il existe une seconde suite dans un format réduit, de la taille d'un in-octavo ordinaire, pour les trois premières années 1664, 1665 et 1666. Gabriel Peignot a connu, possédé, décrit et analysé cette copie contemporaine des registres officiels, dont elle offre la reproduction textuelle[1]. Aujourd'hui ces volumes font partie du *Fonds français* au Cabinet des manuscrits de la Bibliothèque nationale (n°s 14108, 14109 et 14110).

Évidemment, les quatre registres in-folio des *Mélanges de Colbert* proviennent, comme les volumes conservés au palais Soubise, des papiers de la Maison du Roi. A quelle époque, par suite de quelles circonstances ont-ils été détachés de la grande collection? Nous n'avons pu le savoir. Peu importe d'ailleurs, puisqu'ils se trouvent rapprochés, dans notre publication, de la série déposée aux Archives nationales, où les Comptes des Bâtiments sont classés dans la Maison du Roi (série O^1) sous les numéros suivants[2] :

ANNÉES.
—

1668.................. N° 2129 (191 feuillets).
1669.................. N° 2130 (195 feuillets).
1670.................. N° 2131[3] (200 feuillets).
1671.................. N° 2132[4] (196 feuillets).
1672.................. N° 2133[5] (220 feuillets).
1673.................. N° 2136[6] (210 feuillets).

---

[1] *Documents authentiques et détails curieux sur les dépenses de Louis XIV*, par Gabriel Peignot. Paris, J. Renouard et V. Lagier, 1827, in-8° de 174 p. (tiré à 300 exempl.).

[2] Tous les registres qui ne donnent lieu à aucune observation ont même reliure, mêmes titres au dos et sur les plats que les quatre années conservées dans les *Mélanges de Colbert*.

[3] Pas de titre sur le plat.

[4] Ni le dos ni les plats ne sont décorés de fleurs de lis.

[5] Chaque compartiment du dos est garni d'une grosse fleur de lis, tandis que le plat de la reliure porte les armes de Colbert surmontées d'une couronne de marquis et encadrées des deux colliers des ordres du Roi. Cette marque se retrouve sur les registres suivants jusqu'en 1683.

[6] Nouvelle modification à la reliure : les fleurs de lis du dos du volume sont remplacées, jusqu'en 1683, par les initiales enlacées de Colbert J B C. répétées dans chaque compartiment. On remarque qu'à partir de 1672, les numéros des registres ne se suivent pas exactement. En effet, de 1672 à 1680 inclusivement, il existe une double série de comptes. Les registres intercalés contiennent les mêmes dépenses que ceux qui ont été mis à contribution; mais elles sont classées suivant un système différent. Est-ce un essai que tentait le mi-

INTRODUCTION.

ANNÉES.

1674	N° 2137 (200 feuillets).
1675	N° 2139 (183 feuillets).
1676	N° 2141 (204 feuillets).
1677	N° 2144 (231 feuillets).
1678	N° 2145 (251 feuillets).
1679	N° 2147 (304 feuillets).
1680	N° 2149 (298 feuillets).
1681	N° 2151[1] (249 feuillets).
1682	N° 2152 (289 feuillets).
1683[2]	N° 2153 (308 feuillets).
1684[3]	N°ˢ 2154, 2155 (218 et 191 feuillets).
1685[4]	N°ˢ 2156, 2157, 2158 (585 feuillets).
1686[5]	N°ˢ 2159, 2160, 2161 (614 feuillets).
1687	N°ˢ 2162, 2163, 2164 (623 feuillets).
1688	N°ˢ 2165, 2166, 2167 (620 feuillets).
1689	N°ˢ 2168, 2169, 2170 (655 feuillets).
1690	N°ˢ 2171, 2172 (508 feuillets).
1691	N°ˢ 2173, 2174 (416 feuillets).
1692	N°ˢ 2175, 2176 (320 feuillets).

nistre pour arriver à équilibrer les recettes et les prévisions de dépenses? Voulait-il exercer un contrôle plus sévère sur les comptes des trésoriers? Il est difficile de déterminer aujourd'hui les motifs de cette expérience. Voici au reste les caractères principaux des registres que nous laissons de côté : en regard des articles de payement, au verso du feuillet précédent, figure la somme de dépense prévue; en outre, les grands chapitres du compte sont subdivisés en autant de parties distinctes qu'il y a de natures de dépenses. Ainsi le registre de 1677 débute par Versailles et non par le Louvre. Le premier paragraphe est ainsi conçu : «Pour la continuation des ouvrages de pavé tant du chasteau que du bourg, 3000ᵗᵗ»; en regard figurent les articles de dépense. Puis «Pour achever les ouvrages de marbre du grand escallier, 25.000ᵗᵗ», avec les dépenses en regard. En somme, c'est le système définitivement adopté et régulièrement suivi à partir de 1681. Mais on l'applique d'abord timidement, comme pour tenter un essai; aussi avons-nous suivi jusqu'en 1680 la division des premiers registres.

[1] A partir de l'année 1681, on donne au compte une nouvelle disposition. En regard de la dépense figure la somme affectée par avance au chapitre en question. Les dépenses sont divisées en deux colonnes : la première contient les sommes payées sur ordonnance; la seconde est réservée aux ordres. D'ailleurs toutes les sommes portées sous la rubrique *Ordonnances* se trouvent répétées dans la seconde colonne, à de très-rares exceptions près.

[2] C'est le dernier registre qui porte les armes et le chiffre de Colbert.

[3] Fers d'ornement au dos du registre; simples filets sur les plats.

[4] Armes de Louvois sur les plats : trois lézards en pal avec un chef chargé de trois étoiles.

[5] Dorénavant les plats de registres n'ont pour tout ornement que des filets.

ANNÉES.	
1693	N°s 2177, 2178 (260 feuillets).
1694	N°s 2179, 2180 (385 feuillets).
1695	N°s 2181, 2182 (312 feuillets).
1696	N°s 2183, 2184 (330 feuillets).
1697	N°s 2185, 2186 (395 feuillets).
1698	N°s 2187, 2188 (390 feuillets).
1699	N°s 2189, 2190 (430 feuillets).
1700	N°s 2191, 2192 (430 feuillets).
1701	N°s 2193, 2194 (431 feuillets).
1702	N°s 2195, 2196 (436 feuillets).
1703	N°s 2197, 2198 (456 feuillets).
1704	N°s 2199, 2200 (451 feuillets).
1705	N°s 2201, 2202 (440 feuillets).
1706	N°s 2203, 2204 (440 feuillets).
1707	N°s 2205, 2206 (439 feuillets).
1708	N°s 2207, 2208 (438 feuillets).
1709[1]	N° 2209 (308 feuillets).
1710	N° 2210 (486 feuillets).
1711	N° 2211 (295 feuillets).
1712	N° 2212 (300 feuillets).
1713	N° 2213 (302 feuillets).
1714	N° 2214 (296 feuillets).
1715	N° 2215 (271 feuillets).
1716	N° 2216 (302 feuillets).
1717	N° 2217 (300 feuillets).
1718	N° 2218 (299 feuillets).
1719	N° 2219 (292 feuillets).
1720[2]	N° 2220 (325 feuillets).
1721	N° 2221 (356 feuillets).
1722	N° 2222 (372 feuillets).
1723	N° 2223 (412 feuillets).
1724[3]	N° 2224 (418 feuillets).
1725	N° 2225 (331 feuillets).
1726	N° 2226 (363 feuillets).

[1] A partir de 1709, il n'y a plus qu'un registre par année.

[2] A partir de 1720, les registres portent les armes royales sur les plats, et deux L enlacées et couronnées, répétées cinq fois, entre les nervures du dos.

[3] Après 1724, une fleur de lis remplace les L enlacées qui ornaient précédemment le dos. Quatre fleurs de lis décorent les angles des plats. Les armes royales sont, à partir de cette date, inscrites dans un ovale.

INTRODUCTION.

ANNÉES.

1727[1]	N° 2227 (342 feuillets).
1728	N° 2228 (381 feuillets).
1729	N° 2229 (450 feuillets).
1730	N° 2230 (394 feuillets).
1731	N° 2231 (390 feuillets).
1732	N° 2232 (389 feuillets).
1733	N° 2233 (406 feuillets).
1734	N° 2234 (395 feuillets).
1735	N° 2235 (393 feuillets).
1736	N° 2236 (389 feuillets).
1737	N° 2237 (392 feuillets).
1738	N° 2238 (392 feuillets).
1739	N° 2239 (381 feuillets).
1740	N° 2240 (399 feuillets).
1741	N° 2241 (367 feuillets).
1742[2]	N° 2242 (358 feuillets).
1743	N° 2243 (331 feuillets).
1744	N° 2244 (320 feuillets).
1745	N° 2245 (319 feuillets).
1746	N° 2246 (371 feuillets).
1747	N° 2247 (339 feuillets).
1748	N° 2248 (365 feuillets).
1749	N° 2249 (387 feuillets).
1750	N° 2250 (383 feuillets).
1751	N° 2251 (399 feuillets).
1752	N° 2252 (370 feuillets).
1753	N° 2253 (369 feuillets).
1754	N° 2254 (387 feuillets).
1755	N° 2255 (392 feuillets).
1756	N° 2256 (400 feuillets).
1757	N° 2257 (427 feuillets).
1758	N° 2258 (424 feuillets).
1759	N° 2259 (344 feuillets).
1760	N° 2260 (319 feuillets).
1761	N° 2261 (400 feuillets).

[1] Ce registre est relié en veau, tandis que ceux qui précèdent et ceux qui suivent, jusqu'à l'année 1741, ont une couverture de maroquin plein.

[2] Depuis 1742 jusqu'à la fin de la série, les registres ont une couverture uniforme de veau aux armes royales et aux fleurs de lis sur les plats.

COMPTES DES BÂTIMENTS DU ROI.

ANNÉES.	
1762	N° 2262 (384 feuillets).
1763	N° 2263 (454 feuillets).
1764	N° 2264 (443 feuillets).
1765	N° 2265 (445 feuillets).
1766 [1]	N° 2266 (388 feuillets).
1767	N° 2267 (415 feuillets).
1768	N° 2268 (411 feuillets).
1769	N°ˢ 2269, 2270 (422 feuillets).
1770	N°ˢ 2271, 2272 (423 feuillets).
1771	N° 2273 [2].
1772	N°ˢ 2274, 2275 (405 feuillets).
1773	N°ˢ 2276, 2277 (419 feuillets).
1774	N° 2278 [3].

Telle est la collection dont on entreprend aujourd'hui la publication, décidée en principe jusqu'en 1715. Le présent volume s'arrête en 1680. Le suivant ira, autant qu'il est permis de le conjecturer dès à présent, jusqu'en 1690. Deux autres volumes suffiront aux vingt-cinq dernières années du règne de Louis XIV.

C'est à Colbert, à la vigilance qu'il porta dans tous les détails de l'administration confiée à ses soins, que nous devons cette magnifique collection. Du jour de sa nomination à la Surintendance des Bâtiments commence le premier registre. Pendant vingt ans le grand ministre préside avec une sollicitude infatigable à l'exécution de ses ordres; lui-même pointe chaque article, contrôle les dépenses les unes après les autres, inscrit en marge le *bon* qui autorise le payement; lui-même arrête le compte de chaque année, inscrit à la fin de plusieurs registres le total des recettes et des dépenses et établit le reliquat dû au trésor ou au comptable.

Toutefois, il ne faudrait pas croire que la comptabilité du xvii° siècle, même sous le ministère de Colbert, fût tenue avec l'inflexible ponctualité qu'on exige aujourd'hui du moindre employé des finances. De vieilles habitudes qui ne disparaissent pas en un jour, même devant la volonté la plus tenace, autorisaient cer-

---

[1] Les armes qui décoraient les plats des registres disparaissent à partir de 1766.

[2] Les feuillets de ce registre ne portent pas de numéros. Les pages sont au nombre de 400 à peu près.

[3] Les feuillets ne sont pas numérotés. Il y a environ 420 pages dans ce registre.

taines licences. Ces irrégularités ont été maintes fois relevées. Des commis de l'ancienne administration avaient même déjà signalé les inexactitudes dont nos registres offrent de nombreux exemples[1].

Évidemment on attachait une assez faible importance, du temps de Colbert, à une erreur de quelques livres, et même de quelques milliers de livres. Nous avons contrôlé sévèrement tous les chiffres, vérifié toutes les additions. Cette révision méticuleuse nous a fait découvrir, dans les dix-sept registres dont nous donnons aujourd'hui le contenu, plus de cent additions fausses[2]. Encore ce chiffre serait-il certainement bien plus élevé si, à partir de 1679, le comptable n'avait négligé d'inscrire à la fin de chaque chapitre le total de la dépense. Nous avons dû apporter le soin le plus rigoureux à cette partie de notre tâche; aussi pouvons-nous garantir l'exactitude de nos chiffres. Les preuves des additions ont été faites et recommencées jusqu'à ce que le calcul fût absolument exact.

Il ne faut pas trop s'étonner de ces irrégularités si choquantes au premier abord. La comptabilité du XVIIe siècle, même celle de la Chambre des comptes[3], paraît-il, en offre des exemples continuels; nous en citerons un qui nous paraît particulièrement caractéristique.

On conserve aux Archives nationales[4] un État abrégé des recettes et dépenses de chaque année, pendant l'administration de Colbert et de ses deux premiers successeurs, Le Peletier et Pontchartrain; ce registre s'étend de 1662 à 1706. Les Bâtiments du Roi figurent à leur place au chapitre de dépenses. Aucun des chiffres de cet état ne concorde exactement avec ceux qui sont fournis par nos registres. Les écarts atteignent parfois des centaines de mille livres, sans qu'on puisse découvrir une raison plausible de cette anomalie. Au surplus, pour mettre le lecteur en état de juger par lui-même, nous plaçons sous ses yeux le tableau des dépenses des Bâtiments d'après l'état rédigé pour Pontchartrain. Nous y joignons le relevé des dépenses de l'Argenterie royale. Ce chapitre comprend, on le sait, non pas

---

[1] Cuvillier, premier commis des Bâtiments sous la direction de M. d'Angiviller, inscrit sur le registre aujourd'hui coté 2134 (année 1672, 2e série) une note qui se termine par ces lignes : «Il en reste évident qu'on auroit reposé sur de très fausses bases si on avoit travaillé d'après ce registre et tous ses semblables lorsqu'en 1778 et 1779 on a cherché à connoître ce qu'avoit été la dépense des Bastimens surtout dans les tems brillans de Louis XIV.»

[2] Cent quatre exactement. Voyez, à la table, *Erreurs d'addition*.

[3] Le fait nous a été certifié par M. A. de Boislisle, si compétent en tout ce qui touche à l'ancienne Chambre des comptes.

[4] Section historique, KK, 355. Registre in-folio de 515 feuillets admirablement calligraphiés, relié en maroquin rouge sans armes, avec des fermoirs dorés.

COMPTES DES BÂTIMENTS DU ROI.

des pièces d'orfévrerie, des vases, des bassins ou des caisses d'argent, comme on en voit figurer sur nos Comptes, mais les frais de la garde-robe royale, les achats de bijoux et de pierres précieuses, des articles en un mot qui ne doivent à aucun titre prendre place dans les registres de l'administration des Bâtiments. Si nous les indiquons ici, c'est dans le but d'établir cette distinction et d'éviter toute confusion.

ANNÉES.	ARGENTERIE.	BÂTIMENTS ET ENTRETENEMENTS DES OFFICIERS DES MAISONS ROYALES.	DIVERS.
1662	1,653,944#	2,392,611#	88,700# [1]
1663	1,144,082	1,905,825	
1664	1,919,508	3,239,847	
1665	2,238,257	3,366,021	
1666	842,724	2,589,771 [2]	
1667	983,937	3,789,440 [3]	
1668	1,208,598	3,634,523	
1669	3,166,729	5,175,866	
1670	1,547,143	6,702,713	
1671	1,094,045	7,520,630	
1672	924,750	3,722,207	
1673	619,342	2,492,272	
1674	939,453	2,422,154	
1675	862,238	3,695,416 [4]	
1676	1,008,039	2,698,888	
1677	1,531,797	3,182,030	
1678	695,496	4,229,381	
1679	2,364,274	8,337,569	
1680	2,246,803	8,513,804	
1681	1,146,975	6,441,001	460,500 [5]
1682	1,443,540	7,052,313	456,133 [6]
1683	1,374,533	7,221,675	33,234 [7]

[1] Argenterie pour le ballet d'Hercule.
[2] Le compte porte des articles spéciaux pour les pensions (1,215,733#) et pour les pensions étrangères et affaires d'Allemagne (84,300#).
[3] L'article a cette fois pour titre : *Bastimens et manufactures.*
[4] Maintenant l'article prend ce titre : *Bastimens et entretenemens des Maisons royales.*

[5] Pour le canal de communication des mers ou canal du Midi. C'est la première fois que cette dépense forme un article spécial dans le relevé général.
[6] Pour le canal de communication des mers ou canal du Midi.
[7] Pour le même objet que les deux années précédentes.

INTRODUCTION.

ANNÉES.	ARGENTERIE.	BÂTIMENTS ET ENTRETENEMENTS DES OFFICIERS DES MAISONS ROYALES.
1684	1,091,983ᶫᵗ	8,048,141ᶫᵗ
1685	2,274,253	15,340,901
1686	1,413,417	7,916,746
1687	1,023,288	7,757,438
1688	683,823	6,986,581
1689	489,028	2,965,969
1690	503,681	1,610,739
1691	463,009	1,730,993
1692	580,474	1,505,971
1693	511,232	1,470,479
1694	466,538	1,676,129
1695	412,027	2,034,048
1696	Manque[1].	
1697	876,026	1,912,341
1698	Manque.	
1699	906,705ᶫᵗ 13ˢ 11ᵈ	2,615,803ᶫᵗ 18ˢ 1ᵈ

L'*État abrégé des recettes et dépenses* donne de précieux renseignements sur la procédure administrative introduite par Colbert dans le Contrôle général, pour remédier aux abus, aux irrégularités et aux dilapidations. Comme les mêmes principes étaient appliqués à la direction des Bâtiments, comme le Surintendant s'entourait des mêmes précautions que le Contrôleur général, nous aurions reproduit une partie de la remarquable introduction qui précède l'*État abrégé* si elle ne se trouvait déjà publiée en entier dans le premier volume de la *Correspondance des contrôleurs généraux des finances*[2]. On voit, par l'exposé succinct des formalités imposées aux comptables, que le Roi et le ministre se tenaient jour par jour au courant de l'état du trésor et se faisaient rendre un compte minutieux de chaque dépense.

Nous ne rechercherons pas, pour une simple satisfaction de curiosité, comment d'aussi fréquentes erreurs et d'aussi grosses différences de chiffres ont pu se glisser

---

[1] La dernière page du registre porte cette observation : «Il ne manque que les années 1696 et 1698, parce qu'elles n'étoient point encore arrêtées lorsque M. le chancelier de Pontchartrain a fait relier ce volume, juillet 1714.» On peut juger par cette remarque des lenteurs de l'ancienne administration financière, des retards apportés au payement des dépenses, et partant de la difficulté d'exercer un contrôle sévère.

[2] Appendice, pages 578-581.

dans une administration ainsi surveillée. Le fait est qu'on tolérait beaucoup de licences à l'arithmétique, ainsi qu'à l'orthographe. Mais plus les additions de nos registres sont sujettes à caution, plus nous nous sommes attaché à ne donner que des chiffres exacts et absolument définitifs. Une erreur a pu nous échapper ; toutefois nous n'avons rien négligé pour que les totaux portés aux tableaux récapitulatifs de la fin du volume fussent la représentation rigoureuse de toutes les dépenses consignées dans les Comptes.

Sans entrer dans le détail des rouages de cette administration, qui nous paraît si primitive et qui constituait pourtant un immense progrès sur tout ce qui se faisait auparavant, nous donnerons quelques indications sommaires sur les précautions prises pour assurer le bon ordre dans le service des Bâtiments royaux.

Le ministre passait des marchés avec les entrepreneurs du Roi et arrêtait ainsi, pour une période déterminée, le prix de chaque nature de travail. Il existe encore un certain nombre de ces marchés datant de la fin du XVIIe siècle. On possède même un inventaire spécial des traités passés avec les entrepreneurs par Colbert et ses successeurs. Cet inventaire donne les plus curieux détails sur le tarif des matériaux fournis pour le Roi. Le prix de chaque marchandise étant fixé par avance d'un commun accord, dans une sorte de cahier des charges, les architectes et les inspecteurs surveillaient l'exécution des travaux, puis, après leur achèvement, toisaient les matériaux mis en œuvre et établissaient, d'après le tarif convenu, la somme due, sans préjudice de la gratification accordée à l'entrepreneur dont on était satisfait.

Citons, à titre d'exemple, l'analyse de plusieurs marchés particulièrement curieux. Le premier appartient à l'administration de Colbert ; les trois suivants furent passés par son successeur.

I. *Marché sous seing privé*, au pié du devis du 5e may 1678, avec Pochery (Pothery) et de Fere (Defer), pour fournir les pierres pour la construction des piles de l'Arc de triomphe, provenant des carrières de Saint-Cloud et rendues aux ateliers dud. Arc de triomphe moyennant, savoir :

Pour chacun pié de superficie, depuis 10 piés jusqu'à 14 piés, 40^s ;
50^s depuis 15 jusqu'à 19 piés ;
3^{tt} 15^s depuis 20 jusqu'à 25 piés ;
4^{tt} 15^s depuis 26 jusqu'à 31 piés ;
5^{tt} 10^s depuis 32 jusqu'à 37 piés ;
6^{tt} 5^s depuis 38 jusqu'à 42 piés ;

INTRODUCTION.

Le pié de superficie, depuis 43 jusqu'à 46 piés, 6^{tt} 10^s;
7^{tt} depuis 47 jusqu'à 55 piés;
7^{tt} 10^s depuis 56 jusqu'à 60 piés;
Le tout toisé superficiellement de la hauteur de 20 pouces.

II. *Marché*, du 20 décembre 1684, avec Hierosme Herlaux et Paul Barberay[1], pour fournir toutes les pierres aux Bastimens du Roy, de Versailles, Saint-Germain, Marli, le Louvre à Paris, hôtel des Invalides et autres endroits pendant le tems de six années, moyennant, savoir :

Pour chacun tonneau de pierre de Saint-Leu, Trossy ou Vergelé, rendu dans les atteliers de Versailles, 7^{tt} 5^s pendant les deux premières années, et pendant les quatre dernières 7^{tt};

Pour chacun tonneau de mesme pierre, fourni sur le port de Marli, 4^{tt};

Et au port de la Conférence, à celui des Invalides et autres lieux où Sa Majesté voudra bastir à Paris, 6^{tt} chaque tonneau;

Plus, ce qu'il en faudra pour l'aqueduc de Buc, à raison de 9^{tt} le tonneau rendu à Buc;

Plus, pour l'aqueduc entre la tour de pierre qui élève les eaux de la Machine et le regard fait par Le Jongleur. moyennant 6^{tt} le tonneau rendu dans l'attelier.

III. *Marché, en original, sous seing privé*, du 2 janvier 1684, avec les s. Pecquot et Guymont[2], portant que toutes les glaces qui ont été par eux fournies pour les Maisons royales leur seront payées.

Mesures et hauteur des glaces avec les prix, savoir :

	PRIX MARCHAND.	PRIX DU ROI.
Celles de 14 pouces...................	3^{tt} 4^s	2^{tt} 8^s
Celles de 17 pouces...................	5 , 8	4 10
Celles de 20 pouces...................	8 5	6 15
Celles de 23 pouces...................	14 12	10 8
Celles de 26 à 27 pouces.............	18 16	14 2
Celles de 29 à 30 pouces.............	28 4	21 3
Celles de 32 à 33 pouces.............	47	35 5
Celles de 35 à 36 pouces.............	70 10	52 17 6^d
Celles de 39 pouces...................	117	90
Celles de 41 à 42 pouces.............	188	141
Celles de 44 à 45 pouces.............	470	352

[1] Dans un marché qui vient après celui-ci, un charretier s'oblige à fournir aud. Barberay deux cents chevaux entiers rouliers et de trait, garnis de leurs harnais et charrettes, équipages et charretiers, pour voiturer de la pierre de Saint-Leu, Trossy et Vergelé aux travaux de Versailles, moyennant 3^{tt} pour tonneau pris sur le port de Marly et rendu aud. Versailles.

[2] Guymont était depuis plusieurs années commis à la manufacture des glaces établie à Paris par Colbert. Voyez la table alphabétique, à la fin de ce volume.

IV. *Marché*, du 22 mars 1684, avec Fenel et Loistron[1], pour fournir aux ouvriers qui travaillent aux Bastimens de S. M. à Versailles, logés dans les sales que le Roy leur fait bastir, savoir : le bon pain de ménage, à 15^d la livre; le bon vin commun, 4^s la pinte, mesure de Versailles; l'eau-de-vie, 12^s la pinte, mesme mesure, et pour tremper chaque écuelée de potage gras et maigre, 6^d.

La sollicitude de l'administration s'étendait, on le voit par ce dernier extrait, aux plus petits détails. Les précautions prises ici pour défendre les ouvriers contre la rapacité des fournisseurs devenaient nécessaires, vu l'agglomération d'un nombre considérable de travailleurs sur les chantiers de Versailles. Cette population, fort mélangée, n'était pas toujours facile à conduire; plus d'une fois s'élevèrent des séditions tendant à faire élever le prix de la main-d'œuvre. Elles furent durement réprimées.

Le chiffre de la dépense une fois établi et vérifié par le Surintendant, le premier commis, de 1664 à 1680 c'était Charles Perrault, donnait un ordre de payement sur le trésorier des Bâtiments. Ces ordres, toujours rédigés suivant la même formule sont écrits sur de petites feuilles de papier, qui n'offrent aucun caractère officiel. On en rencontre souvent, sinon dans les dépôts publics, au moins dans les collections particulières d'autographes. Nous reproduisons en note quelques spécimens de ces curieux billets[2].

---

[1] Un autre marché, du 27 mars 1684, oblige les contractants à fournir aux ouvriers la bière à raison de 18^d la pinte de Paris, et de 9^d la pinte de petite bière.

[2] I. «Il seroit nécessaire que Monsieur de la Planche payast, s'il luy plaist, au s^r Goy, peintre, la somme de quinze cens livres, scavoir : VIII^{cens} à compte de la peinture des escuries, tant des murs de face en couleur de brique, que de toute la menuiserie, et VII^c à compte de la mesme peinture qu'il fait aux deux aisles de l'avant-cour de Versaile. Ceste somme sera employée sur l'estat prochain. Ce 9 juillet 1672. — Perrault.»

II. «Il seroit nécessaire que Monsieur de la Planche payast, s'il luy plaist, aux nommez Benoist et Colin, terrassiers, la somme de cinq cens livres à compte de la fouille de l'aqueduc et de la tour qui doit reporter l'eau du canal dans l'estang de Clagny; cette somme sera employée en l'estat prochain. Ce 17e juillet 1672. — Perrault.»

III. «Il seroit nécessaire que Monsieur de la Planche payast, s'il luy plaist, au s^r Papillon, graveur en taille de bois, la somme de cent soixante dix livres, pour plusieurs planches en taille de bois qu'il a gravées pour la traduction de Vitruve. Cette somme sera employée sur l'estat prochain. Ce 25 juillet 1672. — Perrault.»

IV. «Il seroit nécessaire que Monsieur de la Planche payast, s'il luy plaist, aux s^{rs} Hanuches, sculpteurs marbriers, la somme de huict cens livres, à compte des ouvrages de marbre qu'ils font pour le

INTRODUCTION.

Muni de cet ordre, l'entrepreneur se rendait à la caisse du trésorier des Bâtiments, où on lui remettait, contre quittance, le montant de l'à-compte indiqué par le commis de Colbert. Le trésorier devait représenter les quittances pour obtenir sa décharge, et elles allaient ensuite à la Chambre des comptes, qui contrôlait les chiffres sur le registre de dépenses. On juge de l'accumulation de paperasses résultant de cette procédure. Ces pièces comptables, qui encombraient jadis les salles des archives du palais de justice, ont disparu des dépôts publics. La perte n'est pas grave, puisque les registres nous ont conservé l'état complet des dépenses. Toutefois, la manie des collectionneurs, qui a sauvé de la destruction tant de précieux documents historiques, a conservé un certain nombre de quittances provenant de l'ancienne administration des Bâtiments[1], et nous a permis ainsi de constater que jamais, ou presque jamais, la date de la quittance ne concorde avec celle de l'enregistrement, bien que toujours le même nom et la même somme se retrouvent sur les Comptes.

Après ces éclaircissements sur le fonctionnement de l'administration des Bâtiments, il convient d'entrer dans quelques détails sur les publications dont nos Comptes ont été l'objet jusqu'à ce jour.

Il y a longtemps déjà que cette importante collection avait attiré l'attention des historiens. Un commis de Jules Hardouin Mansart, nommé Marinier, avait dressé, dès le commencement du xviii° siècle, un état détaillé de la dépense de chaque

sallon de l'appartement de la Reyne à Versailles; cette somme sera employée sur l'estat prochain. Ce 14 octobre 1672. — PERRAULT. »

V. « Il seroit nécessaire que Monsieur de la Planche payast, s'il luy plaist, à M⁰ Le Moyne, peintre, la somme de mil livres, à compte des ouvrages de Trianon. Cette somme sera employée sur l'estat prochain. Ce 13 novembre 1672. — PERRAULT. »

VI. « Il seroit nécessaire que Monsieur de la Planche payast, s'il luy plaist, au s⁰ Le Dru, charpentier de bateaux, la somme de cent soixante et dix sept livres, pour deux bateaux garnis de leurs avirons et crocs qu'il a fournis et voiturés à Versailles pour servir au grand canal. Cette somme sera employée sur l'estat prochain. Ce 24 novembre 1672. — PERRAULT. »

VII. « Monsieur de la Planche ne fera, s'il luy plaist, aucune difficulté de payer au s⁰ Benoist les 368ᴸ à luy ordonnez et au s⁰ Colin, quoy que le d. Colin n'ayt pas signé la quittance parce que ce Colin est un coquin qui s'en est fuy et qui a fait un vol qui mérite la corde, et qui par conséquent ne paroistra jamais. Je suis son très humble et très obéissant serviteur. Ce 28 janvier 1674. — PERRAULT. »

[1] Les *Nouvelles archives de l'art français* ont donné à diverses reprises des quittances signées par des artistes connus. Voyez notamment la série publiée par M. Ulysse Robert, année 1876, p. 1-81.

palais et les résultats de son travail, réimprimé à diverses reprises, ne diffèrent pas sensiblement de ceux auxquels nous sommes arrivé. Nous ne nous trouvons pas toujours d'accord, il est vrai; mais il faut bien faire la part des libertés que les gens les plus instruits et les plus soigneux prenaient alors avec les règles de l'arithmétique. La récapitulation de Marinier, destinée au Surintendant des Bâtiments, resta longtemps enfouie dans les bureaux; et ainsi put se répandre la fameuse anecdote qui montre Louis XIV jetant au feu les comptes de Versailles. La légende fit son chemin, malgré les réserves de Voltaire à qui les comptes authentiques furent communiqués; cette fable ridicule était considérée à l'égal d'une vérité historique, d'un article de foi, et ceux qui s'en servaient pour accabler la mémoire de Louis XIV ne se faisaient pas faute, selon l'usage, d'ajouter quelque broderie au récit primitif, et de chercher à embellir l'anecdote. Grâce à ces additions successives, vers la fin du xviiie siècle, les frais de construction de Versailles n'étaient pas évalués à moins de quatorze cents millions[1].

Tel était l'état de la question, lorsque le relevé de Marinier tomba entre les mains d'un homme honnête, intelligent, connaissant par métier le prix des choses et ne se payant pas de mots. L'architecte Charles-Axel Guillaumot, possesseur du mémoire de Marinier, demanda vainement, sous le règne de Louis XVI, l'autorisation de le comparer aux registres originaux. Il ne put obtenir cette communication; mais bientôt la Révolution lui fournit une occasion de pénétrer dans les bureaux et d'acquérir la preuve ardemment cherchée. Toutefois les circonstances n'étaient pas favorables pour mettre au jour un travail tout à l'avantage de l'ancienne monarchie. La publication d'une pareille découverte eût suffi à rendre son auteur suspect. Guillaumot se tut; quand des temps plus calmes revinrent, il se décida enfin à exposer au public le résultat de ses investigations. Il les résuma dans une courte brochure, devenue en peu de temps fort rare, peut-être parce que son titre singulier[2] ne donnait pas une idée bien nette des questions importantes qu'elle traitait.

[1] Volney, qui avance ce chiffre dans ses *Leçons d'histoire* prononcées à l'École normale en l'an iii, ajoute que cette somme équivalait à quatre milliards six cents millions. Il va plus loin; il affirme avoir vu ces chiffres sur un registre de l'administration. Or il est constant que le registre consulté par Volney est précisément le travail de Marinier, qui servit, comme on va le voir, à le confondre.

[2] Voici le titre de cette notice : «Observations sur le tort que font à l'architecture les déclamations hasardées et exagérées contre les dépenses qu'occasionne la construction des monuments publics, par C.-A. Guillaumot, architecte, administrateur de la manufacture nationale des Gobelins, inspecteur général des travaux des carrières, membre du Lycée des arts et de la Société libre des sciences, lettres et

INTRODUCTION.

A l'architecte Guillaumot revient donc l'honneur d'avoir le premier signalé publiquement le chiffre exact des dépenses de Louis XIV dans les Bâtiments royaux. Malgré son immense intérêt, ce travail passa presque inaperçu. Il serait oublié depuis longtemps si le hasard ne l'avait fait tomber entre les mains de deux historiens qui, en le mettant à profit, rendirent à son auteur pleine justice. Le cardinal de Bausset jugea ce mémoire si « intéressant par son objet, si curieux et si exact dans ses détails », qu'il le reproduisit en entier dans les pièces justificatives de son *Histoire de Fénelon*. C'est par cette réimpression que le connut d'abord Gabriel Peignot. L'érudit bibliophile songeait lui-même à le réimprimer pour la seconde fois afin de le répandre davantage, quand il découvrit au fond d'un magasin de libraire les trois copies in-octavo des Comptes des Bâtiments pour les années 1664, 1665 et 1666[1]. Cette trouvaille venait à point corroborer l'exactitude des chiffres fournis par Guillaumot; aussi Peignot crut-il devoir ne pas se borner à réimprimer le travail de son devancier. Dans ses *Documents authentiques sur les dépenses de Louis XIV*[2], publiés en 1827, il présenta une analyse détaillée des trois manuscrits qui confirmaient d'une manière si décisive les assertions de Guillaumot. Le savant écrivain ne connaissait pas malheureusement la grande collection des Comptes des Bâtiments que l'architecte avait pu consulter. Il se restreignit donc au contrôle des exercices sur lesquels il possédait un document d'une authenticité indiscutable.

Les précieux registres de l'administration de Colbert et de ses successeurs restèrent à peu près inaccessibles au public jusqu'en 1848. A cette date, les papiers de la Maison du Roi ayant été déposés aux Archives nationales, les fameux Comptes furent enfin à la disposition des historiens tentés de les mettre à profit. Pendant l'intervalle de temps qui sépare l'année 1827 de 1848, quelques travailleurs avaient pourtant obtenu l'autorisation de les consulter. Le nouveau musée installé à Versailles avait attiré l'attention publique sur ce palais et donné naissance à diverses publications dont nous devons dire quelques mots.

---

arts de Paris; lues dans la séance publique de cette société le 9 nivôse an IX (30 décembre 1800). Paris, de l'imprimerie de H. L. Perronneau, rue du Battoir, n° 8, an IX (1801) ». In-8° de 33 pages. Gabriel Peignot, qui cite cette notice, constate qu'elle était déjà presque introuvable en 1827; il la chercha longtemps vainement; sans doute le titre, qui n'indique pas du tout l'objet essentiel du travail, lui a beaucoup nui.

[1] Aujourd'hui conservées à la Bibliothèque nationale, avec les manuscrits français, sous les n°ˢ 14108, 14109 et 14110.

[2] Voyez ci-dessus (p. x) le titre exact de cette publication.

La même année où il publiait la deuxième édition de ses *Recherches historiques et biographiques sur Versailles*[1], M. Eckard mettait au jour les *États au vrai de toutes les sommes employées par Louis XIV aux créations de Versailles*[2], dont les éléments étaient empruntés aux Comptes des Bâtiments. L'apparition de ces travaux causa un certain bruit et provoqua une polémique assez vive entre M. Taschereau d'une part[3], et l'auteur des *Recherches historiques* de l'autre[4]. On contestait l'exactitude des Comptes de Louis XIV; on prétendait que toutes les dépenses faites pour les Bâtiments royaux n'étaient pas consignées sur les registres de la Surintendance, et qu'une partie des dépenses avait été imputée sur d'autres départements. Ces objections ne manquaient pas complétement de fondement; cependant, dans sa réponse, Eckard affirmait l'exactitude parfaite des Comptes. La vérité, comme toujours, se trouve entre les deux opinions extrêmes.

La publication des *Souvenirs historiques du palais de Versailles* de Vatout ramena sur la brèche le bouillant auteur des *Recherches historiques*[5]. Il répondit à M. Vatout comme il avait répondu à M. Taschereau. Sur ces entrefaites, un ancien secrétaire des Archives de la Couronne, qui avait depuis longtemps entre les mains les pièces du procès, intervint dans le débat. Sous un titre quelque peu prétentieux[6], M. Ossude apportait le témoignage d'un juge compétent; malheureusement, il aima mieux faire œuvre de critique que de publier simplement les résultats de ses recherches et s'attacha plutôt à discuter les ouvrages de ses devanciers qu'à donner, comme Eckard avait tenté de le faire, des preuves authentiques et décisives. Aussi *Le siècle des beaux-arts et de la gloire* n'a-t-il guère fait avancer la question. Il contribua seulement à répandre dans le public la connais-

---

[1] *Recherches historiques et biographiques sur Versailles*. Biographie sommaire des personnes illustres, célèbres, remarquables, nées dans cette ville, ornées d'un portrait de Louis XIV et d'un plan de Versailles; 2ᵉ édition, par M. Eckard. — Versailles, Dufaure, 1836, in-8°, 416 pages.

[2] *États au vrai de toutes les sommes employées par Louis XIV aux créations de Versailles, Marly et de leurs dépendances*, etc., depuis 1661 jusqu'en 1710. Supplément aux Recherches historiques sur Versailles par Eckard. — Versailles, Dufaure, et Paris, Dentu, 1836, in-8°, 71 pages.

[3] *Revue rétrospective*, 1ʳᵉ série, II, 329-382; 2ᵉ série, VII, 162 et 489.

[4] *A M. Jules Taschereau au sujet des dépenses de Louis XIV à Versailles*, 1836, in-8°, par Eckard.

[5] *Coup d'œil sur l'ouvrage de M. Vatout intitulé : Souvenirs historiques du palais de Versailles*, par l'auteur des *Recherches historiques* sur cette ville. — Versailles, Dufaure; Paris, Dentu, 1837, in-8°, 47 pages (y compris des *Additions aux Recherches historiques et biographiques sur Versailles*).

[6] *Le siècle des beaux-arts et de la gloire*, ou la mémoire de Louis XIV justifiée des reproches odieux de ses détracteurs, ouvrage où sont passés en revue les principaux auteurs qui ont écrit sur le règne de ce grand roi, par M. Ossude. — Versailles, Dufaure, 1838, in-8°.

sance de ces registres qui allaient se trouver, une dizaine d'années plus tard, à la portée de tous les chercheurs.

En 1848, comme nous l'avons dit, les papiers de la Maison du Roi, conservés jusque-là aux Tuileries, arrivent aux Archives nationales et entrent dans la section administrative. Les discussions passionnées provoquées par l'installation du musée de Versailles avaient fait place à une indifférence à peu près complète sur toutes les questions soulevées par cette création. On ne songea donc plus à aller demander des arguments à ces documents désormais accessibles. Un seul travailleur, un homme qui a poursuivi pendant sa vie entière l'étude des points obscurs ou controversés de l'histoire versaillaise, M. le docteur Le Roi, conservateur de la bibliothèque de la ville, non-seulement vint consulter pour ses travaux la suite des Comptes, mais prit même la peine de transcrire tous les chapitres relatifs aux dépenses de Versailles. En mourant, il a laissé à la bibliothèque de la ville cette copie, d'une lecture assez pénible, parce qu'elle est entièrement écrite au crayon. Ajoutons que, n'étant pas complète, elle ne saurait remplacer les textes originaux.

D'autres auteurs, l'historien de Colbert[1] notamment, ont fait des emprunts plus ou moins étendus à cette collection. Mais personne, croyons-nous, n'avait songé à entreprendre une publication dont la longueur semblait rendre l'exécution impraticable.

Il y a quelques années, ayant eu l'occasion de faire pour un travail spécial le dépouillement de la plus grande partie des registres, nous nous aperçûmes que l'obstacle principal à cette publication, c'est-à-dire son étendue excessive, pouvait être singulièrement réduit.

En effet, dans le cours du même chapitre, le même nom revient souvent à dix, douze et quinze reprises, et, chaque fois, pour le même objet. Les grosses sommes se payaient alors, on suit encore aujourd'hui les mêmes errements, non pas d'un seul coup, après l'achèvement complet des travaux, mais par petites fractions successives, selon l'avancement de l'ouvrage. Était-il bien nécessaire de conserver chacune de ces mentions identiques? Ne suffisait-il pas de noter soigneusement les

---

[1] Dans les *Lettres, instructions et mémoires de Colbert* publiés d'après les ordres de l'Empereur sur la proposition de M. Magne, M. Pierre Clément a inséré (t. V, p. 468-498) les listes des gratifications accordées aux savants français et étrangers de 1664 à 1683. Ce n'est pas le seul emprunt, comme on le verra plus loin, que M. Clément ait fait aux Comptes des Bâtiments.

dates extrêmes, celle du premier et du dernier payement dans le cours de la même année, et d'indiquer seulement la somme formée par la réunion de ces à-compte? C'est le système qui a été adopté, avec la certitude qu'il conserve dans la publication tous les éléments essentiels du compte : le nom de l'artiste ou de l'ouvrier, la nature du travail, la date précise de l'exécution, la somme reçue. Par surcroît de scrupule, on a mentionné exactement le nombre des à-compte; on le trouvera à la suite du nom auquel il se rapporte, indiqué par un chiffre suivi d'un *p* entre parenthèses, sous cette forme : (10 p.), c'est-à-dire 10 payements.

Il était de toute nécessité de distinguer soigneusement, dans ce travail de condensation, les sommes payées au même individu pour des travaux différents. Nous avons mis tout notre soin, comme on le verra par l'examen de ce volume, à ne jamais confondre des payements ne s'appliquant pas strictement au même objet. Toutefois, pour la commodité des recherches, si plusieurs payements sont faits au même artisan à différents titres, on les a, autant que possible, rapprochés et mis à la suite. On s'est fort rarement écarté de cette règle.

Ces diverses modifications apportées à l'ordonnance, mais non au fond du texte original, étaient de nature à inspirer quelques appréhensions sur l'exactitude de la copie présentée au public sous une forme plus commode, il est vrai, mais différente de celle du manuscrit. Pour éviter toute chance d'erreur, une collation minutieuse, un pointage scrupuleux de chaque article suffisaient à peine. La nécessité de vérifier toutes les additions du registre nous a fourni un moyen de contrôle rigoureux. En effet, si les additions de la copie se trouvaient d'accord avec les sommes produites par les chiffres du registre, il y avait toute chance, on le reconnaîtra, pour que notre travail de transposition et de condensation n'eût donné lieu à aucune omission, à aucune erreur matérielle. Nous nous sommes donc appliqué, au prix de quel travail et de quels calculs, personne ne peut le soupçonner, à ne jamais laisser passer une erreur sans en avoir découvert et corrigé la cause. Il a fallu parfois refaire et vérifier à diverses reprises de longues additions, reprendre un par un les articles de tout un chapitre de plus de trente pages et recommencer d'un bout à l'autre un travail qui semblait terminé. Qu'importe la peine si nous avons pu arriver à donner des résultats définitifs! En pareille matière l'exactitude, nous semble-t-il, est le principal but à chercher. Aussi n'avons-nous rien négligé pour qu'il ne se glissât aucune erreur dans nos calculs et pour que les tableaux qui donnent à la fin de ce volume la récapitulation de

INTRODUCTION.

toutes les sommes portées aux Comptes de 1664 à 1683 offrissent le résumé définitif des dépenses des Bâtiments du Roi pendant cette période.

Le système adopté a permis de publier en un seul volume dix-sept années, qui auraient bien exigé trois fois plus de place si on eût copié et reproduit textuellement tous les articles des Comptes. Nous comptions réunir dans ce premier volume toute l'administration de Colbert; nous avons dit plus haut les raisons qui nous ont empêché, à notre grand regret, de donner suite à ce projet. Toutefois les dépenses du règne entier de Louis XIV ne demanderont que quatre volumes semblables à celui-ci; la reproduction *in extenso* des registres en eût exigé dix ou douze au moins.

Les Comptes de chaque année, au moins durant la période qui nous occupe aujourd'hui, suivent un ordre à peu près invariable. En tête figure la recette; nous la transcrivons sans y rien changer; elle complète en certains cas les renseignements fournis par les articles de dépenses. Étienne Jehannot, sieur de Bartillat, qui, en 1665, échange son titre de trésorier de l'Épargne contre celui de garde du Trésor royal, fonction qu'il remplit encore, alternativement avec Gédéon du Metz, en 1680, remet au trésorier triennal des Bâtiments les sommes nécessaires aux dépenses de son département. Ces trésoriers chargés, à tour de rôle, de la dépense, s'appellent Antoine Le Ménestrel, Charles Le Besgue et Sébastien François de la Planche. A partir de 1675, les deux derniers figurent seuls sur les états. Le Ménestrel disparaît; sa place reste plusieurs années vacante.

La direction suprême de cette administration appartenait, on le sait, à Colbert, sous les ordres duquel travaillaient, outre les trésoriers que nous venons de nommer, trois intendants et ordonnateurs des bâtiments, jardins, tapisseries et manufactures, et trois contrôleurs généraux des Bâtiments. Ainsi que les trésoriers, les intendants et les contrôleurs remplissent les fonctions de leur charge alternativement, une année sur trois. Nous connaissons, à partir de 1668, les noms de ces officiers; les intendants s'appellent Coquart de la Mothe et Jean Warin; ce dernier, qui n'est autre que le fameux graveur, meurt en 1672; il figure encore sur l'état de 1673; ses héritiers paraissent sur l'état de 1674; en 1675 seulement, il est remplacé par le sieur Gobert. Le troisième office d'intendant demeure constamment vacant de 1664 à 1684. Il semble même entièrement supprimé à cette dernière date.

Les contrôleurs généraux sont : André Le Nôtre, qui reçoit, dès 1668, le titre de contrôleur général ancien et le conserve jusqu'à la fin de sa vie. Vacant jusqu'en

1671; le second office de contrôleur général alternatif est occupé, en 1672, par Charles Perrault; enfin le sieur Lefebvre figure sur les états de 1668 à 1680 avec la même qualité que Perrault.

Après les intendants, contrôleurs et trésoriers, paraissent, en suivant la hiérarchie administrative, un certain nombre d'officiers dont les fonctions s'exercent indistinctement dans toutes les Maisons royales. Nous rencontrons d'abord le premier architecte et le premier peintre du Roi, ayant sous leur dépendance un certain nombre d'artistes de grand mérite chargés d'exécuter leurs instructions. On sait qu'il n'y a jamais eu de premier sculpteur du Roi : les sculpteurs relevaient du premier peintre. Après les artistes, paraissent les entrepreneurs ou gens de métier, comme on les appelle dans les états de la Maison du Roi. Les prérogatives et immunités attachées à ces titres font rechercher les moindres offices par des entrepreneurs chargés de travaux considérables. Ce n'est pas sans doute à cause du modique traitement attribué à la qualité de charpentier, de maçon ou de vitrier du Roi, mais en raison des franchises dont jouissent indistinctement tous les titulaires de ces offices.

Outre les officiers « employés généralement dans toutes les Maisons royales et Bâtiments de Sa Majesté », comme disent nos Comptes, d'autres individus sont investis de fonctions qui les attachent spécialement à tel palais, à tel jardin. Nous n'entrerons pas dans l'examen détaillé de ces états. On les rencontre, en 1668 et les années suivantes, à la fin de chaque exercice. Il n'est pas indifférent toutefois de faire remarquer que tous ces employés, depuis le plus élevé en dignité jusqu'à celui qui remplit les plus humbles fonctions, comme celles de concierge ou de garde-clefs, reçoivent en quelque sorte une investiture officielle. Ils sont nommés par brevet. La plupart de ces pièces, si précieuses pour les titulaires, car le même office se transmet souvent de père en fils pendant plusieurs générations, nous ont été conservées. On en rencontre un grand nombre dans les registres de la Maison du Roi[1].

Il a paru inutile d'exercer sur le chiffre des recettes le même contrôle que sur celui des dépenses. Ce qui importe, en effet, c'est que le total des dépenses soit exact. On en a dit assez sur le sans-gêne avec lequel les financiers du xviie siècle traitent les opérations les plus simples pour laisser entrevoir que le calcul des recettes donnerait lieu à plus d'une rectification. On fera remarquer toutefois que Col-

---

[1] Voyez notamment les volumes O^1,1055, 1057 et 1059 aux Archives nationales. Le premier surtout est rempli de brevets de nominations faites dans la période qui nous occupe. Voir aussi le reg. O^1,2804[7].

INTRODUCTION.

bert, dont l'œil clairvoyant ne laisse échapper aucun détail, ne se fait guère illusion sur la ponctualité de ses subordonnés. Dans une de ces instructions si précises, si intelligentes, si pratiques, qu'il adresse de temps en temps à ses commis et qu'il ne se lasse pas de leur rappeler, il s'exprime en ces termes[1] : « Il faut faire un bordereau sur chaque estat et vérifier quatre fois le calcul, et qu'il paroisse sur ledit bordereau qu'il ait esté vérifié. » Malheureusement Colbert ne pouvait être partout et à tout, et les choses n'en allèrent guère mieux, après ces sages recommandations.

Arrivons maintenant à l'examen des dépenses. On observera d'abord que les Comptes, jusqu'en 1680, commencent invariablement par le château du Louvre et des Tuileries. Bien que Colbert ait dû renoncer de bonne heure à l'espoir de mettre à exécution les grands projets qu'il avait conçus pour l'achèvement du Louvre et l'embellissement de Paris, ce ne fut guère avant 1681 que le nouveau favori, je parle de Versailles, supplanta définitivement le palais du Louvre. Jusque-là la vieille résidence royale ne fut pas entièrement délaissée. Après la construction de la colonnade, il est vrai, les travaux se ralentissent chaque jour. Encore le Louvre occupe-t-il, en 1680, la première place sur le compte. Nous le verrons, en 1681, relégué au dernier rang. Certes, Colbert n'avait rien négligé pour lutter contre cette tendance; ni les conseils ni les reproches, ceux du moins qu'il pouvait se permettre, ne furent épargnés. En dépit de tous ses efforts, dès 1665, il ne savait que trop à quoi s'en tenir sur les intentions du Roi. En effet, le 28 septembre 1665, il écrivait au Roi cette lettre admirable déjà publiée par M. P. Clément[2], mais qui doit trouver place ici :

« Vostre Majesté retourne de Versailles. Je la supplie de me permettre de luy dire sur ce sujet deux mots de réflexion que je fais souvent et qu'elle pardonnera, s'il luy plaist, à mon zèle.

« Cette maison regarde bien davantage le plaisir et le divertissement de Votre Majesté que sa gloire...

« Cependant si Vostre Majesté veut bien chercher dans Versailles où sont plus de 500,000 écus qui y ont esté dépensés depuis deux ans[3], elle aura assurément

---

[1] Voy. col. 881.
[2] *Lettres de Colbert*, t. V, p. xxxvii et 268.
[3] Les comptes de 1663 nous manquent; celui de 1664 porte la dépense totale pour Versailles à 780,000 livres en chiffres ronds (voir le tableau à la fin de ce volume, p. 1373). En supposant une somme égale pour 1663, on voit que Colbert ne se trompait guère dans ses évaluations.

peine à les trouver. Si elle veut faire réflexion que l'on verra à jamais dans les Comptes des trésoriers de ses Bastimens, que, pendant le temps qu'elle a dépensé de si grandes sommes en cette maison, elle a négligé le Louvre qui est assurément le plus superbe palais qu'il y ayt au monde et le plus digne de la grandeur de Votre Majesté, etc...

« Vostre Majesté sçait qu'au défaut des actions éclatantes de la guerre, rien ne marque davantage la grandeur et l'esprit des princes que les bastimens; et toute la postérité les mesure à l'aune de ces superbes maisons qu'ils ont élevées pendant leur vie. O quelle pitié que le plus grand roy et le plus vertueux, de la véritable vertu qui fait les plus grands princes, fust mesuré à l'aune de Versailles! Et toutefois il y a lieu de craindre ce malheur.

« Pour moy, j'avoue à Vostre Majesté que, nonobstant la répugnance qu'elle a d'augmenter les comptans, si j'avois pu prévoir que cette dépense eust été si grande, j'aurois esté d'avis de l'employer en des ordonnances de comptant afin d'en oster la connoissance[1]. Pour concilier toutes choses, c'est-à-dire pour donner à la gloire de Votre Majesté ce qui doit luy appartenir, et à ses divertissemens de mesme, elle pourroit faire terminer promptement tous les comptes de Versailles, fixer une somme pour y employer tous les ans; peut-estre mesme seroit-il bon de la séparer entièrement des autres fonds des bastimens, et ensuite s'appliquer tout de bon à achever le Louvre; et si la paix dure encore longtemps, élever des monumens publics qui portent la gloire et la grandeur de Vostre Majesté plus loin que ceux que les Romains ont autrefois élevés. »

Cet honnête et fier langage ne laissa pas de produire quelque effet. Bien que le roi préférât au séjour de Paris le palais qu'il avait en quelque sorte créé, les conseils de Colbert contre-balancèrent pour un temps la prédilection ruineuse dont Versailles était l'objet; le Louvre ne tomba pas tout de suite en disgrâce. C'était précisément en 1665 qu'on appelait à Paris le plus fameux des architectes italiens et qu'on lui demandait des plans pour le palais du Louvre. On connaît les détails de cette curieuse comédie. Le Bernin, accueilli comme un prince, fut bientôt obligé de reprendre le chemin de l'Italie, comblé de caresses et d'honneurs, sans avoir pu faire triompher aucune de ses idées. Les Comptes des Bâtiments viennent apporter leur contingent de renseignements positifs sur cette aventure et donner le bilan

---

[1] N'est-il pas singulier de voir dans la bouche de Colbert cette étrange proposition? N'y aurait-il pas quelque rapport entre cette idée du grand ministre et la légende concernant la destruction des comptes de Versailles?

des sommes énormes qu'elle coûta. D'ailleurs nous avons le témoignage direct des principaux intéressés. Les mémoires de Perrault, d'une part, et ceux de l'homme distingué qui avait été attaché à la personne de l'artiste italien et qui ne le quitta pas durant son séjour en France, ont fait connaître par le menu toutes les circonstances de cette affaire. La correspondance de Colbert complète le tableau. De toutes ces dépositions des témoins les plus autorisés, il résulte que si le Bernin n'avait pas apporté dans la mission qu'il avait acceptée un caractère bien souple ni bien conciliant, on ne négligea rien à Paris pour lui échauffer la bile et le contraindre à une retraite volontaire. Le champ resta donc libre aux architectes français, c'est-à-dire à Claude Perrault, admirablement secondé en cette circonstance par l'influence que son frère exerçait, en raison de ses fonctions, sur l'esprit de Colbert. Le plan de cet architecte improvisé présentait d'ailleurs des qualités bien propres à séduire l'esprit d'un roi jeune, cherchant toutes les occasions de frapper l'imagination de ses contemporains et de laisser une grande idée de son règne à la postérité.

L'origine et la paternité du plan de Perrault ont été examinées avec toute compétence dans le *Dictionnaire des architectes français* de Lance. Ce n'est pas ici le lieu d'entrer dans l'examen de cette délicate question; d'ailleurs nos Comptes ne fourniraient aucun argument nouveau pour sa solution. Ils permettent seulement de suivre, année par année, l'avancement des travaux.

Durant les premières années de la période qui nous occupe, les sommes dépensées au Louvre et aux Tuileries sont sensiblement supérieures à celles des travaux de Versailles. Les tableaux placés à la fin de ce volume rendent la comparaison facile. Vers 1671, le Louvre commence à être délaissé; à partir de 1673, les dépenses tombent à moins de 50,000 livres, pour ne plus guère se relever les années suivantes. Cependant, les sommes consacrées à Versailles augmentent sans cesse. De 1672 à 1677, la guerre de Hollande cause un certain ralentissement dans les travaux; mais, dès 1678, ils reprennent un essor qui va toujours croissant. En 1685, les dépenses atteignent leur apogée. La période de plus grande activité se place entre 1678 et 1687. Elle appartient donc au deuxième volume de notre publication plutôt qu'à celui-ci.

Il n'en est pas de même du Louvre. C'est sur les six ou huit premières années de nos Comptes que portent les grands travaux de ce palais.

Si nous arrivons maintenant à l'examen détaillé de chaque exercice, on remarquera d'abord que les dépenses, pour le Louvre comme pour toutes les autres maisons de quelque importance, sont classées suivant une méthode inflexible et rigoureusement rationnelle, ayant pour base la nature des travaux. On suit la marche logique de la construction. En effet, tout bâtiment commence par la maçonnerie; les murs une fois debout, surviennent les charpentiers, puis les couvreurs, après eux les plombiers, et le gros œuvre est terminé. C'est alors qu'apparaissent les corps de métier chargés des aménagements intérieurs, les menuisiers, les serruriers, les vitriers, et le bâtiment se trouve désormais clos, couvert et divisé en appartements. Mais un palais royal ne saurait se passer de riches décorations : on fait appel aux peintres, aux doreurs, aux sculpteurs, aux marbriers, aux fondeurs, qui, pendant de longues années, trouveront dans les embellissements du Louvre, de Versailles et des autres châteaux, l'emploi de leurs talents. Il reste encore quelques articles spéciaux qui ne sauraient trouver place dans les chapitres précédents, tandis que leur importance empêche de les reléguer dans cette classe indéterminée qu'on désigne sous le nom de *Parties extraordinaires*. Tels sont, pour presque tous les châteaux, les ouvrages de pavé, les travaux de plantation et d'entretien des jardins, qui prennent chaque année une plus grande extension, les fouilles de terre, et, à Versailles en particulier, les vaisseaux du grand canal, les conduites des fontaines, etc. Enfin, dans un dernier chapitre, celui des *Parties extraordinaires*, se confondent tous les articles que leur objet spécial ne permettait pas de répartir entre les divisions précédentes. Telle est, en peu de mots, l'économie générale des Comptes, non-seulement jusqu'en 1680, mais pendant plus d'un siècle. On peut, grâce à cette classification, connaître la somme affectée à chaque nature de travaux. Naturellement, le chapitre de la maçonnerie l'emporte toujours sur les autres.

Peut-être trouvera-t-on que c'est accorder trop de place à de simples entrepreneurs que de consacrer à leurs ouvrages le même détail, la même attention qu'à ceux des artistes proprement dits; mais il nous a paru impossible de choisir entre les articles pour citer les uns en détail et faire masse des autres. Un texte comme celui-ci ne saurait être mutilé. Le travailleur qui le consulte ne peut l'utiliser en toute confiance que si l'on met tous les éléments sous ses yeux, aussi bien ceux qui, au premier abord, présentent un médiocre intérêt, que ceux dont personne ne conteste l'importance. En un mot, en pareille matière, une publication partielle nous semble à la fois inutile et trompeuse. Nous n'avons donc pas hésité à citer tous les noms, les plus humbles comme les plus fameux. Et parmi les pre-

INTRODUCTION.

miers, parmi ces artisans obscurs, il s'en rencontre plus d'un, nous l'avons fait plus d'une fois observer [1], dont la vie se trouve indirectement mêlée aux glorieux souvenirs de l'histoire littéraire du xviie siècle. Certains de ces modestes ouvriers devinrent par la suite des personnages. Parmi les entrepreneurs de maçonnerie qui reparaissent le plus fréquemment figurent un homme [2] qui a laissé son nom à une des rues du vieux Versailles, et un membre de cette glorieuse famille d'architectes que les travaux du dernier de ses membres, Jacques-Ange Gabriel, ont rendue à jamais illustre.

A coup sûr, si les Comptes ne renfermaient pas de nombreux détails sur les artistes et les grands travaux d'architecture, de peinture ou de sculpture, la nomenclature des maçons, charpentiers et autres gens de métier semblerait bien aride; mais les chapitres consacrés aux ouvrages d'art, aux parties extraordinaires, la liste des pensions aux gens de lettres [3], enfin cette multitude d'articles de toute nature réunis dans le chapitre final sous la rubrique de *Diverses dépenses*, dédommagent amplement des longues énumérations d'artisans obscurs.

Pour en revenir au compte particulier qui nous a suggéré ces observations applicables à toutes les Maisons royales, c'est entre 1667 et 1671 que se placent les grands travaux de la façade et de la colonnade du Louvre. Les entrepreneurs Mazière et Bergeron reçoivent, en 1667, 250,000 livres environ de ce chef; l'année suivante, il ne leur est pas alloué moins de 477,000 livres. En 1669, on leur remet, en dix payements, plus de 600,000 livres; les sommes consacrées à cet objet s'élèvent encore à 550,000 livres en 1670, à plus de 500,000 livres en 1671. A partir de cette date, les travaux languissent; on les abandonne peu à peu. L'édifice, il est vrai, a reçu son couronnement; les deux énormes pierres dont Perrault a voulu faire l'amortissement du fronton, afin de se donner la satisfaction et l'honneur de résoudre, à grands frais, un difficile problème de mécanique, sont désormais en place. Toutefois, si le gros œuvre a presque atteint son achèvement, il reste encore beaucoup à faire. Les nouvelles constructions n'ont pas de toit et, pendant plus d'un siècle encore, les vastes bâtiments du Louvre garderont

---

[1] Voyez la note 1 des colonnes 73 et 323.
[2] Voy. col. 10, note 3.
[3] Donnée partiellement par Gabriel Peignot, la liste des savants et gens de lettres pensionnés par Louis XIV a été publiée par M. Pierre Clément dans les *Lettres de Colbert*. Toutes les listes fournies par les Comptes des Bâtiments de 1664 à 1683 se trouvent reproduites intégralement dans cet ouvrage (t. V, p. 466-498). Elles devaient néanmoins figurer ici à la place qu'elles occupent dans les registres.

cet aspect d'édifice inachevé ou de ruine anticipée qu'on leur voit sur les anciennes estampes et jusque sur les planches du grand ouvrage de Baltard. C'est miracle si dans de pareilles conditions il n'a pas péri depuis longtemps. On sait, d'ailleurs, qu'il s'en fallut de peu, au siècle dernier, que le ministère économe du cardinal de Fleury ne fît disparaître à jamais le témoignage importun de la prodigalité et de l'inconstance royales.

Quand on veut étudier dans le détail les édifices élevés sous les règnes de Louis XIV et de son successeur, il faut tenir grand compte de deux sources d'informations dont il est temps de dire quelques mots : nous voulons parler des descriptions contemporaines et des planches gravées qui représentent les monuments aux différentes époques de leur construction. Une bibliographie complète de ces descriptions et de ces estampes tiendrait ici trop de place; mais, sans entreprendre un pareil travail, nous ne pouvons nous dispenser de mentionner les écrits les plus importants consacrés aux châteaux du Roi, et les gravures qui les montrent sous leurs divers aspects. Nous rappellerons seulement, à propos de chaque édifice, les ouvrages capitaux[1] et les planches ayant date certaine.

Ainsi, sur la difficile opération de la fouille, du transport, de l'érection et de la mise en place des deux grandes pierres du fronton du Louvre, nous possédons un document d'un grand intérêt. Sébastien Le Clerc s'est chargé de représenter, dans une gravure bien connue, une des phases de ce pénible travail[2]. Nos registres viennent apporter leur contingent de renseignements curieux et précis sur le fait mémorable célébré par l'habile graveur.

Voici ce qu'ils nous apprennent : Les deux pierres ont été tirées de la carrière de Meudon par Michel Rigalleau, dit La Chapelle, et Simon du Costé[3], dont les noms reviennent fréquemment sur les registres. Le transport présenta d'immenses difficultés, qui servirent à exercer le génie inventif de Perrault. Il fallut construire un équipage spécial pour voiturer ces masses énormes. Et quand les carriers,

---

[1] Parmi les ouvrages à consulter sur le château du Louvre, il en est trois surtout d'une importance capitale dont le titre doit au moins être rappelé :
1° *Paris et ses monuments, mesurés, dessinés et gravés*, par Baltard; imprimerie Crapelet, Paris, 1803, in-folio (33 planches pour le Louvre, 17 pour Fontainebleau); 2° *Le musée de sculpture antique et moderne*, par le comte de Clarac; Imprimerie royale, 6 vol. gr. in-8° et 6 vol. de planches;

3° *Topographie historique du vieux Paris. Région du Louvre et des Tuileries*, par Ad. Berty; Imprimerie nationale, 2 vol. in-4°.

[2] L'estampe porte la date de 1677, quoique l'opération fût antérieure de plusieurs années. La planche gravée existe encore; elle est conservée à la Chalcographie du Louvre. Voyez n° 2484 du catalogue.

[3] Voy. col. 546.

INTRODUCTION.

Mouton, Potery, de Baure et consorts[1] eurent dégrossi ces blocs gigantesques, surgit une nouvelle difficulté : on ne parvint à les élever à leur place définitive qu'au prix des plus grands efforts. Cliquin[2], le grand entrepreneur de charpenterie de l'époque, fut chargé de l'exécution des machines; nous savons même que les câbles furent pris chez la veuve Fleury[3].

Tous ces payements datent de la fin de 1672 ou du commencement de l'année suivante, nouvelle preuve de l'achèvement des grands travaux du Louvre dès 1671. Le fronton seul restait à terminer; peut-être même, comme cela arrive fréquemment, les travaux étaient-ils achevés depuis un an et plus quand les entrepreneurs reçurent le prix de leurs peines.

Sans entrer dans l'examen de tous les manuscrits se rapportant directement au sujet que nous étudions, la tâche serait immense et excéderait les limites dans lesquelles nous sommes tenu de nous renfermer, il convient de dire quelques mots de certains registres spéciaux fort utiles à consulter sur l'histoire spéciale du Louvre.

Il existe à la Bibliothèque nationale une suite de cahiers[4] provenant des papiers de Colbert et contenant le toisé des ouvrages de maçonnerie faits, soit au Louvre, soit aux Tuileries, de 1664 à 1670. Ces registres nous donnent le prix de la toise carrée de maçonnerie suivant le marché passé avec les entrepreneurs : ce prix monte à 65 livres. Toutefois, ces documents présentent un intérêt plus général. Grâce aux divisions adoptées, nous suivons, dans le palais des Tuileries, la suite des appartements d'une extrémité à l'autre du bâtiment. Du salon du gros pavillon du bout vers la rivière (1er chapitre), nous passons au corps de logis en suite du gros pavillon (IIe chapitre), puis au grand escalier de la Reine (IIIe chapitre), au pavillon double en suite dudit logis double (IVe chapitre), au corps de logis en face de la terrasse du côté du jardin (Ve chapitre), au grand dôme du milieu (VIe chapitre), et ainsi de suite. D'autres cahiers se rapportent spécialement aux travaux du Louvre. Tel est le « toisé des ouvrages faits au chasteau du Louvre et lieux en dépendans par Mazière et Bergeron, entrepreneurs des bastimens du Louvre en 1664 ». Ces pièces peuvent venir à point pour compléter les détails fournis par nos Comptes, et contribuer à déterminer exactement la

---

[1] Voy. col. 595.
[2] Voy. col. 596.
[3] Voy. col. 599.
[4] Cabinet des manuscrits : *Mélanges de Colbert*. L'année 1666 est cotée sous le n° 314; les deux années suivantes sous le n° 316, enfin 1669 et 1670, sous le n° 317, qui comprend aussi les toisés du Louvre en 1664.

date de la construction des différentes parties du palais ainsi que l'ordre des appartements. Une raison particulière nous invite à insister sur ces documents : tandis que la plupart des pièces relatives aux bâtiments du Louvre et des Tuileries sont déposées aux Archives nationales[1], les toisés des ouvrages exécutés de 1666 à 1670 se trouvent à la Bibliothèque nationale. Comment ont-ils été distraits de la série à laquelle ils se rattachent? Il ne nous appartient pas de le rechercher; mais il a paru nécessaire de signaler ces documents à l'attention des travailleurs.

Les noms qui reviennent le plus souvent dans le chapitre de la maçonnerie, aussi bien à Paris qu'à Versailles, sont ceux d'André Mazière et d'Antoine Bergeron. Ils ont la part principale dans les agrandissements du Louvre et du palais de Versailles. Parmi les charpentiers figurent fréquemment ce Poncelet Cliquin dont nous avons parlé plus haut, Paul Charpentier et Pierre Le Bastard ou Bastard. Une famille, celle des Yvon, fut pendant longtemps chargée de l'entretien des couvertures des différents châteaux royaux. Si Charles et Étienne Yvon ne sont pas seuls cités dans les Comptes à partir de 1664, c'est à eux qu'on a le plus souvent recours; c'est eux enfin qui paraissent au premier rang, comme couvreurs, sur l'état des «officiers ayant gages pour servir généralement dans toutes les Maisons royales». Gilles Le Roy et, un peu plus tard, Jean Allain s'occupent de la plomberie. Au nombre des serruriers, on remarque Étienne Doyart et Denis Duchesne. Dans la classe des paveurs, nous nous bornerons à signaler Léonard Aubry, dont le nom a été sauvé de l'oubli par de modestes travaux pour l'«illustre théâtre» de Molière[2]. Entre les vitriers les plus employés, nous citerons Pierre Viarey, Pierre Lorget, Charles Jacquet. Quand ces entrepreneurs viennent à mourir, la veuve, en vertu des droits qu'elle tient des statuts de la corporation, continue l'entreprise; aussi voyons-nous, longtemps après la mort de leurs maris, les veuves Viarey et Lorget paraître dans les chapitres de dépenses et même sur les états de gages.

La menuiserie confine presque à l'art. A côté des entrepreneurs, tels que Pierre Dionis, Jean Danglebert, Pierre Chevalier, Guillaume Barbier, occupés, les uns aux appartements, les autres aux écuries et ailleurs, certains artisans, auxquels on donne simplement la qualité de menuisiers, appartiennent évidemment à une condition un peu supérieure. Nous nous contenterons de citer cet

---

[1] Section administrative, cartons cotés O', 1666-1683. — [2] Voyez la note de la colonne 323.

INTRODUCTION.

Antoine Saint-Yves, chargé d'exécuter le « modèle du bâtiment entier du Louvre ». A cette classe d'ouvriers artistes se rattachent les ébénistes. Leur talent s'applique surtout aux parquets; mais ces parquets constituaient de véritables œuvres d'art; ils étaient formés de pièces de marqueterie de bois relevées d'incrustations en métal. Ceux qui entreprenaient de pareils ouvrages ne se rapprochent-ils pas plus de l'artiste que de l'ouvrier?

Dans cette classe apparaît un homme qui a obtenu une célébrité bien supérieure à celle de beaucoup de ses rivaux : nous voulons parler d'André-Charles Boulle. Or, d'après nos Comptes, Boulle est occupé tantôt à la confection d'une estrade et d'un cabinet d'orgues en marqueterie ou, comme on dit à cette époque, « en bois de rapport », tantôt à la réparation d'un parquet. Les autres ébénistes dont les noms reviennent le plus habituellement sur les états ne se livrent pas à une besogne différente, et cependant Pierre Golle, Jean Macé, Combord, Jean Armand, Philippe Poitou ou Jacques Sommer, n'ont laissé aucune réputation, tandis que le nom de Boulle a usurpé toute la gloire, qui devrait être également répartie entre ses obscurs collaborateurs.

Comme les fabricants de parquets à compartiments ou de meubles en bois de rapport, les marbriers touchent à l'art par certains côtés. Il ne faudrait pas toutefois pousser trop loin l'assimilation et ranger parmi les statuaires les Mesnard, les Misson, les Pasquier, les Derbais, les Hanuches ou autres marbriers. Ce serait leur faire trop d'honneur. On trouve même classés parmi les sculpteurs beaucoup d'individus qui ne sont que de simples tailleurs de marbre.

Avec les peintres, dessinateurs, sculpteurs, graveurs, architectes et quelques autres artistes d'un ordre différent, comme les brodeurs, les armuriers, les orfèvres, les ouvriers en pierres fines ou lapidaires, les relieurs, les stucateurs et les tapissiers, nous touchons au principal intérêt de cette publication. Rarement, nous semble-t-il, un livre a fourni une masse aussi considérable de matériaux positifs sur l'art et les artistes de notre pays. C'est en ce point surtout que les Comptes des Bâtiments compléteront, sans faire double emploi, le grand ouvrage de M. P. Clément sur Colbert. Si les *Lettres et instructions* du grand ministre montrent son infatigable activité, sa sollicitude pour toutes les branches de l'administration, sa surveillance incessante s'étendant à toutes les dépenses, les Comptes des Bâtiments nous rendent sensibles les résultats. Nous voyons le nouveau palais du Louvre sortir de terre, puis atteindre en quelques années son couronnement. Les constructions de Versailles viennent envelopper successivement toutes les faces de l'ancien château de Louis XIII. Cependant, le Palais-Royal, le château de Saint-Germain, celui de Fontainebleau ne sont pas entièrement délaissés. Le ministre trouve le temps de songer à tout, de se faire rendre compte des moindres travaux, de descendre aux plus minces détails. Enfin, c'est ici, c'est dans les Comptes des Bâtiments qu'on voit à l'œuvre cette pléiade d'artistes en tous genres qui impriment à toutes les résidences royales cette majesté solennelle avec un certain mélange de froideur, caractère distinctif des constructions du siècle de Louis XIV.

Chercher à donner une idée, même sommaire, de tous les travaux de peinture, de sculpture ou de décoration qui s'exécutent simultanément à Paris, à Versailles, à Saint-Germain et ailleurs, ce serait tenter l'impossible. Tout au plus peut-on indiquer rapidement quelques points, signaler les faits les plus saillants. Les listes placées à la fin de ce volume aideront à reconstituer, avec le secours de la table, la part qui revient à chaque artiste dans la décoration des Maisons royales.

Dès 1664, nous voyons employés, soit aux dehors, soit aux dedans du Louvre, la plupart des maîtres qui travaillèrent aux embellissements de Versailles : les deux de Marsy, Girardon, Thomas Regnaudin, Thibaut Poissant, Philippe Buyster, Alexandre Grenoble et quantité d'autres sculpteurs dont les œuvres, aujourd'hui oubliées, ont cependant contribué à la prospérité et au renom de l'art national. A côté d'eux paraissent les peintres Francesco Borzone, Louis Le Hongre, Pierre Mignard, Noël Coypel, les Beaubrun, Nocret, Yvart, Cruchet, Benoist, secondés par les doreurs Dufaux, La Baronnière; puis, toute une série d'artistes qui ne peuvent se classer dans une catégorie déterminée, parce qu'ils tiennent à la fois de l'artiste en sculptant tour à tour le bois et la pierre, et de l'artisan en ciselant les serrures des portes, les fermetures des croisées, les chapiteaux en bronze doré. Certes, ce sont d'habiles gens que ce Dominique Cucci qui travaille pendant plusieurs années aux cabinets d'Apollon et de Diane, ce Jean-Baptiste Tubi, souvent désigné sous son prénom de Baptiste, qui a laissé une si remarquable preuve de son talent dans le tombeau de la mère de Le Brun, ce Philippe Caffieri occupé successivement aux chambranles et aux contre-cœurs des cheminées, aux bases et aux chapiteaux de la grande galerie de Versailles, ainsi qu'aux délicates sculptures de la flottille du grand canal, et aussi les Legeret, les Lespagnandel et tant d'autres, dont les noms, à peine connus aujourd'hui, mériteraient de figurer sur la liste des plus habiles décorateurs du xviie siècle. C'est évidemment l'intérêt capital de ces Comptes d'apporter sur les artistes contemporains et sur leurs œuvres un ensemble de renseignements précis qu'on chercherait vainement ailleurs.

INTRODUCTION.

Nous n'insisterons pas sur une subdivision qui pourrait donner lieu à plus d'une remarque : les *Parties extraordinaires*. Là sont enregistrées pêle-mêle les dépenses que leur objet ne permet pas de classer dans un chapitre spécial : gratifications, secours aux blessés ou aux familles des ouvriers tués s'y rencontrent à côté des fournitures de fumier, de lanternes et autres articles de toute nature.

Un chapitre, qui précède toujours les parties extraordinaires, mérite une attention particulière. Nous voulons parler des jardinages. Grâce à la passion du Roi pour les fleurs et les parfums, l'art de l'horticulture et des jardins fait sous Louis XIV de notables progrès et atteint à un degré de perfection qu'il ne connaissait pas auparavant. A la fin du siècle précédent et sous le règne de Henri IV, on avait fait venir d'Italie d'habiles ingénieurs pour la distribution et l'élévation des eaux; c'est vers l'année 1590 que la famille des Francini, qui se perpétua jusqu'à la fin du XVIIIe siècle, s'établit en France. On s'était épris d'une passion voisine du fanatisme pour ces constructions singulières dont la grotte de Versailles reste le type le plus fameux; mais la distribution des parterres, la culture des fleurs n'avaient encore réalisé que peu de progrès. Le jardin de plantes rares entretenu près du château de Blois par le frère de Louis XIII mit à la mode la recherche et l'acclimatation des plantes odorantes ou des arbustes réservés jusque-là aux pays chauds.

Tandis que les jardins des Tuileries, plantés, taillés et entretenus avec un soin particulier, offraient des palissades de grenadiers et de jasmins, des allées de mûriers blancs, de marronniers d'Inde ou d'épicéas, arbres encore fort rares, des parterres en broderie, c'est-à-dire décorés de dessins en buis taillé, à côté des parterres à fleurs, les parcs de Versailles et de Trianon [1] renferment des massifs de tubéreuses, de jacinthes et de jasmins fleuris en toute saison. On va même jusqu'à planter des orangers en pleine terre après avoir imaginé, pour les garantir du froid, de les couvrir pendant l'hiver d'un vitrage mobile qui permet aux arbres, comme aux visiteurs, de trouver constamment sous son abri la température des pays chauds. A côté d'André Le Nôtre, le grand architecte des jardins

---

[1] La plus grande partie de l'entretien des jardins était donnée à l'entreprise, on le constate par les Comptes d'abord, puis par l'analyse des marchés dont nous avons indiqué plus haut des exemples. Ainsi on voit dans le registre déjà cité (O^{1}2804^2, p. 21) que le jardinier Henry Dupuis s'était engagé, par marché en date du 16 juin 1679, à entretenir le jardin de l'orangerie de Versailles, pendant tout le temps qu'il plaira au Roi, moyennant la somme de 4,000 livres par an. Le Roi lui accorda une augmentation de 2,000 livres, à commencer du 1er janvier 1687.

royaux, dessinateur de tous les parterres à fleurs comme de tous les parcs, sont nommés de modestes jardiniers ayant chacun leur département bien déterminé. Tels sont les Mollet, qui se succèdent de père en fils au Louvre et aux Tuileries, Bouticourt, le jardinier portier du Palais-Royal, les La Lande, si nombreux à Saint-Germain qu'on a peine à distinguer les différents membres de la famille, enfin, à Fontainebleau, les Desbouts, les Nivelon, les Dorchemer, etc., chargés, les uns des parterres à fleurs, les autres des allées ou palissades, d'autres enfin de l'orangerie et des arbres fruitiers. Quand on entreprendra d'écrire l'histoire de la culture des jardins en France, on devra consulter les Comptes des Bâtiments; on y trouvera de nombreux détails jusqu'ici peu connus et sur lesquels nous n'avons pas le loisir de nous étendre davantage. Ce travail de dépouillement a été commencé par l'ancien conservateur de la bibliothèque de Versailles, M. A. Le Roi; mais il a restreint le champ de ses investigations au potager royal et aux faits qui concernent spécialement La Quintinie[1].

Pour de pareilles études, les gravures contemporaines sont d'un précieux secours. On y voit ces parterres, ces massifs du jardin des Tuileries divisé entre tant de jardiniers. On reconnaît les dessins réguliers du parterre en broderie, les palissades de jasmins ou de mûriers exposées au midi et abritées du nord par la terrasse qui longe aujourd'hui la rue de Rivoli. On aperçoit dans le lointain la longue avenue tracée par Le Nôtre, allant jusqu'à l'Étoile et faisant face au palais; enfin, sur le côté, la promenade du Cours-la-Reine avec ses arbres nouvellement plantés[2].

En effet, si le ministre prend un soin extrême de l'embellissement et de l'entretien des palais royaux et de leurs jardins, il n'attache pas moins d'importance à donner à ces nouvelles créations un cadre en rapport avec leur magnificence Ainsi partout, à Paris comme à Versailles, sont créées des avenues tracées sur une échelle qui de nos jours paraît encore gigantesque[3]. Colbert songea même un instant, lui qui voulait appliquer presque toutes les ressources de la monarchie à l'embellissement de la capitale et à l'achèvement du Louvre, à isoler le

---

[1] *Coup d'œil rétrospectif sur quelques faits historiques de l'horticulture versaillaise*, par J.-A. Le Roi (extrait du *Journal de l'horticulture de Seine-et-Oise*), in-8° de 43 pages.

[2] Voyez notamment les plans du jardin des Tuileries par Is. Silvestre, portant la date de 1670 ou 1677. (Catalogue de l'œuvre d'Israël Silvestre par Faucheux; Paris, Renouard, 1857, in-8°, p. 176, 177.)

[3] L'avenue de Paris, en face du château de Versailles, n'a pas moins de près de cent mètres de largeur. Nous nous en sommes assuré par nous-même.

vieux palais des constructions parasites qui l'enserrent et l'étouffent à cette époque. Au moins, durant les premières années de son administration, jusqu'en 1670 environ, de nombreuses acquisitions d'hôtels ou de maisons particulières ne sauraient avoir d'autre but que la continuation et le dégagement du Louvre.

Toutefois, malgré les sages et hardis conseils de Colbert, l'ancienne résidence des rois fut bientôt délaissée pour un rival préféré. Sur les huit millions consacrés en dix-sept années au Louvre, près de sept avaient été dépensés avant 1671; à partir de cette date, le budget du château diminue à chaque exercice, et tombe, en 1680 ou 1681, à 20 ou 30,000 livres.

Tandis que le Louvre était l'objet d'une disgrâce dont il ne se relèvera pas de longtemps, les sommes affectées aux constructions de Versailles ne cessent de suivre une progression constante. Comme si les représentations de Colbert eussent exercé quelque influence sur l'esprit d'un prince encore jeune, les dépenses, qui dépassent 780,000 livres en 1664 et 580,000 livres en 1665, tombent, les années suivantes, au-dessous de 300,000 et même de 200,000 livres. A vrai dire, la conquête de la Franche-Comté absorbe un instant l'attention du souverain et toutes les ressources des finances. De même, en 1673 et les trois années suivantes, les travaux, qui avaient repris un rapide essor en 1670, subiront un nouveau ralentissement. Mais, à dater de 1677 et surtout de 1679, les dépenses augmentent sensiblement et atteignent la somme de cinq millions par an. C'est en 1685 et en 1686 qu'elles arrivent au maximum, d'après les registres des *Comptes* comme d'après le mémoire de Marinier. Les chiffres donnés par le commis de Mansart ne concordent pas toujours, nous l'avons dit, avec nos résultats; toutefois ils ne s'écartent pas sensiblement de la vérité, si au chapitre de Versailles on joint ceux de Trianon, Clagny et Marly, que Marinier a réunis, et que nous avons séparés, conformément aux registres. Qu'importe, au reste, une différence de quelques centaines de mille livres, quand on sait que nul compte antérieur à la Révolution n'est complétement exact? Ce qui reste définitivement acquis, c'est qu'aucune dépense n'a été dissimulée ou imputée sur d'autres départements, comme on l'a parfois prétendu. Pour réduire à néant de pareilles insinuations, il convenait de donner le compte avec tous ses détails, même les plus infimes, de reproduire fidèlement ses insipides énumérations de manœuvres employés aux terrassements de Versailles. Quand on voit figurer sur le registre les moindres outils, les pioches et les brouettes fournies aux Suisses occupés durant plusieurs mois à creuser la grande pièce d'eau en face de l'Orangerie [1], il n'est plus permis de soutenir que la dépense réelle est bien supérieure aux chiffres portés en compte.

En décomposant le total des sommes consacrées à Versailles pendant les dix-sept années de nos Comptes, on remarque que plus des deux cinquièmes reviennent à la maçonnerie, environ neuf millions sur vingt-cinq. Les totaux les plus élevés appartiennent ensuite aux fouilles de terre et aux parties extraordinaires; la sculpture et la marbrerie atteignent ensemble près de deux millions; la peinture un million et un tiers; la plomberie approche de deux millions; la menuiserie, la charpenterie et la serrurerie entrent dans le total pour une somme à peu près égale, soit un million chacune; même dépense pour les jardinages; tandis que la couverture dépasse à peine 500,000 livres. Il est vrai qu'une partie du château, toute l'aile du nord, reste à terminer. Le pavé ne monte guère qu'à 400,000 livres, la vitrerie à 140,000 livres.

Le palais de Trianon, qui ne forme un chapitre distinct que durant une période de cinq années, coûte seulement 312,000 livres de 1671 à 1675. Il s'agit du Trianon de porcelaine et non du palais dans le goût italien qui porte aujourd'hui le nom de Grand Trianon.

Le château de Clagny, construit pour satisfaire au caprice d'une favorite, entraîne, de 1674 à 1680, une dépense de près de deux millions. Elle ne sera guère dépassée; les travaux touchent à leur terme en 1680.

Enfin le château de Marly, qui commence à supplanter Versailles dans la faveur royale, figure sur les registres pour un total de 933,000 livres en deux années seulement; un chapitre particulier ne lui est consacré qu'à dater de 1679. Les sommes relatives à cet objet iront en augmentant les années suivantes. Plus de la moitié de la dépense a passé en ouvrages de maçonnerie. Les jardinages n'y figurent pas pour moins de 224,000 livres.

S'il est un château pour l'histoire duquel les Comptes des Bâtiments offrent d'inestimables renseignements, c'est bien celui de Versailles. On peut suivre, année par année, l'avancement des travaux, non-seulement dans les bâtiments, mais aussi pour les jardins, les bassins ou fontaines, les conduites d'eau. Les

---

[1] Il n'est pas besoin d'insister sur l'inanité de la légende absurde qui fait de cet immense travail l'ouvrage d'une nuit. M. Le Roi et M. Soulié ont dit et prouvé que cette fable n'avait aucun fondement, que les Suisses avaient travaillé plus d'une année à la pièce d'eau qui a gardé leur nom. Peu importe; la vieille légende se répète et se répétera longtemps encore, parce qu'elle flatte davantage la passion de la foule pour le merveilleux, tandis que la simple vérité ne parle guère à l'imagination.

INTRODUCTION.

nombreux témoignages contemporains facilitent singulièrement les études, tandis que pour les autres Maisons royales les plans et les descriptions sont bien plus rares. Sur un plan dessiné par Israël Silvestre en 1667[1], et dont la planche est conservée à la Chalcographie du Louvre, le château de Louis XIII apparaît encore dans son état primitif, sous la forme d'un bâtiment carré, flanqué de quatre pavillons d'angle; la face antérieure, du côté de l'avenue, est remplacée par une grille fermant la cour d'entrée. En avant du château s'élèvent deux corps de logis allongés, rattachés plus tard au massif central : d'un côté, à gauche, en regardant le château, les écuries; de l'autre, les appartements pour les officiers de la cour ou les communs.

Un plan gravé par le même artiste, sept ans plus tard, rend sensibles les modifications apportées avant 1674 au plan primitif. De nouvelles constructions entourent le château de Louis XIII sur les trois faces du jardin et englobent les tourelles d'angle. Deux cours intérieures éclairent les appartements; les deux ailes avancées, réservées aux écuries et aux communs, sont soudées au bâtiment central. Les ailes du midi et du nord sur le jardin n'apparaissent point encore; mais déjà, ce point est à noter, la façade centrale sur le jardin, où se développe maintenant au premier étage la grande galerie dite des glaces, paraît achevée. Toutefois, il faut observer que le plan de Silvestre, pris au niveau du sol, n'indique pas la date des étages supérieurs. Or, la grande galerie ne fut construite qu'après 1674; seul, le rez-de-chaussée qui lui sert de soubassement existait à cette date. Notons aussi la division de la grande cour en trois parties, portant les noms d'avant-cour, cour des Ministres et cour intérieure ou cour de Marbre. Enfin, le plan de 1674 nous donne des indications exactes sur l'état des jardins et des fontaines. Le Parterre d'eau, l'Allée d'eau, la fontaine de la Pyramide, la fontaine de Latone, celles des Quatre Saisons, la pièce d'Apollon, le grand canal, occupent déjà la place qu'ils ont conservée, tandis que, sur la droite du château et communiquant avec lui, la grotte d'Apollon s'élève sur l'emplacement du vestibule qui précède la chapelle actuelle. D'autres fontaines ou bosquets, le Marais, le Théâtre, la Salle du conseil, la Montagne d'eau, le Labyrinthe, la fontaine des Bosquets, qui existaient en 1674, ont complétement disparu sans laisser de traces. Le grand bosquet, dit jardin du Roi,

---

[1] Il existe des plans de Silvestre et de Pérelle antérieurs à celui de 1667 (voyez le Catalogue de Faucheux, p. 197); mais, afin de ne pas nous perdre dans le détail, nous choisissons les documents graphiques, plans ou vues, qui sont à la portée de tout le monde.

occupe aujourd'hui la place d'un vaste bassin, nommé l'Ile royale, qui figure sur le plan de 1674.

La *Description sommaire du chasteau de Versailles*, publiée par Félibien, précisément en cette même année 1674[1], vient à l'appui du plan de Silvestre, confirmant ou complétant ses renseignements, fournissant sur la distribution des appartements, sur la décoration des fontaines, des détails qu'un plan ne saurait indiquer. Le plan et la description de 1674 méritaient une attention particulière; nous n'avons pas de témoignage contemporain plus complet sur les grands travaux de la première partie du règne de Louis XIV. Les Comptes aideront à rectifier ou bien à préciser certains points de détail. En faisant connaître le chiffre exact des dépenses annuelles, ils fixent en même temps d'une manière authentique la part de chaque artiste dans cette grande entreprise.

Bientôt, les bâtiments terminés avant 1674 devenant insuffisants, le palais s'agrandit encore et reçoit de nouvelles additions.

En 1678 sont commencés les travaux de la grande aile du côté de l'Orangerie, dite aile du midi. Jules-Hardouin Mansart en a la direction; les ouvrages de maçonnerie sont activement poussés en 1679, et le principal entrepreneur, Jacques Gabriel, reçoit de ce seul chef, en une année, près de 300,000 livres. En même temps, s'élèvent les deux ailes avancées de la cour des Ministres, reliant quatre pavillons carrés élevés par Le Vau dès 1671 et indiqués sur le plan de 1674. On trouvera peut-être que nous insistons bien longuement sur les dates; toutefois ces explications nous semblent indispensables, car il est à peu près impossible de se reconnaître dans ces constructions multiples, ajoutées successivement les unes aux autres, non d'après un plan d'ensemble, mais selon les nécessités du moment. Au surplus, la publication des documents serait incomplète et

---

[1] Cette édition de la *Description* de Félibien, publiée à Paris (sans nom d'imprimeur) sous la date de 1674, compte 102 pages de format petit in-8° et un plan. La même année, Félibien réimprimait, en format in-8°, la *Description de la grotte de Versailles*, parue deux ans avant chez Seb. Mabre Cramoisy (42 pages in-4°, avec le privilége). Ces deux opuscules font partie du *Recueil de descriptions de peintures et d'autres ouvrages faits pour le Roy*; Paris, veuve Seb. Mabre Cramoisy, 1689, in-12. Les descriptions de Versailles et de la grotte vont de la page 271 à page 388. Le même volume contient plusieurs pièces qui touchent à l'histoire de Versailles durant la période qui nous occupe et qui avaient d'abord été donnés isolément : 1° La *Relation de la feste de Versailles* du 18 juillet 1668; 2° *Les divertissemens de Versailles donnez par le Roy à toute sa cour au retour de la conqueste de la Franche-Comté, en l'année 1674*. Les autres opuscules réunis dans ce recueil présentent la description des tableaux de Le Brun pour l'histoire d'Alexandre et des fameuses tentures des Éléments et des Saisons, dont nous parlerons plus loin.

presque inintelligible sans un plan détaillé, tant du château que des jardins, portant la date de la construction de chaque partie. Nous espérons que ce complément indispensable des documents ne nous sera pas refusé. Le travail existe d'ailleurs pour le château de Versailles, et il a été exécuté avec trop de soin par un architecte éminent pour que nous puissions songer à le recommencer. Malheureusement les plans historiques de Versailles dressés sous la direction de M. Questel sont restés jusqu'à ce jour inédits[1]. Souhaitons qu'ils soient mis dans un bref délai à la disposition du public.

En même temps que la décoration intérieure des appartements avançait rapidement, que des constructions nouvelles s'élevaient en avant et sur les flancs du château, d'autres travaux s'exécutaient sur tous les points du parc et des environs. La Ménagerie, qui forme à elle seule comme un petit château, avec ses pavillons, ses bassins et ses cours, approche de son achèvement. Les murs du grand parc, construits à cette époque, vont enfermer les bois de Marly au nord, ceux de Satory au sud, et s'étendent, dans le vallon qui fait face au château, jusqu'à Villepreux. Nous avons vu démolir, en 1872, des restes de cette immense enceinte, non loin du village de Villepreux. On travaille en même temps à Marly, à Trianon, à Clagny. Telle est l'impatience du Roi qu'en certains cas, c'est Colbert qui nous l'apprend[2], une équipe d'ouvriers de nuit vient remplacer le soir ceux qui quittent les chantiers, afin que le travail ne subisse aucune interruption.

Le Roi est-il retenu par la guerre loin de Versailles, il se fait rendre un compte minutieux de l'état des ouvrages. Colbert le tient au courant de toutes les mesures prises, et le souverain, tout en louant le zèle de son ministre, l'invite sans cesse à redoubler d'activité. Aussi les travaux avancent-ils rapidement. Commencée en 1679, l'aile du midi touche à son achèvement deux ans après. Bientôt sera entreprise celle du nord. En même temps s'élèvera le Grand Commun, qui permettra de reléguer les cuisines et leurs dépendances loin des appartements du Roi. Vers 1685, le palais de Versailles, sauf la chapelle et certaines modifica-

---

[1] Ces plans, exécutés sous l'Empire, appartiennent à la Direction des bâtiments civils. Un travail analogue, sur lequel devaient être mentionnées les différentes dates de la construction, avait été demandé aux architectes des palais impériaux. On assure que, seul, M. Questel avait terminé la tâche imposée aux architectes du Gouvernement. Une pareille collection serait du plus haut intérêt pour l'histoire de nos châteaux historiques. Espérons que ce travail vraiment utile sera repris et conduit à bonne fin.

[2] Voyez les *Lettres, instructions et mémoires de Colbert* publiés par M. P. Clément, t. V, p. 300: «Pour Versailles, il y a deux ateliers de charpentiers, dont l'un travaille le jour et l'autre la nuit.» (22 mai 1670.)

tions insignifiantes, est complétement terminé. Le plan dressé en 1693 par un ingénieur nommé Naudin présente le développement complet du château avant la construction de la chapelle, qui n'apparaît que sur les plans postérieurs à 1700[1].

Le plan de l'abbé de la Grive[2], bien qu'il n'ait été dressé qu'en 1746, n'en est pas moins le document le plus utile à consulter sur la distribution et la décoration des jardins. L'auteur, sacrifiant quelque peu le château, désigne soigneusement chaque bosquet, chaque fontaine, chaque bassin. Il nomme les auteurs de toutes les figures. Aussi ce plan a-t-il été, depuis sa publication, le point de départ de toutes les descriptions des jardins de Versailles. C'est lui qui a fourni les éléments du *Cicerone de Versailles*, petit guide peu connu, mais fort exact, publié en 1802. C'est à l'abbé de la Grive que M. Eudore Soulié a emprunté les renseignements qu'il donne sur les statues du jardin dans son excellent Catalogue.

A cette revue sommaire des documents contemporains de la construction du château de Versailles, il serait sans doute utile de joindre une liste des gravures représentant sous leurs différents aspects le palais et les jardins. Mais une pareille nomenclature nous entraînerait trop loin et exigerait trop de place. Au surplus, la plupart des vues de Versailles exécutées par les graveurs anciens se trouvent à la Chalcographie du Louvre, figurent sur son catalogue et sont ainsi à la portée de tout le monde. Nous nous contenterons de signaler quelques recueils ou livres moins connus et dont le titre n'annonce pas toujours les ressources qu'ils peuvent offrir à l'histoire du château et de ses dépendances.

Nous indiquerons d'abord les ouvrages d'Allain Manesson Mallet : la *Description de l'univers* et la *Géométrie pratique*. Les mathématiques ou l'histoire fournissent tour à tour à l'auteur le prétexte d'insérer dans ses livres quantité de petites planches fort curieuses. Celles de la *Description de l'univers* offrent un intérêt particulier; elles sont antérieures aux planches de la *Géométrie pratique*. L'aile du nord du château ne s'y voit pas encore. Donc les dessins, sinon les gravures, de la *Description de l'univers* portent par là même une date précise : ils sont antérieurs à l'année 1682. Aussi les planches qui représentent les fontaines du parc

---

[1] Voyez le plan de Naudin et celui de N. de Fer à la Topographie de Versailles (Cabinet des estampes de la Bibliothèque nationale).

[2] Plan de Versailles, du petit parc et de ses dépendances, où sont marqués les emplacements de chaque maison de cette ville, les plans du château et des hôtels et les distributions des jardins et bosquets, par M. l'abbé de la Grive, géographe de la ville de Paris, etc., 1746. La planche gravée se trouve à la Chalcographie du Louvre.

doivent-elles, pour ce motif, être consultées comme des documents d'une incontestable valeur.

La renommée de la nouvelle résidence royale donna naissance, vers la fin du XVIIe siècle, à des *descriptions* à l'imitation de celle de Félibien. Il doit en exister un assez grand nombre; nous nous contenterons d'en signaler une[1], datée de 1694. Elle renferme les vues gravées des principales fontaines et aussi celles du château, des écuries, de Trianon, de la Ménagerie. Nous n'aurions garde d'oublier dans cette énumération l'insipide et volumineux ouvrage du sieur de Monicart[2]. Si indigeste qu'il soit, cet interminable poëme renferme de précieux renseignements. Les gravures des tableaux et des statues, les plans et les vues du château méritent d'être consultés. Nous ne saurions nous y arrêter davantage, encore moins dresser la liste de ces illustrations. L'ouvrage au surplus n'est pas rare; sa forme lui a certainement nui.

Quatre ans après la compilation poétique du sieur de Monicart paraissait un gros volume qui, bien que ne se rapportant pas directement à notre sujet, mérite cependant d'être cité, à cause des nombreuses vues qu'il renferme. Les *Annales de la monarchie françoise*[2], par le sieur de Limiers, ne présentent pas moins de trente-trois vues différentes du château, des jardins et des bosquets de Versailles. D'autres palais s'y trouvent également représentés. A ce titre, il était digne d'une mention.

Nous rappellerons rapidement les gravures de J. Rigaud, exécutées vers 1730 et représentant les différents aspects du château; l'ensemble et les détails du grand

---

[1] La *Description du chasteau de Versailles*. A Paris, chez Antoine Vilette, marchand libraire, 1694, in-12 de 93 pages et 27 planches.

[2] Voici le titre de cet étrange livre, et encore sommes-nous dans la nécessité de supprimer plusieurs lignes et de les remplacer par des points : « Versaliarum consecrata memoria per Thaumata loquacia ædium, lucorum, septorum, statuarum...; opus novem in tomos distributum, metris liberis gallicæ scriptum, a DD. *Johanne Baptista de Monicart*, Metis quondam fisci regii quæstore. Accessit latina, eademque soluta metrorum versio, opera et studio Romani le Testu, Rothomagæi (*sic*), in præ-clara artium facultate Universitatis studii Parisiensis magistri... His colloquiis accesserunt typicæ quingentæ* imagines celaturæ delicatioris... Dicatus Regi Christianissimo. — Parisiis, apud Stephanum Ganeau et Jacobum Quillau, MDCCXX. 2 vol. in-4°.

[3] Un volume in-folio, publié à Amsterdam en 1724. Les vues de Versailles se trouvent groupées quatre par quatre, de la page 38 à la page 52 de la troisième partie. Bien qu'elles nous montrent le château et ses dépendances à la fin du règne de Louis XIV, elles sont encadrées dans les médailles du règne de Louis XIII.

* On compte réellement quatre-vingt-quinze planches, en y comprenant le plan général, les vues extérieures ou intérieures, les reproductions de tableaux et de statues. L'ouvrage complet devait avoir neuf volumes.

escalier des Ambassadeurs, dessiné par Chevotet; les vues de Cotelle, Chauveau, Le Pautre, et enfin les quarante et une planches de Sébastien Le Clerc reproduisant les groupes du Labyrinthe empruntés aux fables de la Fontaine[1]. Ces nombreuses estampes seront d'un précieux secours à ceux qui étudieront dans leurs détails les Comptes des Bâtiments. On comprendra que nous ne puissions insister davantage sur cette iconographie versaillaise, dont tous les éléments se trouvent classés dans la section de la topographie au Cabinet des estampes de la Bibliothèque nationale.

Il n'y avait pas lieu, dans la présente publication, d'intervertir l'ordre des dépenses et de tenter un classement méthodique à peu près impossible. Le comptable n'a égard qu'à la date des payements et confond ainsi les articles qui se rapportent aux parties les plus diverses du bâtiment ou des jardins. Mais la méthode qu'il était bien difficile d'introduire dans le texte, nous avons essayé de l'appliquer à la table, nous conformant ainsi à la logique des faits. Pour éviter une confusion inextricable, nous avons réparti, dans notre table, tous les articles relatifs à Versailles en trois chapitres distincts : 1° le château; 2° les parcs, eaux et fontaines; 3° la ville et les environs. Ces divisions faciliteront les recherches au milieu de cette quantité de matières si différentes. Elles donneront une idée de la multiplicité des détails que le compte fait connaître et dans lesquels il serait trop long d'entrer ici. Nous signalerons toutefois certains points qui méritent attention.

Les Comptes des Bâtiments, en nous apprenant la date de l'exécution de tous les groupes ou statues, en révèlent par là même le prix. Ils font savoir en outre qu'un grand nombre des figures de bronze encore existantes, soit au bassin de Latone, soit dans l'allée de la Pyramide, étaient à l'origine entièrement dorées. De quel éclat devaient étinceler aux rayons du soleil ces statues entourées d'eau jaillissant et ruisselant de toutes parts! La sombre couleur du bronze ne donne actuellement qu'une faible idée de ce spectacle féerique. Et combien de bosquets, aujourd'hui déserts ou incultes, étaient décorés alors de fontaines ou de bassins présentant les dispositions les plus ingénieuses et les plus variées! Il faut

---

[1] Tous les cuivres des estampes que nous citons ici sont conservés à la Chalcographie du Louvre : les sept vues de Rigaud, sous les n°ˢ 2550 à 2556 (catalogue de 1869); l'escalier des Ambassadeurs gravé par Surugue, sous les n°ˢ 2557 à 2564; les groupes du Labyrinthe, sous les n°ˢ 2585 à 2625. Enfin, diverses vues du jardin, des fontaines et de Trianon, par Rigaud, Cotelle, Le Pautre, Chauveau et Silvestre, sont classées sous les n°ˢ 2565 à 2584 et 2626 à 2640.

INTRODUCTION.

consulter les anciens Comptes ou les vieux plans pour avoir une idée nette de la différence des jardins d'aujourd'hui avec le Versailles de Louis XIV. Lorsqu'au bout de ce magnifique point de vue, ménagé par l'art de Le Nôtre devant la façade du château, se détachaient sur un lointain brumeux les mâts et les cordages de légères embarcations aux formes élégantes, certes le roi qui avait créé toutes ces magnificences dans un désert aride pouvait se dire qu'il avait vaincu la nature elle-même.

A côté des détails fournis par nos Comptes sur les travaux de peinture et de sculpture dus à une réunion d'artistes éminents telle que la France n'en avait jamais vu jusque-là de semblable, c'est un curieux et singulier chapitre que celui des vaisseaux et des chaloupes du grand canal. On ne s'était pas contenté de réunir sur cette mer en miniature les types caractéristiques de la marine de chaque pays, de faire venir des gondoles de Venise, des yachts d'Angleterre, des galères barbaresques; on avait logé à côté de cette flotte réduite toute une escouade de marins attirés à grands frais des pays étrangers. Les matelots génois, les gondoliers vénitiens étaient installés dans le voisinage des forçats chargés de conduire la grande galère du Roi. Cette population a laissé un souvenir dans le parc de Versailles. L'avenue qui descend du bois de Satory à la tête du canal s'appelle encore l'allée des Matelots. On sait par les Comptes, et aussi par un précieux livre de croquis conservé aux archives de la Marine et dont nous avons eu l'occasion de donner ailleurs une courte description[1], avec quelle recherche et quelle somptuosité les moindres barques étaient décorées. Si l'on fait appel à l'expérience des ouvriers étrangers pour posséder un type exact de leurs embarcations nationales, si l'on charge des charpentiers anglais de construire le yacht du Roi[2], on n'emploie que des artistes français ou établis en France pour enrichir ces gracieuses chaloupes de peintures et de sculptures, et les plus habiles ne refusent pas leur concours.

Le chapitre des travaux hydrauliques donnerait lieu à de bien curieuses remarques. Plusieurs travaux dus à un historien compétent[3] ont presque complète-

---

[1] Voir *Les Caffieri*, Paris, Morgand, 1878, in-8°, p. 464-469.

[2] Voy. la lettre de Colbert à son frère, alors ambassadeur à Londres, du 13 mars 1672, publiée par M. P. Clément (*Lettres de Colbert*, V, 322).

[3] *Travaux hydrauliques de Versailles sous Louis XIV* (1664-1688), par J.-A. Le Roi; Versailles, Bernard, libraire, 1865, in-8° de 68 pages. Cette monographie a été faite à l'aide de la copie des Comptes des Bâtiments prise par M. Le Roi lui-même, et dont nous avons déjà parlé.

Dès 1847, M. Le Roi avait publié une première

ment épuisé la matière. Nous ne saurions entreprendre l'analyse des ouvrages de M. Le Roi; nous y renvoyons le lecteur. Il pourra suivre, année par année, les progrès des machines successivement proposées et employées à l'alimentation des bassins et des jets d'eau. Il verra comment on utilisa d'abord les eaux de la Bièvre en les élevant dans un réservoir au moyen d'un manége bientôt remplacé par des moulins; comment le trop-plein du canal, au lieu de se perdre dans la vallée, était précieusement recueilli et ramené au réservoir général à l'aide d'un moulin dit de retour. Mais tous ces expédients ne donnaient que des résultats insuffisants; constamment l'eau manquait. Après un relevé minutieux du niveau des plateaux qui entourent Versailles, on songea à recueillir, pour les amener dans les réservoirs du château, les eaux des plaines de Trappes et de Bois-d'Arcy. De nombreux ouvriers furent occupés à couvrir cette vaste étendue d'un réseau de rigoles aboutissant à l'étang artificiel de Trappes, qui existe encore, et à celui de Bois-d'Arcy, desséché vers le commencement de ce siècle à cause de son insalubrité. L'étang de Saclay vint ensuite. Des rigoles amenaient les eaux dans les réservoirs de Versailles. On voit encore dans les champs des environs de Trappes de larges canaux soigneusement entretenus et des bornes portant la couronne et la fleur de lis royale, derniers témoins des immenses travaux entrepris pour procurer à Versailles des eaux abondantes, sinon toujours salubres. Mais les étangs ne suffisant pas à l'énorme consommation des fontaines, il fallut imaginer des expédients plus puissants et moins subordonnés aux caprices des saisons. On eut recours à un ingénieur étranger qui venait de conquérir une grande réputation par des travaux hydrauliques exécutés en Flandre; il s'appelait Arnold Deville. A lui et à Rennequin Sualem, charpentier liégeois qui l'accompagnait en France, est due la construction de cette fameuse machine de Marly qui causa tout d'abord une admiration universelle. La nouveauté de la conception, l'aspect imposant de l'appareil, le bruit terrible qu'on entendait au loin, frappèrent vivement l'imagination des contemporains. Le succès de l'inventeur fut d'abord immense. Mais on ne tarda

étude, intitulée: *Des eaux de Versailles, considérées dans leurs rapports historique et hygiénique*, avec un plan et une carte, Versailles, Despart, 1847, in-8° de 316 pages. Dans ce livre, l'auteur examinait les différents systèmes employés depuis Louis XIV jusqu'à nos jours pour conduire à Versailles les eaux nécessaires aux besoins des habitants.

On consultera aussi sur les travaux hydrauliques de Versailles un autre opuscule du même auteur, ayant pour titre: *L'ancienne machine de Marly ou Deville et Rennequin*, publié dans les *Curiosités historiques sur Louis XIII, Louis XIV, Louis XV*, etc. Paris, Plon, 1864, in-8° (voyez pages 115-200).

pas à reconnaître que sa monstrueuse machine ne donnait pas tous les résultats attendus. Il fallut recourir à d'autres ressources. C'est alors qu'on conçut le gigantesque dessein de conduire à Versailles les eaux de la rivière de l'Eure. On édifia l'aqueduc de Maintenon, et on ne renonça à cette ruineuse entreprise qu'après y avoir enfoui des sommes immenses et y avoir sacrifié quantité d'ouvriers sans approcher du but.

Tous ces essais avortés produisirent un résultat qu'on ne cherchait pas et auquel personne n'avait songé; ils contribuèrent dans une large mesure à répandre l'étude de la mécanique et tournèrent ainsi indirectement à l'avancement des sciences. Des niveaux plus parfaits furent construits, les divers systèmes de pompes perfectionnés. Des ouvrages techniques, comme le *Traité pour la pratique des forces mouvantes* de Gobert [1], ne doivent le jour qu'à cette préoccupation des besoins de Versailles.

On verra aussi, par le détail des Comptes, combien les dépenses de Versailles ont concouru au progrès de la culture des arbres, des plantes et même des légumes. La direction du potager royal avait été confiée à un savant du plus grand mérite, Jean de la Quintinie. Sur cette matière, comme sur les travaux hydrauliques, l'érudit bibliothécaire de Versailles a laissé une monographie [2] qui nous dispense de plus amples développements. M. Le Roi montre comment la passion du Roi pour les fleurs exotiques eut pour résultat l'introduction de plusieurs espèces d'arbres ou d'arbustes jusque-là inconnues dans nos climats; il expose les progrès que réalisèrent, durant la période qui nous occupe, aussi bien l'entretien et la multiplication des fleurs de pur agrément que la culture des légumes et des arbres à fruits. Déjà le potager royal occupait l'emplacement où il est toujours resté. L'habileté de la Quintinie avait su transformer un de ces cloaques infects [3] si nombreux aux alentours du château en un potager admirablement fertile, où furent cultivés des fruits que nos jardins ne connaissaient pas. Ainsi de cette

---

[1] *Traité pour la pratique des forces mouvantes*, qui fait connoistre l'impossibilité du mouvement perpétuel par la nécessité de l'équilibre, etc., à la fin duquel l'auteur a mis la figure d'un niveau qu'il a inventé, et un *récit de la manière dont il s'est servi pour assembler et conduire les eaux des plaines de Saclay à Versailles*. Ouvrage utile à ceux qui auront à conduire ou à faire conduire des eaux, par M. Gobert, cy devant intendant des Bastimens du Roy. A Paris, chez Jean-Baptiste Delespine, 1702. In-4°, de 80 pages.

[2] *Coup d'œil rétrospectif sur quelques faits historiques de l'horticulture versaillaise*, par J.-A. Le Roi (extrait du *Journal d'horticulture de Seine-et-Oise*), in-8° de 44 pages.

[3] L'abbé de la Grive nomme encore la pièce qui s'étend de l'autre côté du bassin des Suisses, vis-à-vis du potager, *l'étang puant*.

époque date l'introduction du figuier, due au goût particulier que le Roi montrait pour les fruits de cet arbre.

Plus que nul autre, le chapitre des dépenses de Versailles fournira des indications minutieuses sur l'horticulture et l'arboriculture au temps de Louis XIV. Il nous est impossible d'entrer ici dans le détail d'une pareille étude ; contentons-nous d'appeler l'attention sur certains points intéressants. Signalons d'abord la masse énorme de fumiers employée pour amender le sol ingrat qu'il fallait rendre fertile. A côté du potager, on crée la grande orangerie, dont l'architecture imposante fait du côté du midi un si majestueux soubassement au palais de Louis XIV. Pour la culture des orangers, on avait su vaincre les intempéries du climat. Dans les jardins de Trianon, des orangers sont plantés en pleine terre ; durant la saison rigoureuse, on les enfermait dans une cage de verre qui se démontait et disparaissait au printemps. Ainsi avait été résolu le difficile problème d'entretenir un jardin embaumé en toute saison. Nul doute qu'il n'existe aujourd'hui, soit à Versailles, soit à Paris, des orangers contemporains de Louis XIV. On montre encore, dans la grande orangerie de Versailles, un arbre trois fois séculaire et plus vieux que les carpes légendaires de Fontainebleau. Cet oranger viendrait, suivant une tradition fort accréditée, du connétable de Bourbon ; aussi s'appelle-t-il le Connétable.

Les jardiniers de Versailles n'avaient pas à lutter seulement contre l'aridité du terrain, un autre ennemi leur créait de sérieuses difficultés. Le sol sablonneux de cette région renfermait une quantité considérable de taupes qui faisaient une guerre acharnée aux ouvriers chargés de l'entretien des parterres royaux. De quelles hécatombes les parcs de Versailles furent alors le théâtre, les nombreux articles consacrés aux Liard, taupiers ordinaires du Roi, peuvent seuls en donner une idée. C'est par milliers qu'on compte chaque année les victimes de cette destruction impitoyable. Malgré toute l'activité des taupiers royaux, il s'en faut, celui qui écrit ces lignes le sait de bonne source, qu'ils soient parvenus à purger le sol de Versailles et des environs de ses hôtes incommodes.

Un volume entier suffirait à peine si l'on voulait entrer dans le détail de toutes les dépenses de Versailles, fixer la date de la construction des différentes parties du château, étudier l'emplacement et la décoration de chaque appartement, énumérer les travaux d'art entrepris soit à l'intérieur, soit à l'extérieur du palais, passer en revue les allées, les parterres, les bosquets, les fontaines, les bassins,

INTRODUCTION.

rechercher les divers systèmes adoptés successivement pour alimenter les eaux jaillissantes du parc, examiner enfin tous les articles concernant soit les bâtiments, soit le jardin, soit la ville. Les Comptes entrent dans des détails infinis; on le voit par notre table, où le seul palais de Versailles n'occupe pas moins de vingt-cinq colonnes. Nous n'avons rien négligé pour rendre les recherches faciles en multipliant les renvois.

A l'aide de ces documents, une histoire exacte et définitive du château et de ses dépendances n'est plus qu'une œuvre de soin et de patience. Cette histoire, qui manquait jusqu'ici, vient d'être entreprise par l'écrivain le plus capable de mener une pareille tâche à bonne fin. M. Dussieux n'a eu garde d'oublier les ressources précieuses offertes par les registres des Bâtiments. La publication prochaine de son livre nous dispense d'insister davantage sur le chapitre de Versailles et nous permet de passer rapidement à d'autres châteaux qui bénéficièrent, eux aussi, dans une certaine mesure, de la vigilante activité du ministre et des goûts somptueux du souverain.

Après le Louvre et Versailles, auquel se rattachent Trianon, Clagny et Marly, la première place, pour le chiffre de la dépense, appartient, sans conteste, au château de Saint-Germain; celui de Fontainebleau n'arrive qu'en deuxième ligne. En effet, tandis que près de quatre millions de livres sont consacrés aux embellissements de Saint-Germain et de ses dépendances, les dépenses de Fontainebleau ne dépassent guère un million et demi. Ensuite vient le château de Vincennes, inscrit aux budgets des Bâtiments, de 1664 à 1674, pour 857,000 livres; à partir de l'année 1675, le chapitre de Vincennes disparaît des comptes. Une somme qui atteint au maximum 20,000 livres et qui descend parfois à 2,000 livres est consacrée annuellement à l'entretien plutôt qu'à l'embellissement du Palais-Royal[1]. Les dépenses de Chambord et de Blois, bien qu'un peu plus élevées, restent toujours au-dessous des besoins, comme le constate la correspondance de Colbert[2]. Le château de Chambord, ne recevant que de très rares visites de la

---

[1] On trouvera, dans les *Lettres de Colbert*, publiées par M. P. Clément, des renseignements sur le cheval de bronze que Louis XIV fit venir de Nancy à Paris et installer dans la cour du Palais-Royal (t. V, p. 310, lettre du 14 mai 1671).

[2] Une lettre de Colbert au sieur de la Saussaye, intendant des bâtiments de Blois, en date du 4 octobre 1679, dit qu'à cette époque le château de Chambord «estoit en un estat pitoyable, sans portes, sans fenestres, sans vitres, qu'il pleuvoit partout...» (*Lettres, instructions et mémoires de Colbert*, t. V, p. 405.)

cour, tombe bientôt dans un état de délabrement qui ne laisse pas que d'inquiéter la vigilance du ministre. Les autres Maisons royales, Madrid, Saint-Léger, Monceaux, Compiègne, la Bastille, bien qu'un chapitre spécial soit consacré à chacune d'elles, coûtent à peine quelques milliers de livres chacune. Il suffira de renvoyer lecteur à la table alphabétique et aux tableaux de dépenses.

Avant de passer aux autres bâtiments inscrits sur les états, tels que les Invalides, l'Observatoire, le Val-de-Grâce, et aux chapitres d'une nature différente, comme les manufactures royales, les Gobelins, les académies et les encouragements aux gens de lettres, il convient de nous arrêter aux châteaux qui donnent lieu, par leur importance, à quelques observations : nous entendons parler de Saint-Germain, de Fontainebleau et de Vincennes.

Les dépenses de Saint-Germain se répartissent sur trois bâtiments distincts : le vieux et le nouveau château de Saint-Germain et le château du Val. Louis XIV ne délaissa jamais, nos documents en font foi, le palais dans lequel Anne d'Autriche lui avait donné le jour. Saint-Germain ne partagea point la disgrâce à peu près complète qui frappait le Louvre dès 1680.

Si le chiffre des dépenses tombe parfois à moins de 50,000 livres, il se relève sensiblement durant les dernières années de la période qui nous occupe, atteint presque 400,000 livres en 1679 et dépasse 570,000 livres l'année suivante. En effet, alors que le Roi et la cour ont abandonné le séjour de la capitale pour n'y plus faire que de courtes apparitions, la résidence de Saint-Germain leur présentait des séductions bien faites pour les attirer. Le voisinage de la forêt, si favorable à la chasse à courre, retenait chaque année Louis XIV pendant plusieurs semaines de l'automne. Le château et les jardins profitèrent ainsi de leur situation exceptionnelle. La vaste étendue des bâtiments, au surplus, suffisait à tous les besoins d'une cour nombreuse. Les logements de la vieille résidence féodale deviennent-ils trop exigus, de nouvelles constructions, sans cesse augmentées, sans cesse embellies, doubleront l'étendue du palais et des appartements.

Aussi n'est-il pas un personnage occupant une situation officielle à la cour qui n'ait son logement dans ce triple château ou dans ses dépendances. Princes, grands seigneurs, ministres, dames d'honneur, sont confortablement installés aux alentours de l'appartement du souverain. Nous y voyons la duchesse de la Vallière habiter tout près de Mme de Montespan, et ce singulier voisinage donne naissance à un incident des plus piquants. Le Compte de 1669 porte aux *Diverses dépenses*

INTRODUCTION.

une somme de 3,000 livres payée à Jean Marot, «à compte des ouvrages de rocailles qu'il a faits aux appartemens de Mme la duchesse de la Vallière et la marquise de Montespan à Saint-Germain[1]». Ce rapprochement des deux rivales, tout singulier qu'il paraît, n'eût peut-être pas éveillé notre attention si nous n'eussions trouvé des renseignements précis et positifs sur l'objet de cette dépense. Il résulte en effet d'un marché passé entre Jean Marot, d'une part, la duchesse de la Vallière et la marquise de Montespan, d'autre part, que les deux grandes dames avaient commandé à l'architecte quatre grottes d'appartement, deux pour le salon de Mlle de la Vallière et deux pour celui de Mme de Montespan. Les deux contractantes s'engageaient solidairement à payer la dépense, chacune par moitié, en versant immédiatement à l'architecte une somme de 1,300^lt 6^s 8^d sur le prix convenu de 4,000 livres[2]. Certes, on n'irait pas chercher un pareil trait de mœurs dans les Comptes des Bâtiments. Nous nous y arrêtons surtout pour signaler une des plus singulières manies de cette époque : nous voulons parler du goût envahissant des grottes et des rocailles. Des jardins, où le XVIe siècle l'avait avec raison reléguée, la grotte envahit maintenant l'intérieur des palais. On compte au moins cinq grottes d'appartement dans le seul château de Saint-Germain, une chez le Roi et quatre dans les logements occupés par les deux favorites.

On chercherait vainement aujourd'hui, dans les châteaux de France, un seul exemple de grotte d'appartement. Mais certains palais étrangers, et particulièrement le château royal de Munich[3], offrent encore des spécimens de ce bizarre caprice de la mode.

Le château de Saint-Germain avait donc reçu tous les accroissements intérieurs ou extérieurs de nature à en rendre le séjour agréable et commode. Les vastes écuries, le chenil, le manége, toutes les dépendances nécessaires aux chasses royales avaient été l'objet d'un soin particulier. On avait construit un manége spécial pour l'instruction du Dauphin. Un parc aux lièvres, destiné aux plaisirs du jeune prince, avait été réservé au bout de la grande terrasse.

---

[1] Voy. col. 367 le payement en date du 16 janvier 1670.

[2] Le texte complet de ce marché a été publié dans les *Nouvelles archives de l'art français*, volume de 1877, p. 167-171.

[3] Nous avons vu récemment dans le palais des rois de Bavière, à Munich, un salon renfermant encore deux petites grottes en rocailles, avec jets d'eau et statue, remontant au moins au siècle dernier. Cet exemple permet de supposer que les deux grottes commandées par Mlle de la Vallière et Mme de Montespan étaient destinées à une seule et même pièce dans chacun de leurs appartements.

Les jardins avoisinant le château recevaient en même temps tous les embellissements introduits par les Le Nôtre et les Mollet. A côté des fontaines, des grottes, des vieux ou nouveaux parterres, on trouvait aux environs du palais un jeu de paume, un jeu de mail; sur d'autres points avaient été ménagés un boulingrin, un tripot, une orangerie. Une famille de jardiniers habiles se perpétue à Saint-Germain pendant plusieurs générations : c'est la famille des La Lande, dont nous avons eu occasion de parler plus haut.

Au soin avec lequel sont entretenues les routes de la forêt, on reconnaît que la cour a adopté le château pour la saison des chasses. D'ailleurs, la proximité de Versailles favorise les déplacements; aussi répare-t-on avec une extrême vigilance la grande chaussée qui relie les deux résidences. Non loin du château s'élève une nouvelle construction, nommée le pavillon du Val, simple dépendance de l'habitation royale jusqu'au jour où l'ingénieur Deville vient s'installer sur les bords de la Seine pour construire la machine de Marly. A cette date, c'est-à-dire vers 1678, le bâtiment du Val prend assez d'importance pour fournir la matière d'un chapitre spécial. Autour de lui s'étendent des jardins comprenant une faisanderie, une melonnière, des espaliers, des plants d'asperges. On y avait évidemment installé le potager chargé de pourvoir aux besoins de la table royale.

Sur le château de Saint-Germain, comme sur celui de Fontainebleau, on devra consulter l'œuvre d'Israël Silvestre et celui de Perelle. Nous renvoyons, une fois pour toutes, au Catalogue, déjà cité, des estampes de Silvestre, par M. Faucheux, et à celui de la Chalcographie du Louvre. La Chalcographie possède notamment une gravure donnant l'aspect du château en 1666 et trois plans de 1668, le tout avec la signature de Silvestre.

Les dépenses de Fontainebleau restent bien au-dessous de celles des autres châteaux cités jusqu'ici. Elles n'atteignent pas 100,000 livres en moyenne par année, tout compris : frais d'entretien, gages d'officiers, constructions nouvelles. D'ailleurs ce chiffre, qui descend parfois à 12,000 livres, en 1673 notamment, remonte brusquement en 1678 et atteint 350,000 livres environ, quand il était de 20,000 livres à peine l'année précédente. La meilleure part de ces travaux revient aux ouvriers, aux maçons surtout; ces derniers entrent pour un tiers dans la dépense totale. C'est d'ailleurs la proportion habituelle. Les artistes, au contraire, n'occupent qu'une place des plus modestes dans le compte de Fontainebleau. Durant plusieurs années, il devient superflu d'ouvrir un chapitre spécial pour la peinture et la sculpture. L'entretien des couvertures, le soin des jardins, allées et canaux, les gages des officiers, constituent les plus lourdes charges de ce budget. Ici, d'ailleurs, les anciens bâtiments sont tellement vastes, qu'on se préoccupe avant tout de conserver, d'entretenir ce qui existe. Comme les autres résidences habituelles du souverain, le château de Fontainebleau possède une orangerie. On tente ici pour la première fois l'expérience répétée un peu plus tard à Trianon : des orangers plantés en pleine terre sont protégés contre les rigueurs de la mauvaise saison par des châssis mobiles enlevés au printemps. Il n'est pas jusqu'aux plus modestes hôtes de l'habitation royale, jusqu'aux carpes et aux cygnes, qui n'occupent une place sur les Comptes. Un employé, Jean Daries, dit Galland, a pour charge spéciale de pourvoir à leur nourriture.

De 1665 à 1670, on travaille activement au château de Vincennes. Puis, peu à peu, les ouvriers deviennent moins nombreux; à partir de 1675, la dépense de cette maison tombe à un chiffre si minime, qu'on juge inutile de lui consacrer un chapitre particulier. Elle va se confondre avec la masse des *Diverses dépenses*. Les travaux du château n'entrent d'ailleurs que pour une somme très-faible dans le chapitre de Vincennes; la plus grande partie est consacrée aux plantations d'arbres, aux jardinages, aux murs du parc, au mur de soutien de la grande avenue, et aussi aux aqueducs et réservoirs, les ouvrages des bâtiments restant à peu près insignifiants.

Le Palais-Royal, Madrid, Blois, Chambord et Amboise, le haras de Saint-Léger, Compiègne et Monceaux ne donnent matière à aucune remarque. Plus ou moins délaissées, ces maisons, qui ne reçoivent qu'à de très-rares intervalles les visites du souverain, sont à peine entretenues. Les détails qu'on a lus plus haut sur l'état de délabrement du château de Chambord s'appliqueraient aussi bien aux autres bâtiments que nous venons d'énumérer. Évidemment une somme annuelle de 1,000 livres à peine pour le château de Madrid, de 3,600 livres pour celui de Compiègne, constitue un budget dérisoire. Au moins la Bastille résiste-t-elle mieux par l'épaisseur de ses murailles et la solidité de sa construction.

Les réparations de couverture constituent la principale dépense des bâtiments inhabités. Un entrepreneur se charge à forfait de leur entretien; c'est ce qui explique la modicité des sommes afférentes à chacun des châteaux. L'entretien des couvertures des Maisons royales est porté en un seul article aux *Diverses dépenses*.

En 1680 est entreprise la construction de l'église des Invalides. La maçonnerie coûte déjà 80,000 livres. La même somme restera affectée à ce chapitre les années suivantes [1].

Un des grands reproches que Voltaire adresse à Louis XIV est, on le sait, d'avoir dissipé des millions pour la création de Versailles, tandis qu'avec une dépense bien inférieure il eût changé l'aspect de Paris et transformé sa capitale. Les Comptes des Bâtiments répondent, en partie du moins, à cette critique. Ils donnent une idée exacte de tout ce qui a été fait, sous le ministère de Colbert, pour les embellissements de Paris. Nous ne reviendrons pas sur le Louvre. Avec un peu plus de persévérance, le Roi aurait vu l'achèvement de ce palais. Mais combien d'autres édifices, encore aujourd'hui l'honneur et la décoration de la ville, doivent leur construction à Louis XIV! Nous venons de parler des Invalides. Nous aurons à nous en occuper longuement quand nous publierons les comptes de 1681 et des années suivantes. En 1668 est commencé l'Observatoire, dont les travaux seront continués pendant de longues années; ils avaient déjà entraîné, en 1680, plus de 500,000 livres de dépense. Dès le commencement de son règne, remplissant les pieuses intentions de sa mère, le Roi a fait mettre la dernière main à l'église et au monastère du Val-de-Grâce. De toutes parts s'élèvent des portes triomphales. Si nos Comptes ne parlent pas de celles qui furent érigées par la ville à la gloire du souverain et qui témoignent encore du talent mâle et souple des architectes et des sculpteurs du temps, ils nous mettent au courant des vicissitudes de cette porte Saint-Antoine destinée à devenir une des plus belles entrées de Paris et qui, après des dépenses énormes, tomba rapidement en ruine, ne laissant guère d'autre témoignage de sa magnificence que la gravure de Séb. Le Clerc [2].

Nous assistons en même temps à la création du Jardin royal, le Jardin des Plantes actuel, à la naissance de la manufacture des Gobelins, ce grand atelier des meubles de la couronne, qui embrassait à son origine un cadre bien plus vaste que la fabrication des tapisseries de haute ou de basse lisse. Tout le mobilier des châteaux royaux, tous les chambranles finement sculptés des portes et des fenêtres,

---

[1] On connaît le grand ouvrage d'André Félibien intitulé : *Description générale de l'Hostel royal des Invalides.* Paris, 1683, in-fol. avec plans et élévations.

[2] Arc de triomphe de Louis XIV à la porte Saint-Antoine, gravé par Sébastien Le Clerc en 1679, porté sous le n° 2476 au catalogue de la Chalcographie du Louvre.

ces garnitures de croisées, ces serrures ciselées par Cucci et ses émules, cette riche orfévrerie à laquelle un chapitre spécial est consacré dans les registres et que nous voyons revivre sur les gravures du temps, ou mieux encore sur les admirables tapisseries de l'*Histoire du Roi*, toutes ces somptueuses tentures comparables ou supérieures aux chefs-d'œuvre les plus vantés de Bruxelles, sortaient des ateliers des Gobelins. Là, sous la suprême direction du grand ordonnateur de tous les travaux d'art du temps de Louis XIV, de Charles Le Brun, s'est groupée une nombreuse colonie d'artistes distingués dans les genres les plus variés, comprenant à la fois des sculpteurs, des peintres, des dessinateurs, des graveurs, des tapissiers, des orfévres, des marqueteurs, des lapidaires, des fondeurs, des ciseleurs, admirable école d'art décoratif, qui a exercé une profonde influence sur le goût français. Un peu plus tard, les revers de la guerre porteront une atteinte sensible à cette brillante et féconde création; mais, si la ruine du trésor et les besoins impérieux des armées font promptement disparaître les chefs-d'œuvre sortis de ce merveilleux atelier, la France ne doit-elle pas à cette grande école un enseignement et des exemples qui contribueront singulièrement à étendre et à perpétuer pendant plus d'un siècle la suprématie de l'art et du goût français?

Sans doute, quand on voudra étudier dans le détail ce grand établissement, sans rival encore aujourd'hui, on ne devra pas s'en tenir aux mentions trop succinctes ou incomplètes de nos Comptes. Les nombreux cartons et registres provenant des archives de la manufacture et conservés, les uns au Cabinet des manuscrits, les autres au palais Soubise, offriront de précieux détails sur tout ce qui touche à l'organisation, au personnel et aux travaux des Gobelins. Toutefois, c'est encore aux registres des Bâtiments que le plus exact des historiens de cette maison doit la meilleure part de la notice qu'il lui a consacrée[1].

Puis, nous voyons naître et croître peu à peu cette manufacture de Beauvais, sœur cadette des Gobelins. A côté de l'entreprise fondée et entretenue par le Roi, on essaye de créer une industrie pouvant vivre par elle-même avec le secours d'une large subvention. On sait que l'essai réussit assez mal et que plus d'une fois le souverain fut obligé d'intervenir pour sauver la manufacture d'une ruine imminente. Mais d'habiles directeurs, comme Béhagle, le successeur de Louis

---

[1] A.-L. LACORDAIRE, *Notice historique sur les manufactures impériales de tapisseries des Gobelins et de tapis de la Savonnerie*... Paris, à la manufacture, 1853, in-8° de 200 p. Voyez aussi, sur la manufacture des Gobelins au temps de Louis XIV, la relation d'une visite faite par le Roi à cet établissement, publiée par le *Mercure galant* de 1673 et reproduite dans la *Revue universelle des arts* (t. XVI, p. 334).

Hinart, et plus tard le peintre Oudry, se chargèrent de démontrer qu'on ne devait s'en prendre qu'à l'inexpérience et à la mauvaise gestion de ses chefs des dangers que courut à diverses reprises l'existence de la manufacture de Beauvais.

En même temps, la maison de la Savonnerie, fondée une trentaine d'années auparavant, trouve dans des commandes nombreuses des encouragements réguliers qui assurent sa prospérité.

Nous ne saurions nous étendre davantage sur un sujet aussi vaste. On pourra relever aisément, à l'aide de la table, tous les renseignements fournis par les Comptes non-seulement sur les manufactures des Gobelins et de Beauvais, mais encore sur les tapisseries achetées pour le Roi, soit à des particuliers, soit à des fabricants de Felletin.

Nous renvoyons également le lecteur aux mentions relatives à cet admirable manuscrit des *Tapisseries* du Roi, aujourd'hui conservé à la Bibliothèque nationale[1] et dont les miniatures, dues au pinceau de Jacques Bailly, sont bien connues par les gravures de Le Clerc. Les cuivres originaux des devises qui accompagnent la tenture des *Saisons* et celle des *Éléments* sont conservés, on le sait, à la Chalcographie du Louvre[2].

Vainement avons-nous cherché et demandé de tous côtés en quoi consistaient ces tapisseries sur toile d'argent plusieurs fois citées et qui donnèrent leur nom à une des pièces de Versailles. On sait mieux ce qu'étaient les tapisseries de peinture en teinture sur du gros de Naples ou sur du gros de Tours. On a vu, à une exposition récente, une œuvre de Bonnemer exécutée par ce procédé. Ces peintures sur soie étaient sans doute destinées à imiter de loin le travail de la tapisserie plutôt qu'à servir de cartons ou de modèles aux ouvriers des Gobelins.

C'est aux Gobelins, dans le voisinage des ateliers de tapisserie, que se fabriquent ces meubles en argent ou en or exécutés par les plus habiles orfèvres. Eux aussi obéissent à la discipline de Le Brun. Au premier rang parmi ces morceaux remarquables il faut citer les deux fameux cabinets appelés le *Temple de la*

---

[1] En voici le titre : *Devises pour les tapisseries du Roy où sont representez les quatre Élemens et les quatre Saisons de l'année.* Le frontispice est signé : J. *Bailly peint.*, 1668. Ce volume, de format in-4°, porte le n° 7819 dans le fonds français (réserve).

[2] *Catalogue de la Chalcographie*, 853-860 et 2123-2165. La première série se rapporte à la gravure des *Saisons* et des *Éléments* d'après Charles Le Brun et la seconde série aux *Devises* d'après Bailly.

INTRODUCTION.

Gloire et le *Temple de la Vertu* ou les cabinets d'Apollon et de Diane[1], dus à l'habile Italien Dominique Cucci, puis ces lampadaires, ces caisses d'oranger et autres ouvrages d'argenterie, enfin le buffet et la nef d'or pour l'usage personnel du Roi, dont nous voyons la mention et le prix sur les Comptes. Malheureusement toutes ces merveilles, dont la matière, si précieuse qu'elle fût, ne constituait pas la principale valeur, tous ces chefs-d'œuvre des orfévres les plus vantés, et particulièrement du célèbre Ballin, étaient voués d'avance à une destruction rapide.

Les matières précieuses mises en œuvre constituaient une sorte d'épargne facile à monnayer. L'occasion d'en tirer parti ne se fit pas longtemps attendre. Dès 1689, les grandes pièces d'orfévrerie avaient pris le chemin de la Monnaie, après une existence de vingt ou vingt-cinq années à peine. Ainsi disparurent ces merveilles qui, de 1664 à 1680, avaient coûté des millions.

Les sommes consacrées aux ouvrages d'orfévrerie rentrent dans la masse générale des dépenses des Bâtiments, nous venons de le voir. Toutefois, comme on a parfois prétendu que nos Comptes ne comprenaient pas toutes les dépenses des bâtiments royaux, nous croyons utile d'insister sur un point dont il a déjà été question plus haut, afin de prévenir une confusion possible. Le chapitre qui, dans le relevé des dépenses du Contrôle général de 1664 à 1700, porte le titre : *Argenterie*, ne s'applique en aucune manière aux pièces d'orfévrerie dues au talent de Ballin ou de ses émules. Les *Comptes de l'argenterie*, et cela dès le règne de Charles V et de Charles VI, renferment exclusivement les dépenses de la garde-robe du Roi et de sa famille, et aussi les achats de pierres précieuses, de diamants et de bijoux. Aucun article de cette nature n'apparaît sur les Comptes des bâtiments. On peut en conclure que l'Argenterie royale conservait, sous Louis XIV, les attributions exclusives qu'elle avait du temps des Valois. On doit donc considérer nos registres comme donnant la dépense intégrale de l'orfévrerie. Il faut ajouter seulement aux chapitres spéciaux des *Ouvrages d'argenterie* quelques articles disséminés dans les *Diverses dépenses*, et on aura ainsi le chiffre exact des sommes consacrées aux vases et bassins d'argent destinés à la décoration des galeries et salons de Versailles.

Tout en portant un grand intérêt aux industries somptuaires, à tous les travaux d'art qui pouvaient contribuer à la magnificence de la demeure du souverain,

---

[1] Voy. sur ces cabinets la *Notice historique et descriptive sur la galerie d'Apollon au Louvre*, par Ph. de Chennevières. Paris, Pillet fils aîné, 1851, in-12, 84 pages.

Colbert ne négligeait pas les métiers plus humbles dont l'exercice ou les produits profitaient à la masse de la nation. Une de ses préoccupations constantes, on le sait par sa correspondance, fut d'affranchir la France du tribut fort lourd qu'elle payait aux industries et au commerce étrangers. On peut juger par nos Comptes des sacrifices qu'entraîna l'application des mesures prises dans ce but.

On appelle des ouvriers de Venise; on établit à Paris une manufacture de glaces qui doit pourvoir non-seulement aux besoins des édifices royaux, mais aussi à ceux des particuliers, obligés auparavant de faire venir à grands frais leurs glaces d'Italie[1]. Le Roi ne se réserve qu'un avantage pour prix de ses sacrifices : un traité lui assure, comme on l'a vu par un tarif publié ci-dessus, des conditions un peu plus avantageuses qu'à la masse du public. En même temps, Colbert cherche à arracher à ses voisins le secret et le monopole de leurs dentelles renommées. Mais la manufacture de point de Venise, si elle donne à Alençon des résultats satisfaisants, ne peut, malgré tous les soins et toutes les objurgations du ministre, prospérer à Seignelay. Il n'aura pas la satisfaction de voir vivre sur les terres de son marquisat une industrie dont il a doté la France.

Combien d'autres métiers plus modestes font alors leur première apparition dans notre pays, grâce aux subventions royales! Aux détails explicites que donne la *Correspondance de Colbert*, les Comptes des Bâtiments viennent ajouter de nombreux renseignements sur les nouvelles fabriques d'étoffes d'or, de drap, de serge, de toile, de bas de laine ou de soie, de coutil, de brocatelle, et aussi sur les manufactures d'acier, de canons, de fer-blanc, de goudron, établies dans différentes provinces par les étrangers appelés de toutes les contrées de l'Europe. Sans doute, sur beaucoup de points, les Comptes ne fournissent qu'une date, un chiffre et un nom. N'est-ce donc rien que ces indications précises permettant d'ajouter quelques traits essentiels au tableau des progrès de l'industrie française pendant le ministère bienfaisant de Colbert? En même temps, des représentants du pouvoir central, sous le nom de commis des manufactures, vont dans toutes les provinces veiller à l'application des règlements, contrôler l'exécution des réformes et prendre note des besoins, des vœux et des progrès de chaque région. Près d'un million et demi est consacré à cette œuvre féconde en même temps qu'au développement du commerce,

[1] Sur la fabrique des glaces façon de Venise établie à Paris par Colbert, on trouve des détails précis dans les premiers chapitres de l'ouvrage intitulé : *La manufacture des glaces de Saint-Gobain de 1665 à 1865*, par Aug. Cochin, membre de l'Institut. Paris, Douniol et Guillaumin, 1865, in-8°, 192 p.

INTRODUCTION.

En effet, le ministre voit d'un œil jaloux la prospérité commerciale des Provinces-Unies et de l'Angleterre et ne néglige aucun moyen pour arriver à leur enlever le monopole qui les enrichit. Sans doute, on peut critiquer certains expédients violents dont l'efficacité paraît aujourd'hui problématique; mais serait-il juste de reprocher à Colbert de n'avoir pas professé des idées économiques en contradiction flagrante avec les opinions de son temps et de n'avoir pas adopté des principes sur la valeur desquels les hommes spéciaux ne s'entendent pas même de nos jours? A l'invasion des marchandises étrangères, il opposa des tarifs prohibitifs et vexatoires; mais il sut aussi, nos Comptes en font foi, encourager par des primes l'exportation des marchandises françaises, soutenir les armateurs par des avances ou des dons. Si les compagnies commerciales auxquelles le Roi prêta un si large concours ne réussirent pas, doit-on en faire un reproche au ministre qui ne négligeait rien pour leur succès, qui avait même compris qu'elles ne pouvaient subsister et prospérer qu'en devenant de grandes entreprises nationales auxquelles le public était appelé à s'intéresser et à s'associer? On ne triomphe pas en un jour de préjugés invétérés, Colbert en fit plus d'une fois l'expérience. Si ces grandes compagnies du Nord, des Indes occidentales, du Levant, et autres, sur lesquelles M. P. Clément a présenté des notions exactes, tombèrent les unes après les autres, le ministre n'avait épargné ni peines ni sacrifices pour aider à leur prospérité.

En même temps qu'il cherche à assurer des débouchés aux productions des industries naissantes, il se préoccupe de tirer du sol du pays toutes les richesses qui s'y trouvent renfermées. Jusque-là tous les marbres de nos édifices publics venaient d'Italie. Colbert ouvre des carrières dans le Languedoc, dans les Pyrénées. En outre, on étudie sur ses ordres le mérite et la force de résistance des pierres extraites des carrières des environs de Paris. On connaît le curieux mémoire[1] présenté au ministre par les membres les plus distingués de l'Académie d'architecture[2].

Il serait aussi injuste que mesquin de voir dans ces diverses démarches ou

---

[1] *Rapport de l'Académie royale d'architecture sur la provenance et la qualité des pierres employées dans les édifices de Paris et de ses environs*, demandé en l'an 1678, par Colbert, surintendant des Bâtiments; publié par M. Léon de Laborde, d'abord dans la *Revue d'architecture* de C. Daly (1852, t. X, p. 194 et suiv.), puis dans le volume de *Mémoires et dissertations* (Paris, A. Leleux, 1852, in-8°, p. 151-290, volume tiré à 25 exemplaires seulement distribués à des bibliothèques publiques de France et de l'étranger).

[2] L'Académie d'architecture était elle-même une création de Colbert. Sa fondation remonte au 30 novembre 1671.

expériences la préoccupation exclusive des embellissements de Versailles. Sans doute, Colbert s'efforce en toute occasion de complaire aux moindres caprices du Roi; mais s'il est obligé de consacrer au nouveau favori des soins qu'il eût voulu reporter sur des objets plus dignes de sa sollicitude, il avait l'esprit trop élevé, une vue trop nette des besoins de son pays, pour ne pas comprendre que la grandeur d'une nation dépend autant de son développement intellectuel et scientifique que de sa prospérité matérielle.

La fondation de l'Académie des sciences est, on ne l'ignore pas, l'œuvre personnelle de Colbert. En même temps qu'il attire des pays étrangers et pensionne richement les savants les plus illustres, il s'occupe sans cesse de leur fournir les instruments nécessaires à leurs expériences. Des cours de botanique, qu'on appelle alors « démonstration de l'intérieur des plantes », sont créés au Jardin royal, des laboratoires mis à la disposition des physiciens et des chimistes. On fait venir à grands frais d'Italie des verres et des lunettes pour les observations astronomiques. Lorsque les animaux rares qui peuplent la ménagerie de Versailles viennent à mourir, on livre leurs cadavres aux médecins et aux anatomistes les plus fameux; ils peuvent ainsi étudier sur la nature même les organes et le squelette de certaines espèces rares et peu connues[1].

A côté des machines exigées par les grands travaux hydrauliques de Versailles, d'autres sont citées qui sembleraient plutôt dater du xixe que du xviie siècle : par exemple les machines à battre, à couper ou à moudre le blé, la machine à curer les ports de mer, une machine pour éteindre les incendies, une autre pour voguer à tout vent. Évidemment, la plupart de ces inventions ne répondaient guère aux promesses de ceux qui les présentaient; mais ces essais encore inexpérimentés et souvent voisins de l'enfantillage prouvent un esprit de curiosité et de recherche qui portera ses fruits un jour. Ainsi les sciences exactes, l'astronomie et les mathématiques, comme les sciences naturelles, trouvèrent dans la personne de Colbert un protecteur ardent et éclairé.

Les lettres et l'histoire ne doivent pas moins à ce grand homme. Il serait superflu d'insister sur ces pensions aux savants et aux gens de lettres déjà signalées dans mainte publication et que tous les historiens du siècle de Louis XIV rappellent à l'envi. M. P. Clément en a publié la liste complète dans son grand ou-

---

[1] Voyez à la table le mot *Anatomiques* (*Dissections*). C'est à une de ces séances — on disséquait ce jour-là le cadavre d'un chameau — que Claude Perrault prit le germe de la maladie qui l'emporta en peu de jours. Il atteignait d'ailleurs sa soixante-quinzième année.

INTRODUCTION. LXV

vrage sur Colbert[1]. Nous ferons remarquer que c'est aux Comptes des Bâtiments, à eux seuls, qu'on doit la connaissance exacte de ces pensions. Parce que ce document figurait ailleurs, ce n'était pas une raison, croyons-nous, pour le retrancher de notre volume, pour mutiler notre publication et priver ici le Surintendant d'un de ses plus beaux titres de gloire.

Dans cette circonstance encore, le ministre eut la perception très nette de la réalité des choses. Les artistes, peintres, sculpteurs ou architectes, trouvaient leur compte aux grands travaux des palais royaux. Si donc une pension est constituée au premier peintre du Roi en vertu de sa charge et au peintre ordinaire des conquêtes de Louis XIV, au Flamand Van der Meulen, la plupart des artistes pourra vivre de la rétribution accordée à leurs ouvrages, sans qu'il soit besoin d'y ajouter par surcroît des pensions. Mais il n'en va pas de même quand il s'agit des savants ou des littérateurs. Leur travail lent et solitaire n'obtient jamais, ou presque jamais, une rémunération proportionnée à la peine et au temps qu'il a coûté. A ceux-ci donc les pensions pour les sauver du besoin; aux autres, les commandes. Cette répartition des faveurs royales n'est-elle pas à la fois judicieuse et équitable?

Tout en assurant aux écrivains des ressources contre les nécessités matérielles, le ministre prenait en même temps souci de pourvoir à leurs besoins intellectuels. On sait avec quelle ardeur il recherchait dans tous les pays les manuscrits précieux; partout, il entretenait des émissaires chargés de l'avertir des objets rares ou curieux que leurs possesseurs se montraient disposés à vendre. Colbert a eu la plus grande part, des écrivains compétents l'ont dit avec l'autorité de leur érudition, à la fondation de nos bibliothèques nationales, et si nous le rappelons ici, c'est seulement pour attirer l'attention sur les points intéressants que les Comptes des Bâtiments ajoutent, avec leur précision habituelle, à ceux qu'on connaît déjà.

Pendant plusieurs années consécutives, Denis Godefroy travaille, avec un certain nombre de scribes placés sous ses ordres, à relever, dans les titres de la Chambre des comptes de Lille en Flandre, les pièces intéressantes pour l'histoire. A côté de la Bibliothèque du Roi, où viennent se grouper les livres imprimés et les manuscrits, prend naissance le Cabinet des médailles et raretés, qui

---

[1] *Lettres de Colbert* (t. V, p. 466-498). Ces listes données par M. P. Clément vont jusqu'à l'année 1683. On trouvera dans le même volume des notes biographiques sur les personnages nommés dans ces listes. Voy. aussi l'ouvrage déjà cité de G. Peignot sur les *Dépenses de Louis XIV*.

restera, durant près d'un siècle encore, installé dans le palais de Versailles. Aux acquisitions de médailles antiques, de pierres gravées, d'agates et autres curiosités se joignent, de temps à autre, des achats de tableaux qui accroissent singulièrement la richesse de la collection royale et relèvent encore la splendeur des appartements de Versailles.

Mais ce n'est pas assez pour le ministre d'entasser pour la jouissance du Roi et de sa cour les chefs-d'œuvre des écoles italiennes[1]. Il veut que le public aussi en ait sa part et que les grandes créations des maîtres du temps passé contribuent à l'éducation du goût national. Dans ce but sont entreprises ces belles suites d'estampes qui demeurent la principale richesse de la Chalcographie du Louvre. Tous les ans, une grosse somme est consacrée à la reproduction des chefs-d'œuvre de l'art ancien ou des tableaux contemporains. Certes, de pareils encouragements contribuaient pour beaucoup au développement de l'art, et, si la gravure a jeté sous Louis XIV un éclat qui dure encore près d'un siècle après lui, elle le doit à la sollicitude que ne cessèrent de lui témoigner le souverain et son ministre. C'est alors que se forme cette école de graveurs éminents, la plus brillante qu'ait jamais possédée la France, ces portraitistes hors ligne, qui employèrent leur savant burin à reproduire noblement les traits de leurs contemporains. A ces habiles artistes sont dues aussi les nombreuses estampes qui offrent de si précieux renseignements sur l'ancien aspect et la primitive décoration des édifices royaux. Nous ne saurions entrer dans aucun détail, nous aurions trop à citer; mais en parcourant les pages du catalogue de la Chalcographie du Louvre, on est vivement frappé des trésors que ce riche dépôt doit au ministère de Colbert[2].

Sur nos Comptes reparaît, à diverses reprises, le nom de cet amateur pas-

---

[1] Voici une mention qui nous a paru intéressante à recueillir, bien que nous ne soyons en état de donner aucun détail sur les œuvres capitales indiquées ici : «Dudit s' de Bartillat, la somme de sept mille cent livres, pour délivrer à M. de Souvré, grand prieur de France, pour son payement de neuf grands tableaux que le Roy a acheptés de luy, représentans les Actes des apôtres, dessin de Raphael, suivant la quittance dud. sieur Turlin du 11 may 1667.» (Archives nationales, O¹, 2813, p. 18.) S'agit-il d'une répétition ou d'une copie des fameux cartons de Hampton Court? La question est assez grave pour mériter des recherches. D'autre part, les Actes des apôtres, on ne l'ignore pas, furent reproduits en tapisserie aux Gobelins sous le règne de Louis XIV; les grands tableaux achetés de M. de Souvré n'auraient-ils pas servi de modèles aux ouvriers de la manufacture royale?

[2] Voyez Le cabinet du Roi, par M. G. Duplessis, étude sur la collection d'estampes commandée par Louis XIV, publiée dans le Bibliophile français de 1869, et tirée à part (21 pages). Presque tous les éléments de cette notice sont tirés des Comptes des Bâtiments.

sionné, l'abbé de Marolles, abbé de Villeloin, dont l'incomparable collection a formé le premier noyau du Cabinet des estampes[1].

Vers la fin de la période qu'embrasse ce volume, apparaissent les premiers essais d'une collection qui prit par la suite un énorme développement: nous voulons parler de l'histoire métallique du Roi, à laquelle furent occupés pendant une vingtaine d'années les graveurs les plus habiles du temps. Tous les artistes, peintres, sculpteurs, graveurs en taille-douce ou en médailles, même les tapissiers, n'avaient d'autre thème, pour l'emploi de leurs talents, que la personne, la gloire, les grandes actions de Louis XIV. Qu'importe, si l'art trouvait son compte à l'exécution de ces monuments de l'orgueil royal?

L'Académie royale de peinture était fondée depuis une quinzaine d'années, quand Colbert prit le gouvernement des affaires. Elle avait eu jusque-là une existence précaire et assez misérable. Le ministre la mit au-dessus du besoin, en lui constituant une rente de 4,000 livres, régulièrement payée chaque année entre les mains du trésorier de la compagnie.

On commence en même temps à stimuler l'émulation des artistes, en invitant le public à la comparaison et à l'examen de leurs ouvrages. La première exposition publique s'ouvre en 1667. Un nouveau salon, dont le catalogue officiel est parvenu jusqu'à nous, a lieu en 1673.

Le rôle et l'influence de l'Académie royale de peinture grandirent singulièrement par la création de cette Académie de Rome, où les lauréats de l'École de Paris allaient terminer leur apprentissage et se fortifier par l'étude des maîtres de l'art. L'histoire de cette première période de notre École de Rome est suffisamment connue pour que nous n'y insistions pas. On trouvera dans nos Comptes plus d'un détail sur les dépenses qu'elle entraîna et sur certains travaux accessoires dont elle devint le centre et l'instrument. Les élèves entretenus aux frais du Roi furent chargés d'exécuter ces nombreuses copies de figures antiques qui peuplent les jardins de Versailles. On leur confia le soin de mouler les bas-reliefs de la colonne Trajane. L'opération coûta beaucoup de peines et beaucoup d'argent, pour un résultat à peu près stérile. Les creux furent transportés à Paris; mais on les négligea et ils périrent presque tous avant qu'on eût pris le soin de multiplier les exemplaires de cette œuvre célèbre de la sculpture antique.

A Colbert encore appartient une création des plus utiles pour le progrès de l'art:

[1] Voyez la *Notice sur le Cabinet des estampes*, de M. le vicomte H. Delaborde, conservateur. Plon, 1875, in-12.

nous voulons parler de la fondation de l'Académie d'architecture, instituée le 30 novembre 1671. Le ministre avait compris que les travaux des peintres et des architectes présentent trop peu d'analogie pour qu'il fût sage de confondre et de réunir ces deux classes d'artistes dans une même compagnie. De fait, les uns comme les autres ne pouvaient que gagner à cette séparation. Quand on parcourt, ainsi que nous l'avons fait, les procès-verbaux de l'Académie d'architecture, quand on voit toutes les questions techniques soumises à cette sorte d'aréopage, discutées par les juges les plus compétents et résolues après un long et minutieux examen, on ne peut s'empêcher de regretter l'existence indépendante et l'organisation ancienne de l'Académie d'architecture. Son influence s'exerça, pendant toute la durée du dernier siècle, de la manière la plus avantageuse, non-seulement sur l'art de la construction, mais aussi sur les métiers qui en relèvent. La prépondérance de cette Académie a maintenu longtemps des traditions professionnelles qui tendent chaque jour à s'affaiblir. Il est douteux que l'art de l'architecture ait gagné quelque chose à l'honneur qu'on a pensé lui faire en l'admettant dans la quatrième classe de l'Institut. Colbert, avec sa pénétration ordinaire, avait senti combien il importe de distinguer les artistes qui n'obéissent qu'à l'inspiration de ceux qui doivent tenir compte de certaines lois scientifiques, de certaines nécessités pratiques, et il évita très-judicieusement de confondre les architectes avec les peintres et les sculpteurs.

Au surplus, quand on examine de près et par le détail les institutions dues au grand ministre de Louis XIV, ce qui excite surtout l'admiration, ce n'est pas le nombre, pourtant si considérable, de ces fondations, mais bien plutôt l'esprit pratique qui a présidé à leur organisation et les sages règlements qui ont assuré leur existence durant des siècles.

Voyez les débuts de l'Académie des inscriptions et belles-lettres ou, comme on disait alors, de la petite Académie. Le ministre va-t-il la façonner sur le modèle de l'Académie française ou de l'Académie des sciences? Non pas. Il a besoin d'un conseil de savants, versés dans les lettres grecques et latines, pour lui fournir les inscriptions des monuments et des médailles du Roi. Quelques hommes choisis suffiront à cette tâche, et le ministre désigne les cinq ou six érudits qui se réunissent modestement dans une pièce de son hôtel et forment le premier noyau de l'Académie des inscriptions. Tous figurent sur la listes des pensionnaires du Roi.

Nous n'en finirions pas s'il fallait nous arrêter à toutes les institutions qui

INTRODUCTION.

doivent leur naissance au génie de Colbert. Sur toutes, les Comptes des Bâtiments offrent de précieux renseignements.

On a parlé déjà de ces longues listes d'officiers préposés à la garde et à l'entretien des diverses Maisons royales, placées à la fin de la dépense de chaque année. Bien qu'elles se répètent souvent plusieurs années de suite sans modification, il était impossible de les abréger, encore plus de les retrancher. Elles contiennent d'utiles détails sur la distribution des jardins, sur leur entretien, sur les plantes qu'on y cultive. L'état des officiers de Fontainebleau, — il forme toujours un chapitre particulier d'une certaine étendue, — abonde surtout en indications minutieuses sur les bosquets, les parterres et les pièces d'eau du parc. On voit, par ces listes d'officiers, que le même nom se perpétue ordinairement dans le même office pendant plusieurs générations. A moins d'avoir démérité, le fils obtient la survivance, puis la succession de son père et de son grand-père. Il est élevé dans l'espoir de cet héritage et se forme de bonne heure à l'apprentissage de la charge qu'il remplira plus tard et des conditions qu'elle exige. Ainsi se constituent ces honnêtes familles de jardiniers et de concierges qui se transmettent le père en fils leurs fonctions pendant un siècle ou davantage.

Plusieurs de nos registres se terminent par des instructions détaillées de Colbert aux commis placés sous ses ordres ou aux inspecteurs nouvellement entrés en fonctions. Cette nature de documents sortait de notre cadre et rentrait plutôt dans la publication de M. P. Clément, qui n'a pas manqué d'ailleurs de joindre ces pièces à son grand ouvrage. Nous citons seulement, comme spécimen, celles qui accompagnent les années 1674 et 1675.

Si nous avions le loisir d'insister comme il conviendrait sur une quantité de détails fort intéressants, que de particularités curieuses resteraient à signaler! Mais le temps nous presse et la place nous manque. C'est à peine si nous pouvons énumérer rapidement les points essentiels qui sollicitent l'attention. A côté des maisons louées pour le logement des mousquetaires, pour l'installation de la Bibliothèque royale et autres usages, voici les hôtels acquis pour la continuation du Louvre, les héritages achetés au nom du Roi pour l'agrandissement du parc de Versailles. Les Comptes présentent les résultats en gros; mais les actes de vente existent encore. Ils remplissent de nombreux cartons aux Archives nationales.

Les achats de marbre, d'étain et de plomb pour les châteaux, les bassins et les fontaines occupent une large place sur les registres. Le plus souvent, ils sont relégués dans le chapitre final qui termine le compte de chaque année et où l'on accumule, sous la rubrique de *Diverses dépenses*, les articles de toute nature qui n'ont pu trouver place dans une des autres divisions du compte. C'est là qu'on entasse pêle-mêle les dépenses relatives aux feux d'artifice et aux illuminations, à l'entretien des cygnes de la Seine, aux fleurs odorantes, tubéreuses ou jacinthes, qu'on fait venir pour Trianon et Versailles, aux animaux et oiseaux des pays lointains destinés à la Ménagerie, aux tableaux anciens et modernes qui viennent prendre place dans le Cabinet du Roi. C'est sous la rubrique générale de *Diverses dépenses* qu'il faut chercher des détails sur ces peintures, représentant les Maisons royales, auxquelles Pierre Patel travaille durant des années, sur les tableaux en broderie et les tapisseries de peinture en teinture sur moire de soie ou gros de Naples, commandés à François Bonnemer, sur les miniatures de Bailly pour le livre du Carrousel ou celui des tapisseries du Roi, sur l'armée d'argent destinée à l'amusement du Dauphin, sur les peaux de maroquin qu'on fait venir du Levant pour la reliure des volumes de la Bibliothèque royale, sur les jetons d'argent de l'Académie française, les pendules de l'Académie des sciences, les pépinières d'ormes de Sceaux, les indemnités pour dégâts causés par la chasse, l'entretien des remises à gibier de la plaine Saint-Denis, les portraits du Roi, de la Reine et du Dauphin, la Monnaie du Louvre, les carreaux et vases de faïence pour le Trianon de porcelaine, les achats de terre de Hollande, le May de l'Ascension, les dessins de Silvestre, les Métamorphoses d'Ovide en rondeaux par Benserade, l'épluchage et l'échenillage des arbres des grandes avenues de Versailles, les émaux de la machine des Fables d'Ésope ou du Labyrinthe, les filles envoyées en Amérique, les épicéas ou autres arbres transportés à grands frais des forêts voisines ou des provinces lointaines dans les parcs royaux, les acquisitions de tapisseries et d'objets de curiosité à des ventes après décès, notamment à l'inventaire du roi de Pologne, enfin sur les réparations et le ramonage des cheminées. On peut juger par cette longue énumération de l'infinie variété qu'offre ce chapitre.

Aussi la table alphabétique, seul guide possible dans ce dédale de matières si disparates, ne pouvait-elle recevoir trop de développement. On y trouvera non-seulement tous les noms de personnes ou de lieux compris dans le texte, mais encore toutes les choses pouvant présenter un intérêt à un titre quelconque. Certains rapprochements s'imposaient; mais, pour faciliter les recherches, on a cru devoir multiplier les renvois, de sorte que le même article se rencontrât au besoin sous deux ou trois mots différents. Peut-être trouvera-t-on ce détail poussé à l'extrême. On nous excusera en songeant que nous avons pris toutes ces précautions, toutes ces peines, pour rendre plus commode l'emploi d'un document unique. L'abus de précision et de détails vaut mieux en pareille matière, pensons-nous, que l'excès contraire.

Les articles de la table consacrés aux châteaux dont le nom revient fréquemment, tels que Versailles, le Louvre, Fontainebleau, Saint-Germain, offraient un écueil difficile à éviter. La multiplicité des détails entraînait presque forcément la confusion. Nous n'avons pas été tout à fait libre d'adopter l'ordre qui nous paraissait le plus rationnel. Force nous a été d'accepter un classement rigoureusement alphabétique. Toutefois, nous avons tenté en toute circonstance de rapprocher les articles de même nature, de ranger, par exemple, les appartements à la suite les uns des autres, de réunir les différentes pièces du même appartement, de ne pas séparer les fontaines, les allées, les bosquets, les parterres, etc. etc. Pour Versailles, comme nous l'avons déjà observé, une division imposée en quelque sorte par la logique a été adoptée; les articles concernant ce palais sont rangés sous trois grandes divisions : 1° le château; 2° les parcs, eaux et fontaines; 3° la ville.

A la table alphabétique est jointe une table des matières aussi détaillée que le comporte la subdivision des Comptes.

Ces instruments de recherche sont complétés par différents tableaux et par des listes qui exigent quelques mots d'explication. Dans les tableaux se trouvent groupées par année, et selon la nature des travaux, toutes les dépenses faites durant la période qui s'étend de 1664 à 1680, dans les maisons du Louvre, de Versailles, de Saint-Germain, Fontainebleau, Vincennes, Trianon, Clagny et Marly; d'autres états contiennent les dépenses affectées à diverses maisons royales de moindre importance, à divers bâtiments qui, comme le Val-de-Grâce, l'Observatoire, le Collège royal, etc., ne sauraient figurer parmi les palais; d'autres, enfin, sont consacrés aux gages, appointements, gratifications, aux Académies, enfin aux dépenses diverses. Deux tableaux offrent, le premier la récapitulation des sommes dépensées dans chaque maison royale pendant les dix-sept années, en tenant compte de la nature des travaux, et le second le relevé de chaque chapitre, de 1664 à 1680, de sorte que la somme qui termine la dernière colonne est le total des dépenses constatées par les registres des Bâtiments pendant nos dix-sept années. Ce total s'élève à $73,977,269^{lt}\ 19^s\ 1^d$.

Tous les chiffres inscrits dans ces tableaux sont des chiffres exacts, soigneusement vérifiés. Les opérations des anciens comptables étant souvent fausses, on a substitué, dans la composition des tableaux, aux sommes du registre, les chiffres rectifiés tels qu'ils sont portés en note. Le dernier nombre de chaque tableau représente le total non-seulement de la dernière colonne verticale, mais aussi des sommes placées sur la même ligne horizontale. Cette disposition est une garantie de l'exactitude absolue de la récapitulation des dépenses. Cette exactitude sera peut-être le principal mérite de cette publication; nous n'avons rien négligé du moins pour nous l'assurer.

A la suite des tableaux vient un relevé général, par profession, de tous les artistes, hommes de lettres, savants, gens de métier, ouvriers, cités dans les Comptes. La préparation de ce travail nous avait contraint à dresser la liste de tous les individus nommés, classés suivant leur profession. Il a semblé que de longues énumérations de maçons, de charpentiers, de terrassiers n'offriraient aucun intérêt; leurs noms figurent d'ailleurs à la table alphabétique. Sauf un petit nombre de grands entrepreneurs, ces individus sont de pauvres diables fort obscurs et dont il était inutile de donner la liste complète. Il suffisait, pour satisfaire à la curiosité du lecteur, d'établir la série alphabétique des artistes proprement dits, peintres, sculpteurs, architectes, graveurs, des savants et écrivains et de quelques artisans dont la profession se rapproche de l'art, tels que les tapissiers, les potiers, les orfévres, etc. Les médecins n'ont-ils pas aussi quelque droit à figurer parmi les professions libérales?

Pour terminer, de courtes observations sur le texte même de notre document nous paraissent indispensables. Notre publication donne la reproduction exacte des articles du registre avec leur orthographe, surtout pour les noms propres; on a relevé minutieusement les diverses formes sous lesquelles le même nom est écrit.

Toute la publication repose, on l'a dit, sur la réunion de plusieurs articles en un seul, sans en rien retrancher. Ainsi, quand huit, dix, douze payements, ou davantage, sont faits dans le cours de la même année, au même individu, pour le même objet, il devenait superflu de répéter tous les à-compte; le nombre de ces à-compte devient exorbitant à partir de 1681. Au moins fallait-il mentionner le nombre des payements avec les deux dates extrêmes. C'était le seul moyen pratique, croyons-nous, de conserver la physionomie originale des Comptes et en même temps de hâter l'impression de cette série si précieuse. Quant à une publication partielle ou par extraits, nous n'y aurions, pour notre part, jamais

INTRODUCTION.

souscrit. Un document comme celui-ci est, de sa nature, absolument indivisible; il faut donner tout ou rien. La forme la plus concise et la plus rapide convient mieux que toute autre à un pareil travail. C'est pour ce motif que nous avons aussi cru devoir nous abstenir presque complétement de notes; du moins les avons-nous restreintes à des indications tirées du texte même des Comptes. Les différentes orthographes du même nom ont été relevées; on a signalé et rectifié les erreurs d'addition; on a expliqué, à l'aide des anciens dictionnaires, quelques mots hors d'usage aujourd'hui; on s'est enfin borné aux éclaircissements indispensables. Aller au delà, c'était s'exposer au danger de donner à l'annotation autant d'importance et d'étendue qu'au texte lui-même, c'était perdre d'un côté ce que nous gagnions d'un autre, c'était reculer à une époque fort lointaine l'achèvement de l'entreprise. Or il importe à ceux qui s'intéressent à l'histoire de l'art en France que les Comptes des Bâtiments, jusqu'à la fin du règne de Louis XIV au moins, paraissent dans un délai rapproché. Tout nous fait espérer que cette publication n'exigera pas plus de quatre volumes. Douze ou quinze années encore sont nécessaires pour conduire ce travail à son terme. Dès aujourd'hui on peut juger s'il était utile de l'entreprendre et s'il existe beaucoup de textes historiques offrant une pareille masse de renseignements de toute nature.

Les documents du temps de Louis XIV ont, il est vrai, aux yeux de beaucoup d'érudits, un vice capital : leur date. La publication d'un compte du xive ou du xiiie siècle nous eût certes fait plus d'honneur et plus de plaisir; mais, comme nous le disions au début de cette Introduction, c'est à peine s'il existe aujourd'hui quelques lambeaux incomplets des Comptes des Bâtiments du Moyen Âge. Nous pensons donc que l'histoire des châteaux royaux et l'histoire des arts gagneront davantage à l'impression des registres de Colbert qu'à la publication d'un fragment de dépenses consacrées à un château aujourd'hui disparu. D'ailleurs, l'essentiel était de commencer; c'est fait maintenant[1]. Ou bien nous nous sommes mépris sur

---

[1] Me sera-t-il permis de rappeler ici qu'à une des premières séances de l'ancien Comité historique des Monuments écrits, le 25 janvier 1835, un des savants les plus compétents en ces matières, M. Guérard, proposait d'entreprendre la publication méthodique, sur un plan arrêté d'avance, de plusieurs grandes collections d'un intérêt capital pour l'histoire de France? Son plan embrassait : 1° les registres du parlement; 2° le Trésor des Chartes; 3° les recueils des registres de la Chambre des comptes; 4° les registres de l'hôtel de ville de Paris. Bien entendu, M. Guérard ne demandait pas l'impression intégrale de ces volumineuses séries; il voulait seulement qu'une analyse méthodique en fît connaître les parties essentielles. Si son avis eût été écouté, si l'on se fût mis immédiatement à l'œuvre, si l'on eût attaqué vaillamment, dès 1835, cet immense dépouil-

l'intérêt de nos documents; dans ce cas nous n'irons pas plus loin; ou bien l'utilité de la publication est désormais démontrée, et il sera toujours facile de revenir aux époques que nous avons délaissées pour aller tout de suite au plus important et au plus pressé.

Nous ne terminerons pas ce trop long préambule sans remercier de ses bons conseils et de son bienveillant concours le commissaire désigné par le Comité pour surveiller l'impression de ce travail. Nous sommes heureux de payer une dette de reconnaissance en rendant ce témoignage public de gratitude à notre savant ami M. Anatole de Montaiglon, dont les excellents avis nous ont été en mainte circonstance d'un précieux secours.

lement, combien de volumes précieux auraient été mis à la disposition des travailleurs! C'est trente-cinq ans de perdus. Mais pourquoi ne reprendrait-on pas le vaste programme soumis au Comité par l'éminent érudit? Ce que nous tentons aujourd'hui pour les Comptes des Bâtiments peut s'appliquer également à d'autres grandes séries, comme les registres du Bureau de la ville de Paris, dont la publication devrait être commencée depuis longtemps, car c'est un document capital, nous ne nous lasserons pas de le dire et de le répéter, pour l'histoire politique, industrielle et artistique de Paris.

COMPTES

DES

BÂTIMENTS DU ROI.

COMPTES DES BÂTIMENTS DU ROI.

ANNÉE 1664.

RECEPTE.

12 janvier : de M. DE BARTILLAT, commis à l'exercice de la charge de trésorier de l'espargne, la somme de 1600000ᵗᵗ pour employer au paiement des despences que le Roy a ordonné estre faictes pour la continuation des bastimens du Louvre, Vincennes, Fontainebleau, Saint-Germain et Versailles, pendant la présente année 1664, compris en ladicte somme les taxations du sʳ MENESTREL, trésorier général desd. bastimens, cy lad. somme de 1600000ᵗᵗ

(Pour laquelle somme led. sʳ DE BARTILLAT a deslivré ses billets ou quittances aud. sʳ LE MENESTREL, sçavoir :

Sur le don gratuit de Bretaigne 1663, paiable ez douze mois de l'année 1664 esgallement[1] 1000000ᵗᵗ
Sur la ferme des cinq grosses fermes de France, ez douze mois 1664 esgallement 500000ᵗᵗ
Et comptant à l'espargne 100000ᵗᵗ

Cy .... 1600000ᵗᵗ)

Dud. sʳ DE BARTILLAT, la somme de 3985ᵗᵗ que le Roy luy a ordonné de paier aud. sʳ LE MENESTREL, trésorier susd., pour employer à la despence à faire pour les machines, décorations et peintures du théatre pour danser le ballet des *Amours desguisez*[2] dans la petite salle du Palais Royal la présente année 1664, lad. somme assignée comptant à l'espargne[3], cy..... 3985ᵗᵗ
(Comptant à l'espargne.)

29 janvier : dud. sʳ DE BARTILLAT, par ordonnance du 26ᵉ de ce mois, pour deslivrer au sʳ MENESTREL, la somme de 303ᵗᵗ 15ˢ, sçavoir : 300ᵗᵗ à PIERRE MOULINIER, pour la maçonnerie, charpenterie, couverture et autres matériaux d'une petite maison dans l'enclos du corps de garde du Louvre, qui a esté abbatu en l'année 1660, et 3ᵗᵗ 15ˢ pour les frais et taxations dud. MÉNESTREL, à raison de 3ᵈ pour livre, cy........ 303ᵗᵗ 15ˢ
(Comptant à l'espargne.)

Dud. sʳ DE BARTILLAT, par ordonnance du dernier de ce mois, pour délivrer au sʳ DE LA PLANCHE, trésorier des bastimens, la somme de 2810ᵗᵗ 15ˢ pour employer au faict de sa charge, mesme celle de 2750ᵗᵗ aux nommez cy après, propriétaires de trois maisons scitués dans la rue de Seine au fauxbourg Saint-Germain, pour leur dédommagement du tort faict ausd. maisons par la construction de l'aqueduc qui est dans lad. rue, sçavoir : à sʳ LE ROY, propriétaire d'une desd. maisons, 1600ᵗᵗ; au sʳ CHAUVIN, propriétaire d'une autre maison, 850ᵗᵗ, et au sʳ DE MASSAC, propriétaire d'une troisième maison, 300ᵗᵗ, cy pour........................ Nota.
(Comptant à l'espargne.)

6 mars : dud. sʳ DE BARTILLAT, par ordonnance du der-

---

[1] Ces affectations des sommes portées en recette et que nous mettons entre ( ) sont inscrites en marge de l'article du compte; ici elles le suivent immédiatement.
[2] Ballet de Benserade, dansé par le Roi en 1664.
[3] Cet article a été barré et la somme n'est pas comprise dans l'addition.

nier décembre 1663, pour délivrer au s⁰ DE LA PLANCHE, trésorier des bastimens, la somme de 73713ᵗᵗ 5ˢ 6ᵈ pour employer au faict de sa charge, mesme celle de 72808ᵗᵗ 2ˢ 6ᵈ au paiement des gages des officiers des bastimens, jardins, tapisseries, manufactures, et appointemens de ceux qui sont entretenus pour le service du Roy, ez maisons et chasteaux du Louvre, les Tuilleries, palais Cardinal, Saint-Germain-en-Laye, Madrid et autres lieux pendant lad. année 1663, et 906ᵗᵗ 3ˢ pour les taxations dud. DE LA PLANCHE, à raison de 3ᵈ pour livre, cy pour.................... Nota.

(Sur le prest de Bourdeaux 1663, au premier mars 1664............ 40748ᵗᵗ 19ˢ 6ᵈ
Sur le prest de Rouen 1663, au premier mars 1664........ 25943ᵗᵗ 3ˢ
Et au premier may............ 7021ᵗᵗ 3ˢ

Cy...................... 73713ᵗᵗ 5ˢ 6ᵈ)

Dud. s⁰ DE BARTILLAT, par ordonnance dud. jour dernier décembre 1663, pour délivrer au s⁰ DE LA PLANCHE, trésorier susdit, 19341ᵗᵗ 6ˢ 5ᵈ pour employer au faict de sa charge, mesme celle de 19102ᵗᵗ 10ˢ au paiement des gages des officiers entretenus au chasteau de Fontainebleau, et autres despences pour la conservation et entretennement d'iceluy pendant lad. année 1663, et 238ᵗᵗ 15ˢ 6ᵈ pour les frais dud. DE LA PLANCHE, à raison de 3ᵈ pour livre, cy la somme de 19341ᵗᵗ 5ˢ 6ᵈ pour..................... Nota.

(Sur le prest de Rouen 1663, au premier mars 1664................. 19102ᵗᵗ 10ˢ
Et au premier avril........... 238ᵗᵗ 15ˢ 6ᵈ

Cy...................... 19341ᵗᵗ 5ˢ 6ᵈ)

12 mars : dud. s⁰ DE BARTILLAT, par ordonnance du 28 febvrier 1664, pour délivrer au s⁰ LE MÉNESTREL, la somme de 80833ᵗᵗ 6ˢ 8ᵈ pour employer au faict de sa charge, mesme d'icelle délivrer 80000ᵗᵗ aux héritiers du feu s⁰ marquis DE ROSTAING, pour le paiement du pris de l'hostel de Rostaing, ses appartenances et deppendances, pour servir à l'accroissement du chasteau du Louvre, et 833ᵗᵗ 6ˢ 8ᵈ pour les taxations dud. LE MÉNESTREL, à raison de 2ᵈ pour livre, cy............ 80833ᵗᵗ 6ˢ 8ᵈ
(Comptant à l'espargne moitié, et l'autre moitié au dernier juin prochain 1664.)

4 avril : dud. s⁰ DE BARTILLAT, par ordonnance du 29 mars 1664, pour délivrer au s⁰ DE LA PLANCHE, la somme de 13096ᵗᵗ pour employer au faict de sa charge, mesme d'icelle délivrer 12934ᵗᵗ 14ˢ au parfaict paiement des gages et entretennement des officiers des bastimens qu'autres despences faictes pour les bastimens pendant l'année dernière 1663, et 161ᵗᵗ 13ˢ 6ᵈ pour les taxations dud. DE LA PLANCHE, à raison de 3ᵈ pour livre, cy pour................................. Nota.
(Comptant à l'espargne.)

17 avril : dud. s⁰ DE BARTILLAT, par ordonnance du 30 aoust 1662, pour délivrer au s⁰ LE BÈGUE, trésorier des bastimens, la somme de 800ᵗᵗ pour employer au faict de sa charge, mesme pour la réparation qui est à faire aux bains de Bourbon, cy................ Nota.
(Comptant à l'espargne.)

22 avril : dud. s⁰ DE BARTILLAT, par ordonnance du 19 avril 1664, pour deslivrer au s⁰ LE MÉNESTREL, la somme de 40333ᵗᵗ 6ˢ 8ᵈ pour employer au faict de sa charge, mesme celle de 40000ᵗᵗ à la continuation du payement à faire pour l'achapt des maisons, terres et héritages qui sont enfermées dans le parc du chasteau de Versailles, et 333ᵗᵗ 6ˢ 8ᵈ pour les taxations dud. LE MÉNESTREL, à raison de 2ᵈ pour livre, cy... 40333ᵗᵗ 6ˢ 8ᵈ
(Comptant à l'espargne.)

22 avril : dud. s⁰ DE BARTILLAT, par ordonnance du 20 avril 1664, pour délivrer au s⁰ DE LA PLANCHE, la somme de 13213ᵗᵗ 2ˢ 6ᵈ pour employer au faict de sa charge, mesme celle de 13050ᵗᵗ, sçavoir : 9450ᵗᵗ au payement de trois quartiers des gages ordinaires attribuez aux offices d'intendant, controlleur et trésorier général quatriennaux desd. bastimens, qui est 4500ᵗᵗ à l'intendant, 2850ᵗᵗ au controleur général, 2100ᵗᵗ au trésorier général, et 3600ᵗᵗ pour autres despences faictes pour lesd. bastimens, le tout pendant l'année dernière 1663, et 163ᵗᵗ 2ˢ 6ᵈ pour les frais dud. DE LA PLANCHE, à raison de 3ᵈ pour livre, cy........................ Nota.
(Comptant à l'espargne.)

25 avril : dud. s. DE BARTILLAT, par ordonnance du 28 avril 1664, pour délivrer au s⁰ LE MÉNESTREL, la somme de 65812ᵗᵗ 10ˢ pour employer au faict de sa charge, mesme celle de 65000ᵗᵗ aux despenses faictes pour les manufactures de tapisserie des Gobelins, et 812ᵗᵗ 10ˢ pour les taxations dudict DE LA PLANCHE, etc. cy...................... 65812ᵗᵗ 10ˢ
(Comptant à l'espargne 20000ᵗᵗ, et le surplus ez premier may, juillet, septembre et novembre 1664.)

Dud. s⁰ DE BARTILLAT, par ordonnance du 19 avril, pour délivrer au s⁰ LE MÉNESTREL, la somme de 6075ᵗᵗ pour employer au faict de sa charge, mesme celle de 6000ᵗᵗ, à compte des despences à faire pour les deux

ANNÉE 1664. — RECETTE.

grands cabinets d'*Apolon* et de *Diane*[1], et 75ᵗᵗ pour les taxations dudit Ménestrel, cy.............. 6075ᵗᵗ
(Comptant à l'espargne.)

Dud. s' de Bartillat, par ordonnance du 22 avril, pour délivrer au s' Ménestrel, la somme de 97402ᵗᵗ 10ˢ pour employer au faict de sa charge, mesme celle de 96200ᵗᵗ au paiement des pensions et gratifications de divers gens de lettres, François et estrangers, et 1202ᵗᵗ pour les taxations dud. Ménestrel, etc., cy. 97402ᵗᵗ 10ˢ
(Comptant à l'espargne moitié, et l'autre moitié au dernier may prochain.)

1ᵉʳ may : dud. s' de Bartillat, par ordonnance du..., pour délivrer au s' Le Ménestrel, la somme de 222ᵗᵗ 15ˢ pour employer au faict de sa charge, mesme d'icelle délivrer aux nomez Claude Rougeau et Louis Sanson, manœuvres, 219ᵗᵗ 2ˢ et 3ᵗᵗ 14ˢ pour les taxations dud. Ménestrel, etc., cy..................... 222ᵗᵗ 15ˢ
(Comptant à l'espargne.)

Dud. s' de Bartillat, par ordonnance du 19 febvrier, pour délivrer au s' Le Ménestrel, la somme de 574ᵗᵗ 1ˢ 9ᵈ pour employer au faict de sa charge, mesme d'icelle délivrer à Jarry 567ᵗᵗ pour son paiement des filets et lettres d'or par luy faicts[2], et 7ᵗᵗ 1ˢ 9ᵈ pour les taxations dud. Le Ménestrel, etc., cy...... 574ᵗᵗ 1ˢ 9ᵈ
(Comptant à l'espargne.)

3 may : dud. s' de Bartillat, par ordonnance du dernier décembre 1663, pour délivrer au s' Le Ménestrel, la somme de 4247ᵗᵗ 3ˢ 6ᵈ pour toutes les fournitures, journées d'hommes qui ont travaillé pour restablir le grand cabinet des registres, médailles et autres raretez, cy....................... 4247ᵗᵗ 3ˢ 6ᵈ
(Comptant à l'espargne au dernier may 1664.)

De luy, par ordonnance du 1ᵉʳ may 1664, pour délivrer au s' Le Ménestrel, la somme de 405ᵗᵗ pour employer au fait de sa charge, pour l'entretennement du jardin en gazon et boulingrain du chasteau de Saint-Germain-en-Laye, pendant les six derniers mois de l'année 1663, et 5ᵗᵗ pour les taxations dud. Le Ménestrel, etc., cy.................................. 405ᵗᵗ
(Comptant à l'espargne.)

3 may : dud. s' de Bartillat, par ordonnance du 1ᵉʳ may 1664, pour délivrer au s' Le Ménestrel, la somme de 3025ᵗᵗ, à compte du paiement de vingt-quatre grands bassins d'argent et vingt-quatre vases[3], et 25ᵗᵗ pour les taxations dud. Ménestrel, etc., cy. 3025ᵗᵗ
(Comptant à l'espargne.)

Dud. s' de Bartillat, par ordonnance du 26 avril, pour délivrer aud. Le Ménestrel, la somme de 4050ᵗᵗ à compte des grands ouvrages d'argenterie que le Roy a ordonné estre faicts pour son service, et 500ᵗᵗ pour les taxations dud. Le Ménestrel, etc., cy........ 4050ᵗᵗ
(Comptant à l'espargne.)

De luy, par ordonnance du 24 avril, pour délivrer au s' Le Ménestrel, la somme de 6487ᵗᵗ pour le paiement de 200 marcs d'or filé, et 87ᵗᵗ pour les taxations dud. Le Ménestrel, cy................................ 6487ᵗᵗ
(Comptant à l'espargne.)

24 may : dud. s' de Bartillat, par ordonnance du 20 may 1664, pour délivrer aud. s' Le Ménestrel, la somme de 21204ᵗᵗ 3ˢ pour employer au payement des terres acquises par le deffunct s' duc d'Orléans, qu'il avoit encloses dans le parc de Chambord, y compris les taxations dud. Ménestrel, à raison de 2ᵈ pour livre, cy.................................... 21204ᵗᵗ 3ˢ
(Comptant à l'espargne.)

De luy, par ordonnance du 22 dud. mois, pour délivrer aud. s' Le Ménestrel, la somme de 6000ᵗᵗ pour employer au faict de sa charge, mesmes icelle délivrer aux prestres de la Mission de Fontainebleau, pour leur entretennement pendant la présente année, y compris les frais dud. trésorier à raison de 3ᵈ pour livre, cy. 6000ᵗᵗ
(Sur le fonds laissé dans l'estat des gabelles 1664, ez derniers mars, juin, septembre et décembre 1664 esgallement.)

26 may : dud. s' de Bartillat, par ordonnance du 24 dud. mois, pour délivrer aud. Le Ménestrel, la somme de 120000ᵗᵗ pour employer à l'achapt de quatre maisons comprises dans l'enclos du Louvre, y compris les taxations dud. Ménestrel, etc., cy....... 120000ᵗᵗ
(Comptant à l'espargne.)

De luy, par ordonnance du 24 may, pour délivrer aud. Le Ménestrel, la somme de 6000ᵗᵗ pour employer au paiement des despences à faire pour la continuation des bastimens du Louvre, Fontainebleau, Versailles et Saint-Germain-en-Laye, cy................ 6000ᵗᵗ
(Comptant à l'espargne.)

5 may : dud. s' de Bartillat, par ordonnance du mois de may 1664, pour délivrer au s' Le Ménestrel,

---

[1] Voyez, sur ces deux cabinets, les comptes des années suivantes au nom de Domenico Cucci, et la *Notice sur la Galerie d'Apollon*, par M. de Chennevières, 1851, in-12.

[2] Le détail des ouvrages du fameux calligraphe se trouve indiqué au chapitre des *Diverses Dépenses* du compte de 1664.

[3] Le détail de ces grands ouvrages se trouve aux *Diverses Dépenses*. Plus tard, les comptes des bâtiments ouvriront un chapitre spécial pour les grands ouvrages d'argenterie.

la somme de 12600ʰ, sçavoir : 6000ʰ pour l'entretennement du petit parc, 3000ʰ pour le parterre à fleurs, 1200ʰ pour le jardin potager du vieux chasteau, et 2400ʰ pour l'entretennement des arbres, y compris les taxations, etc., cy...................... 12600ʰ
(Comptant à l'espargne.)

9 juin : dud. sʳ DE BARTILLAT, par ordonnance du 28 may 1664, pour délivrer aud. MÉNESTREL, la somme de 120000ʰ pour emploier à diverses grandes pièces d'argenterie, chandeliers, tables, guéridons et autres qui se font pour le service du Roy, cy.......... 120000ʰ
(Comptant à l'espargne.)

14 juin : dud. sʳ DE BARTILLAT, par ordonnance du 9 juin 1664, pour délivrer aud. LE MÉNESTREL, la somme de 400000ʰ pour emploier à la continuation des despences à faire pour les bastimens des chasteaux du Louvre, des Tuilleries, Fontainebleau, Versailles et Saint-Germain-en-Laye, pendant l'année 1664, y compris etc., cy......................... 400000ʰ
(Comptant à l'espargne 60000ʰ, et le surplus ez premier juillet, aoust, septembre, octobre et novembre 1664 esgallement.)

9 aoust : de luy, par ordonnance du 9 aoust 1664, pour dellivrer aud. LE MÉNESTREL, la somme de 13637ʰ 8ˢ 6ᵈ pour emploier au paiement de 112242 livres pezant de plomb qui ont esté achepté à Calais, pour servir aux bastimens, à raison de 2ˢ 6ᵈ la livre, et 168ʰ 7ˢ 3ᵈ pour les frais dud. LE MÉNESTREL, cy..... 13637ʰ 8ˢ 6ᵈ
(Comptant à l'espargne.)

19 aoust : dud. sʳ DE BARTILLAT, la somme de 2139ʰ 19ˢ, sçavoir : 1530ʰ pour le dédommagement accordé au sʳ prieur de Choisy, à cause des dixmes et autres droits qu'il avoit sur les terres et autres héritages enclos dans le parc de Versailles pendant les années 1662 et présente 1664; 400ʰ deubs à l'œuvre et fabrique de Saint-Pierre aud. Choisy, pour le revenu du pré Saint-Pierre des années 1663 et 1664; 186ʰ aussy deubs à l'œuvre et fabrique de Nostre-Dame de Triannon, pour le revenu desd. deux années de trois arpens vingt-cinq perches de pré aussy enclos dans led. parc, et 23ʰ 19ˢ pour les frais du sʳ LE MÉNESTREL, cy................. 2139ʰ 19ˢ
(Comptant à l'espargne.)

De luy, pour les despences nécessaires pour faire les hayes et fossez de la Vaute-aux-Prestres et de la garenne du Vezinet, à Saint-Germain-en-Laye, cy... 1327ʰ 16ˢ
(Comptant à l'espargne.)

De luy, pour les despences nécessaires pour le recépage de la garenne du Vezinet et de la Haye-aux-Prestres aud. Saint-Germain-en-Laye, cy...... 4134ʰ 3ˢ

25 septembre : dud. sʳ DE BARTILLAT, la somme de 6724ʰ pour le payement d'une année du loier de la halle, eschopes et maisons destinées pour l'hostel des Mousquetaires, siz au fauxbourg Saint-Germain, sçavoir : 1000ʰ pour les quatres maisons des dames Dastricq et Perrier, à raison de 250ʰ chacune; 3600ʰ pour vingt maisons appartenantes à divers particuliers; 360ʰ pour deux autres maisons acquises par le nommé Desbois, traittant dud. hostel; et 1600ʰ pour les loiers de la halle et quatorze eschopes y jointes, et 164ʰ pour les frais dud. LE MÉNESTREL, à raison de 6ᵈ pour livre, cy......... 6724ʰ
(Comptant à l'espargne.)

30 septembre : de luy, la somme de 10125ʰ, sçavoir : 10000ʰ pour le payement des terres et héritages appartenans à divers particuliers enfermez dans la nouvelle enceinte du parc du chasteau de Vincennes, et 125ʰ pour les frais dud. MÉNESTREL, à raison de 6ᵈ pour livre. cy............................... 10125ʰ
(Comptant à l'espargne au dernier octobre 1664.)

22 octobre : de luy, la somme de 200000ʰ pour emploier à la continuation des despences à faire pour les bastimens des maisons royalles pendant la présente année 1664, y compris les taxations, à raison de 3ᵈ pour livre, cy........................... 200000ʰ
(Comptant au trésor 60000ʰ, et le surplus ès 1ᵉʳ novembre et décembre 1664 esgallement.)

De luy, la somme de 98000ʰ pour le payement des gages des officiers des bastimens, jardins, tapisseries et manufactures de France, et appointemens de ceux que le Roy veut estre entretenus en ses maisons royales et chasteaux du Louvre, les Tuilleries, palais Cardinal, Saint-Germain-en-Laye, Madrid et autres lieux pendant la présente année 1664, cy............... 98000ʰ
(Sur les 100000ʰ qui doivent estre payez par les fermiers du convoy de Bordeaux en conséquence du résultat du Conseil du......)

22 octobre : dud. sʳ DE BARTILLAT, la somme de 22000ʰ pour le paiement des gages des officiers entretenus au chasteau de Fontainebleau et autres despences pendant la présente année 1664, y compris, etc., cy............................. 22000ʰ
(Sur la ferme du convoy de Bordeaux au 1ᵉʳ novembre 1664 : 20,000ʰ, et sur les 100000ʰ qui doivent estre payez par les fermiers dud. convoy, en conséquence du résultat du Conseil dud... : 2000ʰ)

18 novembre : de luy, la somme de 40000ʰ pour emploier tant pour l'establissement d'une manufacture de tapisserie, façon de Flandres, en la ville de Beau-

vais[1] et autres villes de la province de Picardie, que pour la manutention et augmentation de diverses autres pièces, manufactures nouvelles et antiennes en diverses autres villes et lieux, cy................ 40000ᵗᵗ
(Sur l'ordinaire des parties casuelles.)

Dud. sʳ ᴅᴇ Bᴀʀᴛɪʟʟᴀᴛ, la somme de 2531ᵗᵗ 5ˢ, pour, avec 500ᵗᵗ provenus de la vente de deux maisons bruslées dans l'incendie arrivé à Versailles au mois d'octobre dernier, faire la somme de 3031ᵗᵗ, sçavoir : 3000ᵗᵗ pour la construction et restablissement desd. maisons, et 31ᵗᵗ 5ˢ pour les frais du sʳ Méɴᴇsᴛʀᴇʟ, cy... 2531ᵗᵗ 5ˢ
(Comptant au trésor royal.)

16 décembre : dud. sʳ ᴅᴇ Bᴀʀᴛɪʟʟᴀᴛ, la somme de 10125ᵗᵗ pour emploier à l'achapt des terres nécessaires pour les remises que le Roy fait faire dans la plaine de Saint-Denis[2], que pour les fossez et portes d'icelles, plans et labours qu'il y conviendra faire, et 125ᵗᵗ pour les frais du sʳ Lᴇ Méɴᴇsᴛʀᴇʟ, cy............. 10125ᵗᵗ
(Comptant au trésor royal.)

Dud. sʳ ᴅᴇ Bᴀʀᴛɪʟʟᴀᴛ, la somme de 11279ᵗᵗ 5ˢ, sçavoir : 11140ᵗᵗ à l'achapt des arbres que le Roy fait planter dans le lieu cy-devant appellé la Garenne du Vézinet pour la décoration de son chasteau de Saint-Germain-en-Laye, et 139ᵗᵗ 5ˢ pour les frais dud. sʳ Lᴇ Méɴᴇsᴛʀᴇʟ, cy................................. 11279ᵗᵗ 5ˢ
(Sur les deniers provenant de la vente des espèces de la forest de Laye, ordonnez estre portés à l'espargne par arrest du Conseil du 13 novembre 1664 : 6139ᵗᵗ 5ˢ, et 5140ᵗᵗ sur les deniers de la vente des bois abatus dans la garenne du Vézinet, suivant l'arrest du Conseil du.....)

29 décembre : de luy, la somme de 30375ᵗᵗ pour dellivrer à Lᴇ Méɴᴇsᴛʀᴇʟ, à compte des grands ouvrages d'argenterie, chandeliers, tables, guéridons et autres, qui se font pour le service du Roy, y compris les taxations, à raison de 2ᵈ pour livre............ 30375ᵗᵗ
(Comptant à l'espargne.)

De luy, la somme de 21000ᵗᵗ pour emploier au paiement des gages des officiers et entretenement du Jardin royal des plantes du faubourg Saint-Victor, pendant la présente année 1664, cy........... 21000ᵗᵗ
(Sur la ferme des aydes et autres y jointes ez quatre quartiers 1664 esgallement.)

De luy, la somme de 3937ᵗᵗ 9ˢ pour dellivrer au sʳ Lᴇ Méɴᴇsᴛʀᴇʟ, pour le remboursement du sʳ Lᴏᴜʀᴅᴇᴛ, de deux tapis qu'il a fournis pour la Reine en 1661.. Nota.
(Sur les deux et huitiesme paiemens du traité des deniers revenans bons.)

10 febvrier 1665 : dud. sʳ ᴅᴇ Bᴀʀᴛɪʟʟᴀᴛ, la somme de 18637ᵗᵗ 17ˢ pour, avec celle de 65000ᵗᵗ, faire la somme de 83407ᵗᵗ 17ˢ pour le parfaict paiement de la despence des manufactures de tapisseries qui se sont fabriquées, tant aux Gobelins qu'à la Savonnerie, pendant l'année 1664, sçavoir : 64507ᵗᵗ 17ˢ pour la maison des Gobelins, et 18900ᵗᵗ pour celle de la Savonnerie. compris 230ᵗᵗ pour les taxations dudict Méɴᴇsᴛʀᴇʟ, cy................................ 18637ᵗᵗ 17ˢ
(Comptant au trésor royal.)

7 mars 1665 : dud. sʳ ᴅᴇ Bᴀʀᴛɪʟʟᴀᴛ, pour emploier au payement des édiffices qui seront construits et pour le prix des maisons qui seront acquises en la ville de Beauvais, pour l'establissement des manufactures de tapisserie, compris les taxations........... 21971ᵗᵗ 5ˢ
(Comptant au trésor royal.)

13 novembre 1665 : d'Aɴᴅʀé Mᴀᴢɪèʀᴇs et Aɴᴛᴏɪɴᴇ Bᴇʀɢᴇʀᴏɴ, pour les matériaux d'une maison à eux adjugez et qui restoient de l'incendie du feu arrivé à Versailles l'année dernière 1664[3]............... 500ᵗᵗ

De Fʀᴀɴçᴏɪs Lᴇᴠé, entrepreneur des ouvrages de maçonnerie, à Fontainebleau, pour la quantité de..... tonneaux de pierre de Saint-Leu, à luy adjugez, qui avoient esté acheptés pour S. M., la somme de.. 1068ᵗᵗ

Dud. sʳ ᴅᴇ Bᴀʀᴛɪʟʟᴀᴛ, la somme de 4100ᵗᵗ pour l'entretenement de l'Académie royale de peinture et sculpture pendant l'année 1663, compris en lad. somme les taxations du trésorier.................... 4100ᵗᵗ

De luy, pour le paiement des appointemens accordez par S. M. au sieur Lᴇ Vᴀᴜ le jeune, pour avoir vaqué à la visitte des ponts et chaussées pendant l'année 1664..................... 3645ᵗᵗ

---

[1] Voyez, au sujet de l'établissement de la manufacture de tapisseries de Beauvais, les *Lettres de Colbert*, publiées par M. Ch. Clément, t. II, 1ʳᵉ partie, p. cxʟᴠ, et 2ᵉ partie, p. 576. Dans l'Appendice de ce 2ᵉ volume, p. 786, M. Ch. Clément a reproduit les lettres de privilége accordées à L. Hinard, le fondateur de la manufacture.

[2] Voyez plus loin le chapitre spécial consacré aux travaux de la plaine Saint-Denis, dans ce compte de 1664.

[3] C'est probablement sur l'emplacement des maisons détruites par cet incendie que Mazières, le plus grand entrepreneur de travaux de maçonnerie de l'époque, ouvrit la rue qui porte encore son nom et dont presque tous les immeubles lui appartenaient. (Voyez *Histoire de Versailles*, par J. A. Le Roi, éd. de 1868, t. II, p. 201.)

De luy, la somme de 4050ᵗᵗ pour employer à l'entretennement des chasteau et jardin de Vincennes, compris les taxations à raison de 2ᵈ pour livre........ 4050ᵗᵗ

De luy, la somme de 2420ᵗᵗ pour l'achapt des arbres nécessaires pour planter dans la garenne de Vézinet, compris les taxations à raison de 2ᵈ pour livre.. 2420ᵗᵗ

Somme totalle...... 3243041ᵗᵗ 11ˢ 2ᵈ

DESPENSE.

CHASTEAU DU LOUVRE.

MAÇONNERIE DU BASTIMENT NEUF.

12 janvier 1664 - 17 janvier 1665 : à ANDRÉ MAZIÈRE et ANTOINE BERGERON, entrepreneurs du bastiment neuf du Louvre sur estant moins de leurs ouvrages faicts et à faire pendant la présente année, et pour subvenir aux advances à faire pour l'achapt des matéreaux nécessaires pour la continuation du bastiment neuf du Louvre, suivant l'ordonnance de M. Colbert, surintendant des bastimens, du 12 janvier 1664 (10 p.) 504500ᵗᵗ

31 décembre : à eux, par advance et pour paiement de partie des matéreaux qui leur convient achepter pour employer dans les bastimens l'année prochaine, 1665 (2 p.)......................... 15000ᵗᵗ

1ᵉʳ mars - 20 may : à JEAN PASTEL, à compte des ouvrages de maçonnerie, charpenterie et autres qu'il fait à l'appartement de M. le mareschal de Grammont, au Louvre (2 p.)......................... 5000ᵗᵗ

14 juin - 13 novembre : à luy, pour le restablissement du comble du corps de logis du Louvre (3 p.)... 3000ᵗᵗ

20 may : à FRANÇOIS VILLEDO, pour ouvrages de maçonnerie qu'il a fait au Louvre à l'appartement de M. de Navailles............................ 1200ᵗᵗ

14 juin - 25 septembre : à JACQUES HUBY, maçon du Roy, pour les ouvrages de maçonnerie qu'il a fait tant au manége qu'à la grande écurie (2 p.)........ 422ᵗᵗ 10ˢ

Somme de ce chapitre..... 529122ᵗᵗ 10ˢ

CHARPENTERIE DU BASTIMENT NEUF.

12 janvier 1664 - 17 mars 1665 : à PONCELET CLIQUIN et PAUL CHARPENTIER, charpentiers jurez, entrepreneurs des ouvrages de charpenterie du bastiment du Louvre, à compte de leurs ouvrages (7 p.).......... 113000ᵗᵗ

14 - 30 juin : à PAUL CHARPENTIER, à compte desd. ouvrages de charpenterie (2 p.)......... 24000ᵗᵗ

1ᵉʳ mars - 23 décembre : à PIERRE LE BASTARD [1], charpentier, à compte de ses ouvrages de charpenterie, tant pour la couverture des frontons de la grande galerie du Louvre qu'à la grande écurie du Roy (10 p.)... 10300ᵗᵗ

Somme totale de ce chapitre.. 147300ᵗᵗ

COUVERTURE.

12 janvier - 14 octobre : à CHARLES YVON [2], couvreur ordinaire des bastimens, à compte de ses ouvrages au bastiment neuf du Louvre et aux frontons de la grande galerie (7 p.)....................... 24000ᵗᵗ

23 - 31 décembre : à luy, à compte des ouvrages de couverture qu'il fait tant au bastiment neuf du Louvre qu'au pallais des Thuilleries (2 p.).......... 4100ᵗᵗ

13 septembre : aud. YVON, couvreur, pour les premiers six mois des entretennemens des couvertures des maisons royalles....................... 3300ᵗᵗ

Somme de ce chapitre......... 31400ᵗᵗ

PLOMBERIE.

12 janvier - 14 juin : à GILLES LE ROY et LAURENT BUISSON, maistres plombiers à Paris, sur estant moins des ouvrages de plomberie et fournitures de plomb au bastiment neuf du Louvre (5 p.)............ 26000ᵗᵗ

30 juin 1664 - 17 mars 1665 : à GILLES LE ROY, à compte de ses ouvrages de plomberie (5 p.)... 19600ᵗᵗ

16 février - 23 décembre : à ALLAIN LHERMINIER et ANTOINE VIGAN, maistres plombiers, à compte des ouvrages de plomberie pour couvrir les frontons de la grande galerie du Louvre (5 p.).......... 20365ᵗᵗ 5ˢ

14 juin : aud. LHERMINIER, à compte, *idem*... 2000ᵗᵗ

Somme de ce chapitre....... 67965ᵗᵗ 5ˢ

SERRURERIE ET GROS FER.

22 septembre 1664 - 17 mars 1665 : à ESTIENNE DOYART, serrurier, pour ouvrages de serrurerie et fourniture de gros fer pour le bastiment neuf du Louvre et le pallais des Thuilleries (5 p.)............ 8600ᵗᵗ

---

[1] Ou BASTARD.

[2] Ou IVON ; mais la forme qui revient le plus fréquemment dans ce registre et les suivants est YVON.

ANNÉE 1664. — LOUVRE.

25 septembre 1664-17 mars 1665 : à Charles Maugin, serrurier, pour un balcon fait en la chambre de la Reyne mère au Louvre (3 p.)............... 1000ʰʰ

23 décembre 1664-17 mars 1665 : à Anthoine Le Maistre et Denis du Chesne, à compte des ouvrages de serrurerie et fourniture de gros fer (3 p.)..... 8200ʰʰ

11 avril 1665 : à Louis Legrand, pour son parfaict payement des ouvrages de serrurerie........ 585ʰʰ 5ˢ

Somme de ce chapitre....... 18385ʰʰ 5ˢ

RÉPARATIONS, MENUS OUVRAGES DES ANTIENS BASTIMENS.

1ᵉʳ mars-31 décembre : à Léonnard Aubry, pour les ouvrages de pavé de la grande écurie du Louvre (6 p.)............................... 3938ʰʰ

1ᵉʳ mars : à Jean Armand, ébéniste, à compte d'une estrade qu'il faict dans la chambre de la Reyne mère. 500ʰʰ

14 juin : à Jean Papillon, pour son payement d'avoir fouillé et transporté les immondices........... 277ʰʰ

Somme de ce chapitre......... 4715ʰʰ

PEINTURE, SCULPTURE ET ORNEMENT DE LA PETITE GALERIE.

27 janvier : à Gaspard et Balthazard Marcy et François Girardon, sculpteurs, sur estant moins des ouvrages de sculpture faits et à faire dans la gallerie des peintures du Louvre....................... 3000ʰʰ

1ᵉʳ mars-20 may : à Balthazard Marcy, François Girardon et Thomas Regnaudin, sculpteurs, sur estant moins des ouvrages faicts dans la gallerie des peintures du chasteau du Louvre (2 p.)............ 5000ʰʰ

30 juin-31 décembre : à Gaspard et Balthazard Marcy, François Girardon et Thomas Regnaudin, à compte de leurs ouvrages de stuc au plafonds de la gallerie des peintures (3 p.).................. 8000ʰʰ

14 octobre : ausd. Girardon et Regnaudin, à compte des ouvrages de stuc par eux faits dans la gallerie des peintures............................... 2000ʰʰ

1ᵉʳ février-30 juin : à Jean Le Greu, sculpteur marbrier, à compte des ouvrages de sculpture faits et à faire dans la salle des antiques du Louvre (3 p.).... 2100ʰʰ

1ᵉʳ mars-30 juin : à Jean Macé, à compte d'une estrade de marqueterie qu'il fait en la chambre de la Reyne mère (2 p.)....................... 700ʰʰ

31 décembre : à Jacques Prou, menuisier, à compte des ouvrages faits en la gallerie des peintures.... 500ʰʰ

Aud. Prou et Denis Buret, à compte des lambris et revestement des embrazures des croisées de lad. gallerie................................ 600ʰʰ

17 mars 1665 : à Poissant, sculpteur, à compte des vazes de pierre qu'il a posez sur les pavillons du Louvre................................ 300ʰʰ

A Guiot et Corroyer, pour avoir regratté et blanchi cinq souches au palais des Tuilleries........... 360ʰʰ

Somme de ce chapitre........ 22560ʰʰ

OUVRAGES DE MENUISERIE, PEINTURES ET AUTRES ORNEMENS.

3 février-23 décembre : à Antoine Saint-Yves [1], maistre menuisier, à compte des ouvrages de menuiserie par lui faicts pour le model du bastiment entier du Louvre (8 p.)......................... 3300ʰʰ

25 février-23 décembre : à Francisco Maria Bourzon [2], peintre du Roy, à compte de dix tableaux de paysages pour l'ornement du vestibule de l'appartement de la Royne mère (5 p.)................... 3200ʰʰ

20 may : à Pierre Dionis, à compte des ouvrages de menuiserie par luy faicts à l'Imprimerie royale.. 300ʰʰ

14 juin : à luy, pour son paiement de cent cinquante barres de bois......................... 64ʰʰ 7ˢ

31 décembre : à luy, à compte des ouvrages de menuiserie du Louvre........................ 600ʰʰ

10 avril 1665 : à luy, pour son parfaict payement des ouvrages, tant du Louvre, Palais Royal, qu'autres endroictz.......................... 3212ʰʰ 17ˢ

20 may : à Nicolas Massé [3], sur estant moins des ouvrages de sculpture par luy faits au Louvre.... 200ʰʰ

30 juin-31 décembre : à Nicolas Massé, menuisier, à compte des bordures de tableaux faictes pour l'appartement et vestibule de la Royne mère, et autres ouvrages (6 p.).......................... 2500ʰʰ

20 may-22 septembre : à Jean Armand, ébéniste, à cause d'une estrade de bois de rapport (ou de marqueterie) pour la chambre de la Royne mère (4 p.). 1900ʰʰ

14 juin 1664-10 avril 1665 : à Pierre Chevalier, menuisier, pour ouvrages de menuiserie faits en la grande escurie du Roy au Louvre (5 p.)......... 1720ʰʰ 11ˢ

14 juin : à Bailly, peintre, pour son payement de dix-huit corps de devise en mignature......... 236ʰʰ

14 juin-14 octobre : à Jean Macé, ébéniste, pour une estrade par luy faicte en la chambre de la Reyne mère (3 p.)............................. 1925ʰʰ

30 juin : à Guillaume Barbier, menuisier, à compte de ses ouvrages............................ 300ʰʰ

---

[1] Ce nom est écrit tantôt Saint-Yves, tantôt Saintive; nous avons adopté la première forme comme la plus probable. On trouve même quelquefois Antoine de Saint-Yves.

[2] Ce nom est écrit autre part Bonzon. Le véritable nom de l'artiste est Bonzoni.

[3] Quelquefois ce nom est écrit Masse, sans accent.

22 septembre : à Estienne Prou, menuisier, à compte des croisées de la gallerie des peintures........ 800ᵗᵗ

22 septembre-23 décembre : à Jacques Prou, menuisier, pour les croisées de la galerie des peintures (4 p.)....................,................. 1900ᵗᵗ

22 septembre-31 décembre : à Claude Bergerat et Jean Danglebert, menuisiers, pour les ouvrages qu'ils font en l'appartement de M. le mareschal de Grammont au Louvre (3 p.)...................... 2600ᵗᵗ

22 septembre - 31 décembre : à Michel Cruchet et François Benoist, pour leur payement des peintures par eux faictes, tant aux apartemens de M. le mareschal de Grammont et de Mᵐᵉ de Montausier au chasteau du Louvre qu'au logement de M. le Grand Escuyer (2 p.). 371ᵗᵗ 6ˢ

22 septembre-31 décembre : à Le Hongre, pour les ouvrages de peinture du modèle du bastiment du Louvre (4 p.)... 400ᵗᵗ

22 septembre-23 décembre : à Thibaut Poissant, à compte des masques qu'il a faict à la cimaise de la corniche de l'entablement du bastiment neuf du Louvre (2 p.)........................... 631ᵗᵗ

22 septembre-23 décembre : à Motelet[1], pour ce qui luy peut estre deub pour avoir relevé et posé le parquet du Louvre (4 p.)................... 573ᵗᵗ 8ˢ

23 décembre : à Montelet et Falaise, pour le posage de parquet par eux faict au Louvre........ 232ᵗᵗ 7ˢ

25 septembre : à Dufaux, doreur, à compte des ouvrages de dorure faicts au vestibule de la Reine mère. 400ᵗᵗ

14 octobre : à Jean le Greu[2], marbrier, pour son paiement de six socles de marbre jaspé........ 300ᵗᵗ

31 décembre 1664-17 mars 1665 : au même, à compte des réparations par luy faictes en la salle des antiecques (2 p.)........................... 600ᵗᵗ

23-31 décembre : à Pasquier, marbrier, pour les ouvrages de marbre par luy faicts au Louvre (2 p.). 390ᵗᵗ

31 décembre : au mesme, à compte des démolitions des cheminées de marbre du palais des Tuileries. 150ᵗᵗ

23 décembre : à Buister, Connoyer et Guiot, pour leur paiement des 43 testes de lion par eux sculpez à la corniche du bastiment neuf du Louvre........ 215ᵗᵗ

31 décembre : à Antoine Guiot, Jean Cardon et Claude Cosson, sculpteurs, pour leur paiement de neuf soleils par eux sculpez aux cheminées des Tuilleries. 250ᵗᵗ

31 décembre : à Grenoble et Boissard, sculpteurs, pour leur paiement des masques de satyre et des testes

[1] Ce nom est écrit aussi Motelay et Moteley ou Monteley, comme à l'article suivant.

[2] Ce nom est aussi écrit Le Geou; mais la forme Le Greu est la plus usitée.

de lion par eux sculpez sur une cheminée du pavillon des Tuilleries........................... 240ᵗᵗ

31 décembre : à Jean Duret, à compte des ouvrages de menuiserie par luy faicts en la grande escurie.. 150ᵗᵗ

Somme de ce chapitre...... 39961ᵗᵗ 16ˢ

VITRERIE VIEILLE ET NOUVELLE.

14 juin 1664-17 mars 1665 : à Pierre Viarey, vitrier, pour les ouvrages de vitrerie par luy faicts tant aux apartemens du Louvre qu'à l'Imprimerie royalle (5 p.)........................... 2000ᵗᵗ

22 septembre : à Jacques Thibou, vitrier, à compte des ouvrages de vitrerie par luy faicts en la grande escurie du chasteau du Louvre................. 60ᵗᵗ

Somme de ce chapitre.......... 2060ᵗᵗ

JARDINAGES.

31 décembre : à Charles Mollet, pour avoir sablé les petites allées du parterre du jardin du Louvre... 270ᵗᵗ

A François Tolmay, pour le paiement des vuidanges des fossez par luy faicts au Louvre........... 1170ᵗᵗ

4 juin 1665 : aud. Mollet, pour plusieurs menues despences par luy faictes au petit jardin du Louvre. 500ᵗᵗ

Somme de ce chapitre.......... 1940ᵗᵗ

PALLAIS DES THUILLERIES.

MAÇONNERIE, CHARPENTERIE, MENUISERIE, PEINTURES, JARDINS.

Néant.

PALAIS-ROYAL.

MAÇONNERIE.

20 may-14 octobre 1664 : à Charles Bressy[3], pour les ouvrages de maçonnerie qu'il a faicts au Palais-Royal (5 p.)........................... 3600ᵗᵗ

CHARPENTERIE.

Néant.

MENUISERIE.

22 septembre-23 décembre : à Pierre Dionis, pour ses ouvrages de menuiserie du Palais-Royal (6 p.) 3100ᵗᵗ

23 décembre : à Pierre Hermier, pour avoir restably un plancher du palais Brion................. 35ᵗᵗ

Somme de ce chapitre.......... 3135ᵗᵗ

[3] Ou de Bressy.

ANNÉE 1664. — VERSAILLES.

PEINTURE, SCULPTURE, ORNEMENT, SERRURERIE, VITRERIE.

30 juin-14 octobre : à COIPEL, peintre, pour ses ouvrages de peinture et dorure qu'il a faicts au Palais-Royal (6 p.)........................ 13200ʰ

25 septembre - 14 octobre : à luy, pour payement de ses ouvrages de peinture dans la chambre de Mademoiselle, au Palais-Royal (2 p.).............. 600ʰ

22 septembre : à PASQUIER, marbrier, pour parfaict paiement de ses ouvrages du Palais-Royal...... 200ʰ

A PIERRE VIANEY, à compte des ouvrages de vitrerie par luy faicts au Palais-Royal................. 200ʰ

31 décembre : à CLAUDE GOY, pour son paiement d'avoir doré la balustrade du Palais-Royal...... 100ʰ

A JEAN MACÉ, ébéniste, pour son paiement des ouvrages et réparations de bois de raport par luy faicts en la grande gallerie du Palais-Royal............. 488ʰ

Somme de ce chapitre......... 14788ʰ

MAISON DE LA POMPE DU PONT-NEUF.

22 septembre - 31 décembre : à BRICART, charpentier, à compte des ouvrages de charpenterie par lui faicts pour le restablissement de la maison de la pompe du Pont-Neuf (4 p.)........................ 12500ʰ

COLLÈGE ROYAL.
Néant.

CHASTEAU DE VERSAILLES.

OUVRAGES DE MAÇONNERIE.

22 janvier : à ANDRÉ MAZIÈRE et ANTOINE BERGERON, jurez ès œuvres de maçonnerie, entrepreneurs des bastimens du chasteau de Versailles, sur estant moins des ouvrages de maçonnerie par eux faicts et à faire pour la construction du puids et de l'acqueduc en la mesnagerie du chasteau de Versailles (2 p.)....... 18500ʰ

1ᵉʳ mars : à eux, pour leur paiement de 212 thoises ½ de moilon par eux fournis pour la construction du mur à pierre sèche de la chaussée de l'estang de Clagny près Versailles.......................... 3187ʰ 10ᵃ

A eux, sur estant moins des ouvrages de maçonnerie par eux faits pour la construction de la mesnagerie de Versailles, que pour le puis et aqueduc pour la conduite des eaues........................... 32500ʰ

20 may 1664 - 17 mars 1665 : à eux, pour les ouvrages de maçonnerie par eux faits aux bastimens, mesnagerie, acqueduc et dalot[1] de Versailles (10 p.). 278000ʰ

10 avril 1665 : à eux, pour leur paiement, tant du moilon qu'ils ont fourny pour la chaussée de Clagny que pour les ouvriers qui ont travaillé à mettre et battre des recoupes[2] dans les fossez de Versailles..... 4143ʰ 10ᵃ

Somme de ce chapitre........ 336331ʰ

CHARPENTERIE.

23 février - 30 may : à JEAN TERRADE, entrepreneur des ouvrages de charpenterie du chasteau et ménagerie de Versailles, sur estant moins desdits ouvrages (2 p.). 5000ʰ

30 juin : à PIERRE BASTARD, charpentier, à compte de ses ouvrages....................... Néant.

30 juin - 23 décembre : à la veuve de PIERRE MONTMOIGNON, à compte de ses ouvrages de charpenterie (2 p.)............................... 3000ʰ

Somme de ce chapitre........ 8000ʰ

COUVERTURE ET PLOMBERIE.

12 janvier - 20 septembre 1665 : à JEAN PILLART[3] et CLAUDE FRESNEAU, maistres couvreurs, entrepreneurs des ouvrages de couverture et plomberie, à compte des ouvrages par eux faicts au chasteau et à la mesnagerie de Versailles (13 p.)....................... 22600ʰ

31 décembre : à CLAUDE FRESNEAU, couvreur, à compte des ouvrages de couverture et plomberie du chasteau de Versailles........................... 500ʰ

14 juin 1664-10 avril 1665 : à DENIS JOLY, à compte du plomb fourni et ouvrages faits pour la conduite des eaues de Versailles (10 p.)............. 43462ʰ 4ᵃ

30 juin - 31 décembre : à luy, à compte des machines et mouvemens de la pompe du grand puits de Versailles (4 p.)............................. 7500ʰ

25 septembre - 14 octobre : à luy, à compte du plomb

---

[1] Terme de marine, qui désigne les canaux de bois servant à faire couler à travers le bordage l'eau qui se trouve sur le tillac d'un navire.

[2] Éclats de pierres dont on se sert pour affermir les talus ou les allées des jardins. C'est dans ce dernier sens que Saint-Simon a dit de Versailles : «La recoupe y brûle les pieds, mais, sans cette recoupe, on y enfonceroit ici dans les sables, là dans la plus noire fange.» (Édition in-12, VIII, 1857, p. 126.)

[3] Dans un des articles qui suivent (en date du 17 mars 1665), cet entrepreneur est appelé PIERRE; mais il est fort probable qu'il s'agit du même individu.

des mouvemens et tuyaux par lui fournis pour la pompe de la mesnagerie de Versailles (2 p.).......... 8500^{tt}

4 juin 1665 : à luy, pour parfaict paiement des fournitures de plomberie faits sur les balcons de Versailles pendant l'année 1664................ 4999^{tt} 9^s 6^d

22 septembre-31 décembre : à Gilles le Roy, plombier, à compte de ses ouvrages du chasteau de Versailles (7 p.)................................ 17300^{tt}

22 septembre-23 décembre : à Charles Yvon, couvreur, à compte des ouvrages de couverture par luy faicts à Versailles (5 p.)....................... 8900^{tt}

31 décembre : à luy, à compte des ouvrages de couverture du Louvre [1]..................... 2000^{tt}

4 juin 1665 : à luy, pour son paiement de touttes les ouvrages et réparations de couverture par luy faites au chasteau de Versailles pendant les années 1661 et 1662................................ 4800^{tt}

Somme de ce chapitre... 120561^{tt} 13^s 6^d

MENUISERIE.

12 janvier 1664-17 mars 1665 : à Charles Lavié [2], à compte des ouvrages de menuiserie au chasteau et mesnagerie de Versailles (14 p.)........... 20700^{tt}

20 février-17 avril : à Denis Bubet, pour avoir faict de neuf deux théatres portatifs au chasteau de Versailles (2 p.)......................... 1020^{tt}

17 février-25 septembre : à Claude Bergerat, menuisier, à compte de ses ouvrages de menuiserie au chasteau et mesnagerie de Versailles (3 p.).... 3700^{tt}

1er mars 1664-10 avril 1665 : à Estienne Carel [3], menuisier, à compte des ouvrages de menuiserie aud. lieu (4 p.)........................ 2450^{tt}

14 juin : à Armand, ébéniste, à compte de l'estrade de bois par luy faict.................... 600^{tt}

22 septembre : à Jacques Tumier, menuisier, pour parfaict paiement des ouvrages qu'il a faict à Versailles............................. 88^{tt}

22 septembre 1664-17 mars 1665 : à Barbier, menuisier, à compte des quaisses qu'il a faict pour les orangers de Versailles (5 p.).............. 2500^{tt}

14 octobre 1664 : à Guillaume Barbier [4], menuisier, pour son paiement des frais qu'il a faits pour la voicture de quatre orangers, depuis l'hostel Séguier [5] jusques à Versailles............................ 173^{tt} 11^s

22 septembre : à Antoine Saint-Yves, à compte de deux cabinets qu'il a faict pour la chambre du Roy. 200^{tt}

25 septembre 1664-10 avril 1665 : à luy, pour les croisées faictes au chasteau et à la mesnagerie (6 p.)... .... 3300^{tt}

22 septembre : à Germain Fournier, Jacques Feuillette et Paul Riche, fripiers, pour le paiement d'avoir frotté tant le parquet que carreau de Versailles... 51^{tt}

25 septembre 1664-17 mars 1665 : à Jean Danglebert, menuisier, à compte d'ouvrages de menuiserie au chasteau de Versailles (4 p.)............. 2300^{tt}

Somme de ce chapitre...... 37082^{tt} 11^s

PEINTURES, SCULPTURES, ORNEMENS ET SERRURERIE.

12 janvier 1664-17 mars 1665 : à Denis Duchesne et Antoine le Maistre, maistres serruriers, pour leurs ouvrages de serrurerie et fournitures de gros fer au chasteau et mesnagerie de Versailles (11 p.)...... 26200^{tt}

12 janvier : à Jean de Bersaucourt [6], maistre espinglier, sur estant moins des ouvrages de fil d'archal par luy faicts et à faire pour la fermeture des croisées et vacheries de Versailles.................... 360^{tt}

16 février-14 octobre : à Estienne Doyart, serrurier, pour les grilles de fer du petit parc de Versailles (7 p.). .... 8909^{tt} 4^s

16 février-31 décembre : au s^r Charles Errard [7], peintre du Roy, à compte des ouvrages de peinture et dorure par luy faicts et à faire au chasteau de Versailles (7 p.)............................ 10500^{tt}

22 septembre : à luy, à compte des ouvrages faits à la ménagerie............................ 500^{tt}

16 février-25 septembre : à Louis Lerambert, sculpteur, pour prix de douze termes de pierre dure faicts

---

[1] Nous transcrivons cet article tel qu'il se trouve dans le compte ; il nous paraît fort probable qu'il s'agit partout ici du château de Versailles et non du Louvre ; toutefois on voit par le compte qu'Yvon était employé en même temps à Versailles et à Paris.

[2] Ce nom est écrit aussi Lavier, ce qui semblerait indiquer que dans tous les cas il faut ajouter sur l'e un accent qui ne s'y trouve jamais.

[3] On trouve une fois Jean Carel au lieu d'Estienne (22 septembre). Nous supposons toutefois qu'il s'agit du même individu.

[4] Il résulte du compte que ce Guillaume Barbier est le même que le Barbier de l'article précédent.

[5] A Paris, entre la rue de Grenelle-Saint-Honoré (aujourd'hui prolongement de la rue J.-J. Rousseau) et la rue du Bouloi.

[6] Il est écrit ici Bertancourt ; mais ce nom ne peut offrir de doute, et nous le rétablissons tel qu'on le retrouve maintes fois plus loin.

[7] Ce nom est quelquefois écrit Hérard ; mais il ne peut donner lieu à aucune ambiguïté.

ANNÉE 1664. — VERSAILLES.

dans le jardin à fleurs (ou jardin du Roy) de Versailles (5 p.)............................. 2200ʰ

16 février : à Gaspard Marcy, sculpteur, pour son paiement de sept thoises de corniches de stuc par luy restablis dans le vestibule du chasteau de Versailles.. 100ʰ

1ᵉʳ mars : à Gaspard et Balthazar Marsy, pour leur paiement d'avoir faict dix-sept toises de corniche de stuc à la mesnagerie de Versailles................ 510ʰ

16 février - 17 mars 1665 : à Jacques Houzeau[1], sculpteur marbrier, à compte des ouvrages de treize termes de sculpture par luy faicts et à faire pour la closture du jardin des fleurs (10 p.)................. 1310ʰ

25 février : à Francisco Maria Bourzon, peintre du Roy, à compte de dix tableaux de paisage qu'il doibt faire pour l'ornement du vestibule de l'appartement de la Reine mère .... Néant.

1ᵉʳ mars 1664 - 17 mars 1665 : à Jean Garot[2], miroitier, pour avoir fourni, taillé et mis en place plusieurs glaces de miroir dans l'appartement du Roy et de la Reine (3 p.)................................. 390ʰ

1ᵉʳ mars - 14 octobre : au sʳ Jean le Greu, sculpteur marbrier, à compte des ouvrages de marbre qu'il fait pour Versailles (5 p.)..................... 5500ʰ

25 septembre : à Jean le Greu, à compte des ouvrages de carreau qu'il faict au chasteau de Versailles.. 1000ʰ

1ᵉʳ mars : à René le Riche et Fournier, son associé, à compte du nettoiement qu'ils doivent faire des planchers de Versailles........................ 60ʰ

30 juin : à Anguier, sculpteur, à compte de ses ouvrages de Versailles..................... 1500ʰ

30 juin - 25 septembre : à luy, pour six termes de pierre (2 p.)................................. 1260ʰ

30 juin : à Le Maire, marchand, pour son paiement de 132 vazes de fayance[3]............ 1495ʰ 10ˢ

22 septembre : à François Simonet, serrurier, pour parfaict paiement de ses ouvrages de serrurerie. 254ʰ 4ˢ

22 septembre : à Pasquier, marbrier, à compte des ouvrages de carreau par luy faicts (3 p.)....... 550ʰ

22 septembre 1664 - 17 mars 1665 : à Martin Dufaux[4], à compte de ses ouvrages à deux cabinets et au-devant d'une cheminée dud. chasteau (4 p.)... 1500ʰ

22 septembre 1664 - 17 mars 1665 : à Thibault Poissant, pour les termes de pierre par lui posés dans le petit parc de Versailles (4 p.)............ 2300ʰ

25 septembre : à Bister[5], sculpteur, à compte des ouvrages qu'il faict à Versailles................ 200ʰ

25 septembre - 14 octobre : à Pierre Marie, serrurier, à compte de ses menus ouvrages de serrurerie aud. lieu (2 p.)................................. 200ʰ

25 septembre : à Léonard Aubry, paveur, à compte des ouvrages par luy faicts................ 1400ʰ

14 octobre : à Simonet et Dormand, pour leur paiement de deux mille dix crochets de fer......... 200ʰ

A Pierre de Cussy, pour avoir relevé tout le pavé de liais de la grotte qui est au dessoubs de la mesnagerie à Versailles............................... 320ʰ

A Jean de Launay et Pierre de Cussy, pour leur parfaict paiement des ouvrages faicts à la grotte de la mesnagerie................................ 2004ʰ 15ˢ

17 mars 1665 : à Louis le Hongre, à compte des ouvrages de peintures de verny qu'il a faict sur deux cabinets.................................... 100ʰ

A Valentin Densigny, à compte des glaces de miroir qu'il a livré audict lieu................... 1000ʰ

4 juin 1665 : à Tuby et Cuffier[6], sculpteurs, pour douze scabellons de bois de chesne, y compris les ornemens.................................. 900ʰ

A Gilles Martinot, pour son paiement d'une orloge à pendulle avec son quadran par luy livrée à la mesnagerie de Versailles...................... 1000ʰ

Somme de ce chapitre...... 85513ʰ 13ˢ

VITRERIE.

16 février - 23 décembre : à Pierre Longer, vitrier, pour ouvrages de vitrerie faicts au chasteau et mesnagerie de Versailles (6 p.)................. 1950ʰ

14 juin : à Pierre Viabey, vitrier, pour son paiement des ouvrages de vitrerie faicts à la mesnagerie de Versailles................................ 126ʰ

Somme de ce chapitre......... 2076ʰ

JARDINAGES, MESNAGERIE, FOUILLES ET TRANSPORTS DE TERRES.

12 janvier - 14 juin : à Jean Viart et Claude Maron, tant pour eux que pour leurs compagnons, pour les fouilles, transports et enlèvemens de terres par eux faicts

---

[1] Quelquefois écrit Housseau.

[2] Ce nom est aussi écrit Guérault et Guereau.

[3] La somme totale montre que chaque vase valait un peu plus de 11 livres.

[4] Dufaux était doreur. Voyez les jardinages de Versailles, 23 décembre (col. 27).

[5] Il faut évidemment lire Buister.

[6] Il faut lire Caffier ; il s'agit ici de Philippe Caffieri, qui reparait souvent dans les comptes.

pour faire l'advenue et place du chasteau de Versailles (6 p.)............................. 10889ᵗᵗ 10ˢ

14 octobre : à eux, pour leur paiement d'avoir enlevé les terres de la cour commune de la mesnagerie. 252ᵗᵗ

12 janvier 1664-17 mars 1665 : à Léonard Aubry, paveur ordinaire des bastimens du Roy, pour ouvrages de pavé de grez par luy faits et à faire tant aux cours qu'en la mesnagerie de Versailles (13 p.)..... 20700ᵗᵗ

29 janvier-1ᵉʳ mars : à Nicolas Godard[1], pour fouilles, transports et enlèvemens de terre par luy faicts aux cours de la mesnagerie de Versailles (3 p.). 1185ᵗᵗ

12 janvier-1ᵉʳ février : à Charles Petit, fontenier, Germain Payen et Jacques Feuillatre[2], terrassiers, pour ouvrages par eux faicts et à faire pour le rebaussement et eslargissement de la chaussée de l'estang de Clagny et la conduite des eaues à la mesnagerie (16 p.). 32265ᵗᵗ 12ˢ

2 février-20 may : à Ysaye[3] le jeune et François Baudouin, terrassiers, pour les fouilles et terres transportées dans l'enclos et le petit parc (3 p.).... 1530ᵗᵗ

14 juin : à Isaye le jeune, pour avoir labouré et dressé l'alée des tilleuls................... 100ᵗᵗ

17 mars 1665 : à luy, pour enlèvement de terres et fouilles dans le petit parc.............. 73ᵗᵗ 12ˢ

1ᵉʳ aoust 1665 : à luy, pour avoir dressé l'alée depuis le rondeau jusqu'à la grille du costé de la mesnagerie. 350ᵗᵗ

7 février-1ᵉʳ mars : à Denis Joly, entrepreneur des ouvrages de la pompe et réservoir à faire aud. chasteau de Versailles, à compte desd. ouvrages (2 p.).. 7000ᵗᵗ

9 février : à Louis Chauvin et François Bourdillon, pour leur paiement de deux bassins par eux faicts et creusés dans le jardin à fleurs.............. 183ᵗᵗ

1ᵉʳ mars : à François Bourdillon, terrassier, pour son paiement de 135 thoises de rigolles dans le jardin du Roy...................................... 33ᵗᵗ 15ˢ

1ᵉʳ aoust 1665 : à luy, à compte des ouvrages par luy faicts pour dresser la petite alée du parc....... 200ᵗᵗ

16 février 1664-17 mars 1665 : à Edme Bourceau[4], pour fouilles et transports de terre, pour l'aplanissement de la cour du commun, des gazelles, de la ménagerie et de la vollière, et pour avoir gazonné la court du chenil (10 p.).................................. 3601ᵗᵗ 4ˢ

16 février : à Léonnard de Saint-Laurens, pour fouil-

[1] Ce nom est aussi écrit Gaudart.
[2] Plus loin ce nom revient fréquemment sous sa forme exacte : Feuillastre.
[3] Ce nom est parfois écrit Isaye, comme on le voit à l'article suivant.
[4] Ce nom est écrit aussi Boursaut et Boursaud. Il revient par la suite très-souvent sous la forme Boursault.

les et transports de terre dans l'allée de la mesnagerie................................. 350ᵗᵗ

1ᵉʳ mars : à Léonnard Laurent[5], pour son parfaict paiement des fouilles et transports de terre pour l'aplanissement de l'allée d'entre les grilles......... 166ᵗᵗ

22-28 septembre : au même, pour le paiement des gens de journée qui ont arrosé les sapins du petit parc (2 p.).................................. 251ᵗᵗ 17ˢ

17 février-1ᵉʳ mars : à Simon Trumeau, terrassier, pour fouilles et transports par luy faicts pour la tranchée de l'aqueduc (2 p.)..................... 200ᵗᵗ

1ᵉʳ mars : à Roch Ameau, terrassier, pour son parfaict paiement d'avoir voicturé cent cinquante tombereaux de bonne terre dans le petit parc................ 60ᵗᵗ

1ᵉʳ mars : à René Hermel, terrassier, à compte des quatre-vingt-huit toises de rigolles............ 88ᵗᵗ

A luy, pour paiement des gens de journée qui ont travaillé à transporter et arracher les sapins du petit parc...................................... 130ᵗᵗ 5ˢ

20 may 1664-1ᵉʳ aoust 1665 : à René Hermel et Jean du Fey[6], pour avoir labouré et dressé l'allée des tilleuls et l'allée du rondeau (3 p.)......... 601ᵗᵗ 8ˢ

1ᵉʳ mars : à Nicodème Tibou et Gilles Tancre, à compte des fouilles et transports de terre pour les rigolles des sapins dans le petit parc de Versailles......... 480ᵗᵗ

20 may-30 juin : à Nicodème Tibout, pour les fouilles de terre par luy faicts à Versailles (3 p.)... 4451ᵗᵗ 16ˢ

1ᵉʳ mars-22 septembre : à Jean Colot, maistre fondeur, pour les agraffes de cuivre pour joindre les pierres du pourtour de la balustrade de Versailles (2 p.). 628ᵗᵗ

23 décembre : à luy, pour son paiement de 400 agraffes de cuivre...................... 363ᵗᵗ 12ˢ

1ᵉʳ mars : à Jean Cauchet, à compte du marché faict avec luy pour peindre de vert les treilles des espalliers du potager de Versailles.................. 300ᵗᵗ

20 may-1ᵉʳ aoust : à Mathieu Maçon, pour son remboursement de pareille somme par luy advancée (2 p.).. 2013ᵗᵗ

20 may-14 juin : à Antoine de Sainte-Marie, pour son remboursement de pareille somme par luy advancée (2 p.).................................. 4114ᵗᵗ 15ˢ 6ᵈ

22 septembre : à luy, pour avoir fait enlever les gravois de la grande rue de Versailles.......... 543ᵗᵗ

20 septembre 1665 : à luy, pour le payement des gens qui ont arrosé les sapins, ciprès et tilleuls, répandu

[5] C'est très-probablement le même que le Saint-Laurens de l'article précédent.
[6] Il est aussi nommé Jean Fey.

ANNÉE 1664. — VERSAILLES.

du sable dans l'allée proche du rondeau, depuis le 6 may jusqu'au 24 dud. mois.................. 974ᵗᵗ 12ˢ

20 may-22 septembre : à Michel Cruchet et François Benoist, peintres, pour les peintures qu'ils ont faict aux treilles et barrières du potager (3 p.)... 3907ᵗᵗ 4ˢ

20 may-30 juin : à Pierre de Clssy, rocailleur, pour ses ouvrages de pavé à la laicterie (3 p.)...... 800ᵗᵗ

20 may : à Mathurin Girien, pour son paiement de cinq cent vingt bottes de chastaignier par luy livrez à Versailles 526ᵗᵗ 4ˢ

14 juin : à Laurent Périer, l'un des jardiniers du Roy à Versailles, pour son remboursement de pareille somme par luy advancée.................. 185ᵗᵗ

28 septembre : à luy, pour le paiement des gens qui ont planté les jasmins d'Espagne 152ᵗᵗ 15ˢ

14 octobre : à luy, pour le paiement des gens de journée qui ont travaillé dans les allées le long de l'orangerie de Versailles..................... 164ᵗᵗ 14ˢ

1ᵉʳ aoust 1665 : à luy, pour les trois derniers quartiers de ses gages de la présente année 1664, comme ayant le soing et entretènement du petit parc.......... 2250ᵗᵗ

20 septembre 1665 : à luy, pour avoir arrosé pendant les mois de may, juin, juillet, aoust, septembre et octobre, les arbres, plantes et fleurs dans les jardins de Versailles 550ᵗᵗ

24 juin : à Marin, jardinier, à compte des ouvrages de fourniture du potager de Versailles.......... 2000ᵗᵗ

22 septembre : à Marin Trumel et Henry Dupuis, pour avoir dressé les jardins de Versailles...... 3000ᵗᵗ

28 septembre : à Marin Trumel, pour le paiement des jardiniers qui dressent le parterre du costé du réservoir du chasteau de Versailles............. 490ᵗᵗ 9ˢ

14 octobre : à Marin Trumel et Henry Dupuis, pour leurs ouvrages du petit parc de Versailles...... 1500ᵗᵗ

23-31 décembre : à eux, à compte du parterre de gazon du petit parc (2 p.).................. 3200ᵗᵗ

24 juin : aux chartiers qui ont voicturé du sable pour sabler l'alée basse de Versailles........... 585ᵗᵗ 11ˢ

A Macé, jardinier, à compte de plusieurs alées par luy faictes................................. 100ᵗᵗ

23 décembre : à luy, pour le paiement des gens qui ont travaillé à planter l'alée des chesnes verts... 51ᵗᵗ 5ˢ

1ᵉʳ aoust 1665 : à Macé Fourché¹, pour les trois derniers quartiers de ses gages de la présente année 1664, comme ayant le soing et entretènement du petit parc de Versailles 4500ᵗᵗ

¹ Est-ce le même que le précédent?

A luy, ayant l'entretènement et labours des arbres des advenues de Versailles.................... 1800ᵗᵗ

A luy, à compte des ouvrages qu'il a faicts pour dresser les alées du petit parc................. 120ᵗᵗ

30 juin : aux jardiniers de Versailles, pour avoir gazonné les cours des poules 415ᵗᵗ 15ˢ

30 juin-22 septembre : à Jean Martinet, terrassier, pour fouilles et transports de terre (2 p.)....... 280ᵗᵗ

30 juin : aux chartiers qui voicturent du sable dans l'alée du petit parc................. 512ᵗᵗ 15ˢ

Aux ouvriers qui ont respandu du sable dans l'alée du bout du parc de Versailles............. 213ᵗᵗ 5ˢ

Aux terrassiers ristons, à compte de leurs ouvrages...
.... 700ᵗᵗ

30 juin-14 octobre : à Jean Bensaucourt, espinglier, pour les ouvrages de laton par luy faicts à la mesnagerie (5 p.)................................. 2100ᵗᵗ

22-25 septembre : à Jacques Maron et Pierre Moulland, terrassiers, pour les fouilles de l'abreuvoir de Versailles (2 p.)............................ 1600ᵗᵗ

22 septembre : à Nicolas Maron et Michel Frouart, terrassiers, pour leur paiement d'avoir pioché les terres de la demie lune de Versailles............... 220ᵗᵗ

14 octobre : à Claude Maron et Gabriel Moulland, pour leur paiement des ouvrages par eux faicts à l'abreuvoir de dehors de la mesnagerie............ 640ᵗᵗ

A Claude Maron, pour avoir enlevé les terres plus hautes que la grande demie lune............. 150ᵗᵗ

22 septembre : à Louis Davise, Mauby Ribot, Antoine Casse et autres, pour avoir voicturé le sable nécessaire pour sabler l'alée basse du petit parc...... 2686ᵗᵗ 12ˢ

22 septembre : à Pierre Picq, fleuriste, pour son paiement des fleurs qu'il a fourny à Versailles... 168ᵗᵗ

14 octobre-23 décembre : à luy, pour avoir fourny deux filarias au jardin du Roy à Versailles (2 p.). 426ᵗᵗ

23 décembre : à luy, pour le paiement des ciprès qu'il a livrés pour les jardins................... 168ᵗᵗ

4 juin 1665 : à luy, pour parfaict paiement des arbres fournis................................ 523ᵗᵗ

22 septembre : aux nommez.......... pour l'achapt et voicture de 70 grandes charretées de fumier pour le jardin................................. 391ᵗᵗ

14 octobre : à François Robert, à compte des lauriers qu'il a fournis aux jardins du Roy............ 150ᵗᵗ

23 décembre : à Robert et Le Clerc, pour leur paiement des lauriers qu'ils ont fournis........... 200ᵗᵗ

23 décembre : à Charles Errard, peintre, à compte de ce qu'il faict au chasteau et mesnagerie...... 500ᵗᵗ

A Jacques Holzeau, à compte des ouvrages de sculpture qu'il faict........................... 400ᵗᵗ

A Jean le Greu, à compte des ouvrages de marbre qu'il faict au chasteau et mesnagerie.......... 400ᵗᵗ

A Poissant, sculpteur, à compte de huict termes de pierre dure qu'il a posez dans le petit parc..... 600ᵗᵗ

A Dufaux, doreur, à compte de ce qu'il faict sur des cabinetz et devant la cheminée dud. lieu [1]...... 200ᵗᵗ

23-31 décembre : à Pierre Marie, serrurier, à compte des menus ouvrages de serrurerie qu'il faict à Versailles (2 p.)......................... 300ᵗᵗ

23-31 décembre : à Le Maistre et Duchesne, à compte des ouvrages de serrurerie et fourniture de gros fer (2 p.)............................. 5100ᵗᵗ

23 décembre : à Doyart, serrurier, à compte des grilles de fer qu'il a faict au petit parc......... 400ᵗᵗ

31 décembre : à Claude Pelletier, pour son paiement d'avoir couppé les jongs de l'estang de Clagny.... 30ᵗᵗ

17 mars 1665 : à Jean et Pierre Chevillard et Nicolas Buisson, fonteniers, à compte de leurs ouvrages à Versailles....................... 1300ᵗᵗ

4 juin 1665 : à Guillaume Barbier, pour l'achapt qu'il a esté faire en Normandie des ifs et sapins pour planter dans les allées du Roy à Versailles..... 695ᵗᵗ

1ᵉʳ aoust 1665 : à......, à compte des terres qu'ils ont voicturé le long de la chaussée de Versailles...... 80ᵗᵗ

20 septembre 1665 : à de Marne et Lambeley, pour leur paiement des portiques et niches qu'ils ont faictes dans le petit parc....................... 1076ᵗᵗ

A Jeanneau, pour des oziers, chastaigniers, par luy fournis pour faire lesd. niches et portiques..... 287ᵗᵗ

Somme de ce chapitre.... 15207³ᵗᵗ 7ˢ ²

ACQUISITIONS DES TERRES ET HÉRITAGES
QUI ONT ESTÉ ENFERMEZ DANS LE PARC DE VERSAILLES
AU PROFFICT DE SA MAJESTÉ.

26 septembre 1666 : à Nicolas Legendre et Jacques Laisné, pour le paiement des 92 perches un quart de terre friche en deux pièces................. 43ᵗᵗ 2ˢ

A Nicolas Puthomme et Magdelaine Huffray, sa femme, pour le paiement de 2 arpens 36 perches de bois taillis à prendre en une plus grande pièce d'une part et 42 perches 5 huictiesmes de perche. 1038ᵗᵗ 18ˢ 9ᵈ

A Barthellemy Perrain, pour le paiement de 10 perches de terre en jardin..................... 120ᵗᵗ

A Bucan, notaire à Versailles, pour le paiement d'un arpent et demy de pré, par contract du 4 may 1664. 200ᵗᵗ

A Simonne Rousseau, pour le paiement de six quartiers cinq perches et demy de pré............ 466ᵗᵗ

Au sʳ de Fontaine, pour le paiement des héritages à luy appartenant, par contract du 19 juin 1664.. 502ᵗᵗ

A Jean Debrine et sa femme, par contract passé le 23 juin 1664...................... 402ᵗᵗ 10ˢ

A la veuve de Charles de Visé, pour le paiement des héritages à elle apartenant............. 4698ᵗᵗ 18ˢ

A la damoiselle de Beauregard, pour le paiement de 44 perches de terre.................. 162ᵗᵗ 10ˢ

A Micuel Jubin, pour le paiement de trois quartiers de pré, par contract du 23 juin........... 496ᵗᵗ 6ˢ

A Nicolas Morin, pour son paiement de trois quartiers de terre, par contract portant ordonnance... 50ᵗᵗ

A la damoiselle Duval, pour le paiement de 80 perches de pré, par contract du 24 juin 1664..... 418ᵗᵗ

A la veufve Laniel, pour le paiement des héritages à elle appartenant, par contract du 23 juin 1664. 705ᵗᵗ 9ˢ

Au sʳ Duquesnoy, pour le paiement des héritages à luy apartenant, scis au terroir de Triannon..... 140ᵗᵗ

A la veuve de Marin Graubois, pour le paiement d'une perche sept huictiesmes de perche..... 22ᵗᵗ 10ˢ

A Claude Bonnard, pour le paiement des héritages à luy apartenans, par contract du 6 may 1664.. 1025ᵗᵗ

Au sʳ de Platigny, pour le paiement des héritages à luy apartenant, par contract du 26 juin.... 2553ᵗᵗ 15ˢ

A Louis Gourlier l'aisné, pour le paiement des héritages à luy apartenant................. 790ᵗᵗ 12ˢ 6ᵈ

Au sʳ curé de Saint-Cir, pour un quartier et demy de pré scis au terroir de Triannon.............. 150ᵗᵗ

A Simon Blanchet, pour 23 perches un sixiesme de perche........................... 37ᵗᵗ 7ˢ

A Nicolas Turpin, pour un quartier de pré à luy apartenant................................ 66ᵗᵗ 5ˢ

A Jean Crosnier, pour son paiement de 86 perches un sixiesme de perche de terre............ 129ᵗᵗ 15ˢ

Au sʳ d'Hillairin, pour le paiement de 10 arpens 99 perches et demy de terre............. 439ᵗᵗ 16ˢ

A Jean Nicolas, comme tuteur de Denis Regnault, pour le paiement d'une maison.............. 800ᵗᵗ

A Sébastien le Roux, pour deux arpens 19 perches et demye de terre....................... 94ᵗᵗ

---

[1] Voyez, dans le chapitre des peintures, sculptures, etc., de Versailles, un article du 22 septembre relatif au même objet (col. 21).

[2] L'addition, sur les deux registres originaux, comme ici, donne 14877³ᵗᵗ 7ˢ 6ᵈ; il y a donc une assez forte erreur qu'il est nécessaire de constater, pour expliquer le chiffre que nous substituons à celui du registre dans la récapitulation des dépenses des châteaux royaux, placée à la fin de ce volume.

A Jacques Soyes, pour son paiement d'un quartier de pré, suivant le contrat d'acquisition du 6 juin... 105ʰ

A la veufve Jacques Bourgois, pour 10 perches de pré scizes au terroir de Versailles.......... 132ʰ 12ˢ

A Jacques Blanchet, pour un quartier de pré scis au terroir de Versailles................... 186ʰ

A Roch Rabarou, pour son paiement de 22 perches de terre............................. 24ʰ 8ˢ

A Jacques du Breuil, pour son paiement de 50 perches de pré, par contract d'acquisition portant ordonnance................................ 208ʰ

A Charles Evette et à Nicolle Goulier, sa femme, pour son paiement de cinq quartiers de terre. 1574ʰ 6ˢ

A Michel Dougeon et Léonnard Crespin, pour leur paiement de 22 perches de pré.......... 140ʰ 16ˢ

A Philippes Guillot, pour son paiement de trois quartiers de terre....................... 127ʰ 10ˢ

A la veuve Cornet, pour un demy arpent de terre scis au terroir de Choisy................. 244ʰ 17ˢ

A Nicolas Lancelin, pour son paiement de 23 perches de terre............................ 5ʰ 15ˢ

A Jullien Patriau, pour son paiement d'une maison qui a esté démolie................... 838ʰ 5ˢ

Au sʳ Duvivier, pour 2 arpens 42 perches et demy de terres labourables.................. 1717ʰ 6ˢ

A Michel Charpentier, pour trois quartiers de pré scis au terroir de Triannon............... 431ʰ

A Guillaume Hautemps, pour son paiement des héritages enclos dans le parc de Versailles (2 p.)... 3270ʰ 6ˢ

Au sʳ Sanguin, conseiller en la Cour des Aides, pour son paiement d'un arpent et demy de pré........ 200ʰ

A François Crosnier, pour son paiement des héritages enclos dans le parc de Versailles.......... 22ʰ

Au sʳ Lemaire, pour le paiement de 90 perches de pré................................. 400ʰ

A Louis Goulier, de Jouy, et Françoise Gazon, sa femme, pour le paiement des héritages à eux apartenans................................ 7851ʰ 7ˢ

Au sʳ Boullin, pour son paiement d'un arpent de pré en une pièce....................... 600ʰ

A Claude Salmarre, pour le paiement des héritages déclarez au contract du 4 décembre 1664..... 3440ʰ

A Claude Penart, tailleur de pierre, et consors, pour le paiement des héritages enclos aud. lieu.. 2863ʰ 10ˢ

A Jean Vieillard, hostellier à Vincennes, pour le paiement des héritages enclos aud. lieu..... 2327ʰ 6ˢ

Somme de ce chapitre..... 42261ʰ 8ˢ 3ᵈ

CHASTEAU DE SAINT-GERMAIN.

MAÇONNERIE DU GRAND ESCALIER EN TERRASSE.

1ᵉʳ mars - 14 octobre : aux sʳˢ Guillaume et François Villedo et Antoine Bricart [1], pour les ouvrages de maçonnerie des terrasses de Saint-Germain (8 p.). 78000ʰ

23 décembre 1664 - 17 mars 1665 : à eux, pour le restablissement des terrasses et grottes de Saint-Germain (3 p.)........................ 20000ʰ

30 juin - 25 septembre : à Tristan Lespine, pour ouvrages de maçonnerie par luy faicts au vieux chasteau de Saint-Germain (4 p.).................... 1816ʰ

25 septembre 1664 - 17 mars 1665 : à Lespine et La Rue, pour les réparations de maçonnerie par eux faictes au vieux chasteau de Saint-Germain (5 p.).... 4400ʰ

17 mars - 1ᵉʳ aoust 1665 : aud. Lespine, maçon, à compte des réparations par luy faictes au pourtour des murs du petit parc (2 p.)................. 250ʰ

Somme de ce chapitre........ 104466ʰ

RÉPARATIONS DE MAÇONNERIE.

Néant.

CHARPENTERIE.

22 septembre 1664 - 19 mars 1665 : à Dufay, charpentier, pour plusieurs ouvrages de charpenterie et le restablissement de deux pont-levis au chasteau de Saint-Germain (8 p.)......................... 6448ʰ

22 septembre : à Pierre Bastaro, charpentier, pour son paiement de deux poutres.............. 500ʰ

Somme de ce chapitre......... 6948ʰ

MENUISERIE.

14 juin 1664 - 17 mars 1665 : à Adrien Millon, pour ouvrages de menuiserie (5 p.)....... 1062ʰ 5ˢ

PEINTURES, ORNEMENS ET VITRERIES.

14 juin 1664 - 17 mars 1665 : à Jean Poisson [2], peintre, pour ses ouvrages aux chasteaux de Saint-Germain (5 p.)........................... 472ʰ 5ˢ

14 juin : à Robert Morel, vitrier, pour ouvrages de vitrerie par luy faicts................ 333ʰ 3ˢ

---

[1] Les prénoms sont parfois intervertis.
[2] Depuis de longues années, les Poisson, de père en fils, étaient peintres en titre et conservateurs des peintures du château de Saint-Germain.

23 décembre : à PIERRE MOREL[1], vitrier, idem. 150ᵗᵗ
31 décembre : à DENIS MOREL, vitrier, idem... 100ᵗᵗ
14 juin 1664-17 mars 1665 : à LOUIS BOUTRAY[2], serrurier, à compte des ouvrages de serrurerie par luy faicts aux chasteaux de Saint-Germain (6 p.). 1672ᵗᵗ 4ˢ
7 septembre : à BAPTISTE[3], sculpteur, à compte des ouvrages qu'il faict à la façade des terrasses de Saint-Germain........................ 200ᵗᵗ
14 octobre-31 décembre : à BAPTISTE TUBY, dit LE ROMAIN[4], idem (3 p.).................. 1400ᵗᵗ
14 octobre : à LUERMINIER, pour les réparations de plomberie par luy faictes à la terrasse de Saint-Germain........................... 185ᵗᵗ 5ˢ
23 décembre : à VAUTRIN, sculpteur, à compte des ouvrages de sculpture par luy faicts au chasteau vieux de Saint-Germain....................... 200ᵗᵗ
17 mars 1665 : à VOITRIN[5], sculpteur, pour parfaict paiement des balustrades dud. lieu........... 241ᵗᵗ
31 décembre : à GILLES LE ROY, à compte des ouvrages de plomberie desd. chasteaux........ 1000ᵗᵗ
31 décembre : à LÉONNARD PADELIN et JEAN VARISSE, ramoneurs de cheminée, à compte de ce qu'ils ont faict aud. lieu............................. 100ᵗᵗ
17 mars 1665 : à PASQUIER, pour son paiement d'un chambranle et d'un foyer de marbre......... 190ᵗᵗ
A TOLMAY, vuidangeur, pour son paiement des fosses qu'il a faites aud. lieu................. 803ᵗᵗ

Somme de ce chapitre...... 7046ᵗᵗ 17ˢ

COUVERTURES.

31 décembre : à CHARLES YVON, couvreur, à compte des couvertures du chasteau neuf de Sainct-Germain (2 p.)............................ 2800ᵗᵗ

ENTRETENEMENT DES GRANDES TERRASSES DE PIERRE DURE DU VIEUX CHASTEAU.

Néant.

JARDINAGES.

20 may : à JEAN DE LA LANDE, pour son remboursement de pareille somme par luy advancée pour le paie-

[1] Nous rapprochons cet article et le suivant du précédent à cause de l'identité des noms de famille.
[2] Ce nom est écrit aussi BOUTRAIS.
[3] Très-certainement BAPTISTE TUBY; voyez l'article suivant.
[4] Deux fois il est appelé BAPTISTE LE ROMAIN; ce n'est qu'au dernier article que le nom est donné tout au long. C'est le même personnage que le BAPTISTE de l'article précédent.
[5] C'est évidemment la même personne que le VAUTRIN de l'article précédent.

ment des ouvriers qui ont travaillé au jardin neuf du petit bois du chasteau de Saint-Germain.... 345ᵗᵗ 15ˢ
23 décembre : à luy, pour avoir faict venir 60 bastelées de sable et l'avoir respandu dans le jardin du boulingrin du chasteau neuf................ 180ᵗᵗ
17 mars 1665 : à luy, pour le paiement des gens qui ont remply la glacière................... 60ᵗᵗ
22 septembre : à DENIS DE LA MALLE, à compte des enlèvemens des immondices du pourtour des murs du parc de Saint-Germain.................. 200ᵗᵗ
23-31 décembre : aux sˢ GUILLAUME, FRANÇOIS VILLEDO et ANTOINE BRIGARD, pour leur paiement des fouilles et transports de terre pour l'applanissement de l'alée en face du jardin du boulingrin.............. 2412ᵗᵗ
23 décembre : à SOULAIGRE, pour avoir faict sabler la terrasse de l'apartement du Roy............ 170ᵗᵗ
4 juin 1665 : à GOSSELIN et DUCULSNE, terrassiers, pour leur paiement d'avoir enlevé les immondices de Saint-Germain........................ 96ᵗᵗ 15ˢ

Somme de ce chapitre...... 3464ᵗᵗ 10ˢ

PLANS ET AVENUES DESD. CHASTEAUX.

(Tous les payemens sont à la date du 20 septembre 1665.)

A ROCH GAULLARD, pour son paiement d'avoir labouré 26 arpens de menu plan dans les avenues des chasteaux de Saint-Germain........................ 78ᵗᵗ
A luy, pour son paiement de 332 milliers 380 (pieds) de menu plan pour lesd. avenues............ 1283ᵗᵗ
A MORICE BRETON, pour avoir labouré 14 arpens 86 perches de menu plan.................. 44ᵗᵗ 10ˢ
A luy, pour avoir planté 14 arpens 86 perches de terre............................... 267ᵗᵗ
A ESTIENNE CAFFON, à compte de 2 arpens 4 perches qu'il a planté dans lesd. avenues.......... 60ᵗᵗ 18ˢ
A BARTHÉLEMY JOUAN, pour son paiement d'avoir planté 3 arpens 72 perches..................... 112ᵗᵗ
A FRANÇOIS GIGNET, pour son paiement d'avoir fouillé 890 thoises de fosses................... 99ᵗᵗ
A GIGNET, LESIEUR et ADAM, pour avoir faict 185 thoises de fosses le long desd. avenues...... 92ᵗᵗ 10ˢ
A LALANDE, pour les plants d'arbres qu'il a livrez pour planter dans lesd. avenues (2 p.).......... 15000ᵗᵗ
A luy, pour plusieurs alignemens par luy tirez pour planter lesd. avenues.................... 150ᵗᵗ
A NICOLAS MORSAN, pour son paiement de 74 milliers de menu plan, pour planter dans lesd. avenues. 203ᵗᵗ 10ˢ
A NICOLAS MORSAN, tant pour luy que pour JEAN LAISNÉ, pour avoir planté 29 arpens 50 perches de menu plan............................. 531ᵗᵗ

ANNÉE 1664. — VINCENNES.

A Laurent Estienne, pour avoir vacqué pendant quatre mois aux plans desd. avenues.................. 400ᵗᵗ

A luy, pour le paiement des gens qui ont travaillé à abattre et arracher les arbres qui se sont rencontrés dans l'allignement desd. avenues.............. 16999ᵗᵗ

A Pierre Fleury, pour avoir planté 103 arpens 60 perches de menu plan..................... 1866ᵗᵗ

A Jean Duperet, pour son paiement de 78 milliers de menu plan........................... 187ᵗᵗ

A Estienne Cavé, pour 57 milliers, idem.. 131ᵗᵗ 10ˢ

A Guillaume Cavé, pour 19 milliers 500 de menu plan................................. 62ᵗᵗ 7ˢ 6ᵈ

A Pierre Liand, tant pour luy que pour la veufve Vaugantier, pour leur paiement de 39 milliers 300 de menu plan........................... 108ᵗᵗ

A Jean de Reine, pour 34 milliers de chastaigniers.. .... 161ᵗᵗ 10ˢ

A Georges Vaillaud, pour 104 milliers de menu plan.................................... 208ᵗᵗ

A Philippes Boulé, pour 172 milliers de menus pieds d'arbres............................... 380ᵗᵗ

A Robert Le Rat, pour 71 milliers de menu plan... .... 177ᵗᵗ

A Thomas Vitry, pour 75 milliers de chastaigniers... .... 434ᵗᵗ 10ˢ

A luy, pour 48 milliers 200 de menu plan ... 289ᵗᵗ

A luy pour 15 milliers un cent de chastaigniers pour planter lesd. avenues.................. 90ᵗᵗ 12ˢ

A Blouière, Marie et Rullier, pour 933 milliers de menu plan........................... 2237ᵗᵗ

A Jacques Ravet, pour 773 milliers de menu plan.. .... 1932ᵗᵗ 10ˢ

A Pierre Dreux, pour avoir planté et raionné 26 arpens de menu plan..................... 416ᵗᵗ

A luy, pour son paiement de 822 milliers de menu plan................................. 2050ᵗᵗ

A Jean Goupy et Jean Bertin, pour avoir planté 8 arpens 96 perches de menu plan............. 881ᵗᵗ

A Raoullin Millet, pour son paiement de 21 milliers 300 de chastaigniers, pour lesd. avenues.... 129ᵗᵗ 18ˢ

A Louis Delespine, pour avoir planté 30 arpens de menus plans............................. 1200ᵗᵗ

A Jean Berthin et René Richaud, pour avoir planté 3 arpens 13 perches de menu plan.......... 125ᵗᵗ

A Robert Mallard, pour avoir planté 7 arpens 55 perches de menu plan..................... 136ᵗᵗ

A Paulas et Denis du Lary, pour 43 arpens 86 perches qu'ils ont planté dans lesd. avenues.... 789ᵗᵗ 10ˢ

A Paulas, pour son paiement d'avoir livré 10 milliers 500 de menu plan........................ 35ᵗᵗ

A Louis Meslin, pour son paiement de 1633 milliers 500 de menu plan..................... 4081ᵗᵗ 5ˢ

A Charles Thibout, pour 144 milliers de menu plan qu'il a livré pour lesd. avenues............ 360ᵗᵗ

A Jean Leseigle, Robert Picot et Jullien Goyer, à compte des fosses qu'ils ont faict le long desd. avenues................................... 600ᵗᵗ

A Jean Thuilleau, pour son paiement de 203 milliers 500 de menu plan................ 758ᵗᵗ 15ˢ

A Mathieu Villain et Pierre Beaugrand, pour avoir planté 52 arpens et demy de menu plan....... 945ᵗᵗ

A Jean Preuilly et Louis Frucher, tant pour eux que pour leurs compagnons, pour avoir planté 111 arpens 72 perches de menu plan............... 2011ᵗᵗ 10ˢ

Somme de ce chapitre..... 58104ᵗᵗ 5ˢ 6ᵈ

CHASTEAU DE MADRID.

Néant.

CHASTEAU DE VINCENNES.

MAÇONNERIE.

22 septembre : à Toison, entrepreneur des ouvrages de maçonnerie du chasteau de Vincennes, à compte 4000ᵗᵗ

A Robert Anglart, à compte des réparations de maçonnerie par luy faictes à Vincennes......... 3000ᵗᵗ

Somme de ce chapitre.......... 7000ᵗᵗ

CHARPENTERIE.

Néant.

COUVERTURE ET PLOMBERIE.

22 septembre : à Bazard, fontenier, à compte de la conduite des eaues de Vincennes............. 1000ᵗᵗ

Au sʳ Joly, à compte des ouvrages par luy faicts à la pompe de Vincennes..................... 2000ᵗᵗ

A Robert Anglart, pour l'entretenement qu'il a des couvertures de Vincennes, pour ses appoinctemens de 1664.................................. 1000ᵗᵗ

Somme de ce chapitre.......... 4000ᵗᵗ

MENUISERIE.

22 septembre : à Pignon, menuisier, à compte de ses ouvrages.................................. 500ᵗᵗ

A Jacques Fruictier, menuisier, *idem*....... 500^{tt}
A Claude Bergerat, menuisier, *idem*...... 2000^{tt}
Somme de ce chapitre.......... 3000^{tt}

PEINTURES, SCULPTURES, ORNEMENS ET SERRURERIE.

1er juin : à Charles Jacquet, vitrier, à compte de ses ouvrages............................. 1000^{tt}
22 septembre : au s^r Dorigny, à compte de ses ouvrages de peinture..................... 3000^{tt}
A Fromentel, serrurier, à compte de ses ouvrages............................... 4000^{tt}
A Le Roy, serrurier, *idem*............. 1000^{tt}
A Antoine Vatel, paveur, à compte de ses ouvrages de pavé............................... 2000^{tt}
Somme de ce chapitre......... 11000^{tt}

JARDINAGES ET PLANTS D'ARBRES.

23 décembre 1664-17 mars 1665 : au s^r Petit Maire, pour les fouilles de terre qu'il a faict faire tant dedans que dehors le parc de Vincennes........... 2225^{tt} 3^s
17 mars 1665 : à luy, pour le paiement des gens qui ont travaillé à remplir la glacière de Vincennes. 74^{tt} 14^s
12 février 1666 : à Jean et Antoine Vignon, jardiniers du petit parc, pour leurs gages et apoinctemens pendant l'année 1664................... 2700^{tt}
Au fontenier de Vincennes, pour ses gages.... 300^{tt}
Somme de ce chapitre....... 5299^{tt} 17^s

CHASTEAU DE FONTAINEBLEAU.

MAÇONNERIE, COMPRIS LE CABINET DE L'ESTANG ET LES CASCADES.

28 janvier 1664-5 may 1665 : à François Levé, juré ès œuvres de maçonnerie, pour parfaict paiement de la somme à laquelle se sont trouvé monter les ouvrages de maçonnerie aud. chasteau (7 p.)........ 67285^{tt}
9 aoust 1664 : à Grognet, à compte de ses ouvrages de maçonnerie (3 p.)..................... 11998^{tt}
A Jean Tartaise, maçon, à compte de ses ouvrages du grand Ferrare de Fontainebleau¹......... 2415^{tt}
A Estienne Bracony, maçon, à compte des menus ouvrages de Fontainebleau.................. 2290^{tt} 2^s
A Leonnard Misart, maçon, à compte de ses ouvrages du parc aux dains de Fontainebleau...... 100^{tt}

A Jean Delannoy, maçon, pour paiement de plusieurs menus ouvrages....................... 80^{tt}
5 may 1665 : à luy, pour le rehaussement du mur qui sépare le parc de Fontainebleau............ 360^{tt}
A luy, pour son paiement des ouvrages et réparations par luy faicts aud. lieu............... 131^{tt} 13^s
A Jean Le Clerc, maçon, pour son paiement d'avoir faict les trous dans le mur de gresserie² de la belle chapelle........................... 58^{tt} 15^s
A François Sainton, maçon, à compte des ouvrages faicts à Fontainebleau................... 100^{tt}
A Bignet, maçon, pour son paiement des ouvrages faicts aux remises de carrosses de la Reine mère. 593^{tt}
Somme de ce chapitre....... 85411^{tt} 9^s

CHARPENTERIE.

9 aoust : à Pierre Montillon, charpentier, à compte de ses ouvrages (3 p.)................. 22561^{tt}
5 may 1665 : à luy, pour son paiement de 180 pièces de bois............................ 720^{tt}
A luy, pour avoir mis une poutre à l'antichambre de la Reine et trois à la gallerie des Cerfs........ 514^{tt}
9 aoust : à François Brezé, pour ses ouvrages de charpenterie pour l'enceinte du parc de la forest de Fontainebleau (2 p.)................... 1859^{tt}
A Silvain Bonname et Jacques Gage, pour leur paiement d'une loge de bois de chesne........... 450^{tt}
A Hilaire Ligé, pour son paiement des rateliers et roulons³ par luy fournis................. 100^{tt}
A Toussaint Pinaut et Jean Jarry, pour leur paiement d'avoir raccommodé les trois batteaux du Roy qui sont dans le canal de Fontainebleau............ 220^{tt}
A eux, pour parfaict paiement de ce qu'ils ont faict au beau batteau du Roy..................... 50^{tt}
5 may 1665 : à Brice Le Liepvre, charpentier, à compte de ce qu'il a faict aux remises de carrosse de la Reine mère........................... 100^{tt}
4 juin 1665 : à Jacques Vallée, pour son paiement de 500 planches de bois de sapin de six à huict pieds de long................................. 225^{tt}
Somme de ce chapitre........ 26799^{tt}

SERRURERIE ET GROS FER.

1er mars-23 décembre : à Fleurant Fromentel, maistre serrurier, pour les grilles de fer qu'il fait aux

---

¹ Hôtel dans la ville, en face de l'entrée de la cour du Cheval Blanc, bâti par Serlio pour le cardinal de Ferrare, fils de Renée de France, et acheté par Henri IV en 1603.

² Construction en pierre de grès.

³ Les roulons sont de petits barreaux ronds qui se posent de travers sur les montants des échelles et des râteliers, et forment les échelons.

grottes et cascades, et les portes de fer de la descente du jardin du Tibre dans le parc (8 p.).......... 15300ᵗᵗ

11 aoust 1664-4 juin 1665 : à Jacques Rossignol, à comptes de la ferrure des quaisses et ouvrages de serrurerie de Fontainebleau (5 p.)............. 5170ᵗᵗ

11 aoust : à Benjamin Ferré, serrurier, à compte. Néant[1]

11 aoust 1664-5 mai 1665 : à Benoist, serrurier, à compte de plusieurs menus ouvrages (3 p.)..... 360ᵗᵗ

11 août 1664-5 mai 1665 : à Paillart[2], serrurier, à compte de plusieurs menus ouvrages et des ouvrages qu'il faict aux escuries de la Reine mère (2 p.).. 399ᵗᵗ

Somme de ce chapitre........ 21229ᵗᵗ

MENUISERIE.

16 février-9 aoust : à Jean Danglebert, menuisier, pour les ouvrages de menuiserie par luy faicts au plafond de la salle des gardes et à l'appartement de la Reine mère (7 p.)........................ 11000ᵗᵗ

1ᵉʳ mars-14 juin : à Antoine Saint-Yves, pour une balustrade de menuiserie pour l'apartement de la Reine mère (2 p.)...................... 800ᵗᵗ

14 juin : à Dionis, menuisier, pour une grande porte de menuiserie........................ 500ᵗᵗ

14 juin : à Carrel, menuisier, à compte du devant d'autel de menuiserie de la belle chapelle....... 300ᵗᵗ

10 avril 1665 : à Estienne Carrel, pour son parfaict paiement d'un contretable d'autel qu'il faict pour les Pères Mathurins de Fontainebleau............ 300ᵗᵗ

14 juin : à Bergerat, pour son paiement de 60 pilliers d'escurie et 1210 rouleaux.............. 845ᵗᵗ

10 avril 1665 : à Claude Bergerat, menuisier, pour son paiement de 40 poteaux par luy fournis en la grande escurie de Fontainebleau.................. 120ᵗᵗ

10 juin : à Motel et Richart Dauval, pour leur paiement d'avoir frotté 52 thoises de parquet..... 62ᵗᵗ 12ˢ

9 aoust 1664-4 juin 1665 : à Pierre Pavie, menuisier, à compte des caisses par luy faictes pour les orangers de Fontainebleau (3 p.).................. 1028ᵗᵗ

9 aoust : à Toussaint Tirion, menuisier, à compte de ses ouvrages..................... 57ᵗᵗ

5 may 1665 : à Thibaut Tirion, pour son paiement de 19 thoises et demy de cloison de bois de sapin. 195ᵗᵗ

9 aoust 1664-5 mai 1665 : à Billaudel, menuisier, pour la charpenterie qu'il a fournie pour la belle chapelle et quatre portes de bois de sapin qu'il a fait aux remises des carrosses de la Reine (3 p.).......... 857ᵗᵗ 8ˢ

[1] En marge de cet article se trouve cette note : «Rembourcée à la Chambre de justice.»
[2] Ou Paillard.

9 aoust : à Jean Dubois, menuisier, pour plusieurs menus ouvrages....................... 139ᵗᵗ

A Mathurin de Paris, menuisier, pour avoir travaillé au restablissement des planchers de la conciergerie de Fontainebleau........................ 230ᵗᵗ

A Pierre Hamon, dit Le Breton, à compte de ses ouvrages de menuiserie..................... 188ᵗᵗ

A Jean Cuissin et Nicolas Cuissin[3], à compte de plusieurs ouvrages....................... 1100ᵗᵗ

A Pierre Cuissin, menuisier, à compte des ouvrages par luy faicts à la belle chapelle........... 677ᵗᵗ 10ˢ

5 may 1665 : à Cuissin, menuisier, pour son paiement d'avoir fait à la carrière dud. lieu[4].... 264ᵗᵗ 10ˢ

A luy, pour son paiement de cinq quaisses de bois de sapin............................. 116ᵗᵗ

A luy, pour deux grands quaissons.......... 60ᵗᵗ

4 juin 1665 : à Pierre Cuissin, menuisier, pour ses ouvrages............................ 278ᵗᵗ

9 aoust : à André Gobert, menuisier, à compte des ouvrages de lambris du cœur de la belle chapelle de Fontainebleau......................... 1595ᵗᵗ

4 juin 1665 : à Jean Gobert, pour plusieurs ouvrages de menuiserie........................ 722ᵗᵗ

9 aoust : à Bertuier, menuisier, à compte.... 195ᵗᵗ

A Daniel Deville, pour son paiement de 132 parquets de chesne...................... 792ᵗᵗ

A Germain Renier, menuisier, à compte....... 200ᵗᵗ

A Michel Pruneau, idem................. 253ᵗᵗ

A Robert Collin et Louis Cochin, menuisiers, pour paiement des ouvrages par eux faicts tant au chasteau de Moret qu'à celui de Fontainebleau........... Néant.

22 septembre : à Guillaume Bardier, menuisier, à compte de son voyage de Paris à Durétal[5]...... 300ᵗᵗ

Somme de ce chapitre........ 23175ᵗᵗ

COUVERTURES ET PLOMBERIES.

1ᵉʳ mars : à Pierre Denisson et Honnoré Calles, marchands plombiers, pour le paiement de 40 milliers de plomb en saumon qu'ils ont livré, chacun par moictié, pour Fontainebleau................ 5540ᵗᵗ

1ᵉʳ mars 1664-4 juin 1665 : à André Girard, plombier de Fontainebleau, à compte des ouvrages qu'il y faict (3 p.)...................... 7771ᵗᵗ 10ˢ

[3] Probablement Cuissin.
[4] Au sens de ce qu'il a fait à la carrière de Fontainebleau; la carrière est ici une place longue destinée aux exercices de chevaux, à la façon de *la carrière* de Nancy.
[5] Durtal, chef-lieu de canton de l'arrondissement de Baugé (Maine-et-Loire).

5 may : à luy, pour les plombs qu'il a fournis pour la conduite des eaues de Fontainebleau........ 1500ᵗᵗ

20 may : à Gabriel Papin, pour 40 milliers de plomb par luy livrez......................... 3580ᵗᵗ

A Jacques Hemery et à la veufve Bazin, pour 40 milliers 30 livres de plomb.............. 661ᵗᵗ 4ˢ 5ᵈ

9 aoust : à Gilles Le Roy, plombier, à compte des ouvrages de plomberie pour la conduite des eaues.. 150ᵗᵗ

4 juin 1665 : à luy, à compte du plomb qu'il a fourny pour la conduitte des eaues du carré, cascades et abreuvoir de Fontainebleau................... 2000ᵗᵗ

Somme de ce chapitre...... 2915ᵗᵗ 15ˢ

PEINTURE, SCULPTURE ET ORNEMENT.

7 janvier-22 septembre : au sʳ Montpescurr [1], peintre de l'Académie royale, sur estant moins de ce qu'il luy peut estre deub pour les tableaux de paysages qu'il a faicts et qu'il continue de faire pour mettre en l'appartement de la Reine, mère du Roy, à Fontainebleau (4 p.)................................. 3000ᵗᵗ

12 février-1ᵉʳ mars : à Hubert Misson, marbrier, pour les fonts baptismaux qu'il a livrez et posez dans la grande esglise de Fontainebleau (2 p.)........ 450ᵗᵗ

19 février : à Jean Disses, fontenier, à compte des ouvrages qu'il doibt faire tant pour les mastics des terrasses, que pour le fer.................. 2000ᵗᵗ

1ᵉʳ mars-22 septembre : à Charles Erard, peintre du Roy, à compte des ouvrages de peinture qu'il faict à Fontainebleau (6 p.)..................... 6200ᵗᵗ

1ᵉʳ mars-22 septembre : à Jean Le Greu, marbrier, à compte des ouvrages par luy faicts à l'appartement de la Reine mère et des tables de marbre fournies à Fontainebleau (5 p.)....................... 7400ᵗᵗ

14 juin-31 décembre : à Lespagnandel, sculpteur, à compte de quatre sphinx de gresserie qu'il doibt faire pour le jardin du Tibre (3 p.)............. 2650ᵗᵗ

20 mai-10 juin : à Tibaut Poissant, sculpteur, à compte de sept termes de pierre dure qu'il fait et doit poser à Fontainebleau (2 p.).................. 1500ᵗᵗ

31 décembre : à Poissant, à compte de deux figures de pierre qu'il faict pour le grand parterre de Fontainebleau................................ 400ᵗᵗ

9 aoust 1664-5 may 1665 : à Jean Dubois, peintre, à compte de plusieurs ouvrages de peinture (2 p.).. 2780ᵗᵗ

9 aoust 1664-5 may 1665 : à Balthazart Kukler, peintre, à compte de ses ouvrages de la galerie d'Ulisse (2 p.)................................. 340ᵗᵗ

[1] Mauperchur (Henri), 1623 ? — 1686. Voyez Jal.

9 aoust : à Jacques Sanson, sculpteur, à compte du stuc et pavé de liais par luy faict............. 1300ᵗᵗ

22 septembre : à Macé, ébéniste, à compte d'une estrade de bois qu'il faict pour la chambre de la Reine à Fontainebleau........................ 849ᵗᵗ

A Bourdon : pour avoir poly le pavé de la belle chapelle................................... 119ᵗᵗ

25 septembre-31 décembre : à Jean Armand, pour une estrade de bois de raport par luy faict dans la chambre de la Reine mère, à Fontainebleau (3 p.)... 2505ᵗᵗ 4ˢ

23 décembre 1664 : à Colot, fondeur, pour son paiement des ouvrages de fonte et cuivre fournis à l'abreuvoir dud. lieu......................... 244ᵗᵗ

31 décembre : à Balthazard Marsy, à compte de deux figures de pierre pour le grand parterre........ 400ᵗᵗ

A Gaspar Marsy, idem................. 400ᵗᵗ

A Thomas Renaudin, idem.............. 400ᵗᵗ

A Baptiste Tuby, dit Le Romain, à compte de deux figures du parterre de Fontainebleau......... 400ᵗᵗ

A François Girardon, idem............. 400ᵗᵗ

Somme de ce chapitre........ 33537ᵗᵗ 4ˢ ²

VITRERIE.

10 juin : à Le Maine, marchand verrier, pour son paiement de douze pots de fayence à orangers, par luy fournis à Fontainebleau................. 124ᵗᵗ

9 aoust : à Jean Ménier, vitrier, à compte de ses ouvrages.............................. 164ᵗᵗ

9 aoust 1664-4 juin 1665 : à Guillaume Tisseran, vitrier, à compte de ses ouvrages de vitrerie.... 2473ᵗᵗ

Somme de ce chapitre...... 2761ᵗᵗ ³

JARDINAGES, PLANTS ET AUTRES OUVRAGES.

17 février 1664-5 may 1665 : à Antoine Vatel, maistre paveur, pour ses ouvrages de pavé dans la court de l'Ovale, offices et cuisine, grottes, et autres lieux de Fontainebleau (6 p.)..................... 17400ᵗᵗ

14 juin : à Garnier, pour son paiement de soixante pieds d'orangers, à raison de 30ᵗᵗ le pied..... 1800ᵗᵗ

¹ L'addition donne 33737ᵗᵗ 4ˢ, sur le registre comme ici.

² A la suite des articles précédents, seuls compris dans l'addition, le registre de 1664 en énumère plusieurs autres qui ne figurent pas au total. Nous ignorons la raison de cette exclusion. Voici ces articles :

9 aoust : à Michel Horest, vitrier, pour son payement des ouvrages par luy faits à Morette........ 2032ᵗᵗ 10ˢ

5 avril : aud. Tisseran, à compte de ses dits ouvrages. 300ᵗᵗ

4 juin : à luy, à compte de plusieurs ouvrages de vitrerie par luy faits à Fontainebleau............... 500ᵗᵗ

ANNÉE 1664. — LOYERS DE LA HALLE-BARBIER.

9 aoust 1664-4 juin 1665 : à Nicodème Tibout, terrassier, à comptes des rigolles faictes et fouillées au pourtour du grand rondeau (3 p.).............. 4899ᴸ 5ˢ

9 aoust 1664-5 may 1665 : à Jean Viart, terrassier, à compte des fouilles et transports de terre du jardin du Tibre, et pour avoir enlevé les immondices de la cour du Cheval Blanc (4 p.)................. 5185ᴸ 4ˢ

9 aoust : à Louis Guyon et Paul Bonnetier, terrassiers, à compte................... 167ᴸ

A Louis Guyon, Estienne Prevost et Paul Bonnetier, terrassiers, à compte.................. 1352ᴸ

5 may 1665 : à Louis Guion, terrassier, pour son parfaict paiement des ouvrages qu'il a faicts aud. lieu. 1721ᴸ 10ˢ

9 aoust 1664-5 mai 1665 : à Claude Bourniquet, terrassier, pour ses ouvrages (2 p.)........ 2346ᴸ 1ˢ 6ᵈ

9 aoust 1664-5 mai 1665 : à Jacques Lefebvre, pour son remboursement des gens qui ont travaillé à la journée (3 p.)....................... 1729ᴸ 4ˢ

9 aoust : à luy pour son remboursement de pareille somme par luy advancée................. 4420ᴸ 1ˢ

A François Picart, idem............. 1808ᴸ 14ˢ

A Jean Disses, fontenier, à compte de la conduite des eaues (3 p.)..................... 9089ᴸ 9ˢ

9 aoust 1664-5 may 1665 : à Claude Muzard[1] et Jean Disses, fonteniers rocailleurs, à compte de la conduite des eaues de Fontainebleau (2 p.)......... 8105ᴸ

9 aoust : à Jean Magnan, pour son remboursement de pareille somme...................... 100ᴸ 10ˢ

9 aoust 1664-5 may 1665 : à Thomas Dumont, terrassier, à compte des fouilles et transports de terre (3 p.)......................... 1357ᴸ 15ˢ

9 aoust 1664-4 juin 1665 : à Antoine Conquarlt, dict Sainte-Marie, terrassier, à compte des fouilles de terre (3 p.)......................... 2502ᴸ 12ˢ

9 aoust 1664-5 may 1665 : à Laurent Baron, terrassier, à compte des fouilles de terre par luy faict au jardin du Tibre (3 p.)..................... 3989ᴸ 10ˢ

9 aoust : à Edme Fevrier, jardinier, à compte de la vuidange et transports de terre............ 784ᴸ 14ˢ

A Estienne Maçon, terrassier, à compte de ses ouvrages.......................... 1768ᴸ

5 may 1665 : à Liétard, pour avoir voicturé les dains et bois qui estoient au parc qui avoit esté faict en la forest............................. 364ᴸ

Somme de ce chapitre........ 70389ᴸ ²

[1] Ou Mazard ; le véritable nom est Mezard.
² L'addition donne 70789ᴸ 9ˢ 6ᵈ.

BLOIS, CHAMBORD ET AMBOISE.

1ᵉʳ juin : à ..., à compte des ouvrages par luy faicts et à faire pour le restablissement des murailles du parc de Chambord......................... 2767ᴸ

31 décembre : aux ouvriers qui ont travaillé aux réparations faictes au chasteau de Chambord, la somme de 2551ᴸ 3ˢ, sçavoir : 952ᴸ 10ˢ au nommé Silvain de la Garde, maçon; 163ᴸ 15ˢ à Claude Maubon, menuisier; 505ᴸ à Nicolas Racaut, charpentier; 428ᴸ 17ˢ à Jacques Truchain, serrurier; 505ᴸ 5ˢ à Jacques Prou, vitrier; revenant toutes lesd. sommes à lad. première. 2551ᴸ 3ˢ

Au sʳ de la Prée, receveur du domaine à Blois, pour le soin qu'il a pris de la conduitte des bastiments et réparations qui ont esté faictes au chasteau de Chambord, pendant la présente année 1664............. 600ᴸ

Somme de ce chapitre........ 5918ᴸ 3ˢ

LOYERS DE LA HALLE-BARBIER ET ESCHOPPES
Y ATTENANTES OCCUPÉES PAR LES MOUSQUETAIRES DU ROI [3].

20 septembre 1665 : au sʳ Petit, prieur de Saint-Pierre de Choisy-aux-Bœufs, pour son dédommagement des dixmes et autres droicts qu'il avoit sur les terres qui ont esté enfermées dans le parc de Versailles.... 1530ᴸ

A Nicolas Le Gendre, cy devant marguillier de Nostre-Dame de Trianon, pour le revenu de 3 arpens 25 perches de pré enfermées dans led. parc.......... 186ᴸ

A Charpentier, cy devant marguillier de Notre-Dame de Choisy, pour le revenu du pré Saint-Pierre, apartenant à lad. fabrique, des années 1663 et 1664.. 400ᴸ

Au sʳ Houel, propriétaire de deux maisons attenant la Halle-Barbier, pour le loyer desd. lieux en 1664.. 360ᴸ

A Claude Pellen, propriétaire de trois maisons scises aud. lieu, pour le loyer pendant une année..... 540ᴸ

A Anne Porlier, pour le loyer de deux desd. maisons scises aud. lieu......................... 500ᴸ

A la dame veufve Dastric, idem......... 500ᴸ

Au sʳ Lescuier, propriétaire de quatre maisons attenantes la Halle-Barbier, pour le loyer d'une année desd. lieux............................... 720ᴸ

A François Le Massonet, propriétaire de deux desd. maisons, pour le loyer pendant une année....... 360ᴸ

A Louis Roger, idem..................... 360ᴸ

Au sʳ Flagy, propriétaire de deux desd. maisons. 360ᴸ

[3] Voyez sur ces loyers de maisons le reg. O¹ 2128, à la date de 1664 et années suivantes.

A luy, pour le loyer pendant une année de la Halle-Barbier et des seize eschoppes y joinctes....... 1600ᵗᵗ
14 aoust 1666 : à ANTOINE HAVARD, pour son paiement du loyer d'une maison à luy apartenant, où logent les mousquetaires du Roy.................... 180ᵗᵗ

Somme de ce chapitre........ 7596ᵗᵗ

GAGES, APPOINCTEMENS ET ENTRETENEMENT
DES OFFICIERS DES MAISONS, BASTIMENS DE SA MAJESTÉ, ARTS ET MANUFACTURES DE FRANCE.

29 février 1665 : pour les gages des officiers des maisons, bastimens de Sa Majesté et appoinctemens des personnes rares en architecture, peinture, sculpture et autres arts, entretenus pour son service pendant l'année 1664, suivant l'estat qui en a esté expédié le 20ᵉ décembre de lad. année............... 85197ᵗᵗ 2ˢ 6ᵈ

Sçavoir :

Aux surintendant, intendant, controleur et trésorier desd. bastimens, pour leurs gages et appoinctemens, la somme de..................... 38480ᵗᵗ 12ˢ 6ᵈ
Autres officiers qui ont gages pour servir en touttes les maisons royalles 31500ᵗᵗ
Autres officiers servans pour l'entretenement des maisons et chasteaux cy après, sçavoir :

Chasteau du Louvre.............	1100ᵗᵗ
Palais et jardin des Thuilleries.....	6125ᵗᵗ
Cours de la Reine-mère..........	40ᵗᵗ
Pallais Cardinal.................	1800ᵗᵗ
Collège de France...............	25ᵗᵗ
Madrid.......................	150ᵗᵗ
Saint-Germain-en-Laye..........	5486ᵗᵗ 10ˢ
Saint-Léger...................	225ᵗᵗ
Pougues......................	75ᵗᵗ
Hostel des Ambassadeurs........	100ᵗᵗ

Somme........ 85197ᵗᵗ 2ˢ 6ᵈ

Pour les gages des officiers que le Roy veut estre entretenus en son chasteau de Fontainebleau, et des autres despences que S. M. a commandé y estre faictes pour la continuation et entretènement d'iceluy, durant la présente année 1664, suivant l'estat expédié led. jour, 20ᵉ décembre aud. an.................. 18605ᵗᵗ
Pour l'entretènement de l'Académie

A reporter....... 103802ᵗᵗ 2ˢ 6ᵈ

Report......... 103802ᵗᵗ 2ˢ 6ᵈ
royalle de peinture et sculpture, establie par S. M. à Paris, pendant l'année 1664, suivant l'estat expédié lesd. jour et an¹. 4000ᵗᵗ

Somme de ce chapitre....... 107802ᵗᵗ 2ˢ 6ᵈ

REMISES DE LA PLAINE SAINT-DENIS.

20 septembre 1665 : à LAISNÉ et MORSAN, à compte des plans et labours qu'ils ont faicts en 19 arpens de remises plantez dans la plaine de Saint-Denis.... 773ᵗᵗ
A LUCAS, CAILLOU et autres, pour les fossés par eux faicts autour desd. remises à raison de 6ˢ pour chacune thoise................................. 630ᵗᵗ 10ˢ
A JEAN FERRAND, menuisier, pour son paiement de 26 portes, y compris la serrure, pour mettre ausdites remises................................ 419ᵗᵗ
A CHARLES ROZI, arpenteur, pour avoir mesuré et arpenté lesd. remises..................... 40ᵗᵗ
A luy, pour le sellement en plastre de 26 portes de charpenterie avec leurs potaux................ 78ᵗᵗ
A luy, pour la construction d'une petite maison dans la plaine de Sainct-Denis.................... 500ᵗᵗ
A BENOIST, peintre, à compte desd. portes qu'il a peintes en vert................................ 30ᵗᵗ
26 septembre 1666 : à NOEL DELAUNAY, GUILLAUME BOUYON et consors, pour le paiement des héritages à eux apartenans déclarez au contract de vente passé pardevant notaires, portant ordonnance et quittance du 22 décembre 1664................................. 525ᵗᵗ
A GUILLAUME GILBERT, tuteur d'Estienne Gilbert, idem. des héritages déclarez au contract de vente..... 525ᵗᵗ
Au sʳ DE LA BROSSE, auditeur des comptes, pour le paiement des héritages à luy apartenant scizes dans la plaine Saint-Denis......................... 1275ᵗᵗ
A MICHEL VERRIER, voicturier par terre, et Charlotte du Mur, sa femme, idem.................. 600ᵗᵗ
Aux marguilliers de l'œuvre et fabrique de Saint-Sauveur et Sainct-Médard dud. Clichy, pour le paiement des héritages apartenant à lad. fabricque........ 375ᵗᵗ

---

¹ Le détail des pensions attribuées aux officiers de l'Académie qui se trouve ici est répété dans les *Diverses Dépenses* sous le nom de Beaubrun, le trésorier de l'Académie; nous avons donc jugé inutile de le reproduire; remarquons seulement que les menus frais, portés pour 600ᵗᵗ, se composent du paiement des modèles, de toile, de charbon, etc. Notons aussi que la somme de 4000ᵗᵗ, portée ici, semble faire double emploi avec celle qui figure plus bas sous le nom de Beaubrun.

A Claude Le Bouteux et consors, pour le paiement des héritages à eux apartenans aud. Clichy...... 150ᵗᵗ
Au sʳ de la Fosse, Jean Dubois et consors, pour le paiement des héritages à eux apartenans....... 270ᵗᵗ
A Jean Mingot, pour le paiement des héritages à luy apartenans aud. lieu de Clichy............. 134ᵗᵗ
Au sʳ Delaplanche, *idem*............... 94ᵗᵗ 10ˢ
A Philippes Gervais, Françoise La Fille, veuve de feu Charles Mocreau, *idem*................ 590ᵗᵗ

Somme de ce chapitre......... 6999ᵗᵗ

DIVERSES DESPENCES.

12 janvier : à Pierre Moulinier, pour son desdommagement d'une petite maison qu'il avoit faict bastir dans l'enclos des corps de garde du chasteau du Louvre et qui a esté abatue dès l'année 1660, suivant l'estimation qui en a esté faicte de nostre ordre par le sʳ Villedo. 300ᵗᵗ

15 mars : au sʳ de Massac, la somme de 980ᵗᵗ 10ˢ pour son remboursement de pareille somme qu'il a advancée pour divers ouvrages de maçonnerie, charpenterie et pavé faicts en sa maison, seize rue de Seine, au fauxbourg Saint-Germain, à cause de la construction de l'acqueduc faict dans lad. rue................... 980ᵗᵗ 10ˢ

Au sʳ Villedo, maistre général des œuvres de maçonnerie des bastimens du Roy, la somme de 2786ᵗᵗ 3ˢ pour son parfaict paiement des ouvrages de maçonnerie et pavé faicts pour la construction de l'acqueduc de la rue de Seine, fauxbourg Saint-Germain, suivant le devis..... .... 2786ᵗᵗ 3ˢ

16 mars : aux héritiers du feu sʳ marquis de Rostaing, la somme de 80000ᵗᵗ pour le payement du prix de l'hostel de Rostaing, ses apartenances et dépendances............................ 80000ᵗᵗ

30 mars 1664 - 18 janvier 1665 : aux Pères de la Charité de Fontainebleau, à compte de leurs entretènemens pendant l'année 1664, à raison de cent cinquante livres par mois (3 p.)........................ 1950ᵗᵗ

31 mars : A Jacques Housaut [1], sculpteur, à compte des ouvrages de sculpture pour le model du bastiment du Louvre.............................. 500ᵗᵗ

31 mars - 14 juin : à Antoine Sainct-Yves, menuisier, à compte des ouvrages par luy faicts pour le model du bastiment du Louvre (2 p.)................ 1100ᵗᵗ

31 mars : à Jean Papillon, pour remboursement de hoyaux, besches et autres outils, pour aplanir la garenne de Sainct-Germain.................. 1100ᵗᵗ

[1] Il faut lire Jacques Houzeau.

25 septembre : à luy, pour avoir desmoly les fours du grand magasin......................... 200ᵗᵗ

1ᵉʳ may : au sʳ Domenico de Cuuccy [2], ébéniste italien, à compte des ouvrages par luy faicts pour les deux grands cabinets d'Appollon et de Diane............. 6000ᵗᵗ

3 may : à Jean de la Lande [3], jardinier du Roy à Sainct-Germain-en-Laye, pour l'entretenement du jardin en gazon et boullingrain, pendant les six derniers mois de l'année 1663........................... 400ᵗᵗ

3 may 1664 - 4 juin 1665 : au sʳ Ballin, marchand orphèvre à Paris, à compte des grands ouvrages d'argenterie, bassins, vases et brancarts, enrichis de plusieurs figures, qu'il fait pour le service du Roy (3 p.). 75760ᵗᵗ

Au sʳ de Pont-Saint-Pierre, marchand de Lion, la somme de 6400ᵗᵗ pour la quantité de 200 marcs d'or filé............................. 6400ᵗᵗ

3 mai 1664 - 4 juin 1665 : au sʳ Gérard Débonnaire, marchand orphèvre à Paris, à compte des grands ouvrages d'argenterie (2 p.)................ 35000ᵗᵗ

4 may : aux nommez Martin Collé et Pierre Haveau, menuisiers, Jean Denis, serrurier, Guillaume Jamé, vitrier, Silvain Edme, peintre, et Jean Bersu, tapissier, pour toutes les fournitures qu'ils ont faictes pour restablir le grand cabinet des livres............. 4193ᵗᵗ 15ˢ

4 mai - 31 décembre : à Louis Raimon, pour une année de ses appointemens en 1664 (3 p.)....... 900ᵗᵗ

20 may : à André Mazière, pour employer au paiement des matériaux et édifices qui ont esté construicts sur le fonds du Roy par M. Le Tellier............. 5500ᵗᵗ

A Mathieu Maçon, pour le premier quartier de ses gages de maistre maçon................ 300ᵗᵗ

A Charles Destan et André Girard, pour leur paiement d'une maison par eux vendue au Roy, au chasteau de Fontainebleau....................... 3600ᵗᵗ

26 may : à Jacques, André et Marin Liards [4], preneurs de taupes, pour la quantité de 1430 taupes qu'ils ont prises, à raison de 3ˢ 6ᵈ pour chascune taupe.. 250ᵗᵗ 5ˢ

A eux, pour la quantité de 416 taupes qu'ils ont prises la présente année 1664............ 72ᵗᵗ 16ˢ

31 décembre : à eux, pour leur paiement des taupes prises à Versailles, Saint-Germain et aux Tuileries..... .... 217ᵗᵗ 3ˢ

26 may : au sʳ de Saumery, pour son paiement des terres et héritages à luy apartenant, encloses dans le parc de Chambord....................... 21018ᵗᵗ 2ˢ

[2] Dominique Cucci. Voyez Jal.
[3] Voyez les jardinages de Saint-Germain (col. 31).
[4] Ordinairement Jacques et André Liards sont seuls nommés.

Aux prestres de la Mission de Fontainebleau, pour leur entretenement pendant la présente année...... 6000ᵗᵗ

14 juin: à Pierre Montillon, pour son paiement des ouvrages et réparations faictes à la geolle de Fontainebleau........................ 6047ᵗᵗ 3ˢ

A la damoiselle Cagnet, pour son remboursement de pareille somme par elle advancée des arbrisseaux menés à Versailles.................... 85ᵗᵗ 10ˢ

A Colot, fondeur, pour parfaict paiement des ouvrages de fonte fournis pour Fontainebleau..... 458ᵗᵗ

A luy, à compte des ouvrages de fonte par luy fournis à Versailles......................... 300ᵗᵗ

30 juin: au sʳ Poulvé, capitaine des charrois, sur ce qui luy est deub pour la voicture des orangers que S. M. a faict venir à Fontainebleau............. 4000ᵗᵗ

9 aoust: à Henry Voltigen, concierge du batteau du Roy, pour son remboursement de pareille somme.. 177ᵗᵗ

A Estienne de Brie, pour son paiement de deux thoises de plastre pour Fontainebleau............. 200ᵗᵗ

A Jean Dubuisson, pour son paiement de 155 pièces de bois par luy livrés à Fontainebleau......... 637ᵗᵗ

A Picart, dict La France, pour son remboursement de pareille somme par luy advancée.......... 16,143ᵗᵗ

A François Chenu, pour son paiement de 14 pots de fayence........................... 140ᵗᵗ

A Jean Daries, pour son remboursement de pareille somme........................... 36ᵗᵗ

A Guillaume Fontenay, pour son paiement d'avoir fourny à Fontainebleau 226 planches......... 494ᵗᵗ

A luy, pour 150 ais de sapin, 4 solives et 2 membrures......................... 127ᵗᵗ

A luy, pour paiement de 443 planches de sapin. 170ᵗᵗ

A Charles Gervais, pour son remboursement de pareille somme..................... 925ᵗᵗ

A Jacques Houart, pour trois carterons de bois. 165ᵗᵗ

A Itier Coulon, pour un cent de planches de sapin............................. 80ᵗᵗ

A Charles Dumée, pour 400 ais de sapin..... 408ᵗᵗ

A René Thibault, tapissier, pour 20 aulnes de toille........................... 27ᵗᵗ

A Nicolas Petit et Nicolas Pienot, pour la voicture de trois carterons de bois de triage........... 40ᵗᵗ

A Simon Benoist, Claude Savary, Nicolas Nivelon et Jean Prou, pour remboursement de pareille somme. 228ᵗᵗ

A Jean Bezaut, voicturier, pour la voicture qu'il a faict des daims........................ 40ᵗᵗ

A Pierre Petit, vigneron, idem........... 22ᵗᵗ 8ˢ

A la veuve de Louis Tibout, pour son paiement de 14 pots de fayence.................. 92ᵗᵗ

A Estienne Magien, pour son remboursement de pareille somme................... 170ᵗᵗ 10ˢ

A Jean Garnier, idem................. 310ᵗᵗ

A André Morel, pour son paiement de 15 chevrons de bois de sapin.................... 45ᵗᵗ

A Robert Jamin, pour son remboursement de pareille somme....................... 287ᵗᵗ

A Marie Morée, idem.................. 100ᵗᵗ

A Claude Brunelet, chaufournier, pour 21 poinçons de chaux......................... 73ᵗᵗ

A Jean Sanson, pour avoir vacqué à amasser des gens de journée...................... 175ᵗᵗ

A la veufve Daisseny, pour 2 thoises de plastre. 200ᵗᵗ

A Magdelaine Lefevre, pour son remboursement de pareille somme................. 505ᵗᵗ 10ˢ 2ᵈ

A elle, pour la nourriture de 9 cignes pendant les quartiers d'octobre 1663 et janvier 1664....... 301ᵗᵗ

A Marin Jamin, pour avoir enlevé les immondices des courts du chasteau de Fontainebleau........ 90ᵗᵗ

19 septembre: à Galand, pour la nourriture des cignes et carpes pendant cinq mois commencés le 1ᵉʳ avril 1664......................... 322ᵗᵗ 10ˢ

31 décembre 1664-5 may 1665: à luy, ayant la charge de garde de la basse-court des offices et cuisines de Fontainebleau.................. 122ᵗᵗ

19 septembre: à la veufve Latour, pour la nourriture desd. cignes pendant les trois derniers mois de l'année 1663 et le quartier de janvier 1664, pour parfaict paiement............................ 104ᵗᵗ

A ....., pour six mois de ses appointemens en qualité de portier du parc de Fontainebleau pendant l'année 1664............................ 150ᵗᵗ

A ....., pour son remboursement des frais faicts à la garenne de Vézinet............... 5394ᵗᵗ 8ˢ 6ᵈ

22 septembre: à Laurent Périer, pour avoir faict serrer les orangers de Versailles............ 104ᵗᵗ

22 septembre-31 décembre: à Simon Carrouget, pour le loyer d'une maison occupée par les officiers du régiment des gardes Suisses pendant l'année 1664 (2 p.). 432ᵗᵗ

A Anne Caron, pour le loyer de deux chambres occupées par les vallets de chambre et huissiers de la Reine pendant l'année 1664 (2 p.)............. 540ᵗᵗ

22 septembre: aux nommez Moulart et Bellier, pour avoir enlevé les gravois de l'ancienne maison de la Boissière........................ 409ᵗᵗ 9ˢ

22 septembre-26 novembre: à Daniel Fossier, pour ses apoinctemens de la présente année (2 p.)... 1200ᵗᵗ

22 septembre 1664-4 juin 1665: à luy, à compte du soin qu'il a pris pour faire venir les orangers de Duretal

ANNÉE 1664. — DIVERSES DÉPENSES.

à Fontainebleau et pour les sommes qu'il a déboursées (2 p.)............................ 3561ᴛ 3ˢ

4 juin 1665 : à luy, pour remboursement de pareille somme par luy avancée................. 627ᴛ 10ˢ

A luy, pour remboursement de menues dépenses faictes à Versailles....................... 4628ᴛ 15ˢ

22 septembre : à Bailly, peintre, à compte des devises en mignature qu'il faict pour le Roy[1]...... 300ᴛ

Au sʳ Poulvé, pour la voicture des orangers depuis Duretal jusques à Fontainebleau (2 p.)........ 58ᴛ 6ˢ

25 septembre : à la veufve de Pierre Pic, manœuvre, en considération de la perte qu'elle a faicte de son mary travaillant au Louvre...................... 100ᴛ

Au sʳ de la Grange, pour les frais faicts pour la voicture de 112 milliers 242 livres de plomb..... 390ᴛ 8ˢ

A la veufve Bontemps, pour avoir voicturé cinq daims depuis Rouen jusques à Saint-Cloud.......... 120ᴛ

25 septembre-31 décembre : à Claude Fresneau, à compte des ouvrages de couverture et autres faicts au haras du chasteau de Saint-Leger (3 p.)...... 2500ᴛ

14 octobre : à Guillaume Barbier, pour son parfaict paiement des menus frais qu'il a faict depuis Duretal jusques à Fontainebleau....................... 217ᴛ 10ˢ

A André La Vigne et Paul Belliers, pour avoir voicturé du sable dans la grande allée des tilleuls. 447ᴛ 13ˢ

22 novembre : au sʳ Hinand, la somme de 30000ᴛ que le Roy luy a ordonnée par forme de prest pour en jouir pendant six années commencées le 22 novembre 1664, et estre lad. somme employée en l'achapt de laines, teintures et autres estoffes nécessaires pour la manufacture establie à Beauvais[2].................... 30000ᴛ

26 novembre : au sʳ Petit, pour une année de ses apoinctemens, à raison de 300ᴛ par mois, cy pour l'année 1664............................. 3600ᴛ

6 décembre : au sʳ Madiot, pour une année de ses apoinctemens pendant l'année 1664, à raison de 300ᴛ par mois................................ 3600ᴛ

Au sʳ Ankollt, pour une année de ses apoinctemens, à raison de 400ᴛ par mois.................. 4800ᴛ

17 décembre : au sʳ Vallot, pour le paiement des gages des officiers, et entretenement du Jardin royal des plantes du faux bourg Sainct-Victor, pendant la présente année 1664.......................... 21000ᴛ

23 décembre 1664-17 mars 1665 : à Henry, tapissier, pour avoir fourny des rideaux de bazin à la vollière de Versailles (2 p.).................... 422ᴛ 8ˢ

A François Antebault, pour son paiement de 200 paniers qu'il a livrez pour le colombier dud. lieu.... 80ᴛ

31 décembre : à Louis Munos, chirurgien du corps de la Reine, pour le loyer de la maison qu'il a occupée pendant l'année 1664...................... 700ᴛ

A Claude Prée, pour une année de loyer d'une salle, une chambre et deux cabinets qu'il loue aux fourriers de Leurs Majestez........................ 150ᴛ

Au principal, chapellain, procureur et boursiers du Collège de Cambray, pour leur desdommagement de tous leurs bastimens abatus pour la construction du Collège royal de France....................... 1000ᴛ

18 janvier 1665 : au sʳ Cossart, marchand drappier, pour la quantité de cent une aulnes de drap qu'il a fourny pour le Roy............................ 2020ᴛ

Au sʳ Félibien, pour le soing qu'il prend de faire des discours et descriptions des Bastimens........ 1200ᴛ

31 décembre : à divers ouvriers blessez pour le service du Roy dans les bastimens, suivant l'ordonnance du 21 décembre 1664.................... 260ᴛ

A Luc Pelletier, pour le paiement des gens qui ont travaillé à la journée pour lever et transporter les vieux thuiaux de plomb de la conduite des eaues de la mesnagerie de Versailles...................... 37ᴛ 10ˢ

A Sainte-Marie, pour avoir pris garde pendant six mois aux ouvriers et tenu les clefs des démolitions du magazin de Versailles....................... 270ᴛ

A ...., terrassiers rissetons, pour leur paiement................................ 52ᴛ 11ˢ

A Charles Yvon, couvreur, pour les réparations faictes à l'Hostel des Ambassadeurs............. 631ᴛ 10ˢ

4 juin 1665 : à luy, pour la seconde demie année des couvertures des maisons royalles............ 3300ᴛ

31 décembre : aux ouvriers des Gobelins, suivant l'ordre du Roy du 17 novembre dernier....... 550ᴛ

A Israel Silvestre, pour les desseins d'arrangement de filigranes par luy faicts pour le Roy........ 100ᴛ

21 février-5 may 1665 : au sʳ de Tillecourt, pour la nourriture des dains du grand parc de Fontainebleau, depuis le 7 juin jusqu'au 24 aoust 1664 (2 p.)... 727ᴛ

21 février 1665 : au garde qui a couché dans le parc aux dains du chasteau de Fontainebleau........ 36ᴛ

17 mars 1665 : à Bressy, maçon, pour les réparations faictes à l'Hostel des Ambassadeurs......... 458ᴛ 6ˢ

A Desjardins, pour avoir eu la cuisse rompue en travaillant aux ateliers du Roy............... 60ᴛ

---

[1] Voyez ci-dessus, col. 14 (14 juin).
[2] Voyez plus bas (col. 54) un autre article concernant le même Hinand ou Hinard.

A Estienne, à compte des pots de fayence qu'il a livrez pour le service du Roy.................. 150tt

Au s⁰ Menestrel, pour son remboursement de pareille somme qu'il a advancée de ses deniers........ 500tt

A Jonneau, en considération de la perte qu'il a soufferte dans l'incendie arrivée à Versailles......... 60tt

A Van der Meulen, peintre flamant, pour dix mois de ses apoinctemens, à raison de 6000tt par an.... 5000tt

A Delaunay, pour employer en achapt de rocailles et coquillages........................... 3000tt

A ..., pour son paiement des harnois qu'il a livré pour le mulet qui sert à la pompe de Versailles... 20tt

Au s⁰ Vigarany, pour les décorations de théatre qu'il a fournies [1]......................... 1350tt

A Jean Varisse et Antoine Padelin, pour avoir ramoné les cheminées des maisons royalles......... 378tt 16ˢ

A Marin Trumel, Henry Dupuis et autres, à compte des plans d'arbres par eux fournis pour les advenues des maisons royalles..................... 15500tt

19 mars 1665 : à Ménard, marbrier, ayant l'entretenement de la chappelle du Pallais Royal, pour une année escheue au mois de mars 1664.............. 150tt

A Viaucourt et Cousiner, orphèvres, à compte des bassins et brancarts d'argenterie enrichis de plusieurs figures............................... 24617tt

A Merlin, orphèvre, idem............... 22193tt

A Jacques du Tel, orphèvre, idem....... 30930tt

31 mars 1665 : à Simon Lourdet, tapissier, pour son paiement de 140 aulnes quarrées de tapisserie. 18900tt

13 avril 1665 : au s⁰ Dupont, par forme de pension, à cause de l'entretenement de la volière qu'il avoit, auparavant qu'elle fust convertie en orangerie........ 600tt

23 avril : au s⁰ Beaubrun, trésorier de l'Académie de peinture et sculpture, la somme de 4000tt pour le paiement de la pension que le Roy donne à lad. Académie pour l'entretenement d'icelle, et estre par luy distribuée, sçavoir : 1200tt aux quatre recteurs qui servent par quartier, à raison de 300tt chacun; 1200tt aux douze professeurs, à raison de 100tt chacun; 600tt aux deux maistres de géométrie, perspective et anatomie, à raison de 300tt aussy chacun; 600tt pour le paiement des menus frais qui se font pendant le cours de l'année pour le service de lad. Académie, et 400tt pour le paiement des prix donnez aux estudians, revenans à lad. somme de........ 4000tt

7 septembre 1665 : à luy, idem, pour l'année 1663.. .... 4000tt

[1] C'était sans doute pour la *Toison d'Or*, de P. Corneille; voyez le *Dictionnaire des théâtres*, par de Léris, éd. de 1763, p. 430.

5 may 1665 : à Barthélemy et Pierre Mareschaux, pour avoir démonté et marqué les travées du parc de la forest de Fontainebleau.................... 100tt

A Estienne Magien, pour la nourriture et solde de six mariniers du Havre.................... 260tt 5ˢ

A Robert Jamin, pour le netoiement pendant deux mois des cours du Cheval Blanc et des cuisines à Fontainebleau (2 p.).)............................ 252tt

A Paten et La Buisse, pour avoir balayé et enlevé les immondices de la cour du Cheval Blanc...... 323tt 8ˢ

A ..., pour le paiement de six basteliers qui ont servy à conduire le bateau sur le canal............. 168tt

A Du Tarte et ses compagnons, pour avoir pendant 17 jours balayé le chasteau de Fontainebleau.. 30tt 12ˢ

A Jacques Le Febvre, pour son remboursement de pareille somme par luy advancée................ 72tt

A Casset, pour avoir pris soin des dains enfermez dans le parc de Fontainebleau..................... 80tt

A Estienne Baudet, pour le voyage qu'il va faire en Italie pour estudier en l'art de sculpture........ 200tt

A Meunier et Corneille jeune, peintres, idem. 300tt

Au s⁰ Formont, banquier à Paris, à compte des marbres qu'il faict venir pour les bastimens du Roy. 10000tt

A Magdelaine Turgis, veufve du sieur Verdeck, à compte des bassins, vases et autres meubles d'argenterie qu'elle faict....................... 30000tt

1ᵉʳ aoust 1665 : à Macé, jardinier, pour son paiement d'avoir faict emplir les glacières de Fontainebleau. 600tt

A Jean Hay, concierge de La Coudre, par extraordinaire pour ses gages................. 20tt

A François Toullet, concierge de la Surintendance de Fontainebleau, idem................. 100tt

A Catelin Mercier, pour avoir voicturé 112 milliers de plomb depuis le port de Guichet jusques dans le magazin du Petit Bourbon................. 113tt

A Mathieu Bontemps, pour avoir voicturé, depuis Rouen jusques à Paris, la quantité de 112 milliers 242 livres de plomb........................... 560tt 13ˢ

A ..., frotteurs de parquet, à compte de ce qui leur peut estre deub pour avoir frotté les planchers des apartemens de Versailles................... 100tt

Au s⁰ Marin, qui a entrepris une manufacture de serge à Seignelay [2], proche d'Auxerre, la somme de 1200tt, à condition qu'il prendra tous les ans et fera instruire douze

[2] Colbert était propriétaire de la terre de Seignelay. Il fit tout pour établir des manufactures dans ses environs. Voyez les *Lettres* de Colbert publiées par M. P. Clément, t. II, p. cxli, et *passim*.

enfans dud. lieu, et des villages circonvoisins, dont il rapportera certificat du controlleur.......... 1200ᵗᵗ

7 septembre 1665 : à Jean Delacroix, l'un des tapissiers qui travaillent aux Gobelins, pour son paiement des ouvrages de tapisserie de basse-lice qui ont esté par lui faicts en la présente année............ 20201ᵗᵗ 4ˢ 4ᵈ

A Jean Jeans, l'un des tapissiers qui travaillent aux Gobelins, pour les ouvrages de tapisserie qu'il a faicts en la présente année.................. 10987ᵗᵗ 8ˢ 5ᵈ

A luy, pour son paiement de quatre mestiers servans à faire de la tapisserie de haute-lisse, qu'il a fourny et livré la présente année....................... 358ᵗᵗ

A Josse Ven den Kerchove, teinturier, et ayant le soing de marquer les ouvrages de tapisserie qui se font aux Gobelins, pour ses gages en lad. qualité pendant la présente année.............................. 1500ᵗᵗ

A Jean Le Febvre, pour son paiement de deux mestiers et six costerests qu'il a fourny aux Gobelins en la présente année pour servir à faire de la tapisserie, cy.... . 230ᵗᵗ

A Dominicque Barbeau, portier de la maison des manufactures roialles des Gobelins, pour ses gages en lad. qualité en 1664................. 300ᵗᵗ

A Jean Le Febvre, la somme de 100ᵗᵗ à compte de celle de 250ᵗᵗ à luy accordée pour l'apprentissage de Gilles Lesgaré, son apprenty................ 100ᵗᵗ

A Jean Jans, pour la nourriture de huict apprentifs en tapisserie pendant l'année 1664......... 687ᵗᵗ 10ˢ

A Henry Laurens, l'un des tapissiers qui travaillent aux manufactures des Gobelins, pour la nourriture de trois apprentifs en 1664.................... 337ᵗᵗ 10ˢ

A Pierre Delafollye, marchand de soye, pour son paiement des marchandises d'or et de soye par luy fournies pendant les premiers six mois de la présente année, pour les ouvrages de tappisserie qui se font aux Gobelins................................ 2338ᵗᵗ

A Jean de Mouchy, bouclier, pour son paiement du blanchissage de laines pour les manufactures des Gobelins en 1664.............................. 360ᵗᵗ

A Nicolas Jarry, enlumineur, pour son paiement des fillets et lettres d'or pour l'ornement et l'explication de 334 feuillets de vélin, de plantes, fleurs et oyseaux en mignature, à raison de 30ˢ chacun, et 56ᵗᵗ pour trois grands volumes pour mettre lesd. feuillets...... 567ᵗᵗ

A Jean Le Febvre, l'un des tapissiers qui travaillent aux manufactures establies aux Gobelins, pour son paiement des ouvrages de tapisserie par luy faicts aud. lieu en lad. année 1664........................ 6529ᵗᵗ 1ˢ

A Henry Laurens, l'un des tapissiers qui travaillent aux Gobelins, pour son paiement des ouvrages qu'il a faicts aux Gobelins pendant la présente année... 2767ᵗᵗ

A Anne Jollin, veuve Maurice du Bourg, tapissier, pour son paiement de quatre rouilleaux à faire de la tapisserie par elle livrez en la maison des Gobelins. 120ᵗᵗ

A Jacques Rochon, concierge de la maison des Gobelins, pour le paiement de plusieurs loyers de chambres qui ont esté occupées par les ouvriers qui travaillent auxd. manufactures pendant l'année 1664......... 1046ᵗᵗ

A luy, 1200ᵗᵗ pour ses gages de 1664, et le reste pour remboursement de sommes avancées dans la manufacture des Gobelins (2 p.).................. 1560ᵗᵗ 8ˢ

A Jacques Prou, menuisier, pour son paiement des ouvrages de menuiserie par luy faicts aux mestiers des tapisseries qui se font aud. lieu............. 227ᵗᵗ 19ˢ

A Gaspard Trecuef, jardinier de la maison des Gobelins, pour ses gages en lad. qualité pendant l'année 1664................................ 400ᵗᵗ

A Baudrin Ivart, peintre, pour son remboursement de pareille somme qu'il a advancée pour les peintures de tous les desseins de tapisserie des Gobelins... 8481ᵗᵗ 6ˢ

20 septembre 1665 : à luy, à compte des ouvrages de peinture qu'il a faicts pour les desseins de tapisserie des Gobelins............................ 6000ᵗᵗ

20 septembre 1665 - 18 janvier 1666 : au sʳ Macquaire[1], maire de la ville de Beauvais, pour les deux tiers des acquisitions nécessaires pour l'establissement des manufactures de tapisserie en la ville de Beauvais (3 p.).............................. 30000ᵗᵗ

12 novembre : au sʳ Lefouyn, notaire au Chastelet de Paris, pour son paiement d'avoir expédié plusieurs contracts des maisons et héritages que le Roy a acheptez... .... 400ᵗᵗ

Au sʳ Ballon, préposé pour avoir l'œil sur les ouvriers qui ont travaillé à la journée pour faire les plans des advenues de Saint-Germain-en-Laye, pour avoir vacqué pendant trois sepmaines à lad. commission...... 100ᵗᵗ

13 novembre 1665 : au sʳ Le Vau le jeune, pour avoir vacqué pendant l'année dernière à la visitte des ponts et chaussées............................. 3600ᵗᵗ

Au sʳ Hinart, pour la despence qu'il a faicte pour faire venir le nombre de 127 ouvriers estrangers en France[2] et pour ce qui est escheu jusqu'au dernier décembre dernier pour 36 apprentifs françois, à raison de 35ᵗᵗ pour chacun par chacun an.................. 2249ᵗᵗ 8ˢ

---

[1] Ou Macaire.

[2] Pour la manufacture de Beauvais, fondée précisément en 1664, comme nous l'avons vu plus haut (col. 49).

A Mme la Présidente Nicolay, pour le prix d'une maison à elle apartenant, rue de Beauvais, pour servir à l'accroissement du bastiment du Louvre, la somme de 30000ᵗᵗ, laquelle luy a esté paiée par contract du 19 juin 1664............................. 30000ᵗᵗ

Au s^r Seneschal, pour le prix d'une maison à luy apartenant, rue de Beauvais, *idem*, par contract du 20 janvier 1664........................... 24000ᵗᵗ

Au s^r Beaurains, pour le prix d'une maison à luy apartenant, rue du Cocq, ses apartenances et dépendances, par contract du 3e juillet 1664............ 36000ᵗᵗ

A la veufve du s^r Le Doux, pour le prix d'une maison à elle apartenant, qui s'est trouvée comprise dans le dessein du Louvre....................... 29600ᵗᵗ

A Jean de Niert, pour son paiement de 112 milliers 255 livres pezant de plomb qui a esté achepté à Calais, à raison de 12ᵗᵗ pour cent............ 13469ᵗᵗ 1ˢ 3ᵈ

A Rouceau et Sansos, pour avoir [voituré] 156 thoises de pierre dans le fort de Saint-Germain.... 219ᵗᵗ 18ˢ

Au s^r Le Menestrel, pour son remboursement de pareille somme qu'il a desboursée pour le change de la somme de 3600ᵗᵗ qui ont esté remis en Italie pour gratifications aux gens de lettres.............. 170ᵗᵗ

A luy, la somme de 30358ᵗᵗ 1ˢ 5ᵈ pour ses taxations, à raison de 6ᵈ pour livre de 200000ᵗᵗ de despence ordinaire, et de 2ˢ pour livre de toutte la despence excedente lesd. 200000ᵗᵗ, suivant l'arrest du Conseil du 6 février 1666......................... 30358ᵗᵗ 1ˢ 5ᵈ

A luy, la somme de 1200ᵗᵗ pour les jettons d'argent.. .... 1200ᵗᵗ

A luy, à cause de la perte qu'il a faicte sur la diminution des monnoies arrivée le 1er janvier 1666, sur la somme de 74530ᵗᵗ qui estoit entre ses mains. 2190ᵗᵗ 18ˢ

A luy, pour les espèces, façon de compte et vaccation de procureur............................. 3760ᵗᵗ

Somme de ce chapitre... 83861 6ᵗᵗ 7ˢ 8ᵈ [1]

GRATIFICATIONS DE SA MAJESTÉ
POUR LE FAICT DU COMMERCE.

12 décembre 1664 : à Philippes Dugardien et Jean Duchesne le jeune, marchands d'Abbeville, pour leur desdommagement de la perte qu'ils ont faicte du navire dont estoit capitaine le nommé Grégoire Gardinier..... .... 652ᵗᵗ 10ˢ

[1] Le total exact est 83861 5ᵗᵗ 7ˢ 8ᵈ.

PENSIONS ET GRATIFFICATIONS
AUX GENS DE LETTRES [2].

27 juin : au s^r Priolo, par gratiffication et pour luy donner moyen de continuer son aplication aux lettres.. .... 2500ᵗᵗ

30 juin : au s^r Vyon d'Érolval, auditeur en la Chambre des comptes, par gratiffication, en considération du travail et de l'aplication qu'il donne à la recherche et conservation des droicts de la Couronne......... 1500ᵗᵗ

22 aoust : au s^r Douvrier, par gratiffication. 3000ᵗᵗ

Au s^r de Gomberville, par gratiffication que S. M. luy a ordonnée............................. 1200ᵗᵗ

Au s^r Maury, *idem*..................... 600ᵗᵗ
Au s^r abbé Cottin, *idem*................. 1200ᵗᵗ
Au s^r Varillas, *idem*................... 1200ᵗᵗ
Au s^r de Sainte-Marthe, *idem*........... 1200ᵗᵗ
Au s^r Petit, *idem*..................... 800ᵗᵗ
Au s^r du Perier, *idem*.................. 800ᵗᵗ
Au s^r abbé Le Vayer, *idem*.............. 1000ᵗᵗ
Au s^r Godeffroy, *idem*.................. 3600ᵗᵗ
Au s^r Vattier, *idem*.................... 600ᵗᵗ
Au s^r Ogier, *idem*..................... 1500ᵗᵗ
Au s^r Molière, *idem*................... 1000ᵗᵗ
Au s^r Corneille le jeune, *idem*......... 1000ᵗᵗ
Au s^r Mézeray, *idem*................... 4000ᵗᵗ
Au s^r Vivian, *idem*.................... 1200ᵗᵗ
Au s^r Le Clerc, *idem*.................. 600ᵗᵗ
Au s^r Boyer, *idem*..................... 800ᵗᵗ
Au s^r Fléchier, *idem*.................. 800ᵗᵗ
Au s^r Corneille, *idem*................. 2000ᵗᵗ
Au s^r Mesnage, *idem*................... 2000ᵗᵗ
Aux s^rs de Vallois, chacun 1200ᵗᵗ, *idem*..... 2400ᵗᵗ
Au s^r Benserade, *idem*................. 1500ᵗᵗ
Au s^r Desmarets, *idem*................. 1200ᵗᵗ
Au s^r abbé de Pure, *idem*.............. 1000ᵗᵗ
Au s^r Huet, de Caen, *idem*............. 1500ᵗᵗ
Au s^r Racine, *idem*.................... 600ᵗᵗ
Au s^r Quinaut, *idem*................... 800ᵗᵗ
6 décembre : au s^r Lhéritier, *idem*..... 1000ᵗᵗ
Au s^r Sorbière, *idem*.................. 1000ᵗᵗ
9 avril 1665 : au s^r Vuangenseil, *idem*... 1500ᵗᵗ

[2] On comprendra que nous ne puissions entrer dans aucun détail sur la biographie et les titres scientifiques ou littéraires des personnages mentionnés dans ce chapitre en 1664 et les années suivantes. Ces listes de savants et de littérateurs pensionnés par Louis XIV ont déjà été publiées à plusieurs reprises avec des commentaires trop longs pour trouver place ici.

ANNÉE 1664. — DÉPENSES DE L'ANNÉE 1663.

21 septembre 1665 : au s' Brandon, par gratiffication et pour luy donner moyen de continuer ses estudes. 400ʰ

Au s' Ollier de Besac, idem 600ʰ

Au s' abbé Olier, bien versé en théologie, et pour l'obliger de vacquer aux belles-lettres 800ʰ

Au s' Charpentier, en considération de ses belles-lettres 1500ʰ

Au Père Le Cointe, de l'Oratoire, bien versé dans l'antiquité et particulièrement dans l'histoire ecclésiastique 1500ʰ

Au s' Perrault, en considération de ses belles-lettres. 1500ʰ

Au s' Carcavy, bien versé dans les mathématiques 1500ʰ

Au s' Le Laboureur, fort versé dans l'histoire, cronologie et généalogie 1500ʰ

Au s' abbé de Cassagne, en considération de ses belles-lettres 1500ʰ

Au s' Perrot d'Ablancourt, bien versé dans les lettres et principalement dans les langues 1500ʰ

Au s' abbé Bourzeis, grand théologien et bien versé dans les belles-lettres 3000ʰ

Au s' Chapellain, illustre dans la poésie et dans les belles-lettres 3000ʰ

Au s' Connard, bien versé dans la prose et la poésie françoise 1500ʰ

Au s' Gombault, bien versé dans la poésie françoise... .... 1200ʰ

Au s' de la Chambre, bien versé dans la médecine et dans la philosophie 2000ʰ

Au s' Viliotto, Savoyard, bien versé dans la médecine et dans les humanitez 600ʰ

Au s' Gratiany, bien versé dans les belles-lettres et qui excelle dans la poésie italienne 1500ʰ

Au s' Conringius, Allemand, fameux professeur en histoire dans l'Académie italienne à Helmestad. 900ʰ

Au s' Hevelius, Flamand, consul vétéran de la ville de Dantzic, savant dans l'astronomie 1200ʰ

Au s' Beklenus, bien versé dans l'histoire et dans les humanitez 900ʰ

Au s' Huggens, Hollandois, grand mathématicien, inventeur de l'horloge de la pendulle 1200ʰ

Au s' Gevartius, Flamand, naguères secrétaire de la ville d'Anvers, en considération de sa profonde érudition 1200ʰ

Au s' Heinsius, Hollandois, grand poëte et orateur latin 1200ʰ

Au s' Vossius, Hollandois, excellent dans la géographie 1200ʰ

Somme de ce chapitre 77500ʰ

Somme totalle de la despence faicte pour les bastimens pendant l'année 1664 :

Trois millions deux cens dix neuf mille six cens soixante trois livres dix huict sols deux deniers.

Et la recepte monte à trois millions deux cens quarante trois mil quarante une livres.

Partant doibt le comptable la somme de vingt trois mil quatre cens vingt huict livres.

Laquelle somme il payera comptant ès mains de M° Sébastien François de la Planche, son confrère en exercice, l'année présente 1666.

Faict et arresté à Fontainebleau, le quatriesme jour d'aoust 1666 [1].

DÉPENSES DE L'ANNÉE 1663 [2].

27 aoust 1664 : à ....., pour les réparations des bains de Bourbon 800ʰ

Au s' Petit, pour ses appointemens, à cause du soin qu'il a pris de tous les ouvrages de la ménagerie en 1663 .... 3600ʰ

A Carrousel, pour un quartier escheu le 31 décembre 1663, pour le loyer d'une maison qu'il loue pour les officiers Suisses de la garde du Roy 108ʰ

A Anne Caron, pour le loyer de deux chambres occupées par les valets de chambre et huissiers de la Reyne. 135ʰ

Au principal, chapelain, procureur et boursiers du Collège de Cambray, pour leur dédommagement de l'année 1663 .... 1000ʰ

Au s' Munos, chirurgien du corps de la Reine, pour le loyer de la maison qu'il a occupée pendant l'année 1663 .... 700ʰ

A Henry Guillin, garde des meubles du chasteau de Fontainebleau, pour ses gages en lad. qualité, de 1663. 300ʰ

---
[1] L'arrêté de compte paraît être de la main de Colbert.
[2] A la suite du registre de 1664 se trouve cet article de dépenses de 1663, assez curieux en ce qu'il semble indiquer que, si le compte de 1664 n'est pas le premier de la série, les registres antérieurs, et il n'en peut dans tous les cas en exister que pour 1662 et 1663, n'étaient pas encore bien régulièrement tenus, et que c'est à partir de 1664 seulement que les comptes furent l'objet d'une organisation sérieuse et d'un contrôle sévère. Voici cette annexe au compte de 1664; elle n'est pas reproduite sur la copie qui porte le n° 14108 du fonds françois de la Bibliothèque nationale.

Aux s⁽ʳˢ⁾ Le Roy, Chauvin et Massac, propriétaires chacun d'une maison, scizes rue de Seine, pour leur desdommagement du tort fait ausd. maisons pour la construction de l'acqueduc de lad. rue, à raison de 1600ᵗᵗ au s⁽ʳ⁾ Le Roy; 850ᵗᵗ au s⁽ʳ⁾ Chauvin et 300ᵗᵗ au s⁽ʳ⁾ de Massac........................... 2750ᵗᵗ

22 septembre : à Michel Villedo, pour tous les ouvrages par luy faits à la gallerie de devant la Sainte-Chapelle de Paris, la somme de 4353ᵗᵗ 13ˢ, laquelle somme ne sera cy tyrée hors ligne attendu que l'ordonnance de fonds a été expédiée en 1662 pour les despences de lad. année, partant cy pour .... Nota.

30 décembre : au s⁽ʳ⁾ Francine, pour le soin qu'il a pris de la conduite et entretien des fontaines de Fontainebleau en 1663........................ 1325ᵗᵗ

Somme de ce chapitre......... 9918ᵗᵗ

Ce chapitre n'est point compris dans la table des dépenses, attendu que les articles des dépenses de ce chapitre sont compris au compte de 1663 [1].

ANNÉE 1665.

RECEPTE.

19 janvier : de M⁽ᵉ⁾ Estienne Jehannot, s⁽ʳ⁾ de Bartillat, garde du trésor royal, la somme de 2000000ᵗᵗ pour employer au payement des despences que le Roy a ordonné estre faites pour la continuation des bastimens du Louvre, Vincennes, Fontainebleau, Saint-Germain et Versailles, pendant la présente année 1665, compris en lad. somme les taxations du s⁽ʳ⁾ Le Bègue, trésorier général desd. bastimens, cy lad. somme de.. 2000000ᵗᵗ

Pour laquelle somme led. s⁽ʳ⁾ de Bartillat a délivré ses billets ou quittances aud. s⁽ʳ⁾ Le Bègue, sçavoir :

(Sur le don gratuit de Bretaigne 1665, ez douze mois esgallement............. 940000ᵗᵗ
Sur le don gratuit de Languedoc 1665,
ez douze mois esgallement....... 1060000ᵗᵗ

Total pareil......... 2000000ᵗᵗ)

Dud. s⁽ʳ⁾ de Bartillat, par ordonnance du 10 du mois de janvier, pour délivrer aud. s⁽ʳ⁾ Le Bègue, la somme de 25339ᵗᵗ 16ˢ 9ᵈ, sçavoir : 4500ᵗᵗ au s⁽ʳ⁾ de la Mothe, mousquetaire; 4600ᵗᵗ aux créanciers du nommé Le Noble; 5677ᵗᵗ à sept particuliers habitans de Charenton, Saint-Maur et ez environs; 3800ᵗᵗ aux Minimes de Vincennes; 4000ᵗᵗ au s⁽ʳ⁾ Martin, conseiller secrétaire du Roy; 2000ᵗᵗ au s⁽ʳ⁾ Salicon; et 450ᵗᵗ aux Pères de la Charité de Charenton, le tout suivant les liquidations qui ont esté faites au Conseil par les commissaires à ce députés; et 312ᵗᵗ 16ˢ 9ᵈ, pour les taxations dud. Le Bègue, à raison de 3ᵈ pour livre, cy.................. 25339ᵗᵗ 16ˢ 9ᵈ

10 febvrier : dud. s⁽ʳ⁾ de Bartillat, la somme de 81000ᵗᵗ, sçavoir : 80000ᵗᵗ aux despences que le Roy a ordonnées estre faites pour les manufactures de tapisseries des Gobelins et tapisserie, façon de Turquie, de la Savonnerie, pendant la présente année 1665, et 1000ᵗᵗ pour les taxations, à raison de 3ᵈ pour livre, cy.... 81000ᵗᵗ

(Sur la somme des aydes, entrées et autres cy jointes ès dix derniers mois 1665 égallement.)

28 février : de luy, la somme de 60250ᵗᵗ, sçavoir : celle des 60000ᵗᵗ, au paiement des sommes que le Roy a promis de faire paier aux entrepreneurs de la fabrique de fer blanc, tapisseries et autres manufactures à establir dans le royaume, ensemble à tous ceux qui achepteront ou feront bastir des vaisseaux ou qui feront des voiages de long cours, et 250ᵗᵗ à raison d'un denier pour livre, cy................................. 60250ᵗᵗ

(Comptant au trésor royal 30000ᵗᵗ, et le surplus au dernier mars 1665.)

30 mars : dud. s⁽ʳ⁾ de Bartillat, la somme de 60750ᵗᵗ, sçavoir : 60000ᵗᵗ pour l'establissement de la manufacture de fer blanc de la province de Nivernois, sçavoir : 30000ᵗᵗ pour employer en achapt de bastimens et autres ouvrages nécessaires pour led. establissement, et 30000ᵗᵗ pour le prest pendant six années sans interest, et 750ᵗᵗ à raison de 3ᵈ pour livre, cy.................. 60750ᵗᵗ

(Comptant au trésor royal moitié, et le surplus au dernier may.)

[1] Cette note finale est de la même écriture que l'arrêté du compte de 1664, et par conséquent probablement de la main de Colbert.

ANNÉE 1665. — RECETTE.

30 avril : de luy, la somme de 31286ᵗᵗ 5ˢ, sçavoir : 30000ᵗᵗ au paiement de pareille somme que le Roy a fait remettre à Rome pour délivrer au Cavallier Bernin, que S. M. fait venir de lad. ville en celle de Paris, et 900ᵗᵗ pour le change et remise de lad. somme en lad. ville de Rome, et 386ᵗᵗ 5ᵈ pour les taxations, à raison de 3ᵈ pour livre.............................. 31286ᵗᵗ 5ˢ

(Comptant au trésor royal moitié, et l'autre moitié au dernier may 1665.)

12 may : de luy, la somme de 30375ᵗᵗ, sçavoir : 30000ᵗᵗ au sʳ Formont, marchant banquier, à compte des marbres qu'il doibt fournir pour employer aux bastimens du Roy, et 375ᵗᵗ pour les frais et taxations dud. Le Bègue, à raison de 3ᵈ pour livre................ 30375ᵗᵗ

(Comptant au trésor royal 10000ᵗᵗ; au premier juin, 10000ᵗᵗ; au premier juillet, 10000ᵗᵗ.)

18 may : de luy, la somme de 101250ᵗᵗ, sçavoir : 100000ᵗᵗ à compte des grands ouvrages d'argenterie et d'or qui se font pour le service du Roy, et 1250ᵗᵗ pour les taxations dud. Le Bègue.............. 101250ᵗᵗ

(Comptant au trésor royal 50000ᵗᵗ, et le surplus au dernier juin prochain 1665.)

18 may : dud. sʳ de Bartillat, la somme de 8100ᵗᵗ, sçavoir : 8000ᵗᵗ à compte de deux grands cabinets qui représentent : l'un, le Temple de la Gloire, et l'autre, celuy de la Vertu, que le Roy a ordonné estre faits pour servir dans la gallerie d'Apollon du chasteau du Louvre, et 100ᵗᵗ pour les taxations du sʳ Le Bègue...... 8100ᵗᵗ

(Comptant au trésor royal au premier juin.)

De luy, la somme de 968ᵗᵗ pour délivrer à Nicolas Le Chandelier, marchand drapier, demeurant à Rouen, 300ᵗᵗ par gratiffication, en considération des draps qu'il a fabriquez; à Deschamps, maistre de navire demeurant à Abbeville, 60ᵗᵗ aussi pour gratiffication, et pour luy donner moyen de s'en retourner; à Jacob Jeger, orphèvre allemand, 600ᵗᵗ tant pour son paiement de trois petits bas-reliefs d'argent qu'il a faits pour montrer de son travail que pour luy donner moyen de s'en retourner en son païs, cy.............................. 968ᵗᵗ

(Sur la recepte généralle de Caen 1665, au premier juillet.)

25 may : de luy, pour délivrer à Pluimers..... et Catherine de Marc qui ont entrepris l'establissement de la manufacture de toutes sortes d'ouvrages de fil, points de Venise, Gennes et autres, celle de 18000ᵗᵗ pour moitié de la somme de 36000ᵗᵗ que le Roy leur a accordée pour faire led. establissement...... 18091ᵗᵗ 13ˢ 4ᵈ

(Comptant au trésor royal.)

De luy, pour délivrer aud. Le Bègue, pour employer au paiement des ouvrages faits pour la construction de deux loges basties de neuf à l'hospital des pauvres enfermez de Paris........................... 2531ᵗᵗ 5ˢ

(Comptant au trésor royal.)

De luy, pour le paiement des terres et héritages enclos dans le parc de Versailles, sçavoir : la somme de 55000ᵗᵗ pour le paiement des terres appartenant aux religieux de Sainte-Geneviesve; 75000ᵗᵗ pour l'acquisition de la ferme de Clagny, ses dépendances; et 1000ᵗᵗ pour plusieurs petites acquisitions restantes à faire, et 1750ᵗᵗ pour les frais dud. Le Bègue.............. 141750ᵗᵗ

(Sur la ferme des gabelles et autres y jointes ez premier juillet, aoust, septembre et octobre prochain egallement.)

Dud. sʳ de Bartillat, la somme de 97402ᵗᵗ 10ˢ, sçavoir : 96200ᵗᵗ pour le paiement des pentions et gratiffications que le Roy ordonne à divers gens de lettres françois et estrangers, la présente année 1665, et 1202ᵗᵗ 10ˢ pour les taxations dud. sʳ Le Bègue...... 97402ᵗᵗ 10ˢ

(Comptant au trésor royal ez premier juin, juillet et aoust 1665.)

12 juin : de luy, la somme de 30375ᵗᵗ, sçavoir : celle de 30000ᵗᵗ, à compte des advances que le Roy fait pour l'establissement des manufactures de tapisserie de Beauvais, de draperies en Normandie et autres ez principales villes du royaume, et 375ᵗᵗ pour les frais dud. Le Bègue, à raison de 3ᵈ pour livre................. 30375ᵗᵗ

(Comptant au trésor royal.)

20 juin : de luy, pour délivrer aux prestres de la Mission de Fontainebleau, pour leur entretenement pendant la présente année 1665................ 6000ᵗᵗ

(Sur pareille somme employée en seconde partie dans l'estat des gabelles de France 1665.)

23 juin : de luy, la somme de 6378ᵗᵗ 15ˢ, sçavoir : 6300ᵗᵗ pour le paiement des pensions et gratiffications que le Roy accorde à divers gens de lettres cy après denommés, sçavoir : 4800ᵗᵗ aux sʳ Gronovius, professeur pour les belles-lettres en l'académie de Leyden, fameux médeciu; Ferrary, Carlo Daty, à raison de 1200ᵗᵗ chacun; et 1500ᵗᵗ au sʳ Leo Allatius; et 78ᵗᵗ 15ˢ pour les frais dud. Le Bègue, trésorier susd.......... 6378ᵗᵗ 15ˢ

30 juin : dud. sʳ de Bartillat, la somme de 12150ᵗᵗ, sçavoir : 12000ᵗᵗ au sʳ Panisor, controlleur général des manufactures dans la ville d'Arras, pour employer aux despences nécessaires à faire pour l'establissement desd. manufactures, et 150ᵗᵗ à raison de 3ᵈ pour livre. 12150ᵗᵗ

(Comptant au trésor royal.)

De luy, la somme de 221ᵗᵗ 16ˢ 8ᵈ, sçavoir : 220ᵗᵗ à

Cadeau, marchand drapier, pour son paiement de onze aunes de drap gris, fabrique de Sedan, à raison de 20ᵗᵗ l'aune, et 1ᵗᵗ 16ˢ 8ᵈ pour les taxations.... 221ᵗᵗ 16ˢ 8ᵈ
(Comptant au trésor royal.)

De luy, la somme de 4537ᵗᵗ 10ˢ, sçavoir : 4500ᵗᵗ, à compte de la despence à faire pour l'entretainement du sʳ Cavallier Bernin et sa suitte, et 37ᵗᵗ 10ˢ pour les taxations........................ 4537ᵗᵗ 10ˢ
(Comptant au trésor royal.)

12 juillet : de luy, la somme de 12150ᵗᵗ, sçavoir : 12000ᵗᵗ, à compte des ouvrages de maçonnerie, charpenterie, couverture, plomberie et autres nécessaires à faire pour les réparations du chasteau de Monceaux, et 150ᵗᵗ à raison de 3ᵈ pour livre........... 12150ᵗᵗ
(Comptant au trésor royal, ez quinze juillet, aoust et septembre 1665 également.)

19 aoust : de luy, la somme de 4657ᵗᵗ, sçavoir : 4600ᵗᵗ, à compte de la despence qu'il convient faire pour les ouvriers en glace que le Roy fait venir de Venise pour l'establissement de la fabrique des glaces de Venise en France, et 57ᵗᵗ 10ˢ pour les frais dud. Le Bègue.... 4657ᵗᵗ 10ˢ
(Comptant au trésor royal.)

29 aoust : de luy, la somme de 3025ᵗᵗ, sçavoir : 3000ᵗᵗ, à compte de la despence à faire pour la subsistance et entretainement du sʳ Cavallier Bernin, et 25ᵗᵗ pour les taxations dud. Le Bègue................. 3025ᵗᵗ
(Comptant au trésor royal.)

2 septembre : dud. sʳ de Bartillat, pour le paiement de la subsistance du sʳ Cavallier Bernin et sa suitte, depuis Rome jusqu'à Lyon, y compris les taxations dud. trésorier........................... 4086ᵗᵗ
(Comptant au trésor royal.)

21 septembre : de luy, la somme de 10125ᵗᵗ, sçavoir : à Golle, ébéniste, 6000ᵗᵗ, à compte de deux grands cabinets, et à Remy, brodeur, à compte d'un emmeublement de brocart fondz d'or en broderie, et 125ᵗᵗ pour les taxations........................ 10125ᵗᵗ
(Comptant au trésor royal.)

26 septembre : de luy, la somme de 40500ᵗᵗ, sçavoir : 40000ᵗᵗ pour les despences à faire pour l'establissement de toutes sortes de manufactures de drap, façon d'Hollande et d'Angleterre, à Rouen, Fescamp et autres lieux, et cristaux de Venise en France, et 500ᵗᵗ pour les taxations............................. 40500ᵗᵗ
(Comptant au trésor royal.)

30 septembre : de luy, la somme de 6075ᵗᵗ, sçavoir : 6000ᵗᵗ au payement des réparations à faire au chasteau de Monceaux, et 75ᵗᵗ pour les taxations....... 6075ᵗᵗ
(Comptant au trésor royal.)

10 octobre : de luy, la somme de 506ᵗᵗ 5ˢ, sçavoir : 500ᵗᵗ au sʳ de la Mothe, mousquetaire, pour les interests qui luy peuvent estre deus de la somme de 4410ᵗᵗ à laquelle a esté liquidé le remboursement des héritages qui lui appartenoient et qui ont esté enfermés dans l'augmentation du parc de Vincennes, et 6ᵗᵗ 5ˢ pour les taxations........................... 506ᵗᵗ 5ˢ
(Comptant au trésor royal.)

16 octobre : dud. sʳ de Bartillat, tant pour gratifications que le Roy a faites au sʳ Cavallier Bernin et autres, que pour six mois d'appointemens à trois maistres, l'un stucateur, l'autre tailleur de piere, et l'autre masson, compris les taxations du trésorier à raison de 3ᵈ pour livre............................. 55485ᵗᵗ
(Comptant au trésor royal.)

20 octobre : de luy, la somme de 55687ᵗᵗ 10ˢ, sçavoir : 55000ᵗᵗ à M. le mareschal de Grammont, à compte de la somme de 120000ᵗᵗ accordée par forme de soulde d'eschange de l'hostel de Grammont, compris dans l'enceinte du grand dessein du Louvre, et 687ᵗᵗ 10ˢ pour les taxations................. 55687ᵗᵗ 10ˢ
(Comptant au trésor royal.)

6 novembre : de luy, la somme de 21000ᵗᵗ pour délivrer au sʳ Valot, premier médecin du Roy, pour l'entretènement du Jardin royal des plantes du faubourg Saint-Victor de Paris, pendant la présente année 1665, compris les taxations................... 21000ᵗᵗ
(Sur la ferme des aydes, entrées et autres y jointes, mesme sur la partie du trésor royal employée pour cet effet dans l'estat desd. fermes.)

De luy, la somme de 80000ᵗᵗ, pour employer au paiement des despences à faire pour la continuation des bastimens du Roy pendant la présente année, y compris les taxations à raison de 3ᵈ pour livre......... 80000ᵗᵗ
(Comptant au trésor royal 40000ᵗᵗ, et pareille somme au 15 décembre.)

De luy, la somme de 4212ᵗᵗ 10ˢ, sçavoir : 4160ᵗᵗ à divers particuliers de la ville de Dunquerk qui ont acheptés plusieurs vaisseaux en Zélande, par gratification, à raison de 4ᵗᵗ pour tonneau du port desd. vaisseaux, et ce, en exécution de l'arrest du Conseil de commerce du 6 décembre 1665, et 112ᵗᵗ pour les taxations dud. Le Bègue.............................. 4212ᵗᵗ 10ˢ
(Comptant au trésor royal.)

De luy, la somme de 98000ᵗᵗ, pour employer au paiement des gages des officiers des bastimens, jardins, tapisseries et manufactures de France et appointemens de ceux que le Roy veut estre entretenus ez chasteaux du Louvre, les Tuilleries, Palais Cardinal, Saint-Germain-en-Laye, Madrid et autres lieux, pendant la présente année 1665........................ 98000ᵗᵗ

(Sur la ferme des gabelles de Languedoc, au dernier décembre 1665.)

De luy, la somme de 22000ᵗᵗ, pour employer au paiement des gages des officiers des bastimens, jardins et manufactures que le Roy entretient à Fontainebleau, et autres despences, pendant l'année 1665...... 22000ᵗᵗ

(Sur la ferme des gabelles du Lionnois, 20000ᵗᵗ, et sur celle de Languedoc, 2000ᵗᵗ, au dernier décembre 1665.)

De luy, la somme de 3171ᵗᵗ 14ˢ, sçavoir : 3132ᵗᵗ 10ˢ aux sieurs Reynon, marchands de Lion, pour leur paiement de 45 aunes, moins demy quart, de drap d'or et d'argent à deux endroits, à raison de 70ᵗᵗ l'aune, qu'ils ont livrées pour le Roy, et 39ᵗᵗ 4ˢ pour les taxations dud. Le Bègue........................ 3171ᵗᵗ 14ˢ

(Comptant au trésor royal.)

De luy, la somme de 6743ᵗᵗ 5ˢ, sçavoir : 6660ᵗᵗ, pour estre distribuée aux propriettaires des quelques maisons où logent les officiers et archers des gardes du corps du Roy, jusqu'au dernier octobre............ 6743ᵗᵗ 5ˢ

(Comptant au trésor royal, au dernier décembre 1665.)

De luy, la somme de 959ᵗᵗ 15ˢ, sçavoir : 943ᵗᵗ au sʳ prieur de Noisy, pour les dixmes qu'il a droit de prendre à cause dud. prieuré sur les terres encloses dans le parc de Versailles, et 16ᵗᵗ 15ˢ¹, pour les taxations. 959ᵗᵗ 15ˢ

(Comptant au trésor royal, au dernier décembre 1665.)

De luy, la somme de 50625ᵗᵗ, pour employer à la continuation des despences à faire pour les bastimens du Roy, compris en lad. somme les taxations du trésorier des bastimens, à raison de 2ᵈ pour livre..... 50625ᵗᵗ

(Comptant au trésor royal, au dernier décembre 1665.)

De luy, la somme de 3037ᵗᵗ 10ˢ, pour la subsistance et entretenement du sʳ Cavallier Bernin et sa suitte, y

¹ Le compte porte 15ᵗᵗ 16ˢ; mais c'est évidemment une interversion de chiffres, comme le prouve le total.

compris les taxations du trésorier, à raison de 2ᵈ pour livre............................. 3037ᵗᵗ 10ˢ

(Comptant au trésor royal, au dernier décembre 1665.)

De luy, la somme de 8100ᵗᵗ, pour employer à la continuation des despences à faire aux cabinets représentant le temple de la Vertu et celuy de la Gloire. 8100ᵗᵗ

(Comptant au trésor royal, au dernier décembre 1665.)

De luy, la somme de 14709ᵗᵗ 9ˢ 4ᵈ, pour employer au paiement de 95 aulnes de brocard fond d'or broché d'argent, compris, etc.................. 14709ᵗᵗ 9ˢ 4ᵈ

(Comptant au trésor royal, au dernier décembre 1665.)

De luy, la somme de 16477ᵗᵗ 2ˢ, pour employer au paiement de 16 pièces de brocard qui ont esté faites à Lion par ordre du Roy............... 16477ᵗᵗ 2ˢ

De luy, la somme de 3746ᵗᵗ 5ˢ, pour employer au paiement des sʳˢ Séguin, doien de l'église de Saint-Germain-de-l'Auxerrois, et Le Cointre ², antiquaire, pour avoir travaillé et dressé l'inventaire du cabinet des antiques, y compris, etc................. 3746ᵗᵗ 5ˢ

De luy, la somme de 6642ᵗᵗ, pour le paiement du loyer des halles, eschoppes et maisons destinées pour l'hostel des mousquetaires, pendant l'année 1665. 6642ᵗᵗ

De luy, la somme de 15723ᵗᵗ 12ˢ, pour employer à la continuation des despences qui se font pour les manufactures de tapisserie des Gobelins et tapisserie, façon de Turquie, de la Savonnerie, pendant l'année 1665.....
.... 15723ᵗᵗ 12ˢ

De luy, la somme de 4050ᵗᵗ, pour l'entretenement, pendant l'année 1665, du chasteau de Vincennes, y compris, etc.......................... 4050ᵗᵗ

D'André Mazière, entrepreneur de la maçonnerie du Louvre, la somme de 450ᵗᵗ, pour la quantité de 70 ormes provenans du jardin des Thuilleries qui luy ont esté vendus....................... 450ᵗᵗ

Somme totalle de la recepte contenue au présent registre............ 3270703ᵗᵗ 19ˢ 8ᵈ

² Charles Le Cointre (1611-1681), de la congrégation de l'Oratoire, après avoir été employé dans plusieurs négociations diplomatiques, fut nommé, en 1661, bibliothécaire de la maison de l'Oratoire, à Paris. Il est l'auteur de plusieurs ouvrages historiques qui le firent mettre sur la liste des savants pensionnés par le Roi (voyez col. 57); malheureusement son inventaire du cabinet des Antiques du Roi paraît aujourd'hui perdu.

DESPENSE.

CHASTEAU DU LOUVRE.

MAÇONNERIE.

22 may 1665-24 avril 1666 : à ANDRÉ MAZIÈRE et ANTOINE BERGERON, entrepreneurs de la maçonnerie du Louvre, à compte des ouvrages qu'ils font tant au Louvre qu'au palais des Thuilleries (11 p.)........ 430400^{tt}

22 may : à eux, à compte et en advance des matériaux qui seront emploiez la présente année ausd. bastimens............................. 15000^{tt}

25 juillet-26 décembre : à eux, à compte des ouvrages qu'ils font au quay depuis le Pont-Rouge jusqu'à la porte de la Conférance (6 p.)....... 112500^{tt}

31 décembre 1665-24 avril 1666 : à eux, à compte des ouvrages qu'ils font pour la continuation du quay des Thuilleries (2 p.).................. 15000^{tt}

4 novembre-26 décembre : à eux, à compte des ouvrages de maçonnerie qu'ils font pour le nouveau dessein du Louvre (3 p.).................. 36700^{tt}

10 décembre : aud. MAZIÈRE, à compte des ouvrages de maçonnerie qu'il faict dans la grande salle des commédies du pallais des Thuilleries............ 1000^{tt}

12 juin : à CLAUDE DUCHESNE, maçon, à compte des réparations par luy faictes au Louvre en 1660.... 500^{tt}

4 juillet 1665-24 avril 1666 : à ROLIN DUCHESNE, maçon, pour les réparations de maçonnerie qu'il a faict au Louvre en l'année 1660 (2 p.)........ 1060^{tt} 14^s

31 décembre : à JEAN MOUTON, carreyer, à compte des blots de pierre et colonnes qu'il doit fournir pour le bastiment du Louvre................... 3000^{tt}

24 avril 1666 : à GUILLAUME HUBY, maçon, pour son parfaict paiement des ouvrages de maçonnerie qu'il a faicts au manège de la grande écurie en 1662... 347^{tt}

A ANDRÉ REVANT et ANDRÉ DE FER, carreyers, à compte des blots de pierre et colonnes qu'ils doivent fournir pour le Louvre........................ 2000^{tt}

Somme de ce chapitre..... 617307^{tt} 14^s

CHARPENTERIE.

9 may 1665 : à PIERRE BASTARD, charpentier, pour parfaict paiement de la somme de 6800^{tt} 10^s 10^d, à laquelle reviennent tous les ouvrages de charpenterie par luy faicts à la grande escurie du Roy pendant l'année 1664........................ 1600^{tt} 10^s 10^d

A luy, pour parfaict paiement de la somme de 5110^{tt} 6^s 8^d, à laquelle reviennent tous les ouvrages de charpenterie de la gallerie du Louvre pendant l'année 1664. .... 10^{tt} 6^s 8^d

A luy, pour le paiement des ouvriers emploiez à couper par les bouts touttes les poutres de bois de sapin qui sont dans les magasins du Roy aux Thuilleries.... 72^{tt}

22 may : à CLIQUIN et CHARPENTIER, entrepreneurs de la maçonnerie¹ du Louvre, à compte........ 19000^{tt}

12 juin 1665-24 avril 1666 : à eux, à compte des ouvrages de charpenterie du chasteau du Louvre et pallais des Thuilleries (10 p.)................. 114000^{tt}

Somme de ce chapitre... 134682^{tt} 17^s 6^d

COUVERTURE.

22 may 1665-24 avril 1666 : à IVON, couvreur, à compte des couvertures du Louvre et du pallais des Thuilleries (11 p.)......................... 43200^{tt}

4 juillet 1665 : à luy, à compte des ouvrages de couverture qu'il faict tant au chasteau du Louvre qu'à Saint-Germain................................ 6600^{tt}

6 décembre : à luy, à compte des ouvrages de couverture par luy faicts au Louvre, pendant l'année dernière 1664.............................. 2500^{tt}

Somme de ce chapitre......... 52300^{tt}

PLOMBERIE.

22 may 1665-24 avril 1666 : à GILLES LE ROY, plombier, à compte des ouvrages de plomberie du Louvre et du pallais des Thuilleries (11 p.)......... 61900^{tt}

22 may : à luy, à compte du plomb qu'il fournit pour le pallais des Thuilleries................. 1000^{tt}

Somme de ce chapitre......... 62900^{tt}

SERRURERIE.

19 avril 1665 : à RENÉ BOUCHARD, pour parfaict paiement des ouvrages de serrurerie qu'il a faict à l'Imprimerie royalle du chasteau du Louvre, pendant l'année 1664.............................. 62^{tt} 3

22 may 1665-24 avril 1666 : à ESTIENNE DOYART, serrurier, à compte des ouvrages de serrurerie et four-

---

¹ Il faut lire ici charpenterie; mais comme le mot maçonnerie se trouve reproduit sur les deux registres originaux, nous l'avons conservé, sauf à indiquer l'erreur.

niture de gros fer du Louvre et du pallais des Thuilleries (13 p.).................... 29700ᴴ
22 may : à luy, pour parfaict paiement des ouvrages de serrurerie qu'il a faicts au Louvre en 1664... 687ᴴ
4 juillet : à Estienne Cachet, serrurier, à compte des ouvrages de serrurerie qu'il a faict, tant au Louvre qu'au Palais-Royal........................ 160ᴴ
26-31 décembre : à Antoine Le Maistre et Denis Duchesne, à compte des ouvrages de serrurerie et fourniture de gros fer du Louvre (2 p.)......... 2000ᴴ
26 décembre : à Mathurin Le Breton, pour son paiement des ouvrages de serrurerie par luy faicts dans le vestibule de l'appartement d'esté de la Reyne mère au Louvre.............................. 252ᴴ
31 décembre : à Claude Venard, à compte des ouvrages qu'il a faicts au Louvre en 1664........ 200ᴴ
24 avril 1666 : à luy, pour son parfaict paiement des ouvrages qu'il a faicts au Louvre en 1661... 760ᴴ 12ˢ

Somme de ce chapitre..... 33821ᴴ 15ˢ

RÉPARATIONS.

Néant.

PEINTURE, SCULPTURE ET ORNEMENS.

9 may : au sʳ Bourzon, pour parfait paiement de la somme de 5700ᴴ, à laquelle reviennent tous les ouvrages de peinture par luy faits, pendant les années 1663 et 1664, tant au salon de l'apartement de la Reine, mère du Roy, au Louvre, que pour avoir raccommodé les tableaux du salon de Versailles............... 1500ᴴ
22 may - 4 novembre : à Gaspard et Balthazar Marsy, François Girardon et Thomas Renaudin, sculpteurs, à compte de leurs ouvrages de la gallerie des peintures (6 p.)............................... 16500ᴴ
4 novembre : à eux, à compte des augmentations d'ouvrages qu'ils font à la gallerie des peintures du Louvre (2 p.)........................... 2000ᴴ
4 novembre - 26 décembre : aux sʳˢ Marsy, sculpteurs, à compte des ouvrages de sculpture et restablissement des murs de face de la grande gallerie du Louvre (3 p.)................................ 10500ᴴ
4 novembre 1665 - 24 avril 1666 : à eux, à compte des ouvrages de sculpture qu'ils font à la gallerie des peintures du chasteau du Louvre (2 p.)....... 2500ᴴ
19 janvier 1666 : à eux, à compte du restablissement de huit murs de face et sculpture de la grande gallerie du Louvre............................... 1500ᴴ
22 may - 31 décembre : à Nicolas Le Gendre, sculpteur, pour son parfaict paiement de la sculpture qu'il a faite au Louvre (2 p.).................. 807ᴴ
12 juin 1665 - 24 avril 1666 : à Antoine Poissant, sculpteur, à compte des vases de pierre qu'il fait pour les pavillons des Thuilleries (3 p.).......... 1200ᴴ
1ᵉʳ septembre : à luy, pour son paiement de la sculpture d'une façade du pavillon du Louvre du costé de la rue de Beauvais........................ 240ᴴ
4 juillet 1665 - 19 janvier 1666 : à Poissant[1], sculpteur, à compte des ouvrages du palais des Thuilleries (4 p.).............................. 2500ᴴ
24 juillet - 26 décembre : à Thibault Poissant, à compte des ouvrages de sculpture du palais des Thuilleries (5 p.)............................ 5300ᴴ
12 juin : à Élizabeth Palet, veuve de Francesco Caccia, à compte des ouvrages qu'il a faict au Louvre en l'année 1659....................... 400ᴴ
4 juillet - 26 décembre : à Jean Le Greu[2], marbrier, à compte des ouvrages et colonnes de marbre qu'il fournit pour le dosme du palais des Thuilleries (8 p.)... 8200ᴴ
1ᵉʳ septembre : à luy, pour parfaict paiement des ouvrages de marbre pour le restablissement de la salle des antiques du Louvre..................... 675ᴴ
31 décembre : à luy, à compte des ouvrages de sculpture qu'il faict au Louvre............... 1000ᴴ
A luy, pour plusieurs menues réparations par luy faictes tant au Louvre qu'à Vincennes......... 168ᴴ
4 juillet : à Philippes Buister, sculpteur, à compte

---

[1] Il a très-certainement existé deux artistes portant le nom de Poissant, Antoine et Thibault. Peut-être étaient-ils frères ; mais ce qui complique singulièrement la difficulté des attributions, c'est un certain nombre d'articles où le nom du sculpteur n'est pas précédé d'un prénom. C'est à cause de cela que nous avons reproduit dans tous leurs détails, en trois séries distinctes, les articles où ces artistes sont nommés, ne sachant, la plupart du temps, auquel des deux appliquer les sommes en regard desquelles le nom se trouve sans prénom. Nous inclinons toutefois à croire que, dans ce cas, il s'agit plutôt d'Antoine que de Thibault. La modicité des à-compte semble l'indiquer. Antoine reçoit généralement des sommes moins fortes que celles qui sont payées à Thibault.

[2] Une seule fois, le 4 juillet, le compte donne à Le Greu le titre de sculpteur; tous les autres articles le désignent sous celui de marbrier, que nous avons cru devoir lui conserver. Toutefois l'article du 31 décembre nous apprend qu'il avait exécuté des sculptures au Louvre. Le mot de marbrier aurait donc été pris dans le sens de tailleur de marbre, et Le Greu avait probablement sculpté les bases et chapiteaux, taillé et poli les fûts des colonnes qu'il fournissait.

des ouvrages de sculpture qu'il fait tant au palais des Thuilleries qu'à Versailles................. 700ᵗᵗ

24 juillet 1665 - 19 janvier 1666 : à luy, à compte des ouvrages de sculpture du palais des Thuilleries (8 p.)................................ 6900ᵗᵗ

24 avril 1666 : à Philippes Buister et Thibault Poissant, à compte des ouvrages de sculpture qu'ils font aux Thuilleries........................ 1600ᵗᵗ

4 juillet : à Pasquier, sculpteur, pour parfaict paiement de la somme de 348ᵗᵗ 10ˢ, à laquelle reviennent les démolitions des cheminées qu'il a faites au palais des Thuilleries....................... 198ᵗᵗ 2ˢ

1ᵉʳ septembre - 4 novembre : à Alexandre Grenoble et Michel Boissart, sculpteurs, pour parfait paiement de la sculpture qu'ils font à deux souches de cheminées du Louvre (2 p.).................. 1080ᵗᵗ

1ᵉʳ septembre : à Baudrix Ivart, peintre, à compte des toiles, couleurs et peines de compagnons peintres qui ont travaillé aux tableaux de la gallerie de peinture au Louvre................................ 300ᵗᵗ

4 novembre : à Philippes Cuffier[1], sculpteur, à compte des modèles de contre-cœur de cheminée qu'il fait pour le Louvre............................... 200ᵗᵗ

4 novembre - 31 décembre : à Henri Le Grand, stucateur, à compte des ouvrages de stuc qu'il fait dans le platfonds d'une chambre au Louvre, attenant la salle des antiques (3 p.)........................... 1800ᵗᵗ

4 novembre : à Jean Cardon et Claude Cosson, pour leur paiement d'une souche de cheminée qu'ils ont faite aux Thuilleries........................ 144ᵗᵗ

A Dufaux, doreur, pour son parfaict paiement de la dorure des enchassures de tableaux, porte et chambranle du vestibule de la Reine mère, au Louvre...... 325ᵗᵗ

A Pierre Hermier, pour avoir rétably les marbres du plancher de la salle des antiques au Louvre...... 40ᵗᵗ

4 novembre - 31 décembre : à Jean Goyon, pour avoir garni de cuivre les rateliers de la petite écurie du Roy................................... 2076ᵗᵗ 10ˢ

10 décembre : au sʳ .... (sic), peintre, pour avoir fait le portrait de la reine Marie de Médicis........ 110ᵗᵗ

10 - 31 décembre : à Noël Coipel, à compte des ouvrages de peinture qu'il fait aux croisées de l'appartement d'esté de la Reine mère, au Louvre (3 p.). 3000ᵗᵗ

26 décembre : à La Baronnière, doreur, pour son paiement d'avoir doré les chassies de l'appartement d'esté de la Reine mère, au Louvre, et autres menues ouvrages................................ 1042ᵗᵗ

31 décembre : à Louis Le Hongre, pour son parfait paiement de la peinture qu'il a faite au Louvre... 150ᵗᵗ

19 janvier 1666 : aux sʳˢ Beaubrun, pour leur parfaict paiement de deux portraits qu'ils ont faict, l'un de la Reine mère et l'autre de la Reyne........... 440ᵗᵗ

Somme de ce chapitre...... 75095ᵗᵗ 12ˢ

MENUISERIE.

22 may - 12 juin : à Denis Buret et Jacques Prou, menuisiers, à compte des lambris et revestement des croisées de la galerie des peintures (2 p.)...... 3100ᵗᵗ

4 juillet - 31 décembre : à Claude Buret[2] et Jacques Prou, menuisiers, à compte des ouvrages de menuiserie qu'ils font à la galerie des peintures du Louvre (4 p.)................................. 9200ᵗᵗ

4 juillet : à Barbe Richon, veuve de Jean Maujan, menuisier, à compte des ouvrages faicts par le deffunct au chasteau du Louvre.................. 4000ᵗᵗ

4 - 24 juillet : à Antoine Saint-Ives, menuisier, à compte du model du chasteau du Louvre (2 p.).. 350ᵗᵗ

4 juillet : à Salmon, nattier, pour parfaict paiement des nattes qu'il a mises dans le sallon du Louvre où estoient les tableaux du Roy.................. 130ᵗᵗ

24 juillet : à Nicolas Macé, menuisier, pour parfaict paiement des ouvrages de menuiserie par luy faicts dans le sallon d'esté de la Reyne mère, au Louvre... 1229ᵗᵗ

1ᵉʳ septembre : à Jean Pastel, menuisier, pour son paiement d'avoir garny de planches le comble du corps de logis du Louvre du costé de la rue de Beauvais. 556ᵗᵗ

1ᵉʳ septembre : à Pierre Dionis, à compte de ses ouvrages, tant au Louvre qu'au Palais-Royal...... 400ᵗᵗ

4 novembre - 10 décembre : à luy, à compte des ouvrages qu'il fait en divers endroicts du Louvre (3 p.) 2400ᵗᵗ

26 - 31 décembre : à luy, à compte des ouvrages de menuiserie qu'il faict dans la salle des antiques, au Louvre (2 p.)........................... 3400ᵗᵗ

24 avril 1666 : à luy, à compte des ouvrages de menuiserie qu'il a faicts tant au Louvre qu'aux Thuilleries................................... 2500ᵗᵗ

4 novembre - 31 décembre 1665 : à Claude Bergerat, menuisier, à compte de douze grandes croisées et chassis qu'il a faicts à la gallerie des peintures (2 p.)... 1100ᵗᵗ

---

[1] Il est à peine besoin de dire qu'il s'agit ici de Philippe Caffiéri.

[2] Ce Claude Buret ne serait-il pas le même personnage que le Denis Buret de l'article précédent ? L'identité de leurs travaux porterait à le croire.

31 décembre : à Jean Danglebert et Claude Bergerat, menuisiers, à compte des ouvrages de menuiserie qu'ils ont faicts dans l'appartement de M. le mareschal de Grammont, au Louvre.......................... 600ᴸᵗ

4 novembre : à Jean Danet [1], menuisier, pour son parfaict paiement des ouvrages de menuiserie qu'il a faicts à la grande escurie du Roy................ 199ᴸᵗ 5ˢ

24 avril : à luy, pour son parfaict paiement des ouvrages de menuiserie qu'il a faicts au Louvre ez années 1661 et 1662.................... 1912ᴸᵗ 12ˢ

A Jean Armand, ébéniste, pour avoir raccommodé les parquets de bois de raport des chambres et cabinets des deux Reynes, au Louvre................... 120ᴸᵗ

31 décembre 1665 - 24 avril 1666 : à Alexandre Dumoutier, menuisier, pour parfaict paiement d'une entresolle qu'il a faict dans le corps de garde suisse, proche le Louvre (2 p.)....................... 374ᴸᵗ 6ˢ 8ᵈ

24 avril : à la veuve Guillemin, menuisier, pour son parfaict paiement des ouvrages faicts au Louvre en l'année 1661............................ 1260ᴸᵗ

A la veufve Pignon, pour son paiement de mennes ouvrages de menuiserie faicts au chasteau du Louvre en l'année 1662........................... 93ᴸᵗ 10ˢ

A Mottelet, pour son parfaict paiement des ouvrages de parquet qu'il a relevez, tant au Louvre qu'au Palais Royal en 1662.................... 208ᴸᵗ 16ˢ

Somme de ce chapitre..... 33,333ᴸᵗ 9ˢ 8ᵈ

VITRERIE.

1ᵉʳ septembre : à Pierre Vianey, à compte des ouvrages de vitrerie qu'il a faict tant au Louvre qu'au Palais-Royal......................... 300ᴸᵗ

4 décembre 1665 - 24 avril 1666 : à luy, à compte des ouvrages par luy faicts en divers endroicts du Louvre (5 p.)............................ 3500ᴸᵗ

10 décembre : à Jacques Thibout, vitrier, pour parfaict paiement des ouvrages de vitrerie qu'il a faicts à la grande escurie...................... 178ᴸᵗ 10ˢ

31 décembre : à Pierre Lorget, vitrier, à compte des ouvrages qu'il faict au Louvre.............. 300ᴸᵗ

Somme de ce chapitre....... 4278ᴸᵗ 10ˢ

---

[1] Un menuisier nommé Canet avait travaillé à l'hôtel Carnavalet pour Mᵐᵉ de Sévigné. Serait-ce celui qui figure ici et dont le nom aurait été estropié par les éditeurs des *Lettres*? (Voyez t. VI, p. 405, éd. Hachette.)

OUVRAGES DE PAVÉ.

31 décembre : à Léonnard Aubry, paveur, pour son parfaict paiement des ouvrages de pavé par luy faicts au Louvre pendant l'année 1664.............. 1172ᴸᵗ

JARDINAGES.

12 juillet : à Charles Mollet, jardinier, pour son parfaict paiement de la somme de 2600ᴸᵗ, à quoy avoit esté faict marché pour le restablissement du petit jardin du Louvre............................. 600ᴸᵗ

4 juillet : à la vefve de Simon Bouchard, ayant l'entretenement de l'orangerie des Thuilleries, pour son remboursement de pareille somme qu'elle a desbourcée................................ 100ᴸᵗ

19 janvier : à Françoise Le Nostre, pour l'entretenement de l'orangerie des Thuilleries............ 75ᴸᵗ

Somme de ce chapitre.......... 775ᴸᵗ

PALAIS-ROYAL.

MAÇONNERIE.

24 juillet - 1ᵉʳ septembre : à Charles de Brussy, maçon, à compte des ouvrages de maçonnerie par luy faicts au Palais-Royal en l'année 1664 (2 p.)....... 1100ᴸᵗ

4 - 31 décembre : à luy, à compte des ouvrages de maçonnerie qu'il faict aud. lieu (4 p.)........ 2000ᴸᵗ

Somme de ce chapitre......... 3100ᴸᵗ

CHARPENTERIE.

19 avril - 4 décembre : à Pierre Bastard, à compte des ouvrages de charpenterie et réparations faictes tant au Palais-Royal qu'à la maison du portier du bois de Boulongne (3 p.)...................... 660ᴸᵗ

9 may : à luy, pour parfaict paiement de ses ouvrages de charpenterie au Palais-Royal pendant l'année 1664............................. 588ᴸᵗ 19ˢ

Somme de ce chapitre....... 1248ᴸᵗ 19ˢ

MENUISERIE ET SERRURERIE.

4 juillet : à Urbain Cuffaut, serrurier, pour parfaict paiement des ouvrages de serrurerie par luy faicts au Palais-Royal, pendant les années 1662 et 1663... 550ᴸᵗ

4 décembre : à Jean Danglebert, pour parfaict paiement d'une balustrade et parquet qu'il a faict dans la galerie du Palais-Royal.................... 549ᴸᵗ

4 - 26 décembre : à Mottelet, pour son paiement

d'avoir relevé et reposé le parquet de la salle des gardes dud. lieu (2 p.)............................ 298ᴸ
24 avril : à Legrand, pour son parfaict paiement de ses ouvrages de serrurerie au Palais-Royal.. 170ᴸ 5ˢ 9ᵈ

Somme de ce chapitre..... 1567ᴸ 5ˢ 9ᵈ

PEINTURE, SCULPTURE ET ORNEMENS.

4 décembre : à Noel Coipel, peintre, pour son parfaict paiement des ouvrages de peinture et dorure qu'il a faicts au Palais-Royal pendant l'année dernière 1664. .... 800ᴸ
A luy, pour son paiement de plusieurs ouvrages de peinture et dorure par luy faicts au Palais-Royal. 782ᴸ
5 febvrier 1666 : au sʳ Errard, pour parfaict paiement des ouvrages de peinture et dorure par luy faicts dans la chambre alcove de Monseigneur le duc d'Orléans, pendant les années 1662 et 1663.......... 2425ᴸ

Somme de ce chapitre.......... 4007ᴸ

MAISON DE LA POMPE DU PONT-NEUF.

22 may 1665-29 janvier 1666 : à Jean Bricard, charpentier, à compte des ouvrages de charpenterie et réparations qu'il faict à la Pompe du Pont-Neuf (7 p.). 6300ᴸ
4-26 décembre : à Coignet, horloger, à compte des ouvrages qu'il a faicts pour le restablissement de l'orloge de la Pompe du Pont-Neuf (2 p.)......... 600ᴸ
26 décembre : à Jean Blanchard, sculpteur, à compte des figures de plomb[1] qu'il faict pour led. lieu.. 600ᴸ
24 avril 1666 : à Estienne Blanchard[2], sculpteur, à compte des figures de plomb qu'il faict pour led. lieu 300ᴸ

Somme de ce chapitre.......... 7800ᴸ

COLLÈGE ROYAL.

4-26 décembre : à Pierre Bastard, charpentier, à compte des ouvrages de charpenterie qu'il faict au Collège Royal (2 p.)................... 2000ᴸ
26 décembre : à Thomas Jamard, à compte des ouvrages et réparations de maçonnerie qu'il faict au Collège Royal.............................. 1000ᴸ

Somme de ce chapitre.......... 3000ᴸ

LA BASTILLE.

10-26 décembre : à Pierre Haville, maçon, pour parfaict paiement des réparations de maçonnerie par luy faictes au chasteau de la Bastille, pendant l'année dernière 1664 (2 p.)..................... 1152ᴸ 14ˢ
10 décembre 1665-26 janvier 1666 : à Pierre Jehanneau, charpentier, pour parfaict paiement de réparations de charpenterie faictes aud. chasteau en 1664 (3 p.)................................... 1545ᴸ
10-26 décembre : à Claude Lapie, couvreur, idem (2 p.)................................... 803ᴸ 4ˢ
10-26 décembre : à Charles Audierne, serrurier, idem (2 p.)................................. 295ᴸ 6ˢ
10-26 décembre : à François Varangot[3], menuisier, idem (2 p.)................................. 438ᴸ

Somme de ce chapitre........ 4234ᴸ 4ˢ

CHASTEAU DE VERSAILLES.

MAÇONNERIE.

22 may 1665-24 avril 1666 : à André Mazière et Antoine Bergeron, entrepreneurs de la maçonnerie de Versailles, à compte des ouvrages de maçonnerie qu'ils font aud. chasteau (11 p.)..................... 17550ᴸ
4 juillet-4 décembre : à eux, à compte du pavillon du Roy aux advenues du chasteau de Versailles (4 p.). 23000ᴸ
26 décembre : à eux, pour le restablissement qu'ils ont faict de la maçonnerie et charpenterie du billart dud. lieu................................. 2465ᴸ 3ˢ

Somme de ce chapitre........ 20065ᴸ 3ˢ

CHARPENTERIE.

12 juin 1665-24 avril 1666 : à Marie Moissart[4], veuve de Pierre Montmoignon, pour parfaict paiement des ouvrages de charpenterie qu'il a faict aud. chasteau pendant les années 1662 et 1663 (3 p.). 4088ᴸ 17ˢ 6ᵈ
24 juillet : à Antoine Bareux, charpentier, pour paie-

---

[1] S'agirait-il des figures de Notre-Seigneur et de la Samaritaine qui, d'après G. Brice, étaient des copies (ou des imitations) des statues de G. Pillon qui occupaient auparavant cette place?

[2] Malgré la différence de prénom, cet artiste ne serait-il pas le même que celui de l'article précédent?

[3] Ce nom est aussi écrit Varanget.

[4] Ou Moisseau.

ment d'un gruau[1] qu'il a fourny pour charger et enlever les orangers de Versailles de place à autre....... 60ʰ

4 décembre : à Ancel Fosse, charron, pour son paiement de 24 eschelles qu'il a fournies pour les loges de la ménagerie de Versailles.................. 42ʰ

31 décembre : à Jacques Tarade, charpentier, à compte de ses ouvrages de charpenterie à Versailles.... 7000ʰ

Somme de ce chapitre.... 11190ʰ 17ˢ 6ᵈ

COUVERTURE ET PLOMBERIE.

22 may 1665-24 avril 1666 : à Claude Fresneau, couvreur, à compte des couvertures qu'il faict au chasteau et à la ménagerie de Versailles (10 p.)........ 7200ʰ

24 juillet : à luy, à compte des ouvrages de couverture qu'il a faict à Versailles pendant l'année 1664.. 1000ʰ

22 may-31 décembre : à Charles Ivon, pour son parfaict paiement de la couverture qu'il faict du chasteau et ménagerie de Versailles (2 p.)............ 2000ʰ

22 may 1665-24 avril 1666 : à Denis Jolly, à compte des fournitures de plomb qu'il faict pour la conduite des eaues au chasteau et à la ménagerie (11 p.).. 100000ʰ

22 may : à luy, pour son paiement des adjustages par luy faicts à la grotte de la ménagerie.......... 400ʰ

1ᵉʳ septembre : à luy, à compte des ouvrages par lui faits pour les machines d'eau.............. 1000ʰ

4-26 décembre : à luy, à compte des machines et eslévations d'eau et mouvement de la pompe de Versailles (2 p.)........................... 3000ʰ

4 décembre : à luy, tant pour les fournitures de plomb qu'il faict pour Versailles, qu'à compte des machines et eslevations d'eau et mouvement de la pompe dudit lieu................................. 9000ʰ

24 avril 1666 : à Pierre de La Haye, pour son paiement d'une figure de plomb représentant un Amour sur un cigne, pour mettre à un bassin de fontaine de Versailles................................. 190ʰ

Somme de ce chapitre........ 123790ʰ

MENUISERIE.

19 avril : à Guillaume Barbier, pour parfaict paiement à quoy montent les quaisses d'orangers qu'il a faictes à Versailles........................ 1022ʰ

22 may 1665-24 avril 1666 : à Charles La Vie[2], menuisier, à compte de ses ouvrages (9 p.)... 11323ʰ

24 juillet : à luy, à compte de ses ouvrages de menuiserie, tant à Versailles qu'à Saint-Germain.. 2700ʰ

22 may 1665-24 avril 1666 : à Jean Danglebert, menuisier, pour son parfaict paiement des ouvrages de menuiserie qu'il a faicts à Versailles pendant l'année 1665 (4 p.).......................... 3570ʰ

22 may-12 juin : à Sainct-Ives, menuisier, pour ses ouvrages à Versailles (2 p.)................ 1600ʰ

1ᵉʳ septembre-31 décembre : à luy, pour parfaict paiement de deux cabinets qu'il a faicts à Versailles, pour servir à mettre des cristaux (2 p.)............ 560ʰ

1ᵉʳ septembre-31 décembre : à Nicolas Masse[3], menuisier, pour parfaict paiement de la ramasse[4] qu'il faict au chasteau de Versailles (4 p.).............. 2700ʰ

Somme de ce chapitre......... 23475ʰ

SERRURERIE.

22 may 1665-24 avril 1666 : à Antoine Le Maistre et Louis Duchesne, serruriers, à compte de leurs ouvrages de serrurerie et fourniture de gros fer à Versailles (12 p.)............................... 30300ʰ

22 may 1665-24 avril 1666 : à Pierre Marie, serrurier, à compte de plusieurs menus ouvrages à Versailles (6 p.)................................ 1750ʰ

26 décembre : à Estienne Doyard, pour son parfaict paiement des grilles de fer qu'il a faictes à Versailles... .... 330ʰ 4ˢ

24 avril 1666 : à Nicolie, serrurier, pour son parfaict paiement de trois grilles de fer qui servent à escouller les eaues de la cour octogone de la mesnagerie...... 150ʰ

Somme de ce chapitre....... 32530ʰ 4ˢ

PEINTURES, SCULPTURES ET ORNEMENS.

19 avril : à Martin Dufaux, doreur, pour parfait paiement des ouvrages de peinture et dorure qu'il a faits au chasteau de Versailles en 1664............... 600ʰ

22 may-31 décembre : à luy, pour son paiement des ouvrages de peinture et dorure qu'il a faits à Versailles (4 p.)................................. 2230ʰ

22 may-4 décembre : à Louis Le Hongre, peintre, pour ses ouvrages du chasteau de Versailles (3 p.). 701ʰ

22 may 1665-24 avril 1666 : à Jacques Houzeau, sculpteur, idem (7 p.)................... 6600ʰ

24 juillet : à luy, à compte de ses ouvrages de sculpture au chasteau de Versailles en 1664....... 1500ʰ

---

[1] D'après le *Dictionnaire de Trévoux*, le gruau est une machine identique à la grue et employée aux mêmes usages.
[2] Ou Lavié.
[2] Est-ce Macé ?
[4] Il s'agit évidemment d'un traîneau destiné à glisser sur la neige. Voyez le *Dictionnaire de Trévoux*.

22 may - 10 décembre : à Charles Errard, peintre, pour son paiement de tous ses ouvrages de peinture faits au chasteau de Versailles durant la présente année (4 p.)........................ 1487ᵗᵗ

5 février 1666 : à luy, pour son parfait paiement des ouvrages de peinture et dorure qu'il a faits à Versailles pendant les années 1662, 1663 et 1664... 5112ᵗᵗ 10ˢ

22 may - 26 décembre : à Daniel Dupré, doreur, pour ses ouvrages de dorure au chasteau de Versailles (3 p.)........................ 1870ᵗᵗ

4 juillet : à Daniel Dupré et Louis Le Hongre, à compte des peintures qu'ils font aud. lieu....... 600ᵗᵗ

22 may - 26 décembre : à François Brunet, pour les ouvrages de peinture et dorure qu'il a faits (3 p.). 1062ᵗᵗ

22 may - 1ᵉʳ septembre : à Jean Guéreau, miroitier, pour les glaces de miroir qu'il fait à Versailles (4 p.)... .... 520ᵗᵗ

22 may 1665 - 24 avril 1666 : à Philippes Buister, sculpteur, pour les quatre figures qu'il a faites autour du grand rondeau de Versailles (4 p.)........ 1300ᵗᵗ

22 may 1665 - 29 janvier 1666 : à Louis Lerambert, sculpteur, pour les quatre figures de pierre qu'il a faites et posées autour du grand rondeau (5 p.)..... 1400ᵗᵗ

4 décembre : à luy, pour avoir transporté à diverses fois plusieurs figures et bustes de Versailles.. 130ᵗᵗ 10ˢ

22 may - 1ᵉʳ septembre : à Jean Delaunay, rocailleur, pour son paiement des coquillages qu'il a fait venir, tant pour les grottes de Saint-Germain que pour celles de Versailles (2 p.)................... 2296ᵗᵗ

4 décembre 1665 - 29 janvier 1666 : à luy, à compte des ouvrages de rocaille qu'il fait à la grotte de Versailles (6 p.)........................ 7500ᵗᵗ

12 juin - 26 décembre : à Valentin Dersigny, pour les glaces de Venize qu'il a fournies pour Versailles (4 p.). 300ᵗᵗ

31 décembre : à luy, pour son parfait paiement des glaces de miroir qu'il a fournies en 1664....... 856ᵗᵗ

12 juin : à Paul Goujon, à compte des ouvrages de peinture et dorure qu'il fait pour Versailles...... 300ᵗᵗ

A Jean Magnière et Nicolas Le Gendre, sculpteurs, à compte des vases de bronze qu'ils font aud. lieu.. 600ᵗᵗ

1ᵉʳ septembre : à Nicolas Magnière, Laurent Le Gendre[1] et Baptiste Tuby, sculpteur, idem...... 900ᵗᵗ

4 décembre : à Laurent Magnière, sculpteur, pour son paiement de quatre vazes qu'il a fait en cire pour servir de modèle à ceux faits de bronze à Versailles..... 400ᵗᵗ

A Baptiste Tuby, pour deux vases, idem...... 200ᵗᵗ

29 janvier 1666 : à Legendre, pour quatre vases, idem.............................. 400ᵗᵗ

12 juin : à Poissant, sculpteur, à compte des bustes et consoles qu'il fait pour Versailles............. 900ᵗᵗ

4 juillet : à Antoine Poissant, sculpteur, à compte des consoles qu'il fait pour les bustes de la court de Versailles................................... 400ᵗᵗ

24 juillet : à Antoine Poissant et Henry Le Grand, pour parfait paiement des consoles et autres ouvrages du chasteau de Versailles.................... 1139ᵗᵗ

12 juin - 10 décembre : à Denis Prevost et François Picart, fondeurs, à compte des vazes de bronze qu'ils fondent pour Versailles (3 p.)............. 3100ᵗᵗ

4 juillet - 26 décembre : à Michel Crechet, à compte de la peinture en brique des murs des fossés et divers ouvrages à Versailles (5 p.)................ 3650ᵗᵗ

24 juillet - 1ᵉʳ septembre : à Jean Le Greu, sculpteur, à compte de six balustres de marbre qu'il fait pour la court de l'octogone (2 p.).................. 800ᵗᵗ

24 juillet : à Pierre Guesneau, sculpteur, pour avoir fourny deux bustes de marbre et en avoir restably plusieurs à Versailles......................... 774ᵗᵗ

A Nicolas Masse, sculpteur, à compte de ses ouvrages à Versailles........................... 400ᵗᵗ

24 juillet 1665 - 29 janvier 1666 : à Jean Bersaucourt, à compte des ouvrages de treillis et fil de laton qu'il fait tant au chasteau qu'à la mesnagerie (8 p.). 3200ᵗᵗ

24 juillet - 4 décembre : à André Motelet[2], frotteur de parquet, pour parfait paiement de ses ouvrages à Versailles (2 p.)........................ 313ᵗᵗ

24 juillet : à Pierre Cussy, pour un foyé, ouvrage de cuivre qu'il a livré pour la chambre du Roy à Versailles. 230ᵗᵗ

1ᵉʳ septembre - 31 décembre : à Ambroise Duval, à compte des vazes de bronze qu'il fond pour Versailles (2 p.)............................. 2300ᵗᵗ

4 - 26 décembre : à Pierre Vion[3], sculpteur, pour son paiement des ouvrages de sculpture qu'il a faicts à la grotte de Versailles (3 p.)................. 315ᵗᵗ

4 décembre : à Jacques Germon, peintre, pour son paiement d'avoir restably le vestibulle de Versailles. 80ᵗᵗ

26 décembre : à luy, à compte des ouvrages de peinture et dorure par luy faicts à la grille de fer qui est proche le réservoir....................... 80ᵗᵗ

---

[1] Il doit y avoir une erreur dans les prénoms des deux premiers artistes.

[2] Ou Mottelay.

[3] Ou Vyon.

31 décembre : à luy, pour plusieurs menues ouvrages de peinture.................... 35ᵗᵗ

24 avril 1666 : à luy, pour avoir peint et doré 12 pieds de long d'une frise dans la grande chambre de l'appartement bas de Versailles................ 32ᵗᵗ

4 décembre : à Philippes Caffieri et Paul Goujon, pour leur paiement de deux scabellons et sept pieds d'estaux fournis pour Versailles............. 330ᵗᵗ

10 décembre : au sʳ Loire, peintre, à compte des ouvrages de peinture et dorure qu'il fait à la ramasse de Versailles........................... 500ᵗᵗ

A Jean Coloi, fondeur, pour cinq ajustages de cuivre formant des cloches d'eau, pour la mesnagerie de Versailles........................... 165ᵗᵗ

26 décembre : au sʳ Vigarany, à compte de sept tableaux qu'il a livrés pour fermer en esté des cheminées à Versailles......................... 1000ᵗᵗ

A Gilles Martineau, pour avoir démonté et nettoyé l'horloge de Versailles................... 100ᵗᵗ

31 décembre : à Nicolas Mesnard, marbrier, à compte de l'aire de pierre de liais qu'il fait pour la grotte. 500ᵗᵗ

29 janvier 1666 : à luy, à compte des ouvrages qu'il fait au platfonds de la grotte de Versailles...... 500ᵗᵗ

24 avril 1666 : à Pierre et Nicolas Mesnard, à compte du platfonds de pierre de liais qu'ils font à la grotte de Versailles........................... 500ᵗᵗ

31 décembre : à La Baronnière, doreur, pour avoir doré douze scabellons.................... 530ᵗᵗ

A René Lalune, pour onze thonneaux de pierre de roche ¹ par luy fournis pour la grotte.......... 200ᵗᵗ

A Jean Chevilland, fontainier, pour parfait paiement des ouvrages de corroy qu'il a faits à Versailles tant au grand rondeau qu'à l'abreuvoir.......... 1672ᵗᵗ 15ˢ

29 janvier 1666 : à Claude Couet, à compte de ses ouvrages de peinture..................... 150ᵗᵗ

A Le Maire, fondeur, pour plusieurs adjustages de cuivre fournis pour la grotte de la mesnagerie.... 216ᵗᵗ

Somme de ce chapitre...... 79069ᵗᵗ 15ˢ

VITRERIE.

22 may 1665 - 20 avril 1666 : à Pierre Lorget, vitrier, à compte des ouvrages de vitrerie qu'il faict aux appartemens et à la ménagerie (2 p.)...... 4871ᵗᵗ 18ˢ

JARDINAGES, FOUILLES ET TRANSPORTS DE TERRE.

22 may : à Charles Petit et Jacques Feuillastre, terrassiers, à compte des rigolles qu'ils ont faictes à Versailles............................ 500ᵗᵗ

¹ Probablement de la meulière.

4 décembre : aux mesmes, à compte des fouilles qu'ils ont faictes en divers endroits de Versailles...... 400ᵗᵗ

10-26 décembre : à eux, pour leur paiement des fouilles qu'ils font pour la conduite des eaues au réservoir de la pompe de la ménagerie (2 p.)........ 1220ᵗᵗ

24 juillet : à Jacques Feuillastre, pour la fouille et transport de terre pour la levée de la platte-forme d'un des costés de l'abreuvoir de dehors la ménagerie de Versailles.............................. 95ᵗᵗ

22 may - 24 juillet : à Jean Chevilland, fontainier, à compte des ouvrages de conroy qu'il faict tant au chasteau qu'à la mesnagerie (3 p.)................ 3500ᵗᵗ

1ᵉʳ septembre : à luy, pour avoir faict emplir d'eau le grand bassin du petit parc de Versailles........ 370ᵗᵗ

22 may : à Edme Bournsaut, terrassier, à compte des fouilles de terre par luy faicts en plusieurs endroicts de la mesnagerie de Versailles................ 2222ᵗᵗ

4 juillet : à luy, pour son remboursement de pareille somme par luy advancée aux ouvriers qui ont travaillé dans les jardins de Versailles............ 1637ᵗᵗ 18ˢ

24 juillet : à luy, pour le paiement, tant des ouvriers qui ont achevé de garnir de recoupes les allées du parterre à fleurs et qui font les tranchées pour la conduite des thuiaux au bassin du bout du parterre de gazon, que des ouvriers qui transportent des terres des cours de l'octogone, du haras et de la cour commune........ 390ᵗᵗ

1ᵉʳ septembre : à luy, pour le paiement des ouvriers qui ont scellé des barrières pour soustenir les terres sur le chemin de Saint-Germain à Versailles......... 1058ᵗᵗ

4 décembre : à luy, pour le paiement des ouvriers qui travaillent à la journée aux tranchées des conduites pour la pompe de Versailles................... 1649ᵗᵗ 16ˢ

A luy, pour le paiement des ouvriers qui ont réparé le ravage que les pluies ont faict dans les jardins de Versailles............................ 1016ᵗᵗ 18ˢ

10 décembre : à luy, pour le remboursement de pareille somme qu'il a advancée pour le paiement de plusieurs menues ouvrages faicts dans les jardins dud. lieu................................ 1161ᵗᵗ 10ˢ

26 décembre : à luy, pour le paiement des ouvriers qui ont planté les arbres et buis dans le nouveau parterre, et autres menues despences par luy faictes. 2007ᵗᵗ 10ˢ

31 décembre : à luy, pour le paiement des ouvriers, manœuvres et autres qui travaillent dans les jardins de Versailles.......................... 1790ᵗᵗ

19 janvier 1666 : à luy, pour le paiement des manœuvriers et chartiers qui ont remply les glacières de Versailles.............................. 403ᵗᵗ

24 avril 1666 : à luy, pour son remboursement de

plusieurs menus ouvrages faicts aux jardinages de Versailles............................... 340ʰ

22 may : à Martin Trumel et Henry Duplis, à compte du parterre qu'ils dressent du costé de la pompe et la grande allée qui descend au rondeau de Versailles. 500ʰ

4 décembre : aux mesmes, à compte des ouvrages d'eschalats qu'ils ont faicts à l'espallier du potager de Versailles............................... 51ʰ 15ˢ

10 décembre : à eux, à compte des ouvrages qu'ils font aux deux parterres en gazon qui sont au-dessoubs de la grande terrasse du costé de la pompe à Versailles.. 2200ʰ

22 may - 31 décembre : à Martin Trumel et ses associez[1], à compte des arbres, ormes, tilleuls[2] et autres qu'ils fournissent pour les advenues des chasteaux de Versailles et de Vincennes (7 p.)........ 21343ʰ 18ˢ

4 juillet : aud. Trumel, pour le paiement des ouvriers qui ont transplanté plusieurs arbrisseaux, qui estoient dans les pépinières de Vaux-le-Vicomte, à Versailles. 383ʰ 4ˢ

4 décembre 1665 - 24 avril 1666 : à luy, à compte des ouvrages de jardinages qu'il a faicts tant au potager dud. lieu qu'aux allées du petit parc durant l'année 1664 (2 p.).............................. 1800ʰ

12 juin : à Claude Maron, terrassier, pour le paiement des ouvriers qui régallent les fossés et qui font les tranchées pour les thuiaux des fontaines. 1426ʰ 12ˢ 1ᵈ

4 juillet : à luy, pour son paiement d'avoir transporté des terres dans l'orangerie.................. 83ʰ

1ᵉʳ septembre : à luy, pour avoir restably les treillages des espalliers du potager dud. lieu............ 41ʰ

4 juillet - 31 décembre : à Jean Viart et Claude Maron, terrassiers, à compte des terres qu'ils transportent au-dessoubs du parterre en broderie (9 p.).... 19790ʰ

12 juin : à Antoine Elmet, pour le paiement des ouvriers qui ont fouillé les tranchées pour mettre des tuyaux dans la court de l'octogone du chasteau de Versailles............................... 85ʰ

4 juillet : à ..., jardiniers, pour avoir planté et arrosé les sapins en pépinière de Versailles........ 184ʰ 10ˢ

4 juillet - 26 décembre : à Léonnard Aubry, paveur, à compte des ouvrages de pavé qu'il faict au chasteau et mesnagerie de Versailles (3 p.)............. 9500ʰ

24 juillet : à Mathieu Masson, jardinier, pour avoir faict relier et labourer les espalliers du potager. 47ʰ 10ˢ

10 décembre : à Macon[3], jardinier du potager de Versailles, pour employer en achapt de pieds d'artichaux pour regarnir led. potager................... 87ʰ

31 décembre : à Mathieu Macon, jardinier, pour son paiement de 128 pieds d'arbres fruictiers qu'il a plantés dans le jardin potager.................... 150ʰ

24 juillet : à Jean Rameau, pour avoir eslargy le chemin qui conduict de Versailles à Saint-Germain... 90ʰ

A Antoine Foucaut, pour le paiement des ouvriers qui ont travaillé, tant au chasteau de Versailles, que pour ceux qui enlèvent des terres de la cour de l'octogone. 574ʰ 4ˢ

A Jean Socquard, pour le paiement des ouvriers qui ont travaillé, tant à abattre des recoupes dans le jardin à fleurs de Versailles, que pour ceux qui ont nettoyé la cour commune et celle du haras dud. lieu... 415ʰ 15ˢ

A Laurent Perrier, jardinier, pour son paiement des futailles qu'il a acheptées pour mettre l'eau à aroser les plantes.............................. 60ʰ

1ᵉʳ septembre : à luy, pour achapt d'arbres pour le jardin de l'orangerie..................... 86ʰ 10ˢ

4 décembre : à luy, pour neuf mois d'arrosage, escheus au dernier juillet de la présente année, des jardins de Versailles................................ 650ʰ

A luy, pour employer à l'achapt de plusieurs outils nécessaires aux jardinages de Versailles...... 377ʰ 12ˢ

19 janvier 1666 : à la veuve de Laurent Perrier et à Martin Trumel, jardiniers de l'orangerie et jardin à fleurs de Versailles........................ 750ʰ

4 juin 1666 : à la veuve de Laurent Perrier, jardinier de l'orangerie de Versailles, pour trois mois d'arousage des orangers et autres arbrisseaux à fleurs qui sont de son entretenement, pendant trois mois eschus le dernier octobre de l'année dernière 1665............. 300ʰ

24 juillet : à Macé Fourcher[4], jardinier du petit parc de Versailles, pour avoir labouré les sapins et une allée proche du rondeau................. 111ʰ 12ˢ

1ᵉʳ septembre : à luy, pour achapt de plusieurs outils pour les jardins....................... 76ʰ 5ˢ

A luy, Laurent Perrier et Claude Masson, pour le paiement des ouvriers qui ont transporté un tas de sable qui estoit dans l'alignement des rigolles de Versailles. 84ʰ

4 décembre : à luy, pour plusieurs réparations qu'il a faictes au petit parc..................... 115ʰ

31 décembre : à luy, pour paiement des ouvriers qui ont travaillé le mois de décembre dernier à desfricher le morceau de terre destiné pour la pépinière. 341ʰ 12ˢ

A luy et Claude Masson, jardiniers, pour le dernier quartier de leurs gages pour l'année 1665.... 1875ʰ

---

[1] A la place de : et ses associez, on trouve quelquefois : et Henry Dupuis.

[2] Alias tillots.

[3] Ce doit être le même que Mathieu Masson de l'article précédent.

[4] Autre part, il est nommé Fourche et Fourché.

1ᵉʳ septembre : à Jean Delaunay, pour avoir restably le parterre de la grotte de la ménagerie.......... 202ᵗᵗ

24 avril 1666 : à Jean Delaunay, rocailleur, à compte des ouvrages qu'il faict à la grotte........... 2300ᵗᵗ

4 décembre : à Nicolas Estienne, fayencier, pour paiement des pots de faience fournis pour mectre les jasmins qui sont à Versailles................ 742ᵗᵗ

10 décembre : à Philippes Tessier, potier de terre, à compte de 2 poisles qu'il a faict pour l'orangerie. 100ᵗᵗ

A Claude Denis, pour le louage de deux pompes pendant un mois qui ont servy à emplir le rondeau qui est proche l'estang de Versailles................. 75ᵗᵗ

26 décembre : à Pierre Lemaire, pour son paiement des cloches de mellons qu'il a fournies dans les jardins de Versailles....................... 217ᵗᵗ 10ˢ

A Jean Bertrand, pour avoir voituré 24 barils de terre d'Hollande, de Meudon à Versailles............. 50ᵗᵗ

19 janvier 1666 : à Louis Leroyer, à compte des perches qu'il a fournies pour armer les grands arbres du grand parc.......................... 300ᵗᵗ

24 avril 1666 : à François Girie, idem...... 339ᵗᵗ

A René Dellalun, pour son paiement de six poinçons, deux tiers, de roche qu'il a fourni pour la grotte. 120ᵗᵗ

A ..., pour son remboursement de plusieurs menues despenses faites au chasteau de Versailles.... 1586ᵗᵗ 1ˢ

Somme de ce chapitre....... 90063ᵗᵗ 3ˢ

PAVÉ ET FONTAINES.

22 may 1665 - 24 avril 1666 : à Léonnard Aubry, à compte des ouvrages de pavé qu'il faict dans les cours du chasteau et de la ménagerie de Versailles (9 p.). 17300ᵗᵗ

12 juin : à Pierre Cussy, fontenier, à compte du restablissement du plafond de la grotte de la ménagerie................................ 200ᵗᵗ

A Jean Disses, à compte des toiles de mastic qu'il fournit et pose sur la voute de l'orangerie...... 800ᵗᵗ

A Jean Chevillard, à compte des ouvrages de conroy qu'il faict tant à l'abreuvoir de la ménagerie qu'au rondeau proche de la pompe de Versailles........ 1400ᵗᵗ

Somme de ce chapitre........ 19700ᵗᵗ

CHASTEAU DE SAINCT-GERMAIN.

MAÇONNERIE.

22 may - 4 décembre : à Guillaume et François Villedo et Antoine Bricard, entrepreneurs de la maçonnerie de Sainct-Germain (6 p.)................. 34100ᵗᵗ

31 décembre : à eux, à compte des ouvrages de maçonnerie qu'ils ont faits aux grottes dud. lieu.. 12000ᵗᵗ

11 juin : à Tristan Lespine et Charles Delarue, à compte du restablissement des murs du parc..... 485ᵗᵗ

A eux, à compte du restablissement des couvertures des escalliers du viel chasteau............... 1750ᵗᵗ

4 juillet : à eux, à compte des terrasses et couvertures du viel chasteau de Sainct-Germain.......... 1900ᵗᵗ

24 juillet 1665 - 24 avril 1666 : à eux, à compte de divers ouvrages de maçonnerie et réparations qu'ils font aud. lieu (10 p.)....................... 1025oᵗᵗ

11 juin : à Pierre Hamelin, maçon, à compte d'avoir carellé le jeu de paulme de Sainct-Germain...... 300ᵗᵗ

4 décembre : à luy, pour son paiement d'avoir réparé le jeu de paulme dud. lieu................. 332ᵗᵗ

Somme de ce chapitre......... 61117ᵗᵗ

RÉPARATIONS DE MAÇONNERIE.

22 may : à Tristant Lespine et Romain Delarue, maçons, à compte, tant des réparations des hautes terrasses, que pour celles des murs de closture de Sainct-Germain................................ 500ᵗᵗ

CHARPENTERIE.

22 may 1665 - 24 avril 1666 : à René du Fay, charpentier, à compte des ouvrages de charpenterie faicts et à faire en divers endroicts du chasteau de Sainct-Germain (10 p.)........................... 7250ᵗᵗ

MENUISERIE.

22 may 1665 - 24 avril 1666 : à Adrien Millot[1], menuisier, à compte de ses ouvrages de Sainct-Germain (7 p.)................................ 4000ᵗᵗ

25 may 1665 - 24 avril 1666 : à Charles Lavié[2], menuisier, idem (11 p.)................... 18100ᵗᵗ

Somme de ce chapitre......... 22100ᵗᵗ

PEINTURES, SCULPTURES ET ORNEMENS.

22 may 1665 - 24 avril 1666 : à Jean Poisson, peintre, à compte des ouvrages de peinture qu'il fait aux chasteaux de Sainct-Germain (9 p.)................. 3250ᵗᵗ

12 juin - 31 décembre : à Jean Disses, à compte des toisles de mastic et de ciment pour les terrasses et la gallerie des grottes de Sainct-Germain (7 p.)... 21700ᵗᵗ

12 juin 1665 - 29 janvier 1666 : à André Motteley,

---

[1] Il est nommé tantôt Millot, tantôt Mulot.

[2] Ce nom est souvent écrit sans accent sur l'e; mais d'autres fois on trouve Lavier, preuve que l'e doit être accentué.

frotteur de parquet, pour le frottage des planchers de plusieurs appartemens (3 p.)................. 426ʰ

12 juin-10 décembre : à Pierre et Nicolas Mesnard, marbriers, pour leurs ouvrages de pavé de pierre de Caen et de liais dans la gallerie des grottes de Sainct-Germain (5 p.)..................... 3966ʰ

12 juin : à Jean Colot, fondeur, pour parfait paiement des ouvrages par luy faits à Sainct-Germain en l'année 1662........................ 280ʰ

4 décembre : à luy, pour plusieurs robinets et agraffes de cuivre par luy fournis................. 203ʰ 2ˢ

24 juillet-4 décembre : à Baptiste Tuby, sculpteur, à compte des ouvrages de sculpture qu'il fait aux grottes et terrasses de Sainct-Germain (2 p.).......... 800ʰ

4 décembre : à Gilles Martinot, horloger, pour avoir rétably l'horloge de Sainct-Germain et y avoir mis une pendule[1]................................ 500ʰ

5 février 1666 : au sʳ Errard, pour son parfait paiement des ouvrages de peinture et dorure qu'il a faits à Sainct-Germain..................... 2406ʰ

Somme de ce chapitre...... 33531ʰ 12ˢ

COUVERTURES ET PLOMBERIES.

12 juin : à Gilles Le Roy, plombier, à compte de ses ouvrages........................... 2200ʰ

12 juin : à Charles Ivon, couvreur, idem..... 600ʰ

4 décembre : à luy, à compte des ouvrages qu'il a faicts au jeu de paulme de Sainct-Germain......... 1000ʰ

Somme de ce chapitre.......... 3800ʰ

JARDINAGES ET AUTRES MENUES DESPENCES.

22 may : à Gilles Duval, terassier, pour parfaict paiement d'avoir enlevé les terres et arraché les espines le long des murs du petit parc............... 108ʰ

22 may-12 juin : à Claude Maron, terrassier, pour les vidanges des terres des fossées du viel chasteau (2 p.)............................. 2595ʰ 9ˢ 10ᵈ

12 juin 1665-25 janvier 1666 : à Louis de La Lande, à compte des grands plans qu'il a entrepris faire au lieu cy-devant appelé la Garenne de Vézinet, à Saint-Germain-en-Laye (3 p.).......................... 6000ʰ

4 juin 1666 : à Jean-Baptiste de La Lande, à compte des plans que le Roy faict faire dans la plaine de Vézinet, à Saint-Germain..................... 1000ʰ

10 décembre : à Jean-Baptiste et Louis de La Lande, pour employer aux grands plants des advenues de Saint-Germain........................... 3000ʰ

4 juillet : à Jean de La Lande, pour plusieurs réparations qu'il a faictes dans le jardin du boullingrin. 150ʰ

4 décembre : à La Lande, jardinier[2], pour avoir resablé de sable de rivière le jardin en gazon de Saint-Germain................................ 473ʰ 2ˢ

10 décembre : à luy, pour l'entretenement des orangers qui luy ont esté mis entre les mains au mois de septembre de la présente année jusques au mois de janvier de l'année prochaine..................... 200ʰ

24 avril 1666 : à luy, pour son remboursement de pareille somme pour avoir faict restablir la glacière de Saint-Germain...................... 139ʰ 1ˢ

17 juillet 1666 : à Baptiste La Lande, à compte des fossés qu'il a faict faire, tant à l'entour de la grande demie-lune, que le long de la route.......... 590ʰ

4 juillet : à Edme Boursault, terrassier, pour le paiement des ouvriers qui ont emporté les immondices de Sainct-Germain..................... 90ʰ 10ˢ

4 décembre : à luy, pour le paiement des ouvriers qui ont levé le pavé et osté les terres de dessus la vouste de la gallerie des grottes de Saint-Germain..... 435ʰ 10ˢ

4-10 décembre : à luy, pour le paiement des ouvriers qui ont travaillé au restablissement des murs du petit parc et autres menus ouvrages (3 p.)........ 752ʰ 2ˢ

25 janvier 1666 : à luy, pour avoir faict empailler la glacière du chasteau neuf de Sainct-Germain..... 99ʰ

4 décembre : à Henry Soulaigre, concierge du viel chasteau, pour le nettoiement dud. chasteau et des fossées, et de la cour des cuisines, depuis le 21 juin jusques au 11 aoust ensuivant..................... 288ʰ

26 décembre 1665-24 avril 1666 : à Jean Disses, fontainier, à compte des ouvrages de ciment, pavé et marches par luy faicts aux grottes de Sainct-Germain (2 p.)............................ 4200ʰ

31 décembre : à Jacques Liard, pour avoir pris la quantité de 985 taupes................. 173ʰ 7ˢ

A Léonnard Aubry, paveur, pour les réparations qu'il a faictes à Sainct-Germain pendant l'année 1664. 376ʰ

25 janvier-4 juin 1666 : à Julienne[3], pour le paiement des charpentiers, scieurs de long et autres qui travaillent à faire des palis pour la closture des plans que S. M. faict faire dans la forest de Sainct-Germain (2 p.)............................ 3000ʰ

25 janvier : au sʳ Moyer, pour le regarnissement des plans qui ont esté faicts l'année dernière dans la plaine de Vézinet.......................... 6000ʰ

---

[1] Pendule, dans ce sens, est maintenant du masculin.

[2] Il s'agit probablement de Louis de La Lande.

[3] Ou Jullien.

ANNÉE 1665. — HARAS DE SAINT-LÉGER.

4 juin : à luy, pour employer aux menus plans que S. M. faict faire sur les costes d'Achères et dans la plaine de Vézinet.................................. 2000ᵗᵗ

25 janvier 1666 : à Tessier, pour son parfaict paiement de deux poisles pour l'orangerie de Sainct-Germain.................................. 110ᵗᵗ

24 avril 1666 : à François Tolmay, vuidangeur, pour son paiement de plusieurs ouvrages faictes à Sainct-Germain.................................. 160ᵗᵗ

17 juin 1666 : à Jacques Ravet, à compte de 1351 milliers de menu plan qu'il a fournis pour planter à la Haye-aux-Prestres, vente de Bourbon, seize en la forest de Sainct-Germain.................. 661ᵗᵗ 3ˢ 6ᵈ

A Jean Forest, vigneron, *idem* de 4 arpens 82 perches de menu plan....................... 168ᵗᵗ 10ˢ

A Jean Duvivier, André Léger et Jean Coulon, vignerons, à compte de 3 arpens 25 perches de menu plan qu'ils ont planté dans la vente de Bourbon... 101ᵗᵗ 10ˢ

A Jean Gouy, René Richard et autres, pour avoir labouré 138 arpens 60 perches de menu plan. 415ᵗᵗ 10ˢ

A Jean Frade et Paul Has, vignerons, pour 87 arpens 86 perches de menu plan............... 266ᵗᵗ

A Charles Ravet, pour avoir faict planter la quantité de 25 arpens 6 perches de menu plan....... 1002ᵗᵗ 8ˢ

A Nicolas Monceau [1], *idem*, de 15 arpens 6 perches de menu plan planté à la Haye-aux-Prestres... 4 : 7ᵗᵗ 7ˢ 6ᵈ

A Jumel, Souverain et Rabilly, pour avoir faict la quantité de 242 toises de fossés à Sainct-Germain, dans la vente de Bourbon........................ 121ᵗᵗ

A Louis Meslin, à compte de 15 arpens 17 perches qu'il a faict planter au lieu cy-devant appellé la Garenne de Vézinet.................................. 270ᵗᵗ

A Jean Jumel, vigneron, pour avoir faict la quantité de 820 thoises de fossés à la vente de Bourbon. 137ᵗᵗ 15ˢ

A Martin Garoche et François Le Vasseur, pour avoir faict 1322 thoises de fossés.......... 132ᵗᵗ 4ˢ

A Jean Peully et Louis Foucher, pour avoir faict les premiers labours de 111 arpens 72 perches de menu plan.................................. 335ᵗᵗ

A Berthellemy Nerville, vigneron, pour avoir planté 4 arpens 86 perches de menu plan aud. lieu..... 87ᵗᵗ

A Jean Piteux et Louis Pusier, pour avoir planté 42 arpens 12 perches de menu plan........ 758ᵗᵗ 4ˢ

A Pierre Thuileau, pour avoir planté 42 arpens 46 perches de menu plan............... 660ᵗᵗ 16ˢ

Au sʳ Estienne, pour les voyages et autres menus frais qu'il a faicts pendant les années 1664 et 1665, qu'il a eu l'œil sur les ouvriers qui ont travaillé auxdicts plans................................ 236ᵗᵗ 13ˢ

A Jacques de Poix, pour son paiement d'avoir livré, en l'année 1664, la quantité de 11 milliers 700 de menu plan.................................. 101ᵗᵗ 10ˢ

A Gilles Giroust, pour 190 milliers de menu plan qu'il a livré pour planter aud. lieu............. 382ᵗᵗ 2ˢ

A Claude Bellier et François Lavechet, à compte des allignemens qu'ils ont pris pour faire les allées... 135ᵗᵗ

A Mathurin Laborde, pour avoir faict la quantité de 1089 thoises de fossés pour claure la vente de Bourbon.................................. 544ᵗᵗ 10ˢ

A Noel Odeau, pour son paiement de 382 milliers un cent de menu plan qu'il a livré pour estre planté au lieu cy-devant appellé la Garenne de Vézinet... 1041ᵗᵗ 10ˢ

A Laurent Estienne, pour le paiement des ouvriers qui ont travaillé, tant à planter du menu plan au lieu cy-devant appellé la Garenne de Vézinet, que pour les labours.................................. 4633ᵗᵗ

Somme de ce chapitre.. 4454ᵗᵗ⁷ 13ˢ 10ᵈ [2]

SERRURERIE.

22 may 1665-24 avril 1666 : à Louis Boutrais, serrurier, à compte des ouvrages de serrurerie de Sainct-Germain (10 p.)................................ 6800ᵗᵗ

4 décembre : à Mathurin Lebreton, pour trois portes de fer qu'il a faictes aux arcades de la terrasse du hault de Sainct-Germain.................... 900ᵗᵗ

Somme de ce chapitre.......... 7700ᵗᵗ

VITRERIE.

22 may 1665-24 avril 1666 : à Robert Morel, vitrier, à compte des ouvrages de vitrerie qu'il faict aux chasteaux de Sainct-Germain (7 p.).......... 3500ᵗᵗ

CHASTEAU DE MADRID.

19 may 1665 : à Pierre Bastard, charpentier, pour parfaict paiement des ouvrages de charpenterie par luy faicts au chasteau de Madrid pendant l'année 1664. 400ᵗᵗ

OUVRAGES DU HARAS DE SAINT-LÉGER.

22 may-4 décembre : à Claude Fresneau, couvreur, à compte des ouvrages qu'il faict au haras de Saint-Léger (2 p.)............................ 3100ᵗᵗ

---

[1] Moreau?

[2] Il faudrait 14ˢ au lieu de 13ˢ.

CHASTEAU DE VINCENNES.

MAÇONNERIE.

20 mars : à Toison, maçon, à compte des ouvrages de maçonnerie du chasteau de Vincennes...... 6000ᵗᵗ

31 mars 1665-24 avril 1666 : à Robert Anglart, *idem* (3 p.).......................... 6600ᵗᵗ

31 mars-21 décembre : à Tillonie, maçon, pour son parfaict payement de ses ouvrages de maçonnerie pour la closture du parc de Vincennes (2 p.)... 2260ᵗᵗ

Somme de ce chapitre......... 14860ᵗᵗ

CHARPENTERIE.

31 mars-31 décembre : à Bastard, charpentier, à compte de ses ouvrages de Vincennes (7 p.)... 10800ᵗᵗ

4 décembre : à Porcelet Cliquin et Paul, charpentiers, à compte des pompes qu'ils ont fournies et faict mouvoir pour la vuidange des fossés de Vincennes...... 1200ᵗᵗ

Somme de ce chapitre......... 12000ᵗᵗ

COUVERTURES ET PLOMBERIES.

21 décembre 1666[1] : à Jolly, à compte des fournitures de plomb qu'il a faictes pour les fontaines de Vincennes............................. 2000ᵗᵗ

MENUISERIE.

31 mars-26 décembre : à Bergerat, menuisier, pour parfaict payement de ses ouvrages (5 p.). 5943ᵗᵗ 17ˢ 6ᵈ

A Jacques Fruictier, menuisier, *idem* (3 p.).. 2498ᵗᵗ

A la veuve d'Adrien Pignon, menuisier, *idem* (2 p.).. .... 1500ᵗᵗ

Somme de ce chapitre..... 9941ᵗᵗ 17ˢ 6ᵈ

PEINTURES, SCULPTURES, ORNEMENS, SERRURERIE, VITRERIE ET PAVÉ.

31 mars-31 décembre : à la veuve du sʳ Dorigny[2], peintre, à compte de ses ouvrages (2 p.)...... 5000ᵗᵗ

31 mars-21 décembre : à Antoine Vatel, paveur, *idem* (5 p.)............................ 9200ᵗᵗ

31 mars-10 décembre : à Jacquet, vitrier, *idem* (2 p.)............................ 1600ᵗᵗ

---

[1] Il faut probablement lire 1665.

[2] Au 31 décembre, un compte fait mention du sʳ Dorigny qui était déjà mort, puisque la somme payée le 31 mars est remise à sa veuve. D'après Jal, Michel Dorigny mourut le 22 février 1665.

31 mars-21 décembre : à Fromentel, serrurier, *idem* (2 p.)............................ 6000ᵗᵗ

31 mars-31 décembre : à Claude Le Roy, serrurier, pour son parfaict paiement des ouvrages de serrurerie (2 p.)............................ 3194ᵗᵗ 7ˢ

21 décembre : à Denis Le Roy, pour son parfaict paiement des ouvrages de serrurerie qu'il a faicts à Vincennes (2 p.)............................ 1450ᵗᵗ

4 décembre : à Pierre Marie, serrurier, à compte de ses ouvrages............................ 150ᵗᵗ

4-31 décembre : à Nicolas Loire, à compte de ses ouvrages de peinture (4 p.)................. 2400ᵗᵗ

26 décembre : A Estienne Doyant, pour parfaict paiement d'une porte de fer qu'il a faict à Vincennes. 280ᵗᵗ

31 décembre : à Paul Goujon, à compte des ouvrages de peinture qu'il a faicts à Vincennes.......... 165ᵗᵗ

A Bersaucourt, espinglier, à compte de ses ouvrages de fil de laton............................ 531ᵗᵗ

A Le Grand, sculpteur, pour son parfaict paiement de ses ouvrages de Vincennes............... 315ᵗᵗ

Au sʳ de Sève, peintre, *idem*............. 1600ᵗᵗ

A Collot, fondeur, à compte des robinets qu'il a faicts pour la conduite des eaues du chasteau de Vincennes. 500ᵗᵗ

Somme de ce chapitre....... 32385ᵗᵗ 7ˢ

JARDINAGES ET PLANTS D'ARBRES.

31 mars 1665-10 janvier 1666 : à Claude Chauvin, terrassier, à compte des ouvrages par luy faicts aux terrasses de Vincennes (2 p.)................. 1600ᵗᵗ

24 avril 1666 : à luy, à compte des terres qu'il répend dans les fossés.......................... 400ᵗᵗ

31 mars 1665 : à Jolly, fontenier, à compte de ses ouvrages............................ 400ᵗᵗ

23 avril 1665-10 janvier 1666 : à Pierre Heslan et Marin Trumel, à compte des plans par eux faicts aux advenues des chasteaux (2 p.)................. 1500ᵗᵗ

12 juin 1665 : à Pierre Hersan[3], pour tailler et couper le bois ruiné dans le parc dud. lieu....... 109ᵗᵗ

A Claude Petitmaire, à compte des fossés qu'il faict faire autour de la héronnière de Vincennes...... 200ᵗᵗ

4 juillet : à Jacques Petitmaire[4] concierge de la mesnagerie de Vincennes, pour parfaict paiement des ouvrages et fossés qu'il a faict faire à la héronnière... 190ᵗᵗ 12ˢ

---

[3] C'est évidemment le même que le Heslan de l'article précédent.

[4] Il est fort probable que c'est le même individu que le Claude Petitmaire qui précède. Le scribe se sera trompé pour un des prénoms.

26 décembre : au sʳ Petitmaire, pour le paiement des ouvriers qui ont labouré les arbres des advenues...................... 256ᵗᵗ 6ˢ 6ᵈ
4 décembre : à François Beusselin, jardinier, pour avoir émondé les ormes des advenues........... 59ᵗᵗ
4 - 10 décembre : à Estienne Chevreau, terrassier, à compte de l'acqueduc qu'il faict faire pour l'écoulement des eaues des fossées (3 p.)................ 7500ᵗᵗ
4 décembre : à Jean Chevillard, fontanier, pour avoir vuidé le puis de la pompe de Vincennes et l'avoir nettoyé........................ 264ᵗᵗ 11ˢ
10 décembre 1665 - 24 avril 1666 : à luy, pour son paiement des thuiaux de fontaine par luy fournis pour la conduite des eaues (3 p.)............... 1706ᵗᵗ 4ˢ 8ᵈ
26 décembre 1665 - 24 avril 1666 : à Robert Anglart, à compte des fouilles de terre qu'il a faict pour l'écoulement des eaues des fosséz de Vincennes (3 p.). 7700ᵗᵗ
31 décembre 1665 - 24 avril 1666 : à Jean Viant et Claude Manox, à compte des fouilles et transports de terre qu'ils font pour dresser et remplir la grande advenue de Vincennes (3 p.).................. 7400ᵗᵗ
Somme de ce chapitre.... 32885ᵗᵗ 14ˢ 2ᵈ

CHASTEAU DE FONTAINEBLEAU.

MAÇONNERIE.

24 juillet 1665 - 24 avril 1666 : à Jean Tartaise, maçon, à compte des pieds d'estaux de gresserie qu'il faict dans le grand parterre de Fontainebleau (8 p.). 7000ᵗᵗ
10 décembre 1665 - 24 février 1666 : au sʳ Levé, maçon, à compte des ouvrages qu'il a faicts à Fontainebleau pendant les années 1661 et 1662 (3 p.)...... 4000ᵗᵗ
24 février 1666 : à Jean Grognet, maçon, pour son parfaict paiement des ouvrages de maçonnerie et couverture par luy faicts en divers endroicts de Fontainebleau pendant l'année 1664................ 1422ᵗᵗ 10ˢ
A Jean Delaunay, maçon, pour son parfaict paiement des ouvages qu'il a faicts en plusieurs endroicts de Fontainebleau............................ 89ᵗᵗ 5ˢ
24 avril 1666 : à Philipes Delamarre, pour son parfaict paiement des thuyaux de gresserie qu'il a fournis à Fontainebleau en 1661 .... 490ᵗᵗ
Somme de ce chapitre....... 13001ᵗᵗ 15ˢ

CHARPENTERIE.

4 décembre 1665 - 24 avril 1666 : à Pierre Mortillon, charpentier, à compte des poutres qu'il a fournies et mises en place et autres ouvrages de charpenterie aud. chasteau (2 p.)........................ 3500ᵗᵗ

SERRURERIE.

1ᵉʳ septembre 1665 - 4 juin 1666 : à Jacques Rossignol, serrurier, à compte de ses ouvrages de serrurerie (4 p.).................................. 1300ᵗᵗ
24 février 1666 : à luy, pour parfaict paiement de ses ouvrages pendant l'année 1664............ 1232ᵗᵗ 19ˢ
A Fromentel, serrurier, idem............ 846ᵗᵗ 13ˢ
A Paillard, idem...................... 66ᵗᵗ 12ˢ
Somme de ce chapitre........ 3446ᵗᵗ 4ˢ

MENUISERIE.

4 décembre : à Pierre Pavie, menuisier, à compte des quaisses qu'il a faictes pour les orangers du Roy. 350ᵗᵗ
31 décembre : à Pierre Hamon, pour son paiement de ses ouvrages......................... 80ᵗᵗ 10ˢ
24 février 1666 : à Saint-Ives, pour son paiement des ouvrages de menuiserie par luy faicts en 1664... 180ᵗᵗ
A Danglebert, idem.................. 2693ᵗᵗ
A Jean Gobert, idem................ 666ᵗᵗ 10ˢ
A Pierre Dionis, idem................. 322ᵗᵗ
A Berthier, idem..................... 109ᵗᵗ
A Jacques Recier, idem................. 30ᵗᵗ
A Cussinet, idem..................... 220ᵗᵗ 14ˢ
A Pierre Pavie, Jacques Billaudel et Toussaint Tibion, idem....................... 157ᵗᵗ 17ˢ
Somme de ce chapitre........ 4809ᵗᵗ 11ˢ

COUVERTURES.

24 février 1666 : à Gilles Le Roy, pour son paiement des ouvrages de plomberie faicts en 1664 ... 627ᵗᵗ 3ᵈ
A Girard, plombier, pour parfaict paiement de ses ouvrages et fournitures de plomb en 1664 .. 5148ᵗᵗ 15ˢ
24 avril 1666 : à Jean Grognet, pour son paiement des ouvrages de couverture qu'il a faicts à la chapelle du chasteau dud. lieu................... 386ᵗᵗ 7ˢ 8ᵈ
Somme de ce chapitre..... 6162ᵗᵗ 2ˢ 11ᵈ

PEINTURES, SCULPTURES, ORNEMENS ET OUVRAGES DE PAVÉ.

12 juin - 10 décembre : à François Girardon, Thomas Renaudin, Gaspard et Balthazard Mersy, Thibault Poissant et Baptiste Tuby, sculpteurs, à compte des figures de pierre qu'ils font (2 p.)........... 5400ᵗᵗ
4 décembre 1665 - 24 avril 1666 : à François Girardon, sculpteur, à compte de ses figures (2 p.).... 700ᵗᵗ
4 décembre 1665 - 24 février 1666 : à Jean Dubois, peintre, pour son parfaict paiement des ouvrages de

peinture qu'il a faits durant l'année 1664 (2 p.). 3717^{lt}

A Antoine Vatel, paveur, pour parfait paiement de ses ouvrages de pavé en 1664 (2 p.)..... 9425^{tt} 7' 7^d

5 febvrier 1666 : au s^r Errard, pour son parfait paiement des ouvrages de peinture et dorure qu'il a faites à Fontainebleau pendant les années 1662, 1663 et 1664. .... 10056^{tt} 10'

24 febvrier 1666 : à luy, à compte des ouvrages de peinture qu'il a faits aud. chasteau.......... 10000^{tt}

A Baltuazard Kukler, peintre, pour son parfait paiement de ses ouvrages de peinture en 1664....... 60^{tt}

A Le Greu, marbrier, pour son parfait paiement de 8412^{tt} 10', à quoy montent les ouvrages qu'il a faits à Fontainebleau en 1664............... 1012^{tt} 10'

A Disses, fontainier, pour son parfaict paiement des ouvrages de mastic par luy faits aux cascades de Fontainebleau pendant l'année 1664.......... 1758^{tt} 11'

A Testu, piqueur de grais, à compte des piedsdestaux de grais qu'il taille pour poser les sphinx à la descente des cascades de Fontainebleau.......... 700^{tt}

Somme de ce chapitre.... 42829^{tt} 18' 7^d

VITRERIE.

26 décembre : à Tisserand, vitrier, à compte de ses ouvrages de vitrerie................. 300^{tt}

24 febvrier 1666 : à luy, pour son parfaict paiement des ouvrages de vitrerie qu'il a faicts en 1664.... 493^{tt}

A Jean Meusnier, idem................. 10^{tt}

Somme de ce chapitre.......... 803^{tt}

JARDINAGES.

12 juin - 4 juillet : à Nicodesme Thiboust, terrassier, à compte des fouilles de terre qu'il a faictes au pourtour du rondeau du jardin du Tibre (2 p.)..... 245^{tt}

1er septembre : à Henry Pernot, pour avoir enlevé les terres autour du rondeau de Fontainebleau... 147^{tt} 12'

3 janvier 1666 : à Antoine Sainte-Marie, pour son parfaict paiement des fouilles de terre à Fontainebleau.. .... 184^{tt} 4'

3 janvier-4 juin 1666 : à Nicolas Belissant, à compte des plans qu'il faict dans la forest (2 p.)...... 2400^{tt}

3 janvier 1666 : à Claire Leger, pour avoir fourny des chariots pour transporter de place à autre les orangers de Fontainebleau................. 80^{tt}

Somme de ce chapitre....... 3056^{tt} 16'

BLOIS, CHAMBORT ET AMBOISE.

10 décembre : à Macé Cuisinier, maçon, pour avoir restably la quantité de 130 thoises courantes de muraille de la closture du parc de Chambord.......... 2000^{tt}

4 juin 1666 : à luy, pour avoir restably la quantité de 280 thoises courantes de lad. muraille........ 4000^{tt}

Somme de ce chapitre.......... 6000^{tt}

DIVERSES DESPENSES.

19 mars-1er septembre 1665 : aux nommez Macé Fourcher[1], jardinier du petit parc de Versailles, 4500^{tt}; à Laurent Perier, jardinier de l'orangerie et jardin à fleurs dud. lieu, 2250^{tt}; et à Mathieu Macon[2], jardinier du jardin potager de Versailles, 1125^{tt}, pour les trois premiers quartiers de leurs gages de la présente année (3 p.).................... 7875^{tt}

30 mars-12 may : à Antoine Champion, la somme de 60000^{tt}, savoir : 30000^{tt} pour achapt de terres et bastimens à Beaumont, la Ferrière et Grenan, en Nivernais, pour l'establissement de la manufacture de fer-blanc, de laquelle le Roy luy a fait don, et pareille somme de 30000^{tt} pour le prest que S. M. luy a fait pendant six années sans intérest (2 p.)................ 60000^{tt}

13 avril-20 octobre : à Louis Raymond, dit Descluzeau, garde de la Prévosté de l'hostel, pour neuf mois de ses appointemens de 1665^{tt}, à cause du soin qu'il a de faire venir les matériaux et autres choses nécessaires pour les bastimens du Roy (3 p.)................. 675^{tt}

23 avril : aux s^{rs} Rocuon et Lourdet[3], à compte des manufactures de tapisserie des Gobelins, et d'un grand tapis de pied, façon de Turquie, de la Savonnerie, sçavoir : 6000^{tt} aud. s^r Rocuon, pour celle des Gobelins, et 2000^{tt} aud. s^r Lourdet, pour celle de la Savonnerie.... Néant.

23 avril-10 décembre : au s^r Le Brun, Premier Peintre du Roy, pour ses appointemens pendant les neuf premiers mois de l'année 1665 (3 p.)......... Néant.

23 avril 1665-24 avril 1666 : au s^r Beaubrun, trésorier de l'Académie de peinture et sculpture, pour le paiement de la pension que S. M. donne à lad. Académie, pendant l'année 1665 (3 p.)................ 4000^{tt}

9 may : au s^r Jouan, pour le voyage qu'il va faire à Venise chercher des ouvriers, tant pour faire des glaces que pour les polir..................... 2000^{tt}

Au s^r Prudhomme, arpenteur, 360^{tt} pour quarante jours qu'il a vacqué à arpenter les terres et autres héritages enclos dans le parc de Versailles, finissant le 7 mars

---

[1] Ou Fourché.

[2] Ou Mason.

[3] Voyez ci-après à la fin de ce chapitre.

ANNÉE 1665. — DIVERSES DÉPENSES.

1664; et 345ᵗᵗ au nommé Parent qui a assisté aud. arpentage, et pour ses salaires pendant 75 jours qu'il a travaillé aud. arpentage avec deffunct Le Sage, autre arpenteur.. 705ᵗᵗ

9 may : au sʳ Formont, marchand banquier à Paris, pour parfait payement des marbres qu'il a fournis pour les bastimens du Roy (4 p.)............. 49261ᵗᵗ 10ˢ

A Jean Magnan, ayant l'entretennement du jardin de la Reine et de l'orangerie du Roy au chasteau de Fontainebleau, pour les premiers six mois de la présente année 1665 ¹........................... Néant.

16 may : au sʳ Estran, banquier à Paris, la somme de 30900ᵗᵗ, sçavoir : 30000ᵗᵗ pour pareille somme qu'il a remis à Rome pour délivrer au Cavallier Bernin et 900ᵗᵗ pour le change et remise de lad. somme...... 30900ᵗᵗ

25 may : à Pluymers et Catherine de Marc, entrepreneurs de la manufacture de toutes sortes d'ouvrages de fil, points de Venise et autres, pour moitié de la somme de 36000ᵗᵗ que le Roy leur a accordée pour faire led. establissement............................ 18000ᵗᵗ

22 juin : au sʳ Soulaigre, concierge du vieux chasteau de Sainct-Germain, pour son remboursement de pareille somme qu'il a payée à divers ouvriers qui ont enlevé les immondices dud. lieu................... 407ᵗᵗ

27 juin : aux prestres de la Mission de Fontainebleau, pour leur entretennement pendant l'année 1665. 6000ᵗᵗ

3 juillet : à Daniel Fossier, pour les premiers six mois de ses appointemens de la présente année... 600ᵗᵗ

17 juillet 1666 : à luy, pour plusieurs despenses qu'il a faites dans les Bastimens en 1665.......... 7478ᵗᵗ

3 juillet : au sʳ Fly, pour les frais qu'il a faits dans l'envoy de cent douze milliers de plomb de Calais à Rouen.......................... 200ᵗᵗ

A Guillaume Jurigny et Hillaire Ricordeau, tant pour eux que pour leurs compagnons, pour leur May de l'Ascension......................... 300ᵗᵗ

A François Vaterat, vannier, pour son paiement de 1110 manes........................ 1190ᵗᵗ

A Jean Baudin, marchand, pour son paiement de sept bustes de marbre blanc, tous de deux pieds et demy de haut................................ 1600ᵗᵗ

5 juillet : au sʳ Villedo, pour son paiement des ouvrages de massonnerie, charpenterie, couverture, et autres par luy faits pour la construction de deux loges à l'Hospital des pauvres enfermez............. 2500ᵗᵗ

Au sʳ Bornat, tant pour avoir travaillé aux toisés de la massonnerie et charpenterie du Louvre, que pour plusieurs autres vaccations qu'il a faittes durant l'année 1664............................. 1200ᵗᵗ

10 juillet - 1ᵉʳ septembre : à Domenico Cuccy, ébéniste, à compte de deux grands cabinets qui représentent le Temple de la Gloire et le Temple de la Vertu, pour la gallerie d'Apolon du chasteau du Louvre (2 p.). 16000ᵗᵗ

4 juillet : à Jacques, André et Martin Liard, preneurs de taupes, pour avoir pris, tant à Fontainebleau, Sainct-Germain, Versailles, qu'aux Thuilleries, la quantité de 2723 taupes........................ 476ᵗᵗ 8ˢ

Aux religieux de l'hospital de la Charité du fauxbourg Sainct-Germain, par aumosne, en considération des blessés et malades qui ont esté envoyez aud. hospital des atteliers du Louvre et des Thuilleries, qu'ils ont traité depuis l'année 1660 jusqu'à ce jour........... 300ᵗᵗ

20 aoust : au sʳ Castellan, maistre de la verrerie de Nevers, à compte de la despence qu'il convient faire pour les ouvriers en glace, pour l'establissement de la fabrique des glaces de Venise en France............ 4600ᵗᵗ

Au sʳ Hinart, designateur, pour le levement des plans et élévations des maisons royales............ 300ᵗᵗ

1ᵉʳ septembre : à Philippes Buister, pour un bloc de marbre blanc qu'il a fourny pour faire le buste du Roy................................ 784ᵗᵗ

A Sainte-Marie, pour le paiement des ouvriers qui ont regallé l'advenue de la Boisière............ 136ᵗᵗ

A Laurent et Jacques Le Febure, sçavoir : 200ᵗᵗ aud. Laurent, et 100ᵗᵗ aud. Le Febure, pour leur dédommagement de la perte du temps pour déloger du Palais Royal................................ 300ᵗᵗ

A Gilles Guérin, sculpteur, pour un bloc de marbre qu'il a fourny pour faire le buste du Roy...... 819ᵗᵗ

26 décembre : à luy, pour un bloc de marbre blanc de 19 pieds livré pour faire le buste du Roy..... 482ᵗᵗ 10ˢ

20 aoust : à Jeanne Bretteau, consierge des Thuilleries, pour une demie année de loyer de maison qu'elle a esté obligée de louer, ayant esté délogée des Thuilleries, lad. demie année escheue au mois de juin dernier.... 100ᵗᵗ

A Antoine de Sainte-Marie, pour la première demie année de ses appointemens de garde du magazin de Versailles............................. 225ᵗᵗ

A Antoine Cachet, serrurier, pour la serrurerie qu'il a faite à l'hostel des Ambasadeurs........... 228ᵗᵗ 10ˢ

A Jean Daret, menuisier, idem........... 200ᵗᵗ 4ˢ

A Léonart Aubry, paveur, idem.......... 182ᵗᵗ 15ˢ

31 décembre : à luy, pour ouvrages de pavé qu'il a faits au pont de Saint-Cloud................. 48ᵗᵗ

20 aoust : à Pierre Descots, jardinier, pour 43 pieds d'orangers qu'il a vendus au Roy........... 1800ᵗᵗ

---

¹ Il y avait 600ᵗᵗ qui ont été effacées.

A Daniel Galland, pour dix mois de la nourriture des cignes et carpes de Fontainebleau, escheus le dernier juin de la présente année, à raison de 3ˢ 6ᵈ pour chacun cigne et 15ᵈ pour les carpes par jour............ 653ᴧᴧ 19ˢ

A Nicolas le Chandelier, marchand drapier, demeurant à Rouen, par gratiffication, en considération des draps qu'il a fabriquez.................... 300ᴧᴧ

A Nicolas Deschamps, maistre de navire, demeurant à Abbeville, par gratification.................. 60ᴧᴧ

20 aoust-10 décembre : au sʳ Esbaupin, à compte de la subsistance et entretenement à faire du sʳ Cavallier Bernin et sa suite que le Roy a fait venir de Rome (3 p.). 10500ᴧᴧ

20 aoust : à Jacob Jeger, pour son paiement de trois petits bas-reliefs d'argent, et pour luy donner moien de s'en retourner en son païs................ 600ᴧᴧ

10 septembre : au sʳ Roussel de Centrouville, l'un des chevaux-légers de la garde du Roy, pour le prix de la vante de 20 perches de terre à Sainct-Germain... 400ᴧᴧ

A François Ferrand, valet de chambre de Monseigneur le duc d'Orléans, pour la vante qu'il a faite de 26 perches de terre scize au terroir du Pecq, lieu dit les Groux, et de 23 perches un tiers de perche sciz aud. lieu.. 474ᴧᴧ 13ˢ

A Pierre Patenostre, l'un des chevaux-légers de la garde de Monseigneur le Dauphin, pour le prix de la vante de 48 perches et demy de terre en pré faisant face sur la rue du chasteau de Sainct-Germain, et de 23 perches de vignes sur lesquelles a esté nouvellement basti le logement du jardinier du chasteau neuf.... 1002ᴧᴧ 10ˢ

8 octobre : aux sʳˢ Cossart frères, pour le prest que Sa Majesté leur a fait pendant........¹ sans interest, pour l'establissement de six mestiers de draps en la ville de Fescamp, en Normandie................ 6000ᴧᴧ

Au sʳ Errard, peintre, pour le voiage qu'il a fait en Flandre pour voir et achepter les figures, bustes et tableaux qu'il jugeroit dignes des cabinets et des bastimens de Sa Majesté..................... 600ᴧᴧ

4 juin 1666 : au sʳ Errard, peintre, qui s'en va à Rome pour être recteur de l'Académie de peinture que S. M. a ordonné y estre establie, pour son voiage. 1200ᴧᴧ

12 novembre : au sʳ de la Mothe, mousquetaire, pour les interests qui luy peuvent estre deus de la somme de 4410ᴧᴧ à laquelle a esté liquidé le remboursement des hérittages qui luy appartenoient enfermez dans le parc de Vincennes......................... 500ᴧᴧ

4 décembre 1665-17 juillet 1666 : à Claude Lottin, chirurgien à Versailles, pour avoir pensé plusieurs ouvriers blessés aux bastimens de Versailles en 1665 (2 p.)............................. 500ᴧᴧ

4 décembre : au sʳ Bailly, peintre, à compte des devises en mignature qu'il fait................. 500ᴧᴧ

A Laurent Magnière, sculpteur, pour son paiement du modèle d'une nef d'or.................... 450ᴧᴧ

Au sʳ Loire, à compte d'un tableau de crotesque qu'il fait pour le Roy...................... 1000ᴧᴧ

A Jean Gravet, orphèvre, à compte d'une nef d'or qu'il fait pour le Roy...................... 1000ᴧᴧ

A Jean Chevillart, fontainier, pour la première demie année de ses gaiges, escheus le dernier juin de la présente année.......................... 300ᴧᴧ

Au sʳ Madiot, ayant soin de prendre garde à la construction des bastimens du Louvre et des Thuilleries, pour six mois de ses appointemens escheus le dernier juin aud. an........................... 1800ᴧᴧ

Au sʳ Petit, ayant soin de prendre garde aux bastimens de Versailles, idem.................. 1800ᴧᴧ

A Baudin Ivart², peintre, pour avoir nettoyé le tableau de Paul Veronèze envoyé de Venise au Roy³..... 250ᴧᴧ

14 juin 1666 : à luy, pour les dessins et peintures faits aux Gobelins en 1665.................. 8694ᴧᴧ 2ˢ

4 décembre : à Charles Yvon, couvreur, pour la première demie année de ses entretennemens, escheue le dernier juin de la présente année........... 3300ᴧᴧ

A Louis Lerambert, sculpteur, pour avoir débité, scié et transporté des blocs de marbre blanc pour M. le Cavalier Bernin........................ 68ᴧᴧ 10ˢ

A luy, pour avoir fait transporter plusieurs figures de marbre du palais Mazarin au Louvre........ 169ᴧᴧ 12ˢ

31 décembre : à luy, à compte des bustes et portraits en marbre qu'il fait........................ 300ᴧᴧ

4 décembre 1665-4 janvier 1666 : au sʳ Silvestre, graveur en eau-forte, par forme d'appointemens pendant quatre mois qu'il employera à désigner les villes frontières de Champaigne et Loraine (2 p.)............ 2000ᴧᴧ

Au sʳ Van der Meulan, peintre flamand, pour une année de ses appointemens (2 p.).......... 6000ᴧᴧ

4 décembre : au sʳ de Villers, orphèvre, pour son remboursement des frais qu'il a faits pour venir de Londres avec sa famille s'establir à Paris et y travailler pour le service de S. M................... 375ᴧᴧ

---

¹ Le nombre d'années est laissé en blanc.

² Ou Yvart.

³ Il s'agit du tableau du Louvre qui représente le *Repas chez Simon le Pharisien*. Il avait été offert, en 1665, au Roi de France par la république de Venise. (Voyez la Notice qui accompagne la description de ce tableau dans le catalogue du Louvre.)

ANNÉE 1665. — DIVERSES DÉPENSES.

Aux s⁽ʳˢ⁾ Mosnier et La Roche, pour avoir amené, de Toulon à Paris, une gazelle, trois moutons de Barbarie et six oyseaux de proye............... 400ᵗᵗ

A Jean Martinet, terrassier, pour avoir dégorgé 60 thoises de l'acqueduc qui va de la pompe du Pont Neuf au Louvre................... 260ᵗᵗ

A Jacques Prou, menuisier, pour son parfait paiement de plusieurs réparations qu'il a faites à l'hostel de Grandmont....................... 336ᵗᵗ 15ˢ

14 juin 1666 : à luy, pour plusieurs ouvrages de menuiserie aux Gobelins............... 706ᵗᵗ 11ˢ

4 décembre : à Mathieu, vittrier, pour les réparations des vittres qu'il a faites à l'hostel des Ambassadeurs...................... 133ᵗᵗ 15ˢ

A Jean Papillon, à compte des terres de glaise qu'il transporte des fondations du quay au jardin des Thuilleries........................ 300ᵗᵗ

10 décembre : à luy, pour avoir fait transporter plusieurs figures de marbre au Louvre........... 70ᵗᵗ

A luy, à compte des terres qu'il transporte du quay près le Pont Rouge dans le jardin des Thuilleries. 150ᵗᵗ

Au s⁽ʳ⁾ du Breuil, pour son paiement d'un apenty attenant sa maison seize à Versailles, qui a esté démoly. 200ᵗᵗ

A Cochery, charpentier, Hérouard, maçon, et Verneil, couvreur, pour leur parfait paiement des ouvrages par eux faits aux remises de carosse de l'hostel d'Angoulesme, à Saint-Germain-en-Laye........ 497ᵗᵗ 17ˢ 8ᵈ

A Tristan Lespine, pour la première demie année de l'entretenement des terrasses et couvertures du vieil chasteau de Sainct-Germain, escheue le dernier juin de la présente année.................... 200ᵗᵗ

A François Henry, tapissier, pour avoir garny de toille toutes les croisées du haras et escurie de Versailles........................ 106ᵗᵗ 16ˢ

A Elias Asse, Suédois, maistre brusleur de gouldron, en considération de la despence qu'il a esté obligé de faire à Paris pour traitter de maladie les deux vallets qu'il a amenez avec luy, instruits à brusler le gouldron, et pour les habiller, et 240ᵗᵗ pour deux mois de ses gaiges, à commencer du 18 septembre 1665............... 640ᵗᵗ

10 décembre : aux s⁽ʳˢ⁾ Reynon, marchands de Lion, pour leur paiement de quarante cinq aunes, moins demy quart, de drap d'or et d'argent à deux endroits, à raison de 70ᵗᵗ l'aune.................. 3132ᵗᵗ

Au s⁽ʳ⁾ Lalande, pour avoir escrit les minuttes et coppies de plusieurs volumes contenant l'inventaire des livres de miniature des plantes, coquilles, médailles et autres raretés du cabinet du Roy.............. 1000ᵗᵗ

Au s⁽ʳ⁾ Séguin, doyen de Sainct-Germain-de-l'Auxerrois, pour le service qu'il a rendu à Sa Majesté dans son cabinet des antiques.................... 1500ᵗᵗ

Au s⁽ʳ⁾ Le Cointre, antiquaire du Roy, pour avoir travaillé pendant quinze mois à l'inventaire des médailles, pierres gravées, coquilles et livres de miniature de plantes, qui sont dans le cabinet du Roy.......... 1200ᵗᵗ

A Thomas Merlin, orphèvre, à compte des grands ouvrages d'argenterie qu'il fait pour le Roy..... 11000ᵗᵗ

A Jean Viocourt, orphèvre, *idem*........ 17000ᵗᵗ

A Magdeleine Turgis, veuve du s⁽ʳ⁾ Verdek, orphèvre, *idem*............................... 5000ᵗᵗ

A Guillaume Loir, orphèvre, *idem*....... 6000ᵗᵗ

A René Cousinet, orphèvre, *idem*........ 6000ᵗᵗ

A Jacques du Tel, *idem*............... 17000ᵗᵗ

A Claude Ballin, orphèvre, *idem*....... 38000ᵗᵗ

Au s⁽ʳ⁾ Le Duc, marchand de soye, pour 195 aunes de brocat d'or, broché d'argent, qu'il a livré pour le Roy, à raison de 74ᵗᵗ 10ˢ l'aune........... 14527ᵗᵗ 10ˢ

A Jacques Remy, brodeur, à compte d'un brocat en broderie qu'il fait pour le Roy............. 4000ᵗᵗ

Au s⁽ʳ⁾ Manchine, pour la subsistance et entretenement du s⁽ʳ⁾ Cavalier Bernin et sa suitte, depuis Rome jusqu'à Lion........................... 4036ᵗᵗ

A Pierre Golle, ébéniste, à compte de deux grands cabinets qu'il fait pour le Roy............. 6000ᵗᵗ

Au s⁽ʳ⁾ Varin, pour son paiement d'une médaille d'or qu'il a faite pour mettre sous les fondations du Louvre.. .... 1199ᵗᵗ

24 avril 1666 : à luy, à compte du remboursement que S. M. a ordonné estre fait pour les maisons qu'il a basties sur le vieux fossé de la ville proche la grande gallerie du Louvre........................... 6000ᵗᵗ

10 décembre : aux ouvriers des Gobelins, à ceux ordonné par grattiffication................ 550ᵗᵗ

10-26 décembre : au s⁽ʳ⁾ Léonnard, pour avoir fait voiturer la quantité de 1250 arbrisseaux, de Vaux-le-Vicomte aux Tuileries et à Versailles [1] (2 p.)... 3816ᵗᵗ

A Chevallier, menuisier, pour avoir garny de toisles cirées les chassis de l'Académie des peintres.. 130ᵗᵗ 15ˢ

10 décembre - 4 janvier : à Estienne Fayon, à compte des poutres qu'il doibt fournir pour la Savonnerie (2 p.). 1000ᵗᵗ

A Pierre Hanicle, à compte des menues ouvrages et

---

[1] On sait que Louis XIV acquit des créanciers de Fouquet une partie importante de la belle bibliothèque réunie par le surintendant à Saint-Mandé. (Voyez ci-après la recette de 1666.) Le Roi s'était aussi réservé pour l'orangerie de Versailles, cet article nous l'apprend, les orangers qui décoraient la somptueuse résidence de Vaux.

réparations de maçonnerie qu'il fait au palais de Versailles.................................... 1000ʰ

26 décembre 1665-20 avril 1666 : à Pierre Hulot, couvreur, ayant l'entretennement des couvertures du palais de Versailles, pour une année dud. entretennement (2 p.).. 2000ʰ

26 décembre 1665-24 avril 1666 : à Jean Varisse, pour son parfait paiement d'avoir ramoné et racommodé les cheminées, tant au Louvre qu'au Palais Royal, en 1665 (2 p.)......................... 351ʰ 2ˢ

31 décembre : au sʳ Louis Mugnos, chirurgien du corps de la Reyne, pour son logement de 1665....... 700ʰ

Aux trois boursiers du Collège Royal, pour leur logement pendant trois années, attendant que le Collège de France fust basty....................... 540ʰ

Aux religieux de la Charité de Fontainebleau, pour leur entretennement 1665................. 1800ʰ

A Jean Bricard, charpentier, *idem*........ 1200ʰ

4 janvier : au sʳ du Noyer, entrepreneur de la manufacture des glaces de Venize, pour luy ayder à faire les bastimens et establissemens nécessaires pour lad. manufacture....................... 12000ʰ

A de l'Isle, cuisinier, pour avoir donné à manger aux officiers des bastimens durant qu'ils ont esté à Versailles pour le thoisé desd. bastimens, au mois de décembre 1665................................ 450ʰ

A Éloy Martin, chirurgien, pour avoir traitté les ouvriers qui ont esté blessés aux attelliers de Versailles depuis l'année 1662 jusqu'au 22 novembre 1665.. 300ʰ

Au sʳ Pietro Flament, pour avoir servy de truchement aux ouvriers en glace de Moran (Murano?) que le Roy a fait venir en France..................... 400ʰ

A Mesnard, marbrier, ayant l'entretenement de la chapelle du Palais Royal, pour une année de ses appointemens, escheue au dernier mars 1665........ 150ʰ

A Jean Carbonnet, ayant l'entretenement de l'allée haute des Thuilleries, pour une année et demie de son logement, escheue au dernier septembre 1665... 150ʰ

4 janvier - 24 avril 1666 : à Pierre Patel, à compte des tableaux qu'il fait, où sont représentées les maisons royalles (2 p.)......................... 800ʰ

A Anguier, pour un bloc de marbre blanc qu'il a fourny de cinq pieds de haut.............. 562ʰ 10ˢ

Aux sʳˢ Duc et Marsollier, pour seize pièces de brocat qu'ils ont livrées pour le Roy......... 1627ʰ 3ˢ

A Jean Cornu, manœuvre, blessé en travaillant au bastiment des Thuilleries, pour luy donner moyen de se faire traitter............................ 100ʰ

A Laurent Fontaine, pour le loyer de l'hostel de Provence, depuis le 6 aoust jusqu'au dernier septembre ensuivant................................ 600ʰ

A Charles Philippes, marchand de Rouen, pour l'achapt de plusieurs crocs de fer, seaux goudronnés et autres ustancilles pour le feu.............. 550ʰ

A Jean Morsan et Claude Lesné, pour le regarnissement qu'ils ont fait des plans des remises de la plaine de Saint-Denis........................ 58ʰ

A François Benoist, Jean Ferrand et Jean Lesné, sçavoir : 52ʰ aud. Benoist qui a verny les 26 portes des remises de la plaine de Saint-Denis, 10ʰ aud. Ferrand, pour parfait paiement desd. 26 portes, et 58ʰ 10ˢ aud. Lesné qui a entrepris de planter lesd. remises. 120ʰ 10ˢ

10 mars 1666 : à Anne Carron, pour les premiers six mois de louage de deux chambres où logent les vallets de chambre et huissiers de la Reyne............. 270ʰ

Au sʳ Compiègne, par forme de pension, à cause de l'entretenement qu'il avoit de la vollière de Fontainebleau................................ 600ʰ

Au sʳ Morel, pour son remboursement de pareille somme qu'il a advancée, sçavoir : 60ʰ au nommé de Bard, Allemand, et 60ʰ au nommé Briois, ingénieur... 660ʰ

21 mars 1666 : à Pierre Flagy, ayant droit de messire Guillaume Jolly, pour le loyer de la halle et seize eschoppes qui sont occupées par les mousquetaires, pendant l'année 1665.................................. 1600ʰ

A la dame Perrier, pour le paiement du loyer de deux maisons qu'elle loue aux mousquetaires du Roy, 1665.................................. 500ʰ

A la dame d'Astrey, *idem*................ 500ʰ

A Antoine Havard, pour son paiement du loyer d'une maison, *idem*........................ 180ʰ

Aux sʳˢ Le Camus, pour leur paiement du loyer de cinq maisons occupées par les mousquetaires du Roy, 1665.................................. 900ʰ

A Simon Lescuyer, *idem*................. 900ʰ

A Pierre Flagy, pour le loyer de deux maisons qu'il loue aux mousquetaires.................... 360ʰ

Aux sʳˢ Roger et Houelle, sçavoir : chacun la somme de 360ʰ pour le loyer de quatre maisons qu'occupent les mousquetaires du Roy................ 720ʰ

Au sʳ Puleu, pour le loyer de trois maisons qu'il loue aux mousquetaires du Roy................. 540ʰ

Au sʳ Massonnet, pour deux maisons *idem*, pendant l'année 1665........................ 360ʰ

6 avril 1666 : à Jean et Antoine Vignon, jardiniers du petit parc de Vincennes, pour leurs gages et appointemens à cause dud. entretennement pendant l'année 1665................................ 2700ʰ

A Robert Anglart, ayant le soin et entretennement des couvertures de Vincennes, *idem*.............. 1000ᵗᵗ

A......, fontainier de Vincennes, pour ses appointemens 1665,........................... 300ᵗᵗ

20 avril 1666 : au sʳ Cadeau, marchand drapier, pour onze aunes de drap gris, fabriqué de Sedan, à raison de 20ᵗᵗ l'aune, qu'il a livrez pour le Roy.......... 220ᵗᵗ

24 avril : à Jean Lamaye et Valerean Tambois, à compte des ouvrages de couverture qu'ils ont faits au chasteau de Compiègne.................. 1500ᵗᵗ

Au sʳ Clérion[1], sculpteur, pour luy donner moien de se perfectionner en l'art de sculpture........... 100ᵗᵗ

Au sʳ Petit Maire, pour son remboursement de pareille somme par luy avancée pour faire remplir la glacière de Vincennes...................... 77ᵗᵗ

A la veuve Le Grand, menuisier, pour parfait paiement de 1953ᵗᵗ 10ˢ, à quoy montent les ouvrages faits par led. deffunt, tant au Louvre, Sainct-Germain-en-Laye, qu'au Palais Royal, pendant les années 1662 et 1663........................ 1253ᵗᵗ 10ˢ

A Robert Douelle, vittrier, pour son parfait paiement de 965ᵗᵗ 4ˢ 6ᵈ, à quoy montent les ouvrages de vittrerie par luy faits tant au Louvre, Palais Royal, qu'à Sainct-Germain-en-Laye, pendant les années 1660, 1661 et 1662........................ 865ᵗᵗ 4ˢ

A Jean-Baptiste Rouvine, pour son parfait paiement de 80 orangers et 600 jasmins d'Espagne, qui ont esté envoyez, partie à Sainct-Germain et l'autre aux Thuilleries........................... 269ᵗᵗ 10ˢ

A Thibaut Poissan, sculpteur, à compte de l'Hercule Farnèse et du moule qu'il en fait............. 300ᵗᵗ

4 juin 1666 : au sʳ Cavalier Bernin, par gratiffication, et en considération de son mérite et des desseins qu'il a faits pour le Louvre.................. 33000ᵗᵗ

Au sʳ Paulo Bernin, par gratiffication....... 6000ᵗᵗ

Au sʳ Mathias qui doit exécuter les desseins dud. sʳ Cavalier Bernin, par gratiffication........... 6000ᵗᵗ

Au sʳ Julio, eslève en sculpture du sʳ Cavalier Bernin, *idem*................. 1200ᵗᵗ

Au sʳ Barberet, servant à interpréter et traduire de françois en italien les mémoires nécessaires pour led. sʳ Cavalier........................... 900ᵗᵗ

Au sʳ Mancine qui a accompagné led. sʳ Cavalier Bernin durant son voiage en France et qui retourne le conduire à Rome........................ 3000ᵗᵗ

[1] Voyez ci-dessous (col. 106) un autre article où Clérion est nommé avec les autres artistes envoyés à Rome lors de la fondation de l'Académie de France.

Au sʳ Cosme, vallet de chambre dud. sʳ Cavalier, par gratiffication............................ 800ᵗᵗ

A Philippes Maronge et Claude Bulle, estaffiers dud. sʳ Cavalier, *idem*....................... 1000ᵗᵗ

A Pietro Fassy, travaillant à la maçonnerie des nouvelles fondations du Louvre, à compte de ses appointemens............................ 1000ᵗᵗ

A Jacomo Patriarca, maçon, et Bellardino Rossy, tailleurs de pierre italiens, à compte de leurs appointemens.............................. 1600ᵗᵗ

Au sʳ Camuset, marchand bonnetier, pour divers voiages qu'il a faits et diverses marchandises qu'il a acheptées pour l'establissement de la manufacture de laine dans le royaume............................ 2500ᵗᵗ

A Allain Lherminier, à compte des ouvrages de plomberie par luy faits pendant les années 1659, 1660, 1661, 1662 et 1663........................ 8000ᵗᵗ

A damoiselle Françoise du Vivier, à compte de 25000ᵗᵗ à elle accordées pour le prix de la bibliothèque du feu sʳ du Fresne, son mary............... 2700ᵗᵗ

Aux sʳˢ du Vivier jeune, architecte, Bonnemaire et Corneille, peintres, Rauon, Lespingolas et Clérion, jeunes sculpteurs qui vont à Rome pour se rendre capables de servir Sa Majesté................

A M. le mareschal de Grammont, à compte, par forme de soulte et d'eschange, de l'hostel de Grammont[2] compris dans l'enceinte du Louvre................ 55000ᵗᵗ

A Jeanne Breteau, pour la demie année du loyer d'une maison qu'elle a esté obligée de louer, ayant abandonné aux maçons le logement qu'elle occupoit aux Thuilleries.............................. 100ᵗᵗ

A la veuve de la Tour, garde-clefs du chasteau de Fontainebleau, pour avoir fait remplir les glacières dud. lieu................................ 450ᵗᵗ

Au sʳ Levasseur de Beauplan, à compte de la gravure de la carte de Normandie qu'il fait......... 600ᵗᵗ

Au sʳ Fontaine, locataire de l'hostel de Provence, pour un quartier de loyer dud. hostel, escheu ce dernier décembre 1665........................... 1000ᵗᵗ

14 juin 1666 : au sʳ Rochon, concierge de la maison des Gobelins, pour le loyer de la maison des Gobelins des années 1664 et 1665, à raison de 6000ᵗᵗ par an. 12000ᵗᵗ

[2] L'hôtel de Grammont, situé entre la rue Saint-Thomas et la rue Fromenteau, était, en 1631, l'hôtel de Pontchartrain. D'après la *Topographie historique du vieux Paris*, par Ad. Berty (1866, in-4°, t. Iᵉʳ, p. 41-42), il existait encore au xviiiᵉ siècle et devenait, en 1740, l'hôtel de Lesdiguières. L'abandon des projets de continuation du Louvre l'avait sauvé de la destruction.

A Gaspard Tréchet, jardinier, et Dominique Baran, portier de la maison des Gobelins, pour leurs gages de l'année dernière, sçavoir: 400™ aud. Tréchet et 300™ aud. Baran.................... 700™

Aux s™ Rochon, concierge, et Kerchove, teinturier de la maison des Gobelins, pour leurs gages de l'année dernière 1665, sçavoir: 1200™ aud. Rochon, et 1500™ aud. Kerchove.................... 2700™

A Pierre Vessier, tapissier, pour avoir fait pendant l'année 1665 les assortimens de soye et laine employés par les ouvriers de la manufacture royalle des Gobelins et avoir rajusté plusieurs ouvrages de tapisseries faites en lad. maison.................... 364™

Aud. Rochon, pour son remboursement de plusieurs menues despences qu'il a faites aux Gobelins pendant l'année 1665.................... 579™ 19ˢ 10ᵈ

A luy, pour la nouriture, pendant les trois premiers mois de l'année 1665, de cinq apprentis peintres. 375™

A luy, pour le logement des ouvriers tapissiers qui ont estés logés hors de la maison des Gobelins pendant l'année 1665.................... 1485™

Au sʳ Jans, pour la nouriture, pendant l'année 1665, de deux tapissiers qu'il a près de luy pour s'instruire à travailler pour le Roy.................... 50™

Au sʳ Jans, l'aisné, idem, de huict apprentis.. 550™

Au sʳ Le Febvre, tapissier, idem, de quatre apprentis qu'il a auprès de luy.................... 243™ 15ˢ

Au sʳ Laurent, tapissier, idem, de trois apprentis qu'il a auprès de luy.................... 212™ 10ˢ

Au sʳ de la Croix, tapissier, pour son paiement des ouvrages de tapisserie par luy faits pour le service de Sa Majesté en la manufacture royalle des Gobelins pendant l'année 1665.................... 16097™ 19ˢ 6ᵈ

Au sʳ Laurent, tapissier, pour son paiement des ouvrages de tapisserie de haute-lisse par luy faits aud. lieu des Gobelins pendant l'année 1665...... 3620™ 4ˢ 3ᵈ

Au sʳ Jans le jeune, tapissier, pour son paiement des ouvrages de tapisserie par luy faits aux Gobelins pendant l'année 1665.................... 5076™ 4ˢ 2ᵈ

Au sʳ Jans l'aisné, pour son paiement des ouvrages de tapisserie de haute-lisse par luy faits aux Gobelins pendant l'année 1665.................... 9404™ 9ˢ 9ᵈ

Au sʳ Le Febvre, tapissier, pour ses ouvrages de tapisserie aud. lieu pendant l'année 1665... 11134™ 15ˢ 6ᵈ

17 juillet 1666: au sʳ Lourdet, pour son parfait paiement de 160 aulnes d'ouvrages façon de Turquie qu'il a faits au grand tapis destiné pour la gallerie d'Apollon.. .... 21600™

Au sʳ de la Planche, pour employer à la continuation des bastimens du Roy.................... 100000™

A Mᵉ Guillaume de La Moignon, premier président au Parlement de Paris, Charles Robineau, Jean le Comte, Fabien Pierreau, André le Vieux et Louis le Gendre, administrateurs de l'hospital des Incurables, la somme de 75000™ pour l'acquisition, ce jourd'huy faite au proffit du Roy, du fief, terres et seigneuries de Clagny, ses appartenances et dépendances, scis au Val de Gally près Versailles, ainsy qu'il est plus amplement spécifié par le contrat portant ordonnance, passé par devant notaires le dernier novembre 1665.................... 75000™

Au Révérend Père François Boulard, abbé de Sainte-Geneviesve de Paris, la somme de 49190™ 19ˢ 2ᵈ, sçavoir: 12769™ 10ˢ 6ᵈ pour la quantité de cent sept arpens vingt-neuf perches, tant terres, prez, que bois taillis et bruières; 532™ 1ˢ pour les lots et ventes de la présente acquisition; 2553™ à cause des droits d'indemnitez que lad. abbaye pourroit prétendre à cause de l'abandonnement que lesd. vendeurs font au proffit de Sa Majesté de tous droits de cens et justice qu'ils avoient sur lesd. cent sept arpens vingt-cinq perches d'héritages; la somme de 31585™ 16ˢ pour les droits de lots et ventes, justice, cens, rentes et indemnitez, à cause des acquisitions faites par le Roy de plusieurs particuliers, ainsy qu'il est porté par led. contrat; et 1749™ 12ˢ 8ᵈ pour les non-jouissances desd. cent sept arpens vingt-neuf perches depuis 1663 jusqu'à présent; le tout suivant le contrat passé par devant notaires le 16 décembre 1665.... 49190™ 19ˢ 2ᵈ

A damoiselle Anne Guérinet, Jacques Reynault, curateur d'Estienne et Anne Guérinet, la somme de 1551™ pour leur paiement d'une place scize proche le presbytaire de Versailles, autres petites pièces attenantes et closes dans le parc de Versailles, suivant le contrat, portant ordonnance et quittance, passé devant notaires le 29 novembre 1665.................... 1551™

A Jacques Cault, laboureur, la somme de 1305™ 3ˢ 4ᵈ, pour son paiement de deux arpens trente-six perches et un quart de perche de bois taillis et plusieures autres petites pièces de terre encloses dans led. parc de Versailles, ainsy qu'il est plus amplement porté par le contrat passé par devant notaires le 7 octobre 1665, portant ordonnance et quittance.................... 1305™ 3ˢ 4ᵈ

A Mathurin Boussart, la somme de 200™ 5ˢ pour son paiement de trois arpens trois quartiers de terre et sept perches de pré scis à Versailles, suivant le contrat, portant ordonnance et quittance, passé par devant notaires le 16 décembre 1665.................... 205™

A Mᵉˢ François Le Fébure, Jean Deméraumont et autres,

la somme de 600ᵗᵗ pour la vente d'un arpent et demy de pré scis dans la plaine Saint-Denis, suivant le contrat d'acquisition, portant ordonnance et quittance, passé par devant notaires le 10 octobre 1665............ 600ᵗᵗ

Aux s⁽ˢ⁾ Marcschual, de la Cour, Le Fevdre, entrepreneurs de l'establissement d'une manufacture de draps d'Espagne, d'Angleterre et d'Hollande, en la ville de Dieppe, la somme de 6000ᵗᵗ que S. M. leur a ordonnée par ses lettres-patentes du 5 novembre 1665... 6000ᵗᵗ

A ....¹, la somme de 10000ᵗᵗ, pour employer à la continuation des bastimens nécessaires à l'establissement de la manufacture de tapisserie de Beauvais.................................. 10000ᵗᵗ

A ....², entrepreneurs des manufactures en la ville d'Arras....................... 32000ᵗᵗ

Nota qu'il a esté despencé au chasteau de Monceaux la somme de 18164ᵗᵗ 6ˢ pendant la présente année 1665, suivant les ordonnances particullières de Mʳ le Duc de Tresmes, surintendant et ordonnateur des bastimens dud. chasteau, sçavoir : pour la maçonnerie, 1531ᵗᵗ 15ˢ; pour la charpenterie, 1303ᵗᵗ; pour la couverture, 15000ᵗᵗ; pour la menuiserie, 227ᵗᵗ 15ˢ; et pour la serrurerie, 101ᵗᵗ 16ˢ......................... 18164ᵗᵗ 6ˢ

Au sʳ Le Bègue, pour son remboursement de pareille somme qu'il a débourcée pour le change de la somme de 15000ᵗᵗ qu'il a fait tenir aux gens de lettres estrangers............................... 762ᵗᵗ

Aud. sʳ Le Bègue, à cause de la perte faite sur la diminution des monnoyes arrivée le 1ᵉʳ janvier 1666, sur la somme de 105000ᵗᵗ estant entre ses mains. 2829ᵗᵗ 1ˢ

A luy, la somme de 1200ᵗᵗ pour les jettons d'argent. .
.... 1200ᵗᵗ

A luy, la somme de 30589ᵗᵗ 4ˢ 8ᵈ pour ses taxations, à raison de 6 deniers pour livre pour 200000ᵗᵗ de despence ordinaire, et de deux deniers pour livre pour la despence excédente lesd. 200000ᵗᵗ, suivant l'arrest du Conseil du 6 febvrier 1666................ 30589ᵗᵗ 4ˢ 8ᵈ

A luy, pour les espices, façon de compte et vaccation du procureur................... 3700ᵗᵗ

Somme de ce chapitre.. 1025586ᵗᵗ 13ˢ 10ᵈ ³

¹ Le nom est resté en blanc.
² Idem.
³ Le registre donne pour total 1025580ᵗᵗ 13ˢ 10ᵈ. Nous avons constaté que cette légère différence venait d'un chiffre oublié et de quelques sous dont on n'avait pas tenu compte.

GRATIFFICATIONS DE SA MAJESTÉ
POUR LE FAIT DU COMMERCE.

10 juillet : au sʳ Denis, prestre habitué en la paroisse de Saint-Jacques de la ville de Dieppe et Pilotte hidrographe du Roy, pour gratification............ 600ᵗᵗ

16 décembre : au sʳ Hendrixsen, marchand à Dunquerk, par gratiffication, à cause de l'achapt qu'il a fait en Hollande du vaisseau nommé le Samson, du port de 60 thonneaux ou environ, à raison de 4ᵗᵗ pour thonneau, suivant l'arrest du Conseil de commerce du 6 décembre 1664............................ 300ᵗᵗ

15 janvier 1666 : au sʳ Pocquelin, à cause de l'achapt qu'il a fait en Zélande du vaisseau nommé l'Estoille, du port de 190 tonneaux..................... 760ᵗᵗ

A Nicolas Soyes, Thomas Sergent, Pierre de la Fontaine et compagnie, à cause de l'achapt qu'ils ont fait en Hollande du vaisseau nommé le Saint-Louis, du port de 130 tonneaux............................ 520ᵗᵗ

A Nicolas Meulebecque, François Balthazard, Corneille van der Manaquer et Pierre Denis de Brier, marchands bourgeois de Dunquerk, à cause de l'achapt qu'ils ont fait en Zélande du navire nommé Dunquerk, du port de 180 tonneaux, à raison de 4ᵗᵗ pour tonneau... 560ᵗᵗ

Aux sʳˢ Pierre Pocquelin, Nicolas Soyes, Thomas Sergent et compagnie, par gratiffication, à cause de l'achapt qu'ils ont fait en Hollande du vaisseau nommé le Dauphin, du port de 160 tonneaux................... 640ᵗᵗ

A Pierre Hendricxes, Jean Spladinz, Jean Omaert et Govart de Bouzy, à cause de l'achapt qu'ils ont fait en Zélande de la galiotte nommée le Saint-Pierre, du port de 120 tonneaux....................... 480ᵗᵗ

Aux sʳˢ Gilles Aubert, Denis le Boissel et compagnie, par gratiffication, à cause de l'achapt qu'ils ont fait en Holande du vaisseau nommé le Grand-Escu-de-France, du port de 300 tonneaux, à raison de 4ᵗᵗ pour tonneau. .
.... 1200ᵗᵗ

Somme de ce chapitre.......... 5060ᵗᵗ

GAGES, APPOINTEMENS ET ENTRETENEMENS
DES OFFICIERS DES MAISONS, BASTIMENS DE SA MAJESTÉ, ARTS ET MANUFACTURES DE FRANCE.

10 décembre : au sʳ Valot, premier médecin du Roy, pour l'entretenement du Jardin Royal des plantes du faubourg Saint-Victor pendant la présente année. 21000ᵗᵗ

31 décembre : au sʳ Bornat, pour avoir travaillé aux thoisés, tant de la maçonnerie et charpenterie du Louvre,

que pour plusieurs autres vaccations qu'il a faites durant la présente année........................ 1200ᵗᵗ

Au sʳ Petit fils, pour avoir conduit et pris le soin de tous les ouvrages et bastimens de Saint-Germain durant la présente année...................... 1200ᵗᵗ

A Antoine Sainte-Marie, garde du magazin de Versailles, pour ses appointemens pendant les six derniers mois de 1665......................... 225ᵗᵗ

Au sʳ Madiot, pour les derniers six mois de ses appointemens, 1665........................ 1800ᵗᵗ

Au sʳ Petit, *idem*, pour avoir conduit et pris le soin des bastimens de Versailles................ 1800ᵗᵗ

A Daniel Fossier, pour les derniers six mois de ses appointemens, 1665..................... 600ᵗᵗ

A Jean Chevillard, fontainier de Vincennes, pour les derniers six mois de ses appointemens, 1665.... 300ᵗᵗ

Au sʳ Descluseaux, pour les trois derniers mois de ses appointemens, 1665..................... 225ᵗᵗ

Au sʳ Galland, pour les derniers six mois de la présente année de l'entretennement et nourriture des cignes et carpes de Fontainebleau................ 360ᵗᵗ 1ˢ

A Claude Prée, pour le loyer, pendant la présente année, d'une salle, une chambre et deux cabinets qu'il loue aux fourriers du Roy...................... 150ᵗᵗ

A Simon Carouget, pour le loyer, pendant la présente année, d'une maison occupée par les officiers suisses de la garde du Roy......................... 432ᵗᵗ

A Anne Carron, pour le loyer de deux chambres qu'elle loue aux valets de chambre et huissiers de la Reine. 270ᵗᵗ

A Jean du Hay, concierge de la Coudre[1] à Fontainebleau, outre ses gages ordinaires, par gratiffication. 20ᵗᵗ

Au principal du collège de Cambrai, pour son dédommagement, pendant la présente année, de tous les ouvrages abatus pour la construction du Collège Royal de France sur le fondz de celuy de Cambray...... 1000ᵗᵗ

Au sʳ prieur de Choisy, pour les dixmes qu'il a droit de prendre à cause dud. prieuré sur les terres encloses dans le parc de Versailles.................. 943ᵗᵗ

Au sʳ Vallet, cinquantenier du quartier du Louvre, pour distribuer aux propriétaires des 99 maisons où logent les officiers et archers des quatre compagnies des gardes du corps du Roy, pour le loyer desd. maisons pendant les mois d'avril, may, juin, juillet, aoust, septembre et octobre de la présente année 1665......... 6660ᵗᵗ

10 febvrier 1666 : pour les gages des officiers des maisons, bastimens de S. M. et appointemens des personnes rares en architecture, peinture, sculpture et autres arts, entretenues pour son service pendant l'année 1665, suivant l'estat qui en a esté expédié le 16 janvier 1666............................. 9755ᵗ ᴴ 2ˢ 6ᵈ

Sçavoir :

Aux surintendant, intendans, controlleurs et trésoriers desd. bastimens, pour leurs gages et appointemens, la somme de...................... 47189ᴴ 12ˢ 6ᵈ

Autres officiers qui ont gaiges pour servir en toutes les maisons royalles...... 34035ᵗᵗ

Autres officiers servant pour l'entretennement des maisons et chasteaux cy-après, sçavoir :

Chasteau du Louvre............	1100ᵗᵗ
Palais et jardins des Thuilleries.....	7325ᴴ
Cours de la Reine mère...........	40ᵗᵗ
Palais-Cardinal................	1800ᵗᵗ
Collège de France..............	25ᵗᵗ
Madrid......................	150ᵗᵗ
Saint-Germain-en-Laye..........	5486ᵗᵗ 10ˢ
Saint-Léger..................	225ᵗᵗ
Pougues.....................	75ᵗᵗ
Hostel des Ambassadeurs.........	100ᴴ

Somme......... 9755ᵗ ᵗᵗ 2ˢ 6ᵈ

Pour les gages des officiers que le Roy veut estre entretenus en son chasteau de Fontainebleau et des autres despences que Sa Majesté a commandé y estre faites pour la continuation et entretennement d'iceluy durant l'année 1665, suivant l'estat expédié le 13 janvier 1666. 19105ᵗᵗ

Somme de ce chapitre.... 154841ᵗᵗ 3ˢ 6ᵈ ²

PENSIONS ET GRATIFFICATIONS
AUX GENS DE LETTRES[3].

30 octobre : au sʳ Corneille, en considération des beaux ouvrages qu'il a donnez au théâtre, et pour luy donner moien de les continuer................ 2000ᴴ

---

[1] Voyez sur l'hôtel de la Coudre, à Fontainebleau, la *Description historique... de Fontainebleau*, par l'abbé Guilbert, in-12, 1731, t. II, p. 137.

[2] Ensuite se trouvait le détail de la dépense de l'Académie, montant à 4000ᵗᵗ, comme l'année précédente, et portant en marge cette mention : «Cet estat n'a pas eu lieu et a esté biffé.» Cet estat est le même que celui de 1664.

[3] En tête de ce chapitre, deux pages et demie sont biffées, et on lit en marge cette explication : «Cet estat n'a pas eu lieu et a esté biffé; on a expédié des ordonnances à la place, qui sont registrées cy-après.» En effet tous les noms qui s'y trouvaient sont reproduits dans les articles qui suivent.

ANNÉE 1665. — PENSIONS ET GRATIFICATIONS.

Au sr abbé Ménage, pour luy donner des marques de l'estime que S. M. fait de son mérite............ 2000tt

Au sr abbé de Pure, pour luy donner moien de continuer son application aux belles-lettres........ 1000tt

Au sr Boyer, idem.................... 800tt

Au sr Quinault, idem................. 800tt

Au sr Corneille le jeune, idem............ 1000tt

Au sr Ogier, en considération de la profonde connoissance qu'il a de la théologie............... 1500tt

Au sr Vattier, en considération de la profonde connoissance qu'il a des langues orientales......... 600tt

Au sr de Sainte-Marthe, en considération de la profonde connoissance qu'il a dans l'histoire....... 1200tt

Au sr abbé Cottin, par gratiffication et en considération de son érudition.................... 1200tt

Au sr Huet, pour luy donner des marques de l'estime que S. M. fait de son mérite............... 1500tt

Aux ss Vallois frères, par gratiffication et pour les ouvrages qu'ils ont composez et qu'ils composent journellement................................. 2400tt

Au sr Duperrier, pour luy donner moyen de continuer son aplication aux belles-lettres............... 800tt

Au sr Maury, idem..................... 600tt

Au sr Petit, idem...................... 800tt

Au sr Racine, idem.................... 600tt

Au sr L'Héritier, idem................. 1000tt

Au sr de Gomberville, idem............. 1200tt

Au sr d'Érouval, idem.................. 1500tt

Au sr Félibien, idem 1000tt

Au sr Boileau, pour luy donner moien de continuer son application aux belles-lettres........... 1200tt

Au sr Le Clerc, idem................... 600tt

6 novembre : au sr Viviany, par gratiffication et pour luy donner des marques de l'estime que S. M. fait de son mérite.................................. 1200tt

Au sr Fléchier, idem................... 800tt

10 décembre : au sr de Saint-Réal, idem..... 600tt

10 mars 1666 : au sr Carlo Daty, Florentin, des plus fameux de l'Académie de la Crusca, par gratiffication...
.... 1200tt

Au sr Reynesius, fameux médecin et excellent en touttes sortes de sciences..................... 1200tt

Au sr Ferrary, professeur d'éloquence en l'Université de Padoue, idem...................... 1200tt

Au sr Gronovius, professeur pour les belles-lettres en l'Académie de Leyden, idem 1200tt

A Antoine Galland, Edme Ythier et Jacques Fleury, escoliers estudians au Collège Royal, par gratiffication, pour leur donner moien de continuer leur application à l'estude des langues hébraïque et arabe......... 300tt

4 juin 1666 : au sr Gombaud, par gratiffication, et pour luy donner moyen de continuer son application aux belles-lettres............................. 1200tt

Au sr de la Chambre, médecin ordinaire du Roy, par gratiffication......................... 2000tt

Au sr de Saint-Réal, la somme de 600tt, pour, avec pareille somme qu'il a cy devant reçue, faire celle de 1200tt que le Roy luy a ordonnée par gratiffication..... 600tt

Au sr de Scudéry, par gratiffication et pour luy donner des marques de l'estime que S. M. fait de son mérite...
.... 1200tt

Au sr Conrard, idem.................... 1500tt

Au sr Chapelain, idem.................. 3000tt

Au sr abbé de Bourzey, idem............. 3000tt

Au sr Mézeray, par gratiffication, et pour les ouvrages d'histoire qu'il a composé et compose journellement....
.... 4000tt

Au sr abbé de Cassagnes, par gratiffication, et pour luy donner moyen de continuer son application aux belles-lettres................................. 1500tt

Au sr Molière, idem.................... 1000tt

Au sr Benserade, idem.................. 1500tt

Au sr Sorbière, idem................... 1000tt

Au sr Varillas, idem................... 1200tt

Au sr Charpentier, idem................. 1500tt

Au sr Carcavy, idem................... 1500tt

Au sr Perrault, idem................... 1500tt

Au sr abbé Ollier, par gratiffication et pour luy donner moyen de continuer son application aux belles-lettres.................................. 800tt

Au sr Godeffroy, en considération de la profonde connoissance qu'il a dans l'histoire.............. 3600tt

Au sr Le Laboureur, par gratiffication et pour luy donner des marques de son mérite............. 1500tt

Au Père Le Cointre, de l'Oratoire, par gratiffication, en considération de son mérite et de la science qu'il a dans l'histoire.......................... 1500tt

Au sr Ollier de Bessat, par gratiffication et pour luy donner moyen de continuer son application aux belles-lettres.................................. 600tt

Au sr Brandon, idem................... 400tt

Au sr Heinsius, Hollandois, secrétaire latin des Provinces-Unies et leur résident à Stokolm, par gratiffication................................. 1200tt

Au sr Vossius, Hollandois, l'un des professeurs de l'Accadémie de Leyden, idem............... 1200tt

Au s⁺ Huygens, Hollandois, grand matématicien, par gratiffication.................. 1500ᵗᵗ
Au s⁺ Beklerus, premier professeur de la ville de Strasbourg, par gratiffication............. 900ᵗᵗ
Au s⁺ Hévélius, grand astrologue, par gratiffication et pour luy donner des marques de l'estime que S. M. fait de son mérite...................... 1200ᵗᵗ
Au s⁺ Gnatiany, secrétaire d'estat du duc de Modène, par gratiffication..................... 1500ᵗᵗ
Au s⁺ Corringius, Allemand, *idem*.......... 900ᵗᵗ
Au s⁺ Vilotto, médecin de Piedmont, *idem*.... 600ᵗᵗ
Au s⁺ Bering, historiographe du Roy de Dannemarc, *idem*............................. 1200ᵗᵗ

Au s⁺ Douvrier, par gratiffication, en considération de son application aux belles-lettres........... 3000ᵗᵗ
17 juillet 1666 : au s⁺ Le Fèvre, recteur de l'Académie de Saumur, par gratiffication, en considération des ouvrages qu'il a donnez au public.......... 1000ᵗᵗ

Somme de ce chapitre......... 82800ᵗᵗ

Somme totalle de la despence contenue au présent registre.............................. 3269791ᵗᵗ 0ˢ 3ᵈ
Et la recepte monte à.......... 3270703ᵗᵗ 19ˢ 8ᵈ
Partant doibt le comptable........... 912ᵗᵗ 19ˢ 5ᵈ

Arresté à Vincennes, le 10 septembre 1666 [1].

ANNÉE 1666.

RECEPTE.

19 janvier : de Mᵉ Estienne Jehannot, s⁺ de Bartillat, la somme de 200000ᵗᵗ, pour employer à la continuation des bastimens de l'église et mouastère de l'abbaye de Notre-Dame du Val-de-Grace, compris en lad. somme les taxations du s⁺ de la Planche, trésorier en exercice la présente année 1667................. 200000ᵗᵗ

(Sur le prest d'Allençon 1666 èz douze mois également.)

26 février : de luy, pour employer au paiement des réparations nécessaires faites dans les offices de la maison de la Reyne, tant au chasteau du Louvre qu'en celuy des Thuilleries, y compris les taxations du trésorier... 848ᵗᵗ

(Comptant au trésor royal.)

30 mars : de luy, de la somme de 1200000ᵗᵗ, pour employer à la continuation des bastimens des maisons royalles pendant le courant de la présente année, y compris les taxations du trésorier à raison de 2ᵈ pour livre. 1200000ᵗᵗ

(Comptant au trésor royal 100000ᵗᵗ; au premier avril, 100000ᵗᵗ; ès premiers juin, juillet, aoust, septembre et octobre 1666, 300000ᵗᵗ, à raison de 60000ᵗᵗ pour chacun ; sur le don gratuit de Bretaigne ès premiers avril, may et juin 1666, 245000ᵗᵗ, à raison de 81666ᵗᵗ 14ˢ 6ᵈ pour chacun mois; et sur le même don, ès derniers juillet, aoust, septembre, octobre et novembre 1666, à raison de 91666ᵗᵗ 4ˢ 14ᵈ chacun, 455000ᵗᵗ.)

26 mars : du s⁺ Le Bègue, trésorier des bastimens en exercice l'année dernière 1666, la somme de 100000ᵗᵗ pour employer à la continuation des bastimens du Roy.............................. 100000ᵗᵗ

Dud. s⁺ de Bartillat, la somme de 200000ᵗᵗ, pour employer à la continuation des bastimens du Louvre, Saint-Germain, Versailles, pendant la présente année 1666, lad. somme de......................... 200000ᵗᵗ

25 novembre : de luy, la somme de 40333ᵗᵗ 6ˢ 8ᵈ, sçavoir : 40000ᵗᵗ à compte des despences à faire aux Thuilleries, et 333ᵗᵗ 6ˢ 8ᵈ pour les taxations dud. de la Planche.................... 40333ᵗᵗ 6ˢ 8ᵈ

De luy, la somme de 100000ᵗᵗ, pour employer à la continuation des bastimens du Louvre, Saint-Germain et Versailles, pendant la présente année 1666.. 100000ᵗᵗ

De luy, la somme de 3037ᵗᵗ 10ˢ, à compte du paiement de l'achapt du petit hostel de Vandosme, compris dans l'enceinte du grand dessein du Louvre, et des interests deubs depuis que le Roy s'en est mis en pocession. 3037ᵗᵗ 10ˢ

De luy, la somme de 7451ᵗᵗ 9ˢ, pour l'entier paiement des despences qui ont esté faites pour la nourriture du s⁺ Cavalier Bernin et de sa suitte que le Roy a fait venir de Rome pour travailler aux desseins du Louvre, depuis son départ jusques à son retour en sa maison. 7451ᵗᵗ 9ˢ

Dud. s⁺ de Bartillat, la somme de 100833ᵗᵗ 6ˢ 8ᵈ, pour employer au paiement des despences que le Roy a or-

---

[1] De la même écriture que l'arrêté de compte de 1664.

ANNÉE 1666. — RECETTE.

donné estre faites pour les manufactures de tapisserie des Gobelins et tapisserie, façon de Turquie, de la Savonnerie pendant la présente année........... 10083ᵗᵗ 6ˢ 8ᵈ

De luy, la somme de 100000ᵗᵗ, pour employer à la continuation des bastimens du Val-de-Grace..... 100000ᵗᵗ

De luy, la somme de 10083ᵗᵗ 6ˢ 8ᵈ, pour employer aux despences nécessaires à faire pour les réparations du chasteau de Monceaux.................. 10083ᵗᵗ 6ˢ 8ᵈ

De luy, la somme de 4033ᵗᵗ 6ˢ 8ᵈ, pour deslivrer au sʳ Le Nostre, controlleur général des bastimens du Roy, celle de 4000ᵗᵗ par gratiffication, et en considération du travail extraordinaire qu'il a fait pendant les deux années dernières........................ 4033ᵗᵗ 6ˢ 8ᵈ

De luy, la somme de 1512ᵗᵗ 10ˢ, pour le paiement des charpentiers, scieurs de long et autres ouvriers qui travaillent à faire les palis nécessaires pour la closture des plans que le Roy fait faire dans les places vuides de la forest de Laye, sur les costes d'Achères...... 1512ᵗᵗ 10ˢ

De luy, la somme de 806ᵗᵗ 13ˢ 4ᵈ, pour le paiement des charpentiers, scieurs de long et autres ouvriers qui travaillent à faire des palis dans la forest de Fontainebleau....................... 806ᵗᵗ 13ˢ 4ᵈ

Dud. sʳ de Bartillat, la somme de 2571ᵗᵗ 5ˢ, pour employer au paiement des despences qu'il convient faire pour les réparations du chasteau de Compiègne. 2571ᵗᵗ 5ˢ

De luy, la somme de 5041ᵗᵗ 13ˢ 4ᵈ, sçavoir : 5000ᵗᵗ au sʳ de Tranchant, pour le paiement de pareille somme à laquelle a esté liquidé le prix d'un moulin à vent appellé Dravet, une maison y attenant et un demy arpent de terre, à luy appartenans, situez au bout du faubourg Saint-Antoine...................... 5041ᵗᵗ 13ˢ 4ᵈ

De luy, la somme de 1388ᵗᵗ 9ˢ 6ᵈ, pour paiement tant des reliures en maroquin de Levant incarnat de 116 volumes, que des frais d'embalage, ports et reports, et autres menues despences faites par le sʳ Chamoisy. 1388ᵗᵗ 9ˢ 6ᵈ

De luy, la somme de 1192ᵗᵗ 7ˢ, pour délivrer aux ouvriers en glaces de miroir de Venise establis au faubourg Saint-Antoine de Paris, que de celles des Gobelins, lad. somme de..................... 1192ᵗᵗ 7ˢ

De luy, la somme de 3025ᵗᵗ, pour délivrer, sçavoir : 3000ᵗᵗ au sʳ Vandermeulen, peintre flament, pour son paiement des gages, appointemens et entretenemens pendant les six premiers mois 1666............ 3025ᵗᵗ

De luy, la somme de 6075ᵗᵗ, pour délivrer 6000ᵗᵗ à M. le duc de Grammont, à compte des 120000ᵗᵗ qui luy ont esté accordez pour soult de l'eschange de l'hostel de Grammont avec la maison du sʳ Monnerot, lad. somme de...................... 6075ᵗᵗ

Dud. sʳ de Bartillat, la somme de 1865ᵗᵗ 8ˢ 4ᵈ, pour délivrer, sçavoir : à Louis Bastien, tapissier, la somme de 550ᵗᵗ ; à Isaac Guimont, autre tapissier, pareille somme de 800ᵗᵗ, et à............, aussy tapissier, la somme de 500ᵗᵗ........................ 1865ᵗᵗ 8ˢ 4ᵈ

De luy, la somme de 504ᵗᵗ 3ˢ 4ᵈ, sçavoir : 500ᵗᵗ pour délivrer à Pierre Jabaquin, fils de feu Blaise Jabaquin, pour plusieurs ouvrages par luy faits à la salle des machines 504ᵗᵗ 3ˢ 4ᵈ

De luy, la somme de 5041ᵗᵗ 13ˢ 4ᵈ, pour délivrer, sçavoir : 5000ᵗᵗ à Domenico Cucci, ébéniste, à compte de deux grands cabinets qui représentent le Temple de la Gloire et celuy de la Vertu, pour servir dans la gallerie d'Apollon..................... 5041ᵗᵗ 13ˢ 4ᵈ

De luy, la somme de 6050ᵗᵗ, pour délivrer à Golle, ébéniste, la somme de 6000ᵗᵗ à compte de deux grands cabinets qu'il fait pour servir dans la gallerie d'Apollon....................... 6050ᵗᵗ

De luy, la somme de 23191ᵗᵗ 13ˢ 4ᵈ, pour le paiement de la damoiselle Dufresne, de la bibliotecque du sʳ Dufresne, son mary, que le Roy a achepté.. 23191ᵗᵗ 13ˢ 4ᵈ

De luy, la somme de 60500ᵗᵗ, sçavoir : 60000ᵗᵗ au sʳ du Buisson, pour le paiement du prix d'une maison et ses dépendances, enceinte dans le dessein du Louvre, cy devant appellées l'hostel de Combaut¹....... 60500ᵗᵗ

De luy, la somme de 52910ᵗᵗ, pour employer lad. somme suivant les ordonnances particulières de M. Colbert, conseiller èz conseils du Roy, controolleur général des finances, surintendant et ordonnateur général des bastimens, arts et manufactures de France.... 52910ᵗᵗ

De luy, la somme de 5833ᵗᵗ 12ˢ 6ᵈ, pour délivrer, sçavoir : 5784ᵗᵗ 17ˢ 6ᵈ, aux sʳˢ Reynon, marchands de Lion, pour leur paiement des velours et brocarts qu'ils ont livrez pour le Roy..................... 5833ᵗᵗ 12ˢ 6ᵈ

De luy, la somme de 1210ᵗᵗ, sçavoir : 1200ᵗᵗ pour le paiement d'une pièce de terre scituée au-dessoubs de Montmartre, sur laquelle a esté construict une maison pour loger les gardes-chasses de la plaine de Saint-Denis........................ 1210ᵗᵗ

De luy, la somme de 3025ᵗᵗ, pour le paiement de la nouriture et entretenement de divers ouvriers en glace de Venise que le Roy a fait venir pour travailler en France 3025ᵗᵗ

---

¹ Cet hôtel, situé rue des Poulies et contigu à l'hôtel de Bourbon, faisait le coin du quai. Voyez Ad. Berty, *Topographie historique du vieux Paris*, t. I, p. 87. A la fin de l'article consacré à cet hôtel, Ad. Berty dit qu'il coûta à Louis XIV 600000 livres. Il y a, comme on voit, une grosse erreur dans le chiffre donné par l'historien de Paris.

8.

De luy, la somme de 28233ᵗᵗ 6ˢ, sçavoir : 28000ᵗᵗ aux gouverneurs et administrateurs de l'hospital des Quinze-Vingtz, pour le prix de quatre maisons scizes rue Saint-Nicaise, qui serviront à l'eslargissement de lad. rue..... .... 28233ᵗᵗ 6ˢ

De luy, la somme de 1008ᵗᵗ 10ˢ, pour délivrer au sʳ CASTELLAN, maistre de la verrerie de Nevers, pour avoir envoyé son fils à Venise pour amener des ouvriers en glaces pour travailler à la manufacture des glaces de Moran [1] 1008ᵗᵗ 10ˢ

De luy, la somme de 9700ᵗᵗ 13ˢ 4ᵈ, sçavoir : 9620ᵗᵗ pour le payement des pensions et gratifications que le Roy a ordonné à divers gens de lettres, François et estrangers.................... 9700ᵗᵗ 13ˢ

De luy, la somme de 24059ᵗᵗ 3ˢ 11ᵈ, pour employer au paiement de plusieurs grands ouvrages d'argenterie que le Roy fait faire pour son service... 24059ᵗᵗ 3ˢ 11ᵈ

De luy, la somme de 60500ᵗᵗ, pour d'icelle délivrer aux orphèvres qui travaillent aux grands ouvrages d'argenterie que le Roy a ordonné estre faits pour son service celle de 60000ᵗᵗ, à compte de leursdits ouvrages........................ 60500ᵗᵗ

De luy, la somme de 1089ᵗᵗ, pour délivrer à JACQUES BERTRAND, tapissier de la ville d'Aubusson, pour son paiement d'une pièce de tapisserie qu'il a faite pour le Roy, contenant neuf aulnes en carré, à raison de 120ᵗᵗ l'aune........................... 1089ᵗᵗ

De luy, la somme de 968ᵗᵗ 7ˢ 10ᵈ, pour délivrer à MARCELLIN CHABLIER, marchand de soye, pour son paiement de dix-sept aulnes de velours rouge cramoisy de trois poils, à raison de 24ᵗᵗ l'aune, et 22 aunes quartier et demy de velours aussy rouge cramoisy à quatre poils, à 25ᵗᵗ l'aune................... 968ᵗᵗ 7ˢ 6ᵈ

De luy, la somme de 960ᵗᵗ 18ˢ 10ᵈ, pour l'indemnité accordée à quelques particuliers, à cause du revenu de leurs terrres et héritages enfermez dans le parc de Versailles, pour la présente année 1666... 960ᵗᵗ 18ˢ 10ᵈ

Dud. sʳ DE BARTILLAT, la somme de 3025ᵗᵗ, pour délivrer au sʳ prieur du prieuré de Versailles, pour son indemnité de la diminution du revenu dud. prieuré, à cause des terres qui en deppendent enfermées dans le parc de Versailles, et ce pour les années 1662, 1663, 1664, 1665 et 1666.................. 3025ᵗᵗ

De luy, la somme de 3735ᵗᵗ 17ˢ 6ᵈ, pour délivrer à LOUIS GOURLIER, habitant de Versailles, pour le prix d'une place scize aud. Versailles, sur laquelle estoient

[1] Voyez ci-dessus (col. 103) l'article relatif à PIETRO FLAMENT.

basties des maisons et escuries à luy appartenans, et qui ont esté encloses dans le parc de Versailles. 3735ᵗᵗ 17ˢ 6ᵈ

De luy, la somme de 20166ᵗᵗ 13ˢ 4ᵈ, pour délivrer aux ouvriers qui ont travaillé au chasteau de Vincennes, à compte de ce qui leur est deub..... 20166ᵗᵗ 13ˢ 4ᵈ

De luy, la somme de 21000ᵗᵗ, pour délivrer au sʳ VALLOT, médecin, pour estre employé au paiement des gages des officiers et entretenement du Jardin des plantes du faubourg Saint-Victor, pendant la présente année 1666.................. 21000ᵗᵗ

De luy, la somme de 98000ᵗᵗ, pour les gages des officiers des bastimens, jardins, tapisseries et manufactures de France, et entretenemens de ceux que S. M. veut estre entretenus pour son service....... 98000ᵗᵗ

De luy, la somme de 22000ᵗᵗ, pour le paiement des gages des officiers des bastimens du Roy, jardins, arts et manufactures de France, que S. M. entretient en son chasteau de Fontainebleau................ 22000ᵗᵗ

De luy, la somme de 4050ᵗᵗ, sçavoir : 3000ᵗᵗ pour le paiement des réparations du chasteau de Vincennes, et 1000ᵗᵗ pour l'entretenement du jardin dud. chasteau... .... 4050ᵗᵗ

De luy, la somme de 100833ᵗᵗ 6ˢ 8ᵈ, pour d'icelle délivrer 100000ᵗᵗ aux orphèvres qui travaillent pour le Roy, à compte, et 833ᵗᵗ 6ˢ 8ᵈ pour les taxations dud. trésorier.................. 100833ᵗᵗ 6ˢ 8ᵈ

De luy, la somme de 31258ᵗᵗ 6ˢ 8ᵈ, sçavoir : 31000ᵗᵗ aux ouvriers qui ont travaillé au chasteau de Vincennes, à compte de ce qui leur est deub, et 258ᵗᵗ 6ˢ 8ᵈ pour les taxations dud. trésorier........... 31258ᵗᵗ 6ˢ 8ᵈ

De luy, la somme de 20166ᵗᵗ 13ˢ 4ᵈ, sçavoir : 6000ᵗᵗ au sʳ MANDAT, directeur des créanciers de FOUCQUET, pour le prix des livres que j'ay fait achepter de ceux de la bibliotecque de Saint-Mandé [2], et 14000ᵗᵗ au sʳ ARNOUL, pour les livres de l'histoire d'Italie.... 20166ᵗᵗ 13ˢ 4ᵈ

De luy, la somme de 4178ᵗᵗ 10ˢ, pour le paiement des gages du sʳ LE FEBVRE, controlleur général des bastimens de l'année 1664.............. 4178ᵗᵗ 10ˢ

De luy, la somme de 3000ᵗᵗ, pour employer au paiement de la subsistance et entretenement des prestres de la congrégation de la Mission de Fontainebleau, pendant les six derniers mois de la présente année 1666, suivant les ordonnances particulières de M. Colbert, Surintendant des bastimens................ 3000ᵗᵗ

Dud. sʳ DE BARTILLAT, la somme de 7260ᵗᵗ, pour délivrer, sçavoir : au sʳ Cavalier BERNIN, la somme de

[2] Voyez, sur la bibliothèque de Saint-Mandé, le Cabinet des manuscrits, par M. Léopold Delisle, t. Iᵉʳ, p. 270-274.

6000ʰ, pour le paiement de la pension que le Roy luy a accordé pendant l'année 1666, et au sʳ Paolo Bernin, son fils, 1200ʰ......................... 7260ʰ

De luy, pour délivrer au sʳ Vandermeulen, peintre flamand, la somme de 3000ʰ, pour son paiement des gages et appointemens pendant les six derniers mois 1666, et 25ʰ 10ˢ pour les taxations du trésorier..... 3025ʰ

De luy, la somme de 14445ʰ 3ˢ 5ᵈ, pour le paiement des loyers de maisons occupées par les officiers de la bouche du Roy et de ceux de la Reyne, depuis le premier aoust 1665 jusques au dernier décembre 1666...
.... 14445ʰ

De luy, la somme de 1008ʰ 6ˢ 8ᵈ, pour délivrer à Pierre Dippy, natif d'Alep en Sirie, secrétaire interpretle en langue arabique et siriaque, pour sa pension de l'année dernière 1666............ 1008ʰ 6ˢ 8ᵈ

De luy, la somme de 1210ʰ, pour délivrer au sʳ Paitis de la Croix, secrétaire interpretle en langue arabique et turquesque, pour ses gages de l'année 1666. 1210ʰ

De luy, la somme de 1388ʰ 10ˢ 2ᵈ, pour le parfait paiement des despences qui ont esté faictes pour les manufactures de tapisserie des Gobelins et de la Savonnerie, pendant l'année 1666, y compris 400ʰ pour le raccommodage d'une tanture de tapisserie de la couronne relevée d'or représentant l'histoire de Diane. 1388ʰ 10ˢ 2ᵈ

Dud. sʳ de Bartillat, la somme de 4255ʰ 3ˢ 4ᵈ, pour les loyers de l'année 1666, de la halle, eschoppes et maisons destinées à l'hostel des mousquetaires du Roy, la somme de........................ 4255ʰ 3ˢ 4ᵈ

Du sʳ Le Menestrel, pour reste de son compte de l'année 1661..................... 1351ʰ 5ˢ 14ˢ 2ᶜ

De luy, idem, de l'année 1664........ 2337ʰ 10ˢ

Dud. sʳ Le Bègue, idem, de l'année 1665. 912ʰ 19ˢ 6ᵈ

De la somme de 750ʰ, faisant moitié de 1500ʰ, à quoy a esté fait marché avec trois maistres charrons, des arbres et palissades qu'ils doivent arracher dans le jardin des Thuilleries........................ 750ʰ

Total de la recepte..... 286774ʰ 5ˢ 9ᵈ

DESPENSE.

CHASTEAU DU LOUVRE.

MAÇONNERIE.

28 may 1666 - 15 mars 1667 : à André Mazière et Antoine Bergeron, entrepreneurs des bastimens du Louvre, à compte des ouvrages qu'ils ont faict tant au Louvre qu'au palais des Thuilleries (10 p.).. 290000ʰ

28 may - 31 décembre : à eux, aussy entrepreneurs du quay qui se faict devant les Thuilleries, depuis le Pont Rouge jusques à la porte de la Conférence, à compte des ouvrages de maçonnerie qu'ils font aud. quay (8 p.)........................... 60500ʰ

3 novembre 1666 - 19 février 1667 : à Guillaume Hubby, maçon, à compte d'une cloaque faicte à la petite escurie du Roy en 1663 (2 p.)........... 685ʰ 15ˢ

19 février 1667 : à Pastel, à compte des ouvrages de maçonnerie qu'il a faites au Louvre en 1664. 1000ʰ

Somme de ce chapitre..... 352185ʰ 15ˢ

CHARPENTERIE.

22 may 1666 - 15 mars 1667 : à Paul Charpentier et Porcelet Cliquin, charpentiers, à compte des ouvrages par eux faicts et à faire, tant au Louvre qu'au palais des Thuilleries (10 p.)............. 57000ʰ

COUVERTURE.

28 may 1666 - 19 février 1667 : à Charles Ivon, couvreur, à compte de ses ouvrages de couverture tant au Louvre qu'au palais des Thuilleries (7 p.). 20000ʰ

15 juillet - 6 octobre : à luy, à compte des ouvrages faicts pendant l'année 1666 (2 p.)......... 2500ʰ

6 octobre : à luy et à son fils, à compte des ouvrages de couverture par eux faicts aud. lieu........ 3500ʰ

7 décembre : à sʳ Le Roy, à compte de ses ouvrages de couverture au Louvre et aux Thuilleries.... 1500ʰ

Somme de ce chapitre......... 27500ʰ

PLOMBERIE.

28 may 1666 - 15 mars 1667 : à Gilles Le Roy, plombier, à compte des ouvrages de fournitures de plomb qu'il faict au Louvre et aux Thuilleries (10 p.). 55200ʰ

A Alain Lhermisier, plombier, à compte des ouvrages et fournitures de plomb qu'il a faicts pendant les années 1659, 1660, 1661, 1662 et 1663......... 7500ʰ

Somme de ce chapitre......... 62700ʰ

SERRURERIE.

28 maỹ : à ESTIENNE DOYANT, serrurier, pour son parfait paiement de tous les ouvrages qu'il a faicts pendant l'année 1664 .... 1660ᵗᵗ

28 may 1666-15 mars 1667 : à luy, à compte de ses ouvrages de serrurerie au chasteau du Louvre et palais des Thuilleries (10 p.).............. 25600ᵗᵗ

24 aoust 1666-18 février 1667 : à SIMON POTIER, à compte de ses ouvrages de serrurerie à l'appartement du Roy aux Thuilleries (4 p.)................ 1400ᵗᵗ

24 aoust 1666-9 may 1667 : à ANTOINE LE MAISTRE et DENIS DUCHESNE, à compte de leurs ouvrages de serrurerie à l'appartement de la Reyne aux Thuilleries (8 p.)................................ 7100ᵗᵗ

6 octobre 1666-18 février 1667 : à LE BRETON, serrurier, à compte des ouvrages de serrurerie qu'il faict aux Thuilleries (4 p.)..................... 2300ᵗᵗ

7 décembre 1666-18 février 1667 : à LAMBERT, à compte de ses ouvrages de serrurerie aux Thuilleries (5 p.)............................. 3000ᵗᵗ

7 décembre : à SEIGNEUREY, à compte de ses ouvrages de serrurerie au Louvre en 1662 .... 300ᵗᵗ

Somme de ce chapitre......... 41360ᵗᵗ

RÉPARATIONS.

Néant.

PEINTURE, SCULPTURE ET ORNEMENS.

28 may 1666-19 février 1667 : à THIBAUT POISSANT, sculpteur, à compte des ouvrages de sculpture qu'il fait au Louvre, et de ses figures pour le dosme des Thuilleries (11 p.)........................ 14800ᵗᵗ

15 juillet : à NICOLAS LE GENDRE et THIBAUT POISSANT, à compte des ouvrages de stuc par eux faits et à faire au platfonds de la chambre du Roy aud. lieu... 1000ᵗᵗ

19 février 1667 : à POISSANT le jeune, pour parfait paiement de la devise du Roi qu'il a faite aud. lieu. 300ᵗᵗ

28 may 1666-19 février 1667 : à PHILIPPES BUISTER, à compte de ses ouvrages de sculpture au Louvre et des figures qu'il a faites pour le dosme des Thuilleries (11 p.)............................... 15500ᵗᵗ

28 may 1666-9 mai 1667 : à MATHIEU LESPAGNANDEL et PHILIPPES CAFFIERS[1], à compte de leurs ouvrages de sculpture en bois à l'appartement du Roy aux Thuilleries (12 p.)............................ 22300ᵗᵗ

14 septembre : à PHILIPPES CAFFIERS, pour parfait paiement de la somme de 500ᵗᵗ, à quoy reviennent deux models en bois de contre-cœurs de cheminée.... 300ᵗᵗ

28 may 1666-19 février 1667 : à PAUL GOUJON, dit LA BARONNIÈRE, à compte de ses ouvrages de peinture et dorure au Louvre et aux Thuilleries, notamment au platfonds de la gallerie des peintures (8 p.)...... 6300ᵗᵗ

28 may-31 décembre : à LÉONNARD GONTIER, peintre, à compte des ouvrages de peinture qu'il a faits à la gallerie des peintures aux Thuilleries (6 p.)...... 2700ᵗᵗ

28 may 1666-19 février 1667 : à JEAN LE GREU, marbrier, à compte des huict colonnes de marbre rouge qu'il fait pour le dosme du palais des Thuilleries (7 p.). 8080ᵗᵗ

24 aoust 1666-19 février 1667 : à JEAN LE GREU et HUBERT MISSON, à compte des ouvrages de pavé de marbre noir et blanc qu'ils doivent fournir dans le vestibule des Thuilleries (7 p.)............... 18000ᵗᵗ

24 septembre 1666-19 février 1667 : à HUBERT MISSON, à compte des chambranles de marbre et foyers qu'il faict aux Thuilleries (6 p.)............ 5800ᵗᵗ

28 may-6 octobre : à JEAN HARMANT, ébéniste, pour parfait paiement de la somme de 8965ᵗᵗ, à quoy montent les ouvrages qu'il a faits tant au Louvre, Palais Royal, qu'au chasteau de Versailles èz années 1661, 1662 et 1663........................... 2515ᵗᵗ 16ˢ 8ᵈ

3 novembre 1666-19 février 1667 : à luy, à compte d'une estrade de bois de rapport qu'il fait dans la chambre de la Reine aux Thuilleries (4 p.).... 1200ᵗᵗ

28 may 1666-15 mars 1667 : à GASPARD et BALTHAZARD MARSY, sculpteurs, à compte des ouvrages de sculpture des frontons et restablissement des dehors de la grande gallerie du Louvre (7 p.)............ 11000ᵗᵗ

6 octobre 1666-15 mars 1667 : aud. MARSY, à compte d'une figure qu'il faict pour le dosme des Thuilleries (2 p.)................................ 400ᵗᵗ

28 may-31 décembre : à FRANÇOIS GIRARDON, THOMAS REGNAUDIN, LOUIS LERAMBERT et JEAN-BAPTISTE TUBY, sculpteurs, à compte des ouvrages de sculpture par eux faits et à faire dans la chambre et cabinet de l'appartement du Roy aux Thuilleries (7 p.)................. 16500ᵗᵗ

6 octobre 1666-15 mars 1667 : à LOUIS LERAMBERT, pour paiement de deux figures de pierre qu'il a faites pour le dosme des Thuilleries (2 p.).......... 800ᵗᵗ

15 juillet-31 décembre : à LAURENT MAGNIER[2] et PHILBERT BERNARD, sculpteurs, à compte des ouvrages de stuc qu'ils ont faits dans la salle des gardes du Roy aud. lieu (6 p.)..................... 8000ᵗᵗ

---

[1] Ou CAFFIER.

[2] Ou MAGNIÈRE.

ANNÉE 1666. — LOUVRE.

15 juillet 1666-15 mars 1667 : à Jacques Houzeau, sculpteur, à compte des ouvrages qu'il fait aux Thuilleries[1] (10 p.)........................ 9500ᵗᵗ

24 aoust-6 octobre : à Nicolas Massé[2], à compte de ses ouvrages de sculpture aux Thuilleries (3 p.). 4000ᵗᵗ

24 aoust 1666-15 mars 1667 : à Noel Coipel, à compte de ses ouvrages de peinture aux Thuilleries (4 p.)........................ 2500ᵗᵗ

24 aoust-31 décembre : à Nicolas Le Gendre et Henry Le Grand, à compte des ouvrages de stuc qu'ils font au platfonds de l'antichambre du Roy aux Thuilleries (5 p.)........................ 6100ᵗᵗ

24 aoust-6 octobre : à Antonio Gally, stucateur, à compte de la grande corniche de stuc qu'il fait dans la grande galerie des Thuilleries (3 p.)........ 2000ᵗᵗ

24 septembre 1666-15 mars 1667 : au s' Champagne[3], à compte de ses ouvrages de peinture aux Thuilleries (5 p.)........................ 2500ᵗᵗ

Au s' Nocret[4], idem (4 p.).............. 2000ᵗᵗ

Au s' Quillerier, idem (4 p.)........... 2000ᵗᵗ

24 septembre-31 décembre : au s' Paillet, idem (2 p.)........................ 1300ᵗᵗ

24 septembre : à Jean Pasquier, à compte des fournitures qu'il a faites pour la salle des Commédies en 1661........................ 700ᵗᵗ

24 septembre : à Henry de Fer, à compte des colonnes et quartiers de pierre de Saint-Cloud qu'il fournit........................ 1000ᵗᵗ

6 octobre : au s' Yvart, pour son parfait paiement des ouvrages de peinture qu'il a faits au Louvre. 203ᵗᵗ 7ˢ

19 février 1667 : à luy, pour journées de peintres, achapt de toiles et couleurs pour les platfonds des Thuilleries........................ 1349ᵗᵗ 13ˢ

15 mars 1667 : à luy, pour achapt de toiles et peintures et pour le paiement d'ouvriers peintres qui ont travaillé à la gallerie d'Apollon........... 471ᵗᵗ

6 octobre 1666-15 mars 1667 : à Le Gros, pour le paiement d'une figure de pierre pour le dosme des Thuilleries (2 p.)........................ 400ᵗᵗ

6 octobre : à Massou, à compte, idem....... 200ᵗᵗ

6 octobre 1666-15 mars 1667 : à Le Hongre, pour parfaict paiement, idem (2 p.)............ 400ᵗᵗ

31 décembre : à luy, à compte des ouvrages de sculpture qu'il fait au modelle du Louvre........ 500ᵗᵗ

15 mars 1667 : à luy, à compte des ouvrages de sculpture qu'il fait aux Thuilleries............ 300ᵗᵗ

6 octobre-3 novembre : à Martin Fremery et Jean Tannevot, à compte des ouvrages qu'ils font aux Thuilleries (2 p.)........................ 1500ᵗᵗ

6 octobre-31 décembre : à Jean Macé, ébéniste, à compte des ouvrages de bois de rapport qu'il fait aux Thuilleries (3 p.)........................ 1000ᵗᵗ

19 février 1667 : à luy, à compte d'une estrade de marqueterie qu'il fait aux Thuilleries......... 350ᵗᵗ

24 septembre 1666-15 mars 1667 : au s' Mignart, à compte des ouvrages de peinture qu'il fait dans la chambre du Roy (6 p.)................. 3000ᵗᵗ

3 novembre : au s' Francart, pour avoir mis au net tous les desseins des platfonds et autres ouvrages faits par M. Le Brun.................. 800ᵗᵗ

3 novembre : à Jacques Sommer[5], pour son paiement de 1050ᵗᵗ, à quoy montent les trois parquets de marqueterie........................ 550ᵗᵗ

15 mars 1667 : à luy, pour le paiement de quatre parquets de marqueterie avec cuivre et estaing.. 1050ᵗᵗ

3 novembre 1666-9 may 1667 : à Dominico Cucci, à compte des targettes, verroux et autres ouvrages de bronze qu'il fond pour les portes et fenestres des Thuilleries (8 p.)........................ 1200ᵗᵗ

31 décembre : à Baptiste, sculpteur, pour avoir fait les modèles desd. targettes............... 150ᵗᵗ

7 décembre : au s' Fouet, à compte des ouvrages de peinture et bas-reliefs qu'il fait à la gallerie des peintures........................ 300ᵗᵗ

Au s' Baptiste, peintre, idem............ 300ᵗᵗ

Au s' de la Fosse, idem................ 300ᵗᵗ

31 décembre : à Mesnard, marbrier, à compte des ouvrages qu'il fait aux Thuilleries........... 150ᵗᵗ

19 février 1667 : à la veuve de François Cassie, pour son parfait paiement de la somme de 3520ᵗᵗ, à quoy montent les ouvrages de stuc faits dans la voute du sallon du Louvre pendant l'année 1659........ 370ᵗᵗ

15 mars 1667 : à Motelet, parqueteur, à compte des planchers qu'il a frotté aux Thuilleries........ 200ᵗᵗ

A Benoist[6], pour parfait paiement de la somme de 400ᵗᵗ, à quoy monte une figure de pierre qu'il a faite pour le dosme des Thuilleries............ 200ᵗᵗ

---

[1] A la date du 24 août, un article porte cette mention : «A luy, à compte du vestibule, 400ᵗᵗ», somme comprise dans notre total.
[2] Ou Massé.
[3] Jean-Baptiste Champagne le neveu. Voyez *Mémoires inédits des académiciens*, I, 347, 348.
[4] Le premier article porte Mocret; mais c'est très-certainement une inadvertance de copiste.
[5] Ou Somer.
[6] Ne serait-ce pas Benoit Massou? (Voy. 6 octobre, col. 125.)

Au sʳ Marie dela Monica, pour avoir fait et posé les deux foyers de marqueterie dans les deux grandes chambres du Roy aux Thuilleries 600ᵗᵗ

Somme de ce chapitre... 194939ᵗᵗ.16ˢ 8ᵈ

MENUISERIE.

28 may-31 décembre : à Pierre Dionis, Jean Danclebert, Philippes de la Croix et Claude Bergerat, menuisiers, à compte des ouvrages de menuiserie qu'ils font à l'appartement de la Reyne aux Thuilleries (8 p.).
.... 63000ᵗᵗ

7-31 décembre : à Pierre Dionis, à compte des ouvrages de menuiserie qu'il a faict au gros pavillon des Thuilleries (3 p.)..................... 5200ᵗᵗ

19 février-9 may 1667 : à luy, à compte des licts qu'il faict dans le corps de garde du Louvre ou des Thuilleries (4 p.)..................... 3400ᵗᵗ

28 may : à Nicolas Masse et Jean Tannevot, menuisiers, à compte de leurs ouvrages de l'appartement de Monseigneur le Dauphin aux Thuilleries...... 2000ᵗᵗ

15 juillet-7 décembre : à Nicolas Masse, menuisier, à compte de ses ouvrages de menuiserie aux Thuilleries (2 p.)..................... 2000ᵗᵗ

28 may-31 décembre : à Claude Buirette¹, Antoine Saint-Ives, Jacques Prou et Martin Caulle, menuisiers, à compte des ouvrages de menuiserie par eux faicts aux Thuilleries (8 p.)..................... 59000ᵗᵗ

20 aoust 1666-15 mars 1667 : à Claude Buirette, à compte des ouvrages de menuiserie qu'il faict au model du chasteau du Louvre (8 p.)............ 5000ᵗᵗ

28 may : à la veuve de Jean Maujan, vivant menuisier, à compte des ouvrages de menuiserie par luy faicts au Louvre en l'année 1660 .... 2000ᵗᵗ

15 juillet-31 décembre : à Martin Fremery et Jean Tannevot, à compte des ouvrages de menuiserie qu'ils font aux Thuilleries à l'appartement de Monseigneur le Dauphin (4 p.)..................... 5900ᵗᵗ

15 juillet : à Edme Le Gerand², menuisier, pour plusieurs petites quaisses d'orangers et jassemins qu'il a fournies aux Thuilleries.................. 120ᵗᵗ

15 juillet 1666-16 mars 1667 : à François Couvreux et Estienne Remy, à compte de leurs ouvrages de menuiserie aux Thuilleries (4 p.)................ 3700ᵗᵗ

3 novembre : à Estienne Couvreux³, idem...... 600ᵗᵗ

20 aoust 1666-15 mars 1667 : à Antoine Houbart,

menuisier, à compte de ses ouvrages au Louvre ès années 1660 et 1661 (2 p.).................. 700ᵗᵗ

20 aoust : à Pierre Chevallier, à compte des ouvrages qu'il a faicts au Louvre, palais des Thuilleries et Palais Royal ès années 1659, 1660 et 1661... 1000ᵗᵗ

7 décembre 1666-15 mars 1667 : à luy, à compte du restablissement des auges de la petite escurie du Roy (4 p.)..................... 1600ᵗᵗ

24 septembre-7 décembre : à Nicolas Ladvenue, menuisier, à compte de ses ouvrages au Louvre en 1661 (2 p.)..................... 500ᵗᵗ

24 septembre 1666-19 février 1667 : à Pierre Michel et Estienne Langouron, à compte des ouvrages de menuiserie qu'ils ont faicts au Louvre et aux Thuilleries (2 p.)..................... 1900ᵗᵗ

7 décembre 1666 : à Dayart⁴, sur les ouvrages de menuiserie qu'il a faicts au Louvre en l'année 1663. 200ᵗᵗ

A Daniel Fossier, pour parfait paiement de la somme de 11865ᵗᵗ 6ˢ 8ᵈ à quoy montent les ouvrages de menuiserie faicts par le nommé Maujan au Louvre. 2265ᵗᵗ 6ˢ 8ᵈ

31 décembre 1666-19 février 1667 : à Lavier, menuisier, à compte des ouvrages de menuiserie aux Thuilleries (2 p.)..................... 3000ᵗᵗ

31 décembre 1666 : à Carrel, menuisier, à compte de ses ouvrages de menuiserie aux Thuilleries. 800ᵗᵗ

19 février-15 mars 1667 : à Prou, à compte des ouvrages de menuiserie qu'il fait dans la garderobbe de la Reine aux Thuilleries.................. 3000ᵗᵗ

Somme de ce chapitre⁵....... 166885ᵗᵗ

VITRERIE.

28 may 1666-9 may 1667 : à Pierre Vienney⁶, vitrier, à compte de ses ouvrages de vitrerie au chasteau du Louvre et aux Thuilleries (9 p.)............ 6900ᵗᵗ

3 novembre : à luy, à compte de ses ouvrages de vitrerie au Louvre en 1664..................... 1000ᵗᵗ

3 novembre 1666-9 may 1667 : à la veuve Lorget, à compte des ouvrages de vitrerie qu'elle faict faire aux Thuilleries (4 p.)..................... 1900ᵗᵗ

3 novembre : à Louis Breilly, à compte des ouvrages de vitrerie qu'il a faits au Louvre et palais des Thuilleries ès années 1662 et 1663............. 300ᵗᵗ

7-31 décembre : au sʳ Jacquet, à compte des ouvrages de vitrerie qu'il a faicts au Louvre en 1664 (2 p.). 600ᵗᵗ

Somme de ce chapitre........ 10700ᵗᵗ

---

¹ Ce nom est quelquefois écrit Buret.
² Est-ce pour Le Grand ?
³ Cet article ne devrait-il pas être mis au compte des deux menuisiers de l'article précédent ?
⁴ Il faut sans doute lire Doyart.
⁵ On a omis les 6ˢ 8ᵈ de l'article Fossier.
⁶ La forme ordinaire de ce nom est Viarrey.

ANNÉE 1666. — LOUVRE.

OUVRAGES DE PAVÉ.

20 aoust 1666-9 may 1667 : à Léonnard Aubry, paveur, à compte des ouvrages de pavé qu'il faict aux Thuilleries (8 p.)........................ 47000^{tt}
24 septembre 1666-9 may 1667 : à Antoine Vatel, idem (7 p.)........................ 42500^{tt}

Somme de ce chapitre........ 89500^{tt}

JARDINAGE.

18 juillet 1666 : à Guillaume Maron et Pierre Descots, jardiniers, pour avoir faict escheniller les ormes de l'allée du mail.................. 181^{tt} 13^s
31 décembre 1666-9 février 1667 : à Descots, jardinier, à compte des rigolles qu'il faict dans le jardin des Thuilleries (2 p.)................ 1350^{tt}
31 décembre : à luy, pour avoir arrosé les arbrisseaux qui sont dans led. jardin........... 98^{tt}
3 novembre 1666-19 février 1667 : à Louis Chadane, à compte du sable de rivière qu'il fournit et voiture dans le jardin et grand parterre des Thuilleries (5 p.)...................... 1000^{tt}
7 décembre 1666-15 mars 1667 : à Claude Carbonel, pour le paiement des ouvriers qui travaillent à dresser le parterre dud. jardin (5 p.)...... 8427^{tt} 10^s 4^d
7 décembre 1666-19 février 1667 : aud. Carbonnel et à Henry Dupuis, jardiniers conduisans les ouvriers qui travaillent au grand parterre du jardin, à compte de leursd. ouvriers (3 p.)................ 600^{tt}
7-31 décembre : à Deslauriers, à compte des buis qu'il arrache et replante dans led. jardin des Thuilleries (3 p.)....................... 1200^{tt}
7 décembre 1666-15 mars 1667 : à Isaye le jeune, à compte des terres qu'il transporte dans le grand parterre des Thuilleries (5 p.)................ 4700^{tt}
7-31 décembre : à François, à compte des petites rigolles qu'il faict au grand parterre (2 p.)........ 120^{tt}
31 décembre : à Fromentin, pour avoir livré du fumier pour faire des couches dans le jardin...... 394^{tt}
19 février 1667 : à François Adam, pour son paiement de sept couches de fumier............. 168^{tt}
A......, pour la quantité de 155 chicomores qu'il a fournis et voiturés aud. lieu (2 p.)............ 175^{tt}
A Papillon, à compte des terres qu'il enlève le long de la grande gallerie du Louvre............ 1300^{tt}
A Onjant, pour mesme despence faicte au parterre des Thuilleries.......................... 24^{tt}
19 février-15 mars 1667 : A Bienfaict et autres, pour les voitures de terre qu'ils font dans le jardin des Thuilleries (2 p.)...................... 1076^{tt}
19 février 1667 : à ......, pour le paicment de 100 thoises de rigolles qu'il a faictes aux Thuilleries... 40^{tt}
15 mars 1667 : à Guillaume Maçon, jardinier, pour avoir planté des buis dans led. jardin.......... 200^{tt}
A Bouchard, pour menues despences faictes aux Thuilleries............................. 138^{tt}

Somme de ce chapitre..... 21192^{tt} 3^s 4^d

PARTIES EXTRAORDINAIRES.

28 may : à René Auger, manneuvre, par aumosne à luy faicte, à cause que sa femme s'est tuée en tombant du bastiment des Thuilleries................. 60^{tt}
A François Mathieu, appareilleur, par aumosne, à cause qu'il a eu la jambe rompue aud. bastiment.. 60^{tt}
20 aoust : à luy et Antoine Conty, tailleurs et appareilleurs de pierre, pour avoir planté le May de l'Assension aux Thuilleries...................... 500^{tt}
15 juillet : à Louis Raymond, tailleur de pierre, et François Boquet, charpentier, pour distribuer aux ouvriers travaillants aux Thuilleries, par gratiffication. 500^{tt}
20 aoust : à la veuve de Jean du Hanois, à compte des fournitures de cordes qu'elle a faictes à la salle des machines au Louvre...................... 400^{tt}
3 novembre : à Laurent Fraziol, par gratiffication, pour aider à se faire penser de la blessure qu'il s'est faicte............................... 100^{tt}
7 décembre : aux principaux ouvriers des Thuilleries, la somme de 500^{tt} que S. M. leur a ordonné par gratiffication............................ 500^{tt}
7 décembre 1666-15 mars 1667 : à Jean Pasquier, pour reste et parfaict paiement de la somme de 5708^{tt} 3^s, à quoy montent les fournitures de bois, planches, cordes et clouds qu'il a faictes pour la salle des machines à Paris en l'année 1661 (2 p.)................ 2008^{tt} 3^s
31 décembre : à Laurent Bienfaict et Laurent Coiffant, pour avoir voituré du fumier dans le jardin des Thuilleries............................. 198^{tt}
A Jean Ganzel et autres, pour leur paiement des recoupes qu'ils ont voicturées dans led. jardin. 130^{tt} 14^s
Aux enfans de deffunct Marin Cernel, qui s'est tué travaillant aux Thuilleries.................. 150^{tt}
31 décembre 1666-15 mars 1667 : à Henry de Fer, carreyer, à compte des colonnes et pierres qu'il fournit tant pour le Louvre qu'aux Thuilleries (3 p.)... 2500^{tt}
A Samuel Mouton, idem (3 p.)........... 2500^{tt}
31 décembre : à Daniel Fossier, pour employer au

paiement des menues despences à faire pour les Bastimens 1000ᵗᵗ

15 mars 1667 : à GRATIEN COLLET, compagnon sculpteur, qui s'est estropié travaillant aux Thuilleries. 100ᵗᵗ

A LA VALETTE et LA RICHARDIÈRE, par gratification, idem 100ᵗᵗ

A LOUIS RAYMOND, pour menues despences qu'il a faictes aux Thuilleries............. 87ᵗᵗ 12ˢ 6ᵈ

A HARDEBAULT, vannier, à compte des mannes d'ozier qu'il a faict pour planter des ormes en réserve.... 300ᵗᵗ

A PAPILLON, à compte des terres qu'il a transporté le long de la grande gallerie du Louvre (2 p.)..... 900ᵗᵗ

9 may 1667 : à la veuve de deffunct LALOITTE, pour son paiement de quatre lanternes de fer blanc qu'il a faictes aux Thuilleries........................ 240ᵗᵗ

Somme de ce chapitre..... 12334ᵗᵗ 9ˢ 6ᵈ

PALAIS ROYAL.

MAÇONNERIE.

Néant.

CHARPENTERIE.

6 octobre-3 novembre : à PIERRE BASTARD, charpentier, à compte de ses ouvrages de charpenterie au Palais Royal (2 p.)................................. 2000ᵗᵗ

7-31 décembre : à luy, à compte de ses ouvrages à la salle des Comédies (2 p.)................. 1200ᵗᵗ

Somme de ce chapitre.......... 3200ᵗᵗ

MENUISERIE, SERRURERIE, PEINTURE, SCULPTURE ET ORNEMENS.

Néant.

PARTIES EXTRAORDINAIRES.

28 may : à FRANÇOIS TOULMAY, vuidangeur, pour paiement des vuidanges par luy faictes au Palais Royal en 1665 .... 205ᵗᵗ

24 septembre : à BOUTICOURT, pour son paiement des ormes qu'il a fournies et plantées dans le jardin du Palais Royal 150ᵗᵗ

Somme de ce chapitre.......... 355ᵗᵗ

MAISON DE LA POMPE DU PONT-NEUF.

28 may-7 décembre : à ANTOINE COIGNET, orlogeur, à compte des ouvrages à faire à l'orloge de la pompe du Pont-Neuf (2 p.)........................ 400ᵗᵗ

28 may-24 aoust : à JACQUES HOUZEAU, sculpteur, à compte des ouvrages de sculpture qu'il faict à la pompe (2 p.)................................... 700ᵗᵗ

24 aoust-3 novembre : à SIMON POTIER, à compte des ouvrages de serrurerie et fourniture de gros fer à lad. pompe (3 p.)................................ 1000ᵗᵗ

24 aoust-3 novembre : à LOUIS LE HONGRE, peintre, à compte des ouvrages de peinture qu'il a faicts aux quadrans de la pompe (2 p.)................... 300ᵗᵗ

31 décembre 1666-15 mars 1667 : à luy, à compte des ouvrages de peinture qu'il a faicts à la Samaritaine (2 p.).. 300ᵗᵗ

6 octobre : à CHARLES LAVIER, à compte de ses ouvrages de menuiserie aud. lieu................. 500ᵗᵗ

A BLANCHART, pour son parfaict paiement de deux figures de plomb qu'il a faictes aud. lieu........ 300ᵗᵗ

9 may 1667 : à BRICART, charpentier, à compte des ouvrages qu'il a faicts à la maison de la pompe.. 700ᵗᵗ

Somme de ce chapitre.......... 4200ᵗᵗ

COLLÈGE ROYAL.

15 mars 1667 : à BASTARD, à compte des ouvrages de charpenterie qu'il a faicts au Collège Royal..... 800ᵗᵗ

CHASTEAU DE VERSAILLES.

MAÇONNERIE.

28 may-31 décembre : à ANDRÉ MAZIÈRES et ANTOINE BERGERON, à compte des ouvrages de maçonnerie par eux faicts et à faire aux grands perrons et bassins du chasteau de Versailles (5 p.)................. 83000ᵗᵗ

6 octobre-31 décembre : à eux, à compte des ouvrages de maçonnerie qu'ils ont faicts à Versailles depuis 1661 jusques en 1665 (8 p.)......... 34960ᵗᵗ

Somme de ce chapitre........ 117960ᵗᵗ

CHARPENTERIE.

15 mars : à ANTOINE BAREAU, charpentier, pour avoir faict des entailles dans les poutres du grand réservoir de Versailles, faict la grande porte proche la Glacière et celui (sic) du pont de Triannon.............. 82ᵗᵗ

COUVERTURES.

28 may 1666-19 février 1667 : à CLAUDE FRESNEAU, couvreur, à compte des ouvrages de couverture qu'il a faicts tant à la grotte qu'au jardin potager de Versailles (2 p.).. 1000ᵗᵗ

24 aoust : à luy, à compte des ouvrages par luy faicts
à la ménagerie de Versailles................ 500ᵗᵗ
    Somme de ce chapitre.......... 1500ᵗᵗ

PLOMBERIES.

28 may 1666-15 mars 1667 : à Denis Jolly, à compte des fournitures de plomb qu'il faict tant pour les jardins et parterre du chasteau que pour les machines et eslévations d'eau dud. lieu (10 p.)....... 61000ᵗᵗ

15 juillet : à Louis Mazeline, maistre plombier, pour son paiement d'un dauphin de bronze pour mettre à une des fontaines de Versailles................ 300ᵗᵗ

7 décembre : à Allain Lhermirier, à compte des fournitures qu'il a faictes à Versailles ès années 1659-1663............................. 1500ᵗᵗ

A Fauveau, pour le paiement de....... milliers de plomb et deux milliers d'estain par luy livrez. 1652ᵗᵗ 4ˢ
    Somme de ce chapitre........ 64462ᵗᵗ ¹

MENUISERIE.

24 septembre : à Thomas Mesnil, à compte des ouvrages de menuiserie qu'il faict à Versailles..... 300ᵗᵗ

6 octobre-31 décembre : à Charlel Lavier, *idem* (4 p.)................................ 2100ᵗᵗ

7 décembre : à Carrelet et Danzerre, à compte de leurs ouvrages de menuiserie à Versailles ès années 1661, 1662 et 1663......................... 1000ᵗᵗ

31 décembre : A........., pour menues despences qu'il a faictes à l'orangerie................ 114ᵗᵗ
    Somme de ce chapitre.......... 3514ᵗᵗ

PEINTURES, SCULPTURES ET ORNEMENS.

28 may-6 octobre : à François Girardon et Thomas Renaudin, pour leur paiement des figures qu'ils ont faictes pour la grande niche de la grotte de Versailles (5 p.)................................... 2200ᵗᵗ

3 novembre : à eux, sur les figures qu'ils font pour la fontaine de Versailles.................... 500ᵗᵗ

28 may : à Jacques Houzeau, sculpteur, à compte des ouvrages qu'il faict à Versailles............. 300ᵗᵗ

A Anguier, pour le dessein et model en cire qu'il faict de deux grands vazes de bronze qu'il faict pour Versailles................................... 500ᵗᵗ

28 may-6 octobre, à Pierre et Nicolas Mesnard,

marbriers, à compte du pavé de pierre de liais qu'ils font à la grotte de Versailles (4 p.).......... 1800ᵗᵗ

19 février 1667 : à Mesnard, marbrier, à compte des platfonds de pierre de liais qu'il faict à la grotte. 300ᵗᵗ

A luy, à compte des ouvrages de marbre qu'il faict pour la grotte............................ 400ᵗᵗ

24 septembre : à Mesnard et Jean Le Greu, pour leur parfaict paiement de la somme de 1167ᵗᵗ à quoy monte le pavé de marbre qu'ils ont faict au vestibule... 267ᵗᵗ

6 octobre : à Mesnard, marbrier, pour avoir faict de mastic à feu le fond de cinq bassins en coquille dans la grotte de Versailles..................... 150ᵗᵗ

28 may-7 décembre : à Nicolas Pinabel, à compte de quatre grandes coquilles de marbre et quatre demies coquilles qu'il faict faire à Cannes pour la grotte de Versailles (2 p.).......................... 2100ᵗᵗ

28 may 1666-19 février 1667 : à Ambroize Duval, fondeur, pour parfaict paiement de la somme de 7200ᵗᵗ à quoy montent six vazes de bronze qu'il a faicts à Versailles (3 p.)........................... 4500ᵗᵗ

15 juillet-20 aoust : à Noel Coipel, pour paiement de la peinture et dorure de la tribune de la chapelle (2 p.)................................. 1000ᵗᵗ

15 juillet : à Cruchet, compagnon peintre, pour avoir peint plusieurs planchers aud. chasteau......... 50ᵗᵗ

24 septembre : à luy, pour parfaict paiement de ses ouvrages de peinture en brieque à Versailles..... 343ᵗᵗ

20 aoust : à Antoine Poissant, sculpteur, pour des armes d'architecture qu'il a faictes sur la porte du pavillon du commun de Versailles............. 440ᵗᵗ

6 octobre : à Poissant l'aisné, à compte du grouppe de figures qu'il faict pour une des petites niches de la grotte.................................. 300ᵗᵗ

20 aoust 1666-19 février 1667 : à Jean Bersaucourt, à compte des ouvrages de fil de laton qu'il a faict à Versailles (6 p.)........................ 2800ᵗᵗ

20 aoust-3 novembre : au sʳ Van Obstal, sculpteur, à compte des ouvrages qu'il faict à la façade de la grotte de Versailles (3 p.)....................... 1000ᵗᵗ

24 septembre 1666-9 may 1667 : à Gaspart et Balthazard de Marsy, sculpteurs, à compte des figures de plomb qu'ils font pour les fontaines (4 p.).... 4000ᵗᵗ

24 septembre-7 décembre : à Denis Prevost et François Picart, à compte des vazes de bronze qu'ils fondent pour Versailles (2 p.).................... 3000ᵗᵗ

6 octobre : à Jean Disses, fontainier, à compte des toises de mastic qu'il a faictes à Versailles pendant l'année 1665........................... 1000ᵗᵗ

---

¹ Il faudrait, d'après les articles du compte, 64452ᵗᵗ 4ˢ; mais nous conservons l'erreur de total telle qu'elle est au registre.

19 février 1667 : à luy, à compte des toilles de mastic qu'il faict pour Versailles.................. 600ᵗᵗ

6 octobre : au s' Guérin, à compte du grouppe de figures qu'il faict pour une des petites niches de la grotte de Versailles........................... 300ᵗᵗ

3 novembre-31 décembre : à Claude Goy, à compte des ouvrages de peinture qu'il a faicts tant au chasteau qu'à la ménagerie (2 p.).................. 800ᵗᵗ

7 décembre : à luy, à compte des ouvrages de peinture et dorure qu'il faict à un bateau et autres ouvrages pour Versailles....................... 300ᵗᵗ

A Motelet, parqueteur, pour entier paiement d'avoir passé en couleur et frotté tous les planchers... 411ᵗᵗ 5ˢ

7 décembre 1666-15 mars 1667 : à Delaunay, à compte des ouvrages de ciment et mastic qu'il faict pour la grotte de Versailles (4 p.)................. 600ᵗᵗ

15 mars 1667 : à Jean Delaunay, pour avoir voituré des cailloux noirs dans la grotte de Versailles. 193ᵗᵗ 16ˢ

31 décembre : à Potel, taillandier, à compte d'une manivèle qu'il faict pour l'orgue de la grotte de Versailles.............................. 300ᵗᵗ

A Quesnel, pour son paiement de deux casques de coquilles qu'il a faicts à la grotte............... 110ᵗᵗ

A Macron, pour parfaict paiement de plusieurs despences qu'il a faictes à Versailles............. 443ᵗᵗ

A Fauveau, pour son paiement des plomb et estain qu'il a livrés pour faire des figures.......... 1650ᵗᵗ

15 mars 1667 : à Le Maire, fondeur, pour plusieurs ouvrages de fonte qu'il a faicts à Versailles... 257ᵗᵗ 10ˢ

Somme de ce chapitre...... 32915ᵗᵗ 11ˢ

SERRURERIE.

28 may 1666-19 febvrier 1667 : à Pierre Marie, serrurier, à compte des ouvrages qu'il faict au chasteau et à la ménagerie (6 p.).................. 1450ᵗᵗ

28 may-24 septembre : à Mathurin Breton, à compte des trois portes de fer qu'il faict pour la grotte de Versailles (3 p.)........................ 3000ᵗᵗ

28 may 1666-19 febvrier 1667 : à Antoine Le Maistre et Denis Duchesne, serruriers, à compte des ouvrages qu'ils font à Versailles (7 p.)............. 6300ᵗᵗ

19 février-15 mars 1667 : à Potel, taillandier, à compte d'une manivelle de fer[1] qu'il faict pour la grotte de Versailles (2 p.)................... 450ᵗᵗ

[1] Voyez quelques lignes plus haut à la fin du chapitre précédent.

15 mars 1667 : à Boutet, à compte des ouvrages de serrurerie qu'il faict à Versailles............. 300ᵗᵗ

Somme de ce chapitre........ 11500ᵗᵗ

VITRERIE.

28 may-15 juillet : à Pierre Longet, vittrier, à compte des ouvrages de vittrerie qu'il faict tant au chasteau qu'à la mesnagerie (2 p.)............... 700ᵗᵗ

24 aoust 1666-15 mars 1667 : à la veuve dud. Longet, à compte des ouvrages que son deffunct mary a faits à Versailles (4 p.)................... 1200ᵗᵗ

Somme de ce chapitre........ 1900ᵗᵗ

JARDINAGES.

28 may : à Marin Trumel, jardinier de l'orangerie de Versailles, pour plusieurs arbres fruictiers qu'il a plantés au bas du jardin de l'orangerie............. 213ᵗᵗ

24 septembre-6 octobre : à luy, à compte des arbres qu'il a plantés aux advenues des chasteaux de Versailles et de Vincennes (2 p.)................... 2000ᵗᵗ

15 mars-28 may 1667 : à luy et ses associez, idem (2 p.)................................. 3000ᵗᵗ

24 aoust : à Marin Trumel et Henry Dupuis, pour leur paiement d'avoir vacqué, sçavoir led. Trumel durant sept mois, et led. Dupuis durant neuf, à raison de 60ᵗᵗ par mois, à la conduite des ouvriers qui ont faict et dressé le parterre en gazon et allées d'alentour... 960ᵗᵗ

15 mars 1667 : à Trumel et ses associez, pour parfaict paiement de la somme de 9213ᵗᵗ 15ˢ à quoy montent les ouvrages de jardinage qu'ils ont faicts au jardin en gazon................................ 1323ᵗᵗ 15ˢ

28 may : à Binet, pour le paiement de 60 bottes d'ozier qu'il a fournis pour Versailles.................. 39ᵗᵗ

28 may-24 aoust : à Pierre Haulmoir[2], pour son paiement des perches en ozier qu'il a fournies pour armer les arbres du petit parc et palissader les arbrisseaux (2 p.)................................. 571ᵗᵗ 10ˢ

28 may : à Edme Boursault, terrassier, pour le paiement des ouvriers qui ont travaillé à la fouille du bassin de descharge de l'orangerie.................. 1720ᵗᵗ 4ˢ

15 juillet : à luy, pour plusieurs menues ouvrages qu'il a faictes dans les jardins................... 1744ᵗᵗ 6ˢ

24 aoust : à luy, pour le paiement des ouvriers qui ont travaillé aud. Versailles depuis le dernier may jusques au 26 juin............................... 519ᵗᵗ 4ˢ

6 octobre : à luy, pour le paiement des ouvriers qui ont travaillé aux tranchées des tuyaux........ 577ᵗᵗ 7ˢ

[2] Ou Aulmoin.

3 novembre-31 décembre : à luy, pour le paiement des ouvriers qui ont fouillé des terres au pourtour du pavillon du Roy (2 p.)................... 784ᵗᵗ 19ˢ

7 décembre : à luy, à compte des terres qu'il transporte à Versailles...................... 700ᵗᵗ

A luy, pour le paiement des ouvriers qui transportent des terres et qui ont travaillé à gazonner la chaussée de l'estang de Clagny................... 2877ᵗᵗ 10ˢ

31 décembre : à luy, pour le paiement des ouvriers qui ont transporté des terres et autres ouvrages. 59ᵗᵗ 8ˢ

19 février 1667 : à luy, pour paiement de plusieurs voitures de sable de rivière............. 350ᵗᵗ 3ˢ 2ᵈ

A luy, à compte des transports de terre qu'il faict du cimetierre de Versailles ailleurs.............. 300ᵗᵗ

15 mars 1667 : à luy, pour plusieurs menues despences faictes à Versailles (2 p.).......... 886ᵗᵗ 5ˢ

28 may-24 aoust : à JEAN VIART et CLAUDE MARON, terrassiers, à compte des fouilles de terre qu'ils font dans le parterre du petit parc (3 p.)...... 3400ᵗᵗ

28 may : à MACÉ FOURCHÉ, jardinier du petit parc de Versailles........................... 1500ᵗᵗ

A MARIN TRUMEL, jardinier de l'orangerie dud. chasteau 750ᵗᵗ, et à MATHIEU MASSON, jardinier du potager dud. lieu 375ᵗᵗ, pour le premier quartier de leurs gages de la présente année.................... 2625ᵗᵗ

24 aoust : A MACÉ FOURCHÉ, pour le paiement des ouvriers qui ont travaillé derrière le jardin de l'orangerie........................... 153ᵗᵗ 18ˢ

A MATHIEU MASSON, pour avoir fourny et voicturé du fumier au pourtour des murs du jardin potager de Versailles........................... 200ᵗᵗ

15 juillet, à FRANÇOIS GIMIÉ, marchand de bois, pour son parfait paiement de 890ᵗᵗ, à quoy monte la fourniture des perches qu'il a faictes pour armer les arbres du grand parc........................ 251ᵗᵗ

24 septembre : à GERMAIN RIVAULT, pour le prix de plusieurs arbres qu'il a livrés pour Versailles.... 552ᵗᵗ

6 octobre-31 décembre : à JACQUES FEUILLASTRE, pour parfaict paiement des thuyaux de graiserie[1] qu'il fournit et met en place dans le petit parc (4 p.)...... 1768ᵗᵗ

6 octobre : à.........., pour le paiement des ouvriers qui ont travaillé à transporter des terres, aroser, fouiller des tranchées et autres menues despences à Versailles......................... 1422ᵗᵗ 13ˢ

---

[1] Les poteries dites en grès sont en réalité faites avec de la silice, tandis que les poteries ordinaires sont de l'argile cuite.

31 décembre : à JUPIN, pour treize citronniers doux qu'il a vendus pour Versailles............... 446ᵗᵗ

19 février 1667 : à la veuve du nommé LESAGE, arpenteur, pour le paiement de l'arpentage qu'il a faict dans le parc de Versailles durant l'année 1662.. 450ᵗᵗ

Somme de ce chapitre... 30426ᵗᵗ 16ˢ 8ᵈ

PAVÉ.

28 may-31 décembre : à LÉONNARD AUBRY, paveur, à compte des ouvrages de pavé qu'il a faict à Versailles (9 p.)................................ 15700ᵗᵗ

28 may : à luy, à compte des ouvrages de pavé par luy faicts depuis le commencement de l'année 1663 jusques au dernier décembre 1665................ 3000ᵗᵗ

28 may-3 novembre : à JEAN DELAUNAY, rocailleur, à compte des ouvrages qu'il faict à la grotte de Versailles (4 p.)................................ 3900ᵗᵗ

Somme de ce chapitre......... 22600ᵗᵗ

PARTIES EXTRAORDINAIRES.

15 juillet : à EDME LE MAISTRE, pour l'achapt qu'il a faict de cinq chevaux pour servir à la pompe de Versailles............................... 1530ᵗᵗ 10ˢ 6ᵈ

24 aoust : à DENIS JOLLY, pour son remboursement de pareille somme par luy advancée à cause du transport des orgues du sʳ DESNOTS, de sa maison de Montmorency dans la grotte de Versailles................. 240ᵗᵗ

31 décembre : à luy, pour le restablissement desd. orgues.................................. 165ᵗᵗ

A luy, pour fourniture de plusieurs choses nécessaires pour le restablissement desd. orgues......... 375ᵗᵗ

24 septembre : au sʳ PETIT, pour menues despences faictes au chasteau de Versailles............. 1379ᵗᵗ

A.........., pour le paiement des ouvriers qui ont faict plusieurs menues despences aud. lieu.... 176ᵗᵗ 2ˢ

A.........., pour le paiement des ouvriers qui travaillent au restablissement de l'orgue de la grotte de Versailles........................... 381ᵗᵗ 5ˢ

A LOUIS HOUDOUIN, pour son remboursement des treillages, eschalats et fil de laton qu'il faict au jardin de Trianon........................... 59ᵗᵗ 8ˢ

31 décembre : à BAUDOUIN, pour le loyer d'une grange qui sert de magazin à Versailles............. 90ᵗᵗ 5ˢ

15 mars 1667 : à VANISSE, ramoneur, pour parfaict paiement des ouvrages de Versailles (2 p.)... 201ᵗᵗ 12ˢ

Somme de ce chapitre...... 4598ᵗᵗ 2ˢ 6ᵈ

CHASTEAU DE SAINT-GERMAIN.

MAÇONNERIE.

15 juillet 1666-9 may 1667 : à Tristan Lespine et Charles Delabue, maçons, à compte des ouvrages de maçonnerie par eux faicts aux chasteaux viel et neuf de Saint-Germain (7 p.).................... 4500tt

15 juillet : aud. Lespine, pour le paiement des manœuvres qui ont travaillé au restablissement des brèches au pourtour des murs du parc de Saint-Germain depuis le 20 mars jusques au 24 avril............ 416tt 16c

24 aoust : à Jean de la Flesche, pour son parfaict paiement des réparations par luy faictes au Val de Saint-Germain en 1663....................... 600tt

Somme de ce chapitre.......... 5516tt

CHARPENTERIE.

15 juillet 1666-9 may 1667 : à René du Fay, charpentier, à compte des ouvrages de charpenterie qu'il faict aux chasteaux de Saint-Germain (5 p.)....... 1900tt

MENUISERIE.

28 may-24 aoust : à Charles Lavié, menuisier, à compte des ouvrages de menuiserie qu'il a faict à Saint-Germain (4 p.).................... 5600tt

15 juillet 1666-9 may 1667 : à Adrien Millot, *idem* (6 p.) 2600tt

15 juillet : à Michel Sallé, menuisier, pour son paiement des ouvrages qu'il a faicts à l'appartement de M. Le Tellier au chasteau de Saint-Germain.... 136tt

Somme de ce chapitre.......... 8336tt

PEINTURES, SCULPTURES ET ORNEMENS.

15 juillet 1666-19 février 1667 : à Jean Poisson, peintre, à compte des ouvrages de peinture qu'il faict à Saint-Germain (4 p.).................... 1750tt

15 juillet-24 septembre : à Jean Disses, fontainier, à compte des ouvrages de peinture, de ciment et de mastic qu'il faict sur les voutes des galleries des grottes de Saint-Germain (3 p.).................. 5500tt

Somme de ce chapitre.......... 7250tt

COUVERTURES, PLOMBERIES.

Néant.

JARDINAGES.

28 may 1666-19 février 1667 : à Jean de La Lande, jardinier du vieil chasteau de Saint-Germain, pour plusieurs despences qu'il a faictes dans le jardin du boulingrin et parc de Saint-Germain (2 p.).......... 666tt

28 may : à Jean de La Lande, jardinier du chasteau neuf de Saint-Germain, pour avoir faict sabler touttes les allées et jardin potager estant dans l'enclos du petit bois 302tt 4c

28 may : à Edme Boursault, pour le paiement des vriers qui ont travaillé à Saint-Germain aux fouilles et transports de terre, depuis le 15 mars dernier jusques au 27 du mesme mois...................... 124tt

3 novembre : à François Tolmé, pour avoir nettoyé les deux fosses à privé du commun du Roy...... 165tt

7 décembre : à Paul Lanacue, pour paiement des ouvrages de pavé de grais qu'il a faict...... 76tt 10c

31 décembre : à Martin Cottart, pour menues despences qu'il a faictes à Saint-Germain, depuis le 17 octobre jusqu'au dernier dud. mois.......... 203tt 2s 5d

Somme de ce chapitre..... 1536tt 16c 2d

SERRURERIE.

28 may 1666-15 mars 1667 : à Louis Boutrait, serrurier, à compte des ouvrages de serrurie qu'il faict à Saint-Germain (8 p.).................... 4700tt

15 juillet : à Louis Guillemau, pour son parfaict paiement des ouvrages de serrurerie qu'il a faicts à l'appartement de M. Le Tellier au chasteau de Saint-Germain 43tt 12s 6d

Somme de ce chapitre..... 4743tt 12s 6d

VITRERIE.

15 juillet 1666-13 mars 1667 : à Robert Morel, vittrier, à compte des ouvrages de vitrerie qu'il faict aud. lieu (5 p.)....................... 1800tt

PARTIES EXTRAORDINAIRES.

28 may-15 juillet : à Charles Jullien, demeurant à Poissy, pour le paiement des charpentiers, scieurs de long, et autres ouvriers qui travaillent à faire les palis nécessaires pour la closture des plans que le Roy faict faire dans la forest de Laye (2 p.)............... 5000tt

28 may 1666-19 février 1667 : à Charles Moyer, prevost de Poissy, pour employer aux grands et menus plans que S. M. faict faire dans lad. forest (3 p.).. 15000tt

24 septembre : au sr Soulaigre, pour avoir nettoyé, pendant quatre mois que la Cour était à Saint-Germain, le viel chasteau dud. lieu................... 300tt

A Jean de La Lande, pour parfait paiement de la despence qu'il a faict à empailler la glacière de Saint-Germain, depuis 1657 jusques en 1664.......... 400tt

ANNÉE 1666. — VINCENNES.

A Jean-Baptiste de La Lande, la somme de 1500ᵗᵗ, sçavoir : 500ᵗᵗ comptant, et le surplus en deux paiemens de trois en trois mois, pour desdommagement des bastimens qu'il avoit faict construire proche l'orangerie, qui ont esté desmolis pour y bastir le logis de la Surintendance des Bastimens........................ 1500ᵗᵗ

19 février 1667 : à Léonnard Aubry, pour parfaict paiement des ouvrages de pavé qu'il a faict à Saint-Germain... 919ᵗᵗ

15 mars : au s' Petit, commis à la conduite des bastimens de Saint-Germain, pour diverses despences qu'il y a faictes (2 p.).................... 522ᵗᵗ 7ˢ 2ᵈ

Somme de ce chapitre..... 2364ᵗᵗ 7ˢ 2ᵈ

CHASTEAU DE MADRID.

Néant.

OUVRAGES DU HARAS DE SAINT-LÉGER.

6 octobre : au s' Le Vau le jeune, pour employer au paiement des réparations à faire au haras de Saint-Léger.. 1000ᵗᵗ

3 novembre : à Claude Fresneau, couvreur, à compte des ouvrages de couverture qu'il faict au chasteau de Saint-Léger....................................... 1000ᵗᵗ

31 décembre 1666 - 9 may 1667 : à Janson, maçon, à compte des ouvrages de maçonnerie qu'il faict aud. lieu (3 p.)........................... 3500ᵗᵗ

Somme de ce chapitre......... 5500ᵗᵗ

CHASTEAU DE VINCENNES.

MAÇONNERIE.

28 may 1666 - 15 mars 1667 : à Robert Anglart et Estienne Chevreau, à compte de leurs ouvrages de maçonnerie à l'aqueduc de Vincennes (10 p.).... 14200ᵗᵗ

24 septembre 1666 - 19 février 1667 : à Anglart, à compte des réparations de maçonnerie qu'il a faictes à Vincennes...................................... 4100ᵗᵗ

24 aoust 1666 - 19 février 1667 : à Charles Toison, à compte des ouvrages de maçonnerie qu'il a faicts à Vincennes (2 p.)................................. 7800ᵗᵗ

Somme de ce chapitre........ 26100ᵗᵗ

CHARPENTERIE.

28 may - 24 aoust : à Pierre Le Bastard, charpentier, pour parfait paiement des ouvrages qu'il a faicts à Vincennes (3 p.)........................ 2604ᵗᵗ

19 février : à Jean Dublet, pour son paiement des ouvrages de charpenterie qu'il a faicts au pont dormant du parc de Vincennes.............................. 528ᵗᵗ

Somme de ce chapitre......... 3132ᵗᵗ

COUVERTURES ET PLOMBERIES.

24 aoust 1666 - 19 février 1667 : à Denis Jolly, à compte des ouvrages de plomberie qu'il a faicts à Vincennes (2 p.).................... 3594ᵗᵗ 4ˢ

MENUISERIE.

24 aoust 1666 - 15 février 1667 : à Jean Dangleberт, menuisier, à compte des ouvrages qu'il a faicts à Vincennes (2 p.)............................... 480ᵗᵗ

A Claude Bergerat, idem (2 p.) 3700ᵗᵗ

24 aoust 1666 - 15 mars 1667 : à Jacques Fruictier, idem (6 p.)................................ 2200ᵗᵗ

31 décembre : aud. Bergerat, pour un retranchement de menuiserie qu'il a faict dans le grand réservoir de Vincennes................................... 160ᵗᵗ

24 aoust : à la veuve Pignon, pour son parfait paiement des ouvrages par luy faicts aud. lieu... 865ᵗᵗ 10ˢ

Somme de ce chapitre....... 6405ᵗᵗ 10ˢ

PEINTURES, SCULPTURES ET ORNEMENS.

24 aoust : à Philbert Bernard et Jean Le Greu, à compte des ouvrages de marbre qu'ils ont faicts à Vincennes....................................... 600ᵗᵗ

Au s' Van Obstal, à compte de ses ouvrages de sculpture.. 500ᵗᵗ

24 aoust 1666 - 19 février 1667 : à la veuve du s' Dorigny, à compte des ouvrages de peinture faicts par led. deffunt à Vincennes (2 p.)................. 6500ᵗᵗ

Au s' de Sève, à compte des ouvrages de peinture qu'il a faicts à Vincennes (2 p.)............. 2500ᵗᵗ

A Jean Collot, fondeur, à compte des robinets qu'il a faicts à Vincennes (2 p.)................. 648ᵗᵗ

24 septembre : au s' Loir, peintre, pour son parfaict paiement de la somme de 3010ᵗᵗ à quoy montent les ouvrages de peinture qu'il a faicts à Vincennes..... 610ᵗᵗ

Somme de ce chapitre......... 11358ᵗᵗ

SERRURERIE.

24 aoust 1666 - 19 février 1667 : à Claude Le Roy, serrurier, à compte de ses ouvrages de serrurerie à Vincennes (6 p.)......................... 2800ᵗᵗ

31 décembre : à luy, à compte des ouvrages de serrurerie faicts à Vincennes en 1665.......... 500ᵗᵗ

24 aoust 1666 - 19 février 1667 : à Fleurant Fro-

MENTEL, à compte de ses ouvrages de serrurerie à Vincennes............................... 4300ᴧ

Somme de ce chapitre......... 7600ᴧ

VITTRERIE.

15 juillet 1666 - 19 février 1667 : à CHARLES JACQUET, vittrier, à compte de ses ouvrages de vittrerie à Vincennes (5 p.)..................... 2604ᴧ 5ˢ

PAVÉ.

24 aoust 1666 - 19 février 1667 : à ANTOINE VATEL, à compte de ses ouvrages de pavé à Vincennes (2 p.). 5300ᴧ

JARDINAGES ET PLANS D'ARBRES.

28 may : à ANTOINE VIGNON, jardinier de Vincennes, pour le restablissement de la melonnière et achapt de coignassiers........................ 206ᴧ

28 may - 24 septembre : à JEAN VIART et CLAUDE MARON, à compte des fouilles de terre par eux faictes dans la cour du chasteau de Vincennes (4 p.)...... 3900ᴧ

6 octobre 1666 - 9 may 1667 : à eux, pour leur paiement des transports de terre dans la grande advenue de Vincennes (6 p.).................... 7278ᴧ 2ˢ 5ᵈ

19 février 1667 : à eux, à compte des rigolles qu'ils font dans la principale advenue............. 400ᴧ

28 may : à JACQUES PETITMAITRE, concierge de la ménagerie de Vincennes, pour son remboursement de pareille somme qu'il a paiée aux ouvriers qui ont faict une haye de 332 thoises de long............. 442ᴧ

24 aoust : à luy, pour le paiement des ouvriers qui ont relevé les fossés de l'allée qui conduict depuis la grille du jardin jusqu'au bois des Pins...... 118ᴧ 15ˢ

7 décembre : à luy, pour son remboursement de pareille somme qu'il a deshoursée pour achapt de fumier à Vincennes............................ 254ᴧ

15 mars 1667 : à luy, pour avoir faict remplir la glacière dud. lieu...................... 72ᴧ

28 may - 31 décembre : à CLAUDE CHAUVIN, terrassier, pour son paiement des transports de terre qu'il a faict dans les fossés de Vincennes (6 p.)............ 7019ᴧ 13ˢ

24 aoust : à luy, pour parfait paiement de la somme de 7831ᴧ 4ᴧ à quoy se sont trouvez monter l'aplanissement et transport de terre qu'il a faict pour le cours de Vincennes............................ 914ᴧ 10ˢ

24 septembre : à luy, à compte des terres qu'il faict porter dans le donjon de Vincennes............ 600ᴧ

19 février 1667 : à luy, à compte des terres qu'il transporte dans l'advenue de Vincennes........... 2800ᴧ

15 mars 1667 : à luy, à compte des rigolles qu'il faict dans la grande advenue................. 500ᴧ

15 juillet 1666 - 19 février 1667 : à MARIN TRUMEL et associez, à compte des ormes ou autres arbres qu'ils ont plantez dans les advenues de Vincennes (4 p.).. 7400ᴧ

24 aoust : à PIERRE LESLAN et MARIN TRUMEL, pour leur parfait paiement des arbres par eux fournis aux advenues dans le petit parc de Vincennes....... 930ᴧ 10ˢ

24 aoust : à PIERRE LESLAN, à compte des arbres qu'il a fournis pour les advenues de Vincennes...... 1000ᴧ

15 juillet : à JEAN CHEVILLARD, pour son paiement du travail et des fournitures qu'il a faictes pour descouvrir les anciennes conduittes des thuyaux de Vincennes. 141ᴧ 8ˢ

31 décembre : à luy, pour plusieurs ouvrages et réparations faictes aux fontaines de Vincennes. 264ᴧ 10ˢ [1]

15 juillet : à............, pour le paiement des ouvriers qui ont relevé les fossez et l'allée au pourtour de l'allée d'ormes qui prend depuis la grille du jardin jusques aux pins du bois de Vincennes........ 1118ᴧ

24 aoust 1666 - 9 may 1667 : à ESTIENNE CHÉREAU et ses associez, à compte des terres qu'ils transportent dans la grande advenue de Vincennes (4 p.)........ 3400ᴧ

19 février 1667 : à luy, pour parfaict paiement des remuemens de terre par luy faicts au remplissage des fossés de Vincennes en 1662, 1663 et 1664¹.. 961ᴧ 11ˢ

13 décembre : à CHEVREAU, pour avoir faict arracher les espines qui estoient dans les joints des pierres des fossés............................ 24ᴧ 10ˢ

19 février 1667 - 9 may 1667 : à RICHAULT et LHÉRITIER, pour le nettoyement, eschenillage et labour des ormes des advenues (2 p.)............. 223ᴧ 16ˢ

Somme de ce chapitre..... 39969ᴧ 16ˢ [2]

PARTIES EXTRAORDINAIRES.

7 décembre 1666 : à HIERÔSME JOLLY, pour son paiement d'une cavalle qu'il a vendue pour servir à la pompe de Vincennes............................ 300ᴧ

CHASTEAU DE FONTAINEBLEAU.

MAÇONNERIE.

28 may - 24 aoust : à JEAN TARTAISE, maçon, pour parfait paiement de la somme de 8400ᴧ à quoy montent les douze pieds d'estaux de graisserie qu'il a faicts dans le grand parterre de Fontainebleau (4 p.) 1800ᴧ

---

[1] Il y a 52 et 53; mais c'est évidemment une erreur.

[2] Ce chiffre n'est pas exact; l'addition donne 39970ᴧ 1ˢ 11ᵈ.

ANNÉE 1666. — FONTAINEBLEAU.

15 juillet : à luy, pour parfait paiement des ouvrages de maçonnerie qu'il a faicts à l'orangerie de Fontainebleau pendant l'année 1665.................. 180^tt

31 décembre : à luy, à compte des ouvrages qu'il a faicts pendant l'année 1661.................. 400^tt

24 aoust 1666-21 may 1667 : à Jean Grognet, à compte des ouvrages de maçonnerie et couverture qu'il a faict à Fontainebleau (6 p.).................. 3500^tt

7 décembre 1666-19 février 1667 : à Antoine Bergeron, à compte des ouvrages de maçonnerie qu'il faict pour le restablissement du grand canal (4 p.)... 5700^tt

9 may 1667 : à la veuve du s^r Levé, à compte des ouvrages de couverture et de maçonnerie qu'il a faicts à Fontainebleau pendant l'année 1661......... 1217^tt

Somme de ce chapitre........... 12797^tt

CHARPENTERIE.

24 aoust : à Jean Jarry, charpentier, pour avoir raccommodé le corps des basteaux du canal........ 12^tt

31 décembre 1666-19 février 1667 : à Mortillon, à compte de ses ouvrages de charpenterie au chasteau de Fontainebleau (2 p.)..................... 2400^tt

Somme de ce chapitre........... 2412^tt

SERRURERIE.

15 juillet 1666-21 may 1667 : à Jacques Rossignol, à compte des ouvrages de serrurerie qu'il a faicts à Fontainebleau (4 p.)........................ 1600^tt

MENUISERIE.

28 may : à André Godert, menuisier, pour parfaict paiement des ouvrages de menuiserie qu'il a faicts au platfonds du grand cabinet de la Reyne au chasteau de Fontainebleau........................... 240^tt

3 novembre 1666-15 mars 1667 : à luy, à compte de ses ouvrages de menuiserie aud. lieu (3 p.)... 800^tt

28 may : à Pierre Pavie, pour parfaict paiement des quaisses qu'il a faictes pour mectre les orangers du Roy à Fontainebleau........................... 414^tt

15 juillet : à Cuissin, menuisier, pour parfait paiement de ses ouvrages en 1665........... 969^tt 10^s

3 novembre 1666-15 mars 1667 : à luy et à son fils, à compte de leurs ouvrages de menuiserie (2 p.).. 800^tt

24 aoust : à André Motelet, pour son parfaict paiement d'avoir frotté plusieurs planchers dans le chasteau de Fontainebleau........................ 266^tt 8^s 5^d

15 mars 1667 : à Regnier, dict Bourguignon, pour son paiement des ouvrages de menuiserie qu'il a faicts au bateau royal qui est sur le grand canal........ 63^tt 8^s

Somme de ce chapitre..... 3553^tt 6^s 8^d [1]

COUVERTURES.

28 may-15 juillet : à Jean Grognet, couvreur, à compte de ses ouvrages de couvertures à Fontainebleau (2 p.)........................... 1200^tt

28 may-7 décembre : à André Girard, plombier, à compte de ses ouvrages de plomberie (3 p.)..... 1400^tt

Somme de ce chapitre.......... 2600^tt

PEINTURES, SCULPTURES ET ORNEMENS.

24 aoust-24 septembre : à Mathieu Lespagnandel, sculpteur, pour parfait paiement de quatre sphinx de grais par luy faicts dans le chasteau de Fontainebleau (2 p.)........................... 1150^tt

31 décembre : à Van Obstad [2], pour trois grands bas-reliefs qu'il a faicts à Fontainebleau............ 600^tt

A Mottelet, frotteur de parquet, pour parfait paiede l'œuvre qu'il a faicte à Fontainebleau en 1661.. 80^tt

15 mars 1667 : à Girard, plombier, à compte des ouvrages et fournitures de plomb qu'il a faicts... 300^tt

A Martinot, pour avoir rajusté l'horloge de Fontainebleau................................. 350^tt

Somme de ce chapitre.......... 2480^tt

PAVÉ.

Néant.

VITTRERIE.

28 may-31 décembre : à Guillaume Tisserand, pour parfait paiement des ouvrages de vittrerie qu'il a faicts à l'orangerie et à la chapelle (5 p.).......... 1277^tt

21 may 1667 : à Jean Meusnier, pour ouvrages de vitrerie qu'il a faicts à la maison de la Surintendance à Fontainebleau........................... 27^tt 10^s

Somme de ce chapitre........ 1304^tt 10^s

JARDINAGES.

15 juillet : à Jean Daries, concierge de la court des cuisines, pour le paiement des ouvriers qui ont planté des orangers en plaine terre.................... 1000^tt

24 aoust : à luy, pour le paiement des ouvriers qui ont travaillé tant au décombrement de l'orangerie qu'au nettoyement de la cour des cuisines....... 1334^tt 14^s

9 may 1667 : à luy, pour parfait paiement de la somme

---

[1] Il faudrait 5^d seulement. Voyez art. Motelet.
[2] C'est évidemment Van Obstal.

de 1029ᵗᵗ à quoy montent les descombremens faicts dans l'orangerie en plaine terre dud. chasteau....... 179ᵗᵗ

15 juillet : à Pierre Thulard, voiturier, pour la voiture qu'il a faicte par cauc de trois cents orangers, depuis Paris jusques à Valvin............. 192ᵗᵗ 10ˢ

24 aoust : à Charles Gervais, pour le paiement des voitures de terre de Valvin à l'orangerie.... 642ᵗᵗ 2ˢ 8ᵈ

A Claude Buisse[1], jardinier de la nouvelle orangerie, pour sa subsistance et nourriture à cause de l'establissement de lad. orangerie.................. 200ᵗᵗ

31 décembre : à Claude Bouys, pour achapt de bois, charbon, fumier et autres choses pour la conservation des orangers........................... 200ᵗᵗ

21 may 1667 : à Claude Bouis, jardinier de la nouvelle orangerie en plaine terre, pour le paiement des ouvriers qui ont travaillé à lad. orangerie......... 28ᵗᵗ

24 aoust : à Jacques Lefebvre, pour avoir nettoyé les herbes et immondices de l'allée du bas des cascades du canal dud. parc........................ 110ᵗᵗ 15ˢ

21 may 1667 : à Poinet, pour le nettoyement et aplanissement des allées et terrasses autour du rondeau à Fontainebleau...................... 132ᵗᵗ 10ˢ

A Anne Debray, idem................... 141ᵗᵗ 15ˢ

A Desnouts, pour le paiement d'une grande eschelle double qu'il a faict faire pour servir dans les jardins du Roy à Fontainebleau................... 30ᵗᵗ

Somme de ce chapitre...... 4191ᵗᵗ 6ˢ 8ᵈ

PARTIES EXTRAORDINAIRES.

28 may : à Nicolas Belissant, pour employer au paiement des plans que le Roy faict faire dans la forest de Fontainebleau........................ 600ᵗᵗ

15 juillet : à Charles Jullien, idem....... 1200ᵗᵗ

24 aoust : à la dame de La Tour, à compte du nettoiement des cours ovalle, des fontaines, de la conciergerie et de touttes les terrasses de Fontainebleau. 140ᵗᵗ

A la veuve Toulet, pour parfait paiement du nettoyement de la cour de la Surintendance........ 18ᵗᵗ 19ˢ

A Robert Jamin, concierge de la cour du Cheval Blanc, pour avoir faict nettoyer lad. cour..... 210ᵗᵗ 9ˢ

A Claude Musard, fontainier, pour les réparations du coroy du quarré des cascades................ 40ᵗᵗ

A luy, pour les réparations du coroy du quarré de la glacière et celuy des fossés, pour le décombrement de trois thoises de terre glèze pour employer au quaré des cascades............................ 97ᵗᵗ 12ˢ

21 may 1667 : à luy, pour le paiement des ouvriers qui ont fouillé au bout du grand canal et refait quatre thoises de rigolles dans le grand jardin.......... 34ᵗᵗ

A luy, pour avoir rabaissé le gros thuiau qui passe au-dessus de l'abreuvoir.................. 25ᵗᵗ

15 mars 1667 : à Antoine Donchemer, pour le paiement des ouvriers qui ont rempli les glacières de Fontainebleau........................ 542ᵗᵗ 10ˢ

21 may 1667 : à Donchemer, dict La Tour, pour plusieurs menues despences qu'il a faictes........ 325ᵗᵗ 6ˢ

A luy, idem......................... 240ᵗᵗ

A luy, pour le nettoyement du chasteau de Fontainebleau, depuis le 4 aoust jusqu'au 24 (2 p.)... 228ᵗᵗ 8ˢ

A Voltigent, pour avoir eu soin de vuider les caues et conserver les meubles du grand batteau........ 200ᵗᵗ

A Gervais, pour le paiement des hommes qui ont arrosé les terrasses du jardin du Tibre (3 p.).. 639ᵗᵗ 16ˢ 3ᵈ

A Bazin, pour son paiement des toilles, treillis, anneaux de fer et façon de rideaux du tripot de Fontainebleau............................ 253ᵗᵗ 19ˢ

A Louis Guyon, pour avoir enlevé les immondices qui estoient entre la cour de la Surintendance et les offices de la cour des cuisines.................. 89ᵗᵗ 5ˢ

A luy, pour plusieurs menues ouvrages.... 30ᵗᵗ 10ˢ

A Michel Charlier, pour avoir tourné cinquante petites balustres pour le petit bateau du Roy...... 6ᵗᵗ

A Jacques Buyer, garçon jardinier, travaillant à la nouvelle orangerie, pour ses gages des mois de juin et juillet............................ 60ᵗᵗ

A Aubin Pontet, piqueur, pour menues despences qu'il a faictes à l'orangerie (4 p.)............ 890ᵗᵗ 17ˢ

A Antoine Delaire, piqueur, idem (2 p.). 612ᵗᵗ 12ˢ 6ᵈ

A Pierre Pavie, pour parfait paiement de trois toises de plancher qu'il a faict au bateau............ 36ᵗᵗ

Somme de ce chapitre...... 6521ᵗᵗ 3ˢ 9ᵈ

BLOIS, CHAMBORT, AMBOIZE.

28 may : au sʳ de Saumery, cappitaine du chasteau de Chambor, pour employer aux réparations des bresches du parc dud. lieu........................ 3000ᵗᵗ

18 septembre : A Silvain de La Garde, pour son paiement des ouvrages de maçonnerie par luy faicts au chasteau de Chambord.................... 238ᵗᵗ

A François Roumagon, pour ouvrages de charpenterie, idem............................ 636ᵗᵗ

A Jean Lhomme, couvreur, pour ouvrages de couverture, idem........................ 638ᵗᵗ 2ˢ

A Jacques Touschain, pour ouvrages de serrurerie, idem............................ 486ᵗᵗ 10ˢ

---

[1] C'est très-certainement le Bouys de l'article suivant.

ANNÉE 1666. — DIVERSES DÉPENSES.

A Helie Menanteau, pour ouvrages de menuiserie, idem.................................... 292ᵗᵗ 12ˢ

A Jean Prou, vitrier, pour ouvrages de vitrerie, idem..................................... 560ᵗᵗ

31 décembre 1666-15 mars 1667 : au sʳ de la Saussaye, pour employer au paiement des matériaux nécessaires pour les réparations à faire aux terrasses de Chambord (2 p.)......................... 2170ᵗᵗ 15ˢ

Somme de ce chapitre....... 8021ᵗᵗ 19ˢ

DIVERSES DESPENCES.

26 febvrier : à.........., pour le paiement des réparations faites dans les offices de la maison de la Reyne, tant au chasteau du Louvre qu'en celluy de Saint-Germain-en-Laye....................... 836ᵗᵗ

8 may : à Jean Camaye et Valerand Chambois, couvreurs, pour le parfait paiement des ouvrages de couvertures par eux faits au chasteau de Compiègne. 1050ᵗᵗ

Au sʳ de Tranchant, pour son paiement de pareille somme à laquelle a esté liquidé et évalué le prix d'un moulin à vent appellé Dravet, une maison y attenant et un demy arpent de terre à luy appartenant, scitué au bout du faubourg Sainct-Antoine, ensemble de tous autres prétentions par eux qu'il pourroit avoir dans l'estandue de la nouvelle closture du parc de Vincennes....... 5000ᵗᵗ

28 may : à Jacques Esdaupin, pour le parfait paiement des despences qui ont esté faites pour la nourriture du Cavalier Bernin et sa suitte, depuis son départ jusqu'à son retour en sa maison.......... 7389ᵗᵗ 18ˢ

28 may 1666-28 janvier 1667 : à Simon Lourdet, à compte des despences à faire pour les tapis façon de Turquie qu'il fait à la Savonnerie, pour la gallerie d'Apollon au Louvre (6 p.)............... 18000ᵗᵗ

28 may 1666-21 may 1667 : à Daniel Fossier, pour son parfait paiement de ses menues despences pour les bastimens du Roy dans le courant de 1667, telles que l'achapt de petites quaises d'orangers, paiement des voitures, etc. (9 p.)............................. 9561ᵗᵗ 3ˢ

A Charles Yvon, couvreur, à compte des ouvrages qu'il a faits aux bastimens du Roy en 1664....... 2000ᵗᵗ

Au sʳ Antonio de la Rivetta, 1200ᵗᵗ; au sʳ Jouano Crivano, 800ᵗᵗ; au sʳ Hieronimo Barbiny, 800ᵗᵗ, et à Dominico Morasse, 450ᵗᵗ, Vénitiens, pour une année de pension accordée par le Roy par chacun an pour travailler à la manufacture des glaces de miroir........ 3250ᵗᵗ

15 juillet : à Jacques et André Liards, preneurs de taupes, pour avoir pris le nombre de 2783 taupes dans les jardins des maisons royalles............... 483ᵗᵗ

15 mars 1667 : à eux, pour taupes prises dans les maisons royales........................ 271ᵗᵗ

15 juillet : à Guillaume Cassegrain, sculpteur, pour avoir fait le moule du buste du Roy fait par le sʳ Cavalier Bernin.......................... 120ᵗᵗ

A Louis Lerambert, sculpteur, pour avoir fait transporter plusieurs figures de marbre du Louvre à l'hostel de Grammont...................... 76ᵗᵗ 18ˢ

9 septembre-7 décembre : à luy, à compte des bustes et figures qu'il fait pour le Roy (3 p.)........ 900ᵗᵗ

15 juillet : aux ouvriers des manufactures des Gobelins, pour gratification.................. 591ᵗᵗ 5ˢ

Aux ouvriers des manufactures des glaces de miroir establies au faubourg Saint-Antoine........ 591ᵗᵗ 5ˢ

15 juillet 1666-9 may 1667 : à Henry Beaubrun, trésorier de l'Académie royalle de peinture, pour deux quartiers de la présente année de la pension qu'il plaist au Roy accorder à lad. Académie (2 p.)....... 2000ᵗᵗ

A Louis Dupont, à compte des ouvrages à fondz d'or et de soye, façon de Perse, qu'il fait pour le Roy. 1250ᵗᵗ

7 décembre 1667 : à luy, à compte du meuble fondz d'or qu'il fait pour le Roy................ 1000ᵗᵗ

Aux sʳˢ de Pontsainpierre, banquiers à Lion, à compte de l'establissement de l'Académie de peinture, sculpture et architecture en la ville de Rome......... 10000ᵗᵗ

19 juillet : au sʳ du Buisson, pour le paiement du prix d'une maison et ses dépendances, enceinte dans le dessein du bastiment du Louvre, cy-devant appellée l'hostel de Combaut........................ 60000ᵗᵗ

14 aoust : aux prestres de la Mission de Fontainebleau, pour leur entretenement pendant les six premiers mois de 1666........................ 3000ᵗᵗ

24 aoust : à Jean Ponquet, pour son parfait paiement des ouvrages de maçonnerie qu'il a fait au logis estant cy-devant au sʳ de la Bazinière........... 1127ᵗᵗ 7ˢ 6ᵈ

A Jean Vauché, pour son parfait paiement des ouvrages de charpenterie qu'il a faits aud. lieu...... 100ᵗᵗ

A Jacques Maudun, couvreur, idem.... 355ᵗᵗ 2ˢ 6ᵈ

A Louis Mazeline, ouvrages de plomberie... 16ᵗᵗ 16ˢ

A Louis Bellequeue, menuisier, idem.... 1873ᵗᵗ 10ˢ

A Jean Dubois, ouvrages de serrurerie, idem. 361ᵗᵗ 2ˢ

A Louis Auger, serrurier, idem........ 84ᵗᵗ 15ˢ

A Thomas Tranchant, pour son parfait paiement des ouvrages qu'il a faits aud. lieu............ 697ᵗᵗ 18ˢ

A Claude Carré, pour son parfait paiement des ouvrages de pavé qu'il a faits aud. lieu........ 83ᵗᵗ 10ˢ

A Jean Noblet, pour le paiement des despences de fermeture et closture du jardin de lad. maison. 135ᵗᵗ 8ˢ

A Guillaume Bera, pour avoir fait venir des ouvriers

en draps d'Hollande en la ville de Rouen, et y avoir transporté sa famille et ses mestiers.......... 1000ᵗ

A Nicolas Clérambault, pour le paiement des menues despences de l'Académie royalle des sciences... 2500ᵗ

A la damoiselle Du Fresne, pour son parfait paiement des livres qu'elle a vendus au Roy......... 23000ᵗ

A Sébastien Cramoisy, imprimeur, pour avoir relié 116 volumes en maroquin................ 1377ᵗ

A Jean Coignet, pour son paiement des ouvrages de peinture qu'il a faits à l'Imprimerie royale pendant l'année 1664......................... 104ᵗ

A Golle, ébéniste, à compte de deux grands cabinets qu'il fait.............................. 6000ᵗ

A Domenico Cucci, ébéniste, à compte de deux cabinets qu'il fait, l'un représentant le Temple de la Gloire, l'autre celuy de la Vertu................. 5000ᵗ

9 septembre : aux s'ˢ Renon, marchands de la ville de Lion, pour leur paiement des velours et brocarts qu'ils ont livrez pour le service du Roy........ 5784ᵗ 17ˢ 6ᵈ

24 septembre : à Pierre Patel, à compte des tableaux qu'il fait représentant les Maisons royalles. 400ᵗ

3 novembre 1666-28 janvier 1667 : à luy, pour l'establissement de la bibliothèque du Roy et de la nouvelle Académie (3 p.)..................... 7000ᵗ

Au s' Mignart, peintre, pour son paiement d'un portrait du Roy............................. 300ᵗ

Au s' Dorbay, architecte, pour le travail qu'il a fait dans les bastimens du Roy................. 400ᵗ

A Estienne Fayon, à compte des poutres de sapin qu'il doit fournir pour la manufacture des tapisseries de la Savonnerie........................... 1200ᵗ

A Claude Choupelin, à compte d'un appartement qu'il fait dans le logis de M. le Premier Président, pour loger un de Messieurs ses enfans............. 1000ᵗ

A Toulmay[1], pour son paiement des vuidanges qu'il a faites au collège des Trois-Évesques........... 370ᵗ

A Léonnard Aubry, pour son parfait paiement des ouvrages de pavé qu'il a faits, tant à l'hostel où loge la reine d'Angleterre, que dans les rûes où passent les thuiaux de fontaines dud. hostel......... 773ᵗ 3ˢ 3ᵈ

A Marie Lambert, veuve de Blaise Tabaquin, à compte de ce qui est deub pour journées d'hommes qui ont travaillé aux machines des commédies en 1662..... 400ᵗ

5 octobre : aux gouverneurs et administrateurs de l'hospital des Quinze-Vingtz, pour le prix de quatre maisons scizes à Paris rue Saint-Nicaise, comprises dans le dessein du Louvre.................... 28000ᵗ

Au s' Castelan, maistre de la verrerie de Nevers, pour avoir envoyé son gendre à Venise pour amener des ouvriers en glace...................... 1000ᵗ

6 octobre : à Jacques Prou, pour son parfait paiement des ouvrages de menuiserie qu'il a faits à l'hostel de Grammont....................... 1026ᵗ 10ˢ

29 octobre 1667 : à luy, pour ouvrages de menuiserie aux Gobelins......................... 749ᵗ 5ˢ

6 octobre 1666 : aux relligieux de la Charité du faubourg Saint-Germain, pour le soin qu'ils prennent des ouvriers blessez aux bastimens du Roy......... 300ᵗ

A Louis Le Bastier et Isaac Guimont, pour le raccommodage de trois tantures de tapisserie........ 1850ᵗ

A Jean Pluimers et Catherine de Marc, la somme de 11400ᵗ, sçavoir : 9000ᵗ à compte des 18000ᵗ qui leur sont deub de reste des 36000ᵗ qui leur ont esté promis par le Roy pour led. establissement, et 2400ᵗ pour distribuer des prix aux ouvriers des villes de Reims, Aurillac et Allençon.................. 11400ᵗ

3 novembre : à Pierre Hanicle, à compte des réparations de maçonnerie qu'il a faites au Palais.. 1000ᵗ

16 novembre : à Louis Hinart, entrepreneur de la manufacture royalle de tapisserie en la ville de Beauvais, suivant l'article 6 de l'édit du Roy pour l'establissement de lad. manufacture que S. M. est obligé de luy paier à raison de 20ᵗ par chacun ouvrier............ 1420ᵗ

A luy, suivant l'article 7 dud. édit, pour les frais des aprentifs à raison de 30ᵗ pour chacun par an. 657ᵗ 3ˢ 6ᵈ

Au s' prieur du prieuré de Versailles, pour la diminution du revenu dud. prieuré à cause des terres qui en dépendent........................... 3000ᵗ

Au s' prieur de Choisy, 660ᵗ; à la fabrique de l'esglise de Choisy, 200ᵗ; pour trois arpens vingt-cinq perches de pré, 93ᵗ, cy......................... 953ᵗ

7 décembre : à Duval, à compte des bustes qu'il jette en bronze pour le service de S. M......... 600ᵗ

A Lerambert, à compte des bustes de marbre qu'il fait pour le Roy............................ 200ᵗ

7 décembre : à Jacques Bertrand, tapissier de la ville d'Aubusson, pour le paiement d'une pièce de tapisserie relevée d'or........................ 1080ᵗ

A Jacques et Antoine Padelin, et Jean Vanisse, pour parfait paiement des cheminées qu'ils ont ramonées, tant à Fontainebleau, Vincennes, qu'au Palais-Royal. 284ᵗ 8ˢ

Au s' Julien, pour le paiement des ouvriers qui travaillent aux palis que S. M. fait faire dans la forest de Compiègne........................... 3000ᵗ

31 décembre : au s' Perrot, pour diverses despences qu'il a faites pour les manufactures....... 1712ᵗ 15ˢ

---

[1] Appelé ailleurs Tolmé.

ANNÉE 1666. — DIVERSES DÉPENSES.

A Marcelin Charlier, pour son paiement de 17 aunes de velour rouge cramoisy, à 24ᴧ l'aune, et 22 aunes quartier et demy de velour, à 25ᴧ l'aune... 960ᴧ 7ˢ 6ᵈ

16 janvier 1667 : à Hierosme Mazierre, huissier de la chambre du Roy, pour une pièce de terre scize au dessous de Montmartre, qu'il a vendue à Sa Majesté, auquel lieu a été construit une maison pour les gardes chasse de la plaine de Saint-Denis............... 1200ᴧ

28 janvier 1667 : aux sʳˢ Mandat et Arnoul, la somme de 20000ᴧ, scavoir : 6000ᴧ au sʳ Mandat, directeur des créanciers du sʳ Foucquet, pour le prix des livres que le Roy a fait achepter de ceux de la bibliotecque de Saint-Mandé, et 14000ᴧ aud. sʳ Arnoul, pour les livres de l'histoire d'Italie que Sa Majesté a pareillement fait achepter............................ 20000ᴧ

15 mars 1667 : à Hanicle, maçon, pour parfait payement de la somme de 3296ᴧ 15ˢ, à quoy montent les réparations par luy faites au Pallais en 1665. 1296ᴧ 15ˢ

A Gortier, à compte des ouvrages de peinture qu'il fait au logis où logeoit Mᵐᵉ la comtesse d'Harcourt.

A luy, à compte de ses ouvrages au logis de Mˡˡᵉ de la Vallière........................... 800ᴧ

A Estienne Fayon, pour parfait payement de la somme de 3900ᴧ, à quoy monte sa fourniture de poutres, mats et planches de sapin pour employer à faire des mestiers pour la manufacture de la Savonnerie........ 1700ᴧ

A Louis Besche, pour les ouvriers qui travaillent aux réparations et augmentation du logis de M. le Premier Président............................. 3000ᴧ

A Bailly, peintre, à compte des devises en mignature qu'il fait pour le Roy.................... 300ᴧ

A Noel Gautier, pour les colonnes de marbre qu'il a fournies à Marseille..................... 900ᴧ

Au sʳ Jullien, pour employer au payement des ouvriers qui travaillent au palis que S. M. fait faire dans la forest de Compiègne.................... 2000ᴧ

Au sʳ de Valles, pour la vente par luy faite au Roy d'une pièce de terre, une maison et un moulin à vent, lad. pièce de terre contenant sept arpens, le tout scituez hors la fausse porte Saint-Jacques.......... 6604ᴧ

Au sʳ Le Vasseur de Beauplan, à compte de la graveure de la carte de Normandie.............. 300ᴧ

Au sʳ Grangé, pour avoir gardé le scellé apposé sur le cabinet des médailles du Roy.............. 300ᴧ

A Louis Gourlier, habitant de Versailles, pour son paiement d'une place scize aud. lieu, où estoit bastis des maisons et escuries qui ont esté encloses dans le parc de Versailles............................. 3705ᴧ

25 avril 1667 : au sʳ Scanon de Vaure, pour le loyer d'une maison scize rue Frementeau, depuis le premier aoust 1665 jusqu'au dernier décembre 1666 [1].. 5500ᴧ

29 octobre 1667 : à luy, à compte du paiement de l'achapt du petit hostel de Vandosme, compris dans l'enceinte du grand dessein du Louvre.......... 3000ᴧ

25 avril 1667 : à la dame de Poix, pour un quartier de loyer d'un manége et d'une maison occupée par une partie de la grande escurie du Roy, escheu le dernier décembre 1666................. .... 1007ᴧ 10ˢ

Au sʳ Petit, ingénieur, pour un quartier de loyer de maison scize rue Saint-Nicaise, escheu le dernier décembre 1666............................. 550ᴧ

A Jeanne Bueteau, pour une demie année, escheue le dernier décembre 1666, du loyer d'une maison. 100ᴧ

A Carbonnet, idem................. 100ᴧ

A Anne Carron, pour le dernier quartier de la maison où logent les vallets de chambre et huissiers de la Reine, escheu le dernier décembre 1666...... 135ᴧ

A Claude Prée, pour une année de loyer des fours de la Reyne, escheu aud. an................. 150ᴧ

A Simon Carrouget, pour le dernier quartier du loyer de la maison qu'occupent les officiers Suisses, escheu aud. temps............................... 108ᴧ

Au sʳ Rouvière, curateur des enfans de M. le duc d'Elbœuf, pour le loyer d'une maison appellée l'hostel de Provence, scize rue des Poulies, depuis le premier aoust 1665 jusqu'au dernier décembre 1666........ 2000ᴧ

9 may 1667 : aux religieux de la Charité de Fontainebleau, pour le dernier quartier 1666 de l'aumosne qu'il plaist au Roy de leur faire [2]............ 450ᴧ

Au sʳ Petit, ayant la conduite des bastimens de Saint-Germain, pour la dernière demie année 1666... 600ᴧ

Au sʳ Petit, commis à la conduite des bastimens de Versailles, pour la seconde demie année de ses appointemens 1666........................ 1800ᴧ

Au sʳ Bonnat, pour le travail qu'il a fait durant l'année 1666............................. 800ᴧ

A Jean Vignon, jardinier du petit parc de Vincennes, pour le dernier quartier 1666 de l'entretenement dud. parc................................ 700ᴧ

A Vandermeulen, pour ses appointemens des six derniers mois de l'année 1666.............. 3000ᴧ

A Sainte-Marie, pour la dernière demie année de ses appointemens.......................... 270ᴧ

---

[1] Après cet article se trouve le suivant, qui est barré : à M. de Bellingkem, idem 4675ᴧ. Le chiffre du payement n'étant pas effacé a dû être compris dans l'addition.

[2] Les trois premiers quartiers sont payés au chapitre des gages et appointemens. (Voyez 15 mars, col. 159.)

A Jean Fourault, à compte des ouvrages de charpenterie qu'il fait à Monceaux.................. 300ᴸᴸ

A Daries, pour la nouriture des cignes et carpes qui sont dans l'estang de Fontainebleau pendant les six derniers mois...................... 360ᴸᴸ 8ˢ 6ᵈ

21 may 1667 : aux dames Dastry et Perrier, pour le loyer de quatre maisons dont elles sont propriétaires, occupées pour le logement des mousquetaires du Roy, 1666............................. 1000ᴸᴸ

A Massonnet, idem, pour le loyer de deux maisons pendant l'année 1666................... 360ᴸᴸ

A Roger, idem, pour le loyer de deux maisons occupées pour le logement des mousquetaires du Roy. 360ᴸᴸ

A la veuve Havart, idem, pour une maison... 180ᴸᴸ

Au sʳ Houel, idem, pour deux maisons....... 360ᴸᴸ

A Jacques Desbois, idem................. 360ᴸᴸ

A Pierre Flagy, pour le louage du corps de la halle et eschoppes y jointes, occupées par les mousquetaires du Roy............................. 1600ᴸᴸ

A Jeanne Breteau, pour son logement pendant les six premiers mois 1666.................. 100ᴸᴸ

A Carbonnet, idem.................... 100ᴸᴸ

A Carouzet, pour les trois premiers quartiers, escheus le dernier décembre 1666, du logement qu'il fournit aux officiers Suisses....................... 324ᴸᴸ

A. Anne Carron, idem, pour les vallets de chambre de la Reyne............................. 405ᴸᴸ

A Laurens Fontaine, pour une demie année du loyer de l'hostel de Provence.................. 2000ᴸᴸ

A Armand Le Roy, pour huict estuis de bassins couverts de vache de roussy à raison de 60ᴸᴸ pièce.. 1380ᴸᴸ

A Claude Landrin, idem, pour douze....... 1820ᴸᴸ

A Jolly, pour un robinet à trois eaues qu'il a fourny à Versailles............................. 350ᴸᴸ

Au sʳ Le Cointre, pour son paiement de plusieurs médailles d'argent qu'il a vendues au Roy...... 369ᴸᴸ

29 octobre 1667 : à la veuve La Combe, pour le raccommodage de la tenture de tapisserie de l'histoire de Diane............................. 450ᴸᴸ

A Jacques Rochon, concierge de la maison royalle des Gobelins, pour ses gages 1666............ 1200ᴸᴸ

A luy, pour son rembourcement de plusieurs menues despences qu'il a faites.................. 539ᴸᴸ 3ˢ 6ᵈ

A luy, pour l'achapt de neuf voyes de bois employées à la teinture de la manufacture........ 114ᴸᴸ 9ˢ 7ᵈ

A luy, pour le payement du logement des ouvriers tapissiers des Gobelins pendant 1666.......... 1723ᴸᴸ

A luy, pour le paiement de l'apprentissage de cinq apprentifs peintres pendant l'année 1666..... 406ᴸᴸ 5ˢ

A Gaspard Truchet, jardinier de lad. maison, pour ses gaiges de l'année 1666................. 400ᴸᴸ

A Dominique Barault, portier de lad. maison, pour ses gages de lad. année.................. 300ᴸᴸ

A Josse Vendosme Kerchove [1], teinturier et marqueur des ouvrages de tapisserie des Gobelins, pour ses appointemens de 1666 en lad. qualité.......... 1500ᴸᴸ

A Vessier, tapissier, pour rentreture et rajustement de tapisseries qu'il a faites aux Gobelins........ 364ᴸᴸ

A Jean de Mouchy, pour le reblanchissage de 792 livres de laine qu'il a fait pour lad. manufacture. 158ᴸᴸ 8ˢ

A Jean Jans, tapissier en haute-lisse, pour les ouvrages qu'il a faits pour le Roy............. 8598ᴸᴸ 1ˢ 4ᵈ

A luy, pour la nouriture et entretenement de deux apprentifs pendant l'année dernière 1666..... 187ᴸᴸ 10ˢ

A Jean Le Fevre, idem de cinq apprentifs.. 381ᴸᴸ 5ˢ

A Henry Laurens, idem de trois apprentifs. 137ᴸᴸ 10ˢ

A Jean Jans l'aisné, pour l'entretenement de huict apprentifs........................... 350ᴸᴸ

A Jean de la Croix, pour le paiement de ses ouvrages de tapisserie de basse lisse pour le Roy... 18563ᴸᴸ 4ˢ 2ᵈ

A Jean Le Fèvre, idem.......... 10575ᴸᴸ 16ˢ 10ᵈ

A Henry Laurens, idem............ 6567ᴸᴸ 16ˢ 6ᵈ

A Jean Jans l'aisné, idem......... 10929ᴸᴸ 8ˢ 4ᵈ

A Baudrain Yvart, pour son rembourcement des despenses qu'il a faites pour les desseins de lad. manufacture............................. 13181ᴸᴸ 3ˢ

9 décembre : au sʳ Le Fouyn, notaire, pour les salaires et vaccations pendant l'année 1666, d'avoir passez les contracts d'acquisition au proffit de S. M...... 400ᴸᴸ

A M. le mareschal de Grammont, à compte des 120000ᴸᴸ pour l'eschange de l'hostel de Grammont...... 6000ᴸᴸ

A Pierre Taraquin, pour plusieurs ouvrages faits par son père à la salle des machines de S. M........ 500ᴸᴸ

A.........., pour son rembourcement de pareille somme payée à divers ouvriers en glace de Venise que le Roy a fait venir pour travailler en France...... 3000ᴸᴸ

A.........., pour plusieurs despences faites et à faire au chasteau et parc de Chambort........ 3000ᴸᴸ

A Pierre Sarazin, pour son parfait paiement de la somme de 6000ᴸᴸ, à quoy montent les ouvrages de sculpture qu'il a vendu au Roy.................. 3000ᴸᴸ

A Jacques Somer, ébéniste, à compte des parquets de marqueterie qu'il a fourny pour le Roy........ 500ᴸᴸ

Nota qu'il a esté fait pendant la présente année pour 10000ᴸᴸ d'ouvrages au chasteau de Monceaux, suivant

---

[1] Il s'appelait réellement Josse van den Kerchove, comme on le voit par les comptes des années suivantes.

et sur les ordonnances de M. le duc de Tresmes, surintendant et ordonnateur des bastimens dud. lieu. 10000ᵗᵗ

Nota qu'il a esté payé à M. Le Vau, suivant un arrest, la somme de 6000ᵗᵗ, pour partie du remboursement de la charge d'intendant quatriennal des Bastimens. 6000ᵗᵗ

A.........., ouvriers des Gobelins, pour plusieurs ouvrages qu'ils ont fait pour le Roy........... 6000ᵗᵗ

A.........., ouvriers et scieurs de long travaillans aux palis qui se font dans les forests de Laye et de Fontainebleau............................ 2319ᵗᵗ

Au sʳ de la Planche, trésorier en exercice la présente année, la somme de 3156^{2ᵗᵗ}, sçavoir : 1200ᵗᵗ pour les jettons d'argent; 3760ᵗᵗ pour les espices de Mʳˢ des comptes, et 26602ᵗᵗ pour les taxations de la présente année................................ 31562ᵗᵗ

Somme de ce chapitre.... 476196ᵗᵗ 2ˢ 6ᵈ

OUVRAGES D'ARGENTERIE.

7 décembre : à Claude Ballin, à compte des brancarts et vazes d'orangers d'argent blanc cizelé qu'il fait pour le Roy (2 p.)..................... 60000ᵗᵗ

A du Tel, *idem* (2 p.)................. 24000ᵗᵗ

A Viaucourt, à compte des quatre brancarts et orangers qu'il faict pour le Roy (2 p.).......... 18000ᵗᵗ

A Merlin, *idem*................... 18000ᵗᵗ

A Loire, à compte des vazes d'orangers d'argent qu'il fait pour le service de Sa Majesté............ 2000ᵗᵗ

A Cousinet, *idem*.................... 2000ᵗᵗ

A Claude de Villers, à compte des deux grandes cuvettes d'argent qu'il faict pour le Roy (2 p.).. 25000ᵗᵗ

A Gravet, à compte de la nef d'or qu'il fait pour le Roy........................... 1000ᵗᵗ

A la dame Verbeck, pour son parfaict payement de six grands bassins, six vazes et quatre quaisses d'orangers d'argent......................... 23860ᵗᵗ 6ˢ 2ᵈ

A Gérard Débonnaire, à compte des grands ouvrages d'argenterie qu'il faict pour le Roy.......... 6808ᵗᵗ

Somme de ce chapitre........ 180660ᵗᵗ [1]

GRATIFFICATION DE SA MAJESTÉ
POUR LE FAICT DU COMMERCE.

Néant.

GAGES, APPOINTEMENS ET ENTRETENEMENS
DES OFFICIERS DES BASTIMENS DE SA MAJESTÉ.

23 may 1666-15 mars 1667 : A Charles Le Brun,

[1] Le total exact est 180668ᵗᵗ 6ˢ 2ᵈ.

Premier Peintre du Roy, pour ses appointemens en lad. qualité pendant la présente année (4 p.)...... 8800ᵗᵗ

28 may 1666-15 mars 1667 : à Louis Raymond Descluzeaux, employé pour faire voiturer les matériaux des bastimens, pour une année de ses appointemens (3 p.).
.... 900ᵗᵗ

28 may 1666-21 may 1667 : au sʳ Mathias Rossy [2], ayant la conduitte du bastiment du Louvre, suivant le dessein du sieur Cavalier Bernin, pour ses appointemens de la présente année 1666 (4 p.).......... 9000ᵗᵗ

28 may-7 décembre : à Nicolas Mesnard, marbrier, que le Roy a envoyé à Gennes et autres lieux, tant d'Italie que de Provence et Languedoc, pour choisir et recevoir les marbres qui se tirent pour son service, pour neuf mois de ses appointemens (2 p.)......... 800ᵗᵗ

7 décembre : à luy, pour une année de l'entretenement de la chapelle du Palais-Royal, escheue le 31 mars 1666................................ 150ᵗᵗ

28 may : à Charles Yvon, couvreur, pour la dernière demie année de l'entretenement des couvertures des maisons royalles, 1665.................... 3300ᵗᵗ

6 octobre 1666-15 mars 1667 : à luy, pour trois quartiers dud. entretenement en 1666 (2 p.)... 4950ᵗᵗ

15 mars 1667 : à luy, ayant l'entretenement de l'hostel des Ambassadeurs..................... 350ᵗᵗ

28 may-15 juillet : à Pietro Fassy, stucateur, 2300ᵗᵗ; Jacomo Patriarcha, maçon, et Bellardino Rossy, tailleur de pierre, à chacun la somme de 1700ᵗᵗ pour leurs appointemens (7 p.).................... 5700ᵗᵗ

28 may 1666-17 mars 1667 : à Jean et Antoine Vignon, jardiniers du petit parc de Vincennes, pour les trois premiers quartiers de leurs gages pendant l'année 1666 (3 p.)......................... 2100ᵗᵗ

15 juillet : au sʳ Vandermeulen, pour les six premiers mois de ses appointemens 1666, à cause du travail qu'il fait aux Gobelins...................... 3000ᵗᵗ

30 juillet : au sʳ Galland, pour la nourriture, pendant les six premiers mois de la présente année, des signes et carpes qui sont dans les cauaux du chasteau de Fontainebleau........................... 360ᵗᵗ 8ˢ 6ᵈ

24 aoust : au sʳ Huggens, à compte des appointemens qu'il plaist au Roy luy accorder............. 2000ᵗᵗ

6 octobre-7 décembre : au sʳ Huggens, 1500ᵗᵗ; sçavoir : 1000ᵗᵗ pour son voiage de la Haye à Paris, et 2000ᵗᵗ pour, avec 2000ᵗᵗ qui luy a esté cy-devant payé, parfaire ce qui luy a esté ordonné pour ses appointemens depuis le premier may jusqu'à 1666 (2 p.).... 3000ᵗᵗ

[2] Il est aussi nommé Mathia, architecte italien.

10 septembre 1666-14 février 1667 : au sʳ Louis Munos, chirurgien du corps de la Reine, pour une année du loyer de la maison qu'il occupe (2 p.).... 700ᴛᴛ

24 septembre-7 décembre : au sʳ Beaubrun, trésorier de l'Académie royalle de peinture et sculpture, pour le deuxième et troisième quartier de la pension que Sa Majesté accorde à lad. Académie¹ (2 p.)......... 2000ᴛᴛ

6 octobre 1666-28 octobre 1667 : à Massé Fourché, jardinier du petit parc, 4500ᴛᴛ; à Marin Trumel, jardinier de l'orangerie et du jardin à fleurs, 2250ᴛᴛ; à Massox, jardinier du potager, 1125ᴛᴛ pour les deuxième, troisième et quatrième quartiers de leurs gages en 1666, et 100ᴛᴛ de gratification................ 7975ᴛᴛ

7 décembre : aux nommez Camay et Chambois, pour six mois d'entretenement des couvertures du chasteau de Compiègne, eschus le dernier septembre 1666... 200ᴛᴛ

18 décembre : au sʳ Le Febvre, controlleur général des bastimens du Roy, pour ses gages de 1664.. 4134ᴛᴛ

20 décembre : aux prestres de la congrégation de la Mission de Fontainebleau, pour leur subsistance et entretenement pendant les six derniers mois 1666. 3000ᴛᴛ

28 janvier 1667 : au sʳ Vallor, premier médecin du Roy, pour le paiement des gages des officiers et entretenement du Jardin des plantes du fauxbourg Saint-Victor de Paris pendant l'année dernière 1666..... 21000ᴛᴛ

15 mars 1667-9 décembre 1667 : aux religieux de la Charité de Fontainebleau, pour les trois premiers quartiers de la gratification et aumosne qu'il plaist au Roy leur faire (2 p.)................. 1350ᴛᴛ

Pour les gages des officiers que le Roy veut estre entretenus en son chasteau de Fontainebleau et les autres despenses que Sa Majesté a commandé y estre faites pour la continuation et entretenement d'iceluy durant l'année 1666............... 19205ᴛᴛ

Pour les gages des officiers des maisons, bastimens de Sa Majesté et appointemens des personnes rares en architecture, peinture, sculpture et autres arts, entretenus pour son service pendant l'année 1666, suivant l'estat qui en a été expédié le 10ᵉ février, la somme de....... .... 82051ᴛᴛ 12ˢ 6ᵈ

Sçavoir :

Aux surintendants, intendants, controlleurs et trésoriers desd. bastimens pour leurs gages et appointemens, la somme de.................. 47614ᴛᴛ 12ˢ 6ᵈ

Aux officiers qui ont gages pour servir en toutes les maisons royalles........................ 2310ᴛᴛ

Autres officiers servans pour l'entretenement des maisons et chasteaux cy-après :

Chasteau du Louvre............	1100ᴛᴛ
Pallais et jardin des Thuilleries.....	7325ᴛᴛ
Cours de la Reyne mère...........	40ᴛᴛ
Pallais Cardinal.................	1800ᴛᴛ
Collège de France...............	25ᴛᴛ
Madrid.....................	150ᴛᴛ
Saint-Germain-en-Laye..........	5486ᴛᴛ
Saint-Léger.................	225ᴛᴛ
Pougues...................	75ᴛᴛ
Hostel des Ambassadeurs.........	100ᴛᴛ
Total...........	82051ᴛᴛ 2ˢ 6ᵈ ²

Pour l'entretenement de l'Académie royalle de peinture, sculpture, establie par Sa Majesté à Paris, pendant l'année 1666 ³.......................... 4000ᴛᴛ

A Claude Bouy, ayant l'entretenement des orangers en plaine terre de Fontainebleau, pour ses appointemens depuis le 24 mars jusqu'au 31 décembre 1666 (3 p.)............................. 850ᴛᴛ

A Daniel Fossier, pour une année de ses appointemens 1666, pour avoir soin des menues dépenses à faire au Louvre (2 p.)................. 1200ᴛᴛ

15 mars 1667 : à Anglart, maçon, pour une année des entretenemens des couvertures du chasteau de Vincennes (2 p.)......................... 1000ᴛᴛ

A Lespine, maçon, pour ses appointemens et entretenemens des terrasses de Saint-Germain......... 400ᴛᴛ

A Chevillard, fontainier, pour une année de ses appointemens (2 p.)....................... 700ᴛᴛ

A Hulot, ayant l'entretenement des couvertures du Palais, pour une année eschue le 15 novembre 1666... .... 2000ᴛᴛ

Au principal et procureur du Collège Royal, pour le dédommagement des bastimens du collège de Cambray qui ont esté abatus pour bastir ledit Collège Royal.. 1180ᴛᴛ

21 may 1667 : au sʳ Dippy, interprette du Roy en langue arabique et siriaque, pour ses appointemens 1666.............................. 1000ᴛᴛ

A Jean de la Lande, pour une année de ses gages en

---

¹ Voyez le surplus aux *Diverses Dépenses* (15 juillet, colonne 150). Cet article fait double emploi avec la somme mise plus loin au compte de l'Académie.

² Il faudrait 87050ᴛᴛ 12ˢ 6ᵈ.

³ Voyez la note de la colonne précédente. On trouvera ci-dessus (col. 51) le détail des dépenses de l'Académie que nous croyons inutile de reproduire ici.

ANNÉE 1666. — PENSIONS ET GRATIFICATIONS, ETC.

1666, pour l'entretenement de l'orangerie de Saint-Germain (2 p.)............................... 500ᵗᵗ
Au sʳ ᴅᴇ ʟᴀ Cʀᴏɪx, interprette du Roy en langue turque, pour ses appointemens de 1666......... 1200ᵗᵗ
Au sʳ Fᴇ́ʟɪʙɪᴇɴ, historiographe des Bastimens, pour ses appointemens de 1666................. 1200ᵗᵗ
A Nɪᴄᴏʟᴀs Mᴀᴅɪᴏᴛ, ingénieur, pour ses appointemens de 1666 (2 p.)........................ 3600ᵗᵗ
A Pᴇᴛɪᴛ, portier de la cour du Cheval Blanc, à Fontainebleau, pour ses gages de l'année 1666..... 200ᵗᵗ
Au sʳ Pᴇᴛɪᴛ, ayant la direction des bastimens de Versailles, pour la première demie année 1666.... 1800ᵗᵗ
Au sʳ Pᴇᴛɪᴛ, commis à la conduite des bastimens de Saint-Germain, idem..................... 600ᵗᵗ
A Sᴀɪɴᴛᴇ-Mᴀʀɪᴇ, garde-clefs du magazin de Versailles pour la première demie année 1666......... 270ᵗᵗ
9 décembre 1667 : au sʳ Lᴇ Nᴏsᴛʀᴇ, controlleur général des Bastimens, en considération du travail extraordinaire qu'il a faict pendant les deux années dernières................................... 4000ᵗᵗ
Au sʳ Bᴇʀɴɪɴ, la somme de 7200ᵗᵗ, sçavoir : au sʳ Cavalier Bᴇʀɴɪɴ, 6000ᵗᵗ, et au sʳ Pᴀᴜʟᴏ Bᴇʀɴɪɴ fils, 1200ᵗᵗ, pour leur pension 1666................... 7200ᵗᵗ

Somme de ce chapitre....... 219572ᵗᵗ [1]

PENSIONS ET GRATIFFICATIONS
ACCORDÉES AUX GENS DE LETTRES.

7 décembre : à divers particuliers qui excellent en toutes sortes de sciences, desquels Sa Majesté a voulu récompenser la vertu, la somme de......... 36100ᵗᵗ

Sçavoir :

Au sʳ ᴅᴇ ʟᴀ Cʜᴀᴍʙʀᴇ.................... 2000ᵗᵗ
Au sʳ Cᴏɴʀᴀʀᴅ....................... 1500ᵗᵗ
Au sʳ Cʜᴀᴘᴇʟᴀɪɴ.................... 3000ᵗᵗ
Au sʳ abbé ᴅᴇ Bᴏᴜʀᴢᴇʏs............... 3000ᵗᵗ
Au sʳ abbé Cᴀssᴀɢɴᴇs................. 1500ᵗᵗ
Au sʳ Mᴇ́ɴᴀɢᴇ...................... 2000ᵗᵗ
Au sʳ Mᴏʟɪᴇ̀ʀᴇ..................... 1000ᵗᵗ
Au sʳ Sᴏʀʙɪᴇ̀ʀᴇ.................... 1000ᵗᵗ
Au sʳ Bᴇɴsᴇʀᴀᴅᴇ................... 1500ᵗᵗ
Au sʳ Vᴀᴛᴛɪᴇʀ...................... 600ᵗᵗ
Au sʳ Gᴏᴅᴇғғʀᴏʏ................... 3600ᵗᵗ

A reporter........... 20700ᵗᵗ

[1] Le total exact est 223925ᵗᵗ 1ˢ ; il devrait être 218925ᵗᵗ 11ˢ en tenant compte de l'erreur que nous avons rectifiée à la colonne 160.

Report............. 20700ᵗᵗ
Au sʳ Lᴇ Lᴀʙᴏᴜʀᴇᴜʀ................... 1500ᵗᵗ
Aux sʳˢ Vᴀʟʟᴏɪs, chacun 1200ᵗᵗ.......... 2400ᵗᵗ
Au Père Lᴇ Cᴏɪɴᴛʀᴇ................... 1500ᵗᵗ
Au sʳ Hᴜᴇᴛ, de Caen.................. 1500ᵗᵗ
Au sʳ Cʜᴀʀᴘᴇɴᴛɪᴇʀ................... 1500ᵗᵗ
Au sʳ Cᴀʀᴄᴀᴠʏ...................... 1500ᵗᵗ
Au sʳ Pᴇʀʀᴀᴜʟᴛ..................... 1500ᵗᵗ
Au sʳ Lʜᴇ́ʀɪᴛᴛɪᴇʀ................... 1000ᵗᵗ
Au sʳ Fᴇ́ʟɪʙɪᴇɴ.................... 1000ᵗᵗ
Au sʳ Cᴏʀɴᴇɪʟʟᴇ.................... 2000ᵗᵗ

Total........... 36100ᵗᵗ

A divers particuliers estrangers qui excellent en toutes sortes de sciences, desquels Sa Majesté a voulu récompenser le mérite......................... 16200ᵗᵗ

Sçavoir :

Au sʳ Hᴇɪɴsɪᴜs, Holandois, secrétaire latin des Provinces-Unies et leur résident à Stokbolm, qui possède et escrit admirablement la langue latine......... 1200ᵗᵗ
Au sʳ Vᴏssɪᴜs, Holandois, fort estimé pour la langue grecque........................ 1200ᵗᵗ
Au sʳ Bᴇᴄʟᴇʀᴜs, premier professeur de la ville de Strasbourg, qui enseigne l'histoire, et fort versé dans les humanités............... 900ᵗᵗ
Au sʳ Hᴇᴠᴇʟɪᴜs, grand astrologue, qui fait sa résidence à Dantzic..................... 1200ᵗᵗ
Au sʳ Gʀᴀᴛɪᴀɴʏ, poëte italien............ 1500ᵗᵗ
Au sʳ Cᴏɴʀɪɴɢɪᴜs.................... 900ᵗᵗ
Au sʳ Vɪʟʟᴏᴛᴛᴏ, médecin de Piedmont, demeurant à Montréal.................. 600ᵗᵗ
Au sʳ Vᴜᴀɴɢᴀɴsᴇɪʟ................... 1500ᵗᵗ
Au sʳ Vɪᴠɪᴀɴʏ..................... 1200ᵗᵗ
Au sʳ Bᴇ́ʀɪɴɢʏ..................... 1200ᵗᵗ
Au sʳ Gʀᴏɴᴏᴠɪᴜs, professeur pour les belles-lettres en l'Académie de Leyden............ 1200ᵗᵗ
Au sʳ Cᴀʀʟᴏ Dᴀᴛʏ, Florentin, des plus fameux de l'Académie de la Crusca........... 1200ᵗᵗ
Au sʳ Fᴇʀʀᴀʀʏ, professeur de l'éloquence en l'Université de Padoue................... 1200ᵗᵗ
Au sʳ Rᴇʏɴᴇsɪᴜs, fameux médecin et excellent en toutes sortes de sciences.............. 1200ᵗᵗ

Total........... 16200ᵗᵗ

9 may 1667 : au sʳ ᴅᴇ Sᴀɪɴᴛ-Rᴇ́ᴀʟ, en considération de la reveüe qu'il a fait de plusieurs manuscrits pour la bibliotecque royalle..................... 1200ᵗᵗ
21 may 1667 : au sʳ Bʀᴀɴᴅᴏɴ, par gratiffication. 400ᵗᵗ

Au s' Mezeray, en considération de la profonde connoissance qu'il a dans l'histoire............ 4000ᵗᵗ
Au s' Scudéry, par gratiffication........... 1500ᵗᵗ
Au s' de Beaulieu, idem................ 1000ᵗᵗ
Au s' Nicquet, idem, en considération de son application aux mathématiques.................. 800ᵗᵗ
Au s' de Roberval, professeur royal de mathématique, par gratiffication...................... 1500ᵗᵗ
Au s' Auzout, idem.................... 1500ᵗᵗ
Au s' Frenicle, idem................... 1200ᵗᵗ
Au s' Buot, idem...................... 1200ᵗᵗ
Aux s'ˢ Richer et Launy, qui aydent à faire les observations et qui sollicitent les ouvriers pour la confection des instrumens mathématiques, à chacun 800ᵗᵗ. 1600ᵗᵗ
Au s' Duclos, par gratiffication.......... 2000ᵗᵗ
Au s' Perrault, idem.................. 1500ᵗᵗ
Au s' Gayant, chirurgien, idem.......... 1200ᵗᵗ
Au s' Marchand, idem................. 1200ᵗᵗ
Au s' Bourdelin, tant pour luy que pour le garçon qui travaillera sous luy dans le laboratoire..... 1500ᵗᵗ
Au s' Le Clerc, par gratiffication et pour luy donner moyen de continuer son application aux belles-lettres... .... 600ᵗᵗ
Au s' abbé de Pure, idem................ 1000ᵗᵗ
Au s' Royer, idem.................... 800ᵗᵗ
Au s' Quinault, idem.................. 800ᵗᵗ
Au s' Corneille le jeune, idem........... 1000ᵗᵗ
Au s' Ogier, idem.................... 1500ᵗᵗ
Au s' Varillas, idem.................. 1200ᵗᵗ
Au s' de Sainte-Marthe, idem........... 1200ᵗᵗ
Au s' du Périer, idem................. 800ᵗᵗ
Au s' Cottin, idem.................... 1200ᵗᵗ
Au s' Maury, idem.................... 600ᵗᵗ
Au s' Racine, idem.................... 800ᵗᵗ
Au s' Petit, idem..................... 800ᵗᵗ
Au s' Picart, idem.................... 1200ᵗᵗ
Au s' de Gomberville, idem............. 1200ᵗᵗ
Au s' d'Érouval, idem................. 1500ᵗᵗ
Au s' Boisleau, idem.................. 1200ᵗᵗ
Au s' Fléchier, idem.................. 800ᵗᵗ
Au s' Baluze, idem................... 1200ᵗᵗ

Somme de ce chapitre........ 95000ᵗᵗ

BASTIMENS DU VAL-DE-GRÂCE.

28 may 1666 - 9 décembre 1667 : à Roch Duchesnoy, marbrier, pour paiement des ouvrages de pavé de marbre qu'il a faits à la nef de l'église de Notre-Dame du Val-de-Grâce (7 p.)....................... 5697ᵗᵗ 8ˢ

A Philbert Bernard, marbrier, pour paiement du pavé de marbre de figure octogone qu'il faict dans lad. églize (3 p.)........................... 1356ᵗᵗ 14ˢ
28 may - 24 septembre : à Pasquier, pour paiement des ouvrages de pavé de l'aire du dosme du Val-de-Grâce (2 p.)........................... 1431ᵗᵗ 6ˢ 8ᵈ
28 may 1666 - 15 mars 1667 : à Hubert Misson, marbrier, pour paiement du pavé des chapelles et celuy de la marqueterie de l'autel (4 p.).......... 3800ᵗᵗ
24 septembre 1666 - 17 novembre 1667 : à luy, en paiement du pavé de l'aire des deux chapelles ovalles de Saint-Pierre et de Saint-Charles (3 p.)......... 800ᵗᵗ
17 novembre 1667 : à luy, pour parfait paiement des ouvrages qu'il a faicts au Val-de-Grâce, en conséquence du marché du 20 février 1664 (2 p.)........ 1358ᵗᵗ
28 may 1666 - 17 novembre 1667 : à Jean Le Greu, marbrier, pour parfait paiement des marches et sol de l'autel de lad. églize, suivant marché du 23 février 1664 montant à 15376ᵗᵗ 9ˢ (5 p.)............. 6876ᵗᵗ 9ˢ
17 novembre 1667 : à luy, à compte des ouvrages de marbre qu'il a entrepris faire à l'hostel¹ du Val-de-Grâce................................. 1500ᵗᵗ
28 may : à Jean Le Greu et Hubert Misson, à compte des ouvrages de marbre qu'ils ont entrepris de faire, par marché du 23 février 1664, à l'incrustation du tambour, corps d'autel et d'architecture pour les figures de saint Benoist et sainte Scolastique, dans l'esglize du Val-de-Grâce................................ 2000ᵗᵗ
17 juillet 1666 - 17 novembre 1667 : à eux, pour les ouvrages qu'ils font aud. lieu (3 p.)....... 3543ᵗᵗ
17 novembre 1667 : à eux, pour parfait paiement de la fourniture de six colonnes du grand autel²... 1200ᵗᵗ
28 may 1666 - 9 may 1667 : à Philippes Buister, à compte de six pieds destaux, six colonnes, frises et corniches pour le principal autel (4 p.)......... 10000ᵗᵗ
28 may 1666 - 9 décembre 1667 : à François Anguier l'aisné, pour paiement de deux figures de marbre blanc de saint Benoist et de sainte Scolastique qu'il a entrepris de faire par marché du 28 may 1664 (2 p.)... 2000ᵗᵗ
17 novembre - 9 décembre 1667 : à luy, pour paiement des modèles des bas-reliefs du grand autel et autres ouvrages (2 p.).......................... 1700ᵗᵗ
28 may 1666 - 9 décembre 1667 : à Michel Anguier le jeune, pour paiement des trois figures de marbre blanc.

¹ Ne faut-il pas lire l'autel?
² Cet article et les deux qui précèdent ont bien l'air de se rapporter aux mêmes travaux. Dans le doute, nous les avons reproduits avec leur rédaction.

quatre figures d'anges et huit enfans qu'il a entrepris de faire par marché du 25 mars 1665 (3 p.)..... 5000ᵗᵗ

15 juillet 1666 : à Anguier¹, à compte des figures de marbre qu'il fait pour le principal autel de l'église du Val-de-Grâce............................ 2000ᵗᵗ

24 septembre 1666-17 novembre 1667 : à luy, pour paiement de plusieurs desseins et models qu'il a faicts pour servir au principal autel (3 p.)......... 1920ᵗᵗ

28 may 1666-17 novembre 1667 : à François Picard et Denis Prevost, fondeurs, à compte de six chapiteaux et six vazes² des colonnes qu'ils ont entrepris de faire par marché du 20 janvier 1664, pour l'autel du Saint-Sacrement (8 p.).................. 8925ᵗᵗ

28 may : à Jean Demouchy et Sébastien Mathérion, serruriers, à compte des quatre grilles qu'ils ont entrepris conjointement de faire au dedans du dosme de l'église du Val-de-Grâce, par deux marchés des 24 mars et 4 may 1665....................... 1000ᵗᵗ

28 may 1666-17 novembre 1667 : à eux, à compte de la grande grille de la chapelle Sainte-Anne (6 p.)... 12150ᵗᵗ

17 novembre 1667 : à eux, pour parfait paiement de la grande grille du chœur des dames religieuses, et pour autres ouvrages qu'ils ont faict aud. lieu....... 2000ᵗᵗ

28 may : à Sébastien Mathérion, serrurier, à compte des ouvrages de serrurerie qu'il a faicts ès années 1662, 1663, 1664 et 1665, contenus en ses parties arrestées le 15 décembre 1665 (5 p.)........... 8258ᵗᵗ 3ˢ 2ᵈ

28 may : à Jacques Caquelart, menuisier, pour parfait paiement des chaires du grand chœur des religieuses du Val-de-Grâce, par marché du 8 mars 1664.. 2000ᵗᵗ

15 juillet 1666-9 décembre 1667 : à luy, pour paiement des ouvrages qu'il a faits au grand autel et au chapitre du Val-de-Grâce (11 p.)............. 16400ᵗᵗ

17 novembre 1667 : à luy, pour parfait paiement des ouvrages qu'il a faicts aux deux sacristies...... 800ᵗᵗ

9 décembre 1667 : à luy, pour les entailles qu'il a faictes dans les six faizeaux du grand autel...... 300ᵗᵗ

28 may-3 novembre 1666 : à Pierre Mignard, pour parfait paiement de la somme de 33000ᵗᵗ à quoy montent les ouvrages de peinture qu'il a faicts à la voulte de la caupole du grand dosme, par marché du 5 mars 1663 (3 p.)................................ 8000ᵗᵗ

---

¹ Comme il est impossible, en comparant cet article aux précédents, de reconnaître celui des deux frères dont il est question ici et dans l'article suivant, nous les avons reproduits comme les donne le compte, sans chercher à les appliquer à François plutôt qu'à Michel.

² Il faut sans doute lire bazes.

28 may 1666-17 novembre 1667 : à Thomas Sauthay et Jacques Vannier, fondeurs, à compte de la fonte des ornemens de bronze des six colonnes, chiffres et pieddestaux qu'ils ont entrepris de faire par marché du 14 novembre 1665 (8 p.)................. 9800ᵗᵗ

28 may 1666-9 décembre 1667 : à Anne Mancelle³, pour son indemnité d'une place sçize au fauxbourg Saint-Jacques, qui sert pour la descharge des immondices et gravois des bastimens du Val-de-Grâce pendant l'année 1666 (4 p.)........................... 300ᵗᵗ

28 may 1666-17 novembre 1667 : à Henry Couet et Louis Millet, sculpteurs, pour paiement des models en cire des colonnes qu'ils ont entrepris de faire pour lad. esglize par marché du 1ᵉʳ aoust 1665 (3 p.)..... 800ᵗᵗ

17 novembre 1667 : à eux, pour parfait paiement de la réparation d'un des six chapiteaux du principal autel du Val-de-Grâce......................... 340ᵗᵗ

9 décembre 1667 : à eux, pour parfait paiement des models de terre et cire des fleurons et roses des quatre chapiteaux des pillastres de marbre de l'incrustation du tambour où est l'ouverture de la chapelle du Saint-Sacrement............................... 300ᵗᵗ

28 may : à Dumont, conducteur des bastimens, pour employer les journées d'ouvriers et des voictures pour vuider les gravois qui sont autour du Val-de-Grâce (2 p.)............................ 4500ᵗᵗ

A luy, pour reste de ses appointemens de 1665, compris le loyer de sa maison................. 625ᵗᵗ

24 aoust 1666-9 décembre 1667 : à Estienne Dumont, piqueur⁴, pour son rembourssement de plusieurs despences qu'il a faictes pour les bastimens du Val-de-Grâce (2 p.)........................ 375ᵗᵗ 10ˢ

31 décembre : à Jacques Dumont, pour la despence contenue en un roolle arresté par le sʳ Desnots. 136ᵗᵗ 12ˢ

28 may 1666 : au sʳ Oursel, pour son paiement d'un tableau original du Guerchin, représentant une Descente de croix qu'il a vendue pour servir à la chappelle de Saint-Charles du Val-de-Grâce............. 1500ᵗᵗ

Au sʳ Le Muet, architecte, pour ses appointemens de l'année 1665............................ 1000ᵗᵗ

Au sʳ Le Duc, idem.................... 1500ᵗᵗ

Au sʳ Duval l'aisné, pour les six derniers mois de ses appointemens de 1665................... 900ᵗᵗ

---

³ Ou Mansel.

⁴ Je pense que cet Étienne Dumont, piqueur, était le même que le conducteur des bâtiments de l'article précédent. Quant au Jacques Dumont qui vient ensuite, c'est peut-être toujours le même personnage, sur le prénom duquel le copiste se sera trompé.

Au s' Duval puisné, idem................ 900ᵗᵗ
Au s' Thévenin, idem................... 900ᵗᵗ
17 novembre 1667 : au s' Le Duc, pour supplément de ses appointemens pendant les quatre premiers mois 1666............................... 200ᵗᵗ
Au s' Le Muet, architecte, pour ses appointemens des quatre premiers mois 1666............ 666ᵗᵗ 13ˢ 4ᵈ
Au s' Le Duc, idem.................... 600ᵗᵗ
Au s' Duval l'aisné, idem.............. 600ᵗᵗ
Au s' Duval le jeune, idem............. 600ᵗᵗ
15 juillet 1666 - 17 novembre 1667 : aux s'ˢ Gabriel Leduc et Antoine Duval Broutel, pour les ouvrages de maçonnerie qu'ils font au Val-de-Grâce et parfait paiement du quatrième pavillon du monastère de l'esglize sur la rue Saint-Jacques et des bastimens aux deux costez du portail de lad. esglize (10 p.)....... 138320ᵗᵗ
15 juillet 1666 - 9 décembre 1667 : à Michel Basset, en paiement des ouvrages de vittrerie qu'il a faits aud. lieu (5 p.)........................ 1795ᵗᵗ 9ˢ
15 mars 1667 : à luy et à la veuve Longet, pour parfait paiement des vittres qu'ils ont mises aux vitraux de lad. esglize...................... 100ᵗᵗ
15 juillet 1666 - 17 novembre 1667 : à la veuve de Pierre Longet, pour parfait paiement des ouvrages de vittrerie qu'il a faicts au dosme (2 p.)...... 791ᵗᵗ 17ˢ
15 juillet - 24 aoust : à Edme Silvain, peintre, pour parfait paiement des ouvrages de peinture qu'il a faits aud. lieu............................ 383ᵗᵗ
15 juillet - 7 décembre : à Simon Poret, couvreur, à compte des ouvrages de couverture qu'il a faicts aud. lieu (2 p.)........................... 2097ᵗᵗ
15 juillet - 3 novembre : à Jean Girault [1], pour paiement des ouvrages de charpenterie qu'il a faicts pour les eschaffaux (2 p.)...................... 400ᵗᵗ
15 juillet - 31 décembre : à Mathieu Lespagnandel, sculpteur, pour parfait paiement des modèles en cire des ornemens des six colonnes (2 p.)........ 900ᵗᵗ
15 juillet : à Émé Prevost, serrurier, pour parfait paiement de ses ouvrages au Val-de-Grâce........ 24ᵗᵗ 16ˢ
A Nicolas Cassin, maçon, pour son paiement des menues réparations qu'il a faites à lad. esglize. 354ᵗᵗ 18ˢ
24 aoust : au s' Gossoin, à compte des despences à faire pour les timbres, mouvemens, conduict de l'horloge nouvellement faict à la lanterne du dosme..... 3000ᵗᵗ
9 décembre 1667 : à luy, pour la despence de trois quadrants quy seront posez en lad. esglize...... 600ᵗᵗ

[1] Ou Giraud.

24 septembre : à Christophle Lobel, serrurier, à compte d'une balustrade de fer............. 1000ᵗᵗ
9 may 1667 - 9 décembre 1667 : à Delobel [2], serrurier, pour faire plus riche la balustrade de fer qui doibt séparer la nef d'avec le dosme (4 p.)........... 1700ᵗᵗ
A Louis Vatou, chirurgien, pour avoir pansé le nommé Rameau [3] qui s'estoit blessé travaillant aux bastimens de lad. esglize............................ 30ᵗᵗ
3 novembre 1666 - 15 mars 1667 : à luy, pour avoir pansé plusieurs ouvriers travaillans aux bastimens de lad. esglize (2 p.)..................... 80ᵗᵗ
3 novembre 1666 - 9 décembre 1667 : à Pierre Dionis, menuisier, pour parfait paiement de la grande porte de l'esglize et le porche y attenant (3 p.).. 2300ᵗᵗ
24 septembre : à la veuve de Jean Rameau, par gratification, à cause que son mary s'est tué travaillant au bastiment du Val-de-Grâce................ 110ᵗᵗ
3 novembre : à Pierre Cresson, manœuvre, pour se faire panser de la blessure qu'il s'est faite en travaillant aud. lieu............................ 20ᵗᵗ
A Jean Prevost, pour le paiement des quatre thuiaux de cuivre qu'il a fournis de 21 poulces de long.. 165ᵗᵗ
3 novembre 1666 - 9 may 1667 : à la veuve Dusol, par gratification à elle accordée à cause de sa pauvreté, à raison de 30ˢ par semaine (3 p.)........ 59ᵗᵗ 10ˢ
3 novembre 1666 - 9 décembre 1667 : à Charles Bernard, portier du Val-de-Grâce, pour ses gages depuis le 19 juin 1666 jusqu'à la fin de décembre 1667, à raison de 5ᵗᵗ par semaine (6 p.)................ 400ᵗᵗ
7 décembre : aux dames relligieuses du Val-de-Grâce, par gratification, pour leur donner moien de paier les 15500ᵗᵗ à quoy elles ont faict marché pour la construction d'un pavillon........................ 500ᵗᵗ
15 mars - 9 décembre 1667 : à Le Breton, fondeur, pour parfait paiement des ornemens de bronze qu'il faict à la principalle porte de lad. esglize (2 p.)... 1200ᵗᵗ
15 mars 1667 : à la veuve Jubin, par gratification, à cause de la perte qu'elle a faict de son mary...... 60ᵗᵗ
9 may 1667 : à Brunet, peintre, pour avoir doré une figure de la Vierge qui est dans le chœur des religieuses dans lad. esglize....................... 55ᵗᵗ
A Fleury, pour son paiement des cables qu'il a fournis pour servir à nettoyer les peintures......... 101ᵗᵗ 10ˢ
17 novembre 1667 : à Le Clerc, pour les réparations

[2] C'est certainement le même que le Lobel de l'article précédent.
[3] Il mourut peu après, ainsi qu'on le voit par une gratification accordée à sa veuve.

qu'il a faictes à un des six chapiteaux de bronze du grand autel (2 p.)............................ 260ᵗᵗ

17 novembre-9 décembre 1667 : au s' Le Clerc, commis aux expéditions des bastimens dud. lieu, pour ses appointemens (2 p.).................... 500ᵗᵗ

17 novembre 1667 : à Pierre Toulzat, pour parfait paiement de l'eschaffault qu'il a faict pour lever les colonnes de marbre (3 p.)................... 330ᵗᵗ

9 décembre 1667 : à Jacques Paris, sculpteur, pour parfait paiement de la somme à luy accordée (2 p.) 250ᵗᵗ

A Guérin, sculpteur, pour avoir servy d'expert à Sa Majesté aux réceptions qui ont été faictes....... 30ᵗᵗ

A Lestruve, maçon, pour avoir posé des carreaux de terre cuitte sous les sacristies............. 86ᵗᵗ 17ˢ

A Montallier, potier de terre, idem..... 137ᵗᵗ 15ˢ

A Girault, charpentier, pour son désintéressement des pertes qu'il a soufflertes................... 250ᵗᵗ

A P..., à compte des ouvrages de dorure à faire au grand autel........................ 2648ᵗᵗ 6ˢ

Somme de ce chapitre... 300000ᵗᵗ 14ˢ 2ᵈ

Somme totale des dépenses contenues au présent registre........................ 2823857ᵗᵗ 4ˢ
Et la recepte monte à........... 2847741ᵗᵗ 6ˢ 9ᵈ
Partant doibt le comptable......... 43884ᵗᵗ 5ˢ 9ᵈ

Laquelle somme il payera comptant es mains de Mᵉ Charles Le Bègue, son confrère en exercice en l'année présente 1668.

Fait, calculé et arresté à Paris, le 14 janvier 1668.

ANNÉE 1667.

RECEPTE.

9 janvier 1667 : de Mᵉ Estienne Jehannot, sʳ de Bartillat, garde du trésor royal, pour délivrer 5000ᵗᵗ à Domenico Cuucy, ébéniste, à compte de deux grands cabinets représentans le Temple de la Gloire et celuy de la Vertu pour la gallerie d'Appollon du chasteau du Louvre, et 41ᵗᵗ 13ˢ 4ᵈ pour les taxations du sʳ Le Menestrel, trésorier général des Bastimens en exercice la présente année 1668...................... 5041ᵗᵗ 13ˢ 4ᵈ
(Comptant au trésor royal.)

De luy, 201666ᵗᵗ 13ˢ 4ᵈ pour d'icelle délivrer au sʳ Vuarin, intendant des Bastimens de Sa Majesté, 200000ᵗᵗ à laquelle (somme) a esté liquidé le remboursement des bastimens qu'il a faict construire sur les places par luy acquises des héritiers des sʳˢ Herouard, d'Hourles, Phillippes et Pellequey, estant sur les rempars joignant la grande gallerie du Louvre, et tirant à la vieille porte Saint-Honnoré, qui sont compris dans l'enceinte du grand dessein dud. chasteau, sçavoir : moitié dans un et l'autre moitié un an après, avec les interests de lad. somme à raison du denier vingt jusques à l'actuel et entier remboursement, et 1366ᵗᵗ 13ˢ 4ᵈ pour les frais. 201666ᵗᵗ 13ˢ 4ᵈ
(Sur les 7, 8, 9 et 10ᵉ paiements du traité de la chambre de justice.)

De luy, pour la continuation des bastimens des chasteaux du Louvre, Saint-Germain, Versailles, Fontainebleau et autres maisons royalles pendant la présente année 1667...................... 1500000ᵗᵗ
(Sur le don gratuit de Bretagne 1667 : 1100000ᵗᵗ, et comptant au trésor royal 1667, ès six premiers mois également.)

De luy, pour douze blocs et quatre morceaux de marbre blanc que le Roy a pris des marbres venus d'Italie, acheptez du sʳ Duhamel pour les bastimens de l'abbaye du Val-de-Grâce, lesquels Sa Majesté veut estre employez aux bastimens de ses maisons royalles, y compris 171ᵗᵗ 13ˢ 4ᵈ pour les frais.............. 20771ᵗᵗ 13ˢ 4ᵈ
(Comptant au trésor royal.)

De luy, pour délivrer au sʳ de la Planche 40000ᵗᵗ, à compte des tapisseries qu'il fait faire pour le Roy, et 333ᵗᵗ 6ˢ 8ᵈ pour les frais.......... 40333ᵗᵗ 6ˢ 8ᵈ
(Comptant au dernier juin.)

De luy, 4537ᵗᵗ 10ˢ, pour dellivrer à Domenico Cuucy 4500ᵗᵗ pour, avec 26000ᵗᵗ qu'il a cy-devant receus, faire 30500ᵗᵗ pour le parfaict paiement de deux grands cabinets représentans le Temple de la Gloire et celuy de la Vertu, et 37ᵗᵗ 10ˢ pour les taxations....... 4537ᵗᵗ 10ˢ
(Comptant au trésor royal.)

De luy, 100833ᵗᵗ 6ˢ 8ᵈ pour dellivrer aux orphèvres

qui travaillent aux grands ouvrages qui se font pour le Roy, y compris les frais............ 100833ʰ 6ˢ 8ᵈ

(*Idem*, ez derniers mars, avril, may et juin 1667 également.)

De luy, 15824ʰ 18ˢ 11ᵈ pour d'icelle dellivrer à Silvio et Bernardin Reynon, marchands à Lion, pour les velours et brocards d'or et argent qu'ils ont livré pour le Roy...................... 15824ʰ 18ˢ 11ᵈ

(*Idem*, moitié au dernier avril, et l'autre moitié au dernier may 1667 également.)

De luy, pour les despences que le Roy a ordonné estre faittes pour les manufactures de tapisseries des Gobelins et tapisseries, façon de Turquie, de la Savonnerie pendant l'année 1667, y compris les frais... 100833ʰ 6ˢ 8ᵈ

(*Idem*, ez dernier mars, avril, may, juin, juillet, aoust, septembre et octobre 1667 également.)

8 mars : de luy, pour dellivrer 15000ʰ au sʳ Vuarin, intendant des Bastimens, pour l'interest au denier vingt de 200000ʰ cy-dessus liquidez pour son remboursement des maisons à luy appartenant proche la gallerie du Louvre pendant 18 mois, du 10 aoust 1665 au 10 febvrier dernier, et 125ʰ pour les frais........ 15125ʰ

(*Idem*, au dernier mars 1667.)

De luy, pour dellivrer, sçavoir : 1000ʰ au sʳ Pluimers, entrepreneur, pour distribuer aux ouvriers qui travaillent à la manufacture des points de France, par gratification ; 600ʰ à M. François Estienne, entrepreneur de la manufacture de bas de soye establie au chasteau de Madrid, pour l'entretenement pendant un an de 12 pauvres aprentifs, et 13ʰ 6ˢ 8ᵈ pour les frais........ 1613ʰ 6ˢ 8ᵈ

(Comptant.)

12 mars : de luy, pour le payement des ouvrages de couverture du chasteau de Monceaux, et 50ʰ pour les taxations dud. trésorier.................. 6050ʰ

De luy, pour l'achapt du recueil de tous les livres d'estampes du sʳ de Marolles, abbé de Villeloin, pour mettre dans la bibliotecque royalle..... 26216ʰ 13ˢ 4ᵈ

(Comptant au trésor royal.)

De luy, à compte de l'entretenement de l'Académie royalle de peinture establie à Rome, et autres despences 1667...................... 10083ʰ 6ˢ 8ᵈ

(*Idem*, ez premier avril et may 1667 également.)

De luy, pour la construction d'une escurie dans la court du chasteau de Saint-Léger, y compris 100ʰ pour les frais......................... 12100ʰ

(*Idem*, ez premiers avril, may et juin également.)

22 mars : de luy, pour délivrer à divers particuliers pour trente sept feuilles de plantes et oyseaux, transport de bustes et figures, cabinets, et autres menues despences pour le Roy........................ 2248ʰ

(Comptant au trésor royal.)

De luy, pour une pièce de terre hors la porte Saint-Jacques appartenant à Antoine de Valles, que S. M. a acheptée pour faire construire un observatoire pour l'astronomie...................... 6659ʰ 0ˢ 8ᵈ

(Comptant au trésor royal.)

19 avril : de luy, 59491ʰ 13ˢ 4ᵈ pour délivrer 59000ʰ à M. le maréchal de Gramont, pour, avec 61000ʰ cy-devant ordonnez, sçavoir : 55000ʰ le 20 octobre 1665, 6000ʰ le 22 may 1666 pour l'effet cy-après, faire le parfait paiement de 120000ʰ pour la soulde de l'eschange fait de l'hostel de Gramont, pris pour le bastiment du Louvre, contre la maison qui a cy-devant appartenu au sʳ Monnerot, proche la porte de Richelieu, et 491ʰ 13ˢ 4ᵈ pour les frais................... 59491ʰ 13ˢ 4ᵈ

(*Idem*, ez premier aoust, septembre, octobre et novembre 40000ʰ, et au premier décembre le surplus.)

3 may : de luy, 2091ʰ 5ˢ pour délivrer, sçavoir : 500ʰ au sʳ Mignard, et 750ʰ au sʳ Beaubrun, peintres, pour cinq portraits du Roy, de la Reyne et de Monseigneur le Dauphin, envoyez à la Reyne de Dannemark et à M. le duc de Beaufort ; 410ʰ à La Baronnière et 414ʰ à Dupré, autre peintre, pour avoir peint et doré 88 sièges et fauteuils pour le Roy.................. 2091ʰ 5ˢ

(Comptant au trésor royal.)

10 may : de luy, à compte de la despence à faire pour les impressions et relieures de diverses traitez des droits de la Reyne sur les Estats des Pays-Bas, y compris 50ʰ pour les frais...................... 6050ʰ

(Comptant.)

De luy, pour l'entretenement des Pères de la Mission de Fontainebleau pendant les six premiers mois de 1667, la somme de........................ 3000ʰ

(Sur la seconde partie employée dans l'estat des galleries 1667.)

De luy, 16658ʰ 11ˢ 8ᵈ pour d'icelle délivrer à Hinard, maitre de la manufacture de tapisserie de basse lisse de Beauvais : 16519ʰ 18ˢ 4ᵈ pour six tentures de tapisserie, sçavoir : une de verdure et bestiaux, une autre de petits personnages et bestiaux, et quatre de verdures....... .... 16658ʰ 11ˢ 8ᵈ

(Comptant au trésor royal au dernier juin 1667.)

De luy, pour délivrer à Golle, ébéniste, la somme de 6000ʰ à compte des deux grands cabinets qu'il fait pour le Roy, et 50ʰ pour les frais.............. 6050ʰ

(Comptant au dernier juin.)

De luy, pour délivrer 2000ᴸᴸ au s' Vendermeulen, peintre flamand, travaillant pour le service du Roy en la maison des Gobelins, pour ses gages, appointemens et entretenement pendant les 4 premiers mois de la présente année 1667, y compris les taxations. 2016ᴸᴸ 13ˢ 4ᵈ
(Comptant au trésor royal.)

5 juin : de luy, pour le paiement des maisons appartenans aux particuliers cy-après nommez, comprises dans l'enceinte du chasteau du Louvre, sçavoir : 28000ᴸᴸ au s' président Briconnet, pour une maison sçize à l'encoignure des rues Champfleury et de Beauvais; 16000ᴸᴸ à Selvincourt, pour une maison rue Frementeau; 126000ᴸᴸ au s' Scaron de Vaures, pour le prix du petit hostel de Vendosme, et 1416ᴸᴸ 13ˢ 4ᵈ pour les frais. 171416ᴸᴸ 13ˢ 4ᵈ

(Sur le traité des rentes racheptées, 6ᵉ et 7ᵉ payement................. 60000ᴸᴸ
Sur le recouvrement des taxes des usurpateurs de noblesse..... 50000ᴸᴸ
Et le surplus sur la recepte générale des finances d'Alençon.. 61416ᴸᴸ 13ˢ 4ᵈ

171416ᴸᴸ 13ˢ 4ᵈ)

8 juin : de luy, pour la continuation des réparations du chasteau de Monceaux, y compris les taxations du s' Le Menestrel.................... 15125ᴸᴸ
(Comptant au trésor royal ez dernier juin, juillet et aoust 1667 également.)

De luy, pour le paiement de plusieurs héritages compris dans l'enclos de Versailles appartenans à François Montucret et Nicolas Brissard, suivant le contract d'acquisition du 10ᵉ may.................. 2413ᴸᴸ 4ˢ
(*Idem*, au dernier juillet.)

15 juin : de luy, à compte de l'entretenement de l'Académie royalle de peinture et sculpture establie à Rome pendant l'année 1667.............. 10083ᴸᴸ 6ˢ 8ᵈ
(Comptant au trésor royal.)

27 juin : de luy, pour délivrer au s' de la Planche 49585ᴸᴸ 4ˢ 9ᵈ pour, avec 40000ᴸᴸ qu'il a cy-devant receue, faire 89175ᴸᴸ, pour sept tentures de tapisseries de sa manufacture.................... 49585ᴸᴸ 4ˢ 9ᵈ
(Sur le traité de la chambre de justice, 7ᵉ et 8ᵉ paiement.)

6 juillet : de luy, pour le payement d'une maison comprise dans l'enceinte du Louvre appartenant aux chanoines de l'église Saint-Thomas........ 19662ᴸᴸ 10ˢ
(Sur le prest d'Alençon 1667, au premier aoust.)

20 juillet : de luy, 52433ᴸᴸ 6ˢ 8ᵈ pour délivrer, sçavoir : à Jean et Robert L'Allemant, Flamands, entrepreneurs de la fabrique des baraquans, en faveur de leur establissement à la Ferté au Col[1] 30000ᴸᴸ; à Philippes Le Clerc, aussy Flamand, en faveur de l'establissement de la manufacture de moquette qu'il fera aud. lieu de la Ferté, 10000ᴸᴸ; et à Georges Vanrobais, marchand hollandois, 12000ᴸᴸ, pour son establissement de la manufacture des draps façon d'Espagne et de Hollande en la ville d'Abbeville, suivant les lettres patentes de S. M., et 433ᴸᴸ pour les frais............... 52433ᴸᴸ 6ˢ 8ᵈ
(Sur la recepte générale des finances de Rouen 1667, au premier septembre.)

De luy, 20166ᴸᴸ 13ˢ 4ᵈ, sçavoir : 20000ᴸᴸ pour le payement d'une maison appartenant au s' Lesbacle, sçize à l'encoignure des rues Saint-Thomas et des Orties comprises dans le dessein du Louvre, et 166ᴸᴸ 13ˢ 4ᵈ pour les frais..................... 20166ᴸᴸ 13ˢ 4ᵈ
(*Idem*.)

De luy, 20664ᴸᴸ 11ˢ, sçavoir : 20493ᴸᴸ 15ˢ 8ᵈ pour les s" Silvio et Bernardin Reynon, marchands de Lion, pour plusieurs velours et brocarts dud. lieu qu'ils ont livrez pour le Roy....................... 20664ᴸᴸ 11ˢ
(Comptant au trésor royal, moitié au dernier aoust et l'autre moitié au dernier septembre 1667.)

De luy, 60500ᴸᴸ, sçavoir : 60000ᴸᴸ à compte des grands ouvrages d'argenterie que les orfèvres font pour le Roy, et 500ᴸᴸ pour les frais................. 60500ᴸᴸ
(Comptant.)

27 juillet : de luy, pour la continuation des bastimens des chasteaux du Louvre, Fontainebleau, Saint-Germain, Versailles et autres maisons royalles, 1667.. 240000ᴸᴸ
(*Idem*, ez premier juillet, aoust, septembre et octobre 1667 également.)

23 aoust : de luy, pour l'entretenement des Pères de la Mission de Fontainebleau pendant les six derniers mois 1667............................. 3000ᴸᴸ
(Sur pareille somme employée pour cet effet dans l'estat des gabelles de France 1667.)

24 septembre : de luy, 1512ᴸᴸ 10ˢ pour délivrer au s' de Brauplan; sçavoir : 300ᴸᴸ pour le parfait paiement de la graveure de la carte de Normandie, 1200ᴸᴸ pour luy donner moyen de travailler à celle de Bretagne, et 12ᴸᴸ 10ˢ pour les taxations................... 1512ᴸᴸ 10ˢ
(Comptant.)

8 octobre : de luy, pour les réparations des couvertures

---

[1] Il s'agit évidemment de la Ferté-sous-Jouarre, comme on le voit par l'article relatif au même Lallemant, au compte de 1668 (col. 285). Mais pourquoi ce nom bien connu est-il ainsi défiguré? Est-ce simplement une erreur de copiste? Nous l'ignorons.

des chasteaux d'Amboise en Touraine, y compris 18ᴸ 6ˢ pour les taxations.................... 2018ᴸ 6ˢ
(Comptant.)

18 octobre : de luy, pour le payement de 22 douzaines de peaux de maroquin rouge pour couvrir les livres de la bibliotecque du Roy, y compris les frais... 1020ᴸ 13ˢ
(Comptant.)

De luy, pour délivrer à Nicolas Guenon, maître ouvrier en soye, pour 173 aunes 3/4 de velours rouge cramoisi pour le Roy, y compris les frais.......... 4177ᴸ 15ˢ
(Comptant.)

De luy, 100833ᴸ 6ˢ 8ᵈ pour délivrer aux orfèvres qui travaillent aux grands ouvrages d'argenterie pour le service du Roy, à compte desd. ouvrages... 100833ᴸ 6ˢ 8ᵈ
(Comptant.)

6 novembre : de luy, 165810ᴸ 12ˢ 10ᵈ pour d'icelle délivrer 49775ᴸ à M. Colbert, Controlleur Général des finances, Surintendant et Ordonnateur Général des Bastimens, arts et manufactures de France, sçavoir : 41775ᴸ pour son remboursement de l'acquisition qu'il a faite de la maison des Gobelins, et 8000ᴸ pour autre acquisition, aussy par luy faite du sʳ Rouault, d'une maison et jardin joignante les Gobelins, desquelles acquisitions il avoit fait déclaration au profit du Roy; 95144ᴸ 12ˢ pour le payement des ouvrages de maçonnerie, charpenterie et couvertures faittes tant pour l'augmentation de logement, réparations, que constructions d'attelliers pour les ouvriers qui travaillent aux Gobelins, et 19521ᴸ 13ˢ pour autres ouvrages et réparations faites à la maison de la Savonnerie, y compris les frais.......... 165810ᴸ 12ˢ 10ᵈ
(Sur l'ordinaire des revenus casuels de 1667.)

De luy, 2566ᴸ 14ˢ 2ᵈ pour la despence faite pour les réparations des couvertures du chasteau du Pont; de ce 1100ᴸ pour, avec 2000ᴸ dont a esté fait fonds, faire 3100ᴸ pour le parfait payement des réparations des couvertures du chasteau d'Amboise, et 21ᴸ 4ˢ 2ᵈ pour les taxations...................... 2566ᴸ 14ˢ 2ᵈ
(Comptant au trésor royal.)

12 novembre : de luy, 5041ᴸ 13ˢ 4ᵈ, sçavoir : 5000ᴸ pour le parfait paiement tant de l'entretenement de l'Académie royalle de peinture et sculpture à Rome qu'autres despences à y faire pour le service du Roy pendant l'année 1667....................... 5041ᴸ 13ˢ 4ᵈ
(Comptant au trésor royal.)

23 novembre : de luy, pour délivrer au sʳ Charpentier pour employer aux réparations de la maison que le Roy a achepté de luy et la mettre en estat qu'il en puisse jouir et recevoir les loyers jusques en son entier paiement,

quelle ne doit estre fait qu'en six années, et 50ᴸ pour les taxations dud. trésorier.................. 6050ᴸ
(Comptant au trésor royal.)

27 novembre : de luy, pour employer aux ouvrages à faire pour les bastimens de la maison de la manufacture des tapisseries de Flandres establie à Beauvais....
.... 20166ᴸ 13ˢ 4ᵈ
(Sur le traité des restes de la Généralité d'Orléans ez quatre premiers paiemens égallement.)

De luy, 100000ᴸ, sçavoir : 86800ᴸ pour le prix principal de l'achapt de l'hostel de la Force et ses dépendances compris dans le grand dessein du Louvre, et 13200ᴸ pour les loyers dud. hostel depuis le 1ᵉʳ octobre 1663, que le Roy en est en possession, jusques à présent... 100000ᴸ
(Comptant au trésor royal au 15 décembre 13200ᴸ, et le surplus sur la recepte générale de Paris 1667, ez premiers février, mars et avril 1668 égallement.)

10 décembre : de luy, 14256ᴸ 13ˢ 6ᵈ pour délivrer à Silvio et Bernardin Reynon, pour des velours et des brocarts de leur manufacture qu'ils ont fourny pour le Roy........................... 14256ᴸ 13ˢ 6ᵈ
(Comptant au dernier décembre 1667.)

17 décembre : de luy, pour délivrer au sʳ Vallot, premier médecin du Roy, pour le paiement des gages des officiers et entretenement du Jardin Royal des plantes en 1667........................... 21000ᴸ
(Sur le fonds laissé à cet effet dans l'estat des aydes et entrées 1667.)

De luy, pour le paiement des gages des officiers des bastimens, jardins et manufactures que le Roy entretient au chasteau de Fontainebleau, et autres despences de l'année 1667........................... 22000ᴸ
(Sur l'ordinaire des revenus casuels 1667.)

De luy, 9800ᴸ pour le paiement des gages des officiers des bastimens et manufactures, appointemens des officiers entretenus en ses maisons royalles pendant l'année 1667........................... 98000ᴸ
(Sur l'ordinaire des revenus casuels 1667.)

De luy, 100000ᴸ pour employer au paiement des pensions et gratifications que le Roy a accordés, pendant l'année 1667, aux gens de lettres tant françois qu'estrangers, et 866ᴸ 13ˢ 4ᵈ pour taxations. 100866ᴸ 13ˢ 4ᵈ
(Sur l'ordinaire des revenus casuels 1667.)

29 décembre 1667 : de luy, pour délivrer à Jousset, miroitier, pour trois grandes glaces de Venise qu'il a vendues pour le Roy, y compris les taxations. 3226ᴸ 13ˢ 4ᵈ
(Comptant au dernier décembre 1667.)

De luy, pour délivrer au sʳ Vandermeulen, peintre fla-

mand, travaillant pour le service du Roy en la maison des Gobelins, pour ses gages pendant les huit derniers mois 1667, y compris les frais du trésorier.... 4033ᴸ 6ˢ 8ᵈ
(Comptant au dernier décembre 1667.)

De luy, pour délivrer 1081ᴸ à Lourdet, tapissier, pour deux tapis façon de Turquie, ouvrage de la Savonnerie, qu'il a vendus pour le Roy, et 9ᴸ pour taxations. 1090ᴸ
(Comptant au dernier décembre 1667.)

De luy, pour délivrer 5000ᴸ à Domenico Cuccy, ébéniste, à compte de deux grands cabinets qu'il fait pour le Roy, et 41ᴸ 13ˢ 4ᵈ pour led. trésorier... 5041ᴸ 13ˢ 4ᵈ
(Comptant au dernier décembre 1667.)

De luy, 17141ᴸ 13ˢ 4ᵈ pour délivrer aux particuliers cy-après nommez, sçavoir : 1000ᴸ aux sʳˢ Albert Grasset et consorts, et aux veuves Dreux, Cosp et sʳ Cosmans, pour le prix d'une maison et jardin sçizes près la fausse porte Saint-Marcel ; 4000ᴸ à Charles Coignet, pour une maison et jardin attenant celle cy-dessus; et 3000ᴸ à Charles de la Plaigne, pour une autre maison joignant celle dud. Coignet, que le Roy a fait acheter pour servir aux manufactures des Gobelins, et 141ᴸ 13ˢ 4ᵈ pour les taxations............ 17141ᴸ 13ˢ 4ᵈ
(Comptant.)

31 décembre : de luy, pour l'acquisition d'une maison à Rome pour y loger l'Académie de peinture, sculpture et architecture que le Roy y a establye, et autres despences 1667, y compris 250ᴸ pour les taxations..... 30250ᴸ
(Sur l'ordinaire des revenus casuels : 667.)

De luy, pour le paiement des charpentiers hollandois qui ont construit un moulin sur la rivière de Corbeil pour la manufacture des buffles, y compris les frais de leur voyage et de leur retour en Hollande, et 56ᴸ pour leurs taxations........................ 6863ᴸ
(Sur le dixième paiement du traité de la chambre de justice.)

19 janvier 1668 : de luy, pour le paiement du sʳ Cavalier Bernin et de son fils pendant l'année 1667, sçavoir : 6000ᴸ pour luy et 1200ᴸ pour son fils, y compris les 60ᴸ pour les taxations...................... 7260ᴸ
(Comptant.)

28 dud. : de luy, pour le loyer, pendant l'année 1666, de treize maisons du nombre des vingt-six sçizes ez environs de la Halle-Barbier, occupées par les mousquetaires du Roy, appartenans aux sʳˢ Le Camus, Lescuyer, Peleu et dame Corneel, obmises à employer, y compris 19ᴸ 10ˢ pour taxations........................ 2359ᴸ 3ˢ
(Comptant.)

De luy, pour le loyer, pendant l'année 1667, des Halles-Barbier, maisons, eschoppes qui sont ez environs d'icelles où sont logez les mousquetaires du Roy, sçavoir : 1000ᴸ pour les maisons des dames Dastricq et Périer ; 3600ᴸ pour vingt autres maisons appartenantes à divers particuliers ; 1960ᴸ pour deux autres maisons de Jacques Desbois et du corps de la halle, et quatorze eschoppes y jointes, et 54ᴸ 13ˢ 2ᵈ pour les taxations....... 6614ᴸ 13ˢ 2ᵈ

5 may 1668 : de luy, pour délivrer à Gissey et à Clinchamp, concierges du palais des Thuilleries, tant pour leurs gages et de leurs garçons, que des menues despences qu'ils ont faites depuis leur establissement jusqu'au dernier décembre 1667, y compris 16ᴸ 13ˢ 4ᵈ pour les taxations...................... 2016ᴸ 13ˢ 4ᵈ
(Comptant au trésor royal.)

..... 1668 : de luy, comme cy-devant trésorier des maisons et affaires de la deffunte Reyne mère du Roy, en conséquence de l'ordonnance de Mʳˢ les exécuteurs du testament de Sad. Majesté, la somme de 10000ᴸ pour estre employée à l'achèvement des ouvrages à faire en l'église et monastère de l'abbaye royalle du Val-de-Grâce, cy........................ 10000ᴸ

Total de la recepte...... 359566ᴸ 5ˢ 8ᵈ

DESPENCE.

CHASTEAU DU LOUVRE.

CHARPENTERIE.

9 aoust 1667 - 17 mars 1668 : à Poncelet Cliquin et Paul Charpentier, à compte des ouvrages de charpenterie qu'ils font au pallais des Thuilleries (7 p.). 15000ᴸ

18 juin 1668 : à la veuve Nenner, tant pour elle que pour ses associez, à compte des ouvrages de charpenterie faits et fournis par led. deffunct et ses associez, tant au Louvre qu'aux Thuilleries................ 12000ᴸ

Somme de ce chapitre......... 27000ᴸ

MAÇONNERIE.

1ᵉʳ may 1667 - 9 janvier 1668 : à André Mazière et Antoine Bergeron, entrepreneurs de maçonnerie des bastimens du Roy, à compte des ouvrages par eux faits au quay des Thuilleries (12 p.)......... 117500ᴸ

25 may 1667-17 mars 1668 : à eux, à compte des ouvrages du palais des Thuilleries (10 p.).... 8o5oo^tt

29 juillet 1667-19 febvrier 1668 : à eux, à compte des ouvrages de maçonnerie qu'ils font au chasteau du Louvre (3 p.)........................ 74000^tt

28 octobre 1667-9 janvier 1668 : à eux, à compte des ouvrages qu'ils font au bastiment neuf du Louvre (5 p.)............................. 175000^tt

28 octobre : à eux, à compte de leurs ouvrages aux terrasses et bassins du jardin des Thuilleries.. 15000^tt

25 may : aux carreyers de Saint-Cloud, à compte des colonnes et quartiers de pierre qu'ils fournissent pour le bastiment du Louvre................. 12500^tt

9 janvier-18 juin 1668 : au nommé Rozu, à compte de la pierre de liais qu'il fournit et voiture pour le Louvre (2 p.).............................. 2500^tt

18 juin 1668 : à Molton, autre carreyer, à compte des colonnes et quartiers de pierre de Saint-Cloud qu'il fournit pour le Louvre................... 3ooo^tt

Somme de ce chapitre........ 480000^tt

COUVERTURE.

1er may-28 octobre : à Ivon, couvreur, à compte de ses ouvrages du palais des Thuilleries (2 p.)...... 1600^tt

28 octobre 1667-19 febvrier 1668 : à luy, à compte de ses ouvrages du bastiment neuf du Louvre pendant l'année 1664 (3 p.).................... 6ooo^tt

9 janvier 1668 : à Gilles Le Roy, plombier, à compte des thuiaux de plomb qu'il fournit pour la conduite des eaues................................ 2000^tt

Somme de ce chapitre.......... 9600^tt

PLOMBERIE.

1er may 1667-18 juin 1668 : à Charles Le Roy, plombier, à compte des ouvrages et fournitures de plomb qu'il fait au Louvre et aux Thuilleries (9 p.).. 13500^tt

25 may : à luy, pour parfait paiement de la somme de 78500^tt à laquelle montent les ouvrages qu'il a faits pendant l'année 1664.............. 1715^tt 12^s 6^d

A luy, idem pour l'année 1665.......... 694^tt 5^s

31 décembre : à luy, pour son parfait paiement de la somme de 7958^tt à quoy montent les ouvrages de plomberie qu'il a faits au Louvre en 1666.... 513^tt 12^s 4^d

A luy, à compte des thuyaux de plomb qu'il a fournis pour la conduite des eaues................. 3500^tt

1er may : à Allain Lherminier, à compte des ouvrages de plomberie qu'il a fournis pendant les années 1659, 1660, 1661, 1662 et 1663.............. 2500^tt

12 juin : à la veuve Mazeline, parfait paiement des ouvrages de plomberie du Louvre en 1660.. 1898^tt 13^s

Somme de ce chapitre... 24322^tt 2^s 10^d

SERRURERIE.

1er may 1667-19 febvrier 1668 : à Antoine Le Maistre et Denis Duchesne, serruriers, à compte des ouvrages de serrurerie qu'ils font aux Thuilleries (8 p.).. 5800^tt

1er may-31 décembre : à Lambert, serrurier, idem (4 p.)................................ 2500^tt

1er may-28 octobre : à Mathurin Breton[1], idem (2 p.)................................ 1000^tt

1er may 1667-21 may 1668 : à Estienne Doyard, idem (13 p.)............................ 18300^tt

18 juin 1668 : aud. Le Maistre, à compte des ouvrages de serrurerie qu'il a faits au Louvre pendant les années 1660, 1661, 1662 et 1663......... 2000^tt

12 juin : à Simon Potier, à compte des ouvrages de serrurerie qu'il fait aux Thuilleries........... 500^tt

9 janvier-17 mars 1668 : à Le Grand, à compte des ouvrages de serrurerie par luy faicts aux logemens de la grande escurie du Roy (2 p.)............. 700^tt

Somme de ce chapitre......... 30800^tt

RÉPARATIONS.

Néant.

PEINTURE, SCULPTURE ET ORNEMENS.

1er may 1667-21 may 1668 : à Léonnard Gontier, à compte des ornemens de peinture qu'il fait dans la gallerie d'Apollon, au pavillon du Louvre et dans l'appartement de Mlle de la Vallière (7 p.).......... 3200^tt

1er may : à Francart, peintre, pour avoir mis au net les desseins des ornemens des appartemens des Thuilleries................................. 115^tt

1er may 1667-21 may 1668 : à Goujon, dit La Baronnière, à compte des ouvrages de peinture et dorure qu'il fait à la gallerie d'Apollon (4 p.)........ 2500^tt

17 mars 1668 : à luy, à compte de ses ouvrages de dorure en la petite gallerie des peintures....... 800^tt

28 octobre : à luy, à compte de ses ouvrages aux Thuilleries (3 p.)......................... 4000^tt

29 juillet : à luy, pour avoir doré le model de menuiserie et de stuc du Louvre................ 90^tt

1er may : à Estienne Hénoc, à compte des réparations qu'il a faites au cabinet d'orgues de la chapelle du pallais des Thuilleries...................... 100^tt

---

[1] Ou Le Breton.

A Houzeau, à compte de ses ouvrages de sculpture aux Thuilleries.................. 900ᵗᵗ

A Le Hongre, à compte de ses ouvrages de sculpture au model du Louvre.................. 300ᵗᵗ

2 juillet : à luy, pour son parfait paiement de ses ouvrages de sculpture au Louvre en 1663........ 180ᵗᵗ

19 febvrier 1668 : à luy et à Tuby, à compte de leurs ouvrages de sculpture au Louvre............ 500ᵗᵗ

1ᵉʳ may 1667-21 may 1668 : à Domenico Cussi, à compte des garnitures de bronze par luy faites pour les portes et fenestres des Thuilleries (13 p.).... 17300ᵗᵗ

1ᵉʳ may : à Jean Armany, pour son parfait paiement de la somme de 1415ᵗᵗ 16ˢ 8ᵈ pour l'augmentation d'une estrade de bois de raport qui est dans la chambre de la Reine au Louvre................. 215ᵗᵗ 16ˢ 8ᵈ

25 may-10 aoust : à Gaspard Marsy, sculpteur, à compte des ornemens de sculpture aux murs de face et restablissement des frontons de la grande gallerie du Louvre (4 p.)................... 4500ᵗᵗ

25 may : à luy, pour son paiement de quatre blocs de pierre pour faire quatre figures qui seront posées au dosme des Thuilleries................. 140ᵗᵗ

12 juin : à luy, pour son paiement des chiffres par luy sculpez sur la face du dosme des Thuilleries.. 130ᵗᵗ

12-18 juin : à Misson, marbrier, pour son parfaict paiement de la somme de 9372ᵗᵗ 15ˢ à laquelle se sont trouvé monter les chambranles des portes, cheminées et foyers de marbre qu'il a faict tant au Louvre qu'au palais des Thuilleries (3 p.)............. 3521ᵗᵗ 15ˢ

12 juin 1667-19 febvrier 1668 : à Misson et à Le Greu, à compte des ouvrages de pavé de marbre qu'ils ont posé aux Thuilleries (2 p.)............ 2000ᵗᵗ

12 juin-28 octobre : à Jean Baptiste, peintre, à compte des fleurs qu'il peint dans la gallerie d'Apollon, au Louvre (2 p.).................. 600ᵗᵗ

12 juin 1667-19 febvrier 1668 : à Jacques Gervaise, peintre, à compte des bas-reliefs qu'il peint dans la gallerie d'Apollon (4 p.)................ 1100ᵗᵗ

28 octobre-31 décembre : auxd. Gervaise et Gontier, à compte des ouvrages de peinture de la grande chambre et cabinet du Roy (2 p.)........... 2400ᵗᵗ

12 juin : à Poissant, sculpteur, pour son parfait paiement des vazes de sculpture qu'il a posés sur l'entablement du palais des Thuilleries........... 900ᵗᵗ

A Antoine Guyot, pour son parfait paiement des ouvrages de sculpture par luy faits à la façade du Louvre du costé de la rue Saint-Honoré, ez années 1661 et 1662..................... 197ᵗᵗ

A Jean Nadaud, pour son parfait paiement des ouvrages de peinture qu'il a faits à l'appartement de Mᵐᵉ de Montausier au Louvre.................. 319ᵗᵗ

A Lespagnandelle, sculpteur, pour son parfait paiement des ouvrages de sculpture par luy faits au fronton de la bibliotèque du Louvre en 1663......... 554ᵗᵗ

28 octobre 1667-19 febvrier 1668 : à Lespagnandelle et Caffier, pour leur parfait paiement de la somme de 29995ᵗᵗ 9ˢ à quoy montent les ouvrages de sculpture en bois qu'ils ont faits aux Thuilleries (7 p.)... 8295ᵗᵗ 8ˢ

2 juillet 1667-21 may 1668 : à Le Gendre et Le Grand, pour parfait paiement des ouvrages de sculpture par eux faits aux Thuilleries en 1666 (3 p.)... 3700ᵗᵗ

21 may 1668 : au sʳ Le Grand, sculpteur, pour son parfait paiement des ouvrages qu'il a faits en 1665, près la salle des antiques..................... 32ᵗᵗ

29 juillet : à Lerambert, Girardon, Regnaudin et Baptiste[1], pour parfait paiement de la somme de 18000ᵗᵗ à laquelle montent les ouvrages de stucq par eux faits dans la grande chambre et cabinet du Roy aux Thuilleries.......................... 1500ᵗᵗ

17 mars 1668 : à Louis Lerambert, pour le transport des bustes du garde-meuble de la couronne aux Thuilleries............................. 375ᵗᵗ

29 juillet 1667-21 may 1668 : à Manière et Bernard, pour leur parfait paiement des ouvrages de stuc qu'ils ont fait en 1666 (2 p.).......... 2361ᵗᵗ 16ˢ

10 aoust 1667-17 mars 1668 : à Jean Nocret, à compte des ouvrages de peinture qu'il fait à l'appartement de la Reyne aux Thuilleries (6 p.)... 10500ᵗᵗ

A Coypel, à compte des ouvrages de peinture du petit appartement hault (ou de commodité) du Roy aux Thuilleries (6 p.)......................... 10500ᵗᵗ

28 octobre : à luy, pour son parfait paiement de la somme de 3070ᵗᵗ à laquelle montent les ouvrages de peinture qu'il a faits aux croisées de l'appartement de la feue Reyne mère au Louvre.............. 70ᵗᵗ

10 aoust 1667-19 febvrier 1668 : à Noel Quillerier, à compte des ouvrages de peinture et dorure du cabinet de Mᵍʳ le Dauphin aux Thuilleries (4 p.)..... 3800ᵗᵗ

10 aoust 1667-17 mars 1668 : à Nicolas Mignard, à compte des ouvrages de peinture qu'il fait au petit appartement du Roy (6 p.).................. 10500ᵗᵗ

A Jean-Baptiste Champagne : idem, à l'appartement de Monseigneur le Dauphin (6 p.)......... 10500ᵗᵗ

---

[1] Jean-Baptiste Tuby est souvent désigné sous le simple prénom de Baptiste. Il ne faut pas le confondre avec Jean-Baptiste Monnoyer, qu'on nomme parfois Jean-Baptiste ou Baptiste tout court. (Voyez col. 181.)

28 octobre : à PATEL, peintre, à compte des tableaux qu'il fait pour le service de Sa Majesté......... 200ᵗᵗ

A BALLIN, pour son paiement de quelques ornemens de peinture en la gallerie d'Apollon....... 122ᵗᵗ 10ˢ

28 octobre 1667-9 janvier 1668 : à SOMMER, pour son paiement de deux parquets de marqueterie de bois de rapport qu'il a faits, outre ce qu'il a cy-devant receu (2 p.)............................ 1400ᵗᵗ

28 octobre 1667 - 19 febvrier 1668 : à CHAUVEAU, graveur, à compte des planches qu'il grave des ornemens de peinture des Thuilleries (2 p.)........... 600ᵗᵗ

28 octobre 1667 - 17 mars 1668 : à TEMPORITI, pour son parfait paiement de la somme de 2279ᵗᵗ 11ˢ à laquelle montent les ouvrages de sculpture qu'il a faits au model du Louvre (2 p.)............... 1469ᵗᵗ 11ˢ

28 octobre : à la veuve d'ANTONIO GALLI, pour son parfait paiement de la somme de 2400ᵗᵗ à laquelle montent les ouvrages de sculpture faits à la corniche de la gallerie du Louvre..................... 400ᵗᵗ

31 décembre : au sʳ MILLET, à compte des ouvrages de sculpture qu'il fait au bastiment neuf du Louvre. 200ᵗᵗ

9 janvier - 19 febvrier 1668 : à MOTTELET, pour son parfait paiement d'avoir frotté et mis en couleur les planchers des Thuilleries (2 p.)........... 840ᵗᵗ 10ˢ

9 janvier 1668 : à DELARE, peintre, à compte des ouvrages de peinture par luy faits dans la gallerie d'Apollon............................. 127ᵗᵗ

12 may 1668 : à BUISTER, pour son parfait paiement de ses figures au dosme des Thuilleries....... 2470ᵗᵗ

Somme de ce chapitre... 116526ᵗᵗ 6ˢ 8ᵈ

MENUISERIE.

1ᵉʳ may - 2 juillet : à PIERRE CHEVALIER, menuisier, pour son parfait paiement des ouvrages de menuiserie qu'il a faits à la grande escurie du Roy, ez années 1661, 1662 et 1663 (2 p.)................. 1257ᵗᵗ 10ˢ

25 may 1667 - 12 may 1668 : à luy, à compte des ouvrages qu'il faict à la grande escurie (5 p.).. 2600ᵗᵗ

1ᵉʳ may 1667 - 18 juin 1668 : à CLAUDE BUIRETTE, à compte des ouvrages de menuiserie qu'il fait au model du bastiment du Louvre (6 p.).......... 4837ᵗᵗ 3ˢ

28 octobre : à luy, à compte de ses ouvrages aux Thuilleries (2 p.)...................... 2000ᵗᵗ

25 may - 31 décembre : à BUIRETTE et PROU, à compte de leurs ouvrages de menuiserie à la gallerie d'Apollon, au Louvre (5 p.)....................... 7700ᵗᵗ

12 may - 21 may 1668 : à BUIRETTE, PROU, SAINT-YVES et COLLÉ, pour leur parfait paiement de leurs ouvrages de menuiserie aux Thuilleries en 1666. 16317ᵗᵗ

1ᵉʳ may - 28 octobre : à JACQUES PROU, menuisier, à compte de ses ouvrages aux Thuilleries (3 p.)... 3200ᵗᵗ

28 octobre : à luy, pour son parfait paiement de douze croisées de menuiserie qu'il a faites dans la gallerie d'Apollon........................... 400ᵗᵗ

1ᵉʳ may 1667 - 21 may 1668 : à DIONIS, menuisier, à compte de ses ouvrages aux Thuilleries (9 p.). 11700ᵗᵗ

25 may : à luy, pour son parfait paiement de la somme de 9208ᵗᵗ 5ˢ à quoy montent ses ouvrages de menuiserie aux Thuilleries en 1665.................. 5087ᵗᵗ 5ˢ

18 juin 1668 : à luy, pour son parfait paiement des ouvrages de menuiserie qu'il a fait tant au Louvre, Palais-Royal, qu'à Versailles, pendant les années 1661, 1662 et 1663........................ 6326ᵗᵗ 2ˢ 7ᵈ

12 - 21 may 1668 : à DIONIS, ANGLEBERT, BERGERAT et LACROIX, pour parfait paiement de leurs ouvrages de menuiserie aux Thuilleries en 1666......... 6477ᵗᵗ

25 may 1667 : à LAVENC, menuisier, pour son paiement de plusieurs menus ouvrages faits au Louvre en 1661............................. 153ᵗᵗ 9ˢ

12 juin : à ANTOINE HOUBART, pour parfait paiement de la somme de 2550ᵗᵗ à laquelle montent les ouvrages de menuiserie qu'il a faits au Louvre ez années 1660 et 1661......................... 100ᵗᵗ 14ˢ 3ᵈ

2 juillet 1667 - 21 may 1668 : à MASSE, menuisier, pour parfait paiement des ouvrages qu'il a faits aux Thuilleries à l'appartement de Monseigneur le Dauphin (2 p.)............................. 5166ᵗᵗ

10 aoust - 28 octobre : à LAVIER, à compte des ouvrages de menuiserie qu'il fait au model du bastiment du Louvre (3 p.)...................... 1400ᵗᵗ

10 aoust : à BERGERAT, menuisier, pour son parfait paiement des ouvrages qu'il a faits dans la gallerie du Louvre................................. 148ᵗᵗ

21 may 1668 : à luy, à compte des ouvrages de menuiserie qu'il a faits en l'année 1665, tant au Louvre qu'au Palais-Royal..................... 727ᵗᵗ

10 aoust 1667 - 21 may 1668 : à REMY et COUVREUR, menuisiers, à compte des ouvrages qu'ils font aux Thuilleries (2 p.)...................... 1800ᵗᵗ

31 décembre : aud. COUVREUR, à compte des ouvrages de menuiserie qu'il fait au Collège Royal........ 300ᵗᵗ

28 octobre : à DOYARD, menuisier, pour ouvrages faits au Louvre en 1663..................... 172ᵗᵗ 14ˢ

9 janvier 1668 : à ESTIENNE BRETEAU, pour son paie-

ment des piédestaux qu'il a faits pour porter des quaisses d'orangers............................ 260ᴴ

A Saint-Yves, pour son parfait paiement des ouvrages de menuiserie qu'il a fait pour le model du bastiment du Louvre, du dessein de M. Le Vau............ 819ᴴ

19 febvrier 1668 : à Guillaume Barbier, à compte des quaisses de menuiserie faites aux Thuilleries... 61ᴴ 12ˢ

21 may 1668 : à Mathelain, menuisier, pour son parfait paiement des ouvrages de menuiserie qu'il a faits en 1659............................ 1895ᴴ 10ˢ

A Carrel, pour son parfait paiement des ouvrages de menuiserie de l'appartement de Mᵍʳ le Dauphin... 387ᴴ

Aux nommez Tannevot et Fremery, *idem*.... 1920ᴴ

Somme de ce chapitre... 78633ᴴ 19ˢ 10ᵈ

VITRERIE.

25 may 1667 - 19 febvrier 1668 : à la veuve Viarney, à compte de ses ouvrages aux Thuilleries (7 p.). 3300ᴴ

28 octobre 1668 : à elle, pour son parfait paiement des ouvrages faits par son mary pendant les années 1663 et 1664............................ 725ᴴ 7ˢ

12 juin : à la veuve Lorget, pour parfait paiement des ouvrages faits par deffunt son mary au Louvre (2 p.)............................ 2058ᴴ 17ˢ

A Guillaume Mallé, pour parfait paiement des ouvrages de vitrerie par luy faits au Louvre ez années 1662 et 1663............................ 177ᴴ

Au nommé Le Prince, *idem*, de l'année 1662. 58ᴴ 18ˢ

28 octobre : au nommé Jacquet, à compte de ses ouvrages des Thuilleries.................... 300ᴴ

Somme de ce chapitre........ 6620ᴴ 2ˢ

PAVÉ.

1ᵉʳ may 1667 - 19 febvrier 1668 : à Léonard Aubry, paveur, à compte des ouvrages de pavé qu'il fait aux Thuilleries (8 p.)...................... 8900ᴴ

2 juillet : à luy, pour son paiement des ouvrages de pavé du Louvre et du Pallais-Royal en 1665.. 1431ᴴ 3ˢ 10ᵈ

19 febvrier 1668 : à luy, pour son paiement de ses ouvrages de pavé au Louvre en 1660.... 1181ᴴ 17ˢ 6ᵈ

21 may 1668 : à luy, pour son paiement des ouvrages de pavé qu'il a faits au Louvre en 1661 et 1662. 784ᴴ 7ˢ

1ᵉʳ may - 31 décembre : à Antoine Vatel, paveur, à compte des ouvrages de pavé qu'il fait aux Thuilleries (8 p.)............................ 8900ᴴ

1ᵉʳ may : à Charles Rigault, pour ouvrages de pavé qu'il a fait dans l'escurie du manège du Roy..... 258ᴴ

Somme de ce chapitre..... 21455ᴴ 8ˢ 4ᵈ

JARDINAGE.

1ᵉʳ may - 2 juillet 1667 : à Jean Papillon, terrassier, pour parfait paiement des fouilles et enlèvement de terre qu'il a fait le long de la grande gallerie du Louvre (2 p.)............................ 1533ᴴ 4ˢ

29 juillet - 28 octobre : à luy, pour son paiement de la glaize qu'il a voiturée pour le grand bassin des Thuilleries (3 p.)...................... 1351ᴴ 4ˢ

28 octobre : à luy, à compte des tranchées par luy faites pour la conduite des eaues de la Pompe aux Thuilleries............................ 300ᴴ

9 janvier - 19 febvrier 1668 : à luy, à compte des terres qu'il a transportées de la terrasse dite du sʳ Renart (2 p.)............................ 1045ᴴ

1ᵉʳ may 1667 - 17 mars 1668 : aux ouvriers qui ont travaillé à dresser le grand parterre du jardin des Thuilleries et à dresser les allées, les rateler, mouiller les buis et autres (13 p.).................... 17585ᴴ 4ˢ

1ᵉʳ may - 28 octobre : à Isaye Le Jeune[1], pour paiement des terres qu'il a fouillées pour dresser le grand parterre (7 p.)........................ 3451ᴴ

1ᵉʳ may - 12 juin : à Jean[2] Descotz, à compte des rigolles qu'il fait pour planter des arbres (3 p.).. 1150ᴴ

17 mars 1668 : à luy, pour son paiement des arbres verds qu'il a fournis et plantez aux Thuilleries. 81ᴴ 18ˢ

10 aoust : à luy et Macon, pour avoir eschenillé les arbres du jardin des Thuilleries............ 130ᴴ

A luy et à Rivaux, pour 325 ciprès qu'ils ont fourny dans le jardin des Thuilleries............ 471ᴴ 10ˢ

1ᵉʳ may : à Pierre Fresnay, pour avoir fourny huict milliers d'érable pour garnir le pied des pallissades aux Thuilleries............................ 60ᴴ

29 juillet : à luy, pour trois milliers de plan... 60ᴴ

1ᵉʳ may : à Tolmé, vuidangeur, pour avoir vuidé une fosse qui est soubs le petit escalier qui est au bout de la terrasse du palais des Thuilleries........ 130ᴴ 15ˢ

17 mars 1668 : à luy, pour son paiement de la vuidange des fosses du Commun du Roy.......... 250ᴴ

25 may : aux nommez Fresnay, Gaillard et Eschard, pour diverses sortes d'arbres fournis pour planter aux Thuilleries............................ 225ᴴ 10ˢ

Aux nommez Foubart, La Rochette et autres, pour avoir voituré douze [voitures] de fumier aud. lieu. 277ᴴ

25 may - 12 juin : aux chartiers qui ont voituré quan-

---
[1] On l'appelle aussi Le Jeune tout court.
[2] Il est nommé aussi Pierre au lieu de Jean.

tité d'arbres, ifs et sapins, de Saint-Mandé[1] aud. jardin (2 p.)............................ 148ᵗᵗ

29 juillet : aux chartiers qui ont voituré quantité d'arbrisseaux verds de Versailles aux Thuilleries... 252ᵗᵗ

9 janvier 1668 : aux chartiers qui ont voituré des recoupes de pierre dans led. jardin........ 187ᵗᵗ 10ˢ

17 mars 1668 : aux chartiers qui ont voituré le sable dans le manège de la grande escurie.......... 160ᵗᵗ

12 juin : aux jardiniers qui ont livré plusieurs arbrisseaux pour le jardin des Thuilleries......... 449ᵗᵗ

17 mars 1668 : aux jardiniers qui ont remply de recoupes de pierre les deux bassins neufs du jardin des Thuilleries........................ 178ᵗᵗ 7ˢ

18 juin 1668 : aux jardiniers qui ont travaillé à labourer les bordures de nouveau plantez...... 94ᵗᵗ 10ˢ

12 juin : au nommé le petit François, pour avoir faict dans led. jardin 25 thoises de rigolles....... 20ᵗᵗ

12 juin-2 juillet : à Jacques Duval, pour son paiement des perches et de l'ozier par luy livrez pour faire une haye et renfermer le grand parterre (2 p.). 194ᵗᵗ 6ˢ

12 juin : à Carbonnet et Dupuis, pour leurs appointemens de la conduite qu'ils ont des ouvriers qui travaillent pour dresser le grand parterre........ 200ᵗᵗ

10 aoust 28 octobre : à Claude Carbonnet, à compte des fleurs et arbres qu'il a fournis (2 p.)...... 2000ᵗᵗ

31 décembre 1667-19 febvrier 1668 : à luy[2] et à Foret, à compte des ormes qu'ils fournissent aux avenues des Thuilleries (3 p.).................... 6000ᵗᵗ

19 febvrier 1668 : à la veuve Carbonnet, pour son parfaict paiement du soin qu'il a eu de la conduite du jardin............................. 363ᵗᵗ 6ˢ 8ᵈ

18 juin 1668 : à elle, pour son parfaict paiement des plantes et fleurs par elle fournies pour le parterre dud. jardin........................... 1809ᵗᵗ 12ˢ

17 mars-21 may 1668 : à Forest, jardinier, pour paiement des fossés qu'il a faits aux avenues des Thuilleries pour la conservation des plans (2 p.).... 924ᵗᵗ

18 juin 1668 : à luy et Hélan, pour parfaict paiement des fossez par eux faits le long desd. advenues.... 975ᵗᵗ

12 juin 1667-aoust 1668 : à Louis Chabanne, voiturier, pour avoir voituré du sable de rivière et du gazon dans le jardin des Thuilleries, et du sable dans le manège, à 1ᵗᵗ par voye (8 p.)................. 1554ᵗᵗ

2 juillet 1667-19 febvrier 1668 : à Jacques Feuil-

---

[1] Du château de Fouquet, situé à Saint-Mandé, qui, comme on l'a déjà vu, fournit nombre d'arbustes et d'orangers aux jardins royaux de Paris et de Versailles.

[2] A partir du 19 février 1668, Carbonnet est remplacé sur l'état par sa veuve.

lastre, pour son parfait paiement du conroy de glaize et de fourniture de thuiaux de graisserie pour le grand bassin des Thuilleries (7 p.)............ 3697ᵗᵗ 18ˢ

29 juillet : aux nommez Bordier et Pouril, pour avoir voituré cinquante chartées de gazon au jardin des Thuilleries.............................. 150ᵗᵗ

29 juillet-28 octobre : à Le Roux et Robert, pour avoir voituré du gazon aux Thuilleries (3 p.).... 290ᵗᵗ

29 juillet-31 décembre : à Claude Mollet, pour son paiement des arbres verds qu'il a fournis pour planter aud. lieu (2 p.)............................ 701ᵗᵗ

10 aoust : à Trumel, à compte des maronniers d'Inde et autres arbrisseaux qu'il a livrez aux Thuilleries. 1500ᵗᵗ

A Bestinan, jardinier, pour plusieurs arbrisseaux vers qui ont esté voituré de Saint-Mandé aud. lieu.... 100ᵗᵗ

28 octobre : aux nommez La Chapelle et Simon, à compte de la glaize qu'ils transportent pour lesd. jardins des Thuilleries........................ 200ᵗᵗ

19 febvrier-17 mars 1668 : à Jacquelin et Prieur, pour le paiement des orangers qu'ils ont fournis pour mettre dans des quaisses d'argent (2 p.)........ 578ᵗᵗ

21 may 1668 : à Françoise Bouchard, ayant l'entretenement de l'orangerie du jardin des Thuilleries, pour achapt de terreau et de fumier pour lad. orangerie. 130ᵗᵗ

18 juin 1668 : aux nommez Trumel, Hélan et autres, à compte des plants d'arbres qu'ils ont fourny pour led. lieu............................ 2000ᵗᵗ

Somme de ce chapitre.... 53058ᵗᵗ 14ˢ 8ᵈ

PARTIES EXTRAORDINAIRES.

25 may : à Claude Bro et André Mottelet, pour avoir frotté et mis en couleur le parquet des appartemens des Thuilleries...................... 617ᵗᵗ

25 may-12 juin : à Jean Papillon, à compte des enlèvemens de terre qu'il fait le long de la grande gallerie du Louvre du costé de l'eau (2 p.)........ 1400ᵗᵗ

25 may : à Blondet, pour son paiement de vingt contrecœurs de cheminées de fonte qu'il a livrés pour les Thuilleries............................ 1500ᵗᵗ

12 juin : à Pastel, parfait paiement de la somme de 6704ᵗᵗ 13ˢ à laquelle montent les ouvrages de maçonnerie et charpenterie faits au Louvre en 1664... 704ᵗᵗ 13ˢ

A Barbery, potier de terre, pour son parfait paiement de 2002ᵗᵗ 11ˢ à quoy montent les ouvrages de carreau de terre cuite qu'il a fourny au Louvre..... 1202ᵗᵗ 11ˢ

A Le Honore, sculpteur, pour son parfait paiement des ouvrages de sculpture par luy faits au model du bastiment du Louvre...................... 210ᵗᵗ

2 juillet-28 octobre : au nommé Vuatbot, pour les

mannes d'ozier qu'il a fournies pour transplanter des ormes et arbrisseaux de Versailles dans le jardin des Thuilleries (2 p.).............................. 557ᶫᵗ

2 juillet : à PIERRE FORMONT, pour son paiement de cent thonneaux de terre d'Hollande qu'il a livrez au guichet du chasteau du Louvre................ 978ᶫᵗ

A LEGERAN, tonnelier, pour avoir fourny dans l'orangerie des Thuilleries 42 quaisses de bois de chesne. 102ᶫᵗ

A RENAULT, carreyer, à compte des quartiers et colonnes de pierre de Saint-Cloud qu'il fournit pour le Louvre.. 200ᶫᵗ

28 octobre : aux veufves des nommez BELAIRE, ROUVELLE et BARLIER, par gratiffication, en considération de la perte qu'elles ont faite de leurs maris........ 300ᶫᵗ

A MAUGIN, pour un binart¹ qu'il fait pour servir dans les bastimens (2 p.)........................ 500ᶫᵗ

Au nommé BUISSON, pour son parfait paiement de ce qu'il a fait au model du Louvre............ 178ᶫᵗ 10ˢ

A la veuve DU HANOIS, cordier, à compte des cordages qu'il a livrés pour la salle des machines........ 400ᶫᵗ

Au nommé LA CHAPELLE, pour transport de terre qu'il a fait devant les Thuilleries................ 145ᶫᵗ

31 décembre : à plusieurs pauvres manœuvres qui ont esté blessez en travaillant à l'attelier du bastiment neuf du Louvre.............................. 150ᶫᵗ

21 may 1668 : à la veuve TARAQUIN, pour plusieurs menues despences par luy faites en la salle des machines du pallais des Thuilleries en 1662......... 646ᶫᵗ 16ˢ

18 juin 1668 : aux ouvriers du Louvre, pour grattification, à cause du jour qu'ont esté posées les médailles du Roy dans les fondations du Louvre........ 220ᶫᵗ

A la veuve HENRY, tailleur de pierre, par charité et en considération de la perte de son mary qui a esté tué en travaillant au Louvre........................ 150ᶫᵗ

A la veuve DU PERRON, *idem*............... 200ᶫᵗ

Somme de ce chapitre...... 10361ᶫᵗ 10ˢ

PALAIS-ROYAL.

MAÇONNERIE.

25 may 1667-19 febvrier 1668 : à CHARLES DE BRESSY, à compte des ouvrages et réparations de maçonnerie qu'il fait au Palais-Royal (4 p.)................. 4000ᶫᵗ

21 may 1668 : à luy, pour son parfaict paiement de la somme de 8640ᶫᵗ à laquelle reviennent les ouvrages et

¹ Chariot à quatre roues d'égale hauteur, avec un plancher sur lequel on met de grands fardeaux.

réparations de maçonnerie par luy faicts au Palais-Royal ez années 1664, 1665 et 1666............. 2540ᶫᵗ

A DORBAY, pour son parfait paiement des ouvrages qu'il a fait ez années 1661 et 1662...... 981ᶫᵗ 10ˢ

Somme de ce chapitre....... 7521ᶫᵗ 10ˢ

CHARPENTERIE.

12 may : à JEAN BONNEAU, charpentier, pour son parfaict paiement de la somme de 2041ᶫᵗ 18ˢ 4ᵈ à quoy montent les ouvrages de charpenterie qu'il a faits au Palais-Royal en 1662............. 1041ᶫᵗ 18ˢ 4ᵈ

12 may-28 octobre : à PIERRE BATTARD, à compte des ouvrages de charpenterie qu'il a faits au Palais-Royal (2 p.).. 2000ᶫᵗ

21 may 1668 : à luy, à compte des ouvrages et réparations de maçonnerie, etc................ 1500ᶫᵗ

Somme de ce chapitre..... 4541ᶫᵗ 18ˢ 4ᵈ

MENUISERIE.

Néant.

SERRURERIE.

12 juin : à OLIVIER POUSSIN, pour son paiement des ouvrages de serrurerie du Palais-Royal en 1662. 248ᶫᵗ 5ˢ

A SEIGNEURY, serrurier, *idem*............ 174ᶫᵗ 18ˢ

Somme de ce chapitre......... 423ᶫᵗ 3ˢ

PEINTURE, SCULPTURE ET ORNEMENS.

1ᵉʳ may : à VALENTIN DERSIGNY, pour avoir fourny et mis en place plusieurs glaces dans les appartemens du Palais-Royal............................ 206ᶫᵗ

PARTIES EXTRAORDINAIRES.

Néant.

MAISON DE LA POMPE DU PONT-NEUF.

1ᵉʳ may : à CHARLES LAVIER, menuisier, à compte des ouvrages qu'il a faits dans les logemens de la Pompe du Pont-Neuf............................ 800ᶫᵗ

25 may : à JACQUES HOUZEAU, pour parfait paiement de la somme de 1210ᶫᵗ à laquelle montent ses ouvrages de sculpture à lad. Pompe................ 510ᶫᵗ

A LE HONGRE, pour son parfaict paiement des ouvrages de sculpture qu'il a faits aud. lieu........... 516ᶫᵗ

28 octobre : à COIGNEITE, pour son parfait paiement des ouvrages qu'il a fait à l'orloge de la Pompe du Pont-Neuf.......................... 326ᶫᵗ

12 may 1668 : à BRICARD, pour son parfaict paiement de la somme de 1987ᶫᵗ 5ˢ à laquelle reviennent les ouvrages de charpenterie qu'il a fait à la Pompe.... 375ᶫᵗ

Somme de ce chapitre........... 2527ᶫᵗ

COLLÈGE ROYAL.

12 juin : à PIERRE BASTARD, à compte de ses ouvrages de charpenterie au Collège Royal (2 p.)....... 1800^tt
28 octobre 1667-19 febvrier 1668 : à JAMARD, maçon, à compte des ouvrages de maçonnerie (2 p.)... 2500^tt
28 octobre 1667-21 may 1668 : à COUVREUR, menuisier, *idem* de ses ouvrages de menuiserie (4 p.). 2500^tt
12 may 1668 : au s^r LE BERTON, à compte de ses ouvrages de serrurerie..................... 500^tt
Somme de ce chapitre.......... 7300^tt

LA BASTILLE.

1er may : à MICHEL VILLEDO, pour réparations de maçonnerie qu'il a faites aud. lieu.......... 1616^tt 10^s

CHASTEAU DE VERSAILLES.

MAÇONNERIE.

1er may 1667-9 janvier 1668 : à ANDRÉ MAZIÈRE et ANTOINE BERGERON, à compte des ouvrages de maçonnerie qu'ils font au pavillon du Roy à Versailles (6 p.). 18200^tt
29 juillet 1667-17 mars 1668 : à eux, à compte des ouvrages de maçonnerie qu'ils font à l'esglise et au presbitère de Versailles (4 p.)................ 15150^tt
Somme de ce chapitre....... 33350^tt

CHARPENTERIE.

1er may 1667-21 may 1668 : à GASPART POYOT, charpentier, à compte de ses ouvrages et du restablissement de la glissoire de Versailles (7 p.).......... 2200^tt

COUVERTURE.

28 octobre : à CLAUDE FRESNEAU, à compte de ses ouvrages de couverture au chasteau de Versailles.. 400^tt
31 décembre 1667-17 mars 1668 : à IVON, couvreur, *idem* (4 p.).... .... 4400^tt
Somme de ce chapitre.......... 4800^tt

PLOMBERIE.

1er may 1667-18 juin 1668 : à DENIS JOLY, à compte des plombs qu'il fournit pour la conduite des eaues de Versailles (11 p.)..................... 59000^tt
28 octobre : à luy. pour menues fournitures qu'il a faites pour l'achèvement de l'orgue de Versailles. 219^tt
25 may-25 juillet : à PIERRE DENISON, pour son paiement de l'estaing et plomb qu'il a fourny pour faire des figures et ornemens des fontaines (2 p.).. 5916^tt 2^s
17 mars-21 may 1668 : à LE ROY, à compte des ouvrages de plomberie qu'il a faits à Versailles (2 p.). 3000^tt
Somme de ce chapitre....... 68135^tt 2^s

MENUISERIE.

1er may : à ESTIENNE BRETHEAU, menuisier, pour plusieurs menus ouvrages de menuiserie qu'il a faits à la Mesnagerie de Versailles.................. 112^tt 8^s
25 may-12 juin : à CHARLES JAVIER, menuisier, pour avoir couvert d'ais de sapin le réservoir des eaues du chasteau de Versailles (2 p.)................ 1350^tt
29 juillet 1667-19 febvrier 1668 : à luy, à compte des ouvrages de menuiserie qu'il fait à la Mesnagerie de Versailles (4 p.).)................... 2600^tt
12 juin-28 octobre : à CARREL et héritiers D'AUXERRE, à compte des ouvrages de menuiserie par eux faits ez années 1661, 1662 et 1663 (2 p.)............ 3200^tt
21 may 1668 : à MASSE, menuisier, pour avoir faict un bateau et restably la ramasse de Versailles...... 648^tt
18 juin 1668 : à GRIMBOIS, menuisier, pour avoir fait des piédestaux pour porter des vases de fleurs dans le jardin de l'orangerie..................... 404^tt
Somme de ce chapitre....... 8314^tt 8^s

PEINTURE, SCULPTURE ET ORNEMENS.

1er may-31 décembre : à CLAUDE GOY, à compte des ouvrages de dorure aux portes de la Grotte et en plusieurs endroits de Versailles (5 p.)................ 2200^tt
1er may 1667-19 febvrier 1668 : à JEAN DELAUNAY, rocailleur, à compte des ouvrages de rocaille qu'il fait à la Grotte de Versailles (9 p.)................ 3850^tt
1er may 1667-13 aoust 1668 : à GASPARD MANSY, pour son parfait paiement de la somme de 9100^tt à laquelle reviennent les figures et ornemens de sculpture des fontaines de Versailles (6 p.).................. 5600^tt
19 juillet 1667-19 febvrier 1668 : à luy, à compte du groupe de marbre qu'il fait pour la Grotte...... 800^tt
31 décembre : à luy, pour avoir fourny un enfant de plomb dans un des bassins du jardin de l'orangerie. 226^tt
1er may : à JACQUES BERNARD, fontainier, à compte des ouvrages qu'il fait aux grottes de Versailles...... 500^tt
28 octobre : à JACQUES BERNARD[1], pour parfait paiement des bordures de miroirs qui ont esté posez dans la Grotte........................... 408^tt 6^s

---
[1] Il est fort probable que ce BERNARD est le même que le précédent. Nous ne les avons toutefois pas réunis, à cause du titre de fontainier donné dans l'article du 1er may.

ANNÉE 1667. — VERSAILLES.

1ᵉʳ may 1667-19 febvrier 1668 : à GIRARDON et REGNAUDIN, à compte du groupe de figures de marbre qu'ils font pour la Grotte de Versailles (3 p.)........ 1750ᵗᵗ

21 may 1668 : aud. GIRARDON, pour son paiement d'avoir sculpé des trophées à Versailles......... 150ᵗᵗ

1ᵉʳ may : à LERAMBERT, sculpteur, à compte d'une figure qui représente l'Amour, qu'il fait............. 300ᵗᵗ

29 juillet 1667-19 febvrier 1668 : à luy, à compte des sphinx de marbre qu'il fait pour poser dans le petit parc de Versailles (5 p.)................... 1800ᵗᵗ

1ᵉʳ-25 may : à NOEL QUILLERIER, pour parfait paiement de la dorure d'un grouppe d'un petit Amour [1] pour poser dans le jardin de Versailles (2 p.)........ 300ᵗᵗ

1ᵉʳ may : à PICARD et PREVOST, pour parfait paiement des vases de bronze qu'ils ont faits........... 1500ᵗᵗ

25 may 1667-13 aoust 1668 : à PIERRE MÉNARD, à compte des ouvrages de marbre et menues réparations qu'il a faits pour la Grotte (6 p.)......... 2699ᵗᵗ 5ˢ

25 may-28 octobre : à BAILLY, peintre, à compte des ouvrages de bronzure qu'il fait aux fontaines de Versailles (5 p.)........................ 2058ᵗᵗ

12 juin-29 juillet : à BERSAUCOURT, espinglier, à compte des ouvrages de fil de laton qu'il a faits à Versailles (2 p.)......................... 700ᵗᵗ

12 juin : à DUFAUX, doreur, pour avoir doré un piédestal de sculpture qui a esté mis dans l'antichambre du Roy à Versailles........................ 50ᵗᵗ

A JEAN LE GREU, pour parfait paiement des ouvrages de marbre qu'il a faits à la Ménagerie en 1664 et 1665 (2 p.)................................ 1111ᵗᵗ

2 juillet : aux gens de journée qui ont travaillé dans les jardins depuis le 28 avril jusqu'au 7 may. 421ᵗᵗ 15ˢ

29 juillet : au sʳ BOUZON, pour avoir nettoyé des tableaux de paysages qui sont à Versailles........ 150ᵗᵗ

29 juillet 1667-17 mars 1668 : à HOUZEAU, sculpteur, à compte des termes de marbre qu'il fait pour poser autour du bassin en ovalle et en divers lieux du jardin de Versailles (9 p.)...................... 4500ᵗᵗ

29 juillet 1667-19 febvrier 1668 : à JEAN GUÉRIN, sculpteur, à compte du grouppe de figures de marbre qu'il fait pour mettre dans la Grotte (2 p.)...... 800ᵗᵗ

29 juillet 1667-21 may 1668 : à VAN OBSTAL, pour parfait paiement des bas-reliefs qu'il a posez dans la Grotte de Versailles (2 p.).................. 1440ᵗᵗ

28 octobre 1667-17 mars 1668 : à LEMAIRE, fondeur, pour son paiement des robinets de cuivre qu'il a fournis et plusieurs menus ouvrages [2] (4 p.)... 3126ᵗᵗ

31 décembre : à BAPTISTE TUBY, à compte des figures de marbre qu'il fait pour poser dans la Grotte... 500ᵗᵗ

9 janvier 1668 : à QUESNEL, rocailleur, pour son parfait paiement de quatre rochers qu'il a faits dans la Grotte................................. 500ᵗᵗ

19 febvrier 1668 : à PATEL, peintre, à compte des tableaux qu'il fait des veues de Versailles........ 400ᵗᵗ

17 mars 1668 : à MOTELET, pour avoir frotté et mis en couleur les appartemens de Versailles.......... 200ᵗᵗ

12 may 1668 : à JACQUES DUVAL, fondeur, à compte des ouvrages qu'il fait à Versailles............ 500ᵗᵗ

Somme de ce chapitre....... 39040ᵗᵗ 6ˢ

SERRURERIE.

1ᵉʳ may 1667-21 may 1668 : à PIERRE MARIE, à compte des ouvrages de serrurerie qu'il fait à Versailles (8 p.)................................. 2600ᵗᵗ

25 may 1667-13 aoust 1668 : à ESTIENNE BOUTET, idem (8 p.).......................... 4300ᵗᵗ

2 juillet 1667-21 mai 1668 : à MATHURIN BRETON [3], pour son parfait paiement de la somme de 4523ᵗᵗ 10ˢ à laquelle reviennent les portes de fer qu'il a faites pour la Grotte (2 p.)........................ 1523ᵗᵗ 10ˢ

Somme de ce chapitre....... 8423ᵗᵗ 10ˢ

VITRERIE.

1ᵉʳ may 1667-21 may 1668 : à la veuve LORGET, à compte des ouvrages de vitrerie qu'il a faits à Versailles (6 p.)................................. 1900ᵗᵗ

JARDINAGE.

1ᵉʳ may : aux buscherons qui ont abatu les arbres pour eslargir la grande allée de Versailles...... 300ᵗᵗ

1ᵉʳ may 1667-17 mars 1668 : aux ouvriers et gens de journée qui ont travaillé à remuer et porter des terres en plusieurs endroits des jardins, à aplanir le terrain des glacières, à remplir des rigoles de thuiaux (9 p.)......
.... 4063ᵗᵗ 1ˢ 6ᵈ

28 octobre : aux ouvriers qui ont travaillé à la journée à l'orgue de la Grotte de Versailles (3 p.).... 1201ᵗᵗ 4ˢ

A ceux qui ont fait les tranchées le long de la bonde de l'estang de Clagny................. 221ᵗᵗ 3ˢ

25 may : à NOEL PRAT, dit CHAMPAGNE, pour plusieurs fleurs et plantes qu'il a fournis pour l'orangerie... 387ᵗᵗ

---

[1] Il s'agit probablement, ici et dans l'article précédent de LERAMBERT, de la figure qui était placée à l'entrée du labyrinthe.

[2] Il reçoit 969ᵗᵗ pour quatre robinets.
[3] Ou LE BRETON.

25 may 1667-18 juin 1668 : aux nommez Viart et Maron, pour leur parfait paiement des transports de terre par eux faits, du 8 may 1665 au mois de juillet 1667, pour l'aplanissement de la grande allée du petit parc (5 p.)................................ 2918^{tt} 18^s 8^d

9 janvier-19 febvrier 1668 : à eux, à compte des souches qu'ils arrachent dans la grande allée du petit parc (2 p.)................................ 1500^{tt}

12 juin : à Marin Trumel, pour avoir fourny des arbres dans la nouvelle pépinière............... 86^{tt}

2 juillet : à luy, pour avoir planté une pépinière derrière l'esglise de Versailles et avoir fourny les arbres de lad. pépinière........................ 218^{tt} 4^s

28 octobre 1667-9 janvier 1668 : à Trumel, Helland, Julienne et autres, à compte des plans qu'ils fournissent pour les advenues (2 p.)............ 4000^{tt}

12 juin : à Guillaume Maçon, pour son paiement des arbres et avoir planté une pépinière à Versailles... 300^{tt}

29 juillet 1667-7 avril 1668 : au nommé Bonissant, pour avoir armé de perches les jeunes ormes du grand parc (2 p.)............................... 140^{tt}

29 juillet : à Quesnel, à compte des ouvrages de rocaille qu'il a faits à la Grotte de Versailles...... 300^{tt}

A la veuve Girier, pour les perches qu'elle a fournies pour servir dans le jardin du petit parc... 120^{tt} 12^s 6^d

A Macé Foucher, pour les treilles de perches qu'il a fournies pour le parterre de gazon du petit parcq. 139^{tt}

28 octobre 1668 : à luy, pour avoir nettoyé les pépinières de Versailles et autres menus ouvrages... 134^{tt}

Au nommé Méteil et autres, pour avoir repris par sous-œuvre le puis qui est dans le jardin de Triannon. 35^{tt}

9 janvier 1668 : aux jardiniers qui ont travaillé en divers endroits........................... 231^{tt}

17 mars 1668 : au nommé Thuilleau, jardinier, pour neuf milliers du petit plan d'ormes qu'il a fourni. 135^{tt}

A Julienne, idem..................... 180^{tt}

17 mars-18 juin 1668 : à Boursaut, à compte des labours qu'il fait dans le parcq de Clagny, aux pépinières d'ormes (3 p.)........................ 700^{tt}

12 may 1668 : à Goret et Bazonnet, voituriers, pour 36 voyes de sable de rivière par eux voiturez dans le jardin à fleurs de Versailles................ 183^{tt} 12^s

Somme de ce chapitre.... 17493^{tt} 15^s 8^d

PAVÉ.

1er may 1667-19 febvrier 1668 : à Léonnard Aubry, à compte de ses ouvrages de pavé (8 p.)........ 6300^{tt}

25 may : à luy, pour son parfaict paiement des ouvrages de Versailles pendant les années 1663, 1664 et 1665............................ 1876^{tt} 1^s

Somme de ce chapitre....... 8176^{tt} 1^s

PARTIES EXTRAORDINAIRES.

25 may : à Pierre Potel, taillandier, pour son paiement d'une manivelle de fer par luy livrée pour le mouvement des eaues de Versailles............... 250^{tt}

A Nicolas Le Marinier, pour avoir fourny cinq thuiaux de cuivre rouge de plusieurs grosseurs pour porter l'eau au dessus de la Grotte dans les chandeliers au dedans de lad. Grotte de Versailles........ 157^{tt} 10^s

A Utinot, menuisier, pour son parfait paiement de la somme de 1200^{tt} à laquelle montent les ouvrages de menuiserie qu'il a faits au platfonds du Jeu de paulme de Versailles en 1662.................... 400^{tt}

2 juillet : à Jean Bienfaict, voiturier, pour avoir voituré 500 mannes d'ozier de Versailles aux Thuilleries... 64^{tt}

Aux ouvriers qui ont travaillé aux orgues de la Grotte de Versailles............................ 103^{tt}

A Varissa, pour avoir, pendant les mois de febvrier et mars, ramoné les cheminées de Versailles et de Saint-Germain........................... 196^{tt} 4^s

31 décembre : au nommé Deslots, chaudronnier, pour avoir livré vingt-quatre seaux de cuivre jaulne pour servir à Versailles................... 247^{tt} 4^s

19 febvrier 1668 : à Le Maire, pour son paiement des vazes de fayence qu'il a fournis à Versailles.... 2627^{tt}

17 mars 1668 : à Jacques de Lion, nattier, pour la natte qu'il a fournie pour boucher les trois portes de la Grotte de Versailles................... 233^{tt} 18^s

A Henry, tapissier, pour son paiement des rideaux de bazin qu'il a fournis pour mettre à la porte et aux croisées de la Grotte de Versailles............ 245^{tt}

18 juin 1668 : à Martin, chirurgien à Versailles, pour avoir pansé les ouvriers qui ont esté blessez en travaillant aux bastimens de S. M., depuis le 22 novembre 1665 jusqu'au dernier mars dernier............... 300^{tt}

Somme de ce chapitre....... 4823^{tt} 16^s

CHASTEAU DE SAINT-GERMAIN.

MAÇONNERIE.

2-29 juillet : à Tristan Lespine et Charles de la Rue, à compte des réparations de maçonnerie qu'ils ont faites aux chasteaux de Saint-Germain (2 p.).... 1300^{tt}

ANNÉE 1667. — SAINT-GERMAIN.

29 juillet 1667-21 may 1668 : aud. DE LA RUE, *idem* (5 p.)........................... 3700ʰ
28 octobre 1667-12 may 1668 : à la veuve LESPINE, *idem* (3 p.)........................... 1200ʰ
29 juillet : à JEAN DE LA FLÈCHE, pour son parfaict paiement de ses ouvrages de maçonnerie au Val. 400ʰ

Somme de ce chapitre.......... 6600ʰ

CHARPENTERIE.

2 juillet 1667-19 febvrier 1668 : à RENÉ DU FAY, charpentier, à compte des ouvrages et réparations de charpenterie qu'il a faits aux chasteaux de Saint-Germain (5 p.)........................... 2400ʰ
17 mars 1668 : à luy, *idem* à Versailles...... 400ʰ

Somme de ce chapitre.......... 2800ʰ

MENUISERIE.

25 may 1667-17 mars 1668 : à ADRIEN MILLOT, menuisier, pour une cloison de sapin et une soupente et autres ouvrages par luy faits aux chasteaux de Saint-Germain (5 p.)........................... 2232ʰ
12 juin 1667-21 may 1668 : à LAVIER, menuisier, à compte des ouvrages de menuiserie par luy faits auxd. chasteaux (4 p.)........................... 3600ʰ

Somme de ce chapitre.......... 5832ʰ

PEINTURE, SCULPTURE ET ORNEMENS.

1ᵉʳ may : à MESNARD, marbrier, pour son parfait paiement des ouvrages qu'il a faits tant à Saint-Germain-en-Laye qu'au Palais-Royal.................. 343ʰ
21 may 1668 : à luy, pour son paiement d'un chambranle et d'un foyer de marbre qu'il a fait et posé en l'appartement du Roy.................. 232ʰ
28 octobre 1667-9 juillet 1668 : à JEAN POISSON, à compte des ouvrages de peinture qu'il fait ez chasteaux de Saint-Germain (3 p.).................. 1300ʰ
28 octobre : à CLAUDE MUZARD, à compte des ouvrages de masticq qu'il fait tant à Saint-Germain qu'à Versailles.................. 1000ʰ
21 may 1668 : à MOTTELET, pour avoir frotté et mis en couleur les appartemens desd. chasteaux.... 256ʰ 5ˢ

Somme de ce chapitre........ 3131ʰ 5ˢ

COUVERTURE.
Néant.

PLOMBERIE.
Néant.

JARDINAGE.

1ᵉʳ may : au sʳ PETIT, pour le paiement des gens de journée qui ont fait des fossés pour la conservation des plans des advenues de Saint-Germain.......... 202ʰ
29 juillet 1667-9 janvier 1668 : aux ouvriers qui ont travaillé dans le jardin du boullingrin à arracher les pallissades mortes, faire les tranchées pour en replanter de nouvelles, et autres menus ouvrages (2 p.)... 512ʰ
9 janvier 1668 : à JEAN DE LA LANDE, tant pour l'empaillement de la glacière que pour le restablissement des allées du boullingrin.................. 487ʰ
21 may 1668 : à luy, pour le paiement des despences extraordinaires qu'il a faictes à l'orangerie et au jardin du vieil chasteau de Saint-Germain........ 429ʰ 15ˢ
9 juillet 1668 : au sʳ MOYER, pour l'achapt de 3200 ormes à remplacer dans les plans du Vézinet... 2000ʰ
A luy, pour le paiement des plans que S. M. fait faire tant aud. lieu de Vézinet que plaine Saint-Denis. 12889ʰ

Somme de ce chapitre...... 16519ʰ 15ˢ

SERRURERIE.

1ᵉʳ may 1667-21 may 1668 : à LOUIS BOUTRAIS, à compte des ouvrages de serrurerie qu'il fait ez chasteaux de Saint-Germain (9 p.).................. 4400ʰ

PAVÉ.

28 octobre 1667-9 janvier 1668 : à ANTOINE VATEL, paveur, à compte de ses ouvrages (3 p.)....... 3000ʰ
28 octobre : à AUBRY, paveur, pour parfaict paiement des ouvrages qu'il a faits aud. lieu en 1663. 1013ʰ 9ˢ 4ᵈ

Somme de ce chapitre...... 4013ʰ 9ˢ 4ᵈ

VITRERIE.

25 may 1667-21 may 1668 : à JEAN MOREL, à compte des ouvrages et réparations de vitrerie aux chasteaux de Saint-Germain (4 p.).................. 1500ʰ

PARTIES EXTRAORDINAIRES.

25 may : à HENRY SOULAIGRE, pour avoir entretenu et sablé le petit jardin en terrasse joignant l'appartement du Roy, en 1663.................. 110ʰ
12 juin-10 aoust : aux gens de journée qui ont enlevé les immondices, voituré du sable et des recoupes, nettoyé les neiges sur les terrasses des grottes de Saint-Germain, et autres menus ouvrages (3 p.).......... 895ʰ 19ˢ
10 aoust : à PAPILLON, pour avoir fait des tranchées pour la conduite des eaues de la cuisine bouche du Roy à Saint-Germain.................. 81ʰ

A Muzard, à compte de ses ouvrages de masticq ez chasteaux de Saint-Germain et de Versailles... 1000#
28 octobre : à Duhargnois, cordier, pour son paiement d'une escarpolette qu'il a fournie à Saint-Germain-en-Laye.......................... 52# 4ˢ
31 décembre : au nommé Varisse, pour son paiement de 191 cheminées qu'il a ramonées ez chasteaux de Saint-Germain......................... 114# 12ˢ

Somme de ce chapitre....... 2253# 15ˢ

CHASTEAU DE MADRID.

28 octobre 1667-12 may 1668 : à Antoine Barbé, maçon, à compte des menus ouvrages et réparations de maçonnerie qu'il fait au chasteau de Madrid (6 p.). 4100#
28 octobre : à Lavien, à compte des réparations de menuiserie, etc...................... 1600#
28 octobre-31 décembre : à Cachet, serrurier, *idem* (2 p.)........................... 800#
28 octobre : à Jacquet, vitrier, *idem*......... 200#
28 octobre 1667-19 febvrier 1668 : à Patot, vitrier, *idem*............................... 600#

Somme de ce chapitre........ 7300#

CHASTEAU DE SAINT-LÉGER.

1ᵉʳ may 1667-12 may 1668 : à Claude Fresneau, couvreur, à compte des ouvrages qu'il faict au haras de Saint-Léger (3 p.)................... 1500#
29 juillet 1667-13 aoust 1668 : à Jacques Tarade, à compte des ouvrages de maçonnerie qu'il fait pour la closture du parcq du haras de Saint-Léger (10 p.). 7500#
29 juillet 1667-17 mars 1668 : aux gens de journée qui ont travaillé à démolir le vieux chasteau de Saint-Léger (2 p.)..................... 2902# 9ˢ
19 febvrier-21 may 1668 : à Pierre Marie, serrurier, à compte des ouvrages qu'il a faits au logement du haras de Saint-Léger (2 p.).................. 900#
19 febvrier 1668 : à Pierre Le Gros et Flury Magnon, sculpteurs, à compte des ouvrages de sculpture qu'ils ont faits aux portes du parc de Saint-Léger......... 400#
17 mars 1668 : à Lavien, à compte de ses ouvrages de menuiserie à Saint-Léger.............. 800#
A Feuillastre, pour son paiement de fouilles de terre aud. lieu........................... 200#
21 may 1668 : aux gens de journée qui ont travaillé pour la recherche des eaues à Saint-Léger.... 200# 1ˢ

Somme de ce chapitre...... 8240# 10ˢ

CHASTEAU DE VINCENNES.

MAÇONNERIE.

2 juillet 1667-19 febvrier 1668 : à Estienne Chevreau, maçon, pour son parfaict paiement de la somme de 29447# 9ˢ 4ᵈ, à laquelle revient l'aqueduc par luy construit pour vuider les eaues des fossez dud. chasteau (4 p.)............................ 2147# 9ˢ 4ᵈ
2 juillet : à Robert Angland, maçon, pour parfait paiement de ses ouvrages à Vincennes en 1666. 949# 17ˢ 8ᵈ
2 juillet 1667-19 febvrier 1668 : à luy, à compte des ouvrages de maçonnerie qu'il fait pour le soutien des terres de la grande advenue (8 p.)........ 3050#
31 décembre 1667-12 may 1668 : à luy, pour son parfaict paiement de la somme à laquelle montent les réparations de maçonnerie par luy faits au chasteau de Vincennes en 1664.................. 1822# 10ˢ
9 juillet 1668 : à luy, à compte des ouvrages qu'il a faits pour les murs du parc de Vincennes...... 3000#
2 juillet 1667-13 aoust 1668 : à Samuel Mouton et Henry Defer, carreyers, à compte de la pierre de Saint-Cloud qu'ils fournissent pour la grande advenue de Vincennes (11 p.)................... 3493# 5ˢ
10 aoust 1667-21 may 1668 : à Doucet, carreyer, *idem* (6 p.)....................... 573# 10ˢ
A Denis de la Balle[1], *idem* (3 p.)...... 813# 10ˢ
A Pothery, *idem* (5 p.)............. 6510# 10ˢ
10 aoust : à Desmoulins[2] et Lucet, à compte des libages[3] qu'ils fournissent et voiturent pour la grande advenue (5 p.)..................... 3900#
9 juillet 1668 : à la veuve de deffunct Toison, maçon, à compte de ce qu'il luy est deub pour ouvrages faits à Vincennes........................... 1500#
A Pipault, maçon, à compte des réparations de maçonnerie qu'il fait aux dalles et terrasses estant sur le portique du chasteau de Vincennes du costé du parcq. 1500#
13 aoust 1668 : au nommé Regnault, à compte de la pierre de Saint-Cloud qu'il fournit et voiture à la porte Saint-Antoine...................... 600#

Somme de ce chapitre..... 107405# 12ˢ

---

[1] Ou La Balle.
[2] Ou Dumoulin.
[3] Le compte porte aussi : de la pierre.

CHARPENTERIE.

1ᵉʳ may : à Pierre Battard, à compte de ses ouvrages de charpenterie aud. chasteau............ 1000ᵗᵗ

COUVERTURE ET PLOMBERIE.

9 juillet 1668 : à Denis Joly, plombier, pour les thuiaux de plomb par luy fournis pour les machines et réservoirs des eaues du chasteau de Vincennes.. 1200ᵗᵗ

MENUISERIE.

2 juillet 1667-9 juillet 1668 : à Jacques Fruitier, menuisier, à compte des ouvrages de menuiserie dud. chasteau (3 p.)........................ 900ᵗᵗ

2 juillet : à Claude Bergerat, pour son parfaict paiement de la somme de 3091ᵗᵗ 10ˢ à quoy montent les ouvrages de menuiserie qu'il a faits aud. lieu. 491ᵗᵗ 10ˢ

9 juillet 1668 : à luy, à compte.......... 2000ᵗᵗ

Somme de ce chapitre....... 3391ᵗᵗ 10ˢ

PEINTURE, SCULPTURE ET ORNEMENS.

12 juin : à Jacques Houzeau, sculpteur, pour avoir sculpé un soleil qui est dans l'escusson qui est au milieu du timpan de Vincennes du costé de la cour...... 100ᵗᵗ

9 juillet : à luy, à compte de ses ouvrages de sculpture............................. 400ᵗᵗ

A de Sève, à compte de ses ouvrages de peinture aud. chasteau............................. 800ᵗᵗ

A la veuve Dorigny, idem.............. 2000ᵗᵗ

A Van Opstal, sculpteur, à compte de ses ouvrages de sculpture............................. 300ᵗᵗ

Aux nommez Bernard et Le Gneu, à compte de leurs ouvrages de marbre..................... 400ᵗᵗ

Somme de ce chapitre.......... 4000ᵗᵗ

SERRURERIE.

25 may 1667-9 juillet 1668 : à Charles Le Roy, serrurier, à compte des ouvrages de serrurerie qu'il faict à Vincennes (5 p.)..................... 2200ᵗᵗ

2 juillet 1667-9 juillet 1668 : à Fromentel, pour son parfaict paiement de la somme de 8169ᵗᵗ 2ˢ, à laquelle reviennent tous les ouvrages de serrurerie qu'il a faits à Vincennes (2 p.).............. 3104ᵗᵗ 10ˢ

Somme de ce chapitre....... 5304ᵗᵗ 10ˢ

VITRERIE.

9 janvier 1668 : à Charles Jacquet, vitrier, à compte des ouvrages de vitrerie qu'il a faits à Vincennes. 400ᵗᵗ

PAVÉ.

25 may : à Antoine Vatel, paveur, pour parfaict paiement de la somme de 3200ᵗᵗ, à quoy montent les ouvrages de pavé, à chaux et à ciment, qu'il a faits sur la voulte proche la ménagerie de Vincennes.......... 1770ᵗᵗ

9 juillet 1668 : à luy, à compte de ses ouvrages de pavé.................................. 2000ᵗᵗ

Somme de ce chapitre......... 3770ᵗᵗ

JARDINAGES ET PLANS D'ARBRES.

1ᵉʳ may 1667-19 febvrier 1668 : à Louis Chauvin, à compte des fouilles de terre qu'il fait pour dresser la grande advenue (7 p.)................... 5066ᵗᵗ

28 octobre : à luy, pour avoir entassé du moellon dans l'advenue de Vincennes.................... 184ᵗᵗ

1ᵉʳ may-28 octobre : à Estienne Chevreau et ses associez, à compte des terres qu'ils fouillent à la grande avenue de Vincennes (7 p.).................. 6100ᵗᵗ

1ᵉʳ-25 may : à luy, à compte de l'acqueduc qu'il fait dans le parc de Vincennes.................. 900ᵗᵗ

1ᵉʳ may 1667-9 janvier 1668 : à Luériter et Pierre Richault, à compte des fossez qu'ils font pour deffendre les arbres de la grande avenue (7 p.)...... 890ᵗᵗ 15ˢ

1ᵉʳ may 1667-19 febvrier 1668 : à Viard et Maron, à compte des terres qu'ils transportent pour dresser la grande avenue de Vincennes (11 p.)....... 10400ᵗᵗ

25 may-31 décembre : à Trumel, Hélan et Julienne, à compte des plans qu'ils fournissent ez avenues de Vincennes et de Versailles (3 p.)............ 7000ᵗᵗ

29 juillet : aux chartiers qui ont voituré du sable dans les jardins de Vincennes................. 183ᵗᵗ 12ˢ

28 octobre : à Léonnard, à cause du soin qu'il prend des ouvrages de la grande avenue............ 200ᵗᵗ

28 octobre 1667-19 febvrier 1668 : à Moncherny, à compte des tranchées qu'il faict pour conduire les eaues de Montreuil à Vincennes (4 p.)............ 3400ᵗᵗ

28 octobre : à Vignon, à compte des allées qu'il a restably dans le petit parc de Vincennes......... 100ᵗᵗ

9 janvier 1668 : à luy, pour avoir réparé les dégats que les ravines d'eaue avaient faits dans le petit parcq de Vincennes.................................. 50ᵗᵗ

31 décembre : aux jardiniers de Vincennes, pour plusieurs achapts qu'ils ont faits pour la conservation des arbres du parc........................ 160ᵗᵗ

Somme de ce chapitre...... 34634ᵗᵗ 7ˢ

PARTIES EXTRAORDINAIRES.

1ᵉʳ may-2 juillet : aux palfreniers de Mᵍʳ le duc Mazariny, pour les fumiers qu'ils ont fournis dans les jardins de Vincennes (2 p.)...................... 100ᵗᵗ

17 mars-21 may 1668 : auxd. Viant et Maron, à compte des terres qu'ils transportent pour dresser la grande advenue (3 p.).................. 3200ᵗᵗ

17 mars 1668 : à Battard, ayant à tenir compte du libage qui se voiture à la grande avenue, pour le paiement du 22 octobre au dernier décembre 1667..... 85ᵗᵗ 10ˢ

12 may 1668 : au nommé Chevreau et ses associez, pour leur parfaict paiement des transports de terre de la grande avenue..................... 1181ᵗᵗ 10ˢ

Au sʳ Monchesny, à compte du travail qu'il fait pour conduire lesd. eaues de Montreuil à Vincennes... 600ᵗᵗ

21 may 1668 : aux nommés Richault et Lhéritier, pour parfait paiement d'avoir labouré et eschenillé les arbres de toutes les avenues............... 73ᵗᵗ 14ˢ

13 aoust 1668 : à Léonnard, à cause du soin qu'il prend des ouvrages qui se font à la grande avenue. 200ᵗᵗ

Somme de ce chapitre....... 5440ᵗᵗ 14ˢ

CHASTEAU DE FONTAINEBLEAU.

MAÇONNERIE.

1ᵉʳ may-2 juillet : à André Mazière et Antoine Bergeron, pour les ouvrages de maçonnerie qu'ils font pour le restablissement du grand canal (4 p.)...... 5500ᵗᵗ

12 juin : à Grognet et Tartaise, maçons, à compte des ouvrages de maçonnerie qu'ils ont faits au chasteau en 1659, 1660 et 1661.................. 1000ᵗᵗ

19 febvrier 1668 : à Grognet, pour son parfait paiement des ouvrages de 1666............. 397ᵗᵗ 9ˢ 6ᵈ

31 décembre 1667-19 febvrier 1668 : à luy, idem, pour 1667...................... 1524ᵗᵗ 10ˢ

12 juin : à Jean Chastenet, maçon, pour son parfaict paiement des ouvrages de maçonnerie qu'il a faicts au chasteau en 1663........................ 451ᵗᵗ

9 juillet 1668 : à la veuve Levé, pour avoir vacqué par le deffunt, pendant l'année 1665, à tous les ouvrages qui se sont faicts en 1665 à Fontainebleau..... 2000ᵗᵗ

Somme de ce chapitre... 10872ᵗᵗ 19ˢ 6ᵈ

CHARPENTERIE.

1ᵉʳ may-31 décembre : à Pierre Mortillon, à compte de ses ouvrages de charpenterie et des appentifs qu'il faict pour couvrir les orangers de la nouvelle orangerie (3 p.)......................... 3400ᵗᵗ

12 juin : à luy, à compte de ce qui luy peut estre deub des années 1659 à 1663................ 1000ᵗᵗ

17 mars 1668 : à luy, pour son parfaict paiement de ses ouvrages de 1665..................... 318ᵗᵗ

21 may 1668 : à luy, idem de 1666......... 204ᵗᵗ

Somme de ce chapitre........ 4922ᵗᵗ

SERRURERIE.

12 juin : à Jacques Rossignol, pour parfait paiement des ouvrages de serrurerie qu'il a faict en 1665 et 1666................................ 172ᵗᵗ 1ˢ 6ᵈ

A luy, idem des années 1659 à 1663....... 1000ᵗᵗ

A luy, idem de 1667................ 257ᵗᵗ 6ˢ 6ᵈ

Somme de ce chapitre........ 1429ᵗᵗ 8ˢ

MENUISERIE.

12 juin : à Pierre Cuissin, pour plusieurs menus ouvrages qu'il a faits pendant l'année dernière... 431ᵗᵗ 6ˢ

28 octobre 1667-9 janvier 1668 : à luy, à compte des quaisses qu'il fait pour l'orangerie de Fontainebleau (2 p.)......................... 517ᵗᵗ 10ˢ

12 juin : à Gobert, menuisier, pour ses travaux de 1667............................ 29ᵗᵗ

12 may 1668 : à luy, pour travaux des années 1659 à 1661......................... 1000ᵗᵗ

12 juin : à Billaudel, pour son paiement des menus ouvrages de menuiserie par luy faits en 1661. 156ᵗᵗ 10ˢ

19 febvrier 1668 : à Le Breton, pour avoir faict une cloison à l'appartement de Mᵐᵉ de Navailles au chasteau de Fontainebleau........................ 35ᵗᵗ

12 may 1668 : aux nommez Thyer, Cuissin et Paully, pour leur paiement des estayes par eux faicts et fournis pour soustenir les fumiers de l'orangerie.... 662ᵗᵗ 17ˢ

Somme de ce chapitre........ 2832ᵗᵗ 3ˢ

COUVERTURE ET PLOMBERIE.

12 juin : à André Girard, plombier, à compte des ouvrages de plomberie qu'il a fait à Fontainebleau ez années 1660 à 1663............... 1000ᵗᵗ

8 octobre : à luy, idem en 1665 et 1666.. 270ᵗᵗ 11ˢ

19 febvrier 1668 : à luy, pour son paiement des ouvrages qu'il a faits aud. chasteau........... 208ᵗᵗ 1ˢ

Somme de ce chapitre....... 1478ᵗᵗ 12ˢ

PEINTURE, SCULPTURE ET ORNEMENS.

12 juin : à Antonio Gally, stucateur, à compte des ouvrages de stucq par luy faits dans la grande gallerie d'Ulysse, à Fontainebleau [1]................ 1000ᵗᵗ

---

[1] C'est probablement une restauration des deux grandes figures de stuc placées de chaque côté du cartel, avec inscription latine, mis au-dessous du tableau du Primatice représentant Charles IX recevant les clefs du Havre-de-Grâce. Voyez Guilbert, *Description de Fontainebleau*, II, 24-5.

ANNÉE 1667. — DIVERSES DÉPENSES.

A Jacques Sanson, sculpteur, pour son parfaict paiement des ouvrages de sculpture et autres qu'il a faits à Fontainebleau en 1664.................. 466^{lt}

28 octobre : à Jean Dubois, pour son parfaict paiement des ouvrages de peinture qu'il a fait dans l'antichambre de la Reyne mère à Fontainebleau...... 500^{lt}

A luy, pour son paiement de ses ouvrages de peinture faicts en 1665 et 1666.................. 751^{lt} 10^s

A luy, pour son paiement des ouvrages de peinture qu'il a faits à Moret en 1664.............. 100^{lt}

Somme de ce chapitre....... 2817^{lt} 10^s

PAVÉ.

12 juin : à Jacques Duchemin, pour son parfait paiement de ses ouvrages de pavé en 1661 et 1663. 717^{lt} 5^s

VITRERIE.

1er may : à Jacques Tisserand, à compte de ses ouvrages de vitrerie à Fontainebleau............ 200^{lt}

12 juin : à luy, à compte *idem*, pour les années 1659 à 1661............................. 500^{lt}

Somme de ce chapitre.......... 700^{lt}

JARDINAGES.

12 juin : à Jacques Lefebvre, pour son parfait paiement des remuemens de terre par luy faits dans le parc de Fontainebleau en 1663.............. 431^{lt} 10^s

31 décembre 1667 - 12 may 1668 : aux nommez Martinet et Feuillastre, pour leur paiement des ouvrages de conroy par eux faits au grand canal de Fontainebleau (3 p.)............................ 1503^{lt}

31 décembre 1667 - 9 juillet 1668 : à Claude Bouis, jardinier de l'orangerie en pleine terre de Fontainebleau, pour ses gages, journées d'hommes et plusieurs menues despences (5 p.)................... 1358^{lt} 5^s

9 janvier - 9 juillet 1668 : à Desbouts¹, pour le restablissement des palissades du parc de Fontainebleau et leur entretenement (2 p.)................. 460^{lt}

Somme de ce chapitre....... 3752^{lt} 15^s

PARTIES EXTRAORDINAIRES.

12 may 1668 : au nommé Gilleson, pour du fumier qu'il a fourni pour l'orangerie................ 260^{lt}

12 may - 9 juillet 1668 : à Galland, pour la nourriture des carpes et cignes des canaulx de Fontainebleau pendant l'année 1667............... 1083^{lt} 9^s 6^d

---

¹ Le 9 juillet, la veuve Desbouts a remplacé son mari sur le compte.

12 may 1668 : à luy, pour avoir voituré de Moret à Fontainebleau les roseaux de l'étang de Moret. 37^{lt} 10^s

Au nommé Monin, cordier, pour du cordeau et de la ficelle qu'il a fourny pour des paillassons..... 78^{lt} 17^s

Au nommé Henriquet, pour avoir couppé les roseaux de l'estang de Moret...................... 35^{lt}

Au nommé Muzard, tant pour avoir faict coupper les roseaux du rond d'eau qu'autres menus ouvrages. 19^{lt} 5^s

9 juillet 1668 : à Jean Hay, concierge de la grande escurie de Fontainebleau, par gratification..... 100^{lt}

Au nommé Martinet, à compte des ouvrages de conroy qu'il a faicts au grand canal dud. lieu....... 600^{lt}

Au nommé Bouis, pour les frais du voyage qu'il a faict à Yers² pour y achepter des orangers......... 1000^{lt}

A Voltignen³, peintre et doreur, pour l'entretenement de tous les batteaux du Roy estant sur l'estang et grand canal de Fontainebleau.................. 243^{lt} 10^s

Somme de ce chapitre..... 3456^{lt} 11^s 6^d

BLOIS, CHAMBOR, AMBOISE.

25 may : à la veuve Mazeline, pour ouvrages de couverture faits au chasteau de Chambor en 1661.... 496^{lt}

9 juillet : à Jean Cuisinier, maçon, pour les réparations des bresches du parcq de Chambord.... 3000^{lt}

6 juillet : à Regnault et du Tertre, couvreurs à Amboise, pour reste et parfaict paiement de la somme de 3100^{lt} pour le restablissement et réparations des ouvrages de couvertures d'ardoise par eux faits et fournis sur led. chasteau, y compris le bois de charpenterie nécessaire à cet effet.................... 1100^{lt}

Somme de ce chapitre.......... 4596^{lt}

DIVERSES DESPENSES.

22 avril : à dame Marguerite L'Advocat, veuve du s^r de Savonny, vivant capitaine du chasteau de Saint-Léger, pour la vente qu'elle a faite à S. M. d'une maison scize aud. lieu de Saint-Léger et ses dépendances, suivant le contrat passé le 6e jour du présent mois....... 2000^{lt}

1er may 1667 - 19 febvrier 1668 : à Jean Noblet, concierge de l'hostel où loge la Reine d'Angleterre, pour plusieurs menues réparations aud. hostel (2 p.).. 984^{lt} 9^s

---

² Hyères en Provence.
³ Probablement de la famille du vieux peintre flamand Voltigeant, dont Charles Lebrun très-jeune fit le portrait à Fontainebleau. (*Mémoires inédits des Académiciens*, 1, 4.)

1ᵉʳ may : à Guillaume Cassegrain, à compte du moule qu'il fait de l'Hercule Farnèse................ 90ᴸᵗ

Au sʳ Hinart, entrepreneur de la manufacture de tapisserie en la ville de Beauvais, la somme de 840ᴸᵗ, suivant l'article 61 de l'édit du Roy pour l'establissement de lad. manufacture, que S. M. est obligé de lui payer à raison de 20ᴸᵗ par ouvrier................. 840ᴸᵗ

A luy, pour les apprentifs de lad. manufacture, à raison de 30ᴸᵗ par an pour chacun............... 987ᴸᵗ 10ˢ

4 febvrier 1668 : Aud. Hinart, suivant l'article 7 des lettres-pattentes du mois d'aoust 1664, pour 95 apprentifs employés à lad. manufacture pendant l'année 1667, à raison de 30ᴸᵗ par chaque aprentif......... 2686ᴸᵗ 5ˢ

A luy, suivant l'article 6 des lettres-pattentes de S. M. portant establissement de lad. manufacture, pour le nombre de quarante-six ouvriers venus des pays estrangers pour travailler à lad. manufacture, à raison de 20ᴸᵗ chacun................. 920ᴸᵗ

18 juin 1668 : à luy, pour six tentures de tapisseries de verdures, petits personnages, qu'il a vendues au Roy................. 1651ᴸᵗ 18ˢ 4ᵈ

25 may - 12 juin : à Mazière et Bergeron, à compte de la closture d'une place scituée hors la porte Saint-Jacques (4 p.)................ 1800ᴸᵗ

12 juin 1667 - 17 mars 1668 : à eux, à compte des ouvrages de maçonnerie qu'ils font à l'Observatoire (8 p.)................ 3150ᴸᵗ

25 may : à Léonnard Aubry, paveur, pour ouvrages de pavé faits en la Conciergerie du Pallais.... 849ᴸᵗ 18ˢ

9 janvier 1668 : à luy, pour ouvrages de pavé à la maison où est logée la Reine d'Angleterre.. 103ᴸᵗ 15ˢ 6ᵈ

12 juin : à Jacques Prou, menuisier, pour menus ouvrages faits à l'hostel de Grammont......... 240ᴸᵗ 1ˢ

10 novembre 1667 - 25 décembre 1668 : à luy, pour ouvrages de menuiserie aux bastimens et aux atteliers des peintures et mestiers des Gobelins (2 p.).. 10180ᴸᵗ 5ˢ 8ᵈ

12 juin : à Bueilly, vitrier, pour ouvrages de vitrerie qu'il a faits à l'hostel où loge la Reyne d'Angleterre.... .... 283ᴸᵗ 4ˢ

13 aoust 1668 : à luy, pour huict lanternes qu'il a fournies pour la gallerie du Louvre............ 44ᴸᵗ

A luy, pour parfaict paiement des ouvrages qu'il a faits au Louvre et au Palais-Royal ez années 1662 et 1663................ 433ᴸᵗ 12ˢ

12 juin : à Jacques Somer, ébéniste, à compte du parquet de marqueterie qu'il fait pour le Roy... 700ᴸᵗ

A luy, pour six parquets de marqueterie qu'il a livrez pour le service de S. M................ 700ᴸᵗ

A Lerambert, sculpteur, à compte des bustes de marbre qu'il fait pour le Roy................. 200ᴸᵗ

A Jean Bazonnier, pour son parfaict paiement des ouvrages de pavé de liais qu'il a fait tant au Louvre, Pallais-Royal, que autres endroits, pendant les années 1660 à 1662................ 1603ᴸᵗ 2ˢ

A Jacques Bacouel, pour son parfait paiement des ouvrages de menuiserie qu'il a faits au corps de garde du Louvre en l'année 1662................ 337ᴸᵗ 10ˢ

A Chevalier, menuisier, pour son parfait paiement de la somme de 3467ᴸᵗ à quoy montent les ouvrages qu'il a faits en divers endroits du Louvre ez années 1659, 1660 et 1663................ 767ᴸᵗ 8ˢ

A Legrand, sculpteur, pour parfait paiement des ouvrages de sculpture qu'il a faits à Versailles et au Pallais-Royal en l'année 1662................ 537ᴸᵗ 5ˢ 8ᵈ

A Denis Joly, pour son paiement des thuiaux de plomb qu'il a livrés pour la conduite des eaues du Louvre et Palais-Royal ez années 1660 et 1662......... 428ᴸᵗ

A Bertrand Langouron et Pierre Michel, pour parfait paiement de la somme de 8400ᴸᵗ 16ˢ 2ᵈ à laquelle montent les ouvrages de menuiserie par eux faits tant au Louvre qu'à Saint-Germain pendant les années 1661 à 1663................ 2300ᴸᵗ 16ˢ 2ᵈ

A de Marne, tapissier, pour avoir desgarny et regarny les tablettes de deux garderobes de S. M. en 1663................ 36ᴸᵗ

A Thomas Mesny, pour parfait paiement des ouvrages de menuiserie qu'il a faits à Versailles et au Pallais-Royal ez années 1661 et 1663................ 455ᴸᵗ

A Antoine Le Maistre, à compte des ouvrages de serrurerie qu'il a faits tant au Louvre, Pallais-Royal, qu'autres endroits, pendant les années 1660 à 1663.... 4000ᴸᵗ

A Jacques Coignet, à compte des ouvrages de peinture par luy faits en l'année 1662................ 1000ᴸᵗ

12 juin 1667 - 12 may 1668 : à la veuve de Pierre Viarrey, à compte des ouvrages de vitrerie faitz ez maisons royalles ez années 1659 à 1663 (2 p.).... 4000ᴸᵗ

12 juin 1667 - 10 décembre 1668 : à Pierre Boulmer, serrurier, à compte des garnitures de fer qu'il fait pour les mestiers de la Savonnerie (5 p.)..... 1400ᴸᵗ

12 juin : à Francart, peintre, à compte des ouvrages qu'il fait pour mettre au net les desseins du sʳ Le Brun................ 300ᴸᵗ

12 juin - 31 décembre : à Maugin, charron, pour payement d'un binart qu'il fait pour servir dans les bastimens (2 p.)................ 540ᴸᵗ

12 juin 1667 - 21 may 1668 : à Le Roy, orfèvre, à

ANNÉE 1667. — DIVERSES DÉPENSES.

compte pour la garniture d'orphèvrerie d'un livre de devises qu'il fait pour S. M. (2 p.)............... 250ᵗᵗ

12 juin : ausd. LIARD et ses associez, pour les taupes qu'ils ont prises pendant la présente année... 545ᵗᵗ 13ˢ

13 aoust 1668 : à eux, *idem*.............. 192ᵗᵗ

12 juin : à JAMARD, maçon, pour réparations de maçonnerie qu'il a fait en une maison sçize rue de la Harpe, appartenante aux Cordeliers, qui estoit occupée par la bibliotecque du Roy............... 483ᵗᵗ 9ˢ

28 octobre : à luy, pour réparations de maçonnerie au palais de la Reine d'Angleterre......... 444ᵗᵗ 10ˢ.

A luy, pour menus ouvrages de maçonnerie faits à l'hostel de la manufacture de la Savonnerie... 190ᵗᵗ 8ˢ

12 juin 1667-13 aoust 1668 : à PIERRE PATEL, peintre, à compte des tableaux qu'il fait pour le service de S. M. (2 p.).......................... 500ᵗᵗ

12 juin-28 octobre : à PIERRE LE BATTARD, pour paiement de ses ouvrages de charpenterie à la maison des manufactures de la Savonnerie (2 p.)......... 5061ᵗᵗ

28 octobre : à luy, *idem* aux Gobelins. 11866ᵗᵗ 6ˢ 8ᵈ

A luy, pour ouvrages de charpenterie qu'il a fait pour le logement du plombier et du serrurier qui fait les instrumens pour l'Académie des Sciences....... 803ᵗᵗ 10ˢ

12 juin-31 décembre : au nommé LE RICHE, pour avoir tenu le comte des pieux du quay des Thuilleries jusqu'à la fin de septembre (3 p.).......... 245ᵗᵗ 5ˢ

26 septembre : au sʳ LE VASSEUR DE BEAUPLAN, ingénieur du Roy, 1500ᵗᵗ, sçavoir : 300ᵗᵗ pour le parfait paiement de la graveure de la carte de Normandie, et 1200ᵗᵗ pour luy donner les moyens de travailler à celle de Bretagne........................... 1500ᵗᵗ

28 octobre : à JEAN HAY, concierge de la grande escurie de Fontainebleau, par gratification, en considération des services qu'il a rendus..................... 100ᵗᵗ

A FRATTIOLY, pour luy donner moyen de s'en retourner à Rome............................. 100ᵗᵗ

A DARLY, vuidangeur, pour avoir vuidé deux fosses d'aizance dans deux maisons prez le Louvre...... 90ᵗᵗ

A LOURDET, pour la voiture des poutres et autres bois dans l'hostel de la manufacture de la Savonnerie. 125ᵗᵗ

A DANGLEBERT, pour ouvrages de menuiserie, tant au Palais-Royal qu'il autres endroits, en 1665... 308ᵗᵗ 10ᵗᵗ

A DARTINA, sculpteur, pour luy donner moyen de s'en retourner à Rome...................... 100ᵗᵗ

A POISSANT, sculpteur, pour avoir monté ¹ le buste du Roy fait en marbre................... 267ᵗᵗ 10ˢ

¹ Ne faudrait-il pas lire moulé? Il y a bien «monté» sur registre. Voyez colonne 276, article GUIL. CASCBAIN.

COMPTES DES BÂTIMENTS. — I.

Au sʳ DE LA MONICA, pour quatre scabellons de marbre qu'il a vendu au Roy..................... 360ᵗᵗ

A PAPILLON, terrassier, pour avoir fait 117 thoises de tranchées pour relever le thuiaux qui reçoit l'eau d'Arcueil pour la conduire à la Croix du Tiroir.... 134ᵗᵗ 9ˢ

A DEBRAY, peintre, pour le voyage qu'il doit faire de Rennes à Brest pour peindre les vaisseaux de l'armée navalle du Roy........................... 300ᵗᵗ

28 octobre 1667-19 febvrier 1668 : à MICHEL VILLEDO ², à compte des loges qu'il bastit dans l'hospital des Petites-Maisons (4 p.)................ 4250ᵗᵗ 4ˢ 6ᵈ

28 octobre 1667-17 mars 1668 : au sʳ BAILLY, peintre, à compte des exemplaires du recueil des devises en mignature des tapisseries du Roy (2 p.)..... 800ᵗᵗ

28 octobre 1667-17 mars 1668 : à SIMON CAROUGET, pour deux quartiers des lieux occupez par les officiers Suisses, escheu le dernier juin 1667 (2 p.).... 216ᵗᵗ

10 novembre : à GABRIEL, pour son paiement des ouvrages de maçonnerie à la maison de la manufacture des Gobelins........................ 29859ᵗᵗ 7ˢ 9ᵈ

A luy, pour ses ouvrages de maçonnerie à l'infirmerie de la manufacture de la Savonnerie......... 3000ᵗᵗ

A luy, pour ce qu'il a fait l'année dernière en l'hostel de la manufacture de la Savonnerie.. 5975ᵗᵗ 17ˢ 10ᵈ

A LA FAYE et ALLAN, maçons, pour la closture du pré sçis derrière le jardin de lad. maison des Gobelins. 1520ᵗᵗ

A BOURLON, maçon, pour ouvrages de maçonnerie qu'il fait à lad. maison des Gobelins......... 1278ᵗᵗ

A NION, pour son parfait paiement des ouvrages de maçonnerie et charpenterie qu'il a fait aud. lieu. 15410ᵗᵗ

A BONNEAU, charpentier, *idem*.......... 2712ᵗᵗ 5ˢ

A DUVAL, couvreur, pour son paiement des ouvrages de couverture qu'il a fait aud. lieu......... 5690ᵗᵗ 3ˢ

A luy, pour trois années de l'entretenement des couvertures de l'hostel des Gobelins............ 300ᵗᵗ

A la veuve LE TELLIER, plombier, pour son paiement des ouvrages de plomberie dud. lieu....... 233ᵗᵗ 17ˢ

A LOUIS MAZELINE, *idem*............... 710ᵗᵗ 1ˢ 3ᵈ

8 octobre 1669 : à luy, pour paiement de ses menues dépenses de plomberie dans le palais occupé par la Reine d'Angleterre...................... 48ᵗᵗ 7ˢ

28 octobre : à VANDERBOS, menuisier, pour le restablissement de la brasserie des Gobelins et moulins d'icelle............................. 1750ᵗᵗ

A BERGÈRE, menuisier, pour réparations de menuiserie qu'il a faites aud. lieu.................. 3465ᵗᵗ 11ˢ

² Le 19 février 1668, VILLEDO est appelé GUILLAUME au lieu de MICHEL, mais il s'agit évidemment du même personnage.

A Fromentel, serrurier, pour ouvrages de serrurerie qu'il a faits à la maison des Gobelins..... 6247ʰ 18ˢ

A Jacquet, pour son parfait paiement des ouvrages de vitrerie qu'il a faits aud. lieu............ 2446ʰ 17ˢ

A Gontier, pour avoir fourny un tournant de robinet de potin pour servir à la citerne de la brasserie... 115ʰ

Au sʳ Le Menestrel, pour son remboursement de plusieurs menues despences qu'il a faites aud. lieu. 1672ʰ 6ˢ

A Marguerin de la Varde, couvreur, pour les ouvrages qu'il a faits l'année dernière en l'hostel de la manufacture de la Savonnerie................. 1744ʰ 5ˢ 3ᵈ

A La Croix, menuisier, *idem*............ 1873ʰ

A Millet, serrurier, *idem*............ 1598ʰ 15ˢ

A Bracard, serrurier, *idem*............ 292ʰ 18ˢ

A Bidaud, vitrier, *idem*............. 341ʰ 1ˢ

A luy, *idem*, de l'année 1663............ 76ʰ 3ˢ

Aud. Vatel, pour son parfaict paiement de ses ouvrages de pavé à lad. maison de la Savonnerie. 631ʰ 4ˢ 6ᵈ

A Jean Tolmé, vuidangeur, pour son paiement de la vuidange d'une fosse d'aizance de la maison de la Savonnerie............................. 127ʰ 8ˢ

31 décembre : à luy, pour plusieurs ouvrages ez chasteau de Saint-Germain, au Palais-Royal et au Collège Royal........................... 181ʰ 15ˢ

5 décembre : au sʳ Charpentier, tant pour gratification que luy fait S. M., que pour employer aux réparations de la maison que le Roy a achepté de luy, et la mettre en estat qu'il en puisse jouir et recevoir les loyers jusques à l'entier paiement de lad. maison, qui ne doibt estre fait que dans six années, ainsy qu'il est porté par le contract d'acquisition, sans que cette somme entre en desduction de celle de 24000ʰ à quoy lad. maison a esté estimé, et sans qu'il soit tenu de rendre aucun compte de lad. somme de.................. 6000ʰ

23 décembre : A Jean Steinville, Philippes Fromentin, Jean Garnier, François Boquet et autres, la somme de 738ʰ 19ˢ pour leur desdommagement du plan fait dans les terres à eux appartenans de l'allée à compartiment d'arbres que S. M. fait planter hors son pallais des Thuilleries................... 738ʰ 19ˢ

A M. le duc de la Force, pour les loyers de l'hostel de la Force et ses dépendances, à compter du premier jour d'octobre 1663 que le Roy en est entré en pocession jusques à présent que S. M. a fait acquisition dud. hostel............................. 13200ʰ

18 juin 1668 : à luy, pour son paiement de l'hostel de la Force compris dans le dessein du chasteau du Louvre............................. 8680ʰ

31 décembre 1667-18 juin 1668 : aux nommez Camay et Chamboy[1], pour une demie année des entretenemens des couvertures du chasteau de Compiègne, et pour réparations de couverture et plomberie aud. chasteau (3 p.)........................ 958ʰ 14ˢ

18 juin 1668 : aud. Camay, pour menus ouvrages de maçonnerie aud. lieu.................. 89ʰ 19ˢ

31 décembre : à Pierre Le Clerc, garde-clefs du chasteau de Compiègne, pour son paiement de plusieurs menues despences................ 222ʰ 6ˢ

18 juin 1668 : à luy, par gratification, à cause des services qu'il rend pendant le séjour du Roy à Compiègne........................... 200ʰ

31 décembre : à la veuve Hertier, menuisier, pour son parfaict paiement de la somme de 2078ʰ 10ˢ à laquelle montent les ouvrages qu'il a fait tant au Louvre, Palais-Royal, qu'à Saint-Germain......... 578ʰ 10ˢ

31 décembre 1667-19 febvrier 1668 : à Langrevé, à compte des ouvrages de ciment qu'il a fait à l'Observatoire (2 p.).......................... 743ʰ 16ˢ

19 febvrier 1668 : à luy, pour avoir fait un fourneau aud. lieu........................... 300ʰ

31 décembre : au trésorier des Bastimens en exercice la présente année, pour les frais des emballages et des ports de plusieurs paquets de traittez des Droits de la Reyne[2], qui ont esté envoyé tant dedans que dehors le royaume......................... 200ʰ

9 janvier 1668 : aux sieurs Noel et Abraham Cossart, marchands drapiers, entrepreneurs de la manufacture des draps, façon d'Espagne, d'Angleterre et d'Hollande, en la ville de Fescamp, pour prest, à cause de quatre mestiers qu'ils ont montez pour travailler à lad. manufacture, outre six autres pour lesquels ils ont cy-devant receu la somme de 6000ʰ, et aux mesmes conditions, conformément aux lettres-pattentes de S. M. du 15 septembre 1665............................. 4000ʰ

A Richard Battard, pour avoir pendant 52 jours vacqué à la réception des pierres et libages que l'on voiture dans le cours de Vincennes............ 78ʰ

19 febvrier 1668 : aud. Buinette, à compte des ou-

---

[1] Ou Chambois.

[2] La *Bibliothèque historique de la France* donne le titre d'un ouvrage publié à cette époque qui parait être le traité dont il est ici question : «Lettre du Roi à la Reine d'Espagne touchant la résolution d'entrer en armes dans les Pays-Bas espagnols pour se mettre en possession de ce qui devoit lui revenir du chef de la Reyne; de Saint-Germain-en-Laye, le 6 may 1667 (Paris, 1667, in-4°). — Cette lettre, ajoute le bibliographe, est écrite en forme de manifeste dans lequel on établit la justice des desseins du Roi.»

ouvrages de menuiserie qu'il a fait au dessein du sr Cavalier Bernin............................ 600ᵗᵗ

A Noiret, pour avoir fourny de la tolle pour faire un fourneau dans l'Observatoire............. 110ᵗᵗ 8ˢ

A Pierre Ménard, pour avoir poly l'escalier de Mᵐᵉ la duchesse de la Valière, à Paris............... 75ᵗᵗ

Aux nommez Levequin et Poteau, pour avoir frotté et mis en couleur les planchers dud. lieu 162ᵗᵗ 15ˢ

Aud. Le Roy[1], pour quinze verges de fer polies qu'il a livrées aud. lieu 73ᵗᵗ 14ˢ 9ᵈ

19 febvrier-18 juin 1668 : à Marin Trumel, Jacques Julienne et autres, à compte des plans des jardins et avenues des maisons royales (3 p.) 7500ᵗᵗ

17 mars 1668 : à Motelet, pour avoir racomodé dix tables de marbre et douze scabellons........... 184ᵗᵗ

Aux nommez Sarazin, Dutrait et Le Moine, pour ouvrages de menuiserie qu'ils ont faits au chasteau de Compiègne............................... 266ᵗᵗ 18ˢ

Au sr Bordier, pour son paiement d'un grouppe de deux enfans et d'une chaire de marbre blanc de la main de deffunct Sarrazin[2]..................... 2400ᵗᵗ

A Pierre Couturier, dit Montargis, pour 81 journées qu'il a vacqué auprès la petite armée d'argent de Mᵍʳ le Daulphin.................................. 243ᵗᵗ

13 aoust 1668 : à luy, pour avoir raccommodé et gouverné la petite armée d'argent de Mᵍʳ le Dauphin. 243ᵗᵗ

Aux nommez Desjardins et Le Clerc, pour menus ouvrages de serrurerie par eux faits à Compiègne. 135ᵗᵗ 5ˢ

Aux sʳˢ Bigot, advocat en Parlement, et Nicolas de Lespine, architecte, pour le paiement d'une grande place à eux appartenant, y compris leur dédommagement de quelques édifices qu'ils avoient commencé d'y bastir[3]...

12 may 1668 : au sr Louis Mugnos, chirurgien du corps de la Reyne, pour son logement de l'année dernière 1667................................. 700ᵗᵗ

A Claude Prée, pour son paiement des loyers des fours de la Reyne........................... 150ᵗᵗ

Au sr du Voir, pour le loyer, pendant l'année dernière, du corps de la Halle-Barbier et eschoppes y jointes. 1600ᵗᵗ

Au sr Hotel, pour le loyer de deux maisons occupés par les mousquetaires du Roy................ 360ᵗᵗ

A la veuve Havart, pour le loyer d'une maison à elle appartenant, pendant l'année 1667.......... 180ᵗᵗ

---

[1] Il nous paraît peu probable que ce Le Roy soit l'orfévre cité plus haut, le 12 juin (col. 208).

[2] Le sculpteur Jacques Sarrazin, mort le 3 décembre 1660.

[3] La somme de 45539ᵗᵗ 8ˢ 4ᵈ, qui était inscrite à la suite de cet article, a été biffée sur le registre.

Au nommé Roger, idem, pour le loyer de deux maisons pendant lad. année 1667............... 360ᵗᵗ

Au nommé Massonnet, idem............... 360ᵗᵗ

Aux dames d'Astricq et Perrier, idem, pour le loyer de quatre maisons........................ 1000ᵗᵗ

Au sr Lescuyer, idem.................... 1440ᵗᵗ

Au sr Puleu, idem, pour trois maisons........ 1080ᵗᵗ

A la veuve Cornuel, idem, pour le loyer d'une maison à elle appartenant........................ 360ᵗᵗ

Aux sʳˢ Le Camus, pour le loyer de cinq maisons, sçavoir : 900ᵗᵗ pour l'année 1666, et pareille somme de 900ᵗᵗ pour l'année 1667........................ 1800ᵗᵗ

Au sr Petit, pour le loyer d'une maison occupée par les femmes de chambre de la Reyne......... 2200ᵗᵗ

A la veuve du sr de Poix, pour le loyer d'une maison et manège occupez par une partie de la grande escurie du Roy.................................. 4030ᵗᵗ

A Anne Carron, pour les loyers des lieux qui sont occupez chez elle par les huissiers et vallets de chambre de la Reyne............................. 540ᵗᵗ

Au sr Rouvierre, curateur des enfans de feu M. le duc d'Elbeuf, pour le loyer de l'hostel de Prouvence occupé par les officiers du Roy.................... 4000ᵗᵗ

Au sr Scaron de Vaures, pour un quartier du loyer du petit hostel de Vendosme, escheu le dernier mars 1667..................................... 1500ᵗᵗ

23 janvier 1669 : à luy, pour le prix dud. hostel qui se rencontre dans le dessein du bastiment du Louvre..... .... 126000ᵗᵗ

12 may 1668 : à M. de Béringhen, pour les loyers d'une maison, sçize rue Frémenteau, où la cuisine de bouche de S. M. est establie................ 3300ᵗᵗ

Aux principal, procureur et boursiers du collège de Cambray, sçavoir : 1000ᵗᵗ pour leur desdommagement des bastimens dud. collège qui ont esté abbatus pour bastir le Collège Royal, et 180ᵗᵗ pour le logement de trois boursiers pour l'année 1667............... 1180ᵗᵗ

21 may 1668 : au sr de la Planche, directeur de l'une des manufactures des tapisseries de S. M., la somme de 89175ᵗᵗ 8ˢ 9ᵈ, pour l'entier et parfaict paiement de sept tantures de tapisseries qu'il a livrées pour le service de S. M.................................. 89175ᵗᵗ 8ˢ 9ᵈ

A la veuve Carbonnet, jardinier, pour son logement de l'année dernière 1667..................... 200ᵗᵗ

Aux nommez Disses et Muzard, pour leur parfait paiement des ouvrages de masticq et de ciment par eux faits, tant à Saint-Germain qu'à Versailles, ez années 1665 et 1666..................................... 2017ᵗᵗ

A Antoine Marie, charpentier, pour le restablissement de la glacière de Compiègne.............. 356ᴴ 9ˢ

A Estienne Yvon, couvreur, pour son parfait paiement des ouvrages qu'il a faits ez maisons royalles pendant l'année 1664........................ 3988ᴴ

A Jean Varisse, ramoneur, pour avoir ramoné les cheminées des maisons royalles pendant les mois de septembre, novembre et décembre de l'année dernière. 146ᴴ

18 juin 1668 : au sʳ Beuf, à compte des marbres qu'il fait tirer en Italie et en Provence...... 10000ᴴ

Aux tailleurs de pierre du Louvre, pour le May de l'Ascension........................... 300ᴴ

A Pierre Godon, marbrier, pour son paiement de quatre blocs de marbre noir.............. 2316ᴴ

A Laurent et Matthieu Deschamps, pour leur paiement de vingt-deux blocs de marbre par eux livrez pour le service de S. M....................... 3518ᴴ

Aux compagnons menuisiers qui travaillent au model du Louvre, par gratiffication............... 200ᴴ

A Philippes Lourdet, pour deux tapis, façon de Turquie, ouvrage de la Savonnerie, qu'il a livré pour le Roy.......................... 1081ᴴ

25 décembre 1668 : à luy, à compte des ouvrages de la Savonnerie................... 11000ᴴ

18 juin 1668 : à Goujon, greffier de l'escritoire, pour avoir, pendant six mois qui finiront le dernier novembre 1667, vacqué à rédiger par escrit les thoisés des ouvrages des bastimens du Roy............. 600ᴴ

A Jean Le Roux, agent de banque, par gratiffication, pour l'aplication qu'il donne à former des compagnies d'assurance........................ 600ᴴ

A Chauveau, graveur, à compte des planches qu'il grave pour servir à Mᵍʳ le Dauphin.......... 400ᴴ

Aux questeuses des pouvres de la charité de la paroisse Saint-Hipolite, par aulmosne.............. 66ᴴ

A Nicolas Guenon, ouvrier en soye, pour le paiement des velours qu'il a livrez pour le Roy...... 4143ᴴ 5ˢ

Aux ouvriers du Louvre et des Gobelins, par gratiffication de S. M........................ 1320ᴴ

A la veuve Dumoustier, peintre, en considération de ce qu'il a sauvé de l'incendie du Louvre les portraits des Roys[1]........................... 1500ᴴ

Aux garçons de l'Imprimerie royale, en considération de la diligence à l'impression des traités des Droits de la Reyne........................... 100ᴴ

A François Donbay, en considération des services qu'il rend à S. M. dans les bastimens.............. 600ᴴ

A Gole, ébéniste, à compte des deux grands cabinets qu'il fait pour le service de S. M............. 6000ᴴ

A Pierre Formont, banquier, pour son remboursement de pareille somme qu'il a remise à Rome au sʳ Errard............................ 30000ᴴ

A luy, pour employer aux despences nécessaires pour l'entretenement de l'Académie establie à Rome. 25000ᴴ

Au sʳ Gaffarel, pour son paiement d'un Gallien avec les nottes du sʳ Hofman[2], qu'il a vendu au Roy.. 1000ᴴ

Aux nommez Monthurel et Brissard, pour leur paiement des terres et héritages qui ont esté enfermez dans le parcq de Versailles............ 2393ᴴ 4ˢ 5ᵈ

Aux nommez Chesneau et Noizet, pour avoir voituré plusieurs blocs de marbre de divers endroits dans le magazin du Louvre.................. 1076ᴴ 17ˢ

A Pierre Baslin, orfèvre, pour les desseins qu'il a faits des vases de bronze de Versailles.......... 400ᴴ

Au sʳ de Vallès, pour son paiement d'une pièce de terre contenant sept arpens ou environ avec un moulin à vent, scis hors la porte Saint-Jacques......... 6604ᴴ

A Nicolas Rabon jeune, peintre, pour son voyage à Rome, où nous l'envoyons pour estudier........ 300ᴴ

Au sʳ abbé de Marolles, pour un grand nombre d'estampes des plus grands maistres de l'antiquité qu'il a vendues au Roy........................ 26000ᴴ

Au sʳ Vuarin[3], intendant et ordonnateur des bastimens de S. M., pour les interests de la somme de 200000ᴴ, et ce depuis le 10 aoust 1665 jusqu'au 10 febvrier dernier. 15000ᴴ

13 aoust 1668 : à luy, à compte des médailles, bustes de marbre et autres ouvrages qu'il fait...... 6000ᴴ

18 novembre 1669 : à luy, pour son payement, tant des places et maisons qu'il a vendues au profit de S. M. suivant la liquidation qui en a esté faite au Conseil d'État le 13 novembre 1666.................. 200000ᴴ

18 juin 1668 : à Domenico Cucci[4], à compte de deux grands cabinets d'ébeine, enrichis d'ornemens

---

[1] Il s'agit ici de l'incendie qui réduisit en cendres la galerie d'Apollon, ou petite galerie, le 6 février 1661. Cet article prouve que la suite des rois de France, peinte par Jacob Bunel et sa femme Marguerite Bahuche, avait échappé à l'incendie. C'est évidemment un des descendants des auteurs des fameux crayons qui opéra ce sauvetage.

[2] Certainement Gaspard Hofman. Voyez la bibliographie de Joannes Antonides Van der Linden, De scriptis medicis, Amsterdam, Jean Blaeu, 1637, in-4°, p. 166.

[3] C'est le fameux Jean Varin.

[4] On trouve plus loin un autre article relatif à Cucci, dont le payement, qui montait à 5000ᴴ, a été biffé. Il faisait sans doute double emploi avec un de ceux qui se trouvent ici et qui sont de 9500ᴴ et 5000ᴴ.

d'orfèvrerie, représentans le Temple de la Gloire et celuy de la Vertu (2 p.)................ 14500ᵗᵗ

A Jousset, mirouettier, pour son paiement des glaces de Venize qu'il a livré pour le Roy.......... 3200ᵗᵗ

Aux entrepreneurs de la manufacture de poinct de France et de bas de soye, par gratiffication..... 1600ᵗᵗ

A Camuzet, pour les peines qu'il a prises pour l'establissement de la manufacture des bas de laine façon d'Angleterre............................ 2000ᵗᵗ

A Blondel, commis des C. G. F. (cinq grandes fermes), pour son remboursement de pareille somme qu'il a payé pour des voitures de marbre................ 1312ᵗᵗ

Au nommé Hamon, pour le restablissement de la couverture et autres réparations du chasteau des Ponts-de-Cé................................... 1445ᵗᵗ 10ˢ

Aux héritiers de deffunct des Réaux, pour le paiement des édifices construicts par led. deffunct attenant le Petit-Bourbon[1]............................... 300ᵗᵗ

A Antoine Vitré, imprimeur, pour papier, impressions, reliage et autres frais qu'il a convenu faire pour les manifestes des Droits de la Reyne...... 6117ᵗᵗ 10ˢ

A Sébastien Cramoisy, pour son paiement du reliage seulement desd. livres................. 932ᵗᵗ 10ˢ

Au sʳ Perrault, pour avoir travaillé à divers plans et desseins des bastimens du Roy.............. 2000ᵗᵗ

Aux sʳˢ Mignard, Beaubrun, Gougeon et Dupré, pour plusieurs portraicts qu'ils ont fait de Leurs Majestez et de Mᵍʳ le Dauphin...................... 2074ᵗᵗ

Au nommé Le Sourd, pour réparations de maçonnerie qu'il a fait au chasteau de Compiègne.......... 215ᵗᵗ

Au nommé Marie, charpentier, pour réparations de charpenterie qu'il a fait aud. lieu.............. 62ᵗᵗ

A Dutraict et Sarrazin, menuisiers, pour réparations de menuiserie aud. lieu................. 191ᵗᵗ

A Castelot, menuisier, idem............... 634ᵗᵗ

A Morlière et Le Clerc, pour ouvrages de menuiserie et fourniture de gros fer aud. lieu (2 p.)....... 582ᵗᵗ

Aux nommez Muzel et Dubois, pour réparations de vitrerie qu'ils ont fait au chasteau de Compiègne. 199ᵗᵗ

Aux nommez Bourgeois, Pezai et autres, vitriers, pour ouvrages et réparations de vitrerie qu'ils ont fait au chasteau de Compiègne..................... 909ᵗᵗ

---

[1] Gédéon Tallemant des Réaux, maître des requêtes et successivement intendant de Languedoc, Roussillon, Provence et Guyenne, était mort à Paris, dans son hôtel, rue d'Angoumois, maintenant rue Charlot, en novembre 1668. Tallemant des Réaux l'auteur des *Historiettes* était son cousin. Voyez la notice de M. de Mommerqué dans l'édition in-8° de Techener, t. VIII.

A Guillaume Bourgeois, pour ouvrages de vitrerie faits dans les appartemens dud. lieu............ 21ᵗᵗ 10ˢ

Au nommé Labbé, paveur, pour ouvrages de pavé qu'il a fait aud. lieu...................... 296ᵗᵗ 15ˢ

Aux gens de journée qui ont travaillé en le chasteau de Compiègne à plusieurs menues ouvrages...... 560ᵗᵗ

A Jean de la Pauze, à cause du soin qu'il a pris de la conduite des ouvrages dud. lieu............. 116ᵗᵗ

Aux nommez Cousturier, 555ᵗᵗ; à Gaspard Marsy, 46ᵗᵗ 10ˢ; à Lerambert, 186ᵗᵗ 8ˢ; à Robert, peintre, 952ᵗᵗ; à Domenico Cussy, 350ᵗᵗ, et à Le Bouteux 140ᵗᵗ; faisant lesd. sommes ensemble celle de 2229ᵗᵗ 18ˢ, pour plusieurs ouvrages qu'ils ont fait pour le Roy....... 2229ᵗᵗ 18ˢ

9 juillet 1668 : au sʳ Beaubrun, tant pour le model, charbon, achapt de prix, que pour autres despences à faire pour l'entretenement de l'Académie royalle de peinture et sculpture establie à Paris, pendant l'année 1667............................... 4000ᵗᵗ

A Silvio et Bernardin Reynon, marchands de la ville de Lion, pour leur paiement des riches étoffes qu'ils ont faits pour le Roy (3 p.)................ 50327ᵗᵗ 2ˢ 7ᵈ

Au sʳ Le Bascle d'Argenteuil, pour son paiement d'une maison sçize rue Saint-Thomas, acquise au proffit de Sa Majesté........................ 20000ᵗᵗ

A Laurent Davin, charpentier, pour plusieurs menues ouvrages qu'il a fait au chasteau de Compiègne. 58ᵗᵗ 13ˢ

26 juin - 9 juillet 1668 : aux nommez Viand et Manon, tant pour eux que pour leurs compagnons, pour les frais de leur voiage de Paris à Charle-Roy (2 p.)..... 400ᵗᵗ

A Thevenot, maçon, pour les frais de son voiage de Paris à Charle-Roy, en poste................ 800ᵗᵗ

Au sʳ Jullies, pour le paiement des charpentiers et sieurs de long qui travaillent à la confection des palis pour la closture des plans des forests de Saint-Germain et de Fontainebleau 4000ᵗᵗ

Au sʳ Philippes, marchand à Rouen, pour achapt, port et voiture de plusieurs ustancilles propres à esteindre le feu................................ 722ᵗᵗ 6ˢ

13 aoust 1668 : A Tempority, sculpteur, à compte des ouvrages qu'il fait au modal du Louvre......... 400ᵗᵗ

Aux charpentiers hollandois qui ont basty un moulin sur la rivière de Corbeil................. 6863ᵗᵗ 6ˢ

Au nommé Sabatier, pour avoir fourny 150 livres de chandelles pour esclairer le quay de l'Escolle... 63ᵗᵗ 15ˢ

A Gissey, pour avoir fait coller sur de la thoille quatre tableaux d'Italie....................... 108ᵗᵗ

Au sʳ Carcavy, la somme de 2000ᵗᵗ pour estre employée en achapt de livres et médailles pour la bibliotecque du Roy............................... 2000ᵗᵗ

Au sʳ Le Cointe, antiquaire, pour son paiement des estampes, agathes et autres curiositez qu'il a remises dans la bibliotecque du Roy................... 776ᵗᵗ

Au nommé Zuccati, pour avoir, pendant deux mois, travaillé au model du Louvre............... 168ᵗᵗ

Aux nommez Regnault, couvreurs de maisons, tant pour eux que leurs associez, à compte des ouvrages et réparations qu'ils font au chasteau d'Amboise (a p.).. 2000ᵗᵗ

25 décembre 1668 : à Dominique Banau, portier des manufactures des Gobelins, pour ses gages 1667.. 300ᵗᵗ

A la veuve Despotz, pour plusieurs sortes de laines qu'elle a fournies pour les ouvrages de tapisserie de la manufacture royalle des Gobelins.............. 3229ᵗᵗ

A Pierre de la Follie, pour 169 boîtes 5 onces de soye de nuance qu'il a fournie aud. lieu... 2370ᵗᵗ 13ˢ 4ᵈ

A Gaspard Trechet, jardinier des Gobelins, pour ses gages de l'année 1667.................... 400ᵗᵗ

A Georges Van der Kerchove, teinturier et marqueur des ouvrages de tapisserie des Gobelins, *idem*... 1500ᵗᵗ

A Jacques Rochon, concierge de l'hostel des manufactures royalles des Gobelins, pour ses gages *idem*. 1200ᵗᵗ

A Louis Bastien, tapissier, pour son paiement de plusieurs racommodages et nettoyemens des tapisseries du Roy, façons et fournitures de toiles pour les doubler,............................. 2306ᵗᵗ 8ˢ

A Louis Le Bastier [1], pour avoir racommodé et doublé une pièce de tapisserie faisant partie de l'Histoire de Scipion............................... 400ᵗᵗ

Aud. Rochon, pour plusieurs menues despences qu'il a faites dans lesd. manufactures en 1667..... 684ᵗᵗ 4ˢ 6ᵈ

A Baudrin Ivart, pour plusieurs despences qu'il a faites pour les desseins de tapisserie de la manufacture royalle des Gobelins........................ 14833ᵗᵗ 6ˢ

A Augustin Ferrault, pour avoir racommodé une pièce de tapisserie, rehaussée d'or, de l'Histoire de David, et l'avoir garnie de toille.................. 100ᵗᵗ

A Pierre de Villers, pour avoir racommodé et nettoyé une tanture de tapisserie de Flandres représentant les chasses de Diane, en huict pièces........... 950ᵗᵗ

A luy, pour avoir racommodé trois pièces de tapisserie de verdure, qui avoient esté pourries par l'humidité aux extrémitez................................. 70ᵗᵗ

A Pierre Vessier, tapissier, pour ses gages pendant l'année 1667, pour les ouvrages de tapisseries qu'il fait en lad. manufacture des Gobelins.............. 620ᵗᵗ

A Jean de Moucoy, bonnetier, pour avoir reblanchy 543 livres de laine, à raison de 4 sols la livre, pour employer dans lesd. ouvrages............... 108ᵗᵗ 12ˢ

Aud. Rochon, pour le paiement du bois et charbon qui ont esté employez pour le service de S. M. dans led. hostel............................. 216ᵗᵗ 4ˢ

Aux nommez Jens et Tubi, pour les despences qu'ils ont faites pour la décoration du buffect où estoit posée l'argenterie lorsque S. M. y alla [2]......... 219ᵗᵗ 19ˢ

A la veuve Saccanyé, pour 24 roulleaux servant aux mestiers de tapisserie de basse lisse, et trois chassis garnis d'apuis, sablières et poteaux............... 350ᵗᵗ

A Claude Hochar, pour un habist de brocart noir à fleurs d'or, chamarré d'une grande dentelle de soye noire, composé de chausses, pourpoinct, manteau et gans, avec une garniture de plusieurs couleurs et un justeaucorps de moire bleue en broderie................. 1300ᵗᵗ

A Jean Le Fevre, pour son paiement de l'apprentissage de trois apprentifs tapissiers en 1667. 243ᵗᵗ 16ˢ

A Henry Laurens, pour le paiement de l'apprentissage de trois apprentifs tapissiers pendant l'année 1667. 113ᵗᵗ

A Jean Jans, tapissier, pour son paiement de dix apprentis qu'il a soubs luy, et ce pour l'année 1667. 263ᵗᵗ 5ˢ

Aud. Rochon, pour le logement des ouvriers tapissiers et de cinq apprentifs peintres pendant lad. année 1667, la somme de..................... 1816ᵗᵗ 17ˢ

A Pierre Rabon, peintre, pour avoir coppié un grand crucifix d'après celuy de M. Le Brun, pour poser dans la chapelle de la Mesnagerie de Versailles......... 200ᵗᵗ

Aud. sʳ Loin, à compte des desseins de tapisseries qu'il fait, représentans la Fauconnerie............ 500ᵗᵗ

A Léonnard Gontuier, pour plusieurs ouvrages et ornemens de peinture par luy faits sur deux vollets qui servent à fermer deux tableaux du Titien........ 400ᵗᵗ

Aud. Rabon, peintre, pour un crucifix qu'il a fait pour la chapelle de la grande escurie................ 150ᵗᵗ

Aud. Jans, tapissier, travaillant pour le Roy aux Gobelins, pour son paiement des ouvrages qu'il a faits pendant l'année 1667................. 2395ᵗᵗ 17ˢ 8ᵈ

Aud. Laurens, tapissier, pour son paiement des ouvrages de tapisserie de haute lisse par luy faits pour le Roy pendant l'année 1667............. 8678ᵗᵗ 15ˢ 2ˢ

A François Francart, pour son paiement de dix-sept aulnes carrées de desseins de tapis pour le service de S. M.............................. 612ᵗᵗ

---

[1] C'est à coup sûr le même individu que Bastien de l'article précédent.

[2] Une pièce de la tenture des Gobelins, dite *Histoire du Roy*, représente, d'après un tableau de de Sève, aujourd'hui conservé au musée de Versailles, la visite de Louis XIV et de Colbert à la manufacture des Gobelins. On voit que cette visite eut lieu en 1667.

A Jean Le Febvre, tapissier, pour son paiement des ouvrages de tapisserie qu'il a faits pour le Roy pendant l'année 1667........................ 7403ᴸᴸ 18ˢ 9ᵈ

A Jean La Croix, tapissier, pour son paiement des ouvrages de tapisserie de basse lisse qu'il a faits pour le Roy pendant l'année 1667............... 13302ᴸᴸ 3ˢ 9ᵈ

23 janvier 1669 : au sʳ Selincart, advocat en Parlement, pour le prix d'une maison qui se rencontre dans le dessin du bastiment du Louvre[1].......... 16000ᴸᴸ

A M. le Président Briçonnet, *idem*, pour le prix d'une maison seize rue de Beauvais.............. 28000ᴸᴸ

Au sʳ Clérambault, pour son parfaict paiement de 7060ᴸᴸ 10ˢ à quoy monte la despence qu'il a faite dans la bibliotecque du Roy.................. 60ᴸᴸ 7ˢ

Au sʳ Macaire, à cause des soins qu'il a pris de faire les acquisitions des maisons pour l'establissement de la manufacture de tapisserie à Beauvais......... 1000ᴸᴸ

A Josse Robais, Hollandois, et associez, qui ont establyla manufacture de draps, façon d'Espagne et d'Hollande, en la ville d'Abbeville, pour leur desdommagement des frais qu'ils sont obligez de faire à cause dudit establissement........................ 12000ᴸᴸ

A Philippes Leclerc, à compte de celle de 10000ᴸᴸ pour ses frais, à cause de l'establissement de la manufacture de moquettes qu'il a establie au bourg de la Ferté-sous-Jouarre.......................... 5000ᴸᴸ

A Jean L'Allemant, à compte de la somme de 30000ᴸᴸ que le Roy luy a accordée pour transporter en France la manufacture de baracans................. 20000ᴸᴸ

A ...., pour son paiement de vingt-deux douzaines de peaux de maroquin rouge pour couvrir partie des livres de la bibliotecque du Roy[2]....... 1012ᴸᴸ

A Nicolas Mignon et autres, pour plusieurs fournitures de bois pour l'augmentation des édifices de l'hostel de la manufacture de tapisserie à Beauvais... 2448ᴸᴸ 13ˢ 4ᵈ

A Benard, à la veuve Dardouselle, Jean Le Sage et autres, *idem*..................... 808ᴸᴸ 1ˢ 4ᵈ

A Nicolas Le Maire, Pierre des Planques, François Desjardins et autres, *idem*................ 2389ᴸᴸ

A Martin Gouchet, Antoine Brisse, Jean Senequin et autres, *idem*........................ 184ᴸᴸ 7ˢ

A Adrien Domar et Jean Gautier, pour fourniture de cordes et de clouds pour led. lieu...... 1395ᴸᴸ 13ˢ 10ᵈ

A la veuve de la Marre, François Le Febvre et autres, pour ouvrages de serrurerie............ 891ᴸᴸ 15ˢ 8ᵈ

[1] La femme du graveur Israël Silvestre, qui fut enterrée à Saint-Germain-l'Auxerrois, s'appelait Henriette Selincart.

[2] Par conséquent, un peu moins de 4ᴸᴸ la peau, 264 peaux à 4ᴸᴸ faisant 1056ᴸᴸ.

A Jean Monvoisin, Philippes de la Neufvilles, pour ouvrages de maçonnerie............... 995ᴸᴸ 17ˢ 4ᵈ

Aux charpentiers et scieurs de long, pour ouvrages de charpenterie qu'ils ont faits aud. hostel.... 952ᴸᴸ 18ˢ 8ᵈ

A Gilles Acher, Martin Thomas et autres, pour fournitures de bois, *idem*.................. 1728ᴸᴸ 8ˢ 6ᵈ

A Antoine Torillon, Thomas Beauran, Charles Champagne, Lucien Lardenois et autres, *idem*.... 885ᴸᴸ 8ˢ 6ᵈ

Aux gens de journée qui ont travaillé aud. hostel, pour achapt de moeslon et autres.......... 404ᴸᴸ 1ᴸᴸ 4ˢ

A Claude Bertheville, plombier, pour ouvrages qu'il a faits aud. hostel..................... 31ᴸᴸ 1ˢ 8ᵈ

A Carbonnier, pour ouvrages de menuiserie qu'il a faits aud. hostel........................... 2315ᴸᴸ 2ˢ

A Devaux, vitrier, pour les deux tiers des ouvrages de vitrerie qu'il a faits aud. hostel de la manufacture de tapisserie à Beauvais................. 354ᴸᴸ 11ˢ 6ᵈ

A Nicolas Loin, pour les deux tiers des ouvrages de peinture qu'il a fait aud. lieu............. 100ᴸᴸ

A François Bernard, paveur, *idem*......... 26ᴸᴸ 8ˢ

A Philippes Vaillant, pour les deux tiers de celle de 750ᴸᴸ moyennant laquelle il a vendu une maison pour augmenter led. hostel..................... 500ᴸᴸ

A Jean Houppin, notaire royal aud. Beauvais, pour les deux tiers de ses salaires et vaccations de plusieurs expéditions qu'il a faites pour la manufacture. 29ᴸᴸ 6ˢ 8ᵈ

6 febvrier 1669 : aud. Fossier, pour son remboursement de pareille somme qu'il a advancée pour plusieurs menues despences faites dans les bastimens..... 3095ᴸᴸ

17 may 1669 : à Mgʳ le maréchal de Grammont, pour la soulte de l'eschange par luy faite avec S. M. de son hostel de Grammont avec la maison qui a cy-devant appartenu à M. Nicolas Monerot, suivant le contract qui en a esté fait et passé par devant Le Fouin et son compagnon, notaires, portant son ordonnance et quittance, cy. 59000ᴸᴸ

18 may 1669 : aux doyens, chanoines et chapitre de Saint-Thomas du Louvre, la somme de 19500ᴸᴸ pour le prix d'une maison à eux appartenante et par nous acquise au profit de S. M. par contract passé par devant Le Fouin et son compagnon, notaires................ 19500ᴸᴸ

8 décembre 1669 : à Louis Mazelines, plombier, pour son paiement des menues despences de plomberie par luy faits et fournis dans le palais occupé par la Reine d'Angleterre............................ 48ᴸᴸ 7ˢ

30 décembre 1669 : à Antoine Torillon[3] et Adrien Quique, pour les arbres et autres bois par eux vendus et

[3] Voyez ci-dessus, même colonne, ligne 7.

livrez pour l'augmentation des édifices de la manufacture des tapisseries establie à Beauvais............. 90tt

16 novembre 1667 : à nous, pour notre remboursement des acquisitions par nous faites de l'hostel de la manufacture royalle des Gobelins et d'une autre maison joignant iceluy, sçavoir : led. hostel du sr Le Leu, par contract passé par devant Le Fouyn et son compagnon, notaires, le 6 juin 1662; et l'autre au sr Rouault, par contract du 9 septembre 1665, passé par devant lesd. nottaires, dont nous avons passé déclaration au proffit de S. M., y compris les droits seigneuriaux et autres frais et loyaux cousts....................... 49775tt

15 décembre 1667 : à Charles Coignet et sa femme, pour le payement d'une maison à eux appartenant, par nous acquise au proffit de S. M. par contract passé par devant Le Fouyn et son compagnon, notaires, le 15e jour de décembre 1667, pour joindre à l'hostel de lad. manufacture, led. contract portant ordonnance, au bas duquel est la quittance dud. Coignet et sa femme, du 4 janvier 1668............................ 4000tt

Aux srs de la Marvelière, Grassot et Le Gentil, pour le prix de moitié d'une maison à eux appartenant par indivis, par nous acquise au proffit de S. M. pour les mesmes raisons que dessus, par contract passé par devant les notaires le 15 dud. mois et an, portant nostre ordonnance, au bas duquel contract est la quittance du 5 janvier 1668........................ 5000tt

A Charles de la Plaigne et sa femme, pour le prix d'une maison à eux appartenant et par nous acquise au profit de S. M. par contract passé par devant lesd. nottaires led. jour et an que dessus, et pour les mesmes raisons, portant nostre ordonnance, et au bas duquel est la quittance............................ 3000tt

7 febvrier 1668 : à ...., pour employer au restablissement de quelques manufactures anciennes de Paris et à l'establissement de nouvelles....... 10000tt

13 may 1668 : à Samuel Bernard, pour deux tableaux de mignature qu'il a fait pour le Roy......... 1600tt

4 octobre 1669 : à Me François Le Fouyn, notaire au Chastelet, pour ses peines, salaires et vacations d'avoir, pendant lad. année, passé plusieurs contracts d'acquisitions de maisons qui se rencontrent dans le dessein du Louvre et autres héritages au proffit de S. M........ 500tt

Aux veuves Dreux, Cosp et de Commans, pour une moitié de maison à eux appartenant près la faulce porte Saint-Marcel, l'autre moitié appartenant au nommé Grassot et consors ayant esté par nous cy-devant acquise au profit de S. M., le tout pour l'augmentation de l'hostel des Gobelins, suivant le contract qui en sera par nous passé à cet effet....................... 5000tt

Au sr Le Menestrel, trésorier en exercice la présente année, la somme de 38223tt 1s, sçavoir : 1200tt pour les jettons d'argent, 3760tt pour les espèces de Messieurs des Comptes et 33263tt 1s pour les taxations de la présente année............................. 38223tt 1s

Somme de ce chapitre... 1484684tt 9s 3d

OUVRAGES D'ARGENTERIE.

9 juillet 1668 : A Claude Ballin, orphèvre, pour parfaict paiement de la somme de 237146tt 8s 7d à laquelle montent et reviennent les grands ouvrages d'argenterie qu'il a fait (5 p.)............. 95888tt 4s

A luy, pour faire construire une boutique et une forge qu'il a louée près la grande gallerie du Louvre. 1000tt

A Jacques du Tel, à compte de ses grands ouvrages d'argenterie pour le service de S. M. (4 p.). 58086tt 8s 3d

A Viocourt, idem (3 p.)................ 24000tt
A de Villers, idem (2 p.)............... 19712tt
A Loibe, idem (2 p.)................ 1748tt 6s 9d
A Merlin, idem.................. 13000tt
A Cousinet, idem.................. 6000tt

A luy, pour son parfaict paiement de la somme de 31837tt 17s à laquelle reviennent les grands ouvrages d'argenterie qu'il a fait pour le Roy...... 6421tt 5s 1d

A Pierre Gravet, à compte des façons d'une nef d'or qu'il fait pour le service de S. M. (2 p.)...... 3000tt

A Debonnaire, pour parfaict paiement de la somme de 102947tt 6s 10d, à laquelle reviennent les ouvrages d'argenterie qu'il a fait pour le Roy... 30899tt 12s 10d

Aux nommez Landrin et Le Roy, gainiers, pour leur paiement des estuis de cuir, doublez de revesche [1], qu'ils ont fait pour serrer les bassins, vazes et autres grandes pièces d'argenterie....................... 1244tt

Somme de ce chapitre.. 260999tt 16s 11d

GAGES, APPOINTEMENS ET ENTRETENEMENS
DES OFFICIERS DES BASTIMENS DE SA MAJESTÉ.

1er may : aux ouvriers italiens denommez cy-après, la somme de 700tt, sçavoir : à Pietro Fassy, stucateur, 300tt; à Bernardino, tailleur de pierre, 200tt, et à Patriarcha, maçon, 200tt.................. 700tt

9 juillet 1668 : aud. Fassy, stucateur italien, pour son

[1] Sorte d'étoffe de laine frisée, propre à faire des doublures.

parfaict paiement de la somme de 3500ᵗᵗ à laquelle reviennent ses appointemens depuis le 15 septembre 1666[1] jusqu'au dernier mars 1667................. 100ᵗᵗ

Au nommé PATRIARCHA, maçon, *idem* de la somme de 2925ᵗᵗ............................. 225ᵗᵗ

A BERNARDINO, tailleur de pierre, *idem* de la somme de 2900ᵗᵗ............................. 225ᵗᵗ

A luy, tant pour avoir travaillé au Louvre pendant les mois d'avril et may de l'année 1667, que pour son retour à Rome................................. 450ᵗᵗ

A PATRIARCHA, *idem*.................... 450ᵗᵗ

A FASSY, *idem*....................... 600ᵗᵗ

1ᵉʳ may-28 octobre : à HENRY DUPUIS et CLAUDE CARBONNET, à compte de leurs appointemens pour la conduite du grand parterre des Thuilleries (3 p.)....... 700ᵗᵗ

28 octobre 1667-18 juin 1668 : à MÉNARD, marbrier, pour une année de ses appointemens pour dégrossir les marbres qui se tirent de Gennes pour servir dans les bastimens de S. M. (4 p.).................... 950ᵗᵗ

28 octobre : à luy, pour une année de ses appointemens, escheue le dernier mars, à cause de l'entretenement de la chapelle du Pallais-Royal.......... 150ᵗᵗ

28 octobre 1667-12 may 1668 : à GERVAIS, portier du parcq de Fontainebleau, pour ses gages des années 1666 et 1667 (3 p.)..................... 600ᵗᵗ

28 octobre 1667-18 juin 1668 : aux jardiniers de Versailles, pour leurs gages pendant l'année 1667 et un cinquième quartier (5 p.).............. 1250ᵗᵗ

17 mars 1668 : au sʳ VALLOT, premier médecin du Roy, pour le paiement des gages des officiers et entretenement du Jardin Royal des plantes du faubourg Saint-Victor, en 1667...................... 21000ᵗᵗ

12 may 1668 : au sʳ PETIT, ayant la conduite des ouvrages de Versailles, pour ses appointemens de l'année 1667............................. 3600ᵗᵗ

12 may-18 juin 1668 : à SAINTE-MARIE, garde-clefs du magazin de Versailles, *idem* (2 p.)......... 540ᵗᵗ

12 may-13 aoust 1668 : à DESCLUZEAUX, pour ses appointemens *idem* (2 p.)................. 900ᵗᵗ

12 may 1668 : à CHEVILLARD, fontainer, pour le dernier quartier de ses appointemens 1667....... 300ᵗᵗ

A PETIT, portier de la cour du Cheval Blanc[2], pour ses gages pendant l'année 1667................ 60ᵗᵗ

18 juin 1668 : à DANIEL FOSSIER, ayant l'œil sur les ouvriers des bastimens, savoir : 1200ᵗᵗ pour ses appointemens 1667, et 600ᵗᵗ par gratiffication...... 1800ᵗᵗ

---

[1] Il faut probablement lire 1665.
[2] A Fontainebleau.

A YVON, pour une année et quart des entretenemens de couverture des maisons royales, d'octobre 1666 à la fin de 1667 (2 p.)...................... 8750ᵗᵗ

A VAN DER MEULEN, peintre flamand, appointemens de 1667 (2 p.)........................... 6000ᵗᵗ

Au sʳ MADIOT, pour ses appointemens pendant une demie année escheue le dernier juin......... 1800ᵗᵗ

18 juin-9 juillet 1668 : au sʳ PETIT, pour ses appointemens pendant une année, à cause du soin qu'il prend des ouvrages qui se font à Saint-Germain (2 p.). 1200ᵗᵗ

18 juin 1668 : au curé de la Mission de Fontainebleau, pour son entretenement pendant l'année 1667.. 6000ᵗᵗ

18 juin-9 juillet 1668 : au sʳ MATHIAS DE ROSSY, pour ses appointemens pendant les cinq premiers mois de 1667 et pour son retour à Rome (2 p.)....... 7000ᵗᵗ

18 juin 1668 : à HULOT, couvreur, pour les entretenemens des couvertures du Palais pendant une année escheue le 15 novembre 1667............ 2000ᵗᵗ

Au sʳ Cavalier BERNIN, la somme de 6000ᵗᵗ, et au sʳ PAOLO BERNIN, son fils, 1200ᵗᵗ, pour le paiement de la pension qu'il plaist à S. M. leur accorder...... 7200ᵗᵗ

A GISSEY et CLINCHAMP, concierges des Thuilleries, pour leurs gages et ceux de leurs garçons pendant lad. année 1667............................ 2000ᵗᵗ

13 aoust 1668 : à BAPTISTE DE LA LANDE, jardinier, pour ses gages, à cause de l'entretenement de l'orangerie............................... 500ᵗᵗ

A ANGLAND, pour les entretenemens des couvertures du chasteau de Vincennes et lieux en dépendans. 1000ᵗᵗ

Aux nommez CAMAY et CHARNOIS, pour une demie année, escheue le 2 avril, des entretenemens des couvertures du chasteau de Compiègne......... 200ᵗᵗ

24 janvier 1668 : aux officiers des bastimens du Roy, et aux personnes rares en architecture, peinture, sculpture et autres arts, pour leurs gages et appointemens de l'année 1669[3], suivant l'estat par nous expédié ledit jour et an............................ 95891ᵗᵗ 2ˢ 6ᵈ

Aux officiers des bastimens de Fontainebleau, pour leurs gages de l'année 1667, suivant l'estat par nous expédié led. jour, 24 janvier 1668.......... 22405ᵗᵗ

Somme de ce chapitre.... 208686ᵗᵗ 2ˢ 6ᵈ

PENSIONS ET GRATIFICATIONS
ACCORDÉES AUX GENS DE LETTRES.

9 janvier 1668 : au sʳ PIVERT, estudiant en mathématique, par gratiffication, en considération de son application aux mathématiques................... 600ᵗᵗ

---

[3] Lisez 1667.

18 décembre 1668 : au s⁰ DE LA CHAMBRE, médecin du Roy, par gratification, en considération de son mérite, la somme de............................... 2000ᵗᵗ

Au s⁰ BEAULIEU, bien versé dans l'histoire et dans les belles-lettres.......................... 1200ᵗᵗ

Au s⁰ RACINE, bien versé dans la poésie françoise, par gratification, en considération de son mérite..... 800ᵗᵗ

Au Père LE COINTE, de l'Oratoire, bien versé dans l'antiquité et dans l'histoire ecclésiastique...... 1500ᵗᵗ

Au s⁰ FÉLIBIEN, très-versé dans les belles-lettres et les antiquitez, par gratiffication 1200ᵗᵗ

Au s⁰ L'HÉRITIER, par gratification et pour luy donner moyen de continuer son application aux belles-lettres, la somme de............................... 1000ᵗᵗ

Au s⁰ BRANDON, idem.................... 800ᵗᵗ

Au s⁰ BALUZE, idem..................... 1200ᵗᵗ

Au s⁰ LE LABOUREUR, bien versé dans l'histoire, chronologie et généalogie, idem................ 1500ᵗᵗ

Au s⁰ GODEFFROY, en considération de la profonde connoissance qu'il a dans l'histoire 3600ᵗᵗ

Au s⁰ DE SAINT-RÉAL, bien versé dans l'histoire, par gratiffication, en considération de son mérite... 1200ᵗᵗ

Au s⁰ VARILLAS, bien versé dans l'histoire et ez antiquitez, par gratiffication, idem............... 1200ᵗᵗ

Au s⁰ OOJER, par gratiffication et en considération de la parfaite connoissance qu'il a dans la théologie. 1500ᵗᵗ

Au s⁰ COYNARD, bien versé dans la prose et en la poésie françoise, idem......................... 1500ᵗᵗ

Au s⁰ CORNEILLE l'aisné, en considération des beaux ouvrages qu'il a donné au public............ 2000ᵗᵗ

Au s⁰ CHARPENTIER, bien versé dans les belles-lettres, par gratiffication....................... 1500ᵗᵗ

Au s⁰ PERRAULT, idem.................... 2000ᵗᵗ

Au s⁰ abbé BOURSEIS, grand théologien, par gratiffication, en considération de son mérite......... 3000ᵗᵗ

Au s⁰ CHAPPELAIN, illustre dans la poésie et dans les belles-lettres, idem...................... 3000ᵗᵗ

Au s⁰ MOLIÈRE, par gratiffication 1000ᵗᵗ

Au s⁰ QUINAULT, idem.................... 800ᵗᵗ

Au s⁰ DE SAINTE-MARTHE, idem............. 1200ᵗᵗ

Au s⁰ BENSSERADE, idem.................. 1500ᵗᵗ

Au s⁰ abbé CASSAGNES, idem.............. 1500ᵗᵗ

Au s⁰ HUET, de Caen, idem................ 1500ᵗᵗ

Au s⁰ MARCHAND, idem................... 1200ᵗᵗ

Au s⁰ abbé DE MAROLLES, idem............ 1200ᵗᵗ

Au s⁰ JUSTEL, idem....................... 1200ᵗᵗ

Au s⁰ DUCLOS, idem..................... 2000ᵗᵗ

Au s⁰ DUHAMEL, par gratiffication, à cause de son application aux mathématiques............... 1500ᵗᵗ

Au s⁰ BUOT, idem........................ 1200ᵗᵗ

Au s⁰ FRENICLE, idem.................... 1200ᵗᵗ

Au s⁰ PICARD, idem...................... 1200ᵗᵗ

Au s⁰ AUZOULT, idem.................... 1500ᵗᵗ

Au s⁰ CARCAVY, idem..................... 2000ᵗᵗ

Au s⁰ ROBERVAL, idem.................... 1500ᵗᵗ

Au s⁰ LAVOYE, en considération de ce qu'il a aydé à faire les observations astronomiques........... 800ᵗᵗ

Au s⁰ RICHER, idem..................... 1000ᵗᵗ

Au s⁰ NICQUET, par gratiffication, à cause de son application aux mathématiques................. 800ᵗᵗ

Au s⁰ PERRAULT, médecin, en considération de son application à la phisique...................... 1500ᵗᵗ

Au s⁰ PECQUET, idem.................... 1200ᵗᵗ

Au s⁰ GAYANT, idem..................... 1200ᵗᵗ

Au s⁰ BOURDELIN, idem................... 1500ᵗᵗ

Au s⁰ DIPPI, interprète du Roy en langue arabe, en considération du service qu'il rend........... 1000ᵗᵗ

Au s⁰ DE LACROIX, interprète du Roy en langue turque, idem................................ 1200ᵗᵗ

Au s⁰ FABIEN GUITMEYER, en considération de la traduction qu'il a faite en langue allemande du traitté des Droits de la Reyne...................... 1000ᵗᵗ

Au s⁰ FERRARY, premier professeur en éloquence et histoire en l'Accadémie de Padoue, par gratiffication, la somme de.............................. 1200ᵗᵗ

Au s⁰ CARLO DATY, Florentin, premier professeur ez humanitez à Florence, par gratiffication....... 1200ᵗᵗ

Au s⁰ GRONOVIUS, Hollandois, premier professeur en éloquence en l'Académie de Leyde.......... 1200ᵗᵗ

Au s⁰ HUGGENS, Hollandois, grand mathématicien, inventeur de l'horloge à pendule, idem.......... 6000ᵗᵗ

Au s⁰ HEINSIUS, Hollandois, résident pour MM. les Estats d'Hollande près le Roy de Suède, grand poète et orateur latin, idem....................... 1200ᵗᵗ

Au s⁰ VOSSIUS, Hollandois, excelent dans la géographie et la connoissance des choses naturelles, idem.. 1200ᵗᵗ

Au s⁰ HEVELIUS, Flamend, consul vétéran de la ville de Dantzic, fort sçavent dans l'astronomie....... 1200ᵗᵗ

Au s⁰ VUAGHENSEIL, Allemand, bien versé dans la jurisprudence et ez langues et antiquitez hébraïques, la somme de.............................. 1500ᵗᵗ

Au s⁰ VILIOTTO, Savoyard, docteur en médecine à Montréal, par gratiffication................ 600ᵗᵗ

Au s⁰ VIVIANY, Florentin, grand mathématicien, par gratiffication............................ 1200ᵗᵗ

Au s⁰ CONRIGIUS, Allemand, premier professeur en médecine et politique en l'Académie de Hemlstad, idem................................ 900ᵗᵗ

Au s̩ Gratiany, sécretaire des commandemens de M. le duc de Modène, idem................. 1500ᵗᵗ
Au s̩ Beclerus, Allemand, bien versé dans les lettres et dans les humanitez, premier professeur en histoire et politique en l'Académie de Strasbourg......... 900ᵗᵗ
31 décembre 1668 : au s̩ Sorbière, en considération de son mérite et de son application aux belles-lettres, la somme de........................... 1000ᵗᵗ
Aux s̩ˢ de Valois, idem................. 2400ᵗᵗ
Au s̩ Fléchier, idem................... 800ᵗᵗ
Au s̩ Maury, idem..................... 600ᵗᵗ

Somme de ce chapitre......... 9130oᵗᵗ

BASTIMENS DU VAL-DE-GRÂCE.

6 febvrier 1669 : à Leduc et Duval Broutet, à compte des augmentations d'ouvrages de maçonnerie qu'ils ont faits en l'abbaye de Notre-Dame du Val-de-Grâce. 1000ᵗᵗ
Aud. Leduc, pour ouvrages de maçonnerie qu'il a faits aud. lieu............................. 3659ᵗᵗ
A luy, pour avoir vaqué à la conduite des ouvrages du principal autel de lad. esglise............... 1500ᵗᵗ
A luy, pour une table de marbre blanc qu'il a fait mettre au costé du principal autel de l'esglise de Saint-Germain-l'Auxerrois, qui porte la fondation d'un service que la Reyne mère du Roy a fondé le jour de son décéds en lad. eglise........................ 300ᵗᵗ
A....., pour menus ouvrages en plastre qu'il a faits aux logemens de lad. abbaye................ 505ᵗᵗ
Au nommé Roger, pour son paiement de plusieurs menus ouvrages qu'il a faits................. 160ᵗᵗ
A Caquelant, menuisier, pour ouvrages de menuiserie aud. lieu (3 p.)........................ 2210ᵗᵗ
A luy, pour un tabernacle qu'il a fait pour le grand autel de lad. esglise...................... 1100ᵗᵗ
Aux relligieuses du Val-de-Grâce, pour le paiement du droit d'indemnité d'une maison qu'elles ont acquise en la censive du chapitre Saint-Marcel............. 1000ᵗᵗ
A Anne Mancel, pour son parfait paiement des terres encloses dans le jardin de lad. abbaye........... 60ᵗᵗ
A Matherion, pour ouvrages de serrurerie qu'il a fait aux deux sacristies de lad. esglise............ 2400ᵗᵗ
Aux nommez de Mouchy et Matherion, pour ouvrages de serrurerie qu'ils ont fait aud. lieu.... 1230ᵗᵗ 11ˢ 9ᵈ
Au nommé Thibaut, compagnon serrurier, par gratiffication............................. 30ᵗᵗ
A Michel Basset, vitrier, pour ouvrages de vitrerie aud. lieu............................. 200ᵗᵗ
A Brunet, pour menus ouvrages de peinture... 52ᵗᵗ

A Silvain et Gérard, pour leur parfaict payement des ouvrages de peinture et dorure.......... 3631ᵗᵗ 14ˢ
Aud. Silvain, pour plusieurs impressions et autres menus ouvrages..................... 153ᵗᵗ
A Jacques Paris, pour son payement de ses ouvrages de sculpture........................... 100ᵗᵗ
A Lespagnandelle, pour menus ouvrages de sculpture au tabernacle de lad. esglise................ 90ᵗᵗ
Aux nommez Roussillion et Chouill, cizeleurs, pour menus ouvrages..................... 1515ᵗᵗ
A Sauteray, pour ses ouvrages de fonte au Val-de-Grâce............................. 1515ᵗᵗ
A Picart et Prevost, fondeurs, par gratiffication. 600ᵗᵗ
A eux, pour la réfection d'un grand fourneau à faire les fontes des ouvrages de bronze de lad. esglise.. 300ᵗᵗ
Aud. Prevost, pour six thuiaux de bronze pour servir à passer les cordes des cloches................ 180ᵗᵗ
A Montailly, potier de terre, pour menus ouvrages aud. lieu........................... 89ᵗᵗ 12ˢ
A Rivault, pour les fouilles et transports de terre faits au bastiment de lad. esglise................ 300ᵗᵗ
A Pasquier, marbrier, pour avoir nettoyé et poly le pavé de marbre de dessous le dosme.......... 30ᵗᵗ
A Philipes Buister, pour son parfait payement de 37200ᵗᵗ à quoy montent les six pieds d'estaux, six colonnes de marbre avec leurs frizes et corniches pour le principal autel...................... 6300ᵗᵗ
A la veuve Longet, pour ouvrages de vitrerie.. 330ᵗᵗ
A Estienne Dumont, pour menues despences au Val-de-Grâce............................ 50ᵗᵗ

Somme de ce chappitre... 30600ᵗᵗ 17ˢ 9ᵈ

BIBLIOTÈQUE DU ROY.

28 janvier 1669 : à Françoise Richardot, veuve Le Maistre, serrurière, à compte des ouvrages de serrurerie faits et fournis par led. deffunct en la bibliotèque du Roy............................. 671ᵗᵗ
29 janvier 1669 : à Thomas Mesny, menuisier, pour son payement des ouvrages de menuiserie par luy faits pour l'Académie des Sciences............. 502ᵗᵗ 2ˢ
A Charles Jacquet, vitrier, à compte des ouvrages de vitrerie qu'il a faits en la bibliotèque du Roy.... 150ᵗᵗ
30 janvier 1669 : à Danglebert, à compte des ouvrages de menuiserie idem................. 985ᵗᵗ
31 janvier 1669 : à Isaac Thuret, horloger, à compte des ouvrages qu'il a fait à l'Académie des Sciences. 500ᵗᵗ
A Jean Coytel[1], peintre, pour son parfait payement

---
[1] Il s'agit évidemment de Jean Cotelle.

de la somme de 2407tt 15ˢ à quoy reviennent les ouvrages de peinture qu'il a faits et fournis de nostre ordre au grand cadran solaire qui fait face à la bibliotèque du Roy......................... 1143tt 15ˢ

5 febvrier 1669 : à SIMON LE BÈGUE, chaudronnier, pour son payement de deux vaisseaux de cuivre rouge servans à distiller, par luy faits et fournis pour l'Académie des Sciences......................... 145tt 10ˢ

18 febvrier 1669 : à PIERRE LE MOINE, pour son remboursement de pareille somme qu'il a avancée pour l'achapt de plusieurs instrumens de mathématiques, qu'autres despences par luy faites à l'Académie des Sciences......................... 1578tt 2ˢ

A luy, pour son remboursement de plusieurs menues despences par luy faites en advances pour l'Académie des Sciences, depuis le 15 mars 1667 jusques au 10 avril 1668......................... 739tt 1ˢ 4ᵈ

A luy, pour autre remboursement de pareille somme par luy avancée pour le payement du bois et du charbon qu'il a fourny et livré pour lad. Académie.... 329tt 5ˢ

20 febvrier 1669 : à GEORGES GOSSELIN, arquebuzier, pour ouvrages et instrumens de mathématiques par luy faits et fournis pour l'Académie des Sciences..... 972tt

25 febvrier 1669 : à luy, pour son payement des ouvrages et instrumens par luy faits et fournis pour l'Académie des Sciences......................... 450tt

Somme de ce chapitre..... 8165tt 15ˢ 4ᵈ

Total de la dépense............. 3500573tt 3ˢ 3ᵈ
Et la recepte monte à.......... 3591566tt 6ˢ 8ᵈ

Partant debvroit le sʳ LE MÉNESTREL, comptable, 90993tt 3ˢ 5ᵈ; mais, attendu qu'il faut lui tenir compte de la somme de 15200tt pour les dépenses de Monceaux, reste qu'il doibt 75793tt 3ˢ 5ᵈ, laquelle somme il employera en recepte en son compte de 1670.

Fait, examiné, calculé et arresté à Paris, le 16ᵉ avril 1670.

COLBERT.

ANNÉE 1668.

RECEPTE.

18 janvier : de Mᵉ SÉBASTIEN FRANÇOIS DE LA PLANCHE, trésorier des Bastimens en exercice l'année dernière 1667, la somme de 43884tt 5ˢ 9ᵈ provenant du débet de lad. année ordonné estre payé ez mains de Mᵉ CHARLES LE BÈGUE, trésorier en exercice la présente année, cy.... .... 43884tt 5ˢ 9ᵈ

21 janvier : de Mᵉ ESTIENNE JEANNOT, sʳ DE BARTILLAT, la somme de 2150tt, sçavoir : 2150tt au sʳ prieur du prieuré de Saint-Denis de la Chartre pour son payement des droits de lots et vente de l'hostel de la Force et ses dépendances, sçize rue du Louvre, et 18tt pour les taxations dud. LE BÈGUE...................... 2168tt

De luy, la somme de 1108tt 6ˢ 8ᵈ pour délivrer à Mʳ l'archevesque de Paris celle de 1100tt pour son indemnité de la non jouissance du revenu du prieuré de Versailles pendant l'année dernière 1667.. 1108tt 6ˢ 8ᵈ

De luy, pour délivrer au sʳ prieur de Choisy la somme de 961tt pour les dixmes qu'il a droict de prendre à cause dud. prieuré sur les terres encloses dans le parc de Versailles, compris les menues dixmes de Trianon, pendant l'année dernière 1667............. 961tt

De luy, la somme de 5041tt 13ˢ 4ᵈ, sçavoir : au sʳ LELEU, receveur général du revenu de l'archevesché de Paris, celle de 5000tt pour son payement des droicts de lots et vente des maisons des sʳˢ marquis DE ROSTAING, DE BEAURAINS, SENESCHAL, veuve du sʳ président NICOLAY, et du sʳ LE DOUX, BRICE et consors, et 43tt 13ˢ 4ᵈ pour les taxations dud. LE BÈGUE.......... 5041tt 13ˢ 4ᵈ

De luy, la somme de 1500000tt pour employer à la continuation des bastimens du Roy en 1668, y compris les taxations à raison de 2ᵈ pour livre..... 1500000tt

(Sur le don gratuit de Bretagne ez douze mois 1668 également......... 1400000tt }
et comptant........ 100000tt } (1500000tt))

De luy, pour delivrer au sʳ FOURMONT, banquier, pour rembourcement de ce qu'il a fait payer à Rome et à Venize au sʳ SÉGUIN, doyen de Saint-Germain-de-l'Auxerrois, y compris les taxations............ 4522tt 7ˢ 6ᵈ

(Comptant au trésor royal au dernier janvier 1668.)

De luy, pour delivrer aux orphèvres qui travaillent

aux grands ouvrages d'argenterie qui se font pour le Roy, à compte desd. ouvrages............ 100833ᵗᵗ 6ˢ 8ᵈ
(Comptant au trésor royal ez derniers janvier, février et mars.)

De luy, la somme de 100833ᵗᵗ 6ˢ 8ᵈ pour les despenses à faire pour les manufactures de tapisserie des Gobelins et de la Savonnerie en 1668.. 100833ᵗᵗ 6ˢ 8ᵈ
(*Idem* ez dernier janvier, avril, juillet et septembre 1668.)

De luy, pour dellivrer à Robert, peintre, pour ses feuilles de mignature de plantes et oyseaux qu'il a faict pour le Roy (comptant)......... 1159ᵗᵗ 11ˢ 8ᵈ

1ᵉʳ febvrier : de luy, à compte de la despense de l'entretenement de l'Académie royalle de peinture et sculpture establie à Rome pour le Roy, pour l'année 1668, y compris 125ᵗᵗ pour les taxations.......... 15125ᵗᵗ
(Comptant au dernier mars.)

De luy, pour dellivrer à Charles du Mancel de Saint-Leger, pour le prix des fiefs, terres et héritages vendus à S. M. par contract du 7 febvrier 1668, compris les taxations...................... 55760ᵗᵗ 16ˢ
(Comptant ez 1ᵉʳ avril, may et juin également.)

17 mars : de luy, pour délivrer au sʳ Carcavy, pour le paiement de 2978 volumes de livres qu'il a vendus au Roy pour mettre dans sa bibliotecque..... 15532ᵗᵗ
(Comptant au dernier avril 1668.)

20 mars : de luy, à compte des grands ouvrages d'argenterie qui se font pour le Roy, y compris les taxations........................ 100833ᵗᵗ 6ˢ 8ᵈ
(Comptant ez dernier avril, may et juin 1668 également.)

25 mars : de luy, pour l'entretenement et augmentation des nouvelles manufactures establies et à establir en France, ensemble pour toutes les despences nécessaires pendant l'année 1668 pour l'augmentation du commerce et la perfection des arts................ 200000ᵗᵗ
(Sur les receptes générales des finances de Paris, Limoges, Rouen, Caen et Allençon. 1668 ; paiement d'avril, may, juin et juillet 1668 également.)

7 avril : pour les appointemens du sʳ Bescu, gentilhomme suédois, et deux valets que Sa Majesté a fait venir en France pour y establir la fonte des canons de fer, la manufacture de l'acier et du fil de loton, depuis le 21 novembre 1666 qu'il est arrivé en France, jusqu'au 31 décembre prochain 1668, à raison de 3000ᵗᵗ pour led. Bescu et 600ᵗᵗ pour sesd. valets, par an. 7593ᵗᵗ 15ˢ
(Comptant au trésor royal.)

De luy, 9594ᵗᵗ 13ˢ 4ᵈ pour le parfaict paiement des ouvrages et réparations faites au chasteau de Monceaux pendant les années 1666 et 1667, y compris les taxations...................... 9594ᵗᵗ 13ˢ 4ᵈ
(Comptant.)

18 avril : pour dellivrer au sʳ Reynon, de Lion, pour 42 aulnes ⅞ de velours fonds d'or traict qu'ils ont livré pour le Roy, compris, etc............ 11012ᵗᵗ 13ˢ
(Comptant au dernier may.)

21 avril : de luy, pour délivrer aux Pères de la congrégation de la Mission de Fontainebleau, pour leur entretenement pendant les six premiers mois 1668. 3000ᵗᵗ
(Sur la seconde partie du trésor royal employé à cet effet dans l'estat des gabelles 1668.)

26 avril : de luy, 11512ᵗᵗ 12ˢ 11ᵈ, sçavoir : 5317ᵗᵗ 10ˢ au sʳ Le Brun, Premier Peintre du Roy, pour le prix d'une place sise au fauxbourg Saint-Marcel qu'il a vendue au Roy pour l'accroissement des Gobelins ; 6100ᵗᵗ à Aubin La Vigne, pour une maison aud. faubourg qu'il a vendue au Roy pour le mesme effet, et 95ᵗᵗ 2ˢ 11ᵈ pour les taxations................ 11512ᵗᵗ 12ˢ 11ᵈ
(Comptant au trésor royal au dernier may 1668.)

26 may : de luy, 1120ᵗᵗ 11ˢ 6ᵈ pour dellivrer à Silvio et Bernardin Reynon, ouvriers en soye de Lion, pour 9 aulnes sept huitièmes de brocart de Venise qu'ils ont livrez pour le Roy, y compris les taxations. 1120ᵗᵗ 11ˢ 6ᵈ
(Comptant au trésor royal.)

De luy, la somme de 100833ᵗᵗ 6ˢ 8ᵈ pour le paiement de 64 balots de marbre blanc de Gennes de diverses grandeurs ; 364795 livres de plomb d'Angleterre, à 130ᵗᵗ le millier, et 7540 livres d'estain de Cornouaille, à 70ᵗᵗ le cent, le tout pour servir aux bastimens du Louvre, et 833ᵗᵗ 6ˢ 8ᵈ pour les taxations........ 100833ᵗᵗ 6ˢ 8ᵈ
(Sur l'annuel 1668.)

5 juin : de luy, pour dellivrer au sʳ Chambré, tant pour estre venu de la ville du Mans à Paris, que pour y avoir vaqué pendant six mois à la visitte et examen de tous les desseins qui ont esté faicts pour parachever le bastiment du chasteau du Louvre, y compris les taxations........................ 4033ᵗᵗ 6ˢ 8ᵈ
(Comptant au trésor royal.)

De luy[1] : 10992ᵗᵗ pour dellivrer aud. Jullien, pour employer au payement des charpentiers, scieurs de long et autres ouvriers employez à la confection des palis qui

---

[1] Cet article et le suivant ont été biffés sur le registre et on a écrit en marge : *rayé*.

se font pour la closture des plans que le Roy fait faire dans la forest de Bière, y compris 90ᴸᴸ 17ˢ pour les taxations............................. 1099²ᴸᴸ9ˢ

(Sur les ventes des bois secs et chablis de la forest de Fontainebleau, 1668.)

De luy, 4344ᴸᴸ 18ˢ pour dellivrer aud. Juillien, pour semblables palis pour clorre les places de la forest de Laye, y compris 35ᴸᴸ 18ˢ pour les taxations...... 4344ᴸᴸ 18ˢ

(Sur les deniers provenans de la vente des chablis de la forest de Saint-Germain-en-Laye, ordonnez estre payez au trésor royal.)

9 juin : de luy, à compte des despences à faire pour les festes de Versailles, y compris 100ᴸᴸ pour les taxations............................. 12100ᴸᴸ

(Comptant au trésor royal.)

De luy, à compte de la despence à faire pour le canal, allée d'eau et réservoir neuf que le Roy fait faire dans les jardins de Versailles, y compris 1000ᴸᴸ pour les taxations à raison de 2ᵈ pour livre.......... 121000ᴸᴸ

(Idem, ez dernier juin, juillet, aoust et septembre 1668 égallement.)

19 juin : de luy, 15125ᴸᴸ pour dellivrer au sʳ Foumont, banquier, pour remboursement de pareille somme qu'il a payée, tant pour les achapts des blocs de marbre faits pour le Roy à Rome, que pour l'entretenement de l'Académie de peintures et sculptures que le Roy fait entretenir en lad. ville, y compris les taxations.. 15125ᴸᴸ

(Comptant au trésor royal.)

7 juillet : de luy, pour dellivrer au sʳ Vandermeulen, peintre flament, travaillant pour le Roy aux Gobelins, pour ses gages, appointement et entretenement pendant les six premiers mois 1668, y compris les taxations dud. trésorier............................. 3025ᴸᴸ

(Comptant au trésor royal.)

De luy, pour dellivrer à Marcelin Charlier, ouvrier en soye, pour son paiement de 175 aulnes un tiers de velours cramoisy, fabrique de Paris, qu'il a livrez pour le Roy, y compris les taxations........ 3942ᴸᴸ 13ˢ 4ᵈ

(Comptant au trésor royal.)

De luy, à compte des despences pour les festes de Versailles, outre pareille somme cy-devant ordonnée, y compris 100ᴸᴸ pour les taxations............. 12100ᴸᴸ

(Comptant au trésor royal.)

14 juillet : de luy, pour dellivrer, sçavoir : 100000ᴸᴸ aux orfèvres qui travaillent aux vazes, bassins, buires, seaux, torchères, chandeliers, tables et autres grands ouvrages d'argenterie pour le Roy, et 833ᴸᴸ 6ˢ 8ᵈ pour les taxations..................... 100833ᴸᴸ 6ˢ 8ᵈ

(Comptant au trésor ez dernier juillet, aoust et septembre 1668 égallement.)

28 juillet : de luy, pour dellivrer à Silvestre, graveur, pour deux planches représentant la veüe du palais des Thuilleries du costé du jardin [1]............ 603ᴸᴸ

(Comptant au trésor royal.)

7 aoust : de luy, pour l'achapt d'une maison pour servir aux malades de la Charité de Saint-Germain-en-Laye cy................................... 1000ᴸᴸ

(Comptant au trésor royal.)

18 aoust : de luy, 50000ᴸᴸ pour la despence à faire pour les festes de Versailles, et 413ᴸᴸ 6ˢ pour les taxations à raison de 2ᵈ pour livre.......... 50413ᴸᴸ 6ˢ

(Comptant au trésor royal.)

4 septembre : de luy, pour dellivrer à Silvio et Reason, de Lion, pour les brocarts d'or, d'argent et toille d'argent traict qu'ils ont vendus au Roy... 7815ᴸᴸ 12ˢ 13ᵈ

(Comptant au trésor royal.)

De luy, pour dellivrer à Golle, ébéniste, à compte de deux grands cabinets pour le Roy..... 5041ᴸᴸ 13ˢ 4ᵈ

(Comptant au trésor royal.)

De luy, pour dellivrer au sʳ comte de Noailles, pour son remboursement tant du principal que des réparations d'une maison qui appartenoit à la dame de Bandeville, seize et faisant l'encoignure des rues Fremenleau et de Beauvais, acquise au profit du Roy et comprise dans le grand dessein du Louvre............... 54450ᴸᴸ

(Sur le recouvrement des taxes des usurpateurs du tiltre de noblesse.)

11 septembre : de luy, 12100ᴸᴸ pour dellivrer aux nommez Poyant, Thévenot, Lemaistre et Poitevin, entrepreneurs du restablissement et réfection du pont Marie de Paris, de laquelle somme S. M. leur a faict prest pour employer ausd. ouvrages, à la charge de faire leur promesse de lad. somme payable dans les six derniers mois de l'année 1669 et le courant de l'année 1670, avec les interests, à raison du denier vingt, jusques en fin du payement d'icelle, y compris 100ᴸᴸ pour les taxations... .... 12100ᴸᴸ

(Comptant au trésor royal.)

---

[1] Certainement les deux planches du Cabinet du Roi, maintenant à la Chalcographie du Louvre, nᵒˢ 2069 et 2070. La vue du palais et des jardins, prise du côté du quai, est datée de 1670; celle des jardins, prise du Cours-la-Reine, de 1673. Elles étaient, comme on voit, commandées dès 1668.

ANNÉE 1668. — RECETTE.

De luy, pour dellivrer à M° Gilles Rexand, 6o5oo^{ll} pour le remboursement de son bastiment des Thuilleries, y compris 5oo^{ll} pour les taxations à raison de 2^d pour livre............................... 6o5oo^{ll}

(Comptant ez dernier novembre et décembre 1668 égallement.)

18 septembre : de luy, pour dellivrer au s^r Consolin, cappitaine de la gallère du Roy sur la Seine, 3178^{ll}, sçavoir : 1575^{ll} pour l'entretenement des officiers et chiourme de lad. gallère pendant juillet, aoust et septembre 1668, à raison de 15o^{ll} au capitaine, 100 au committe[1] et 3o^{ll} à chacun des sept forçats, par mois, et 15o3^{ll} pour la construction d'un corps neuf de brigantin, et 26^{ll} 7^s pour les taxations........................ 32o4^{ll} 7^s

(Comptant au dernier octobre 1668.)

22 septembre : de luy, pour dellivrer à Duc et Marsollier, marchands de soye, sçavoir : 7158^{ll} 15^s pour 59 aulnes ¾ et ½ de brocar d'or; 6280^{ll} 5^s pour 36 aulnes ¼ d'autre brocar d'or et fleurs d'argent, y compris les taxations........................ 1355o^{ll} 16^s

(Comptant au trésor royal.)

De luy, pour les despences à faire pour la continuation des bastimens des chasteaux du Louvre, Saint-Germain, Versailles, Fontainebleau et autres maisons royalles, pour la présente année.................. 6o5oo^{ll}

(Comptant au trésor royal.)

De luy, pour le parfaict paiement des despences faites et à faire pour le canal, réservoir d'eaux et deux demy lunes que S. M. fait faire à Versailles, y compris 466^{ll} 13^s 4^d pour les taxations........... 56466^{ll} 13^s 4^d

(Comptant au trésor royal.)

De luy, pour le parfaict paiement des despences pour les festes de Versailles, compris 366^{ll} 13^s 4^d pour les taxations........................ 44366^{ll} 13^s 4^d

(Comptant au trésor royal.)

De luy, 1o486^{ll} 13^s 4^d pour quatre tableaux avec leurs bordures dorées que le Roy a fait achepter, sçavoir : trois de 3ooo^{ll} chacun, l'un d'Hannibal Carache, représentant une nopce de village; un autre du Dominicain, représentant un paysage et une fuitte en Egipte; un autre du Guide, représentant un Christ au Jardin des olives, et l'autre, de 14oo^{ll}, de Corneille Polembourg, représentant une Diane qui se baigne, et 86^{ll} 13^s 4^d pour les taxations dud. trésorier............ 1o486^{ll} 13^s 4^d

(Comptant au trésor royal.)

[1] Comite, officier de galères qui commande la chiourme et a soin de faire ramer les forçats. (*Dict. de Trévoux.*)

25 novembre : de luy, pour le paiement des officiers des bastimens, jardins, manufactures que le Roy entretient dans son chasteau de Fontainebleau, pendant la présente année 1668, cy.................. 22000^{ll}

(Comptant au dernier décembre 1668.)

De luy, pour les gages des officiers des bastimens, jardins, tapisseries, manufactures de France, appointemens de ceux que S. M. veut estre entretenus en ses maisons royalles, et chasteaux du Louvre et des Thuilleries, Pallais Cardinal, Saint-Germain-en-Laye et Madrid, et autres lieux, pendant la présente année, suivant l'estat qui en sera expédié, y compris les taxations à 2^d pour livre............................. 98000^{ll}

(Comptant au dernier décembre 1668.)

De luy, pour les gratifications que le Roy a accordé aux gens de lettres, tant françois que estrangers, qui excellent en toutes sortes de sciences, pour la présente année, y compris 866^{ll} 13^s 4^d pour les taxations dud. trésorier........................ 1oo866^{ll} 13^s 4^d

(Comptant au dernier décembre 1668.)

De luy, pour dellivrer au s^r Vallot, premier médecin, pour le paiement des gages des officiers et entretenement du Jardin Royal des plantes du faubourg Saint-Victor de Paris, pour la présente année 1668. 21000^{ll}

(Sur pareille somme employée en seconde partie dans l'estat de la ferme des aydes, 1668.)

1er décembre : de luy, pour dellivrer au s^r Nicolas de Lespine, 12499^{ll} à laquelle a esté liquidé, par arrest du Conseil du 27 aoust 1668, son remboursement des bastimens qu'il a fait faire sur les places acquises par le s^r de Valentinay au proffict du Roy, et 1o4^{ll} 3^s 2^d pour les taxations....................... 126o3^{ll} 3^s 2^d

(Comptant au trésor royal.)

De luy, pour dellivrer à la demoiselle Hesseln et aux s^{rs} de la Planche, ses enfans, pour une place vendüe au Roy contenant 177 toises et demie de terre et des bastimens trouvez sur icelle près les Gobelins, y compris 42^{ll} 1^s 8^d pour les taxations........... 5092^{ll} 1^s 8^d

(Comptant au trésor royal.)

De luy, pour dellivrer à Silvio et Bernardin Reynon, marchands en soye à Lyon, pour divers velours, brocars et autres estoffes d'or et d'argent qu'ils ont livrez pour le Roy............................. 16203^{ll} 5^s 1^d

(Comptant au dernier décembre 1668.)

De luy, pour dellivrer à Lourdet, pour deux grands tapis de pied qu'il a livrez, sçavoir : l'un de 32 aulnes et demie quarré pour servir à la chambre de S. M. au palais des Thuilleries, et l'autre de 57 aulnes trois quarts pour servir de marchepied au trosne de ses audiences aud. palais, y compris 101ᵗᵗ 7ˢ 6ᵈ pour les taxations du trésorier........................ 12251ᵗᵗ 7ˢ 6ᵈ

(Comptant au dernier décembre 1668.)

4 décembre : de luy, pour dellivrer aux orfebvres qui travaillent aux grands ouvrages d'argenterie pour le Roy, à compte desd. ouvrages, et 1666ᵗᵗ 13ˢ 4ᵈ pour les taxations...................... 201666ᵗᵗ 13ˢ 4ᵈ

(Comptant au trésor royal.)

8 décembre : de luy, 34699ᵗᵗ 6ˢ 3ᵈ pour dellivrer au sʳ Formont, banquier à Paris, pour son payement des 162663 livres de plomb d'Angleterre, à 130ᵗᵗ le millier, et de 18952 livres d'estaing de Cornouaille, à 70ᵗᵗ le cent, livré pour les bastimens de Sa Majesté, y compris 286ᵗᵗ 15ˢ 3ᵈ pour les taxations............. 34699ᵗᵗ 6ˢ 3ᵈ

(Comptant au dernier décembre 1668.)

15 décembre : de luy, pour dellivrer au nommé Pierre Hermier, pour le payement d'un plancher en forme de marbre au palais Brion............... 201ᵗᵗ 13ˢ 4ᵈ

(Comptant au trésor royal.)

De luy, pour dellivrer au sʳ Formont, banquier, pour pareille somme qu'il a fait payer au sʳ Vanlewen, à Leyden, pour l'achapt de plusieurs livres pour la bibliotèque du Roy................................ 1210ᵗᵗ

(Comptant au trésor royal.)

De luy, pour employer à la continuation desd. bastimens pendant lad. année 1668............ 80000ᵗᵗ

De luy, 8066ᵗᵗ 13ˢ 4ᵈ, pour d'icelle deslivrer au sʳ Charpentier celle de 8000ᵗᵗ pour partie du payement d'une maison sçize rue Champ-Fleury, comprise dans le dessein du Louvre, laquelle il a vendue, par contract du 10 décembre 1667, au proffit de S. M. . 8066ᵗᵗ 13ˢ 4ᵈ

De luy, 3025ᵗᵗ, pour d'icelle deslivrer 3000ᵗᵗ au sʳ Vandermeulen, peintre, pour ses appointemens pendant les six derniers mois de la présente année 1668... 3025ᵗᵗ

De luy, 6614ᵗᵗ 13ˢ 2ᵈ pour d'icelle employer celle de 6550ᵗᵗ au payement des loyers des Halles-Barbier, maisons et échoppes où sont logez les mousquetaires du Roy, pour lad. année 1668............... 6614ᵗᵗ 13ˢ 2ᵈ

De luy, 14439ᵗᵗ 6ˢ 8ᵈ, pour d'icelle employer celle de 14320ᵗᵗ pour le payement d'une année de loyers des maisons occupées par les officiers de la maison du Roy, echeüe le dernier décembre 1668............ 14439ᵗᵗ 6ˢ 8ᵈ

De luy, 8066ᵗᵗ 13ˢ 4ᵈ, pour employer celle de 8000ᵗᵗ au payement du cabinet de médailles de M. le comte de Brienne que S. M. a fait achetter pour joindre à son cabinet de médailles et antiques.......... 8066ᵗᵗ 13ˢ 4ᵈ

De luy, pour les six derniers mois de l'entretennement des Pères de la Mission de Fontainebleau pendant la présente année 1668...................... 3000ᵗᵗ

De luy, 7260ᵗᵗ, pour employer, sçavoir : 6000ᵗᵗ au sʳ Cavallier Bernin, et 1200ᵗᵗ à son fils, pour les appointemens que S. M. leur a accordés pendant la présente année 1668.......................... 7260ᵗᵗ

De luy, 1819ᵗᵗ, pour d'icelle deslivrer 1807ᵗᵗ 10ˢ au sʳ Consolin pour ses appointemens, du comite et des sept forçats pendant le dernier quartier de la présente année................................. 1819ᵗᵗ

De luy, 19183ᵗᵗ 8ᵈ, pour d'icelle deslivrer celle de 19024ᵗᵗ 10ˢ pour achat de 38 chevaux barbes que le Roy a fait achetter à Thunis, pour les frais et nourritures, gages de palfreniers, achat de 136 arbres, tant orangers qu'autres, venus de Marseille à Fontainebleau, pour des pigeons venus de Provence, pour voiture de 69 douzaines de peaux de maroquin de Levant........ 19183ᵗᵗ 8ᵈ

De Jacques Pericon, marchand jouälier, 7000ᵗᵗ qu'il a esté condamné de mettre entre les mains du comptable pendant la présente année 1668............ 7000ᵗᵗ

Somme totale........ 3629324ᵗᵗ 5ˢ 1ᵈ

Nota. Est obmis un article de 92ᵗᵗ 18ˢ 9ᵈ, de laquelle led. sʳ Le Besgue est demeuré redevable par l'état final du compte de 1665.

Le total de la recette est de....... 3629417ᵗᵗ 3ˢ 10ᵈ

DESPENSE.

CHASTEAU DU LOUVRE.

MAÇONNERIE.

3 janvier : à André Mazières et Antoine Bergeron, entrepreneurs des bastimens du Louvre, par advance des matéreaux qu'ils voiturent et des ouvrages qu'ils feront pendant la présente année.............. 20000ᵗᵗ

7 mars 1668 - 15 janvier 1669 : à eux, à compte de leurs ouvrages au chasteau du Louvre (11 p.). 477000ᵗᵗ

7 mars-6 octobre : à eux, à compte des ouvrages qu'ils font au quay, depuis le Pont-Rouge jusques à la porte de la Conférence (8 p.).............. 5010o^{tt}

7 mars-4 novembre : à eux, à compte des ouvrages qu'ils font au palais des Thuilleries (9 p.)..... 5450o^{tt}

11 décembre 1668-15 janvier 1669 : à eux, à compte des modèles en grand et en petit qu'ils font pour les façades des escaliers du Louvre (2 p.)......... 4000^{tt}

3 décembre : à Jean Blondel et Mathieu Charité, voituriers, à compte des pierres de Vernon qu'ils voiturent pour le Louvre...................... 1000^{tt}

Somme de ce chapitre........ 60660o^{tt}

CHARPENTERIE.

15 febvrier : à Poncelet Cliquin et Paul Charpentier, à compte des ouvrages qu'ils font au Louvre.... 2000^{tt}

15 avril-11 décembre : à eux, à compte des ouvrages qu'ils font tant au Louvre qu'au palais des Thuilleries (6 p.)............................ 18000^{tt}

7 mars-5 juillet : à eux, à compte des ouvrages qu'ils font aux Thuilleries (3 p.)................. 9000^{tt}

7 avril : à Nicolas Paliot, pour son parfaict paiement des bois qu'il a fourny pour la salle des Commédies. 719^{tt}

3 décembre : à Estienne Fayon, marchand de bois d'Auvergne, à compte des poutres qu'il s'est obligé de fournir pour le bastiment du Louvre.............. 2000^{tt}

31 décembre : à Pierre Le Bastard, charpentier, pour son parfait payement de 9645^{tt} 6^s 8^d à quoy montent les ouvrages de charpenterie par luy faits, tant au Louvre qu'au Palais-Royal, ez années 1665, 1666, 1667. 1945^{tt} 5^s 8^d

17 octobre : à la veuve Dublet et Nanney, charpentiers, à compte des ouvrages de charpenterie qu'ils ont fait au Louvre et aux Thuilleries ez années 1660, 61, 62 et 63................................ 3000^{tt}

Somme de ce chapitre..... 36664^{tt} 5^s 8^d

COUVERTURE.

7 avril-20 octobre : à Estienne Yvon, couvreur, à compte des ouvrages de couverture qu'il a faits tant au Louvre qu'aux Thuilleries et autres lieux des maisons royalles (4 p.)......................... 8800^{tt}

PLOMBERIE.

14 mars 1668-15 janvier 1669 : à Gilles Le Roy, plombier, pour son parfait payement de 22670^{tt} 13^s à quoy montent les ouvrages de plomberie par luy faits, tant au Louvre, palais des Thuilleries, qu'autres lieux, pendant l'année 1667 (2 p.).................... 3170^{tt} 14^s

7 avril-12 juillet : à luy, à compte des ouvrages de plomberie qu'il fait tant au Louvre qu'autres lieux des maisons royalles (4 p.)................... 7000^{tt}

21 may-4 novembre : à luy, à compte des ouvrages qu'il a faits au Louvre (2 p.)............. 5500^{tt}

16 aoust 1668-15 janvier 1669 : à luy, à compte des ouvrages de plomberie qu'il a faits tant au Louvre qu'au palais des Thuilleries (6 p.)................ 9700^{tt}

24 décembre : à luy et Laurent Buisson, pour leur parfait payement de 31065^{tt} 13^s 3^d à quoy montent les ouvrages et fournitures de plomb et soudures par eux faits en 1663, tant au Louvre et Thuilleries qu'au chasteau de Versailles et autres lieux........ 965^{tt} 13^s 3^d

Somme de ce chapitre..... 26336^{tt} 7^s 3^d

SERRURERIE.

7 mars : à Antoine Le Maistre, serrurier, à compte de ses ouvrages de serrurerie aux Thuilleries... 1000^{tt}

13 may : à luy, à compte des ouvrages qu'il a faits au Louvre pendant les années 1660, 1661, 1662 et 1663............................. 2000^{tt}

20 juillet : à luy et Duchesne, à compte des ouvrages de serrurerie qu'ils ont faits aux Thuilleries..... 500^{tt}

22 mars-24 décembre : à Estienne Doyart, à compte des ouvrages de serrurerie qu'il a faits au Louvre et aux Thuilleries pendant l'année 1666 (11 p.)..... 17100^{tt}

3 décembre : à Dominique Cuccy, à compte des ouvrages de bronze par luy faits pour les fermetures des portes et fenestres du palais des Thuilleries.... 1800^{tt}

17 décembre : à luy, pour son payement d'avoir nettoyé et fait fermer toutes les serrures des portes et des fenestres du palais des Thuilleries............. 100^{tt}

Somme de ce chapitre........ 22500^{tt}

PEINTURE, SCULPTURE ET ORNEMENS.

15 febvrier-17 décembre : au s^r Champagne, à compte des ouvrages de peinture qu'il fait en l'appartement de Mgr le Dauphin aux Thuilleries (9 p.)....... 11800^{tt}

Au s^r Coypel, idem, à compte de l'appartement d'en haut de S. M. aux Thuilleries (9 p.)........ 11000^{tt}

15 febvrier-31 décembre : au s^r Nocret, à compte des ouvrages de peinture qu'il fait à l'appartement de la Reine aux Thuilleries (9 p.)................... 11000^{tt}

Au s^r Mignard, idem, à compte de l'appartement d'en bas de S. M. aux Thuilleries (9 p.)....... 11800^{tt}

15 febvrier-14 mars : à Guillaume Casegrain, sculpteur, à compte du moule qu'il fait de l'Hercule Farnèse (2 p.)............................. 160^{tt}

15 febvrier : à Jean Sommer, ébéniste, pour deux panneaux de parquet de marqueterie de bois de chesne. 700^{tt}

15 febvrier-6 octobre : à Philippes Caffier et Mathieu Lespagnandelle, sculpteurs, pour leur parfait payement des chapiteaux de pierre qu'ils ont faits à l'avant-corps de l'entrée du Louvre, du costé de la court (5 p.). 3740ᵗᵗ

11 décembre : à eux, pour leur payement des ouvrages de sculpture par eux faits à quarante-un panneaux des croisées du palais des Thuilleries............ 1040ᵗᵗ

7 mars-24 décembre : à Antoine Paillet, à compte des ouvrages de peinture qu'il fait à l'antichambre de l'appartement du Roi aux Thuilleries (7 p.).... 4400ᵗᵗ

14 mars-24 décembre : à Temporiti, sculpteur, à compte des ouvrages qu'il a faits au modelle du Louvre (7 p.)................................. 4800ᵗᵗ

14 mars-19 septembre : à Cucci, ébéniste, à compte des ouvrages de bronze qu'il fait pour la fermeture des portes et croisées de la grande gallerie du Louvre et palais des Thuilleries (5 p.)................ 5500ᵗᵗ

14-30 mars : à Gervaise et Gontier, à compte des ouvrages de peinture qu'ils font au Louvre en la galerie d'Apollon (2 p.)........................ 2800ᵗᵗ

13 may : à eux, *idem*, dans la grande gallerie. 800ᵗᵗ

3 juin-11 novembre : à eux, *idem*, dans l'appartement haut de S. M. aux Thuilleries (6 p.).......... 7000ᵗᵗ

14 mars-11 décembre : à Noel Quillerier, à compte des ouvrages de peinture qu'il fait à l'appartement de Mᵍʳ le Dauphin aux Thuilleries (5 p.)......... 3200ᵗᵗ

22 mars : à Claude Gouet, pour son parfaict payement des ouvrages de peinture et dorure qu'il a faits au Louvre en 1661........................... 404ᵗᵗ 8ˢ

A Tuby, à compte des masques et frize qu'il a faits et continue de faire au Louvre................... 600ᵗᵗ

30 mars : à Poissant, sculpteur, pour son parfaict paiement des figures qu'il a faites au dosme des Thuilleries..................................... 2150ᵗᵗ

11 décembre : à luy, pour son payement des ouvrages de sculpture qu'il a faits au logement de M. le comte d'Armagnac aux Thuilleries........................ 59ᵗᵗ 6ˢ

17 décembre : à luy, pour son parfait payement de 2313 4ᵗᵗ 6ˢ 4ᵈ à quoy montent les ouvrages de sculpture qu'il a faits à la façade des Thuilleries, du costé de la court, en lad. année................ 1034ᵗᵗ 6ˢ 4ᵈ

7 avril-17 décembre : à Nicolas Legendre, Laurent Magnier [1], Philbert Bernard et Henry Le Grand, sculpteurs, pour leur parfait payement des ouvrages de stuc qu'ils ont faits à la corniche de la grande gallerie du Louvre et au platfonds du vestibule du palais des Thuilleries (7 p.)..................................... 9500ᵗᵗ

7 avril-3 décembre : à Michel Ange, peintre, à compte des ouvrages de peinture à fresque qu'il fait à la voulte de la grande gallerie du Louvre (4 p.)......... 1600ᵗᵗ

15 avril : à Le Gru [2] et Missont, pour leur parfait paiement des ouvrages de pavé de marbre qu'ils ont fait aux Thuilleries pendant l'année 1666.... 1500ᵗᵗ 6ˢ 4ᵈ

20 juillet : aud. Le Greu, à compte de trente-six colomnes de marbre qu'il doit fournir au Louvre... 2000ᵗᵗ

24 décembre : à Le Gau, marbrier, pour son paiement d'une table de marbre qu'il a livrée au nommé Harmand, ébéniste, pour y mettre de l'ouvrage de raport, et pour un chambransle et un foyer qu'il a fourny dans la gallerie des Thuilleries.......................... 360ᵗᵗ

A Jean Armand, ébéniste, à compte de la table de marquetterie qu'il fait pour le Roy............... 300ᵗᵗ

15 avril-28 juin : à Houzeau, à compte des ouvrages de sculpture qu'il a faits aux Thuilleries (3 p.).. 2800ᵗᵗ

21 avril-3 juin : à Paul Gougeon [3], dit La Baronnière, à compte des ouvrages de dorure qu'il fait aux Thuilleries (2 p.)................................ 1600ᵗᵗ

20 juillet-3 décembre : à luy, à compte des ouvrages de peinture qu'il fait à la grande chambre et au cabinet du Roy aux Thuilleries (5 p.).............. 4300ᵗᵗ

28 juin : à Coysevaux [4], pour un morceau de frise qu'il a fait au Louvre, et autres ouvrages de sculpture pendant l'année 1667........................... 135ᵗᵗ

13 may-24 décembre : au sʳ Loir, peintre, à compte des ouvrages de peinture qu'il fait à l'antichambre et salle des gardes de l'appartement d'en haut des Thuilleries (8 p.)............................... 11000ᵗᵗ

11 juin : à Chauveau, graveur, à compte des planches qu'il grave pour le pallais des Thuilleries....... 300ᵗᵗ

12 juillet : au sʳ Coloy, fondeur, pour plusieurs robinets et autres ouvrages de fonte qu'il a fournis. 349ᵗᵗ 15ˢ

28 juillet : à Louis Milet, pour un chapiteau de pierre de Saint-Cloud qu'il fait à l'avant-corps de l'entrée du Louvre....................................... 200ᵗᵗ

6 aoust : à Lerambert, pour avoir restably plusieurs figures antiques venues de Marseille........ 162ᵗᵗ 10ˢ

20 octobre-11 décembre : à André Mottelet, pour son parfait payement pour avoir frotté et mis en couleur tous les appartemens des Thuilleries (2 p.)..... 400ᵗᵗ

4 novembre : à Noiret, pour son payement de sept contre-cœurs de cheminées qu'il a fournis...... 150ᵗᵗ

---

[1] Ou Magnière.

[2] Lisez Le Greu.

[3] Ce nom est écrit ordinairement Goujon.

[4] Le scribe a écrit Coyrevaux ; mais le nom n'est pas douteux.

ANNÉE 1668. — LOUVRE.

11 novembre : à Macé, ébéniste, pour menus ouvrages qu'il a faits dans la chambre de la Reyne........ 80ᴸᵗ
A Anmand[1], ébéniste, *idem*................. 90ᴸᵗ
11 décembre : à Nicolas Masse et Martin Fremerey, sculpteurs, pour leur payement des ornemens de sculpture par eux faits à cinq croisées de l'apartement de Mᵍʳ le Dauphin........................ 625ᴸᵗ
24 décembre : à Buisten, sculpteur, pour son parfait payement de 2409ᴸᵗ 3ˢ 4ᵈ à quoy montent les ouvrages par luy faits à la façade du palais des Thuilleries, du costé du jardin, en 1666[2].............. 1592ᴸᵗ 3ˢ 4ᵈ
A Le Hongre, autre sculpteur, à compte des chapiteaux et autres ornemens qu'il fait au modèle du troisième ordre du bastiment du Louvre............. 200ᴸᵗ
Aud. Le Hongre et à Jean Baptiste Tuby, sculpteurs, pour leur parfait payement de 1440ᴸᵗ à quoy montent les ouvrages qu'ils ont faits de la frize et masques dans les clefs des fenestres du Louvre du costé de la rue Saint-Honoré[3]..................... 340ᴸᵗ
31 décembre : à Prou, menuisier, pour son payement d'avoir fait démonter les bordures des tableaux du Cabinet du Roy et les avoir mis en place dans la gallerie des Thuilleries......................... 173ᴸᵗ 3ˢ
15 janvier 1669 : au sʳ Boulogne, peintre, à compte des ouvrages de peinture à fresque qu'il fait dans la grande gallerie............................... 400ᴸᵗ
Somme de ce chapitre..... 124145ᴸᵗ 18ˢ

MENUISERIE.

23 febvrier-3 décembre : à Pierre Dionis, menuisier, pour son parfait paiement de 13401ᴸᵗ à quoy montent les ouvrages de menuiserie qu'il a faits au palais des Thuilleries et Palais Cardinal en l'année 1667 (9 p.). 9201ᴸᵗ 14ˢ
17 décembre : à luy, à compte de ses ouvrages qu'il a faits aux Thuileries et aultres lieux.......... 1000ᴸᵗ
23 febvrier-21 avril : à Pierre Dionis, Jean Anglebert, Claude Buret[4] et Jacques Prou, à compte des ouvrages qu'ils font à la grande gallerie du Louvre (3 p.). 8000ᴸᵗ
14 mars 1668-15 janvier 1669 : ausd. Buret et Prou, à compte des ouvrages qu'ils font à la gallerie d'Apollon, au Louvre (3 p.)....................... 4500ᴸᵗ
21 avril 1668-15 janvier 1669 : aud. Buret, à compte des ouvrages de menuiserie du model du chasteau du Louvre (5 p.)........................... 3200ᴸᵗ

[1] Voyez ci-dessus, au commencement de la colonne 244.
[2] Voyez plus haut l'article Poissant (col. 243), pour les ornemens du côté de la cour.
[3] Voyez plus haut (col. 243) l'article Tuby.
[4] Ou Buirette.

11 décembre : à Jacques Prou, menuisier, pour son paiement de la menuiserie qu'il a faite et remis aux croisées des Thuilleries........................ 190ᴸᵗ
30 mars : à Guillaume Barbier, pour 150 quaisses d'orangers qu'il a livrez pour les Thuilleries... 119ᴸᵗ 5ˢ
21 avril-3 décembre : à Pierre Chevallier, menuisier, à compte des ouvrages de menuiserie qu'il a faits à la grande escurie du Roy aux Thuilleries (3 p.).... 800ᴸᵗ
7 may : au sʳ Carnel, à compte des ouvrages qu'il a fait pendant l'année 1663 au Louvre......... 1700ᴸᵗ
12 juillet : à Couvreur et Remy, pour leur parfait paiement des ouvrages de menuiserie qu'ils ont fait pendant l'année 1666 aux Thuilleries........ 1580ᴸᵗ 15ˢ
Somme de ce chapitre..... 30211ᴸᵗ 14ˢ[5]

VITRERIE.

14 mars : à la veuve de Vierney, vitrier, pour parfait paiement des ouvrages de vitrerie fait par led. deffunct, tant aux Thuilleries qu'autres lieux, en 1666. 302ᴸᵗ 4ˢ
7 may-16 aoust : à elle, à compte des ouvrages qu'elle a fait au Louvre (3 p.)................ 1100ᴸᵗ
12 septembre-20 octobre : à elle, à compte des ouvrages faits par son mary en l'année 1663 (3 p.). 1600ᴸᵗ
4 novembre-31 décembre : à elle, à compte de ses ouvrages au pallais des Thuilleries (3 p.)..... 2100ᴸᵗ
15 avril-3 décembre : à Charles Jacquet, vitrier, à compte de ses ouvrages de vitrerie au gros pavillon des Thuilleries attenant la grande escurie (2 p.)..... 900ᴸᵗ
Somme de ce chapitre........ 6002ᴸᵗ 4ˢ

OUVRAGES DE PAVÉ.

19 septembre-11 décembre : à Léonnard Aubry et Antoine Vatel, paveurs, à compte des ouvrages de pavé qu'ils ont faits au palais des Thuilleries (3 p.).. 3000ᴸᵗ
24 décembre : aud. Aubry, pour son parfait payement de 2777ᴸᵗ 14ˢ 8ᵈ à quoy montent les ouvrages de pavé qu'il a faits en 1663 le long de la grande gallerie du Louvre................................ 1777ᴸᵗ 14ˢ 8ᵈ
Somme de ce chapitre..... 4777ᴸᵗ 14ˢ 8ᵈ

JARDINAGES.

7 mars : à Pierre Descots, jardinier, pour son paiement des rigoles qu'il a faites dans le jardin des Thuilleries.................................. 63ᴸᵗ
28 juin-16 aoust : à luy, pour son parfait paiement du sable de rivière qu'il fournit et fait voiturer dans le jardin des Thuilleries (3 p.)................. 744ᴸᵗ 2ˢ

[5] L'addition donne 30291ᴸᵗ 14ˢ.

16.

12 septembre : à luy, pour 413 voyes de sable de rivière qu'il a fournies au jardin des Thuilleries. 289ᴸ 2ˢ

28 septembre : à luy, pour 646 voyes, à raison de 13 sols la voye............................... 452ᴸ 4ˢ

7 mars : à Pierre Fresnay, jardinier, pour 6150 petits charmes et érables qu'il a livrez pour led. jardin.. 123ᴸ

14 mars-7 may : à Isaye Le Jeune, à compte des terres qu'il transporte au jardin des Thuilleries (3 p.). 1750ᴸ

28 avril : aud. Lejeune[1], pour son parfaict paiement des rigolles et des transports de terre qu'il a faits aud. lieu................................. 373ᴸ

21 juin-5 juillet : à Lejeune et Lelièvre, pour leur parfait paiement des terres qu'ils transportent dans le jardin des Thuilleries (2 p.)............ 1290ᴸ 15ˢ

20 juillet 1668-15 janvier 1669 : à Lelièvre, terrassier, pour parfait payement de 2665ᴸ à quoy monte le transport des terres qu'il a fait au jardin des Thuilleries (7 p.).................................. 2915ᴸ 19ˢ

14 mars : à Robert Le Gay, terrassier, pour le paiement des ouvriers qui ont travaillé au jardin des Thuilleries depuis le 27 février jusques au 24 mars.... 1860ᴸ

15 avril : à luy, pour le payement des ouvriers qui ont travaillé dans le jardin des Thuilleries à plusieurs menues ouvrages....................... 1881ᴸ 16ˢ 6ᵈ

28 avril : à luy, pour achapt de seaux, pesles, eschelles et autres outils qu'il a achetez pour led. jardin.. 180ᴸ

14 mars : à Joseph Marsano, pour le payement de cent orangers et quatre cents jasmins d'Espagne qu'il a vendus au Roy............................ 580ᴸ

22 mars : à Jean Papillon, terrassier, pour plusieurs menues ouvrages qu'il a faits aux Thuilleries.. 380ᴸ 2ˢ

A Noel Prat, dit Champagne, à compte des fleurs qui luy appartiennent et qui se trouvent dans le jardin du sʳ Renart.................................. 400ᴸ

* 27 aoust : à luy, pour 420 pieds d'œillets qu'il a fournis pour le jardin des Thuilleries................. 63ᴸ

4 novembre : à luy, pour son parfait payement de fleurs et arbrisseaux qu'il a vendus............... 445ᴸ

30 mars : à Charles Chesneau, pour son paiement de trente-quatre voyages qu'il a faits pour transporter les arbres du petit jardin du Louvre aux Thuilleries.. 51ᴸ

28 avril : à Louis Chabane, pour 180 tombereaux de sable de rivière qu'il a voituré aud. jardin...... 197ᴸ

7 may : à luy, pour 106 voyes de sable *idem*... 106ᴸ

21 juin : à luy, pour plusieurs voyes de sable. 166ᴸ 16ˢ

---

[1] Il est fort probable que ce Lejeune ne fait qu'une seule personne avec l'Isaye Le Jeune de l'article précédent.

5 may : à Trumel, pour le paiement des ouvriers qui ont levé des arbrisseaux verds à Vau-le-Vicomte... 147ᴸ

19 octobre : à luy, à cause du soin qu'il a pris de lever quantité d'arbrisseaux verds de Vaux, et les avoir conduits au jardin des Thuilleries................... 200ᴸ

7 may : aux ouvriers qui ont travaillé à faire plusieurs menues ouvrages dans led. jardin (2 p.).... 1708ᴸ 7ˢ

3 juin : à Vatebois, vannier, pour des mannes qu'il a fournies dans le jardin des Thuilleries....... 276ᴸ 5ˢ

3 juin-5 juillet : à Jacques Rigouts, pour le paiement des ouvriers qui ont travaillé à plusieurs menues ouvrages dans le jardin des Thuilleries (3 p.)...... 1829ᴸ 4ˢ

16 aoust : à luy, pour le paiement des ouvriers qui travaillent dans la grande allée dud. jardin..... 490ᴸ 10ˢ

7 septembre : à luy[2], pour avoir applany les contre-allées du jardin des Thuilleries............. 270ᴸ 14ˢ 6ᵈ

6-28 octobre : à luy, pour transports de terre aud. jardin et autres menues despences (2 p.).. 1118ᴸ 5ˢ 2ᵈ

21 juin : à Jacques Duval, pour divers fournitures d'arbres qu'il a faites pour led. jardin........ 219ᴸ 7ˢ

A Jean Mulot, pour son paiement de 500 bottes de buis qu'il a vendues pour les Thuilleries....... 200ᴸ

6 octobre : au nommé du Costé, pour avoir transporté des terres qui estoient dans la court des Thuilleries. 350ᴸ

4 novembre-3 décembre : à Foret et à la veuve Carbonney, à compte des arbres qu'ils fourniront à la grande advenue des Thuilleries (2 p.)................. 2000ᴸ

22 novembre 1668-15 janvier 1669 : à Jean Colin, piqueur, pour son remboursement des sommes par luy avancées aux ouvriers qui ont travaillé à journées au jardin des Thuilleries, à piocher et transporter des terres et autres ouvrages (3 p.)............... 3992ᴸ 2ˢ 4ᵈ

3 décembre : à Germaine Brice[3], lingère, pour son payement de 270 aulnes de toille qu'elle a livré pour les petits arbrisseaux du petit jardin du Louvre.... 93ᴸ 9ˢ

Au sʳ Durant, fleuriste, pour son payement de 32 orangers qu'il a fournis et livrez pour mettre dans les caisses qui sont dans la gallerie du palais des Thuilleries. 750ᴸ

A Marie Paulmier, pour son payement de douze miliers d'oignons de tulipes qu'elle a fournis pour le jardin des Thuilleries............................. 510ᴸ

Au sʳ Poncy, pour son payement de soixante maronniers d'Inde qu'il a fournis et livrez pour planter dans le jardin des Thuilleries..................... 342ᴸ

Somme de ce chapitre....... 28809ᴸ 6ᵈ

---

[2] Le registre porte Rigact ; mais c'est évidemment le même individu que Rigouts.

[3] Est-elle de la famille de Germain Brice ?

ANNÉE 1668. — COLLÉGE ROYAL.

PARTIES EXTRAORDINAIRES.

7 mars : à René Noiset, voiturier, pour avoir voituré quarante blocs de marbre, du port du guichet au magazin des Thuilleries............................. 90㏗

27 aoust : à luy, pour avoir voituré soixante deux blocs de marbre, de la porte de la Conférence au magazin des Thuilleries.............................. 655㏗

11 décembre : à luy, pour avoir voituré, du port du guichet au magazin du Roy, 64 blocs de marbre d'une part, provenant du s' Le Beuf, 40 caisses remplis de chambranle de marbre, et 7 autres blocs aussy de marbre pris dans led. magazin et menez au s' Gaspard[1] aux Gobelins... 438㏗

25 avril : à Simonne Guillemin, veufve de Gervais Oudin, par gratiffication, en considération de ce que son mary a esté tué travaillant aux atteliers du Louvre. 100㏗

29 juin : à Estienne Gresset et Jean Potel, tous deux manœuvres, qui ont esté blessez en travaillant aux atteliers du Louvre, par gratiffication................. 160㏗

16 aoust - 17 décembre : à Anne Billion, carreyer, à compte des pierres de liais qu'il fouille ez environs de Senlis, pour le Louvre (3 p.)............... 2100㏗

16 aoust - 6 décembre : à Arnoul Rose, carreyer, à compte des pierres de Vernon qu'il tire pour le Louvre (3 p.)... 3300㏗

3 septembre - 29 novembre : à divers manœuvres qui ont esté blessez travaillans aux atteliers du Louvre, par gratiffication (4 p.)............................. 645㏗

30 septembre : à la veuve Perignon, Limousin, idem. .... 100㏗

4 novembre : à Jean Fromentin, pour avoir fourny et voituré seize couches de fumier pour le jardin des Thuilleries.. 352㏗

A Simon Brion, manœuvre, par gratiffication, à cause de la blessure qu'il a eue en travaillant au Louvre.. 60㏗

11 décembre : au s' Fossier, pour employer aux menues dépences des Bastimens............... 1000㏗

6 décembre : au s' Migon, à compte de l'arpentage qu'il fait des terres qui sont dans la grande avenue des Thuilleries... 300㏗

24 décembre : à Estienne Evre, facteur d'orgues, pour son parfait payement de 200㏗ pour avoir restably le cabinet d'orgues des Tuilleries.................. 100㏗

31 décembre : à Huvillier, préposé à la garde des avenues derrière les Thuilleries, pour une année de ses appointemens de 1668................... 150㏗

[1] Sans doute Gaspard de Marsy.

A Pierre Hamelin et Charles Lanquineux, tailleurs de pierre, pour le payement des ouvrages de pavé de pierre de taille qu'ils ont fait au Jeu de paume du Louvre.. 534㏗

30 aoust 1669 : à Colin, pour son remboursement de pareille somme par luy desboursée au payement des menues despences des Bastimens en 1668.. 3530㏗ 17ˢ 6ᵈ

Somme de ce chapitre.... 13620㏗ 17ˢ 6ᵈ

PALAIS-ROYAL.

MAÇONNERIE.

16 aoust : à François Dorbay, maçon, à compte des ouvrages de maçonnerie qu'il a fait au Palais-Royal pendant l'année 1663..................... 1000㏗

28 septembre - 11 décembre : à Noel Le Maistre, maçon, à compte des ouvrages de maçonnerie qu'il a faits aud. lieu (2 p.)....................... 2300㏗

Somme de ce chapitre......... 3300㏗

CHARPENTERIE.

30 mars : à Pierre Le Bastard, à compte des ouvrages de charpenterie qu'il a faits au Palais-Royal.... 1000㏗

MENUISERIE.

8 mars : à Pierre Chevalier, à compte des ouvrages qu'il fait au Palais-Royal..................... 800㏗

SERRURERIE.

Néant.

PEINTURES.

28 juin - 20 juillet : à Paul Goujon, dit La Baronnière, à compte des ouvrages de peinture qu'il fait à l'appartement de Monsieur au Palais-Royal (2 p.). 1500㏗

PARTIES EXTRAORDINAIRES.

30 mars : à Léonard Aubry, pour son paiement de ses ouvrages de pavé pendant l'année 1663. 1285㏗ 17ˢ 8ᵈ

MAISON DE LA POMPE DU PONT-NEUF.

7 avril - 5 juillet : à Simon Potier, pour son parfait paiement de la somme de 1114㏗ 11ˢ 6ᵈ à quoy montent les ouvrages de serrurerie et fourniture de gros fer qu'il a faits à la Pompe du Pont-Neuf (2 p.)... 614㏗ 11ˢ 6ᵈ

COLLÉGE ROYAL.

15 avril : à Thomas Jamard, pour son parfaict paye-

ment de la somme de 6043ᴸ à quoy montent les ouvrages qu'il a fait au Collège Royal pendant les années 1665 et 1667........................ 2543ᴸ

19 septembre : à Couvreur, pour son parfait paiement de ses ouvrages de menuiserie au Collège Royal.. 500ᴸ

4 novembre : à luy, pour douze portes qu'il a faites aud. lieu............................ 129ᴸ

28 septembre : à Pierre Le Bastard, à compte des ouvrages de charpenterie qu'il a faits aud. lieu.. 1000ᴸ

Somme de ce chapitre.......... 4172ᴸ

LA BASTILLE.

23 décembre : au s' Boisset, garde du corps du Roy, pour son remboursement de pareille somme qu'il a payée aux ouvriers qui ont basty une chambre sur le corps de garde du pavillon de la Bastille en l'année 1660.. 678ᴸ

CHASTEAU DE VERSAILLES.

MAÇONNERIE.

14 mars-11 novembre : à André Mazière et Antoine Bergeron, à compte des ouvrages de maçonnerie qu'ils font au chasteau de Versailles (9 p.)........ 16200ᴸ

21 juin 1668-15 janvier 1669 : à eux, à compte des ouvrages de maçonnerie qu'ils font au grand canal de Versailles (8 p.)....................... 49000ᴸ

27 aoust : à La Fontaine, maçon, pour plusieurs menues réparations de maçonnerie par luy faites tant au chasteau qu'à la Mesnagerie de Versailles........ 84ᴸ

11 novembre : à Mazereau, à compte des murs de closture du cimetière de Choisy.................. 500ᴸ

22 novembre-3 décembre : à Jacques Gabriel, à compte des ouvrages de maçonnerie qu'il fait pour le nouveau bastiment (2 p.)................ 21000ᴸ

3 décembre : à Nicolas Langlois et Benjamin Guillot, careyers, à compte de pierre de Meudon qu'ils fournissent pour les bastimens de l'allée d'eau............ 3500ᴸ

Somme de ce chapitre.......... 90284ᴸ

CHARPENTERIE.

21 febvrier-17 décembre : à Gaspard Poyot, charpentier, à compte des ouvrages qu'il fait en divers endroits de Versailles (9 p.)..................... 7000ᴸ

7 mars-13 may : à luy, à compte des ouvrages qu'il a faits à la Mesnagerie (2 p.)................ 1100ᴸ

7 mars : à Jean Le Duc, charpentier, pour avoir restably les bateaux qui estoient dans le bassin des cignes. 75ᴸ

Somme de ce chapitre.......... 8175ᴸ

COUVERTURE.

14 mars-3 décembre : à Estienne Yvon, à compte de ses ouvrages de couverture à Versailles (2 p.)... 3200ᴸ

PLOMBERIE.

22 mars 1668-15 janvier 1669 : à Denis Joly, à compte de ses fournitures de plomb pour les parterres, jardins et fontaines de Versailles (8 p.)....... :3500ᴸ

MENUISERIE.

30 mars : à Jean Langlacé, Pierre Dionis, Claude Bergerat, Estienne Carrel et Jean Mavant, pour leur parfait paiement des ouvrages de menuiserie qu'ils ont faits au chasteau de Versailles en 1663...... 2728ᴸ 7ˢ

30 mars-17 décembre : à Grimdois, pour ses ouvrages de menuiserie et plusieurs menues réparations à Versailles, dans le garde-meuble (4 p.)..... 1018ᴸ 8ˢ

3 juin : à Estienne Carrel et Nicolas d'Auxerre, à compte des ouvrages de menuiserie qu'ils ont fait ez années 1662, 1663 et 1661 aud. chasteau...... 1000ᴸ

12 juillet-11 décembre : à Saint-Yves, à compte du retable d'autel qu'il fait pour l'esglise de Versailles (4 p.)........................... 2100ᴸ

28 juillet : A Estienne Bretreau, pour plusieurs menues réparations qu'il a faites tant au chasteau qu'à la Ménagerie............................ 40ᴸ

4 novembre-24 décembre : à Lavier, à compte de ses ouvrages de menuiserie à Versailles (2 p.).... 2500ᴸ

Somme de ce chapitre....... 9386ᴸ 15ˢ

PEINTURE, SCULPTURE ET ORNEMENS.

15 febvrier-31 décembre : A Gilles Guérin, sculpteur, à compte du grouppe de figures de marbre blanc, représentans deux chevaux du Soleil avec deux tritons, qu'il fait pour la Grotte (5 p.)............. 2500ᴸ

A François Girardon et Thomas Regnaudin, sculpteurs, à compte du grouppe de figures de marbre qu'ils font pour la Grotte (6 p.)..................... 4450ᴸ

A Gaspard et Balthazard Marsy, à compte du grouppe de figures de marbre blanc, représentans deux chevaux du Soleil et deux trittons, pour la Grotte (5 p.).. 2500ᴸ

13 may-3 décembre : A Gaspard Marsy, à compte d'une figure de Latonne de marbre blanc qu'il fait pour une fontaine de Versailles (3 p.)............ 2000ᴸ

15 febvrier : à Lemaire, fondeur, pour avoir rajusté plusieurs robinets à la Grotte de Versailles.... 57ᴸ

28 octobre : à luy, à compte des ouvrages de cuivre qu'il a fournis pour les fontaines dud. lieu... 642ᴸ 11ˢ

15 febvrier-28 avril : à Louis Lerambert, sculpteur, à compte des sphinxes de marbre qu'il fait pour Versailles (2 p.).................................. 1200ʰ

5 juillet : à luy, pour son paiement de 800ʰ à quoy monte un ornement de fontaine qu'il a fait...... 200ʰ

28 octobre-17 décembre : à luy, à compte des ornemens de bronze qu'il fait pour les fontaines de Versailles (2 p.)................................... 1400ʰ

15 febvrier-11 novembre : à Jacques Houzeau, sculpteur, à compte des sphinxes de marbre qu'il fait pour Versailles (2 p.)........................... 1200ʰ

7 avril-16 aoust : à luy, à compte des figures de Termes, idem (2 p.)......................... 1200ʰ

17 décembre : à luy, à compte des ouvrages de sculpture qu'il a faits à Versailles............... 1000ʰ

22 mars-31 décembre : à Claude Gouet [1], pour son payement des ouvrages de peinture qu'il a faits en divers endroits du chasteau de Versailles (3 p.)...... 1185ʰ

22 mars : à Colot, fondeur, pour son paiement des robinets qu'il a faits, tant à Versailles qu'à Vincennes, en l'année 1666......................... 378ʰ

15 avril : à Delaunay, pour parfaict payement de la somme de 20619ʰ 6ˢ 11ᵈ à quoy montent les ouvrages de rocaille qu'il a faits à la Grotte de Versailles. 1869ʰ 6ˢ 11ᵈ

28 juillet : à luy, pour avoir réparé et restably lad. Grotte................................... 175ʰ

28 avril : à Caffieri, pour deux bordures qu'il a faites pour poser deux tableaux représentans les veües de Versailles...................................... 400ʰ

7 may-24 décembre : à Duval, fondeur, à compte des enfans et ornemens de bronze qu'il fond pour accompagner des sphings à la Grotte (4 p.)........ 2600ʰ

13 may-11 décembre : à Baptiste Tuby, à compte de l'ornement de fontaine qu'il fait pour le grand jet d'eau [2] qui est au bout du petit parc (5 p.).......... 4200ʰ

21 juin-6 aoust : à Pierre Ménard, marbrier, pour parfaict paiement d'avoir poly et mis en place quatre grandes coquilles dans la Grotte de Versailles (2 p.).. 1116ʰ 3ˢ

28 octobre-4 novembre : à luy, pour avoir retaillé les coquilles de la Grotte (2 p.)............. 408ʰ 6ˢ

5 juillet : à Jean Bersaucourt, à compte de ses ouvrages de treillis en fil de laton.............. 300ʰ

12 juillet-22 novembre : à Pierre Le Gros, à compte des ornemens qu'il fait aux bassins des fontaines de Versailles (3 p.)........................ 1000ʰ

[1] Ou Goy; c'est évidemment le même individu.
[2] Ou la grande pièce d'eau.

20 juillet : à Le Greu, marbrier, pour les réparations de marbres qu'il a faites à Versailles............ 94ʰ

28 octobre-17 décembre : à Paul Goujon, dit La Baronnière, pour son payement de ses ouvrages de peinture et dorure à la Ménagerie de Versailles (3 p.)... 3800ʰ

Somme de ce chapitre... 35876ʰ 6ˢ 11ᵈ [3]

SERRURERIE.

14 mars 1668-15 janvier 1669 : à Estienne Boudet, à compte des ouvrages de serrurerie qu'il fait au chasteau et en divers endroits de Versailles (9 p.)....... 5100ʰ

A Pierre Marie, serrurier, idem, tant au chasteau qu'à la Mesnagerie de Versailles (8 p.).............. 4200ʰ

6 octobre : à luy, pour parfaict paiement des ouvrages de serrurerie qu'il a faits au chasteau de Versailles pendant les années 1664 à 1667........ 335ʰ 7ˢ 10ᵈ

Somme de ce chapitre..... 9635ʰ 7ˢ 10ᵈ

VITRERIE.

22 mars-31 décembre : à la veuve de Lorget, vivant vitrier, à compte et pour parfait payement de la somme de 3665ʰ 13ˢ à quoy montent les ouvrages de vitrerie faits par led. deffunt Lorget en 1663, tant au Louvre, Palais-Royal, qu'à Versailles (8 p.)...... 3665ʰ 13ˢ

31 décembre : à elle, pour payement de tous les ouvrages faits par led. deffunct à la Ménagerie de Versailles en 1664............................ 779ʰ 2ˢ

15 janvier 1669 : à elle, à compte des ouvrages de vitrerie qu'elle a faits en divers endroits des maisons royales pendant l'année 1664............. 1000ʰ

Somme de ce chapitre....... 5444ʰ 15ˢ

JARDINAGES.

23 avril : à Edme Boursaut, terrassier, pour le paiement des ouvriers qui ont travaillé dans le petit parc de Versailles................................ 418ʰ 19ˢ

21 febvrier-7 may : à luy, pour son parfait payement du nettoyement qu'il fait de la bourbe des canaux et bassins de la Mesnagerie (4 p.)............... 1270ʰ

21 febvrier : à luy, pour parfaict payement de 816ʰ pour avoir labouré et planté la pépinière d'ormes dans le petit parc........................... 116ʰ

7 mars-3 décembre : à luy, pour le payement des ouvriers qui ont travaillé, à Versailles, à plusieurs menues ouvrages (8 p.)......................... 2955ʰ 9ˢ 6ᵈ

11 juin 1668-10 febvrier 1669 : à luy, pour payement

[3] L'addition donne, sur le registre comme ici, 35875ʰ 6ˢ 11ᵈ.

de 22960ᵗᵗ pour les terres qu'il transporte au grand canal de Versailles (7 p.).................. 22960ᵗᵗ

5 juillet 1668-10 febvrier 1669 : à luy, pour parfait payement, montant à 6462ᵗᵗ 15ˢ 6ᵈ, des transports de terres et des ouvrages de conroy qu'il fait au réservoir de Versailles (6 p.).................. 6312ᵗᵗ 15ˢ 6ᵈ

7 septembre : à luy, pour le paiement des ouvriers qui arrachent les arbres du canal de Versailles........ 84ᵗᵗ

4 novembre 1668-15 janvier 1669 : à luy, pour parfait payement de 2400ᵗᵗ, à quoy montent les ouvrages de corroy qu'il a fait à l'estang, sur le chemin de Versailles à la Ménagerie (3 p.).................. 2280ᵗᵗ

15 janvier 1669 : à luy, pour son remboursement de pareille somme par luy payée aux ouvriers et chartiers qui ont remply de glaces les glacières du chasteau de Versailles........................... 942ᵗᵗ 15ˢ

21 febvrier : à LE RICHE, pour le paiement des ouvriers qui ont travaillé à remuer et planter les terres du carré de l'Écop¹ et autres menues ouvrages...... 439ᵗᵗ 19ˢ

A THUILEAU, jardinier, pour cinq milliers huict cens petits ormes qu'il a livré pour mettre dans les pépinières de Versailles........................ 87ᵗᵗ

A JACQUES JULIENNE, idem, de trente milliers de petits ormes et autant de charmilles................ 510ᵗᵗ

7 mars : à luy, idem, de douze milliers de petits ormes pour la pépinière..................... 168ᵗᵗ

A MARIN TRUMEL, pour avoir armé des arbres du grand parc.......................... 810ᵗᵗ 10ˢ

7 avril : à luy et HENRY DUPUIS, pour leur parfait paiement de leurs ouvrages dans le petit parc........ 1690ᵗᵗ

22 novembre 1668-15 janvier 1669 : à eux, à compte des rigoles qu'ils font dans le grand parc pour planter des ormes et plants d'arbres (2 p.).......... 1600ᵗᵗ

3 décembre : à eux, à compte des rigoles qu'ils font dans le grand parc de Versailles.............. 6500ᵗᵗ

28 may : à MATHIEU GIHIER, pour avoir fourny 200 bottes de perches pour le petit parc............ 113ᵗᵗ

28 may 1668-10 febvrier 1669 : à PETIT et JACQUES FEUILLASTRE, fontainiers, pour parfait payement des ouvrages de corroy faits pour le grand canal de Versailles (9 p.)........................ 17488ᵗᵗ 3ˢ 4ᵈ

28 may-11 décembre : à ISAYE LE JEUNE, pour parfait payement des terres qu'il a transportées pour faire le grand canal et les deux demy lunes qui sont aux deux bouts, et autres ouvrages (8 p.)........... 21398ᵗᵗ

A VIART et MARON, terrassiers, idem (8 p.).. 28250ᵗᵗ

20 octobre-4 novembre : à eux, pour leur parfaict payement des terres qu'ils ont enlevées des anciennes terrasses du chasteau (2 p.).............. 1424ᵗᵗ 10ˢ

4 novembre : aud. MARON, pour les ouvriers qui ont travaillé à l'enceinte du nouvel attelier....... 33: ᵗᵗ 8ˢ

24 décembre 1668-15 janvier 1669 : à luy, à compte des terres qu'il porte dans le creux de la sablonnière qui est sur le chemin de Versailles à la Mesnagerie pour la remplir (3 p.)......................... 750ᵗᵗ

3 juin : à JEAN MARTINET et EDME BOURSAULT, à compte de la glaise qu'ils fouillent et voiturent pour la bonde d'un estang de Versailles.................... 400ᵗᵗ

5 juillet-11 décembre : à GUILLAUME BARBIER, pour 46 orangers et deux mirthes qu'il a acheptez et voiturez à Versailles........................... 1098ᵗᵗ

12 juillet : à LÉONARD SAINT-LAURENT et JEAN GUINOT², pour parfait payement des terres transportées pour faire le grand canal, les deux demy lunes qui sont aux deux bouts, et autres ouvrages (6 p.)............ 9535ᵗᵗ

16 aoust : à LE CONTE, jardinier, pour avoir arraché et replanté les arbres qui sont dans l'allignement du grand canal............................. 81ᵗᵗ

14 octobre : aux terrassiers qui ont fait des fossez pour couler les eaux par dessoubs le canal....... 328ᵗᵗ 16ˢ

20 octobre : à FOURCHÉ, pour le paiement de plusieurs menues despences dans les jardins de Versailles.. 830ᵗᵗ

A GUILLAUME LE BRETON, pour plusieurs menues despences faites dans les jardins dud. lieu...... 107ᵗᵗ 12ˢ

4 novembre : à luy, pour avoir tracé les allignemens des allées du grand parterre................ 131ᵗᵗ 4ˢ

10 novembre-17 décembre : à LOUIS CHAUVIN, terrassier, pour les tranchées et rigolles qu'il a faites pour écouler les eaues du grand canal (2 p.)........ 1463ᵗᵗ 7ˢ

3 décembre : à la veuve GOURLIER, pour transports de terre faits par led. deffunct GOURLIER, provenans des immondices du potager de Versailles............ 98ᵗᵗ

17 décembre : à PIERRE LE MAIRE, fayencier, pour son payement de plusieurs vases, façon de porcelaine, à mettre des orengers et des fleurs, qu'il a fournis à Versailles........................... 1404ᵗᵗ

6 janvier 1669 : au sʳ BALLON, pour son remboursement de despence qu'il a faicte avec trois jardiniers qu'il a menez en Flandres pour choisir, faire arracher et conduire les ormes et tillots qui ont esté acheptés par le Roy pendant les mois de novembre et décembre derniers, et menez à Versailles....................... 817ᵗᵗ

---

¹ Peut-être l'Ésope du labyrinthe de Versailles.

² Le nom de JEAN GUINOT ne figure qu'au premier payement de 1900ᵗᵗ : à tous les autres, SAINT-LAURENT est seul nommé.

ANNÉE 1668. — SAINT-GERMAIN.

24 décembre 1668 : à Nicolas Binet, terrassier, pour son payement de 14300 petits plans de chastaigniers et 6350 de charmilles, chesnes et autres qu'il a fournis pour le nouveau plan du grand parc de Versailles... 117^{tt} 11'

A Lalun, pour son payement de plusieurs plançons qu'il a fournis pour le nouveau plan du grand parc dud. lieu.................................... 109^{tt}

20 décembre : aux jardiniers de Versailles, pour le dernier quartier de leurs appointemens, sçavoir : à Macé Fouché, ayant l'entretenement du petit parc, 1500^{tt}; à Trunel, ayant celui de l'orengerie et jardin à fleurs, 750^{tt}, et à Mathieu Maçon, ayant l'entretenement du potager, 400^{tt}............................ 2650^{tt}

6 décembre 1668 : au s^r de Leslès, receveur général des finances d'Artois, pour son remboursement de pareille somme qu'il a déboursée pour l'achapt et voiture de 11238 pieds d'arbres, sçavoir : 10340 ypreaux, 830 bois blanc et 68 tilleuls, qu'il a acheptez en Flandres et fait voiturer à Versailles............... 13980^{tt} 4'

8 janvier 1669 : aux jardiniers qui ont esté envoyez en Flandre pour choisir et faire arracher des ypreaux, sçavoir : à Desgots, 100^{tt}; à Octavien, 60^{tt}, et à François Jamedit, 40^{tt}....................... 200^{tt}

15 janvier : à Colin, pour son remboursement de pareille somme par luy payée aux ouvriers qui ont besché les pépinaires de Versailles et qui ont porté les fumiers dud. lieu........................... 92^{tt} 14^s 6^d

A Mathieu Masson, jardinier, pour son remboursement de pareille somme par luy payée en achapt et voitures de fumiers pour le potager de Versailles....... 282^{tt} 14^s

Somme de ce chapitre. 152726^{tt} 15^s 10^d [1]

PAVÉ.

14 mars-11 décembre : à Aubry, à compte des ouvrages de pavé qu'il a faits à Versailles (9 p.)... 5300^{tt}

PARTIES EXTRAORDINAIRES.

13 may : à Louis Borgnon, pour parfait paiement des filets, cordes et toilles qu'il a fournis et livrés pour le Jeu de paulme de Versailles.................... 120^{tt}

21 juin : à Padelin, ramoneur, pour avoir ramonné les cheminées de Versailles et de Saint-Germain. 52^{tt} 4^s

12 septembre-4 novembre : à Nicolas Langlois et Benjamin Guillot, à compte des pierres de Meudon qu'ils fournissent pour les bastimens de l'allée d'eau de Versailles (3 p.).......................... 2200^{tt}

---
[1] L'addition donne 152626^{tt} 11^s 6^d, parce qu'une somme de 307^{tt} 1^s 8^d, réduite à 207^{tt} 14^s, figure à l'addition pour le premier chiffre.

12 septembre : à Mazereau, pour avoir démoly l'église de Trianon et avoir entoisé le moislon........ 170^{tt}

17 décembre : à luy, pour son parfait payement des murs du cimetière de Choisy qu'il a faits avec les démolitions de ceux de l'église de Trianon...... 1179^{tt} 10'

11 décembre : à Edme Boursault, pour son paiement des terres qu'il a portées le long de la chaussée de l'estang et autres lieux...................... 150^{tt}

A Motelet, froteur de parquet, pour son payement d'avoir ciré et mis en couleur et frotté tous les appartemens de la Ménagerie de Versailles.......... 150^{tt}

17 décembre : à Mathurin Girier, fermier des Célestins de Porchefontaine, pour son payement de la paille qu'il a fournye pour couvrir les deux glacières neuves de Versailles............................ 175^{tt}

24 décembre : à Nicolas Le Maire, fondeur, pour son payement de plusieurs robinets, soupapes et raccommodages qu'il a faits aux fontaines de Versailles... 1240^{tt}

Somme de ce chapitre....... 5436^{tt} 14'

CHASTEAU DE SAINT-GERMAIN.

MAÇONNERIE.

28 avril-11 décembre : à Charles de la Rue, maçon, à compte des ouvrages et réparations de maçonnerie qu'il fait en divers endroits des chasteaux de Sainct-Germain (11 p.)........................ 13665^{tt} 13^s 4^d

6 aoust : à luy, pour le payement des terrassiers qui ont transporté des terres en divers endroits desd. chasteaux............................... 410^{tt} 16^s

4 novembre : à Pierre La Cour, pour ouvrages et réparations de maçonnerie à Saint-Germain....... 52^{tt}

Somme de ce chapitre..... 14128^{tt} 9^s 4^d

CHARPENTERIE.

23 avril 1668-15 janvier 1669 : à René du Fay, à compte des ouvrages de charpenterie qu'il a faits en divers endroits desd. chasteaux (11 p.)........ 6200^{tt}

28 septembre : à luy, pour ouvrages de charpenterie faits à l'appartement de M. de Lionne......... 260^{tt}

Somme de ce chapitre......... 6460^{tt}

COUVERTURE.

6 aoust-17 décembre : à Estienne Yvon, couvreur, à compte de ses ouvrages de couverture aux chasteaux de Saint-Germain (3 p.)..................... 3100^{tt}

PLOMBERIE.

Néant.

MENUISERIE.

23 avril-11 décembre : à Charles Lavié, menuisier, à compte des ouvrages de menuiserie qu'il fait auxd. chasteaux (9 p.).......................... 12500tt

23 avril-24 décembre : à Estienne Remy et François Couvreur, à compte des ouvrages de menuiserie qu'ils font à la chapelle du vieil chasteau (3 p.)..... 2400tt

14 mars-22 novembre : à Adrian Milot, menuisier, à compte des ouvrages de menuiserie qu'ils font auxd. chasteaux (3 p.)........................... 1100tt

22 novembre : à luy, à compte de l'appartement de M. de Lionne à Saint-Germain, pendant les années 1665, 1667 et 1668.................... 511tt 5ˢ

A Nicolas Drouet, menuisier, idem...... 99tt 12ˢ

A Michel Sallé, menuisier, idem......... 40tt 15ˢ

Somme de ce chapitre...... 16651tt 12ˢ

PEINTURE, SCULPTURE ET ORNEMENS.

7 avril : au sʳ Dumée, peintre, pour parfaict paiement des ouvrages de peinture qu'il a fait pendant l'année 1664............................. 705tt

7 may-11 décembre : à Jean Poisson, à compte des ouvrages de peinture qu'il a faits en plusieurs endroits dud. chasteau (7 p.).................. 9100tt

28 septembre : à luy, à compte des ouvrages qu'il a faits à l'apartement de M. de Lionne......... 220tt

28 may : à Buister, pour son paiement d'un foyer qu'il a fourny et posé dans la chambre du Roy à Saint-Germain, avec un chambranle, le tout de marbre. 250tt

7 septembre : à Mottelet, pour avoir frotté les planchers des appartemens de Saint-Germain... 119tt 1ˢ 3ᵈ

A Jean Guérault, pour avoir mis et posé des glaces de miroir dans l'apartement de Mᵐᵉ la duchesse de la Vallière à Saint-Germain................. 349tt 4ˢ

31 décembre : au sʳ Jousset, marchand, pour son paiement de 144 glaces qu'il a fournies pour le grand cabinet de Mᵐᵉ la duchesse de la Vallière........... 1440tt

Somme de ce chapitre..... 12183tt 5ˢ 3ᵈ

SERRURERIE.

14 mars-17 décembre : à Louis Boutraict, à compte des ouvrages de serrurerie qu'il a faits en divers endroits des chasteaux de Saint-Germain (10 p.)...... 8600tt

23 avril : à Duchesne, serrurier, à compte des ouvrages faits aud. lieu................... 58tt 10ˢ

28 septembre : à Louis Guillemot, idem.. 184tt 11ˢ

Somme de ce chapitre........ 8843tt 1ˢ

VITRERIE.

14 mars-25 septembre : à Robert Morel, vitrier, à compte des ouvrages de vitrerie faits en divers endroits desd. chasteaux (7 p.)................... 2311tt 14ˢ

23 avril : à Paul Cossette, pour son paiement de ses ouvrages de vitrerie en la court des cuisines à Saint-Germain (2 p.)...................... 106tt 15ˢ 6ᵈ

25 septembre : à Jean Gaultier, vitrier, idem... 65tt

Somme de ce chapitre...... 2483tt 9ˢ 6ᵈ

PAVÉ.

19 septembre-11 décembre : à Antoine Vatel, paveur, à compte des ouvrages de pavé qu'il a faits à Saint-Germain (3 p.)....................... 2200tt

JARDINAGE.

7 avril : à Jean-Baptiste de la Lande, pour le payement des ouvriers qui ont travaillé à fermer deux carrez du grand jardin aud. lieu................ 190tt 6ˢ

16 aoust : à luy, pour le paiement des réparations qui ont esté faites au jardin du boulingrin...... 278tt

19 octobre : à luy, jardinier du boulingrin, par gratification........................... 100tt

7 avril-19 octobre : au sʳ Petit, pour plusieurs menues dépenses qu'il a faites aud. lieu (4 p.).. 1505tt 16ˢ

7 may : à luy, pour le paiement des jardiniers qui ont transplanté des ciprés et des orangers, et autres menues ouvrages qu'ils ont fait au vieil jardin........ 800tt

6 juin : au sʳ Moyer, pour le paiement des ouvriers qui travaillent aux plans de la forest de Laye... 1000tt

Somme de ce chapitre........ 3874tt 2ˢ

PARTIES EXTRAORDINAIRES.

27 aoust-6 octobre : à Marin et Nicolas Faucille, Vincent Brice et Simon Mazurier, vignerons, pour parfait paiement des fossez qu'ils ont faict dans la garenne de Vézinet (3 p.)....................... 883tt 5ˢ

12 septembre : au sʳ Petit, pour plusieurs menues despences qu'il a faites depuis le 18 may jusques au 25 aoust......................... 385tt 13ˢ 8ᵈ

6 octobre : à Trumel, pour avoir fait porter et raporter les orangers et pots à fleurs de Versailles à Saint-Germain............................ 154tt 8ˢ

22 novembre : au sʳ Jousset, pour neuf glaces de Venize qu'il a fournies à l'apartement de Mᵐᵉ la duchesse de la Vallière....................... 900tt

ANNÉE 1668. — VINCENNES.

A Denis Favet, pour avoir vidé une fosse d'aysance dans la court des cuisines.................... 60ᵗᵗ

31 décembre : au sʳ Bertin, concierge du chasteau neuf de Saint-Germain, pour son remboursement de pareille somme par luy payée pour le nettoyement dud. chasteau pendant le séjour du Roy............ 402ᵗᵗ

Au sʳ Soulaigre, concierge du vieil chasteau, pour son remboursement, idem..................... 850ᵗᵗ

Somme de ce chapitre...... 3635ᵗᵗ 6ˢ 8ᵈ

CHASTEAU DE MADRID.

7 mars-28 juillet : à Antoine Cachet, à compte des ouvrages de serrurerie qu'il fait en divers endroits dud. chasteau (2 p.)............................ 400ᵗᵗ

7 mars-11 juin : à Lavié, à compte des ouvrages de menuiserie (2 p.)........................... 1500ᵗᵗ

14 mars-3 décembre : à François Patot, à compte des ouvrages de vitrerie (3 p.).............. 400ᵗᵗ

4 novembre 1668-15 janvier 1669 : à Barbé, maçon, à compte des ouvrages de maçonnerie (3 p.).... 2000ᵗᵗ

Somme de ce chapitre.......... 4300ᵗᵗ

OUVRAGES DU HARAS DE SAINT-LÉGER.

30 mars : aud. Lavié, à compte des ouvrages de menuiserie qu'il fait tant au chasteau qu'au haras de Saint-Léger................................... 1000ᵗᵗ

7 avril : à Pierre Le Gros, à compte des ouvrages de sculpture qu'il fait aux quatre portes du haras de Saint-Léger..................................... 300ᵗᵗ

7 septembre : à Jacques Duclos, pour ouvrages et réparations de menuiserie par luy faits à Saint-Léger. 51ᵗᵗ

12 avril 1669 : à Jacques Duclos, serrurier, pour son payement d'avoir fourny du gros fer et fait d'autres ouvrages de serrurerie...................... 364ᵗᵗ 5ˢ

A Claude et Gilles Barat, maçons, pour les ouvrages de maçonnerie qu'ils ont faits tant au chasteau de Saint-Léger qu'autres lieux en dépendans....... 1146ᵗᵗ 10ˢ

A Nicolas du Tartre, marchand de bois, pour son payement d'avoir fourny la quantité de 323 pièces de bois à bastir pour led. chasteau........... 918ᵗᵗ 13ˢ

A Jean Dablin, charpentier, pour ouvrages de charpenterie.................................... 836ᵗᵗ

A Louis Le Masson, chaufournier, pour six vingts queues de chaux fournies pour les bastimens de Saint-Léger... 840ᵗᵗ

A Estienne Le Lièvre, paveur, pour la façon de 177 toises et demie de pavé................. 710ᵗᵗ

A Estienne Fonget, couvreur, pour ouvrages de couvertures d'ardoise et thuilles............... 503ᵗᵗ

A Jean Fiévé, commis à la conduite des bastimens et réparations dud. chasteau de Saint-Léger, pour son remboursement de pareille somme par luy payée aux ouvriers qui ont travaillé à journées à curer les fossez dud. chasteau et faire un fossé devant la grande porte pour destourner les eaues........................... 533ᵗᵗ

A Jacques Sauvage, voiturier, pour avoir charié des terres pour faire les planchez des écuries dud. lieu et pour plusieurs journées de voitures................ 669ᵗᵗ

A Charles Boit, thuillier, pour 20 miliers de thuilles et 7800 de pavé pour les réparations à faire aud. chasteau.. 309ᵗᵗ 8ˢ

A Guillaume Paris et Jean Errard, plombiers, pour ouvrages de plomberie faits aud. lieu........ 363ᵗᵗ 15ˢ

A François Becot, pour avoir curé et nettoyé les fossez dud. lieu..................................... 150ᵗᵗ

A Claude Colin, marchand de fer, pour son payement de 90 miliers de clous à lattes et ardoises, à raison de 20ˢ le milier, et pour 45 pesées de grands clous, à 20ˢ la pezée, qu'il a fourny pour les ouvrages dud. chasteau de Saint-Léger............................... 135ᵗᵗ

A Jean Pannetier, Philippes et Antoine Pinan, scieurs de long, pour leur payement d'avoir scié des courbes, sollives et chevrons nécessaires pour led. chasteau. 129ᵗᵗ 19ˢ

A Estienne Lasnier, tailleur de pierre, pour les ouvrages de pierre de taille faits pour les escuries dud. lieu.. 210ᵗᵗ 15ˢ

A Guitton, eschalasseur, pour avoir fourny 50 miliers de barreaux de bois pour les planchers desd. escuries. 50ᵗᵗ

A Jean Deron, pour avoir fourny 20 aunes de canevas pour faire des contrevents aux fenestres desd. escuries, 10ᵗᵗ 10ˢ, et à Denis Camelot, pour y avoir raccommodé de vieilles portes et fait 4 douzaines de barres, 6ᵗᵗ 10ˢ... 17ᵗᵗ

A Claude Rousselet, scellier, pour avoir garny les croisées desd. escuries......................... 20ᵗᵗ

A Marie Trescuet et Michel Guitton, pour leur payement de 8000 bottes de bruyères qu'ils ont fourny pour les granges dud. Saint-Léger.................. 80ᵗᵗ

A Vorles Vermant, cloustier, pour son payement du cloud qu'il a fourny pour la roue du moulin de Plancy, sçiz aud. Saint-Léger................... 25ᵗᵗ

Somme de ce chapitre........ 9362ᵗᵗ 5ˢ

CHASTEAU DE VINCENNES.

MAÇONNERIE.

23 avril-17 décembre : à Robert Anglart, maçon, à

compte des murs de terrasse qu'il fait pour soustenir la grande avenue du chasteau de Vincennes (9 p.). 33700ᵗᵗ

19 septembre - 4 novembre : à luy, à compte des terres qu'il transporte dans la grande avenue de Vincennes (3 p.).......................... 6000ᵗᵗ

3 décembre : à Jean Anglart et Estienne Chevreau, terrassiers, à compte des terres qu'ils transportent dans la grande advenue de Vincennes............. 3000ᵗᵗ

23 avril - 3 décembre : à Samuel Mouton, carreyer, à compte des pierres de Saint-Cloud qu'il fournit et voiture à la grande avenue (9 p.).......... 14858ᵗᵗ 10ˢ

A Henry de Fer, carreyer, *idem* (9 p.).. 14547ᵗᵗ 15ˢ

A Louis Potery, carreyer, *idem* (9 p.)..... 12448ᵗᵗ

A Jacques Doucet [1], à compte des pierres d'Arcueil qu'il fournit et voiture aud. lieu (7 p.)....... 7400ᵗᵗ

A Denis Balle, *idem* (3 p.)............. 2000ᵗᵗ

7 mars - 7 may : à Claude du Moulin, pour son parfait paiement de la somme de 4559ᵗᵗ 7ˢ 6ᵈ à quoy montent les fournitures de libages qu'il a fournis et voiturés aud. lieu (2 p.)................... 1659ᵗᵗ 7ˢ 6ᵈ

14 juin - 20 octobre : à Regnaud, à compte des pierres de Saint-Cloud qu'il fournit aud. lieu (4 p.).... 2395ᵗᵗ

27 aoust - 14 octobre : à Simon Pipault, à compte des ouvrages de maçonnerie qu'il fait à la terrasse du chasteau de Vincennes (3 p.)................. 3600ᵗᵗ

3 décembre : à Fiacre Lasnier, terrassier, pour son payement de 90 toises cubes de terre qu'il a transportées dans la grande avenue de Vincennes.......... 225ᵗᵗ

Somme de ce chapitre... 101833ᵗᵗ 12ˢ 6ᵈ

CHARPENTERIE, COUVERTURE, PLOMBERIE.

Néant.

SERRURERIE.

21 avril - 27 aoust : à Claude Le Roy, à compte des ouvrages de serrurerie qu'il a fait au chasteau de Vincennes (2 p.)........................... 700ᵗᵗ

MENUISERIE.

7 avril - 28 septembre : à Jacques Fruitier, menuisier, à compte de ses ouvrages aud. lieu (2 p.)... 600ᵗᵗ

PEINTURE, SCULPTURE ET ORNEMENS.

Néant.

[1] A partir du 28 septembre, Jacques Doucet est remplacé par sa veuve.

VITRERIE.

20 octobre : à Charles Jacquet, à compte de ses ouvrages de vitrerie aud. lieu.............. 300ᵗᵗ

PAVÉ.

Néant.

JARDINAGES ET PLANS D'ARBRES.

23 avril - 14 octobre : à Jean Viart et Claude Maron, terrassiers, pour parfait payement des terres qu'ils transportent dans la grande avenue (8 p.).... 11388ᵗᵗ 4ˢ 4ᵈ

22 mars - 3 juin : à Jacques Julienne et Pierre Heslan, pour parfait payement de la pépinière d'ormes qu'ils font à Vincennes (3 p.)................. 2020ᵗᵗ 18ˢ

5 juillet : à Pierre Heslan, pour le paiement des ouvriers qui ont labouré et arrozé la pépinière d'ormes qui est près de Piquepuce................. 185ᵗᵗ 3ˢ

12 septembre : à luy, pour avoir labouré et arrosé lad. pépinière........................ 75ᵗᵗ

11 décembre : à luy, à compte des ormes qu'il fournit pour regarnir les advenues de Vincennes..... 1300ᵗᵗ

22 mars - 28 juillet : au sr de Montchesny, à compte des caues qu'il fouille ez environs de Montreuil (4 p.). 2400ᵗᵗ

28 avril : à Jean Vignon, jardinier, pour le paiement des ouvriers qui ont travaillé à la melonnière de Vincennes.............................. 147ᵗᵗ

A Robert Lhéritier, pour son paiement des fossés qu'il a fait à Vincennes.................. 171ᵗᵗ

7 may : à Jean Geoffroy, terrassier, pour avoir relevé les fossés de la héronnière................ 100ᵗᵗ

6 octobre : à luy, pour menus ouvrages faits dans le parc.............................. 69ᵗᵗ 12ˢ

12 septembre : à Marc Dagon, pour les terres qu'il a fourny pour les arbres de la grande advenue.... 223ᵗᵗ

6 octobre : à Rigaut, voiturier, pour deux cent vingt neuf voyes de terreau qu'il a menez aux pieds des arbres du cours......................... 259ᵗᵗ 15ˢ

22 novembre : à luy, pour les terres qu'il a portées aux pieds des arbres de la grande avenue....... 92ᵗᵗ

22 novembre - 11 décembre : à Mauclair et Geoffroy, pour le fossé de l'allée qui conduit du jardin de Vincennes au bois des Pins (2 p.).............. 270ᵗᵗ

11 décembre : à eux, à compte des labours qu'ils font aux arbres des avenues de Vincennes et des trous pour planter des arbres aux endroits où il en manque.. 150ᵗᵗ

15 janvier 1669 : à Fiacre, Lasnier et Jacques Chastelain, terrassiers, à compte des labours qu'ils font aux plans de Vincennes...................... 150ᵗᵗ

A Jean Anglart et Lasnier, terrassiers, à compte des terres qu'ils portent pour hausser la grande avenue de Vincennes........................... 400^{lt}

Somme de ce chapitre.... 19401^{lt} 12^s 4^d

PARTIES EXTRAORDINAIRES.

7 mars - 11 novembre : à Richard Le Bastard, commis pour la réception des pierres de libage que les carreyeurs voiturent à l'avenue de Vincennes, pour neuf mois de ses appointemens (5 p.)............... 370^{lt} 10^s

28 octobre : à Dartins, pour son payement de six voyes de pierre qu'il a fournies à la grande advenue..... 88^{lt}

11 décembre : au s^r de Moncheny, à compte des eaux qu'il fouille, aux environs de Monstreuil, pour Vincennes................................ 600^{lt}

A Chevillard, fontainier, pour son payement des nourriture et entretien, pendant les huit premiers mois de la présente année, du cheval qui a travaillé à la pompe de Vincennes, et 23^{lt} 2^s pour avoir soudé dix barres de fer, six crampons et six escroues posé sur les apuis du corps de garde...................... 163^{lt} 2^s

31 décembre : au s^r Petitmaire, pour son remboursement de pareille somme qu'il a payée pour le restablissement des glacières de Vincennes............. 85^{lt}

Somme de ce chapitre....... 1306^{lt} 12^s

CHASTEAU DE FONTAINEBLEAU.

MAÇONNERIE.

22 mars : à Antoine Bergeron, pour son parfaict paiement des ouvrages qu'il a faits au grand canal de Fontainebleau en 1667................... 2895^{lt} 5^s

11 juin : aux héritiers de Tantaise, à compte des ouvrages de maçonnerie faits par le deffunct au chasteau de Fontainebleau pendant les années 1660 à 1663.. 600^{lt}

12 juillet : à Jean Grognet, pour son payement des réparations de maçonnerie aud. chasteau ... 256^{lt} 10^s 6^d

27 aoust : à Mathurin Hansant, pour ouvrages de maçonnerie qu'il a faits dans l'orangerie de Fontainebleau............................. 513^{lt}

27 aoust - 11 novembre : à luy, à compte des tablettes qu'il repose et restablist aux bords du grand canal de Fontainebleau (4 p.)...................... 2700^{lt}

Somme de ce chapitre..... 6964^{lt} 15^s 6^d

CHARPENTERIE.

30 mars - 3 juin : à Jean Jary, charpentier, à compte du restablissement des bateaux qui sont sur le grand canal (2 p.)............................ 260^{lt}

14 octobre - 11 novembre : à Mortillon, pour son paiement des ouvrages de charpenterie qu'il fait aud. lieu (2 p.)................................ 474^{lt}

17 décembre 1668 - 15 janvier 1669 : à luy, pour son parfait paiement de 532^{lt} 10^s à quoy monte la fourniture des chevrons, ais, clais et autres choses nécessaires pour remetre sur pied la couverture de l'orengerie et plaine-terre de Fontainebleau.............. 432^{lt} 16^s

15 janvier 1669 : à luy, pour son remboursement de pareille somme par luy payée aux compagnons charpentiers et autres ouvriers qui ont monté et restably la couverture de lad. orengerie................ 701^{lt} 15^s

Somme de ce chapitre......... 1868^{lt} 11^s

COUVERTURE.

22 novembre : à Jean Grognet, à compte de la couverture de paille qu'il fait à l'orangerie en pleine terre. 200^{lt}

PLOMBERIE.

11 juin - 16 aoust : à André Girard, pour parfait paiement du plomb qu'il fournit pour couvrir la platte-forme du pavillon octogone qui est dans l'estang de Fontainebleau......................... 1314^{lt} 8^s

SERRURERIE.

5 juillet - 22 novembre : à Jacques Rossignol, serrurier, à compte des ouvrages qu'il a faits à Fontainebleau pendant les années 1660 à 1663 (2 p.)...... 1000^{lt}

15 janvier 1669 : à luy, pour son payement de plusieurs menues réparations par luy faites au chasteau de Fontainebleau en l'année dernière.......... 114^{lt} 4^s

Somme de ce chapitre........ 1114^{lt} 4^s

MENUISERIE.

5 juillet : à Pierre Dionis, pour son paiement des augmentations qu'il a faites au grand batteau du canal de Fontainebleau en 1661............. 693^{lt}

31 décembre : à Pierre Cussin, menuisier, pour son payement des réparations qu'il a faites en divers endroits dud. chasteau......................... 217^{lt}

Somme de ce chapitre.......... 910^{lt}

PEINTURE, SCULPTURE ET ORNEMENS.

A la veuve d'Antonio Gally, sculpteur, à compte des ouvrages de stuc faits par led. deffunct en 1661 aud. lieu................................ 500^{lt}

PAVÉ.

11 juin - 16 aoust : à JACQUES DUCHEMIN, paveur, pour son parfait paiement des ouvrages de pavé qu'il a faits tant au chasteau qu'à l'orangerie (3 p.)..... 698ʰ 10ˢ

VITRERIE.

28 juin : à GUILLAUME TISSERANT, vitrier, pour ouvrages de vitrerie aud. chasteau.................. 44ʰ 6ˢ

JARDINAGES.

7 mars - 28 octobre : à LOUIS DESBOUTS, jardinier, pour plusieurs menus ouvrages faits dans le parc de Fontainebleau (3 p.)...................... 821ʰ 10ˢ

28 may : à JACQUES LE FÈVRE, jardinier, pour son paiement des réparations qu'il a faites aux espalliers dud. lieu...................................... 84ʰ

15 janvier 1669 : à luy, à compte de l'aplanissement qu'il fait et raport des terres à la platte-bande du pourtour du canal........................ 150ʰ

13 may - 22 novembre : à CLAUDE BOUYS, pour le paiement des ouvriers qui ont nettoyé les décombres et fumiers de l'orangerie en pleine terre, et autres menues despences (4 p.)...................... 648ʰ 17ˢ

31 octobre : à luy, pour le bois, charbon et chandelle dont il aura besoin pendant l'hiver.......... 300ʰ

21 juin : à JEAN MARTINET, pour ouvrages de corroy qu'il a fait au grand canal................. 82ʰ

28 juin : aux ouvriers qui ont arraché les rozeaux du grand estang (2 p.)..................... 779ʰ 15ˢ

11 novembre : à GALLAND, pour des roseaux et fumier qu'il a fournis pour l'orangerie en pleine terre. 102ʰ 5ˢ

13 décembre : à HAY, concierge de la grande escurie de Fontainebleau, en considération des services qu'il a rendus à S. M. dans l'entretenement des jardins dud. lieu, et de son grand âge..................... 200ʰ

Somme de ce chapitre........ 3168ʰ 7ˢ

PARTIES EXTRAORDINAIRES.

15 avril : à JEAN JAVOLIN, pour son remboursement des menues despences qu'il a faites dans la nouvelle orangerie en pleine terre à Fontainebleau....... 114ʰ 15ˢ

A la veuve DUMONT, terrassier, pour son parfaict paiement des ouvrages de corroy faits par led. DUMONT aux cascades et autres lieux de Fontainebleau en 1661-1662...................................... 669ʰ 14ˢ 8ᵈ

3 juin : aux ouvriers qui ont servy à la pesche de l'estang et carré d'eau de Fontainebleau.......... 138ʰ

Aux nommez RENARD, GRANGÉ et autres, pour avoir travaillé à la pesche dud. estang............. 197ʰ

27 aoust : à la veuve D'ONCULMEN, pour le paiement des ouvriers qui ont fait plusieurs menues ouvrages en 1662 et 1665.......................... 102ʰ 2ˢ 6ᵈ

11 novembre : à FRANÇOIS LAQUAY, pour 1679 livres de bray qu'il a fourny pour godronner la couverture de l'orangerie en pleine terre................ 213ʰ 7ˢ 6ᵈ

11 décembre : à FRANÇOIS LAQUÉ [1], marchand poissier, pour son payement de unze cens de bray qu'il a fourny pour calfeutrer le couvert de lad. orengerie..... 152ʰ

2 décembre : à CLAUDE BOUYS, jardinier, pour plusieurs menues despences faites à l'orangerie en pleine terre (2 p.).................................. 175ʰ 10ˢ

13 janvier 1669 : à GALLAND, pour une demie année de ses gages pour la nourriture des carpes et cignes des estangs et canaux de Fontainebleau, eschue le dernier décembre 1668........................ 541ʰ 4ˢ 3ᵈ

Somme de ce chapitre... 2303ʰ 13ˢ 11ᵈ

BLOIS, CHAMBORD ET AMBOISE.

9 aoust : à LÉONNARD MANGOT, pour avoir carrelé les appartemens du chasteau de Chambort, et autres menus ouvrages....................... 889ʰ 13ˢ

A FRANÇOIS ROUMAGOU, charpentier, pour réparations faites en divers endroits dud. chasteau....... 562ʰ 10ˢ

Aux nommez LOUIS LEDDET, JACQUES LE ROY et LOUIS AIGNAN, marchands de bois, pour leur payement, sçavoir : 342ʰ 12ˢ pour 870 ais de sapin, et 30ʰ 8ˢ pour 94 livres de cloud, à raison de 6ˢ 6ᵈ la livre, qu'ils ont fourny pour les cloisons qui ont été faites aud. lieu........ 373ʰ

A GIRARD, charpentier, pour bois fourny et ouvrages faits aud. lieu...................... 244ʰ 16ˢ

A LE MAIRE, marchand de bois, pour son payement des chevrons, manteaux de cheminées et colombages qu'il a fournis en divers endroits............. 307ʰ 16ˢ

A CUISINIER, maçon, pour menues réparations. 295ʰ

A DESOUCHES, thuillier, pour son payement d'avoir fourny, sçavoir : 23 milliers 1600 de carreau et de brique pour les potagers et cheminées du chasteau de Chambord, à raison de 11ʰ 10ˢ le milier, et 60ʰ pour 20 poinsons de chaux, le tout rendu aud. chasteau....... 331ʰ 8ˢ

A DANIEL HADRAN, maçon, pour son payement d'avoir travaillé 57 journées aux potagers et cheminées du Commun dud. chasteau...................... 57ʰ

---

[1] C'est évidemment le même individu que le LAQUAY de l'article précédent.

A Nicolas Robin et Denis Picard, pour remboursement de pareille somme par eux payée pour plusieurs menues despences faites aud. chasteau pendant que la Cour y a séjourné......................... 46ᴧ

A Margery, vitrier, pour ouvrages de vitrerie faits en divers endroits dud. chasteau............ 339ᴧ 9ˢ 6ᵈ

A Estienne Le Rond, serrurier, pour ouvrages de serrurerie............................ 207ᴧ 17ˢ

A Le Roy, menuisier, idem de menuiserie. 421ᴧ 2ˢ 6ᵈ

A Cristophle Rué et Jacques Touchain, autres serruriers, idem de serrurerie................. 801ᴧ 17ˢ

A Menanteau, menuisier, idem de menuiserie. 506ᴧ 10ˢ

A Joachin Prou, vitrier, idem de vitrerie. 633ᴧ 19ˢ 6ᵈ

22 décembre : aux nommez Thomasseau et Cottereau, 39ᴧ pour avoir balayé et nettoyé le chasteau de Chambort avant l'arrivée du Roy, au mois de..., et 9ᴧ à Jean Baubé, pour avoir fourny aud. chasteau deux barres de fer pesant 40 livres....................... 48ᴧ

A Jean Lhomme, couvreur, ayant l'entretenement des couvertures du chasteau de Blois, pour l'entretien desd. couvertures........................... 2600ᴧ

A Vaçant, marchand de bois, pour son payement de deux poutres qu'il a fournies pour le chasteau de Chambort............................ 500ᴧ

26 febvrier 1668 : à Jean et Macé Cuisinier, maçons, à compte des ouvrages de maçonnerie qu'ils ont faits pour les réparations des murailles du parc du chasteau de Chambort........................... 3000ᴧ

Somme de ce chapitre.... 12165ᴧ 18ˢ 6ᵈ

OUVRAGES FAITS DANS L'ENCLOS DU PALAIS.

5 avril : à Anne Robbe, pour ouvrages de charpenterie par luy faits en divers endroits dud. enclos... 862ᴧ 10ˢ

A Germain Richer, serrurier, pour ouvrages de serrurerie............................ 894ᴧ 1ˢ

A Pierre Girard, menuisier, pour ouvrages de menuiserie............................ 607ᴧ 8ˢ 3ᵈ

A Jean Guernier, vitrier, idem de vitrerie. 571ᴧ 11ˢ

A François Toulmay, vuidangeur, pour son paiement d'une fosse qu'il a vuidé dans l'enclos du Palais... 187ᴧ

11 décembre : à Nicolas Hulot, couvreur, pour son payement de demie année de l'entretenement des couvertures du Palais et ses dépendances, escheüe le 15 may dernier............................. 1000ᴧ

A Pierre Hanicle, maçon, pour payement de 2193ᴧ 3ˢ 6ᵈ à quoy montent les ouvrages qu'il a faits dans la Conciergerie du Palais ez années 1666-1667. 1184ᴧ 3ˢ 6ᵈ

Somme de ce chapitre..... 5306ᴧ 12ˢ 9ᵈ

BIBLIOTHÈQUE DU ROY
ET ACADÉMIE DES SCIENCES.

15 janvier 1669 : au sʳ Colbert, abbé du Bec, pour une année du loyer d'une maison à luy appartenant, sçize rue Vivien, qui est occupée par la bibliotèque du Roy, lad. année escheue le dernier décembre 1668...... 3000ᴧ

20 mars 1669 : au sʳ Gayant, maître chirurgien, pour son remboursement de pareille somme par luy employée en dissections anatomiques par luy faites à l'Académie des Sciences......................... 216ᴧ 7ˢ

20 avril : au sʳ La Beurthe, autre chirurgien, pour son payement d'avoir préparé et monté les squelettes d'un homme, d'une femme, d'une civette et d'un élan, pour lad. Académie......................... 120ᴧ

20 febvrier 1670 : au sʳ Richer, professeur en mathématique, pour son remboursement de plusieurs despences par luy faites pour diverses expériences et observations astronomiques faites aud. lieu................ 336ᴧ

15 mars 1670 : à Pierre Le Petit, idem, par luy employée en achapts de livres pour la bibliotèque. 192ᴧ 10ˢ

24 febvrier 1670 : au sʳ Niquet, ingénieur, idem, en achapts de modelles de machines pour lad. Académie des Sciences........................... 234ᴧ 1ˢ

5 mars 1670 : au sʳ Picard, idem, aux observations de la mesure de la terre.................. 1000ᴧ

6 febvrier 1670 : à Jacques Le Goux, marchand, pour plusieurs papiers fournis au sʳ de Carcavi pour lad. bibliotèque............................ 1191ᴧ

10 mars 1668 : au sʳ Valanty, banquier, pour remboursement de plusieurs livres acheptez en divers endroits d'Italie par le sʳ Gratiani pour lad. bibliotèque. 304ᴧ 5ˢ

14 mars 1668 : à Muguet, libraire, pour son payement d'un livre intitulé : Biblia critica, et d'un autre intitulé : Juris canonici, pour lad. bibliotèque.. 136ᴧ 16ˢ

20 febvrier 1670 : au sʳ Justel, pour son remboursement de pareille somme qu'il a fournie pour achepter et faire aporter d'Angleterre des livres et médailles pour lad. bibliotèque....................... 94ᴧ 8ˢ

Au sʳ Couplet, idem, tant pour plusieurs animaux pour les dissections, que pour plusieurs machines et instrumens pour les expériences de phisique......... 1022ᴧ 7ˢ

10 juillet 1670 : à Martin Chardelle, idem, qu'il a payée au sʳ de Valcourt, gentilhomme flamand, pour diverses médailles antiques d'or, d'argent et de bronze pour led. lieu........................ 1000ᴧ

10 may 1670 : à luy, idem, pour plusieurs essais, ex-

périences et autres accommodemens nécessaires pour lad. Académie.......................... 551ᵗᵗ 11ˢ

10 mars 1670 : à luy, *idem*, et achapts de livres, estampes et médailles pour lad. bibliotèque.. 963ᵗᵗ 5ˢ 10ᵈ

20 febvrier 1670 : au sʳ Robert, peintre en mignature, pour son payement des ouvrages qu'il a faits et fournis and. lieu............................ 2400ᵗᵗ

8 mars 1670 : au sʳ Cotelle, peintre, pour gros ouvrages de peinture qu'il a faits aud. lieu ez années 1666 et 1667........................... 375ᵗᵗ 4ˢ

15 mars 1670 : à Thomassin, graveur, pour divers ouvrages de graveure[1] faits et refaits pour servir à marquer les livres de la bibliotèque............. 615ᵗᵗ

10 avril 1670 : à Bastard, charpentier, à compte de ses ouvrages à lad. bibliotèque en 1667 et 1668.. 200ᵗᵗ

12 avril 1670 : à d'Anglebert, menuisier, pour parfait payement de plusieurs modèles de machines et instrumens pour lad. Académie................ 864ᵗᵗ

15 juillet 1670 : à la veuve Le Maistre, serrurier, pour payement de 1238ᵗᵗ 13ˢ à laquelle montent tous les ouvrages qu'il a faits tant pour lad. Académie qu'à la bibliotèque........................ 238ᵗᵗ 13ˢ

10 mars 1670 : à Tardieu, chaudronnier, pour avoir fourny plusieurs planches de cuivre pour graver des plantes........................... 515ᵗᵗ

8 may 1670 : au sʳ Vaillant, docteur en médecine, pour son remboursement d'achapts de livres et médailles.............................. 485ᵗᵗ 10ˢ

1ᵉʳ juin 1669 : à Pierre Sevin, ingénieur, pour son payement d'un graphomètre garny de son pied et de sa boussole, *idem*......................... 90ᵗᵗ

18 juin 1669 : au sʳ Richer, pour son remboursement de pareille somme employée en achapts de divers instrumens, cartes marines, globes et instrumens nécessaires pour un voyage qu'il doit faire en Amérique..... 300ᵗᵗ

10 juillet 1669 : à Thuret, orlogeur, pour reste et parfait payement de 1990ᵗᵗ à quoy montent les ouvrages d'orlogerie qu'il a faits et fournis à lad. Académie. 1490ᵗᵗ

24 juillet 1669 : au sʳ Bourdelin, pour son remboursement de plusieurs menues despences par luy faites dans le laboratoire de lad. Académie.......... 244ᵗᵗ 17ˢ

Somme de ce chapitre... 18280ᵗᵗ 14ˢ 10ᵈ

---

[1] Évidemment les fers à frapper sur les dos et les plats des reliures du Roi. Les timbres anciens à timbrer à l'intérieur à l'encre grasse existent encore et sont de buis.

GAGES DES OFFICIERS
DES BASTIMENS DE FONTAINEBLEAU ET ENTRETENEMENT DES JARDINS[2].

Au sʳ marquis de Saint-Léger, capitaine concierge dud. chasteau, pour ses gages, outre 1200ᵗᵗ employez dans l'estat des bois dud. Fontainebleau............. 3800ᵗᵗ

A nous, en ladite qualité de surintendant et ordonnateur général desd. bastimens, outre les 1200ᵗᵗ employez dans l'estat des bois de la maistrise de Melun et Fontainebleau........................... 3800ᵗᵗ

Au sʳ Coquinault, garde-meuble, ayant la charge de les faire tendre, nettoyer, etc............. 300ᵗᵗ

A la veuve de Bray, ayant l'entretenement de la moitié du Tybre[3]........................ 800ᵗᵗ

A Nicolas Poiret, jardinier, ayant l'autre moitié, pour ses gages........................... 800ᵗᵗ

A Jean Desboutz, autre jardinier, ayant l'entretenement du petit jardin de l'estang pour ses gages.. 600ᵗᵗ

A Jean Magnan, *idem*, de l'orangerie...... 1200ᵗᵗ

A Claude Bouys, jardinier de l'orangerie en pleine terre.............................. 1500ᵗᵗ

A Cramanigeas, ayant espousé la veuve de Remy Le Roux, auquel Sa Majesté a accordé par brevet la jouissance du logement et du carré qui est au milieu des palissades du jardin des pins, à la charge de le faire planter à ses despens, sans aucuns gages, partant cy... Néant

A Jacques Dorchemer, concierge dud. chasteau de Fontainebleau, pour ses gages................. 45ᵗᵗ

A Jacques Besnard, ayant l'entretenement et nettoyement du jardin de l'hostel d'Albret[4]......... 100ᵗᵗ

A Gabriel Daresse, pour le soing de nettoyer l'estang et canaux......................... 200ᵗᵗ

A Jean Dubois, peintre, ayant l'entretenement des peintures, pour ses gages.................. 600ᵗᵗ

A Jean Grognet, ayant celuy des couvertures.. 2400ᵗᵗ

A André Girard, ayant celuy des plomberies.. 400ᵗᵗ

A Nivelon, ayant l'entretenement et nettoyement du jeu de mas[5], pallissades, etc............. 112ᵗᵗ 10ˢ

---

[2] Ces payements ne portent point de date; mais on lit à la fin du chapitre cette note : «Laquelle somme de 22855ᵗᵗ a esté ordonnée estre payée aux denommez en l'estat par nostre ordonnance au bas d'iceluy, en datte du 18 janvier 1669.»

[3] C'est-à-dire du jardin ou parterre du Tibre (l'abbé Guilbert, II, 108-13).

[4] Voyez l'abbé Guilbert, II, 82-4.

[5] Probablement jeu de masse, où l'on pousse une boule avec une masse.

ANNÉE 1668. — DIVERSES DÉPENSES.

A Pierre Francines, pour le nettoyement des cisternes, réservoirs, regards, conduits, etc. des fontaines.. 720ᴧ
A Jacques Lefebvre, jardinier, ayant l'entretenement des arbres fruitiers du carré du parc.......... 750ᴧ
A Louis Dessoutz, celuy des palissades, plattes-bandes, allées et tapis du parc................. 1000ᴧ
Aux relligieux de la Très-Sainte-Trinité...... 300ᴧ
Aux relligieux de l'hospital de la Charité, pour leur pension et subsistance.................. 1800ᴧ
A Henry Voltigeant, pour l'entretenement de tous les basteaux...................... 200ᴧ
A Martin Jamin, concierge du logis de la Fontaine et jardins en dépendans.................. 150ᴧ
A Nicolas Thierry, concierge du chenil..... 100ᴧ
A Nicolas du Pont et Nicolas du Pont, son fils, à survivance, pour l'entretenement de la vollière.... 600ᴧ
A Charles Desplats, ayant la garde de la basse-cour, des cuisines et offices..................... 50ᴧ
A Robert Jamin, garde de la basse-cour du Cheval Blanc, pour ses gages..................... 37ᴧ 10ˢ
A Jacques Besnard, concierge de l'hostel d'Albret. 25ᴧ
A François Toullet, concierge du pavillon où logent Messieurs les Surintendans des finances......... 50ᴧ
A Jean Hay, concierge de la Coudre......... 15ᴧ
A Jacques Dorcuemer, ayant la charge de touttes les clefs dud. chasteau...................... 300ᴧ
A luy, ayant l'entretenement de l'horloge..... 100ᴧ

Somme de ce chapitre......... 22855ᴧ

CHASTEAU DE MONCEAUX.

La dépense de Monceaux, suivant les ordonnances de M. le duc de Tresme, monte, pendant la présente année 1668, à la somme de............. 9373ᴧ 10ˢ 10ᵈ

Sçavoir (ordonnance de M. Colbert, 29 avril):
A Pierre Fourault, pour ouvrages de maçonnerie aud. chasteau........................ 278ᴧ 10ˢ
A Jean Fourault, pour ouvrages de charpenterie. 72ᴧ
A Nicolas Duval, couvreur............. 8523ᴧ
A luy, pour une année d'entretenement desd. couvertures.......................... 500ᴧ

Somme de ce chapitre....... 9373ᴧ 10ˢ

DIVERSES DESPENSES.

22 janvier: à Mgʳ l'archevesque de Paris, pour son indemnité de la non-jouissance du revenu du prieuré de Versailles pendant l'année 1667............ 1100ᴧ

Au sʳ prieur du prieuré de Saint-Denis de la Chartre, pour son paiement des droits de lots et vente de l'hostel de la Force et ses dépendances, sçize rue du Louvre.. 2150ᴧ
Au sʳ prieur de Choisy, la somme de 953ᴧ, sçavoir: 660ᴧ pour les dixmes qu'il a droict de prendre sur les terres encloses dans le parc de Versailles, compris les menues dixmes de Triannon, pendant l'année dernière 1667; 200ᴧ deus à l'œuvre et fabrique de Saint-Pierre de Choisy pour le revenu du pré Saint-Pierre, et 93ᴧ aussy deus à l'œuvre et fabrique de Notre-Dame de Triannon............................. 953ᴧ
Au sʳ Le Leu, receveur général du revenu de l'archevesché de Paris, pour son paiement des droits de lots et ventes des maisons des sʳˢ marquis de Rostaing, de Beaurins, Seneschal, veuve du sʳ président Nicolay, Brice, Le Doux et consors..................... 5000ᴧ
16 mars: au sʳ Formont, banquier, pour son remboursement de pareille somme qu'il a fait payer à Rome et à Venise au sʳ Seguin, doyen de Saint-Germain-de-l'Auxerrois........................... 4485ᴧ
11 avril: à luy, pour l'entretenement de l'Académie royale de peinture et de sculpture à Rome.... 15000ᴧ
23 juin: à luy, pour pareille somme qu'il a remise à Rome au sʳ Errard..................... 15000ᴧ
26 may: à luy, pour son payement de soixante-quatre blocs de marbre blanc de Gennes et de 364795 livres de plomb d'Angleterre, lesquelles marchandises il a livré pour le Roy......................... 100000ᴧ
15 novembre: à luy, pour pareille somme qu'il a fait payer au sʳ Vanlerven [1], à Leiden, pour les livres que Sa Majesté a fait achepter aud. lieu pour sa bibliotecque... 1200ᴧ
21 décembre: à luy, pour son payement de 162663 livres de plomb d'Angleterre, à 130ᴧ le milier, et 18952 livres d'estain de Cornuailles, à 70ᴧ le cent, lesquelles marchandises il a livrées et mises dans le magazin du Roy............................. 34412ᴧ 11ˢ
17 avril: au sʳ de Bescu, gentilhomme suédois, que Sa Majesté a fait venir en France pour y establir la fonte des canons de fer et la manufacture de l'acier et du fil de lotton, pour ses appointemens depuis le 21 novembre 1666 jusqu'au 21 décembre 1667, à raison de 3000ᴧ, et 600ᴧ pour deux vallets, le tout par an...... 7500ᴧ
23 avril 1668-15 janvier 1669: à Mazières et Bergeron, à compte des ouvrages de maçonnerie qu'ils font à l'Observatoire hors la fausse porte Saint-Jacques (12 p.)........................... 97600ᴧ

---
[1] Voyez plus haut, colonne 239.

18 febvrier 1668 : au s⁽ʳ⁾ Robert, pour son payement de 50 feuilles de mignature de plantes et d'oyseaux, à raison de 22ᵗᵗ chacune, et 50ᵗᵗ pour l'écriture et filets d'or mis sur lesd. feuilles........................ 1150ᵗᵗ

7 mars : au s⁽ʳ⁾ Buister, pour deux models de vases antiques qu'il a vendus au Roy................ 400ᵗᵗ

A Jerosme d'Herbay, pour son paiement de quarante blocs de marbre noir qu'il a vendus au Roy.. 5186ᵗᵗ 5ˢ

Au s⁽ʳ⁾ Beuf, à compte des marbres qu'il doit fournir pour le Roy........................... 3000ᵗᵗ

A Gilles Dubois, pour avoir relié un livre de devises des tapisseries du Roy................... 57ᵗᵗ 10ˢ

14 mars - 4 novembre : à Trumel et Helan, à compte des arbres qu'ils fournissent pour les avenues des maisons royalles (2 p.)........................ 3100ᵗᵗ

14 mars : à Estienne Doyart, pour parfait payement des ouvrages de serrurerie par luy faits en 1665 en divers endroits............................ 87ᵗᵗ 14ˢ 8ᵈ

A Pierre Thevenot, pour le voiage qu'il a fait à Charleroy, y compris les frais des ouvriers qu'il y a menez. 400ᵗᵗ

A Jacques Bailly, pour parfait payement de la somme de 1551ᵗᵗ pour un livre de devises qu'il a peint pour le Roy............................... 151ᵗᵗ

7 septembre : à luy, à compte des devises et médailles qu'il fait en mignature pour le Roy........... 300ᵗᵗ

14 mars : à Jean Camaye, à compte des ouvrages de maçonnerie qu'il a faits au chasteau de Compiègne. 300ᵗᵗ

13 may-11 novembre : à Camaye et Chambois[1], pour une année de l'entretenement des couvertures du chasteau de Compiègne, escheue le 10 octobre 1668 (2 p.). 400ᵗᵗ

22 mars : à Pierre Jumele, pour les ouvrages de peinture qu'il a faits à l'hostel des Ambassadeurs.. 50ᵗᵗ

30 mars : à Jean Hay[2], concierge de la grande escurie de Fontainebleau, pour les premiers six mois de la présente année......................... 100ᵗᵗ

30 mars 1668 - 15 janvier 1669 : à Gabriel, maçon, à compte des ouvrages de maçonnerie qu'il fait en la maison des Gobelins (10 p.)............ 7550ᵗᵗ

29 mars : au s⁽ʳ⁾ Colletet, pour son paiement des œuvres en estampe de Marc Antoine et d'Augustin Vénitien qu'il a vendus au Roy............... 2000ᵗᵗ

A Le Maistre, pour ouvrages de maçonnerie en la maison des Galleriens, proche la Tournelle, à Paris. 145ᵗᵗ 7ˢ

A Vatel, paveur, pour ouvrages de pavé qu'il a faits aud. lieu........................... 69ᵗᵗ 4ˢ 4ᵈ

Au s⁽ʳ⁾ Lavié, pour ouvrages de menuiserie, idem. 137ᵗᵗ

Au s⁽ʳ⁾ Duchesne, ouvrages de serrurerie, idem. 210ᵗᵗ 10ˢ

29 mars - 3 décembre : à Pierre Patel, peintre, à compte des tableaux qu'il fait pour le Roy, où sont représentées les maisons royales (4 p.).......... 1700ᵗᵗ

16 aoust : au s⁽ʳ⁾ Degary, peintre, pour deux paisages du s⁽ʳ⁾ Patel, pour le cabinet du Roy.......... 1200ᵗᵗ

7 avril - 24 décembre : aux prestres de la Mission de Fontainebleau, pour leur entretenement pendant la présente année (2 p.)................. 6000ᵗᵗ

4 avril : aux s⁽ʳˢ⁾ Dippy, Lacroix et Compiègne, en considération du travail qu'ils font à l'inventaire et explication des livres manuscrits et imprimez en langues orientales de la bibliothèque du Roy................ 900ᵗᵗ

4 avril - 27 aoust[3] : au s⁽ʳ⁾ Le Maistre, serrurier, à compte des ouvrages de serrurerie qu'il a faits pour le Roy ez années 60, 61, 62 et 63 (2 p.)............ 4000ᵗᵗ

7 avril : à Guillaume Cascrain, mouleur sculpteur, pour son parfait paiement du moule de la figure de l'Hercule Farnèse.......................... 272ᵗᵗ 6ˢ

7 avril - 24 décembre : à Dionis et d'Anglebert, menuisiers, pour parfait payement de 3762ᵗᵗ 17ˢ 10ᵈ à quoy montent les ouvrages de menuiserie qu'ils ont faits au logement de madame la duchesse de la Vallière en 1666 (2 p.)............................ 3762ᵗᵗ 17ˢ 10ᵈ

11 juin - 28 juillet : aud. d'Anglebert, parfait payement du modèle en bois de l'Observatoire (2 p.)...... 620ᵗᵗ

15 avril : à Jean Cuvier, marchand de bois, pour avoir vendu pour le Roy 50 solives de vingt-deux pieds de long............................. 675ᵗᵗ

21 avril : à François Toulmay, vuidangeur, pour son payement d'une fosse qu'il a vuidé à l'hostel de la Vallière............................. 70ᵗᵗ 17ˢ

12 septembre : à la veuve de Tolmay, pour avoir vidé une fosse au petit hostel de Vandosme..... 69ᵗᵗ 12ˢ 9ᵈ

6 octobre : à Tholmay, pour plusieurs dégorgemens et vidanges qu'il a faites à la Conciergerie du Palais. 80ᵗᵗ

21 avril : à Thomas Le Roy, orfèvre, pour son parfait payement de la garniture d'orfèvrerie ciselée vermeil doré qu'il a faite pour le livre des devises du Roy..... 420ᵗᵗ

25 avril : au s⁽ʳ⁾ Carcavy, pour son payement de 2978 volumes de livres qu'il a vendus à Sa Majesté pour mettre dans sa bibliothèque............... 15340ᵗᵗ 10ˢ

---

[1] Ce nom est aussi écrit Tambois; mais la véritable orthographe est Chambois.

[2] Voyez, sur ce même J. Hay, le chapitre des gages des officiers de Fontainebleau.

[3] Au mois d'août, Le Maistre est remplacé sur le registre par sa veuve.

ANNÉE 1668. — DIVERSES DÉPENSES.

28 avril : à Jean Jacquelin, jardinier, pour son paiement de dix orangers qu'il a vendus pour le Roy. 160ᵗᵗ

9 may : aux sʳˢ Reynon[1], ouvriers en soye de la ville de Lion, pour plusieurs ouvrages et marchandises qu'ils ont vendus et livrés pour le service de S. M. 10921ᵗᵗ 13ˢ

26 may : à eux, pour 9 aunes sept huitièmes de brocat de Venise, à raison de 11ᵗᵗ 11ˢ 3ᵈ...... 1111ᵗᵗ 5ˢ 5ᵈ

4 septembre : à eux, pour plusieurs brocats et estoffes qu'ils ont faites et fournies pour le Roy.. 7750ᵗᵗ 17ˢ 5ᵈ

14 janvier 1669 : aux sʳˢ Silvio et Bernardin Reynon pour leur payement de diverses estoffes or, argent et soye livrées pour le Roy............... 16069ᵗᵗ 2ˢ 11ᵈ

7 may 1668 : au sʳ Natalis, graveur, pour les frais de son voiage du pays de Liège avec sa famille à Paris.

A Thibaut Poissant, à compte de la figure de l'Hercule Farnèse qu'il a fait, qui est présentement dans l'Académie de peinture...................... 700ᵗᵗ

13 septembre : à luy, pour quatre bustes du Roy qu'il a moulez sur celuy du Cavalier Bernin........ 200ᵗᵗ

13 may : aux tailleurs de pierre du Louvre, des Thuileries et de l'Observatoire, par gratification, pour le May de l'Ascencion......................... 600ᵗᵗ

13 may : à eux, pour parfait payement des ouvrages et réparations qu'ils ont faits aud. lieu.... 522ᵗᵗ 13ˢ 6ᵈ

A Sarrazin, pour son paiement des ouvrages et réparations de menuiserie aud. lieu.......... 426ᵗᵗ 6ˢ 6ᵈ

A Castellot, menuisier, idem............ 152ᵗᵗ 8ˢ

21 may : à René Noiset, voiturier, pour avoir mené cinq blocs de marbre depuis le Pont-Rouge jusques à la maison des sʳˢ Marsy..................... 220ᵗᵗ

13 septembre : à luy, pour avoir voituré seize blocs de marbre dans le magazin du Roy............ 268ᵗᵗ

30 avril : à Philippes, marchand de Rouen, pour plusieurs ustancilles contre le feu qu'il a fait voiturer à Paris pour servir aux maisons royalles............. 900ᵗᵗ

15 juillet : au sʳ de Chambré[2], [tant] pour estre venu de la ville du Mans, lieu de son séjour ordinaire, en celle de Paris, que pour avoir vacqué pendant six mois à la visitte et examen des desseins du Louvre.... 4000ᵗᵗ

3 juin : à François Mercier, pour son paiement d'une chaisne de cuivre qu'il a fournie pour un modelle de pompe............................. 145ᵗᵗ

A François et Marin Liards, preneurs de taupes, pour 3724 taupes qu'ils ont pris.......... 651ᵗᵗ 14ˢ

24 décembre : à eux, pour 1937 taupes prises à Versailles, Vincennes et autres maisons royalles. 338ᵗᵗ 19ˢ 6ᵈ

11 juin-17 décembre : à Jacques Somer, pour neuf panneaux de parquet d'ébène et de marqueterie de léton, de trois pieds en carré (3 p.)............... 3150ᵗᵗ

11 juin-24 décembre : à Hubert Misson, sculpteur, à compte d'un globe de marbre blanc qu'il fait et qui doit servir de cadran au soleil (2 p.).............. 600ᵗᵗ

11 juin-6 octobre : à Arnoul Roze, à compte de la despence qu'il a faite aux carrières de Vernon (4 p.). 4800ᵗᵗ

16 juin-16 aoust : au sʳ Vivier[3], mathématicien, à compte des cartes qu'il fait de plusieurs provinces du royaume (2 p.).......................... 1500ᵗᵗ

20 décembre : à luy, à compte de son travail à lever la carte de la Généralité de Paris............ 700ᵗᵗ

21 may : aux sʳˢ Arce, Lalande, Talon, Hubert et Brécourt, à compte des marbres qu'ils se sont obligez de fournir pour les bastimens du Roy........... 4000ᵗᵗ

24 juin : à François Pasquier, marbrier, à cause de la perte qu'il a faite sur le marché du pavé de marbre de marqueterie du Val-de-Grâce............. 600ᵗᵗ

26 juillet : aux sʳ et dame du Mancel, pour le prix des fiefs, maisons et héritages à eux appartenans, scis à Saint-Léger............................. 5530ᵗᵗ

30 may-22 décembre : à Claude Melan, à compte des estampes qu'il fait, représentans les bustes et figures antiques de bronze et de marbre appartenans au Roy (2 p.)............................... 1000ᵗᵗ

5 juillet-6 octobre : à Anne Billon, à compte des pierres de liais qu'il fouille à Senlis pour le Louvre (2 p.).............................. 600ᵗᵗ

5 juillet : à Pierre Boulmaine, pour parfaict paiement de ses ouvrages de serrurerie à la Savonnerie.. 37ᵗᵗ 18ˢ

A Pierre Le Bastard, idem de charpenterie... 445ᵗᵗ

12 juillet : à luy, pour les ouvrages de charpenterie faits à la tour des Galériens de la Tournelle.... 1005ᵗᵗ

11 décembre : à luy, pour parfait payement de 6272ᵗᵗ 14ˢ à quoy montent les ouvrages de charpenterie par luy faits au Collège Royal ez années 1665 et 1667............................. 672ᵗᵗ 14ˢ

20 juillet : à Robert Saglin, charpentier, pour avoir fait la couverture à la pompe de la bibliotecque du Roy............................... 90ᵗᵗ

A Georges Gosselin, pour avoir livré et posé les chaisnes de cuivre à lad. pompe................ 86ᵗᵗ 18ˢ

28 juillet : à Antoine Sainte-Marie, préposé pour avoir l'œil aux matériaux et à la construction de l'Observatoire, pour six mois de travail................ 270ᵗᵗ

---

[1] Ce nom est quelquefois écrit Reymon; mais Reynon semble la véritable orthographe.

[2] Rolland Fréart, sieur de Chambray.

[3] Ou Duvivier.

28 juillet-17 décembre : à Rousselet, graveur, à compte des planches qu'il a grave sur les tableaux du cabinet du Roy (2 p.)........................ 700ᴸ

17 décembre : à luy, pour son payement de la planche qu'il a faite du frontispice du carousel de Sa Majesté fait en 1662 [1]............................. 500ᴸ

6 aoust : à Fresneau, pour son paiement des réparations qu'il a faites aux couvertures du logement où sont les galleriens.................... 290ᴸ 6ˢ 3ᵈ

27 juillet : au sʳ Silvestre, graveur pour deux planches qu'il a gravées représentant la veüe du palais des Thuilleries [2]......................... 600ᴸ

27 aoust : à Claude Chapelain, pour plusieurs fournitures de cloud et de fer blanc qu'il a faites.. 98ᴸ 15ˢ

Au sʳ Chauveau, graveur, pour parfait paiement de 3436ᴸ à quoy montent les planches qu'il a faites pour le carrousel de 1662 [3]................... 936ᴸ

A Jean Harman, à compte d'une table de pierre de rapport qu'il fait pour le Roy............... 300ᴸ

A Hanicle, maçon, à compte de ses ouvrages à la Consiergerie du Palais...................... 1000ᴸ

A Yvon, à compte de ses ouvrages de couverture à l'esglise de Saint-Denis.................... 1000ᴸ

Au sʳ Reusnier, pour estre venu icy d'Alemagne et de Hollande apporter diverses machines......... 3000ᴸ

A Gole, ébéniste, à compte de deux grands cabinets qu'il fait pour le Roy.................... 5000ᴸ

12 septembre : à Guillaume Barrals, pour son payement du dégorgement de l'aqueduc de Rongis.... 650ᴸ

13 septembre : à Girardon, sculpteur, pour et en considération du voiage qu'il va faire en Italie.... 1000ᴸ

28 septembre-11 décembre : à Collot, fondeur, à compte des brides de cuivre qu'il fournit pour la grande conduite des eaues de Rongis (2 p.).......... 4000ᴸ

28 septembre : à Lemaire, à compte de ses ouvrages pour la conduite des eaux d'Arcueil......... 516ᴸ 8ˢ

14 juin : au sʳ Pelissary, trésorier général de la marine, pour quarante-six douzaines et demie de peaux de maroquin de Levant, venus de Marseille, pour employer à la reliure d'une partie des livres de la bibliotecque du Roy............................... 2024ᴸ

10 octobre : à luy, pour son remboursement de pareille somme qu'il a payée à Marseille pour le service du Roy............................ 19024ᴸ 10ˢ

[1] Ce frontispice représente le buste de Louis XIV en avant de la place Royale, où le cortège s'était réuni. (Chalcographie du Louvre, n° 2774.)

[2] Voyez plus haut, colonne 235.

[3] Chalcographie du Louvre, nᵒˢ 2776-2860.

6 octobre : au sʳ Papillon, pour les grandes tranchées qu'il a faites pour la grande conduite des eaues d'Arcueil.............................. 1349ᴸ 9ˢ 9ᵈ

28 octobre : au sʳ Ballon, à compte de la despense qu'il fait à achepter des arbrisseaux pour les maisons royales............................. 500ᴸ

A Mangin, pour le restablissement des binards qui ont servy à voiturer les grandes pierres d'Arcueil. 700ᴸ 10ˢ

20 octobre : à Marsollier et Leduc, pour divers brocats qu'ils ont livrés pour le Roy........ 13439ᴸ 15ˢ

Au sʳ Renard, pour son remboursement des bastimens, terrasses, plants, parterres et palissades qu'il a fait faire aux deux places à luy délaissées au bout du jardin des Thuilleries........................ 60000ᴸ

4 novembre : à Jean Goyon, à compte des godets de cuivre pour la fontaine de la bibliotecque du Roy.

15 novembre : à Pierre Hermier, pour un plancher en forme de marbre qu'il a fait au palais Brion.. 200ᴸ

22 novembre-17 décembre : à Le Roy et Mazeline, plombiers, pour le nettoyement et desgorgement des tuyaux de Rongis, depuis le chasteau jusques au regard du Luxembourg (2 p.).................. 2000ᴸ

A Martin Baudouin, corroyeur, pour trente-six cuirs qu'il a fournis pour emboiter les thuiaux de la conduite des eaux de Rongis.................... 572ᴸ

31 décembre : à luy, pour 20 cuirs, idem.... 375ᴸ

1ᵉʳ décembre : au sʳ Lourdet, pour deux grands tapis de pied, ouvrages de la Savonnerie, pour servir aux Thuilleries............................. 1250ᴸ

16 febvrier : aux entrepreneurs de la manufacture royale des glaces de miroir establie au faubourg Saint-Antoine, la somme de 10000ᴸ pour, avec celle de 15000ᴸ qu'ils ont cy-devant receuë, faire celle de 25000ᴸ, en considération de la grande despence qu'ils ont esté obligez de faire pour l'establissement de lad. manufacture. 10000ᴸ

19 janvier 1669 : au sʳ Consolin, capitaine de la gallère du Roy sur la rivière de Seine, la somme de 1807ᴸ 10ˢ, sçavoir : 450ᴸ pour les appointemens dud. capitaine pendant le quartier d'octobre 1668, à raison de 150ᴸ par mois ; 300ᴸ au comite, à raison de 100ᴸ par mois ; 630ᴸ pour l'entretenement pendant lesd. trois mois des sept forçats servans sur lad. gallère ; 202ᴸ 10ˢ pour le payement pendant une année et demie du louage d'un magazin pour mettre tous les agrés et apparaux de lad. gallère, esclue le dernier décembre aud. an, et 225ᴸ pour la toille cirée pour couvrir lad. gallère...... 1807ᴸ 10ˢ

3 décembre 1668 : à Germain Rivaut, jardinier de l'hostel de la Reine d'Angleterre, pour une demie année

ANNÉE 1668. — DIVERSES DÉPENSES.

de ses gages, escheue le dernier juin de la présente année.................................... 120ᴸᴸ

15 janvier 1668 - 15 janvier 1669 : à Pitau[1], graveur, à compte des planches qu'il grave pour le Roy d'une traduction de Vitruve[2] (2 p.).................. 300ᴸᴸ

11 décembre 1668 : à Langrené, pour les ouvrages de ciment qu'il a faits en la présente année sur des voultes sous les terrasses de l'Observatoire...... 946ᴸᴸ 13ˢ 4ᵈ

Au sʳ Le Clerc, graveur, à compte des planches de divers animaux qu'il grave pour le Roy........... 300ᴸᴸ

17 décembre : à Louis Fourreau, serrurier, pour les menus ouvrages et réparations par luy faites à l'hostel des Ambassadeurs extraordinaires............... 40ᴸᴸ

18 décembre : au sʳ Benard, peintre, pour un tableau en mignature qu'il a fait pour le Roy........ 1200ᴸᴸ

24 décembre : aux terrassiers qui ont remply un foutis à l'Observatoire................... 37ᴸᴸ 10ˢ

Au sʳ Dauvergne, à compte de la despence tant de la voiture que de l'arrachement de la charmille qu'il fait faire à la forest des Lions[3]................... 1000ᴸᴸ

Au sʳ Noblet, pour son remboursement de pareille somme qu'il a deshoursée pour plusieurs menues réparations à l'hostel de la Reyne d'Angleterre.. 169ᴸᴸ 10ˢ 6ᵈ

A Pierre Hanicle, maçon, pour ouvrages de maçonnerie et autres qu'il a faits à la tour de la Tournelle où sont enfermées les gallériens............ 2581ᴸᴸ 6ˢ 4ᵈ

A M. le comte de Brienne, pour le payement de son cabinet de médailles que S. M. a fait achepter pour joindre à son cabinet de médailles et antiques........ 8000ᴸᴸ

4 janvier 1669 : à Pierre Cousturier, pour son payement de 247 journées qu'il a employées à gouverner la machine de la petite armée d'argent de Monseigneur le Dauphin............................ 629ᴸᴸ

13 janvier 1669 : au principal, procureur et boursier du collège de Cambray, pour le desdommagement des bastimens dud. collège qui ont esté abatus pour bastir le Collège Royal, 1000ᴸᴸ, et 180ᴸᴸ pour le logement de trois boursiers qui ont esté deslogés, suivant le concordat fait avec luy le 18 avril 1612.................. 1180ᴸᴸ

15 janvier 1669 : à Gosselin, arquebuzier, pour les ouvrages de cuivre qu'il a faits pour garnir un cadran au soleil pour le Roy.................. 165ᴸᴸ 10ˢ

16 janvier 1669 : aux sʳˢ Cavalier Bernin, pour les pensions que S. M. leur a accordées, scavoir : au sʳ Cavalier père, 6000ᴸᴸ, et 1200ᴸᴸ à son fils....... 7200ᴸᴸ

15 janvier 1669 : à Baltazard d'Ambresne, jardinier venu de Flandres pour accompagner et veoir planter les ypreaux qui en sont venus, par gratification et pour s'en retourner en son pays.................... 300ᴸᴸ

19 may 1668 : à Aubin de la Vigne, marchand de vin, pour son payement de la maison où pend pour enseigne l'image saint Honnoré, acquise au proflit de S. M. pour l'acroissement des bastimens de la manufacture des Gobelins le 15 mars dernier.............. 6100ᴸᴸ

Au sʳ Le Brun, pour son payement d'une place faisant partie d'un jardin au fauxbourg Saint-Marcel, acquise au profit de S. M. lesd. jour et aux mesmes fins cydessus........................ 5317ᴸᴸ 10ˢ

8 juillet : à Marcelin Charlier, ouvrier en soye, pour son payement des velours qu'il a livrez pour le Roy, sçavoir : 2043ᴸᴸ 15ˢ pour 81 aulnes trois quarts de velours rouge cramoisy à quatre poils, à raison de 25ᴸᴸ l'aune; 1635ᴸᴸ 6ˢ 8ᵈ pour 74 aulnes un tiers d'autre velours rouge cramoisy à 22ᴸᴸ l'aune; et 231ᴸᴸ pour 19 aunes un quart d'autre petit velours rouge cramoisy à un poil, à 12ᴸᴸ l'aune.................... 3910ᴸᴸ 1ˢ 8ᵈ

8 décembre : à Gaspard Mansy, sculpteur, pour son payement de quatre tableaux qu'il a vendus au Roy, dont il y en a trois de 3000ᴸᴸ chacun : l'un d'Annibal Carrache, représentant un paysage où il y a une nopce de village; un autre du Dominiquain, représentant un autre paysage où il y a des pescheurs et une fuite en Égypte[4], et l'autre du Guide, représentant un Christ au Jardin des olives[5], et le quatrième, de 1400ᴸᴸ, de Corneille de Polembourg, représentant un paisage où il y a une Diane qui se baigne avec plusieurs nymphes[6], cy..... 10400ᴸᴸ

10 décembre : à la damoiselle Hessin et aux sʳˢ de la Planche, ses enfans, pour leur payement d'une place et des bastimens qui se sont trouvez dessus, sciz aux Gobelins, qu'ils ont vendus au Roy par contract du 26 novembre dernier........................ 5050ᴸᴸ

13 décembre : au sʳ de Lespine, architecte, pour son remboursement des ouvrages de maçonnerie, charpenterie et autres frais et loyaux cousts, despens, dommages et interests qu'il pourroit prétendre pour raison des bastimens qu'il a fait faire sur les places acquises par le

---

[1] Ce nom est écrit aussi Pitault.

[2] Pour la traduction de Vitruve, par Perrault, publiée en 1673. Les planches de Pitau sont, comme les autres, à la Chalcographie du Louvre (nᵒˢ 3775-3776).

[3] Sans doute la forêt de Lyons, arrondissement des Andelys (Eure).

[4] Ce tableau paraît être le nᵒ 501, et non pas le nᵒ 491, du catalogue de M. Villot (Louvre, École italienne, 1853).

[5] Au Louvre, catalogue Villot, École italienne, 1853, nᵒ 327.

[6] Au Louvre, catalogue Villot, École flamande, 1853, nᵒ 388.

sʳ de Valentinay, à laquelle acquisition le Roy a été subrogé en remboursant le prix porté par son contract.... 12449ᵗᵗ

17 décembre : au sʳ Charpentier, pour partye du payement d'une maison sçize rue Champfleury, qu'il a vendue au Roy la somme de 24000ᵗᵗ par contract du 11 décembre 1667, payable en six payemens esgaux d'année en année, sçavoir : 4000ᵗᵗ pour le premier d'iceux, escheu le 11 du présent mois, et 4000ᵗᵗ par advance pour le deuxième qui eschera au 11 décembre 1669, dont S. M. l'a voulu gratiffier......... 8000ᵗᵗ

15 janvier 1669 : au sʳ de la Pointe, graveur, pour son payement de la figure d'une gazelle qu'il a gravée et du plan qu'il a fait de Versailles............. 150ᵗᵗ

Au sʳ Liégeard, pour employer à la despence nécessaire de la fouille des marbres du Bourbonnois.. 900ᵗᵗ

30 avril : au sʳ Niquet, en considération du soin particulier qu'il prend de faire faire des modelles de toutes sortes de machines, tant anciennes que modernes. 400ᵗᵗ

3 may : au sʳ Duvivier, jeune architecte françois, pour faire son voyage à Rome pour estudier et se rendre capable de servir S. M.................. 200ᵗᵗ

17 juin : au sʳ de Beauplan, à compte des cartes géographiques qu'il fait pour le Roy............ 1200ᵗᵗ

25 aoust 1668-15 janvier 1669 : au sʳ Caramany, pour une année et demie de la pension que le Roy luy donne pour luy aider à entretenir un haras de cent cavalles d'Espagne en Roussillon, pour les années 1667 et 1668 (2 p.)....................... 3000ᵗᵗ

19 aoust : au sʳ de Bray, peintre, de présent à la Rochelle, où il désigne par nostre ordre les vaisseaux du Roy avec leurs équipages, à compte de son travail. 600ᵗᵗ

4 janvier 1669 : au sʳ Loir, peintre, pour ses apointemens de l'année 1668................. 600ᵗᵗ

11 janvier 1669 : au sʳ Bruant, l'un des architectes du Roy, pour avoir nourry et logé et instruit pendant un an le fils de Laurent Hubac, charpentier, travaillant à la construction des vaisseaux du Roy........... 1200ᵗᵗ

18 janvier 1669 : au sʳ Hubac, que le Roy envoye en Hollande pour y aprendre la manière de construire des vaisseaux................... 600ᵗᵗ

19 janvier 1669 : aux religieux de la Charité, par aumosnes et en considération des malades et blessez au bastiment du Louvre qu'ilz ont traitez en 1668.. 300ᵗᵗ

15 janvier 1669 : aux administrateurs de la Charité de Saint-Germain-en-Laye, pour employer à l'achapt d'une maison pour servir au logement des malades... 1000ᵗᵗ

3 décembre 1668 : à Coeur de Roy, à compte de la despence qu'il fait pour escarir et voiturer à Paris 58 poutres qui ont esté abatues dans la forest de Coucy pour le bastiment du Louvre.............. 8000ᵗᵗ

21 décembre : au sʳ Beaubrun, peintre, trésorier de l'Accadémie royalle de peinture et sculpture establie à Paris, pour la pension de la présente année 1668 que S. M. donne à lad. Académie............. 4000ᵗᵗ

4 febvrier 1669 : à Claude Prée, propriétaire d'une maison proche le Louvre où sont les fours de la Reyne, pour le loyer desd. fours en 1668........... 150ᵗᵗ

20 décembre 1668 : à M. de Beringhen, pour une année (1668) de loyer de sa maison sçize rue Fromenteau, occupée par.... (sic)................ 3300ᵗᵗ

A la veuve Carbonnet, jardinier, pour une année du loyer de son logement.................. 200ᵗᵗ

Au sʳ de Rouvière, curateur des enfans de M. le duc d'Elbeuf, pour une année du loyer de l'hostel de Provence à eux apartenant, occupé par les officiers de S. M. 4000ᵗᵗ

A la dame de Poix, idem, occupé par la grande escurie du Roy....................... 4030ᵗᵗ

Au sʳ Petit, idem, occupé par les femmes de Mᵍʳ le Dauphin et de Madame................. 2200ᵗᵗ

A Anne Carbon, 621ᵗᵗ, sçavoir : 540ᵗᵗ pour une année du loyer du logement des huissiers et valets de chambre de la Reyne, lad. année qui eschera au jour de Noël prochain, et 81ᵗᵗ restans à payer du quartier de Noël 1667. 621ᵗᵗ

Au sʳ Duvoir, pour le loyer du corps de la Halle-Barbier et seize eschopes qui y tiennent, occupés par les mousquetaires de S. M............... 1600ᵗᵗ

A luy, pour une année du loyer de deux maisons sçizes aud. lieu et occupées par les mesmes mousquetaires. 360ᵗᵗ

Au sʳ Roger, idem....................... 360ᵗᵗ

Au sʳ Houelle, idem..................... 360ᵗᵗ

A la veuve Havart, pour une maison, idem... 180ᵗᵗ

Au sʳ Massonnet, idem.................... 360ᵗᵗ

Aux dames Dastrico et Perrier, pour le loyer de quatre maisons, idem................... 1000ᵗᵗ

Au sʳ Puleu, pour le loyer de trois, idem... 540ᵗᵗ

Au sʳ Lescuyer, pour le loyer de quatre, idem.. 720ᵗᵗ

A la dame Cornuel, pour le loyer d'une, idem.. 180ᵗᵗ

A Messieurs Le Camus, pour le loyer de cinq maisons, idem...................... 900ᵗᵗ

25 avril 1668 : au sʳ Le Roux, courtier de change, par gratification, en considération de l'aplication qu'il donne pour l'establissement des assurances dans Paris.. 600ᵗᵗ

8 septembre : au sʳ de Chauvigny, en considération de ce qu'il fait construire deux vaisseaux, l'un de 480 tonneaux, nommé le *Dauphin-Couronné*, et l'autre de 320, nommé la *Gloire-de-Paradis*, à raison de 5ᵗᵗ pour chacun tonneau, suivant l'arrest du Conseil du commerce du

6 décembre 1664, et 400ᵗᵗ pour 40 pièces de drap de Carcassonne qu'il a envoyé dans le Levant...... 5200ᵗᵗ

25 janvier 1669 : au sʳ Ferry, de Toulon, 2400ᵗᵗ par gratiffication pour avoir basty et mis en mer un vaisseau apellé le *Saint-Ciprien*, du port du 400 tonneaux, idem............................. 2400ᵗᵗ

15 janvier 1669 : à Bosse, graveur, pour six planches de plantes ou simples qu'il a gravées.......... 510ᵗᵗ

10 mars 1669 : à luy, pour quatre planches qu'il a gravées, à raison de 85ᵗᵗ chacune............ 340ᵗᵗ

14 mars 1669 : au sʳ Heuès Oneil[1], pour son payement d'avoir traduit de françois en anglois un livre intitulé : Les droits de la Reyne...................... 100ᵗᵗ

3 aoust 1669 : à M. le duc de Noailles, pour son remboursement tant du prix principal que des réparations qu'il a convenu faire à la maison qui apartenoit cy-devant à la dame de Bandeville, scize à l'encogneure des rues Frementeau et de Beauvais, acquise au proffit de S. M. par contract du 26ᵉ avril 1660 et payée des deniers dud. sʳ de Noailles, à condition qu'il en auroit la jouissance tant qu'il plairoit à Sad. M. et que, lorsqu'elle en auroit besoin, lad. somme de 54000ᵗᵗ seroit remboursée aud. sʳ duc de Noailles, ainsy qu'il est plus amplement porté par les lettres-patentes expédiées le 27 juillet 1660, cy. 54000ᵗᵗ

1ᵉʳ septembre 1668 : à Thevenot et Le Maistre, entrepreneurs du restablissement du pont Marie, 12000ᵗᵗ que S. M. leur a ordonnées par forme de prest pour employer au parachèvement desd. ouvrages, pour laquelle somme lesd. entrepreneurs feront leur promesse payable dans les six derniers mois de l'année prochaine 1669 et le courant de l'année suivante 1670, et ce des deniers du péage du pont de bois allant au cloistre Nostre-Dame, duquel péage lesd. entrepreneurs doivent jouir pendant treize années par le bail qui leur a esté fait pour la réfection dud. pont Marie.................. 12000ᵗᵗ

Somme de ce chapitre.... 874877ᵗᵗ 18ˢ 6ᵈ [2]

MANUFACTURES DE FRANCE.

30 mars-25 may : à Josse van Robais, entrepreneur de la manufacture des draps fins à Abeville, 40000ᵗᵗ que S. M. luy a accordées par prest et avance pour dix années sans interests, à compte de celle de 2000ᵗᵗ pour chacun mestier qui luy ont esté promis par lettres-patentes de son establissement (2 p.).................. 40000ᵗᵗ

27 avril : au sʳ Lallemant, pour parfait payement

[1] Hugues O'Neill ?
[2] L'addition donne 874878ᵗᵗ 1ˢ 6ᵈ.

des 30000ᵗᵗ que S. M. luy a accordées en considération de la manufacture des barracans qu'il a establye à la Ferté-sous-Jouarre[3]......................... 10000ᵗᵗ

6 juillet : à la dame de la Petitthière, ayant la direction de la manufacture des points de France establie à Auxerre, 600ᵗᵗ, et pareille somme de 600ᵗᵗ à la dame Dotte, ayant aussy la direction de la mesme manufacture à Reims........................... 1200ᵗᵗ

8 juillet : à Beguin et Rabat, entrepreneurs de la manufacture des bazins et futaines d'Hollande, pour fournir aux frais des voyages pour avoir des ouvriers en Hollande pour l'establissement de lad. manufacture...... 1000ᵗᵗ

6 septembre : aux entrepreneurs de la manufacture des glaces de miroir, en considération de la grande despence qu'ils ont esté obligez de faire pour l'establissement de lad. manufacture et pour l'achapt des maisons et héritages qu'ils ont fait au fauxbourg Saint-Antoine. 15000ᵗᵗ

30 septembre : aux entrepreneurs de la fabrique des tapisseries establie à Beauvais, pour moitié de la somme de 12000ᵗᵗ que nous leur avons accordée pour partie des despences qui ont esté faites pour l'establissement desd. manufactures........................... 6000ᵗᵗ

12 décembre : à Hynard, pour aucunement le desdommager de l'interest de l'advance qu'il a mise dans la manufacture desd. tapisseries de Beauvais, dont il ne luy a point esté tenu compte dans la nouvelle société qui a esté faite pour le soustien de lad. manufacture...... 6000ᵗᵗ

A Langlois, marchand drapier, demeurant à Troyes, directeur de la manufacture des serges façon de Londres, pour divers voyages qu'il a faits pendant la présente année dans tous les lieux où lad. manufacture est establie. 2000ᵗᵗ

19 janvier 1669 : à Savary, 1225ᵗᵗ pour estre distribuées aux ouvriers des manufactures d'Auxerre, sçavoir : 650ᵗᵗ à ceux du point de France; 375ᵗᵗ aux ouvriers de bas de laine, et 200ᵗᵗ à ceux des serges façon de Londres................................. 1225ᵗᵗ

A Aubeblet, dit Le Blanc, pour la despence qu'il a faite de deux mestiers à faire des draps qu'il a establiy à Ormois, près Auxerre..................... 400ᵗᵗ

Aux sʳˢ Landais et Jacquier, interessez à la manufacture des serges façon de Londres et des bas de laine façon d'Angleterre, à compte de la somme de 50000ᵗᵗ qui leur doit estre payée pour moitié de celle de 100000ᵗᵗ qu'ils ont advancée pour l'establissement desd. manufactures, le tout suivant et conformément à l'arrest du Conseil du 9ᵉ dud. mois de janvier.................. 30000ᵗᵗ

[3] Le même Lallemant était porté à la date du 12 décembre pour une somme de 20000ᵗᵗ prêtée pour six ans sans intérêts ; mais l'article a été annulé.

22 juin 1668 : aux s^rs Berthelot et Le Vau, entrepreneurs de la manufacture des canons de fer en Nivernois, 12000^lt, pour partie du desdommagement de la perte qu'ils ont faite de l'establissement de lad. manufacture, lequel ils ont remis par ordre du Roy entre les mains du s^r de Besch, gentilhomme suédois, auquel S. M. a accordé le priviléige de la fonte desd. canons à l'exclusion de tous autres...................... 12000^lt

12 décembre : au s^r Pennautier, 14322^lt 15^s, sçavoir : 12600^lt pour la perte qui a esté faite sur 300 pièces de draps qu'il fit venir de Carcassonne en 1666 pour débiter en cette ville de Paris et diminuer par ce moyen le débit des draps façon d'Hollande et d'Angleterre, et 1722^lt 15^s pour diverses pièces de draps qui ont esté distribuées par ordre du Roy............................... 14322^lt 15^s

7 décembre : à Jacques Long, marchand de la ville de Marseille, pour la pistolle que le Roy luy a accordée pour 300 pièces de drap manufacturé, de sa perte, qu'il a envoyé en Levant, à raison d'une pistolle par pièce. 3520^lt

15 febvrier 1669 : à Lourdet, pour parfait payement de 112 aunes un huitième de tapis de la manufacture de la Savonnerie, sçavoir : 16 aunes et demie carrées d'un tapis particulier qu'il a fourny pour le service du Roy, et 95 aunes cinq huitièmes, aussy carrées, faisant partie des grands tapis ordonnez pour la grande gallerie du Louvre............................. 136^lt 14^s 6^d

23 may : à luy, à compte des tapis façon de Turquie, ouvrage de la Savonnerie, qu'il fait pour lad. grande galerie du Louvre....................... 15000^lt

15 febvrier 1669 : à La Croix, tapissier, 18398^lt 7^s 4^d pour son payement des ouvrages de tapisseries par luy faits en la manufacture royalle des Gobelins pendant l'année 1668, sçavoir : 5173^lt 2^s 3^d pour le prix de 40 aulnes 11 bastons dix seizièmes d'ouvrages de tapisserie qui ont esté faits sur neuf pièces des Saisons, à 127^lt l'aune carrée; 6780^lt 1^d idem pour 53 aunes qui ont esté faites sur douze pièces d'entre-fenestre, au mesme prix; et 6445^lt 5^s pour 50 aunes 12 bastons de tapisserie qui ont esté faits sur quatre pièces des Élémens, au prix de 127^lt......................... 18398^lt 7^s 4^d

A Le Febvre, autre tapissier, 9861^lt 5^s pour son payement des ouvrages de tapisserie par luy faits aud. lieu, sçavoir : 1733^lt 6^s 8^d pour 4 aunes 5 bastons un tiers d'ouvrages faits sur une pièce de l'Histoire du Roy, à raison de 400^lt l'aune carrée; 770^lt 6^s pour 3 aunes 13 bastons dix seizièmes de tapisseries faites sur une pièce des Actes des Apostres, à 200^lt l'aune; 5143^lt 17^s 4^d pour 24 aunes et demie demy quart d'ouvrages faits sur quatre pièces de l'Histoire d'Alexandre, à 210^lt l'aune;

et 2213^lt 15^s pour 9 aunes 10 bastons d'ouvrages faits sur une pièce des Mois, à 230^lt l'aune carrée. . 9861^lt 5^s

15 febvrier 1669 : à Jans, tapissier, 31263^lt 5^s 9^d pour son payement des ouvrages de tapisserie par luy faits pour le service de S. M. en la manufacture royalle des Gobelins pendant l'année dernière 1668, sçavoir : 297^lt 18^s 4^d pour une aune 7 bastons deux tiers de tapisserie faite sur une pièce des Actes des Apostres, à 200^lt l'aune carrée de France; 1060^lt 8^s pour 7 aunes 3 bastons et demy faits sur deux pièces des Saisons et une pièce d'entrefenestre, à 230^lt l'aune; 10847^lt 9^s pour 24 aunes et un baston onze seizièmes d'ouvrages faits sur cinq pièces de l'Histoire du Roy, à 450^lt l'aune; 2327^lt 17^s 6^d pour 11 aunes un baston faits sur quatre pièces de l'Histoire d'Alexandre, à 210^lt l'aune; 2905^lt 14^s pour 12 aunes dix bastons et demy quart d'ouvrages faits sur deux pièces des Eslemens, à 230^lt l'aune; 3672^lt 15^s pour 15 aunes 15 bastons et demy faits sur deux pièces des Mois, à 230^lt l'aune; 1661^lt 14^s pour 6 aunes 10 bastons cinq seizièmes d'ouvrages faits sur deux pièces arabesques à fonds d'or; et 7890^lt pour 43 aunes 13 bastons un tiers faites sur l'Histoire de Méléagre en six pièces, à 180^lt l'aune......................... 31263^lt 5^s 9^d

A Laurent, autre tapissier, 6787^lt 7^s 7^d pour son payement des ouvrages de tapisserie qu'il a faits en lad. manufacture, sçavoir : 883^lt 11^s 10^d pour 4 aunes 6 bastons onze seizièmes d'ouvrages de tapisserie faits sur une pièce des Actes des Apostres, à 230^lt l'aune carrée; 1897^lt 10^s pour 8 aunes 4 bastons faites sur deux pièces des Eslemens de la Terre et la saison de l'Hyver, aussy à 230^lt; 225^lt pour 13 bastons faits sur une pièce du Roy[1], à 400^lt l'aune; et 3681^lt 5^s 9^d pour 17 aunes 8 bastons et demy faits sur trois pièces de l'Histoire d'Alexandre, à 210^lt l'aune....................... 6787^lt 7^s 7^d [2]

Au s^r Yvart, peintre, 16081^lt 11^s pour son remboursement de pareille somme par luy payée pour les desseins et peintures qui ont esté faits en lad. manufacture, sçavoir : 11919^lt 1^s pour les peintures des desseins de tapisseries, et 4162^lt 10^s pour le prix de 115 aunes et demye et demy quart carré des desseins de tapis de pied, à raison de 36^lt l'aune..................... 16081^lt 11^s

A Rognon, concierge de lad. manufacture, pour son remboursement de pareille somme qu'il a payée pour le logement des tapissiers et autres ouvriers qui ont logé hors de lad. manufacture en 1668......... 1676^lt 5^s

---

[1] Probablement de l'Histoire du Roy.

[2] Les quatre sommes comprises dans cet article donnent un total de 6687^lt 7^s 7^d, au lieu de 6787^lt 7^s 7^d.

A Prou, menuisier, pour son payement des ouvrages qu'il a faits en divers endroits de la maison de lad. manufacture pendant lad. année, sçavoir : 325ᵗᵗ pour ouvrages de menuiserie faits au mestier à tapisseries et autres lieux, et pour autres ouvrages faits à l'establissement des trois Florentins travaillans en pierre fine, manière de Florence.................... 725ᵗᵗ 11ˢ

12 febvrier 1669 : à Regnault, serrurier, pour son payement de menus ouvrages de serrurerie qu'il a faits en divers endroits à lad. manufacture en 1668..... 110ᵗᵗ

7 aoust 1668 : au sʳ Le Clerc, cy-devant bourgeois habitant de Tournay, pour son parfait payement de 10000ᵗᵗ qui luy a esté promise pour l'establissement qu'il s'est obligé de faire de la manufacture des moquettes de la Ferté-sous-Jouarre...................... 5000ᵗᵗ

3 septembre : au sʳ Blondet, bourgeois de Paris, pour son remboursement de pareille somme par luy payée aux sʳˢ Grassel, marchand à Neuremberg, et Benedic Bluttner, que S. M. leur a accordée par gratiffication, à l'un et à l'autre, en considération du soin qu'ils ont pris pour engager plusieurs ouvriers en fer blanc de passer en France pour travailler à la manufacture dud. fer blanc qui est establie en Nivernois..................... 1000ᵗᵗ

31 décembre : au sʳ Baptiste Monnoyer, peintre pour les fleurs, travaillant en la manufacture royale des Gobelins, pour ses appointemens de 1668....... 200ᵗᵗ

Au sʳ Nicasius Besnard, autre peintre pour les animaux.. 200ᵗᵗ

Au sʳ Genoël, peintre pour les paisages...... 200ᵗᵗ

Au sʳ Francart, peintre pour les ornemens... 200ᵗᵗ

A Jans, tapissier, travaillant en lad. manufacture, pour ses apointemens de lad. année.............. 150ᵗᵗ

A Le Febvre, idem..................... 150ᵗᵗ

A La Croix, idem...................... 100ᵗᵗ

A Laurent, idem....................... 150ᵗᵗ

A Vessier, autre tapissier rentrayeur, idem.... 30ᵗᵗ

6 janvier 1669 : aud. Jans, en considération de son travail et pour luy donner moyen de continuer et de se perfectionner.......................... 2000ᵗᵗ

1ᵉʳ décembre 1670 : à Claude Riquet, bourgeois de Paris, pour son remboursement de pareille somme qu'il a avancée pour subvenir aux frais extraordinaires qu'il a convenu faire, tant pour l'establissement de la manufacture royale de points de France, que pour la manufacture d'icelle et autres nouvellement establies...... 10000ᵗᵗ

Somme de ce chapitre...... 262088ᵗᵗ 2ˢ 2ᵈ

GAGES ET APPOINTEMENS D'OFFICIERS.

15 avril : à Pierre Ménard, ayant l'entretenement des marbres de la chapelle du Palais-Royal, pour une année de ses gages escheu le dernier mars 1668...... 150ᵗᵗ

15 avril-22 novembre : à luy[1], pour trois quartiers de ses gages escheu le dernier mars, à cause du soin qu'il a de faire tirer les marbres de Carare pour le service du Roy (3 p.)........................... 750ᵗᵗ

13 may-11 novembre : aux jardiniers de Versailles[2], pour trois quartiers de leurs gages de la présente année (3 p.)............................ 7950ᵗᵗ

13 may : à de la Rue[3], pour une année et demie de l'entretennement des terrasses de Saint-Germain-en-Laye (2 p.)............................... 600ᵗᵗ

16 aoust-20 octobre : à Henry Dupuis ayant la conduite des ouvrages du grand canal de Versailles, pour cinq mois de ses appointemens escheus le 15 octobre dernier (2 p.).............................. 500ᵗᵗ

12 septembre 1668-13 janvier 1669 : à Estienne Yvon, couvreur, pour l'entretenement des couvertures des maisons royales en 1668 (2 p.)........ 8290ᵗᵗ

Au sʳ Galland, pour la première demie année de la nourriture des carpes et cignes de Fontainebleau[4]. 541ᵗᵗ 4ˢ 3ᵈ

15 octobre : à M. Vallot, premier médecin du Roy, pour l'entretenement du Jardin Royal des plantes en 1668........................... 21000ᵗᵗ

18 septembre : au capitaine Consolin[5], pour ses gages et entretenement des officiers et chiourmes de la gallère du Roy estant sur la rivière de Seine, et pour la construction d'un corps neuf de brigautin....... 3178ᵗᵗ

8 juillet 1668-6 janvier 1669 : au sʳ Vandermeulen, peintre travaillant aux Gobelins, pour une année de ses appointemens de 1668 (2 p.).............. 6000ᵗᵗ

7 janvier 1669 : au sʳ Le Febvre, controlleur général des Bastimens du Roy, pour trois quartiers de ses gages à

---

[1] Il est appelé une fois Nicolas Ménard; mais c'est bien le même personnage que le Pierre Ménard de l'article précédent.

[2] On trouve leurs noms en marge d'un des payements. Ce sont : Macé Foucher, Marin Trumel et Matuieu Maçon. Le dernier quartier de leurs gages leur fut payé sur le chapitre des jardinages de Versailles, à la date du 20 décembre. (Voyez ci-dessus, col. 257.)

[3] Voyez Maçonnerie de Saint-Germain (col. 258).

[4] Voyez, pour le reste des gages de Galland, le chapitre des parties extraordinaires de Fontainebleau (col. 268).

[5] Voyez les Diverses Dépenses, au 19 janvier 1669 (col. 280).

luy deus à cause de lad. charge pour 1663, ayant esté obmis dans l'estat des bastimens de lad. année.. 4134ᵗᵗ

13 janvier 1669 : au sʳ Petit père, préposé à Versailles pour avoir l'œil sur tous les ouvrages qui s'y font et en haster l'exécution, pour ses appointemens de l'année dernière.................... 3600ᵗᵗ

Au sʳ Petit fils, préposé à Saint-Germain pour avoir l'œil sur tous les ouvrages qui s'y font, pour ses appointemens de l'année dernière................ 1200ᵗᵗ

Au sʳ Fossier, préposé pour peser le fer et le plomb qui se fournit pour les bastimens et pour la diligence des ouvrages, pour ses appointemens de l'année dernière.... .... 1200ᵗᵗ

Au sʳ Descluseaux, commis à la conduite des matériaux des bastimens du Roy, pour ses appointemens de l'année dernière............................ 900ᵗᵗ

A Sainte-Marie, préposé à l'Observatoire pour avoir l'œil sur les ouvrages qui s'y font, pour les six derniers mois de l'année 1668 [1]................. 270ᵗᵗ

A Anglart, pour son payement d'avoir entretenu les couvertures du chasteau de Vincennes pendant l'année dernière........................... 1000ᵗᵗ

A Hullot, couvreur, pour son payement d'une demie année de l'entretenement des couvertures du Palais, escheüe le 15 novembre dernier [2]........... 1000ᵗᵗ

Au sʳ Varin, à compte des médailles et autres ouvrages qu'il fait pour le Roy.................... 6000ᵗᵗ

Au sʳ Petit, par extraordinaire et en considération de sa dilligence aux ouvrages de S. M.............. 300ᵗᵗ

Au sʳ Fossier, idem..................... 600ᵗᵗ

Au sʳ de la Houssaye, architecte, commis pour lever les plans des maisons qui sont aux environs du Louvre, pour le travail qu'il a fait dans les six derniers mois de l'année dernière............................. 600ᵗᵗ

15 janvier 1669 : aux sʳˢ Gessé et Clinchant, concierges du palais des Thuilleries, en considération de la propreté qu'ils entretiennent dans led. palais, pour l'année dernière......................... 2000ᵗᵗ

13 janvier 1669 : à Cosme Petit, portier de la cour du Cheval Blanc de Fontainebleau, pour ses gages de l'année dernière 1668................. 200ᵗᵗ

Somme de ce chapitre des gages non compris dans l'estat............. 71963ᵗᵗ 4ˢ 3ᵈ

[1] Voyez ci-dessus, colonne 278, in fine.
[2] Voyez le chapitre des ouvrages faits dans l'enclos du Palais (col. 269).

GAGES DES OFFICIERS

DES BASTIMENS DE SA MAJESTÉ, JARDINS, ARTS ET MANUFACTURES DE FRANCE, ET DES APPOINTEMENS DES OFFICIERS SERVANS DANS TOUTES LES MAISONS ROYALLES, SUIVANT L'ESTAT CY-APRÈS SIGNÉ LE 17 JANVIER 1669.

GAGES ET APPOINTEMENS DES SUR-INTENDANT, INTENDANT, CONTROLLEURS ET TRÉSORIERS DESD. BASTIMENS.

A nous, en lad. qualité de sur-intendant et ordonnateur général des bastimens, jardins, tapisseries et manufactures, pour nos gages à cause de lad. charge... 12000ᵗᵗ

A nous, en lad. qualité, à cause de lad. charge et pention attribuée et unie à icelle.............. 3000ᵗᵗ

Au sʳ Coquart de la Mothe, conseiller du Roy en ses conseils, intendant et ordonnateur ancien desd. bastimens, pour trois quartiers de ses gages....... 4500ᵗᵗ

Au sʳ Varin, intendant alternatif, pour trois quartiers de ses gages......................... 4565ᵗᵗ

Au sʳ ...... [3], intendant triennal, la somme de 4500ᵗᵗ, pour trois quartiers de ses gages, dont il ne sera rien payé, cy............................ Néant.

Au sʳ Le Nostre, controlleur général ancien, pour trois quartiers idem et augmentations d'iceulx, à cause de lad. charge................... 4080ᵗᵗ 18ˢ 9ᵈ

Au sʳ ......, controleur général alternatif, 3934ᵗᵗ 13ˢ 9ᵈ, pour trois quartiers idem et augmentations, dont il ne sera rien payé, cy.......................... Néant.

Au sʳ Lefebvre, aussy controlleur général, pour trois quartiers et augmentation................. 4134ᵗᵗ

A Mᵉ Antoine Le Menestrel, trésorier général ancien, pour trois quartiers et augmentations............ 2100ᵗᵗ

Au sʳ Charles Le Besgue, aussy trésorier alternatif desd. bastimens, pour trois quartiers de ses gages et augmentations........................ 2100ᵗᵗ

A Mᵉ Sébastien François de la Planche, pour trois quartiers et augmentations................. 2100ᵗᵗ

OFFICIERS QUI ONT GAGES POUR SERVIR GÉNÉRALEMENT DANS TOUTES LES MAISONS ROYALLES ET BASTIMENS DE SA MAJESTÉ.

A Mᵉ Louis Le Vau, premier architecte de S. M., pour ses appointemens, 6000ᵗᵗ, dont il sera entièrement payé, attendu le service actuel qu'il rend à S. M. dans ses bastimens.............................. 6000ᵗᵗ

[3] La place du nom est restée en blanc.

ANNÉE 1668. — GAGES DES OFFICIERS, ETC.

Au s⁻ Le Muet, autre architecte, 1000ᵗᵗ, pour ses gages, dont il sera payé de trois quartiers...... 750ᵗᵗ

Au s⁻ François Le Vau, autre architecte, pour ses gages, 1000ᵗᵗ, dont il sera payé entièrement.... 1000ᵗᵗ

Au s⁻ Le Brun, pour la conduite et direction des peintures de toutes les maisons royalles........... 4800ᵗᵗ

A luy, pour la conduite de la manufacture des Gobelins, la somme de 4000ᵗᵗ, pour parfaire celle de 12000ᵗᵗ à luy accordée par chacun an, y compris 4200ᵗᵗ employées dans l'estat de la Maison du Roy....... 4000ᵗᵗ

Au s⁻ Félibien, historiographe des bastimens du Roy, pour ses gages à cause de lad. charge.......... 1200ᵗᵗ

A Charles Errard, peintre, retenu pour servir S. M., 1200ᵗᵗ, pour ses gages, dont il luy sera payé en la présente année trois quartiers, à cause du service actuel qu'il rend à S. M............................. 900ᵗᵗ

A Henry Champagne, pour ses gages, dont il sera payé seulement de............................. 200ᵗᵗ

A Nicolas Loir, autre peintre, 400ᵗᵗ, dont il sera payé de................................... 200ᵗᵗ

A Nicolas Coipel, idem................... 200ᵗᵗ

A Borzon, idem....................... 200ᵗᵗ

A Jacques Bailly, peintre en miniature, idem.. 200ᵗᵗ

A Patel, autre peintre, idem............... 200ᵗᵗ

A Louis Lerambert, sculpteur, ayant la garde des figures et le soin de tenir netz et polir les marbres des maisons royalles...................................... 400ᵗᵗ

A Gilles Guérin, autre sculpteur, pour ses gages. 200ᵗᵗ

A Jacques Houzeau, autre sculpteur, faisant ordinairement les modelles et ornemens tant au Louvre qu'ailleurs, pour ses gages............................. 200ᵗᵗ

A François Girardon, pour ses gages........ 150ᵗᵗ

A Thomas Regnaudin, idem................ 150ᵗᵗ

A Gaspard Marsy, idem................. 150ᵗᵗ

A Balthasard Marsy, idem................ 150ᵗᵗ

A Buister, idem....................... 150ᵗᵗ

A Mathieu Lespagnandel, idem............. 150ᵗᵗ

A Caffieri, idem....................... 150ᵗᵗ

A .... Baptiste, des Gobelins, idem........ 150ᵗᵗ

A Dominicq Cucci, qui fait touttes les garnitures de bronze des portes et croizées des Thuilleries, idem.. 60ᵗᵗ

A ..... Chauveau, graveur, pour ses gages... 100ᵗᵗ

A Israel Silvestre, graveur, pour les dessins d'architectures, veües et perspectives des maisons royalles, carrousels et autres assemblées................. 400ᵗᵗ

A .... Villedo, maître des œuvres de maçonnerie pour ses gages......................... 600ᵗᵗ

A Sébastien Bruant, idem................ 600ᵗᵗ

A André Mazierre, maçon................ 30ᵗᵗ

A Antoine Bergeron, idem................ 30ᵗᵗ

A Charles Bressy, idem.................. 30ᵗᵗ

A François Dorbay, idem................ 30ᵗᵗ

A Pierre Bréau, idem................... 30ᵗᵗ

A Thomas Jamard, idem................. 30ᵗᵗ

A ..... Gabriel, idem................... 30ᵗᵗ

A Jaques Mazières, idem................. 30ᵗᵗ

A Hanicle, idem...................... 30ᵗᵗ

A Poncelet Cliquin, charpentier............ 30ᵗᵗ

A Paul Charpentier, idem................ 30ᵗᵗ

A Jean Bricart, idem................... 30ᵗᵗ

A Pierre Bastard, idem.................. 30ᵗᵗ

A Pierre Dionis, menuisier............... 30ᵗᵗ

A Jean Anglebert, idem................. 30ᵗᵗ

A Claude Bergerat, idem................. 30ᵗᵗ

A Antoine Saint-Yves, idem.............. 30ᵗᵗ

A ..... Lavier, idem................... 30ᵗᵗ

A ..... Buret, idem.................... 30ᵗᵗ

A ..... Prou, idem..................... 30ᵗᵗ

A Jean Armand, ébéniste................ 30ᵗᵗ

A ..... Somer, autre ébéniste............. 30ᵗᵗ

A Macé, autre ébéniste................. 30ᵗᵗ

A Estienne Dovart, serrurier.............. 30ᵗᵗ

A Denis Duchesne, idem................ 30ᵗᵗ

A Florent Fromentel, idem............... 30ᵗᵗ

A Pierre Vierrey, vitrier................. 30ᵗᵗ

A Pierre Lorget, vitrier................. 30ᵗᵗ

A Jacquet, idem...................... 30ᵗᵗ

A Charles Yvon, couvreur............... 30ᵗᵗ

A Gilles Le Roy, plombier............... 30ᵗᵗ

A Léonnard Aubry, paveur............... 30ᵗᵗ

A Vatel, idem........................ 30ᵗᵗ

A Mathieu Misson, marbrier.............. 30ᵗᵗ

A Jean Padelin et Jean Varisse, ramoneurs de cheminées.................................. 60ᵗᵗ

A Daniel Fossier, garde du grand magazin du Roy où se mettent toutes les démolitions des bastimens.. 400ᵗᵗ

A Charles Mollet, retenu pour travailler aux desseins des parterres et jardins de S. M.............. 500ᵗᵗ

A André Le Nostre, aussy retenu à travailler ausdits desseins................................. 1200ᵗᵗ

Au s⁻ Francines, intendant de la conduitte et mouvement des eaues......................... 2250ᵗᵗ

A luy, pour l'entretenement des fontaines de Rungis, Luxembourg, Croix du Teroir et du Louvre.... 7000ᵗᵗ

A Pierre Francines, ingénieur, pour le mouvement des eaues et ornemens de fontaines........... 450ᵗᵗ

Au s⁻ Perrault, l'un de nos commis ayant le soin de la visite de tous les ouvrages desd. bastimens... 1500ᵗᵗ

Au s' Chertemps, autre commis, tenant sous nous le registre et roolles desd. bastimens............ 900ᴸᴸ

A André Paget [1], commis de l'intendant ordonnateur desd. bastimens en exercice.................. 600ᴸᴸ

A Cristophle Duval, commis du controleur... 600ᴸᴸ

Aux trois premiers commis en tiltre d'office des trois trésoriers généraux desd. bastimens........... 600ᴸᴸ

OFFICIERS SERVANS SA MAJESTÉ
POUR L'ENTRETENEMENT DES MAISONS ET CHASTEAUX CY-APRES DECLAREZ.

LOUVRE.

A René de Louvigny, concierge du chasteau du Louvre, pour tenir nettes les grandes et petites galleries, les ouvrir, pour ses gages..................... 100ᴸᴸ

A Charles Molet, jardinier ayant l'entretenement du jardin neuf du Louvre et des orangers d'icelluy. 1000ᴸᴸ

PALAIS ET JARDIN DES THUILLERIES.

A Henry Jessey [2] et Pierre Clinchant, gardes des clefs du palais des Thuilleries.................. 300ᴸᴸ

A eux, comme concierges de la grande sale des machines, pour leurs gages................... 2000ᴸᴸ

A André Le Nostre, ayant l'entretenement du grand parterre neuf des Thuilleries.............. 3000ᴸᴸ

A Claude Carbonnet, ayant l'entretenement de la haute allée des meuriers blancs, palissades des jasmins, arbres de Judée, pour ses gages................... 300ᴸᴸ

A Pierre Desgotz, ayant celuy des palissades et allées du parc des Thuilleries.................. 900ᴸᴸ

A Françoise Le Nostre, veuve de Simon Bouchard, ayant l'entretenement de l'orangerie........... 900ᴸᴸ

A Guillaume Masson, au lieu de François Le Juge, son beau-père, ayant l'allée des grenadiers..... 1050ᴸᴸ

A Mᵉˡˡᵉ de Guize, ayant la charge de capitaine de la grande vollière du Roy..................... 750ᴸᴸ

COURS DE LA REYNE MÈRE.

A ....., portier de la porte dud. cours du costé des Thuilleries, pour ses gages.................. 20ᴸᴸ

A ....., portier du costé de Chaliot.......... 20ᴸᴸ

PALAIS CARDINAL.

A Nicolas Bouticourt, concierge dud. palais, pour les trois quartiers de ses gages................. 450ᴸᴸ

---
[1] Nom ajouté d'une autre écriture.
[2] C'est évidemment Henri Gissey.

A luy, au lieu de François Huet, dit Poictevin, pour le nettoyement des chambres.................. 225ᴸᴸ

A Henry Jessey et Clinchant, gardes de la salle et (sic) machines dud. palais...................... 225ᴸᴸ

A Jean Guérin, portier des portes de la rue des Bons-Enfans et Richelieu...................... 150ᴸᴸ

A Jean Mousset, portier de la grande porte.... 150ᴸᴸ

Aud. Bouticourt, pour l'entretenement des jardins dud. palais............................. 600ᴸᴸ

COLLÈGE DE FRANCE.

A Macé Bouillette, concierge, pour ses gages.. 25ᴸᴸ

MADRID.

A Jean Ricard, concierge, pour ses gages..... 150ᴸᴸ

SAINT-GERMAIN.

A François Francines, ayant l'entretenement des fontaines et grottes dud. chasteau, pour sesd. gages.. 400ᴸᴸ

A Nicolas Bertrand, ayant celuy des terrasses et descentes dud. chasteau..................... 30ᴸᴸ

A Jean Baptiste de la Lande, ayant l'entretenement du vieil jardin et des nouvelles palissades du parc, à la réserve du grand parterre et allée d'autour...... 500ᴸᴸ

A luy, ayant l'entretenement de l'orangerie dud. Saint-Germain................................ 500ᴸᴸ

A Jean de la Lande, autre jardinier, ayant celuy du grand parterre et des trois allées............. 700ᴸᴸ

A Jean de la Lande, autre jardinier, ayant celuy des allées et palissades de l'enclos du petit bois.. 336ᴸᴸ 10ˢ

A luy, ayant l'entretenement du boulingrin.... 800ᴸᴸ

A luy, ayant celuy du potager.............. 200ᴸᴸ

A Claude Bellier, celuy du potager et des deux parterres à costé de la fontaine de Mercure du chasteau neuf.................................. 450ᴸᴸ

A François Lavechef, au lieu de François Bellier, ayant l'entretenement du jardin et parterre de devant les grottes................................ 450ᴸᴸ

A luy, ayant l'entretenement des canaux et colines (sic), pour ses gages........................... 75ᴸᴸ

A Jacques de la Salle, concierge du pavillon du parc, pour ses gages........................... 180ᴸᴸ

A Guillaume Le Goustillier, pour celuy du jardin du Val, dans le parc...................... 135ᴸᴸ 5ˢ

A Claude Patenostre, concierge du chenil.... 180ᴸᴸ

A Pierre Bertin, concierge et garde-meuble.. 375ᴸᴸ

A Thomasse Le Febvre, veuve Fanchon, ayant l'entretenement de la petite escurie................ 200ᴸᴸ

A Henry Souleigre, au lieu de Catherine Ferraud, sa mère, concierge et garde des meubles du viel chasteau, pour ses gages.......................... 225ᵗᵗ

A luy, ayant l'entretenement de l'horloge...... 75ᵗᵗ

A Jacques Martin, portier du vieil chasteau.... 75ᵗᵗ

A Denis Laloyer, portier du chasteau neuf..... 75ᵗᵗ

A Claude Taillier, portier de la porte du parc au bas des descentes dud. chasteau................... 75ᵗᵗ

A René Dufay, charpentier, pour ses gages..... 30ᵗᵗ

A Millot, menuisier..................... 30ᵗᵗ

A Louis Boutrait, serrurier............... 30ᵗᵗ

A Morel, vitrier....................... 30ᵗᵗ

SAINT-LÉGER.

A ....., concierge du chasteau de Saint-Léger, pour deux quartiers de ses gages................ 225ᵗᵗ

POUGUES.

A Jean Adrian, garde des fontaines de Pougues, pour trois quartiers de ses gages................ 75ᵗᵗ

VINCENNES.

A Jean et Antoine Vignon, ayant l'entretenement de tous les jardins dud. chasteau.............. 2800ᵗᵗ

A ..... Chevillard, fontainier, pour avoir le soin et conduitte de toutes les fontaines............. 600ᵗᵗ

VERSAILLES.

L'entretenement ordinaire des conciergee, jardiniers et autres officiers du chasteau de Versailles a été payé par un fond libellé; partant.................. Néant.

JARDIN MÉDICINAL.

Les gages et entretenement dud. jardin, montant à 21000ᵗᵗ, se payent par estat séparé; partant.... Néant.

HOSTEL DES AMBASSADEURS.

A Sébastien Pouget, concierge dud. hostel, pour ses gages................................. 100ᵗᵗ

CHASTEAU-THIERRY.

Led. chasteau et domaine a esté cy-devant engagé et alliéné à M. le duc de Bouillon; partant...... Néant.

VILLIERS-COTTERETS.

Le chasteau et domaine de Villiers-Cotterets a esté baillé à Monsieur le duc d'Orléans en augmentation de son appanage, cy........................ Néant.

Totalle du conteneu en l'estat des gages des officiers cy-devant monte à.... 100841ᵗᵗ 7ˢ 9ᵈ [1]

Laquelle somme est ordonnée estre payée aux officiers et denommez aud. estat par nostre ordonnance estant au bas d'icelluy en datte du 18 janvier 1669.

PENSIONS ET GRATIFFICATIONS
DES GENS DE LETTRES.

29 décembre : au sʳ Félibien, par gratiffication et en considération de son mérite............... 1200ᵗᵗ

Au Rév. P. Le Cointe, de l'Oratoire, idem, en considération de la profonde connoissance qu'il a de l'histoire ecclésiastique......................... 1500ᵗᵗ

Au sʳ Racine, en considération de son application aux belles-lettres............................ 1200ᵗᵗ

Au sʳ Baluze, en considération de son mérite et de son application aux belles-lettres........... 1200ᵗᵗ

Au sʳ Beaulieu, par gratiffication, en considération de la connoissance qu'il a des langues.......... 1200ᵗᵗ

Au sʳ de Benserade, par gratiffication et en considération de son mérite...................... 1500ᵗᵗ

Au sʳ Huet, de Caen, en considération de son application aux belles-lettres.................... 1500ᵗᵗ

Au sʳ Luéritier, pour luy donner moyen de continuer son application aux belles-lettres [2].......... 1000ᵗᵗ

Au sʳ Fléchier, idem.................... 800ᵗᵗ

Aux sʳˢ de Valois, en considération de leur application à l'estude de l'histoire ecclésiastique et de France. 2400ᵗᵗ

Au sʳ Chapelain, en considération de son mérite et de son application aux belles-lettres............ 3000ᵗᵗ

Au sʳ Conrard, idem.................... 1500ᵗᵗ

Au sʳ abbé de Bourseys, en considération de la profonde connoissance qu'il a des belles-lettres.... 3000ᵗᵗ

Au sʳ Perrault, en considération de son application aux belles-lettres........................ 2000ᵗᵗ

Au sʳ Charpentier, idem................. 1500ᵗᵗ

Au sʳ Corneille l'aisné, en considération des beaux ouvrages qu'il a donnez au théâtre............ 2000ᵗᵗ

---

[1] Je trouve 101541ᵗᵗ 13ˢ 9ᵈ. La table du registre, où sont récapitulées toutes les sommes de chaque chapitre, porte 101841ᵗᵗ 7ˢ 9ᵈ, somme qui se rapproche du chiffre vrai.

[2] A la suite venaient quatre sommes concernant Sorbière, les Valois, Fléchier et Maury, qui ont été rayées «attendu, dit une note qui se trouve en marge, qu'elles sont enregistrées et employées sur le registre de l'année 1667.»

Au s' Cassagnes, en considération de son application aux belles-lettres.................... 1500tt
Au s' Ogier, idem..................... 1500tt
Au s' Godefroy, par gratiffication, à cause de la profonde connoissance qu'il a dans l'histoire...... 3600tt
Au s' Le Laboureur, idem............... 1500tt
31 décembre : au s' Molière, par gratiffication, en considération de son application aux belles-lettres.. 1000tt
Au s' Coustelier, par gratiffication, à cause du travail qu'il fait à la bibliotecque du Roy........... 1200tt
Au s' Seguin, doyen de Saint-Germain-de-l'Auxerrois, par gratiffication, en considération de la profonde connoissance qu'il a dans les médailles.......... 1500tt
1er febvrier 1669 : au s' de Saint-Réal, idem, en considération de son application aux belles-lettres.. 1000tt
Au s' de Varillas, par gratiffication et en considération de son application aux belles-lettres pendant l'année 1668............................ 1000tt
17 octobre : au s' Hugens, mathématicien, pour ses appointemens pendant la présente année...... 6000tt
18 décembre : au s' Cassini, célèbre mathématicien qui est présentement à Boulogne[1], lequel a esté convié par Sa Majesté de venir en France, pour les frais de son voyage............................. 3000tt
Au s' Viviani, premier mathématicien de M. le duc de Toscane, pour la gratiffication que S. M. luy a accordée pour luy donner des marques de l'estime qu'elle fait de son mérite........................ 1200tt
Au s' Carlo Dati, Florentin, des plus fameux de l'Académie de la Crusca, idem................ 1200tt
Au s' Boeclerus, professeur en histoire à Strasbourg, idem........................ 900tt
Au s' Gronovius, premier professeur d'éloquence en l'Académie de Leyden, idem................. 1200tt
Au s' Conringius, premier professeur en médecine à l'Académie d'Helmstad, idem................ 900tt
Au s' Gratiani, secrétaire des commandemens du duc de Modène, idem.................... 1500tt
Au s' Hévélius, eschevin de la république de Dantzik, idem............................ 1200tt
Au s' Vossius, professeur en l'Académie de Leyden, idem............................ 1200tt
Au s' Heinsius, secrétaire latin des Provinces-Unies et leur résident à Stokolm................ 1200tt
Au s' Ferrary, professeur d'éloquence en l'Université de Padoüe........................ 1200tt
22 febvrier : au s' Pequet, par gratiffication, en considération de l'assiduité qu'il a eue de travailler à l'Académie des Sciences, et de son application à l'estude de la phisique et anatomie pendant l'année 1667... 1200tt
Au s' Gallois, en considération de son application aux mathématiques...................... 1500tt
Au s' Couplet, préposé dans l'Académie pour ses recherches des animaux.................... 600tt
29 décembre : au s' de la Chambre, médecin, par gratiffication, en considération de son mérite... 2000tt
Au s' Perrault, médecin, idem........... 2000tt
Au s' Duclos, médecin idem............. 2000tt
Au s' Carcavy, en considération de son application aux belles-lettres....................... 2000tt
Au s' Mariotte, idem.................. 1500tt
Au s' de Roberval, idem................ 1500tt
Au s' Frénicle, en considération de sa profonde science dans les mathématiques................. 1200tt
Au s' Buot, idem..................... 1200tt
Au s' Picard, idem.................... 1200tt
Au s' Marchand, en considération de son assiduité à faire la description des plantes dans lad. Académie. 1200tt
Au s' Bourdelin, idem.................. 1500tt
Au s' Gayant, par gratiffication, à cause de l'assiduité qu'il a à travailler à lad. Académie des Sciences et de son application à l'estude de la phisique....... 1200tt
Au s' Richer, en considération de son assiduité à travailler à lad. Académie................. 1000tt
Aud. Pecquet, par gratiffication, à cause de l'assiduité qu'il a à travailler à lad. Académie.......... 1200tt
Au s' Niquet, idem................... 1200tt
Au s' de Marolles, en considération du travail qu'il fait dans la bibliotecque du Roy.............. 1200tt
17 janvier 1669 : aux s" de Lacroix, d'Ipy et Compiègne, en considération du travail qu'ils font dans lad. bibliotecque à traduire et extraire des livres hébreux, persans, turcs et arabes................ 900tt
Au s' d'Ipy, interprète en langue arabe, en considération du service qu'il rend à S. M. en lad. qualité.. 1000tt
Aud. s' de la Croix, interprète en langue turque, idem............................ 1200tt

Somme de ce chapitre.......... 90300tt

OUVRAGES D'ARGENTERIE.

25 febvrier : à Jean de Viaucourt, orphèvre, la somme de 5270tt 9' 5d pour, avec 86052tt 8d qu'il a cy-devant reçeues, faire 91322tt 10' 1d pour son parfait payement de deux grands bassins avec leurs vases, quatre brancards et deux vases d'orengers avec leurs pieds, le tout d'argent, sçavoir : 12742tt 7d pour les deux bassins et les

[1] Bologne en Italie.

vases, pesans 283 marcs 1 once 2 gros, à raison de 45ᴴ le marc; 52536ᴴ 15ˢ pour les quatre brancards, pesans 1250 marcs 7 onces, à raison de 42ᴴ le marc; 2366ᴴ 4ˢ pour les plateaux des quatre brancards, pesans 71 marcs 5 onces 5 gros, à raison de 33ᴴ le marc; 23585ᴴ 12ˢ 6ᵈ pour les deux vazes d'orengers avec leurs pieds, pezans 561 marcs 4 onces 4 gros, à raison de 42ᴴ le marc; et 91ᴴ 18ˢ tant pour deux vases de cuivre pour les orengers que pour les bois desd. brancards...... 5270ᴴ 9ˢ 5ᵈ

23 may : à luy, à compte des vazes, bassins, chandelliers, buires et seaux d'argent qu'il fait pour le Roy. 3000ᴴ

25 febvrier : à Claude de Villers, orphèvre, la somme de 11691ᴴ 18ˢ 1ᵈ pour, avec 80752ᴴ 1ˢ 2ᵈ, faire celle de 92445ᴴ pour son parfait payement de deux grandes cuvettes d'argent par luy fournies pour le service de S. M., pesans ensemble 2311 marcs 1 once, à raison de 40ᴴ le marc......................... 11691ᴴ 18ˢ 1ᵈ

23 may : à luy, à compte des grandes buires et seaux d'argent qu'il fait pour le Roy (2 p.)........ 57000ᴴ

25 febvrier : à Pierre Gole, ébéniste, pour son payement de vingt-quatre brancards et deux estuis de cuvettes qu'il a livrez pour le service du Roy.......... 1740ᴴ

25 febvrier-23 may : à Balin, orphèvre, à compte des grands ouvrages d'argenterie qu'il fait pour le Roy (2 p.)........................ 17719ᴴ6ˢ 7ˢ 6ᵈ

A Duteil[1], idem (2 p.)........... 78297ᴴ 7ˢ 6ᵈ

A Girard Debonnaire, idem (2 p.)........ 47500ᴴ

A Jean Gravet, idem, à compte des façons de la nef d'or qu'il fait pour le Roy (2 p.)............ 4000ᴴ

23 may : à Thomas Merlin, idem, 6036ᴴ 11ˢ 6ᵈ faisant, avec 79193ᴴ 17ˢ 4ᵈ qu'il a cy-devant reçeues, celle de 85250ᴴ 8ˢ 10ᵈ pour son parfait payement de quatre bassins, quatre vases et quatre brancards qu'il a faits et livrez pour le Roy................... 6036ᴴ 11ˢ 6ᵈ

A luy, à compte de quatre grands bassins, quatre vazes et 12 chandeliers de table d'argent (2 p.). 49443ᴴ 8ˢ 6ᵈ

A René Cousinet, orphèvre, à compte de deux grands bassins, deux grands vazes et douze chandeliers de table, le tout d'argent, qu'il a faits pour le Roy (2 p.). 24000ᴴ

A luy, pour son payement de deux grands vazes pour accompagner deux bassins d'argenterie pesant ensemble 140 marcs 1 once, à 45ᴴ le marc, qu'il a fournis pour S. M.......................... 6305ᴴ 12ˢ 6ᵈ

A Armand Le Roy, guesnier, pour son payement de 14 estuis pour mettre 14 pièces d'argenterie.... 940ᴴ

[1] Ou Dutel.

A Claude Landrin, autre guesnier, pour son payement de 10 estuis, idem....................... 558ᴴ

Somme de ce chapitre...... 499999ᴴ 19ˢ ²

FESTE DE VERSAILLES.

6 juillet-6 aoust : à Ferry Moisy, artificier, pour parfait payement du feu d'artifice qu'il a fait dans le petit parc pour la feste de Versailles (2 p.)........ 3000ᴴ

6 juillet-6 aoust : à Cosme Sautereau, artificier, pour le feu d'artifice qu'il a fait sur la tour de la Pompe, à Versailles (2 p.)............................ 1530ᴴ

6 juillet-26 octobre : à Pierre Liégeois, artificier, pour parfait payement du feu d'artifice qu'il a fait pour la deuxiesme feste (3 p.).................. 2700ᴴ

6 juillet-6 aoust : à Le Maire, fondeur, pour tous les ouvrages de cuivre, robinets, ajustages et ornemens qu'il a faits pour la feste de Versailles (2 p.)........ 2282ᴴ

6 juillet-6 aoust : aux sʳˢ Houzeau, Van Opstal et Estienne Le Hongre, sculpteurs, pour parfait payement des ouvrages de sculpture qu'ils ont faits à la salle du festin (2 p.)................................ 2457ᴴ

6-12 juillet : à Edme Boursault, pour son remboursement des sommes par luy advancées aux ouvriers qui ont travaillé dans le grand et le petit parc de Versailles pour lad. feste jusqu'au 25 juin (4 p.).... 1425ᴴ 5ˢ 6ᵈ

7 juillet : à luy, aux sculpteurs, rocailleurs, menuisiers, jardiniers et maneuvres qui ont travaillé à journées à lad. feste........................... 2178ᴴ 4ˢ 6ᵈ

6 aoust : à luy, pour remboursement de pareille somme par luy payée aux charretiers et manœuvres qui ont travaillé pour lad. feste................... 253ᴴ 9ˢ

16 aoust : à luy, pour remboursement de pareille somme avancée aux bucherons qui ont coupé les feuillées, aux voituriers qui les ont amenées et aux garde-bois qui ont soigné à les faire travailler, comme aussy pour desdommagement des lieux où l'on a passé et des achapts de buis et autres despences................... 2229ᴴ 7ˢ

27 aoust-21 septembre : à luy, pour son remboursement de sommes par luy avancées aux menuisiers, scieurs de long, manœuvres et autres qui ont travaillé aux illuminations de la deuxième feste de Versailles (2 p.)..................................... 1338ᴴ 5ˢ

7 juillet-6 aoust : à Quesnel, rocailleur, pour parfait payement des fournitures et ouvrages de rocailles qu'il a faits à la salle du festin (2 p.)............ 914ᴴ 19ˢ

[2] L'addition donne exactement 500000ᴴ.

16 aoust : à DELAUNAY, autre rocailleur, pour son payement des fournitures de rocailles, idem......... 610⁰ᴴ

6 juillet-27 aoust : à CLIQUIN[1] et CHARPENTIER, charpentiers, pour parfait payement des ouvrages de charpenterie qu'ils ont faits tant à la salle du bal qu'à celle de la première feste de Versailles (2 p.)....... 10625ᴴ 11ˢ

17 décembre : aud. CLIQUIN, pour son payement d'avoir desmoly les salles de lad. feste............. 500ᴴ

6 juillet-6 aoust : à DENIS JOLY, à compte des plombs qu'il a fournis pour lad. feste (3 p.)........ 6000ᴴ

6 juillet-27 aoust : à LAVIER, menuisier, pour parfait payement des ouvrages de menuiserie et fournitures de bois qu'il a faites pour lad. feste (2 p.)... 11962ᴴ 16ˢ

6 juillet-21 septembre : à LOUIS LE HONGRE, peintre, pour parfait payement de ses ouvrages de peinture à la salle de bal de lad. feste (2 p.)......... 2512ᴴ

17 décembre : à luy, pour son payement de deux chapiteaux de colonnes qu'il a fournis pour lad. salle.. 90ᴴ

6 juillet-17 septembre : à ESTIENNE BOUDET[2], serrurier, pour parfait payement de ses ouvrages de serrurerie pour lad. feste, sçavoir : 1827ᴴ.7ˢ pour la salle du bal et 365ᴴ pour celle du festin (2 p.)........ 2192ᴴ 7ˢ

6 juillet-21 septembre : au sʳ CHARMETON, peintre, pour parfait payement de 5164ᴴ 11ˢ à quoy montent les ouvrages de peinture par luy faits tant à la salle du festin que pour les illuminations de la première feste (2 p.)........................... 5164ᴴ 11ˢ

27 aoust-26 décembre : à luy, pour parfait payement des ouvrages de peinture qu'il a faits pour les illuminations de la seconde feste (2 p.)......... 2360ᴴ 16ˢ

6 juillet-21 septembre : à LERAMBERT, sculpteur, pour parfait payement de ses ouvrages de sculpture pour la salle du festin et celle de la collation (2 p.).... 1815ᴴ

6 juillet-17 décembre : à NICOLAS HÉRITIER[3], menuisier, à compte des ouvrages de menuiserie qu'il a faits et continue de faire pour les illuminations de lad. feste (3 p.)............................ 2440ᴴ

6 juillet-6 aoust : à CLAUDE LEPAGE, tourneur, pour parfait payement de 290ᴴ 2ˢ à quoy montent les ouvrages qu'il a faits à la salle du festin (2 p.)........ 290ᴴ

6 juillet-6 aoust : à FRANÇOIS LALLOUETTE, ouvrier en fer blanc, pour parfait payement des chandeliers, lampes et autres ouvrages qu'il a faits pour la salle du festin (2 p.)........................... 1363ᴴ 10ˢ

---

[1] Au second payement, CLIQUIN est seul nommé.
[2] Ou BOUTET.
[3] Ou HERTIER.

26 octobre : à luy, pour ouvrages de fer blanc qu'il a faits et fournis pour l'augmentation de lad. feste. 254ᴴ 15ˢ

6 juillet-6 aoust : à LOUIS HUBERT, voiturier, pour parfait payement des voitures de bois qu'il a faites pour la salle du festin (2 p.)..................... 748ᴴ

26 décembre : à luy, pour son payement d'avoir fait sept voyages de Paris à Versailles avec sa charette pour apporter des ustancilles nécessaires pour lad. seconde feste de Versailles........................... 77ᴴ

6 juillet-6 aoust : à CLAUDE CHAPELLAIN, marchand de fer, pour parfait payement des clous et autres marchandises de fer qu'il a fournis pour la salle du festin (2 p.)............................. 647ᴴ 2ˢ 6ᵈ

6 juillet-6 aoust : à VALLET, doreur, pour son parfait payement des ouvrages de dorure, figures, guerdons et girandoles qu'il a faites pour lad. feste.. 1304ᴴ

6 juillet : à LOUIS OREFROY, tourneur, pour son payement des ouvrages par luy faits pour lad. feste........ 88ᴴ

6 juillet-21 septembre : à BARBIN, marchand, pour parfait payement de la fourniture de papier qu'il a faite pour les illuminations (3 p.)........... 448ᴴ 14ˢ

6 juillet-16 aoust : à DENIS ROYER[4], tonnelier, pour son payement de la fourniture de cerceaux et d'ozier pour la salle du festin (2 p.)..................... 115ᴴ

6 juillet-6 aoust : à CARDON, dit LA VIGNE, loueur de carrosse, pour son payement des voitures de carrosse qu'il a faites pendant tout l'aprest de la première feste (2 p.)............................. 340ᴴ

17 octobre : à luy, pour plusieurs carrosses qu'il a fournis pour mener le sʳ GISSEY et autres qui ont conduit les ouvrages de la deuxiesme feste............ 154ᴴ

20 juillet-16 aoust : à PIERRE DIONIS, menuisier, pour les fournitures de bois et ouvrages de menuiserie qu'il a faits pour lad. feste (2 p.)................. 1256ᴴ 5ˢ

28 juillet-6 aoust : à COLIN, pour son remboursement de pareille somme par luy payée aux ouvriers qui ont travaillé à journées à lad. feste (2 p.)..... 5925ᴴ 11ˢ

28 juillet : à luy, tant pour l'achapt de toile, papier, cloud, qu'autres menues dépenses et fournitures faites pour lad. feste..................... 665ᴴ 5ˢ

15 janvier 1669 : à luy, pour son remboursement de pareille somme par luy payée aux ouvriers qui ont travaillé, depuis le 24 décembre jusques au 25 de ce mois, à la démolition des salles du bal et du festin qui ont servy pour lad. feste (2 p.)................ 778ᴴ 16ˢ 6ᵈ

27 aoust : à luy, pour remboursement de plusieurs menues dépenses.................... 229ᴴ 17ˢ 6ᵈ

---

[4] Ou LE ROYER.

ANNÉE 1668. — FÊTE DE VERSAILLES.

21 septembre : à luy, pour remboursement de ce qu'il a payé aux ouvriers qui ont travaillé à lad. feste depuis le 2 juillet jusqu'au 1ᵉʳ septembre (2 p.).... 1317ᴧ 2ˢ

17 octobre : à luy pour remboursement de ce qu'il a payé aux menuisiers et autres ouvriers qui ont travaillé pour la deuxiesme feste.................. 1172ᴧ 4ˢ

17 décembre : à luy, *idem* aux ouvriers qui ont travaillé à la démolition de la salle de bal faite pour lad. feste.................................... 325ᴧ 4ˢ 6ᵈ

A luy, *idem* aux ouvriers et voituriers qui ont transporté tous les ustencilles qui se sont trouvez dans le magazin du prieuré, en celuy de Trianon, et autres menues despences faites pour lad. feste.......... 101ᴧ 7ˢ 6ᵈ

28 juillet : à Laurens Yvon, Henry Gentil et Gautier, tonneliers, pour le payement des cerceaux qu'ils ont fournis à la salle de bal..................... 575ᴧ 11ˢ

6 aoust : à Le Bouteux, jardinier, pour les festons, bouquets et ornemens de fleurs qu'il a fournis pour la décoration des salles du festin, du bal et de la collation. 900ᴧ

A Fourcoy, fontainier, pour le mastic qu'il a fourny et employé pour le rocher et bassins du festin.... 423ᴧ 4ˢ

A Laqué, fontainier, *idem*................. 594ᴧ

Au sʳ David, pour le louage des mulets qui ont voituré pour lad. feste..................... 448ᴧ 10ˢ

A Senos, marchand, tant pour le louage que pour l'achat de 46 bannes contenant chacune 42 aunes de toile forte fournye pour lad. feste............... 1850ᴧ

A Feuillastre, fontainier, pour le corroy qu'il a fourny et mis dans les bassins de la salle du festin.... 99ᴧ 17ˢ

Aux religieux Célestins de Porchefontaine, pour leur payement de 6 arpens 85 perches de bois taillis qui ont esté coupez sur leurs terres avec neuf petits chesnes modernes, pour employer aux feuillées de lad. feste. 554ᴧ 8ˢ

A Jean Joyeux, facteur d'orgues, pour plusieurs tuyaux qu'il a faits pour conduire l'eau dans le rocher de la salle du festin................................. 77ᴧ

A Colinot, jardinier, pour avoir palissadé les murs du fer à cheval et du parterre en gazon lors de la feste. 60ᴧ

A Seclet[1], serrurier, pour parfait payement de 286ᴧ à quoy montent les ouvrages qu'il a faits pour des vazes de la feste........................... 186ᴧ

A François Le Clerc, tourneur, pour les ouvrages à la salle du festin...................... 162ᴧ

A Brisseau, marchand de fer blanc, pour les chandeliers, lampes et autres ouvrages de fer blanc qu'il a fournis pour la salle du bal............ 1426ᴧ 9ˢ

---
[1] Un autre article de 100ᴧ, qui complétait la somme de 286ᴧ, a été barré.

A Jean Viart, terrassier, pour les transports de terres et nettoyement des fossez du chasteau, et autres dépenses pour lad. feste....................... 446ᴧ 14ˢ

Aux nommez Pinson, Louis et Antoine Tavenet, François Girier et autres marchands plastriers, pour leur payement de 65 muids et demy de brique qu'ils ont fourny pour la construction des offices de lad. feste. 769ᴧ

A Antoine Bergeron, pour remboursement de pareille somme qu'il a payée aux ouvriers qui ont basty lesd. offices............................... 565ᴧ 8ˢ

A Gaspard Potot, charpentier, pour ouvrages de charpenterie à lad. feste................... 700ᴧ

A Nicole Soulleur, veuve du Harnois, cordier, pour les cordes qu'il a fournies pour lad. feste...... 64ᴧ 4ˢ 9ᵈ

A Danglebert, menuisier, pour les ouvrages de menuiserie qu'il a faits, tant dans la salle de la Comédie que dans celle du festin.................... 1405ᴧ 4ˢ

16 aoust : à Pierre Marie, serrurier, pour ses ouvrages de serrurerie à la salle du bal.......... 749ᴧ

Au sʳ Chantoiseau, marchand, pour la gaze d'argent qu'il a fournie et qui a été employée......... 391ᴧ 5ˢ

17 octobre : à luy, pour avoir conduit les ouvriers qui ont travaillé à l'augmentation des illuminations.... 50ᴧ

16 aoust : à Ducreux, marchand, pour plusieurs globes de cristal remplys d'eau de diverses couleurs.. 387ᴧ 10ˢ

A Doyart, serrurier, pour deux chandeliers de fer par luy fournis......................... 125ᴧ

10 febvrier 1669 : à luy, pour six grands chandeliers fournis pour les deux festes, à raison de 30ᴧ chacun, et 20ˢ pour le port................... 181ᴧ

16 aoust : à Raguin, marchand cirier, pour avoir fourny et livré la quantité de 764 livres de bougie jaune pour les illuminations.............. 955ᴧ 6ˢ 3ᵈ

17 octobre : à luy, pour la cire qu'il a fournie pour les illuminations de la deuxiesme feste........ 1619ᴧ 2ˢ

16 aoust : à Dubois, marchand, pour tout le bois de charpenterie et menuiserie qu'il a fourny....... 2468ᴧ

10 febvrier 1669 : à luy, pour 52 planches de bois de sapin, et 500 de bois de vollile (*sic*) fournis pour la deuxiesme feste........................ 190ᴧ

16 aoust : au sʳ Goy, peintre, pour ouvrages de peinture et dorure par luy faits............ 894ᴧ 15ˢ

27 aoust : à Laurens Mabille et Louis Bellejambe, artificiers, pour les boistes d'artifices par eux fournies pour lad. feste.......................... 391ᴧ 8ˢ

17 octobre : aud. Mabille, artificier, pour les boistes d'artifice qu'il a fournies pour la deuxiesme feste.. 316ᴧ

21 septembre : à Chambon, voiturier, pour vingt et une

journées de tombereaux pour voiturer des feuillées pour lad. feste............................. 125ᴸᵗ

A Jean Le Duc, charpentier, pour avoir fourny deux batteaux qui ont servy sur l'estang de Clagny au feu d'artifice de la deuxiesme feste............... 168ᴸᵗ

17 octobre : à luy, pour avoir fourny un bateau, goudron et poix pour le feu d'artifice de la première feste. 104ᴸᵗ

21 septembre : à Hugot, pour le soin qu'il a pris de faire voiturer toutes les illuminations des deux festes.. .... 300ᴸᵗ

Au sʳ Dorbay, idem................... 400ᴸᵗ

A Brissonnet, pour les perches et l'ozier qu'il a fourny pour lad. feste........................ 50ᴸᵗ

A Claude Le Franc, lingère, pour la toille idem.. 218ᴸᵗ

26 octobre : au sʳ de la Buissonnière, major au régiment des Gardes Suisses, pour distribuer auxd. Suisses, qui ont servy 3444 journées durant les deux festes de Versailles, à raison de 20ˢ par jour............ 3444ᴸᵗ

17 octobre : à Hautefeuille, pour avoir nourry le sʳ Liégeois et ses artificiers pendant le temps qu'il a dressé son feu pour la deuxiesme feste........ 135ᴸᵗ

A la veuve Le Roux, chandelier, pour 142 mortiers et 404 escuelles de terre qu'elle a fournies pour lesd. illuminations........................... 106ᴸᵗ

Au sʳ Gissey, concierge du palais des Thuilleries, pour son remboursement de pareille somme par luy avancée pour plusieurs menues despences par luy faites par nos ordres, idem...................... 486ᴸᵗ 12ˢ

Au sʳ Le Borgne, meusnier, pour desdommagement du degast qui a esté fait dans une maison à luy appartenante, rue de Vaugirard, par une fuzée volante que l'on a essayée pour lad. feste................. 150ᴸᵗ

A Tissant, marchand, pour avoir fourny 842 aunes de toille cirée pour couvrir la salle du bal de la première feste........................... 1096ᴸᵗ

17 décembre : au sʳ Petit, 71ᴸᵗ 10ˢ pour un cent de perches, et 291ᴸᵗ 10ˢ pour les ouvriers qui ont travaillé à lad. feste.......................... 363ᴸᵗ

A Daniel Fossier, pour son remboursement de ce qu'il a avancé pour les deux festes de Versailles, sçavoir : 5360ᴸᵗ 2ˢ pour la première et 298ᴸᵗ 12ˢ pour la seconde. 5658ᴸᵗ 14ˢ

Somme de ce chapitre..... 117033ᴸᵗ 2ˢ 9ᵈ

Total de la recepte.......... 3629324ᴸᵗ 5ˢ 1ᵈ
Total de la despence¹........ 3616482ᴸᵗ 10ˢ 11ᵈ
Partant doibt le comptable...... 12841ᴸᵗ 14ˢ 1ᵈ

Laquelle somme de douze mille huit cent quarante une livres quatorze sous un denier, le comptable payera comptant ès mains de Mʳ François de la Planche, son confrère en exercice en l'année 1669.

Arresté à Paris, le 7ᵉ jour de janvier 1670.

ANNÉE 1669.

RECEPTE.

22 janvier : de Mᵉ Estienne Jeannot, sʳ de Bartillat, garde du trésor royal, pour la despence ordinaire des bastimens du Roy, 2400000ᴸᵗ, et 20000ᴸᵗ pour les taxations du sʳ de la Planche, trésorier général des Bastimens en exercice la présente année 1669 .. 2420000ᴸᵗ

(Sur le don gratuit de Bretagne : 1400000ᴸᵗ. Comptant au trésor royal, 1020000ᴸᵗ ez douze mois de l'année 1669 égallement.)

De luy, pour l'entretenement et augmentation des nouvelles manufactures et des despences nécessaires pour l'augmentation du commerce et la perfection des artz et manufactures, 400000ᴸᵗ, et 3333ᴸᵗ 6ˢ 8ᵈ pour les taxations dud. trésorier................. 403333ᴸᵗ 6ˢ 8ᵈ

(Comptant au trésor royal, ez premier mars, juin, septembre et novembre 1669.)

De luy, pour deslivrer aux orphèvres qui travaillent

---
¹ Dans le total de la dépense sont compris les articles suivants, qui ne figurent qu'à la récapitulation :
Jettons............................. 1200ᴸᵗ
Despence commune.................. 3760ᴸᵗ

A reporter......... 4960ᴸᵗ

aux grands ouvrages d'argenterie, y compris les taxations dud. trésorier.................. 201666ᵗᵗ 13ˢ 4ᵈ

(*Idem, ez* premier mars et avril 1669.)
De luy, pour l'entretènnement de l'Académie royalle de peinture et sculpture à Rome et autres despences à y faire pour le service de S. M., y compris les frais. 15125ᵗᵗ

(*Idem,* au premier avril 1669.)
De luy, pour le payement des despences des manufactures de tapisseries des Gobelins et des tapisseries, façon de Turquie, qui se font à la Savonnerie, y compris les frais....................... 100833ᵗᵗ 6ˢ 8ᵈ

(*Idem, ez* premier mars, juin, aoust et octobre 1668.)
De luy, pour deslivrer aux s" Duc et Marsolier, pour le payement de 64 aulnes de brocards fonds d'or broché d'argent, à 138ᵗᵗ 10ˢ l'aune, et 44 aunes d'autres brocards fonds d'or ponceau vert, à 173ᵗᵗ 6ˢ l'aune, y compris les taxations...................... 16633ᵗᵗ 3ˢ 3ᵈ
(*Idem.*)
De luy, pour deslivrer à M. Valot, premier médecin de S. M., pour le payement des officiers et entretennemens du Jardin Royal au fauxbourg Saint-Victor... 21000ᵗᵗ

(Sur la seconde partie du trésor royal de pareille somme employée dans l'estat des fermes-unies, 1669.)

3 febvrier : de luy, pour deslivrer à M. de Saumery, à compte des despences à faire tant à la closture des palis de la fèzanderie du parc de Chambor, que pour enclore les lieux destinez pour mettre les grains pour le gaignage du menu gibier, y compris les taxations.. 10083ᵗᵗ 6ˢ 8ᵈ

(Comptant au trésor royal.)

Report............	4960ᵗᵗ
Taxations..................	33577ᵗᵗ 13ˢ 8ᵈ
Frais de change...............	760ᵗᵗ
Total.............	39297ᵗᵗ 13ˢ 8ᵈ

Ensuite se trouve le détail de l'article intitulé Despence commune :

Papier et parchemin.................	18ᵗᵗ
Façon d'écriture...................	1164ᵗᵗ 12ˢ
Épices..........................	2474ᵗᵗ 13ˢ 9ᵈ
Vacations du procureur...............	200ᵗᵗ
Reliage.........................	14ᵗᵗ 7ˢ
Total.............	3871ᵗᵗ 12ˢ 9ᵈ

On voit qu'ici, comme dans beaucoup d'autres cas, le détail de la dépense ne répond pas à la somme totale portée en compte. Ces irrégularités sont fréquentes ; il importait de les signaler chaque fois qu'elles se rencontrent.

9 febvrier : de luy, pour deslivrer à M. Bontemps et ses cohéritiers, pour le payement d'une place fermée de murs, scize rue Saint-Nicaise, compris les jouissances, dans laquelle sont les marbres que le Roy a fait venir pour ses bastimens, y compris les taxations. 16133ᵗᵗ 6ˢ 8ᵈ

(Comptant au trésor royal.)

16 febvrier : de luy, pour plusieurs pièces de sculpture de bas-reliefs de marbre blanc, d'yvoire et de bronze du feu sʳ de Vanopstal, y compris les taxations. 18502ᵗᵗ 18ˢ 4ᵈ

(Comptant au trésor royal.)

De luy, pour deslivrer, sçavoir : 4000ᵗᵗ à M. de Mouceaux, par advance pour ses appointemens de la présente année ; 3000ᵗᵗ à M. Laisné, aussy par avance pour ses appointemens de lad. présente année, et 12000ᵗᵗ à compte des achapts qu'ils doivent faire de plusieurs raretez qui se trouvent dans les païs du Levant où ils sont allez faire voyage........................ 19158ᵗᵗ 6ˢ 8ᵈ

(Comptant au trésor royal.)

28 febvrier : de luy, pour deslivrer à Dominico Cucci, ébéniste, à compte de deux grands cabinets qu'il fait pour le Roy....................... 5041ᵗᵗ 13ˢ 4ᵈ

(Comptant au trésor royal.)

28 mars : de luy, pour l'achapt d'une maison au profit de S. M., appartenante à MM. de Flexelles frères, 25000ᵗᵗ et pour les taxations 208ᵗᵗ................ 25208ᵗᵗ

(Comptant au trésor royal.)

19 mars : de luy, pour le payement des estoffes que le sʳ Reynon, marchand de Lyon, a fournies pour le Roy, la somme de..................... 18578ᵗᵗ 12ˢ 2ᵈ

(Comptant au trésor royal.)

22 mars : de luy, pour deslivrer à M. de Saumery, à compte des despences à faire au restablissement et closture du palis de la fèzanderie du parc, et des lieux destinez pour les grains du gaignage du menu gibier dud. parc, 10000ᵗᵗ, et pour les taxations 83ᵗᵗ 6ˢ 8ᵈ... 10083ᵗᵗ 6ˢ 8ᵈ

(Comptant au trésor royal.)

2 avril : de luy, pour l'achapt de la terre et seigneurie de Drambon, au profit de S. M., appartenante au sʳ Daliez, 40000ᵗᵗ, et 333ᵗᵗ pour les taxations. 40333ᵗᵗ 6ˢ 8ᵈ

(Comptant au trésor royal.)

6 avril : de luy, pour deslivrer à M. Godefroy, pour les despences par luy faites à la Chambre des comptes de l'Isle en Flandre, où il travaille pour le service du Roy............................ 5978ᵗᵗ 18ˢ 2ᵈ

(Comptant au trésor royal.)

De luy, pour deslivrer aux sʳˢ Poyant, Thévenot, Le

Maistre et Poitevin, entrepreneurs du restablissement du pont Marie, y compris les taxations....... 36300ᴸ
(Comptant au trésor royal, ez dernier avril et may 1669.)
De luy, pour deslivrer au sʳ Chauveau, graveur, pour son payement de deux planches qu'il a gravées et vingt desseins qu'il a faits pour Mᵍʳ le Dauphin, 800ᴸ, et 6ᴸ 13ˢ 4ᵈ pour les taxations................. 806ᴸ 13ˢ 4ᵈ

13 avril : de luy, pour l'achapt d'une maison appartenante à M. et Mᵐᵉ de Mouceaux, où est présentement la bibliotèque du Roy, 8400ᴸ, et 103ᴸ¹ pour les taxations............................. 8510 3ᴸ
(Sur la recepte générale des finances de Paris 1669, au premier may.)

17 avril : de luy, pour l'achapt des maisons appartenantes à Mʳˢ de Valentinay et Bigot, au profit de S. M. 72000ᴸ, et 600ᴸ pour les taxations........ 72600ᴸ
(Comptant au trésor royal.)

28 avril : de luy, à compte des bastimens de Saint-Germain-en-Laye..................... 200000ᴸ
(Comptant 100000ᴸ, et le surplus au 20 may 1669.)

4 may : de luy, pour deslivrer à M. de Saumery, pour la despence à faire au chasteau de Chambord, 10000ᴸ, et 83ᴸ 6ˢ 8ᵈ pour les taxations......... 10083ᴸ 6ˢ 8ᵈ

17 may : de luy, pour l'achapt du cabinet des médailles de M. Seguin, doyen de Saint-Germain-de-l'Auxerrois, au profit de S. M., 22000ᴸ, et 183ᴸ 6ˢ 8ᵈ pour les taxations................. 22183ᴸ 6ˢ 8ᵈ

28 may : de luy, pour l'achapt d'un tableau au profit de S. M. apartenant au sʳ Vite, peintre, 2200ᴸ, et 18ᴸ 5ˢ 8ᵈ² pour les taxations.............. 2218ᴸ 6ˢ 8ᵈ

De luy, pour deslivrer au sʳ Reynon, marchand à Lyon, pour son payement des estoffes de velours et brocatz fondz d'or et d'argent qu'il a livrés pour le service de S. M., cy............................. 13578ᴸ 12ˢ 2ᵈ

De Claude Garneau, locataire d'une maison appartenante à S. M., pour cinq quartiers de loyers d'icelle suivant l'ordonnance de M. Colbert du 11 may 1669, la somme de.......................... 812ᴸ 10ˢ

De luy, sʳ de Bartillat, pour icelle délivrer à Banjon La Vergne, marchand tapissier de Felletin, pour une tenture de tapisserie représentant les femmes illustres de l'Ancien Testament................. 6774ᴸ 6ˢ 8ᵈ

De luy, la somme de 302500ᴸ pour la continuation de plusieurs despences à faire pendant l'année 1669, tant à Sainct-Germain-en-Laye qu'à l'Arc de triomphe hors la porte Saint-Anthoine, et pour les marbres que S. M. a faict venir de Gennes et autres lieux......... 302500ᴸ

De luy, pour deslivrer aux prestres de la congrégation de la Mission de Fontainebleau, pour leur entretenement pendant l'année 1669 (2 articles)........ 6000ᴸ

De luy, pour dellivrer au sʳ Formont, banquier, pour son rembourcement de pareille somme qu'il a payée, tant pour le rembourcement du payement du bloc de marbre qui a esté achepté pour faire la figure du Roy à Rome, que pour l'entretenement de l'Académye des peintres et sculpteurs............................. 20166ᴸ 13ˢ 4ᵈ

De luy, pour dellivrer au sʳ Hinard, maistre de la manufacture des tapisseries de Beauvais, pour treize tentures de tapisseries qu'il a livrées pour le service de S. M............................. 42137ᴸ 4ˢ 10ᵈ

De luy, pour dellivrer aux sʳˢ Duc et Marsolier, marchands de soye, pour leur payement des brocats de Lyon qu'ils ont livrés..................... 22339ᴸ

De luy, pour dellivrer au sʳ Reynon, marchand de Lyon, pour son payement de plusieurs estoffes de velours et brocatz............................ 17797ᴸ 18ˢ 4ᵈ

De luy, pour employer aux réparations nécessaires des trois ponts du chasteau d'Ambroise (sic).. 1068ᴸ 16ˢ 8ᵈ

De luy, pour dellivrer au sʳ de Vandermeulen, peintre flamand, travaillant pour S. M., pour ses gages et appointemens pendant lad. année 1669 (2 articles).... 6050ᴸ

De luy, pour dellivrer au sʳ Élias Aaul, Suédois, directeur général de la manufacture de goldron, en considération de l'establissement qu'il a faict dans le royaume, la somme de........................... 3025ᴸ

Dud. sʳ de Bartillat, pour d'icelle payer à Marin Fancy et Gabrielle Pellet, sa femme, 34700ᴸ, faisant le tiers de 104100ᴸ à quoy monte le prix de trois maisons sçizes rue Saint-Vincent près Sainct-Roch, lequel tiers S. M. doibt payer aux héritiers dud. Fancy, et les deux autres tiers en quatre payements, d'année en année, dont le premier sera faict le 10 may 1670.... 34989ᴸ 3ˢ 4ᵈ

De luy, pour dellivrer au sʳ ...., pour son payement des frais, ports et voictures de dix caisses de tableaux que S. M. a faict venir d'Allemagne......... 1767ᴸ 8ˢ 9ᵈ

De luy, pour dellivrer à ...., mercier, pour 115882 livres de plomb d'Angleterre qu'il a fournis et faict voicturer dans le magazin des bastimens du Roy............................ 12385ᴸ 17ˢ 1ᵈ

De luy, pour dellivrer au sʳ Loir, peintre, travaillant pour S. M., pour ses gaiges, appointemens et entretenemens pendant l'année 1669 (2 articles)........ 6050ᴸ

De luy, pour dellivrer à Marcellin Charlier, marchand et ouvrier de drap d'or et soye, pour son payement de

---

¹ Il faut sans doute lire 703ᴸ; mais il y a 103ᴸ au registre.
² Il y a ici 5 sous, et 6 sous dans la colonne de l'addition.

ANNÉE 1669. — RECETTE.

velours et brocatelle qu'il a livrés pour le service du Roy, la somme de........................ 5618ᵗᵗ 8ˢ 9ᵈ

De luy, pour dellivrer au quaissier de la compaignie nouvellement establye pour le commerce du Nort, la somme de........................ 10083ᵗᵗ 6ˢ 8ᵈ

De luy, pour dellivrer au sʳ Scarron de Vaures, cy-devant propriétaire de l'hostel du Petit Vandosme, tant pour les loyers qui luy peuvent estre deubs dud. hostel occupé par les officiers de la Reyne, que pour luy tenir lieu d'interest de la somme de 120000ᵗᵗ pour laquelle S. M. a acquis lad. maison................ 2520ᵗᵗ 16ˢ 8ᵈ

De luy, pour d'icelle dellivrer à Estienne, André, Jean et Pierre Le Page, 3477ᵗᵗ 12ˢ pour le prix d'une maison et moulin à vent scis à la Croix-Brizée, sur le chemin de Vincennes, et 4317ᵗᵗ 14ˢ à Pierre Millon et sa femme, pour le prix d'une maison scize au faubourg Sainct-Antoine................ 7851ᵗᵗ 18ˢ 6ᵈ

De luy, pour dellivrer aux sʳˢ Chantoiseau, Ferry, Caresme, Lefebvre, Villette et Mabille, artificiers, pour le feu d'artiffice, fusés et boestes qu'ils ont tirées à Versailles................ 4243ᵗᵗ 6ˢ

De luy, pour délivrer au sʳ Reynon, marchand à Lyon, pour son payement des brocats d'or et d'argent qu'il a livrés pour S. M.................. 1725ᵗᵗ 6ˢ 8ᵈ

De luy, pour dellivrer aux sʳˢ Duc et Marsolier, marchands, pour leur payement de deux cens aulnes et demy tiers de damas rouge cramoisy fabriqué à Tours, à 11ᵗᵗ 10ˢ l'aulne, et cent six aulnes, aussy d'autre damas rouge cramoisy fabriqué aud. Tours, à 11ᵗᵗ 4ˢ... 3518ᵗᵗ 15ˢ 6ᵈ

De luy, pour dellivrer au sʳ Béraudis, pour 436 glaces qu'il a fournies pour le service du Roy.. 19367ᵗᵗ 17ˢ 3ᵈ

De luy, pour délivrer de la somme de 100000ᵗᵗ pour employer à la continuation des bastimens de Sainct-Germain et Arc de triomphe qui se faict hors la porte Saint-Antoine, et pour l'achapt des marbres................ 100000ᵗᵗ

De luy, pareille somme pour employer aux susd. despences et continuation desd. bastimens de Sainct-Germain et Arc de triomphe, et achapt de marbre, cy. 100000ᵗᵗ

De luy, pour dellivrer au sʳ Gissey, pour le payement des ouvrages que font les ouvriers qui travaillent à faire une petite armée de vingt escadrons de cavallerie et dix bataillons d'infanterie qui se remuent par ressort[1]. 30250ᵗᵗ

De luy, pour d'icelle dellivrer à Jean Le Tavernier 2062ᵗᵗ 10ˢ pour le fonds et non-jouissance de 2 arpens 75 perches de terre en quatre pièces, acquises au proffit de S. M., et aux héritiers Le Maistre, 345ᵗᵗ pour demy

arpent de terre sciz hors le faubourg Sainct-Antoine, le tout pour la continuation du cours à Vincennes, la somme de........................ 2427ᵗᵗ 11ˢ 3ᵈ

De luy, pour dellivrer à Anne Métezeau, veuve d'Estienne Baudouin, controleur général de la Maison du Roy, pour l'acquizition d'une maison scize rue Frementeau, au proffict de S. M..................... 25208ᵗᵗ

De luy, pour d'icelle paier au sʳ Huet 1200ᵗᵗ pour son rembourcement de pareille somme qu'il a payée pour des médalles pour le cabinet des raretés du Roy; au sʳ de Carcavy, 418ᵗᵗ pour son rembourcement d'une lettre de change du sʳ Vaillain, médecin, pour des livres; 7000ᵗᵗ au sʳ Villette, pour un miroir ardent qu'il a vendu à S. M.; et le surplus pour les taxations... 8689ᵗᵗ 16ˢ 4ᵈ

De luy, pour dellivrer aux sʳˢ Ballin et Cuxat[2], peintres, pour quatre portraicts du Roy à cheval, la somme de........................ 1613ᵗᵗ 6ˢ 8ᵈ

De luy, pour dellivrer aux sʳˢ François, Jean, Claude et Nicollas de Vitry frères, et Anne de Vitry, leur sœur, pour le prix de 5 arpens 96 perches de terre sciz au lieu de la vallée de Fescamp, pour servir à une des avenues de Vincennes................ 4687ᵗᵗ 10ˢ 2ᵈ

De luy, pour d'icelle dellivrer 3400ᵗᵗ à Henry Guilbert et Magdeleine Mercier, sa femme, pour le prix d'une maison et jardin scis au bas du Roulle; à Jean Le Vasseur, 1242ᵗᵗ pour son rembourcement des fraix qu'il a faicts en un jardin, et 500ᵗᵗ qui luy ont esté accordées, la somme de........................ 4680ᵗᵗ 13ˢ 4ᵈ

De luy, pour dellivrer à M. Philippes Le Moyne, notaire, pour le payement tant du principal que pour les non-jouissances de 15 arpens 80 perches de terre scizes au terroir de la Ville-l'Evesque............ 10484ᵗᵗ 15ˢ

De luy, pour dellivrer au sʳ de Saint-André, l'un des peintres de l'Académye royalle, pour son payement d'un portraict du Roy................ 403ᵗᵗ 6ˢ 8ᵈ

De luy, pour dellivrer à Gilles Baudouin, couvreur de la Maison du Roy, et à Marguerite Le Tellier, sa femme, pour le prix d'une maison à eux appartenante.. 25208ᵗᵗ

De luy, pour dellivrer à M. de Saumery, gouverneur de Chambort, à compte des despences nécessaires pour la construction d'une nouvelle faisantdiette[3] que S. M. a commandé estre faicte dans le parc dud. Chambort, la somme de........................ 10083ᵗᵗ 6ˢ 8ᵈ

De luy, pour dellivrer au sʳ Formont, banquier, pour son payement de 131 blocs de marbre de Gennes, 23 blocs

---

[1] Voyez la monographie que M. A. de Montaiglon a publiée sur *Henri de Gissey*. Paris, Dumoulin, 1854.

[2] Le véritable nom de ce peintre est Cussat. Voyez le *Dictionnaire de Jal*.

[3] Le scribe aurait-il voulu mettre *faisanderie*?

de marbre blanc des Pirenées, 471 blocs de marbre de diverses couleurs............ 48703ᴸᴸ 8ˢ 2ᵈ

De luy, pour dellivrer au sʳ Formont, banquier, pour son remboursement de pareille somme qu'il a remise à Rome pour le parfait payement des despences de l'Acadcmye des peintures et sculptures...... 10083ᴸᴸ 6ˢ 8ᵈ

De luy, pour dellivrer à M. de Beringhen, chevalier des Ordres de S. M., et à Mᵐᵉ Anne Doublé d'Uxelles, sa femme, pour le prix d'une maison.......... 60621ᴸᴸ

De luy, pour employer au payement des gages et entretenemens des officiers des bastimens du Roy, jardins, tapisseries et manufactures de France........ 98000ᴸᴸ

De luy, pour employer au paiement des gages et entretenement des officiers des bastimens du Roy, entretenus à Fontainebleau..................... 22000ᴸᴸ

De luy, pour employer au payement des pentions et gratiffications que S. M. a accordées aux gens de lettres tant françois qu'estrangers............ 100866ᴸᴸ 13ˢ 4ᵈ

De luy, pour dellivrer à M. Hossien, pour employer au payement du prix de l'acquisition qu'il a faicte à son proffict, de M. et Mᵐᵉ de Mouceaux, d'une maison et jardin à eux appartenant............ 85103ᴸᴸ 6ˢ 8ᵈ

De luy, pour dellivrer aux sʳˢ Pierre Richard et Louis Berbier-Dumets, chanoines de l'eglize Saint-Nicollas-du-Louvre de Paris, comme procureurs fondez de procuration des autres chanoines, pour le prix d'une maison, la somme de................... 11183ᴸᴸ 10ˢ

De luy, pour dellivrer aux desnommez cy-après pour les loyers des maisons occupées par les officiers de la Maison du Roy, sçavoir : à M. de Beringhen, 3300ᴸᴸ pour une année desd. loyers de la maison où sont les officiers de la cuisine bouche; à ...., curateur des enfans de M. le duc d'Elbeuf, pour une année de loïer de l'hostel de Provence, 4000ᴸᴸ; à la veuve du sʳ de Poix, 4030ᴸᴸ aussy pour une année du loïer de la maison et manège occupez par les officiers, pages et chevaux de la grande escurie, et autres despences........ 14474ᴸᴸ 11ˢ 10ᵈ

De luy, pour employer au payement des despences faictes pour les réparations du chasteau de Chambort, la somme de................. 1753ᴸᴸ 9ˢ 10ᵈ

De luy, pour dellivrer aux ouvriers qui ont fait une machine en forme de grande armoire pour mettre partie des agathes, cristaux et autres curiositez du cabinet de S. M. au palais des Thuilleries......... 7180ᴸᴸ 8ˢ 1ᵈ

De luy, pour dellivrer au sʳ Reynon, marchand de Lyon, pour son payement des brocats d'or et d'argent qu'il a fournis et livrés pour le service de S. M., sçavoir : 28 aulnes de velours fonds d'or trait à ramages d'or frizé, cizellé de rouge; cinq pièces de brocat or et argent, et bleu, représentant des Renommées, contenant 51 aulnes et demye; six pièces d'autre brocat or et argent, à fleurs naturelles, contenant 65 aulnes, et autres marchandises. 35983ᴸᴸ 8ˢ

De luy, pour dellivrer aux sʳˢ Duc et Mansolier, marchands, pour dellivrer payement de 62 aulnes de brocat d'or et d'argent fonds violet, fabrique de Lyon, et 259 aulnes de damas rouge cramoisy, fabrique de Tours, la somme de..................... 7129ᴸᴸ 10ˢ

De luy, pour dellivrer aux desnommés cy-après, pour leur payement des ouvrages par eux faicts et fournis pour composer le présent qui a esté faict de la part de S. M. à Mᵍʳ le prince de Toscane, sçavoir : à Jans et Lefebvre, tapissiers hautelissiers des Gobelins, la somme de 30820ᴸᴸ pour une tenture de tapisserie qui représente les Quatre Élémens, en huict pièces, et au sʳ Lourdet, maistre de la manufacture de la Savonnerie, 12257ᴸᴸ 10ˢ aussy pour son payement de trois tapis, un lict de repos et douze sièges, et le surplus pour les taxations........ 43486ᴸᴸ 19ˢ 6ᵈ

De luy, pour dellivrer à Robert Frisard, cy-devant lieutenant de la Garenne de Louvre, pour le prix et non-jouissance de trois arpeus de terre scis à la Ville-l'Evesque, au lieu dict les Gourdes, acquis au proffict de S. M., et à la veuve Nicollas Poictevin, pour le prix et non-jouissance de seize perches de terre scis au lieu de la Croix-Brisée, pour la continuation du cours dud. chasteau de Vincennes à Paris.................. 2194ᴸᴸ 12ˢ

De luy, pour employer au payement des loyers de l'année 1669 de la Halle, eschoppes et maisons destinées pour l'hostel des mousquetaires de S. M. 6614ᴸᴸ 13ˢ 4ᵈ

De luy, pour dellivrer au sʳ Ballon, pour son remboursement de ce qu'il a despencé en achapt d'espreaux, tilleux, bois blancs et petits blancs de plants, qu'il a achaptés en Flandres et faict voicturer aux maisons royalles de S. M.................. 15199ᴸᴸ 13ˢ 4ᵈ

De luy, pour dellivrer au sʳ Viette, esleu à Paris, et à Adrien Boquet et sa femme, pour le prix des héritages par eux vendus au proffict de S. M........ 988ᴸᴸ 3ˢ 6ᵈ

De luy, pour dellivrer au sʳ Charpentier, pour le troisième payement d'une maison scize rue Jean-Fleury, acquise au profit de S. M............ 4066ᴸᴸ 9ˢ 6ᵈ

De luy, pour le parfaict payement des despences faictes pour les manufactures des Gobelins et de la Savonnerie pendant lad. année 1669........... 18083ᴸᴸ 13ˢ 4ᵈ

De luy, pour les despences qui ont esté faictes pendant l'année 1669 pour la continuation des bastimens du Roy, tant de Sainct-Germain-en-Laye que pour l'Arc de triomphe, et achapt des marbres.......... 30250ᴸᴸ

De luy, pour dellivrer à M. Pierre Paul Riquet, sʳ de Bon-Repos, entrepreneur des ouvrages du port de cap de Cette, en Languedoc, à compte de la despence à faire pour lesd. ouvrages.................. 40333ʰ 6ˢ 8ᵈ

De luy, pour dellivrer au sʳ Juillien pour, avec 1200ᵗᵗ ordonnées par le Roy estre mis en ses mains, faire la somme de 3731ᵗᵗ 13ˢ pour le payement des charpentiers, scieurs de long et autres ouvriers employés à la fonction des palis nécessaires pour la closture des plants que S. M. faict faire dans les places vuides de la forest de Bierre, la somme de....................... 2552ᵗᵗ 14ˢ 11ᵈ

Du sʳ Moyer, prevost de Poissy, par débet de compte arresté par le sʳ Petit, pour plans de la plaine de Vézinet, la somme de............................ 15000ᵗᵗ

Du sʳ Le Bescue, trésorier général des Bastimens de S. M., pour le débet de son compte de l'année 1668, la somme de........................... 12841ᵗᵗ 14ˢ 2ᵈ

Somme totale..... 5350708ᵗᵗ 19ˢ 4ᵈ

DESPENSE.

CHASTEAU DU LOUVRE.

MAÇONNERIE.

25 janvier 1669-1ᵉʳ janvier 1670 : à André Mazières et Antoine Bergeron, entrepreneurs du Louvre, à compte des ouvrages de maçonnerie qu'ils font aud. lieu (10 p.).
.... 600500ᵗᵗ

20 décembre : à eux et pour avance desd. bastimens du Louvre de l'année prochaine 1670 .... 10000ᵗ

15 octobre : à eux, à compte des avances de l'année prochaine et pour payer partie des pierres de Trossy qu'ils font venir pour les chapiteaux du péristile du Louvre...
.... 3000ᵗᵗ

15 febvrier : à eux, à compte des modelles qu'ils font du chasteau du Louvre.................. 1500ᵗᵗ

11 mars-2 novembre : à eux, à compte des ouvrages de maçonnerie par eux faits et à faire au jardin des Thuilleries (6 p.)............................ 8950ᵗᵗ

11 mars-2 novembre : à eux, à compte des ouvrages de maçonnerie par eux faits et à faire au quay des Thuilleries depuis le Pont-Rouge jusqu'à la porte de la Conférence (6 p.).......................... 4000ᵗᵗ

12 avril : à eux, à compte des ouvrages qu'ils font au garde-meuble du Roy au Petit-Bourbon....... 1000ᵗᵗ

1ᵉʳ janvier 1670 : à eux, à compte des ouvrages de l'Observatoire.......................... 1000ᵗᵗ

1ᵉʳ febvrier-1ᵉʳ aoust : à Anne Billon, pour son parfait payement des pierres de liais qu'il a fournies pour les bazes des colonnes et pillastres de la façade du Louvre (4 p.)........................... 3925ᵗᵗ

25 febvrier-26 novembre : à Louis Boucher, à compte des pierres de liais qu'il fournit pour les marches du grand escalier du Louvre (4 p.)........... 1600ᵗᵗ

25 febvrier-2 novembre : à Arnoul Roze, pour parfait payement de la despense qu'il a faite à fouiller des pierres à Vernon pour les bastimens du Louvre depuis le 31 décembre 1668 jusqu'au 20 juin 1669 (3 p.).. 5003ᵗᵗ 15ˢ

4 juillet-2 novembre : à Pierre Thévenot et Pierre Le Maistre, à compte des ouvrages de maçonnerie qu'ils font au quay le long du Cours (2 p.)........ 25000ᵗᵗ

23 décembre : à Louis Barbade, maçon, pour son payement des ouvrages et réparations de maçonnerie qu'il a faites au garde-meubles de la couronne....... 690ᵗᵗ

Somme de ce chapitre...... 782718ᵗᵗ 15ˢ

CHARPENTERIE.

28 janvier-1ᵉʳ aoust : à Poncelet Cliquin et Paul Charpentier, à compte des ouvrages qu'ils font au Louvre et au palais des Thuilleries (6 p.)........... 1300ᵗᵗ

3 avril : à eux, à compte de leurs ouvrages de charpenterie au garde-meuble du Roy, au Petit-Bourbon. 1500ᵗᵗ

31 janvier : au sʳ Cœur de Roy, maistre des eaues et foretz de Coussy, pour reste et parfait payement de la somme de 8416ᵗᵗ 19ˢ à quoi monte la despence faite pour le transport de 58 poutres destinées pour le Louvre.. 416ᵗᵗ 19ˢ

A luy, en considération du soin qu'il a pris de faire voiturer lesd. poutres de la forest de Coussy....... 400ᵗᵗ

6 febvrier : à Bastard, charpentier, à compte des ouvrages de charpente qu'il a faits au Louvre, Palais-Royal et Gobelins, 1668................... 1000ᵗᵗ

9 juin : à Estienne Fayon, marchand de bois, à compte des poutres de sapin qu'il doit fournir pour les bastimens du Roy............................ 2000ᵗᵗ

23 décembre : à Vrain Le Boeuf, charpentier, pour son payement des ouvrages de charpenterie qu'il a faitz au garde-meubles de la couronne........... 300ᵗᵗ

Somme de ce chapitre...... 18616ᵗᵗ 19ˢ

COUVERTURE.

25 febvrier : à Estienne Yvon, couvreur, à compte des ouvrages qu'il fait aux maisons royalles....... 1000ʰʰ
17 juin-2 novembre : à luy, à compte de ses ouvrages à la grande gallerie du Louvre (3 p.)........ 6500ʰʰ

      Somme de ce chapitre........... 7500ʰʰ

PLOMBERIE.

28 janvier : à Gilles Le Roy, plombier, à compte des ouvrages et fournitures de plomb qu'il a fait pour le service de Sa Majesté en 1668.................... 1000ʰʰ
15 febvrier-26 novembre : à luy, à compte de ses ouvrages de plomberie au Louvre et au palais des Thuilleries (2 p.)................................ 7000ʰʰ

      Somme de ce chapitre........... 8000ʰʰ

SERRURERIE.

28 janvier-19 mars : à Estienne Doyart, serrurier, à compte des ouvrages et fournitures de gros fer qu'il a faits pour le service de S. M. en 1668 (3 p.)....... 6000ʰʰ
4 mars : à luy, pour parfait payement de la somme de 36679ʰʰ 15ˢ à quoy montent les ouvrages de serrurerie par luy faits en 1666, tant au Louvre qu'au palais des Thuilleries........................ 1579ʰʰ 15ˢ
11 may 1669-1ᵉʳ janvier 1670 : à luy, à compte de ses ouvrages de serrurerie et fournitures de gros fer pour le Louvre et les Thuilleries (5 p.).......... 19000ʰʰ
3 may : à Hardy, serrurier, à compte de ses ouvrages au Louvre............................. 400ʰʰ
9 juin : à Le Grand, serrurier, à compte de ses ouvrages de serrurerie pour la grande escurie du Roy.... 500ʰʰ
9 septembre : à Potier, serrurier, pour reste et parfait payement de 3476ʰʰ 3ˢ 4ᵈ à quoy montent les ouvrages de serrurerie qu'il a faits aux Thuilleries.. 1076ʰʰ 3ˢ 4ᵈ
8 octobre : à Dominico Cucci, pour la ferrure qu'il a faite à une machine en forme de grande armoire pour mettre partie des agathes et cristaux, et autres curiositez, au palais des Thuilleries..................... 1400ʰʰ

      Somme de ce chapitre..... 29955ʰʰ 18ˢ 4ᵈ

PEINTURE, SCULPTURE, DORURE ET AUTRES ORNEMENS.

28 janvier 1669-12 janvier 1670 : à Nicolas Le Gendre, Laurent Magnier, Philbert Bernard et Henry Le Grand, sculpteurs, à compte des ouvrages de stuc qu'ils font en la grande gallerie du Louvre (2 p.). 2200ʰʰ
15 febvrier : aud. Le Gendre et Massou, sculpteurs, pour leur payement de quatre masques qu'ils ont faits à la façade du Louvre, vers la rue Saint-Honoré..... 122ʰʰ

28 janvier 1669-1ᵉʳ janvier 1670 : à Louis Boulogne, peintre, à compte de la peinture à fresque et dorure qu'il fait au plat-fond de la grande gallerie du Louvre (5 p.)................................ 2400ʰʰ
9 novembre : à luy, pour son payement des restaurations qu'il fait à la voulte de la grande gallerie du Louvre................................. 440ʰʰ
6 febvrier-2 septembre : à Jean Le Grué, marbrier, à compte des 36 colonnes de marbre qu'il fait pour le Louvre (4 p.)............................ 14500ʰʰ
11 may : à luy pour son payement de divers ouvrages de marbrerie faits pour le service de S. M....... 102ʰʰ
15 febvrier-9 novembre : aux sⁱˢ Gervaise et Gontier, peintres, à compte des ouvrages de peinture par eux faits en la gallerie d'Apollon (4 p.)............... 5800ʰʰ
25 febvrier : à Francisque, sculpteur, pour parfait payement de 3238ʰʰ 12ˢ à quoy montent les ouvrages de sculpture qu'il a faits en plastre au grand modelle de la façade du Louvre..................... 438ʰʰ 12ˢ
26 avril : à luy, pour son payement de la sculpture et ornemens de médailles qu'il a faits du grand escalier du Louvre.............................. 287ʰʰ
3 may-9 juin : à luy, pour le payement des seize guéridons qu'il a faits pour le service du Roy..... 1400ʰʰ
11 may : à luy, à compte de la sculpture qu'il fait au modelle du Louvre........................ 300ʰʰ
2 septembre : à luy, à compte des modelles qu'il fait pour les chapiteaux du Louvre.................. 500ʰʰ
A luy, pour les ornemens de sculpture qu'il a faits au modelle des grands escaliers du Louvre........ 319ʰʰ
12 janvier : à Francisco Temporiti, sculpteur, pour reste et parfait payement de 2992ʰʰ 15ˢ à quoy monte la sculpture qu'il a faite aux deux modèles de la façade du Louvre............................ 992ʰʰ 15ˢ
4-19 mars : à Francisque et La Baronnière, pour le payement des ouvrages de sculpture et dorure qu'ils ont faits à douze guéridons pour le Roy (2 p.)...... 2230ʰʰ
23 juin : à Paul Goujon, dit La Baronnière, pour son payement d'avoir argenté seize guéridons pour le service de S. M.................................... 640ʰʰ
2 septembre : au même............... 141ʰʰ 10ˢ
14 octobre : à luy, pour la dorure de l'armoire des agathes............................... 1400ʰʰ
25 febvrier : à Dominique Cucci, fondeur en bronze, pour parfait payement de 36271ʰʰ à quoy montent les ouvrages de bronze qu'il a faits pour les garnitures des portes et croisées des Thuilleries pendant les années 1666 et 1667............................. 2471ʰʰ
28 mars-23 décembre : au sʳ Michel Ange, peintre,

ANNÉE 1669. — LOUVRE.

à compte des ouvrages de peinture qu'il fait à la grande gallerie du Louvre (3 p.)......................... 900ᵗᵗ

3 avril-23 décembre : à la veuve Somer, vivant ébéniste, pour neuf parquets de marqueterie faits pour le service du Roy, à 350ᵗᵗ pièce (3 p.).......... 3150ᵗᵗ

23 juin : à elle, à compte des ouvrages de lambris de bois de rapport......................... 600ᵗᵗ

3 avril : au sʳ Guillebier[1], peintre, à compte des ouvrages de peinture qu'il fait au cabinet de Monseigneur le Dauphin aux Thuilleries................. 800ᵗᵗ

11 may : à Poissant, sculpteur, pour la sculpture de neuf souches de cheminées de plastre qu'il a faites en la grande gallerie du Louvre.................. 108ᵗᵗ

17 may : au sʳ Le Hongre, pour parfait payement de la sculpture du modelle de l'eslévation du 3ᵉ estage du dedans de la cour du Louvre.................. 325ᵗᵗ

17 may : au sʳ Houzeau, pour son payement des modelles des contre-cœur de cheminées et autres ouvrages qu'il a faits. 322ᵗᵗ

17 juin-13 décembre : à luy, à compte des quatre guéridons qu'il fait pour le service du Roy (3 p.)....... 900ᵗᵗ

7 juillet 1669-12 janvier 1670 : au sʳ Loir[2], à compte des ouvrages de peinture qu'il fait dans l'antichambre du Roy et salle des gardes aux Thuilleries (4 p.)... 1640ᵗᵗ

7 juillet-3 décembre : au sʳ Paillet, peintre, à compte des ouvrages de peinture qu'il fait au palais des Thuilleries (3 p.)............................ 2100ᵗᵗ

7 juillet 1669-1ᵉʳ janvier 1670 : au sʳ Coipel, autre peintre, idem (4 p.)..................... 3600ᵗᵗ

7 juillet 1669-12 janvier 1670 : au sʳ Nocret, peintre, idem (4 p.)............................ 9700ᵗᵗ

7 juillet-2 novembre : au sʳ Mignard, peintre, idem (3 p.)................................... 2300ᵗᵗ

2 septembre : à Utinot et Magnier, sculpteurs, pour reste et parfait payement de 1200ᵗᵗ à quoy monte la sculpture de trois placarts de portes posez dans la grande chambre du Roy au Louvre.................. 300ᵗᵗ

13 décembre : aud. Hutinot, sculpteur, à compte des modelles qu'il fait au palais des Thuilleries...... 200ᵗᵗ

2 septembre-2 novembre : à Nicolas de Platte-Montagne[3], peintre, à compte des ouvrages de peinture qu'il a fait aux Thuilleries (2 p.)................. 4500ᵗᵗ

2 décembre : A Caffiers et Lespagnandel, pour avoir retouché à la sculpture des croisées des Thuilleries. 787ᵗᵗ

14 octobre : à Philippes Caffiers, sculpteur, pour la sculpture qu'il a faite à une machine d'armoire pour mettre partie des agathes, cristaux et autres curiositez, au palais des Thuilleries[4]................... 1181ᵗᵗ

1ᵉʳ janvier 1670 : à Le Hongre, peintre, à compte de la dorure qu'il fait au clocher de la Sainte-Chapelle, à Paris....................................... 400ᵗᵗ

31 juillet : au sʳ Errard, peintre, pour parfait payement de 78568ᵗᵗ à quoy montent tous les ouvrages de peinture qu'il a faits au Louvre pendant les années 1659 et 1660................................... 15468ᵗᵗ

Nota. Doit estre icy comprise une ordonnance de 300ᵗᵗ sous le nom de Michel Ange, peintre, qui est au chapitre de peinture de Saint-Germain.

Somme de ce chapitre..... 100724ᵗᵗ 17ˢ

MENUISERIE.

28 janvier : à Claude Buirette et Jacques Prou, Pierre Dionis et Jean d'Anglebert, menuisiers, à compte des ouvrages de menuiserie qu'ils font dans la grande gallerie du Louvre.................................. 2000ᵗᵗ

9 juin 1669-1ᵉʳ janvier 1670 : à Prou et Buirette, à compte des ouvrages de menuiserie qu'ils font à la gallerie d'Apollon, au Louvre (3 p.)............. 4200ᵗᵗ

9 juin-2 septembre : aud. Buirette, à compte du modelle de menuiserie qu'il fait du Louvre (2 p.).. 1400ᵗᵗ

17 juin-18 novembre : à luy, à compte des échafaux qu'il fait pour les peintres qui travaillent au palais des Thuilleries (3 p.)....................... 950ᵗᵗ

25 octobre : à luy, pour son payement de plusieurs réparations qu'il a faites au chasteau des Thuilleries. 106ᵗᵗ

28 janvier-1ᵉʳ aoust : à Pierre Dionis, menuisier, pour parfait payement de 22077ᵗᵗ 16ˢ 4ᵈ à quoy montent les ouvrages qu'il a faits aux Thuilleries pendant les années 1666 et 1668 (7 p.).................... 7777ᵗᵗ 16ˢ 4ᵈ

6 febvrier : à luy, pour parfait payement de 2850ᵗᵗ à quoy montent les ouvrages de menuiserie et sculpture du lambris du cabinet du Roy qu'il a faits au chasteau du Louvre en 1661....................... 650ᵗᵗ

12 janvier 1670 : à luy, à compte des ouvrages de menuiserie qu'il fait pour le service de S. M... 1000ᵗᵗ

12 avril : à Anglebert, menuisier, pour les ouvrages de menuiserie qu'il a faits au palais des Thuilleries en 1667..................................... 396ᵗᵗ

3 octobre : à luy, pour parfait payement de 873ᵗᵗ à quoy montent ses ouvrages de menuiserie, tant au cabinet rond du Roy au Louvre qu'à la petite escurie... 573ᵗᵗ

---

[1] Probablement Noel Quillerier.
[2] Ou Loir.
[3] Il est appelé une fois Montagne; mais il ne sauroit y avoir de doute sur l'identité des deux noms.

[4] Voyez ci-dessus Goujon, dit La Baronnière (col. 320).

6 febvrier : à Pierre Chevallier, menuisier, pour parfait payement de 4226ᴸᴸ 18ˢ à quoy montent les ouvrages qu'il a faits pour les escuries du Roy pendant les années 1667 et 1668........................ 526ᴸᴸ 18ˢ

1ᵉʳ aoust : à luy, à compte des ouvrages de menuiserie qu'il fait aux escuries du Roy............ 300ᴸᴸ

9 juin : à Couvreux et Remy, menuisiers, pour divers ouvrages faits aux Thuilleries en 1667...... 603ᴸᴸ 3ˢ

16 juillet : à Lavier, menuisier, pour reste et parfait payement de 6908ᴸᴸ 16ˢ 8ᵈ à quoy montent les ouvrages de menuiserie qu'il a faits pour le service de S. M. pendant l'année 1663................... 408ᴸᴸ 16ˢ 8ᵈ

A luy, pour parfait payement de 3402ᴸᴸ 8ˢ 10ᵈ à quoy montent ses ouvrages de menuiserie aux Thuilleries en 1666........................... 402ᴸᴸ 10ˢ 10ᵈ

2 septembre : à Jacques Prou, pour des réparations qu'il a faites aux Thuilleries, et avoir osté plusieurs tableaux dans le platfonds de la gallerie aud. lieu. 654ᴸᴸ 10ˢ

8 octobre : à luy, pour ouvrages de menuiserie qu'il a faitz à une machine en forme de grande armoire pour mettre partie des agathes, cristaux, et autres curiositez, au pallais des Thuilleries.................... 2061ᴸᴸ

25 octobre : à Richeretz et Monnot, menuisiers, pour reste et parfait payement de 746ᴸᴸ à quoy montent les quaisses qu'ils ont faites pour l'orangerie du jardin du pallais des Thuilleries.................... 446ᴸᴸ

Somme de ce chapitre..... 24455ᴸᴸ 14ˢ 10ᵈ

VITRERIE.

6 febvrier : à la veuve Vierrey, vitrière, à compte des ouvrages de vitrerie qu'elle a faits au Louvre et aux Thuilleries en 1668........................ 400ᴸᴸ

19 mars 1669-12 janvier 1670 : à elle, à compte de ses ouvrages (7 p.)...................... 5900ᴸᴸ

6 febvrier : à la veuve Lorget, pour parfait payement de la somme de 6524ᴸᴸ à quoy montent les ouvrages de vitrerie faits tant au Louvre, pallais des Thuilleries, Pompe du Pont-Neuf, qu'à Versailles......... 524ᴸᴸ

Somme de ce chapitre........ 4824ᴸᴸ

OUVRAGES DE PAVÉ.

11 mars - 3 octobre : à Aubry, à compte du pavé qu'il pose dans la salle des Comédies du pallais des Thuilleries[1] (5 p.)................................. 4300ᴸᴸ

25 octobre 1669-1ᵉʳ janvier 1670 : à luy, à compte

[1] C'est un ouvrage semblable que Léonard Aubry exécuta pour l'illustre Théâtre de Molière dès 1643. Voyez *Recherches sur Molière et sur sa famille*, par Eud. Soulié, in-8°, 1863, p. 29 et passim.

du pavé de grais qu'il pose au bassin octogone des Thuilleries (3 p.)....................... 1600ᴸᴸ

3 décembre : à luy, à compte de ses ouvrages de pavez de grais aux Thuilleries............... 1500ᴸᴸ

9 juin-3 octobre : à Vatel, à compte du pavé qu'il a cy-devant fait aux Thuilleries (3 p.)........ 2500ᴸᴸ

13 décembre : à luy, à compte des ouvrages de pavez de grais qu'il a fait dans la cour des machines, à Paris.. .... 600ᴸᴸ

Auxd. Vatel et Aubry, à compte des ouvrages de pavez de graiz qu'ils posent dans le bassin octogone du palais des Thuilleries................... 800ᴸᴸ

Somme de ce chapitre....... 11300ᴸᴸ

JARDINAGES.

25 febvrier 1669-1ᵉʳ janvier 1670 : à Jean Colin, pour son remboursement de pareille somme qu'il a déboursée au payement des ouvriers qui ont travaillé dans le jardin des Thuilleries jusqu'au 27 décembre, et pour menues dépenses (17 p.).................... 4718ᴸᴸ 15ˢ 1ᵈ

19 avril : à luy, pour son remboursement des cyprez, pots à fleurs et autres choses qu'il a payez pour le jardin de Versailles............................ 267ᴸᴸ

1ᵉʳ janvier 1670 : à luy, pour menues despenses faites à la pépinière du Roulle.................... 278ᴸᴸ 3ˢ

11 mars : au sʳ Fresnay, pour son payement de 3700 érables qu'il a fournis au jardin des Thuilleries... 74ᴸᴸ

10 mars : à René Lalun, pour son payement des noyers et chastaigniers et autres arbres qu'il a fournis pour le Roy.............................. 611ᴸᴸ 10ˢ

19 mars : à Hélan et Julien, jardiniers, pour des érables et chicomores fournis aud. jardin..... 393ᴸᴸ 5ˢ

26 avril : à Jacques Julien, jardinier, pour les ifs par luy fournis aud. jardin................... 1102ᴸᴸ

26 novembre : aud. Heslan, jardinier, à compte des ifs qu'il fournit pour les jardins de S. M., des Thuilleries et pépinières du Roulle.................... 2200ᴸᴸ

26 avril : à Charles Mollet, jardinier, pour son payement des arbrisseaux verts qu'il a fournis au jardin des Thuilleries......................... 710ᴸᴸ

26 avril - 2 novembre : au sʳ Feuillastre, à compte du corroy et terre glaise qu'il met au bassin octogone du bassin du palais des Thuilleries (5 p.)..... 1300ᴸᴸ

26 avril - 31 may : à Lorion, voiturier, à compte du gazon qu'il a voituré aud. jardin (2 p.)..... 315ᴸᴸ 16ˢ

26 avril : à Jean Robert et Louis Bouron, jardiniers, à compte du gazon qu'ils posent et des parterres qu'ils plantent de buis aud. jardin............... 300ᴸᴸ

31 may : aud. Robert et Bouzin, pour reste et parfait

payement d'avoir planté deux parterres de buis et plusieurs plattes-bandes de gazon avec buis autour, au jardin des Thuilleries 200ᵗᵗ 3ˢ
11 may : aud. Robert et Lenoux, à compte des parterres qu'ils plantent et du gazon qu'ils dressent aud. jardin 200ᵗᵗ
1ᵉʳ janvier 1670 : à Jean et Nicolas Robert, et autres jardiniers, pour leur payement d'avoir fourny et posé du gazon au jardin des Thuilleries 528ᵗᵗ 8ˢ
3 may : à Le Lièvre, terrassier, à compte des terres qu'il transporte dans led. jardin 1800ᵗᵗ
10 may : à la damoiselle Cagnet, pour son payement de 1200 ifs et 100 houx qu'elle a fournis et livrez pour led. jardin 650ᵗᵗ
11 may : à Simon et La Chapelle, pour reste et parfait payement de 8428ᵗᵗ à quoy monte le payement des bonnes terres qu'il a fouillées et voiturées aud. jardin... 2328ᵗᵗ
17 may : à Duval, marchand de bois, pour les perches et oziers qu'il a fournis pour faire du treillage aud. jardin 209ᵗᵗ 19ˢ
31 may : à Dupuis, jardinier, pour payement des ifs par luy fournis aud. jardin 1118ᵗᵗ 10ˢ
31 may - 3 décembre : à Desgots, jardinier, pour sable de rivière qu'il a fourny aud. jardin (8 p.).. 2628ᵗᵗ 15ˢ

Somme de ce chapitre ..... 81933ᵗᵗ 2ˢ 7ᵈ ¹

FOUILLES ET TRANSPORTS DE TERRE.

28 janvier-3 avril : à Michel Rigalleau, dit La Chapelle, et Simon du Costé, voituriers, à compte des bonnes terres qu'ils transportent dans les rigolles du jardin des Thuilleries (4 p.) 6100ᵗᵗ
19 avril : à eux, pour avoir osté et vuidé les terres qui estoient dans le magazin des marbres aux Thuilleries. 150ᵗᵗ
17 aoust : à eux, pour avoir fait les fouilles des terres pour pozer les conduits de plomb des bassins des Thuilleries 345ᵗᵗ
15 febvrier : à ..., pour son remboursement de pareille somme par luy desboursée aux ouvriers qui ont travaillé aud. jardin pendant la semaine commencée le 4 febvrier et finie le 9 ensuivant 924ᵗᵗ 0ˢ 6ᵈ
12 avril-17 aoust : à Le Lièvre, terrassier, à compte des terres qu'il transporte dans le jardin des Thuilleries (4 p.) 957ᵗᵗ 10ˢ 4ᵈ
25 may : à Desgots, jardinier, pour le sable de rivière qu'il a fourny aud. jardin 236ᵗᵗ
31 may : à ....., pour son remboursement de ce qu'il a payé aux ouvriers qui ont porté du sable au jardin des Thuilleries 59ᵗᵗ 14ˢ 4ᵈ

¹ L'addition donne 81933ᵗᵗ 3ˢ 1ᵈ.

17 juin-17 aoust : à Fourquignon, voiturier, pour son payement d'avoir voituré des recoupes dans led. jardin (2 p.) 1244ᵗᵗ 16ˢ
17 aoust : à Colin, pour son remboursement de ce qu'il a payé pour du terreau fourny au jardin des Tuilleries 1104ᵗᵗ 10ˢ
2 novembre : à François Lhuillier, à compte des bonnes terres qu'il transporte dans les trous des arbres des avenues dud. jardin 600ᵗᵗ

Somme de ce chapitre ...... 11730ᵗᵗ 11ˢ 2ᵈ ²

PARTIES EXTRAORDINAIRES.

28 janvier : à Estienne de Lionne, nattier, pour son payement de la natte qu'il a fournie pour mettre devant les croisées du grand salon des Thuilleries et pour avoir attaché la toille dessus lad. natte 374ᵗᵗ
A la dame Fourbert, lingère, pour son payement de 562 aulnes de toille qu'elle a fournies pour couvrir la natte des croizées du grand salon du palais des Thuilleries 252ᵗᵗ 18ˢ
A Jacques Rigault, piqueur, pour son remboursement et entier payement de la couverture de paille qu'il a fait faire, clouds, lattes, oziers, chandelles et peines d'ouvriers, qu'il a livrez aux deux glacières du jardin des Thuilleries 256ᵗᵗ 1ˢ
6 febvrier : à ... Barbier, menuisier, pour les quaisses qu'il a fournies aux Thuilleries en 1668 .... 147ᵗᵗ 10ˢ
A ... Morin ³, charon, à compte d'un chariot au binart qu'il fait pour le service de S. M 300ᵗᵗ
A Martinot, horloger, pour son payement de l'horloge qu'il a faite aud. palais, et quelques réparations à celle de la Mesnagerie de Versailles 1275ᵗᵗ
A Arnoul Roze, pour son parfait payement et remboursement de 9476ᵗᵗ 10ˢ 8ᵈ à quoy monte la fouille qu'il a faite de la pierre de Vernon pour le Louvre. 1376ᵗᵗ 10ˢ 6ᵈ
A Jean Colin, pour son remboursement de pareille somme qu'il a avancée au payement des ouvriers qui ont araché et voituré des tillots et sapins dans la forest de la Ferté pour les jardins de S. M 605ᵗᵗ 16ˢ
9 septembre : à luy, pour son remboursement de ce qu'il a payé aux ouvriers et charetiers qui ont arrousé les arbres des avenues des Thuilleries 692ᵗᵗ 18ˢ 6ᵈ

² L'addition donne 11721ᵗᵗ 11ˢ 2ᵈ. Il y a donc erreur en moins de 9ᵗᵗ; elle provient probablement d'un changement opéré à un des articles de Le Lièvre après l'addition.
³ Ne faudrait-il pas lire Maugin ? On voit en effet un charron, du nom de Maugin, revenir fréquemment sur les comptes des bâtiments, et presque toujours il est spécialement employé à la fabrication des binarts. Voyez à la colonne suivante.

15 febvrier-31 may : au s' Migon, arpenteur, à compte de l'arpentage qu'il fait des terres derrière le jardin des Thuilleries (2 p.)........................ 1000ᴸ

25 febvrier : à Jean Padelin et Jean Varise, ramoneurs, pour leur payement des cheminées qu'ils ont ramonées depuis le mois de... jusques au mois de décembre 1668........................ 486ᴸ 6ˢ

4 mars : au s' Fossier, pour employer aux menues despences des bastimens de S. M.............. 1000ᴸ

19 mars : à Maugin, charon, pour parfait payement tant du binard neuf qu'il a fourny, que pour le raccommodage qu'il a fait au vieil pour voiturer les marbres au magazin du Roy......................... 296ᴸ

1ᵉʳ aoust : à luy, pour avoir raccommodé les binarts servans aux bastimens de S. M........... 63ᴸ 12ˢ

28 mars : à Balthasard d'Ambresnes, jardinier venu de Flandres, pour son remboursement de pareille somme qu'il a desboursée en achapt et voiture de petits ormes pour faire des pépinières, et autres despences.. 780ᴸ 5ˢ

26 avril-17 may : à Dauvergne, pour avoir fait arracher et voiturer des petits ifs qu'il a pris dans la forest de la Neuville (2 p.).................... 463ᴸ

23 décembre : à luy, pour employer au payement des ouvriers qui arrachent des plantz dans la forest de Lions pour les maisons royalles............... 1100ᴸ

29 avril : à René Lalun et Pierre Chedeville, à compte du plan qu'ils mettent dans les treize remises de la plaine Saint-Denis....................... 400ᴸ

11 may : à René Noisette, voiturier, pour avoir voituré plusieurs blocs de marbre, du port au magazin des marbres........................... 743ᴸ

11 may-9 septembre : à Camo, ayant la garde des portes de la gallerie des peintures et de la grande gallerie du Louvre, pour ses gages depuis le 15 janvier 1668 jusqu'au 31 aoust 1669 (2 p.)............. 711ᴸ 6ˢ

25 may : à Des Essars, La Rivière et consorts, pour leur payement des terres qu'ils ont transportées dans le jardin des Thuilleries.................. 115ᴸ 10ˢ

31 may : à la veuve de François Toulmay, vuidangeur, pour son payement d'avoir fait curer deux puits à la grande escurie du Roy................... 61ᴸ

31 may-1ᵉʳ aoust : à Bouron et Robert, pour parfait payement de 829ᴸ 10ˢ à quoy montent les treillages qu'ils ont faits au jardin des Thuilleries (2 p.).... 459ᴸ 18ˢ

23 juin : à Vuatebos, vennier, pour son payement de mannes qu'il a fournis pour les arbres dud. jardin. 249ᴸ

2 juillet : à Deslauriers qui trace les parterres et fait les alignemens dans le jardin des Thuilleries, pour ses apointemens des mois d'avril, may et juin...... 300ᴸ

A Le Roux et le grand Louis, pour le treillage qu'ils font aud. jardin........................ 300ᴸ

1ᵉʳ aoust : à Octavien, jardinier, pour les planches qu'il a fournies pour la pépinière du Roy....... 448ᴸ

1ᵉʳ aoust 1669-12 janvier 1670 : à Fouquignon, voiturier, pour avoir transporté plusieurs recoupes au jardin des Thuilleries (2 p.)................ 1296ᴸ 6ˢ

1ᵉʳ aoust : à Bischerets, à compte des caisses qu'il fait pour l'orangerie des Thuilleries.............. 300ᴸ

A Masson, jardinier, pour avoir eschenillé les arbres de son entretenement aud. jardin............ 48ᴸ

9 septembre : à Bersaucourt, espinglier, pour les ouvrages qu'il a faits, tant à Paris qu'à Vincennes, ez années 1665 et 1666....................... 288ᴸ 7ˢ

A la veuve Carbonnet et La Forest, à compte des arbres qu'ils plantent dans les avenues du palais des Thuilleries................................ 2000ᴸ

25 octobre : à... Guesnon, pour ses ouvrages aux grande et petite escuries du Roy en 1662....... 860ᴸ

23 décembre : à Pierre Millard, pour son remboursement des despenses qu'il a faites pour amener de Selles à Paris les orangers dont Mᵐᵉ de Béthune[1] a fait présent à S. M............................ 3669ᴸ 4ˢ 6ᵈ

8 octobre : à la veuve Jousset, pour glaces de miroir qu'elle a fournies pour une machine en forme d'armoire pour mettre partie des agathes et cristaux, et autres curiositez de S. M., au palais des Thuilleries...... 1079ᴸ

19 décembre : à Alain Lherminier, pour reste et parfait payement de 7721 6ᴸ 2ˢ 9ᵈ à quoy montent les fournitures de plomb qu'il a faites au Louvre, aux Thuilleries et autres maisons royalles pendant les années 1659, 60, 61, 62 et 63............................ 2316ᴸ 2ˢ 9ᵈ

Somme de ce chapitre...... 26124ᴸ 11ˢ 3ᵈ

PALAIS-ROYAL.

MAÇONNERIE.

17 juin-13 décembre : à Noel Le Maistre, maçon, à compte des ouvrages de maçonnerie et réparations qu'il fait aud. lieu (3 p.).................... 3600ᴸ

17 aoust : à Dorbay, maçon, pour reste et parfait payement de 13113ᴸ 17ˢ 6ᵈ à quoy montent les ouvrages qu'il a faits, tant au Palais-Royal qu'au Louvre, en l'année 1663....................... 1513ᴸ 17ˢ 6ᵈ

Somme de ce chapitre...... 5113ᴸ 17ˢ 6ᵈ

---

[1] Probablement Marie Fouquet, fille du Surintendant, femme d'Armand de Béthune, duc de Charost. Les Béthune étaient comtes de Selles, en Berry.

CHARPENTERIE.

2 juillet 1669 - 1ᵉʳ janvier 1670 : à Bastard, charpentier, à compte des ouvrages de charpenterie qu'il fait au Palais-Royal (4 p.).................... 5100ᵗᵗ

COUVERTURE, PLOMBERIE, SERRURERIE.
Néant.

PEINTURE, SCULPTURE ET ORNEMENS.

25 febvrier : à Pierre Ménard, marbrier, pour son payement du foyer de marbre et pour menues réparations qu'il a faites en l'année 1668................ 70ᵗᵗ
3 octobre : à luy, à compte de ses ouvrages... 300ᵗᵗ
4 mars : à La Baronnière, pour reste et parfait payement de 3733ᵗᵗ à quoy montent les ouvrages de dorure et peinture qu'il a faits, tant au Palais-Royal qu'à la maison où loge M. le comte d'Armagnac, pendant l'année 1668............................... 2233ᵗᵗ
28 mars 1669 - 12 janvier 1670 : à Macé, ébéniste, pour parfait payement du parquet de raport, avec cuivre et estain, du petit cabinet de l'apartement de Madame (4 p.)............................. 1700ᵗᵗ
23 juin : à Marsy, sculpteur, pour les ouvrages de stuc qu'il a faits au petit cabinet de Madame........ 250ᵗᵗ
16 juillet : à Guereau, miroitier, pour avoir estamé, coupé et mis en place les glaces de miroir de l'apartement de M. le duc d'Orléans.............. 582ᵗᵗ 8ˢ
23 décembre : à luy, pour avoir estamé, couppé et mis en place les glaces du cabinet de Madame. 293ᵗᵗ 10'

Somme de ce chapitre...... 5428ᵗᵗ 18ˢ

MENUISERIE.

10 octobre - 9 novembre : à Dionis, menuisier, à compte des ouvrages de menuiserie qu'il fait au Palais-Royal (2 p.)........................ 2100ᵗᵗ

JARDINAGES, PARTIES EXTRAORDINAIRES.
Néant.

MAISON DE LA POMPE DU PONT-NEUF.
Néant.

COLLÈGE ROYAL.
Néant.

LA BASTILLE.

25 septembre : à Girard, maçon, à compte des réparations qu'il fait à la Bastille.............. 3000ᵗᵗ

HARAS DE SAINT-LÉGER.

28 mars : à Le Gros et Macros, sculpteurs, à compte des ouvrages de sculpture qu'ils ont faits aux frontons des portes du haras de Saint-Léger.......... 200ᵗᵗ
4 mars - 2 novembre : à Pierre Marie, serrurier, à compte de ses ouvrages aud. chasteau (2 p.)..... 700ᵗᵗ
11 avril : à Marin Blanchet, plastrier, pour son payement du plastre qu'il a fourny aud. chasteau... 406ᵗᵗ 5ˢ
A Léonnard Velleret, charpentier, pour les ouvrages de charpenterie et réparations qu'il a faites au moulin de Plancy, sçiz à Saint-Léger................. 200ᵗᵗ
A Jean Daube, vitrier, pour avoir fourny du verre et racommodé les vitres dud. chasteau.......... 37ᵗᵗ 7ˢ
A Jean Fiévé, commis à la conduite des réparations à faire aud. lieu, pour ses apointemens d'avoir eu soin de faire avancer tous les ouvrages dud. chasteau durant neuf mois qu'ils ont esté à faire................. 400ᵗᵗ
A Estienne Languet et Marin de Bray, menuisiers, pour leur payement de leurs ouvrages de menuiserie aux escuries et autres lieux du haras de Saint-Léger. 1242ᵗᵗ
13 janvier : au sʳ Garfault, capitaine du haras de Saint-Léger, pour employer aux réparations qui sont à faire aux fermes et maisons dépendantes de la terre dud. Saint-Léger......................... 3000ᵗᵗ

Somme de ce chapitre........ 6,185ᵗᵗ [1]

CHASTEAU DE MADRID.

25 febvrier - 3 may : à Barbé, maçon, à compte de ses ouvrages de maçonnerie (2 p.)..... 1400ᵗᵗ
28 mars - 17 juin : à Cachet, serrurier, à compte de ses ouvrages de serrurerie aud. chasteau (2 p.).. 500ᵗᵗ

Somme de ce chapitre......... 1900ᵗᵗ

CHASTEAU DE VERSAILLES.

MAÇONNERIE.

25 janvier 1669 - 1ᵉʳ janvier 1670 : à Jacques Gabriel, entrepreneur du nouveau bastiment de Versailles, à compte des ouvrages de maçonnerie qu'il fait aud. bastiment (8 p.)....................... 335000ᵗᵗ
25 may - 2 novembre : à luy, à compte des ouvrages de maçonnerie qu'il fait et des tablettes qu'il pose autour du canal et de l'allée d'eau de Versailles (5 p.). 44000ᵗᵗ

---

[1] L'addition du registre a omis 12'.

15 febvrier : à André Mazières et Anthoine Bergeron, à compte des ouvrages de maçonnerie par eux faits au chasteau de Versailles.................. 1500ᵗᵗ

15 febvrier-28 mars : à Claude et Benjamin Guillot, et Nicolas Langlois, carreyers de Meudon, pour reste et parfait paiement de 8200ᵗᵗ à quoy montent les dix-sept grandes pierres qu'ils ont fournies et voiturées à Versailles (2 p.).................. 2500ᵗᵗ

4 mars-9 septembre : à Louis Jeannot, à compte des menues réparations et du rétablissement des enchaperonnements qu'il fait aux murs du jardin potager de Versailles (5 p.)....................... 1103ᵗᵗ

19 avril : à Sauton et Fonget, tailleurs de pierre, à compte des bassins de fontaine qu'ils taillent pour l'allée d'eau de Versailles...................... 550ᵗᵗ

25 octobre : à Gaspard Marsy, sculpteur, à compte du grouppe de marbre blanc qu'il fait pour la Grotte de Versailles.................. 500ᵗᵗ

Somme de ce chapitre....... 38513ᵗᵗ

CHARPENTERIE.

8 may-9 novembre : à Cliquin et Charpentier, charpentiers, à compte de la charpenterie du nouveau bastiment de Versailles (5 p.).............. 46000ᵗᵗ

31 may : A Potot, à compte de ses ouvrages de charpenterie au chasteau................. 500ᵗᵗ

Somme de ce chapitre....... 46500ᵗᵗ

COUVERTURE.

Néant.

PLOMBERIE.

15 febvrier-10 octobre : à Denis Joly, à compte des fournitures de plomb qu'il fait pour les bastimens de Versailles (6 p.)..................... 19500ᵗᵗ

9 mars : à luy, à compte des conduites de fontaines et autres ouvrages de plomb aud. lieu......... 11000ᵗᵗ

11 may-1ᵉʳ aoust : à luy, pour son remboursement de pareille somme par luy payée aux ouvriers qui ont restably l'orgne de la Grotte de Versailles (2 p.)..... 533ᵗᵗ

12 janvier 1670 : à Le Roy, plombier, à compte des ouvrages de plomb qu'il fait pour Versailles...... 2000ᵗᵗ

Somme de ce chapitre....... 33033ᵗᵗ

SERRURERIE.

28 janvier : à Pierre Marie, serrurier, à compte de ses ouvrages........................... 400ᵗᵗ

11 mars : à luy, pour reste et parfait payement de 3394ᵗᵗ 8ˢ à quoy montent les ouvrages de serrurerie qu'il a faits à Versailles pendant l'année 1668. 1094ᵗᵗ 8ˢ

28 janvier : à Estienne Boudet, serrurier, à compte de ses ouvrages.......................... 600ᵗᵗ

15 febvrier : à luy, pour parfait payement de 11117ᵗᵗ 19ˢ à quoy montent les ouvrages de serrurerie qu'il a faits au chasteau de Versailles en 1666 et 1667... 1817ᵗᵗ 19ˢ

11 mars : à luy, pour son payement du balcon au pourtour du salon octogone de la Mesnagerie de Versailles............................. 1576ᵗᵗ 16ˢ

3 may 1667-12 janvier 1670 : auxd. Marie et Boudet, à compte des ouvrages de serrurerie qu'ils font à Versailles (6 p.)..................... 11800ᵗᵗ

28 mars 1669 : à la veuve Le Maistre, serrurier, à compte des ouvrages de serrurerie faits par led. deffunct aud. chasteau...................... 1000ᵗᵗ

Somme de ce chapitre....... 18289ᵗᵗ 3ˢ

PEINTURE, SCULPTURE, DORURE ET AUTRES ORNEMENS.

28 janvier-26 novembre : à Pierre Le Gros, sculpteur, à compte des ornemens de fontaines qu'il fait pour l'allée d'eau de Versailles (6 p.).......... 3200ᵗᵗ

28 janvier-12 avril : à Pierre Mesnard, marbrier, pour parfait payement pour avoir retaillé et poli quatre demies coquilles de marbre pour la Grotte de Versailles (3 p.)............................ 928ᵗᵗ

3 décembre : à luy, pour parfait payement de 348ᵗᵗ à quoy montent les ouvrages de marbrerie qu'il a faits à Versailles et au Palais-Royal................. 48ᵗᵗ

12 janvier 1670 : à luy, pour parfait payement des fonds de marbre, benistiers et autres ouvrages qu'il a faitz pour l'église de Versailles............ 672ᵗᵗ 15ˢ

6 febvrier 1669 : à Paul Gorjon, dit La Baronnière, peintre, pour parfait payement de 5290ᵗᵗ à quoy montent ses ouvrages de peinture et dorure aux appartemens de la Mesnagerie de Versailles............ 1490ᵗᵗ 6ˢ

6 febvrier-7 juillet : à Jacques Holzeau, sculpteur, à compte des ouvrages de sculpture qu'il fait aud. chasteau (2 p.).............................. 2000ᵗᵗ

12 avril : à luy, à compte des Termes qu'il fait pour led. chasteau........................ 400ᵗᵗ

7 juillet : à luy, pour son payement de l'ornement de sculpture qu'il a fait dans un cabinet des bosquets dud. lieu............................. 340ᵗᵗ

6 febvrier : à Pierre Choqueux, marchand miroitier, pour son payement de trente-neuf glaces de 20 pouces qu'il a fournies tant pour la Grotte de Versailles que pour les appartemens.................. 2081ᵗᵗ

15 febvrier-3 octobre : à François Girardon et Thomas Regnauldin, sculpteurs, à compte du groupe de marbre qu'ils font pour la Grote de Versailles (4 p.).... 3250ᵗᵗ

26 novembre 1669-1ᵉʳ janvier 1670 : aud. Girardon, à compte des ornemens de sculpture qu'il fait pour les fontaines de Versailles (2 p.)............... 1500ᴸ

15 febvrier-7 juillet : à Gaspard Marsy, sculpteur, à compte des groupes de marbre qu'il fait pour lad. Grote (3 p.)................................. 1500ᴸ

11 mars-26 novembre : aux sʳˢ Marsy, sculpteurs, à compte de la Latone et autres figures et ornemens de marbre qu'ils font pour l'ornement des fontaines de Versailles (5 p.).......................... 4800ᴸ

12 janvier 1670 : aux mêmes, pour parfait payement de 1200ᴸ à quoy monte la sculpture qu'ils ont faite pour les canons du canal de Versailles, et pour le voyage qu'ils ont fait à Douay........................ 550ᴸ

15 febvrier-11 may : à Gilles Guérin, sculpteur, à compte du groupe de marbre qu'il fait pour la Grote de Versailles (2 p.)....................... 1000ᴸ

15 febvrier-23 décembre : au sʳ Le Maire, fayancier, pour parfait payement de 5427ᴸ à quoy montent les vazes, façon de porcelaine, qu'il a fournis pour led. chasteau de Versailles (3 p.)................ 5427ᴸ

3 may : aud. Le Maire, pour 300 cloches de verres qu'il a fournies pour led. lieu............... 135ᴸ

15 febvrier : à Jean Vintalon, serrurier, pour le fer qu'il a fourny pour les figures de Latone...... 149ᴸ 2ˢ

25 febvrier 1669-1ᵉʳ janvier 1670 : à Baptiste Tuby[1], sculpteur, à compte de l'ornement de fontaine qu'il fait pour Versailles, représentant le soleil levant.... 4100ᴸ

2 septembre-2 novembre : à Baptiste Tuby et Estienne Le Hongre, à compte des ouvrages de sculpture et ornemens de fontaines qu'ils font pour deux bassins de Versailles, représentans deux couronnes soustenues par des tritons et sirènes (2 p.)................. 1800ᴸ

25 may 1669-1ᵉʳ janvier 1670 : à Le Hongre, sculpteur, à compte des ornemens de fontaine qu'il fait pour l'allée d'eaue de Versailles (4 p.)........... 2300ᴸ

7 juillet : à Le Hongre, peintre, pour son remboursement des couleurs qu'il a fournies pour peindre un cabinet du bosquet des bosquets, comprins les journées des compagnons qui l'ont peint, et sa peine................. 350ᴸ

4 mars-7 juillet : à Lerambert, sculpteur, à compte des figures de bassins qu'il fait pour l'allée d'eaue de Versailles (3 p.)........................ 2100ᴸ

4-19 mars : à Marinier, chaudronnier, pour parfait payement du bassin de cuivre qu'il fait au bout du canal de Versailles (2 p.)..................... 1411ᴸ 17ˢ

3 avril-3 octobre : à luy, pour parfait payement des bassins de cuivre qu'il a faits pour les ornemens de fontaines au haut de l'allée de Versailles (4 p.).... 4930ᴸ

12 avril 1669-12 janvier 1670 : au sʳ Goy[2], à compte de la peinture et dorure qu'il fait à l'autel et closture du chœur de l'église de Versailles (5 p.)......... 2900ᴸ

7 juillet : à luy, pour reste et parfait payement de 5053ᴸ à quoy montent les ouvrages de peinture et dorure qu'il a faits au chasteau de Versailles pendant les années 1665 à 1668..................... 1103ᴸ

26 avril : à Berthier, rocailleur, pour réparations faites à la Grotte dud. chasteau............... 300ᴸ

1ᵉʳ aoust : à luy, à compte des ouvrages de rocaille qu'il fait dans un cabinet des bosquets......... 150ᴸ

11 may-1ᵉʳ aoust : à Duval, fondeur, à compte des enfans et ornemens de bronze qu'il fait pour les sphinx de Versailles (2 p.)....................... 800ᴸ

23 juin : à Massou, pour son payement des trois figures en bois, un crucifix, une Vierge et saint Jean, qu'il a faits pour l'église de Versailles......... 700ᴸ

2 septembre-26 décembre : à Mazelines, à compte de ses ouvrages de sculpture au vaisseau du grand canal (2 p.)................................. 2400ᴸ

9 novembre : à Jean[3] et Jean Le Moyne, peintres, à compte des ouvrages de peinture qu'ils font au chasteau des Thuilleries[4]........................ 1200ᴸ

1ᵉʳ janvier 1670 : à Guénand, doreur, à compte de la dorure qu'il fait aux galliottes du canal......... 300ᴸ

A Francart, peintre, à compte de la peinture et dorure qu'il fait à une galliotte du canal......... 500ᴸ

12 janvier 1670 : à Poissant et Le Grand, sculpteurs, à compte des consoles qu'ils font pour la Grotte de Versailles............................... 300ᴸ

Somme de ce chapitre........ 57809[5]

MENUISERIE.

28 janvier-4 mars : à Berthélemy Grimbois, menuisier, à compte des ouvrages de menuiserie qu'il fait au chasteau de Versailles (2 p.)................. 400ᴸ

23 décembre : à luy, pour reste et parfait payement

---

[1] Le premier article le nomme Baptiste; dans un autre, le nom de famille est écrit Tubi.

[2] On trouve aussi Goy et Golet.

[3] N'y aurait-il pas un nom de famille passé? Ou bien faut-il lire : à Louis et Jean Le Moyne?

[4] On a effacé Versailles pour mettre à la place Thuilleries.

[5] L'addition donne 57116ᴸ; l'erreur vient d'une transposition de chiffres dans les additions partielles : au lieu de 35188ᴸ, on a reporté à la colonne suivante 35881ᴸ. En effet, la différence entre 881ᴸ et 188ᴸ, soit 709ᴸ, ajoutée à 57116ᴸ donne 57809ᴸ.

de 1562ᴴ à quoy montent les ouvrages de menuiserie qu'il a faitz à Versailles ez années 1668 et 1669. 462ᴴ 11ˢ

15 febvrier-3 novembre : à Saint-Yves, menuisier, à compte de ses ouvrages de menuiserie pour l'église de Versailles (6 p.).......................... 4400ᴴ

11-28 mars : à Paul Jubilot, menuisier, à compte d'une chaloupe qu'il fait pour le Roy (2 p.)...... 600ᴴ

3 avril-2 septembre : à luy, pour reste et parfait payement des ouvrages de menuiserie et sculpture qu'il a faits et fait faire à une galiote et à plusieurs autres petits vaisseaux qui sont sur le canal (4 p.)..... 3627ᴴ

3 may : à d'Auxerre et Carel, menuisiers, à compte de leurs ouvrages aud. chasteau en 1663...... 1000ᴴ

17 juin 1669-12 janvier 1670 : à Le Roy, menuisier, à compte de la menuiserie qu'il fait au grand vaisseau du canal (4 p.)....................... 3100ᴴ

17 juin : à Buirette, menuisier, pour son payement des ouvrages qu'il a faits à Versailles dans le cabinet d'un des bosquets dud. lieu 232ᴴ

12 janvier 1670 : à Lavier, menuisier, à compte des ouvrages de menuiserie du chasteau de Versailles. 2000ᴴ

Somme de ce chapitre.. 15821ᴴ 11ˢ

VITRERIE.

25 febvrier 1669-12 janvier 1670 : à la veuve Longer, à compte de ses ouvrages de vitrerie au chasteau de Versailles (7 p.)........................... 3200ᴴ

JARDINAGES.

15 febvrier : au sʳ Petit, pour son remboursement de ce qu'il a payé aux ouvriers qui ont travaillé à Versailles du 25 novembre au 29 décembre 1668..... 244ᴴ 16ˢ

A Guillaume Remy et Jean Martin, jardiniers, pour leur payement de 20 miliers de plans qu'ils ont fournis à Versailles............................. 100ᴴ

A Frades, jardinier de Ruel, pour son parfait payement de 1075ᴴ à quoy montent tant les labours qu'il a faits aux grands arbres plantés dans la plaine de Vézinet que le défrichement des terres enfermées dans une closture d'eschalats dans lad. plaine.......... 298ᴴ

3 may : à luy, pour son payement du plan qu'il a voituré à Versailles et graines de tilleux qu'il a semées dans la pépinière du chasteau................. 47ᴴ 10ˢ

23 décembre : à luy, pour son payement des labours faits dans la pépinière de Saint-Germain[1] pour planter du petit plant venu de Flandres........... 197ᴴ 15ˢ

[1] Il y avait Versailles; on a effacé ce mot pour y substituer Saint-Germain.

25 febvrier : à Roch Gollard et Nicolas Mongé, pour leur payement des chastaigniers, ormes, oziers et petits plans qu'ils ont fourny pour Versailles..... 1328ᴴ 10ˢ

3 avril : à Roch Gollard, jardinier, pour son payement d'avoir fourny dans le grand parc (sic)..... 1216ᴴ 12ˢ

25 febvrier : à Rollin Molet, pour son payement de 600 chastaigniers qu'il a fournis pour Versailles. 300ᴴ

A René de Lalun et Nicolas Chefdeville, pour leur payement de 600 noyers fournis pour Versailles.. 360ᴴ

18 novembre : à eux, pour 500 noyers fournis pour une avenue............................ 300ᴴ

4 mars : aud. de Lalun, pour plusieurs plançons[2] par luy fournis............................ 331ᴴ

28 mars : à luy, à compte des houx qu'il a levez et doit fournir vifs rendus à Versailles........... 300ᴴ

17 may : à luy, pour 600 noyers livrez et fournis pour l'avenue du parc....................... 360ᴴ

25 febvrier-2 juillet : à Marin Trumel et Henry Dupuis, jardiniers, à compte des labours et rigolles qu'ils font pour les plans du parc (4 p.)........... 4700ᴴ

1ᵉʳ aoust-2 novembre : aud. Trumel et consortz, pour reste et parfait payement de 69652ᴴ 10ˢ à quoy montent la fourniture et regarnissement d'arbres qu'ilz ont faite dans les parcs et advenues de Versailles et Vincennes depuis le mois d'octobre 1664 jusques au mois d'octobre 1668, suivant leurs parties............. 4252ᴴ 10ˢ

1ᵉʳ aoust : aud. Trumel, pour son remboursement des menues despences qu'il a faites à l'orangerie de Versailles................................. 147ᴴ

2 novembre : auxd. Dupuis et Houdouin, jardiniers, pour reste et parfait payement de 1769ᴴ 10ˢ à quoy montent leurs labours à toutes les advenues et allées du grand parc de Versailles, suivant les parties arrestées et certiffiées par le Controlleur Général des Bastimens de S. M............................. 1360ᴴ 10ˢ

3 décembre : à eux, à compte des ouvrages et trous qu'ils font pour les arbres des advenues dud. lieu. 3000ᴴ

4 mars : à Mollet, Jacques Julien et Hierosme Droit, pour plusieurs arbres et plants qu'ils ont fournis, tant à Paris qu'à Versailles, sçavoir : 90ᴴ à Mollet, 504ᴴ à Jacques Julien, et 150ᴴ à Hierosme Droit...... 744ᴴ

11 mars : à Masson, jardinier, pour son remboursement de ce qu'il a payé aux ouvriers qui ont fait le treil-

[2] Un plançon, d'après le Dictionnaire de Trévoux, est une branche de saule, de peuplier, ou de tout autre arbre, qu'on plante en terre et qui y prend racine. Ce nom s'applique aussi à des morceaux d'arbres droits, dont on fait des bordages et autres pièces des navires.

ANNÉE 1669. — VERSAILLES.

lage de la pépinière du jardin potager du chasteau de Versailles............................... 369ᴸᴸ 12ˢ

A Bournsault, pour son remboursement de pareille somme qu'il a payé aux ouvriers qui ont travaillé à remplir de terre glaize quelques endroits autour du canal dud. lieu............................. 96ᴸᴸ 6ˢ 6ᵈ

25 may - 1ᵉʳ aoust : à luy, *idem*, aux ouvriers qui régallent les allées d'eauë et les bois des deux costez du canal (2 p.)........................... 1430ᴸᴸ 1ˢ

28 mars : à luy, pour ce qu'il a payé aux ouvriers qui ont arraché le parterre du chasteau de Versailles et les ormes dans le grand parc............... 465ᴸᴸ 16ˢ

3 avril : à luy, *idem*, qui ont travaillé à bescher et planter les belles venues de Flandres dans la pépiniaire de Clagny............................ 209ᴸᴸ 6ˢ

3 avril - 3 octobre : à luy, pour remboursement des sommes qu'il a payées aux ouvriers qui ont travaillé à Versailles depuis le 30 mars (5 p.)....... 2214ᴸᴸ 16ˢ

26 avril : à luy, pour son remboursement de pareille somme desboursée pour plusieurs réparations faites pour le chasteau........................... 264ᴸᴸ 12ˢ

12 avril : à d'Auvergne, pour remboursement de pareille somme qu'il a payée aux jardiniers qui ont arraché les arbres verts de l'allée qui descend au rond d'eau vers l'estang pour les planter dans l'allée royale, et autres ouvrages............................... 1336ᴸᴸ 14ˢ

11 may : à Colinot, jardinier, pour remboursement des treilles et perches qu'il a fournies et palissadées pour enclore le parterre du jardin de Versailles.. 431ᴸᴸ

2 juillet - 1ᵉʳ aoust : à luy, pour parfait payement du treillage et des ciprés et autres arbres qu'il a fournis dans un cabinet des bosquets (2 p.)........ 1929ᴸᴸ 4ˢ 10ᵈ

17 juin : à Ballon, pour son remboursement de ce qu'il a débourcé au payement des ouvriers qui ont labouré les pépiniaires de Versailles......... 237ᴸᴸ 2ˢ

Somme de ce chapitre...... 28572ᴸᴸ 12ˢ 6ᵈ [1]

FOUILLES ET TRANSPORTS DE TERRE.

6 febvrier : à Viart et Manon, terrassiers, pour parfait payement de 860ᴸᴸ pour les terres qu'ils ont portées pour remplir partie de la sablonnière de Versailles. 410ᴸᴸ

2 septembre : aud. Viard, à compte de la terre qu'il transporte dans l'allée royale............. 200ᴸᴸ

A luy, en remboursement de ce qu'il a payé aux ouvriers qui ont travaillé à Versailles........... 374ᴸᴸ 3ˢ

6 febvrier : à Marin Trumel et Henry Dupuis, jardiniers, à compte des rigolles qu'ils font pour les nouveaux plans de Versailles..................... 5200ᴸᴸ

12 janvier 1670 : à Marin Trumel, pour reste et parfait payement de 22548ᴸᴸ 8ˢ à quoy monte la despense des rigolles qu'il a faites pour les grands plantz du parc et avenues de Versailles, labours et plantages des petitz plants, et défrichage d'iceux............. 4568ᴸᴸ 8ˢ

28 mars : à Henry Dupuis, pour remboursement de ce qu'il a payé aux ouvriers qui ont arraché le parterre du chasteau de Versailles et les ormes dans le grand parc, depuis le 18 febvrier jusqu'au 20 mars..... 465ᴸᴸ 16ˢ

15 febvrier : à ....[2], pour pareille somme par luy payée aux ouvriers qui ont fait la fouille des terres du nouveau bassin de Versailles et labouré la pépiniaire de Clagny............................ 100ᴸᴸ

4 mars - 11 may : à ....., pour remboursement des sommes payées aux ouvriers qui ont travaillé à Versailles du 28 janvier au 4 may (2 p.)........ 382ᴸᴸ 19ˢ 6ᵈ

7 juillet : à ....., pour remboursement de ce qu'il a payé aux ouvriers terrassiers qui régalent les terres autour du canal et dans les autres allées du grand parc dud. lieu (2 p.)........................ 2159ᴸᴸ 15ˢ

9 aoust : à Houdouin, à compte des labours qu'il fait aux arbres des allées du grand parc.......... 400ᴸᴸ

2 septembre : à Bournsault, pour son remboursement de ce qu'il a payé aux ouvriers qui ont osté les terres du parterre à fleurs.................... 185ᴸᴸ 8ˢ

2 septembre - 2 novembre : à luy, à compte des terres qu'il transporte le long d'une des allées du canal (2 p.). 3800ᴸᴸ

2 novembre - 23 décembre : à luy, pour reste et parfait payement de 2426ᴸᴸ 11ˢ à quoy montent les despenses des bonnes terres qu'il a voiturées pour remplir les trous où se plantent les arbres des avenues de Versailles à Saint-Germain (2 p.)................. 1926ᴸᴸ 11ˢ

9 novembre : à luy, pour son remboursement de pareille somme payée aux ouvriers qui ont travaillé à Versailles pendant la semaine échue le deuxième jour du présent mois et an.................... 141ᴸᴸ 14ˢ 2ᵈ

3 décembre : à Pierre Jouvelin, picqueur, pour remboursement de ce qu'il a payé aux ouvriers qui ont travaillé à fouiller et transporter des terres à Versailles, suivant le roolle.................... 1691ᴸᴸ 18ˢ 8ᵈ

13 décembre : à ....., pour remboursement de ce qu'il a payé aux ouvriers qui font les tranchées pour escouler les eaux qui passoient soubz le canal de Versailles.......................... 838ᴸᴸ 15ˢ

1ᵉʳ janvier 1670 : à Colinot, jardinier, à compte des

---

[1] L'addition donne 18ˢ au lieu de 12ˢ.

[2] Le nom de cet article et des deux suivants manque sur le registre.

bonnes terres qu'il a porte dans les plattes bandes du parterre en gazon du chasteau de Versailles........ 100ᴴ

Somme de ce chapitre...... 22945ᴴ 8ˢ 4ᵈ

PAVÉ.

28 janvier-2 novembre : à LÉONNARD AUBRY, paveur, à compte des ouvrages de pavé par luy faits à Versailles (4 p.)............................. 5100ᴴ

PARTIES EXTRAORDINAIRES.

20 janvier : aux ouvriers qui ont achevé d'emplir les glacières du chasteau de Versailles......... 142ᴴ 10ˢ

A DALVERGNE, pour son remboursement et parfait payement de 1620ᴴ 5ˢ 6ᵈ qu'il a payez aux ouvriers qui ont arraché du petit plan en la forest des Lions, et aux chartiers qui les ont voiturez à Versailles....... 620ᴴ 5ˢ 6ᵈ

8 febvrier-4 mars : à luy, pour fournir à la despence tant de faire arracher lesd. plants que de les faire voiturer à Versailles et à Vincennes venant de la forest des Lyons (2 p.)............................... 1657ᴴ 7ˢ

2 juin-1ᵉʳ aoust : à luy, pour son remboursement de pareille somme payée aux chartiers et ouvriers qui ont arrousé les arbres et allées du grand parc et avenues de Versailles (3 p.)..................... 1585ᴴ 1ˢ 4ᵈ

28 janvier : à LOUIS JEANNOT, maçon, pour menues réparations faites à la ferme de Claguy........ 125ᴴ 2ˢ

15 febvrier : à NICOLAS LE MAIRE, fondeur, pour son payement des models de la pompe de Versailles... 217ᴴ

1ᵉʳ aoust : à luy, pour les ouvrages de fonte et cuivre qu'il a faits et livrez pour led. chasteau..... 1700ᴴ 10ˢ

4 mars : à JEAN ROGER, pour plants d'aulnes fournis à Versailles................................ 52ᴴ 10ˢ

A GILLES SAUTHON et JEAN FORGEAU, tailleurs de pierre, à compte des bassins qu'ils taillent pour l'allée d'eau de Versailles............................... 600ᴴ

11 mars : au sʳ CHAUVIN, pour payement de pareille somme par luy déboursée, sçavoir : 120ᴴ pour les couriers qui ont esté envoyez à Rouen par M. de Beaufort pour faire venir des basteaux pour le service du Roy à Versailles, et 250ᴴ pour une chaloupe biscayenne acheptée pour S. M........................... 370ᴴ

A HENRY, tapissier, pour la façon d'avoir mis en œuvre toutes les étoffes pour les tendelets des petites chaloupes et brigantins qui sont sur le canal........ 92ᴴ 2ˢ

Au sʳ BERGER, marchand, pour 8 aunes trois quarts de grande frange d'or et d'argent, 27 aunes et demie d'autres franges d'or et d'argent, 49 aunes de mollet et 15 aunes de galon d'or et d'argent, le tout pesant 161 onces, et pour 24 glands riches d'or et d'argent, de Boulogne, pour six carreaux qu'il a fournis pour les tendelets des petites chaloupes et brigantins qui sont sur le canal.................................... 880ᴴ 15ˢ

Au sʳ GAULTIER, marchand, pour 74 aulnes de fort damas, façon de Gennes, rouge cramoisy, 10 aulnes de fort taffetas, de mesme couleur, et 5 aulnes de fort damas blanc pour faire des banderolles, qu'il a fournis pour les mesmes fins que dessus................... 751ᴴ

A POTUERY et MOLTON, carreyers de Saint-Cloud, pour 3 auges qu'ils ont fourny au chasteau de Versailles. 200ᴴ

19 mars : à DUVAL, fondeur, à compte des ouvrages de bronze qu'il fait, tant pour le chasteau de Versailles que celuy de Saint-Germain............... 800ᴴ

A BOUNSAULT, terrassier, pour son payement d'avoir eschenillé tous les arbres du petit parc....... 300ᴴ

A luy, pour son remboursement de ce qu'il a payé aux ouvriers qui ont travaillé à lever le pavé de la fausse braye dud. lieu, et autres despences........... 112ᴴ 17ˢ

2 juin : à luy, pour son remboursement de ce qu'il a payé aux ouvriers qui démolissent les dedans des deux pavillons dud. chasteau et qui font des tranchées pour poser des thuyaux de fonte............... 369ᴴ 12ˢ

1ᵉʳ aoust-23 décembre : à luy, pour son remboursement de plusieurs menues despences, et de ce qu'il a payé aux ouvriers qui ont travaillé à Versailles jusqu'au 20 décembre (3 p.).................... 2272ᴴ 17ˢ

28 mars : à ......, pour son remboursement de ce qu'il a payé aux ouvriers qui ont remply les rigoles et affaissement autour des ormes du canal, et nettoyé les bois du chasteau de Versailles............. 215ᴴ 6ˢ

10 avril-20 septembre : au sʳ LE ROY, ingénieur, à compte de la galliotte qu'il fait pour le canal de Versailles (9 p.)............................ 11955ᴴ

12 avril : au sʳ CONSOLIN, pour remboursement de pareille somme payée aux voituriers qui ont porté neuf vaisseaux au canal, et autres despences...... 1884ᴴ 5ˢ

15 avril : à ESLOY MARTIN, chirurgien, à Versailles, pour son payement des ouvriers blessez et malades qui travailloient aux bastimens................. 250ᴴ

A CLAUDE LOTTIN, autre chirurgien, pour les ouvriers blessez et malades qu'il a pensez à Versailles pendant l'année dernière jusqu'à ce jour 15 avril.......... 250ᴴ

25 may-3 octobre : à BALLON, pour parfait payement de la despence qu'il a faite pour la construction d'un grand vaisseau pour le canal (4 p.)........ 9486ᴴ 16ˢ 11ᵈ

9 juin-1ᵉʳ aoust : à GUÉVARD, doreur, à compte de la dorure qu'il fait aux bateaux dud. canal (3 p.).. 1500ᴴ

17 juin : à ISAYE LE JEUNE, pour ce qu'il a payé aux

ouvriers qui ont travaillé à nettoyer les pierrées qui conduisent l'eau à la Ménagerie............ 761ᴴ 9ˢ 2ᵈ

A luy, *idem*, qui travaillent à la recherche des eaux pour la Ménagerie (2 p.).............. 1898ᴴ 19ˢ

A luy, *idem*, pour escouler les eaux qu'on a conduites dans un des bosquets dud. lieu............ 142ᴴ 1ˢ

2-17 juin : à Martinet, fontainier, pour son remboursement de ce qu'il a payé aux ouvriers qui ont restably le corroy du grand réservoir (2 p.).......... 1201ᴴ 13ˢ

2 juin : à Mazelines, sculpteur, à compte des ornemens de sculpture qu'il fait au grand vaisseau du canal. 2000ᴴ

A Bersaucourt, épinglier, à compte de ses ouvrages pour le chasteau de Versailles............... 600ᴴ

A Jacques Marcel, voiturier par eau, pour avoir amené de Rouen à Saint-Cloud les bois nécessaires pour la construction d'un vaisseau pour le canal...... 200ᴴ

A François et Le Berton (*sic*), pour leur payement d'avoir mis en estat de jouer l'orgue de la Grotte de Versailles............................. 228ᴴ

A Feuillastre, fontainier, pour son payement de plusieurs petits conduits de graisserie et conroy qu'il fait en divers endroits de Versailles............... 268ᴴ 10ˢ

1ᵉʳ aoust-18 novembre : à luy, à compte du corroy qu'il met derrière les tablettes autour des bords du grand canal et au rond d'eau proche la pompe (5 p.).. 2300ᴴ

1ᵉʳ aoust-13 décembre : à Muzard, fontainier, pour parfait payement des toiles mastiquées posées sur la voulte des aqueducs de Versailles et sur la route qui conduit du chemin de Versailles à l'Orangerie (4 p.). 3128ᴴ

9 novembre 1669-1ᵉʳ janvier 1670 : à luy, à compte des pierrées qu'il fait pour assembler les eaues des sources de Saint-Anthoine, Clagny et Argenteuil, pour Versailles (2 p.).............................. 5000ᴴ

1ᵉʳ aoust : à Pierre Royer, compagnon peintre, pour avoir imprimé à destrampe l'orangerie de Versailles, en 1668........................ 260ᴴ

A Mingot, préposé pour empescher de gaster les plants de Versailles, pour ses peines depuis le 17 juillet jusqu'au 31 aoust....................... 53ᴴ 1ˢ

A Marin Trumel et Jacques Julien, à compte des plants qu'ils ont fournis aux avenues de Versailles et de Vincennes............................. 1000ᴴ

9 novembre : à Nicolas Le Marinier, à compte des ouvrages qu'il fait pour le chasteau de Versailles. 1100ᴴ

13 décembre : à Sébastien Maugin, charon, pour son payement d'avoir fait un brancard au binart pour porter un vaisseau sur le canal de Versailles.......... 400ᴴ

A René Noisette, voiturier, pour son payement d'avoir voituré une galiotte de la rivière de Seyne sur le canal de Versailles........................ 731ᴴ 10ˢ

1ᵉʳ janvier 1670 : au sʳ Petit, pour son remboursement de la despence qu'il a faite à Versailles suivant les roolles............................ 253ᴴ 10ˢ

A Jean Varisse, ramonneur de cheminées, pour les cheminées qu'il a ramonées et racommodées au chasteau de Versailles........................ 122ᴴ 8ˢ

12 janvier 1670 : à Marquet, fontainier, pour ses journées et celles des quatre compagnons qu'il a avec luy, pour faire jouer les fontaines de Versailles, depuis le 15 novembre jusqu'au 31 décembre....... 382ᴴ 10ˢ

Somme de ce chapitre...... 60422ᴴ 7ˢ 11ᵈ

CHASTEAU DE SAINCT-GERMAIN.

MAÇONNERIE.

28 janvier-2 juillet : à Charles de la Rue, maçon, à compte de ses ouvrages de maçonnerie aux chasteaux de Saint-Germain (5 p.).................. 19300ᴴ

3 may-18 novembre : à luy, à compte de ses ouvrages de maçonnerie au vieil chasteau (3 p.)...... 13700ᴴ

3 avril 1669-1ᵉʳ janvier 1670 : aud. de la Rue et à Abry, à compte des ouvrages de maçonnerie à la grande terrasse de Saint-Germain (6 p.).......... 93800ᴴ

18 novembre 1669-12 janvier 1670 : à Pierre Hanicle, maçon, à compte des ouvrages de maçonnerie qu'il fait à l'aqueduc qui doibt servir pour assembler les eaux de Marly à Saint-Germain (2 p.)............ 6300ᴴ

Somme de ce chapitre........ 133100ᴴ

CHARPENTERIE.

28 janvier-2 novembre : à René Dupay, charpentier, à compte des ouvrages de charpenterie qu'il fait aux chasteaux de Saint-Germain (8 p.)............. 22100ᴴ

COUVERTURE.

4 mars 1669-12 janvier 1670 : à Yvon, couvreur, à compte de ses ouvrages de couverture aux chasteaux de Saint-Germain (7 p.).................. 14900ᴴ

PLOMBERIE.

11 mars-2 novembre : à Gilles Le Roy, plombier, à compte des ouvrages de plomberie et fournitures de plomb qu'il fait auxd. chasteaux (7 p.)...... 4700ᴴ

SERRURERIE.

28 janvier 1669-12 janvier 1670 : à Louis Boutrait

serrurier, à compte des ouvrages de serrurerie qu'il fait auxd. chasteaux (10 p.).................. 15700ᵗᵗ

4 mars - 17 juin : à BERTHON[1], serrurier, à compte du balcon de fer qu'il fait pour led. chasteau (2 p.). 2500ᵗᵗ

28 juin - 9 novembre : à HARDY, serrurier, à compte de ses ouvrages (2 p.).................... 1500ᵗᵗ

2 juillet : à BRISEUILLE, serrurier, pour son payement de plusieurs serrures et clefs qu'il a fournies pour led. chasteau........................... 189ᵗᵗ 6ˢ

2 juillet - 3 décembre : à NICOLIE, serrurier, à compte de ses ouvrages (3 p.).................. 1700ᵗᵗ

Somme de ce chapitre....... 21589ᵗᵗ 6ˢ

OUVRAGES DE PEINTURE, SCULPTURE ET AUTRES ORNEMENS.

28 janvier - 26 novembre : à JEAN POISSON, peintre, à compte de ses ouvrages de peinture aux chasteaux de Saint-Germain (8 p.).................. 29800ᵗᵗ

25 febvrier : à PHILIPPE CAFFIER et MATHIEU LESPAGNANDEL, sculpteurs, pour leur payement de la sculpture qu'ils ont faite à la menuiserie de la chapelle du chasteau de Saint-Germain.................... 2196ᵗᵗ

19 mars - 2 novembre : à eux, pour parfait payement de la sculpture en bois qu'ils ont faite au petit appartement du Roy à Saint-Germain-en-Laye, et des croisées du grand appartement (6 p.).............. 9292ᵗᵗ

25 febvrier - 1ᵉʳ aoust : à JEAN ARMAND, ébéniste, pour parfait payement de l'estrade de bois de raport qu'il a faite à la petite chambre du Roy (6 p.).. 2916ᵗᵗ 13ˢ 4ᵈ

11 mars - 3 décembre : à REGNAULDIN, BERNARD, MAGNIER, LE GRAND, LE GENDRE, MAZELINES et TUBY, sculpteurs, pour reste et parfait payement de 12500ᵗᵗ à quoy montent tous les ouvrages de stuc qu'ils ont faitz au petit appartement du Roy à Saint-Germain-en-Laye, suivant leurs parties arrestées et certifliées par le controlleur général des Bastimens de S. M. (9 p.)......... 12500ᵗᵗ

12 avril - 2 septembre : à BAPTISTE TUBY, à compte des ouvrages de sculpture de plomb et estain qu'il fait dans la grotte du petit appartement du Roy (3 p.)... 2173ᵗᵗ

23 juin - 3 octobre : à BAPTISTE et LE GRAND, pour parfait payement des ouvrages de stuc qu'ils ont faits au cabinet qui est au milieu de la terrasse le long du vieux chasteau (3 p.).......................... 2945ᵗᵗ

2 septembre : aud. REGNAULDIN, pour les modèles de deux contre-cœurs de bronze qui ont esté faits pour Saint-Germain............................. 300ᵗᵗ

11 mars 1669 - 1ᵉʳ janvier 1670 : à MISSON, marbrier, à compte des ouvrages de marbre qu'il fait pour le petit appartement du Roy (6 p.)......... 5000ᵗᵗ

11 mars : à luy, à compte du globe de marbre qu'il fait pour le Roy....................... 300ᵗᵗ

19 mars 1669 - 1ᵉʳ janvier 1670 : à DOMINICO CUCCY, à compte des ouvrages de parquet et de fonte qu'il fait pour la garniture des portes et des fenestres du petit appartement du Roy.................... 10100ᵗᵗ

28 mars - 23 juin : à PREVOST et PICARD, fondeurs, pour parfait payement du contre-cœur de bronze qu'ils ont fait pour le petit appartement du Roy (2 p.). 1260ᵗᵗ

9 avril - 10 may : au sʳ MANOY, à compte des ornemens de fonte et autres embellissemens qu'il fait aux balcons des appartemens de Mᵐᵉ la duchesse de la Vallière et de Mᵐᵉ la marquise de Montespan au vieil chasteau de Saint-Germain (2 p.)............ 6000ᵗᵗ

12 avril - 17 may : aux sʳˢ ANGUIER et MICHEL ANGE, peintres, à compte des peintures qu'ils font au petit appartement du Roy (2 p.).................. 800ᵗᵗ

26 avril - 1ᵉʳ aoust : aud. MICHEL ANGE, pour parfait payement de 1220ᵗᵗ à quoy montent les ouvrages de peinture à fresque par luy faits à la façade en dehors de la petite chambre et petit cabinet du Roy...... 1020ᵗᵗ

17 may 1669 - 1ᵉʳ janvier 1670 : à GUILLAUME ANGUIER, peintre, à compte des ouvrages de peinture qu'il fait aud. Saint-Germain (7 p.)................. 4200ᵗᵗ

12 avril - 3 décembre : aux sʳˢ LE MOINE, peintres, pour parfait payement des peintures et ornemens qu'ils ont faits dans le petit appartement du Roy à Saint-Germain (6 p.)........................ 9309ᵗᵗ

12 avril - 2 juillet : aux sʳˢ GERVAISE et GONTIER, peintres, à compte des ouvrages de peintures qu'ils font aud. appartement (3 p.).................... 7600ᵗᵗ

19 avril - 26 novembre : à LA BARONNIÈRE, peintre et doreur, à compte de la peinture et dorure qu'il fait aud. appartement (5 p.)...................... 9300ᵗᵗ

19 avril - 3 décembre : à BERTHIER[2], rocailleur, pour parfait payement de 2530ᵗᵗ à quoy montent les ouvrages de rocaille qu'il a faitz dans la grotte du petit appartement du Roy à Saint-Germain (4 p.)........ 2130ᵗᵗ

26 avril - 26 novembre : à BAPTISTE MONNOYER, peintre fleuriste, à compte de ses ouvrages de peinture au chasteau de Saint-Germain (5 p.).............. 3300ᵗᵗ

2 juillet - 1ᵉʳ aoust : à BAPTISTE et HUILLOT, peintres, pour parfait payement des ornemens de peinture qu'ilz ont faitz aud. chasteau (2 p.).............. 837ᵗᵗ

2 septembre - 13 décembre : aud. HUILLOT, pour par-

---

[1] Ou BERTON.

[2] Ou BERTIER.

fait payement des ouvrages de peinture qu'il a faitz au petit appartement du Roy (2 p.).............. 601ᵗᵗ

26 avril-3 octobre : à QUESNEL, rocailleur, à compte des ouvrages de rocaille qu'il fait pour la grotte du petit appartement du Roy (4 p.)................ 1599ᵗᵗ

3 may-23 juin : à MESNARD, marbrier, pour parfait payement des chambranles, foyers et autres ouvrages de marbre qu'il a faitz pour led. chasteau..... 991ᵗᵗ 6ˢ 8ᵈ

17 may-2 septembre : à AUDRAN, peintre, pour parfait payement des ouvrages de peinture qu'il a faits au petit appartement du Roy (4 p.)............ 1325ᵗᵗ

2 juillet : aux sʳˢ AUDRAN et JOUVENET [1], peintres, idem................................... 400ᵗᵗ

1ᵉʳ aoust-2 novembre : à JOUVENET, peintre, pour parfait payement de 700ᵗᵗ à quoy montent les ouvrages de peinture qu'il a faitz tant à la colonne Trajane, Arc de triomphe, qu'autres endroits des appartemens de Saint-Germain (2 p.)...................... 500ᵗᵗ

31 may-2 septembre : à SÈVE[2], autre peintre, pour ses travaux (2 p.)......................... 700ᵗᵗ

A DUVAL, fondeur, pour reste et parfait payement de la somme de 1300ᵗᵗ à quoy monte le contre-cœur de bronze qu'il a fait pour la cheminée de la chambre du petit appartement du Roy................. 900ᵗᵗ

1ᵉʳ janvier 1670 : à HUTINOT, sculpteur, pour son payement des armes qu'il a sculpées à la porte de la chancellerie de Saint-Germain............. 250ᵗᵗ

Somme de ce chapitre........ 130545ᵗᵗ

MENUISERIE.

28 janvier-2 novembre : à CHARLES LAVIÉ, menuisier, à compte des ouvrages de menuiserie qu'il continue de faire aux chasteaux de Saint-Germain (8 p.) : 40400ᵗᵗ

25 febvrier-3 may : à JACQUES PROU et CLAUDE BUIRETTE, menuisiers, à compte des ouvrages qu'ils font au petit appartement du Roy et au cabinet de la Reyne (5 p.).............................. 4900ᵗᵗ

2 juillet 1669-1ᵉʳ janvier 1670 : aud. PROU, pour ses ouvrages de menuiserie au cabinet qui est entre les deux terrasses de l'appartement du Roy........... 2220ᵗᵗ

31 may-9 aoust : à MILOT, menuisier, à compte de ses ouvrages de menuiserie (2 p.).......... 1100ᵗᵗ

23 juin : à COUVREUX et REMY, menuisiers, pour parfait payement de 3846ᵗᵗ à quoy monte le lambri de menuiserie qu'ils ont fait à la chapelle du chasteau de Saint-Germain............................... 1446ᵗᵗ 5ˢ

Somme de ce chapitre....... 50066ᵗᵗ 5ˢ

VITRERIE.

19 mars 1669-12 janvier 1670 : à ROBERT MOREL, vitrier, à compte de ses ouvrages de vitrerie auxd. chasteaux (7 p.)........................... 6200ᵗᵗ

25 octobre : à BRIOTZ[3], miroitier, pour parfait payement de 1457ᵗᵗ à quoy montent les glaces qu'il a coupées, étamées et posées en place au petit appartement du Roy à Saint-Germain................... 857ᵗᵗ 5ˢ

2 novembre : à luy, à compte des glaces qu'il coupe et pose............................... 300ᵗᵗ

Somme de ce chapitre........ 7357ᵗᵗ 5

PAVÉ.

28 janvier-9 novembre : à ANTOINE VATEL, paveur, à compte des ouvrages de pavé par luy faits et à faire aud. chasteau (5 p.).................... 5700ᵗᵗ

JARDINAGES ET TRANSPORTS DE TERRES.

15 febvrier : à BAPTISTE LA LANDE, jardinier, pour son remboursement de plusieurs fournitures de fumiers, cloches, et payement de transports de terre qu'il a faits à l'orengerie de Saint-Germain............ 1004ᵗᵗ 10ˢ

12 avril 1669-1ᵉʳ janvier 1670 : à VIANT et MARON, pour leur payement de transports de terre à la grande terrasse de Saint-Germain (11 p.).... 17304ᵗᵗ 18ˢ 2ᵈ

26 avril : à eux, pour avoir fait un chemin de six pieds de large le long de lad. terrasse...... 2078ᵗᵗ 15

9 novembre : à eux, pour remboursement de ce qu'ils ont payé aux ouvriers qui portent des terres dans le grand parterre de Saint-Germain, suivant le roolle certiffié par le controlleur général des Bastimens.. 1832ᵗᵗ

3 may : à FRADE, jardinier, ayant entrepris d'entretenir le plan de Saint-Germain, pour la demie année dud. entretenement qui eschera au dernier juin de la présente année................................ 482ᵗᵗ 10ˢ

16 juillet : à ....., pour son remboursement de ce qu'il a payé aux ouvriers qui dressent la grande allée le long de la terrasse.................. 444ᵗᵗ 10ˢ 6ᵈ

2 novembre-23 décembre : à ..... et ses associez, terrassiers, à compte des terres qu'ils ont transporté dans la grande terrasse (2 p.).................. 1750ᵗᵗ

2 septembre : au nommé BORINGUET et ses associez,

---

[1] Il y a tantôt JOUVENOT, tantôt JOUVENET.

[2] GILBERT SÈVE ou DE SÈVE (1615?-1698) travailla surtout pour les Gobelins. Il est cité par l'abbé de Marolles. J'ai lui a consacré un article.

[3] C'est le miroitier BRIOT, qu'on retrouve constamment dans les comptes de cette époque.

pour leur payement d'avoir travaillé à la grande terrasse de Saint-Germain.................. 1700♯ 9ˢ 6ᵈ

2 septembre 1669-1ᵉʳ janvier 1670 : à Estienne Chevreau et ses associez, à compte des terres qu'ils transportent dans la grande terrasse (3 p.)........ 16050♯

25 octobre : à Jacques Le Lièvre, picqueur, pour ce qu'il a payé aux ouvriers qui ont nettoyé les marais de la forest de Saint-Germain, pour en tirer de bonnes terres pour le jardin dud. lieu.................. 932♯ 6ˢ

2 novembre : à luy, pour ce qu'il a payé aux terrassiers qui dressent le nouveau parterre qui se doibt planter à Saint-Germain en la place de l'ancien, suivant les rolles de S. M....................... 943♯ 16ˢ

2 novembre : à Jean Guinot, terrassier, pour remboursement de ce qu'il a payé aux terrassiers qui enlèvent la bonne terre des marais de la forest de Saint-Germain pour les porter dans les jardins dud. lieu, suivant les rolles certifiez........................ 1960♯ 5ˢ

18 novembre : à Edme Boursault, autre terrassier, à compte des bonnes terres qu'il a fait voiturer pour mettre dans les trous des arbres qu'on plante pour regarnir les advenues de Saint-Germain............. 500♯

23 décembre : à ..... Le Coustelier, jardinier du Val, à Saint-Germain, pour son remboursement de ce qu'il a desboursé pour les ouvrages faitz aud. lieu, suivant le roolle...................... 533♯ 19ˢ

Somme de ce chapitre...... 47517♯ 19ˢ 2ᵈ

PARTIES EXTRAORDINAIRES.

4 mars-25 octobre : à Petit filz, pour parfait payement des menues despenses qu'il a faites à Saint-Germain depuis le 25 febvrier jusqu'au dernier juillet de la présente année (6 p.)................ 4124♯ 15ˢ

18 novembre 1669-1ᵉʳ janvier 1670 : à luy, pour lesd. menues dépenses (2 p.)............. 1600♯

12-26 avril : à luy, pour remboursement de pareille somme employée en plusieurs menues despenses faites pour les bastimens de Saint-Germain (2 p.). 1770♯ 15ˢ

14 septembre-10 octobre : à luy, pour ses despenses d'avoir fait cerfouir¹ les plans de la vente de Bourbon et de la plaine de Vézinet (2 p.)............. 443♯ 9ˢ

3 octobre-9 novembre : à luy, pour le payement des ouvriers et vignerons qui labourent et plantent du gland dans la forest de Saint-Germain (2 p.)........ 7200♯

¹ Cerfouir, serfouir ou serfouer, d'après le *Dictionnaire de Trévoux*, veut dire : donner un labour très-léger avec un instrument nommé serfouette pour détruire les mauvaises herbes ou pour ameublir la terre. C'est ce que nous appelons aujourd'hui sarcler ou biner.

12 avril-3 décembre : à François Beauvais, fontainier, pour son payement d'avoir dégorgé les pierrées et thuyaux qui conduisent des eaux aud. Saint-Germain (2 p.)......................... 424♯

25 may : à Bazin, maistre du jeu de paume de Saint-Germain, pour la toille et natte qu'il a fournies pour led. jeu de paume....................... 586♯

31 may : à Motelet, froteur de parquet, pour son payement d'avoir frotté les appartemens du chasteau de Saint-Germain....................... 175♯

2 septembre : à luy, pour avoir froté le grand appartement du Roy à Saint-Germain................ 66♯

17 juin : au sʳ Francines, pour ce qu'il a payé aux ouvriers qui ont fait la pompe qui porte l'eau dans le petit appartement du Roy................. 250♯

17 juin-2 juillet : à Viard et Manon, terrassiers, pour avoir nettoyé les fossez du vieil chasteau de Saint-Germain (2 p.)....................... 226♯ 6ˢ

23 juin : à ....., pour son remboursement de ce qu'il a payé aux ouvriers qui enlèvent des terres dans la grande terrasse......................... 382♯ 3ˢ

2 juillet : auxd. Viart et Manon, pour leur remboursement, *idem*...................... 378♯ 5ˢ

1ᵉʳ aoust : à Jean de la Lande, jardinier du boulingrin, pour les despences qu'il a faites aud. jardin. 650♯

A Frade et Rossignol, pour leur payement du troisième quartier des labours qu'ils donnent aux grands plans et pépinières de Saint-Germain............. 241♯ 5ˢ

3 octobre : aud. Frade, pour son payement de 40 charretées de fumier qu'il a fournyes à la pépinière d'ormes de Saint-Germain moyennant 241♯ 6ˢ, et pour le dernier quartier des labours qu'il a faits aux grands plans de la pépinière dud. lieu...................... 331♯

18 novembre 1669-1ᵉʳ janvier 1670 : à Frade et Rossignol, à compte des trous qu'ils font pour planter les arbres des avenues dud. lieu (2 p.)........ 1212♯

2 septembre : à Boivin, batelier, tant pour luy que pour les batteliers qui ont préparé un bain pour la Reyne proche Saint-Germain.................. 145♯

14 septembre : à Le Maire, fondeur, pour les robinets et autres ouvrages qu'il a faits et fournis pour le chasteau de Saint-Germain..................... 250♯ 10ˢ

25 octobre-18 novembre : à Pierre Fortier, picqueur, pour ce qu'il a payé aux ouvriers qui fouillent des rigolles pour amasser des eaux aux environs de Marly pour conduire à Saint-Germain-en-Laye, suivant le roolle certifié par le controlleur général des Bastimens de S. M. (3 p.).......................... 2473♯ 7ˢ

25 octobre : à ..... Berthier, rocailleur, à compte

des ouvrages de rocaille qu'il fait au chasteau de Saint-Germain............................ 400ʰ
2 novembre : à Dominico Cuccy, fondeur, à compte des ouvrages qu'il fait pour le service de S. M. aud. chasteau............................... 2400ʰ
23 décembre : à..... Fresneau, pour les réparations faites à l'appartement de M. le mareschal de Villeroy à Saint-Germain....................... 246ʰ 7ˢ
1ᵉʳ janvier 1670 : à Briot, miroitier, pour ses ouvrages aud. lieu............................ 282ʰ
19 aoust 1669 : au sʳ Manot, architecte, pour parfait payement de 9200ʰ à quoy montent les ornemens de peinture en rocaille, bassins et jets d'eau qu'il a faits dans huit balcons des apartemens de Mᵐᵉ la duchesse de la Vallière et de Mᵐᵉ la marquise de Montespan au chasteauvieil de Saint-Germain................. 3200ʰ
6 aoust 1671 : au sʳ Jullien, pour employer au payement des scieurs de long et autres ouvriers travaillans aux palis des plans de Saint-Germain.......... 1500ʰ

Somme de ce chapitre...... 30953ʰ 2ˢ ¹

CHASTEAU DE VINCENNES.

MAÇONNERIE.

4 mars - 2 novembre : à Anglart, maçon, à compte des ouvrages de maçonnerie qu'il fait aux murs de terrasse de la grande avenue de Vincennes (6 p.)..... 42500ʰ
19 mars - 2 juillet : à luy, à compte des ouvrages de maçonnerie qu'il a faits au chasteau de Vincennes ez années 1667 et 1668 (2 p.).................. 1800ʰ
Somme de ce chapitre......... 44300ʰ

CHARPENTERIE.

25 octobre : à Pierre Bricard, charpentier, pour son entier et parfait payement d'un escalier qu'il a fait aud. chasteau............................. 354ʰ 4ˢ

COUVERTURE.
Néant.

PLOMBERIE.

25 octobre : à Estienne Le Hongre, sculpteur, à compte du soleil de plomb qu'il faict pour le clocher de la Saincte-Chapelle²............................ 300ʰ

¹ L'addition donne 30952ʰ 2ˢ.
² Il doit estre au clocher de la Sainte-Chapelle sous le chapitre de l'Enclos du palais. (*Note du registre.*)

SERRURERIE.

6 febvrier 1669 - 1ᵉʳ janvier 1670 : à Claude Le Roy, serrurier, à compte des ouvrages de serrurerie qu'il a faits au chasteau de Vincennes (3 p.).......... 900ʰ

MENUISERIE.

28 mars - 2 septembre : à Jacques Fruitier, menuisier, à compte de ses ouvrages de menuiserie aud. chasteau (2 p.)............................. 400ʰ

VITRERIE.

9 aoust : à Charles Jacquet, vitrier, à compte de ses ouvrages de vitrerie aud. chasteau............ 500ʰ

PAVÉ.
Néant.

JARDINAGES.

25 febvrier : à Charles Previllon, pour divers menus plans qu'il a voiturés de la forest des Lyons à Vincennes............................... 206ʰ 17ˢ
19 mars : à Heslan et Julien, voituriers, pour parfait payement de 1932 ormes qu'ils ont fournis, regarnis et plantez aux anciennes avenues de Vincennes, à raison de 20ˢ la pièce............................ 632ʰ
3 avril : à Richard Bastard, pour son remboursement de ce qu'il a payé aux ouvriers qui travaillent à replanter les petits plants dans les remises de la nouvelle enceinte de Vincennes........................ 341ʰ 3ˢ
19 avril : à luy, pour avoir acheté les choses nécessaires pour les espaliers et la melonnière.... 417ʰ 19ˢ
25 octobre - 2 novembre : à Roch Gollard et René Chaussée, à compte des labours et trous qu'ils font et des terres qu'ils transportent pour mettre dans les trous des arbres des avenues de Vincennes (2 p.)........ 1800ʰ

Somme de ce chapitre....... 3397ʰ 19ˢ

FOUILLES ET TRANSPORTS DE TERRE.

28 janvier - 4 mars : à Gabriel Anglart et Jacques Chastelain, terrassiers, à compte des terres qu'ils transportent dans l'advenue de Vincennes (3 p.).... 3100ʰ
15 febvrier : à Anglart et Lasnier, *idem*, pour hausser lad. avenue........................... 1800ʰ
15 febvrier : à Lasnier et Chastelain, à compte des labours qu'ils font aux remises de Vincennes... 1300ʰ
4 mars - 11 may : à eux, pour parfait payement des labours qu'ils ont faits aux petits plants de la nouvelle enceinte de Vincennes (2 p.)............ 2053ʰ 5ˢ
19 avril : à eux, pour reste et parfait payement de

8800ʰ à quoy montent les terres qu'ils ont transportées dans la grande avenue.................... 2500ʰ

17 may 1669-12 janvier 1670 : à eux, pour parfait payement des terres qu'ils ont transportées dans lad. avenue (8 p.)...................... 13158ʰ 10ˢ

28 janvier-11 may : à Estienne Chevreau, Jacques Gaultherot[1] et Jean Anglart, pour parfait payement de 11000ʰ dont ils sont convenus pour remplir un grand creux au milieu de la grande avenue (4 p.)..... 3000ʰ

11 may : à Gaultherot, pour remboursement de ce qu'il a payé aux ouvriers qui ont porté des terres dans lad. avenue...................... 1083ʰ 12ˢ

15 febvrier-19 avril : à Chauvin et Gaultherot, pour parfait payement des terres qu'ils ont transportées dans lad. avenue (4 p.)..................... 4774ʰ

6 febvrier-2 septembre : à Estienne Chevreau et Gabriel Briest, terrassiers, à compte des terres qu'ils transportent de la butte près Vincennes à la grande avenue (3 p.)............................. 2400ʰ

28 janvier : à Jacques Moncler, Pierre Richon et Jean Geoffroy, terrassiers, pour les trous qu'ils ont faits à Vincennes pour planter des arbres........ 264ʰ 3ˢ

4 mars : à Richon et Geoffroy, pour les fossez qu'ils ont faits aux plans de Vincennes............ 171ʰ

19 avril : à eux, pour le payement de 470 toises de fossez faits autour de la héronnière de Vincennes.. 117ʰ 10ˢ

A eux, pour leur payement du labour et eschenillage qu'ils ont faits aux arbres dud. lieu........... 245ʰ

3 octobre : à Pierre Richon, pour les terres qu'il a transportées dans la grande avenue............ 60ʰ

2 septembre 1669-12 janvier 1670 : à Payen, Bontour et consorts, terrassiers, à compte des terres qu'ils transportent dans lad. avenue (3 p.)......... 5200ʰ

13 décembre : à Roch Gollart et René Chaussée, terrassiers, pour parfait payement de 2149ʰ pour le travail d'avoir porté de la bonne terre aux arbres des avenues de Vincennes.............................. 849ʰ

Somme de ce chapitre....... 42075ʰ [2]

PARTIES EXTRAORDINAIRES.

28 janvier : à Denis Basle, carreyer, pour parfait payement de 2168ʰ à quoy montent les pierres qu'il a voiturées à l'advenue de Vincennes.............. 168ʰ

A la veuve Doucet, vivant carreyer à Saint-Cloud, pour parfait payement de 8160ʰ à quoi montent les pierres d'Arcueil qu'elle a fournies à l'advenue de Vincennes............................ 760ʰ

2 septembre : à elle, pour les pierres idem... 1297ʰ

28 janvier-11 mars : à Louis Pothery, aussi carreyer, pour parfait payement des pierres qu'il a fournies depuis le mois d'avril jusqu'au mois d'aoust 1668 à lad. avenue (2 p.)......................... 1833ʰ 6ˢ

28 janvier-11 mars : à Henry de Fer, pour parfait payement des pierres de Saint-Cloud qu'il a livrées et voiturées à lad. grande avenue (2 p.)........ 2530ʰ

A Philippe Mouton, carreyer, pour parfait payement de 11231ʰ 10ˢ à quoy montent les pierres qu'il a fournies et voiturées à lad. avenue (2 p.)...... 1731ʰ 10ˢ

28 janvier : à Jacques Petitmere, concierge de la Mesnagerie de Vincennes, pour ce qu'il a payé aux ouvriers qui ont remply les glacières de Vincennes...... 52ʰ 9ˢ

4 mars : à Michel Lamy, fermier de Mᵐᵉ de Saint-Antoine[3], pour son desdommagement des despences qu'il a faites à faire labourer de deux labours et fumer, et mesmes pour le loyer pendant deux années, eschues le dernier décembre 1668, de cinq arpens, moins un quartier de terre, où est la pépinière d'ormes pour le Roy.. 200ʰ

19 mars-2 septembre : à Bastard, piqueur, pour son remboursement de ce qu'il a payé aux ouvriers qui ont travaillé à replanter et regarnir et arroser les remises de la nouvelle enceinte de Vincennes (9 p.).... 3436ʰ 8ˢ

19 avril : à François Bonnet et Claude Desmoulins, carreyers, pour leur payement du libage qu'ils ont voituré au bout de la grande avenue.......... 252ʰ 10ˢ

11 may : aud. Desmoulins, idem........... 944ʰ

26 avril : à Jacques Julien, jardinier, pour son payement d'avoir fait receper les vieux bois de la nouvelle enceinte de Vincennes.................... 80ʰ

31 may : à Simon Georges, carreyer, pour les libages qu'il a voituré au bout de la grande avenue.. 959ʰ 15ˢ

7 juillet-2 novembre : à Moncheny, à compte des eaux qu'il fouille pour le chasteau de Vincennes (2 p.). 1800ʰ

1ᵉʳ aoust-2 septembre : à Roch Gollart et René Chaussée, à compte des labours qu'ils font aux grands plans de Vincennes (2 p.)........................ 900ʰ

1ᵉʳ janvier 1670 : à eux, pour reste et parfait payement de 1248ʰ pour la despense des trous qu'ils ont faits pour planter les arbres des avenues........... 748ʰ

Somme de ce chapitre...... 17692ʰ 11ˢ

---

[1] Ce nom est aussi écrit Gottrrot.
[2] L'addition donne 42076ʰ.

[3] Ne serait-ce pas l'abbesse du couvent de Saint-Antoine de Traisnel ?

CHASTEAU DE FONTAINEBLEAU.

MAÇONNERIE.

3 avril-13 décembre : à Mathurin Hersant, maçon, pour parfait payement de 6535ʰ à quoy montent le rétablissement des tablettes de graisserie du grand canal et les réparations à la bresche dud. canal (4 p.)... 3835ʰ

3 may : à Grognet, couvreur et maçon, à compte des tablettes et rétablissement des murs des fossez qu'il fait au delà du rond d'eau du jardin............ 1500ʰ

17 may-13 décembre : à luy, à compte des réparations qu'il fait aud. chasteau (2 p.)...... 1768ʰ 6ˢ 8ᵈ

26 novembre : à luy, à compte des ouvrages qu'il a faits aud. chasteau ez années 1660, 61, 62 et 63. 400ʰ

23 décembre : à luy, pour parfait payement de 5558ʰ 14ˢ à quoy montent ses réparations, tant de maçonnerie que de couverture, aud. chasteau.. 1258ʰ 14ˢ

Somme de ce chapitre...... 8762ʰ 0ˢ 8ᵈ

CHARPENTERIE.

15 febvrier : à Mortillon, charpentier, pour parfait payement de 3496ʰ 18ˢ à quoy montent ses ouvrages aud. chasteau.................... 1096ʰ 18ˢ

25 may : à luy, pour réparations de charpenterie faites à Fontainebleau..................... 310ʰ 5ˢ

9 aoust-14 septembre : à luy, à compte du restablissement qu'il fait au clocher de la parroisse de Fontainebleau.............................. 1200ʰ

Somme de ce chapitre........ 2607ʰ 3ˢ

COUVERTURE.

7 juillet-25 septembre : à Grognet, couvreur, à compte de ses réparations aud. chasteau (2 p.) 1800ʰ

PLOMBERIE.

Néant [1].

PEINTURE, SCULPTURE ET ORNEMENS.

19 mars : au sʳ Le Hongre, sculpteur, à compte des figures qu'il a faites, représentans les mois de Mars et de Septembre, pour le parterre de Fontainebleau.. 400ʰ

10 octobre : à la veuve d'Antonio Galli, stucateur, pour reste et parfait payement de la somme de 2500ʰ à quoy montent les ouvrages qu'il a faits au salon qui est au bout de la gallerie d'Ulisse, aud. chasteau...... 384ʰ

[1] Il y a un article commencé et qui n'est pas terminé, ainsi conçu : « 16 juillet, à Girard, plombier... »

18 novembre : à Pierre Mesnard, marbrier, pour les ouvrages qu'il a faitz aud. chasteau, suivant ses parties arrestées et certifiées par le controlleur général des Bastimens de S. M........................ 372ʰ

Somme de ce chapitre.......... 1156ʰ

MENUISERIE.

15 febvrier : à Couvreux, menuisier, à compte du parquet qu'il fait pour la salle des gardes....... 2000ʰ

3 décembre : à Pierre Cuissin, autre menuisier, pour caisses d'orangers qu'il a fournies aud. chasteau.. 292ʰ

Somme de ce chapitre.......... 2292ʰ

SERRURERIE.

31 may : à Rossignol, serrurier, à compte de ses ouvrages................................ 300ʰ

9 novembre : à la veuve dud. Rossignol, à compte des ouvrages de serrurerie faitz aud. chasteau ez années 1660, 61, 62 et 63........................ 300ʰ

Somme de ce chapitre.......... 600ʰ

PAVÉ.

9 juin : à Duchemin, paveur, pour avoir restably le pavé d'autour le bassin de l'Estoille du grand parterre de Fontainebleau...................... 300ʰ 7ˢ 3ᵈ

VITRERIE.

30 janvier-19 avril : à Tisserand, vitrier, à compte du restablissement et entretenement des vitres dud. chasteau (3 p.).......................... 1528ʰ

23 juillet-25 octobre : à luy, pour trois quartiers de l'entretenement des vitres dud. chasteau (2 p.).. 900ʰ

Somme de ce chapitre.......... 2428ʰ

JARDINAGES.

2 febvrier-7 juillet : à Claude Bouis, jardinier de l'orangerie en plaine terre dud. lieu, pour remboursement de pareilles sommes qu'il a déboursées à lad. orangerie (5 p.)............................. 545ʰ 13ˢ 8ᵈ

9 septembre-9 novembre : à luy, pour les dépenses qu'il fait pour le restablissement du couvert de lad. orangerie (2 p.)........................... 2200ʰ

3 may : à Lefebvre et Louis Desboutz, jardiniers, à compte du gazon qu'ils font au rondeau du jardin dud. lieu................................ 1100ʰ

7 juillet-9 aoust : aud. Lefebvre, pour avoir arrosé le gazon sur le glacis des fossez du grand rond d'eau aud. jardin (2 p.)........................ 269ʰ 7ˢ 6ᵈ

9 novembre : aud. Desboutz, pour menues dépenses

extraordinaires faites dans son entretenement à Fontainebleau, suivant la certification du controlleur général des Bastimens........................ 157ᴸ 7ˢ 6ᵈ

Somme de ce chapitre.... 4272ᴸ 11ˢ 8ᵈ ¹

PARTIES EXTRAORDINAIRES.

6 febvrier 1669-1ᵉʳ janvier 1670 : à Jacques Donchemer, dit La Tour, concierge du chasteau de Fontainebleau, pour remboursement de ce qu'il a payé aux ouvriers qui ont remply la glacière dud. lieu (2 p.). 898ᴸ

9 juin : à luy, pour avoir nettoyé les cours. 156ᴸ 6ˢ 6ᵈ

3 may : à Crépin, pour son remboursement de ce qu'il a payé aux ouvriers qui ont nettoyé les cours et terrasses du chasteau, réparé le conroy des fossez dud. lieu, et autres ouvrages.................... 1306ᴸ 12ˢ

9 juin : à Lauvergnac, charon, pour ses ouvrages à l'orangerie de Fontainebleau.................. 76ᴸ

A Jacques Le Fevvre, jardinier, pour ce qu'il a payé pour les pieux, perches et oziers qui ont esté employez à refaire les espalliers de son entretenement....... 96ᴸ

1ᵉʳ janvier 1670 : à luy, pour ce qu'il a payé aux ouvriers qui ont travaillé pour estancher la bonde du canal du parc........................... 46ᴸ 2ˢ

A luy, pour son remboursement de pareille dépense (2 p.)........................... 6022ᴸ 16ˢ 4ᵈ

9 juin : à Jean Daniet ², dit Galland, pour la première demie année de la nourriture des carpes et cygnes des estangs et canaux de Fontainebleau........ 541ᴸ 4ˢ 3ᵈ

1ᵉʳ janvier : à luy, pour vente et voiture de 850 bottes de foin pour l'orangerie dud. lieu............ 108ᴸ

A luy, pour remboursement de ce qu'il a payé aux ouvriers qui ont amassé du gland dans la forest. 912ᴸ 10ˢ

A luy, idem, qui ont labouré dans l'enclos du palis de lad. forest pour planter led. gland........ 173ᴸ 14ˢ

10 octobre : à Martinet, fontainier, pour réparations de conroy faites au canal.................... 262ᴸ

26 novembre : à luy, pour ses ouvrages aux fontaines du chasteau et jardin..................... 194ᴸ

10 octobre : à Laquée, pour le bray ³ qu'il a fourny pour calfeutrer le couvert de l'orangerie en pleine terre. 305ᴸ

3 décembre : à Claude Muzard, fontainier, à compte de ses ouvrages à Fontainebleau en 1662..... 900ᴸ

¹ Il faudrait 18ˢ au lieu de 11ˢ.
² Ou Daniest.
³ Le mot bray est, d'après le *Dictionnaire de Trévoux*, un ancien terme, qui signifie boue ou fange. Il s'emploie aussi pour désigner une composition de gommes, de résine et d'autres matières gluantes employées pour calfater et remplir les jointures des bordages d'un navire.

6 aoust 1671 : au sʳ Jullien, pour le payement des scieurs de long et autres ouvriers travaillans à faire les palis pour la closture des plans que S. M. fait faire dans quelques places vides de la forest (2 p.)....... 4331ᴸ 13ˢ

1ᵉʳ janvier 1670 : à Philippes Boisseau, pour ce qu'il a payé aux ouvriers qui ont rangé le foin fourni par le sʳ Daniest sur l'orangerie................ 84ᴸ 4ˢ

27 décembre : à Guillaume Tisserand, vitrier à Fontainebleau, la somme de 300ᴸ pour le dernier quartier de l'entretenement des vitres du chasteau, échu le 31 décembre 1669........................... 300ᴸ

28 mars : à Bolis, jardinier de l'orangerie en pleine terre de Fontainebleau, pour remboursement de ses dépenses pour plusieurs rétablissements par luy faits à lad. orangerie........................... 101ᴸ 3ˢ

Somme de ce chapitre..... 16915ᴸ 5ˢ 1ᵈ ⁴

BLOIS, CHAMBORD ET AMBOISE.

24 novembre : à plusieurs ouvriers, pour menues réparations du chasteau de Chambort, sçavoir : 80ᴸ à Élie Menantacly, menuisier; 160ᴸ à Cristophe Rue, serrurier; 66ᴸ 10ˢ à Léonnard Mangot, maçon; 203ᴸ à Jean Prou, vitrier; 476ᴸ 16ˢ aux nommés François Girard et Rommancon, charpentiers; 151ᴸ à Jacques Touchin, autre serrurier ; 6ᴸ à Cottereau, maistre escrivain à Blois, pour deux mémoires des réparations à faire aud. chasteau; et 95ᴸ 12ˢ au nommé Le Maire, pour du bois qu'il a fourny pour les ponts et cuisines dud. chasteau, revenant le tout à 1739ᴸ 13ˢ 6ᵈ

20 octobre : à Jean Cuisinier, maçon, et François Girard, charpentier, à compte des ouvrages de maçonnerie et charpenterie par eux faictz pour la construction de l'église paroissialle de Chambort........ 3000ᴸ

A Jean et Macé Cuisinier, maçons, pour les ouvrages de maçonnerie par eux faitz pour le bouchement des brèches des murs de la closture dud. parc..... 3000ᴸ

A François Girard, charpentier, pour tous les ouvrages de charpenterie des grande et petite faizanderie et des remises dans le parc................. 11477ᴸ

A Claude Definet et Guillaume Guillon, buscherons, pour tous les ouvrages qu'ils ont faitz dans lesd. faizanderies........................... 840ᴸ

A Grégoire Marat et Claude Duché, scieurs de long, pour tous les sciages qu'ils ont faits pour la faizanderie de Chambort........................... 1349ᴸ 5ˢ

⁴ L'addition donne 16815ᴸ 5ˢ 1ᵈ.

ANNÉE 1669. — DIVERSES DÉPENSES.

A Estienne Lelong, serrurier, pour les ouvrages de serrurerie, idem 275ʰ

A Laurens Le Page et Sébastien Michon, marchands et voituriers, pour toutes les voitures et chariages qu'ils ont faits des bois nécessaires pour lesd. faizanderies et remises 3325ʰ

4 novembre : à Jean Bourgoin, marchand, pour tous les clouds nécessaires pour lesd. constructions... 1800ʰ

A François Girard, charpentier, pour les ouvrages de charpenterie et sciages de bois qu'il a faits ... 8788ʰ

Somme de ce chapitre...... 47739ʰ 12ˢ 6ᵈ

CHASTEAU DE MONCEAUX.

La despence du chasteau de Monceaux pendant l'année 1669 monte, suivant deux ordonnances de M. le duc de Tresmes, à 1090ʰ

OUVRAGES FAITS DANS L'ENCLOS DU PALAIS.

9 juin : à Richer, serrurier, pour ses ouvrages faits en la conciergerie du Palais 706ʰ

16 juillet : à Girard, plombier, à compte des ouvrages de plomberie qu'il fait pour le clocher de la Sainte-Chapelle 500ʰ

3 octobre - 9 décembre : à Le Hongre, peintre doreur, à compte de la dorure qu'il fait au dehors du clocher dud. lieu (2 p.) 600ʰ

2 novembre : à Pierre Bricart, charpentier, à compte des ouvrages de charpenterie et réparations qu'il fait au clocher de la Sainte-Chapelle 1100ʰ

Nota. On doit ici comprendre une somme de 300ʰ employée sous le nom de Le Hongre, sculpteur, comprise au chapitre de plomberie de Vincennes; ainsy, au lieu de 2906ʰ, ce sera 3206ʰ.

Somme de ce chapitre 3206ʰ

DIVERSES DESPENSES.

22 febvrier 1669 - 13 janvier 1670 : au sʳ Louis Mignos, chirurgien du corps de la Reyne, pour son logement à Paris en 1668 et 1669 (2 p.) 1400ʰ

13 febvrier 1669 : au sʳ Formont, marchand banquier, pour remboursement de pareille somme qu'il a payée au sʳ Vaillant, médecin à Rome, sçavoir : pour achat de médailles 500ʰ, et 500ʰ pour les soins qu'il a pris à faire recherche de plusieurs raretez pour S. M...... 1000ʰ

31 may - 27 novembre : à luy, pour son remboursement de pareille somme qu'il a remise en Italie au sʳ Errard, Directeur de l'Académie de peinture et de sculpture à Rome, pour le payement des dépenses de l'Académie pendant la présente année (2 p.) 30000ʰ

25 novembre : à luy, pour remboursement de pareille somme qu'il a payée pour acquitter une lettre de change tirée sur luy par le sʳ Duhamel, pour employer en achats de livres et microscopes qu'il a achetez à Londres pour la bibliotèque du Roy....................... 500ʰ

5 febvrier - 26 novembre : au sʳ Rousselet, graveur, pour parfait payement de 3200ʰ à quoy montent quatre planches qu'il a gravées sur les tableaux du Guide qui sont au cabinet du Roy, représentant les Travaux d'Hercules (4 p.) 3000ʰ

12 janvier 1670 : à luy, pour une planche qu'il a gravée d'un tableau du Guyde qui est au cabinet du Roy, représentant David jouant de la harpe 800ʰ

5 febvrier 1669 : à Le Maire, fondeur, pour les brides de cuivre qu'il a fournies à la conduite des eaux de Rongis 929ʰ 14ˢ

25 may : à luy, pour les robinets qu'il a mis à la conduite des fontaines d'Arcueil et des Thuilleries.. 1717ʰ

12 janvier 1670 : à luy, pour ouvrages qu'il a faits tant à Versailles qu'aux Thuilleries......... 605ʰ 8ˢ

5 febvrier - 23 juin : à Colot, fondeur, pour parfait payement de 16600ʰ 16ˢ à quoy montent les fournitures des brides de cuivre qu'il a faites pour la conduite des eaux de Rungis (5 p.) 6330ʰ 16ˢ

15 febvrier - 26 novembre : à Patel, peintre, à compte des tableaux qu'il fait, représentans les Maisons royales (4 p.) 1500ʰ

1 aoust : à luy, pour le payement d'une année de loyer de sa maison 300ʰ

4 mars : aux héritiers de deffunct Girard Van Opstal, sculpteur, pour payement de quarante-quatre pièces de sculpture, tant bas-reliefs, groupes, que figures de marbre, bronze et d'yvoire 18350ʰ

19 mars - 3 octobre : au sʳ Pitault[1], graveur, à compte des planches qu'il grave pour la traduction de Vitruve (4 p.) 1000ʰ

15 mars : à Mᵍʳ l'archevesque de Paris, pour l'indemnité de la non-jouissance du prieuré de Versailles pendant l'année dernière 1668 .... 1100ʰ

Au sʳ prieur de Choisy, la somme de 953ʰ, sçavoir : 660ʰ pour les dixmes qu'il a le droit de prendre à cause du prieuré sur les terres enclozes par le parc de Versailles, comprises les menues dixmes de Trianon pendant l'année 1668, et 200ʰ deubs à l'œuvre et fabrique de

---
[1] Ou Pitau.

Saint-Pierre dud. Choisy pour le revenu dud. prieuré, et 93ᴸ deubs à l'église de Trianon, pour le revenu de 3 arpens 25 perches de pré qui dépendoient de lad. église enclose dans led. parc.................... 953ᴸ

19 mars : à Dominico Cucci, à compte de deux cabinets qu'il fait pour le Roy................ 5000ᴸ

28 mars : au sʳ Nocret, peintre, pour un portrait de Mᵐᵉ la duchesse d'Orléans qu'il a fait et posé dans la cheminée de la petite chambre de Mᵐᵉ la duchesse de la Vallière........................... 200ᴸ

28 mars-23 juin: au sʳ Melan, graveur, à compte des planches qu'il grave d'après les figures antiques du cabinet du Roy (2 p.)...................... 1000ᴸ

9 avril 1669-26 janvier 1670 : au sʳ Beaubrun, trésorier de l'Académie de peinture et sculpture, pour la pension que le Roy a accordée pour l'entretenement de lad. Académie pendant l'année 1669 (4 p.).... 4000ᴸ

12 avril : au sʳ Le Clerc, graveur, pour parfait payement de 484ᴸ à quoy montent les planches qu'il a faites, qui ont esté de plusieurs animaux dessignez à l'Académie des Sciences............................ 184ᴸ

Aux héritiers de deffunct Thibault Poissant, sculpteur, pour parfait payement de 2200ᴸ pour la figure de l'Hercule Farnèze moulée en plastre, qui est présentement à l'Académie de peinture................ 1200ᴸ

3 décembre : à Nicolas Poissant, sculpteur, pour un chambranle et foyer de marbre qu'il a fait et fouroy pour le service de S. M....................... 222ᴸ

12 avril: au sʳ Chauveau, graveur, pour deux planches qu'il a gravées et vingt dessins qu'il a faits pour Mᵍʳ le Dauphin............................. 800ᴸ

Au sʳ Philippes Buister, pour trois bustes du Roy qu'il a moulez après celuy du Cavalier Bernin... 175ᴸ

23 juin : à luy, pour un bas-relief de marbre blanc représentant une teste d'Apollon............. 200ᴸ

19 avril : à Kellair[1], pour quatre boestes de fonte qu'il a faites pour tirer des feux d'artifice...... 418ᴸ

26 avril : au sʳ Reynon, marchand à Lion, pour les estoffes qu'il a livrées pour le service du Roy... 13466ᴸ

Au sʳ Goy, peintre, pour luy donner moyen de s'en aller en Italie pour se rendre près le sʳ Errard, directeur de l'Académie royalle de peinture à Rome... 250ᴸ

11 febvrier : au sʳ Félibien, pour son remboursement des frais, tant de l'impression que relieure, des exemplaires des livres des Conférences de l'Académie de peinture et sculpture..................... 200ᴸ

A Le Clerc, garde-clefs du chasteau de Compiègne,

---
[1] Balthazar Keller, le grand fondeur.

319ᴸ 12ˢ, sçavoir : 119ᴸ 12ˢ pour son remboursement de ce qu'il a payé aux hommes de journée qui ont remply la glacière dud. chasteau, et 200ᴸ [tant] pour les soins qu'il a pris de faire emplir lad. glacière, que des réparations qui se font aud. chasteau............ 319ᴸ 12ˢ

3 may : au sʳ Consolin, pour remboursement des journées payées à divers ouvriers qui ont restallý la gallère que le Roy a sur la rivière de Seine et aux hommes qui l'ont menée plusieurs fois................ 1729ᴸ

A luy, 2046ᴸ 3ˢ 8ᵈ, sçavoir : 450ᴸ pour le premier quartier de ses apointemens de la présente année ; à Pitrot, comite, 300ᴸ ; à sept forçats venus de Marseille, à raison de 20ˢ par jour, 630ᴸ pour led. premier quartier; pour deux matelots venus du Havre pour conduire les vaisseaux et chaloupes du canal de Versailles, pour leurs apointemens depuis le 22 febvrier qu'ils sont partis jusqu'au dernier may, à raison de 40ᴸ par mois, 260ᴸ ; mais, attendu qu'il leur a esté payé un mois d'avance par le sʳ Dumas avant que de partir, ne sera deslivré que celle de 180ᴸ pour eux deux; à six autres matelots, pour leurs apointemens depuis le 1ᵉʳ avril jusqu'au dernier may, 240ᴸ, attendu qu'ils ont reçu dud. sʳ Dumas 240ᴸ; pour un autre matelot, pour ses gages depuis le 6 febvrier jusqu'au dernier, 166ᴸ 6ˢ 8ᵈ; et pour un autre matelot, depuis le 1ᵉʳ mars jusqu'au dernier avril, 80ᴸ; cy, pour le tout........................... 2046ᴸ 3ˢ 8ᵈ

17 juin : à luy, pour solde et nourriture de quarante-deux mariniers qu'il entretient pour ramer sur une galère dans la rivière de Seine, proche Saint-Germain, et dans les petits vaisseaux du canal de Versailles, depuis le 12ᵉ may qu'ilz ont commencé à travailler jusques au dernier du présent mois, à raison de 30ˢ par jour, comme aussy pour son remboursement de ce qu'il a payé pour dépenses faites à l'occasion de lad. galère, suivant la certification du controlleur général des Bastimens du Roy expédiée pour cet effet................... 3620ᴸ

16 juillet : à luy, tant pour ses appointemens que pour ceux du comite, forçatz et autres, pour leur second quartier de la conduite de la galère que S. M. a sur la rivière de Seyne, et autres despenses............... 1677ᴸ

A luy, en considération du service qu'il a rendu à conduire les vaisseaux et chalouppes du grand canal de Versailles depuis le commencement de febvrier jusques à la fin du mois de juin.................. 500ᴸ

A luy, pour deslivrer à six matelotz venus du Havre pour conduire les vaisseaux et chaloupes dud. canal de Versailles....................... 1350ᴸ

26 aoust : à luy, pour le payement de 42 mariniers qui rament dans la galère de S. M. sur la rivière de Seyne

et dans les chalouppes du canal de Versailles, depuis le 1ᵉʳ juillet jusques au 25 du présent mois, à raison de 30ˢ par jour........................ 3528ᵗᵗ

18 octobre : à luy, tant pour son troisième quartier de ses appointemens que pour ceux du comite, sept forçatz, des mariniers qui ont conduit la galère depuis le 25 aoust jusques au dernier septembre, et pour remboursement de ce qu'il a payé pour réparations faites à lad. gallère, et autres dépenses................ 2953ᵗᵗ

26 novembre : à luy, 4646ᵗᵗ, sçavoir : 400ᵗᵗ pour ses appointemens d'octobre à décembre ; 1800ᵗᵗ à dix matelots du Havre qui conduisent les vaisseaux et barques du canal de Versailles, pour leurs gages desd. mois ; 238ᵗᵗ pour payer à deux calfeutreurs, et 2208ᵗᵗ pour payer à seize mariniers qui gardent la gallère de la rivière de la Seyne, pour leursd. gages.............. 4646ᵗᵗ

9 may : à René Monnet, pour le loyer de ses escuries occupées par les chevaux de la grande escurie du Roy, depuis le 28 febvrier 1668 jusqu'au dernier may de la présente année..................... 475ᵗᵗ

11 may 1669 - 10 avril 1670 : à Daniel Fossier, pour reste de 4696ᵗᵗ 17ˢ 6ᵈ à quoy monte la menue despence des bastimens du Roy en 1669 (4 p.)... 3696ᵗᵗ 17ˢ 6ᵈ

15 janvier 1670 : à luy, par gratification et pour appointemens extraordinaires, en considération du bon service qu'il a rendu dans les bastimens pendant l'année 1669.............................. 1000ᵗᵗ

11 may : à d'Ambresne, jardinier flamant, pour deux mois de ses gages qui escherront le 12 may..... 100ᵗᵗ

18 novembre : à Balthazard et Barthellemy d'Ambresne, jardiniers flamans, pour leur payement de deux mois de leurs appointemens.......... 200ᵗᵗ

4 juillet : à Balthazard d'Ambresne, 300ᵗᵗ, sçavoir : 100ᵗᵗ pour deux mois de séjour qui escherra le 12 du présent mois, et 200ᵗᵗ pour récompense et frais de retour en son pays............................. 300ᵗᵗ

7 may - 1ᵉʳ janvier 1670 : à Jacques et François Liards, preneurs de taupes, pour les taupes qu'ils ont prises dans les parcs de Versailles, Saint-Germain, Fontainebleau et les Thuilleries en 1669 (2 p.).......... 984ᵗᵗ 3ˢ 6ᵈ

17 may : à Fourault, maçon, pour les réparations qu'il a faites au chasteau de Monceaux en 1668... 90ᵗᵗ

31 may : aux sᵣˢ Niquet et Beaulieu, qui travaillent à lever la carte géographique de la Généralité de Paris, à compte chacun de leur travail.................... 1200ᵗᵗ

Aux sʳˢ Pivert et Vivier, idem............. 1200ᵗᵗ

23 décembre : à Niquet, pour son remboursement de ce qu'il a payé aux ouvriers qui font des modèles. 189ᵗᵗ

23 juin : au sʳ Beauplan, ingénieur, qui travaille à lever les cartes géographiques de Normandie et Bretagne, en considération de son travail.............. 1200ᵗᵗ

13 juin : à Banjon La Vergne, marchand, pour une tenture de tapisserie représentant l'histoire des femmes illustres de l'Ancien Testament......... 6718ᵗᵗ 6ˢ 8ᵈ

2 juin : au sʳ Vitre, peintre flamand, pour un tableau qu'il a vendu à S. M................ 2200ᵗᵗ

23 juin : à Le Hongre, peintre, pour avoir noircy la closture de fer faite au cheval de bronze du Pont-Neuf. 119ᵗᵗ

A Nodler, concierge de l'hostel où loge la Reyne d'Angleterre, pour remboursement de plusieurs réparations faites aud. hostel................ 1096ᵗᵗ 14ˢ

A Gaspard Marsy, à compte des ornemens qu'il fait pour les canons du canal de Versailles......... 650ᵗᵗ

23 juin 1669 - 12 janvier 1670 : à Audran, graveur, à compte des planches qu'il grave sur les tableaux du cabinet du Roy (2 p.)...................... 900ᵗᵗ

18 novembre : à luy, pour son entier payement d'une planche qu'il a gravée sur un tableau du Dominicain, qui qui est au cabinet du Roy, représentant Énée qui enlève son père de l'embrasement de Troyes, suivant la certification du controlleur général des Bastimens..... 250ᵗᵗ

1ᵉʳ aoust : à Misson, marbrier, à compte du globe de marbre de raport qu'il fait pour le Roy....... 600ᵗᵗ

3 décembre : à luy, à compte des carreaux de marbre qu'il fournit au magasin des marbres à Paris.... 800ᵗᵗ

1ᵉʳ aoust 1669 - 1ᵉʳ janvier 1670 : à Jamard, maçon, à compte de l'escurie qu'il bastit près de Saint-Roch derrière la grande escurie, pour les chevaux de la petite escurie du Roy (3 p.).................. 2400ᵗᵗ

1ᵉʳ aoust : à René de Laluy et Nicolas Chefdeville, à compte des labours qu'ils font aux treize remises de la plaine Saint-Denis..................... 400ᵗᵗ

1ᵉʳ aoust - 23 décembre : à Colin, piqueur, pour ses dépenses à la pépinière du Roulle où se lèvent les plants pour les jardins de S. M. (2 p.)...... 458ᵗᵗ 17ˢ 6ᵈ

1ᵉʳ aoust : à Le Gru, marbrier, pour un chambranle de cheminée de marbre de Bourbon qu'il a fait pour le service du Roy........................... 95ᵗᵗ

2 septembre : au sʳ Pasquier, idem......... 95ᵗᵗ

3 octobre - 2 novembre : au sʳ Tournier, graveur, pour une planche qu'il a gravée représentant le plan et eslévation de l'Observatoire, pour la traduction de Vitruve (2 p.).............................. 230ᵗᵗ

3 octobre : à Lerambert, sculpteur, pour parfait payement de deux bustes de marbre blanc, l'un représentant M. le cardinal Mazarin, et l'autre M. le duc de la Meilleraye............................... 600ᵗᵗ

A Roger, sculpteur, à compte d'une figure de pierre de Tonnerre qu'il fait.................... 150ᵗᵗ

3 octobre-2 décembre : à Sautereau, artificier, à compte des fuzées et autres feux d'artifice (2 p.).. 800ᵗᵗ

27 aoust 1669 - 12 janvier 1670 : à Thomas Caresme, autre artificier, *idem* (4 p.)................ 1683ᵗᵗ

5 juin : aux nommez Poyant, Thevenot, Le Maistre et Poictevin, entrepreneurs du restablissement du Pont Marie, la somme de 36000ᵗᵗ que le Roy leur a ordonnée pour, avec celle de 12000ᵗᵗ, de laquelle S. M. leur a fait prest au mois de septembre de l'année 1668, faire la somme de 48000ᵗᵗ que Sad. Majesté leur a accordée par arrest du Conseil du 1ᵉʳ avril dernier passé, et au lieu de la jouissance d'onze années restans à expirer des treize années pendant lesquelles ils doivent jouir des droitz de péage et passage qui se perçoivent sur le pont de bois qui conduit de l'Isle au cloistre Notre-Dame, pour le remboursement et payement de leurs ouvrages, suivant le bail au rabais à eux fait le 28ᵉ avril 1667, moyennant laquelle somme de 48000ᵗᵗ led. bail demeure nul et résolu du consentement desd. entrepreneurs, et led. péage uny au bail de la ferme généralle des domaines du Roy, à commencer du 1ᵉʳ avril dernier, le tout aux charges et conditions portées par led. arrest et conformément à icelluy..................... 36000ᵗᵗ

25 octobre : à Pierre Chevallier, menuisier, pour parfait payement de 388ᵗᵗ 3ˢ 6ᵈ à quoy montent les ouvrages de menuiserie qu'il a faitz pour le service de S. M. ez années 1668 et 1669 suivant ses parties arrestées et certifiées par le controlleur général des Bastimens du Roy........................ 88ᵗᵗ 8ˢ 6ᵈ

9 novembre : à luy, à compte des ouvrages qu'il fait aux escuries du Roy à Paris.............. 300ᵗᵗ

25 octobre : à Jean Harmand, ébéniste, à compte d'une table de pierre de rapport qu'il fait pour le service de S. M........................... 300ᵗᵗ

A Raon, sculpteur, à compte d'une figure d'Apollon qu'il fait pour le Roy.................. 150ᵗᵗ

2 novembre : à Le Comte, couvreur, pour les réparations de couverture qu'il a faites aux Gobelins... 146ᵗᵗ

21 octobre : à la dame La Petitière, pour sa pension de la présente année à cause de la manufacture... 600ᵗᵗ

2 novembre : à René Noisette, voiturier, pour avoir transporté plusieurs blocs de marbre du port au magazin des marbres........................ 94ᵗᵗ

A Nicolas Picard, serrurier, son homme, et le nommé Provençal, autre serrurier, travaillans au grand canal de Versailles, pour un mois de leurs appointemens escheu le 24 octobre....................... 155ᵗᵗ

A Edme Boursault, picqueur, pour son remboursement de ce qu'il a payé aux ouvriers, tant Suisses qu'autres, qui ont travaillé à dresser des allées, fait des tranchées et autres ouvrages, depuis le dernier jour de septembre jusqu'au 26 octobre................. 1369ᵗᵗ 2ˢ

18 novembre : à Francisco Temponiti, sculpteur, pour quatre guéridons qu'il a faitz représentans les quatre Saisons de l'année, suivant la certification du controlleur général des Bastimens................. 800ᵗᵗ

A Claude Denis, pour deux pompes qu'il a faites et livrées à la petite escurie du Roy à Paris........ 300ᵗᵗ

26 novembre : à Dubois, relieur, pour avoir relié en maroquin du Levant six livres de devises pour le Roy. 77ᵗᵗ

26 novembre 1669 - 2 mars 1670 : à Gilles Ballon, préposé aux plans des avenues et parcs des maisons royalles, pour parfait payement de 4031ᵗᵗ 12ˢ pour achat et labour de plants et autres dépenses des parcs et avenues des maisons royalles en 1669 (3 p.). 4031ᵗᵗ 12ˢ

9 octobre 1669 - 2 mars 1670 : à luy, pour une année et trois mois de ses appointemens jusqu'au dernier décembre 1669 (2 p.)................... 2250ᵗᵗ

9 octobre : à luy, pour le voyage qu'il a fait en Flandres, au présent mois de l'année 1668, pour faire venir des ipreaux et autres arbres, tant pour les avenues et parcs de Versailles que pour Vincennes et les Thuilleries. 300ᵗᵗ

18 janvier 1670 : à luy, tant pour son remboursement de ce qu'il a dépensé pour achat et voiture de plusieurs ypreaux, telleux et bois blancs qu'il a achetés en Flandres pour les avenues des jardins de S. M., que pour ses peines................... 1493ᵗᵗ 2ˢ 6ᵈ

23 décembre : aux nommez Lubas et Gosselin, armuriers, pour leurs ouvrages de fil [de] laton qu'ilz ont fait pour plusieurs machines servans aux bastimens.. 210ᵗᵗ

A... Clément, pour les arbres verts et plants qu'il a vendus et livrez pour la pépinière du Roulle.... 776ᵗᵗ

12 janvier 1670 : à Bailly, graveur, pour deux planches qu'il a gravées, l'une représentant un renard marin et l'autre les intestins d'un lion, pour accompagner la description qui en a esté faite à la bibliothèque du Roy........................... 180ᵗᵗ

A Bricart, charpentier, à compte de ses ouvrages de charpenterie au clocher de la Sainte-Chapelle... 900ᵗᵗ

18 janvier 1670 : au sʳ Puleu, pour le loyer de trois maisons qui ont esté occupées par les mousquetaires de S. M. en 1669...................... 540ᵗᵗ

Au sʳ Hotelle, pour le loyer de deux maisons en 1669, *idem*....................... 360ᵗᵗ

Aux dames Dastry et Pénien, pour le loyer de quatre maisons, *idem*...................... 1000ᵗᵗ

ANNÉE 1669. — DIVERSES DÉPENSES.

A... Massonet, loyer de deux maisons, *idem*.. 360ᴸᴸ
A la veuve Havart, loyer d'une maison, *idem*.. 180ᴸᴸ
Au sʳ Duvoir, estant aux droits de Jacques Desbois et Pierre Flagy, loyer de deux maisons, *idem*..... 360ᴸᴸ
A luy, le loyer du corps de la Halle-Barbier, *idem*. 1600ᴸᴸ
A Roger, loyer de deux maisons, *idem*....... 360ᴸᴸ
Au sʳ Lescuyer, loyer de quatre maisons, *idem*. 720ᴸᴸ
Aux sʳˢ Le Camus, loyer de cinq maisons, *idem*. 900ᴸᴸ
A... Cornuel, loyer d'une maison, *idem*.... 180ᴸᴸ
14 febvrier 1669 : au sʳ Dalibert, pour faire remettre à Marseille et faire payer au sʳ Arnoult, intendant de la marine, pour son remboursement de ce qu'il a payé aux sʳˢ de Monceaux et Laisné, partis par ordre de S. M. pour faire le voyage du Levant, sçavoir : 4000ᴸᴸ au sʳ de Monceaux, pour ses appointemens de la présente année par avance ; 3000ᴸᴸ au sʳ Laisné, *idem*, et 12000ᴸᴸ à compte des achatz qu'ils doivent faire de plusieurs raretez qui se trouveront aux pays du Levant, suivant le mémoire. 19000ᴸᴸ
4 juillet : à Robert Gontier, marchand à Paris, pour les frais, ports et voitures de dix caisses de tableaux qu'il a fait venir d'Allemagne pour estre veus s'ils seroient propres pour le cabinet du Roy.......... 1752ᴸᴸ 12ˢ
8 juillet : au sʳ Dorbais, pour les plans et élévations des bastimens qu'il a faits, et autre travail pendant l'année dernière............................... 600ᴸᴸ
18 juillet - 18 décembre : au sʳ de Vandermeulen, l'un des peintres du Roy, pour ses gages, appointemens et entretenement pendant la présente année (2 p.)... 6000ᴸᴸ
Au sʳ Loyr, autre peintre, *idem*........... 6000ᴸᴸ
26 aoust : au sʳ Girardon, 2000ᴸᴸ pour, avec 1000ᴸᴸ qu'il a cy-devant receues l'année dernière, faire 3000ᴸᴸ, tant pour les frais du voyage qu'il a fait à Rome pour se rendre plus capable de servir S. M. dans ses bastimens, que pour les ouvrages de sculpture qu'il a fait aux vaisseaux de S. M. en passant à Toulon et à Marseille. 2000ᴸᴸ
27 aoust : à Gabriel Lefebvre, ingénieur, pour avoir fourny l'artifice qui a esté bruslé à Versailles à la feste que S. M. y a donnée.................. 459ᴸᴸ
31 aoust : à Mathurin Chantoiseau, pour remboursement de ce qu'il a desboursé pour l'illumination de lad. feste........................... 1462ᴸᴸ 9ˢ 8ᵈ
A François Villette, ingénieur, pour les fusées qu'il a aussy livrées pour lad. feste................ 429ᴸᴸ
31 octobre : à luy, pour un miroir ardent qu'il a vendu pour mettre au cabinet des raretez de S. M.... 7000ᴸᴸ
31 aoust : à Ferry Moisy, pour les fusées qu'il a livrées pour lad. feste...................... 952ᴸᴸ
A Laurens Mabille, pour remboursement de la voiture, conduite et charge de boittes qu'il a fait conduire à Versailles pour lad. feste, y compris les peynes dud. Mabille........................... 422ᴸᴸ 10ˢ
15 septembre : au sʳ Beraudier, pour les glaces qu'il a tant fournies que posées et mises en place aux apartemens du palais des Thuilleries et dans la Grotte de Versailles, comme aussy d'avoir fourny les verges de laton doré et autres ornemens pour attacher lesd. glaces.... 19207ᴸᴸ
15 septembre 1669 - 14 janvier 1670 : aux Pères de la Mission de Fontainebleau, pour une année de la pension qu'il plaist à S. M. leur accorder en 1669 (2 p.). 6000ᴸᴸ
18 septembre : à Thomas Regnaudin, pour remboursement des frais qu'il va faire au voyage de Rome. 1000ᴸᴸ
27 septembre 1669 - 11 avril 1670 : à Henry Gessey[1], pour parfait payement de 28963ᴸᴸ 14ˢ pour les petites figures de soldatz composans une armée de 20 escadrons de cavallerie et de 10 bataillons d'infanterie de carte, que S. M. a commandé estre faite pour Monseigneur le Dauphin (6 p.)........................ 28963ᴸᴸ 14ˢ
14 avril 1670 : à luy, restans entre ses mains de 30000ᴸᴸ de fonds pour le payement de lad. petite armée pour l'instruction et le divertissement de mond. seigneur le Dauphin......................... 1036ᴸᴸ 6ˢ
28 septembre : au sʳ Mignard, peintre et architecte, pour la dépense du voyage qu'il doit faire en Provence, Languedoc et autres provinces de ce royaume pour y dessigner et lever le plan des bastimens antiques qui s'y trouveront remarquables pour leur belle architecture[2]............................... 900ᴸᴸ
4 octobre : à Pierre Boel, peintre flamant, à compte de ses ouvrages pour le service de S. M........ 300ᴸᴸ
14 octobre : à Bon Boullogne, peintre, pour luy donner moyen de s'en aller à Rome estudier dans l'Académie que S. M. y a establie..................... 200ᴸᴸ
21 octobre : à Philippes Behagle, tapissier, pour un tableau en tapisserie très-fine qu'il a faict, représentant le chasteau de Fontainebleau.................. 1000ᴸᴸ
25 octobre : à Michel Balin et Joseph Cuxat, peintres, pour quatre portraits du Roy à cheval qu'ils ont livrez pour le service de S. M.................. 1600ᴸᴸ
27 octobre : au sʳ Souleigre, pour son remboursement de ce qu'il a cousté à faire frotter le grand aparte-

---
[1] Lisez Gissey.
[2] Il s'agit de Nicolas Mignard ; voir l'*Abecedario* de Mariette, t. III, p. 389. On y trouvera une «Note des desseins faits par M. Mignard d'Avignon, peintre et architecte, de l'ordre de M. Colbert, sur les antiquités de Provence et de Languedoc, qui sont actuellement en la possession de M. Sauvan, peintre d'Avignon.»

ment du Roy à Saint-Germain pendant le séjour de S. M. en 1668.................................. 150ᵗᵗ

31 octobre : au sʳ Huet, pour remboursement de pareille somme qu'il a fournie pour des médailles qu'il a achetées à Caen pour mettre au cabinet des raretez de S. M...................................... 1200ᵗᵗ

31 octobre : au sʳ Carcavi, pour remboursement d'une lettre de change tirée sur luy par le sʳ Vaillant, médecin, pour le payement des livres qu'il a achetez à Rome pour mettre dans la bibliotecque de S. M........... 418ᵗᵗ

4-18 décembre : à Jean Chevallier, voiturier par eaue, à compte des voitures de sapin qu'il doit fournir pour le Louvre (2 p.)........................... 3000ᵗᵗ

12 décembre : à Simon Regnard de Saint-André, peintre, pour un portrait du Roy à cheval qu'il a fait et livré pour le service de S. M................. 400ᵗᵗ

15 décembre : au sʳ Boule, peintre, à compte de ses ouvrages de peinture pour le Roy............. 400ᵗᵗ

20 décembre : à Michel Rousseau, pour deux figures de bronze représentans un Triton et une femme Syreine jettant de l'eau, pour mettre à deux fontaines de la principale cour de Versailles............... 1800ᵗᵗ

11 janvier 1670 : aux principal, procureur, boursiers et autres du collège de Cambray, pour leur dédommagement pendant l'année 1669 des bastimens dud. collège qui ont esté abattus.................... 1180ᵗᵗ

15 janvier 1670 : au sʳ Petit fils, préposé à tous les ouvrages qui se font à Saint-Germain, par gratification et pour appointemens extraordinaires, en considération des bons services qu'il a rendus en 1669...... 600ᵗᵗ

16 janvier 1670 : à Jean Marot, architecte, à compte des ouvrages de rocailles qu'il a faits aux appartemens de Mᵐᵉˢ la duchesse de la Vallière et la marquise de Montespan à Saint-Germain................ 3000ᵗᵗ

18 janvier 1670 : au sʳ Vuarin, graveur, pour les médailles d'or et d'argent qu'il a faites pour le service de S. M. et pour estre mises dans les fondations de ses bastimens.............................. 4000ᵗᵗ

25 febvrier 1670 : au sʳ Colbert, abbé du Bec, pour une année de loyer d'une maison à luy appartenante sçize rue Vivien, occupée par la bibliotèque de S. M., lad. année escheue au dernier décembre 1669..... 3000ᵗᵗ

27 febvrier 1670 : à Janss et Le Febvre, tapissiers hautelissiers des Gobelins, 30820ᵗᵗ pour une tenture de tapisserie des Quatre Élémens, en huict pièces, de 128 aunes en quarré, à raison de 230ᵗᵗ; et 12257ᵗᵗ 10ˢ à Philippes Lourdet, maistre de la manufacture dé la Savonnerie, pour trois tapis, compris 2200ᵗᵗ pour un tapis de table, un lit de repos et douze siéges, le tout fourny pour le service de S. M., faisans ensemble la somme de........................ 43077ᵗᵗ 10ˢ

18 avril 1670 : au sʳ de la Chambre, pour ses appointemens pendant 1669 en qualité de médecin des Bastimens............................. 1000ᵗᵗ

27 décembre 1669 : au sʳ Le Febvre, controlleur général desd. Bastimens, par gratification, et pour le desdommager des frais de plusieurs voyages à Fontainebleau pendant les années 1666 et 1669, où il a vacqué à plusieurs choses concernans les bastimens.... 2000ᵗᵗ

26 mars 1671 : au sʳ Perrault, médecin, pour le travail qu'il a fait et l'application qu'il a donnée aux bastimens en 1669 et 1670.................... 4000ᵗᵗ

10 décembre 1669 : au sʳ Caramani, pour les six premiers mois de la pension que S. M. luy a octroyée pour l'entretenement de son haras de Roussillon... 1000ᵗᵗ

31 aoust 1669 : à Baptiste Monnoyer, peintre pour les fleurs, pour six mois de sa pension escheue au dernier juin 1669........................... 100ᵗᵗ

A Abraham Genoels, peintre pour les paisages, Francart, pour les ornemens, à chacun 100ᵗᵗ, Jean Le Febvre et Jean Janss, tapissiers en haute lisse, et Josse Kercove, teinturier, à chacun 50ᵗᵗ, et à Pierre Vessier, tapissier pour la rentraiture, cy................ 465ᵗᵗ

A Nicasius, peintre pour les animaux, idem... 100ᵗᵗ

A Henry Laurens, tapissier en haute lisse, idem.. 75ᵗᵗ

1ᵉʳ septembre : à Abraham Genoels, peintre, pour aller dessigner le chasteau de Marimont, en Flandres. 500ᵗᵗ

16 septembre : à Estienne Yvon, couvreur des bastimens du Roy, pour la première demie année des entretenemens de couverture de toutes les maisons royales, échue le dernier juin................... 445ᵗᵗ

22 octobre : à la veuve du sʳ Bertue, tant pour ce qui peut rester deub de reste aud. deffunt de ses appointemens de la commission qu'il avoit à faire travailler aux ponts et chaussées, que par gratification, en considération des services qu'il a rendus dans lad. commission et dans les bastimens de S. M................ 1500ᵗᵗ

A Louis Goujon, pour, avec 600ᵗᵗ qu'il a cy-devant receues, faire 2400ᵗᵗ pour une année de ses appointemens eschue le dernier juin 1669............. 1800ᵗᵗ

30 octobre : à Camaye et Chambois, pour une demie année de l'entretenement des couvertures du chasteau de Compiègne.......................... 200ᵗᵗ

3 novembre : au sʳ Pinault, garde de la Prévosté de l'Hostel, préposé à faire voiturer avec diligence requise les matériaux nécessaires aux bastimens de Saint-Germain, pour cinq mois de ses gages en lad. qualité, eschus le 31 octobre...................... 66ᵗᵗ

11 novembre : à Desmoulins, archer, préposé à ceux de Versailles, pour le temps qu'il a vaqué aud. employ depuis le 9 juillet jusques au 9 novembre ensuivant. 558ᵗᵗ

23 janvier 1670 : à Charles de la Rue, maçon, pour ses gages de 1669, à cause de l'entretenement des terrasses du vieux chasteau de Saint-Germain..... 400ᵗᵗ

24 febvrier 1670 : à Anne Carron, pour le loyer de sa maison occupée par les huissiers et vallets de la Reyne pendant l'année dernière.................. 540ᵗᵗ

A Anne Pelletier, veuve de Claude Carbonnet, pour le loyer de la maison qu'elle a occupée pendant l'année dernière............................. 200ᵗᵗ

Au sʳ Petit, ingénieur, pour une année du loyer de la maison sçize rue Saint-Nicaise, occupée par les femmes de Mᵍʳ le Dauphin et de Madame.......... 2200ᵗᵗ

A la dame Pluvinel, veuve du feu sʳ de Poix, pour le loyer de sa maison sçize rue Saint-Honoré, occupée par la grande escurie de S. M.................. 4030ᵗᵗ

Au sʳ Buttin, curateur des enfans de M. le duc d'Elbeuf, pour les loyers de la maison du petit hostel de Villequier, appelé l'hostel de Provence, occupé par le service de S. M........................... 4000ᵗᵗ

Au sʳ de Bebingues, pour le loier de sa maison, sçize rue Fromenteau, occupée par les officiers de S. M. pendant l'année dernière................. 3300ᵗᵗ

3 may 1670 : à Claude Prée, pour le loyer d'une chambre, deux cabinets et un four qui ont esté occupés par le paticier de la Reyne, pendant les mois de janvier, febvrier et mars...................... 37ᵗᵗ 10ˢ

24 may 1670 : à Louise Poisson, pour une demie année du loyer de sa maison, occupée par le nommé Bouis, jardinier de l'orangerie en pleine terre de Fontainebleau, eschue le dernier mars de la présente année.... 100ᵗᵗ

9 aoust 1671 : au sʳ Riquet de Bonrepos, entrepreneur des ouvrages du port de Capt (sic) de Cette, en Languedoc, à compte de la despence à faire pour lesd. ouvrages suivant le bail d'adjudication à luy fait le 23 janvier 1669, confirmé par arrest du Conseil du 7 juillet ensuivant............................ 40000ᵗᵗ

Au sʳ Séguin, doyen de Saint-Germain-l'Auxerrois, pour vente d'un cabinet de médailles antiques, d'or, d'argent et de bronze, mis en la bibliotecque de S. M. 2200ᵗᵗ

21 febvrier 1671 : au sʳ Lefouin, gratification en considération des contracts d'acquisition et autres expéditions qu'il a faits pour le service de S. M. pendant 1669. 400ᵗᵗ

Au sʳ Élias Aahl, directeur général de la manufacture de goldron, en considération de l'establissement qu'il a fait de lad. manufacture en ce royaume, et de ce qu'il s'y marie pour y demeurer........... 3000ᵗᵗ

8 juillet 1669 : à Jacques Habert, pour ouvrages et réparations qu'il a faites aux trois pontz du chasteau d'Amboize................................ 1060ᵗᵗ

Ajousté 1150ᵗᵗ pour changes des gratifications au sʳ Cottézie[1] et autres changes............. 760ᵗᵗ[2]

Somme de ce chapitre... 454229ᵗᵗ 8ˢ 6ᵈ [3]

MANUFACTURES DE FRANCE.

6 febvrier : aux sʳˢ Duc et Marsollier, marchands, pour le payement de 64 aunes de brocards d'or et d'argent, à 138ᵗᵗ 10ˢ l'aune, et de 44 aunes de brocarts d'or et d'argent ponceau et vert, à 133ᵗᵗ 5ˢ l'aune, pour le service de S. M........................... 16543ᵗᵗ 5ˢ

24 juillet : à eux, pour les brocatz de Lyon qu'ils ont livrez.............................. 22155ᵗᵗ

17 janvier 1670 : à eux 7070ᵗᵗ, sçavoir : 4090ᵗᵗ pour 62 aunes de brocatz d'or et d'argent, fond violet, fabrique de Lyon, à raison de 66ᵗᵗ l'aune, et 2978ᵗᵗ 10ˢ pour 259 aunes de damas rouge cramoisy, fabrique de Tours, à 11ᵗᵗ 10ˢ l'aune.............. 7070ᵗᵗ 12ˢ

4 febvrier : aux sʳˢ Béguin et Badat, entrepreneurs de la fabrique des bazins, bonbazins et futaines, manière de Flandre, Holande et Angleterre, pour l'establissement de 40 mestiers servans à lad. manufacture. 6000ᵗᵗ

2 mars : sʳˢ de Londy, Le Clerc et Mandonnet, entrepreneurs des manufactures de ligatures[4], damas, caffart[5] et autres estoffes, la somme de 15000ᵗᵗ en desduction des 24000ᵗᵗ portez en leur traité du premier dud. mois, cy.................................. 15000ᵗᵗ

3 mars 1669-7 febvrier 1670 : à Abraham Duval, bourgeois de Paris, entrepreneur de la manufacture de toiles fines, façon de Hollande, pour parfait payement de la somme à luy accordée par S. M. à la charge de parfaire le nombre de 150 mestiers battans et actuellement travaillans, dans la fin du mois de décembre dernier,

---

[1] Est-ce le comédien italien Cortési? Voyez Jal, p. 215.

[2] La somme de 1150ᵗᵗ a été effacée sur la colonne des additions et remplacée par 760ᵗᵗ.

[3] L'addition donne 511679ᵗᵗ 9ˢ 6ᵈ. On s'explique difficilement une aussi forte erreur de compte; mais j'ai vérifié l'addition et la différence en moins est bien de 57450ᵗᵗ 1ˢ sur le total porté au registre.

[4] Petite étoffe qu'on nomme aussi légature, brocatelle ou mezeline. (*Dictionnaire de Trévoux.*)

[5] Le caffard ou caphard est une étoffe analogue au damas ou au satin. (Voyez *Recherches sur le commerce des étoffes de soie, d'or et d'argent*, par Fr. Michel, Paris in-4°, 1854.)

suivant le traité fait avec luy auquel il aurait satisfait (2 p.).................................. 20000"
23 avril : au sʳ Dalibert, la somme de 20000" faisant moitié de 40000" que S. M. a accordée aux sʳˢ de Varennes, Grandie, André et Casson, marchands, entrepreneurs de la fabrique et manufacture des draps destinez pour le Levant..................... 20000"
9 febvrier : à Béguin l'aisné, marchand, pour remboursement de ce qu'il a avancé pour tirer de Flandres des ouvriers et manufacturiers de ligatures et brocatelles, et pour les despences nécessaires qu'il a faites tant pour les obliger de quiter que pour leur voyage....... 6093"
11 juin : au nommé Lallemant, entrepreneur de la manufacture des baracans à la Ferté-sous-Jouarre, 20000", en retirant une obligation pour rendre lad. somme moitié dans quatre ans, moitié un an après..... 20000"
18 juillet 1669 - 29 janvier 1670 : au sʳ Reynon, pour les brocatz d'or et d'argent qu'il a livrez pour le service de S. M. (3 p.)................... 70716" 18ˢ 11ᵈ
4 aoust : au sʳ Marcelin Charlier, pour des velours et brocatelle qu'il a aussy livrez.......... 5572" 5ˢ
31 octobre : au sʳ de Lorme, sçavoir : 15300" 11ˢ 3ᵈ pour la perte qui a esté faite sur 470 pièces de drap qu'il a fait venir de Carcassonne en 1667, et 9041" 6ˢ 6ᵈ pour diverses pièces de draps et autres estoffes qui ont esté distribuées par ordre de S. M........ 24341" 17ˢ 9ᵈ
7 décembre : au sʳ Arnoult, intendant des galères de S. M., pour le payement de 180 pièces de draps que le sʳ de Varennes, marchand de Paris, a envoyé en Levant, à raison de 10" par chaque pièce........... 1800"
6 febvrier 1669 - 3 septembre 1670 : aux sʳˢ Camuzet, Zélain, Poulain et Auvray, marchands bonnetiers à Paris, entrepreneurs de la manufacture des bas d'estame au tricot, façon d'Angleterre, sçavoir : 70000" sur les 80000" qui leur doit estre fournie pour l'entretenement et augmentation de lad. manufacture, suivant le contrat du 1ᵉʳ febvrier 1669, et 40000" à eux accordez, à raison de 20000" par an, pour fournir aux frais de l'entretien des maistres et maistresses, pour les années 1668 et 1669 (5 p.). 110000"
12 febvrier 1670 : au sʳ Camuset, marchand bonnetier, pour plusieurs voyages et frais qu'il a faits dans les villes et lieux des establissemens de la manufacture des bas d'estame pendant les années 1668 et 1669, à raison de 2000" par chacun an.................... 4000"
31 aoust 1669 : aux sʳˢ de Varennes, Grandie, André et Cusson¹, entrepreneurs de la manufacture de draps

¹ Voyez ci-dessus Dalibert, même chapitre, à la date du 23 avril.

destinez pour le Levant, establie à Carcassonne, ou à leur procureur, par prest de S. M. pour quatre années sans intérest à compter de la réception d'icelle, pour les ayder à supporter les avances et despences requises pour l'establissement de lad. manufacture............ 20000"
11 décembre 1669 - 22 novembre 1670 : à Josse Van Robais, entrepreneur de la manufacture de draps, façon d'Hollande et Espagne, à Abbeville, par prest que S. M. a fait pour dix années sans intérest, suivant les lettres et patentes d'octobre 1665 (2 p.)............ 40000"
27 décembre 1669 : au sʳ Clou, commis pour la direction de la manufacture des serges, façon de Londres, à Gournay, pour gratification de S. M., sçavoir : aud. Clou, 1200" ; à Raymond, 600", et à Osane, 200", en considération de leur service................. 2000"
12 janvier 1670 : au sʳ Seuleau, trésorier général de la marine, pour son remboursement de ce qu'il a payé au sʳ de Chauvigny, par nos ordres, pour la gratification du Roy, et en considération de 359 pièces de drap envoyez en Levant, à raison d'une pistolle pièce, et pour la construction du vaisseau nommé la Nostre-Dame-de-Bon-Secours................................... 4190"
22 janvier 1670 : au sʳ Langlois, marchand drappier à Troyes, directeur des ouvrages de la manufacture des serges façon de Londres, pour plusieurs ouvrages qu'il a faits dans les establissemens de lad. manufacture. 2000"
25 janvier 1670 : au sʳ Landais, trésorier général de l'artillerie, pour le tiers de 20000" restans à payer des 50000" ordonnez aud. Landais et aud. Jacquier pour moitié de leur remboursement de 100000" qu'ils ont cy-devant avancez pour l'establissement des manufactures de serges façon de Londres, et bas d'estames. 6666" 13ˢ 4ᵈ
8 mars 1670 : au sʳ Prevost, marchand de Bruxelles, à compte de 36000" à luy accordez par le Roy pour l'achat d'une place et bastimens pour la construction d'une calandre à aprester et calandrer les camelotz, façon de Bruxelles et Hollande, qui seront fabriquez en la manufacture qu'il en doit establir en ce royaume suivant le traitté fait avec lui le 23 may 1670......... 20000"
18 mars 1670 : au sʳ Jacquier, intéressé en la manufacture des serges façon de Londres, pour les deux tiers de 20000" qui restoient à payer de 50000" ordonnez par S. M. auxd. sʳ Jacquier et Landais pour moitié de leur remboursement de 100000" qu'ils ont cy-devant avancez pour l'establissement de lad. manufacture et celle des bas d'estame...................... 13333" 6ˢ 8ᵈ
1ᵉʳ avril 1670 : au sʳ Chenebé, procureur du Roy en l'Eslection de Paris, par gratification, et pour les soins

qu'il a pris dans l'exécution de ses ordres et arrestz de son Conseil pour le fait des manufactures..... 2000ᵗᵗ

23 may 1670: au sʳ DE BELLINZANY, pour ses appointemens de l'année 1669, à cause du soin qu'il prend de tout ce qui concerne le commerce et les manufactures du royaume............................ 4000ᵗᵗ

12 juillet-14 décembre 1670: au sʳ MARISSAL, entrepreneur de la manufacture des camelots, façon de Bruxelles, à Amiens, pour trente mestiers qu'il a montez et qui sont battans et actuellement travaillant, à raison de 250ᵗᵗ par chacun (2 p.)....................... 7500ᵗᵗ

20 aoust 1670: au sʳ PINOGALI, Milanois, travaillant en la manufacture de l'or de Milan, establie à Lyon, que S. M. luy a ordonnée pour l'année 1669....... 600ᵗᵗ

10 octobre 1670: au sʳ DE LA VIEUXVILLE, Général des finances en Bretagne, 1200ᵗᵗ pour faire deslivrer, en présence des maires et échevins de Saint-Malo, au sʳ ALAIN ANTUN de lad. ville, pour la gratification à luy accordée en considération du vaisseau qu'il a faict construire aud. lieu, nommé la Marie, du port de 200 tonneaux, à raison de six livres pour chacun................... 1200ᵗᵗ

29 octobre 1670: au sʳ PERROT, pour avoir fait dresser et composer les réglemens généraux des teinturiers et manufactures, qui ont esté registrez dans tous les Parlemens du royaume, et autres soins......... 6000ᵗᵗ

31 décembre 1670: aux sʳˢ DE LONDY, LE CLERC et MANDONNET[1], entrepreneurs de la manufacture de damas et caffars establie à Meaux, pour parfait payement de 24000ᵗᵗ dont S. M. leur a fait don en considération des frais qu'ils ont faitz pour l'establissement de lad. manufacture, suivant le traité.................. 9000ᵗᵗ

17 febvrier 1671: au sʳ GUICHARD, entrepreneur de la manufacture des bazins establie à Saint-Quentin, pour moitié de 12000ᵗᵗ dont S. M. luy a fait don en considération de l'establissement de lad. manufacture et pour l'ayder à la soustenir et fortiffier............ 6000ᵗᵗ

30 mars 1671: au sʳ BAUDET, greffier en chef du Parlement du Dauphiné, pour prest en conséquence du traité qu'il a fait pour la recherche des mines de Dauphiné............................. 20000ᵗᵗ

24 septembre 1670: au sʳ DE TOURVILLE, pour la gratification que S. M. luy a accordée en considération du vaisseau qu'il a fait construire au port de Marseille, nommé la Vierge-du-Port, de 560 tonneaux, à six livres pour chacun........................... 3360ᵗᵗ

8 octobre 1670: au sʳ FORMONT, par gratification, en considération du vaisseau qu'il a acheté à Amesterdam, nommé la Deligence, du port de 120 tonneaux, à quatre livres l'un............................ 480ᵗᵗ

Somme de ce chapitre..... 497473ᵗᵗ 6ˢ 8ᵈ[2]

GAGES ET APPOINTEMENS
DES OFFICIERS DES BASTIMENS.

4 mars-13 décembre: à NICOLAS MESNARD, marbrier, demeurant à Gennes, pour faire choix des marbres propres pour le service de S. M., pour le dernier quartier de 1668 et les trois premiers de 1669 (4 p.)..... 1000ᵗᵗ

1ᵉʳ aoust: à luy, pour une année de l'entretenement de la chapelle du Palais-Royal, eschue le dernier mars dernier........................... 150ᵗᵗ

4 mars-31 octobre: à RICHARD BASTARD, préposé aux ouvrages qui se font sur la grande avenue de Vincennes, pour ses appointemens jusqu'au dernier de septembre (2 p.)............................ 519ᵗᵗ

10 mars-26 décembre: aux jardiniers de Versailles, pour leurs gages pendant la présente année, sçavoir: 6000ᵗᵗ à MACÉ FOUCHÉ, ayant l'entretenement du petit parc; 3000ᵗᵗ à MARIN TRUMEL, ayant celuy du jardin à fleurs de l'orangerie, et 1600ᵗᵗ à MATHIEU MASSON, ayant l'entretenement du potager du chasteau (4 p.). 10600ᵗᵗ

3 avril-2 septembre: à DAUVERGNE, employé pour faire arracher des plants, les faire voiturer et planter, tant à Versailles que Vincennes, pour ses appointemens du 10 décembre jusqu'au dernier aoust de la présente année, à raison de 40ᵗᵗ par mois (2 p.)........... 346ᵗᵗ 13ˢ

17 may: au sʳ VALLOT, premier médecin, pour employer au payement des gages des officiers et entretenemens du Jardin Royal des plantes, au fauxbourg Saint-Victor............................. 21000ᵗᵗ

23 juin: au sʳ DE LA FLEUR, garde de la Prévosté de l'Hostel, préposé pour faire voiturer les matériaux nécessaires dans les ateliers de Saint-Germain, pour ses appointemens du 21 mars jusqu'au dernier may.... 264ᵗᵗ

1ᵉʳ aoust: au sʳ LE CLERC, graveur, pour la première demie année de ses apointemens pour graver les tapisseries du Roy........................... 900ᵗᵗ

2 septembre: à HUVILLIER, pour une année de ses appointemens finie le.... (sic).............. 150ᵗᵗ

A RIVAULT, jardinier, pour une année de l'entretenement du jardin de l'hostel de la Reyne d'Angleterre, escheue le... (sic)........................ 120ᵗᵗ

3 octobre: à BENOIST, préposé pour tenir le controlle

---

[1] Voyez ci-dessus col. 370, 2 mars.

[2] L'addition donne 517624ᵗᵗ 18ˢ 8ᵈ.

des pieux qui se mettent au quay du Cours, pour ses appointemens pendant le mois de septembre....... 60ʰ

12 janvier 1670: au mesme, préposé aux ouvrages de l'Arc de triomphe, pour ses apointemens pendant le mois de décembre............................. 60ʰ

3 octobre 1669 - 12 janvier 1670: à Guillouard, préposé pour les ouvrages de maçonnerie qui se font au quay du Cours, pour ses apointemens du 16 aoust jusqu'au 30 septembre et pendant le mois de décembre (2 p.)................................. 134ʰ

26 novembre: auxd. Benoist et Guillouard, préposez pour tenir le compte des pieux et pilotis du quay qui se construit le long du Cours, et pour la maçonnerie d'icelluy, pour le payement de leurs appointemens pendant le mois d'octobre et le présent mois de novembre, à raison de 120ʰ chacun......................... 240ʰ

3 octobre: à Robelin, préposé pour avoir l'œil sur l'atelier de l'Arc de triomphe, pour ses apointemens depuis le 22 juillet jusqu'au dernier septembre, à raison de 100ʰ par mois............................. 225ʰ

23 décembre: au sʳ Loison, archer de la Prevosté de l'Hostel, pour trois mois d'appointemens qu'il a servy au Louvre à faire arriver les matériaux en l'absence du sʳ Descluzeaux, occupé à Saint-Cloud......... 400ʰ

12 janvier 1670: à Balthasard et Barthélémy d'Ambresne, jardiniers, pour leurs gages des mois de janvier et febvrier prochain, à 50ʰ chacun par mois.... 200ʰ

16 décembre 1669: à Jean Hay, concierge du logis de la Coudray, en considération de son grand aage qui le met hors d'estat de travailler, et des services qu'il a rendus................................ 200ʰ

18 janvier 1670: au sʳ Galland, pour la dernière demie année de la nourriture des cignes et carpes des estangs et canaux de Fontainebleau......... 541ʰ 4ˢ

18 febvrier 1670: à ... Gervais, portier du parc de Fontainebleau, pour ses gages des années 1668 et 1669, à condition qu'il en paiera 300ʰ à La Pesnaye, qui a eu le soin de la porte et a gardé les clefs dud. parc pendant lesd. deux années..................... 600ʰ

21 mars 1670: à Cosme Petit, portier de la cour du Cheval Blanc de Fontainebleau, pour ses gages de l'année 1669........................... 200ʰ

3 may: à Jean Camaye et Valerand Chambois, pour une demie année de l'entretenement des couvertures du chasteau de Compiègne, eschue au 1ᵉʳ avril 1669. 200ʰ

1ᵉʳ janvier 1670: à Raymond Descluseaux, commis à la conduite des matériaux nécessaires aux bastimens du Roy, pour une année de ses appointemens échue au 31 décembre 1669....................... 900ʰ

4 janvier 1670: à Robert Anglart, ayant l'entretenement des couvertures du chasteau de Vincennes, pour une année de ses appointemens............... 1000ʰ

Au sʳ Petit père, préposé à tous les ouvrages de Versailles, pour lad. année................ 3600ʰ

Au sʳ Petit fils, préposé à tous les ouvrages de Saint-Germain, idem....................... 1200ʰ

A Daniel Fossier, préposé à pezer le fer et le plomb des bastimens du Roy, idem............. 1200ʰ

Aux sʳˢ Gissey et Clinchant, en considération de la propreté et nettoyement qu'ils ont faitz au palais des Thuilleries en 1669................... 2000ʰ

A Sainte-Marie, préposé aux ouvrages de l'Observatoire, pour lad. année................. 600ʰ

Somme de ce chapitre..... 48559ʰ 17ˢ [1]

GAGES DES OFFICIERS DES MAISONS,

BASTIMENS DE SA MAJESTÉ, ET APOINTEMENS DES PERSONNES RARES EN ARCHITECTURE, PEINTURE, SCULPTURE ET AUTRES ARTS, ENTRETENUS POUR SON SERVICE PENDANT L'ANNÉE 1669, SUIVANT L'ESTAT QUI EN A ESTÉ EXPÉDIÉ LE 27 DÉCEMBRE DE LADITE ANNÉE,

Sçavoir:

Aux Surintendant, Intendans, Controlleurs et Trésoriers desd. Bastimens de S. M., pour leurs gages et apointemens pendant l'année 1669....... 38679ʰ 17ˢ 9ᵈ

Aux officiers qui ont gages pour servir en toutes les maisons royalles..................... 40120ʰ

Autres officiers servans pour l'entretenement des maisons et chasteaux cy-après, sçavoir:

Chasteau du Louvre....................	1100ʰ
Palais et jardin des Thuilleries..........	8450ʰ
Cours de la Reyne mère.................	40ʰ
Palais Cardinal........................	1800ʰ
Collège de France.....................	25ʰ
Madrid...............................	150ʰ
Saint-Germain-en-Laye.................	6156ʰ 10ˢ
Saint-Léger...........................	225ʰ
Pougues..............................	75ʰ
Vincennes............................	3400ʰ
Hostel des Ambassadeurs...............	100ʰ

Somme de ce chapitre..... 100321ʰ 7ˢ 9ᵈ

Pour les gages des officiers que le Roy veut estre en-

---

[1] L'addition donne 48609ʰ 17ˢ, tandis que le total porté au registre est de 48559ʰ 17ˢ. Il y a une erreur d'addition à la dernière page de ce chapitre. Le chapitre suivant, placé au milieu de celui-ci, n'est pas, bien entendu, compris dans l'addition; aussi le donnons-nous à part.

tretenus en son chasteau de Fontainebleau et des autres despences que S. M. a commandé y estre faites pour la conservation et entretenement d'icelluy durant l'année 1669, suivant l'estat expédié le 27 décembre de lad. année............................ 22856ᴸ

PENSIONS ET GRATIFFICATIONS
DES GENS DE LETTRES.

16 décembre : au sʳ abbé DE BOURSEIS, en considération de sa profonde science dans la théologie et dans les belles-lettres................................. 3000ᴸ

Au sʳ PERRAULT, en considération de son aplication aux belles-lettres........................... 2000ᴸ

Au sʳ GODEFROY, en considération de la profonde connoissance qu'il a dans l'histoire............. 3600ᴸ

Au sʳ CHARPENTIER, en considération de son aplication aux belles-lettres.................... 1500ᴸ

Au sʳ OGIER, idem...................... 1500ᴸ

Au sʳ CHAPELAIN, idem.................. 3000ᴸ

Au sʳ BALUZE, idem..................... 1200ᴸ

Au sʳ CONRARD, en considération de son mérite et de son aplication aux belles-lettres............ 1500ᴸ

Au sʳ BENSERADE, idem.................. 1500ᴸ

Au sʳ HUET, de Caen, idem................ 1500ᴸ

Au sʳ CASSAIGNES, idem................. 1500ᴸ

Au Père LE COINTE, en considération de la profonde connoissance qu'il a de l'histoire éclésiastique.. 1500ᴸ

Aux sʳˢ DE VALOIS frères, en considération de leur aplication à l'estude de l'histoire éclésiastique et de l'histoire de France, et des autres ouvrages qu'ils ont donnez au public............................. 2400ᴸ

Au sʳ LE LABOUREUR, en considération de la profonde connoissance qu'il a dans l'histoire............ 1500ᴸ

Au sʳ CORNEILLE l'aisné, en considération des beaux ouvrages qu'il a donné au théâtre............... 2000ᴸ

Au sʳ MOLIÈRE, en considération de son aplication aux belles-lettres et des pièces de théâtre qu'il donne au public..................................... 1000ᴸ

Au sʳ RACINE, idem..................... 1200ᴸ

18 janvier - 31 octobre : au sʳ HUGENS, pour une année entière de ses apointemens (4 p.)............ 6000ᴸ

17 décembre : au sʳ MEZERAY, historiographe, en considération du service qu'il rend en lad. qualité. 4000ᴸ

Au sʳ DOUJAT, en considération de son mérite et du travail qu'il a fait touchant les droits de la Reyne sur les Païs-Bas................................. 2000ᴸ

Au sʳ LHÉRITIER, pour luy donner moyen de continuer son aplication aux belles-lettres......... 1000ᴸ

Au sʳ BEAULIEU, idem................... 1200ᴸ

Au sʳ COUSTELIER, en considération de la parfaite connoissance qu'il a de la langue grecque, et des traductions qu'il a faites de la bibliotèque du Roy......... 1200ᴸ

Au sʳ SORBIÈRE, en considération de son aplication aux belles-lettres............................ 1000ᴸ

Au sʳ MAURY, idem...................... 600ᴸ

Au sʳ JUSTEL, idem..................... 1200ᴸ

Au sʳ DIPPY, interprette en langue arabe, en considération des services qu'il rend en lad. qualité... 1000ᴸ

Au sʳ DE LA CROIX, interprète en langue turque, en considération idem..................... 1200ᴸ

27 janvier 1670 : au sʳ DE VARILLAS, en considération de son mérite et de son aplication aux belles-lettres. 1200ᴸ

Au sʳ FLÉCHIER, en considération de son aplication aux belles-lettres........................... 800ᴸ

Au sʳ DE SAINT-RÉAL, idem............... 1000ᴸ

Au sʳ DUPERRIER, idem.................. 800ᴸ

Au sʳ QUINAULT, en considération des pièces de théâtre qu'il donne au public..................... 800ᴸ

10 may - 26 décembre : au sʳ CASSINY, sçavoir : 4500ᴸ pour neuf mois de ses appointemens qui escheront le dernier jour de décembre 1669 prochain, et 2250ᴸ pour gratification et appointemens extraordinaires pendant neuf mois à échoir à la fin de décembre, à raison de 3000ᴸ par an (4 p.)............................. 6750ᴸ

6 juin : au sʳ GALOIS, en considération de son aplication aux belles-lettres et de son travail dans l'Académie des Sciences pendant la présente année....... 1500ᴸ

19 décembre : au sʳ CARCAVI, en considération de son aplication aux belles-lettres..................... 2000ᴸ

Au sʳ DE ROBERVAL, en considération de son mérite et de son aplication aux belles-lettres........... 1500ᴸ

Au sʳ MARIOTTE, idem................... 1500ᴸ

Au sʳ PICARD, idem..................... 1500ᴸ

Au sʳ FRENICLE, en considération de son mérite. 1200ᴸ

Au sʳ BUOT, à cause de son mérite et de son aplication aux belles-lettres........................ 1200ᴸ

Au sʳ DE LA CHAMBRE, idem.............. 2000ᴸ

Au sʳ PERRAULT, médecin, idem........... 2000ᴸ

Au sʳ PÉQUET, idem..................... 1200ᴸ

Au sʳ GAYANT, chirurgien, idem........... 1200ᴸ

Au sʳ DU CLOS, médecin, idem............. 2000ᴸ

Au sʳ BOURDELIN, idem.................. 1500ᴸ

Au sʳ MARCHAND, idem.................. 1200ᴸ

Au sʳ RICHER, idem..................... 1000ᴸ

Au sʳ NIQUET, idem..................... 1000ᴸ

Au sʳ PASQUIN, idem.................... 600ᴸ

Au sʳ COUPLET, idem.................... 600ᴸ

8 juillet: au s⁻ Cotelier, pour la première demie année de la gratification qu'il reçoit de S. M. en considération de son application aux belles-lettres et du travail qu'il fait dans la bibliothèque du Roy.................. 600ᴴ

Au s⁻ de Beaulieu, occupé à traduire les manuscrits anglois, pour la première demie année de ses appointemens................................... 600ᴴ

8 juillet 1669 - 4 janvier 1670: aux s⁻ˢ de la Croix, Dippy et Compiègne, professeurs et interprettes des langues orientales, pour leurs appointemens pendant une année (2 p.)... 1800ᴴ

Aux s⁻ˢ Niquet et Vivier, travaillans à lever la carte géographique de la Généralité de Paris, en considération de leur travail.. 1200ᴴ

24 novembre: au s⁻ Vivier, ingénieur, en considération du travail qu'il fera pour achever la carte géographique de la Généralité de Paris jusques au dernier décembre prochain.. 300ᴴ

20 décembre: au s⁻ Pivert, en considération de son application à l'estude des mathématiques....... 600ᴴ

22 décembre: au s⁻ Gallois, en considération de son application aux belles-lettres................ 1500ᴴ

Au s⁻ Guerrier, ingénieur, en considération de son application à inventer des machines et de la despence qu'il fait aux modèles d'icelles............... 400ᴴ

23 janvier 1670: au s⁻ de Kemps, tant pour les frais de son voyage d'Angleterre d'où il a esté appellé pour servir au laboratoire, que pour le service qu'il a rendu pendant l'année 1669....................... 350ᴴ

8 juillet 1669: aux s⁻ˢ Sauvin et Meurier, 350ᴴ, sçavoir: aud. Sauvin qui traduit des livres allemans en françois, 200ᴴ, et au s⁻ Meurier, pour partie de sa subsistance en cette ville, en attendant son départ pour la Cayenne, 150ᴴ................................ 350ᴴ

24 novembre: aud. s⁻ Meurier, retenu pour la Cayenne, pour sadite subsistance............ 200ᴴ

3 décembre: au s⁻ de la Voye, mathématicien, envoyé aux Indes Orientales pour faire expérience de l'horloge à pendule pour les longitudes, 900ᴴ, sçavoir: 600ᴴ pour quatre mois de ses appointemens commenceans au 1ᵉʳ décembre et finissans au dernier mars 1670, et 300ᴴ pour son voyage et port des pendules et instrumens mathématiques de Paris à la Rochelle................ 900ᴴ

Somme de ce chapitre........ 9650ᴴ

PENSIONS ET GRATIFFICATIONS
DES GENS DE LETTRES ESTRANGERS.

19 décembre: au s⁻ Heinsius, hollandois..... 1200ᴴ

Au s⁻ Vossius............................ 1200ᴴ
Au s⁻ Hevélius........................... 1200ᴴ
Au s⁻ Gratiani........................... 1500ᴴ
Au s⁻ Corringius......................... 900ᴴ
Au s⁻ Viviany............................ 1200ᴴ
Au s⁻ Gronovius.......................... 1200ᴴ
Au s⁻ Carlo Datty........................ 1200ᴴ
Au s⁻ Ferrary............................ 1200ᴴ
Au s⁻ Boeclerus [1]...................... 900ᴴ

Somme de ce chapitre........ 11700ᴴ

OUVRAGES D'ARGENTERIE.

17 juillet 1669: au s⁻ Ballin, orfèvre, à compte des grands ouvrages d'argenterie qu'il fait pour le service du Roy............................ 20000ᴴ

A luy, pour quatre figures d'enfant pezans 699 marcs 3 onces 2 gros, à 46ᴴ le marc........ 31473ᴴ 1ˢ 5ᵈ

Au s⁻ Gravet, à compte de la nef d'or qu'il a faite pour S. M.. 3000ᴴ

A du Tel, à compte de deux sceaux d'argent qu'il fait pour S. M..................................... 20000ᴴ

A Viocourt, à compte des vazes et bassins... 10000ᴴ

A Cousinet, à compte idem................ 10000ᴴ

A Débonnaire, à compte de deux grands miroirs qu'il fait.. 20000ᴴ

A Villiers, à compte..................... 10000ᴴ

A Merlin, 13526ᴴ 16ˢ 8ᵈ, sçavoir: 2339ᴴ 1ˢ 6ᵈ pour reste et parfait payement des ouvrages qu'il a livrez, et 11187ᴴ 15ˢ 3ᵈ à compte des vazes et bassins qu'il fait. cy............................ 13526ᴴ 16ˢ 8ᵈ

Somme de ce chapitre.... 137999ᴴ 18ˢ 1ᵈ

COMMERCE DE FRANCE.

9 mars: au s⁻ Le Roux, courtier de change, qui a soin du commerce des asseurances et grosses adventures, par gratiffication, en considération du service qu'il rend dans les deux commerces......................... 600ᴴ

26 septembre: aux s⁻ˢ de Lagny, Tensemite et Pagel, quaissiers de la Compagnie du commerce du Nort, à compte du tiers du fonds capital qui sera fait pour ceux qui y prendront interest, lequel tiers Sad. M. a promis mettre dans lad. Compagnie, suivant l'édit de son establissement du mois de juin dernier................ 100000ᴴ

Somme de ce chapitre........ 100600ᴴ

---

[1] A la suite de ce nom se trouvoient deux articles de payement au nom Huggens, qui ont été effacés, probablement lorsqu'on les a inscrits au chapitre des savants français.

AQUISITIONS DE MAISONS
ET AUTRES HÉRITAGES.

2 janvier 1669 : à Estienne Chevreau et consors, pour leur payement de deux arpens et demy de vigne, sçize au terroir de Montreuil, dans la grande avenue de Vincennes, y compris les non-jouissances de quatre années, cy.................................... 2275ᵗᵗ

16 febvrier : au sʳ Bontemps, premier valet de chambre du Roy, pour l'achapt et jouissance d'un chantier, sçiz rue Saint-Nicaise, où sont les marbres de S. M. 16000ᵗᵗ

17 febvrier : au chapitre Saint-Honoré, pour les droits de lots et vente de la maison que le Roy a acquise de M. de Vaure, sçize rue Frementeau, à raison de 6 deniers pour livre du prix de l'aquisition qui est de 125000ᵗᵗ. 3150ᵗᵗ

21 mars : aux sʳˢ Flexelles, pour le payement d'une maison à eux appartenant, sçize rue Frementeau, vendüe au Roy par contract du... mars 1669....... 25000ᵗᵗ

3 avril : au sʳ Daliez, pour le prix de la vente qu'il a faite au Roy de la terre, seigneurie et chastellenie de Drambon[1], par contract du 23 mars de la présente année, cy.................................... 40000ᵗᵗ

23 juin : à Marin Farcy, maistre couvreur à Paris, et à Marguerite Pellet, sa femme, 34700ᵗᵗ pour le tiers de 104100ᵗᵗ à quoy monte le prix de trois maisons sçizes rue Saint-Vincent, près Saint-Roch, acquises au proffit de S. M. par contract du 10 may 1669...... 34700ᵗᵗ

26 aoust : au sʳ Scarron de Vaures, cy-devant propriétaire de l'hostel du Petit-Vendosme, tant pour les loyers qui lui peuvent estre deubs dud. hostel occupé par les officiers de la Reyne jusques à l'aquisition qui en a esté faiste au proffit de S. M. au mois d'avril 1667, que pour luy tenir lieu d'interest de la somme de 126000ᵗᵗ[2] qui est le prix de lad. maison................. 2500ᵗᵗ

29 aoust : à Pierre Milon, marchand de vin, et à sa femme, pour une maison sçize au fauxbourg Saint-Antoine, y compris le dédommagement pour la non-jouissance, acquise au proffit de S. M........ 4317ᵗᵗ 12ˢ

1ᵉʳ septembre : à Estienne, André, Jean et Pierre Le Page, pour une maison et moulin à vent sçiz à la Croix-Brisée, acquis au proffit de S. M. à cause de l'Arc de triomphe....................... 3477ᵗᵗ 12ˢ

2 novembre : à Anne Métezeau, veuve d'Estienne Baudouin, pour une maison qu'elle a vendue au proffit de S. M................................ 25000ᵗᵗ

3 novembre : à Jean-Baptiste Le Tavernier, pour le fondz et non-jouissance de 2 arpens 75 perches de terre, en quatre pièces, sçiz au cours de Vincennes et acquis au proffit de S. M...................... 2062ᵗᵗ 10ˢ

6 novembre : à Jean Le Vasseur, 1242ᵗᵗ, sçavoir : 742ᵗᵗ pour son remboursement des frais et loyaux cousts qu'il a faitz en un jardin et marestz du Roulle, et 500ᵗᵗ à cause de la subrogation qu'il en a fait à S. M. vers les officiers de la Monnoye par bail amphitéode...... 1242ᵗᵗ

A Henry Guilbert et Magdeleine Mercier, pour vente d'une maison et jardin sçiz au bas du Roulle, qu'ils ont faite au proffit de S. M................ 3400ᵗᵗ

13 novembre : aux héritiers Le Maistre, pour un demy-arpent au fauxbourg Saint-Antoine, sçis à la Croix-Brisée, y compris les non-jouissances........ 345ᵗᵗ

22 novembre : à François, Jean, Claude et Nicolas Vitry, frères, et Anne de Vitry, leur sœur, 4648ᵗᵗ 16ˢ, sçavoir : 3576ᵗᵗ pour 5 arpens 96 perches de terre en la vallée de Fescamp, qu'ils ont vendus au Roy, et 1022ᵗᵗ 16ˢ pour six années de non-jouissance....... 4648ᵗᵗ 16ˢ

24 novembre : au sʳ Le Page, pour payer le droit de vent aux seigneurs où il establira un moulin à vent qu'il a vendu au proffit de S. M., en cas qu'il ne le place point sur les terres du domaine de Sad. M......... 300ᵗᵗ

Au sʳ Baudouin, controlleur ordinaire de la Maison du Roy, et à Marguerite Le Tellier, sa femme, pour une maison sçize rue Frémanteau, qu'ils ont vendue au proffit de S. M................................ 25000ᵗᵗ

Au sʳ Le Moyne, notaire, pour le prix principal et non-jouissance de 15 arpens 90 perches de terre sçizes à la Ville-l'Évesque, vendues au proffit de S. M. 10398ᵗᵗ 11ˢ

18 décembre : à M. de Beringhen, pour une maison sçize rue Fremanteau, vendüe au profit de S. M. 60120ᵗᵗ

10 janvier 1670 : à Nicolas Poitevin, pour le prix et non-jouissance de 16 perches de terre sçize à la Croix-Brizée, qu'elle a vendüe au proffit de S. M... 124ᵗᵗ 16ˢ

Au sʳ Frissant, pour le prix et non-jouissance de 3 arpens sçis à la Ville-l'Évesque.............. 2034ᵗᵗ

18 janvier 1670 : au sʳ Viette, Esleu en l'Election de Paris, tant pour le prix principal qu'arrérages d'un arpent de terre aux Gourdes, derrière le palais des Thuilleries, qu'il a vendu au proffit de S. M........ 672ᵗᵗ

Au sʳ Bocquet et à Jeanne Gilbert, sa femme, pour 29 perches sçizes aud. lieu, qu'il a aussy vendues au proffit de S. M........................... 200ᵗᵗ

25 janvier 1670 : au sʳ Charpentier, pour le troisième

---

[1] A cinq lieues et demie de Dijon (Côte-d'Or).
[2] D'après la recette, le prix de cette maison ne serait que de 120000ᵗᵗ; mais ici il y a bien Vᶜ ᵐ VIᵐ ᵐ ᶜ ᵗ ᵗ.

payement d'une maison sçize rue Champfleury, qu'il a vendue au proffit de S. M................ 4000ᵗᵗ

8 mars 1670 : à BALTHAZARD HOLIZAPHEL et consors, pour 32 perches de terre en deux pièces sçizes au terroir de Picquepuce, au lieu dit : la Pointe des deux chemins, vendues au proffit de S. M.................... 290ᵗᵗ

1ᵉʳ janvier 1670 : aux chanoines et chapitre de Saint-Nicolas du Louvre, pour une maison sçize rue Fremanteau, acquise au proffit de S. M............ 11000ᵗᵗ

8 juillet 1669 : au sʳ HOSDIER, pour payement d'une maison attenant la bibliotèque du Roy, sçize rue Vivien, laquelle il a acquise, au proffit de S. M., des sʳˢ et dames DE MONCEAUX, par contract du 19 juin...... 8440oᵗᵗ

18 avril 1669 : au sʳ VALENTINAY, pour le prix principal de l'acquisition par luy faite, sous le nom de M. JEAN-BAPTISTE BIGOT, de la maison de l'Image Saint-Michel, circonstances et dépendances, sçize derrière les grandes escuries du Roy, moyennant quoy S. M. demeure subrogée au contract d'acquisition faite de lad. maison par led. sʳ DE VALENTINAY à M. NICOLAS LESPINE, architecte, lequel demeure nul et résolu en remboursant aud. sʳ DE VALENTINAY le prix principal de son acquisition et les interestz, frais et loyaux coustz, suivant la liquidation qui en sera faite par les commissaires à ce députez, le tout suivant les arretz du Conseil des 27 aoust 1668 et 6 febvrier 1669.......................... 72000ᵗᵗ

Somme de ce chapitre...... 533667ᵗᵗ 19ˢ

BIBLIOTECQUE DU ROY
ET ACADÉMIE DES SCIENCES.

6 febvrier : à JEAN D'ANGLEBERT, menuisier, pour son payement de plusieurs modèles de machines qu'il a faits pour l'Académie des Sciences................ 365ᵗᵗ

17 juin : à luy, pour plusieurs modelles de machines faits pour lad. Académie..................... 340ᵗᵗ

25 octobre-3 décembre : à luy, sur ses ouvrages de menuiserie à la bibliothèque du Roy (2 p.).... 1600ᵗᵗ

A GEORGES GOSSELIN, armurier, pour son payement de plusieurs ouvrages qu'il a faits pour les modèles de lanternes pour lad. Académie................... 98ᵗᵗ

19 avril : à luy, pour le modelle d'une machine hydraulique qu'il a fait pour le service de S. M.... 168ᵗᵗ

7 juillet : à luy, pour son payement du modelle de la pompe du Pont-Neuf..................... 330ᵗᵗ

3 avril - 17 juin : à GOYON, pour parfait payement des godets de cuivre qu'il a fait pour un modelle de pompe qui se fait à la bibliothèque (2 p.)............ 367ᵗᵗ 16ˢ

10 avril - 22 octobre : au sʳ DE CANCAVI, à compte des mennes despences tant de la bibliotecque que de l'Académie des Sciences (3 p.)................ 10000ᵗᵗ

25 septembre : à POTEL, taillandier, pour son payement d'une roue et balancier qu'il a faite au modelle de la machine à lever l'eau qui est dans le jardin de la bibliotèque du Roy....................... 420ᵗᵗ

18 novembre : à DENIS BUIRETTE, autre menuisier, à compte des modelles de machines qu'il fait pour l'Académie des Sciences....................... 150ᵗᵗ

18 novembre-13 décembre : à ANTHOINE BERGERON, maçon, à compte des réparations qu'il fait à la bibliotèque du Roy (2 p.)................... 3000ᵗᵗ

13 décembre : à CLAUDE THURET, horlogeur, pour son payement des pendules qu'il a faites pour l'Académie des Sciences....................... 738ᵗᵗ

12 janvier 1670 : à NICOLIE, serrurier, à compte des ouvrages de serrurerie à la bibliothèque du Roy.. 1000ᵗᵗ

Somme de ce chapitre...... 18576ᵗᵗ 16ˢ

ACHAPTS DE MARBRES.

15 febvrier-23 décembre : au sʳ LIÉGEARD, à compte des dépenses qu'il fait pour la fouille des marbres de Bourbonnois et pour les faire venir à Paris pour servir aux bastimens de S. M. (6 p.)............ 8700ᵗᵗ

15 febvrier : au sʳ BORZON, peintre, pour son payement de quatre colonnes et douze chambranles de cheminées de marbre de Gennes qu'il a fait venir pour le Roy. 10000ᵗᵗ

10 may 1669-18 janvier 1670 : au sʳ BOEUF, à compte des marbres d'Italie, de Provence et de Languedoc qu'il fait venir pour les bastimens du Roy (3 p.)... 42000ᵗᵗ

25 octobre : à HUBERT MISSON, marbrier, à compte des carreaux de marbre qu'il livre au magasin du Roy. 800ᵗᵗ

9 novembre : à JEAN LE GRUE, marbrier, à compte des colonnes de marbre qu'il fait venir pour les bastimens du Roy....................... 1000ᵗᵗ

8 juillet : aux sʳˢ DARCÉ, LA LANDE, HUBERT et BRÉCOURT, à compte des marbres des Pyrénées qu'ils fournissent pour les bastimens du Roy.......... 4000ᵗᵗ

2 aoust : au sʳ MERCIER, marchand, pour la quantité de 115882ᵗ de plomb d'Angleterre qu'il a fourny et fait voiturer dans le magazin des bastimens de S. M., à raison de 106ᵗᵗ le millier................12283ᵗᵗ 9ˢ 6ᵈ

2 novembre : au sʳ FORMONT, banquier, pour 53¹ blocs de marbre qu'il a fait venir de Gennes et des Pyrénées, revenans ensemble à 2296 pieds cubes, qu'il a fournis et livrez dans les magazins de S. M.. 48300ᵗᵗ 16ˢ 8ᵈ

Somme de ce chapitre...... 127084ᵗᵗ 6ˢ 2ᵈ

MANUFACTURES.

7 febvrier 1669 : au s⁰ Hinard, entrepreneur de la manufacture de tapisserie establie à Beauvais, 2865ᴸᴸ pour le salaire de cent deux aprentifs qui sont à lad. manufacture, pendant l'année 1668, et 680ᴸᴸ pour remboursement de pareille somme qu'il a payée aux ouvriers tant françois qu'estrangers.................. 3545ᴸᴸ

14 febvrier : à luy, pour remboursement de ce qu'il a payé aux ouvriers estrangers qui sont arrivez à la manufacture, au nombre de vingt-trois, sur le pied de 20ᴸᴸ chacun........................... 460ᴸᴸ

30 may : à luy, pour treize tentures de tapisserie de la manufacture de Beauvais qu'il a vendues pour le service de S. M....................... 41789ᴸᴸ

3 janvier 1670 : à luy, pour parfait payement de la somme de 12000ᴸᴸ que S. M. luy a accordée pour partie des despenses qui ont esté faites pour l'establissement de lad. manufacture.................... 6000ᴸᴸ

20 febvrier 1670 : à luy, 2060ᴸᴸ pour remboursement des bien-venues de cent trois ouvriers estrangers en lad. manufacture, à raison de 20ᴸᴸ pour chacun, et 4398ᴸᴸ 15ˢ pour partie de la nourriture de 161 apprentifs qui ont travaillé pendant l'année 1669, à raison de 30ᴸᴸ par an et pour chacun..................... 6458ᴸᴸ 15ˢ

18 mars 1671 : à luy, 1580ᴸᴸ pour bienvenue de soixante-dix-neuf ouvriers estrangers qui ont travaillé pendant 1670, à raison de 20ᴸᴸ pour chacun, et 4372ᴸᴸ 10ˢ pour partie de la nourriture de 149 apprentifs qui ont aussy travaillé pendant lad. année, à raison de 30ᴸᴸ par an pour chacun...................... 5952ᴸᴸ 10ˢ

5 avril-27 novembre : à Philippes Lourdet, directeur de la manufacture de la Savonnerie, à compte du tapis de la grande gallerie du Louvre (4 p.)...... 20500ᴸᴸ

30 janvier 1670 : aux nommez Genouil[1], peintre pour les paisages, Francart, pour les ornemens, Boel, pour les animaux, et Baptiste, pour les fleurs, à raison de 100ᴸᴸ chacun ; 225ᴸᴸ aux nommez Lefevre, Laurent et Janse, tapissiers haultelissiers, à raison de 75ᴸᴸ chacun ; 50ᴸᴸ à Kercove, teinturier, et 15ᴸᴸ à Vessier, tapissier pour la rentraiture, pour les six derniers mois de leurs appointemens de lad. année 1669................ 740ᴸᴸ

20 juin 1670 : à Macaire, pour estre employez en achat de maisons et aux ouvrages des bastimens nécessaires pour l'augmentation des logemens de lad. manufacture........................... 12000ᴸᴸ

12 septembre 1669 : aux s⁽ˢ⁾ Duc et Marsollier, pour damas rouge cramoisy, fabriqué à Tours, qu'ils ont vendu pour le service de S. M.............. 3489ᴸᴸ 2ˢ 4ᵈ

2 janvier 1670 : à Baudrin Yvart, peintre, 1158ᴸᴸ 15ˢ pour dépense de tableaux et desseins de tapisseries qui se font aux Gobelins, et 2362ᴸᴸ 10ˢ payez au s⁰ Francart pour 65 aunes et demie demy quart du dessein du tapis de pied de la grande gallerie du Louvre... 1395ᴸᴸ 5ˢ

A Jean Jans, tapissier en haute-lisse, pour les ouvrages de tapisserie qu'il a faits en haute-lisse pour le service de S. M. en 1669.................. 35621ᴸᴸ 15ˢ 3ᵈ

A Jean Le Febvre, autre tapissier en haute-lisse, pour autres ouvrages qu'il a faits lad. année. 10597ᴸᴸ 19ˢ 11ᵈ

A Girard Laurens, idem.......... 8388ᴸᴸ 18ˢ 11ᵈ

A Jean de la Croix, tapissier en basse-lisse, pour ouvrages de tapisserie de basse-lisse, idem... 9609ᴸᴸ 14ˢ 6ᵈ

A Jacques Rocnox, concierge de la maison des Gobelins, en remboursement de ce qu'il a payé pour le logement des ouvriers travaillans à lad. manufacture.. 2865ᴸᴸ 4ˢ

A luy, pour remboursement de plusieurs menues dépenses faites en lad. manufacture.......... 836ᴸᴸ 11ˢ 6ᵈ

A luy, pour ses appointemens de lad. année... 1200ᴸᴸ

A Pierre de la Follie, marchand à Paris, pour 263 bottes de soye nuancées qu'il a livrées pour lesd. ouvrages............................. 3682ᴸᴸ

A Pierre Vessier, tapissier, pour les rentraitures qu'il a faites sur les pièces de l'Histoire de Scipion, et autres racommodages.................... 520ᴸᴸ

A Jean de Mouchy, pour le reblanchissage de 913 livres de laine pour lesd. ouvrages............ 182ᴸᴸ 12ˢ

Aux s⁽ˢ⁾ Meliorini et Bavay, travaillans aux ouvrages de pierres fines, manière de Florence, pour leurs appointemens de l'année 1669............... 6360ᴸᴸ

A François Chefdeville et Jean Dubois, pour 292 journées qu'ils ont travaillé à scier les pierres et broyer l'émeril qui s'employent aux ouvrages desd. pierres fines............................. 510ᴸᴸ 2ˢ 6ᵈ

A Josse Kerchove, teinturier, pour ses appointemens de teinturier et marqueur desd. ouvrages pendant lad. année................................ 1500ᴸᴸ

A Dominique Basan, portier de l'hostel desd. manufactures, pour ses gages.................. 300ᴸᴸ

A Gaspard Trehet, ayant l'entretenement du jardin, pour ses gages....................... 400ᴸᴸ

27 novembre 1669 : à Louis Dupont, à compte d'un tapis, façon de Turquie, qu'il fait.......... 1500ᴸᴸ

Somme de ce chapitre.. 198461ᴸᴸ 2ˢ 11ᵈ[2]

---

[1] Certainement Genoels.

[2] L'addition donne 198460ᴸᴸ 10ˢ 11ᵈ.

GRATIFICATIONS.

24 febvrier : à la veuve de Julien Gallois, manœuvre, qui a esté tué en travaillant pour le Louvre, 80ᵗᵗ, et à Pierre Guillaume, autre manœuvre, qui a esté blessé, 25ᵗᵗ... 105ᵗᵗ

9 mars : à Charles Le Febvre, compagnon charpentier, qui est tombé et s'est blessé en travaillant aux bastimens de Saint-Germain-en-Laye............ 100ᵗᵗ

22 mars : à Jean Meusnier, manœuvre, qui est tombé et s'est blessé en travaillant au bastiment du Louvre. 60ᵗᵗ

25 mars : aux ouvriers travaillans au Louvre, maçons, tailleurs de pierre et autres ouvriers, pour la gratification que S. M. leur a faite lorsqu'elle a esté veoir ses bastimens.. 500ᵗᵗ

30 may : aux ouvriers travaillans aux bastimens du Louvre, par gratification et pour le May de l'Ascension de la présente année..................... 600ᵗᵗ

2 juin : à divers ouvriers qui ont esté blessez et tués au Louvre, 195ᵗᵗ; sçavoir : à Jean Airault, tailleur de pierre, blessé, 30ᵗᵗ; à la veuve du nommé Jean Branche, manœuvre, blessée à la jambe, 20ᵗᵗ; à la veuve de Simon Boudin, tué, idem, 60ᵗᵗ; et 85ᵗᵗ au nommé Deslauriers, carcyer, qui a eu la jambe rompue dans la carrière de Vernon en tirant des pierres pour le Louvre..... 195ᵗᵗ

23 juin : à la veuve du nommé Louis Coquart, chartier, par gratification et en considération de ce qu'il a esté tué en voiturant des pierres pour le Louvre, 60ᵗᵗ; au nommé Chaveton, Limosin, blessé, idem, 30ᵗᵗ... 90ᵗᵗ

7 novembre : à Gaulmin, estropié à l'Observatoire, 30ᵗᵗ; à Previllon, 25ᵗᵗ; à Guillaume Legoux, blessé au Louvre, 20ᵗᵗ; à Jean Le Tendre, Suisse, 30ᵗᵗ; et à Gentil, austre manœuvre, 30ᵗᵗ, montant le tout à.. 135ᵗᵗ

3 décembre : à Jean Briant, manœuvre, blessé au Louvre, 20ᵗᵗ; à Jean Maillard, 20ᵗᵗ; à Guillaume Le Goust, 20ᵗᵗ; à Henry Le Moussau, appareilleur, blessé au quay le long du Cours, 30ᵗᵗ; et aux héritiers de Didier Thevenin, tué en travaillant au Louvre........ 140ᵗᵗ

31 décembre : à Calvas, manœuvre, blessé au Louvre, 20ᵗᵗ; à Suplijan, 20ᵗᵗ; à Noizet, chartier, blessé en menant des matériaux au Louvre, 50ᵗᵗ; et aux héritiers du nommé Savoyart, tué en travaillant à l'Arc de triomphe, 60ᵗᵗ... 150ᵗᵗ

22 septembre : au sʳ Martin, chirurgien, en considération de ce qu'il a pansé plusieurs ouvriers malades ou blessez aux bastimens de Versailles............ 150ᵗᵗ

3 aoust : à Jean Le Tendre, Suisse, 30ᵗᵗ; à François Julien, manœuvre, 20ᵗᵗ, par gratification, en considération de ce qu'ils ont esté blessez en travaillant au bastiment du Louvre........................ 50ᵗᵗ

16 aoust : à Denis Champion et Laurens Baron, tailleurs de pierres, tant pour eux que pour les ouvriers qui travaillent au Louvre, par gratification que S. M. leur a faite lorsqu'elle a visité ses bastimens du Louvre. 550ᵗᵗ

22 septembre : à plusieurs ouvriers blessez travaillans aux bastimens du Louvre, sçavoir : à la veuve Oustry, dont le mary est mort, 100ᵗᵗ; à Durant, Dumont, Demy et Simon, 60ᵗᵗ; et à Estienne Chaumeton, 25ᵗᵗ, cy.. 185ᵗᵗ

15 octobre : à plusieurs autres, tant mortz que blessez travaillans auxd. bastimens................... 155ᵗᵗ

23 janvier 1670 : aux religieux de la Charité de Paris, par aumosne et gratification, en considération du soin qu'ils ont eu pendant l'année 1669 des ouvriers des bastimens malades qui leur ont été envoyez..... 300ᵗᵗ

14 janvier 1670 : au sʳ Hauton, médecin à Caen, par gratification, en considération du secret qu'il a trouvé et donné au Roy de dessaller l'eau de la mer avec une méthode meilleure qu'aucune autre qui ait esté jusques ici proposée.. 1200ᵗᵗ

24 janvier 1670 : à Georges Gosselin, arquebuzier, par gratification, en considération du bon service qu'il a rendu dans la confection de plusieurs instruments de mathématiques pour la bibliotèque de S. M....... 300ᵗᵗ

A Antoine Niquet, en considération du soin qu'il a pris toute l'année de faire faire divers modelles de machines qui luy ont esté ordonnez par l'Académie. 400ᵗᵗ

Somme de ce chapitre.......... 5365ᵗᵗ

OBSERVATOIRE.

26 janvier-23 décembre : à André Mazières et Antoine Bergeron, entrepreneurs des bastimens du Louvre, pour advance et à compte des ouvrages de maçonnerie qu'ils font à l'Observatoire (8 p.)........... 133800ᵗᵗ

19 mars : à Sainte-Marie, pour remboursement de pareille somme payée aux ouvriers qui ont remply un fondis qui estoit à l'Observatoire........... 73ᵗᵗ 6ˢ

2 septembre : à luy, pour remboursement de ce qu'il a payé aux charretiers qui amènent des descombres dans la terrasse dud. lieu........................... 110ᵗᵗ

22 décembre : à Cadaris, à compte de la pierre de molière qu'il fouille pour les voultes de l'Observatoire. 300ᵗᵗ

Nota. Il y a une partie de 1000ᵗᵗ, au chapitre de la maçonnerie de Paris au Louvre, pour l'Observatoire.

Somme de ce chapitre...... 134283ᵗᵗ 6ˢ

MAISON DES GOBELINS.

15 febvrier - 2 décembre : à Jacques Gabriel, entrepreneur des bastimens des Gobelins, à compte des ouvrages de maçonnerie aud. lieu (4 p.)............ 13000ᴸ

12 avril : à luy, pour son payement des terres qu'il fait enlever des cours des Gobelins.......... 136oˡ

A Besnard, serrurier, pour les ouvrages qu'il a faits aux Gobelins........................ 23oˡ

26 aoust : à Simon Potier, serrurier, *idem*.... 205ˡ

23 décembre : à Florent Fromentel, serrurier, pour *idem*........................ 241ˡ 13ˢ

Somme de ce chapitre...... 15036ˡ 13ˢ

ARC DE TRIOMPHE
ET QUAY LE LONG DU COURS.

2 juillet 1669 - 1ᵉʳ janvier 1670 : à Thévenot et Le Maistre, maçons, à compte de la maçonnerie du quay le long du Cours (3 p.)................. 7500oˡ

1ᵉʳ aoust - 2 novembre : à eux, à compte des ouvrages de maçonnerie qu'ils font au modelle de l'Arc de triomphe[1] (3 p.).................... 36000ˡ

2 juillet 1669 - 1ᵉʳ janvier 1670 : à Francisque Temporiti[2], à compte des ouvrages de sculpture qu'il fait pour le modelle de l'Arc de triomphe (2 p.).... 822ˡ

13 décembre 1669 - 12 janvier 1670 : à... Milet, serrurier, à compte du fer qu'il fournit pour led. Arc de triomphe (2 p.)...................... 1600ˡ

12 janvier 1670 : à Gilles Dufour, pour le fer, clouds et chevilles qu'il a fourny pour led. Arc de triomphe.......................... 283ˡ 16ˢ

Somme de ce chapitre..... 114203ˡ 16ˢ

Recepte totalle.............. 5350708ˡ 19ˢ 4ᵈ
Despence................. 3194666ˡ 15ˢ 4ᵈ

Partant doibt le comptable la somme de cent cinquante-six mil quarante-deux livres, de laquelle somme il se chargera en recepte en l'année présente 1672 de son exercice, et pour laquelle il ne lui sera alloué aucunes taxations, attendu qu'elles lui sont passées en son compte de lad. année 1669.

Arresté à Versailles le .... jour de mars 1672.

ANNÉE 1670.

RECEPTE.

4 janvier 1670 : de Mᵉ Estienne Jeannot, sʳ de Barillat, garde du trésor royal, 1613333ˡ 6ˢ 8ᵈ pour la continuation des bastimens des maisons royalles pour la présente année 1670, y compris les taxations du sʳ Le Menestrel, trésorier général des Bastimens en exercice pendant lad. année............ 1613333ˡ 6ˢ 8ᵈ
(Comptant au trésor royal ez douze mois 1670 également.)

De luy, 200000ˡ pour deslivrer aux orphèvres qui travaillent aux grands ouvrages d'argenterie qui se font pour le service du Roy, et 1666ˡ 13ˢ 4ᵈ pour les taxations dud. trésorier.............. 201666ˡ 13ˢ 4ᵈ
(Comptant au trésor royal.)

De luy, 15000ˡ, à compte de la despence et entretenement de l'Académie royale de peinture et sculpture establie à Rome pour la présente année, et 125ˡ pour les taxations.................. 15125ˡ
(Comptant au trésor royal.)

22 janvier : de luy, 15000oˡ pour le remboursement de Mˡˡᵉ de Guise, tant des charges de capitaine de la volière des Thuilleries et de concierge d'une maison y attenant, que pour les bastimens, améliorations et autres despences qu'elle a faites sur les places au devant de lad. volière, et 1250ˡ pour les taxations........ 151250ˡ
(Sur la recepte générale des finances de Chaalons, 1670, ez premier may, aoust et octobre 1670.)

De luy, pour le payement de quatre arpens de terre où se doit bastir l'Arc de triomphe, acquis du sʳ Brunet, huissier des baletz de S. M., par contract du 5 janvier de lad. présente année, y compris les taxations. 4090ˡ 8ˢ 4ᵈ
(Comptant au trésor royal.)

---
[1] Il s'agit ici de l'Arc de triomphe de la porte Saint-Antoine qui ne fut jamais terminé.
[2] Deux fois il est désigné sous son prénom de Francisque seulement.

De luy, pour deslivrer au sʳ Derbay 8859ᵗᵗ 3ˢ 8ᵈ pour son payement de 55 blots de marbre de diverses couleurs, venus de Dinan et autres lieux, livrez au magazin des marbres de S. M., y compris les taxations. 8859ᵗᵗ 3ˢ 8ᵈ

De luy, 988ᵗᵗ 3ˢ 8ᵈ pour deslivrer, sçavoir : au sʳ Viette, esleu, 672ᵗᵗ, tant pour le prix principal qu'arrérages d'un arpent de terre sçiz derrière le palais des Thuilleries ; au sʳ Boquet, garde du corps de S. M., 200ᵗᵗ pour 19 perches sçizes aud. lieu, suivant les contracts qui ont esté passez, compris les non-jouissances. 988ᵗᵗ 3ˢ 8ᵈ

(La somme de cette partie n'ayant pas été reçeue par le trésorier en exercice, il n'en doit pas tenir compte; partant, néant.)

28 janvier : de luy, pour le troisième payement d'une maison sçize rue Champfleury, acquise du sʳ Charpentier au proffit de S. M. pour la somme de 24000ᵗᵗ, payable en six payemens esgaux, sçavoir : 4000ᵗᵗ pour chacun desd. payemens, et 33ᵗᵗ 6ˢ 8ᵈ pour les taxations.. 4033ᵗᵗ 6ˢ 8ᵈ

(Cette partie estant employée dans une autre de 14419ᵗᵗ 3ˢ 4ᵈ, elle doit être rayée; partant, néant.)

1ᵉʳ febvrier : de luy, 237393ᵗᵗ 9ˢ pour le payement fait à Pitan, orphèvre, de 593 marcs 1 once 6 gros et demy d'or, à raison de 400ᵗᵗ le marc, pour estre employez au buffet d'or qui se fait pour le service de S. M., et 1978ᵗᵗ 5ˢ pour les taxations........ 239371ᵗᵗ 14ˢ

(Sur le débet du prest et annuel 1667.)

De luy, 5220ᵗᵗ 2ˢ 10ᵈ pour deslivrer aux desnommez cy-après, sçavoir : à Besnard, 2800ᵗᵗ pour son payement de deux tableaux en mignature, à 1400ᵗᵗ pièce ; à Clément, peintre, 600ᵗᵗ, aussy pour deux tableaux en miniature, à 300ᵗᵗ pièce ; à Merlin, orphèvre, 1272ᵗᵗ pour sept bordures de tableaux garnis d'argent; à La Baronnière, doreur, 506ᵗᵗ pour la peinture et fourniture par luy faite de six piédestaux et en avoir argenté quatorze autres pour la gallerie du chasteau neuf de Saint-Germain, y compris les taxations...... 5220ᵗᵗ 2ˢ 10ᵈ

(Comptant au trésor royal.)

De luy, pour deslivrer à M. de Saumery 10000ᵗᵗ, à compte des despences à faire, tant pour le restablissement et closture des palis de la fezanderie que pour enclore les lieux destinez pour mettre les grains du gagnage du menu gibier du parc du chasteau de Chambor, et 83ᵗᵗ 6ˢ 8ᵈ pour les taxations.......... 10083ᵗᵗ 6ˢ 8ᵈ

(Comptant au trésor royal [1].)

[1] A partir de cet article, l'imputation des recettes n'est plus indiquée au registre.

De luy, pour deslivrer à......... la somme de 20599ᵗᵗ pour trente-deux petites pièces de canon qu'il a fait pour les vaisseaux du canal de Versailles ; 30000ᵗᵗ pour les réparations à faire au chasteau de Chambor ; 4671ᵗᵗ 19ˢ, pour 12 arpens 72 perches de terre au parc de Vincennes, à Charles de la Marre ; 290ᵗᵗ à Holisaphel, pour 32 perches de terre à Piquepuce ; 1453ᵗᵗ 10ˢ à Le Moine, notaire, pour trois années de non-jouissance de 20 arpens 32 perches de terre en la vallée Levesque, et 475ᵗᵗ pour les taxations................ 57489ᵗᵗ

De luy, pour deslivrer au sʳ Formont 75000ᵗᵗ, à compte des plomb et estain qu'il fournit pour les bastimens du Roy, et 625ᵗᵗ pour les taxations..... 75625ᵗᵗ

De luy, pour deslivrer au sʳ Godefroy, sçavoir : 891ᵗᵗ 6ˢ 4ᵈ pour parfait payement de ses appointemens et de quatre escrivains travaillant en la Chambre des Comptes à l'Isle en Flandre et 3000ᵗᵗ à compte desd. appointemens, et 32ᵗᵗ 6ˢ 8ᵈ pour les taxations. 3923ᵗᵗ 14ˢ 6ᵈ

De luy, pour employer 16000ᵗᵗ pour achapt de la bibliotecque du sʳ Mantel, médecin [2], pour mettre dans la bibliotecque du Roy, et 133ᵗᵗ 6ˢ 8ᵈ pour les taxations... .... 16133ᵗᵗ 6ˢ 8ᵈ

De luy, pour employer 400000ᵗᵗ pour l'entretenement et augmentation des nouvelles manufactures, ensemble pour l'augmentation du commerce et la perfection des artz, et 3333ᵗᵗ 6ˢ 8ᵈ pour les taxations. 403333ᵗᵗ 6ˢ 8ᵈ

De luy, pour employer 100000ᵗᵗ pour les despences des manufactures des Gobelins et de la Savonnerie, et 833ᵗᵗ 6ˢ 8ᵈ pour les taxations........ 100833ᵗᵗ 6ˢ 8ᵈ

De luy, pour deslivrer au sʳ Reynon, marchand de Lions, 20319ᵗᵗ 6ˢ 10ᵈ pour 64 aunes de brocatz fond d'argent trait, broché d'or, nué de fleurs au naturel, etc. et autres brocatz de diverses couleurs, et 171ᵗᵗ 17ˢ pour les taxations.................... 20491ᵗᵗ 3ˢ 10ᵈ

De luy, pour deslivrer 14701ᵗᵗ 19ˢ aux maçons, menuisiers, peintres et sculpteurs et autres ouvriers qui ont travaillé au chasteau de Vincennes, et 122ᵗᵗ 10ˢ 4ᵈ pour les taxations..................... 14824ᵗᵗ 9ˢ 4ᵈ

De luy, pour la continuation des bastimens de S. M., y compris les taxations................. 486300ᵗᵗ

De luy, pour deslivrer au sʳ de Bonrepos, entrepreneur du canal des deux mers en Languedoc, 125000ᵗᵗ à compte de 3600000ᵗᵗ, à quoy monte le prix du premier bail au rabais à luy fait au Conseil pour lesd. ouvrages, et 1041ᵗᵗ 13ˢ 4ᵈ pour les taxations.... 126041ᵗᵗ 13ˢ 4ᵈ

[2] Jacques Mentel, de Château-Thierry, né en 1597, mort en 1671.

De luy, pour deslivrer 100000ᵗᵗ aux directeurs et caissiers de la Compagnie du Nort, pour faire celle de 200000ᵗᵗ que S. M. leur a accordée à la charge de rapporter en deux années sans intérest le fonds que S. M. y aura mis, et 833ᵗᵗ 6ˢ 8ᵈ pour les taxations... 100833ᵗᵗ 6ˢ 8ᵈ

De luy, pour deslivrer à M. Vallot, premier médecin du Roy, pour le payement des gages des officiers et entretennement du Jardin Royal des plantes du faubourg Saint-Victor........................ 21000ᵗᵗ

De luy, pour deslivrer à Mᴵˡᵉ ᴅᴇ Gᴜɪsᴇ 150000ᵗᵗ, tant pour son remboursement de la charge de capitaine de la vollière que pour les améliorations qu'elle y a faites aux Thuilleries, et 1250ᵗᵗ pour les taxations..... 151250ᵗᵗ

(Cette partie se trouve employée deux fois[1]; partant, néant.)

De luy, pour deslivrer au sʳ Rᴇʏɴᴏɴ, marchand à Lyons, 22975ᵗᵗ 12ˢ 6ᵈ pour son payement de plusieurs estoffes de velours qu'il a livrées pour le service de S. M., et 191ᵗᵗ 2ˢ 4ᵈ pour taxations......... 23167ᵗᵗ 1ˢ 10ᵈ

De luy, pour faire la somme de 4000000ᵗᵗ pour la continuation des bastimens du Roy, y compris les taxations du trésorier............... 1900366ᵗᵗ 13ˢ 4ᵈ

De luy, pour deslivrer aux prestres de la Congrégation de Fontainebleau la somme de 3000ᵗᵗ pour les six premiers mois de leur pention de la présente année, y compris les taxations...................... 3000ᵗᵗ

De luy, pour deslivrer à M. ᴅᴇ Sᴀᴜᴍᴇʀʏ, capitaine et gouverneur du chasteau de Chambort, la somme de 10083ᵗᵗ 6ˢ 8ᵈ pour le restablissement et closture des palis de la faisanderie du parc de Chambor et autres ouvrages, y compris les taxations 10083ᵗᵗ 6ˢ 8ᵈ

De luy, pour deslivrer aux sʳˢ Dᴜᴄ et Mᴀʀsᴏʟɪᴇʀ, marchands, la somme de 3135ᵗᵗ pour le payement de 47 aulnes et demye de brocats fonds violet d'or et d'argent de la manufacture de Lyon, et 26ᵗᵗ 2ˢ 6ᵈ pour les taxations.......................... 3161ᵗᵗ 2ˢ 6ᵈ

De luy, la somme de 33349ᵗᵗ 7ˢ 4ᵈ pour deslivrer, sçavoir : 33073ᵗᵗ 16ˢ 4ᵈ à plusieurs particuliers pour leur payement de 48 arpens 14 perches de terre, en plusieurs pièces, et non-jouissances d'icelles, seizes au terroir de Vincennes, Chaillot, le Roulle, la Ville-l'Évesque et Versailles, qu'ils ont vendus à S. M., et 275ᵗᵗ 2ˢ pour les taxations...................... 33349ᵗᵗ 7ˢ 4ᵈ

De luy, 7260ᵗᵗ pour en deslivrer au sʳ Cavalier Bᴇʀɴɪɴ et au sʳ Bᴇʀɴɪɴ, son filz, celle de 7200ᵗᵗ pour et au lieu de leur pention de l'année dernière 1669, et 60ᵗᵗ pour les taxations.................. 7260ᵗᵗ

De luy, 28428ᵗᵗ pour en dellivrer aux entrepreneurs de la manufacture des buffles 28193ᵗᵗ, faisant, avec celle de 6807ᵗᵗ à eux cy-devant ordonnée, celle de 35000ᵗᵗ qu'elle leur a accordée pour partie de la construction d'un moulin sur la rivière de Corbeil, et 235ᵗᵗ pour les taxations 28428ᵗᵗ

De luy, 69375ᵗᵗ 13ˢ 8ᵈ pour en deslivrer au sʳ Fᴏʀᴍᴏɴᴛ, banquier, 68802ᵗᵗ 6ˢ 8ᵈ pour son paiement de 167 blotz de marbre faisant ensemble 3331 et demy pieds cubes, dont 46 marbre de couleur des Pirénées, faisant 238 pieds cubes trois quarts, et 121 blotz de marbre blanc, faisant 2692 pieds cubes trois quarts, par luy fournis dans les magasins du Roy, et 573ᵗᵗ 7ˢ pour les taxations................... 69375ᵗᵗ 13ˢ 8ᵈ

De luy, 19356ᵗᵗ 18ˢ 7ᵈ pour en deslivrer 19197ᵗᵗ à la veuve Mᴀʀᴛɪᴀʟ et au sʳ Hᴇʟʏᴏᴛ, chacun pour leur part et portion de 727 orangers et 545 pieds de jasmins et tubéreuses pour mettre dans les jardins des maisons royales, et 159ᵗᵗ 13ˢ 7ᵈ pour les taxations. 19356ᵗᵗ 18ˢ 7ᵈ

De luy, 14419ᵗᵗ 3ˢ 4ᵈ pour d'icelle deslivrer 14400ᵗᵗ aux sʳˢ Vɪɴᴏᴛ et Hᴏᴜʀsᴇʟ pour le payement de sept bustes d'albastre oriental, de 2 pieds 9 pouces de hault, représentant Jules Cézar, Auguste, Tibère, Caligula, Homère, Cicéron et Quintus Herenieux, de six testes de marbre de 2 pieds, représentant Mitridatte, Appollon, Antinoüs, Faustine, Junon, et Picène (Épictète), philosophe, d'un groupe de figures de bronze de quatre pieds de hault ou environ, représentant le rapt des Sabines, et de huict tableaux qui sont : une Vierge du Guide, une Magdelaine du mesme Guide, un portraict d'un Grand Maistre de Malte, faict par Michel L'ange[2], un saint Sébastien du Guide et les quatre Évangélistes de Valentin en quatre tableaux, et 119ᵗᵗ 6ˢ 4ᵈ pour les taxations. 14419ᵗᵗ 3ˢ 4ᵈ

De luy, 2312ᵗᵗ 8ˢ 4ᵈ pour d'icelle deslivrer 2293ᵗᵗ, sçavoir : à Mʳ l'archevesque de Paris, 900ᵗᵗ pour la non-jouissance du prieuré de Versailles de l'année escheue le dernier décembre 1669; 953ᵗᵗ au sʳ prieur de Choisy pour la mesme année, sçavoir : 660ᵗᵗ pour les dixmes qu'il a droit de prendre à cause dud. prieuré sur les terres encloses dans le parc du chasteau de Versailles; 200ᵗᵗ deues à l'œuvre et fabrique dud. Choisy, pour le revenu du prés Saint-Pierre; et 93ᵗᵗ deues aussy à l'église de Nostre-Dame de Trianon; et 240ᵗᵗ pour huict années de non-jouissance de deux arpens de pré appartenant aud. prieuré, et 19ᵗᵗ 8ˢ 4ᵈ pour les taxations. 2312ᵗᵗ 8ˢ 4ᵈ

De luy, la somme de 16125ᵗᵗ 1ˢ 8ᵈ pour en deslivrer

---

[1] Voyez ci-dessus, à la date du 22 janvier.

[2] Il s'agit du beau portrait en pied d'Alof de Vignacourt, par Michel Ange de Caravage.

aux s⁰ et dame Foucault 8000ᴴ pour le prix d'un clos entre la porte de la Conférence et le Cours la Reyne; 7326ᴴ à damoiselle Anne Delaunay, veuve Jacques Parent, et consorts, pour le paiement de onze arpens de terre, et 666ᴴ pour un arpent au terroir de Chaillot, ensemble 133ᴴ 1ˢ pour les taxations..... 16125ᴴ 1ˢ 8ᵈ

De luy, la somme de 100866ᴴ 13ˢ 4ᵈ pour en dellivrer 100000ᴴ au paiement des pensions et gratifflications accordées aux gens de lettres, et 866ᴴ 13ˢ 4ᵈ pour les taxations....................... 100866ᴴ 13ˢ 4ᵈ

De luy, la somme de 98000ᴴ pour employer au paiement et entretenement des officiers des bastimens, y compris les taxations.................... 98000ᴴ

De luy, la somme de 22000ᴴ pour le paiement des gages et entretenement des officiers des bastimens et jardins de Fontainebleau, compris les taxations.. 22000ᴴ

De luy, la somme de 10083ᴴ 6ˢ 8ᵈ pour employer en achapt de livres rares et curieux, y compris les taxations du trésorier.................... 10083ᴴ 6ˢ 8ᵈ

De luy, la somme de 8866ᴴ 5ˢ 6ᵈ pour en dellivrer 8793ᴴ, sçavoir : au s⁰ Charlier, 8373ᴴ pour six pièces de velours rouge cramoisy et autres estoffes; 200ᴴ à Urbain Le Bœuf, charpentier, pour avoir mis une poutre au magazin du Petit-Bourbon; 220ᴴ à Louis Bandé ¹, pour ouvrages de maçonnerie au mesme magazin, et 73ᴴ 5ˢ 6ᵈ pour les taxations................ 8866ᴴ 5ˢ 6ᵈ

De luy, 12101ᴴ pour remboursement au s⁰ Pellissary de 12000ᴴ qu'il a payé suivant la lettre de change du s⁰ Arnoul, compris les taxations.......... 12101ᴴ

De luy, la somme de 3977ᴴ 17ˢ 6ᵈ pour d'icelle dellivrer au s⁰ Godefroy, historiographe, 3945ᴴ, et 32ᴴ 17ˢ 6ᵈ pour les taxations................. 3977ᴴ 17ˢ 6ᵈ

De luy, 3025ᴴ pour en deslivrer au s⁰ Vandermeulen, peintre flament, 3000ᴴ pour les six premiers mois de ses appointemens de la présente année, et 25ᴴ pour les taxations du trésorier.................... 3025ᴴ

De luy, 25076ᴴ 5ˢ pour en deslivrer aux s⁰ˢ Silvio et Bernardin Reynon, marchands de la ville de Lyon, 24869ᴴ pour estoffes de velours et brocatz de plusieurs façons, et 207ᴴ 5ˢ pour les taxations...... 25076ᴴ 5ˢ

De luy, 18424ᴴ 16ˢ 8ᵈ pour d'iceux deslivrer 18272ᴴ 10ˢ 9ᵈ à plusieurs particuliers pour le paiement de 35 arpens 7 perches un tiers, en plusieurs pièces, compris aux allées que S. M. fait planter au bout du jardin des Thuilleries, et 152ᴴ 6ˢ pour les taxations du trésorier........................ 18424ᴴ 16ˢ 8ᵈ

De luy, 15125ᴴ pour en deslivrer au s⁰ Fromont, banquier, 15000ᴴ pour son remboursement de pareille somme qu'il a remise à Rome, et 125ᴴ pour les taxations........................... 15125ᴴ

De luy, 1008ᴴ 6ˢ 8ᵈ pour payer 1000ᴴ aux R. P. Récolletz de Saint-Germain dont leur a esté fait don pour leur donner moyen d'accroistre leur église, et 8ᴴ 6ˢ 8ᵈ pour les taxations................. 1008ᴴ 6ˢ 8ᵈ

De luy, 3000ᴴ d'une part et 25ᴴ d'autre, sçavoir : 3000ᴴ pour les six premiers mois des gaiges, appointemenz et entretenemens au s⁰ Loir, et 25ᴴ pour les taxations............................ 3025ᴴ

De luy, 28040ᴴ 10ᵈ pour payer au s⁰ Reynon, marchand à Lyon, 27808ᴴ 11ˢ 10ᵈ pour velours, brocards et autres estoffes, et 231ᴴ 9ˢ pour les taxations.. 28040ᴴ 0ˢ 10ᵈ

Du s⁰ Magneux, la somme de 1000ᴴ provenant de la vente qui luy a esté faite des desmolitions de la maison de la capitainerie des Thuileries........... 1000ᴴ

Dud. s⁰ de Bartillat, la somme de 516ᴴ 5ˢ 4ᵈ pour deslivrer, sçavoir : 512ᴴ pour la solde et nourriture de trente-deux mariniers qui ont servy pendant huit jours du mois d'aoust dernier sur les galiottes et autres petits bastimentz qui sont sur le canal du chasteau de Versailles, et 4ᴴ 5ˢ 4ᵈ pour les taxations.......... 516ᴴ 5ˢ 4ᵈ

De luy, la somme de 8066ᴴ 12ˢ 6ᵈ, dont 8000ᴴ pour la continuation des ouvrages et réparations au chasteau de Vincennes, et 66ᴴ 12ˢ 8ᵈ pour les taxations. 8066ᴴ 12ˢ 8ᵈ

De luy, la somme de 10252ᴴ 14ˢ 8ᵈ pour d'icelle payer 10168ᴴ pour reste et supplément des despences faites cette présente année pour les bastimens du chasteau de Chambord, et 84ᴴ 14ˢ 8ᵈ pour taxations. 10252ᴴ 14ˢ 8ᵈ

De luy, 27611ᴴ 3ˢ 10ᵈ pour payer 27383ᴴ 1ˢ, sçavoir : au s⁰ Borzon, 24083ᴴ 1ˢ pour 71 blots de marbre d'Italie, 12 colonnes et 2 chambransles; à la demoiselle de Piquet de Sautour, 3300ᴴ pour 45 arpens 18 perches et deux tiers de terres dépendantes de la terre de la Borde, et 228ᴴ 2ˢ 10ᵈ pour les taxations. 27611ᴴ 3ˢ 10ᵈ

De luy, 1008ᴴ 6ˢ 8ᵈ pour payer aux religieux Récolletz de Saint-Germain, et 8ᴴ 6ˢ 8ᵈ pour les taxations du trésorier........................ 1008ᴴ 6ˢ 8ᵈ

De luy, 2722ᴴ 10ˢ pour deslivrer au s⁰ Hinard, maistre de la manufacture de tapisserie de Beauvais, pour son paiement d'une tenture de tapisserie, représentant une nopce de Picardie, y compris les taxations. 2722ᴴ 10ˢ

De luy, 475ᴴ 10ˢ 8ᵈ pour deslivrer au capitaine Cossolin, pour le paiement de la solde et nourriture de 54 mariniers pendant deux jours, et de 64 autres mariniers pendant deux autres jours de septembre, qui ont servy à ramer le brigantin et les chalouppes qui sont sur le canal de Versailles, y compris les taxations.... 475ᴴ 10ˢ 8ᵈ

---

¹ Lisez Bardé: mais le texte porte Bandé.

De luy, la somme de 38543ʰʰ 10ˢ 10ᵈ pour d'icelle dellivrer au sʳ Formont, banquier, 38225ʰʰ ¹ pour son paiement de 105 bloctz de marbre des Pirénées, et 318ʰʰ 10ˢ 10ᵈ pour les taxations...... 38543ʰʰ 10ˢ 10ᵈ

De luy, celle de 61838ʰʰ 12ˢ 3ᵈ pour en deslivrer au sʳ Formont, marchand banquier, 61322ʰʰ 11ˢ 3ᵈ pour parfait paiement de 920859 milliers de plomb d'Angleterre, et 511ʰʰ 1ˢ pour les taxations.... 61838ʰʰ 12ˢ 3ᵈ

De luy, 23191ʰʰ 13ˢ 4ᵈ pour en deslivrer 16000ʰʰ au sʳ Bernier, huissier du cabinet, pour une maison rue Saint-Vincent, et 7000ʰʰ à la veuve Vincent Thurin et consortz, pour une autre maison sçize rue de Beauvais, et 189ʰʰ 13ˢ 4ᵈ pour les taxations....... 23191ʰʰ 13ˢ 4ᵈ

De luy, 17494ʰʰ 12ˢ 4ᵈ pour payer à Marin Farcy 17350ʰʰ, faisant partie de 59400ʰʰ restant à luy payer de l'acquisition de trois maisons rue Saint-Vincent, et les 144ʰʰ 12ˢ 4ᵈ restans pour les taxations.. 17494ʰʰ 12ˢ 4ᵈ

De luy, 6084ʰʰ 10ˢ 4ᵈ pour en dellivrer aux sʳˢ Duc et Marsollier, marchands de soye, 6030ʰʰ 4ˢ 4ᵈ pour 76 aunes cinq huitièmes de brocard, à raison de 78ʰʰ 15ˢ l'aune, et 50ʰʰ 7ˢ pour les taxations..... 6084ʰʰ 10ˢ 4ᵈ

De luy, 30250ʰʰ, dont 30000ʰʰ à compte du paiement des despences à faire dans les manufactures des Gobelins et de la Savonnerie pendant la présente année, et 250ʰʰ pour les taxations..................... 30250ʰʰ

De luy, 100833ʰʰ 6ˢ 8ᵈ pour en deslivrer aux orphèvres qui travaillent aux grands ouvrages d'argenterie, et ce compris les taxations............. 100833ʰʰ 6ˢ 8ᵈ

De luy, 38709ʰʰ 12ˢ 3ᵈ pour en deslivrer au sʳ Reynon, de Lyon, 38388ʰʰ 2ˢ 3ᵈ pour son paiement des velours et brocartz et autres estoffes que S. M. luy a fait fabriquer, et 521ʰʰ 10ˢ pour les taxations.... 38709ʰʰ 12ˢ 3ᵈ

De luy, 3000ʰʰ pour deslivrer aux prestres de la Mission de Fontainebleau pour les six derniers mois de leur entretenement de la présente année......... 3000ʰʰ

De luy, 5041ʰʰ 13ˢ 4ᵈ pour en deslivrer à Dominico Cucci, ébéniste, 5000ʰʰ, à compte de deux grands cabinetz qu'il fait pour le service de S. M., et le surplus pour les taxations..................,5041ʰʰ 13ˢ 4ᵈ

De luy, la somme de 35093ʰʰ 7ˢ 2ᵈ pour deslivrer au sʳ Formont, banquier, 34803ʰʰ 6ˢ 8ᵈ pour 48 blotz de marbre blanc, et 290ʰʰ 5ˢ pour les taxations. 35093ʰʰ 7ˢ 2ᵈ

De luy, 6272ʰʰ 16ˢ 8ᵈ pour en deslivrer aux sʳˢ Duc et Marssollier 6221ʰʰ 6ˢ pour leur paicment de 79 aunes un tiers de brocart d'or et d'argent fonds vert, et 51ʰʰ 16ˢ 8ᵈ pour les taxations............ 6272ʰʰ 16ˢ 8ᵈ

---

¹ Il y a au registre 28225ʰʰ; mais il faut évidemment lire 38225ʰʰ.

De luy, la somme de 13310ʰʰ pour payer, sçavoir : 7000ʰʰ au sʳ de Saint-Yon, sa femme et consorts; 6200ʰʰ à Magdeleine Remond, veuve Nicolas Lemosin, procureur au Chastelet, pour la vente de deux maisons rue de Beauvais, et 110ʰʰ pour les taxations........ 13310ʰʰ

De luy, 22052ʰʰ 5ˢ pour deslivrer, sçavoir : 4110ʰʰ au sʳ Silvestre, graveur; 3460ʰʰ au sʳ Bailly, aussy graveur, et 13000ʰʰ au sʳ Van der Meulen, le tout pour planches, et 182ʰʰ 5ˢ pour les taxations.... 22052ʰʰ 5ˢ

De luy, 6763ʰʰ 16ˢ 8ᵈ, dont 6708ʰʰ pour quatre grandes armoires ornées de sculpture et garnies de leurs ferrures, fournies pour le garde-meuble de la Couronne, et 55ʰʰ 16ˢ 6ᵈ pour les taxations......... 6763ʰʰ 16ˢ 8ᵈ

De luy, 8900ʰʰ 2ˢ pour en deslivrer au sʳ Jensse, pour une tenture de tapisserie, 8011ʰʰ 13ˢ 4ᵈ, et à Villiers, pour avoir raccommodé et doublé onze pièces de la tapisserie des Actes des Apostres, 823ʰʰ 6ˢ, et 73ʰʰ 12ˢ pour les taxations......................... 8900ʰʰ 2ˢ

De luy, 4335ʰʰ 16ˢ 8ᵈ pour le paiement de diverses agastes, onix, cornalines et autres pièces gravées appartenantes aux héritiers du feu sʳ Hoursel, et 35ʰʰ 16ˢ 8ᵈ pour les taxations................ 4335ʰʰ 16ˢ 8ᵈ

De luy, 14419ʰʰ 3ˢ 4ᵈ pour en payer 8000ʰʰ au sʳ Charpentier, pour les 4ᵉ et 5ᵉ paiemens d'une maison rue Champfleury, et 6003ʰʰ au sʳ Édouard Connestable et sa femme, pour une autre maison rue de Beauvais, et 119ʰʰ 3ˢ 4ᵈ pour les taxations........ 14419ʰʰ 3ˢ 4ᵈ

De luy, 3199ʰʰ 8ˢ 6ᵈ pour en deslivrer 1100ʰʰ à Mʳ l'archevesque de Paris, pour la non-jouissance du prieuré de Versailles; 753ʰʰ au sʳ prieur de Choisy, tant pour les dixmes de la Buissière que menues dixmes et revenus des prés de Trianon; 1120ʰʰ aud. prieur pour huit années de 2800ʰʰ au denier vingt, par estimation des terres et prez dépendans dud. prieuré; 200ʰʰ à la fabrique de la parroisse de Choisy, et 26ʰʰ 8ˢ 10ᵈ pour les taxations......................... 3199ʰʰ 8ˢ 6ᵈ

De luy, 1260ʰʰ 8ˢ 4ᵈ pour le paiement de 1250ʰʰ de despence faicte à la chambre du conseil, chambre civille et salle du Chastellet de Paris, et 10ʰʰ 8ˢ 4ᵈ pour les taxations........................... 1260ʰʰ 8ˢ 4ᵈ

De luy, 605ʰʰ pour deslivrer au sʳ Saint-André, peintre, 600ʰʰ pour un portrait du Roy, et 5ʰʰ pour les taxations............................ 605ʰʰ

De luy, 4235ʰʰ pour en deslivrer 4200ʰʰ à Guillaume Le Père, sʳ de la Butte, pour vente d'une maison sçize au Roulle, et 35ʰʰ pour les taxations......... 4235ʰʰ

De luy, 7562ʰʰ pour en deslivrer au nommé Pampet, faiseur d'orgues, pour le paiement d'une orgue, une espinette et autres instrumens, 7500^tt, et 62^tt 10^s pour les taxations........................ 7562^tt 10^s

De luy, 22183^tt 6^s 8^d pour en deslivrer au s^r Legrand, secrétaire du Roy, 22000^tt pour le tiers de trois maisons rue du Chantre et Champfleury, et 183^tt 6^s 8^d pour les taxations........................ 22183^tt 6^s 8^d

De luy, 6000^tt pour employer à l'achèvement des ouvrages à faire au monastère de l'abbaye royalle de Notre-Dame du Val-de-Grâce, y compris les taxations. 6000^tt

De luy, la somme de 75406^tt 1^s, dont led. Le Ménestrel, trésorier en exercice la présente année 1670, s'est trouvé reliquataire, suivant le compte qu'il a rendu de l'année 1667...................... 75406^tt 1^s

5 septembre 1670 : du s^r de Bartillat, la somme de 6050^tt pour deslivrer aux matelots et autres habitans de la Ferté proche Saint-Wallery en Picardie, pour leur donner moyen de restablir leurs maisons qui ont esté bruslées, y compris 50^tt pour les taxations..... 6050^tt

11 novembre : de luy, 1008^tt pour employer au payement de quatre portraits de la Reyne et de Monseigneur le Dauphin faitz par le s^r Lefebvre............ 1008^tt

18 novembre : de luy, 10083^tt 6^s 8^d pour deslivrer au s^r de Saumery, capitaine et gouverneur du chasteau de Chambord, à compte des despenses à faire, tant pour le restablissement des palis de la faisanderie du parc dud. chasteau, que pour autres ouvrages, y compris les taxations...................... 10083^tt 6^s 8^d

2 décembre : de luy, 37308^tt 6^s 8^d pour employer au payement du prix de trois maisons, sçavoir : 16000^tt à Guillaume Roussel, à Saint-Germain; 7000^tt au s^r du Breuil, à Versailles, et 14000^tt à Marguerite Hugueville, proche Saint-Roch, à Paris, y compris 308^tt 6^s 8^d pour les taxations................. 37308^tt 6^s 8^d

2 décembre : dud. s^r de Bartillat, 49008^tt 0^s 6^d pour employer au payement du prix de trois maisons à divers particuliers, acquises au proffit du Roy pour servir aux advenues des Thuilleries, Vincennes et orangerie du Roulle...................... 49008^tt 0^s 6^d

4 décembre : de luy, 1210^tt pour deslivrer au s^r Gueston, capitaine de navire, en considération de l'achat du vaisseau le Saint-Esprit, compris les taxations... 1210^tt

De luy, 3025^tt pour deslivrer au s^r Loir, peintre, travaillant pour le Roy, pour ses appointemens des six derniers mois de la présente année, y compris 25^tt pour les taxations.......................... 3025^tt

De luy, pour deslivrer au s^r Vandermeulen, la somme de 3025^tt pour ses appointemens, idem....... 3025^tt

De luy, 36931^tt 10^s 4^d pour deslivrer au s^r Reynon, marchand de Lyon, pour les brocarts d'or et d'argent livrés pour S. M., compris les taxations. 36931^tt 10^s 4^d

De luy, 3959^tt 7^s pour deslivrer au s^r Godefroy, historiographe, sçavoir : 926^tt 13^s pour parfait payement de 3926^tt 13^s, tant pour ses appointemens que de quatre escrivains qui travaillent sous luy à la Chambre des Comptes de l'Isle en Flandre, et 3000^tt à compte des despences, à commencer du 1er décembre 1670, y compris 32^tt 14^s pour les taxations.......... 3959^tt 7^s

De luy, 11125^tt 17^s 4^d pour employer au parfait payement des despences de la manufacture des Gobelins et de la Savonnerie pendant la présente année 1670, y compris les taxations..................... 11125^tt 17^s 4^d

De luy, 16535^tt 4^s pour deslivrer 13500^tt au s^r et dame Gravelle, pour le prix d'une maison sçize rue Fremanteau; 672^tt à Françoise Le Leu, pour un arpent de terre y compris les non-jouissances, et 2226^tt 10^s pour trois arpens 31 perches un tiers sçiz au lieu des Gourdes, et 136^tt 14^s pour les taxations.......... 16535^tt 4^s

De luy, à Cristophle Gaillard, 150^tt pour un quartier de loyer de la maison qu'il occupe, acquise au proffit du Roy de la veuve Hugleville et consorts............ 150^tt

De luy, 4638^tt 6^s 8^d pour le loyer des maisons que les mousquetaires du Roy ont occupées pendant la présente année, y compris les taxations............ 4638^tt 6^s 8^d

De luy, 11212^tt 12^s 4^d pour deslivrer à plusieurs particuliers pour le loyer de leurs maisons occupées par les officiers de S. M., y compris 92^tt 12^s 4^d pour les taxations...................... 11212^tt 12^s 4^d

31 décembre : dud. s^r de Bartillat, 13849^tt 3^s 7^d pour deslivrer à Jean Colin, pour achat et voiture des ormes de Flandre et Artois pour les advenues des maisons royalles, y compris 114^tt 9^s 1^d pour les taxations. 13849^tt 3^s 7^d

De luy, 16335^tt pour employer tant au payement de la pension du s^r Cavallier Bernin et de son filz, que pour les peintres et sculpteurs de l'Accadémie à Rome, y compris 135^tt pour frais et taxations.............. 16335^tt

Somme de la recette..... 698954^tt 12^s 4^d

ANNÉE 1670. — LOUVRE.

DESPENSE.

CHASTEAU DU LOUVRE.

MAÇONNERIE.

24 janvier 1670-4 janvier 1671 : à Mazière et Bergeron, à compte et en avance des ouvrages qu'ils feront pendant la présente année, et en considération de ce qu'ils doivent payer aux carriers de Saint-Leu pour les grandes pierres de mesure qu'ils fouillent pour la façade principalle du Louvre (9 p.)................ 55000ʰ

1ᵉʳ mars - 1ᵉʳ novembre : à eux, à compte des ouvrages de maçonnerie qu'ils font aux Thuilleries (4 p.) 66500ʰ

5 may : à eux, à compte de leurs ouvrages de maçonnerie au bastiment de l'Observatoire sçis hors la porte Saint-Jacques........................ 35000ʰ

5 septembre 1670 - 15 janvier 1671 : à eux, à compte de leurs ouvrages de maçonnerie aux murs de la terrasse des Thuilleries (3 p.).................. 15500ʰ

24 décembre : à eux, pour leur payement du modelle de deux travées de l'architrave, frize et corniche du peristile du Louvre fait pendant la présente année. 984ʰ 6ˢ 8ᵈ

24 janvier : à la veuve et héritiers de Jean Dury, maçon, pour parfait payement de la somme de 7777ʰ 7ˢ 4ᵈ à quoy montent les ouvrages et réparations de maçonnerie que led. deffunct Dury a faites dans la grande gallerie du Louvre, Imprimerie Royale et autres lieux. 3777ʰ 7ˢ 4ᵈ

1ᵉʳ mars : à Bouchen, carreyer de Senlis, à compte des pierres de liais qu'il fournit pour faire des escaliers au Louvre........................... 500ʰ

Somme de ce chapitre...... 672261ʰ 14ˢ

QUAY DU COURS.

4 febvrier - 18 novembre : à Thévenot et Le Maistre, maçons, à compte et en advance des ouvrages de maçonnerie qu'ils font pour la continuation du quay le long du Cours (6 p.)........................... 76800ʰ

CHARPENTERIE.

11 janvier - 9 novembre : à Cliquin et Charpentier, charpentiers, à compte et pour avance des échaffaux qu'ils font pour la façade du Louvre (6 p.).... 26500ʰ

24 décembre : à eux, pour la charpenterie du modelle de deux travées de l'architrave, frize et corniche du peristile du Louvre..................... 346ʰ

Somme de ce chapitre.......... 26846ʰ

COUVERTURE.

24 janvier - 27 novembre : à Ivon, couvreur, à compte des ouvrages et réparations de couverture qu'il fait à la grande gallerie du Louvre (3 p.)............ 5000ʰ

PLOMBERIE.

17 juin : à Le Roy, plombier, pour réparations qu'il a faites en plusieurs endroits des maisons royalles en 1668, et ouvrages de plomberie par luy faits en 1669 aux fontaines du petit appartement du Roy à Saint-Germain............................. 1336ʰ 5ˢ

31 juillet - 16 décembre : à luy, à compte des fournitures de plomb et ouvrages de plomberie qu'il fait pour le Louvre (2 p.)....................... 2500ʰ

Somme de ce chapitre......... 3836ʰ 5ˢ

MENUISERIE.

1ᵉʳ mars - 16 décembre : à Dionis, Anglebert, Prou et Buirette, menuisiers, à compte des ouvrages de menuiserie qu'ils font à la grande gallerie du chasteau du Louvre (3 p.)........................ 12000ʰ

9 novembre : à Prou et Buirette, pour leur parfait payement de la menuiserie et sculpture qu'ils ont faite en la gallerie d'Apollon, aux Thuilleries.... 643ʰ 3ˢ 2ᵈ

5 avril : à Denis Buirette, pour parfait payement de 798ʰ 10ˢ à quoy montent les échaffaux qu'il a faits pour les peintres aux Thuilleries............... 48ʰ 10ˢ

20 may - 9 juillet : à luy, à compte des échaffaux qu'il fait pour les peintres qui travaillent en la gallerie des Thuilleries (2 p.)....................... 1500ʰ

16 décembre : à luy, pour parfait payement des divers modèles de la façade et escaliers du Louvre qu'il a faicts pendant les années 1667 à 1669......... 2438ʰ 18ˢ

A luy, pour son paiement de menues réparations de menuiserie et planchers qu'il a fournis au palais des Thuilleries............................. 74ʰ

5 may 1670 - 4 janvier 1671 : à Dionis, à compte de ses ouvrages de menuiserie au pallais des Thuilleries et des échaffaux qu'il fait pour les peintres qui y travaillent (6 p.)......................... 9500ʰ

25 may : à luy, pour parfait payement de 8814ʰ 3ˢ 4ᵈ à quoy montent les ouvrages tant du palais des Thuilleries qu'ailleurs en l'année 1669........ 2914ʰ 13ˢ 4ᵈ

17 juin : à luy, à compte de ses ouvrages au gros pavillon du Louvre du costé de l'escurie.......... 800ʰ

A Prou, menuisier, à compte du plafonds qu'il fait à la gallerie des Thuilleries.................. 800ᴴ

9 juillet-16 décembre : à luy, pour parfait paiement des bordures et autres ouvrages de menuiserie qu'il a faits et fournis pour le platfonds de la gallerie des Thuilleries (2 p.)...................... 1630ᴴ

9 juillet : à luy, pour avoir démonté les tableaux du Roy qui estoient dans la gallerie des Thuilleries.. 235ᴴ

26 janvier 1671 : à luy, pour son paiement de menus ouvrages de menuiserie qu'il a faits aux Thuilleries et à l'Observatoire....................... 65ᴴ

1ᵉʳ mars 1670-4 janvier 1671 : à Chevalier, menuisier, à compte des ouvrages de menuiserie qu'il fait aux escuries du Roy (4 p.)........................ 1143ᴴ 4ˢ

26 janvier 1671 : à luy, à compte des ouvrages de menuiserie qu'il a faits à six petites voultes au-dessous de la terrasse des meuriers aux Thuilleries..... 361ᴴ 10ˢ

5 avril : aux nommez Bischet et Monet, menuisiers, pour un couvert de menuiserie qu'ils ont fait au jardin des Thuilleries pour conserver des jonquilles et autres fleurs........................... 228ᴴ

9 novembre : à eux, pour les caisses qu'ils ont faites et fournies au jardin des Thuilleries....:...... 186ᴴ

17 juin : à Robert et Boulemer, pour une porte cochère qu'ils ont faite et ferrée pour le jardin des Thuilleries................................ 70ᴴ

Somme de ce chapitre...... 34637ᴴ 18ˢ 6ᵈ

SERRURERIE.

4 febvrier 1670-15 janvier 1671 : à Estienne Doyart, serrurier, à compte et pour avance de ses ouvrages de serrurerie et fourniture de gros fer pour le chasteau du Louvre (7 p.)....................... 5670ᴴ

25 avril : à luy, pour parfait payement de 33294ᴴ 2ˢ 9ᵈ à quoy monte la fourniture de gros fer et de menus ouvrages qu'il a faits au Louvre et autres endroits pendant l'année 1669................... 1294ᴴ 2ˢ 9ᵈ

4 febvrier : à Nicolie, serrurier, pour les ouvrages de serrurerie par luy faits aux Thuilleries...... 277ᴴ 12ˢ

24 juin : à Hardy, serrurier, pour parfait payement de 1220ᴴ 18ˢ à quoy montent les ouvrages de serrurerie par luy faits à la grande gallerie du Louvre et au Palais-Royal pendant l'année 1669............. 820ᴴ 18ˢ

24 décembre : à Nicolie et Hardy, à compte des ouvrages de serrurerie qu'ils ont faits aux Thuilleries à l'appartement de Mᵐᵉ de Montespan............. 800ᴴ

Somme de ce chapitre...... 5989 2ᴴ 12ˢ 9ᵈ

VITRERIE.

1ᵉʳ mars-9 novembre : à la veuve Vierney, à compte des ouvrages de vitrerie par elle fournis et livrez au palais des Thuilleries (3 p.).................. 2300ᴴ

31 octobre : à Charles Jacquet, vitrier, à compte idem................................ 500ᴴ

Somme de ce chapitre............ 2800ᴴ

PEINTURE, SCULPTURE, DORURE ET AUTRES ORNEMENS.

24 janvier-17 juin : à Paillet, peintre, à compte de ses ouvrages de peinture aux Thuilleries (3 p.).. 1800ᴴ

24 janvier : à Caffieri et Lespagnandel, sculpteurs, à compte des ouvrages de sculpture en bois qu'ils font pour la grande gallerie du Louvre................ 400ᴴ

1ᵉʳ mars-16 décembre : à eux, pour leur parfait payement de dix chapiteaux de colonnes, deux doubles pilastres et trois pilastres simples qu'ils ont faits pour le portail et peristile du Louvre (4 p.)....... 7166ᴴ 13ˢ 4ᵈ

7 aoust-5 septembre : à eux, pour leur parfait payement des ouvrages de sculpture qu'ils ont faits aux bordures des tableaux du plafond de la gallerie des Thuilleries (2 p.)..................... 2090ᴴ

24 janvier : à Le Hongre, peintre, pour les ornemens de peinture qu'il a faits du modelle du grand escalier du Louvre......................... 265ᴴ

6 febvrier-9 octobre : à Le Gruë, marbrier, à compte des trente-six colonnes de marbre de Dinan qu'il fait venir pour le Louvre (4 p.)............. 14400ᴴ

6 febvrier : à Misson, marbrier, pour parfait payement d'un chambranle et deux foyers de marbre qu'il a fournis et posez aux Thuilleries................ 569ᴴ

6 febvrier-3 juillet : au sʳ Montagne[1], peintre, à compte des ouvrages de peinture qu'il fait à la salle des gardes de Mᵍʳ le Dauphin aux Thuilleries (3 p.).... 2400ᴴ

6 febvrier : à Chauveau, graveur, pour parfait payement de 1600ᴴ à quoy montent huit planches qu'il a faites des ornemens de huit portes de l'appartement du Roy aux Thuilleries[2]............................ 700ᴴ

6 febvrier-9 novembre : au sʳ Loir, peintre, à compte des ouvrages de peinture qu'il a faits au grand pavillon des Thuilleries (6 p.)................... 1800ᴴ

6 febvrier : au sʳ Houzeau, sculpteur, pour parfait payement de 1352ᴴ à quoy montent ses ouvrages de sculpture au vestibule et escalier des Thuilleries..... 328ᴴ

---

[1] Ou Montaigne. Il s'agit évidemment de Nicolas Van-Plattenberg, dit Platte-Montagne (1631-1706).

[2] Chalcographie du Louvre, nᵒˢ 2032-40.

ANNÉE 1670. — LOUVRE.

1ᵉʳ mars : à luy, pour la sculpture d'un modelle du Louvre qu'il a fait en 1665.................. 400ᵗᵗ

6 febvrier : aux héritiers de THIBAULT POISSANT, sculpteur, pour parfait payement de 900ᵗᵗ à quoy montent les modelles qu'il a faits d'un ornement pour la lanterne du dosme des Thuilleries et de deux figures pour le grand parterre de Fontainebleau, représentans les mois de Mars et de Septembre....................... 100ᵗᵗ

16 juillet : à POISSANT, sculpteur, pour la sculpture de deux cheminées de la grande gallerie du chasteau du Louvre........................... 73ᵗᵗ 13ˢ

A luy, à compte des chapiteaux qu'il faict à la façade du Louvre........................... 600ᵗᵗ

1ᵉʳ mars 1670-15 janvier 1671 : au sʳ NOCRET, peintre, pour parfait payement de 32366ᵗᵗ à quoy montent les ouvrages de peinture qu'il a faits aux Thuilleries dans la petite chambre, cabinet et oratoire de la Reyne (7 p.).............................. 19866ᵗᵗ

1ᵉʳ mars 1670-4 janvier 1671 : à MICHEL ANGE, peintre, à compte des ouvrages de peinture à fresque qu'il fait à la grande gallerie du Louvre (5 p.).......... 2250ᵗᵗ

1ᵉʳ mars-16 décembre : à PARIS, sculpteur, pour son parfait payement de quatre chapiteaux de colonnes, un pillastre et deux quarts qu'il a faits pour le portail et peristille du Louvre (4 p.)............ 2276ᵗᵗ 13ˢ 4ᵈ

1ᵉʳ mars-16 décembre : à LEGRAND et POISSANT, pour leur parfait payement de dix chapiteaux de colonnes, deux chapiteaux d'encoigneure et quatre chapiteaux pillastres simples qu'ils ont faits pour le portail et peristille du Louvre (3 p.)................ 6233ᵗᵗ 6ˢ 8ᵈ

1ᵉʳ mars-16 décembre : à FRANCISQUE TEMPORITI, sculpteur, pour parfait payement de dix chapiteaux de colonnes, deux doubles chapiteaux pillastres, quatre simples et deux quarts[1] qu'il a faits pour le portail et peristille du Louvre (4 p.)............... 6503ᵗᵗ 19ˢ 8ᵈ

2 octobre : à luy, pour parfait payement de modelles qu'il a faits en grand de plusieurs chapiteaux et pilastres pour le portail du Louvre............... 900ᵗᵗ

27 novembre : à luy, pour la sculpture d'un modelle d'un morceau de la façade du Louvre, en grand. 977ᵗᵗ 8ᵈ

12 avril-1ᵉʳ novembre : au sʳ CHAMPAGNE, pour son parfait payement des ouvrages de peinture qu'il a faits aux Thuilleries, à l'appartement de Monseigneur le Dauphin (4 p.)........................... 9090ᵗᵗ

12 avril-16 décembre : à LE HONGRE, sculpteur, pour parfait payement de quatre chapiteaux de colonnes, trois

[1] Deux quarts de chapiteaux, par conséquent pour des pilastres d'angle.

pillastres et deux quarts qu'il a faits pour le portail et peristille du Louvre (3 p.)............... 2910ᵗᵗ

12 avril : à ARMAND, ébéniste, à compte d'une table de pierre de raport qu'il fait............... 300ᵗᵗ

12 avril 1670-26 janvier 1671 : à MANIÈRE, BERNARD, LE GENDRE et LE GRAND, sculpteurs, à compte des ouvrages de stuc qu'ils font à la grande gallerie du Louvre (4 p.)............................. 7200ᵗᵗ

17 juin-24 juillet : à eux, pour leur parfait payement des ouvrages de stuc qu'ils ont faits dans le gros pavillon des Thuilleries (2 p.).............. 968ᵗᵗ

12 avril : à GIRARDON, sculpteur, à compte de la sculpture qu'il fait au troisième ordre du Louvre..... 400ᵗᵗ

1ᵉʳ juin : à luy, pour avoir réparé plusieurs bustes de marbre............................... 710ᵗᵗ

12 avril : à ANGUIER, peintre, pour les ouvrages de peinture qu'il a faits à la voulte du modelle du grand escalier du Louvre........................ 150ᵗᵗ

29 avril : à ANGUIER, sculpteur, à compte des figures qu'il fait pour le grand parterre des Thuilleries.. 600ᵗᵗ

5 may : à GONTHIER, à compte des ouvrages de peinture qu'il a faitz à l'hostel de Mᵐᵉ la duchesse de la Vallière........................ .... 1200ᵗᵗ

26 janvier 1671 : à luy, à compte des ouvrages de peinture qu'il fait dans l'apartement de Mᵐᵉ de Montespan au pallais des Thuilleries.............. 1000ᵗᵗ

5 may : à BOULOGNE, peintre, pour parfait payement d'avoir restauré de peinture à fresque des tremeaux à la grande gallerie du Louvre.................. 700ᵗᵗ

8 juin-1ᵉʳ novembre : à luy, pour son parfait payement des ouvrages de peinture à fresque qu'il a faits en la grande gallerie du Louvre (4 p.).. .... 3990ᵗᵗ

5 may : à LA BARONNIÈRE, peintre et doreur, pour parfait payement de 3727ᵗᵗ à quoy montent les ouvrages de peinture et dorure qu'il a faitz, tant au petit cabinet de Mesdames et autres endroitz du Palais-Royal qu'aux Thuilleries........................... 1727ᵗᵗ

9 juillet-9 octobre : à luy, à compte de ses ouvrages de dorure en la gallerie des Thuilleries (2 p.).. 4200ᵗᵗ

5 may : à GASPARD et BALTHAZARD MARSY, sculpteurs, à compte d'un grouppe de figures de marbre blanc représentant Latone et ses enfans, qu'ils font pour l'un des bassins de fontaine du petit parc de Versailles... 1000ᵗᵗ

20 may-9 novembre : à MACÉ, ébéniste, à compte du parquet de bois de rapport qu'il fait pour un cabinet au grand pavillon des Thuilleries (4 p.)...... 3250ᵗᵗ

27 novembre : à luy, pour avoir réparé deux estrades de bois de rapport à l'appartement de la Reyne aux Thuilleries............................ 430ᵗᵗ

26.

20 may : à Tournier, graveur, pour avoir gravé trois planches, reché (*sic*) et réformé trois planches d'architecture, le tout pour mettre dans la traduction de Vitruve... 390tt

25 may : à Chesneau, sculpteur, à compte des bustes qu'il restaure.......................... 200tt

25 may - 27 novembre : à Coipel, peintre, à compte de ses ouvrages de peinture aux Thuilleries (3 p.). 2400tt

4 janvier 1671 : à luy, pour avoir fait imprimer plusieurs croisées et chassis dans la salle des antiques du Louvre.. 100tt

1er juin - 16 décembre : à Couet, sculpteur, pour parfait payement de deux chapiteaux de colonnes et deux pillastres qu'il taille pour la façade du chasteau du Louvre (3 p.)...................... 1166tt 13' 4d

8 juin : à Audran, graveur, à compte des planches qu'il grave sur les tableaux des cabinets du Roy.. 500tt

A la veuve Somer, pour trois parquetz de marqueterie qu'il a fait pour le Roy................. 1050tt

8 juin : à Gervaise et Le Moine, peintres, à compte des ouvrages de peinture qu'ils font en la gallerie d'Apollon, au Louvre............................ 2000tt

24 juin 1670 - 15 janvier 1671 : à eux, à compte de leurs ouvrages de peinture en la gallerie des Thuilleries (6 p.)... 17500tt

17 juin : à Patel, peintre, à compte des tableaux qu'il fait, représentans les Maisons royalles..... 400tt

A Le Clerc, graveur, pour remboursement des planches de cuivre qu'il a achettées pour y graver les tapisseries du Roy, et de celuy qui a gravé l'écriture... 116tt

3 juillet : à Jumel, peintre, pour les ouvrages de peinture qu'il a faits à l'Hostel des Ambassadeurs.... 58tt

3 juillet - 1er novembre : à Baptiste Monnoyer, peintre fleuriste, à compte des ouvrages de peinture qu'il fait en la gallerie des Thuilleries (3 p.)........... 2300tt

3 juillet 1670 - 15 janvier 1671 : à Audran, Houasse et Jouvenet, peintres, à compte de leurs ouvrages de peinture dans la gallerie des Thuilleries (4 p.)..... 6000tt

7 aoust : à Bourdon, peintre, à compte des ouvrages de peinture qu'il fait pour l'appartement de la chambre du Roy aux Thuilleries........................ 1000tt

14 aoust - 2 octobre : à Blanchard, Vignon et de la Fosse, à compte des tableaux qu'ils font pour le platfonds de la gallerie des Thuilleries (2 p.)..... 1500tt

4 janvier 1671 : à Vignon, peintre, pour son parfait payement de la somme de 1300tt à quoy reviennent deux grands tableaux qu'il a faits pour le platfonds de la gallerie des Thuilleries....................... 800tt

A La Fosse, peintre, pour son parfait payement de 2400tt à quoy montent trois grands tableaux qu'il a faits *idem*................................. 1900tt

A Blanchard, peintre, pour son parfait payement de 2300tt à quoy reviennent trois grands tableaux qu'il a faits *idem*.............................. 1800tt

1er novembre, à Laqué, pour avoir couvert de toile mastiquée les voultes de la terrasse des Thuilleries. 120tt

9 novembre : à Dupas, peintre, pour son payement d'avoir blanchi de blanc de plomb deux grandes figures et deux Termes aux Thuilleries................ 95tt

18 novembre 1670 - 15 janvier 1671 : à Cucci, à compte des garnitures de bronze qu'il fait pour les croisées de la grande gallerie du Louvre (2 p.)..... 800tt

26 janvier 1671 : à La Bretonnière, peintre, pour son parfait paiement de 4952tt à quoy montent les ouvrages de grosse peinture qu'il a faits au pallais des Thuilleries en 1666................................ 952tt

Somme de ce chapitre..... 171262tt 7' 4d [1]

OUVRAGES DE PAVÉ.

24 janvier : à Vatel et Aubry, paveurs, pour parfait payement de 4331tt 10' à quoy montent les ouvrages de pavé qu'ils ont faits dans le grand bassin octogone du jardin des Thuilleries.......................... 1931tt 10'

3 juillet : à eux, à compte de leurs ouvrages aux Thuilleries.................................. 6000tt

12 septembre - 9 novembre : à eux, pour leur parfait payement des ouvrages de pavé qu'ils ont faits aux Thuilleries et Palais-Royal de 1666 à 1669.. 6480tt 14' 9d

24 décembre : aud. Aubry, pour ses ouvrages de pavé par luy faits dans la grande escurye....... 1008tt 16' 8d

Somme de ce chapitre.......... 15421tt 1' 5d

JARDINAGES.

24 janvier - 29 avril : aux ouvriers qui ont travaillé à la journée au jardin des Thuilleries jusqu'au 26 avril (3 p.)... 7070tt 7' 2d

24 janvier : au nommé Hélan, jardinier, pour son payement de 3292tt 18' à quoy monte la quantité de 1937 ifs qu'il a livrez tant au jardin des Thuilleries qu'à la pépinière du Roulle................. 1092tt 18'

18 febvrier - 14 aoust : à Colin, pour son remboursement de diverses sommes payées aux jardiniers qui ont fourni des fleurs pour le parterre des Thuilleries et aux ouvriers qui ont arrosé les avenues (6 p.)... 13545tt 6'

8 juin : à Fresnay, jardinier, pour le buys qu'il a fourny pour le jardin des Thuilleries.......... 360tt

---

[1] L'addition donne 172172tt 7' 4d.

ANNÉE 1670. — LOUVRE.

A Lelièvre, pour le plant d'herbes qu'il a fourny aud. jardin........................... 442ᶧᶧ

24 juin 1670-26 janvier 1671 : au sʳ Le Ménestrel, pour son remboursement de ce qu'il a avancé aux ouvriers qui ont travaillé à la journée à dresser le nouveau parterre qui se fait proche de la Capitainerie des Thuilleries, et à remuer et aplanir des terres dans led. jardin, du 28 avril 1670 au 17 janvier 1671 (5 p.)..... 2616ᶧᶧ 18ˢ 1ᵈ

9 juillet : à Vuatebos, vannier, pour les mannes qu'il a fournies aux Thuilleries................ 318ᶧᶧ 8ˢ

16 juillet : à Jean Stinville, Noel Houisse, François Boquet, et ..... Clément, jardiniers, pour leur desdommagement des plants et herbages qui ont esté gastez en plantant les advenues des Thuilleries........ 211ᶧᶧ

24 juillet : à Brière, fontainier, pour avoir fait un bassin de ciment à l'orangerie des Thuilleries.... 330ᶧᶧ

9 octobre : à Lafontaine et Germain Rivault, pour des treillages et piramide faicts aux Thuilleries.... 131ᶧᶧ 6ˢ

27 novembre : à Deslauriers, jardinier, pour son payement d'avoir vacqué à tracer des parterres et dresser les niveaux du jardin des Thuilleries depuis le commencement du mois d'aoust jusques à présent....... 150ᶧᶧ

26 janvier 1671 : à Robert Lesgaré et autres jardiniers, pour leur paiement des rigolles qu'ils ont faites le long de la terrasse du costé de l'eau et autres endroictz du jardin des Thuilleries................ 235ᶧᶧ 10ˢ

Somme de ce chapitre...... 5005ᶧᶧ 13ˢ 3ᵈ

FOUILLES ET TRANSPORTS DE TERRE.

18 febvrier 1670-26 janvier 1671 : à Fouquignon, voiturier, pour avoir voituré des recoupes de pierre du Louvre aux Thuilleries, et y avoir apporté du sable et du terreau (7 p.)................ 2982ᶧᶧ

18 febvrier : à Feuillastre, fontainier, pour parfait payement de 16228ᶧᶧ pour l'ouvrage de conrroy qu'il a fait au grand bassin octogone des Thuilleries.. 3223ᶧᶧ

24 juin-9 juillet : à luy, pour son parfait payement d'une conduite de tuyaux de grais pour mener l'eau du bassin du parterre du jardin des Thuilleries dans la pièce octogone qui est au bout dud. jardin (2 p.)..... 864ᶧᶧ

1ᵉʳ mars : à Descots, jardinier, pour gazon qu'il a fourny aux Thuilleries.................... 207ᶧᶧ

24 juin-18 novembre : à luy, pour sable de rivière qu'il a fourny et fait voiturer aud. lieu..... 2981ᶧᶧ 10ˢ

5 avril-7 aoust : à La Chapelle et Simon, terrassiers, à compte des bonnes terres qu'ils transportent des Gourdes aux Thuilleries (3 p.).................... 4000ᶧᶧ

26 janvier 1671 : à du Costé et La Chapelle, voituriers, à compte des bonnes terres qu'ils voiturent aud. jardin........................... 1000ᶧᶧ

Somme de ce chapitre....... 15257ᶧᶧ 10ˢ

PARTIES EXTRAORDINAIRES.

24 janvier : à Collin, pour remboursement de ce qu'il a payé aux ouvriers qui ont arraché et voituré à Paris les tilleux que M. le duc de Saint-Simon[1] a donnez à S. M........................... 629ᶧᶧ 8ˢ

15 avril : à luy, pour remboursement de pareille somme payée pour menues despences faites tant au jardin des Thuilleries qu'à la pépinière du Roulle. 628ᶧᶧ 16ˢ

6 febvrier : au sʳ Migon, pour parfait payement de 1506ᶧᶧ à quoy monte l'arpentage, plan et procez-verbal par luy fait, de toutes les terres qui sont depuis le derrière des Thuilleries jusqu'au port de Neuilly.... 506ᶧᶧ

A Noiset, voiturier, pour avoir voituré des marches de liais depuis le port jusques au Louvre........ 225ᶧᶧ 5ˢ

1ᵉʳ juin : à luy, pour avoir voituré plusieurs blotz et colonnes de marbre du port au magazin du Roy. 2366ᶧᶧ

29 mars : à Bourgeois, pour avoir voituré dix-huit marches de liais pour led. lieu.............. 270ᶧᶧ

Au sʳ Coeur de Roy, pour remboursement de pareille somme par luy payée pour la voiture de trois poutres au Pont de Chauny, qui estoient restées dans la forest de Coucy, pour le Louvre................. 191ᶧᶧ

15 avril : à Bréau, nommé expert pour estimer les bastimens de Mˡˡᵉ de Guise aux Thuilleries, et Dousseau, greffier, nommé pour dresser et escrire le procez-verbal de lad. estimation, pour 26 vacations de chacun d'eux. 312ᶧᶧ

A Fresnay, pour payement de 408 sicomores fournis aux Thuilleries..................... 612ᶧᶧ

29 avril : à Huvillier, pour remboursement de ce qu'il a payé aux ouvriers qui ont arraché des tilleux et qui les ont voiturez aux Thuilleries........ 750ᶧᶧ 5ˢ

8 juin : au sʳ Fossier, pour employer aux menues despences des bastimens................. 1000ᶧᶧ

5 septembre : à Monnot, menuisier, à compte des caisses qu'il fait pour l'orangerie des Thuilleries.. 100ᶧᶧ

6 décembre : à Vinot, garde des antiques du Roy, pour remboursement de pareille somme qu'il a payée aux sculpteurs qui ont remué et rangé toutes les figures des appartemens des Thuilleries 137ᶧᶧ

6 décembre 1670-4 janvier 1671 : à Simon et La Chapelle, à compte des terres qu'ils fouillent pour décou-

---

[1] Claude de Rouvroy, duc de Saint-Simon, né en 1607, mort en 1693, père de l'auteur des *Mémoires*.

vrir une carrière à Meudon pour tirer des grandes pierres pour le Louvre (2 p.).................... 4000ʰ

4 janvier 1671 : à René Tripet et consorts, voituriers par eaue, pour avoir amené du port de Saint-Leu à Paris vingt-une marches de liais de Senlis pour le grand escalier du Louvre...................... 252ʰ

15 janvier 1671 : à Gissey et Clinchant, concierges du pallais des Thuilleries, pour le remboursement de pareille somme qu'ils ont payée pour le bois qui a esté bruslé à plusieurs fois dans les appartemens du palais des Thuilleries pour les eschauffer au retour de la Cour. 200ʰ

19 octobre : à Chevallier, à compte de la voiture qu'il fait de seize poutres de sapin qu'il doit livrer à Paris pour les bastimens du Louvre......... 2000ʰ

24 janvier 1671 : à Desgotz, jardinier, ayant l'entretenement de partie du jardin des Thuilleries, en considération de l'augmentation du travail qu'il a fait dans led. entretenement pendant les années 1668 et 1670, à cause des nouvelles allées qui ont esté faites aud. jardin. 600ʰ

30 décembre : à Motelet, Brot et Nourry, pour avoir frotté les parquets des appartemens des Thuilleries pendant la présente année..................... 550ʰ

Somme de ce chapitre...... 15329ʰ 14ˢ

PALAIS-ROYAL.

MAÇONNERIE.

21 mars-27 novembre : à Noel Le Maistre, maçon, à compte des réparations et ouvrages de maçonnerie qu'il fait au Palais-Royal (3 p.)................ 4400ʰ

CHARPENTERIE.

6 décembre : à Bastard, charpentier, à compte de ses ouvrages de charpenterie au Palais-Royal..... 1800ʰ

COUVERTURE, PLOMBERIE, MENUISERIE.

Néant.

SERRURERIE.

28 aoust-24 octobre : à Hardy, serrurier, à compte de ses ouvrages de serrurerie au Palais-Royal (2 p.). 700ʰ

PEINTURE, SCULPTURE ET ORNEMENS, JARDINAGES.

Néant.

PARTIES EXTRAORDINAIRES.

5 avril : à la veuve Tolmay, vuidangeur, pour la vuidange qu'elle a fait faire des fosses au Palais-Royal. 198ʰ

15 janvier 1671 : à Aubry, paveur, pour son parfait paiement de 1737ʰ à quoy montent les ouvrages et réparations de pavé qu'il a faits au Palais-Royal et autres lieux........................... 737ʰ 9ˢ 7ᵈ

Somme de ce chapitre...... 935ʰ 9ˢ 7ᵈ

ARC DE TRIOMPHE.

MAÇONNERIE.

24 janvier-1ᵉʳ novembre : à Thevenot et Le Maistre, à compte des ouvrages de maçonnerie qu'ils font au modèle de l'Arc de triomphe (6 p.)........... 27500ʰ

20 may-1ᵉʳ novembre : à eux, à compte des fondations qu'ils font à l'Arc de triomphe au faubourg Saint-Antoine (4 p.)....................... 50500ʰ

6 febvrier-10 mars : à Francisque [1], à compte de la sculpture qu'il fait au grand modelle de l'Arc de triomphe (2 p.)........................... 2400ʰ

12 avril : à Millet, serrurier, à compte du fer qu'il fournit pour le modèle de l'Arc de triomphe.... 1200ʰ

Somme de ce chapitre......... 81600ʰ

SERRURERIE.

25 may : à Millet, serrurier, pour parfait payement de 4759ʰ 9ˢ 4ᵈ à quoy monte le fer qu'il a fourny pour le grand modelle de l'Arc de triomphe....... 1958ʰ 9ˢ 4ᵈ

24 octobre 1670-26 janvier 1671 : à luy, pour parfait paiement des ouvrages de serrurerie qui ont été faits au modèle de l'Arc de triomphe (3 p.).... 3789ʰ 12ˢ 2ᵈ

Somme de ce chapitre...... 5748ʰ 1ˢ 6ᵈ

SCULPTURE ET ORNEMENS.

12 may-17 octobre : à Francisque Temporiti, sculpteur, à compte des ouvrages de sculpture qu'il fait au modèle de l'Arc de triomphe au faubourg Saint-Antoine (3 p.).............................. 4200ʰ

31 juillet-1ᵉʳ novembre : à Raon, sculpteur, à compte des trophées et captifs qu'il fait au modelle de l'Arc de triomphe (3 p.)......................... 980ʰ

17 octobre : à Chantoiseau, peintre, pour avoir peint à fresque la voulte de la grande et petite arcade du modèle de l'Arc de triomphe.................. 350ʰ

Somme de ce chapitre.......... 5530ʰ

---

[1] Il s'agit ici de Francesco Temporiti qui reparaît un peu plus bas au chapitre de la sculpture, de même que le serrurier Millet de l'article suivant revient immédiatement après dans le chapitre spécial de la serrurerie.

PARTIES EXTRAORDINAIRES.

5 may-28 aoust : à Dufour, marchand de fer, pour clouds et chevillettes de fer qu'il a fournis pour le modelle de l'Arc de triomphe (2 p.)......... 2132^{tt} 10^s

16 juillet : à Langlois, carrier, à compte des grandes pierres qu'il tire de Meudon et qu'il doit fournir pour l'Arc de triomphe...................... 300^{tt}

Somme de ce chapitre....... 2432^{tt} 10^s

OBSERVATOIRE.

MAÇONNERIE.

6 febvrier 1670-4 janvier 1671 : à Mazière et Bergeron, à compte des ouvrages de maçonnerie qu'ils font à l'Observatoire (7 p.)................ 101500^{tt}

MENUISERIE, SERRURERIE.

Néant.

PARTIES EXTRAORDINAIRES.

1er mars : aux particuliers qui ont voituré dans des tombereaux des terres à l'Observatoire....... 164^{tt} 6^s

A Deschamps, voiturier par eaue, pour avoir voituré 32 toises de pierres de molière pour l'Observatoire. 320^{tt}

12 avril-9 novembre : à Cabaris, pour son parfait payement de 32 toises de pierres de molière qu'il a fournies pour l'Observatoire (3 p.).............. 724^{tt}

12 may-9 juillet : à Jean Jamois, voiturier, pour 29 toises trois quarts de pierre de molière qu'il a voiturées du port de la porte de Saint-Bernard jusques à l'Observatoire, à raison de 16^{tt} 10^s pièce (2 p.). 479^{tt} 17^s

8 juin-18 novembre : à Sainte-Marie, pour remboursement de ce qu'il a payé aux charretiers qui mènent des tombereaux de terre et de décombres à l'Observatoire (4 p.)......................... 496^{tt} 6^s

Somme de ce chapitre....... 2184^{tt} 9^s

COLLÈGE ROYAL.

Néant.

LA BASTILLE.

18 febvrier : à Pierre Parent, serrurier, pour gros fer et menus ouvrages qu'il a faits et fournis au chasteau de la Bastille........................ 270^{tt} 2^s

MAISON DE LA POMPE DU PONT-NEUF.

24 janvier : à Le Maire, fondeur, pour avoir fait le modelle de la Pompe du Pont-Neuf............ 90^{tt}

17 juin : à Potel, taillandier, pour plusieurs menus ouvrages qu'il a faitz à la Pompe du Pont-Neuf... 182^{tt}

24 octobre 1670-26 janvier 1671 : à Closmesnil[1], plombier, pour parfaict payement de 2203^{tt} 13^s à quoy monte la conduite d'eaue qu'il a faite de la Pompe à la Conciergerie (2 p.).................. 1155^{tt} 13^s

23 décembre : à Bricard, charpentier, pour les réparations de charpenterie par luy faictes à la Pompe du Pont-Neuf pendant les années 1669 et 1670... 1117^{tt}

Somme de ce chapitre....... 2544^{tt} 13^s

OUVRAGES DE L'ENCLOS DU PALAIS.

1er mars : à Hanicle, maçon, à compte de ses ouvrages de maçonnerie à la Conciergerie du Palais..... 1000^{tt}

1er mars 1670-15 janvier 1671 : à Le Hongre, peintre et doreur, à compte de la dorure qu'il fait au clocher de la Sainte-Chapelle (4 p.)................. 1600^{tt}

31 mars : à Estienne Le Hongre, sculpteur, à compte des ornemens de plomb qu'il fait au clocher de la Sainte-Chapelle................. 300^{tt}

16 juillet : à Girard, plombier, à compte des ouvrages de plomberie qu'il fait aud. clocher........... 300^{tt}

24 décembre : à Lavien, menuisier, à compte de ses ouvrages de menuiserie au Palais............. 900^{tt}

26 janvier 1671 : à Carré, paveur, à compte des ouvrages de pavé qu'il a faits, tant à la Conciergerie qu'à l'hostel de M. le Premier Président[2]......... 500^{tt}

21 janvier 1671 : à Hullot, couvreur, aiant l'entretenement des couvertures et plomberies du Palais et lieux en dépendans, pour deux années dud. entretenement échues les 15 novembre 1669 et 1670, à raison de 2000^{tt} par an........................ 4000^{tt}

Somme de ce chapitre......... 8600^{tt}

CHASTEAU DE VERSAILLES.

MAÇONNERIE.

24 janvier : à Sauton et Forgeau, tailleurs de pierre, pour leur parfait payement de 1293^{tt} à quoy monte la taille des quatorze bassins de l'allée d'eaue...... 143^{tt}

24 janvier 1670-4 janvier 1671 : à Gabriel, maçon, à compte et en avance des ouvrages de maçonnerie du nouveau bastiment de Versailles (8 p.)........ 586000^{tt}

---
[1] Ou Clomeny.
[2] Guillaume de Lamoignon, Premier Président du Parlement de Paris, né en 1617, mort en 1677.

18 febvrier : à Louis JEANNOT, maçon, pour les ouvrages de maçonnerie qu'il a faits aux ornemens de la fontaine en pyramide............................ 135ʰ 17ˢ

1ᵉʳ mars-1ᵉʳ novembre : à BERGERON, maçon, à compte des ouvrages de maçonnerie qu'il fait à Trianon dans le parc de Versailles (5 p.)................. 15560ₒʰ

31 juillet : à LA CREUSE, pour remboursement de pareille somme qu'il a payée aux ouvriers et limosins qui ont basty les magazins et le logement des jardins de Trianon........................... 942ʰ 3ˢ

24 febvrier : au marquis DE LA VALLIÈRE, ce qu'il a payé à MAZIÈRE et BERGERON, maçons, pour la maçonnerie du pavillon qu'il avoit fait commencer et que le Roy fait achever pour y loger partie des officiers de la Reyne.. 3000ʰ

Somme de ce chapitre......... 74582₁ʰ

CHARPENTERIE.

6 febvrier : à POTOT, charpentier, pour parfait payement de 10024ʰ à quoy montent les ouvrages de charpenterie par luy faits au chasteau de Versailles es années 1667, 1668 et 1669..................... 1124ʰ

10 mars-31 juillet : à luy, pour les dosses qu'il a fournies et posées sous les murs du canal (2 p.). 2093ʰ

6 febvrier 1670-4 janvier 1671 : à CLIQUIN et CHARPENTIER, charpentiers, à compte des ouvrages de charpenterie qu'ils font au chasteau de Versailles (7 p.). 15850₀ʰ

27 décembre : à JACQUES ARNAUD, charpentier, pour ses ouvrages qu'il a faits derrière le bois de Trianon. 135ʰ

Somme de ce chapitre........ 16185₂ʰ

COUVERTURE.

29 mars 1670-15 janvier 1671 : à IVON, couvreur, à compte des ouvrages de couverture qu'il fait au chasteau de Versailles (6 p.)..................... 20300ʰ

PLOMBERIE.

18 febvrier 1670-15 janv. 1671 : à LE ROY, plombier, à compte des ouvrages de plomberie par luy faits et fournis à Versailles (6 p.).............. 41200ʰ

20 aoust : à MARQUET et GIRARD, plombiers, pour parfait payement des ouvrages de plomberie qu'ils ont faits aux conduites des fontaines de Versailles. 2262ʰ 15ˢ 8ᵈ

A DENIS, fontainier, pour les thuiaux de plomb qu'il a fournis et posez à Trianon................ 177ʰ

18 novembre-16 décembre : à MAZELINE, à compte de ses ouvrages de plomberie à Trianon (2 p.).. 3000ʰ

Somme de ce chapitre.... 46639ʰ 15ˢ 8ᵈ

MENUISERIE.

6 febvrier-18 novembre : à SAINT-YVES, menuisier, à compte des ouvrages de menuiserie qu'il fait à l'église[1] de Versailles (5 p.).................. 5700ʰ

29 avril-17 juin : à SAINT-YVES et la veuve TAVERNIER, menuisiers, à compte des ouvrages qu'ils font à Versailles (2 p.)........................ 3400ʰ

6 febvrier-16 décembre : à LE ROY, menuisier, pour parfait payement des ouvrages de menuiserie qu'il a faits au grand vaisseau du canal de Versailles (3 p.). 2764ʰ

5 avril-9 novembre : à ANGLEBERT, menuisier, à compte des ouvrages de menuiserie qu'il fait pour Trianon (3 p.)............................. 1900ʰ

5 avril-9 novembre : à DIONIS, idem (3 p.). 1900ʰ

17 octobre : à DIONIS, pour le bois qu'il a fourny aux Anglois qui font l'essay d'une machine pour voguer à tout vent sur le canal de Versailles............ 86ʰ

5 may-17 juin : à GRIMBOIS, menuisier, pour payement de menues réparations de menuiserie qu'il a faites au chasteau de Versailles (2 p.)......... 656ʰ 12ˢ

24 juillet-15 janvier : à luy, à compte de ses ouvrages et des ais qu'il fournit et met autour des planches de fleurs à Trianon (4 p.)................. 1400ʰ

18 novembre-6 décembre : à luy, pour le travail qu'il fait à une machine de moulin à vent sur le canal de Versailles (2 p.)....................... 213ʰ 10ˢ

20 may-16 décembre : à COUVREUX, menuisier, à compte de ses ouvrages de menuiserie au chasteau de Versailles (4 p.)...................... 6500ʰ

24 juillet 1670-4 janvier 1671 : à LAVIER, menuisier, à compte de ses ouvrages de menuiserie au chasteau de Versailles (4 p.)...................... 16300ʰ

15 janvier 1671 : à luy, pour parfait payement des ouvrages de menuiserie qu'il a faits à Versailles et à la Ménagerie pendant les années 1664 et 1665.. 1660ʰ 12ˢ

5 septembre-26 janvier 1671 : à PROU et BURETTE, menuisiers, à compte de leurs ouvrages de menuiserie au chasteau de Versailles (2 p.)....... 2200ʰ

9 novembre : à PROU, pour avoir fourny la menuiserie de dix grandes bordures de miroir pour Trianon. 930ʰ

15 janvier 1671 : à BERGERAT et LA CROIX, autres menuisiers, à compte de leurs ouvrages........... 600ʰ

Somme de ce chapitre...... 46210ʰ 14ˢ

SERRURERIE.

18 febvrier 1670-4 janvier 1671 : à MARIE et BOUTET,

---

[1] Quelquefois, au lieu de l'église, le registre dit : la chapelle de Versailles, c'est-à-dire la chapelle du château.

ANNÉE 1670. — VERSAILLES.

serruriers, à compte de leurs ouvrages de serrurerie au chasteau de Versailles (11 p.) 36800ᵗᵗ

29 mars : à eux, pour parfait payement de 13250ᵗᵗ à quoy montent les ouvrages de serrurerie qu'ils ont faits à Versailles en 1669................... 1030ᵗᵗ 9ˢ

5 may : à Marie, serrurier, pour menus ouvrages de serrurerie faits au chasteau de Versailles 35ᵗᵗ 18ˢ

5 avril-5 septembre : à Hardy, serrurier, à compte de ses ouvrages de serrurerie pour Trianon (5 p.). 3600ᵗᵗ

5 avril-5 septembre : à Nicolle, autre serrurier, *idem* (6 p.) 4100ᵗᵗ

12 may : à Delobel[1], à compte du balcon et des portes de fer qu'il fait pour Versailles (4 p.) 9600ᵗᵗ

24 octobre : à Potier, serrurier, pour parfait payement de ses ouvrages à Versailles.......... 579ᵗᵗ 11ˢ

18 novembre : à Secret, serrurier, pour paiement du fer qu'il a fourny pour porter les dix grands miroirs qui sont à Trianon 90ᵗᵗ

4 janvier 1671 : à Doyart, à compte de ses ouvrages de serrurerie pour Versailles............... 2000ᵗᵗ

Somme de ce chapitre..... 57835ᵗᵗ 18ˢ

VITRERIE.

10 mars 1670-4 janvier 1671 : à la veuve Lorget, vitrier, à compte de ses ouvrages de vitrerie au chasteau de Versailles (6 p.)..................... 7800ᵗᵗ

3 juillet 1670-15 janvier 1671 : à la veuve Vierrey, *idem* (4 p.)........................ 2200ᵗᵗ

Somme de ce chapitre......... 10000ᵗᵗ

PEINTURE, SCULPTURE, DORURE ET ORNEMENS.

24 janvier : à Le Gros, sculpteur, à compte des groupes d'enfans qu'il fait pour les bassins de l'allée d'eau de Versailles 500ᵗᵗ

1ᵉʳ mars : à luy, à compte des bas-reliefs qu'il fait à la fontaine du hault de l'allée d'eau............ 1600ᵗᵗ

18 novembre : à luy, à compte des figures qu'il fait pour mettre au-dessus des balcons de Versailles... 300ᵗᵗ

25 may-24 décembre : à luy, parfait payement des ouvrages de sculpture qu'il a faits à Versailles (4 p.). 3650ᵗᵗ

24 janvier 1670-26 janvier 1671 : au sʳ Guérin, sculpteur, à compte du groupe de marbre blanc, représentant les chevaux du Soleil, qu'il fait pour la Grotte de Versailles (5 p.)............................ 4400ᵗᵗ

24 janvier-24 décembre : à Gaspard et Balthazard de Marsy, à compte du groupe de marbre blanc qu'ils font pour lad. Grotte (4 p.)................ 2600ᵗᵗ

1ᵉʳ mars-24 décembre : à eux, pour leur parfait payement du grouppe d'une Latonne de marbre blanc avec deux enfans, Apollon et Diane, et dix figures de paysans qui se changent en grenouilles, qui ont esté posez dans trois bassins[2] de Versailles (4 p.)............ 5000ᵗᵗ

20 may-20 aoust : à eux, à compte des figures qu'ils font pour mettre sur les balcons du nouveau bastiment de Versailles (2 p.)....................... 1400ᵗᵗ

9 novembre : aux nommez Marsy, Le Gros, Massou, Houzeau et Le Hongre, sculpteurs, à compte des trophées de sculpture qu'ils font pour mettre à la balustrade de Versailles............................. 2000ᵗᵗ

24 janvier-16 décembre : à Girardon et Regnauldin, sculpteurs, à compte du grand grouppe de marbre blanc qu'ils font pour la Grotte de Versailles (3 p.)... 2750ᵗᵗ

6 febvrier 1670-26 janvier 1671 : à Girardon, à compte des ornemens qu'il fait aux fontaines de Versailles (6 p.)................................ 9300ᵗᵗ

16 décembre : à luy, à compte des bustes qu'il fait et d'autres qu'il répare pour mettre à Versailles... 2000ᵗᵗ

24 janvier 1670-15 janvier 1671 : à Misson, marbrier, à compte de ses ouvrages de marbrerie au chasteau de Versailles (7 p.)..................... 26000ᵗᵗ

24 janvier : à Le Dru, marbrier, pour la façon de deux chambranles faits et fournis pour Versailles. 165ᵗᵗ

6 febvrier 1670-15 janvier 1671 : à Le Hongre, sculpteur, à compte des ouvrages de sculpture qu'il fait aux fontaines de l'allée d'eau à Versailles (7 p.). 4500ᵗᵗ

5 may : à luy, à compte des modelles qu'il fait pour les appartemens de Versailles................ 1500ᵗᵗ

6 febvrier 1670-4 janvier 1671 : à Gouet[3], peintre et doreur, à compte des ouvrages de peinture et dorure qu'il fait à Versailles (6 p.)............... 13200ᵗᵗ

1ᵉʳ mars : à luy, pour parfait payement de 4226ᵗᵗ à quoy montent les ouvrages et ornemens de peinture et dorure qu'il a faits à l'église de Versailles et dans le chasteau jusqu'au mois d'octobre de 1669........ 826ᵗᵗ 8ˢ

29 avril : à luy, à compte de la dorure qu'il fait au vaisseau de Versailles..................... 400ᵗᵗ

6 febvrier-1ᵉʳ juin : à Mazelines, sculpteur, pour parfait payement de 9200ᵗᵗ à quoy monte la sculpture qu'il a faite au grand vaisseau du canal (3 p.)....... 4800ᵗᵗ

1ᵉʳ juin-27 novembre : à luy, à compte des ouvrages de sculpture et stuc qu'il fait à Trianon (4 p.).. 6900ᵗᵗ

6 febvrier 1670-26 janvier 1671 : à Pierre Mesnard,

---

[1] Ou Lobel.

[2] Ou plutôt trois cuvettes dans un même bassin, car il ne s'agit ici que du seul bassin de Latone.

[3] On trouve aussi Goy ou Gouay.

marbrier, à compte des ouvrages qu'il fait à Versailles (7 p.)............................. 5200ʰ

27 novembre : à luy, pour son parfait payement d'avoir posé des carreaux de fayence à Trianon...... 429ʰ 5ˢ

6 febvrier - 17 octobre : à Buister, sculpteur, pour parfait payement des chambranles et foyers qu'il a fournis pour le Roy (2 p.)............................. 2700ʰ

6 febvrier - 1ᵉʳ mars : à Berthier, rocailleur, à compte des chandeliers qu'il a faits pour la Grotte de Versailles (2 p.)..................................... 800ʰ

1ᵉʳ mars : à Baptiste Tuby[1], sculpteur, à compte de l'ornement de fontaine qu'il fait au bassin des cignes à Versailles................................... 1500ʰ

1ᵉʳ mars - 7 aoust : à luy, à compte d'un autre ornement de fontaine qu'il fait, représentant une couronne portée par des Tritons (3 p.)............... 3000ʰ

5 avril 1670 - 26 janvier 1671 : à luy, à compte de deux figures de marbre qu'il fait pour la Grotte (2 p.).... 2400ʰ

5 avril 1670 - 26 janvier 1671 : à luy, à compte du Soleil levant et autres ornemens de fontaine (4 p.).... 4000ʰ

18 novembre : à luy, à compte des figures qu'il fait pour mettre sur la corniche des balcons........ 400ʰ

1ᵉʳ mars - 27 novembre : à Bonsergent et Pierre Noel, doreurs, pour leur parfait payement de la dorure de deux enfans et de tous les ornemens des sphinx de marbre de Versailles (4 p.)............... 2600ʰ

1ᵉʳ mars - 24 juin : à Le Grand et Poissant, sculpteurs, pour parfait payement des consoles pour poser des bustes et vases qu'ils ont mis sur les lucarnes du chasteau de Versailles (3 p.)......................... 1960ʰ

24 juillet : à Le Grand et Bernard, pour parfait payement de leurs ouvrages de stuc à Versailles..... 875ʰ

9 novembre : à eux, pour le paiement d'une corniche de stuc qu'ils ont faite dans la pièce où estoit l'ancienne chapelle de Versailles........................ 360ʰ

1ᵉʳ mars : à Guénard, doreur, pour parfait payement de 2350ʰ à quoy monte la dorure qu'il a faite à une galiote qui est sur le canal de Versailles........ 550ʰ

1ᵉʳ mars : à Francart, peintre, pour parfait payement de 1100ʰ à quoy montent les ouvrages de peinture qu'il a faits à une galiotte du grand canal............. 600ʰ

5 may 1670 - 15 janvier 1671 : à luy, pour son parfait payement des ouvrages de peinture qu'il a faits aux grands vaisseaux du canal (4 p.)................... 3308ʰ

17 octobre : à luy, à compte des dessins qu'il a faits pour les planchers et platfonds de Trianon...... 300ʰ

17 octobre - 1ᵉʳ novembre : à Francart, des Gobelins et Francart, peintres[2], à compte des ouvrages de peinture qu'ils font pour les platfonds de Trianon (2 p.)... 1200ʰ

1ᵉʳ mars - 20 aoust : à Duval, fondeur, pour parfait payement des deux enfans qu'il fait et ornemens de bronze des deux sphinx de marbre blanc qui sont à Versailles (4 p.)............................ 1800ʰ

6 décembre : à luy, à compte d'un enfant qu'il fait pour ornement de fontaine, et de deux vases pour Versailles.................................. 800ʰ

1ᵉʳ mars - 20 aoust : à Simon Dubois et consorts, doreurs, pour parfait payement de la dorure à feu de deux figures de Tritons, des coquilles de la court de Versailles (3 p.).................................. 600ʰ

5 avril : au sʳ Hotzeau, à compte des ornemens de sculpture qu'il fait aux souches de cheminées de Versailles.................................. 900ʰ

20 may 1670 - 4 janvier 1671 : à luy, à compte des Termes, vases et autres ornemens qu'il fait pour le chasteau (6 p.).............................. 8400ʰ

5 avril - 15 novembre : à Manière[3] et Le Gendre, pour leur parfait payement des bas-reliefs qu'ils font pour le bassin de l'allée d'eau (2 p.).................. 1100ʰ

5 avril 1670 - 15 janvier 1671 : à Le Gruz, marbrier, à compte des ouvrages de marbre qu'il fait pour Versailles (5 p.).................................. 11800ʰ

5 may : à Lelambert, sculpteur, à compte des ornemens qu'il fait aux fontaines..................... 800ʰ

20 may 1670 - 4 janvier 1671 : à Pasquier, marbrier, à compte des ouvrages de marbre qu'il fait au chasteau de Versailles (5 p.)........................... 6200ʰ

27 novembre : à luy, à compte des carreaux qu'il pose et autres ouvrages qu'il fait à Trianon........ 500ʰ

24 juin : à Pasquier et Delegre, marbriers, pour huit bazes et huit chapiteaux de marbre blanc qu'ils ont faits et posez à Versailles pour les huit colonnes du balcon de la cour................................ 880ʰ

1ᵉʳ juin : à Valet et consors, doreurs, à compte des ornemens de fontaine qu'ils dorent à Versailles.. 1800ʰ

1ᵉʳ juin - 18 novembre : à Magnon, sculpteur, pour son entier paiement des glaçons qu'il a taillés au grand bassin de l'allée d'eau de Versailles (2 p.)....... 759ʰ 10ˢ

---

[1] Désigné souvent, ici et ailleurs, sous le seul nom de Baptiste, comme d'autres artistes italiens auxquels on ne donne que leur nom de baptême; ainsi Temporiti est souvent appelé Francisque.

[2] François Francart était employé aux Gobelins comme peintre d'ornements pour les tapisseries; son frère était peintre aussi, mais membre seulement de l'Académie de Saint-Luc. (Voyez Jal.)

[3] Ou Magnier.

8 juin : à Guyot, sculpteur, pour parfait payement de 1200ᵗᵗ pour quatre bustes de marbre blanc qu'il a fournis pour Versailles...................... 900ᵗᵗ

17 juin – 12 septembre : à Masson, sculpteur, pour parfait payement des ornemens de fruits et fleurs qu'il fait pour l'allée d'eau de Versailles (3 p.)....... 920ᵗᵗ

16 décembre : à luy, à compte des figures et bas-reliefs qu'il fait pour Versailles................... 300ᵗᵗ

17 juin 1670 – 4 janvier 1671 : à Cucci, ébéniste et fondeur, à compte des garnitures de bronze qu'il fait pour les portes et croisées de Versailles (3 p.)....... 3200ᵗᵗ

31 juillet : à Muzard, à compte des toilles mastiquées qu'il met sous l'aire des petites courts de Versailles. 3000ᵗᵗ

A Valet, Gaillard et Boutillier, à compte des ouvrages de peinture qu'ils font à Versailles...... 500ᵗᵗ

31 juillet 1670 – 4 janvier 1671 : à Le Hongre, peintre, à compte des ouvrages de peinture qu'il fait à Trianon (4 p.)........................... 9200ᵗᵗ

16 décembre : à luy, pour son paiement d'avoir fait plusieurs modèles à Versailles............... 150ᵗᵗ

20 aoust : à Raon, sculpteur, à compte des figures qu'il fait pour Versailles...................... 200ᵗᵗ

20 aoust – 27 novembre : à Desjardins, sculpteur, *idem* (2 p.)................................ 600ᵗᵗ

20 aoust – 27 novembre : à Le Maire, fondeur, à compte des ouvrages qu'il fait pour Versailles (3 p.)... 2200ᵗᵗ

20 aoust : à Loir, peintre, à compte de ses ouvrages de peinture à Versailles..................... 1000ᵗᵗ

28 aoust – 1ᵉʳ novembre : à Bailly, peintre, pour son parfait payement d'avoir bronzé l'Appollon, le char et les quatre chevaux qui font l'ornement d'une fontaine à Versailles (2 p.)........................... 900ᵗᵗ

5 septembre : à Doyart, pour son remboursement de la dorure de la ferrure du vaisseau du canal..... 255ᵗᵗ

A Roger, sculpteur, à compte des figures qu'il fait pour Versailles................................ 200ᵗᵗ

2 octobre – 16 décembre : à Mataut, marbrier, à compte des ouvrages de marbre qu'il fait pour Versailles (2 p.).............................. 450ᵗᵗ

1ᵉʳ novembre : à Pinabel, pour son parfaict paiement des coquilles de marbre qu'il a fournies à la Grotte de Versailles............................ 100ᵗᵗ

A Le Maire, fayencier, pour son parfait paiement des carreaux de Holande qu'il a fournis pour Trianon........................... 3363ᵗᵗ 15ˢ

9 novembre : à Caffier et Lespagnandel, pour leur paiement de la sculpture de dix grandes bordures de miroirs qui sont à Trianon.................. 1440ᵗᵗ

18 novembre : à Le Gendre, miroitier, pour plusieurs miroirs qu'il a fournis à Versailles.......... 3763ᵗᵗ

A La Baronnière, peintre, pour avoir peint et verny les bordures des dix grands miroirs qui sont à Trianon. 398ᵗᵗ

27 novembre : à Ennard, sculpteur, à compte des figures qu'il fait pour Versailles.............. 300ᵗᵗ

27 novembre 1670 – 4 janvier 1671 : à Derbais, marbrier, à compte des ouvrages de marbre qu'il fait pour Versailles (2 p.)........................ 3000ᵗᵗ

4 janvier 1671 : à Coipel, peintre, pour son paiement d'un grand tableau et deux moindres qu'il a faits pour le grand autel de l'église de Versailles.......... 2000ᵗᵗ

Somme de ce chapitre..... 200652ᵗᵗ 18ˢ

PAVÉ.

20 may – 9 novembre : à Aubry, paveur, à compte des ouvrages de pavé qu'il fait à Versailles (3 p.).. 3400ᵗᵗ

JARDINAGES.

5 avril – 18 novembre : à Masson, jardinier, pour son remboursement de ce qu'il a payé aux ouvriers qui ont labouré et fait plusieurs réparations dans le potager de Versailles (3 p.)............... 616ᵗᵗ 13ˢ

9 juillet : à luy, pour remboursement de pareille somme qu'il a payée pour des fumiers pour Versailles. 307ᵗᵗ 5ˢ

5 avril : à Isaye, terrassier, pour avoir défriché partie du jardin de Trianon.................. 320ᵗᵗ

5 avril – 9 juillet : à Marin Trumel, jardinier, à compte du port de sable et du régallement des terres des allées autour du canal (2 p.)................... 4300ᵗᵗ

17 octobre : à luy, pour les fleurs, plantes et arbrisseaux qu'il a fournis pour le parterre à fleurs de Versailles......................... 2000ᵗᵗ

16 décembre : à luy, pour le régallement par luy fait de 19 arpens 64 perches de terre dans le grand parc de Versailles............................. 855ᵗᵗ

29 avril – 16 juillet : aux nommez Colinot, Roty et consortz, jardiniers, à compte des treillages qu'ils font à Triannon et à Versailles (3 p.)....... 1438ᵗᵗ 15ˢ 5ᵈ

3 juillet – 17 octobre : à Colinot, pour parfait payement du sable de rivière qu'il fournit à Trianon (2 p.). 1761ᵗᵗ

15 janvier 1671 : à luy, pour le travail de jardinage qu'il a fait dans les bosquets de Versailles..... 57ᵗᵗ 7ˢ

8 juin : à Le Bouteux, pour soixante jasmins d'Espagne fournis à Trianon........................ 900ᵗᵗ

3 juillet – 6 décembre : à luy, pour orangers et tubéreuses qu'il a fournis à Trianon (2 p.)..... 2029ᵗᵗ 10ˢ

17 juin 1670 – 26 janvier 1671 : au sʳ Le Ménestrel, pour son remboursement de ce qu'il a payé et avancé aux ouvriers et chartiers, terrassiers et manœuvres qui ont

dressé les terres des jardins et les allées du grand parc de Versailles, depuis le 14 avril 1670 jusqu'au 24 janvier 1671 (4 p.).................... 10761^{tt} 16^s 8^d

24 juin 1670 - 26 janvier 1671 : à luy, pour remboursement de ce qu'il a avancé aux jardiniers, terrassiers, charretiers et manœuvres qui ont labouré, fumé et remué les terres des jardins de Trianon et de Clagny, depuis le 5 avril 1670 jusqu'au 24 janvier 1671 (3 p.). 22956^{tt} 13^s

3 juillet : à Houdin, jardinier, pour remboursement de ce qu'il a payé aux ouvriers qui ont taillé les lauriers cerise et filería des treilles dans les courts de la Mesnagerie de Versailles......................... 147^{tt} 3^s

9 juillet : à Lalux et Chepdeville, pour parfait payement de leur fourniture d'arbres pour les avenues de Versailles, et des labours des remises de la plaine Saint-Denis........................ 625^{tt} 18^s

16 décembre : à Lalux, pour son paiement de plusieurs arbres qu'il a fournis pour les avenues de Versailles............................. 485^{tt} 10^s

24 juillet-12 septembre : à Dauvergne, pour parfait remboursement de la dépense des fumiers qu'il a achetez et fait voiturer de Saint-Germain à Trianon (3 p.). 3061^{tt} 17^s

31 juillet : à Louis Barbier, pour avoir régalé les recoupes et sable de rivière, et battu toutes les allées du jardin de Trianon.................... 900^{tt}

14 aoust 1670 - 4 janvier 1671 : à Dupuis et Houdouin, jardiniers, à compte des labours qu'ils sont obligez de faire aux grands et petits plants des avenues et parc de Versailles (2 p.).......................... 3700^{tt}

9 novembre : à eux, à compte des ormes qu'ils plantent à Versailles......................... 3600^{tt}

6 décembre : à Dupuis, jardinier, pour plusieurs hyacintes orientalles qu'il a fournies pour le parterre à fleurs qui est au-dessus de l'orangerie de Versailles... 209^{tt}

5 septembre : à Giné, pour perches et ozier qu'il a fourny pour Versailles................ 120^{tt}

2 octobre : à Descoyz et Jacques ...¹, jardiniers, pour cent quatre ifs qu'ils ont fournis pour l'allée d'eau de Versailles........................... 708^{tt}

17 octobre : à Colin, pour employer en achapt d'arbrisseaux, de plantes et de fleurs pour Trianon et pour l'orangerie du Roullé................. 1000^{tt}

1er novembre : à Chapotot, pour neuf mille oignons, tant narcisses de Constantinople que jacintes et autres fleurs qu'il a fournies pour les jardins de Trianon. 1000^{tt}

9 novembre : à Esmonni et Voille, pour voitures de fumiers faites à Trianon.................. 896^{tt}

16 décembre 1670 - 4 janvier 1671 : à Jacques Vautier, aiant l'entretenement du jardin potager de Versailles, pour le fumier qu'il a achepté et la voiture d'icelluy (2 p.).................................... 478^{tt} 19^s

24 décembre : à Julienne, jardinier, pour quarante-sept sapins fournis à Versailles............. 235^{tt}

26 janvier 1671 : à Murisier, chaudronnier, à compte des vazes de cuivre qu'il fait pour mettre des ifs et autres arbrisseaux....................... 400^{tt}

Somme de ce chapitre.... 65871^{tt} 9^s 1^{d 2}

FOUILLES ET TRANSPORTS DE TERRE.

24 janvier - 1er juin : à Dupuis et Houdouin, jardiniers, à compte des labours qu'ils font aux plants de Versailles (2 p.) .... 3100^{tt}

24 janvier - 21 avril : aux manœuvres et terrassiers qui ont travaillé à la journée à Versailles, depuis le 3 décembre 1669 jusqu'au 12 avril 1670 (4 p.).. 2813^{tt} 9^s

21 avril : aux ouvriers qui ont travaillé à la journée à porter de bonnes terres et les dresser dans les jardins de Trianon....................... 2672^{tt} 7^s 6^d

24 janvier - 6 febvrier : à Feuillastre et Isaye, pour leur parfait payement de 4413^{tt} 15^s à quoy montent les ouvrages de corroy qu'ils ont mis derrière les murs du canal (2 p.)......................... 2113^{tt} 15^s

21 avril - 12 may : à Isaye Le Jeune, terrassier, pour parfait payement du transport des terres du cimetière de Trianon dans celui de Choisy (2 p.)......... 2945^{tt}

20 may - 18 novembre : à luy et consorts, à compte des terres qu'ils transportent à Trianon (4 p.)... 9300^{tt}

9 juillet : à Feuillastre et aux héritiers de Petit, fontainier, pour payement des ouvrages qu'ils ont faits à Versailles en 1668................... 300^{tt}

5 may : à Feuillastre et Martinet, à compte des ouvrages de corroy qu'ils font tant au canal des cygnes, grand réservoir, qu'aux grandes pièces d'eau des deux bouts du canal de Versailles................ 2200^{tt}

3 juillet 1670 - 4 janvier 1671 : aud. Feuillastre, à compte du corroy qu'il fait pour les grandes pièces d'eau qui se font aux deux bouts du canal (5 p.)..... 5388^{tt}

3 juillet 1670 - 4 janvier 1671 : aud. Martinet, à compte de corroy qu'il fait au grand réservoir et à deux autres réservoirs de Versailles (5 p.)......... 6000^{tt}

6 febvrier : à Boursault, terrassier, pour parfait payement de 4431^{tt} 13^s 4^d à quoy montent les terres qu'il a portées le long d'une allée du canal..... 631^{tt} 13^s 4^d

29 mars - 12 may : à Guinoi et consorts, terrassiers,

---

¹ Le nom a été laissé en blanc.

² Le total exact est 65871^{tt} 7^s 1^d.

à compte des terres qu'ils transportent à Trianon (3 p.).................................. 1513ᵗᵗ 17ˢ

16 décembre : à Jean Quinot[1], à compte des terres qu'il transporte pour régaler le terrain autour des moulins de Trianon.............................. 700ᵗᵗ

21 avril – 1ᵉʳ novembre : à Houet et Boursault, terrassiers, à compte de la fouille de terre qu'ils font aux deux pièces d'eau qui se trouvent aux deux bouts du canal (5 p.).................................. 46300ᵗᵗ

15 janvier 1671 : à Houet, terrassier, à compte des terres qu'il transporte à Trianon............ 1500ᵗᵗ

7 may – 17 octobre : à Trumel, jardinier, à compte du régallement qu'il fait des terres et allées du grand parc de Versailles (2 p.)................... 1963ᵗᵗ 5ˢ

26 janvier 1671 : à Trumel et Henry Dupuis, à compte des terres qu'ils fouillent pour faire une grande pièce d'eau dans le petit parc................... 1500ᵗᵗ

9 juillet : à Muzard, fontainier, à compte de la citerne qu'il fait à Versailles................... 8900ᵗᵗ

14 aoust – 9 novembre : à luy, à compte des tranchées et pierrées qu'il fait pour la conduite des eaux bonnes à boire pour Versailles (2 p.)............... 3300ᵗᵗ

4 janvier 1671 : à luy, à compte de ses ouvrages au réservoir de Trianon................... 1000ᵗᵗ

14 – 20 aoust : à Baudouin, terrassier, pour son paiement d'avoir démolly et remply de conroy partie de la voulte qui passe sous le canal de Versailles (2 p.). 216ᵗᵗ

21 septembre : à Chevalier, fontainier, à compte du conroy qu'il fait au réservoir de Trianon...... 1200ᵗᵗ

20 aoust – 24 octobre : au sʳ Le Ménestrel, pour remboursement de pareille somme par luy payée aux ouvriers, terrassiers et gens de journée qui ont travaillé à porter et dresser des terres et voiturer des fumiers à Trianon, depuis le 23 juin jusqu'en octobre (2 p.).... 18465ᵗᵗ 2ˢ

24 octobre : à luy, idem des gens de journée qui ont travaillé à fouiller et remuer les terres à Versailles et planter des ifs et des sapins dans l'allée d'eau depuis le 25 aoust......................... 2335ᵗᵗ 3ˢ

24 octobre 1670 – 26 janvier 1671 : à Chastelain, Fillet et Lasnien, à compte des terres qu'ils transportent à l'une des pièces d'eau du bout du canal de Versailles (4 p.)................................. 4700ᵗᵗ

17 octobre : à La Treille, jardinier, à compte du conroy du réservoir de Trianon.............. 1500ᵗᵗ

15 octobre 1670 – 4 janvier 1671 : à Viant et Maron,

[1] C'est très-probablement le même individu que le Guinot de l'article précédent.

terrassiers, à compte des terres qu'ils transportent de la grande avenue dans l'avant-court (4 p.).... 10300ᵗᵗ

18 novembre : à Millard, pour trente trois voyes de terreau qu'il a fait voiturer pour Trumel à Versailles. 448ᵗᵗ 10ˢ

Somme de ce chapitre... 143305ᵗᵗ 14ˢ 10ᵈ

PARTIES EXTRAORDINAIRES.

24 janvier : à Marinier, chaudronnier, pour parfait payement de 1622ᵗᵗ 10ˢ à quoy montent les ouvrages de chaudronnerie qu'il a faits tant à la nape de l'allée d'eau qu'au thuyau de cuivre qui traverse l'estang de Clagny...................................... 522ᵗᵗ 10ˢ

6 febvrier – 9 juillet : à luy, pour plusieurs ouvrages qu'il a faits tant à Versailles, Saint-Germain, qu'à la Pompe du Pont-Neuf (2 p.)............... 1290ᵗᵗ 6ˢ

6 décembre : à luy, pour plusieurs réparations qu'il a faites aux fontaines de Versailles.......... 50ᵗᵗ 14ˢ

24 janvier – 29 avril : à Marquet, à compte du restablissement des conduites des fontaines de Versailles (2 p.).................................. 600ᵗᵗ

8 juin : à Marquet et Girard, à compte des ouvrages qu'ils font à Versailles.................. 1400ᵗᵗ

24 janvier – 1ᵉʳ mars : à Jacquier, machiniste, à compte des machines qu'il fait pour une course de bagues à Versailles (2 p.).......................... 2700ᵗᵗ

24 janvier – 21 septembre : à Motelet, frotteur de parquet, pour avoir frotté à plusieurs et diverses fois tous les planchers des apartemens de Versailles (3 p.).. 630ᵗᵗ

24 janvier : à Estienne Delion, nattier, pour la natte qu'il a fournie pour les trois portes de la Grotte.. 117ᵗᵗ

28 aoust – 24 octobre : à luy[2], à compte de la natte qu'il fournit pour la couverture des orangers à Trianon (2 p.).................................. 800ᵗᵗ

6 febvrier : aux ouvriers de Versailles qui ont travaillé à la journée, pendant la semaine finie le 24 décembre 1669, à remplir les glacières.............. 809ᵗᵗ

1ᵉʳ mars : aux ouvriers qui ont amassé les neiges au pied des arbres des avenues de Versailles..... 105ᵗᵗ 2ˢ

6 febvrier – 12 septembre : à Muzard, fontainier, à compte des tranchées et pierrées qu'il fait pour l'eau bonne à boire à Versailles (3 p.)................. 4200ᵗᵗ

1ᵉʳ mars – 12 septembre : à luy, à compte de la citerne qu'il fait à Versailles (3 p.)............... 20600ᵗᵗ

1ᵉʳ mars : à luy, à compte des auges qu'il fait pour conduire l'eau de la descharge de l'estang de Clagni dans le canal de Versailles................... 2400ᵗᵗ

[2] Son nom est aussi écrit Delions et Delyon.

24 juillet : à luy, à compte des moulins à vent qu'il construit dans le grand parc de Versailles...... 8000^{tt}

12 septembre-16 décembre : à luy, à compte des moulins qu'il fait pour eslever de l'eau à Trianon (3 p.). 8300^{tt}

27 novembre 1670-4 janvier 1671 : à luy, à compte des toiles mastiquées qu'il pose sur les voultes de l'avant-court du chasteau de Versailles (2 p.)............ 7500^{tt}

1er mars : à DAUVERGNE, pour parfait payement et remboursement de la dépense qu'il a faite à la forest des Lyons et de la Neufville pour faire arracher et voiturer des petits plans pour Versailles......... 984^{tt} 7^s 6^d

A LUCAS, pour trois bustes de marbre qu'il a vendus et fournis à Versailles..................... 600^{tt}

A GUIOT, à compte de six bustes qu'il fait à six testes antiques pour Versailles.................. 300^{tt}

A BOIVIN et CAMUS, terrassiers, pour leur payement d'avoir régalé une allée à Trianon........ 127^{tt} 10^s

A ISAYE, autre terrassier, idem.......... 190^{tt} 10^s

A GIRIÉ, pour son paiement de la paille, perches et ozier qu'il a fournis pour la glacière de Versailles. 216^{tt} 2^s

5 avril : aux compagnons charpentiers qui ont travaillé jusqu'au 22 mars dernier à la machine qui se fait à Buc............................... 198^{tt} 7^s

A BOURSAULT, pour ce qu'il a payé aux ouvriers qui ont desmoli la grange de Trianon et autres bastimens................................. 727^{tt} 4^s 2^d

3 juillet : à luy, pour menues dépenses... 668^{tt} 10^s

1er novembre : à luy, pour son remboursement de ce qu'il a payé aux ouvriers qui ont travaillé à la dernière feste de Versailles..................... 181^{tt} 10^s

5 avril : à PREVOST et PICARD, fondeurs, pour avoir resoudé en plusieurs endroits deux Tritons à Versailles. 100^{tt}

A DUPUIS et HOUDOUIN, pour parfait payement de 6277^{tt} 10^s à quoy montent les labours et rigolles par eux faits des grands et petits plans des parc et avenues de Versailles......................... 1776^{tt} 10^s

28 aoust : à HOUDOUIN, pour avoir fait faucher les roseaux et herbes des quatre estangs de Versailles... 400^{tt}

18 novembre : à luy, pour avoir coupé les herbes du canal............................... 54^{tt} 15^s

26 janvier 1671 : à HENRY DUPUIS, jardinier, pour un millier d'ormes qu'il a vendus pour planter à Versailles................................. 300^{tt}

5 avril : à CARON, marchand de bois, pour le bois d'orme qu'il a fourni pour les affus de canon du grand vaisseau du canal..................... 177^{tt} 5^s

5 avril-9 juillet : à JOACHIM[1], fayencier à Lisieux,

pour parfait payement des carreaux de fayence qu'il a fournis pour Trianon (2 p.)............. 926^{tt} 12^s 6^d

5 avril : à LEMAIRE, fayencier, pour 600 cloches à melons qu'il a fournies, tant à Versailles qu'à Saint-Germain............................... 270^{tt}

A luy, à compte des carreaux de Hollande qu'il fournit pour Trianon............................ 600^{tt}

5 may : à NOISETTÉ, pour avoir voituré sur des binartz quatre chevaux de plomb des Gobelins à Versailles. 600^{tt}

14 aoust : à luy, pour avoir voituré la figure et les chevaux d'Apollon à Versailles............... 270^{tt}

1er juin : à BERTHIER, rocailleur, pour parfait payement de 1980^{tt} à quoy montent les réparations qu'il a faites aux chandelliers et rocailles de la Grotte de Versailles. 1180^{tt}

17 juin : à MARTINOT, pour une horloge à pendule qu'il a fournie et posée à Versailles........... 650^{tt}

A LE ROY, menuisier, pour les affusts de canons du vaisseau de Versailles.................... 1280^{tt}

9 juillet : à JEAN CHAUVET, pour huit cens ais de batteau qu'il a fournis pour Trianon................. 620^{tt}

24 juillet : à DENIS, ingénieur, pour une pompe et conduite de thuyaux de grais à Trianon.... 743^{tt} 16^s

2 octobre : à CLAUDE DENIS, fontainier, pour un mois de travail qu'il a employé pour racommoder plusieurs fontaines de Versailles avec un compagnon et deux garçons................................. 226^{tt}

18 novembre : à luy, pour le louage de quatre pompes qu'il a fournies à Versailles............. 287^{tt} 10^s

4 janvier 1671 : à luy, pour son remboursement du charbon qu'il a fourni pour les fontaines de Versailles, et pour ses journées et celles de deux autres compagnons jusques au 1er novembre dernier........ 465^{tt} 13^s 4^d

3 janvier 1671 : à luy, ayant l'entretenement de la pompe et de toutes les fontaines de Versailles, pour deux mois dud. entretenement escheus le dernier décembre dernier, à raison de 6000^{tt} par an, suivant le marché fait avec luy............................... 1000^{tt}

14 aoust : à MOUTON et DEFER, voituriers, pour avoir voituré deux pierres de Vernon de Saint-Cloud à Versailles................................. 349^{tt}

A COLIN, pour remboursement de menues despences qu'il a faites pour Trianon, les Thuilleries et la pépinière du Roulle........................ 1436^{tt} 12^s

24 décembre : à luy, pour remboursement de pareille somme payée pour chaux et autres drogues pour blanchir les appartemens de Trianon............. 241^{tt} 8^s

28 juillet : à JEAN COLIN, pour remboursement de pareille somme payée à divers particuliers suivant nostre

---

[1] Ou JOACHIN.

ordre pour achat de plusieurs plantes et oignons de fleurs pour le jardin de Trianon.................. 6656ᵗᵗ

14 aoust : à Louis Daubray et consorts, pour fournitures par eux faites de paille pour recouvrir des glacières, et de perches et d'ozier pour le jardinage de Versailles.. 189ᵗᵗ

20 aoust : à Boucher, carryer, à compte des marches de liais qu'il fournit pour les escaliers de Versailles. 1000ᵗᵗ

20 aoust-15 novembre : à Marin Trumel, pour achat de charbon et autres dépenses pour les deux orangeries de Versailles, depuis le mois de décembre jusqu'au mois de febvrier (2 p.)....................... 255ᵗᵗ

20 septembre : à Parfait, pour remboursement de pareille somme qu'il a payée aux peintres, menuisiers et autres ouvriers, achapt de toille, clouds, bois et autres matériaux qui ont servy pour la décoration du feu d'artifice de la feste de Versailles................. 1376ᵗᵗ

A Caresme et Morel, artificiers, pour la menue despence qu'ils ont faite et peine de leurs hommes pour mettre les artifices en estat et les avoir tirez au feu de la feste de Versailles...................... 310ᵗᵗ

A Fortier, frippier, pour quatorze habits de démons pour les artificiers qui ont allumé le feu de la feste de Versailles........................... 140ᵗᵗ

A Cessier, pour la poudre qu'il a fournie pour charger quatre cents boettes d'artifice, les avoir chargées et amorcées et tirées aux festes de Versailles....... 267ᵗᵗ 18ˢ

A Dionys, pour le bois et peine d'ouvriers qui ont travaillé à faire les quaisses et les tréteaux du feu d'artifice de la feste de Versailles................. 352ᵗᵗ 10ˢ

2 octobre : à Petit, pour remboursement de pareille somme payée aux ouvriers qui ont travaillé à la dernière feste de Versailles...................... 159ᵗᵗ

12 septembre : à Lagnié, marchand, pour 1578ᵗᵗ de mastic qui ont esté envoyez à Versailles...... 157ᵗᵗ 16ˢ

21 septembre : à Chesneau et Devin, pour 130 voitures qu'ils ont faictes à Versailles à porter des figures et ornemens de fontaines, depuis le 23 avril dernier jusques au 11 du présent mois................. 1411ᵗᵗ

A Robert de Hainceville[1], fayencier, pour des carreaux de fayence qu'il a fournis pour Trianon........ 135ᵗᵗ

17 octobre : à Champentier, rocailleur, pour avoir restably la rocaille de la Grotte de Versailles...... 161ᵗᵗ

A Denys Nourry, frotteur de planchers, pour avoir frotté les planchers des appartemens de Versailles.. 70ᵗᵗ

20 septembre - 2 octobre : au sʳ Le Menestrel, pour remboursement de pareille somme qu'il a payée aux gens de journée qui ont porté les vases de l'orangerie dans l'allée d'eau et autres endroits du jardin de Versailles pour la feste du 6 septembre dernier (2 p.).. 235ᵗᵗ 10ˢ

2 octobre : à luy, pour remboursement de pareille somme payée aux ouvriers qui ont travaillé à la machine du sʳ Bractin[2] à Buc.................... 164ᵗᵗ

17 octobre : à luy, pour remboursement de ce qu'il a payé aux compagnons menuisiers, serruriers, sculpteurs, et autres, par gratiffication, en considération de la diligence qu'ils ont faite aux ouvrages de Trianon........ 150ᵗᵗ

A Jean Brutin, pour la manivelle et autres ouvrages qu'il a fournis à la pompe de Buc près Versailles. 559ᵗᵗ 8ˢ

18 novembre : à Bensaucourt, à compte de ses ouvrages de fil de laton à Versailles...................... 600ᵗᵗ

6 décembre : à de Saint-Étienne, pour plusieurs vases de fayence qu'il a fournis et plusieurs carreaux pour Trianon........................... 3299ᵗᵗ 16ˢ

16 décembre : à Mazeline, sculpteur, pour remboursement de ce qu'il a payé aux ouvriers qui ont garni de fer blanc et de corne en lame les fanaulx du grand vaisseau du canal de Versailles.................. 170ᵗᵗ

A Révérend, pour les carreaux de fayence par luy fournis à Trianon..................... 2816ᵗᵗ 12ˢ

8 mars : au sʳ de Villeromard, pour trente-deux petites pièces de canon qu'il a fait faire et fournies pour un grand vaisseau qui est sur le canal.......... 20599ᵗᵗ

18 juin : à M. l'archevesque de Paris pour les nonjouissances du prieuré de Versailles en 1669... 1100ᵗᵗ

4 janvier 1671 : à Millard, pour son remboursement de ce qu'il a payé à cinquante petitz maistres deschargeurs de pierre sur le port, et autres frais faits pour poser l'Appollon, son enfant et les quatre chevaux dans l'estang du parterre de Versailles................ 308ᵗᵗ 15ˢ

A Vuateois, vannier, à compte des masnes qu'il fait et fournit pour Versailles.................. 400ᵗᵗ

26 janvier 1671 : à Thenolde, rocailleur, pour plusieurs eschantillons de rocailles qu'il a fait venir de divers endroits pour Versailles..................... 70ᵗᵗ

18 juin : au prieur de Jardis, pour huit années de nonjouissance de deux arpens de pré dépendant dud. prieuré, enclos dans le parc du chasteau de Versailles, depuis l'année 1662 jusqu'au dernier décembre 1669, à raison de 30ᵗᵗ pour chacune année....................... 240ᵗᵗ

Aux cy-aprez nommez, sçavoir : au prieur de Choisy et

---

[1] Peut-être Haincheville, commune de la Seine-Inférieure, canton d'Eu.

[2] Un peu plus bas, ce machiniste est nommé Jean Brutin; il s'agit évidemment du même individu, malgré la différence des deux noms. Le copiste a souvent, on l'a remarqué plus d'une fois, défiguré les noms propres.

de Trianon-la-Ville, 660 ", pour les dismes qu'il a droit de prendre à cause dud. prieuré sur les terres enclozes dans le parc du chasteau de Versailles; 200ʰ à Jacques Nicolle, marguillier de l'œuvre et fabrique de l'église Saint-Pierre dud. Choisy, pour le revenu du pré Saint-Pierre, et 93ʰ à l'esglise de Trianon pour le revenu de 3 arpens 25 perches de pré, le tout enclos dans led. parc, pour l'année eschue le dernier décembre 1669.... 953ʰ

20 octobre : au sʳ Le Nostre, controolleur général des Bastimens, pour son travail extraordinaire pendant les années dernières à Versailles et Saint-Germain, pour tous les jardinages, terrasses et autres ouvrages..... 4000ʰ

25 novembre : aux religieux Carmes deschaussez, par gratification, en considération de ce qu'ils ont envoyez deux de leurs frères blanchir les appartemens du chasteau de Trianon............................ 600ʰ

14 janvier 1671 : à Le Bouteux, ayant l'entretenement du jardin de Trianon, tant pour son remboursement d'un voyage qu'il a fait à Orléans par nostre ordre pour faire venir des orangers pour led. Trianon, et pour le modelle en bois qu'il a fait faire dud. jardin, que pour ses peines et menues despenses, depuis le mois de mars dernier jusqu'à présent, à conduire tous les ouvrages de jardinages qui ont esté faitz aud. Trianon............. 1500ʰ

24 septembre : au capitaine Consolin, pour la solde et nourriture de cinquante-quatre mariniers pendant deux jours, et de soixante quatre pendant deux autres jours, qui ont servy sur les chaloupes et brigantins du canal de Versailles................................. 472ʰ

23 aoust : A Jean Frade, pour l'arrousage qu'il a fait aux arbres des allées et avenues de Versailles. 759ʰ 9ˢ 10ᵈ

31 décembre : à Feuillastre, fontainier, à compte du corroy qu'il fait à la pièce du bout du canal.... 1100ʰ

Somme de ce chapitre... 130911ʰ 9ˢ 4ᵈ

CHASTEAU DE SAINT-GERMAIN.

MAÇONNERIE.

24 janvier 1670-4 janvier 1671 : à La Rue et Abry, maçons, à compte des ouvrages de maçonnerie des murs de la grande terrasse de Saint-Germain (7 p.). 310200ʰ

6 febvrier 1670-26 janvier 1671: aud. La Rue, à compte des ouvrages et réparations de maçonnerie qu'il a faits au vieil chasteau de Saint-Germain (7 p.)....... 15800ʰ

26 janvier 1671 : à la veuve Lespine, maçon, à compte des ouvrages de maçonnerie faits par led. Lespine auxd. chasteaux........................ 400ʰ

Somme de ce chapitre..... 326400ʰ

CHARPENTERIE.

24 janvier : à Cliquin et Charpentier, charpentiers, pour les ouvrages qu'ils ont faits au pont du Pec. 1250ʰ

12 septembre : à Paul Charpentier et Dufay, charpentiers, pour leurs ouvrages à Saint-Germain.. 1564ʰ

18 febvrier 1669-4 janvier 1671 : à Dufay, charpentier, à compte de ses ouvrages de charpenterie auxd. chasteaux (7 p.)......................... 20400ʰ

Somme de ce chapitre......... 23214ʰ

COUVERTURE.

21 avril 1670-26 janvier 1671 : à Ivon, couvreur, à compte des ouvrages de couverture qu'il fait auxd. chasteaux (6 p.)........................... 6600ʰ

PLOMBERIE.

20 aoust : à Le Roy, plombier, à compte de ses ouvrages de plomberie à Saint-Germain.............. 1500ʰ

MENUISERIE.

6 febvrier 1670 : à Prou et Buirette, menuisiers, pour parfait payement de 9468ʰ 16ˢ 4ᵈ à quoy montent les ouvrages de menuiserie qu'ils ont faits dans le petit appartement du Roy à Saint-Germain..... 3068ʰ 16ˢ 4ᵈ

6 febvrier 1670-26 janvier 1671 : à Lavier, menuisier, à compte des ouvrages de menuiserie qu'il a faits à Saint-Germain (7 p.).......................... 23000ʰ

1ᵉʳ juin : à Barbier, menuisier, pour 77 caisses d'orangers qu'il a fournies à Saint-Germain pour le jardin du boulingrin.............................. 177ʰ

Somme de ce chapitre.... 26245ʰ 16ˢ 4ᵈ

SERRURERIE.

24 janvier 1670-4 janvier 1671 : à Boutrait, serrurier, à compte de ses ouvrages de serrurerie auxd. chasteaux (7 p.).............................. 14300ʰ

6 febvrier : à Laubel, serrurier, pour parfait payement de la balustrade de fer qu'il a faite au balcon des terrasses de Saint-Germain.................... 950ʰ

10 mars : à Nicolle, serrurier, à compte de ses ouvrages auxd. chasteaux.................... 500ʰ

14 aoust : à luy, pour parfait payement des ouvrages de serrurerie qu'il a faits à Saint-Germain-en-Laye en 1669.................................... 140ʰ

5 may : à Venard, autre serrurier, pour plusieurs menus ouvrages de serrurerie qu'il a faitz à Saint-Germain................................ 286ʰ 8ˢ

14 aoust : à Hardi, serrurier, pour parfait paiement de ses ouvrages de serrurerie à Saint-Germain..... 434ᵗᵗ

Somme de ce chapitre....... 16610ᵗᵗ [1]

VITRERIE.

18 febvrier-18 novembre : à Morel, vitrier, à compte de ses ouvrages de vitrerie aux chasteaux de Saint-Germain (6 p.)............................. 4400ᵗᵗ

26 janvier 1671 : à la veuve dud. Morel, idem. 500ᵗᵗ

Somme de ce chapitre......... 4900ᵗᵗ

PEINTURE, SCULPTURE ET ORNEMENS.

24 janvier 1670-15 janvier 1671 : à Poisson, peintre, à compte des ouvrages de peinture qu'il fait auxd. chasteaux (7 p.)............................. 6300ᵗᵗ

24 janvier : à La Baronnière, peintre doreur, pour parfait payement de 10568ᵗᵗ à quoy montent les ouvrages de peinture et dorure qu'il a faits dans le petit appartement du Roy aud. lieu.................... 2268ᵗᵗ

18 febvrier : à luy, pour son payement des ouvrages de peinture et dorure qu'il a faits au vestibule de la terrasse dud. lieu............................. 2328ᵗᵗ 10ˢ

6-18 febvrier : à Anguier, peintre, pour parfait payement de 8568ᵗᵗ à quoy montent les ouvrages de peinture qu'il a faits tant aud. vestibule qu'à l'appartement du Roy (2 p.)................................. 3268ᵗᵗ

6 febvrier-1ᵉʳ mars : à Baptiste, peintre fleuriste, pour parfait payement de 3969ᵗᵗ à quoy montent les ouvrages de peinture qu'il a faits à Saint-Germain (2 p.).. 669ᵗᵗ

6-18 febvrier : à Gervaise et Gontier, peintres, pour parfait payement de 13324ᵗᵗ à quoy montent les ouvrages de peinture qu'ils ont faits dans le petit appartement du Roy à Saint-Germain, en 1669 (2 p.)........ 4724ᵗᵗ

6 febvrier : à Misson, marbrier, pour parfait payement de 5295ᵗᵗ à quoy montent les ouvrages de marbre par luy faits au petit appartement du Roy et au vestibule, déduction faite du marbre qui luy a esté fourni des magazins du Roy................................... 495ᵗᵗ

18 febvrier : aux sʳˢ Le Moine, peintres, pour les ouvrages de peinture qu'ils ont faits au vestibule de la terrasse................................... 2334ᵗᵗ

1ᵉʳ mars-25 may : à Cuccy, fondeur, pour parfait payement de 18071ᵗᵗ à quoy montent les ouvrages de bronze qu'il a faitz aux appartemens du Roy aud. lieu (2 p.)................................... 5571ᵗᵗ

5 avril : à luy, pour son payement d'avoir recouvert de cuivre doré au petit appartement du Roy....... 114ᵗᵗ

1ᵉʳ mars : aux desnommez cy-après, la somme de 5177ᵗᵗ, sçavoir : au sʳ Bexard, peintre, 2800ᵗᵗ pour son payement de deux tableaux en mignature, à raison de 1400ᵗᵗ chacun ; 600ᵗᵗ à Ecuent, autre peintre, pour deux autres tableaux ; à Merlin, orphévre, 1277ᵗᵗ pour sept bordures de tableaux garnis d'argent et autres menues fournitures, et 505ᵗᵗ à La Baronnière, pour la peinture et fourniture par luy faite de six piédestaux, et en avoir argenté quatorze pour la gallerie du chasteau neuf où a esté reçu l'envoyé Turc.................................... 5177ᵗᵗ

5 avril : au sʳ Manotte [2], architecte, pour son payement de 4900ᵗᵗ à quoy montent les ouvrages qu'il a faits aux appartemens de Mesdames de la Vallière et de Montespan............................. 1900ᵗᵗ

Somme de ce chapitre..... 35148ᵗᵗ 10ˢ

PAVÉ.

10 mars-24 décembre : à Vatel, paveur, à compte du pavé de grais qu'il fait pour Saint-Germain (3 p.). 4500ᵗᵗ

JARDINAGES.

24 janvier-6 febvrier : à Le Coustillier, jardinier du Val, pour remboursement de pareille somme qu'il a payée aux ouvriers qui ont travaillé au jardin du Val de Saint-Germain (3 p.)............................. 725ᵗᵗ 3ˢ 6ᵈ

12 avril 1670-15 janvier 1671 : au sʳ Petit, pour son remboursement de ce qu'il a payé aux ouvriers, jardiniers et vignerons qui ont labouré et dressé les terres du nouveau jardin et parterre de Saint-Germain, fouillé le bassin d'iceluy, transporté les terres de devant l'hostel des Fermes du Roy, et autres ouvrages (9 p.)...... 23548ᵗᵗ 14ˢ 1ᵈ

29 avril : aux ouvriers qui ont travaillé à la journée à labourer et dresser les allées du jardin du Val. 2586ᵗᵗ 4ˢ

24 juin-31 juillet : au sʳ Le Ménestrel, pour remboursement de ce qu'il a avancé aux ouvriers qui ont travaillé à la journée à dresser les terres du Val, à Saint-Germain (2 p.)................................ 3681ᵗᵗ 10ˢ 6ᵈ

5 septembre-27 novembre : à Dupuis, jardinier, pour parfait payement du plantage du grand parterre de Saint-Germain................................ 1500ᵗᵗ

1ᵉʳ novembre : à Jean Jolly, compagnon de rivière, pour le sable de rivière qu'il a fourny pour le nouveau parterre de Saint-Germain............. 2873ᵗᵗ 15ˢ

Somme de ce chapitre.... 34915ᵗᵗ 7ˢ 1ᵈ

FOUILLES ET TRANSPORTS DE TERRE.

6 febvrier-17 octobre : à Frade, jardinier, pour labours

---

[1] Il faudrait 16610ᵗᵗ 8ˢ.

[2] C'est Jean Marot, l'architecte, déjà nommé pour un ouvrage identique en 1669.

par luy faits aux pépinières et plants des advenues de Saint-Germain (4 p.)........................ 973ʰ 12ˢ

6 febvrier-22 mars : aux nommez Chevreau, Chauvin et consorts, terrassiers, parfait payement de la somme de 20944ʰ à quoy montent les terres qu'ils ont transportées dans la grande terrasse de Saint-Germain (3 p.). 4391ʰ

6 febvrier-12 may : aux nommez Viart et Maron, terrassiers, à compte des terres qu'ils transportent dans le grand parterre (6 p.)................... 13300ʰ

1ᵉʳ mars 1670-4 janvier 1671 : à eux, à compte des terres qu'ils transportent dans la grande terrasse à Saint-Germain (9 p.)..................... 12294ʰ

6 febvrier : aux terrassiers Suisses, à compte des terres qu'ils portent dans la grande terrasse......... 500ʰ

5 may : au sʳ Le Ménestrel, pour son remboursement de ce qu'il a payé aux ouvriers qui ont transporté des terres dans le grand parterre de Saint-Germain, du 28 avril au 3 may........................... 1027ʰ 4ˢ 2ᵈ

Somme de ce chapitre... 143131ʰ 16ˢ 2ᵈ

PARTIES EXTRAORDINAIRES.

24 janvier : à Pietpané, charpentier, pour avoir débarrassé de glaces le pont du Pec............. 200ʰ

A Vanise, ramoneur, pour avoir ramoné et nettoyé les cheminées des chasteaux de Saint-Germain... 305ʰ

A Goyon, chaudronnier, pour six lampes qu'il a fournies à la petite escurie du Roy............. 120ʰ

1ᵉʳ mars : au sʳ Petit, pour parfait remboursement de 2149ʰ 2ˢ 10ᵈ à quoy montent ses menues despences pour les bastimens dud. chasteau................ 549ʰ

A luy, pour parfait remboursement de 7360ʰ 7ˢ 6ᵈ à quoy monte la dépense du gland qui a esté semé dans la garenne du Vézinet dans la vente de Bourbon. 160ʰ 7ˢ 6ᵈ

31 juillet-2 octobre : à luy, pour remboursement de ce qu'il a payé aux ouvriers qui ont travaillé à fouir les plants des ventes de Bourbon et d'Achères (3 p.). 1351ʰ

1ᵉʳ mars 1670-15 janvier 1671 : à luy, pour parfait payement des menues despences qu'il a faictes aux bastimens de Saint-Germain (8 p.)........ 9318ʰ 12ˢ 7ᵈ

1ᵉʳ mars : à Jolivet, marinier, pour avoir cassé les glaces au pont du Pec..................... 160ʰ

21 avril 1670-15 janvier 1671 : à Frade, jardinier, pour ses labours et arrosages aux grands plants des advenues et pépinières de Saint-Germain (3 p.). 1372ʰ 18ˢ

21 avril : à Padelin, ramoneur, pour avoir racommodé et ramoné plusieurs cheminées à Saint-Germain et y avoir séjourné trois mois pour veiller au feu. 150ʰ

17 juin : à Briot, miroitier, pour plusieurs réparations qu'il a faites aux glaces de miroirs des appartemens de Saint-Germain........................ 264ʰ 15ˢ

A Motelet et consorts, pour avoir frotté tous les appartemens de Saint-Germain pour le retour du Roy. 120ʰ

7 aoust : à Lalande, jardinier du boulingrin, pour remboursement de plusieurs menues dépenses. 790ʰ 16ˢ

9 octobre : à luy, ayant l'entretenement de l'orangerie de Saint-Germain, pour plusieurs despences qu'il a faites en lad. orangerie ès années 1668, 69 et 70.. 966ʰ 10ˢ

28 juillet : à luy, pour avoir eu le soin de faire ouvrir et fermer la porte du boulingrin, depuis le mois d'avril 1669 que le Roy est à Saint-Germain jusques à ce jour, et pour le même soin qu'il aura le reste de la présente année........................... 200ʰ

3 juillet : à Genouin, pour remboursement de ce qu'il a payé aux ouvriers qui ont arrosé les plants des avenues de Saint-Germain..................... 647ʰ 19ˢ

A la veuve Fleury, pour les cordages qu'elle a fournis pour led. chasteau..................... 325ʰ

17 octobre : à Vallery, aiant le soin de faire aller la pompe du petit appartement de Saint-Germain et d'entretenir les conduites des fontaines dud. appartement, pour reste de quatre mois de ses gages............ 252ʰ

15 janvier 1671 : à Eslan et Julienne, jardiniers, pour les ormes qu'ils ont fournis à Saint-Germain... 1005ʰ

29 juin : à Soulaigre, concierge du vieux chasteau de Saint-Germain, pour plusieurs menues dépenses qu'il a faites et pour avoir fait nettoyer journellement dans led. vieux chasteau, depuis le 28 avril 1669 jusqu'au 28 avril dernier............................ 1372ʰ

18 janvier 1671 : à Charles de la Rue, maçon, pour l'entretenement de couverture de pierre, dalles, appuis et balustres du vieux chasteau de Saint-Germain pendant l'année 1670..................... 400ʰ

Somme de ce chapitre... 20030ʰ 18ˢ 1ᵈ

CHASTEAU DE VINCENNES.

MAÇONNERIE.

4 febvrier-1ᵉʳ novembre : à Anglart, maçon, à compte des murs de terrasse qu'il fait à la grande avenue de Vincennes (6 p.)....................... 6460ʰ

12 mars-9 novembre : à luy, pour parfait payement des réparations de maçonnerie qu'il a faites à Vincennes pendant les années 1667, 68 et 69 (4 p.). 5951ʰ 18ˢ 7ᵈ

24 décembre : à luy, pour réparations de carrelages

ANNÉE 1670. — VINCENNES.

qu'il a faites en plusieurs planchers des appartemens de Vincennes............................ 700ᵗᵗ

Somme de ce chapitre... 7125ᵗᵗ 18ˢ 7ᵈ

CHARPENTERIE.

24 janvier 1670 - 4 janvier 1671 : à Bastard, charpentier, à compte de ses ouvrages de charpenterie aud. chasteau (5 p.)........................ 7300ᵗᵗ

COUVERTURE.

24 febvrier 1671 : à Robert Anglart, maçon, pour le dernier quartier des entretenemens des couvertures de Vincennes et dépendances écheus le dernier octobre. 250ᵗᵗ

PLOMBERIE.

Néant.

MENUISERIE.

6 febvrier 1670 - 4 janvier 1671 : à Fruitier, menuisier, à compte de ses ouvrages de menuiserie aud. chasteau (3 p.)........................... 700ᵗᵗ

12 mars : à luy, pour parfait paiement des ouvrages qu'il a ci-devant faits aud. chasteau....... 456ᵗᵗ 18ˢ 6ᵈ

A Bergerat, menuisier, à compte des ouvrages qu'il a ci-devant faits aud. chasteau................ 1000ᵗᵗ

Somme de ce chapitre.... 2156ᵗᵗ 18ˢ 6ᵈ

SERRURERIE.

12 mars : à Le Roy, serrurier, pour parfait paiement des ouvrages de serrurerie qu'il a ci-devant faits aud. chasteau......................... 1278ᵗᵗ 15ˢ 6ᵈ

12 may - 31 juillet : à luy, à compte des ouvrages qu'il fait (2 p.)............................. 600ᵗᵗ

Somme de ce chapitre.... 1878ᵗᵗ 15ˢ 6ᵈ

VITRERIE.

8 juin - 9 novembre : à Jacquet, vitrier, à compte de ses ouvrages de vitrerie aud. chasteau (2 p.)... 1100ᵗᵗ

PEINTURE, SCULPTURE ET ORNEMENS.

12 mars : à Dorigny, peintre, pour parfait payement des ouvrages de peinture qu'il a cy-devant faits aud. chasteau............................... 2438ᵗᵗ 5ˢ

A Bourzone, idem.................... 1598ᵗᵗ

A de Sève, idem..................... 1200ᵗᵗ

A Van Opstal, sculpteur, pour son parfait payement des ouvrages de sculpture, idem............... 350ᵗᵗ

A Bernard et Le Gru, sculpteurs, idem....... 808ᵗᵗ

A Houzeau, sculpteur, idem............... 572ᵗᵗ

Somme de ce chapitre....... 6966ᵗᵗ 5ˢ

PAVÉ.

12 mars : à Vatel, paveur, à compte des ouvrages de pavé qu'il a cy-devant faits aud. chasteau...... 2000ᵗᵗ

JARDINAGES.

6 décembre : à Gabriel Briais, jardinier de Vincennes, pour son remboursement de plusieurs menues despenses qu'il a faites au jardin dud. lieu........... 121ᵗᵗ 15ˢ

FOUILLES ET TRANSPORTS DE TERRE.

24 janvier - 5 avril : aux nommez Chastelain et Lasnier, terrassiers, parfait payement de 9880ᵗᵗ 2ˢ 6ᵈ à quoy montent les terres qu'ils ont fouillées et transportées dans la grande avenue de Vincennes (2 p.).... 3480ᵗᵗ 2ˢ 6ᵈ

5 avril - 16 juillet : à eux, pour parfait payement des terres qu'ils ont transportées dans lad. avenue du 3 mars au 12 juillet (3 p.)................. 4732ᵗᵗ 2ˢ 8ᵈ

24 janvier : au nommé Chevreau et consorts, à compte des terres qu'ils transportent de la bute des vignes qu'ils ont vendues au Roy dans lad. avenue......... 1000ᵗᵗ

24 janvier 1670 - 15 janvier 1671 : au nommé Payen et consorts, à compte des terres qu'ils transportent dans la grande avenue (7 p.).................. 15700ᵗᵗ

12 may : à eux, pour parfait payement de 6344ᵗᵗ à quoy montent les terres qu'ils ont transportées dans la grande avenue de Vincennes en 1669..... 44ᵗᵗ 19ˢ 4ᵈ

5 avril : à René Chaussée et Roch Gollart, pour parfait payement de 9880ᵗᵗ 2ˢ 6ᵈ à quoy montent les terres qu'ils ont fouillées et transportées dans la grande avenue de Vincennes............................ 1211ᵗᵗ 10ˢ

29 may 1670 - 26 janvier 1671 : à eux, pour leur parfait payement des labours qu'ils ont faits aux avenues et plants de Vincennes (7 p.)........... 4059ᵗᵗ 10ˢ

29 avril - 8 juin : à eux, pour plusieurs labours, fossez et regarnissemens qu'ils ont fait dans la nouvelle enceinte de Vincennes........................... 1009ᵗᵗ 11ˢ

1ᵉʳ novembre : à eux, pour les bonnes terres qu'ils ont portées et dont ils ont remply les esperons de l'avenue de Vincennes................................ 1248ᵗᵗ 2ˢ

29 avril : aux nommez Richon et Noclet, pour avoir rellevé les fossez aux avenues de Vincennes.... 50ᵗᵗ 12ˢ

A Bastard, pour son remboursement de ce qu'il a payé aux chartiers qui ont voituré du limon de l'estang de Vincennes pour mettre au pied des arbres des avenues dud. lieu............................. 562ᵗᵗ 19ˢ

Aux ouvriers qui ont régallé les fossez de la grande avenue de Vincennes, et pour y avoir semé de l'avoyne et de la graine de toute sorte d'herbes......... 285ᵗᵗ 8ˢ

20 aoust : au s^r Le Ménestrel, pour remboursement de pareille somme qu'il a payée aux gens qui ont travaillé à la journée à arrouser les plants de Vincennes, et aux terrassiers et voituriers qui ont voicturé des terres de l'estang....................... 2557^tt 4^s 6^d

26 janvier 1671 : à Chevillard, fontainier, pour parfait payement des tranchées et conduites de thuiaux qu'il a faites pour les fontaines de Vincennes..... 406^tt 14^s

Somme de ce chapitre..... 36343^tt 15^s

PARTIES EXTRAORDINAIRES.

10 mars : à Catherine Boisseau, pour le loyer de quatre arpens de terre proche Vincennes, où est la pépinière d'ormes, depuis la Saint-Martin dernier jusqu'au mois d'avril prochain..................... 90^tt

17 juin : aux héritiers Monchery, à compte des eaues qu'ils fouillent pour Vincennes............... 600^tt

24 juin : à Chevillard, fontainier, à compte des tranchées et conduites de thuyaux qu'il fait pour les fontaines de Vincennes..................... 500^tt

24 juillet : à luy, à compte des roches d'eau qu'il fait à Vincennes.................... 800^tt

26 janvier 1671 : au s^r Le Ménestrel, pour remboursement de pareille somme qu'il a advancée aux particuliers qui ont nettoyé la court de Vincennes depuis le 13 du présent mois jusques au 21 d'iceluy........ 142^tt

Somme de ce chapitre......... 2132^tt

CHASTEAU DE FONTAINEBLEAU.

MAÇONNERIE.

27 septembre : à Grognet, maçon, pour parfait paiement des ouvrages de maçonnerie qu'il a faits pendant l'année présente à Fontainebleau.......... 847^tt 10^s

A Hersant, maçon, idem................. 578^tt

Somme de ce chapitre...... 1425^tt 10^s

CHARPENTERIE.

24 janvier : à Mortillon, charpentier, pour parfait payement de 1500^tt à quoy monte le restablissement du clocher de la parroisse de Fontainebleau........ 300^tt

18 febvrier : à luy, idem pour l'orangerie en pleine terre dud. lieu.................... 554^tt 16^s

27 septembre : à luy, pour paiement de ses ouvrages de charpenterie aud. chasteau pendant les mois de juillet et aoust derniers....................... 388^tt

6 décembre : à luy, à compte des réparations de charpenterie qu'il fait aux grandes escuryes du Roy à Fontainebleau en exécution du marché de 1661....... 600^tt

Somme de ce chapitre..... 1842^tt 16^s

COUVERTURE.

5 septembre : à Grognet, couvreur, à compte des réparations dud. chasteau................. 1200^tt

6 décembre : à luy, à compte des réparations extraordinaires des couvertures dud. chasteau......... 600^tt

Somme de ce chapitre......... 1800^tt

PLOMBERIE.

24 janvier : à Girard, plombier, pour parfait payement de ses ouvrages de plomberie au clocher de la parroisse de Fontainebleau..................... 350^tt 17^s 7^d

24 décembre : à luy, pour réparations de plomberie qu'il a faites à Fontainebleau........... 214^tt 13^s 6^d

Somme de ce chapitre..... 565^tt 11^s 1^d

MENUISERIE.

6 febvrier : à Carrel, menuisier, à compte des ouvrages de menuiserie par luy faits aud. chasteau en l'année 1662............................ 2000^tt

4 janvier 1671 : à luy, à compte de ses ouvrages aud. chasteau...................... 1200^tt

21 mars - 27 septembre : à Gocert, menuisier, pour son entier payement des ouvrages de menuiserie qu'il a faits pendant lad. année aud. chasteau (2 p.). 1036^tt 3^s

27 septembre : à Cussin, menuisier, idem.... 265^tt

Somme de ce chapitre....... 4501^tt 3^s

SERRURERIE.

18 febvrier : à Rossignol, pour parfait payement de 866^tt à quoy montent les ouvrages de serrurerie faits par led. deffunt Rossignol au chasteau de Fontainebleau. 566^tt

27 septembre 1670 - 15 janvier 1671 : à la veuve Rossignol, parfait payement de 2980^tt 4^s à quoy montent les ouvrages que son mari a faits aud. lieu et ceux qu'elle a fait faire pendant la présente année (2 p.)... 1272^tt 4^s

Somme de ce chapitre....... 1838^tt 4^s

VITRERIE.

7 janvier 1671 : à Guillaume Tisserand, vitrier, ayant l'entretenement des vitres du chasteau de Fontainebleau, pour trois quartiers dud. entretenement eschus le dernier décembre 1670....................... 900^tt

PEINTURE, SCULPTURE, DORURE ET ORNEMENS.

10 mars : à la veuve d'Antonio Galli, pour parfait

payement de 5274ᵗᵗ à quoy montent les ouvrages de sculpture faits à Fontainebleau pendant les années 1660 et 1661 par led. deffunt Galli............ 1114ᵗᵗ 18ˢ

27 septembre : à Dubois, pour entier payement de ses ouvrages de peinture aud. chasteau pendant la présente année................................. 232ᵗᵗ

  Somme de ce chapitre..... 1346ᵗᵗ 18ˢ

PAVÉ.

27 septembre : à Duchemin, paveur, pour entier paiement des ouvrages de pavé qu'il a faits aud. lieu pendant la présente année.................... 425ᵗᵗ 13ˢ

JARDINAGES.

24 janvier : à Le Febvre, jardinier, pour son entier payement d'avoir regarny de terre le derrière des tablettes du canal de Fontainebleau le long des plattes bandes. 300ᵗᵗ

8 juin : à luy, pour 50 thoises de treillage qu'il a fait aux espaliers dud. lieu.................... 108ᵗᵗ

27 septembre : à luy, pour remboursement de ce qu'il a payé aux ouvriers qui ont desfriché tous les tapis verts des allées du parc...................... 173ᵗᵗ 7ˢ

8 juin : aud. Le Febvre et Desbouts, pour parfait payement de 1537ᵗᵗ à quoy monte le gazon qu'ils ont mis autour du rond d'eau de Fontainebleau..... 237ᵗᵗ 10ˢ

24 janvier : à Bouis, autre jardinier, pour parfait payement de 2690ᵗᵗ 16ˢ 6ᵈ à quoy monte la despence qu'il a faite pendant l'année 1669 à l'orangerie en pleine terre de Fontainebleau................... 490ᵗᵗ 16ˢ 6ᵈ

29 mars-8 juin : à luy, *idem* (2 p.).... 410ᵗᵗ 6ˢ 6ᵈ

3 juillet-6 décembre : à luy, pour remboursement de pareille somme qu'il a payée aux ouvriers qui ont travaillé à lad. orangerie et arraché les orangers en pleine terre (3 p.)................................. 675ᵗᵗ 10ˢ

12 avril : aux ouvriers qui gazonnent les fossez autour du rond d'eau du grand parterre............. 200ᵗᵗ

27 septembre : à Largentier, jardinier, pour remboursement de ce qu'il a payé aux ouvriers qui ont défriché le pourtour des fossez du rond d'eau du grand parterre.................................. 364ᵗᵗ 8ˢ

A Feuillastre le jeune, fontainier, pour le conroy qu'il fait au fossé du grand parterre............... 150ᵗᵗ

A Claude Muzard, autre fontainier, pour paiement du rehaussement du conroy qu'il faict au rondeau du grand parterre................................. 230ᵗᵗ

  Somme de ce chapitre....... 3339ᵗᵗ 18ˢ

PARTIES EXTRAORDINAIRES.

6 febvrier : à la veuve François Toulmay, vuidangeur, pour avoir nettoyé et vuidé plusieurs fosses d'aisance aud. chasteau en 1662.................... 202ᵗᵗ 10ˢ

A La Tour, concierge dud. chasteau, pour avoir fait emplir de glace la glacière................. 450ᵗᵗ

16 juillet : à luy, pour avoir fait nettoyer les cours du chasteau et autres menues despences...... 632ᵗᵗ 2ˢ 8ᵈ

27 septembre : à luy, pour remboursement de ce qu'il a payé aux ouvriers qui ont nettoyé le chasteau et frotté les principaux appartemens.............. 109ᵗᵗ 17ˢ

24 octobre : à luy, pour employer au payement du gland qui se recueille dans la forest pour planter...... 500ᵗᵗ

29 mars-27 septembre : au sʳ Le Febvre, pour remboursement de ce qu'il a payé aux ouvriers qui ont travaillé à ramasser du gland dans la forest depuis le 3 mars jusqu'au 15 avril suivant (2 p.)........ 2757ᵗᵗ 4ˢ 8ᵈ

27 septembre : à François Franques, pour remboursement de la dépense qu'il a faite pour la cire pour frotter les planchers, pour bois, clouds et peines d'ouvriers pour le restablissement du bateau de l'estang de Fontainebleau................................. 188ᵗᵗ 1ˢ

A Voltigent, pour avoir fait coupper et enlever les roseaux qui estoient à la teste du canal.......... 33ᵗᵗ

A Canto, voiturier, pour avoir voituré le gland qui s'est ramassé dans la forest, dans les palis, et par Billaudel, arpenteur, arpenté le plant qui a esté fait........ 97ᵗᵗ

7 janvier 1671 : à Chastillon, jardinier de l'orangerie de S. M. à Fontainebleau, pour le soin extraordinaire qu'il prend de lad. orangerie, et luy donner moyen de payer la pension de pareille somme à la veuve Bonaventure Nivelon......................... 200ᵗᵗ

  Somme de ce chapitre.... 5170ᵗᵗ 4ˢ 4ᵈ [1]

BLOIS, CHAMBORD ET AMBOISE.

1ᵉʳ juillet : à Claude La Garde, maçon, pour les ouvrages qu'il a faits au chasteau de Chambord... 1965ᵗᵗ

25 septembre : à Pierre Chapelain et Matin (*sic*) Bicot, voituriers, pour la voiture des bois nécessaires à la closture de la faisanderie de Travaille-Ribaud dans le parc du chasteau............................. 2895ᵗᵗ

15 octobre : à Pierre Congnet, marchand cloutier, pour le cloud qu'il a livré pour lad. faisanderie..... 1208ᵗᵗ

20 octobre : à Claude de Fins et Sulpice Héron, buscherons, pour les chesnes qu'ils ont abbatus et qui ont esté sciez et débitez pour lad. closture......... 913ᵗᵗ

A François Girard, charpentier, pour ses ouvrages de lad. closture................................. 8316ᵗᵗ

---

[1] L'addition donne 5169ᵗᵗ 15ˢ 4ᵈ.

25 octobre : à Louis Poussière, vitrier, pour ses ouvrages dud. chasteau de Chambord........... 1000ʱ
A Jean Lhomme, couvreur, idem............ 4900ʱ
A Rondeau, serrurier, idem............ 2583ʱ 10ˢ
5 novembre : à Christophle Bafou, menuisier, pour ses ouvrages idem....................... 649ʱ
15 novembre : à Jacques Habert, maçon, pour ses ouvrages idem.................... 33255ʱ 10ˢ
5 décembre : à Léonard Mangot, idem..... 408ʱ 5ˢ
9 décembre : à Vincent Le Roy, menuisier, idem. 2638ʱ
28 febvrier 1671 : à Jean Cognet, charpentier, pour ses ouvrages idem.................... 4083ʱ
A Grégoire Marat, scieur, pour le sciage des bois nécessaires à la closture de lad. faisanderie..... 11385ʱ
1ᵉʳ mars : à Denis Prevost, marchand cloutier, pour le cloud qu'il a fourny à lad. closture............ 300ʱ
A Jacques Ordelalay, laboureur, pour la voiture des bois pour lad. closture.................. 900ʱ
15 juin : à Jacques Prou, vitrier, pour ses ouvrages dud. chasteau..................... 18ʱ
31 juillet : à Gaspard Imbert, sculpteur, pour ses ouvrages, idem......................... 70ʱ

Somme de ce chapitre....... 77487ʱ 5ˢ

CHASTEAU DE MONCEAUX.

Néant.

CHASTEAU DE MADRID.

12 avril : à Cachet, serrurier, pour parfait payement de 2189ʱ 16ˢ à quoy montent les ouvrages de serrurerie par luy faits au chasteau de Madrid pendant les années 1667, 68 et 69.................. 689ʱ 16ˢ
9 juillet : à Barbé, maçon, pour son parfait payement des ouvrages de maçonnerie qu'il a faits aud. chasteau ès années 1667 et 1668................ 2161ʱ 7ˢ 9ᵈ

Somme de ce chapitre..... 2851ʱ 3ˢ 9ᵈ

HARAS DE SAINT-LÉGER.

Néant.

OUVRAGES D'ARGENTERIE.

6 febvrier : à Pitan, orfévre, pour son payement de 593 marcs 3 onces 6 gros et demi d'or, à raison de 400ʱ le marc, qu'il a fourny pour estre employé au buffet d'or qui se fait pour le Roy................ 237393ʱ 9ˢ
14 mars-9 octobre : à Cousinet, orfévre, à compte des grands ouvrages d'argenterie qu'il fait pour le Roy (5 p.)....................... 24000ʱ
A Loir, idem (5 p.)................. 31000ʱ
A Débonnaire, idem (5 p.)............. 32000ʱ
A Viocourt, idem (5 p.)................ 27000ʱ
A Merlin, idem (5 p.)................ 27000ʱ
A de Villers, idem (6 p.)............. 48000ʱ
A Ballin, idem (5 p.)................ 120000ʱ

Somme de ce chapitre...... 546393ʱ 9ˢ

MANUFACTURES DE FRANCE.

23 may : à Prevost, entrepreneur des camelots, tant à poil de chameau que laine, pour son dédommagement des frais, dommages et interests, à cause de l'establissement qu'il quitte en la ville de Bruxelles pour venir s'établir en France, suivant le traitté qui en a été fait avec luy cejourd'huy..................... 6000ʱ
1ᵉʳ juillet : à Jabach, tant pour luy que pour ses associez en la manufacture des buffles establie à Corbeil, pour parfait payement de la somme de 35000ʱ que S. M. leur a accordée pour partie de la construction d'un moulin qui a esté basty sur la rivière, à Corbeil, pour lad. manufacture..................... 28193ʱ
6 octobre : à Hinard, maistre de la manufacture de tapisserie de Beauvais, pour une tenture de tapisserie qu'il a livrée pour le Roy.................... 2700ʱ
21 novembre : à la dame de la Petitière qui conduit la manufacture des points de France à Auxerre, pour sa pension de la présente année............... 600ʱ
4 may : à Philippes Lourdet, tapissier, entrepreneur des ouvrages de la manufacture de la Savonnerie, à compte desd. ouvrages qu'il fait pour le Roy........ 17000ʱ
9 janvier 1671 : à Jeanne Haffrey, veuve de feu Philippes Lourdet, entrepreneur des ouvrages de la manufacture de la Savonnerie, à compte des ouvrages faits par feu son mary et qu'elle continue de faire pour le Roy........................ 7000ʱ
5 may : à Pierre Pocquelin, commis des manufactures des provinces de Lionnois, Forest et Dauphiné, pour deux quartiers cinq semaines de ses appointemens qui escherront au 5 décembre prochain........... 1087ʱ 10ˢ
A Charles Pocquelin, commis des manufactures de la ville de Dreux et pays du Perche, pour trois quartiers de ses appointemens qui escherront au 31 janvier prochain........................ 1350ʱ
A Louis Pocquelin, commis en la province de Languedoc, pour un quartier de ses appointemens qui escherra le 31 juillet prochain.................. 450ʱ

ANNÉE 1670. — MANUFACTURES DE FRANCE.

A Marc Cocaigne, commis en la place dud. Louis Pocquelin, pour deux quartiers de ses appointemens qui escherront le 31 janvier prochain............ 900ᵗᵗ

A Michel Billot, commis des provinces de Poitou et Anjou, pour trois quartiers de ses appointemens qui escheront le 31 janvier prochain............. 1350ᵗᵗ

A Jean Biarmois, *idem* en Berry et Sologne, id. 1350ᵗᵗ

A Didier Passavant, *idem* en Champagne, id. 1350ᵗᵗ

A Jean Willard de Gricourt, *idem* en Touraine et au Maine, *idem*........................... 1350ᵗᵗ

A Gilles du Chesne, *idem* en basse Normandie, pour trois quartiers, *idem*.................... 1350ᵗᵗ

A Estienne Le Gras, *idem* en Bourgogne.... 1350ᵗᵗ

A Jacques Piquet, *idem* en haute Normandie, id. 1350ᵗᵗ

A Jean Macaire et Noel Desnues, commis en la province de Picardie et pays de Beauvoisis, pour trois quartiers *idem*.................................. 2700ᵗᵗ

A Estienne Richer et Jean Mullard, commis dans le pays Chartrain, Orléanois et Vendosmois, sçavoir aud. Richer, 1350ᵗᵗ pour trois quartiers, et 900ᵗᵗ aud. Mullard, pour deux quartiers qui escherront le 31 octobre prochain............................ 2250ᵗᵗ

31 décembre : à Pierre Le Poupet, commis dans les provinces de Guyenne et Xaintonge, pour un quartier qui escherra au 31 janvier prochain.......... 450ᵗᵗ

A Remy Imbert, commis en la place dud. Jean Mullard, pour un quartier *idem*.................... 450ᵗᵗ

A..... Page, commis aux manufactures des provinces de Lionnois et Dauphiné, en la place de Pierre Pocquelin [1], pour un quartier *idem*.................... 450ᵗᵗ

25 janvier 1671 : à Jean Mosin, tapissier de la manufacture des Gobelins, sçavoir : 1400ᵗᵗ pour avoir raccommodé quinze pièces de tapisseries rehaussées en or; 641ᵗᵗ pour avoir raccommodé sept pièces de l'Histoire de Coriolanus et quatre de Diane, le tout rehaussé d'or, et 400ᵗᵗ pour cinq autres pièces sans or............ 2441ᵗᵗ

Au même, sçavoir : 4225ᵗᵗ pour 16 aunes 4 bastons de tapisserie de l'Histoire du Roy; 966ᵗᵗ 12ˢ 6ᵈ pour 5 aunes 5 bastons 15 seize de celle d'Alexandre, et 200ᵗᵗ pour deux apprentifs pendant l'année dernière..... 5391ᵗᵗ 12ˢ 6ᵈ

Aux cy-aprez nommez, lapidaires travaillans pour le Roy, sçavoir : à Ferdinand Migliorini, 2620ᵗᵗ pour ses gages de l'année dernière; à Horace Migliorini et Branch, 3840ᵗᵗ pour leurs gages de lad. année, et à Jean Giacetti, 266ᵗᵗ 13ˢ 4ᵈ, *idem* pour les huit derniers mois de ses gages de lad. année................. 6626ᵗᵗ 13ˢ 4ᵈ

A Josse Van den Kerchove, teinturier et marqueur des tapisseries de lad. manufacture des Gobelins, pour les gages de la première année d'apprentissage de François Van den Kerchove, de l'année dernière........ 100ᵗᵗ

A luy, pour ses gages pendant l'année dernière. 1500ᵗᵗ

A Pierre Thaury, prestre de Saint-Hypolite, ayant le soin d'instruire les enfans des ouvriers de lad. manufacture, pour ses appointemens de l'année dernière. 150ᵗᵗ

A Jacques Rochon, concierge dud. hostel des Gobelins, *idem*.................................... 1200ᵗᵗ

A luy, pour plusieurs dépenses qu'il a faites pour led. hostel des Gobelins, tant en charbon, bois, journées d'hommes que loyers de maison hors led. hostel, et autres dépenses........................... 3161ᵗᵗ 17ˢ

A Pierre de la Follie, marchand, pour diverses soyes teintes qu'il a avancées et livrées pour le Roy en lad. manufacture durant l'année dernière.......... 6820ᵗᵗ

A Jean de Mouchy, marchand bonnetier, pour avoir reblanchy 1109 livres de laine pendant l'année dernière pour lad. manufacture.................. 223ᵗᵗ 16ˢ

A Dominique Barau, portier dud. hostel, pour ses gages pendant l'année dernière.................. 300ᵗᵗ

A Gaspard Trenet, jardinier, ayant l'entretenement du jardin dud. hostel, pour ses gages *idem*...... 400ᵗᵗ

A Jacques Prou, menuisier, pour parfait payement de la menuiserie qu'il a faite aux ateliers des peintres et autres lieux dans led. hostel pendant les années 1668, 1669 et 1670...................... 915ᵗᵗ 6ˢ

A Pierre Vessier, tapissier, pour plusieurs rentraitures et raccommodages de tapisserie qu'il a faits pendant l'année dernière............................ 520ᵗᵗ

Aux brodeurs cy-après nommés, sçavoir : à Simon Faivit, 337ᵗᵗ 10ˢ pour vingt-deux semaines; à Philbert Balland, 270ᵗᵗ pour vingt-deux semaines et demie, et 627ᵗᵗ pour ceux qui ont travaillé 232 journées........ 1234ᵗᵗ 10ˢ

A Baudrain Yvart, peintre, sçavoir : 18334ᵗᵗ 19ˢ pour les peintures et desseins qu'il a fait l'année dernière pour lad. manufacture des Gobelins, et 2721ᵗᵗ pour 75 aunes et demy du dessein du tapy de pied de la gallerie du Louvre...................................... 21055ᵗᵗ 19ˢ

A Denise Pinchard, veuve de feu Roch Deporr, rubanier, pour des laines blanches, fines et communes qu'elle a livrées pour lad. manufacture des Gobelins pendant l'année dernière... .... 3552ᵗᵗ

Aux cy-après nommez manouvriers, pour polir et scier les pierres fines et broyer l'esmeril pour les lapidaires qui travaillent pour le Roy, sçavoir : à Jean Dubois, pour 144 journées à 17ˢ 6ᵈ; à luy, pour 146 journées à 25ˢ; à François Chedeville, pour 144 journées à 17ˢ 6ᵈ et pour

---

[1] Voyez ci-dessus au 5 mai.

146 journées à 20', et à ANDRÉ DUBOIS, pour 120 journées à 20'........................... 698ᵗᵗ 10ˢ

A JEAN LE FEBVRE, tapissier, sçavoir : 18447ᵗᵗ 9ˢ 2ᵈ pour diverses sortes d'ouvrages de tapisserie qu'il a faits dans lad. manufacture des Gobelins, et 150ᵗᵗ pour ses trois apprentifs......................... 18597ᵗᵗ 9ˢ 2ᵈ

A JEAN DE LA CROIX, tapissier, sçavoir : 10600ᵗᵗ pour diverses sortes d'ouvrages de tapisserie qu'il a faits dans lad. manufacture, et 75ᵗᵗ pour un apprentif. 10675ᵗᵗ 16ˢ 3ᵈ

A JEAN JANS, tapissier en haute lisse, sçavoir : 30934ᵗᵗ 17ˢ 3ᵈ pour diverses sortes d'ouvrages de tapisserie qu'il a faits dans lad. manufacture, et 618ᵗᵗ 15ˢ pour ses huit apprentifs............... 31553ᵗᵗ 12ˢ 3ᵈ

20 may : à ROBERT LALLEMANT, entrepreneur de la manufacture des baracans de la Ferté-sous-Jouarre, pour continuer l'establissement de lad. manufacture suivant le traitté que nous avons fait le dix-septième du présent mois........................... 40000ᵗᵗ

Somme de ce chapitre... 238148ᵗᵗ 11ˢ 6ᵈ

COMMERCE DE FRANCE.

28 mars : aux sʳˢ TERSEMITTE, PAGET et DE LAGNY, directeurs et caissiers de la Compagnie establie pour le commerce du Nord, pour, avec la somme de 100000ᵗᵗ qui leur a esté cy-devant fournie, faire celle de 200000ᵗᵗ que S. M. veut estre mise en lad. Compagnie, à compte du tiers du fonds capital qui sera fait par tous ceux qui y prendront interest, le tout conformément aux conditions portées par l'édit de l'establissement de lad. Compagnie.. 100000ᵗᵗ

22 aoust : au sʳ TALON, intendant de la police et finance à Oudenarde, pour son remboursement de plusieurs dépenses qu'il a été obligé de faire pour l'augmentation du commerce dans les pays nouvellement conquis.. 1495ᵗᵗ

Somme de ce chapitre....... 101495ᵗᵗ

BIBLIOTHÈQUE ET ACADÉMIE.

18 janvier : à ANGLEBERT, menuisier, à compte des ouvrages qu'il fait à la bibliotèque du Roy....... 1000ᵗᵗ

A JACQUES, vitrier, idem................ 150ᵗᵗ

1ᵉʳ mars : à LE BAS, faiseur d'instrumens de mathématiques, à compte des instrumens qu'il fait pour la bibliotèque du Roy............................ 300ᵗᵗ

Au sʳ NIQUET, pour remboursement de pareille somme qu'il a payée aux menuisiers qui font des modelles de machines............................ 330ᵗᵗ

24 septembre 1671 : à luy, pour le soin qu'il a pris aux modelles de diverses machines pour l'Académie des Sciences durant lad. année dernière........... 400ᵗᵗ

1ᵉʳ mars–24 octobre : à NICOLLE, serrurier, à compte des ouvrages de serrurerie qu'il fait à la bibliotèque du Roy (2 p.)............................ 1500ᵗᵗ

1ᵉʳ mars : à BERGERON, à compte des ouvrages de maçonnerie qu'il fait à la bibliotèque........... 2000ᵗᵗ

5 avril : aux ouvriers qui travaillent à la journée à la bibliotèque du Roy..................... 124ᵗᵗ

12 may 1670–4 janvier 1671 : à GOSSELIN, armurier, pour plusieurs modelles de machines et instrumens qu'il a faits pour l'Accademie (3 p.)....... 1889ᵗᵗ 10ˢ

1ᵉʳ juin : au sʳ LE MENESTREL, pour remboursement de ce qu'il a payé aux ouvriers qui ont travaillé à accommoder le jardin de la bibliotèque du Roy....... 167ᵗᵗ 15ˢ

A BLINETTE, menuisier, pour parfait payement de 477ᵗᵗ 10ˢ à quoy montent plusieurs modelles de machines qu'il a faits pour l'Académie des Sciences.... 329ᵗᵗ 10ˢ

21 septembre : à MIGNON, à compte des instrumens de mathématiques qu'il fait pour la bibliotecque du Roy. 200ᵗᵗ

A GAULTIER, charpentier, pour un modelle de machine à coupper les bleds, qu'il a fourni à lad. bibliotecque. 80ᵗᵗ

12 avril : au sʳ BEAUBRUN, trésorier de l'Accademie de peinture et sculpture, pour l'entretenement de lad. Accademie pendant lad. année.............. 4000ᵗᵗ

8 mars : au sʳ MENTEL, docteur en médecine, pour le payement des livres de sa bibliotèque, achetez pour mettre en celle de S. M................. 16000ᵗᵗ

11 juillet : à LE BLON, marchand de Francfort, pour des livres qu'il a fourny au sʳ CARCAVY, pour estre mis dans la bibliotecque du Roy.................. 3645ᵗᵗ 19ˢ

22 juillet : au sʳ PELISSARY, pour son remboursement de pareille somme qu'il a advancée à compte de 333 douzaines de peaux de maroquin de Levant qu'il a fait venir pour la bibliotecque du Roy............... 12000ᵗᵗ

20 avril 1670 : au sʳ CARCAVY, à compte des dépenses qu'il a faites à la bibliotecque du Roy......... 7000ᵗᵗ

25 febvrier 1671 : à KLEPS, pour le travail qu'il a fait au laboratoire de l'Académie des Sciences.... 600ᵗᵗ

31 janvier 1671 : au sʳ COUPLET, pour le soin qu'il a pris de recouvrer des animaux pour faire des dissections. 200ᵗᵗ

Somme de ce chapitre.... 51916ᵗᵗ 14ˢ

PENSIONS ET GRATIFFICATIONS
AUX GENS DE LETTRES.

Au sʳ abbé DE BOURZEIS, en considération de la profonde connoissance qu'il a des belles-lettres..... 3000ᵗᵗ

ANNÉE 1670. — PENSIONS ET GRATIFICATIONS, ETC.

Au s^r Chapelain, en considération des beaux ouvrages de poisies qu'il a donné au public et de sa grande érudition... 3000^{tt}

Au s^r du Clerc, médecin, en considération de la profonde connoissance qu'il a de la chimie....... 2000^{tt}

Au s^r Perrault, médecin, en considération de son mérite et de la profonde connoissance qu'il a de la physique... 2000^{tt}

Au s^r Perrault, en considération de son application aux belles-lettres...................... 2000^{tt}

Au s^r Conrat (sic), en considération de son mérite et de son amour pour les belles-lettres.......... 1500^{tt}

Au s^r Carcavy, en considération de son mérite et de la connoissance parfaite qu'il a des mathématiques. 2000^{tt}

Au s^r Picart, idem..................... 1500^{tt}

Au s^r Roberval, idem................... 1500^{tt}

Au s^r Frénicle, idem................... 1200^{tt}

Au s^r Mariotte, idem................... 1500^{tt}

Au s^r Buot, en considération de son application aux mathématiques......................... 1200^{tt}

Au s^r Niquet......................... 1000^{tt}

Au s^r Richer, en considération de son application à l'estude des mathématiques................. 1000^{tt}

Au s^r Paquin, idem..................... 600^{tt}

Au s^r Gayant, en considération de sa grande expérience dans les dissections anatomiques....... 1200^{tt}

Au s^r Félibien, pour luy donner moyen de continuer son application aux belles-lettres............ 1000^{tt}

Au s^r Cassagnes, en considération de son mérite et de son application aux belles-lettres.......... 1500^{tt}

Au s^r L'Héritier, pour luy donner moyen de continuer son application aux belles-lettres........ 1000^{tt}

Au s^r Godeffroy, en considération de la profonde connoissance qu'il a dans l'histoire........... 3600^{tt}

Au s^r Le Laboureur, idem et des généalogies. 1500^{tt}

Aux s^{rs} Vallois, à chacun 1200^{tt}, en considération des ouvrages d'histoire qu'ils composent et donnent au public... 2400^{tt}

Au Père Le Cointe, en considération de la connoissance qu'il a de l'histoire ecclésiastique, et des ouvrages qu'il compose........................... 1500^{tt}

Au s^r Huet, en considération de son mérite et de son application aux belles-lettres............... 1500^{tt}

Au s^r Mézeray, historiographe, en considération de son travail qu'il fait en ceste qualité......... 4000^{tt}

Au s^r Borel, en considération de la parfaite connoissance qu'il a de la chimie................. 900^{tt}

Au s^r Pivert, en considération de son application à l'estude des mathématiques................. 800^{tt}

Au s^r Racine, en considération des belles pièces de théâtre qu'il donne au public.............. 1500^{tt}

Au s^r Fléchier, en considération de son application aux belles-lettres et de ses poésies latines....... 800^{tt}

Au s^r Baluze, en considération de son application aux belles-lettres........................... 1200^{tt}

Au s^r Costellier, en considération du travail qu'il fait à la bibliothèque du Roy, à extraire et traduire les manuscrits grecs qui y sont................. 1200^{tt}

Au s^r Beaulieu, en considération des traductions qu'il fait de plusieurs livres anglois.............. 1200^{tt}

Au s^r Molière, en considération des ouvrages de théâtre qu'il donne au public.............. 1000^{tt}

Au s^r Varillas, en considération de son application aux belles-lettres........................ 1000^{tt}

Au s^r Quinault, en considération des belles pièces de théâtre qu'il donne au public.............. 800^{tt}

Au s^r Justel, en considération de son application aux belles-lettres et du commerce qu'il entretient avec la pluspart des sçavans hommes de l'Europe..... 1200^{tt}

Au s^r Corneille l'aisné, en considération des ouvrages de théâtre qu'il donne au public............ 2000^{tt}

Au s^r Maury, en considération de son application aux belles-lettres et de ses poésies latines......... 600^{tt}

Au s^r Benserade, en considération de son mérite et de ses ouvrages de poésies................. 1500^{tt}

Au s^r Péquet, en considération de la profonde connoissance qu'il a de la phisique.............. 1200^{tt}

Au s^r Bourdelin, en considération de son application à l'estude de la chimie.................... 1500^{tt}

Au s^r Galois, en considération de son mérite et de son application aux belles-lettres............ 1500^{tt}

Au s^r Marchand, en considération de la connoissance particulière qu'il a de la botanique.......... 1500^{tt}

Au s^r Couplet, en considération du soin qu'il prend de rechercher les animaux pour en faire des dissections anatomiques............................. 600^{tt}

Au s^r Dippi, interprète en langue arabe, en considération du service qu'il rend en cette qualité..... 1000^{tt}

Au s^r de la Croix, interprète en langue turque, en considération du service qu'il rend en cette qualité. 1200^{tt}

Au s^r Charpentier, en considération de son application à l'estude des belles-lettres............... 1500^{tt}

Au s^r de Saint-Réal, en considération idem.. 1000^{tt}

Au s^r du Puis, en considération de son application à l'estude des mathématiques................. 500^{tt}

6 mars : au s^r Godefroy, historiographe ordinaire du Roy, pour ses appointemens et nourriture de quatre escrivains qui travaillent sous luy à la Chambre des Comptes

de l'Isle en Flandres, et autres menues despences, jusques et compris le 31 janvier 1670...... 3891ᴧ 6ˢ 4ᵈ

31 aoust : au sʳ Godefroy, historiographe ordinaire du Roy, pour ses appointemens et la nourriture de quatre escrivains qui travaillent sous luy à la Chambre des Comptes de l'Isle en Flandres, et autres menues despences, depuis le 1ᵉʳ febvrier jusques au dernier juin dernier............ 3945ᴧ

18 novembre : à Cristien Hugens, matématicien, pour ses appointemens de lad. année............ 6000ᴧ

15 janvier 1671 : aud. sʳ Godefroy, pour les menues dépenses depuis le 1ᵉʳ juillet jusqu'au dernier novembre.................. 3926ᴧ 13ˢ

Somme de ce chapitre...... 89162ᴧ 19ˢ 4ᵈ

GRATIFFICATIONS
DES GENS DE LETTRES ESTRANGERS, SUIVANT L'ESTAT DU 1ᵉʳ JANVIER 1671.

Au sʳ Heinsius, secrétaire latin des Provinces-Unies et leur résident à Stokolm............ 1200ᴧ

Au sʳ Vossius, professeur en l'Académie de Leyden.. .... 1200ᴧ

Au sʳ Hevelius, eschevin de la république de Dantzik............................ 1200ᴧ

Au sʳ Gratiany, secrétaire des commandemens du duc de Modène................. 1500ᴧ

Au sʳ Corringius, premier professeur en médecine à l'Académie d'Helmstad............ 900ᴧ

Au sʳ Viviany, premier mathématicien de M. le duc de Toscane................... 1200ᴧ

Au sʳ Gronovius, premier professeur d'éloquence en l'Académie de Leyden......... 1200ᴧ

Au sʳ Carlo Datty, Florentin, des plus fameux de l'Académie de Crusca........... 1200ᴧ

Au sʳ Ferrary, professeur d'éloquence en l'Université de Padoue.................. 1200ᴧ

Au sʳ Beclerus, professeur en histoire à Strasbourg 900ᴧ

Somme de ce chapitre........ 11700ᴧ

ACQUISITIONS DE MAISONS.

18 janvier 1670 : à ..... Brunet, huissier des ballets du Roy et à Catherine de Bonnière, sa femme, tant pour le paiement de quatre arpents de terre en cinq pièces, que pour les non-jouissances desd. quatre arpents où se doit construire l'Arc de triomphe au fauxbourg Saint-Antoine, acquis au proffit de S. M. par contract du 5 du présent mois.............. 4023ᴧ 15ˢ

8 mars : à Charles de la Marre et consorts, pour leur payement du prix de douze arpens de terre sçis dans la nouvelle enceinte du parc de Vincennes, acquis au proffit de S. M. par contrat du 6ᵉ febvrier.. 4671ᴧ 9ˢ

2 may : à Arnoult Fourny et consors, pour leur payement d'un arpent vingt perches de terre sçis à la Ville-l'Évesque, acquis au proffit de S. M. par contract du 14 mars dernier........................ 936ᴧ

Au sʳ Briçonnet, pour son paiement de neuf arpens 13 perches de terre sçis au terroir de Glatigny, paroisse de Versailles, acquis au proffit de S. M. par contract du 20 mars dernier.................. 3662ᴧ 10ˢ

Aux Dames abesse et religieuses de Charonne, sçavoir : 16771ᴧ 4ˢ pour dix-sept arpens 47 perches de terre sçis dans la seconde enceinte de Vincennes, acquis au proffit de S. M. par contract du 6 avril dernier, y compris les non-jouissances desd. terres depuis l'année 1658, et 2880ᴧ pour douze années de non-jouissance de huict arpens de terre sçiz près Picquepus....... 19651ᴧ 4ˢ

4 may : à Mᵈˡˡᵉ de Guise, pour son remboursement tant des charges de capitaine de la vollière des Thuilleries et de concierge d'une maison y attenant, que pour les bastimens et améliorations et autres dépenses faites par lad. demoiselle sur les places par elle acquises de M. d'Estrades et autres................ 150000ᴧ

18 juin : au sʳ et dame Foucault, pour le prix d'un clos fermé de murs sçis entre les portes de la Conférence et du Cours la Reyne, contenant deux arpens ou environ, sur lesquels est basty un édifice de trois travées de long, couvert de tuille, acquis au proffit de S. M. par contract du 28 may dernier.............. 8000ᴧ

A la vefve Parent et consortz, pour leur payement d'onze arpens de terre labourable sçiz au terroir de la Ville-l'Évesque, au lieu dit les Gourdes, compris les non-jouissances, acquis au proffit de S. M. par contract du 27 febvrier dernier...................... 7326ᴧ

22 juillet : à Marin Farcy, faisant partie de 59400ᴧ restant à payer de l'acquisition faite au proffit du Roy de trois maisons à luy appartenant, rue Saint-Vincent, pour la somme de 104100ᴧ, moyennant lequel payement ne restera plus que de 42050ᴧ, payables en trois années suivantes, ainsy qu'il est porté par le contract de lad. acquisition.................... 17350ᴧ

24 juillet : à Claude Rebours, vefve de Vincent Thurin et consorts, pour le prix d'une maison sçize rue de Beauvais, acquise au proffit de S. M. par contract du 25 avril.............................. 7000ᴧ

A Besnier, huissier du cabinet de S. M., pour le prix d'une maison à luy appartenante, sçize rue Saint-Vincent prèz Saint-Roch, acquise au proffit de S. M. par contrat du 26 avril dernier............... 16000ᴸᴸ

16 septembre : aux damoiselles de la Bonneterie et du Picquet de Sautour, dame de la Borde, pour le payement de 49 arpens 18 perches deux tiers de terre, dépendans de la terre de la Borde, où sont plantées plusieurs avenues, acquis au proffit de S. M. par contract du 11 juillet............................. 3300ᴸᴸ

5 décembre : à de Saint-Yon, Anne de la Cuissotte, sa femme, et à Élisabeth Le Moyne, procuratrice du sʳ Pierre Remy, ecclésiastique, pour le payement d'une maison sçize rue de Beauvais, comprise dans l'enclos du dessein des bastimens du Louvre, acquise au proffit de S. M. par contract du 31 octobre dernier..... 7000ᴸᴸ

A Magdelaine Raymond, vefve de Nicolas Limosin, vivant procureur au Chastelet de Paris, pour son payement d'une maison sçize rue de Beauvais, acquise au proffit de S. M. par contract du 30 septembre....... 6200ᴸᴸ

Au sʳ Le Père, pour le prix d'une maison sçize au Roulle, où pend pour enseigne l'escu de France, acquise au proffit de S. M. par contract du 31 aoust... 4200ᴸᴸ

9 décembre : à Margueritte Hugueville et consors pour leur payement d'une maison sçize rue Saint-Honoré où pend pour enseigne le barillet, acquise au proffit de S. M. par contract du 8 octobre................. 14000ᴸᴸ

4 décembre : à Jacques du Breuil et Claude Guesdon, sa femme, pour une maison comprise dans le dessein des bastimens que S. M. fait faire pour son chasteau de Versailles, acquise au proffit de S. M. par contract du 30 septembre............................. 7000ᴸᴸ

9 décembre : au sʳ Le Grand, secrétaire du Roy, pour le tiers de trois maisons à luy appartenantes, sçizes, l'une rue du Chantre, et les deux autres rue Champfleury, estimées 66000ᴸ, lesd. trois maisons acquises au proffit de S. M. par contract du dernier aoust 1670, et les deux autres tiers seront payez en quatre payements égaux d'année en année...................... 22000ᴸᴸ

A Guillaume Roussel et consors pour une maison sçize à Saint-Germain-en-Laye, rue du Jeu-de-Paulme, consistant en deux corps de logis, cour et jardin derrière, contenant environ cinq quartiers, acquise au proffit de S. M. par contract du 8 octobre dernier...... 16000ᴸᴸ

6 janvier 1671 : au sʳ Charpentier, pour son quatrième et cinquième payemens d'une maison à luy appartenante sçize rue Champfleury, acquise au proffit de S. M. par contract du....., moyennant 24000ᴸᴸ....... 8000ᴸᴸ

A Édouard Connestable, Anne Bonneau, sa femme, et à Marie Besançon, veuve de Gilles Cardé, pour le payement d'une maison sçize rue de Beauvais, acquise au proffit de S. M. par contract du 5 novembre dernier. 6300ᴸᴸ

Aux cy-après nommez, sçavoir : au sʳ de Courcelles, 2226ᴸᴸ 10ˢ pour payement de 3 arpens 31 perches un tiers de terre sçize aux Gourdes, et 672ᴸᴸ à Françoise Le Leu, fille majeure, pour payement d'un arpent de terre sçiz aud. lieu, y compris les non-jouissances, acquises au proffit de S. M. par contracts des¹........ 2898ᴸᴸ 10ˢ

2 may 1670 : à divers particuliers, pour le prix des terres à eux appartenantes, acquises au proffit du Roy suivant les contracts, pour servir aux advenues du palais des Thuilleries et du cours de Vincennes...... 27096ᴸᴸ 13ˢ

9 novembre : à divers particuliers, pour le prix des acquisitions faites au proffit du Roy pour les advenues du palais des Thuilleries, cours de Vincennes, marais aux Gourdes et pépinière du Roulle......... 48376ᴸᴸ 10ˢ

11 janvier 1671 : à M. de Gravel, plénipotentiaire du Roy à Ratisbonne, pour le prix d'une maison sçize rue Fremanteau, acquise au proffit du Roy par contract du 23 octobre dernier..................... 13500ᴸᴸ

Somme de ce chapitre..... 424492ᴸᴸ 11ˢ

ACHAPT DE MARBRE.

10 mars - 18 novembre : aux sʳˢ Lalande, Brecourt, Talon et Darce, à compte des marbres des Pyrénées qu'ils fournissent pour les bastimens du Roy (2 p.).... 3800ᴸᴸ

10 mars - 2 octobre : au sʳ Liégeard, pour employer au payement des ouvriers qui fouillent et tirent des marbres à Bourbon pour lesd. bastimens (2 p.)........ 7560ᴸᴸ

21 avril : à Derbais, marbrier, pour des blocs de marbre qu'il a fournis au magazin du Roy.......... 881ᴸᴸ 2ˢ

9 octobre : à luy, pour quarante-six blocs de marbre rouge, blanc et noir, de Dinan, qu'il a livrez au guichet du Louvre............................ 2108ᴸᴸ 7ˢ

18 janvier : à luy, pour cinquante-cinq blocs de marbre de Dinan de diverses couleurs, faisant 777 pieds un pouce, qu'il a livrez au magazin du Roy.... 8713ᴸᴸ 17ˢ

21 avril : à Jean Le Grue, marbrier, à compte des trente-six colonnes de marbre blanc et rouge qu'il fait venir pour le Louvre....................... 10000ᴸᴸ

18 juin : au sʳ Formont, banquier, pour 167 blocs de marbre des Pyrénées, qui font 3331 et demi pieds cubes, qu'il a fournis et livrez au magazin du Roy. 68802ᴸᴸ 6ˢ 8ᵈ

16 novembre : à luy, pour payement de 48 blocs de

¹ La date est restée en blanc.

marbre blanc de Gennes, faisant 1428 pieds cubes, qu'il a fournis et livrez aud. magazin........ 34803ᵗᵗ 6ˢ 8ᵈ

7 novembre : à luy, pour 105 blocs de marbre, faisant 1706 pieds 3 pouces cubes, qu'il a fourny et livré comme dessus............................. 38225ᵗᵗ

20 octobre : au sʳ Beuf, à compte des marbres qu'il fournit pour les bastimens du Roy........... 3000ᵗᵗ

16 septembre : à Bonzonne, pour 71 blocs de marbre d'Italie, 12 colonnes de 10 et 12 pieds de haut et 2 chambransles de marbre qu'il a fourny et livré au magazin du Roy............................. 24083ᵗᵗ 1ˢ

31 aoust 1671 : à.... Bartholet et..... Valdon, à compte des marbres noirs qu'ils fournissent pour le Roy............................. 1500ᵗᵗ

Somme de ce chapitre.... 203477ᵗᵗ 0ˢ 4ᵈ

GRATIFFICATIONS.

24 janvier : aux nommez Briault, Bardillon et Langrand, manœuvres blessez en travaillant tant au Louvre qu'à la Sainte-Chapelle et à Saint-Germain, par gratiffication, chacun 40ᵗᵗ...................... 120ᵗᵗ

27 mars : aux nommez Jean Belleville, maçon, qui a eu les doigts coupez d'une pierre en travaillant au Louvre, par gratiffication, 30ᵗᵗ; à La Taille 20ᵗᵗ, et 15ᵗᵗ à Jean Gordien, manœuvres blessez aud. lieu........... 65ᵗᵗ

7 avril : aux veuves des nommez Jacques Hurault, apareilleur, et René Jumeau, manœuvre, tuez en travaillant au Louvre, sçavoir : 100ᵗᵗ à lad. veuve Hurault et 75ᵗᵗ à lad. veuve René Jumeau................ 175ᵗᵗ

14 aoust-22 décembre : au sʳ Le Menestrel, pour remboursement de pareille somme qu'il a payée aux veuves dont les maris ont esté tuez et aux ouvriers blessez travaillans pour le Roy aux bastimens du Louvre, Saint-Germain, Versailles et la carrière de Meudon (2 p.). 1439ᵗᵗ

24 décembre : à Octavien, jardinier, par gratiffication pour les deux voiages qu'il a faits, l'un à Grenoble pour faire arracher des espicias, et l'autre en Provence pour en faire venir des oignons de fleurs.............. 150ᵗᵗ

22 décembre : aud. sʳ Le Menestrel, pour remboursement de pareille somme qu'il a payée aux ouvriers du Louvre, de l'Arc de triomphe, compagnons sculpteurs et marbriers des manufactures dont le Roy a esté voir les ouvrages, par gratiffication................ 1100ᵗᵗ

18 juillet : à la veuve Hay, en considération des bons et loyaux services qu'a rendus son deffunct mari.. 100ᵗᵗ

18 octobre : à Dorbay, architecte, par gratiffication, en considération des plans et desseins qu'il a faits pour les bastimens du Roy pendant la présente année. 1200ᵗᵗ

18 décembre : à Maillard Colen, Flamand, en considération de ce qu'il a apporté de Dunkerque un modèle d'une machine à curer les ports de mer, et pour les frais de son voyage icy et de son retour à Dunkerque.. 150ᵗᵗ

1ᵉʳ janvier 1671 : au sʳ Lefeuvre, controlleur général des Bastimens, par gratiffication, et pour le dédommager des frais de plusieurs voyages et séjours qu'il a faits à Fontainebleau, Compiègne, Monceaux et Mariment pendant les années 1667 et 1670 où il a vacqué à faire faire et vérifier plusieurs ouvrages et réparations pendant une partie considérable desd. deux années pendant lesquelles il n'estoit point en exercice de sad. charge..... 3200ᵗᵗ

2 febvrier 1671 : au sʳ Guestov, en considération de l'achapt qu'il a fait d'un vaisseau nommé le Saint-Esprit en pays estranger pour S. M............... 1200ᵗᵗ

17 décembre 1670 : au sʳ de la Saussaye, intendant des bastimens du comté de Blois, en considération du soin qu'il a pris aux réparations du chasteau de Chambord pendant la présente année................ 1200ᵗᵗ

3 janvier 1671 : aux cy-aprez nommez, sçavoir : 100ᵗᵗ à Nicole, en considération de ce que son fils a esté tué travaillant à la grande terrasse de Saint-Germain, et 100ᵗᵗ à Penel, blessé travaillant idem.............. 200ᵗᵗ

Somme de ce chapitre........ 10299ᵗᵗ

GAGES ET APPOINTEMENS
DES OFFICIERS DES BASTIMENS.

24 janvier-2 octobre : à Camo, ayant la garde des portes de la gallerie des peintures et de la grande gallerie du Louvre, pour ses gages des quatre derniers mois de 1669 et des neuf premiers de 1670 (3 p.).. 396ᵗᵗ 10ˢ

24 janvier 1670-4 janvier 1671 : à Rouelin, préposé à la conduite des ouvrages des acqueducs de Marly, pour ses appointemens des mois d'octobre, novembre et décembre 1669 et de l'année 1670 (5 p.)........ 1500ᵗᵗ

18 febvrier : à Estienne Ivon, couvreur, pour la dernière demie année des entretenemens des maisons royalles de l'année 1670............................. 4145ᵗᵗ

18 febvrier-27 novembre : à Nicolas Mesnard, marbrier, envoyé à Carare par nostre ordre pour visiter et recevoir les marbres que l'on tire pour les bastimens du Roy, pour le dernier quartier de ses gages de l'année 1669 et trois quartiers de 1670 (4 p.)............. 1000ᵗᵗ

29 avril : à luy pour une année de l'entretenement de la chapelle du Palais-Royal, échue au mois de mars dernier............................. 150ᵗᵗ

24 janvier-24 décembre : à Benoist, préposé à avoir l'œil aux ouvrages du modelle de l'Arc de triomphe,

pour ses appointemens de l'année 1670, à 75^{lt} par mois (7 p.).. 900^{tt}

24 janvier 1670-27 febvrier 1671 : à Bastard, préposé à avoir l'œil aux ouvrages de l'avenue de Vincennes, pour les trois derniers mois de l'année 1669 et l'année 1670 entière (2 p.)........................... 750^{tt}

24 janvier-16 décembre : à Dauvergne, employé à faire arriver et veoir planter les plants de Versailles et Saint-Germain, et avoir l'œil aux atteliers de Trianon, pour ses appointemens des quatre derniers mois de l'année 1669 et de l'année 1670 (5 p.).......... 925^{tt}

24 janvier-14 juillet : à Trumel, jardinier de la pépinière du Roulle, pour ses apointemens du 20 octobre au 31 décembre 1669 et de l'année 1670 (2 p.).. 1080^{tt}

A Le Clerc, garde-clefs du chasteau de Compiègne, 326^{tt} 14^s, sçavoir : 200^{tt} pour ses apointemens de 1669, et 126^{tt} 14^s pour remboursement de ce qu'il a payé aux ouvriers qui ont rempli la glacière dud. chasteau. 326^{tt} 14^s

A Balthazard et Berthélemy d'Ambresne, jardiniers flamands, pour deux mois de leurs gages qui escheront le dernier avril prochain, à chacun 100^{tt}........ 200^{tt}

3 juillet 1670-26 janvier 1671 : à Berthélemy Dambresne, pour ses gages de may à aoust et de décembre 1670 à janvier 1671 (3 p.).................... 300^{tt}

12 avril : à Dupuis, jardinier et préposé aux terrasses et jardinages qui se font à Saint-Germain, pour ses apointemens depuis le 1er septembre dernier jusqu'au dernier mars ensuivant, à 100^{tt} par mois............ 600^{tt}

A..... Huvillier, pour la première demie année de ses gages qui escherra au dernier juin prochain.. 150^{tt}

A Camaye et Chambois, couvreurs de maisons, pour six mois, eschuz le dernier mars dernier, de l'entretenement des couvertures du chasteau de Compiègne. 200^{tt}

5 may : à Tisserand, vitrier, pour une demie année escheüe le..... des entretenemens de vitres du chasteau de Fontainebleau................................ 300^{tt}

5 may-12 aoust : à Le Clerc, graveur, pour ses appointemens de la dernière moitié de l'année 1669 et de la première de l'année 1670 (2 p.).......... 1800^{tt}

12 may : à Boury, jardinier de l'orangerie en pleine terre de Fontainebleau, pour le premier quartier de ses gages de la présente année.................. 375^{tt}

25 may-6 novembre : à Guillouard, préposé au controlle du quay du Cours, pour dix mois et cinq jours de ses appointemens eschus le 5 novembre (3 p.)... 374^{tt}

28 aoust 1670-15 janvier 1671 : à Deslauriers, jardinier, préposé pour tracer les parterres et autres ouvrages qui se font aux Thuilleries, pour deux mois de ses gages (2 p.)...................................... 200^{tt}

28 aoust-27 novembre : à Joly, préposé aux ouvrages de maçonnerie des Thuilleries, pour ses appointemens des mois de juillet à novembre (2 p.)......... 240^{tt}

18 febvrier-1er novembre : à Marquet, aiant l'entretenement des fontaines de Versailles, pour dix mois de ses gages eschcus le dernier octobre (4 p.).. 2916^{tt} 13^s 4^d

12 septembre-6 novembre : à Loison, garde de la Prevosté de l'Hostel, préposé pour faire arriver les matériaux aux atteliers du Louvre, pour huit mois de ses appointemens escheus le 31 octobre, et remboursement de ses dépenses (3 p.)............................ 1115^{tt} 10^s

2 octobre-6 décembre : à Octavien, jardinier, pour sept mois de ses gages pendant lesquels il est allé en Provence (2 p.)................................. 350^{tt}

9 octobre 1670-15 janvier 1671 : à Colin, préposé aux ouvrages des Thuilleries et de la pépinière du Roulle, pour ses gages des mois de juillet à décembre (2 p.).. 540^{tt}

27 juillet-1er novembre : à Valery, compagnon plombier, aiant le soin de la pompe et conduite des thuiaux du petit appartement du Roy à Saint-Germain, à compte de ses appointemens (2 p.)................... 198^{tt}

A Henry, préposé pour conduire les alignemens des jardinages de Saint-Germain, des Thuilleries et de Versailles, pour les mois de ses appointemens escheus le dernier octobre............................ 600^{tt}

6 décembre : à Laplace, préposé à l'attelier de la grande terrasse de Saint-Germain-en-Laye, pour cinq mois et demy de ses appointemens finy le 15 novembre dernier, à raison de 90^{tt} par mois..................... 495^{tt}

24 décembre : à Nicolas de Berle, préposé aux ouvrages de l'orangerie du Roulle, pour 4 mois de ses appointemens escheus le 13 du présent mois........ 220^{tt}

25 febvrier 1670 : à Estienne et Jean Vignon, et^1.... Chevillard, jardiniers de Vincennes, pour le premier quartier de leurs gages qui eschera au dernier jour de mars prochain........................... 700^{tt}

A Girard, autre garde, préposé à la conduite des matériaux des bastimens de Saint-Germain, pour ses appointemens depuis le 18 mars dernier jusqu'au dernier may ensuivant..................................... 337^{tt} 10^s

6 novembre : à Aumont, garde de la Prevosté de l'Hostel, qui fait venir les matériaux nécessaires pour l'Arc de triomphe, pour trois mois de ses appointemens escheus le 14 octobre dernier....................... 414^{tt}

4 janvier 1671 : à Jamin, préposé aux atteliers de Trianon, pour ses gages du mois de décembre dernier.. 75^{tt}

1er juillet 1670-18 janvier 1671 : au s^r Louis Petit

---

^{1} Le prénom manque.

père, préposé aux ouvrages des bastimens qui se font à Versailles, pour une année de ses appointemens escheue le dernier décembre (2 p.)................ 3600ᵗᵗ

12 aoust 1670-18 janvier 1671 : au s' Petit fils, préposé aux ouvrages de Saint-Germain, pour une année de ses appointemens et gages extraordinaires (2 p.). 2100ᵗᵗ

12 aoust 1670-18 janvier 1671 : à Daniel Fossier, préposé pour peser le plomb et le fer des bastimens de S. M. et avoir veüe sur les atteliers du Louvre et des Thuilleries, pour une année de ses appointemens et pour ses gages extraordinaires (2 p.)............ 2500ᵗᵗ

4 novembre 1670-18 janvier 1671 : à Descluseaux, commis à la conduite des bastimens de S. M., pour une année de ses appointemens (2 p.)............ 900ᵗᵗ

A Desmoulins, garde de la Prévosté de l'Hostel, préposé à la conduite des matériaux à Versailles, pour ses appointemens de lad. année.................... 1615ᵗᵗ

20 febvrier 1671 : à Trumel, aiant l'entretenement de la pépinière et orangerie du Roulle, tant pour reste de ses gages de l'année dernière 1670, que 300ᵗᵗ de gratification................................. 600ᵗᵗ

23 mars 1670 : aux jardiniers de Versailles, sçavoir : à Macé Foucher, ayant l'entretenement du petit parc, 6000ᵗᵗ ; à Marin Trumel, ayant celui de l'orangerie et jardin à fleurs, 3000ᵗᵗ ; à Mathieu Masson, ayant celuy du potager, 1600ᵗᵗ..................... 10600ᵗᵗ

5 novembre : à Pinault, garde de la Prévosté de l'Hostel du Roy, employé à faire venir des matériaux pour Saint-Germain, pour cinq mois de ses appointemens escheus le dernier octobre dernier................ 688ᵗᵗ 10ˢ

9 novembre : au s' de la Quintinie, ayant la direction des jardins potagers et fruictiers des maisons royalles, pour ses appointemens de la présente année....... 2000ᵗᵗ

13 novembre : à Louis et Même (sic) Rouvault, jardiniers qui ont le soin de l'orangerie de feu Parmentier, appartenante à S. M., pour cinq mois de leurs gages escheus le dernier octobre dernier............ 333ᵗᵗ 6ˢ 8ᵈ

A Ballon, ayant la direction des plants d'arbres des avenues et parcs des maisons royalles, pour ses appointemens de la présente année................. 1800ᵗᵗ

3 janvier 1671 : au s' Clément, travaillant à ranger les livres dans la bibliothecque du Roy, à solliciter les graveurs d'estampes pour le Roy, et à retirer et conserver lesd. planches, pour ses gages de lad. année dernière. 1200ᵗᵗ

18 janvier 1671 : à Cosme Petit, portier de la cour du Cheval Blanc à Fontainebleau, pour ses gages de l'année dernière........................... 200ᵗᵗ

Au s' de la Chambre, médecin ordinaire du Roy et de ses Bastimens, pour ses appointemens de l'année dernière................................. 1000ᵗᵗ

17 janvier 1671 : à Esloy Martin, chirurgien à Versailles, pour ses appointemens de l'année dernière d'avoir pansé les ouvriers blessés pour le travail des bastimens à Versailles.................................. 500ᵗᵗ

8 febvrier 1670 : au s' Consolin, capitaine de la galère du Roy sur la rivière de Seine, sçavoir : 450ᵗᵗ pour le dernier quartier de ses appointemens ; 300ᵗᵗ pour le dernier quartier de ceux du comite ; 630ᵗᵗ pour les trois mois derniers des sept forçats venus de Marseille, et 500ᵗᵗ pour radouber lad. galère...................... 1880ᵗᵗ

10 mars : à luy, pour ses appointemens du premier quartier qui eschéra le dernier mars, et des autres officiers et matelots et forçats, tant de la galère sur la rivière de Seine que des vaisseaux qui sont sur le canal de Versailles................................... 3450ᵗᵗ

4 novembre 1670-27 febvrier 1671 : à Charles Gervais, garde et portier du parc de Fontainebleau, pour une année de ses gages eschue le dernier décembre 1670 (2 p.)..................................... 300ᵗᵗ

4 novembre : à Jean Danies, pour une année de ses appointemens, ayant l'entretenement des carpes et cignes du grand estang et canaux de Fontainebleau. 1082ᵗᵗ 8ˢ 6ᵈ

A Robert Anglart, pour les trois premiers quartiers de l'entretenement des couvertures de Vincennes et dépendances................................ 750ᵗᵗ

A Sainte-Marie, préposé à l'Observatoire, pour ses appointemens desd. trois premiers quartiers....... 450ᵗᵗ

31 décembre : au s' Loir, peintre, pour une année de ses appointemens...................... 6000ᵗᵗ

Au s' Vandermeulen, idem.............. 6000ᵗᵗ

25 avril : à Gissey et Clinchant, gardes du palais des Thuilleries, en considération de la propreté qu'ils entretiennent dans led. palais.................... 2000ᵗᵗ

15 janvier 1671 : à Jacques Vaultier, ayant l'entretenement du jardin potager de Versailles, pour un quartier de ses gages escheu le dernier décembre........ 400ᵗᵗ

19 juin 1670 : aux peintres, tapissiers et autres ouvriers qui travaillent pour le service du Roy dans la maison des Goblins, pour les six premiers mois de leurs gages. 815ᵗᵗ

18 febvrier 1671 : à divers ouvriers qui travaillent pour le Roy dans lad. maison, pour la dernière demie année, idem........................... 1840ᵗᵗ

Somme de ce chapitre....... 78478ᵗᵗ 2ˢ 6ᵈ

GAGES ET APPOINTEMENS
DES OFFICIERS DES BASTIMENS, SUIVANT L'ESTAT SIGNÉ PAR NOUS LE 21 JANVIER 1671.

GAGES ET APPOINTEMENS DES SURINTENDANT, INTENDANS, CONTROLLEURS ET TRÉSORIERS DESDITS BASTIMENS.

A nous, en la qualité de Surintendant et Ordonnateur général desd. bastimens, jardins, tapisseries et manufactures, pour nos gages 12000ᵗᵗ
A nous, en lad. qualité, à cause de lad. charge et pension attribuée et unie à icelle............... 3000ᵗᵗ
A nous, comme Surintendant des bastimens de Monceaux................................. 2400ᵗᵗ
Au sʳ Coquart de la Motte, intendant ancien, pour trois quartiers..................... 4500ᵗᵗ
Au sʳ Vuarin, intendant alternatif, *idem*..... 4665ᵗᵗ
Au sʳ [1] ..... aussy intendant triennal, 3500ᵗᵗ pour trois quartiers dont il ne sera rien payé....... Néant.
Au sʳ Le Nostre, controlleur ancien, pour trois quartiers de ses gages et augmentation...... 4080ᵗᵗ 18ˢ 9ᵈ
A ....., controlleur alternatif, 3934ᵗᵗ 13ˢ 9ᵈ pour trois quartiers de ses gages et augmentation dont il ne sera rien payé, partant cy................. Néant.
Au sʳ Lefebvre, controlleur triennal, pour trois quartiers et augmentation................... 4134ᵗᵗ
A Mᵉ Antoine Le Menestrel, trésorier ancien, pour trois quartiers et augmentation............. 2100ᵗᵗ
A Mᵉ Charles Le Bescue, trésorier alternatif, pour trois quartiers et augmentation.............. 2100ᵗᵗ
A Mᵉ Sébastien François de la Planche, trésorier triennal, pour trois quartiers et augmentation.. 2100ᵗᵗ
Somme de ce chapitre.... 41079ᵗᵗ 18ˢ 9ᵈ

OFFICIERS QUI ONT GAGES
POUR SERVIR GÉNÉRALLEMENT DANS TOUTTES LES MAISONS ET BASTIMENS DE SA MAJESTÉ.

Au sʳ Louis Le Vau, Premier Architecte des bastimens du Roy.............................. 6000ᵗᵗ
A Pierre Girard, autre architecte.......... 400ᵗᵗ
A François Le Vac, autre architecte....... 1000ᵗᵗ
A Pierre Cottard, autre architecte......... 200ᵗᵗ
Au sʳ Le Brun, pour la conduite et direction de touttes les peintures des maisons royalles........... 4800ᵗᵗ
A luy, pour celle de la manufacture de tapisseries des Gobelins, pour faire 12000ᵗᵗ par an, y compris 3200ᵗᵗ employez dans l'estat de la Maison du Roy........ 4000ᵗᵗ
Au sʳ Félibien, historiographe des Bastimens. 1200ᵗᵗ
A Charles Errard, peintre, pour trois quartiers de ses gages.............................. 900ᵗᵗ
A Philippes Champagne, peintre, pour la moitié de ses gages.................................. 200ᵗᵗ
A Nicolas Loyr, autre peintre, *idem*........ 200ᵗᵗ
A ..... Coipel, peintre, *idem*............. 200ᵗᵗ
A Bonzon, autre peintre, *idem*........... 200ᵗᵗ
A Bailly, peintre en miniature, *idem*....... 200ᵗᵗ
A Patel, autre peintre, *idem*............. 200ᵗᵗ
A Louis Lerambert, sculpteur, ayant la garde des figures et le soin de tenir netz et polir les marbres des maisons royalles....................... 400ᵗᵗ
A Gilles Guérin, autre sculpteur......... 200ᵗᵗ
A ..... Anguier, autre sculpteur.......... 200ᵗᵗ
A Jacques Houzeau, autre sculpteur, faisant ordinairement les modèles et ornemens tant au Louvre qu'ailleurs, pour la moitié de ses gages................ 200ᵗᵗ
A François Girardon, sculpteur, pour ses gages. 150ᵗᵗ
A Thomas Regnaudin, *idem*................ 150ᵗᵗ
A Gaspard Marsy, *idem*.................. 150ᵗᵗ
A Balthasard Marsy, *idem*................ 150ᵗᵗ
A Philippe Buister, *idem*................. 150ᵗᵗ
A Mathieu Lespagnandel, *idem*........... 150ᵗᵗ
A Philippes Caffiers, *idem*............... 150ᵗᵗ
A Dominico Cucci, faisant toutes les garnitures de bronze des portes et croisées des Thuilleries...... 60ᵗᵗ
A Baptiste Tuby, sculpteur............... 150ᵗᵗ
A ..... Chauvau, graveur............... 100ᵗᵗ
A Israel Silvestre, autre graveur........... 400ᵗᵗ
A ..... Villedo, maistre des œuvres de maçonnerie, pour la moitié de ses gages................ 600ᵗᵗ
A Sébastien Bruant, maistre des œuvres de charpenterie................................. 600ᵗᵗ
A André Mazières, maçon, pour ses gages..... 30ᵗᵗ
A Antoine Bergeron, *idem*................ 30ᵗᵗ
A Charles Bressy, *idem*................. 30ᵗᵗ
A François Dorbay, *idem*................. 30ᵗᵗ
A Pierre Bréau, *idem*................... 30ᵗᵗ
A Thomas Jamart, *idem*................. 30ᵗᵗ
A Jacques Gabriel, autre maçon, *idem*....... 30ᵗᵗ
A Mazières le jeune, *idem*................ 30ᵗᵗ
A Hanicle, *idem*...................... 30ᵗᵗ
A Pierre Thévenot, *idem*................ 30ᵗᵗ
A Poncelet Cliquin, charpentier, *idem*....... 30ᵗᵗ
A Paul Charpentier, charpentier, *idem*....... 30ᵗᵗ
A Jean Bricard, *idem*................... 30ᵗᵗ

---
[1] La place du nom a été laissée en blanc.

A Pierre Dionis, menuisier, idem............ 30ᵗᵗ
A Pierre Bastard, idem................. 30ᵗᵗ
A Jean Anglebert, autre menuisier, idem....... 30ᵗᵗ
A Claude Bergerat, idem................. 30ᵗᵗ
A Antoine Saint-Yves, idem............... 30ᵗᵗ
A Charles Lavier, idem.................. 30ᵗᵗ
A Claude Buirette, idem................. 30ᵗᵗ
A Jacques Prou, autre menuisier, idem........ 30ᵗᵗ
A la veuve Somer, ébéniste, idem........... 30ᵗᵗ
A ..... Macé, autre ébéniste, idem......... 30ᵗᵗ
A Estienne Doyart, serrurier, idem.......... 30ᵗᵗ
A Denis Duchesne, autre serrurier, idem....... 30ᵗᵗ
A Florent Fromantel, idem............... 30ᵗᵗ
A la veuve Vierrey, vitrière, idem........... 30ᵗᵗ
A la veuve Lorget, idem................. 30ᵗᵗ
A Charles Jacquet, vitrier, idem............ 30ᵗᵗ
A Charles Yvon, couvreur, idem............ 30ᵗᵗ
A Gilles Le Roy, plombier, idem............ 30ᵗᵗ
A Léonnard Aubry, paveur, idem............ 30ᵗᵗ
A Antoine Vatel, idem................. 30ᵗᵗ
A Mathieu Misson, marbrier, idem.......... 30ᵗᵗ
A Delobel, serrurier, idem............... 30ᵗᵗ
A Francisco Temponiti, sculpteur, idem....... 30ᵗᵗ
A Pierre Mesnard, marbrier, idem........... 30ᵗᵗ
A ..... Briot, miroitier, idem............. 30ᵗᵗ
A Paul Goujon, dit La Baronnière, peintre et doreur,
idem................................. 30ᵗᵗ
A Gossellin, armurier, retenu pour travailler aux instrumens de mathématiques pour l'Académie des Sciences............................ 200ᵗᵗ
A Padelin et Varisse, ramonneurs de cheminées, pour avoir soin de tenir nettes toutes les cheminées des maisons royalles de Paris, Saint-Germain, Versailles, Fontainebleau et autres lieux, 200ᵗᵗ, dont ne sera payé que 30ᵗᵗ à chacun, et les ramonages payés séparément, partant cy.............................. 60ᵗᵗ
A Daniel Fossier, garde du magazin des marbres. 400ᵗᵗ
A Charles Molet, jardinier, retenu pour les desseins des jardins lorsqu'il sera commandé.......... 500ᵗᵗ
A André Le Nostre, aussy retenu pour les desseins des jardins............................ 1200ᵗᵗ
A François Francines, intendant de la conduite et mouvement des eaux et fontaines de S. M...... 2250ᵗᵗ
A luy, ayant l'entretenement des fontaines de Rungis, Luxembourg, Croix-du-Tiroir, chasteau du Louvre. 7000ᵗᵗ
A Pierre Francines, ingénieur pour le mouvement des eaux............................... 450ᵗᵗ
Au sʳ Perrault, l'un de nos commis, ayant le soin de la visite de tous les ouvrages ordonnez par S. M. en ses bastimens et de tenir la main à ce que tous les ordres par nous donnez soient executez ponctuellement et avec toutte la diligence requise.............. 1500ᵗᵗ
Au sʳ Billet, autre commis, tenant sous nous le registre des roolles, ordonnances et despences desd. bastimens.............................. 900ᵗᵗ
A ....., commis du controlleur en exercice... 600ᵗᵗ
Aux trois premiers commis en tiltre d'office des trois trésoriers généraux des Bastimens, à chacun 200ᵗᵗ. 600ᵗᵗ

OFFICIERS SERVANS SA MAJESTÉ,

POUR L'ENTRETENEMENT DES MAISONS ET CHASTEAUX CY-APRÈS DÉCLARÉS.

LOUVRE.

A René de Louvigny, concierge du chasteau du Louvre, pour tenir nettes les grandes et petites galleries, ouvrir et fermer les portes.................. 100ᵗᵗ

PALAIS DES THUILLERIES.

Aux sʳˢ Jessey et Clinchant, gardes dud. palais. 300ᵗᵗ
A deux concierges de la salle des machines et balletz du Roy............................. 2000ᵗᵗ
A André Le Nostre, pour l'entretenement du grand parterre nouvellement planté du jardin....... 3000ᵗᵗ
A Carbonnet, ayant l'entretenement de l'allée des meuriers blancs...................... 300ᵗᵗ
A Pierre Desgotz, celuy des pallissades et du parc des Thuilleries....................... 900ᵗᵗ
A Françoise Le Nostre, veuve de Simon Bouchard, ayant l'entretenement de l'orangerie........... 900ᵗᵗ
A Guillaume Masson, ... et ... Le Juge, ses belles-sœurs, chacun pour un tiers, pour leurs gages.. 1050ᵗᵗ

COURS DE LA REYNE.

A ....., portier du Cours du costé du jardin des Thuilleries........................... 20ᵗᵗ
A ....., portier du costé de Chaliot......... 20ᵗᵗ

PALAIS CARDINAL.

A Nicolas Boutiucourt, concierge.......... 450ᵗᵗ
A luy, ayant le nettoyement des chambres..... 225ᵗᵗ
A Jessey et Clinchant, gardes des salles et machines dud. palais......................... 225ᵗᵗ
A Jean Guérin, portier des rues des Bons-Enfans et de Richelieu....................... 150ᵗᵗ

A Jean Mousset, portier de la grande porte dud. palais............................... 150ᵗᵗ
Aud. Boucicourt, jardinier, pour ses gages.... 600ᵗᵗ

COLLÈGE DE FRANCE.

A Duclos, concierge du Collège de France, pour deux quartiers de ses gages..................... 25ᵗᵗ

MADRID.

A Jean Ricard, concierge du chasteau de Madrid. 150ᵗᵗ

SAINT-GERMAIN-EN-LAYE.

A François Francines, ayant l'entretenement des fontaines................................. 400ᵗᵗ
A Nicolas Bertrand, ayant celuy des terrasses et descentes................................. 30ᵗᵗ
A Jean-Baptiste de la Lande, ayant celuy du vieil jardin et nouvelles palissades................. 500ᵗᵗ
A luy, ayant celuy de l'orangerie............ 500ᵗᵗ
A Jean de la Lande, ayant celuy du grand parterre et des trois allées........................ 700ᵗᵗ
A Jean de la Lande, ayant celuy des allées et pallissades de l'enclos du petit bois............. 336ᵗᵗ 10ˢ
A luy, ayant l'entretenement du potager...... 200ᵗᵗ
A luy, ayant l'entretenement du boulingrin et jardin en gazon.............................. 800ᵗᵗ
A Claude Bellier, ayant l'entretenement du potager et des 2 parterres à costé de la fontaine de Mercure. 450ᵗᵗ
A François Lavechef, ayant celuy du jardin et parterre de devant les grottes..................... 450ᵗᵗ
A luy, ayant celuy du jardin des canaux et colines. 75ᵗᵗ
A Goeren, concierge du pavillon du parc..... 180ᵗᵗ
A Guillaume Le Coustillier, ayant l'entretenement du jardin du Val dans le parc.................. 135ᵗᵗ
A Claude Patenostre, concierge du chenil.... 180ᵗᵗ
A Pierre Berthin, concierge et garde meuble du chasteau neuf.............................. 375ᵗᵗ
A Thomasse Lefebvre, veuve Franchos, ayant l'entretenement de la petite escurie du Roy.......... 200ᵗᵗ
A Henry Solleigre, concierge du vieil chasteau. 225ᵗᵗ
A luy, ayant l'entretenement de l'horloge...... 75ᵗᵗ
A Jacques Martin, portier dud. chasteau....... 75ᵗᵗ
A Denis Laloyer, portier du chasteau neuf..... 75ᵗᵗ
A Claude Taillier, portier du parc........... 75ᵗᵗ
A Charles de la Rue, maçon................ 30ᵗᵗ
A René Dufay, charpentier................. 30ᵗᵗ
A ..... Milot, menuisier..................... 30ᵗᵗ
A Louis Boutrait, serrurier................. 30ᵗᵗ
A Morel, vitrier........................... 30ᵗᵗ

SAINT-LÉGER.

A ¹...., concierge du chasteau de Saint-Léger. 225ᵗᵗ

POUGUES.

A Jean Adrian, garde des fontaines.......... 75ᵗᵗ

VINCENNES.

A Gabriel Briais, jardinier............... 2000ᵗᵗ
A Chevillard, fontainier................. 600ᵗᵗ

VERSAILLES.

L'entretenement des concierges, jardiniers et autres officiers est payé par un fonds libellé séparément, partant cy................................ Néant.

JARDIN MÉDICINAL.

Les gages et entretenemens de ce jardin, montans à 21000ᵗᵗ, se payent séparément, cy.......... Néant.

HOSTEL DES AMBASSADEURS.

A Sébastien Pouget, concierge............. 100ᵗᵗ

CHASTEAU-THIERRY.

Led. chasteau et domaine cy-devant engagé et alliéné à M. le duc de Bouillon, partant cy.......... Néant.

VILLIERS-COTTERETS.

Le chasteau et domaine a esté cy-devant donné à M. le duc d'Orléans en augmentation de son appanage, partant cy....................................... Néant.

Somme du présent estat.... 101421ᵗᵗ 8ˢ 9ᵈ ²

GAGES DES OFFICIERS DE FONTAINEBLEAU,
SUIVANT L'ESTAT PAR NOUS SIGNÉ LE 22 JANVIER 1671.

Au sʳ marquis de Saint-Heren, capitaine et concierge dud. chasteau, pour ses gages............. 3800ᵗᵗ
A nous, en la qualité de Surintendant...... 3800ᵗᵗ
A Louis Cosquino, garde meuble........... 300ᵗᵗ
A la veuve de Bray, ayant l'entretenement de la moitié du grand parterre du Tybre............. 800ᵗᵗ
A Nicolas Poinet, pour l'autre moitié........ 800ᵗᵗ
A Jean Desbourz, ayant celuy du petit jardin de l'estang des Pins, allée royalle, etc............ 600ᵗᵗ
A Chastillon, ayant celuy de l'orangerie.... 1200ᵗᵗ

¹ La place du nom est restée vide.
² L'addition donne 101321ᵗᵗ 8ˢ 9ᵈ.

A Claude Bouis, jardinier de l'orangerie en pleine terre... 1500^{tt}

A Jean Chamarigeas, ayant par brevet le logement du carré du jardin des Pins, à la charge de le faire planter d'arbres fruitiers........................ Néant.

A Jacques Dorchemer, ayant l'entretenement et nettoyement du jardin de la conciergerie.......... 45^{tt}

A Jacques Besnard, ayant ceux de l'hostel d'Albret, cy.. 100^{tt}

A Gabriel Daresse de la Haraudière, ceux des canaux et estang dud. chasteau................ 200^{tt}

A Jean du Bois, peintre, ayant le nettoyement des peintures.. 600^{tt}

A Jean Guognet, ayant l'entretenement de touttes les couvertures.................................. 2400^{tt}

A André Girard, plombier, pour ses entretenemens.. .... 400^{tt}

A René Nivelon, pour l'entretenement du jeu de mail et pallissades.................................. 112^{tt} 10^s

A Pierre Francines, pour nettoyement et entretenement des cisternes, réservoirs, etc........... 720^{tt}

A Jacques Lefebvre, ayant l'entretenement des arbres fruitiers.. 750^{tt}

A Louis Desbouiz, pour ses entretenemens... 1000^{tt}

Aux religieux de la très sainte Trinité, pour l'entretenement d'une lampe....................... 300^{tt}

Aux religieux de l'hospital de la Charité, pour leur pension.. 1800^{tt}

A Henry Voltigeant, ayant l'entretenement des basteaux... 200^{tt}

A Martin Jamin, concierge du logis de la fontaine. 150^{tt}

A Nicolas Thierry, concierge du chenil...... 100^{tt}

A Nicolas du Pont, et à son fils en survivance, par forme de pension.................................. 600^{tt}

A ....., ayant la charge de garde de la basse cour des cuisines...................................... 50^{tt}

A Robert Jamin, garde de la basse cour du Cheval Blanc... 37^{tt} 10^s

A Jacques Besnard, garde de l'hostel d'Albret.. 25^{tt}

A François Toulet, concierge du pavillon où logent MM. les Surintendans des finances.......... 100^{tt}

A Jean Hay, ayant la charge du logis de la conciergerie de la Coudre.................................... 15^{tt}

A Jacques Dorchemer de la Tour, ayant la charge des clefs de tous les logemens dud. chasteau de Fontainebleau.. 300^{tt}

A luy, ayant le soin de monter et entretenir l'horloge.. 100^{tt}

Somme du présent estat...... 22906^{tt} [1]

DIVERSES DESPENSES.

24 janvier 1670-26 janvier 1671 : à Tournier, graveur, à compte des planches qu'il grave pour la traduction de Vitruve (6 p.)............................ 1270^{tt}

24 janvier : à Dauvergne, pour parfait payement de 2233^{tt} 17^s à quoy monte ce qu'il a payé pour l'arrachage et voiture des petits plans qui ont esté enlevez dans la forest des Lyons............................ 1123^{tt} 17^s

A Faglin, charpentier, à compte d'un moulin orisontal qu'il a entrepris de faire pour le service de S. M. 150^{tt}

6 febvrier : à Coignet, peintre, à compte des ouvrages de peinture par luy faits en l'année 1662....... 400^{tt}

4 janvier 1671 : à luy, à compte des ouvrages de peinture qu'il a faits à l'Imprimerie royale...... 400^{tt}

6 febvrier 1670-15 janvier 1671 : à Pierre Haniele, maçon, à compte des ouvrages de maçonnerie qu'il fait pour la construction de l'aqueduc de Marly (7 p.). 34500^{tt}

6 febvrier-6 décembre : à Morel, artificier, pour son parfait payement des feux d'artifice qu'il a fournis au magazin du Roy et qui ont esté tirez à la feste de Versailles (4 p.)... 2493^{tt}

6 febvrier-27 novembre : à Patel, peintre, à compte des tableaux qu'il fait, représentans les maisons royalles (4 p.)... 1400^{tt}

6 febvrier : à Breilly, vitrier, pour ses ouvrages de vitrerie en l'hostel de la Reyne d'Angleterre et celuy des Ambassadeurs en l'année 1669.......... 747^{tt} 4^s 3^d

1er mars-8 juin : à Jamart, maçon, à compte de l'escurie qu'il bastit derrière la grande escurie du Louvre (2 p.).. 4000^{tt}

9 juillet-27 novembre : à luy, à compte des réparations qu'il fait en la maison des Gobelins (3 p.). 7600^{tt}

1er mars : à Pitault, graveur, pour parfait payement de douze planches qu'il a gravées pour la traduction de Vitruve... 150^{tt}

9 octobre : à luy, pour avoir gravé trois planches de lad. traduction..................................... 500^{tt}

27 novembre : à luy, pour son parfait payement des planches qu'il a gravées pour lad. traduction. 350^{tt}

1er mars : à Melan, graveur, pour parfait payement de 3500^{tt} à quoy montent sept planches qu'il a gravées de sept figures antiques qui sont aux Thuilleries... 1500^{tt}

[1] L'addition donne 25905^{tt}.

ANNÉE 1670. — DIVERSES DÉPENSES.

24 juillet 1670-4 janvier 1671 : à luy, à compte des planches qu'il grave sur les figures antiques du cabinet du Roy (3 p.).......................... 1600tt

1ᵉʳ mars : à Vanise, ramoneur, pour avoir ramonné et raccommodé plusieurs cheminées dans toutes les maisons royalles en 1669....................... 314tt

1ᵉʳ-7 mars : à Cosme Sauterbau, artificier, à compte de l'artifice qu'il fournit dans le magazin du Roy (2 p.).................................. 350tt

1ᵉʳ mars 1670-20 mars 1671 : à Gilles Ballon, pour son remboursement des menues dépenses qu'il a faites pour les plantes et fleurs fournies aux maisons royalles pendant l'année dernière jusqu'au 11 febvrier 1671 (3 p.)....................... 3599tt 10ˢ

1ᵉʳ mars-9 juillet : à Jean Le Dru, charpentier, pour parfait payement des deux batteaux qu'il a fournis et équipez de rateliers et mangeoires, pour voicturer les cerfs que le Roy envoye au roy d'Angleterre (3 p.) 3450tt

1ᵉʳ mars : à La Chapelle et Simon, pour avoir démoli des murs dans la pépinière du Roulle........ 298tt 5ˢ

A Hélan, jardinier, pour ormes et tilleux qu'il a fournis en divers endroits des maisons royalles... 622tt 15ˢ

A Raon, sculpteur, à compte d'une figure d'Apollon de pierre de Tonnerre qu'il fait pour le Roy........ 150tt

A Roger, autre sculpteur, à compte d'une figure de Diane, idem............................ 150tt

1ᵉʳ mars-6 décembre : à la veuve Sommer, ébéniste, pour neuf parquets de marqueterie qu'elle a faits pour le Roy, à 350tt chacun (3 p.)............... 3150tt

1ᵉʳ mars : à Poissant, sculpteur, pour quatre chambranles et foyers de marbre qu'il a fournis au magazin du Roy................................ 590tt

24 décembre : à luy, pour avoir remonté le moule d'Hercule de Farnase (sic) qui est aux Gobelins. 93tt 14ˢ

1ᵉʳ mars : à Marchais, pour employer au payement des voitures de l'équipage et des journées d'hommes nécessaires pour prendre les cerfs que le Roy envoye au roy d'Angleterre............................. 600tt

5 avril-5 may : à Prou, menuisier, pour les rouleaux et tables qu'il a fournis à la manufacture de la Savonnerie.................................. 80tt

5 avril : à Bosse, graveur, pour douze planches qu'il a gravées, sçavoir : une représentant un caméléon avec son squelet, et unze représentans diverses plantes.... 1105tt

A Robert, peintre et graveur, pour onze planches de fleurs, à 90tt chacune, qu'il a gravées et remises entre nos mains.............................. 990tt

16 décembre : à luy, pour planches de fleurs gravées pour le Roy........................... 1350tt

5 avril 1670-16 mars 1671 : à Caresme, pour parfait payement de l'artifice qui a été tiré à la feste de Versailles (5 p.)........................ 4438tt 10ˢ

5 avril : à Misson, marbrier, à compte du globe de marbre qu'il fait pour le Roy................ 300tt

A Sevin, faiseur d'instrumens de mathématiques, pour plusieurs instrumens qu'il a fournis par notre ordre au sʳ Richer que nous envoyons aux Indes pour y faire des observations astronomiques................ 70tt 10ˢ

A Trumel, jardinier, pour les arbrisseaux verts et plants qu'il a tirez de son jardin pour mettre à la pépinière du Roulle......................... 900tt

5 avril-24 décembre : à Octavien, jardinier, pour remboursement de la dépense du voyage qu'il a fait à Grenoble pour faire venir 4000 epicias, ou environ, avoir payé les ouvriers qui les ont arrachez, et la voiture d'iceux à Paris, et des houx dans la forest de Fontainebleau (2 p.)............................... 2537tt 18ˢ

3 juillet : à luy, pour remboursement de ce qu'il a payé à ceux qui ont arraché des houx et genièvres dans la forest de Fontainebleau pour la pépinière du Roulle. 216tt 10ˢ

2 octobre : à luy, pour remboursement de pareille somme qu'il a payée aux particuliers dont il a achepté des oignons, plantes et fleurs, tant à Lyon, Marseille, Toulon, qu'autres lieux................ 1080tt 18ˢ

29 avril : à Girardon, sculpteur, pour son remboursement de ce qu'il a payé pour achapt de modelles de plastre et d'estampes pour envoyer aux sculpteurs de Marseille, Toulon et Brest 948tt 17ˢ 5ᵈ

23 septembre : à luy, pour ce qu'il a payé à plusieurs sculpteurs qui ont fait trente-six corps de bustes et restauré les testes qui ont esté donnez au magazin du Roy. 4711tt

29 avril : à Cussan, peintre, pour avoir fait un portrait du Roy à cheval pour envoyer en Angleterre. 400tt

29 avril-24 octobre : à Davau, sculpteur, pour parfait payement de quatre grands guéridons qu'il a faits pour le Roy......................... 1200tt

5 may : à Godon, pour trois chambranles de marbre qu'il a fournis au magazin du Roy.......... 450tt

A Pasquier, marbrier, à compte de la façon des chambranles de marbre qu'il a mis aud. magazin..... 385tt

A Fayon, marchand de bois, pour parfait payement de 6000tt pour douze poutres de sapin qu'il a fournies pour le Louvre............................. 1000tt

A Hubert, pour avoir voituré douze poutres de sapin du port..... dans la grande place devant le pallais des Thuilleries............................ 264tt

5 may-9 juillet : à Guyot, sculpteur, à compte des six bustes qu'il fait à six testes antiques (2 p.)...... 600tt

30.

12 may : à CHEVALIER, marchand de bois, à compte des poutres de sapin qu'il doit fournir pour le Louvre. 1000^{tt}

18 novembre : à CHEVALIER, menuisier, à compte des ouvrages de menuiserie qu'il fait à la grande escurye du Roy............................... 300^{tt}

12 may : au s^r LE MÉNESTREL, trésorier général des Bastimens du Roy, pour son remboursement de ce qu'il a avancé aux charpentiers et scieurs de long qui ont travaillé à Buc du 24 mars au 19 avril........ 132^{tt} 2^s

15 may : à luy, *idem*, sçavoir : aux tailleurs de pierre du Louvre, des Thuilleries et de l'Observatoire, 300^{tt} ; à ceux de Versailles et Trianon, 200^{tt} ; et à ceux de Saint-Germain, 100^{tt}, pour le May du jour de l'Ascencion. 900^{tt}

3 juin : à luy, *idem* pour plusieurs ouvriers qui se sont tuez et blessez travaillant tant au bastiment du Louvre qu'aux appartemens des Thuilleries..... 310^{tt}

16 décembre : à luy, *idem* aux compagnons charpentiers qui ont fait l'apenty contre le gros mur de [1]..... du costé du bois, pour la façon de 150 pièces de bois. 135^{tt}

11 avril : à luy, *idem* aux ouvriers qui travaillent aux bastimens de S. M. suivant notre ordre, sçavoir : aux ouvriers du Louvre, 800^{tt} ; à ceux de l'Observatoire, 400^{tt} ; et à ceux de l'Arc de triomphe, 300^{tt}........ 1500^{tt}

5 may : à luy, pour le vin que le Roy a accordé aux ouvriers de Saint-Germain................. 66^{tt}

31 décembre 1671 : à luy, pour son remboursement de seize bourses de jettons................. 1500^{tt}

A luy, pour les espices, façons, reddition de compte et autres dépenses communes................. 4563^{tt}

20 may : à CHEFDEVILLE et LALUN, pour labours qu'ils ont faits aux remises de la plaine Saint-Denis contenans vingt arpens............................. 90^{tt}

25 may, au s^r NIQUET, pour remboursement de ce qu'il a payé aux compagnons menuisiers qui font des modelles de machines pour l'Académie des Sciences... 399^{tt} 15^s

11 juin-22 aoust : aux s^{rs} NIQUET, VIVIEN, PIVERT et DUPUY, à compte des cartes géographiques qu'ils font de la Généralité de Paris et autres provinces du royaume (2 p.)................................. 3000^{tt}

25 may : à GARANGEAU, menuisier, pour les réparations de menuiserie qu'il a faites en l'hostel des Ambassadeurs pendant l'année 1669................... 181^{tt} 5^s

A TAUREAU, serrurier, pour celles de serrurerie auxd. lieu et an........................... 111^{tt}

1er juin : à BARBÉ, maçon, à compte des réparations de maçonnerie qu'il fait au logement de la pépinière du Roulle................................. 300^{tt}

A LOUIS et HENRY GODIGNON, pour plusieurs plants qu'ils ont levez, tant à Paris, Versailles que Saint-Germain, et eslévations qu'ils ont dessignez pendant la présente année........................... 110^{tt}

1er juin-16 décembre : à JACQUES, FRANÇOIS et ANDRÉ LIARDS, preneurs de taupes, pour les taupes qu'ils ont prises dans les jardins des maisons royalles (2 p.). 1073^{tt} 8^s

8 juin : à LOUISE POISSON, pour une année eschue le 31 mars du loyer d'une maison à elle appartenante à Fontainebleau qu'occupe le nommé BOUYS, jardinier.. 200^{tt}

17 juin : à RÉVÉREND, fayancier, pour des vazes de fayance à mettre des orangers et des fleurs, lesd. vazes de la manufacture de Saint-Cloud, qu'il a fournis à Versailles............................. 3319^{tt}

12 may : à BALTAZARD et BARTHELEMY D'AUBRESNE, jardiniers, par gratification, en considération des soins qu'ils ont pris des pépinières et avenues des maisons royalles où ils ont travaillé depuis le mois de novembre 1669 jusques à présent, et pour leur retour en Flandres................................. 600^{tt}

1er juin-16 décembre : à LIÉGEARD, pour employer au payement des ouvriers qui tirent du marbre proche Bourbon pour les bastimens (2 p.).............. 5500^{tt}

24 juin : à BOUCHER, carreyer de Senlis, à compte des marches de liais qu'il fournit pour le Louvre. 500^{tt}

A DENIS, plombier, pour le plomb qu'il a fourny aux bastimens............................. 325^{tt} 11^s 6^d

7 mai : 670-26 janvier 1671 : à JEAN COLIN, piqueur, pour remboursement de ce qu'il a payé pour achat de perches, fil de laton, fumier, mannequins, arbrisseaux et potz à fleurs pour les jardins de Saint-Germain, Trianon, Thuilleries, Versailles et la pépinière du Roulle (7 p.)................................ 1645^{tt} 13^s 4^d

20 octobre : à ..... COLIN[2], que nous envoyons en Flandres pour faire venir des ipreaux et autres arbres pour les avenues des maisons royalles, pour les frais de son voyage avec trois jardiniers qu'il mène....... 400^{tt}

8 febvrier 1671 : à luy, pour achats et voiture d'ormes qu'il a fait en Flandres et pays d'Artois pour lesd. avenues................................. 1373^{tt} 14^s 6^d

31 juillet-15 janvier : à BARBÉ et GIRARD, maçons, à compte des ouvrages de maçonnerie qu'ils font pour la closture du jardin, orangerie et pépinière du Roulle (3 p.)................................ 12500^{tt}

11 juin : à LE ROY, plombier, pour son parfaict paye-

---

[1] Il faudrait ici un nom de lieu qui, au registre, est remplacé par des points. C'est peut-être Vincennes.

[2] Le prénom est laissé en blanc.

ment des fournitures de plomb qu'il a faites pour les bastimens du Roy en 1668 et 1669....... 3759ᵗᵗ 10ˢ

9 juillet 1670-26 janvier 1671 : à PADELIN, ramoneur, pour avoir ramonné plusieurs cheminées des maisons royalles (3 p.)..................... 985ᵗᵗ 10ˢ 8ᵈ

9 juillet : à BOURDON, marbrier, pour huit scabellons de marbre qu'il a fournis pour le Roy......... 800ᵗᵗ

9 juillet - 16 décembre : à ANNE BILLON, carrier de Senlis, pour son paiement de pierres de liais qu'il a fournies pour faire des bases de pillastres d'encoigneures (2 p.)............................... 1130ᵗᵗ

16 juillet : à ROSE, pour avoir fait venir, de Vernon à Saint-Cloud, deux pierres de mesure pour les piédestaux des Sphinx...................... 241ᵗᵗ

A COULOMBIER et MOULIN, menuisiers, pour un modelle de machine à battre du bled qu'ils ont fourni à la bibliothèque du Roy................... 100ᵗᵗ

A RUCHEL, serrurier, pour réparations de serrurerie aux Gobelins..................... 94ᵗᵗ 10ˢ 6ᵈ

16 juillet - 9 novembre : à MANGIN, charon, pour parfait paiement de plusieurs binards qu'il a fait pour voiturer les marbres du Roy et autres grands fardeaux (2 p.).......................... 1476ᵗᵗ 2ˢ

24 juillet : au sʳ FORMONT, banquier, pour remboursement de pareille somme qu'il a payée pour achapt d'orangers, jasmins et tubéreuses qu'il a fait venir de Lyon pour la pépinière du Roulle......... 2525ᵗᵗ 5ˢ

8 mars 1670-5 juin 1671 : à luy, à compte des plomb et estain qu'il fournit pour les bastimens du Roy (2 p.)............................ 13622ᵗᵗ 19ˢ

2 avril : à luy, pour ce qu'il a fait tenir au sʳ VAILLANT, médecin, qui voyage dans les pays estrangers pour y faire des observations curieuses............... 2000ᵗᵗ

15 mars : à luy, pour le sʳ ERRARD, directeur de l'Académie de peinture et sculpture establie par S. M. à Rome................................. 30000ᵗᵗ

20 aoust : à luy, tant pour la pension des sʳˢ Cavaliers BERNIN père et filz, que par gratiffication aux peintres et sculpteurs qui travaillent à l'Académie de Rome. 16200ᵗᵗ

24 juillet : à la veuve JEAN HARMANT, ébéniste, pour parfait paiement de l'ouvrage de pierre de rapport que led. Harmant a fait à une table de marbre....... 30ᵗᵗ

A PATIGNY, graveur, pour une planche qu'il a gravée pour la traduction de Vitruve[1]............... 240ᵗᵗ

A LE BAS, à compte des instrumens de mathématique qu'il fait pour le cabinet et bibliotecque du Roy... 150ᵗᵗ

Aux sʳˢ DES ESSARTS, MOUSSY, BLANCHARD et autres, pour bustes de marbre qu'ils ont fourny pour le Roy. 2413ᵗᵗ 10ˢ

31 juillet : à la veuve JOUSSET, pour glaces de miroir qu'elle a fournis à Saint-Germain, tant à l'appartement de Monseigneur le Dauphin qu'à celuy de Montespan. 1652ᵗᵗ

31 juillet 1670 - 26 janvier 1671 : à DANIEL FOSSIER, pour son parfait payement des menues despenses qu'il a faites dans les bastimens (4 p.).......... 4391ᵗᵗ 17ˢ

14 aoust 1670 - 4 janvier 1671 : à AUDRAN, à compte des planches qu'il grave de l'Histoire d'Alexandre sur les tableaux du sʳ LE BRUN (2 p.).............. 1000ᵗᵗ

14 aoust : à PICARD, graveur, pour une planche qu'il a gravée sur un tableau du Cabinet, représentant une sainte Cécille[2]................................. 650ᵗᵗ

14 aoust - 21 septembre : à PIERRE GILLET, maçon, pour son parfait payement des réparations qu'il fait à l'aqueduc de Rungis (2 p.)....................... 850ᵗᵗ

5 septembre - 9 novembre : à POITEVIN, charpentier, à compte des ouvrages de charpenterie qu'il fait à l'orangerie de la pépinière du Roulle (2 p.)............. 4000ᵗᵗ

21 septembre : à NOEL HOUSSE, pour les fumiers qu'il a voiturés à lad. pépinière................. 378ᵗᵗ

2 octobre : à CRAMOISY, libraire, pour remboursement de pareille somme qu'il a payée à un relieur qui a relié six exemplaires du Carrousel pour le Roy...... 150ᵗᵗ

9 octobre : à FOREST, jardinier, et à la veuve CARBONNET, à compte des ormes qu'ils ont plantez et qu'ils doivent regarnir dans les avenues des Thuilleries....... 800ᵗᵗ

17 octobre : à MARTINOT, horloger, pour une horloge qu'il a fournie et posée aux Gobelins et pour avoir raccommodé celle des Thuilleries et celle de Versailles. 1320ᵗᵗ

12 septembre : à NICOLAS LE PICARD, serrurier, pour ses gages de deux mois de travail eschus le 24 aoust dernier et plusieurs ouvrages qu'il a faits aux vaisseaux du canal de Versailles, comme aussi pour le paiement de son compagnon........................... 258ᵗᵗ

A SOREL, pour son desdommagement de la non-jouissance de cinq arpens de terre derrière les Thuilleries en 1668, 69 et 70...................... 375ᵗᵗ

21 septembre : à DELOBELLE, menuisier, pour 36 quaisses qu'il a faites pour le magazin des bastimens.. 311ᵗᵗ

9 octobre : à BELLEFIN, greffier des Bastimens, pour vingt-huit vaccations par luy faites concernant le fait desd. bastimens.............................. 162ᵗᵗ

17 octobre : à VANDERBAN[3], graveur, pour trois planches qu'il a gravées pour la traduction de Vitruve.... 400ᵗᵗ

---

[1] Chalcographie du Louvre, n° 3817.
[2] D'après LE DOMINIQUIN. Chalcographie du Louvre. n° 94.
[3] PIERRE VANDERBANC. Chalcographie du Louvre, n° 3818.

A Motelet, frotteur de planchers, pour avoir mis en couleur et frotté toutes les chambres de la bibliotecque du Roy............................... 60ᴧ

24 décembre : à Motelet et consorts, *idem*, pour avoir frotté à diverses fois les appartemens de Versailles, de Saint-Germain et des Thuilleries............. 915ᴧ

24 octobre : à Lepautre, graveur, pour trois planches qu'il a gravées, représentans des Termes, un buste et une partie de la Grotte de Versailles............. 360ᴧ

24 octobre-18 novembre : à Utinot, sculpteur, à compte de ses modelles de vazes de bronze aux Thuilleries et à Versailles (2 p.)..................... 400ᴧ

24 octobre : à Trumel, Eslan et consorts, à compte des arbres qu'ils plantent aux avenues des Thuilleries. 1200ᴧ

24 décembre : à Julienne et Eslan, jardiniers, pour des ormes qu'ils ont fournis à Versailles et à Saint-Germain............................... 1398ᴧ

1ᵉʳ novembre : à Noel Ouest, pour les fumiers qu'il a voiturez pour la pépinière du Roulle........... 328ᴧ

9 novembre : à Yvon, couvreur, à compte de ses ouvrages de couverture à l'orangerie du Roulle... 1000ᴧ

27 aoust 1670-6 may 1671 : à luy, ayant l'entretenement des couvertures de toutes les maisons royalles et lieux en dépendans, pour une année dud. entretenement échue le 31 décembre dernier (2 p.)............. 8290ᴧ

9 novembre : à Chauveau, graveur, à compte des planches qu'il grave sur les tableaux de S. M. qui sont aux Thuilleries........................... 600ᴧ

A Noiset, voiturier, pour avoir voituré plusieurs blotz de marbre au magazin des bastimens........ 2469ᴧ

A Claude Deslotz, chaudronnier, pour neuf paires d'arrousoirs qu'il a fournis pour les jardins des maisons royalles........................... 216ᴧ

A Rigault, pour son remboursement des menues despenses qu'il a faites aux jardinages des Thuilleries, Trianon et de la pépinière du Roulle.......... 2784ᴧ 9ˢ

18 novembre : à Thuret, horloger, pour plusieurs pendules de mer qu'il a faites pour faire des observations en l'Académie des Sciences................. 815ᴧ

A Le Grand, serrurier, à compte des ouvrages de serrurerie qu'il fait pour l'orangerie du Roulle..... 500ᴧ

A Millard, pour son remboursement d'avoir faict voicturer les marbres de la chappelle du Roy et antiques qui estoient à la garde de Lerambert......... 409ᴧ 15ˢ

27 novembre : à Descluseaux, pour remboursement de plusieurs frais qu'il a faits à Saint-Leu pour accélérer la livraison des pieux de mesure pour servir à ¹.. 127ᴧ 15ˢ

¹ Le nom de lieu manque ici.

6 décembre : à Cuissin, menuisier, pour quatre-vingt-dix caisses qu'il a faictes pour mettre des orangers qui estoient en plaine terre................... 345ᴧ

A Ménard, marbrier, pour un foyer de marbre qu'il a fourni à Saint-Germain et plusieurs chambranles qu'il a posez à Versailles, et autres ouvrages......... 306ᴧ

6 décembre 1670-4 janvier 1671 : à Viart et Maron, terrassiers, à compte des terres qu'ils fouillent à l'aqueduc de Marly (2 p.)......................... 1450ᴧ

16 décembre : à La Boissière, graveur, pour trois planches qu'il a gravées pour l'Académie des Sciences. 150ᴧ

24 décembre : à Briot, miroitier, pour avoir posé et nettoyé plusieurs glaces de miroir, tant à Versailles, Trianon, qu'à Saint-Germain et aux Thuilleries..... 390ᴧ

30 novembre-24 décembre : à Clément, pour ce qu'il a payé aux nommez Le Vasseur, Dubois et autres relieurs, pour la reliure de cent soixante-quinze volumes et pour trois boettes à mettre des estampes pour la bibliotecque du Roy (2 p.)........................... 3642ᴧ

30 avril : à Nicolas Clément, pour employer à l'impression des planches qu'il garde........... 2000ᴧ

24 décembre : à La Baronnière, peintre et doreur, pour avoir doré douze guéridons pour le Roy... 2100ᴧ

24 décembre 1670-4 janvier 1671 : à Hutillier, pour parfait payement de la despence qu'il a faicte pour achapt et voitures de plants qu'il a faict arracher dans la forest de Lyons (2 p.)........................ 1174ᴧ 5ˢ

18 janvier : au sʳ Cassini, célèbre mathématicien, 6000ᴧ pour ses appointemens ordinaires et 3000ᴧ de gratification extraordinaire pour la présente année.. 9000ᴧ

Au sʳ Vivier, qui travaille à faire des cartes géographiques pour le Roy, pour le travail qu'il fera pendant les mois de janvier, febvrier et mars........... 450ᴧ

30 janvier : aux sʳˢ Richer et Meurice, mathématiciens envoyés à la Cayenne pour y faire des observations astronomiques utiles à la navigation, pour leurs appointemens de la présente année, savoir : aud. Richer 2500ᴧ, et aud. Meurice 1200ᴧ.................. 3700ᴧ

27 décembre : au sʳ Meurisse, académicien, pour les frais de son retour de la Rochelle à Paris et en considération des observations astronomiques qu'il a faites avec le sʳ Richer dans l'Acadie.................. 300ᴧ

1ᵉʳ mars : au sʳ Grindorge, pour employer, sçavoir : 1000ᴧ à la construction d'un laboratoire et achapt de vases et ustencilles pour l'Académie de Caen, et 1500ᴧ pour l'entretenement dud. laboratoire et la despence que fera lad. Académie pendant lad. année présente..... 2500ᴧ

12 mars 1670-16 janvier 1671 : aux sʳˢ Silvio et Reynon, marchands de Lyon, pour leur paiement des estoffes

de velours, brocats d'or et d'argent et autres natures qu'ils ont fournis pour le Roy, mentionnés en l'ordonnance et pour les prix y contenus (6 p.)...... 170986ᵗᵗ 19ˢ 1ᵈ

16 avril : à Pierre Jacquier, trompette de la maison de ville de Lyon, pour reste du paiement d'une machine à courir la bague qu'il a inventée et exécutée à Versailles............................. 3300ᵗᵗ

12 juin : aux sʳˢ Duc et Marsollier, marchands, pour 147 aunes et demie de brocat fonds violet, broché d'or et d'argent, manufacture de Lyon, à raison de 66ᵗᵗ l'aune, fournies pour le service du Roy............. 3135ᵗᵗ

26 novembre : à eux, pour 76 aunes cinq huitièmes de brocat fonds vert, broché d'or et d'argent, à raison de 78ᵗᵗ 15ˢ l'aune................. 6030ᵗᵗ 4ˢ 3ᵈ

16 décembre : à eux, pour 79 aunes un tiers de brocart d'or et d'argent qu'ils ont fait faire à Lyon pour le service de S. M...................... 6221ᵗᵗ 5ˢ

10 juillet : au sʳ de Caramani, mestre de camp du régiment Royal-Roussillon, pour les six derniers mois 1669 et les six premiers de la présente année de la pension de 2000ᵗᵗ que S. M. luy a accordée pour l'entretien de son haras........................... 2000ᵗᵗ

7 juillet : aux sʳˢ Coustellier, Dipy, Delacroix et Compiègne, qui travaillent sur les manuscrits grecs, hébreux et arabes, pour la première demie année de leurs appointemens eschue le dernier juin dernier........ 1500ᵗᵗ

17 juillet 1670-7 febvrier 1671 : au sʳ Boel, peintre flamand, pour son parfaict paiement des ouvrages de peinture qu'il a faits en plusieurs tableaux représentans divers animaux pour servir aux tapisseries de la manufacture des Gobelins (2 p.)..................... 3310ᵗᵗ

31 aoust-16 novembre : au sʳ Silvestre, graveur, pour reste des 19410ᵗᵗ à quoy montent trente-six planches qu'il a gravées pour S. M. représentans les maisons royalles et plusieurs villes du royaume, y compris 810ᵗᵗ pour le papier et impression (3 p.)................. 7110ᵗᵗ

9 septembre-15 octobre : aux religieux Récoletz de Saint-Germain-en-Laye, pour l'augmentation de leur église (2 p.)........................... 2000ᵗᵗ

10 septembre : au curé de la parroisse de Saint-Martin, de Saint-Valery, et à Mʳ Philippe Liault, hault bailly et lieutenant général dud. lieu, pour distribuer aux matelots et autres habitans du lieu de la Ferté proche dud. Saint-Valery, pour restablir leurs maisons qui ont esté bruslées............................... 6000ᵗᵗ

12 septembre : à Isaac Blandin, pour remboursement de pareille somme qu'il a payée à divers particuliers pour 7560 oignons de jonquilles qu'il a acheptez d'eux pour le Roy, et pour la voiture d'iceux de Caen à Paris, et autre despence......................... 1161ᵗᵗ 11ˢ

14 novembre : à Jean Le Brun et Michel Le Fevre, à compte de la voiture qu'ils font de cinquante-huit poutres, couppées dans la forest de Coucy, en la ville de Paris. 2000ᵗᵗ

16 décembre : aux prestres de la congrégation de la Mission de Fontainebleau, pour leur subsistance et entretenement pendant la présente année....... 6000ᵗᵗ

4 janvier 1671 : à Lavien, menuisier, à compte de ses ouvrages de menuiserie à l'orangerie de¹....... 600ᵗᵗ

5 janvier 1671 : à Le Clerc, graveur, sçavoir : 900ᵗᵗ pour ses appointemens de la dernière demye année 1670, et 118ᵗᵗ pour son remboursement des planches de cuivre qu'il a fournies........................ 1018ᵗᵗ

11 janvier 1671 : au sʳ Colbert, abbé du Bec, pour une année eschue le 31 décembre 1670 du loyer d'une maison qui luy appartient rue Vivien, occupée par la bibliotecque du Roy...................... 3000ᵗᵗ

15 janvier 1668 : à luy, pour une année et demie eschue le 31 décembre 1667 du loyer d'une maison occupée par la bibliotecque du Roy............ 4500ᵗᵗ

15 janvier 1671 : à Migon, arpenteur, pour avoir arpenté et levé le plan de tous les héritages compris dans la grande avenue de Vincennes et jardin de la pépinière du Roulle............................... 375ᵗᵗ

A Cuccy, fondeur et ébéniste, pour une plaque de cadran qu'il a fournie aux Gobelins et les voiages qu'il a faits à Saint-Germain pour raccommoder ce qui estoit rompu dans le petit appartement du Roy....... 91ᵗᵗ 5ˢ

1ᵉʳ décembre : à luy, à compte de deux grands cabinets qu'il fait pour le Roy..................... 5000ᵗᵗ

16 mars 1671 : au sʳ Bellinzani, pour partie de ses appointemens de l'année 1670, à cause du soin qu'il prend du commerce et des manufactures du royaume.. 4000ᵗᵗ

26 janvier 1671 : à Descodet, pour plusieurs desseins et plans mis au net pour les bastimens du Roy... 140ᵗᵗ

A Berain, graveur, pour deux planches qu'il a gravées des ornemens de la galleried'Apollon aux Thuilleries. 400ᵗᵗ

3 may 1671 : au sʳ de Sainte-Marthe, en considération des ouvrages d'histoire qu'il compose......... 1200ᵗᵗ

8 mars : au sʳ Le Moyne, notaire, pour les non-jouissances de 20 arpens 32 perches de terre scis à la Ville-l'Evesque en 1666, 1667 et 1668........ 1453ᵗᵗ 10ˢ

13 mars : au sʳ Warin, à compte des médailles qu'il a gravées pour le Roy pendant l'année dernière 1669. 6000ᵗᵗ

25 mars-21 aoust : à Esloy Martin, chirurgien à Versailles, pour avoir pansé et médicamenté es ouvriers

---
¹ Le nom est resté en blanc.

qui ont esté blessez et malades dans les attelicrs dud. Versailles, depuis le commencement de septembre jusqu'à ce jour (2 p.).................................... 650ᴴ

28 mars : à Riquet, entrepreneur des ouvrages à faire pour la construction du canal de communication des mers, à compte de la somme de 3600000ᴴ, suivant le premier bail qui luy a esté fait desdits ouvrages...... 125000ᴴ

4 avril : à M. Vallot, premier médecin du Roy, pour l'entretenement du Jardin royal des plantes pendant la présente année........................ 21000ᴴ

11 may : au sʳ La Croix, que nous envoyons à Alep pour y apprendre les langues orientalles et se rendre par ce moyen capable de rendre service à S. M., pour les frais de son voyage et pour son entretien.......... 1000ᴴ

21 may : au sʳ Marchais, soubz-lieutenant des toilles des chasses, tentes et pavillons de S. M., sçavoir : 1298ᴴ pour son parfait remboursement de 1898ᴴ 7ˢ à quoy monte la dépense qu'il a faite pour la dépense des équipages qu'il a fallu pour prendre dans la forest de Fontainebleau soixante-deux cerfs que le Roy envoya au roy d'Angleterre, et pour le payement des hommes qu'il a eu besoin, et 200ᴴ par gratification............ 1498ᴴ

13 juin : à ..... Corneillau, commis général du canal de Briare, pour le passage de quatorze batteaux chargez de marbre de Bourbon pour les bastimens du Roy, à raison de 25ᴴ pour le passage de chacun bateau sur le canal.............................. 350ᴴ

18 juin : au sʳ Ounsel, pour huict tableaux qui sont une Vierge, une Magdelaine et un saint Sébastien du Guide, un portrait d'un Grand Maître de Malte fait par Michel Ange de Caravage, et les quatre Evangelistes de Valentin, en quatre tableaux, le tout pour mettre au cabinet des raretez de S. M................... 7200ᴴ

30 novembre : au sʳ Ounsel, pour plusieurs agattes et pierres gravées qui ont esté achetées pour le Roy. 4300ᴴ

Au sʳ Vuiot, pour sept bustes d'albastre, de 9 pieds 9 pouces de haut, représentans Jules César, Auguste, Tibère, Caligula, Homère, Cicéron et Quintus Herennius; de sept testes de marbre, de 2 pieds de haut, de Mitridate, Appollon, Faustine, Junon, Picenne et un Philosophe, et d'un grouppe de figures de bronze représentant le Rapt des Sabines[1], de 4 pieds de haut, ou environ, qu'il a vendus à S. M. pour mettre en son cabinet.......... 8100ᴴ

A la vefve Martial Parmentier et au sʳ Héliot, sçavoir : à la vefve Parmentier, 6399ᴴ, et au sʳ Héliot, 12798ᴴ,

pour 727 orangers et 545 pieds, tant jasmins que tubéreuses, qu'ils ont vendus au Roy........... 19197ᴴ

14 juillet : à Maurice, hostellier de la maison où pend pour enseigne le Pélican, à Versailles, pour son desdommagement d'avoir esté délogé de lad. maison, à cause des bastimens de S. M., et pour le transport de son vin dans les grandes chaleurs..................... 500ᴴ

18 aoust : à Blanchard, sculpteur, pour treize bustes de marbre blanc qu'il a vendus au Roy et livrez dans son magazin............................... 3300ᴴ

27 aoust : au sʳ Mossier, peintre en fleurs, grotesques, oyseaux et animaux, pour se rendre à l'Accadémie de peinture et sculpture de S. M. à Rome.......... 200ᴴ

27 aoust : au sʳ Picard, mathématicien, pour les frais du voyage qu'il va faire pour plusieurs observations astronomiques........................... 1000ᴴ

Aux sʳˢ Pivert et Duply, mathématiciens, à compte de l'achèvement de la carte géographique de la Généralité de Paris.................................. 1000ᴴ

18 septembre : au sʳ de Marsigny, tant pour les frais qu'il a faits à la fouille d'une mine de cinabre et vive argent proche Saint-Lo que par gratification en considération de ce travail........................ 1145ᴴ

16 octobre : à Remy et Saint-Yon, pour le desdommagement de ce qu'une maison rue de Beauvais, à eux appartenante, que le Roy a acquise, a esté beaucoup de temps sans estre louée à cause des bastimens du Louvre. 600ᴴ

19 octobre : à Boscans, chirurgien, en considération du soin qu'il a pris de penser les ouvriers du Louvre, depuis l'année 1662 jusqu'à ce jour........... 600ᴴ

16 novembre : à Bailly, graveur, pour avoir gravé 38 tant planches que devises des tapisseries des quatre Eléments et des quatre Saisons, y compris deux volumes en mignature qu'il a livrez pour le Roy......... 3400ᴴ

Au sʳ Van der Meulen, peintre, pour treize planches qu'il a gravées de maisons royalles et des villes que S. M. a conquises......................... 14000ᴴ

1ᵉʳ décembre : à Saint-André, peintre, pour un portrait qu'il a fait de S. M. assis dans son trosne avec ses habits royaux.......................... 600ᴴ

Aux cy-après nommez, sçavoir : .... Geuss[2], tapissier des Gobelins, 8011ᴴ 13ˢ 4ᵈ pour une tenture de tapisserie pour le Roy contenant 72 cinq sixièmes aunes quart, et à Villiers, autre tapissier, 823ᴴ 6ˢ pour avoir raccomodé et doublé à lozange onze pièces de tapisserie. 8834ᴴ 19ˢ 4ᵈ

A..... Le Feuvre, pour quatre portraits qu'il a faits

---

[1] Probablement une réduction du groupe en marbre de Jean Bologne à la Loggia des Lanzi.

[2] Il s'agit ici de Jean Jans, qui reparaît si souvent dans les comptes.

sçavoir : deux de la Reyne et deux autres de Monseigneur le Dauphin, à 250ᵗᵗ chacun................. 1000ᵗᵗ

5 décembre : aux cy-après nommez, sçavoir : au sʳ Pᴇ-ᴛɪᴛ, prieur de Choisy, 753ᵗᵗ pour les dismes de la Boissière, de terres qui sont hors et dans le parc de Versailles et des prez de Trianon ; 1120ᵗᵗ pour le revenu de huit années qui escheront au dernier du présent mois ; 140ᵗᵗ pour la rente de 2800ᵗᵗ au denier vingt ; et à la fabrique de la paroisse de Choisy, 200ᵗᵗ pour le revenu du pré Saint-Pierre........................... 2073ᵗᵗ

A Monsʳ l'archevesque de Paris, pour la non-jouissance du prieuré de Versailles pendant la présente année. 1100ᵗᵗ

18 décembre : au sʳ Mɪɢɴᴀʀᴅ, architecte, pour le travail qu'il a fait des plans et eslévations des beaux bastimens antiques en divers endroits de la France, et pour les frais de treize mois de son voyage............. 2000ᵗᵗ

1ᵉʳ febvrier 1671 : au sʳ Mɪɢɴᴀʀᴅ, pour un voyage qu'il va faire en Italie......................... 1200ᵗᵗ

25 décembre : aux cy-après nommez, sçavoir : à Fᴏᴀᴄʙᴇ, menuisier, 3400ᵗᵗ pour quatre grandes armoires de chesne qu'il a fournies au garde-meuble du Roy ; à Bᴀʀʙᴇ, sculpteur, 2508ᵗᵗ pour la sculpture desd. armoires, et à Bᴏɴ-ᴛᴇᴍᴘꜱ, serrurier, pour la ferrure d'icelles, 800ᵗᵗ. 6708ᵗᵗ

2 janvier 1671 : au principal, procureur et boursiers du collège de Cambray, sçavoir : 1000ᵗᵗ pour ce qui a esté abattu dud. collège pour bastir le Collège Royal, et 180ᵗᵗ pour le logement de trois boursiers, suivant le concordat du 18 avril 1612................. 1180ᵗᵗ

3 janvier 1671 : au sʳ Fᴇʀʀᴀɴᴅ, pour la traduction qu'il fait de l'hébreu de l'histoire des François dans la Terre Sainte............................ 500ᵗᵗ

11 janvier 1671 : à ..... Pᴀᴍᴘᴇꜱ, faiseur d'orgues et de clavessins, pour une orgue, une espinette et un clavessin qu'il a fait pour le Roy............. 7500ᵗᵗ

18 janvier 1671 : à Fɪɴꜱꜱᴏɴ, charpentier, pour trois poutres qu'il a fournies et posées au Chastelet de Paris, et pour plusieurs réparations de maçonnerie et autres, suivant la convention faite avec luy......... 1250ᵗᵗ

19 janvier 1671 : à Cʟᴀᴜᴅᴇ Mᴏʟʟᴇᴛ, jardinier du Roy, pour l'achat qu'il a fait de plusieurs espèces d'oignons de fleurs et arbrisseaux verts cy-devant plantez au petit jardin du Louvre, et depuis transportez à Versailles et aux Thuilleries................................ 1000ᵗᵗ

31 janvier 1671 : au sʳ Mᴜɴᴏꜱ, chirurgien de la Reyne, pour le loyer d'une maison qu'il a occupée pendant l'année dernière....................... 700ᵗᵗ

29 octobre 1670 : au sʳ Pᴇʀʀᴏᴛ, pour le soin qu'il prend pour le restablissement des manufactures et teintures dans ce royaume, et de l'instruction des commis envoyez dans les provinces.................. 6000ᵗᵗ

2 febvrier 1671 : à ..... Gᴏʏ, peintre, sçavoir : 300ᵗᵗ pour parfait payement du séjour qu'il a fait en Italie, et 149ᵗᵗ tant pour avoir fait venir douze tableaux faits par les pensionnaires du Roy que pour les avoir fait tendre sur des chassis dans le Louvre............... 449ᵗᵗ

24 febvrier 1671 : aux sʳˢ Dᴇʟᴀᴄʀᴏɪx et Dɪᴘʏ, pour les derniers six mois de l'année 1670 du travail qu'ils ont fait dans la bibliotecque du Roy, à traduire les manuscrits arabes................................ 600ᵗᵗ

13 mars 1671 : à divers hostes de chambres garnies, pour loyers de leurs maisons pour y loger tant les nourrices que vallets de chambre et femmes de chambre de Monsieur et de Madame et plusieurs autres petits officiers................................ 705ᵗᵗ 5ˢ

4 janvier 1670 : à Pɪᴇʀʀᴇ Oʀʀᴀɴ, nattier, pour les nattes qu'il a fourny pour la conservation des pavez de marbre pour l'église de l'abbaye du Val-de-Grâce. 365ᵗᵗ 10ˢ

A .... Lᴇ Dᴜᴄ, architecte, pour les dépenses qu'il a faites aux bastimens de lad. abbaye........ 244ᵗᵗ 10ˢ

A ..... Rᴏꜱꜱɪɢɴᴏʟ, tapissier, pour les huis verts pour la porte de l'église de lad. abbaye et autres menues dépences................................ 280ᵗᵗ

A Mɪᴄʜᴇʟ Bᴀꜱꜱᴇᴛ, vitrier, pour deux vitraux et 13 pieds de vitres de verre de France qu'il a fournys et posez au second ordre du grand portail de l'église, et autres menues ouvrages de lad. abbaye.................. 50ᵗᵗ

A JᴀᴄQᴜᴇꜱ CᴀꜰQᴜᴇʟᴀʀᴛ, menuisier, pour la menuiserie qu'il a fait dans lad. abbaye.............. 200ᵗᵗ

A ... Sɪʟᴠᴀɪɴ et ... Gɪʀᴀʀᴅ, peintres, pour l'augmentation de dorure qu'ils ont faite outré leurs marchez, suivant l'estimation qui en a esté faite........ 350ᵗᵗ

A Jᴇᴀɴ ᴅᴇ Mᴏᴜᴄᴜʏ, serrurier, pour la serrurerie qu'il a faite en divers endroits de lad. abbaye........ 400ᵗᵗ

Au sʳ prieur de Mᴏᴍʙᴇ́ʜᴏɴ [1], pour ses vacations d'avoir travaillé à l'estimation des augmentations faites aux ouvrages de lad. abbaye........................ 110ᵗᵗ

A ..... Lᴇ Dᴜᴄ et ..... Dᴜᴠᴀʟ, entrepreneurs des bastimens de lad. abbaye, pour parfait payement de 5000ᵗᵗ à quoy montent toutes les augmentations qu'ils ont faites ausd. bastimens, suivant l'estimation qu'en ont faite Mʳ Aɴᴅʀᴇ́ Lᴇ Nᴏꜱᴛʀᴇ et led. sʳ prieur de Mᴏᴍʙᴇ́ʜᴏɴ. 4000ᵗᵗ

10 mars 1670 : au sʳ Cᴏɴꜱᴏʟɪɴ, capitaine de la galère sur la rivière de Seine, pour 16 mariniers qui servent

---

[1] Mᴏɴᴛʙᴇ́ᴏɴ, prieuré, dans la commune de Saint-Agnan, département de l'Yonne.

dans lad. galère depuis le 1ᵉʳ janvier dernier et serviront jusqu'au dernier du présent.................. 2160ᴸ

29 juin : aud. CONSOLIN, capitaine de lad. galère et du navire du canal de Versailles, pour plusieurs réparations faites aud. navire..................... 1168ᴸ

16 juillet : à luy, pour ce qu'il a payé à 38 mariniers qui ont servy à conduire les chaloupes qui sont sur led. canal pendant 19 jours.................. 1444ᴸ

18 septembre : à luy, pour 32 mariniers qui ont servy pendant huit jours du mois d'aoust dernier sur les galiotes et autres petits bastimens qui sont sur led. canal de Versailles....................... 512ᴸ

16 juillet 1670-5 janvier 1671 : à luy, pour les appointemens des trois derniers quartiers de la présente année 1670, tant de luy, du lieutenant, comite, forçats, matelots, qu'autres mariniers servant lesd. vaisseaux du canal (3 p.).......................... 17445ᴸ

3 - 17 juin : à LE BOUTEUX, jardinier, pour parfait payement de la dépense qu'il a faite en achat et voiture d'Orléans à Paris de cent trois orangers et citronniers pour les maisons royalles (2 p.)............... 4073ᴸ 17ˢ

20 aoust : au sʳ LE ROY, guainier, à compte des estuis de cuir qu'il fait pour mettre les ouvrages d'argenterie du Roy............................ 1000ᴸ

2 aoust 1671 : à ..... NIGOT et ..... TIERRIAT, entrepreneurs des voitures de l'Isle (Lille) et des villes, tant nouvellement conquises qu'autres, dedans et dehors le royaume, pour les dédommager de la perte qu'ils ont faite dans la première année de cet establissement. 6000ᴸ

19 avril : à VRAIN LE BEUF, charpentier, pour une poutre neuve qu'il a mise au grand magazin du Petit-Bourbon................................ 200ᴸ

4 may : à MARCELIN CHARLIER, marchand, pour six pièces de velours rouge cramoisy, à 25ᴸ l'aune, deux autres à 23ᴸ, et deux autres à 18ᴸ, et pour 232 aunes de brocatelle à fleurs nuées[1], à 13ᴸ l'aune................. 8373ᴸ

13 juillet : à LOUIS BARBADE, maçon, pour ses ouvrages du garde-meuble de la Couronne............. 220ᴸ

9 octobre : au sʳ LE FEBVRE, controlleur des Bastimens, pour les réparations du chasteau de Maricmont. 2000ᴸ

25 octobre : à FRANÇOIS ROMAGOU, charpentier, pour ses ouvrages du chasteau de Montfrault[2]........ 278ᴸ

[1] C'est-à-dire nuancées.
[2] Le château de Montfrault ou Monfraud était situé à une lieue environ de celui de Chambord. Voyez la notice que lui a consacrée Félibien dans ses *Mémoires pour servir à l'histoire des maisons royales et bastimens de France* (p. 44), imprimées

31 octobre : à HUVELIER, pour ceux qui arrachent le petit plau dans la forest de Lions pour les maisons royalles. 1200ᴸ

10 septembre : au sʳ DE SAINTE-MARIE, pour une année de loyer de deux maisons où logent les mousquetaires.. .... 360ᴸ

31 octobre : à JEAN LHOMME, couvreur, pour ses ouvrages du chasteau de Montfrault............. 403ᴸ

22 avril 1672 : au sʳ DE LA PLANCHE, trésorier des Bastimens, pour employer au fait de sa charge.. 100000ᴸ

19 janvier 1671 : à la velve HUGUEVILLE, pour les loyers d'une maison acquise au proffit du Roy, eschus le dernier décembre 1670................. 150ᴸ

25 janvier 1671 : à divers particuliers, pour le loyer de leurs maisons occupées par les mousquetaires du Roy pendant l'année dernière.................. 4240ᴸ

A divers particuliers, pour les derniers six mois de l'année dernière du loyer de leurs maisons occupées par les officiers de S. M..................... 11120ᴸ

31 décembre 1671 : au sʳ DE BEAUVAIS, notaire, pour les contrats qu'il a passé des acquisitions faites par S. M. pendant 1670......................... 500ᴸ

Au sʳ LA PRÉE, pour le soin qu'il a pris des ouvrages du parc du chasteau de Chambord............. 400ᴸ

Somme de ce chapitre.... 104587ᴸ 0ˢ 4ᵈ [2]

Recepte.................. 6989547ᴸ 12ˢ 4ᵈ
Dépense................. 6824666ᴸ 15ˢ 1ᵈ

Reste............ 164880ᴸ 17ˢ 3ᵈ [3]

Veu, approuvé et trouvé conforme à l'estat de recepte et dépense que j'ay arresté cejourd'huy cinquiesme may 1674, à Versailles. Bon pour cent soixante-quatre mil huict cens quatre-vingt livres dix-sept sols trois deniers, à porter en recepte en 1673.

pour la première fois en 1874 par les soins de la Société de l'Histoire de l'art français. Paris, Baur, in-8° de 104 pages.
[2] L'addition donne 103585ᴸ 1ˢ 10ᵈ. Il y a plusieurs erreurs dans les additions partielles du registre.
[3] Le total de la dépense porté au registre estant le produit de sommes inexactes, il s'ensuit naturellement que ni ce total, ni la différence entre les recettes et les dépenses ne sont justes; nous rétablirons les véritables chiffres dans les tableaux placés à la fin du volume. Ici, nous conservons fidèlement les nombres portés au compte original.

ANNÉE 1671.

RECEPTE.

De M⁰ Estienne Jehannot, s⁰ de Bartillat, garde du trésor royal, pour deslivrer 100000ᵗᵗ pour la despense des manufactures des Gobelins et de la Savonnerie pendant lad. année, et 833ᵗᵗ 6ˢ 8ᵈ pour taxations du trésorier, cy.......................... 100833ᵗᵗ 6ˢ 8ᵈ

(Comptant au trésor royal ez 1ᵉʳ febvrier, may, aoust et octobre esgallement.)

De luy, pour employer 15000ᵗᵗ à compte tant de l'entretenement de l'Académie de peinture et sculpture de Rome qu'autres dépenses à y faire pendant lad. année, et 125ᵗᵗ pour taxations, cy............... 15125ᵗᵗ

(Comptant ez 1ᵉʳ mars et juillet esgallement.)

De luy, pour employer 200000ᵗᵗ à compte des grands ouvrages d'argenterie, et 1666ᵗᵗ 13ˢ 4ᵈ pour les taxations......................... 201666ᵗᵗ 13ˢ 4ᵈ

(Comptant ez 1ᵉʳ mars, juin, septembre et décembre.)

De luy, pour employer 400000ᵗᵗ à l'entretenement et augmentation des nouvelles manufactures, et de toutes les dépences nécessaires pour l'augmentation du commerce et de la perfection des artz de France, et 3333ᵗᵗ 6ˢ 8ᵈ pour les taxations........ 403333ᵗᵗ 6ˢ 8ᵈ

(Comptant, idem ez derniers mars, juin, septembre et décembre esgallement.)

De luy, 4844500ᵗᵗ, sçavoir : pour la continuation des bastimens du Louvre, y compris la fondation du grand escallier, la charpenterie du Louvre, les peintures de la gallerie d'Apollon et la continuation des stuc, menuiserie et autres de la grande gallerie............. 817000ᵗᵗ

Pour la terrasse et escallier du jardin des Thuilleries, y compris quelques réparations au Cours la Reyne. 117000ᵗᵗ

Pour le quay dud. Cours............... 30000ᵗᵗ

Pour la continuation et achèvement de la maçonnerie dud. Cours........................ 150000ᵗᵗ

Pour la construction de l'Arc de triomphe.. 150000ᵗᵗ

Pour la continuation des murs de terrasse de la grande avenue de Vincennes et port des terres..... 32000ᵗᵗ

Pour la continuation des bastimens de Versailles, sçavoir : la chapelle, les grand et petit escalliers, les terres de l'avant-cour et les escuries au dehors. 300000ᵗᵗ

Pour les ouvrages de marbre, de stuc, de peinture, de sculpture, menuiserie et autres pour les dedans dud. chasteau de Versailles................ 350000ᵗᵗ

Pour l'élargissement et alongement du canal, à la croisée depuis Trianon jusques à la Ménagerie, tant pour la fouille de terre que pour la maçonnerie et tablette des murs............................ 696500ᵗᵗ

Pour une autre pièce d'eau du petit parc, tant pour la fouille et conroy..................... 100000ᵗᵗ

Pour les conduittes des thuyaux de plomb, bassins, réservoirs et machines à eslever de l'eau.... 150000ᵗᵗ

Pour le percement de la montagne, pour faire passer l'eau de l'estang de Bonnière dans le pré de Versailles, et pour les chaussées qu'il faut faire au dessus dud. estang........................... 150000ᵗᵗ

Pour la continuation des murs de la grande terrasse de Saint-Germain, port de terre, balcons, jardinages aud. lieu............................. 315000ᵗᵗ

Pour l'achèvement de l'aqueduc de Marly et conduittes desd. eaux jusqu'au chasteau de Saint-Germain. 200000ᵗᵗ

Pour les manufactures et pour les gros ouvrages d'argenterie........................... 500000ᵗᵗ

Pour achat de marbre, plomb et estain... 200000ᵗᵗ

Pour les gages des officiers des bastimens tant de Paris que de Fontainebleau............. 122000ᵗᵗ

Pour appointemens des préposez aux bastimens, hors l'estat des gages.................... 60000ᵗᵗ

Pour les gratifications des gens de lettres.. 100000ᵗᵗ

Pour le Jardin des plantes............. 21000ᵗᵗ

Pour les vaisseaux tant de la rivière de Seyne que du canal de Versailles.................... 25000ᵗᵗ

Pour l'entretenement des Académies de peinture et de sculpture tant de Rome que de Paris........ 20000ᵗᵗ

Pour achat de livres et autres despences de la bibliotèque du Roy....................... 25000ᵗᵗ

Pour le louage de maisons pour les officiers du Roy... .... 24000ᵗᵗ

Pour le payement des planches que l'on grave où sont représentées les maisons royalles et autres ouvrages....
.... 40000ʰ
Pour plusieurs despences impréveües..... 150000ʰ
Lesquelles sommes font ensemble celle de. 4844500ʰ

Dud. sʳ ᴅᴇ Bᴀʀᴛɪʟʟᴀᴛ, 30250ʰ pour deslivrer au sʳ ᴅᴇ ʟᴀ Fᴇᴜɪʟʟᴇ 30000ʰ pour vente de trente-quatre tableaux, y compris 250ʰ pour taxations............ 30250ʰ

De luy, 13949ʰ 2ᵈ pour deslivrer 13833ʰ 6ˢ 8ᵈ aux créanciers d'Aɴᴛᴏɪɴᴇ Pᴀsǫᴜɪᴇʀ et Jᴇʜᴀɴɴᴇ Lᴇ Rᴏʏ, sa femme, pour le tiers de 41500ʰ à quoy monte la vente de deux maisons rue du Chantre, et 125ʰ 5ˢ 6ᵈ pour taxations...................... 13949ʰ 0ˢ 2ᵈ [1]

De luy, 1613ʰ 6ˢ 8ᵈ pour deslivrer 600ʰ à Pɪᴇʀʀᴇ Gᴜɪʟʟᴏᴛ, carreyer à Sève, en déduction de 1500ʰ qu'il devoit payer à Jᴀᴄǫᴜᴇs Lᴇ Cᴏᴄǫ et à sa femme, à cause d'une carrière à Meudon, et ausd. Lᴇ Cᴏᴄǫ et à sa femme 900ʰ, restans desd. 1500ʰ, et 100ʰ pour le dédommagement suivant la subrogation............ 1613ʰ 6ˢ 8ᵈ
(Comptant au trésor royal.)

Dud. sʳ ᴅᴇ Bᴀʀᴛɪʟʟᴀᴛ pour deslivrer 3800ʰ à Jᴇᴀɴ ᴅᴇ Lᴏᴄʜᴇs et Jᴀǫᴜᴇʟɪɴᴇ Cᴏᴜᴇ̈ᴛ, sa femme, pour un moulin à vent et dépendances d'icelluy au grand chemin de la Pissotte, et 31ʰ 13ˢ 4ᵈ pour taxations.. 3831ʰ 13ˢ 4ᵈ
(Comptant au trésor royal.)

De luy, 134000ʰ pour marbres que S. M. fait venir pour l'embellissement de ses maisons royalles. 134000ʰ
(Comptant au trésor royal.)

De luy, 403333ʰ 6ˢ 8ᵈ pour employer 200000ʰ pour les trois grands réservoirs de dessous les allées du parterre de Versailles, et 200000ʰ pour les aqueducs, puits et moulins à vent pour eslever de l'eau de la rivière des Gobelins sur la montagne et pour le grand réservoir où cette eaue sera conduitte au haut du grand parc, et 3333ʰ 6ˢ 8ᵈ pour les taxations........ 403333ʰ 6ˢ 8ᵈ
(Comptant au trésor royal ez dernier avril, may, juin et juillet.)

De luy, 52513ʰ 19ˢ 6ᵈ pour deslivrer 52079ʰ à plusieurs particuliers pour prix principal et non-jouissances de terres et héritages compris dans le nouveau cours de Vincennes et des Thuilleries, et 434ʰ 10ᵈ pour taxations, cy......................... 52513ʰ 19ˢ 6ᵈ
(Comptant, idem.)

[1] Les deux sommes contenues dans cet article font ensemble 13959ʰ 12ˢ 2ᵈ : nous ne nous expliquons pas cette erreur. On trouve bien d'autres exemples de ces inexactitudes, très-fréquentes chez les comptables du temps.

De Jᴀᴄǫᴜᴇs Gᴀᴜᴛɪᴇʀ, marchand, pour vente de buis à luy faite provenant du jardin des Thuilleries... 250ʰ

Dud. sʳ ᴅᴇ Bᴀʀᴛɪʟʟᴀᴛ, 22131ʰ 7ˢ 5ᵈ pour deslivrer 21948ʰ 9ˢ 4ᵈ aud. Bᴇʀᴀᴜᴅɪᴇʀ pour le prix de plusieurs glaces de Venize et pour les frais de les avoir fait mettre en estat pour les poser en places, et 182ʰ 18ˢ 1ᵈ pour les taxations..................... 22131ʰ 7ˢ 5ᵈ
(Comptant au trésor royal.)

Dud. sʳ ᴅᴇ Bᴀʀᴛɪʟʟᴀᴛ, pour la première demie année de leur subsistance 1671[2]................... 3000ʰ
(Sur les secondes parties de l'estat des fermes unies 1671.)

Dud. sʳ ᴅᴇ Bᴀʀᴛɪʟʟᴀᴛ, 137472ʰ 16ˢ 1ᵈ pour d'icelle deslivrer au sʳ ᴅᴇ Fᴏʀᴍᴏɴᴛ, banquier, 136336ʰ 13ˢ 4ᵈ pour 207 blotz de marbre contenant ensemble 5915 pieds 2 pouces cubes.................... 137472ʰ 16ˢ 1ᵈ
(Comptant au trésor royal.)

De luy, 7002ʰ 9ˢ 1ᵈ pour deslivrer au sʳ Bᴏʀᴢᴏɴ. 6944ʰ 11ˢ 8ᵈ pour 7 blotz de marbre blanc de Gennes. contenans 292 pieds 9 pouces cubes, rendus au guichet du Louvre...................... 7002ʰ 9ˢ 1ᵈ
(Comptant au trésor royal.)

De luy, 10083ʰ 6ˢ 8ᵈ pour employer 10000ʰ pour la voiture du cheval de bronze de Nancy à Paris........
.... 10083ʰ 6ˢ 8ᵈ
(Comptant au trésor royal.)

De Jᴇᴀɴ Aɴɢʟᴀɴᴅ, pour démolition d'une maison proche l'Arc de triomphe, appartenant à S. M.... 300ʰ

Dud. sʳ ᴅᴇ Bᴀʀᴛɪʟʟᴀᴛ, pour deslivrer 3931ʰ 16ˢ au sʳ Pᴇ́ʟɪssᴀʀʏ, pour remboursement de ce qu'il a payé au sʳ Mᴏsɴɪᴇʀ Gᴀssɪᴏɴ pour plusieurs animaux achetez pour les plaisirs du Roy.................. 3965ʰ 11ˢ 5ᵈ
(Comptant au trésor royal.)

De luy, pour deslivrer 8743ʰ 6ˢ à M. ᴅᴇ Sᴀɪɴᴛ-Hᴇʀᴇᴍ pour plusieurs despences faites à la capitainerie de Fontainebleau pendant les années 1656, 1657, 1658 et 1659.............................. 8815ʰ 12ˢ 1ᵈ
(Sur la recepte générale des finances d'Alençon au 1ᵉʳ décembre 1671.)

De luy, pour la continuation des ouvrages et bastimens de Versailles.................... 121000ʰ
(Comptant au trésor.)

De luy, pour employer 8000ʰ pour les remises du gibier de Saint-Denis et autres........ 8066ʰ 13ˢ 4ᵈ
(Comptant au trésor.)

[2] Probablement pour la subsistance des prêtres de la Mission de Fontainebleau, auxquels il est alloué plus loin 3,000 autres livres pour la seconde demi-année.

Dud. s⁺ DE BARTILLAT, pour deslivrer au s⁺ DE FORMONT 9737/4ᴴ 16ˢ 8ᵈ pour 181 blotz de marbre des Pyrennées, et 81ᴴ pour taxations....... 9737/4ᴴ 16ˢ 8ᵈ
(Comptant au trésor.)

De luy, pour employer aux réparations à faire au chasteau de Fontainebleau, causées par les grands ventz arrivez le 21 septembre 1671.............. 15125ᴴ
(Comptant au trésor.)

De luy, la somme de 12656ᴴ pour délivrer celle de 12552ᴴ au s⁺ HINARD, maistre de la manufacture de tapisserie de Beauvais, pour huit tentures de tapisserie qu'il a vendus pour le service de S. M., et 104ᴴ pour les taxations......................... 12656ᴴ

De luy, la somme de 10992ᴴ 9ˢ pour délivrer celle de 10901ᴴ 12ˢ au s⁺ JULIEN pour employer au payement des charpentiers et autres ouvriers nécessaires à la confection des palis de la closture qui se fait pour conserver le nouveau plan de la forest de Brière (sic), et 90ᴴ 17ˢ pour taxations.......................... 10992ᴴ 9ˢ

De luy, la somme de 6283ᴴ 18ˢ 8ᵈ pour délivrer celle de 6232ᴴ aux s⁺ˢ Duc et MANSOLLIER, marchands de Lyon, pour 541 trois quarts et demie aunes de damas rouge cramoisy qu'ils ont fournis pour le service de S. M., et 51ᴴ 18ˢ 8ᵈ pour les taxations... 6283ᴴ 18ˢ 8ᵈ

De luy, la somme de 100833ᴴ 6ˢ 8ᵈ pour délivrer celle de 100000ᴴ aux doyen, chanoines et chapitre de l'église royale de Saint-Germain-de-l'Auxerrois, à eux accordée pour indemnité des droits qu'ils prétendent à cause des maisons que le Roy a acquises dans l'estendue de leur censive, pour employer, sçavoir : 50000ᴴ à la construction des bastimens qu'ils font sur les charniers Saints-Innocents, et 50000ᴴ en telles dépences qu'il plaira à S. M. leur ordonner pour l'ornement de leur église, et 833ᴴ 6ˢ 8ᵈ pour les taxations....... 100833ᴴ 6ˢ 8ᵈ

De luy, la somme de 3343ᴴ 17ˢ 8ᵈ pour employer celle de 3316ᴴ 5ˢ au payement de deux tentures de tapisseries d'Aubusson, et 27ᴴ 12ˢ 8ᵈ pour les taxations dud. trésorier................. 3343ᴴ 17ˢ 8ᵈ

De luy, la somme de 74537ᴴ 5ˢ pour délivrer celle de 73931ᴴ 5ˢ au s⁺ FORMONT, banquier, pour son payement de plusieurs blots de marbre qu'il a livré aux magazins de S. M., et 616ᴴ 2ᵈ pour les taxations dud. trésorier........................... 74537ᴴ 5ˢ

De luy, la somme de 10083ᴴ 6ˢ 8ᵈ pour délivrer celle de 10000ᴴ au s⁺ DE SAUMERY, capitaine et gouverneur du chasteau de Chambord, pour employer aux diverses dépenses et réparations à faire au parc dud. chasteau et autres endroits qui en dépendent, et 83ᴴ 6ˢ 8ᵈ pour les taxations........................ 10083ᴴ 6ˢ 8ᵈ

De luy, la somme de 3025ᴴ pour délivrer celle de 3000ᴴ aud. s⁺ DE SAUMERY pour employer aux réparations du parc dud. chasteau de Chambord, et 25ᴴ pour les taxations............................. 3025ᴴ

De luy, la somme de 221833ᴴ 6ˢ 8ᵈ pour délivrer 220000ᴴ au s⁺ JABACH pour son payement de 101 tableaux et 5542 desseins qu'il a vendus à S. M., et 1833ᴴ 6ˢ 8ᵈ pour les taxations........ 221833ᴴ 6ˢ 8ᵈ

Dud. s⁺ DE BARTILLAT, la somme de 1512ᴴ 10ˢ pour délivrer celle de 1500ᴴ à la veuve du s⁺ GRAVET, orfévre, pour son parfait payement de 18500ᴴ pour la façon d'une neffe d'or enrichie de pierreries qu'il a faite pour le service de S. M., et 12ᴴ 10ˢ pour taxations. 1512ᴴ 10ˢ

De luy, la somme de 100000ᴴ pour employer au payement des dépenses à faire pour les bastimens de S. M. pendant l'année 1671, y compris les taxations dud. trésorier.......................... 100000ᴴ

De luy, la somme de 1438ᴴ 3ˢ pour délivrer celle de 1426ᴴ 10ˢ au s⁺ CHARLIER, marchand, pour 79 un quart aunes de velours vert à deux poils qu'il a vendu pour le service de S. M., et 11ᴴ 13ˢ pour les taxations. 1438ᴴ 3ˢ

De luy, la somme de 3774ᴴ 14ˢ pour délivrer celle de 3743ᴴ 10ˢ au s⁺ GODEFROY, historiographe, sçavoir : 743ᴴ 10ˢ pour son parfait payement de 3743ᴴ 10ˢ à quoy monte la dépense qu'il a faite depuis le 1ᵉʳ décembre 1670 jusques au dernier avril ensuivant, tant pour ses appointemens que de quatre escrivains qui travaillent sous luy à la Chambre des Comptes de l'Isle en Flandre, et autres menues dépenses, et 3000ᴴ à compte desd. dépenses, et 31ᴴ 4ˢ pour les taxations. 3774ᴴ 14ˢ

De luy, la somme de 42244ᴴ pour délivrer celle de 41894ᴴ 18ˢ 8ᵈ au s⁺ REINON, marchand de Lyon, tant pour le payement de plusieurs pièces de velours, brocats de diverses couleurs à fondz d'or et argent, et toille d'or de la manufacture dud. Lyon, qu'il a livré pour le service de S. M., que pour les frais de caisses, emballages et voitures, et 349ᴴ 2ˢ 4ᵈ pour les taxations.. 42244ᴴ

De luy, la somme de 3025ᴴ pour délivrer celle de 3000ᴴ au s⁺ LOIR, peintre, pour ses appointemens des six premiers mois de la présente année 1671, et 25ᴴ pour les taxations..................... 3025ᴴ

De luy, la somme de 3025ᴴ pour délivrer celle de 3000ᴴ au s⁺ VANDERMEULEN, peintre flamand, pour ses appointemens des six premiers mois de la présente année, et 25ᴴ pour les taxations.................. 3025ᴴ

De luy, la somme de 3036ᴴ 19ˢ 6ᵈ pour délivrer celle de 5997ᴴ au s⁺ LE MAIRE, fayancier, pour 1063 pièces de porcelaines qu'il a livrées pour servir en divers endroits du chasteau de Versailles, et 39ᵗᵗ 19ˢ 6ᵈ pour les taxations, cy.................. 6036ᵗᵗ 19ˢ 6ᵈ

De luy, la somme de 5865ᵗᵗ 4ᵈ pour délivrer 5815ᵗᵗ 15ˢ 4ᵈ au sʳ abbé Gravel, résident à Mayence, tant pour diverses dépenses qu'il a faites que pour le soin qu'il prend du commerce et du débit des manufactures de France en Allemagne, et 46ᵗᵗ 5ˢ pour les taxations.. 5865ᵗᵗ 4ᵈ

De luy, la somme de 1583ᵗᵗ 1ˢ 8ᵈ ¹ pour délivrer celle de 1570ᵗᵗ au sʳ Talon, intendant à Oudenarde, tant pour l'achat de 700 pieds d'œuillets qu'il a envoyé de Flandres que pour la voiture d'iceux, y compris la nourriture de deux jardiniers et leur récompense pendant led. voyage, et 13ᵗᵗ 1ˢ 8ᵈ pour les taxations......... 1583ᵗᵗ 1ˢ 8ᵈ

De luy, la somme de 9916ᵗᵗ 7ˢ pour délivrer celle de 9833ᵗᵗ 8ˢ aux sʳˢ Duc et Marsollier, marchands, pour 855 aunes de damas rouge cramoisy qu'ils ont livrez pour le service de S. M., et 81ᵗᵗ 19ˢ pour taxations. 9916ᵗᵗ 7ˢ

De luy, la somme de 3863ᵗᵗ 18ˢ 8ᵈ pour délivrer celle de 3832ᵗᵗ au sʳ Godefroy, sçavoir : 832ᵗᵗ pour parfait payement de 3832ᵗᵗ tant pour ses appointemens que pour quatre escrivains qui travaillent sous luy à la Chambre des Comptes de l'Isle en Flandre et autres dépenses faites depuis le 1ᵉʳ may jusqu'au dernier septembre 1671, et 3000ᵗᵗ à compte desd. dépenses, et 31ᵗᵗ 18ˢ 8ᵈ pour les taxations...................... 3863ᵗᵗ 18ˢ 8ᵈ

De luy, la somme de 1210ᵗᵗ pour délivrer celle de 1200ᵗᵗ au sʳ Buot, matématicien, tant pour avoir fait et tracé trois grands cadrans à Saint-Germain-en-Laye que pour avoir gravé un globe de marbre pour le parterre de Versailles, et pour divers instrumens d'argent qu'il a fourny aux enfans d'honneur de Monseigneur le Dauphin, et 10ᵗᵗ pour les taxations............... 1210ᵗᵗ

De luy, la somme de 8570ᵗᵗ 16ˢ 8ᵈ ² pour délivrer celle de 8500ᵗᵗ au sʳ de Garsault, capitaine du haras de Saint-Léger, pour employer à la gratification que S. M. a ordonnée aux commissaires establis à l'inspection des haras de son royaume, et 70ᵗᵗ 16ˢ 8ᵈ pour les taxations dud. trésorier................ 8570ᵗᵗ 16ˢ 8ᵈ

De luy, la somme de 605ᵗᵗ pour délivrer celle de 600ᵗᵗ au sʳ Radon, peintre, pour un grand tableau qu'il a fait de la figure équestre du Roy, et 5ᵗᵗ pour les taxations. 605ᵗᵗ

De luy, la somme de 3000ᵗᵗ pour délivrer aux prestres de la Mission de Fontainebleau pour leur entretenement des six mois derniers de la présente année. 3000ᵗᵗ

De luy, la somme de 2272ᵗᵗ 3ˢ 1ᵈ pour délivrer celle de 2253ᵗᵗ 7ˢ 6ᵈ au sʳ Palaiseau, trompette du Roy, pour 7 arpens 75 et demie perches de terres enfermées dans le parc de Vincennes, acquis au proffit de S. M., et 18ᵗᵗ 15ˢ 7ᵈ pour les taxations........... 2272ᵗᵗ 3ˢ 1ᵈ

De luy, la somme de 4153ᵗᵗ 18ˢ 11ᵈ pour délivrer celle de 4189ᵗᵗ 13ˢ 11ᵈ au sʳ Reynon, tant pour toiles d'or et brocats de toutes sortes à fond d'or et argent que pour les frais d'emballage, caisses et voiture, et 343ᵗᵗ 5ˢ pour les taxations................ 4153ᵗᵗ 18ˢ 11ᵈ

De luy, la somme de 3203ᵗᵗ 9ˢ 5ᵈ pour délivrer celle de 3177ᵗᵗ aux propriétaires du navire nommé la Ville-d'Amesfort, pour la moitié des droits qu'ils ont payez aux bureaux du comptable de Bourdeaux que S. M. leur a accordée, et 26ᵗᵗ 9ˢ 6ᵈ pour les taxations... 3203ᵗᵗ 9ˢ 5ᵈ

De luy, la somme de 403333ᵗᵗ 6ˢ 8ᵈ pour délivrer celle de 400000ᵗᵗ au sʳ Riquet de Bonrepos, à compte du canal de jonction des mers qui se fait en Languedoc, et 3333ᵗᵗ 6ˢ 8ᵈ pour les taxations........ 403333ᵗᵗ 6ˢ 8ᵈ

De luy, la somme de 125708ᵗᵗ 6ˢ 8ᵈ pour délivrer celle de 125000ᵗᵗ aud. sʳ Riquet à compte dud. canal, et 708ᵗᵗ 6ˢ 8ᵈ pour les taxations........ 125708ᵗᵗ 6ˢ 8ᵈ

De luy, la somme de 3025ᵗᵗ pour délivrer celle de 3000ᵗᵗ au sʳ de Salmery pour les dépenses qu'il a faites aux réparations du parc de Chambord, et 25ᵗᵗ pour les taxations....................... 3025ᵗᵗ

De luy, la somme de 7260ᵗᵗ pour délivrer celle de 7200ᵗᵗ, sçavoir : 6000ᵗᵗ au sʳ Cavallier Bernin pour sa pension de la présente année, et 1200ᵗᵗ pour celle de son filz, et 60ᵗᵗ pour les taxations............ 7260ᵗᵗ

De luy, la somme de 1008ᵗᵗ 6ˢ 8ᵈ pour délivrer celle de 1000ᵗᵗ aux religieux de Saint-Germain pour employer à la continuation de leur église, et 8ᵗᵗ 6ˢ 8ᵈ pour les taxations......................... 1008ᵗᵗ 6ˢ 8ᵈ

DESPENSE.

LOUVRE ET PALAIS DES THUILLERIES.

MAÇONNERIE.

10 febvrier - 3 octobre : à André Mazières et Antoine Bergeron, à compte des ouvrages de maçonnerie qu'ils ont faits et continuent de faire au palais des Thuilleries (4 p.)............................ 74000ᵗᵗ

13 febvrier - 3 octobre : à eux, à compte des ouvrages de maçonnerie qu'ils font au Louvre (7 p.).. 506500ᵗᵗ

25 febvrier : au sʳ Pastel, à compte des ouvrages de maçonnerie qu'il a faitz tant à la Salle des comédies

---

¹ Le registre porte ici 1008ᵗᵗ 6ˢ 8ᵈ, erreur évidente de copiste que nous croyons devoir rectifier.

² Le registre porte 8170ᵗᵗ; mais il faut évidemment lire 8570ᵗᵗ.

des Thuilleries qu'à un des pavillons et bastimens en suitte du Louvre............................ 6000ᵗᵗ

10 avril-3 octobre : à PIERRE THÉVENOT et PIERRE LE MAISTRE, à compte et pour advance des ouvrages de maçonnerie qu'ils feront au quay le long du Cours (5 p.)................................ 26000ᵗᵗ

Somme de ce chapitre........ 612500ᵗᵗ

CHARPENTERIE.

20 mars-1ᵉʳ avril : à PONCELET CLIQUIN et PAUL CHARPENTIER, charpentiers, à compte des ouvrages de charpenterie qu'ils ont faits et continuent de faire au Louvre (2 p.)................................ 11000ᵗᵗ

4 mars : à la vefve MANNET, à compte des ouvrages de charpenterie faits par feu son mary et DOUBLET, tant au Louvre qu'aux Thuilleries, pendant les années 1661, 1662 et 1663........................ 3000ᵗᵗ

Somme de ce chapitre......... 14000ᵗᵗ

COUVERTURE.

12 mars-18 septembre : à ESTIENNE YVON, couvreur, à compte des ouvrages de couverture qu'il fait de neuf à la grande gallerie du Louvre (3 p.).......... 5000ᵗᵗ

PLOMBERIE.

Néant.

SERRURERIE.

3 mars-4 juin : à JEAN NICOLLE, serrurier, à compte des ouvrages de serrurerie qu'il fait aux Thuilleries (2 p.)................................... 900ᵗᵗ

3 mars-2 décembre : à ESTIENNE DOYART, serrurier, à compte des ouvrages de serrurerie et fournitures de gros fer qu'il a faits et continue de faire tant au chasteau du Louvre qu'au palais des Thuilleries et autres lieux (6 p.).................................. 18800ᵗᵗ

26 mars : à PIERRE TRISSEMENT, serrurier, pour ouvrages de serrurerie qu'il a faits aux Thuilleries l'année dernière............................... 90ᵗᵗ 4ˢ

Somme de ce chapitre........ 19790ᵗᵗ 4ˢ

MENUISERIE.

10 febvrier-4 juin : à PIERRE DIONIS, menuisier, pour parfait payement de 11540ᵗᵗ 15ˢ 8ᵈ à quoy monte la menuiserie qu'il a faite en 1670 au gros pavillon des Thuilleries du costé de l'écurie (2 p.)........... 2740ᵗᵗ

20 mars : à CLAUDE BERGERAT, menuisier, à compte des ouvrages de menuiserie qu'il a faits au Louvre de 1660 à 1664.............................. 5000ᵗᵗ

10 avril : à PIERRE CHEVALIER, menuisier, pour reste et parfait payement de 1244ᵗᵗ 4ˢ à quoy montent les réparations et ouvrages de menuiserie qu'il a faits à la grande et petite escurie du Roy............ 244ᵗᵗ 4ˢ

11 may : à luy, pour son payement d'une porte qu'il a faite à la grande escurie................... 53ᵗᵗ

25 septembre : à luy, pour plusieurs bordures qu'il a faites pour le jardin des Thuilleries.......... 227ᵗᵗ

17 aoust : à BENOIST GIRAUD, menuisier, pour les ouvrages de menuiserie qu'il a faits à la garderobe du Roy et à l'appartement de M. de Guitry.......... 110ᵗᵗ

10 octobre : à JACQUES PROU et CLAUDE BUIRETTE, menuisiers, pour parfait payement de 30796ᵗᵗ 19ˢ 6ᵈ à quoy montent les ouvrages qu'ils ont faits dans la gallerie d'Apollon, au Louvre.............. 1496ᵗᵗ 19ˢ 5ᵈ

Somme de ce chapitre...... 9871ᵗᵗ 3ˢ 5ᵈ

PEINTURE ET DORURE.

10 febvrier-25 may : au sʳ LOYR, peintre, à compte des ouvrages de peinture et dorure qu'il fait au palais des Thuilleries (2 p.)....................... 3700ᵗᵗ

22 febvrier : à CLAUDE AUDRAN et JEAN JOUVENET, peintres, à compte des ouvrages de peinture qu'ils ont faitz à la gallerie dud. palais des Thuilleries........ 900ᵗᵗ

22 febvrier-18 avril : aux sʳˢ LE MOYNE, autres peintres, à compte des peintures de lad. gallerie des Thuilleries (2 p.)............................... 2700ᵗᵗ

12 mars-2 décembre : au sʳ NOCRET, à compte des ouvrages de peinture et dorure qu'il a fait à l'appartement de la Reyne au palais des Thuilleries (5 p.).... 10400ᵗᵗ

12 mars : au sʳ BOURDON, autre peintre, à compte des ouvrages de peinture par luy faitz aud. palais... 1500ᵗᵗ

12 mars-9 aoust : à MICHEL ANGE, peintre, à compte des ouvrages de peinture à fresque qu'il fait au platfond de la grande gallerie du Louvre (3 p.)......... 1300ᵗᵗ

18 avril-11 may : à PAUL GOUJON DE LA BARONNIÈRE, pour son parfait payement de 19715ᵗᵗ à quoy montent tous les ouvrages de dorure qu'il a faits dans la grande chambre, grand cabinet, gallerie des Thuileries et autres lieux (2 p.).................................. 5715ᵗᵗ

24 juillet-24 aoust : à luy, à compte des ouvrages de dorure qu'il fait à l'appartement de la Reyne aux Thuilleries (2 p.)............................... 2500ᵗᵗ

3 may : à JEAN-BAPTISTE MONNOYER, peintre, à compte de ses ouvrages de peinture aux Thuilleries..... 300ᵗᵗ

20 may-2 septembre : au sʳ BOULOGNE, peintre, à compte des ouvrages de peinture à fresque qu'il a faits à la grande gallerie du Louvre (3 p.).......... 1800ᵗᵗ

20 may-2 décembre : au sʳ CHAMPAGNE, peintre, à

compte des ouvrages de peinture qu'il a faits au grand appartement bas du palais des Thuilleries (2 p.). 1800ᴸ

11 may : à Louis Le Hongre, peintre, pour les ouvrages de grosse peinture qu'il a faits au gros pavillon des Thuilleries, à l'appartement de Mᵐᵉ la comtesse de Soissons et autres lieux.................... 785ᴸ 15ˢ

4 juin : à luy, pour avoir peint en détrempe l'appartement des Thuilleries et l'avoir ensuite remis en huille en l'année 1668...................... 165ᴸ 10ˢ

A luy, pour les ouvrages de peinture et ornemens qu'il a faits au modelle du Louvre en 1666......... 610ᴸ

17 aoust-3 octobre : à Léonard Gontier et la veuve Gervaise, peintres, à compte des ouvrages de peinture qu'ils ont faits au palais des Thuileries (2 p.).. 2600ᴸ

25 septembre : au sʳ La Montagne, pour parfait payement de 9000ᴸ à quoy monte la peinture qu'il a faite à l'appartement de Monseigneur le Dauphin..... 2100ᴸ

3 octobre : à Pierre Ménard, marbrier, pour un foyer qu'il a raccomodé au palais des Thuilleries et un autre de marbre blanc et noir qu'il a vendu au Palais-Royal. 70ᴸ

19 décembre : au sʳ Bertholet, à compte de la peinture des platsfonds de la chambre du Roy...... 3000ᴸ

Somme de ce chapitre....... 41946ᴸ 5ˢ

SCULPTURE, MARBRERIE.

3 mars : à Jean Mathau, marbrier, pour reste de la somme de 900ᴸ à quoy montent cinq chambranles et cinq foyers qu'il a faitz, sçavoir : deux pour l'appartement de Mᵐᵉ de Montespan aux Thuilleries, et trois fournis au magazin du Roy, compris 185ᴸ pour marbre à luy fourny..................... 715ᴸ

3 mars : à Laurens Magnier, Nicolas Le Gendre, Philbert Bernard et Henry Le Grand, sculpteurs, à compte des ouvrages de sculpture qu'ils font à la grande gallerie du Louvre...................... 2000ᴸ

18 avril : à eux, à compte de leurs ouvrages de stuc à lad. gallerie..................... 1200ᴸ

20 mars : à François Girardon, Thomas Regnaudin, Gaspard et Balthazard de Marsy, sculpteurs, à compte des ouvrages de stuc qu'ils font à la gallerie d'Apollon, au Louvre......................... 3000ᴸ

11 juin : à Estienne Le Hongre, sculpteur, pour parfait payement de 636ᴸ à quoy monte la sculpture qu'il a faite au modelle du troisième ordre du Louvre au dedans de la cour, en 1669..................... 336ᴸ

Somme de ce chapitre........... 7251ᴸ

PARQUET DE COMPARTIMENT.

Néant.

VITRERIE.

10 febvrier-10 décembre : à la veuve Vierney, à compte des ouvrages de vitrerie qu'elle a faits au palais des Thuilleries (5 p.)..................... 3500ᴸ

PAVÉ.

Néant.

JARDINAGES.

26 mars-25 septembre : à Jean Colin, pour son remboursement de pareille somme qu'il a avancée aux ouvriers et manœuvres qui ont travaillé à journées au jardin des Thuilleries, à bescher et planter les arbres, faire les rigolles, porter des terres et recouppes pour dresser les allées dud. jardin, et autres ouvrages suivant les roolles (5 p.)..................... 22405ᴸ 2ˢ 7ᵈ

3 mars-18 septembre : à luy, pour remboursement de plusieurs menues dépenses faites tant au jardin des Thuilleries qu'à la pépinière du Roule et à Trianon (4 p.)..................... 2580ᴸ 12ˢ 10ᵈ

12 mars : à Nicolas Ménage, jardinier, pour plusieurs tillotz qu'il a fournis aud. jardin............. 390ᴸ

26 avril : à Denis Chevallier, jardinier, pour buis et érables qu'il a fournis pour planter dans led. jardin. 160ᴸ

26 avril : à Robert La Saussaye, jardinier, pour les érables qu'il a fournis pour led. jardin...... 696ᴸ 10ˢ

2 décembre : à luy, pour cent milliers d'errables idem........................... 700ᴸ

11 may : à Noel Houisse, pour les fumiers qu'il a fournis idem........................... 96ᴸ

31 octobre : à luy, pour 19 toises cubes de fumier idem........................... 114ᴸ

11 may-18 juin : à Pierre Descotz, jardinier, pour parfait payement de 557 toises de gazon fourni pour la fontaine dud. jardin..................... 696ᴸ 5ˢ

10 juillet-25 octobre : à Antoine Descotz, jardinier, pour le sable de rivière qu'il fournit au jardin des Thuilleries (3 p.)..................... 671ᴸ 8ˢ

11 may-18 juin : à Charles Dehors et Mathieu Orient, pour 685 toises de gazon posez dans led. jardin (2 p.)......................... 685ᴸ

31 juillet : à Anthoine Deslauriers, jardinier, pour plusieurs ciprès, plantes et fleurs fournis aud. jardin des Thuilleries..................... 1241ᴸ

18 octobre : à Jacques Rigault, pour dépenses faites aud. jardin du 22 juin au 15 du présent mois. 599ᴸ 10ˢ

31 octobre : à Louis Robert, pour 400 bottes de buis de buis de trois pieds et demi de tour, fournies aud. jardin........................... 160ᴸ

ANNÉE 1671. — LOUVRE ET TUILERIES.

9 novembre : à Damien Nefveu, pour les ouvriers qui ont travaillé aud. jardin pendant treize semaines, finies le 7 du présent mois, et autres dépenses... 5677ᵗᵗ 13ˢ 7ᵈ

15 novembre : à Pierre Folquignon, pour le fumier qu'il a fourny aud. jardin et des terres dans les rigolles du jardin de la pépinière du Roulle............. 252ᵗᵗ

10 décembre : à Petit, pour le régallement des allées dud. jardin........................ 2471ᵗᵗ 3ˢ 5ᵈ

19 décembre : à Fromentin, jardinier, pour fumiers livrés aud. jardin........................ 161ᵗᵗ

3 janvier 1672 : à Blaise Le Cointe, jardinier, pour 281 bottes de buys qu'il a fournies aud. jardin... 112ᵗᵗ

Somme de ce chapitre..... 39849ᵗᵗ 5ˢ 5ᵈ

FOUILLE ET TRANSPORT DE TERRE.

22 febvrier 1671 - 3 janvier 1672 : à Simon du Costé et Michel Rigaleau, terrassiers, parfait payement de 15456ᵗᵗ pour les transports de bonne terre qu'ils ont fait aud. jardin en 1670 et 1671 (6 p.)........ 10856ᵗᵗ

22 febvrier - 3 may : à Pierre Fouquignon, voiturier, pour avoir voituré des terres et recoupes du Louvre au jardin des Thuilleries (3 p.)............... 903ᵗᵗ

26 mars - 24 novembre : à Isaye Le Jeune, à compte des bonnes terres qu'il voiture aud. jardin (3 p.). 3100ᵗᵗ

Somme de ce chapitre......... 14859ᵗᵗ

PIERRES DURES.

26 avril : à Anne Billon, carreyer de Senlis, à compte des pierres de liais qu'il fournit pour le grand escalier du Louvre.......................... 1000ᵗᵗ

31 juillet : à lad. Billon et Louis Boucher, carreyers de Senlis, pour lesd. pierres de liais.......... 800ᵗᵗ

17 juillet : à Vincent Francoeur et Simon du Costé, carreyers, à compte de la fouille qu'ils font à Meudon pour tirer de grandes pierres pour le Louvre.... 100ᵗᵗ

3 octobre : à Simon du Costé et Michel Rigalleau, à compte de la fouille qu'ils font à la carrière de Meudon pour tirer des pierres pour le Louvre.......... 150ᵗᵗ

31 octobre : à Denis Macé, voiturier, pour la voiture de 21 marches de pierre de Senlis......... 211ᵗᵗ 10ˢ

Somme de ce chapitre....... 2261ᵗᵗ 10ˢ

PARTIES EXTRAORDINAIRES.

10 febvrier : à Antoine Forest et à la veuve Carbonnet, pour reste de 1495ᵗᵗ à quoy montent les ormes de Flandres et d'Orléans qu'ils ont fournis et livrez pour planter dans l'avenue du jardin des Thuilleries........ 695ᵗᵗ

20 mars : à René Noizet, à compte des marbres qu'il voiture dans le magazin du Roy............. 2000ᵗᵗ

21 febvrier : à Damhroiseville, Vigneron, les Nasses et les Le Noir, propriétaires des carrières de Trossy et Saint-Leu, en considération du soin qu'ils ont pris à faire débiter et tirer de leurs carrières les grandes pierres de mesure qui ont esté employées à la façade du Louvre l'année dernière........................ 300ᵗᵗ

18 avril : à la vefve Le Grand, serrurier, à compte des ouvrages de serrurerie qu'elle a faits, tant à la grande escurie qu'à l'orangerie du Roulle............. 500ᵗᵗ

A Jean Colin, pour le remboursement de pareille somme qu'il a payée aux charpentiers et manœuvres qui ont esté employez à la salle des machines pour empescher l'accident du feu arrivant, suivant le roolle. 159ᵗᵗ 0ˢ 6ᵈ

26 avril : à luy, pour remboursement de pareille somme payée pour le dédommagement de plusieurs terres le long de la grande avenue des Thuilleries où il a esté fait du dégast en voiturant les matériaux du modelle de la Piramide........................ 110ᵗᵗ 10ˢ

3 may : à Barbier, menuisier, pour plusieurs caisses qu'il a faites pour encaisser les orangers du jardin du pallais des Thuilleries.................... 165ᵗᵗ

11 may : à Pierre Dionis, pour parfait payement de 2180ᵗᵗ à quoy montent les eschafaux qu'il a fait pour les peintres qui ont travaillé aux Thuilleries....... 1680ᵗᵗ

20 may : à Marin Trumel et Henry Dupuis pour parfait payement de 17588ᵗᵗ à quoy monte la fourniture des plans qu'ils ont faits pour les avenues de Vincennes et des Thuilleries depuis 1668 jusqu'en 1671. 4788ᵗᵗ 10ˢ

20 may - 31 juillet : à François Huvillier, à compte des labours qu'il fait aux arbres des avenues des Thuilleries (2 p.)........................... 400ᵗᵗ

2 septembre : à luy, pour la voiture et décharge de 16 toises et demie de fumier de cheval dans led. jardin des Thuilleries........................ 99ᵗᵗ

3 janvier 1672 : à luy, pour plusieurs trous qu'il a faits pour regarnir les plants des advenues...... 55ᵗᵗ

11 juin : à Pierre Fouquignon, voiturier, pour avoir voituré, pendant 25 jours avec deux tombereaux, des recouppes dans le jardin des Thuilleries... 287ᵗᵗ 10ˢ

18 septembre : à luy, pour la voicture des recoupes aud. jardin depuis le 16 aoust jusques à ce jour...... 324ᵗᵗ

17 juillet : à Denis Buirette, pour parfait payement de 1696ᵗᵗ 10ˢ à quoy montent les eschafaux qu'il a fournis en 1670 pour les peintures de la gallerie des Thuilleries............................ 196ᵗᵗ 10ˢ

17 juillet 1671 - 18 janvier 1672 : à la vefve Jamand, à compte des ouvrages de maçonnerie faits par feu son mary à l'escurie devant Saint-Roch (2 p.)..... 2500ᵗᵗ

18 juin : à Louis Hubert, voiturier, pour avoir fait

décharger des bateaux au port du Guichet et voituré au magazin plusieurs poutres de la forest de Coussy pour le Louvre................................. 520ʰʰ

A Paul Charpentier, pour plusieurs voyages qu'il a faits de Paris à Coussy pour faire débiter et charrier 58 poutres coupées dans lad. forest........... 500ʰʰ

31 juillet : à Jean Frade, jardinier, pour les ouvriers qui ont arrosé les plans des advenues du palais des Thuilleries depuis le 20 jusqu'au 23 de ce mois... 568ʰ 13ˢ

9 aoust : à Jean Pinsson et Guillaume du Remard, jardiniers, pour leur dédommagement des arbres et légumes de trois arpens moins un quart de terres qui ont esté portées au jardin des Thuilleries................ 100ʰ

15 aoust : à Pierre Chevallier, menuisier, pour plusieurs caisses qu'il a faites pour led. jardin...... 100ʰ

24 aoust : à François Vatebois, vannier, à compte des mannes et panniers pour led. jardin........ 300ʰ 10ˢ

10 octobre : à Lucas Le Loutre, maçon, pour plusieurs réparations qu'il a faites au logis du sʳ de Givry, escuyer de la Petite Escurie................ 139ʰ

24 novembre : à luy, pour réparations chez M. de Congis................................ 111ʰ

10 octobre : à Michel Rigalleau, dit La Chapelle, pour les tranchées qu'il a faites pour la recherche des thuyaux des eaux d'Arcueil............... 74ʰ 15ˢ

10 décembre : à la vefve Somer, ébéniste, pour trois parquets de bois de rapport qu'elle a fourny pour le Louvre................................ 1050ʰ

Somme de ce chapitre.... 18222ʰʰ 18ˢ 6ᵈ

PALAIS-ROYAL.

MAÇONNERIE, ETC.

12 mars - 25 septembre : à Pierre Le Bastard, charpentier, à compte des ouvrages de charpenterie par luy faitz au Palais-Royal (3 p.)............... 4600ʰʰ

25 juin - 10 décembre : à Noel Le Maistre, maçon, à compte des ouvrages et réparations de maçonnerie qu'il a faits aud. palais (3 p.)................. 2400ʰʰ

11 septembre : à Charles Hardy, serrurier, pour plusieurs réparations faites aud. palais.......... 300ʰ

24 novembre : à Bonaventure Millard, pour meubles et autres ustensiles qu'il a achetés pour la salle des architectes aud. palais[1]................. 671ʰ 1ˢ 6ᵈ

10 décembre : à La Baronnière, à compte des réparations de peinture faites aud. palais.......... 600ʰ

[1] Probablement la salle du Palais-Royal où devait se réunir l'Académie d'architecture fondée par Colbert le 30 novembre 1671.

19 décembre : à Macé, ébéniste, pour les réparations qu'il a faites en divers endroits............. 120ʰ

3 janvier 1672 : à Pasquier, pour réparations faites aux foyers et chambranles de cheminées du Palais-Royal.................................. 190ʰ

18 janvier 1672 : à Poissant et Sanson, pour réparations de stuc........................... 126ʰ

Somme de ce chapitre...... 9007ʰʰ 1ˢ 6ᵈ

OUVRAGES FAITS DANS L'ENCLOS DU PALAIS.

18 avril : à Claude Carré, paveur, pour reste et parfait payement de 610ʰ 14ˢ à quoy monte le pavé qu'il a fait et posé dans la Conciergerie du Pallais.. 110ʰ 14ˢ

11 juin : à Estienne Le Hongre, sculpteur, pour parfait payement de 1000ʰ pour la sculpture de plomb et estain qu'il a faite au clocher de la Sainte-Chapelle. 400ʰ

25 octobre - 2 décembre : à luy, pour parfait payement de 5198ʰ à quoy monte la dorure qu'il fait aud. clocher (2 p.)............................. 2898ʰ

18 juin : à Jean Hanicle, maçon, pour plusieurs réparations qu'il a faites en l'hostel de M. le Premier Président au Palais................... 1109ʰ 14ˢ 8ᵈ

18 septembre : à Pierre Hanicle, maçon, pour parfait payement de 1507ʰ à quoy montent les réparations qu'il a faites à la Conciergerie du Palais ez années 1668 et 1669........................... 507ʰ

3 octobre : à Charles Lavier, menuisier, pour parfait payement de 3301ʰ 4ˢ 6ᵈ pour la menuiserie qu'il a faite au logis de M. le Premier Président...... 2401ʰ 4ˢ 6ᵈ

2 décembre : à Bricart, charpentier, pour parfait payement de 3320ʰ pour les réparations du clocher de la Sainte-Chapelle................... 1320ʰ

Somme de ce chapitre..... 8746ʰʰ 13ˢ 2ᵈ

MAISON DE LA POMPE DU PONT-NEUF.

Néant.

MAISON DES GOBELINS.

26 mars : à Thomas Jamard, maçon, à compte des ouvrages de maçonnerie qu'il a faits en la maison des Gobelins................................ 1500ʰ

17 juillet : à la veuve Jamard, à compte des réparations que son mary a faites à lad. maison........ 600ʰ

Somme de ce chapitre.......... 2100ʰʰ

LA BASTILLE.

3 janvier 1672 : à Girard, maçon, pour parfait

payement de 3375ʰʰ 9ˢ pour les réparations qu'il a faites.................................. 375ʰʰ 9ˢ

ORANGERIE ET JARDIN DU ROULE.

22 febvrier-11 juin : à Simon du Costé et Michel Rigalleau, terrassiers, à compte des bonnes terres qu'ils voiturent à la pépinière du Roule (3 p.)....... 3100ʰʰ

3 mars : à Jean Colin, pour remboursement de pareille somme qu'il a payée pour l'achat de 2450 jasmins d'Espagne pour lad. pépinière.............. 420ʰʰ

3 mars-18 avril : à luy, pour remboursement de plusieurs menues dépenses, tant du jardin des Thuilleries que de la pépinière du Roule (2 p.)... 11976ʰʰ 12ˢ 8ᵈ

12 mars : à Jeanne Charon, femme de Jean Pichet, vannier, pour mannes d'ozier qu'elle a livrées à la pépinière du Roule...................... 558ʰʰ 3ˢ

18 avril : à Delionne, nattier, pour les nattes qu'il a fournies à l'orangerie du Roule............. 219ʰʰ

18 avril-3 octobre : à Honnoré Vuiet, dit Girard, maçon, à compte des murs de closture qu'il a fait à lad. pépinière (4 p.)......................... 18200ʰʰ

18 avril : à Octavien Henry, jardinier, pour le houx et le genièvre qu'il a levé à Fontainebleau pour la pépinière du Roulle.................... 231ʰʰ 9ˢ

11 juin : à luy, pour avoir fait arracher des piceasts pour lad. pépinière, les avoir fait venir de Grenoble à Paris, et pour son voyage................. 1531ʰʰ

9 novembre : à luy, pour employer à lever des ifs dans les forests de Normandie.................. 300ʰʰ

11 may : à Jean Bléreau, pottier, pour 1712 pots qu'il a fourny à la pépinière du Roulle........ 137ʰʰ

10 juillet : à luy, pour tous les pots de terre fournis aud. lieu du 26 may au 24 juin.......... 256ʰʰ 7ˢ 8ᵈ

3 janvier 1672 : à luy, pour plusieurs pots qu'il a fourny............................ 294ʰʰ 7ˢ

24 juillet : à Antoine Bécheret, menuisier, pour 1032 caisses qu'il a fournies au jardin de la pépinière du Roulle.............................. 464ʰʰ

A..... Poitevin, charpentier, pour parfait payement de 6967ʰʰ 10ˢ à quoy montent les ouvrages de charpenterie qu'il a faits à l'orangerie du Roulle.... 1967ʰʰ 10ˢ

26 aoust : à Pierre Fouquignon, voicturier, pour les gravois qu'il a osté dans l'enclos de l'orangerie du Roulle depuis le 20ᵉ juillet jusqu'au 24ᵉ de ce mois..... 252ʰʰ

18 octobre : à luy, pour la voiture des bonnes terres et des orangers aud. lieu.................... 252ʰʰ

19 décembre : à luy, pour le transport des terres dans les rigoles de lad. pépinière, et autres voitures... 376ʰʰ

11 septembre : à François Huvilliers, pour 30 thoises de fumier fourny aud. lieu................. 240ʰʰ

10 octobre : à luy, pour fumier fourny idem. 756ʰʰ 17ˢ

11 septembre : à Jean Chauvet, marchand, pour des ais de batteau idem..................... 103ʰʰ

10 octobre : à Louis Desprez, pour la voiture des bois de l'orangerie en pleine terre de Fontainebleau à l'orangerie du Roulle....................... 291ʰʰ

18 octobre : à François Mentonnois, menuisier, à compte de ses ouvrages................... 500ʰʰ

9 novembre : à la veuve Vierrey, vitrière, pour ses ouvrages.............................. 214ʰʰ 10ˢ

A Boisseau, pour la voiture des orangers qui estoient en pleine terre à Fontainebleau............. 108ʰʰ

A Jacques Rigaud, pour la voiture des orangers en pleine terre de Fontainebleau.............. 125ʰʰ

10 décembre : au sʳ de la Pie pour 6000 maronniers qu'il a fourny pour planter................ 600ʰʰ

3 janvier 1672 : à Claude Lenfant, pour avoir labouré un arpent et demy dix perches de terre. 114ʰʰ 5ˢ

Somme de ce chapitre..... 43588ʰʰ 1ˢ 4ᵈ

COLLÈGE ROYAL.

Néant.

BIBLIOTHÈQUE ET ACADÉMIE DES SCIENCES.

12 mars 1671-17 mars 1672 : à Nicolas Clément, pour parfait payement de 2389ʰʰ 4ˢ pour les impressions de taille-douce des maisons royalles, villes, plantes, animaux et les reliceures desd. tailles (3 p.)..... 2389ʰʰ 4ˢ

26 mars : à Jean Cosson, menuisier, pour un modèle qu'il a fait d'une machine à moudre du bled qui a esté mis dans l'Académie des Sciences............ 500ʰʰ

3 febvrier : au sʳ Verjus, pour plusieurs volumes qu'il a fait venir de Portugal, entre lesquels il y en a quatre manuscrits, y compris en lad. somme les frais de voiture et des emballages..................... 982ʰʰ 19ˢ

3 may-15 novembre : à Georges Gosselin, armurier, pour avoir fait et rajusté plusieurs instrumens de mathématiques pour la bibliotecque du Roy et l'Accadémie des Sciences (3 p.)....................... 2319ʰʰ

3 may : à Jean Bersaucourt, épinglier, pour l'ouvrage et fourniture qu'il a fait à la bibliotecque pour enfermer les coings de lad. bibliotecque.......... 479ʰʰ 1ˢ 8ᵈ

4 juin-3 octobre : à Charles Jaquet, vitrier, à compte de ses ouvrages de vitrerie à lad. bibliotecque (2 p.).. 500ʰʰ

4 juin : à Pierre Sévin, pour deux demy cercles qu'il

a faits pour servir aux observations astronomiques de lad. Académie.................................. 120ᴧ

Au sʳ Niquet, pour ce qu'il a payé aux ouvriers qui ont travaillé à plusieurs modelles de machine pour lad. Académie.................................. 346ᴧ

10 juillet : à Jacques Rosty, jardinier, pour un berceau qu'il a fait dans le jardin de la bibliotecque.. 118ᴧ

17 juillet : à Philippes Le Bas, faiseur d'instrumens de mathématiques, à compte des instrumens qu'il a faits pour lad. bibliotecque........................ 150ᴧ

2 septembre : à Jean Choisy, ingénieur, pour avoir travaillé à plusieurs instrumens de mathématiques pour la bibliotecque du Roy.................... 100ᴧ

3 may-2 octobre : au sʳ Couplet, pour menues dépences qui se font à l'Observatoire pour MM. de l'Académie des Sciences (3 p.)............. 604ᴧ 18ˢ 6ᵈ

21 aoust : à Margueritte et Élizabeth Dubois, filles de deffunt Gilles Dubois, relieur, pour plusieurs volumes de diverses grandeurs qu'il a reliés pour la bibliotecque du Roy..................................... 1651ᴧ 10ˢ

30 aoust : à Le Vasseur, libraire, tant pour la relieure de 182 volumes de différentes grandeurs que pour le port et rapport................... 1707ᴧ 18ˢ

9 novembre : à luy, pour relieure de plusieurs volumes..................................... 516ᴧ

18 octobre : à Charles Lefebvre, peintre, pour la peinture des treillages du jardin de lad. bibliotecque du Roy....................................... 133ᴧ 15ˢ

6 avril 1672 : au sʳ Carcavy, pour parfait payement de 6252ᴧ 3ˢ pour diverses dépenses et plusieurs agattes et pierres gravées qu'il a achetées......... 2781ᴧ 18ˢ

27 mars 1671 : à luy, pour le voyage que le Père Vansleeb, dominicain, va faire en Levant..... 2000ᴧ

20 novembre : à luy, pour dépenses qu'il a payées, sçavoir : au sʳ Gravelle, résident à Mayence, pour livres qu'il a achetés en Allemagne, 3301ᴧ; au sʳ Vaillant, pour médailles qu'il a achetées à Rome, 1000ᴧ; et au sʳ Léonard, libraire, pour plusieurs livres qu'il a fournis, 1689ᴧ 3ˢ, cy................................ 5990ᴧ 3ˢ

3 may : au sʳ Vaillant, pour quelques médailles et manuscrits qu'il a fourny à lad. bibliotecque.. 224ᴧ 5ˢ

A Martin Chardelle, pour diverses dépenses faites à lad. bibliotecque et à l'Académie des Sciences. 3962ᴧ 9ˢ

3 may-20 octobre : au sʳ Bourdelin, apoticaire, pour ses dépenses au laboratoire du Roy (2 p.).. 762ᴧ 10ˢ

3 may : à Léonard Aubry, verrier, pour divers vaisseaux, cucurbites et phioles de verre de diverses grandeurs pour le laboratoire.................... 139ᴧ 15ˢ

2 octobre : à Claude Chaudé, charbonnier, pour 45 charges de charbon de banne¹ qu'il a fournies au laboratoire du Roy......................... 121ᴧ 10ˢ

A Barbet, pour 185 charges de charbon de banne pour led. laboratoire...................... 485ᴧ 12ˢ 6ᵈ

Somme de ce chapitre..... 29087ᴧ 8ˢ 8ᵈ

ARC DE TRIOMPHE.

22 febvrier : à Martin Desjardins, sculpteur, pour un grouppe de captifs qu'il a fait au grand modèle de l'Arc de triomphe............................. 450ᴧ

A Mathieu Lespagnandel, autre sculpteur, pour un modèle des armes de France avec leurs supportz qu'il a faitz aud. modèle......................... 250ᴧ

12 mars-10 décembre : à François Temporiti, sculpteur, parfait payement de 13594ᴧ 3ˢ 6ᵈ pour ouvrages de sculpture qu'il a fait aud. modèle (5 p.). 6694ᴧ 3ˢ 6ᵈ

13 febvrier-1ᵉʳ avril : à Pierre Thévenot, à compte et pour avance des ouvrages qu'il fera à la fondation de l'Arc de triomphe (3 p.).................... 22400ᴧ

4 juin-3 octobre : à Pierre Thévenot et Pierre Le Maistre, à compte de leurs ouvrages de maçonnerie à l'Arc de triomphe (3 p.)................... 71100ᴧ

26 mars-18 avril : à Gilles d'Avau², sculpteur, pour parfait payement de 1140ᴧ à quoy montent les ouvrages de sculpture qu'il a faits au modelle de l'Arc de triomphe (2 p.)....................... 1140ᴧ

Somme de ce chapitre.... 102034ᴧ 3ˢ 6ᵈ

OBSERVATOIRE.

13 febvrier-19 décembre : à André Mazières et Antoine Bergeron, à compte des ouvrages de maçonnerie qu'ils font à l'Observatoire (7 p.)........ 113500ᴧ

18 avril-10 décembre : à Antoine Sainte-Marie, pour son remboursement de pareille somme qu'il a payée aux charretiers et autres qui ont voituré des gravois et des terres dans l'enceinte des bastimens de l'Observatoire (5 p.).................................. 549ᴧ 2ˢ

2 septembre : à Léonard Bellet, voicturier par eau, pour la voicture de 24350 pavez du Havre pour paver la terrasse de l'Observatoire............ 313ᴧ 9ˢ

3 octobre : à Prou et Buirette, à compte de la menuiserie qu'ils font....................... 1400ᴧ

25 octobre : à François Groguet, facteur du sʳ Che-

---
¹ La banne était une sorte de grande manne.
² Ou Davat.

ROUVRIER, voiturier par eau, pour 14300 petits pavez du Havre pour la terrasse de l'Observatoire......... 134ᴸᴸ

25 octobre 1671-3 janvier 1672 : à Louis Garnier, batteur de ciment, à compte du ciment qu'il fournit pour lad. terrasse (2 p.)................... 250ᴸᴸ

9 novembre : au sʳ Couplet, pour parfait payement de 321ᴸᴸ 7ˢ 6ᵈ pour plusieurs menues dépenses qu'il a faites (2 p.)........................... 221ᴸᴸ 7ˢ 6ᵈ

3 janvier 1672 : à Doyart, serrurier, à compte de ses ouvrages............................ 2000ᴸᴸ

Somme de ce chapitre... 118367ᴸᴸ 18ˢ 6ᵈ

VERSAILLES.

MAÇONNERIE.

10 febvrier-2 décembre : à Jacques Gabriel, à compte des ouvrages de maçonnerie qu'il a faits et continue de faire à Versailles (7 p.)................ 428500ᴸᴸ

17 juillet-17 aoust : à luy, à compte des trois tours¹ qu'il construit sur le bord de l'estang de Clagny pour eslever l'eau dud. estang (2 p.)........... 20000ᴸᴸ

17 juillet-2 décembre : à luy, à compte de la maçonnerie qu'il fait aux trois réservoirs du grand parterre de Versailles (4 p.)..................... 105000ᴸᴸ

17 juillet-9 novembre : à luy, à compte des murs qu'il fait pour la pièce d'eau du petit parc (3 p.)..... 9000ᴸᴸ

17 juillet : à luy, à compte de la maçonnerie qu'il fait à deux réservoirs dont l'un doit fournir l'eau à la fontaine de la montagne et l'autre au potager de Versailles. 1000ᴸᴸ

A luy, à compte de la maçonnerie qu'il fait à l'amphithéâtre de Versailles..................... 500ᴸᴸ

A luy, à compte de la maçonnerie qu'il fait à la fontaine de la montagne......................... 500ᴸᴸ

3 mars : à Louis Jannot, maçon, pour plusieurs menues réparations de maçonnerie qu'il a faitz en divers endroitz de Versailles..................... 471ᴸᴸ

26 avril : à Antoine Bergeron, à compte des ouvrages de maçonnerie qu'il fait au grand canal...... 31000ᴸᴸ

4 juin-10 décembre : à luy et André Mazières, à compte des mesmes ouvrages (4 p.)........ 110700ᴸᴸ

18 juin-30 octobre : à eux, à compte des cinq tours qu'ils bastissent sur la montagne pour les moulins à eslever l'eau à Versailles (3 p.)................... 77900ᴸᴸ

10 octobre : à Jean La Creuse, maçon, à compte des réparations des bresches du grand parc........ 1000ᴸᴸ

Somme de ce chapitre....... 795571ᴸᴸ ²

¹ Ou moulins.
² L'addition donne 785571ᴸᴸ.

CHARPENTERIE.

12 mars-2 décembre : à Poncelet Cliquin et Paul Charpentier, à compte de leurs ouvrages de charpenterie aud. chasteau (6 p.).................. 87200ᴸᴸ

4 juin : à Gaspard Potot, charpentier, à compte de plusieurs menus ouvrages en divers endroits....... 150ᴸᴸ

25 juin : à luy, à compte de la charpenterie qu'il fait tant au pavillon du Roy, à cause de l'incendie, qu'autres lieux du potager et de la ménagerie de Versailles. 2000ᴸᴸ

9 aoust : à Marc Gaudet, charpentier, à compte de ses ouvrages aux moulins de Clagny............ 5000ᴸᴸ

18 octobre : à Jean Le Gendre, charpentier, à compte des combles des deux nouvelles pompes qui se font à Versailles........................... 1200ᴸᴸ

18 janvier 1672 : à Le Gendre et Fontenay, à compte de la charpenterie qu'ils font aux moulins du haut de la montagne.......................... 600ᴸᴸ

Somme de ce chapitre....... 104350ᴸᴸ ²

COUVERTURE.

10 febvrier-2 décembre : à Estienne Yvon, à compte de ses ouvrages de couverture au chasteau de Versailles (7 p.)............................. 27800ᴸᴸ

PLOMBERIE.

10 febvrier-31 juillet : à Gilles Le Roy, plombier, à compte de ses ouvrages à Versailles (4 p.).... 13200ᴸᴸ

3 octobre-19 décembre : à luy, à compte du plomb qu'il fournit pour les couvertures (2 p.)....... 4000ᴸᴸ

18 octobre : à luy, à compte du plomb qu'il a fourni pour les conduites des fontaines............. 3200ᴸᴸ

3 mars : à Louis Mazelines, plombier, à compte de ses ouvrages en divers endroits du chasteau.... 2500ᴸᴸ

18 avril-18 octobre : à luy, à compte des plombs qu'il fournit pour les fontaines (3 p.)....... 28700ᴸᴸ

4 juin : à luy, à compte du plomb fourni pour la conduite des tuyaux de plomb, bassins, réservoirs et machines à élever l'eau de Versailles................ 27000ᴸᴸ

25 octobre-2 décembre : à la veuve Mazelines, à compte du plomb, idem (2 p.)............ 7400ᴸᴸ

3 octobre : à Julien Clomeny, plombier, et à ses camarades, pour ce qu'ils ont fait aux fontaines....... 69ᴸᴸ

Somme de ce chapitre......... 86069ᴸᴸ

MENUISERIE.

22 febvrier-17 aoust : à Claude Bergerat et Philippes de la Croix, menuisiers, à compte des ouvrages de me-

² L'addition donne 94350ᴸᴸ.

nuiserie qu'ils ont faits et continuent de faire à Versailles (4 p.)............................ 6200tt

3 octobre : à eux, à compte de la menuiserie de l'appartement de Monsieur.................. 2400tt

A eux, à compte de la menuiserie des écuries. 600tt

19 décembre : à eux, à compte de la menuiserie des appartemens bas........................... 1400tt

22 febvrier- 4 juillet : à CLAUDE BUIRETTE et JACQUES PROU, menuisiers, à compte de leurs ouvrages au chasteau de Versailles (3 p.).................. 3800tt

24 juillet-10 décembre : à eux, à compte de la menuiserie qu'ils font aux pavillons de l'avant-cour de Versailles (3 p.)........................... 5600tt

9 novembre : à eux, pour parfait payement de 2380tt 10s à quoy montent leurs ouvrages de menuiserie aux quatre pavillons du chasteau............ 1390tt

Aud. PROU, à compte des lits qu'il fait dans les corps de garde dnd. chasteau.................. 600tt

3 mars-17 aoust : à ANTOINE SAINT-YVES, menuisier, à compte de ses ouvrages de menuiserie aud. Versailles (5 p.)............................ 8000tt

26 avril : à luy, à compte de ses ouvrages de menuiserie à l'église de Versailles................ 800tt

2 décembre : à luy, à compte de ses ouvrages de l'appartement bas dud. chasteau.............. 1200tt

26 mars : à CHARLES LAVIER, pour parfait payement de 3702 1tt 2s 9d à quoy montent les ouvrages de menuiserie qu'il a faits au chasteau et à la Ménagerie. 4221tt 2s 9d

1er avril 1671-11 janvier 1672 : à luy, pour ses ouvrages en divers endroits dud. chasteau (3 p.).. 3200tt

2 décembre : à luy, à compte de ses ouvrages de menuiserie et des bois qu'il a livrez dans le petit parc de Versailles...................... 1431tt 18s 9d

1er avril-2 décembre : à BARTHÉLEMY GRIMBOIS, à compte de ses ouvrages en divers endroits de Versailles (4 p.)........................... 2100tt

18 avril-19 décembre : à FRANÇOIS COUVREUX, menuisier, à compte des ouvrages de menuiserie qu'il fait pour les logemens de l'attique à Versailles (5 p.)... 15100tt

18 avril-2 décembre : à PIERRE DIONIS, menuisier, à compte de la menuiserie qu'il fait en divers endroits dud. chasteau (5 p.)........................ 7052tt

4 juillet-15 novembre : à luy, pour parfait payement de la menuiserie qu'il a faite à l'un des quatre pavillons de l'avant-court (2 p.)................. 2313tt 15s

18 janvier 1672 : à DIONIS et BUIRETTE, à cause de la menuiserie de l'aisle de la cour.......... 600tt

18 avril : à JEAN DANGLEBERT, menuisier, à compte de ses ouvrages de menuiserie à Versailles....... 2100tt

25 juin : à luy, à compte des ouvrages de menuiserie qu'il fait à un des pavillons de l'avant-cour..... 1000tt

24 juillet-10 décembre : à luy, à compte des ouvrages de menuiserie qu'il a faits à la Surintendance des bastimens à Versailles (4 p.).................. 7200tt

11 janvier 1672 : à luy, pour réparations..... 332tt

3 may-3 octobre : à ALEXANDRE DE MOUSTIER, à compte de la menuiserie de la Surintendance des bastimens à Versailles (2 p.)...................... 800tt

4 juin : à luy, à compte de ses ouvrages de menuiserie à Versailles........................... 500tt

2 décembre : à ÉTIENNE BRETEAU, pour plusieurs ouvrages............................. 210tt

Somme de ce chapitre... 80151tt 10s 6d [1]

SERRURERIE.

22 febvrier-2 décembre : à PIERRE MARIE et ESTIENNE BOUDET, serruriers, à compte des ouvrages de serrurerie qu'ils font en divers endroits dud. chasteau (6 p.). 52000tt

22 febvrier : à PIERRE POTEL, serrurier taillandier, à compte du fer qu'il fournit et employe pour des moules de thuyaux sans soudure pour Versailles........ 100tt

18 avril-25 octobre : à NICOLAS DELOBEL, serrurier, à compte des ouvrages de serrurerie qu'il fait à Versailles (4 p.)............................. 17900tt

10 décembre : à luy, à compte des rampes des escalliers des petites cours et autres ouvrages...... 4500tt

19 décembre : à luy, à compte des quatre petits balcons de la cour dud. chasteau............. 2000tt

26 avril-15 novembre : à MATHURIN LE BRETON, serrurier, à compte d'une volière qu'il fait pour un des cabinets de la cour du chasteau (3 p.).......... 2500tt

26 avril 1671-3 janvier 1672 : à CHRISTOPHLE MAUGIN, serrurier, à compte d'une vollière pour mettre à un des cabinets de la cour dud. chasteau (3 p.)... 2600tt

25 juin-10 décembre : à CHARLES HARDY et JEAN NICOLIE, serruriers, à compte de la serrurerie qu'ils font aux quatre pavillons de l'avant-cour (6 p.).... 10000tt

24 juillet-25 octobre : à eux, à compte de la serrurerie qu'ils font aux attiques de Versailles (2 p.). 1800tt

9 novembre : à NICOLAS PICARD, serrurier, à compte de ses ouvrages........................ 500tt

2 décembre 1671 : à FRANÇOIS SIMONNET, serrurier, pour ce qu'il a fait à la Mesnagerie et à la ferme de Clagny............................. 105tt 15s

Somme de ce chapitre...... 94005tt 13s

---

[1] Le total exact est 80150tt 16s 6d.

VITRERIE.

10 febvrier-2 décembre : à la veuve Longet, vitrière, à compte des ouvrages de vitrerie qu'elle a faits et continue de faire en plusieurs endroits du chasteau de Versailles (6 p.)........................ 13600ᵗᵗ
11 septembre-18 octobre : à elle, à compte de ses ouvrages de vitrerie pour les attiques (2 p.).... 900ᵗᵗ
11 septembre : à elle, à compte des ouvrages des quatre pavillons de l'avant-cour............. 400ᵗᵗ

Somme de ce chapitre......... 14900ᵗᵗ

PEINTURE ET DORURE.

18 avril-2 décembre : au sʳ Goy, peintre, à compte de ses ouvrages de peinture et de dorure à Versailles (4 p.)................................ 14200ᵗᵗ
24 juillet-9 aoust : à luy, à compte des peintures qu'il fait aux treillages de la montagne du petit parc et autres endroits de Versailles (2 p.).......... 4900ᵗᵗ
19 décembre : à luy, à compte de la dorure de deux volières............................... 300ᵗᵗ
11 may : aux sʳˢ Coypel et Hérault, peintres, à compte des ouvrages de peinture qu'ils font dans la chambre de la Reyne au vieil chasteau de Versailles....... 1000ᵗᵗ
11 juin : à eux, à compte de leurs ouvrages de peinture en la petite chambre et au sallon de l'ancien chasteau................................. 2400ᵗᵗ
18 septembre-2 décembre : au sʳ Coypel, à compte de la peinture des attiques (3 p.)............ 9400ᵗᵗ
11 juin-31 juillet : à Jacques Bailly, peintre doreur, à compte des ouvrages de dorure et de couleur de bronze qu'il fait à la fontaine en pyramide (2 p.)..... 1400ᵗᵗ
18 octobre : à luy, pour avoir bronzé les balcines de la fontaine d'Apollon et les paysans et grenouilles de celle de Latone............................. 400ᵗᵗ
11 juin : à Paul Goujon de la Baronnière, doreur, à compte de la dorure qu'il fait à l'appartement de Mᵐᵉ de Montespan à Versailles.................. 400ᵗᵗ
25 septembre : à luy, à compte de la dorure de la gallerie et cabinet en suitte de l'appartement de Mᵐᵉ de Montespan............................ 400ᵗᵗ
25 septembre : à luy, à compte des attiques de Versailles................................ 400ᵗᵗ
25 octobre-2 décembre : à luy, à compte de ses peintures (2 p.)............................. 1100ᵗᵗ
11 juin 1671-3 janvier 1672 : aux sʳˢ Le Moine, peintres, pour parfait payement de 8120ᵗᵗ pour leurs peintures à l'appartement de Mᵐᵉ de Montespan (2 p.).
.... 5220ᵗᵗ

9 aoust-3 octobre : à eux, à compte de leurs peintures à l'appartement bas du Roy (2 p.).......... 4800ᵗᵗ
17 aoust : à eux, à compte de leurs peintures à la gallerie et cabinet proche la chapelle............. 600ᵗᵗ
2 décembre : à eux, à compte de leurs ouvrages. 1500ᵗᵗ
18 juin-3 octobre : aux sʳˢ Anguier et Francart, à compte de la peinture de la salle des gardes et de l'antichambre de l'appartement de Monsieur (3 p.).. 5500ᵗᵗ
31 juillet : au sʳ Loir, peintre, pour parfait payement de la peinture des attiques de Versailles qu'il a faite l'année dernière...................... 1997ᵗᵗ 10ˢ
25 septembre-12 décembre : à luy, à compte de ses ouvrages (3 p.)......................... 9200ᵗᵗ
31 juillet-10 décembre : à Léonard Gontier, peintre, à compte de la peinture de la chambre des bains aud. chasteau (2 p.)......................... 2500ᵗᵗ
17 aoust-1ᵉʳ décembre : au sʳ Charmeton, pour parfait payement tant des journées des peintres qui ont travaillé aux illuminations de Versailles que pour la despense qu'il a faite aud. travail (2 p.)....... 3633ᵗᵗ 4ˢ
1ᵉʳ décembre : à luy, tant pour ses desseins que pour la conduite desd. illuminations............. 400ᵗᵗ
10 octobre : à luy, à compte de la peinture qu'il fait dans l'appartement de Monsieur............ 1400ᵗᵗ
25 septembre-10 décembre : au sʳ Friquet, peintre, à compte de la peinture des attiques (3 p.)..... 1200ᵗᵗ
25 septembre-19 décembre : au sʳ Boulogne, peintre, à compte de la peinture desd. attiques (3 p.)... 5100ᵗᵗ
19 décembre : aux sʳˢ Audran, Houasse et Jouvenet, peintres, à compte de leurs ouvrages de la salle des gardes de l'appartement haut du Roy.................. 1200ᵗᵗ
Au sʳ Champagne, à compte des peintures de l'antichambre du Roy......................... 400ᵗᵗ
Aux sʳˢ Blanchard et Lafosse, peintres, à compte de la grande chambre du Roy................ 800ᵗᵗ
Au sʳ Nocret, à compte du cabinet du Roy.... 400ᵗᵗ
Au sʳ Corneille, à compte de l'antichambre de la Reyne.............................. 400ᵗᵗ
Au sʳ Sève, à compte de la chambre de la Reyne. 400ᵗᵗ
18 janvier 1672 : au sʳ Vignon, à compte du platfondz de la salle des gardes de la Reyne............. 300ᵗᵗ

Somme de ce chapitre...... 82250ᵗᵗ 14ˢ

SCULPTURE ET MARBRERIE.

10 febvrier-3 octobre : aux sʳˢ Marsy, Houzeau et Le Hongre, sculpteurs, à compte des trophées qu'ils font pour la balustrade du haut du chasteau de Versailles (3 p.)................................ 12000ᵗᵗ
26 mars-31 octobre : à Gaspard et Balthasar Marsi.

à compte des ouvrages de stuc qu'ils font au vestibule, salle des gardes, antichambre et chambre de l'appartement haut du Roy (5 p.)................. 14600ᵗᵗ

1ᵉʳ avril : à eux, à compte des bas-reliefs qu'ils font à la face du chasteau de Versailles............ 2800ᵗᵗ

11 septembre - 17 octobre : à eux, à compte du grouppe de chevaux de marbre pour la Grotte de Versailles (2 p.)......................... 1300ᵗᵗ

10 décembre : à eux, à compte de leurs ouvrages à Versailles............................. 2500ᵗᵗ

10 febvrier - 10 décembre : à JEAN MATHAU, marbrier, à compte des ouvrages de marbre qu'il fait aud. chasteau (6 p.)............................ 8800ᵗᵗ

22 febvrier - 15 novembre : à PIERRE LE GROS, sculpteur, pour parfait payement de 1640ᵗᵗ à quoy montent les figures et bas-reliefs de pierre qu'il fait à la façade du chasteau de Versailles (2 p.)............. 1355ᵗᵗ

22 febvrier - 15 novembre : à BENOIST MASSOU, autre sculpteur, pour parfait payement de 1350ᵗᵗ pour les figures et bas-reliefs de lad. façade (2 p.)........... 1050ᵗᵗ

26 mars - 31 octobre : à PIERRE LE GROS et BENOIST MASSOU, à compte de leurs ouvrages de stuc de la salle des gardes et antichambre de l'appartement haut de la Reine (5 p.)......................... 8900ᵗᵗ

22 febvrier : à PIERRE HUTINOT, sculpteur, à compte des vazes de bronze qu'il fait et répare pour Versailles. 400ᵗᵗ

10 avril - 17 octobre : à luy, à compte des ouvrages de stuc qu'il fait au platfond d'un cabinet et du salon du grand appartement du Roy à Versailles (4 p.)... 3400ᵗᵗ

26 mars : à THOMAS REGNAUDIN et PIERRE HUTINOT, à compte du stuc, savoir : 600ᵗᵗ aud. REGNAUDIN, à compte de la chambre et grand cabinet haut du Roy, et 400ᵗᵗ aud. HUTINOT, à compte du salon dud. appartement. 1000ᵗᵗ

10 avril - 3 octobre : aud. REGNAUDIN, à compte des ouvrages de stuc qu'il fait au platfondz de la chambre et grand cabinet de l'appartement haut du Roy à Versailles (4 p.)........................... 7300ᵗᵗ

22 febvrier : à FRANÇOIS GIRARDON, pour parfait payement de 6400ᵗᵗ à quoy montent dix-sept bustes de marbre blanc et deux de bronze qu'il a livrez au magazin pour estre portez à Versailles............... 3000ᵗᵗ

18 avril - 2 septembre : à luy, à compte des ornemens qu'il fait à la fontaine en pyramide (3 p.)...... 4500ᵗᵗ

10 octobre : à luy, pour cinq bustes de marbre qu'il a faitz et posés dans la gallerie proche le grand escallier à Versailles............................ 1675ᵗᵗ

17 octobre 1671 - 3 janvier 1672 : aux sʳˢ GIRARDON et REGNAUDIN, à compte du groupe de figures pour la Grotte de Versailles (2 p.)................ 2200ᵗᵗ

22 febvrier - 10 décembre : à JEAN LE GREL, marbrier, à compte des ouvrages de marbre qu'il fait aud. chasteau (6 p.)............................ 3400ᵗᵗ

22 febvrier - 10 décembre : à HUBERT MISSON, marbrier, idem (6 p.)....................... 3000ᵗᵗ

22 febvrier - 10 décembre : à HIEROSME DERBAIS, idem (6 p.)............................. 3050ᵗᵗ

3 may - 24 juillet : aud. DERBAIS, pour parfait payement de 11071ᵗᵗ 6ˢ pour 4553 carreaux de marbre noir et 755 pieds de table de marbre noir qu'il a fourny pour Versailles (2 p.)....................... 9471ᵗᵗ 6ˢ

12 mars 1671 - 3 janvier 1672 : à CAFFIERS et LESPAGNANDEL, sculpteurs, à compte des ouvrages de sculpture en bois qu'ils font aux portes et croisées de Versailles (6 p.)............................ 10000ᵗᵗ

12 mars 1671 - 3 janvier 1672 : à FRANÇOIS PASQUIER, marbrier, à compte des ouvrages de marbre qu'il fait à Versailles (7 p.)........................ 11438ᵗᵗ

18 avril : à lui, pour trois chambranles, cinq foyers et autres ouvrages qu'il a fournis et posez aud. lieu.. 720ᵗᵗ

20 mars - 10 décembre : à PIERRE MÉNARD, marbrier, à compte des ouvrages de marbre qu'il fait à Versailles ez chambre et antichambre du Roy et en la salle des gardes de la Reyne (5 p.)................ 6200ᵗᵗ

3 octobre : à PIERRE et NICOLAS MÉNARD, marbriers, pour avoir frotté, mis des échantillons et posé les carreaux dans la chambre où estoit la chapelle du Roy. 423ᵗᵗ

25 octobre : à eux, à compte de leurs ouvrages de marbre.............................. 1700ᵗᵗ

20 mars - 9 novembre : à JACQUES HOUZEAU, sculpteur, à compte des ouvrages qu'il fait à Versailles (3 p.). 1500ᵗᵗ

11 may - 10 décembre : à luy, pour parfait payement du modelle en plastre de la fontaine vis-à-vis Latone, à Versailles (4 p.)........................ 2750ᵗᵗ

20 may - 9 aoust : à luy, à compte des trophées, figures et bas-reliefs qu'il fait à la face du chasteau de Versailles (2 p.)........................... 1900ᵗᵗ

18 septembre : à luy, à compte du modelle qu'il fait dans l'amphithéâtre du petit parc de Versailles... 150ᵗᵗ

26 mars - 25 octobre : à HOUZEAU et ESTIENNE LE HONGRE, à compte de leurs ouvrages de sculpture, tant de la pièce ionique que de l'appartement bas du Roy à Versailles (2 p.)........................ 3000ᵗᵗ

20 may - 19 décembre : à ESTIENNE LE HONGRE, sculpteur, à compte des figures et bas-reliefs qu'il fait pour Versailles (3 p.)........................ 1500ᵗᵗ

17 aoust : à luy, à compte des figures qu'il a faites pour mettre au-dessus d'un balcon du costé de l'orangerie de Versailles............................ 600ᵗᵗ

ANNÉE 1671. — VERSAILLES.

9 novembre : à luy, a compte des entrelas des appuis des fenestres dud. chasteau.................. 600tt

15 novembre : à luy, pour un modelle en plastre qu'il a fait de l'ordre ionique................... 80tt

24 novembre : à luy, pour parfait payement de 9986tt 7s 6d pour les ouvrages de sculpture de plomb et estain et autres.................... 786tt 7s 6d

10 décembre : à Houzeau, les Mansy, Le Gros, Maçou et Le Hongre, pour parfait payement de 14600tt pour vingt-quatre trophées qu'ils ont fait........... 600tt

26 mars 1671-18 janvier 1672 : à Baptiste Tubi et Pierre Mazelines, sculpteurs, à compte du stuc du platfond des chambres et cabinets de l'appartement haut de la Reyne (6 p.).................... 14100tt

26 mars-18 septembre : à Baptiste Tubi, sculpteur, à compte des ornemens de fontaine du Soleil levant ou d'Apollon (4 p.)..................... 3400tt

4 juillet : à luy, a compte des quatre figures qu'il a faites sur le haut d'un des balcons de Versailles... 400tt

3 octobre : à luy, à compte des figures et bas-reliefs qu'il fait à la face du costé du jardin à fleurs.... 500tt

25 octobre-19 décembre : à luy, à compte de deux figures de marbre pour la Grotte (2 p.)....... 1600tt

18 janvier 1672 : à luy, pour parfait payement de 3800tt pour les ornemens de la fontaine de la Couronne à Versailles........................... 900tt

26 mars-10 octobre : à Laurent Magnier, Nicolas Le Gendre, Puilbert Bernard et Henry Le Grand, à compte de leurs ouvrages de stuc à l'appartement bas du Roy et de l'attique à Versailles (5 p.)........... 8400tt

24 juillet-9 aoust : à eux, à compte des ouvrages de stuc qu'ils font à la gallerie et aux deux cabinetz au bout en aisle, proche le grand escallier (2 p.)...... 1000tt

11 septembre : à eux, à compte des figures et basreliefs qu'ils font à Versailles................. 400tt

18 juin : à eux, à compte de leurs ouvrages de stuc des logemens de l'attique.................... 400tt

3 octobre : ausd. Magnier et Legendre, pour parfait payement de 2220tt à quoy montent les figures et basreliefs qu'ils ont faits à la face du costé qui regarde la fontaine de la Piramide.................. 1220tt

26 mars-4 juin : à Antoine Poissant et Jacques Samson, sculpteurs, à compte de leurs ouvrages de stuc à l'appartement de Monseigneur le Dauphin et de Monsieur (3 p.)............................... 3300tt

31 juillet-10 décembre : à eux, pour parfait payement de 2800tt pour les flammes de pierre des cheminées et les vazes qu'ilz posent sur l'amortissement des lucarnes tant du chasteau que des quatre pavillons de l'avant-cour (3 p.)........................ 2680tt

9 aoust-10 octobre : à eux, à compte de la sculpture de l'appartement de l'attique de Versailles[1] (2 p.). 1000tt

3 may : à Nicolas Dossier, sculpteur, à compte de deux figures pour mettre sur les colonnes du balcon du chasteau............................... 200tt

17 octobre : à luy, à compte des figures et bas-reliefs de la face du costé du jardin à fleurs[2]........ 400tt

27 may : aux héritiers du sr Lerambert, sculpteur, à compte des ouvrages de sculpture que led. deffunct a fait à Versailles........................... 2000tt

4 juin-9 novembre : à Noel Briquet, sculpteur, pour parfait payement de la sculpture des colonnes et pilastres avec leurs chapiteaux pour la gallerie proche le grand escallier (3 p.)....................... 3240tt

4 juin-9 novembre : à Pierre Buister, sculpteur, pour parfait payement de quatre figures, deux bas-reliefs et une médaille pour la face du costé de la Grotte (2 p.)............................... 1210tt

15 novembre : à luy, pour deux Termes d'estain et plomb, avec leurs pattes et glaçons, et autres portraits et bustes................................ 820tt

4 juin : à Léonard Roger, sculpteur, à compte de deux figures qu'il fait pour les dessus des balcons de Versailles............................... 400tt

18 juin-2 décembre : à Louis François, sculpteur, à compte des corniches de stuc qu'il fait dans les attiques de l'appartement du Roy (3 p.)............. 1500tt

4 juillet-2 décembre : à François Fontelle, sculpteur, à compte des corniches de stuc qu'il fait aux attiques de Versailles (4 p.)..................... 1900tt

10 juillet-15 novembre : à Martin Desjardins, sculpteur, pour parfait payement de 1560tt pour les figures et bas-reliefs de la face du chasteau (2 p.)........ 960tt

17 juillet : à Jean Raon, sculpteur, à compte de deux figures qu'il fait pour Versailles............... 300tt

24 juillet-15 novembre : à Nicolas Bidault, sculpteur, pour parfait payement de 902tt pour la sculpture d'un fronton d'une des petites cours (3 p.)..... 902tt

31 juillet 1671-18 janvier 1672 : à Gilles Guérin, sculpteur, à compte du grouppe de figures de marbre blanc pour la Grotte de Versailles (3 p.)...... 3100tt

9 aoust-24 novembre : à Alexandre Grenoble, sculp-

---

[1] Serait-ce l'appartement du Dauphin ou de Monsieur?

[2] C'est probablement le même travail qu'à l'article précédent.

teur, à compte d'une Renommée qu'il fait dans un fronton de l'une des petites cours (2 p.)............ 500^{tt}

2 septembre-3 octobre : au s^r Francisque[1], à compte de la sculpture qu'il fait aux devans d'alcôve des appartemens des attiques (2 p.)................. 2100^{tt}

9 novembre : à Francisque Temporiti, sculpteur, à compte de ses ouvrages des portes de l'appartement bas du Roy............................. 600^{tt}

10 octobre : à François de la Roche, pour 14 scabellons de marbre pour la gallerie proche le grand escallier de Versailles, à raison de 110^{tt} chacun....... 1550^{tt}

15 novembre : au s^r Errard, sculpteur, pour parfait payement de 1180^{tt} pour les deux figures et bas-reliefs de la face du chasteau.................... 880^{tt}

Somme de ce chapitre... 28476o^{tt} 3^s 6^d

PAVEZ.

3 mars-10 décembre : à Léonnard Aubry, à compte des ouvrages de pavé qu'il fait à Versailles (5 p.). 7817^{tt}

11 may : à luy, pour parfait payement de 36362^{tt} 12^s à quoy montent les ouvrages de pavé qu'il a fait à Versailles pendant les années 1666, 1667, 1668, 1669 et 1670........................... 2362^{tt} 12^s

11 septembre-3 octobre : à luy, à compte de ses ouvrages pour les cours et avant-cours du chasteau de Versailles (2 p.).................... 13200^{tt}

10 octobre-10 décembre : à Antoine Vatel, à compte de ses ouvrages (2 p.)................ 7500^{tt}

Somme de ce chapitre...... 30879^{tt} 12^s

JARDINAGES.

4 juillet-25 octobre : à Henry Dupuis et Louis Houdouin, à compte des labours des grands et petits plans de Versailles (3 p.)................... 5100^{tt}

10 octobre : à Henry Dupuis, pour les ouvriers qui ont gazonné le pourtour du carré d'eau du Marais. 2786^{tt} 8^s

9 novembre : à Louis Houdouin, pour la conduitte des ouvriers qui ont gazonné l'allée du Berceau d'eau. 64^{tt}

24 novembre : à Léonard Maçon, Julien Le Roux et Henry Dupuis, pour les ouvriers qui ont porté du sable au théâtre et des recoupes à l'allée d'eau, et autres ouvrages............................. 1198^{tt} 5^s

24 juillet : à Michel Dubois, jardinier, pour des œillets et chèvrefeuilles qu'il a fournis au jardin de Versailles.............................. 165^{tt}

A Louis Barbier, jardinier, pour 370 chèvrefeuilles qu'il a fournis à la pièce de l'Estoille du petit parc. 277^{tt}

31 juillet : à Antoine Deslauriers, jardinier, pour plusieurs plantes et fleurs qu'il a fournies pour les allées de l'Estoille dans le petit parc................. 786^{tt}

9 aoust : à Jean Frade, pour les ouvriers et voicturiers qui ont arrosé les plans de Versailles........ 406^{tt} 5^s

2 septembre : à Jean Bille, jardinier, pour plusieurs oignons qu'il a fournis au jardin à fleurs........ 217^{tt}

25 septembre : à Antoine de Nollet, pour les jardiniers qui ont fait plusieurs ouvrages de gazon au berceau nouvellement fait dans un des bosquets........ 428^{tt}

A Jacques Jullienne, jardinier, pour 28 ifs qui ont esté plantez à la fontaine du Dragon à Versailles..... 140^{tt}

10 octobre : à Claude Guyot, pour les oignons de tulipes, renoncules et autres fleurs qu'il a fourny. 118^{tt} 10^s

A Jacques Vautier, jardinier du potager de Versailles pour le fumier qu'il a fourny aud. potager.... 609^{tt} 6^s

24 novembre : à Jean Colinot, jardinier, à compte des buis qu'il regarnit dans les allées des bosquetz de Versailles.............................. 800^{tt}

2 décembre : à luy, pour parfait payement de 8721^{tt} 2^s 2^d pour plusieurs treillages qu'il a faits à Versailles............................. 1021^{tt} 2^s 2^d

A luy, pour parfait payement de 796^{tt} 8^s 4^d à quoy monte la coupe des deux costez des palissades du petit parc............................. 396^{tt} 8^s 4^d

A luy, pour parfait payement de 1760^{tt} pour 22 thoises cubes de sable qu'il a fourny pour led. jardin.... 160^{tt}

18 janvier 1672 : à luy, à compte des treillages qu'il fait.............................. 600^{tt}

24 novembre : à la damoiselle Cagnet, pour 300 ifs qu'elle a fournis pour le petit parc............ 1200^{tt}

A Boursault et Bonissant, à compte des recoupes et sable de rivière qu'ils voiturent et battent dans plusieurs endroits du petit parc.................... 1000^{tt}

10 décembre : à Edme Boursault, pour les ouvriers qui ont renouvelé la terre des orangers.... 118^{tt} 6^s 6^d

3 janvier 1672 : à Claude Jacques, jardinier, pour 60 lauriers et thims qu'il a fournis pour led. jardin. 105^{tt}

A Nicolas Bocheron, pour 436 tilleuls idem... 392^{tt}

Somme de ce chapitre... 18088^{tt} 11^s 10^d[2]

FOUILLES ET TRANSPORTS DE TERRES.

10 febvrier-4 juin : à Marin Trumel et Henry Dupuis, à compte des terres qu'ils fouillent et transportent pour faire une grande pièce d'eau au petit parc de Versailles (3 p.)............................. 29000^{tt}

24 juillet-18 septembre : à eux, à compte des terres

---

[1] Temporiti.

[2] L'addition donne 18088^{tt} 10^s 10^d.

ANNÉE 1671. — VERSAILLES.

qu'ils ont portées pour former l'Amphithéâtre de Versailles (2 p.).................. 1800tt

3 octobre-9 novembre : à eux, à compte des terres qu'ils transportent à la salle des festins (2 p.)... 1900tt

10 décembre : à eux, à compte de la fouille qu'ils font dans le petit parc........................ 800tt

22 febvrier-10 décembre : à Jean Viart et Claude Maron, terrassiers, à compte des terres qu'ils transportent dans la grande avenue de l'avant-cour de Versailles (6 p.)......................... 25010tt 5ˢ

24 juillet : à eux, à compte des terres qu'ils transportent de la Surintendance et autres endroits...... 600tt

31 juillet : à eux, à compte des terres qu'ils fouillent aux trois réservoirs de Versailles........... 2000tt

10 avril-2 décembre : à Jean Viart, Claude Maron et Fiascre Lasnier, pour parfait payement de 12156tt pour les réservoirs qu'ils fouillent dans le grand parterre de Versailles (3 p.)................ 10556tt

18 juin : aud. Viart, pour ce qu'il a payé aux chartiers et ouvriers qui ont transporté des terres et des sables en divers endroits de Versailles...... 127tt 5ˢ 6ᵈ

9 novembre : à luy, pour les transports et régalement de terre qu'il a faits au grand canal....... 1685tt 14ˢ

24 novembre : aud. Viart et à Chastelain, pour les chartiers qui ont transporté des terres de l'avant-cour de Versailles......................... 7052tt 18ˢ

2 décembre : à Viart, Maron, Chastelain et Filet, pour les ouvriers qui ont transporté des terres de l'avant-cour............................. 7760tt 15ˢ

10 décembre : à Viart, Maron et Reglé, à compte du transport qu'ils font autour de la pièce du bout du parc à Versailles............................. 7500tt

3 mars : à François Fillet et Jacques Chastellain, pour leur parfait payement de 5675tt à quoy montent les terres qu'ils ont enlevées et transportées de la pièce du bout du canal de Versailles et l'avant-cour. 975tt

26 avril-17 aoust : à eux, pour parfait payement de 6717tt 15ˢ pour les fouilles qu'ils ont faites pour les trois moulins à vent proche l'estang de Clagny, et pour l'aqueduc qui porte l'eau de l'estang de Clagny au moulin proche led. estang (4 p.)............... 5717tt 15ˢ

25 septembre : à eux, à compte de la fouille dans la serre et autour du potager de Versailles......... 350tt

18 octobre : à eux, à compte des fouilles et transports de terre qu'ils font...................... 350tt

31 octobre : à eux, à compte des terres qu'ils transportent hors de l'avant-cour dud. chasteau..... 6776tt

12 mars-26 avril : à Nicolas Houet, pour parfait payement des terres qu'il fouille pour escouler l'eau du canal (2 p.)................................ 264tt

18 janvier 1672 : à luy, pour les ouvriers qui ont fait le fossé qui sert de décharge aux eaux de la Mesnagerie à Versailles........................... 77tt 12ˢ

20 mars : à Houet et Boursault, pour parfait payement de 47774tt à quoy montent les terres qu'ils ont enlevées des bouts des grandes pièces d'eau... 11474tt 3ˢ

18 janvier 1672 : aud. Boursault, pour les ouvriers qui ont enlevé des terres en divers endroits..... 487tt

A Bonissant, idem.................. 387tt

10 décembre : à Boursault et Bonissant, à compte des vuidanges et fouilles de terres des deux petites cours et eaues sous les offices................... 1670tt

26 mars-10 décembre : à Edme La Lourcey, terrassier, à compte des fouilles des puits qu'il fait sur la montagne pour eslever l'eau de la rivière des Gobelins et du réservoir du haut du petit parc (6 p.)........... 6900tt

21 mars 1671-3 janvier 1672 : au sʳ La Massonière, à compte du marché qu'il a fait pour les transportz des terres du grand canal, à cause de son alongement et eslargissement (6 p.)................... 26650tt

10 avril : aux ouvriers terrassiers qui ont vuidé et transporté des terres du premier réservoir de Versailles en attendant le marché de la fouille le long de la terrasse du parterre en gazon, pour leur payement dud. travail, suivant le rolle....................... 163tt

24 juillet : à Anne de la Rivière, pour avoir vuidé les terres du fondz du 3ᵉ réservoir et les décombres des quatre pavillons de l'avant-cour de Versailles. 414tt 15ˢ

31 juillet : à François Boucher, terrassier, pour le transport et fouille des terres de l'aqueduc qui se fait pour la descharge des eaux du canal........ 153tt 6ˢ

15 novembre : à luy, pour avoir osté le sable que les sources poussent dans l'aqueduc de Marly pendant trois mois eschus le 16 octobre................. 30tt

9 aoust-2 décembre : à Fiascre Lasnier et Jean Guignand, à compte des fouilles de terre de l'estang du Val et aqueduc (3 p.)....................... 9750tt

3 octobre : à François Clérembault et Julien Le Roux, pour les ouvriers qui ont travaillé tant au Berceau d'eau qu'au réservoir du bosquet et à fouiller des tranchées pour les thuyaux des fontaines............... 442tt 19ˢ

Au sʳ Petit, pour plusieurs menues despences qu'il a fait à Versailles....................... 792tt 7ˢ

31 octobre : à Jean Butte, à compte d'un réservoir et fouille pour une pierrée qu'il fait pour les eaux de la montagne du petit parc..................... 2000tt

33.

10 décembre : à Picart, pour les ouvriers qui ont transporté des terres du canal proche le vaisseau.... 910ʰ 8ˢ

3 janvier 1672 : à Dupuis et Houdouin, à compte des trous pour planter dans le grand parc......... 1000ʰ

Somme de ce chapitre... 469478ʰ 2ˢ 6ᵈ [1]

PARTIES EXTRAORDINAIRES.

10 febvrier-25 septembre : à Jean Bersaucourt, épinglier, à compte des ouvrages en fil de laton qu'il a faits en divers endroits du chasteau de Versailles (2 p.). 800ʰ

10 febvrier : à Jean Macé, ébéniste, pour avoir racommodé l'estrade de bois de raport de la chambre de la Reyne à Versailles........................ 55ʰ

10 febvrier-15 juin : à Claude Muzard, fontainier, à compte des moulins à vent et pompes qu'il fait à Versailles pour eslever les eaux de la rivière des Gobelins et de l'estang de Clagny (5 p.)............ 43000ʰ

10 febvrier : à luy, à compte de la cisterne qu'il fait aud. lieu............................... 4000ʰ

22 febvrier : à luy, à compte de la toile mastiquée qu'il met sur les voultes de l'avant-cour............ 1500ʰ

20 mars : à luy, pour parfait payement de 31871ʰ 5ˢ à quoy montent les pierrées de l'eau bonne à boire, conduite de plomb, toiles mastiquées de l'avant-cour de Versailles, et plusieurs autres menues dépenses faites tant aud. lieu qu'à Saint-Germain............ 2764ʰ 15ˢ

11 may : à luy, à compte de l'aqueduc de l'eau bonne à boire qu'il fait à Versailles................ 2000ʰ

27 may : à luy, à compte des deux réservoirs qu'il fait, l'un hors les murs du petit parc, et l'autre dans un des bosquets dud. parc..................... 2000ʰ

18 septembre-10 décembre : à luy, à compte du posage en mastic des thuyaux de fer (3 p.)...... 7100ʰ

3 octobre-19 décembre : à luy, à compte des toiles mastiquées des trois réservoirs sous le parterre à Versailles (2 p.)........................ 21500ʰ

10 febvrier : à Michel Clambergeau, voiturier, pour avoir voituré plusieurs gros thuyaux de plomb d'un endroit à l'autre à Versailles................... 96ʰ

10 febvrier 1671-3 janvier 1672 : à Jean Martinet, à compte des ouvrages de corroy qu'il a faits aux trois réservoirs de Versailles (4 p.)............... 2100ʰ

9 novembre : à luy, pour le restablissement du corroy de la pièce du Dragon dans le petit parc...... 56ʰ 17ˢ

20 mars : à Jean Martinet et Henry Feuillastre, à compte du conroy qu'ils fouillent pour la pièce d'eau qu'ils font dans le petit parc................. 200ʰ

1ᵉʳ avril : à eux, à compte des glaises qu'ils tirent pour mettre au dernier réservoir de Versailles... 650ʰ

9 aoust : à Jean Martinet, Jean Bette et autres, pour le restablissement du troisième réservoir..... 789ʰ 18ˢ

17 juillet : à Jean Bette [2], à compte du corroy qu'il fait au potager de Versailles............. 1100ʰ

11 septembre : à luy, à compte du corroy qu'il fait aux trois réservoirs de la montagne et à la fontaine de la montagne du petit parc.................. 600ʰ

3 janvier 1672 : à luy, à compte du réservoir de la salle des festins....................... 1000ʰ

10 febvrier 1671 : à Pierre Vincent, pour remboursement de ce qu'il a avancé aux chartiers, jardiniers et manœuvres qui ont travaillé en divers endroitz pendant les semaines finies le dernier febvrier... 1168ʰ 4ˢ

27 may : à Pierre Vincent, Anne de la Rivière, Michel Chevo et autres, pour leur remboursement de pareille somme par eux payée aux chartiers, jardiniers et manœuvres qui ont travaillé au potager et autres endroits de Versailles depuis le 23 mars dernier jusqu'au 23 du présent mois....................... 1883ʰ 5ˢ

22 febvrier 1671-3 janvier 1672 : à Nicolas Le Maire, fondeur, à compte des robinetz, soupapes et autres ouvrages pour les fontaines de Versailles (6 p.).. 10700ʰ

25 juin : à luy, à compte de ses ouvrages de cuivre pour l'Estoille et l'Amphithéâtre de Versailles... 2000ʰ

10 octobre : à luy, à compte des huit corps de pompe pour les fontaines..................... 2600ʰ

22 febvrier 1671-3 janvier 1672 : à François Huvilliers, pour parfait payement de 2881ʰ 1ˢ 6ᵈ pour l'arrachage et voiture du petit plan de la forest de Lyons à Versailles (2 p.)........... 1121ʰ 9ˢ 6ᵈ

22 febvrier : à François d'Ansy, vidangeur, pour avoir vidé plusieurs fosses à Versailles........... 350ʰ

A Charpentier, Carelle et Duplessis, rocailleurs, pour l'ouvrage qu'ils ont fait aux fontaines dud. lieu. 123ʰ

3 mars : à Jean Colinot, jardinier, à compte des palissades qu'il tond et coupe par derrière, au petit parc de Versailles.......................... 400ʰ

3 mars : à luy, à compte du buis qu'il regarnit dans tous les bois et bosquetz du petit parc........ 600ʰ

26 mars-11 mai : à luy, à compte des treillages de perches qu'il fait autour des fontaines (2 p.)... 2400ʰ

4 juin : à luy, à compte des treillages de perches qu'il fait au pourtour de l'Estoille et du Théâtre du petit parc................................ 4000ʰ

9 aoust-3 octobre : à luy, à compte du sable de ri-

---

[1] Le total exact est 475478ʰ 2ˢ 6ᵈ.

[2] Ou Belte.

vière qu'il respand dans les allées de l'Estoille à Versailles (2 p.)........................... 1600tt

24 aoust : à luy, à compte des treillages qu'il fait à la fontaine de la montagne................. 2200tt

24 novembre : à luy, pour le sable de rivière qu'il a fourny pour emplir les cisternes du chasteau.... 560tt

3 mars - 10 juillet : à JACQUES VAUTIER, pour fumier fourny au potager de Versailles et autres menues dépenses (3 p.)......................... 1088tt 2'

3 mars : à EDMOND THÉROUDE et PHILIPPES QUESNEL, rocailleurs, pour des rochers de rocaille qu'ils ont faitz à Versailles et avoir fait voiturer lad. rocaille. 142tt 10'

26 mars - 17 juillet : à EDMOND THÉROUDE, pour fournitures et voitures de rocailles et pierres de molière pour les fontaines de l'Estoille et de l'Amphithéâtre à Versailles (4 p.)........................... 1905tt

26 avril - 3 octobre : à CHARLES BERTHIER et PHILIPPES QUESNEL, rocailleurs, pour leurs journées et payement d'autres ouvriers et rocailleurs, et fournitures de coquillages et rochers pour l'Estoille, l'Amphithéâtre et la Montagne du petit parc de Versailles (6 p.).... 13565tt 3'

26 mars : à CHARLES BERTHIER, rocailleur, à compte des ouvrages de rocaille qu'il fait aux bosquets de Versailles............................ 500tt

24 aoust : à luy, pour avoir racommodé tous les chandeliers et réparé toute la rocaille de la Grotte de Versailles................................. 400tt

12 mars : à MARIN TRUMEL et HENRY DUPUIS, pour parfait payement d'avoir défriché les deux costez de l'allée royale de Versailles, et avoir transporté les terres qui y estoient de trop et replanté les arbres...... 3188tt 15'

12 mars - 31 juillet : à la veuve MARINIER, chaudronnier, pour parfait payement de 4074tt à quoy montent 104 vazes de cuivre qu'elle a fournis pour les ifs de l'allée d'eau à Versailles (4 p.)............. 3674tt

11 septembre : à elle, pour 34 vazes de cuivre qu'elle a fourny pour mettre des arbrisseaux et des fleurs à Versailles................................. 1740tt

10 octobre - 2 décembre : à elle, à compte des godets de cuivre pour les moulins de Versailles (2 p.).. 1900tt

25 octobre : à elle, pour un arbre de cuivre qu'elle a fourny pour le Marais................. 421tt 15'

12 mars : à HENRY FEUILLASTRE, pour avoir fait racommoder le chemin du bois de Saint-Antoine au grand parc, et pour conroy............................. 123tt

31 juillet : à HENRY et JACQUES FEUILLASTRE, à compte du corroy qu'ils font au grand canal de Versailles. 4750tt

31 juillet - 10 octobre : à eux, à compte du corroy qu'ils font à la pièce d'eau du petit parc (2 p.).. 1900tt

20 may : à JACQUES FEUILLASTRE, à compte du corroy du grand canal (4 p.).................... 14750tt

18 septembre : à FEUILLASTRE, pour le restablissement du troisième réservoir de Versailles......... 81tt 10'

11 juin : à JACQUES FEUILLASTRE et ISAYE LE JEUNE, à compte du corroy qu'ils font à la grande pièce d'eau du petit parc............................., 2750tt

25 octobre : à eux, à compte des dosses de batteaux qu'ils fournissent pour le corroy de la pièce d'eau du petit parc........................... 800tt

12 mars : à JEAN VIART et CLAUDE MARON, pour avoir fait charier plusieurs pierres et recoupes dans le chemin de devant la demie lune et du sable dans les allées du potager et autres despenses................ 210tt

31 juillet : à eux, pour avoir travaillé au réservoir de Versailles du 6 au 11 du présent mois....... 66tt 12'

17 aoust : à eux et FIASCRE LASNIER, pour les journées d'hommes qu'ils ont fourny en divers endroits de Versailles................................. 6000tt

2 décembre : à VIART et CHASTELAIN, pour les ouvriers qui ont travaillé au régalement du canal... 12743tt 10'

18 décembre : à VIART et BOURSAULT, pour la glace qu'ils ont porté....................... 648tt 15'

12 mars - 1er avril : à ANDRÉ MOTTELET, pour les journées qu'il a employé avec ses hommes à frotter tous les planchers des apartemens de Versailles (2 p.).... 371tt

9 aoust : à MOTELET et CLAUDE BROT, frotteurs, pour avoir frotté lesd. planchers................. 435tt

12 mars : à LOUIS HOUDOUIN et HENRY DUPUIS, pour reste de 5181tt à quoy montent les labours des allées du grand parc............................ 581tt

18 avril : à eux, pour leur parfait payement de 4344tt 8' à quoy montent les trous qu'ils ont fait pour planter les arbres des avenues et grand parc.. 1344tt 8'

3 may : à LOUIS HOUDOUIN, pour son remboursement de ce qu'il a payé aux ouvriers qui ont fait quelques treillages dans le cours de la Ménagerie de Versailles. 257tt 5'

3 octobre : à LOUIS HOUDOUIN, pour la coupe des joncs et herbes de l'estang de Clagny................ 150tt

20 mars : à JEAN DUPLESSIS, rocailleur, pour avoir travaillé au rocher de la Montagne dans les bosquetz de Versailles............................. 123tt

20 mars 1671 - 3 janvier 1672 : à DOMINICO CUCCY, à compte des fermetures de bronze qu'il fait pour les portes et croizées du chasteau de Versailles (6 p.)....... 8100tt

26 mars : au sr BRUTTIN, pour remboursement de ce qu'il a payé aux ouvriers qui ont travaillé au moulin de Buc près Versailles...................... 39tt

18 avril : à JEAN BRUTTIN, à compte du travail qu'il

fait pour eslever l'eau de la rivière des Gobelins prez Versailles........................... 2000ᴧ

26 mars : à ANNE DE LA RIVIÈRE, pour le transport des glaces dans les glacières tant de la Ménagerie que de Versailles........................... 52ᴧ

A luy, pour remboursement de ce qu'il a payé aux chartiers, jardiniers et ouvriers qui ont travaillé au jardin potager de Versailles et Clagny du 11 au 21 du présent mois........................ 548ᴧ 5ˢ

1ᵉʳ avril : à luy, pour avoir défriché, coupé et mis hors de terre les racines le long du mur de Clagny, et autres dépenses....................... 160ᴧ 10ˢ

18 septembre : à luy, JULIEN LE ROUX et ANTOINE NOLLET, pour les ouvriers qui ont travaillé à Versailles depuis le 13 juillet jusqu'au 12 septembre......... 888ᴧ 2ˢ

26 mars-10 décembre : à PHILIPPES GUILLOUARD, tant pour le payement des ouvriers qui fouillent et voiturent de la pierre de Vernon pour orner les fontaines de Versailles que pour le voyage qu'il y a fait (3 p.). 400ᴧ

10 avril : à la dame D'AMBOISEVILLE, pour trente-deux pierres qu'elle a fournyes pour les figures de dessus les balcons dud. chasteau.................... 640ᴧ

A GASPARD POTOT, charpentier, à compte de ses ouvrages tant au comble du pavillon du Roy, à cause de l'incendie dernière, qu'à la Ménagerie et autres endroits... 350ᴧ

10 avril-2 décembre : à AMBROISE DUVAL, fondeur, à compte d'un enfant et deux vases de bronze qu'il jette pour Versailles (2 p.).................... 2800ᴧ

10 avril : à BONAVENTURE MAILLARD, pour remboursement de pareille somme qu'il a employée en achats de toille, clous, serrures à bosse, pattes et autres choses pour les atteliers des peintres et sculpteurs..... 594ᴧ 18ˢ 6ᵈ

18 avril : à FRANÇOIS VATTEBOIS, vannier, pour son parfait payement de 871ᴧ à quoy montent les mannes d'ozier qu'il a fait et livré pour Versailles....... 471ᴧ

26 avril : à LOUIS BOUCHER, carreyer de Senlis, à compte des marches qu'il tire pour le grand escalier du chasteau de Versailles.................... 1000ᴧ

31 juillet : à ANNE BILLON et LOUIS BOUCHER, idem, à compte des pierres de liais qu'ils fournissent pour les escaliers de Versailles................... 800ᴧ

31 juillet : à ROBELIN, pour ce qu'il a payé au nommé BOUCHER pour le travail fait sur la voulte de l'aqueduc de Marly et pour le sable qu'il a tiré dud. aqueduc... 45ᴧ

26 avril : à JEAN COLIN, pour son remboursement de pareille somme qu'il a payée pour achat de plantes et de fleurs pour Versailles.................... 514ᴧ

11 may : au sʳ BEAULIEU, pour avoir levé le plan et fait une carte des environs de Versailles........... 75ᴧ

A PIERRE VALLET et NICOLAS GAILLARD, pour parfait payement de 2571ᴧ à quoy monte la dorure de plusieurs ornemens de fontaines qu'ils ont faits à Versailles. 271ᴧ

20 may : à EDME BOURSAULT, pour remboursement de pareille somme qu'il a payée pour une rigolle qu'il a fait faire au grand quarré d'eau du canal........... 48ᴧ

11 juin : à luy, à compte des glaises qu'il fournit pour les trois réservoirs qui se font à Versailles...... 2900ᴧ

24 juillet : à luy, pour avoir réguallé le réservoir qui fournit à la montagne du petit parc........... 130ᴧ

24 aoust : à luy, à compte de la recoupe qu'il fait porter dans les allées de lad. montagne............ 600ᴧ

A luy, pour les ouvriers qui ont battu lad. recoupe et nettoyé les allées...................... 143ᴧ 3ˢ

2 septembre : à luy, pour ce qu'il a payé aux ouvriers qui ont travaillé aux quatre pavillons du Roy et qui ont nettoyé les appartemens de Versailles......... 221ᴧ 2ˢ

4 juin : à ANNE DE LA RIVIÈRE et EDME BOURSAULT, pour ce qu'ils ont payé à plusieurs ouvriers et chartiers qui ont transporté des terres, posé du gazon et plusieurs autres dépenses, tant pour l'Estoille, le Théâtre, le petit parc et le Fer à cheval, que pour le jardin potager de Versailles........................... 1984ᴧ 12ˢ

31 juillet : à MATHURIN CHANTOISEAU et EDME BOURSAULT, pour les menuisiers et autres ouvriers qui ont travaillé aux illuminations que le Roy a ordonné estre faites à Versailles.......................... 2855ᴧ 10ˢ

1ᵉʳ décembre : aud. CHANTOISEAU, pour la conduitte pendant deux mois des ouvriers qui ont travaillé auxd. illuminations......................... 200ᴧ

A luy, pour plusieurs dépenses imprévues desd. illuminations............................. 683ᴧ 4ˢ

19 décembre : à luy, pour les menuisiers qui ont travaillé auxd. illuminations................. 152ᴧ

17 aoust 1671-3 janvier 1672 : à EDME BOURSAULT et GUILLAUME BOISSANT, à compte des ouvrages de corroy qu'ils font aux trois réservoirs sous le grand parterre (3 p.)............................. 2950ᴧ

11 septembre : à eux, à compte des recoupes qu'ils battent et du sable de rivière qu'ils voiturent dans l'Amphithéâtre........................... 650ᴧ

20 may-17 aoust : à JEAN BERTHAUD, à compte des tablettes de grais qu'il fournit pour la nouvelle pièce d'eau du petit parc (2 p.)..................... 3300ᴧ

31 octobre : à luy et MATHIEU EBNET, à compte des tablettes de graisserie qu'ils fournissent pour la pièce d'eau du petit parc......................... 1000ᴧ

10 décembre : aux héritiers de JEAN BERTHAUD, à compte idem........................ 1500ᴧ

ANNÉE 1671. — VERSAILLES.

20 may : à Liard, pour payement des taupes qu'il a prises jusqu'à ce jour dans les jardins de S. M. 578ᵗᵗ 18ˢ

27 may : à Guillaume Girié, fermier, pour fourniture de paille et de cerceaux à Versailles............ 132ᵗᵗ

4 juin : à Balthazard d'Ambresne, jardinier flamand, pour deux mois de travail et par gratification à cause du service qu'il a rendu à la pépinière de Versailles.. 400ᵗᵗ

A Denis Noiret, marchand de fer, pour 60 adjustages de fontaines fournis pour Versailles......... 278ᵗᵗ 10ˢ

24 juillet : à luy, pour des robinets fournis pour l'Estoille du petit parc...................... 749ᵗᵗ

15 novembre : à luy, pour la fourniture de fil de laton, clous, pattes de fer et autres............ 740ᵗᵗ 12ˢ

10 décembre : à luy, pour le fil et feuilles fournis pour la pièce du Marais...................... 592ᵗᵗ

3 janvier 1672 : à luy, pour contre-cœurs.. 294ᵗᵗ 14ˢ

4 juin : à Jean Bertrand, tailleur de pierre, à compte des tablettes de graisserie qu'il fournit pour la grande pièce d'eau du petit parc................ 2100ᵗᵗ

4 juin-31 juillet : à Marc Colot, fondeur, pour parfait payement de 2860ᵗᵗ pour les robinets, adjustages, brides, soupapes et autres ouvrages de cuivre qu'il fait pour l'Amphithéâtre (3 p.)............... 2860ᵗᵗ

10 juillet : à luy, pour plusieurs adjustages fournis pour l'Amphithéâtre.................... 307ᵗᵗ

9 novembre : à luy, pour ce qu'il a fait avec son homme aux fontaines de Versailles................ 179ᵗᵗ

10 décembre : à luy, pour plusieurs adjustages de fonte............................... 727ᵗᵗ 10ˢ

4 juin : à Henry Martinot, pour avoir raccommodé les horloges de Versailles depuis le 1ᵉʳ décembre 1670 jusqu'en janvier 1671...................... 155ᵗᵗ

18 janvier 1672 : à luy, pour avoir rajusté les horloges de la paroisse et du chasteau........... 215ᵗᵗ

11 juin : à Nicolas Trevet, carreyer, à compte de la pierre qu'il fournit pour la Grotte de Versailles.... 75ᵗᵗ

11 juin - 31 octobre : à Jean Varisse, ramoneur de cheminées, pour les cheminées qu'il a ramonées à Versailles (2 p.)........................... 302ᵗᵗ 4ˢ

18 juin : à Anselme Siflait¹, chaudronnier, pour parfait payement de 2914ᵗᵗ 10ˢ à quoy montent les godets de cuivre qu'il a fourny et posé aux deux moulins à vent de Trianon........................... 414ᵗᵗ 10ˢ

18 septembre : à luy, pour 58 thuyaux de cuivre rouge soudez, pesant 156 livres et demye, pour la pompe de l'eau bonne à boire à Versailles......... 273ᵗᵗ 17ˢ 6ᵈ

18 octobre - 2 décembre : à luy, parfait payement de 1308ᵗᵗ 13ˢ pour les thuyaux de cuivre de la conduitte de la fontaine sur la terrasse du chasteau (2 p.)... 1308ᵗᵗ 16ˢ

4 juillet - 2 décembre : à Jacques Vallée, à compte des godets de cuivre qu'il fournit pour les chaisnes de fer des moulins qui doivent eslever l'eau de l'estang de Clagny (4 p.)........................... 20000ᵗᵗ

10 juillet : à Pierre Le Maire, fayencier, pour plusieurs vases, façon de pourcelaine, qu'il a fourny à Versailles............................... 3566ᵗᵗ

9 aoust : à luy, à compte des vazes de fayance qu'il fournit pour l'Estoille................... 1200ᵗᵗ

16 septembre : à luy, pour 1058 pièces de porcelaine qu'il a livré pour le service du Roy........... 5997ᵗᵗ

17 juillet - 2 décembre : au sʳ de la Potterie, maistre du fourneau du moulin de la Chapelle², à compte des thuyaux de fer qu'il fournit pour la conduitte des eaux qui doivent s'élever de l'estang de Clagny par les moulins qui s'y bastissent dans les réservoirs de glaise (4 p.). 15900ᵗᵗ

17 juillet : à Jacques Esson, thuilier, à compte du ciment qu'il fournit pour la fontaine de la montagne du petit parc............................. 150ᵗᵗ

A Nicolas Dufré, à compte du corroy de ciment qu'il fait à la fontaine de la Sirenne, à Versailles.... 3000ᵗᵗ

Au sʳ Baptiste, pour un bateau qu'il a acheté pour mettre dans le bassin d'Apollon........... 105ᵗᵗ

24 juillet : à Reynet, marchand, pour du fil de fer qu'il a fourny pour l'Estoille du petit parc....... 269ᵗᵗ 16ˢ

A René Noiset, voiturier, pour plusieurs voitures qu'il a faites pour les fontaines et le chasteau........ 967ᵗᵗ

2 septembre : à luy, pour parfait payement de 8580ᵗᵗ 14ˢ 8ᵈ pour les marbres qu'il a voituré depuis le 30 novembre 1670 jusqu'au 26 juin de la présente année............................ 1580ᵗᵗ 14ˢ 8ᵈ

24 juillet : à Nicolas Chefdeville, pour parfait payement de 300ᵗᵗ pour avoir battu la recoupe des allées du haut parterre et celle du bois, au bout du jardin de Versailles............................. 150ᵗᵗ

24 juillet - 25 octobre : à Claude Briot, miroitier, parfait payement de 928ᵗᵗ 15ˢ pour glaces qu'il a estamées, pour ses ouvriers et pour le posage desd. glaces (2 p.).............................. 928ᵗᵗ 15ˢ

24 juillet : au sʳ Royer, marchand de bois, pour 460 toises de sapin qu'il a livré à Versailles pour des goutières qui conduisent l'eau de l'estang de Clagny dans les réservoirs avec les pompes que l'on y fait..... 323ᵗᵗ

31 juillet : à Martin Baudouix, couroyeur, pour plu-

---

¹ Ou Siflait.

² A l'un des articles on lui donne le titre de maître de forges.

sieurs peaux de vaches qu'il a fournies pour mettre aux corps des pompes à Versailles............... 148ˡ¹ 10ˢ

17 aoust : à JEAN-BAPTISTE DUBOIS, marchand de bois, pour planches de sapin livrées à Versailles....... 132ˡ¹

1ᵉʳ décembre : à luy, pour la fourniture de bois qu'il a faite pour les illuminations............ 605ˡ¹ 8ˢ

17 aoust : à NOEL HOUISSE, dit MATHOU, voiturier, pour avoir voituré et déchargé les petits arbrisseaux de fleurs de chèvrefeuilles et d'autres plantes...... 110ˡ¹

17 aoust - 10 octobre : à PIERRE LANGRENÉ, pour parfait payement de l'aire de ciment de la terrasse qui communique de l'appartement du Roy à celuy de la Reyne au chasteau de Versailles (2 p.).......... 3388ˡ¹ 10ˢ

17 aoust : à JEAN ABRAHAM et NICOLAS HÉMONT, à compte de la charpenterie et chaisnes de fer qu'ils font aux moulins de Clagny............................ 7000ˡ¹

A FRANÇOIS LE ROY, nattier, pour les nattes qu'il a fournies à Versailles......................... 583ˡ¹ 10ˢ

24 aoust : au sʳ BAILLY, pour parfait payement de 1800ˡ¹ à quoy monte la dorure et bronzure de la fontaine en pyramide....................... 400ˡ¹

A luy, à compte de la bronzure de quatre tritons et quatre baleynes de la fontaine d'Apollon........ 800ˡ¹

A ESTIENNE ROZE, tourneur, pour ce qu'il a fait à plusieurs pompes qui eslèvent l'eau de l'estang de Clagny dans les réservoirs..................... 51ˡ¹ 1ˢ

24 aoust 1671-3 janvier 1672 : à JACQUES LE LOUP, fondeur, pour les brides, robinets et ajustages qu'il a fournis à l'Amphithéâtre et à la Montagne de Versailles (2 p.)............................. 3055ˡ¹ 6ˢ

24 aoust : à JACQUES HÉNAUT, briquetier, pour parfait payement de 2080ˡ¹ à quoy montent 10 muids de ciment qu'il a fourny pour la rocaille de l'Amphithéâtre et de la Montagne........................... 130ˡ¹

24 aoust - 18 octobre : à AMBROISE DUVAL, fondeur, à compte d'une figure d'enfant et de deux vazes de bronze pour Versailles (2 p.)..................... 700ˡ¹

2 septembre : à GUILLAUME BONNISSANT, pour avoir vuidé des terres esboulées dans le troisième réservoir et avoir gazonné le pourtour du réservoir qui fournit à la montagne du petit parc.................. 304ˡ¹

A ROBERT LA SAUSSAYE, jardinier, pour deux milliers de plans de charme de marque pour planter à l'Amphithéâtre du petit parc, et pour la voiture et arrachage d'iceluy........................... 40ˡ¹

11 septembre - 18 octobre : à NICOLAS HÉMONT, à compte des chaisnes de fer et des mouvemens qu'il fait pour les moulins de Versailles (2 p.)........ 8000ˡ¹

11 septembre - 3 octobre : à JACQUES CHASTELAIN et FRANÇOIS FILLET, à compte de la voiture des thuyaux de plomb qui se lèvent sur la montagne du Buc, pour les apporter dans le petit parc (2 p.)............. 500ˡ¹

11 septembre : à JULIEN LE ROUX, pour les ouvriers qui ont travaillé à lever l'eau de l'estang de Clagny, pour les réservoirs, depuis le 25ᵉ juillet jusqu'au 6ᵉ septembre 1671.............................. 5514ˡ¹ 17ˢ

18 septembre 1671 - 3 janvier 1672 : à CLAUDE DENIS, fontainier, à compte des mouvemens des deux pompes qui doivent eslever l'eau de l'estang de Clagny dans les réservoirs (3 p.)....................... 4400ˡ¹

18 septembre : à ESMOND, à compte pour les menuisiers qui ont travaillé à la confection des pompes à bras pour eslever l'eau de l'estang de Clagny........ 110ˡ¹

1ᵉʳ avril 1671 - 10 janvier 1672 : au sʳ CONSOLIN, capitaine des vaisseaux et galères du Roy sur la Seyne et sur le canal de Versailles, pour les quatre quartiers de la présente année de ses appointemens et gages des officiers, mariniers, forçats et autres servans sur les galères et vaisseaux du canal de Versailles (4 p.)............. 17256ˡ¹

3 octobre - 2 décembre : à BUISSEAU, ferblantier, à compte des ouvrages qu'il fait pour la pièce du Marais (2 p.)............................ 4300ˡ¹

10 octobre - 10 décembre : à CLAUDE BROT et DENIS NOURRY, frotteurs de parquets, pour avoir frotté et mis en couleur les appartemens du chasteau (2 p.)..... 1471ˡ¹

10 octobre : à JULIEN LE ROUX et LÉONARD MAÇON, tant pour la voiture de la pierraille que pour les ouvriers qui l'ont employée dans l'allée du Berceau d'eau. 873ˡ¹ 1ˢ 6ᵈ

2 décembre : à eux, pour les ouvriers qui ont fait divers ouvrages................... 9474ˡ¹ 7ˢ 2ᵈ

10 octobre : à MICHEL BOURGEOIS, doreur, pour le restablissement des bordures des miroüers de la Grotte de Versailles.......................... 92ˡ¹

18 octobre : à FIASCRE LASNIER et JEAN GUIGNARD, pour les ouvriers et tombereaux qui ont travaillé en divers endroits de Versailles................... 43ˡ¹ 15ˢ

25 octobre : à ESTIENNE HENOC, organiste, à compte du restablissement de l'orgue de la Grotte de Versailles. 600ˡ¹

31 octobre : à DENIS MACÉ, voiturier, pour les figures et colonnes qu'il a voiturées à Versailles........ 177ˡ¹

9 novembre : à MAURY et RIBOT, pour cent cinquante voyages des tuyaux de plomb en divers endroits. 287ˡ¹ 10ˢ

A LOUIS CHAMBLIN, marchand de bois, pour le bois qu'il a fourny pour faire un théâtre dans la salle des gardes de l'appartement de la Reyne........ 207ˡ¹ 5ˢ

1ᵉʳ décembre : à CLAUDE CHAPELAIN, marchand de fer, pour les clous qu'il a fourny pour les illuminations de Versailles........................ 328ˡ¹ 11ˢ

A Louis Hubert, voiturier, pour les voitures qu'il a faites pour lesd. illuminations............ 645ᴸ 5ˢ

A Nicole Souleur, veuve de Jean de Havois, cordier, pour la corde et ficelle qu'elle a fourny *idem*... 113ᴸ 5ˢ

A Marie de Lyon, veuve de Nicolas Senos, loueuse de bannes, pour le louage des bannes qu'elle a fournies *idem*............................ 259ᴸ 12ˢ

A Jeanne Demas, veufve de François Lalouette, ferblantier, pour six milliers de porte-mesches *idem*.. 60ᴸ

A François Lenoux, pour des terrines *idem*. 383ᴸ 10ˢ

A Jean Ragain, pour des mortiers de cire et suif, pour lesd. illuminations................... 2621ᴸ 10ˢ

A Pierre Badin, pour papier qu'il a fourny *id.* 460ᴸ

A Marie Parquet, veufve de Jacques Lameau, pour fourniture de bois faite *idem*......... 1834ᴸ 4ˢ

A Jean Parfait, Claude Prevost et Claude Vafland, pour plusieurs voyages qu'ils ont fait à Paris et à Versailles pour lesd. illuminations............... 120ᴸ

2 décembre : à Jacques Julien, pour 1000 ormes qu'il a fourny........................... 900ᴸ

A Dupuis et Monginet, pour les ouvriers qui ont travaillé à la pièce du Marais............... 480ᴸ 5ˢ

10 décembre : à Louis Jehannot, maçon, pour le charbon et la chandelle qu'il a fourny aux ouvriers qui ont fait le modelle du grand escallier......... 378ᴸ

A Testu et Thevenet, piqueurs de grais, à compte des tablettes de la pièce d'eau du petit parc....... 950ᴸ

19 décembre : à Delalun, pour les arbres qu'il a fourny aux advenues............... 648ᴸ 10ˢ

28 décembre : au sʳ Puymorin, à compte des thuyaux de fer qu'il a fournis................. 20000ᴸ

3 janvier 1672 : à Fresnet, pour 300 tilleux qu'il a fourny............................ 375ᴸ

A Darly, pour la vuidange de plusieurs fosses. 126ᴸ

18 janvier 1672 : à Durand, à compte des adjustages pour le Marais....................... 150ᴸ

Somme de ce chapitre.. 400104ᴸ 8ˢ 10ᵈ [1]

CHASTEAU DE SAINT-GERMAIN.

MAÇONNERIE.

10 febvrier : à Charles de la Rue, maçon, à compte des réparations qu'il fait au vieil chasteau de Saint-Germain-en-Laye................. 4600ᴸ

1ᵉʳ avril-3 octobre : à luy, à compte des réparations et ouvrages de maçonnerie qu'il fait en divers endroits desd. chasteaux (4 p.)................. 10502ᴸ

9 novembre-2 décembre : à luy, à compte des murs de closture qu'il fait hors le parc proche la figure octogone du bout de la terrasse (2 p.)....... 4985ᴸ 2ˢ 9ᵈ

15 novembre 1671-3 janvier 1672 : à luy, pour parfait payement des deux glacières qu'il a faites à Saint-Germain (3 p.)..................... 1410ᴸ 15ˢ

10 febvrier-3 octobre : à luy et Abry, à compte des ouvrages de maçonnerie qu'ils font à la grande terrasse et autres endroits (6 p.).............. 106800ᴸ

Somme de ce chapitre... 128297ᴸ 17ˢ 9ᵈ

CHARPENTERIE.

10 febvrier-10 décembre : à René du Fay, charpentier, à compte des ouvrages de charpenterie qu'il fait en plusieurs endroits desd. chasteaux (6 p.)........ 15600ᴸ

COUVERTURE.

26 avril-19 décembre : à Estienne Yvon, couvreur, à compte des ouvrages de couverture qu'il fait en divers endroits desd. chasteaux (4 p.)............. 4000ᴸ

PLOMBERIE.

Néant.

SERRURERIE.

22 febvrier-2 décembre : à Louis Boutrait, serrurier, à compte des ouvrages de serrurerie qu'il fait en divers endroits desd. chasteaux (6 p.)............ 12100ᴸ

MENUISERIE.

10 febvrier-19 décembre : à Charles Lavier, menuisier, à compte des ouvrages de menuiserie qu'il fait en divers endroits desd. chasteaux (6 p.)........ 21600ᴸ

10 octobre : à Barbier, menuisier, pour plusieurs caisses qu'il a faites pour l'orangerie........ 572ᴸ 17ˢ

Somme de ce chapitre...... 22172ᴸ 17ˢ

VITRERIE.

10 febvrier-11 septembre : à la veuve Morel, vitrière, à compte des ouvrages de vitrerie qu'elle a faits et continue de faire auxd. chasteaux (4 p.)........ 3400ᴸ

3 octobre 1671-18 janvier 1672 : à Charles Le Mercier, vitrier, à compte desd. ouvrages (2 p.)... 2000ᴸ

Somme de ce chapitre.......... 5400ᴸ

PEINTURE ET DORURE.

10 febvrier-2 décembre : à Jean Poisson, peintre, à

---

[1] Le total exact est 407104ᴸ 9ˢ 10ᵈ.

compte des ouvrages de peinture qu'il a faitz et continue de faire à Saint-Germain (6 p.)............. 9400ʰ

SCULPTURE, MARBRERIE.
Néant.

PAVEZ.
22 febvrier-18 octobre : à ANTOINE VATEL, paveur, à compte de ses ouvrages de pavé aud. lieu (3 p.). 2800ʰ

JARDINAGES.
26 avril : à JEAN FRADE, jardinier, pour son remboursement de la dépense qui a esté faite à la pépinière de Saint-Germain pendant les mois de mars et avril. 65ʰ 1ˢ

2 septembre : à CLAUDE GUYOT, jardinier, pour plusieurs oignons de tulipes, renoncules et anémones. 281ʰ

9 novembre : à EDME MILLARD, pour plusieurs outils de jardinier qu'il a achetez............... 120ʰ 14ˢ

18 janvier 1672 : à JEAN DE LA LANDE, à compte du restablissement du buys du grand parterre...... 500ʰ

Somme de ce chapitre........ 966ʰ 15ˢ

FOUILLES ET TRANSPORT DE TERRES.
10 febvrier-2 décembre : à JEAN VIART et CLAUDE MARON, à compte des terres qu'ils transportent à la grande terrasse de Saint-Germain (6 p.) 81030ʰ

18 septembre-10 octobre : à eux, à compte des terres qu'ils portent dans la maison et à la melonnière du Val (2 p.)................................. 1244ʰ 14ˢ

24 novembre-2 décembre : à eux, pour parfait payement de la fouille de deux glacières (2 p.). 290ʰ 13ˢ 10ᵈ

Somme de ce chapitre.. 82565ʰ 17ˢ 10ᵈ

PARTIES EXTRAORDINAIRES.
10 febvrier-19 décembre : à JACQUES FEUILLASTRE, à compte des ouvrages de conroy qu'il a fait au bassin du grand parterre de Saint-Germain (6 p.)...... 12000ʰ

10 febvrier : à JEAN FRADES, pour parfait payement de 1577ʰ 3ˢ 6ᵈ à quoy monte la despense des trous qui ont esté faits pour regarnir les plans des avenues de Saint-Germain........................... 1277ʰ 3ˢ 6ᵈ

10 juillet : à luy, pour avoir labouré, eslagué et eschenillé les arbres des avenues et pépinières de Saint-Germain pendant les mois d'avril, may et juin de la présente année................................... 241ʰ 5ˢ

9 aoust : à luy, pour les ouvriers qui ont arrosé les arbres nouvellement plantez ez avenues dud. Saint-Germain................................... 580ʰ 8ˢ

25 octobre : à luy, pour un quartier de l'entretenement des labours des avenues dud. lieu........... 241ʰ 5ˢ

3 janvier 1672 : à luy, pour les trous qu'il a regarny dans lesd. avenues..................... 567ʰ 7ˢ

22 febvrier-18 juin : au sʳ PETIT, pour parfait payement des menues dépenses qu'il a faites aux bastimens, jardins et plans de Saint-Germain (3 p.). 5548ʰ 17ˢ 9ᵈ

10 juillet 1671-3 janvier 1672 : à luy, pour menues dépenses faites depuis le 1ᵉʳ may jusqu'au 15 novembre dernier (5 p.)....................... 6177ʰ 9ˢ

10 juillet : à luy, pour les vignerons qui ont labouré les plans de la garenne de Vézinet......... 1594ʰ 7ˢ

31 juillet : à luy, pour ce qu'il a payé aux vignerons qui labourent les plans d'Archères et de la vente de Bourbon........................... 69ʰ 13ˢ 8ᵈ

15 novembre : à luy, pour ceux qui ont amassé du gland et qui l'ont semé dans l'enceinte de Bourbon et d'Archères.......................... 1604ʰ 10ˢ

2 décembre : à luy, pour les ouvriers qui ont remply les glacières de Saint-Germain......... 1375ʰ 7ˢ 11ᵈ

20 mars-31 juillet : à ANDRÉ MOTELET, frotteur de parquets, pour avoir frotté et mis en couleur les appartemens des chasteaux de Saint-Germain jusqu'aujourd'huy (2 p.)............................ 397ʰ 7ˢ 6ᵈ

26 mars : à JEAN TESSIER, marchand de fer, pour quatorze contre-cœurs de cheminée qu'il a fournis, tant pour Saint-Germain que pour Versailles........... 143ʰ

A JEAN VARISSE, ramonneur, pour plusieurs cheminées qu'il a ramonnées auxd. chasteaux.......... 365ʰ 4ˢ

27 febvrier : à HENRY SOULAIGRE, pour avoir fait nettoyer le vieil chasteau de Saint-Germain depuis le 28ᵉ avril 1670 jusqu'au dernier novembre suivant. 697ʰ

9 aoust : à luy, pour avoir tenu nets les passages, corridors, lieux communs et autres endroits du vieil chasteau................................. 584ʰ 8ˢ

17 febvrier : à RENÉ FRESCUIN, pour dédommagement de la perte qu'il a faite par l'incendie arrivé en sa maison au mois d'octobre de l'année dernière....... 450ʰ

1ᵉʳ avril : à PIERRE BERTIN, concierge du chasteau neuf de Saint-Germain, pour son payement d'avoir fait nettoyer et gratter les cours dud. chasteau, et entretenu et ballayé tous les appartemens pendant les années 1669 et 1670........................... 1488ʰ 19ˢ

31 juillet : à JEAN-BAPTISTE LALANDE, pour plusieurs dépenses qu'il a faites dans l'orangerie de Saint-Germain pendant l'année dernière 1670.......... 408ʰ

17 aoust : à JEAN DE LA LANDE, ayant l'entretenement du boulingrin, pour le sable de rivière pour les allées

dud. boulingrin, paille pour les glacières et avoir arrozé les ciprès dud. lieu.................... 552ᴴ 10ˢ

31 juillet : à la vefve Jousset, pour les glaces de mirouers qu'elle et feu son mary ont fournis à l'appartement du Roy à Saint-Germain.......... 1137 3ᴴ 10ˢ

18 octobre : à Pierre Girard, voiturier, pour cinq voitures de caisses qu'il a faites aud. chasteau..... 55ᴴ

25 octobre : à Claude Briot, mirouëtier, pour les glaces qu'il a estamées et mises en place..... 186ᴴ 15ˢ

2 décembre : à Coustillier, jardinier du Val, pour fumiers qu'il a fourny.................... 650ᴴ

3 janvier 1672 : à Millard, pour un raiseau pour la faizanderie du Val...................... 574ᴴ

15 septembre 1671 : aux religieux Recolets dud. lieu, pour la continuation du bastiment de leur église. 1000ᴴ

Somme de ce chapitre.... 60828ᴴ 7ˢ 4ᵈ [1]

CHASTEAU DE VINCENNES.

MAÇONNERIE.

12 mars : à Antoine Barbé, maçon, pour réparations par luy faites au portique du chasteau de Vincennes. 666ᴴ

10 avril-31 octobre : à Robert Anglart, maçon, à compte des murs de terrasse qu'il fait à la grande avenue de Vincennes (4 p.).................. 12013ᴴ 12ˢ

Somme de ce chapitre...... 12679ᴴ 12ˢ

CHARPENTERIE, COUVERTURE ET PLOMBERIE.

Néant.

SERRURERIE ET MENUISERIE.

3 may-11 septembre : à Jacques Fruittier, menuisier, à compte de ses ouvrages et réparations de menuiserie aud. chasteau (3 p.).................. 700ᴴ

10 juillet-18 octobre : à Claude Le Roy, serrurier, à compte de ses ouvrages et réparations de serrurerie aud. chasteau (4 p.)........................ 2100ᴴ

Somme de ce chapitre.......... 2800ᴴ

VITRERIE.

12 mars-2 septembre : à Charles Jaquet, vitrier, à compte de ses ouvrages de vitrerie (2 p.)....... 700ᴴ

PEINTURE, DORURE, SCULPTURE, MARBRERIE.

25 may : au sʳ Boulogne, peintre, pour quelques réparations qu'il a faites aux peintures dud. chasteau. 139ᴴ

[1] La somme exacte est 50826ᴴ 7ˢ 4ᵈ.

PAVEZ ET JARDINAGES.

Néant.

FOUILLES ET TRANSPORT DE TERRES.

22 febvrier : à René Chaussée, pour plusieurs fosses qu'il a faites aux plans de Vincennes.......... 233ᴴ

12 mars-10 octobre : à luy et Gollard, à compte des labours qu'ils font dans la nouvelle enceinte et aux avenues de Vincennes (3 p.).................. 2000ᴴ

1ᵉʳ avril-4 juin : à Fiacre, Lasnier et Jean Guignard, à compte des terres qu'ils transportent dans le milieu de la grande avenue de Vincennes (2 p.)......... 9400ᴴ

Somme de ce chapitre......... 11633ᴴ

PARTIES EXTRAORDINAIRES.

10 febvrier : à André Mottelet, pour avoir frotté tous les appartemens du chasteau de Vincennes...... 300ᴴ

A Jean Anglart, pour avoir nettoyé toutes les cours et offices dud. chasteau.................... 366ᴴ 8ˢ

20 mars : à Jacques Hay, charon, pour un chariot et autres ustenciles qu'il a fournis pour le petit parc de Vincennes............................... 74ᴴ

10 febvrier : à la veuve et héritiers de Moncheny, à compte des eaux qu'ils fouillent à Montreuil pour faire venir aud. chasteau...................... 600ᴴ

18 avril : à Jean Vier, pour son payement des fumiers qu'il a livrés pour les arbres que le sʳ de la Quintinie a fait planter à Vincennes.............. 81ᴴ 5ˢ

3 may : à Jean Benoist, pour son remboursement de ce qu'il a payé aux ouvriers qui ont pioché et semé les platfonds et talus de la grande avenue de Vincennes, tant du costé de Saint-Mandé que de Charonne, suivant le rolle............................ 461ᴴ 10ˢ 6ᵈ

3 janvier 1672 : à Chaussée et Gaulart, pour parfait payement de 2854ᴴ 16ˢ pour les grands plants qu'ils ont fourny............................. 854ᴴ 16ˢ

Somme de ce chapitre..... 2737ᴴ 19ˢ 6ᵈ

COURS DE VINCENNES.

10 febvrier-3 octobre : à Fiacre Lasnier et Jean Guignart, terrassiers, à compte des terres qu'ils portent dans la grande avenue de Vincennes (3 p.)..... 11245ᴴ 15ˢ

26 mars : à eux, pour reste et parfait payement de 4610ᴴ à quoy montent les terres qu'ils ont transportées pour faire le fossé de la grande avenue de Vincennes, du costé de Montreuil...................... 1810ᴴ

22 febvrier : à Charles Bastard, pour recoupes et autres vidanges qu'il a faites aud. cours...... 201ᴴ 5ˢ

13 febvrier : à Robert Anglart, maçon, à compte et pour avance de ses ouvrages de maçonnerie à la grande avenue de Vincennes pendant la présente année.. 4000ᴸᵗ

20 mars : à Jeanne Anglart, François Gallier et la veuve d'André Chevreau, pour parfait payement de 4518ᴸ à quoy montent les terres qu'ils ont transportées dans la grande avenue dud. Vincennes et qu'ils ont portées dessus leurs terres que le Roy a acquis.... 1118ᴸᵗ

A Nicolas Payen, pour parfait payement de 4429ᴸᵗ 9ˢ 6ᵈ à quoy monte la fouille de terre qu'il a faite au cours de Vincennes......................... 829ᴸᵗ 9ˢ 6ᵈ

9 aoust-11 septembre : à René Chaussée et Rocq Gaillard, pour avoir arrosé les avenues de Vincennes du 13 au 24 juillet et du 20 au 26 aoust...... 771ᴸᵗ 15ˢ

18 janvier 1672 : à eux, pour les trous qu'ils ont fait pour planter les ormes................. 378ᴸᵗ 10ˢ

15 novembre : à Richard Le Bastard, pour les ouvriers qui ont remply le derrière des esperons du gros mur du cours de Vincennes............. 150ᴸᵗ 16ˢ

Somme de ce chapitre.... 20505ᴸᵗ 0ˢ 6ᵈ [1]

CHASTEAU DE FONTAINEBLEAU.

MAÇONNERIE.

10 septembre-18 octobre : à Jean Grognet, maçon, pour ouvrages et réparations faits en divers endroits dud. chasteau (2 p.)........................ 800ᴸᵗ

CHARPENTERIE, COUVERTURE ET PLOMBERIE.

26 avril : à Jean Grognet, maçon-couvreur, pour parfait payement de 1391ᴸᵗ 5ˢ à quoy montent les ouvrages de couverture de neuf qu'il a faits à Fontainebleau pendant l'année 1670..................... 191ᴸᵗ 5ˢ

10 septembre-7 décembre : à luy, pour parfait payement pour réparations de couvertures faites aud. chasteau, à cause du grand vent (4 p.).... 18825ᴸᵗ 17ˢ 6ᵈ

13 febvrier : à luy, pour réparations faites aux écuries, couvertures et autres endroits dud. chasteau. 532ᴸᵗ 16ˢ 4ᵈ

26 avril : à la vefve Girard, plombier, pour payement du plomb qu'elle a fourny pendant l'année 1671 aux fontaines et autres lieux de Fontainebleau.... 365ᴸᵗ 17ˢ

11 juin : à elle, pour parfait payement de 46330ᴸᵗ 16ˢ 6ᵈ pour les fournitures de plomb faites par feu son mary ez années 1660, 61 et 62, déduisant le vieil plomb qu'elle a pris en payement, et pour autres réparations au clocher de la Sainte-Chapelle de Fontainebleau..... 991ᴸᵗ 13ˢ

24 novembre : à elle, à compte des ouvrages de plomberie dud. chasteau....................... 200ᴸᵗ

Somme de ce chapitre.... 21107ᴸᵗ 8ˢ 10ᵈ

SERRURERIE ET MENUISERIE.

10 juillet : à la vefve Rossignol, pour plusieurs réparations faites aud. chasteau. 487ᴸᵗ 11ˢ

9 novembre : à elle, pour les ouvrages qu'elle a faits pendant le séjour de la Cour aud. chasteau... 661ᴸᵗ 18ˢ

10 septembre : à André Gobert, pour la menuiserie qu'il a faite à l'appartement de Mgr le Dauphin et aux batteaux........................... 96ᴸᵗ 15ˢ

10 septembre 1671-18 janvier 1672 : à Pierre Cuissin, pour les réparations des ouvrages de menuiserie qu'il a faites aud. chasteau................ 491ᴸᵗ 5ˢ

Somme de ce chapitre........ 1737ᴸᵗ 9ˢ

VITRERIE.

18 avril : à Guillaume Tisserand, pour les ouvrages de vitrerie neuve qu'il a faits dans l'appartement de Mᵐᵉ de Montespan à Fontainebleau.......... 100ᴸᵗ

2 décembre : à luy, pour le desdommager des réparations qu'il a faites à cause des grands vents du mois de septembre dernier...................... 400ᴸᵗ

Somme de ce chapitre.......... 500ᴸᵗ

PEINTURE, DORURE, SCULPTURE, MARBRERIE.

Néant.

PAVEZ ET JARDINAGES.

10 septembre : à Jacques Duchemin, paveur, pour les ouvrages des courts et offices de Fontainebleau. 133ᴸᵗ 10ˢ

10 octobre-10 décembre : à Jacques Le Febvre, jardinier, à compte du défrichement qu'il fait du tapis de l'allée des Ypreaux (2 p.)................ 600ᴸᵗ

24 novembre : à Louis Desboutz et Jean Sainton, pour la voiture et façon d'eschelles doubles pour le jardin de Fontainebleau........................ 193ᴸᵗ

A eux, pour les ouvriers qui ont travaillé aud. jardin de Fontainebleau........ 220ᴸᵗ 14ˢ 4ᵈ

3 janvier 1672 : à Chastillon, pour l'entretenement des orangers et buys en plaine terre, et pour avoir enlevé plusieurs maronniers d'Inde................ 200ᴸᵗ

Somme de ce chapitre...... 1346ᴸᵗ 4ˢ 4ᵈ

FOUILLES ET TRANSPORTS DE TERRES.

Néant.

PARTIES EXTRAORDINAIRES.

10 febvrier : à Charles Mollet, jardinier, pour avoir

---

[1] L'addition exacte donne 20505ᴸᵗ 10ˢ 6ᵈ.

levé le plan du jardin de l'orangerie de Fontainebleau et en avoir fait des desseins.................. 75ᴧ

A Nicolas Poiret et à la veuve de Bray, pour avoir nettoyé et entretenu les allées du rond d'eau de Fontainebleau, et autres menues dépenses............. 66ᴧ

6 mars : à Bouis, jardinier de l'orangerie en pleine terre de Fontainebleau, tant pour récompense que pour les frais de son retour en Provence et quelques arbrisseaux qu'il a laissez à Fontainebleau......... 1000ᴧ

10 avril 1671-18 janvier 1672 : à Antoine Latour, dit Dorchemer, parfait payement de 2568ᴧ 5ˢ 8ᵈ pour achat de gland qu'il a fait semer dans les palis de la forest et le racourcissement desd. palis (3 p.)..... 2068ᴧ 5ˢ

18 avril : à luy, pour remboursement de pareille somme payée aux ouvriers qui ont remply les glacières dud. lieu (2 p.)..................... 737ᴧ 2ˢ 3ᵈ

A luy, pour le nettoyement des cours et terrasses de Fontainebleau pendant six mois escheus le dernier décembre dernier........................ 200ᴧ

10 septembre : à luy, pour ceux qui ont nettoyé tout le chasteau et frotté les appartemens pendant le séjour de la Cour........................... 299ᴧ 18ˢ

18 avril : aux ouvriers qui ont relevé et serré le buis de l'orangerie en plaine terre............. 123ᴧ 12ˢ 6ᵈ

A Jacques-Philippes Chastillon, pour remboursement de pareille somme qu'il a payée pour des mannes pour planter les maronniers d'Inde, et autres dépenses pour Fontainebleau........................ 71ᴧ

A Pierre Cuissin, menuisier, pour plusieurs caisses et autres ouvrages....................... 172ᴧ

A Jacques Grenest et François Gentil, pour décembre, fouille de terre et corroy qu'ils ont fait au bout du canal de Fontainebleau..................... 122ᴧ 10ˢ

A Henry Feuillastre, pour son parfait payement du corroy qu'il a fait au bout dud. canal........ 326ᴧ 5ˢ

3 may : à Pierre Mortillon, charpentier, pour remboursement de pareille somme qu'il a payée aux ouvriers qui ont racommodé la bonde dud. canal..... 247ᴧ 15ˢ

11 may : à luy, pour son parfait payement de 2500ᴧ à quoy montent les ouvrages de maçonnerie, charpenterie, couverture, menuiserie, et tous autres ouvrages qu'il a faits dans la grande escurie du Roy et logement de M. le Premier Escuyer à Fontainebleau............ 400ᴧ

A luy, pour réparations qu'il a faites aux grandes escuries de Fontainebleau pendant l'année 1664.... 100ᴧ

A Damin Nepveu, pour remboursement de pareille somme qu'il a payée aux ouvriers qui ont regarni les plans des palis de la forest.............. 897ᴧ 2ˢ 8ᵈ

25 may : à Jacques Le Fevre, jardinier, pour remboursement de pareille somme payée aux ouvriers qui ont labouré et cerclé¹ les menus plans du gland de la forest du 6 avril au 2 may 1671............... 887ᴧ 2ˢ

A Mathurin Hersant, pour les réparations qu'il a faites à la bonde du canal.................. 140ᴧ 10ˢ

10 septembre : à Louis Le Clerc, charpentier, pour avoir redoublé les lattes de l'enceinte des palis de lad. forest............................ 306ᴧ 5ˢ

9 novembre : à luy, pour le restablissement des palis de la forest abattus par le grand vent....... 160ᴧ 10ˢ

A Louis Desprez, pour plusieurs dépenses qu'il a faites depuis le 20 juillet jusqu'au dernier aoust.... 435ᴧ 11ˢ

A Hillaire Léger, dit Lauvergnac, charron, pour ses ouvrages de l'orangerie et deux harnois pour servir à arrouser............................ 78ᴧ

A Charles Gervais, pour ceux qui ont nettoyé les herbes du canal et enlevé les immondices de la chaussée dud. canal......................... 66ᴧ 12ˢ

A luy, pour ceux qui ont nettoyé la cour des cuisines, la grande place de devant le chasteau et la cour de la Surintendance....................... 358ᴧ 1ˢ 6ᵈ

A Robert Jamin, pour ceux qui ont nettoyé la cour du Cheval Blanc...................... 261ᴧ 10ˢ

22 avril 1672 : à René Chaussée, à compte du plant du gland de la forest....................... 2000ᴧ

21 décembre 1671 : à M. le marquis de Saint-Hérem, pour diverses dépenses faites en la capitainerie dud. chasteau pendant les années 1656, 57, 58 et 59. 8743ᴧ 6ˢ

Somme de ce chapitre... 20343ᴧ 17ˢ 11ᵈ

CHASTEAU DE TRIANON.

10 febvrier-26 avril : à Pierre Dionis, menuisier, pour parfait payement de 4779ᴧ 10ˢ à quoy montent les ouvrages de menuiserie qu'il a faits à Trianon (3 p.)......................... 2879ᴧ 10ˢ

18 octobre : à luy, pour ses ouvrages........ 643ᴧ

10 febvrier-3 octobre : à Jean Danglebert, menuisier, pour parfait payement de 5472ᴧ 19ˢ pour les ouvrages qu'il a fait aud. lieu (4 p.)............. 4037ᴧ 10ˢ

10 febvrier-24 novembre : à Edme Boursault, pour remboursement de ce qu'il a payé aux ouvriers qui ont travaillé à la journée à Trianon (3 p.).... 1903ᴧ 1ˢ

31 octobre-10 décembre : à luy, pour voitures de fumier (2 p.).......................... 2651ᴧ 19ˢ

10 décembre : à luy, pour les ouvriers qui ont dé-

¹ Lisez : sarclé.

chargé et porté des fumiers dessus les couverts des orangeries............................ 4905ʰ 2ˢ 2ᵈ
10 febvrier-4 juin : à Jean Nicolie, serrurier, à compte de ses ouvrages aud. lieu (2 p.)....... 2000ʰ
10 febvrier : à Charles Hardy, serrurier, idem. 1500ʰ
10 avril 1671-18 janvier 1672 : à Jean Nicolie et Charles Hardy, à compte idem (2 p.)....... 1600ʰ
10 febvrier : à Nicolas Houet, terrassier, pour parfait payement de 2446ʰ à quoy montent les terres qu'il a enlevées de devant le chasteau de Trianon........ 946ʰ
A Louis Houdouin, jardinier, pour parfait payement tant des allées qu'il a plantées dans le grand parc de Versailles que des rigolles de la grande allée qui va à Trianon.......................... 1753ʰ 1ˢ
12 mars : à luy, à compte desd. rigolles...... 400ʰ
19 décembre : à luy, pour avoir dressé trois allées à Trianon........................... 300ʰ
10 febvrier : à Pierre Mazellines, sculpteur, pour parfait payement de 11850ʰ à quoy montent ses ouvrages de sculpture à Trianon................ 2950ʰ
17 aoust : à luy, à compte de la sculpture de stuc pour le cabinet des parfums................ 550ʰ
22 febvrier-4 juin : à Louis Le Hongre, peintre, à compte des ouvrages de peinture qu'il fait aud. chasteau (2 p.)........................ 4300ʰ
9 aoust : à luy, à compte de la peinture en fayence des croisées et grilles de fer de Trianon.......... 700ʰ
31 octobre-19 décembre : à luy, à compte de la peinture du cabinet des parfums (2 p.)............ 1200ʰ
3 may : à Estienne de Lion, pour parfait payement de 1805ʰ 18ˢ à quoy monte la natte qu'il a fournie pour Trianon........................ 1005ʰ 18ˢ
A Isaye Le Jeune, pour parfait payement de 10191ʰ 6ˢ à quoy montent les terres qu'il a transportées dans toute l'estendue du jardin bas de Trianon........ 1491ʰ 5ˢ
24 aoust : à luy, pour la fouille du bassin du jardin bas, régalement des terres et autres ouvrages....... 200ʰ
12 mars-10 avril : à Anselme Sifflait[1], chaudronnier, à compte des godets de cuivre qu'il fait pour les moulins à vent de Trianon (2 p.).................. 3500ʰ
12 mars-24 novembre : à Charles Lavier, menuisier, à compte de ses ouvrages de menuiserie à Trianon, (3 p.)........................ 4800ʰ
12 mars : à François Pasquier, marbrier, pour parfait payement de 3291ʰ 5ˢ à quoy montent les carreaux de fayence qu'il a posez dans les appartemens.. 1891ʰ 5ˢ

26 mars : à Michel Le Boiteux, pour soixante maronniers d'Inde livrez à Trianon............. 240ʰ
4 juin : à luy, pour des orangers qu'il a achetés pour le Roy à Orléans, et pour les avoir fait voicturer à Trianon........................ 4008ʰ 10ˢ
10 octobre : à luy, pour 200 caisses de jasmin d'Espagne qu'il a fourny.................... 500ʰ
26 mars-9 aoust : à André Mazières et Antoine Bergeron, à compte de la maçonnerie qu'ils font à Trianon (2 p.)......................... 3500ʰ
9 novembre : à eux, à compte de la maçonnerie qu'ils ont faite au cabinet des parfums............. 1000ʰ
26 avril : à Antoine Bergeron, à compte de ses ouvrages de maçonnerie à Trianon............. 3000ʰ
10 avril-4 juillet : à Nicolas Delobel, serrurier, à compte de la serrurerie faite à Trianon (2 p.).. 2800ʰ
26 avril-25 juin : à Jean Colin, pour remboursement de pareille somme qu'il a payée pour achat de plantes, fleurs et diverses menues dépenses à Trianon (4 p.)......................... 3298ʰ 14ˢ
26 avril-10 décembre : à Pierre Marie et Estienne Boudet, serruriers, à compte des ouvrages de serrurerie qu'ils ont faits à Trianon (4 p.).......... 16500ʰ
3 may-4 juin : à Noel Dauvergne, pour remboursement de pareille somme avancée aux jardiniers, chartiers et manœuvres qui ont travaillé à journée à Trianon (2 p.)........................ 5508ʰ 13ˢ 3ᵈ
24 aoust : à luy pour achapt et voiture de fumier pour les jardins de Trianon............... 1274ʰ 10ˢ
11 may : à Chefdeville, jardinier, pour avoir régalé et battu les recoupes des trois volées et régalé de sable de rivière la moitié des allées du jardin de Trianon........................ 150ʰ
4 juin-9 aoust : à Gilles Le Roy, plombier, à compte du plomb pour les conduittes et bassins des fontaines de Trianon (2 p.)..................... 1700ʰ
24 novembre 1671-3 janvier 1672 : à François Le Roy, nattier, pour parfait payement de 680ʰ pour la natte qu'il a fournie dans l'orangerie (2 p.)....... 680ʰ
11 juin : à Gilbert Francart, peintre, à compte de la peinture qu'il fait à Trianon.............. 500ʰ
9 aoust : à luy, pour parfait payement de 800ʰ pour les desseins qu'il a fait des platfondz et carreaux de fayence pour Trianon.................. 500ʰ
18 juin-19 décembre : à Nicolas Picart[2], serrurier, à compte de la serrurerie qu'il fait au cabinet des parfums à Trianon (4 p.).................. 1400ʰ

---

[1] Il est nommé Guillaume au second article; mais nous pensons qu'il s'agit du même individu.

[2] Ou Le Picart.

18 juin : à Claude Louvier, jardinier, pour 60 jasmins d'Espagne qu'il a fourny à Trianon.......... 1200ᵗᵗ

25 juin 1671-3 janvier 1672 : à Estienne Le Hongre, pour parfait payement de 1500ᵗᵗ pour deux vazes avec les bassins qu'il a fait pour Trianon (3 p.)........ 1500ᵗᵗ

25 juin : à Jacques Rosty, jardinier, à compte des treillages qu'il fait aud. jardin.............. 200ᵗᵗ

17 juillet-24 novembre : à Guillaume Barbier, qui a fait marché de monter et démonter tous les couvers des orangers en pleine terre de Trianon, pour une année (2 p.).................................... 900ᵗᵗ

18 janvier 1672 : à luy, pour le desdommager des dépenses qu'il a faites aud. lieu par dessus le marché qu'il a fait.............................. 600ᵗᵗ

31 juillet : à François Bellavoine et Mathurin Pierre, pour plusieurs ouvrages dans le bois de la Faizanderie, suivant leur marché..................... 150ᵗᵗ

11 septembre : à Louis Barbier, jardinier, pour plusieurs oignons de fleurs et anémones pour le jardin de Trianon................................... 108ᵗᵗ

3 octobre : à Barthélemy Grimbois, menuisier, pour parfait payement de 1165ᵗᵗ 14ˢ 9ᵈ pour menues ouvrages qu'il a faits à Trianon............... 765ᵗᵗ 14ˢ 9ᵈ

3 octobre-2 décembre : au sʳ Poquelin, marchand, à compte des miroüers qu'il a fourny (2 p.)..... 6000ᵗᵗ

18 octobre : à Jacques Rigault, pour menues dépenses................................... 321ᵗᵗ 10ˢ

25 octobre : à Brisseau, ferblannier (sic), pour plusieurs modèles d'amortissemens pour les cabinets de treillages................................... 90ᵗᵗ

A Claude Briot, mirouettier, à compte des glaces qu'il a estamées et mises en place........... 85ᵗᵗ 5ˢ

31 octobre : à Jean Colinot, pour parfait payement de 1821ᵗᵗ 13ˢ 6ᵈ pour le treillage des deux jardins de Trianon................................... 321ᵗᵗ 13ˢ 6ᵈ

A Antoine Deslauriers, jardinier, pour les oignons de tulipes et anémones qu'il a vendus pour Trianon. 188ᵗᵗ

9 novembre : à Gilles Francart[1], à compte de la peinture qu'il fait au platfondz............. 600ᵗᵗ

9 novembre-2 décembre : à Jean Bersaucourt, espinglier, pour parfait payement du treillage de fil de laton qu'il a fait (2 p.)...................... 720ᵗᵗ

24 novembre : à Pierre et Nicolas Mesnard, marbriers, pour le posage des carreaux du cabinet des parfums.................................... 208ᵗᵗ 10ˢ

13 octobre : au procureur des Pères Carmes déchaussez de Charenton, sçavoir : 300ᵗᵗ par gratification de ce qu'ils ont envoyé un de leurs frères pour faire blanchir un pavillon de Trianon, et 33ᵗᵗ pour les ouvriers qu'il a conduit..................... 333ᵗᵗ

10 décembre : à Le Maire, fayencier, à compte des vazes qu'il fournit..................... 2000ᵗᵗ

A la veuve Lorget, vitrière, à compte de ses ouvrages à Trianon.............................. 200ᵗᵗ

18 janvier 1672 : à Chastelain, pour ceux qui ont emply les glacières..................... 745ᵗᵗ

Somme de ce chapitre... 139275ᵗᵗ 16ˢ 6ᵈ

BLOIS, CHAMBORD ET AMBOISE.

21 mars : à M. de Saumery, pour employer au payement des dépenses faites pour les réparations des bresches des murailles du parc de Chambord.......... 3000ᵗᵗ

A luy, capitaine gouverneur du chasteau de Chambord, pour employer à la continuation des dépenses à faire tant pour le restablissement et closture des palis de la Faisanderie du parc dud. Chambord, que pour enclorre les lieux destinez pour mettre les grains pour le gagnage du menu gibier dud. parc, et pour le passage de la rivière et petite digue pour l'estendue des plaisirs de S. M. aud. lieu............................. 10000ᵗᵗ

22 febvrier 1672 : à luy, pour les réparations des bresches du parc de Chambord faites par les grands vents du mois de septembre dernier............ 3000ᵗᵗ

Somme de ce chapitre......... 16000ᵗᵗ

GRAVEURS DE PLANCHES.

10 febvrier : au sʳ Roussellet, graveur, pour une planche de saint François qu'il a gravée sur un tableau du Roy[2]................................ 600ᵗᵗ

17 aoust 1671-3 janvier 1672 : à luy, pour parfait payement des planches des Quatre Évangélistes du Valentin, d'après les tableaux du cabinet du Roy (2 p.)[3]. 800ᵗᵗ

22 febvrier : au sʳ Chasteau, graveur, pour une planche qu'il a gravée sur un tableau de Carrache qui est au cabinet du Roy, représentant le martire de saint Étienne[4]................................ 1500ᵗᵗ

31 octobre : à luy, pour une planche représentant saint Paul ravy au troisième ciel[5]............ 650ᵗᵗ

---

[1] C'est probablement le même peintre que le Gilbert Francart nommé plus haut.

[2] D'après Le Guide, Chalcographie du Louvre, n° 124.

[3] Ibid, n°ˢ 906-909. Ils forment dessus de portes dans la chambre à coucher de Louis XIV à Versailles.

[4] N° 311.

[5] D'après Poussin, n° 844.

21 febvrier-18 octobre : à AUDRAN, à compte des planches qu'il grave de l'Histoire d'Alexandre, d'après LE BRUN (2 p.)¹ 1600ᵗᵗ

3 mars : à ABRAHAM BOSSE, graveur, pour six planches qu'il a gravées représentans des simples² 510ᵗᵗ

3 mars-11 may : à MESLAN, à compte des planches qu'il grave sur les figures antiques du Roy qui sont aux Thuilleries (2 p.) 1600ᵗᵗ

20 mars : à la veuve PITAULT, pour une planche représentant le Triomphe de Jupiter qu'elle a fait graver pour la traduction de Vitruve 400ᵗᵗ

18 juin : à elle, pour deux planches servant à la traduction de Vitruve, que feu son mary a gravé³ ... 600ᵗᵗ

26 mars : au sʳ SILVESTRE, pour deux planches qu'il a gravées, l'une représentant le jardin des Thuilleries du costé de la rivière, et l'autre le collège des Quatre-Nations⁴ 1000ᵗᵗ

31 octobre : à luy, pour cinq planches qu'il a gravées, représentant, l'une la vue du palais des Thuilleries⁵, une autre le plan du jardin⁶, et les trois autres la ville de Sedan⁷, à 500ᵗᵗ chacune planche 2500ᵗᵗ

1ᵉʳ avril : au sʳ LE PAUTRE, pour son payement de trois planches qu'il a gravées représentans des ornemens de la Grotte de Versailles 840ᵗᵗ

4 juin : à luy, pour trois planches idem⁸ 360ᵗᵗ

18 septembre : à luy, pour huict planches, dont trois représentent des morceaux de la Grotte de Versailles, et les cinq autres cinq vazes de bronze⁹ dud. lieu 960ᵗᵗ

15 novembre : à luy, pour huict planches représentant plusieurs ouvrages tant de la Grotte que de sculpture de Versailles 960ᵗᵗ

18 avril : à JEAN PATIGNY, graveur, pour deux planches qu'il a gravées, l'une pour la traduction de Vitruve¹⁰ et l'autre pour un traité d'astronomie 106ᵗᵗ

11 juin : à luy, pour une planche de mathématique qu'il a gravée 55ᵗᵗ

18 septembre : à luy, pour deux planches qu'il a faittes de l'excentricité des planettes de la Lune et de Mars. 120ᵗᵗ

---

¹ Chalcographie du Louvre, nᵒˢ 647-652.
² Pour le *Recueil des plantes* de Dodart, nᵒˢ 3441-3759. N. ROBERT et L. DE CHASTILLON y ont travaillé avec BOSSE.
³ Nᵒˢ 3775 et 3776.
⁴ Nᵒˢ 2069 et 2057.
⁵ Nᵒ 2324.
⁶ Nᵒ 2327.
⁷ Nᵒ 2268.
⁸ Nᵒˢ 2107-2114.
⁹ D'après CLAUDE BALLIN, nᵒˢ 1252-1256.
¹⁰ Nᵒ 3817.

3 may : à GEORGES TOURNIER, graveur, pour son payement de deux planches qu'il a gravées pour la traduction de Vitruve 150ᵗᵗ

17 juillet : à luy, pour une planche *idem* 100ᵗᵗ

31 juillet : à luy, pour deux planches *idem*¹¹ .. 100ᵗᵗ

3 may : au sʳ DE LA BOISSIÈRE, graveur, pour son payement de quatre planches qu'il a gravées, où sont représentées plusieurs médailles du Roy, à 80ᵗᵗ chacune, desduit 30ᵗᵗ pour le fondz d'une des planches qui a esté fait par feu REGNESSON 290ᵗᵗ

2 décembre : à luy, pour quatre planches de médailles du cabinet du Roy¹² 320ᵗᵗ

3 may : au sʳ VANDERBAN, graveur, pour une planche qu'il a gravée représentant la veue perspective d'une basilique, pour la traduction de Vitruve¹³ 400ᵗᵗ

25 may : au sʳ DELAPOINTE, graveur, à compte de la carte géographique de l'Isle-de-France qu'il grave¹⁴. 300ᵗᵗ

4 juin : au sʳ BERAIN, graveur, pour deux planches qu'il a gravées des ornemens du platfondz de la gallerie d'Apollon 400ᵗᵗ

2 décembre : à luy, pour deux planches *idem*¹⁵. 400ᵗᵗ

25 juin : au sʳ PICARD, graveur, pour une planche qu'il a gravée sur un tableau du DOMINICAIN qui est au cabinet du Roy¹⁶ 950ᵗᵗ

24 juillet : au sʳ CHAUVEAU, graveur, pour cinq planches des ornemens des portes des Tuilleries¹⁷ 400ᵗᵗ

31 juillet : au sʳ ROBERT, graveur, pour douze planches qu'il a gravées de plantes différentes pour le recueil de plantes que fait l'Académie des Sciences 1164ᵗᵗ

3 janvier 1672 : à luy, pour douze planches de plantes *idem* 1164ᵗᵗ

31 juillet 1671-3 janvier 1672 : au sʳ EDELINCK, graveur, à compte des planches qu'il grave d'après l'Histoire d'Alexandre du sʳ LE BRUN (2 p.) 800ᵗᵗ

10 décembre : à luy, pour avoir gravé une planche de la traduction de Vitruve¹⁸ 100ᵗᵗ

---

¹¹ Les onze planches gravées par GEORGES TOURNIER se trouvent à la Chalcographie, du nᵒ 3770 au nᵒ 3801.
¹² Les quarante et une planches de S. DE LA BOISSIÈRE, d'après les médaillons antiques du cabinet du Roi, vont du nᵒ 1143 au nᵒ 1183.
¹³ Nᵒ 3802.
¹⁴ En neuf planches, nᵒ 2689.
¹⁵ Il y a en tout six planches, nᵒˢ 2026-2031.
¹⁶ Ou la Sainte-Cécile, nᵒ 94, ou le Concert de musique, nᵒ 100, qui est attribué au SPADA.
¹⁷ Il y en a neuf planches, nᵒˢ 2032-2040.
¹⁸ Nᵒ 3778; nᵒ 45 de Robert-Dumesnil.

24 aoust 1671-3 janvier 1672 : au sʳ Giffart, pour six planches qu'il a faites de six médailles antiques du cabinet du Roy (3 p.).................... 450ᵗᵗ

9 novembre : au sʳ Grignon, pour deux planches qu'il a gravées pour la traduction de Vitruve, l'une représentant l'eslevation du portique, et l'autre les cabannes de Colchos[1]............................. 450ᵗᵗ

3 janvier 1672 : à Gantrel, pour une planche de la traduction de Vitruve[2]..................... 90ᵗᵗ

Somme de ce chapitre........ 23184ᵗᵗ [3]

DIVERSES DESPENSES.

26 janvier : au sʳ de Sève, peintre, pour un portrait du Roy, de quatre pieds de haut sur trois de large, qu'il a fait............................. 150ᵗᵗ

Au sʳ de Troye, autre peintre, pour deux autres tableaux, d'environ deux pieds de long sur trois et demy de large, qu'il a peints pour le Roy............ 1200ᵗᵗ

Au sʳ Ecman, autre peintre, pour trois autres tableaux de miniature où il a représenté plusieurs enfans.. 990ᵗᵗ

Au sʳ Niquet, pour remboursement de ce qu'il a payé aux menuisiers et autres ouvriers qui ont fait plusieurs modèles de machines.................. 814ᵗᵗ 10ˢ

A Jean Viart et Claude Maron, pour parfait payement de 1866ᵗᵗ 17ˢ 6ᵈ à quoy montent les terres qu'ils ont transportées sur l'aqueduc de Marly...... 416ᵗᵗ 17ˢ 6ᵈ

A Pierre Mésard, marbrier, pour plusieurs ouvrages et réparations qu'il a faites, tant à Versailles, Trianon, qu'aux Thuilleries...................... 595ᵗᵗ

A Philippes Caffiers, sculpteur, pour cinq bordures de tableaux de bois doré qu'il a faits et fournis pour le service du Roy........................ 500ᵗᵗ

22 febvrier : à Paul Goujon, pour plusieurs peintures et dorures qu'il a faites, tant au palais des Thuilleries, Collège Royal, qu'autres lieux............. 1650ᵗᵗ

A Philippes Buister, sculpteur, pour plusieurs bustes de marbre livrez et mis au magazin du Roy.... 2426ᵗᵗ

3 mars-25 may : à Jean Le Brun et Micuel Le Feré, voicturiers, pour leur parfaict payement de 3957ᵗᵗ à quoy monte la voicture qu'ils ont faicte de 58 poutres de la forest de Coucy, depuis le port de Chauny jusqu'à Paris (2 p.)................................ 1957ᵗᵗ

3 mars-15 novembre : à Claude Morel, artificier, à compte de l'artifice qu'il fournit au magazin du Roy (5 p.)................................ 2400ᵗᵗ

3 mars-15 novembre : à Thomas Caresme, autre artificier, idem (4 p.)...................... 2600ᵗᵗ

12 mars-9 aoust : à Michel Rigaleau, dit La Chapelle, et Simon du Costé, à compte des terres qu'ils fouillent dans la carrière de Meudon, pour tirer de grandes pierres pour le Louvre (3 p.)............. 1400ᵗᵗ

12 mars-10 octobre : à la veuve Somer, pour trois parquets de bois de raport qu'elle a fournis pour le service du Roy (4 p.)..................... 5650ᵗᵗ

10 juillet : à elle, pour parfait payement de 5250ᵗᵗ à quoy montent quinze panneaux de parquet d'ebesne et de marqueterie de laton, de chascun trois pieds en quarré, qu'elle a fourny pour le service du Roy....... 2750ᵗᵗ

12 mars : à Pierre Heslan, pour ormes et tilleux qu'il a fournis, tant à Versailles qu'à Saint-Germain et aux Thuilleries......................... 996ᵗᵗ 5ˢ

A Edmond Théroude, pour plusieurs despenses qu'il a faites pour voiturer des eschantillons de rocaille de plusieurs endroitz..................... 67ᵗᵗ 10ˢ

A Louis Vigneux, pour avoir fait plusieurs desseins de l'Observatoire, de l'aqueduc d'Arcueil et de l'Arc de triomphe............................ 100ᵗᵗ

25 juin : à luy, pour les frais qu'il fait pour lever quelques plans de bastimens pour le Roy...... 150ᵗᵗ

17 septembre : à luy, pour parfaict payement de 500ᵗᵗ à luy ordonnez, tant pour avoir levé les plans de Monceaux et d'Anguien, que pour son voyage........... 350ᵗᵗ

2 décembre : à luy, pour avoir levé les plans et eslévations du chasteau de Monceaux............ 100ᵗᵗ

12 mars : à Louis Hubert, voiturier, pour avoir voituré quarante-trois poutres de chesne du port au magazin............................... 1373ᵗᵗ

A Hierosme Derbais, marbrier, pour cinquante-trois douches (sic) de marbre[4] qu'il a fournyes pour le service du Roy........................ 784ᵗᵗ

12 mars-10 octobre : à Pierre Patel, peintre, à compte des tableaux qu'il fait représentans les Maisons royales (3 p.)......................... 1200ᵗᵗ

20 mars : à Gilles Guérin, sculpteur, pour douze bustes de marbre livrez au magazin du Roy.... 5200ᵗᵗ

26 mars : à Sébastien Maugin, charron, pour avoir rajusté plusieurs binars à S. M. depuis le mois d'octobre dernier jusqu'à ce jour................. 363ᵗᵗ 3ˢ

---

[1] Chalcographie du Louvre, nˢ 3812 et 3769.
[2] N° 3825 ou 3828.
[3] Il faudrait 23189ᵗᵗ.

[4] En italien, doccia veut dire un cheneau et doccione une gargouille. (Servetti Serafino, Prontuario di termini dell'arte di edificare; Carmagnola, 1853, in-8°.)

A Joachim Vuatier, fayencier de Lizieux, pour avoir fourny 2600 carreaux esmaillez et les avoir fait transporter jusques au port de Rouen pour estre amenez au magazin du Roy........................ 307ᴸ 17ˢ

26 mars 1671-18 janvier 1672 : au sʳ Bailly, peintre, à compte d'un Carrousel qu'il peint en miniature[1] (2 p.)..................... 900ᴸ

15 novembre : à luy, à compte des tapisseries qu'il fait en migneature[2] (2 p.)................. 1000ᴸ

26 mars : à Pierre Hanicle, maçon, à compte des ouvrages de maçonnerie à l'aqueduc de Marly.... 600ᴸ

17 septembre : à luy, pour réparations faites au Chastelet de Paris ez années 1668 et 1669....... 624ᴸ 3ˢ

30 janvier : au sʳ Hinart, architecte, en considération du voyage qu'il a fait au chasteau de Marimont, et des plans et eslévations qu'il a faits dud. chasteau.... 400ᴸ

21 febvrier - 17 juillet : au sʳ Duvivier[3], pour parfait payement de 1500ᴸ à luy accordez pour le travail qu'il a fait dans la carte géographique de la Généralité de Paris (2 p.)............................ 1500ᴸ

28 febvrier : au sʳ Bellepin, greffier des Bastimens du Roy, tant pour les vacations qu'il a employées auxd. bastimens depuis le 22 aoust 1670 jusques au dernier décembre ensuivant que par gratification, en considération de son travail........................ 420ᴸ

9 aoust : à luy, pour plusieurs vacations qu'il a faites aux bastimens du Roy pendant la présente année.. 166ᴸ

16 mars : à Pierre Bréau, tant pour avoir levé les plans et fait l'estimation de plusieurs maisons et héritages acquis au proffit de S. M. que par gratification, en considération du service qu'il rend dans les Bastimens. 1200ᴸ

[1] Le second article est ainsi rédigé : «à compte de la peinture qu'il fait sur un livre de Carrousel.» Il s'agit évidemment ici du splendide volume qui appartient aujourd'hui à la Bibliothèque de Versailles et dans lequel Bailly a mis en couleur toutes les planches de Fr. Chauveau et d'Israel Silvestre sur le Carrousel de 1662. Ces planches existent encore. Voyez Catalogue de la Chalcographie du Louvre, nᵒˢ 3445-3504.

[2] Le manuscrit qui renferme les miniatures de Bailly sur les tapisseries du Roi fait aujourd'hui partie de la réserve du Cabinet des manuscrits à la Bibliothèque Nationale, où il porte ce titre : *Tapisseries du Roy*. Bailly a peint sur peau vélin, avec une extrême délicatesse, les encadrements des devises qui accompagnent les tapisseries des Quatre Éléments et des Quatre Saisons, et qui ont été gravées par Sébastien Leclerc. Voyez Catalogue de la Chalcographie du Louvre, nᵒˢ 2123-2158.

[3] Ou Vivier.

31 mars : à Michel Meusnier, sculpteur estudiant, en considération d'un bas-relief, et par gratification... 75ᴸ

Au sʳ Jean Rion, sculpteur, pour avoir esté à Dieppe et avoir vaqué depuis le 1ᵉʳ décembre jusques à ce jourd'huy à faire charger et décharger, conduire et gouverner 214 caisses et 10 ballotz remplis des creux de la colonne Trajane et autres creux de figures envoyées de Rome pour le service du Roy, à raison de 200ᴸ par mois. 1200ᴸ

2 septembre 1671 - 3 janvier 1672 : à luy, pour parfait payement de 1576ᴸ pour avoir réparé sept cent soixante-huit bas-reliefs de la colonne Trajane et autres figures antiques (3 p.).................. 1576ᴸ

31 mars : à Pierre Pasturel, voiturier, pour la voiture des caisses et ballotz susditz, y compris 300ᴸ pour son desdommagement à cause du desbordement des eaues........................... 2000ᴸ

1ᵉʳ avril : au sʳ Laisné, pour 101 contre-cœurs de fer qu'il a fourny pour les bastimens du Roy...... 2488ᴸ

10 avril : au sʳ Valdor, à compte des marbres blancs qu'il a fourny au magazin du Roy.......... 300ᴸ

10 avril - 31 juillet : à René Noiset, voiturier, à compte des voitures de marbre du port du guichet au magazin du Roy (2 p.)..................... 5000ᴸ

10 avril - 18 juin : à Daniel Fossier, pour employer aux menues dépenses des bastimens (2 p.)..... 3600ᴸ

5 septembre : à luy, tant pour les dépenses faites pour la voiture du cheval de bronze de Nancy que pour les gratifications de ceux qui ont esté à sa conduite pour en faciliter la voiture...................... 10000ᴸ

10 avril : au sʳ Robelin, pour remboursement de ce qu'il a payé aux ouvriers et manœuvres qui ont tiré des sables que les sources amènent par les évens dans la rigolle de l'acqueduc de Marly.............. 78ᴸ 4ˢ

18 avril : à Charles Hardy, serrurier, pour avoir fourny et livré plusieurs pièces et chevilles de fer, tant au sʳ Girardon, sculpteur, qu'autres, pour le service de S. M. suivant ses parties............. 2823ᴸ 19ˢ 8ᵈ

A Gilles Le Loutre, pour remboursement de pareille somme payée aux ouvriers qui ont fait plusieurs[4]... (sic) dans le logis appartenant au Roy, scis rue Neuve-des-Petits-Champs, où loge Monsieur l'Admiral et la Princesse sa sœur[5]...................... 282ᴸ 14ˢ

[4] Journées ou travaux.

[5] Louis de Bourbon, comte de Vermandois, fils de Mᵐᵉ de la Vallière, né en 1667, amiral du 12 novembre 1669, charge rétablie à la mort du duc de Beaufort, qui n'était que grand maître de la navigation et du commerce. La princesse sa sœur est Marie-Anne de Bourbon, dite Mˡˡᵉ de Blois, fille aussi de Mᵐᵉ de la Vallière, née en 1666 et mariée en 1680 au prince

ANNÉE 1671. — DIVERSES DÉPENSES.

31 octobre : à luy, à compte des réparations du logis de M. le marquis de la Vallière.............. 300ᵗᵗ

10 décembre : à luy, pour réparations de l'Académie de peinture au Palais-Royal................ 393ᵗᵗ

18 avril : au sʳ Desgranges, pour remboursement de pareille somme payée pour l'achapt et voictures de plusieurs orangers, jasmins et autres plantes venues de Portugal........................... 1464ᵗᵗ 10ˢ

21 avril : au sʳ Faucon, pour son remboursement des frais payez et avancés tant pour avoir fait voicturer les caisses des creux de la colonne Trajane, du Havre à Rouen, que pour les avoir fait changer de batteaux afin de les faire remonter jusqu'à Paris, et autres menues dépenses........................... 1637ᵗᵗ 6ˢ

26 avril : au sʳ Petit, pour remboursement de ce qu'il a payé aux vignerons qui ont travaillé à labourer les plans dans la nouvelle enceinte des palis d'Achères depuis le 24 febvrier de la présente année jusqu'au 26 avril ensuivant................ 2048ᵗᵗ 16ˢ 10ᵈ

A Pierre Le Dau, marbrier, pour la façon de deux chambransles qu'il a fait pour le service du Roy, le marbre luy ayant esté fourny................ 170ᵗᵗ

4 may : au sʳ Dorbay, architecte, en considération du travail qu'il a fait en desseins, plans et eslévations et conduitte d'iceux bastimens pour S. M.......... 1200ᵗᵗ

11 may : à Pierre Le Maire, fayencier, pour payement des vazes et pots, façon de pourcelaine, qu'il a livrés pour mettre des orangers et des fleurs, tant à Versailles qu'à l'orangerie du Roulle................ 1500ᵗᵗ

A Léonard Gontier, peintre, pour parfait payement de 6041ᵗᵗ à quoy montent les ouvrages de peinture qu'il a faits au logement de Madame la duchesse de la Vallière proche les Thuilleries.................. 1641ᵗᵗ

20 may : au sʳ Dupuis, matématicien, à compte du travail qu'il fait pour lever la carte de la Généralité de Paris........................... 1000ᵗᵗ

Au sʳ Pivert, matématicien, *idem*............ 1000ᵗᵗ

Au sʳ Niquet, matématicien, *idem*.......... 1000ᵗᵗ

Au sʳ Meurisse, retenu pour aller à la Cayenne faire des observations astronomiques et ayder au sʳ Richer, pour sa subsistance jusqu'au jour qu'il doit partir.... 300ᵗᵗ

27 septembre : à luy, pour s'équiper des choses nécessaires pour faire led. voyage.............. 600ᵗᵗ

27 septembre : aux sʳˢ Richer et Meurisse, qui vont dans l'isle de la Cayenne y faire des observations astronomiques, pour une année de leur nourriture et autres frais qu'ils sont obligez de faire pendant led. voyage.. 2600ᵗᵗ

20 may - 17 septembre : au sʳ Errard, sculpteur, à compte de deux bustes de marbre qu'il fait pour le Roy, l'un de Monsieur le Prince et l'autre de Monsieur le Chancelier (2 p.)........................... 600ᵗᵗ

25 may - 9 novembre : au sʳ Loir, matématicien, à compte du travail qu'il fait sur la carte de la Généralité de Paris (2 p.)........................ 900ᵗᵗ

9 juin : au sʳ Godefroy, historiographe, sçavoir : 743ᵗᵗ 10ˢ pour le parfait payement tant de ses appointemens et de quatre escrivains qui travaillent sous luy en la Chambre des Comptes de la ville de l'Isle en Flandres à coppier les titres et mémoires nécessaires que S. M. fait extraire des archives de lad. chambre, que pour la nourriture desd. escrivains et autres menues dépenses qu'il a faites depuis le 1ᵉʳ décembre de l'année dernière 1670 jusqu'au dernier avril de la présente année, et 3000ᵗᵗ à compte des mesmes appointemens et dépenses, à commencer le 1ᵉʳ jour de may dernier........................... 3743ᵗᵗ 10ˢ

19 décembre : à luy, *idem*............... 3832ᵗᵗ

4 juin : à Baudrain Yvart et Pierre Prou, pour ce qu'ils ont payé aux ouvriers qui ont travaillé à la décoration de la salle et de la cour de l'Académie de peinture où les tableaux ont été exposez pendant la semaine de Pasques¹.......................... 319ᵗᵗ

11 juin : à Denis Buret, menuisier, pour avoir fait et défait des amphitéâtres dans la cour de l'Académie des peintures pour exposer les tableaux pendant la semaine de Pasques....................... 152ᵗᵗ 10ˢ

25 juin : à Antoine Desgodetz, pour les plans et eslévations qu'il a fait de plusieurs maisons royalles.. 200ᵗᵗ

A Guillaume Cassegrain, pour avoir jetté en moulle huit figures antiques venues de Rome, et avoir fourny le plastre............................ 450ᵗᵗ

18 juin - 25 octobre : à luy, à compte de la colonne Trajane qu'il jette en moulle (4 p.)........ 3096ᵗᵗ

10 juillet : à ... Chevallier, marchand de bois, à compte des poutres de sapin qu'il doit fournir pour les bastimens du Roy...................... 2000ᵗᵗ

A Claude Deslotz, chaudronnier, pour onze paires d'arrouzoirs qu'il a fourny au potager de Versailles et à la pépinière du Roulle..................... 256ᵗᵗ

---

de Conti. (P. Anselme, I, 175, et VII, 911 et 916 à 919.) L'amiral et sa sœur n'étaient donc que des enfants.

¹ La première exposition de peinture dont on ait un livret officiel eut lieu en 1673. Elle avait été précédée, on le voit, d'une ou de plusieurs autres expositions dont on ne dressa pas le catalogue, ou dont le livret, s'il a jamais existé, est aujourd'hui inconnu. On ne connaît d'ailleurs que trois exemplaires du catalogue original in-4° de l'exposition de 1673.

17 juillet : à Pierre Fouquignon, voiturier, pour la voiture des bonnes terres au jardin des Thuilleries et pour des fleurs qu'il a voiturées à Versailles depuis le 8 juin............................... 408ᴧ

A... Garnier, sculpteur, pour avoir restauré plusieurs bustes de marbre mis au magazin du Roy. 1730ᴧ

31 juillet : au s' Tessier, marchand, pour 28 contrecœurs de cheminées, de différentes grandeurs, pour les maisons royales..................... 245ᴧ 10'

A Jean Colin, pour les dépenses de la feste de Vincennes pendant le carnaval dernier......... 539ᴧ 4'

A luy, pour la feste de l'Académie de peinture au mois d'avril dernier..................... 149ᴧ 5'

9 aoust : à Pierre Marie, serrurier, pour parfait payement de 1620ᴧ 7' 6ᵈ à quoy montent les ouvrages de serrurerie qu'il a faits pour les escuries et le haras de Saint-Léger....................... 20ᴧ 7' 6ᵈ

17 aoust : A Nicolas Duval, couvreur, pour quelques réparations extraordinaires qu'il a faites aux couvertures de Monceaux........................ 124ᴧ

A François Darly, vidangeur, pour avoir vidé deux fosses d'aisance chez Monsieur le Premier¹..... 124ᴧ

31 octobre : à luy, pour ses ouvrages de la grande escurie et de la tour des galeries.............. 215ᴧ

17 septembre - 30 octobre : à Charles Lavien, menuisier, pour parfait payement de 5872ᴧ 19' pour les ouvrages de menuiserie des escuries et parc des haras de Saint-Léger (2 p.).................. 4072ᴧ 19'

17 septembre : à Bonaventure Millard, pour la décharge, voiture et arrangement de 202 caisses du modelle de la colonne Trajanne.................... 557ᴧ 9'

A Chapoteau, pour 4000 oignons de narcisse de Constantinople, dont 3000 ont esté fournis à Trianon et le reste à la pépinière du Roulle............... 800ᴧ

1ᵉʳ avril 1671 : au s' Consolin, pour les dépenses qu'il a faites au navire et au brigantin qui sont sur la rivière de Seine.......................... 337ᴧ 15'

31 juillet : à Laurens Mulette, marinier, pour son dédommagement de trois semaines de temps qu'il a perdu avec son batteau chargé de marbre de Liége pour les maisons royales.................... 200ᴧ

9 aoust : au s' Cœur de Roy, lieutenant des eaux et forests de Coucy, tant pour la voiture de cinquante-huit poutres, de Coucy à Paris, que par gratification pour les peines qu'il a prises de la voiture d'icelles...... 481ᴧ

---

¹ C'est-à-dire le premier écuyer de la petite écurie du Roi ; celui de la grande écurie était appelé Monsieur le Grand.

18 septembre : au s' Warin, à compte des médailles qu'il monnoie de l'histoire de S. M............. 4000ᴧ

3 octobre : à Claude Frèneau, pour le restablissement de couverture du Chastelet de Paris fait en 1667. 153ᴧ 14'

10 octobre : à Pierre Dionis, menuisier, pour les ouvrages du logis du s' Huygens........ 191ᴧ 12' 7ᵈ

A Gabriel Limet, charron, pour un binart, quatre roues et le rhabillage de deux autres........ 1034ᴧ 6'

18 octobre : au s' Puimorin, maistre des forges de Conches en Normandie, à compte des thuyaux de fer et de fonte qu'il fournit pour le service du Roy... 10000ᴧ

Au s' Lelet, pour oignons de fleurs qu'il a fourny et envoyé aux jardins des maisons royales... 537ᴧ 13' 6ᵈ

20 octobre : à François Huvilliers, pour employer en achat d'ormes et autres petits plants qu'il doit lever dans les forests de Normandie pour les parcs et advenues des maisons royales...................... 1600ᴧ

25 octobre : à Jacquet, vitrier, à compte des réparations qu'il fait aux Gobelins............... 150ᴧ

31 octobre : à Antoine Cognet, horlogeur, pour une boussole faite au soleil pour le service du Roy.... 149ᴧ

A la veuve Florent, pour 1000 oignons de tulipe pour Saint-Germain et Versailles................ 100ᴧ

9 novembre - 2 décembre : à René Cuaussée, à compte de la closture des remises de Neuilly (2 p.).... 3000ᴧ

24 novembre : à du Chesnoy, marbrier, pour chambranles et foyers de marbre qu'il a livré au magazin du Roy............................ 301ᴧ

27 décembre : au s' Turpin, pour avoir esté recognoistre quelques carrières de marbre en Picardie.. 300ᴧ

25 may - 18 septembre : au s' Tallon, intendant à Oudenarde, pour 700 pieds d'œuillets et autres fleurs, et autres despenses pour le transport desd. fleurs jusqu'à Paris (2 p.)......................... 1507ᴧ

1ᵉʳ octobre : aux directeurs de la Compagnie des Indes Occidentales, par gratification, à cause du bœuf de France qu'ils ont fait porter dans les Isles françoises d'Amérique au lieu de celuy d'Irlande............. 3021ᴧ

Aux directeurs de la Compagnie du Levant, par gratification, à cause de 656 pièces de drap qu'ils ont envoyé dans les Eschelles du Levant............... 6560ᴧ

3 janvier 1672 : aux principal, procureur et boursiers du collège de Cambray, sçavoir : 1000ᴧ pour leur dédommagement à cause des bastimens qui ont esté abbattus pour construire le Collège Royal, et 180ᴧ pour l'entretennement de 3 boursiers pendant l'année 1671.. 1180ᴧ

1ᵉʳ janvier 1672 : au s' Beaubrun, trésorier de l'Académie de peinture et de sculpture, pour l'entretennement de lad. Académie pendant l'année dernière..... 2000ᴧ

ANNÉE 1671. — DIVERSES DÉPENSES.

10 décembre 1671 : à Yvon, pour parfait payement de 1928ᴸᴸ 2ˢ 11ᵈ pour réparations des couvertures de Saint-Denis...................... 928ᴸᴸ 2ˢ 11ᵈ

A Martin, pour le restablissement du regard des eaux de Rongis, proche l'encoignure des Augustins. 130ᴸᴸ 10ˢ

A François Langlois, pour le moulle de plastre du Roy du Cavallier Bernin.................... 215ᴸᴸ

3 janvier 1672 : à François et Jacques Liard, preneurs de taupes, pour taupes qu'ils ont prises. 363ᴸᴸ 13ˢ

18 janvier 1672 : au sʳ Daliez, pour plusieurs boëttes de fonte pour feu d'artifice, qu'il a fourny au magazin du Roy............................ 829ᴸᴸ 3ˢ 6ᵈ

A Henry, pour parfait payement de 340ᴸᴸ 9ˢ pour l'arrachage et transport de plusieurs ifs, y compris son voyage............................ 40ᴸᴸ 9ˢ

13 febvrier 1671 : aux sieurs Duc et Marsollier, marchands de soye, pour 541 aunes trois quarts et demi de damas rouge cramoisy................. 623ᴸᴸ 2

24 septembre : à eux, pour 855 aunes un sixième de damas rouge cramoisy................. 9834ᴸᴸ 8ˢ

18 febvrier : au sʳ Jabach, pour quatre tentures de tapisserie de verdure avec des animaux....... 3316ᴸᴸ 5ˢ

31 mars : à luy, pour 101 tableaux et 5542 desseins de toutes les escolles, des meilleurs maistres.. 220000ᴸᴸ

16 mars : au sʳ de la Feuille, pour 34 tableaux des meilleurs peintres d'Italie et autres, représentans plusieurs histoires, portraits et paysages............ 30000ᴸᴸ

21 avril : au sʳ Formont, pour faire tenir au sʳ Cavallier Bernin, tant pour sa pension que pour celle de son filz............................. 7200ᴸᴸ

30 octobre : à luy, pour pareille somme qu'il a fait remettre au sʳ Errard, à compte des dépenses de l'Académie à Rome........................... 15000ᴸᴸ

29 avril : au sʳ Reynon, marchand, pour diverses sortes de velours, brocats et toille d'or, de la manufacture de Lyon, pour frais de caisses et emballage, et pour la voiture d'icelles..................... 4189 4ᴸᴸ 17ˢ 8ᵈ

18 febvrier 1672 : à luy, pour brocats et toille d'or livrez pour le service de S. M., y compris le proffit dud. Reynon, et autres frais et voiture..... 41189ᴸᴸ 13ˢ 1ᵈ

2 may : à Marcelin Charlier, marchand de soye, pour soixante-quatorze aunes un quart de velours vert à deux poils........................... 1426ᴸᴸ 10ˢ

20 may : à Béraudier, pour glaces de Venise qu'il a fournies et posées dans les maisons royales. 21948ᴸᴸ 9ˢ 4ᵈ

4 septembre : au sʳ Pelissany, trésorier général de la marine, pour ce qu'il a payé au sʳ Mosnier Gassion, qui a acheté en Levant plusieurs oyseaux et animaux, les a nourris et amenez jusqu'à Paris......... 3932ᴸᴸ 16ˢ

23 septembre : au sʳ Jullien, pour les ouvrages employez au palis de la closture que S. M. fait faire dans la forest de Brière................. 10901ᴸᴸ 12ˢ

10 octobre : au sʳ Rabon, peintre, pour un grand tableau représentant le portrait du Roy à cheval... 600ᴸᴸ

4 novembre : à M. l'abbé Gravelle, résident pour le Roy à Mayence, pour le change de diverses remises et autres menues despenses pour la connoissance du commerce........................ 5818ᴸᴸ 13ˢ 4ᵈ

25 novembre-18 décembre : au sʳ Riquet, entrepreneur du canal de jonction des mers, à compte desd. ouvrages (2 p.)................... 525000ᴸᴸ

29 novembre : au sʳ Buot, matématicien, pour avoir tracé les trois grands cadrans de Saint-Germain, fait la division des parties du monde sur un globe de marbre, et avoir fourny plusieurs instrumens d'argent.. 1200ᴸᴸ

10 juillet : à Armand Le Roy, guaisnier, pour 14 estuis pour le service du Roy.................. 1010ᴸᴸ

28 aoust : à Le Maire, fondeur, pour parfait payement de 18767ᴸᴸ 15ˢ pour robinets et autres ouvrages de cuivre pour les fontaines, qu'il a livré pendant 1669, 1670 et 1671.................... 1267ᴸᴸ 15ˢ

13 juin : au sʳ Picard, matématicien, pour un voyage qu'il a fait en Dannemarc pour y faire des observations............................ 2000ᴸᴸ

27 décembre : aux doyen, chanoines et chapitre de Saint-Germain-l'Auxerrois, pour employer aux bastimens qu'ils font faire aux charniers Saints-Innocens. 5000ᴸᴸ

24 décembre : aux mesmes, pour employer en telle décoration qu'il plaira au Roy d'ordonner, conformément à l'arrest du Conseil du 20 octobre 1669..... 5000ᴸᴸ

1ᵉʳ juillet 1673 : à divers particuliers, pour la moitié des droits qu'ilz ont payé à la Comptablie[1] de Bordeaux pour la cargaison de leur navire pour aller en Moscovie........................ 3177ᴸᴸ

10 octobre 1674 : au sʳ Le Besgue, trésorier, pour jettons d'argent.................... 1500ᴸᴸ

A luy, pour dépense commune de la Chambre des Comptes........................... 4500ᴸᴸ

Somme de ce chapitre.. 1193252ᴸᴸ 13ˢ 3ᵈ [2]

OUVRAGES D'ARGENTERIE.

17 septembre 1671 : à Baslin, orfévre, pour avoir

---

[1] Ce terme, usité seulement à Bordeaux, désignait le bureau où se payaient les droits dus au Roi par les marchandises. Voyez le *Dictionnaire de Trévoux*.

[2] Le total exact est 1225938ᴸᴸ 12ˢ 3ᵈ.

reblanchy quatre enfans d'argent, assis sur des dauphins, en la petite grotte de l'appartement du Roy à Saint-Germain-en-Laye, et pour peines et voyages d'ouvriers. 300tt

23 octobre 1671, 10 juillet 1672, 14 febvrier 1674 : à luy, à compte des grands ouvrages d'argenterie qu'il fait pour le service du Roy (3 p.).......... 58000tt

23 octobre 1671 - 10 juillet 1672 : à COUSINET, orfévre, à compte *idem* (2 p.).................... 7990tt

23 octobre 1671 - 14 febvrier 1674 : à DE VILLERS, à compte *idem* (3 p.)................... 21077tt 15ˢ

23 octobre 1671 - 14 febvrier 1674 : à MERLIN, *idem* (3 p.)............................ 15000tt

23 octobre 1671 - 10 juillet 1672 : à VIOCOURT, *idem* (2 p.)................................. 9000tt

23 octobre 1671 - 10 juillet 1672 : à LOIR, *idem* (2 p.)................................. 13000tt

31 mars 1671 : à la veuve GRAVET, pour parfait payement de 23500tt pour la façon d'une grande nef d'or enrichie de pierrerie pour le service du Roy..... 1500tt

10 juillet 1672 : à DÉBONNAIRE, orfévre, à compte de ses ouvrages d'argenterie................. 3000tt

14 febvrier 1674 : à LE ROY, guainsier....... 400tt

Somme de ce chapitre.... 139267tt 15ˢ [1]

MANUFACTURES DE FRANCE.

13 febvrier 1671 : au sʳ HYNART, maistre de la manufacture de tapisserie de Beauvais, pour son payement de huict tentures de tapisserie de verdure qu'il a livrées pour le service du Roy, sçavoir : 1840tt pour une tenture composée de six pièces, faisant ensemble 17 aunes de cours sur 2 aunes deux tiers de haut, à 40tt l'aune; 1760tt pour une autre tenture composée de six pièces faisant ensemble 17 aunes deux tiers de cours sur 2 aunes et demye de haut, à 40tt l'aune; 1010tt pour une autre tenture composée de six pièces faisant ensemble 17 aunes un tiers de cours sur 2 aunes de haut, à 30tt l'aune; 2200tt pour une autre tenture composée de sept pièces faisant ensemble 22 aunes un quart de cours sur 3 aunes de haut, à 30tt l'aune; 1537tt pour une tenture composée de six pièces faisant ensemble 18 aunes trois quarts de cours sur 2 aunes deux tiers de haut, à 30tt l'aune; 1293tt pour une autre tenture composée de six pièces faisant ensemble 17 aunes un quart de cours sur 2 aunes et demye de haut, à 30tt l'aune; 1440tt pour une autre tenture composée de six pièces faisant 18 aunes de cours sur 2 aunes deux tiers de haut, à 30tt l'aune, et 1640tt pour une autre tenture composée de six pièces faisant ensemble 17 aunes et demye de cours sur 2 aunes un tiers de haut, à 40tt l'aune......................... 12552tt

17 febvrier : à JEAN CHARRIER, commis pour faire observer les règlemens des manufactures de Bretagne, pour le premier quartier de ses appointemens escheu le dernier avril prochain......................... 450tt

4 may : à JEAN BIARMOIS et JEAN CHARRIER, commis pour le Berry et la Sologne, *idem*, 450tt chacun... 900tt

26 septembre : aud. CHARRIER, commis dans le Berry et la Sologne, pour supplément de ses appointemens et frais extraordinaires depuis le dernier avril 1670 jusqu'au dernier septembre 1671................... 300tt

30 décembre : aud. CHARRIER, commis en Berry et en Sologne, pour six mois de ses appointemens échus le dernier janvier 1672.................. 900tt

4 may - 30 décembre : à ESTIENNE LE GRAS, commis pour la Bourgogne, pour douze mois de ses appointemens, supplément et frais extraordinaires [2] (3 p.). 2250tt

4 may - 26 septembre : à MARC COCAGNE, commis pour la province de Languedoc, pour six mois *idem*, et appointemens extraordinaires (2 p.)................ 1450tt

30 décembre : à luy, commis dans les provinces du Languedoc, Provence et Dauphiné, pour six mois de ses appointemens.......................... 900tt

4 may : à PIERRE LE POUPET, commis pour la Guyenne et Xaintonge, pour six mois................ 900tt

26 septembre : à luy, pour ses appointemens et frais extraordinaires........................ 450tt

30 décembre : à luy, commis en Guyenne et Xaintonge, Limosin et Auvergne, pour six mois *idem*..... 900tt

4 may - 26 septembre : à MICHEL BILLOT, commis pour le Poictou et l'Anjou, pour neuf mois, etc. et appointemens extraordinaires (2 p.)............... 2050tt

4 may - 30 décembre : à CHARLES POQUELIN, commis dans la province du Perche et à Dreux, pour douze mois, etc. et appointemens extraordinaires (3 p.). 2050tt

4 may - 26 septembre : à JEAN VILLART DE GRESCOURT, commis pour la Touraine et le Maine, pour six mois, etc. et appointemens extraordinaires (2 p.)....... 1450tt

30 décembre : à luy, commis pour les provinces de Touraine, Maine et Bretagne, pour six mois, etc. 900tt

4 may - 30 décembre : à REMY IMBERT, commis dans la Généralité d'Orléans, pour douze mois, etc. et appointemens extraordinaires (3 p.)................ 2150tt

4 may - 30 décembre : à ESTIENNE RICHER, commis

---

[1] Le total exact donne 129267tt 15ˢ.

[2] Ce sont les mêmes articles que ceux de CHARRIER sous les dates des 4 mai, 26 septembre et 30 décembre.

dans la Généralité d'Orléans, pour douze mois, etc. et appointemens extraordinaires (2 p.).......... 2100ᴸᵗ

4 may-30 décembre : à Pasquet Page, commis dans le Lyonnois et le Dauphiné, pour douze mois, etc. et appointemens extraordinaires (3 p.).......... 2300ᴸᵗ

4 may-30 décembre : à Didier Passavant, commis pour la Champagne et ez trois eveschez de Metz, Toul et Verdun, pour une année, etc. et appointemens extraordinaires (3 p.)........................ 2300ᴸᵗ

A Gilles du Chesne, commis pour le canton de la basse Normandie, idem (3 p.).............. 2100ᴸᵗ

A Jacques Piquet, commis pour la haute Normandie, (3 p.)..................................... 2150ᴸᵗ

A Jean Macaire, commis pour la province de Picardie, idem (3 p.)................................ 2300ᴸᵗ

A Noel Desnues, commis dans lad. province, idem (3 p.).................................... 2200ᴸᵗ

4 may : à Jean Albo, maistre teinturier, employé pour faire observer les règlemens gnéraux desd. teintures pour les estoffes dans les villes du royaume, pour les frais qu'il est obligé de faire jusqu'au 31 juillet. 1500ᴸᵗ

30 décembre : à Batissien, commis dans les Généralitez d'Orléans et Moulins, pour un mois escheu au dernier janvier 1672...................... 150ᴸᵗ

A Dalbine, commis en Guyenne, Xaintonge, Limosin et Auvergne, idem....................... 150ᴸᵗ

A Bodin, commis en Touraine, le Maine et Bretagne, idem.................................. 150ᴸᵗ

A Debourneuf, commis en Languedoc, Provence et Dauphiné, idem........................ 150ᴸᵗ

A Mareschal, commis en Champagne et ezd. eveschez, idem.................................. 150ᴸᵗ

20 may : au sʳ Meunisse, entrepreneur de la manufacture des camelots, à Amiens, pour parfait payement de 10000ᴸᵗ que S. M. luy a fait don à cause de l'establissement de lad. manufacture............ 10000ᴸᵗ

19 juillet : aux sʳˢ Camuset, Poulin, Zelin et Auvray, entrepreneurs de la manufacture des bas d'estame au tricot, pour parfait payement de 40000ᴸᵗ à eux accordées par forme de prest pour l'augmentation de lad. manufacture..................................... 10000ᴸᵗ

A eux, à compte de 20000ᴸᵗ qui leur ont esté accordé pour fournir aux frais et dépenses de l'entretien des maistres et maistresses desd. establissemens suivant le contrat du 1ᵉʳ febvrier 1669............... 10000ᴸᵗ

Au sʳ Camuset, marchand bonnetier à Paris, pour plusieurs voyages qu'il a fait dans les lieux des establissemens de la manufacture des bas d'estame au tricot pendant l'année dernière................... 2000ᴸᵗ

11 aoust : à la dame de la Petitière, commise à la direction de la manufacture des points de France à Auxerre, en considération des soins qu'elle prend de lad. manufacture.......................... 600ᴸᵗ

28 aoust : à Élisabeth Bossu, veuve de feu Jacques Léger, marchand de Saint-Quentin, pour quinze mestiers qu'elle a monté dans la manufacture de coutils qu'elle a establie en lad. ville.............. 7500ᴸᵗ

16 septembre : à la dame Dor, commise à la direction de la manufacture des points de fil de France à Reims, en considération de ses soins............... 600ᴸᵗ

21 octobre : au sʳ Le Clerc, entrepreneur de la manufacture de brocatelles et moquettes, à Meaux, pour les frais qu'il a esté obligé de faire pour l'establissement de lad. manufacture et pour donner moyen à son filz de se marier et le soutenir.................... 1500ᴸᵗ

10 janvier 1672 : au sʳ Hinart, entrepreneur de la manufacture des tapisseries de Beauvais, sçavoir : 860ᴸᵗ pour son remboursement des bienvenues de 43 ouvriers estrangers et 4097ᴸᵗ 15ˢ 2ᵈ pour la nourriture de 145 aprentifs qui ont travaillé dans lad. manufacture pendant l'année dernière.................... 4957ᴸᵗ 15ˢ 2ᵈ

23 febvrier 1672 : au sʳ Bellinzani, pour ses appointemens pendant l'année dernière, à cause du soin qu'il prend desd. manufactures................ 4000ᴸᵗ

Somme de ce chapitre... 91009ᴸᵗ 15ˢ 2ᵈ ¹

MANUFACTURES DES GOBELINS
ET DE LA SAVONNERIE.

30 janvier : à Augustin Feraoult, tapissier, pour avoir racommodé huit pièces de tapisseries et les avoir doublées de toile nefve..................... 350ᴸᵗ

18 septembre : à luy, pour avoir racommodé huit pièces de tapisseries de l'Histoire d'Andromède.. 250ᴸᵗ

24 avril : à la veuve Lourdet, à compte des tapis, façon de Turquie, qu'elle fait à la Savonnerie...... 26000ᴸᵗ

A Louis Dupont, à compte desd. ouvrages... 10000ᴸᵗ

Au sʳ Loir, peintre, pour un dessin de fauconnerie peint sur fondz d'or.................. 1253ᴸᵗ 9ˢ 5ᵈ

3 janvier 1672 : aux cy-après nommez, sçavoir : 351ᴸᵗ 5ˢ à Jean Dubois, travaillant à polir et scier les pierres fines, pour 281 journées, et 895ᴸᵗ à Chefdeville, André du Bois, Lalouette et Chéron, pour 895 journées. 1246ᴸᵗ 5ˢ

19 febvrier 1672 : au sʳ Le Febvre, pour la tapisserie qu'il a faite pendant l'année dernière, et pour quatre aprentifs........................ 19240ᴸᵗ 6ˢ 9ᵈ

---

¹ Le total exact donne 91909ᴸᵗ 15ˢ 2ᵈ.

Au s' Jans, pour son payement des ouvrages de tapisserie qu'il a fait pendant lad. année..... 29928ᴸᴸ 3ˢ 1ᵈ

Au s' Yvart, peintre, pour les ouvrages de peintures et desseins qui ont esté faits pendant lad. année pour lesd. tapisseries........................ 22564ᴸᴸ 15ˢ

A Gaspard Trchet, jardinier des Gobelins, pour ses appointemens de l'année dernière............ 400ᴸᴸ

A Babau, portier dud. lieu, *idem*............ 300ᴸᴸ

A Van den Kerckove, teinturier, pour ses appointemens et deux aprentifs..................... 1625ᴸᴸ

A Rochon, concierge, pour ses appointemens de l'année dernière......................... 1200ᴸᴸ

A luy, pour le logement des tapissiers qui travaillent pour le service du Roy................ 1967ᴸᴸ 10ˢ

A Branchy, lapidaire, pour son travail et ses appointemens............................. 1920ᴸᴸ

A Prou, pour les ouvrages qu'il a fait aux atteliers des ouvriers qui travaillent ausd. Gobelins...... 323ᴸᴸ 19ˢ

A Denise Pinchart, pour laines blanches filées, tant d'Angleterre que communes, qu'elle a livrées ausd. tapissiers............................. 3125ᴸᴸ

A de la Follie, pour 206 bottes 12 onces de soye qu'il a fourny *idem*.................. 2895ᴸᴸ 14ˢ

A de Mouchy, pour avoir reblanchy 1508 livres de laine pendant lad. année............... 301ᴸᴸ 12ˢ

Au s' de la Croix, pour les ouvrages de tapisserie qu'il a fait, et un aprentif pendant neuf mois.. 12974ᴸᴸ 3ˢ 4ᵈ

A Fayart, à compte des ouvrages de broderie qu'il a fait pendant lad. année................ 2345ᴸᴸ 10ˢ

A Balland, à compte desd. ouvrages.. 2855ᴸᴸ 13ˢ 8ᵈ

A Ferdinand et Orace Migliorini et Jean Zaquet, lapidaires, pour leurs aprentifs et leur travail, *idem*. 4840ᴸᴸ

A Vezien, pour avoir raccommodé plusieurs pièces, *idem*............................ 520ᴸᴸ

Au s' Mosin, pour les pièces de tapisserie qu'il a faites pendant lad. année............. 23095ᴸᴸ 18ˢ 7ᵈ

Somme de ce chapitre.. 176522ᴸᴸ 19ˢ 10ᵈ [1]

ACHAT DE MARBRES, PLOMB ET ESTAIN.

3 mars - 18 octobre : au s' Liégeard, pour employer au payement des ouvriers qui tirent des marbres en Bourbonnois (4 p.)................. 10200ᴸᴸ

6 aoust : à luy, pour parfait payement de 33473ᴸᴸ 1ˢ 9ᵈ à quoy montent les marbres qu'il a livré au guichet du Louvre à Paris, y compris les peines qu'il a prises à la recherche d'iceux, suivant le compte arresté le dernier juillet............................. 2673ᴸᴸ 1ˢ 9ᵈ

28 mars : au s' Formont, banquier, sçavoir : 60806ᴸᴸ pour 142 blotz de marbre blanc et 93656ᴸᴸ pour 793697 livres de gros plomb d'Angleterre qu'il a fourny aux magazins du Roy.................... 154462ᴸᴸ

29 avril : à luy, pour 212 blots de marbre de Gennes et des Pirennées................. 108770ᴸᴸ 13ˢ 4ᵈ

3 febvrier : à luy, pour plusieurs blotz de marbre livrez au magazin du Roy................ 73921ᴸᴸ 5ˢ

7 décembre : à luy, pour 30360 livres d'estain et 57965 livres de plomb livrez *idem*...... 89596ᴸᴸ 5ˢ

24 aoust : à luy, pour 207 blots de marbre de divers endroits contenant 5915 pieds cubes.. 136336ᴸᴸ 13ˢ 4ᵈ

31 octobre : à luy, pour 181 blots... 97364ᴸᴸ 16ˢ 8ᵈ

3 may - 28 décembre : au s' Beuf, à compte des marbres d'Italie et de Provence qu'il fournit (2 p.). 35000ᴸᴸ

12 mars : à luy, à compte des marbres de Gennes et de Languedoc qu'il fournit............. 45000ᴸᴸ

20 décembre : à luy, pour 147 pieds 2 pouces de marbre blanc de Carrare livrez à Toulon. 2501ᴸᴸ 16ˢ 8ᵈ

7 décembre : au s' Bouhzon, pour 7 blots de marbre de Gennes, contenant 292 piedz cubes... 6944ᴸᴸ 11ˢ 8ᵈ

Somme de ce chapitre.... 762771ᴸᴸ 1ˢ 5ᵈ

ACQUISITIONS DE MAISONS
ET AUTRES HÉRITAGES.

31 mars : au s' Crosvier, curé de Sève, pour quatre arpens de terre labourable et demy arpent de pré, sciz au terroir de Montreüil, compris dans l'avenue que le Roy fait planter au devant du chasteau de Versailles, y comprises les non-jouissances, labours et semences jusques à ce jour...................... 1450ᴸᴸ

6 aoust : à Jeanne Chauvin, vefve de Denis Le Roy, serrurier, pour 31 perches de terres labourables en deux pièces, scizes au terroir de Monstreuil, au lieu dit le Terrier, acquises au proffit de S. M. par contract du 13 may dernier................. 256ᴸᴸ

19 novembre : au s' de la Neufville et Dᴸᴸᵉ Marie-Marthe Patenostre, sa femme, pour le prix et non-jouissance de 116 perches et demie de terre au terroir de Saint-Germain-en-Laye, acquises au proffit du Roy par contract du 29 octobre dernier........ 1496ᴸᴸ 14ˢ

25 octobre : au s' Dudésert, maistre à danser de la Reyne, pour son dédommagement d'un demy arpent de bois qui luy a esté pris à cause du chemin de Ville-d'Avray à Versailles..................... 200ᴸᴸ

---

[1] Le total exact est 171522ᴸᴸ 19ˢ 10ᵈ.

17 décembre : au s' du Quesnay, pour le prix et non-jouissance de trois quartiers de pré en plusieurs pièces, au terroir de Versailles, acquis au proffit du Roy. 2680ᴴ

15 mars : aux créanciers d'Antoine Pasquier et de Jeanne Le Roy, sa femme, pour le tiers de 41500ᴴ à quoy montent deux [maisons] sçizes rue du Chantre, acquises au proffit du Roy.................. 13833ᴴ 6ˢ 8ᵈ

20 mars : à Jacques Le Cocq, sçavoir : 900ᴴ restant de 1500ᴴ à leur payer par Pierre Guillot, carreyer à Sève, pour le prix d'une carrière pour en tirer des pierres pendant neuf années, et 100ᴴ pour le dédommagement.......................... 1000ᴴ

31 mars : à Pierre Guillot, carreyer, en déduction desd. 1500ᴴ qu'il estoit tenu payer aud. Le Cocq pour lad. carrière.......................... 600ᴴ

22 avril : à Jean de Loches et Jacqueline Covet, sa femme, pour un moulin à vent, maison et terres y attenant, sçiz au grand chemin de la Pissotte..... 3800ᴴ

27 octobre : au s' Palezeau, trompette du Roy, pour 7 arpens 75 perches et demy de terre enfermée dans la première enceinte du parc de Vincennes.. 2253ᴴ 7ˢ 6ᵈ

9 janvier 1672 : à MM. de Mallevrier et de Baufré, pour 9 arpens 9 perches un tiers de terre labourable sçize au terroir de Clichy et Monceaux, acquis au proffit du Roy........................... 3689ᴴ 16ˢ 9ᵈ

28 avril 1671 : à divers particuliers, tant pour le prix principal que pour les non-jouissances des terres qu'ils ont vendues au proffit de S. M., sçizes dans la grande allée du cours de Vincennes, la pépinière du Roulle et advenue des Thuilleries............ 52079ᴴ 18ˢ 8ᵈ

Somme de ce chapitre..... 83339ᴴ 3ˢ 7ᵈ

CHASTEAU DE COMPIÈGNE.

21 febvrier : à Louis Le Clerc, pour remboursement de ce qu'il a déboursé pour le nettoyement qui a esté fait aud. chasteau.......................... 72ᴴ

10 novembre : à luy, pour les ouvriers qui ont nettoyé led. chasteau..................... 143ᴴ 10ˢ

21 febvrier : à Charles de la Cour, Jean et Jacques Pezat, vitriers, pour ouvrages et réparations qu'ils ont faites aud. chasteau...................... 158ᴴ

A Henry Castellot, menuisier, pour réparations aud. chasteau............................... 65ᴴ

A Jean Camaye, maçon, pour menus ouvrages et réparations idem............................ 123ᴴ

10 novembre : aud. Camaye et à Chambois, pour réparations de maçonnerie et restablissement des couvertures idem........................... 595ᴴ 9ˢ 2ᵈ

A Vuasse Morlier, serrurier, pour menus ouvrages et réparations........................... 137ᴴ

10 novembre : à Jacques Le Clerc, serrurier, pour les réparations qu'il a faites aud. chasteau...... 110ᴴ 11ˢ

A Bourgeois et de la Cour, vitriers, pour les réparations de vitres dud. chasteau............. 411ᴴ 6ˢ 6ᵈ

Somme de ce chapitre..... 1815ᴴ 16ˢ 8ᵈ

LOYERS DE MAISONS.

18 avril : à Anne Poisson, pour une année de loyer de sa maison, occupée par Bouys, à Fontainebleau, lad. année escheüe le dernier mars 1671.......... 200ᴴ

31 juillet : au s' Patel, peintre, pour une année de loyer de sa maison escheüe le dernier juin...... 300ᴴ

30 avril : à Claude Prée, pour le premier quartier du loyer de sa maison proche le Louvre où logent des huissiers de la Reyne....................... 37ᴴ 10ˢ

15 juillet 1671-19 avril 1672 : à Anne Caron, pour une année du loyer de sa maison occupée par les huissiers et valets de chambre de la Reyne (2 p.)........ 540ᴴ

Au s' Petit, ingénieur, pour une demie année de sa maison occupée par les femmes de Mᵍʳ le Dauphin. 100ᴴ

15 juillet 1671-19 avril 1672 : à Mᵐᵉ de Poix, pour une année de la maison et manège occupé par la grande escurie du Roy (2 p.).................. 4030ᴴ

15 juillet 1671-19 avril 1672 : au s' Brutin, tuteur des enfans de M. le duc d'Elbeuf, pour une année du loyer de la maison nommée l'hostel de Provence (2 p.)............................. 4000ᴴ

15 juillet 1671-19 avril 1672 : à M. de Chauvery, pour une année du loyer de sa maison occupée par les escuyers de cuisine de Mᵍʳ le Dauphin (2 p.).. 3000ᴴ

11 septembre : au s' Benoist, receveur de la communauté de la Monnoye de Paris, pour trois années de loyer tant d'un jardin et marais sçiz au bas du Roulle que d'une place, contenant 18 perches enclos dans l'orangerie dud. Roulle, dont S. M. est en possession au moyen de la subrogation qui luy en a esté faite par le s' Le Vasseur, garde des plaisirs du Roy, y compris une année commencée en 1668 où S. M. est entrée en possession, quoy que l'acte de lad. subrogation n'en ait esté passé qu'au 19 octobre 1669, lesd. trois années écheües le jour de Pasques dernier........................... 270ᴴ

24 novembre : au s' Duvery, pour une année de loyer de 5 arpens de terre proche l'Arc de triomphe qui ont esté rendus inutiles à cause des ouvriers, escheüe au jour de Saint-Martin dernier................... 150ᴴ

14 mars : au s' de la Motte, exécuteur du testament

de feu M. l'archevesque de Paris[1], pour les non-jouissances de plusieurs terres et marais dépendant de l'archevesché, compris dans les advenues des Thuilleries, cy............................... 550ᵗᵗ 10ᵈ

27 décembre : à M. l'archevesque de Paris, pour la non-jouissance du prieuré de Versailles pendant la présente année....................... 1100ᵗᵗ

Au s' Petit, prieur de Choisy, sçavoir : 753ᵗᵗ tant pour les dixmes des terres de la Boissière que pour celles des prés de Trianon; 140ᵗᵗ pour les terres dépendantes dud. prieuré suivant leur estimation; et 200ᵗᵗ aux marguilliers de la paroisse de Choisy, pour le revenu du pré Saint-Pierre, le tout pendant la présente année. 1093ᵗᵗ

3 janvier 1672 : au s' Munos, chirurgien de la Reyne, pour son logement pendant l'année dernière..... 700ᵗᵗ

29 janvier 1672 : au s' abbé Colbert, pour une année du loyer de sa maison occupée par la bibliothèque du Roy pendant l'année dernière........... 3000ᵗᵗ

16 febvrier 1672 : à Mᵐᵉ Dastry, pour le loyer de deux maisons occupées par les mousquetaires du Roy pendant l'année dernière................. 500ᵗᵗ

A Nicolas Périer, idem.................. 500ᵗᵗ
A la veuve Havart, pour une maison idem.... 180ᵗᵗ
A Louis Roger, pour deux maisons idem...... 360ᵗᵗ
A la veuve Massonet, idem................ 360ᵗᵗ
Au s' Hotel, idem..................... 360ᵗᵗ
Au s' Lesclier, pour quatre maisons idem.... 720ᵗᵗ
A Mᵐᵉ Cornuel, idem.................... 720ᵗᵗ
A MM. Le Camus, pour cinq maisons idem.... 900ᵗᵗ

19 avril 1672 : au s' Petit, pour la dernière demie année du loyer de sa maison occupée par les femmes de la Reyne, y compris 220ᵗᵗ pour les réparations qu'il y a fait............................ 1320ᵗᵗ

A la veuve Carbonnet, pour un quartier de son logement escheu le dernier décembre dernier........ 50ᵗᵗ

Somme de ce chapitre... 25040ᵗᵗ 10ˢ 10ᵈ

PENSIONS ET GRATIFICATIONS
DES GENS DE LETTRES.

30 janvier 1672 : au s' Chapellain, en considération des beaux ouvrages de poésie qu'il a donné au public, et de sa grande érudition................ 3000ᵗᵗ

Au s' abbé de Bourzeis, en considération de la profonde connoissance qu'il a des belles-lettres..... 3000ᵗᵗ

Au s' Perrault, en considération de son mérite et de son amour pour les belles-lettres........... 2000ᵗᵗ

[1] Hardouin de Péréfixe, mort le 1ᵉʳ janvier 1671.

Au s' Charpentier, en considération de son application à l'estude des belles-lettres................ 1500ᵗᵗ

Au s' Corneille l'aisné, en considération des ouvrages de théâtre qu'il donne au public............ 2000ᵗᵗ

Au s' Conrat (sic), en considération de son mérite et de son amour pour les belles-lettres......... 1500ᵗᵗ

Au s' Godefroy, en considération de la profonde connoissance qu'il a dans l'histoire............. 3600ᵗᵗ

Au s' Félibien, pour luy donner moyen de continuer son application aux belles-lettres............ 1200ᵗᵗ

Au Père Le Cointe, en considération de la connoissance qu'il a de l'histoire ecclésiastique, et des ouvrages qu'il compose..................... 1500ᵗᵗ

Au s' Cassagnes, en considération de son mérite et de son application aux belles-lettres............ 1500ᵗᵗ

Au s' Racine, en considération des belles pièces de théâtre qu'il donne au public............... 1500ᵗᵗ

Au s' Balzac, en considération de son application aux belles-lettres........................ 1200ᵗᵗ

Au s' Benserade, en considération de son mérite et de ses ouvrages de poésie.................. 1500ᵗᵗ

Au s' Huet, en considération de son mérite et application aux belles-lettres.................. 1500ᵗᵗ

Aux sʳˢ Vallois, à chacun 1200ᵗᵗ, en considération des ouvrages d'histoires qu'ils composent et donnent au public............................ 2400ᵗᵗ

Au s' Molière, en considération des ouvrages de théâtre qu'il donne au public............... 1000ᵗᵗ

Au s' Mauny, en considération de son application aux belles-lettres et de ses poésies latines.......... 600ᵗᵗ

Au s' Dippy, interprète en langue arabe, en considération du service qu'il rend en cette qualité..... 1000ᵗᵗ

Au s' de la Croix, en considération du service qu'il rend en qualité d'interprète en langue turque... 1200ᵗᵗ

Au s' Quinault, en considération des belles pièces qu'il donne au théâtre...................... 800ᵗᵗ

Au s' Mézeray, en considération du travail qu'il fait à l'histoire........................... 2000ᵗᵗ

Au s' Sainte-Marthe, historiographe....... 1200ᵗᵗ

Au s' Cassiny, 6000ᵗᵗ, sçavoir : 3000ᵗᵗ pour les deux derniers quartiers de ses appointemens, et 3000ᵗᵗ d'augmentation, en considération de sa profonde connoissance des mathématiques................ 6000ᵗᵗ

Au s' Carcavi, en considération de son mérite et de sa connoissance particulière des mathématiques.... 2000ᵗᵗ

Au s' Roberval, en considération de la profonde connoissance qu'il a des mathématiques.......... 1500ᵗᵗ

Au s' Mariotte, en considération idem...... 1500ᵗᵗ

Au s' Picart, idem.................... 1500ᵗᵗ

Au sʳ Frénicle, idem.................... 1200ᵗᵗ
Au sʳ Buot, idem........................ 1200ᵗᵗ
Au sʳ Richer, idem..................... 1000ᵗᵗ
Au sʳ Niquet, idem..................... 1000ᵗᵗ
Au sʳ Perrault, médecin, en considération de son mérite et de la profonde connoissance qu'il a de la phisique.. 2000ᵗᵗ
Au sʳ Pecquet, idem.................... 1200ᵗᵗ
Au sʳ Gayant, en considération de sa grande expérience dans les dissections anatomiques............ 1200ᵗᵗ
Au sʳ du Clos, médecin, en considération de la profonde connoissance qu'il a de la chimie........ 2000ᵗᵗ
Au sʳ Bourdelin, en considération de son application à l'estude de la chimie.................... 1500ᵗᵗ
Au sʳ Gallois, en considération de son application à l'estude des belles-lettres.................. 1500ᵗᵗ
Au sʳ Marchand, en considération de la connoissance particulière qu'il a de la botanique........... 1500ᵗᵗ
Au sʳ Pivart, en considération de son application à l'estude des mathématiques.................. 800ᵗᵗ
Au sʳ Couplet, en considération du soin qu'il prend de rechercher des animaux pour en faire des dissections anatomiques.. 800ᵗᵗ
Au sʳ Duptis, en considération de son application à l'estude des mathématiques.................. 500ᵗᵗ
Au sʳ Blondel, en considération de la parfaite connoissance qu'il a des mathématiques, et de son assiduité aux conférences de l'Académie des Sciences, 2000ᵗᵗ, sçavoir : 1500ᵗᵗ pour l'année dernière 1671, et 500ᵗᵗ pour les derniers quatre mois de l'année précédente....... 2000ᵗᵗ
Au sʳ Borel, en considération de la parfaite connoissance qu'il a de la chimie................ 1200ᵗᵗ
Au sʳ Paquin, en considération de son application à l'estude des mathématiques.................. 600ᵗᵗ
Au sʳ Herbelot, en considération de la profonde connoissance qu'il a des langues orientales........ 1500ᵗᵗ
Au sʳ Dodart, en considération de la profonde connoissance qu'il a de la phisique, et de ce qu'il a assisté pendant neuf mois de temps aux conférences de l'Académie des Sciences...................... 1125ᵗᵗ
15 mars 1672 : au sʳ Kemps, en considération de son travail au laboratoire de la bibliotecque du Roy.. 600ᵗᵗ
Aux sʳˢ de la Croix et Dippy, pour les derniers six mois de leur travail de la traduction des manuscrits arrabes de la bibliotecque du Roy............ 600ᵗᵗ
Au sʳ Costellier, pour les six derniers mois du travail de la traduction grecque à lad. bibliotecque.. 600ᵗᵗ
Au sʳ Le Laboureur, en considération de sa profonde connoissance de l'histoire et des généalogies.... 1500ᵗᵗ

Au sʳ Fleschier, en considération de son application aux belles-lettres et des poésies latines......... 800ᵗᵗ
Au sʳ Le Vavasseur, en considération de son assiduité à l'Académie des Sciences pendant les six derniers mois de 1671............................... 250ᵗᵗ
4 juin 1671 : au sʳ Cassiny, matématicien, pour une demie année de ses appointemens, qui escherra le dernier jour du présent mois..................... 3000ᵗᵗ
27 septembre : au sʳ Richer, à cause de son assiduité aux conférences de l'Académie des Sciences. 1000ᵗᵗ
14 octobre : au sʳ Hugens, pour neuf mois de ses appointemens escheus le dernier décembre prochain. 4500ᵗᵗ
21 febvrier : à luy, pour le premier quartier de ses appointemens............................. 1500ᵗᵗ
6 aoust : au sʳ Cotelier, travaillant à extraire des manuscrits grecs de la bibliothèque du Roy, pour la première demie année de ses appointemens....... 600ᵗᵗ
Au sʳ Dippy, interprette en langue arrabe, pour la première demie année idem..................... 300ᵗᵗ
Au sʳ de la Croix, travaillant à extraire des manuscrits arrabes, idem........................ 300ᵗᵗ
Au sʳ de la Croix, interprette en langue turque, pour la pension de son fils qui apprend les langues orientales à Alep.. 1000ᵗᵗ

Somme de ce chapitre......... 89575ᵗᵗ

PENSIONS ET GRATIFICATIONS
DES GENS DE LETTRES ESTRANGERS.

Au sʳ Vossius, professeur en l'Académie de Leyden..: 1200ᵗᵗ
Au sʳ Hévélius, eschevin de la république de Dantzik.................................... 1200ᵗᵗ
Au sʳ Gratiany, secrétaire des commandemens du duc de Modène............................. 1200ᵗᵗ
Au sʳ Corringius, premier professeur en l'Académie d'Helmstad........................... 1500ᵗᵗ
Au sʳ Viviani, premier mathématicien de M. le duc de Toscane................................. 900ᵗᵗ
Au sʳ Gronovius, premier professeur d'éloquence en l'Académie de Leyden.................. 1200ᵗᵗ
Au sʳ Carlo Datti, Florentin, des plus fameux de l'Académie de la Crusca..................... 1200ᵗᵗ
Au sʳ Ferrany, professeur d'éloquence en l'Université de Padoue................................ 1200ᵗᵗ
Au sʳ Boeclerus, professeur en histoire à l'Université de Strasbourg............................. 900ᵗᵗ

Somme de ce chapitre......... 10500ᵗᵗ

GRATIFICATIONS DES OUVRIERS
ET DES BLESSEZ AUX BASTIMENS.

22 febvrier : aux religieux de l'hospital de la Charité du faubourg Saint-Germain, en considération de ce qu'ils ont pensez et médicamentez les ouvriers blessez aux bastimens de S. M. pendant l'année 1670......... 300^{lt}

1er mars : à la veuve de Jean Petit, eschaffaudeur, par gratification, en considération que son mary a esté tué en tombant d'un eschaffaut des bastimens du Louvre.. 60^{lt}

3 mars : à Gilles Deloy, carreyer, en considération de ce qu'il a eu la jambe écrasée dans la carrière de Marly........................... 60^{lt}

17 mars : à Jacques Bastard, père de Guillaume Bastard, manœuvre, tué en tombant du haut des murs de l'Observatoire....................... 60^{lt}

11 may : au s^r Camberonne, garde des palis de Fontainebleau, par gratification, pour le soin qu'il a pris desd. palis........................ 100^{lt}

Aux tailleurs de pierre du Louvre, des Thuilleries et de l'Observatoire, par gratification pour le May de l'Ascension........................... 600^{lt}

Aux tailleurs de pierre de l'Arc de triomphe, par gratification pour le May de l'Ascension............ 60^{lt}

Aux tailleurs de pierre de Saint-Germain, par gratification pour le May de l'Ascension............ 200^{lt}

11 may : aux tailleurs de pierre de Versailles, par gratification pour le May de l'Ascention.......... 200^{lt}

A la velve Dupont, manœuvre, qui a été tué en tombant d'un des puits de la montagne près Versailles..... 75^{lt}

21 avril : aux cy-après nommées, sçavoir : 120^{lt} à la mère de Pierre Morin et à la veuve de Brie, manœuvres, qui ont esté tuez travaillant au Louvre, et 90^{lt} à la veuve de Laury, charpentier, aussy tué aud. lieu. 210^{lt}

18 juin : aux héritiers de Claude et Jullien René, tous deux tuez en travaillant au Louvre, 60^{lt}; au nommé François, qui a esté blessé, 10^{lt}; et à Pierre Mortille, aussy blessé, ou à ses héritiers, 30^{lt}.......... 100^{lt}

25 septembre : aux cy-après nommez, sçavoir : à la veuve François Jullienne, manœuvre, tué en travaillant au Louvre, 45^{lt}; à La Poterie, charpentier, blessé à l'Observatoire, 15^{lt}; et à Marchand, père de Paul Marchand, goujat, tué au Louvre, 30^{lt}.......... 90^{lt}

22 febvrier 1672 : au s^r de Gansault, capitaine du haras de Saint-Léger, pour la gratification que S. M. a accordée aux commissaires establis pour l'inspection des haras de ce royaume................... 8500^{lt}

9 mars 1671 : à Nicolas Le Vacher et Germaine Beaufrand, manœuvres, qui ont esté blessez, par gratification........................... 60^{lt}

9 aoust : au s^r Théroude, chirurgien, en considération de ce qu'il a pensé les ouvriers blessez à l'Observatoire............................ 100^{lt}

5 septembre : à la veuve Seglas, en considération de ce que Joachim et Marin Seglas, ses enfans, ont esté tuez travaillant au Louvre................. 60^{lt}

A Jean Jourdain, couvreur, en considération d'une chute qu'il fit travaillant au Louvre............ 60^{lt}

18 octobre 1671 : aux héritiers de François Jubé, goujat, tué au Louvre, 30^{lt}; et à Pierre Hubert, tailleur de pierre, blessé, 25^{lt}.................... 55^{lt}

9 novembre : à la veuve de Jean des Hayes, charpentier, tué en remuant des poutres arrivées pour le Louvre, 50^{lt}, et à Bicheseu, compagnon, blessé à Versailles, 50^{lt}............................ 100^{lt}

24 novembre : à Louis Joran, René Simon et Antoine Cisterne, manœuvres, blessez à l'Observatoire, chacun 10^{lt}............................ 30^{lt}

18 janvier 1672 : aux cy-après nommez, sçavoir : 75^{lt} à la veuve de Chopin, peintre, qui s'est tué tombant d'un eschafaut, et 25^{lt} à La Cerisaye, compagnon, devenu perclus de ses mains.................. 100^{lt}

Somme de ce chapitre........ 11150^{lt} [1]

GAGES ET APPOINTEMENS
DES PRÉPOSEZ AUX BASTIMENS.

10 febvrier-25 septembre : à Jacques Charlemagne, préposé aux ouvrages qui se font au jardin des Thuilleries, pour neuf mois de ses appointemens eschus le dernier juillet de la présente année (3 p.)............ 540^{lt}

10 febvrier-3 may : à Louis et Mesme[2] Rouveau, jardiniers, ayant l'entretenement des orangers que le Roy a acquis du s^r Martial, pour trois mois de leur gages escheus le dernier avril 1671 (2 p.)............ 400^{lt}

9 aoust : à Louis Rouvault, compagnon jardinier travaillant au Roulle sous Antoine Trumel, pour trois mois de ses appointemens eschus le dernier juillet.... 100^{lt}

22 febvrier-2 décembre : à René Samin, préposé à recevoir et peser le fer et le plomb de Trianon, pour une année de ses appointemens échus le dernier novembre (4 p.)............................ 900^{lt}

22 febvrier-31 juillet : à Nicolas Ménard, marbrier, préposé pour choisir les marbres qui se tirent à Carrare.

---
[1] Le total exact est 11230^{lt}.
[2] Il est aussi nommé Edme.

pour neuf mois de ses appointemens escheus le dernier juin 1671......... 750ᶧᶧ

3 mars-18 octobre : à Jean Camo, ayant le soin d'ouvrir et fermer aux peintres les portes de la gallerie des peintures et de la grande gallerie du Louvre, pour treize mois d'appointemens escheus le 31 octobre (3 p.). 406ᶧᶧ 5ˢ

3 mars 1671-3 janvier 1672 : à Octavien Henry, employé aux jardins du Roy, pour neuf mois de ses appointemens escheus le 30 novembre 1671 (4 p.). 600ᶧᶧ

26 mars 1671-3 janvier 1672 : à Antoine Sainte-Marie, préposé aux ouvrages de l'Observatoire, pour onze mois de ses appointemens escheus le dernier novembre 1671 (3 p.).......... 550ᶧᶧ

26 mars 1671-2 janvier 1672 : à Jacques Jolly, préposé aux ouvrages des Thuilleries, pour une année escheue au dernier novembre 1671 (5 p.)....... 600ᶧᶧ

26 mars-17 aoust : à Richard Bastard, préposé aux ouvrages de l'avenue de Vincennes, pour sept mois de ses appointemens *idem* (2 p.)................. 350ᶧᶧ

26 mars 1671-18 janvier 1672 : à Noel Dauvergne, préposé aux ouvrages qui se font à Trianon, pour une année de ses appointemens au 31 décembre (4 p.). 900ᶧᶧ

26 mars 1671-18 janvier 1672 : à Jacques Rigault, préposé aux ouvrages du jardin des Thuilleries, pour une année *idem* (4 p.).......................... 720ᶧᶧ

26 mars 1671-2 janvier 1672 : à Jean Benoist, préposé aux ouvrages de l'Arc de triomphe, pour onze mois de ses appointemens (4 p.)............... 825ᶧᶧ

10 avril 1671-3 janvier 1672 : à Jean Colin, préposé aux ouvrages du jardin des Thuilleries, pour une année *idem* (4 p.)................... 1080ᶧᶧ

10 avril : à Barthélémy Dambresne, jardinier flamand, pour deux mois de ses appointemens escheus le dernier mars............... 100ᶧᶧ

4 juillet : à Baltazard Dambrenne, jardinier, pour ses appointemens du mois de juin............... 50ᶧᶧ

3 janvier 1672 : à Baltazand et Barthélemy Dambresne, jardiniers flamands, pour deux mois eschus le 31 décembre............... 200ᶧᶧ

10 avril 1671-3 janvier 1672 : au sʳ Robelin, préposé aux ouvrages de l'acqueduc de Marly, pour une année de ses appointemens (4 p.)............... 1200ᶧᶧ

18 avril 1671-18 janvier 1672 : à François Huvilliers, préposé aux plans des avenues des Thuilleries et du Louvre, dix-huit mois de ses appointemens escheus le 31 décembre 1671 (3 p.)............... 450ᶧᶧ

4 juin 1671-2 janvier 1672 : au sʳ Aumont, garde de la Prévosté de l'Hostel, préposé à la conduite des matériaux de l'Arc de triomphe, pour dix mois de ses appointemens (3 p.)............... 1459ᶧᶧ

4 juin 1671-2 janvier 1672 : à Antoine de la Rogue, préposé aux ouvrages du quay, pour sept mois de ses appointemens (4 p.)............... 420ᶧᶧ

15 juillet 1671-18 janvier 1672 : au sʳ Le Clerc, graveur, pour une année de ses appointemens, y compris 84ᶧᶧ pour fourniture de cuivre (2 p.)......... 1884ᶧᶧ

17 aoust-14 octobre : au sʳ Desmoulins, garde de la Prévosté, 9 mois de ses appointemens (2 p.). 1222ᶧᶧ 10ˢ

15 juillet 1671-18 janvier 1672 : au sʳ Petit père, préposé aux ouvrages de Versailles, pour une année de ses appointemens (2 p.)................ 3600ᶧᶧ

15 juillet 1671-18 janvier 1672 : au sʳ Petit filz, préposé aux bastimens de Saint-Germain-en-Laye, pour une année *idem* (2 p.)................... 1200ᶧᶧ

19 avril 1672 : à luy, pour ses gages extraordinaires pendant l'année dernière................. 900ᶧᶧ

15 juillet 1671-18 janvier 1672 : au sʳ Fossier, préposé pour peser le plomb et le fer des bastimens du Louvre, pour une année *idem* (2 p.)......... 1200ᶧᶧ

19 avril 1672 : à luy, pour ses gages extraordinaires pendant l'année dernière................. 1300ᶧᶧ

25 octobre 1671-18 janvier 1672 : à François Antoine, meusnier de Trianon, pour la dernière demie année de ses appointemens [1] (2 p.)............. 500ᶧᶧ

3 octobre 1671-18 janvier 1672 : à Antoine Deslauriers, préposé aux ouvrages du jardin des Thuilleries, pour six mois de ses appointemens escheus le dernier décembre (2 p.)....................... 600ᶧᶧ

3 may-3 octobre : au sʳ Pinault, préposé à la conduitte des matériaux pour Saint-Germain-en-Laye, pour onze mois de ses appointemens escheus le dernier septembre (2 p.)....................... 1515ᶧᶧ

28 novembre-18 décembre : aux jardiniers de Versailles, sçavoir : à Macé Foucher, ayant l'entretenement du petit parc, 3000ᶧᶧ; à Marin Trumel, ayant l'orangerie, 1500ᶧᶧ; et à Jacques Vaultier, ayant le potager, 1200ᶧᶧ, pour la dernière demie année de leurs appointemens [2] (2 p.)............... 5700ᶧᶧ

23 janvier-1ᵉʳ décembre : au sʳ Michel Le Bouteux, jardinier, pour une année de ses appointemens. 7000ᶧᶧ

20 juillet 1671-18 janvier 1672 : au sʳ de la Quintinie, ayant la direction de tous les jardins fruitiers et

---

[1] La première demi-année figure à un autre chapitre. Voyez col. 572.

[2] La première demi-année leur est payée dans le chapitre intitulé : *Gages et entretenemens d'officiers.* Voyez ci-après, col. 572.

polagers de S. M., pour une année de ses appointemens (2 p.)............................ 2000ᴧ

20 juillet 1671-18 janvier 1672 : à BALLON, ayant la direction des plants des avenues et parcs des maisons royalles, pour ses appointemens *idem* (2 p.).... 1800ᴧ

20 juillet 1671-18 janvier 1672 : au sʳ DENIS, fontainier de Versailles, pour trois quartiers de ses appointemens (2 p.)........................ 4500ᴧ

10 febvrier : au sʳ CLÉMENT, pour ses appointemens de l'année dernière, tant pour le service qu'il rend à la bibliotecque du Roy que du soin qu'il prend des planches gravées de S. M. et de leurs impressions...... 1200ᴧ

14 octobre 1671-18 febvrier 1672 : à MARTIN, chirurgien de Versailles, pour avoir médicamenté les ouvriers pendant la dernière année (2 p.)........ 500ᴧ

29 febvrier 1672 : à DORBAY, architecte, pour le service qu'il a rendu dans les bastimens du Roy pendant l'année dernière...................... 1200ᴧ

21 avril : à TRUMEL, ayant l'entretenement de la pépinière du Roulle, pour le 1ᵉʳ quartier de ses gages de l'année 1671...................... 300ᴧ

17 juin : à M. DE CARAMANI, maistre de camp au régiment Royal-Roussillon, pour les six derniers mois 1670 et les six premiers de la présente année de l'entretenement de son haras...................... 2000ᴧ

15 juillet : à GABRIELLE BRIEST, jardinier du petit parc de Vincennes, pour quatre mois de ses gages escheus le dernier juin...................... 500ᴧ

20 juillet : à DE LA CROIX, portier de la porte du Palais-Royal qui sort sur la rue de Richelieu, à compte de ses gages........................ 300ᴧ

8 octobre 1671-18 janvier 1672 : à DESCLUSEAUX, préposé pour la conduitte des matériaux nécessaires aux maisons royalles, pour une année de gages (2 p.). 900ᴧ

18 janvier 1672 : à LOUIS GERMAIN, préposé aux plants des avenues des maisons royalles, pour deux mois de ses appointemens escheus le 31 décembre. 187ᴧ 10ˢ

2 septembre : au sʳ VANDERMEULEN, peintre flamand, pour les 6 premiers mois de ses appointemens.. 3000ᴧ

28 octobre : à GERVAIS, portier du parc de Fontainebleau, appointemens de la présente année.... 300ᴧ

A COSME PETIT, portier de la cour du Cheval Blanc, pour ses appointemens *idem*.............. 200ᴧ

26 novembre : aux prestres de la Congrégation, pour leur entretenement *idem*................ 6000ᴧ

9 juin 1672 : à ..... (sic), commis du sʳ LA MOTTE COQUART, intendant ancien des bastimens du Roy, pour ses gages de l'année dernière 1671.......... 600ᴧ

25 avril : aux ouvriers qui travaillent pour le Roy dans la maison des Gobelins, pour leurs appointemens de 1671........................ 2730ᴧ

17 juillet : au sʳ LOYR, pour les six derniers mois de ses appointemens de l'année dernière.......... 3000ᴧ

5 avril 1674 : au sʳ DE LA CHAMBRE, médecin ordinaire des Bastimens, pour ses appointemens en ladite qualité pendant l'année 1671................. 1000ᴧ

Somme de ce chapitre...... 71428ᴧ 10ˢ

GAGES ET ENTRETENEMENS D'OFFICIERS.

20 mars : à JEAN GROUNET, maçon et couvreur, pour ce qui luy reste deub de ses entretenemens de couverture de Fontainebleau de l'année 1661........ 732ᴧ 10ˢ

21 mars : à JEAN CAMAYE et VALERAND CHAMBOIS, pour une année de leurs gages et entretenement des couvertures du chasteau de Compiègne, qui eschera au 1ᵉʳ avril prochain........................ 400ᴧ

21 novembre : à eux, pour six mois dud. entretenement échus au dernier septembre............ 200ᴧ

Au sʳ LE CLERC, garde-clefs dud. chasteau, pour une année escheue au 1ᵉʳ janvier dernier.......... 200ᴧ

26 avril : à JEAN FRADE, jardinier, ayant l'entretenement des labours de la pépinière de Saint-Germain, pour trois mois de ses appointemens escheus le dernier mars 1671........................ 241ᴧ 3ˢ

20 may : à PIERRE MESNARD, ayant l'entretenement des marbres de la chapelle du Palais-Royal, pour une année dudit entretenement escheue le dernier mars dernier............................ 150ᴧ

11 juin : au sʳ DENIS, ayant l'entretenement des fontaines et tuyaux de plomb de Versailles, pour le 1ᵉʳ quartier de ses appointemens de la présente année.. 1500ᴧ

4 juillet : aux jardiniers de Versailles, pour 6 mois de leur entretenement eschu le dernier juin, sçavoir : 3000ᴧ à MACÉ FOUCHER, ayant le petit parc; 1500ᴧ à MARIN TRUMEL, ayant l'orangerie, et 1200ᴧ à JACQUES VAUTIER, ayant le potager...................... 5700ᴧ

10 juillet : à FRANÇOIS ANTOINE, meusnier, pour six mois de l'entretenement des moulins de Trianon, escheus le dernier juin de la présente année.......... 500ᴧ

17 aoust : à NICOLAS DUVAL, couvreur, pour deux années de l'entretenement des couvertures de Monceaux escheus le dernier juin................... 1000ᴧ

23 septembre 1671-17 juin 1672 : à ESTIENNE YVON et DIMANCHE CHARUEL, couvreurs, ayant l'entretenement

de toutes les maisons royalles et autres lieux en dépendans, une année dud. entretenement [1] (3 p.).. 8290ᵗᵗ

14 septembre : au sʳ Beaubrun, trésorier de l'Académie de peinture et sculpture, pour une demie année de l'entretenement de lad. Académie, escheue le dernier juin............................. 2000ᵗᵗ

31 octobre : à la veuve d'André Clément, serrurier à Montceaux, pour les ouvrages dud. chasteau pendant la présente année......................... 98ᵗᵗ

19 janvier 1672 : à Charles de la Rue, maçon, pour l'entretenement pendant l'année dernière des couvertures de pierre, en forme de terrasse, du viel chasteau de Saint-Germain-en-Laye..................... 400ᵗᵗ

22 avril-28 octobre : à Antoine Trumel, ayant l'entretenement de l'orangerie du Roulle, pour les trois premiers quartiers de ses gages (2 p.)........... 825ᵗᵗ

28 octobre 1671-19 avril 1672 : à Tisserand, vitrier, et à ses seurs, pour une année de l'entretenement des vitres de Fontainebleau (2 p.)............. 1200ᵗᵗ

Au sʳ Galland, pour une année de l'entretenement des carpes et cignes de Fontainebleau (2 p.).... 1082ᵗᵗ 8ˢ

A Anglard, pour une année de l'entretenement des couvertures de Vincennes (2 p.)............ 1000ᵗᵗ

28 octobre : à la veuve Carbonnet, ayant l'entretenement de la haute allée des meuriers blancs aux Thuilleries, pour trois quartiers de la maison qu'elle occupe. 150ᵗᵗ

28 octobre 1671-19 avril 1672 : aux sʳˢ Gissey et Clinchant, pour l'entretenement de la propreté du palais des Thuilleries pendant l'année 1671 (2 p.).. 2000ᵗᵗ

18 juin 1672 : à Chastillon, pour augmentation de gages à cause de l'augmentation faite dans son entretenement de l'orangerie de Fontainebleau........' 200ᵗᵗ

28 octobre 1671 : à la veuve de Bray, pour ses gages extraordinaires, à cause de l'augmentation de son entretenement............................. 200ᵗᵗ

19 avril 1672 : à de la Tour, concierge du chasteau de Fontainebleau, pour l'entretenement de la propreté dud. chasteau...................... 400ᵗᵗ

Somme de ce chapitre....... 28467ᵗᵗ 3ˢ

GAGES DES OFFICIERS DES BASTIMENS PAYEZ PAR ESTAT DU 3 FEBVRIER 1672.

GAGES ET APPOINTEMENS DES SURINTENDANT, INTENDANS, CONTROLLEURS ET TRÉSORIERS DESD. BASTIMENS.

A nous, en qualité de Surintendant et ordonnateur

[1] Les deux entrepreneurs recevaient la même somme, comme le prouve un des payements fait à chacun séparément.

général desd. bastimens, jardins, tapisseries et manufactures, la somme de 12000ᵗᵗ pour nos gages à cause de nostre dite charge..................... 12000ᵗᵗ

A nous, en qualité de lad. charge et pension attribuée et unie à icelle........................ 3000ᵗᵗ

A nous, comme Surintendant et ordonnateur général des bastimens du chasteau de Montceaux...... 2400ᵗᵗ

Au sʳ Coquart de la Motte, conseiller du Roy en ses conseils, intendant et ordonnateur desd. bastimens, jardins, tapisseries et manufactures, pour trois quartiers de ses gages.......................... 4500ᵗᵗ

Au sʳ Varin, aussy conseiller esdits conseils, intendant et ordonnateur alternatif desd. bastimens, jardins et manufactures, pour trois quartiers........... 4665ᵗᵗ

Au sʳ ...., aussy conseiller esdits conseils, intendant et ordonnateur triennal desd. bastimens, etc., la somme de 4500ᵗᵗ pour trois quartiers de ses gages, dont il ne ne sera rien payé, partant cy............,..... Néant.

Au sʳ Le Nostre, controlleur général ancien desd. bastimens, etc., pour trois quartiers de ses gages et augmentation d'iceux..................... 4080ᵗᵗ 18ˢ 9ᵈ

A ...., controlleur alternatif desd. bastimens...., la somme de 3934ᵗᵗ 13ˢ 9ᵈ pour trois quartiers de ses gages et augmentation d'iceux, de laquelle il ne sera rien payé....................,..... Néant.

Au sʳ Lefebvre, controlleur général triennal desd. bastimens, etc., pour trois quartiers de ses gages et augmentation d'iceux......................... 4133ᵗᵗ

A Mᵉ Antoine Le Menestrel, conseiller du Roy et trésorier général ancien des bastimens, etc. pour trois quartiers de ses gages et augmentation d'iceux..... 2100ᵗᵗ

A Mᵉ Charles Le Bescue, aussy conseiller et trésorier général alternatif desd. bastimens............ 2100ᵗᵗ

A Mᵉ Sébastien François de la Planche, aussy conseiller du Roy et trésorier général triennal desd. bastimens..................,........,...... 2100ᵗᵗ

Somme............ 41078ᵗᵗ 18ˢ 9ᵈ

OFFICIERS QUI ONT GAGES POUR SERVIR GÉNÉRALLEMENT DANS TOUTES LES MAISONS ROYALLES.

A Pierre Gitard, architecte, pour ses gages de la présente année, dont il sera payé entièrement...... 400ᵗᵗ

A François Le Vau, autre architecte, idem... 1000ᵗᵗ

A Pierre Cottard, autre architecte, pour ses gages de la présente année....................... 200ᵗᵗ

Au sʳ Le Brun, pour la conduitte et direction des peintures de toutes les maisons royalles......... 4800ᵗᵗ

A luy, pour la conduitte, sous nos ordres, de la manufacture des Gobelins, la somme de 4000ʰʰ, et pour faire celle de 12000ʰʰ à luy accordée par chacun an, compris 3200ʰʰ employez dans l'estat de la maison du Roy. 4000ʰʰ

Au s' FÉLIBIEN, historiographe des bastimens du Roy, pour ses gages............................ 1200ʰʰ

A CHARLES ERRARD, peintre retenu pour servir S. M., la somme de 1200ʰʰ pour ses gages, dont il sera payé de trois quartiers en la présente année à cause du service actuel qu'il rend à S. M. pour ses bastimens...... 900ʰʰ

A PHILIPPES CHAMPAGNE, autre peintre, pour ses gages, la somme de 400ʰʰ, dont il sera payé seulement de la moitié.................................. 200ʰʰ

A NICOLAS LOIR, autre peintre, pour ses gages, dont il sera payé idem........................... 200ʰʰ

A COIPEL, autre peintre, idem............... 200ʰʰ
A BOURZON, autre peintre, idem............. 200ʰʰ
A BAILLY, peintre en miniature, idem........ 200ʰʰ
A PATEL, autre peintre, idem................ 200ʰʰ
A BOULOGNE, autre peintre, idem............ 200ʰʰ
A GOY, autre peintre, idem................. 120ʰʰ

A VINOT, ayant la garde des figures et le soin de tenir net et polir les marbres des maisons royalles, pour ses gages...................................... 400ʰʰ

A GILLES GUÉRIN, sculpteur, pour ses gages.... 200ʰʰ
A ANGUIER, sculpteur, idem.................. 200ʰʰ

A JACQUES HOUZEAU, autre sculpteur, faisant ordinairement les modelles et ornemens, tant au Louvre qu'ailleurs, pour ses gages la somme de 400ʰʰ, dont il luy sera payé celle de.................................. 200ʰʰ

A FRANÇOIS GIRARDON, autre sculpteur, pour ses gages de la présente année.................... 150ʰʰ

A THOMAS REGNAUDIN, autre sculpteur, idem.... 150ʰʰ
A GASPARD MARSY, idem...................... 150ʰʰ
A BALTHAZARD MARSY, idem................... 150ʰʰ
A PHILIPPES BUISTER, idem................... 150ʰʰ
A MATHIEU LESPAGNANDEL, idem............... 150ʰʰ
A PHILIPPES CAFFIERS, idem.................. 150ʰʰ
A BAPTISTE TUBY, idem...................... 150ʰʰ
A FRANCISQUE, idem......................... 30ʰʰ
A MÉNARD, marbrier, idem................... 30ʰʰ

A DOMINICO CUCCY, qui fait toutes les garnitures de bronze des portes et croisées des Thuilleries et d'ailleurs, pour ses gages.............................. 60ʰʰ

A CHAUVEAU, graveur, pour ses gages......... 100ʰʰ

A ISRAËL SILVESTRE, graveur du Roy, pour ses gages pour faire les desseins d'architecture, veües et perspectives des maisons royalles, carousels et autres assemblées publiques, la somme de 400ʰʰ à luy accordée par brevet, dont il sera payé entièrement................. 400ʰʰ

A VILLEDO, maistre des œuvres de maçonnerie des bastimens du Roy, tant pour ses gages anciens qu'augmentation d'iceux, 1200ʰʰ, dont il sera payé de la moitié, attendu le service actuel qu'il rend à S. M............ 600ʰʰ

A SÉBASTIEN, maistre des œuvres de charpenterie des maisons royalles, la somme de 1200ʰʰ, de laquelle il sera payé de la moitié............................ 600ʰʰ

A ANDRÉ MAZIÈRES, pour ses gages........... 30ʰʰ
A ANTOINE BERGERON, maçon, idem............ 30ʰʰ
A CLAUDE BRESSY, autre maçon, idem......... 30ʰʰ
A FRANÇOIS DORBAY, idem.................... 30ʰʰ
A PIERRE BRÉAU, idem....................... 30ʰʰ
A JACQUES GABRIEL, idem.................... 30ʰʰ
A MAZIÈRES le jeune, idem.................. 30ʰʰ
A HANICLE, idem............................ 30ʰʰ
A PIERRE THÉVENOT, idem.................... 30ʰʰ
A PONCELET CLIQUIN, charpentier, idem....... 30ʰʰ
A PAUL CHARPENTIER, autre charpentier, idem... 30ʰʰ
A JEAN BRICART, idem....................... 30ʰʰ
A PIERRE BASTARD, idem..................... 30ʰʰ
A PIERRE DIONIS, menuisier, idem............ 30ʰʰ
A JEAN ANGLEBERT, idem..................... 30ʰʰ
A CLAUDE BERGERAT, menuisier, idem.......... 30ʰʰ
A ANTOINE SAINT-YVES, idem................. 30ʰʰ
A CHARLES LAVICE, idem..................... 30ʰʰ
A CLAUDE BUIRETTE, idem.................... 30ʰʰ
A JACQUES PROU, idem....................... 30ʰʰ
A la veuve SOMER, ébéniste, idem........... 30ʰʰ
A MACÉ, ébéniste, idem..................... 30ʰʰ
A ESTIENNE DOYART, serrurier, idem.......... 30ʰʰ
A DENIS DU CHESNE, idem.................... 30ʰʰ
A la veuve VIERREY, vitrière............... 30ʰʰ
A la veuve LONGET, idem.................... 30ʰʰ
A CHARLES JACQUET, idem.................... 30ʰʰ
A CHARLES YVON, idem....................... 30ʰʰ
A GILLES LE ROY, plombier, idem............ 30ʰʰ
A LÉONARD AUBRY, paveur, idem.............. 30ʰʰ
A ANTOINE VATEL, idem...................... 30ʰʰ
A MATHIEU MISSON, marbrier, idem........... 30ʰʰ
A NICOLAS DELOBEL, serrurier, idem.......... 30ʰʰ
A BRIOT, miroitier, idem................... 30ʰʰ
A LA BARONNIÈRE, peintre et doreur, idem..... 30ʰʰ

A GOSSELIN, armurier, retenu pour travailler aux instrumens de matématiques nécessaires pour l'Accadémie des Sciences................................ 200ʰʰ

A PADELIN et VANISSE, ramoneurs de cheminées, pour avoir soin de tenir nettes toutes celles des maisons royalles

ANNÉE 1671. — GAGES DES OFFICIERS DES BÂTIMENTS.

à Paris, Saint-Germain, Fontainebleau et autres lieux, la somme de 200ʰ, sur quoy leur sera payé 30ʰ à chacun, et les ramonnages leur seront payez par ordonnance. 60ʰ

A Daniel Fossier, garde du magazin du Roy où se mettent les démolitions et matéreaux nécessaires pour les bastimens de S. M., pour ses gages.......... 400ʰ

A Charles Mollet, jardinier, retenu pour travailler aux desseins et parterres des jardins de S. M. lorsqu'il luy sera commandé, pour ses gages la somme de 1000ʰ, dont il ne luy sera payé que.............. 500ʰ

A André Le Nostre, aussy retenu pour travailler auxd. desseins de jardins et parterres, pour ses gages. 1200ʰ

Au sʳ François Francines, intendant de la conduitte et mouvement des eaux et fontaines de S. M., la somme de 3000ʰ, sçavoir : 1800ʰ d'anciens gages et 1200ʰ d'augmentation, dont il sera payé de trois quartiers, montant à la somme de....................... 2250ʰ

A luy, ayant l'entretenement des fontaines de Rongis, palais de Luxembourg, Croix-du-Tiroir et chasteau du Louvre, pour ses gages à cause de l'entretenement desd. fontaines............................ 7000ʰ

A Pierre Francines, ingénieur pour le mouvement des eaux et ornemens de fontaines, outre ce qui luy est ordonné dans l'estat de Fontainebleau, la somme de 600ʰ, dont il luy sera payé trois quartiers........... 450ʰ

Au sʳ Perrault, l'un de nos commis, ayant soin de la visitte de tous les ouvrages ordonnez par S. M. en ses bastimens, et de tenir la main à ce que tous les ordres par nous donnez pour l'exécution des volontez de S. M. soient ponctuellement exécutez et avec diligence requise, pour ce........................... 1500ʰ

Au sʳ Billet, autre commis tenant sous nous le registre des rolles, ordonnances, recepte et dépense desd. bastimens, pour ses appointemens.............. 900ʰ

A ....., commis du Controlleur général desd. bastimens en exercice, pour en son absence avoir l'œil à ce qui est du controlle général, pour ses appointemens.. 600ʰ

Aux trois premiers commis en tiltre d'office des trois trésoriers généraux desd. bastimens, pour leurs gages, à raison de 300ʰ chacun par an, dont il sera payé seulement à chacun 200ʰ, cy................. 600ʰ

Somme.................. 34750ʰ

OFFICIERS SERVANS SA MAJESTÉ
POUR L'ENTRETENEMENT DES MAISONS ET CHASTEAUX CY-APRÈS DÉCLAREZ.

LOUVRE.

A René de Louvigny, concierge du chasteau du Louvre, pour tenir nettes les grandes et petites galleries, les ouvrir et fermer, pour ses gages, tant anciens qu'augmentation d'iceux........................ 1000ʰ

PALAIS DES THUILLERIES.

Aux sʳˢ Jessey et Clinchant, gardes du palais des Thuilleries, pour leurs gages de la présente année. 300ʰ

A eux, comme concierges de la grande salle nouvellement construite au palais des Thuilleries pour danser les balets et représenter les grandes comédies et machines, pour leurs appointemens de la présente année à cause de lad. charge, à condition d'entretenir deux valets pour tenir nette lad. salle et ouvrir et fermer les portes et fenestres, et d'avoir l'œil à la décoration, machines et amphitéâtre d'icelle........................ 2000ʰ

A André Le Nostre, ayant l'entretenement des parterres nouvellement plantez à la face du palais des Thuilleries, pour ses gages à cause dud. entretenement consistant à nettoyer, battre et ratteler la grande terrasse en face dud. palais, la grande allée du milieu, contre-allées, tour et place du grand rondeau, avec les palissades de la demy lune plantée de sapin, ifs et ciprès, jusqu'au premier maronnier d'Inde de la grande allée du milieu, et allée de traverse plantée de buis qui ferme le quarré où estoit l'estang, l'allée d'ormes du bout des parterres qui est le rondeau, finissant à droite à l'allée du mail, à gauche à la grande terrasse du costé de la rivière contre M. de Congis, huict quarrez de parterre en broderie, lesquels seront tondus et nettoyés et entretenus en tout leur contenu, ainsy que les plattes bandes et allées de traverse et tour des bassins. Entretiendra de labours et fumier les arbrisseaux verts dud. parterre, mesmes les garnira dans les saisons de fleurs de pareilles espèces que celles qui y sont, lesquels il fera lever, replanter et regarnir à ses frais............................ 3000ʰ

A la veuve Carbonnet, ayant l'entretenement de la haute allée des meuriers blancs, palissades et jasmins au pied desd. meuriers, arbres de Judée du costé du dosme et palissades de buis des deux allées traversantes led. jardin, au lieu de feu Pierre Moller, la somme de 300ʰ à quoy S. M. a réglé ses appointemens......... 300ʰ

A Pierre Desgotz, ayant l'entretenement des palissades et allées des Thuilleries, la somme de 1200ʰ, sçavoir : 950ʰ pour ses entretenemens anciens et 250ʰ pour augmentation d'iceux, dont il sera payé de trois quartiers à condition qu'il restablira lesd. palissades et les repeuplera sur le pied aux endroits où il en sera besoin, dont il rapportera certificat..................... 900ʰ

A Françoise Le Nostre, veuve de Simon Bouchard,

ayant l'entretenement des orangers du Roy en sa grande orangerie dud. jardin des Thuilleries, parterre à fleurs et autre jardin derrière, près la garenne, la somme de 1200ᴸ pour ses gages à cause dud. entretenement, sçavoir : 800ᴸ d'anciens et 400ᴸ d'augmentation, dont elle sera payée de trois quartiers en fournissant l'inventaire et dénombrement des orangers qui sont dans lad. orangerie appartenant à S. M........................... 900ᴸ

A Guillaume Masson et à ..... Le Juge, ses deux belles-sœurs, chacun pour un tiers de l'entretenement du grand parterre des Thuilleries au lieu entrelassé fait de neuf, de l'allée des grenadiers, à la charge de faire labourer les palissades tant de buis sauvage que jasmins, coigniers, grenadiers, arbres de Judée et autres entretenemens, la somme de 1400ᴸ, dont ils seront payez de trois quartiers......................... 1050ᴸ

Somme................... 8450ᴸ

COURS DE LA REYNE MÈRE.

A ....., portier de la porte du Cours de la Reyne du costé des Thuilleries, pour ses gages de la présente année............................. 20ᴸ
A ....., portier de la porte dud. Cours du costé de Chaillot............................... 20ᴸ

Somme.................... 40ᴸ

PALAIS CARDINAL.

A Nicolas Bouticourt, concierge dud. palais, pour trois quartiers de ses gages................ 450ᴸ
A luy, au lieu de François Huet, dit Poictevin, ayant la charge du nettoyement des chambres et soin d'icelles, pour trois quartiers idem................ 225ᴸ
A Henry Jessey et Clinchant, pourveus par S. M., par son brevet du 7ᵉ janvier 1666, de la charge de gardesalles et machines dud. Palais-Royal, dont estoit pourveue Anne Dubois, fille de Jean Dubois et de Marie Lhuillier, pour trois quartiers de ses gages............ 225ᴸ
A Jean Guérin, portier des portes des rues des Bons-Enfans et de Richelieu, pour ses gages........ 150ᴸ
A Jean Mousset, portier de la grande porte dud. Palais Cardinal............................. 150ᴸ
A Nicolas Bouticourt, jardinier des jardins dud. palais, la somme de 800ᴸ à cause des entretenemens dud. jardin, dont il sera payé de trois quartiers...... 600ᴸ

Somme.................... 1800ᴸ

COLLÈGE DE FRANCE.

A du Clerc, concierge du Collège de France, pour deux quartiers de ses gages................ 25ᴸ

MADRID.

A Jean Ricard, concierge du chasteau de Madrid, pour ses gages, dont il sera payé de trois quartiers... 150ᴸ

SAINCT-GERMAIN.

A François Francines, ayant l'entretenement des fontaines et grottes des chasteaux dud. Saint-Germain, pour ses gages à cause dud. entretenement, la somme de 1200ᴸ; attendu le déperissement de la plus part des grottes, celle de................................ 400ᴸ
A Nicolas Bertrand, ayant l'entretenement des terrasses et descentes du chasteau neuf, la somme de 150ᴸ, dont il luy sera payé seulement 30ᴸ, attendu le déperissement des terrasses............................. 30ᴸ
A Jean-Baptiste Lalande, ayant l'entretenement du vieil [parc?] et des vieilles pallissades dans le parc, à la reserve du grand parterre et allées qui sont autour, pour ses gages............................. 500ᴸ
A luy, ayant l'entretenement de l'orangerie.... 500ᴸ
A Jean de la Lande, autre jardinier, ayant l'entretenement du grand parterre et de trois allées qui sont autour dans le vieil jardin, pour ses gages........... 700ᴸ
A Jean de la Lande, autre jardinier, ayant celuy des allées et palissades de l'enclos du petit bois, la somme de 450ᴸ, dont il sera payé de trois quartiers.... 336ᴸ 10
A luy, ayant l'entretenement du potager...... 200ᴸ
A luy, ayant l'entretenement du boulingrin et jardin de gazon............................. 800ᴸ
A Claude Bellier, ayant l'entretenement du potager et des deux parterres à costé de la fontaine du chasteau neuf, la somme de 600ᴸ, dont il sera payé de... 450ᴸ
A François Lavechef, au lieu de François Bellier, son beau-père, ayant l'entretenement du jardin et parterre de devant les grottes du chasteau neuf, la somme de 600ᴸ, dont il sera payé de trois quartiers, cy. 450ᴸ
A luy, ayant l'entretenement du jardin des canaux et collines dud. chasteau, au lieu de François Bellier, son beau-père, la somme de 100ᴸ, dont il sera payé de trois quartiers, cy......................... 75ᴸ
A Goeren, concierge du parc, pour trois quartiers de ses gages............................. 180ᴸ
A Guillaume Le Coistellier, ayant l'entretenement du jardin du Val dans le parc proche Carrière... 200ᴸ
A Claude Patenostre, concierge du chesnil proche le Tripot.............................. 180ᴸ
A Pierre Bertin, concierge du garde-meuble et chasteau neuf de Saint-Germain, pour trois quartiers de ses gages.............................. 375ᴸ

A Thomasse Lefebvre, veuve Franchon, ayant l'entretenement de la petite escurie du Roy, la somme de 400ᵗᵗ, dont il luy sera payé la moitié............... 200ᵗᵗ

A Henry Souleigre, au lieu de Catherine Ferrand, sa mère, concierge et garde-meuble du vieil chasteau, pour trois quartiers de ses gages............. 225ᵗᵗ

A luy, pour l'entretenement de l'horloge du vieil chasteau, idem.................... 75ᵗᵗ

A Jacques Martin, portier du vieil chasteau, pour trois quartiers........................ 75ᵗᵗ

A Denis Laloyer, portier du chasteau neuf, idem. 75ᵗᵗ

A Claude Taillier, portier de la porte du parc au bas des descentes dud. chasteau............... 75ᵗᵗ

A Poisson, peintre, pour ses gages........ 30ᵗᵗ
A Charles de la Rüe, idem................ 30ᵗᵗ
A René du Fay, charpentier, idem.......... 30ᵗᵗ
A Millot, menuisier, idem................ 30ᵗᵗ
A Louis Boutraict, serrurier, idem......... 30ᵗᵗ
A Mercier, vitrier, idem................. 30ᵗᵗ

Somme................. 6281ᵗᵗ 10ˢ

SAINT-LÉGER.

A ....., concierge dud. chasteau, pour deux quartiers de ses gages................... 225ᵗᵗ

POUGUES.

A Jean Adrian, garde des fontaines de Pougues, pour trois quartiers de ses gages............. 75ᵗᵗ

VINCENNES.

A Gabriel Briais, jardinier, ayant le soin et entretenement de tous les jardins dépendans dud. chasteau, pour ses gages....................... 1500ᵗᵗ

A Chevillard, fontainier dud. chasteau, ayant le soin et conduitte de toutes les fontaines dud. lieu.... 600ᵗᵗ

Somme................. 2100ᵗᵗ

VERSAILLES.

L'entretenement ordinaire des concierges, jardiniers et autres officiers dud. chasteau a esté payé par un fond libellé séparément, partant cy............. Néant.

JARDIN MÉDICINAL.

Les gages des officiers et entretenemens ordinaires du jardin médicinal du faubourg Saint-Victor, montant à 21000ᵗᵗ, se payent par estat séparé, partant cy. Néant.

HOSTEL DES AMBASSADEURS.

A Sébastien Pouget, concierge dud. hostel, 400ᵗᵗ, dont il sera payé seulement................... 100ᵗᵗ

CHASTEAU-THIERRY.

Led. chasteau et domaine a esté engagé et alliéné à M. le duc de Bouillon, partant cy........... Néant.

VILLIERS-COTTERETS.

Led. chasteau et domaine a esté baillé à M. le duc d'Orléans en augmentation de son appanage... Néant.

CHASTEAU DE MARIMONT.

Au sʳ de Monpassan, concierge et garde-clefs dud. chasteau, pour ses gages pendant l'année 1671.. 500ᵗᵗ

A Jacques Barye, jardinier, ayant l'entretenement du jardin, tant pour ses gages que pour les journées d'hommes, plantes, fleurs, fumiers et ustancils nécessaires pour l'entretenement dud. jardin........... 1250ᵗᵗ

A André Le Mercier, fontainier, ayant l'entretenement de toutes les fontaines et des conduittes tant du chasteau que du jardin et du parc, la somme de 125ᵗᵗ, pour, avec 250ᵗᵗ qu'il a reçeu, faire celle de 375ᵗᵗ à quoy sont fixez ses gages, à la charge qu'il fournira tous les mastics et soudures nécessaires pour l'entretenement desd. fontaines....................... 125ᵗᵗ

A Jean et Nicolas Cliquet, charpentiers, ayant l'entretenement de toutes les clostures et palissades tant du jardin que du parc, à la charge de fournir tous les bois, clouds et peines d'ouvriers nécessaires, la somme de 250ᵗᵗ, pour, avec 300ᵗᵗ qu'il a reçeu, faire 550ᵗᵗ suivant son marché...................... 250ᵗᵗ

A Nicaise Constant, couvreur, ayant l'entretenement de toutes les couvertures tant d'ardoize que de thuille, et fournitures de soudure nécessaire pour les chesneaux, goutières, cuvettes et thuyaux de descente...... 180ᵗᵗ

A Marie Scarmur, portière, la somme de..... 228ᵗᵗ

Somme................... 2528ᵗᵗ

Somme totalle du présent estat...... 97708ᵗᵗ 8ˢ 9ᵈ

GAGES DES OFFICIERS
ENTRETENUS AU CHASTEAU DE FONTAINEBLEAU,
SUIVANT L'ESTAT DU 29ᵉ JANVIER 1672.

Au sʳ marquis de Saint-Herem, capitaine et concierge dud. chasteau, pour ses gages, la somme de 3800ᵗᵗ, outre 1200ᵗᵗ employez dans l'estat des bois de S. M., de la maistrise de Melun et de Fontainebleau....... 3800ᵗᵗ

A nous, en qualité de Surintendant et ordonnateur général des bastimens, jardins, tapisseries et autres manufactures, la somme de 3800ᵗᵗ pour nos gages de l'année

1671, outre les 1200ᴧᴧ employez dans l'estat des bois de la maistrise de Melun et de Fontainebleau..... 3800ᴧᴧ

A Louis Coquino, garde-meuble du Roy, ayant la charge de faire vendre et nettoyer les meubles dud. chasteau et de veiller à la conservation d'iceux, pour ses gages pendant lad. année......................... 300ᴧᴧ

A la veuve DE BRAY, ayant la moitié de l'entretenement du grand parterre du Roy, anciennement appelé le Tybre, nouvellement refait et planté de neuf, pour la tonture des buis des deux carrez d'iceluy du costé de la chaussée, nettoyement desd. carrez, de toutes les allées et terrasses, perrons et palissades plantées et à planter, pour ses gages de lad. année.......................... 800ᴧᴧ

A NICOLAS POIRET, ayant l'entretenement de l'autre moitié dud. parterre, tonture de buis des deux carrez de toutes les allées, terrasses, perrons et palissades plantées et à planter............................ 800ᴧᴧ

A JEAN DESNOUTZ, autre jardinier, ayant l'entretenement du petit jardin de l'estang, du jardin des Pins, allée royalle, allée solitaire et allée du pourtour dud. chasteau des Pins, allée des ormes du chesnil et alignement des canaux qui font la séparation du parc dans led. chesnil jusques et commençant le long de la closture du jardin de la fontaine de la Granderie et finissant au bout de la grande allée attenant le pavillon......... 600ᴧᴧ

A CHASTILLON, autre jardinier, ayant l'entretenement du jardin appellé de la Reyne et des orangers de S. M., pour ses appointemens à cause desd. entretenemens, la somme de 1200ᴧᴧ, à la charge de fournir par chacun an 200ᴧᴧ à la veuve BONNAVENTURE NIVELON, vivant jardinier dud. lieu, et tondre les buis, nettoyer les quatre carrez dud. jardin, les allées et terrasses d'iceluy, ensemble d'entretenir les palissades de buis qui sont tant contre lesd. terrasses que contre les murs dud. chasteau, filerias, cyprès, et les salettes de gazon, ovalles et quarrez, comme aussy de fournir les charbons nécessaires pour l'orangerie, faire raccommoder les caisses desd. orangers, rafraischir les terres, toutes et quantes fois que besoin en sera, faire sortir au printemps lesd. orangers dans le jardin et les faire rentrer dans lad. orangerie, et généralement faire et fournir tout ce qui sera nécessaire pour led. jardin................. 1200ᴧᴧ

A JEAN CHAMARIGEAS, ayant espousé CATHERINE DE SERMAGNAC, veuve de REMY LE ROUX, auquel S. M. a accordé, par son brevet du 5, la jouissance du logement et du quarré qui est au milieu des palissades dud. quarré, à la charge de faire planter des arbres fruictiers à ses despens sans aucuns gages, partant cy.......... Néant.

A JACQUES DORCHEMER, pour l'entretenement et nettoyement du jardin de la conciergerie dud. chasteau, ensemble des arbres fruictiers, allées et palissades d'iceluy, la somme de 60ᴧᴧ, dont il luy sera payé......... 45ᴧᴧ

A JACQUES BESNARD, ayant l'entretenement de l'hostel d'Albret, des plantes, des bordures et compartimens qui y sont plantez, les allées et palissades, la somme de 360ᴧᴧ, dont il luy sera payé que................. 100ᴧᴧ

A GABRIEL DE LA HARAUDIÈRE, à condition qu'il baillera 100ᴧᴧ à la veuve COTART pour luy aider à s'entretenir et sa famille, et pour avoir, par led. DE LA HARAUDIÈRE, soin de nettoyer l'estang et canaux du chasteau, et de fournir tout ce qui sera nécessaire à cet effet, et faire en sorte que les lieux soient toujours nets et que l'eau ne se perde point, la somme de 750ᴧᴧ, dont il ne sera payé que de........................ 200ᴧᴧ

A JEAN DU BOIS, peintre, ayant le soin et nettoyement des peintures, tant à fresque qu'à huille, anciennes et modernes, les salles, galleries, chambres, cabinets dud. chasteau, la somme de 600ᴧᴧ pour ses appointemens de la présente année, à la charge de restablir ceux qui sont gastez et nettoyer les bordures des tableaux, et de fournir le bois, charbon et fagots pour brusler esd. chambres, cabinets, salles et galleries où sont lesd. tableaux, pour la conservation d'iceux.................. 600ᴧᴧ

A GROGNET, ayant l'entretenement et restablissement de toutes les couvertures d'ardoise et de thuilles dud. chasteau, jeu de paulme couvert, orangerie, gallerie, hostels d'Albret et de Ferrare, et des religieux, et généralement de toutes les maisons dépendantes dud. chasteau et appartenantes à S. M................... 2400ᴧᴧ

A ANDRÉ GIRARD, plombier, pour le restablissement et entretenement des plombs dud. chasteau et lieux qui en dépendent.............................. 400ᴧᴧ

A RENÉ NIVELON, pour l'entretenement et nettoyement du jeu de mail et palissades d'iceluy, ensemble du berceau [de] meuriers entre les canaux du chesnil, la somme de 150ᴧᴧ, dont il ne sera payé que........ 112ᴧᴧ 10ˢ

A PIERRE FRANCINES, fontainier, pour le nettoyement et entretenement des cisternes, réservoirs, regards, conduittes et bassins des fontaines dud. chasteau, en sorte que les eaux ayent toujours leurs cours ordinaires. 720ᴧᴧ

A JACQUES LEFEBVRE, jardinier, ayant l'entretenement des arbres fruictiers qui sont plantez dans les quarrez du grand parc et le long de la muraille du costé de la Coudre, et allées d'ipreaux, nettoyement des tablettes du grand canal, labours du pied desd. fruictiers, ensemble le nettoyement des ruisseaux et fossez qui écoulent les eaux du parc........................... 750ᴧᴧ

A LOUIS DESNOUTZ, ayant l'entretenement des palissades, plattes bandes, allées, tapis du parc, et allées entre les cascades et le canal.................... 1000ᵗᵗ

Aux religieux de la Très-Sainte-Trinité, tant pour l'entretenement d'une lampe d'argent garnie de ses chaisnons que Leurs Majestez ont donnée pour brusler nuit et jour devant le très-saint sacrement de l'autel, que pour la fourniture et entretenement des ornemens, paremens d'autel, linges et luminaires pour le service divin....................................... 300ᵗᵗ

Aux religieux de l'hospital de la Charité, pour la pension que Sa Majesté leur fait chacun an pour la subsistance des malades dud. lieu................ 1800ᵗᵗ

A Henry Voltigeant, pour l'entretenement de tous les batteaux appartenant à S. M., tant sur l'estang que sur le canal...................................... 200ᵗᵗ

A Martin Jamin, concierge du logis de la fontaine dud. chasteau et jardinier des jardins en dépendans, à la charge de bien et soigneusement entretenir lesd. jardins de tout ce qui sera nécessaire dans lesd. entretenemens.. 150ᵗᵗ

A Nicolas Thiery, ayant la garde et conciergerie du chesnil et l'entretenement des allées faites dans le parc d'iceluy............................... 100ᵗᵗ

A Nicolas du Pont, gentilhomme ordinaire de la vennerie du Roy, et à Nicolas du Pont, son fils, reçeu en survivance suivant le brevet de S. M. en datte de...... par forme de pension à cause de l'entretenement de la vollière qu'il avoit auparavant qu'elle fust convertie en orangerie................................. 600ᵗᵗ

A ....., ayant la charge de garde de la basse-cour et des cuisines.......................... 50ᵗᵗ

A Robert Jamin, ayant la garde de la basse-cour du Cheval Blanc.......................... 37ᵗᵗ 10ˢ

A Jacques Bessnard, pour la garde et conciergerie de l'hostel d'Albret et entretenement de tout ce qui en dépend, la somme de 100ᵗᵗ, dont il luy sera payé... 25ᵗᵗ

A François Toulet, concierge du pavillon de MM. les Surintendans des finances, pour ses gages, à condition de nettoyer led. pavillon et ce qui en dépend, la somme de 200ᵗᵗ, dont il luy sera payé.............. 100ᵗᵗ

A Jean Hay, ayant la conciergerie du logis de la Coudre, pour le nettoyement et entretenement du parc et jardin dud. logis, la somme de 60ᵗᵗ, dont il sera payé de. 15ᵗᵗ

A Jacques Dorchemer de la Tour, pour avoir le soin de distribuer, retirer et garder les clefs de tous les logemens dud. chasteau de Fontainebleau........ 300ᵗᵗ

A luy, ayant le soin de monter et entretenir l'horloge.. 100ᵗᵗ

Somme de ce chapitre.......... 21406ᵗᵗ

Recepte du présent compte....... 7866691ᵗᵗ 7ˢ 8ᵈ
Despence................... 7866460ᵗᵗ 2ˢ 4ᵈ

Excédant de la recepte [1]... 231ᵗᵗ 5ˢ 4ᵈ

ANNÉE 1672.

RECEPTE.

23 janvier : de Mᵉ Estienne Jehannot, sʳ de Bartillat, garde du trésor royal, 302500ᵗᵗ, pour deslivrer à Mᵉ Sébastien François de la Planche, trésorier des Bastimens du Roy, pour employer à la despense des bastimens de S. M. pendant la présente année 1672, y compris 2500ᵗᵗ pour les taxations dud. trésorier, à raison de 2ᵈ pour livre............................. 302500ᵗᵗ

(Comptant au trésor royal ez 1ᵉʳ janvier, febvrier et mars 1672, également.)

30 janvier : dud. sʳ de Bartillat, 1851400ᵗᵗ pour, avec 302500ᵗᵗ dont il a esté cy-devant fait fondz, faire 2153900ᵗᵗ pour employer à la dépense tant de la continuation du Louvre, chasteau de Versailles, Saint-Germain-en-Laye, Fontainebleau et autres maisons royales, que pour les ouvrages à faire aux Gobelins, entretenemens des Accadémies de peinture et sculpture à Paris et à Rome, appointemens des gens de lettres, gages des

---

[1] Il n'y a pas d'arrêté de compte à la fin de ce registre, comme si la différence ne valait pas la peine d'être reportée à un autre exercice. D'ailleurs, plus on avance dans le règne de Louis XIV, plus la ponctualité des premières années se relâche. En 1679, les dépenses de chaque chapitre ne sont même plus additionnées, et le compte ne présente plus de récapitulation générale.

officiers des bastimens desd. maisons royales et autres dépenses pendant la présente année 1672, y compris 14970ᴴ 4ˢ 10ᵈ pour les taxations......... 1851400ᴴ

(Sur le don gratuit de Bretagne 1672 ez dix derniers mois, 908326ᴴ. Comptant au trésor royal ez douze mois également le surplus, montant à 903074ᴴ, et 40000ᴴ comptant au 1ᵉʳ mars.)

Sçavoir :

Pour le remuement des terres de la grande avenue de Versailles et pour y planter des arbres........ 3300ᴴ

Pour ce qui reste à faire pour achever la moitié des bastimens de la petite escurie et le logement des officiers........................... 60000ᴴ

Pour le bastiment et construction du pavillon de la Reyne........................... 26000ᴴ

Pour les bastimens à faire pour le logement de musiciens, comédiens et autres officiers......... 50000ᴴ

Pour les pieds d'estaux et pilliers qui doivent faire la closture du chasteau avec les grisles de fer.... 26000ᴴ

Pour achever les ouvrages des deux aisles de la cour du chasteau et y faire des caves........... 35000ᴴ

Pour achever le grand escallier.......... 19000ᴴ

Pour les marbres, termes, balustrades et stuc de la voulte et de la corniche dud. escallier........ 75000ᴴ

Pour achever la chapelle du chasteau...... 19000ᴴ

Pour achever l'escallier de la Reyne et y mettre des marches........................... 2000ᴴ

Pour l'incrustement des marbres dud. escallier. 20000ᴴ

Pour paver de marbre blanc et noir les deux galleries dud. chasteau......................... 4800ᴴ

Pour le pavé à faire à la grande cour et achever la chaussée du costé du bourg............... 13000ᴴ

Pour démolir le mur de face du chasteau et le rétablir........................... 6000ᴴ

Pour la continuation de la balustrade de fer autour du chasteau avec les balcons................ 7000ᴴ

Pour achever la menuiserie des deux grands appartemens du Roy et de la Reyne............. 18000ᴴ

Pour achever les garnitures de bronze doré desd. appartemens........................ 15000ᴴ

Pour achever les ouvrages de toutes les chambres desd. appartemens..................... 25000ᴴ

Pour les glaces de miroüers à mettre aux croisées des grands appartemens.................. 12000ᴴ

Pour achever les ouvrages de marbre et de stuc des quatre pièces de l'appartement bas......... 25000ᴴ

Pour les figures des douze Mois, plomb et estain doré, pour le grand cabinet de l'appartement bas..... 4800ᴴ

Pour le pavé de marbre et autres ouvrages de la chambre des bains..................... 8000ᴴ

Pour semblables ouvrages au cabinet des bains. 12000ᴴ

Pour achever la menuiserie des appartemens bas avec les garnitures de bronze................. 25000ᴴ

Pour paver de marbre blanc et noir la gallerie sous la terrasse........................... 9000ᴴ

Pour la fouille, la maçonnerie, le conroy et le pavé du fondz de la pièce d'eau en la place du parterre. 28000ᴴ

Pour achever la pièce d'eau du Marais, y compris les consoles de marbre..................... 4000ᴴ

Pour achever la conduitte qui doit porter l'eau de l'estang de Clagny au grand bassin d'Apollon.. 20000ᴴ

Pour achever la pièce d'eau du petit parc... 10000ᴴ

Pour la fouille du grand canal, la maçonnerie et le conroy........................... 264000ᴴ

Pour percer la montagne et faire venir l'eau de l'estang de Bonnière dans le canal............ 50000ᴴ

Pour achever les cinq moulins de la montagne. 40000ᴴ

Pour faire la conduitte des eaux jusqu'au réservoir du haut du parc........................ 40000ᴴ

Pour achever le réservoir qui doit recevoir l'eau desd. moulins........................... 14000ᴴ

Pour la construction d'un moulin qui doit rapporter l'eau du canal dans l'estang de Clagny........ 20000ᴴ

Pour la sculpture, peinture, plomberie et autres ornemens des combles de Trianon............. 40000ᴴ

Pour toutes les conduittes de plomb de Versailles, par estimation......................... 100000ᴴ

Pour celles de fer..................... 100000ᴴ

Pour des robinets et autres adjustages et autres ouvrages de cuivre........................ 40000ᴴ

AUTRES DÉPENSES.

Pour les bastimens à faire pour l'église du couvent des Récollets........................... 10000ᴴ

Pour des figures de marbres pendant 1672. 40000ᴴ

Pour la construction de 2 fontaines à Trianon. 8000ᴴ

Pour la Salle des festins................ 40000ᴴ

Pour la pièce d'eau au-dessus de l'Isle royalle. 40000ᴴ

Total de la dépense de Versailles... 1437900ᴴ

A compte des ouvrages du Louvre........ 100000ᴴ

A compte de ceux de Fontainebleau....... 30000ᴴ

Pour l'entretenement de Saint-Germain.... 20000ᴴ

Pour la continuation des ouvrages de tapisserie, peintures et autres ouvrages des Gobelins.......... 70000ᴴ

ANNÉE 1672. — RECETTE.

Pour les gages des officiers et entretenement des Accadémies de peinture à Paris et à Rome....... 30000ᵗᵗ
Pour les appointemens des gens de lettres et entretenement de l'Accadémie des Sciences........ 100000ᵗᵗ
Pour les gages des officiers et entretenement des maisons royales, suivant l'estat qui en sera aresté. 200000ᵗᵗ
Pour l'entretenement du Jardin Royal des plantes.... .... 21000ᵗᵗ
Pour l'entretenement de la galliote sur la Seyne et des vaisseaux sur le canal de Versailles......... 25000ᵗᵗ
A compte des marbres qui seront tirez des carrières de Gennes par les soins du sʳ Formont........ 20000ᵗᵗ
Pour dépenses extraordinaires et imprévues pendant la présente année 1672................ 100000ᵗᵗ
Somme pareille........... 2153900ᵗᵗ

20 febvrier : dud. sʳ ᴅᴇ Bᴀʀᴛɪʟʟᴀᴛ, 964ᵗᵗ 0ˢ 2ᵈ pour employer aux réparations faites au logement du sʳ ᴅᴇ Pᴏᴍᴘᴏɴɴᴇ dans son appartement de la cour des cuisines du chasteau de Saint-Germain-en-Laye, y compris 7ᵗᵗ 19ˢ 5ᵈ pour les taxations.................... 964ᵗᵗ 0ˢ 2ᵈ
(Comptant au trésor royal.)

5 mars : de luy, 3927ᵗᵗ 6ˢ, sçavoir : 894ᵗᵗ 17ˢ pour le parfait payement des appointemens et nourriture du sʳ Gᴏᴅᴇғʀᴏʏ, historiographe ordinaire du Roy, et de quatre escrivains qui travaillent sous luy en la Chambre des Comptes de l'Isle, depuis le 1ᵉʳ octobre 1671 jusqu'au dernier febvrier de la présente année, et 3000ᵗᵗ à compte desd. dépenses à commencer au 1ᵉʳ mars, y compris 32ᵗᵗ 9ˢ pour les taxations................. 3927ᵗᵗ 6ˢ
(Comptant au trésor royal.)

De luy, 36219ᵗᵗ 17ˢ 3ᵈ pour le prix de l'acquisition, faite par le Roy de Mᵐᵉ la duchesse ᴅᴇ Vᴇʀɴᴇᴜɪʟ, d'une maison appellée la Religion, sçituée à Saint-Germain-en-Laye, rüe de Pontoise, y compris 299ᵗᵗ 6ˢ 9ᵈ pour les taxations........................ 36219ᵗᵗ 17ˢ 3ᵈ
(Comptant au trésor royal.)

8 mars : de luy, 5877ᵗᵗ 15ˢ pour le prix et non-jouissance des terres et héritages appartenans à divers particuliers, acquises au proffit du Roy pour la construction de la grande terrasse du parc de Saint-Germain-en-Laye suivant l'estat, y compris 48ᵗᵗ 11ˢ 8ᵈ pour les taxations du trésorier....................... 5877ᵗᵗ 15ˢ
(Comptant au trésor royal.)

Dud. sʳ ᴅᴇ Bᴀʀᴛɪʟʟᴀᴛ, 5419ᵗᵗ 7ˢ 8ᵈ pour le prix et non-jouissance des terres et héritages acquis de divers particuliers au proffit du Roy pour le cours de Vincennes et de celuy nouvellement planté au bout du jardin des Thuilleries suivant l'estat, y compris 44ᵗᵗ 15ˢ 8ᵈ pour les taxations............................. 5419ᵗᵗ 7ˢ 8ᵈ
(Comptant au trésor royal.)

29 mars : de luy, 3025ᵗᵗ pour délivrer au sʳ Lᴏɪʀ, peintre, travaillant aux Gobelins, pour ses appointemens des six derniers mois 1671, y compris 25ᵗᵗ pour les taxations............................. 3025ᵗᵗ
(Comptant au trésor royal au dernier avril 1672.)

De luy, 3025ᵗᵗ pour délivrer au sʳ Vᴀɴᴅᴇʀᴍᴇᴜʟᴇɴ, peintre flamand, travaillant aux Gobelins, pour ses gages, y compris 25ᵗᵗ pour les taxations............. 3025ᵗᵗ
(Comptant au trésor royal au dernier avril 1672.)

11 juillet : de luy, 32619ᵗᵗ 11ˢ 8ᵈ pour délivrer aux particuliers cy-après nommez, sçavoir : 4000ᵗᵗ au sʳ Cʜᴀʀᴘᴇɴᴛɪᴇʀ, pour le dernier payement de 24000ᵗᵗ d'une maison scize rue Champfleury, acquise au proffit du Roy en 1667 ; 11000ᵗᵗ au sʳ Lᴇɢʀᴀɴᴅ, pour le payement de 44000ᵗᵗ restant du prix de trois autres maisons acquises en 1670, et 17350ᵗᵗ à Mᴀʀɪɴ Fᴀʀᴄʏ, pour partie de 104100ᵗᵗ du prix de trois maisons rue Saint-Vincent, acquises en 1669, y compris 269ᵗᵗ 11ˢ 8ᵈ pour les taxations.............................. 32619ᵗᵗ 11ˢ 8ᵈ
(Sur les fermes-unies au 1ᵉʳ aoust 1672.)

De luy, 3000ᵗᵗ pour l'entretenement des prestres de la Mission de Fontainebleau pendant les six premiers mois de la présente année 1672................ 3000ᵗᵗ
(Sur les secondes parties employées à cet effet dans l'estat des fermes-unies.)

18 juillet : de luy, 16476ᵗᵗ 13ˢ 7ᵈ pour délivrer à divers particuliers pour le prix des terres et héritages acquis par S. M. pour servir à la construction de la grande terrasse de Saint-Germain-en-Laye suivant l'estat, y compris 136ᵗᵗ 3ˢ 7ᵈ pour les taxations..... 16476ᵗᵗ 13ˢ 7ᵈ
(Comptant au trésor royal.)

De luy, 4058ᵗᵗ 10ˢ 10ᵈ pour délivrer à divers particuliers pour le prix de 5 arpens trois quarts de prez acquis au proffit de S. M., pour joindre à ceux qui servent à la subsistance et pasture du haras de Saint-Léger, y compris 862ᵗᵗ 10ˢ pour la récolte pendant cinq années escheues le dernier décembre prochain, et 33ᵗᵗ 10ˢ 10ᵈ pour les taxations.................. 4058ᵗᵗ 10ˢ 10ᵈ
(Comptant au trésor royal.)

De luy, 3025ᵗᵗ pour délivrer au sʳ Vᴀɴᴅᴇʀᴍᴇᴜʟᴇɴ, peintre flamand, travaillant aux Gobeleins, pour ses gages et appointemens des six premiers mois 1672, y compris 25ᵗᵗ pour les taxations................... 3025ᵗᵗ
(Comptant au trésor royal.)

13 aoust : de luy, 522115ᵗᵗ pour employer à la continuation des ouvrages à faire à Versailles pendant la présente année 1672, ordonnez par S. M. par augmentation et non compris dans l'estat de fondz du 23 janvier dernier cy-devant libellé, y compris 4315ᵗᵗ pour les taxations du trésorier........................ 522115ᵗᵗ
(Comptant au trésor royal es mois d'aoust, septembre, octobre, novembre et décembre également.)

Sçavoir :

Pour le rehaussement des trois moulins de l'estang de Clagny, platte forme et terrasse............. 3000ᵗᵗ
Pour la conduitte de plomb depuis les trois moulins jusqu'aux trois réservoirs................ 90000ᵗᵗ
Pour le moulin de retour avec l'aqueduc.... 63000ᵗᵗ
Pour le rehaussement du mur de face du chasteau... .... 10000ᵗᵗ
Pour achever les trois grands réservoirs du parterre.. .... 60000ᵗᵗ
Pour les figures des bassins du Théatre.... 6000ᵗᵗ
Pour la figure de la fontaine de la cour..... 4000ᵗᵗ
Pour les chevaux marins au bout du canal... 5000ᵗᵗ
Pour les ornemens de la fontaine des Quatre Saisons. 12000ᵗᵗ
Pour les figures à mettre sur les colonnes des bastimens en aisle.................... 4800ᵗᵗ
Pour l'achèvement des peintures dans l'appartement de M. le duc d'Orléans................ 8000ᵗᵗ
Pour achever le plat-fondz de la pièce dorique et celuy de la chambre des bains 3500ᵗᵗ
Pour les peintres qui travaillent aux tableaux des plafondz, à compte.................. 25000ᵗᵗ
Pour quarante guillochis de marbre........ 20000ᵗᵗ
Pour les ornemens de marbre du Marais... 10000ᵗᵗ
Pour achever la conduitte de l'estang de Clagny à la fontaine d'Apollon..................... 40000ᵗᵗ
Pour le restablissement de toutes les rocailles. 5000ᵗᵗ
Pour plusieurs dépenses résolues dans le grand et petit parc............................. 20000ᵗᵗ
Pour les ouvrages de la Mesnagerie et restablissement de la ramasse........................ 15000ᵗᵗ
Pour achever la conduitte des réservoirs au Marais... .... 13500ᵗᵗ
Pour les estrades de marqueterie des appartemens du Roy et de la Reyne.................... 18000ᵗᵗ
Pour les escalliers de pierre et toutes les augmentations dans le logement des deux aisles....... 15000ᵗᵗ

Pour l'augmentation du canal........... 40000ᵗᵗ
Pour les taxations du trésorier........... 4315ᵗᵗ

Somme pareille............. 522115ᵗᵗ

___

16 aoust : dud. s' DE BARTILLAT, 3933ᵗᵗ 10ˢ 2ᵈ pour délivrer au s' GODEFROY, historiographe ordinaire du Roy, sçavoir : 901ᵗᵗ pour, avec 3000ᵗᵗ qu'il a cy-devant receu, faire 3901ᵗᵗ pour ses appointemens et quatre escrivains qui travaillent sous luy à la Chambre des Comptes de l'Isle en Flandres, depuis le 1ᵉʳ mars jusqu'au dernier juillet dernier, et 3000ᵗᵗ à compte desd. dépenses, y compris 32ᵗᵗ 10ˢ 2ᵈ pour les taxations....... 3933ᵗᵗ 10ˢ 2ᵈ

22 aoust : de Mᵉ ANTOINE LE MÉNESTREL, trésorier général des Bastimens, 100000ᵗᵗ pour employer à la dépense de S. M. pendant la présente année 1672, non compris les taxations................ 100000ᵗᵗ

5 septembre : dud. s' DE BARTILLAT, 2383ᵗᵗ 14ˢ pour employer 2364ᵗᵗ tant pour le restablissement à faire aux couvertures du chasteau du Plessis-lès-Tours que pour une année d'entretenement d'icelles, et 19ᵈ 14ˢ pour les taxations........................... 2383ᵗᵗ 14ˢ

8 septembre : de luy, 6974ᵗᵗ 6ˢ 1ᵈ pour délivrer 6916ᵗᵗ 13ˢ 4ᵈ aux créanciers d'ANTOINE PASQUIER et JEANNE LE ROY, sa femme, pour le premier payement de 27666ᵗᵗ 13ˢ 4ᵈ, restant à payer de la somme de 41500ᵗᵗ pour le prix principal de deux maisons seizes rue du Chantre, acquises au profit de S. M. par contrat du dernier janvier 1671, et 57ᵗᵗ 12ˢ 9ᵈ pour les taxations du trésorier...................... 6974ᵗᵗ 6ˢ 1ᵈ

5 septembre : de luy, 3025ᵗᵗ pour délivrer 3000ᵗᵗ aux religieux Récollets de Versailles pour la continuation du bastiment de leur église et couvent, et 25ᵗᵗ pour les taxations........................... 3025ᵗᵗ

24 septembre : de luy, 6050ᵗᵗ pour employer 6000ᵗᵗ à la continuation du bastiment desd. religieux, et 50ᵗᵗ pour les taxations..................... 6050ᵗᵗ

8 octobre : de luy, 149307ᵗᵗ 3ˢ 4ᵈ pour, avec 250000ᵗᵗ dont il a esté fait fondz, faire 398073ᵗᵗ 4ˢ 6ᵈ pour le parfait payement des ouvrages de plomberie faits tant aux bastimens qu'aux fontaines de S. M. depuis le premier jour de janvier de la présente année jusqu'au premier octobre ensuivant, le tout ainsy qu'il est libellé dans l'ordonnance de ce jourd'huy, et 1234ᵗᵗ 3ˢ 4ᵈ pour les taxations............................ 149307ᵗᵗ 3ˢ 4ᵈ

De luy, 7764ᵗᵗ 3ˢ 4ᵈ pour employer 7700ᵗᵗ au payement des dépenses à faire tant pour le restablissement du jardin du boulingrin que pour les réparations et en-

ANNÉE 1672. — RECETTE.

tretien du buis du grand parterre de Saint-Germain-en-Laye, et 64ᴴ 3ˢ 4ᵈ pour les taxations..... 7764ᴴ 3ˢ 4ᵈ

15 octobre : de luy, 3142ᴴ 6ˢ 1ᵈ pour délivrer 3116ᴴ 10ˢ au sʳ Mosnier, pour, avec 2675ᴴ qu'il a reçeu, faire la somme de 5791ᴴ 10ˢ à quoy monte la dépense qu'il a faite pour la nourriture et conduitte jusqu'au chasteau de Versailles de divers animaux qu'il a achetez en Levant, et 25ᴴ 16ˢ 1ᵈ pour les taxations du trésorier......................... 3142ᴴ 6ˢ 1ᵈ

8 octobre : de luy, 6000ᴴ pour, avec 19000ᴴ, faire la somme de 25000ᴴ que S. M. a accordée aux religieuses de l'Annonciade de Meulan pour leur donner moyen d'achever les bastimens qu'elles ont commencez pour leur couvent............................. 6000ᴴ

12 novembre : de luy, 60500ᴴ pour délivrer 60000ᴴ à Mᵐᵉ ᴅᴇ Gᴜɪsᴇ pour le prix de l'hostel de Guise sçis à Versailles acquis au proffit de S. M., et 500ᴴ pour les taxations...................... 60500ᴴ

18 novembre : de luy, 6050ᴴ pour délivrer 6000ᴴ aux religieux Récollets de Versailles, pour la continuation de leurs bastimens, et 50ᴴ pour les taxations..... 6050ᴴ

15 octobre : de luy, 5611ᴴ 7ˢ 6ᵈ pour employer 5565ᴴ au payement de plusieurs particuliers pour le loyer de leurs maisons occupées tant par les officiers de S. M. que par ceux de la Reyne et de Mᵍʳ le Dauphin, et ce pendant les premiers six mois de la présente année, et 46ᴴ 7ˢ 6ᵈ pour les taxations................... 5611ᴴ 7ˢ 6ᵈ

18 octobre : de luy, 150000ᴴ pour employer tant à l'entretenement et augmentation des nouvelles manufactures que pour toutes les dépenses nécessaires à l'augmentation du commerce et la perfection des artz establis en France, y compris les taxations......... 150000ᴴ

18 juillet : de luy, 4058ᴴ 10ˢ 10ᵈ pour délivrer 4025ᴴ à divers particuliers pour le prix et non-jouissances des terres et héritages dont ils étoient propriétaires, acquises au proffit de S. M. pour servir à l'augmentation des pasturages du haras de Saint-Léger, et 33ᴴ 10ˢ 10ᵈ pour les taxations......................... 4058ᴴ 10ˢ 10ᵈ

31 décembre : de luy, 3000ᴴ pour délivrer aux prestres de la Mission establie à Fontainebleau, pour leur entretenement et nourriture des six derniers mois de la présente aunée................... 3000ᴴ

De luy, 1956ᴴ 3ˢ 4ᵈ pour délivrer 1940ᴴ, sçavoir : 1380ᴴ à Jᴀᴄǫᴜᴇs ᴅᴜ Fᴏᴜʀ, pour un arpent de terre sçis à Carrière, et 560ᴴ à Cʜᴀʀʟᴇs Fᴀɴɪs, pour 76 arpens acquis au proffit de S. M. pour servir à la construction de la grande terrasse de Saint-Germain-en-Laye, et 16ᴴ 3ˢ 4ᵈ pour les taxations................... 1956ᴴ 3ˢ 4ᵈ

17 septembre : de luy, 25208ᴴ 6ˢ 8ᵈ pour employer 25000ᴴ à compte des tapisseries, tableaux, broderie et autres ouvrages que S. M. fait faire aux Gobelins et à la Savonnerie, et 208ᴴ 6ˢ 8ᵈ aux taxations.. 25208ᴴ 6ˢ 8ᵈ

14 janvier 1673 : de luy, 95556ᴴ 14ˢ 6ᵈ pour employer 94767ᴴ aux dépenses cy-après nommées, sçavoir : 12235ᴴ au sʳ Cᴏɴsᴏʟɪɴ, capitaine des vaisseaux qui sont sur le canal de Versailles, tant pour ses appointemens que pour la solde des autres officiers et matelots qui ont servy pendant la présente année sur lesd. vaisseaux ; 10000ᴴ au sʳ Bʀᴜᴛɪɴ pour dépenses faites au moulin du Buc et par gratification ; 15112ᴴ pour les arbres qui ont esté achetez pour servir aux advenues des maisons royalles ; 32420ᴴ pour la peinture des attiques du chasteau de Versailles ; 4000ᴴ au sʳ ᴅᴇ ʟᴀ Qᴜɪɴᴛɪɴɪᴇ par gratification, et 20000ᴴ pour dépenses imprévues desd. bastimens, et 789ᴴ 14ˢ 6ᵈ pour les taxations. 95556ᴴ 14ˢ 6ᵈ

Du sʳ Nᴇʟʟᴇ, marchand de vin, 550ᴴ provenant d'une année de loyer d'une maison sçize rue Saint-Vincent, occupée par led. Nᴇʟʟᴇ...................... 550ᴴ

1ᵉʳ octobre : du sʳ ᴅᴇ Bᴀɴᴛɪʟʟᴀᴛ, 32266ᴴ 13ˢ 4ᵈ pour délivrer 32000ᴴ aux sʳˢ ᴅᴇ Vᴀʟᴇɴᴛɪɴᴀʏ et Bɪɢᴏᴛ, tant pour le prix principal que pour les interests, frais et loyaux cousts d'une maison acquise au proffit de S. M., sçize rue Saint-Vincent, comprise dans le dessein du Louvre, le tout suivant la liquidation qui en a esté faite au Conseil, le 22 octobre 1672, et 266ᴴ 13ˢ 4ᵈ pour les taxations du trésorier..................... 32266ᴴ 13ˢ 4ᵈ

28 janvier : de luy, 804ᴴ 13ˢ pour délivrer 798ᴴ au sʳ Sᴏᴜʟᴀɪɢʀᴇ, concierge du vieil chasteau de Saint-Germain, pour le nettoyement qu'il a fait aud. chasteau pendant les six derniers mois de l'année dernière 1672, et 6ᴴ 13ˢ pour les taxations............... 804ᴴ 13ˢ

29 janvier : de luy, 3535ᴴ 4ˢ 4ᵈ pour délivrer 3506ᴴ au sʳ Gᴏᴅᴇғʀᴏʏ, historiographe, sçavoir : 506ᴴ pour le parfait payement de 3506ᴴ, tant pour les appointemens, entretien et nourriture de quatre escrivains qui travaillent soubz luy à la Chambre des Comptes de l'Isle en Flandres, que pour autres despenses qu'il a faites pendant les cinq derniers mois de l'année 1672, et 3000ᴴ à compte desd. dépenses, à commencer au 1ᵉʳ janvier 1673, et 29ᴴ 4ˢ 4ᵈ pour les taxations............. 3535ᴴ 4ˢ 4ᵈ

De Bᴏᴜᴛɪᴄᴏᴜʀᴛ, jardinier du Palais-Royal, 2800ᴴ provenant de la vente faite des bois qui ont esté coupez au jardin dud. palais, suivant le marché qui en a esté passé pardevant nottaires..................... 2800ᴴ

11 mars : dud. sʳ ᴅᴇ Bᴀɴᴛɪʟʟᴀᴛ, 100000ᴴ pour employer aux dépenses faites pour l'année 1672, pour les

bastimens du Roy à Versailles, y compris les taxations du trésorier............................. 100000ʰ

28 janvier : de luy, 6050ʰ pour délivrer 6000ʰ au s⁽ Loir, peintre de S. M., pour ses appointemens de l'année 1672, et 50ʰ pour les taxations......... 6050ʰ

28 mars : de luy, 26787ʰ 6ˢ 9ᵈ pour employer 26566ʰ 3ˢ au parfait payement des tapisseries, tableaux, broderie et autres ouvrages que S. M. a ordonné estre faits, pendant l'année 1672, aux Gobelins et à la Savonnerie, et 221ʰ 3ˢ 9ᵈ pour les taxations........ 26787ʰ 6ˢ 9ᵈ

22 avril : de luy, 400000ʰ pour employer au parfait payement des dépenses faites pendant l'année 1672 pour les bastimens du Roy, y compris les taxations. 400000ʰ

1ᵉʳ octobre : de luy, 14224ʰ 3ˢ 8ᵈ pour délivrer 14106ʰ 12ˢ 6ᵈ au s⁽ Reynon, marchand de Lyon, pour velours, brocats et toille d'or de la manufacture de Lyon qu'il a livrez pour le service de S. M., y compris les frais et voitures, et 117ʰ 11ˢ 2ᵈ pour taxations. 14224ʰ 3ˢ 8ᵈ

8 avril 1673 : de luy, 3025ʰ pour délivrer 3000ʰ aux prestres de la Mission establie à Fontainebleau, pour leur subsistance pendant les six premiers mois de l'année 1673, et 25ʰ pour les taxations................. 3025ʰ

De luy, 3025ʰ pour délivrer 3000ʰ au s⁽ Godefroy, historiographe, tant pour les appointemens et nourriture de quatre escrivains qui travaillent sous luy à la Chambre des Comptes de l'Isle en Flandres, que pour dépenses faites pendant......, et 25ʰ pour les taxations. 3025ʰ

De la somme de 155421ʰ 11ˢ dont led. s⁽ DE LA PLANCHE se charge en recepte pour employer aux dépenses des bastimens de S. M. pendant l'année 1672, provenant du debet de son exercice 1669, y compris les taxations........................... 155421ʰ 11ˢ

DÉPENSE.

LE LOUVRE ET LES THUILLERIES.

MAÇONNERIE.

25 febvrier-9 novembre : à ANDRÉ MAZIÈRES et ANTOINE BERGERON, entrepreneurs des bastimens, à compte de leurs ouvrages de maçonnerie au Louvre (8 p.).... 44300ʰ

20 may : à eux, à compte de leurs ouvrages aux Thuilleries............................... 4200ʰ

20 juin 1672-19 avril 1673 : à la veuve PIERRE JAMART, parfait payement de 44959ʰ 12ˢ 4ᵈ pour ses ouvrages de maçonnerie à la grande escurie (3 p.). 6459ʰ 12ˢ 4ᵈ

30 aoust : à LE LOUTRE, à compte des puits de la petite escurie.............................. 300ʰ

15 septembre : à LE MAISTRE, à compte des réparations de l'escurie........................ 400ʰ

29 septembre 1672-19 avril 1673 : à MOUTON et POTERY pour parfait payement de 1773ʰ 16ˢ pour les décombres des deux grandes pierres pour la cimaise du fronton du Louvre (3 p.)................ 1773ʰ 16ˢ

29 septembre : à eux, à compte idem (sic)... 282ʰ

13 octobre : à DE BAURE et consors pour la taille desd. pierres................................... 126ʰ

Somme de ce chapitre..... 57841ʰ 8ˢ 4ᵈ

CHARPENTERIE ET COUVERTURE.

13 octobre : à YVON, couvreur, à compte du restablissement de la couverture de la grande gallerie... 1000ʰ

5 janvier 1673 : aud. YVON et DIMANCHE, à compte de lad. couverture.......................... 1000ʰ

6 décembre : aux charpentiers qui ont travaillé à la descente des deux grandes pierres de Meudon. 220ʰ 19ˢ 6ᵈ

6 décembre 1672-5 janvier 1673 : à CLIQUIN, à compte de la machine qu'il a fait pour enlever lesd. deux grandes pierres (2 p.)................ 2200ʰ

5 janvier 1673 : à luy, à compte des cloisons qu'il fait pour placer les tableaux du cabinet du Roy..... 1000ʰ

Somme de ce chapitre..... 5420ʰ 19ˢ 6ᵈ

PLOMBERIE, SERRURERIE ET MENUISERIE.

25 febvrier : à SECLET, serrurier, pour menues réparations qu'il a faites à la grande escurie........ 82ʰ 9ˢ

25 febvrier 1672-5 janvier 1673 : à PIERRE CHEVALLIER, menuisier, pour menues réparations aud. lieu (5 p.)................................ 2231ʰ 3ˢ

30 may-9 novembre : à luy, pour des chassis en bois qu'il a faits pour couvrir des fleurs du jardin des Thuilleries (2 p.)....................... 670ʰ

25 mars : à ESTIENNE DOYART, serrurier, à compte du gros fer qu'il fournit pour le Louvre......... 1000ʰ

30 may : à JACQUES PROT, menuisier, pour avoir eschafaudé pour poser et reposer un grand tableau dans le plat-fondz de la grande chambre du Roy au palais des Thuilleries................................ 60ʰ

21 janvier 1673 : à BURETTE, pour plusieurs modelles de bois qu'il a fait pour l'ordre françois........ 309ʰ

ANNÉE 1672. — LOUVRE, TUILERIES.

9 mars 1673 : à Lambert, pour parfait payement de 5812ᵗᵗ 12ˢ 8ᵈ pour divers ouvrages de serrurerie qu'il a faits aux Thuilleries en 1666............ 300ᵗᵗ 12ˢ 8ᵈ

19 avril 1673 : à Hardy, serrurier, pour parfait payement de 3688ᵗᵗ 4ˢ 4ᵈ pour les ouvrages de serrurerie qu'il a faits............................ 2286ᵗᵗ 4ˢ 4ᵈ

Somme de ce chapitre........ 7939ᵗᵗ 9ˢ

PEINTURE, SCULPTURE, MARBRERIE ET AUTRES ORNEMENS.

1ᵉʳ avril : à La Baronnière, peintre, pour avoir peint en huille des barres de fer pour le Louvre.... 129ᵗᵗ 1ˢ

14 avril-18 aoust : à Michel Ange, peintre, pour parfait payement de 8400ᵗᵗ pour les peintures à fresque qu'il a faites dans la grande gallerie (2 p.).... 1850ᵗᵗ

20 juin-18 aoust : à la veuve Bourdon, parfait payement de 4650ᵗᵗ pour trois grands tableaux et desseins que feu son mary a faits aux Thuilleries (2 p.)..... 2150ᵗᵗ

6 décembre : au sʳ Le Moyne, parfait payement de 2086ᵗᵗ pour les ouvrages de peinture qu'il a faits. 886ᵗᵗ

9 mars 1673 : à Boulogne, pour parfait payement de 1920ᵗᵗ pour la peinture à fresque qu'il a fait à la grande gallerie................................ 120ᵗᵗ

9 novembre 1672 : à Coipel, parfait payement de 34881ᵗᵗ pour ses ouvrages aux Thuilleries..... 4881ᵗᵗ

19 avril 1673 : à Temporiti, pour un modelle de chapiteau de l'ordre françois qu'il a fait.......... 110ᵗᵗ

Somme de ce chapitre........ 10126ᵗᵗ 1ˢ

VITRERIE ET PAVÉ.

17 mars 1672-5 janvier 1673 : à la veuve Vierrey, vitrière, à compte des ouvrages qu'elle fait aux Thuilleries (4 p.)................................ 1500ᵗᵗ

JARDINAGES.

6 febvrier : à Jean Colin, picqueur, pour le payement des ouvriers qui ont travaillé au jardin des Thuilleries pendant les semaines finies led. jour, 6 febvrier, suivant les roolles........................ 664ᵗᵗ 14ˢ 4ᵈ

17 mars-1ᵉʳ avril : à Olivier, jardinier, pour 400 tilleux livrez pour planter dans l'allée du mail (2 p.). 500ᵗᵗ

1ᵉʳ avril : à luy, à compte des labours pour les plants des Thuilleries......................... 200ᵗᵗ

9 novembre : à luy, pour diverses fleurs qu'il a achetées........................... 1090ᵗᵗ

17 mars : à Simon et La Chapelle, à compte des bonnes terres pour led. jardin................ 2000ᵗᵗ

1ᵉʳ avril-18 aoust : à La Saussaye, jardinier, pour parfait payement de 2351ᵗᵗ 10ˢ pour les deux carrez qu'il laboure aud. jardin (4 p.)............... 1751ᵗᵗ 10ˢ

18 aoust : à luy, pour errables qu'il a fourny.. 160ᵗᵗ

29 avril 1672-19 avril 1673 : à Deslauriers, pour parfait payement de 7919ᵗᵗ 12ˢ pour ses labours et plants (4 p.)................................ 6519ᵗᵗ 12ˢ

29 avril : à Jacques Julliennes, jardinier, pour les tilleux et sicomores qu'il a livré aud. jardin.. 416ᵗᵗ 10ˢ

30 may : à Louis Duclos, pour ozier fourny aud. jardin................................ 100ᵗᵗ

9 juin : à Rigault, pour fumiers fournys, idem. 323ᵗᵗ

23 juillet-13 octobre : à Desgotz, jardinier, pour sable de rivière qu'il a fourny (3 p.)....... 1580ᵗᵗ 15ˢ

12 juillet : à Dehors, pour treillages qu'il a faits. 481ᵗᵗ

23 octobre : à luy, pour diverses dépenses..... 432ᵗᵗ

15 septembre : à luy et Robert, pour divers ouvrages aud. jardin............................ 400ᵗᵗ

9 novembre : au sʳ Le Nostre, pour plusieurs arbrisseaux qu'il a achetés................. 1740ᵗᵗ

Somme de ce chapitre..... 18359ᵗᵗ 1ˢ 4ᵈ

FOUILLES ET TRANSPORTS DE TERRE.

14 febvrier-6 décembre : à Simon et La Chapelle, à compte des bonnes terres qu'ils portent dans le jardin des Thuilleries (5 p.)................. 6522ᵗᵗ

17 mars : à La Saussaye, à compte des rigolles qu'il fait dans l'allée du mail aud. jardin........ 800ᵗᵗ

23 juillet : à Deslauriers, à compte de ses labours et transports de terre aud. lieu............. 1000ᵗᵗ

13 octobre 1672-9 mars 1673 : à Huvilliers, pour parfait payement des trous qu'il a faits pour planter les arbres qui manquent aux advenues (2 p.)...... 600ᵗᵗ

19 avril 1673 : à luy, pour 517 toises de labours qu'il a fait........................ 117ᵗᵗ

9 novembre : à Feuillastre et Martinet, pour une tranchée pour relever des thuyaux de graisserie. 107ᵗᵗ 4ˢ

6 décembre : à luy (sic), à compte de celle qu'il fait pour une conduitte de fer de fonte........... 400ᵗᵗ

9 mars 1673 : à Isaye Le Jeune, pour parfait payement de 3608ᵗᵗ pour les bonnes terres qu'il a portées aud. lieu.............................. 508ᵗᵗ

Somme de ce chapitre...... 10054ᵗᵗ 4ˢ

PARTIES EXTRAORDINAIRES.

14 febvrier : à Pierre Fouquignon, voiturier, à compte des recoupes qu'il a voiturées dans le jardin des Thuilleries............................ 272ᵗᵗ

20 may-30 aoust : à Huvilliers, pour les labours des avenues des Thuilleries (3 p.)................. 519ᵗᵗ

29 juin : à Frade, pour avoir arrousé lesd. avenues des Thuilleries............................ 307ᵗᵗ 19ˢ

13 octobre : à FEUILLASTRE, pour le restablissement des fontaines en 1670, 1671 et 1672...... 378ᴴ 10ˢ

23 octobre 1672-19 avril 1673 : à RIGAULT, pour dépense du Cours la Reyne (3 p.)........ 1428ᴴ 12ˢ 6ᵈ

5 janvier-9 mars 1673 : à la veufve FLEURY, pour parfait payement des cordages qu'elle fournit pour le payement des deux pierres [employées au fronton du Louvre] (2 p.)....................... 1684ᴴ 8ˢ

5 janvier 1673 : à BILLON, carreyer, parfait payement de 5169ᴴ pour pierres de Senlis qu'il a fourny... 569ᴴ

9 mars 1673 : à LE ROY, nattier, pour nattes qu'il a fourny.......................... 120ᴴ 15ˢ

Somme de ce chapitre...... 5280ᴴ 4ˢ 6ᵈ

PALAIS-ROYAL.

7 mars : à DARLY, vuidangeur, pour avoir vuidé une fosse dans la cour des cuisines dud. palais... 141ᴴ 19ˢ

29 avril : à PASQUIER, marbrier, pour un chambranle qu'il a posé aud. palais........... 145ᴴ 10ˢ

29 juin 1672-5 janvier 1673 : à HARDY, serrurier, à compte de ses ouvrages (2 p.).......... 800ᴴ

12 juillet : à BASTARD, charpentier, idem.... 1000ᴴ

6 aoust : à LE MAISTRE, maçon, à compte des réparations qu'il fait.................. 600ᴴ

30 aoust : à POICTEVIN, charpentier, à compte de divers ouvrages.................. 1773ᴴ 10ˢ

9 novembre : à MILLARD, pour la dépense qu'il a faite pour transporter les bustes et tableaux de deffunt le sʳ MIGNIEN.................... 112ᴴ

21 janvier 1673 : au sʳ BRIOT, miroitier, pour ses ouvrages de l'appartement de M. le chevalier de Lorraine au Palais-Royal................ 335ᴴ 13ˢ

9 may : à LA BARONNIÈRE, pour parfait payement de 1015ᴴ 10ˢ pour les ouvrages de peinture et dorure qu'il a faits....................... 525ᴴ

26 mars-21 avril 1673 : à LE JEUNE, jardinier, parfait payement de 669ᴴ 10ˢ 8ᵈ pour ses labours. 572ᴴ 10ˢ 8ᵈ

21 avril-19 juin 1673 : à CHEFDEVILLE et consors, à compte de leurs labours (5 p.)........ 1909ᴴ 2ˢ 6ᵈ

19 avril 1673 : à DIONIS, menuisier, pour divers ouvrages.......................... 2239ᴴ 10ˢ

A CARRÉ, paveur, pour parfait payement de la somme de 541ᴴ 15ˢ....................... 141ᴴ 15ˢ

Somme de ce chapitre.... 10296ᴴ 10ˢ 2ᵈ

OUVRAGES DANS L'ENCLOS DU PALAIS.

20 juin : à LOUVET, serrurier, pour les ouvrages du logis de M. le Premier Président à l'appartement de M. de Basville...................... 840ᴴ

29 septembre : à GRENIER, vitrier, pour ses ouvrages idem.......................... 86ᴴ 12ˢ 6ᵈ

6 décembre : à ROBBE, charpentier, idem... 75ᴴ 5ˢ

Somme de ce chapitre..... 1001ᴴ 17ˢ 6ᵈ

POMPE DU PONT-NEUF.

30 may 1672-9 mars 1673 : à POTEL, taillandier, pour divers ouvrages qu'il a fourny (2 p.)..... 321ᴴ

MAISON DES GOBELINS.

24 juillet-13 octobre : à DUVAL, couvreur, pour parfait payement des ouvrages qu'il a faits en 1664 et 1665 (2 p.)......................... 1648ᴴ

19 avril 1673 : à PROU, pour ses ouvrages de menuiserie......................... 3746ᴴ 10ˢ 7ᵈ

Somme de ce chapitre..... 5394ᴴ 10ˢ 7ᵈ

OBSERVATOIRE.

25 mars-13 octobre : à SAINTE-MARIE, pour les ouvriers et tombereaux qui portent des terres et gravois sur la terrasse de l'Observatoire (3 p.)........ 281ᴴ 5ˢ

14 avril-29 décembre : à CLÉMENT GARNIER, à compte du ciment qu'il bat pour la terrasse de l'Observatoire (6 p.)........................ 1444ᴴ

14 avril : à JACQUES PROU, menuisier, à compte de ses ouvrages....................... 294ᴴ 18ˢ

9 juin-13 octobre : à luy et BUIRETTE, à compte de leurs ouvrages (3 p.)............. 2600ᴴ

20 may : au sʳ COUPLET, pour parfait payement de 394ᴴ pour diverses dépenses................ 194ᴴ

18 aoust-23 octobre : à luy, pour diverses menues dépenses (2 p.)................... 600ᴴ

20 may 1672-19 avril 1673 : à DOYANT, serrurier, pour parfait payement de 13354ᴴ 2ˢ 6ᵈ pour croisées et ouvrages de fer qu'il a fait (5 p.)..... 1925ᴴ 8ˢ 9ᵈ

30 may-9 novembre : à POULAIN¹, pour parfait payement de 1116ᴴ pour le ciment qu'il a battu (4 p.). 116ᴴ

30 may-9 novembre : à MAZIÈRES et BERGERON, à compte de la maçonnerie qu'ils font (4 p.)... 2740ᴴ

30 may 1672-5 janvier 1673 : à la veufve VIENNET, vitrière, à compte de ses ouvrages de vitrerie (2 p.) 800ᴴ

6 aoust-6 décembre : à LANGRENÉ, pour parfait paye-

---

¹ Ce nom est écrit une fois POULIN.

ment de la chappe de ciment pour la terrasse de l'Observatoire (5 p.).......................... 3624^{tt}

9 mars 1673 : à luy, pour les ouvriers qui ont couvert la terrasse pour empescher la gelée.......... 102^{tt} 4^s

30 aoust : à Fourquoy, pour le ciment qu'il a fourny pour lad. terrasse..................... 66^{tt} 13^s 8^d

23 octobre 1672 - 19 avril 1673 : à Francisque[1], pour parfait payement de 3496^{tt} pour ses ouvrages à l'Observatoire (3 p.)........................... 3496^{tt}

Somme de ce chapitre..... 6127^{tt} 9^s 5^d

LA BASTILLE.

6 décembre : à Dimanche, pour réparations de couvertures................................... 800^{tt}

A Bastard, charpentier, pour réparations.... 1500^{tt}

Somme de ce chapitre......... 2300^{tt}

ARC DE TRIOMPHE.

Néant.

JARDIN ROYAL.

30 may : à Guillaume Barbier, menuisier, pour les caisses qu'il a fournies aud. jardin............ 525^{tt}

30 aoust 1672 - 9 mars 1673 : à luy, à compte de ses ouvrages pour la Salle des escolles (3 p.)...... 1700^{tt}

9 juin - 19 septembre : à La Roche, pour dépenses qu'il a faites (3 p.)..................... 2008^{tt} 16^s

12 juillet : aux ouvriers qui ont travaillé depuis le 20 juin jusqu'au 2 juillet .... 265^{tt} 8^s 8^d

14 septembre - 15 novembre : à Brémant, pour huit mois de ses gages et pour divers ouvriers (4 p.). 906^{tt} 10^s

11 avril 1673 : à luy, pour le dernier quartier de son entretenement escheu au 31 décembre dernier... 650^{tt}

9 novembre - 6 décembre : à Le Jeune, pour parfait payement de 2200^{tt} pour le restablissement du grand parterre.................................. 2200^{tt}

21 janvier 1673 : à luy, pour divers labours qu'il a fait...................................... 125^{tt}

9 juin : à Sapin, pour le service qu'il a rendu pendant deux mois en qualité de portier............... 50^{tt}

20 juin : à Philbert Cuaillou, pour luy donner moyen de s'establir dans ledit lieu................. 150^{tt}

21 septembre 1672 - 11 avril 1673 : à luy, portier dud. jardin, pour une année de ses gages et pour augmentation (2 p.)............................. 450^{tt}

[1] Temporiti.

15 novembre : au s^r Charas, apothicaire chimique, pour plusieurs vazes et drogues qu'il a fourny pendant la présente année..................... 881^{tt} 2^s

11 janvier 1674 : au s^r Daguin, médecin du Roy, surintendant des démonstrations des plantes et opérations médicinales, pour ses appointemens pendant l'année 1672................................... 3000^{tt}

Au s^r de la Chambre, premier médecin de la Reyne, démonstrateur de l'intérieur des plantes, *idem*.. 1500^{tt}

27 juin 1676 : à la veufve et enfans du feu s^r Daguin, pour les appointemens qui luy sont deus de lad. année, de démonstrateur de l'intérieur des plantes.... 1500^{tt}

Somme de ce chapitre.... 15911^{tt} 16^s 8^d

FONTAINEBLEAU.

MAÇONNERIE, CHARPENTERIE ET COUVERTURE.

25 febvrier : à Pierre Mortillon, charpentier, pour diverses réparations................... 162^{tt} 10^s

12 juillet 1672 - 9 mars 1673 : à Martin et Abraham, à compte du restablissement de l'escallier de la cour du Cheval Blanc et de diverses réparations (6 p.). 11000^{tt}

15 septembre - 9 novembre : à Grosnet, à compte du restablissement du quarré d'eau (2 p.)........ 900^{tt}

Somme de ce chapitre...... 12062^{tt} 10^s

PLOMBERIE, VITRERIE ET MENUISERIE.

25 mars - 20 juin : à la veuve Girard, pour parfait payement de 1285^{tt} 12^s pour réparations de plomberie faites aux couvertures dud. chasteau (2 p.)... 1085^{tt} 2^s

19 avril 1673 : à elle, pour réparations de plomberie................................ 907^{tt} 13^s

20 juin - 29 décembre : à la veuve Rossignol, pour les réparations de serrurerie qu'elle a fait aud. chasteau (2 p.).................................. 1051^{tt} 7^s

23 juillet 1672 - 9 mars 1673 : à Sobet, à compte de ses ouvrages de menuiserie et des caisses de l'orangerie (3 p.)................................... 480^{tt}

6 décembre : à luy, à compte des réparations qu'il fait..................................... 150^{tt}

26 mars : à la veuve Gobert, à compte des ouvrages de menuiserie pendant les années 1660, 1661, 1662 et 1663..................................... 300^{tt}

Somme de ce chapitre........ 3974^{tt} 2^s

PEINTURE, SCULPTURE ET AUTRES ORNEMENS.

Néant.

PAVÉ ET JARDINAGES.

9 may : à Le Febvre, jardinier, pour avoir planté des ormes et arraché 22 souches dans son entretenement............................ 149ʰ 10ˢ

A luy, pour parfait payement de 780ʰ pour les défrichement, aplanissement et regarnissement de terre douce du milieu de la contrallée d'ipréaux, dans le parc de Fontainebleau............................ 180ʰ

9 may-30 aoust : à Chastillon, pour achat de buis et autres ouvrages (2 p.)................ 195ʰ 17ˢ

30 aoust : à Desboltz, pour plusieurs dépenses faites dans son entretenement................... 72ʰ

6 décembre 1672-9 mars 1673 : à luy, pour avoir défriché des contrallées et des petites palissades dud. parc (2 p.)............................ 1000ʰ

9 mars 1673 : à luy, pour les ouvriers qui ont travaillé au jardin des Pins dud. lieu................ 97ʰ

Aux ouvriers qui ont travaillé en divers endroits. 100ʰ

Somme de ce chapitre........ 1794ʰ 7ˢ

FOUILLES ET TRANSPORTS DE TERRE.

Néant.

PARTIES EXTRAORDINAIRES.

6 mars : à Louis Charpentier, pour avoir démonté et renfermé 1675 travées de palis de la forest de Fontainebleau............................. 600ʰ

17 mars-13 may : à Chaussée, pour parfait payement de 5217ʰ pour le plant de gland qu'il a fait (3 p.). 3217ʰ

1ᵉʳ avril : à La Tour, pour avoir remply les glacières dud. lieu........................ 124ʰ 6ˢ

12 juillet : à Desbouts, pour avoir remply les trous de plusieurs arbres qui ont esté arraché dans le parc de Fontainebleau............................ 130ʰ 2ˢ 4ᵈ

29 décembre : à luy, pour divers ouvrages du parc de Fontainebleau............................ 111ʰ

A luy, à compte du restablissement des pallissades aud. lieu........................... 300ʰ

30 juillet : à Camberonne, pour diverses dépenses aud. lieu........................... 67ʰ 15ˢ 8ᵈ

10 may : à luy, pour le soin qu'il a pris du plant de gland........................... 100ʰ

23 octobre : à Darly, vuidangeur, pour fosses qu'il a vuidées............................ 500ʰ

6 décembre : à Bétulau, pour diverses dépenses à Fontainebleau............................ 486ʰ 15ˢ

6 décembre 1672-9 mars 1673 : à Muzard, pour parfait payement du conroy qu'il met autour du quarré du parterre (2 p.)................... 245ʰ 12ˢ

9 mars 1673 : à Guinebault, voiturier, pour la voiture des immondices des cours du chasteau....... 102ʰ 7ˢ

A Gervais, pour le régallement du fondz du quarré d'eau du grand parterre................ 62ʰ 5ˢ

Somme de ce chapitre........ 6047ʰ 3ˢ

SAINT-GERMAIN-EN-LAYE.

MAÇONNERIE.

6 febvrier 1672-9 mars 1673 : à Charles de la Rue, maçon, à compte des réparations qu'il fait en divers endroits dud. chasteau (11 p.)................ 19700ʰ

25 febvrier : à luy, pour parfait payement de 2629ʰ 11ˢ 9ᵈ à quoy monte la closture du costé de la forest et des deux loges des portières.... 1629ʰ 11ˢ 9ᵈ

7 mars-9 novembre : à luy et Abry, à compte de la maçonnerie de la grande terrasse du chasteau de Saint-Germain (7 p.)....................... 23500ʰ

6 décembre 1672-9 mars 1673 : à luy et aux héritiers d'Abry, à compte idem (2 p.)........... 4000ʰ

30 may-12 juillet : à de la Rue et Abry, à compte du mur de closture qu'ils font (4 p.)........ 2861ʰ 10ˢ

Somme de ce chapitre..... 51691ʰ 1ˢ 9ᵈ

CHARPENTERIE ET COUVERTURE.

14 febvrier 1672-21 janvier 1673 : à René du Fay, charpentier, à compte des réparations qu'il fait aud. chasteau (7 p.)...................... 7900ʰ

9 mars 1673 : à la veuve dud. du Fay, idem... 500ʰ

14 avril 1672-9 mars 1673 : à Dimanche Charcel, à compte des réparations de couverture dud. chasteau (5 p.)........................... 5800ʰ

29 décembre : à Poictevin, pour un escalier qu'il a fait............................ 280ʰ

Somme de ce chapitre........ 14480ʰ

PLOMBERIE ET SERRURERIE.

6 febvrier-7 mars : à Louis Boutraict, serrurier, à compte de ses ouvrages de serrurerie (2 p.).... 7100ʰ

9 may-18 aoust : à la veuve Boutraict, à compte idem (3 p.)........................ 4500ʰ

18 aoust : à la veuve Lespine, à compte desd. ouvrages............................. 400ʰ

6 décembre 1672-9 mars 1673 : à Lambert, à compte du treillage de fer du boulingrin (3 p.)....... 2000ʰ

5 janvier 1673 : à La Flescue, à compte dud. treillage............................... 1000ʰ

9 mars 1673 : à Piot, à compte *idem*....... 1000ʰ

19 avril 1673 : à Le Breton, pour parfait payement de 2887ʰ 10ˢ pour les ouvrages de serrurerie qu'il a faits en 1669......................... 357ʰ

A Le Roy, pour une pompe qu'il a faite pour l'appartement de Mᵐᵉ de Montespan.............. 500ʰ

Somme de ce chapitre......... 16857ʰ

MENUISERIE ET VITRERIE.

6 febvrier 1672 - 9 mars 1673 : à ..... Mercier[1], vitrier, à compte des ouvrages de vitrerie qu'il fait aud. chasteau (9 p.)....................... 5900ʰ

14 febvrier 1672 - 21 janvier 1673 : à Charles Lavier, menuisier, à compte des retranchemens de menuiserie qu'il fait dans une des galeries du chasteau neuf et des réparations aud. lieu (7 p.)............. 10800ʰ

Somme de ce chapitre........ 16700ʰ

PEINTURE, SCULPTURE ET AUTRES ORNEMENS.

6 febvrier 1672 - 21 janvier 1673 : à Jean Poisson, peintre, à compte des ouvrages de peinture qu'il fait aud. chasteau (7 p.)....................... 5300ʰ

25 febvrier : à Jean[2] et Jean Le Moine, peintres, pour la peinture qu'ils ont faite à diverses glaces cassées dans le petit appartement du Roy................. 167ʰ

Somme de ce chapitre......... 5467ʰ

PAVÉ, JARDINAGE ET FOUILLES.

6 febvrier - 17 mars : à Jean Viart et Claude Maron, terrassiers, pour parfait payement de 262848ʰ 3ˢ 9ᵈ pour les terres qu'ils transportent à la grande terrasse de Saint-Germain (2 p.)................ 4694ʰ 9ˢ 7ᵈ

14 febvrier : à Henry Dupuis, jardinier, pour parfait payement de 1434ʰ 10ˢ pour les rigolles qu'il a faites pour planter des arbres sur la grande terrasse et dans le grand parterre....................... 134ʰ 10ˢ

1ᵉʳ avril : à Jean de la Lande, jardinier, pour parfait payement de 588ʰ pour le restablissement qu'il a fait au grand parterre........................ 588ʰ

9 may 1672 - 9 mars 1673 : à luy, à compte de divers treillages qu'il fait (6 p.).............. 7700ʰ

30 may : à luy, pour menues dépenses faites à l'orangerie.............................. 459ʰ 10ˢ

13 octobre : à luy, pour avoir planté d'espines le long de la grande terrasse.................... 750ʰ

23 octobre : à luy, pour diverses dépenses du potager............................... 642ʰ

6 décembre 1672 - 5 janvier 1673 : à luy, à compte du restablissement du grand parterre (2 p.).... 1000ʰ

9 mars 1673 : à luy, pour parfait payement de 2400ʰ pour le transport de terres sur la grande terrasse. 1900ʰ

19 avril 1673 : aux héritiers de feu La Lande, pour ouvrages qu'il a faits dans son entretenement. 376ʰ 11ˢ

1ᵉʳ avril 1672 : à Le Coustillier, jardinier, pour un plant d'asperges qu'il a fait dans le jardin du Val. 200ʰ

19 avril 1673 : à Frade, pour parfait payement de 899ʰ 14ˢ........................... 499ʰ 14ˢ

Somme de ce chapitre.... 18944ʰ 14ˢ 7ᵈ

PARTIES EXTRAORDINAIRES.

14 febvrier 1672 - 27 febvrier 1673 : à Louis Petit filz, pour employer aux menues dépenses de Saint-Germain-en-Laye (13 p.).................. 9271ʰ 17ˢ 5ᵈ

27 febvrier 1673 : à luy, pour les ouvriers qui ont remply les glacières................ 913ʰ 14ˢ 4ᵈ

28 febvrier : au sʳ Tessier, marchand de fer, pour deux grands poesles de fonte d'Allemagne avec la garniture et cinq toises de thuyaux de tolle à chacun, qu'il a fourny pour led. chasteau................... 243ʰ

20 may : à luy, pour un poesle d'Allemagne qu'il a fourny............................... 156ʰ

7 mars 1672 - 6 mars 1673 : à Souleigne, concierge du vieil chasteau, pour le nettoyement dud. chasteau pendant les six derniers mois de 1671 et pour l'année 1672 (3 p.)............................. 2271ʰ 10ˢ

20 may : à Padelain, ramonneur de cheminées, pour avoir ramonné plusieurs cheminées........ 509ʰ 12ˢ

9 novembre : à luy, pour avoir ramonné 327 cheminées............................. 239ʰ 14ˢ

20 may : à Bertin, concierge du chasteau neuf, pour le nettoyement des cours pendant l'année dernière. 460ʰ

29 juin : à Frade, pour avoir arrousé les arbres des avenues.............................. 431ʰ 7ˢ

13 octobre - 9 novembre : à luy, pour labours des avenues (2 p.)......................... 641ʰ 5ˢ

13 octobre 1672 - 11 avril 1673 : à Cuccy, pour réparations de bronzes du cabinet du Roy (2 p.).... 100ʰ

13 octobre : à Lalande, pour avoir régallé le parc aux lièvres............................. 756ʰ 3ˢ 8ᵈ

3 janvier 1673 : à Bertuier, à compte des rocailles de l'appartement de Mᵐᵉ de Montespan........ 300ʰ

Somme de ce chapitre..... 16320ʰ 3ˢ 5ᵈ

---

[1] Ou Le Mercier. Le prénom manque.

[2] Il faudrait sans doute un autre prénom à la place d'un de ces deux Jean : à Louis et Jean Le Moine, par exemple. Il y a certainement là une inadvertance de copiste.

VERSAILLES.

MAÇONNERIE ET GRAISSERIE.

28 janvier 1672-21 janvier 1673 : à ANTOINE BERGERON et ANDRÉ MAZIÈRES[1], à compte des murs du canal de Versailles (7 p.)........... 59500^{tt}

25 mars 1672-9 mars 1673 : à BERGERON, à compte des cinq moulins du haut de la montagne (8 p.). 60000^{tt}

8 avril 1672-21 janvier 1673 : à luy, à compte de l'aqueduc du moulin de retour (8 p.)....... 63700^{tt}

14 avril-9 may : à luy, à compte du réservoir de la Salle des festins (3 p.).................. 7100^{tt}

6 aoust : à luy, à compte du rehaussement des moulins de Trianon..................... 1000^{tt}

15 septembre : à luy, à compte du rehaussement des moulins de Clagny.................. 2000^{tt}

21 janvier 1673 : à luy, à compte du logement des matelots........................ 1500^{tt}

28 janvier-12 juillet : à JACQUES GABRIEL, à compte de l'achèvement des escuries du Roy à Versailles. 44000^{tt}

7 mars 1672-11 avril 1673 : à luy, à compte des deux bastimens en aisles (5 p.)........... 54500^{tt}

14 avril-29 septembre : à luy, à compte de la chapelle dud. chasteau (4 p.)............. 12000^{tt}

9 may-29 septembre : à luy, à compte du grand escallier (3 p.).................... 9500^{tt}

9 juin-12 juillet : à luy, à compte du rehaussement de la face du chasteau du costé du parterre, et des marches qu'il a fait[2] (3 p.)................. 8000^{tt}

20 may-29 septembre : à luy, à compte des réservoirs sous le parterre (4 p.)................. 27000^{tt}

15 septembre 1672-9 mars 1673 : à luy, à compte des murs du parterre d'eau[3] (5 p.)...... 15000^{tt}

30 may : à luy, à compte du rehaussement des moulins de Clagny..................... 7000^{tt}

---

[1] Bien que ANTOINE BERGERON et ANDRÉ MAZIÈRES aient généralement travaillé de compagnie et soient toujours nommés ensemble, ici le nom de MAZIÈRES ne figure à côté de celui de BERGERON qu'au premier payement de 2000^{tt}, à la date du 28 janvier 1672. Aux six autres articles, Bergeron est nommé seul.

[2] Il nous semble évident que cette désignation s'applique au même objet que celle de l'article précédent. Nous avons cependant distingué les deux indications, qui peuvent, dans tous les cas, se compléter l'une l'autre.

[3] Même observation sur cet article et le précédent qu'au sujet du grand escalier et du rehaussement de la face du château.

13 octobre-9 novembre : à luy, à compte de la closture de l'avant-cour (2 p.)................ 6000^{tt}

13 octobre : à luy, à compte de la nouvelle pièce du petit parc........................ 2000^{tt}

28 janvier 1672-5 janvier 1673 : à TESTU et THEVENOT, picqueurs de grais, à compte des tablettes de graisserie pour la pièce d'eau du petit parc (8 p.). 15600^{tt}

7 mars 1672-21 janvier 1673 : à HERSANT, picqueur de grais, à compte des tablettes de graisserie de la Salle des festins (7 p.)................. 14206^{tt} 11'

12 juillet 1672-9 mars 1673 : à THÉVENOT et POICTEVIN, à compte du pavillon de la Reyne (5 p.).. 22500^{tt}

1er avril : aux héritiers de LA CREUSE, pour parfait payement de 1277^{tt} à quoy monte la maçonnerie de plusieurs bresches qu'il a restablies au grand parc... 277^{tt}

30 may : à LE LOUTRE, pour parfait payement de 608^{tt} 13^s 8^d pour les réparations du logis de M. de la Vallière........................ 308^{tt} 13^s 8^d

20 juin : à JANOT, pour réparations de la Mesnagerie de Versailles..................... 776^{tt}

A HERNIER, maçon, à compte des plats-fondz de croisée façon de marbre.................. 100^{tt}

12 juillet : à JANOT[a] et LAFONTAINE, pour avoir scellé les pilliers d'une grande faisanderie dans le parc de Versailles..................... 92^{tt} 13^s

18 aoust : à eux, pour ouvrages de la Mesnagerie et de la ferme..................... 426^{tt} 10'

A eux, pour divers modelles............ 300^{tt}

13 octobre : à eux, à compte des modelles des buffets de la pièce du Marais................. 100^{tt}

13 octobre 1672-9 avril 1673 : à eux, pour deux nouvelles pompes (3 p.)............ 1129^{tt} 4'

12 juillet-15 septembre : à ROSSIGNOL, maçon, pour avoir enduit une pièce de l'appartement bas pour peindre à fresque (2 p.).................. 650^{tt} 1^s 6^d

30 aoust 1672-5 janvier 1673 : à GIRARDOT, GABRIEL[b] et ANGLART, à compte du percement de la montagne (5 p.)...................... 28000^{tt}

5 janvier 1673 : à DORBAY, à compte de la Chancellerie........................ 3500^{tt}

Somme de ce chapitre.. 469197^{tt} 19^s 6^d [c]

---

[a] Ce nom est d'abord écrit JANOT, puis JEHANNOT; c'est évidemment le même individu.

[b] Le nom de GABRIEL ne figure qu'à l'article du premier payement, qui s'élève à 3000^{tt}. Les quatre autres à-compte ne font mention que de GIRARDOT et ANGLART. C'est peut-être une omission.

[c] Le total exact est 467198^{tt} 13^s 2^d.

ANNÉE 1672. — VERSAILLES.

CHARPENTERIE.

28 janvier 1672 - 11 avril 1673 : à Poncelet Cliquin et Paul Charpentier, à compte de leurs ouvrages de charpenterie aux escuries du Roy (6 p.)...... 22500^{tt}

28 janvier - 12 juillet : à eux, à compte des ouvrages qu'ils font au corps de logis en aisle (4 p.)..... 8100^{tt}

14 avril - 13 octobre : à eux, à compte du comble du grand escallier (7 p.).................. 17000^{tt}

14 avril - 15 septembre : à eux, à compte de celluy de la chappelle (5 p.)................... 16500^{tt}

30 may : à Cliquin, à compte de l'escallier de la Reyne.............................. 1500^{tt}

30 may - 23 octobre : à luy, à compte de divers ouvrages (2 p.)........................ 2800^{tt}

20 juin - 15 septembre : à luy, à compte de la ramasse (4 p.)................................ 7700^{tt}

7 mars : à Le Gendre et Fontenay, à compte de la charpenterie de la maison des meusniers du haut de la montagne et des pompes du s^r Denis.......... 400^{tt}

12 juillet - 15 septembre : à eux, à compte des ouvrages de charpenterie des deux nouvelles pompes (2 p.)................................... 2500^{tt}

20 may - 12 juillet : à eux, à compte du rehaussement des trois moulins de Clagny (2 p.)........... 2700^{tt}

6 aoust 1672 - 9 mars 1673 : à eux, à compte des augmentations d'ouvrages des cinq moulins de la montagne (7 p.)........................ 8268^{tt} 16^s

29 avril - 29 juin : à Godet[1], à compte des cinq moulins de la montagne (3 p.)................ 4000^{tt}

20 juin 1672 - 21 janvier 1673 : à luy, à compte du moulin de retour (3 p.).................. 3300^{tt}

6 aoust : à Gallot et Gaudet, charpentiers, à compte du rehaussement du moulin de Trianon........ 600^{tt}

9 novembre : à Gallot, pour ouvrages qu'il a fait aux pompes............................. 492^{tt} 4^s

29 juin : à Poictevin, à compte du pavillon de la Reyne.............................. 2000^{tt}

19 avril 1673 : à Savoyard, pour avoir levé et posé les douze figures du balcon.................. 264^{tt}

Somme de ce chapitre........ 100625^{tt}

COUVERTURE.

28 janvier - 6 décembre : à Estienne Yvon, couvreur, à compte des ouvrages de couverture qu'il fait à la petite escurie du Roy à Versailles (5 p.)....... 12800^{tt}

[1] Ou Gaudet.

28 janvier - 12 juillet : à luy, à compte de ses ouvrages au corps de logis en aisle dud. chasteau (3 p.).. 4800^{tt}

29 juin - 13 octobre : à luy, à compte du grand escallier (2 p.)............................. 1500^{tt}

29 juin - 29 septembre : à luy, à compte de la chapelle (3 p.)........................... 3600^{tt}

21 janvier 1673 : à luy, à compte de ses ouvrages aud. lieu................................ 1000^{tt}

Somme de ce chapitre........ 23700^{tt}

PLOMBERIE.

25 febvrier - 9 novembre : à Gilles Le Roy, plombier, à compte des plombs qu'il fournit pour la petite escurie du Roi (6 p.).......................... 9600^{tt}

12 juillet : à luy, à compte des corps de logis en aisle................................ 1400^{tt}

8 avril - 15 septembre : à la veuve Mazelines, à compte des thuyaux qu'elle fournit (3 p.).......... 8200^{tt}

Somme de ce chapitre........ 19200^{tt}

MENUISERIE.

6 febvrier - 23 juillet : à Pierre Dionis et Claude Buirette, menuisiers, à compte de la menuiserie qu'ils font au corps de logis en aisle du costé de la Grotte, au chasteau de Versailles (3 p.).................... 2800^{tt}

12 juillet 1672 - 11 avril 1673 : aud. Buirette, à compte des corps de logis en aisle (2 p.)........ 1800^{tt}

13 octobre - 9 novembre : à luy, à compte de l'oratoire de la Reyne (2 p.)....................... 3100^{tt}

30 aoust 1672 - 9 mars 1673 : à Dionis, à compte des logis en aisle (2 p.)....................... 1200^{tt}

14 avril - 29 septembre : à Prou et Buirette, pour parfait payement de 6299^{tt} 15^s, pour leurs ouvrages à l'appartement de la Reyne (4 p.)........ 5299^{tt} 15^s

6 febvrier 1672 - 5 janvier 1673 : à Jacques Prou, menuisier, à compte de ses ouvrages aux bastimens en aisle (8 p.).................................. 6900^{tt}

9 novembre : à luy, à compte de la chapelle.... 600^{tt}

29 décembre : à luy, à compte de l'appartement de Mgr le Dauphin....................... 400^{tt}

7 mars : à Couvreux, à compte de la menuiserie qu'il fait à la salle des gardes du Roy et de la Reyne.. 6000^{tt}

14 avril 1672 - 5 janvier 1673 : à luy, à compte de la menuiserie des attiques et des armoires des garde-meubles (8 p.)............................ 13500^{tt}

7 mars - 18 aoust : à Anglebert, à compte de ses ouvrages pour la Surintendance (3 p.)......... 3000^{tt}

12 juillet : à luy, à compte d'un des quatre pavillons de Versailles........................ 2557^{tt} 10^s

9 mars 1673 : à luy, à compte des appartemens hauts du Roy.. 800ᴧ

7 mars 1672-11 avril 1673 : à Bergenat et La Croix, à compte de la menuiserie des appartemens de Mᵍʳ le Dauphin, de Monsieur et Madame (5 p.)...... 9400ᴧ

17 mars-9 novembre : à eux, à compte de leurs ouvrages de l'escurie du Roy (7 p.)............... 8200ᴧ

17 mars : au sʳ Barbier, menuisier, pour 60 caisses pour l'orangerie de Versailles................. 540ᴧ

9 may : à luy, à compte desd. caisses......... 500ᴧ

30 may : à luy, pour parfait payement de 15 caisses pour lad. orangerie....................... 250ᴧ

25 mars : à Richard, pour la menuiserie de la maison des meusniers des moulins du haut de la montagne. 175ᴧ

25 mars-20 may : aux héritiers de Barthélemy Grimbois, à compte des ouvrages qu'il a faits en divers endroits (2 p.)..................... 1400ᴧ

30 may-29 décembre : à Saint-Yves, à compte de la menuiserie de l'appartement bas (3 p.)....... 1300ᴧ

30 may-29 septembre : à Lavier, à compte de ses ouvrages (3 p.)........................ 2800ᴧ

15 septembre 1672-19 avril 1673 : à du Cons, pour parfait payement de diverses réparations qu'il a faites (3 p.)............................... 1002ᴧ 13ˢ

5 janvier 1673 : à Hésart, pour une armoire tournante sur un pivot..................... 420ᴧ

Somme de ce chapitre..... 73934ᴧ 18ˢ ¹

VITRERIE.

14 febvrier-15 septembre : à Magdeleine de la Cour, vefve de Pierre Longet, vitrier, à compte des réparations qu'elle fait au chasteau (6 p.)................ 5600ᴧ

7 mars-30 may : à elle, à compte des ouvrages de la Surintendance (2 p.)..................... 1300ᴧ

30 may-23 octobre : à elle, à compte de ses ouvrages aux escuries (3 p.)..................... 1900ᴧ

9 juin-30 aoust : à elle, à compte des bastimens en aisle (3 p.)........................ 1600ᴧ

15 septembre 1672-9 mars 1673 : à elle, à compte de ses ouvrages (4 p.)................. 2300ᴧ

21 janvier 1673 : à elle, à compte de l'appartement de Mᵍʳ le Dauphin................... 800ᴧ

Somme de ce chapitre........ 13500ᴧ

SERRURERIE.

6 febvrier-6 aoust : à Nicolas Delobel, serrurier, à

¹ Le total exact est 73944ᴧ 18ˢ.

compte des ouvrages de serrurerie qu'il fait pour la petite escurie du Roy à Versailles (4 p.)........... 11000ᴧ

8 avril-6 aoust : à luy, à compte des appuis de quatre escalliers (4 p.)....................... 5800ᴧ

12 juillet-9 novembre : à luy, à compte des bastimens en aisle (8 p.)........................ 9900ᴧ

6 febvrier 1672-5 janvier 1673 : à Pierre Marie et Estienne Boutet, à compte des ouvrages de fer qu'ils font au bastiment des deux aisles (8 p.)........ 23000ᴧ

1ᵉʳ avril-29 juin : à eux, à compte de leurs ouvrages dans le petit parc de Versailles (2 p.)..... 4000ᴧ

25 febvrier : à Gallot, serrurier, ... plusieurs réparations faites à la grande pompe de V... ... 182ᴧ

25 febvrier 1672-21 janvier 1673 : à Picard, serrurier, à compte de ses ouvrages en divers endroits du chasteau (8 p.)................. 5089ᴧ 11ˢ 8ᵈ

9 juin : à luy, à compte des moulins de la montagne à Versailles......................... 40ᴧ

25 febvrier : à Nicolie, serrurier, à compte des ouvrages de serrurerie qu'il faix aux attiques du chasteau................................ 500ᴧ

25 febvrier 1672-5 janvier 1673 : à luy, à compte de la serrurerie des bastimens en aisle ou de la Surintendance (9 p.)..................... 5700ᴧ

25 febvrier-29 septembre : à Charles Handy, serrurier, à compte de ses ouvrages (4 p.)..... 1500ᴧ

9 juin : à luy, à compte des armoires qu'il fera pour le garde-meuble....................... 400ᴧ

7 mars-23 juillet : à Le Berton, pour parfait payement de 5600ᴧ pour une vollière (3 p.)...... 3100ᴧ

8 avril : à Davesne, pour la serrurerie qu'il a fait à la maison des meusniers du haut de la montagne. 145ᴧ 5ˢ

29 juin : à Audinet, pour les ouvrages qu'il a fait à un modèle d'ornement de comble........... 120ᴧ

23 octobre 1672-19 avril 1673 : à Mangin, pour parfait payement de 5600ᴧ pour une vollière qu'il a faite (2 p.)............................... 3100ᴧ

Somme de ce chapitre... 74436ᴧ 16ˢ 8ᵈ

PEINTURE ET DORURE.

6 febvrier-9 novembre : à Nicolas Coipel, pour parfait payement de 15000ᴧ pour ses peintures des attiques (4 p.)....................... 7400ᴧ

23 juillet : à luy, pour parfait payement de 5005ᴧ pour les ouvrages du grand sallon et de la chambre de la Reyne........................... 1905ᴧ

23 juillet-9 novembre : à luy, pour parfait payement de 4498ᴧ pour restablissement de peintures à la salle de billard et ailleurs (4 p.)................. 2898ᴧ

ANNÉE 1672. — VERSAILLES.

6 febvrier-23 octobre : à Bon Boulogne, peintre, à compte de ses ouvrages de peinture aux attiques de Versailles (5 p.).......................... 5700ʰ
6 febvrier-9 novembre : au sʳ Loir, peintre, à compte idem (6 p.).....!................... 10200ʰ
14 febvrier-7 mars : à ..... Goy, peintre, à compte de la dorure des glaçons de plomb qui se font dans les deux bosquets à droite et à gauche de la grande allée à Versailles (2 p.)................. 1800ʰ
14 febvrier-20 may : à luy, à compte de la peinture du chesne et roseaux de la pièce du Marais, à Versailles (3 p.)............................. 5800ʰ
1ᵉʳ avril : à luy, à compte des grosses peintures de la Surintendance........................ 600ʰ
12 juillet-29 décembre : à luy, à compte de la peinture en briques et de la menuiserie des petites écuries (2 p.)................................. 1800ʰ
12 juillet : à luy, à compte de l'avant-cour.. 2500ʰ
23 juillet : à luy, à compte de ses ouvrages aux moulins de Clagny........................... 200ʰ
6 aoust-23 octobre : à luy, à compte de la dorure de deux vollières (2 p.)................. 1400ʰ
18 aoust 1672-21 janvier 1673 : à luy, à compte de divers ouvrages (3 p.)................. 2000ʰ
15 septembre : à luy, à compte de la dorure des balcons................................. 1000ʰ
25 febvrier-9 novembre : à Friquet, peintre, à compte de la peinture d'un cabinet des attiques (3 p.).. 1100ʰ
20 may-23 octobre : à Gontier, à compte du plat-fondz de la chambre des bains (3 p.)........ 1300ʰ
29 septembre : à luy, pour plusieurs réparations. 135ʰ
20 may-9 novembre : à Anguier et Francart, à compte de l'appartement de Monsieur (5 p.)........ 1800ʰ
19 avril 1673 : à Francart, pour la peinture d'un cabinet................................. 300ʰ
9 juin-15 septembre : aux sʳˢ Le Moyne, à compte du plat-fondz du vestibule d'ordre dorique de l'appartement bas du Roy (5 p.).................... 2800ʰ
18 aoust-28 octobre : à Bailly, pour parfait payement de 2046ʰ pour avoir bronzé divers ornemens de fontaines (3 p.)........................ 1246ʰ
19 avril 1673 : à luy, pour parfait payement de la somme de 852ʰ..................... 452ʰ 10ˢ
30 aoust-15 septembre : à Jouvenet, à compte du vestibule de l'appartement bas (2 p.)......... 550ʰ
15 septembre : à Besnard, pour trois tableaux de miniature................................. 3010ʰ
29 septembre : à Vignon, à compte des tableaux pour la salle des gardes..................... 800ʰ

A Paillet, à compte de la salle des gardes.... 400ʰ
30 septembre : à Le Hongre, à compte de ses ouvrages................................. 1700ʰ
9 novembre : à La Baronnière, à compte de la peinture en briques de l'aisle gauche du chasteau. 161ʰ 7ˢ 6ᵈ
21 janvier-19 avril 1673 : à luy, pour parfait payement de 4222ʰ (2 p.)...................... 1922ʰ
9 novembre : à Houasse, à compte de ses ouvrages aud. chasteau............................ 500ʰ
A Corneille, à compte du plat-fondz qu'il fait. 500ʰ
6 décembre : à Audran, pour les Quatre Saisons qu'il a faites................................ 300ʰ
15 juillet-26 novembre : au sʳ Colonne, à compte de la peinture à fresque qu'il fait dans l'appartement du Roy (3 p.)................................. 8000ʰ
19 avril 1673 : à Vallet, pour avoir reblanchy le plat-fondz et corniche de la salle des gardes de la Reyne. 400ʰ

Somme de ce chapitre.... 73779ʰ 17ˢ 6ᵈ

SCULPTURE.

14 febvrier : à Philippes Caffiers et Lespagnandel, sculpteurs, à compte des chapiteaux et colonnes qu'ils font pour la chambre des bains de Versailles...... 400ʰ
14 avril-20 juin : à eux, à compte de la sculpture des portes et croisées des grands appartemens de Versailles (2 p.)........................... 1800ʰ
29 septembre : à eux, pour reste de 880ʰ pour les trophées [1]............................. 180ʰ
19 avril 1673 : à eux, pour parfait payement de 16680ʰ................................ 3380ʰ
14 febvrier-6 aoust : à Caffiers et Francesco Temporiti, à compte de la sculpture qu'ils font aux portes et fenestres des grands appartemens (2 p.)..... 2000ʰ
9 novembre : à Francisque, Lespagnandel et Caffiers, pour parfait payement de 1380ʰ pour six trophées qu'ils ont fait à une aisle de l'avant-cour......... 500ʰ
19 avril 1673 : auxd. Caffiers et Francisque, pour parfait payement de 1400ʰ.................. 200ʰ
A eux, pour parfait payement de 7518ʰ..... 3318ʰ
1ᵉʳ avril : aud. Caffiers, pour trois modelles en bois de contre-cœur de cheminées pour les appartemens de Versailles............................. 410ʰ 5ˢ
19 avril 1673 : à luy, pour ouvrages qu'il a faits. 400ʰ
25 mars : à Lespagnandel et Temporiti, à compte des chapiteaux qu'ils font pour la chambre des bains. 800ʰ

---
[1] Cet article est très-probablement relatif au même objet que le précédent.

29 avril : aud. Temporiti, à compte des sculptures des portes et croisées........................ 600ᴴ

12 juillet : à luy¹, pour parfait payement de 3300ᴴ pour les ornemens qu'il a fait dans les attiques.. 1200ᴴ

18 aoust : à luy, à compte des trophées qu'il fait. 200ᴴ

23 octobre : à luy, à compte de ses ouvrages aux attiques............................... 209ᴴ

14 avril : à Anguier, Tuby, Cuccy et Caffiers, pour le modelle qu'ils ont fait du parterre d'eau...... 550ᴴ

25 mars : à Baptiste Tuby, à compte des figures pour le cabinet octogone de l'appartement bas du Roy. 800ᴴ

14 avril : à luy, à compte de deux figures pour la Grotte................................ 1000ᴴ

17 mars–30 may : à Jacques Grenoble, pour parfait payement de 800ᴴ pour la sculpture qu'il a faite au fronton et sur la porte d'une des petites cours de Versailles (2 p.).............................. 300ᴴ

8 avril : à Gilles Guérin, à compte d'un groupe qu'il fait pour la Grotte........................ 500ᴴ

A Gaspard et Balthazard de Marsy, pour parfait payement de 7500ᴴ à quoy montent vingt-quatre bas-reliefs et huit groupes de figures pour la façade, et un modelle de figure de bronze pour le Bain....... 2200ᴴ

8 avril – 18 aoust : à eux, à compte du groupe pour la Grotte (2 p.)............................ 1500ᴴ

12 juillet : à eux, à compte du stuc de la salle des gardes............................... 600ᴴ

A eux, à compte du groupe pour la fontaine de la cour................................. 800ᴴ

30 aoust 1672 – 19 avril 1673 : à eux, à compte de divers ouvrages qu'ils ont fait (4 p.)......... 2128ᴴ

19 avril 1673 : à eux, pour restablissement qu'ils ont fait................................. 105ᴴ

A eux, pour parfait payement de 1919³ᴴ... 1593ᴴ

14 avril 1672 – 21 mars 1673 : à Fontelle, pour parfait payement de 3290ᴴ 11ˢ 8ᵈ pour les ouvrages de stuc des attiques (3 p.).............. 1390ᴴ 11ˢ 8ᵈ

20 may : aux sʳˢ Le Gros et Massou, à compte des ouvrages de stuc qu'ils font dans l'appartement de la Reyne................................ 400ᴴ

19 avril 1673 : à eux, pour parfait payement de 13255ᴴ............................. 3955ᴴ

12 juillet – 6 décembre : à Massou, sculpteur, pour parfait payement de 1400ᴴ pour un grouppe qu'il a fait (3 p.)............................. 1000ᴴ

A Le Gros, idem (3 p.).................. 1000ᴴ

5 janvier 1673 : à Massou, à compte du Labyrinthe de Versailles............................. 1000ᴴ

A Le Gros, idem..................... 1000ᴴ

20 may : au sʳ Raon, sculpteur, à compte de ses ouvrages pour l'appartement du Roy.......... 1400ᴴ

12 juillet – 30 aoust : à luy, pour parfait payement de 990ᴴ pour deux figures et deux bas-reliefs..... 690ᴴ

15 septembre : à luy, pour la figure d'Iris pour les aisles................................ 200ᴴ

30 may : au sʳ Baptiste, pour parfait payement de 2450ᴴ pour quatre figures de pierre, cinq bas-reliefs et deux médailles pour la façade du costé de l'orangerie, à Versailles............................. 1150ᴴ

30 may – 29 septembre : à luy, à compte des ornemens de la fontaine d'Apollon (3 p.)......... 2600ᴴ

20 juin : à luy, à compte des deux chevaux marins qu'il fait pour le bout du canal²............... 600ᴴ

12 juillet – 15 septembre : à luy, pour une figure de Cœrès (2 p.).......................... 1200ᴴ

19 novembre – 6 décembre : à luy, à compte du groupe de Flore (2 p.)....................... 420ᴴ

5 janvier 1673 : à luy, à compte du Labyrinthe. 1100ᴴ

6 décembre : à luy, parfait payement de 1600ᴴ. 800ᴴ

19 avril 1673 : à luy, pour parfait payement de 24000ᴴ............................. 3742ᴴ

A luy et autres sculpteurs, pour divers ouvrages. 658ᴴ

30 may 1672 – 19 avril 1673 : à Mazelines et Baptiste, pour parfait payement de 21993ᴴ pour leurs ouvrages de stuc de l'appartement de la Reyne (4 p.) 8493ᴴ

30 aoust – 9 novembre : au sʳ Mazelines, pour parfait payement de 1240ᴴ pour les trophées et bas-reliefs qu'il a faits (4 p.)........................ 1240ᴴ

5 janvier 1673 : à luy, à compte du Labyrinthe. 300ᴴ

19 avril 1673 : à luy, pour parfait payement de 1610ᴴ............................. 560ᴴ

30 may – 6 aoust : au sʳ Regnaudin, à compte des ouvrages de stuc de l'appartement haut du Roy à Versailles (3 p.)............................ 1100ᴴ

18 aoust – 9 novembre : à luy, à compte des ornemens de la fontaine de Cérès (2 p.)............. 1400ᴴ

19 avril 1673 : à luy, pour parfait payement de 10900ᴴ............................ 1900ᴴ

30 may 1672 – 11 avril 1673 : au sʳ Le Honore, à compte des entrelas de pierre qu'il fait (2 p.).. 1400ᴴ

---

¹ On l'appelle tantôt Temporiti, tantôt Francisque; mais nous avons déjà vu que cet artiste est souvent désigné sous ces deux noms.

² Ce travail pourrait bien être le même que celui qui est noté dans l'article précédent ; mais nous avons cru devoir conserver les désignations distinctes du registre.

15 septembre : à luy, pour parfait payement de 2450ᵗᵗ pour divers ouvrages de sculpture............ 650ᵗᵗ

12 juillet - 15 septembre : à luy, à compte de la figure de Thétis (2 p.)......................... 400ᵗᵗ

5 janvier 1673 : à luy, à compte du Labyrinthe. 1000ᵗᵗ

19 avril 1673 : à luy, pour parfait payement de 3390ᵗᵗ............................. 1090ᵗᵗ

30 may 1672 - 11 avril 1673 : au sʳ Houzeau, à compte des entrelas de pierre qu'il fait (2 p.)........ 800ᵗᵗ

12 juillet - 15 septembre : à luy, à compte de la figure d'Amphitrite (2 p.)...................... 400ᵗᵗ

18 aoust - 9 novembre : à luy, à compte des ornemens de dessous les vollières (2 p.)............. 1100ᵗᵗ

29 septembre - 9 novembre : à luy, pour parfait payement de 1700ᵗᵗ pour le groupe qu'il a fait et posé au Théâtre (2 p.)........................... 900ᵗᵗ

9 novembre : à luy, à compte des buffets du Marais.. .... 400ᵗᵗ

5 janvier 1673 : à luy, à compte du Labyrinthe. 1500ᵗᵗ

19 avril 1673 : pour parfait payement de 625ᵗᵗ................................. 225ᵗᵗ

A luy, pour parfait payement de 4560ᵗᵗ.... 3260ᵗᵗ

20 juin : au sʳ Girardon, à compte de la sculpture de la fontaine en pyramide au haut de l'allée d'eau. 1200ᵗᵗ

18 aoust : à luy, pour un modelle d'ornement de fontaine................................ 200ᵗᵗ

30 aoust 1672 - 19 avril 1673 : à luy, pour parfait payement de 17644ᵗᵗ pour divers ouvrages à Versailles, (3 p.)............................... 2636ᵗᵗ 10ˢ

20 juin - 9 novembre : à Poissant et Samson, pour parfait payement de leurs ouvrages de stuc à Versailles (4 p.)........................... 2203ᵗᵗ 6ˢ 8ᵈ

6 aoust - 15 septembre : à eux, pour parfait payement de dix vazes......................... 750ᵗᵗ

9 mars 1673 : à eux, pour plusieurs ouvrages. 74ᵗᵗ

20 juin 1672 - 9 mars 1673 : à Bernard, Le Grand et Magnier, à compte de leurs ouvrages de stuc à Versailles (5 p.)........................ 2085ᵗᵗ

29 septembre : à Bernard et Le Grand, à compte de leurs ouvrages............................ 400ᵗᵗ

12 juillet - 15 septembre : à Magnier, à compte de la figure de Vulcain (2 p.)................... 400ᵗᵗ

15 septembre : à Le Grand, pour quatre vazes pour les aisles............................... 300ᵗᵗ

12 juillet : à Roger, pour parfait payement de 1300ᵗᵗ pour divers ouvrages qu'il a fait........... 500ᵗᵗ

12 juillet - 15 septembre : à luy, pour la figure de Zéphyre (2 p.)........................ 400ᵗᵗ

12 juillet : à Hutinot[1], à compte des ouvrages de stuc de l'appartement de la Reyne............... 200ᵗᵗ

6 aoust - 29 septembre : à Hutinot et consors, pour parfait payement de 2290ᵗᵗ pour les trophées qu'ils ont fait (3 p.)............................ 2290ᵗᵗ

19 avril 1673 : à Hutinot, pour parfait payement de 5554ᵗᵗ.............................. 1554ᵗᵗ

12 juillet - 15 septembre : à Ernard, pour la figure d'un Cyclope pour les grands balcons (2 p.).... 400ᵗᵗ

A Desjardins, pour une figure de Junon pour les grands balcons (2 p.).......................... 400ᵗᵗ

5 janvier 1673 : à luy, à compte du Labyrinthe. 1000ᵗᵗ

12 juillet - 15 septembre : à Buister, pour une figure de Neptune (2 p.)....................... 400ᵗᵗ

12 juillet - 15 septembre : à Drouilly, pour une figure d'un Cyclope (2 p.).................... 400ᵗᵗ

18 aoust : à luy, à compte des entrelas de marbre. 200ᵗᵗ

6 aoust - 15 septembre : à Legeret, pour parfait payement de quatre vazes (2 p.)................ 300ᵗᵗ

A Le Clerc et François, pour six vazes (2 p.). 450ᵗᵗ

15 septembre : à Le Clerc et Briquet, pour la sculpture de trois portes de l'escurie............. 516ᵗᵗ

18 aoust - 29 septembre : à Sibrayque, parfait payement de 470ᵗᵗ pour les trophées qu'il a fait (2 p.)... 470ᵗᵗ

13 octobre 1672 - 5 janvier 1673 : à luy, à compte du modelle du parterre d'eau (3 p.)............ 800ᵗᵗ

5 janvier 1673 : aux Blanchard, à compte du Labyrinthe................................. 400ᵗᵗ

9 mars 1673 : à Jouvenet, pour ouvrages de stuc à Versailles........................... 136ᵗᵗ 10ˢ

19 avril 1673 : à luy, pour ouvrages qu'il a faits. 556ᵗᵗ

Aux héritiers de feu Lerambert, pour parfait payement de 10800ᵗᵗ............................. 2100ᵗᵗ

Somme de ce chapitre.... 103798ᵗᵗ 3ˢ 4ᵈ [2]

MARBRERIE.

6 febvrier 1672 - 5 janvier 1673 : à François Pasquier, marbrier, à compte des chambransles et revestement de marbre qu'il fait dans le grand appartement du Roy et dans celuy de la Reyne à Versailles (12 p.)... 19000ᵗᵗ

8 avril - 29 septembre : à luy, pour divers ouvrages qu'il a faits (2 p.)..................... 1920ᵗᵗ 5ˢ

6 febvrier 1672 - 5 janvier 1673 : à Jean Mahault, marbrier, à compte des chambransles et revestement

---

[1] Ce nom est écrit quelquefois Utinot ; nous nous conformons à la véritable orthographe.

[2] Le total exact est 103818ᵗᵗ 3ˢ 4ᵈ.

de marbre qu'il fait dans l'appartement de la Reyne (8 p.)......... 13900ʰ

6 febvrier - 23 octobre : à Misson, Le Gruë et Derbais, à compte des ouvrages de marbre qu'ils font dans les quatre premières pièces de l'appartement bas du Roy (13 p.)............ 50500ʰ

9 novembre 1672 - 9 mars 1673 : à eux, à compte du grand escallier (2 p.)............ 7000ʰ

6 febvrier 1672 - 5 janvier 1673 : à Pierre Ménard, marbrier, à compte des chambransles et revestement de marbre qu'il fait au grand appartement du Roy et à la salle des gardes (7 p.)........... 9200ʰ

25 febvrier : à Pierre et Nicolas Ménard, marbriers, à compte des ouvrages du sallon du grand appartement haut du Roy (2 p.)......... 2200ʰ

9 juin 1672 - 27 janvier 1673 : à Nicolas Mesnard, à compte de ses ouvrages (9 p.).......... 5500ʰ

29 juin 1672 - 21 janvier 1673 : à Desaigues, à compte de ses ouvrages (6 p.).......... 3700ʰ

12 juillet - 30 aoust : à Samson, marbrier, à compte du pavé de Caen qu'il pose (2 p.)........ 456ʰ

12 juillet - 9 novembre : à Duchesnoy, à compte de ses ouvrages (4 p.)............ 2000ʰ

5 janvier 1673 : à luy, à compte des guillochis.. 500ʰ

18 aoust 1672 - 6 avril 1673 : aux Hanuches, venus de Laval, à compte de leurs ouvrages (6 p.)... 5000ʰ

15 septembre : à Bertrand, pour le pavé qu'il a fourny et posé.................. 484ʰ 12ˢ

Somme de ce chapitre.... 121360ʰ 17ˢ

PAVÉ.

6 febvrier : à Léonard Aubry, paveur, à compte des ouvrages de pavé de grais qu'il fait à la petite escurie du Roy à Versailles............... 600ʰ

20 febvrier : à luy, à compte du pavé des cours du chasteau.................. 600ʰ

7 mars : à luy, à compte de ses ouvrages du chasteau et du bourg (3 p.)............. 3000ʰ

8 avril : à luy, pour avoir pavé un nouveau bassin à Versailles.................. 451ʰ 15ˢ

25 febvrier - 1ᵉʳ avril : à Antoine Vatel, à compte du pavé des cours du chasteau (2 p.)......... 1400ʰ

7 mars - 12 juillet : à luy, à compte de ses ouvrages du chasteau et du bourg (3 p.)............. 3000ʰ

29 juin 1672 - 11 avril 1673 : à Aubry et Vatel, à compte de la Salle des festins et de leurs ouvrages de l'avant-cour (11 p.)................ 23200ʰ

Somme de ce chapitre...... 32251ʰ 15ˢ

JARDINAGES.

14 febvrier : à Henry Duplis, jardinier, pour quatorze ifs qu'il a vendus pour la pièce d'eau du Marais, à Versailles................. 330ʰ

7 mars : à Marin Trumel, pour parfait payement de 1212ʰ pour avoir abattu le bois vert et planté soixante sapins................... 512ʰ

17 mars - 8 avril : à luy pour sapins, ifs et piscéas qu'il a planté dans la demie lune de la grande allée (2 p.). 476ʰ

29 septembre : à luy, pour dépenses de l'orangerie à Versailles................... 154ʰ

17 mars : à Jean Colinot, à compte des buis qu'il regarnit................... 400ʰ

1ᵉʳ avril : à luy, pour avoir régalé les contrallées autour de la Salle des festins............... 641ʰ 10ˢ

29 avril - 29 juin : à luy, pour parfait payement de 8450ʰ 4ˢ à quoy montent les treillages et plants qu'il a faits (5 p.)................ 5050ʰ 2ˢ

12 juillet : à luy, pour les ouvriers qui ont arrosé les plants.................. 185ʰ

24 juillet : à luy, pour parfait payement de 1013ʰ 4ˢ 6ᵈ pour avoir redressé et armé les tilleux..... 413ʰ 4ˢ 6ᵈ

29 septembre : à luy, pour le gazon qu'il a posé à Versailles................. 465ʰ 13ˢ 9ᵈ

5 janvier 1673 : à luy, pour les ouvriers qui ont planté des charmes au Théâtre............. 64ʰ 1ˢ 8ᵈ

21 janvier 1673 : à luy, à compte du treillage du Labyrinthe................... 800ʰ

22 mars 1673 : à luy, à compte des bordures de buis qu'il plante dans le Labyrinthe........... 500ʰ

20 may : à Ménage, pour cinq milliers d'érables qu'il a fourny pour la salle à manger............ 150ʰ

30 may 1672 - 21 janvier 1673 : à Louis Germain, pour menues dépenses desd. jardins (2 p.).. 704ʰ 10ˢ

23 juillet : à Boursault et Bonissant, pour parfait payement de 3024ʰ pour le travail qu'il a fait dans les allées de la Montagne............. 774ʰ

30 aoust : à Le Prieur et La Mothe, pour 2000 oignons de jonquilles.............. 420ʰ

29 décembre : à Houdouin, pour avoir sablé diverses allées.................. 300ʰ

Somme de ce chapitre... 12338ʰ 10ˢ 11ᵈ[1]

FOUILLES ET TRANSPORTS DE TERRE.

28 janvier - 29 décembre : au sʳ La Massonière, à

[1] Le total exact est 12340ʰ 1ˢ 11ᵈ.

ANNÉE 1672. — VERSAILLES.

compte de la fouille des terres du canal de Versailles (12 p.)............................... 23940O^{tt}

28 janvier-14 febvrier : aux ouvriers qui ont transporté les terres qui étaient proche les réservoirs des grands parterres et autres, dans la petite escurie, pour en rellever le terrain, suivant les roolles (4 p.). 3184^{tt} 2^s

1er avril-29 décembre : aux ouvriers qui ont travaillé au percement de la montagne (12 p.).. 10642^{tt} 16^s 1^d

15 septembre-23 octobre : aux ouvriers qui ont enlevé des terres de divers endroits, fait des transports et régallé plusieurs endroits (4 p.)........ 4057^{tt} 5^s 9^d

9 mars 1673 : aux ouvriers qui travaillent au régallement du parterre d'eau suivant les rolles... 595^{tt} 7^s 4^d

17 novembre : aux terrassiers qui ont fait une tranchée au bout du canal..................... 200^{tt}

6 febvrier-8 avril : à Houet, terrassier, pour parfait payement de 2721^{tt} 11^s 3^d pour avoir transporté des terres de la grande avenue pour y planter des arbres (3 p.)........................... 2721^{tt} 11^s 3^d

19 avril 1673-11 novembre 1673 : à luy, pour parfait payement de 435^{tt} 19^s pour les fossez qu'il a fait aux advenues (2 p.).................. 435^{tt} 19^s

6 febvrier 1672-19 avril 1673 : à Mathieu Réglé et consors, terrassiers, pour parfait payement de 31800^{tt} pour la fouille et transport de terre qu'ils font autour du canal proche la grisle (10 p.)............ 22900^{tt}

1er avril : à eux, pour parfait payement de 726^{tt} pour le transport qu'ils ont fait dans la demy-lune au bout de la grande allée........................ 326^{tt}

19 avril 1673 : à eux, pour le transport qu'ils ont fait sur la voulte de l'avant-cour............. 333^{tt} 13^s

6 febvrier-14 avril : à Fiacre Lasnier et Jean Guignard, pour parfait payement de 12122^{tt} 7^s 6^d pour les terres qu'ils transportent hors de l'estang du Val pour amener l'eau aux moulins de la montagne et le conroy de terre franche de l'aqueduc (2 p.)............. 2372^{tt} 7^s

6 febvrier-23 juillet : à Edme La Lourcey, terrassier, à compte de la fouille du réservoir du haut du parc (6 p.)............................. 14400^{tt}

12-13 juillet : à luy, pour les ouvriers qui travaillent au percement de la montagne (2 p.)......... 1640^{tt}

11 avril 1673 : à luy, à compte du réglement qu'il fait................................. 1000^{tt}

14 febvrier-9 novembre : à Edme Boursault, à compte de la fouille du grand parterre d'eau le long de l'allée du bois vert (7 p.)....................... 6850^{tt}

23 mars-12 juillet : à luy, à compte de la fouille qu'il fait pour les eaues des bastimens en aisle (2 p.).. 1150^{tt}

9 may : à luy, pour la fouille de la fontaine du Pavillon.................................... 350^{tt}

20 may : à luy, pour ses hommes qui ont travaillé en divers endroits....................... 322^{tt} 19^s

18 aoust : à luy, pour parfait payement de 965^{tt} 5^s pour le transport de terre qu'il a fait........ 465^{tt} 5^s

8 avril : à Boursault et Bonissant, pour la fouille d'un bassin nouveau dans une des allées....... 925^{tt}

23 juillet : à eux, à compte de la fouille des terres des escuries............................... 300^{tt}

11-19 avril 1673 : à eux, pour parfait payement de 20959^{tt} 13^s 4^d pour le parterre d'eau et les réservoirs sous led. parterre (3 p.)............. 4509^{tt} 13^s 4^d

17 mars-6 décembre : à Dupuis et Houdouin, à compte des rigolles pour les plants (2 p.)......... 2000^{tt}

19 avril 1673 : à eux, pour parfait payement de 4450^{tt} 1^s 8^d................................. 1850^{tt} 1^s 8^d

A eux, pour parfait payement de 4094^{tt}.. 3094^{tt} 8^s

17 mars : à Trumel, à compte de la fouille de la Salle des festins............................. 2000^{tt}

8 avril : à luy, à compte de la pièce d'eau du petit parc.................................. 1000^{tt}

A luy, pour parfait payement de 832^{tt} 10^s pour les rigolles qu'il a faites et autres ouvrages........ 532^{tt} 10^s

9 mars 1673 : à Trumel et Dupuis, pour parfait payement de 4252^{tt} 8^s 8^d pour divers transports qu'ils ont fait................................. 1520^{tt} 8^s 8^d

21 janvier 1673 : à Trumel et Henry, à compte de la Salle des festins......................... 800^{tt}

9 may : à Henry et consors, à compte de la fouille de lad. salle............................... 2000^{tt}

1er avril : à Filet et Chastellain, pour parfait payement de 1412^{tt} pour la fouille qu'ils ont fait au potager de Versailles......................... 212^{tt} 16^s

6 febvrier : à eux, pour la fouille des terres qu'ils font à l'avant-court........................ 811^{tt} 10^s

14 avril 1672-19 avril 1673 : à Colin et Benoist, pour parfait payement de 15028^{tt} 2^s pour la fouille de l'aqueduc du moulin de retour (11 p.).... 12908^{tt} 2^s

6 décembre 1672-9 mars 1673 : à Benoist, à compte des terres qu'il transporte (3 p.)......... 1317^{tt} 15^s

20 may 1672-11 avril 1673 : à Benoist et consors, pour leurs ouvriers qui ont travaillé au percement de la montagne (2 p.)..................... 2277^{tt} 11^s

5 janvier-11 avril 1673 : à Colin, pour divers ouvriers, suivant les rolles (4 p.).......... 1484^{tt} 18^s

7 mars : à Jean Bette, à compte du réservoir qu'il fouille............................... 5400^{tt}

20 may : à luy, à compte de la Salle des festins. 2000^{tt}

12 juillet : à luy, à compte de la cisterne de la Surintendance............................ 2100tt

6-18 aoust : à JEAN BETTE, pour parfait payement de 330tt pour la fouille de deux nouvelles pompes... 330tt

12 juillet 1672-11 avril 1673 : à CHAUSSÉE, à compte de la tranchée qu'il fait et des terres qu'il fouille............................ 3308tt 9ˢ

5 janvier 1673 : à luy, à compte des rigolles au bord du canal pour y planter des arbres (2 p.).... 594tt 8ˢ

9 novembre 1672-11 avril 1673 : à luy, pour parfait payement de 506tt 14ˢ pour une rigolle depuis le canal jusqu'à l'Apollon (2 p.)................. 306tt 14ˢ

9 novembre : à luy, pour parfait payement de 1210tt pour la fouille d'une machine au canal....... 210tt

29 décembre : à luy, pour avoir nettoyé les trois pièces d'eau de la Ménagerie.................... 476tt

23 octobre 1672-19 avril 1673 : à CHAUSSÉE et LOISTRON, pour le transport des bonnes terres dans les rigolles des contre-allées (5 p.)......... 3760tt 7ˢ 6ᵈ

19 avril 1673 : à eux, pour la fouille de la conduite d'Apollon............................ 263tt 10ˢ

12 juillet-9 novembre : à VANNIER, pour parfait payement de 4367tt pour le transport des terres autour du moulin de Clagny (3 p.)................ 4367tt

23 juillet 1672-9 mars 1673 : à FEUILLASTRE, à compte de ses fouilles (5 p.)............. 1896tt 2ˢ

13 octobre : à FEUILLASTRE et MARTINET, à compte des fouilles qu'ils ont fait, y compris 225tt pour leur conduitte............................ 852tt 12ˢ

9 novembre : à eux, pour diverses rigolles. 390tt 4ˢ

18 aoust : à COLINOT, pour parfait payement de 2450tt 12ˢ pour les treillages qu'il a fait en divers endroits............................ 1550tt 12ˢ

6 décembre : à luy, à compte des ouvrages des palissades............................... 800tt

18 aoust : à VIEILLARD, pour transport de terre qu'il a fait............................... 245tt

15 septembre-9 novembre : à PETIT et GOLARD, à compte du transport des terres (4 p.)............. 3400tt

9 novembre : à eux, à compte du percement de la montagne........................... 1300tt

6 décembre : à RAMEAU et consors, à compte du moulin de retour............................ 600tt

29 décembre : à eux, pour avoir régallé le fondz du canal.............................. 1200tt

5 janvier-11 avril 1673 : à PRÉE et RISTON, à compte du droguement qu'ils font (2 p.)............ 800tt

5 janvier 1673 : à BORNIQUET, à compte du moulin de retour............................ 600tt

11-19 avril 1673 : à DALLEMAGNE et consors, pour parfait payement du transport qu'ils font (2 p.). 734tt 5ˢ

19 avril 1673 : à VIART et MARON, pour parfait payement de 3324tt 15ˢ..................... 49tt 15ˢ

A MOUTON, pour ouvrages qu'il a fait dans la pièce du Marais.............................. 210tt

Somme de ce chapitre.. 38213tt 17ˢ 7ᵈ¹

GARNITURE DE BRONZE DORÉ.

6 febvrier 1672-9 mars 1673 : à DOMINICO CUCCY, fondeur, à compte des garnitures de bronze pour les portes et fenestres des grands appartemens (10 p.)... 13100tt

GLACES DE MIROUERS.

18 aoust-29 septembre : à BRIOT, miroitier, à compte de ses ouvrages (2 p.).................. 900tt

26 juillet : au sʳ HERVÉ DE GUYMONT, commis de la manufacture des glaces, pour 82 glaces de différentes grandeurs........................... 1604tt

A luy, pour 33 glaces idem............... 358tt

A luy, pour 612 glaces idem............. 8568tt

19 avril 1673 : aux directeurs de la Manufacture des glaces, pour plusieurs glaces qu'ils ont fournies. 13389tt

Somme de ce chapitre........ 24219tt

FIGURES DE PLOMB ET ESTAIN DORÉ.

14 febvrier-17 mars : à JACQUES HOUZEAU, sculpteur, pour parfait payement des quatre cignes de plomb et estain qu'il fait pour la pièce d'eau du Marais, à Versailles (2 p.)........................ 1000tt

12 juillet : à luy, à compte du groupe d'un des bassins du Théatre............................. 800tt

6 aoust : à luy, à compte des ornemens pour les vollières............................... 400tt

25 mars : aux sʳˢ BLANCHARD, pour douze petits dauphins qu'ils ont fait pour une fontaine du Labirinte. 480tt

8 avril : à GILLES GUÉRIN, pour deux masques qu'il a fait pour les deux fontaines des bosquets..... 150tt

9 juin 1672-9 mars 1673 : à DUVAL, à compte du groupe pour la fontaine de la cour (5 p.)..... 3800tt

12 juillet : à MASSOU, à compte du groupe d'un des bassins du Théatre......................... 800tt

A LE GROS, idem...................... 800tt

A BAPTISTE, idem..................... 500tt

6 aoust : à luy, à compte des ornemens pour les vollières............................... 300tt

---

¹ Le total exact est 40333tt 17ˢ 7ᵈ.

ANNÉE 1672. — VERSAILLES.

29 avril 1673 : à Mazelines, à compte de ses ouvrages................................ 600ᵗᵗ

Somme de ce chapitre......... 9630ᵗᵗ

OUVRAGES DE CONROY.

6 febvrier-25 mars : à Jacques Feuillastre, glaizier, à compte des ouvrages de conroy qu'il fait au canal de Versailles (2 p.)........................ 2100ᵗᵗ
6 febvrier-30 may : à luy, à compte des ouvrages de la pièce d'eau du petit parc (3 p.).......... 1800ᵗᵗ
9 may-20 juin : à luy, pour parfait payement de 1123ᵗᵗ 16ˢ pour le conroy qu'il a fait à la bonde de l'estang du Val (2 p.).................. 923ᵗᵗ 16ˢ
29 juin-12 juillet : à luy, à compte du réservoir proche le parterre d'eau (2 p.)............. 3100ᵗᵗ
6 aoust : à luy, pour divers restablissemens. 373ᵗᵗ 16ˢ
9 mars 1673 : à luy, pour parfait payement de 3310ᵗᵗ............................ 210ᵗᵗ 11ˢ 6ᵈ
6 febvrier 1672 : à luy, à compte......... 1000ᵗᵗ
19 avril 1673 : à luy et Martinet, pour parfait payement de 9202ᵗᵗ......................... 602ᵗᵗ
A eux, pour divers ouvrages............ 155ᵗᵗ 8ˢ
20 may : à Martinet et consors, à compte du conroy de divers endroits..................... 200ᵗᵗ
9 may-12 juillet : à Boursault, à compte des réservoirs de Versailles (2 p.).................. 3800ᵗᵗ
30 aoust 1672-11 avril 1673 : à luy, à compte du conroy du parterre d'eau (4 p.)............. 6900ᵗᵗ
23 juillet-9 novembre : à luy et Bonissant, idem. (2 p.)............................ 3200ᵗᵗ
23 juillet : à eux, à compte des réservoirs sous led. parterre............................ 300ᵗᵗ
12 juillet : à Trumel, à compte de la Salle des festins............................ 800ᵗᵗ
6 aoust : à luy et à Dupuis, idem.......... 800ᵗᵗ
21 janvier 1673 : à Benoist, pour le conroy de l'aqueduc de l'estang du Val................. 341ᵗᵗ 12ˢ

Somme de ce chapitre.... 26527ᵗᵗ 3ˢ 6ᵈ [1]

CONDUITTES DE PLOMB.

7 mars : à la veuve Mazelines, plombière, pour les ouvriers qui ont posé et déposé diverses conduittes, depuis le 1ᵉʳ aoust 1671 jusqu'au 6ᵉ janvier dernier. 1679ᵗᵗ
23 juillet 1672-19 avril 1673 : à elle, à compte de ses ouvrages (5 p.).................... 9541ᵗᵗ 10ˢ
25 mars 1672-5 janvier 1673 : à Gilles Le Roy, à compte de la conduitte d'Apollon (4 p.)...... 13700ᵗᵗ

[1] Le total exact est 26607ᵗᵗ 3ˢ 6ᵈ.

COMPTES DES BÂTIMENTS. — 1.

20 juin-23 juillet : à Allain, à compte de la Salle des festins (2 p.).................. 5300ᵗᵗ
30 aoust 1672-5 janvier 1673 : à luy, à compte des réservoirs sous le parterre (6 p.).......... 10400ᵗᵗ

Somme de ce chapitre...... 40620ᵗᵗ 10ˢ

CONDUITTES DE FER.

14 febvrier-7 mars : à Claude Muzard, fontainier, à compte des thuyaux qu'il pose aux conduittes de fer des moulins de Clagny dans les réservoirs de Versailles (3 p.)............................ 8600ᵗᵗ
20 may : à luy, à compte de la conduitte depuis les moulins de la montagne jusqu'au réservoir du haut du parc............................ 8500ᵗᵗ
20 may-29 juin : au sʳ Béguin, pour parfait payement de 21651ᵗᵗ 10ˢ pour 2481 thuyaux de fer par luy fournis (2 p.)........................ 21651ᵗᵗ 10ˢ
20 may : à Le Mercier, pour ceux qui ont essayé des thuyaux............................ 378ᵗᵗ 13ˢ
29 juin-29 décembre : à Malnoury, pour parfait payement des thuyaux de fer par luy fournis (3 p.). 10500ᵗᵗ
12 juillet 1672-21 janvier 1673 : à Muzard, à compte des thuyaux qu'il pose (7 p.)............. 19500ᵗᵗ
21 may : au sʳ de la Potterie, pour parfait payement de 21564ᵗᵗ 8ˢ 3ᵈ pour tuyaux et emboitures de fer qu'il a fournis........................ 5664ᵗᵗ 8ˢ 3ᵈ
Au sʳ Coulon, pour 553 thuyaux et emboitures qu'il a fournis........................... 3685ᵗᵗ 4ˢ
29 juin : à luy, pour 1340 thuyaux..... 10091ᵗᵗ 5ˢ
30 juin : au sʳ Peymorin, pour parfait payement de 59074ᵗᵗ 2ˢ........................ 29074ᵗᵗ 2ˢ

Somme de ce chapitre ... 117645ᵗᵗ 2ˢ 3ᵈ

ENTRETENEMENS DE LA GALIOTE ET CHALOUPES.

14 avril : au sʳ Consolin, capitaine des vaisseaux qui sont sur le canal de Versailles et sur la rivière de Seine, pour ses appointemens et la solde et nourriture des officiers, matelots, mariniers, forçats et autres servans lesd. vaisseaux, pendant le premier quartier..... 4110ᵗᵗ 5ˢ
20 juillet : à luy, pour le second quartier desd. appointemens, etc.................... 4219ᵗᵗ 10ˢ
13 novembre : à luy, pour le troisième quartier desd. appointemens, etc.................... 3900ᵗᵗ
14 mars 1673 : à luy, pour le dernier quartier desd. appointemens, etc.................... 3360ᵗᵗ

Somme de ce chapitre...... 15589ᵗᵗ 15ˢ

OUVRAGES DE CUIVRE POUR LES FONTAINES.

6 febvrier 1672-11 avril 1673 : à Pierre Le Maire,

40

fondeur, à compte des robinets, ajustages et autres ouvrages de cuivre qu'il fait pour les fontaines de Versailles (10 p.)........................ 1798o⁺⁺

29 juin : à luy, pour plusieurs raccommodages des années 1671 et 1672..................... 86o⁺⁺

23 juillet : à luy, à compte des seize corps de pompes............................ 1200⁺⁺

14 febvrier - 9 may : à Durand, fondeur, à compte des ajustages de cuivre doré qu'il a fait pour les buffets de la pièce du Marais (3 p.)................. 2972⁺⁺

17 mars - 8 avril : à Le Loup, fondeur, pour parfait payement de 2226⁺⁺ 5ˢ à compte des ajustages des fontaines (2 p.)....................... 2226⁺⁺ 5ˢ

13 octobre 1672 - 5 janvier 1673 : à Le Loup, à compte de ses ouvrages de cuivre (2 p.)........... 1297⁺⁺

25 febvrier : à du Plat, fondeur, pour deux corbeilles de cuivre qu'il a fait pour les deux tables à manger de la pièce d'eau du Marais................. 200⁺⁺

17 mars - 8 avril : à Colot, fondeur, pour parfait payement de 3368⁺⁺ pour ajustages (2 p.)..... 2768⁺⁺ 8ˢ

23 juillet 1672 - 9 mars 1673 : à luy, pour parfait payement de 10176⁺⁺ pour ses ouvrages (5 p.). 8276⁺⁺ 16ˢ

8 avril : à la veuve Marinier, pour parfait payement de 3391⁺⁺ 1ˢ pour les godets de cuivre des moulins du haut de la montagne................. 1491⁺⁺ 1ˢ

6 aoust : à la veuve Siffait, pour une grande jauge qu'elle a faite..................... 300⁺⁺ 18ˢ

18 aoust : à elle, pour trois amortissemens des moulins de Lagny...................... 220⁺⁺

15 septembre : à elle, pour deux jauges et une girouette............................ 273⁺⁺ 16ˢ

9 novembre : à elle, pour une jauge........ 153⁺⁺

21 janvier 1673 : à elle, à compte des godets qu'elle fait............................ 800⁺⁺

11 avril 1673 : à elle, pour six thuyaux de cuivre rouge............................ 46⁺⁺ 5ˢ

30 aoust - 9 novembre : à Viet, pour parfait payement des thuiaux de cuivre rouge qu'il fournit pour les pompes (3 p.)............................ 1629⁺⁺ 14ˢ

13 octobre : à Boyer, pour avoir raccommodé 65 godets............................ 525⁺⁺

23 octobre : à Noiret, pour les ouvrages de cuivre qu'il a fourny pendant les années 1670 et 1671.. 397⁺⁺

A Martinet, pour les ouvrages qu'il a fourny pour les fontaines...................... 1000⁺⁺ 8ˢ 9ᵈ

Somme de ce chapitre... 42617⁺⁺ 11ˢ 9ᵈ [1]

[1] L'addition donne la somme de 44617⁺⁺ 11ˢ 9ᵈ.

PARTIES EXTRAORDINAIRES.

28 janvier - 1ᵉʳ avril : à ..... du Coudray, pour garnir les glacières de Versailles, pour des fumiers fournis au potager, pour la ramasse, et autres dépenses aud. Versailles (3 p.)....................... 946⁺⁺ 16ˢ

28 janvier - 14 febvrier : à Marin Trumel, à compte des grands sapins du petit bois verd qu'il plante, et de la coupe du bois vert (2 p.)................. 700⁺⁺

29 décembre : à luy, pour le charbon qu'il a employé dans l'Orangerie depuis novembre 1671 jusqu'à mars 1672........................... 154⁺⁺

28 janvier : aux ouvriers qui ont travaillé au régallement du canal........................ 293⁺⁺ 14ˢ

Aux ouvriers qui ont travaillé à abattre le bois vert et à transplanter les sapins, suivant le rolle finy le 26 dud. mois............................ 332⁺⁺ 5ˢ

7 mars - 11 novembre : aux ouvriers qui ont travaillé en divers endroits (6 p.)............. 1725⁺⁺ 2ˢ 7ᵈ

29 avril : aux ouvriers qui ont travaillé au potager de Versailles et à Clagny................. 284⁺⁺ 6ˢ

18 - 30 aoust : aux ouvriers qui ont régallé la terrasse (2 p.)........................... 906⁺⁺ 9ˢ

28 janvier - 20 juin : à Brisseau, ferblantier, pour parfait payement de 11366⁺⁺ pour les ouvrages de fer blanc, laton et roseaux qu'il a fait à la pièce d'eau du Marais (4 p.)...................... 7066⁺⁺

18 aoust 1672 - 9 mars 1673 : à luy, pour les feuillages qu'il fait et divers ouvrages (4 p.)...... 2516⁺⁺

28 janvier : à Louis Houdouin, jardinier, pour remuemens de terre et remplissages de glacières.... 260⁺⁺ 17ˢ

23 juillet : à luy, pour ce qu'il a fait en divers endroits de la Mesnagerie..................... 204⁺⁺

9 may : à Dupuis et Houdouin, pour parfait payement de 5422⁺⁺ pour les rigolles qu'ils ont fait aux avenues de Versailles....................... 1922⁺⁺ 12ˢ 6ᵈ

12 juillet : à eux, pour parfait payement de 4584⁺⁺ 12ˢ pour les labours qu'ils ont fait aux advenues.. 984⁺⁺ 12ˢ

6 aoust - 13 octobre : à eux, à compte de leurs labours (2 p.)........................... 2700⁺⁺

30 janvier : aux religieux Récolletz de Versailles, à compte des dix mil livres à eux ordonnez pour la construction de leur église................. 3000⁺⁺

26 juin - 26 novembre : à eux, pour la continuation de leur bastiment (4 p.)................. 22000⁺⁺

30 janvier - 12 juillet : à Vadebois [2], vannuer, pour

[2] La première fois on le nomme Watterost; c'est évidemment le même individu que Vadebois. Les chiffres d'ailleurs confirment cette hypothèse.

ANNÉE 1672. — VERSAILLES.

parfait payement de 60 mannes qu'il a fournies pour transplanter les sapins dans la grande allée (2 p.). 600ᴸ

14 febvrier - 11 avril : à JACQUES VAUTIER, jardinier du potager, pour quelques journées d'hommes qui ont travaillé aud. potager, et pour les particuliers et chartiers qui ont fourny du fumier (3 p.).......... 962ᴸ 15ˢ

14 febvrier : à JEAN COLINOT, jardinier, à compte des treillages qu'il a fait en divers endroits du petit parc de Versailles............................. 1000ᴸ

8 avril : à luy, à compte des pieux qu'il fournit pour soutenir les tilleux des allées du petit parc...... 600ᴸ

14 febvrier : à PONCELET CLIQUIN et PAUL CHARPENTIER, charpentiers, à compte du transport des grands sapins à Versailles............................. 2000ᴸ

6 aoust : à CHARPENTIER et DAVID, pour avoir transporté plusieurs tuyaux de fer et de plomb....... 381ᴸ 3ˢ 6ᵈ

18 aoust : à CHARPENTIER, pour le modelle d'un sallon au bout du canal...................... 150ᴸ

14 febvrier - 25 mars : à BROT et NOURRY, frotteurs de parquets, pour avoir mis en couleur et frotté les appartemens du vieil chasteau et autres endroits de Versailles (2 p.)............................... 708ᴸ

25 febvrier : à DENIS, fontainier, pour le louage de deux pompes qu'il a fait pour vuider les eaux hors le canal de Versailles............................ 204ᴸ

A luy, pour le charbon qu'il a fourny aux réparations des fontaines de Versailles en 1671............ 280ᴸ

A luy, pour parfait payement de 6000ᴸ pour deux pompes qu'il a faites pour eslever l'eau de l'estang de Clagny dans les réservoirs, y compris 1100ᴸ tant pour ses soins que par gratification............. 1600ᴸ

29 décembre : à luy, pour fourniture qu'il a faite pour les fontaines........................ 1065ᴸ 13ˢ

A luy, pour autre dépense qu'il a faite.... 368ᴸ 10ˢ

25 febvrier : à BERTHIER, rocailleur, pour un rocher de rocailles qu'il a fait au milieu de la pièce d'eau du Marais................................ 300ᴸ

29 avril 1672 - 9 mars 1673 : à luy, pour ouvrages et restablissement fait en divers endroits (5 p.). 6581ᴸ 16ˢ

6 aoust - 9 novembre : à luy, à compte des réparations de la Grotte (2 p.)...................... 400ᴸ

9 novembre : à luy, à compte des rocailles du Labyrinthe............................... 400ᴸ

18 aoust : aud. BERTHIER et à QUESNEL, pour parfait payement de 13083ᴸ 13ˢ pour les ouvrages de rocailles à Versailles........................... 1388ᴸ

20 novembre : à QUESNEL, pour diverses rocailles aud. lieu................................ 1970ᴸ

25 febvrier - 11 avril : au sʳ BALTIN, ingénieur, pour parfait payement de 12000ᴸ pour une pompe au moulin de Buc pour eslever les eaux (2 p.)...... 10000ᴸ

7 mars - 9 may : à HEVILLIERS, pour voyages qu'il a fait aux forges où se font les thuyaux de fer pour Versailles (2 p.)............................... 303ᴸ

17 mars - 23 octobre : à DESLOUIS, pour menues dépenses et pour les ouvriers qui ont travaillé en divers endroits (7 p.)......................... 2370ᴸ 12ˢ

17 mars : à GILBERT MARCHAND, pour de la toille qu'il a fournie pour couvrir les espalliers du jardin potager de Versailles......................... 385ᴸ 10ˢ

17 mars - 9 novembre : à BOURSAULT, pour ses ouvriers qui ont travaillé en divers endroits (6 p.)...... 4333ᴸ 19ˢ 3ᵈ

29 juin : à BOURSAULT et BONISSANT, pour leurs ouvriers qu'ils ont fourny en divers endroits......... 109ᴸ 5ˢ

25 mars - 9 may : à NICOLAS HÉMONT, à compte des mouvemens du moulin de retour (2 p.)....... 4500ᴸ

25 mars - 9 novembre : à luy, à compte des mouvemens pour les moulins de la montagne (4 p.).. 12000ᴸ

20 juin : à luy, à compte des caisses godronnées qu'il fait pour les trois moulins de Clagny......... 600ᴸ

20 juin 1672 - 21 janvier 1673 : à luy, à compte des ponts tournans de la Salle des festins (2 p.).... 2200ᴸ

20 juin - 12 juillet : à luy, à compte de l'aqueduc de l'eau bonne à boire (2 p.).................. 2500ᴸ

12 juillet : à luy, à compte des mouvemens de pompe qu'il fait.............................. 3500ᴸ

25 mars : à SOUBRIÉ, pour réparations faites à l'hostel de Guise pour y loger le commun de la Reyne... 142ᴸ

1ᵉʳ - 14 avril : à DELALUN, pour parfait payement de 542ᴸ pour le plan d'épines blanches fourni pour des remises proche la Mesnagerie (2 p.)........... 542ᴸ

1ᵉʳ avril : à MARTINET et FEUILLASTRE, pour mastics par eux fournis...................... 111ᴸ 10ˢ

20 may : à FEUILLASTRE, pour avoir posé des thuyaux de graisserie et fait plusieurs pierrées pour la Mesnagerie................................ 435ᴸ

1ᵉʳ avril : à ISAYE, pour dosses et planches qui ont servy pour le réglement du canal et autres endroits. 217ᴸ

8 avril : à RIGAULT, pour les ouvriers qui ont voituré les ifs et piscéas des sʳˢ MIGNER et LE COMTE.. 242ᴸ 19ˢ

9 may : au sʳ MILLARD, pour plusieurs outils qu'il a acheté............................... 177ᴸ 13ˢ

6 aoust : aud. MILLARD, pour la terre d'Hollande de Melun............................. 809ᴸ 10ˢ

9 may : à LA ROCHE, pour divers voyages de carosses pour mener les officiers des Bastimens à Versailles. 434ᴸ

9 may 1672 - 19 avril 1673 : à HÉNOC, pour parfait

40.

payement de 3000ᴸ pour le restablissement de l'orgue de la Grotte (4 p.)......................... 2400ᴸ

20 may : à la veuve SOMER, pour trois panneaux de marqueterie......................... 1050ᴸ

9 may-6 décembre : à MUZARD, à compte des toilles mastiquées qu'il fait (2 p.)............. 7500ᴸ

21 janvier 1673 : à luy, à compte d'une nouvelle pompe........................... 1500ᴸ

30 may-29 juin : à LE MERCIER, pour la voiture des thuyaux de fer depuis Marly jusqu'à la montagne de Satory (2 p.)........... 2892ᴸ 14ˢ 9ᵈ

29 décembre : à luy, pour avoir écuré les réservoirs et espandu des terres ez environs........... 202ᴸ 10ˢ

30 may 1672-9 mars 1673 : à BERSAUCOURT, espinglier, à compte des ouvrages de fil de laton qu'il fait (5 p.)..................... 2200ᴸ

20 juin : à BELLEFIN, greffier de l'Écritoire, pour plusieurs vaccations qu'il a faites au toisé des ouvrages de Versailles........................ 564ᴸ

A la veuve HAMOIS, cordière, pour cordages qu'elle a fourny......................... 250ᴸ 19ˢ

20 juin-9 novembre : à MACÉ, ébéniste, à compte de l'estrade de bois de raport qu'il fait pour la grande chambre du Roy (4 p.)............ 4000ᴸ

25 avril 1672 : aud. MACÉ, à compte du lambris qu'il fait.............................. 400ᴸ

20 juin 1672-11 avril 1673 : à GOLE, à compte de l'estrade de la grande chambre de la Reyne (5 p.) 4300ᴸ

20 juin-9 novembre : à BOULE, à compte de la petite chambre *idem* (5 p.)................ 3700ᴸ

20 juin : à CHAMBLAIN, pour les planches qu'il a fourny au Marais.................... 110ᴸ 10ˢ

12 juillet : à COLSON, pour avoir empaillé divers animaux morts à la Mesnagerie........... 151ᴸ

A FRICHOT, pour cordages qu'il a fourny.... 71ᴸ 15ˢ

12 juillet-23 octobre : à CHAUSSÉE, pour divers ouvrages (3 p.)..................... 1330ᴸ 10ˢ

29 décembre : à CHAUSSÉE et LOISTRON, pour leurs peines et conduitte des ouvriers qui ont travaillé en divers endroits (2 p.)............... 886ᴸ 17ˢ

12 juillet : à FRADE, pour avoir arrousé les nouvelles advenues....................... 494ᴸ

A LALOUETTE, ingénieur, pour une vice (*sic*) d'Archimède à vuider l'eau................. 1029ᴸ

29 septembre-23 octobre : à luy, parfait payement de 320ᴸ pour une machine à vuider l'eau (2 p.)... 320ᴸ

6 décembre : à luy, pour le restablissement d'une machine........................... 104ᴸ

7 aoust : à luy, pour les soins qu'il a pris à faire une machine à vuider l'eau................. 400ᴸ

19 avril 1673 : à luy, pour ouvrages de fer blanc. 214ᴸ

23 juillet-13 octobre : à GERMAIN, pour dépenses qu'il a faites aux plants (2 p.).......... 445ᴸ 18ˢ

18 aoust : à luy, pour la voiture de neuf orangers à Versailles........................ 155ᴸ 10ˢ

6 aoust : à LANGRENÉ, pour le restablissement de la terrasse............................. 335ᴸ 5ˢ

A SAVOYART, charpentier, pour avoir eslevé les figures dessus les grands balcons................. 264ᴸ

6 aoust : à ..., murateur, pour l'ouvrage qu'il a fait dans la pièce que peint le sʳ COLONNE....... 303ᴸ 4ˢ

6 aoust 1672-11 avril 1673 : à JEAN COLIN, pour employer en menues dépenses, et pour les ouvriers qui ont fait divers ouvrages (10 p.)...... 10525ᴸ 17ˢ 8ᵈ

10 avril 1673 : à luy, pour avoir rempli et fait couvrir le trou de la glacière derrière le Marais, à Versailles (2 p.).......................... 2884ᴸ 5ˢ

6-30 aoust : à VANNIER, pour ses ouvriers qui ont travaillé en divers endroits (2 p.)....... 392ᴸ 16ˢ

30 aoust : à BOURGEOIS, pour les pierres de Saint-Leu qu'il a fourny pour faire les douze figures des grands balcons........................... 753ᴸ 10ˢ

15 septembre 1672-19 avril 1673 : à ÉLIE GIRARD, pour parfait payement de 3456ᴸ 3ˢ 4ᵈ pour les conduittes de graisserie pour amener l'eau de la Mesnagerie (5 p.)..................... 3456ᴸ 3ˢ 4ᵈ

15-29 septembre : à LE ROY, parfait payement de 423ᴸ 15ˢ pour nattes qu'il a fournies (2 p.).. 423ᴸ 15ˢ

15 septembre : à PADELAIN, ramonneur, pour plusieurs cheminées qu'il a ramonnées....... 59ᴸ 16ˢ

29 septembre : à BROT et NOURRY, frotteurs de parquets, pour avoir frotté les appartemens....... 480ᴸ

6 décembre : à BROT et BONEFANT, pour avoir frotté et mis en couleur les appartemens........... 78ᴸ

29 septembre : à BUTTE, à compte de la cisterne de la Surintendance................... 900ᴸ

A luy, pour divers autres ouvrages......... 155ᴸ

A BOUGLE, pour la voiture de dix mille pavez de Rouen............................ 100ᴸ

13 octobre : à JAMIN, pour deux hommes qui ont ramassé les rogneures de plomb pendant trois mois. 256ᴸ

A LIARDS, pour 1819 taupes qu'ils ont prises. 318ᴸ 7ˢ

23 octobre : à POTEL, taillandier, pour parfait payement de 495ᴸ pour ses ouvrages........... 395ᴸ

A BOULT, pour meubles qu'il a fournis aux marbriers venus de Laval..................... 257ᴸ 10ˢ

A Boucher, pour avoir nettoyé les sables de l'aqueduc de Marly et entretenu le gazon pendant six mois.. 60ᵗᵗ
9 mars 1673 : à luy, pour divers dépenses.... 45ᵗᵗ
9 novembre : à Martinot, horloger, pour avoir raccommodé les horloges du chasteau, de l'église et de la Mesnagerie............................ 260ᵗᵗ
A Noisette, pour voitures de pierre........ 602ᵗᵗ
6 décembre : à Le Dru, pour deux batteaux qu'il a vendus avec leurs équipages................ 177ᵗᵗ
A Mouton, pour voiture de trois grandes pierres. 389ᵗᵗ
A Rossignol, pour avoir enduy et crespy le vestibule dorique (2 p.)........................ 464ᵗᵗ 10ˢ
29 décembre : à Le Franc, pour les ouvriers qui ont fait divers ouvrages.................... 301ᵗᵗ 16ˢ
5 janvier 1673 : à Huppin, pour quatre batteaux qu'il a livré............................... 254ᵗᵗ
5 janvier 1673-9 mars 1673 : à Le Tort, à compte d'une manivelle de fer (2 p.)................ 700ᵗᵗ
21 janvier 1673 : à Courtin, pour soixante chevrons qu'il a fourny........................ 216ᵗᵗ
9 mars 1673-19 avril 1673 : à Maurice, maistre du Pélican, pour avoir donné à manger aux officiers des Bastimens pendant les toisez qui se sont faits à Versailles (2 p.)............................... 1296ᵗᵗ
9 mars 1673 : à Baucheron, pour 336 tilleux. 302ᵗᵗ 8ˢ
A Bonniquet et consors, pour divers ouvrages. 866ᵗᵗ
11 avril 1673 : à Théroude, pour rocailles qu'il a fournies............................. 156ᵗᵗ
2 juin : à La Lourcey, à compte du moellon qu'il a fourny.............................. 1000ᵗᵗ
30 aoust : à la veuve Léger, pour 289 aunes de coutil................................ 1028ᵗᵗ 10ˢ
13 octobre : aux sʳˢ Vallée et Noiret, pour 240 contrecœurs de cheminées aux armes du Roy... 4086ᵗᵗ 5ˢ 6ᵈ
16 décembre : à eux, pour 220 contre-cœurs de cheminées.............................. 4185ᵗᵗ 10ˢ
13 avril 1673 : à Vallée, marchand, pour parfait payement de 1366ᵗᵗ pour fournitures........ 572ᵗᵗ 12ˢ
24 novembre : à Jacob, pour 150¹ carpes de diverses grandeurs......................... 3600ᵗᵗ
7 janvier 1673 : à luy, pour 300 carpes..... 410ᵗᵗ
13 mars 1673 : au sʳ Niquet, pour avoir nivelé les environs de Versailles................. 204ᵗᵗ 15ˢ
19 avril 1673 : à luy, pour avoir nivelé le canal. 124ᵗᵗ
24 mars 1673 : à Baudouin, pour divers cuirs. 241ᵗᵗ
A Contin, pour 160 chevrons............. 216ᵗᵗ
A Dufour, pour 2000 livres de chevilles de fer 308ᵗᵗ 10ˢ

¹ Ne faudrait-il pas lire 1500 ou 15000 ?

19 avril 1673 : à Bergeron, pour 364 muids et demi de terre d'Hollande...................... 9828ᵗᵗ
Au sʳ Révérend, fayencier, pour parfait payement de 1366ᵗᵗ pour fournitures qu'il a faites........ 766ᵗᵗ
A luy, pour plusieurs vazes.............. 1628ᵗᵗ
Au sʳ de la Quintinie, pour dépenses qu'il a faites à Versailles......................... 4807ᵗᵗ 13ˢ
Somme de ce chapitre... 21654oᵗᵗ 18ˢ 6ᵈ ²

TRIANON.

MAÇONNERIE.

20 may-29 septembre : à Antoine Bergeron, à compte de ses ouvrages de maçonnerie (2 p.). 10000ᵗᵗ

CHARPENTERIE, COUVERTURE.

29 juin : à Godet et Galot, charpentiers, à compte du rehaussement d'un des moulins à vent de Trianon 1000ᵗᵗ
29 juin : à Yvon, pour avoir démoly les couvertures aud. lieu............................ 131ᵗᵗ
23 juillet-29 septembre : à luy, à compte du restablissement qu'il fait (3 p.)................ 3000ᵗᵗ
12 juillet : à Couette, charpentier, pour avoir démonté et remonté les travées de palis au bout du petit bois................................. 106ᵗᵗ 8ˢ
Somme de ce chapitre........ 4237ᵗᵗ 8ˢ

MENUISERIE ET VITRERIE.

6 febvrier-9 novembre : à Pierre Diosis, menuisier, à compte des balustrades et autres ornemens qu'il fait aux couvertures de Trianon (6 p.)....... 15000ᵗᵗ
6 aoust-13 octobre : à Lavier, à compte du cabinet des parfums (2 p.).................... 1600ᵗᵗ
15 septembre : à Couvreux, à compte du parquet qu'il fait............................... 500ᵗᵗ
6 décembre : à la veuve Longet, à compte des ouvrages de vitrerie...................... 600ᵗᵗ
Somme de ce chapitre........ 17700ᵗᵗ

PLOMBERIE.

6-30 aoust : à Le Roy, à compte de ses ouvrages (2 p.)............................... 2400ᵗᵗ

SERRURERIE.

1ᵉʳ-14 avril : à Hardy, serrurier, à compte de ses ouvrages (2 p.)........................ 900ᵗᵗ

² Le total exact est 210978ᵗᵗ 12ˢ 1ᵈ.

9 may-30 aoust : à NICOLIE, à compte de ses ouvrages (2 p.)............................. 900tt
6 aoust 1672-21 janvier 1673 : à DELOBEL, à compte des combles (3 p.).................... 3200tt
29 septembre : à PICART, pour parfait payement de 1847tt 5s............................. 447tt 5s
A MARIE et BOUTET, à compte de leurs ouvrages. 1200tt
Somme de ce chapitre........ 6647tt 5s

PEINTURE ET DORURE.

30 may-29 décembre : à Louis LE HONGRE, à compte des ornemens des combles (6 p.)........... 9600tt
15 septembre : à luy, à compte du cabinet des parfums.................................. 200tt
20 juin-9 novembre : à FRANCART, peintre, à compte des plats-fondz qu'il fait (3 p.)...... 1060tt
11 avril 1673 : à luy, pour réparations de peinture à Trianon.......................... 130tt
6 aoust : à GOY, à compte de ses ouvrages... 1000tt
A COYPEL, pour avoir restably plusieurs peintures. 800tt
A LA BARONNIÈRE, pour réparations de peintures. 1000tt
Somme de ce chapitre........ 13790tt

SCULPTURE ET AUTRES ORNEMENS.

6 febvrier-12 juillet : A ESTIENNE LE HONGRE, sculpteur, à compte des ornemens qu'il fait aux couvertures de Trianon (7 p.).................... 5050tt
6 febvrier-23 octobre : à SIBRAYQUE, sculpteur, pour parfait payement de ses ouvrages *idem* (5 p.). 3343tt 10s
17 mars-30 may : à MASSON, à compte de ses ouvrages (2 p.)............................. 1200tt
17 mars-30 may : à LE GROS, à compte de ses ouvrages (2 p.)............................ 1200tt
17 mars-30 may : à MAZELINES, *idem* (2 p.). 1250tt
2 avril : à luy, parfait payement de 896tt pour les ouvrages de stuc qu'il fait au cabinet des parfums.. 346tt
8 avril 1672-9 mars 1673 : à JACQUES HOUZEAU, pour parfait payement de 2616tt pour ses ouvrages aux combles (4 p.)........................... 2616tt
8 avril : à TEMPORITI et CAFFIERS, à compte des ornemens des combles................... 300tt
9 may : à CAFFIERS, LESPAGNANDEL et FRANCISQUE[1], *idem*................................. 2700tt
12 juillet : à CAFFIERS et LESPAGNANDEL, *idem*. 1200tt
9 may-9 novembre : à LEGERET, pour parfait payement de 2616tt pour ses ouvrages (2 p.)...... 2616tt

[1] TEMPORITI.

13 octobre 1672-21 janvier 1673 : à JOUVENET, à compte des ornemens des combles (3 p.)...... 2000tt
9 mars 1673 : à luy, pour avoir posé les vazes dessus lesd. combles............................. 490tt
Somme de ce chapitre........ 24311tt 10s

PAVÉ ET JARDINAGES.

14 febvrier : aux jardiniers et autres ouvriers pour le travail qu'ils ont fait au jardin de Trianon, et pour la fourniture des paillasses qui ont esté faites pendant le mois de janvier...................... 985tt 10s 2d
6 décembre : à BAUDIN, pour deux cent quarante giroflées doubles........................... 132tt
Somme de ce chapitre.... 1117tt 10s 2d

FOUILLES ET TRANSPORTS DE TERRE.

30 aoust : à BORNIQUET, pour 15500 tombereaux de terres transportées autour des moulins à vent.... 775tt
15 septembre : à luy, pour 3100 tombereaux transportés *idem*......................... 155tt
13 octobre : à luy, pour 1900tt tombereaux *idem*. 95tt
Somme de ce chapitre......... 1025tt

PARTIES EXTRAORDINAIRES.

14 febvrier 1672 : à ....., pour particuliers et chartiers qui ont fourni des fumiers à Trianon. 174tt 16s 6d
17 mars : à DESLOUIS, pour les ouvriers qui ont travaillé et pour fourniture de fumier...... 1577tt 17s
1er avril : à SIFFAIT, chaudronnier, pour 9 godets de cuivre qu'il a fait pour les moulins de Trianon. 123tt 12s
20 may-9 novembre : à luy[2], à compte des vazes qu'il fait pour les combles (8 p.).......... 6550tt
9 mars 1673 : à luy, pour parfait payement de 6166tt 11s............................... 1916tt 2s
A luy, pour parfait payement de 3409tt...... 1409tt
11 avril 1673 : à luy, pour parfait payement de 3484tt 10s............................. 75tt 10s
14 avril-29 septembre : à LE MAIRE, fayencier, à compte des vazes qu'il a fourny (2 p.)...... 2000tt
19 avril 1673 : à luy, pour 400 carreaux violets qu'il a fournys.............................. 200tt
29 avril : aux ouvriers qui ont emply une glacière de Trianon............................ 117tt 15s
20 may 1672-9 mars 1673 : à la veuve MARINIER, chaudronnier, pour parfait payement des vazes qu'elle

[2] A partir du 15 septembre, c'est la veuve SIFFAIT qui reçoit les payements à la place de son mari décédé.

ANNÉE 1672. — JARDIN DU ROULE.

fait pour les combles et des godets pour les moulins (6 p.)... 6224ᵗᵗ 8ˢ

24 juin : à elle, parfait payement de 6789ᵗᵗ 8ˢ. 525ᵗᵗ

20 may : à Révérend, fayencier, à compte d'un poesle de fayance qu'il fait pour le cabinet des parfums. 600ᵗᵗ

20 juin : à Pocquelin, marchand, parfait payement de 9900ᵗᵗ pour glaces de miroir qu'il a fourny.... 3900ᵗᵗ

23 juillet 1672-5 janvier 1673 : à Masselin, pour parfait payement de 7134ᵗᵗ 10ˢ pour les vazes qu'il fait pour les combles (4 p.)................... 7124ᵗᵗ 10ˢ

6 aoust 1672-5 janvier 1673 : à Van Meustre, pour parfait payement de 2474ᵗᵗ *idem* (3 p.)....... 2474ᵗᵗ

6 aoust : à Le Roy, pour la natte qu'il a fournie à Trianon...................................... 99ᵗᵗ 15ˢ

29 septembre : à la veuve de la Londe, pour sept bannées[1] qu'elle a vendues................. 315ᵗᵗ

13 octobre-9 novembre : à Leschiquier, à compte des vazes de cuivre qu'il fait (2 p.)............. 1200ᵗᵗ

23 octobre : à Lallemant, à compte *idem*..... 400ᵗᵗ

5 janvier 1673-11 avril 1673 : à Remy, pour voitures qu'il a faites (2 p.)........................ 262ᵗᵗ 2ˢ

9 mars 1673 : à Brisseau, ferblantier, pour les ornemens qu'il a fait.................... 133ᵗᵗ 10ˢ

19 avril 1673 : à Le Bouteux, pour restablissement *idem*................................. 125ᵗᵗ 10ˢ

A Marquet, pour ouvrages et réparations qu'il a faites aux fontaines........................... 2953ᵗᵗ

Somme de ce chapitre.. 40486ᵗᵗ 17ˢ 6ᵈ [2]

VINCENNES.

MAÇONNERIE, CHARPENTERIE ET COUVERTURE.

15 septembre : à Bastard, charpentier, à compte de ses ouvrages............................ 1500ᵗᵗ

PLOMBERIE, MENUISERIE, SERRURERIE ET VITRERIE.

14 avril-9 novembre : à Charles Jacquet, vitrier, à compte de ses ouvrages (4 p.)............ 1200ᵗᵗ

9 may 1672-5 janvier 1673 : à Le Roy, serrurier, à compte *idem* (3 p.)..................... 1200ᵗᵗ

Somme de ce chapitre......... 2400ᵗᵗ

PEINTURE, SCULPTURE ET AUTRES ORNEMENS.

Néant.

---

[1] Il faut lire probablement bannes.
[2] Le total exact est 40481ᵗᵗ 7ˢ 6ᵈ.

PAVÉ, JARDINAGES ET COURS.

30 may-6 aoust : à Gollart, à compte des labours des petits plants de Vincennes (2 p.)......... 600ᵗᵗ

29 juin : à Chaussée et Loistron, pour avoir arrousé les advenues........................ 199ᵗᵗ 8ˢ

30 aoust : aud. Chaussée, à compte des petits plants de Vincennes............................ 600ᵗᵗ

Somme de ce chapitre........ 1399ᵗᵗ 8ˢ

FOUILLES ET TRANSPORTS DE TERRE.

19 avril 1673 : à Petit et Goland, pour parfait payement de 1242ᵗᵗ pour le labour qu'ils ont fait.... 642ᵗᵗ

A Loistron et Chaussée, pour parfait payement de 1334ᵗᵗ 15ˢ pour labours.............. 734ᵗᵗ 15ˢ

Somme de ce chapitre........ 1376ᵗᵗ 15ˢ

PARTIES EXTRAORDINAIRES.

28 janvier-14 avril : à Briais, jardinier, pour son remboursement d'avoir fait emplir les glacières dud. lieu (2 p.)............................. 212ᵗᵗ 15ˢ

ORANGERIE ET JARDIN DU ROULE.

14 febvrier 1672-21 janvier 1673 : à Germain, picqueur, pour diverses dépenses et travaux d'ouvriers au jardin du Roulle (8 p.)............. 4428ᵗᵗ 11ˢ 6ᵈ

17 mars-18 aoust : à luy, pour voitures d'arbrisseaux (2 p.)........................... 565ᵗᵗ

14 febvrier : aux ouvriers qui ont fait 110 thoises de rigolle.................................. 105ᵗᵗ

29 avril : à ceux qui ont travaillé du 15 febvrier au 14 avril............................ 288ᵗᵗ 15ˢ

14 febvrier : à Jean Le Gendre, pottier, pour 2625 pots de terre............................. 510ᵗᵗ

26 mars : à Hierosme Loistron, pour les ouvriers qui ont travaillé à la pépinière, et achat de fumier. 213ᵗᵗ 6ˢ

30 may-15 septembre : à Garnier, jardinier, pour six mois de son travail de may à septembre (2 p.). 200ᵗᵗ

30 may-29 décembre : à Honoré Duez, pour deux bassins de ciment qu'il a fait (2 p.)......... 800ᵗᵗ

20 juin : à Barbier, pour plusieurs caisses qu'il a fourny..................................... 189ᵗᵗ

23 juillet : à Hugé, vitrier, à compte de ses ouvrages..................................... 189ᵗᵗ 16ˢ 11ᵈ

A Le Grand, serrurier, *idem*............. 92ᵗᵗ 12ˢ

A Boulanger, pour ses ouvrages............ 182ᵗᵗ

A Mentonnois, pour parfait payement de 2011ᵗᵗ pour ses ouvrages............................ 1511ᵗᵗ

30 aoust - 13 octobre : à BOITARD, pour les pots de terre qu'il a fourny (2 p.)............... 397ʰ 18ˢ
6 décembre : à luy, pour 2500 pots......... 200ʰ
A HAYOT, pour oignons de fleurs *idem*....... 372ʰ
13 octobre : à BOUCUER, pour 20000 oignons de narcisses doubles........................ 200ʰ
A HUVILLIERS et HOUISTE, pour fumiers....... 192ʰ
6 décembre : à HUVILLIERS, pour 40 toises et demie cube de fumiers....................... 324ʰ
9 novembre : à MASSON, marchand, pour 1700 oignons de jonquilles.................... 255ʰ
9 mars 1673 : à BARBÉ, maçon, pour parfait payement de 1924ʰ 10ˢ 2ᵈ................. 824ʰ 10ˢ
A GIRARD, pour parfait payement de 19357ʰ 16ˢ 6ᵈ.
.... 1357ʰ 16ˢ 6ᵈ
10 avril 1673 : à HERNY, pour faire venir des houx de Fontainebleau..................... 300ʰ
19 avril 1673 : à la veuve VIERNEY, pour les chassis qu'elle a faits pendant les années 1671 et 1672. 417ʰ 12ˢ
Au sʳ DAGUERRE, pour remboursement de son mur qui est mitoyen avec celuy de la pépinière du Roulle. 836ʰ 6ˢ 8ᵈ

Somme de ce chapitre..... 14952ʰ 4ˢ 3ᵈ

MADRID.

19 avril 1673 : à PATALT, vitrier, pour parfait payement de 820ʰ........................... 20ʰ

SAINT-LÉGER.

25 mars : à la veuve LORGET, pour réparations de vitrerie............................. 125ʰ 7ˢ
4 décembre : au sʳ GARSAULT, pour délivrer à divers particuliers pour leur remboursement de cinq arpens trois quarts de prez pour joindre à ceux qui servent au haras de Saint-Léger, acquis au proffit de S. M.. 4025ʰ
19 avril 1673 : à TARADE, maçon, pour parfait payement de 39300ʰ 18ˢ 1ᵈ pour les ouvrages qu'il a faits and. haras....................... 3800ʰ 18ˢ 1ᵈ

Somme de ce chapitre...... 7951ʰ 5ˢ 2ᵈ

MONCEAUX.

29 décembre : à FOURAULT, charpentier, pour réparations............................... 277ʰ 6ˢ 8ᵈ

CHASTEAU DE COMPIÈGNE.

28 janvier : à LOUIS LE CLERC, pour avoir fait emplir les glacières dud. chasteau............ 107ʰ 15ˢ 6ᵈ

BLOIS, CHAMBORD ET AMBOISE.

6 avril 1673 : à la veuve JEAN PAUL, pour diverses réparations faites au chasteau de Chambord...... 532ʰ

OUVRAGES D'ARGENTERIE.

Néant.

COMMERCE DE FRANCE.

31 décembre : aux directeurs de la Compagnie du Levant, pour 615 pièces de draps qu'ils ont envoyé aux Eschelles du Levant, à raison de 10ʰ pour chacune pièce suivant l'arrest du Conseil du 18ᵉ juillet 1670.. 6150ʰ

MANUFACTURES DE FRANCE.

9 febvrier : au sʳ CHINEAL, commis en la manufacture des serges, façon de Londres, à Auxerre, pour les soins qu'il a pris à l'establissement de lad. manufacture. 600ʰ
Au sʳ CLOU, commis de la manufacture des serges, façon de Londres, à Gournay, pour les soins *idem*. 600ʰ
Febvrier : aux soixante-dix-neuf compagnons dénommez dans l'estat de ce jourd'huy, travaillans à la manufacture de bas de soye au chasteau de Madrid, pour la gratification de 200ʰ que le Roy a accordée à chacun desd. compagnons, suivant sa déclaration du mois de febvrier 1672...................... 15800ʰ
1ᵉʳ aoust 1672 - 12 febvrier 1673 : aux commis employez dans les provinces pour l'observation des règlemens généraux des manufactures registrez au Parlement de Paris, le 13 aoust, suivant les estats (3 p.). 34500ʰ
20 mars : à la veuve PREVOST, entrepreneur de la manufacture des camelots, façon de Bruxelles et Hollande, establie à Paris, en considération des dépenses faites pour l'establissement de lad. manufacture...... 6000ʰ
26 avril : au sʳ LAURE, entrepreneur de la manufacture des organcins, en considération des soins qu'il a pris pendant 1671 pour cet establissement...... 1500ʰ
28 avril 1673 : à luy, *idem* pendant 1672.. 1500ʰ
9 may : à PIETRO GALO, Milanois, par gratification pour l'année 1671 de ce qu'il travaille à la manufacture de l'or de Milan establie à Lyon............. 600ʰ
10 may - 1ᵉʳ septembre : au sʳ CAMUSET, pour les voyages qu'il a fait et les soins qu'il a pris pendant 1671 pour l'establissement de la manufacture des bas de laine au tricot (2 p.)...................... 400ʰ
13 may - 9 décembre : aux sʳˢ DORIGNY père et filz

et de Beaune, entrepreneurs de la manufacture des baracans establie à la Ferté-sous-Jouarre, sçavoir : 16666ᴴ 13ˢ 4ᵈ pour deux tiers de 25000ᴴ que S. M. luy a presté pour six années, et 1000ᴴ dont elle luy a fait don (2 p.)................. 17666ᴴ 13ˢ 4ᵈ

14 aoust : à Marie Mestayer, veuve du sʳ Cromelin, marchand de Saint-Quentin, pour passer un contract de constitution, sur le pied de l'Ordonnance, au proffit de Rachel Cromelin, sa fille et femme de Robert Lallemand, laquelle ne pourra estre rachetée ny vendue par lad. Mestayer pendant la vie dud. Lallemand...... 6000ᴴ

14 septembre : au sʳ Marissal, en considération de l'establissement qu'il fait de la manufacture des camelots, façon de Bruxelles et Hollande, en la ville d'Amiens.................................. 4000ᴴ

19 febvrier 1673 : au sʳ Isnard, entrepreneur de la manufacture de Beauvais, pour les bienvenues de cinquante sept ouvriers estrangers et la nourriture de cent cinquante apprentis, qui ont travaillé pendant l'année dernière 1672........................... 5285ᴴ

6 may : à la dame La Petitière, commise à la manufacture des points de France establie à Auxerre, en considération des soins qu'elle prend............ 600ᴴ

Somme de ce chapitre.. 98651ᴴ 13ˢ 4ᵈ

MANUFACTURES DES GOBELINS
ET DE LA SAVONNERIE.

4 juillet 1672-6 avril 1673 : au sʳ Rochon, pour parfait payement d'ouvrages de tapisseries et autres dépenses des Gobelins en 1672 (5 p.).... 94999ᴴ 18ˢ

4 juillet 1672-6 avril 1673 : à la veuve Lourdet, pour parfait payement des ouvrages de tapisserie, façon du Levant, qu'elle a faits à la Savonnerie pendant l'année 1672 (5 p.).................... 21066ᴴ 5ˢ

4 juillet 1672-26 janvier 1673 : au sʳ Dupont, pour ouvrages de tapisserie, façon du Levant, par luy faits à la Savonnerie en 1672 (4 p.).............. 5500ᴴ

19 avril 1673 : à Pipault, pour ouvrages de maçonnerie qu'il a faits à la Savonnerie, idem........ 205ᴴ

Somme de ce chapitre...... 121771ᴴ 3ˢ

GRAVEURES DE PLANCHES.

25 febvrier-23 juillet : au sʳ Bosse, graveur, pour parfait payement de douze planches qu'il a gravées, représentans diverses plantes (2 p.)............. 1087ᴴ

25 febvrier-20 juin : au sʳ Le Peautre, pour dix planches de divers ornemens (2 p.)............. 1200ᴴ

19 avril 1673 : à luy, pour deux planches.... 240ᴴ

25 febvrier : au sʳ Giffard, pour deux planches représentans des médailles.................... 150ᴴ

1ᵉʳ avril 1672-9 mars 1673 : à luy, pour neuf planches idem (4 p.)...................... 674ᴴ 11ˢ

25 febvrier : au sʳ Edelinck, pour une planche qui représente une machine pour la traduction de Vitruve. 100ᴴ

7 mars-29 avril : au sʳ Ganterel, pour deux planches pour lad. traduction (2 p.).................. 210ᴴ

17 mars : à Scotin, pour trois planches pour lad. traduction......................... 350ᴴ

14 avril-9 novembre : à Bérain, pour trois planches d'ornemens de la gallerie d'Apollon (2 p.)...... 620ᴴ

29 avril-18 juillet : à Audran, graveur, à compte de ses ouvrages d'après le sʳ Le Brun (3 p.)..... 1400ᴴ

29 avril : à Patigny, pour une planche du cours de la comette........................... 75ᴴ

19 avril 1673 : à luy, pour sept planches..... 95ᴴ

9 may : à Rousselet, pour deux planches d'après le Valentin........................... 800ᴴ

13 octobre : à luy, pour une planche du cabinet du Roy............................... 1600ᴴ

20 may 1672-31 janvier 1673 : à Papillon, pour plusieurs figures en taille de bois pour lad. traduction de Vitruve (2 p.)...................... 443ᴴ

6 aoust : à luy, pour quatorze planches en bois pour lad. traduction....................... 170ᴴ

9 mars 1673 : à luy, pour dix-huit planches en bois idem................................. 223ᴴ

20 juin : au sʳ Masson, pour les pélerins d'Esmaü d'après Paul Véronèze, qu'il a gravé......... 1500ᴴ

23 juillet : à Silvestre, pour trois planches qu'il a gravées............................. 1500ᴴ

A Picart, pour une planche qu'il a gravée d'après le Carrache........................... 1150ᴴ

18 aoust 1672-1ᵉʳ avril 1673 : au sʳ Clément, parfait payement de l'impression des planches (2 p.). 1182ᴴ 4ˢ

18 aoust : au sʳ Le Clerc, pour une demie année de son travail............................. 900ᴴ

30 aoust : au sʳ La Boissière, pour deux planches de médailles............................. 160ᴴ

29 septembre : à Van der Banc, pour deux planches qu'il a gravées........................ 400ᴴ

13 octobre-6 décembre : à Tournier, pour avoir retouché plusieurs planches (2 p.).............. 230ᴴ

5 janvier 1673 : à Grignon, pour deux planches qu'il a gravées........................... 500ᴴ

21 janvier 1673 : à Chasteau, pour une planche de l'Assomption de la Vierge, du cabinet du Roy.. 1000ᴴ

19 avril 1673 : à ROBERT, pour dix planches de plantes qu'il a gravées 970ʰ

Somme de ce chapitre 18929ʰ 15ˢ

ACHAT DE MARBRE, PLOMB ET ESTAIN.

17 mars-10 juillet : à LIÉGEARD, pour parfait payement de 6643ʰ 1ˢ 9ᵈ pour la fouille des marbres du Bourbonnois (6 p.) 6643ʰ 1ˢ 9ᵈ

16 febvrier 1673 : à luy, pour parfait payement de 3174ʰ 18ˢ 6ᵈ 174ʰ 17ˢ 6ᵈ

17 mars 1672-5 janvier 1673 : à NOISETTE, voiturier, à compte des marbres qu'il voiture (5 p.) .. 5509ʰ

20 may : à LA CHESNAY, pour la voiture de 42 blots de marbre 1132ʰ 14ˢ

8 avril-30 juin : à FORMONT, parfait payement de 84507ʰ 8ˢ 4ᵈ pour le plomb qu'il a livré (2 p.) .. 84507ʰ 8ˢ 4ᵈ

25 octobre : à luy, pour parfait payement de 143944ʰ 4ˢ pour 1032137 livres de plomb et 13952 livres d'estain d'Angleterre qu'il a fourny (2 p.) 143944ʰ 4ˢ

28 novembre : à luy, pour parfait payement de plomb et estain qu'il a fourny 111992ʰ 13ˢ

12 avril : à luy, pour marbres 17918ʰ 6ˢ 8ᵈ

11 aoust : à luy, pour 106 blocs, 5 colonnes et 104 carreaux de marbre 47275ʰ

5 juin : à DERBAIS, pour plusieurs blocs de marbre de diverses couleurs 10763ʰ 10ˢ

17 juin-13 octobre : au sʳ BEUF, à compte des marbres qu'il fournit (2 p.) 48000ʰ

24 aoust : à LA LANDE et consors, pour divers marbres 256ʰ 8ˢ 4ᵈ

8 aoust : à MISSON, LE GRUE et DERBAIS, pour deux bassins de marbre de dix pieds de diamètre 7000ʰ

12 aoust : au sʳ VALDOR, parfait payement de 4134ʰ pour 318 pieds cubes de marbres qu'il a livrez. 3834ʰ

30 septembre : à BOUZON, pour 922 pieds cubes, 17 colonnes de différentes grandeurs et 202 balustres de marbre 33285ʰ 16ˢ 4ᵈ

19 avril 1673 : à luy, pour fourniture de marbre qu'il a livré 4600ʰ

13 mars 1673 : à ALLEN, pour 400 pièces de plomb d'Angleterre 16119ʰ 16ˢ

A luy, pour 110732 livres idem 15225ʰ 13ˢ

Somme de ce chapitre ... 558182ʰ 8ˢ 11ᵈ

ACQUISITIONS DE MAISONS,
TERRES ET HÉRITAGES.

23 juillet : à divers particuliers, pour leur remboursement des prez, vignes, terres et héritages dont ils étoient propriétaires, acquises au proffit du Roy pour servir à la construction de la grande terrasse de Saint-Germain, suivant les contracts qui en ont esté passez et l'estat de ce jourd'huy 16340ʰ 10ˢ 2ᵈ

11 avril : au sʳ DE BUC, à compte du dédommagement qu'il peut prétendre tant de ses bois que de ses prez qui ont esté pris pour les cinq moulins de la montagne et l'aqueduc de la pompe de Bruttin, suivant l'estimation qui en sera faite 3000ʰ

6 may : à divers particuliers, pour leur remboursement des terres et vignes à eux appartenantes, acquises au proffit de S. M. pour la construction de la grande terrasse de Saint-Germain, suivant l'estat du 19ᵉ mars .. 7077ʰ 15ˢ

30 may : à JOCQUET, pour le prix et non-jouissance d'un demy arpent de pré scis à Versailles, acquis au proffit de S. M. 320ʰ

11 juillet : aux cy-après nommez, sçavoir : 4000ʰ au sʳ CHARPENTIER, pour son parfait payement de 24000ʰ pour le prix d'une maison à luy appartenante ; 2000ʰ au sʳ LEGRAND, secrétaire du Roy, pour le troisième payement de 66000ʰ pour le prix de trois autres maisons, et 17350ʰ à MARIN FANCY, pour le deuxième payement de 79300ʰ restant de 104100ʰ pour trois autres maisons acquises au proffit de S. M. 32350ʰ

11 juillet 1672 : à Mᵐᵉ la duchesse DE VERNEUIL, pour une maison seize à Saint-Germain, qu'elle a vendue au Roy 35920ʰ 10ˢ 6ᵈ

20 juillet : à M. BOULANGER DARQUEVILLE, maistre des requestes, pour deux arpens de terre scis au terroir de Saint-Mandé, compris dans la grande avenue de Vincennes 1209ʰ

30 juillet : à Mᵐᵉ DE SAINT-MARTIN, pour son dédommagement à cause de la fouille des grais que l'on a tiré pendant la présente année dans les bois de Voisin proche Versailles 1000ʰ

24 aoust : aux héritiers d'ANTOINE PASQUIER et sa femme, pour le premier quart de 27666ʰ restant de 41500ʰ pour le prix de deux maisons acquises au proffit de S. M., suivant le contract du 31 janvier 1671 .. 6916ʰ 13ˢ 4ᵈ

9 novembre : à Mᵐᵉ DE GUISE, pour le prix de l'hostel de Guise, de Versailles, acquis au proffit de Sa Majesté 60000ʰ

11 janvier 1673 : aux dénommez cy-après, sçavoir : 1380ʰ à JACQUES DUFOUR, pour un arpent de vigne scis à Carrière, et 560ʰ à CHARLES CHAUVIN, comme procureur de CHARLES DE LAUNAY, pour 76 perches d'héritages idem 1940ʰ

17 febvrier : aux s⁰⁰ de Valentinay et Bigot, pour le prix d'une maison à eux appartenante, rue neuve Saint-Honoré, acquise au proffit de S. M., suivant la liquidation qui en a esté faite..................... 32000ᵗᵗ

Aux héritières de Louis Moret, pour 77 perches de terre labourable scis à Chaillot, acquis au proffit de S. M............................. 431ᵗᵗ 5ˢ

21 juillet 1676 : à Marguerite Selle, pour un demy arpent scis au terroir de Chaillot, compris dans l'advenue des Thuilleries..................... 330ᵗᵗ

14 febvrier 1672 : à Germain Gilbert, Alexandre Ferrand et autres, pour le prix et non-jouissance de 96 perches de terre comprises dans l'orangerie et pépinière du Roulle, acquises au proffit de S. M......... 882ᵗᵗ

3 mars : à François Lefebvre, pour un arpent de terre qu'il a vendu au proffit de S. M., compris dans les advenues de Vincennes..................... 798ᵗᵗ

4 mars : à Catherine Desfebvres et autres, pour deux arpens et demy de terre qu'ils ont vendu au proffit de S. M............................. 1690ᵗᵗ

12 mars : à Geneviefve Guignard, veufve d'Antoine Mivert, pour 21 perches de terre qu'elle a vendues idem........................... 167ᵗᵗ 12ˢ

23 mars : à Marie Girard, veufve de Pierre Chevreau, pour un demy arpent de terre compris idem.... 399ᵗᵗ

Somme de ce chapitre...... 202772ᵗᵗ 6ˢ

LOYERS DE MAISONS.

23 octobre : à Patel, peintre, pour une année de loyer de sa maison, escheue à la Saint-Jean dernier 300ᵗᵗ

5 janvier 1673 : à d⁽ᵉ⁾ Majon, pour deux mois de loyer d'une maison où les peintres travaillent.... 90ᵗᵗ

A la veufve Menand, pour deux mois idem..... 200ᵗᵗ

7 octobre 1672 : au s' Petit père, pour six mois de loyer de sa maison, à Versailles, occupée par les officiers des Bastimens..................... 600ᵗᵗ

25 octobre : à Anne Caron, pour les six premiers mois de loyer de sa maison occupée par des officiers de la Reyne........................... 50ᵗᵗ

4 janvier 1674 : au s' abbé Colbert, pour une année de loyer de sa maison où est la bibliotèque du Roy 3000ᵗᵗ

21 janvier : au s' chevalier Houel, pour le loyer de deux maisons, dont il est propriétaire, pendant lad. année........................... 360ᵗᵗ

17 febvrier : à la veufve Lasniel, pour les loyers de sa maison du Pélican, à Versailles........ 588ᵗᵗ 6ˢ 8ᵈ

27 aoust : au s' Bructn, tuteur des enfans mineurs de Monseigneur le duc d'Elbeuf, pour une année de loyer de l'hostel de Provence.............. 4000ᵗᵗ

Au s' Chauvry, pour une année idem....... 3000ᵗᵗ

A la veufve Carbonnet, pour le dernier quartier. 50ᵗᵗ

Aud. Petit, pour les six derniers mois...... 300ᵗᵗ

4 janvier 1675 : à divers particuliers, pour le loyer de leurs maisons scizes à la Halle-Barbier, occupées par les mousquetaires du Roy pendant 1672......... 3340ᵗᵗ

26 janvier 1677 : à Thomas Brillard, ayant droit des interests au cautionnement de Louis Barbier, pour le loyer de cinq maisons scizes à la Halle-Barbier, occupées par les mousquetaires du Roy pendant l'année 1672, dont les s'' Le Camus ont esté propriétaires. 900ᵗᵗ

29 décembre 1672 : à la demoiselle de Poix, pour le loyer de sa maison occupée par la grande escurie du Roy pendant lad. année.................... 4030ᵗᵗ

Somme de ce chapitre.... 20808ᵗᵗ 6ˢ 2ᵈ ¹

BIBLIOTÈQUE ET ACCADÉMIE DES SCIENCES.

1ᵉʳ avril 1672 : à Gosselin, armurier, pour divers instrumens qu'il a faits pour lad. Accadémie.... 286ᵗᵗ

9 may 1672 - 19 avril 1673 : au s' Niquet, pour plusieurs modelles de machines (2 p.)...... 710ᵗᵗ 7ˢ 6ᵈ

26 novembre : à luy, pour les machines qu'il a faites en 1671........................... 400ᵗᵗ

11 juillet : à luy, pour parfait payement de 3465ᵗᵗ pour la carte de la Généralité de Paris......... 865ᵗᵗ

9 may : à Le Bas, pour parfait payement de 938ᵗᵗ pour divers instrumens qu'il a fait........... 378ᵗᵗ

18 aoust : à Menjus et La Tour, pour payement de 776ᵗᵗ pour les livres qu'ils ont reliez........... 76ᵗᵗ

15 septembre - 23 octobre : à Anglebert, à compte de la menuiserie qu'il fait (2 p.)............ 2100ᵗᵗ

9 novembre : à Tanguy et Gosselin, pour divers instrumens qu'ils font................... 1457ᵗᵗ 10ˢ

A Yvon, pour réparation de couvertures... 579ᵗᵗ 13ˢ

6 décembre : à Couplet, pour parfait payement de 493ᵗᵗ 5ˢ 6ᵈ pour diverses dépenses,...... 193ᵗᵗ 5ˢ 6ᵈ

13 may - 3 décembre : au s' de la Croix, interprète en langue turquesque, pour faire tenir à son fils qui est à Alep pour apprendre les langues orientales (2 p.). 1000ᵗᵗ

30 may : au s' Langemach, Hollandois, pour un modelle de machine qu'il a fait pour esteindre les incendies........................... 300ᵗᵗ

Au s' Dupuis, pour parfait payement de 1500ᵗᵗ. 500ᵗᵗ

---

¹ Le total exact est 20808ᵗᵗ 6ˢ 8ᵈ.

21 juillet : au s' Vivien, pour reste du travail qu'il a fait.................................. 1000ᵗᵗ
23 juillet : au s' Olaus Reumer, Danois, en considération du travail qu'il fait................ 1000ᵗᵗ
17 aoust : au s' de la Croix, pour demie année du travail qu'il fait......................... 300ᵗᵗ
Au s' Dippy, idem........................... 300ᵗᵗ
27 aoust : à Thuret, pour les réparations qu'il a faites aux orloges de l'Accadémie des Sciences ez années 1668, 69, 70 et 71.............................. 500ᵗᵗ
3 janvier 1673 : à luy, pour une pendule sonnante qu'il a faite.............................. 165ᵗᵗ
14 septembre : à Richer, envoyé dans la Cayenne pour des observations astronomiques, pour son entretien d'une année..................................... 2200ᵗᵗ
21 septembre : au s' Vivien, pour le voyage qu'il a fait en Provence....................... 400ᵗᵗ
28 janvier 1673 : au s' Cancavy, pour parfait payement de 4080ᵗᵗ 1ˢ............... 1080ᵗᵗ 1ˢ
12 aoust 1672 : au s' Kemps, en considération du travail qu'il a fait au laboratoire............ 600ᵗᵗ
19 avril 1673 : à Prudhomme, pour ceux qui transcrivent le Dictionnaire de l'Accadémie françoise, et fournitures qu'il a faites............... 1535ᵗᵗ 19ˢ
19 avril 1673 : à Millard, pour dépense de l'Accadémie françoise........................ 508ᵗᵗ 2ˢ
18 novembre : au s' Meurisse, envoyé en Cayenne pour y faire des observations astronomiques, par gratification.................................. 600ᵗᵗ
27 juin 1674 : au s' Le Vavasseur, en considération de ses observations astronomiques........... 600ᵗᵗ
Au s' Pivert, employé à faire la carte géographique de la Généralité de Paris, en considération de son travail..................................... 400ᵗᵗ
20 avril 1672 : à Aubry, pour marchandises de verrerie qu'il a fournies pour ed. laboratoire.. 223ᵗᵗ 7ˢ 6ᵈ
20 avril : au s' Bourdelin, apotiquaire, pour fournitures qu'il a faites aud. laboratoire....... 366ᵗᵗ 10ˢ
30 octobre : à Chandelle, pour diverses dépenses de la bibliothèque............... 5410ᵗᵗ 2ˢ 6ᵈ

Somme de ce chapitre...... 26034ᵗᵗ 18ˢ

ACCADÉMIE DE PEINTURE, SCULPTURE, ETC.

25 mars : à Jacques Boult, tapissier, pour une tapisserie des siéges et un tapis pour l'Accadémie d'architecture............................... 271ᵗᵗ 4ˢ
20 may : au s' Raon, pour parfait payement de 650ᵗᵗ pour une figure d'Apollon qu'il a livrée dans la Salle des antiques.................................. 350ᵗᵗ
30 may : à la veuve Vierrey, pour ouvrages de vitrerie qu'elle a fait dans lad. Salle des antiques....... 400ᵗᵗ
4 juillet 1672 - 11 janvier 1673 : au s' Beaubrun, pour l'entretenement de lad. Accadémie pendant l'année 1672 (4 p.)........................... 4000ᵗᵗ
11 novembre : aux cy-après nommés, sçavoir : au s' Coipel, qui va régir l'Accadémie à Rome, 500ᵗᵗ, et à sept autres jeunes peintres, sculpteurs et architectes qui vont estudier aud. lieu, à chacun 200ᵗᵗ...... 1900ᵗᵗ
3 décembre : au filz de la veuve Parent, pour trois mois de sa pension pour l'ayder à estudier à la peinture.. 50ᵗᵗ
8 may : aux sʳˢ Mignard, Giffard, Bruant, Le Vau, Le Pautre, Dorbay et Felibien, architectes, pour avoir assisté aux conférences de l'Accadémie d'architecture pendant l'année dernière.................. 1815ᵗᵗ

Somme de ce chapitre........ 8786ᵗᵗ 4ˢ

PENSIONS ET GRATIFICATIONS
DES GENS DE LETTRES.

23 mars 1673 : à M. Ferrary, en considération de son mérite et des beaux ouvrages d'éloquence qu'il donne au public................................. 1200ᵗᵗ
A M. Gratiany, pour son mérite et les beaux ouvrages de poësies qu'il a composé................ 1500ᵗᵗ
Au s' Couplet, pour le soin qu'il prend de la recherche de plusieurs animaux pour faire des dissections... 800ᵗᵗ
Au s' Duplis, en considération de son application aux estudes de matématiques................ 500ᵗᵗ
Au s' Pasquin, idem.................. 600ᵗᵗ
Au s' L'Héritier, pour son application aux belles-lettres................................. 1000ᵗᵗ
Au s' Niquet, pour son application aux matématiques.................................. 1000ᵗᵗ
Au s' Mariotte, pour la connoissance particulière qu'il a des matématiques..................... 1500ᵗᵗ
Au s' Marchand, en considération de la connoissance particulière qu'il a de la botanique........ 1500ᵗᵗ
Au s' Dodart, en considération de la profonde connoissance qu'il a de la physique............ 1500ᵗᵗ
Au s' Gallois, pour son mérite et ses belles-lettres... .... 1500ᵗᵗ
Au s' Bourdelin, pour son application à l'estude de la chimie................................ 1500ᵗᵗ
Au s' Borel, pour la parfaite connoissance qu'il a de la chimie............................... 1200ᵗᵗ

ANNÉE 1672. — PENSIONS ET GRATIFICATIONS, ETC.

Au s⁽ʳ⁾ du Clos, idem.................... 2000ᵗᵗ
Au s⁽ʳ⁾ Gayant, en considération de sa grande expérience dans les dissections anatomiques....... 1200ᵗᵗ
Au s⁽ʳ⁾ Pecquet, pour la profonde connoissance qu'il a de la physique......................... 1200ᵗᵗ
Au s⁽ʳ⁾ Perrault, médecin, idem........... 2000ᵗᵗ
Au s⁽ʳ⁾ Blondel, pour la parfaite connoissance qu'il a des matématiques..................... 1500ᵗᵗ
Au s⁽ʳ⁾ Frénicle, idem................... 1200ᵗᵗ
Au s⁽ʳ⁾ Picard, idem..................... 1500ᵗᵗ
Au s⁽ʳ⁾ Roberval, idem................... 1500ᵗᵗ
Au s⁽ʳ⁾ Carcavy, idem.................... 2000ᵗᵗ
Au s⁽ʳ⁾ Cassini, idem.................... 9000ᵗᵗ
Au s⁽ʳ⁾ d'Herbelot, en considération de son application aux belles-lettres...................... 1500ᵗᵗ
Aud. Mésnay, historiographe, en considération de l'histoire qu'il a fait..................... 2000ᵗᵗ
Au s⁽ʳ⁾ Quinault, pour les belles pièces de théâtre qu'il donne au public....................... 1200ᵗᵗ
Au s⁽ʳ⁾ de la Croix, interpretre en langue turque, en considération du service qu'il rend en cette qualité. 1200ᵗᵗ
Au s⁽ʳ⁾ Dippy, interprette en langue arabe, idem. 1000ᵗᵗ
Au s⁽ʳ⁾ Maury, en considération de ses belles-lettres. 600ᵗᵗ
Au s⁽ʳ⁾ de Sainte-Marthe, pour la parfaite connoissance qu'il a de l'histoire..................... 1200ᵗᵗ
Aux s⁽ʳˢ⁾ Vallois, idem................... 2400ᵗᵗ
Au s⁽ʳ⁾ Flescuier, pour son application aux belles-lettres.
.... 800ᵗᵗ
Au s⁽ʳ⁾ Huet, de Caen, idem.............. 1500ᵗᵗ
Au s⁽ʳ⁾ de Benserade, en considération de ses beaux ouvrages de poësie...................... 1500ᵗᵗ
Au s⁽ʳ⁾ Baluze, pour ses belles-lettres....... 1200ᵗᵗ
Au s⁽ʳ⁾ Racine, en considération des belles pièces de théâtre qu'il donne au public................ 1500ᵗᵗ
Au Père Le Cointre, de l'Oratoire, pour la connoissance qu'il a de l'histoire ecclésiastique, et des ouvrages qu'il compose........................... 1500ᵗᵗ
Au s⁽ʳ⁾ Félibien, pour ses belles-lettres...... 1200ᵗᵗ
Au s⁽ʳ⁾ Le Laboureur, pour la profonde connoissance qu'il a de l'histoire et des généalogies....... 1500ᵗᵗ
Au s⁽ʳ⁾ Godefroy, idem................... 3600ᵗᵗ
Au s⁽ʳ⁾ Conrart, en considération de ses belles-lettres...
.... 1500ᵗᵗ
Au s⁽ʳ⁾ Perrault, idem................... 2000ᵗᵗ
Au s⁽ʳ⁾ abbé de Cassagnes, idem.......... 1500ᵗᵗ
Au s⁽ʳ⁾ Charpentier, idem................ 1500ᵗᵗ
Au s⁽ʳ⁾ Corneille l'aisné, en considération des belles poësies qu'il donne au public............... 2000ᵗᵗ
Au s⁽ʳ⁾ Chapelain, idem................. 3000ᵗᵗ

9 octobre : au s⁽ʳ⁾ Buot, matématicien, en considération de son mérite et de son application aux sciences matématiques............................. 1200ᵗᵗ
19 mars-5 novembre : au s⁽ʳ⁾ Hugens, célèbre matématicien, une année de ses appointemens (3 p.). 6000ᵗᵗ
16 mars : au s⁽ʳ⁾ Godefroy, historiographe, pour parfait payement de 3894ᵗᵗ 17ˢ pour ses appointemens et ceux de quatre escrivains qui travaillent sous luy à la Chambre des Comptes de l'Isle, depuis le 1ᵉʳ octobre jusqu'au 1ᵉʳ mars dernier, et 3000ᵗᵗ à compte...... 3894ᵗᵗ 17ˢ
26 octobre : à luy, pour lesd. dépenses..... 3000ᵗᵗ
16 janvier 1673 : à luy, pour parfait payement de 3901ᵗᵗ pour lesd. dépenses jusques au dernier juillet, et 3000ᵗᵗ à compte idem........................ 3901ᵗᵗ
20 may : à luy, pour parfait payement de 3505ᵗᵗ pour lesd. despenses, etc.................... 3505ᵗᵗ
23 juillet : au s⁽ʳ⁾ Cassini, pour le deuxième quartier de ses appointemens.................... 1500ᵗᵗ
14 septembre : au s⁽ʳ⁾ Richer, en considération de son application aux sciences matématiques........ 1000ᵗᵗ
11 juin : au s⁽ʳ⁾ de Compiègne, en considération de la profonde connoissance qu'il a de la langue hébrayque, et de son travail........................ 600ᵗᵗ
7 juillet : au s⁽ʳˢ⁾ Dippy et de la Croix, pour une demie année de leur travail.................... 600ᵗᵗ

Somme de ce chapitre..... 100500ᵗᵗ 17ˢ

PENSIONS ET GRATIFICATIONS
DES GENS DE LETTRES ESTRANGERS.

23 mars 1673 : à M. Carlo Daty, pour la parfaite connoissance qu'il a des belles-lettres......... 1200ᵗᵗ
A M. Viviani, idem..................... 1200ᵗᵗ
A M. Corringius, idem................... 900ᵗᵗ
29 octobre 1674 : au s⁽ʳ⁾ Hevelius, en considération de la profonde connoissance qu'il a dans l'astrologie. 1200ᵗᵗ

Somme de ce chapitre........... 4500ᵗᵗ

GRATIFICATIONS DES OUVRIERS
BLESSEZ AUX BASTIMENS.

22 mars : aux Pères de la Charité de Paris, en considération de ce qu'ils ont traittez les ouvriers malades des bastimens du Roy.................... 300ᵗᵗ
11 avril : à la veuve du nommé Le Flamand, plombier, qui est mort travaillant aux fontaines de Versailles, pour lay aider dans sa nécessité............. 60ᵗᵗ
28 may : à la veuve Picard, dont le mary est mort travaillant aux ouvrages de marbre de S. M..... 100ᵗᵗ

10 juin : à Estienne Friolet, poseur, en considération des soins qu'il a apporté pour poser les pierres du péristile du Louvre sans les avoir écorné............ 300ᵗᵗ

25 juillet : à Maillard, Simon et Samson, par gratification, pour la perte de quatre chevaux qui se sont tuez en tombant dans le canal.................. 120ᵗᵗ

6 aoust : à Denis Paris, en considération du soin qu'il a pris des arbrisseaux verts à fleurs vendus par le sʳ Hebert au proffit de S. M................... 60ᵗᵗ

A la veuve Hebert, en considération de ce que son mary a esté tué en travaillant au Louvre......... 80ᵗᵗ

18 aoust : à divers ouvriers, par gratification. 137ᵗᵗ 10ˢ

24 aoust : au sʳ de la Loge, en considération de ce que le duc de Richelieu a donné à S. M. neuf grands orangers................................ 100ᵗᵗ

30 aoust : à la veuve Pierre Gallois, en considération de ce que son fils s'est tué à Versailles, tombant d'un eschafaut................................... 100ᵗᵗ

6 septembre : au sʳ de la Massonnière, pour distribuer à plusieurs ouvriers, pour donner moyen à Martin Hay de payer leurs journées............. 262ᵗᵗ 12ˢ 2ᵈ

7 octobre : à la veuve Jean Bourgeois, qui a esté tué par l'éboulement des terres du percement de la montagne................................. 60ᵗᵗ

8 octobre : à la veuve La Cousture, qui a esté tué travaillant aux murs du grand canal de Versailles... 100ᵗᵗ

18 octobre : à François Giron et Pierre Gorée, blessez travaillant à l'Observatoire, à chacun 30ᵗᵗ....... 60ᵗᵗ

22 octobre : à Dumont, piqueur, qui est mort pour avoir esté blessé à la jambe................. 60ᵗᵗ

28 octobre : à Josepu, charpentier, par gratification et pour les soins qu'il a pris d'avoir monté les grandes pierres du péristile du Louvre sans les avoir écorné. 300ᵗᵗ

A Jean de la Lande, en considération de ce qu'il a mis un homme pour ouvrir et fermer la porte du jardin du Boulingrin pendant le séjour de S. M. à Saint-Germain................................. 200ᵗᵗ

Somme de ce chapitre........ 2400ᵗᵗ [1]

GAGES DES OFFICIERS
ET PRÉPOSEZ AUX BASTIMENS.

14 febvrier 1672 - 21 janvier 1673 : à Baltazard et Barthelemy Dambresne, jardiniers flamands, pour sept mois de leurs gages et 600ᵗᵗ de gratification pour les frais de leur retour dans leur pays (5 p.).......... 1300ᵗᵗ

7 mars 1672 - 19 avril 1673 : à Antoine Thumel,

[1] On a omis d'ajouter à l'addition 2 sous et 2 deniers.

jardinier de l'orangerie du Roulle, pour les trois mois derniers de l'année 1671 et la première moitié de l'année 1672 (3 p.)...................... 900ᵗᵗ

7 mars 1672 - 19 avril 1673 : à Jean Frade, pour le dernier quartier de l'entretenement des plantes de Saint-Germain-en-Laye durant l'année 1671 et l'année 1672 (4 p.)........................ 964ᵗᵗ 15ˢ

17 mars 1672 - 19 avril 1673 : à Javin, préposé au magazin de plomb, pour quatorze mois de ses gages escheus le dernier décembre 1672 (4 p.)..... 1036ᵗᵗ

1ᵉʳ avril 1672 - 21 janvier 1673 : à Benoit, préposé au percement de la montagne, pour treize mois de ses gages, du 1ᵉʳ décembre 1671 au 31 décembre 1672 (4 p.)................................ 975ᵗᵗ

1ᵉʳ avril 1672 - 19 avril 1673 : à Dauvergne, préposé à Versailles, pour une année de ses gages (4 p.).. 900ᵗᵗ

1ᵉʳ avril 1672 - 19 avril 1673 : à Desmoulins, archer de la Prévosté, préposé pour l'exécution des ordres des bastimens de Versailles, pour 15 mois de ses gages, du 10 octobre 1671 au 31 décembre 1672 (3 p.)... 202ᵗᵗ 10ˢ

8 avril 1672 - 21 janvier 1673 : à Robelin, préposé au canal de Versailles, une année de gages (4 p.). 1200ᵗᵗ

8 avril 1672 - 5 janvier 1673 : à La Roche, préposé aux ouvrages de Versailles et de Trianon, pour six mois de ses gages escheus le dernier décembre (3 p.).. 405ᵗᵗ

9 may 1672 - 19 avril 1673 : à Henry, préposé à la recherche des arbres pour les jardins du Roy, pour neuf mois de ses gages (3 p.)................. 450ᵗᵗ

9 may 1672 - 19 avril 1673 : à Rigault, préposé aux Thuilleries, une année d'appointemens (4 p.)... 720ᵗᵗ

9 may 1672 - 19 avril 1673 : à Sainte-Marie, préposé à l'Observatoire, pour treize mois de ses gages escheus le dernier janvier 1673 (3 p.).............. 850ᵗᵗ

9 may 1672 - 19 avril 1673 : à Colin, préposé aux Thuilleries, pour quatorze mois de ses appointemens (5 p.)................................. 1260ᵗᵗ

9 mai 1672 - 19 avril 1673 : à Aumont, garde de la Prévosté, préposé pour la voiture des matéreaux, pour seize mois de ses appointemens (4 p.)... 2207ᵗᵗ 3ˢ 4ᵈ

20 may 1672 - 19 avril 1673 : à Germain, préposé à la pépinière du Roulle, pour quinze mois de ses gages au 31 mars 1673 (4 p.)................... 1125ᵗᵗ

30 may 1672 - 19 avril 1673 : à Le Franc, préposé au canal, pour une année de ses appointemens (4 p.) 975ᵗᵗ

29 juin : à Bastard, préposé à Vincennes, pour quatre mois de ses appointemens escheus au mois de janvier dernier................................ 150ᵗᵗ

A Octavien, jardinier à la pépinière du Roulle, pour quatre mois idem...................... 200ᵗᵗ

A Deslauriers, pour la conduitte des ouvrages des Thuilleries pendant la présente année.......... 300ᵗᵗ

6 aoust : à Huvilliers, préposé aux advenues du Roulle et des Thuilleries, pour six mois au 1ᵉʳ aoust.... 150ᵗᵗ

30 aoust : à Deslouis, préposé à Versailles, pour trois mois de ses appointemens escheus idem......... 225ᵗᵗ

30 aoust 1672-19 avril 1673 : à Lamy, portier du jardin des Thuilleries, pour neuf mois de ses gages escheus le dernier décembre (3 p.)................ 219ᵗᵗ

22 septembre 1672-19 avril 1673 : au sʳ Petit père, préposé à Versailles, pour une année de ses gages échus le dernier décembre (2 p.).................. 3600ᵗᵗ

10 juillet 1674 : au sʳ Fossier, commis au magasin de plomb, idem (2 p.)..................... 1200ᵗᵗ

A luy, pour ses appointemens extraordinaires. 1300ᵗᵗ

22 septembre 1672-19 avril 1673 : au sʳ Petit fils, préposé à Saint-Germain, pour une année de ses gages, (2 p.)............................. 1200ᵗᵗ

7 juillet 1674 : à luy, pour ses appointemens extraordinaires............................ 900ᵗᵗ

22 septembre 1672-19 avril 1673 : au sʳ Ballon, ayant la direction des advenues, pour une année de ses gages (2 p.)........................... 1800ᵗᵗ

29 septembre-11 novembre : à Tisserand, pour neuf mois des entretenemens des vitres du chasteau de Fontainebleau (2 p.)............................ 900ᵗᵗ

13 octobre 1672-19 avril 1673 : à La Croix, préposé à Versailles, six mois de ses gages (2 p.)... 450ᵗᵗ

25 mars-22 septembre : au sʳ Le Bouteux, jardinier de Trianon, pour une année de son entretenement ordinaire et extraordinaire (6 p.)................ 16625ᵗᵗ

6 febvrier-8 aoust : à luy, pour l'entretien des fontaines de Trianon pendant les années 1671 et 1672 (2 p.) 800ᵗᵗ

2 avril-22 septembre : aux jardiniers de Versailles, sçavoir : 1500ᵗᵗ à Macé Foucher, ayant l'entretenement du petit parc, pour un quartier; 2250ᵗᵗ à Marin Trumel, ayant celui de l'orangerie, pour trois quartiers, et 2100ᵗᵗ à Jacques Vaultier, ayant le potager, pour trois quartiers (4 p.). 5850ᵗᵗ

24 mars 1673 : auxd. jardiniers de Versailles pour leur dernier quartier..................... 3700ᵗᵗ

Aux héritiers de Nicolas Hullot, ayant l'entretenement des couvertures du palais, pour ses gages de l'année 1671............................. 2000ᵗᵗ

4 avril 1672-4 janvier 1673 : au sʳ Le Brun, Premier Peintre du Roy, pour une année de ses appointemens (4 p.)........................... 8800ᵗᵗ

8 avril : aux cy-après nommez, sçavoir : à Marc Gaudet, pour le premier quartier de l'entretenement des deux premiers moulins de Clagny, 250ᵗᵗ, et à Guillaume Duprhé, ayant celuy de l'autre moulin, 125ᵗᵗ...... 375ᵗᵗ

12 avril 1672-20 mars 1673 : à Denis, fontainier, ayant l'entretenement des fontaines de Versailles, pour une année de gages (4 p.)............... 7900ᵗᵗ

9 may : aux filles de deffunt Bouchard, ayant l'entretenement de l'orangerie des Thuilleries, pour le premier quartier de leurs gages.................. 225ᵗᵗ

Aux religieux de la Charité de Fontainebleau, pour le premier quartier de leur pension............. 450ᵗᵗ

A Guillaume Masson et à ..... Le Juge, ses belles-sœurs, pour le premier quartier de leur entretenement du jardin des Thuilleries............... 262ᵗᵗ 10ˢ

21 may : à François Antoine, meusnier des moulins de Trianon, pour le premier quartier de ses gages. 250ᵗᵗ

6 juin : au sʳ Loir, peintre, pour ses appointemens des six derniers mois 1671............... 3000ᵗᵗ

22 mars 1673 : à luy, pour ses appointemens de l'année 1672........................... 6000ᵗᵗ

6 juin : au sʳ Vandermeulen, peintre flamand, pour ses appointemens des six derniers mois de 1671. 3000ᵗᵗ

17 juillet 1672-2 avril 1673 : à luy, pour ses appointemens de 1672 (2 p.).................. 6000ᵗᵗ

12 juillet-22 septembre : au nommé Colibot, ayant l'entretenement du petit parc de Versailles, pour les deuxième et troisième quartiers de ses gages... 3700ᵗᵗ

17 novembre : à luy, pour une année d'augmentation de son entretenement échue au dernier juin..... 1000ᵗᵗ

15 juillet 1672-18 janvier 1673 : auxd. meusniers des moulins de l'estang de Clagny et de Trianon, sçavoir : 375ᵗᵗ à ceux dud. estang, et 250ᵗᵗ à celuy des deux moulins de Trianon, par quartier (3 p.) 1875ᵗᵗ

20 juillet : au sʳ Le Nostre, ayant l'entretenement de l'espallier des jasmins d'Espagne le long de la terrasse des meuriers blancs, aux Thuilleries, pour les six premiers mois de l'année................. 750ᵗᵗ

23 juillet : à Menard, ayant l'entretenement des marbres de la chapelle du Palais-Royal, pour une année escheue au dernier mars................... 150ᵗᵗ

30 aoust 1672-19 avril 1673 : à Yvon, ayant l'entretenement des couvertures de plusieurs maisons royalles, pour une année de ses gages (2 p.)......... 4155ᵗᵗ

30 aoust 1672-19 avril 1673 : à Dimanche Charuel, idem (2 p.)............................ 4155ᵗᵗ

22 septembre 1672-2 febvrier 1673 : au sʳ de la Quintinie, ayant la direction des potagers des maisons royalles, pour une année de ses appointemens, et gratifications (3 p.)........................ 4000ᵗᵗ

6 octobre : à Camaye et Chambois, pour une année, escheue au 1ᵉʳ du présent mois, de l'entretenement des couvertures de Compiègne................... 400ᵗᵗ

10 octobre : à Descotz, pour augmentation de son entretenement du jardin des Thuilleries pendant les années 1670 et 1671..................... 1000ᵗᵗ

15 octobre : aux meusniers des moulins de l'estang de Clagny et de Trianon, pour le troisième quartier de leurs gages.............................. 625ᵗᵗ

30 octobre 1672 - 19 avril 1673 : à La Tour Dorchemer, pour une année de nettoyement des cours de Fontainebleau (2 p.)...................... 700ᵗᵗ

9 novembre 1672 - 19 avril 1673 : au sʳ Martin, chirurgien à Versailles, pour avoir pensé les ouvriers blessez pendant l'année 1672 (2 p.)................ 500ᵗᵗ

5 janvier 1673 : aux peintres, tapissiers et autres ouvriers qui travaillent pour le service du Roy à la manufacture des Gobelins, pour les gages à eux accordez pendant l'année dernière...................... 3180ᵗᵗ

17 juillet 1672 - 15 janvier 1673 : aux prestres de la Mission de Fontainebleau, pour une année et demie de leur entretenement (3 p.)................ 9000ᵗᵗ

2 avril : à Berger et Boubert, pour avoir gardé pendant trois mois le magazin pour les deux grandes pierres du fronton du Louvre................... 152ᵗᵗ

19 avril 1673 : à La Rue, ayant l'entretenement des plattes formes et autres choses de Saint-Germain, pour ses gages de l'année dernière............... 400ᵗᵗ

A Chastillon, pour augmentation de ses gages. 200ᵗᵗ

A Petit, portier à Fontainebleau, pour ses gages de lad. année............................ 200ᵗᵗ

Au sʳ Gallard, ayant le soin des carpes et cignes, pour ses gages............................ 270ᵗᵗ 12ˢ 1ᵈ

A La Roche, préposé aux décombres des deux grandes pierres du fronton du Louvre, pour ses gages de janvier et febvrier derniers...................... 150ᵗᵗ

A Garnier, jardinier de la pépinière du Roulle, pour les quatre derniers mois 1672.......... 133ᵗᵗ 6ˢ 8ᵈ

Au sʳ Le Clerc, graveur, pour six mois escheus au dernier décembre........................ 900ᵗᵗ

A Le Maire, fondeur, ayant l'entretenement des adjustages des fontaines de Versailles, pour quatre mois escheus au dernier febvrier................ 300ᵗᵗ

Au sʳ Clement, ayant le soin de l'impression des planches à la bibliotèque du Roy, pour ses gages de l'année dernière............................ 1200ᵗᵗ

12 juin 1673 : au sʳ Le Vau, architecte, pour parfait payement de 1000ᵗᵗ pour ses gages d'architecte de Sa Majesté.............................. 500ᵗᵗ

A Berthier, ayant l'entretenement des rocailles de Versailles, pour le dernier quartier de ses gages.. 500ᵗᵗ

29 juin : à Gissey et Clinchant, pour leur dernier quartier à cause de la propreté qu'ils entretiennent aux Thuilleries............................. 500ᵗᵗ

8 septembre : au sʳ Bellinzani, pour ses appointemens de l'année dernière, à cause du soin qu'il prend du commerce et des manufactures du royaume...... 4000ᵗᵗ

11 novembre : à La Lande, du Boulingrin[1], pour le dernier quartier de l'entretenement du jardin potager de Saint-Germain...................... 50ᵗᵗ

3 avril 1674 : au sʳ de la Chambre, médecin des Bastimens du Roy, pour ses appointemens de 1672. 1000ᵗᵗ

25 avril 1674 : à Gervais, portier du parc de Fontainebleau, pour son dernier quartier............ 75ᵗᵗ

Somme de ce chapitre.... 120422ᵗᵗ 7ˢ 1ᵈ [2]

GAGES DES OFFICIERS DES BASTIMENS SUIVANT L'ESTAT.

GAGES ET APPOINTEMENS DES SURINTENDANT, INTENDANS, CONTROLLEURS ET TRÉSORIERS.

A nous, en qualité de Surintendant et Ordonnateur général desd. bastimens, jardins, tapisseries et manufactures, pour nos gages, à cause de nostred. charge... 12000ᵗᵗ

A nous en lad. qualité de lad. charge, pour la pension attribuée et unie à icelle................. 3000ᵗᵗ

A nous, comme Surintendant et Ordonnateur général des bastimens du chasteau de Monceaux...... 2400ᵗᵗ

Au sʳ Coquart de la Motte, conseiller du Roy en ses conseils, intendant et ordonnateur ancien des bastimens, jardins, tapisseries et manufactures, pour trois quartiers de ses gages...................... 4500ᵗᵗ

Au sʳ Warin, aussy conseiller esd. conseils, intendant et ordonnateur alternatif desd. bastimens, pour trois quartiers idem........................ 4665ᵗᵗ

Au sʳ....., aussy conseiller esd. conseilz, intendant et ordonnateur triennal desd. bastimens.... 4500ᵗᵗ, pour trois quartiers de ses gages, dont il ne sera rien payé, partant cy............................. Néant.

Au sʳ Le Nostre, controlleur général ancien desd. bastimens, etc., pour trois quartiers de ses gages et augmentation d'iceux...................... 4080ᵗᵗ 18ˢ 9ᵈ

Au sʳ Perrault, controlleur général alternatif desd.

---

[1] Voyez à la fin du chapitre précédent Jean de la Lande.
[2] Le total exact est 140442ᵗᵗ 7ˢ 1ᵈ.

ANNÉE 1672. — GAGES DES OFFICIERS, ETC.

bastimens..., pour trois quartiers de ses gages et augmentation d'iceux.................. 4125ᵗᵗ

Au sʳ Le Febvre, controlleur général triennal desd. bastimens..., pour trois quartiers de ses gages et augmentation d'iceux.................. 4134ᵗᵗ

A Mᵉ Antoine Le Ménestrel, conseiller du Roy et trésorier général de ses bastimens..., pour trois quartiers de ses gages et augmentation d'iceux.......... 2100ᵗᵗ

A Mᵉ Charles Le Bescue, aussy conseiller du Roy et trésorier général alternatif desd. bastimens.... 2100ᵗᵗ

A Mᵉ Sébastien François de la Planche, aussy conseiller du Roy et trésorier triennal desd. bastimens. 2100ᵗᵗ

Somme de ce chapitre.... 45203ᵗᵗ 18ˢ 9ᵈ ¹

OFFICIERS QUI ONT GAGES
POUR SERVIR GÉNÉRALEMENT DANS TOUTES LES MAISONS ET BASTIMENS DE SA MAJESTÉ.

Au sʳ Blondel, professeur de l'Accadémie d'architecture que S. M. a establie dans le Palais-Royal, pour y tenir les conférences d'architecture et l'enseigner publiquement, pour ses gages, dont il sera payé entièrement... 1200ᵗᵗ

A..... Dorbay, architecte de S. M., pour ses gages, dont il sera payé idem...................... 1000ᵗᵗ

A Pierre Gittard, architecte, idem.......... 500ᵗᵗ
A François Le Vau, architecte, idem........ 500ᵗᵗ
A Le Peautre, architecte, idem.............. 500ᵗᵗ
A Mignard, architecte, idem................ 500ᵗᵗ
A Libéral Bruant, architecte, idem.......... 500ᵗᵗ
A Pierre Cottard, architecte, idem.......... 200ᵗᵗ

Au sʳ Le Brun, pour la conduitte et direction de toutes les peintures des maisons royalles................. 4800ᵗᵗ

A luy, pour la conduitte, sous nos ordres, de la manufacture des Gobelins, 4000ᵗᵗ, pour faire la somme de 12000ᵗᵗ à luy accordée par chacun an, y compris 3000ᵗᵗ employez dans l'estat de la Maison du Roy..... 4000ᵗᵗ

Au sʳ Félibien, historiographe des bastimens de S. M., pour ses gages à cause de sad. charge........ 1200ᵗᵗ

A Charles Errard, peintre, retenu pour servir S. M., la somme de 1200ᵗᵗ, dont il sera payé de trois quartiers en la présente année, à cause du service actuel qu'il rend à S. M. pour les bastimens................. 900ᵗᵗ

A Philippe Champagne, autre peintre, pour ses gages, dont il sera payé de la moitié seulement........ 200ᵗᵗ

A Nicolas Loir, peintre, idem.............. 200ᵗᵗ
A..... Coipel, idem..................... 200ᵗᵗ
A..... Borzon, idem..................... 200ᵗᵗ

¹ Il faudrait 45204ᵗᵗ 18ˢ 9ᵈ.

A..... Bailly, idem.................... 200ᵗᵗ
A..... Patel, idem..................... 200ᵗᵗ
A..... Boulogne, idem.................. 200ᵗᵗ
A..... Goy, idem...................... 120ᵗᵗ

A Vriot, ayant la garde des figures et le soin de tenir nets et polir tous les marbres des maisons royalles, pour ses gages.............................. 400ᵗᵗ

A Gilles Guérin, sculpteur, pour ses gages.... 200ᵗᵗ
A..... Anguier, sculpteur, idem........... 200ᵗᵗ

A Jacques Houzeau, faisant ordinairement les modelles et ornemens de sculpture, tant au Louvre qu'ailleurs, pour ses gages, la somme de 400ᵗᵗ, dont il ne sera payé que de la moitié, cy............................ 200ᵗᵗ

A François Girardon, sculpteur, pour ses gages. 200ᵗᵗ
A Thomas Regnaudin, idem................ 150ᵗᵗ
A Gaspard Marsy, idem.................. 150ᵗᵗ
A Baltazard Marsy, idem................. 150ᵗᵗ
A Philippes Buister, idem................ 150ᵗᵗ
A Mathieu Lespagnandel, idem............ 150ᵗᵗ
A Philippes Caffieri, idem................ 150ᵗᵗ
A Baptiste Tuby, idem................... 150ᵗᵗ
A Francisque, idem..................... 30ᵗᵗ
A Ménand, marbrier..................... 30ᵗᵗ

A Dominico Cucci, qui fait toutes les garnitures de bronze des portes et croisées des Thuilleries...... 60ᵗᵗ

A Chauveau, graveur, pour ses gages........ 100ᵗᵗ

A Israel Silvestre, graveur de S. M., pour ses gages pour faire les dessins d'architecture, vues en perspective des Maisons royalles, carrouzels et autres assemblées publiques, la somme de 400ᵗᵗ pour les gages et appointemens que S. M. luy a accordez par brevet, de laquelle il sera payé entièrement, cy....................... 400ᵗᵗ

A François Villedot, de Clermont, maistre des œuvres de maçonnerie des bastimens de S. M., tant pour ses gages anciens qu'augmentation d'iceux, la somme de 1200ᵗᵗ, dont il sera payé de la moitié, attendu le service actuel qu'il rend, cy..................... 600ᵗᵗ

A Libéral Bruant, maistre des œuvres de charpenterie pour avoir l'œil sur tous les charpentiers des maisons royalles, la somme de 1200ᵗᵗ, de laquelle il ne sera payé que de la moitié........................ 600ᵗᵗ

A André Mazières, maçon, pour ses gages..... 30ᵗᵗ
A Antoine Bergeron, maçon, idem........... 30ᵗᵗ
A Claude Bressy, idem................... 30ᵗᵗ
A François Dorbay, idem................. 30ᵗᵗ
A Jacques Gabriel, idem................. 30ᵗᵗ
A Pierre Bréau, idem................... 30ᵗᵗ
A..... Mazières le jeune, idem............ 30ᵗᵗ
A..... Hanicle, idem.................... 30ᵗᵗ

A Pierre Thévenot, idem................. 30ʰʰ
A Poncelet Cliquin, charpentier, idem........ 30ʰʰ
A Paul Charpentier, idem................ 30ʰʰ
A Jean Bricard, idem.................... 30ʰʰ
A Pierre Bastard, idem................. 30ʰʰ
A Pierre Dionis, menuisier, idem........ ... 30ʰʰ
A Jean Anglebert, idem.................. 30ʰʰ
A Claude Bergerat, idem................. 30ʰʰ
A Antoine Saint-Yves, idem.............. 30ʰʰ
A Charles Lavier, idem.................. 30ʰʰ
A Claude Buirette, idem................. 30ʰʰ
A Jacques Prou, idem.................... 30ʰʰ
A ..... Couvreux, idem.................. 30ʰʰ
A la veuve Somer, ébéniste, idem........ 30ʰʰ
A ..... Macé, idem...................... 30ʰʰ
A ..... Boulle, idem.................... 30ʰʰ
A Estienne Doyart, serrurier............ 30ʰʰ
A Denis Duchesne, idem.................. 30ʰʰ
A la veuve Vierrey, vitrière, idem...... 30ʰʰ
A la veuve Longet, idem................. 30ʰʰ
A Charles Jacquet, idem................. 30ʰʰ
A Charles Yvon, couvreur, pour ses gages... 30ʰʰ
A Dimanche Charuel, idem................ 30ʰʰ
A Gilles Le Roy, plombier, idem......... 30ʰʰ
A Léonard Aubry, paveur, idem........... 30ʰʰ
A Antoine Vatel, idem................... 30ʰʰ
A Hubert Misson, marbrier, idem......... 30ʰʰ
A Nicolas Delobel, serrurier, idem...... 30ʰʰ
A ..... Briot, miroitier, idem.......... 30ʰʰ
A La Baronnière, peintre et doreur, idem..... 30ʰʰ
A Gosselain et Tangly, armuriers, retenus pour travailler aux instruments de matéreaux nécessaires pour l'Accadémie des Sciences.................. 200ʰʰ
A Thuret, horloger, retenu pour entretenir toutes les pendules de l'Accadémie des Sciences, tant celles qui sont à l'Observatoire que dans lad. Accadémie....... 300ʰʰ
A Padelin et Varisse, ramoneurs de cheminées, pour avoir soin de tenir nettes toutes celles des maisons royales à Paris, Saint-Germain, Fontainebleau, et autres lieux, la somme de 200ʰʰ, sur quoy leur sera payé 30ʰʰ à chacun, et les ramonnages de cheminées et racommodages leur seront payez par ordonnance, partant cy.......... 60ʰʰ
A Daniel Fossier, garde du magazin du Roy où se mettent les démolitions et matéreaux nécessaires pour les bastimens de S. M., pour ses gages........... 400ʰʰ
A Charles Mollet, jardinier, retenu pour travailler aux dessins des parterres et jardins de S. M. lorsqu'il luy sera commandé, pour ses gages, la somme de 1000ʰʰ, dont il ne luy sera payé que la moitié............. 500ʰʰ

A André Le Nostre, aussy retenu pour travailler ausd. dessins de jardins et parterres, pour ses gages, 1200ʰʰ, dont il sera payé entièrement............. 1200ʰʰ

Au sʳ François Francines, intendant de la conduitte et mouvement des eaux et fontaines de S. M., la somme de 3000ʰʰ, sçavoir : 1800ʰʰ d'anciens gages et 1200ʰʰ d'augmentation, dont il sera payé de trois quartiers, partant cy................................... 2250ʰʰ

A luy, ayant l'entretenement des fontaines de Rungis, palais du Luxembourg, Croix du Tiroir, et chasteau du Louvre, pour ses gages à cause dud. entretenement. 7000ʰʰ

A Pierre Francines, ingénieur, pour le mouvement des eaux et ornemens des fontaines, outre ce qui luy est ordonné dans l'estat de Fontainebleau, la somme de 600ʰʰ, dont il sera payé de trois quartiers............ 450ʰʰ

Au sʳ Perrault, l'un de nos commis ayant le soin de la visitte de tous les ouvrages ordonnez par S. M. en ses bastimens et de tenir la main à ce que tous les ordres par nous donnez pour l'exécution des volontés de S. M. soient ponctuellement exécutez et avec diligence requise, pour ses appointemens..................... 1500ʰʰ

Au sʳ Billet, autre commis tenant sous nous le registre des rolles, ordonnances, recepte et dépense desd. bastimens, pour ses appointemens............... 900ʰʰ

A ......, commis du controlleur général desd. bastimens en exercice pour, en son absence, avoir l'œil à ce qui est du controlle général, pour ses appointemens, la somme de........................... 600ʰʰ

Aux trois premiers commis en titre d'office des trois trésoriers généraux desd. bastimens, pour leurs gages, à raison de 300ʰʰ chacun par an, dont sera payé à chacun 200ʰʰ, partant cy.................. 600ʰʰ

Somme de ce chapitre......... 38490ʰʰ

OFFICIERS SERVANS SA MAJESTÉ

POUR L'ENTRETENEMENT DES MAISONS ET CHASTEAUX
CY-APRÈS DÉCLAREZ.

LOUVRE.

A René de Louvigny, concierge du chasteau du Louvre pour tenir nettes les grandes et petites galleries, les ouvrir et fermer, pour ses gages tant anciens qu'augmentation d'iceux........................... 100ʰʰ

PALAIS DES THUILLERIES.

Aux sʳˢ Gissey et Clinchant, gardes du palais des Thuilleries, pour leurs gages de la présente année..... 300ʰʰ

A eux, concierges de la grande salle nouvellement construite au palais des Thuilleries pour danser les balets et représenter les grandes comédies et machines, pour leurs appointemens de la présente année à cause de lad. charge, à condition d'entretenir deux valets pour tenir nette lad. salle, fermer et ouvrir les portes et fenestres, et d'avoir l'œil à la décoration, machines et amphitéâtre.. 2000ᴸᴸ

A André Le Nostre, ayant l'entretenement des parterres nouvellement plantez à la face du palais des Thuilleries, pour ses gages à cause dud. entretenement, consistant à nettoyer, battre, rateler la grande terrasse en face du palais, la grande allée du milieu, contr'allées, tour et place du grand rondeau, avec les pallissades de la demi-lune plantée de sapins, ifs et cyprès, jusqu'au premier maronnier d'Inde de la grande allée du milieu, et allée de traverse plantée de buis qui ferme le carré où estoit l'estang, l'allée d'ormes du bout des parterres où est le milieu du rondeau finissant à droit à l'allée du mail, à gauche à la grande terrasse du costé de la rivière, huict quarrés de parterre en broderie, lesquels seront tondus, nettoyez et entretenus en tous leurs contenus, ainsy que les plattes bandes et allées de traverses et tours des bassins, entretenir de labours et fumiers les arbrisseaux verts dud. parterre, mesme les garnir dans les saisons de fleurs de pareille espèce qui y sont, lesquelles il fera lever, replanter, couvrir et regarnir à ses frais.............. 3000ᴸᴸ

A luy, pour les parterres en gazon qui ont esté depuis augmentez ensuitte des huict quarrez en broderie cy-dessus................................. 2000ᴸᴸ

A luy, pour l'entretenement d'un jardin à fleurs entre le grand parterre et l'allée des meuriers qu'il doit toujours tenir remplis de fleurs, particulièrement durant l'hiver, et pour cet effet fournir de fumiers, terrots et autres choses nécessaires.................. 1500ᴸᴸ

A luy, pour l'entretenement d'un espallier de jasmin d'Espagne dans toute la longueur du mur de terrasse de l'allée des meuriers, fournir le fumier, terrotz et autres choses nécessaires...................... 1500ᴸᴸ

A la veuve Carbonnet, ayant l'entretenement de la haute allée des meuriers blancs, palissades, arbres de Judée, le long du mur du costé du dosme, et palissades de buis des deux allées traversantes, led. entretenement au lieu de feu Pierre Mollet, la somme de 300ᴸᴸ à quoy S. M. a réglé ses appointemens........................ 300ᴸᴸ

A Pierre Descois, ayant l'entretenement du parc des Thuilleries depuis le grand parterre jusqu'au bout de la demi-lune qui regarde sur le fossé et depuis la terrasse du costé de l'eau, y compris dans toute sa longueur jusques au parterre en platte bande de l'autre costé, à la réserve du quarré où estoit le Labyrinte, entretenir toutes les allées, labourer les plants d'arbres de tous les quarrez et de l'Amphitéâtre, et tenir le tout dans la plus grande propreté qu'il se pourra.................. 2400ᴸᴸ

Aux filles de deffunct Boucuart, ayant l'entretenement des orangers du Roy en sa grande orangerie dud. jardin des Thuilleries, parterres à fleurs et autres jardins derrière prez la garenne, la somme de 1200ᴸᴸ pour leurs gages à cause dud. entretenement, sçavoir : 800ᴸᴸ d'anciens et 400ᴸᴸ d'augmentation, dont elles seront payées de trois [quartiers] en fournissant l'inventaire et dénombrement des orangers qui sont dans lad. orangerie appartenant à S. M., cy............................. 900ᴸᴸ

A Guillaume Masson et à ..... Le Juge, ses belles-sœurs, chacun pour un tiers de l'entretenement du grand parterre des Thuilleries au lieu entrelassé fait de neuf de l'allée des grenadiers, à la charge de faire labourer les palissades, tant de buis sauvages que de jasmins, coigniers, grenadiers, arbres de Judée, et autres entretenemens, la somme de 1400ᴸᴸ, dont il sera payé de 3 quartiers. 1050ᴸᴸ

Somme totalle............... 14950ᴸᴸ

COURS DE LA REYNE MÈRE.

A ....., portier du Cours la Reyne du costé des Thuilleries, pour ses gages de la présente année....... 50ᴸᴸ

A François Huvelier, portier de la porte dud. Cours du costé de Chaillot, pour garder toutes les plantes des Thuilleries, idem...................... 150ᴸᴸ

Somme totalle................ 200ᴸᴸ

PALAIS-ROYAL.

A ..... Bouticourt, concierge dud. palais, pour trois quartiers de ses gages.................... 450ᴸᴸ

A luy, au lieu de François Huet, dit Poictevin, ayant la charge du nettoyement des chambres et soin d'icelles, pour trois quartiers de ses gages............. 225ᴸᴸ

A Henry Gissey et Pierre Clinchant, pourveus par S. M., par son brevet du 7 janvier 1666, de la charge de garde salle et machines dud. palais dont estoit pourveu Anne du Bois, fille de Jean du Bois et de Marie L'Huillier, pour trois quartiers de leurs gages....... 225ᴸᴸ

A ....., portier de la rue des Bons-Enfans, pour ses gages............................... 150ᴸᴸ

A ....., portier de la grande porte dud. Palais-Royal................................. 150ᴸᴸ

A Nicolas Bouticourt, jardinier dud. palais, la somme de 800ᴸᴸ à cause des entretenemens dud. jardin, dont il sera payé de trois quartiers................. 600ᴸᴸ

Somme totalle............... 1800ᴸᴸ

COLLÈGE DE FRANCE.

A du Clos, concierge dud. Collège, pour deux quartiers de ses gages........................ 25ᵗᵗ

MADRID.

A Jean Ricard, concierge du chasteau de Madrid, pour ses gages, dont il sera payé de trois quartiers... 150ᵗᵗ

SAINT-GERMAIN.

A François Francines, ayant l'entretenement des fontaines et grottes dud. Saint-Germain, pour ses gages à cause dud. entretenement, la somme de 1200ᵗᵗ, dont il ne sera payé, attendu le dépérissement de la pluspart des grottes, que de celle de.................. 400ᵗᵗ

A Nicolas Bertrand, ayant l'entretenement des terrasses et descentes du chasteau neuf, la somme de 150ᵗᵗ, dont il luy sera payé seulement 30ᵗᵗ, attendu le dépérissement desd. terrasses....................... 30ᵗᵗ

A Jean-Baptiste de la Lande, ayant celuy du vieil jardin et des nouvelles palissades dans le parc, à la réserve du grand parterre et allées qui sont autour, pour ses gages................................. 500ᵗᵗ

A luy, ayant l'entretenement de l'orangerie... 500ᵗᵗ

A Jean de la Lande, autre jardinier, ayant celuy du grand parterre nouvellement replanté et augmenté, et de trois allées autour dans le vieil jardin......... 1200ᵗᵗ

A Jean de la Lande, autre jardinier, ayant celuy des allées et palissades de l'enclos du petit bois, la somme de 450ᵗᵗ, dont il sera payé de trois quartiers.. 337ᵗᵗ 10ˢ

A luy, ayant l'entretenement du boulingrin et jardin de gazon................................ 800ᵗᵗ

A Claude Bellier, ayant l'entretenement du jardin potager et des deux parterres à costé de la fontaine du chasteau neuf, la somme de 600ᵗᵗ, dont il sera payé de trois quartiers............................ 450ᵗᵗ

A François Lavechef, au lieu de François Bellier, son beau-père, ayant l'entretenement du jardin et parterre de devant les grottes dud. chasteau neuf, la somme de 600ᵗᵗ, dont il sera payé de trois quartiers....... 450ᵗᵗ

A luy, ayant l'entretenement du jardin, des canaux et colines dud. chasteau, au lieu de François Bellier, la somme de 100ᵗᵗ, dont il sera payé de trois quartiers. 75ᵗᵗ

A Goeren, concierge du pavillon du parc, pour trois quartiers............................. 180ᵗᵗ

A Guillaume Le Coustillier, ayant l'entretenement du jardin du Val dans le parc, proche Carrières. 1200ᵗᵗ

A Claude Patenostre, concierge du chenil proche le tripot dud. Saint-Germain................. 180ᵗᵗ

A Pierre Berthin, concierge et garde-meuble dud. chasteau neuf, pour trois quartiers de ses gages.. 475ᵗᵗ

A Thomasse Lefebvre, veuve Franchon, ayant l'entretenement de la petite escurie du Roy, la somme de 400ᵗᵗ, dont il luy sera payé la moitié............... 200ᵗᵗ

A Henry Souleigne, au lieu de Catherine Ferrand, sa mère, concierge et garde-meuble dud. chasteau vieil, pour trois quartiers de ses gages.............. 225ᵗᵗ

A luy, pour l'entretenement de l'horloge du vieil chasteau, pour trois quartiers................... 75ᵗᵗ

A Jacques Martin, portier dud. vieil chasteau, pour trois quartiers de ses gages.................. 75ᵗᵗ

A Denis Laloyer, portier du chasteau neuf, pour pareils gages................................ 75ᵗᵗ

A Claude Tailler, portier de la porte du parc au bas des descentes dud. chasteau.................. 75ᵗᵗ

A Poisson, peintre, pour ses gages........... 30ᵗᵗ
A Charles de la Rüe, maçon, *idem*......... 30ᵗᵗ
A du Fay, charpentier, *idem*.............. 30ᵗᵗ
A Millot, menuisier, *idem*............... 30ᵗᵗ
A Louis Boutrait, serrurier, *idem*......... 30ᵗᵗ
A Le Mercier, vitrier, *idem*.............. 30ᵗᵗ

Somme totale.......... 7631ᵗᵗ 10ˢ ¹

SAINT-LÉGER.

Au sʳ de Garsault, concierge du chasteau de Saint-Léger, pour deux quartiers de ses gages........ 225ᵗᵗ

POUGUES.

A Jean Adrian, garde des fontaines de Pougues, pour trois quartiers de ses gages.................. 75ᵗᵗ

VINCENNES.

A Gabriel Briais, jardinier, ayant le soin et entretenement de tous les jardins dépendans dud. chasteau, pour ses gages............................. 1500ᵗᵗ

A Chevillard, fontainier dud. chasteau, pour avoir le soin et conduitte de toutes fontaines dud. lieu, pour ses gages................................ 600ᵗᵗ

A ..... Anglard, ayant l'entretenement des couvertures dud. chasteau, pour ses gages.......... 1000ᵗᵗ

Somme totale............. 3100ᵗᵗ

VERSAILLES.

L'entretenement ordinaire des concierges, jardiniers et autres officiers dud. chasteau de Versailles a esté payé par un fondz libellé séparément, partant cy.... Néant.

---

¹ Le total exact est 7682ᵗᵗ 10ˢ.

JARDIN MÉDICINAL.

Les gages des officiers et entretenemens ordinaires dud. jardin médicinal du fauxbourg Saint-Victor, montant à 21000ᵗᵗ, se payent par estat séparé, partant cy.. Néant.

HOSTEL DES AMBASSADEURS.

A Sébastien Pouget, concierge dud. hostel, la somme de 400ᵗᵗ, dont luy sera payé seulement celle de... 100ᵗᵗ

CHASTEAU-THIERY.

Led. chasteau et domaine a esté cy-devant engagé et aliéné à M. le duc de Bouillon, partant cy..... Néant.

VILLIERS-COTTERETZ.

Le chasteau et domaine de Villiers-Cotteretz a esté baillé à M. le duc d'Orléans en augmentation de son apanage, cy.............................. Néant.

CHASTEAU DE MARIMONT.

Au sʳ de Maupassant, concierge et garde-clef dud. chasteau de Marimont, pour ses gages pendant lad. année 1672................................. 500ᵗᵗ

A André Mercier, fontainier, ayant l'entretien de toutes les fontaines et les conduittes tant du chasteau que du jardin et du parc, la somme de 375ᵗᵗ à quoy sont fixez ses gages, à la charge qu'il fournira tous les mastics et soudure nécessaire pour l'entretenement des fontaines et conduittes........................... 375ᵗᵗ

A Jean et Nicolas Clignet, charpentiers, ayant l'entretenement de toutes closturcs et palissades tant du jardin que du parc, à la charge de fournir tous les bois, clouds et peine d'ouvriers nécessaires, pour ses gages la somme de.......................... 550ᵗᵗ

A Nicaise Constant, couvreur, ayant l'entretenement de toutes les couvertures, tant d'ardoises que de thuilles, et fournitures de soudure nécessaire pour les chesneaux, goutières, cuvettes et thuyaux de descente...... 180ᵗᵗ

A Marie Scarmur, portière du parc......... 228ᵗᵗ

Somme totalle............... 1833ᵗᵗ

Somme de ce chapitre.......... 114884ᵗᵗ 8ˢ 9ᵈ [1]

GAGES DES OFFICIERS DES BASTIMENS
DU CHASTEAU DE FONTAINEBLEAU.

Au sʳ marquis de Saint-Herem, capitaine et concierge dud. chasteau, pour ses gages, la somme de 3800ᵗᵗ, outre 1200ᵗᵗ employez dans l'estat des bois de S. M. de la maistrise de Melun et de Fontainebleau..... 3800ᵗᵗ

A nous, en qualité de Surintendant et Ordonnateur général des bastimens, jardins, tapisseries et manufactures, la somme de 3800ᵗᵗ pour nos gages de l'année 1672, outre 1250ᵗᵗ employez dans l'estat des bois de la maistrise de Melun et de Fontainebleau............ 3800ᵗᵗ

A Louis Cocquinot, garde-meuble du Roy, ayant la charge de faire tendre et nettoyer les meubles dud. chasteau de Fontainebleau et veiller à la conservation d'iceux, pour ses gages........................ 300ᵗᵗ

A la veuve de Bray, ayant l'entretenement de la moitié du grand parterre du Roy, anciennement appelé le Tibre, nouvellement refait et planté de neuf; pour la tonture des buis des deux carrez d'iceluy du costé de la chaussée, nettoyement desd. carrez, de toutes les allées et terrasses, perrons et palissades plantées et à planter, et augmentation du rondeau, allées et parterres d'alentour.................................. 900ᵗᵗ

A Nicolas Poinet, jardinier, ayant celuy de l'autre moitié dud. grand parterre et augmentation dud. rondeau................................... 900ᵗᵗ

A Jean Desboutz, autre jardinier, ayant l'entretenement du petit jardin de l'estang et du jardin des pins, allée royalle, allée solitaire et allée du pourtour, et dud. chasteau des pins, allées des ormes du chenil et alignement des canaux qui font la séparation du parc dans led. chenil jusques et commençant le long de la closture du jardin de la fontaine de la Granderie, et finissant au bout de la grande allée attenant le pavillon, pour ses appointemens.................................. 600ᵗᵗ

A Chastillon, autre jardinier, ayant l'entretenement du jardin appelé de la Reyne, et des orangers de S. M., pour ses appointemens à cause desd. entretenemens, la somme de 1200ᵗᵗ, à la charge de fournir 200ᵗᵗ par chacun an à la veuve de Bonaventure Nivelon, vivant jardinier dud. lieu, et tondre les buis, nettoyer les quatre carrez dud. jardin, les allées et terrasses d'iceluy, ensemble d'entretenir les pallissades de buis qui sont tant contre lesd. terrasses que contre les murs dud. chasteau, filerias, cyprès, et les sallettes de gazons ovalles et carrés, comme aussy de fournir les charbons nécessaires pour l'orangerie, faire raccomoder les caisses desd. orangers, rafraischir les terres toutes fois et quantes que besoin sera, faire sortir au printemps lesd. orangers dans led. jardin et les faire rentrer dans lad. orangerie, et généralement faire et fournir tout ce qui sera nécessaire pour led. jardin de l'orangerie............................. 1200ᵗᵗ

---
[1] L'addition donne 113783ᵗᵗ 8ˢ 9ᵈ avec les totaux du registre, et, avec les chiffres rectifiés, 113935ᵗᵗ 8ˢ 9ᵈ.

A JEAN CHAMARIGEAS, ayant espouzé CATHERINE DE SERMAGNAC, veuve de REMY LE ROUX, auquel S. M. a accordé, par son brevet du[1] .... la jouissance du logement et du carré qui est au milieu des palissades du jardin des pins, à la charge de faire planter d'arbres fruictiers à ses despens sans aucun gage, partant cy........ Néant.

A JACQUES DORCHEMER, pour l'entretenement et nettoyement du jardin de la conciergerie dud. chasteau, ensemble des arbres fruictiers, allées et pallissades d'icelluy, la somme de 60ʰ, de laquelle il ne sera payé que.. 45ʰ

A JACQUES BESNARD, ayant l'entretenement et nettoyement de l'hostel d'Albret, des plantes, des bordures et compartiment qui y sont plantez, et les allées et palissades, la somme de 300ʰ, dont il ne sera payé que de.. 100ʰ

A LA TOUR DORCHEMER, à condition qu'il baillera 100ʰ à la veuve COTTARD pour luy ayder à nourrir et entretenir elle et ses enfans tant qu'elle vivra, et pour avoir par led. LA TOUR soin de nettoyer l'estang et canaux du chasteau, oster les herbes, les joncs et ordures qui s'y pourront trouver et amasser, fournir les batteaux et ustancils à cet effet, et faire en sorte que les lieux soient toujours netz et que l'eau ne se perde, la somme de 700ʰ, dont il ne luy sera payé que celle de................ 200ʰ

A JEAN DU BOIS, peintre, ayant le soin et nettoyement des peintures tant à fresque qu'à huille, anciennes et modernes, des salles, galleries, chambres et cabinets dud. chasteau, la somme de 600ʰ pour ses appointemens de lad. année, à la charge de restablir ceux qui sont gastez et nettoyer les bordures des tableaux, et de fournir de bois, charbons et fagotz pour brusler esd. chambres, galleries, salles et cabinets où sont lesd. tableaux, pour la conservation d'iceux............................ 600ʰ

A JEAN GROGNET, ayant l'entretenement et restablissement de toutes les couvertures d'ardoise et de thuille dud. chasteau, jeu de paume couvert, orangerie, gallerie, hostel d'Albret et de Ferrare, et des Religieux, et généralement de toutes les maisons dépendantes dud. chasteau et appartenans à S. M............................ 2400ʰ

A la veuve ANDRÉ GIRARD, plombier, pour le restablissement et entretenement des plomberies dud. chasteau et lieux qui en dépendent, et pour restablir les plombs rompus............................ 400ʰ

A RENÉ NIVELON, pour l'entretenement et nettoyement du jeu de mail, et palissades d'iceluy, ensemble du berceau, meuriers entre les canaux du chenil, la somme de 150ʰ, dont il ne sera payé que de........ 112ʰ 10ˢ

A PIERRE FRANCINES, fontainier, pour le nettoyement et entretenement des cisternes, réservoirs, regards, conduittes et bassins de fontaines dud. chasteau, en sorte que les eaux ayent toujours leurs cours ordinaires.... 700ʰ

A JACQUES LEFEBVRE, jardinier, ayant l'entretenement des arbres fruictiers qui sont plantez dans les quarrez du grand parc de Fontainebleau et le long de la muraille du costé de La Coudre, des allées d'ipreaux, nettoyement des tablettes du grand canal, labours du pied desd. fruictiers, ensemble le nettoyement des ruisseaux et fossez qui escoulent les eaux du parc.................. 750ʰ

A LOUIS DESBOUTZ, jardinier, ayant l'entretenement des palissades, plattes bandes, allées, tapis du parc et allées entre les cascades et le canal............... 1400ʰ

Aux religieux de la Très-Sainte-Trinité du couvent fondé aud. chasteau de Fontainebleau, tant pour l'entretenement d'une lampe d'argent garnie de ses chaisnons que Leurs Majestez ont donné pour brusler nuict et jour devant le très-saint sacrement de l'autel que pour la fourniture et entretenement des ornemens et paremens d'antel, linge et luminaire pour la célébration du service divin.. 300ʰ

Aux religieux de l'hospital de la Charité aud. Fontainebleau, pour la pension que S. M. leur fait par chacun an pour la subsistance des malades dud. lieu...... 1800ʰ

A HENRY VOLTIGEANT, pour l'entretenement de tous les batteaux appartenans à S. M., tant sur l'estang que sur le canal............................... 200ʰ

A MARTIN JAMIN, concierge du logis de la fontaine dud. chasteau et jardinier des jardins en dépendans, la somme de 150ʰ pour ses gages de concierge et jardinier, à la charge de bien et soigneusement entretenir lesd. jardins, labourer au pied des arbres, nettoyer les allées, tondre les palissades, et généralement tout ce qui sera nécessaire dans led. entretenement................... 150ʰ

A NICOLAS THIERY, ayant la garde et conciergerie du chenil, et l'entretenement des allées faites dans le parc d'yceluy............................ 100ʰ

A NICOLAS DU PONT, gentilhomme ordinaire de la vénerie du Roy et à NICOLAS DU PONT, son fils, en survivance l'un de l'autre, suivant le brevet de S. M. du[2] .... par forme de pension, à cause de l'entretenement de la vollière qu'il avoit, auparavant qu'elle fust convertie en orangerie............................ 600ʰ

A CHARLES DESPLACTS, ayant la charge de garde de la basse cour des offices des cuisines............... 50ʰ

A ROBERT JAMIN, ayant la charge de garde de la basse cour du Cheval Blanc................... 37ʰ 10ˢ

A JACQUES BESNARD, pour la garde et conciergerie de

[1] La date manque.

[2] La date manque.

ANNÉE 1672. — DIVERSES DÉPENSES.

l'hostel d'Albret, pour l'entretenement de lad. maison, cour et escurie qui en dépendent, la somme de 100ᵗᵗ, dont il ne sera payé que de.................... 26ᵗᵗ

A François Toulet, concierge du pavillon où logent MM. les surintendans des finances, pour ses gages, à condition de nettoyer led. pavillon, cour et escuries d'iceluy, la somme de 200ᵗᵗ, dont il ne sera payé que de la moitié, cy........................... 100ᵗᵗ

A Jacques Dorchemer de la Tour, pour avoir soin de distribuer, retirer et garder les clefs de tous les logemens dud. chasteau de Fontainebleau.............. 300ᵗᵗ

A luy, ayant le soin de monter et entretenir l'horloge dud. chasteau...................... 100ᵗᵗ

Somme de ce chapitre........ 21991ᵗᵗ

DIVERSES DÉPENSES.

25 febvrier : à Estienne Yvon, couvreur, pour les réparations faites au logis de M. l'admiral et la princesse Mᴸˡᵉ de Valois, rue Neuve-des-Petits-Champs. 407ᵗᵗ 15ˢ 6ᵈ

A Jean Vanisse, ramoneur de cheminées, pour celles qu'il a ramonées au chasteau de Versailles et autres maisons royalles................... 414ᵗᵗ 10ˢ

17 mars - 14 avril : à Octavien Herny, jardinier, pour parfait payement de 1267ᵗᵗ 13ˢ pour l'achat de 10000 tubéreuses qu'il fait venir d'Avignon (2 p.).. 1267ᵗᵗ 13ˢ

9 décembre : à luy, pour 7000 pisceas qu'il a fait arracher sur les montagnes du Dauphiné et qu'il a fait venir à Paris........................ 1405ᵗᵗ 11ˢ 9ᵈ

17 mars : à Garnier, pour neuf bustes, tant neufs que restaurez, qu'il a fourny pour le service du Roy. 2170ᵗᵗ

A Louis Germain, pour menues dépenses..... 800ᵗᵗ

13 octobre : à luy, pour arbrisseaux et fleurs pour les maisons royalles..................... 429ᵗᵗ 10ˢ

7 mars 1673 : à luy, pour 8428 ormes et ipreaux de Flandres........................... 7912ᵗᵗ 8ˢ

26 octobre 1672 - 19 avril 1673 : à luy, pour parfait payement de 3437ᵗᵗ 2ˢ 10ᵈ pour achat d'arbres pour les maisons royalles (2 p.)............ 3437ᵗᵗ 2ˢ 10ᵈ

19 avril 1673 : à luy, pour achats et voitures d'ormes pour les maisons royalles................. 4670ᵗᵗ

25 mars : à Derbais, pour deux crics qu'il a fourny au magazin des marbres de S. M............... 150ᵗᵗ

1ᵉʳ avril - 23 juillet : à Patel, à compte de ses tableaux représentans les Maisons royalles (2 p.)........ 800ᵗᵗ

1ᵉʳ avril : à Basale, vitrier, pour réparations de l'hostel des Ambassadeurs................... 399ᵗᵗ 5ˢ

A Danet, pour avoir restably la menuiserie de l'appartement qu'occupe M. de Lyonne, premier escuyer de la grande escurie........................ 140ᵗᵗ

8 avril 1672 - 9 mars 1673 : à Descodets, pour plusieurs plants et eslévations des Maisons royalles par luy faits (3 p.)....................... 823ᵗᵗ 10ˢ

14 avril : à La Tour et Merius, relieurs, à compte des livres, tant d'estampes qu'autres, qu'ils relient.. 700ᵗᵗ

29 avril : au sʳ Formont, pour la voiture, de Rouen à Paris, de 800 orangers du Portugal........... 189ᵗᵗ

A Léonard Aubry, paveur, pour plusieurs réparations de pavé qu'il a fait en divers endroits à Paris.. 1082ᵗᵗ

A Hutinot[1], pour parfait payement de 1210ᵗᵗ pour les modelles de vazes qu'il a faits aux Thuilleries et à Versailles......................... 212ᵗᵗ

29 avril 1672 - 9 mars 1673 : à la veuve Somer, pour quatre parquets de marqueterie (4 p.)....... 4200ᵗᵗ

8 febvrier 1672 - 9 mars 1673 : à Millard, pour employer en mennes despenses des bastimens du Roy (8 p.)....................... 8015ᵗᵗ 18ˢ 9ᵈ

18 aoust : à luy, pour le feu d'artifice tiré à la naissance de M. le duc d'Anjou.............. 353ᵗᵗ 18ˢ

9 may : à Taureau, serrurier, pour ouvrages de l'hostel des Ambassadeurs................. 761ᵗᵗ 7ˢ 3ᵈ

30 may 1672 - 19 avril 1673 : à Garangeau, menuisier, pour parfait payement de ses ouvrages aud. hostel des Ambassadeurs (3 p.).................. 2056ᵗᵗ 4ˢ

30 may : à du Cresnoy, marbrier, pour quatre foyers de marbre...................... 162ᵗᵗ

30 may - 9 novembre : aux Liards, pour les taupes qu'ils ont prises dans les jardins des maisons royalles (2 p.)......................... 999ᵗᵗ 11ˢ

9 mars 1673 : à eux, pour 2470 taupes qu'ils ont prises......................... 432ᵗᵗ 5ˢ

30 may : au sʳ Perrault, greffier de l'Escritoire, pour plusieurs vaccations qu'il a faites à la prisée et thoisée de plusieurs ouvrages................ 141ᵗᵗ

20 juin : à Caresme, artificier, pour les frais du feu qui a esté tiré à la naissance de Monsieur.... 168ᵗᵗ 10ˢ

20 juin 1672 - 19 avril 1673 : à luy, pour parfait payement de l'artifice qu'il met au magazin du Roy (5 p.)......................... 6747ᵗᵗ

20 juin : à Gissey, pour les frais qu'il a fait au feu d'artifice tiré pour la naissance de Monsieur..... 133ᵗᵗ 14ˢ

29 juin - 23 juillet : à Descluzeau, pour parfait payement de la voiture, de Melun à Paris, de la terre d'Hollande (2 p.)...................... 891ᵗᵗ 14ˢ

---

[1] Il y a Utinot; mais ce nom est écrit partout ailleurs Hutinot.

23 juillet : à Dossier, pour parfait payement de 1100............................ 500"

A Houzeau, pour parfait payement de 4483^{tt} 5^s pour ses ouvrages des années 1663, 64, 65 et 66. 3631^{tt} 5^s

A Lavier, menuisier, pour parfait payement de 2018^{tt} pour les ouvrages qu'il a fait à la pompe du Pont-Neuf et en la maison des galériens............... 618^{tt}

19 avril 1673 : à luy, pour une porte cochère qu'il a fournie à la Muette du bois de Boulogne........ 220^{tt}

18 aoust-29 septembre : à Morel, artificier, pour parfait payement de 3820^{tt} pour l'artifice qu'il a fourni (2 p.)....................... 620^{tt}

23 octobre 1672-19 avril 1673 : à luy, pour parfait payement de 2980^{tt} *idem* (2 p.)........... 2980^{tt}

30 aoust : à Errard, pour parfait payement de 2000^{tt} pour deux bustes de marbre, l'un de M. le Prince et l'autre de M. le Chancellier................ 1400^{tt}

29 décembre 1672-6 avril 1673 : à luy, pour parfait payement de 1729^{tt} 13^s 4^d pour jettons d'argent qu'il fait (2 p.)..................... 1729^{tt} 13^s 4^d

15 septembre : à La Roche, loueur de carrosses, pour un voyage qu'il a fait à Nevers.............. 102^{tt}

3 avril 1673 : à luy, pour divers voyages.. 478^{tt} 10^s

15 septembre : à Gerbevilliers, pour 100 caisses pour les feux d'artifice.................. 400^{tt}

29 septembre-9 novembre : à Le Loutre, maçon, pour réparations de divers endroits (2 p.)..... 739^{tt}

13 octobre : aux Hanuches, marbriers, pour leur voyage de Laval à Paris................ 161^{tt}

A Vigneux, designateur, pour divers plans et desseins qu'il a faits....................... 352^{tt}

A Prevost, pour poids qu'il a fourny aux magazins de plomb........................... 93^{tt}

A Francisque, pour le modelle de l'ordre françois qu'il a fait......................... 948^{tt} 3^s

A Noisette, pour la voiture de seize poutres de sapin venues d'Auvergne................... 480^{tt}

9 novembre : à luy, à compte des voitures de marbre qu'il fait......................... 1200^{tt}

23 octobre : à Briot, pour parfait payement de 1489^{tt} 3^s pour glaces de mirouers qu'il a fourny et posé dans les maisons royalles.................... 589^{tt} 3^s

21 janvier 1673 : à luy, pour plusieurs journées employées en diverses maisons royalles......... 77^{tt} 10^s

9 novembre : à Le Loup, pour plusieurs ajustages de cuivre qu'il a livrez pour divers endroits....... 542^{tt}

6 décembre : à Maugin, pour réparations qu'il a faites aux binards...................... 104^{tt} 19^s

6 décembre 1672-19 avril 1673 : à Bailly et autres peintres qui travaillent aux ouvrages de tapisserie de peinture en teinture, pour leurs ouvrages (9 p.). 8037^{tt} 15^s

6 décembre : à luy, pour ses dépenses *idem*... 615^{tt}

19 avril 1673 : à luy, pour parfait payement de 1200^{tt}............................ 840^{tt}

27 mars 1674 : à luy, pour parfait payement de 1440^{tt}............................ 240^{tt}

29 décembre : à Boisle, pour la voiture de 10150 pavez de Rouen..................... 100^{tt}

5 janvier 1673 : à Carré, paveur, à compte des réparations de l'hostel de Grammont............. 400^{tt}

A Guignart, pour plusieurs voyages et autres dépenses...

21 janvier 1673 : à Prou, pour quatre planches qu'il a fait....................... 440^{tt} 14^s

9 mars 1673 : aux héritiers de Le Grand, parfait payement de 2840^{tt} 1^s 6^d pour ouvrages de serrurerie de divers endroits.............. 840^{tt} 1^s 6^d

26 octobre 1672-9 mars 1673 : à Huvilliers, parfait payement de 2145^{tt} 16^s pour achats de plusieurs plants d'arbres (2 p.).................... 2145^{tt} 16^s

9 mars 1673 : à Padelain, pour avoir ramonné plusieurs cheminées..................... 395^{tt}

29 avril : au s^r Tulon, pour oignons de fleurs venus de Flandres...................... 3700^{tt}

21 may : à La Baronnière et Caffieri, pour avoir fait et doré quatre guéridons pour le Roy.......... 500^{tt}

19 avril 1673 : à La Baronnière, pour divers ouvrages de peinture................... 1104^{tt} 10^s

27 may : aux ouvriers du Louvre et des Thuilleries, pour leur May de l'Ascension............. 350^{tt}

20 juin : aux héritiers de M. de Lionne[1], pour quatorze bustes de marbre qu'ils ont vendus au Roy. 4620^{tt}

29 juin : à Chevallier, pour parfait payement de 10560^{tt} pour le bois qu'il a fourny pour les bastimens de S. M...................... 3560^{tt}

16 juillet : au s^r Zender, peintre, pour les Histoires d'Alexandre et de Rebeca, qu'il a peint en miniature pour le Roy........................... 1100^{tt}

8 aoust : au s^r de Belleville, pour avoir fait venir onze marbriers de Laval, y compris sa gratification. 339^{tt} 18^s

30 aoust : au s^r Le Vau, architecte, pour le restablissement des couvertures du chasteau de Plessis-lès-Tours............................ 2164^{tt}

11 octobre : au s^r Le Brun, pour le prix de quatre tableaux de différens maistres sur divers sujets... 2300^{tt}

---

[1] Hugues de Lyonne étoit mort le 1er septembre 1671, à l'âge de soixante ans. Voyez le *Dictionnaire critique* de M. Jal.

13 octobre : à Mathaut, pour la dépense qu'il a faite de faire venir de Flandres plusieurs compagnons marbriers, et pour la gratification à luy accordée... 1029tt

18 octobre : au sr Hébert, pour plusieurs arbrisseaux qu'il a vendus......... 2728tt

20 octobre : au sr Mabille, pour la voiture, de Provence à Paris, de plusieurs ballots et caisses. 420tt 10ˢ

22 octobre : au sr Reynon, de Lyon, pour achat de velours, brocats et toilles d'or...... 14106tt 12ˢ 6ᵈ

26 octobre : aux religieuses de l'Annonciade de Meulan, pour la continuation du bastiment de leur couvent............ 6000tt

27 octobre : au sr Mosnier, pour divers animaux qu'il a acheté en Levant et conduit à Versailles. 3142tt 6ˢ 1ᵈ

19 novembre : au sr Le Noir, pour un dessein original de Raphaël, qui représente la Transfiguration de Notre-Seigneur........... 220tt

15 janvier 1673 : aux principal, procureur et boursiers du collège royal de Cambray, pour une année escheue au dernier décembre, à cause du desdommagement de leurs bastimens.......... 1190tt

17 janvier 1673 : à La Chesnaye, pour voiture de six cent soixante-six pieds cubes de marbres du Bourbonnois à Paris............ 1565tt 14ˢ

11 avril 1673 : à Mgr l'archevesque de Paris, pour la non-jouissance du prieuré de Versailles pendant l'année 1672............ 1100tt

22 avril 1673 : au sr Petit, prieur de Choisy, pour les dixmes et autres droits qui luy sont deus à cause des terres enfermées dans le parc de Versailles qui dépendent dud. prieuré............ 1093tt

19 avril 1673 : à Le Breton, pour parfait payement des ouvrages de serrurerie qu'il a faits...... 531tt 5ˢ

A Aubry, paveur, pour diverses réparations.... 225tt

A Loistron et Chaussée, pour labours qu'ils ont faits dans la plaine de Saint-Denis........... 383tt 6ˢ

A Le Bastard, charpentier, pour parfait payement de 29332tt 6ˢ 4ᵈ pour divers ouvrages....... 7782tt 6ˢ 8ᵈ

A Le Gros, pour parfait payement de 1000tt pour un buste de M. le mareschal d'Aumont......... 700tt

A la dame Hubert, pour moitié d'un mur de closture du magazin des marbres............. 85tt

A Darly, vuidangeur, pour une fosse qu'il a vuidée.. .... 194tt 15ˢ

A Jumel, peintre, pour ouvrages qu'il a faits. 503tt

A Taureau, pour réparations de serrurerie.. 62tt 18ˢ

30 novembre 1677 : au sr de la Planche, trésorier des bastimens en exercice l'année 1672, pour son remboursement des dépenses faites en achat de bourses de velours et jettons d'argent qu'il a distribuez pendant lad. année d'exercice............ 1500tt

Aud. sr de la Planche, à luy ordonné pour les espèces, façon et reddition de compte de lad. année 1672. 4500tt

Au sr de Beauvais, nottaire, pour divers contracts et marchez qu'il a faits pour les bastimens de S. M.. 400tt

Somme de ce chapitre.. 143825tt 14ˢ 2ᵈ ¹

Recette de 1672............ 4178605tt 9ˢ 3ᵈ
Dépense................. 4147620tt 9ˢ 8ᵈ

Reste........ 30984tt 19ˢ 7ᵈ ²

ANNÉE 1673.

RECEPTE.

14 janvier : de Me Estienne Jehannot sr de Bartillat, garde du trésor royal, la somme de 95556tt 14ˢ 6ᵈ pour délivrer à Me Antoine Le Menestrel, trésorier général des bastimens du Roy, pour employer 94757tt au payement des dépenses mentionnées en l'estat de ce jourd'hui, et 789tt 14ˢ 6ᵈ pour les taxations dud. trésorier, à raison de 2ᵈ pour livre.................. 95556tt 14ˢ 6ᵈ

21 janvier : de luy, 6050tt pour employer à compte du bastiment de l'église des Récolets de Versailles, y compris 50 livres pour les taxations dud. trésorier.., 6050tt

De luy, 21603tt 13ˢ 4ᵈ pour délivrer 21425tt 5ˢ 4ᵈ au sr Reynon, marchand de Lyon, pour son payement de plusieurs estoffes qu'il a fourny pour le service de S. M., y compris le port et voitures d'icelles, et 178tt 8ˢ pour les taxations............. 21603tt 13ˢ 4ᵈ

---
¹ Le total exact est 153864tt 9ˢ 2ᵈ.
² La récapitulation qui accompagne le compte de 1672 (fol. 219) n'indique pas la différence entre la recette et la dépense, et le compte n'est pas arrêté, ainsi que cela se faisait avant 1671.

18 febvrier : de luy, 7955ᵗᵗ 15ˢ pour délivrer 7890ᵗᵗ à Orceau, marchand, pour délivrer celle (sic) de damas rouge cramoisy à 10ᵗᵗ l'aune qu'il a fourny pour le service de S. M., et 75ᵗᵗ 15ˢ pour les taxations. 7955ᵗᵗ 15ˢ

20 mars : de luy, 576ᵗᵗ 15ˢ 4ᵈ pour délivrer 572ᵗᵗ au sʳ Berrier, secrétaire ordinaire du Conseil d'Estat, direction et finances, pour ce qu'il a fait distribuer à cinquante-deux pauvres filles, à raison de 11ᵗᵗ chacune, sçavoir : à trente-six filles envoyées dans les isles de l'Amérique en 1671, et 176ᵗᵗ à seize autres envoyées à l'isle de Bourbon en 1673, et 4ᵗᵗ 15ˢ pour les taxations. 576ᵗᵗ 15ˢ 4ᵈ

25 mars : dud. sʳ de Bartillat, 3025ᵗᵗ pour délivrer 3000ᵗᵗ au sʳ de Saunery, capitaine et gouverneur du chasteau de Chambord, pour réparations des bresches du parc dud. chasteau qui ont esté faites pendant l'année dernière 1672, et 25ᵗᵗ pour les taxations............ 3025ᵗᵗ

28 mars : de luy, 7260ᵗᵗ pour délivrer 6000ᵗᵗ au Cavallier Bernin, fameux sculpteur à Rome, et 1200ᵗᵗ pour son fils, pour leurs pensions de la présente année, y compris 60ᵗᵗ pour les taxations................ 7260ᵗᵗ

De luy, 2423ᵗᵗ 10ˢ 7ᵈ pour délivrer 2403ᵗᵗ 10ˢ à Duc et Marsollier, marchands, pour leur payement de 63 un quart aunes de toilles d'argent traict, à 38ᵗᵗ l'aune, qu'ils ont livré pour le service de S. M., et 20ᵗᵗ 0ˢ 7ᵈ pour les taxations......................... 2423ᵗᵗ 10ˢ 7ᵈ

De luy, 15125ᵗᵗ pour délivrer 15000ᵗᵗ au sʳ Formont, banquier, pour son remboursement de pareille somme qu'il a fait payer à Rome à compte de la dépense à faire pendant la présente année 1673 pour l'entretenement de l'Accademie de peinture et sculpture establie en lad. ville de Rome, et 125ᵗᵗ pour les taxations........ 15125ᵗᵗ

De luy, 16209ᵗᵗ 9ˢ pour délivrer 16075ᵗᵗ au sʳ Fossier, garde des magasins des bastimens du Roy, pour son remboursement de pareille somme, sçavoir : 10325ᵗᵗ pour cent cinquante-sept bustes et figures de marbre; 2814ᵗᵗ pour vingt-six tableaux; et 2936ᵗᵗ 10ˢ pour pourselaines, arbres, pigeons, poules, cannes, outardes et verges de vitre de cuivre doré, le tout acheté à l'inventaire du feu sʳ Mignier, receveur général des finances d'Alençon, et livré pour le service de S. M., y compris 133ᵗᵗ 19ˢ pour les taxations............ 16209ᵗᵗ 9ˢ

Dud. sʳ de Bartillat, 600000ᵗᵗ pour les gages des officiers des bastimens des maisons royalles du Louvre, des Thuilleries, Saint-Germain-en-Laye, Versailles, Vincennes, Montceaux et Fontainebleau, et quelques menus ouvrages à faire dans les parcs de Versailles, y compris les taxations.......................... 600000ᵗᵗ

Avril : de luy, 17242ᵗᵗ 10ˢ pour délivrer 16100ᵗᵗ à ....., chargé de la vente des meubles du feu Roy de Pologne, pour le payement de quatre pièces de tapisseries de laine et soye relevée d'or, achetée pour le service du Roy, et 1000ᵗᵗ à la dame Bruneau, pour son dédommagement de l'adjudication de lad. tapisserie, et 142ᵗᵗ pour les taxations........................ 17242ᵗᵗ 10ˢ

22 avril : de luy, 4436ᵗᵗ 13ˢ 4ᵈ pour employer 4400ᵗᵗ au payement de la dépense qui a esté faite à Rome pour les lunettes de Campani et d'Eustatio de Divini, de nouvelle invention, envoyées par Mᵍʳ le cardinal d'Estrées à l'Accademie de matématiques à Paris pour en faire des espreuves, et 36ᵗᵗ 13ˢ 4ᵈ pour les taxations.. 4436ᵗᵗ 13ˢ 4ᵈ

De luy, 476366ᵗᵗ 18ˢ 4ᵈ pour employer aux dépenses contenues dans l'estat suivant ; sçavoir : 472430ᵗᵗ qui font, avec les 600000ᵗᵗ dont il a esté fait fondz au mois de mars dernier, la somme de 1072430ᵗᵗ à quoy monte led. estat, et 3936ᵗᵗ 18ˢ 4ᵈ pour les taxations desd. 472430ᵗᵗ, à raison de 2ᵈ pour livre............. 476366ᵗᵗ 18ˢ 4ᵈ

CHASTEAU DE VERSAILLES.

Pour faire les chaussées de pavé depuis la demy-lune de l'avant-cour jusques aux pavillons des advenues, et dans les rues de la ville neuve où il est nécessaire.. 20000ᵗᵗ

Pour faire le groupe d'enfans de bronze pour l'ornement de la fontaine de la cour et de celuy de la fontaine sur la terrasse......................... 9000ᵗᵗ

Pour relever le bassin de dessus la terrasse et le socle de marbre blanc, pour refaire le conroy de ciment au dessous et le restablir entièrement en sorte que l'eau ne la puisse plus percer.................... 3000ᵗᵗ

Pour achever les ornemens de sculpture sous les deux vollières au dessus des petites fontaines de la cour. 3000ᵗᵗ

Pour refaire les tableaux qui doivent être mis dans les platzfonds des grands appartemens du Roy et de la Reyne........................... 40000ᵗᵗ

Pour achever les ornemens de marbre desd. appartemens, les parqueter, et y mettre les glaces et vitres aux croisées.......................... 70000ᵗᵗ

Pour achever les trois estrades de bois de rapport qui se font dans lesd. deux appartemens.......... 6000ᵗᵗ

Pour continuer les ouvrages de l'appartement bas.... .... 20000ᵗᵗ

Pour faire la sculpture des clefs des croisées de l'estage bas............................... 1500ᵗᵗ

Pour mettre une seconde conduitte de tuyaux au bassin des Lésards, qui luy serve de décharge, et une seconde conduitte depuis le moulin de retour jusqu'à l'estang de Clagny............................. 2800ᵗᵗ

Pour faire une pompe dans le corps de logis qui joint

la Grotte, pour eslever l'eau du réservoir bas dans celuy au dessus de la Grotte.................... 4000ᵗᵗ

Pour achever les bassins du Parterre d'eau, restablir l'aqueduc de derrière l'orangerie, faire deux pierrées pour sécher les allées de la fontaine du Pavillon, deux autres pour écouler des regards de la Cœrès et du Dosme, et changer de place le regard du robinet du Berceau d'eau.............................. 1600ᵗᵗ

Pour faire les ornemens des fontaines des Quatre Saisons............................... 2000ᵗᵗ

Pour faire les ornemens des trois fontaines au bout des trois perspectives du Théâtre............... 4500ᵗᵗ

Pour achever le réservoir des eaux de la Salle des festins................................. 3000ᵗᵗ

Pour achever les logemens en apenty pour loger les matelots des vaisseaux du canal............. 3000ᵗᵗ

Pour faire les buffets de marbre du Marais.. 12000ᵗᵗ

Pour relever la tablette du canal où il est nécessaire de refaire la bresche qui y est, et oster les terres qui sont entre le bout dud. canal et la grande pièce. 3000ᵗᵗ

Pour achever les fontaines du Labyrinte avec tous les ornemens........................... 5000ᵗᵗ

Pour achever l'acqueduc qui porte l'eau du canal au moulin de retour et achever led. moulin..... 10000ᵗᵗ

Pour achever les 5 moulins de la montagne. 10000ᵗᵗ

Pour faire un déversoir à l'estang du Val et achever de paver la chaussée avec du moislon........ 1200ᵗᵗ

Pour continuer à travailler au percement de la montagne.............................. 12000ᵗᵗ

Pour achever le réservoir de la Lourcey..... 3000ᵗᵗ

Pour achever l'hostel de la Chancellerie..... 9000ᵗᵗ

Pour continuer l'église des Récolets........ 6000ᵗᵗ

Pour paver la cour de Trianon de pavé du Havre et de petit d'eschantillon................... 6000ᵗᵗ

Pour le restablissement des peintures des platsfondz qui sont gastez...................... 600ᵗᵗ

Pour achever des combles des vollières et des amortissemens des deux pavillons des costez......... 3000ᵗᵗ

Pour faire le petit jardin bas proche le cabinet des parfums............................. 1000ᵗᵗ

Pour achever de couvrir la fontaine de l'eau bonne à boire................................ 500ᵗᵗ

Pour des tinettes à mettre des orangers..... 1500ᵗᵗ

Pour diverses dépenses imprévues à Versailles. 34200ᵗᵗ

Total de Versailles.......... 374400ᵗᵗ

LOUVRE.

Pour transporter, tailler et poser les deux grandes pierres du fronton du Louvre............. 25000ᵗᵗ

Pour mettre le lieu qui estoit destiné pour la bibliothèque en estat d'y serrer les tableaux du cabinet du Roy............................... 21000ᵗᵗ

Pour mettre en place une partie de la menuiserie de la grande gallerie du Louvre............. 10000ᵗᵗ

Pour achever la couverture de lad. gallerie.. 10000ᵗᵗ

Pour les dépenses extraordinaires du jardin des Thuilleries................................ 2000ᵗᵗ

Total du Louvre............ 64000ᵗᵗ

AUTRES DÉPENSES.

Pour achever de paver la terrasse de l'Observatoire........................... 4000ᵗᵗ

Pour les dépenses des Gobelins.......... 75000ᵗᵗ

Pour celles du Jardin Royal des plantes..... 21000ᵗᵗ

Pour plusieurs réparations à faire à Fontainebleau................................ 20000ᵗᵗ

Pour celles à faire à Saint-Germain, et autres ouvrages............................. 50000ᵗᵗ

Pour l'Accadémie des Sciences, et autres gens de lettres............................ 100000ᵗᵗ

Pour l'entretenement des Accadémies de peinture, sculpture et architecture de Paris et de Rome.. 30000ᵗᵗ

Pour les loyers des maisons occupées par les officiers et escuries de S. M..................... 9730ᵗᵗ

Pour l'entretenement des couvertures des maisons royales............................. 12000ᵗᵗ

Pour les graveurs de planches représentant les Maisons royales............................ 16000ᵗᵗ

Pour les plans des avenues des maisons royales, labours et entretenement d'icelles, et dépenses extraordinaires de l'orangerie du Roulle......... 12000ᵗᵗ

Pour l'entretenement des vaisseaux et de la galère sur la rivière de Seine..................... 20000ᵗᵗ

Pour l'autel de marbre que S. M. fait faire aux Petits Pères............................. 6600ᵗᵗ

Pour les gages des officiers et préposez aux bastimens et autres ouvrages................... 200000ᵗᵗ

Pour l'entretenement des jardiniers, fontainiers, meusniers et autres officiers de Versailles......... 47700ᵗᵗ

Pour les réparations nécessaires pour l'entretenement des maisons royalles et autres dépenses...... 20000ᵗᵗ

Total des dépenses.......... 634030ᵗᵗ

Somme totalle du contenu au présent estat: 1072430ᵗᵗ

4 juin 1673 : dud. s' DE BARTILLAT, 3025ᵗᵗ pour délivrer 3000ᵗᵗ à LOUISE MOYER, veuve de feu GUILLAUME MOUSSET, pour son remboursement d'une maison à elle ap-

partenante, sçize à Saint-Germain proche la Chancellerie, acquise au profit du Roy, et 25ᵗᵗ pour les taxations. 3025ᵗᵗ

20 juin : de luy, 5277ᵗᵗ 6ˢ 3ᵈ pour employer 5233ᵗᵗ 14ˢ à la dépense qui a été faite pour l'achat, nourriture et conduitte jusques au chasteau de Versailles de divers animaux achetez en Levant, sçavoir : au sʳ Subleau, trésorier général des galères du Roy, pour pareille somme qu'il a advancée pour lad. dépense, et 733ᵗᵗ 14ˢ au sʳ Mosnier, pour la nourriture et conduitte desd. animaux, et 43ᵗᵗ 12ˢ 3ᵈ pour les taxations.......... 5277ᵗᵗ 6ˢ 3ᵈ

26 juillet : de luy, 11343ᵗᵗ 9ˢ pour délivrer 11249ᵗᵗ 15ˢ au sieur Reyson, marchand de Lyon, pour cinq pièces de brocats or et argent de la manufacture dud. Lyon, et 93ᵗᵗ 14ˢ pour les taxations.............. 11343ᵗᵗ 9ˢ

23 juillet : dud. sʳ de Bartillat, 1957ᵗᵗ 14ˢ 1ᵈ pour délivrer 1941ᵗᵗ 10ˢ 6ᵈ à divers particuliers pour leur payement du prix et non-jouissance des terres, vignes et héritages dont ils étoient propriétaires, acquises au proffit du Roy pour servir à la construction de la terrasse du parc de Saint-Germain, et 16ᵗᵗ 3ˢ 7ᵈ pour les taxations du trésorier....................... 1957ᵗᵗ 14ˢ 1ᵈ

De luy, 3089ᵗᵗ 0ˢ 8ᵈ pour délivrer 3064ᵗᵗ 10ˢ au sʳ Philipon, marchand, pour achat de 861 aunes de coutil rouge et blanc pour les voiles des moulins à vent de Versailles, à raison de 3ᵗᵗ 10ˢ l'aune, et 25ᵗᵗ 10ˢ 8ᵈ pour les taxations........................... 3089ᵗᵗ 0ˢ 8ᵈ

16 aoust : de luy, 119823ᵗᵗ 12ˢ 6ᵈ pour employer 118133ᵗᵗ 6ˢ 8ᵈ, faisant les cinq sixiesmes de 142600ᵗᵗ à laquelle [somme] se trouve monter l'estat de liquidation, prisée et estimation faite desd. maisons et héritages que le Roy veut acquérir dans l'ancien village de Versailles, arresté au Conseil royal le 12ᵉ du présent mois, et l'autre sixième ayant été délaissé pour les matéraux et démolitions desd. maisons que S. M. a abandonné auxd. propriétaires, suivant l'arrest rendu and. Conseil le mesme jour, et 990ᵗᵗ pour les taxations........... 119823ᵗᵗ 12ˢ 6ᵈ

20 octobre : de luy, 8066ᵗᵗ 13ˢ 4ᵈ pour délivrer 8000ᵗᵗ au sʳ Formont, banquier, pour son remboursement de pareille somme qu'il a fait payer à Rome à compte des dépenses que le Roy veut et ordonne estre faites pendant la présente année pour l'entretenement de l'Accadémie de peinture, sculpture et architecture qui y est establie, et 66ᵗᵗ 13ˢ 4ᵈ pour les taxations........... 8066ᵗᵗ 13ˢ 4ᵈ

Somme totale des fonds faits pour les bastimens pendant l'année 1673.... 142644ᵗᵗ 15ˢ 9ᵈ

A Versailles, ce 18 novembre 1673[1].

[1] Cette récapitulation, intercalée au milieu de la recette, est d'une autre écriture que le registre, peut-être de la main de Colbert.

7 novembre 1672 : dud. sʳ de Bartillat, la somme de 772083ᵗᵗ 6ˢ 8ᵈ pour délivrer au sʳ Riquet de Bonrepos, entrepreneur du canal de jonction des mers et du port au cap de Cette, à compte de la construction dud. canal et dud. port, y compris les taxations du trésorier, à raison de 2ᵈ pour livre................. 772083ᵗᵗ 6ˢ 8ᵈ

Du sʳ Arnoul, 3700ᵗᵗ pour employer au payement d'une maison qui appartenoit à la dame Daveau et autres, joignant la Chancellerie de Fontainebleau, suivant le contract qui a esté passé, y compris les taxations.... 3700ᵗᵗ

7 décembre : dud. sʳ de Bartillat, 12604ᵗᵗ 13ˢ 4ᵈ pour délivrer aud. sʳ Riquet de Bonrepos, à compte de la construction dud. canal de jonction des mers et dud. port au cap de Cette, y compris les taxations. 12604ᵗᵗ 13ˢ 4ᵈ

7 mars 1673 : dud. sʳ de Bartillat, 100833ᵗᵗ 6ˢ 8ᵈ pour délivrer 100000ᵗᵗ au sʳ Formont, banquier, pour pareille somme qu'il a employée en achat de marbre pour S. M., et 833ᵗᵗ 6ˢ 8ᵈ pour les taxations. 100833ᵗᵗ 6ˢ 8ᵈ

28 novembre : de luy, 6622ᵗᵗ 13ˢ 4ᵈ pour délivrer 6568ᵗᵗ à Cucci, ébéniste, pour parfait payement de 27568ᵗᵗ à quoy montent deux grands cabinets d'ébeine qu'il a faits pour S. M., enrichis de plusieurs ornemens de bronze et de lapis, et 54ᵗᵗ 13ˢ 4ᵈ pour les taxations dud. trésorier......................... 6622ᵗᵗ 13ˢ 4ᵈ

De luy, 1417ᵗᵗ 16ˢ 6ᵈ pour délivrer 1406ᵗᵗ 2ˢ, sçavoir : 600ᵗᵗ au sʳ Subleau, trésorier général des galères, pour son remboursement de pareille somme qu'il a advancée au sʳ Mosnier pour employer en achapt de plusieurs animaux de Levant, et 806ᵗᵗ 2ˢ aud. sʳ Mosnier, tant pour son parfait payement dud. achat que pour la nourriture et conduite desd. animaux jusques à Versailles, et 11ᵗᵗ 14ˢ 2ᵈ pour les taxations............. 1417ᵗᵗ 16ˢ 6ᵈ

16 décembre 1673 : dud. sʳ de Bartillat, 217086ᵗᵗ 6ˢ pour employer 215292ᵗᵗ 4ˢ au payement des dépenses ordonnées par S. M., tant pour ses bastimens de Versailles que pour ceux des autres maisons royalles et autres ouvrages faits pendant l'année 1673, non compris dans l'estat de fondz expédié le 22 avril dernier, le tout ainsy qu'il ensuit, et 1794ᵗᵗ 2ˢ pour les taxations dud. trésorier, à raison de 2ᵈ pour livre.............. 217086ᵗᵗ 6ˢ

Pour le nouveau chemin de Versailles....... 4700ᵗᵗ

Pour les transports de terre faits dans la grande avenue.. 4200ᵗᵗ

Pour les remises faites dans la plaine de Saint-Denis 3600ᵗᵗ

Pour les ouvrages de tapisserie faits sur de la toille d'argent............................. 5216ᵗᵗ 9ˢ

Pour une cuve de marbre faite pour le cabinet des bains................................. 9000ᵗᵗ

ANNÉE 1673. — RECETTE.

Pour le plomb qui a esté fourny pour les fontaines et autres ornemens................. 23952ᵗᵗ 15ˢ
Pour achat de marbre de Provence......... 1955ᵗᵗ
Pour le restablissement du portail de Vincennes. 1000ᵗᵗ
Pour les plants à faire à Saint-Germain-en-Laye. 2600ᵗᵗ
Pour les cageots et tiroirs des parfums d'un cabinet de Trianon............................ 1920ᵗᵗ
Pour le piédestal du groupe du milieu de la Grotte.. .... 1300ᵗᵗ
Pour la terrasse que l'on fait à Saint-Germain. 10500ᵗᵗ
Pour changer la pente de la grande terrasse dud. Saint-Germain............................ 3600ᵗᵗ
Pour les conduittes de plomb des fontaines... 4500ᵗᵗ
Pour le pavé fait aux environs du tripot..... 1000ᵗᵗ
Pour les nouvelles pompes derrière la Grotte de Versailles............................. 31500ᵗᵗ
Pour les dépenses extraordinaires de Versailles. 59184ᵗᵗ
Pour les dépenses faites à l'Observatoire.... 11914ᵗᵗ
Pour les réparations faites dans les maisons royales.. .... 11886ᵗᵗ
Pour diverses autres dépenses faites en plusieurs endroits............................. 21764ᵗᵗ
Et pour les taxations dud. trésorier, à raison de 2ᵈ pour livre, de la somme de 215292ᵗᵗ 4ˢ à quoy montent les dépenses du présent estat................ 1794ᵗᵗ 2ˢ
Somme totale du présent estat. 217086ᵗᵗ 6ˢ

9 décembre 1673 : dud. sʳ ᴅᴇ Bᴀʀᴛɪʟʟᴀᴛ, 1109ᵗᵗ 1ˢ 4ᵈ pour délivrer 1100ᵗᵗ au sʳ Cʜᴀʀʟɪᴇʀ pour trois aunes deux tiers de gros tissu blanc, quatre aunes de large de Paris, à raison de 300ᵗᵗ l'aune, qu'il a fourny pour le service de S. M., et 9ᵗᵗ 1ˢ 4ᵈ pour les taxations..... 1109ᵗᵗ 1ˢ 4ᵈ
14 décembre : dud. sʳ ᴅᴇ Bᴀʀᴛɪʟʟᴀᴛ, 2067ᵗᵗ 1ˢ 8ᵈ pour délivrer 2050ᵗᵗ au sʳ Eʀʀᴀʀᴅ, directeur de l'Académie de peinture et sculpture que S. M. a establie à Rome, pour dépenses qu'il a faites ainsy qu'il ensuit, sçavoir : 800ᵗᵗ pour deux chaisnes d'or qu'il a acheptées, l'une pour le sʳ Bᴇʟʟᴏʀʏ et l'autre pour le sʳ Lᴇssɪ, qui ont dédié quelques livres à S. M., et 1250ᵗᵗ tant pour son retour d'Italie que pour un quartier de ses appointemens pendant l'année dernière 1673, et 17ᵗᵗ 1ˢ 8ᵈ pour taxations. 2067ᵗᵗ 1ˢ 8ᵈ
23 décembre : de luy, 6050ᵗᵗ pour délivrer 6000ᵗᵗ au sʳ Lᴏɪʀ, l'un des peintres de S. M., pour ses appointemens pendant l'année 1673, et 50ᵗᵗ pour taxations... 6050ᵗᵗ
De luy, 6050ᵗᵗ pour délivrer 6000ᵗᵗ au sʳ Vᴀɴᴅᴇʀᴍᴇᴜʟᴇɴ, peintre flamand, travaillant pour S. M. aux Gobelins, pour ses appointemens................. 6050ᵗᵗ
De luy, 3915ᵗᵗ 17ˢ 3ᵈ pour délivrer 3883ᵗᵗ 10ˢ au sʳ Gᴏ-

ᴅᴇꜰʀᴏʏ, historiographe, sçavoir : 883ᵗᵗ 10ˢ pour son parfait payement de 3883ᵗᵗ 10ˢ à quoy montent les appointemens, nourriture et entretien de quatre escrivains qui travaillent sous luy à la Chambre des Comptes de Lille en Flandres et autres dépenses qu'il a faites depuis le 1ᵉʳ juin jusques au dernier octobre de l'année dernière 1673, et 3000ᵗᵗ à compte desd. dépenses, à commencer au 1ᵉʳ novembre dernier, et 32ᵗᵗ 7ˢ 3ᵈ pour les taxations dud. trésorier, à raison de 2ᵈ pour livre... 3915ᵗᵗ 17ˢ 3ᵈ
30 décembre : de luy, 3025ᵗᵗ pour délivrer 3000ᵗᵗ aux religieuses de l'Anonciade de Meulan, pour leur donner moyen de continuer leur bastiment qu'ils (sic) ont commencé, et 25ᵗᵗ pour les taxations............ 3025ᵗᵗ
Dud. sʳ ᴅᴇ Bᴀʀᴛɪʟʟᴀᴛ, 3025ᵗᵗ pour délivrer 3000ᵗᵗ aux Pères de la Mission establis à Fontainebleau, pour leur nourriture et entretien pendant les six derniers mois de l'année dernière 1673, et 25ᵗᵗ pour les taxations. 3025ᵗᵗ
26 febvrier 1674 : de luy, 126541ᵗᵗ 13ˢ 4ᵈ pour délivrer 125000ᵗᵗ au sʳ Rɪǫᴜᴇᴛ ᴅᴇ Bᴏɴʀᴇᴘᴏs, entrepreneur des ouvrages du canal de jonction des mers et du port au cap de Cette, à compte desd. ouvrages, et 1541ᵗᵗ 13ˢ 4ᵈ pour les taxations............... 126541ᵗᵗ 13ˢ 4ᵈ
De luy, 32630ᵗᵗ 19ˢ 8ᵈ pour employer 32361ᵗᵗ 6ˢ 1ᵈ au parfait payement des dépenses faites pendant 1673 aux ouvrages de tapisseries et autres qui se font aux Gobelins et à la Savonnerie, y compris 510ᵗᵗ pour ornemens de la chapelle de la Savonnerie et 158ᵗᵗ pour un quartier des gages de Gʀɪᴠᴇᴀᴜ, portier de lad. maison, et 269ᵗᵗ 13ˢ 7ᵈ pour les taxations....... 32630ᵗᵗ 19ˢ 8ᵈ
De luy, 7260ᵗᵗ pour délivrer 7200ᵗᵗ au sʳ ᴅᴇ Gᴀɴsᴀᴜʟᴛ, escuyer de la grande escurie et capitaine du haras de Saint-Léger, pour les gratifications que S. M. a accordées, l'année dernière 1673, aux commissaires establis pour l'inspection des haras dans les provinces du royaume où S. M. a fait distribuer des estallons, et 60ᵗᵗ pour les taxations............................. 7260ᵗᵗ
6 mars 1674 : de luy, 56441ᵗᵗ 13ˢ 4ᵈ pour délivrer 55975ᵗᵗ 13ˢ 4ᵈ aud. sʳ Rɪǫᴜᴇᴛ ᴅᴇ Bᴏɴʀᴇᴘᴏs, à compte des ouvrages dud. canal de jonction et dud. port au cap de Cette, et 466ᵗᵗ pour les taxations. 56441ᵗᵗ 13ˢ 4ᵈ
17 avril 1674 : dud. sʳ ᴅᴇ Bᴀʀᴛɪʟʟᴀᴛ, 11330ᵗᵗ 2ˢ 3ᵈ pour délivrer 11236ᵗᵗ 10ˢ 3ᵈ au sʳ Rᴇʏɴᴏɴ pour son remboursement des brocarts et toille d'argent trait, de la manufacture de Lyon, qu'il a fournis pour S. M. pendant 1673, sçavoir : 3360ᵗᵗ pour trente-deux aunes de brocar tout or; 2881ᵗᵗ 13ˢ 4ᵈ pour trente-neuf aunes de brocats fonds d'or cizelé, broché d'argent; 4876ᵗᵗ 13ˢ 4ᵈ pour 121 onze douzièmes aunes de toille d'argent trait à quatre fils; 729ᵗᵗ 6ˢ 4ᵈ pour le proffit dud. Rᴇʏɴᴏɴ, à raison de 7ᵗᵗ le

cent, et 88ᴸ 7ˢ 3ᵈ pour les frais, caisses, emballage et voiture, et 93ᴸ 12ˢ pour les taxations... 11330ᴸ 2ˢ 3ᵈ

De luy, 1330ᴸ 5ˢ 4ᵈ pour délivrer 1319ᴸ 5ˢ 6ᵈ au sʳ Carcavy pour son parfait payement de 4319ᴸ 5ˢ 6ᵈ à quoy monte la dépense qu'il a faite tant pour l'Académie des Sciences que pour la bibliotèque du Roy, et ce pendant lad. année 1673, et 10ᴸ 19ˢ 10ᵈ pour les taxations du trésorier.................. 1330ᴸ 5ˢ 4ᵈ

De luy, 9475ᴸ 9ˢ 10ᵈ pour délivrer 9397ᴸ 3ˢ 8ᵈ au sʳ Subleau, trésorier général des galères, pour parfait payement de 14497ᴸ 3ˢ 8ᵈ pour pareille somme qu'il a advancée pour achat de livres, fleurs et autres curiositez de Levant pour le service de S. M., et 78ᴸ 2ˢ 6ᵈ pour les taxations....................... 9475ᴸ 9ˢ 10ᵈ

9 octobre 1674 : de luy 7260ᴸ pour délivrer 7200ᴸ aux sʳˢ Cavalliers Bernin, père et fils, pour leur pension à eux accordée, sçavoir : 6000ᴸ au sʳ Cavallier Bernin père et 1200ᴸ aud. fils, et 60ᴸ pour taxations.. 7260ᴸ

8 may 1676 : de luy, 21175ᴸ pour employer 21000ᴸ pour l'entretenement du Jardin Royal des plantes pendant 1673, et 175ᴸ pour taxations............ 21175ᴸ

Du sʳ du Metz, garde du trésor royal, 50416ᴸ 13ˢ 4ᵈ ordonnée aud. sʳ Le Menestrel, en vertu de l'arrest du Conseil du 10 may 1676, pour et au lieu de pareille somme qui lui avoit esté cy-devant assignée en l'année 1667 sur les deniers provenans des taxes de la Chambre de Justice pour délivrer 50000ᴸ au feu sʳ Warin, intendant des bastimens, pour partie des édifices par luy construits sur des places appartenans à S. M. joignant le grand parterre du palais des Thuilleries, et 416ᴸ 13ˢ 4ᵈ pour les taxations...................... 50416ᴸ 13ˢ 4ᵈ

De la somme de 152496ᴸ 4ˢ 4ᵈ de laquelle led. sʳ Le Menestrel s'est trouvé reliquataire par l'examen et closture du compte qu'il a rendu à la Chambre de son année d'exercice 1670, et qui luy est demeurée entre ses mains à la charge d'en faire recepte dans son année d'exercice 1673, et dont il ne luy sera alloué aucunes taxations, attendu qu'elles luy sont passées dans sond. compte de 1670, partant, cy............... 152496ᴸ 4ˢ 4ᵈ

DÉPENSE.

LE LOUVRE ET LES THUILLERIES.

MAÇONNERIE ET CHARPENTERIE.

20 may - 26 octobre : à Le Loutre, maçon, pour menues réparations (2 p.)................. 1800ᴸ

5 juin - 26 septembre : à Cliquin, charpentier, à compte des ouvrages qu'il fait pour enlever les deux grandes pierres de Meudon pour servir de cimaise au fronton du Louvre (3 p.)................ 3500ᴸ

16 juin - 26 octobre : à Martin et Abraham, maçons, pour parfait payement de 820ᴸ 19ˢ pour les ouvrages qu'ils ont fait pour sceller la menuiserie qui se pose dans la grande gallerie (2 p.)............... 820ᴸ 19ˢ

16 juin - 1ᵉʳ septembre : aud. Martin, à compte de la maçonnerie qu'il fait au lieu destiné pour la bibliotecque, pour y mettre les tableaux du Roy (3 p.)...... 5100ᴸ

Somme de ce chapitre...... 11220ᴸ 19ˢ

COUVERTURES.

8 may 1673 - 11 febvrier 1674 : à Yvon, pour parfait payement de 28000ᴸ pour le restablissement de la grande gallerie (4 p.)................... 8500ᴸ

PLOMBERIE ET SERRURERIE.

27 may : à Seclet, serrurier, pour les ouvrages qu'il a fait à la grande escurie du Roy.......... 205ᴸ 10ˢ

26 octobre : à Gillet, plombier, à compte du restablissement qu'il fait..................... 300ᴸ

Somme de ce chapitre...... 505ᴸ 10ˢ

MENUISERIE.

27 may 1673 - 20 janvier 1674 : à Paot, à compte de la menuiserie qu'il fait pour mettre la bibliotecque en estat d'y serrer les tableaux du Roy (4 p.).. 3400ᴸ

27 may : à Chevalier, pour parfait payement de 2284ᴸ 10ˢ pour diverses réparations qu'il a faites à la grande escurie....................... 384ᴸ 10ˢ

26 octobre - 30 décembre : à luy, à compte desd. réparations (2 p.)....................... 600ᴸ

8 aoust : à Barbier, pour vingt-quatre caisses pour des orangers............................. 102ᴸ

Somme de ce chapitre...... 4486ᴸ 10ˢ

PEINTURE, SCULPTURE ET AUTRES ORNEMENS.

16 juin - 18 novembre : à Caffier et Lespagnandel, sculpteurs, pour trois chapiteaux qu'ils ont faits à la façade du grand portail du Louvre (2 p.)...... 1300ᴸ

18 novembre : à GONTIER, pour ouvrages de peinture du logement de Mme la duchesse de la Vallière, prèz les Thuilleries........................... 644#

Somme de ce chapitre......... 1944#

VITRERIE ET PAVÉ.

1er septembre : à JACQUET, vitrier, pour réparations qu'il a faites........................ 139# 10'

JARDINAGES ET FOUILLES.

20 may : à RIGAULT, pour les jardiniers qui ont labouré et porté des bonnes terres dans le jardin des Thuilleries............................ 1000#
16 juin : à COLINOT, jardinier, pour les perches et buys qu'il a fourny.................... 230# 15' 2d

Somme de ce chapitre..... 1230# 15' 2d

PARTIES EXTRAORDINAIRES.

20 may : à MICHEL RIGALLEAU, dit LA CHAPELLE, pour parfait payement de 6346# 11' 6d à quoy monte le décombrement des terres pour les deux grandes pierres de Meudon....................... 696# 11' 6d
5 juin 1673-20 janvier 1674 : à HUVELIERS, à compte des labours qu'il fait aux avenues du palais des Thuileries (2 p.)..................... 761# 12' 8d
5 juin-23 décembre : à RIGAULT, pour le régalement du Cours de la Reyne (4 p.)........... 2186# 16'
18 novembre : à luy, pour divers ouvriers... 1000#
29 juin-8 aoust : à la veuve FLEURY, cordière, pour les cordes qu'elle a fournies pour le transport desd. deux pierres (2 p.)..................... 750# 13'
1er septembre : à GNOU, voiturier, qui a fourny un batteau pour led. transport............. 535# 8' 4d
26 octobre : à luy, pour un autre batteau qu'il a fourny................................... 306#
4 octobre : aux ouvriers qui travaillent au régalement du Cours....................... 468# 16' 3d
26 octobre : à ceux qui ont travaillé à remuer et voiturer lesd. pierres.................... 2976# 11'
A MOUTON, pour le décombrement desd. deux pierres. .... 498# 10'
18 juillet-18 novembre : aux ouvriers qui travaillent aud. décombrement (3 p.).......... 4235# 17' 6d
A CUCCI, à compte des garnitures de bronze qu'il fait pour la bibliotèque du Roy au Louvre......... 600#

Somme de ce chapitre.... 15016# 16' 3d

PALAIS-ROYAL.

20 may : à DARLY, vuidangeur, pour les fosses qu'il a vuidées................................. 44#
A AUBRY, paveur, pour réparations.......... 226#
27 may-26 novembre : à BASTARD, charpentier, pour réparations............................. 800#
5 juin : à GILLET, fontainier, pour le restablissement du réservoir......................... 130#
8 aoust : à HARDY, serrurier, pour divers ouvrages qu'il a faits...................... 654# 4' 8d
1er septembre : à CARRÉ, paveur, idem.... 322# 12'
21 septembre-26 novembre : à LE LOUTRE, pour réparations de maçonnerie (2 p.)........... 1200#
4 octobre : à DIONIS, menuisier, à compte de ses ouvrages................................. 500#
4 décembre : aux ouvriers qui ont fait 3558 thoises et demie de rigolles pour planter des arbres et palissades aud. lieu......................... 1067# 12'
30 décembre 1673-10 janvier 1674 : aux ouvriers qui travaillent au jardin (2 p.)............. 779#

Somme de ce chapitre......... 5723#[1]

OUVRAGES DE L'ENCLOS DU PALAIS
ET POMPE DU PONT-NEUF.

24 juillet : à BRICARD, charpentier, pour les réparations qu'il a faites à la pompe du Pont-Neuf... 284# 4'

MAISON DES GOBELINS.

16 juin : à la veuve MAZELINES, plombière, pour ouvrages de plomberie faits par feu son mary. 143# 15' 3d

OBSERVATOIRE.

16 juin-18 novembre : à BERGERON, à compte de la maçonnerie qu'il fait (4 p.)............... 10500#
16 juin-18 novembre : à la veuve VIERNEY, vitrière, à compte de ses ouvrages (4 p.)........... 1300#
29 juin-1{er} septembre : à COUPLET, pour employer en menues dépenses (2 p.)................... 425# 19'
29 juin : à BUIRETTE, menuisier, pour divers ouvrages qu'il a faits....................... 888# 3' 6d
9 juillet 1673-11 febvrier 1674 : à LANGRENÉ, pour parfait payement de 2716# pour le ciment et pavez bizets pour la terrasse (3 p.).................. 2716#

---

[1] Il faudrait 5723# 8' 8d.

9 juillet-30 décembre : à Doyart, serrurier, à compte de ses ouvrages (3 p.)................ 2200ᴸ
9 juillet : à Tessaquel, pour la voiture de dix mille pavez............................. 140ᴸ
A Prou, pour divers ouvrages de menuiserie.. 484ᴸ
1ᵉʳ septembre : à Poictevin, charpentier, pour parfait payement....................... 1526ᴸ 8ˢ 8ᵈ
1ᵉʳ septembre-30 décembre : à Sainte-Marie, pour les charretiers qui ont porté des terres (2 p.).. 188ᴸ 15ˢ
26 octobre : à Chefdeville, pour les labours et closture de perches qu'il a fait............... 98ᴸ 5ˢ
18 novembre : à Cherouvrier, voitures de pavé. 84ᴸ
30 décembre : aux ouvriers qui ont transporté des terres sur la terrasse................. 131ᴸ

Somme de ce chapitre..... 20682ᴸ 11ˢ ¹

ARC DE TRIOMPHE ET JARDIN ROYAL.

1ᵉʳ septembre : à Barbier, pour parfait payement de 1922ᴸ pour les ouvrages de menuiserie qu'il a faits aud. jardin................................ 222ᴸ
A Poulin, serrurier, pour ouvrages *idem*.... 93ᴸ 8ˢ
7 octobre : au sʳ Charas, pour dépenses qu'il a faites pendant lad. année pour le cours de chymie... 770ᴸ 3ˢ
20 septembre 1674 : au sʳ Daquin, premier médecin de S. M., pour ses gages de surintendant des démonstrations des plantes et opérations médicinales, tant ordinaires que chymiques, et ce pendant l'année 1673.... 3000ᴸ
4 juin 1673 : à Bremant, ayant l'entretenement dud. jardin, pour trois quartiers de ses gages...... 1875ᴸ
8 aoust : à Philbert Chaillou, portier dud. jardin, pour une demye année *idem*................ 225ᴸ
4 juin 1675 : au sʳ de la Chambre, premier médecin de la Reyne, pour ses appointemens de démonstrateur de l'intérieur des plantes................... 1500ᴸ
Au sʳ Fagon, médecin ordinaire de la Reyne, pour ses gages de démonstrateur pour la chymie aud. jardin, et ce pendant lad. année 1673................. 1500ᴸ

Somme de ce chapitre....... 9185ᴸ 11ˢ

FONTAINEBLEAU.

MAÇONNERIE, CHARPENTERIE ET COUVERTURE.

5 juin : à Grognet, maçon, pour parfait payement de 1236ᴸ 13ˢ pour les réparations par luy faites en divers endroits......................... 336ᴸ 13ˢ

¹ On a oublié au total 2 deniers.

8 aoust : à Mouillon, charpentier, pour divers ouvrages................................ 90ᴸ
30 décembre : à Martin et Abraham, à compte du restablissement de l'escallier de la cour du Cheval Blanc. 500ᴸ

Somme de ce chapitre........ 926ᴸ 13ˢ

PLOMBERIE, VITRERIE ET MENUISERIE.

16 janvier : à Soret, menuisier, pour parfait payement de 1508ᴸ pour plusieurs réparations.......... 878ᴸ
3 aoust : à luy, à compte des caisses qu'il fait pour l'orangerie......................... 400ᴸ
16 janvier : à la veuve Rossignol, pour réparations de serrurerie et fourniture de gros fer qu'elle a faits en divers endroits........................... 392ᴸ
24 juillet : à la veuve Girard, plombière, pour diverses réparations................... 137ᴸ 9ˢ 9ᵈ
21 septembre-28 novembre : à elle, pour parfait payement de 730ᴸ 12ˢ pour un chesneau de plomb pour l'orangerie........................ 730ᴸ 12ˢ

Somme de ce chapitre...... 2538ᴸ 1ˢ 9ᵈ

SERRURERIE, PEINTURES ET AUTRES ORNEMENS.

Néant.

PAVÉ, JARDINAGES ET FOUILLES.

20 may : à du Chemin, paveur, pour diverses réparations............................... 247ᴸ 5ˢ
16 juin : à Bétulan, pour les ouvriers qui ont fait diverses fouilles et plants dans plusieurs endroits. 3724ᴸ 14ˢ
A luy, pour divers ouvrages de l'orangerie..... 70ᴸ
A luy, pour les ouvriers qui ont dressé et rehaussé trois allées du tour du jardin des pins....... 153ᴸ 10ˢ
A luy, pour ceux qui ont planté 210 ormes en plusieurs endroits............................. 265ᴸ 9ˢ
24 juillet : à Boisseau Cuastillon, pour divers ouvrages de l'orangerie................ 139ᴸ 6ˢ

Somme de ce chapitre....... 4600ᴸ 4ˢ

PARTIES EXTRAORDINAIRES.

20 may : à Martin et Abraham, à compte des réparations qu'ils font................... 800ᴸ
16 juin 1673-20 janvier 1674 : à Bétulan, pour menues dépenses et diverses réparations (3 p.).. 2160ᴸ 6ˢ
16 juin 1673-20 janvier 1674 : à Desboutz, pour parfait payement de 1900ᴸ pour le labour et défrichement des palissades (2 p.)................. 900ᴸ
4 may : à La Tour, concierge, pour les ouvriers qui ont remply les deux glacières.............. 352ᴸ 3ˢ

16 juin : à Hersan, piqueur de grais, pour diverses réparations............................ 66ᵗᵗ

Somme de ce chapitre........ 4278ᵗᵗ 9ˢ

SAINT-GERMAIN.

MAÇONNERIE.

8 may : à La Rue, maçon, à compte de la maçonnerie du petit logement contre le tripot............. 4000ᵗᵗ
5 juin - 1ᵉʳ septembre : à luy, à compte des réparations qu'il fait (3 p.)....................... 4400ᵗᵗ
5 juin : à luy, pour avoir scellé les dez du Boulingrin................................. 376ᵗᵗ
29 juin - 18 novembre : à luy, à compte de la maçonnerie de la grande terrasse (4 p.)............ 11100ᵗᵗ
29 juin - 26 octobre : à luy, à compte de l'appariement de Mᵐᵉ de Montespan (2 p.)........... 1000ᵗᵗ
26 octobre - 18 novembre : à luy, à compte du regard de la fontaine de la Pissotte (2 p.)........... 1800ᵗᵗ
11 febvrier 1674 : à luy, pour parfait payement de 1499ᵗᵗ 8ˢ 1ᵈ........................ 499ᵗᵗ 8ˢ 1ᵈ
A luy, parfait payement de 4408ᵗᵗ 5ˢ 10ᵈ. 408ᵗᵗ 5ˢ 10ᵈ
18 novembre : à la veuve Lespine, à compte des ouvrages de feu son mary.................... 150ᵗᵗ

Somme de ce chapitre... 23733ᵗᵗ 13ˢ 11ᵈ

CHARPENTERIE ET COUVERTURE.

5 juin - 21 septembre : à la veuve du Fay, charpentier, à compte de ses ouvrages (2 p.)........ 2004ᵗᵗ 16ˢ 8ᵈ
1ᵉʳ septembre - 30 décembre : à Charuel, à compte des couvertures qu'il fait (2 p.)........... 1000ᵗᵗ

Somme de ce chapitre..... 3004ᵗᵗ 16ˢ 8ᵈ

PLOMBERIE, SERRURERIE ET MENUISERIE.

8 may - 9 juillet : à Prou et Buirette, menuisiers, à compte des ouvrages qu'ils font pour l'appartement de Mᵐᵉ de Montespan (2 p.).................. 6100ᵗᵗ
30 décembre : aud. Buirette, à compte de ses ouvrages................................. 1906ᵗᵗ
20 may - 30 décembre : à Piot, serrurier, à compte de ses ouvrages (4 p.)...................... 4000ᵗᵗ
20 - 27 may : à Labre, pour parfait payement de 3068ᵗᵗ 14ˢ pour les ouvrages qu'il fait au Boulingrin (2 p.)................................. 1568ᵗᵗ 14ˢ
29 juin : à La Flèche, pour parfait payement de 1640ᵗᵗ 7ˢ 6ᵈ pour les ouvrages qu'il a faits depuis le mois d'octobre dernier jusques au 5 janvier de la présente année............................... 640ᵗᵗ 7ˢ 6ᵈ

A Harouard, pour les ouvrages qu'il a faits dans l'appartement de M. le prince de Marcillac et garde-robe du Roy................................... 112ᵗᵗ 5ˢ
1ᵉʳ septembre - 30 décembre : à Le Roy, plombier, à compte de ses ouvrages (2 p.)............ 7291ᵗᵗ 3ˢ
4 décembre : à Drouet, menuisier, pour une fermeture de bois qu'il a faite au jardin du vieil chasteau. 231ᵗᵗ 15ˢ

Somme de ce chapitre..... 21850ᵗᵗ 4ˢ 6ᵈ

PEINTURES, SCULPTURE ET AUTRES ORNEMENS.

20 may - 30 décembre : à Poisson, peintre, à compte de ses ouvrages (4 p.).................. 3300ᵗᵗ
16 juin - 30 décembre : à Caffier et Lespagnandel, sculpteurs, pour parfait payement de 4490ᵗᵗ à quoy montent les ouvrages de l'appartement de Mᵐᵉ de Montespan (4 p.).............................. 4490ᵗᵗ 10ˢ
1ᵉʳ septembre - 26 octobre : au sʳ Loir, à compte de la peinture dud. appartement (2 p.)............ 9000ᵗᵗ
2 décembre : à de Troy, pour le portrait de Mᵐᵉ de Montespan............................... 250ᵗᵗ
30 décembre : à Bertrand, à compte de la sculpture qu'il fait............................... 91ᵗᵗ

Somme de ce chapitre...... 17131ᵗᵗ 10ˢ

VITRERIE.

29 juin - 30 décembre : à Lemercier, à compte des ouvrages de vitrerie qu'il fait (3 p.)........... 2000ᵗᵗ

PAVÉ, JARDINAGES ET FOUILLES.

20 may - 21 septembre : à La Lande, jardinier, pour parfait payement de 4336ᵗᵗ pour le treillage du Boulingrin (2 p.)............................ 3336ᵗᵗ 10ˢ
21 septembre : au même, pour le restablissement du treillage qu'il a fait.................... 498ᵗᵗ
20 aoust : à luy, à compte du treillage qu'il fait autour du grand parterre.................... 300ᵗᵗ
9 juillet : à La Lande l'aisné, pour diverses dépenses qu'il a faites.......................... 219ᵗᵗ 1ˢ
26 octobre : à luy, pour le gazon qu'il a posé. 46ᵗᵗ 5ˢ
5 juin : à Maceron, paveur, pour plusieurs réparations de pavé.............................. 47ᵗᵗ 10ˢ
4 juin - 1ᵉʳ septembre : à de Bray, pour parfait payement de 3600ᵗᵗ pour le transport de terre qu'il fait pour changer la pente de la grande terrasse (4 p.)... 3600ᵗᵗ
8 aoust 1673 - 11 febvrier 1674 : à Frade, à compte de ses labours (3 p.).................... 1096ᵗᵗ 7ˢ
21 septembre : à Auzanne, pour la fouille des terres de devant le jeu de [paume?] pour y paver.. 483ᵗᵗ 1ˢ 8ᵈ
4 octobre : à Vatel, paveur, à compte...... 1000ᵗᵗ

4 décembre : à Viot, pour transport..... 139ᴸᴸ 15ˢ
Au sʳ Petit, pour les ouvriers qui ont sablé, transporté et dressé la nouvelle terrasse............ 1610ᴸᴸ 15ˢ

Somme de ce chapitre.... 12477ᴸᴸ 4ˢ 8ᵈ [1]

PARTIES EXTRAORDINAIRES.

8 may-4 décembre : au sʳ Petit, pour diverses menues dépenses (4 p.)................. 2388ᴸᴸ 1ˢ 2ᵈ
26 octobre : à luy, pour le régallement des terres de la petite terrasse................. 1305ᴸᴸ 1ˢ 4ᵈ
8 may : à Jacquemart, pour trois cents cloches de verre pour le jardin du Val.................. 135ᴸᴸ
5 juin : à Goeren et Lortie pour avoir gardé, l'un la porte du parc et l'autre la porte du grand jardin et nouveau parterre, depuis le 19 mars jusqu'au 1ᵉʳ may. 148ᴸᴸ
4 juin-9 juillet : à Souleigne, pour le nettoyement durant une année des appartemens et cours du vieil chasteau (2 p.)........................ 1370ᴸᴸ
9 juillet : à Feuillastre, à compte du conroy qu'il fait aux bassins du grand parterre............ 600ᴸᴸ
A Marquais, garde de la forest, pour avoir fourny des toiles aux palis d'Archères.............. 75ᴸᴸ 10ˢ
8 aoust : à Ozanne, pour le restablissement desd. palis....................... 393ᴸᴸ 16ˢ
4 décembre : à Lamy et Ozanne, pour avoir aydé à toiser plusieurs ouvrages de charpenterie et de maçonnerie........................ 108ᴸᴸ
21 septembre : à Varisse, pour plusieurs cheminées qu'il a ramonées.................... 87ᴸᴸ 12ˢ
26 octobre : à Le Loup, fondeur, pour divers adjustages........................ 120ᴸᴸ
18 novembre : à Cuccy, pour les ouvrages de bronze qu'il a fait....................... 313ᴸᴸ
30 décembre 1673-11 febvrier 1674 : à Frade, pour parfait payement de 984ᴸᴸ 2ˢ pour les ouvrages qu'il a faits aux remises de la plaine d'Houilles (2 p.). 983ᴸᴸ 2ˢ
30 décembre : à Briot, pour glaces de miroir qu'il a posées........................ 379ᴸᴸ 5ˢ
4 décembre 1673-11 febvrier 1674 : à Fossard, pour parfait payement de 746ᴸᴸ 14ˢ pour avoir ramassé et semé du gland dans la forest (2 p.)........... 746ᴸᴸ 14ˢ
4 décembre 1673 : à Ancelin, pour vuidanges de fosses....................... 90ᴸᴸ
A Martin, pour avoir frotté et mis en couleur les appartemens dud. chasteau................ 192ᴸᴸ

Somme de ce chapitre...... 9435ᴸᴸ 1ˢ 6ᵈ

---

[1] Le total exact est 12377ᴸᴸ 4ˢ 8ᵈ.

VERSAILLES.

MAÇONNERIE.

8 may : à Gabriel, maçon, à compte des deux bassins à costé du parterre d'eau................. 1000ᴸᴸ
16 juin-26 octobre : à luy, à compte des bassins qu'il fait à Versailles pour les décharges des pompes du sʳ Denis (2 p.)..................... 2000ᴸᴸ
16-25 juin : à luy, à compte des pompes proche la Grotte (2 p.)..................... 6000ᴸᴸ
9 juillet : à luy, à compte du bastiment des pompes........................ 3000ᴸᴸ
1ᵉʳ septembre : à luy, à compte de ses ouvrages. 3500ᴸᴸ
30 décembre : à luy, à compte du bassin de la fontaine de Bacchus..................... 500ᴸᴸ
20 may-21 septembre : à Bergeron, à compte des moulins de la montagne (3 p.)............ 3300ᴸᴸ
27 may-9 juillet : à luy, à compte du réservoir de la Salle des festins (2 p.)................. 3200ᴸᴸ
5 juin-4 octobre : à luy, à compte de l'aqueduc du moulin de retour (3 p.)................ 6400ᴸᴸ
4 octobre-18 novembre : à luy, à compte des logemens pour les matelots (3 p.)............ 3200ᴸᴸ
26 octobre : à luy, à compte d'une bresche du canal qu'il restablit..................... 388ᴸᴸ
27 may 1673-20 janvier 1674 : aux Anglard et Girardot, à compte du percement de la montagne (4 p.)......................... 10900ᴸᴸ
4 juin-30 décembre : à Louis Janot [2], à compte de plusieurs menus ouvrages (5 p.)............ 2114ᴸᴸ
9 juillet 1673-20 janvier 1674 : à Dorbay, à compte de la Chancellerie (2 p.)................. 4300ᴸᴸ
30 décembre 1673-20 janvier 1674 : à La Lource, pour parfait payement de 9941ᴸᴸ pour le moison qu'il fournit pour la pièce de l'Isle Royalle (2 p.).... 1141ᴸᴸ

Somme de ce chapitre........ 50943ᴸᴸ

CHARPENTERIE.

20 may-26 octobre : à Le Gendre et Fontenay, charpentiers, à compte des ouvrages des cinq moulins de la montagne (3 p.)................. 6500ᴸᴸ
29 juin-9 juillet : à Cliquin et Charpentier, à compte de la charpenterie qu'ils font pour les pompes proche la Grotte (2 p.)........................ 3000ᴸᴸ

---

[2] Ou Jeannot.

24 juillet : aud. Cliquin, à compte de la tribune de la chapelle.................................. 500ᵗᵗ
8 aoust-21 septembre : à luy, à compte des apentis pour les matelots........................ 1400ᵗᵗ
30 décembre : à luy, à compte du grand escallier. 600ᵗᵗ
8 aoust-30 décembre : à Chaudy, à compte des réparations qu'il fait aux pompes (2 p.).......... 900ᵗᵗ

Somme de ce chapitre......... 12900ᵗᵗ

COUVERTURE.

29 juin-21 septembre : à Yvon, à compte de ses ouvrages de couverture (4 p.)................. 2200ᵗᵗ

PLOMBERIE.

8 may : à Le Roy, plombier, à compte du restablissement de la terrasse...................... 400ᵗᵗ
20 may-30 décembre : à luy, à compte de la conduitte du parterre d'eau (5 p.)........... 10000ᵗᵗ
5 juin : à luy, pour les ouvriers qui ont travaillé en 1670, 1671 et 1672................. 2197ᵗᵗ 18ˢ
8 may-21 septembre : à la veuve Mazelines, à compte des fontaines du Labyrinthe (5 p.)........... 5700ᵗᵗ
16 juin-18 novembre, à elle, pour les journées de ses ouvriers (3 p.)................. 1414ᵗᵗ 5ˢ
30 décembre : à elle, à compte de la conduitte de Bacchus.............................. 400ᵗᵗ
20 may-30 décembre : à Allain, à compte de la conduitte du parterre d'eau (6 p.)......... 7657ᵗᵗ 16ˢ 6ᵈ

Somme de ce chapitre.... 27769ᵗᵗ 19ˢ 6ᵈ

MENUISERIE.

20 may-26 octobre : à Mentonnois, à compte des logemens en apenty pour les officiers et mariniers des vaisseaux du canal (2 p.)...................... 1000ᵗᵗ
24 juillet : à luy, à compte de la Chancellerie.. 400ᵗᵗ
27 may : à Couvreux, à compte de l'oratoire de la Reyne.................................. 500ᵗᵗ
5 juin-1ᵉʳ septembre : à luy, à compte des appartemens du Roy et de la Reyne (2 p.)....... 3200ᵗᵗ
27 may-1ᵉʳ septembre : à Barbier, pour parfait payement de 1638ᵗᵗ pour les caisses qu'il fait pour l'orangerie (2 p.)................................ 1638ᵗᵗ
9 juillet : à luy, pour parfait payement de 1334ᵗᵗ 10ˢ.. 334ᵗᵗ 10ˢ
27 may : à Prou, à compte des appartemens du Roy et de la Reyne............................ 500ᵗᵗ
A Buirette, à compte dud. oratoire (2 p.)... 2100ᵗᵗ
8 aoust : à Prou et Buirette, à compte de leurs ouvrages................................ 1351ᵗᵗ 5ˢ

27 may : à Anglebert, à compte *idem*..... 1000ᵗᵗ
1ᵉʳ septembre : à luy, pour un modelle qu'il a fait... .... 366ᵗᵗ
18 novembre : à luy, à compte des ouvrages de la Surintendance........................... 600ᵗᵗ
27 may : à Dionis, à compte des appartemens du Roy et de la Reyne.......................... 1000ᵗᵗ
9 juillet-18 novembre : à Bergerat et La Croix, à compte de leurs ouvrages (2 p.)........... 2000ᵗᵗ
1ᵉʳ septembre : à du Cons, à compte *idem*.... 400ᵗᵗ

Somme de ce chapitre...... 17389ᵗᵗ 15ˢ

VITRERIE.

8 may 1673-20 janvier 1674 : à la veuve Lorget, à compte des réparations qu'elle fait (5 p.)...... 5300ᵗᵗ

SERRURERIE.

8 may 1673-20 janvier 1674 : à Marie et Boutet, à compte des ouvrages du Labyrinte (7 p.)..... 13500ᵗᵗ
20 may-27 novembre : à Pasquier, pour 2300 visses de fer avec leurs escrous pour les godets des moulins (2 p.).................................. 552ᵗᵗ 10ˢ
27 may 1673-20 janvier 1674 : à Picard, pour divers ouvrages qu'il fait (5 p.)............. 4800ᵗᵗ
5 juin : à Handy, à compte de la ferrure des gardes-meubles.................................. 400ᵗᵗ
29 juin 1673-20 janvier 1674 : à Delobel, à compte de ses ouvrages (5 p.)...................... 4500ᵗᵗ
24 juillet : à Harouard, pour ses ouvrages de l'appartement de M. le prince de Marcillac........... 112ᵗᵗ
18 novembre : à Nicolie, à compte de la Surintendance.................................. 300ᵗᵗ

Somme de ce chapitre..... 24162ᵗᵗ 10ˢ ¹

PEINTURES ET DORURE.

8 may : à Audran, à compte des peintures de la salle des gardes.............................. 600ᵗᵗ
A Jouvenet, à compte desd. peintures........ 600ᵗᵗ
A Houasse, *idem*........................ 600ᵗᵗ
8 may-8 aoust : à Paillet, à compte de la salle des gardes de la Reyne (2 p.)................. 1200ᵗᵗ
8 may-26 septembre : à Vignon, *idem* (2 p.). 1200ᵗᵗ
8 may : à Champagne, à compte de l'appartement du Roy................................... 1000ᵗᵗ
8 may-8 aoust : à Nocret, à compte *idem* (2 p.). 600ᵗᵗ
8 may-24 juillet : à Blanchard, à compte de l'appartement du Roy (2 p.).................. 1500ᵗᵗ

¹ Le total exact est 24164ᵗᵗ 10ˢ.

8 may-24 juillet : à DE LA FOSSE, à compte *idem* (2 p.)........................... 1000ᵗᵗ

8 may-24 juillet : au sʳ LOIR, peintre, à compte *idem* (2 p.)..................... 2200ᵗᵗ

8 may : à COYPEL, à compte *idem*........ 1000ᵗᵗ

8 may-8 aoust : à DE SÈVE, à compte de l'appartement de la Reyne (2 p.)............... 1400ᵗᵗ

8 may : à CORNEILLE, *idem*............... 900ᵗᵗ

5 juin : à DE L'ARC et HERMAN, à compte des oyseaux et animaux qu'ils mettent en couleur[1] pour le Labyrinthe de Versailles..................... 500ᵗᵗ

24 juillet 1673-20 janvier 1674 : aud. DE L'ARC, à compte dud. Labyrinthe (4 p.)............. 3900ᵗᵗ

29 juin : à FRIQUET, pour parfait payement de 2625ᵗᵗ pour la peinture d'un cabinet des attiques... 425ᵗᵗ

1ᵉʳ septembre 1673-20 janvier 1674 : à DUBOIS et NOEL, à compte du grouppe de la fontaine de la cour qu'ils dorent (2 p.)................... 1800ᵗᵗ

4 octobre : aux filles du sᵗ BOULOGNE, à compte de leurs ouvrages......................... 300ᵗᵗ

9 juillet-30 décembre : à GOY, à compte de la dorure qu'il fait (3 p.)...................... 2400ᵗᵗ

18 novembre : à BOULOGNE, à compte de ses ouvrages à Versailles...................... 800ᵗᵗ

A BAILLY, pour avoir rebronzé diverses figures.. 450ᵗᵗ

Aux LE MOYNE, pour le restablissement qu'ils ont fait aud. lieu........................ 155ᵗᵗ

30 décembre : à LA BARONNIÈRE, à compte de la dorure de Cœrès......................... 300ᵗᵗ

Somme de ce chapitre........ 24825ᵗᵗ [2]

SCULPTURE.

8 may : à JOUVENET, sculpteur, à compte des ornemens qu'il fait aux combles des vollières et des amortissemens des pavillons................... 1400ᵗᵗ

8 may-18 novembre : à MAZELINES, à compte des animaux et oyseaux du Labyrinthe (4 p.)........ 5900ᵗᵗ

21 septembre : à luy, à compte du restablissement qu'il fait aux bastimens qui sont sur le canal........ 700ᵗᵗ

8 may-18 novembre : à MASSOU, à compte dud. Labyrinthe (4 p.)........................ 3300ᵗᵗ

5 juin-4 octobre : à luy, à compte d'une des fontaines du Théâtre (2 p.).................... 700ᵗᵗ

8 may-18 novembre : à LE GROS, à compte dud. Labyrinthe (4 p.)....................... 3300ᵗᵗ

5 juin-21 septembre : à luy, à compte d'une des fontaines du Théâtre (2 p.).).................. 700ᵗᵗ

8 aoust : à luy, à compte des masques pour les buffets du Marais............................ 300ᵗᵗ

8 may-8 aoust : à LE HONGRE, à compte dud. Labyrinte (2 p.)......................... 1800ᵗᵗ

8 may-4 octobre : à HOTZEAU, *idem* (3 p.)... 5700ᵗᵗ

27 may-9 juillet : à luy, à compte des buffets de la pièce du Marais (2 p.)................. 2000ᵗᵗ

9 juillet-1ᵉʳ septembre : à luy, à compte des ornemens des vollières (2 p.)................. 800ᵗᵗ

8 may-1ᵉʳ septembre : à TUBY[3], à compte dud. Labyrinte (3 p.)........................ 2100ᵗᵗ

20 may-30 décembre : à luy, à compte du groupe de bronze pour le bassin de la fontaine de dessus la terrasse (3 p.).......................... 2100ᵗᵗ

5 juin-18 novembre : à luy, à compte de la fontaine de Flore (3 p.)...................... 4000ᵗᵗ

8 may 1673-20 janvier 1674 : aux BLANCHARD, à compte des animaux du Labyrinte (5 p.)..... 2400ᵗᵗ

20 may-18 novembre : à DESJARDINS, à compte *idem* (3 p.)............................ 2100ᵗᵗ

5 juin-21 septembre : à luy, à compte d'une des fontaines du Théâtre (2 p.).................. 700ᵗᵗ

5 juin-18 novembre : aux MARSY, à compte des ornemens de la fontaine de Bacchus (4 p.)........ 4400ᵗᵗ

24 juillet-1ᵉʳ septembre : à eux, à compte dud. Labyrinte (2 p.)........................ 1200ᵗᵗ

5 juin-18 novembre : à REGNAULDIN, à compte de la fontaine de Cœrès (3 p.)................. 4000ᵗᵗ

1ᵉʳ septembre : à luy, à compte des animaux du Labyrinte.............................. 1000ᵗᵗ

16 juin : à SIBRAYQUE, pour parfait payement de 1461ᵗᵗ pour les bordures des bassins du parterre d'eau... 661ᵗᵗ

24 juillet 1673-20 janvier 1674 : à luy, pour parfait payement de 490ᵗᵗ pour un singe et un dauphin qu'il a fait au Labyrinte (3 p.)................. 490ᵗᵗ 10ˢ

29 juin : à CAFFIERS, pour le modelle des portes de bronze des grands appartemens............. 850ᵗᵗ

30 décembre : à luy et LESPAGNANDEL, pour les ouvrages qu'ils ont faits à l'oratoire de la Reyne. 1196ᵗᵗ 12ˢ

29 juin : à TEMPORITI[4], pour parfait payement de 1680ᵗᵗ pour quatorze portes de bois pour l'appartement bas............................... 480ᵗᵗ

9 juillet : à luy, à compte des attiques........ 209ᵗᵗ

---

[1] Les groupes du Labyrinthe étaient de plomb.
[2] Le total exact est 24830ᵗᵗ.
[3] Il est aussi désigné sous son prénom de BAPTISTE.
[4] Plusieurs fois on le désigne sous son prénom de FRANCISQUE.

ANNÉE 1673. — VERSAILLES.

18 novembre : à luy, à compte des animaux du Labyrinte......................... 440tt
20 janvier 1674 : à luy, à compte des bancs du Labyrinte......................... 200tt
24 juillet : à Magnier, à compte dud. Labyrinte. 150tt
18 novembre : à Magnier et autres sculpteurs, à compte de leurs ouvrages................... 600tt
24 juillet-18 novembre : à Raon, à compte des animaux du Labyrinte (2 p.)............ 250tt
24 juillet-18 novembre : à Hutinot[1], *idem* (2 p.). 300tt
24 juillet-18 novembre : à Drouilly, *idem* (2 p.). 250tt
24 juillet-18 novembre : à Dossier, *idem* (2 p.). 250tt
24 juillet : à Errard, *idem*................ 150tt
8 aoust : à François, pour parfait payement de 1606tt 10˙ pour les ouvrages de stuc qu'il a fait aux attiques........................... 106tt 10˙
8 aoust-1er septembre : à Girardon, à compte du grouppe de la Grotte (2 p.)............... 1900tt
18 novembre : à Poissant et Samson, à compte de leurs ouvrages............................ 600tt
20 janvier 1674 : à Legeret, pour un oiseau de bois qu'il a fait........................ 60tt

Somme de ce chapitre...... 59743tt 12˙

MARBRERIE.

8 may-4 octobre : à Le Gruë, Missont et Derbais, à compte des ouvrages de marbre qu'ils font pour la pièce du Marais (6 p.)....................... 12800tt
8 may : à eux, à compte des appartemens bas. 3700tt
9 juin : à eux, à compte d'une cuve de marbre pour le cabinet des bains.................... 9000tt
8 may-18 novembre : à Desaigne, à compte des appartemens du Roy et de la Reyne (4 p.)....... 3000tt
8 may-18 novembre : à Pierre Mesnard, à compte desd. appartemens (4 p.)................ 8000tt
8 may-18 novembre : à Nicolas Mesnard, à compte *idem* (4 p.)........................... 4100tt
8 may-9 juillet : à du Chesnoy, marbrier, à compte *idem* (2 p.)........................... 2100tt
21 septembre : à luy, à compte des guillochis qu'il fait............................ 900tt
8 may-18 novembre : à Matault, à compte des appartemens du Roy et de la Reyne (4 p.)...... 10500tt
8 may-18 novembre : à Pasquier, à compte de ses ouvrages (5 p.)...................... 18145tt 5˙
30 décembre : à luy, à compte des entrelas qu'il fait à Versailles........................... 400tt

[1] Ou Utinoy.

29 juin-18 novembre : à Hanuche, à compte des appartemens de la Reyne (3 p.)............... 1600tt

Somme de ce chapitre...... 74245tt 5˙

PAVÉ.

8 may : à Aubry et Vatel, à compte de leurs ouvrages de pavé............................ 6300tt
9 juillet : aud. Vatel, à compte *idem*....... 5500tt
1er septembre-18 novembre : à luy et Marchand, à compte *idem* (2 p.)................... 9500tt
20 janvier 1674 : aud. Marchand, à compte de ses ouvrages........................... 1000tt

Somme de ce chapitre........ 22300tt

JARDINAGES.

20 may : aux ouvriers qui ont dressé la Salle des festins............................ 452tt 2˙ 6ᵈ
27 may 1673-10 janvier 1674 : à ceux qui ont travaillé en divers endroits du parc (7 p.)... 5138tt 15˙ 2ᵈ
13 juillet-30 décembre : à ceux qui ont travaillé au Labyrinte (2 p.)................. 444tt 3˙ 6ᵈ
20 may-26 octobre : à Colinot, à compte des treillages du Labyrinte (2 p.)............ 1800tt
16 juin-30 décembre : à luy, pour divers ouvrages (2 p.).......................... 1575tt 15˙ 5˙
24 juillet : à luy, pour parfait payement de la somme de 2248tt 14˙ 4ᵈ.................. 1648tt 14˙ 4ᵈ
4 octobre : à luy, pour avoir gazonné la Salle des festins........................... 60tt
A luy, pour sable de rivière qu'il a fourny. 186tt 13˙ 4ᵈ
A luy, pour 1284 bottes de buis.......... 142tt
20 juillet : à luy, pour divers restablissemens qu'il a faits........................... 800tt
5 juin : à Baudin, pour 150 giroflées doubles qu'il a fourny........................... 106tt
24 juillet : à Houdouin, pour divers ouvriers.. 212tt
25 octobre : à Trumel, pour deux cents ifs qu'il a eslevé........................... 150tt
18 novembre : à Boisselier, pour treillages du Labyrinte......................... 465tt

Somme de ce chapitre..... 13722tt 4˙ 3ᵈ

FOUILLES ET TRANSPORTS DE TERRE.

20 may : à Boursault, terrassier, à compte de la fouille qu'il fait au réservoir de la Salle des festins.... 1800tt
29 juin-26 octobre : à luy, à compte des terres qu'il transporte pour faire des chaussées de la demy-lune aux pavillons (3 p.)................... 1100tt

1er septembre - 19 novembre : à luy, à compte du transport de la grande advenue (2 p.)........ 3000tt

30 décembre : à luy, à compte de la fouille de Bacchus.................................. 300tt

29 juin - 24 juillet : à luy et Bonissant, à compte du transport de terres des deux bassins à costé du parterre (3 p.)................................ 3000tt

20 may - 8 aoust : à La Lourcey, à compte du réservoir au haut du parc (2 p.)............... 2000tt

20 may : à luy, pour parfait payement de 1400tt pour les terres qu'il a ostées qui séparoient le canal d'avec lad. pièce du bout dud. canal................... 400tt

20 may - 24 juillet : à Manon et consors, à compte de l'aqueduc du moulin de retour (3 p.)........ 1700tt

1er septembre - 30 décembre : à Manon et Réglé, à compte des terres qu'ils portent dans la grande advenue (2 p.)................................ 1000tt

1er septembre - 19 novembre : à eux, à compte du nouveau chemin qu'ils font (3 p.).......... 6300tt

20 may : aux ouvriers qui ont travaillé à dresser les glacis de la grande pièce du bout du canal...... 476tt

30 décembre : à ceux qui ont régallé les terres entre l'Apollon et le canal................ 1316tt 2s 2d

20 janvier 1674 : à ceux qui transportent les terres pour bastir les nouvelles pompes.......... 184tt 15s

24 juillet : à Bette, à compte de diverses fouilles à Versailles....................... 1610tt 11s 6d

4 octobre : à Bonnissant et Bette, à compte du déversoir de l'estang du Val.................... 300tt

24 juillet : à Remy et consors, pour transports de terre qu'ils ont faits................. 591tt 16s 3d

8 aoust - 30 décembre : à Chaussée et Loistron, pour transports de terre (5 p.)........... 1068tt 5s 8d

21 septembre - 19 novembre : à eux, pour parfait payement de 605tt 16s pour tranchées........ 605tt 16s

8 aoust : à Houdouin, pour une rigolle qu'il a fait. 63tt

1er septembre 1673 - 11 febvrier 1674 : à Dupuis et Houdouin, pour parfait payement des labours qu'ils font (4 p.)................................ 4362tt 1s 6d

4 octobre : à Petit, à compte des terres qu'il porte au déversoir de l'étang du Val................. 800tt

19 novembre : à Golard et Petit, pour parfait payement de 6724tt 6s...................... 1224tt 6s

A Deléchaut, pour divers régallemens.... 609tt 11s

10 janvier 1674 : à luy, pour divers ouvriers qui ont travaillé en divers endroits............. 703tt 13s 2d

19 novembre : à Benoist, pour soixante-treize toises cubes de terre qu'il a portées à l'aqueduc du moulin de retour................................ 255tt 10s

Somme de ce chapitre..... 34771tt 8s 3d

GARNITURES DE BRONZE DORÉ.

8 may - 4 octobre : à Le Maire, fondeur, à compte des adjustages qu'il fournit pour les fontaines du Labyrinte (3 p.)................................ 3800tt

8 aoust : aud. Le Maire pour parfait payement de 1366tt 4s........................... 766tt 4s

21 septembre : à luy, à compte d'une manivelle. 300tt

20 may - 18 novembre : à Cuccy, à compte des garnitures de bronze qu'il fournit (4 p.).......... 5400tt

27 may - 9 juillet : à Le Loup, à compte des adjustages pour les fontaines du Labyrinte (2 p.).... 2205tt

27 may - 18 novembre : à Color, pour plusieurs adjustages, robinets et soupapes (2 p.)..... 1051tt 10s

24 juillet - 18 novembre : à Durand, à compte de ses ouvrages (2 p.)...................... 146tt

12 septembre : à Chaleur, pour quatre cannes de cuivre................................ 240tt

21 septembre : à Potel, pour une manivelle de cuivre qu'il a fourny................... 666tt

18 novembre : à Noiret, marchand de fer, pour plusieurs adjustages................. 558tt 2s

A La Gaude et Jamelin, pour divers ajustages qu'ils ont racommodé..................... 108tt

Somme de ce chapitre...... 15240tt 16s

GLACES DE MIROIRS.

21 septembre : à Briot, à compte des glaces qu'il pose................................ 600tt

CONDUITTE DE FER.

20 may - 30 décembre : à Muzard, à compte de la conduitte de fer pour la décharge de la fontaine des Lézards (3 p.)................................ 2700tt

9 juillet - 4 octobre : à luy, compte de celle du moulin de retour (2 p.)................... 2200tt

8 aoust : à luy, pour reste de 34251tt 11s.. 1751tt 11s

Somme de ce chapitre...... 6651tt 11s

ENTRETENEMENT DE LA GALIOTTE ET AUTRES VAISSEAUX.

1er septembre : à Courtois, à compte des cordages qu'il fait pour lesd. vaisseaux............ 800tt

18 novembre : à Francart, à compte de la peinture desd. vaisseaux....................... 300tt

A Mazelines, à compte du restablissement qu'il fait auxd. vaisseaux........................ 600tt

ANNÉE 1673. — VERSAILLES.

30 décembre : à Deleschault, pour diverses dépenses............................ 644ʰʰ 16ˢ
23 avril 1673-19 janvier 1674 : au sʳ Consolin, capitaine desd. vaisseaux, tant pour ses appointemens que pour la nourriture et solde des autres officiers et matelotz qui ont servy sur lesd. vaisseaux pendant l'année 1673 (4 p.)......................... 13169ʰʰ

Somme de ce chapitre...... 15513ʰʰ 16ˢ

HOSTEL DE LA CHANCELLERIE.

27 may - 1ᵉʳ septembre : à Dorbay, maçon, à compte de la maçonnerie qu'il fait (2 p.)............ 3500ʰʰ
5 juin - 12 septembre : à Mertonnois, menuisier, à compte de ses ouvrages (2 p.).............. 3400ʰʰ
21 septembre : à la veuve Lorget, vitrière, *idem*. 300ʰʰ
4 octobre : à Vatel, paveur, *idem* (2 p.)..... 1800ʰʰ
26 octobre : à Delobel, serrurier, *idem*...... 600ʰʰ

Somme de ce chapitre.......... 9600ʰʰ

ÉGLISE DES RÉCOLETS.

5 juin 1673-21 janvier 1674 : au sʳ Bonnichon, ayant procuration des Récolets de Versailles, pour la continuation de leur église (3 p.)................. 12000ʰʰ

PARTIES EXTRAORDINAIRES.

8 may : à Moussard, voiturier par eau, pour avoir amené deux toises de rocailles du Boulay, proche Nemours, à Saint-Cloud, pour servir au Labyrinte.. 160ʰʰ
26 octobre : à luy, pour voiture de deux thoises de roche de Fontainebleau................... 160ʰʰ
8 may - 18 novembre : à Brisseau, ferblantier, à compte de ses ouvrages de fer blanc pour les ornemens des fontaines du Labyrinte (4 p.)............ 1600ʰʰ
8 may - 24 juillet : à du Val, à compte du groupe de bronze qu'il jette pour le bassin de la cour (2 p.). 4000ʰʰ
26 octobre : à luy, pour fil de laton...... 205ʰʰ 14ˢ
8 may - 24 juillet : à Macé, à compte d'une estrade de bois de rapport pour l'appartement de la Reyne à Versailles (2 p.)......................... 1200ʰʰ
8 may - 8 aoust : à Gole, à compte d'une autre estrade pour l'appartement de la Reyne (2 p.)........ 1200ʰʰ
8 may - 8 aoust : à Boulle, *idem* (2 p.)...... 1200ʰʰ
20 may : à Testu et Thevenot, à compte des ouvrages de graisserie pour la nouvelle pièce d'eau du petit parc à Versailles................................ 800ʰʰ
20 may - 26 octobre : aux Liards, pour les taupes qu'ils ont prises (2 p.)................ 617ʰʰ 14ˢ
20 may - 9 juillet : à Hémont, à compte des mouvemens pour la pompe proche la Grotte (2 p.)... 6500ʰʰ

20 may - 18 novembre : à luy, à compte des mouvemens des moulins du haut de la montagne (2 p.). 3000ʰʰ
8 aoust : à luy, pour reste de 1573ʰʰ 18ˢ.. 973ʰʰ 18ˢ
23 juin - 12 septembre : à luy, à compte des deux mouvemens pour les nouvelles pompes qu'il fait (2 p.). 6500ʰʰ
18 novembre : à luy, à compte des chaisnes qu'il fait pour les pompes qui eslèvent l'eau du parterre d'eau sur la Grotte................................ 1000ʰʰ
20 may : à Butte, à compte du conroy du réservoir de la Salle des festins...................... 1500ʰʰ
24 juillet : à luy, pour reste de 1337ʰʰ 5ˢ 6ᵈ pour ouvrages de conroy................... 337ʰʰ 5ˢ 6ᵈ
8 aoust : à luy, pour parfait payement de 2779ʰʰ 13ˢ 3ᵈ................................ 279ʰʰ 13ˢ 3ᵈ
A luy, parfait payement de 2056ʰʰ 17ˢ 9ᵈ. 956ʰʰ 17ˢ 9ᵈ
20 may - 18 novembre : à Berthier, à compte des rocailles du Labyrinte (7 p.)............. 7266ʰʰ 18ˢ
5 juin : à luy, pour réparations de rocailles. 597ʰʰ 6ˢ
20 may : à Husby, pour le ciment du restablissement de la terrasse...................... 86ʰʰ
A Gouret, pour 2 thoises et demie de pierre de molière qu'il a fourny.................. 112ʰʰ 10ˢ
A Mouton, pour voitures de rocailles depuis Saint-Cloud................................... 72ʰʰ
A Chaussée et Loistron, pour avoir fait travailler leurs ouvriers en divers endroits................ 308ʰʰ
A Le Tort, forgeron[1], pour plusieurs ouvrages de fer pour les pompes du sʳ Denis............... 331ʰʰ
4 octobre : à luy, pour le raccommodage d'une manivelle................................ 16ʰʰ
26 octobre : à luy, pour divers ouvrages.. 109ʰʰ 18ˢ
18 novembre : à luy, pour une manivelle qu'il a raccommodée pour une des pompes............. 60ʰʰ
26 may : aux ouvriers qui ont travaillé aux ouvrages du Labyrinte................... 208ʰʰ 16ˢ 8ᵈ
27 may : à ceux qui ont restably la terrasse de Versailles.......................... 131ʰʰ 19ˢ 8ᵈ
5 juin 1673-10 janvier 1674 : à ceux qui ont travaillé en divers endroits (6 p.)........... 5420ʰʰ 4ˢ
4 octobre - 18 novembre : à ceux qui ont travaillé à la bresche du canal (2 p.)............. 802ʰʰ 19ˢ 5ᵈ
5 juin : à Jamin, pour ceux qui ont travaillé au magazin de plomb........................ 334ʰʰ
16 juin : à Dupuis et Houdouin, à compte des labours des advenues...................... 1000ʰʰ
20 janvier : à Houdouin, à compte des arbres qu'il a fait arracher..................... 385ʰʰ 15ˢ

---

[1] On lui donne aussi la qualité de taillandier.

29 juin-8 aoust : à DARLY, pour cinq fosses qu'il a vuidées (2 p.).................... 545ᴸ 5ˢ

A VARISSE, pour plusieurs cheminées qu'il a ramonées à Versailles........................... 150ᴸ

24 juillet : à LOUISE SIMON, lingère, pour 534 aunes de treillis............................ 222ᴸ 5ˢ

8 aoust : à elle, pour 155 aunes *idem*........ 97ᴸ

12 may : à elle, pour sept pièces et demie de toille pour couvrir les espalliers du potager.......... 315ᴸ

24 juillet : à MUZARD, parfait payement de 4595ᴸ 3ˢ 9ᵈ pour couroy fait au Labyrinte......... 2015ᴸ 8ˢ 10ᵈ

24 juillet : au sʳ DE LA GRANGE, pour 150 tillots qu'il a fournis........................... 375ᴸ

8 aoust : à VAULTIER, pour fumier qu'il a fourny au potager............................. 693ᴸ 17ˢ

1ᵉʳ septembre : à CUCCY, pour rocailles qu'il a fournis à Versailles........................... 225ᴸ

A BAUDOUIN, pour cuirs de vaches *idem*....... 375ᴸ

18 octobre : à luy, pour huit cuirs de vaches *idem*. 192ᴸ

30 décembre : à luy, pour six peaux *idem*...... 180ᴸ

21 septembre : à MARTINOT, pour avoir raccommodé plusieurs horloges..................... 110ᴸ

A QUESNEL, rocailleur, pour divers coquillages. 1024ᴸ 3ˢ

4 octobre : à DENIS, à compte du restablissement qu'il fait.................................. 1200ᴸ

A LA LOURCEY, pour voiture de pierre......... 800ᴸ

A TRUMEL, pour dépenses qu'il a faites...... 285ᴸ

26 octobre : à BIGOT, pour ouvrages de fer qu'il a fournis................................ 817ᴸ

26 octobre-30 décembre : à BERSAUCOURT, pour ouvrages de fil de laton (2 p.)............. 800ᴸ

29 may : à DU PLESSIS, pour rocailles qu'il a fournies................................ 299ᴸ

2 juin : à DU VAUX, pour 300 emboitures de fer pour tenir fermes les poteaux des escuries.... 2657ᴸ 18ˢ 6ᵈ

19 juin : à LANGRENÉ, pour les despences du restablissement du bassin de dessus la terrasse, et 300ᴸ pour ses peines et conduitte................. 468ᴸ 14ˢ

20 juillet : à PRUDHOMME, pour divers toisez qu'il a faits................................. 400ᴸ

14 aoust : au sʳ PHILIPON, pour 861 aunes de coutil rouge pour des aisles de moulin à vent..... 3064ᴸ 10ˢ

20 aoust : à DU CHEMIN, pour plusieurs pièces de bois qu'il a fournies...................... 112ᴸ 10ˢ

4 octobre : à DESMOULINS, hoste de l'Image Nostre-Dame, pour avoir logé pendant soixante-dix nuits les peintres qui travaillent pour le service du Roy aux tapisseries en peintures................... 210ᴸ

22 novembre : à MOSNIER, pour son payement de l'achat, nourriture et conduitte de divers animaux de Levant................................ 806ᴸ 2ˢ

Au frère CONSTANCE, capucin, pour avoir travaillé pendant trois mois au restablissement de la terrasse.. 315ᴸ

18 novembre : à BROC et NOURRY, frotteurs de planchers, pour avoir frotté les appartemens neufs... 245ᴸ

30 décembre : à BONENFANT et NOURRY, pour avoir frotté lesd. appartemens..................... 180ᴸ

18 novembre : à THÉRIAT, pour la voiture de douze quaisses de tubéreuses.................. 197ᴸ 6ˢ

30 décembre : à LE ROY, nattier, pour les nattes qu'il a fournies............................. 239ᴸ

14 aoust : aux héritiers du sʳ DESNOTS, pour le prix de l'orgue de la Grotte de Versailles......... 4000ᴸ

Somme de ce chapitre..... 73285ᴸ 8ˢ 7ᵈ

TRIANON.

MAÇONNERIE ET CHARPENTERIE.

26 octobre : à BERGERON, à compte de ses ouvrages de maçonnerie......................... 1000ᴸ

COUVERTURE, SERRURERIE ET PLOMBERIE.

20 may-26 octobre : à DELOBEL, serrurier, à compte du fer qu'il fournit (3 p.)................ 1300ᴸ

20 may-1ᵉʳ septembre : à LE ROY, plombier, à compte du plomb *idem* (4 p.)................... 3000ᴸ

9 juillet : à NICOLIE, à compte de ses ouvrages. 500ᴸ

Somme de ce chapitre.......... 4800ᴸ

MENUISERIE ET VITRERIE.

8 may : à BARBIER, menuisier, à compte des tinettes qu'il fait pour mettre des orangers.......... 1000ᴸ

20 may-24 juillet : à DIONIS, à compte de la menuiserie qu'il fait (2 p.)................... 1200ᴸ

29 juin-18 novembre : à LAVIER, à compte de ses ouvrages (4 p.)....................... 3600ᴸ

Somme de ce chapitre.......... 5800ᴸ

PEINTURE, SCULPTURE ET AUTRES ORNEMENS.

27 may-1ᵉʳ septembre : à FRANCART, pour parfait payement de 2600ᴸ pour le restablissement des platsfondz (3 p.)................................ 2600ᴸ

8 aoust : à luy, *idem*................... 120ᴸ

5 juin-30 décembre : à LE HONGRE, à compte de ses ouvrages de peinture (5 p.)............... 4000ᴸ

16 juin : à HOUZEAU, à compte de la sculpture qu'il fait.................................. 800ᴸ

ANNÉE 1673. — MADRID, SAINT-LÉGER, ETC.

24 juillet - 1ᵉʳ septembre : à Jouvenet, à compte de la sculpture des combles (2 p.)............... 1700ᶧᵗ
21 septembre : à luy, pour un modelle qu'il a fait à un des angles dud. chasteau de Trianon......... 200ᶧᵗ
20 janvier 1674 : à Le Hongre, sculpteur, à compte des combles........................... 366ᶧᵗ

Somme de ce chapitre.......... 9786ᶧᵗ

PAVÉ.

20 may : à Aubry et Vatel, à compte du pavé de la cour................................ 2100ᶧᵗ
24 juillet - 4 octobre : aud. Vatel, pour parfait payement de 6090ᶧᵗ idem (3 p.)............. 3990ᶧᵗ

Somme de ce chapitre.......... 6090ᶧᵗ

JARDINAGES ET FOUILLES.

8 aoust : à Le Bouteux, jardinier, pour le fumier qu'il a fourny........................... 250ᶧᵗ
16 juin : à luy, pour reste de 1836ᶧᵗ pour plusieurs orangers qu'il a achetez à Orléans et voiturez aud. jardin................................ 335ᶧᵗ
17 may : à luy, pour employer en achat d'orangers et autres plantes........................ 1800ᶧᵗ

Somme de ce chapitre.......... 2385ᶧᵗ

PARTIES EXTRAORDINAIRES.

5 juin : à L'Eschiquier, chaudronnier, pour parfait payement de 3726ᶧᵗ pour les vazes et les godets qu'il a faits................................. 2126ᶧᵗ
29 juin - 4 octobre : à du Lac, pour parfait payement de 1920ᶧᵗ pour le cabinet des parfums (3 p.)... 1920ᶧᵗ
8 aoust : à la veuve Siffait, chaudronnier, pour parfait payement de 3420ᶧᵗ pour les vazes et godets pour le cabinet des parfums.................... 2620ᶧᵗ
4 novembre : à Le Roy, nattier, pour nattes qu'il a livrées................................. 504ᶧᵗ 3ˢ

Somme de ce chapitre........ 7170ᶧᵗ 3ˢ

VINCENNES.

MAÇONNERIE, COUVERTURE ET PLOMBERIE.

21 septembre : à Thévenot, à compte du restablissement de couverture qu'il fait proche la Sainte-Chapelle de Vincennes............................. 1000ᶧᵗ

SERRURERIE, CHARPENTERIE, MENUISERIE ET VITRERIE.

24 juillet - 30 décembre : à Jacquet, vitrier, à compte des réparations qu'il fait (2 p.).............. 500ᶧᵗ

24 juillet - 4 octobre : à Le Roy, serrurier, à compte de divers ouvrages (2 p.)................. 500ᶧᵗ
1ᵉʳ septembre : à Bastart, à compte de la charpenterie qu'il fait......................... 1000ᶧᵗ
A Mélite, pour réparations de menuiserie.... 372ᶧᵗ

Somme de ce chapitre.......... 2372ᶧᵗ

PAVÉ, JARDINAGES ET FOUILLES.

16 juin : à Chaussée, à compte des labours des grands plantz.................................. 400ᶧᵗ
16 juin 1673 - 11 febvrier 1674 : à Golard, pour parfait payement de 8837ᶧᵗ 10ˢ pour lesd. labours des grands plantz (2 p.)........................ 883ᶧᵗ 10ˢ
1ᵉʳ septembre 1673 - 11 febvrier 1674 : à Chaussée et Loistron, pour parfait payement de 935ᶧᵗ idem. 535ᶧᵗ 17ˢ

Somme de ce chapitre........ 1819ᶧᵗ 7ˢ

PARTIES EXTRAORDINAIRES.

9 juillet : à Briest, pour avoir remply les glacières de Vincennes.............................. 212ᶧᵗ 10ˢ
8 aoust : à Chaussée, pour diverses dépenses. 211ᶧᵗ 1ˢ

Somme de ce chapitre........ 423ᶧᵗ 11ˢ

ORANGERIE ET JARDIN DU ROULLE.

20 may : à Antoine Charles, pour 69 thoises cubes de terre................................. 207ᶧᵗ
29 juin : à Germain, pour les ouvriers qui ont travaillé à la journée.......................... 444ᶧᵗ 8ˢ 4ᵈ
12 may - 30 décembre : à luy, pour diverses dépenses (7 p.)............................... 5315ᶧᵗ 2ˢ
1ᵉʳ septembre : à Barbier, pour caisses qu'il a livrées................................. 276ᶧᵗ
4 octobre : à Huvelier, pour fumiers qu'il a livrez. 192ᶧᵗ
18 novembre : à luy, pour 20 thoises cubes de fumiers................................ 160ᶧᵗ
27 may : à Octavien Henry, pour parfait payement de 426ᶧᵗ 17ˢ 6ᵈ pour des houx de Fontainebleau qu'il a fait voiturer.............................. 126ᶧᵗ 17ˢ 6ᵈ
27 may : à Garnier, pour le soin particulier qu'il prend................................ 200ᶧᵗ

Somme de ce chapitre..... 6921ᶧᵗ 7ˢ 10ᵈ

MADRID, SAINT-LÉGER, MONTCEAUX
ET COMPIÈGNE.

16 may : à Camaye et Chambois, pour l'entretenement des couvertures dud. chasteau............... 200ᶧᵗ

Aud. Camaye, pour diverses réparations. 1272ᴴ 11ˢ 6ᵈ
1ᵉʳ septembre : à Esmery, pour avoir remply la glacière du chasteau de Compiègne.............. 215ᴴ
Somme de ce chapitre..... 1687ᴴ 11ˢ 6ᵈ

BLOIS, CHAMBORD ET AMBOISE.

25 mars : à M. de Saumery, capitaine et gouverneur du chasteau de Chambord, pour son remboursement des bresches dud. chasteau pendant 1672........ 3000ᴴ

OUVRAGES D'ARGENTERIE.

9 mars : à de Villers, à compte des grands ouvrages qu'il fait.................... 8773ᴴ
A Ballin, idem...................... 9000ᴴ
17 juillet : à Débonnaire, idem............ 1000ᴴ
A Loyr, idem...................... 5000ᴴ
A Merlin, idem..................... 6000ᴴ
A Viocourt, idem.................... 7000ᴴ
A Le Roy, à compte des estuys de cuir pour lesd. ouvrages.................................. 227ᴴ
Somme de ce chapitre......... 37000ᴴ

COMMERCE DE FRANCE.

11 octobre : aux directeurs de la compagnie du Levant, gratification accordée par S. M. pour 604 pièces de drap qu'ils ont envoyées aux Eschelles du Levant. 6040ᴴ

MANUFACTURES DE FRANCE.

6 may 1673 - 10 novembre 1674 : à la dame de la Petitière, commise à la manufacture des points de France à Auxerre, en considération des soins qu'elle prend (2 p.)........................ 1200ᴴ
6 may : à la dame Dote, commise à la manufacture des points de France à Reims, en considération des soins qu'elle prend............................ 600ᴴ
8 may : aux commis employez dans les provinces pour l'observation des règlemens généraux des manufactures, pour leurs appointemens pendant l'année 1673. 36000ᴴ
13 avril 1674 : au sʳ Laure, entrepreneur de la manufacture des organcins establie près de Lyon, en considération de ses soins....................... 1500ᴴ
11 aoust 1674 : au sʳ Philipon, pour les gratifications des ouvriers des manufactures de Bourges, Gournay et Chevreuse.................................. 680ᴴ
29 octobre 1674 : à Hinard, entrepreneur de la manufacture des tapisseries de Beauvais, pour les bienvenues de 55 ouvriers estrangers et la nourriture de 139 apprentifs, suivant la déclaration du Roy.......... 5066ᴴ
Somme de ce chapitre......... 45046ᴴ

MANUFACTURES DES GOBELINS
ET DE LA SAVONNERIE.

17 juillet 1673 - 14 febvrier 1674 : à Dupont, pour parfait payement de ses ouvrages de la Savonnerie (2 p.)............................. 6172ᴴ 10ˢ
17 juillet 1673 - 14 febvrier 1674 : à la veuve Lourdet, idem (2 p.)............................ 14073ᴴ 15ˢ
5 octobre : à divers ouvriers qui travaillent aux Gobelins pour S. M., pour leurs gages pendant la présente année.................................... 3330ᴴ
31 octobre : à Loyr, pour avoir fait coppier en 1672 des morceaux d'un tableau de la Fauconnerie. 513ᴴ 10ˢ
29 décembre : à Bonnemer, pour son remboursement de diverses peintures qu'il a fait faire et diverses fournitures de couleurs.................... 7261ᴴ 9ˢ
14 febvrier 1674 : à Yvart, pour ses ouvrages de peintures pour les tapisseries de lad. manufacture des Gobelins................................. 16409ᴴ 15ˢ
A Janse, tapissier, pour les ouvrages de haute lisse qu'il a faits pour le Roy.................... 20828ᴴ 18ˢ
A Lefebvre, tapissier, idem............ 14445ᴴ 3ˢ
A Mosin, idem..................... 13544ᴴ 1ˢ 3ᵈ
A de la Croix, idem................. 6682ᴴ 9ˢ 1ᵈ
A Vessier, idem................... 520ᴴ
A Fayat, brodeur, à compte de ses ouvrages pour le Roy.................................. 459ᴴ 10ˢ
A Balland, idem.................. 531ᴴ 8ˢ
A Ferdinand et Horace Migliorini, et Jean Androgo Gorneti, lapidaires, pour les ouvrages qu'ils ont faitz pour le Roy............................ 4840ᴴ
A Branchi, lapidaire, pour ses ouvrages de pierres fines.................................... 1995ᴴ
A Jean Dubois, Claude Louette et André Dubois, pour avoir scié et poly diverses pierres......... 1054ᴴ 15ˢ
A de Mouchy, bonnetier, pour avoir blanchy des laines................................... 105ᴴ 4ˢ
A Prou, menuisier, pour divers ouvrages. 133ᴴ 6ˢ 8ᵈ
A Van den Kerchove, teinturier, pour ses appointemens de 1673........................ 1500ᴴ
A Barbe Vatin, portière, pour ses appointemens de l'année 1673......................... 300ᴴ
A Tréchet, jardinier, idem............... 400ᴴ

A Rochon, concierge, *idem*.............. 1200ᵗᵗ
A luy, pour diverses dépenses........ 1000ᵗᵗ 10ˢ 6ᵈ
Aux directeurs de l'Hospital général, pour les ornemens d'église qu'ils ont laissé à la Savonnerie........ 510ᵗᵗ
A Griveau, portier, pour le dernier quartier de ses gages............................... 158ᵗᵗ
18 may : à Kender, peintre en migniature, pour neuf mois de ses appointemens escheus au 15 du présent. 825ᵗᵗ

Somme de ce chapitre.... 118794ᵗᵗ 4ˢ 6ᵈ

GRAVEURES DE PLANCHES.

8 may : à Edelinck, graveur, pour avoir gravé une planche de la traduction de Vitruve.......... 160ᵗᵗ
24 juillet : à luy, à compte de ses ouvrages.... 400ᵗᵗ
8 may : à La Pointe, à compte de la carte de la Géneralité de Paris....................... 300ᵗᵗ
20 may : à Audran, à compte de l'Histoire d'Alexandre qu'il fait d'après les tableaux du sʳ Le Brun..... 800ᵗᵗ
16 juin : à Papillon, pour quatre planches en bois pour lad. traduction de Vitruve.............. 42ᵗᵗ
A Scotin, pour le frontispice de lad. traduction. 350ᵗᵗ
8 aoust : à Giffart, pour quatre planches de médailles................................. 300ᵗᵗ
7 aoust-21 septembre : à Chauveau, à compte des Métamorphoses d'Ovide qu'il grave pour Mᵍʳ le Dauphin¹ (2 p.).................................. 240ᵗᵗ
7 aoust-4 octobre : à Le Paultre, *idem* (2 p.). 490ᵗᵗ
7 décembre : à luy, pour une planche représentant un groupe d'enfans de l'allée d'eau de Versailles..... 120ᵗᵗ
30 décembre : aud. Chauveau, à compte *idem*.. 300ᵗᵗ
19 aoust : à Silvestre, pour trois planches représentans des veues de Maisons royalles.......... 1500ᵗᵗ

Somme de ce chapitre.......... 5002ᵗᵗ

ACHAT DE MARBRE, PLOMB ET ESTAIN.

9 juillet : à Noisette, pour parfait payement de 4134ᵗᵗ pour les marbres qu'il a voiturés pendant l'année dernière.................................. 534ᵗᵗ
4 octobre : à luy, à compte des marbres qu'il voiture..................................... 1600ᵗᵗ
9 juillet : au sʳ Liégeard, pour le dédommagement des propriétaires des marbres qui se tirent dans le Bourbonnois................................ 170ᵗᵗ

---
¹ Ne serait-ce pas le commencement des planches employées pour les Métamorphoses en rondeaux de Benserade, imprimées, aux frais du Roi, en 1676, in-4°?

22 juillet : à Borzone, pour cinquante balustres de marbre blanc qu'il a livrez................. 1000ᵗᵗ
19 aoust : aux sʳˢ François et Danis, pour six blots de marbre de Provence.................... 1955ᵗᵗ 8ˢ 4ᵈ
4 décembre : à Duval, pour cent cinquante pièces de plomb................................ 5383ᵗᵗ 17ˢ
5 janvier 1674 : au sʳ de la Lande, pour vingt-deux blots de marbre..................... 2857ᵗᵗ 5ˢ
4 juin 1675 : au sʳ Formont, à compte des marbres qu'il fournit..................... 100000ᵗᵗ

Somme de ce chapitre... 113500ᵗᵗ 10ˢ 4ᵈ

ACQUISITIONS DE MAISONS ET HÉRITAGES.

23 avril : au sʳ Pinette, pour le prix d'un arpent 92 perches de terre scize dans l'advenue de Vincennes, acquise au proffit de S. M.................. 1449ᵗᵗ
29 juin : à Courtois, vigneron, pour le dédommager du dégat qu'il a souffert par la descente de la grande pierre de Meudon pour le fronton du Louvre.... 225ᵗᵗ
12 febvrier 1674 : aux principal, procureur et boursiers du collège de Cambray pour leur dédommagement à cause du bastiment du Collège Royal........ 1180ᵗᵗ
26 avril 1673 : au sʳ de la Neuville, garde du Roy, pour le prix de 2 arpens 47 perches deux tiers de terre scize à Carrière, qu'il a vendu au proffit de S. M.. 2414ᵗᵗ 9ˢ
8 juin : à Mᵉ Laurent Gagnyé, controlleur de la Maison du Roy, pour 13 perches et demie acquises *idem*. 209ᵗᵗ
8 febrier 1674 : au sʳ Petit, prieur de Choisy, tant pour les dixmes que pour le revenu de plusieurs terres dépendantes de son prieuré enfermées dans le parc de Versailles, le tout pour l'année dernière 1673.. 1093ᵗᵗ
11 juin : à divers particuliers, pour le prix de leurs maisons et héritages scituez dans l'ancien village de Versailles, acquises au proffit de S. M., suivant l'estimation et la liquidation qui en a esté faite au Conseil, le 12 aoust 1673, leur ayant déduit et rabattu un sixième pour les démolitions à eux accordées par arrest dud. jour et suivant leurs contracts passez pardevant notaires, le tout ainsy qu'il est libellé dans l'estat de ce jourdhuy, la somme de...................... 119075ᵗᵗ 13ˢ 4ᵈ
30 octobre 1674 : à Marie Bocquet, pour le prix de 3 perches deux tiers de vignes scises à Saint-Germain, acquises au proffit de S. M................ 44ᵗᵗ
7 septembre 1677 : aux héritiers du feu sʳ Warin, pour parfait payement de 20166ᵗᵗ 13ˢ 10ᵈ pour leur remboursement des maisons que led. feu sʳ Warin avoit fait construire dans l'enceinte du chasteau du Louvre et palais des Thuilleries, suivant la réassignation qui en a

esté faite par arrest du Conseil du 12 may 1676 et par ordonnance de fondz dud. jour............ 50000ʰ

14 aoust 1673 : à divers particuliers, pour le prix et non-jouissance des terres, vignes et héritages dont ils étoient propriétaires, acquises au proffit de S. M. pour servir à la construction de la grande terrasse du parc de Saint-Germain, et ce suivant les contracts qui en ont été passez...................... 1941ʰ 10ˢ 6ᵈ.

24 may : à la veuve MOYER, pour le prix d'une maison scize à Saint-Germain-en-Laye, rue de Pontoise, acquise au proffit de S. M. par contrat dud. jour...... 3000ʰ

20 décembre : à TIRQUET, pour un demy arpent de terre labourable compris dans les advenues des Thuilleries, idem.............. 227ʰ

30 décembre : à la veuve DAVEAU et consors, pour le payement d'une maison scize à Fontainebleau, acquise au proffit de S. M. pour l'augmentation de la Chancellerie.......................... 3700ʰ

Somme de ce chapitre.. 184558ʰ 12ˢ 10ᵈ

LOYERS DE MAISONS.

11 may : à la veuve MENANT, pour reste de 476ʰ 13ˢ 4ᵈ pour quatre mois vingt-trois jours de loyer de sa maison occupée par les peintres qui travaillent aux ouvrages de tapisserie de peinture en teinture. 176ʰ 13ˢ 4ᵈ

A damoiselle MAJOR, pour quatre mois dix-sept jours du loyer d'un appartement pour lesd. peintres. 205ʰ 10ˢ

21 janvier 1674 : au chevalier HOÜEL, pour le loyer de deux maisons occupées par les mousquetaires.. 360ʰ

16 febvrier : au sʳ abbé COLBERT, pour le loyer d'une maison occupée par la bibliotèque du Roy...... 3000ʰ

8 may : à lad. MENANT, pour trois mois de loyer d'une maison idem.................. 300ʰ

8 aoust : à PATEL, pour une année de son logement escheue au dernier juin dernier............. 300ʰ

A divers particuliers, pour une année du loyer de leurs maisons occupées tant par la grande escurie que plusieurs officiers de S. M...................... 9480ʰ

7 septembre 1674 : aux propriétaires des maisons scizes à la Halle-Barbier occupées par les mousquetaires de S. M., pour leurs loyers pendant l'année.... 3340ʰ

10 janvier 1674 : à la veuve CARBONNET, pour trois quartiers du loyer de sa maison escheus au dernier septembre 1673........................ 150ʰ

Somme de ce chapitre..... 17312ʰ 3ˢ 4ᵈ

BIBLIOTECQUE ET ACCADÉMIE DES SCIENCES.

8 juin-1ᵉʳ septembre : à PREUDHOMME, pour ceux qui transcrivent le Dictionnaire de l'Accademie (2 p.). 1667ʰ

21 septembre : à TANGUY, GUERNE et GOSSELIN, armuriers, pour divers instrumens qu'ils ont faits.... 640ʰ

15 may-30 décembre : au sʳ CLÉMENT, pour parfait payement de la dépense de l'impression de taille-douce qui se fait à la bibliotecque du Roy (2 p.)..... 1214ʰ

21 may : à luy, en considération du service qu'il rend à la bibliotecque du Roy et du soin qu'il prend des planches de taille-douce et de leur impression... 1200ʰ

12 juin-21 aoust : au sʳ COMPIEGNE, pour avoir travaillé pendant les six premiers mois de la présente année à traduire des manuscrits hébreux, et en considération de son savoir dans les langues orientales (3 p.).... 1800ʰ

7 juillet-2 aoust : aux sʳˢ DIPPY et LACROIX, pour leur travail d'une année entière à la Bibliotecque (2 p.). 1200ʰ

24 juillet : à HESSE, pour un modelle de machine hidraulique pour l'Accademie des Sciences......... 66ʰ

26 juillet : à THURET, pour une pendule qu'il a faite pour lad. Accademie................. 350ʰ

A RICHER, pour le voyage qu'il fait en Cayenne. 400ʰ

28 avril-10 aoust : au sʳ DE LACROIX, pour deux années de sa pension, en considération des langues orientales qu'il estudie à Alep (2 p.)............. 2400ʰ

19 aoust : au sʳ PASQUIN, pour le voyage et le séjour qu'il a fait à Cherbourg pour y fabriquer des verres de lunettes........................ 400ʰ

30 aoust : à LE BAS, pour deux grandes lunettes, l'une de 60 pieds et l'autre de 20 pieds, qu'il a faites. 800ʰ

26 octobre : à PATIGNY, pour avoir dessigné pendant cinq mois les tasches de la lune.............. 450ʰ

18 novembre : au sʳ MEURISSE, envoyé en Cayenne, pour sa nourriture et subsistance............. 600ʰ

14 décembre : au sʳ VIVIEN, pour reste de 500ʰ à luy ordonné pour le voyage qu'il a fait en Provence.. 300ʰ

23 febvrier 1674 : au sʳ KEMPS, en considération [de ce] qu'il fait au laboratoire................. 600ʰ

29 janvier : au sʳ CARCAVI, pour dépense de la Bibliotèque......................... 3000ʰ

4 may : à BUQUET, en considération de la pompe qu'il a fait au jardin de la Bibliotèque............. 100ʰ

13 may : au sʳ FORMONT, pour son remboursement de ce qu'il a fait tenir à Rome pour les lunettes de CAMPANI et DIVINI........................ 4400ʰ

16 may : à RUMER, Danois, pour sa gratification de la présente année en considération de son application aux matématiques........................ 1000ʰ

18 janvier 1674 : au sʳ GODEFROY, historiographe, pour parfait payement de 3392ʰ 10ˢ pour ses appointemens et la nourriture de quatre escrivains qui travaillent

pour luy à la Chambre des Comptes de l'Isle, et autres dépenses, et 3000ᵗᵗ à compte desd. dépenses.. 3883ᵗᵗ 10ˢ
17 juin : au sʳ Cottelier, en considération de son singulier sçavoir........................ 600ᵗᵗ
Au sʳ Lenglet, idem.................. 1000ᵗᵗ
20 décembre : à Cousin et Lhéritier, qui transcrivent le Dictionnaire de l'Accademie françoise..... 357ᵗᵗ 10ˢ
26 octobre : au sʳ Cassini, célèbre matématicien, pour sa pension pendant la présente année 1673.... 6000ᵗᵗ
2 décembre : au sʳ Huggens, idem......... 6000ᵗᵗ
6 febvrier 1674 : aud. sʳ Carcavy, pour parfait payement de 4319ᵗᵗ 5ˢ 6ᵈ pour dépenses de l'Accademie des Sciences et de la Bibliotèque pendant l'année dernière 1673............................ 1319ᵗᵗ 5ˢ 6ᵈ
24 décembre : au sʳ Niquet, pour le soin qu'il a pris des modelles de lad. Accademie............. 400ᵗᵗ

Somme de ce chapitre... 42147ᵗᵗ 13ˢ 6ᵈ ¹

ACCADÉMIE DE PEINTURE,

SCULPTURE ET ARCHITECTURE DE PARIS ET DE ROME.

1ᵉʳ septembre : à la veuve Vierrey, pour parfait payement de 854ᵗᵗ 6ˢ pour les ouvrages de vitrerie qu'elle a faits............................ 454ᵗᵗ 6ˢ
21 septembre : à Millard, pour diverses [dépenses] qu'il a faites, tant à l'exposition des tableaux qu'autres choses nécessaires à lad. Accademie......... 704ᵗᵗ 19ˢ
20 juillet : au sʳ Bullet, pour divers dessins qu'il a faits pour les estudians d'architecture......... 450ᵗᵗ
6 avril – 12 novembre : au sʳ Formont, pour pareille somme qu'il a fait payer à Rome pour l'entretenement de l'Accademie (2 p.)................... 23000ᵗᵗ
11 may 1674 : au sʳ Errard tant pour l'achat de deux chaisnes d'or que le Roy a donné à deux Italiens, que pour le retour dud. Errard et un quartier de ses appointemens........................... 2050ᵗᵗ
6 avril 1673 : au filz de la veuve Parent, pour luy donner moyen d'estudier la peinture........... 200ᵗᵗ
6 may : au sʳ Beaubrun, pour l'entretien de l'Accademie de Paris..................... 4000ᵗᵗ
10 may : au sʳ Cavallier Bernin et à son fils, pour leurs pensions de la présente année.............. 7200ᵗᵗ
18 novembre : à Yvart, pour dépenses qu'il a faites à l'Accademie de peinture de Paris, à la feste de saint Louis............................... 804ᵗᵗ 2ˢ
9 janvier 1674 : aux sʳˢ Mignard, Gittard, Bruant,

¹ Il faudrait, pour que le total fût entièrement exact, 5 sous au lieu de 13 sous.

Le Vau, Le Paultre, Dorbay et Felibien, pour leurs assistances aux conférences de l'Académie d'architecture... .... 2552ᵗᵗ
10 janvier 1673 : à la veuve Lespingola, pour luy donner moyen de subsister pendant que son fils achève ses estudes à Rome...................... 300ᵗᵗ

Somme de ce chapitre...... 41715ᵗᵗ 7ˢ

PENSIONS AUX GENS DE LETTRES.

24 juin 1674 : au sʳ Cassini, célèbre matématicien, pour parfait payement de 9000ᵗᵗ en considération de la profonde connoissance qu'il a des matématiques. 3000ᵗᵗ
Au sʳ Carcavi, en considération de la connoissance particulière qu'il a des matématiques............ 2000ᵗᵗ
Au sʳ Roberval, idem................... 1500ᵗᵗ
Au sʳ Mariotte, idem................... 1500ᵗᵗ
Au sʳ Picart, idem..................... 1500ᵗᵗ
Au sʳ Frénicle, idem................... 1200ᵗᵗ
Au sʳ Buot, idem...................... 1200ᵗᵗ
Au sʳ Blondel, idem.................... 1500ᵗᵗ
Au sʳ Richer, idem.................... 1000ᵗᵗ
Au sʳ Dodard, idem.................... 1500ᵗᵗ
Au sʳ Dupuy, idem..................... 600ᵗᵗ
Au sʳ Perrault, médecin, en considération de la profonde connoissance qu'il a de la physique...... 2000ᵗᵗ
Au sʳ Niquet, en considération de la connoissance particulière qu'il a des matématiques.......... 1000ᵗᵗ
Au sʳ du Clos, médecin, en considération de la profonde connoissance qu'il a de la chimie....... 2000ᵗᵗ
Au sʳ Borel, en considération idem......... 1200ᵗᵗ
Au sʳ Bourdelin, idem.................. 1500ᵗᵗ
Au sʳ Galois, pour ses belles-lettres......... 1500ᵗᵗ
Au sʳ Marchand, pour la connoissance particulière qu'il a de la botanique....................... 1500ᵗᵗ
Au sʳ Pasquin, pour son application aux matématiques................................ 600ᵗᵗ
Au sʳ Vavasseur, pour son assiduité à l'Accademie... .... 600ᵗᵗ
Au sʳ Kemps, pour le travail qu'il fait au laboratoire de la bibliotèque du Roy................. 600ᵗᵗ
Au sʳ Couplet, pour le soin qu'il prend à la recherche des animaux........................... 800ᵗᵗ
Aux héritiers du sʳ Chapelain, pour ses beaux ouvrages............................... 3000ᵗᵗ
Au sʳ Perrault, pour ses belles-lettres....... 2000ᵗᵗ
Au sʳ Charpentier, idem................ 1500ᵗᵗ
Au sʳ Corneille l'aisné, idem............. 2000ᵗᵗ
Au sʳ Conrard, idem................... 1500ᵗᵗ

Au s' Godefroy, historiographe, *idem*....... 3600ᵗᵗ
Au s' Le Laboureur, *idem*.............. 1500ᵗᵗ
Au s' Félibien, *idem*................. 1200ᵗᵗ
Au s' Lhéritier, *idem*................ 1000ᵗᵗ
Au Père Le Cointe, pour la connoissance qu'il a de l'histoire ecclésiastique.................. 1500ᵗᵗ
Au s' Racine, pour ses beaux ouvrages de théâtre 1500ᵗᵗ
Au s' Baluze, pour ses belles-lettres........ 1200ᵗᵗ
Au s' Cassagnes, *idem*................ 1500ᵗᵗ
Au s' Benserade, pour ses beaux ouvrages de poésie............................. 1500ᵗᵗ
Au s' Huet, pour ses belles-lettres......... 1500ᵗᵗ
Au s' Fléchier, *idem*................. 800ᵗᵗ
Aux s" Vallois frères, à chacun 1200ᵗᵗ, *idem*. 2400ᵗᵗ
Au s' de Sainte-Marthe, historiographe, *idem*. 1200ᵗᵗ
Au s' Maury, *idem*................... 600ᵗᵗ
Au s' Dippy, interprète en langue arrabe, en considération du service qu'il rend en cette qualité..... 1000ᵗᵗ
Au s' de Lacroix, interprète en langue turque, en considération *idem*...................... 1200ᵗᵗ
Au s' Quinault, pour ses belles pièces de théâtre. 1200ᵗᵗ
Au s' Herbelot, pour la connoissance qu'il a des langues orientales......................... 1500ᵗᵗ
Au s' Gratiani, secrétaire du duc de Modène, en considération de ses belles-lettres............... 900ᵗᵗ
Au s' Corringius, premier professeur de l'Accadémie d'Helmstat, *idem*...................... 900ᵗᵗ
Au s' Viviani, premier matématicien du duc de Toscane, *idem*.......................... 1200ᵗᵗ
Au s' Carlo Datti, Florentin, et des plus fameux de l'Accadémie de la Crusca, *idem*............. 1200ᵗᵗ
Au s' Ferrari, professeur d'éloquence en l'Université de Padoue, *idem*...................... 1200ᵗᵗ
29 octobre 1674 : au s' Hevelius, célèbre matématicien, en considération de la grande connoissance qu'il a dans l'astrologie....................... 1200ᵗᵗ
24 juin : aux héritiers du s' Pecquet, pour sa gratification pendant l'année 1673............. 1200ᵗᵗ
Au s' Compiègne, en considération de la connoissance particulière qu'il a de la langue hébraïque, *idem*.. 800ᵗᵗ

Somme de ce chapitre........ 74900ᵗᵗ

GRATIFICATIONS.

27 may : à Olivier, jardinier, en considération du bon service qu'il rend dans les jardins de S. M....... 500ᵗᵗ
18 juin : aux ouvriers qui travaillent à remuer les deux grandes pierres de Meudon, par gratification. 110ᵗᵗ
4 octobre : à Trumeau, pour luy donner moyen de se faire penser de la blessure qu'il a eu travaillant à l'Observatoire............................. 40ᵗᵗ
2 novembre : à de Connoy, en considération de ce qu'il a esté blessé travaillant à remuer une desd. pierres. 75ᵗᵗ
23 avril : à Dupuis, en considération de la conduitte des ouvrages de jardins et autres pendant les années 1671 et 1672...................... 960ᵗᵗ
27 may : à Trumel, jardinier de l'orangerie et pépinière du Roulle, en considération du soin particulier qu'il prend............................. 600ᵗᵗ
3 febvrier 1674 : aux commissaires establis pour avoir l'inspection des haras des provinces du royaume, en considération du soin qu'ils ont pris desd. haras... 7800ᵗᵗ
24 janvier 1679 : au s' de Beauvais, nottaire, en considération des expéditions qu'il a faites pour les bastimens pendant l'année 1673......................

Somme de ce chapitre........ 10485ᵗᵗ

GAGES DES OFFICIERS ET PRÉPOSEZ

AUX BASTIMENS.

20 may - 9 juillet : à La Roche, préposé au jardin du Palais-Royal, pour quatre mois de ses appointemens escheus au dernier juin (3 p.).............. 300ᵗᵗ
26 octobre 1673 - 12 febvrier 1674 : à La Roche, préposé à la conduitte des deux grandes pierres de Meudon pour le fronton du Louvre, pour six mois de ses appointemens (2 p.).......................... 450ᵗᵗ
20 may 1673 - 12 febvrier 1674 : à Jamin, préposé au magasin de plomb à Versailles, pour une année de ses gages (3 p.).......................... 900ᵗᵗ
5 juin 1673 - 18 novembre 1674 : à Dauvergne, préposé à Versailles, une année de ses gages (4 p.).. 900ᵗᵗ
5 juin 1673 - 12 febvrier 1674 : à Lefranc, préposé au Labyrinte, pour une année de ses gages (3 p.). 900ᵗᵗ
5 juin 1673 - 12 febvrier 1674 : à La Croix, préposé à Versailles, pour une année *idem* (3 p.)...... 900ᵗᵗ
5 juin 1673 - 12 febvrier 1674 : à Deslouyt, préposé à Versailles, pour treize mois *idem* (4 p.)........ 975ᵗᵗ
5 juin 1673 - 20 janvier 1674 : à Frade, pour une année entière des labours des avenües de Saint-Germain (4 p.)............................. 965ᵗᵗ
29 juin : à Octavien, préposé au jardin du Roulle, pour six mois de ses appointemens escheus au dernier du présent mois......................... 300ᵗᵗ
29 juin - 30 décembre : à Germain, préposé aud. jardin, pour neuf mois au dernier septembre (3 p.). 675ᵗᵗ
29 juin 1673 - 12 febvrier 1674 : à Lamy, portier au

ANNÉE 1673. — GAGES DES OFFICIERS, ETC.

jardin des Thuilleries, pour une année *idem* (2 p.). 300ᵗᵗ

29 juin 1673 - 12 febvrier 1674 : à Rigault, préposé aud. jardin et Cours-la-Reyne, pour une année de ses appointemens (2 p.)............... 810ᵗᵗ

9 juillet 1673 - 12 febvrier 1674 : à Colin, préposé à Versailles, pour neuf mois de ses gages (3 p.)... 810ᵗᵗ

1ᵉʳ septembre 1673 - 12 febvrier 1674 : à Sainte-Marie, préposé à l'Observatoire, pour onze mois de ses gages (2 p.)............... 550ᵗᵗ

1ᵉʳ septembre : à Aumont, archer, pour cinq mois escheus au dernier aoust............... 689ᵗᵗ 3ˢ 4ᵈ

26 octobre 1673 - 12 febvrier 1674 : à Charlemagne, pour six mois de ses gages (2 p.)............ 450ᵗᵗ

26 octobre 1673 - 12 febvrier 1674 : à Robelin, pour neuf mois de ses gages (2 p.)............... 900ᵗᵗ

23 juin : au sʳ Formont, pour la pension des sʳˢ Cavallier Bernin père et fils, sçavoir : 6000ᵗᵗ pour la pention du père, et 1200ᵗᵗ pour celle du filz......... 7200ᵗᵗ

23 avril 1673 - 12 febvrier 1674 : à Berthier, pour une année de l'entretenement des rocailles de Versailles (4 p.)............... 2000ᵗᵗ

15 décembre : à Pixault, archer de la Prévosté, préposé en divers endroits, pour trois mois de ses gages escheus le dernier novembre............... 413ᵗᵗ 5ˢ

23 avril 1673 : à Le Bouteux, pour ses gages de l'entretenement des jardins et orangeries de Trianon pendant l'année 1673............... 17500ᵗᵗ

9 janvier 1674 : à luy, pour une année de l'entretenement des fontaines de Trianon............ 500ᵗᵗ

14 janvier 1674 : à Bailly, portier de la Savonnerie, pour le dernier quartier de ses gages.......... 75ᵗᵗ

31 janvier 1674 : au sʳ Bellinzani, pour ses appointemens à cause du soin qu'il prend du commerce et des manufactures............... 4000ᵗᵗ

2 febvrier 1674 : aux prestres de la Mission de Fontainebleau, pour leur subsistance des six derniers mois de 1673............... 3000ᵗᵗ

6 febvrier 1674 : à la veuve et enfans du feu sʳ Daquin, pour ses appointemens de démonstrateur de l'intérieur des plantes............... 1500ᵗᵗ

28 septembre 1673 - 12 febvrier 1674 : au sʳ Fossier, commis pour peser le plomb des bastimens, pour une année de ses gages (2 p.)............... 200ᵗᵗ

12 febvrier 1674 : à luy, pour gages extraordinaires à cause des soins qu'il a de divers ouvrages...... 100ᵗᵗ

12 febvrier 1674 : à La Rüe, maçon, pour l'entretenement des terrasses et dalles de Saint-Germain.... 400ᵗᵗ

A Boisseau, dit Chastillon, pour augmentation de ses gages à cause de son entretenement.......... 200ᵗᵗ

A La Tour, concierge de Fontainebleau, pour le nettoyement des cours dud. chasteau............ 400ᵗᵗ

10 mars 1674 : au sʳ Loir, peintre, pour ses appointemens de l'année dernière............... 6000ᵗᵗ

A Vandermeulen, *idem*............... 6000ᵗᵗ

3 avril 1674 : au sʳ de la Chambre, médecin des Bastimens, pour ses appointemens *idem*......... 1000ᵗᵗ

28 septembre 1673 - 5 avril 1674 : au sʳ de la Quintinie, pour une année de ses appointemens et pour gages extraordinaires (2 p.).................. 4000ᵗᵗ

11 may 1674 : à Briest, pour un mois et demi de ses gages à cause de l'entretien qu'il a des jardins du petit parc de Vincennes............... 187ᵗᵗ 10ˢ

18 may 1674 : au sʳ Le Vau, pour parfait payement de ses gages d'architecte............... 500ᵗᵗ

23 avril 1673 : à Colinot, Trumel et Vaultier, jardiniers de Versailles, pour leurs gages pendant la présente année de leur entretenement............... 1800ᵗᵗ

23 avril - 20 décembre 1673 : à Godet, du Pré et Antoine, meusniers des moulins de Versailles, Clagny, Trianon, Satory et de retour, pour leurs gages pendant l'année 1673 (2 p.)............... 3222ᵗᵗ 10ˢ

23 avril - 27 octobre : à Denis, fontainier, ayant l'entretenement des fontaines de Versailles, pour une année de ses gages (3 p.)............... 9955ᵗᵗ

16 may : à Baltazar et Bartélemy Dambuesne, jardiniers flamands, en considération du soin qu'ils prennent des plantes des maisons royalles............ 300ᵗᵗ

7 may - 30 décembre : à eux, pour cinq mois de leurs gages (2 p.)............... 300ᵗᵗ

13 juin : à de la Croix, portier de la basse cour du Palais-Royal et du magazin des antiques, parfait payement de deux années et demye de ses gages..... 825ᵗᵗ

12 febvrier 1674 : à luy, pour 6 mois de gages. 225ᵗᵗ

28 juin : à Ménard, ayant l'entretenement des marbres du Palais-Royal, pour une année *idem*..... 150ᵗᵗ

16 septembre : à Thibaut, jardinier de Vincennes, pour ses gages depuis le 10 may jusqu'au dernier du présent mois............... 589ᵗᵗ 16ˢ

28 septembre 1673 - 12 febvrier 1674 : au sʳ Petit père, préposé à Fontainebleau, pour une année de ses gages (2 p.)............... 3600ᵗᵗ

28 septembre 1673 - 12 febvrier 1674 : au sʳ Ballon, ayant la direction des advenues et parcs des maisons royalles, pour une année de ses gages (2 p.)... 1800ᵗᵗ

20 aoust 1673 - 12 febvrier 1674 : au sʳ Petit filz, préposé à Saint-Germain, pour une année de ses gages (2 p.)............... 1200ᵗᵗ

12 febvrier 1674 : à luy, pour ses appointemens extraordinaires............................. 900ᵗᵗ

23 avril 1674 : à ....., commis du sʳ DE LA MOTTE, intendant des bastimens, pour ses gages pendant lad. année............................... 600ᵗᵗ

18 novembre 1673 : à GOEREN, portier du jardin de Saint-Germain, pour cinq mois de ses gages escheus le 31 octobre dernier...................... 153ᵗᵗ

A LONTIC, portier dud. jardin, pour ses gages écheus le dernier octobre........................ 153ᵗᵗ

18 juillet 1673 - 12 febvrier 1674 : à LE MAIRE, ayant l'entretenement des adjustages des fontaines, pour dix mois de ses gages eschus le dernier décembre (3 p.). 750ᵗᵗ

8 aoust 1673 - 12 febvrier 1674 : à YVON, ayant celuy des couvertures, pour une année de gages (2 p.). 4145ᵗᵗ

28 septembre 1673 - 12 febvrier 1674 : à MARTIN, chirurgien, qui a eu soin des ouvriers blessez de Versailles pendant la dernière année (2 p.)............. 500ᵗᵗ

28 septembre 1673 - 12 febvrier 1674 : à DESMOULINS, archer de la Prevosté de l'hostel, préposé pour accélérer les matéreaux, pour une année de ses gages (2 p.). 1605ᵗᵗ

12 febvrier 1674 : à BENOIST, pour ses appointemens de lad. année *idem*..................... 900ᵗᵗ

27 avril 1673 - 12 febvrier 1674 : à CLINCHANT, concierge du palais des Thuilleries, pour une année du soin qu'il prend de nettoyer les cours et appartemens dud. lieu (2 p.)........................... 2000ᵗᵗ

14 febvrier 1674 : à HENRY, préposé pour les jardins des maisons royalles, pour les six derniers mois de ses appointemens............................. 300ᵗᵗ

27 avril 1673 - 14 febvrier 1674 : à TRUMEL, jardinier de la pépinière du Roulle, pour une année de ses gages (2 p.)........................... 1200ᵗᵗ

27 avril 1673 - 14 febvrier 1674 : à GARNIER, jardinier *idem*, pour une année de ses gages (2 p.)...... 400ᵗᵗ

28 octobre 1673 - 12 febvrier 1674 : à LECLERC, graveur, pour une année de ses appointemens (2 p.). 1800ᵗᵗ

8 aoust 1673 - 12 febvrier 1674 : à CHARUEL, pour les six derniers mois de l'entretenement des couvertures des maisons royalles (2 p.)..................... 4145ᵗᵗ

12 febvrier 1674 : à CHAILLOU, portier du Jardin Royal des plantes, pour six mois de ses gages........ 225ᵗᵗ

A BEEMANT, jardinier dud. jardin, pour son dernier quartier *idem*........................... 625ᵗᵗ

27 avril 1673 - 12 febvrier 1674 : à PETIT, portier de la cour du Cheval Blanc, pour une année de ses gages 2 p.)................................. 200ᵗᵗ

23 avril 1673 - 12 febvrier 1674 : à GERVAIS, portier du parc de Fontainebleau, pour une année de ses gages (2 p.).............................. 300ᵗᵗ

27 avril 1673 - 12 febvrier 1674 : à TISSERANT, ayant l'entretenement des vitres de Fontainebleau, pour une année *idem* (2 p.)..................... 1200ᵗᵗ

27 avril 1673 - 12 febvrier 1674 : à GALLAND, ayant la nourriture des carpes et cygnes, pour une année *idem* (2 p.).............................. 1081ᵗᵗ 16ˢ 3ᵈ

27 avril 1673 : à BRIAIS, jardinier de Vincennes, pour le premier quartier de son entretenement!....... 375ᵗᵗ

Somme de ce chapitre.... 129675ᵗᵗ 0ˢ 7ᵈ

GAGES DES OFFICIERS DES BASTIMENS DU ROY POUR L'ANNÉE 1673,

SUIVANT L'ESTAT EXPÉDIÉ LE 4 FEBVRIER 1674.

GAGES ET APPOINTEMENS DES SURINTENDANT, INTENDANS, CONTROLLEURS ET TRÉSORIERS DESDITS BASTIMENS.

A nous, en lad. qualité de Surintendant et Ordonnateur général desd. bastimens, jardins, tapisseries et manufactures, la somme de 12000ᵗᵗ pour nos gages à cause de notredite charge.................. 12000ᵗᵗ

A nous, en lad. qualité de lad. charge et pension attribuée et unie à icelle..................... 3000ᵗᵗ

A nous, comme Surintendant et Ordonnateur général des bastimens du chasteau de Monceaux....... 2400ᵗᵗ

Au sʳ COQUART DE LA MOTTE, conseiller du Roy en ses conseils, intendant et ordonnateur ancien desd. bastimens, jardins, tapisseries et manufactures, la somme de 4500ᵗᵗ pour trois quartiers de ses gages....... 4500ᵗᵗ

Au sʳ VARRIN, aussy conseiller ousd. conseils, intendant et ordonnateur alternatif des bastimens, jardins et manufactures, la somme de 4665ᵗᵗ pour trois quartiers de ses gages................................ 4665ᵗᵗ

Au sʳ ....., aussy conseiller ezd. conseils, intendant et ordonnateur triennal desd. bastimens, jardins et manufactures, la somme de 4500ᵗᵗ pour trois quartiers de ses gages, dont il ne sera rien payé, partant cy.. Néant.

Au sʳ LE NOSTRE, controlleur général ancien desd. bastimens, etc., pour trois quartiers de ses gages et augmentations d'iceux.................. 4080ᵗᵗ 18ˢ 9ᵈ

Au sʳ PERRAULT, controlleur alternatif desd. bastimens, etc., la somme de 4125ᵗᵗ pour trois quartiers de ses gages et augmentations d'iceux............. 4125ᵗᵗ

Au sʳ LE FEBVRE, controlleur général triennal desd. bastimens, etc., la somme de 4133ᵗᵗ pour trois quartiers de ses gages et augmentations d'iceux......... 4133ᵗᵗ

A M᷊ Antoine Le Menestrel, conseiller du Roy et trésorier général de ses bastimens, etc., la somme de 2100ᴸᴸ pour trois quartiers de ses gages à cause de sad. charge et augmentation d'iceux................. 2100ᴸᴸ

A M᷊ Charles Le Bescue, aussy conseiller du Roy et trésorier général alternatif desd. bastimens, jardins et manufactures de France, pareille somme de.... 2100ᴸᴸ

A M᷊ Sébastien François de la Planche, aussy conseiller du Roy et trésorier général triennal desd. bastimens, jardins et manufactures de France........... 2100ᴸᴸ

 Somme de ce chapitre.... 45203ᴸᴸ 18ˢ 9ᵈ

OFFICIERS QUI ONT GAGES
POUR SERVIR GENERALLEMENT DANS TOUTES LES MAISONS ET BASTIMENS DE SA MAJESTÉ.

Au sʳ Blondel, professeur de l'Académie d'architecture que S. M. a establie dans le Palais-Royal pour y tenir des conférences d'architecture et l'enseigner publiquement, pour ses gages, dont il sera payé entièrement.. 1200ᴸᴸ

A ..... Dorbay, architecte du Roy, pour ses gages, dont il sera payé entièrement............. 1000ᴸᴸ

A Daniel Gittard, autre architecte de S. M., pour ses gages, dont il sera payé entièrement.......... 500ᴸᴸ

A François Le Vau, autre architecte de S. M., pour ses gages, dont il sera payé aussy entièrement...... 500ᴸᴸ

A Antoine Le Pautre, autre architecte de S. M., pour pareils gages............................ 500ᴸᴸ

A ..... Mignard, autre architecte......... 500ᴸᴸ

A Libéral Bruant, autre architecte.......... 500ᴸᴸ

A Pierre Cottard, autre architecte, pour ses gages de la présente année....................... 200ᴸᴸ

Au sʳ Le Brun, pour la conduite et direction des peintures de toutes les maisons royalles........... 4800ᴸᴸ

A luy, pour la conduitte, sous nos ordres, de la manufacture des Gobelins, la somme de 4000ᴸᴸ pour faire celle de 12000ᴸᴸ à luy accordée par chacun an, y compris 3200ᴸᴸ employées dans l'estat de la Maison du Roy. 4000ᴸᴸ

Au sʳ Félibien, historiographe des bastimens du Roy, pour ses gages à cause de lad. charge......... 1200ᴸᴸ

A Charles Errard, peintre retenu pour servir S. M., la somme de 1200ᴸᴸ pour ses gages, dont il sera payé de trois quartiers en la présente année à cause du service actuel qu'il rend à S. M. pour les bastimens..... 900ᴸᴸ

A Philipes Champagne, autre peintre, pour ses gages, la somme de 400ᴸᴸ; dont il sera payé seulement de la moitié................................ 200ᴸᴸ

A Nicolas Loyr, autre peintre, pour ses gages, dont il ne sera payé que de la moitié.............. 200ᴸᴸ

A ..... Coipel, autre peintre, idem........ 200ᴸᴸ
A ..... Borzon, autre peintre, idem........ 200ᴸᴸ
A Jacques Bailly, peintre en mignature, idem.. 200ᴸᴸ
A Patel, autre peintre, idem.............. 200ᴸᴸ
A Boulogne, autre peintre, idem........... 200ᴸᴸ
A ..... Goy, autre peintre, idem........... 120ᴸᴸ

A Félibien, ayant la garde des figures et le soin de tenir nets et polir les marbres des maisons royalles, pour ses gages................................ 400ᴸᴸ

A Gilles Guérin, sculpteur, pour ses gages.... 200ᴸᴸ
A ..... Anguier, autre sculpteur, idem...... 200ᴸᴸ

A Jacques Houzeau, autre sculpteur, faisant ordinairement les models et ornemens, tant au Louvre qu'ailleurs, pour ses gages la somme de 400ᴸᴸ, dont il luy sera payé seulement celle de........................ 150ᴸᴸ

A François Girardon, autre sculpteur, pour ses gages, la somme de.............................. 200ᴸᴸ

A Thomas Renaudin, idem................. 150ᴸᴸ
A Gaspard Marsy, idem.................. 200ᴸᴸ
A Baltazard Marsy, idem................. 200ᴸᴸ
A Philipes Buister, idem................. 150ᴸᴸ
A Mathieu Lespagnandel, idem 150ᴸᴸ
A Philipes Caffieri, idem................. 150ᴸᴸ
A Baptiste Tubi, idem................... 200ᴸᴸ
A Francisque, idem..................... 30ᴸᴸ
A Mesnard, marbrier..................... 30ᴸᴸ

A Dominico Cucci, qui fait toutes les garnitures de bronze des portes et croisées des Thuilleries...... 60ᴸᴸ

A Chauveau, graveur, pour ses gages........ 100ᴸᴸ

A Israel Silvestre, graveur du Roy, pour ses gages pour faire les desseins d'architecture, veues et perspectives des maisons royalles, carousels et autres assemblées publiques, la somme de 400ᴸᴸ pour ses gages et appointemens que S. M. luy a accordés par brevet, de laquelle il sera payé entièrement, cy............ 400ᴸᴸ

A François Villedot, de Clermont, maistre des œuvres de maçonnerie des bastimens du Roy, tant pour ses gages anciens qu'augmentations d'iceux, la somme de 1200ᴸᴸ, de laquelle il sera payé de la moitié, attendu le service actuel qu'il rend à S. M............... 600ᴸᴸ

A Libéral Bruant, maistre des œuvres de charpenterie, pour avoir l'œil sur tous les charpentiers des maisons royalles, la somme de 1200ᴸᴸ, de laquelle il ne sera payé que de la moitié........................ 600ᴸᴸ

A André Mazière, maçon, pour ses gages..... 30ᴸᴸ
A Antoine Bergeron, idem................. 30ᴸᴸ
A Claude Bresst, idem................... 30ᴸᴸ
A François Dorbais, idem................. 30ᴸᴸ
A Pierre Bréau, idem.................... 30ᴸᴸ

A Jacques Gabriel, idem.................. 30ʰ
A Mazière le jeune, idem.................. 30ʰ
A Hanicle, idem....................... 30ʰ
A Pierre Thevenot, idem................. 30ʰ
A Poncelet Cliquin, charpentier, pour ses gages. 30ʰ
A Paul Charpentier, idem................. 30ʰ
A Pierre Bastard, idem................... 30ʰ
A Pierre Dionis, menuisier, pour ses gages.... 30ʰ
A Jean Danglebert, idem.................. 30ʰ
A Claude Bergerac, idem.................. 30ʰ
A Antoine Saint-Yves, idem................ 30ʰ
A Charles Lavier, idem................... 30ʰ
A Claude Buirette, idem.................. 30ʰ
A Jacques Prou, idem 30ʰ
A .... Couvreux, idem................... 30ʰ
A la veuve Somer, ébéniste, pour ses gages.... 30ʰ
A .... Macé, idem..................... 30ʰ
A .... Boulle, idem.................... 30ʰ
A Estienne Doyart, serrurier, pour ses gages... 30ʰ
A Denis Duchesne, idem.................. 30ʰ
A la veuve Vierrey, vitrière, pour ses gages..... 30ʰ
A la veuve Lorget, idem.................. 30ʰ
A Charles Jacquet, idem 30ʰ
A Estienne Yvon, couvreur, pour ses gages..... 30ʰ
A Dimanche Charuel, idem................ 30ʰ
A Gilles Le Roy, plombier, pour ses gages..... 30ʰ
A Léonard Aubry, paveur, idem 30ʰ
A Antoine Vatel, autre paveur, idem......... 30ʰ
A Hubert Misson, marbrier, idem........... 30ʰ
A Nicolas de Lobel, serrurier, idem.......... 30ʰ
A Claude Briot, miroitier, idem............. 30ʰ
A La Baronnière, peintre et doreur, idem...... 30ʰ

A Gosselain et Tanguy, armuriers, retenus pour travailler aux instrumens de mathématique nécessaires pour l'Accadémie des Sciences.................. 200ʰ

A Thuret, horloger, retenu pour entretenir toutes les pendules de l'Accadémie des Sciences, tant celles qui sont à l'Observatoire que dans lad. Accadémie...... 300ʰ

A Pabelain et Vanisse, ramonueurs de cheminée, pour avoir soin de tenir nettes toutes celles des maisons royales à Paris, Saint-Germain, Fontainebleau et autres lieux, la somme de 200ʰ, sur quoy il leur sera payé 30ʰ à chacun, et les rammonages de cheminées et raccommodages seront payez par ordonnance, partant cy... 60ʰ

A Daniel Fossier, garde du magasin du Roy où se mettent les démolitions et matériaux nécessaires pour les bastimens de S. M., pour ses gages.......... 400ʰ

A Charles Mollet, jardinier, retenu pour travailler aux desseins des parterres et jardins de S. M. lors qu'il luy sera commandé, pour ses gages la somme de 1000ʰ, dont il ne luy sera payé que la moitié......... 500ʰ

A André Le Nostre, aussy retenu pour travailler ausd. desseins de jardins et parterres, pour ses gages 1200ʰ, dont il sera payé entièrement.............. 1200ʰ

Au sʳ François Francines, intendant de la conduite et mouvemens des eaux et fontaines de S. M., la somme de 3000ʰ, sçavoir : 1800ʰ d'anciens gages et 1200ʰ d'augmentation, dont il sera payé de trois quartiers montant à la somme de........................ 2250ʰ

A luy, ayant l'entretenement des fontaines du palais de Luxembourg, Croix-du-Tiroir et chasteau du Louvre, pour ses gages à cause dud. entretenement.... 7000ʰ

A Pierre Francines, ingénieur, pour le mouvement des eaux et ornemens des fontaines, outre ce qui luy est ordonné dans l'estat de Fontainebleau, la somme de 600ʰ, dont il luy sera payé trois quartiers seulement, cy.................................. 450ʰ

Au sʳ Perrault, l'un de nos commis ayant le soin de la visite de tous les ouvrages ordonnez par S. M. en ses bastimens, et de tenir la main à ce que tous les ordres par nous donnez pour l'exécution des volontez de S. M. soient ponctuellement exécutez et avec diligence requise, pour ses appointemens.................... 1500ʰ

Au sʳ Billet, autre commis tenant sous nous le registre des rolles, ordonnances, recepte et depense desd. bastimens, pour ses appointemens................ 900ʰ

A....., commis du controlleur général desd. bastimens en exercice, pour, en son absence, avoir l'œil à ce qui est du controlle général, pour ses appointemens la somme de........................... 600ʰ

Aux trois premiers commis en tiltre d'office des trois trésoriers généraux desd. bastimens, pour leurs gages, à raison de 300ʰ chacun par an, dont sera payé seulement à chacun 200ʰ, cy....................... 600ʰ

Somme de ce chapitre........ 38710ʰ[1]

OFFICIERS SERVANS SA MAJESTÉ
POUR L'ENTRETENEMENT DES MAISONS ET CHASTEAUX
CY-APRÈS DÉCLAREZ.

LOUVRE.

A René de Louvigny, concierge du chasteau du Louvre, pour tenir nettes les grandes et petites galeries, les ouvrir

[1] Le total exact est de 38560ʰ

et fermer, pour ses gages tant anciens qu'augmentations d'iceux........................... 100ᴴ

PALAIS DES TUILLERIES.

Aux sʳˢ Gissey et Clinchant, gardes du palais des Thuilleries, pour leurs gages de la présente année.... 300ᴴ

A eux, comme concierges de la grande salle nouvellement construite au palais des Thuilleries pour dancer les ballets et représenter les grandes comédies et machines, pour leurs appointemens de la présente année à cause de lad. charge, à condition d'entretenir deux valets pour tenir nette lad. salle, fermer et ouvrir les portes et fenestres, et d'avoir l'œil à la décoration des machines et amphithéâtre d'icelle.................... 2000ᴴ

A André Le Nostre ayant l'entretenement des parterres nouvellement plantez à la face du palais des Thuilleries, pour ses gages à cause dud. entretenement concistant à nettoyer, battre et rateler la grande terrasse en face du palais, la grande allée du milieu, contr'allée, tour et place du grand rondeau avec les palissades de la demi-lune, planter de sapins, ifs, ciprez, jusques au premier maronnier d'Inde de la grande allée du milieu, et allée de traverse plantée de buis qui ferme le carré où estoit l'estang, l'allée d'ormes du bout des parterres où est le milieu du rondeau, finissant à droite, et allée du Mail à gauche, et la grande terrasse du costé de la rivière, huit carrez de parterre en broderies, lesquels seront tondus, nettoyez et entretenus en tous leurs contenus ainsy que les plattes bandes et allées de traverses et tours des bassins; entretenir de labours et fumiers les arbrisseaux verds dud. parterre, mesme les garnir dans les saisons de pareille espèce qui y sont; lesquels il fera lever, replanter, couvrir, regarnir à ses frais............ 3000ᴴ

A luy, pour les parterres en gazon qui ont estez depuis augmentez en suite des huit carrés de broderies cy-dessus................................. 2000ᴴ

A luy, pour l'entretenement d'un jardin à fleurs entre le grand parterre et l'allée des meuriers qu'il doibt toujours tenir remply de fleurs, particulièrement durant l'hiver, et pour cet effect fournir de fumiers, terrots et autres choses nécessaires...................... 1500ᴴ

A luy, pour l'entretenement d'un espalier de jasmin d'Espagne dans toutte la longueur du mur de terrasse de l'allée des meuriers, fournir le fumier, terrots et autres choses nécessaires...................... 1500ᴴ

A la veuve Carbonnet, ayant l'entretenement de la haute allée des meuriers blancs, palissades, arbres de Judée le long du mur du costé du dosme et palissades de buis des deux allées transversantes ledit [jardin], au lieu de Pierre Molet, la somme de 300ᴴ à quoy S. M. a réglé ses appointemens.................. 300ᴴ

A Pierre Descots, ayant l'entretenement du parc des Thuilleries depuis le grand parterre jusques au bout de la demi-lune qui regarde sur le fossé, et depuis la terrasse du costé de l'eau, y compris dans toute sa longueur, jusques au parterre en platte bande de l'autre costé de l'eau, du carré où estoit le labirinthe; entretenir toutes les allées, labourer les plans d'arbres de tous les carrez et de l'amphithéâtre, et tenir le tout dans la plus grande propreté qu'il se pourra................. 2400ᴴ

Aux filles de deffunct Bouchard, ayant l'entretenement des orangers du Roy en sa grande orangerie dud. jardin des Thuilleries, parterres à fleurs et autres jardins à fleurs derrière, près la Garenne, la somme de 1200ᴴ pour leurs gages à cause dudit entretenement, sçavoir : 800ᴴ d'anciens gages et 400ᴴ d'augmentation, dont elles seront payées de trois quartiers en finissant l'inventaire et dénombrement des orangers qui sont dans lad. orangerie appartenant à S. M...................... 900ᴴ

A Guillaume Masson et à..... Le Juge, ses belles-sœurs, chacun pour un tiers de l'entretenement du grand parterre des Thuilleries, au lieu entrelassé fait de neuf de l'allée des grenadiers, à la charge de faire labourer les palissades tant de buis sauvage que de jasmins, coignars, grenadiers, arbres de Judée, et autres entretenemens, la somme de 1400ᴴ, dont ils seront payez de trois quartiers............................. 1050ᴴ

Somme.................. 14950ᴴ [1]

COURS DE LA REINE MÈRE.

A....., portier du Cours de la Reyne du costé des Thuilleries, pour ses gages de la présente année... 50ᴴ

A François Huviliers, portier de la porte du Cours du costé de Chaillot, et pour garder tous les plans des Thuilleries, pour ses gages..................... 150ᴴ

Somme.................... 200ᴴ

PALAIS-ROYAL.

A..... Bouticourt, concierge dud. Palais, pour trois quartiers de ses gages.................... 450ᴴ

A luy, au lieu de François Huet, dit Poictevin, ayant la charge du netoyement des chambres et soin d'icelles, pour trois quartiers...................... 225ᴴ

A Henry Gissey et Pierre Clinchant, pourveus par S. M., par son brevet du 7ᵉ janvier 1666, de la charge de garde salle et machines du Palais-Royal, dont estoient

---
[1] Le total exact est 15050ᴴ

pourveus Anne Dubois, fille de Jean Dubois, et Marie Lhuislier, la somme de 225ʜ pour trois quartiers de leurs gages............................. 225ʜ

A Le Vacher, portier de la porte de la rue des Bons-Enfans et de la rue de Richelieu, pour ses gages.. 150ʜ

A Bouticourt, portier de la grande porte dud. Palais-Royal................................ 150ʜ

A Nicolas Bouticourt, jardinier du jardin dud. Palais, la somme de 800ʜ à cause des entretenemens dud. jardin, pour trois quartiers.................. 600ʜ

Somme.................... 1800ʜ

COLLÈGE DE FRANCE.

A Louis du Clos, concierge dud. Collège, pour deux quartiers de ses gages...................... 25ʜ

MADRID.

A Jean Ricard, concierge du chasteau de Madrid, pour trois quartiers de ses gages.................. 150ʜ

SAINT-GERMAIN.

A François Francines, ayant l'entretenement des fontaines et grottes des chasteaux dud. Saint-Germain, pour ses gages à cause dud. entretenement, la somme de 1200ʜ; attendu le dépérissement de la pluspart des grottes, celle de................................. 400ʜ

A Nicolas Bertrand, ayant l'entretenement des terrasses et descentes du chasteau neuf, la somme de 150ʜ, dont il luy sera payé seulement la somme de 30ʜ, attendu le dépérissement desd. terrasses............... 30ʜ

A Jean-Baptiste de la Lande, ayant celuy du vieil jardin et des nouvelles palissades dans le parc, à la réserve du grand parterre et allées qui sont autour, pour ses gages................................ 500ʜ

A luy, ayant l'entretenement de l'orangerie.... 500ʜ

A Jean de la Lande, autre jardinier, ayant celuy du grand parterre nouvellement replanté et augmenté de trois allées autour dans le vieil jardin, pour ses gages. 1200ʜ

A Jean de Lalande, autre jardinier, ayant celuy des allées et palissades de l'enclos du petit bois, la somme de 450ʜ, dont il sera payé de trois quartiers.... 336ʜ 10ˢ

A luy, ayant l'entretenement du potager...... 200ʜ

A luy, ayant l'entretenement du boulingrin et jardin de gazon.............................. 800ʜ

A Claude Bellier, ayant l'entretenement du jardin potager et des deux parterres à costé de la fontaine du chasteau neuf, la somme de 600ʜ, dont il sera payé de trois quartiers............................ 450ʜ

A François Lavechef, au lieu de François Bellier, son beau-père, ayant l'entretenement du jardin et parterre devant les grottes dud. chasteau neuf, la somme de 600ʜ, dont il sera payé de trois quartiers............. 450ʜ

A luy, ayant l'entretenement du jardin, des canaux et colines dud. chasteau, au lieu de François Bellier, la somme de 100ʜ, dont il sera payé de trois quartiers. 75ʜ

A Goeren, concierge du pavillon du parc, pour trois quartiers............................... 180ʜ

A Guillaume Le Coustilier, ayant l'entretenement du jardin du Val dans le parc, proche Carrière, la somme de 1200ʜ, dont il sera payé entièrement......... 1200ʜ

A Claude Patenostre, concierge du chenil proche le tripot dud. Saint-Germain.................. 180ʜ

A Pierre Berthin, concierge et garde-meuble dud. chasteau neuf, pour trois quartiers de ses gages..... 475ʜ

A Chevillard, concierge de la Surintendance des bastimens de Saint-Germain, pour ses gages....... 200ʜ

A Thomasse Lefebvre, veuve Franchon, ayant l'entretenement de la petite escurie du Roy, la somme de 400ʜ, dont il luy sera payé la moitié............... 200ʜ

A Henry Soulleigne, au lieu de Catherine Ferrand, sa mère, concierge et garde-meuble dud. chasteau vieil, pour trois quartiers........................... 225ʜ

A luy, pour l'entretenement de l'orloge du vieil chasteau, idem............................. 450ʜ

A Jacques Martin, portier du vieil chasteau, idem. 75ʜ

A Denis Laloyer, portier du chasteau neuf, idem. 75ʜ

A Claude Tailler, portier de la porte du parc au bas des descentes dud. chasteau................. 75ʜ

A Poisson, peintre, pour ses gages........... 30ʜ

A Charles de la Rue, maçon, idem........... 30ʜ

A Jacques Aubert, charpentier, idem......... 30ʜ

A Adrien Millot, menuisier, idem............ 30ʜ

A Piot, serrurier, idem................... 30ʜ

A Le Mercier, vitrier, idem................ 30ʜ

Somme............. 8082ʜ 10ˢ ¹

SAINT-LÉGER.

Au sʳ de Garsault, concierge du chasteau de Saint-Léger, pour deux quartiers de ses gages........ 225ʜ

POUGUES.

A Jean Adrien, garde des fontaines de Pougues, pour trois quartiers de ses gages de lad. année 1673... 75ʜ

VINCENNES.

A Michel Thibault, ayant le soin et entretenement de

---

¹ Le total exact est 8081ʜ 10ˢ

tous les jardins dépendans dud. chasteau, pour ses gages pendant octobre, novembre et décembre....... 375ᵗᵗ

A Chevillard, fontainier dud. chasteau, pour avoir le soin et conduite de toutes les fontaines dud. lieu, pour ses gages............................... 600ᵗᵗ

A Anglard, ayant l'entretenement des couvertures dud. chasteau............................ 1000ᵗᵗ

Somme.................... 1975ᵗᵗ

VERSAILLES.

A Jamin, concierge de la Surintendance des bastimens de Versailles, pour ses gages pendant lad. année.. 200ᵗᵗ
L'entretenement ordinaire des autres concierges, jardiniers et autres officiers dud. chasteau de Versailles a esté payé par un fond libellé séparément, cy..... Néant.

JARDIN MÉDECINAL.

Les gages des officiers et entretenement ordinaire du jardin médecinal du fauxbourg Saint-Victor, montant à 21000ᵗᵗ, se payent par estat séparé, partant cy.. Néant.

HOSTEL DES AMBASSADEURS.

A Sébastien Pouget, concierge dud. hostel, la somme de 400ᵗᵗ, dont il luy sera payé seulement celle de. 100ᵗᵗ

CHASTEAU-THIERRY.

Led. chasteau et domaine a esté cy-devant engagé et aliéné à M. le duc de Bouillon, partant cy..... Néant.

VILLIERS-COTTERETS.

Le chasteau et domaine de Villiers-Cotterets a esté baillé à M. le duc d'Orléans en augmentation de son apanage................................ Néant.

CHASTEAU DE MARIMONT.

Au s' de Maupassan, concierge et garde-clef dud. chasteau de Marimont, pour ses gages pendant lad. année 1673............................ 500ᵗᵗ

A André Mercier, fontainier, ayant l'entretenement de toutes les fontaines et des conduittes, tant du chasteau que du jardin et du parc, la somme de 125ᵗᵗ, pour, avec celle de 250ᵗᵗ à luy cy-devant accordée, faire celle de 375ᵗᵗ à quoy sont fixez ses gages, à la charge qu'il fournira tous les mastics et soudures nécessaires pour l'entretenement des fontaines........................... 375ᵗᵗ

A Jean et Nicolas Clignet, charpentiers, ayant l'entretenement de toutes les clostures de palissades, tant du jardin que du parc, à la charge de fournir tous les bois, clous et peines d'ouvriers nécessaires, la somme de 250ᵗᵗ,

pour, avec celle de 550ᵗᵗ à quoy sont fixez ses gages suivant son marché, cy.................... 550ᵗᵗ

A Nicaize Constant, couvreur, ayant l'entretenement de toutes les couvertures, tant d'ardoize que de thuile, et fournir de soudure nécessaire pour les chaisneaux et gouttières, cuvettes et thuyaux de descente......... 180ᵗᵗ

A Marie Scarmur, portière du parc, la somme de 228ᵗᵗ pour ses gages pendant lad. année 1673... 228ᵗᵗ

Somme.................... 1833ᵗᵗ

Somme totale du présent estat.. 113639ᵗᵗ 8ˢ 9ᵈ [1]

GAGES DES OFFICIERS DES BASTIMENS DU ROY
ENTRETENUS EN SON CHASTEAU DE FONTAINEBLEAU POUR L'ANNÉE 1673, SUIVANT L'ESTAT EXPÉDIÉ LE 4ᵉ FEBVRIER 1674.

Sçavoir :

Au s' marquis de Saint-Heren, capitaine et concierge dud. chasteau, pour ses gages la somme de 3800ᵗᵗ, outre 1200ᵗᵗ employez dans l'estat des bois de S. M. de la maistrise de Melun et de Fontainebleau....... 3800ᵗᵗ

A nous, en lad. qualité de Surintendant et Ordonnateur général desd. bastimens, jardins, tapisseries et manufactures, la somme de 3800ᵗᵗ pour nos gages de l'année 1673, outre 1250ᵗᵗ employez dans l'estat des bois de la maistrise de Melun et de Fontainebleau....... 3800ᵗᵗ

A Louis Coquinot, garde-meuble du Roy, ayant la charge de faire tendre et nettoyer les meubles dud. chasteau, et de veiller à la conservation d'iceux, pour ses gages................................ 300ᵗᵗ

A la veuve de Bray, ayant l'entretenement de la moitié du grand parterre du Roy, anciennement appellé le Tibre, nouvellement refait et planté de neuf, pour la tonture des buis des deux carrez d'icelluy du costé de la chaussée, netoyement desd. carrez, de toutes les allées et terrasses, perrons et palissades plantées et à planter, et augmentation du rondeau, allées et parterre d'alentour.... 900ᵗᵗ

A Nicolas Poiret, jardinier, ayant celuy de l'autre moitié dud. grand parterre et augmentation dud. rondeau............................, 900ᵗᵗ

A Gabriel Desbouts, autre jardinier, ayant l'entretenement du petit jardin de l'Estang et du jardin des Pins, allée royalle, allée solitaire et allée du pourtour et dud.

---

[1] Le total exact est, avec les chiffres inexacts du registre, 113429ᵗᵗ 8ˢ 9ᵈ, et, en tenant compte des erreurs d'addition signalées, 113378ᵗᵗ 8ˢ 9ᵈ.

chasteau des Pins, allée des ormes, du chenil et alignemens des canaux qui font la séparation du parc d'avec led. chenil, jusques et commençant le long de la closture du jardin de la fontaine de la Granderie et finissant au bout de la grande allée attenant le pavillon, pour ses appointemens............................ 600^{tt}

A Chastillon, autre jardinier, ayant l'entretenement du jardin appelé de la Reyne et des orangers de S. M., pour ses appointemens à cause desd. entretenemens la somme de 1200^{tt}, à la charge de fournir 200^{tt} par chacun an à la veuve de Bonnaventure Nivelon, vivant jardinier dud. lieu, et tondre les buis, nettoyer les quatre carrez dud. jardin, les allées et terrasses d'icelluy, ensemble d'entretenir les palissades de buis qui sont tant contre lesd. terrasses que contre les murs dud. chasteau, filerias, ciprès et les salettes de gazons ovalles et carrez, comme aussy de fournir les charbons nécessaires pour l'orangerie, faire raccommoder les quaisses desd. orangers, raffraischir les terres, toutes fois et quantes besoin sera, faire sortir au printemps lesd. orangers dans le jardin et les faire rentrer dans lad. orangerie, et généralement faire et fournir tout ce qui sera nécessaire pour led. jardin de l'orangerie.................. 1200^{tt}

A Jean Cramarigeas, ayant espouzé Catherine de Fermagnac, veuve de Remy Le Roux, auquel S. M. a accordé, par son brevet du........., la jouissance du logement et du carré qui est au milieu des palissades du jardin des Pins, à la charge de faire planter des arbres fruictiers à ses despens, sans aucuns gages............ Néant.

A Jacques Donchemer, pour l'entretenement et nettoyement du jardin de la conciergerie dud. chasteau, ensemble les arbres fruictiers, allées et palissades d'icelluy, la somme de 60^{tt}, de laquelle il ne sera payé que.. 45^{tt}

A Jacques Bessard, ayant l'entretenement et netoyement de l'hostel d'Albret, des plantes, bordures et compartimens qui y sont plantez et des allées et palissades, la somme de 360^{tt}, dont il ne sera payé que celle de. 100^{tt}

A La Tour Donchemer, à condition qu'il baillera à la veuve Cottard 100^{tt} pour luy aider à nourir et entretenir elle et ses enfans tant qu'elle vivra, et pour avoir, par led. de Latour, soin de netoyer l'estang et canaux du chasteau, oster les herbes, joncs et ordures qui s'y pourront trouver, et amasser, fournir les batteaux et ustenciles à cet effect et faire en sorte que les lieux soient tousjours nets et que l'eau ne se perde, la somme de 750^{tt}, dont il ne luy sera payé que..................... 200^{tt}

A Jean Dubois, peintre, ayant le soin et nectoyement des peintures, tant à fresque qu'à huisle, anciennes et modernes, les salles, galeries, chambres et cabinets dud.

chasteau, la somme de 600^{tt} pour ses appointemens de lad. année, à la charge de restablir ceux qui sont gastez et netoyer les bordures des tableaux, et de fournir de bois, charbon et fagots pour brusler esd. salles, galeries, chambres et cabinets où sont lesd. tableaux, pour la conservation d'iceux........................ 600^{tt}

A Jean Grognet, ayant l'entretenement et restablissement de toutes les couvertures d'ardoize et de thuille dud. chasteau, jeux de paulme couvert, orangerie, galerie, hostel d'Albret et de Ferrare, et des religieux, et généralement de toutes les maisons dépendantes dud. chasteau et appartenantes à S. M............ 2400^{tt}

A la veuve André Girard, plombier, pour le restablissement et entretenement des plomberies dud. chasteau et lieux qui en dépendent, et restablir les plombs rompus.................................. 400^{tt}

A René Nivelon, pour l'entretenement et netoyement du jeu de mail et palissades d'icelluy, ensemble du berceau, meuriers entre les canaux du chenil, la somme de 150^{tt}, dont il ne sera payé que de......... 112^{tt} 10^s

A Pierre Francines, fontainier, pour le netoyement et entretenement des cisternes, réservoirs, regards, conduites et bassins de fontaines dud. chasteau, en sorte que les eaux ayent tousjours leurs cours ordinaires... 720^{tt}

A Jacques Lefebvre, jardinier, ayant l'entretenement des arbres fruictiers qui sont plantez dans les carrez du grand parc de Fontainebleau et le long de la muraille du costé de la Coudre, des allées d'ypreaux, nectoyement des tablettes du grand canal, labours du pied desd. fruictiers, ensemble le netoyement des ruisseaux et fossez qui escoulent les eaux du parc............ 750^{tt}

A Louis Desbouts, jardinier, ayant l'entretenement des tontures du devant des grandes palissades dans les cinq principales allées en toute leur hauteur, et les tontures des petites allées de traverses à vingt pieds de hault, la tonture de derrière desd. grandes et petites allées à dix pieds de hault, les plattebandes aux pieds du devant desd. palissades dans les grandes et petites allées de quatre pieds de large, et des labours et desfrichemens au derrière d'icelles grandes palissades de dix pieds de large, et au derrière des petites de six pieds de large; plus les tontures des palissades de l'allée nouvelle du costé des Pins qui conduit à Avon seront faites devant et derrière, et les plattes-bandes de labours comme dessus en la longueur de lad. allée, contenant 600 toises ou environ, avec le netoyement de la grande place en face du canal et teste du canal, lesd. tontures, plattebandes, labours et netoyement dans le meilleur estat qu'il se pourra dans chacune des années desd. entretenemens; plus de faire les dégorgemens généralement quelconques aux pieds de toutes les palissades.......................... 1400ᵗᵗ

Aux religieux de la Très-Sainte-Trinité du couvent fondé aud. chasteau de Fontainebleau, tant pour l'entretenement d'une lampe d'argent garnie de ses chaisnons que Leurs Majestez ont donné pour brusler nuict et jour devant le très-saint sacrement de l'autel, que pour la fourniture et entretenement des ornemens et paremens d'autel, linge et luminaire pour la célébration du service divin..................................... 300ᵗᵗ

Aux religieux de l'hospital de la Charité aud. Fontainebleau, pour la pention que S. M. leur fait par chacun an pour la subsistance des malades dud. lieu.... 1800ᵗᵗ

A Henry Voltigeant, pour l'entretenement de tous les batteaux appartenans à S. M., tant sur l'estang que sur le canal...................................... 200ᵗᵗ

A Louis Dubois, au lieu de Martin Jamin, concierge du logis de la fontaine dud. chasteau et jardinier des jardins en dépendans, la somme de 150ᵗᵗ pour ses gages de concierge et jardinier, à la charge de bien et soigneusement entretenir lesd. jardins, labourer au pied des arbres, netoyer les allées, tondre les palissades, et généralement ce qui sera nécessaire dans lesd. entretenemens.. 150ᵗᵗ

A Nicolas Thierry, ayant la garde et conciergerie du chenil et l'entretenement des allées faites dans le parc d'icelluy............................... 100ᵗᵗ

A Nicolas Dupont, gentilhomme ordinaire de la vennerie du Roy, et à Nicolas Dupont, son fils, à survivance l'un de l'autre, suivant le brevet de S. M. du..., par forme de pension à cause de l'entretenement de la vollière qu'il avoit, auparavant qu'elle fust convertie en orangerie.................................. 600ᵗᵗ

A Charles Desplats, ayant la charge de la garde de la basse court des offices des cuisines............ 50ᵗᵗ

A Robert Jamin, ayant la charge de la basse court du Cheval Blanc........................... 37ᵗᵗ 10ˢ

A Jacques Besnard, pour la garde et conciergerie de l'hostel d'Albret, pour l'entretenement de lad. maison, court et escuryes qui en dépendent, la somme de 100ᵗᵗ, dont il ne sera payé que de................. 26ᵗᵗ

A François Toulet, concierge du pavillon où logent MM. les Surintendans des finances, pour ses gages, à condition de netoyer led. pavillon, court et escuries d'icelluy, la somme de 200ᵗᵗ, dont il ne sera payé que. 100ᵗᵗ

A Jacques Dorchemer de la Tour, pour avoir le soin de distribuer, retirer et garder les clefs de tous les logemens dud. chasteau de Fontainebleau......... 300ᵗᵗ

A luy, ayant le soin de monter et entretenir l'orloge dud. chasteau........................... 100ᵗᵗ

Somme totale du présent estat... 21991ᵗᵗ

DIVERSES DÉPENSES.

8 may-21 septembre : à Misson, à compte de l'autel de marbre qu'il fait dans l'église des Petits-Pères, à Paris (2 p.)..................................... 3000ᵗᵗ

20 may : à Varisse, pour avoir ramonné plusieurs cheminées.. 286ᵗᵗ

A Caudelot, pour le toisé qu'il a fait des marbres du Roy..................................... 298ᵗᵗ 11ˢ 4ᵈ

A..., vitrier, pour réparations de l'hostel des Ambassadeurs................................. 54ᵗᵗ 15ˢ

5 juin : à Séraphin Hamel, pour avoir enfermé de fossez trois remises, et tracé deux fois sept autres remises................................. 252ᵗᵗ 17ˢ

16 juin : à Cherouvrier, pour la voiture, depuis Rouen, de 10,850 pavez............... 256ᵗᵗ 18ˢ

A Anguier, peintre, pour divers ouvrages.... 410ᵗᵗ

29 juin : à Vigneux, à compte de divers plants des Maisons royales........................ 200ᵗᵗ

Aux Liards, pour les taupes qu'ils ont prises. 657ᵗᵗ 13ˢ

29 juin - 26 octobre : à la veuve Somer, pour trois parquets de marqueterie (2 p.)................. 2100ᵗᵗ

29 juin - 1ᵉʳ aoust : A Chaussée et Loistron, pour la closture d'échalats de dix remises dans la plaine de Saint-Denis (3 p.)............................ 3600ᵗᵗ

8 aoust 1673-11 febvrier 1674 : à eux, pour parfait payement des labours des remises de Saint-Denis (3 p.)................................ 973ᵗᵗ 10ˢ

29 juin : à Houisse et Huvilliers, pour voitures d'arbrisseaux verts........................ 390ᵗᵗ

9 juillet - 8 aoust : à Le Loutre, pour diverses réparations de maçonnerie............... 719ᵗᵗ 19ˢ 6ᵈ

9 juillet 1673-28 janvier 1674 : à Millard, pour menues dépenses (6 p.)............. 5877ᵗᵗ 10ˢ 6ᵈ

9 juillet : à Perrault, greffier, pour plusieurs estimations et toisez qu'il a faits de divers ouvrages.... 1206ᵗᵗ

8 aoust-21 septembre : à du Pont, pour parfait payement d'un modelle de l'arsenal de Toulon (2 p.).. 150ᵗᵗ

1ᵉʳ septembre : à Maugin, pour avoir restably plusieurs binards........................... 113ᵗᵗ 7ˢ 6ᵈ

1ᵉʳ septembre - 18 novembre : à Noisette, pour plusieurs voitures (2 p.)................. 1153ᵗᵗ 12ˢ

21 septembre - 30 décembre : à Battart, charpentier, à compte des réparations de charpenterie du Collège Royal (2 p.)........................... 850ᵗᵗ

21 septembre : à Dimanche, pour diverses réparations de couverture............................ 1100^{tt}

A Poissant, pour six bustes du Roy qu'il a livrez. 270^{tt}

23 avril : au s^r Vuarrin, à compte des médailles de l'histoire du Roy qu'il monnoye............ 1000^{tt}

23 avril - 27 may : à Bailly, pour les peintres qui travaillent aux ouvrages de tapisserie de peinture en teinture sur la moire d'argent (2 p.)............ 4011^{tt} 6^s

31 may : à Allen, pour 200 pièces de plomb d'Angleterre............................... 7440^{tt}

11 juillet : à luy, pour 200 pièces de plomb et 22 saumons d'estain d'Angleterre............. 11129^{tt} 9^s

20 octobre : à luy, pour 20 pièces d'estain qu'il a livré............................... 4583^{tt} 4^s

16 juin : à Briest, jardinier, pour plusieurs ouvrages qu'il a faits et autres menues dépenses...... 849^{tt} 15^s

1er juillet : au s^r Renouard, pour diverses dépenses qu'il a faites..................... 149^{tt} 5^s 6^d

26 juillet : au s^r Errard, pour 2,550 jettons d'argent qu'il a livrez............. 2437^{tt} 1^s 3^d

26 aoust : au s^r Bizot, pour plusieurs poinçons et carrez qu'il a achetez..................... 555^{tt}

12 octobre : à luy, pour le soin qu'il prend des médailles, coings et carrez de l'histoire de France... 600^{tt}

27 aoust : à Le Hongre, sculpteur, pour la figure équestre du Roy, de la cour de l'Académie de peinture, et autres dépenses................ 561^{tt} 11^s

12 septembre : au s^r Mosnier, pour parfait payement de l'achat, nourriture et conduitte de divers animaux qu'il a amenés de Levant.............. 733^{tt} 14^s

25 octobre : à Germain, pour employer en achat de plants d'arbres................... 1600^{tt}

30 décembre : à luy, pour l'achat et voiture de 1,050 ormes..................... 1505^{tt} 7^s 6^d

29 novembre : à Cuccy, pour parfait payement de 27568^{tt} pour deux grands cabinets d'ébène enrichis de divers ornemens............... 6568^{tt}

4 décembre : à Descluzeaux, pour avoir fait divers voyages pour les bastimens de S. M........... 900^{tt}

27 décembre : à Charlier, pour trois aunes deux tiers de gros tissu blanc de quatre aunes de large... 1100^{tt}

12 janvier : aux religieuses de l'Anonciade de Meulan, pour parfait payement de 28000^{tt} que S. M. leur a accordées pour achever leur bastiment et couvent.... 3000^{tt}

10 novembre 1672 - 24 febvrier 1673 : à Riquet de Bonrepos, à compte du canal de communication des mers et du port au cap de Cette, en Languedoc (3 p.).
.... 1575452^{tt} 13^s 4^d

22 mars : à Orceau, pour 789 aunes de damas rouge cramoisy..................... 7890^{tt}

6 avril : au s^r Le Ménestrel, pour son remboursement de plusieurs curiositez qu'il a achetées pour le Roy à l'inventaire du feu s^r Mignien.......... 16075^{tt} 10^s

26 avril 1674 : à luy, pour pareille somme employée en achat de bourses et jettons d'argent pour son année d'exercice 1673................... 1500^{tt}

A luy, pour estre employée en dépense commune, façon et reddition de son compte de lad. année 1673. 4500^{tt}

12 avril 1673 : à La Hogue, sergent, pour quatre pièces de tapisserie, de l'inventaire du Roy de Pologne, y compris 1000^{tt} à la dame Bureau, à laquelle lad. tapisserie avoit esté adjugée................ 17100^{tt}

Aux s^{rs} Duc et Marsollier, pour 63 aunes un quart de toille d'argent traict pour le service de S. M. 2403^{tt} 10^s

20 may 1673 - 5 avril 1675 : au s^r Reynon, pour parfait payement des brocats et toilles d'or et d'argent qu'il a fourny (3 p.).............. 43911^{tt} 10^s 7^d

18 octobre : à Ballon, pour 6125 jonquilles qu'il a achetées........................ 934^{tt}

18 juin 1674 : au s^r Adam, pour diverses réparations faites au chasteau de Marimont............ 1735^{tt}

20 septembre : à M. de Harlay, procureur général du Parlement, pour diverses belles agattes qu'il a vendues au Roy.................. 14000^{tt}

18 novembre : à Dionis, pour divers ouvrages de menuiserie.................... 1235^{tt} 16^s

18 novembre 1673 - 11 febvrier 1674 : à Carré, pour parfait payement de 491^{tt} 14^s 2^d pour divers ouvrages de pavé (2 p.)............... 491^{tt} 14^s 2^d

18 novembre : à Parent, pour ses ouvrages de serrurerie à la Bastille................. 106^{tt} 4^s

A Varangot, menuisier, pour ouvrages aud. lieu. 400^{tt}

30 décembre : à Darly, pour deux fosses qu'il a vuidées..................... 85^{tt} 10^s

19 septembre 1675 : à Subleau, trésorier général de la marine, pour pareille somme qu'il a advancée pour achat de fleurs et animaux............... 14497^{tt}

20 mars 1673 : à M. Berrier, pour pareille somme qu'il a fait distribuer à cinquante-deux pauvres filles envoyées en Amérique................. 572^{tt}

Somme de ce chapitre. 1775532^{tt} 15^s 2^{d [1]}

---

[1] Le total exact est 1775534^{tt} 15^s 2^d

ANNÉE 1674.

RECEPTE.

25 novembre : de M° Étienne Jehannot, s¹ de Bartillat, garde du Trésor royal, la somme de 1 201 126ᵗᵗ 13ˢ 4ᵈ pour délivrer à M° Charles Le Besgue, trésorier général des bastimens du Roy, pour employer tant à la continuation des bastimens du Louvre et des Thuilleries, chasteaux de Versailles, Saint-Germain-en-Laye et Fontainebleau, que pour les ouvrages à faire aux Gobelins, entretenement des Accadémies de gens de lettres, de peinture, sculpture et architecture, à Paris et à Rome, gages et appointemens des officiers desd. bastimens et maisons royales, et autres dépenses pendant l'année 1674, y compris 9926ᵗᵗ 13ˢ 4ᵈ pour les taxations dud. trésorier, à raison de 2 deniers pour livre, cy..... 1201126ᵗᵗ 13ˢ 4ᵈ

CHASTEAU DE VERSAILLES.

Pour tous les ouvrages de pavé à faire dans la nouvelle ville de Versailles et partout aux environs. 40000ᵗᵗ

Pour l'incrustement de marbre de diverses couleurs dans les murs du grand escallier et de la pièce d'en haut qui luy sert de pallier, avec les chambransles et les pieds d'estaux pour porter les figures captives...... 30000ᵗᵗ

Pour poser les marches de pierre de liais de Senlis dud. escallier........................ 3000ᵗᵗ

Pour poser la balustrade de marbre dont le socle et l'appuy sont de marbre blanc et noir, et les balustres de marbre blanc et rouge................ 9000ᵗᵗ

Pour faire une fontaine dans la niche qui est sur le pallier de l'escallier et y mettre une figure de bronze doré........................... 3000ᵗᵗ

Pour le pavé du bas de l'escallier du grand pallier et des cinq petits....................... 22000ᵗᵗ

Pour tous les ouvrages et ornemens de stuc dud. escallier............................ 25000ᵗᵗ

Pour paver de marbre blanc et noir la première pièce de l'appartement bas................... 2500ᵗᵗ

Pour faire des portes et fenestres aud. appartement, la somme de........................ 1500ᵗᵗ

Pour faire une corniche et un platfondz orné de trophées aud. appartement................. 2500ᵗᵗ

Pour paver la deuxième pièce dud. appartement, y mettre des chambranles aux portes et fenestres, incruster l'embrazure desd. fenestres, un socle de marbre par bas, et faire le platfond de stuc............ 10000ᵗᵗ

Pour achever les ouvrages de marbre de la pièce ionique, de celle qui la suit et de la chambre des bains, la somme de......................... 10000ᵗᵗ

Pour faire de plomb et estain doré les figures des douze Mois de l'année pour la pièce octogone...... 15000ᵗᵗ

Pour les ouvrages de marbre du cabinet des bains, la somme de......................... 20000ᵗᵗ

Pour faire la grande cuve dud. cabinet..... 15000ᵗᵗ

Pour la dorure et peinture des platfonds desd. trois pièces............................. 24000ᵗᵗ

Pour abaisser les fenestres et faire des croisées jusques en bas, du costé du parterre d'eau, ez appartemens du Roy et de Monsieur.................... 3000ᵗᵗ

Pour les glaces de miroirs qui sont nécessaires dans led. appartement bas................... 10000ᵗᵗ

Pour faire l'incrustement de marbre de la pièce qui est entre le grand escallier et la salle dans l'appartement haut, et orner lad. pièce de pilastres et chambransles, la somme de......................... 12000ᵗᵗ

Pour achever les garnitures de bronze doré pour les portes et croisées..................... 4000ᵗᵗ

Pour le pavé de marbre en compartiment de lad. pièce............................. 8000ᵗᵗ

Pour le platfondz de stuc de lad. pièce...... 6000ᵗᵗ

Pour achever de mettre des glaces aux portes peintes de l'appartement haut................. 4000ᵗᵗ

Pour poser les portes et croisées qui vont des appartemens du petit chasteau sur la terrasse, y remettre des glaces et des garnitures de bronze, oster les vieilles croisées, et raccorder les neuves avec la menuiserie des dedans............................. 9000ᵗᵗ

Pour achever les socles de marbre de la Grotte. 10000ᵗᵗ

Pour commencer les figures de marbre blanc du parterre d'eau.......................... 20000ᵗᵗ

Pour achever les fontaines de Cœrès et de Flore. 8000ᵗᵗ

Pour dresser et planter le tour de l'Isle royale. 4500ᵗᵗ

Pour diverses dépenses à faire aux jardins et fontaines, la somme de........................ 100000ᵗᵗ
Pour les gages des fontainiers, jardiniers, meusniers, rocailleur et fondeur................... 48700ᵗᵗ
Pour l'entretenement du vaisseau et autres petits bastimens qui sont sur le canal, et officiers d'iceux. 20000ᵗᵗ
Pour les dépenses extraordinaires et imprévues de Versailles et ses dépendances................. 40000ᵗᵗ

Total de Versailles........... 539700ᵗᵗ

LE LOUVRE ET LES THUILLERIES.

Pour tailler et poser les deux grandes pierres du fronton, en couvrir le derrière de grandes marches, et achever la balustrade....................... 25000ᵗᵗ
Pour faire la sculpture de toute la corniche de la façade................................ 12000ᵗᵗ
Pour oster le grand eschafaud qui est devant lad. façade................................. 3000ᵗᵗ
Pour achever les peintures, les parquets et autres ouvrages de la grande gallerie d'Apollon........ 12000ᵗᵗ
Pour achever les ouvrages du jardin des Thuilleries................................. 2000ᵗᵗ
Pour restablir la conduitte qui apporte l'eau dans le réservoir pour les offices................... 500ᵗᵗ
Pour le restablissement de la conduitte qui porte l'eau de la pompe........................... 2000ᵗᵗ

Total du Louvre et des Thuilleries.. 56500ᵗᵗ

AUTRES DÉPENSES.

Pour faire le plan du jardin du Palais-Royal.. 8000ᵗᵗ
Pour plusieurs ouvrages et réparations à faire au chasteau de Saint-Germain................. 24000ᵗᵗ
Pour diverses réparations à faire à Fontainebleau, Vincennes, Compiègne et autres maisons royales. 40000ᵗᵗ
Pour continuer la construction de l'Arc de triomphe................................. 30000ᵗᵗ
Pour l'entretenement des couvertures des maisons royales............................... 16000ᵗᵗ
Pour les réparations à faire au chasteau de la Bastille................................. 1500ᵗᵗ
Pour les gages des officiers du Jardin Royal, restablir la couverture, et autres menues dépenses..... 25000ᵗᵗ
Pour l'Accadémie des Sciences et autres gens de lettres................................. 100000ᵗᵗ
Pour l'entretenement des Accadémies de peinture, sculpture et architecture, à Paris et à Rome... 30000ᵗᵗ
Pour les loyers de maisons.............. 10000ᵗᵗ

Pour les plants et labours des advenües des maisons royales et entretenement d'icelles, et dépenses extraordinaires de l'orangerie du Roulle........... 12000ᵗᵗ
Pour les graveures de planches........... 6000ᵗᵗ
Pour les gages des officiers et préposez aux bastimens et autres dépenses ordinaires............. 200000ᵗᵗ
Pour les dépenses des manufactures des Gobelins et de la Savonnerie..................... 75000ᵗᵗ
Pour la continuation des ouvrages de tapisserie sur de la toille d'argent........................ 10000ᵗᵗ
Pour les bordures de bois doré desd. tapisseries faites et à faire............................... 5000ᵗᵗ
Pour un bois de lict doré pour l'appartement où sont lesd. tapisseries......................... 2500ᵗᵗ

Total desd. dépenses......... 595000ᵗᵗ

Pour les taxations dud. trésorier, à raison de 2 deniers pour livre...................... 9926ᵗᵗ 13ˢ 4ᵈ

Somme totalle du présent estat.... 1201126ᵗᵗ 13ˢ 4ᵈ

Dud. sʳ ᴅᴇ Bᴀʀᴛɪʟʟᴀᴛ, 6050ᵗᵗ pour délivrer 6000ᵗᵗ aux Récollets de Versailles pour la continuation du bastiment de leur église et couvent, et 50ᵗᵗ de taxations.. 6050ᵗᵗ

De luy, 907ᵗᵗ 10ˢ pour délivrer 900ᵗᵗ au sʳ Sɪʟᴠᴇsᴛʀᴇ pour divers desseins à la plume qu'il a fait pour Mᴳʳ le Dauphin, et 7ᵗᵗ 10ˢ pour les taxations...... 907ᵗᵗ 10ˢ

De luy, 3025ᵗᵗ pour délivrer 3000ᵗᵗ au sʳ Cᴀʀᴄᴀᴠʏ pour employer aux menues dépenses de la bibliotèque du Roy et Accadémie des Sciences pendant la présente année, et 25ᵗᵗ pour les taxations.................... 3025ᵗᵗ

De luy, 25208ᵗᵗ 3ˢ 4ᵈ pour délivrer 25000ᵗᵗ au sʳ Bᴀɴᴀɴᴊᴏɴ, cy-devant Receveur de l'Archevesché de Paris pour les lots et ventes de dix-sept maisons comprises dans le dessein du Louvre, dépendantes dud. archevesché, que le Roy a acquises à son proffit, et 208ᵗᵗ 3ˢ 4ᵈ pour les taxations............... 25208ᵗᵗ 3ˢ 4ᵈ

De luy, 7885ᵗᵗ 7ˢ 6ᵈ pour délivrer 7820ᵗᵗ 4ˢ 2ᵈ à divers particuliers pour leur remboursement des terres dont ils estoient propriétaires, comprises dans le parc aux lièvres fait pour les plaisirs de Mᴳʳ le Dauphin, et 45ᵗᵗ 3ˢ 4ᵈ pour les taxations........... 7885ᵗᵗ 7ˢ 6ᵈ

De luy, 33328ᵗᵗ 8ˢ 10ᵈ pour délivrer 33053ᵗᵗ au sʳ Bᴇᴜғ pour son parfait payement des marbres de Grèce et d'Italie qu'il a livrez pour le service de S. M., et 255ᵗᵗ 8ˢ 10ᵈ pour les taxations........ 33328ᵗᵗ 8ˢ 10ᵈ

De luy, 15125ᵗᵗ pour employer 15000ᵗᵗ à compte de l'Accadémie de peinture, sculpture et architecture que S. M. a establie à Rome, et 125ᵗᵗ de taxations. 15125ᵗᵗ

De luy, pour employer 75625ᵗᵗ à compte des dépenses

ANNÉE 1674. — LOUVRE ET TUILERIES.

à faire pour le bastiment que S. M. fait faire à Clagny, y compris 625ᵗᵗ pour les taxations............ 75625ᵗᵗ

De luy, 4840ᵗᵗ pour délivrer 4800ᵗᵗ au sʳ Charlier, marchand, pour seize aunes de gros tissu qu'il a fourny et livré pour le service du Roy, et 40ᵗᵗ pour les taxations, cy............................ 4840ᵗᵗ

De luy, 6032ᵗᵗ 15ˢ 2ᵈ pour délivrer 5982ᵗᵗ 18ˢ à divers particuliers pour leur remboursement des terres dont ils estoient propriétaires, acquises au proffit de S. M., et 49ᵗᵗ 17ˢ 2ᵈ pour les taxations........ 6032ᵗᵗ 15ˢ 2ᵈ

De luy, 13948ᵗᵗ 13ˢ 1ᵈ pour délivrer 13833ᵗᵗ 10ˢ aux créanciers d'Antoine Pasquier, pour deux termes de payemens, escheus aux 1ᵉʳˢ janvier des années 1673 et 1674, d'une maison scize rue du Chantre, acquise au proffit de S. M., et 115ᵗᵗ 3ˢ 1ᵈ pour les taxations du trésorier............................ 13948ᵗᵗ 13ˢ 1ᵈ

De luy, 12279ᵗᵗ 9ˢ 9ᵈ pour délivrer, sçavoir : 4775ᵗᵗ à Mᵐᵉ Prince, 7233ᵗᵗ à La Cossart, et 130ᵗᵗ au sʳ du Mousseau, pour leur remboursement des terres et héritages dont ils estoient propriétaires aux environs de Chaillot,

acquises au proffit de S. M., suivant leurs contracts, et 101ᵗᵗ 9ˢ 9ᵈ pour les taxations.......... 12279ᵗᵗ 9ˢ 9ᵈ

De luy, 4455ᵗᵗ pour employer 4400ᵗᵗ aux ouvrages et réparations qui ont esté faites au nouveau Chastelet, et 55ᵗᵗ pour les taxations....................... 4455ᵗᵗ

De luy, 3240ᵗᵗ pour délivrer 3200ᵗᵗ au sʳ Macé, tapissier, pour les tapisseries qu'il a fournies aud. Chastellet, et 40ᵗᵗ pour les taxations.................. 3240ᵗᵗ

De luy, 14681ᵗᵗ 5ˢ pour employer 14500ᵗᵗ aux ouvrages et réparations faites à la salle de la Chancellerie dans le Palais, à Paris, et 81ᵗᵗ 5ˢ pour les taxations du trésorier........................ 14681ᵗᵗ 5ˢ

De luy, 1613ᵗᵗ 6ˢ 8ᵈ pour délivrer 1600ᵗᵗ aux gondoliers italiens de Versailles, et 13ᵗᵗ 6ˢ 8ᵈ pour les taxations............................ 1613ᵗᵗ 6ˢ 8ᵈ

De luy, 3025ᵗᵗ pour délivrer 3000ᵗᵗ aux prestres de la Mission establie à Fontainebleau, pour les six premiers mois de la présente année, et 25ᵗᵗ pour les taxations du trésorier........................ 3025ᵗᵗ

DÉPENSE.

LE LOUVRE ET LES THUILLERIES.

MAÇONNERIE, CHARPENTERIE ET COUVERTURE.

22 mars-17 aoust : à Mouton, carreyer, à compte des pierres qu'il tire à Meudon pour le fronton du Louvre (3 p.)............................ 2200ᵗᵗ

19 may-23 décembre : à Mazière et Bergeron, entrepreneurs de la maçonnerie, à compte de leurs ouvrages (4 p.)........................... 13200ᵗᵗ

8 juin-20 juillet : à Cliquin, à compte des machines et échafauds qu'il fait pour monter les deux grandes pierres du fronton (2 p.)................. 4300ᵗᵗ

22 juin 1674-5 febvrier 1675 : à Ricault, pour les charpentiers qui travaillent à remuer les deux grandes pierres du fronton (4 p.)............... 6279ᵗᵗ 9ˢ

22 juin-20 juillet : à Martin et Abraham, pour parfait payement de 5751ᵗᵗ 7ˢ pour la maçonnerie qu'ils ont faite au lieu où se mettent les tableaux du cabinet du Roy (2 p.)........................... 651ᵗᵗ 7ˢ

22 mars 1674 : aud. Martin, pour divers ouvrages qu'il a faits...................... 1686ᵗᵗ 13ˢ

17 aoust : à divers charpentiers, à compte des échafauds pour lesd. pierres................. 1500ᵗᵗ

15 septembre : à Pierre Modène et Simon La Grande,

pour divers ouvriers qui ont aydé à enlever lesd. pierres du fronton............................. 286ᵗᵗ

5 febvrier 1675 : à Billon, à compte des pierres de Senlis qu'il fournit...................... 300ᵗᵗ

A Boucher, à compte idem.............. 300ᵗᵗ

Somme de ce chapitre....... 30703ᵗᵗ 9ˢ

MENUISERIE, SERRURERIE ET VITRERIE.

11 febvrier-23 décembre : à Prou, à compte de la menuiserie qu'il fait à la Bibliothèque pour y recevoir les tableaux du cabinet du Roy (4 p.)........ 2300ᵗᵗ

22 mars 1675 : à luy, pour bordures de tableaux... .... 1128ᵗᵗ

22 avril-23 décembre : à luy et, Buirette, à compte du parquet de la petite et de la grande gallerie du Louvre (3 p.)............................ 3800ᵗᵗ

20 febvrier 1674-22 mars 1675 : à la veuve Vierrey, vitrière, à compte de ses ouvrages (3 p.)... 2130ᵗᵗ 18ˢ

22 avril : à elle, pour réparations du logis de Mᵍʳ le Dauphin........................ 113ᵗᵗ 1ˢ

8 juin : à elle, pour parfait payement de 1534ᵗᵗ 13ˢ 4ᵈ qu'il a faits................. 934ᵗᵗ 13ˢ 4ᵈ

24 novembre : à elle, pour ouvrages de vitres de la gallerie d'Apollon...................... 723ᵗᵗ

47.

20 febvrier : à CHEVALLIER, pour parfait payement de 882ᴸᴸ 8ˢ pour réparations de la petite escurie. 282ᴸᴸ 10ˢ

22 juin : à luy, pour diverses réparations.... 170ᴸᴸ

22 mars : à SECLET, pour divers ouvrages de serrurerie............................. 225ᴸᴸ 7ˢ

22 avril : à DOYANT, à compte de la serrurerie du logis qu'occupent les officiers de Mᵍʳ le Dauphin... 155ᴸᴸ 8ˢ

17 septembre : à luy, à compte du gros fer qu'il fournit................................. 600ᴸᴸ

22 juin : à BARRIER, pour plusieurs caisses d'orangers.................................. 248ᴸᴸ

27 juillet : à LAVIER, pour six bancs qu'il a faits pour la salle du Conseil....................... 216ᴸᴸ

24 novembre : à NICOLIE, pour parfait payement de 1113ᴸᴸ 14ˢ 6ᵈ pour les ouvrages de serrurerie qu'il a faits de 1670 à 1673............... 213ᴸᴸ 14ˢ 6ᵈ

A luy et HARDY, pour parfait payement de 1054ᴸᴸ pour leurs ouvrages de 1670.................... 254ᴸᴸ

Somme de ce chapitre... 13494ᴸᴸ 11ˢ 10ᵈ

PEINTURE, SCULPTURE ET MARBRERIE.

27 febvrier : aux sʳˢ LE MOYNE et GERVAISE, pour parfait payement de 19264ᴸᴸ pour les ouvrages de peinture qu'ils ont faits en 1670, 1671 et 1672 à la gallerie de l'audience............................. 64ᴸᴸ

19 may - 4 octobre : à CAFFIERS, LESPAGNANDEL et consors, pour parfait payement de 12321ᴸᴸ pour les ouvrages de sculpture de la façade du Louvre (3 p.). 12321ᴸᴸ

8 juin : à eux, à compte des ouvrages qu'ils font à la Gallerie................................ 500ᴸᴸ

8 juin - 24 novembre : à BERNARD et MAGNIER, à compte idem (2 p.)......................... 643ᴸᴸ

20 juillet - 23 octobre : à DROUILLY, à compte idem (2 p.)................................ 1000ᴸᴸ

17 aoust : à BAPTISTE, pour parfait payement de 3962ᴸᴸ pour les ouvrages qu'il a faits............... 962ᴸᴸ

17 septembre : à LE HONGRE, pour les chapiteaux et pilastres qu'il a faits............... 833ᴸᴸ 6ˢ 8ᵈ

23 octobre : à COIGNET, peintre, à compte de ses ouvrages............................... 200ᴸᴸ

23 décembre : à COUET, pour avoir restauré plusieurs chapiteaux............................ 418ᴸᴸ

16 septembre : à MARSY, à compte des frontons de la grande gallerie......................... 3300ᴸᴸ

Somme de ce chapitre..... 20241ᴸᴸ 6ˢ 8ᵈ

PLOMBERIE ET PAVÉ.

19 may : à VITRY, à compte du restablissement de la conduitte qui porte l'eau de la pompe au jardin.. 900ᴸᴸ

JARDINAGES ET FOUILLES.

4 febvrier 1674 - 22 mars 1675 : à RIGAULT, pour parfait payement de 6421ᴸᴸ pour les ouvriers qui ont travaillé en divers endroits du jardin des Thuilleries (3 p.)................................ 3421ᴸᴸ 7ˢ

22 mars 1675 : à luy, pour plusieurs fournitures dud. jardin................................. 1118ᴸᴸ

22 avril - 18 septembre : à LA CHAPELLE, terrassier, pour parfait payement de 732ᴸᴸ pour les rigolles qu'il fait et les terres qu'il transporte (2 p.)........ 732ᴸᴸ

20 octobre : à luy, pour la fouille de la conduitte des eaux de la pompe dud. jardin.......... 189ᴸᴸ 3ˢ

2 juin - 3 décembre : aux ouvriers qui ont fait divers ouvrages aud. jardin (4 p.)........... 2643ᴸᴸ 9ˢ 6ᵈ

3 juillet : à DUEZ, pour parfait payement de 936ᴸᴸ 4ˢ pour le restablissement qu'il a fait au bassin dud. jardin................................ 436ᴸᴸ 4ˢ

20 juillet : à luy, pour avoir restably celuy de l'Orangerie............................... 245ᴸᴸ 13ˢ

Somme de ce chapitre..... 8785ᴸᴸ 16ˢ 6ᵈ

PARTIES EXTRAORDINAIRES.

20 janvier - 3 juillet : à RIGAULT, pour les ouvriers qui rehaussent le Cours de la Reyne (4 p.)..... 2433ᴸᴸ 15ˢ

22 mars : à luy, pour menues dépenses... 333ᴸᴸ 10ˢ

11 febvrier : à GILLET, fontainier, pour parfait payement de 362ᴸᴸ pour le restablissement qu'il a fait au réservoir de la Bouche du Roy.................. 62ᴸᴸ

11 febvrier - 5 octobre : à CUCCY, pour parfait payement de 5271ᴸᴸ pour les garnitures de bronze des portes et croisées du lieu destiné pour les tableaux du cabinet du Roy (3 p.)............................. 4671ᴸᴸ

22 avril : à HUVELIER, pour avoir armé les ormes des advenues............................. 70ᴸᴸ 5ˢ

22 juin - 27 septembre : à luy, à compte des labours des advenues (2 p.).................... 300ᴸᴸ

20 juillet : à la veuve FLEURY, pour cordes qu'elle a fourny................................ 2800ᴸᴸ

17 aoust : à FEUILLASTRE, pour deux conduittes du grand bassin.......................... 199ᴸᴸ 10ˢ

18 septembre - 24 novembre : à luy, pour le restablissement des bassins (2 p.)................. 600ᴸᴸ

3 décembre : à CHALVET, pour bois qu'il a fourni. 320ᴸᴸ

28 septembre : à LE ROUX, compagnon charpentier, blessé travaillant à la façade du Louvre, pour le faire médicamenter............................ 100ᴸᴸ

ANNÉE 1674. — JARDIN ROYAL.

23 décembre : à du Costé et Rigalleau, pour moislon qu'ils ont fourny......................... 200ᵗᵗ

Somme de ce chapitre......... 12090ᵗᵗ

PALAIS-ROYAL.

29 janvier-2 mars : à Girou et Masson, terrassiers, pour parfait payement des labours et transports de terre dud. jardin (2 p.)....................... 260ᵗᵗ

11 febvrier : à de Marle, pour le plan qu'il a fourny aud. jardin........................... 180ᵗᵗ

A La Baronnière, peintre, pour les ouvrages qu'il a faits dans un petit cabinet du Chevalier de Lorraine. 98ᵗᵗ

22 febvrier : à Puteaux, pour 300 bottes de buis qu'il a fourny................................ 150ᵗᵗ

22 mars : à Misson, pour trois chambranles, deux foyers et neuf piédouches qu'il a posé aux appartemens dud. palais............................. 93ᵗᵗ 15ˢ

22 mars-10 juin : à La Roque, pour diverses dépenses dud. jardin (2 p.)................. 2113ᵗᵗ 6ˢ

24 mars : à luy, pour 1357 bottes de buys. 542ᵗᵗ 16ˢ

5 may : à luy, pour 499 bottes de buys... 199ᵗᵗ 12ˢ

22 avril : à Dailly, pour fosses qu'il a vuidées au Palais-Royal......................... 250ᵗᵗ 6ˢ

30 avril : à Fromentin, pour fumier qu'il a fourny aud. lieu........................... 204ᵗᵗ

30 avril-20 juillet : à Houisse, pour 254 voitures de fumiers (2 p.)....................... 254ᵗᵗ

2 juin-17 septembre : aux ouvriers qui ont fait divers ouvrages (4 p.)........................ 5673ᵗᵗ 8ˢ 2ᵈ

7 octobre : à ceux qui ont travaillé pendant quatre semaines à arrouzer le plant dud. jardin........ 515ᵗᵗ

8 juin : à Hardy, pour menus ouvrages de serrurerie aud. lieu............................ 498ᵗᵗ 13ˢ 8ᵈ

22 juin : à Macé, pour le restablissement du parquet du cabinet de Madame................... 70ᵗᵗ

20 juillet : à Louvin et consors, pour terreau qu'ils ont fourny............................ 115ᵗᵗ

A Orien et consors, pour le gazon *idem*...... 496ᵗᵗ

20 juillet-7 octobre : à Le Duc et consors, pour sable de rivière (2 p.)....................... 881ᵗᵗ 8ˢ

17 aoust : à Baubert, pour sable *idem*.... 193ᵗᵗ 11ˢ 6ᵈ

3 décembre : à Lespais, pour ouvrages de jardins. 141ᵗᵗ

15 avril : à Grandlouis et consors, à compte dud. jardin................................... 400ᵗᵗ

30 juin : à Duez, à compte du restablissement du grand rondeau......................... 500ᵗᵗ

20 septembre : à Vannier et consors, pour le régallement des allées...................... 900ᵗᵗ

A Bouticourt, pour avoir eu pendant dix mois la conduitte du plant dud. jardin.............. 600ᵗᵗ

23 décembre : à Vatebaut, vannier, pour mannes et claies d'ozier......................... 92ᵗᵗ 14ˢ

5 octobre : aux sʳˢ Lully et Vigarani, pour les réparations de la Salle des comédies............. 3000ᵗᵗ

16 janvier 1675 : à Dupuis, pour avoir tracé les alliguemens dud. jardin.................... 300ᵗᵗ

5 mars 1675 : au sʳ Le Pautre, architecte, à compte du logement de M. le Chevalier de Lorraine.... 3000ᵗᵗ

Somme de ce chapitre.... 21722ᵗᵗ 10ˢ 4ᵈ

OUVRAGES DE L'ENCLOS DU PALAIS.

14 juillet : à de Lespine, architecte, pour les réparations de la salle de la Chancellerie, au Palais.. 14500ᵗᵗ

POMPE DU PONT-NEUF.

22 juin-23 décembre : à Bricart, pour parfait payement de 1050ᵗᵗ pour le restablissement de la roue de la pompe (2 p.)........................ 1050ᵗᵗ

COLLÈGE ROYAL.

Néant.

LA BASTILLE.

20 janvier-23 octobre : à Varangot, menuisier, parfait payement de 1744ᵗᵗ 10ˢ pour réparations (3 p.). 1344ᵗᵗ 10ˢ

27 febvrier : à Dimanche Charuel, pour parfait payement de 1126ᵗᵗ 3ˢ 6ᵈ pour les ouvrages de couverture qu'il a faits en 1672............... 326ᵗᵗ 3ˢ 6ᵈ

22 juin : à luy, pour lesd. ouvrages de couvertures à la Bastille........................ 378ᵗᵗ 1ˢ 8ᵈ

22 mars : à Bastard, charpentier, à compte de ses ouvrages............................ 500ᵗᵗ

23 décembre : à Depessant, maçon, pour diverses réparations............................. 145ᵗᵗ 10ˢ

Somme de ce chapitre...... 2694ᵗᵗ 5ˢ 2ᵈ

JARDIN ROYAL.

20 janvier : à Vigneux, maçon, pour un mur qu'il a fait............................... 421ᵗᵗ 13ˢ 3ᵈ

17 septembre-24 novembre : à luy, à compte des réparations qu'il fait (2 p.)............ 1874ᵗᵗ 10ˢ 10ᵈ

11 febvrier 1674-22 mars 1675 : à Charuel, couvreur, pour parfait payement de ses ouvrages (4 p.). 3618ᵗᵗ 9ˢ 8ᵈ

27 janvier - 22 avril : à LANGLOIS et consors, pour parfait payement de 294ᵗᵗ pour les rigolles qu'ils font aud. lieu (2 p.)............................... 294ᵗᵗ

19 may - 24 novembre : à eux, à compte des treillages qu'ils font (3 p.)........................ 700ᵗᵗ

22 mars : à TANNEQUIN, pour terreau qu'il a fourny aud. jardin............................... 343ᵗᵗ

19 may : à BASTIEN et BOULARD, pour reste de 602ᵗᵗ 18ˢ pour le plant de buis qu'ils ont fait (2 p.).. 202ᵗᵗ 18ˢ

17 aoust : à CHRESTIEN, pour six paires d'arrousoirs.. .... 150ᵗᵗ

20 octobre : à BARBIER, pour deux grandes cuves de bois qu'il a livrées..................... 229ᵗᵗ

31 janvier 1674 - 10 janvier 1675 : à BOULOGNE et consors, à compte des rigolles qu'ils font à la butte du jardin (2 p.)................................ 300ᵗᵗ

20 aoust 1674 - 10 janvier 1675 : à CHABAS, pour dépenses faites pendant son cours de chimie (3 p.). 3497ᵗᵗ 2ˢ

23 may : à BRÉMANT et CHAILLOU, sçavoir : 2500ᵗᵗ aud. BRÉMANT pour l'entretenement dud. jardin, et 450ᵗᵗ aud. CHAILLOU, portier, pour leurs gages pendant l'année entière................................ 2950ᵗᵗ

12 octobre : à DIONIS, chirurgien, pour les frais des dissections anatomiques qu'il a faites depuis 1672. 387ᵗᵗ 19ˢ

4 juin 1675 : au sʳ DAQUIN, premier médecin du Roy, pour ses gages de surintendant des démonstrations des plantes et opérations médicinales pendant l'année dernière 1674.............................. 3000ᵗᵗ

Au sʳ DE LA CHAMBRE, premier médecin de la Reyne, pour ses gages de démonstrateur de l'intérieur des plantes et opérateur pharmaceutique................ 1500ᵗᵗ

Au sʳ DAQUIN, docteur régent de la faculté de médecine de Paris, pour ses gages de démonstrateur des plantes................................. 1500ᵗᵗ

Au sʳ FAGON, médecin ordinaire de la Reyne, pour ses gages de démonstrateur pour la chimie....... 1500ᵗᵗ

A PIERRE BEAUPRÉ, garçon du laboratoire, pour ses gages.................................. 200ᵗᵗ

A JEAN REMY, garçon *idem*................. 200ᵗᵗ

Somme de ce chapitre.... 22868ᵗᵗ 12ˢ 9ᵈ

OBSERVATOIRE.

20 janvier : à CHEROUVRIER, pour voiture de pavé du Havre................................. 84ᵗᵗ

22 mars - 17 septembre : à COUPLET, pour diverses dépenses (2 p.)......................... 435ᵗᵗ 5ˢ

22 avril - 24 novembre : à BUIRETTE, pour ouvrages de menuiserie (2 p.)......................... 947ᵗᵗ

22 avril - 24 novembre : à DOYART, pour ouvrages de serrurerie (3 p.)........................ 4300ᵗᵗ

22 avril : à VATEL, pour le pavé du pourtour de l'Observatoire.............................. 1038ᵗᵗ 15ˢ

17 aoust - 24 novembre : à BERGERON, à compte des ouvrages de maçonnerie (2 p.)............ 2000ᵗᵗ

17 aoust 1674 - 22 mars 1675 : à LANGRENÉ, pour parfait payement de 1659ᵗᵗ 18ˢ pour la terrasse qu'il a faite (2 p.)............................... 1659ᵗᵗ 18ˢ

17 septembre : à CHENUET, pour voiture de pavé de Fontainebleau........................ 55ᵗᵗ

A LA ROCHE, pour le ciment qu'il a fourny... 315ᵗᵗ

1ᵉʳ mars 1675 : à POULIN, pour le ciment qu'il a fourny pour lad. terrasse................ 84ᵗᵗ 15ˢ

Somme de ce chapitre...... 10919ᵗᵗ 13ˢ

MAISON DES GOBELINS.

22 avril : à BAPTISTE TUBI, pour les dépenses qu'il a faites pour l'establissement de la fonderie des Gobelins.................................. 674ᵗᵗ 15ˢ

23 octobre : à MARTIN, pour ouvrages de maçonnerie *idem*................................. 750ᵗᵗ

23 décembre : à BLANCHETON, serrurier, pour ouvrages de lad. fonderie........................ 216ᵗᵗ 12ˢ

Somme de ce chapitre........ 1641ᵗᵗ 7ˢ

ARC DE TRIOMPHE.

20 juillet - 23 décembre : à THÉVENOT, à compte de ses ouvrages de maçonnerie (3 p.)............ 13600ᵗᵗ

23 décembre : à POLICE, serrurier, pour ouvrages de fer.................................. 215ᵗᵗ 10ˢ

A DOUCET, carreyer, pour trois pierres d'Arcueil qu'il a fournies............................... 409ᵗᵗ 10ˢ

Somme de ce chapitre......... 14225ᵗᵗ

ORANGERIE ET PÉPINIÈRE DU ROULLE.

11 febvrier 1674 - 16 janvier 1675 : à GERMAIN, pour employer en menues dépenses (11 p.).... 6700ᵗᵗ 4ˢ 8ᵈ

6 juin : à luy, pour achat de plantes.. 1351ᵗᵗ 11ˢ 6ᵈ

22 juin : à luy, pour les ouvriers qui ont fait des rigolles pour planter..................... 406ᵗᵗ 14ˢ

27 febvrier : à MARIE PICHOT, vannière, pour plusieurs mannes................................. 472ᵗᵗ 3ˢ

22 mars - 23 octobre : à RIGALLEAU et autres terras-

siers, pour parfait payement de 6346ᴴ 2ˢ 6ᵈ pour fouilles et transports de terre (2 p.)............ 2346ᴴ 2ˢ 6ᵈ

22 avril : à La Chapelle et consors, à compte du transport qu'ils font...................... 1000ᴴ

A la veuve Vikerey, pour ses ouvrages de vitrerie aud. lieu............................ 192ᴴ 10ˢ

22 juin : à Trumel, pour dépenses qu'il a faite, tant au parterre à fleur qu'à l'orangerie........ 505ᴴ 13ˢ

22 juin-30 octobre : à Girard Vuyet, à compte des murs de terrasse qu'il fait pour l'orangerie (3 p.). 4200ᴴ

17 aoust : à Charuel et Yvon, pour parfait payement de 2443ᴴ 10ˢ pour les ouvrages de couverture qu'ils ont faits.......................... 1443ᴴ 10ˢ

17 septembre : à Houiste et consors, pour fumiers. 458ᴴ

10 janvier-2 febvrier 1675 : à Caillou et consors, parfait payement de 724ᴴ 10ˢ pour transports. (2 p.). 724ᴴ 10ˢ

Somme de ce chapitre... 19800ᴴ 18ˢ 2ᵈ ¹

FONTAINEBLEAU.

MAÇONNERIE, CHARPENTERIE ET COUVERTURE.

11 febvrier-24 novembre : à Abraham et Martin, pour parfait payement de 18062ᴴ 19ˢ 4ᵈ pour les réparations de maçonnerie qu'ils font dans la cour du Cheval Blanc (5 p.)......................... 6162ᴴ 19ˢ 4ᵈ

24 novembre : à Jolly, pour ouvrages de maçonnerie qu'il a faitz......................... 204ᴴ

24 novembre-27 décembre : à de Launoy, pour parfait payement de 953ᴴ pour ouvrages de maçonnerie (2 p.)............................ 953ᴴ

24 novembre : à Jarry, charpentier, pour avoir restably les trois batteaux du canal............ 129ᴴ 15ˢ

27 décembre : à Jarry, pour un batteau qu'il a fourny............................... 595ᴴ

7 aoust-1ᵉʳ octobre : à Grognet, à compte du restablissement des couvertures dud. chasteau (2 p.). 26000ᴴ

27 décembre : à Bégné, maçon, à compte des réparations qu'il fait...................... 425ᴴ

A Montillon, pour réparations de charpenterie. 400ᴴ

A Testu, pour diverses réparations de charpenterie (3 p.)............................ 1092ᴴ 10ˢ

A Hansant, pour réparations du chenil........ 650ᴴ

Somme de ce chapitre..... 36612ᴴ 4ˢ 4ᵈ

MENUISERIE, SERRURERIE ET VITRERIE.

27 febvrier-23 décembre : à la veuve Rossignol, pour ouvrages de serrurerie (3 p.)............ 1040ᴴ 9ˢ

22 mars : à Soret, menuisier, à compte de ses ouvrages pour l'orangerie................... 500ᴴ

17 aoust-23 octobre : à luy, à compte des réparations qu'il fait (2 p.)...................... 500ᴴ

17 septembre-23 octobre : à Tissenand, vitrier, à compte de ses ouvrages (3 p.)............. 2100ᴴ

23 octobre : à Gobert, menuisier, à compte... 300ᴴ

Somme de ce chapitre........ 4440ᴴ 9ˢ

PEINTURE, SCULPTURE ET MARBRERIE.

6 octobre : à Dubois, pour ouvrages de peinture de divers endroits........................ 245ᴴ

PLOMBERIE ET PAVÉ.

23 septembre 1674-5 may 1675 : à la veuve Girard, à compte de ses ouvrages de plomberie pour Fontainebleau (3 p.)......................... 1000ᴴ

JARDINAGES ET FOUILLES.

8 juin : à Grandlouis et consors, jardiniers, pour le buis qu'ils ont planté.................... 212ᴴ

A Manceau, pour 164 bottes de buis......... 82ᴴ

6 octobre : à Desroutz, pour fouilles qu'il a fait faire dans la nouvelle allée du costé d'Avron....... 145ᴴ

A Gervais, pour divers ouvrages de jardins. 198ᴴ 15ˢ

18 septembre : à la veuve Le Febvre, pour les maronniers d'Inde qu'elle a eslevé, et autres ouvrages dud. jardin............................... 200ᴴ

Somme de ce chapitre........ 837ᴴ 15ˢ

PARTIES EXTRAORDINAIRES.

19 may-27 décembre : à Bétuland, pour divers ouvrages et réparations (7 p.)............ 12442ᴴ 3ˢ 6ᵈ

8 juin : à Moussant, pour voiture de pierre et plastre.................................. 95ᴴ

22 juin : à Tigru, charron, pour réparations qu'il a faites............................. 85ᴴ 14ˢ

17 septembre : au sʳ Petit, pour employer en menues dépenses............................ 1500ᴴ

6 octobre : à Muzard, pour ouvrages de glaize.. 120ᴴ

27 mars : à la veuve de la Tour, pour avoir emply de neige les deux glacières du Roy.......... 218ᴴ 1ˢ 2ᵈ

16 juin : à Le Maine, à compte de quatre robinets de cuivre qu'il fait........................ 1000ᴴ

Somme de ce chapitre.... 15460ᴴ 18ˢ 8ᵈ

---

¹ Il faut 8 deniers, au lieu de 2, pour que le total soit exact.

SAINT-GERMAIN.

MAÇONNERIE[1].

20 janvier : à Gabriel, à compte des changemens de divers endroits.......... 1500ʰ
11 febvrier-23 octobre : à La Rue, à compte des réparations qu'il fait (4 p.)........ 6800ʰ
11 février-22 avril : à luy, à compte de la terrasse (2 p.)............... 1400ʰ
22 avril : à luy, à compte de la fontaine de la Pissotte................... 600ʰ
19 may-11 octobre : à luy, pour parfait payement de 2993ʰ pour ouvrages de la Chancellerie (2 p.).. 2693ʰ
19 may-20 juillet : à luy, à compte des offices de Mme de Montespan (2 p.)............ 4900ʰ
17 septembre-24 décembre : à luy, à compte de l'augmentation du corps de garde françois (3 p.).... 9900ʰ

Somme de ce chapitre........ 27793ʰ

CHARPENTERIE ET COUVERTURE.

11 febvrier-23 octobre : à la veuve du Fay, à compte de divers ouvrages de charpenterie (4 p.)...... 3800ʰ
27 febvrier : à Charuel, couvreur, pour parfait payement de 512ʰ 12ˢ 4ᵈ pour réparations de divers endroits................... 512ʰ 12ˢ 4ᵈ
8 juin 1674-12 febvrier 1675 : à Charuel, à compte de ses ouvrages (5 p.)............ 5100ʰ
19 may : à La Rue, à compte de la couverture de la Chancellerie............... 300ʰ
12 febvrier-24 novembre : à Lamy, charpentier, pour parfait payement de 1350ʰ 2ˢ pour la Chancellerie (2 p.).................... 1350ʰ 2ˢ
16 janvier 1675 : auxd. Lamy et Maillard, à compte de la closture de la garenne du Vézinet....... 3000ʰ
22 juin-24 novembre : à Aubert, charpentier, à compte de ses ouvrages (3 p.)........... 2800ʰ
20 juillet : à luy, à compte des offices de Mme de Montespan................... 1000ʰ
17 septembre : à luy, à compte du corps de garde françois................... 1500ʰ

Somme de ce chapitre..... 19362ʰ 14ˢ 4ᵈ

MENUISERIE.

20 janvier : à Buinette, à compte de l'appartement de M. le prince de Marcillac............... 1000ʰ

11 febvrier : à Couvreux, à compte dud. appartement................... 800ʰ
11 febvrier 1674-23 janvier 1675 : à Lavier, à compte de divers ouvrages.................. 9900ʰ
11 octobre : à Drouet, pour ouvrages de la Chancellerie................... 600ʰ

Somme de ce chapitre........ 12300ʰ

SERRURERIE.

20 janvier : à Delobel, à compte de l'appartement de M. le prince de Marcillac............... 200ʰ
11 febvrier : à Louis Delobel, à compte de ses ouvrages................... 800ʰ
22 avril-23 octobre : à Piot, à compte *idem*. 4500ʰ
19 may-11 octobre : à luy, pour parfait payement de 517ʰ 13ˢ 5ᵈ pour la Chancellerie (2 p.)... 517ʰ 13ˢ 5ᵈ
20 juillet : à luy, à compte des divers endroits des chasteaux................... 2200ʰ

Somme de ce chapitre..... 8217ʰ 13ˢ 5ᵈ

VITRERIE, PAVÉ ET PLOMBERIE.

11 febvrier-3 décembre : à Mercier, vitrier, à compte de ses ouvrages (5 p.).............. 3800ʰ
11 octobre : à luy, pour ouvrages de vitrerie à la Chancellerie................... 135ʰ 16ˢ
22 juin-20 juillet : à Adnet, paveur, pour ses ouvrages de pavé (2 p.)................ 491ʰ
24 novembre : à la veuve Mazellines, à compte des conduittes de plomb.............. 1500ʰ
3 décembre : à Marceron, paveur, pour divers ouvrages de pavé................... 206ʰ 9ˢ 8ᵈ
12 febvrier 1675 : à Le Roy, plombier, à compte de divers ouvrages.................. 1000ʰ

Somme de ce chapitre..... 7133ʰ 5ˢ 8ᵈ

PEINTURE, SCULPTURE ET MARBRERIE.

20 janvier : à Goy, à compte de la dorure qu'il fait à Saint-Germain................... 500ʰ
A La Baronnière, à compte de divers ouvrages. 284ʰ
11 febvrier 1674-22 mars 1675 : à Poisson, pour parfait payement de 78549ʰ 17ˢ (5 p.)...... 9128ʰ 17ˢ
27 febvrier : à Misson, Le Grue et Derbais, pour leurs ouvrages de marbrerie.............. 533ʰ 10ˢ
22 mars : à Baudesson, pour trois tableaux de fleurs.................... 900ʰ
Au s^r Loir, pour parfait payement de 10100ʰ pour les ouvrages de l'appartement de Mme de Montespan. 2100ʰ
15 juin : au s^r Rabon, pour le tableau qu'il a fait pour l'autel de la chapelle de Mlle de Blois......... 550ʰ

---

[1] En marge de cet article se trouve cette note : «Cette partie doibt estre registrée fol. 59,» c'est-à-dire à la maçonnerie de Versailles; cependant elle est comprise dans le total de la maçonnerie de Saint-Germain.

23 décembre : à BERTRAND, sculpteur, pour plusieurs ouvrages.. 289ᴛᴛ
10 novembre : à CAFFIERS et LE CLERC, pour ouvrages de sculpture de l'appartement de Mᵐᵉ de Montespan à Saint-Germain....................... 405ᴛᴛ 2ˢ
22 mars 1675 : à PASQUIER, pour deux chambransles et deux foyers de marbre aud. appartement.... 838ᴛᴛ 3ˢ

Somme de ce chapitre..... 15528ᴛᴛ 12ˢ

JARDINAGES ET FOUILLES.

11 febvrier : à LA LANDE, pour 191 journées d'un jardinier................................. 191ᴛᴛ
11 febvrier 1674-22 mars 1675 : à luy, pour parfait payement de 3244ᴛᴛ pour diverses dépenses (3 p.). 2460ᴛᴛ
22 juin-23 octobre : à luy, pour un homme qui a régallé la terrasse (2 p.)..................... 280ᴛᴛ
27 febvrier : à la veuve LA LANDE, pour parfait payement de 1300ᴛᴛ, et pour avoir fourny du fumier...... 300ᴛᴛ
22 avril : à elle, pour diverses dépenses....... 523ᴛᴛ
11 febvrier : à VIOT, pour sable qu'il a fourny.. 80ᴛᴛ
22 juin-20 juillet : à OZANNE, terrassier, à compte de ses ouvrages (2 p.)........................ 1200ᴛᴛ
3 décembre : à DE BRAY, terrassier, pour divers ouvriers.................................... 295ᴛᴛ 5ˢ
17 décembre 1674-12 mars 1675 : à GUITEL, pour parfait payement de 1503ᴛᴛ pour le treillage qu'il fait (2 p.).. 1503ᴛᴛ
12 febvrier 1675 : à FRADE, pour parfait payement de 991ᴛᴛ 18ˢ 6ᵈ pour labours et autres ouvrages. 441ᴛᴛ 18ˢ 6ᵈ

Somme de ce chapitre...... 7274ᴛᴛ 3ˢ 6ᵈ

PARTIES EXTRAORDINAIRES.

11 febvrier : au sʳ PETIT, pour diverses menues dépenses.. 342ᴛᴛ 5ˢ
11 febvrier-2 mars : à OZANNE, pour les ouvriers qui emplissent les glacières (2 p.)........ 556ᴛᴛ 11ˢ 8ᵈ
22 avril-3 décembre : à luy, pour diverses menues dépenses (4 p.)................................ 714ᴛᴛ 11ˢ 9ᵈ
11 febvrier : à DE BRAY, pour âtres et grisles de fer qu'il a fourny.................................. 115ᴛᴛ 18ˢ 9ᵈ
17 décembre : à luy, à compte des arbres qu'il fait arracher................................... 600ᴛᴛ
11 febvrier : à JOURDIN et MESNAGER, pour divers ouvrages..................................... 206ᴛᴛ 7ˢ
23 octobre-3 décembre : à MÉNAGE ¹, pour menues dépenses et divers ouvriers (4 p.)........ 498ᴛᴛ 10ˢ 9ᵈ

¹ Ce nom, qui est écrit tantôt MÉNAGE, tantôt MÉNAGER, est évidemment le même que celui de l'article précédent.

8 febvrier 1675 : à luy, pour les ouvriers qui ont remply les trois glacières............................ 598ᴛᴛ
22 mars : à COLOT, fondeur, pour divers adjustages de fontaines................................. 106ᴛᴛ 15ˢ
17 aoust-27 septembre : à FRADE, à compte du labour des remises de la plaine d'Houilles et grande terrasse (2 p.).. 550ᴛᴛ
24 novembre : à BROC et NOURRY, frotteurs de planchers, pour leurs ouvrages........................ 120ᴛᴛ
A CUCCI, pour garnitures de bronze doré..... 454ᴛᴛ
3 décembre : à ROY, pour avoir frotté et mis en couleur plusieurs planchers................. 276ᴛᴛ 3ˢ 7ᵈ
17 décembre 1674-8 febvrier 1675 : à DE LORMOY², à compte du restablissement de la faizanderie du Val (2 p.)....................................... 375ᴛᴛ
14 aoust : à SOULAIGRE, concierge du vieil chasteau, pour l'entretenement et la propreté des cours et passages dud. chasteau pendant les quatre premiers mois.. 400ᴛᴛ
6 mars : au sʳ GUYMONT, pour soixante-quinze glaces de diverses grandeurs.......................... 852ᴛᴛ 5ˢ

Somme de ce chapitre..... 6756ᴛᴛ 8ˢ 6ᵈ ³

VERSAILLES.

MAÇONNERIE.

20 janvier : à GABRIEL, à compte des ouvrages de maçonnerie de la fontaine de Bacchus......... 1500ᴛᴛ
27 febvrier-23 décembre : à luy, à compte de divers ouvrages (5 p.)................................. 9400ᴛᴛ
27 febvrier 1674-12 mars 1675 : à JEHANNOT⁴, pour réparations en divers endroits (5 p.)....... 3600ᴛᴛ
27 febvrier : à BERGERON le jeune, pour divers ouvrages................................... 1387ᴛᴛ 2ˢ 6ᵈ
A luy, pour réparations de la Mesnagerie. 432ᴛᴛ 13ˢ 9ᵈ
22 avril : à luy, pour parfait payement de 1872ᴛᴛ 8ˢ pour l'aqueduc de la montagne de Picardie... 1372ᴛᴛ 8ˢ
22 juin 1674-22 mars 1675 : à luy, parfait payement de ses ouvrages et réparations (8 p.) 1971ᴛᴛ 7ˢ 9ᵈ
30 juillet-23 octobre : à luy, à compte du déversoir du bout du canal (2 p.)....................... 4700ᴛᴛ
22 avril : à LA FONTAINE, à compte de diverses réparations.. 300ᴛᴛ
22 juin : à luy, pour la bonde du réservoir du haut de la montagne............................... 265ᴛᴛ 10ˢ

² Ou DE LORMÉ.
³ Le total exact est 6766ᴛᴛ 8ˢ 6ᵈ.
⁴ Ce nom est souvent écrit JANOT.

A Bromier, maçon, pour réparations.... 179ᴸ 7ˢ 6ᵈ
23 octobre : à Rossignol, pour ouvrages de crespy du grand escallier......................... 121ᴸ 17ˢ
5 avril - 23 décembre : à Anglard et Girardot, à compte du percement de la montagne (2 p.).......... 4000ᴸ
27 septembre : aux maçons qui ont haussé les murs des magazins de la ferme de Versailles...... 132ᴸ 9ˢ
10 janvier - 1ᵉʳ mars 1675 : à Marc, maçon, pour diverses réparations de cheminées (2 p.)....... 295ᴸ 3ˢ

Somme de ce chapitre.... 47397ᴸ 18ˢ 6ᵈ

CHARPENTERIE ET COUVERTURE.

20 janvier : à Cliquin, à compte de la charpenterie du grand escallier.......................... 800ᴸ
2 mars 1674 - 8 mars 1675 : à Cliquin et Charpentier, à compte de leurs ouvrages (2 p.).......... 4200ᴸ
30 octobre : à Cliquin, pour machines qu'il a faites à voiturer les pisceas et ifs de l'allée Royalle du parc. 1000ᴸ
27 febvrier - 23 octobre : à Godet[1], pour réparations de charpenterie des trois moulins de Clagny (2 p.). 462ᴸ 8ˢ
22 mars : à Potot, pour parfait payement de 792ᴸ 14ˢ 8ᵈ pour les ouvrages qu'il a fait à la Mesnagerie. 592ᴸ 14ˢ 8ᵈ
22 mars 1674 - 12 febvrier 1675 : à Yvon, à compte de ses ouvrages de couverture (5 p.)........ 4565ᴸ 19ˢ
17 aoust : à luy, à compte des escuries le long des pompes................................ 1804ᴸ 2ˢ 6ᵈ
22 avril - 23 octobre : à Le Gendre et Fontenay, pour parfait payement de 15310ᴸ 13ˢ pour la charpenterie des cinq moulins (2 p.)................... 4110ᴸ 13ˢ
17 aoust : à Le Gendre, pour un arbre tournant qu'il a fait au moulin de retour................... 90ᴸ
19 may : à Poitevin, pour divers ouvrages de charpenterie............................. 1726ᴸ 6ˢ
30 octobre : à La Bastide, à compte de ses ouvrages du bout du canal......................... 300ᴸ
24 juillet - 4 aoust : à Battard, pour ses ouvrages de charpenterie de la feste de Versailles (2 p.).... 1000ᴸ
7 octobre : à Petit, charpentier, pour bois qu'il a fourny et ouvrages pour la feste de Versailles.... 4067ᴸ 6ˢ 8ᵈ
A luy, pour augmentation d'ouvrages, *idem*. 718ᴸ 10ˢ
4 mars 1675 : à Boissière et Cosson, couvreurs, pour couvertures de chaume qu'ils ont faites..... 217ᴸ 12ˢ
22 mars 1675 : à Chaudy, pour parfait payement de 638ᴸ............................... 338ᴸ
A Bricart, pour une remise qu'il a faite...... 314ᴸ

Somme de ce chapitre... 26307ᴸ 11ˢ 10ᵈ

[1] Ou Gaudet.

MENUISERIE.

20 janvier - 22 mars : à Dionis, pour divers ouvrages (2 p.)........................... 965ᴸ 15ˢ
24 novembre : à luy, pour revestemens de croisées et chambransles............................. 320ᴸ
12 febvrier 1675 : à luy, pour parfait payement de 19616ᴸ 6ˢ......................... 2616ᴸ 6ˢ
11 febvrier : à du Cors[2], à compte de ses ouvrages pour la sacristie............................. 600ᴸ
11 febvrier - 23 décembre : à luy, à compte de divers ouvrages (3 p.)......................... 2100ᴸ
22 mars : à Barbier, à compte des caisses qu'il fait à Versailles............................ 700ᴸ
20 juillet : à luy, pour parfait payement de 1268ᴸ 10ˢ pour divers ouvrages qu'il a faits......... 868ᴸ 10ˢ
22 mars - 20 juillet : à Couvreux, à compte des armoires pour le garde-meuble (3 p.)........ 3600ᴸ
22 mars : à Alexandre, pour parfait payement de 1420ᴸ pour ses ouvrages de la Surintendance.... 120ᴸ
A Lavien, pour plusieurs bancs qu'il a faits au Labyrinte................................. 678ᴸ
8 juin 1674 - 1ᵉʳ mars 1675 : à luy, à compte de divers ouvrages (2 p.)...................... 1500ᴸ
17 septembre : à luy, pour le bois qu'il a fourny pour la machine des orgues................. 501ᴸ 19ˢ
22 mars - 22 avril : à Buirette, parfait payement de 383ᴸ 10ˢ pour plusieurs restablissemens (2 p.). 383ᴸ 10ˢ
22 avril : à luy, pour parfait payement de 1580ᴸ 17ˢ 6ᵈ pour les ouvrages de l'appartement de M. le prince de Marcillac.............................. 580ᴸ 17ˢ 6ᵈ
19 may - 24 novembre : à luy, à compte de ses ouvrages (2 p.)........................... 1800ᴸ
8 juin : à luy, pour parfait payement de 5677ᴸ 13ˢ 4ᵈ pour ce qu'il a fait à l'oratoire de la Reyne. 577ᴸ 13ˢ 4ᵈ
23 octobre : à luy, pour plusieurs revestemens de croisées et chambransles..................... 332ᴸ
17 - 31 aoust : à luy, pour les menuisiers qui travaillent aux illuminations (2 p.)................. 215ᴸ
22 mars : à Saint-Yves, pour parfait payement de 1172ᴸ 2ˢ pour divers ouvrages qu'il a faits... 24ᴸ 11ˢ
8 juin - 24 novembre : à luy, à compte de ses ouvrages (2 p.)........................... 1000ᴸ
22 mars 1675 : à Saint-Yves et la veuve Tavernier, pour parfait payement de 17703ᴸ 10ˢ 4ᵈ pour divers ouvrages qu'ils ont faits................. 2703ᴸ 10ˢ 4ᵈ
22 avril - 8 juin : à Prou, pour divers ouvrages qu'il a faits (3 p.)......................... 2237ᴸ 10ˢ

[2] Ou du Cor.

ANNÉE 1674. — VERSAILLES.

8 juin : à luy, pour le modelle du grand escallier. 300^{tt}
23 octobre : à luy, pour plusieurs revestemens de croisées et chambransles........................ 540^{tt}
27 septembre : à luy, pour les menuisiers qui travaillent aux illuminations........................ 3837^{tt} 4^s
23 décembre : à luy, pour bordures de tableaux qu'il a fournies................................ 230^{tt}
8 juin - 23 décembre : à La Croix et Bergerat, à compte de leurs ouvrages (3 p.)............ 2600^{tt}
20 juillet : à Danglebert, à compte de la Surintendance................................ 600^{tt}
24 novembre : à luy, pour revestemens de croisées et chambransles........................ 2000^{tt}
A Michel, pour une porte cochère pour la Mesnagerie................................ 160^{tt}
24 juillet - 22 aoust : aux menuisiers qui travaillent aux illuminations (3 p.)............ 3473^{tt} 11^s 10^d
17 aoust : à Lyonnois, pour les menuisiers qui travaillent *idem*.................... 1841^{tt} 16^s 8^d
31 aoust - 7 octobre : à Guéret, *idem* (3 p.).. 9300^{tt}
7 octobre : à Girault, *idem*............ 157^{tt} 14^s
18 octobre : à Chevalier, pour le dédommager de la perte de plusieurs ouvrages qui ont esté consommez par l'incendie qui est arrivé en sa maison.......... 400^{tt}
Somme de ce chapitre..... 49865^{tt} 8^s 8^d

SERRURERIE.

11 febvrier : à Marie et Boutet, à compte de leurs ouvrages................................ 2800^{tt}
22 avril - 23 décembre : aud. Marie, à compte de ses ouvrages (5 p.)........................ 8320^{tt}
19 may - 17 aoust : aud. Boutet, *idem* (3 p.). 2500^{tt}
7 octobre : à Seclet et Marie, pour cinq cents petits ressorts de fer pour les illuminations....... 105^{tt} 10^s
11 febvrier 1674 - 1er mars 1675 : à Picart, à compte de ses ouvrages (7 p.)............... 6633^{tt}
30 octobre : à luy et Monnerie, pour parfait payement de 1620^{tt}............................ 520^{tt}
26 mars - 4 novembre : à Delobel, à compte de ses ouvrages (4 p.)........................ 12500^{tt}
20 juillet - 17 aoust : à Nicolie, à compte des portes de fer qu'il fait (2 p.).................... 1500^{tt}
17 aoust : à Hardy, à compte de ses ouvrages.. 900^{tt}
17 septembre : à Rombault, *idem*............ 453^{tt}
30 octobre : à Castel et Cuvillier, pour la diligence extraordinaire qu'ils ont faite à deux portes de fer. 120^{tt}
30 octobre - 23 décembre : à Goudignon, pour une porte de fer qu'il a faite (2 p.)............ 1226^{tt} 5^s
11 juillet : à Monnery [1], à compte d'une porte de fer qu'il fait................................ 500^{tt}
24 octobre : à Pasquier, pour 3500 visses avec leurs escrous qu'il a fournies................. 612^{tt} 10^s
Somme de ce chapitre....... 38690^{tt} 5^s

VITRERIE.

20 janvier 1674 - 10 janvier 1675 : à la veuve Longet, à compte de ses ouvrages et réparations (7 p.). 12900^{tt}

PEINTURE ET DORURE.

11 febvrier 1674 - 22 mars 1675 : à Goy, pour divers ouvrages de peinture et dorure qu'il fait (5 p.).. 5332^{tt}
11 febvrier - 17 septembre : à Boulogne, à compte des ouvrages des attiques (3 p.)............ 1900^{tt}
27 febvrier : à La Baronnière le jeune, à compte de ses ouvrages à la détrempe en divers endroits.. 73^{tt} 2^s
23 octobre 1674 - 12 febvrier 1675 : à La Baronnière, pour grosses peintures (2 p.)........ 1129^{tt}
27 febvrier - 23 octobre : à de Lanc, pour parfait payement de 7208^{tt} pour ses ouvrages du Labyrinte de Versailles (4 p.)........................ 2508^{tt} 10^s
23 octobre : à luy, pour ouvrages de fontaines. 929^{tt}
22 juin : à luy et Herman, à compte de leurs ouvrages à Versailles................................ 400^{tt}
22 mars - 9 novembre : à Coypel, à compte des plats fonds qu'il fait (3 p.).................... 2300^{tt}
22 mars : à Baudesson, pour trois tableaux à fleurs qu'il a faits........................ 1008^{tt}
19 may - 23 décembre : à de Sève, à compte de ses ouvrages de la chambre de la Reyne (4 p.).. 1700^{tt}
20 juillet : à luy, à compte de la pièce ionique. 400^{tt}
23 décembre : à de Sève et Houasse, à compte de leurs ouvrages................................ 600^{tt}
19 may - 17 septembre : à Loir, à compte de l'antichambre de la Reyne (3 p.)............ 1800^{tt}
A Corneille, à compte de l'antichambre (2 p.). 600^{tt}
A Vignon, à compte de la salle des gardes (2 p.). 600^{tt}
A Paillet, *idem* (2 p.)................. 600^{tt}
A Nocret, à compte du cabinet du Roy (2 p.). 600^{tt}
A Champagne, à compte de l'antichambre du Roy (2 p.)................................ 900^{tt}
19 may : à Audran, Houasse et Jouvenet, à compte de leurs ouvrages........................ 600^{tt}
8 juin - 23 décembre : à Gontier, à compte de ses ouvrages de peinture de la pièce ionique (3 p.).... 2000^{tt}

---

[1] C'est évidemment le Monnerie qui figure plus haut avec Picart.

8 juin-24 décembre : aux Le Moyne, à compte de leurs ouvrages (3 p.).................. 1818ᴧᴧ 18ˢ
20 juillet : à eux, à compte de la pièce octogone. 2200ᴧᴧ
17 aoust : à eux, pour la peinture de douze devants de cheminées des grands appartemens........ 1000ᴧᴧ
8 juin-17 septembre : à de la Fosse, à compte de ses ouvrages de la chambre du Roy (2 p.)....... 700ᴧᴧ
A Blanchard, idem (2 p.)............... 700ᴧᴧ
22 juin : à Houasse, à compte de ses ouvrages. 400ᴧᴧ
6 juillet : à Rossignol, pour les ouvriers qui ont crespy, enduit et peint à fresque le grand escallier... 482ᴧᴧ 15ˢ
20 juillet-23 décembre : à Friquet, à compte de la pièce ionique (2 p.).................. 700ᴧᴧ
20 juillet-24 décembre : à Tiercelin, pour parfait payement de 478ᴧᴧ pour divers ouvrages (2 p.)... 478ᴧᴧ
17 aoust : à Bailly, restablissement de peinture. 290ᴧᴧ
23 octobre 1674-22 mars 1675 : à Bailly, pour parfait payement de ses ouvrages de peinture (2 p.)... 2600ᴧᴧ
23 octobre : à Trottier et Goujeon, pour la dorure de deux portes de fer de dessous la terrasse...... 600ᴧᴧ
A La Porte, doreur, pour quatre portes de fer qu'il a dorées................... 1200ᴧᴧ
20 juillet : à Charmeton, à compte des ouvrages des illuminations................... 3400ᴧᴧ
31 octobre : à la veuve et héritiers de Charmeton, peintre, pour parfait payement de 10119ᴧᴧ pour les ouvrages qu'il a faits aux illuminations........... 6719ᴧᴧ
24 juillet-7 octobre : à Rambour et Simon, pour leurs ouvrages idem (4 p.)............. 4413ᴧᴧ 19ˢ 6ᵈ
24 juillet : à Barrot, idem (4 p.)....... 2984ᴧᴧ 1ˢ
4 aoust-12 septembre : à luy et Jumel, pour leur remboursement de leurs ouvrages (2 p.)..... 3032ᴧᴧ 10ˢ
17 aoust-7 octobre : à Jumel, idem (3 p.). 3323ᴧᴧ 9ˢ
4 aoust : à Anguier, à compte de divers desseins. 200ᴧᴧ
22 aoust : à Yvart, pour fournitures pour lesd. peintres...................... 860ᴧᴧ 10ˢ
22 aoust-23 décembre : à Cuxac, pour ses ouvrages (3 p.)......................... 2057ᴧᴧ
12 septembre : à plusieurs peintres, idem.. 3067ᴧᴧ 2ˢ

Somme de ce chapitre... 69106ᴧᴧ 16ˢ 6ᵈ [1]

SCULPTURE ET FIGURES DE PLOMB ET ESTAIN.

20 janvier : à Girardon, à compte du socle qu'il fait pour la Grotte..................... 2000ᴧᴧ
19 may : à luy, à compte de deux figures des Douze Mois........................ 400ᴧᴧ
8 juin : à luy, à compte du grand escallier.... 300ᴧᴧ

[1] Le total exact est 68106ᴧᴧ 16ˢ 6ᵈ.

23 décembre : à luy et Regnaudin, à compte de leurs ouvrages........................ 800ᴧᴧ
20 janvier : aux Marsy, à compte du socle de la Grotte................................ 1400ᴧᴧ
11 febvrier-23 octobre : à eux, à compte de la fontaine de Bacchus (4 p.)............. 8500ᴧᴧ
11 febvrier : à eux, pour le restablissement qu'ils ont fait........................ 140ᴧᴧ
19 may : à eux et consors, à chacun 200ᴧᴧ... 1200ᴧᴧ
19 may-20 juillet : à eux, à compte des ouvrages de stuc du platfondz de l'appartement bas (3 p.)... 1600ᴧᴧ
2 juin : à eux, pour parfait payement de 1830ᴧᴧ. 630ᴧᴧ
17 septembre : à eux, pour divers masques... 515ᴧᴧ
24 novembre : à eux, pour parfait payement de la somme de 1400ᴧᴧ.................... 600ᴧᴧ
23 décembre : à eux, à compte de leurs ouvrages. 400ᴧᴧ
8 juin : à Marsy et Guérin, à compte de leurs ouvrages au grand escallier................. 300ᴧᴧ
20 janvier : à Guérin, à compte du socle de la Grotte................................ 1400ᴧᴧ
20 janvier-23 octobre : à Regnaudin, à compte des ornemens de la fontaine de Cœrès (5 p.)...... 7900ᴧᴧ
17 septembre : à luy, pour réparations de stuc.. 85ᴧᴧ
8 juin : à Regnaudin et Le Hongre, à compte du grand escallier........................ 300ᴧᴧ
19 may : à Le Hongre, à compte de deux figures des Douze Mois........................ 400ᴧᴧ
2 juin : à luy, pour parfait payement de 2940ᴧᴧ. 140ᴧᴧ
22 juin-17 aoust : à luy, à compte de la pièce ionique (2 p.)......................... 600ᴧᴧ
24 novembre : à luy, à compte de ses ouvrages de stuc........................... 600ᴧᴧ
15 novembre : à luy, à compte de ses ouvrages à la pièce octogone...................... 800ᴧᴧ
1ᵉʳ mars 1675 : à luy, pour les ornemens de cinq clefs de croisées........................ 200ᴧᴧ
23 décembre : à Le Hongre et consors, à compte des figures du parterre d'eau, à chacun 300ᴧᴧ [2] 3000ᴧᴧ
20 janvier 1674-6 febvrier 1675 : à Baptiste, à compte de la fontaine de Flore (5 p.)........ 7500ᴧᴧ
11 febvrier-23 octobre : à luy, pour parfait payement de 2955ᴧᴧ pour les figures de plomb du Labyrinte de Versailles (3 p.)...................... 1355ᴧᴧ
22 mars-17 aoust : à luy, à compte du grouppe de la fontaine de la Terrasse (2 p.)............. 2100ᴧᴧ

[2] On a écrit à côté de cet article la note suivante : «Nota. «Buister en a eu 300ᴧᴧ qui luy ont esté compté dans son payement : Gaspard Marsy en a eu 300ᴧᴧ comptez idem.»

ANNÉE 1674. — VERSAILLES.

19 may : à luy, à compte des chevaux marins qu'il fait.................................... 2000ʰ

A luy, à compte de deux figures des Douze Mois. 400ʰ

8 juin - 20 juillet : à luy [1], à compte de la fontaine de l'escallier (2 p.)....................... 1000ʰ

17 aoust - 23 décembre : à luy, à compte du grand escallier (2 p.)............................. 1100ʰ

23 octobre - 23 décembre : à luy, à compte de ses ouvrages (2 p.)............................. 1800ʰ

12 febvrier 1675 : à luy, pour parfait payement de 5598ʰ 18ˢ.......................... 1998ʰ 18ˢ

20 janvier : à Poissant, pour diverses réparations. 75ʰ

8 juin : à Poissant et Sanson, à compte de la corniche qu'ils font.................................... 500ʰ

20 juillet - 24 novembre : à eux, pour parfait payement de 7986ʰ pour leurs ouvrages de stuc (3 p.)... 2314ʰ

11 febvrier : à Mazelines, à compte des figures de plomb du Labyrinte............................ 1000ʰ

27 febvrier : à luy, pour restablissement qu'il a fait aud. lieu................................. 150ʰ

2 juin : à luy, pour parfait payement de 9880ʰ. 2580ʰ

8 juin - 24 novembre : à luy, à compte du grand escallier (3 p.)............................. 2200ʰ

8 febvrier 1675 : à luy, pour les ornemens des clefs des croisées............................... 280ʰ

22 mars 1675 : à luy, parfait payement de 4500ʰ. 2300ʰ

27 febvrier : à Le Gros, à compte des figures de plomb du Labyrinte.............................. 600ʰ

22 mars : à luy, pour parfait payement de 800ʰ pour six masques et six consoles de plomb et estain pour le Marais.................................... 500ʰ

22 avril : à luy, à compte des ornemens du Théâtre.. .... 600ʰ

2 juin : à luy, pour parfait payement de 6870ʰ. 1970ʰ

22 juin - 23 octobre : à luy, parfait payement de la figure d'Ésope pour le Labyrinte (3 p.)....... 900ʰ

22 mars 1675 : à luy, pour avoir restauré les enfans de l'allée d'eau et du Théâtre.............. 120ʰ

17 septembre : à luy et Massou, pour masques qu'ils ont faits aux clefs des croisées............ 210ʰ

8 juin : à Massou et Houzeau, à compte de la fontaine du grand escallier........................ 300ʰ

22 mars : à Massou, à compte des figures du Labyrinte................................... 1000ʰ

[1] Ici le scribe a remplacé le nom de Baptiste par celui de Tuby, qui s'applique au même individu, mais qui ne figure qu'une seule fois dans ce chapitre.

22 avril : à luy, à compte des ornemens du Théâtre..................................., 650ʰ

2 juin : à luy, pour parfait payement de 7930ʰ. 3030ʰ

27 febvrier : à Houzeau, à compte des figures de plomb du Labyrinte............................ 600ʰ

22 avril : à luy, pour parfait payement de 2170ʰ. 670ʰ

2 juin : à luy, pour parfait payement de 9080ʰ. 1880ʰ

27 febvrier : à Francisque, pour la sculpture de vingt-un bancs du Labyrinte.................... 544ʰ

17 septembre : à la veuve Francisque, pour la sculpture de six bancs.......................... 220ʰ

27 febvrier : à Magnier, pour quatre masques des clefs des croisées............................ 140ʰ

2 juin : à luy, pour parfait payement de 700ʰ. 550ʰ

22 avril : à Desjardins, à compte des ornemens du Théâtre.................................. 650ʰ

2 juin : à luy, pour parfait payement de 3650ʰ. 550ʰ

23 décembre : à luy, pour quatre masques des clefs des croisées.............................. 120ʰ

8 juin : à luy et consors, à compte du grand escallier 300ʰ

23 octobre : à luy et autres sculpteurs, à compte des Douze Mois................................ 1200ʰ

2 juin : à Drouilly, pour parfait payement de 800ʰ pour ses ouvrages du Labyrinte............. 550ʰ

A La Perdrix, pour un oyseau qu'il a fait idem.. 50ʰ

A Raon, pour parfait payement de 880ʰ...... 630ʰ

8 juin : à Raon et Magnier, à compte du grand escallier................................... 300ʰ

A Dossier, parfait payement de 800ʰ........ 550ʰ

A Herard, idem de 300ʰ.................. 150ʰ

2 juin : à Blanchard, idem de 2920ʰ.......... 420ʰ

2 juin : à Utinot, idem de 876ʰ............ 576ʰ

7 juin : à Utinot et Lespagnandel, à compte du grand escallier................................. 300ʰ

8 juin - 17 septembre : à Utinot et Bernard, pour parfait payement de 760ʰ pour la corniche de stuc qu'ils ont faite (2 p.)............................ 760ʰ

8 juin - 23 octobre : à Caffiens et Lespagnandel, à compte du grand escalier et pour les ouvrages qu'ils ont faits (2 p.)............................. 540ʰ

17 septembre - 23 décembre : à Caffiers, à compte des ornemens de l'escallier (2 p.)............ 1500ʰ

12 febvrier 1675 : à luy, pour bordures..... 401ʰ

8 juin - 24 novembre : à Legeret, pour parfait payement de 1988ʰ pour le grand escallier (2 p.).. 1988ʰ

23 octobre : à luy, à compte des fables d'Esope. 2200ʰ

22 mars 1675 : à luy, pour parfait payement de 1000ʰ.................................. 800ʰ

8 juin : à Anguier, pour le modelle du grand escallier............................... 500#

22 juin : à Buister, pour trois masques qu'ils ont faits................................ 105#

17 aoust 1674-22 mars 1675 : à Jouvenet, pour parfait payement de 840# pour ses ouvrages (2 p.).. 840#

22 mars 1675 : à luy, pour parfait payement de 5595#............................. 95#

Somme de ce chapitre...... 95421# 18ˢ

MARBRERIE.

20 janvier-26 décembre : à Misson, Le Grue et Derbais, à compte des marches et du pavé des palliers du grand escallier (10 p.)................ 35436# 13ˢ

27 febvrier-8 juin : à eux, à compte du cabinet des bains (3 p.)........................ 4500#

19 may : à eux, à compte de la pièce ionique. 1500#

A eux, à compte de leurs ouvrages......... 1500#

20 janvier : à Pasquier, pour ouvrages fournis à la Chancellerie............................. 910#

22 mars 1674-18 febvrier 1675 : à luy, à compte de ses ouvrages (7 p.)...................... 8900#

22 mars : à luy, pour avoir posé plusieurs contrecœurs de cheminées...................... 85#

20 juillet : à luy, pour divers restablissemens.. 369#

11 febvrier : à Hanucre, à compte du sallon de l'appartement de la Reyne................... 1000#

20 juillet-23 octobre : à luy, à compte de ses ouvrages (2 p.)............................. 2100#

11 febvrier : à Ménard, à compte du sallon de l'appartement du Roy....................... 2800#

19 may-24 novembre : à luy, à compte de ses ouvrages (4 p.).......................... 7800#

23 décembre : à Pierre et Nicolas Ménard, à compte de leurs ouvrages...................... 500#

22 mars-23 décembre : à du Chesnoy, à compte de ses ouvrages (5 p.)...................... 2100#

19 may-23 décembre : à Desaigre[1], à compte de ses ouvrages (3 p.)........................ 1300#

22 juin-23 décembre : à Mathaut, à compte du grand escallier (4 p.)........................ 3600#

Somme de ce chapitre...... 74400# 13ˢ

PLOMBERIE ET CONDUITTES DE PLOMB ET DE FER.

20 janvier : à Le Roy, à compte de la conduitte de la salle des festins........................ 5400#

A luy, à compte du restablissement qu'il fait.. 3000#

22 avril 1674-1ᵉʳ febvrier 1675 : à luy, à compte de ses ouvrages (11 p.).................... 24200#

20 janvier 1674-5 febvrier 1675 : à Allain, à compte de diverses conduites (7 p.).............. 15500#

17 septembre : à luy, pour parfait payement de 7670# 12ˢ pour les ouvrages qu'il a faits pendant l'année dernière 1673................... 3270# 12ˢ

20 janvier : à la veuve Mazelines, à compte de la fontaine de Bacchus...................... 4200#

11 febvrier : à elle, pour réparations des thuyaux du Labyrinte............................. 269# 16ˢ

22 avril-23 décembre : à elle, à compte de ses ouvrages (6 p.)......................... 7100#

27 febvrier 1674-22 mars 1675 : à elle, pour plusieurs journées de ses ouvriers (2 p.)............. 444#

20 janvier : à Denis, pour diverses réparations et fournitures.............................. 873# 5ˢ 8ᵈ

20 janvier-24 novembre : à luy, à compte du restablissement qu'il fait (8 p.).............. 7277# 8ˢ

27 febvrier-17 septembre : à Muzard, à compte des conduittes de fer qu'il pose (3 p.)........... 5200#

2 juin : à luy, parfait payement de 50085#.. 9885#

11 septembre : à luy, pour parfait payement de 15008# 3ˢ 4ᵈ........................... 10508# 3ˢ 4ᵈ

20 juillet-23 décembre : à Vitry, à compte de ses ouvrages (4 p.)......................... 3500#

22 mars 1675 : à luy, pour parfait payement de 3121# 12ˢ 9ᵈ............................ 1618# 12ˢ 9ᵈ

17 aoust 1674-2 febvrier 1675 : à Popinet, pour posage de thuyaux de fer (2 p.)............. 1866# 17ˢ

17 septembre : à Feuillastre, pour le restablissement d'une conduitte de graisserie............. 154# 18ˢ

21 novembre-5 décembre : à Coulon, à compte des thuyaux de fer qu'il fournit (2 p.)......... 4300#

Somme de ce chapitre... 108568# 12ˢ 9ᵈ

PAVÉ.

20 janvier 1674-11 janvier 1675 : à Marchand, à compte de ses ouvrages de pavé (5 p.)...... 22500#

11 febvrier-19 may : à Vatel, idem (3 p.).. 4200#

22 juin-20 juillet : auxd. Marchand et Vatel, idem (3 p.)................................ 8500#

Somme de ce chapitre.......... 35200#

JARDINAGES.

20 janvier-29 septembre : à Vaultier, jardinier du potager, pour achat de fumiers et diverses dépenses (3 p.).............................. 1420# 16ˢ

---
[1] Ou Dezègre.

ANNÉE 1674. — VERSAILLES.

2 mars : à Rigault, à compte des pisceas de la grande allée................................. 800ᵗᵗ

22 mars : à Houdouin, pour les ouvriers qui ont travaillé aux pépinières jusqu'au 3 febvrier...... 204ᵗᵗ 9ˢ

22 avril : à luy, pour divers ouvrages..... 642ᵗᵗ 15ˢ

22 avril 1674-18 febvrier 1675 : à Colinot, à compte des treillages qu'il fait (2 p.)............. 1304ᵗᵗ 15ˢ

23 octobre-3 décembre : à luy, pour divers ouvrages (5 p.)..................................... 2426ᵗᵗ

30 avril : à divers ouvriers qui ont travaillé dans l'allée Royalle................................. 3364ᵗᵗ

6 juillet 1674-10 janvier 1675 : aux ouvriers qui ont fait divers ouvrages (3 p.)............ 5110ᵗᵗ 18ˢ

27 septembre : à divers ouvriers jardiniers qui ont travaillé pour les illuminations............. 2522ᵗᵗ 4ˢ

18 febvrier 1675 : à Dupuis, à compte des rigolles qu'il fait..................................... 1000ᵗᵗ

22 mars 1675 : à luy et Houdouin, pour parfait payement de 6150ᵗᵗ 5ˢ 8ᵈ.................. 3150ᵗᵗ 5ˢ 8ᵈ

Somme de ce chapitre..... 21946ᵗᵗ 2ˢ 8ᵈ

FOUILLES ET TRANSPORTS DE TERRE.

20 janvier : à Bette, pour parfait payement de 851ᵗᵗ 16ˢ pour la fouille qu'il a faite au déversoir de l'estang du Val... 551ᵗᵗ 16ˢ

1ᵉʳ aoust : à Bette et Bonnissant, à compte du bout du canal.. 300ᵗᵗ

23 décembre : à Boursault et Bette, pour parfait payement de 1410ᵗᵗ 15ˢ................. 910ᵗᵗ 15ˢ

20 janvier : à Boursault, à compte de la fouille de la fontaine de Bacchus..................... 200ᵗᵗ

11 febvrier-3 décembre : à luy, à compte des terres qu'il porte dans la grande avenue et du régallement qu'il fait (9 p.)........................... 5234ᵗᵗ 15ˢ

22 juin : à luy, pour parfait payement de 668ᵗᵗ 5ˢ 6ᵈ. 365ᵗᵗ 5ˢ 6ᵈ

17 aoust : à luy et consors, pour parfait payement de 1878ᵗᵗ 8ˢ pour le régallement qu'ils ont fait... 678ᵗᵗ 8ˢ

17 septembre : à luy et consors, à compte de la fouille qu'ils font (2 p.)........................... 1300ᵗᵗ

23 octobre : à eux, pour parfait payement de la somme de 2653ᵗᵗ 11ˢ........................... 1653ᵗᵗ 11ˢ

A eux, pour l'augmentation du conroy du bassin du Dosme..................................... 306ᵗᵗ 12ˢ 6ᵈ

26 janvier 1675 : à luy, pour divers ouvrages. 955ᵗᵗ

23 décembre 1674-18 febvrier 1675 : à Boursault et Bonnissant, à compte de leurs ouvrages (2 p.).. 2000ᵗᵗ

11 febvrier : à Bonnissant, à compte du transport qu'il fait.. 184ᵗᵗ

11 febvrier : à Maron et consors, pour parfait payement de 8814ᵗᵗ pour le transport de terre pour le nouveau chemin.................................. 2014ᵗᵗ

A eux, pour parfait payement de 1400ᵗᵗ pour le transport qu'ils ont fait à l'aqueduc du moulin de retour. 200ᵗᵗ

17 aoust-17 septembre : à eux, à compte des transports qu'ils font (2 p.).................... 2300ᵗᵗ

23 octobre : à Maron et Clinet, pour parfait payement de 5399ᵗᵗ 12ˢ....................... 2099ᵗᵗ 12ˢ

11 febvrier : à Loistrou et Chaussée, à compte de leurs ouvrages................................. 1100ᵗᵗ

22 juin : à eux, à compte de la Chancellerie.. 177ᵗᵗ

23 octobre-15 décembre : à eux, à compte du réservoir de Glatigny (5 p.).................. 2610ᵗᵗ

22 avril : aud. Chaussée, à compte des terres qu'il porte... 300ᵗᵗ

A Houet et consors, à compte des tranchées qu'ils font.. 300ᵗᵗ

19 may : à Popinet, pour diverses tranchées qu'il a faites.. 96ᵗᵗ 11ˢ

22 juin : à Houdouin et Dupuis[1], à compte des labours des advenues........................... 1000ᵗᵗ

27 septembre 1674-1ᵉʳ mars 1675 : à eux, à compte de leurs labours aux grands et menus plans (3 p.). 2300ᵗᵗ

30 octobre 1674-23 janvier 1675 : à Houdouin, à compte des conduittes qu'il fait (3 p.)...... 1500ᵗᵗ

18 febvrier 1675 : à luy, pour les ouvriers qui ont labouré les pépinières et remises.......... 861ᵗᵗ 13ˢ

24 novembre 1674-11 mars 1675 : à Trumel et Dupuy, à compte de leurs ouvrages au régallement du tour du canal (3 p.)............................... 9200ᵗᵗ

20 juillet 1674 : à Colinot, pour diverses tranchées et rigolles................................. 998ᵗᵗ 14ˢ

23 janvier 1675 : à luy, à compte des fouilles pour la salle des festins................................ 300ᵗᵗ

23 octobre 1674-4 janvier 1675 : à Vannier et Petit, à compte du régallement du tour du canal (2 p.). 7900ᵗᵗ

27 septembre : à Bonnet et consors, à compte du bout du canal.. 172ᵗᵗ 5ˢ

23 décembre 1674-5 janvier 1675 : à Benoist et consors, à compte de leurs ouvrages (2 p.)...... 3600ᵗᵗ

Somme de ce chapitre...... 77159ᵗᵗ 18ˢ

OUVRAGES DE CUIVRE.

20 janvier 1674-23 febvrier 1675 : à Cuccy, à compte des garnitures de bronze pour les portes et fenestres des appartemens (4 p.)........................ 7100ᵗᵗ

---
[1] Ou Dupuy.

8 juin-20 juillet : à luy, à compte de la balustrade du grand escallier (2 p.)..................... 1500#
20 janvier : à LE LOUP, pour vingt-quatre adjustages pour les fontaines..................... 106#
A LE MAIRE, pour parfait payement de 1294# 18' pour une manivelle de cuivre qu'il a faite... 994# 18'
11 febvrier : à luy, pour divers ouvrages.. 866# 15'
11 febvrier 1674-4 janvier 1675 : à luy, à compte des adjustages qu'il fait (8 p.).............. 10600#
27 febvrier : à luy, pour parfait payement de 4522# 2' pour les ouvrages qu'il a faits pendant l'année 1672 jusques au 16 novembre de l'année 1673.... 722# 2'
27 febvrier : à LESCHIQUIER, chaudronnier, pour parfait payement de 2069# 10' pour ses ouvrages... 869# 10'
22 avril 1674-4 mars 1675 : à luy, pour divers ouvrages (6 p.)..................... 7915# 18'
22 mars : à DU VAL, parfait payement de 6020#. 20#
A NOIRET, pour fournitures pour les fontaines.. 170#
24 novembre : à luy, pour diverses fournitures. 244# 3'
17 septembre : à la veuve SIFFAIT, pour godets du moulin de retour..................... 314# 5'
23 octobre : à MASSELIN, pour parfait payement de 3204#.......................... 2304#
3 octobre : à COLOT, pour divers adjustages qu'il a livrez........................ 806#

Somme de ce chapitre..... 34331# 11' [1]

GAGES ET ENTRETENEMENS DES OFFICIERS.

Néant.

VAISSEAUX SUR LE CANAL.

27 febvrier : à COURTOIS, pour parfait payement de 2138# 5' pour les cordages qu'il a fourny pour le grand vaisseau..................... 1338# 5'
22 avril : à FRANCART, pour parfait payement de 800# pour avoir restably la peinture et dorure dud. grand vaisseau..................... 500#
A MAZELINES, sculpteur, pour parfait payement de 1686# 15' idem..................... 386# 15'
22 juin : à PAQUIÉ, pour diverses fournitures qu'il a faites..................... 266#
2 may 1674-10 mars 1675 : au s' CONSOLIN, capitaine des vaisseaux qui sont sur le canal, pour une année de ses gages et des autres officiers et matelots qui servent sur lesd. vaisseaux (4 p.)........ 16685# 8'
3 octobre : à luy, pour plusieurs mariniers extraordinaires, à cause des illuminations........ 2560# 10'

6 febvrier 1675 : à luy, pour plusieurs mariniers qu'il a retenus pendant le séjour du Roy........... 1275#

Somme de ce chapitre...... 23011# 18'

PARTIES EXTRAORDINAIRES.

20 janvier-22 avril : à BETTE, pour le parfait payement du conroy de la fontaine de Bacchus (2 p.).... 1012#
22 avril : à luy, pour le conroy qu'il a fait au réservoir de La Lourcey..................... 123# 17'
20 janvier : à HOUDOUIN et DUPUIS, à compte des labours des advenues..................... 800#
17 aoust : à HOUDOUIN, pour le labour de vingt-deux remises à gibier..................... 206#
20 janvier : à POTEL, taillandier, pour avoir garny une manivelle..................... 532#
A BOURSAULT, pour reste de de 957# 10' pour le conroy des deux petits bassins du parterre d'eau. 557# 10'
17 septembre-4 décembre : à luy, pour divers ouvrages (2 p.)..................... 2785# 8' 6'
17 aoust : à BOURSAULT et MÉNAGE, pour diverses dépenses..................... 2185# 11' 4'
20 janvier-22 avril : aux LIARD, taupiers, pour les taupes qu'ils ont prises (2 p.)............ 652# 4'
11 febvrier-22 avril : à BAILLY, pour les escriteaux des fontaines du Labyrinthe (2 p.)............. 914#
11 febvrier : à BRIOT, miroitier, pour parfait payement de 1919# 10'..................... 1319# 10'
20 juillet : à luy, pour les glaces qu'il a posées. 427# 4'
27 febvrier-22 mars : à COLIN, pour divers ouvrages (2 p.)..................... 3296# 5'
27 febvrier-22 avril : à BERTHIER[2], à compte de ses ouvrages de rocailles (2 p.).............. 600#
22 juin : à luy, pour reste de 1513# 8' pour le restablissement qu'il a fait en 1672 de la Grotte.... 713# 8'
20 juillet : à BERTHIER, à compte des rocailles du Labyrinthe..................... 650#
23 octobre : à luy, pour parfait payement de la somme de 6196# 15'..................... 1296# 15'
8 febvrier 1675 : à luy, pour restablissement de rocailles..................... 212# 10'
27 febvrier 1674-22 mars 1675 : à BRISSEAU, ferblannier, pour parfait payement de ses ouvrages de laton et de fer blanc (4 p.)..................... 2272# 17' 6'
22 mars : à LE ROUX, pour voitures de pierres pour les escalliers..................... 309#
27 mars-22 juin : à BERSAUCOURT, epinglier, à compte de ses ouvrages de fil de laton (2 p.)........ 1600#

[1] Le total exact est 34533# 11'.

[2] Ou BERTIER.

ANNÉE 1674. — VERSAILLES.

8 juin : à luy, pour parfait payement de 1785ᴸ 8ˢ pour ses ouvrages depuis 1662 jusqu'en 1673ᴸ. 615ᴸ 8ˢ

27 mars : à Bremier, pour le restablissement de plusieurs planchers......................... 80ᴸ

A Potery, pour deux colonnes de pierres qu'il a fournies................................... 600ᴸ

22 avril : à Testu et Thevenot, pour les grais qu'ils ont enlevé et ferré....................... 150ᴸ

A Vallée, pour vingt grands contre-cœurs de cheminée............................. 1768ᴸ 18ˢ

22 may 1674-1ᵉʳ mars 1675 : à divers ouvriers qui ont travaillé en divers endroits (10 p.).. 19960ᴸ 18ˢ 6ᵈ

10 juillet : à divers ouvriers, à eux accordé à cause de la diligence qu'ils ont faite aux ouvrages du chasteau. 242ᴸ

15 juillet : aux ouvriers qui travaillent au restablissement de la terrasse.................. 314ᴸ 10ˢ 6ᵈ

30 aoust : à ceux qui ont travaillé aux coustures des toilles du pallais de Thétis................. 355ᴸ 10ˢ

15 janvier 1675 : à divers ouvriers, pour avoir remply les glacières................... 1165ᴸ 18ˢ

8 juin : à Padelain, pour avoir ramonné plusieurs cheminées........................ 321ᴸ 4ˢ

8 juin-23 octobre : à Messier, pour du bois qu'il a fourny (2 p.)....................... 791ᴸ 18ˢ

22 juin-17 aoust : à Darly, pour avoir vuidé plusieurs fosses (2 p.)........................ 378ᴸ 6ˢ

20 juillet : à Davignon, pour sable de rivière qu'il a fourny............................... 123ᴸ 1ˢ

20 juillet-23 octobre : à Duez, pour parfait payement de 920ᴸ 10ˢ pour le restablissement des bassins de la Mesnagerie (2 p.)..................... 920ᴸ 10ˢ

20 juillet-23 octobre : à la veuve Noisette, à compte des voitures qu'elle fait (2 p.)............. 1200ᴸ

20 juillet : à Henoc, pour le restablissement de l'orgue de la Grotte...................... 150ᴸ

A Popinet, pour avoir regarny les rondelles de la pompe des Chapelets.................... 53ᴸ 10ˢ

A Feuillastre et Martinet, pour parfait payement de 3310ᴸ 11ˢ pour le conroy qu'ils ont fait.... 210ᴸ 11ˢ

17 septembre : à Feuillastre, à compte du conroy de la fontaine de Saturne................ 300ᴸ 15ˢ

20 juillet : à Julin, pour bois qu'il a fourny pour le grand escallier....................... 372ᴸ 18ˢ

A Baudouin, pour cuir de vache......... 406ᴸ 10ˢ

24 novembre : à luy, pour douze cuirs de vaches. 400ᴸ

23 juillet-23 décembre : à Germain, pour parfait payement de 1793ᴸ pour achat de fleurs pour les appartemens du Roy et de la Reyne (2 p.)......... 1793ᴸ

5 aoust : à Rigault, pour parfait payement de 11524ᴸ 3ˢ pour avoir fait arracher et voiturer de plusieurs endroits les ifs et pisceas de l'allée Royalle........ 10724ᴸ 3ˢ

17 aoust : à Gole, à compte des estrades de bois de rapport qu'il fait....................... 300ᴸ

A Macé, *idem*........................ 300ᴸ

A Boulle, *idem*....................... 300ᴸ

17 septembre : à Noiret, pour six grands contre-cœurs................................. 612ᴸ

17 aoust : à luy, pour diverses fournitures. 2457ᴸ 4ˢ

17 septembre : à Dauvergne, pour diverses dépenses qu'il fait................... 537ᴸ 0ˢ 8ᵈ

23 octobre : à Le Roux, pour parfait payement de 8316ᴸ 17ˢ pour les terrines de suif qu'il a fournies pour les illuminations................... 4316ᴸ 17ˢ

17 aoust-23 octobre : à Chesneau, voiturier, pour parfait payement de voitures qu'il a faites (2 p.).. 2758ᴸ

17 aoust-23 octobre : à Choplet, marchand de bois, pour parfait payement de ses fournitures (2 p.). 7878ᴸ

23 octobre-3 décembre : à Frichot, pour diverses fournitures (2 p.)..................... 285ᴸ 1ˢ

24 novembre : à Thoinette Crespin, lingère, pour treillis qu'elle a fourny................... 287ᴸ

30 aoust : à elle, pour toilles et bannes *idem*.. 2238ᴸ

24 novembre : à Le Roy, pour nattes...... 201ᴸ 4ˢ

20 juillet : à Chauvet, marchand de bois, à compte de ses fournitures de bois.................. 300ᴸ

16 septembre : à luy, pour dosses de batteaux. 358ᴸ

20 juillet : à Boussenot, à compte de l'artifice qu'il fait pour les illuminations................. 1350ᴸ

14 novembre : à Gervais et Boussenot, *idem*. 2262ᴸ 5ˢ

17 aoust : aud. Gervais, à compte de l'artifice qu'il fournit............................. 500ᴸ

20 juillet : à Le Roux, à compte des terrines qu'il fournit.............................. 4000ᴸ

20 juillet-14 novembre : à Caresme, artificier, pour parfait payement de 13050ᴸ 6ˢ pour les artifices qu'il a fournis (2 p.)..................... 13050ᴸ 6ˢ

24 juillet : à Tessier, marchand, pour boettes et culasses de mousquet qu'il a fourny............ 1005ᴸ

A Chevallier, à compte des toilles cirées *idem*. 800ᴸ

4-30 aoust : à la veuve Fleury, pour ficelle et divers cordages (2 p.)..................... 2253ᴸ 4ˢ

4 aoust : à Porteret, pour six grands batteaux. 1084ᴸ

30 aoust : à Portier[1], pour seize batteaux. 1935ᴸ 10ˢ

---
[1] Sans doute le Porteret de l'article précédent.

— 4 aoust : à Le Clerc, tourneur, pour divers ouvrages. . . . . 478^{tt}

4 aoust-14 novembre : à la veuve Lefebvre, pour parfait payement de l'artifice qu'elle a fourny (2 p.). 508^{tt} 8^s

4 aoust-14 novembre : à Morel, parfait payement de l'artifice qu'il a fourny (2 p.). . . . . 3500^{tt} 15^s

4 aoust : à Prevost, à compte du bois et clouds qu'il fournit. . . . . 300^{tt}

5 aoust : à Langrené, pour avoir travaillé au restablissement de la terrasse du chasteau. . . . . 600^{tt}

17 aoust : à Maillard, pour cordages. . . . . 536^{tt} 4^s

22 aoust : à Fresne, diverses fournitures. 447^{tt} 10^s

30 aoust : à Bellonze et Dallemagne, pour deux batteaux qu'ils ont fourny. . . . . 150^{tt}

A Adam, pour dépenses desd. illuminations. 522^{tt} 2^s

30 aoust-7 octobre : à Lalouette, pour ouvrages de fil de laton (2 p.). . . . . 1107^{tt}

30 aoust : à Courtois, pour cordages. . . . . 263^{tt} 14^s

A Bellier, tapissier, pour fourniture. . . . . 216^{tt} 18^s

16 septembre : à Louise Simon, pour plusieurs bannes qu'elle a fournies. 1439^{tt} 16^s

18 septembre : à Mabille, pour 800 livres de poudre à canon. . . . . 400^{tt}

27 septembre-7 octobre : à Lyonnois et consors, pour divers ouvrages (2 p.). . . . . 4433^{tt} 9^s

7 octobre : à Gilbert, marchand, pour 1237 aunes de baptiste. . . . . 2783^{tt} 5^s

A Barbin, pour papier qu'il a fourny. . . . . . . 1603^{tt}

A Guillot, sergent au régiment des gardes, pour les soldats qui ont travaillé aux illuminations. . . . . 301^{tt}

A la veuve du Harnois, pour cordages. . . . . . 231^{tt}

A Dauphin et Prevost, fournitures de bois. 397^{tt} 6^s

7 octobre : à Rigault, pour plusieurs ouvriers qui ont travaillé aux illuminations (2 p.). . . . . 1013^{tt} 1^s

14 novembre : à Denis, artificier, pour l'artifice qu'il a livré. . . . . 353^{tt} 8^s

A Moisy, artificier, idem. . . . . 578^{tt}

A Montarois, artificier, idem. . . . . 82^{tt} 10^s

A Cordier, artificier, idem. . . . . 394^{tt}

23 décembre : à Marc, pour avoir racommodé plusieurs cheminées. 152^{tt} 9^s

A Trognon, cordier, pour ficelle. . . . . . 363^{tt} 16^s

A La Roche, loueur de carosse, pour divers voyages qu'il a faits pour les officiers des bastimens. . . . . 543^{tt}

A Frémont, pour diverses fournitures. . . . 335^{tt} 10^s

A Desmoulins, pour avoir donné à manger à divers officiers des bastimens. . . . . 425^{tt}

6 mars : à Guymont, pour 883 glaces pour les portes et croisées des appartemens. . . . . 8806^{tt}

18 juillet : à luy, pour parfait payement de 444 glaces de 16 pouces. . . . . 5478^{tt}

A luy, pour parfait payement de 348 glaces. . 3940^{tt}

22 juin : au s^r de Buc, à compte de ce qui lui est deub du dommage qu'il a souffert en ses moulins, bois et prez. . . . . 3000^{tt}

23 octobre : à Le Poivre, pour menues despenses pour les festes. . . . . 1491^{tt}

10 janvier 1675 : à Le Franc, pour employer en achat de plants. . . . . 3600^{tt}

1er mars 1675 : à Baron, pour lattes. . . . . 267^{tt} 15^s

11 mars : à Collette et Malo, pour menues marchandises. . . . . 336^{tt} 9^s 6^d

Somme de ce chapitre. . . 168603^{tt} 6^s 6^{d 1}

CLAGNY.

27 may-19 novembre : aux entrepreneurs des ouvrages de maçonnerie, à compte (5 p.). . . . . . . 67000^{tt}

3 juin-19 novembre : à Poictevin, charpentier, à compte (4 p.). . . . . 14000^{tt}

14 juillet-19 novembre : à Coustan, menuisier, à compte (3 p.). . . . . 6500^{tt}

14 juillet 1674-15 janvier 1675 : à Desgaldetz, menuisier, pour son parfait payement des ouvrages qu'il a faits (3 p.). . . . . 2656^{tt} 15^s

14 juillet-19 novembre : à Ospivent, serrurier, à compte de ses ouvrages (3 p.). . . . . 4600^{tt}

14 juillet-2 aoust : à Maron et consors, terrassiers, idem (2 p.). . . . . 1122^{tt} 10^s

11 aoust 1674-15 janvier 1675 : à Yvon, couvreur, à compte idem (2 p.). . . . . 2910^{tt} 6^s

11 aoust-19 novembre : à Charlot, plombier. idem (2 p.). . . . . 3300^{tt}

31 aoust-19 novembre : à Drouilly, sculpteur, idem (2 p.). . . . . 2700^{tt}

31 aoust : à luy, pour trente-trois testes de lyon qu'il a faites pour escouler les eaux. . . . . 165^{tt}

31 aoust-12 novembre : à du Costé et consors, terrassiers, à compte (2 p.). . . . . 10000^{tt}

31 aoust 1674-15 janvier 1675 : à Boy, serrurier, pour parfait payement (4 p.). . . . . 4246^{tt} 1^s

¹ Le total exact est 168613^{tt} 6^s 6^d.

ANNÉE 1674. — RÉPARATIONS DIVERSES.

10 septembre - 12 novembre : à Boutin, peintre, pour parfait payement (2 p.).................. 633ᵗᵗ 10ˢ

10 septembre 1674 - 15 janvier 1675 : à Alleaume, vitrier, à compte (2 p.).................. 751ᵗᵗ 18ˢ

10 septembre - 19 novembre : à Bertrand, marbrier, idem (2 p.)........................... 2600ᵗᵗ

27 septembre : à Robert, pour la conduitte qu'il a eu de divers ouvriers.................... 117ᵗᵗ 10ˢ

20 octobre - 25 novembre : à Champion, à compte de ses journées (2 p.).................. 320ᵗᵗ

20 octobre : aux ouvriers qui ont travaillé au jardin de l'orangerie........................ 994ᵗᵗ 3ˢ 8ᵈ

12 novembre : à Marc, maçon, pour ouvrages qu'il a faits................................. 24ᵗᵗ

4 febvrier 1675 : aux ouvriers qui ont travaillé aux jardins de Clagny, suivant les rolles finis le 26 janvier dernier.................................... 2534ᵗᵗ 17ˢ

Somme de ce chapitre... 12717́6ᵗᵗ 10ˢ 8ᵈ

TRIANON.

11 febvrier : à Jouvenet, à compte de la sculpture des combles................................. 400ᵗᵗ

A Pasquier, pour diverses réparations de marbre à Trianon.................................. 134ᵗᵗ 15ˢ

27 febvrier : à Le Bouteux fils, pour divers ouvrages qu'il a faits............................. 400ᵗᵗ

A La Baronnière, pour la peinture par luy faite. 222ᵗᵗ

A Gaudet, pour avoir rehaussé le comble d'un des moulins.................................... 200ᵗᵗ

22 mars - 17 septembre : à Gole, ébéniste, à compte d'une table de bois de rapport (2 p.)........ 1100ᵗᵗ

22 mars : à Margueritte Plattelet, lingère, pour du coutil qu'elle a fourny pour les moulins...... 166ᵗᵗ 8ˢ

22 avril : à Yvon, pour avoir découvert et recouvert lesd. combles........................... 475ᵗᵗ 5ˢ

A Massou, pour parfait payement de 1234ᵗᵗ pour les ouvrages de sculpture qu'il a faits aux combles. 234ᵗᵗ 6ˢ

8 juin - 17 septembre : à Masselin, à compte des vazes qu'il fait (2 p.)..................... 900ᵗᵗ

8 juin : à L'Eschiquier, idem................. 700ᵗᵗ

22 juin - 23 décembre : à Le Hongre, peintre, à compte du restablissement qu'il fait (4 p.)...... 2700ᵗᵗ

17 aoust : à Dionis, à compte de la menuiserie des combles.................................. 800ᵗᵗ

A Mazelines, à compte de la sculpture qu'il fait aux combles.................................. 781ᵗᵗ

23 octobre : à Le Gros, pour parfait payement de 1248ᵗᵗ pour ouvrages desd. combles.......... 48ᵗᵗ

24 avril : au sʳ André, apotiquaire, pour 1900 oignons de tubéreuses........................ 234ᵗᵗ

Somme de ce chapitre....... 9495ᵗᵗ 14ˢ

VINCENNES.

20 janvier - 24 novembre : à Anglart, à compte des réparations de maçonnerie qu'il a faites (6 p.). 4800ᵗᵗ

20 janvier - 23 décembre : à Jacquet, à compte des réparations de vitrerie (4 p.).............. 2600ᵗᵗ

20 janvier - 24 novembre : à Thibaut, jardinier, pour diverses menues dépenses (3 p.)....... 1172ᵗᵗ 15ˢ

11 febvrier - 4 novembre : à Le Roy, serrurier, à compte (3 p.).......,................... 1700ᵗᵗ

22 mars : au sʳ Petit, pour avoir épierré et semé du sainfoin dans les fossez et advenues....... 200ᵗᵗ

8 juin 1674 - 22 mars 1675 : à Thevenot, maçon, parfait payement des réparations qu'il fait (2 p.). 2500ᵗᵗ

22 juin 1674 - 22 mars 1675 : à Gollard, pour parfait payement des labours des petits plants et remises (2 p.).................................... 908ᵗᵗ 10ˢ

22 juin 1674 - 10 janvier 1675 : à Chaussée et Loistron, pour parfait payement de 1004ᵗᵗ 13ˢ pour labours de plants (2 p.)...................... 1004ᵗᵗ 13ˢ

17 septembre - 4 novembre : à Battart, à compte de ses ouvrages de charpenterie (2 p.)....... 3300ᵗᵗ

17 septembre : à Yvon, couvreur, à compte. 1409ᵗᵗ 4ˢ

4 novembre : à Mélique, menuisier, idem.... 300ᵗᵗ

26 septembre - 23 décembre : à Borgnon, paulmier, pour parfait payement de réparations faites au jeu de paulme (2 p.)....................... 657ᵗᵗ 8ˢ

Somme de ce chapitre....... 20552ᵗᵗ 10ˢ

RÉPARATIONS
DE DIVERSES MAISONS ROYALES.

20 janvier : à Battard, à compte des réparations de charpenterie de la Savonnerie............ 328ᵗᵗ 15ˢ

A Brocard, serrurier, pour les réparations faites à la Savonnerie................................. 80ᵗᵗ

A Antoine, menuisier, idem.................. 63ᵗᵗ

A Regnier, vitrier, idem..................... 58ᵗᵗ

A Vanisse, pour cheminées qu'il a ramonées à la Savonnerie................................. 403ᵗᵗ 16ˢ

A Charuel, couvreur, pour réparations de couverture aud. lieu................................. 859ᵗᵗ 6ˢ 3ᵈ

20 janvier - 22 avril : à luy, pour parfait payement de

49.

2884ʰ 3ˢ 11ᵈ à quoy montent diverses réparations faites en plusieurs endroits (2 p.)............ 1784ʰ 3ˢ 11ᵈ

17 septembre : à luy, pour diverses réparations. 800ʰ

11 febvrier : à Le Loutre, maçon, pour ouvrages faits à la Savonnerie........................ 471ʰ 19ˢ

22 mars-22 juin : à luy, pour parfait payement de 2569ʰ 10ˢ pour diverses réparations (2 p.).. 769ʰ 10ˢ

20 juillet-23 décembre : à luy, à compte de plusieurs ouvrages (2 p.)......................... 1400ʰ

11 febvrier-23 décembre : à Dionis, menuisier, pour parfait payement de 3182ʰ pour divers ouvrages de menuiserie (2 p.)......................... 2682ʰ

27 febvrier-23 décembre : à Pierre Catherine, menuisier, à compte des portes du bois de Boulogne (2 p.)................................. 660ʰ

22 avril : à Padelain, pour avoir ramonné plusieurs cheminées........................... 284ʰ 10ˢ

19 may : à Vénon, vannier, pour ouvrages qu'il a faits à Compiègne...................... 41ʰ 15ˢ

A Bourgeois, vitrier, *idem*............. 408ʰ 17ˢ

A Baule, serrurier, *idem*............... 143ʰ 4ˢ

A Castelot, menuisier, *idem*........... 279ʰ

A Herbet, *idem*...................... 74ʰ

A Camaye et Chambois, couvreurs, *idem*... 427ʰ 10ˢ

A Marie, charpentier, *idem*............ 98ʰ

A Le Sourd, maçon, *idem*............. 134ʰ

2 juin 1674-4 juin 1675 : à M. de Saumery, capitaine et gouverneur du chasteau de Chambord, pour les réparations dud. chasteau (2 p.)........... 6000ʰ

8 juin : à Jean Foy, pour les réparations qu'il a faites au mur de closture du bois de Boulogne........ 80ʰ

20 juillet 1674-1ᵉʳ mars 1675 : à Carré, paveur, pour parfait payement de réparations de pavé qu'il a faites en divers endroits (3 p.).......... 1005ʰ 12ˢ

17 aoust : à Barbey, maçon, pour réparations qu'il a faites en 1671 au chasteau de Madrid........ 324ʰ

17 septembre : à Janot, pour diverses réparations de maçonnerie........................... 500ʰ

23 octobre : à Hanicle, à compte des réparations des murs du bois de Boulogne................ 3800ʰ

20 janvier 1675 : à luy, pour parfait payement de 10372ʰ 18ˢ pour diverses réparations de plusieurs endroits................................ 2572ʰ 18ˢ

30 octobre : à Darly, pour une fosse qu'il a vuidée.................................. 120ʰ

24 novembre : à Lambert, pour réparations du palais Brion.................................. 184ʰ

A Yvon, pour ouvrages de couverture.. 1148ʰ 17ˢ 6ᵈ

22 mars : à luy, pour recherches de couverture de Madrid............................. 985ʰ 14ˢ

30 mars-30 décembre : à Esmery, pour avoir emply les glacières de Compiègne, et autres dépenses dud. chasteau (3 p.)........................... 971ʰ 3ˢ

18 juillet : à de la Garde, pour réparations de maçonnerie au chasteau de Blois........ 1030ʰ 15ˢ 7ᵈ

23 décembre : à Dimanche, pour parfait payement de 1841ʰ 5ˢ................................ 1041ʰ 5ˢ

22 mars 1675 : à luy, pour réparations qu'il a faites................................. 2560ʰ 9ˢ

12 febvrier 1675 : à Huvelier, pour parfait payement de 684ʰ 2ˢ........................ 384ʰ 2ˢ

A Houdouin, pour les ouvriers qui ont travaillé aux pépinières des maisons royales.......... 311ʰ 14ˢ

A Briot, miroitier, pour ouvrages de divers endroits.................................. 815ʰ

21 octobre : à la veuve Prou, vitrière à Blois, pour ouvrages qu'elle a faits au chasteau........ 400ʰ

22 mars 1675 : à Charlot, pour ouvrages de plomberie.............................. 2428ʰ 12ˢ

Somme de ce chapitre..... 38815ʰ 8ˢ 3ᵈ

MANUFACTURES DE FRANCE.

14 juillet 1674-21 avril 1675 : aux vingt commis employez dans les provinces pour l'observation des règlemens généraux des manufactures registrez au Parlement de Paris, le 13 aoust 1669, pour onze mois de leurs appointemens escheus au dernier décembre 1674 (2 p.)............................. 33000ʰ

11 octobre : au sʳ Clou, commis à la manufacture de serges, façon de Londres, à Gournay, en considération des soins qu'il prend de lad. manufacture..... 1000ʰ

A La Haye, commis à lad. manufacture *idem*... 200ʰ

Somme de ce chapitre........ 34200ʰ

MANUFACTURES DES GOBELINS
ET DE LA SAVONNERIE.

9 avril : à Bailly, pour les tapisseries de peinture en teinture sur du tissu de soye qu'il fait aux Gobelins.................................. 473ʰ 10ˢ

31 may : à la veuve Loirdet, à compte des tapis, façon de Turquie, qu'il fait pour la grande gallerie du Louvre........................... 16226ʰ 12ˢ 3ᵈ

A du Pont, à compte desd. ouvrages... 9256ʰ 11ˢ 8ᵈ

20 septembre : à Le Sieur, pauvre ouvrier en haute

lisse des Gobelins, par gratification, à cause de sa vieillesse............................... 100ᴴ

28 novembre : à Mᵉ Le Franc, prestre, tant pour avoir célébré la messe pendant une année qu'autres petites dépenses........................... 243ᴴ 8ˢ 4ᵈ

Au sʳ Yvart, pour les ouvrages de peinture de la présente année....................... 14577ᴴ 3ˢ

A Rentier, marchand épicier, pour drogues de teinture qu'il a fournies en lad. manufacture..... 142ᴴ 6ˢ

10 mars 1675 : à Milonini et Gachetti, lapidaires florentins, pour les pierres fines qu'ils ont taillées pendant l'année dernière 1674, et pour leurs gages.... 4840ᴴ

A Branchy, lapidaire, pour ses appointemens de lad. année................................ 1920ᴴ

A Jean et André Dubois, et Claude Louette, pour les ouvrages qu'ils ont faits, idem............... 1144ᴴ

A Pnou, pour divers ouvrages de menuiserie, idem. 131ᴴ

A Rochon, concierge, pour ses gages, idem... 1200ᴴ

A Trehet, jardinier, idem................. 400ᴴ

A Barbe Vatrin, portière, idem............ 300ᴴ

A de Mouchy, bonnetier, pour le blanchissage de 426 livres de laine pour les Gobelins............. 85ᴴ 4ˢ

A Kencove, teinturier, pour ses gages pendant l'année dernière................................ 1500ᴴ

A Fayait, brodeur, pour le service qu'il a rendu pendant l'année dernière..................... 574ᴴ 17ˢ

A Balland, idem................... 947ᴴ 14ˢ

A de Vessier, tapissier, idem............... 520ᴴ

A de la Croix, pour les ouvrages de tapisserie qu'il a faits pour le Roy pendant lad. année....... 7210ᴴ 15ˢ

A Mosin, tapissier, pour les ouvrages idem. 11507ᴴ 17ˢ

A Le Fèvre, idem................. 13754ᴴ 19ˢ 5ᵈ

A Jean Jans, idem................. 26394ᴴ 9ˢ

A Loyr, peintre, pour ouvrages de 1673... 224ᴴ 10ˢ

18 septembre 1674-27 juillet 1675 : aux peintres, tapissiers et autres ouvriers qui travaillent pour le service du Roy dans la maison des Gobelins, pour leurs gages pendant l'année 1674.................. 3330ᴴ

Somme de ce chapitre.. 121004ᴴ 16ˢ 8ᵈ ¹

OUVRAGES D'ARGENTERIE.

3 octobre : à Marcadé, orfèvre, à compte du modelle des Fables d'Esope qu'il fait pour S. M....... 1200ᴴ

28 novembre : à la veuve Viocourt, pour parfait payement des grands ouvrages d'argenterie faits par feu son mary........................... 1080ᴴ 2ˢ 6ᵈ

¹ Le total exact est 117004ᴴ 16ˢ 8ᵈ.

A de Villers, à compte desd. grands ouvrages d'argenterie............................. 5919ᴴ 17ˢ 6ᵈ

A Alexis Loyr, idem................. 4000ᴴ

A Cousinet, idem................. 2000ᴴ

A Débonnaire, idem................. 2000ᴴ

A Balin, idem................. 10000ᴴ

A Merlin, idem................. 5000ᴴ

Somme de ce chapitre......... 31200ᴴ

ACHAT DE MARBRE, PLOMB ET ESTAIN.

20 janvier 1674 : à Liégeard, tant pour le remboursement des propriétaires des terres où se tirent les marbres du Bourbonnois que pour ses peines jusques au mois de febvrier................................ 200ᴴ

A la veuve Noisette, à compte des voitures qu'elle fait................................ 1200ᴴ

13 janvier : à Allen, marchand, pour 200 pièces de plomb d'Angleterre et 21 pièces d'estain.... 8826ᴴ 13ˢ

29 janvier : à luy, pour 400 pièces de plomb et 30 pièces d'estain................... 19425ᴴ 11ˢ

7 mars : à luy, pour 600 pièces de plomb et 32 pièces d'estain.......................... 27464ᴴ 3ˢ

18 may : à luy, pour 1000 pièces de plomb et 30 pièces d'estain........................... 33363ᴴ

25 juillet : à luy, pour 400 petits saumons et 1100 gros, de plomb, et 30 pièces d'estain........... 52094ᴴ 8ˢ

14 septembre : à luy, pour 800 pièces de plomb et 40 d'estain................... 36875ᴴ 12ˢ 6ᵈ

21 octobre : à luy, pour 800 pièces de plomb et 20 d'estain.................. 32891ᴴ 14ˢ 6ᵈ

15 décembre : à luy, pour 900 pièces de plomb et 27 d'estain.................. 36577ᴴ 19ˢ

24 juillet : au sʳ Ginier, 216 pièces de plomb. 7552ᴴ

30 octobre : à luy, pour 648 pièces de plomb et 30 d'estain................... 29124ᴴ 8ˢ

15 décembre : à luy, 600 pièces de plomb... 20355ᴴ

29 juin : à de Mouchy, pour 48600 livres [de plomb?] à 122ᴴ le millier................... 5929ᴴ 4ˢ

Au sʳ Beuf, pour parfait payement des marbres qu'il a fournis pour le service de S. M........., 33053ᴴ

Somme de ce chapitre..... 344932ᴴ 13ˢ

ACQUISITIONS D'HÉRITAGES.

3 décembre : à Mᵐᵉ de la Borde et au sʳ de la Bonneterie, pour le prix de trois remises à gibier sçizes à la plaine d'Houilles, près Saint-Germain, suivant le contract qui en a esté passé au proffit de S. M....... 868ᴴ 9ˢ

29 janvier 1675 : à Auboust, pour son payement de quinze perches de terres sçizes dans la grande advenue de Vincennes............................ 122ᵗᵗ

27 febvrier 1674 : à divers particuliers, pour leur remboursement des terres dont ils estoient propriétaires, acquises au proffit de S. M., comprises dans le parc aux Lièvres, sçitué au bout de la grande terrasse dud. Saint-Germain............................ 7820ᵗᵗ

28 febvrier : au sʳ Baranjon, cy-devant receveur de l'Archevesché de Paris, pour les lots et ventes de dix-sept maisons et héritages comprises dans le dessein du Louvre, acquises au proffit de S. M............... 25000ᵗᵗ

19 may : aux créanciers du sʳ Pasquier et sa femme, pour deux termes de payemens, escheus au 1ᵉʳ janvier 1673 et au 1ᵉʳ janvier 1674, de la maison à eux appartenant, sçize rue du Chantre, acquise au proffit de S. M...... .... 13833ᵗᵗ 7ˢ 8ᵈ

29 may : à du Mousseau, vallet de pied du Roy, pour demy arpent demy quartier de terre compris dans l'advenue des Thuilleries, acquise au proffit de S. M.. 130ᵗᵗ

30 may : à la veuve du sʳ de Princé, pour cinq arpens trois quarts de terre, acquise au proffit de S. M. 4775ᵗᵗ

7 juin : à Magdelaine Cossart, pour une maison et jardin acquis au proffit de S. M............. 7273ᵗᵗ

8 octobre : à Lamoureux et Dupont, pour une maison comprise dans le dessein de Clagny, que S. M. a fait abbattre............................... 1800ᵗᵗ

A Louis Colette, pour une maison comprise dans le dessein de Clagny, idem............... 4000ᵗᵗ

24 novembre : à la veuve du Chesne, pour le prix principal et non-jouissance de 2 arpens 65 perches de terre sçize à la plaine d'Houille, acquise au proffit de S. M... 536ᵗᵗ

2 décembre : à divers particuliers, remboursement des terres et héritages sçiz à la plaine de La Borde prez Saint-Germain, acquis au proffit de S. M.... 1380ᵗᵗ 14ˢ 11ᵈ

19 décembre : au sʳ de la Lande, pour une maison comprise dans le dessein de Clagny, idem...... 2667ᵗᵗ

A Tournelle, charpentier, pour une maison comprise idem............................... 6050ᵗᵗ

11 juin : à divers particuliers, tant pour le prix principal que pour les non-jouissances des terres et héritages dont ils estoient propriétaires, comprises dans le cours de Vincennes, acquises au proffit de S. M. suivant les contracts qui en ont esté passez......... 5982ᵗᵗ 18ˢ

Somme de ce chapitre.... 82238ᵗᵗ 9ˢ 7ᵈ

BIBLIOTÈQUE ET ACCADÉMIE DES SCIENCES.

20 janvier - 3 décembre : au sʳ Clément, pour employer à l'impression des planches qui se fait à la Bibliotèque (2 p.)............................. 1000ᵗᵗ

27 febvrier-22 avril : à Cousin et autres qui transcrivent le Dictionnaire de l'Accadémie françoise, à compte de leur travail (2 p.)................... 675ᵗᵗ

27 febvrier : au sʳ Niquet, diverses dépenses. 140ᵗᵗ 10ˢ

22 mars : à Brisseau, ferblannier, pour ses ouvrages................................. 106ᵗᵗ

22 avril : à Nicolie, pour la ferrure des ormoires et tablettes.............................. 84ᵗᵗ

Aux sʳˢ Loyr et Cotelle, peintres, pour les ouvrages qu'ils ont faits à la bibliotèque du Roy...... 399ᵗᵗ 5ˢ

8 juin : à Anglebert, pour parfait payement de 7887ᵗᵗ 12ˢ 8ᵈ........................... 2212ᵗᵗ 12ˢ 8ᵈ

22 juin-23 décembre : à Couplet, pour menues dépenses de l'Accadémie des Sciences (2 p.).... 414ᵗᵗ 19ˢ

20 juillet : à Voltier, pour avoir transcrit plusieurs cahiers du Dictionnaire de l'Accadémie françoise.. 200ᵗᵗ

17 septembre : à Gosselin et Tanguy, pour plusieurs instrumens de matématique qu'ils ont faits...... 383ᵗᵗ

7 aoust : au sʳ Errard, pour 2012 jettons qu'il a livrez................................. 1981ᵗᵗ 3ˢ

A Goiton, imprimeur en tailles-douces, pour les bons services qu'il a rendu de 1670 à 1673........ 500ᵗᵗ

10 janvier 1675 : à Yvon, pour ouvrages de couverture de la bibliotèque du Roy............. 475ᵗᵗ 18ˢ

7 febvrier 1674 : au sʳ Despréaux, pour une année de la pension que le Roy lui a accordée......... 2000ᵗᵗ

23 febvrier : à Olaus Rumer, matématicien travaillant aux observations astronomiques, pour ses appointemens de la présente année 1674............... 1000ᵗᵗ

6 mars : au sʳ Guimont, pour diverses dépenses qu'il a faites pour faire les oculaires des astronomes. 1079ᵗᵗ 10ˢ

14 avril : au sʳ Picard, matématicien, pour les frais du voyage qu'il a fait en Languedoc pour faire des observations astronomiques................... 1200ᵗᵗ

28 juin : aux héritiers du sʳ Meurisse, envoyé en Cayenne pour y faire des observations astronomiques, où il est mort, pour le restant de ce qui luy est deub et par gratification, en considération des services qu'il a rendus................................ 1200ᵗᵗ

19 juillet : à Patigny, graveur, pour avoir travaillé pendant huit mois à graver les taches de la lune.. 720ᵗᵗ

22 juillet : au sʳ Compiègne, pour le travail qu'il a fait à la Bibliotèque, pour la traduction des livres hébreux pendant l'année 1674................... 1200ᵗᵗ

2 aoust : aux sʳˢ de Lacroix et Dippi, pour les six premiers mois du travail qu'ils font à extraire les livres en langues orientales qui sont à lad. Bibliotèque.. 600ᵗᵗ

20 septembre : aux s" Picard et Niquet, pour le voyage qu'ils feront pour faire des observations astronomiques. 600ʰʰ

1ᵉʳ octobre : au sʳ Borel, pour plusieurs verres de lunettes de diverses grandeurs qu'il a fait pour l'Accadémie............................. 3000ʰʰ

15 décembre : au sʳ Olivier, horloger, en considération d'une machine numérique qu'il a faite...... 300ʰʰ

28 décembre : au sʳ Félibien, historiographe des bastimens, pour l'impression et relieure de plusieurs livres qu'il a faits............................ 300ʰʰ

25 janvier 1675 : au sʳ Patigny, graveur, pour six mois de son travail escheus au dernier décembre 1674. .... 540ʰʰ

28 mars : aux s"ˢ de Lacroix et Dippy, pour les six derniers mois du travail qu'ils font à lad. Bibliothèque. 600ʰʰ

15 mars : à Chardelle, pour diverses dépenses de lad. Bibliothèque........................ 2891ʰʰ 8ˢ

23 mars : au sʳ Bourdelin, pour fournitures qu'il a faites au laboratoire de S. M............... 434ʰʰ 15ˢ

A Mathurin Sibille, pour les plantes qu'il a fournies au laboratoire.................... 183ʰʰ 10ˢ

Au sʳ Aubry, marchand vitrier, pour les fournitures qu'il a faites aud. laboratoire............ 187ʰʰ 2ˢ

15 aoust 1674 - 3 aoust 1675 : au sʳ Godefroy, historiographe, sçavoir : 1710ʰʰ pour son parfait payement des dépenses faites pour la nourriture de quatre escrivains qui travaillent sous luy à la Chambre des Comptes de l'Isle en Flandre, et 9000ʰʰ à compte desd. dépenses (3 p.). 10710ʰʰ

Somme de ce chapitre... 37718ʰʰ 12ˢ 8ᵈ

ACCADÉMIE DE PEINTURE,
SCULPTURE ET ARCHITECTURE, À PARIS ET À ROME.

20 janvier : à Buirette, pour avoir monté et démonté plusieurs modelles du Louvre qui ont été transportés à l'Accadémie d'architecture............... 198ʰʰ 5ˢ

19 septembre : à Daviller le jeune, pour le voyage qu'il va faire en Italie pour estudier dans l'Accadémie d'architecture à Rome................... 200ʰʰ

A la veuve Lespingola, pour luy donner moyen de subsister en attendant que son filz soit revenu de Rome. 75ʰʰ

12 avril : au fils de la veuve Parent, pour ayder son fils à estudier à la peinture............... 200ʰʰ

5 may : au sʳ Beaubrun, pour l'entretenement de l'Accadémie de peinture et sculpture.......... 4000ʰʰ

7 janvier 1675 : aux s"ˢ Bruant, Gittard, Dorbay, Le Vau, Le Pautre, Mignard et Félibien, architectes, pour leurs assistances à l'Accadémie d'architecture pendant lad. année 1674.................. 2618ʰʰ

31 janvier 1675 : au sʳ Formont, pour pareille somme qu'il a fait tenir à Rome pour les dépenses de l'Accadémie........................... 27000ʰʰ

Somme de ce chapitre...... 34291ʰʰ 5ˢ

LOYERS DE MAISONS.

5 aoust : au sʳ Patel, pour une année de loyer de la maison qu'il occupe................... 300ʰʰ

10 janvier 1675 : à plusieurs particuliers, pour le loyer de leurs maisons sçizes à la Halle-Barbier, occupées par les mousquetaires du Roy en 1674... 3700ʰʰ

16 janvier 1675 : au sʳ Petit, pour le loyer de sa maison à Versailles..................... 1200ʰʰ

30 janvier 1675 : à M. l'abbé Colbert, pour une année de loyer de sa maison occupée par la bibliothèque du Roy.............................. 3000ʰʰ

18 mars 1676 : à la dame de Poix, pour le loyer de sa maison et manège occupez par la grande escurie du Roy.............................. 4030ʰʰ

26 janvier 1677 : au sʳ Brillant, pour le loyer de cinq maisons sçizes à la Halle-Barbier, occupées idem.. 900ʰʰ

Somme de ce chapitre........ 13130ʰʰ

PENSIONS AUX GENS DE LETTRES.

5 may : au sʳ Huygens, célèbre matématicien, pour ses appointemens de la présente année 1674...... 6000ʰʰ

16 may 1675 : au sʳ Perrault, pour la gratification à luy accordée pour l'année dernière 1674, en considération de son application aux belles-lettres....... 2000ʰʰ

Au sʳ Dodart, en considération de la connoissance qu'il a des matématiques, par gratification..... 1500ʰʰ

Au sʳ Blondel, idem.................. 1500ʰʰ
Au sʳ Buot, idem.................... 1200ʰʰ
Au sʳ Pasquin, idem.................. 600ʰʰ
Au sʳ Roberval, idem.................. 1500ʰʰ
Au sʳ Picard, idem................... 1500ʰʰ
Au sʳ Mariotte, idem................. 1500ʰʰ

A M. Carcavi, en considération de la profonde connoissance qu'il a des matématiques............ 2000ʰʰ

Au sʳ Perrault, médecin, en considération de la profonde connoissance qu'il a de la physique....... 2000ʰʰ

Au sʳ Bourdelin, en considération du travail qu'il fait pour l'analyse des plantes............... 1500ʰʰ

A Couplet, en considération du service qu'il rend à l'Accadémie des Sciences................ 800ʰʰ

Au s{{r}} DU CLOS, médecin, en considération de la profonde connoissance qu'il a de la chymie....... 2000{{tt}}
Au s{{r}} CHARPENTIER, en considération de son application aux belles-lettres................... 1500{{tt}}
Au s{{r}} abbé GALOIS, idem............... 1500{{tt}}
Au s{{r}} abbé TALLEMANT, en considération de son application aux belles-lettres................... 1500{{tt}}
Au s{{r}} QUINAULT, en considération des belles pièces de théâtre qu'il donne au public............... 1500{{tt}}
Au s{{r}} FÉLIBIEN, en considération de l'histoire qu'il fait des Maisons royales................... 1200{{tt}}
Au s{{r}} BALUZE, en considération des ouvrages de littérature qu'il donne au public.................. 1200{{tt}}
Au s{{r}} MARCHAND, en considération de la connoissance particulière qu'il a de la botanique.......... 1500{{tt}}
Au s{{r}} BOREL, en considération de son application à la physique............................. 1200{{tt}}
29 may 1675 : au s{{r}} DU HAMEL, secrétaire de l'Accadémie des Sciences, pour sa gratification........ 1500{{tt}}
Au s{{r}} CASSINI, célèbre matématicien, en considération de sa profonde connoissance................ 9000{{tt}}
31 may 1675 : au s{{r}} DU VERNAY, médecin travaillant aux dissections anatomiques de lad. Accadémie... 750{{tt}}
16 may 1675 : au s{{r}} DIPPY, interprète en langue arrabe, en considération du service qu'il rend........ 1000{{tt}}
Au s{{r}} DE LACROIX, interprète en langue turque, en considération du service qu'il rend............. 1200{{tt}}
Au Père LE COINTE, en considération des Annales ecclésiastiques qu'il compose............... 1500{{tt}}
1{{er}} janvier 1676 : au s{{r}} DU VIVIER, pour l'application qu'il a eu à divers ouvrages qu'il a faits pour le service du Roy................................... 1000{{tt}}
29 may 1675 : au s{{r}} D'ÉROUVAL, à luy accordé pour sa gratification de 1674...................... 2000{{tt}}
Au s{{r}} DU CANGE, idem................... 2000{{tt}}
Au s{{r}} COTTELIER, idem................... 600{{tt}}
Au s{{r}} ....[1], par gratification............ 600{{tt}}
27 juin 1676 : au s{{r}} NIQUET, ingénieur, idem.. 1000{{tt}}
Somme de ce chapitre........ 58850{{tt}}

GAGES PAYEZ PAR ORDONNANCES.

11 febvrier 1674-8 mars 1675 : DAMBROSME, pour huit mois de ses gages (4 p.)............... 400{{tt}}
A LORTIE et GOEREN, gardes des portes du grand parterre de Saint-Germain, pour cinq mois de leurs gages, du 1{{er}} novembre 1673 à fin mars 1674 (2 p.).. 302{{tt}}

[1] La place du nom est laissée en blanc.

20 juillet-23 octobre : à LORTIE, portier du jardin du vieil chasteau de Saint-Germain, pour six mois de ses gages eschus au dernier septembre (2 p.).... 183{{tt}}
20 juillet-23 octobre : à GOEREN, portier du parc de Saint-Germain, idem (2 p.)................. 183{{tt}}
22 mars 1674-16 janvier 1675 : à JAMIN, préposé à Versailles, pour treize mois de ses appointemens escheus au dernier décembre 1674 (4 p.)....... 975{{tt}}
22 mars 1674-16 janvier 1675 : à DAUVERGNE, préposé idem, pour une année de ses gages (4 p.). 1035{{tt}}
A ROBELIN, idem, pour une année idem (3 p.). 1200{{tt}}
A LA CROIX, idem, pour une année idem (3 p.). 900{{tt}}
A DESLOUIT, idem, pour une année idem (3 p.). 900{{tt}}
A LEFRANC, idem, pour une année idem (4 p.). 900{{tt}}
22 avril 1674-10 janvier 1675 : à FRADE, ayant l'entretenement des advenues de Saint-Germain, pour une année de ses gages (4 p.)................. 965{{tt}}
22 avril 1674-10 janvier 1675 : à GERMAIN, préposé à la pépinière du Roulle, pour une année de ses gages (4 p.)............................. 900{{tt}}
A TRUMEL, jardinier de l'orangerie du Roulle, pour cinq quartiers de ses gages (3 p.)............ 1500{{tt}}
22 avril : à CLÉMENT, jardinier de la pépinière du Roulle, pour deux mois de ses gages.......... 105{{tt}}
22 avril 1674-10 janvier 1675 : à HERNY, préposé à la recherche des fleurs et plantes des maisons royalles, pour une année de ses gages (4 p.)............. 600{{tt}}
22 avril 1674-16 janvier 1675 : à CHARLEMAGNE, préposé à Versailles, une année de gages (3 p.).... 900{{tt}}
22 avril 1674-16 janvier 1675 : à LA ROCHE, préposé au Palais-Royal, pour ses gages des mois de janvier et febvrier, octobre, novembre et décembre 1674 (3 p.). 375{{tt}}
19 may 1674-16 janvier 1675 : à COLIN, préposé à Versailles, pour une année de ses gages (4 p.).. 1080{{tt}}
7 juillet 1674-21 avril 1675 : aux prestres de la Mission de Fontainebleau, pour leur subsistance pendant l'année 1674 (2 p.).................... 6000{{tt}}
17 aoust 1674-16 janvier 1675 : à SAINTE-MARIE, préposé à l'Observatoire, pour une année de ses gages (3 p.)............................. 600{{tt}}
17 aoust 1674-16 janvier 1675 : à LAMY, portier des Thuilleries, pour une année de gages (3 p.).... 900{{tt}}
17 septembre 1674-16 janvier 1675 : à RIGAULT, préposé en divers endroits, pour une année de ses gages (3 p.)............................. 900{{tt}}
17 septembre 1674-16 janvier 1675 : à BENOIST, préposé en divers lieux, pour une année idem (3 p.). 900{{tt}}
31 janvier 1674-10 avril 1675 : aux quatre gondol-

liers vénitiens, pour leurs appointemens depuis le 26 novembre jusqu'à la fin de l'année 1674 (2 p.)... 4760ᵗᵗ

6 septembre : à eux, par gratification que le Roy leur a accordée........................... 1600ᵗᵗ

6 septembre 1674 - 10 janvier 1675 : à GARNIER, jardinier de la pépinière du Roulle, pour une année de ses gages (2 p.).......................... 400ᵗᵗ

Aux jardiniers de Versailles, sçavoir : à COLINOT, 8800ᵗᵗ; à TRUMEL, 3000ᵗᵗ, et à VAUTIER, 3000ᵗᵗ, pour leurs gages de la présente année................... 14800ᵗᵗ

Au sʳ LE BOUTEUX, ayant l'entretenement de Trianon, pour ses gages........................ 17500ᵗᵗ

29 décembre : à LE BOUTEUX, pour l'entretenement des fontaines de Trianon pendant lad. année.... 500ᵗᵗ

4 avril : au sʳ DENIS, ayant celuy des fontaines de Versailles, idem........................ 10000ᵗᵗ

A BERTHIER, ayant celuy des rocailles, idem.. 2000ᵗᵗ

10 avril : à BAILLY, portier de la Savonnerie, idem. 300ᵗᵗ

12 avril : à LE MAIRE, fondeur, ayant l'entretenement des adjustages des fontaines de Versailles, pour ses gages pendant la présente année................ 900ᵗᵗ

9 janvier 1675 : au sʳ BALLON, ayant la direction des plants d'arbres des maisons royalles, pour ses appointemens de l'année 1674................. 1800ᵗᵗ

A FOSSIER, préposé pour peser le plomb et le fer des bastimens du Roy, idem.................. 1200ᵗᵗ

Au sʳ PETIT, père, préposé à Fontainebleau, pour ses appointemens..................... 3600ᵗᵗ

Au sʳ PETIT fils, préposé à Saint-Germain, idem. 1200ᵗᵗ

A luy, pour gages extraordinaires.......... 900ᵗᵗ

Au sʳ CLINCHANT, concierge des Thuilleries, pour avoir entretenu proprement les appartemens, idem.... 500ᵗᵗ

Au sʳ GALLAND, ayant l'entretenement des cygnes et carpes de Fontainebleau, idem............ 270ᵗᵗ 12ˢ

A la veuve CARBONNET, ayant l'entretenement de la haute allée du jardin des Thuilleries, idem....... 50ᵗᵗ

A YVON, pour l'entretenement des couvertures des maisons royalles....................... 4145ᵗᵗ

A CHARUEL, idem....................... 4145ᵗᵗ

17 janvier 1675 : aux meusniers des moulins de Satory, Trianon et Clagny, pour le dernier quartier et entretenement de leurs moulins............ 218ᵗᵗ 15ˢ

23 janvier 1675 : à POPINET, préposé à la conduitte desd. moulins, pour le dernier quartier de ses gages. 360ᵗᵗ

1ᵉʳ mars 1674 : à MAILLARD, pour l'entretenement du moulin de retour pendant l'année dernière...... 100ᵗᵗ

27 avril : à luy, idem pour ses gages pendant la présente année........................... 800ᵗᵗ

14 avril : aux meusniers des moulins de Trianon et de Versailles, pour leurs gages pendant la présente année 1674............................... 2500ᵗᵗ

27 avril : aux meusniers des cinq moulins de Satory, pour leurs gages, idem.................... 4000ᵗᵗ

11 may : à DAMBRESNE, jardinier flamand, pour un mois de ses gages qui eschera le 15 du présent mois. 250ᵗᵗ

19 may : à CAMAYE et CHAMBOIS, pour une année de l'entretenement des couvertures du chasteau de Compiègne................................ 400ᵗᵗ

21 juin : à MESNARD, pour une année de l'entretenement des marbres de la chapelle du Palais-Royal.. 150ᵗᵗ

17 juillet : au sʳ LEFEBVRE, controlleur des bastimens, pour le service qu'il a rendu et les soins qu'il a pris des ouvrages de Fontainebleau en 1671, et de Versailles en 1672 et 1673...................... 6800ᵗᵗ

22 juillet : à DESMOULINS, archer de la Prévosté, préposé pour faire accélérer les matéraux nécessaires pour les bastimens de Versailles, pour ses gages de lad. année 1674............................. 1610ᵗᵗ

30 juillet : à DESCLUZEAUX, préposé au bastiment de Clagny, tant pour trois mois de ses gages que pour divers ordres qu'il a exécutez................... 500ᵗᵗ

16 septembre : au sʳ BRIDIER, pour ses gages pendant lad. année à cause du soin qu'il a de solliciter à Paris les ouvriers qui travaillent pour Versailles........ 900ᵗᵗ

1ᵉʳ octobre : au sʳ LAMBERT, employé sous le sʳ DORBAY à donner les alligneumens des maisons de la ville neuve de Versailles, pour ses appointemens de l'année dernière et de la présente....................... 1600ᵗᵗ

30 décembre : au sʳ ESMERY, concierge du chasteau de Compiègne, pour ses gages de la présente année.. 300ᵗᵗ

15 janvier 1675 : à FOSSIER, ayant soin des magazins de marbre, pour ses gages idem.............. 600ᵗᵗ

A luy, pour gages extraordinaires.......... 700ᵗᵗ

12 janvier 1675 : à CHASTILLON, ayant l'entretenement de l'orangerie de Fontainebleau, pour augmentation de ses gages............................. 200ᵗᵗ

A LA TOUR, concierge de Fontainebleau, pour le nettoyement qu'il a fait des cours dud. chasteau pendant lad. année............................. 400ᵗᵗ

17 janvier 1675 : à LA RUE, ayant l'entretenement des terrasses et dalles de Saint-Germain, pour ses gages idem................................ 400ᵗᵗ

19 janvier 1675 : à PINAULT, archer de la Prévosté, pour 63 journées qu'il a travaillé pour les fournitures nécessaires à Saint-Germain.............. 295ᵗᵗ 10ˢ

7 febvrier 1675 : au sʳ BERTHIN, concierge du chasteau neuf de Saint-Germain, pour le nettoyement qu'il a fait pendant lad. année..................... 817ᵗᵗ 4ˢ

Au sr Soulaigre, concierge du vieil chasteau de Saint-Germain, pour le nettoyement qu'il a fait pendant les six derniers mois.......................... 576ᴸᴸ 15ˢ

12 febvrier 1675 : au sr Clément, pour le service qu'il rend à la bibliothèque du Roy et pour le soin qu'il prend de l'impression et de la conservation des planches de S. M............................. 1200ᴸᴸ

16 avril : au sr Bellinzani, pour le soin qu'il prend du commerce et des manufactures du royaume.. 4000ᴸᴸ

20 may : au sr DE LA QUINTINIE, ayant la direction des jardins fruictiers et potagers des maisons royalles, pour ses appointemens pendant l'année dernière.... 2000ᴸᴸ

3 juin : à luy, par gratification à cause du soin extraordinaire qu'il a pris desd. jardins............ 2000ᴸᴸ

Au sr Bréau, à cause du soin qu'il a pris, pendant lad. année, du bastiment de Clagny............ 3000ᴸᴸ

A la veuve Charmeton, pour trois mois de la pension à elle accordée en considération des longs services de feu son mary dans les décorations de théâtre... 100ᴸᴸ

28 juin : aux officiers de Fontainebleau, gratification à eux accordée en considération du bon estat de leurs entretenemens..................... 1250ᴸᴸ

20 septembre : à Descotz, pour augmentation de son entretenement du jardin des Thuilleries pendant 1672 et 1673............................ 1200ᴸᴸ

22 mars 1675 : au sr Loyr, peintre, pour ses appointemens............................. 6000ᴸᴸ

2 avril : au sr Vandermeulen, peintre flamand, pour ses appointemens................... 6000ᴸᴸ

23 juin : au sr Francini, ayant l'entretenement des fontaines de Fontainebleau, par augmentation de gages............................ 600ᴸᴸ

5 febvrier 1676 : au sr Lefebvre, controlleur général des bastimens, en considération des soins qu'il prend des ouvrages de Versailles et du séjour qu'il y fait... 2400ᴸᴸ

Somme de ce chapitre.... 149359ᴸᴸ 2ˢ ¹

GAGES SUIVANT L'ESTAT
DU 20 JANVIER 1677.

GAGES ET APPOINTEMENS DES SURINTENDANT, INTENDANS, CONTROLLEURS ET TRÉSORIERS DESDITS BASTIMENS.

A nous, en lad. qualité de Surintendant et Ordonnateur général desd. bastimens, jardins, tapisseries et manufactures, la somme de douze mille livres pour nos gages à cause de nostre dite charge.............. 12000ᴸᴸ

A nous, en lad. qualité de lad. charge, et pension attribuée à icelle.................... 3000ᴸᴸ

A nous, comme Surintendant et Ordonnateur général des bastimens du chasteau de Monceaux...... 2400ᴸᴸ

Au sr Coquard de la Motte, conseiller du Roy en ses conseils, intendant et ordonnateur ancien desd. bastimens, jardins, tapisseries et manufactures, la somme de 4500ᴸᴸ pour trois quartiers de ses gages............ 4500ᴸᴸ

Aux héritiers du sr Warin, aussy conseiller ausd. conseils, intendant et ordonnateur alternatif desd. bastimens, 4665ᴸᴸ pour trois quartiers de ses gages....... 4665ᴸᴸ

Au sr....., aussi conseiller du Roy esd. conseils, intendant et ordonnateur triennal desd. bastimens, etc., la somme de 4500ᴸᴸ pour trois quartiers de ses gages, dont il ne sera rien payé..................... Néant.

Au sr Le Nostre, controlleur général ancien desd. bastimens, etc., pour trois quartiers de ses gages et augmentations d'iceux.................. 4080ᴸᴸ 18ˢ 9ᵈ

Au sr Perrault, controlleur alternatif desd. bastimens, tapisseries et manufactures, la somme de 4125ᴸᴸ pour trois quartiers de ses gages et augmentation d'iceux.. 4125ᴸᴸ

Au sr Lefebvre, controlleur général triennal desd. bastimens, etc., la somme de 4133ᴸᴸ pour trois quartiers de ses gages et augmentation d'iceux........... 4133ᴸᴸ

A Mᵉ Antoine Le Ménestrel, conseiller du Roy et trésorier général de ses bastimens, etc., la somme de 2100ᴸᴸ pour trois quartiers de ses gages, etc......... 2100ᴸᴸ

A Mᵉ Charles Le Besgue, aussy conseiller du Roy et trésorier général alternatif desd. bastimens, etc. 2100ᴸᴸ

A Mᵉ Sébastien François de la Planche, aussy conseiller du Roy et trésorier général triennal desd. bastimens, etc....................... 2100ᴸᴸ

Total........... 45203ᴸᴸ 18ˢ 9ᵈ

OFFICIERS QUI ONT GAGES
POUR SERVIR GÉNÉRALEMENT DANS TOUTES LES MAISONS ET BASTIMENS DE SA MAJESTÉ.

Au sr Blondel, professeur de l'Accademie d'architecture que S. M. a establie dans le Palais-Royal pour y tenir des conférences d'architecture et l'enseigner publiquement, pour ses gages, dont il sera payé entièrement... 1200ᴸᴸ

A Dorbay, architecte du Roy, pour ses gages. 1000ᴸᴸ

A Pierre Gittard, autre architecte de S. M., pour ses gages............................ 500ᴸᴸ

A François Le Vau, autre architecte de S. M., pour ses gages............................ 1000ᴸᴸ

---

¹ Le total exact est 146896ᴸᴸ 16ˢ.

ANNÉE 1674. — GAGES DES OFFICIERS DES BÂTIMENTS.

A ..... Le Pautre, autre architecte de S. M.. 500ᵗᵗ
A Mignard, autre architecte................ 500ᵗᵗ
A ..... Bruant, autre architecte........... 500ᵗᵗ
A Pierre Cottard, autre architecte......... 200ᵗᵗ
Au sʳ Le Brun, pour la conduitte et direction des peintures de toutes les maisons royalles........... 4800ᵗᵗ
A luy, pour la conduitte, sous nos ordres, de la manufacture des Gobelins, la somme de 4000ᵗᵗ pour faire celle de 12000ᵗᵗ à luy accordée par chacun an, y compris 3200ᵗᵗ employés dans l'estat de la Maison du Roy. 4000ᵗᵗ
Au sʳ Félibien, historiographe des bastimens du Roy, pour ses gages........................... 1200ᵗᵗ
A Charles Errard, peintre, retenu pour servir S. M., la somme de 1200ᵗᵗ pour ses gages, dont il sera payé de trois quartiers en la présente année à cause du service actuel qu'il rend à S. M. pour ses bastimens.... 900ᵗᵗ
A .... Champagne, autre peintre, pour ses gages de la présente année, la somme de 400ᵗᵗ, dont il sera payé de la moitié seulement................... 200ᵗᵗ
A Nicolas Loir, autre peintre, pour ses gages, dont il ne sera payé que de la moitié................ 200ᵗᵗ
A Coipel, autre peintre, pareille somme de... 200ᵗᵗ
A Bonzon, autre peintre, pareille somme de.. 200ᵗᵗ
A Bailly, peintre en mignature, idem....... 200ᵗᵗ
A Patel, autre peintre, idem............... 200ᵗᵗ
A Goy, autre peintre, idem................ 120ᵗᵗ
A Félibien, ayant la garde des figures et le soin de tenir nets et polir les marbres des maisons royalles, pour ses gages............................... 400ᵗᵗ
A Gilles Guérin, sculpteur, pour ses gages... 200ᵗᵗ
A... Anguière, autre sculpteur............ 200ᵗᵗ
A Jacques Houzeau, autre sculpteur, faisant ordinairement les models et ornemens, tant au Louvre qu'ailleurs, pour ses gages la somme de 400ᵗᵗ, dont il sera payé seulement de............................ 150ᵗᵗ
A François Girardon, autre sculpteur....... 200ᵗᵗ
A Thomas Renaudin, autre sculpteur....... 150ᵗᵗ
A Gaspard Marsy, autre sculpteur......... 200ᵗᵗ
A Le Gros, autre sculpteur................ 150ᵗᵗ
A ..... Mazelines, autre sculpteur......... 150ᵗᵗ
A Philippes Buister, autre sculpteur....... 150ᵗᵗ
A Mathieu Lespagnandel, autre sculpteur... 150ᵗᵗ
A Philipes Caffiers, autre sculpteur........ 150ᵗᵗ
A Baptiste Tubi, autre sculpteur........... 200ᵗᵗ
A Menard, marbrier....................... 30ᵗᵗ
A Dominico Cucci, qui fait toutes les garnitures de bronze des portes et croisées des Thuilleries...... 60ᵗᵗ
A ..... Chauveau, graveur, pour ses gages.. 100ᵗᵗ
A ..... Leclerc, autre graveur............. 100ᵗᵗ

A Israel Silvestre, graveur du Roy, pour ses gages pour faire les desseins d'architecture, vues et perspectives des maisons royalles, carouzels et autres assemblées publiques, la somme de 400ᵗᵗ pour les gages et appointemens que S. M. luy a accordé par brevet, de laquelle il sera payé entièrement................... 400ᵗᵗ
A François Villedot, de Clermont, maistre des œuvres de maçonnerie des bastimens du Roy, tant pour ses gages anciens qu'augmentation d'iceux la somme de 1200ᵗᵗ, dont il sera payé de la moitié, attendu le service actuel qu'il rend à S. M...................... 600ᵗᵗ
A Libéral Bruant, maistre des œuvres de charpenterie, pour avoir l'œil sur tous les charpentiers des maisons royalles, la somme de 1200ᵗᵗ, de laquelle il ne sera payé que de la moitié........................ 600ᵗᵗ
A André Mazière, maçon, pour ses gages..... 30ᵗᵗ
A Antoine Bergeron, autre maçon........... 30ᵗᵗ
A Claude Bressy, autre maçon.............. 30ᵗᵗ
A François Dubuais, autre maçon........... 30ᵗᵗ
A Pierre Bréau, autre maçon............... 30ᵗᵗ
A Jacques Gabriel, autre maçon............ 30ᵗᵗ
A Jacques Mazières le jeune, autre maçon.... 30ᵗᵗ
A Hanicle, autre maçon................... 30ᵗᵗ
A Pierre Thévenot, idem.................. 30ᵗᵗ
A Poncelet Cliquin, charpentier, pour ses gages. 30ᵗᵗ
A Paul Charpentier, autre charpentier....... 30ᵗᵗ
A Pierre Bastard, idem................... 30ᵗᵗ
A Pierre Dionis, menuisier, pour ses gages... 30ᵗᵗ
A Jean Danglebert, menuisier.............. 30ᵗᵗ
A Claude Bergerat, idem.................. 30ᵗᵗ
A Antoine Saint-Yves, idem................ 30ᵗᵗ
A Charles Lavier, idem................... 30ᵗᵗ
A Claude Buirette, idem.................. 30ᵗᵗ
A Jacques Prou, idem.................... 30ᵗᵗ
A ..... Couvreux, idem................... 30ᵗᵗ
A la veuve Somer, ébéniste................ 30ᵗᵗ
A ..... Boulle, autre ébéniste............. 30ᵗᵗ
A Estienne Dovart, serrurier.............. 30ᵗᵗ
A Denis du Chesne, autre serrurier......... 30ᵗᵗ
A la veuve Vierrey, vitrière................ 30ᵗᵗ
A la veuve Lorget, vitrière................. 30ᵗᵗ
A Charles Jacques, vitrier................. 30ᵗᵗ
A Estienne Yvon, couvreur................ 30ᵗᵗ
A Dimanche Charuel, autre couvreur....... 30ᵗᵗ
A Gilles Le Roy, plombier................. 30ᵗᵗ
A Antoine Vatel, paveur.................. 30ᵗᵗ
A Hubert Misson, marbrier............... 30ᵗᵗ
A Nicolas de Lobel, serrurier.............. 30ᵗᵗ
A Claude Briot, miroitier................. 30ᵗᵗ

A La Baronnière, peintre et doreur.......... 30tt
A Gosselain et Tanguy, armuriers, retenus pour travailler aux instrumens de mathématique nécessaires pour l'Accadémie des Sciences................. 200tt
A Thuret, orloger, retenu pour entretenir toutes les pendulles de l'Accadémie des Sciences, tant celles qui sont à l'Observatoire que dans lad. Accadémie... 300tt
A Padelain et Vabisse, ramonneurs de cheminée, pour avoir soin de tenir nettes toutes celles des maisons royalles à Paris, Saint-Germain, Fontainebleau et autres lieux, la somme de 200tt, sur quoy leur sera payé 30tt à chacun, et les ramonnages de cheminée et racommodages leur seront payez par ordonnance, cy............. 60tt
A Daniel Fossier, garde du magasin du Roy où se mettent les démolitions et matériaux nécessaires pour les bastimens de S. M., pour ses gages.......... 400tt
A Charles Mollet, jardinier, retenu pour travailler aux desseins des parterres et jardins de S. M. lorsqu'il luy sera commandé, pour ses gages la somme de 1000tt, dont il ne luy sera payé que la moitié............. 500tt
A André Le Nostre, aussy retenu pour travailler ausd. desseins de jardins et parterres, pour ses gages 1200tt, dont il sera payé entièrement............... 1200tt
Au sr François Francines, intendant de la conduite et mouvement des eaux et fontaines de S. M., la somme de 3000tt, sçavoir : 1800tt d'anciens gages et 1200tt d'augmentation, dont il sera payé de trois quartiers.. 2250tt
A luy, ayant l'entretenement des fontaines du palais de Luxembourg, Croix du Tiroir et chasteau du Louvre, pour ses gages à cause dud. entretenement..... 7000tt
A Pierre Francines, ingénieur, pour le mouvement des eaux et ornemens des fontaines, outre ce qui luy est ordonné dans l'estat de Fontainebleau, la somme de 600tt, dont il luy sera payé trois quartiers seulement... 450tt
Au sr Perrault, l'un de nos commis ayant le soin de la visite de tous les ouvrages ordonnez par S. M. en ses bastimens, et de tenir la main à ce que tous les ordres par nous donnez pour l'exécution des volontez de S. M. soient ponctuellement exécutez et avec diligence requise, pour ses appointemens...................... 1500tt
Au sr Billet, autre commis tenant sous nous le registre des rolles, ordonnances, recepte et dépense desd. bastimens, pour ses appointemens.............. 900tt
A ....., commis du controlleur général desd. bastimens en l'exercice pour, en son absence, avoir l'œil à ce qui est du controlle général, pour ses appointemens. 600tt
Aux trois premiers commis en tiltre d'office des trois Trésoriers généraux desd. bastimens, pour leurs gages,
à raison de 300tt chacun par an, dont sera payé seulement à chacun 200tt, cy................... 600tt

Total.................. 38970tt

OFFICIERS SERVANS SA MAJESTÉ
POUR L'ENTRETENEMENT DES MAISONS ET CHASTEAUX CY-APRÈS DÉCLAREZ.

LOUVRE.

A René de Louvigny, concierge du chasteau du Louvre, pour tenir nettes les grandes et petites galleries, les ouvrir et fermer, pour ses gages, tant anciens qu'augmentations d'iceux......................... 100tt

PALAIS DES THUILLERIES.

Au sr Clinchant, garde du palais des Thuilleries, pour ses gages de la présente année.............. 300tt
A luy, comme concierge de la grande salle nouvellement construite au palais des Thuilleries pour dancer les ballets et représenter les grandes comédies et machines, pour ses appointemens de la présente année à cause de lad. charge, à condition d'entretenir deux vallets pour tenir nette lad. salle, fermer et ouvrir les portes et fenestres, et d'avoir l'œil à la décoration des machines et amphithéâtres d'icelle, cy................. 2000tt
A André Le Nostre, ayant l'entretenement des parterres nouvellement plantez à la face du palais des Thuilleries, pour ses gages à cause dud. entretenement concistant à nettoyer, battre et rateler la grande terrasse en face du palais, la grande allée du milieu, contrallée, tour et place du grand rondeau avec les palissades de la demie lune plantée de sapins, ifs, ciprès, jusques au premier maronnier d'Inde de la grande allée du milieu et allée de traverse plantée de buis qui ferme le carré où estoit l'estang ; l'allée d'ormes du bout des parterres où est le milieu du rondeau, finissant à droite à l'allée du Mail, à gauche à la grande terrasse du costé de la rivière ; huit quarrez de parterre en broderie, lesquels seront tondus, nettoyez et entretenus en tous leurs contenus, ainsi que les platies bandes et allées de traverse et tour des bassins ; entretenir de labours et fumiers les arbrisseaux vers dud. parterre, mesme les garnir dans les saisons de pareille espèce qui y sont, lesquels il fera lever, replanter, couvrir et regarnir à ses frais............ 3000tt
A luy, pour les parterres en gazon qui ont esté depuis augmentez ensuite des huict quarrez de broderie cy-dessus................................ 2000tt

A luy, pour l'entretenement d'un jardin à fleurs entre le grand parterre et l'allée des meuriers, qu'il doibt toujours tenir remplie de fleurs, particulièrement durant l'hiver, et pour cet effet fournir de fumiers, terrot et autres choses nécessaires.................. 1500ᵗᵗ

A luy, pour l'entretenement d'un espallier de jasmin d'Espagne dans toute la longueur du mur de terrasse de l'allée des meuriers, fournir le fumier, terrots et autres choses nécessaires.................... 1500ᵗᵗ

A la veuve Carbonnet, ayant l'entretenement de la haute allée des meuriers blancs, palissades, arbres de Judée le long du mur du costé du dosme, et palissades de buis des deux allées traversantes led. [dosme], au lieu de feu Pierre Mollet, la somme de 300ᵗᵗ à quoy S. M. a réglé ses appointemens...................... 300ᵗᵗ

A Pierre Descotz ayant l'entretenement du parc des Thuilleries depuis le grand parterre jusques au bout de la demi lune qui regarde sur le fossé, et depuis la terrasse du costé de l'eau, y compris dans toute sa longueur, jusques au parterre en piatte bande de l'autre costé de l'eau, à la réserve du quarré où estoit le labirinthe; entretenir toutes les allées, labourer les plans d'arbres de tous les quarrez de l'amphitéâtre, et tenir le tout dans la plus grande propreté qu'il se pourra............ 3600ᵗᵗ

Aux filles de deffunct Bouchard, ayant l'entretenement des orangers du Roy en sa grande orangerie dud. jardin des Thuilleries, parterres à fleurs et autres jardins à fleurs derrière, prez la garenne, la somme de 1200ᵗᵗ pour leurs gages à cause dud. entretenement, savoir : 800ᵗᵗ d'anciens gages et 400ᵗᵗ d'augmentation d'iceux, dont elles seront payées de trois quartiers en finissant l'inventaire et le dénombrement des orangers qui sont dans lad. orangerie appartenant à S. M................. 900ᵗᵗ

A Guillaume Masson et à ..... Lejuge, ses deux belles-sœurs, chacun pour un tiers de l'entretenement du grand parterre des Thuilleries au lieu entrelassé fait de neuf de l'allée des grenadiers, à la charge de faire labourer les palissades tant de buis sauvage que de jasmins, coignars, grenadiers, arbres de Judée, et autres entretenemens, la somme de 1400ᵗᵗ, dont ils seront payés de trois quartiers, cy................................. 1050ᵗᵗ

Total.................... 16150ᵗᵗ

COURS DE LA REYNE MÈRE.

A Pasquier, portier de la porte du Cours de la Reyne du costé des Thuilleries, pour ses gages de la présente année.............................. 50ᵗᵗ

A François Huvilliers, portier de la porte du Cours du costé de Chaillot, et pour garder tous les plans des Thuilleries........................... 150ᵗᵗ

Total.................... 200ᵗᵗ

PALAIS-ROYAL.

A ..... Boulticourt, concierge dud. palais, pour trois quartiers de ses gages................... 450ᵗᵗ

A luy, au lieu de François Hubt, dit Poictevin, ayant la charge du nettoyement des chambres et soin d'icelles, pour trois quartiers desd. gages............. 225ᵗᵗ

A Pierre Clinchant, pourveu par S. M., par son brevet du 7 janvier 1666, de la charge de garde salle et machines du Palais-Royal dont estoient pourveues Anne Dubois, fille de Jean Dubois, et Marie Lhuillier, la somme de 225ᵗᵗ pour trois quartiers de ses gages...... 225ᵗᵗ

A ......, portier de la porte de la rue des Bons-Enfans et de la rue de Richelieu, pour ses gages... 150ᵗᵗ

A ....., portier de la grande porte dud. palais. 150ᵗᵗ

A ..... La Croix, portier de la basse cour du Palais-Royal et du magasin des Antiques............ 450ᵗᵗ

A Nicolas Bouticourt, jardinier du jardin dud. palais, la somme de 800ᵗᵗ à cause des entretenemens dud. jardin, dont il ne sera payé que de............. 750ᵗᵗ

Total.................... 2400ᵗᵗ

COLLÈGE DE FRANCE.

A Duclos, concierge dud. collège, pour deux quartiers de ses gages............................ 25ᵗᵗ

MADRID.

A Jean Ricard, concierge du chasteau de Madrid, pour ses gages, dont il sera payé de trois quartiers.... 150ᵗᵗ

SAINT-GERMAIN.

A François Francines, ayant l'entretenement des fontaines et grottes des chasteaux de Saint-Germain, pour ses gages à cause dud. entretenement la somme de 1200ᵗᵗ; attendu le dépérissement de la plupart des grottes, celle de..................................... 400ᵗᵗ

A Nicolas Bertrand, ayant l'entretenement des terrasses et descentes du chasteau neuf, la somme de 150ᵗᵗ, dont il luy sera payé seulement la somme de 30ᵗᵗ, attendu le dépérissement des terrasses............. 30ᵗᵗ

A Jean Baptiste de la Lande, ayant l'entretenement du vieil jardin et ses nouvelles palissades dans le parc, à la réserve du grand parterre et allées qui sont autour, la somme de........................... 500ᵗᵗ

A luy, ayant l'entretenement de l'orangerie.... 500ᵗᵗ

A la veuve Jean de la Lande, autre jardinier, ayant

celuy du grand parterre nouvellement replanté et augmenté de trois allées autour dans le vieil jardin, pour ses gages................................. 1200ᵗᵗ

A Jean de la Lande, autre jardinier, ayant celuy des allées et palissades de l'enclos du petit bois, la somme de 450ᵗᵗ, dont il sera payé de trois quartiers.... 336ᵗᵗ 10ˢ

A luy, ayant l'entretenement du potager..... 200ᵗᵗ

A luy, ayant l'entretenement du boulingrin et jardin de gazon.................................. 800ᵗᵗ

A Claude Bellier, ayant l'entretenement du jardin potager et des deux parterres à costé de la fontaine du chasteau neuf, la somme de 690ᵗᵗ, dont il sera payé de trois quartiers............................. 450ᵗᵗ

A François Laveghef, au lieu de François Bellier, son beau-père, ayant l'entretenement du jardin et parterre devant les grottes dud. chasteau neuf, la somme de 600ᵗᵗ, dont il sera payé de trois quartiers....... 450ᵗᵗ

A luy, ayant l'entretenement du jardin, des canaux et colines dud. chasteau, au lieu de François Bellier, la somme de 100ᵗᵗ, dont il sera payé de trois quartiers. 75ᵗᵗ

A Goeren, concierge du pavillon du parc, pour trois quartiers de ses gages........ .... 180ᵗᵗ

A Guillaume Le Coustillier, ayant l'entretenement du jardin du Val dans le parc proche Carrière, la somme de 1200ᵗᵗ, dont il sera payé entièrement........ 1200ᵗᵗ

A Claude Patenostre, concierge du chenil proche le tripot dud. Saint-Germain.................. 180ᵗᵗ

A Pierre Berthin, concierge et garde-meubles dud. chasteau neuf, pour trois quartiers........... 475ᵗᵗ

A Chevillard, concierge de la Surintendance des bastimens de Saint-Germain, pour ses gages........ 200ᵗᵗ

A Thomasse Lefèvre, veuve Franchon, ayant l'entretenement de la petite escurie du Roy, la somme de 400ᵗᵗ, dont il luy sera payé la moitié..... .... 200ᵗᵗ

A Henry Souleigre, au lieu de Catherine Ferrand, sa mère, concierge et garde-meubles dud. chasteau vieil, pour trois quartiers de ses gages................ 225ᵗᵗ

A luy, pour l'entretenement de l'horloge du vieil chasteau, pour trois quartiers de ses gages.......... 75ᵗᵗ

A Julien du Val, portier du vieil chasteau, pour trois quartiers de ses gages...................... 75ᵗᵗ

A Pierre Danesme, portier du chasteau neuf, pour pareils gages................................ 75ᵗᵗ

A Claude Tailler, portier de la porte du parc au bas des descentes dud. chasteau.................. 75ᵗᵗ

A Poisson, peintre, pour ses gages......... 30ᵗᵗ
A Charles de la Rue, maçon, *idem*.......... 30ᵗᵗ
A Jean Jacques Aubert, charpentier, *idem*...... 30ᵗᵗ
A Millot, menuisier, *idem*................ 30ᵗᵗ

A Piot, serrurier, *idem*................... 30ᵗᵗ
A Le Mercier, vitrier, *idem*.............. 30ᵗᵗ
Total.................. 7901ᵗᵗ 10ˢ [1]

SAINT-LÉGER.

Au sʳ Garsault, concierge du chasteau de Saint-Léger, pour deux quartiers de ses gages............ 225ᵗᵗ

POUGUES.

A Jean Adrien, garde des fontaines de Pougues, pour trois quartiers de ses gages................ 75ᵗᵗ

VINCENNES.

A Michel Thibault, ayant le soin et entretenement de tous les jardins dépendans dud. chasteau, pour ses gages pendant l'année 1674.................. 1500ᵗᵗ

A Chevillard, fontainier dud. chasteau, pour avoir le soin et conduitte de toutes les fontaines dud. lieu, pour ses gages.................................. 600ᵗᵗ

A Anglard ayant l'entretenement des couvertures dud. chasteau................................. 1500ᵗᵗ

Total...................... 3600ᵗᵗ

VERSAILLES.

A Jamin, concierge de la Surintendance des bastimens de Versailles, pour ses gages pendant lad. année.. 200ᵗᵗ

L'entretenement ordinaire des autres concierges, jardiniers et autres officiers dud. chasteau de Versailles a esté payé par un fond libellé séparément, partant cy. Néant.

JARDIN MÉDICINAL.

Les gages des officiers et entretenemens ordinaires du jardin médicinal du fauxbourg Saint-Victor, montant à 21000ᵗᵗ, se payent par estat séparé, partant cy.. Néant.

HOSTEL DES AMBASSADEURS.

A Sébastien Pouget, concierge dud. hostel, la somme de 400ᵗᵗ, dont il luy sera payé seulement celle de. 100ᵗᵗ

CHASTEAU-THIERRY.

Led. chasteau et domaine a esté cy-devant engagé et alliéné à M. le duc de Bouillon, partant cy..... Néant.

VILLERS-COTTERETZ.

Le chasteau et domaine de Villers-Cotteretz a esté baillé à M. le duc d'Orléans en augmentation de son appanage, cy.................................. Néant.

---

[1] Le total exact est 8081ᵗᵗ 10ˢ.

CHASTEAU DE MARIMONT.

Au s' DE MAUPASSAN, concierge et garde-clef dud. chasteau de Marimont, pour ses gages pendant lad. année 1674......................... 500ʰ

A JEAN et NICOLAS CLIGNET, charpentiers, ayant l'entretenement de toutes les clostures et palissades, tant du jardin que du parc, à la charge de fournir tous les bois, clouds et peines d'ouvriers nécessaires, la somme de 250ʰ pour, avec celle de 300ʰ, faire celle de 550ʰ à quoy sont fixez leurs gages, suivant leur marché......... 550ʰ

A MARIE SCARMUR, portière du parc, la somme de 228ʰ pour ses gages pendant lad. année 1674. . 228ʰ

Total..................... 1228ʰ¹

Somme totalle du présent estat... 116528ʰ 8ˢ 9ᵈ²

GAGES ET APPOINTEMENS
DES OFFICIERS DES BASTIMENS DU ROY ENTRETENUS EN SON CHASTEAU DE FONTAINEBLEAU.

Au s' marquis DE SAINT-HEREM, capitaine et concierge dud. chasteau, pour ses gages la somme de 3800ʰ, outre 1200ʰ employez dans l'estat des bois de S. M. de la maistrise de Melun et de Fontainebleau.......... 3800ʰ

A nous, en lad. qualité de Surintendant et Ordonnateur général desd. bastimens, jardins, tapisseries et manufactures, la somme de 3800ʰ pour nos gages, outre 1250ʰ employez dans l'estat des bois de la maistrise de Melun et de Fontainebleau....................... 3800ʰ

A LOUIS COQUINOT, garde-meuble du Roy, ayant la charge de faire tendre et nettoyer les meubles dud. chasteau et veiller à la conservation d'iceux, pour ses gages. . 300ʰ

A la veuve DE BRAY, ayant l'entretenement de la moitié du grand parterre du Roy, anciennement appelé le Tibre, nouvellement refait et planté de neuf, pour la tonture des buis des deux quarrez d'iceluy du costé de la chaussée, nettoyement desd. quarrez, de toutes les allées et terrasses, perrons et palissades plantées et à planter, et augmentation du rondeau, allées et parterres d'alentour. 900ʰ

A la veuve NICOLAS POIRET, ayant l'entretenement de l'autre moitié dud. grand parterre et augmentation dud. rondeau, pareille somme de................. 900ʰ

A GABRIELLE DESBOUTZ, autre jardinier, ayant l'entretenement du petit jardin de l'Estang et du jardin des Pins, allée royalle, allée solitaire et allée du pourtour, et dud. jardin des Pins, allées des ormes, du chenil, et alignemens des canaux qui font la séparation du parc d'avec le chenil, jusques et commençant le long de la closture du jardin de la fontaine de la Granderie, et finissant au bout de la grande allée attenant le pavillon, pour ses appointemens........................ 600ʰ

A CHASTILLON, autre jardinier, ayant l'entretenement du jardin appellé de la Reyne et des orangers de S. M., pour ses appointemens à cause desd. entretenemens, la somme de 1200ʰ, à la charge de fournir 200ʰ par chacun an à la veuve de BONNAVENTURE NIVELON, vivant jardinier dud. lieu, et tondre les buis, nettoyer les quatre quarrez dud. jardin, les allées et terrasses d'iceluy, ensemble d'entretenir les palissades de buis qui sont tant contre lesd. terrasses que contre les murs dud. chasteau, filérias, ciprés, et les salettes de gason ovalles et quarrez, comme aussy de fournir les charbons nécessaires pour l'orangerie, faire raccommoder les quaisses desd. orangers, raffraichir les terres toutes fois et quantes que besoin, faire sortir au printemps lesd. orangers dans le jardin et les faire rentrer dans lad. orangerie, et généralement faire et fournir tout ce qui sera nécessaire pour led. jardin et orangerie................. 1200ʰ

A JEAN CRAMABIGEAS, ayant espouzé CATHERINE DE FERMAGNAC, veuve de REMY LE ROUX, auquel S. M. a accordé, par son brevet du... (sic), la survivance du logement et du quarré qui est au milieu des palissades du jardin des Pins, à la charge de le faire planter d'arbres fruictiers à ses dépens sans aucuns gages, cy............. Néant.

A JACQUES DORCHEMER, pour l'entretenement et nettoyement du jardin de la conciergerie dud. chasteau, ensemble des arbres fruictiers, allées et palissades d'iceluy, la somme de 60ʰ, dont il ne sera payé que de celle de......................... 45ʰ

A JACQUES BESNARD, ayant l'entretenement et nettoyement de l'hostel d'Albret, des plantes et bordures et compartimens qui y sont plantez, et les allées et palissades, la somme de 360ʰ, dont il ne sera payé que de celle de......................... 100ʰ

A LA TOUR DORCHEMER, à condition qu'il baillera 100ʰ à la veuve COTTARD pour luy ayder à nourrir et entretenir elle et ses enfans tant qu'elle vivra, et pour avoir par led. DE LATOUR soin de nettoyer l'estang et canaux du chasteau, oster les herbes, les joncs et ordures qui s'y pourront trouver et amasser, fournir les batteaux et les ustencils à cet effect, et faire en sorte que les lieux soient toujours nets et que l'eau ne se perde, la somme de 750ʰ, dont il ne sera payé que de................ 200ʰ

---

¹ Il faudrait 1278ʰ.
² Si les sommes des additions partielles étaient exactes, ce total général serait de 116758ʰ 8ˢ 9ᵈ.

A Jean du Bois, peintre, ayant le soin et nettoyement des peintures tant à fresque qu'à huile, anciennes et modernes, les salles, galleries, chambres et cabinets dud. chasteau, la somme de 600ᵗᵗ pour ses appointemens, à la charge de restablir ceux qui sont gastez et nettoyer les bordures des tableaux, et de fournir de bois, charbon et fagots pour brusler esd. salles, galleries, chambres et cabinets où sont lesd. tableaux, pour la conservation d'iceux............................. 600ᵗᵗ

A Jean Grognet, ayant l'entretenement et restablissement de toutes les couvertures d'ardoize et de thuille dud. chasteau, jeu de paulme couvert, orangerie, gallerie, hostel d'Albret et de Ferrare et des religieux, et généralement de toutes les maisons dépendantes dud. chasteau appartenant à S. M................. 4000ᵗᵗ

A la veuve André Girard, plombier, pour le restablissement et entretenement des plomberies dud. chasteau et lieux qui en dépendent et restablir les plombs rompus, la somme de........................... 400ᵗᵗ

A René Nivelon, pour l'entretenement et nettoyement du jeu de mail et palissades d'icelluy, ensemble du berceau et meuriers entre les canaux du chenil, la somme de 150ᵗᵗ, dont il ne sera payé que de...... 112ᵗᵗ 10ˢ

A Pierre Francines, fontainier, pour le nettoyement et entretenement des cisternes, réservoirs, regards, conduittes et bassins des fontaines dud. chasteau, en sorte que les eaux ayent toujours leur cours ordinaire, la somme de.............................. 720ᵗᵗ

A la veuve Lefebvre, jardinier, ayant l'entretenement des arbres fruictiers qui sont plantez dans les quarrez du grand parc de Fontainebleau et le long de la muraille du costé de La Coudre, des allées d'ypréaux, nettoyement des tablettes du grand canal, labours de pied desd. fruictiers, ensemble le nettoyement des ruisseaux et fossez qui escoulent les eaux du parc................. 750ᵗᵗ

A Louis Desbouts, jardinier, ayant l'entretenement des tontures du devant des grandes palissades dans les cinq principales allées, en toute leur hauteur, et les tontures des petites allées de traverse, à vingt pieds de hault, la tonture du derrière desd. grandes et petites palissades, à six pieds de hault, les plattes-bandes au pied du devant desd. palissades dans les grandes et petites allées de quatre pieds de large, et les labours et défrichemens au derrière desd. grandes palissades de dix pieds de large, et au derrière des petites de six pieds de large; plus les tontures des palissades de l'allée nouvelle du costé des pins qui conduit à Avon seront faites devant et derrière; et les plattes-bandes de labours comme dessus en la longueur de lad. allée, contenant 600 toises, ou environ, avec le nettoyement de la grande place en face des cascades et teste du canal, lesd. tontures, plattes-bandes, labours et nettoyement dans le meilleur estat qu'il se pourra dans chacune des années desd. entretenemens, plus de faire les dégorgemens généralement quelconques au pied de toutes les susd. palissades................... 1400ᵗᵗ

Aux religieux de la Très-Sainte-Trinité du couvent fondé aud. chasteau de Fontainebleau, tant pour l'entretenement d'une lampe d'argent garnie de ses chaisnons que LL. MM. ont donnée pour brusler nuict et jour devant le très-saint sacrement de l'austel, que pour la fourniture et entretenement des ornemens et paremens d'autel, linge et luminaire pour la célébration du service divin, la somme de......................... 300ᵗᵗ

Aux religieux de l'hospital de la Charité aud. Fontainebleau, pour la pension que S. M. leur fait par chacun an pour la subsistance des malades dud. lieu. 1800ᵗᵗ

A la veuve Voltigeant, pour l'entretenement de tous les batteaux appartenant à S. M. tant sur l'estang que sur le canal............................. 200ᵗᵗ

A Louis Dubois, au lieu de Martin Jamin, concierge du logis de la fontaine dud. chasteau et jardinier des jardins en dépendans, la somme de 150ᵗᵗ pour ses gages de concierge et jardinier, à la charge de bien et soigneusement entretenir lesd. jardins, labourer au pied des arbres, nettoyer les allées, tondre les palissades, et généralement tout ce qui sera nécessaire dans lesd. entretenemens. 150ᵗᵗ

A Nicolas Thierry, ayant la garde et conciergerie du chenil et l'entretenement des allées faites dans le parc d'icelluy.............................. 100ᵗᵗ

A Nicolas Dupont, gentilhomme ordinaire de la vennerie du Roy, et Nicolas Dupont, son fils, en survivance l'un de l'autre, suivant le brevet de S. M. du... (sic) par forme de pension, à cause de l'entretenement de la vollière qu'il avoit, auparavant qu'elle fust convertie en orangerie............................. 600ᵗᵗ

A..... Desplats, ayant la charge de la garde de la basse-court des offices des cuisines............ 50ᵗᵗ

A Robert Jamin, ayant la charge de la basse-court du Cheval Blanc....................... 37ᵗᵗ 10ˢ

A Jacques Besnard, pour la garde et conciergerie de l'hostel d'Albret, pour l'entretenement de lad. maison, cour et escurie qui en dépendent, la somme de 100ᵗᵗ, dont il ne sera payé que.................... 26ᵗᵗ

A la veuve Toulet, concierge du pavillon où logent MM. les surintendans des finances, pour ses gages, à condition de nettoyer led. pavillon, cour et escuries d'icelluy, la somme de 200ᵗᵗ, dont il ne sera payé que la moitié.............................. 100ᵗᵗ

ANNÉE 1674. — DIVERSES DÉPENSES.

A..... Vieuxpont, ayant l'entretenement du potager et fruictier du jardin neuf dud. Fontainebleau, pour ses gages pendant lad. année................... 180ᵗᵗ

A Gervais, portier du parc, pour ses gages... 300ᵗᵗ

A Tisserand, vitrier, ayant l'entretenement des vitres dud. chasteau et dépendances d'icelluy........ 1200ᵗᵗ

A Petit, portier de la cour du Cheval Blanc... 200ᵗᵗ

A Jacques Dorchemer de Latour, pour avoir le soin de distribuer, retirer et garder les clefs de tous les logemens dud. chasteau de Fontainebleau............... 300ᵗᵗ

A luy, ayant le soin de monter et entretenir l'horloge dud. chasteau.................................. 100ᵗᵗ

Somme totalle du présent estat... 24471ᵗᵗ

DIVERSES DÉPENSES.

20 janvier : à la veuve Somer, ébéniste, pour six parquets de marqueterie qu'elle a faits pour diverses maisons.. 2100ᵗᵗ

22 juin 1674-22 mars 1675 : à elle, pour neuf parquets de marqueterie (3 p.)................. 3150ᵗᵗ

11 febvrier-22 juin : à Millard, pour parfait payement de 1949ᵗᵗ 3ˢ pour menues dépenses (2 p.). 1949ᵗᵗ 3ˢ

24 novembre : à luy, pour les ouvriers qui ont travaillé à la machine des Fables d'Ésope..... 1384ᵗᵗ 11ˢ

11 febvrier : à Caffieri, pour quatorze bordures et un lit qu'il a sculpté............................ 2250ᵗᵗ

20 juillet : à luy, pour la sculpture de cinq grandes bordures.. 960ᵗᵗ

11 febvrier : à Prou, menuisier, pour lesd. quatorze bordures.. 930ᵗᵗ

27 febvrier : à Germain, pour parfait payement de 3419ᵗᵗ 16ˢ pour dépenses qu'il a faites en achat d'arbres... 818ᵗᵗ 16ˢ

22 octobre 1674-22 mars 1675 : à luy, pour parfait payement de 4960ᵗᵗ 8ˢ à quoy monte l'achat qu'il a fait des grands et menus plants pour les maisons royales (3 p.).. 4960ᵗᵗ 8ˢ

27 febvrier-24 novembre : à Patel, pour plusieurs tableaux représentans les Maisons royales (3 p.).. 1200ᵗᵗ

27 febvrier 1674-22 mars 1675 : au sʳ Perrault, greffier de l'escritoire, pour plusieurs vacations de toisé et autres mémoires (3 p.).............. 1663ᵗᵗ 10ˢ

22 mars 1674-22 mars 1675 : à Maugin, pour avoir raccommodé des binards (3 p.).......... 480ᵗᵗ 14ˢ

22 mars : à Dauvergne, pour les ouvriers qui ont arraché des plants dans la forest de Lions...... 416ᵗᵗ 5ˢ

22 avril : à La Baronnière, pour la dorure de quatorze bordures et un lit.................. 1840ᵗᵗ

17 aoust : à luy, pour grosses peintures de divers endroits............................ 1735ᵗᵗ 7ˢ 6ᵈ

24 novembre : à luy, pour la dorure de plusieurs grandes bordures................... 1384ᵗᵗ 10ˢ

30 avril : à Dufricue, pour le restablissement du jardin de Noisy............................... 75ᵗᵗ

19 may 1674-7 febvrier 1675 : à Misson, pour parfait payement de 7600ᵗᵗ pour la façon du retable d'autel donné par S. M. aux Petits-Pères........... 4600ᵗᵗ

19 may-26 septembre : à Descodetz, dessignateur, pour plusieurs desseins des Maisons royales (2 p.). 460ᵗᵗ

22 juin : au sʳ de la Grange, pour voitures de pavez du Havre..................................... 93ᵗᵗ

A Caudelot, pour avoir toisé les marbres qui ont esté mis en 1673 aux magazins du Roy........ 290ᵗᵗ 13ˢ

13 juillet : à Nicolas Lespine, pour les ouvrages qu'il a faits au nouveau Chastelet.............. 4400ᵗᵗ

14 juillet : à Macé, pour ouvrages de tapisserie qu'il a faits idem................................. 3200ᵗᵗ

20 juillet : à Robert, pour le treillage qu'il a fait au bois de Boulogne............................. 240ᵗᵗ

A Hanicle, à compte de la closture dud. bois. 4000ᵗᵗ

20 juillet : aux Liards, pour taupes qu'ils ont prises... 574ᵗᵗ 10ˢ

23 octobre : à eux, pour 3108 taupes idem. 543ᵗᵗ 18ˢ

21 janvier 1675 : à eux, pour 3250 taupes qu'ils ont prises.. 568ᵗᵗ 15ˢ

17 aoust : à Bailly, à compte du Labyrinte qu'il peint en miniature.................................. 400ᵗᵗ

17 aoust-18 septembre : à Kinder[1], peintre, pour les ouvrages qu'il a faits en miniature jusqu'au 18 aoust (2 p.)... 1375ᵗᵗ

17-27 septembre : à Loistnon et Chaussée, pour avoir fait les labours de treize remises de la plaine Saint-Denis (2 p.)... 700ᵗᵗ

10 janvier 1675 : à Loistnon, pour parfait payement de 1023ᵗᵗ 14ˢ........................... 323ᵗᵗ 14ˢ

2? janvier 1675 : à luy, pour le restablissement des bresches de la closture d'échalas de la plaine Saint-Denis.. 308ᵗᵗ 3ˢ

24 novembre : à du Chesnoy, pour treize piédouches qu'il a livrez.................................. 286ᵗᵗ

A La Roche, loueur de carrosse, pour diverses voitures qu'il a faites................................. 271ᵗᵗ

A Pasquier, pour chambransles et foyers qu'il a fourny... 148ᵗᵗ

---
[1] Ou Kender.

A BASLIN, pour ouvrages du modelle des Fables d'Ésope............................... 248ʰ 7ˢ 6ᵈ

10 mars - 4 décembre : à NIGOT et THIERIAT, pour voitures de Lyon à Paris (2 p.)............... 336ʰ

15 aoust : à THIRIAT, pour la voiture de Lyon à Paris de dix-huit caisses d'oignons de fleurs pour les jardins de S. M............................... 230ʰ 13ˢ

4 décembre : à HOUASSE, peintre, pour un portrait du Roy................................... 180ʰ

10 febvrier - 9 avril : à BONNEMER, pour les ouvrages de tapisserie de peinture en teinture qu'il fait (2 p.). 1474ʰ

1ᵉʳ juin : à DU GLET, pour quatre bustes antiques qu'il a vendus............................ 1200ʰ

4 juin : à BLONDEL et CHARITÉ, voituriers, pour parfait payement de 2133ʰ pour diverses voitures..... 1133ʰ

30 juin : à Mᵐᵉ DE BLAUD, pour l'indemniser des interests qu'elle peut prétendre pour avoir tiré des carrières de Vernon 1500 tonneaux de pierre, ou environ. 600ʰ

1ᵉʳ juillet : à BRISSEAU, ferblantier, pour ouvrages du modelle des Fables d'Ésope............... 150ʰ

16 juillet : à MARCADÉ, orphèvre, à cause du modelle desd. Fables......................... 1500ʰ

4 aoust : à CHEROUVRIER, pour la voiture de 12000 pavez................................. 168ʰ

16 septembre : à CHAUVET, pour bois qu'il a fourny pour les bastimens royaux............... 1050ʰ

23 décembre : à GIRARDON, pour avoir restauré diverses figures antiques et fait deux bustes de marbre qu'il a livré au magazin du Roy................ 1700ʰ

A BOURDONNÉ, voiturier, pour la voiture de Rouen à Paris de 5200 pavez bizets................ 72ʰ 14ˢ

Au sʳ MIGON, arpenteur, pour avoir arpenté plusieurs héritages de l'advenue de Vincennes........... 192ʰ

A PADELAIN, pour avoir ramonné plusieurs cheminées..................................... 317ʰ 7ˢ

10 janvier 1675 : à LEGERET, à compte du modelle des Fables d'Ésope...................... 600ʰ

23 janvier 1675 : à CHESNEAU, pour diverses dépenses qu'il a faites............................ 506ʰ 12ˢ

24 octobre 1674 - 23 janvier 1675 : à DU MESNIL, pour parfait payement de 3752ʰ 2ˢ pour menues dépenses des bastimens (2 p.).................... 3752ʰ 2ˢ

9 septembre : au sʳ abbé BIZOT, à compte des carrez et poinçons de l'histoire de France qu'il a livrez... 6000ʰ

11 octobre : au sʳ VAILLANT, pour le voyage qu'il va faire en Italie............................. 1000ʰ

12 octobre : au sʳ CLÉRION, à compte des médailles qu'il fait pour l'histoire de S. M............. 400ʰ

21 octobre : au sʳ PERRAULT, médecin, pour divers ouvrages qu'il a faits pour l'Académie des Sciences. 4000ʰ

22 octobre : au sʳ HÉRARD, pour 1000 jettons d'argent qu'il a livrez........................... 992ʰ

23 febvrier 1675 : à luy, pour 1005 jettons d'argent idem..................................... 1016ʰ 8ˢ

30 octobre : à MALLARD, tailleur de pierre, pour avoir eu l'œil crevé par un esclat de pierre........... 60ʰ

A NICOLLE COPIN, mère de feu LOUIS MOREL, qui a esté tué posant les deux grandes pierres du Louvre... 100ʰ

9 novembre : à DENIS BOUCHER, couvreur, qui s'est enfoncé les costes pour estre tombé d'une couverture. 60ʰ

29 décembre : à POUTON, qui a eu le bras cassé en tombant idem........................... 60ʰ

10 janvier 1675 : à FOURNIER, compagnon menuisier, qui est tombé travaillant pour le Roy au Louvre... 40ʰ

27 janvier 1675 : à PONTET, pour 3200 ognons de tubéreuses................................ 326ʰ 10ˢ

29 janvier 1675 : à LANGLOIS, couvreur, qui s'est cassé la jambe travaillant pour S. M........... 50ʰ

30 janvier 1675 : aux principal, procureur et boursiers du collége de Cambray, pour les dédommager des places et logemens qui ont esté pris pour bastir le Collège Royal..................................... 1180ʰ

Au sʳ PETIT, prieur de Choisy, pour le desdommager des dixmes qu'il a droit de prendre sur les terres enfermées dans le parc de Versailles, et pour le revenu des terres dépendans dud. prieuré, aussy compris dans l'enclos dud. parc............................ 1093ʰ

15 septembre : aud. prieur et marguilliers de l'église de Choisy-aux-Bœufs, pour employer à diverses dépenses pour la décoration de leur église........... 550ʰ

5 febvrier 1675 : à CATERINE DE LA MARE, veuve de GUILLAUME FESSIER, qui a esté tué sous des terres éboulées au réservoir de Glatigny, pour l'assister dans son affliction.................................. 50ʰ

1ᵉʳ mars 1675 : à LA FRANCE, en considération de ce qu'il s'est blessé.......................... 40ʰ

12 mars 1675 : à HUBIN, esmailleur, à compte des ornemens de la machine des Fables d'Ésope....... 400ʰ

14 may 1673 - 2 juin 1675 : à RIQUET, entrepreneur du canal de communication des mers et du port au cap de Cette, à compte de ses travaux (3 p.). 123524ʰ 14ˢ

10 mars 1674 : au sʳ SILVESTRE, maistre à dessigner de Monseigneur le Dauphin, pour plusieurs desseins à la plume.................................. 900ʰ

10 avril : au sʳ CHARLIER, pour seize aunes de gros tissu blanc sur quatre aunes de large, fabrique de Paris..................................... 4800ʰ

ANNÉE 1674. — ORDRES ET RÈGLEMENTS.

14 novembre : à luy, pour velours et gros tissu qu'il a fourny pour S. M.................. 11533ʰʰ 10ˢ

13 aoust : aux héritiers du sʳ FLEURY, en considération des services que le feu sʳ GISSEY, leur oncle, dessignateur du Cabinet, a rendu à S. M................. 3000ʰʰ

17 octobre : au sʳ MIGNARD, pour deux portraits qu'il a faits de S. M., l'un à pied et l'autre à cheval... 6600ʰʰ

5 janvier 1675 : au sʳ MOSNIER, pour parfait payement de 3637ʰʰ 12ˢ 7ᵈ, tant pour son voyage de Levant que pour les curiositez qu'il en a rapportées pour le service de S. M................. 1349ʰʰ 6ˢ

22 mars 1675 : à LE DRU, pour parfait payement de 1320ʰʰ pour chambransles et foyers....... 507ʰʰ 10ˢ

A la veuve NOISETTE, pour parfait payement de 3648ʰʰ 15ˢ pour voitures de marbres....... 848ʰʰ 15ˢ

A PETIT, charpentier, pour le restablissement qu'il a fait.................. 800ʰʰ

31 aoust 1679 : au sʳ DE BEAUVAIS, nottaire, pour les vaccations et expéditions qu'il a faites pour les bastimens pendant l'année 1674................ 400ʰʰ

Somme de ce chapitre.... 1346696ʰʰ 6ˢ [1]

GRAVEURES DE PLANCHES.

11 febvrier : à GIFFART, pour deux planches et demie de médailles.................. 187ʰʰ 10ˢ

19 may : à luy, pour sept planches de médailles. 525ʰʰ

24 novembre : à luy, pour quatre planches et demie de médailles.................. 337ʰʰ 10ˢ

11 febvrier-30 octobre : à LE PAULTRE, pour parfait payement de 1892ʰʰ pour les Métamorphoses d'Ovide (3 p.).................. 1522ʰʰ

22 juin : à luy, pour une planche représentant l'Allée d'eau de Versailles.................. 120ʰʰ

27 febvrier-23 décembre : à LE CLERC, pour parfait payement de 1806ʰʰ pour les planches du Labyrinte de Versailles (4 p.).................. 1806ʰʰ

27 febvrier : à luy, à compte des Métamorphoses d'Ovide.................. 300ʰʰ

27 febvrier-23 décembre : à CHAUVEAU, pour parfait payement de 2318ʰʰ pour les planches des Métamorphoses d'Ovide qu'il a gravées (3 p.).......... 1978ʰʰ

22 avril 1674-22 mars 1675 : à LA BOISSIÈRE, pour dix planches de médailles (4 p.).......... 800ʰʰ

17 aoust : à luy, pour un livre de géométrie qu'il grave.................. 1100ʰʰ

[1] Le total exact est 1348892ʰʰ 6ˢ.

8 juin-30 octobre : à AUDRAN, à compte de ses ouvrages d'après M. LE BRUN (2 p.).......... 1000ʰʰ

20 juillet : à EDELINCK, à compte de ses ouvrages. 800ʰʰ

30 octobre : à CHASTEAU, à compte des planches qu'il grave.................. 400ʰʰ

24 novembre : à DE LA POINTE, à compte de la carte de la Généralité de Paris qu'il grave.......... 300ʰʰ

16 febvrier 1675 : à LOYR, à compte des planches de médailles qu'il fait.................. 300ʰʰ

2 juin : à MELAN, parfait payement de 2000ʰʰ. 1800ʰʰ

3 décembre : à ROBERT, pour douze planches de plantes qu'il a gravées.................. 1164ʰʰ

22 mars 1675 : au sʳ ROUSSELET, pour une planche qu'il a gravée.................. 660ʰʰ

Au sʳ SILVESTRE, pour trois planches........ 1500ʰʰ

Somme de ce chapitre........ 13595ʰʰ [2]

ORDRES ET RÈGLEMENS SUR LES BASTIMENS [3].

Mémoire de tout ce qui est à faire à Versailles pour les bastimens dont le sʳ LEFEBVRE doit prendre soin :

Il doit prendre garde que le petit parc soit toujours en bon estat et bien propre.

Compter les garçons de COLINOT, voir qu'il en ait toujours le nombre porté par son marché, et m'en envoyer son certificat tous les mois.

Il faut faire la mesme chose à l'esgard de MARIN pour l'orangerie. De mesme pour le potager.

Visitter souvent Trianon, voir que LE BOUTEUX aye des fleurs pour le Roy pendant tout l'hyver, qu'il ait le nombre de garçons auquel il est obligé, et le presser d'achever tous les ouvrages de l'hyver.

Il faut me rendre compte toutes les semaines des fleurs qu'il aura.

Qu'il visite souvent tous les bastimens qui sont sur le canal, et fasse la revue du nombre d'hommes qu'il y aura, et m'en envoyer tous les mois son certificat.

Qu'il visite avec grand soin tous les bastimens qui

[2] Le total exact est 16600ʰʰ.
[3] Le registre de 1674 est le seul qui contienne un document de la nature de celui qui suit. Ces ordres, émanés de la Direction supérieure, et probablement de Colbert lui-même, nous montrent la sollicitude et le soin méticuleux que le grand ministre apportait à la surveillance de son département. A ce titre, ils nous ont paru mériter d'être reproduits à la suite des comptes de l'année à laquelle ils s'appliquent.

51.

appartiennent au Roy, les tienne en bon estat et y fasse faire toutes les réparations qui sont nécessaires, sçavoir :

Le chasteau avec toutes les basses-cours ;
Les pavillons du Roy et la Reyne ;
La chancellerie, l'escurie et le reste.

Qu'il visitte souvent les moulins ; prendre garde qu'il n'y manque rien.

Mettre double tous les ustencils, bois, toilles et autres choses qui peuvent estre nécessaires pour les faire tourner.

Prendre garde que les meusniers les entretiennent en bon estat.

Voir les marchez des meusniers et tenir la main à ce qu'ils les exécutent ponctuellement.

Visitter toutes les semaines deux fois toutes les pompes.

Prendre garde qu'il n'y manque rien, et avoir toujours une double provision de tous les arbres, bois, pour tous les ustencils,

Et généralement de tout ce qui peut les faire cesser.

Qu'il fasse la mesme chose aux moulins de retour et à ceux de la montagne.

Qu'il visitte de mesme incessamment toutes les fontaines, compte le nombre de garçons que DENIS doit avoir suivant son marché, prenne garde qu'il les ait toujours.

Observe qu'il les entretienne en bon estat, et qu'il fasse refaire les fautes sur les voies à mesure qu'elles paroistront.

Il faut travailler incessamment à achever l'appartement bas du Roy.

Faire une conduitte qui porte l'eau à la fontaine de l'escallier et la reporte dans les réservoirs de... (sic).

Achever l'appartement des bains.

Faire la décharge de la cuve des bains dans le réservoir sous la terrasse.

Achever le grouppe de bronze pour la fontaine de la terrasse, le dorer et le poser.

Mettre des contre-cœurs dans l'appartement de la Reyne.

Des marches dans la première pièce de l'appartement bas du Roy pour descendre dans le jardin.

Faire les ouvrages demandez par M. BONTEMPS à la chapelle et sacristie.

Achever les masques des clefs des croisées de l'appartement bas.

Raccommoder les chandelliers de la Grotte.

Faire des appentis de bois pour les gardes du corps contre les murs des escuries du Roy.

Faire achever les figures de la Grotte avec soin.

Achever les socs de marbre et oster tout le plastre qui s'y trouve.

Achever les deux figures d'Acis et Galatée, suivant ce que M. LE BRUN a dit.

Restablir les balustrades des réservoirs.

Oster tous les sapins qui se trouvent le long de l'allée de la Pyramide et de celle de la Cascade, et y mettre des pisceas.

Il n'y a rien à faire aux fontaines du Pavillon, du Donjon, de l'Allée d'eau, de la Pyramide, du Berceau d'eau, du Marais, du Théâtre, de la Salle du conseil, de la Montagne, de l'Apollon, des Bosquets, du Cabinet d'eau.

Pour la Cœrès : il faut l'achever et ne rien dorer qu'au mois de may, avoir grand soin d'oster toujours la terre qui descend de l'allée, pour empescher que le bord ne se gaste.

Pour la Flore : le groupe doit estre relevé.
Baisser le bord de six ou huict pouces.
Les guirlandes, faire le modelle ;
Remettre au mois d'avril à le dorer.
La fontaine de Saturne :
Le modelle résolu sera exécuté, et y travailler tout l'hyver.

Le Baccus :
Baisser le bord de 8 [pouces] pour le moins.
La fontaine de l'Isle royalle :
Remplir la pièce des eaux de l'estang.

Remplir de terre le marais qui est entre cette pièce et l'estang, en eslargissant l'estang, et luy donner une figure régulière.

Achever les allées qui sont entre l'Apollon et le canal.

Achever toutes les allées du tour du canal, suivant le marché fait avec MARIN.

Aussytost que le temps à planter sera venu, presser BALLON de les faire tout suivant les mémoires du sr LE NOSTRE.

Achever l'aqueduc pour la décharge au canal, et ensuitte le deversoir, et y mettre une grisle pour empescher la sortie des carpes.

Faire travailler pendant cet hyver à unir toutes les terres au bout de la grande pièce du bout du canal.

Visitter souvent la Mesnagerie et prendre garde que toutes les réparations soient bien faites.

De mesme de Trianon.

Faire faire des tuyaux de fer pour le modelle du sr FRANCINES.

Achever les regards de la fontaine de l'Isle royalle.

Une rigolle au tour de la pièce haute de l'Isle royalle pour y planter.

Une pierrée de l'Isle royalle à l'Apollon.

Prendre garde que les moulins de la montagne tournent toujours lorsqu'il y aura du vent.

Faire achever la conduitte de plomb sans toucher à l'aqueduc.

Faire emplir le réservoir de la Lourcey, et travailler incessamment à la conduitte jusques dans les réservoirs.

Raccommoder toutes les portes et toutes les grisles du grand et petit parc, et prendre garde que tout ferme bien.

Faire une pierrée dans le Théâtre pour essuyer les eaux.

Relever la grisle du petit parc qui regarde la fontaine de Baccus, et faire une pierrée sous le seuil de cette porte pour écouler les eaux du Labyrinte.

Oster cinq ou six des vazes de l'allée d'eau où il y a des ifs, pour les voir la première fois que j'iray.

Oster les vazes de dessus les corniches de la montagne.

Achever un magazin commencé dans le quarré de bois du Marais pour serrer les pots.

Achever la closture des logemens des matelots.

Faire une baraque attenant le mur derrière la grisle du costé de la Mesnagerie pour y mettre un portier.

Faire huict pierrées sur les allées hautes au bout du canal, et autant de conduittes de fer sous les allées basses, pour écouler les eaux dans le canal.

Faire les allées et taluds nécessaires au tour de la grande pièce du bout du canal.

Oster les meschantes terres de l'allée qui va de Saturne à Apollon; faire des tranchées et les remplir de bonnes terres pour y planter du buis.

Regarnir de bonnes terres et de terreaux les plattes-bandes du parterre en gazon.

Faire la contr'allée depuis la fontaine de Saturne jusques à l'allée des tillots, et y planter de l'errable.

Regarnir d'errable toutes les contr'allées où il y en manque.

Faire des tranchées et les remplir de bonnes terres dans l'allée qui est entre la muraille et l'Isle royalle pour y planter des tillots en la place de ceux qui sont morts.

Enlever un pied et demy de terre grasse au tour du bassin de Baccus, et y mettre du sable en la place.

Planter des ormes et des palissades le long des murs de l'orangerie.

Paver le bassin de la fontaine de l'Isle royalle.

Poser la décharge du bassin du parterre haut de Trianon du costé du canal.

Réparer la faute du réservoir de Trianon.

Achever le réservoir de Glatigny.

Faire la conduitte depuis les moulins jusques à ce réservoir.

Planter des ormes dans toutes les rues et places de Versailles.

Si on relèvera les arbres de la grande avenue partout où ils sont plus hauts ou plus bas que les terres, — le Roy verra cet article la première fois qu'il ira à Versailles.

Couvrir la grisle de laton de la Grotte avec des feuilles de laton peintes de verd.

Oster les appuis des croisées de l'appartement bas de Monsieur.

Relever le chemin sur l'estang de la Mesnagerie, qui est plus bas de deux pieds que le mur.

Mettre les deux figures de plastre sur le parterre d'eau, et donner deux couches de blanc.

Achever le globe de marbre, le mettre au bout du parterre d'eau en symétrie avec les deux sphinx en mesme ligne droite.

Il faudra dans cet hyver faire unir les terres dans les [allées] du grand canal et de la traverse.

A Saint-Germain-en-Laye, le 24 octobre 1674.

ANNÉE 1675.

RECEPTE.

19 janvier : de M⁰ Gédéon du Metz, garde du trésor royal, la somme de 302500ᴸᵗ, pour délivrer au sʳ DE LA PLANCHE, trésorier général des bastimens du Roy, pour employer au fait de sa charge, et mesme 300000ᴸᵗ, tant à la continuation des bastimens du Louvre et des Thuilleries, chasteaux de Versailles, Saint-Germain, Fontainebleau, qu'autres maisons royalles, et 2500ᴸᵗ pour les taxations dud. trésorier, à raison de 2ᵈ pour livre..... 302500ᴸᵗ

16 mars : dud. s' DU METZ, la somme de 1387466^{tt} 13^s 4^d, pour employer 1376000^{tt}, avec les 300000^{tt} dont il a esté cy-devant fait fondz, au payement des dépenses cy-après libellées, et faire ensemble 1676000^{tt} à quoy monte le présent estat, et 11466^{tt} 13^s 4^d pour les taxations dud. trésorier desd. 1376000^{tt}, cy...... 1387466^{tt} 13^s 4^d

VERSAILLES.

Pour continuer les ouvrages de pavé, tant du bourg que des advenues du chasteau................ 30000^{tt}
Pour continuer les ouvrages du grand escallier. 30000^{tt}
Pour continuer les ouvrages de marbre et autres de l'appartement bas du Roy................ 20000^{tt}
Pour achever les ouvrages de marbre et de stuc de la pièce qui est immédiatement avant la salle des gardes de l'appartement haut du Roy................ 12000^{tt}
Pour continuer les figures de marbre du parterre d'eau................................ 12000^{tt}
Pour continuer les tableaux des plats fondz des appartemens hauts........................ 12000^{tt}
Pour achever les ornemens de la fontaine de Cœrès, de celle de Flore et de Bacchus........... 15000^{tt}
Pour faire les ornemens de la fontaine de Saturne, y compris la bordure du bassin et la dorure..... 15000^{tt}
Pour achever les deux monstres marins du bout du canal et les bronzer................... 2500^{tt}
Pour les diverses dépenses à faire pour les jardins et fontaines............................ 100000^{tt}
Pour les gages des fontainiers, jardiniers, meusniers, rocailleurs et fondeurs................. 55000^{tt}
Pour la nouvelle machine des Fables d'Ésope. 4000^{tt}
Pour l'entretenement des officiers de vaisseau et petits batteaux du canal, et goudolliers........... 20000^{tt}
Pour les dépenses imprévues de Versailles.. 40000^{tt}
Pour la conduitte depuis les moulins de Clagny jusques dans le réservoir de Glatigny, y compris les robinets et soupapes............................ 66000^{tt}
Pour achever le réservoir de Glatigny, tant pour la fouille des terres que pour le conroy et les murs. 35000^{tt}
Pour achever de dresser les allées du tour du canal et le bout d'iceluy...................... 15000^{tt}
Pour achever de dresser les environs de la pièce de l'Isle royalle, remplir la mare, et autres ouvrages. 4000^{tt}
Pour la menuiserie, charpenterie et peinture des illuminations qui se font l'esté prochain........ 20000^{tt}
Pour le bastiment de Clagny........... 300000^{tt}
Pour un logement en apenty qui se fait pour les gens de M. le comte de Vermandois............. 6000^{tt}

Pour un cent de quaisses pour l'orangerie... 2400^{tt}
Pour paver la pièce d'eau du Marais....... 1000^{tt}
Pour des thuyaux de fer et pour des boëttes de feu d'artifice............................... 27000^{tt}

Total de Versailles.......... 843900^{tt}

LOUVRE ET THUILLERIES.

Pour la sculpture de la façade du Louvre, bas-reliefs, et autres ornemens, y compris le ravallement des colonnes................................. 16600^{tt}
Pour un petit escallier et autres dépenses à faire aud. devant du Louvre....................... 3000^{tt}
Pour achever la gallerie d'Apollon, sçavoir : les peintures des plats fondz, les lambris, douze tableaux de l'histoire d'Apollon, et des bustes de marbre...... 25000^{tt}
Pour achever la terrasse des Thuilleries..... 3000^{tt}

Total.................... 47600^{tt}

AUTRES DÉPENSES.

Pour l'achat de tous les plants nécessaires pour les advenues et jardins des maisons royalles, et entretenement de la pépinière du Roulle................ 40000^{tt}
Pour plusieurs ouvrages et réparations à faire aux chasteaux de Saint-Germain............... 40000^{tt}
Pour une faisanderie qui se fait *idem*...... 40000^{tt}
Pour achever le restablissement des couvertures et vitres du chasteau de Fontainebleau......... 20000^{tt}
Pour les autres réparations du chasteau de Fontainebleau, Compiègne, Vincennes, et pour les autres maisons royalles............................... 30000^{tt}
Pour l'entretenement des couvertures des maisons royalles............................... 16000^{tt}
Pour les dépenses imprévues desd. maisons.. 5000^{tt}
Pour les gages des officiers et autres dépenses du Jardin Royal............................... 25000^{tt}
Pour l'entretenement de l'Accadémie des Sciences et gratifications des gens de lettres.......... 100000^{tt}
Pour l'entretenement des Accadémies de peinture, sculpture et architecture de Paris et de Rome.. 30000^{tt}
Pour loyers de maisons................ 10000^{tt}
Pour graveure de planches............. 13000^{tt}
Pour les gages des officiers des bastimens et préposez aux ouvrages......................... 200000^{tt}
Pour l'entretenement de la manufacture des Gobelins et de la Savonnerie..................... 75000^{tt}
Pour continuer l'Arc de triomphe........ 30000^{tt}

ANNÉE 1675. — RECETTE.

Pour la tapisserie peinte sur du gros de Tours. 50000ᵗᵗ
Pour divers ouvrages.................. 50000ᵗᵗ
  Total desd. dépenses......... 784500ᵗᵗ
  Somme totale................. 1676000ᵗᵗ
Pour les taxations dud. trésorier de 1376000ᵗᵗ, attendu qu'il a esté fait fondz de 300000ᵗᵗ, cy.. 11466ᵗᵗ 13ˢ 4ᵈ
Somme totalle du fondz restant à faire. 1387466ᵗᵗ 13ˢ 4ᵈ

---

9 mars 1675 : dud. sʳ DU METZ, la somme de 2214ᵗᵗ 12ˢ 8ᵈ pour délivrer 2196ᵗᵗ 6ˢ 8ᵈ à CHARLIER, marchand, pour son payement de 99 aunes de velours rouge cramoisy, fabrique de Paris, qu'il a fourny, et 18ᵗᵗ 5ˢ pour les taxations dud. trésorier, cy......... 2214ᵗᵗ 12ˢ 8ᵈ

14 mars : de luy, 181500ᵗᵗ pour délivrer 180000ᵗᵗ au sʳ BRÉAU, caution de JEAN GIRARD, et ANTOINE POICTEVIN, maistres maçon et charpentier à Paris, qui ont traistté pour la construction du bastiment à faire en la place de l'hostel de Lyon à Paris, scituée dans la rue Saint-André-des-Artz et dans la rue de la Contrescarpe, pour servir de nouveau Chastelet, lequel bastiment doit estre parachevé le 1ᵉʳ janvier prochain, et ordonné estre payé 20000ᵗᵗ comptant, pareille somme le 1ᵉʳ [juillet], 32000 le 1ᵉʳ septembre, et 20000ᵗᵗ le 1ᵉʳ novembre 1675, conformément au résultat du Conseil et aux plans et devis qui en ont esté dressez, et 1500ᵗᵗ pour les taxations....... 181500ᵗᵗ

7 may : dud. sʳ DU METZ, la somme de 12100ᵗᵗ pour délivrer 12000ᵗᵗ au sʳ FRANCINI par gratification, en considération du soin particulier qu'il prend des fontaines de Versailles, et 100ᵗᵗ pour les taxations..... 12100ᵗᵗ

12 juin : de luy, la somme de 38175ᵗᵗ pour employer 37800ᵗᵗ en achat de divers orangers pour le jardin de Clagny, que S. M. fait acheter en divers jardins particuliers, et 325ᵗᵗ pour les taxations dud. trésorier. 38175ᵗᵗ

De luy, 226354ᵗᵗ pour délivrer 224500ᵗᵗ aux sʳˢ et dame de Glatigny, sçavoir : 212000ᵗᵗ au payement du prix de la terre de Glatigny, achetée par ordre de S. M., suivant le contract qui en a esté passé en datte de ce jourd'huy, de laquelle somme ils en doivent employer 112000ᵗᵗ à l'acquisition de 8000ᵗᵗ de rentes constituées sur l'Hostel de ville de Paris par édit du mois de décembre 1674, à raison du denier 14, et 12500ᵗᵗ pour divers dédommagemens, et 1854ᵗᵗ pour les taxations....... 226354ᵗᵗ

24 juin : de luy, 50416ᵗᵗ 13ˢ 4ᵈ pour délivrer 50000ᵗᵗ, sçavoir : 20000ᵗᵗ pour l'achèvement du bout du canal de Versailles du costé de Trianon, 24000ᵗᵗ au payement des plombs qui servent de conduitte aux fontaines de Versailles, et 6000ᵗᵗ pour la continuation des bastimens de l'Observatoire, 416ᵗᵗ 13ˢ 4ᵈ pour les taxations. 50416ᵗᵗ 13ˢ 4ᵈ

5 aoust : de luy, 3025ᵗᵗ pour délivrer 3000ᵗᵗ aux prestres de la Mission establie à Fontainebleau, pour leur pension et nourriture pendant les six premiers mois de la présente année 1675, et 25ᵗᵗ de taxations. 3025ᵗᵗ

12 aoust : de luy, 6050ᵗᵗ pour délivrer 6000ᵗᵗ au sʳ CRAMOISY, imprimeur ordinaire du Roy, pour 1500 exemplaires de « Métamorphoses en rondeaux » composez par le sʳ DE BENSERADE, et 50ᵗᵗ pour les taxations. ... 6050ᵗᵗ

De luy, pour délivrer 2400ᵗᵗ au sʳ BOILEAU, payeur des rentes de l'Hostel de ville de Paris, pour vingt-quatre orangers qu'il a vendus pour les jardins de S. M., et 20ᵗᵗ pour les taxations...................... 2420ᵗᵗ

De luy, 5475 2ᵗᵗ 10ˢ pour employer 54300ᵗᵗ au payement des ouvrages de la fontaine d'Encelade dans le petit parc du chasteau de Versailles, suivant l'estat de ce jourd'huy et qu'il est cy-après libellé, et 452ᵗᵗ 10ˢ pour les taxations...................... 5475 2ᵗᵗ 10ˢ

Sçavoir :

Pour la conduitte d'un pied, de cent toises de longueur.............................. 15000ᵗᵗ
Pour une autre de huit pouces, de pareille longueur 7200ᵗᵗ
Pour les trois robinets qui se mettront sur cette conduitte, de huit pouces chacun............. 1650ᵗᵗ
Pour une autre conduitte d'un pied depuis lad. fontaine d'Encelade jusqu'à celle d'Apollon...... 12150ᵗᵗ
Pour les deux robinets de cette conduitte, de huit pouces chacun................................ 1100ᵗᵗ
Pour la coupe du bois, le défrichage et le régallement du tour du bassin et des allées qui y conduisent, y compris la fouille dud. bassin............ 1500ᵗᵗ
Pour le conroy idem................. 1200ᵗᵗ
Pour les ouvrages de pavé.............. 800ᵗᵗ
Pour l'aqueduc servant de décharge....... 1200ᵗᵗ
Pour le treillage de fer................ 5000ᵗᵗ
Pour le treillage de bois, y compris la peinture. 4000ᵗᵗ
Pour le groupe d'Encelade avec le rocher... 2000ᵗᵗ
Pour les deux portes de fer avec la closture de perches de lad. pièce......................... 1500ᵗᵗ
  Total.................... 54300ᵗᵗ

Pour les taxations dud. trésorier, à raison de 2ᵈ pour livre............................ 452ᵗᵗ 10ˢ
Somme totalle du contenu au présent estat. 5475 2ᵗᵗ 10ˢ

DÉPENSE.

LE LOUVRE ET LES THUILLERIES.

MAÇONNERIE, CHARPENTERIE ET COUVERTURE.

12 avril-6 aoust : à Mazières et Bergeron, entrepreneurs de la maçonnerie, à compte de leurs ouvrages (2 p.).................................. 3000tt
4 may : à eux, à compte du petit escallier qu'ils font. 3000tt
A Hanicle, pour réparations qu'il a faites. 1372tt 19ˢ
A Le Loutre, idem..................... 202tt
14 novembre : à Charuel, pour réparations de couvertures................................ 220tt

Somme de ce chapitre...... 7794tt 19ˢ

MENUISERIE, SERRURERIE, VITRERIE.

12 avril-3 juillet : à Prou, menuisier, pour divers ouvrages (3 p.)...................... 3260tt 15ˢ
12 avril : à luy, pour les échafauds qu'il a faits à la gallerie d'Apollon..................... 193tt 5ˢ
14 novembre : à luy, pour ouvrages que ses compagnons ont faits...................... 720tt 10ˢ
4 may : à luy et Buirette, pour parfait payement de 4849tt........................ 1049tt
31 may-3 juillet : à la veuve Vierrey, vitrière, pour ses ouvrages (2 p.)..................... 622tt 4ˢ
31 may : à Le Roy, réparations de menuiserie. 242tt 5ˢ
13 juin : à Barbier, pour trente-six caisses qu'il a livrées.............................. 169tt 10ˢ
13 juin-14 novembre : à Lavier, pour parfait payement de 2895tt (2 p.)................... 2010tt
3 juillet : à Chevalier, menuisier, pour ouvrages qu'il a faits à la grande escurie............... 119tt 15ˢ
16 juillet : à Seclet, serrurier, pour ouvrages qu'il a faits........................ 218tt 3ˢ

Somme de ce chapitre....... 8605tt 7ˢ

PEINTURE, SCULPTURE ET MARBRERIE.

22 mars-3 juillet : aux sʳˢ Le Moine, peintres, à compte des ouvrages qu'ils font à la gallerie d'Apollon, aux Thuilleries (3 p.)......................... 2300tt
12 avril 1675-14 janvier 1676 : à Caffieri et Lespagnandel, sculpteurs, à compte de leurs ouvrages à la façade du Louvre (6 p.)................ 14200tt
30 septembre : à Paillet, à compte de ses ouvrages de peinture........................ 500tt
14 novembre : à Cussac, peintre, pour ouvrages qu'il a faits............................. 688tt

Somme de ce chapitre........ 17688tt

PLOMBERIE ET PAVÉ.

Néant.

JARDINAGES ET FOUILLES.

22 mars-10 septembre : à divers ouvriers qui ont travaillé au jardin des Thuilleries (4 p.)..... 2493tt 11ˢ
24 may : à plusieurs jardiniers idem........ 185tt
18 may : à Pic, pour soixante-dix accassias fournis aud. jardin................................. 140tt
31 may 1675-26 febvrier 1676 : à Huveliers, pour parfait payement de 571tt 6ᵈ pour labours (3 p.). 421tt 0ˢ 6ᵈ
14 novembre : à La Chapelle, à compte du transport de terre qu'il fait...................... 300tt
19 décembre : à Le Dru, pour sable de rivière qu'il a fourny pour led. jardin................ 692tt 18ˢ
9 mars-31 décembre : à Rigault, pour son remboursement de ce qu'il a payé aux ouvriers qui ont travaillé aud. jardin (6 p.).................. 3459tt 0ˢ 6ᵈ

Somme de ce chapitre...... 7691tt 10ˢ

PARTIES EXTRAORDINAIRES.

19 mars : à Louise Simon, lingère, pour six grandes bannes qu'elle a fourny pour conserver les tableaux du cabinet du Roy, au Louvre................ 220tt
4 avril : aux ouvriers qui ont travaillé au Cours de la Reyne............................. 256tt 5ˢ
2 septembre : à Huvelier, à compte des labours qu'il fait aux advenues des Thuilleries............. 150tt
30 septembre : à Gillet, fontainier, pour réparations qu'il a faites aux conduites du regard des Thuilleries. 230tt
A Feuillastre, pour restablissement du conroy qu'il a fait à un des bassins des Thuilleries....... 80tt
19 décembre : à Duer, pour le restablissement qu'il a fait aux esviers des cuisines des Thuilleries.. 115tt 15ˢ
7 febvrier 1676 : à Cucci, fondeur, à compte des garnitures de bronze de la gallerie d'Apollon...... 1500tt
18 avril 1675 : à Rigault, pour son remboursement de ce qu'il a payé aux ouvriers qui ont travaillé au Cours de la Reyne........................ 256tt 2ˢ

Somme de ce chapitre........ 2808tt 2ˢ

PALAIS-ROYAL.

22 mars : à MAURICE, pour huit scabellons et deux bustes de marbre............................ 1150ᴧ
A LE ROY, menuisier, pour diverses réparations. 600ᴧ
1ᵉʳ avril 1675-30 octobre 1676 : à LE PAUTRE, architecte, pour parfait payement de 14400ᴧ pour les ouvrages qu'il a faits à l'appartement du Chevalier de Lorraine (5 p.)............................. 11400ᴧ
20 avril : à DABLY, pour vuidanges de fosses qu'il a faites................................. 116ᴧ
A la veuve VIERREY, pour réparations de vitres. 800ᴧ
24 may : aux ouvriers qui ont arrouzé les arbres du jardin................................ 77ᴧ
31 may : à MÉNARD, marbrier, pour réparations. 285ᴧ
3 juillet : à NICOLIE, serrurier, à compte du balcon qu'il fait.............................. 300ᴧ
16 juillet : à HARDY, pour divers ouvrages. 439ᴧ 11ˢ
6 aoust-11 octobre : à DIONIS, menuisier, à compte des ouvrages qu'il fait à l'appartement de Mˡˡᵉ de Blois (2 p.).............................. 1400ᴧ
6 aoust : à BATTARD, charpentier, pour divers ouvrages qu'il a faits............................. 600ᴧ
7 febvrier 1676 : à LUCAS et LE BATTARD[1], charpentiers, idem................................. 800ᴧ
30 aoust-3 décembre : à LA PORTE[2], doreur, pour parfait payement de 1246ᴧ à quoy montent ses ouvrages (2 p.).............................. 1246ᴧ
28 novembre : à FRENET, jardinier, pour 400 bottes de buis qu'il a fourny pour le jardin dud. palais.. 160ᴧ
7 febvrier 1676 : à CARRÉ, paveur, pour parfait payement de 703ᴧ 18ˢ.................... 203ᴧ 18ˢ
Somme de ce chapitre....... 19577ᴧ 9ˢ

OUVRAGES DE L'ENCLOS DU PALAIS
ET POMPE DU PONT-NEUF.

16 juillet-30 décembre : à LE TORT, taillandier, pour ouvrages à la pompe du Pont-Neuf (2 p.)... 548ᴧ 10ˢ
30 septembre : à BRICARD, charpentier, à compte des réparations qu'il fait à lad. pompe.......... 1200ᴧ
Somme de ce chapitre...... 1748ᴧ 10ˢ

COLLÈGE ROYAL ET LA BASTILLE.

13 juin : à LANDRY, maçon, pour réparations qu'il a faites au Collège Royal................... 120ᴧ

---
[1] C'est évidemment le même individu que le BATTARD de l'article précédent.
[2] Il est appelé une fois DE LA PORTE.

16 juillet : à MAIGREY, pour réparations qu'il a faites à la Bastille........................... 105ᴧ 10ˢ
Somme de ce chapitre........ 225ᴧ 10ˢ

JARDIN ROYAL.

31 mars-3 juillet : à BOULOGNE et LANGLOIS, jardiniers, pour parfait payement de 800ᴧ à compte du régallement qu'ils font aux allées du grand parterre (2 p.)... 500ᴧ
17 avril : au sʳ CHARRAS, apoticaire, pour plusieurs médicamens qu'il distribue aux pauvres suivant les ordonnances des médecins du Roy aud. jardin.... 1105ᴧ 4ˢ
2 may-3 juillet : à DUEZ, pour parfait payement de 1424ᴧ pour le restablissement du bassin (2 p.). 1424ᴧ
20 may : à MARCHAND, pour la recherche qu'il va faire de plusieurs plantes pour led. jardin......... 200ᴧ
10 juin : à luy, par gratiffication, en considération de son application aud. jardin et de la connoissance particulière qu'il a de la botanique, et ce pendant lad. année 1675................................. 1500ᴧ
10 avril : à BREMANT, jardinier, et CHAILLOU, portier, sçavoir : aud. BREMANT 2500ᴧ, et aud. CHAILLOU 450ᴧ, pour leurs appointemens de lad. année........... 2950ᴧ
10 juin : au sʳ DAQUIN, premier médecin de S. M., pour ses gages de surintendant des démonstrations des plantes et opérations médicinales en 1675..... 3000ᴧ
Au sʳ CUREAU DE LA CHAMBRE, premier médecin de la Reyne, démonstrateur de l'intérieur des plantes et opérateur pharmaceutique................... 1500ᴧ
Au sʳ FAGON, médecin de la Reyne, démonstrateur de l'intérieur des plantes, idem............... 1500ᴧ
25 avril 1677 : à RÉMY, garçon du laboratoire dud. jardin.................................. 200ᴧ
A BEAUPRÉ, idem...................... 200ᴧ
Somme de ce chapitre........ 14079ᴧ 4ˢ

OBSERVATOIRE, MAISON DES GOBELINS.

22 mars-30 septembre : à BUIRETTE, menuisier, à compte des ouvrages de menuiserie qu'il fait à l'Observatoire (3 p.)........................... 2763ᴧ 13ˢ
22 mars : à BATTANT, pour diverses réparations de charpenterie aux Gobelins................... 150ᴧ
12 avril : à LUCHET, pour ouvrages de serrurerie aux Gobelins............................. 374ᴧ 13ˢ
A MARTIN, pour ouvrages de maçonnerie qu'il fait aux Gobelins........................... 1074ᴧ 15ˢ
4 may : à PROU, pour ses ouvrages de menuiserie idem................................ 133ᴧ 10ˢ

4 may - 6 aoust : à DOYANT, pour ouvrages de serrurerie de l'Observatoire (2 p.)................. 1300^{tt}
6 aoust - 28 octobre : à MAZIÈRES et BERGERON, entrepreneurs de l'Observatoire, à compte de leurs travaux (3 p.)............................. 9000^{tt}

Somme de ce chapitre..... 14796^{tt} 11^s

ARC DE TRIOMPHE.

22 mars - 31 décembre : à THÉVENOT, à compte de ses ouvrages de maçonnerie (5 p.)............... 7700^{tt}
30 juillet : à DEFER et consors, carreyers, pour fournitures de pierres..................... 5689^{tt}
19 décembre : à DROUILLY et THÉVENOT, pour réparations de sculpture qu'ils ont faites.......... 476^{tt} 3^s
A DIMANCHE, couvreur, pour ses ouvrages.. 281^{tt} 14^s
A LAVIER, menuisier, idem............. 143^{tt} 15^s

Somme de ce chapitre...... 14290^{tt} 12^s

ORANGERIE ET PÉPINIÈRE DU ROULLE.

4 avril - 19 décembre : à GERMAIN, pour menues dépenses (12 p.)...................... 7720^{tt} 2^s 6^d
4 may : à LAVIER, pour parfait payement de la somme de 2313^{tt} 5^s 3^d..................... 1713^{tt} 5^s 3^d
31 may - 30 septembre : à VUYET, maçon, à compte des murs qu'il fait (3 p.)............... 2001^{tt} 8^s
30 septembre : à DUEZ, pour un bassin de ciment qu'il a fait dans lad. orangerie............ 293^{tt} 8^s
26 janvier 1676 : à GIRARD, maçon, à compte des ouvrages de maçonnerie qu'il fait............... 600^{tt}

Somme de ce chapitre.... 12328^{tt} 3^s 9^d

FONTAINEBLEAU.

MAÇONNERIE, CHARPENTERIE ET COUVERTURE.

12 mars - 3 octobre : à GROGNET, pour réparations de couverture (4 p.)..................... 18000^{tt}
19 septembre : à TESTU, pour parfait payement de 993^{tt} 10^s pour les ouvrages et réparations qu'il a faits au cheny.............................. 293^{tt} 10^s
23 septembre : à luy, pour parfait payement de 1069^{tt} pour le restablissement qu'il a fait au pavillon du milieu de l'Estang............................ 819^{tt}

Somme de ce chapitre...... 19112^{tt} 10^s

MENUISERIE, SERRURERIE ET VITRERIE.

29 mars - 12 octobre : à TISSERAND, vitrier, à compte des réparations qu'il fait (4 p.)............. 1800^{tt}

21 avril - 18 septembre : à SAURET, pour divers ouvrages de menuiserie (4 p.)............... 1600^{tt}
24 juin - 18 novembre : à la veuve ROSSIGNOL, pour ouvrages de serrurerie (4 p.).............. 1300^{tt}
30 septembre : à la veuve GOBERT, à compte de ses ouvrages de menuiserie.................. 150^{tt}

Somme de ce chapitre......... 4850^{tt}

PEINTURE, SCULPTURE ET MARBRERIE.

Néant.

PLOMBERIE ET PAVÉ.

24 juin - 12 octobre : à la veuve GIRARD, plombière, à compte de ses ouvrages (3 p.)............ 900^{tt}

JARDINAGES ET FOUILLES.

12 octobre : à DESBOUTS, jardinier, à compte de la tonture des grandes palissades.............. 300^{tt}
7 febvrier 1676 : à CHASTILLON, jardinier, pour fournitures et dépenses qu'il a faites pour l'orangerie. 295^{tt} 5^s

Somme de ce chapitre......... 595^{tt} 5^s

PARTIES EXTRAORDINAIRES.

22 mars : à VOLTIGENT, pour employer en menues dépenses......................... 3000^{tt}
A LÉGER, charron, pour diverses réparations. 58^{tt} 11^s
Aux ouvriers qui ont remply les glacières..... 570^{tt}
4 may - 4 novembre : à BÉTULAUD, pour diverses dépenses (5 p.)........................ 8600^{tt}
24 septembre : à luy, pour parfait payement de 18304^{tt} 14^s pour les ouvrages et réparations faites en divers endroits du chasteau et dépendances...... 5904^{tt}
26 septembre : à luy, pour parfait payement de 832^{tt} 18^s pour divers nettoyemens......... 332^{tt} 18^s
28 septembre : à luy, pour pareille somme qu'il a payée aux ouvriers qui ont fait divers ouvrages. 3427^{tt} 4^s
19 juillet : au s^r PETIT père, pour employer en menues dépenses........................... 1200^{tt}

Somme de ce chapitre...... 23092^{tt} 13^s

SAINT-GERMAIN.

MAÇONNERIE.

22 mars - 5 aoust : à DE LA RUE, à compte des ouvrages de maçonnerie du corps de garde françois (5 p.). 6800^{tt}
22 mars - 3 juillet : à luy, à compte du scellement des palis de la garenne du Vézinet (2 p.)......... 1024^{tt}
4 may - 7 novembre : à luy, à compte des réparations et restablissemens qu'il fait auxd. chasteaux (3 p.). 4800^{tt}

ANNÉE 1675. — SAINT-GERMAIN.

7 novembre : à luy, à compte du restablissement des murs de la terrasse et des escalliers des grottes... 400ᵗᵗ

19 janvier 1676 : à luy, pour divers ouvrages dans l'appartement de Mᵐᵉ la duchesse de Richelieu... 100ᵗᵗ

22 septembre 1675-8 janvier 1676 : à DE LA RUE et BERGERON, à compte des travaux du nouveau bastiment du Val (3 p.)...................... 26500ᵗᵗ

22 mars : à LE GRAND et JEAN, pour réparations de la fontaine de La Pissotte.................... 60ᵗᵗ

30 septembre : à la veuve LESPINE, à compte des ouvrages que feu son mary a faits.............. 150ᵗᵗ

Somme de ce chapitre........ 39834ᵗᵗ

CHARPENTERIE ET COUVERTURE.

22 mars : à AUBERT, à compte des palis de la garenne du Vézinet............................ 800ᵗᵗ

4 may : à luy, à compte de diverses réparations. 800ᵗᵗ

22 septembre 1675-8 febvrier 1676 : à luy, à compte de ses ouvrages de charpenterie au nouveau bastiment du Val (3 p.)....................... 9000ᵗᵗ

4 may-14 novembre : à DIMANCHE, couvreur, à compte de ses ouvrages à Saint-Germain (4 p.)....... 4400ᵗᵗ

3 octobre : à luy, à compte de ceux qu'il fait au bastiment du Val.......................... 2500ᵗᵗ

4 may-3 juillet : à la veuve DUFAY, charpentier, à compte de diverses réparations (2 p.)........ 2300ᵗᵗ

10 aoust : à MAILLARD, pour parfait payement de 3850ᵗᵗ pour divers ouvrages de charpenterie....... 1310ᵗᵗ 7ˢ

Somme de ce chapitre..... 21110ᵗᵗ 7ˢ

MENUISERIE, SERRURERIE ET VITRERIE.

22 mars 1675-3 janvier 1676 : à PIOT, à compte de ses ouvrages de serrurerie au chasteau de Saint-Germain (5 p.).......................... 5000ᵗᵗ

3 octobre 1675-5 febvrier 1676 : à luy, à compte de ses ouvrages au nouveau bastiment du Val (5 p.). 6200ᵗᵗ

6 aoust : à luy et à DROIT, menuisier, pour ouvrages du chenil........................ 205ᵗᵗ 15ˢ 7ᵈ

22 mars 1675-8 febvrier 1676 : à LE MERCIER[1], vitrier, à compte de ses ouvrages et réparations qu'il fait à Saint-Germain (6 p.)................... 4800ᵗᵗ

4 may 1675-24 janvier 1676 : à LAVIER, menuisier, à compte des ouvrages qu'il fait en divers endroits de Saint-Germain (5 p.).................... 4800ᵗᵗ

29 septembre 1675-24 janvier 1676 : à luy, à compte des ouvrages qu'il fait au nouveau bastiment du Val (3 p.)............................. 5800ᵗᵗ

[1] Ou MERCIER.

30 décembre : à LE GRAND, serrurier, pour réparations qu'il a faites aux cheminées de la Surintendance. 316ᵗᵗ 10ˢ

Somme de ce chapitre..... 27522ᵗᵗ 5ˢ 7ᵈ

PEINTURE, SCULPTURE ET MARBRERIE.

20 avril 1675-8 febvrier 1676 : à PASQUIER, marbrier, pour réparations en divers endroits (2 p.).. 1262ᵗᵗ 10ˢ

4 may 1675-8 febvrier 1676 : à POISSON, à compte de ses ouvrages de peinture (4 p.)............ 3900ᵗᵗ

19 janvier 1676 : à luy, pour divers ouvrages dans l'appartement de Mᵐᵉ la duchesse de Richelieu... 700ᵗᵗ

22 octobre 1675-25 janvier 1676 : à DU CHESNOY, marbrier, à compte des carreaux de pavé de Caen qu'il pose au bastiment du Val (2 p.)............. 800ᵗᵗ

19 décembre 1675-2 janvier 1676 : à DESJARDINS, sculpteur, à compte du bastiment du Val (2 p.).. 2400ᵗᵗ

19 décembre 1675-2 janvier 1676 : à LE HONGRE et consors, idem (2 p.)..................... 1500ᵗᵗ

19 décembre : à BAUDESSON, peintre, pour trois tableaux de fleurs qu'il a faits..................... 390ᵗᵗ

14 janvier-8 febvrier 1676 : à LEGERET et consors, sculpteurs, à compte du bastiment du Val (2 p.). 1500ᵗᵗ

Somme de ce chapitre...... 12452ᵗᵗ 10ˢ

PLOMBERIE ET PAVÉ.

31 may-31 octobre : à MARCERON, paveur, pour le restablissement du pavé en divers endroits (2 p.). 402ᵗᵗ 13ˢ 9ᵈ

5 aoust : à ADNET, pour réparations idem. 166ᵗᵗ 15ˢ 8ᵈ

14 novembre 1675-2 janvier 1676 : à LE ROY, plombier, à compte du nouveau bastiment du Val (2 p.). 2400ᵗᵗ

27 novembre : à MARCHAND, paveur, à compte des ouvrages qu'il fait à Saint-Germain............ 1500ᵗᵗ

Somme de ce chapitre..... 4469ᵗᵗ 9ˢ 5ᵈ

JARDINAGES ET FOUILLES.

22 mars-13 juin : à DE LA LANDE, à compte des petits treillages qu'il fait (2 p.).................. 987ᵗᵗ

16 octobre : à luy, pour 1240 thoises de treillage. 310ᵗᵗ

24 janvier 1676 : à luy, à compte des ouvrages qu'il fait aux treillages de la grande terrasse........ 350ᵗᵗ

5 aoust : aud. DE LA LANDE, pour dépenses extraordinaires de l'orangerie.................. 356ᵗᵗ 15ˢ

22 mars : à JEAN DE LA LANDE, pour le régallement de la terrasse du boulingrin.................. 67ᵗᵗ

5 aoust : à LA LANDE, du boulingrin, pour fournitures de fumiers et autres dépenses................ 281ᵗᵗ

22 mars : à la veuve DE LA LANDE, pour dépenses extraordinaires faites dans son entretenement.. 1200ᵗᵗ

7 décembre : à elle, pour fourniture de fumiers et terreau............................ 536ᴸᴸ 6ˢ

22 mars-31 may : à DE BRAY, pour parfait payement de 2092ᴸᴸ 10ˢ pour le régallement de la route qui va aux Loges (3 p.)....................... 2092ᴸᴸ 10ˢ

22 mars : à luy, parfait payement de 998ᴸᴸ 10ˢ. 198ᴸᴸ 4ˢ

24 may-3 juillet : à FRADE, à compte de la garenne du Vézinet (2 p.)...................... 389ᴸᴸ

29 septembre-14 novembre : à OZANNE, pour parfait payement des fouilles et transports de terre qu'il a faits au bastiment du Val (4 p.)............ 1988ᴸᴸ 6ˢ 7ᵈ

14 novembre : à luy, pour un fontis qu'il a remply sur la grande terrasse de Saint-Germain...... 220ᴸᴸ 13ˢ

19 décembre 1675-8 janvier 1676 : à MARON et DE BRAY, à compte du transport de terre qu'ils font au bastiment du Val (2 p.).................... 4800ᴸᴸ

2 janvier 1676 : à LE COUSTILLIÉ, jardinier du Val, pour divers ouvrages aud. jardin............ 96ᴸᴸ 17ˢ

Somme de ce chapitre..... 13874ᴸᴸ 1ˢ 7ᵈ

PARTIES EXTRAORDINAIRES.

22 mars : à PADELAIN, pour cheminées qu'il a ramonées............................. 121ᴸᴸ 12ˢ

A LE ROY, pour ouvrages de nattes........ 68ᴸᴸ 17ˢ

31 may : à luy, pour avoir frotté les appartemens dud. chasteau...................... 236ᴸᴸ 5ˢ

22 mars : à MÉNAGER, pour diverses dépenses. 267ᴸᴸ 15ˢ

5 aoust : à luy, pour thuyaux de grais... 146ᴸᴸ 2ˢ 6ᵈ

29 septembre : à luy, pour 49 thoises et demie de grand treillage de chastaignier qu'il a fait dans le jardin et la faisanderie du Val................... 157ᴸᴸ 18ˢ

22 mars : à OZANNE, pour avoir sollicité les ouvrages............................... 196ᴸᴸ

4 may 1675-2 janvier 1676 : à luy, pour menues dépenses (4 p.).................... 1311ᴸᴸ 18ˢ 9ᵈ

7-29 septembre : à luy, pour parfait payement de 323ᴸᴸ 9ˢ à quoy monte la démolition du pavillon du Val (2 p.).......................... 323ᴸᴸ 9ˢ

12 avril : à BERTHIER, pour parfait payement de 2422ᴸᴸ 12ˢ pour les ouvrages de rocailles qu'il a faits depuis 1672...................... 2122ᴸᴸ 12ˢ

7 febvrier 1676 : à luy, pour ouvrages qu'il a faits au petit appartement du Roy............. 177ᴸᴸ 14ˢ

4 may : à VARISSE, pour cheminées qu'il a ramonées............................. 416ᴸᴸ 4ˢ

19 may : au sʳ GUIMONT, pour plusieurs glaces pour l'appartement de Mᵐᵉ de Montespan...... 860ᴸᴸ 10ˢ

5 aoust : à SOULEIGRE, pour nettoyement qu'il a fait. 654ᴸᴸ

2 septembre 1675-26 febvrier 1676 : à FRADES, pour parfait payement de 979ᴸᴸ 17ˢ pour les labours qu'il fait aux remises à gibier.................. 779ᴸᴸ 17ˢ

8 novembre : à COGNET, horloger, pour ouvrages à l'horloge de Saint-Germain.................. 620ᴸᴸ

27 novembre : à FONTAINE, pour avoir mis en couleur les planchers des appartemens............. 290ᴸᴸ

15 décembre : à BLIQUE qui a esté blessé travaillant au bastiment du Val, à luy accordé par gratiffication.. 60ᴸᴸ

Somme de ce chapitre..... 8810ᴸᴸ 14ˢ 3ᵈ

VERSAILLES.

MAÇONNERIE.

22 mars-1ᵉʳ septembre : à BERGERON le jeune, pour parfait payement de 5046ᴸᴸ 2ˢ, tant pour le logement des officiers de M. le duc de Vermandois que pour le commun de la Reyne (3 p.)................... 5046ᴸᴸ 2ˢ

7 avril-28 septembre : à luy, à compte du réservoir de Glatigny (4 p.)..................... 10200ᴸᴸ

27 juillet : à luy, à compte dud. réservoir et des murs de closture........................ 5000ᴸᴸ

31 may : à luy, à compte de l'aqueduc du canal. 1200ᴸᴸ

7 septembre : à luy, à compte des murs du canal. 2000ᴸᴸ

25 aoust : à luy, à compte du réservoir hors le petit parc............................ 1200ᴸᴸ

12 avril-9 novembre : à luy, pour parfait payement de 20412ᴸᴸ 6ˢ pour divers ouvrages (2 p.)... 5612ᴸᴸ 6ˢ

11-19 décembre : à luy, à compte de divers ouvrages du parc (2 p.)..................... 3068ᴸᴸ 4ˢ

3 juillet-14 novembre : à luy, à compte des rampes du bout du canal vers Trianon (3 p.)........ 4200ᴸᴸ

3 juillet : à luy, à compte des cabanes pour les meusniers de Satory..................... 1500ᴸᴸ

25 aoust-28 septembre : à luy, à compte de ses ouvrages à la fontaine de l'Encelade (2 p.)...... 2200ᴸᴸ

14 novembre : à luy, à compte de la Renommée et de l'Encelade........................ 1200ᴸᴸ

7 febvrier 1676 : à luy, à compte de la fontaine de la Renommée....................... 1500ᴸᴸ

11 décembre : à luy, à compte des ouvrages qu'il fait aux escuries des pompes.................. 1200ᴸᴸ

22 mars-11 décembre : à GABRIEL, à compte de diverses réparations et de divers ouvrages qu'il fait dans le petit parc (4 p.)..................... 4600ᴸᴸ

4 juillet : à Janot, pour parfait payement de la somme de 2920ᵗᵗ 4ˢ 2ᵈ................ 820ᵗᵗ 4ˢ 2ᵈ

5 aoust : aud. Jehannot[1], à compte de la machine de Fourdrinier......................... 400ᵗᵗ

9 décembre : à luy, à compte des murs du potager de Versailles............................. 1200ᵗᵗ

7 febvrier 1676 : à luy, pour ouvrages au Labirinthe................................. 250ᵗᵗ

30 septembre : aux ouvriers qui ont travaillé à diverses réparations de maçonnerie (2 p.)... 2467ᵗᵗ 9ˢ 4ᵈ

A ceux qui ont travaillé aux réparations des moulins de Clagny........................... 133ᵗᵗ 13ᵈ

A Girardot et consors, à compte du percement de la montagne............................. 1000ᵗᵗ

Somme de ce chapitre... 55997ᵗᵗ 16ˢ 6ᵈ [2]

CHARPENTERIE ET COUVERTURE.

22 mars-10 novembre : à Yvon, à compte de ses ouvrages de couverture (4 p.)............. 3800ᵗᵗ

5 aoust : à luy, pour parfait payement de 4438ᵗᵗ. 1638ᵗᵗ

A luy, pour réparations qu'il a faites à l'église.. 116ᵗᵗ

7 febvrier 1676 : à luy, pour ouvrages qu'il a faits à l'hostel de Pomponne.............. 321ᵗᵗ 4ˢ

5 avril : à Maillard, pour réparations de charpenterie du moulin de retour........ 139ᵗᵗ 10ˢ

7 febvrier 1676 : à Maillard et Gaudet, charpentiers, pour ouvrages de la machine du Chapelet.... 303ᵗᵗ 13ˢ

Aud. Gaudet, pour ouvrages qu'il a faits aux pompes de Versailles et moulins de Clagny........ 729ᵗᵗ 13ˢ

12 avril : à Battant, charpentier, pour parfait payement de 2000ᵗᵗ pour bois qu'il a fourny....... 1000ᵗᵗ

20 avril : à Fontenet et Le Gendre, pour ouvrages de charpenterie de plusieurs moulins et baraques. 803ᵗᵗ 9ˢ

22 octobre : à eux, pour ouvrages et augmentations qu'ils ont faits au second moulin de Satory...... 775ᵗᵗ

15 décembre : à Fontenet, pour ouvrages aux moulins de Satory.......................... 739ᵗᵗ 18ˢ 8ᵈ

5 juin-3 juillet : à Charpentier, à compte d'un bastardeau qu'il fait (2 p.)................ 4000ᵗᵗ

6 septembre : à La Bastide, charpentier, pour parfait payement de 600ᵗᵗ pour divers ouvrages........ 300ᵗᵗ

22 octobre : à Caillet, charpentier, pour 440 thoises de plateforme qu'il a posée au réservoir de Glatigny. 127ᵗᵗ 10ˢ

20 avril : à luy, pour remboursement de ce qu'il a payé aux ouvriers charpentiers qui ont travaillé aux offices de M. le comte de Vermandois.............. 386ᵗᵗ 10ˢ

30 décembre : à de la Planche, pour remboursement de ce qu'il a payé aux ouvriers charpentiers qui ont fait divers ouvrages......................... 328ᵗᵗ

25 janvier 1676 : à Cliquin, charpentier, à compte des échaffauds qu'il a faits pour la chapelle........ 400ᵗᵗ

Somme de ce chapitre..... 15908ᵗᵗ 7ˢ 8ᵈ

SERRURERIE.

22 mars-30 septembre : à Delobel, à compte de ses ouvrages (3 p.)......................... 6100ᵗᵗ

14 octobre : à luy, à compte des balustrades de la Renommée............................. 3000ᵗᵗ

22 mars-5 novembre : à Marie, à compte de ses ouvrages (3 p.).......................... 2000ᵗᵗ

18 septembre : à luy, à compte de la fontaine de l'Encelade............................. 300ᵗᵗ

3 juillet-14 octobre : à Marie et Boudet[3], à compte de leurs ouvrages à la fontaine de l'Encelade (4 p.) 7700ᵗᵗ

22 mars : à Boutet, à compte de ses ouvrages. 400ᵗᵗ

22 mars 1675-3 febvrier 1676 : à Picard, à compte idem (6 p.)............................ 4734ᵗᵗ 17ˢ

22 mars-11 octobre : à Rombault, pour divers ouvrages (2 p.).......................... 1558ᵗᵗ 6ˢ

22 mars : à Hardy, à compte des portes de fer qu'il fait.................................. 800ᵗᵗ

A Nicolie, idem...................... 800ᵗᵗ

6 aoust : à Hardy et Nicolie, pour parfait payement de 3600ᵗᵗ............................ 200ᵗᵗ

22 avril-11 octobre : à Bigot, pour ouvrages qu'il a faits à divers moulins (2 p.).............. 1956ᵗᵗ 8ˢ

30 novembre : à luy, pour ouvrages à la pompe proche la Grotte........................... 178ᵗᵗ 4ˢ

4 may : à du Chesne, à compte de ses ouvrages. 300ᵗᵗ

9 juillet : à Godignon[4], pour parfait payement de 1139ᵗᵗ 14ˢ............................ 739ᵗᵗ 14ˢ

12 janvier 1676 : à luy, à compte de ses ouvrages. 300ᵗᵗ

28 novembre : à Osdivent, pour ouvrages qu'il a faits pour le potager...................... 186ᵗᵗ 2ˢ

Somme de ce chapitre...... 31253ᵗᵗ 11ˢ

MENUISERIE ET VITRERIE.

22 mars : à Buirette, à compte de ses ouvrages de menuiserie............................ 2000ᵗᵗ

A Barbier, pour parfait payement de 810ᵗᵗ pour caisses pour l'orangerie........................ 510ᵗᵗ

---

[1] C'est le même que le Janot de l'article précédent.
[2] Il faut 6ˢ 7ᵈ.
[3] Sans doute Boutet.
[4] Ou Goudignon.

15 avril-23 juillet : à luy, pour parfait payement de 1200ʰ pour les caisses qu'il livre (2 p.)...... 1200ʰ

22 mars-30 décembre : à DU Cors[1], à compte de ses ouvrages (3 p.)......................... 2800ʰ

22 mars 1675-26 janvier 1676 : à la veuve LONGET, à compte de ses ouvrages de vitrerie (8 p.).... 13200ʰ

4 avril-2 septembre : à LAVIER, menuisier, à compte de ses ouvrages de menuiserie (3 p.)......... 3700ʰ

12 avril : à PROU, pour ses ouvrages de la paroisse de Versailles............................. 402ʰ

19 décembre : à luy, pour ses ouvrages au modèle de la chapelle.............................. 440ʰ

30 décembre : à luy, à compte de ses ouvrages. 518ʰ

12 avril 1675-5 febvrier 1676 : à luy et consors, pour parfait payement de 5250ʰ pour ouvrages des illuminations (5 p.)................................... 4950ʰ

4 may 1675-5 febvrier 1676 : à DAUPHIN et PRÉVOST, menuisiers, pour parfait payement de 2000ʰ pour les illuminations (3 p.)......................... 2000ʰ

4 may 1675-5 febvrier 1676 : à GIRAULT et JUMELLE, pour parfait payement de 2300ʰ *idem* (3 p.).. 2300ʰ

4 may-3 juillet : à ACCART et LYONNOIS, à compte de leurs ouvrages pour les illuminations (2 p.).... 1200ʰ

3 juillet : à BERGERAT et LA CROIX, à compte de leurs ouvrages...................................... 600ʰ

30 octobre : à DIONIS, à compte des ouvrages qu'il fait pour la Renommée........................... 1000ʰ

30 décembre : à MANTONNOIS, pour ouvrages qu'il a faits aux loges des matelots................. 407ʰ

Somme de ce chapitre......... 37227ʰ

PEINTURE ET DORURE.

22 mars : aux filles du sʳ BOULOGNE, à compte des tableaux des grands appartemens............ 1200ʰ

6 aoust : à la veuve BOULOGNE, à compte des ouvrages des Attiques................................... 600ʰ

7 janvier 1676 : à BOULOGNE, pour avoir peint deux glaces de miroir pour un appartement des Attiques. 60ʰ

22 mars : à COYPEL, à compte des plats fonds des grands appartemens............................... 1000ʰ

A TIERCELIN, à compte de la peinture qu'il fait aux moulins de Satory........................... 200ʰ

16 novembre 1675-7 janvier 1676 : à luy, à compte des peintures des treillages de la fontaine de l'Encelade (2 p.)................................... 800ʰ

7 febvrier 1676 : à luy, pour parfait payement de 403ʰ 12ˢ pour divers ouvrages qu'il a faits... 203ʰ 12ˢ

[1] Ou DU CORPS.

22 mars : à LALLEMANT, à compte des illuminations................................ 400ʰ

22 mars 1675-5 febvrier 1676 : à LABBÉ, peintre, pour parfait payement de 478ʰ pour ouvrages des illuminations (2 p.)................................ 478ʰ

22 mars 1675-5 febvrier 1676 : à MARTIN, pour parfait payement de 1470ʰ *idem* (4 p.)......... 1470ʰ

A SAINT-ANDRÉ, pour parfait payement de 1470ʰ (4 p.)................................ 1470ʰ

A FRIQUET, pour parfait payement de 4155ʰ 3ˢ *idem* (4 p.)................................ 4155ʰ 3ˢ

22 mars-4 may : à luy, pour parfait payement de 605ʰ pour deux tableaux pour l'église (2 p.)...... 605ʰ

30 septembre : à luy, pour parfait payement de 1300ʰ pour les ouvrages qu'il a faits dans la sale ionique. 350ʰ

22 mars 1675-5 febvrier 1676 : à RAMBOUR et SIMON, pour parfait payement de 4327ʰ pour ouvrages des illuminations (4 p.)......................... 3927ʰ

22 mars-4 may : à AUDRAN, pour parfait payement de 633ʰ pour deux tableaux pour l'église (2 p.)... 633ʰ

22 mars : à GOY, doreur, à compte de la grosse peinture qu'il fait................................ 600ʰ

31 may : à luy, pour la dorure des cinq portes de fer... 1150ʰ

3 juillet 1675-7 febvrier 1676 : à luy, à compte de divers ouvrages (3 p.)....................... 1800ʰ

12 avril : à PAILLET, à compte des grands appartemens................................ 300ʰ

A CORNEILLE, *idem*.................. 300ʰ

A DE SÈVE, *idem*.................... 500ʰ

3 juillet : à luy, à compte de la pièce ionique.. 500ʰ

14 novembre : à luy, pour parfait payement de la somme de 1420ʰ...................... 70ʰ

28 novembre : à luy, à compte de la chambre des bains............................... 300ʰ

18 avril : à DE SÈVE, le jeune, à compte des grands appartemens............................. 300ʰ

A LOYR, *idem*...................... 400ʰ

6 aoust : à luy, à compte des appartemens de la Reyne............................... 400ʰ

12 avril : à NOCRET, à compte des grands appartemens................................ 300ʰ

6 aoust : à luy, à compte du cabinet de la Reyne. 300ʰ

12 avril : à DE LA FOSSE, à compte des grands appartemens............................. 300ʰ

A BLANCHARD, *idem*................. 300ʰ

A CHAMPAGNE, *idem*................. 400ʰ

A LA BARONNIÈRE, pour dorure qu'il a faite... 601ʰ

3 juillet-30 septembre : à luy, à compte de la dorure de Cœrès (2 p.)........................ 3200ʰ
19 décembre : à luy, pour grosses peintures qu'il a faites............................... 242ʰ 10ˢ
12 avril 1675-5 febvrier 1676 : à Barrois, parfait payement de 1488ʰ pour les illuminations (4 p.)... 1488ʰ
4 may : à Gontier, à compte de ses ouvrages.. 700ʰ
3 juillet : à luy, à compte de la pièce ionique.. 500ʰ
4 may : à Bailly, pour avoir doré le groupe de la fontaine de la terrasse...................... 215ʰ
24 may-3 juillet : à luy, à compte de la fontaine de Bacchus (2 p.)........................... 4900ʰ
6 aoust : à luy, pour plusieurs ouvrages..... 181ʰ
29 septembre 1675-7 febvrier 1676 : à luy, à compte de la peinture et dorure qu'il fait à la fontaine de Flore (3 p.).............................. 3100ʰ
31 may-30 septembre : aux Le Moyne et autres peintres, à compte des caisses qu'ils peignent (3 p.)... 900ʰ
3 juillet : à eux, à compte de la pièce octogone. 500ʰ
31 may : à la veuve Charmeton, pour parfait payement de 2917ʰ 15ˢ..................... 1517ʰ 15ˢ
3 juillet-30 septembre : à de l'Arc, à compte des peintures de caisse qu'il fait (2 p.)........... 500ʰ
6 aoust : à Houasse, à compte de la pièce dorique. 400ʰ
19 décembre : à luy, pour parfait payement de la somme de 1200ʰ........................ 150ʰ
18 septembre : à Anguier, peintre, pour avoir mis au net plusieurs desseins d'après M. Le Brun, pour le grand escallier............................. 1024ʰ 10ˢ
19 décembre : à luy, pour plusieurs desseins qu'il fait pour la chapelle......................... 579ʰ 10ˢ
30 septembre : à Herman, pour le restablissement qu'il a fait au Labyrinthe................. 220ʰ
A luy, à compte pour grosses peintures qu'il a faites à la Chancellerie......................... 384ʰ
1ᵉʳ febvrier 1676 : à Durand, pour dorure qu'il a faite à la pièce du Marais...................... 300ʰ
Somme de ce chapitre......... 47375ʰ

SCULPTURE ET FIGURES DE PLOMB ET ESTAIN.

4 avril : à Buister, à compte d'une figure de marbre pour le parterre d'eau...................... 300ʰ
4 avril-3 juillet : à Magnier, à compte d'une figure de marbre idem (2 p.)..................... 600ʰ
12 avril : à Magnier, Bernard et Le Grand, pour parfait payement de 1372 5ʰ pour ouvrages de stuc qu'ils ont faits.................................. 1125ʰ
4 avril-3 juillet : à Guérin, à compte d'une figure de marbre pour le parterre d'eau (2 p.)......... 600ʰ

31 may : à luy, parfait payement de 1431 8ʰ. 318ʰ
4 avril-3 juillet : à Raon, à compte d'une figure de marbre pour le parterre d'eau (2 p.)......... 600ʰ
4 avril-3 juillet : à Massou, idem (2 p.).... 600ʰ
A Hutinot, idem (2 p.)................... 600ʰ
A La Perdrix, idem (2 p.)................. 600ʰ
A Jouvenet, idem (2 p.).................. 600ʰ
A Dossier, idem (2 p.).................... 600ʰ
A Le Gros, idem (2 p.)................... 600ʰ
4 avril : à luy, à compte du groupe de la pièce octogone..................................... 300ʰ
4 febvrier 1676 : à luy, pour parfait payement de 1350ʰ pour une figure........................ 450ʰ
4 avril-30 septembre : à Sibrayque, à compte d'une figure qu'il fait pour le parterre d'eau (3 p.)... 1100ʰ
4 avril : à Mansy, idem................... 300ʰ
12 avril : à luy, à compte de la fontaine de Bacchus..................................... 500ʰ
31 may-3 juillet : à luy, à compte de ses ouvrages de stuc (2 p.)............................ 1200ʰ
28 novembre : à luy, à compte de la fontaine de l'Encelade.................................. 1000ʰ
4 febvrier 1676 : à luy, pour parfait payement de 1400ʰ pour une figure de plomb et estain qu'il a posé au cabinet octogone............................ 800ʰ
12 avril : aux sʳˢ de Mansy, pour les ouvrages du fronton..................................... 1200ʰ
4 avril-3 juillet : à Mazelines, à compte d'une figure de marbre pour le parterre d'eau (2 p.)....... 600ʰ
3 juillet-19 décembre : à luy, à compte du restablissement qu'il fait (2 p.).................. 758ʰ 4ˢ
14 novembre : à luy, pour huict chapiteaux de bois qu'il a faict pour le Labyrinthe............. 360ʰ
4 avril : à Roger, à compte d'une figure de marbre pour le parterre d'eau................... 300ʰ
4 avril-3 juillet : à Houzeau, idem (2 p.).... 600ʰ
4 may-13 juin : à luy, à compte de ses ouvrages (2 p.).................................. 1133ʰ
30 septembre 1675-4 febvrier 1676 : à luy, pour parfait payement de 1236ʰ pour une figure de l'appartement bas (2 p.)........................... 636ʰ
4 avril 1675-4 febvrier 1676 : à Baptiste Tubi[1], à compte du grand escallier (3 p.)............ 2600ʰ
4 avril-14 novembre : à luy, à compte de la fontaine de Flore (4 p.)........................... 6000ʰ

---

[1] On l'appelle, comme d'ordinaire, tantôt Baptiste, tantôt Tubi.

12 avril-3 juillet : à luy, à compte des monstres marins du bout du canal (3 p.)................ 1500"

4 may : à luy, pour quatre figures de plastre faites et posées sur le bord du parterre d'eau......... 771" 3°

9 aoust : à luy, à compte des bazes[1] de bronze pour le grand escallier....................... 600"

30 septembre : à luy, à compte d'une figure... 300"

A luy : à compte des figures d'Acis et Galatée.. 600"

19 décembre : à luy, pour ouvrages faits au modèle de la chapelle......................... 146"

4 febvrier 1676 : à luy, pour parfait payement de 2650" pour deux figures........................ 950"

12 avril : à luy et consors, chacun 200", à compte des six figures des Douze Mois............... 1200"

4 avril-3 juillet : à REGNAUDIN, à compte de la fontaine de Cœrès (3 p.)................... 2100"

12 avril : à luy, à compte d'un groupe du parterre d'eau................................. 400"

30 septembre 1675-4 febvrier 1676 : à luy, pour parfait payement de 1400" pour une figure qu'il a faite au cabinet octogone (2 p.).................... 800"

4 avril 1675-4 febvrier 1676 : à GIRARDON, à compte de la fontaine de Saturne (6 p.)............. 8100"

12 avril-30 septembre : à luy, à compte d'une figure du parterre d'eau (3 p.).................. 1000"

14 avril : à luy, à compte d'un groupe idem... 400"

4 may : à luy, pour ouvrages de la Grotte.... 600"

4 may : à luy, pour parfait payement de 4000". 100"

4 febvrier 1676 : à luy et consors, pour parfait payement de 4190" pour trois figures pour la pièce octogone.................................. 2100"

12 avril-30 septembre : à DESJARDINS, à compte d'une figure (4 p.)............................ 1200"

12 avril : à CAFFIERS, pour les ouvrages qu'il a faits à la paroisse............................. 181"

9 aoust : à luy, à compte de ses ouvrages du grand escalier................................. 300"

19 décembre : à luy, pour parfait payement de la somme de 3090"................... 990"

14 novembre : à CAFFIERS et LESPAGNANDEL, pour huit chapiteaux de bois qu'ils ont fait faits pour le Labirinthe. 360"

4 may-3 juillet : à HÉRARD, à compte d'une figure pour le parterre d'eau (2 p.)............... 600"

4 febvrier 1676 : à la veuve HÉRARD, pour parfait payement de 1400" pour une figure........... 1000"

4 may : à LESPAGNANDEL, à compte d'une figure du parterre d'eau............................ 300"

[1] Il faut sans doute lire *vazes*.

A DROUILLY, idem.................... 400"

4 may-6 aoust : à LE HONGRE (2 p.)....... 600"

4 febvrier 1676 : à luy, pour parfait payement de 2550" pour deux figures...................... 350"

31 may-12 octobre : à luy, à compte de ses ouvrages de stuc pour la pièce octogone et pour la pièce ionique (4 p.)................................. 2100"

4 febvrier 1676 : à PERREAU, à compte des réparations qu'il a fait aux fontaines.................. 200"

Somme de ce chapitre........ 57228" 7°

MARBRERIE.

22 mars : à DU CHESNOY, à compte du grand escallier de Versailles................. 300"

31 may : à luy, à compte de ses ouvrages..... 300"

30 septembre : à luy, pour parfait payement de 2257" 16° pour guillochis de marbre qu'il a faits... 557" 16°

14 novembre : à luy, pour rétablissements qu'il a faits à Versailles........................ 328"

22 mars : à DESAIGRE, marbrier, à compte du grand escallier.............................. 200"

A LE GRUE, MISSON et DERBAIS, à compte de la pièce du Marais............................... 450"

4 avril-4 may : à eux, pour ouvrages de la fontaine de dessus la terrasse du chasteau (2 p.)......... 4073"

12 avril 1675-29 janvier : 1676 : à eux, à compte du grand escallier (5 p.).................... 5555"

31 may-30 septembre : à eux, à compte de l'appartement bas (3 p.)......................... 3000"

31 juin : à eux, pour parfait payement de 15000" pour la grande cuve du cabinet des bains...... 5000"

9 janvier 1676 : à eux, à compte de la fontaine de la Renommée................................ 300"

4 may : aud. MISSON, pour les marchés du globe du parterre................................. 1450"

12 avril-3 juillet : à MATHAUT, à compte du grand escallier (3 p.)........................... 2400"

11 octobre : à luy, pour avoir posé le globe de Versailles.................................. 280" 5°

9 janvier 1676 : à MATHAULT et DU CHESNOY, à compte de la fontaine de la Renommée.............. 300"

12 avril-14 novembre : à HANUCHE, à compte de l'appartement de la Reyne (3 p.)............... 2400"

12 avril : à MÉNARD, à compte de la salle des gardes.................................... 1500"

31 may 1675-7 febvrier 1676 : à luy, à compte de ses ouvrages (2 p.)......................... 2519"

3 juillet : à luy, à compte de l'appartement haut. 400"

3 juillet : à luy, à compte de l'appartement haut. 800ᵗᵗ
30 septembre : à luy, à compte de la pièce proche la salle des gardes, et de l'appartement haut....... 400ᵗᵗ
9 janvier 1676 : à luy, à compte de la fontaine de la Renommée............................ 300ᵗᵗ
4 may - 3 juillet : à Pasquier, à compte du grand escallier (2 p.)............................ 2900ᵗᵗ
3 juillet : à luy, pour plusieurs ouvrages qu'il a fournis............................... 1250ᵗᵗ 10ˢ
26 octobre : à luy, à compte de ses ouvrages dans les appartemens du Roy et de la Reyne........... 1000ᵗᵗ
9 janvier 1676 : à luy, à compte de la fontaine de la Renomuée............................. 300ᵗᵗ

Somme de ce chapitre...... 46863ᵗᵗ 11ˢ

PLOMBERIE, CONDUITTE DE FER ET AJUSTAGES POUR LES FONTAINES.

22 mars - 24 novembre : à Alain, plombier, à compte de ses ouvrages (8 p.)................. 17500ᵗᵗ
22 mars 1675 - 29 janvier 1676 : à Le Roy, idem (9 p.)................................. 23000ᵗᵗ
22 mars - 31 octobre : à Denis, fontainer, pour divers restablissemens et fournitures qu'il a faites aux conduites des fontaines (3 p.).................. 6938ᵗᵗ 15ˢ
22 mars : à Lopinet, pour mastic pour les conduittes de fer............................. 333ᵗᵗ 17ˢ
22 mars - 11 décembre : à Le Maire, fondeur, à compte des ajustages et ouvrages de cuivre qu'il fournit à Versailles (13 p.)....................... 14954ᵗᵗ 2ˢ
31 mars 1675 - 8 janvier 1676 : à Desvaugoins, à compte des thuyaux de fer qu'il fournit (7 p.). 21000ᵗᵗ
31 mars 1675 - 8 janvier 1876 : à Coulon, idem (7 p.)................................ 20000ᵗᵗ
15 may - 14 octobre : à luy, pour parfait payement de 4165ᵗᵗ pour 1052 boettes de fonte (2 p.)...... 4165ᵗᵗ
12 avril 1675 - 7 febvrier 1676 : à Vitry, plombier, à compte de ses ouvrages (8 p.)............. 8900ᵗᵗ
10 juillet : à luy, pour parfait payement de la somme de 27394ᵗᵗ 5ˢ....................... 1290ᵗᵗ 5ˢ
12 avril 1675 - 29 janvier 1676 : à la veuve Mazelines, à compte de ses ouvrages (5 p.)....... 7500ᵗᵗ
19 décembre : à elle, pour ses dépenses..... 522ᵗᵗ
12 avril : à Noiret, pour 242 ajustages et 32 visses qu'il a fourny........................ 1265ᵗᵗ
28 novembre : à luy, pour divers ouvrages... 1086ᵗᵗ
4 may : à Masselin, chaudronnier, à compte de ses ouvrages............................. 1200ᵗᵗ

31 octobre : à luy, pour dix-huit vases de cuivre rouge qu'il a fournis....................... 1176ᵗᵗ 5ˢ
4 may - 3 juillet : à Lescuiquier, chaudronnier, pour parfait payement de 8656ᵗᵗ 19ˢ, à compte de ses ouvrages (2 p.)............................ 3956ᵗᵗ 19ˢ
5 aoust - 30 novembre : à luy, à compte de ses ouvrages de chaudronnerie (3 p.)............. 2400ᵗᵗ
4 may : à Colot, fondeur, pour ses ouvrages.... 96ᵗᵗ
28 novembre : à Viette, chaudronnier, idem. 232ᵗᵗ 10ˢ

Somme de ce chapitre..... 137516ᵗᵗ 13ˢ

PAVÉ.

12 avril : à Marchand, pour parfait payement de 9361ᵗᵗ pour les ouvrages du parterre d'eau.... 2861ᵗᵗ
12 avril - 3 juillet : à luy, à compte de ses ouvrages (3 p.)................................. 10000ᵗᵗ
31 may - 21 novembre : à luy, pour parfait payement de 4210ᵗᵗ 7ˢ pour divers ouvrages (2 p.).... 4210ᵗᵗ 7ˢ
27 octobre : à luy, pour parfait payement de 45713ᵗᵗ pour les ouvrages qu'il a faits pendant l'année dernière 1674............................. 4713ᵗᵗ 15ˢ
4 febvrier 1676 : à luy, pour divers ouvrages. 4153ᵗᵗ 16ˢ

Somme de ce chapitre...... 25938ᵗᵗ 18ˢ

JARDINAGES.

22 mars - 24 décembre : aux ouvriers qui ont travaillé en divers endroits du petit parc (6 p.)... 8290ᵗᵗ 14ˢ 4ᵈ
30 décembre : à ceux qui ont fait divers ouvrages au potager.............................. 849ᵗᵗ 3ˢ
22 mars 1675 - 16 febvrier 1676 : à Vaultier, pour fumiers qu'il a fourny pour le potager (4 p.).. 1870ᵗᵗ 6ˢ
12 avril : au sʳ de la Quintinie, pour dépenses du jardin potager........................ 824ᵗᵗ
3 may : à Colinot, pour divers ouvrages.... 1013ᵗᵗ
26 septembre 1675 - 7 febvrier 1676 : à luy, à compte des treillages de l'Encelade (4 p.).......... 2000ᵗᵗ
4 may : à Huvelier, pour fumiers....... 311ᵗᵗ 19ˢ
13 may - 18 juin : à Houdouin, parfait payement de 4728ᵗᵗ 5ˢ pour les défrichemens qu'il fait (2 p.) 1928ᵗᵗ 5ˢ
30 octobre : à luy, pour les ouvriers qui ont coupé et arraché les genets dans les allées du grand parc. 1230ᵗᵗ 12ˢ
31 may : à Boursault, pour avoir sablé les allées proche la fontaine d'Apollon............. 681ᵗᵗ 2ˢ
3 juillet : à luy, à compte du régallement qu'il fait. 400ᵗᵗ
27 septembre : à luy et consors, pour parfait payement de 1000ᵗᵗ pour avoir régalé et sablé la grande pièce au bout du canal......................... 200ᵗᵗ
3 juillet : à Truwel, pour diverses dépenses de l'orangerie................................ 136ᵗᵗ

7 septembre : à Trumel et Dupuis, à compte du sablage qu'ils font............... 3000ʰ

10 juillet : à Le Riche, pour perches qu'il a livrées pour faire des treillages............ 265ʰ 4ˢ

22 juillet : au sʳ de la Planche, pour remboursement de pareille somme payée à divers ouvriers.. 970ʰ 3ˢ 10ᵈ

23 juillet : au sʳ Turolle, pour cent sept orangers qu'il a vendus................. 550ʰ

4-31 aoust : au sʳ Rigault, pour employer en achat d'arbrisseaux, plantes et oignons de fleurs (2 p.). 5000ʰ

12 aoust : au sʳ Picard, pour soixante-dix orangers qu'il a vendus provenant de Berny........ 5400ʰ

27 aoust : aux directeurs des créanciers de M. de Prou, pour sept grenadiers à fleurs doubles........ 550ʰ

16 avril : au sʳ Surleau, pour son remboursement de 3200 oignons de tubéreuses............ 1685ʰ 4ˢ

Somme de ce chapitre.... 38156ʰ 3ˢ 2ᵈ [1]

FOUILLES ET TRANSPORTS DE TERRE.

16 mars : à Le Fèvre, pour la fouille d'une tranchée pour la conduitte d'eau des moulins de Clagny au réservoir de Glatigny, et autres ouvrages........ 277ʰ 15ˢ

3 juillet : à luy, pour tranchées qu'il a faites. 273ʰ 14ˢ

22 mars : à Loret, pour avoir remply une tranchée.. .... 131ʰ 11ˢ

24 mars 1675-8 febvrier 1676 : à Vannier et consors, à compte du transport et fouilles de terre qu'ils font au bout du canal (12 p.)............. 21700ʰ

28 octobre : à eux, pour la tranchée qu'ils ont faite pour la décharge des eaux de la grande pièce du bout du canal et autres ouvrages........... 571ʰ 15ˢ

4 may : à luy, à compte du réservoir de Glatigny.. .... 98ʰ 19ˢ

6 may 1676 : à Vannier et Sillette, pour le remboursement des sommes payées aux ouvriers qui ont transporté des terres au vieux bosquet....... 220ʰ 10ˢ

28 mars : à La Lourcey, pour parfait payement de 8593ʰ 7ˢ 6ᵈ pour la fouille, transport et autres dépenses faites au grand réservoir de Satory........ 1531ʰ 7ˢ

28 mars-13 juin : à Dupuis et Houdouin, pour parfait payement de 936ʰ pour le régalement du tour du canal (2 p.)....................... 636ʰ

3 juillet-18 septembre : à eux, à compte des labours qu'ils font (2 p.)................. 2000ʰ

8 aoust-18 septembre : au sʳ Dupuis, pour parfait payement de 2500ʰ pour transports de terres qu'il a faits dans le fonds du canal (2 p.).......... 2500ʰ

[1] Le total exact est 37156ʰ 3ˢ 2ᵈ.

4 novembre : à luy, à compte des rigolles qu'il fait au long du canal................. 2000ʰ

4-12 avril : à Houdouin, à compte de divers régallemens (2 p.)..................... 3000ʰ

22 octobre : à luy, pour avoir labouré les pépinières et remises du grand parc................. 287ʰ

31 mars 1676 : à luy, pour son remboursement de ce qu'il a payé aux ouvriers qui ont remply les glacières de la Ménagerie................... 257ʰ 5ˢ

30 avril-3 octobre : à Dupuis et Trumel, à compte des terres qu'ils transportent (4 p.)........ 7160ʰ

31 may : aud. Trumel, à compte des terres du tour du canal....................... 1500ʰ

6 avril : à Lasnier, à compte de ses transports. 400ʰ

10 may-13 juin : à Lasnier et consors, pour parfait payement de 1466ʰ 15ˢ pour transports (2 p.). 1466ʰ 15ˢ

12 avril : à Cligne, pour fouille et transport au logement des officiers de M. de Vermandois....... 123ʰ 5ˢ

12 avril-15 juillet : à Loistron et Chaussée, terrassiers, parfait payement de 55306ʰ 2ˢ 9ᵈ pour transports au réservoir de Glatigny (6 p.)........ 31206ʰ 2ˢ 9ᵈ

6 janvier 1676 : à eux, à compte dud. transport. 1200ʰ

4 may-30 décembre : aux ouvriers qui ont fait divers ouvrages de fouilles en plusieurs endroits du petit parc (10 p.)..................... 11849ʰ 4ˢ 2ᵈ

22 octobre : à ceux qui ont porté des terres dans le bassin de l'Encelade................... 410ʰ 15ˢ

5 novembre : aux ouvriers de M. Marin, pour divers ouvrages....................... 495ʰ 9ˢ

A ceux de Boursault et Brite............ 574ʰ 2ˢ

19 décembre : à ceux qui ont travaillé au potager. 163ʰ

15 juin 1675-25 janvier 1676 : à Boursault et Bonnissant, à compte des terres qu'ils transportent dans la ville neufve (3 p.)................ 1900ʰ

3-27 juillet : aud. Boursault, à compte de ses ouvrages (2 p.)........................ 1050ʰ

30 décembre : à luy et consors, à compte des ouvrages qu'ils font vers la Mesnagerie............... 500ʰ

3 juillet : à Colinot, pour parfait payement de 1176ʰ 7ˢ pour diverses tranchées qu'il a faites........ 876ʰ 7ˢ

6 aoust : à luy, pour tranchées idem.... 443ʰ 15ˢ

17 janvier 1676 : à Jongleux, fontainier, à compte des fouilles qu'il fait aux environs de Versailles pour la recherche des eaux.................. 300ʰ

7 febvrier 1676 : à Haxo, chartier, pour terrot qu'il a transporté pour l'orangerie................. 164ʰ

22 juillet 1676 : à Portet, pour les ouvriers qui ont baissé l'allée qui va de Flore à l'Apollon... 970ʰ 3ˢ 10ᵈ

ANNÉE 1675. — VERSAILLES.

30 septembre 1676 : à luy, pour ceux qui travaillent au petit parc (2 p.)................ 2166ᴸᴸ 11ˢ 4ᵈ
A luy, pour ceux qui ont travaillé au réservoir de Latone............................ 1178ᴸᴸ 5ˢ 4ᵈ
6 novembre 1675 : à luy, pour ceux qui ont travaillé à la fontaine d'Encelade................ 495ᴸᴸ 9ˢ
A luy, pour les ouvriers qui ont travaillé hors le petit parc................................. 586ᴸᴸ 18ˢ
17 septembre 1676 : à Le Tort et consors, pour les ouvrages qu'ils ont faits à la nouvelle pompe... 965ᴸᴸ 2ˢ
11-17 novembre : à Robelin, parfait payement de la fouille des roches de Gros-Rouvre (2 p.).... 1027ᴸᴸ 1ˢ
4 janvier 1676 : à luy, pour remboursement de ce qu'il a payé pour voitures desd. roches....... 538ᴸᴸ 7ˢ
24 décembre : à Barbin, marchand papetier, pour papier qu'il a fourny pour les illuminations.. 876ᴸᴸ 10ˢ

Somme de ce chapitre... 108015ᴸᴸ 7ˢ 5ᵈ ¹

GAGES ET ENTRETENEMENS DES OFFICIERS.

20 avril : aux cy-après nommez, sçavoir : 75ᴸᴸ à du Pré, 150ᴸᴸ à Godet, et 150ᴸᴸ à Antoine, pour les neuf premiers mois de l'année dernière et les trois premiers de la présente, de l'entretenement de graisse et chevilles qu'ils sont obligez de faire aux moulins de Versailles et Trianon........................... 375ᴸᴸ
6 avril : aux meusniers de Versailles et de Trianon, sçavoir : 1000ᴸᴸ à Guadet, ayant la conduitte des deux moulins plus proches de l'estang de Clagny; 500ᴸᴸ à Dupré, ayant celuy le plus esloigné; 800ᴸᴸ à Maillard, ayant celuy de retour, et 1000ᴸᴸ à Antoine, ayant les deux de Trianon, pour leurs gages.................. 3300ᴸᴸ
Aux meusniers qui ont la conduitte des cinq moulins de la montagne à Satory, à raison de 800ᴸᴸ chacun par an, pour leurs gages...................... 4000ᴸᴸ
12 juillet : à eux, pour leur entretenement de graisses, chevilles et fuseaux desd. moulins de Satory pendant lad. année............................... 500ᴸᴸ
6 avril : aux jardiniers de Versailles, sçavoir : 3000ᴸᴸ à Trumel, ayant l'entretenement de l'orangerie; 8800ᴸᴸ à Colinot, ayant celuy du petit parc, et 3000ᴸᴸ à Vaultier, ayant celuy du jardin potager, pour leurs gages pendant la présente année 1675........... 14800ᴸᴸ
A Denis, fontainier, ayant l'entretenement de toutes les fontaines, pour ses gages............. 10000ᴸᴸ
14 janvier 1676 : à luy, sçavoir : 333ᴸᴸ 6ˢ pour l'augmentation de l'entretien des fontaines du petit parc pendant les six derniers mois de lad. année, et 540ᴸᴸ pour les gages extraordinaires de deux garçons fontainiers. 873ᴸᴸ 6ˢ

¹ Le total exact est 106014ᴸᴸ 12ˢ 5ᵈ.

6 avril : à Le Maire, ayant l'entretenement des ouvrages de cuivre pour les fontaines, pour ses gages. 900ᴸᴸ
7 juillet : à du Chesnoy, ayant l'entretenement des marbres du chasteau, pour trois quartiers de ses gages eschus le 15 décembre prochain............. 750ᴸᴸ
5 octobre : à Maillard, ayant l'entretenement du moulin de retour, *idem*.................... 100ᴸᴸ
5 janvier 1676 : ausd. meusniers des trois moulins de l'estang de Clagny et des deux de Trianon, pour leur entretenement......................... 281ᴸᴸ 5ˢ
26 mars 1676 : à Dupuis, ayant l'entretenement des allées du tour du canal, pour ses gages pendant le dernier quartier 1675...................... 300ᴸᴸ
6 avril 1675 : à Le Boureux, ayant l'entretenement des jardins et orangerie en plaine terre de Trianon, pour ses gages............................. 17500ᴸᴸ
4 janvier 1676 : à luy, ayant l'entretenement des fontaines de Trianon....................... 500ᴸᴸ
6 avril 1675 : à Berthier, ayant l'entretenement des rocailles de Versailles, pour ses gages pendant lad. année, et 300ᴸᴸ pour trois quartiers de l'entretenement du Labyrinte............................ 2300ᴸᴸ

Somme de ce chapitre...... 56479ᴸᴸ 11ˢ

VAISSEAUX SUR LE CANAL.

23 may-16 juillet : à Guignard, pour parfait payement de 867ᴸᴸ 16ˢ 6ᵈ pour diverses dépenses qu'il a faites (2 p.)............................ 867ᴸᴸ 16ˢ 6ᵈ
15 juin : à Pelé, matelot, pour le service qu'il a rendu pendant deux mois..................... 90ᴸᴸ
11 avril 1675-12 janvier 1676 : au sʳ Consolin, capitaine des vaisseaux qui sont sur le canal, tant pour ses appointemens que pour la solde et nourriture des officiers et matelots qui ont servy sur lesd. vaisseaux pendant la présente année (4 p.).......... 11857ᴸᴸ 10ˢ
28 may : à divers matelots qui ont eu soin des batteaux qui sont sur le canal.................... 605ᴸᴸ
11 juin : à Pitrot, comite entretenu sur lesd. vaisseaux, pour ses gages pendant les mois d'avril et may derniers.................................. 200ᴸᴸ
13 septembre-16 novembre : à dix-huit mariniers extraordinaires qui ont ramé sur les chaloupes du canal pendant 82 journées (3 p.)............. 2214ᴸᴸ
30 septembre : à eux, pour avoir travaillé depuis le 23 juillet jusques au 4 aoust dernier......... 513ᴸᴸ
30 septembre 1675-16 febvrier 1676 : à Hadencourt, pour pareille somme qu'il a payée à divers mariniers (2 p.)............................ 1158ᴸᴸ 7ˢ

19 octobre : aux quatre gondolliers vénitiens, pour la gratiffication que S. M. leur a accordée........ 1600ᴧ

22 octobre : à Mazeline, sculpteur, pour parfait payement de 797ᴧ pour ouvrages qu'il a faits au grand vaisseau.................................... 197ᴧ

21 mars 1676 : aux matelots qui ont esté employez sur les deux jacks pendant le dernier quartier 1675. 1080ᴧ

16 avril : aux gondolliers pour leurs gages de l'année 1675............................. 4682ᴧ

7 novembre : à Laquier, marchand, pour diverses fournitures........................... 297ᴧ

19 décembre : à la dame Le Franc, pour fournitures qu'elle a faites pour lesd. vaisseaux........... 115ᴧ

Somme de ce chapitre.... 25476ᴧ 13ˢ 6ᵈ

PARTIES EXTRAORDINAIRES.

22 mars : aux ouvriers qui ont remply les glacières de la Ménagerie........................... 257ᴧ 5ˢ

22 mars 1675-16 febvrier 1676 : à divers ouvriers qui ont travaillé en plusieurs endroits (9 p.). 13241ᴧ 2ˢ 10ᵈ

30 juillet : aux ouvriers qui ont eslargi le bassin derrière le petit parc........................... 200ᴧ

Aux ouvriers de M. Marin qui ont travaillé au réservoir de Jeanbette..................... 582ᴧ 16ˢ 4ᵈ

22 octobre : aux ouvriers qui ont régalé les terres de divers endroits........................ 232ᴧ

15 janvier 1676 : à ceux qui ont voituré des roches de grais pour la fontaine d'Encelade.......... 538ᴧ 7ˢ

22 mars-3 juillet : à Bremier, carreleur, pour diverses réparations (2 p.)............... 326ᴧ 17ˢ 3ᵈ

22 mars-30 septembre : à Baudouin, corroyeur, pour cuirs de vaches qu'il a livrés (3 p.).......... 919ᴧ

6 aoust 1675-7 febvrier 1676 : à luy, pour seize cuirs de vaches (3 p.)...................... 672ᴧ

4 avril : à Charlemagne, pour le chaume qu'il a acheté............................. 941ᴧ 8ˢ

22 mars-30 septembre : à Cucci, pour parfait payement de 42556ᴧ pour garnitures de bronze qu'il a fournies (4 p.)............................ 6056ᴧ

3 juillet : à luy, pour les masques qu'il a mis à toutes les croisées de l'appartement haut.......... 686ᴧ

19 décembre : à luy, pour plusieurs journées qu'il a employées à la visite des ouvrages de bronze des appartemens............................. 90ᴧ

4 avril 1675-7 febvrier 1676 : à Leschiquier, à compte de ses ouvrages de chaudronnerie (2 p.)...... 2800ᴧ

4 avril-31 may : à Masselin, chaudronnier, idem (2 p.)............................. 2381ᴧ

4 avril : à Fevel et Cousturier, pour avoir tiré les artifices aux festes de Versailles........... 160ᴧ

5 avril : à Frichot, pour diverses fournitures. 213ᴧ 6ˢ

11 avril : au sʳ de Buc, pour le dédommager d'un moulin et des terres qui servent aux cinq moulins de la montagne............................ 3000ᴧ

12 avril : à Choplet, pour bois fourny pour le logement des officiers de M. le comte de Vermandois... 854ᴧ 15ˢ

12 avril-10 juillet : à Bersaucourt, espinglier, à compte de ses ouvrages de fil de laton (3 p.)... 1600ᴧ

12 avril : à Damoiselet, pour avoir escrit en lettres d'or les vers du Labyrinte................ 100ᴧ

12 avril-16 juillet : à Chauvet, pour dosses de batteaux qu'il a fournies (2 p.)................ 2736ᴧ

12 avril : à Cliquin, à compte du transport de plusieurs arbrisseaux....................... 1000ᴧ

20 avril-5 juin : à luy, à compte d'une héronnière qu'il construit au parc de Noisy, et du transport de plusieurs arbrisseaux (3 p.).................. 8000ᴧ

12 avril-18 juin : à Ricault, pour parfait payement de 5488ᴧ 15ˢ pour transport de plusieurs sapins et arbrisseaux (4 p.)...................... 5488ᴧ 15ˢ

A Briot, miroitier, pour avoir nettoyé et reposé les glaces de divers appartemens............... 720ᴧ

3 juillet-19 décembre : à luy, pour divers ouvrages (2 p.)........................ 1473ᴧ 10ˢ

25 avril-28 may : à Boulle, ébéniste, pour parfait payement de 7954ᴧ pour l'estrade de bois de rapport pour la petite chambre de la Reyne (2 p.)..... 2754ᴧ

26 avril : à damoiselle Charmont, pour 80 sapins qu'elle a fournis............................ 3060ᴧ

29 avril : aux portiers des Thuilleries qui ont veillé nuict et jour pendant que les ouvriers ont travaillé pour les illuminations........................ 200ᴧ

Au patron Jean et La Violette, matelot, pour avoir travaillé pendant deux mois aux illuminations... 100ᴧ

A Chantoiseau, pour le service qu'il a rendu pendant deux mois aux illuminations............... 500ᴧ

A Berin, graveur, pour plusieurs dessins qu'il a faits pour les illuminations de Versailles........... 500ᴧ

4 may : à Hémond, pour réparations des moulins de Versailles.......................... 179ᴧ 10ˢ

A Bernier, carreleur, pour réparations.... 67ᴧ 10ˢ

10 may-27 septembre : à Boursault et Bonnissant, pour parfait payement de leurs ouvrages de conroy à Versailles (3 p.)...................... 1639ᴧ 19ˢ

6 aoust : à Boursault et Bette, à compte du conroy qu'ils font.......................... 300ᴧ

16 octobre : à Bette et Bonnissant, à compte du conroy de la Renommée......................... 400^{tt}

16 febvrier 1676 : à eux, pour fouilles et conroy qu'ils ont fait en divers endroits du petit parc...... 99^{tt} 10^s

15 may : à Messier, pour fourniture de bois. 348^{tt} 3^s

19 may : au s^r Guymont, pour quatre-vingt-sept glaces de 14 pouces............................ 870^{tt}

A luy, pour deux cent quarante-six glaces de diverses grandeurs et 14 bandes................. 3204^{tt}

12 janvier 1676 : à luy, pour quatre-vingt-neuf glaces de miroirs........................... 2958^{tt} 6^s

23 may-27 aoust : au s^r Foudrinier, à compte d'une nouvelle pompe (3 p.)..................... 6000^{tt}

28 may : à Macé, ébéniste, pour parfait payement de 8491^{tt} 18^s pour une estrade de bois de rapport. 2991^{tt} 18^s

A Gole, pour parfait payement de 8491^{tt} 18^s pour une estrade de bois en rapport.......... 2691^{tt} 18^s

31 may : à Coulon, à compte des boettes de feu d'artifice............................. 1500^{tt}

A Bailly, pour plusieurs desseins.......... 458^{tt}

A Varisse, ramoneur, pour avoir ramonné plusieurs cheminées.......................... 239^{tt}

18 juin 1675-7 febvrier 1676 : à Feuillastre, fontainier, parfait payement de 602^{tt} 12^s pour restablissement des conduites de la Mesnagerie (2 p.).. 602^{tt} 12^s

7 febvrier 1676 : à luy, pour conroy qu'il a fait au bassin du pavillon d'eau.................. 209^{tt} 5^s

A luy, pour une conduite de tuyaux de gresserie qu'il a faite à la Mesnagerie................. 199^{tt} 10^s

21 septembre : à Feuillastre le jeune, pour ouvrages qu'il a faits à la Mesnagerie............... 262^{tt}

21 juin : à Antoinette Crespin, lingère, pour le loyer de sept bannes....................... 308^{tt}

6 aoust : à elle, pour cent aunes de toille.. 130^{tt} 5^s

3 juillet : à Houdouin, pour le bled qu'il a semé dans les remises à gibier du grand parc....... 564^{tt} 4^s

19 décembre : à Dupuis et Houdouin, à compte de leurs labours........................ 800^{tt}

30 décembre : à Dupuis et héritiers de Trumel, à compte du sablage des allées du tour du canal.. 2000^{tt}

16 juillet : au s^r de la Planche, pour pareille somme qu'il a payée à divers ouvriers (2 p.)..... 1004^{tt} 18^s

6 aoust-28 novembre : à Loistron et Chaussée, à compte du conroy qu'ils font (8 p.)........ 23000^{tt}

6 aoust-30 septembre : à Brisseau, ferblantier, pour parfait payement de 3470^{tt} pour ouvrages qu'il a faits (2 p.)........................... 634^{tt}

6 aoust : à Popinet, pour fournitures qu'il a faites pour les moulins......................... 164^{tt} 12^s

6 aoust-30 septembre : à Muzard, fontainier, à compte des réparations qu'il a faites aux moulins de Trianon (2 p.)........................... 2000^{tt}

6 aoust : à Trognon, cordier, pour cordages qu'il a fournis............................. 346^{tt} 17^s

27 aoust : à Ballon, pour diverses dépenses.. 220^{tt}

30 septembre : à la veuve Noisette, à compte des voitures qu'elle fait..................... 600^{tt}

A Louise Simon, lingère, pour bannes qu'elle a fournies................................ 145^{tt} 12^s

22 décembre : à elle, pour treillis........ 653^{tt} 7^s

30 septembre-14 novembre : à Berthier, rocailleur, à compte de ses ouvrages (2 p.)............ 500^{tt}

11 octobre : à Noiret, marchand, pour diverses fournitures............................. 369^{tt} 12^s

15 octobre : à Mosnier, parfait payement de 2952^{tt} 6^s 6^d pour achapt, conduitte et nourriture de plusieurs animaux et rocailles amenez de Levant... 1952^{tt} 6^s 6^d

16 octobre-4 novembre : à Robelin, pour parfait payement de 622^{tt} 10^s pour les roches et grais qu'il a tirez pour l'Encelade (2 p.)................. 622^{tt} 10^s

19 octobre : à Chauvet et Gromet, pour bois qu'ils ont livrez........................... 630^{tt}

A Testu et Thevenot, pour parfait payement de 1922^{tt} 9^s pour les ouvrages de graisserie qu'ils ont faits... 279^{tt}

22 octobre : à Lhéritier, charron, pour plusieurs ustancils qu'il a fournis................. 75^{tt} 6^s

7-10 novembre : à Mouchin, à compte des bois qu'il fournit (2 p.)........................ 1383^{tt} 7^s

7 novembre : à Le Tort et autres taillandiers, à compte des ouvrages qu'ils font pour les pompes.. 500^{tt}

9 novembre : au s^r Buot, mathématicien, tant pour les dépenses qu'il a faites pour poser le globe du parterre d'eau que pour autres ouvrages............ 1000^{tt}

14 novembre : à Joyeux, à compte des tuyaux de bois qu'il fait.......................... 400^{tt}

A La Roque, pour carrosses qu'il a louez..... 355^{tt}

23 novembre : à Le Clerc, tourneur, pour ouvrages qu'il a faits........................ 174^{tt}

16 febvrier 1676 : à Dauvergne, pour menues dépenses............................ 379^{tt} 15^s

Somme de ce chapitre. 127797^{tt} 14^s 11^d [1]

TRIANON.

12 avril : à Le Hongre, peintre, à compte des vazes qu'il fait............................ 400^{tt}

---

[1] Le chiffre exact du total est 128797^{tt} 14^s 11^d.

20 avril : à LAVIER, pour bois qu'il a fourny. 461ʰ 10ˢ
31 may : à MUZARD, à compte des réparations des moulins.. 800ʰ
Au sʳ LE BOUTEUX, pour employer en achat d'orangers.. 500ʰ
22 septembre : à luy, pour arbrisseaux et fleurs qu'il a achetées à Orléans, y compris les frais et voitures. 651ʰ
3 juillet-19 décembre : à YVON, couvreur, à compte (2 p.).. 1800ʰ
11 octobre : à CHICANNEAU, fayencier, pour plusieurs carreaux de fayence qu'il a fournis........ 133ʰ 12ˢ
A FEUILLASTRE, pour restablissement de conroy qu'il a fait aux fontaines.................... 52ʰ 16ˢ

Somme de ce chapitre....... 4798ʰ 18ˢ

CLAGNY.

MAÇONNERIE.

9 mars : à LE MAISTRE et GABRIEL, pour parfait payement des ouvrages qu'ils ont faits........ 2736ʰ 13ˢ
8 septembre 1675-30 janvier 1676 : à LE MAISTRE et consors, à compte du nouveau bastiment de Clagny (3 p.).. 45000ʰ
9 mars : à DE LA HAYE, à compte de divers petits ouvrages.. 170ʰ
2 avril-1ᵉʳ juillet : aux entrepreneurs du nouveau bastiment[1], tant à compte de leurs ouvrages que des pierres qu'ils fournissent (3 p.)........ 13330ʰ
11 avril : à eux, à compte des cuisines et offices. 1400ʰ
12 may-14 juillet : à eux, à compte de divers ouvrages (2 p.)................................ 1900ʰ
10 juillet 1675-23 febvrier 1676 : à BAILLY, à compte des murs de terrasse qu'il fait...... 8100ʰ
17 octobre 1675-14 janvier 1676 : à luy et consors, à compte des murs des moulins (3 p.)....... 20000ʰ
2 aoust 1675-7 janvier 1676 : à VIGNEUX, à compte de la nouvelle orangerie (6 p.)........... 14500ʰ
13 febvrier 1676 : à luy, à compte des murs de closture du nouveau potager.................... 1100ʰ
25 octobre : à MARC, pour trois modelles en plastre qu'il a faits............................ 120ʰ

Somme de ce chapitre..... 228326ʰ 13ˢ

CHARPENTERIE ET COUVERTURE.

9 mars : à POICTEVIN, charpentier, pour parfait payement de ses ouvrages.................. 782ʰ 9ˢ

[1] Il s'agit probablement de LE MAISTRE et consors cités plus haut.

27 mars-10 juillet : à luy, à compte des pieux qu'il fait battre en terre dans le jardin de l'orangerie (2 p.).................................. 1500ʰ
26 avril 1675-30 janvier 1676 : à DUVAL, couvreur, à compte de ses ouvrages (8 p.)........... 9700ʰ
4 may : à POTOT, charpentier, pour ses ouvrages. 185ʰ 7ˢ
12 may : à RAOUL, idem.................... 900ʰ
26 may : à YVON, restablissement de couvertures. 128ʰ
23 juillet 1675-10 mars 1676 : à CLIQUIN et consors, à compte du nouveau bastiment (7 p.).... 37500ʰ
25 octobre 1675-14 janvier 1676 : à DE PIERRE et LE CLERC, charpentiers, à compte des mouvemens des moulins (3 p.)............................ 5500ʰ

Somme de ce chapitre...... 56195ʰ 16ˢ

MENUISERIE.

9 mars : à COUSTAN, pour parfait payement de ses ouvrages...................................... 678ʰ 8ˢ 4ᵈ
9 mars 1675-7 janvier 1676 : à luy, à compte de ses ouvrages (8 p.)........................ 7280ʰ
11 avril-14 juillet : à CAREL et FAVIELLE, à compte du modelle qu'ils font (3 p.)......... 3000ʰ
24 septembre : à CAREL, à compte de ses ouvrages à Clagny...................................... 1000ʰ
20 may 1675-30 janvier 1676 : à DESGODETZ[2], à compte de ses ouvrages (7 p.)............. 2210ʰ
14-16 juin : à LAVIER, à compte de ses ouvrages (2 p.).. 1000ʰ
23 aoust 1675-30 janvier 1676 : à NIVET, à compte de ses ouvrages (6 p.).................. 2031ʰ
24 septembre : à luy, à compte des amphithéâtres qu'il fait à l'orangerie.................... 500ʰ
23 aoust-16 septembre : à HENAULT, à compte de ses ouvrages (2 p.)........................ 800ʰ
23 aoust-16 septembre : à TOURNEL, pour parfait payement de ses ouvrages (2 p.)............ 400ʰ
23 aoust-14 décembre : à DAVIGNON, à compte de ses ouvrages (5 p.)........................ 1500ʰ
30 janvier 1676 : à luy, à compte de 175 quaisses. 800ʰ
23 aoust-24 novembre : à LANGOUROX, à compte de ses ouvrages (3 p.)...................... 600ʰ
23 febvrier 1676 : à luy, à compte de 75 quaisses. 400ʰ
15 aoust : à BARRIER, à compte de ses ouvrages. 1600ʰ
24 novembre 1675-7 janvier 1676 : à DROUILLY, à compte des quaisses qu'il fait pour changer les orangers (2 p.).................................. 400ʰ

Somme de ce chapitre..... 24199ʰ 8ˢ 4ᵈ

[2] Ce nom est quelquefois écrit DESGODDETZ.

SERRURERIE, VITRERIE.

3 mars : à ....., vitrier, pour ses ouvrages. 25ᵗᵗ 16ˢ

9 mars : à OSDIVENT, serrurier, pour parfait payement de ses ouvrages.................... 874ᵗᵗ 6ˢ 4ᵈ

9 mars 1675-23 febvrier 1676 : à BOY, serrurier, à compte de ses ouvrages et fournitures (9 p.). 7624ᵗᵗ 15ˢ

9 mars : à CHARLOT, plombier, pour parfait payement de ses ouvrages.................... 367ᵗᵗ 10ˢ

27 mars : à LE COURT, vitrier, pour réparations. 45ᵗᵗ

20 may-22 décembre : à JACQUET, vitrier, à compte de ses ouvrages (4 p.).................... 950ᵗᵗ

13 juin 1675-7 janvier 1676 : à ALAIN, plombier, idem (5 p.).................... 1650ᵗᵗ

23 juillet 1675-6 febvrier 1676 : à CASTAN, serrurier, idem (5 p.).................... 6400ᵗᵗ

13 décembre 1676 : à luy, à compte de la ferrure de 150 quaisses.................... 500ᵗᵗ

8 novembre 1675-23 febvrier 1676 : à MARCHAND, serrurier, à compte de ses ouvrages (4 p.)..... 1900ᵗᵗ

6 febvrier : à luy, à compte de la ferrure d'un des nouveaux moulins.................... 300ᵗᵗ

Somme de ce chapitre..... 35487ᵗᵗ 7ˢ 4ᵈ

PEINTURE ET DORURE.

5 avril : à BOUTIN et MONIN, à compte des peintures qu'ils font aux treillages.................... 100ᵗᵗ

12 may : à SILVAIN, à compte des grosses peintures qu'il fait.................... 100ᵗᵗ

26 may-2 aoust : à LE HONGRE et TIERCELIN, à compte desd. peintures (2 p.).................... 1000ᵗᵗ

Somme de ce chapitre.......... 1200ᵗᵗ

SCULPTURE ET MARBRERIE.

9 mars : à DROUILLY, sculpteur, pour parfait payement de ses ouvrages.................... 449ᵗᵗ 2ˢ

30 aoust-22 décembre : à luy, à compte de ses ouvrages (3 p.).................... 900ᵗᵗ

5 octobre : à luy, pour une bordure qu'il a faite. 60ᵗᵗ

9 mars : à BERTRAND, marbrier, à compte de ses ouvrages.................... 877ᵗᵗ 2ˢ

23 febvrier 1676 : à luy, pour un foyer de marbre. 42ᵗᵗ

3 juin : à JOUVENET et autres sculpteurs, pour ornemens qu'ils ont faits.................... 500ᵗᵗ

13 octobre-4 novembre : à MAZELINES et JOUVENET, à compte de leurs ouvrages (2 p.).................... 900ᵗᵗ

30 aoust : à MAZELINES, idem.................... 300ᵗᵗ

A DESJARDINS, idem.................... 200ᵗᵗ

13 octobre-4 novembre : à LE HONGRE et DESJARDINS, idem (2 p.).................... 800ᵗᵗ

30 aoust-22 décembre : à SANSON et POISSANT, idem (3 p.).................... 512ᵗᵗ

30 aoust-22 décembre : à COUET, idem (3 p.). 479ᵗᵗ

30 aoust-22 décembre : à ESTIENNE et JACQUES BLANCHARD, idem (3 p.).................... 452ᵗᵗ

24 novembre : à PIERRE LIXE, marbrier, idem.. 300ᵗᵗ

13 febvrier 1676 : à LA PERDRIX et consors, sculpteurs, à compte du bastiment de Clagny.................... 500ᵗᵗ

Somme de ce chapitre........ 7271ᵗᵗ 4ˢ

PAVÉ ET JARDINAGES.

3 mars-13 décembre : à LE FRANC, pour son remboursement de ce qu'il a payé à divers ouvriers qui ont travaillé aud. jardin (2 p.).................... 7061ᵗᵗ

4 avril-16 juin, à luy, pour parfait payement de 6129ᵗᵗ 13ˢ pour arbres et arbrisseaux (3 p.). 3785ᵗᵗ 16ˢ

19 avril : à luy, pour dépenses dud. jardin. 5894ᵗᵗ 11ˢ

27 mars-18 aoust : à COLINOT, à compte des treillages et du sable de rivière qu'il fournit (4 p.)...... 1700ᵗᵗ

28 mars : à DUPUIS, à compte des plants d'arbres qu'il fait.................... 800ᵗᵗ

23 aoust : à DUPUYS, pour dix-neuf orangers qu'il a vendus.................... 720ᵗᵗ

4 may-8 septembre : à MARCHAND, paveur, à compte de ses ouvrages (2 p.).................... 1500ᵗᵗ

3 juin : au sʳ ..... (sic), pour quarante orangers qu'il a livrez.................... 6000ᵗᵗ

16 juin : à Mᵐᵉ LE SEC, pour cinquante orangers qu'elle a vendus.................... 1750ᵗᵗ

16 juin-3 octobre : aux ouvriers qui ont travaillé aud. jardin (5 p.).................... 14544ᵗᵗ 18ˢ

6 octobre-13 décembre : à ceux qui ont travaillé au potager (2 p.).................... 231ᵗᵗ 15ˢ

20 juin : aux directeurs des créanciers du feu sʳ DE FAVEROLLES, pour quatre-vingt-quatorze orangers qu'ils ont vendus au Roy.................... 12000ᵗᵗ

A BETIN, pour le soin qu'il a pris au transport desd. orangers.................... 200ᵗᵗ

25 juin : à RIGAULT, pour la voiture des orangers vendus par Mᵐᵉ LE SEC.................... 295ᵗᵗ 5ˢ

25 juin-23 novembre : à luy, pour parfait payement de 16077ᵗᵗ 13ˢ pour achat d'arbrisseaux et de plantes (5 p.).................... 9570ᵗᵗ 13ˢ

19 décembre : à luy, à compte de ses ouvrages. 600ᵗᵗ

2 aoust : à AUBRY et consors, à compte de leurs ouvrages.................... 200ᵗᵗ

31 aoust : à Marais et consors, pour parfait payement de 652^{tt}............................ 452^{tt}
6 septembre : à M. de Chamillart, pour jonquilles qu'il a envoyées de Caen, y compris la voiture, pour led. jardin............................ 1368^{tt} 11^s
23 octobre : à Josias, pour ouvrages du potager. 121^{tt}
26 febvrier 1676 : à Florent et Thierry, jardiniers, pour les labours et trous qu'ils ont faits aux avenues de Clagny et Glatigny.................... 766^{tt} 5^s

Somme de ce chapitre...... 69561^{tt} 14^s

FOUILLES ET TRANSPORTS DE TERRE.

3 mars 1675-7 janvier 1676 : à du Costé et consors, à compte du transport de terres qu'ils font à l'estang de Clagny (7 p.)......................... 16700^{tt}
15 mars : à eux, pour démolition et enlèvement de plusieurs murs........................ 1812^{tt}
8 novembre 1675-14 janvier 1676 : à du Costé et Boudart, à compte de leurs ouvrages (3 p.)..... 5500^{tt}
13 juin : à Dupuis, pour diverses fouilles... 701^{tt} 3^s
16 aoust : aux ouvriers qui ont fouillé et transporté des terres........................ 2117^{tt}
30 aoust 1675-7 janvier 1676 : à Manon et consors, à compte des fouilles et transports de terres au potager (4 p.)............................ 5200^{tt}
16 aoust-8 septembre : à Picart, idem (2 p.). 500^{tt}
24 septembre : à luy, pour avoir fouillé 23 thoises cubes de terre........................ 69^{tt}
13 octobre : à luy, pour avoir fouillé 36 th. c. 108^{tt}
17 octobre : à luy, à compte du premier moulin et de l'aqueduc........................ 1000^{tt}
22 décembre : à Le Grand, à compte des fouilles et transports........................ 75^{tt}

Somme de ce chapitre....... 33782^{tt} 3^s

PARTIES EXTRAORDINAIRES.

3 mars : à Le Breton, à compte de l'impression en détrempe qu'il fait aux appartemens bas et autres ouvrages........................ 151^{tt}
3 mars-8 décembre : à Champion, pour menues dépenses (3 p.)........................ 210^{tt} 14^s
6 avril-15 aoust : à luy, pour le soin qu'il a pris de nettoyer les appartemens, de fermer et ouvrir les fenestres (3 p.)........................ 300^{tt}
20 avril : à Le Dru, batelier, pour voitures qu'il a faites........................ 120^{tt}
31 may : à Rigault, pour diverses dépenses. 1500^{tt}
3 juin : aux tailleurs de pierre, pour leur May de l'Ascension........................ 100^{tt}

16 aoust : à Juvenelle et consors, pour labours. 165^{tt}
16 aoust-19 octobre : à Cochery, dessignateur, à compte de ses ouvrages (2 p.)............... 320^{tt}
21 septembre : à Barbier, menuisier, pour son remboursement des dépenses qu'il a faites pour voir et visiter les orangers de plusieurs endroits qui peuvent servir pour Clagny........................ 211^{tt}
22 octobre : à Le Franc, pour despense qu'il a faite, idem........................ 602^{tt} 18^s
8 septembre 1675-7 janvier 1676 : à de Langre, dessignateur, à compte de ses ouvrages (3 p.).... 240^{tt}
16 septembre : à Robert Pinet, nattier, à compte de la natte qu'il fournit........................ 200^{tt}
24 septembre : à Bosquet, compagnon sculpteur, qui a esté blessé........................ 60^{tt}
A la veuve Samson, porte-mortier, en considération de ce que son mary a esté tué................. 100^{tt}
13 octobre : à Luérittier, charron, pour quatre chariots par luy fournis........................ 60^{tt}
13 octobre-8 novembre : à Le Roy, pour nattes qu'il a fournies (2 p.)........................ 228^{tt}
25 octobre : aux compagnons charpentiers et couvreurs, par gratification........................ 30^{tt}
8 novembre : à Varisse, pour cheminées qu'il a ramonées........................ 11^{tt} 10^s
16 novembre : à Danjeau qui a esté blessé, par gratification........................ 50^{tt}
22 décembre : à Bourgeois qui a eu son batteau coulé à fonds, estant chargé d'ardoise pour Clagny, pour luy donner moyen de le retirer................. 900^{tt}
7 janvier 1676 : à de la Croix, pour plusieurs copies de devis et mémoires qu'il a faites............. 30^{tt}
15 mars : à du Costé et consors, pour avoir démoly plusieurs murs de closture pour le nouveau jardin. 812^{tt}
10 juin : à Bourtot et consors, par gratification, en considération du May qu'ils ont planté dans le chantier de Clagny........................ 100^{tt}
30 septembre : à Portet, pour son remboursement de pareille somme qu'il a payée aux ouvriers qui ont travaillé au moulin de Clagny................. 1289^{tt} 4^s

Somme de ce chapitre........ 7791^{tt} 6^s

RÉPARATIONS DE DIVERSES MAISONS ROYALES.

22 mars : à Le Louvre, maçon, pour parfait payement de 1855^{tt} 10^s pour réparations en divers endroits des maisons royales.................... 455^{tt} 10^s
3 juillet-28 novembre : à luy, pour diverses réparations de maçonnerie (3 p.)................. 2200^{tt}

ANNÉE 1675. — MANUFACTURES DE FRANCE.

12 avril-4 may : à Catherine, menuisier, pour parfait payement de 910ᵗᵗ 12ˢ pour une porte qu'il a faite au bois de Boulogne (2 p.).............. 510ᵗᵗ 12ˢ

12 avril : à Béal, vitrier, et Taureau, serrurier, pour ouvrages qu'ils ont faits à l'hostel des Ambassadeurs extraordinaires...................... 105ᵗᵗ 11ˢ

A Yvon, couvreur, pour réparations au logis du portier du bois de Boulogne..................... 326ᵗᵗ

Au sʳ de Mon, pour réparations au corps de garde du chasteau de Compiègne.................... 800ᵗᵗ

4 may-19 décembre : à Le Roy, serrurier, pour ouvrages de Vincennes (3 p.)............... 800ᵗᵗ

28 novembre : à Le Roy, menuisier, à compte de ses ouvrages............................ 400ᵗᵗ

4 may : à Charuel, pour réparations de couverture de divers endroits..................... 1653ᵗᵗ 13ˢ

31 may : à Battand, pour ouvrages de charpenterie idem............................ 2843ᵗᵗ 16ˢ

A Canaye et Chambois, maçon et couvreur, pour ouvrages du chasteau de Compiègne........... 410ᵗᵗ

A eux, pour divers ouvrages.......... 703ᵗᵗ 17ˢ

31 may-19 décembre : à Le Sourd, maçon, pour ouvrages de Compiègne (2 p.)................ 604ᵗᵗ

31 may : à Lavier, menuisier, pour réparations de Vincennes............................ 404ᵗᵗ

31 may-15 octobre : à Esmery, pour diverses réparations de Compiègne (2 p.)............. 915ᵗᵗ

31 may-30 septembre : à Jacquet, vitrier, à compte des ouvrages qu'il fait à Vincennes (3 p.)..... 2200ᵗᵗ

27 avril : à la veuve Prou, parfait payement de 760ᵗᵗ pour ouvrages de vitrerie du chasteau de Blois.. 360ᵗᵗ

3 juillet 1675-7 febvrier 1676 : à Loistron et Chaussée, pour parfait payement de 1690ᵗᵗ 9ˢ pour labours des advenues de Vincennes (2 p.)............. 1190ᵗᵗ 9ˢ

3 juillet 1675-7 febvrier 1676 : à Golard, parfait payement de 826ᵗᵗ pour les remises de Vincennes (3 p.). 826ᵗᵗ

6 aoust-30 septembre : à Carré, paveur, pour diverses réparations (2 p.)................. 500ᵗᵗ

6 aoust 1675-7 febvrier 1676 : à Anglart[1], maçon, à compte des ouvrages de maçonnerie qu'il a faits au chasteau de Vincennes (3 p.)............. 1800ᵗᵗ

2 septembre-14 novembre : à la veuve Vierrey, vitrière, à compte des ouvrages de vitrerie qu'elle fait en plusieurs maisons royales (2 p.).......... 1300ᵗᵗ

7 febvrier 1676 : aux héritiers de la veuve Vierrey, à compte desd. ouvrages................. 300ᵗᵗ

30 septembre : à Hanicle, pour le restablissement d'une bresche du bois de Boulogne......... 847ᵗᵗ 3ˢ

A Maugin, vitrier, pour réparations qu'il a faites à la chapelle de Monceaux................... 72ᵗᵗ

28 novembre : à Chevallier, menuisier, à compte de ses ouvrages......................... 150ᵗᵗ

19 décembre : aux ouvriers qui ont travaillé en divers endroits............................ 965ᵗᵗ 7ˢ

A Pasquier, marbrier, pour divers ouvrages et réparations qu'il a faits...................... 673ᵗᵗ 5ˢ

A Martin, maçon, pour réparations qu'il a faites au logement du portier du bois de Boulogne....... 100ᵗᵗ

A Mentonnois, menuisier, pour ouvrages qu'il a faits aux remises de la plaine Saint-Denis......... 572ᵗᵗ

8 janvier 1676 : à Varisse, pour avoir ramonné et raccommodé plusieurs cheminées des maisons royales. 644ᵗᵗ

7 febvrier 1676 : à M. de Saumery, capitaine et gouverneur du chasteau de Chambord, pour son remboursement de ce qu'il a payé pour le restablissement des bresches dud. chasteau................. 3000ᵗᵗ

Somme de ce chapitre...... 28632ᵗᵗ 3ˢ

MANUFACTURES DE FRANCE.

9 octobre : aux commis cy-après nommez, employez dans les provinces pour l'observation des règlemens généraux des manufactures, pour les six premiers mois de leurs appointemens de la présente année, sçavoir :

A Desrues et Macaire, employez en Picardie et Beauvoisis, à raison de 900ᵗᵗ chacun.............. 1800ᵗᵗ

A Piquet et Duchesne, en la haute et basse Normandie............................... 1800ᵗᵗ

A Mareschal et Camusat, en Champagne et ez trois éveschez, Metz, Thoul et Verdun............ 1800ᵗᵗ

A Cocaigne et Bourneuf, en Languedoc, Provence et Dauphiné............................ 1800ᵗᵗ

A Vuillard et Bodin, en Touraine, le Mayne et Bretaigne............................. 1800ᵗᵗ

A Imbert et Batissien, ez généralitez de Moulins et Orléans............................ 1800ᵗᵗ

A Poquelin, à Dreux et le Perche.......... 900ᵗᵗ

A Le Poupet et d'Albine, en Guienne, Xaintonge, Auvergne et Limosin.................... 1800ᵗᵗ

A Le Gras et Baillot, en Bourgongne et Bresse. 1800ᵗᵗ

A Page et Ricuer, en Lionnois, Beaujolois, Poitou et Anjou............................. 1800ᵗᵗ

A Charrier, en Berry et Sollogne........... 900ᵗᵗ

Revenant lesd. sommes à........ 18000ᵗᵗ

---

[1] Ou Anglard.

MANUFACTURES DES GOBELINS
ET DE LA SAVONNERIE.

30 may 1675-7 avril 1676 : à la veuve Lourdet, pour parfait payement des tapis de Turquie qu'elle a faits à la Savonnerie en 1675 (3 p.)............ 11260^{tt}

30 may 1675-7 avril 1676 : à du Pont, à compte idem (2 p.)............................ 5500^{tt}

27 juillet : aux ouvriers cy-après nommez qui travaillent aux Gobelins, pour leurs appointemens pendant la présente année, sçavoir :

A de Sève, Anguier, Houasse et Monnoyer, peintres, à chacun 200^{tt}........................... 800^{tt}

A Rousselet et Audran, graveurs, idem...... 400^{tt}

A Lefèvre, Janss et Mosin, tapissiers, à chacun 150^{tt}... 450^{tt}

A de Lacroix, autre tapissier............ 100^{tt}

A Kerkove, teinturier................. 100^{tt}

A Vessien, autre tapissier............... 30^{tt}

A Fayet et Balan, brodeurs............. 300^{tt}

A Verdier et Bonnemer, autres peintres..... 600^{tt}

Au s^r Fernet, ecclésiastique............. 150^{tt}

Aux religieux flamans de Piquepuce........ 100^{tt}

A Cussac, autre peintre................. 300^{tt}

Revenant lesd. sommes à celle de.. 3330^{tt}

24 décembre : à Rochon, concierge des Gobelins, à compte des ouvrages de tapisseries et autres de lad. manufacture.......:.................. 30000^{tt}

7 avril 1676 : à luy, parfait payement des dépenses qu'il a faites à la manufacture en 1675.... 14870^{tt} 6^s 10^d

24 décembre : à luy, pour ses gages de 1675. 1200^{tt}

24 décembre : au s^r Lefranc, ecclésiastique, pour les messes qu'il a célébrées dans la chapelle de la Savonnerie, et autres frais qu'il a faits dans lad. chapelle..... 240^{tt}

30 janvier 1676 : à Bonnemer, peintre, pour pareille somme qu'il a payée aux peintres qui travaillent aux Gobelins............................. 640^{tt}

24 décembre : à Yvart, peintre, pour tous les ouvrages de peintures qu'il a faits aux Gobelins....... 1124^{tt}

A Janss, tapissier, pour tous les ouvrages de tapisserie de haute lisse qu'il a faits idem........ 22063^{tt} 8^s 1^d

A Lefèvre, autre tapissier, idem..... 11019^{tt} 9^s 7^d

A Mosin, autre tapissier pour la basse lisse, pour ses ouvrages............................ 11153^{tt} 5^s 3^d

A de Lacroix, autre tapissier en basse lisse, pour ses ouvrages.......................... 7397^{tt} 13^s

A Fayau, brodeur, à compte des ouvrages de broderie qu'il fait aux Gobelins................. 295^{tt}

A Vessien, rentrayeur, pour les ouvrages de rentraiture qu'il a faits aux Gobelins.............. 520^{tt}

A Kerchove, teinturier, pour ses appointemens de l'année 1675...................... 1500^{tt}

A Ferdinand Migliorini, lapidaire, pour ses appointemens de 1675...................... 2520^{tt}

A Horace Migliorini, autre lapidaire, pour ses appointemens de 1675...................... 1920^{tt}

A Mouchy, bonnetier, pour avoir reblanchy 444 livres de laine........................... 88^{tt} 16^s

A Jean Ambrogo Gachetti, lapidaire, pour ses appointemens de janvier, avril et juillet........... 300^{tt}

A Dubois et consors, pour avoir scié et poly les pierres fines............................. 1061^{tt}

A la veuve Baro, portière des Gobelins, pour ses appointemens de 1675.................. 30^{tt}

A Branchy, lapidaire, pour ses appointemens de l'année 1675............................. 1920^{tt}

A Trébet, jardinier, pour ses appointemens de l'année 1675............................... 400^{tt}

Somme de ce chapitre.... 140723^{tt} 3^s 9^d

OUVRAGES D'ARGENTERIE.

26 décembre : à de Villers, à compte des grands ouvrages d'argenterie qu'il fait.............. 5000^{tt}

A Loyr, idem...................... 4000^{tt}

A Débonnaire, idem.................. 5000^{tt}

A Merlin, idem.................... 5000^{tt}

A Ballin, idem..................... 11000^{tt}

Somme de ce chapitre......... 30000^{tt}

ACHAT DE MARBRE, PLOMB ET ESTAIN.

23 mars : au s^r Allen, pour 1250 pièces de gros plomb d'Angleterre, pesant 369811 livres, qu'il a livrez dans les magazins des bastimens du Roy............ 43267^{tt}

13 aoust : à luy, à compte idem......... 12000^{tt}

5 juin-2 aoust : au s^r Ginier, à compte des plomb et estain qu'il fournit idem (2 p.).......... 32000^{tt}

13 décembre : à luy, pour 400 pièces de gros plomb et 40 d'estain qu'il a livré................ 19675^{tt} 6^s

Somme de ce chapitre .... 106942^{tt} 6^s

ACQUISITIONS D'HÉRITAGES.

3 aoust : à Daval, pour 32 perches deux tiers de terre comprise dans la pépinière du Roulle, et trois quarts d'ar-

pens dans l'advenue des Thuilleries, acquises au proffit de S. M.................................. 685ᵗᵗ

10 aoust : à M. et Mᵐᵉ ᴅᴇ Gʟᴀᴛɪɢɴʏ, tant pour le prix principal de la terre de Glatigny, acquise au proffit de S. M., suivant le contract qui en a esté passé, que pour les dédommagemens à eux accordez........ 224500ᵗᵗ

7 novembre : au sʳ Cʜᴀʀᴛᴏɴ, pour son remboursement d'une petite maison sçize proche les moulins de Satory, acquise au proffit de S. M.................. 300ᵗᵗ

27 décembre : au sʳ Pᴏᴘɪɴᴇᴀᴜ, pour un arpent de terre sçiz au bas Roulle, acquis au proffit de S. M. pour l'augmentation de l'enclos de la pépinière.......... 800ᵗᵗ

Au sʳ Vɪᴄᴛᴏɴ, pour 92 perches de terre sçize au bas Roulle.................................. 736ᵗᵗ

Aux héritiers de feu Nᴏᴇʟ ᴅᴇ Lᴀᴜɴᴀʏ, pour un quartier de terre *idem*........................... 200ᵗᵗ

A Bᴀʟʟᴏɴ, pour un arpent un quartier et demi de terre en deux pièces *idem*................. 3000ᵗᵗ

Au sʳ Gᴀʀʀᴏᴛ, receveur des consignations, à compte de 161000ᵗᵗ qu'il doibt recevoir à cause de l'acquisition faite par S. M. de la terre et seigneurie de Noisy... 75000ᵗᵗ

Somme de ce chapitre........ 305221ᵗᵗ

BIBLIOTÈQUE ET ACCADÉMIE DES SCIENCES.

15 mars 1675-28 janvier 1676 : au sʳ Cᴀʀᴄᴀᴠɪ, pour parfait payement de 4814ᵗᵗ 5ˢ 6ᵈ à quoy montent les dépenses de la bibliotèque du Roy et de l'Académie des Sciences pendant l'année 1675 (2 p.)..... 4814ᵗᵗ 5ˢ 6ᵈ

18 mars : au sʳ ᴅᴇ Lᴀᴄʀᴏɪx, pour sa subsistance pendant la présente année, en considération des langues orientales qu'il apprend dans le Levant............... 1200ᵗᵗ

22 mars 1675-7 febvrier 1676 : à Cᴏᴜᴘʟᴇᴛ, pour menues dépenses qu'il a faites (4 p.)........ 848ᵗᵗ 19ˢ

A Cousɪɴ et Lᴜᴇ́ʀɪᴛɪᴇʀ, pour avoir transcrit plusieurs cahiers de lad. Académie................ 622ᵗᵗ 10ˢ

12 avril : au sʳ Nɪǫᴜᴇᴛ, pour les ouvriers qui ont fait des modelles de machine pour lad. Académie. 259ᵗᵗ 16ˢ

20 avril : à Lᴇ Bᴀs, pour divers instrumens de matématique qu'il a faits *idem*................. 294ᵗᵗ

1ᵉʳ may : au sʳ Vᴀɪʟʟᴀɴᴛ, pour le voyage qu'il va faire en Italie pour la recherche de diverses curiositez... 1000ᵗᵗ

4 may : à Dɪᴏɴɪs, pour plusieurs ouvrages de menuiserie.................................. 691ᵗᵗ 10ˢ

A Bᴇʀɢᴇʀᴏɴ, pour ouvrages de la bibliotèque. 540ᵗᵗ 13ˢ

17 juin : aud. sʳ Nɪǫᴜᴇᴛ, en considération du soin particulier qu'il prend des modelles de machine de l'Accadémie.................................. 400ᵗᵗ

A Lᴇ Vᴀssᴇᴜʀ, relieure de plusieurs livres... 1218ᵗᵗ

17 juin 1675-10 avril 1676 : au sʳ Cʟᴇ́ᴍᴇɴᴛ, pour employer à l'impression de taille-douce qui est à la bibliotèque et relieure de livres (3 p.).......... 2098ᵗᵗ 4ˢ

6 aoust-28 novembre : à Cousɪɴ et Lᴜᴇ́ʀɪᴛɪᴇʀ, pour avoir transcrit des cahiers du Dictionnaire de l'Académie (2 p.)................................ 247ᵗᵗ 10ˢ

A Tᴀɴɢᴜʏ et Gᴏssᴇʟɪɴ, pour plusieurs instrumens de mathématique qu'ils ont faits............. 865ᵗᵗ

11 octobre : à Sɪꜰꜰᴀɪᴛ, chaudronnier, pour godets de cuivre et chaisne qu'il a livrez pour le puits de la bibliotèque du Roy...................... 311ᵗᵗ 2ˢ

10 novembre : au sʳ Gᴏᴅᴇꜰʀᴏʏ, sçavoir : 580ᵗᵗ pour parfait payement de 3580ᵗᵗ, tant pour les appointemens et nourriture de quatre escrivains qui travaillent sous luy à la Chambre des Comptes de Lille en Flandre que pour autres dépenses, et 3000ᵗᵗ à compte desd. dépenses, à commencer au 1ᵉʳ juillet dernier.......... 3580ᵗᵗ

17 avril 1677 : à luy, pour son parfait payement tant de sa nourriture et de quatre escrivains qui travaillent sous luy, que pour ses appointemens depuis le 1ᵉʳ juillet 1675 jusques au dernier novembre aud. an........ 3690ᵗᵗ

Au sʳ Sᴜʙʟᴇᴀᴜ, pour pareille somme qu'il a employée en achat de maroquin violet, animaux, manuscripts, fleurs et autres curiositez de Levant...... 11762ᵗᵗ 18ˢ

5 janvier 1677 : aux sʳˢ Dᴇʟᴀᴄʀᴏɪx et Dɪᴘᴘʏ, interprètes, en considération du travail qu'ils ont fait à la bibliotèque du Roy pendant les six derniers mois de lad. année.................................. 600ᵗᵗ

6 aoust 1675 : au sʳ ᴅᴇ Cᴏᴍᴘɪᴇ̀ɢɴᴇ, interprète, pour ses appointemens des six premiers mois 1675.... 600ᵗᵗ

Somme de ce chapitre..... 35644ᵗᵗ 7ˢ 6ᵈ

ACCADÉMIE DE PEINTURE,
SCULPTURE ET ARCHITECTURE À PARIS ET À ROME.

22 may : au sʳ Eʀʀᴀʀᴅ, tant pour son voyage que pour celuy des jeunes peintres et sculpteurs que S. M. envoye estudier à Rome................... 2100ᵗᵗ

14 avril : à la veuve Lᴇsᴘɪɴɢᴏʟᴀ, pour luy donner moyen de subsister en attendant que son fils ait achevé ses estudes à Rome.................... 100ᵗᵗ

7 juillet : à Dᴇsɢᴏᴛs jeune, architecte, pour le voyage qu'il va faire à Rome pour y estudier.......... 200ᵗᵗ

19 septembre : au sʳ Fᴏʀᴍᴏɴᴛ, pour pareille somme qu'il a fait tenir à Rome pour employer à compte de l'entretenement de lad. Accadémie........... 10000ᵗᵗ

13 octobre 1675-25 febvrier 1676 : aux architectes qui ont assisté aux conférences d'architecture pendant la présente année (2 p.)..................... 3003ᵗᵗ

5 avril 1675 - 8 febvrier 1676 : au s' BEAUBRUN, trésorier de l'Accadémie de peinture et sculpture à Paris, pour les quatre quartiers de l'entretenement de lad. Accadémie (2 p.)............................... 4000^{tt}

7 avril : au fils de la veuve PARENT, pour luy donner moyen d'estudier à la peinture............... 200^{tt}

Somme de ce chapitre......... 19603^{tt}

LOYERS DE MAISONS.

10 aoust : à PATEL, peintre, pour une année de loyer du logement qu'il occupe, escheu au dernier juin.. 300^{tt}

7 septembre 1675 - 8 janvier 1676 : au s' PETIT père, pour une année du loyer de sa maison scize à Versailles (2 p.)................................ 1200^{tt}

10 novembre : à la veuve HAVART, pour le loyer d'une maison occupée par les mousquetaires du Roy pendant l'année 1672........................... 180^{tt}

20 décembre : à ROGER, pour le loyer de deux maisons occupées idem...................... 360^{tt}

12 janvier 1676 : à la veuve CARBONNET, jardinière, pour le dernier quartier de son logement........ 50^{tt}

25 janvier 1676 : au s' abbé COLBERT, pour le loyer de sa maison occupée par la bibliotèque du Roy. 3000^{tt}

4 mars 1676 : aux cy-après nommez, pour le loyer de leurs maisons scizes à la Halle-Barbier, occupées par les mousquetaires pendant lad. année, sçavoir : 1000^{tt} à chacune des dames DASTY et PÉRIEN, pour deux maisons; 360^{tt} au s' chevalier HOÜEL, pour deux maisons; 180^{tt} à la dame HAVART, pour une maison; 1440^{tt} à la dame CORNUEL, pour deux maisons, et 360^{tt} à la veuve MASSONNET, pour deux maisons.................. 3700^{tt}

18 mars 1676 : à la dame DE POIX, pour une année du loyer de sa maison et manège occupez par la grande escurie du Roy...................... 4030^{tt}

Somme de ce chapitre......... 12820^{tt}

GRATIFICATIONS DES GENS DE LETTRES.

1er avril 1675 : au s' HUGGENS, mathématicien, pour ses appointemens pendant la présente année... 6000^{tt}

26 juin : au s' ROMER, mathématicien, pour ses appointemens.............................. 1000^{tt}

1er avril : au s' CASSINI, idem............. 9000^{tt}

23 décembre : au s' DUVERNAY, pour ses appointemens pendant six mois de la présente année........ 750^{tt}

23 octobre : à luy[1], en considération de son application à l'anatomie...................... 1500^{tt}

[1] Le nom est ici écrit DU VERNET.

10 juin 1676 : au s' QUINAULT, en considération de son application aux belles-lettres pendant l'année dernière............................... 1500^{tt}

Au s' PERRAULT, idem.................. 2000^{tt}

Au s' FÉLIBIEN, en considération du travail qu'il fait pour l'histoire des Maisons royalles idem...... 1200^{tt}

Au s' CHARPENTIER, par gratiffication, pour son application aux belles-lettres................. 1500^{tt}

Au s' BALUZE, en considération des ouvrages qu'il donne au public...................... 2000^{tt}

Au s' DU CLOS, médecin, en considération de la profonde connoissance qu'il a de la chymie....... 2000^{tt}

Au s' BOREL, en considération de l'application qu'il a à la physique............................ 1200^{tt}

Au s' RACINE, pour les beaux ouvrages de théâtre qu'il compose............................ 1500^{tt}

Au s' CARCAVI, en considération de la connoissance particulière qu'il a des mathématiques........ 2000^{tt}

Au s' BLONDEL, idem.................. 1500^{tt}

Au s' MARIOTTE, idem................. 1500^{tt}

Au s' DODARD, idem................... 1500^{tt}

Au s' PICART, idem................... 1500^{tt}

Au s' BUOT, idem.................... 1200^{tt}

Au s' PASQUIN, idem.................. 600^{tt}

Au s' abbé GALLOIX, pour ses belles-lettres.... 1500^{tt}

Au s' PERRAULT, médecin, en considération de la connoissance particulière qu'il a de la phisique.... 2000^{tt}

Au s' DUHAMEL, pour ses belles-lettres...... 1500^{tt}

Au s' abbé TALLEMANT, idem............. 1500^{tt}

27 juin 1676 : au s' COMPIÈGNE, en considération du travail qu'il fait sur les manuscrits hébreux....... 1500^{tt}

Au s' BOURDELIN, en considération du travail qu'il fait pour l'analize des plantes................. 1500^{tt}

Au s' CASSAGNE, pour luy aider à payer la pension de son fils............................ 600^{tt}

Aux héritiers du feu s' abbé LE LABOUREUR, en considération des ouvrages historiques et généalogiques qu'il a donnez au public...................... 1500^{tt}

Au s' DU BOUCHET, idem................ 1500^{tt}

Au s' COTTELIER, en considération du travail qu'il fait sur les manuscrits grecs................... 1000^{tt}

11 novembre 1676 : à COUPLET, en considération des services qu'il rend dans l'Accadémie des Sciences et la recherche d'animaux pendant lad. année....... 800^{tt}

Somme de ce chapitre......... 55450^{tt}

GAGES PAYEZ PAR ORDONNANCE.

12 avril - 7 aoust : à BENOIST, préposé à plusieurs ouvrages de Versailles, six mois de gages (2 p.)... 450^{tt}

14 octobre : à Benoist, préposé à l'Arc de triomphe, pour trois mois de ses gages au dernier septembre. 225ᴸ

12 avril-5 novembre : à Goeren et Clerambousty, portiers du grand parterre de Saint-Germain, pour quinze mois de leurs gages (6 p.)................ 925ᴸ

29 avril : à Fournier, commis, pour avoir soin des rolles des ouvriers qui ont travaillé pendant deux mois aux illuminations...................... 200ᴸ

4 may : à Lamy, portier des Thuilleries, pour le premier quartier de ses gages................ 75ᴸ

20 may 1675-7 janvier 1676 : à Descluzeaux, pour une année de ses gages, pour le soin qu'il a pris de la voiture des matéreaux de Clagny (4 p.)....... 1800ᴸ

28 may : à Menard, marbrier, pour une année de l'entretenement des marbres de la chapelle du Palais-Royal............................ 150ᴸ

31 may-7 aoust : à La Roche, préposé à l'Arc de triomphe, pour sept mois de ses gages (2 p.).... 525ᴸ

7 juin : à Trumel et Garnier, jardiniers de la pépinière du Roulle, sçavoir : 1200ᴸ aud. Trumel et 400ᴸ aud. Garnier, gages de la présente année..... 1600ᴸ

10 juin : à Popinet, ayant la conduite des moulins de Versailles, idem........................ 1500ᴸ

16 may : à Dambresne, jardinier flamand, tant pour deux mois et demy de ses gages que pour la gratiffication à luy accordée........................ 425ᴸ

5 juillet : au sʳ de la Quintinye, ayant la direction des jardins fruittiers et potagers, pour ses gages pendant la présente année...................... 2000ᴸ

22 avril 1677 : à luy, par gratiffication pendant l'année 1675, en considération du soin qu'il prend des jardins potagers des maisons royalles........ 2000ᴸ

6 juillet : à Bridien, ayant le soin de solliciter les ouvriers........................... 900ᴸ

8 juillet : à Charuel, couvreur, ayant l'entretien des couvertures des maisons royalles........... 5145ᴸ

22 juillet : à Desmoulins, archer de la Prévosté, préposé pour faire accélérer les ouvrages........ 1610ᴸ

7 aoust : au sʳ Clément, ayant le soin de l'impression des planches........................ 1200ᴸ

21 aoust 1675-1ᵉʳ febvrier 1676 : aux prestres de la Mission de Fontainebleau, pour leur entretien pendant la présente année (2 p.)................ 6000ᴸ

22 octobre : à Thibault, jardinier à Vincennes, pour l'entretenement des palis du parc............ 120ᴸ

26 janvier 1676 : aux architectes cy-après nommez, pour leurs appointemens pendant 1675, sçavoir : 1200ᴸ au sʳ Blondel; 1000ᴸ au sʳ Dorbay; 500ᴸ au sʳ Gittard; 1000ᴸ au sʳ Le Vau; 500ᴸ au sʳ Mignard; 500ᴸ au sʳ Le Pautre, et 500ᴸ au sʳ Bruant.............. 5200ᴸ

7 avril 1675-25 janvier 1676 : à Angland, ayant l'entretenement des couvertures de Vincennes pendant l'année 1675 (2 p.)....................... 1500ᴸ

Au sʳ Clinchant, garde des Thuilleries, pour le soin qu'il prend de tenir propres les chambres et les cours dud. palais............................ 1500ᴸ

A la veuve Carbonnet, ayant l'entretenement de la haute allée des meuriers blancs du jardin des Thuilleries, pour son logement...................... 150ᴸ

Au sʳ Galland, ayant la nourriture des carpes et cignes à Fontainebleau, pour ses gages pendant la présente année 1675..................... 1082ᴸ 4ˢ 1ᵈ

A Chastillon, ayant l'entretenement de l'estang et canaux de Fontainebleau, pour trois quartiers idem. 150ᴸ

24 may : à Camaye et Chambois, pour une année de l'entretenement des couvertures de Compiègne, escheu au 1ᵉʳ avril............................ 400ᴸ

6 aoust : à Yvon, ayant l'entretenement des couvertures des maisons royalles, pour ses gages pendant la présente année 1675..................... 4145ᴸ

19 octobre 1675-19 febvrier 1676 : à Josias, piqueur des ouvriers des jardins de Clagny et de Glatigny, pour ses gages de cinq mois qu'il a vacqué (3 p.).... 200ᴸ

19 octobre 1675-19 febvrier 1676 : à Champion, préposé à voir peser le fer et le plomb qui s'employe à Clagny, à compte de ses journées (3 p.)........ 300ᴸ

3 avril : à Bailly, portier de la Savonnerie, sçavoir : 300ᴸ pour ses appointemens de lad. année, et 30ᴸ pour le soin qu'il prend de la chapelle............ 330ᴸ

10 avril : à de Louvt, préposé au magasin des démolitions de Versailles, pour les trois premiers quartiers de ses gages........................ 675ᴸ

A Colin, préposé à la coupe et distribution des bois morts de la forest de Saint-Germain, pendant trois mois escheus au dernier mars................... 270ᴸ

A de la Croix, idem.................... 225ᴸ

A Charlemagne, préposé aux ouvrages à Versailles, pour lad. année...................... 900ᴸ

10 avril 1675-12 janvier 1676 : à Jamin, préposé au magasin de plomb, une année de gages (2 p.)... 900ᴸ

10 avril : à Dauvergne, préposé pour la distribution du fer, pour ses gages de lad. année............ 1080ᴸ

A Lefranc, préposé à Clagny, pour les trois premiers quartiers idem........................ 675ᴸ

10 avril 1675-12 janvier 1676 : à Rigault, préposé au jardin des Thuilleries et Cours la Reyne, pour une année de ses gages (2 p.).................. 900ᴸ

A Germain, préposé à la pépinière du Roulle, pour une année idem........................ 675ᵗᵗ

A Roselin, préposé aux ouvrages de Versailles. 1200ᵗᵗ

10 avril 1675 - 12 janvier 1676 : à Henry[1], préposé à lad. pépinière et maisons royales, pour l'année 1675 (2 p.).............................. 600ᵗᵗ

A Frades, pour les trois premiers quartiers de l'entretenement des avenues de Saint-Germain..... 723ᵗᵗ 15ˢ

5 juillet : à Chastillon, ayant l'entretenement de l'orangerie de Fontainebleau, pour augmentation de ses gages pendant lad. année.................. 200ᵗᵗ

A de Latour, pour une année du nettoyement des cours du chasteau de Fontainebleau.......... 400ᵗᵗ

7 aoust : à Fossier, préposé pour recevoir le plomb, estain et fer qui s'employe pour les bastimens du Roy, pour ses gages de lad. année.............. 1200ᵗᵗ

12 janvier 1677 : à luy, pour gages extraordinaires pendant lad. année...................... 700ᵗᵗ

7 aoust : au sʳ Ballon, ayant la direction des plants d'arbres des maisons royales, pour ses gages... 1800ᵗᵗ

Au sʳ Petit père, préposé aux ouvrages du chasteau de Fontainebleau, pour ses gages........... 3600ᵗᵗ

Au sʳ Petit fils, préposé à Saint-Germain, pour ses gages................................ 1200ᵗᵗ

12 janvier 1676 : à luy, pour appointemens extraordinaires........................... 900ᵗᵗ

7 aoust : à Brégy, préposé à Glatigny, pour les trois derniers quartiers de ses gages............. 600ᵗᵗ

14 octobre : à Foucault, préposé à l'Observatoire, pour trois mois escheus le dernier septembre....... 225ᵗᵗ

A La Rocue, préposé à Clagny, pour ses gages pendant aoust et septembre..................... 150ᵗᵗ

2 janvier 1676 : à Ozanne, préposé au Val et Saint-Germain, pour ses gages pendant septembre, octobre, novembre et décembre.................. 180ᵗᵗ

5 janvier 1676 : à la veuve Charmeton, peintre, le dernier quartier de la gratification à elle accordée.. 100ᵗᵗ

8 janvier 1676 : à La Rue, pour l'entretenement des terrasses du chasteau de Saint-Germain pendant lad. année................................ 400ᵗᵗ

9 janvier 1676 : au sʳ Bellinzani, en considération du soin qu'il prend du commerce, pour ses appointemens pendant lad. année...................... 4000ᵗᵗ

24 janvier 1676 : à La Lande, pour l'entretenement de la nouvelle charmille le long de la terrasse pendant lad. année................................. 200ᵗᵗ

[1] Ou Henny.

25 janvier 1676 : à Cottard, architecte, pour ses gages................................. 200ᵗᵗ

29 janvier 1676 : à Soulaigre, concierge du vieil chasteau de Saint-Germain, pour les six derniers mois des nettoyemens qu'il a faits.............. 576ᵗᵗ

6 febvrier 1676 : au sʳ Lefebvre, controlleur général des bastimens, en considération du soin qu'il a pris des ouvrages de Versailles pendant lad. année..... 2400ᵗᵗ

7 febvrier 1676 : à Bertuin, concierge du chasteau neuf de Saint-Germain, pour nettoyemens qu'il a faits aud. chasteau pendant 1673 et 1674...... 754ᵗᵗ

8 febvrier 1676 : à Emery, concierge du chasteau de Compiègne, pour une année de l'entretenement dud. chasteau............................... 300ᵗᵗ

12 febvrier 1676 : au sʳ Bréau, ayant le soin et la conduite du bastiment de Clagny, pour ses gages pendant lad. année 1675......................... 3000ᵗᵗ

7 mars 1676 : à Vandermeulen, peintre, travaillant aux Gobelins, pour ses appointemens de 1675.. 6000ᵗᵗ

4 septembre 1675 : aux jardiniers et autres qui ont des entretenemens dans les jardins, parterres et allées du chasteau de Fontainebleau, par gratification, en considération du bon état de leur entretenement... 1850ᵗᵗ

A de la Roche, préposé à divers ouvrages de Versailles, pour ses appointemens.............. 225ᵗᵗ

Somme de ce chapitre.... 81790ᵗᵗ 19ˢ 1ᵈ

GAGES DES OFFICIERS
DES BASTIMENS DU ROY POUR L'ANNÉE 1675,
SUIVANT L'ESTAT EXPÉDIÉ LE 26 JANVIER 1676.

GAGES ET APPOINTEMENS DES SURINTENDANT, INTENDANS,
CONTROLLEURS ET TRÉSORIERS DESDITS BASTIMENS.

A nous, en lad. qualité de Surintendant et Ordonnateur général desd. bastimens, jardins, tapisseries et manufactures, la somme de 12000ᵗᵗ pour nos gages à cause de nostre dite charge.................. 12000ᵗᵗ

A nous, en lad. qualité de lad. charge et pension attribuée et unie à icelle................... 3000ᵗᵗ

A nous, comme Surintendant et Ordonnateur général du chasteau de Monceaux................. 2400ᵗᵗ

Au sʳ Coquard de la Motte, conseiller du Roy en ses conseils, intendant et ordonnateur ancien desd. bastimens, jardins, tapisseries et manufactures, la somme de 4500ᵗᵗ pour trois quartiers de ses gages............ 4500ᵗᵗ

Au sʳ Gobert, aussy conseiller ausd. conseils, intendant

et ordonnateur alternatif desd. bastimens...., la somme de 4665ᵗᵗ pour trois quartiers de ses gages..... 4665ᵗᵗ

Au s'...., aussy conseiller esd. conseils, intendant et ordonnateur triennal desd. bastimens...., la somme de 4500ᵗᵗ pour trois quartiers de ses gages, dont il ne sera rien payé, attendu que lad. charge a esté supprimée par édit du Roy du....., partant cy........ Néant.

Au sʳ Le Nostre, controlleur général ancien desd. bastimens...., pour trois quartiers de ses gages et augmentation d'iceux.................... 4080ᵗᵗ 18ˢ 9ᵈ

Au sʳ Perrault, controlleur alternatif desd. bastimens, la somme de 4125ᵗᵗ pour trois quartiers de ses gages et augmentation d'iceux................. 4125ᵗᵗ

Au sʳ Lefebvre, controlleur général triennal desd. bastimens, la somme de 4133ᵗᵗ pour trois quartiers de ses gages et augmentation d'iceux............. 4133ᵗᵗ

A Mᵉ Charles Le Besgue, conseiller du Roy et trésorier général desd. bastimens, la somme de 2100ᵗᵗ pour trois quartiers de ses gages à cause de sad. charge, et augmentation d'iceux.................. 2100ᵗᵗ

A Mᵉ Charles Le Besgue, aussy conseiller du Roy et trésorier général alternatif desd. bastimens, etc.. 2100ᵗᵗ

A Mᵉ Sébastien François de la Planche, aussy conseiller du Roy et trésorier général triennal desd. bastimens, etc............................ 2100ᵗᵗ

Total................ 45203ᵗᵗ 18ˢ 9ᵈ

OFFICIERS QUI ONT GAGES
POUR SERVIR GÉNÉRALLEMENT DANS TOUTES LES MAISONS ET BASTIMENS DE SA MAJESTÉ.

Au sʳ Le Brun, pour la conduite et direction des peintures de toutes les maisons royales.......... 4800ᵗᵗ

A luy, pour la conduite sous nos ordres de la manufacture des Gobelins, la somme de 4000ᵗᵗ pour faire celle de 12000ᵗᵗ à luy accordée par chacun an, y compris 3200ᵗᵗ employée dans l'estat de la Maison du Roy..... 4000ᵗᵗ

Au sʳ Félibien, historiographe des bastimens du Roy, pour ses gages à cause de sad. charge........ 1200ᵗᵗ

A Charles Errard, retenu pour servir S. M., la somme de 1200ᵗᵗ pour ses gages, dont il sera payé de trois quartiers en la présente année, à cause du service actuel qu'il rend à S. M. pour ses bastimens............. 900ᵗᵗ

A Philippes Champagne, autre peintre, pour ses gages la somme de 400ᵗᵗ, dont il sera payé seulement de la moitié................................. 200ᵗᵗ

A Nicolas Loir, autre peintre, pour ses gages, dont il ne sera payé que de la moitié.............. 200ᵗᵗ

A Noel Coipel, autre peintre, pareille somme. 200ᵗᵗ

A François Marie Bouzon, autre peintre, idem. 200ᵗᵗ
A Jacques Bailly, peintre en mignature, idem. 200ᵗᵗ
A Pierre Patel, autre peintre, idem........ 200ᵗᵗ
A Claude Goy, autre peintre, idem.......... 120ᵗᵗ
A André Félibien, ayant la garde des figures et le soin de tenir nets et polir les marbres des maisons royalles, pour ses gages....................... 400ᵗᵗ
A Gilles Guérin, sculpteur, pour ses gages... 200ᵗᵗ
A Anguier, autre sculpteur, idem............ 200ᵗᵗ
A Jacques Houzeau, autre sculpteur, faisant ordinairement les modèles et ornemens, tant au Louvre qu'ailleurs, pour ses gages, la somme de 400ᵗᵗ, dont il luy sera payé seulement............................ 150ᵗᵗ
A François Girardon, autre sculpteur, idem... 200ᵗᵗ
A Thomas Regnaudin, autre sculpteur, idem.... 150ᵗᵗ
A Gaspard Marsy, idem.................. 200ᵗᵗ
A Louis Legros, idem................... 150ᵗᵗ
A Pierre Mazelines, idem................ 150ᵗᵗ
A Philippes Buister, idem................ 150ᵗᵗ
A Mathieu L'Espagnandel, idem............ 150ᵗᵗ
A Philippes Caffieri, idem............... 150ᵗᵗ
A Baptiste Tuby, idem................... 200ᵗᵗ
A Pierre Mesnard, marbrier, idem........... 30ᵗᵗ
A Dominico Cucci, qui fait toutes les garnitures de bronze des portes et croisées des Thuilleries.... 60ᵗᵗ
A François Chauveau, graveur, pour ses gages. 100ᵗᵗ
A Le Clerc, graveur.................... 100ᵗᵗ
A Israel Silvestre, graveur du Roy, pour ses gages, pour faire les desseins d'architecture, rües et perspectives des maisons royalles, carousels et autres assemblées publiques, la somme de 400ᵗᵗ pour les gages et appointemens que S. M. luy a accordé par brevet, de laquelle il sera payé entièrement, cy.................. 400ᵗᵗ
A François Villedot, de Clermont, maistre des œuvres de maçonnerie des bastimens du Roy, tant pour ses gages anciens qu'augmentation d'iceux, la somme de 1200ᵗᵗ, dont il sera payé de la moitié, attendu le service actuel qu'il rend à S. M..................... 600ᵗᵗ
A Libéral Bruant, maistre des œuvres de charpenterie, pour avoir l'œil sur tous les charpentiers des maisons royalles, la somme de 1200ᵗᵗ, de laquelle il ne sera payé que de la moitié..................... 600ᵗᵗ
A André Mazières, maçon, pour ses gages..... 30ᵗᵗ
A Antoine Bergeron, autre maçon, idem....... 30ᵗᵗ
A Claude Bressy, idem................... 30ᵗᵗ
A François Dorbais, idem................. 30ᵗᵗ
A Jean Bricart, charpentier, idem........... 30ᵗᵗ
A Jacques Gabriel, autre maçon, idem........ 30ᵗᵗ
A Jacques Mazières, le jeune, idem.......... 30ᵗᵗ

A Hannicle, autre maçon, *idem*............. 30ᵗᵗ
A Pierre Thévenot, *idem*................. 30ᵗᵗ
A Poncelet Cliquin, charpentier, pour ses gages *idem*................................... 30ᵗᵗ
A Paul Charpentier, autre charpentier, *idem*... 30ᵗᵗ
A Pierre Bastard, *idem*.................. 30ᵗᵗ
A Pierre Dionis, menuisier, *idem*........... 30ᵗᵗ
A Jean Danglebert, *idem*................. 30ᵗᵗ
A Claude Bergeret, *idem*................. 30ᵗᵗ
A Antoine Saint-Yves, *idem*.............. 30ᵗᵗ
A Charles Lavier, *idem*................. 30ᵗᵗ
A Claude Buirette, *idem*................ 30ᵗᵗ
A Jacques Prou, *idem*................... 30ᵗᵗ
A François Couvreux, *idem*.............. 30ᵗᵗ
A la veuve Somer, ébéniste............... 30ᵗᵗ
A Boulle, autre ébéniste................. 30ᵗᵗ
A Estienne Doyart, serrurier.............. 30ᵗᵗ
A Denis du Chesne, autre serrurier......... 30ᵗᵗ
A la veuve Vierrey, vitrière.............. 30ᵗᵗ
A la veuve Longet, vitrière............... 30ᵗᵗ
A Charles Jacquet, vitrier................ 30ᵗᵗ
A Estienne Yvon, couvreur................ 30ᵗᵗ
A Dimanche Charuel, autre couvreur......... 30ᵗᵗ
A Duval, *idem*......................... 30ᵗᵗ
A Gilles Leroy, plombier................. 30ᵗᵗ
A Alain, *idem*......................... 30ᵗᵗ
A Vitry, *idem*......................... 30ᵗᵗ
A la veuve Mazelines, *idem*.............. 30ᵗᵗ
A Antoine Vatel, paveur.................. 30ᵗᵗ
A Hubert Misson, marbrier................ 30ᵗᵗ
A Nicolas de Lorel, serrurier............. 30ᵗᵗ
A Claude Briot, miroitier................ 30ᵗᵗ
A La Baronnière, peintre et doreur........ 30ᵗᵗ
A Gosselain et Tanguy, armuriers, retenus pour travailler aux instruments de mathématique nécessaires pour l'Accadémie des Sciences................... 200ᵗᵗ
A Le Bas, faiseur d'instrumens de mathématique. 100ᵗᵗ
A Thuret, horlogeur, retenu pour entretenir toutes les pendulles de l'Accadémie des Sciences, tant celles qui sont à l'Observatoire que dans lad. Accadémie....... 300ᵗᵗ
A Padelain et Varisse, ramonneurs de cheminées, pour avoir soin de tenir nettes toutes celles des maisons royales à Paris, Saint-Germain, Fontainebleau et autres lieux, la somme de 200ᵗᵗ, sur quoy leur sera payé 30ᵗᵗ à chacun, et les ramonnages de cheminées et racommodages leur seront payez par ordonnance, partant...... 60ᵗᵗ
A Charles Mollet, jardinier, retenu pour travailler aux desseins des parterres et jardins de S. M. lorsqu'il luy sera commandé, pour ses gages la somme de 1000ᵗᵗ, dont il ne luy sera payé que la moitié.......... 500ᵗᵗ
A André Le Nostre, aussy retenu pour travailler auxd. desseins de jardins et parterres, pour ses gages 1200ᵗᵗ, dont il sera payé entièrement............. 1200ᵗᵗ
Au sʳ François Francines, intendant de la conduite et mouvement des eaux et fontaines de S. M., la somme de 3000ᵗᵗ, sçavoir: 1800ᵗᵗ d'anciens gages et 1200ᵗᵗ d'augmentation, dont il sera payé de trois quartiers, cy. 2250ᵗᵗ
A luy, ayant l'entretenement des fontaines du Luxembourg, Croix du Tiroir et chasteau du Louvre, pour ses gages à cause dud. entretenement............ 7000ᵗᵗ
Au sʳ Pierre Francines, ingénieur, pour le mouvement des eaux et ornemens des fontaines, outre ce qui luy est ordonné dans l'estat de Fontainebleau, 600ᵗᵗ, dont il luy sera seulement payé trois quartiers....... 450ᵗᵗ
A luy, ayant la conciergerie de la maison du grand regard des fontaines de Rongis, hors le fauxbourg Saint-Jacques, suivant l'arrest du Conseil du 28 juin 1675, la somme de 100ᵗᵗ du fonds laissé dans l'estat des finances de Paris, sous le nom du trésorier des......... 100ᵗᵗ
Au sʳ Perrault, l'un de nos commis, ayant le soin de la visite de tous les ouvrages ordonnez par S. M. en ses bastimens et de tenir la main à ce que tous les ordres par nous donnez pour l'exécution des volontez de S. M. soient ponctuelement exécutez et avec diligence requise, pour ses appointemens................... 2000ᵗᵗ
Au sʳ Billet, autre commis, tenant sous nous le registre des rolles, ordonnance, recepte et despense desd. bastimens, pour ses appointemens............ 900ᵗᵗ
Au commis de l'Intendant en exercice....... 600ᵗᵗ
A ....., commis du controlleur général desd. bastimens en exercice, pour, en son absence, avoir l'œil à ce qui est du controlle général, pour ses appointemens de lad. année............................ 600ᵗᵗ
Aux trois premiers commis en tiltre d'office des trois trésoriers généraux desd. bastimens, pour leurs gages, à raison de 300ᵗᵗ par chacun an, dont il sera payé seulement à chacun 200ᵗᵗ, cy................... 600ᵗᵗ
A Daniel Fossier, garde du magasin du Roy où se mettent les démolitions et matériaux nécessaires pour les bastimens de S. M., pour ses gages......... 400ᵗᵗ
A luy, ayant la garde des magasins de marbres pour les bastimens de S. M., pour ses gages......... 600ᵗᵗ

Total.................. 35500ᵗᵗ [1]

[1] Le total exact est 35590ᵗᵗ.

ANNÉE 1675. — GAGES DES OFFICIERS DES BÂTIMENTS.

OFFICIERS SERVANS SA MAJESTÉ
POUR L'ENTRETENEMENT DES MAISONS ET CHASTEAUX
CY-APRÈS DÉCLAREZ.

LOUVRE.

A René de Louvigny, concierge du chasteau du Louvre, pour tenir nettes les grandes et petites galleries, les ouvrir et fermer, pour ses gages tant anciens qu'augmentation d'iceux....................... 100ᵗᵗ

PALAIS DES THUILLERIES.

Au s' Clinchant, garde du palais des Thuilleries, pour ses gages de la présente année............. 300ᵗᵗ

A luy, comme concierge de la grande salle nouvellement construite au palais des Thuilleries pour dancer les ballets et représenter les grandes comédies et machines, pour ses appointemens de la présente année à cause de lad. charge, à condition d'entretenir deux valets pour tenir nette lad. salle, fermer et ouvrir les portes et fenestres et d'avoir l'œil à la décoration des machines et amphithéâtre d'icelle.................. 2000ᵗᵗ

A André Le Nostre, ayant l'entretenement des parterres nouvellement plantez à la face du palais des Thuilleries, pour ses gages à cause dud. entretenement, concistant à nettoyer, battre et rateler la grande terrasse en face du palais, la grande allée du milieu, contr'allée, tour et place du grand rondeau, avec les palissades de la demie lune plantée de sapins, ifs, ciprés, jusques au premier maronnier d'Inde de la grande allée du milieu, et allée de traverse plantée de buis qui ferme le quarré où estoit l'estang; l'allée d'ormes du bout des parterres où est le milieu du rondeau, finissant à droite à l'allée du Mail, à gauche à la grande terrasse du costé de la rivière; huict quarrez de parterre en broderies, lesquels seront tondus, nettoyez et entretenus en tous leurs contenus ainsy que les plattes bandes et allées de traverse et tour des bassins; entretenir de labours et fumiers les arbrisseaux verds dud. parterre, mesme les garnir des saisons de pareille espèce qui y sont, lesquelles il fera lever, replanter, couvrir et regarnir à ses frais, cy. 3000ᵗᵗ

A luy, pour les parterres en gazon qui ont esté depuis augmentez en suite des huict carrez de broderies cy-dessus................................. 2000ᵗᵗ

A luy, pour l'entretenement d'un jardin à fleurs avec le grand parterre et l'allée des meuriers qu'il doibt toujours tenir remplie de fleurs, particulièrement durant l'hiver, et pour cet effect fournir de fumiers, terrots et autres choses nécessaires........................... 1500ᵗᵗ

A luy, pour l'entretenement d'un espalier de jasmin d'Espagne dans toute l'estendue du mur de terrasse de l'allée des meuriers, fournir le fumier, terrot et autres choses nécessaires...................... 1500ᵗᵗ

A la veuve Carbonnet, ayant l'entretenement de la haulte allée des meuriers blancs, palissades et arbres de Judée le long du mur du costé du dosme, et palissades de buis des deux allées transversantes led......, au lieu de feu Pierre Molet, la somme de 300ᵗᵗ à quoy S. M. a réglé ses appointemens..................... 300ᵗᵗ

A Pierre Descots, ayant l'entretenement du parc des Thuilleries depuis le grand parterre jusques au bout de la demi lune qui regarde sur le fossé, et depuis la terrasse du costé de l'eau, y compris, dans toute sa longueur, jusques au parterre en platte bande de l'autre costé de l'eau, à la réserve du quarré où estoit le Labirinthe, entretenir toutes les allées, labourer les plants d'arbres de tous les quarrez et de l'Amphitéâtre, et tenir le tout dans la plus grande propreté qu'il se pourra....... 3600ᵗᵗ

Aux filles de deffunct Bouchant, ayant l'entretenement des orangers du Roy en sa grande orangerie dud. jardin des Thuilleries, parterres à fleurs et autres jardins à fleurs derrière, prez la garenne, la somme de 1200ᵗᵗ pour leurs gages à cause dud. entretenement, sçavoir : 800ᵗᵗ d'anciens gages et 400ᵗᵗ d'augmentation, dont elles seront payez de trois quartiers en finissant l'inventaire et déuombrement des orangers qui sont dans lad. orangerie appartenans à S. M......................... 900ᵗᵗ

A Guillaume Masson et à ..... Le Juge, ses deux belles-sœurs, chacun pour un tiers de l'entretenement du grand parterre des Thuilleries, au lieu entrelassé fait de neuf de l'allée des grenadiers, à la charge de faire labourer les palissades, tant de buis sauvage que de jasmins, coigners, grenadiers, arbres de Judée, et autres entretenemens, la somme de 1400ᵗᵗ, dont ils seront payez de trois quartiers, cy..................... 1050ᵗᵗ

Total..................... 16,150ᵗᵗ

COURS DE LA REYNE.

A Pasquier, portier de la porte du Cours de la Reyne du costé des Thuilleries, pour ses gages de la présente année............................ 50ᵗᵗ

A François Huvilliers, portier de la porte du Cours du costé de Chaillot, et pour garder tous les plants des Thuilleries, pour ses gages de la présente année.. 150ᵗᵗ

Total..................... 200ᵗᵗ

PALAIS-ROYAL.

A Bouticourt, concierge dud. palais, pour trois quartiers de ses gages........................ 450ᴸ

A luy, au lieu de François Huet, dit Poitevin, ayant la charge du nettoyement des chambres et soin d'icelles, pour trois quartiers de ses gages............... 225ᴸ

A Pierre Clinchant, pourveu par S. M., par son brevet du 7 janvier 1666, de la charge de garde salle et machines du Palais-Royal dont estoient pourveues Anne Dubois, fille de Jean Dubois, et Marie Lhuillier, la somme de 225ᴸ pour trois quartiers de ses gages....... 225ᴸ

A ....., portier de la porte de la rue des Bons-Enfans et de la rue de Richelieu, pour ses gages... 150ᴸ

A ....., portier de la grande porte dud. Palais-Royal, idem......................... 150ᴸ

A La Croix, portier de la basse cour dud. Palais-Royal et du magasin des antiques.................. 450ᴸ

A Nicolas Bouticourt, jardinier du jardin dud. palais, 1500ᴸ à cause des augmentations et entretenement dud. jardin, dont il sera payé entièrement......... 1500ᴸ

Total.................... 3150ᴸ

COLLÈGE DE FRANCE.

A Duclos, concierge dud. collège, pour deux quartiers de ses gages........................ 25ᴸ

MADRID.

A Jean Ricard, concierge du chasteau de Madrid, pour ses gages, dont il sera payé de trois quartiers. 150ᴸ

SAINT-GERMAIN.

Au sʳ François Francines, ayant l'entretenement des fontaines et grottes des chasteaux dud. Saint-Germain, pour ses gages à cause dud. entretenement, la somme de 1200ᴸ, attendu le dépérissement desd. grottes. 400ᴸ

A Nicolas Bertrand, ayant l'entretenement des terrasses et descentes du chasteau neuf, la somme de 150ᴸ, dont il luy sera payé seulement 30ᴸ, attendu le dépérissement desd. terrasses..................... 30ᴸ

A Jean-Baptiste de la Lande, ayant celuy du vieil jardin et des nouvelles palissades dans le parc, à la réserve du grand parterre et allées qui sont autour, pour ses gages.......................... 500ᴸ

A luy, ayant l'entretenement de l'orangerie... 500ᴸ

A la veuve Jean de la Lande, autre jardinier, ayant celuy du grand parterre nouvellement replanté et augmenté de trois allées autour dans le vieil jardin, pour ses gages.......................... 1200ᴸ

A Jean de la Lande, autre jardinier, ayant celuy des allées et palissades de l'enclos du petit bois, la somme de 450ᴸ, dont il sera payé de trois quartiers.. 336ᴸ 10ˢ

A luy, ayant l'entretenement du potager..... 300ᴸ

A luy, ayant l'entretenement du boulingrin et du jardin de gazon........................... 800ᴸ

A Claude Bellier, ayant l'entretenement du jardin potager et des deux parterres à costé de la fontaine du chasteau neuf, la somme de 600ᴸ, dont il ne sera payé que de trois quartiers..................... 450ᴸ

A François Lavecher, au lieu de François Bellier, son beau-père, ayant l'entretenement du jardin et parterre devant les grottes dud. chasteau neuf, la somme de 600ᴸ, dont il sera payé de trois quartiers.... 450ᴸ

A luy, ayant l'entretenement du jardin des canaux et colines dud. chasteau, au lieu de François Bellier, la somme de 100ᴸ, dont il sera payé de trois quartiers. 75ᴸ

A Gouen, concierge du pavillon du parc, pour trois quartiers de ses gages..................... 180ᴸ

A Guillaume Le Coustillier, ayant l'entretenement du jardin du Val dans le parc proche Carrière, la somme de 1200ᴸ, dont il sera payé entièrement...... 1200ᴸ

A Claude Patenostre, concierge du chenil proche le tripot dud. Saint-Germain................. 180ᴸ

A Pierre Bertin, concierge et garde meuble dud. chasteau neuf, pour trois quartiers de ses gages.. 475ᴸ

A Chevilland, concierge de la surintendance des bastimens de Saint-Germain, pour ses gages....... 200ᴸ

A Thomasse Lefevre, veuve Franchon, ayant l'entretenement de la petite escurie du Roy, la somme de 400ᴸ, dont il luy sera payé la moitié............. 200ᴸ

A Henry Souleigre, au lieu de Catherine Ferrand, sa mère, concierge et garde meuble dud. chasteau vieil, pour trois quartiers de ses gages.............. 225ᴸ

A luy, pour l'entretenement de l'horloge du vieil chasteau, pour trois quartiers de ses gages.......... 75ᴸ

A Julien du Vau, portier du vieil chasteau, pour trois quartiers de ses gages..................... 75ᴸ

A Louis Guillot, portier du chasteau neuf par la démission de Pierre Damesme, pour pareils gages... 75ᴸ

A Claude Tailler, portier de la porte du parc au bas des descentes dud. chasteau................ 75ᴸ

A Poisson, peintre, pour ses gages.......... 30ᴸ

A Charles de la Rüe, maçon, idem........... 30ᴸ

A Jean Jacques Aubert, charpentier, idem..... 30ᴸ

A Millot, menuisier, idem................. 30ᴸ

A Piot, serrurier, idem................... 30ᴸ

A Le Mercier, vitrier, idem............... 30

Total................ 8081ᴸ 10ˢ

SAINT-LÉGER.

Au sʳ de Garsault, concierge du chasteau de Saint-Léger, pour deux quartiers de ses gages........ 225ᵗᵗ

POUGUES.

A Jean Adrien, garde des fontaines de Pougues, pour trois quartiers de ses gages................. 75ᵗᵗ

VINCENNES.

A Michel Thibault, ayant le soin et entretenement de tous les jardins dépendans dud. chasteau, pour ses gages pendant lad. année.................... 1500ᵗᵗ

A Chevillard, fontainier dud. chasteau, pour avoir le soin et conduite de toutes les fontaines dud. lieu, pour ses gages........................... 600ᵗᵗ

Total..................... 2100ᵗᵗ

VERSAILLES.

A Jamin, concierge de la surintendance des bastimens de Versailles, pour ses gages............... 200ᵗᵗ

L'entretenement ordinaire des autres concierges, jardiniers et autres officiers dud. chasteau de Versailles a esté payé par un fonds libellé séparément...... Néant.

JARDIN MÉDICINAL.

Les gages des officiers et entretenemens ordinaires du jardin médicinal du fauxbourg Saint-Victor, montant à 21000ᵗᵗ, se payent par estat séparé, partant cy.. Néant.

HOSTEL DES AMBASSADEURS.

A Sébastien Pouget, concierge dud. hostel, la somme de 400ᵗᵗ, dont il luy sera payé seulement........ 200ᵗᵗ

CHASTEAU-THIERRY.

Led. chasteau et domaine a esté cy-devant engagé et aliéné à Monsieur le duc de Bouillon, partant cy. Néant.

VILLIERS-COTTERETZ.

Le chasteau et domaine de Villiers-Cotteretz a esté baillé à M. le duc d'Orléans, en augmentation de son apanage........................... Néant.

CHASTEAU DE MARIMONT.

Au sʳ du Breuil, concierge et garde clef dud. chasteau de Marimont, pour ses gages pendant lad. année. 500ᵗᵗ

A Gabriel Stilmaen, jardinier, ayant l'entretenement du jardin, tant pour ses gages que pour les journées d'hommes, plans, fleurs, fumiers et ustanciles nécessaires pour l'entretenement dud. jardin........... 1250ᵗᵗ

A André Le Mercier, fontainier, ayant l'entretien de toutes les fontaines et des conduites, tant du chasteau que du jardin et du parc, la somme de 125ᵗᵗ, pour, avec celle de 250ᵗᵗ qu'il a receue, faire celle de 375ᵗᵗ à quoy sont fixez ses gages, à la charge qu'il fournira tous les mastics et soudures nécessaires pour l'entretenement desd. fontaines..................... 125ᵗᵗ

A Jean et Nicolas Clignet, charpentiers, ayant l'entretenement de toutes les clostures de palissades, tant du jardin que du parc, à la charge de fournir tous les bois, clouds et peines d'ouvriers nécessaires, la somme de 250ᵗᵗ, pour, avec celle de 300ᵗᵗ qu'il a reçue, faire 550ᵗᵗ suivant son marché...................... 550ᵗᵗ

A Nicaize Constant, couvreur, ayant l'entretenement de toutes les couvertures, tant d'ardoize que de thuille, et fournitures de soudures nécessaires pour les chéneaux, goutières, cuvettes et tuyaux de descente....... 180ᵗᵗ

A Marie Scarhiur, portière du parc, la somme de 228ᵗᵗ pour ses gages pendant lad. année......... 228ᵗᵗ

Total..................... 3833ᵗᵗ

Somme totale du présent estat... 115093ᵗᵗ 8ˢ 9ᵈ [1]

GAGES DES OFFICIERS DES BASTIMENS DU ROY
ENTRETENUS EN SON CHASTEAU DE FONTAINEBLEAU POUR L'ANNÉE 1675, SUIVANT L'ESTAT EXPÉDIÉ LE 26 JANVIER 1676.

Sçavoir:

Au sʳ marquis de Saint-Herem, capitaine et concierge dud. chasteau, pour ses gages, la somme de 3800ᵗᵗ, outre 1200ᵗᵗ employez dans l'estat des bois de S. M. de la maistrise de Melun et de Fontainebleau........ 3800ᵗᵗ

A nous, en lad. qualité de Surintendant et Ordonnateur général desd. bastimens, jardins, tapisseries et manufactures, la somme de 3800ᵗᵗ pour nos gages de l'année 1675, outre 1250ᵗᵗ employez dans l'estat des bois de la maistrise de Melun et de Fontainebleau........ 3800ᵗᵗ

A Louis Coquinot, garde-meuble du Roy, ayant la charge de faire tendre et nettoyer les meubles dud. chasteau et veiller à leur conservation, pour ses gages..... 3000ᵗᵗ

A la veuve de Bray, ayant l'entretenement de la moitié du grand parterre du Roy, anciennement appellé le Tibre, nouvellement refait et planté de neuf, pour la tonture

---

[1] Le total est exact en additionnant les totaux portés à la fin de chaque compte particulier; mais il faut ajouter 90ᵗᵗ oubliées au compte partiel des officiers qui ont gages pour servir dans toutes les maisons de S. M. (voy. col. 864), ce qui donnerait 115183ᵗᵗ 8ˢ 9ᵈ.

des buis des deux quarrez d'icelluy du costé de la chaussée, nettoyement desd. quarrez, de toutes les allées et traverses, perrons et palissades plantées et à planter, et augmentations du rondeau, allées de pourtour d'alentour, la somme de.. 900ᴌᵗ

A la veuve Nicolas Poinet, jardinier, ayant celuy de l'autre moitié dud. grand parterre et augmentation dud. rondeau, pareille somme de 900ᴌᵗ pour lad. moitié. 900ᴌᵗ

A Gabriel Desbouts, autre jardinier, ayant l'entretenement du petit jardin de l'Estang et du jardin des Pins, allée royalle, allée du pourtour et allée solitaire et dud. jardin des Pins, allées des ormes, du chenil et allignemens des canaux qui font la séparation du parc dans led. chenil jusques et commençant le long de la closture du jardin de la fontaine de la Granderie, et finissant au bout de la grande allée attenant le pavillon, pour ses gages.. 600ᴌᵗ

A Chastillon, autre jardinier, ayant l'entretenement du jardin appellé de la Reyne, et des orangers de S. M., pour ses appointemens à cause desd. entretenemens, la somme de 1200ᴌᵗ, à la charge de fournir 200ᴌᵗ par chacun an à la veuve de Bonnaventure Nivelon, vivant jardinier dud. lieu, et tondre les buis, nettoyer les quatre quarrez dud. jardin, les allées et terrasses d'icelluy, ensemble d'entretenir les palissades de buis qui sont tant contre les murs dud. chasteau, filerias, ciprés et les salettes de gazons ovalles et quarrez, comme aussy de fournir les charbons nécessaires pour l'orangerie, faire raccommoder les quaisses desd. orangers, rafraichir les terres toutes fois et quantes que besoin sera, faire sortir au printemps lesd. orangers dans le jardin et les faire rentrer dans lad. orangerie, et généralement faire et fournir tout ce qui sera nécessaire pour led. jardin de l'orangerie.. 1200ᴌᵗ

A Jean Chamarigeas, ayant espouzé Catherine de Sermagnac, veuve de Remy Le Roux, auquel S. M. a accordé, par son brevet du....., la jouissance du logement et du quarré qui est au milieu des palissades du jardin des Pins, à la charge de faire planter d'arbres fruictiers à ses dépens sans aucuns gages................... Néant.

A Jacques Dorchemer, pour l'entretenement et nettoyement du jardin de la conciergerie dud. chasteau, ensemble des arbres fruictiers, allées et palissades d'icelluy, la somme de 60ᴌᵗ, de laquelle il ne sera payé que.. 45ᴌᵗ

A Jacques Besnard, ayant l'entretenement et nettoyement de l'hostel d'Albret, des plantes, bordures et compartimens qui sont plantez, et les allées et palissades, la somme de 360ᴌᵗ, dont il ne sera payé que...... 100ᴌᵗ

A la veuve La Tour, à condition qu'elle baillera 100ᴌᵗ à la veuve Cottard, pour luy ayder à nourrir et entretenir elle et ses enfans tant qu'elle vivra et pour avoir, par lad. veuve de La Tour, soin de nettoyer l'estang et canaux du chasteau, oster les herbes, les joncs et ordures qui s'y pourront trouver et amasser, fournir les batteaux et ustancils à cet effect, et faire en sorte que les lieux soient toujours nets et que l'eau ne se perde, la somme de 750ᴌᵗ, dont il ne luy sera payé que............... 200ᴌᵗ

A Jean Dubois, peintre, ayant le soin et nettoyement des peintures tant à fresque qu'à huille, anciennes et modernes, les salles, galleries, chambres et cabinets dud. chasteau, la somme de 600ᴌᵗ pour ses appointemens de lad. année, à la charge de restablir ceux qui sont gastez et nettoyer les bordures des tableaux, et de fournir de bois, charbons et fagots pour brusler esd. salles, galleries, chambres et cabinets où sont lesd. tableaux, pour la conservation d'iceux....................... 600ᴌᵗ

A Jean Grognet, ayant l'entretenement et restablissement de toutes les couvertures d'ardoise et de thuille dud. chasteau, jeu de paume couvert, orangerie, galleries, hostel d'Albret et de Ferrare, et des religieux, et généralement de toutes les maisons dépendantes dud. chasteau et appartenans à S. M............. 3000ᴌᵗ

A la veuve André Girard, plombier, pour le restablissement et entretenement des plomberies dud. chasteau et lieux qui en dépendent, et restablir les plombs rompus, la somme de...................... 400ᴌᵗ

A René Nivelon, pour l'entretenement et nettoyement du jeu de mail et palissades d'icelluy, ensemble du berceau de meuriers entre les canaux du chenil, la somme de 150ᴌᵗ, dont il ne sera payé que......... 112ᴌᵗ 10ˢ

Au s' Pierre Francines, pour le nettoyement et entretenement des cisternes, réservoirs, regards, conduites et bassins de fontaines dud. chasteau, en sorte que les eaux ayent toujours leur cours ordinaire........ 720ᴌᵗ

A Warin, ayant espousé la veuve Lefebvre, ayant l'entretenement des arbres fruitiers qui sont plantez dans les quarrez du grand parc de Fontainebleau et le long de la muraille du costé de La Coudre, des allées d'ipreaux, nettoyement des tablettes du grand canal, labours du pied desd. fontaines, ensemble le nettoyement des ruisseaux et fossez qui escoulent les eaux du parc.... 750ᴌᵗ

A Louis Desbouts, jardinier, ayant l'entretenement des tontures du devant des grandes palissades dans les cinq principalles allées en toute leur hauteur, et les tontures des petites allées de traverses, et vingt pieds de hault en la tonture du derrière desd. grandes, et petites palissades à dix pieds de hault, les plattes bandes aux pieds du devant desd. palissades dans les grandes et petites allées de quatre pieds de large, et des labours et défrichemens au derrière d'icelles, grandes palissades de dix pieds de large, et au derrière des petites de six pieds de large; plus les tontures des palissades de l'allée nouvelle du costé des pins, qui conduit à Avon, seront faites devant et derrière et les plattes bandes de labours comme dessus en la longueur de lad. allée contenant 600 toises ou environ, avec le nettoyement de la grande en face des cascades et teste du canal, lesd. tontures, plattes bandes, labours et nettoyemens dans le meilleur estat qu'il se pourra dans chacune des années desd. entretenemens, plus de faire les dégorgemens généralement quelconques aux pieds de toutes les susd. palissades.................. 1400tt

Aux religieux de la Très-Sainte-Trinité du couvent fondé aud. chasteau de Fontainebleau, tant pour l'entretenement d'une lampe d'argent garnie de ses chaisnons que LL. MM. ont donné pour brusler nuit et jour devant le très-saint sacrement de l'autel, que pour la fourniture et entretenement des ornemens et paremens d'autel, linge et luminaire pour la célébration du service divin.. 300tt

Aux religieux de l'hospital de la Charité aud. Fontainebleau, pour la pension que S. M. leur fait par chacun an pour la subsistance des malades dud. lieu.... 1800tt

A la veuve Henry Voltigeant, pour l'entretenement de tous les batteaux appartenans à S. M., tant sur l'estang que sur le canal........................ 200tt

A Louis Dubois, au lieu de Martin Jamin, concierge du logis de la fontaine dud. chasteau et jardinier des jardins en dépendans, la somme de 150tt pour ses gages de concierge et jardinier, à la charge de bien et soigneusement entretenir lesd. jardins, labourer au pied des arbres, nettoyer les allées, tondre les palissades, et généralement tout ce qui sera nécessaire dans lesd. entretenemens. 150tt

A Nicolas Thierry, ayant la garde et conciergerie du cheuil et l'entretenement des allées faites dans le parc d'iceluy.......................... 100tt

A Nicolas Dupont, gentilhomme ordinaire de la vennerie du Roy, et à Nicolas Dupont, son fils, à survivance l'un de l'autre, suivant le brevet de S. M. du....., par forme de pension, à cause de l'entretenement de la vollière qu'il avoit auparavant qu'elle fust convertie en orangerie............................ 600tt

A Desplats, ayant la charge de la basse-court des offices des cuisines...................... 50tt

A Robert Jamin, ayant la charge de la basse-court du Cheval Blanc.......................... 37tt 10s

A Jacques Besnard, pour la garde et conciergerie de l'hostel d'Albret, pour l'entretenement de lad. maison, court et escurie qui en dépendent, la somme de 100tt, dont il ne sera payé que de...................... 26tt

A la veuve Toulet, concierge du pavillon où logent MM. les Surintendans des finances, pour ses gages, à condition de nettoyer led. pavillon, court et escuries d'iceluy, la somme de 200tt, dont il ne sera payé que de la moitié................................. 100tt

A Vieuxpont, ayant l'entretenement du potager et fruictiers du jardin neuf dud. Fontainebleau....... 180tt

A Gervais, portier du parc, pour ses gages... 300tt

A Tisserand, vitrier, ayant l'entretenement des vitres dud. chasteau et dépendances d'iceluy........ 1200tt

A Petit, portier de la cour du Cheval Blanc, id. 200tt

A Jacques Dorchemer de la Tour, ayant le soin de distribuer, retirer et garder les clefs de tous les logemens dud. chasteau....................... 300tt

A luy, ayant le soin de monter et entretenir l'horloge, pour ses gages......................... 100tt

Somme totalle du présent estat.. 24471tt [1]

GRAVEURES DE PLANCHES.

22 mars - 31 may : à Picard, à compte des planches qu'il grave (2 p.)..................... 500tt

22 mars - 30 septembre : à Audran, id. (3 p.). 1600tt

22 mars : à Le Clerc, pour cinq planches qu'il a gravées........................... 564tt

31 may : à luy, à compte des planches qu'il grave. 300tt

3 juillet : à luy, pour quatre planches d'animaux. 560tt

22 mars - 30 septembre : à Chasteau, à compte d'une planche qu'il grave (3 p.)................. 1200tt

4 avril 1675 - 14 janvier 1676 : à Le Pautre, pour parfait payement de 1700tt pour trois planches qu'il a gravées (5 p.)....................... 1700tt

12 avril - 30 septembre : à Edelinck, à compte de ses ouvrages (3 p.)....................... 1200tt

12 avril : à Giffart, pour une planche de médailles qu'il a gravée......................... 75tt

31 may - 9 décembre : à Chauveau, à compte de ses ouvrages (2 p.)....................... 600tt

31 may - 30 septembre : à Rousselet, id. (2 p.). 900tt

3 juillet : à Patigny, pour ouvrages qu'il a faits pendant les six premiers mois de la présente année.. 540tt

18 janvier 1676 : à luy, pour plusieurs desseins et graveures de la lune, qu'il a faits à l'Observatoire pendant les six derniers mois.................... 540tt

5 aoust : à La Boissière, pour trois planches de médailles.............................. 240tt

A Chéron, Hérard, Loyr et Clérion, à compte des médailles qu'ils gravent................. 1600tt

---

[1] Le total exact est 27171tt.

28 septembre - 28 novembre : à BAUDET, graveur, à compte des planches qu'il grave (2 p.).......... 800ᵗᵗ
14 novembre : à ROBERT, graveur, pour douze planches de plantes qu'il a faites................... 1174ᵗᵗ
30 décembre : à LA POINTE, à compte de ses ouvrages.................................. 200ᵗᵗ
7 febvrier 1676 : à PAPILLON, pour quarante planches en bois qu'il a gravées.................... 220ᵗᵗ

Somme de ce chapitre......... 14513ᵗᵗ

DIVERSES DÉPENSES.

22 mars - 1ᵉʳ aoust : à FOSSIER, pour parfait payement de 3109ᵗᵗ 13ˢ pour menues dépenses (3 p.). 3109ᵗᵗ 13ˢ
21 aoust 1675 - 3 mars 1676 : à luy, pour menues dépenses qu'il a faites pour les bastimens (4 p.). 4604ᵗᵗ 7ˢ
22 mars 1675 - 3 janvier 1676 : à BAILLY, pour plusieurs desseins de tapisserie sur du gros de Tours et de meubles qu'il a faits pour S. M. (6 p.)........ 4311ᵗᵗ
22 mars : à POTEL et PREVOST, pour une romaine qu'ils ont faite pour le magazin des bastimens........ 480ᵗᵗ
29 mars 1675 - 7 febvrier 1676 : à PATEL, peintre, à compte des tableaux représentans les Maisons royales (3 p.)................................. 1100ᵗᵗ
12 avril : à NOIRET, pour divers ustanciles qu'il a fournis.................................. 466ᵗᵗ 4ˢ
A DU CHESNOY, marbrier, pour plusieurs chambranles et foyers de marbre qu'il a livrez au magazin... 1180ᵗᵗ
14 avril : aux ouvriers qui ont épluché les arbres des advenues................................ 252ᵗᵗ 7ˢ
17 avril : au sʳ ERRARD[1], pour 1000 jettons d'argent qu'il a livrez........................ 1019ᵗᵗ 11ˢ
2 juillet : à luy, pour 1007 jettons d'argent. 980ᵗᵗ 13ˢ
14 septembre : à luy, pour jettons....... 991ᵗᵗ 18ˢ
22 avril : au sʳ POUTET, pour 7000 oignons de tubéreuses qu'il a livrez..................... 560ᵗᵗ
3 may : au sʳ MARCADÉ, pour parfait payement de 4234ᵗᵗ pour les ouvrages qu'il a faits à la machine des Fables d'Esope...................... 1534ᵗᵗ
4 may : à HUBIN, esmailleur, à compte de ses ouvrages idem.................................. 300ᵗᵗ
A LEGERET, pour parfait payement de 2200ᵗᵗ pour ses ouvrages............................ 1600ᵗᵗ
4 may - 11 octobre : à la veuve SOMER, ébéniste, pour douze parquets de marqueterie (4 p.)...... 4200ᵗᵗ
4 may : à LIARD, pour 2662 taupes qu'il a prises, la somme de.......................... 465ᵗᵗ 17ˢ

6 aoust - 7 febvrier : aux LIARD, pour taupes qu'ils ont prises pendant les trois derniers quartiers de l'année 1675 (3 p.)................................. 1807ᵗᵗ 1ˢ
24 may - 15 décembre : à BONNEMER, pour ses ouvrages de tapisserie de peinture ou teinture sur du gros de Tours (7 p.)................................. 5098ᵗᵗ 7ˢ
2 octobre : à luy, pour remboursement de pareille somme qu'il a payée à plusieurs peintres qui ont travaillé auxd. ouvrages........................ 505ᵗᵗ
31 may - 30 décembre : à GERMAIN, pour employer en diverses dépenses (3 p.)................ 8277ᵗᵗ 5ˢ
11 octobre : à luy, pour voitures d'arbrisseaux, plantes et oignons de fleurs venus de Provence...... 437ᵗᵗ 15ˢ
28 novembre : à luy, pour employer en achat de plantes pour les maisons royales................ 1500ᵗᵗ
25 avril : à luy, pour remboursement de ce qu'il a payé aux ouvriers qui ont travaillé à planter les arbres des avenues des maisons royales.......... 252ᵗᵗ 7ˢ
31 may : aux BLANCHARD, pour plusieurs petits oyseaux et animaux pour la machine des Fables d'Esope.. 193ᵗᵗ
7 juin : à CHARLIER, pour 99 aunes cinq sixièmes de velours rouge cramoisy, à 22ᵗᵗ l'aune..... 2196ᵗᵗ 6ˢ 8ᵈ
8 juin : à THÉVENOT, en considération du voyage qu'il a fait à Authun pour y examiner la structure des arcs de triomphe................................ 400ᵗᵗ
3 juillet : à CUCCI, pour ouvrages de dorure d'or moulu qu'il a faits........................ 329ᵗᵗ
A THIERIAT et NIGOT, pour voiture de plusieurs caisses. 122ᵗᵗ 18ˢ
10 juillet : à LE BAS, pour lunettes d'approche qu'il a faites pour le Roy..................... 800ᵗᵗ
16 juillet : à DARLY, pour vuidanges de fosses.. 458ᵗᵗ
7 aoust : aux directeurs des créanciers de M. DE TUOU, pour orangers achetez pour S. M.......... 12000ᵗᵗ
13 aoust : au sʳ BOILEAU, pour orangers achetez pour S. M................................. 2400ᵗᵗ
17 aoust : à la dame DE SAINT-JEAN, pour 7000 oignons de narcisses........................... 700ᵗᵗ
28 aoust : à CUÉNOX, pour le voyage qu'il a fait de Rome à Paris pour travailler aux médailles de l'Histoire de S. M................................. 600ᵗᵗ
6 avril : à la veuve CHARMETON, par gratiffication, en considération des services que feu son mary a rendus. 300ᵗᵗ
9 aoust : aux directeurs de la compagnie du Levant, par gratiffication....................... 9930ᵗᵗ
2 septembre : à LOISTRON et CHAUSSÉE, terrassiers, à compte des labours aux advenues de Vincennes... 500ᵗᵗ
13 septembre : au sʳ PETIT, controlleur des bastimens du chasteau de Fontainebleau, par gratiffication. 1200ᵗᵗ

---
[1] Ou HÉRAUD.

29 septembre : au sʳ Chamoisy, imprimeur, à compte de 1500 exemplaires qu'il fait des Métamorphoses d'Ovide, de M. de Benserade.................. 6000ᴧ
30 septembre : au sʳ Allen, marchand, pour parfait payement de 65854ᴧ 14ˢ pour fourniture de plomb qu'il a faite........................ 53854ᴧ 14ˢ
31 octobre : à luy, fourniture de plomb. 26670ᴧ 8ˢ 6ᵈ
29 septembre : à Varisse, pour avoir ramonné plusieurs cheminées en plusieurs maisons royalles. 368ᴧ 8ˢ 6ᵈ
A Jumel, peintre, pour plusieurs ornemens qu'il a faits.................................. 422ᴧ
A Goujon, greffier, à compte des thoisez du Louvre et de Versailles........................ 600ᴧ
A Giriea, marchand, pour parfait payement de 81602ᴧ pour fourniture de plomb et estain........ 49602ᴧ
2 octobre : à Le Maire, fondeur, pour parfait payement de 17274ᴧ pour divers ouvrages........ 2274ᴧ
24 octobre : à Loyr, graveur, pour jettons d'argent qu'il a fourny........................ 994ᴧ
26 janvier 1676 : à luy, pour 1000 jettons d'argent qu'il a fourny........................ 948ᴧ 5ˢ
15 novembre : à Riquet de Bonrepos, à compte de la continuation du canal de jonction des mers et du port au cap de Cette........................ 54175ᴧ
30 décembre : à Candelot, thoiseur, pour avoir thoisé plusieurs blots de marbre qui ont esté mis au magasin du Roy................................. 99ᴧ 12ˢ
A Le Mire, pour plusieurs petits carreaux d'argent qu'il a fourny pour les Fables d'Ésope........ 144ᴧ
8 janvier 1676 : au sʳ Petit, prieur de Noisy, tant pour les dixmes qu'il a droit de prendre sur des terres enfermées dans le parc de Versailles, que pour trois arpens de pré qui luy appartiennent............... 1093ᴧ
Au principal, procureur et boursiers du collège de Cambray, sçavoir : 1000ᴧ pour le dédommagement des places et logemens qui ont esté pris aud. collège pour y faire bastir le Collège Royal, et 190ᴧ pour la pension de trois boursiers pendant lad. année........... 1180ᴧ
28 janvier 1676 : au sʳ abbé Bizot, pour pareille somme qu'il a employée en achat de divers quarrez et poinçons de médailles.................... 1595ᴧ
7 febvrier 1676 : à Perrault, greffier de l'escritoire, pour plusieurs visites d'ouvrages des bastimens du Roy.. .... 405ᴧ 9ˢ
25 febvrier 1676 : au sʳ de la Quintinie, pour pareille somme qu'il a employée en achat d'arbres, quaisses, graines, pots et autres dépenses......... 1222ᴧ 10ˢ
4 aoust 1676 : au sʳ de Francini, par gratiffication, en considération du soin qu'il a pris des fontaines du chasteau de Versailles pendant les dernières années jusques en 1675............................ 12000ᴧ
15 octobre 1676 : à M. le marquis de Pienes, pour son remboursement, tant des frais qu'il a faits pour l'adjudication de la terre de Noisy, que pour les droits seigneuriaux desquels il avoit traité, suivant l'acte passé par devant notaires le 9 janvier 1674.......... 39000ᴧ

Somme de ce chapitre.. 329800ᴧ 16ˢ 8ᵈ ¹

GAGES DES LECTEURS
ET PROFESSEURS ROYAUX.

Estat de la dépense que le Roy veut et ordonne estre faite par Mᵉ Gédéon du Metz, garde de son trésor royal, pour le payement des gages et augmentations des lecteurs et professeurs ordinaires de S. M. au Collège Royal de l'Université de Paris, et ce pendant l'année 1675,

Sçavoir :

Aux héritiers de Mᵉ Philipes Dubois, vivant professeur de S. M. en langue grecque, pour ses gages ordinaires jusqu'à sa mort arrivée au mois de novembre dernier.............................. 500ᴧ
A Mᵉ Nicolas Tavernier, autre professeur en langue grecque qui a succédé aud. Dubois, pour ses gages pendant novembre et décembre................ 100ᴧ
A Mᵉ Jacques Pigis, autre professeur en langue grecque, pour ses gages....................... 600ᴧ
A Mᵉ Claude Cappelain, professeur en langue hébraïque, au lieu de Mᵉ Valérien de Flavigny, idem....... 600ᴧ
A Mᵉ Jean Godouin, autre professeur en langue hébraïque, idem........................ 600ᴧ
Aux héritiers de Mᵉ Gilles Personnier de Roberval, vivant professeur en mathématique, pour ses gages ordinaires jusqu'au jour de sa mort arrivée au mois d'octobre 1675.............................. 450ᴧ
Au syndic des professeurs du Roy, pour le restant des gages ordinaires dud. feu sʳ de Roberval, laquelle somme sera employée aux affaires communes de la compagnie desd. professeurs..................... 150ᴧ
A Mᵉ François Blondel, autre professeur en mathématique, pour ses gages................. 600ᴧ
A Mᵉ Louis Noel, professeur en philosophie, pour ses gages.............................. 600ᴧ
A Mᵉ Pierre Nyon, autre professeur, idem.... 600ᴧ
A Mᵉ Jean Gervais, professeur en éloquence latine, idem................................ 600ᴧ

¹ Le total exact est 329810ᴧ 16ˢ 8ᵈ.

A Mᵉ Pierre Langlet, autre professeur, au lieu de
Mᵉ Sébastien Daubun, *idem*.................. 600ᵗᵗ
A Mᵉ Jean-Baptiste Moreau, professeur en médecine,
idem....................................... 600ᵗᵗ
A Mᵉ Mathurin Deniau, autre professeur, *idem*. 600ᵗᵗ
A Mᵉ Paul Courtois, autre professeur, *idem*... 600ᵗᵗ
A Mᵉ Toussaint Fontaine, autre professeur, *idem*. 600ᵗᵗ
A Mᵉ Jacques Dauvergne, professeur en langue arabique et siriaque, *idem*.................... 600ᵗᵗ
A Mᵉ Pierre Dippy, autre professeur en langue arabique, *idem*.............................. 600ᵗᵗ
A Mᵉ Jean Doujat, professeur en droit canon, pour ses gages 600ᵗᵗ
Au sʳ Pigis, doyen desd. professeurs, pour augmentation de ses gages......................... 300ᵗᵗ
Ausd. lecteurs et professeurs, pour augmentation desd. gages, la somme de 5100ᵗᵗ qui leur sera distribuée,

Sçavoir :
Au sʳ Pigis, doyen..................... 600ᵗᵗ
Au sʳ Godouin......................... 470ᵗᵗ
Au sʳ Blondel......................... 490ᵗᵗ
Au sʳ Noel............................ 440ᵗᵗ
Au sʳ Nyon............................ 160ᵗᵗ
Au sʳ Gerbais, syndic.................. 460ᵗᵗ
Au sʳ Moreau.......................... 500ᵗᵗ
Au sʳ Deniau.......................... 280ᵗᵗ
Au sʳ Dippy........................... 200ᵗᵗ
Au sʳ Dauvergne....................... 600ᵗᵗ
Au sʳ Doujat.......................... 600ᵗᵗ
Au sʳ Courtois........................ 120ᵗᵗ
Au sʳ Fontaine........................ 80ᵗᵗ
Au sʳ Cappelain....................... 100ᵗᵗ

A Mᵉ Jacques Desperriers, docteur et professeur en théologie de la maison de Sorbonne, pour ses gages ordinaires.................................... 900ᵗᵗ
A Mᵉ Guillaume Lestocq, autre docteur et professeur, *idem*....................................... 900ᵗᵗ
A Mᵉ Guy Boust, *idem*.................... 900ᵗᵗ
A Mᵉ ..... Guichard, docteur et professeur en théologie de la maison de Navarre.............. 900ᵗᵗ
A Mᵉ Jean Huby, docteur et professeur *idem*... 900ᵗᵗ
A Mᵉ Hallée, professeur en droit canon *idem*. 1000ᵗᵗ

Somme totale du contenu au présent estat. 21100ᵗᵗ

FORME DE L'INSTRUCTION
POUR ARRESTER LES ESTATS DES BASTIMENS [1].

Il faut voir les doubles des estats arrestez par moy et des comptes rendus à la Chambre des trois dernières années des trésoriers des bastimens, les examiner en détail, voir les apostilles que j'ay mises sur lesd. estats et ceux que la Chambre a mis sur lesdits comptes, en voir et examiner les différences, en faire un mémoire et me les faire voir.

Les doubles des comptes sont entre les mains des trésoriers, et ils m'en doivent donner coppie.

A l'esgard de la recepte qui se fait au trésor royal, il faut toujours la confronter sur mon registre des finances, et vérifier s'il n'y a aucun article d'obmis, et ensuite elle doit estre justifiée par les ampliations des quittances données au trésor royal et signées par le premier commis dudit trésor.

En cas qu'il y ait d'autre recepte, elle doit estre justifiée par mes ordres et les ampliations des quittances.

Pour la dépense, il faut sur chacun article mon ordonnance et une quittance passée par devant nottaires. Quand il y a des parties, il faut qu'elles soyent certifiées par le controlleur qui sert dans la maison royalle pour laquelle la dépense a été faite, les parties arrestées par moy avec quittance en bonne forme, ainsi qu'il est dit cy-dessus.

Lorsqu'il y a des rolles d'ouvriers, il faut qu'ils soyent certifiez par le controlleur et arrestez par moy sans quittance.

A l'esgard des gages, il faut rapporter l'estat et les quittances en bonne forme.

Les entretenemens des maisons royalles *idem*. Il faut faire un bordereau sur chaque estat et vérifier quatre fois le calcul, et qu'il paroisse sur ledit bordereau qu'il ait esté vérifié.

Sur ledit bordereau, il faut mettre les apostilles pour me les faire voir, et ensuitte je les écriray de ma main.

Lorsqu'il y a des parfaits payements de grands ouvrages de maçonnerie, charpenterie et autres, il faut un mémoire de l'entrepreneur et un toisé fait par mon ordre, le controlleur présent, qui le doit certifier, ensuitte l'arresté suivant le marché et mon ordonnance en forme.

Pour toutes sortes d'ouvrages un peu considérables, il faut des marchés passez pardevant nottaires, qui doivent estre signez du controlleur en exercice.

S'il se trouve des articles de dépenses différens de ceux cy-dessus mentionnez, auparavant que d'y mettre l'apostille, il faut m'en faire voir les pièces qui sont rapportées pour sa justification.

---
[1] Voyez les Ordres et Règlements publiés à la suite du compte de l'année 1674 et la note qui accompagne cette addition.

ANNÉE 1676.

RECEPTE.

4 febvrier 1676 : de M° Gédéon du Metz, garde du trésor royal, la somme de 2095446^{tt} 7^s 9^d pour délivrer à M° Charles Le Besgue, trésorier général des bastimens du Roy, artz et manufactures de France, pour employer au fait de sa charge, et mesme celle de 2078128^{tt} 13^s au payement des dépenses cy-après libellées, suivant l'estat expédié ce jourd'huy, et 17317^{tt} 14^s 9^d pour les taxations dud. trésorier, à raison de 2^d pour livre. (Assigné comptant au trésor royal, ez 1ers febvrier, mars, avril, may, juin, juillet, aoust et septembre, à raison de 170000^{tt} par mois, 1360000^{tt}; ez premier octobre et novembre 400000^{tt}, et, au premier décembre, le surplus montant à 335446^{tt} 7^s 9^d.).......... 2095446^{tt} 7^s 9^d

VERSAILLES.

Pour continuer les ouvrages de pavé tant du bourg que du chasteau........................... 30000^{tt}
Pour achever les ouvrages de marbre du grand escallier............................. 50000^{tt}
Pour achever ceux de stuc [1]............ 16000^{tt}
Pour achever la balustrade............. 14000^{tt}
Pour les ouvrages de peinture et dorure.... 20000^{tt}
Pour achever les ouvrages de l'appartement bas.................................. 20000^{tt}
Pour continuer ceux de marbre et de stuc des deux pièces de l'appartement haut.............. 10000^{tt}
Pour la continuation des figures de marbre du parterre d'eau.............................. 12000^{tt}
Pour les tableaux des platz fondz de l'appartement haut.................................. 12000^{tt}
Pour les ouvrages à faire dans la chapelle pendant la présente année..................... 60000^{tt}
Pour achever les ornemens de la fontaine de Saturne................................... 8000^{tt}
Pour achever les deux monstres marins du bout du canal................................ 1500^{tt}

Pour les dépenses imprévues à faire pour les jardins et fontaines............................ 120000^{tt}
Pour les gages des fontainiers, jardiniers, etc. 55000^{tt}
Pour l'entretenement des vaisseaux du canal, appointemens et solde des officiers et matelots...... 20000^{tt}
Pour achever le réservoir de Glatigny...... 10000^{tt}
Pour les ornemens de plomb et estain de l'Isle royalle [2]......................... 35000^{tt}
Pour achever la fontaine de l'Encelade...... 4000^{tt}
Pour les deux balustrades de la fontaine de la Renommée................................ 60000^{tt}
Pour les deux pavillons *idem*........... 60000^{tt}
Pour la figure de la Renommée avec son piédestal............................ 2000^{tt}
Pour les tuyaux des conduittes des nouveaux moulins.................................. 60000^{tt}
Pour les deux petits pavillons du Labyrinte.. 6000^{tt}
Pour la maçonnerie des rampes du bout du canal du costé de Trianon.................... 8000^{tt}
Pour l'achèvement du canal du costé de la Mesnagerie.................................. 12000^{tt}
Pour la recherche des eaux par Le Joncleur. 40000^{tt}
Pour achat de plomb pour les fontaines... 100000^{tt}
Pour continuer les ouvrages du bastiment de Clagny................................. 300000^{tt}
Pour les nouveaux moulins............ 50000^{tt}
Pour le potager de Glatigny............ 30000^{tt}
  Total............. 1225500^{tt}

LOUVRE ET THUILLERIES.

Pour continuer les ornemens de sculpture de la façade du chasteau du Louvre................ 16000^{tt}
Pour continuer ceux de peinture et dorure de la gallerie d'Apollon.......................... 8000^{tt}
Pour planter la terrasse des Thuilleries et fermer la bresche.............................. 2000^{tt}
  Total............. 26000^{tt}

---

[1] Le registre O¹ 2142, qui présente les comptes de 1676 sous une classification différente du registre O¹ 2141 que nous suivons, ne porte aucune dépense sous cet article.

[2] Sous cet article, dans le registre O¹ 2142, il n'y a qu'un à-compte de 1000^{tt} payé à Girardon.

AUTRES DÉPENSES.

Pour l'entretenement des plants et advenües des maisons royalles, et de la pépinière et orangerie du Roulle 20000ʰ
Pour les réparations à faire à Saint-Germain, Fontainebleau et autres maisons royalles........ 30000ʰ
Pour l'entretenement des couvertures desd. maisons royalles............................. 16000ʰ
Pour les gages des officiers et autres dépenses du Jardin Royal.................................. 25000ʰ
Pour les gages des officiers des bastimens et préposez aux ouvrages...................... 200000ʰ
Pour l'entretenement de l'Accadémie des Sciences et gratifications des gens de lettres......... 100000ʰ
Pour l'entretenement de l'Accadémie de peinture, sculpture et architecture de Paris et de Rome.. 30000ʰ
Pour loyers de maisons................ 10000ʰ
Pour graveures de planches............ 13000ʰ
Pour les ouvrages des manufactures des Gobelins et de la Savonnerie........................ 75000ʰ
Pour continuer l'Arc de triomphe........ 30000ʰ
Pour les ouvrages de tapisserie sur du gros de Tours. 12000ʰ
Pour divers petits ouvrages............ 20000ʰ
Pour continuer l'Observatoire........... 10000ʰ
Pour continuer le bastiment du Val....... 20000ʰ
Pour divers arbrisseaux pour les maisons royalles.... .... 7200ʰ
Pour le payement des marbres fournis par le s' Fonmont[1]............................ 108428ʰ 13ˢ
Pour dépenses extraordinaires et imprévues 100000ʰ
Total............ 826628ʰ 13ˢ
Somme totalle............ 2078128ʰ 13ˢ

Pour les taxations dud. trésorier, à raison de 2ᵈ pour livre.................... 17317ʰ 14ˢ 9ᵈ
Somme totale du contenu au présent estat....... .... 2095446ʰ 7ˢ 9ᵈ

---

11 febvrier 1676 : dud. sʳ DU METZ, la somme de 827ʰ 16ˢ 10ᵈ pour délivrer celle de 821ʰ à JULLIEN et MARGUERITTE SAVART et VINCENT GUIGNY pour remboursement des héritages dont ils estoient propriétaires, comprises dans les advenües de Vincennes, acquises au proffit de S. M., suivant leurs contracts, et 6ʰ 16ˢ 10ᵈ pour les taxations dud. trésorier, à raison de 2ᵈ pour livre. 827ʰ 16ˢ 10ᵈ
(Comptant au trésor royal.)

10 mars : de luy, la somme de 2420ʰ pour employer celle de 2400ʰ au parfait payement de 14400ʰ à quoy montent les ouvrages qui ont esté faits à l'appartement du Chevalier de Lorraine au Palais-Royal, et 20ʰ pour les taxations............................ 2420ʰ

14 avril 1676 : dud. sʳ DU METZ, la somme de 12100ʰ pour employer celle de 12000ʰ à compte de l'impression qui a esté faite du Carouzel, des Ordonnances de marine, des livres de l'Histoire bizantine, et de plusieurs autres impressions faites dans l'Imprimerie royalle, et 100ʰ pour les taxations dud. trésorier.............. 12100ʰ
(Comptant au trésor royal.)

6 may : de luy, la somme de 4688ʰ 15ˢ 3ᵈ pour délivrer celle de 4649ʰ 9ˢ 6ᵈ au sʳ PAVILLON, trésorier général des galères, pour son remboursement de pareille somme qu'il a advancée pour divers achats faits en Levant, et 39ʰ 5ˢ 9ᵈ pour les taxations........ 4688ʰ 15ˢ 3ᵈ
(Comptant au trésor royal.)

26 juin : de luy, la somme de 3789ʰ 6ˢ 4ᵈ pour délivrer celle de 3758ʰ au sʳ GODEFROY, historiographe, sçavoir : 758ʰ pour le parfait payement de 3758ʰ, tant pour l'entretenement et nourriture de quatre escrivains qui travaillent sous luy à la Chambre des Comptes de l'Isle en Flandres, que pour autres dépenses faites depuis le 1ᵉʳ de 1675 jusqu'au dernier avril de la présente année, et 3000ʰ à compte des mesmes dépenses à commencer au 1ᵉʳ may dernier, et 31ʰ 6ˢ 4ᵈ de taxations. 3789ʰ 6ˢ 4ᵈ
(Comptant au trésor royal.)

21 juillet : de luy, la somme de 859ʰ 2ˢ pour délivrer celle de 852ʰ à LOUIS HOZUDRE pour son remboursement d'une maison dont il estoit propriétaire, scituée à Fontaineblean, acquise au proffit de S. M., pour accroistre la cour de la Chancellerie aud. lieu, et 7ʰ 2ˢ pour les taxations............................ 859ʰ 2ˢ
(Comptant au trésor royal.)

8 aoust : de luy, la somme de 7436ʰ 9ˢ 2ᵈ pour délivrer celle de 7375ʰ au sʳ BARANGUE, procureur au Chastelet, pour le remboursement des héritages dont il estoit propriétaire, comprises dans le parc de Versailles, acquises au proffit de S. M., suivant le contract qui en a esté passé le 22 juillet dernier, et 61ʰ 9ˢ 2ᵈ pour les taxations du trésorier...................... 7436ʰ 9ˢ 2ᵈ
(Comptant au trésor royal.)

---

[1] Il n'y a rien de porté en dépense sous cet article au registre O¹ 2142.

De luy, la somme de 1613# 6ˢ 8ᵈ pour délivrer celle de 1600# aux quatre gondolliers vénitiens, à eux accordée par gratiffication, et 13# 6ˢ 8ᵈ de taxations. 1613# 6ˢ 8ᵈ
(Comptant au trésor royal.)

De luy, la somme de 3025# pour délivrer 3000# aux prestres de la Mission establie à Fontainebleau, pour leur entretenement et subsistance pendant les six premiers mois de la présente année, et 25# de taxations.. 3025#
(Sur les secondes parties de l'estat de la ferme généralle des Gabelles de France, 1676.)

19 septembre : de luy, la somme de 2218# 6ˢ 8ᵈ pour délivrer celle de 2200# au sʳ Mosnier pour parfait payement des dépenses qu'il a faites à la conduitte de divers animaux qu'il a achetez en Levant, y compris 1200# à luy accordé par gratification, et 18# 6ˢ 8ᵈ pour les taxations.......................... 2218# 6ˢ 8ᵈ
(Comptant au trésor royal.)

27 octobre : de luy, la somme de 3896# 4ˢ pour délivrer 3864# aud. sʳ Godefroy pour son parfait payement desd. dépenses jusqu'au dernier septembre, et 3000# à compte à commencer au 1ᵉʳ octobre, et 32# 4ˢ pour les taxations......................... 3896# 4ˢ
(Comptant au trésor royal.)

28 novembre : de luy, la somme de 3000# pour délivrer aux Pères de la Mission establie à Fontainebleau, pour leur entretenement et subsistance pendant les six derniers mois de la présente année.......... 3000#
(Sur le fond laissé à cet effect dans l'estat des cinq grosses fermes.)

12 janvier : de luy, la somme de 3025# pour délivrer au sʳ de Saumery, capitaine et gouverneur du chasteau de Chambord, pour réparations des bresches du parc dud. chasteau, faites pendant l'année 1676, et 25# pour les taxations......................... 3025#
(Comptant au trésor royal.)

Dud. sʳ du Metz, la somme de 775000# pour employer aux dépenses à faire pendant la présente année au canal de jonction des mers, y compris les taxations dud. trésorier......................... 775000#
(Sur l'augmentation du prix de la ferme des Gabelles de Languedoc, payable en 1676, suivant le résultat du Conseil du 15 décembre 1675, 375000#; et sur les 1600000# accordées en quatre années, dont 1676 est la première, suivant la délibération des Estats de Languedoc du 11 janvier dernier, 400000#.)

9 mars 1677 : de luy, la somme de 17575# 11ˢ 6ᵈ pour employer au parfait payement des dépenses faites pendant l'année dernière 1676 aux manufactures des Gobelins et de la Savonnerie, y compris les taxations. 17575# 11ˢ 6ᵈ
(Comptant au trésor royal.)

18 avril : de luy, la somme de 161333# 6ˢ 8ᵈ pour employer 160000# au parfait payement des dépenses faites pour les bastimens des maisons royalles pendant l'année dernière 1676, sçavoir : 40000# pour les nouvelles fontaines et ornemens des jardins de S. M. à Versailles, 60000# pour le bastiment de Clagny, 30000# pour les ouvrages du potager de Glatigny, et 30000# pour ceux du bastiment du Val, et 1333# 6ˢ 8ᵈ pour les taxations dud. trésorier............... 161333# 6ˢ 6ᵈ
(Comptant au trésor royal.)

9 may : de luy, la somme de 22075# 7ˢ 10ᵈ pour employer 21892# 19ˢ au remboursement des propriétaires des terres et héritages acquis au profflit de S. M. qui se trouvent compris dans le dessein du jardin du Val lez Saint-Germain-en-Laye, tant pour le prix principal que pour les non-jouissances desd. terres et héritages, le tout suivant les contracts qui en ont esté passez par devant nottaires, l'estat de liquidation arresté au Conseil royal des finances et l'arrest du Conseil d'Estat du 18 juillet 1676, et 182# 8ˢ 10ᵈ pour taxations... 22075# 7ˢ 10ᵈ
(Comptant au trésor royal.)

DÉPENSE.

LOUVRE ET THUILLERIES.

MAÇONNERIE, CHARPENTERIE ET COUVERTURE.

16 mars-13 décembre : à Mazières et Bergeron, à compte des ouvrages de maçonnerie qu'ils font au Louvre (6 p.)................................ 5500#

16 mars : à Hanicle, maçon, pour les réparations qu'il a faites au gros pavillon des Thuilleries vers la grande escurie........................ 1216#

Somme de ce chapitre.......... 6716#

MENUISERIE, SERRURERIE ET VITRERIE.

8 avril : à Chevalier, pour parfait payement de

368ᵗᵗ 4ˢ pour les réparations qu'il a faites aux grandes et petites escuries....................... 218ᵗᵗ 4ˢ
2 juin : à la veuve VIENNEY, à compte de ses ouvrages de vitrerie............................. 500ᵗᵗ
3 octobre : à PROU, à compte des ouvrages qu'il fait au lieu où sont les tableaux du Roy.......... 1200ᵗᵗ
Somme de ce chapitre........ 1918ᵗᵗ 4ˢ

PEINTURE, SCULPTURE ET MARBRERIE.

26 febvrier - 13 novembre : à CAFFIERS, LESPAGNANDEL et consors, à compte des ouvrages de sculpture qu'ils font à la façade du Louvre (5 p.)............... 7220ᵗᵗ
8 avril - 2 juin : aux sʳˢ LE MOINE, à compte des peintures qu'ils font au Louvre dans la grande gallerie d'Apollon (2 p.)............................ 1000ᵗᵗ
9 may : à COUET, pour les chapiteaux qu'il a restaurés à la façade du Louvre..................... 157ᵗᵗ
21 may : à LA BARONNIÈRE, pour ses ouvrages de peinture............................ 270ᵗᵗ 5ˢ
3 octobre : à luy, pour toilles qu'il a fournies.... 84ᵗᵗ
Somme de ce chapitre........ 8731ᵗᵗ 5ˢ

PLOMBERIE ET PAVÉ.

Néant.

JARDINAGES ET FOUILLES.

16 mars : à LA CHAPELLE, pour parfait payement de 717ᵗᵗ 10ˢ pour nettoyement qu'il a fait à l'égoust du palais des Thuilleries.................. 417ᵗᵗ 10ˢ
9 may - 13 novembre : à LA CHAPELLE, pour parfait payement de 1362ᵗᵗ pour les bonnes terres qu'il porte (3 p.)................................ 1362ᵗᵗ
5 septembre : à luy, à compte de la grande terrasse et des bonnes terres qu'il voiture............... 500ᵗᵗ
16 mars - 13 novembre : à RIGAULT, pour les ouvriers qui ont travaillé au jardin des Thuilleries (4 p.). 2304ᵗᵗ 2ˢ
31 aoust : à luy, pour perches et ozier....... 232ᵗᵗ
9 may : à GOBERT et RICHON, à compte des bonnes terres qu'ils portent..................... 603ᵗᵗ
A GAULT et consors, pour avoir dressé les allées de la terrasse............................ 120ᵗᵗ
31 juillet : à POTRY et ROBERT, pour les perches qu'ils ont fournies pour la closture du jardin à fleurs... 476ᵗᵗ
13 novembre : à DU COSTÉ et RIGALLEAU, pour arrosement qu'ils ont fait aux Thuilleries........ 861ᵗᵗ 1ˢ
Somme de ce chapitre........ 6875ᵗᵗ 13ˢ

PARTIES EXTRAORDINAIRES.

8 avril : à COTTARD et JOMBERT, qui ont échaffaudé le péristille du Louvre, pour leurs salaires et voccations... .... 307ᵗᵗ 13ˢ 6ᵈ
A CUCCI, fondeur, pour parfait payement de 400ᵗᵗ pour les garnitures de bronze qu'il a fournis dans la gallerie d'Apollon, au Louvre................. 250ᵗᵗ
9 may : à MARTIN, pour ouvrages qu'il a faits au lieu où ont esté mis les tableaux du Roy......... 594ᵗᵗ 5ˢ
21 may : à DUEZ, pour le restablissement qu'il a fait au bassin de l'orangerie................. 244ᵗᵗ 5ˢ
21 may - 18 aoust : à HUVELIER, à compte des labours qu'il fait aux advenues (2 p.)............. 400ᵗᵗ
31 aoust : à FEUILLASTRE, pour le conroy qu'il fait au grand bassin......................... 149ᵗᵗ
3 octobre : à LE DRU, pour sable de rivière qu'il a voituré................................ 880ᵗᵗ 12ˢ
13 décembre : à BRIFFAULT, pour voiture qu'il a faite. 140ᵗᵗ
Somme de ce chapitre..... 5219ᵗᵗ 15ˢ 6ᵈ

PALAIS-ROYAL.

8 avril : à LA PORTE, doreur, pour plusieurs ouvrages de dorure qu'il a faits en divers endroits.... 604ᵗᵗ 10ˢ
9 may : à DIONIS, à compte de ses ouvrages de menuiserie.................................. 400ᵗᵗ
3 octobre : à NOEL, maçon, à compte des réparations qu'il fait............................ 600ᵗᵗ
13 novembre : à HARDY, serrurier, à compte des réparations qu'il fait.................... 410ᵗᵗ 13ˢ 6ᵈ
A DARLY, pour une fosse qu'il a vuidée........ 192ᵗᵗ
A PASQUIER, marbrier, à compte de ses ouvrages. 600ᵗᵗ
16 mars : à GIRARD, maçon, pour diverses réparations................................. 700ᵗᵗ
Somme de ce chapitre...... 3507ᵗᵗ 3ˢ 6ᵈ

COLLÈGE ROYAL.

2 juin 1676 - 10 janvier 1677 : à BARBET, pour parfait payement de 772ᵗᵗ pour réparations de maçonnerie (2 p.)................................ 772ᵗᵗ

LA BASTILLE.

Néant.

JARDIN ROYAL.

13 décembre : à BOULOGNE et LANGLOIS, pour un treillage qu'ils ont fait................... 161ᵗᵗ

ANNÉE 1676. — FONTAINEBLEAU.

14 avril : aux cy-après nommez, pour leurs gages pendant la présente année 1676, sçavoir : 2500ᵗᵗ à Brémant, jardinier, et 450ᵗᵗ à Chaillou, portier... 2950ᵗᵗ

25 avril : au sʳ Daquin, premier médecin du Roy et surintendant des démonstrations des plantes et opérations médicinales et chimiques, pour ses appointemens (2 p.)............................. 4500ᵗᵗ

Au sʳ Cureau de la Chambre, premier médecin de la Reyne, démonstrateur des plantes, etc........ 1500ᵗᵗ

A Beaupré, garçon du laboratoire, pour ses gages idem................................. 200ᵗᵗ

A Remy, idem........................ 200ᵗᵗ

Au sʳ Fagon, médecin ordinaire de la Reyne, démonstrateur idem........................... 1500ᵗᵗ

20 aoust : au sʳ Colson, pour plusieurs squelettes d'animaux qu'il a faits pour la salle du Jardin Royal. 458ᵗᵗ 10ˢ

Somme de ce chapitre...... 11469ᵗᵗ 10ˢ

OUVRAGES DE L'ENCLOS DU PALAIS
ET POMPE DU PONT-NEUF.

13 novembre : à Coignet, pour le restablissement qu'il a fait à l'horloge du Pont-Neuf.......... 358ᵗᵗ 10ᵈ

OBSERVATOIRE.

26 febvrier-13 décembre : à Buirette, menuisier, à compte de ses ouvrages (4 p.).............. 2500ᵗᵗ

8 avril-13 novembre : aux entrepreneurs de la maçonnerie, à compte de leurs ouvrages (4 p.)... 7800ᵗᵗ

28 juin-13 décembre : à Paou, à compte de ses ouvrages (2 p.)........................ 1200ᵗᵗ

31 juillet-3 octobre : à Poulin, pour le ciment qu'il a fourny (2 p.)........................ 571ᵗᵗ 7ˢ 6ᵈ

13 novembre : à Troisvoisins, pour 1800 pavez qu'il a fournis............................. 103ᵗᵗ 8ˢ

4 aoust : à Langrené, maçon, à compte des ouvrages qu'il fait sur la terrasse................. 300ᵗᵗ

30 octobre : à La Plante, par gratification, en considération de la blessure qu'il s'est faite en tombant sur l'escallier............................ 60ᵗᵗ

30 novembre : à Trumeau, pour fouilles et transports de terre qu'il a faits pour escouler les eaux..... 150ᵗᵗ

Somme de ce chapitre.... 12684ᵗᵗ 15ˢ 6ᵈ

MAISON DES GOBELINS.

21 may : à la veuve Mazelines, pour réparations de plomberie qu'elle a fait aux couvertures...... 204ᵗᵗ 2ˢ

3 octobre-13 décembre : à Denis, maçon, pour parfait payement de 422ᵗᵗ 15ˢ pour réparations qu'il fait (2 p.)............................. 422ᵗᵗ 15ˢ

Somme de ce chapitre........ 626ᵗᵗ 17ˢ

ARC DE TRIOMPHE.

8 avril-13 novembre : à Thévenot, à compte de ses ouvrages de maçonnerie (4 p.)............ 8600ᵗᵗ

ORANGERIE ET PÉPINIÈRE DU ROULLE.

26 febvrier-13 novembre : à Girard, maçon, à compte des clostures qu'il fait (4 p.).............. 3800ᵗᵗ

26 febvrier : à luy, pour parfait payement de 2204ᵗᵗ 17ˢ 8ᵈ........................... 204ᵗᵗ 17ˢ 8ᵈ

8 avril : à la veuve Vierrey, vitrière, pour ouvrage qu'elle a fait........................ 207ᵗᵗ 8ˢ

8 juillet-31 aoust : à Malherbe, pour mannes d'ozier qu'il a fourny (2 p.)................... 468ᵗᵗ 12ˢ

21 novembre : à luy, pour 2000 mannes idem. 369ᵗᵗ

3 octobre : à Julien et Caillou, pour le transport de terre qu'ils ont fait................... 689ᵗᵗ

A Colas, pour fourniture de fumier........ 534ᵗᵗ

21 septembre-13 novembre : à Germain, pour les ouvriers qui ont travaillé à la pépinière suivant les roolles (3 p.)............................. 4475ᵗᵗ 18ˢ 10ᵈ

22 febvrier : à luy, pour parfait payement de la somme de 2719ᵗᵗ 14ˢ..................... 1919ᵗᵗ 14ˢ

15-25 avril : à luy, pour diverses menues dépenses (2 p.)............................. 2613ᵗᵗ

24 avril : aux cy-après nommez, sçavoir : 1200ᵗᵗ à Trumel, ayant l'entretenement de la pépinière et orangerie du Roulle, et 400ᵗᵗ à Garnier, jardinier, pour leurs gages pendant la présente année........... 1600ᵗᵗ

26 may : à eux, sçavoir : 600ᵗᵗ aud. Trumel, et 200ᵗᵗ aud. Garnier, par gratification............ 800ᵗᵗ

10 janvier 1677 : aux cy-après nommez, sçavoir : 250ᵗᵗ à Colas, jardinier, et 100ᵗᵗ à Charles, voiturier, pour fumiers qu'ils ont fourny pour lad. pépinière. 350ᵗᵗ

Somme de ce chapitre.... 18031ᵗᵗ 10ˢ 6ᵈ

FONTAINEBLEAU.

MAÇONNERIE, CHARPENTERIE ET COUVERTURE.

8 janvier 1677 : à Grognet, ayant l'entretenement des couvertures du chasteau de Fontainebleau, pour parfait payement de 47475ᵗᵗ 10ˢ pour le restablissement général de toutes lesd. couvertures............. 3475ᵗᵗ 18ˢ

MENUISERIE, SERRURERIE ET VITRERIE.

8 avril : à la veuve Rossignol, pour parfait payement de 2368tt 1ˢ pour les ouvrages de serrurerie qu'elle a faits................................. 868tt 1ˢ

31 juillet 1676-23 febvrier 1677 : à elle, pour parfait payement de 1239tt 6ˢ (3 p.)........... 839tt 6ˢ

8 avril : à Tisserand, vitrier, pour parfait payement de 4512tt 2ˢ......................... 612tt 2ˢ

23 febvrier 1677 : à luy, pour ses ouvrages. 195tt 7ˢ

19 avril : à Sauret, menuisier, pour parfait payement de 3869tt 12ˢ....................... 869tt 12ˢ

9 may-31 aoust : à luy, à compte de ses ouvrages (3 p.)................................. 1800tt

23 febvrier 1677 : à luy, pour parfait payement de 1274tt.............................. 74tt

Somme de ce chapitre........ 5258tt 8ˢ

PEINTURE, SCULPTURE ET MARBRERIE.

Néant.

PLOMBERIE ET PAVÉ.

8 avril-13 décembre : à la veuve Girard, pour parfait payement de 4257tt pour ses ouvrages de plomberie (2 p.)................................ 510tt 9ˢ

JARDINAGES ET FOUILLES.

26 febvrier-13 novembre : à Desboutz, jardinier, pour parfait payement de 1910tt pour les ouvrages et desfrichement qu'il fait dans le parc (4 p.)......... 1610tt

13 décembre : à Cuastillon, pour fumiers qu'il fournit................................. 120tt

Somme de ce chapitre.......... 1730tt

PARTIES EXTRAORDINAIRES.

26 febvrier-9 may : à Bétuland, pour diverses dépenses (2 p.)............................ 4800tt

30 avril : aud. Bétuland et à Beaupré, pour divers ouvrages................................. 10875tt

9 may : à Tiger, charron, pour divers ustancils qu'il a fournis.............................. 250tt 13ˢ

13 décembre 1676-23 febvrier 1677 : à luy pour parfait payement de 241tt 3ˢ (2 p.)....... 241tt 3ˢ

3 octobre : à Raguenet, pour fil de fer.... 75tt 15ˢ

13 décembre : à la veuve Latour, pour avoir fait emplir les glacières........................ 757tt 4ˢ

13 juin : à Sainton, pour diverses dépenses.. 1150tt

Somme de ce chapitre...... 18149tt 15ˢ

SAINT-GERMAIN.

MAÇONNERIE.

22 febvrier-23 décembre : à de la Rue, maçon, à compte de divers ouvrages et réparations (4 p.). 10800tt

6 avril-13 décembre : à luy, à compte des reprises qu'il fait sur la grande terrasse (4 p.)........ 6300tt

13 octobre-13 décembre : à luy, à compte des ouvrages qu'il fait à l'hostel de Créquy......... 6000tt

13 juin : à Bergeron et de la Rue, à compte des ouvrages qu'ils font au bastiment du Val....... 14000tt

Somme de ce chapitre......... 37100tt

CHARPENTERIE ET COUVERTURE.

16 mars-13 octobre : à Aubert, charpentier, à compte de ses ouvrages à l'hostel de Créquy (5 p.).... 4300tt

13 novembre-13 décembre : à Dimanche, couvreur, idem (2 p.)........................... 2100tt

Somme de ce chapitre.......... 6400tt

MENUISERIE.

6 mars-13 novembre : à Lavier, menuisier, à compte de ses ouvrages (4 p.)..................... 5200tt

SERRURERIE ET VITRERIE.

9 may-27 octobre : à Piot, serrurier, à compte des ouvrages qu'il fait (2 p.)................... 2400tt

27 octobre-13 novembre : à luy, à compte de ses ouvrages à l'hostel de Créquy (2 p.).......... 2300tt

28 juin-31 aoust : à Le Mercier, vitrier, à compte de ses ouvrages (3 p.)...................... 1600tt

Somme de ce chapitre.......... 6300tt

PEINTURE, SCULPTURE ET MARBRERIE.

6 mars-13 décembre : à Poisson, peintre, à compte de ses ouvrages (2 p.).................... 1700tt

PAVÉ ET PLOMBERIE.

16 mars-23 novembre : à Marceron, paveur, pour réparations de pavé en divers endroits (2 p.). 519tt 15ˢ 6ᵈ

23 avril : à Le Roy, plombier, pour ouvrages qu'il a faits.................................. 605tt 8ˢ

13 décembre : à Marchand, paveur, à compte de ses ouvrages.............................. 800tt

Somme de ce chapitre...... 1925tt 3ˢ 6ᵈ

JARDINAGES ET FOUILLES.

6 mars : à Lalande, jardinier de l'orangerie, pour

parfait payement de 450ᵗᵗ à quoy monte le regarnissement d'eschalats qu'il a fait au treillage du parc...... 100ᵗᵗ
3 octobre : à luy, pour le restablissement qu'il a fait aux treillages............................ 161ᵗᵗ
6 avril : à DE BRAY, à compte des labours des nouveaux plants de la forest.......................... 400ᵗᵗ
21 may : auxd. DE BRAY et MARON, pour leur parfait payement de 792ᵗᵗ, *idem*................... 392ᵗᵗ
13 novembre-23 décembre : à eux, pour parfait payement de 1159ᵗᵗ 10ˢ (2 p.).............. 1159ᵗᵗ 10ˢ
8 avril : à LA LANDE, jardinier du boulingrin, pour un homme qu'il a occupé pendant l'année dernière à porter des terres pour emplir les trous de la terrasse dud. boulingrin........................... 203ᵗᵗ
13 novembre-23 décembre : à luy, pour dépense extraordinaire et divers ouvrages (2 p.)........ 579ᵗᵗ
16 febvrier 1677 : à JEAN-BAPTISTE LALANDE, jardinier, pour les labours qu'il a faits à la Charmille..... 150ᵗᵗ
5 novembre : à LE COUSTILLIER, jardinier, pour fournitures de fumiers et ustanciles au jardin du Val.. 40ᵗᵗ
2 décembre 1676-23 janvier 1677 : à FRADES et MESNAGER, à compte des rigolles qu'ils font (2 p.). 3500ᵗᵗ
2 octobre : aux ouvriers qui ont travaillé à divers ouvrages du jardin, suivant trois rolles finis le 15 aoust dernier............................. 1130ᵗᵗ 13ˢ 6ᵈ

Somme de ce chapitre...... 8235ᵗᵗ 3ˢ 6ᵈ

PARTIES EXTRAORDINAIRES.

21 may-18 aoust : à PADELAIN, pour avoir ramonné les cheminées de Saint-Germain (2 p.)..... 536ᵗᵗ 18ˢ
31 aoust 1676-24 janvier 1677 : à OZANNE, pour menues dépenses (3 p.)................. 1215ᵗᵗ 8ˢ
23 décembre : à luy, pour avoir fait emplir les glacières............................... 1152ᵗᵗ 16ˢ 2ᵈ
23 septembre-13 décembre : à FEUILLASTRE, fontainier, à compte du restablissement qu'il fait aux fontaines (3 p.)................................... 1700ᵗᵗ
13 décembre : à LE ROY, pour avoir frotté les appartemens................................... 310ᵗᵗ
23 décembre : à LE NORMAND qui a débarrassé les arches du pont du Pecq pendant les glaces...... 50ᵗᵗ
A JOLIVET, marinier, *idem*.................. 150ᵗᵗ

Somme de ce chapitre....... 5115ᵗᵗ 2ˢ 2ᵈ

BASTIMENT DU VAL.

26 febvrier-13 novembre : à BERGERON et DE LA RUE, à compte de leurs ouvrages de maçonnerie (4 p.). 26500ᵗᵗ
26 febvrier-28 juin : à LAVIER, menuisier, à compte de ses ouvrages (2 p.).................... 5900ᵗᵗ
26 febvrier-13 décembre : à MARON et DE BRAY, terrassiers, pour parfait payement de 9918ᵗᵗ 8ˢ 5ᵈ pour les fouilles et transports qu'ils font (3 p.).... 5118ᵗᵗ 8ˢ 5ᵈ
9 may : à eux, pour une levée qu'ils ont faite aud. jardin............................. 337ᵗᵗ 15ˢ
31 juillet : aud. DE BRAY, pour le transport et démolition qu'il a faits..................... 83ᵗᵗ 10ˢ
26 febvrier-9 may : à DESJARDINS, sculpteur, à compte de ses ouvrages (2 p.)................... 1500ᵗᵗ
26 febvrier-3 octobre : à LE HONGRE et consors, sculpteurs, *idem* (3 p.)..................... 2600ᵗᵗ
26 febvrier-13 décembre : à PIOT, serrurier, à compte de ses ouvrages (3 p.).................. 5900ᵗᵗ
26 febvrier-3 octobre : à BUIQUET et consors, sculpteurs, *idem* (2 p.)........................ 1600ᵗᵗ
26 febvrier-3 octobre : à MERCIER, vitrier, à compte *idem* (2 p.).......................... 800ᵗᵗ
26 febvrier-13 décembre : à LE COUSTILLIER, jardinier, pour les ouvriers qui travaillent audit jardin du Val (5 p.).......................... 1461ᵗᵗ 14ˢ
26 febvrier 1676-24 janvier 1677 : à luy, pour divers ouvrages et fournitures (4 p.).......... 1359ᵗᵗ 8ˢ 4ᵈ
6 mars : à luy, pour 1179 thoises et demie de bordure de buis.......................... 88ᵗᵗ 9ˢ
6 mars : à NOIRET, marchand, pour un grand poesle de fer et autres fournitures............... 645ᵗᵗ
16 mars : à OZANNE, à compte des ouvrages qu'il fait dans les allées du jardin du Val............ 800ᵗᵗ
6 avril-9 may : à luy, pour menues dépenses aud. jardin (3 p.)...................... 2754ᵗᵗ 11ˢ 8ˢ
9 may : à luy, pour la démolition du pavillon et de la faizanderie........................... 196ᵗᵗ 4ˢ
27 juin-23 décembre : à luy, pour divers ouvriers (2 p.)........................... 2879ᵗᵗ 9ˢ 5ᵈ
16 mars : à TUIBON, pour fumiers de vaches qu'il a fournis pour led. jardin.................. 379ᵗᵗ 1ˢ
16 mars-9 may : à COLINOT, pour parfait payement de 688ᵗᵗ pour le buis qu'il fournit (2 p.)........ 688ᵗᵗ
16 mars-2 juin : à MASSELIN, à compte des plaques de cuivre qu'il fait pour conserver le poesle du Val (2 p.)................................. 709ᵗᵗ
16 mars 1676-10 janvier 1677 : à BAILLY, peintre, pour parfait payement de 2544ᵗᵗ pour la peinture et dorure desd. plaques (4 p.)................. 2544ᵗᵗ
16 mars : à FONTAINE, pour avoir nettoyé et frotté les parquets des appartemens dud. bastiment...... 170ᵗᵗ

6 avril : à CHARUEL, couvreur, pour parfait payement de 3492ᴸ 6ˢ............................ 992ᴸ 6ˢ

6 avril-28 juin : à AUBERT, charpentier, à compte de ses ouvrages (2 p.)................... 3600ᴸ

8 avril : à BABDE et consors, sculpteurs, à compte idem........................... 800ᴸ

A BRIOT, miroüetier, à compte idem...... 217ᴸ 10ˢ

A CUCCI, fondeur, idem................. 512ᴸ

A DU CHESNOY, marbrier, idem........... 291ᴸ

A QUINCHESTRE, pour avoir emply un fontis.. 293ᴸ 5ˢ

13 avril 1676-10 janvier 1677 : à PASQUIER, marbrier, pour parfait payement de 2757ᴸ pour ses ouvrages (3 p.)........................... 1557ᴸ

2 juin-31 aoust : à POISSON, peintre, à compte de ses ouvrages (2 p.)........................ 1800ᴸ

31 juillet : à MÉNAGER, pour divers ouvrages. 333ᴸ 8ˢ 8ᵈ

31 aoust : à luy, pour le régallement des allées dud. jardin........................... 599ᴸ 7ˢ 6ᵈ

A luy, pour avoir sablé lesd. allées...... 367ᴸ

3 octobre : à luy, pour avoir arrousé les arbres et les fleurs........................... 512ᴸ 13ˢ 6ᵈ

A luy, pour dépenses extraordinaires... 237ᴸ 16ˢ 6ᵈ

13 novembre : à PIE, pour oignons de fleurs qu'il a fournis......................... 525ᴸ

13 décembre : à MARCHAND, paveur, à compte. 500ᴸ

A GUILLEMAIN, pour le glacis qu'il a fait...... 230ᴸ

Somme de ce chapitre.... 78381ᴸ 5ˢ 8ᵈ ¹

VERSAILLES.

MAÇONNERIE, CHARPENTERIE ET COUVERTURE.

26 febvrier-13 décembre : à GABRIEL, maçon, à compte de divers ouvrages (4 p.).................. 4000ᴸ

26 febvrier : à luy, à compte de ses ouvrages à la chapelle................................. 1000ᴸ

16 mars : à CLIQUIN, charpentier, à compte des ouvrages qu'il fait........................ 1500ᴸ

9 may : à CLIQUIN et CHARPENTIER, à compte du bastardeau qu'ils font vers la Mesnagerie........ 1000ᴸ

A eux, pour parfait payement de 5000ᴸ pour celuy du costé de Trianon........................ 1000ᴸ

10 janvier 1677 : à eux, par gratification, pour ouvrages faits aux illuminations................. 200ᴸ

8 avril-3 octobre : aud. CHARPENTIER, à compte du bastardeau qu'il fait dans le canal du costé de la Mesnagerie (2 p.)............................ 2500ᴸ

16 mars-13 novembre : à JANOT², maçon, à compte des divers ouvrages qu'il fait (2 p.)........... 1342ᴸ

9 may-31 aoust : à luy, à compte des murs de closture du potager (2 p.)...................... 5500ᴸ

3 octobre : aud. JEHANNOT, à compte du logement de la machine de FOURDRINIER................. 800ᴸ

16 mars : à BERGERON, à compte des nouvelles pompes........................... 1259ᴸ 9ˢ

A luy, à compte du réservoir de Glatigny.. 2500ᴸ

16 mars-13 novembre : à luy, à compte des rampes de Trianon (5 p.)........................ 18000ᴸ

9 may : à luy, pour parfait payement de la somme de 1912ᴸ 19ˢ 6ᵈ............................ 712ᴸ 19ˢ 6ᵈ

2 juin : à luy, à compte des ouvrages qu'il fait pour l'Encelade................................ 2000ᴸ

8 juillet-13 décembre : à luy, à compte de divers ouvrages (3 p.)............................ 7200ᴸ

31 aoust : à luy, à compte des réservoirs hors le parc.............................. 1000ᴸ

31 aoust-13 décembre : à luy, à compte des murs qu'il fait du costé de la Mesnagerie (2 p.)..... 7500ᴸ

3 octobre : à luy, à compte des ouvrages qu'il fait à Satory............................ 1000ᴸ

A luy, à compte du réservoir de JEAN BETTE.. 1000ᴸ

13 novembre : à luy, pour parfait payement de 3541ᴸ 15ˢ 4ᵈ........................... 41ᴸ 15ˢ 4ᵈ

A luy, idem de 7399ᴸ 10ˢ.............. 699ᴸ 10ˢ 8ᵈ

A luy, idem de 4947ᴸ................. 747ᴸ 2ˢ 6ᵈ

A luy, idem de 2488ᴸ.................. 288ᴸ

1ᵉʳ juillet : à luy, à compte des ouvrages qu'il fait au canal du costé de la Mesnagerie............ 4200ᴸ

8 avril : à ROSSIGNOL, maçon, pour avoir crespy et enduy les murs du grand escallier de Versailles. 135ᴸ 16ˢ 6ᵈ

12 septembre : à luy, pour avoir enduit à fresque le grand escallier, suivant le rolle du 5 dud. mois. 250ᴸ 9ˢ 10ᵈ

30 juin : à luy, pour avoir crespy et enduit les murs de la chapelle, suivant deux rolles finis les 30 may et 27 de ce mois........................... 394ᴸ 11ˢ 6ᵈ

16 mars : à MAILLARD, à compte des réparations de charpenterie qu'il fait aux moulins de Trianon. 208ᴸ 13ˢ 4ᵈ

9 may : à luy, pour les réparations qu'il a faites au moulin de retour........................ 308ᴸ 9ˢ 6ᵈ

2 juin 1676-10 janvier 1677 : à YVON, couvreur, parfait payement de 4535ᴸ 6ˢ pour ses ouvrages (4 p.) 4535ᴸ 6ˢ

3 octobre : à luy, pour ouvrages de couverture des moulins de Clagny........................ 117ᴸ

---

¹ Le total exact est 78382ᴸ 18ˢ 0ᵈ.

² Ou JEHANNOT.

28 avril-8 juillet : à Caillet, charpentier, pour parfait payement de 700ᵗᵗ (2 p.)............... 700ᵗᵗ

31 aoust : à luy, à compte des ouvrages de la grande pompe............................ 371ᵗᵗ 0ˢ 6ᵈ

A luy, pour un petit logement du commun du Roy à Versailles......................... 668ᵗᵗ 0ˢ 8ᵈ

3 octobre-5 novembre : à luy, à compte des ouvrages qu'il fait pour la Mesnagerie (2 p.)....... 1354ᵗᵗ 18ˢ

31 juillet : à Gaudet, charpentier, pour réparations qu'il a faites aux pompes............... 193ᵗᵗ 12ˢ

13 novembre : à Fontenay, charpentier, pour réparations aux moulins de Satory............. 174ᵗᵗ 5ˢ

13 décembre : à Petit, charpentier, pour les deux pavillons du Labyrinte.................. 220ᵗᵗ

10 janvier 1677 : à luy, par gratification, pour ouvrages qu'il a faits pour les illuminations....... 200ᵗᵗ

23 octobre : à Le Gendre et Vilain, couvreurs, pour ouvrages qu'ils ont faits pour les illuminations... 150ᵗᵗ

20 may : aux ouvriers qui ont crespy et enduit les murs de la chapelle jusques au 9 du présent mois.. 217ᵗᵗ 19ˢ

3 octobre : à ceux qui ont crespy le platfondz de la chapelle jusques au 8 aoust............. 306ᵗᵗ 9ˢ 5ᵈ

29 novembre : à ceux qui ont crespy et enduit les murs du grand escallier jusques au 14 novembre.. 548ᵗᵗ 18ˢ

23 décembre : à ceux qui ont travaillé à faire la corniche prez le grand escallier et aux caves de M. Bontemps jusques au 12 du présent mois........ 397ᵗᵗ 8ˢ

10 aoust : aux charpentiers qui ont travaillé au palais de Thétis, suivant le rolle finy le 8 aoust.. 219ᵗᵗ 12ˢ 6ᵈ

17 aoust : à ceux qui ont travaillé pour les illuminations, suivant cinq rolles finis les 18, 25 juillet, 1ᵉʳ et 15 du présent mois................... 3126ᵗᵗ 4ˢ 6ᵈ

6 septembre : à ceux qui ont travaillé suivant les rolles finis les 29 aoust et 5 du présent mois...... 1978ᵗᵗ 9ˢ

Somme de ce chapitre.... 83768ᵗᵗ 0ˢ 6ᵈ

MENUISERIE.

26 febvrier-4 septembre : à Du Cons, à compte de divers ouvrages et réparations qu'il fait (5 p.).... 3150ᵗᵗ

9 may : à luy, pour parfait payement de la somme de 7313ᵗᵗ 15ˢ.......................... 1213ᵗᵗ 15ˢ

16 mars 1676-10 janvier 1677 : à Prou, menuisier, à compte de divers ouvrages (6 p.)........ 3003ᵗᵗ 10ˢ

13 décembre : à luy, à compte de l'appartement des bains................................ 600ᵗᵗ

A luy, pour le modelle du grand escallier..... 150ᵗᵗ

16 mars : à Hémont, pour ouvrages qu'il a faits aux pompes............................ 240ᵗᵗ

8 avril-8 juillet : à Classe, pour divers ouvrages qu'il a faits (2 p.)......................... 546ᵗᵗ 6ˢ

A Mentonnois, à compte des ouvrages qu'il fait à la Chancellerie........................... 600ᵗᵗ

8 avril-2 juin : à Prunier, à compte des ouvrages qu'il fait pour empescher les cheminées de fumer (2 p.)................................... 350ᵗᵗ

28 juin-3 octobre : à Lavier, à compte de ses ouvrages (2 p.)........................... 1800ᵗᵗ

13 décembre : à luy, pour ouvrages du Labyrinte. 180ᵗᵗ

A Saint-Yves, pour divers ouvrages...... 312ᵗᵗ 15ˢ

20 juillet : à divers menuisiers, pour ouvrages qu'ils ont faits pour les illuminations............. 1650ᵗᵗ

24 aoust : aux menuisiers qui ont travaillé pour les illuminations, suivant neuf rolles, du 25 juillet au 22 du présent mois..................... 13160ᵗᵗ 19ˢ 6ᵈ

16 novembre : à La Roche, pour divers ouvriers qui ont travaillé aux illuminations............... 350ᵗᵗ

31 décembre : à Girault et consors, pour ouvrages qu'ils ont faits idem................. 615ᵗᵗ 2ˢ

A Baillon et Chuppin, parfait payement de 284ᵗᵗ 18ˢ pour fournitures qu'ils ont faites pour les illuminations à Versailles............................ 134ᵗᵗ 18ˢ

A La Chapelle et consors, pour parfait payement de 465ᵗᵗ 10ˢ idem...................... 315ᵗᵗ 10ˢ

A Lionnois, pour parfait payement de 831ᵗᵗ 2ˢ pour fournitures idem...................... 681ᵗᵗ 2ˢ

10 janvier 1677 : à Lionnois et Dauphin, par gratification.................................. 100ᵗᵗ

31 décembre : à Dauphin et consors, pour parfait payement de 1533ᵗᵗ 19ˢ pour les illuminations. 933ᵗᵗ 19ˢ

A Acart et Colombier, pour parfait payement de 405ᵗᵗ 9ˢ idem........................ 255ᵗᵗ 9ˢ

A Feuillet et Laurent, pour parfait payement de 400ᵗᵗ 7ˢ idem......................... 150ᵗᵗ 7ˢ

Somme de ce chapitre.... 30503ᵗᵗ 12ˢ 6ᵈ

SERRURERIE.

26 febvrier-23 juin : à Delobel, à compte des balustrades à la fontaine de la Renommée (2 p.)... 13400ᵗᵗ

31 aoust-13 novembre : à luy, à compte de ses ouvrages (2 p.)........................... 3300ᵗᵗ

26 febvrier : à Godignon, pour parfait payement de 1119ᵗᵗ 0ˢ 9ᵈ....................... 819ᵗᵗ 0ˢ 9ᵈ

9 may-13 novembre : à Godignon et Picard, pour parfait payement de 5607ᵗᵗ 1ˢ pour les grilles qu'ils font (4 p.)................................ 5607ᵗᵗ 1ˢ

8 avril-13 novembre : à Picard, à compte de ses ouvrages (3 p.)........................... 6100ᵗᵗ

3 octobre : à luy, à compte du restablissement de la grande pompe.......................... 1000ʰ
16 mars : à Pasquier, pour 2200 visses qu'il a fournies pour les moulins.................... 330ʰ
14 aoust : à luy, pour 2648 visses *idem*..... 397ʰ 4ˢ
8 avril : à Marie et consors, pour parfait payement de 8912ʰ 13ˢ pour les ouvrages qu'ils ont faits à l'Encelade............................ 2912ʰ 13ˢ
23 septembre : à eux, à compte des pyramides de la fontaine du Pavillon.................... 2000ʰ
9 may-13 décembre : à Marie et Boutet, à compte de leurs ouvrages (3 p.)................. 3429ʰ
22 febvrier-13 novembre : aud. Marie, à compte de ses ouvrages (4 p.)...................... 6000ʰ
31 aoust : aud. Marie, à compte du pavillon du Labirinte............................ 800ʰ
4 septembre : à luy, pour ouvrages faits pour les illuminations......................... 207ʰ
10 janvier 1677 : à luy, pour ouvrages à Trianon et à la Mesnagerie...................... 459ʰ 10ˢ
31 aoust : à Boutet, pour plusieurs ouvrages. 239ʰ 15ˢ
9 may-13 novembre : à Rombault, à compte de ses ouvrages (3 p.)....................... 2164ʰ 3ˢ
21 may : à Maugin, pour ouvrages qu'il a faits aux vollières.......................... 93ʰ 12ˢ
A Potelet, pour deux portes qu'il a faites. 880ʰ 12ˢ
31 juillet : à Bigot, pour ouvrages des moulins de Satory............................. 765ʰ 5ˢ
13 novembre : à luy, pour deux manivelles de fer qu'il a faites.......................... 485ʰ 5ˢ
22 febvrier : à luy, pour plusieurs ouvrages. 1110ʰ 6ˢ
Somme de ce chapitre..... 52500ʰ 6ˢ 9ᵈ

VITRERIE.

26 febvrier-13 novembre : à la veuve Longet, à compte des ouvrages et réparations qu'elle fait (4 p.)... 8800ʰ

PEINTURE ET DORURE.

26 febvrier : à Houasse et consors, à compte de leurs ouvrages de peinture à l'appartement du Roy... 600ʰ
13 novembre : à Houasse, pour parfait payement de 864ʰ............................... 464ʰ
11 aoust : à luy, pour ses ouvrages de peinture à la pièce ionique.......................... 520ʰ
26 febvrier : à Champagne, à compte de ses ouvrages à l'appartement du Roy................. 400ʰ
A de la Fosse et Blanchard, *idem*........... 600ʰ
A Coipel, *idem*........................ 300ʰ

3 octobre : à luy, à compte des platsfondz qu'il fait.. .... 500ʰ
26 febvrier : à de Sève, à compte de ses ouvrages à l'appartement du Roy................. 300ʰ
13 décembre : à luy, à compte du platfond qu'il fait (2 p.)........................... 700ʰ
26 febvrier : à Pierre de Sève, à compte des ouvrages à l'appartement de la Reyne............... 400ʰ
A Nicolas Loyr, *idem*................... 500ʰ
A Corneille, *idem*.................... 300ʰ
A Nocret, *idem*...................... 300ʰ
A Paillet et Vignon, *idem*................ 400ʰ
15 septembre : à Paillet, pour diverses fournitures qu'il a faites pour le grand escallier........... 305ʰ
26 febvrier : à Durand, doreur, pour parfait payement de 400ʰ pour la dorure qu'il a faite au Marais... 100ʰ
16 mars : à Bonnemer, pour ouvrages de peinture sur du gros de Naples..................... 622ʰ
2 octobre-3 décembre : à luy, pour les ouvriers qui ont travaillé au grand escallier (3 p.)...... 5969ʰ 5ˢ
16 mars-9 may : à Bailly, pour parfait payement de 5610ʰ pour la peinture des ornemens de la fontaine de Flore (2 p.)....................... 1610ʰ
16 mars-3 octobre : à luy, pour les vazes qu'il a mis en couleur de bronze et verny (2 p.)...... 194ʰ 10ˢ
9 may : à luy, pour les ornemens de la fontaine de Cœrès............................ 345ʰ
A luy, pour parfait payement de 5250ʰ pour les ornemens de la fontaine de Bacchus........... 350ʰ
8 septembre : à luy, à compte de ses ouvrages à la fontaine de la Renommée................ 1300ʰ
8 avril-13 novembre : à la veuve Boulogne, à compte des ouvrages qu'elle fait aux Attiques (2 p.)... 1400ʰ
8 avril : à Gontier, peintre, pour parfait payement de 4600ʰ pour les ouvrages qu'il a faits à la chambre des bains............................ 800ʰ
31 juillet : à luy, à compte de la pièce ionique. 300ʰ
13 novembre : à luy, à compte des Attiques... 300ʰ
8 avril : à La Baronnière, pour avoir doré les ornemens du grand vaisseau du canal........... 797ʰ 10ˢ
A luy, pour diverses réparations........ 1086ʰ 10ˢ
9 may-2 juin : à luy, à compte de la dorure qu'il fait aux ornemens de la pièce octogone (2 p.).... 300ʰ
28 juin : à luy, à compte de la pièce ionique.... 400ʰ
31 juillet-13 décembre : à luy, à compte de ses ouvrages de dorure (5 p.).................. 3823ʰ
9 may-13 novembre : à Tiercelin, pour parfait payement de 2000ʰ pour ouvrages faits aux roseaux du Marais (2 p.)......................... 2000ʰ

ANNÉE 1676. — VERSAILLES.

31 aoust : à luy, à compte des grosses peintures qu'il fait (2 p.).................... 800ᵗᵗ
13 novembre : à luy, pour parfait payement de 1063ᵗᵗ 12ˢ.......................... 663ᵗᵗ 12ˢ
A luy, pour parfait payement de 1526ᵗᵗ 10ˢ. 326ᵗᵗ 10ˢ
A luy, pour réparations qu'il a faites...... 522ᵗᵗ 2ˢ
13 décembre : à luy, pour la peinture des treillages du potager............................ 1239ᵗᵗ 15ˢ
9 may : à Le Hongre, à compte du restablissement qu'il fait à Trianon................ 200ᵗᵗ
A de l'Arc et Le Hongre, pour parfait payement de 700ᵗᵗ.................................. 200ᵗᵗ
31 juillet : aud. de l'Arc, à compte des ornemens du Labyrinte............................. 187ᵗᵗ
9 may : à Trottier et La Porte, pour la dorure de l'Encelade......................... 275ᵗᵗ
28 juin-13 décembre : aux Le Moine, peintres, à compte de la pièce dorique (4 p.)........... 2700ᵗᵗ
31 juillet : à Baptiste, pour diverses réparations de la Mesnagerie........................ 175ᵗᵗ
3 octobre : à luy, pour diverses réparations du grand escallier........................... 157ᵗᵗ
31 juillet : à du Four, peintre, pour réparations de la Mesnagerie...................... 248ᵗᵗ
A Yvart, pour les fournitures qu'il a faites pour la peinture du grand escallier........ 129ᵗᵗ 3ˢ
3 octobre : à Anguier, pour avoir tracé les ornemens du grand escalier.................. 644ᵗᵗ
13 novembre : à Goy, pour ses ouvrages... 797ᵗᵗ 15ˢ
18 juillet-30 octobre : à Rambour et Simon, pour parfait payement de 7706ᵗᵗ 6ˢ 6ᵈ pour les illuminations (3 p.)........................ 7706ᵗᵗ 6ˢ 6ᵈ
23 juillet-30 octobre : à Barroys, pour parfait payement de 2025ᵗᵗ 15ˢ idem (2 p.)......... 2025ᵗᵗ 15ˢ
30 octobre : à Perrin, pour fournitures qu'il a faites pour les illuminations............. 756ᵗᵗ
A Friquet, idem.................... 568ᵗᵗ 16ˢ
10 janvier 1677 : à luy, en considération de la conduitte qu'il a eu des peintures des illuminations.. 400ᵗᵗ
24 aoust : aux peintres qui ont travaillé pour les illuminations, suivant trois rolles finis les 1ᵉʳ, 14ᵉ et 22ᵉ du présent mois....................... 6724ᵗᵗ 10ᵈ

Somme de ce chapitre.... 58432ᵗᵗ 19ˢ 6ᵈ

SCULPTURE.

26 febvrier-9 may : à Girardon, à compte des ornemens qu'il fait à la fontaine de Saturne (2 p.)... 3500ᵗᵗ
26 febvrier : à luy, à compte des ornemens de l'Isle royalle........................... 1000ᵗᵗ
16 mars : à luy, à compte des figures qu'il fait pour le parterre d'eau................... 500ᵗᵗ
31 aoust-13 novembre : à luy, à compte de ses ouvrages (2 p.)......................... 1100ᵗᵗ
9 may-31 aoust : à luy et consors, à compte de la balustrade de la fontaine de la Renommée (2 p.) 4800ᵗᵗ
26 febvrier : à Le Gros, à compte de la figure de marbre qu'il fait pour le parterre d'eau.......... 600ᵗᵗ
9 may : à luy, pour les ornemens qu'il fait à la pièce octogone.......................... 500ᵗᵗ
3 octobre : à luy et consors, à compte de la chapelle............................... 800ᵗᵗ
A luy, pour plusieurs ornemens du Labirinte.. 350ᵗᵗ
26 febvrier : à Mazelines, à compte de la figure qu'il fait pour le parterre d'eau............. 300ᵗᵗ
16 mars : à luy, pour divers ouvrages et réparations. 1066ᵗᵗ
13 décembre : à luy, pour le restablissement qu'il a fait............................. 188ᵗᵗ
16 mars : à Mazelines et Blanchard, pour les modelles qu'ils ont faits pour l'Encelade......... 312ᵗᵗ
16 mars : à Guérin, à compte de la figure qu'il fait pour le parterre d'eau................. 300ᵗᵗ
13 novembre : à luy, à compte de la Renommée. 1200ᵗᵗ
16 mars : à l'Espagnandel, à compte de la figure qu'il fait pour le parterre d'eau.......... 300ᵗᵗ
A Drouilly, à compte idem............. 300ᵗᵗ
A Magnier, à compte idem............. 300ᵗᵗ
A Raon, à compte idem............... 300ᵗᵗ
A Roger, à compte idem.............. 300ᵗᵗ
A Dossier, à compte idem............. 300ᵗᵗ
A Jouvenet, à compte idem............ 300ᵗᵗ
A La Perdrix, à compte idem........... 300ᵗᵗ
A Hurtinot, à compte idem............ 300ᵗᵗ
A Sibraïque, à compte idem............ 300ᵗᵗ
A Regnaudin, à compte idem........... 300ᵗᵗ
2 juin-3 octobre : à luy, à compte des ornemens de Coërès (2 p.)....................... 900ᵗᵗ
16 mars : à Desjardins, à compte idem...... 300ᵗᵗ
9 may : à luy, pour les ornemens qu'il fait à la pièce octogone.......................... 700ᵗᵗ
16 mars : à Houzeau, à compte idem........ 300ᵗᵗ
A Baptiste, à compte idem............. 300ᵗᵗ
8 avril-13 novembre : aud. Baptiste, à compte des monstres marins qu'il fait (4 p.).......... 3700ᵗᵗ
16 mars : à Marsy, à compte de la figure qu'il fait pour le parterre d'eau................. 500ᵗᵗ
9 may : à luy, pour son parfait payement de 1600ᵗᵗ pour la figure de l'Encelade qu'il a faite...... 600ᵗᵗ

A luy, pour les ornemens de métail qu'il a faits pour la pièce octogone........................ 500ʰʰ
28 juin : à luy, à compte de la Renommée.... 300ʰʰ
28 juin - 13 décembre : à luy, à compte des ouvrages de stuc qu'il fait (3 p.)..................... 1300ʰʰ
16 mars : à Massou, à compte de la figure qu'il fait pour le parterre d'eau.................... 300ʰʰ
9 may : à luy, pour les ornemens de métail qu'il a faits pour la pièce octogone.................... 440ʰʰ
16 mars : à Buister, à compte de la figure qu'il fait pour le parterre d'eau.................... 300ʰʰ
A la veuve Hérard, à compte *idem*.......... 300ʰʰ
A Briquet et Le Clerc, pour la sculpture de six bancs pour l'Encelade...................... 180ʰʰ
9 may : à Le Hongre, pour son parfait payement de 5236ʰʰ 10ˢ pour ses ouvrages à la pièce ionique. 1236ʰʰ 10ˢ
22 febvrier - 13 décembre : à Perreau, pour parfait payement de 1187ʰʰ pour les réparations qu'il fait aux ornemens des fontaines (3 p.)................ 987ʰʰ
31 aoust : à Caffiers, pour la sculpture de cinq portes qu'il a faite........................... 600ʰʰ
13 décembre : à luy, pour douze bordures.. 283ʰʰ 15ˢ
A luy et à Lespagnandel, pour le modelle de la rampe du grand escallier...................... 660ʰʰ
A Lespingola, à compte des bas-reliefs du fronton de la chapelle............................. 300ʰʰ

Somme de ce chapitre....... 34803ʰʰ 5ˢ

MARBRERIE.

26 febvrier - 13 novembre : à Pasquier, à compte des ouvrages de la fontaine de la Renommée (4 p.). 2900ʰʰ
A luy, à compte du grand escallier (2 p.)... 1700ʰʰ
A Mathault, à compte *idem* (2 p.)........ 1700ʰʰ
26 febvrier : à luy, à compte de la fontaine de la Renommée........................... 1300ʰʰ
25 juillet - 3 octobre : à luy et du Chesnoy, à compte de lad. fontaine (3 p.)..................... 1600ʰʰ
9 may : à du Chesnoy, pour diverses réparations qu'il a faites............................. 227ʰʰ 15ˢ
3 octobre - 13 décembre : à luy, à compte du grand escallier (2 p.)......................... 800ʰʰ
3 octobre : à luy, pour divers ouvrages..... 309ʰʰ 6ˢ
26 febvrier - 31 aoust : à Pierre et Nicolas Ménard, à compte de lad. fontaine (3 p.)............... 2400ʰʰ
8 avril - 13 novembre : aud. Ménard, à compte de deux pièces de l'appartement haut (3 p.).. 2100ʰʰ
26 febvrier - 3 octobre : à Hanuche, à compte des ouvrages qu'il fait au sallon de l'appartement de la Reyne (3 p.)............................. 1700ʰʰ
26 febvrier - 13 novembre : à Missont, Le Grue et Derbais, à compte de leurs ouvrages de l'appartement bas (4 p.)............................. 9900ʰʰ
26 febvrier - 31 aoust : à eux, à compte de la fontaine de la Renommée (4 p.).................... 5600ʰʰ
26 febvrier - 13 novembre : à eux, à compte du grand escallier (2 p.)......................... 3800ʰʰ
16 mars : à eux, pour une pièce de marbre rouge et blanc pour faire une coquille qui servira de bassin à la fontaine dud. escallier.................. 1050ʰʰ

Somme de ce chapitre...... 36987ʰʰ 1ˢ ¹

PAVÉ.

16 mars 1676 - 10 janvier 1677 : à Marchand, pour parfait payement de 18345ʰʰ 11ˢ pour ses ouvrages de pavé (5 p.)........................... 18345ʰʰ 11ˢ
13 décembre : à luy, à compte de l'abreuvoir. 1200ʰʰ

Somme de ce chapitre...... 19545ʰʰ 11ˢ

PLOMBERIE ET CONDUITTE DE PLOMB ET DE FER.

26 febvrier 1676 - 9 janvier 1677 : à Le Roy, plombier, à compte des conduittes de plomb qu'il fait (5 p.). 12000ʰʰ
26 febvrier - 13 novembre : à Allain, à compte *idem* (4 p.)............................... 8600ʰʰ
26 febvrier - 15 avril : au sʳ Coulon, à compte des conduittes de fer qu'il fournit (2 p.).......... 9000ʰʰ
26 febvrier - 15 mars : au sʳ Desvaugoins, à compte *idem* (2 p.).............................. 27000ʰʰ
16 mars - 3 décembre : à Vitry, à compte de ses ouvrages de plomberie (5 p.)................ 10100ʰʰ
3 octobre : à luy, pour divers ouvrages... 313ʰʰ 2ˢ 6ᵈ
8 avril - 9 may : à la veuve Mazelines, pour le restablissement qu'elle a fait aux pompes du sʳ de Francines ² (2 p.)............................. 1032ʰʰ
31 aoust - 13 novembre : à elle, à compte de ses ouvrages (2 p.).......................... 4500ʰʰ
8 avril : à Viette, pour vingt-deux thuyaux de cuivre pour la fontaine de dessus la terrasse...... 514ʰʰ 10ˢ
3 octobre - 13 novembre : à Denis, pour parfait payement de 1829ʰʰ 10ˢ pour réparations (2 p.). 1829ʰʰ 10ˢ

Somme de ce chapitre.... 74789ʰʰ 2ˢ 6ᵈ ³

JARDINAGES.

16 mars : à Colinot, jardinier, à compte des treillages qu'il fait à la fontaine de l'Encelade........... 200ʰʰ

---

¹ Le total exact est 37087ʰʰ 1ˢ.
² Ou Francini.
³ Le total exact est 74889ʰʰ 2ˢ 6ᵈ.

2 juin : à luy, pour 884 bottes de buis qu'il a fournies.. 442ᴴ
5 janvier 1677 : à luy, pour parfait payement de 5124ᴴ 18ˢ....................... 1124ᴴ 18ˢ
8 avril-13 décembre : aux jardiniers et ouvriers qui ont travaillé en divers endroits du petit parc, suivant les rolles (10 p.).................... 11518ᴴ 11ˢ 2ᵈ
27 juin-13 décembre : à ceux qui ont travaillé à l'augmentation du potager (3 p.)......... 2203ᴴ 7ˢ
20 may : à ceux qui ont travaillé dans les allées du tour du canal jusques au 9 du présent mois.. 861ᴴ 14ˢ
A ceux qui ont planté les allées des fontaines de l'Encelade et de la Renommée, jusques au 2 du présent mois............................... 536ᴴ 3ˢ
8 juillet : à Boursault et Bette, pour avoir sablé les allées du tour de l'Isle royalle.............. 417ᴴ
31 juillet : à Vaultier, pour le treillage qu'il a fait au potager................................ 753ᴴ 4ˢ
31 aoust-13 décembre : à luy, pour fumiers qu'il a fournis................................. 1560ᴴ 11ˢ
23 octobre : à la veuve du sʳ Vallenoy, pour 12000 oignons de tulipes qu'elle a fourny............. 700ᴴ
Somme de ce chapitre..... 20317ᴴ 8ˢ 2ᵈ

FOUILLES.

26 febvrier-24 avril : à Vannier et consors, parfait payement de 34134ᴴ 12ˢ pour les terres qu'ils transportent à la grande pièce du bout du canal (3 p.).. 7534ᴴ 12ˢ
16 mars-2 juin : à Boursault et Bonnissant, à compte des bonnes terres qu'ils portent dans des rigolles pour planter des arbres (2 p.)................... 900ᴴ
16 mars : à eux, à compte des terres qu'ils portent pour remplir la mare proche l'Isle royalle..... 1700ᴴ
8 avril : à eux, à compte des terres qu'ils portent pour faire les chaussées de Versailles.............. 400ᴴ
9 may : à eux, à compte du bassin de la Renommée. 543ᴴ 6ˢ
31 juillet : à eux, pour les tranchées qu'ils ont faites à Versailles............................. 130ᴴ
21 juin-13 novembre : à eux, à compte des terres qu'ils portent du costé de la Mesnagerie (4 p.). 7550ᴴ
13 décembre : à eux, pour plusieurs démolitions qu'ils ont transportées........................... 459ᴴ
8 avril : à Boursault et Bette, pour parfait payement de 960ᴴ 12ˢ..................... 60ᴴ 15ˢ
16 mars-31 octobre : à Loistnon et consors, pour parfait payement de 20625ᴴ 16ˢ à quoy montent les ouvrages au réservoir de Glatigny (4 p.).. 10340ᴴ 16ˢ 7ᵈ
26 mars : à eux, pour parfait payement de la somme de 4355ᴴ 2ˢ......................... 2555ᴴ 2ˢ
13 décembre : à Loistnon, à compte de la fouille de deux glacières........................... 600ᴴ
8 avril : à Dupuis et à la veuve Thumel, parfait payement de 11399ᴴ........................ 99ᴴ
A eux, parfait payement de 7912ᴴ 15ˢ.... 1412ᴴ 15ˢ
23 may : à Dupuis et Houdouin, pour payement de 6776ᴴ 8ˢ............................ 2476ᴴ
Aud. Dupuis, parfait payement de 5648ᴴ 16ˢ. 2148ᴴ
21 may-4 novembre : à Houdouin et Colinot, à compte des labours, trous et rigolles qu'ils font à Versailles (3 p.)........................... 4500ᴴ
31 aoust : aud. Houdouin, parfait payement de 1124ᴴ 16ˢ 8ᵈ pour labours qu'il a faits (2 p.).... 249ᴴ 16ˢ 8ᵈ
Aud. Colinot, pour les trous qu'il a faits pour planter des arbres............................ 499ᴴ 5ˢ
21 may : à Maron et Clinet, pour transport de terre qu'ils ont fait............................ 504ᴴ
31 aoust : aud. Maron, à compte.......... 800ᴴ
13 novembre : à Maron et Réglé, à compte de leurs labours.............................. 800ᴴ
21 juin-13 décembre : à Maron et consors, à compte de leurs ouvrages du costé de la Ménagerie (5 p.). 6197ᴴ
3 octobre-30 novembre : à auxd. Maron et consors, parfait payement de 1268ᴴ 3ˢ (2 p.)....... 1268ᴴ 3ˢ
13-14 décembre : à Lefebvre, à compte des tranchées et rigolles dans la plaine de Satory (2 p.).... 250ᴴ 5ˢ
22 febvrier-1ᵉʳ may : à Le Jongleur, pour parfait payement de 1017ᴴ 16ˢ pour la fouille qu'il fait pour la recherche des eaux (2 p.)........................ 717ᴴ
18 aoust-7 décembre : à Petit et consors, pour transports de terre qu'ils ont faits aux environs du canal, à Versailles (3 p.)......................... 5389ᴴ 5ˢ
18 aoust : à eux, pour une pierrée........ 915ᴴ
4 novembre : à Bertuin et consors, pour ouvrages qu'ils ont faits dans l'augmentation du potager. 207ᴴ 10ˢ
26 mars-6 avril : aux ouvriers qui ont travaillé à faire des puits et tranchées pour la recherche des eaux de Bailly et Roquancourt (2 p.).............. 1174ᴴ
20 may-10 aoust : à ceux qui ont fouillé et osté des terres pour l'augmentation du potager (2 p.). 886ᴴ 11ˢ
28 octobre : à ceux qui ont fait les fondations de la face du pavillon d'eau et une tranchée dans la contrallée de Saturne, jusqu'au 26 du présent mois. 336ᴴ 11ˢ 6ᵈ
28 octobre-29 novembre : à ceux qui ont fait trois tranchées dans le bois du pavillon d'eau et autres ouvrages (3 p.)........................ 1272ᴴ 5ˢ
28 octobre : à ceux qui ont fait une tranchée dans l'al-

lée des réservoirs du pavillon et autres ouvrages, jusqu'au 17 du présent mois.................... 325# 16'

15 novembre-23 décembre : à ceux qui ont travaillé à fouiller et transporter des terres pour faire l'abreuvoir de l'estang de Clagny (3 p.)............ 1336# 7˟ 8ᵈ

23 décembre : à ceux qui ont travaillé à creuser des puits et aux réparations des pompes jusques au 12 du présent mois......................... 804# 6'

23 juillet : à ceux qui ont porté des terres en plusieurs endroits, suivant quatre rolles............ 139# 16'

31 juillet : à ceux qui ont labouré le pourtour du canal suivant les rolles................... 2332# 3'

Somme de ce chapitre... 68278# 17˟ 5ᵈ ¹

GAGES ET ENTRETENEMENS D'OFFICIERS.

28 mars : à Dupuis, jardinier, ayant l'entretenement des allées du tour du canal, pour ses gages.... 2000#

14 avril : au sʳ Le Bouteux, ayant l'entretenement des jardins et orangerie en pleine terre du Trianon, pour ses gages................................. 17500#

8 janvier 1677 : à Le Bouteux, ayant l'entretenement des fontaines de Trianon, pour ses gages....... 500#

14 avril : aux jardiniers cy-après nommez, sçavoir : 8800# à Colinot, ayant l'entretenement de toutes les allées et palissades du petit parc; 3000# à Dupuis, ayant celuy de l'orangerie, et 3000# à Vaultier, ayant celuy du potager, pour leurs gages.............. 14800#

8 novembre : aud. Dupuis, pour les augmentations faites à l'orangerie....................... 700#

A Colinot, pour les augmentations faites dans le petit parc................................... 1000#

14 avril : à Denis, fontainier, ayant l'entretenement de toutes les fontaines de Versailles........ 10000#

8 novembre : à luy, pour trois garçons d'augmentation............................... 2420#

14 avril : aux quatre meusniers ayant la conduite des cinq moulins de Versailles et Trianon, pour leurs gages de 1676............................. 3300#

24 avril : à eux, pour l'entretenement desd. moulins............................... 475#

14 avril : aux cinq qui ont la conduite des cinq moulins de la montagne de Satory, pour leurs gages. 4000#

A eux, pour l'entretenement desd. moulins.... 500#

A Popinet, ayant la conduitte de tous les moulins de Versailles, pour ses gages................... 1275#

A du Chesnoy, marbrier, ayant l'entretenement des marbres, idem........................... 1000#

_____
¹ Le total exact est 69814# 7˟ 5ᵈ.

A Le Maire, fondeur, ayant l'entretenement des ouvrages de cuivre des fontaines, idem........... 900#

A Berthier, rocailleur, ayant l'entretenement des rocailles, idem............................ 2400#

8 janvier 1677 : à Robelin, préposé à divers ouvrages de Versailles, idem..................... 1200#

A Jamin, préposé pour recevoir et pezer les plombs, idem................................... 900#

16 janvier 1677 : à Descluzeaux, garde de la Prevosté de l'Hostel, pour avoir facilité la voiture des matériaux pendant 1675 et 1676............... 300#

18 janvier 1677 : à de la Roche, préposé aux ouvrages du bout du canal, pour ses gages pendant la présente année.................................. 900#

30 avril : à Charlemagne, préposé à divers ouvrages, idem................................... 900#

18 janvier 1678 : à Deslouyt, préposé aux magasins des démolitions des bastimens de Versailles, idem. 900#

Somme de ce chapitre........ 67870#

VAISSEAUX SUR LE CANAL.

2: may-3 octobre : à Laquier, pour diverses fournitures qu'il a faites pour lesd. vaisseaux (2 p.). 727# 12'

3 : juillet : à Courtois, pour cordages qu'il a fournis pour les vaisseaux.................... 193# 17˟ 6'

A Dalet, pour avoir amené les équipages qui estoient sur la rivière de Seine, venans du Havre........ 63#

A Labis, pour diverses fournitures......... 401# 14'

A Montigny, pour quatre grandes couvertures de toille cirée qu'il a cousues pour les jacks........... 41# 7'

2 novembre : aux charpentiers qui travaillent à la construction des six chaloupes.............. 280#

15 novembre : à Lacolay, pour les mariniers extraordinaires qui travaillent aux vaisseaux....... 469# 10'

24 novembre : à Abot, pour les ouvriers qui bastissent les chaloupes............................ 650#

14 avril 1676-17 janvier 1677 : au sʳ Consolin, tant pour ses appointemens que pour la solde et nourriture des officiers et matelots qui ont servy sur les vaisseaux du canal de Versailles pendant le premier quartier de la présente année (4 p.)................. 12913#

27 juillet : au sʳ Consolin, lieutenant des vaisseaux du canal, pour le temps qu'il a servy sur lesd. vaisseaux................................. 150#

14 avril 1676 : aux matelots des jacks, pour leurs gages pendant le premier trimestre............ 890#

21 may : à quatre gondolliers vénitiens, pour leurs gages de l'année......................... 4800#

15 novembre : à eux, par gratiffication..... 1600#

ANNÉE 1676. — VERSAILLES.

13 janvier 1677 : à Caffieri, sculpteur, à compte de la sculpture des six nouvelles chaloupes......... 400ᵗᵗ

17 septembre - 28 octobre : aux mariniers qui ont travaillé extraordinairement sur le canal, suivant quatre états finis les 5 et 28 aoust, le 15 septembre et 15 octobre (2 p.)......................... 2298ᵗᵗ

Somme de ce chapitre..... 25878ᵗᵗ 0ˢ 6ᵈ

PARTIES EXTRAORDINAIRES.

26 febvrier : à Cucci, fondeur, à compte de la balustrade qu'il fait pour le grand escallier......... 500ᵗᵗ

2 juin - 13 novembre : à luy, à compte des garnitures de bronze doré qu'il a fournies (5 p.)........ 3755ᵗᵗ

26 febvrier - 13 novembre : à Le Maire le jeune, pour parfait payement des ouvrages de cuivre qu'il fait pour les fontaines (6 p.).................. 12035ᵗᵗ 17ˢ

26 febvrier 1676 - 23 janvier 1677 : à Le Maire, l'aisné, à compte *idem* (7 p.)............... 13000ᵗᵗ

12 octobre : à luy, à compte de deux robinets d'un pied qu'il fait pour la fontaine du Pavillon..... 1500ᵗᵗ

26 febvrier : à Missont, pour un vieil binard qu'il a vendu................................. 220ᵗᵗ

16 mars : à Berthier, rocailleur, pour les ouvrages de rocailles qu'il a faits à la fontaine de l'Encelade. 245ᵗᵗ 14ˢ

3 octobre : à luy, pour divers ouvrages......... 480ᵗᵗ 9ˢ

13 décembre : à luy, pour le restablissement qu'il a fait.................................. 1893ᵗᵗ 18ˢ

16 mars - 3 octobre : à Bremier, carreleur, pour divers ouvrages et réparations (2 p.)............ 424ᵗᵗ 10ˢ

16 mars : à Bremier et Henault, pour fournitures pour la fontaine de l'Encelade.................. 309ᵗᵗ

A Ruffin, marchand, pour 1198 bottes de perches qu'il a fournies pour la fontaine de l'Encelade. 754ᵗᵗ 15ˢ

A La Grandbarbe, marchand, pour fournitures pour lad. fontaine......................... 484ᵗᵗ 16ˢ

16 mars - 13 novembre : à Le Maire, fayancier, à compte des vazes *idem* (3 p.)............... 4000ᵗᵗ

16 mars : à Bersaucour, espinglier, pour parfait payement de 1612ᵗᵗ 16ˢ pour les ouvrages qu'il a faits à la héronnière et milannière de Noisy......... 512ᵗᵗ 16ˢ

8 avril : à Baudoin, couroyeur, pour six peaux de vaches qu'il a fourny.................... 252ᵗᵗ

31 juillet : à luy, pour vingt cuirs de vaches... 866ᵗᵗ

8 avril : à Messier, pour bois qu'il a fourny. 143ᵗᵗ 19ˢ

23 avril : à Rodelin, pour divers ouvriers qui ont travaillé à la recherche des eaux........... 668ᵗᵗ 17ˢ

14 novembre - 27 décembre : à luy, pour les ouvriers qui ont travaillé à la montagne de Bailly pour la recherche des eaux (3 p.)................. 3927ᵗᵗ 9ˢ

27 juin : à luy, pour les ouvriers qui ont tiré du grais à Gros-Roure pour la fontaine de l'Encelade.. 537ᵗᵗ 19ˢ

3 aoust : à luy, pour diverses fournitures faites pour les puits de la montagne de Roquancourt, suivant les rolles finis les 16, 23 et 30 may, 6 et 27 juin, et 1ᵉʳ du présent mois........................ 1189ᵗᵗ 19ˢ 8ᵈ

18 febvrier - 9 may : à Loistron et consors, pour parfait payement de 23733ᵗᵗ 12ˢ pour le réservoir de Glatigny (3 p.)......................... 16333ᵗᵗ 12ˢ

2 juin : à Loistron, pour réparations de conroy qu'il a faites........................... 751ᵗᵗ 13ˢ 6ᵈ

3 octobre : à luy, pour le sable qu'il a répandu au pourtour du réservoir de Glatigny............. 166ᵗᵗ 16ˢ

A luy et Chaussée, à compte du conroy dud. réservoir................................. 2000ᵗᵗ

9 may : à Mouchin, à compte de la fourniture de bois qu'il fait........................... 1500ᵗᵗ

9 may 1676 - 24 janvier 1677 : à Leschiquier, chaudronnier, à compte de ses ouvrages (8 p.).. 8062ᵗᵗ 17ˢ

21 may : à Labis, pour terre d'Hollande qu'il a fourny. 396ᵗᵗ

14 aoust : à de Labis, pour 950 bottes de perches de chastaignier qu'il a fournies pour le petit parc. 633ᵗᵗ 17ˢ

9 novembre : à luy, pour la voiture de six chaloupes pour Versailles..................... 284ᵗᵗ 3ˢ

21 may : à Louise Simon, lingère, pour treillis qu'elle a livré............................. 446ᵗᵗ 14ˢ

31 juillet : à elle, pour 257 aunes de treillis. 165ᵗᵗ 5ˢ

21 may : aux ouvriers qui ont travaillé à la recherche des eaux de Rocquancourt............. 157ᵗᵗ 0ˢ 6ᵈ

8 juillet : à Pasquier, pour une chaisne de fer pour la nouvelle pompe.......................... 187ᵗᵗ 5ˢ

A Ferrier, battelier, pour 48 muids de sable de rivière................................. 127ᵗᵗ

3 octobre : à luy, pour sable de rivière *idem*. 116ᵗᵗ 12ˢ

8 juillet : à Poullier, pour avoir restably les balustrades des réservoirs proche la Grotte.......... 102ᵗᵗ

A Fimel, pour bois qu'il a fourny......... 192ᵗᵗ 10ˢ

A Potel et Julien, pour deux chaisnes de fer qu'ils ont faites................................. 399ᵗᵗ 10ˢ

A Letort, pour deux manivelles *idem*........ 493ᵗᵗ

6 mars : à Letort et consors, taillandiers, pour divers ouvrages de fer pour la nouvelle pompe........ 465ᵗᵗ

31 juillet : à Houdin, pour vingt-six cuirs de bœufs qu'il a fournis........................ 312ᵗᵗ

31 juillet - 3 octobre : à Chauvet, pour dosses de batteaux *idem* (2 p.)..................... 1391ᵗᵗ 12ˢ

4 septembre : à luy, pour les planches de sapin qu'il a fournies............................. 142ᵗᵗ 12ˢ

7 décembre : à luy, pour 1695 toises de dosses de batteaux qu'il a fournies pour faire des hangards pour les illuminations........................ 847ᴸᴸ 10ˢ
31 juillet : à Frades, pour le grain qu'il a semé sur le bord du canal..................... 680ᴸᴸ 15ˢ
31 aoust : à Noiret, pour fourniture.... 541ᴸᴸ 18ˢ
14 aoust : à luy, pour 158 ajustages de cuivre qu'il a fourny pour les fontaines................ 1203ᴸᴸ 10ˢ
28 octobre : à luy, pour 51 robinets de cuivre qu'il a fourny......................... 1885ᴸᴸ 10ˢ
31 aoust : à Masselin, chaudronnier, pour ouvrages de cuivre..................... 406ᴸᴸ 10ˢ
18 octobre : à luy, à compte des godets de cuivre qu'il fait........................... 1000ᴸᴸ
28 novembre : à luy, à compte des vazes de chaudronnerie qu'il fait à Versailles pour mettre des fleurs et arbrisseaux......................... 2000ᴸᴸ
31 aoust : à Briot, miroitier, pour les glaces qu'il a posées........................... 635ᴸᴸ
13 décembre : à luy, pour avoir posé et déposé les glaces des appartemens des bains............ 243ᴸᴸ
3 octobre-13 novembre : à Houdouin, pour avoir arrousé les arbres du canal (2 p.).......... 719ᴸᴸ 10ˢ
18 febvrier : à luy, à compte des nouveaux plants qui se font........................... 1500ᴸᴸ
21 octobre : à Houdouin et Lefeuvre, à compte des labours qu'ils font aux remises.............. 1200ᴸᴸ
3 octobre : à Delot, pour voitures qu'il a faites. 63ᴸᴸ
A Bette et Boursault, pour restablissement de conroy qu'il a fait................... 299ᴸᴸ 19ˢ
3 octobre-13 décembre : à La Roche, loueur de carosses, pour plusieurs journées de carosses (2 p.). 950ᴸᴸ
13 novembre : à Colot, fondeur, pour vingt robinets de pouce et demi qu'il a livrez........... 242ᴸᴸ 2ˢ
13 novembre : à Hémond, ingénieur, à compte des pompes et ponts roullans qu'il fait.......... 1000ᴸᴸ
A luy, à compte des mouvemens de moulins.. 1000ᴸᴸ
13 novembre : aux Liaud, pour 3226 taupes qu'ils ont prises........................ 574ᴸᴸ 11ˢ
A la veuve Ollivier, pour avoir donné à manger aux sʳˢ Bréau et Goujon pendant qu'ils ont calculé le toisé des ouvrages de Versailles................ 245ᴸᴸ
13 novembre-13 décembre : à La Roche, pour divers ouvriers qui ont travaillé pour les illuminations (2 p.)......................... 1490ᴸᴸ 4ˢ
20 décembre : à luy, pour les ouvriers qui ont travaillé à serrer les bois desd. illuminations.... 374ᴸᴸ 4ˢ
13 novembre : à La Fosse, marchand de fer, pour fourniture qu'il a faite................ 229ᴸᴸ 7ˢ

A Mouchin, marchand de bois, pour parfait payement de 2962ᴸᴸ 2ˢ............................ 962ᴸᴸ
A Lhéritier, charron, pour ouvrages qu'il a faits. 51ᴸᴸ
A Jourlet, pour douze peaux de vaches...... 396ᴸᴸ
13 décembre : à Padelain, pour plusieurs cheminées qu'il a ramonées.................... 333ᴸᴸ 18ˢ
A Le Roy et consors, pour un grand estuy qu'ils ont fait pour enfermer les Fables d'Esope........ 733ᴸᴸ 5ˢ
28 febvrier : à Montigny, tapissier, pour trois grands pavillons pour couvrir les fontaines de Flore, de Bacchus et de Cœrès.................... 279ᴸᴸ 17ˢ
22 avril : à Alexandre, pour trois volans et dix antes qu'il a fournis pour les moulins de Versailles.... 315ᴸᴸ
10 juin : à Guilloir, pour 120 grands roseaux de fer blanc qu'il a fourny pour le Marais........... 120ᴸᴸ
21 juillet-7 décembre : à Barré, pour parfait payement de 3496ᴸᴸ pour voitures qu'il a faites pour les illuminations (2 p.)..................... 3496ᴸᴸ
4 janvier 1677 : à luy, pour avoir voituré, de Paris à Versailles, deux grands chevaux marins et quatre enfans de plomb pour le bout du canal.......... 661ᴸᴸ 10ˢ
25 juillet-4 septembre : à Girier, marchand, pour parfait payement de 8108ᴸᴸ 6ˢ pour les suifs qu'il fournit (2 p.)......................... 8108ᴸᴸ 6ˢ
4 aoust-30 septembre : à la dame Burry, lingère, pour parfait payement de 4170ᴸᴸ pour fournitures de canevas pour les illuminations (2 p.)....... 4170ᴸᴸ 15ˢ
4 aoust-4 septembre : à Le Maistre, parfait payement de 1161ᴸᴸ 10ˢ pour le suif qu'il fournit (2 p.).. 1161ᴸᴸ 2ˢ
16 aoust : à Révérend, pour quatre poutres et quarante et une pièces un pied de bois de compte qu'il a fourny pour la Mesnagerie................ 473ᴸᴸ 5ˢ
A la veuve Le Vacher, pour chaux qu'elle a fourny..
.... 192ᴸᴸ 12ˢ
A Vézinier, pour les soldats et sergens qui ont travaillé pour les illuminations............... 389ᴸᴸ 10ˢ
29 aoust : à Fautrel, cabaretier, pour dépenses qui ont esté faites chez luy par divers ouvriers qui ont travaillé aux illuminations................ 121ᴸᴸ 9ˢ
30 aoust : à la veuve Simon, pour trente-cinq grandes bannes qu'elle a fournies idem............. 1745ᴸᴸ
A Antoinette Crespin, pour la toille qu'elle a fournie idem........................... 1609ᴸᴸ 4ˢ
A la veuve du Hanois, pour cables et cordages fournis pour les illuminations................... 1802ᴸᴸ 9ˢ
A la veuve Becquet, pour dix-sept grandes bannes idem........................... 744ᴸᴸ 12ˢ
26 septembre : à Vallée, à compte des godets de cuivre qu'il fournit pour les moulins............. 1200ᴸᴸ

ANNÉE 1676. — CLAGNY.

12 octobre 1676-26 janvier 1677 : aux de la Marre, potiers de terre, à compte des tuyaux de graisserie qu'ils font pour la recherche des eaux (2 p.)....... 1000ʰ
23 octobre : à Bourdonné, pour avoir amené par eau, de Rouen au port de Luciennes, six chaloupes pour Versailles (2 p.)......................... 650ʰ
30 octobre : à Barbin, pour papier qu'il a fourny pour les illuminations.................... 799ʰ 10ˢ
A Trudon, pour huille, couleurs, pinceaux et drogues qu'il a fournies *idem*.................... 304ʰ
A Mellier, pour le cloud qu'il a fourny *idem*. 857ʰ 3ˢ
14 novembre : à Guimont, pour 112 glaces de miroirs qu'il a fournis........................ 1144ʰ
30 novembre : au sʳ Héron, pour trente-deux journées qu'il a employées à ajuster la machine de Foudrenier........................... 176ʰ
1ᵉʳ décembre : à la veuve Foudrenier, par gratification, en considération de la nécessité où led. Foudrenier l'a laissée......................... 100ʰ
13 décembre : au sʳ Prudhomme, pour plusieurs toisez et arpentages qu'il a faits............. 300ʰ
14 décembre : à Villain et Le Gendre, à compte de la couverture des hangards pour les illuminations. 250ʰ
23 décembre : au sʳ de Buc, pour avoir remis le moulin de Launay en état de moudre du grain..... 500ʰ
29 décembre : à Trognon, pour cables et ficelles par luy fournis......................... 681ʰ 18ˢ
10 janvier 1677 : à ....., compagnon charpentier, par gratification, pour avoir eu une jambe cassée travaillant auxd. illuminations................ 50ʰ
Au sʳ Chantoiseau, en considération du service qu'il a rendu *idem*......................... 300ʰ
A Prevost et Parfait, garçons des Thuilleries, en considération des soins qu'ils ont pris pour lesd. illuminations............................. 60ʰ
A Fournier, commis du sʳ Vigarani, pour chevaux de louage et en considération du soin qu'il a pris pour lesd. illuminations........................... 110ʰ
A Arnault, portier de l'Opéra, *idem*........ 50ʰ
5 mars-17 septembre : aux ouvriers qui ont travaillé en divers endroits du petit parc à divers ouvrages jusqu'au 29 aoust dernier (9 p.)......... 12576ʰ 0ˢ 8ᵈ
3 octobre : à ceux qui ont fondu les suifs restant des illuminations......................... 112ʰ 8ˢ
23 décembre : à ceux qui ont travaillé aux glacières de la Mesnagerie jusqu'au 19 du présent mois. 395ʰ 19ˢ
A ceux qui ont emply celles proche la pompe jusques au 28 du présent mois............... 213ʰ 2ˢ 4ᵈ
A ceux qui ont emply celles du petit parc... 1389ʰ

21 octobre : aux compagnons charpentiers qui ont travaillé au Louvre à tailler les bois des hangards pour serrer les illuminations jusques au 10 du présent mois (2 p.)....................... 1552ʰ 12ˢ 8ᵈ
Aux scieurs de long qui ont travaillé *idem*. 163ʰ 5ˢ 6ᵈ
22 janvier 1677 : à Petit et consors, pour fournitures qu'ils ont fait pour les illuminations......... 181ʰ
9 janvier 1677 : à Desvaugoins, à compte des thuyaux de fer et autres ouvrages pour les fontaines.... 3000ʰ

Somme de ce chapitre.. 147754ʰ 0ˢ 10ᵈ [1]

CLAGNY.

MAÇONNERIE.

1ᵉʳ mars 1676-20 janvier 1677 : à Vigneux, à compte de la construction des murs de closture du potager de Glatigny (7 p.).................... 18600ʰ
12 juillet : à luy, à compte de l'orangerie.... 300ʰ
11 septembre 1676-20 janvier 1677 : à luy, à compte de ses ouvrages à la mesnagerie de Glatigny (2 p.). 5000ʰ
1ᵉʳ mars-1ᵉʳ septembre : à Bailly, à compte de la construction des murs de terrasse et de closture du potager de Clagny (4 p.)....................... 12000ʰ
9 mars-27 septembre : à luy et consors, à compte des deux nouveaux moulins qu'ils font (4 p.). 14000ʰ
25 avril : à luy, à compte des murs de closture de l'orangerie........................... 500ʰ
24 juillet : à luy, pour les dez de pierre dure qu'il a faits pour poser les montans de fer des treillages. 800ʰ
27 septembre 1676-3 janvier 1677 : à luy, à compte de l'aqueduc qu'il fait (4 p.)............ 3300ʰ
1ᵉʳ mars : à Mouton, carreyer, à compte des colonnes de pierre qu'il fournit................ 1800ʰ
9 mars 1676-3 janvier 1677 : à Le Maistre et consors, à compte du bastiment de Clagny (8 p.). 32000ʰ
8 may-1ᵉʳ septembre : à eux, à compte du corps de logis (3 p.)......................... 122500ʰ
7 juin-5 novembre : à Potheny, pour parfait payement de 2640ʰ pour douze colonnes de pierre qu'il a fournies (4 p.)....................... 1640ʰ
12 juillet : à Marc, pour réparations........ 320ʰ

Somme de ce chapitre........ 212760ʰ

CHARPENTERIE.

9 mars-5 novembre : à de Pierre et Le Clerc, char-

[1] Le total exact est 157844ʰ 0ˢ 10ᵈ.

pentiers, à compte des ouvrages qu'ils font aux deux
nouveaux moulins (6 p.).................. 8200ʰ
11 septembre-5 novembre : aud. DE PIERRE, à compte
de la Mesnagerie (2 p.).................. 2200ʰ
15 mars 1676-31 janvier 1677 : à CLIQUIN et consors, à compte de leurs ouvrages (6 p.)..... 19000ʰ
  Somme de ce chapitre........ 29400ʰ

COUVERTURE.

12 juillet : à YVON, couvreur, pour ses ouvrages de
couverture au logement des meusniers..... 528ʰ 16ˢ
11 septembre 1676-20 janvier 1677 : à DUVAL, couvreur, à compte des ouvrages qu'il a faits à la Mesnagerie
(3 p.)................................ 2150ʰ
21 novembre : à luy, à compte de ceux du bastiment
de Clagny............................ 900ʰ
  Somme de ce chapitre....... 3578ʰ 16ˢ

MENUISERIE.

9 mars-5 novembre : à COUTAN, menuisier, à compte
de ses ouvrages et caisses à l'orangerie (6 p.).. 3110ʰ
3-20 janvier 1677 : à luy, à compte des ormoires
qu'il fait (2 p.)........................ 700ʰ
9 mars 1676-20 janvier 1677 : à NIVET, à compte des
caisses qu'il fait pour les orangers (6 p.).... 1752ʰ 10ˢ
9 mars-1ᵉʳ juin : à DAVIGNON, pour parfait payement
de 622ʰ 10ˢ pour les caisses qu'il fait pour l'orangerie
(2 p.)................................ 352ʰ 10ˢ
12 avril-1ᵉʳ juin : à luy, à compte de ses ouvrages
(2 p.)................................ 900ʰ
28 may-12 juillet : à luy, parfait payement de 146ʰ 3ˢ
pour ses ouvrages au premier moulin (2 p.).. 146ʰ 3ˢ
24 juillet-5 novembre : à luy, à compte de ses ouvrages pour le potager (3 p.).............. 1100ʰ
11 septembre 1676-31 janvier 1677 : à luy, à compte
des réparations qu'il fait à Glatigny (3 p.)..... 800ʰ
26 décembre : à luy, à compte de ses ouvrages au bastiment de Clagny....................... 200ʰ
9 mars-5 novembre : à LANGOURON, pour parfait payement de 810ʰ pour les caisses qu'il a faites (3 p.). 810ʰ
7 juin : à luy, parfait payement de 622ʰ 10ˢ. 22ʰ 10ˢ
20 janvier 1677 : à luy, à compte de ses ouvrages. 300ʰ
9 mars-7 juin : à DROÜILLY, pour son parfait payement de 622ʰ 10ˢ pour les caisses qu'il a faites à l'orangerie (2 p.)........................... 222ʰ 10ˢ
28 may-12 juillet : à luy, pour parfait payement de
165ʰ 5ˢ pour ouvrages qu'il a faits à un des deux moulins (2 p.)............................. 165ʰ 6ˢ

18 aoust-15 septembre : à luy, à compte des portes
qu'il fait pour les escuries de Glatigny (2 p.).... 250ʰ
13 novembre 1676-31 janvier 1677 : à luy, à compte
des caisses qu'il fait pour les orangers (3 p.)... 370ʰ
9 mars 1676-3 janvier 1677 : à DESGODETZ, à compte
de ses ouvrages (6 p.).................. 2705ʰ 5ˢ
12 avril-1ᵉʳ septembre : à CARREL, à compte de divers
ouvrages (3 p.)........................ 2000ʰ
24 juillet : à MASSÉ, à compte des ouvrages qu'il fait
à l'orangerie.......................... 300ʰ
  Somme de ce chapitre...... 16206ʰ 14ˢ

SERRURERIE.

9 mars : à MARCHAND, serrurier, à compte des ouvrages qu'il fait aux treillages du jardin........ 300ʰ
9 mars-12 juillet : à luy, à compte d'une chaisne de
fer qu'il fait pour un des moulins (3 p.)..... 1200ʰ
24 mars-15 décembre : à luy, à compte du gros fer
qu'il fournit pour un des moulins (4 p.)...... 3200ʰ
9 avril 1676-31 janvier 1677 : à luy, à compte de ses
ouvrages (9 p.)........................ 2500ʰ
5 novembre : à luy, à compte de la Mesnagerie. 250ʰ
9 mars-12 juillet : à CASTAIN, à compte du gros fer
qu'il fournit pour un des moulins (7 p.)...... 4650ʰ
24 mars : à luy, pour la ferrure des caisses... 700ʰ
1ᵉʳ septembre 1676-31 janvier 1677 : à luy, à compte
de ses ouvrages (7 p.).................. 3500ʰ
21 octobre : à luy, à compte d'une chaisne de fer. 300ʰ
9 mars-1ᵉʳ septembre : à BOY, à compte des caisses
qu'il ferre pour l'orangerie (4 p.).......... 3100ʰ
9 mars-13 may : à luy, à compte d'une chaisne de fer
pour un des moulins (2 p.)............... 1300ʰ
8 may-26 décembre : à luy, à compte de ses ouvrages
(3 p.)................................ 900ʰ
13 may : à luy, à compte de ses balcons de fer. 700ʰ
9 mars-7 juin : à AUDIVERT[1], pour son parfait payement de 625ʰ pour les caisses qu'il ferre pour l'orangerie
(2 p.)................................ 625ʰ
9 mars-7 juin : à BLANGY et AUGER, pour parfait payement de 675ʰ pour les caisses de l'orangerie (2 p.). 675ʰ
9 mars : à SEPTIER, à compte des visses qu'il fait. 300ʰ
9 mars : à HASTÉ, à compte des ballustrades de fer
pour les deux balcons des nouveaux moulins.... 500ʰ
24 mars 1676-3 janvier 1677 : à luy, à compte des
treillages de fer qu'il fait (10 p.)......... 4665ʰ 12ˢ

[1] Ce nom est aussi écrit ODIVERT.

18 aoust : à luy, à compte de trois escalliers de fer qu'il fait............................ 300ᴴ

Somme de ce chapitre...... 29665ᴴ 12ˢ

VITRERIE.

28 juin : à Jacquet, vitrier, pour parfait payement de 614ᴴ 19ˢ............................ 14ᴴ 19ˢ

A luy, pour parfait payement de 454ᴴ 18ˢ. 104ᴴ 18ˢ

12 juillet-26 décembre : à luy, pour ouvrages qu'il a faits aux deux nouveaux moulins et maisons des meusniers (4 p.)......................... 387ᴴ 16ˢ

Somme de ce chapitre........ 507ᴴ 13ˢ

PAVÉ.

11 aoust-26 décembre : à Marchand, paveur, à compte de ses ouvrages (3 p.).............. 1100ᴴ

PEINTURE ET DORURE.

9 mars-26 décembre : à Le Hongre et Tiercelin, à compte de la peinture qu'ils font aux treillages du jardin (2 p.)........................... 600ᴴ

15 mars : aud. Le Hongre, à compte de la peinture de cinq cents caisses......................... 900ᴴ

13 may : à luy, à compte des ouvrages qu'il fait à quatre-vingt caisses...................... 200ᴴ

13 may-12 juillet : à luy, pour parfait payement de 555ᴴ pour la grosse peinture qu'il fait aux deux nouveaux moulins (2 p.)......................... 555ᴴ

14 juin : à luy, à compte des ouvrages qu'il fait au bastiment............................. 200ᴴ

15 octobre : à luy, à compte de ses ouvrages aux Attiques................................ 120ᴴ

21 juin 1676-3 janvier 1677 : à Tiercelin, à compte desd. treillages (2 p.).................... 500ᴴ

2 may : aux enfants de Feuillet, peintre, pour grosses peintures aux portes et aux croisées....... 283ᴴ 6ˢ 8ᵈ

Somme de ce chapitre...... 3358ᴴ 6ˢ 8ᵈ

SCULPTURE.

9 mars-16 décembre : à Drouilly, à compte des ornemens qu'il fait (6 p.)................... 1600ᴴ

15 septembre-1ᵉʳ décembre : à Raon et Drouilly, idem (4 p.)........................... 1100ᴴ

28 octobre-26 décembre : à Raon, pour parfait payement de 352ᴴ idem (3 p.).................. 352ᴴ

9 mars-15 septembre : à Le Hongre et Desjardins, à compte idem (4 p.)..................... 1800ᴴ

28 octobre : aud. Le Hongre, à compte idem.. 100ᴴ

9 mars-26 décembre : à Mazelines et Jouvenet, à compte idem (5 p.).................... 1850ᴴ

5 novembre : à Jouvenet, à compte idem...... 150ᴴ

28 juin : à Houzeau et consors, à compte idem. 500ᴴ

21 octobre-5 novembre : à Houzeau, à compte de leurs ouvrages (2 p.)....................... 500ᴴ

12 juillet-26 décembre : à Massy et consors, à compte de leurs ouvrages (3 p.)................. 1700ᴴ

24 juillet-16 décembre : à Le Gros et consors, à compte de leurs ouvrages (3 p.)............. 650ᴴ

16 décembre : à Massou et Le Gros, à compte de leurs ouvrages............................. 150ᴴ

29 juillet-5 novembre : à La Perdry et Dossier, à compte idem (3 p.)..................... 670ᴴ

21 octobre-26 décembre : à Poissant et Sanson, à compte idem (2 p.)..................... 320ᴴ

11 aoust-26 décembre : à Paris, à compte de ses ouvrages (3 p.)........................ 300ᴴ

28 octobre : à Coir, à compte idem......... 150ᴴ

16 décembre : à Briquet et consors, à compte de leurs ouvrages............................. 200ᴴ

Somme de ce chapitre........ 12092ᴴ

MARBRERIE.

15 mars-28 octobre : à Pierre Lix, à compte des ouvrages de marbre qu'il fait (3 p.).......... 900ᴴ

PLOMBERIE.

9 mars 1676-31 janvier 1677 : à Allain, plombier, à compte de ses ouvrages pour le bastiment de Clagny (6 p.).............................. 18000ᴴ

12 juillet : à luy, à compte des nouveaux moulins. 400ᴴ

20 septembre : à luy, à compte des nouveaux moulins de Glatigny........................... 400ᴴ

Somme de ce chapitre........ 18800ᴴ

JARDINAGES.

21 may : à Collinot, jardinier, pour 1362 bottes de buis................................ 681ᴴ

3 octobre : à Mareschal, pour 1300 oignons de narcisses et 5600 d'hyacintes qu'il a fournis........ 201ᴴ

18 febvrier : à Rigault, pour employer en achat d'arbrisseaux............................. 5000ᴴ

1ᵉʳ mars 1676-20 janvier 1677 : à Le Franc, pour les ouvriers qui ont travaillé aux jardins de Clagny et de Glatigny, à la pépinière, à l'orangerie et à divers ouvrages (31 p.)....................... 28544ᴴ 13ˢ

27 septembre : à luy, pour diverses dépenses dud. jardin................................. 446ᴴ

15 octobre 1676-20 janvier 1677 : à luy, pour divers ouvriers qui ont travaillé au dosme du parterre (6 p.)............................ 2328ᵗᵗ

15 mars-28 aoust : à Pelault, pour les ouvriers qui ont travaillé au potager de Glatigny (5 p.)... 654ᵗᵗ 16ˢ

2 may : à Vaultier, pour fumiers qu'il a fourny aud. potager................................ 416ᵗᵗ 8ˢ

5 novembre 1676-20 janvier 1677 : à Champion, pour ceux qui ont travaillé aud. potager (2 p.). 198ᵗᵗ 15ˢ

Somme de ce chapitre...... 38470ᵗᵗ 12ˢ

FOUILLES.

21 may-4 novembre : à Fleurant et Thierry, à compte des labours qu'ils font aux advenues (3 p.).... 1100ᵗᵗ

18 febvrier : à Dupuis, à compte desd. labours. 1500ᵗᵗ

29 juillet : à Benoist et Mareschal, terrassiers, pour ouvrages qu'ils ont faits pour le premier moulin... 75ᵗᵗ

A du Mans et consors, pour parfait payement de 5090ᵗᵗ pour ouvrages qu'ils ont faits............. 639ᵗᵗ

11 aoust 1676-2 janvier 1677 : à eux, pour fouilles et transports de terre dans led. jardin (7 p.)... 3900ᵗᵗ

21 novembre : à du Mans et Vallée, idem..... 600ᵗᵗ

11 aoust : à du Costé et Boubert, terrassiers, pour leur parfait payement de 6116ᵗᵗ.............. 116ᵗᵗ

9 mars : à eux, à compte de l'aqueduc des moulins. 1700ᵗᵗ

8 may-31 novembre : à eux, à compte de leurs ouvrages à l'estang de Clagny (5 p.)......... 15000ᵗᵗ

2 may 1676-31 janvier 1677 : à du Costé, terrassier, à compte des ouvrages qu'il fait aux deux moulins (2 p.)................................ 500ᵗᵗ

18 aoust 1676-3 janvier 1677 : à Joly, pour parfait payement de 480ᵗᵗ pour labours faits dans le potager (3 p.)................................ 480ᵗᵗ

1ᵉʳ mars : à Maron et consors, à compte du transport qu'ils font aud. potager.................. 1400ᵗᵗ

24 mars-5 juillet : aud. Maron, à compte dud. transport (2 p.)........................... 1500ᵗᵗ

2 may : à Maron et Gonnor, à compte du jardin potager de Glatigny...................... 1700ᵗᵗ

31 novembre : à Maron et Clinet, à compte de leurs ouvrages................................ 400ᵗᵗ

24 mars-11 septembre : à Vallée et Rivière, terrassiers, pour parfait payement de 726ᵗᵗ (2 p.)..... 710ᵗᵗ

11 septembre : à eux, pour ouvrages qu'ils ont faits à la grande allée proche l'estang............. 450ᵗᵗ

24 juillet 1676-31 janvier 1677 : à Boussard[1], à compte dud. potager (3 p.).............. 1100ᵗᵗ

Somme de ce chapitre........ 32870ᵗᵗ

PARTIES EXTRAORDINAIRES.

16 mars : à Florent, pour menues dépenses qu'il a faites pour chercher diverses fleurs pour le jardin de Clagny................................... 121ᵗᵗ

8 avril : à la veuve Noiset, pour parfait payement de 2341ᵗᵗ pour plusieurs voitures qu'elle a faites... 541ᵗᵗ

3 octobre : à Boistard, pour 2295 pots de terre. 299ᵗᵗ

21 novembre : à luy, pour 4000 pots....... 1280ᵗᵗ

1ᵉʳ mars-5 novembre : à Cauchy, à compte des dessins qu'il fait (4 p.)..................... 600ᵗᵗ

9 mars : à la veuve Richard, par gratification, à cause que son mary a esté tué travaillant au bastiment de Clagny.................................... 100ᵗᵗ

15 mars : à Jolly et Rivière, pour ouvrages qu'ils ont faits dans le bois de Glatigny................ 288ᵗᵗ

24 mars-15 décembre : à Ladoireau, à compte de huict manivelles qu'il faict (4 p.)........... 3400ᵗᵗ

9 avril-7 juin : à Champion, pour menues dépenses (2 p.)................................. 135ᵗᵗ

1ᵉʳ juin : à luy, pour le vin de l'Ascension des ouvriers qui travaillent au bastiment de Clagny......... 100ᵗᵗ

5 novembre-26 décembre : à luy, pour les ouvriers qui ont travaillé aux moulins (3 p.)........ 467ᵗᵗ 3ˢ

11 juin-11 aoust : à Le Maire, fondeur, à compte de ses ouvrages (2 p.)....................... 800ᵗᵗ

5 juillet : à de Langre, dessinateur, à compte de ses ouvrages................................. 75ᵗᵗ

A Marc, maçon, pour distribuer à plusieurs ouvriers blessez................................ 103ᵗᵗ

29 juillet : à Pelault, pour menues dépenses qu'il a faites................................. 30ᵗᵗ

11 aoust : à luy, pour les ouvriers qui ont fait divers ouvrages.............................. 305ᵗᵗ

27 septembre-21 octobre : à luy, pour les ouvriers qui ont travaillé aux nouveaux moulins (3 p.). 536ᵗᵗ 17ˢ

15 octobre : au sʳ Perrault, greffier de l'écritoire, à compte de ses vaccations.................. 200ᵗᵗ

21 octobre : à Le Roy, pour nattes....... 58ᵗᵗ 13ˢ

1ᵉʳ décembre : à Pugolle, pour le soin qu'il a pris que les carreyers n'aient fait du désordre en tirant le moison.................................... 30ᵗᵗ

3 janvier 1677 : à Vinet, pour avoir esté blessé. 30ᵗᵗ

A Le Grand, à compte des démolitions qu'il fait. 30ᵗᵗ

---

[1] Ou Boussart.

20 janvier 1677 : à Masselin, chaudronnier, pour ouvrages qu'il fait pour la Mesnagerie........ 320^{tt} 12^s

Somme de ce chapitre.... 9850^{tt} 0^s 5^{d 1}

RÉPARATIONS DE DIVERSES MAISONS ROYALES.

16 mars : à Pinard, pour réparations de menuiserie qu'il a faites à l'hostel des Ambassadeurs..... 122^{tt} 9^s

16 mars : à Le Roy, menuisier, pour parfait payement de 1482^{tt} 7^s pour diverses réparations....... 482^{tt} 7^s

9 may - 13 novembre : à luy, à compte de divers ouvrages (3 p.).......................... 2000^{tt}

16 mars : à Le Roy, plombier, pour les ouvrages qu'il a faits en plusieurs maisons royalles pendant les années 1673, 74 et 75...................... 1877^{tt} 5^s

A Le Loutre, maçon, pour parfait payement de 2726^{tt} pour divers ouvrages qu'il a faits............ 526^{tt}

9 may - 3 octobre : à luy, à compte de diverses réparations (2 p.)......................... 1400^{tt}

8 avril : à Yvon, couvreur, pour réparations qu'il a faites au logis de M. le comte de Vermandois. 735^{tt} 12^s

23 avril : à luy, pour réparations de couvertures de diverses maisons royalles................... 917^{tt} 6^s

8 avril - 3 octobre : à Jacquet, vitrier, à compte des ouvrages qu'il fait à Vincennes (2 p.)......... 1000^{tt}

8 avril - 3 octobre : à Anglard, pour réparations de maçonnerie à Vincennes (2 p.).............. 1600^{tt}

8 avril : à luy, pour avoir restably les couvertures à Vincennes........................... 2000^{tt}

23 avril - 13 novembre : à Le Roy, serrurier, à compte de ses ouvrages à Vincennes (3 p.)......... 1000^{tt}

23 avril : à la veuve Chaussée, pour les ouvriers qui ont fait divers ouvrages dans le Cours de Vincennes. 470^{tt} 8^s

9 may - 3 octobre : à Duez, pour parfait payement de 476^{tt} 15^s pour les bassins qu'il restablit à Vincennes (2 p.)................................ 476^{tt} 15^s

21 may - 18 aoust : à Thibault, à compte de ses labours aux advenues de Vincennes (2 p.)....... 600^{tt}

3 octobre : à luy, pour fermeture qu'il a faite dans le petit parc............................. 350^{tt}

21 may - 18 aoust : à Gollard, à compte des remises à gibier (2 p.).......................... 350^{tt}

31 aoust - 30 décembre : à Poictevin, charpentier, pour parfait payement de la somme de 3764^{tt} pour ses ouvrages (3 p.)......................... 3764^{tt}

31 aoust : à Hanicle, maçon, pour les réparations du logis du marquis de la Vallière à Paris...... 707^{tt}

---
[1] Le total exact est 9850^{tt} 5^s.

A Mélique, menuisier, pour parfait payement de 356^{tt} 10^s............................ 56^{tt} 10^s

Au s^r Esmery, pour réparations qu'il a faites au chasteau de Compiègne....................... 210^{tt}

3 octobre : à Bernard, sculpteur, parfait payement de 666^{tt} pour les réparations de Vincennes (2 p.)... 666^{tt}

3 octobre - 13 décembre : à la veuve Vienrey, vitrière, à compte de diverses réparations (2 p.)....... 900^{tt}

3 octobre : à Charuel, couvreur, idem........ 500^{tt}

13 novembre : à Carré, paveur, pour divers restablissemens........................ 155^{tt} 12^s 6^d

26 décembre : à Benoist, pour les ouvriers qui ont restably et emply les glacières de Vincennes.. 510^{tt} 15^s

Somme de ce chapitre.... 23377^{tt} 19^s 6^d

MANUFACTURES DE FRANCE.

10 novembre : aux sieurs Cocagne et des Rues, commis pour l'exécution des règlemens des toiles qui se fabriquent en Normandie, pour six mois de leurs appointemens qui escherront au dernier mars 1677... 1800^{tt}

MANUFACTURES DES GOBELINS
ET DE LA SAVONNERIE.

14 avril : à Bailly, portier de la Savonnerie, pour ses gages pendant les trois premiers quartiers de la présente année............................... 225^{tt}

13 avril 1677 : à la veuve Lourdet, tapissier, pour les tapis, façon de Turquie, qu'elle a fait faire à la Savonnerie pendant la présente année........ 9839^{tt} 1^s 3^d

A du Pont, tapissier, idem.......... 8812^{tt} 15^s 6^d

A Yvart, peintre, travaillant aux Gobelins, tant pour diverses dépenses que pour ses appointemens. 11054^{tt} 8^s

A Jans, tapissier, pour ouvrages de haute lisse qu'il a faits aux Gobelins.................. 22507^{tt} 10^s 8^d

A Lefebvre, idem............... 10247^{tt} 16^s 4^d

A Mosin, pour ouvrages de basse lisse idem. 11093^{tt}

A de Lacroix, idem................... 7224^{tt} 5^s

A Ferdinand Migliorini, travaillant aux ouvrages de pierres fines, façon de Florence, pour ses gages pendant la présente année....................... 2520^{tt}

A Brancquy, idem.................... 1920^{tt}

A Horace Migliorini, idem.............. 1920^{tt}

A Louette et Dubois, pour avoir poly des pierres fines................................ 1061^{tt} 5^s

A la veuve de Mouchy, bonnetier, pour blanchissage de laine.............................. 83^{tt} 10^s

A Vessier, rentrayeur, pour ouvrages qu'il a faits. 520^{tt}

A Kerkove, teinturier et marqueur des tapisseries, pour ses gages.......................... 1500ᵗᵗ
A Rochon, concierge de l'hostel des Gobelins, pour ses gages................................. 1200ᵗᵗ
A Trehet, jardinier, idem................. 400ᵗᵗ
A la veuve Barreau, portière, idem......... 300ᵗᵗ
Au s' Lefranc, ecclésiastique, pour avoir célébré la messe à la chapelle de la Savonnerie pendant la présente année................................ 240ᵗᵗ
Somme de ce chapitre.... 92668ᵗᵗ 11ˢ 9ᵈ

ACHAT DE MARBRE, PLOMB ET ESTAIN.

17 novembre : à Borzon, pour 150 balustres de marbre blanc qu'il a livrez................ 3000ᵗᵗ
15 febvrier : au s' Formont, banquier, pour les marbres qu'il a fournis pour les magazins... 108428ᵗᵗ 13ˢ
18 avril : au s' Allen, pour 500 pièces de gros plomb d'Angleterre qu'il a fournis idem.......... 15682ᵗᵗ 9ˢ
28 avril : à luy, pour 325 pièces idem..... 12864ᵗᵗ
25 juillet : à luy, pour 325 pièces de gros plomb et 14 pièces d'estain.................... 12864ᵗᵗ
12 octobre : à luy, pour 300 pièces de gros plomb qu'il a fourni...................... 9392ᵗᵗ 5ˢ
A luy, pour 300 pièces de plomb et 15 pièces d'estain............................. 12420ᵗᵗ
21 may : à Ginien, pour 500 pièces de petit plomb d'Angleterre et 180 grosses pièces....... 12856ᵗᵗ 10ˢ
25 juillet : à luy, pour 50 pièces de plomb, 39 pièces et 10 barils d'estain................. 9874ᵗᵗ
16 janvier 1677 : à luy, pour 51 pièces de plomb qu'il a fourni..................... 1642ᵗᵗ 9ˢ 6ᵈ
Somme de ce chapitre.... 199024ᵗᵗ 6ˢ 6ᵈ

ACQUISITIONS D'HÉRITAGES.

16 mars : à Louis Boudin, pour son remboursement de trois arpens de terre comprise dans le rondeau de Fontainebleau............................ 78ᵗᵗ
21 juillet : à François Roulin, pour son dédommagement des démolitions d'une maison à Versailles.. 800ᵗᵗ
14 novembre : à Pierre du Verby, pour un demy arpent de terre sçiz près l'Arc de triomphe....... 300ᵗᵗ
25 juillet : à Julien et Marguerite Savart et autres propriétaires des terres prises pour les avenues de Vincennes............................ 821ᵗᵗ
13 octobre : à Louis Hosudre, pour son remboursement d'une maison qui appartenoit à Antoinette Vernansel, sa femme, sçize à Fontainebleau......... 852ᵗᵗ

28 mars 1678 : à la veuve du s' Barangue, procureur au Chastelet, pour le prix principal et non-jouissance de plusieurs héritages scituez dans le parc de Versailles prèz Satory, acquis au proffit de S. M. par contract du 22 juillet 1676...................... 7375ᵗᵗ
Somme de ce chapitre......... 10226ᵗᵗ

BIBLIOTHÈQUE ET ACADÉMIE DES SCIENCES.

26 febvrier : à Le Bas, pour divers instrumens de mathématique qu'il a faits.................. 540ᵗᵗ
24 mars : à la veuve Le Bas, pour plusieurs lunettes d'approche que feu son mary a fournies....... 348ᵗᵗ
16 mars-13 décembre : à Couplet, pour diverses dépenses (5 p.)........................... 1323ᵗᵗ 6ˢ
8 avril-31 aoust : à Lhéritier et Cousin, pour avoir transcrit plusieurs cayers du Dictionnaire de l'Académie (3 p.)............................. 492ᵗᵗ 10ˢ
13 novembre : à Potel, pour avoir restably la machine à eslever l'eau qui est à lad. bibliothèque.. 304ᵗᵗ
A Gosselin et Tanguy, pour divers instrumens de mathématique............................ 404ᵗᵗ 15ˢ
6 juillet : à Villain, marchand, pour ce qu'il a payé au s' Brosson, marchand d'Alexandrie, pour manuscrits et autres curiositez........................ 1000ᵗᵗ
10 aoust : à Le Vasseur, pour la reliure de plusieurs livres............................. 480ᵗᵗ
A la veuve Mérius[1], idem................. 368ᵗᵗ
A La Tour, idem........................ 510ᵗᵗ
24 novembre : au s' Clément, à compte des dépenses qui se font à lad. bibliotecque pour impressions de planches et relieures....................... 2500ᵗᵗ
20 décembre : à Mabre Cramoisy, pour livres qu'il a fournis............................... 755ᵗᵗ
27 juin : au s' Cramoisy, à compte des impressions qu'il a fait faire...................... 8000ᵗᵗ
9 juillet : au s' Godefroy, historiographe, sçavoir 758ᵗᵗ pour parfait payement de 3758ᵗᵗ pour la dépense qu'il a faite, tant pour la nourriture et appointemens de quatre escrivains qui travaillent sous luy à la Chambre des Comptes de Lille en Flandres, que pour autres frais qu'il a faits, et 3000ᵗᵗ à compte desd. despenses..... 3758ᵗᵗ
29 novembre : à luy, pour dépenses qu'il a faites jusques au dernier septembre................. 3864ᵗᵗ
20 novembre : au s' Carcavi, pour diverses dépenses qu'il a faites........................ 5232ᵗᵗ
6 janvier 1677 : aux s'' Delacroix et Dippy, en consi-

[1] Ou Mérins?

ANNÉE 1676. — GRATIFICATIONS AUX GENS DE LETTRES.

dération du travail extraordinaire qu'ils ont fait à la bibliotecque pendant 1676.................. 1200ᵗᵗ
19 juin : au s' Pavillon, pour divers achats faits en Levant........................... 4649ᵗᵗ 9ˢ 6ᵈ
    Somme de ce chapitre..... 35729ᵗᵗ 1ˢ 6ᵈ

ACADÉMIE DE PEINTURE,
SCULPTURE ET ARCHITECTURE DE PARIS ET DE ROME.

13 septembre : au s' Formont, pour son remboursement de pareille somme qu'il a fait tenir à Rome au s' Errard, directeur de l'Académie de peinture......... 15000ᵗᵗ
5 décembre : à Pnou et Théodon, sculpteurs, pour leur donner moyen de s'en aller à Rome estudier dans lad. Académie......................... 400ᵗᵗ
25 avril 1676-6 janvier 1677 : aux architectes qui ont assisté aux conférences pendant les quatre quartiers de la présente année (4 p.)................. 3344ᵗᵗ
25 avril : au s' Beaubrun, pour l'entretenement de lad. Académie pendant la présente année......... 400ᵗᵗ
8 janvier 1677 : au fils de la veuve Pabent, pour la pension et gratiffication à luy accordée pour luy donner moyen d'estudier la peinture pendant l'année 1676. 200ᵗᵗ
    Somme de ce chapitre......... 22944ᵗᵗ

GRATIFICATIONS AUX GENS DE LETTRES.

8 juillet : au s' Boutteroüe, lieutenant de l'admirauté de Dunkerque, par gratiffication, en considération du travail qu'il fait sur les monnoyes anciennes et nouvelles du royaume............................. 1000ᵗᵗ
6 aoust : au Père Chifflet, Jésuite, en considération des ouvrages curieux qu'il compose........... 600ᵗᵗ
Au Père Vanselebe, pour parfait payement de ses appointemens et pour autres dépenses qu'il a faites pendant son voyage de Levant................... 1009ᵗᵗ
9 septembre : au s' Cléramdaud, en considération de son application à l'histoire généalogique........ 600ᵗᵗ
23 octobre : au s' du Vivier, en considération du travail qu'il fait à la carte de la Généralité de Paris. 1000ᵗᵗ
7 mars : au s' Cassini, mathématicien, pour ses gages pendant la présente année.................. 9000ᵗᵗ
Au s' Huggens, pour ses appointemens pendant les six premiers mois de la présente année......... 3000ᵗᵗ
Au s' Romer, pour ses appointemens pendant la présente année........................... 1000ᵗᵗ
23 aoust : au s' de Lacroix fils, en considération des voyages qu'il fait en Levant pour y apprendre les langues orientales............................. 1200ᵗᵗ

29 aoust : aux héritiers du feu s' Le Laboureur, en considération du travail que led. s' Le Laboureur a fait sur les généalogies du royaume............ 6000ᵗᵗ
19 aoust 1677 : à Couplet, en considération des services qu'il a rendu à l'Académie des Sciences pendant 1676............................. 800ᵗᵗ
Au s' Godefroy, en considération du travail qu'il fait sur l'histoire de France pendant 1676........ 3600ᵗᵗ
22 avril : à M. Carcavi, en considération de la profonde connoissance qu'il a des matématiques... 2000ᵗᵗ
Au s' Picard, en considération de la connoissance particulière qu'il a des matématiques.......... 1500ᵗᵗ
Au s' Buot, idem..................... 1200ᵗᵗ
Au s' Dodart, idem.................... 1500ᵗᵗ
Au s' Blondel, idem................... 1500ᵗᵗ
Au s' Pasquin, en considération de son application idem......................... 600ᵗᵗ
Au s' Perrault, en considération de son application aux belles-lettres....................... 2000ᵗᵗ
Au s' Félibien, en considération du travail qu'il fait pour l'histoire des Maisons royales.......... 1200ᵗᵗ
Au Père Le Cointe, en considération du travail qu'il fait pour les Annales ecclésiastiques.......... 1500ᵗᵗ
Au s' Racine, en considération des ouvrages de poésie qu'il donne au public................... 1500ᵗᵗ
Au s' Dipi, interprète en langue arrabe, en considération du service qu'il rend en cette qualité..... 1000ᵗᵗ
Au s' de Lacroix, en considération du service qu'il rend en qualité d'interprète en langue turque... 1200ᵗᵗ
Au s' Marchand, en considération de la connoissance particulière qu'il a de la botanique.......... 1500ᵗᵗ
Au s' abbé Tallemant, en considération de son application aux belles-lettres................. 1500ᵗᵗ
Au s' Borelli, en considération de son application à la physique......................... 1200ᵗᵗ
Au s' Perrault, médecin, idem............ 2000ᵗᵗ
Au s' Quinault, en considération des pièces de théâtre et autres ouvrages qu'il donne au public...... 1500ᵗᵗ
Au s' abbé Gallois, en considération de son application aux belles-lettres.................. 2000ᵗᵗ
Au s' Charpentier, idem................ 1500ᵗᵗ
Au s' Baluze, en considération des ouvrages de littérature qu'il donne au public............... 1200ᵗᵗ
Au s' Bourdelin, en considération de son travail à l'Accadémie des Sciences pour l'analize des plantes..... 1500ᵗᵗ
Au s' du Clos, en considération de la profonde connoissance qu'il a de la chimie.............. 2000ᵗᵗ
Au s' du Hamel, secrétaire de l'Accadémie, en considération du travail qu'il fait.............. 1500ᵗᵗ

30 avril : au sʳ du Bouchet, en considération de son application aux belles-lettres.............. 1500ᴧ

Au sʳ de Compiègne, en considération du travail qu'il fait à la bibliothèque du Roy................ 600ᴧ

Au sʳ Mariotte, en considération de la connoissance particulière qu'il a des mathématiques........ 1500ᴧ

4 may : au sʳ Clérambault, en considération de son application à l'histoire généalogique........... 600ᴧ

Au sʳ Michault, en considération de son application à l'histoire............................. 1200ᴧ

27 juin 1677 : au sʳ du Vernay, en considération de son application à l'anatomie................ 1500ᴧ

2 juillet : au sʳ Despréaux, en considération de son application aux belles-lettres.................. 2000ᴧ

Somme de ce chapitre........ 71809ᴧ

GRAVEURES DE PLANCHES.

26 febvrier : à Rousselet, pour parfait payement de 1500ᴧ pour une planche représentant *Moyse sauvé des eaux*................................ 600ᴧ

2 juin : à luy, à compte de la gravure du *Saint Michel* de Raphael........................ 800ᴧ

26 febvrier : aux héritiers de Chauveau, parfait payement de 880ᴧ pour cinq planches qu'il a gravées....... 280ᴧ

A Le Clerc, pour plusieurs planches......... 300ᴧ

8 avril : à luy, à compte de la façade du Louvre. 200ᴧ

28 juin : à luy, pour quatre planches de dissections d'animaux................................. 520ᴧ

3 octobre : à luy, pour trois planches *idem*.... 390ᴧ

26 febvrier : à Chasteau, parfait payement de 1450ᴧ pour une planche qu'il a gravée d'après le Poussin. 150ᴧ

2 juin : à luy, à compte de l'*Histoire de Pyrhus* du Poussin....................... 300ᴧ

26 febvrier : à La Boissière, pour trois planches de médailles qu'il a gravées............... 240ᴧ

26 febvrier - 13 décembre : à Audran, pour parfait payement de 10795ᴧ pour les planches de l'*Histoire d'Alexandre* qu'il grave d'après le sʳ Le Brun (3 p.)..... 2095ᴧ

26 febvrier : à Picart, pour parfait payement de 800ᴧ pour une planche qu'il a gravée.............. 300ᴧ

9 may : aud. Picard, à compte d'une planche qu'il grave............................. 1150ᴧ

26 febvrier - 3 octobre : à Jean Edelinck, pour parfait payement de 600ᴧ pour ses ouvrages (2 p.)..... 600ᴧ

26 febvrier - 13 décembre : à Girard Edelinck, pour parfait payement de 5500ᴧ *idem* (4 p.)........ 2300ᴧ

8 avril : à Berain, pour plusieurs desseins de planches qu'il a faits.......................... 350ᴧ

31 aoust : à luy, pour deux planches........ 550ᴧ

8 avril - 2 juin : à Le Pautre, pour parfait payement de 700ᴧ pour une planche qu'il a gravée du feu d'artifice tiré en 1674 à Versailles (2 p.)............. 700ᴧ

31 décembre : à luy, pour une planche représentant les illuminations........................ 500ᴧ

28 juin - 31 aoust : à Le Paultre fils, pour deux planches qu'il a gravées (2 p.)................. 240ᴧ

31 décembre : à luy, pour trois planches qu'il a gravées............................. 390ᴧ

8 avril : à Baudet, pour parfait payement de la somme de 2145ᴧ............................ 745ᴧ

18 febvrier : à luy, à compte des planches qu'il grave pour le Traité des artz................... 600ᴧ

13 décembre : à luy, pour une planche....... 750ᴧ

15 avril : à luy, *idem*................... 800ᴧ

9 may : à Manot, à compte de la façade du Louvre................................ 330ᴧ

31 juillet : à Chastillon, pour six planches qu'il a gravées................................. 540ᴧ

3 octobre : à luy, pour une planche *idem*...... 50ᴧ

13 décembre : à luy, pour six planches *idem*... 540ᴧ

31 aoust : à Melan, pour deux planches *idem*. 1000ᴧ

3 octobre 1676 - 28 febvrier 1677 : à Chéron, à compte des médailles qu'il grave (2 p.)............. 900ᴧ

3 octobre 1676 - 28 febvrier 1677 : à Loyr, à compte *idem* (2 p.)......................... 900ᴧ

3 octobre 1676 - 28 febvrier 1677 : à Clériox, *idem* (2 p.)................................ 900ᴧ

13 novembre : à Dorbay, pour une planche qu'il a gravée.................................. 100ᴧ

13 décembre : à Silvestre, pour trois planches qu'il a gravées................................. 1500ᴧ

10 juillet : à Patigny, pour le travail qu'il a fait pendant lad. année 1676 à l'Observatoire......... 1080ᴧ

23 janvier 1677 : à Ferme, à compte d'une médaille qu'il grave pour l'Histoire du Roy............. 150ᴧ

Somme de ce chapitre........ 23840ᴧ

LOYERS DE MAISONS.

22 novembre : à la veuve Laniel, pour loyers de la maison occupée par Marin Trumel, jardinier de l'orangerie.................................... 1500ᴧ

19 juillet : au sʳ Petit, père, pour le loyer de sa maison scize à Versailles, pendant la présente année. 1200ᴧ

8 janvier 1677 : au sʳ abbé Colbert, pour le loyer de sa maison occupée par la bibliothèque du Roy... 3000ᴧ

11 janvier 1677 : à la dame de Poix, pour le loyer de

sa maison et manège occupez par la grande escurie de S. M. .... 4030^{lt}

22 avril 1677 : à la veuve PATEL, peintre, pour une année du loyer de la maison occupée par feu son mary pour travailler aux tableaux des maisons royalles. 300^{lt}

24 janvier 1677 : à la veuve HAVART, pour le loyer d'une maison seize à la Halle-Barbier, occupée par les mousquetaires du Roy pendant 1676 .... 180^{lt}

A LOUIS ROGER, pour deux maisons occupées *idem*. 360^{lt}

Aux dames DASTRY et PERRIER, pour quatre maisons *idem* .... 1000^{lt}

A Mme CORNUEL, pour huit maisons .... 1440^{lt}

Au s^r HOUËL, pour deux maisons .... 360^{lt}

A BRILLART, ayant droit au cautionnement de LOUIS BARBIER, pour cinq maisons................. 900^{lt}

A la veuve CARBONNOT, pour le loyer de la maison qu'elle a occupée pendant 1676 .... 200^{lt}

Somme de ce chapitre......... 14470^{lt}

GAGES PAYEZ PAR ORDONNANCES.

16 mars 1676-8 janvier 1677 : à GOEREN, portier de la porte du parc du chasteau de Saint-Germain, pour une année et trois mois de ses gages escheus le dernier décembre 1676 (3 p.) .... 456^{lt}

16 mars 1676-8 janvier 1677 : à CLÉMENBOURY, portier du parterre de Saint-Germain, pour une année de ses gages (2 p.) .... 360^{lt}

23 may : à MÉNARD, ayant l'entretenement des marbres de la chapelle du Palais-Royal, pour une année de ses gages escheue au dernier mars........... 150^{lt}

29 avril : aux nommez CHAMBOIS, couvreurs, ayant l'entretenement des couvertures du chasteau de Compiègne, sçavoir : 400^{lt} pour une année escheue au dernier mars, et 50^{lt} pour réparations extraordinaires. 450^{lt}

17 may : à FRADES, ayant l'entretenement et labours des plants des avenues de Saint-Germain, pour la présente année.............................. 965^{lt}

4 juillet : au s^r PETIT fils, ayant le soin des bastimens de Saint-Germain, pour ses appointemens pendant la présente année....................... 1200^{lt}

11 janvier 1677 : à luy, pour appointemens extraordinaires .... 900^{lt}

12 juillet 1676-17 janvier 1677 : à SOULAIGRE, concierge du vieil chasteau de Saint-Germain, pour le nettoyement des cours et autres endroits dud. chasteau pendant une année (2 p.)................. 1152^{lt}

19 juillet : à la veuve DORCHEMER LA TOUR, concierge du chasteau de Fontainebleau, pour ses gages pendant lad. année à cause du nettoyement des cours.... 400^{lt}

Au s^r BALLON, ayant la direction des plants des avenues et parcs des maisons royalles, pour ses gages. 1800^{lt}

Au s^r DE LA QUINTINIE, ayant la direction des jardins fruictiers et potagers de S. M., *idem* .... 2000^{lt}

22 avril 1677 : à luy, par gratiffication, en considération du soin extraordinaire qu'il prend des jardins fruictiers et potagers des maisons royalles...... 2000^{lt}

Au s^r PETIT père, ayant le soin des ouvrages et bastimens de Fontainebleau, pour ses appointemens. 3600^{lt}

A CHASTILLON, ayant l'entretenement de l'orangerie de Fontainebleau, pour augmentation de ses gages.. 200^{lt}

A FOSSIER, commis pour recevoir et peser le fer, le plomb et estain nécessaires pour les bastimens. 1200^{lt}

8 janvier 1677 : à luy, pour veiller aux réparations des maisons royalles .... 700^{lt}

20 juillet : à YVON, couvreur, ayant la moitié de l'entretenement des couvertures des maisons royalles. 4145^{lt}

23 juillet : au s^r CLÉMENT, pour ses appointemens de la présente année, en considération du soin qu'il prend de l'impression et conservation des planches de tailledouce............................. 1200^{lt}

27 juillet : à CHARUEL, ayant la moitié de l'entretenement des couvertures des maisons royalles, y compris 1000^{lt} pour l'augmentation faite à Saint-Germain..... 5145^{lt}

28 aoust : à HENRY, jardinier, ayant le soin de faire la recherche des plants d'arbres et de fleurs pour les jardins de S. M......................... 600^{lt}

12 septembre : aux prestres de la Mission de Fontainebleau, pour leur subsistance pendant la présente année................................ 600^{lt}

27 octobre : à VERDIER, peintre, pour ses gages pendant la présente année................... 2000^{lt}

1er janvier 1677 : au s^r LE NOSTRE, en considération de l'augmentation de son entretenement des Thuilleries. 1000^{lt}

8 janvier 1677 : à DE LA RUE, maçon, ayant l'entretenement des terrasses et dalles du chasteau de Saint-Germain pendant 1676................... 400^{lt}

A DANDRESNE, jardinier flamand, tant pour ses gages que par gratiffication.................... 825^{lt}

A DESMOULINS, archer de la Prévosté, préposé pour les matériaux nécessaires aux bastimens de Versailles. 1080^{lt}

11 janvier 1677 : au s^r BLONDEL, professeur de l'Académie d'architecture, pour ses gages............ 1200^{lt}

A DORBAY, architecte, pour ses gages *idem*... 1000^{lt}

A GITTARD, *idem*....................... 500^{lt}

A LE PAULTRE, *idem*.................... 500^{lt}

A MIGNARD, *idem*...................... 500^{lt}

A Bruand, idem........................ 500^{lt}
A Mansard, idem...................... 500^{lt}
Aux meusniers des deux nouveaux moulins de l'estang de Clagny, pour les six derniers mois de leurs gages................................. 500^{lt}

16 janvier 1677 : à DU VAL, ayant l'entretenement des couvertures du chasteau de Monceaux, pour les six premiers mois dud. entretenement escheus au dernier décembre 1676......................... 2750^{lt}

15 febvrier 1677 : à DU VAL, ayant l'entretenement des couvertures de Vincennes................. 1400^{lt}

16 janvier 1677 : à DAUVERGNE, préposé pour peser le fer des maisons royales et pour la recherche de charmilles............................. 1080^{lt}

1er febvrier 1677 : à MASSON et ses belles-sœurs, en considération de l'augmentation d'entretenement du jardin des Thuilleries....................... 1000^{lt}

13 avril 1677 : au s^r BELLISSANI, en considération du soin qu'il prend du commerce et des manufactures. 4000^{lt}

19 aoust : au s^r VANDERMEULEN, peintre, pour ses gages de 1676................................ 6000^{lt}

A GERMAIN, préposé à la pépinière du Roulle, pour ses gages............................... 900^{lt}

10 septembre : au s^r LE FEBVRE, pour ses gages. 2400^{lt}

A PISAULT, garde de la Prévosté de l'Hostel, pour avoir vacqué à faire fournir les matériaux nécessaires pour le bastiment du Val jusqu'au 18 juillet (2 p.)..... 1210^{lt}

25 avril 1676 - 3 janvier 1677 : à CHAMPION, ayant le soin de peser le fer et le plomb qui s'employe au bastiment de Clagny, à compte de ses gages (4 p.).... 400^{lt}

7 juin - 24 juillet : à PELAULT, ayant soin des ouvriers qui travaillent aux jardins de Clagny, à compte de ses gages (2 p.)........................... 160^{lt}

12 juillet : à L'ESPÉE, pour avoir pressé les ouvriers de Clagny pendant trois semaines............. 60^{lt}

29 juillet : à DESCLUSEAUX, garde de la Prévosté, pour deux mois de ses gages................... 300^{lt}

5 mars 1677 : à BRÉAU, en considération du soin qu'il prend de la conduite des bastimens de Clagny.. 3000^{lt}

8 janvier 1677 : à LAMY, portier des Thuilleries, pour ses gages pendant 1676................... 300^{lt}

Au s^r GALLAND, ayant l'entretenement et nourriture des carpes et cygnes de l'estang de Fontainebleau, pour ses gages............................... 1082^{lt}

Au s^r CLINCHANT, garde-clef du palais des Thuilleries, pour le soin qu'il a d'entretenir propres tous les appartemens et les cours dud. palais............... 2000^{lt}

11 may 1677 : à CHEVILLARD, fontainier, ayant l'entretenement des fontaines de Vincennes, pour ses gages de 1676............................. 600^{lt}

Somme de ce chapitre......... 73764^{lt}

La table placée en tête du registre renvoie à la page 140 pour les *Gages suivant l'estat*. Or la page 140 et les suivantes ne contiennent rien. On saute des Gages payés par ordonnance (p. 135-137) aux Diverses dépenses, qui commencent à la page 150. Évidemment le scribe a omis le chapitre des Gages suivant l'état, qui devait commencer à la page 140. C'est encore une preuve que ces registres étaient transcrits bien après l'arrêté des comptes.

DIVERSES DÉPENSES.

26 febvrier : à la veuve HÉRARD, à compte des médailles et poinçons que feu son mary a faits......... 1200^{lt}

26 febvrier - 23 may : à GERMAIN, pour parfait payement de 2191^{lt} 3^s pour achat de plantes pour les maisons royales (2 p.)....................... 1591^{lt} 3^s

13 febvrier - 13 novembre : à luy, pour parfait payement de 8541^{lt} 5^s pour les plants qu'il a achepté pour les avenues des maisons royales (3 p.)........ 8441^{lt} 5^s

8 avril - 27 juin : à luy, à compte de la closture qui se fait dans une isle vis-à-vis le Cours la Reyne, pour y relever des cygnes[1] (2 p.)................. 1914^{lt} 14^s 10^d

16 mars - 13 septembre : à NICOT et THIERIAT, pour la voiture, de Lyon à Paris, de plusieurs caisses pour le Roy (2 p.).............................. 1097^{lt} 9^s

8 avril : aux LIARD, pour taupes qu'ils ont prises. 606^{lt}

31 juillet : à eux, pour 3785 taupes *idem*. 662^{lt} 7^s 6^d

7 janvier 1677 : à eux, pour 3570 taupes qu'ils ont prises.............................. 604^{lt} 5^s

8 avril - 13 novembre : à PERRAULT, greffier de l'Escritoire, pour les toisez et vérifications d'ouvrages qu'il a faits (2 p.)............................ 1003^{lt}

8 avril - 13 novembre : à BAILLY, peintre, pour les desseins de tapisseries en peinture qu'il a faits sur du gros de Tours (2 p.)...................... 1919^{lt}

30 octobre : à BAILLY, pour ouvrages qu'il a faits à la machine des Fables d'Esope................ 413^{lt}

10 janvier 1677 : à luy, pour parfait payement de 1849^{lt} 16^s.......................... 549^{lt} 16^s

21 septembre : à luy, pour divers desseins de tapisseries et de meubles qu'il a faits.............. 582^{lt}

---

[1] L'île des Cygnes.

8 avril-9 may : à la veuve Noisette[1], pour parfait payement de 1921ᵗᵗ pour voitures qu'elle fait. . 1921ᵗᵗ

9 avril : à la veuve et héritiers de Marin Trumel, pour 300 ifs qu'ils ont vendus à S. M............ 1500ᵗᵗ

A Jullienne, pour 800 ifs *idem*.......... 4400ᵗᵗ

A Maricour, pour 150 ifs *idem*.......... 450ᵗᵗ

A la damoiselle Cagnet, pour 343 ifs *idem*... 3430ᵗᵗ

9 may : à Prou, menuisier, pour chassis qu'il a faits pour les tapisseries peintes sur du gros de Tours. 154ᵗᵗ 5ˢ

A Massou, pour trois bustes de marbre qu'il a livrez................................. 525ᵗᵗ

A Le Gros, pour quatre bustes *idem*........ 700ᵗᵗ

9 may-13 novembre : à la veuve Somer, pour parquets de marqueterie (3 p.).............. 3150ᵗᵗ

21 may : à du Chesnoy, pour quatre grands piédouches de marbre........................ 120ᵗᵗ

21 may-2 octobre : à Bonnemer, pour ses ouvrages de tapisserie en peinture sur du gros de Naples (2 p.).. .... 2249ᵗᵗ 12ˢ 6ᵈ

21 may-18 aoust : à Frades, à compte des labours qu'il fait aux remises à gibier des plaines de Saint-Denis et d'Houilles (2 p.)...................... 900ᵗᵗ

23 may : à Rigault, pour parfait payement de la somme de 7693ᵗᵗ 6ˢ........................ 2093ᵗᵗ

31 juillet : à Mangin, pour avoir restably trois binards................................ 82ᵗᵗ 15ˢ

18 aoust : à Caffieri et La Baronnière, pour une bordure qu'ils ont faite................... 200ᵗᵗ

3 octobre : auxd. La Baronnière, Caffieri et Prou, pour six bordures...................... 587ᵗᵗ

A Jourlet, pour six cuirs de vaches qu'il a livrez. 198ᵗᵗ

A Hanuche, marbrier, pour dix piédouches qu'il a faits................................ 177ᵗᵗ

A Tiffaine et consors, pour 10100 oignons de narcisses blancs doubles, et 16000 de hyacintes. 335ᵗᵗ 16ˢ

3 octobre-21 novembre : à Houiste et consors, pour voitures qu'ils ont faites (2 p.)............. 542ᵗᵗ

3 octobre : à Fossier, pour employer en menues dépenses................................ 1000ᵗᵗ

3 octobre-13 décembre : à Barré, à compte des voitures qu'il fait (2 p.).................... 1400ᵗᵗ

13 novembre : à La Roche, loueur de carosses, pour plusieurs voyages...................... 560ᵗᵗ

21 novembre : à Huby et consors, pour diverses fleurs qu'ils ont vendues.................... 955ᵗᵗ 19ˢ

13 décembre : à Vateros, vannier, pour ouvrages qu'il a faits................................ 278ᵗᵗ

[1] Ou Noisut.

6 mars : au sʳ Anaspaize, ingénieur, pour gratiffication, en considération des modelles de pompes qu'il a faits. 400ᵗᵗ

28 mars : à Loyr, pour 1000 jetons d'argent qu'il a fournis................................ 996ᵗᵗ

8 avril : à Fayait, pour ouvrages de broderie qu'il a faits sur une pièce de tapisserie peinte sur du gros de Tours................................. 477ᵗᵗ 10ˢ

22 may : au Père Chifflet, Jésuite, pour dépenses qu'il a faites de Dijon à Paris pour la voiture de ses livres................................. 300ᵗᵗ

12 juin : à Dufour, pour treize poinçons de revers de médailles qu'il a livrez................. 200ᵗᵗ

14 juin : à Ballin, pour deux vazes de bronze qu'il a fournis............................... 2000ᵗᵗ

24 décembre : à Loy, pour 2000 jettons d'argent qu'il a fournis........................... 1905ᵗᵗ

22 janvier 1677 : à Loy, pour 2250 jettons qu'il a fournis............................... 2298ᵗᵗ

30 juin : aux héritiers du feu sʳ Warin, pour parfait payement de 25130ᵗᵗ à quoy montent plusieurs ouvrages qu'il a faits......................... 3130ᵗᵗ

14 novembre : au sʳ Warin, pour parfait payement de 2461ᵗᵗ 10ˢ.......................... 1461ᵗᵗ 10ˢ

13 octobre : aux sʳˢ Caze et Tronchin, pour pareille somme qu'ils ont fait payer à Constantinople au sʳ Vanselebius........................... 2000ᵗᵗ

5 novembre : à Poulet, pour ouvrages d'émail faits à la machine des Fables d'Esope............. 72ᵗᵗ

14 novembre : à Guimont, pour 270 glaces qu'il a fournies............................. 3168ᵗᵗ

13 décembre : à Missont, par gratiffication, pour plusieurs voyages qu'il a faits aux Pyrénées pour découvrir des carrières de marbre................. 1200ᵗᵗ

14 décembre : à Denis, pour avoir fait les modelles de la pompe de la machine des Fables d'Esope.. 200ᵗᵗ

29 décembre : au sʳ de la Quintinye, pour achapt d'arbres fruitiers et autres dépenses........ 2874ᵗᵗ

20 octobre : ou sʳ Mosnier, sçavoir : 1000ᵗᵗ pour parfait payement des dépenses qu'il a faites pour achat d'animaux en Levant, et 1200ᵗᵗ par gratiffication... 2200ᵗᵗ

4 janvier 1677 : à Quesnel, rocailleur, pour fournitures pour la machine des Fables d'Esope... 393ᵗᵗ 14ˢ

6 janvier 1677 : à Barbier, menuisier, pour parfait payement de 1946ᵗᵗ pour divers ouvrages...... 346ᵗᵗ

8 janvier 1677 : aux cy-après nommez, sçavoir : 495ᵗᵗ au sʳ Ballon, pour nourritures des cignes, et 837ᵗᵗ à Garnier, tant pour pareille nourriture que pour le soin qu'il en a pris...................... 1332ᵗᵗ

11 janvier 1677 : aux principal, procureur et bour-

siers du Collège de Cambray, pour dédommagement du Collège Royal pendant 1676............... 1180ᴸ

Au s' PETIT, prieur de Choisy, pour son dédommagement des terres encloses dans le parc de Versailles pendant 1676......................... 1093ᴸ

28 janvier 1677 : à SIBERT et DE NALEX, fondeurs, venus de Dinan à Paris, sçavoir : 60ᴸ pour leur voyage et 240ᴸ à compte de leurs ouvrages............ 300ᴸ

Somme de ce chapitre.. 78019ᴸ 11ˢ 10ᵈ [1]

ANNÉE 1677.

RECEPTE.

23 febvrier : de Mᵉ GÉDÉON DU METZ, garde du trésor royal, la somme de 1943058ᴸ 6ˢ 8ᵈ pour délivrer à Mᵉ SÉBASTIEN FRANÇOIS DE LA PLANCHE, trésorier général des bastimens du Roy, artz et manufactures de France, pour employer au fait de sa charge, mesme celle de 1927000ᴸ avec payement des dépenses ordonnées par S. M. tant pour les bastimens de ses maisons royalles que pour autres ouvrages à faire pendant la présente année 1677, ainsy qu'il est cy-après libellé, et 16058ᴸ 6ˢ 8ᵈ pour les taxations dud. trésorier, à raison de 2ᵈ pour livre......................... 1943058ᴸ 6ˢ 8ᵈ

(Comptant au trésor cz mois de febvrier et huict suivans 1800000ᴸ, à 200000ᴸ par mois, et en décembre 143058ᴸ 6ˢ 8ᵈ.)

CHASTEAU DE VERSAILLES.

Pour la continuation des ouvrages de pavé tant du chasteau que du bourg................. 30000ᴸ

Pour achever les ouvrages de marbre du grand escallier........................... 25000ᴸ

Pour l'incrustement de la gallerie voutée dud. escallier, y compris les ouvrages de stuc et de dorure. 12000ᴸ

Pour les cinq portes de fer de lad. gallerie avec la dorure desd. portes.................. 10000ᴸ

Pour achever la peinture à fresque dudit grand escallier............................ 15000ᴸ

Pour faire la cage de fer et fil de laton, et peindre et dorer les ornemens de la lanterne et de la grande corniche............................... 7000ᴸ

Pour les bazes de bronze doré et les chapiteaux de plomb et estain doré dud. escallier.......... 6000ᴸ

Pour la balustrade de bronze doré idem...... 12000ᴸ

Pour quatre portes de bois ornées de sculpture et dorure au haut dud. escallier................ 3000ᴸ

Pour achever les ouvrages de marbre du grand vestibule, y compris les colonnes et pilastres..... 15000ᴸ

Pour la peinture et dorure dud. vestibule avec la corniche de stuc idem................... 10000ᴸ

Pour achever les tableaux des platfondz des grands appartemens........................ 20000ᴸ

Pour la peinture du platfondz du cabinet et de la chambre des bains et les tableaux des cheminées de l'appartement bas.................... 4000ᴸ

Pour polir et achever tous les marbres dud. appartement............................ 3000ᴸ

Pour les ornemens de bronze et bas-reliefs des cheminées, dessus des portes et piédestaux dud. appartement............................ 12000ᴸ

Pour deux baignoires de marbre pour le cabinet des bains............................. 6000ᴸ

Pour la peinture, dorure et menuiserie de la garderobe de la chambre des bains.............. 3000ᴸ

Pour achever les ouvrages de marbre du sallon de la Reyne............................ 4000ᴸ

Pour achever la sculpture du fronton de la chapelle, faire les trois bas-reliefs au-dessus et la grande corniche du dedans........................ 12000ᴸ

Pour la peinture et dorure des croisées du petit chasteau qui donnent sur la terrasse............ 4000ᴸ

Pour les corps de pompes, robinets et autres ouvrages de cuivre et chaudronnerie pour les fontaines.. 4000ᴸ

Pour achever les balustrades, la dorure et la figure de la fontaine de la Renommée............... 10000ᴸ

Pour les deux pavillons de la Renommée, les ouvrages de marbre, de stuc et autres............. 6000ᴸ

Pour achever les ornemens de la fontaine de Saturne............................. 6000ᴸ

---
[1] Le total exact est 78020ᴸ 1ˢ 10ᵈ.

ANNÉE 1677. — RECETTE.

Pour continuer les vingt-quatre figures et les quatre groupes de marbre blanc du parterre d'eau... 40000tt
Pour les ouvrages de la fontaine du Pavillon, Arc de triomphe, aiguilles, piramides et autres ornemens..... .... 60000tt
Pour achever les ouvrages à faire pour l'ornement du bout du canal du costé de la Mesnagerie...... 40000tt
Pour achever ceux du costé de Trianon.... 15000tt
Pour la nouvelle faisanderie, la laicterie et grenier de dessus................................. 32000tt
Pour les logemens des jardiniers et fontainiers. 20000tt
Pour la continuation de la recherche des eaux sur la montagne de Roquancourt et de Noisy avec les aqueducs et conduites nécessaires.................. 40000tt
Pour les dépenses extraordinaires à faire pour les jardins et fontaines...................... 120000tt
Pour les gages des jardiniers, fontainiers, meusniers, rocailleur, fondeur et autres............... 55000tt
Pour l'entretenement des vaisseaux du canal, appointemens et solde des officiers d'iceux......... 20000tt
Pour la peinture, sculpture et dorure des six chaloupes qui sont sur le canal, et pour la peinture et dorure d'un des deux iacks...................... 10000tt
Pour achever les deux chevaux marins du bout du canal, les poser et bronzer................. 4000tt
Pour la continuation des ouvrages du bastiment de Clagny...................................... 300000tt
Pour les dépenses extraordinaires et imprévenës de Versailles..................................... 30000tt

Total de Versailles.......... 1115000tt [1]

LOUVRE ET THUILLERIES.

Pour continuer la sculpture de la façade du Louvre.. .... 20000tt
Pour l'élévation des deux pavillons......... 30000tt
Pour les ornemens de peinture et dorure de la gallerie d'Apollon................................... 10000tt
Pour dresser l'allée de terrasse des Thuilleries et autres dépenses dud. jardin................... 3000tt

Total du Louvre et des Thuilleries... 63000tt

AUTRES DÉPENSES.

Pour les ouvrages à faire à l'Observatoire... 20000tt
Pour ceux de l'Arc de triomphe........... 30000tt
Pour les ouvrages et réparations à faire à Saint-Germain-en-Laye, Fontainebleau, Vincennes, Compiègne et autres maisons royalles, par estimation....... 50000tt
Pour les ouvrages et augmentations à faire au jardin du Val lez Saint-Germain-en-Laye.......... 30000tt
Pour les gages des officiers et autres dépenses du Jardin Royal des plantes..................... 25000tt
Pour l'entretenement des couvertures des maisons royalles.................................. 17000tt
Pour l'entretenement de l'Académie des Sciences et gratifification des gens de lettres........... 100000tt
Pour l'entretenement de l'Académie de peinture, sculpture et architecture de Paris et de Rome.. 30000tt
Pour les loyers de maisons.............. 10000tt
Pour les graveures de planches.......... 12000tt
Pour les ouvrages des manufactures des Gobelins et de la Savonnerie....................... 80000tt
Pour les ouvrages de tapisseries sur du gros de Tours............................... 25000tt
Pour divers petits ouvrages............. 20000tt
Pour les gages des officiers des bastimens. 200000tt
Pour diverses dépenses................. 100000tt

Total desd. dépenses........ 749000tt

Pour les taxations dud. s^r DE LA PLANCHE, trésorier des bastimens du Roy, de la somme de 1927000tt, à raison de 2^d pour livre............... 16058tt 6^s 8^d

Somme totalle du contenu au présent estat......... 1943058tt 6^s 8^d

---

23 febvrier : dud. s^r DU METZ, la somme de 3866tt 8^s 9^d pour délivrer 3834tt 10^s au s^r GODEFROY, historiographe, sçavoir : 834tt 10^s pour son parfait payement de 3834tt 10^s, tant pour les appointemens et nourriture de quatre escrivains qui travaillent sous luy à la Chambre des Comptes de Lille en Flandres, que pour autres dépenses qu'il a faites depuis le 1er octobre jusques au dernier febvrier de la présente année, et 3000tt à compte desd. dépenses, et 31tt 18^s 9^d pour les taxations dud. trésorier, à raison de 2^d pour livre...................... 3866tt 8^s 9^d
(Comptant au trésor royal.)

26 febvrier : dud. s^r DU METZ, 6050tt pour délivrer 6000tt au s^r MANSARD, architecte, à luy accordées en considération des soins et de la conduite qu'il a des bastimens de S. M., et 50tt pour les taxations dud. trésorier, à raison de 2^d pour livre....................... 6050tt
(Comptant au trésor royal.)

9 mars : de luy, 1443tt 18^s 8^d pour délivrer 1432tt à

---
[1] Le total exact est 1125000tt.

LEMAIRE, fayancier, pour son payement de plusieurs pièces de porcelaine qu'il a fournies pour mettre dans les appartemens du chasteau de Saint-Germain-en-Laye, et 11ᴴ 18ˢ 8ᵈ pour les taxations.................. 1443ᴴ 18ˢ 8ᵈ

(Comptant au trésor royal.)

10 mars : de luy, 6524ᴴ 6ˢ 11ᵈ pour employer 6470ᴴ 8ˢ 6ᵈ au remboursement de plusieurs particuliers, tant pour le prix principal de 42 arpens 36 perches de terre acquis au proffit de S. M., à cause des remises à gibier qui ont esté faites dans les plaines de Saclay, Guyancourt, Villaroy et de Toussüe[1], que pour les labours, fumiers et semences desd. terres, et 53ᴴ 18ˢ 6ᵈ pour les taxations........................ 6524ᴴ 6ˢ 11ᵈ

(Comptant au trésor royal.)

7 avril : dud. sʳ DU METZ, 2254ᴴ 11ˢ 8ᵈ pour délivrer 2236ᴴ au sʳ PAVILLON, trésorier général des galères, pour son parfait payement de 6895ᴴ 9ˢ 6ᵈ qu'il a advancée pour divers achapts qui ont esté faits en Levant, tant de plusieurs caisses de manuscrits, de cotonines[2] pour les chaloupes qui sont sur le canal de Versailles, que pour divers oiseaux et animaux, et autres dépenses faites pour S. M. pendant l'année dernière 1676, et 18ᴴ 11ˢ 8ᵈ pour les taxations dud. trésorier............ 2254ᴴ 11ˢ 8ᵈ

(Comptant au trésor royal.)

17 avril : de luy, 3127ᴴ 5ˢ 11ᵈ pour employer 3101ᴴ 9ˢ en achat de divers oignons de tubéreuses et autres fleurs pour les jardins des maisons royales, y compris le port et voiture d'icelles depuis Toulon jusques à Lyon, et 25ᴴ 16ˢ 11ᵈ pour les taxations......... 3127ᴴ 5ˢ 11ᵈ

(Comptant au trésor royal.)

22 avril : de luy, 2016ᴴ 13ˢ 4ᵈ pour délivrer 2000ᴴ aux enfans du sʳ CERTROUVILLE, à eux accordée pour le droit qu'ils peuvent prétendre en la conciergerie et logement de la maison qu'ils ont vendue à M. le duc de Créquy, sçize à Saint-Germain-en-Laye, rue du Jeu-de-Paulme, acquise au proffit de S. M., et 16ᴴ 3ˢ 4ᵈ pour les taxations........................ 2016ᴴ 13ˢ 4ᵈ

(Comptant au trésor royal.)

24 avril : de luy, 35888ᴴ 6ˢ 8ᵈ pour délivrer 3559ᴴ 13ˢ 4ᵈ au sʳ LEGRAND, secrétaire du Roy, sçavoir : 33000ᴴ pour les trois payemens restans à faire de 66000ᴴ à cause

[1] Localités du département de Seine-et-Oise. Guyancourt est du canton de Versailles, à une lieue de cette ville. Saclay et Toussus-la-Ville, sont du canton de Palaiseau, l'un à une lieue et demie et l'autre à deux lieues de Versailles.

[2] Les *cotonines* sont de grosses toiles employées pour les voiles des galères ou les petites voiles des vaisseaux, dont la chaîne est de coton et la trame de chanvre. (*Dict. de Trévoux*.)

de trois maisons dont il estoit propriétaire, sçizes, l'une rue du Chantre et les deux autres rue Champfleury, comprises dans l'enceinte du Louvre, acquises au proffit de S. M. suivant les contracts qui ont esté passez, et 2591ᴴ 13ˢ 4ᵈ pour son parfait payement de 7216ᴴ à quoy montent les intérests de lad. somme depuis le temps de l'acquisition jusques au dernier mars de la présente année, et 296ᴴ 13ˢ 4ᵈ pour les taxations. 35888ᴴ 6ˢ 8ᵈ

(Comptant au trésor royal.)

9 may : de luy, 6050ᴴ pour délivrer 6000ᴴ à la demoiselle CATHERINE BARBE, veuve du sʳ MANUEL, gentilhomme ordinaire de feu M. le duc d'Orléans, en déduction de 26000ᴴ à quoy a esté liquidée une maison sçize rue Saint-Honoré, comprise dans l'enceinte du Louvre, suivant le contrat qui en a esté passé au proffit de S. M., et 50ᴴ pour les taxations dud. trésorier...... 6050ᴴ

(Comptant au trésor royal.)

10 juillet : de luy, 3000ᴴ pour délivrer aux Pères de la Mission establie à Fontainebleau, pour leur entretien et nourriture pendant les six premiers mois de la présente année 1677...................... 3000ᴴ

(Sur les 6000ᴴ employez en seconde partie dans l'estat de la ferme des gabelles 1677.)

24 juillet : dud. sʳ DU METZ, 12464ᴴ 19ˢ 1ᵈ pour employer 12361ᴴ 18ˢ 9ᵈ au payement des ouvrages et réparations de pavé de grais qui ont esté faites et qui restent à faire, tant dans les cours des chasteaux de Saint-Germain-en-Laye que dans les rues du bourg dud. lieu, et ce pendant la présente année 1677, et 103ᴴ 0ˢ 4ᵈ pour les taxations dud. trésorier.......... 12464ᴴ 19ˢ 1ᵈ

(Comptant au trésor royal.)

31 juillet : de luy, 3851ᴴ 16ˢ 8ᵈ pour délivrer 3820ᴴ au sʳ GODEFROY, historiographe, sçavoir : 820ᴴ pour parfait payement de 3820ᴴ, tant pour les appointemens, nourriture et entretien de quatre escrivains qui travaillent sous luy à la Chambre des Comptes de Lille en Flandres, que pour autres dépenses qu'il a faites depuis le 1ᵉʳ mars dernier jusques au dernier du présent mois de juillet, et 3000ᴴ à compte desd. dépenses à commencer au 1ᵉʳ aoust prochain, et 31ᴴ 16ˢ 8ᵈ pour les taxations dud. trésorier..................... 3851ᴴ 16ˢ 8ᵈ

(Comptant au trésor royal.)

De luy, 1613ᴴ 6ˢ 8ᵈ pour délivrer 1600ᴴ aux gondoliers vénitiens, à eux accordée par gratification, et 13ᴴ 6ˢ 8ᵈ pour les taxations.................. 1613ᴴ 6ˢ 8ᵈ

(Comptant au trésor royal.)

De luy, 4729ᴴ 5ˢ pour employer 4690ᴴ 3ˢ 4ᵈ au remboursement des terres et héritages dont les particuliers

ANNÉE 1677. — RECETTE.

mentionnez en l'estat de ce jourd'huy estoient propriétaires, comprises dans le dessein du jardin du Val, acquises au proffit de S. M. suivant l'estimation qui en a esté faite, et 39ᴸ 1ˢ 8ᵈ pour les taxations.... 4729ᴸ 5ˢ
(Comptant au trésor royal.)

3 septembre : de luy, 2558ᴸ 2ˢ 10ᵈ pour délivrer 2536ᴸ 19ˢ au Frère Donat, religieux de l'ordre de Saint-François, pour son remboursement de l'achat, frais et voitures des oignons de fleurs qu'il a envoyé de Provence pour les jardins des maisons royalles, et 21ᴸ 3ˢ 10ᵈ pour les taxations..................... 2558ᴸ 2ˢ 10ᵈ
(Comptant au trésor royal.)

7 septembre : de luy, 40333ᴸ 6ˢ 8ᵈ pour employer 40000ᴸ au payement des murs de closture et autres dépenses faites et à faire à la nouvelle enceinte du parc du chasteau de Versailles, et 333ᴸ 6ˢ 8ᵈ pour les taxations dud. trésorier..................... 40333ᴸ 6ˢ 8ᵈ
(Comptant au trésor royal.)

De luy, 302500ᴸ pour employer 300000ᴸ au payement des dépenses à faire pour la maçonnerie, fouilles et transports de terre, plomberie, sculpture, peinture, cuivre, marbre, bronze doré et autres ornemens des deux fontaines que S. M. fait faire dans les jardins de Versailles, l'une appellée la fontaine de l'Arc de triomphe et l'autre les Trois fontaines, et 2500ᴸ pour les taxations. dud. trésorier..................... 302500ᴸ
(Comptant au trésor royal 100000ᴸ, et le surplus ez 1ᵉʳ octobre et novembre également.)

11 septembre : de luy, 1966ᴸ 5ˢ pour délivrer la somme de 1950ᴸ aux officiers qui ont des entretenemens à Fontainebleau, à eux accordé par gratiffication en considération du bon estat de leur entretenement, et 16ᴸ 5ˢ pour les taxations..................... 1966ᴸ 5ˢ
(Comptant au trésor royal.)

5 octobre : de luy, 3804ᴸ 11ˢ 4ᵈ pour délivrer 3773ᴸ 2ˢ 6ᵈ au sʳ Baslin, orfèvre, pour 36 médailles d'or qu'il a faites et fournies du portraict du Roy, et 31ᴸ 8ˢ 10ᵈ pour les taxations..................... 3804ᴸ 11ˢ 4ᵈ
(Comptant au trésor royal.)

6 octobre : de luy, 15125ᴸ pour employer 15000ᴸ au remboursement des dépenses qui ont esté faites à Rome pour l'entretenement de l'Académie de peinture, et 125ᴸ pour les taxations dud. trésorier........... 15125ᴸ
(Comptant au trésor royal.)

30 octobre : de luy, 182316ᴸ 15ˢ pour employer 180810ᴸ à la continuation des ouvrages desd. bastimens pour lesquels il n'a point été fait de fonds, ainsy qu'il est cy-après libellé, et 1506ᴸ 15ˢ pour les taxations du trésorier, à raison de 2ᵈ pour livre........ 182316ᴸ 15ˢ
(Comptant au trésor royal.)

Sçavoir : Pour les murs de closture du nouveau potager de Versailles..................... 33830ᴸ
Pour les palis et treillage dud. parc........ 2750ᴸ
Pour les quatre barrières à faire aud. treillage, vingt portes au mur de séparation, celles aud. mur de closture, et restablir le vieil estang................. 8420ᴸ
Pour les murs de l'augmentation du grand parc de Versailles..................... 58300ᴸ
Pour le pavé de la grande cour du chasteau.. 7000ᴸ
Pour l'aqueduc glaizé qui se fait pour porter les eaux du Dragon et des Trois fontaines dans les réservoirs hors du parc.............................. 7000ᴸ
Pour les ornemens de latton des adjustages de la fontaine de la Salle du conseil................. 1560ᴸ
Pour les huit piédestaux des figures de la Renommée avec les huit modelles et les ornemens de la boulle. 2500ᴸ
Pour mettre douze moulins à six aisles..... 13200ᴸ
Pour les plans à faire dans l'augmentation du grand parc de Versailles, par estimation........... 12000ᴸ
Pour 100 potz de fayence pour remplacer ceux qui ont esté cassez........................... 1650ᴸ
Pour les conduittes qui font quatre jets d'eau d'augmentation dans la pièce haute de l'Isle royalle...... 4600ᴸ
Pour les dix-huit bassins qui se font dans l'Amphitéâtre avec la conduitte de dix pouces qui y amène l'eau, celles qui font les ceintures et les descharges avec les robinets, adjustages et rocailles............. 16000ᴸ
Pour le manège qui se fait à Saint-Germain-en-Laye, tant pour la charpenterie que pour la menuiserie et autres ouvrages, suivant les marchez qui en ont esté faitz.............................. 10000ᴸ
Pour les ouvrages qui se font à l'oratoire de la Reyne.............................. 2000ᴸ
Somme totale............. 180810ᴸ

Pour les taxations dud. sʳ de la Planche, trésorier général des bastimens, montant, à raison de 2ᵈ pour livre, à.............................. 1506ᴸ 15ᵈ

Somme totalle du présent estat...... 182316ᴸ 15ˢ

6 novembre : dud. sʳ du Metz, 387ᴸ 7ˢ 8ᵈ pour délivrer 384ᴸ 4ˢ au Frère Donat, religieux de l'ordre de Saint-François, pour son remboursement de l'achat, frais et voiture des oignons de fleurs qu'il a envoyé de Pro-

vence pour les jardins des maisons royalles, et 3ᴛ 3ˢ 8ᵈ pour les taxations.................. 387ᵗ 7ˢ 8ᵈ
(Comptant au trésor royal.)

De luy, 566666ᵗ 13ˢ 4ᵈ pour délivrer au sʳ Riquet de Bonrepos pour employer à compte des ouvrages à faire pendant la présente année 1677 au canal de communication des mers en Languedoc et du port au cap de Cette, y compris les taxations............ 566666ᵗ 13ˢ 4ᵈ
(Sur l'augmentation du prix de la ferme des gabelles de Languedoc payable en 1677, 166666ᵗ 13ˢ 4ᵈ, et le surplus sur les 1600000ᵗ accordées en quatre années, dont 1677 est la seconde, suivant la délibération des Estats de Languedoc du 11 janvier 1676, 400000ᵗ.)

20 novembre : de luy, 105270ᵗ pour employer 104400ᵗ au payement des dépenses cy-après mentionnées, sçavoir : 100000ᵗ pour, avec 300000ᵗ dont il a esté cy-devant fait fondz, faire 400000ᵗ pour les ouvrages que S. M. a ordonné estre faits pendant la présente année au bastiment de Clagny et jardin de Glatigny, et 4400ᵗ pour un tableau de Léonard del. Vinci, acheté pour S. M., et 870ᵗ pour les taxations.............. 105270ᵗ
(Comptant au trésor royal.)

7 décembre : de luy, 10083ᵗ 6ˢ 8ᵈ pour délivrer 10000ᵗ au sʳ marquis de Saint-Herem, capitaine et gouverneur du chasteau de Fontainebleau, pour son remboursement des dépenses qu'il a faites à la conciergerie dud. lieu, qui a esté prise pour le service de Monseigneur le Dauphin, et 83ᵗ 6ˢ 8ᵈ pour les taxations......... 10083ᵗ 6ˢ 8ᵈ
(Comptant au trésor royal.)

18 décembre : de luy, 4058ᵗ 10ˢ 10ᵈ pour délivrer 4025ᵗ au sʳ Godefroy, historiographe, sçavoir : 649ᵗ 18ˢ pour parfait payement de 3649ᵗ 18ˢ, tant pour les appointemens, nourriture et entretien de quatre escrivains qui travaillent sous luy à la Chambre des Comptes de Lille en Flandres, que pour autres frais qu'il a faits depuis le 1ᵉʳ aoust; 280ᵗ pour avoir fait porter de Paris à Lille 108 gros registres de lad. Chambre des Comptes, et 3000ᵗ à compte desd. dépenses, à commencer au 1ᵉʳ janvier 1678, et 33ᵗ 10ˢ 10ᵈ de taxations.. 4058ᵗ 10ˢ 10ᵈ
(Comptant au trésor royal.)

28 décembre : dud. sʳ de Metz, 2925ᵗ 3ˢ 4ᵈ pour délivrer 2901ᵗ au sʳ Mosnier pour son parfait payement de 4699ᵗ 14ˢ 6ᵈ, tant pour achat qu'il a fait en Levant de plusieurs oiseaux et animaux que pour leur nourriture et conduitte jusques à Versailles, et 24ᵗ 3ˢ 4ᵈ pour les taxations............................... 2925ᵗ 3ˢ 4ᵈ
(Comptant au trésor royal.)

31 décembre : de luy, 27603ᵗ 17ˢ 7ᵈ pour employer au parfait payement des tapisseries et autres ouvrages qui ont esté faits dans les manufactures des Gobelins pendant l'année 1677, y compris les taxations. 27603ᵗ 17ˢ 7ᵈ
(Comptant au trésor royal.)

26 febvrier 1678 : de luy, 12100ᵗ pour délivrer 12000ᵗ au sʳ Formont, banquier, pour son remboursement de pareille somme qu'il a fait tenir à Rome au sʳ Ernand, directeur de l'Académie de peinture et sculpture dud. lieu, et ce pour l'entretenement de lad. Académie pendant l'année dernière 1677, et 100ᵗ pour les taxations.................................. 12100ᵗ
(Comptant au trésor royal.)

9 mars 1678 : dud. sʳ de Metz, 3025ᵗ pour délivrer 3000ᵗ au sʳ de Saumery, capitaine et gouverneur du chasteau de Chambord, pour son remboursement des réparations faites aux bresches du parc dud. chasteau, et 25ᵗ pour les taxations.................. 3025ᵗ
(Comptant au trésor royal.)

16 aoust 1678 : de luy, 40333ᵗ 6ˢ 8ᵈ pour employer 40000ᵗ au parfait payement des dépenses faites pour les bastimens de S. M. pendant l'année dernière 1677, et 333ᵗ 6ˢ 8ᵈ pour les taxations......... 40333ᵗ 6ˢ 8ᵈ
(Comptant au trésor royal.)

20 aoust 1678 : de luy, 6050ᵗ pour délivrer 6000ᵗ au sʳ Vandermeulen, peintre flamand, pour ses appointemens pendant l'année dernière 1677, et 50ᵗ pour les taxations dud. trésorier................... 6050ᵗ
(Comptant au trésor royal.)

DÉPENSE.

LE LOUVRE ET LES THUILLERIES.

MAÇONNERIE, CHARPENTERIE ET COUVERTURE.

16 mars-12 décembre : à Bergeron et Mazières, à compte des ouvrages de maçonnerie qu'ils font au Louvre (3 p.)......................... 5400ᵗ

8 may-5 décembre : au nommé Rose, carrier, pour parfait payement tant pour les pierres de liais qu'il a fournis que pour les guillochis des deux peristiles et

pavillons de la façade du Louvre et autres ouvrages (4 p.).................................. 5600ᵗᵗ
6 juillet : à Genneron, charpentier, par gratiffication à luy accordée........................ 50ᵗᵗ
12 décembre : à Anguier, sculpteur, pour son parfait payement de 800ᵗᵗ pour deux grouppes de figures de plastre qu'il a faites au jardin des Thuilleries.... 200ᵗᵗ
18 décembre : aux ouvriers qui ont fait des trous pour planter des pisceas...................... 932ᵗᵗ
   Somme de ce chapitre.......... 12182ᵗᵗ

MENUISERIE ET SERRURERIE.

16 mars : à Lavier, menuisier, pour la couverture qu'il a faite pour l'espallier de jasmin au jardin des Thuilleries......................... 2325ᵗᵗ
A Barlier, pour trente-quatre bancs qu'il a faits pour mettre en divers endroits............... 250ᵗᵗ
12 juin : à François Lucas, pour ouvrages de serrurerie qu'il a faits aux galleries du Louvre..... 629ᵗᵗ 2ˢ
   Somme de ce chapitre........ 3204ᵗᵗ 2ˢ

VITRERIE, PLOMBERIE ET PAVÉ.

17 novembre : à Carré, paveur, pour réparations de pavé en plusieurs endroits des Thuilleries et de la grande escurie............................. 279ᵗᵗ 16ˢ

PEINTURE, SCULPTURE ET MARBRERIE.

20 febvrier : à Baudrain Yvart, peintre, pour diverses fournitures qu'il a faites pour la peinture de la gallerie d'Apollon........................... 917ᵗᵗ
16 mars : aux Le Moine, peintres, pour ouvrages qu'ils font dans lad. gallerie................ 500ᵗᵗ
16 mars-17 may : à Caffiers et Lespagnandel, sculpteurs, à compte de leurs ouvrages à la façade du Louvre (2 p.)................................. 3500ᵗᵗ
12 novembre : à Nicasius, peintre, pour parfait payement de 320ᵗᵗ pour ouvrages de peinture faits en la grande Salle des comédies du palais des Thuilleries..... 200ᵗᵗ
   Somme de ce chapitre........... 5117ᵗᵗ

JARDINAGES ET FOUILLES.

16 mars 1677-13 janvier 1678 : à divers ouvriers qui ont travaillé dans le jardin des Thuilleries, depuis le 9 novembre 1676 jusqu'à la fin de l'année 1677 (5 p.)................................. 2864ᵗᵗ
17 may-15 aoust : à Feuillastre, fontainier, pour parfait payement de 686ᵗᵗ (2 p.)............. 686ᵗᵗ
4 juillet-5 septembre : à Loistron et Huvelier, à compte de leurs labours (3 p.)............... 600ᵗᵗ

COMPTES DES BÂTIMENTS. — I.

4 juillet : à la veuve La Chapelle, pour parfait payement de 932ᵗᵗ pour les rigolles faites sur la grande terrasse du jardin des Thuilleries et autres ouvrages.... 432ᵗᵗ
23 septembre : à Richon, pour 330 thoises de rigolles qu'il a faites sur la terrasse du costé de la rivière du jardin des Thuilleries.................... 975ᵗᵗ
5 décembre : à Baubert, terrassier, pour 185 thoises de terres cubes qu'il a voituré sur la grande terrasse des Thuilleries........................... 1295ᵗᵗ
   Somme de ce chapitre.......... 6852ᵗᵗ

PARTIES EXTRAORDINAIRES.

16 mars : à Macé, ébéniste, pour ouvrages qu'il a faits dans l'appartement de la Reyne.......... 100ᵗᵗ
A Chalvet, marchand de bois, pour dosses de batteau qu'il a fournies...................... 193ᵗᵗ
17 may : à la veuve Sommer, pour trois parquets qu'elle a fournis...................... 1050ᵗᵗ
   Somme de ce chapitre.......... 1343ᵗᵗ

PALAIS-ROYAL.

16 mars : à Yvon, couvreur, pour ouvrages qu'il a faits aud. Palais-Royal en 1675............ 898ᵗᵗ 8ˢ
17 octobre : à luy, à compte de ses ouvrages. 361ᵗᵗ 2ˢ
16 mars : à Pasquier, marbrier, idem....... 600ᵗᵗ
A Le Jeune et Duval, vuidangeurs, pour fosses qu'ils ont vuidées........................... 170ᵗᵗ
24 avril : à Noel, maçon, à compte de ses ouvrages et réparations......................... 800ᵗᵗ
A Battard, charpentier, idem............ 1200ᵗᵗ
17 may : à Le Dreux et Charpon, pour sable de rivière qu'ils ont fourni.................. 72ᵗᵗ
A Chevallier, menuisier, pour réparations. 122ᵗᵗ 10ˢ
A Sibilaique, pour trois grands bustes de marbre pour la gallerie........................... 450ᵗᵗ
1ᵉʳ septembre : au sʳ Le Paultre, pour son remboursement de pareille somme pour dépense faite au Palais-Royal............................... 440ᵗᵗ
5 septembre : à Alais, plombier, à compte... 1000ᵗᵗ
13 octobre : à la veuve Coignet, pour ouvrages de peinture qu'elle a fait................. 500ᵗᵗ
A Le Loutre, pour ouvrages de maçonnerie.. 1000ᵗᵗ
17 octobre : à Riberpré, maçon, idem..... 803ᵗᵗ 6ˢ
A Le Comte, charpentier, pour ses ouvrages. 420ᵗᵗ 18ˢ
17 novembre : à Hardy, serrurier, idem... 724ᵗᵗ 15ˢ
29 décembre : à Le Roy, menuisier, idem.... 600ᵗᵗ
23 janvier 1678 : à Dionis, menuisier, idem. 600ᵗᵗ
   Somme de ce chapitre...... 10762ᵗᵗ 19ˢ

COLLÈGE ROYAL.

8 janvier 1678 : aux principal, procureur et boursiers du Collège Royal, pour leur desdommagement des places qui ont esté prises aud. Collège........ 1180^{tt}

LA BASTILLE.

17 may : à Benoist, pour ouvrages qu'il a fait faire aud. chasteau........................... 87^{tt} 15^s
13 octobre : à Dorbay, maçon, à compte.... 1200^{tt}
A Cliquin, idem.......................... 1500^{tt}
Somme de ce chapitre....... 2787^{tt} 15^s

JARDIN ROYAL.

16 mars : à Le Loutre, maçon, pour réparations qu'il a faites au pavillon du bout du jardin.......... 82^{tt}
16 aoust : au s^r Marchand, pour un voyage qu'il a fait avec son filz pour rapporter diverses plantes médicinales pour led. jardin........................ 200^{tt}
28 aoust 1677 - 4 janvier 1678 : à Colson, pour plusieurs squelets d'animaux qu'il a faits pour garnir la salle dud. jardin (2 p.).................... 608^{tt} 8^s
9 avril : à Brémant, pour l'entretenement dudit jardin............................... 2500^{tt}
A Cuaillou, portier dud. jardin, pour ses appointemens............................... 45^{tt}
14 febvrier 1678 : au s^r Daquin, premier médecin du Roy, pour ses gages de surintendant des démonstrations intérieures des plantes et opérations médicinales, et ce pendant l'année 1677................... 3000^{tt}
Au s^r de la Chambre, premier médecin de la Reyne, démonstrateur de l'intérieur des plantes médicamenteuses et opérations chirurgicales, pour ses gages pendant lad. année............................... 1500^{tt}
Au s^r Daquin le jeune, docteur en médecine de la Faculté de Paris, pour ses gages de démonstrateur de l'intérieur des plantes, etc................ 1500^{tt}
Au s^r Fagon, autre démonstrateur, pour ses gages de 1677............................... 1500^{tt}
11 juin : à luy, pour ses gages de démonstrateur de l'intérieur des plantes pendant les années 1672, 73, 74, 75, 76 et 77, à raison de 1200^{tt} par an...... 7200^{tt}
Somme de ce chapitre....... 18540^{tt} 8^s

OBSERVATOIRE.

16 mars - 12 décembre : à Bergeron et Mazières, maçons, à compte de leurs ouvrages (5 p.)...... 20000^{tt}
16 mars : à Langrené, pour parfait payement de 1176^{tt} 5^s pour les ouvrages de ciment qu'il a faits pour la terrasse........................... 876^{tt} 5^s
24 avril - 17 novembre : à Prou, menuisier, à compte de ses ouvrages (4 p.)................. 1858^{tt} 10^s
24 avril - 29 décembre : à Buirette, à compte idem (2 p.)............................... 1500^{tt}
23 janvier 1680 : à luy, à compte........ 1200^{tt}
3 juillet - 24 aoust : à Poulin, pour parfait payement du ciment qu'il fournit (2 p.)............ 304^{tt} 12^s
20 septembre : à la veuve Le Bas, pour une lunette de 22 pieds de long qu'elle a livrée............ 275^{tt}
13 octobre : à Couplet, pour menues dépenses de l'Observatoire...................... 400^{tt}
Somme de ce chapitre....... 26434^{tt} 7^s

MAISON DES GOBELINS.

16 mars - 31 décembre : à Denis, maçon, à compte des réparations qu'il fait (5 p.)............ 4197^{tt} 3^s

ARC DE TRIOMPHE.

16 mars - 12 décembre : à Thévenot, maçon, à compte de ses ouvrages (8 p.)................. 27500^{tt}
25 juillet - 31 décembre : à Defer, carreyer, pour son parfait payement de 5955^{tt} 9^s pour les pierres qu'il fournit (2 p.)....................... 5955^{tt} 9^s
25 juillet - 31 décembre : à Potery, carreyer, pour parfait payement de 6188^{tt} 0^s 9^d idem (2 p.)... 6188^{tt} 9^s
25 juillet - 31 décembre : à Mouton, carreyer, pour parfait payement de 2093^{tt} 18^s idem (4 p.). 2093^{tt} 18^s
24 octobre : aux ouvriers qui travaillent aud. Arc de triomphe, par gratiffication................ 60^{tt}
Somme de ce chapitre..... 41797^{tt} 7^s 9^d

ORANGERIE ET PÉPINIÈRE DU ROULLE.

16 mars : à du Pont, vannier, pour 668 masnes d'ozier qu'il a fournies................ 115^{tt} 19^s
A Malherbe, vannier, pour 1000 masnes...... 130^{tt}
A Boittard, pottier de terre, pour trois mille pots de terre.............................. 300^{tt}
16 mars 1677 - 16 janvier 1678 : à Germain, tant pour divers ouvriers qui ont travaillé aud. jardin que pour autres dépenses, depuis le 30 novembre 1676 jusqu'au dernier décembre 1677 (10 p.).... 8605^{tt} 9^s 4^d
8 avril : à luy, pour pareille somme qu'il a payée pour

achat et voiture de huit grandes quaisses de graines de pisceas........................... 156ʰ 7ˢ 9ᵈ
17 octobre : à luy, pour achapt de fumier... 229ʰ 2ˢ
16 mars - 6 septembre : à Girard, maçon, à compte des murs de closture qu'il fait (3 p.)......... 4000ʰ
29 juin : au nommé Soret et consors, pour ouvrages qu'ils ont faits....................... 409ʰ 7ˢ
13 octobre : à Duez, ouvrages de ciment.. 603ʰ 18ˢ
17 novembre : à Antoine Colas, pour fumier qu'il a fourny............................... 600ʰ
30 novembre : à Caillou et consors, à compte des transports qu'ils font..................... 200ʰ

Somme de ce chapitre..... 15350ʰ 3ˢ 1ᵈ

FONTAINEBLEAU.

MAÇONNERIE.

2 janvier 1678 : à Hersant, maçon, à compte des réparations qu'il fait en divers endroits.......... 170ʰ

CHARPENTERIE ET COUVERTURE.

25 septembre : à Grognet, pour réparations de couverture.............................. 300ʰ
7 décembre : à Mortillon, charpentier, à compte de deux glacières qu'il fait.................. 1000ʰ

Somme de ce chapitre.......... 1300ʰ

MENUISERIE.

19 may 1677 - 16 janvier 1678 : à Soret, menuisier, à compte (5 p.)......................... 2400ʰ
26 décembre : à la veuve Gobert, à compte des ouvrages de menuiserie que feu son mary a faits pendant les années 1662 et 1663.................. 300ʰ

Somme de ce chapitre.......... 2700ʰ

SERRURERIE ET VITRERIE.

17 may - 6 septembre : à la veuve Rossignol, à compte (3 p.)................................. 1600ʰ
10 septembre 1677 - 13 janvier 1678 : à Tisserand, vitrier, parfait payement de 318ʰ 1ˢ (2 p.)... 318ʰ 1ˢ

Somme de ce chapitre........ 1918ʰ 1ˢ

PEINTURE, SCULPTURE ET MARBRERIE.

29 avril : à Dubois, peintre, pour ses ouvrages. 420ʰ
29 avril 1677 - 23 janvier 1678 : à Greslet, peintre, idem (2 p.)............................ 148ʰ 1ˢ 6ᵈ

Somme de ce chapitre....... 568ʰ 1ˢ 6ᵈ

PLOMBERIE.

9 janvier 1678 : à la veuve Girard, pour ouvrages et réparations de plomberie qu'elle a faits..... 122ʰ 10ˢ

PAVÉ.

23 janvier 1678 : à Duchemin, paveur, pour ouvrages qu'il a faits en divers endroits............... 162ʰ

JARDINAGES ET FOUILLES.

26 septembre : à Varin, jardinier, pour diverses dépenses qu'il a faites pour led. jardin........ 192ʰ 10ˢ
25 décembre : à luy, à compte des treillages qu'il fait aux espalliers et autres ouvrages............. 1000ʰ
A luy, pour les arbres fruitiers et plants qu'il a fournis auxd. espalliers...................... 197ʰ 6ˢ
9 janvier 1678 : à Desbouts, pour avoir retaillé les tapis des allées du parc.................... 350ʰ

Somme de ce chapitre....... 1739ʰ 16ˢ

PARTIES EXTRAORDINAIRES.

16 mars : à Bétulaud, pour parfait payement de 5331ʰ 17ˢ à quoy montent les menues dépenses faites pendant 1675....................... 131ʰ 17ˢ
30 avril : à ....., à compte du payement des ouvrages à faire pendant la présente année...... 3000ʰ
28 juin : à Nicolas Beurier, pour ouvrages de chaudronnerie............................... 88ʰ
29 aoust : à Varisse, pour 423 cheminées qu'il a ramonnées en divers endroits dud. chasteau et dépendances.............................. 277ʰ 15ˢ
10 septembre : à Thuret, pour divers ouvrages qu'il a faits pour l'horloge dud. chasteau........... 550ʰ
26 septembre : à Jarry, charpentier, pour avoir travaillé aux batteaux qui sont sur le canal......... 30ʰ
A Morin, pour cordages qu'il a fournis..... 28ʰ 10ˢ
A ....., pour son remboursement des advances qu'il a faites pour le restablissement des batteaux...... 38ʰ
27 septembre : à luy, pour diverses autres menues dépenses........................... 220ʰ 10ˢ
28 septembre : au sʳ Donbay, pour son remboursement des dépenses qu'il a faites pendant un mois qu'il a esté à Fontainebleau..................... 200ʰ
A Le Maire, fayancier, pour fournitures à l'orangerie de Fontainebleau....................... 1257ʰ
26 septembre : à Voltigeant, pour avoir travaillé sur les batteaux du canal de Fontainebleau pendant trente jours............................. 67ʰ 10ˢ

60.

A huict mariniers qui ont travaillé sur lesd. batteaux pendant lesd. trente jours.................. 380ʰ

15 juin : à ......, pour employer aux ouvrages dud. chasteau, jardin et parc.................. 3000ʰ

26 décembre : à la veuve Girard, par gratiffication, à cause de la dépense qu'elle a faite pour faire jetter les neiges des couvertures.................. 200ʰ

16 janvier 1678 : à Tiger, charron, pour ouvrages qu'il a faits pour les jardiniers de Fontainebleau. 323ʰ 13ˢ

A Henry, taillandier, pour divers outils...... 89ʰ 4ˢ

18 janvier 1678 : aux ouvriers qui ont empli les glacières de Fontainebleau, y compris les fournitures nécessaires pour conserver la glace.............. 955ʰ 4ˢ

Somme de ce chapitre....... 10817ʰ 3ˢ

SAINT-GERMAIN.

MAÇONNERIE.

16 mars 1677 - 18 janvier 1678 : à DE LA RUE, maçon, à compte des ouvrages et réparations qu'il fait en divers endroits (8 p.).................. 18000ʰ

24 avril 1677 - 23 janvier 1678 : à la veuve DE L'ESPINE, maçon, à compte des ouvrages de maçonnerie faits par feu son mary (2 p.).................. 700ʰ

15 juin : à Feuillastre, fontainier, à compte.. 300ʰ

Somme de ce chapitre........ 19000ʰ

CHARPENTERIE ET COUVERTURE.

16 mars - 31 décembre : à Aubert, charpentier, à compte de ses ouvrages et réparations (6 p.).. 10600ʰ

8 septembre : à luy, à compte des ouvrages qu'il fait au manège.................. 4700ʰ

24 avril - 31 décembre : à Charuel, couvreur, à compte de ses ouvrages (4 p.).................. 4300ʰ

Somme de ce chapitre........ 19600ʰ

MENUISERIE.

16 mars - 31 décembre : à Lavier, menuisier, à compte de divers ouvrages (7 p.).............. 9200ʰ

8 septembre : à luy, à compte des ouvrages qu'il fait au manège.................. 2500ʰ

5 janvier 1678 : à Drouet, à compte de ses ouvrages à la Chancellerie.................. 88ʰ

Somme de ce chapitre........ 11788ʰ

SERRURERIE.

16 mars 1677 - 5 janvier 1678 : à Piot, serrurier, à compte de ses ouvrages (7 p.).............. 7500ʰ

18 octobre : à La Flèche, pour ouvrages de serrurerie.................. 97ʰ 12ˢ

Somme de ce chapitre....... 7597ʰ 12ˢ

VITRERIE.

16 mars 1677 - 18 janvier 1678 : à Mercier, vitrier, à compte des ouvrages et réparations qu'il fait (6 p.).................. 4100ʰ

10 avril : à Cossette, vitrier, pour réparations. 51ʰ 1ˢ

Somme de ce chapitre........ 4151ʰ 1

PEINTURE, SCULPTURE ET MARBRERIE.

16 mars - 31 décembre : à Poisson, peintre, à compte de ses ouvrages (4 p.).................. 3200ʰ

27 octobre - 31 décembre : à luy et Houasse, à compte des ouvrages qu'ils font à l'oratoire et cabinet de la Reyne (3 p.).................. 2400ʰ

17 novembre : à Bernard, pour ouvrages de sculpture.................. 161ʰ 16ˢ

17 novembre : à Misson et consors, pour ouvrages de marbre.................. 102ʰ

9 janvier 1678 : à Le Clerc, sculpteur, pour ouvrages qu'il a faits à la cheminée du cabinet près l'oratoire de la Reyne.................. 100ʰ

Somme de ce chapitre....... 5963ʰ 16ˢ

PLOMBERIE.

Néant.

PAVÉ.

17 may - 29 juin : à Marchand, paveur, parfait payement de 3378ʰ 17ˢ pour ses ouvrages (2 p.).... 2578ʰ 17ˢ

6 juillet 1677 - 31 janvier 1678 : à luy, à compte de ses ouvrages (2 p.).................. 4200ʰ

14 juin - 22 septembre : à luy, pour parfait payement de 3827ʰ 2ˢ 2ᵈ pour les ouvrages qu'il a faits devant l'abreuvoir (3 p.).................. 3827ʰ 2ˢ 2ᵈ

14 juin - 12 octobre : à luy, parfait payement de 2646ʰ 3ˢ pour ouvrages du nouveau manège (2 p.)... 2646ʰ 3ˢ

29 juillet - 27 octobre : à luy, pour parfait payement de 4984ʰ 13ˢ pour ouvrages qu'il a faits en divers endroits (2 p.).................. 2984ʰ 13ˢ

22 décembre : à luy, pour parfait payement de 2236ʰ 12ˢ 9ᵈ pour ouvrages qu'il a faits dans la cour du vieil chasteau.................. 1036ʰ 12ˢ 9ᵈ

2 aoust : à Merceron, pour ouvrages et réparations de pavé qu'il a faits en divers endroits.......... 235ʰ 2ˢ

Somme de ce chapitre... 17508ʰ 19ˢ 11ᵈ

---

[1] On a omis 1 sou au total.

JARDINAGES ET FOUILLES.

18 febvrier : à Jean de la Lande, jardinier, ayant l'entretenement du jardin de gason, pour 137 journées d'un jardinier qui a transporté des terres derrière la nouvelle terrasse............................ 137ᴧ

10 avril : à Jean-Baptiste de la Lande [1], pour treillage fait le long de la grande terrasse du jardin.... 372ᴧ 5ˢ

24 avril-29 juillet : à luy, à compte du restablissement desd. treillages (3 p.)............... 1800ᴧ

10 avril-22 décembre : à luy, pour parfait payement de 2219ᴧ 1ˢ 6ᵈ pour dépenses extraordinaires qu'il a faites dans son entretenement (3 p.)............... 786ᴧ 1ˢ

3 may : à luy, pour labours qu'il a faits..... 113ˢ 6ˢ

31 janvier 1678 : à luy, pour la dépense extraordinaire qu'il a faite au boulingrin pendant 1677.. 385ᴧ

23 avril : à la veuve de la Lande, pour divers ouvrages dud. jardin............................. 411ᴧ

16 mars : à Ballet, carreyer, pour avoir remply les trous des fontis de la grande terrasse.......... 150ᴧ

16 mars-10 avril : à Jean Frade et Joseph Mesnager, pour parfait payement de 4876ᴧ pour les rigolles qu'ils font dans l'avenue des Loges (2 p.).......... 1376ᴧ

5 juin : à eux, pour labours.......... 144ᴧ 7ˢ 6ᵈ

5 juin-22 décembre : aud. Mesnager, pour le transport de terre qu'il a fait au glacis qui sert de passage du parc au vieil chasteau (3 p.).......... 1261ᴧ 18ˢ 3ᵈ

14 décembre : à luy, pour parfait payement de 520ᴧ 1ˢ 6ᵈ pour les sables qu'il fait pour le rehaussement de la grande terrasse (2 p.)............. 520ᴧ 1ˢ 6ᵈ

31 janvier 1678 : à luy, pour avoir sablé le dedans et le dehors du nouveau manège.......... 325ᴧ 14ˢ 7ᵈ

26 may : à Houist et Bertault, pour voictures de plans............................ 830ᴧ

2 juin : à Le Coustillier, jardinier, pour ouvrages qu'il a faits............................ 213ᴧ 12ˢ

5 juin : à Noel Meilleur, pour des manes d'ozier qu'il a fournies............................ 59ᴧ 15ˢ

14 juin-13 septembre : à Feuillastre, à compte des réparations des fontaines (3 p.)............. 1700ᴧ

4 décembre 1677-9 janvier 1678 : aux ouvriers qui ont régallé plusieurs trous et les fontis de la forest, pour la commodité de la chasse (4 p.)...... 1767ᴧ 17ˢ 8ᵈ

9 janvier-3 febvrier 1678 : aux ouvriers qui ont fait de nouvelles routes pour la commodité de la chasse (4 p.)............................ 3861ᴧ 15ˢ 4ᵈ

31 décembre : à ceux qui ont espluché les ormes des allées des jardins....................... 79ᴧ 4ˢ

9 janvier 1678 : à ceux qui ont transporté des terres pour le chemin qui conduit à Ponthoise...... 178ᴧ 18ˢ

22 décembre : à ceux qui ont régalé les terres du nouveau manège........................ 277ᴧ

Somme de ce chapitre.. 15920ᴧ 15ˢ 10ᵈ [2]

PARTIES EXTRAORDINAIRES.

15 febvrier : à Ozanne, pour les ouvriers qui ont osté les neiges des cours et terrasses du chasteau neuf de Saint-Germain.................... 395ᴧ 18ˢ 6ᵈ

10 avril 1677-18 janvier 1678 : à luy, pour menues dépenses pendant la présente année (4 p.). 1582ᴧ 9ˢ 2ᵈ

15 febvrier : à Jolivet, pescheur, pour avoir débarassé les glaces des arches du pont du Pecq.......... 90ᴧ

29 mars : à Varisse, ramoneur de cheminées, pour cheminées qu'il a ramonées en plusieurs endroits des chasteaux de Saint-Germain.............. 406ᴧ 10ˢ

10 avril : à de Lormé, pour paillassons qu'il a fourny pour les faisans........................ 500ᴧ

5 juin : à Pierre Joly, pour ouvrages qu'il a faits. 60ᴧ

8 juin : à Jullien du Vau, pour transports. 183ᴧ 10ˢ 6ᵈ

A Le Maire, fayancier, pour fournitures.... 1432ᴧ

23 aoust : à Mesnager, pour avoir nettoyé la rue de l'hospital de la Charité................ 172ᴧ 10ˢ

5 septembre : à Frades, à compte des labours qu'il fait aux remises à gibier.................. 500ᴧ

1ᵉʳ décembre : aux ouvriers qui ont nettoyé les immondices des cours................... 623ᴧ 0ˢ 4ᵈ

22 décembre : aux ouvriers qui ont remply les glacières........................ 693ᴧ 6ˢ 6ᵈ

A ceux qui ont transporté les neiges des cours dud. chasteau........................ 82ᴧ 19ˢ 6ᵈ

9 décembre : à Roullier, serrurier, pour une machine de fer qu'il a fournie à l'hostel du Maine...... 500ᴧ

14 décembre : à Bouret, marchand, pour les rideaux du nouveau manège.............. 393ᴧ 2ˢ

Aux tailleurs qui ont fait lesd. rideaux..... 65ᴧ 19ˢ

5 janvier 1678 : à Pinault, archer de la Prévosté de l'Hostel, pour 120 journées qu'il a employées à faire fournir les matériaux aux atteliers............ 360ᴧ

Somme de ce chapitre...... 8041ᴧ 5ˢ 6ᵈ

---

[1] C'est très-probablement le même individu que le Jean de la Lande de l'article précédent. Cependant il y a dans les prénoms une légère différence que nous avons cru devoir relever.

[2] Le total exact est 16750ᴧ 15ˢ 10ᵈ.

BASTIMENT DU VAL.

24 febvrier 1677-5 janvier 1678 : à BERGERON et LA RUE, maçons, à compte des murs de terrasse et de closture du jardin du Val (7 p.)............ 47400##

16 mars : à CHABUEL, couvreur, pour restablissement qu'il a fait aux couvertures dud. bastiment. 329## 6ˢ 11ᵈ

16 mars 1677-5 janvier 1678 : à MARON et DE BRAY, terrassiers, parfait payement de leurs transports à la grande allée en terrasse du jardin du Val (6 p.)... 13313## 1ˢ

1ᵉʳ décembre : à BRAY, pour bonnes terres qu'il a fournies............................ 490##

14 décembre : à luy, pour fumiers *idem*...... 196##

22 décembre : à luy, pour parfait payement de 1647## 1ˢ 8ᵈ pour sable qu'il a employé aux allées hautes et basses........................ 947## 1ˢ 8ᵈ

16-29 mars : à LE COUSTILLIER, jardinier, pour parfait payement de 900## pour les terres qu'il transporte pour restablir les endroits du jardin du Val qui se sont affaissez (2 p.)......................... 900##

14 juin 1677-15 janvier 1678 : à luy, pour les ouvriers qui ont travaillé aud. jardin et pour entretenement extraordinaire (4 p.)............... 582##

16 mars : à PIOT, serrurier, à compte de ses ouvrages aud. bastiment..................... 500##

A MARCUARD, paveur, pour parfait payement de 3568## 19ˢ à quoy montent les ouvrages de pavé neuf qu'il a faits dans les cours et autres endroits. 1568## 19ˢ

A PASQUIER, marbrier, pour parfait payement de 2668## pour les ouvrages qu'il a faits *idem*....... 68##

29 mars-31 décembre : aux ouvriers qui ont travaillé aud. jardin (3 p.)..................... 333## 3ˢ

10 avril : à GOEREN, concierge, pour achat de bois de corde qu'il a bruslé dans les appartemens....... 120##

1ᵉʳ décembre : à luy, pour son remboursement de ce qu'il a payé pour voitures de fumiers......... 64## 8ˢ

17 may : à LAVIER, menuisier, à compte de ses ouvrages au Val........................ 1000##

8 juin : à FONTAINE, pour avoir démoly les murs des clos compris dans les jardins du Val........ 104## 5ˢ

15 novembre : à FONTAINE et consors, pour plusieurs rigolles qu'ils ont faites aux espalliers..... 212## 12ˢ 6ᵈ

11 juin-10 aoust : à FRADES et MESNAGER, parfait payement de 2683## 16ˢ pour les ouvrages faits pour conserver les ormes de la route du Val (2 p.).. 2683## 16ˢ

27 septembre-15 novembre : à DAGUET, à compte du treillage qu'il fait (2 p.)................... 272##

31 octobre : à RAMELLY, pour le régallement qu'il a fait aud. jardin.................... 122## 10ˢ

31 octobre-15 novembre : à CROSNIER, à compte des fumiers qu'il fournit (2 p.)............. 598## 16ˢ

15 novembre : à QUIDET et consors, jardiniers, pour treillages d'eschalats................... 113## 15ˢ

A AUVRAY, pour fumiers qu'il a fourny..... 67## 10ˢ

A THIBOUT, *idem*..................... 325## 7ˢ

1ᵉʳ décembre : à SELINCOURT, *idem*........ 157## 10ˢ

A RABAILLE, *idem*................... 708## 9ˢ 6ᵈ

9 décembre : à DESJARDINS, sculpteur, pour son parfait payement de ses ouvrages au Val....... 788## 14ˢ

A BRIQUET et consors, aussy pour leur parfait payement de leurs ouvrages de sculpture *idem*.... 222## 5ˢ

A LE HONGRE et consors, pour leur parfait payement de 5156## pour leurs ouvrages de sculpture.. 1056## 5ˢ

14 décembre 1677 : à BRUSLÉ, pour la pierrée qu'il a faite pour dessecher les terres de l'avenue. 100## 5ˢ 10ᵈ

18 janvier 1678 : à luy, pour transports de terre. 92##

18 décembre : à BAILLY, peintre, pour avoir mis en couleur de bronze les serrures........... 209## 11ˢ

31 décembre : à LANDRY, pour treillages..... 100##

18 janvier 1678 : à ERMERY et consors, pour le labour qu'ils font..................... 111## 4ˢ 8ᵈ

Somme de ce chapitre.... 75858## 15ˢ 1ᵈ

VERSAILLES.

MAÇONNERIE.

1ᵉʳ febvrier 1677 : aux ouvriers qui ont travaillé à restablir les murs des caves de M. BONTEMPS.... 365## 8ˢ

25 avril : à ceux qui ont restably divers endroits du chasteau......................... 314##

16 mars : à JANOT, à compte des murs de closture de l'augmentation du potager................ 1700##

21 may-13 octobre : à luy, à compte de l'aqueduc de la plaine de Satory (3 p.)................. 2000##

23 janvier 1678 : à luy, à compte des petits ponts qu'il fait pour conduire les eaux sur la plaine de Satory. 500##

15 juillet-21 novembre : à luy, à compte des murs de closture du nouveau parc (4 p.)......... 14000##

9 janvier 1678 : à luy, à compte des trois logements qu'il fait pour les portiers du parc.......... 500##

16 mars-6 septembre : à BERGERON l'aisné, à compte des ouvrages qu'il fait au bout du canal vers Trianon (4 p.)............................... 9500##

16 mars-19 décembre : à luy, à compte des ouvrages

qu'il fait à la Faisanderie et hangards de la Mesnagerie (5 p.).................................. 20000ᴴ

4 juillet : aux ouvriers dudit Bergeron, qui ont travaillé au restablissement de la grotte de la Mesnagerie............................. 137ᴴ 14ˢ 2ᵈ

16 mars 1677-16 janvier 1678 : à Bergeron le jeune, à compte des réparations qu'il fait en plusieurs endroits (4 p.).................... 7463ᴴ 18ˢ

16 mars-12 décembre : à luy, à compte du magazin qu'il bastit à Rocquencourt (3 p.)............ 2400ᴴ

24 avril : à luy, à compte de la fontaine du Pavillon................................... 600ᴴ

29 juin : à luy, à compte de ses ouvrages à l'Arc de triomphe.............................. 600ᴴ

15 juillet-12 décembre : aud. Bergeron, à compte des murs de closture du nouveau parc (12 p.).. 49900ᴴ

13 octobre : aud. Bergeron, à compte de l'aqueduc d'Arcy................................. 4200ᴴ

A luy, à compte de ses ouvrages au réservoir de l'estang du Val.............................. 2000ᴴ

21 novembre : à luy, à compte des aqueducs de Trappes et Bois d'Arcy........................ 3200ᴴ

9 janvier 1678 : à luy, à compte des bondes des estangs de Trappes et Bois d'Arcy........... 1800ᴴ

6 décembre 1677-23 janvier 1678 : à Bergeron et consors, à compte des nouveaux bastimens qu'ils font (4 p.)..................................... 10600ᴴ

4 may 1677-23 janvier 1678 : à Girardot et Anglard, à compte des ouvrages qu'ils font à l'aqueduc de Roquencourt (13 p.).................... 16600ᴴ

17 may : à eux, à compte du percement de la montagne de Satory.......................... 500ᴴ

A Dorbay, à compte des ouvrages de maçonnerie qu'il fait à la Chancellerie..................... 1000ᴴ

23 janvier 1678 : à luy, à compte des nouveaux bastimens qu'il fait...................... 600ᴴ

22 septembre-31 octobre : à Dorbay et Girardot, à compte de la nouvelle enceinte du parc (4 p.).. 8500ᴴ

10 juin : à Broassin et consors, pour diverses fournitures qu'ils ont faites pour l'aqueduc de la plaine de Satory................................. 544ᴴ 12ˢ

29 juin : à Gabriel, pour fournitures qu'il a faites pour les escuries des pompes.............. 169ᴴ 6ˢ

6 septembre : à luy, à compte des pilliers qu'il fait pour la chapelle........................ 1800ᴴ

6 décembre : à luy, à compte des nouveaux bastimens qu'il fait................................ 3000ᴴ

29 juin-29 juillet : à Rossignol, maçon, pour avoir crespy et enduy les murs du grand escallier pour la peinture à fresque (2 p.).................... 342ᴴ 3ˢ

11 septembre-17 octobre : à luy, pour les ouvriers qui ont travaillé à la chapelle (3 p.)...... 1177ᴴ 11ˢ

4 juillet-21 novembre : à Vigneux, à compte des murs de closture du nouveau parc (4 p.).... 24000ᴴ

15 juillet-14 novembre : à La Fontaine, à compte idem (4 p.)............................. 13600ᴴ

5 octobre : à La Pensée, à compte des escuries en apenty............................... 1200ᴴ

17 octobre 1677-16 janvier 1678 : à Mesnage et Painoutoy, entrepreneurs du réservoir et aqueduc de Satory, à compte de leurs ouvrages (5 p.)..... 6100ᴴ

28 novembre 1677-16 janvier 1678 : à Brigard, à compte de la bonde et aqueduc de l'estang des Graissets (4 p.).................................. 8600ᴴ

21 novembre 1677-23 janvier 1678 : à Léonard Aumasson, à compte de l'aqueduc de la Ménagerie (2 p.).................................. 1500ᴴ

Somme de ce chapitre... 221014ᴴ 12ˢ 2ᵈ

CHARPENTERIE.

10 avril : à Fontenet, pour réparations aux moulins de Satory................................ 133ᴴ

6 septembre-25 octobre : à Fontenet et Grillon, à compte des moulins à six ailes (2 p.)....... 2490ᴴ

24 avril-5 novembre : à Caillet, à compte de ses ouvrages de charpenterie à la Mesnagerie (3 p.). 2100ᴴ

23 juillet : à luy, pour divers ouvrages.... 1321ᴴ 4ˢ

15 aoust : à luy, à compte de la charpente du magazin de la montagne de Roquancourt....... 193ᴴ 4ˢ

23 janvier 1678 : à luy, à compte du hangard qu'il fait dans le Parc aux cerfs................. 500ᴴ

23 juillet : à Battard, à compte de ses ouvrages. 600ᴴ

6 septembre : à Maillard et Gaudet, à compte des moulins à six ailes...................... 2000ᴴ

17 octobre : à Maillard, charpentier, à compte de ses ouvrages de couvertures pour les orangers de Trianon..................................... 600ᴴ

13 octobre : à Vilain et Le Gendre, pour avoir couvert de paille l'escurie des exempts des gardes du corps du Roy à Versailles........................ 92ᴴ 8ˢ

25 octobre : aux charpentiers qui ont travaillé auxd. moulins à six aisles...................... 3000ᴴ

Somme de ce chapitre...... 13029ᴴ 16ˢ

COUVERTURE.

23 mars : à Vilain et Le Gendre, pour parfait paye-

ment de 559ᵗᵗ 18ˢ pour couvertures de chaulme qu'ils ont faites.................................. 159ᵗᵗ 18ˢ

5 avril-12 décembre : à Yvon, couvreur, à compte des ouvrages qu'il fait en divers endroits (3 p.). 3600ᵗᵗ

24 avril-23 juillet : à luy, à compte de ceux qu'il fait à la Mesnagerie (2 p.)........................ 1900ᵗᵗ

15 aoust : à luy, pour son parfait payement de 3985ᵗᵗ 13ˢ.......................... 785ᵗᵗ 13ˢ

Somme de ce chapitre....... 6445ᵗᵗ 11ˢ

MENUISERIE.

1ᵉʳ febvrier : à Lavier, à compte de divers ouvrages qu'il fait............................... 600ᵗᵗ

28 novembre-12 décembre : à luy, pour parfait payement de 1700ᵗᵗ pour les douze portes à barreaux qu'il a faites dans le mur de closture (3 p.)........ 900ᵗᵗ

16 febvrier-6 septembre : à Prou, pour parfait payement des ouvrages qu'il a faits à la garde-robe des bains (4 p.)........................... 2139ᵗᵗ 16ˢ 8ᵈ

17 may-15 aoust : à luy, pour divers ouvrages qu'il a faits (2 p.)........................... 919ᵗᵗ 10ˢ

6 janvier 1678 : à luy, à compte des six portes qu'il fait pour le grand escallier................. 400ᵗᵗ

16 mars : à du Cors, pour parfait payement de 2787ᵗᵗ 1ˢ ¹.......................... 387ᵗᵗ 1ˢ

16 mars 1677-23 janvier 1678 : à luy, à compte de ses ouvrages (7 p.)..................... 7700ᵗᵗ

18 décembre : à luy, pour les ouvrages qu'il a faits au commun du Roy.......................... 221ᵗᵗ 1ˢ

16 mars : à La Croix et Bergerat, à compte de leurs ouvrages................................ 1200ᵗᵗ

A Mentonnois, idem..................... 500ᵗᵗ

A Edmond, pour menues réparations qu'il a faites aux pompes de Versailles.................... 236ᵗᵗ 5ˢ

15 décembre : à Esmond, pour les portes qu'il a faites 403ᵗᵗ 10ˢ

10 avril : à Buirette, pour un modelle d'un des cabinets de la Renommée.................... 680ᵗᵗ 10ˢ

23 janvier 1678 : à luy, pour ses ouvrages.... 800ᵗᵗ

23 juillet : à Dionis, pour son parfait payement de 2420ᵗᵗ................................ 1420ᵗᵗ

13 octobre : à Dauphin et Prevost, menuisiers, pour bois qu'ils ont fournis aux illuminations..... 356ᵗᵗ 15ˢ

28 novembre : à Barbier, menuisier, à compte des caisses qu'il fait pour l'orangerie............ 500ᵗᵗ

¹ Le compte porte ici, à la colonne des chiffres, 15ˢ au lieu de 1ˢ ; de là l'erreur dans l'addition.

18 décembre : à Anglebert, menuisier, pour les ambrasures des croisées du grand appartement..... 291ᵗᵗ

Somme de ce chapitre.... 19656ᵗᵗ 2ˢ 8ᵈ ²

SERRURERIE.

3 febvrier : à de Lobel, à compte de ses ouvrages à la fontaine du Pavillon................... 2000ᵗᵗ

3 febvrier-5 octobre : à luy, à compte des balustrades pour la fontaine de la Renommée (6 p.).... 12400ᵗᵗ

16 mars 1677-23 janvier 1678 : à luy, à compte des cinq portes de fer pour le grand escallier (3 p.) 3400ᵗᵗ

29 may 1677-23 janvier 1678 : à compte de ses ouvrages à la fontaine de l'Arc de triomphe (4 p.). 8500ᵗᵗ

16 mars-13 octobre : à Bigot, serrurier, à compte de ses ouvrages (2 p.)..................... 2500ᵗᵗ

5 novembre 1677-16 janvier 1678 : à luy, à compte de la serrure qu'il fait aux moulins (2 p.)..... 1500ᵗᵗ

16 mars 1677-16 janvier 1678 : à Picard, serrurier, à compte de ses ouvrages (5 p.)............ 5400ᵗᵗ

24 avril : à luy, à compte des ouvrages qu'il fait à douze corps de pompes.................... 800ᵗᵗ

20 may : à luy, sçavoir, 900ᵗᵗ à compte de divers ouvrages et 600ᵗᵗ à compte de deux pompes..... 1500ᵗᵗ

17 novembre : à luy, à compte du fer qu'il fournit à Versailles................................ 336ᵗᵗ

16 mars-23 juillet : à Marie et Boutet, à compte de leurs ouvrages au pavillon du Labyrinte (4 p.) 2800ᵗᵗ

16 mars : à Marie, pour le restablissement qu'il a fait au réservoir de la Grotte................ 439ᵗᵗ 9ˢ

16 mars 1677-16 janvier 1678 : à luy, à compte de ses ouvrages en divers endroits (7 p.)........ 8700ᵗᵗ

17 may : à luy, pour ouvrages de Trianon.... 550ᵗᵗ

5 octobre : à luy, à compte des ouvrages de fer du pavillon du Labyrinte.......................... 400ᵗᵗ

24 avril 1677-23 janvier 1678 : à Boutet ³, à compte de ses ouvrages (3 p.)................... 1000ᵗᵗ

24 avril-17 may : à Godignon, pour parfait payement de 894ᵗᵗ 16ˢ (2 p.).................... 894ᵗᵗ 16ˢ

23 juillet 1677-23 janvier 1678 : à luy, à compte de ses ouvrages (4 p.)..................... 2500ᵗᵗ

17 may : à Rombault, pour parfait payement de 2108ᵗᵗ 17ˢ 6ᵈ pour divers ouvrages...... 808ᵗᵗ 17ˢ 6ᵈ

26 may 1677-16 janvier 1678 : à luy, à compte des ouvrages qu'il fait pour les pompes (5 p.).... 2500ᵗᵗ

² Le total exact est 19655ᵗᵗ 8ˢ 8ᵈ. Cette erreur provient d'une indication mal écrite où le comptable a pris un *s* pour un 5, ce qui donne 14ˢ de plus que la véritable somme.

³ Deux fois il est nommé Boudet; mais nous croyons que Boudet est bien le même individu que Boutet.

ANNÉE 1677. — VERSAILLES.

10 juin : à Pasquier, pour 5153 visses de fer avec leurs escrous qu'il a fourny............... 772^{tt} 19^s
23 juillet : à luy, pour 800 visses *idem*....... 240^{tt}
Somme de ce chapitre.... 58742^{tt} 1^s 6$^{d\ 1}$

VITRERIE.

16 febvrier – 5 novembre : à la veuve Longet, à compte de ses ouvrages (6 p.).................. 15100^{tt}

PEINTURE ET DORURE.

3 febvrier – 12 décembre : à de Sève le jeune, peintre, pour parfait payement de 3200^{tt} pour ouvrages qu'il a faits au platfonds du cabinet des bains (4 p.).. 2800^{tt}
16 mars 1677 – 9 janvier 1678 : à de Sève l'aisné, à compte du platfonds de la grande chambre de la Reyne (2 p.)............................... 1500^{tt}
3 febvrier – 28 novembre : à La Baronnière, doreur, à compte de la dorure qu'il fait aux ornemens de la lanterne et corniche du grand escallier (4 p.).... 2800^{tt}
17 may : à luy, à compte des ouvrages de dorure de l'appartement qui donne sur la terrasse (2 p.).. 1100^{tt}
20 may : à luy, sçavoir : 1000^{tt} à compte dud. appartement, et 1000^{tt} à compte de la dorure des six chaloupes.................................. 2000^{tt}
23 juillet : à luy, à compte de la dorure du cabinet des bains............................... 1000^{tt}
13 octobre : à luy, parfait payement de 3264^{tt} 16^s 6^d pour la dorure des croisées des petits appartemens 2164^{tt} 16^s 6^d
16 febvrier – 13 octobre : aux Le Moyne, parfait payement de 5500^{tt} pour les croisées des petits appartemens qui donnent sur la terrasse du chasteau (5 p.)..... 5500^{tt}
2 juin : à eux, à compte de la pièce dorique.. 800^{tt}
16 mars – 5 septembre : à Bailly, parfait payement de 7677^{tt} 15^s 6^d pour la dorure de la balustrade de fer de la fontaine de la Renommée (5 p.)..... 6377^{tt} 15^s 6^d
17 may : à luy, pour le restablissement qu'il a fait aux ornemens des fontaines................ 822^{tt}
5 juin – 5 septembre : à luy, à compte de la dorure de la fontaine de Saturne (4 p.)............. 3600^{tt}
5 septembre – 13 octobre : à luy, pour divers ouvrages de peinture (2 p.)..................... 784^{tt}
12 décembre : à luy, pour avoir bronzé les deux monstres marins............................... 600^{tt}
16 mars : à Loir, à compte du grand cabinet et de la petite chambre de la Reyne............... 600^{tt}
16 mars 1677 – 9 janvier 1678 : à Coypel, à compte des tableaux qu'il fait pour le platfonds de l'appartement du Roy (4 p.)...................... ^{1} 3400^{tt}
24 avril : à la veuve Boulogne, à compte des ouvrages de peinture des Attiques................. 1200^{tt}
24 avril – 28 novembre : à Gontier, à compte des ouvrages de peinture qu'il fait dans la chambre des bains (2 p.)................................. 650^{tt}
29 juin : à luy, à compte de la pièce ionique.. 800^{tt}
17 may : à Benoist, peintre, à compte des ouvrages qu'il fait au modelle d'un pavillon de la Renommée. 100^{tt}
A Goy, peintre, à compte de ses ouvrages.... 600^{tt}
22 may 1677 – 4 janvier 1678 : à Anguier, pour plusieurs desseins qu'il a faits pour le grand escallier de Versailles (3 p.)........................ 778^{tt}
19 juin : à Houasse, pour un tableau qu'il a fait pour la pièce octogone..................... 350^{tt}
2 juillet – 4 octobre : aux peintres qui ont travaillé à la peinture à fresque du grand escallier depuis le 28 may jusqu'au 12 septembre (4 p.)............ 6547^{tt} 10^s
16 juillet : aux peintres qui ont restably les illuminations qui sont dans les magazins.......... 564^{tt} 18^s
5 juillet : à Audran, pour un tableau qu'il a fait pour le dessus de la cheminée de la chambre des bains. 450^{tt}
16 janvier 1678 : à luy, à compte de ses ouvrages 400^{tt}
5 juillet : à Tiencelin, à compte de la peinture des treillages du potager...................... 300^{tt}
13 octobre : à luy, à compte des grosses peintures qu'il fait............................. 500^{tt}
15 novembre : à luy, à compte des modèles qu'il fait pour la fontaine de l'Arc de triomphe........ 600^{tt}
15 aoust : à Le Hongre, pour ouvrages de peinture qu'il a faits à Trianon..................... 332^{tt}
13 octobre : à Paillet, pour plusieurs fournitures qu'il a faites........................... 161^{tt}
A Bonnemer, pour plusieurs ports et voitures de tableaux de Paris à Versailles.............. 116^{tt} 12^s
13 octobre 1677 – 9 janvier 1678 : à Yvart, pour fournitures de couleurs et autres ustancils pour les peintres qui travaillent à la chapelle et au grand escallier (2 p.)................................. 714^{tt} 11^s
12 décembre : à de la Porte, doreur, à compte de ses ouvrages............................. 800^{tt}
Somme de ce chapitre....... 51813^{tt} 3^s

SCULPTURE.

16 febvrier : à Houzeau, à compte des modelles qu'il fait pour la fontaine du pavillon d'eau......... 300^{tt}
16 mars – 13 octobre : à luy, à compte d'une figure de marbre pour le parterre d'eau (3 p.).......... 900^{tt}

---

^{1} Le total exact est 59742^{tt} 1^s 6^d.

23 janvier 1678 : à luy, à compte de la fontaine du Marais............................ 800ᵗᵗ

16 mars-21 novembre : à Houzeau et Mazelines, à compte desd. modelles (4 p.)............. 2200ᵗᵗ

16 mars-6 septembre : à Mazelines, à compte d'une figure de marbre pour le parterre d'eau (2 p.)... 600ᵗᵗ

23 juillet-31 décembre : à luy, pour parfait payement de 893ᵗᵗ 10ˢ pour ouvrages faits aux couvertures de Trianon (2 p.).................... 893ᵗᵗ 10ˢ

12 décembre : à luy, pour trois toises de corniches qu'il a faites au grand escallier............ 300ᵗᵗ

23 juillet 1677-23 janvier 1678 : à luy et consors, à compte des modelles de l'Arc de triomphe (5 p.). 4500ᵗᵗ

16 febvrier : à Le Gros, à compte des modelles qu'il fait pour la fontaine du pavillon d'eau........ 200ᵗᵗ

16 mars-6 septembre : à luy, à compte d'une figure de marbre pour le parterre d'eau (2 p.)........ 600ᵗᵗ

16 mars-29 juin : à Massou, *idem* (2 p.).... 600ᵗᵗ

16 mars 1677-23 janvier 1678 : à Massou et Le Gros, à compte des modèles de sculpture qu'ils font pour la fontaine de l'Arc de triomphe (8 p.)......... 6300ᵗᵗ

16 mars-12 décembre : à Le Gros et Le Hongre, pour parfait payement de 1500ᵗᵗ pour les ouvrages de sculpture qu'ils ont faits pour le fronton de la chapelle (2 p.). 700ᵗᵗ

16 mars-23 juillet : à Regnaudin, à compte du grouppe de marbre pour le parterre d'eau (3 p.)...... 1200ᵗᵗ

6 septembre : à luy, à compte d'une figure de marbre *idem*................................ 300ᵗᵗ

16 mars-6 septembre : à Girardon et consors, pour leurs ouvrages à la balustrade de marbre de la Renommée.... 1200ᵗᵗ

28 novembre : à Girardon et Regnaudin, pour leur parfait payement de 20550ᵗᵗ pour les ouvrages qu'ils ont faits à Versailles, sçavoir : 18000ᵗᵗ pour le grand grouppe de marbre blanc qu'ils ont fait dans la niche de la Grotte de Versailles, et 2550ᵗᵗ pour les ornemens qu'ils ont faits à la fontaine de Saturne............. 925ᵗᵗ

24 avril-6 septembre : à Girardon, à compte des ornemens de la fontaine de Saturne (2 p.)...... 2300ᵗᵗ

24 avril : à luy, à compte du grouppe de la figure (sic) de marbre qu'il fait pour le parterre d'eau...... 400ᵗᵗ

23 juillet : à luy, à compte des modelles de l'Arc de triomphe............................ 1000ᵗᵗ

16 mars-6 septembre : à Tuby, à compte d'une figure de marbre pour le parterre d'eau (2 p.)....... 600ᵗᵗ

16 mars : à luy, à compte des bazes de bronze doré qu'il fait pour les colonnes de la chapelle...... 1200ᵗᵗ

16 mars : à luy, à compte des deux chevaux marins du bout du canal....................... 400ᵗᵗ

24 avril 1677-16 janvier 1678 : à luy, à compte des bas-reliefs de marbre qu'il fait pour la niche de l'escallier (3 p.)........................... 1700ᵗᵗ

23 janvier 1678 : à luy, à compte des bazes de bronze qu'il fait pour led. escallier............... 600ᵗᵗ

23 juillet-17 octobre : à luy, à compte des modelles de l'Arc de triomphe (2 p.)............... 1300ᵗᵗ

16 mars-6 septembre : à Mansy, à compte du grouppe de marbre qu'il fait pour le parterre d'eau (3 p.). 1400ᵗᵗ

16 mars : à luy, pour avoir taillé des glaçons à la Grotte.............................. 260ᵗᵗ

24 avril-12 décembre : à luy, pour son parfait payement de 2300ᵗᵗ pour 23 toises de corniches qu'il a faites au grand appartement (2 p.)............. 2300ᵗᵗ

23 janvier 1678 : à luy, à compte des ornemens de métail pour la figure de la Renommée......... 400ᵗᵗ

28 novembre : à Mansy et Tuby, pour leur parfait payement de 39115ᵗᵗ à quoy montent plusieurs ouvrages qu'ils ont faits, sçavoir : aud. Mansy, 14318ᵗᵗ pour ouvrages de marbre qu'il a faits pour la Grotte de Versailles ; à luy, 13400ᵗᵗ pour les ornemens qu'il a faits pour la fontaine de Bacchus ; aud. Tuby, 7750ᵗᵗ pour ouvrages de marbre qu'il a faits pour lad. Grotte ; à luy, 3647ᵗᵗ pour bazes de bronze doré qu'il a faites pour le grand escallier............................ 205ᵗᵗ

16 mars-6 septembre : à Buister[1], à compte d'une figure de marbre pour le parterre d'eau (3 p.)... 900ᵗᵗ

16 mars-6 septembre : à Lespagnandel, à compte *idem* (2 p.)........................ 600ᵗᵗ

16 mars : à Desjardins, *idem*.............. 600ᵗᵗ

9 décembre : à Desjardins et consors, pour avoir refait en pierre les ouvrages de sculpture qui estoient en plastre.............................. 567ᵗᵗ

16 mars-29 juin : à Magnier, à compte d'une figure de marbre pour le parterre d'eau (2 p.)....... 600ᵗᵗ

24 avril : à Hutinot, *idem*............... 300ᵗᵗ

24 avril-13 octobre : à La Perdrix, *idem* (2 p.). 600ᵗᵗ

24 avril-13 octobre : à Raon, *idem* (2 p.).... 600ᵗᵗ

24 avril-6 septembre : à Guérin, *idem* (2 p.). 600ᵗᵗ

24 avril : à Grenier, *idem*............... 300ᵗᵗ

24 mars : à Théodon, pour un modelle qu'il a fait pour le grand escallier.................... 200ᵗᵗ

24 avril-3 juillet : à Perreau, pour parfait payement de 500ᵗᵗ pour restablissemens qu'il fait aux figures et ornemens des fontaines (2 p.)................ 500ᵗᵗ

13 octobre : à luy, pour la façon d'un grand vaze. 75ᵗᵗ

24 avril-13 octobre : à Lespingola, à compte des

---

[1] On le nomme une fois de Buister.

bas-reliefs qu'il fait au-dessous du fronton de la chapelle (4 p.).............................. 1500^{tt}

17 may : à BERNARD, pour avoir restably divers ornemens................................ 234^{tt}

29 juin-6 septembre : à DROUILLY, à compte d'une figure de marbre pour le parterre d'eau (2 p.)... 600^{tt}

16 juillet : à BARBE, pour ouvrages du modelle de la fontaine de la Renommée.................... 62^{tt}

15 aoust : à CAFFIERS, à compte de ses ouvrages pour le grand escallier........................ 320^{tt}

13 octobre : à luy, pour plusieurs modelles pour led. escallier................................. 700^{tt}

23 janvier 1678 : à luy, à compte de la sculpture des six portes de bois du grand escallier......... 600^{tt}

A luy, à compte des colonnes et pilastres qu'il fait au haut dud. escalier...................... 400^{tt}

6 septembre : à JOUVENET, à compte d'une figure de marbre pour le parterre d'eau.............. 300^{tt}

13 octobre : à SIBRAYQUE, pour 4 thoises 1 douzième de glaçons qu'il a taillez au canal de Versailles. 73^{tt} 10^s

13 octobre : à DOSSIER, à compte d'une figure de marbre pour le parterre d'eau................ 200^{tt}

Somme de ce chapitre........ 4811 5^{tt 1}

MARBRERIE.

16 febvrier 1677-16 janvier 1678 : à MATHAULT², à compte des ouvrages de marbre qu'il fait pour le grand escallier (6 p.)........................... 6800^{tt}

16 febvrier : à MATHAULT et consors, à compte des ouvrages qu'ils font à l'un des pavillons de marbre de la fontaine de la Renommée................. 1500^{tt}

16 febvrier 1677-16 janvier 1678 : à HANUCHE, à compte des ouvrages qu'il fait au sallon de l'appartement de la Reyne (5 p.)...................... 3000^{tt}

16 mars 1677-16 janvier 1678 : à MISSON et MÉNARD, à compte de leurs travaux à l'un des pavillons de marbre de la fontaine de la Renommée (7 p.)..... 13600^{tt}

16 mars : à eux, à compte des ouvrages qu'ils font dans la pièce proche le grand escallier.......... 3500^{tt}

16 mars 1677-16 janvier 1678 : à eux, à compte de ceux du grand escallier (6 p.)................ 13700^{tt}

23 juillet : à eux, pour avoir restably le bassin de dessus la terrasse......................... 550^{tt}

A eux, à compte du vestibule de l'appartement haut. .... 500^{tt}

8 décembre : à MÉNARD, à compte desd. ouvrages. 600^{tt}

¹ Le total exact est 4771 5^{tt}.
² On écrit aussi ce nom MATAULT et MATHAU.

16 mars 1677-16 janvier 1678 : à PASQUIER et DU CHESNOY, à compte de leurs ouvrages à l'un des pavillons de marbre de la fontaine de la Renommée (7 p.)..................................... 13000^{tt}

16 mars 1677-16 janvier 1678 : à PASQUIER, à compte du grand escallier (7 p.)............. 6400^{tt}

29 juin : à DU CHESNOY, pour diverses réparations qu'il a faites dans les appartemens............. 953^{tt} 15^s

15 aoust : à luy, pour ouvrages faits à la gallerie au-dessous de la terrasse....................... 371^{tt}

5 novembre 1677-23 janvier 1678 : à luy, pour ouvrages du grand escallier (2 p.)............. 600^{tt}

13 octobre-5 novembre : à DEZAIGNE, marbrier, à compte des ouvrages du grand escallier (3 p.).. 1100^{tt}

Somme de ce chapitre...... 66174^{tt} 15^s

PAVÉ.

16 mars-25 aoust : à MARCHAND, pour parfait payement de 7235^{tt} 5^s pour ses ouvrages à l'abreuvoir de Versailles (3 p.)..................... 6035^{tt} 5^s

16 mars-13 octobre : à luy, à compte de ses ouvrages en divers endroits du bourg (5 p.)........... 16000^{tt}

29 juin-5 novembre : à luy, à compte de ceux qu'il fait dans les deux petites cours du chasteau (2 p.). 1500^{tt}

6 septembre-5 novembre : à luy, à compte du pavé de la grande cour......................... 5500^{tt}

Somme de ce chapitre...... 29035^{tt} 5^s

PLOMBERIE ET CONDUITTE DE FER.

16 febvrier-5 novembre : à VITRY, plombier, à compte de ses ouvrages à la fontaine du pavillon (7 p.). 10000^{tt}

29 juin-23 juillet : à luy, pour divers ouvrages et réparations en divers endroits (2 p.)...... 578^{tt} 17^s

17 novembre : à luy, pour remboursement de plusieurs journées d'ouvriers suivant le rolle du 18 septembre. 112^{tt}

16 febvrier-5 novembre : à la veuve MAZELINES, à compte des ouvrages qu'elle fait pour les fontaines (5 p.)................................. 8000^{tt}

16 febvrier-5 novembre : à ALAIN, à compte idem (6 p.)............................... 14200^{tt}

16 febvrier-5 novembre : à LE ROY, à compte idem (5 p.)............................... 19500^{tt}

5 novembre : à luy, pour soudures des ventouses des Trois-Fontaines........................ 300^{tt} 15^s

23 juillet-5 novembre : à MARQUET, à compte de ses ouvrages (3 p.)....................... 1700^{tt}

23 juillet : à DESVAUGOINS, à compte des thuyaux de fer qu'il fournit....................... 3000^{tt}

13 octobre : à Denis, pour soudure..... 528" 15°

Somme de ce chapitre....... 57920" 7°

JARDINAGES.

16 mars : à Frades, pour graines qu'il a fournies pour les allées du pourtour du canal............... 69"

3 may : à Houdouin et Colinot, pour parfait payement de 8758" 14° à quoy montent les ouvrages qu'ils ont faits aux parcs et advenues de Versailles. 4258" 14°

25 octobre : aud. Houdouin, à compte des fumiers qu'il a livrez......................... 3000"

3 may : aud. Colinot, pour plusieurs trous et labours qu'il fait pour planter des arbres.......... 190" 12°

22 may : à luy, pour le treillage qu'il a fait en divers endroits....................... 1089" 2°

29 juillet : à luy, pour 916 bottes de buis qu'il a fournies................................. 458"

3 may - 28 novembre : aux ouvriers qui ont travaillé en divers endroits du petit parc, notamment à gazonner les bassins, suivant les rolles, dont le dernier est du 28 novembre (9 p.).............. 15809" 19° 6ᵈ

14 juin : à Le Vasseur, pour bottes de perches de chastaignier qu'il a fourny pour faire du treillage. 412"

29 juin 1677 - 9 janvier 1678 : à Vaultier, jardinier du potager, pour fumiers (3 p.)........ 1314" 19°

29 juillet : à luy, pour treillages qu'il a fait aud. potager....................... 418" 15°

24 aoust - 12 décembre : à Pierre Bar, jardinier, à compte des treillages qu'il fait (5 p.)........ 5400"

Somme de ce chapitre.... 32430" 2° 6ᵈ ¹

FOUILLES DE TERRE.

20 janvier - 22 septembre : aux ouvriers qui ont travaillé à la recherche des eaux de Roquencourt sur la montagne de Bailly, suivant les rolles, du 14 décembre 1676 au 11 septembre (11 p.)............ 10644"

28 mars : aux ouvriers qui travaillent à la recherche des eaux de Rocquencourt, pour leur gratification, en considération de la première pierre de l'acqueduc. 110"

5 décembre 1677 - 16 janvier 1678 : à ceux qui ont posé des tuyaux de grais et fouillé des tranchées pour les eaux de Roquancourt (3 p.)............. 1102" 17°

4 may 1677 - 9 janvier 1678 : à ceux qui ont fait diverses tranchées en plusieurs endroits du petit parc (3 p.)........................... 2045" 5°

10 juin - 12 octobre : aux ouvriers qui ont fait diverses fouilles et transports de terre (6 p.).... 8499" 17° 6ᵈ

¹ Le total exact est 32421" 1° 6ᵈ.

29 juin : à ceux qui ont régallé les nouvelles cours de la Ménagerie...................... 244" 14°

18 - 21 aoust : à ceux qui ont travaillé au régallement du nouveau parc (2 p.)................. 594" 19°

3 juillet : à ceux qui ont labouré les pépinières du parc................................. 70" 8°

23 juillet : à ceux qui ont transporté des terres à cause de la Feste-Dieu.................. 61" 14°

A ceux du réservoir de Satory......... 71" 13° 8ᵈ

29 juillet 1677 - 23 janvier 1678 : à ceux qui ont travaillé en divers endroits du petit et du grand parc (4 p.)............................. 7747" 10° 6ᵈ

22 aoust : à ceux qui ont fouillé la conduitte des Trois-Fontaines.............................. 720" 18°

22 aoust - 11 septembre : à ceux qui ont travaillé au nouveau parc, suivant les rolles, jusqu'au 4 septembre (5 p.)........................ 1595" 16°

22 septembre - 25 octobre : à ceux qui ont travaillé sur la montagne de Picardie, suivant les rolles, jusqu'au 16 octobre (3 p.)...................... 917" 13°

26 octobre : à ceux qui ont travaillé à la nouvelle enceinte du parc de Versailles, suivant le rolle finy le 4 septembre........................ 262" 11°

31 octobre - 19 décembre : à ceux qui ont travaillé sur la montagne de Satory, suivant les rolles, jusqu'au 18 décembre (7 p.)........................ 5844" 15° 8ᵈ

5 octobre - 29 décembre : à ceux qui ont dressé un chemin sur la coste de Satory (2 p.)... 1892" 15° 10ᵈ

12 décembre : à ceux qui ont fait un chemin de traverse dans le bois du grand parc, suivant le rolle finy le 11 dud. mois....................... 991" 7° 8ᵈ

9 janvier 1678 : à ceux qui ont remply des glacières et autres ouvrages du petit parc, suivant le rolle finy le 8 janvier........................... 1324" 15° 2ᵈ

5 décembre : à ceux qui ont régallé les trous de la montagne de Picardie.................. 52" 18° 6ᵈ

12 décembre : à ceux qui ont tiré des sables dans l'aqueduc de Roquancourt................. 138" 19° 4ᵈ

19 - 31 décembre : à ceux qui ont posé des tuyaux de grais dans l'aqueduc de la vallée Roger (2 p.).. 707" 1°

19 décembre 1677 - 16 janvier 1678 : à ceux qui ont régallé les trous de divers endroits (3 p.).. 759" 7° 10ᵈ

3 - 23 janvier 1678 : à ceux qui ont régallé plusieurs trous proche Jardy (2 p.)................ 813" 17°

8 - 23 janvier 1678 : à ceux qui ont régalé le fond de l'estang des Graissets (2 p.)............ 136" 12°

23 janvier 1678 : à ceux qui ont fait un chemin au-dessous de la coste du grand parc.......... 142" 4°

26 febvrier - 29 avril : à Lefebvre et Le Roux, pour

parfait payement de la somme de 605ᴧ 5ˢ pour les terres qu'ils transportent derrière la chaussée de l'estang du Val (2 p.)............................ 605ᴧ 5ˢ

22 may-23 juillet : à eux, pour parfait payement de 1329ᴧ 6ˢ pour les rigolles qu'ils font dans la plaine de Satory (3 p.)......................... 1329ᴧ 6ˢ

18 aoust-25 octobre : à eux, à compte de l'estang qu'ils fouillent dans le nouveau parc (2 p.)..... 1500ᴧ

6 septembre : à eux, à compte de leurs labours. 350ᴧ

5-25 septembre : à eux, à compte du nettoyement du vieil estang de Versailles (2 p.).............. 2100ᴧ

7 novembre : à Le Roux et consors, pour le parfait payement de 4115ᴧ 7ˢ pour les transports qu'ils ont faits (2 p.).......................... 915ᴧ

19 décembre 1677-16 janvier 1678 : à Lefebvre et Le Roux, à compte des tranchées qu'ils font sur la montagne de Satory (7 p.).................... 3250ᴧ

19 mars : aud. Lefebvre, pour fouilles et transport de terre qu'il a faits pour le Labirinthe.......... 268ᴧ

31 octobre 1677-23 janvier 1678 : à luy, à compte du transport des terres de l'estang des Graissets (7 p.).. 5650ᴧ

28 febvrier : à Robelin, pour les ouvriers qui ont travaillé à la recherche des eaux de Bailly, jusques au 20 febvrier............................. 565ᴧ 11ˢ 3ᵈ

16 mars-5 septembre : à Boursault et Bonnissant, à compte des fouilles et du transport de terre qu'ils font au bout du canal vers la Mesnagerie (6 p.)...... 9900ᴧ

5 septembre 1677-23 janvier 1678 : à Boursault et consors, à compte du transport de terre à la chaussée des estangs de Trappes et de Bois d'Arcy (9 p.).. 8996ᴧ

21 novembre : à eux, à compte des ouvrages qu'ils font dans le réservoir de Glatigny............ 600ᴧ

10 avril : à eux, pour parfait payement de 5907ᴧ 15ˢ 10ᵈ pour transports de terre........ 1307ᴧ 15ˢ 10ᵈ

13 octobre : à eux, pour avoir régalé et sablé le tour du canal............................. 119ᴧ 7ˢ 6ᵈ

17 octobre-21 novembre : à Boursault et Feuillastre, pour les transports de terre de l'estang de Bois d'Arcy (3 p.)................................. 2198ᴧ 5ˢ

16 mars-5 novembre : à Maron et consors, à compte des transports de terres qu'ils font au bout du canal vers la Mesnagerie (8 p.)................... 2400ᴧ

3 juillet : à eux, pour le régallement qu'ils ont fait du costé de la Ménagerie................ 667ᴧ 10ˢ

10 avril : à Benoist et consors, pour parfait payement de 4157ᴧ 10ᵈ..................... 157ᴧ 0ˢ 10ᵈ

29 juin : à Borniquet, terrassier, pour 203 toises de tranchées qu'il a faites à la Mesnagerie...... 101ᴧ 10ˢ

4 juillet-6 septembre : à Houdouin et Colinot, à compte des labours qu'ils font aux grands et menus plants (2 p.).................................. 3000ᴧ

29 novembre 1677-3 janvier 1678 : à eux, à compte des grandes rigolles qu'ils font pour les nouvelles advenues du grand parc (3 p.)................. 7500ᴧ

6 juillet-21 novembre : à Loistron et consors, à compte du conroy de glaise pour les Trois-Fontaines de Versailles (4 p.)...................... 3150ᴧ

23 juillet : à Loistron et Houet, à compte de leurs ouvrages............................. 300ᴧ

31 juillet-13 octobre : à eux, pour parfait payement de 3313ᴧ 7ˢ 6ᵈ pour les ouvrages qu'ils ont faits aux Trois-Fontaines de Versailles............... 3313ᴧ 7ˢ 6ᵈ

5 septembre : à eux, à compte du réservoir de Satory............................... 1000ᴧ

13 octobre 1677-23 janvier 1678 : à eux, à compte du transport de terre qu'ils font pour la chaussée de l'estang de Trappes (13 p.)............... 11300ᴧ 15ˢ

13 juillet-26 décembre : à Mesnage, pour son parfait payement de 7999ᴧ 10ˢ pour les fouilles et transports qu'il a faits au réservoir de Satory (4 p.)... 4699ᴧ 10ˢ

23 juillet-12 octobre : à Mesnage et consors, à compte dud. réservoir (5 p.).................... 9000ᴧ

23 juillet-12 décembre : à Réglée et consors, à compte des transports de terre qu'ils font au bout du canal vers la Mesnagerie (3 p.)................ 1912ᴧ 10ˢ

5 décembre 1677-23 janvier 1678 : à eux, à compte du réservoir de Satory (9 p.)......... 6402ᴧ 7ˢ 6ᵈ

21-28 novembre : à Simon et consors, à compte des fosses qu'ils font pour conduire les eaux de l'estang de Trappes à Versailles (2 p.)................ 700ᴧ

12 décembre 1677-9 janvier 1678 : à La Rivière, à compte de l'estang des Graissets (2 p.)........ 550ᴧ

21 novembre 1677-23 janvier 1678 : à La Valée et La Rivière[1], à compte du transport qu'ils font pour la chaussée de l'estang des Graissets (5 p.)...... 4850ᴧ

6 décembre 1677-8 janvier 1678 : à Gauland et consors, à compte des rigolles qu'ils font pour les eaux de Trappes (3 p.)...................... 2000ᴧ

31 décembre 1677-16 janvier 1678 : à Gauland et Petit, à compte desd. rigolles (2 p.)......... 1800ᴧ

9 janvier 1678 : à Gillet, à compte *idem*..... 400ᴧ

31 décembre : à Billet et consors, à compte des tranchées qu'ils font pour le réservoir de Satory..... 400ᴧ

9 janvier 1678 : à Laumosnier et du Mans, à compte

---

[1] On les appelle aussi Valée et Rivière.

des terres qu'ils transportent pour remplir les creux du marché............................... 400ʰ

Somme de ce chapitre... 163966ʰ 1ˢ 3ᵈ ¹

GAGES ET ENTRETENEMENS DES OFFICIERS.

9 avril - 10 juin : à DU CHESNOY, marbrier, ayant l'entretenement des marbres de Versailles, pour une année de ses appointemens (2 p.)................ 1000ʰ

21 juillet - 8 octobre : à BAILLY, ayant l'entretenement des peintures et dorures des fontaines, pour une année *idem* (2 p.)......................... 700ʰ

26 septembre : à GIRARDOT et ANGLART, pour avoir vaqué à la conduite de l'aqueduc de Roquancourt depuis le 1ᵉʳ may jusques au 15 septembre......... 600ʰ

9 avril : à MICHEL LE BOUTEUX, ayant l'entretenement des jardins de Trianon, pour ses appointemens pendant lad. année....................... 1750ʰ

8 janvier 1678 : à luy, ayant l'entretenement des fontaines de Trianon, pour son entretenement pendant 1677..........;............... 500ʰ

9 avril : à JEAN LE MAIRE, fondeur, ayant l'entretenement des fontaines de Versailles, pour sond. entretenement pendant 1677................... 900ʰ

A DENIS, fontainier, ayant celuy des fontaines, pour son entretenement *idem*.................... 10000ʰ

A BERTHIER, ayant celuy des rocailles, *idem*.. 2400ʰ

15 novembre : aud. DENIS, pour trois garçons d'augmentation et pour la soudure qu'il a fournie... 2670ʰ

9 avril : aux cinq meusniers de la montagne de Satory, pour leur entretenement pendant lad. année. 4000ʰ

Sçavoir :

A HÉBERT....................... 800ʰ
A VALÉE....................... 800ʰ
A HABAN....................... 800ʰ
A la veuve HINC................. 800ʰ
A 800ʰ

10 juillet : à eux, pour l'entretenement de graisses et chevilles pour lesd. moulins pendant lad. année, à chacun 100ʰ.......................... 500ʰ

9 avril : aux meusniers de Versailles et Trianon, pour leurd. entretenement pendant lad. année....... 3300ʰ

Sçavoir :

A GODET....................... 1000ʰ
A DUPRÉ....................... 500ʰ
A MAILLARD..................... 800ʰ
A ANTOINE..................... 1000ʰ

¹ Le total exact est 163154ʰ 12ˢ 1ᵈ.

16 avril : A DUPUIS, ayant l'entretenement du tour du canal, pour lad. année................... 2200ʰ

10 juillet : auxd. meusniers ayant l'entretenement des nouveaux moulins de Clagny, *idem*........... 1600ʰ

10 juillet : auxd. meusniers de Versailles, pour l'entretenement de graisses et chevilles pour lesd. moulins pendant lad. année..................... 475ʰ

Sçavoir :

A GODET........................ 150ʰ
A DUPRÉ........................ 75ʰ
A MAILLARD..................... 100ʰ
A ANTOINE...................... 150ʰ

3 septembre : aux deux meusniers de Clagny, 100ʰ à chacun, *idem*....................... 200ʰ

9 octobre : aux jardiniers de Versailles, pour leurs gages et entretenemens, *idem*............ 14800ʰ

Sçavoir :

A COLINOT, ayant celuy du petit parc.. 8800ʰ
A DUPUIS, ayant celuy de l'orangerie. 3000ʰ
A VAUTIER, ayant celuy du potager... 3000ʰ

Somme de ce chapitre......... 63345ʰ

VAISSEAUX SUR LE CANAL.

16 mars - 13 octobre : à CAFFIERS, parfait payement de 4331ʰ pour la sculpture qu'il a faite aux six chalouppes nouvellement mises sur le canal (4 p.). 4331ʰ

28 novembre 1677 - 16 janvier 1678 : à luy, à compte de la sculpture qu'il fait à deux chaloupes (2 p.). 1100ʰ

29 mars : à LAGUIER, espicier, pour plusieurs fournitures pour raccommoder les vaisseaux....... 813ʰ 14ˢ

10 avril : à FRICHOT, marchand, pour fourniture pour raccommoder lesd. vaisseaux............. 73ʰ 14ˢ

24 avril - 13 octobre : à LA BARONNIÈRE, doreur, pour parfait payement de 3000ʰ pour la dorure desd. six chalouppes (3 p.)........................ 1600ʰ

29 décembre : à luy, pour dorure d'un des yaks. 800ʰ

16 janvier 1678 : à luy, pour la dorure d'un autre yak........................... 300ʰ

3 may : aux quatre gondolliers vénitiens, pour leur remboursement de la dépense qu'ils ont faite pour entretenir en bon estat les deux gondolles qui sont sur le canal........................... 300ʰ

14 aoust : à eux, accordée par gratification.. 1600ʰ

16 avril : à eux, pour leurs appointemens de la présente année....................... 4800ʰ

9 may 1677 - 16 janvier 1678 : au sʳ CONSOLIN et autres officiers et matelots entretenus sur les vaisseaux qui

ANNÉE 1677. — VERSAILLES.

sont sur led. canal, pour leurs gages pendant la présente année (4 p.)........................ 12129ʰ 10ˢ

21 may : au nommé Trognon, cordier, pour cordages qu'il a livrez pour lesd. vaisseaux......... 547ʰ 16ˢ

29 juin : à Noiret, pour fourniture de fil de fer et de chevillettes........................ 188ʰ 11ˢ

29 juin - 13 octobre : à Prou, pour son parfait payement de 814ʰ 4ˢ pour la menuiserie des six chalouppes qui sont sur le canal (2 p.)............... 814ʰ 4ˢ

29 juin - 15 aoust : aux compagnons sculpteurs qui ont réparé les ornemens du grand vaisseau (3 p.). 432ʰ

23 juillet - 14 novembre : aux mariniers extraordinaires qui ont servy sur le canal jusqu'au 14 novembre (5 p.)................................. 1633ʰ

23 juillet - 13 juillet : aux sʳˢ Le Moyne, peintres, à compte des ornemens qu'ils font aux deux yacks du canal (2 p.).................................. 1800ʰ

10 aoust : à Perreau, sculpteur, pour plusieurs réparations qu'il a faites auxd. vaisseaux......... 342ʰ 4ˢ

Somme de ce chapitre...... 33605ʰ 10ˢ

PARTIES EXTRAORDINAIRES.

1ᵉʳ febvrier 1677 - 23 janvier 1678 : à Nicolas Le Maire le jeune, à compte des robinets et soupapes de cuivre qu'il fait pour les fontaines (9 p.).......... 19000ʰ

16 febvrier - 15 juin : à Jean Le Maire l'aisné, parfait payement de 13487ʰ pour lesd. ouvrages (6 p.). 7687ʰ

23 juillet - 13 octobre : à luy, pour parfait payement de 7719ʰ 6ˢ idem (3 p.)................. 7719ʰ 6ˢ

5 novembre : à luy, à compte idem......... 1000ʰ

1ᵉʳ febvrier - 19 décembre : aux ouvriers qui ont fait divers ouvrages en divers endroits et dans le petit parc, suivant les rolles (12 p.)............... 14170ʰ 2ˢ 2ᵈ

1ᵉʳ febvrier : à ceux qui ont travaillé au restablissement du réservoir de la Grotte de Versailles jusques au 16 janvier dernier........................ 732ʰ 13ˢ 2ᵈ

1ᵉʳ febvrier : à ceux qui ont travaillé aux glacières et pompes............................... 257ʰ 17ˢ

12 décembre : à ceux qui ont rempli les glacières du grand et du petit parc et porté des démolitions. 873ʰ 7ˢ

3 avril : à ceux qui ont travaillé aux caves de M. Bontemps et à la gallerie de Mᵐᵉ de Montespan. 434ʰ 6ˢ 6ᵈ

23 avril - 22 aoust : aux ouvriers qui ont travaillé sur la montagne de Roquancourt à la conduitte des eaux (16 p.)............................. 20009ʰ 19ˢ

21 may : à ceux qui ont travaillé au restablissement du pourtour du bassin du Dragon dans le petit parc de Versailles....................... 88ʰ 13ˢ 4ᵈ

16 juillet : à ceux qui ont restably les bois des illuminations................................ 784ʰ

18 aoust : à ceux qui ont travaillé aux fontaines de l'Arc de triomphe et des Trois-Fontaines, par gratification.................................. 363ʰ

8 - 25 octobre : à ceux qui ont travaillé à poser des tuyaux dans l'aqueduc de la vallée Roger (3 p.). 846ʰ 9ˢ

13 octobre : à ceux qui ont travaillent à faire un chemin sur la montagne de Satory, suivant le rolle finy le 31 octobre................................ 1036ʰ 14ˢ

31 octobre - 28 novembre : à ceux qui ont travaillé à poser des tuyaux de grais dans l'aqueduc de Roquancourt, suivant les rolles (5 p.)............. 1748ʰ 19ˢ 6ᵈ

1ᵉʳ febvrier : à Le Dau et consors, batteliers, pour le restablissement qu'ils ont fait aux batteaux marnois qui ont servy sur le canal................. 112ʰ

A Toulmay, pour avoir vuidé plusieurs fosses en divers endroits............................... 337ʰ

2 febvrier - 29 octobre : à Bremier, carreleur, pour diverses réparations de carreau (2 p.)...... 325ʰ 2ˢ 11ᵈ

3 febvrier - 6 septembre : à Cucci, fondeur, pour parfait payement des ornemens de bronze doré qu'il fait pour les dessus de porte de la pièce octogone de l'appartement bas et les Douze Mois (6 p.)............ 4740ʰ

29 décembre 1677 - 16 janvier 1678 : à luy, à compte de la balustrade de bronze doré du grand escallier (3 p.)............................... 2700ʰ

16 febvrier - 24 avril : à Leschiquier, chaudronnier, pour parfait payement de 4066ʰ 4ˢ pour les quatre piramides de cuivre qu'il fait pour le pavillon d'eau (4 p.)............................. 4066ʰ 4ˢ

24 avril - 5 novembre : à luy, à compte des ouvrages qu'il fait pour les fontaines (8 p.)...... 13881ʰ 1ˢ 6ᵈ

19 décembre 1677 - 23 janvier 1678 : à luy, à compte des quatre aiguilles de la fontaine de l'Arc de triomphe (2 p.)............................... 1400ˢ

18 febvrier - 29 mars : à Noiret, marchand, parfait payement de 2131ʰ 4ˢ pour parfait payement des robinets de différentes grandeurs qu'il a livrez (2 p.). 2131ʰ 4ˢ

29 juin - 17 novembre : à luy, pour diverses fournitures qu'il a faites pour les fontaines (2 p.). 3180ʰ 18ˢ

18 febvrier : à La Fosse, marchand, pour ajustages qu'il a fourny pour le bassin du pavillon..... 263ʰ 4ˢ

20 febvrier : à Martin, chirurgien, pour avoir pensé plusieurs ouvriers qui ont esté blessez en travaillant en divers endroits..................... 457ʰ

28 febvrier [1] : à Guymont, commis à la manufacture

---
[1] Il y a au registre «30 febvrier.»

des glaces, pour cent trois glaces de miroir qu'il a fournies............................ 1483tt 10˚
A luy, pour cent vingt-huit glaces de différentes grandeurs......................... 2096tt 10˚
16 mars : à Baudouyn, corroyeur, pour six cuirs de vaches qu'il a fournis pour les pompes......... 198tt
17 may : à luy, pour dix cuirs de vaches idem. 204tt
13 octobre : à luy, pour huit peaux de vaches.. 264tt
17 novembre : à luy, pour plusieurs peaux. 217tt 10˚
16 mars - 17 may : à Le Maire, fayencier, à compte des vazes et pots de fayence qu'il fournit (2 p.). 4000tt
27 octobre : à luy, pour soixante-six vazes, façon de porcelaine, qu'il a livrez.................. 1240tt
A luy, pour cinquante-trois petits vazes, idem.. 400tt
16 mars : à Colson, pour plusieurs squelets d'animaux qu'il a nettoyez, et remis d'autres au naturel dans leurs peaux........................... 261tt
A Jumel, pour arbres et buissons qu'il a fournis pour la machine des Fables d'Ésope.............. 253tt
A Briot, miroitier, pour avoir mis au tein plusieurs glaces de miroir et les avoir posées......... 705tt 13˚
16 juillet : à luy, pour ouvrages qu'il a faits... 219tt
16 mars : à Révérend, marchand, pour plusieurs poutres, solives et autres bois qu'il a livrez.... 785tt 8˚ 4ᵈ
29 mars : aux particuliers qui ont fourny de la paille pour couvrir les glacières................ 156tt 19˚
7 avril : à Masselin, chaudronnier, pour parfait payement de 4146tt.......................... 2146tt
10 juin : à luy, pour parfait payement de la somme de 3661tt 19˚..................... 2661tt 19˚
13 octobre : à luy, à compte.............. 600tt
9 janvier 1678 : à luy, pour un clapet et une crapaudine pour les eaux de Roquancourt........... 589tt 3˚
10 avril - 10 octobre : à Varisse, pour plusieurs cheminées qu'il a ramonées à Versailles (2 p.).. 291tt 16˚
10 avril - 17 novembre : à Colot, fondeur, pour plusieurs ouvrages de cuivre qu'il a faits (3 p.)... 458tt 4˚
17 avril : à Desvaugoins, à compte des ouvrages de fer qu'il a fourny pour la conduite des eaux... 2000tt
23 aoust : à luy, pour cinq manivelles de fer. 1211tt 8˚
20 avril - 13 octobre : à Chauvet, battelier, pour dosses de batteaux qu'il a fourny (5 p.).......... 1462tt 2˚
18 décembre : à Chauvet et Julien, pour dosses de batteau.............................. 604tt 10˚
23 avril : à Joyeux, pour divers ouvrages qu'il a faits pour les pompes.................... 350tt 16˚
23 avril - 13 septembre : à la veuve Greslé et consors, pour fournitures de chaux pour la conduite des eaux de la montagne de Roquancourt (12 p.). 15925tt 5˚ 6ᵈ

25 avril : à Goret et consors, pour diverses fournitures qu'ils ont faites pour lesd. eaux............. 740tt
4 may : à eux, pour fournitures de pierre qu'ils ont faites idem........................ 1640tt 10˚
17 may : à Vallée, marchand, pour parfait payement de 1395tt 9˚ pour godets de cuivre......... 195tt 9˚
A Potel, taillandier, pour avoir ferré une manivelle de cuivre et autres réparations qu'il a faites pour les pompes............................... 500tt 17˚
A Goy, marchand, pour bois qu'il a fournis pour les moulins de Versailles.................... 368tt
A Labis, marchand, pour quinze cent neuf aunes de treillis qu'il a fourny pour lesd. moulins.. 1029tt 6˚ 10ᵈ
A Hubin, émailleur, pour son parfait payement de 825tt 8˚ pour les ouvrages qu'il a faits à la machine des Fables d'Ésope...................... 125tt 8˚
18 may - 29 juillet : à Le Sueur, marchand de bois, pour fourniture qu'il a faite pour la conduite des eaux (3 p.)........................... 6620tt 10˚
10 juillet : à luy, pour le bois qu'il a fourny à cause de la Feste-Dieu....................... 813tt 12˚
18 may : à Baudier et consors, pour fournitures qu'ils ont faites pour la conduite des eaux........ 2626tt 3˚
2 juin - 26 septembre : aux nommez Nicolas et François de la Mare, potiers de terre, pour parfait payement de 2525tt pour les tuyaux de graisserie qu'ils fournissent pour les eaux de Roquancourt (3 p.)......... 1525tt
14 octobre - 12 novembre : à Philippe de la Mare, pour tuyaux de grais qu'il a fournis pour l'aqueduc de Roquancourt (3 p.).................... 2276tt
5 juin : au sʳ Hénon, pour le travail qu'il a fait à la machine du sʳ Foudrenier................ 160tt
10 juin - 29 juillet : à Morin et consors, pour leurs fournitures pour la conduite des eaux (2 p.).... 2144tt 2˚
15 juin : à Bourdaloue, pour le soin qu'il a pris de la pompe du sʳ Foudrenier................. 400tt
29 juin - 19 décembre : à Lhéritier, charron, pour divers ouvrages et ustencils qu'il a faits pour les bastimens (2 p.)......................... 170tt 13˚
29 juin - 28 novembre : à Feuillastre, fontainier, à compte du conroy qu'il fait (2 p.)........... 1000tt
29 juin : à Malherbe, vannier, pour mannes d'ozier qu'il a fournies...................... 371tt 8˚
16 juillet : à Duez, ouvrier en ciment, pour avoir restably avec du ciment la nappe d'eau.......... 100tt
18 décembre : à luy, pour avoir restably les cinq bassins des volières de la Ménagerie............ 53tt 1˚
16 juillet : à Varin et consors, pour fournitures faites pour la conduite des eaux............... 2395tt 18˚

ANNÉE 1677. — VERSAILLES.

Aux mariniers qui ont nettoyé le canal et bassin d'Apollon.................................... 542ᴌ
23 juillet : à Levé et Greslon, meusniers des moulins de l'Estang, pour divers ouvrages qu'ils ont faits... 81ᴌ
23 juillet-28 novembre : à Hémonnet [1], fondeur, pour parfait payement de 4564ᴌ 16ˢ pour plusieurs ouvrages de cuivre qu'il a fournis (3 p.).......... 4564ᴌ 16ˢ
9 janvier 1678 : à luy, pour deux robinets qu'il a fournis............................ 2331ᴌ 18ˢ
26 juillet : à Prunier, menuisier, pour ouvrages de maçonnerie, menuiserie, serrurerie et autres qu'il a faits aux cheminées......................... 200ᴌ
31 juillet : à Loistron et Houet, à compte du conroy qu'ils font................................. 1200ᴌ
7 aoust : à Lagnier, espicier, pour diverses fournitures.................................. 483ᴌ 3ˢ
23 aoust : à Ladoireau [2], pour une manivelle de fer qu'il a fourni........................ 360ᴌ
13 octobre : à luy, pour une manivelle....... 388ᴌ
18 décembre : à luy, idem............ 378ᴌ 18ˢ
6 septembre : au nommé Jullien, taillandier, pour une manivelle de fer.................... 249ᴌ 6ˢ
13 octobre : à la veuve Jullien, pour parfait payement de 346ᴌ 5ˢ pour une manivelle de fer que feu son mary a fait....................... 96ᴌ 19ˢ
8 septembre : à Rouillé et consors, pour diverses fournitures qu'ils ont faites pour l'aqueduc de Roquancourt................................ 495ᴌ 10ˢ
20 septembre-25 octobre : à Gascoin, ferblannier, pour parfait payement des ouvrages de laton qu'il fait (2 p.)................................. 528ᴌ
20 septembre-31 octobre : à Guillois, pour parfait payement de ses ouvrages de laton (2 p.)...... 1044ᴌ
22 septembre-13 octobre : à Girier et consors, pour fournitures qu'ils ont faites pour l'aqueduc de Roquancourt (2 p.)............................ 1195ᴌ 16ˢ
26 septembre-12 octobre : à Gervais et Caresme, pour parfait payement de 2760ᴌ pour l'artifice qu'il a fourny aux illuminations (2 p.).......... 2160ᴌ
8 octobre : à Barré, pour plusieurs voitures qu'il a faites de Versailles à Paris................. 200ᴌ
12 octobre : à Marie, par gratiffication, pour avoir eu la cuisse cassée......................... 40ᴌ
12 octobre-18 décembre : à Trognon, cordier, pour cordages qu'il a fournis (2 p.)............. 454ᴌ

[1] Ce nom est écrit aussi Hémonet et Emmonet.
[2] Ce nom est écrit aussi Ladouereau.

COMPTES DES BÂTIMENTS. — I.

13 octobre : à Le Tort, pour une manivelle qu'il a fourny................................. 425ᴌ
14 octobre : à Hémond, à compte de ses ouvrages aux moulins de Trianon................... 1000ᴌ
13 octobre : à Fenel, marchand, pour 3000 pavez de bois qu'il a fournis pour les pompes de Versailles. 540ᴌ
A La Roche, pour avoir fourny des carrosses de louage au sʳ Le Brun........................ 800ᴌ 10ˢ
A ....., pour diverses fournitures......... 132ᴌ
A Guilligot et Olivier, pour cent dix muids de sable de rivière............................ 291ᴌ 10ˢ
A Guiard et consors, pour ciment qu'ils ont fourny pour les Trois-Fontaines................ 243ᴌ 13ˢ
20 octobre-28 novembre : à Richon, pour parfait payement de 1757ᴌ 14ˢ qu'il a payé aux charretiers qui ont voituré de l'eau pour le conroy des estangs de Bois d'Arcy (4 p.)...................... 1757ᴌ 14ˢ
19 novembre : à luy, pour voitures...... 197ᴌ 15ˢ
24 octobre : au sʳ Delastre, pour lattes qu'il a fournies................................ 103ᴌ 2ˢ 6ᵈ
7 novembre : à Duret, pour son remboursement de ce qu'il a payé à quarante-six Suisses et deux caporaux qui ont travaillé à serrer les vazes du petit parc. 71ᴌ 10ˢ
12 novembre : au sʳ Joachin, pour carreaux de fayance qu'il a fournis........................ 476ᴌ
17 novembre : à Lejeune et Duval, pour avoir vuidé plusieurs fosses...................... 575ᴌ
28 novembre : à M. de Villacerf, pour une manivelle de cuivre qu'il a vendue pour servir aux pompes de Versailles............................ 2181ᴌ 12ˢ
17 janvier 1678 : à Mosnier, pour son parfait payement de 4699ᴌ 14ˢ 6ᵈ pour le voyage qu'il a fait en Levant pour achepter plusieurs animaux pour la Mesnagerie................................ 2901ᴌ
5 décembre : à Le Roy, nattier, pour nattes qu'il a fournies............................ 320ᴌ 12ˢ
15 novembre-19 décembre : à La Gaude, fondeur, pour parfait payement de 1372ᴌ pour robinets qu'il a fournis (2 p.)....................... 1372ᴌ
9 janvier 1678 : à luy, à compte des robinets de six pouces qu'il fait...................... 300ᴌ
A Le Chat et autres, meusniers, à compte des six moulins qu'ils mettent à six aisles......... 1200ᴌ
16 janvier 1678 : à la dame abbesse de Saint-Cir, tant pour la couppe de deux arpens trois quarts de bois, à elle appartenante proche l'estang d'Arcy, que pour la valeur dud. bois............................. 345ᴌ
5 novembre : à Berthier, rocailleur, à compte de ses ouvrages aux Trois-Fontaines............ 1000ᴌ

62

12 décembre : à BRICONNET, marchand espicier, pour marchandises par luy fournies.............. 49ᵗᵗ 9ˢ
Aux palefreniers de la Reyne, pour fumier..... 60ᵗᵗ
9 janvier 1678 : à NICOLLE et consors, pour la paille qu'ils ont fourny pour les glacières......... 114ᵗᵗ 18ˢ

Somme de ce chapitre... 210154ᵗᵗ 4ˢ 3ᵈ [1]

CLAGNY.

MAÇONNERIE.

7 febvrier - 19 novembre : à BAILLY, à compte des murs de terrasse, closture du jardin et aqueduc pour l'écoulement des eaux (6 p.)..................... 8000ᵗᵗ

7 febvrier : à BAILLY et consors, à compte des ouvrages qu'ils ont fait aux deux nouveaux moulins, aqueduc et logement des meusniers................... 1000ᵗᵗ

7 febvrier - 19 novembre : à VIGNEUX, à compte des murs de closture qu'ils font aux huict potagers de Glatigny (4 p.)........................... 7100ᵗᵗ

7 may - 19 novembre : à luy, à compte des ouvrages qu'il fait à la mesnagerie de Glatigny et autres endroits (5 p.)................................ 7400ᵗᵗ

20 octobre - 19 novembre : à luy, à compte des réparations qu'il fait (2 p.)................. 200ᵗᵗ

9 febvrier : à LA FONTAINE, pour murs de closture qu'il a faits aud. jardin..................... 258ᵗᵗ

17 febvrier - 4 novembre : à LE MAISTRE et consors, à compte des ouvrages de maçonnerie qu'ils font à l'aisle du chasteau de Clagny et à l'orangerie (11 p.). 159000ᵗᵗ

17 mars - 9 novembre : à MARC et LA HAYE, à compte de plusieurs corniches de plastre pour servir de modelles aux appartemens bas de Clagny (3 p.)........ 450ᵗᵗ

24 avril - 4 octobre : à L'ESPÉE, à compte de huit bassins de fontaine qu'il fait au potager et au jardin de la mesnagerie de Glatigny (3 p.)............... 1800ᵗᵗ

19 novembre : à COCHERY, maçon, pour plusieurs ouvrages qu'il a faits au jardin potager......... 1100ᵗᵗ

Somme de ce chapitre........ 186308ᵗᵗ

CHARPENTERIE.

17 febvrier - 4 novembre : à CLIQUIN et consors, charpentiers, à compte de leurs ouvrages au bastiment de Clagny (5 p.)........................... 19000ᵗᵗ

5 mars - 17 octobre : à LA PORTE, à compte des ouvrages qu'il a faits en divers endroits (3 p.).... 2600ᵗᵗ

[1] Le total exact est 209839ᵗᵗ 14ˢ 3ᵈ.

7 may : à luy, à compte des nouveaux moulins. 500ᵗᵗ

Somme de ce chapitre......... 22100ᵗᵗ

COUVERTURE.

17 febvrier : à DUVAL, à compte de la couverture d'ardoize dud. bastiment de Clagny............. 500ᵗᵗ

5 mars 1677 - 12 janvier 1678 : à luy, à compte des ouvrages de couverture de thuille qu'il fait en divers endroits (4 p.)........................... 2600ᵗᵗ

4 octobre 1677 - 12 janvier 1678 : à luy, parfait payement de 1926ᵗᵗ 14ˢ pour les ouvrages de couvertures des murs du potager (2 p.)........ 1926ᵗᵗ 14ˢ

19 novembre : à eux, à compte des ouvrages de couvertures des jardins potagers de Glatigny...... 1500ᵗᵗ

4 octobre : à YVON, à compte des couvertures qu'il fait auxd. murs........................ 500ᵗᵗ

A luy, à compte de ceux du dosme de Clagny. 1100ᵗᵗ

Somme de ce chapitre....... 8126ᵗᵗ 14ˢ

MENUISERIE.

7 febvrier : à COUSTAN, à compte de ses ouvrages pour le garde-meuble de Clagny................ 800ᵗᵗ

A luy, à compte de ses ouvrages aux deux nouveaux moulins................................ 1100ᵗᵗ

25 may : à luy, à compte des lambris qu'il fait. 500ᵗᵗ

A luy, à compte de ses ouvrages au lavoir.... 100ᵗᵗ

12 juin - 17 septembre : à luy, à compte de ses ouvrages (6 p.)............................... 4300ᵗᵗ

14 octobre - 29 novembre : à luy, à compte de la menuiserie du dosme de Clagny (3 p.)......... 1300ᵗᵗ

7 febvrier - 29 décembre : à DESGAUDETZ, à compte de ses ouvrages de menuiserie aux appartemens (6 p.).. 1800ᵗᵗ

7 febvrier - 9 novembre : à LANGOURON, à compte de ses ouvrages de menuiserie idem (7 p.)...... 2800ᵗᵗ

17 mars : à luy, à compte des cent quaisses pour l'orangerie............................. 200ᵗᵗ

7 febvrier - 9 novembre : à NIVET, à compte de ses ouvrages pour les appartemens (8 p.)......... 5000ᵗᵗ

11 avril : à luy, à compte de cinquante-cinq quaisses pour l'orangerie........................ 500ᵗᵗ

17 febvrier - 29 décembre : à DAVIGNON, à compte des ouvrages qu'il fait en divers endroits (7 p.).... 2450ᵗᵗ

25 may : à luy, à compte du restablissement qu'il fait.................................. 600ᵗᵗ

A luy, à compte de ses ouvrages, tant à la Mesnagerie qu'au potager........................... 200ᵗᵗ

17 febvrier 1677 - 12 janvier 1678 : à DROUILLY, à compte de ses ouvrages en divers endroits (7 p.). 1150ᵗᵗ

ANNÉE 1677. — CLAGNY.

11 avril-29 novembre : à CARREL, à compte de ses ouvrages pour les appartemens du nouveau bastiment (3 p.).................................. 2500ᵗᵗ

2 juin 1677-26 janvier 1678 : à luy, à compte du modelle pour le bastiment de Clagny (3 p.).... 1400ᵗᵗ

7 juin : à MASSÉ, à compte de ses ouvrages de menuiserie................................. 100ᵗᵗ

10 juillet : à LAVIER, à compte des petits ais qu'il a posez pour les orangers.................... 400ᵗᵗ

28 octobre : à BEAUMENY, pour les menuisiers qui travaillent auxd. bastimens.................... 45ᵗᵗ

Somme de ce chapitre......... 2745ᵗᵗ

SERRURERIE.

7 febvrier - 9 novembre : à CASTAN, serrurier, à compte de ses ouvrages et du gros fer qu'il fournit (8 p.). 7100ᵗᵗ

7 febvrier : à luy, à compte des nouveaux moulins. 700ᵗᵗ

7 febvrier - 9 novembre : à HASTÉ, à compte de ses ouvrages (6 p.)........................... 2100ᵗᵗ

5 mars : à luy, à compte de ses ouvrages au garde-meuble de Clagny............................ 600ᵗᵗ

24 avril : à luy, à compte des treillages du jardin de Clagny................................. 300ᵗᵗ

7 febvrier - 9 novembre : à MARCHAND, à compte de ses ouvrages en divers endroits (8 p.)........... 2650ᵗᵗ

17 febvrier : à luy, à compte de ses ouvrages à la mesnagerie de Glatigny....................... 350ᵗᵗ

9 novembre : à luy, à compte des crochets qu'il fournit pour les treillages........................ 300ᵗᵗ

17 febvrier - 9 novembre : à BOY, à compte des ouvrages qu'il fait au treillage de l'orangerie et autres endroits (8 p.).................................. 3200ᵗᵗ

2 juin : à OSDIVERT, serrurier, pour avoir ferré trente caisses pour l'orangerie.................... 375ᵗᵗ

Somme de ce chapitre........ 17675ᵗᵗ

VITRERIE ET PAVÉ.

5 mars - 7 may : à JACQUET, vitrier, pour parfait payement de 425ᵗᵗ 13ˢ pour les ouvrages qu'il a faits en divers endroits de l'orangerie (2 p.)......... 205ᵗᵗ 13ˢ

7 juin 1677 - 12 janvier 1678 : à luy, à compte de ses ouvrages (3 p.)....................... 600ᵗᵗ

18 may 1677 - 8 febvrier 1678 : à MARCHAND, à compte de ses ouvrages (4 p.).................... 1600ᵗᵗ

Somme de ce chapitre....... 2405ᵗᵗ 13ˢ

PEINTURE ET DORURE.

1ᵉʳ may 1677 - 26 janvier 1678 : à LE HONGRE, à compte de ses ouvrages (6 p.).............. 1350ᵗᵗ

19 novembre : à TIERCELIN, idem........... 200ᵗᵗ

Somme de ce chapitre.......... 1550ᵗᵗ

SCULPTURE.

7 febvrier - 9 novembre : à DESBIGNIER, à compte des ornemens qu'il a taillez sur un chambransle de la petite chambre de l'aisle de Clagny (3 p.).......... 450ᵗᵗ

7 febvrier : à DESJARDINS, pour les ornemens qu'il a faits au modelle de Clagny................. 72ᵗᵗ

7 febvrier : à LE HONGRE, pour les ornemens qu'il a faits idem............................ 102ᵗᵗ

6 avril - 29 septembre : à LE HONGRE et DESJARDINS, à compte de leurs ouvrages (4 p.)........... 3200ᵗᵗ

3 octobre - 4 novembre : à LE HONGRE et JOUVENET, à compte de l'architecture de la grande chambre à droict de l'appartement bas (2 p.)................. 600ᵗᵗ

15 may - 24 juillet : aud. JOUVENET, à compte des modelles qu'il fait (2 p.).................. 600ᵗᵗ

20 juillet : à luy, à compte d'un chapiteau.... 100ᵗᵗ

8 septembre - 17 décembre : à luy, à compte de ses ouvrages (2 p.)........................ 320ᵗᵗ

2 juillet : à MAZELINES et JOUVENET, à compte de leurs ouvrages............................. 120ᵗᵗ

7 febvrier : à DIOT, pour divers ouvrages...... 88ᵗᵗ

17 febvrier - 9 décembre : à DROUILLY, à compte de ses ouvrages (4 p.)........................ 1350ᵗᵗ

12 janvier 1678 : à luy, pour parfait payement de 676ᵗᵗ 13ˢ pour la corniche d'une des antichambres de l'appartement bas................... 26ᵗᵗ 13ˢ

10 juillet : à RAON et DROUILLY, à compte de leurs ouvrages................................ 200ᵗᵗ

3 aoust 1677 - 26 janvier 1678 : à MASSOU¹ et DROUILLY, pour ouvrages qu'ils ont faits à la face du dosme du costé des jardins (4 p.)......... 708ᵗᵗ

17 septembre : à DROUILLY et PARIS, à compte de leurs ouvrages de sculpture.............. 650ᵗᵗ

9 novembre : à RAON et PARIS, idem......... 200ᵗᵗ

25 juin : à RAON, pour avoir fait trois testes aux clefs des arcades............................. 65ᵗᵗ

9 octobre 1677 - 5 janvier 1678 : à RAON, à compte de ses ouvrages (2 p.)................... 270ᵗᵗ

12 janvier 1678 : à RAON et consors, pour parfait payement de 1313ᵗᵗ 6ˢ 8ᵈ pour les ornemens qu'ils ont faits à la chambre des bains.................. 13ᵗᵗ 6ˢ 8ᵈ

2 juillet : à PARIS, à compte d'un chapiteau... 150ᵗᵗ

24 avril : à COUET, pour quatre consoles....... 60ᵗᵗ

25 juin : à luy, à compte de ses ouvrages..... 150ᵗᵗ

¹ Quelquefois le scribe a écrit MASSON.

15 may : à Houzeau, à compte des ouvrages de sculpture qu'il fait............................ 150"
29 septembre 1677-5 janvier 1678 : à Houzeau et consors, à compte des ornemens de stuc de l'appartement bas (3 p.)........:.................... 1900"
15 may : à La Perdrix et Dossier, à compte de leurs ouvrages............................. 150"
3 octobre 1677-26 janvier 1678 : à Hutinot et La Perdrix, pour parfait payement de 702" pour une corniche de stuc qu'ils ont faite (2 p.)......... 702"
15 may-20 octobre : à Barbe et consors, à compte de leurs ouvrages (2 p.).................... 450"
12 juin : à Le Gros et Massou, à compte des ornemens qu'ils font........................ 150"
29 juillet-9 novembre : à Briquet et consors, à compte de leurs ouvrages (2 p.)............. 1300"
9 novembre : à Pallus, à compte des ouvrages de sculpture en bois qu'il fait................. 200"
A Perrin, à compte idem.................. 175"
29 décembre : à Jacquin, pour douze figures de bois qu'il a faites........................... 84"

Somme de ce chapitre.... 14756" 19' 8ᵈ

MARBRERIE.

1ᵉʳ may : à Alexis, marbrier, à compte de la démolition du pavé de Caen de l'ancien bastiment..... 200"
2 juillet-17 septembre : à luy, à compte des ouvrages qu'il fait aux appartemens bas (2 p.).......... 600"
9 novembre : à luy, à compte de six chambranles qu'il fait.................................. 900"

Somme de ce chapitre.......... 1700"

PLOMBERIE.

23 febvrier : à Alain, à compte du plomb qu'il fournit................................. 3000"
17 mars-7 may : à luy, à compte de la fourniture de plomb pour les deux nouveaux moulins (2 p.).. 1200"
19 mars : à luy, à compte de la laicterie de Glatigny................................... 300"
10 aoust-9 novembre : à luy, à compte des ouvrages qu'il fait au bastiment.................... 11500"

Somme de ce chapitre.......... 16000"

JARDINAGES.

7 febvrier 1677-8 febvrier 1678 : à Le Franc, pour les ouvriers qui ont travaillé au jardin de Clagny et aux potagers de la Mesnagerie depuis le mois de novembre 1676 jusqu'au 25 décembre 1677 (49 p.). 32166" 19'

5 mars : à luy, pour ceux qui labourent les plattes bandes et plantent les arbres du potager de Glatigny.. .... 133"
19 juin : à luy, pour ceux qui ont travaillé au treillage du dosme dud. jardin.................... 1010"
28 octobre : à luy, pour les ouvriers qui ont travaillé au nouveau plan de Glatigny.............. 532"
23 febvrier 1677-12 janvier 1678 : à Champion, pour les ouvriers qui ont labouré et planté les arbres du potager de Glatigny et lapinière, suivant les rolles, jusqu'au 1ᵉʳ janvier 1678 (10 p.)............. 2505" 12'
10 avril : à Colinot, pour parfait payement de 4356" 5' pour treillages qu'il a faits dans led. jardin... 2656" 5'
20 juillet : à luy, pour treillages qu'il a faits. 106"
A luy, pour buis qu'il a fourny............. 750"
26 avril : à Fresnay, jardinier, pour six cents pieds de julienne qu'il a livrez pour led. jardin......... 120"
29 juin : à luy, pour avoir fourny plusieurs herbes fines.................................... 335" 6'
26 avril : à Hurdi et Le Prieur, jardiniers, pour cent cinquante seringats et quatre cents rosiers d'Hollande pour led. jardin.......................... 352" 10'
Au sʳ La Ferté, pour trois cents marcottes d'œillets pour led. jardin............................ 105"
A Mareschal, jardinier, pour cinquante rosiers, deux cent douze pots de jasmins et quatre cents pieds d'œillets pour led. jardin........................ 342" 19'
A Gruchet, pour cinq cent douze rosiers d'Hollande pour led. jardin............................ 192"
7 juin-14 septembre : à Denons, jardinier, pour parfait payement de 802" pour le grand parterre dud. jardin (3 p.)................................ 802"
3 octobre : à luy et consors, pour deux cent vingt-six thoises de treillages qu'ils ont faits........ 158"
29 décembre : à luy et Robert, pour parfait payement des ouvrages de treillage qu'ils ont faits....... 224"
17 octobre : à Louis Germain, pour achapt d'oignons de fleurs pour Clagni...................... 2013"
17 décembre : à Pierre Bart, à compte des treillages de bois qu'il fait........................ 160"
29 décembre : à La Porte, à compte des eschalats qu'il fournit................................ 600"
12 janvier 1678 : à Touchart, à compte des treillages qu'il fait............................. 150"
26 janvier 1678 : à Caillaud, à compte des labours qu'il fait dans l'ancien potager........... 200"

Somme de ce chapitre...... 36243" 6' ¹

¹ Le total exact est 45614" 11'.

ANNÉE 1677. — RÉPARATIONS DE MAISONS ROYALES.

FOUILLES DE TERRE.

7 febvrier : à La Rivière et L'Esperon, à compte des terres qu'ils transportent.................. 200^{tt}

23 febvrier - 4 novembre : à La Rivière et du Mans, à compte des terres qu'ils transportent pour l'aqueduc (5 p.)............................... 2700^{tt}

17 mars : à La Rivière et Vallée, à compte idem. 800^{tt}

7 febvrier - 5 septembre : à Boussart, terrassier, à compte des terres qu'il transporte (5 p.)..... 2750^{tt}

6 avril : à luy, à compte des ouvrages qu'il fait à la pépinière de Glatigny.................... 120^{tt}

28 octobre : à luy, à compte des estangs de Glatigny qu'il cure............................. 100^{tt}

9 novembre : à Boussart et Noblet, à compte du curage desd. estangs...................... 600^{tt}

4 juillet - 28 novembre : à Fleurant et Thiéry, à compte des rigolles qu'ils font aux grands et menus plans des avenues de Clagny (2 p.)............... 800^{tt}

5 septembre : à Olivier et Thiéry, à compte des rigolles idem............................ 300^{tt}

29 novembre : à du Costé et Boubart, à compte du transport des terres des estangs de Glatigny.... 1000^{tt}

17 décembre : à Jolly et consors, à compte des labours qu'ils font au potager de Glatigny............ 30^{tt}

Somme de ce chapitre......... 9400^{tt}

PARTIES EXTRAORDINAIRES.

7 febvrier : à Le Roy, nattier, pour douze cents toises de cordon de nattes qu'il a fourny........... 153^{tt}

17 mars : à Le Franc, pour les ouvriers qui ont fait divers ouvrages aux deux nouveaux moulins... 139^{tt} 9^s

25 juin : à luy, pour les ouvriers qui ont travaillé aux démolitions du vieil bastiment.............. 192^{tt}

17 mars 1677 - 12 janvier 1678 : à Cochery, dessignateur, pour plusieurs desseins et copies de desseins du bastiment de Clagny (5 p.)................. 500^{tt}

17 mars : au s^r Mansard, architecte, pour les desseins et la conduite des bastimens de Clagny....... 6000^{tt}

17 mars : à Le Maine, fondeur, à compte de divers ouvrages qu'il fait pour les deux nouveaux moulins. 400^{tt}

19 avril : à Champion, pour les ouvriers qui ont vuidé l'eau du premier moulin de Clagny jusques au 27 mars. .... 262^{tt} 9^s

1er may - 25 aoust : à luy, pour ceux qui ont travaillé aux démolitions du vieil bastiment (3 p.).... 570^{tt} 7^s

7 may : à luy, pour ceux qui ont travaillé à la lapinière de Glatigny...................... 81^{tt} 8^s

26 janvier 1678 : à luy, pour les sculpteurs qui ont travaillé aux modelles du dosme de Glatigny. 182^{tt} 10^s

8 febvrier 1678 : à luy, pour distribuer aux ouvriers qui ont travaillé à la ménagerie de Glatigny..... 117^{tt}

7 may : à Fleury, cordier, pour cordages qu'il a fournis................................. 134^{tt} 8^s

A Denis, fontainier, pour avoir fait une pompe dans un des puits de la Mesnagerie.............. 250^{tt}

15 may - 28 octobre : à La Croix, pour plusieurs copies de devis et mémoires qu'il a faits pour les ouvriers dud. bastiment (3 p.)..................... 140^{tt}

26 may : à Boittard, pottier de terre, pour avoir fourny mille pots de diverses figures........ 204^{tt} 10^s

12 juin : aux tailleurs de pierre pour leur May de l'Ascencion............................. 50^{tt}

10 juillet : à ....., fondeur, à compte des fiches qu'il fait................................. 100^{tt}

25 aoust : à Pageois, greffier de l'Escritoire, à compte de ses vaccations...................... 300^{tt}

4 - 29 novembre : à Héron, fondeur, à compte des garnitures de cuivre de trente-une portes et croisées (3 p.)................................ 2800^{tt}

29 décembre : à Thomas Jean, tailleur de pierre, par gratiffication, en considération de ce qu'il a esté blessé en travaillant au bastiment de Clagny.......... 25^{tt}

A Pichon, idem........................ 36^{tt}

26 janvier 1678 : à Potery, à compte de quatre colonnes de pierres qu'il a fournies........... 400^{tt}

A La Hogue, marinier, en considération de la perte qu'il a faite par la rupture de son batteau....... 150^{tt}

Somme de ce chapitre....... 13188^{tt} 1^s

RÉPARATIONS
DE DIVERSES MAISONS ROYALES.

14 febvrier - 2 juin : au s^r Esmery, concierge du chasteau de Compiègne, tant pour diverses dépenses et réparations aud. chasteau que par gratiffication (2 p.). 806^{tt}

1er mars : à Carré, paveur, à compte des réparations de pavé qu'il a faites en divers endroits des maisons royales................................ 300^{tt}

3 mars - 13 octobre : à la veuve Vierrey, vitrier, à compte des réparations idem (4 p.).......... 2000^{tt}

16 mars : à Potelet, serrurier, idem..... 215^{tt} 11^s

A Delobel, serrurier, idem.............. 1000^{tt}

16 mars 1677 - 9 janvier 1678 : à Anglard, maçon, à compte des réparations qu'il fait au chasteau de Vincennes (3 p.)......................... 3400^{tt}

8 avril : à Dionis, menuisier, à compte de divers ouvrages............................. 800ʰ

24 avril-29 juin : à Bricart, à compte des réparations de charpenterie qu'il fait à la pompe du Pont-Neuf (2 p.)................................ 2000ʰ

24 avril-13 octobre : à Le Roy, serrurier, à compte de ses ouvrages au chasteau de Vincennes (2 p.).. 800ʰ

24 avril-24 décembre : à Jacquet, vitrier, à compte de ses ouvrages (3 p.)..................... 2800ʰ

17 may : à Le Loutre, maçon, pour son parfait payement de 1747ʰ 15ˢ pour plusieurs ouvrages qu'il a faits en divers endroits.................... 347ʰ 15ˢ

29 juin-24 décembre : à luy, à compte de divers ouvrages (2 p.).......................... 1800ʰ

17 may-29 juin : à Charuel, couvreur, pour diverses réparations (2 p.)..................... 2695ʰ 10ˢ

16 janvier 1678 : à luy, à compte de ses ouvrages de couverture à la Savonnerie............... 1200ʰ

17 may : à Le Roy, plombier, pour diverses conduites qu'il a restablies en plusieurs maisons royales. 1490ʰ 2ˢ

29 juin : à Le Roy, menuisier, pour parfait payement de 2239ʰ 16ˢ pour les réparations qu'il a faites en divers endroits........................ 639ʰ 16ˢ

13 octobre : à luy, à compte............ 800ʰ

14 juin-5 septembre : à Gaullard, à compte des labours qu'il fait aux remises à gibier du parc de Vincennes (2 p.)............................ 400ʰ

14 juin-5 septembre : à Loistron et Petit, à compte idem (2 p.).............................. 600ʰ

23 juillet : à Jansson, à compte des ouvrages qu'il fait à Saint-Léger............................ 600ʰ

12 décembre : à la veuve Janson, vitrière, à compte de ses ouvrages en divers endroits............ 600ʰ

7 aoust-17 novembre : à Le Tort, taillandier, pour parfait payement de 355ʰ 14ˢ pour ouvrages qu'il a fait à la pompe du Pont-Neuf (2 p.)......... 355ʰ 14ˢ

15 aoust : à Thibault, jardinier de Vincennes, pour fournitures qu'il a faites................ 408ʰ 11ˢ

13 octobre : à Yvon, pour réparation de couverture du logement de M. l'Admiral................. 119ʰ

A Camaye et Chambois, pour l'entretenement des couvertures de Compiègne pendant six mois escheus le dernier septembre........................... 200ʰ

24 octobre : à eux, pour réparations qu'ils ont fait aud. chasteau..................... 527ʰ 13ˢ

30 novembre : à Joseph, charpentier, à compte des ouvrages qu'il fait en divers endroits.......... 600ʰ

18 décembre : à du Val, couvreur, pour réparations de couverture qu'il a faites au chasteau de Monceaux en 1672............................. 1570ʰ 10ˢ

18 décembre : à Fresnet et Lobel, menuisiers, pour avoir restably les portes de la ménagerie de Vincennes............................. 122ʰ

29 décembre : à Hanicle, à compte des réparations du mur de closture du bois de Boulogne....... 800ʰ

A Girard, à compte des ouvrages de maçonnerie qu'il fait à la pépinière du Roulle.................. 1200ʰ

16 janvier 1678 : à Aubry, paveur, à compte des réparations qu'il fait aux maisons royales....... 600ʰ

Somme de ce chapitre....... 31798ʰ 2ˢ

MANUFACTURES DE FRANCE.

20 febvrier : au sʳ Chastelain, commis à la manufacture des serges establie à Seignelay, en considération du soin qu'il prend pour l'exécution des règlemens des manufactures........................... 1000ʰ

14 aoust 1677 : aux sʳˢ Cocagne et Desrues, commis pour l'exécution des règlemens des toilles, pour le deuxième quartier de leurs gages............ 900ʰ

Somme de ce chapitre.......... 1900ʰ

MANUFACTURES DES GOBELINS
ET DE LA SAVONNERIE.

3 juillet : à Rochon, concierge des Gobelins, à compte des ouvrages de la manufacture des Gobelins.. 30000ʰ

Aux cy-après nommez, à compte des ouvrages de la manufacture de la Savonnerie, sçavoir : 6000ʰ à la veuve Lourdet, et 3000ʰ à du Pont............... 9000ʰ

13 janvier 1678 : aux cy-après nommez qui travaillent à la manufacture des Gobelins, 3300ʰ pour leurs gages pendant 1677, sçavoir :

A de Sève, peintre................. 200ʰ
A Anguier, idem................. 200ʰ
A Houasse, idem................. 200ʰ
A Baptiste, idem................. 200ʰ
A Rousselet, graveur.............. 200ʰ
A Audran, idem................. 200ʰ
A Lefebvre, tapissier de haute lisse... 150ʰ
A Janss, idem.................. 150ʰ
A Mosin, tapissier de basse lisse...... 150ʰ
A La Croix, idem................ 100ʰ
A Kercove, teinturier............. 100ʰ
A Fayette, brodeur............... 150ʰ
A Balan, idem.................. 150ʰ
A Verdier jeune, peintre........... 300ʰ
A Bonnemer, idem............... 300ʰ

ANNÉE 1677. — ACADÉMIE DE PEINTURE.

Au sr FERRET, prestre qui a soin d'enseigner aux enfans de lad. maison........................ 150^{tt}
A....., religieux flamant qui catéchise les ouvriers flamans.................................. 100^{tt}
A HOUASSE, peintre, qui a soin des tableaux qui sont à l'hostel de Gramont...................... 300^{tt}
Somme de ce chapitre......... 4230o^{tt}

ACHAT DE MARBRE, PLOMB ET ESTAIN.

1er febvrier : au sr ALLEN, marchand, pour trois cents pièces de plomb et dix pièces d'estain qu'il a livrez dans les magasins du Roy................ 11864^{tt} 19^s
14 aoust : à luy, pour cinq cents pièces de plomb et estain idem........................... 14489^{tt} 17^s
31 octobre : à luy, pour 234800 livres de plomb d'Angleterre idem......................... 22775^{tt}
19 juin : au sr GIRIER, pour avoir fourny 96541 livres de plomb d'Angleterre et 8588 livres d'estain idem................................ 14889^{tt} 10^s
24 aoust : à luy, pour 130617 livres de plomb d'Angleterre vendus à raison de 97^{tt} le millier. 12669^{tt} 16^s
14 aoust : au sr FORMONT, pour trois cents pièces de gros plomb idem....................... 8753^{tt}
A LA GRUÉ et consors, pour 1594 pieds de 3 pouces cubes de marbre de plusieurs couleurs........ 16783^{tt}
Somme de ce chapitre...... 102225^{tt} 2^s

BIBLIOTÈQUE ET ACCADÉMIE DES SCIENCES.

16 mars 1677-9 janvier 1678 : à COUPLET, pour plusieurs menues dépenses qu'il a faites pour l'Observatoire. (5 p.). .... 1786^{tt} 14^s 6^d
16 mars-5 décembre : à COUSIN et LHÉRITIER, pour avoir transcript plusieurs cahiers du Dictionnaire de l'Académie françoise (3 p.)............... 435^{tt}
26 mars : à sr CLÉMENT, pour employer aux dépenses de l'imprimerie en taille-douce............. 600^{tt}
29 may : à luy, pour parfait payement de 3669^{tt} 6^s pour les dépenses qu'il a faites à l'impression de taille-douce pendant l'année dernière 1676........ 569^{tt} 6^s
17 avril-28 décembre : au sr GODEFROY, historiographe, tant pour parfait payement de la dépense qu'il a faite pour les appointemens et nourriture de quatre escrivains qui travaillent sous luy à la Chambre des Comptes de Lille en Flandres, que pour autres dépenses jusques au dernier décembre de la présente année, et 3000^{tt} à compte desd. dépenses à partir du 1er janvier 1678 (3 p.)...................... 11679^{tt} 10^s

21 may : au sr DE LACROIX fils, en considération du voïage qu'il fait dans le Levant pour y apprendre les langues orientales..................... 1200^{tt}
24 octobre : à BERGERON, pour ouvrages qu'il a faits à la bibliotèque du Roy................ 656^{tt} 15^s
30 octobre : au sr VIVIER, pour le travail qu'il a fait à la carte de la Généralité de Paris pendant six mois, escheus fin septembre.................... 1000^{tt}
Au sr ROMER, mathématicien, par gratification. 600^{tt}
4 novembre : à PATIGNY, pour avoir travaillé à graver les constellations célestes pendant les mois d'aoust, septembre et octobre..................... 270^{tt}
17 janvier 1678 : à luy, pour avoir travaillé à dessigner les fases de la lune pendant les mois d'octobre, novembre et décembre 1677............. 270^{tt}
23 janvier 1678 : aux srs DIPPY et LA CROIX, interprètes en langue arrabe et turc, pour le travail extraordinaire qu'ils font à la bibliotèque du Roy..... 1200^{tt}
7 febvrier 1678 : au sr CARCAVY, pour son remboursement des dépenses faites, tant pour l'Accadémie des Sciences que pour la bibliotèque du Roy, pendant l'année dernière 1677..................... 3593^{tt} 7^s
14 décembre : au sr MIGON, à compte des instrumens de mathématiques qu'il fait................. 300^{tt}
A LE BAS, à compte des instrumens de mathématiques qu'il fait............................. 300^{tt}
18 décembre : à DANGLEBERT, menuisier, à compte des ouvrages qu'il fait................... 199^{tt} 10^s
Somme de ce chapitre..... 24660^{tt} 2^s 6^d

ACADÉMIE DE PEINTURE,
SCULPTURE ET ARCHITECTURE DE PARIS ET DE ROME.

11 avril-10 juillet : aux architectes qui ont assisté aux conférences d'architecture pendant les six premiers mois de la présente année (2 p.)........... 1683^{tt}
16 janvier 1678 : aux sieurs GITTARD, BRUANT, LE PAULTRE, MIGNARD, DORBAY, MANSARD et FÉLIBIEN, architectes, pour leurs assistances aux conférences de l'Académie d'architecture pendant les six derniers mois de 1677, à raison de 11^{tt} par chaque assistance... 1628^{tt}
10 avril : au sieur BEAUBRUN, trésorier de l'Académie de peinture et sculpture, pour l'entretenement de lad. Académie pendant la présente année........... 4000^{tt}
8 juillet : à PARENT, peintre, pour luy donner moyen d'estudier la peinture.................. 200^{tt}
26 febvrier 1678 : au sr DE LA LIVE, pour son remboursement de ce qu'il a fait tenir à Rome au sr ERRARD, directeur de l'Académie de peinture et sculpture. 4060^{tt}

5 avril : au s^r Formont, banquier, en remboursement de ce qu'il a fait tenir à Rome au s^r Errard.. 12000^tt

Somme de ce chapitre......... 23571^tt

ACQUISITIONS D'HÉRITAGES.

23 juin : à la demoiselle Manuel, pour le premier payement de 26000^tt pour une maison qu'elle a vendue au Roy, qui est comprise dans l'enclos du Louvre. 6000^tt

22 juin : au s^r Legrand, secrétaire du Roy, pour parfait payement de 66000^tt pour trois maisons acquises au proffit de S. M., comprises dans ledit enclos, et pour le restant des interests de lad. somme.... 35591^tt 13^s 4^d

30 aoust : à Vitry et Le Coeur, sa femme, pour un demy arpent de terre labourable comprise dans l'advenüe de Vincennes, acquis au proffit de S. M........ 450^tt

24 octobre : à divers particuliers, pour leur remboursement des terres et héritages dont ils estoient propriétaires, comprises dans le jardin du Val, suivant l'estimation qui en a esté faite, sçavoir :

A François Buret, pour 23 perches et demy..................	423^tt
A Charles de Launay.............	1127^tt 19^s 2^d
A François Bertin et Jean Thomin...	46^tt 5^s
Au s^r de la Neuville.............	775^tt 7^s 6^d
Aud. Bertin..................	551^tt 14^s 2^d
A Baptiste Crosnier.............	709^tt 10^s
A la demoiselle Bataille..........	61^tt 17^s 6^d
A Denis Garnier...............	324^tt
A Jacques Caffaud...............	272^tt 10^s
Aux héritiers de Louise Thomin....	96^tt
Au s^r de la Guipière............	114^tt
A Jean Maurice.................	120^tt
A Jean François................	68^tt
Total...........	4695^tt 3^s 4^d [1]

6 febvrier 1678 : au s^r Daguerre, auditeur des Comptes, pour son remboursement de 60 perches de terre qui ont esté comprises dans les advenües du palais des Thuilleries..................... 358^tt 12^s 6^d

Somme de ce chapitre.... 47095^tt 9^s 2^d [2]

GRATIFICATIONS AUX GENS DE LETTRES.

2 juillet : au s^r Duerbelot, par gratification, en considération de la connoissance particulière qu'il a des langues orientales........................ 1500^tt

[1] Il faut 4690^tt 3^s 4^d.
[2] Le total est réellement 47090^tt 9^s 2^d.

28 avril : au s^r Romer, en considération de son application aux mathématiques, et ce pendant la présente année................................ 1000^tt

19 may : au s^r du Vivien, pour six mois de ses appointemens escheus le dernier juin prochain....... 1000^tt

29 juin : au s^r Cassini, mathématicien, pour ses appointemens pendant la présente année........ 9000^tt

14 febvrier 1678 : au s^r Compiègne, en considération du travail qu'il fait à la bibliothèque du Roy... 1500^tt

Au s^r Clairambault, en considération du travail qu'il fait sur l'histoire généalogique............... 1200^tt

Au Père Chifflait, Jésuite, en considération de son application à l'histoire..................... 600^tt

Au s^r Paquine, en considération de son application aux mathématiques..................... 600^tt

Au s^r Duhamel, secrétaire de l'Académie, par gratification................................ 1500^tt

Au s^r du Clos, en considération de la profonde connoissance qu'il a de la chimie................. 2000^tt

Au s^r Quinault, en considération de son application aux belles-lettres....................... 1500^tt

Au s^r Picard, en considération de la connoissance particulière qu'il a des mathématiques.......... 1500^tt

Au s^r Baluze, en considération des ouvrages de littérature qu'il donne au public................ 1200^tt

Au Père Le Cointe, en considération des Annales ecclésiastiques qu'il compose................ 1500^tt

Au s^r abbé Tallement, en considération de son application aux belles-lettres................. 1500^tt

Au s^r Félibien, en considération du travail qu'il fait à l'histoire des Maisons royales............... 1200^tt

Au s^r Bourdelin, en considération du travail qu'il fait à l'Académie des Sciences pour l'analize des plantes. .... 2000^tt

Au s^r abbé Gallois, en considération de son application aux belles-lettres..................... 2000^tt

Au s^r Charpentier, idem................. 1500^tt

Au s^r Perrault, idem................... 2000^tt

Au s^r Carcavy, en considération de la profonde connoissance qu'il a des mathématiques.......... 2000^tt

Au s^r Perrault, médecin, en considération de la connoissance particulière qu'il a de la phisique.... 2000^tt

Au s^r Marchand, en considération de la connoissance particulière qu'il a de la botanique.......... 1500^tt

7 mars : au s^r Mariotte, en considération de son application aux mathématiques................ 1500^tt

Au s^r Borel, en considération de la connoissance particulière qu'il a de la chimie............... 1200^tt

ANNÉE 1677. — LOYERS DE MAISONS.

Au s' Dodart, en considération de la connoissance particulière qu'il a des mathématiques............ 1500^{tt}
Au s' du Vernay, en considération des dissections anatomiques qu'il fait à l'Académie des Sciences... 1500^{tt}
8 mars : au s' du Bouchet, en considération de son application aux belles-lettres............... 1500^{tt}
29 mars : au s' d'Hérouval, *idem*.......... 2000^{tt}
Au s' Huet, *idem*.................... 1500^{tt}
4 avril : au s' Michault, *idem*............... 1200^{tt}
29 may : au s' Couplet, en considération de son application aux mathématiques............... 800^{tt}
Au s' Blondel, en considération de la connoissance particulière qu'il a des mathématiques......... 1500^{tt}
Au s' Dipy, interprète en langue arabe, en considération du service qu'il rend à S. M........... 1000^{tt}
Au s' de la Croix, interprète en langue turque, en considération *idem*..................... 1200^{tt}
17 juin : au s' Herbelot, en considération de la connoissance particulière qu'il a des langues orientales. 1500^{tt}
1er juillet : au s' Godefroy, historiographe, en considération de la connoissance particulière qu'il a de l'histoire............................ 3600^{tt}
5 décembre : au s' Despréaux, en considération de son application aux belles-lettres................ 2000^{tt}
Au s' Racine, *idem*..................... 1500^{tt}
  Somme totale............... 65800^{tt}

GRAVEURES DE PLANCHES.

16 mars-12 décembre : à Le Clerc, à compte d'une planche qu'il grave représentant l'élévation des deux grandes pierres du fronton du Louvre (3 p.)... 1400^{tt}
17 may : à luy, pour plusieurs desseins et planches qu'il a faites........................ 293^{tt}
12 décembre : à luy, pour le modelle de l'Arc de triomphe........................... 500^{tt}
16 mars-29 juin : à Picard[1], à compte de la planche qu'il grave d'après la *Peste* du Poussin (2 p.)... 700^{tt}
16 mars : à Chastillon, pour cinq planches qu'il a gravées pour le nivellement des eaux........... 75^{tt}
29 mars-21 aoust : à luy, pour dix-huit planches qu'il a faites pour la Bibliothèque (3 p.)....... 1620^{tt}
16 mars : à Le Paultre, pour une planche représentant un des Sphinx de marbre de Versailles..... 120^{tt}
2-29 juin : à luy, pour deux planches (2 p.).... 240^{tt}

[1] Ou Picart.

2 septembre : à luy, pour deux planches..... 470^{tt}
15 décembre : à luy, pour une planche...... 500^{tt}
16 mars : à Le Paultre fils, pour une planche qu'il a faite............................. 120^{tt}
10 avril : à luy, pour une planche représentant l'*Amour de Mars*..................... 120^{tt}
16 mars-5 septembre : à Edelinck, pour son parfait payement de la figure de *Galatée*, qu'il a gravée d'après Raphaël (3 p.)..................... 1300^{tt}
16 mars-17 may : à Edelinck le jeune, à compte de ses ouvrages........................ 700^{tt}
12-31 décembre : aud. Edelinck, pour son parfait payement d'une planche représentant la *Vierge*, qu'il a gravée (2 p.)........................ 800^{tt}
16 mars-13 octobre : à Chasteau, à compte d'une planche de *Pyrrhus* (3 p.)................ 1500^{tt}
17 avril : à La Boissière, pour cinq planches de médailles antiques........................ 400^{tt}
24 avril-13 octobre : à Audran, à compte d'une planche qu'il grave d'après M. Le Brun (3 p.).. 1400^{tt}
31 décembre : à luy, pour l'estampe qu'il grave représentant la *Défaite de Porus*.............. 1000^{tt}
24 avril-30 juillet : à Patigny, graveur, pour les ouvrages qu'il a faits à l'Observatoire pendant les six premiers mois de l'année (2 p.)............. 540^{tt}
12 may-13 octobre : à Ferme, graveur, à compte de ses ouvrages (2 p.).................... 600^{tt}
17 may : aux héritiers de Hérard, pour parfait payement de 2500^{tt} pour les quarrez et médailles qu'il a faits pour S. M...................... 900^{tt}
17 may : à Rousselet, à compte de ses ouvrages. 800^{tt}
5 juin-12 décembre : à Manot, à compte des planches qu'il grave pour le Louvre (2 p.)........ 900^{tt}
12 juin : à Berain, pour deux planches qu'il a gravées............................ 400^{tt}
Aux héritiers du s' Chauveau, tant pour desseins qu'il a faits que pour une planche qu'il a gravée..... 400^{tt}
29 juillet : au s' Clément, à compte des impressions de taille-douce qu'il fait.................. 500^{tt}
20 septembre : au s' Dorbay, pour deux planches qu'il a gravées........................ 200^{tt}
13 octobre-12 décembre : à Baudet, pour son parfait payement de 1200^{tt} pour quatre planches qu'il grave (2 p.)............................ 1060^{tt}
  Somme de ce chapitre........ 19558^{tt}

LOYERS DE MAISONS.

16 aoust : au s' de la Quintinie, pour le loyer de sa

maison pendant une année, occupée par les peintres qui travaillent au grand escallier de Versailles...... 800ᴧ

10 octobre 1677-8 janvier 1678 : au sʳ PETIT père, pour une année du loyer de sa maison occupée par les officiers du Roy à Versailles (2 p.).......... 1200ᴧ

8 janvier 1678 : au sʳ abbé COLBERT, pour le loyer de sa maison, rüe Vivien, occupée par la bibliothèque du Roy, pendant l'année 1677............... 3000ᴧ

Aux héritiers de la dame DE POIX, pour le loyer de sa maison occupée par la grande escurie de S. M., et ce pendant lad. année...................... 4030ᴧ

22 mars : au sʳ HOUEL, pour le loyer de deux maisons scises à la Halle-Barbier, occupées par les mousquetaires du Roy, pendant lad. année 1677, à raison de 180ᴧ chacune................................. 360ᴧ

Au sʳ ROGER, pour le loyer de deux maisons occupées idem.......................... 360ᴧ

A la veuve HAVART, pour le loyer d'une maison occupée idem.................................. 180ᴧ

Aux héritiers de la veuve PÉRIER, pour le loyer de deux maisons pendant les années 1676 et 1677, à raison de 250ᴧ chacune, idem...................... 1000ᴧ

A THOMAS BRILLARD, ayant droit pour les intéressés au cautionnement de LOUIS LE BARBIER, pour le loyer de cinq maisons dont jouissoient cy-devant les sʳˢ LE CAMUS, occupées par lesd. mousquetaires, et ce pendant lad. année 1677, à raison de 180ᴧ chacune....... 900ᴧ

22 mars 1678 : aud. BRILLARD, en lad. qualité, pour le loyer de huict maisons appartenantes à la dame CORNUEL, scises idem...................... 1440ᴧ

A luy, en lad. qualité, pour le loyer de deux maisons appartenantes à la dame DASTRY, à raison de 250ᴧ chacune............................. 500ᴧ

8 janvier 1678 : à la veuve CARBONNET, pour le dernier quartier de son logement, escheu le dernier décembre 1677................................. 50ᴧ

Somme de ce chapitre........ 13820ᴧ

GAGES PAYEZ PAR ORDONNANCES.

5 mars 1677-12 janvier 1678 : à CHAMPION, qui a le soin de peser le fer et le plomb du bastiment de Clagny, à compte de ses journées (5 p.)......... 500ᴧ

A JOSIAS, piqueur des ouvriers du potager de Glatigny, à compte idem..................... 60ᴧ

17 mars 1677-26 janvier 1678 : à DESCLUZEAUX, garde de la Prévosté, pour avoir eu soin de faire voiturer des matériaux pour Clagny pendant les années 1676 et 1677 (5 p.)........................... 1500ᴧ

5 avril : au sʳ LE BRUN, Premier Peintre du Roy, pour ses appointemens pendant la présente année... 8800ᴧ

7 juillet 1677-10 avril 1678 : à luy, pour une année de ses appointemens (2 p.)................ 8800ᴧ

9 avril : à CAMAYE et CHAMBOIS, couvreurs, ayant l'entretenement des couvertures du chasteau de Compiègne, pour une année dud. entretenement, escheue le dernier mars............................... 479ᴧ 10ˢ

8 janvier 1678 : à eux, pour trois mois de leurs gages escheus le dernier décembre 1677............ 100ᴧ

10 avril : à PINAULT, archer de la Prévosté de l'Hostel pour avoir vacqué à faire fournir les choses nécessaires aux bastimens de Saint-Germain, pendant vingt-deux jours escheus le dernier décembre............ 66ᴧ

4 may : à LE JONGLEUR, pour le soin qu'il a pris à la recherche des eaux de Rocquancourt pendant l'année 1677 (3 p.)........................... 2066ᴧ 13ˢ 4ᵈ

25 may-19 novembre : à BEAUMESNIL, préposé aux ouvrages de Clagny, à compte de ses journées, pour le soin qu'il a d'aller chercher des ouvriers à Paris et autres endroits (3 p.)......................... 190ᴧ

11 juin : à GOEREN, pour avoir gardé la porte du parc de Saint-Germain jusques au 10ᵉ may.......... 92ᴧ

9 avril : à CLÉREMBOUST et GOEREN, portiers du grand parterre de Saint-Germain, pour leurs gages pendant la présente année........................ 720ᴧ

A LA LANDE, ayant l'entretenement des nouvelles palissades de Saint-Germain, pour les six premiers mois de ses gages........................... 150ᴧ

10 juillet : à MESNARD, ayant l'entretenement des marbres de la chapelle du Palais-Royal, pour une année escheue au dernier mars................ 150ᴧ

16 juillet : aux prestres de la congrégation de la Mission establie à Fontainebleau, pour les six premiers mois de leur entretenement et subsistance...... 3000ᴧ

16 juillet 1677-24 janvier 1678 : à SOULAIGRE, concierge du vieux chasteau de Saint-Germain, pour nettoyemens qu'il a fait faire pendant la présente année (2 p.)................................ 1152ᴧ

20 juillet 1677-26 janvier 1678 : à DESGOUTTES, piqueur, à compte de ses gages (2 p.)........... 120ᴧ

23 juillet 1677-13 janvier 1678 : à LOUIS GERMAIN, tant pour la nourriture de cent cignes, qui sont sur la rivière de Seyne, que pour la subsistance d'un garçon qui en a le soin, et ce pendant trois quartiers de lad. année (3 p.)............................. 1620ᴧ

ANNÉE 1677. — GAGES PAYÉS PAR ORDONNANCES.

14 aoust : à Dorbay[1], architecte, en considération du soin qu'il prend des bastimens du Roy....... 2000ᴸ

20 septembre : aux officiers des bastimens, parc et jardin de Fontainebleau, à eux accordé par gratiffication, en considération du bon estat de leur entretenement, 1950ᴸ, sçavoir :

A la veuve DE BRAY..................... 200ᴸ
A la veuve LARGENTIER................. 200ᴸ
A GABRIEL DESBOUTS.................... 150ᴸ
A CHASTILLON 400ᴸ
A NIVELON............................. 100ᴸ
A la veuve LEFEBVRE................... 200ᴸ
A LOUIS DESBOUTS...................... 400ᴸ
A VOLTIGEANT 100ᴸ
A la veuve TOULET..................... 200ᴸ

22 septembre : à CLAUDE MUZARD, fontainier, par gratification 200ᴸ

27 octobre : à LE COUSTILLIER, pour l'entretien extraordinaire du jardin du Val depuis le 16 aoust jusques au 20 du présent mois..................... 233ᴸ

9 avril : à BAILLY, portier de la Savonnerie, pour ses gages pendant la présente année............ 300ᴸ

A DAMBRUNE, jardinier flamand, ayant soin des arbres des advenües des maisons royalles, pour trois mois de ses gages escheus le dernier mars............ 150ᴸ

9 avril 1677-8 janvier 1678 : à POPINET, ayant le soin de tous les moulins de Versailles, pour une année de ses gages (2 p.)...................... 1200ᴸ

2 may : à CHEVILLARD, ayant l'entretenement des fontaines de Vincennes, trois quartiers de ses gages. 450ᴸ

10 juin : au sʳ BALLON, ayant la direction des plants et advenües des maisons royalles, pour ses appointemens pendant lad. année..................... 1800ᴸ

10 juillet : au sʳ CLÉMENT, ayant le soin des planches des impressions de taille-douce qui se font à la bibliothèque du Roy, pour ses gages pendant lad. année. 1200ᴸ

A JAMIN, préposé pour recevoir et peser le plomb qui s'employe à Versailles, pour ses gages......... 900ᴸ

Au sʳ PETIT père, ayant la conduite des bastimens de Fontainebleau, pour ses gages............. 3600ᴸ

Au sʳ PETIT fils, ayant le soin de ceux de Saint-Germain................................. 1200ᴸ

14 febvrier 1678 : à luy, pour ses gages extraordinaires de 1677............................... 900ᴸ

10 juillet : au sʳ DE LA QUINTINIE, ayant la direction des jardins potagers et fruitiers des maisons royalles, pour ses gages de 1677.................. 2000ᴸ

[1] Voir à la fin de ce chapitre un article collectif où se retrouve le nom de Dorbay.

14 febvrier 1678 : à luy, par gratification... 2000ᴸ

10 juillet : à FOSSIER, commis pour recevoir et peser le plomb qui s'employe pour les bastimens (2 p.). 1200ᴸ

8 janvier 1678 : à luy, pour ses gages extraordinaires idem.................................. 700ᴸ

10 juillet : à CHASTILLON, ayant l'entretenement de l'orangerie de Fontainebleau, pour les six premiers mois de ses gages........................... 100ᴸ

8 janvier 1678 : à luy, pour ses gages extraordinaires................................... 200ᴸ

11 juillet : à DESMOULINS, archer de la Prévosté de l'Hostel, préposé pour faire accélérer les matériaux à Versailles, pour ses gages de 1677........ 1080ᴸ

23 juillet : à LAMY, portier du jardin des Thuilleries, pour les six derniers mois de ses gages...... 150ᴸ

23 juillet : à GUILLAUME MASSON, CLAUDE et ELIZABETH LE JUGE, ses belles-sœurs, pour le deuxième quartier de l'entretenement qu'ils sont obligés de faire au jardin des Thuilleries........................ 262ᴸ 10ˢ

A eux, pour six mois, escheus le dernier juin, d'augmentation de gages à cause dud. entretenement.. 500ᴸ

A LA CROIX, portier de la basse-cour du Palais-Royal, deuxième et troisième quartier de ses gages..... 225ᴸ

30 juillet : à ROBELIN, préposé aux ouvrages de Roquancourt, pour ses gages pendant lad. année.. 1200ᴸ

31 juillet : à YVON, couvreur, ayant l'entretenement des couvertures des maisons royalles, pour ses gages pendant lad. année..................... 4145ᴸ

A DIMANCHE, autre couvreur, idem......... 6146ᴸ

14 novembre : à LAMBERT, en considération du travail qu'il fait pour les bastimens de S. M........ 2000ᴸ

16 janvier 1678 : à LA RUE, ayant l'entretenement des plattes-formes et dalles des couvertures du vieux chasteau de Saint-Germain, pour sond. entretenement pendant lad. année......................... 400ᴸ

A GOYTON, imprimeur en taille-douce, par gratification, en considération de l'application qu'il donne aux impressions qui se font en l'Imprimerie Royalle.. 400ᴸ

31 janvier 1678 : à GALAND, ayant la nourriture des cignes et des carpes des estangs de Fontainebleau, pour le dernier quartier de lad. nourriture escheu le dernier décembre.............................. 270ᴸ 10ˢ

14 febvrier 1678 : à BRÉAU, en considération du soin particulier qu'il a de la conduite des ouvrages du bastiment de Clagny..................... 3000ᴸ

14 febvrier 1678 : au sʳ LEFEBVRE, contrôleur général des Bastimens, à cause du séjour extraordinaire qu'il fait à Versailles et du soin particulier qu'il prend des ou-

vrages qui se font pour les bastimens, et ce pendant l'année 1677........................ 2400ᴸ
26 aoust : au sʳ Vandermeulen, peintre, pour ses gages pendant lad. année 1677............ 6000ᴸ
9 décembre : à Verdier, peintre, pour ses appointemens pendant la présente année............ 2000ᴸ
16 décembre 1677-8 janvier 1678 : à Dauvergne, préposé pour peser le fer qui s'employe à Versailles, pour une année de ses gages (2 p.)............... 1080ᴸ
26 décembre : à la veuve Rossignol, pour l'entretenement de tous les ouvrages de serrurerie du chasteau de Fontainebleau pendant l'année dernière 1676.... 200ᴸ
9 janvier 1678 : à Thibault, jardinier, pour l'entretenement de deux années de la closture de la petite garenne de Vincennes, escheües au dernier décembre.... 120ᴸ
9 avril 1677-8 janvier 1678 : à Frades, ayant l'entretenement des avenues de Saint-Germain, pour une année de ses gages (4 p.)................... 965ᴸ
30 juillet 1677-8 janvier 1678 : aux ouvriers jardiniers et autres qui travaillent à la pépinière du Roulle, pour leurs appointemens 1677, sçavoir : 900ᴸ à Thumel, jardinier, pour les trois derniers quartiers de ses appointemens ; 300ᴸ à Garnier, autre jardinier, aussy pour lesd. trois quartiers ; 450ᴸ à Henry, idem; et 900ᴸ à Germain, préposé à la conduite desd. ouvrages, pour une année de ses gages..................... 2550ᴸ
Aux architectes cy-après nommez, pour leurs appointemens 1677, à cause de leurs assistances aux conférences, sçavoir : 1200ᴸ au sʳ Blondel, 500ᴸ au sʳ Le Paultre, 500ᴸ au sʳ Mansard, 1000ᴸ au sʳ Dorbay, 500ᴸ au sʳ Gittard, 500ᴸ au sʳ Mignard et 500ᴸ au sʳ Bruant............................ 4700ᴸ
A Duval, couvreur, ayant l'entretenement des couvertures du chasteau de Monceaux, pour ses appointemens 1677.............................. 500ᴸ
Au sʳ Bellinzani, pour le soin qu'il a pris de ce qui regarde le commerce et les manufactures, pour ses appointemens................................ 4000ᴸ
Au sʳ Clincuant, concierge des Thuilleries, ayant soin du nettoyement dud. chasteau, pour le dernier quartier de ses appointemens 1677................... 500ᴸ
Somme de ce chapitre..... 96737ᴸ 3ˢ 4ᵈ [1]

GAGES SUIVANT L'ESTAT.

GAGES ET APPOINTEMENS DES SURINTENDANT, INTENDANS
CONTROLLEURS ET TRÉSORIERS DES BASTIMENS.

27 febvrier 1678 : à nous, en lad. qualité de Surin-

[1] Le total exact est 96643ᴸ 3ˢ 4ᵈ.

tendant et Ordonnateur général desd. bastimens, jardins, tapisseries et manufactures, la somme de 12000ᴸ pour nos gages à cause de notredite charge...... 12000ᴸ
A nous, en lad. qualité de lad. charge et pension attribuée et unie à icelle................... 3000ᴸ
A nous, comme Surintendant et Ordonnateur général des bastimens du chasteau de Monceaux...... 2400ᴸ
Au sʳ Coquart de la Motte, conseiller du Roy en ses conseils, intendant et ordonnateur ancien desd. bastimens, jardins, tapisseries et manufactures, la somme de 4500ᴸ pour trois quartiers de ses gages...... 4500ᴸ
Au sʳ Gobert, aussy conseiller esd. conseils, intendant et ordonnateur alternatif desd. bastimens, jardins et manufactures, pour trois quartiers de ses gages... 4665ᴸ
Au sʳ ......, aussy conseiller esd. conseils, intendant et ordonnateur triennal desd. bastimens, jardins et manufactures, la somme de 4500ᴸ pour trois quartiers de ses gages, dont il ne sera rien payé, attendu que lad. charge a été supprimée par édit du Roy du........ partant cy........................... Néant.
Au sʳ Le Nostre, controlleur général ancien desd. bastimens, etc., pour trois quartiers de ses gages et augmentation d'iceux................... 4080ᴸ 18ˢ 9ᵈ
Au sʳ Perrault, controlleur alternatif desd. bastimens, jardins, tapisseries et manufactures, pour trois quartiers de ses gages et augmentation d'iceux........ 4125ᴸ
Au sʳ Lefebvre, controlleur général triennal desd. bastimens, etc., 4133ᴸ pour trois quartiers de ses gages et augmentation d'iceux................. 4133ᴸ
A Mᵉ Charles Le Besgue, conseiller du Roy, trésorier général desd. bastimens, etc., 2100ᴸ pour trois quartiers de ses gages à cause de sad. charge et augmentation d'iceux................................. 2100ᴸ
A Mᵉ Charles Le Besgue, aussy conseiller du Roy, trésorier général alternatif desd. bastimens, jardins, tapisseries et manufactures de France.......... 2100ᴸ
A Mᵉ Sébastien-François de la Plangue, aussy conseiller du Roy, trésorier général triennal desd. bastimens, etc............................... 2100ᴸ

Total............... 45203ᴸ 18ˢ 9ᵈ

OFFICIERS QUI ONT GAGES

POUR SERVIR GÉNÉRALLEMENT DANS TOUTES LES MAISONS
ET BASTIMENS DE SA MAJESTÉ.

Au sʳ Le Brun, pour ses appointemens pendant lad. année, la somme de 8800ᴸ qui luy ont été cy-devant ordonnez, à cause de la conduite et direction des peintures des maisons royalles, et aussy de celles qu'il a, sous

ANNÉE 1677. — GAGES DES OFFICIERS DES BÂTIMENTS.

nos ordres, de la manufacture des Gobelins, pour faire lad. somme celle de 12000ᵗᵗ à luy accordée par chacun an, y compris 3200ᵗᵗ employez dans l'estat de la Maison du Roy.. Néant.

Au sʳ DE FÉLIBIEN, historiographe des Bastimens du Roy, pour ses gages, à cause de sad. charge... 1200ᵗᵗ

A CHARLES ERRARD, peintre, retenu pour servir S. M., la somme de 1200ᵗᵗ pour ses gages, dont il sera payé de trois quartiers en la présente année à cause du service actuel qu'il rend à S. M. pour ses bastimens.... 900ᵗᵗ

A JEAN-BAPTISTE CHAMPAGNE, autre peintre, pour ses gages la somme de 400ᵗᵗ, dont il sera payé seulement de la moitié... 200ᵗᵗ

A NICOLAS LOIR, autre peintre, pour ses gages, dont il ne sera payé que de la moitié.................. 200ᵗᵗ

A NOËL COIPEL, autre peintre, idem........ 200ᵗᵗ

A FRANÇOIS-MARIE BORZON, autre peintre, idem.. 200ᵗᵗ

A JACQUES BAILLY, peintre en mignature, idem.. 200ᵗᵗ

Au sʳ FRIQUET, peintre, idem.............. 200ᵗᵗ

A ANDRÉ FÉLIBIEN, ayant la garde des figures et le soin de tenir nets et polis les marbres des maisons royalles, pour ses gages..................... 400ᵗᵗ

A GILLES GUÉRIN, sculpteur, pour ses gages... 200ᵗᵗ

A..... ANGUIER, autre sculpteur.......... 200ᵗᵗ

A JACQUES HOUZEAU, autre sculpteur, faisant ordinairement les modelles et ornemens, tant au Louvre qu'ailleurs, pour ses gages la somme de 400ᵗᵗ, dont il luy sera payé seulement celle de.................. 150ᵗᵗ

A FRANÇOIS GIRARDON, sculpteur, pour ses gages. 200ᵗᵗ

A THOMAS REGNAUDIN, autre sculpteur, idem... 150ᵗᵗ

A GASPARD MARSY, autre sculpteur, idem..... 200ᵗᵗ

A LOUIS LE GROS, autre sculpteur, idem..... 150ᵗᵗ

A PIERRE MAZELINES, autre sculpteur, idem... 150ᵗᵗ

A PHILIPPES BUISTER, idem................ 150ᵗᵗ

A MATHIEU LESPAGNANDEL, idem............. 150ᵗᵗ

A PHILIPPES CAFFIERS, idem............... 150ᵗᵗ

A BAPTISTE TUBI, idem.................... 200ᵗᵗ

A MÉNARD, marbrier....................... 30ᵗᵗ

A DOMINICO CUCCI, qui fait toutes les garnitures de bronze des portes et croisées des maisons royalles.. 60ᵗᵗ

A LE CLERC, graveur, pour ses gages....... 100ᵗᵗ

A ISRAËL SILVESTRE, graveur, pour ses gages, pour faire les desseins d'architecture, veües et perspectives des maisons royalles, carrousels et autres assemblées publiques, la somme de 400ᵗᵗ pour les gages et appointemens que S. M. lui a accordé par brevet, de laquelle il sera payé entièrement........................... 400ᵗᵗ

Au sʳ GOTTON, imprimeur en taille-douce..... 100ᵗᵗ

A FRANÇOIS VILLEDOT DE CLERMONT, maistre des œuvres de maçonnerie des bastimens du Roy, tant pour ses gages anciens qu'augmentation d'iceux, la somme de 1200ᵗᵗ, dont il sera payé de la moitié, attendu le service actuel qu'il rend à S. M....................... 600ᵗᵗ

A LIBÉRAL BRUAND, maistre des œuvres de charpenterie, pour avoir l'œil sur tous les charpentiers des maisons royalles, la somme de 1200ᵗᵗ, de laquelle il ne sera payé que de la moitié........................ 600ᵗᵗ

A ANTOINE BERGERON, maçon................ 30ᵗᵗ

A CLAUDE BRESSY, idem.................... 30ᵗᵗ

A FRANÇOIS DORBAIS, idem................. 30ᵗᵗ

A JACQUES GABRIEL, idem.................. 30ᵗᵗ

A JACQUES MAZIÈRE le jeune, idem.......... 30ᵗᵗ

A HANICLE, idem.......................... 30ᵗᵗ

A PIERRE THÉVENOT, idem.................. 30ᵗᵗ

A PONCELET CLIQUIN, charpentier, pour ses gages. 30ᵗᵗ

A PAUL CHARPENTIER, autre charpentier, idem.. 30ᵗᵗ

A JEAN BRICART, idem..................... 30ᵗᵗ

A PIERRE DIONIS, menuisier, idem.......... 30ᵗᵗ

A JEAN DANGLEBERT, idem.................. 30ᵗᵗ

A CLAUDE BERGERAT, idem.................. 30ᵗᵗ

A ANTOINE SAINT-YVES, idem............... 30ᵗᵗ

A CHARLES LAVIER, idem................... 30ᵗᵗ

A CLAUDE BUIRETTE, idem.................. 30ᵗᵗ

A JACQUES PROU, idem..................... 30ᵗᵗ

A FRANÇOIS COUVREUX, idem................ 30ᵗᵗ

A la veuve SOMER, ébéniste, idem......... 30ᵗᵗ

A ..... BOULLE, autre ébéniste, idem..... 30ᵗᵗ

A DENIS DUCHESNE, serrurier, idem........ 30ᵗᵗ

A NICOLAS DE LOBEL, idem................. 30ᵗᵗ

A ANTOINE-CHARLES DE JANSON, vitrier, idem... 30ᵗᵗ

A CHARLES JACQUET, vitrier, idem......... 30ᵗᵗ

A ESTIENNE YVON, couvreur, idem.......... 30ᵗᵗ

A NICOLAS DUVAL, idem.................... 30ᵗᵗ

A DIMANCHE CHARUEL, idem................. 30ᵗᵗ

A GILLES LEROY, plombier................. 30ᵗᵗ

A JEAN ALAIN, idem....................... 30ᵗᵗ

A PHILIPPES VITRY, idem.................. 30ᵗᵗ

A la veuve MAZELINES, idem............... 30ᵗᵗ

A ANTOINE VATEL, paveur, pour ses gages... 30ᵗᵗ

A HUBERT MISSON, marbrier, idem.......... 30ᵗᵗ

A CLAUDE BRIOT, miroitier, idem.......... 30ᵗᵗ

A LA BARONNIÈRE, peintre et doreur, idem... 30ᵗᵗ

A GOSSELIN et TANGUY, armuriers, retenus pour travailler aux instrumens de mathématiques nécessaires pour l'Accadémie des Sciences................ 200ᵗᵗ

A THURET, horloger, retenu pour entretenir toutes les pendulles de l'Accadémie des Sciences, tant celles qui sont à l'Observatoire que dans lad. Accadémie.. 300ᵗᵗ

A Padelain et Varisse, ramonneurs de cheminées, pour avoir soin de tenir nettes toutes celles des maisons royalles à Paris, Saint-Germain, Fontainebleau et autres lieux, la somme de 200ᵗᵗ, sur quoy il leur sera payé 80ᵗᵗ à chacun, et les ramonnages de cheminées et raccommodages leur seront payez par ordonnance......... 60ᵗᵗ

A Daniel Fossier, garde des magasins du Roy où se mettent les démolitions et matériaux nécessaires pour les bastimens de S. M., pour ses gages........ 400ᵗᵗ

A Charles Molet, jardinier, retenu pour travailler aux desseins des parterres et jardins de S. M. lorsqu'il luy sera commandé, pour ses gages la somme de 1000ᵗᵗ, dont il ne luy sera payé que la moitié............. 500ᵗᵗ

A André Le Nostre, aussy retenu pour travailler auxd. desseins de jardins et parterres, pour ses gages 1200ᵗᵗ, dont il sera payé entièrement.............. 1200ᵗᵗ

Au sʳ François Francines, intendant de la conduite et mouvement des eaux et fontaines de S. M., la somme de 3000ᵗᵗ, sçavoir 1800ᵗᵗ d'anciens gages et 1200ᵗᵗ d'augmentation, dont il sera payé de trois quartiers. 2250ᵗᵗ

A luy, ayant l'entretenement des fontaines de Rongis, palais de Luxembourg, Croix-du-Tiroir et chasteau du Louvre, pour ses gages................... 7000ᵗᵗ

A Pierre Francines, ingénieur, pour le mouvement des eaux et ornemens des fontaines, outre ce qui luy est ordonné dans l'estat de Fontainebleau, la somme de 600ᵗᵗ dont il lui sera payé trois quartiers seulement... 450ᵗᵗ

A luy, ayant la conciergerie de la maison du grand regard des fontaines de Rongis hors le faubourg Saint-Jacques suivant l'arrest du Conseil du 28 juin 1675, la somme de 100ᵗᵗ du fond laissé dans l'estat des finances de Paris sous le nom du trésorier des Bastimens.. 100ᵗᵗ

Au sʳ Perrault, l'un de nos commis, ayant le soin de la visite de tous les ouvrages ordonnez par S. M. en ses bastimens et de tenir la main à ce que tous les ordres par nous donnez pour l'exécution des volontez de S. M. soient ponctuellement exécutez et avec diligence requise, pour ses appointemens.................. 2000ᵗᵗ

Au sʳ Billet, autre commis tenant sous nous le registre des ordonnances, recepte et dépense desd. bastimens, pour ses appointemens.................... 900ᵗᵗ

Au commis de l'intendant en exercice....... 600ᵗᵗ

A...., commis du controlleur général desd. bastimens en exercice, pour, en son absence, avoir l'œil à ce qui est du controlle général, pour ses appointemens.. 600ᵗᵗ

Aux trois premiers commis en titre d'office des trois trésoriers généraux desd. bastimens, pour leurs gages, à raison de 300ᵗᵗ chacun par an, dont sera payé seulement à chacun 200ᵗᵗ, cy....................... 600ᵗᵗ

A Daniel Fossier, garde des magasins des marbres pour lesd. bastimens, pour ses gages de 1677... 600ᵗᵗ

Total.................... 21470ᵗᵗ [1]

OFFICIERS SERVANS SA MAJESTÉ
POUR L'ENTRETENEMENT DES MAISONS ET CHASTEAUX CY-APRÈS DÉCLAREZ.

LOUVRE.

A René de Louvigny, concierge du chasteau du Louvre, pour tenir nettes les grandes et petites galleries, les ouvrir et fermer, pour ses gages, tant anciens qu'augmentation d'iceux........................ 100ᵗᵗ

PALAIS DES THUILLERIES.

Au sʳ Clinchant, garde-clef du palais des Thuilleries, pour parfait payement de 300ᵗᵗ de gages pendant lad. année, dont les trois premiers quartiers luy ont esté cy-devant ordonnez........................ 75ᵗᵗ

Au sʳ Clinchant, comme concierge de la grande salle nouvellement construite au palais des Thuilleries pour dancer les ballets et représenter les grandes comédies et machines, pour ses appointemens de la présente année à cause de lad. charge, à condition d'entretenir deux valets pour tenir lad. salle nette, fermer et ouvrir les portes et fenestres, et d'avoir l'œil à la décoration, machine et Amphithéâtre, pour parfait payement de 2000ᵗᵗ de gages, dont les trois premiers quartiers luy ont esté cy-devant ordonnez....................... 500ᵗᵗ

A André Le Nostre, ayant l'entretenement des parterres nouvellement plantez à la face du palais des Thuilleries, pour ses gages à cause dud. entretenement, concistant à nettoyer, battre et rateler la grande terrasse en face dud. palais, la grande allée du milieu, contrallées, tour et place du grand rondeau, avec les palissades de la demie lune plantée de sapins, ifs et cyprès, jusques au premier maronnier d'Inde de la grande allée du milieu et allée de traverse plantée de buis qui ferme le quarré où estoit l'estang, l'allée d'ormes du bout des parterres où est le milieu du rondeau, finissant, à droite, à l'allée du Mail, à gauche, à la grande terrasse du costé de la rivière, huit quarrez de parterre en broderie, lesquels seront tondus et nettoyez et entretenus en tous leurs contenus, ainsy que les plattes-bandes et allées de traverse et tour des bassins; entretenir de labours et fu-

---

[1] Le total exact est 26450ᵗᵗ.

miers les arbrisseaux verds dud. parterre, mesme les garnir dans les saisons de fleurs de pareilles espèces qui y sont, lesquelles il fera lever, replanter, couvrir et regarnir à ses frais, pour parfait payement de 3500^{lt} pour led. entretenement et augmentation pendant lad. année, dont les trois premiers quartiers luy ont esté cy-devant ordonnez sur le pied de 3000^{lt}, partant cy..... 1250^{lt}

A luy, pour les parterres en gason qui ont esté depuis augmentez ensuitte des huict quarrez de broderie cy-dessus, pour parfait payement de 2500^{lt} pour led. entretenement et augmentation, dont les trois premiers quartiers luy ont été cy-devant ordonnez.......... 1000^{lt}

A luy, pour l'entretenement d'un jardin à fleurs entre le grand parterre et l'allée des meuriers, qu'il doibt toujours tenir remply de fleurs, particulièrement durant l'hiver, et pour cet effect fournir des fumiers, terrots et autres choses nécessaires, pour parfait payement de 1500^{lt} dont les trois premiers quartiers lui ont esté cy-devant ordonnez....................... 375^{lt}

A luy, pour l'entretenement d'un espallier de jasmin d'Espagne dans toute la longueur du mur de terrasse et l'allée des meuriers, fournir le fumier, terrots et autres choses nécessaires, pour parfait payement de 1500^{lt}, dont trois premiers quartiers luy ont esté ordonnez... 375^{lt}

A la veuve CARBONNET, ayant l'entretenement des maronniers d'Inde et piscéas jusques à la moitié du fer à cheval, en la place des meuriers blancs qui y estoient plantez, pour parfait payement de 300^{lt}, dont les trois premiers quartiers luy ont esté ordonnez........ 75^{lt}

A PIERRE DESGOTS, ayant l'entretenement du parc des Thuilleries depuis le grand parterre jusques au bout de la demie lune qui regarde sur le fossé, et depuis la terrasse du costé de l'eau, y compris dans toute sa longueur jusques au parterre en platte-bande de l'autre costé de la réserve du quarré où estoit le Labirinthe, entretenir toutes les allées, labourer les plans d'arbres de tous les quarrez de l'Amphitéâtre, et de tenir le tout dans la plus grande propreté, pour parfait payement de 3600^{lt}, dont les trois premiers quartiers idem.............. 900^{lt}

Aux filles de deffunct BOUCHARD, ayant l'entretenement des orangers du Roy en sa grande orangerie du jardin des Thuilleries, parterrés à fleurs et autres jardins derrière, la somme de 1200^{lt} pour leurs gages à cause dud. entretenement, sçavoir : 800^{lt} d'anciens et 400^{lt} d'augmentation, dont elles seront payées de trois quartiers en finissant l'inventaire et dénombrement des orangers qui sont dans lad. orangerie appartenant à S. M., et attendu que les trois premiers quartiers leur ont esté cy-devant ordonnez............................. 225^{lt}

A GUILLAUME MASSON et à CLAUDE et ELISABETH LE JUGE, ses deux belles-sœurs, chacun pour un tiers de l'entretenement du grand parterre des Thuilleries, au lieu entrelassé fait de neuf de l'allée des grenadiers, à la charge de faire labourer les palissades tant de buis sauvage que de jasmin, coigners, grenadiers, arbres de Judée et autres entretenemens, pour parfait payement de 2050^{lt} pour lad. année, dont les trois premiers quartiers leur ont esté cy-devant ordonnez...... 512^{lt} 10'

Total.................. 5287^{lt} 10'

COURS DE LA REYNE MÈRE.

A PASQUIER, portier de la porte du Cours de la Reyne du costé des Thuilleries, pour ses gages de la présente année............................... 50^{lt}

A la veuve de FRANÇOIS HUVILLIERS, portier de la porte du costé de Chaillot et pour garder tous les plants des Thuilleries, pour ses gages de la présente année. 150^{lt}

Total..................... 200^{lt}

PALAIS-ROYAL.

A GRATIAN BOUTICOURT, concierge et garde-meuble dud. palais, pour parfait payement de 450^{lt} de gages, dont les trois premiers quartiers luy ont esté cy-devant ordonnez.................... 112^{lt} 10'

A luy, au lieu de FRANÇOIS HUET, dit POITEVIN, ayant la charge du nettoyement des chambres et soin d'icelles, parfait payement de 225^{lt} de gages, dont les trois premiers quartiers luy ont esté cy-devant ordonnez..... 56^{lt} 6'

A PIERRE CLINCHANT, pourveu par S. M., par son brevet du 7 janvier 1666, de la charge de garde salle et machines du Palais-Royal dont estoit pourveue ANNE DUBOIS, fille de JEAN DUBOIS et MARIE LHUILLIER, pour parfait payement de 225^{lt} de gages, dont les trois premiers quartiers luy ont esté cy-devant ordonnez.......... 56^{lt} 6'

A....., portier de la porte de la rue des Bons-Enfans et de la rue de Richelieu, pour ses gages....... 150^{lt}

A....., portier de la grande porte dud. Palais-Royal, pour ses gages......................... 150^{lt}

A NICOLAS BOUTICOURT, jardinier du jardin dud. palais, pour parfait payement de 1500^{lt}, dont les trois premiers quartiers luy ont esté cy-devant ordonnez..... 375^{lt}

Total..................... 900^{lt} [1]

COLLÈGE DE FRANCE.

A DUCLOS, concierge dud. Collège, pour deux quartiers de ses gages............................. 25^{lt}

---

[1] On a oublié 2'.

MADRID.

A Jean Ricard, concierge dud. chasteau, pour ses gages dont il sera payé de trois quartiers............ 150tt

SAINT-GERMAIN.

A François Francines, ayant l'entretenement des fontaines et grottes des chasteaux dud. Saint-Germain, pour ses gages à cause dud. entretenement 1200tt, et attendu le dépérissement de la plupart des grottes....... 800tt

A Nicolas Bertrand, ayant l'entretenement des terrasses et descente du chasteau neuf, la somme de 150tt, dont il luy sera payé seulement la somme de 30tt, attendu le dépérissement des terrasses.......... 30tt

A Jean-Baptiste de Lalande, ayant celui du vieux jardin et des nouvelles palissades dans le parc, à la réserve du grand parterre et allées qui sont autour, pour ses gages, pour parfait payement de 500tt, dont les trois premiers quartiers ont esté cy-devant ordonnez, partant cy................. 125tt

A luy, ayant l'entretenement de l'orangerie, pour parfait payement de 500tt, dont les trois premiers quartiers etc...................... 125tt

A la veuve Jean de Lalande, autre jardinier, ayant celuy du grand parterre nouvellement replanté et augmenté de trois allées autour dans le vieil jardin, pour parfait payement de 1350tt, dont les trois premiers quartiers etc................. 337tt 10ˢ

A Jean de Lalande, autre jardinier, ayant l'entretenement des allées et palissades de l'enclos du petit bois de Saint-Germain, la somme de 450tt, dont il sera payé de trois quartiers, sur lesquels luy ayant esté cy-devant ordonné 258tt, partant............... 84tt 7ˢ 6ᵈ

A luy, ayant l'entretenement du boulingrin et jardin de gazon, pour parfait payement de 800tt...... 200tt

A luy, ayant celuy du potager, pour parfait payement de la somme de 200tt, dont les trois premiers quartiers luy ont esté cy-devant ordonnez............... 50tt

A Claude Bellier, ayant l'entretenement du jardin potager et des deux parterres à costé de la fontaine du chasteau neuf, la somme de 600tt, dont il sera payé de trois quartiers, pour le parfait payement desquels la somme de................ 112tt 10ˢ

A François Lavechef, au lieu de François Bellier, son beau-père, ayant l'entretenement du jardin et parterre de devant les grottes dud. chasteau neuf, la somme de 600tt, dont il sera payé de trois quartiers, pour le parfait payement desquels la somme de....... 112tt 10ˢ

A luy, ayant l'entretenement du jardin, des canaux et colines dud. chasteau, au lieu de François Bellier, son beau-père, la somme de 100tt, pour parfait payement de trois quartiers d'icelle................. 18tt 15ˢ

A Pierre Goeren, concierge du pavillon du parc, pour parfait payement de 180tt, dont les trois premiers quartiers etc................. 45tt

A Guillaume Le Coustillier, ayant l'entretenement du jardin du Val dans le parc, proche Carrières, pour parfait payement de 1200tt, dont les trois premiers quartiers etc................. 300tt

A Claude Patenostre, concierge du chenil proche le tripot dud. Saint-Germain, pour parfait payement de 180tt.................. 45tt

A Pierre Bertin, concierge et garde-meuble dud. chasteau neuf, parfait payement de 475tt... 118tt 15ˢ

A Thomasse Lefebvre, veuve Franchon, ayant l'entretenement de la petite escurie du Roy, la somme de 400tt, dont elle sera payée de la moitié, pour parfait payement de laquelle somme............. 50tt

A Henry Solleigre, au lieu de Catherine Ferrand, sa mère, concierge et garde-meuble dud. chasteau vieil, pour parfait payement de 226tt, dont les trois premiers quartiers idem...................... 56tt 10ˢ

A luy, pour l'entretenement de l'horloge du vieil chasteau, pour parfait payement de 75tt......... 18tt 15ˢ

A Julien du Vau, portier du vieil chasteau, pour trois quartiers de ses gages................ 75tt

A Louis Guillot, portier du chasteau neuf, pour pareils gages................... 75tt

A Claude Tailler, portier de la porte du parc au bas des descentes dud. chasteau, pour pareils gages. 75tt

A Poisson, peintre, pour ses gages.......... 30tt

A Charles de Larue, maçon, idem........... 30tt

A René Dufay, charpentier, idem........... 30tt

A Millot, menuisier, idem............. 30tt

A Louis Piot, serrurier, idem........... 30tt

A Le Mercier, vitrier, idem............ 30tt

Total........... 3033tt 12ˢ 6ᵈ

SAINT-LÉGER.

Au sʳ Garsault, concierge du chasteau de Saint-Léger, pour deux quartiers de ses gages........... 225tt

POUGUES.

A Jean Adrien, garde des fontaines de Pougues, pour trois quartiers de ses gages de lad. année 1677... 75tt

VINCENNES.

A Michel Thibault, jardinier, ayant le soin et entre-

ANNÉE 1677. — DIVERSES DÉPENSES.

tenement de tous les jardins dépendans dud. chasteau, pour parfait payement de 1500ᴧ, dont les trois premiers quartiers ont esté payez, partant cy............ 375ᴧ

VERSAILLES.

A Jamin, concierge de la Surintendance des bastimens de Versailles, pour ses gages pendant ladicte année 1677.............................. 200ᴧ

L'entretenement ordinaire des autres concierges, jardiniers et autres officiers dud. chasteau de Versailles est payé par ordonnances particulières, partant cy.. Néant.

JARDIN MÉDICINAL.

Les gages des officiers et entretenement ordinaire du jardin médicinal du fauxbourg Saint-Victor, montant à 21000ᴧ, se paye par estat séparé, cy........ Néant.

HOSTEL DES AMBASSADEURS.

A Sébastien Pouget, concierge dud. hostel, la somme de 400ᴧ, dont il luy sera payé seulement celle de. 100ᴧ

CHASTEAU-THIERRY.

Led. chasteau et domaine a esté cy-devant engagé et alliéné à M. le duc de Bouillon, partant cy.... Néant.

VILLERS-COTTERETS.

Le chasteau et domaine de Villers-Cotterets a esté baillé à M. le duc d'Orléans en augmentation de son appanage, cy.......................... Néant.

CHASTEAU DE MARIMONT.
A....[1].

DIVERSES DÉPENSES.

13 febvrier-17 novembre : à la veuve Somer, ébéniste, pour neuf parquets de marqueterie qu'elle a livrez dans les magasins de S. M. (3 p.)............... 3150ᴧ

3 mars : au sʳ Thériat, pour la voiture de vingt-neuf caisses de tubéreuses, de Lyon à Paris...... 526ᴧ 15ˢ

4 mars 1677-23 janvier 1678 : à Bonnemer, pour les ouvrages de tapisseries de peinture en teinture qu'il fait sur du gros de Naples (5 p.)............ 3120ᴧ

16 mars : à Bailly, peintre, pour plusieurs journées qu'il a employées avec d'autres peintres à faire des desseins de broderie et point d'Espagne et à achever la machine des Fables d'Ésope jusques au 30 janvier dernier................................ 373ᴧ

2 juin-5 décembre : à luy, pour plusieurs desseins de tapisserie, broderie et point d'Espagne (2 p.). 1248ᴧ

16 mars : à Legeret, pour plusieurs figures de plomb et estain qu'il a faites pour les Fables d'Ésope.... 86ᴧ

16 mars-19 décembre : à Fossier, pour menues dépenses des bastimens pendant l'année 1677 (4 p.). 5400ᴧ

16 mars, à Padelain, pour avoir ramonné plusieurs cheminées................................ 293ᴧ 2ˢ

16 mars-17 may : à Dauvergne, pour parfait payement de 619ᴧ 5ˢ pour la charmille qu'il a fait arracher dans la forest de Lions, et voiture de cette charmille (2 p.)................................ 619ᴧ 5ˢ

16 mars : à La Roche, pour carrosses qu'il a fournis pour plusieurs officiers des bastimens...... 443ᴧ 10ˢ

23 mars : à Baslin[1], orfèvre, pour onze cents jettons d'argent pour MM. de l'Académie françoise. 1114ᴧ 13ˢ

23 avril : à luy, pour six cent trente-six jettons qu'il a fournis................................ 615ᴧ

A luy, pour neuf médailles d'or fournies pour estre distribuées aux prix de l'Académie de Rome.. 399ᴧ 16ˢ

29 juin : à luy, pour quinze cents jettons d'argent qu'il a fournis................................. 1463ᴧ 18ˢ

30 juillet : à luy, pour quarante-deux médailles qu'il a faites................................ 549ᴧ 17ˢ

23 aoust : à luy, pour mille jettons d'argent. 971ᴧ 13ˢ

28 octobre : à luy, pour trente-six médailles d'or du portrait du Roy qu'il a fournies......... 3773ᴧ 2ˢ 6ᵈ

A luy, pour treize cent seize jettons d'argent pour MM. de l'Académie, et six médailles d'argent. 1371ᴧ 3ˢ

29 mars : à Germain, pour avoir fait prendre des cygnes qui s'estoient échapez sur la rivière de Seyne vers le Cours, et autres dépenses.............. 307ᴧ 13ˢ

17 avril : à luy, pour la nourriture des cignes pendant le premier quartier de la présente année.... 450ᴧ

23 juillet : à luy, pour une closture de perches qu'il a faite pour les jeunes cignes de l'année..... 152ᴧ 13ˢ

9 octobre-5 décembre : à Louis Germain, pour employer en achapt de grands et menus plans pour les maisons royales (2 p.).................... 15000ᴧ

9 avril : à Boulogne, peintre, pour deux tableaux qu'il a faits sous les desseins du sʳ Le Brun........ 250ᴧ

22 avril : à la veuve Patel, peintre, pour parfait paye

---

[1] Le compte est ici brusquement suspendu. Le copiste a oublié de transcrire la suite du chapitre des Gages. Il manque donc tout l'état des officiers de Fontainebleau. Cette dépense est facile à évaluer d'après les registres des années qui précèdent et qui suivent. Il a aussi omis le total des gages portés au registre. Ce total monte à 82325ᴧ 1ˢ 3ᵈ.

[1] Ou Ballin.

ment de 12000ʰ pour trois tableaux représentant les Maisons royalles........................ 1100ʰ

23 avril : aux LIARDS, pour avoir pris deux mille trois cent vingt-trois taupes dans les jardins des maisons royalles........................ 427ʰ

23 juillet : à eux, pour trois mille trois cent vingt-deux taupes *idem*........................ 581ʰ 7ˢ

23 octobre : à eux, pour taupes *idem*..... 578ʰ 4ˢ

23 janvier 1678 : à eux, pour trois mille soixante-douze taupes *idem*.................. 537ʰ 12ˢ

29 avril : à la veuve CHAUSSÉE, qui avait l'entretien des avenues de Vincennes, par gratification. 100ʰ

4 may : à SIBERT et HALEN, fondeurs, venus de Liége, tant pour leur parfait payement de leur voyage que pour les ouvrages qu'ils ont fait................ 313ʰ 16ˢ

3 may : à HUVELIER, pour parfait payement de 590ʰ 6ˢ pour les labours qu'ils ont fait aux advenues des Thuilleries........................ 190ʰ 6ˢ

A FRADES, pour parfait payement de 1451ʰ 9ˢ pour ceux de Saint-Germain................. 551ʰ 9ˢ

4 juillet : à luy, à compte des labours qu'il fait aux remises à gibier........................ 500ʰ

3 may : à GAULARD, pour parfait payement de 701ʰ 17ˢ 6ᵈ pour les labours de Vincennes..... 351ʰ 17ˢ 6ᵈ

A THIBAULT, jardinier, pour parfait payement de 917ʰ 13ˢ *idem*..................... 317ʰ 13ˢ

A HOUDOUIN et LEFEBVRE, pour parfait payement de 2682ʰ 1ˢ pour les labours des remises à gibier de Versailles........................ 1482ʰ 1ˢ

A THIERRY et FLORANT, parfait payement de 1904ʰ 16ˢ 7ᵈ pour ceux de Clagny et de Glatigny. 804ʰ 16ˢ 7ᵈ

4 juillet : à LE ROUX et LE FEBVRE, à compte des labours qu'ils font aux remises à gibier......... 350ʰ

8 may : à BAUDRY, en considération de ce qu'il s'est blessé travaillant aux Thuilleries............. 30ʰ

17 may-19 décembre : à MAUGIN, charron, à compte des binards qu'il restablit (2 p.)............. 900ʰ

17 may : à GOLE, ébéniste, pour ouvrages qu'il a fait pour enfermer la machine des Fables d'Ésope... 200ʰ

31 may-10 juin : aux ouvriers qui ont épluché les arbres de divers endroits (2 p.)............ 484ʰ 4ˢ

17 juin : aux ouvriers qui travaillent pour les bastimens des maisons royalles, par gratification..... 220ʰ

10 juin : à MASSELIN, chaudronnier, pour ouvrages pour les balanciers de la Monnoye du Louvre.... 610ʰ

12 juin : à DAMBRESNE, jardinier flamand, tant par gratification que pour son travail pendant deux mois et demy............................ 425ʰ

29 juin : à PAPION, bourrelier, pour du gros cordon qu'il a fourny pour lesd. balanciers............. 117ʰ

3 juillet : à CUCCI, ébéniste, à compte d'un cabinet qu'il fait........................ 1000ʰ

5 juillet : à la veuve JEAN BETTE, en considération du service que feu son mary a rendu dans les bastimens du Roy............................. 200ʰ

14 juillet : A GERVAIS, artificier, à compte.... 600ʰ

23 juillet : au sʳ PERRAULT, greffier de l'Escritoire, pour plusieurs vaccations qu'il a faites......... 508ʰ

24 juillet : aux particuliers dont les terres ensemencées ont esté endommagées par la reveue des troupes de S. M. 134ʰ 7ˢ

29 juillet : à DESGERBIXVILLIERS, menuisier, pour vingt-deux caisses de sapin..................... 160ʰ

A CANDELOT, toiseur de marbre, pour le marbre qu'il a toisé........................ 126ʰ 11ˢ

30 juillet : au sʳ DE SAINT-ANDRÉ, pour achat de fleurs de Provence........................ 3101ʰ 9ˢ

24 aoust : au sʳ THIERNIAT, pour la voiture, de Lyon à Paris, de vingt-cinq caisses venues de Provence.. 309ʰ

6 septembre : à MANGIN, couvreur, par gratification, pour estre tombé en travaillant au Collége Royal... 60ʰ

10 septembre : à la dame ERRARD, pour le voyage qu'elle va faire à Rome.................. 600ʰ

12 octobre : à CHEROUVRIER, voiturier par eau, pour avoir amené de Rouen à Paris trois chalouppes.. 350ʰ

A PIERRE LEJEUNE et FRANÇOIS DUVAL, pour avoir vuidé plusieurs fosses..................... 149ʰ

17 novembre : au sʳ DE LA QUINTINIE, pour diverses dépenses qu'il a faites pour les jardins fruictiers et potagers des maisons royalles................. 1112ʰ

23 janvier : au sʳ PERRAULT, en considération des desseins d'architecture qu'il a faits pour le Louvre, l'Arc de triomphe et autres endroits................. 4000ʰ

30 mars : à M. DE SAUMERY, capitaine et gouverneur du chasteau de Chambord, pour son remboursement des dépenses faites pour les réparations des brèches du parc dud. chasteau pendant l'année 1677........ 3000ʰ

8 may : au sʳ PAVILLON, trésorier général des galères, pour pareille somme qu'il a advancée à Marseille pour achapts de manuscrits faits en Levant........ 2236ʰ

8 janvier 1678 : à M. le marquis DE BÉTHUNE, pour un tableau de LÉONNARD DEL VINCY qu'il a vendu au Roy............................ 4400ʰ

Au sʳ PETIT, prieur de Choisy, tant pour les dixmes qu'il a droit de prendre dans les terres enfermées dans le parc de Versailles que pour le revenu du fonds de sond. prieuré........................ 1093ʰ

9 janvier 1678 : à Vanisse, pour plusieurs cheminées qu'il a ramonées en diverses maisons royalles. 686ᵗᵗ 14ˢ

1ᵉʳ mars : à Thestelin, peintre, pour un grand tableau qu'il a fait d'après une tapisserie de toille d'argent. 980ᵗᵗ

19 décembre : à Barré, voiturier, à compte des voitures qu'il fait pour les bastimens............ 600ᵗᵗ

A Bricard, charpentier, à compte des réparations qu'il fait à la pompe du Pont-Neuf............... 800ᵗᵗ

9 janvier 1678 : à Malherbe, vannier, pour plusieurs mannes et hottes pour le Roulle.......... 287ᵗᵗ 14ˢ

A Boutant, pottier de terre, pour pots qu'il a fourny pour Clagny...................... 814ᵗᵗ 13ˢ

A Houiste, pour avoir voituré plusieurs arbrisseaux idem................................ 190ᵗᵗ

Somme de ce chapitre.... 80349ᵗᵗ 14ˢ 7ᵈ

ANNÉE 1678.

RECEPTE.

1ᵉʳ febvrier : de Mᵉ Estienne Jehannot de Bartillat, garde du trésor royal, la somme de 3399440ᵗᵗ 11ˢ pour délivrer à Mᵉ Charles Le Begue, trésorier général des bastimens du Roy, artz et manufactures, pour employer au fait de sa charge, et mesmes celle de 3371346ᵗᵗ au payement des dépenses à faire, tant pour la continuation des bastimens du Louvre et des Thuilleries, Saint-Germain, Fontainebleau, chasteau de Versailles et ses dépendances et autres maisons royalles, que pour les ouvrages de la manufacture des Gobelins et de la Savonnerie, entretenement des Accadémies de gens de lettres, de peinture, sculpture et architecture de Paris et de Rome, gages et appointemens des officiers desd. bastimens et entretenement des maisons royalles et autres dépenses libellées comme il suit cy-après, et 28294ᵗᵗ 11ˢ pour les taxations du trésorier, à raison de 2ᵈ pour livre, cy....................... 3399440ᵗᵗ 11ˢ

VERSAILLES.

Pour les nouveaux bastimens à faire à Versailles, sçavoir: deux ailes et deux pavillons, un corps de logis et deux aisles pour les offices du Roy et de la Reyne.. 335000ᵗᵗ

Pour les caves à faire dans lesd. bastimens.. 20000ᵗᵗ

Pour les piédestaux et grilles de fer qui doibvent fermer la cour..................... 15000ᵗᵗ

Pour les bastimens qui doibvent estre faits dans la cour du Commun pour les offices de Monsieur.. 20000ᵗᵗ

Pour les chambranles, lambris, parquets de menuiserie, foyers de marbre destinez pour les logemens des principaux de la Cour.................. 10000ᵗᵗ

Pour les logemens à faire au long des murs de la pompe........................ 10000ᵗᵗ

Pour logemens des jardiniers et autres officiers 26000ᵗᵗ

Pour la continuation des ouvrages de pavé qui sont à faire dans la ville..................... 20000ᵗᵗ

Pour la peinture du platfond de la chapelle, à compte................................. 10000ᵗᵗ

Pour la corniche et pour six figures d'anges qui doibvent estre sur lad. corniche................ 8000ᵗᵗ

Pour huict colonnes de marbre rouge et blanc. 16000ᵗᵗ

Pour les bazes de bronze et les chapiteaux de métal desd. huict colonnes et de seize pilastres...... 12880ᵗᵗ

Pour achever les marbres du sallon du grand appartement hault de la Reyne et les poser entièrement. 9000ᵗᵗ

Pour achever la peinture du grand escallier... 9000ᵗᵗ

Pour la dorure des chapiteaux, des colonnes et des pilastres des ornemens de stuc dud. escallier... 3000ᵗᵗ

Pour l'achèvement de tous les ouvrages de marbre dud. escallier....................... 40000ᵗᵗ

Pour la balustrade de bronze doré du grand escallier.............................. 26400ᵗᵗ

Pour huict portes de menuiserie, y compris la sculpture et la dorure.................... 18000ᵗᵗ

Pour les ouvrages de marbre de la gallerie basse avant led. escallier...................... 12000ᵗᵗ

Pour les ouvrages du vestibule au haut dud. escallier.............................. 8000ᵗᵗ

Pour les bazes de bronze doré et les chapiteaux de métal des colonnes et pilastres............ 4896ᵗᵗ

Pour les deux cuves des bains de l'appartement et pour le marbre et les ornemens de bronze..... 5000ᵗᵗ

Pour racommoder les compartimens de marbre de l'endroit où doivent estre les cuves, et pour les ornemens de bronze doré du miroir de la chambre des bains et autres ouvrages dud. lieu.................. 4000ᵗᵗ

Pour achever les ouvrages de fer de l'Arc de triomphe........................... 20000ᵗᵗ

Pour les coquilles de cuivre à mettre sur les frontons et les costés dud. Arc............. 15000ᵗᵗ

Pour les ouvrages des quatre aiguilles, quatre guéridons et quatre piédestaux portant des bassins...... 22000ᵗᵗ

Pour ceux des deux piramides et les ornemens de métal des gradins dud. Arc.................. 18000ᵗᵗ

Pour ceux des goulettes de la grande cuve en forme de tombeau............... 30000ᵗᵗ

Pour ceux des marbres des deux pavillons de la Renommée........................... 20000ᵗᵗ

Pour la couverture et les ouvrages de stuc et métal pour orner le dedans et le dehors dud. pavillon. 26000ᵗᵗ

Pour les ornemens de dessous le globe qui porte la figure de la Renommée................ 1500ᵗᵗ

Pour le transport des terres qui restent à faire pour achever la chaussée de l'estang de Bois d'Arcy. 24500ᵗᵗ

Pour achever le conroy.............. 5000ᵗᵗ

Pour la maçonnerie de la bonde et aqueduc pour la décharge dud. estang............... 3000ᵗᵗ

Pour le transport des terres qui restent à faire pour l'estang de Trappes................. 17000ᵗᵗ

Pour le conroy qui reste à faire *idem*....... 3500ᵗᵗ

Pour la maçonnerie de la bonde et aqueduc pour la décharge........................ 3000ᵗᵗ

Pour l'achat de 425 arpens de terre pour ledit estang, et ce suivant l'arpentage et l'estimation qui en a esté faite............................. 6955oᵗᵗ

Pour 3600 toises de fossez à faire pour la conduite des eaux dud. estang dans l'aqueduc de la plaine de Satory.......................... 8000ᵗᵗ

Pour achever le transport des terres des deux chaussées des estangs des Graissets, *idem*......... 9500ᵗᵗ

Pour le conroy dud. estang............ 2500ᵗᵗ

Pour la maçonnerie desd. deux chaussées.... 6000ᵗᵗ

Pour l'achat des terres qui entreront dans lesd. estangs............................ 6000ᵗᵗ

Pour l'aqueduc sous terre qui conduira l'eau desd. estangs des Graissets dans celuy de Roquancourt. 3000ᵗᵗ

Pour le réservoir de Jardy avec les fossez qui se feront pour y amener l'eau de la plaine.......... 15000ᵗᵗ

Pour achever le réservoir de la plaine de Satory. 8000ᵗᵗ

Pour l'aqueduc pour porter les eaux dud. réservoir et des estangs dans la conduite de plomb qui va aux réservoirs de la Grotte................... 65000ᵗᵗ

Pour la conduite de plomb de tuyaux d'un pied de diamètre qui se doibt mettre dans led. aqueduc depuis le réservoir de Satory jusques à la conduite qui est déjà faite............................ 77000ᵗᵗ

Pour la continuation des aqueducs de Roquancourt, à 2000ᵗᵗ par semaine................ 104000ᵗᵗ

Pour la conduite d'un pied de diamètre de l'aqueduc de Roquancourt dans les réservoirs de la Grotte. 236640ᵗᵗ

Pour l'aqueduc qui doibt percer les deux petites éminences qui sont entre led. Roquancourt et le fondz de la vallée........................... 30000ᵗᵗ

Pour ce qui reste à faire aux rampes qui montent du bout du canal dans le jardin de Trianon, et pour les murs de closture de la nouvelle enceinte........... 25000ᵗᵗ

Pour achever l'ornement du bout du canal du costé de la Mesnagerie et ce qu'il y aura à faire à lad. Mesnagerie............................ 30000ᵗᵗ

Pour les tableaux des plafonds des deux grands appartemens hauts du Roy et de la Reyne...... 20000ᵗᵗ

Pour la continuation des vingt-quatre figures de marbre blanc du parterre d'eau................ 24000ᵗᵗ

Pour les robinets, soupapes et autres ouvrages de cuivre........................... 25000ᵗᵗ

Pour les plombs qui seront employez aux bassins et autres ouvrages pour les fontaines........ 100000ᵗᵗ

Pour les gages des jardiniers, fontainier, meusniers et autres officiers...................... 55000ᵗᵗ

Pour l'entretenement des vaisseaux, chaloupes et gondolles, appointemens et solde des officiers, matelots et gondolliers........................ 25000ᵗᵗ

Pour les ouvrages du bastiment de Clagny.. 300000ᵗᵗ

Pour l'entretenement des jardins de Clagny et Glatigny............................ 40000ᵗᵗ

Pour dépenses extraordinaires et imprévues de Versailles et ses dépendances............... 200000ᵗᵗ

Total .... 2371346ᵗᵗ [1]

AUTRES DÉPENSES.

Pour achat et entretenement des plants et advenues des maisons royalles, de la pépinière du Roulle, des remises à gibier des plaines de Saint-Denis et de Clichy............................ 34000ᵗᵗ

Pour la sculpture de la façade du Louvre... 20000ᵗᵗ

---

[1] Le total exact est 2134866ᵗᵗ.

ANNÉE 1678. — RECETTE.

Pour les ouvrages à faire aux jardins des Thuilleries et achèvement de la terrasse.................. 15000ᵗᵗ
Pour ceux de l'Arc de triomphe.......... 40000ᵗᵗ
Pour les ouvrages de l'Observatoire........ 20000ᵗᵗ
Pour ceux de la manufacture des Gobelins et de la Savonnerie........................... 75000ᵗᵗ
Pour les ouvrages des bastimens, parc et jardins de Fontainebleau....................... 80000ᵗᵗ
Pour l'entretenement des couvertures des maisons royalles............................ 17000ᵗᵗ
Pour les loyers du manège, logement de la grande escurie et autres maisons de Versailles........ 7000ᵗᵗ
Pour les graveures de planches.......... 12000ᵗᵗ
Pour ouvrages et réparations à faire à Saint-Germain, le Val, Vincennes et autres maisons....... 200000ᵗᵗ
Pour les gages des officiers des bastimens et préposez aux ouvrages......................... 200000ᵗᵗ
Pour l'entretenement de l'Académie de peinture, sculpture et architecture de Paris et de Rome...... 30000ᵗᵗ
Pour les gages des officiers et entretenement du Jardin Royal............................... 24000ᵗᵗ
Pour l'entretenement de l'Accadémie des Sciences et gratifications des gens de lettres.......... 100000ᵗᵗ
Pour les tapissiers de l'Histoire du Roy sur du gros de Tours............................. 25000ᵗᵗ
Pour dépenses extraordinaires et imprévenes. 100000ᵗᵗ

    Total................... 999000ᵗᵗ

Pour les taxations dud. trésorier de la somme de 3371346ᵗᵗ à quoy montent les dépenses contenues au présent estat, à raison de 2 deniers pour livre. 28094ᵗᵗ 11ˢ
Somme totalle du contenu au présent estat. 3399440ᵗᵗ 11ˢ

1ᵉʳ febvrier : dud. sʳ ᴅᴇ Bᴀʀᴛɪʟʟᴀᴛ, la somme de 9075ᵗᵗ pour délivrer 9000ᵗᵗ au sʳ Fʀᴀɴᴄɪɴᴇs à luy accordée par gratification, en considération du soin qu'il a pris des fontaines des maisons royalles pendant les années 1675, 1676 et 1677, à raison de 3000ᵗᵗ par chacun an, et 75ᵗᵗ pour les taxations....................... 9075ᵗᵗ

9 avril : de luy, 6454ᵗᵗ 13ˢ 3ᵈ pour employer 6400ᵗᵗ au payement de cinq petites maisons seizes à Fontainebleau, appartenant à cinq particuliers dud. lieu, et 54ᵗᵗ 13ˢ 3ᵈ pour les taxations dud. trésorier, à raison de 2 deniers pour livre...................... 6454ᵗᵗ 13ˢ 3ᵈ

3 may : de luy, 2021ᵗᵗ 13ˢ 2ᵈ, pour employer 2004ᵗᵗ 19ˢ, sçavoir : 1894ᵗᵗ 19ˢ, tant pour le payement des oignons de tubéreuses achetez pour les jardins des maisons royalles que pour les frais de 23 caisses, emballage et voiture d'icelles depuis Toulon jusques à Lyon, et 110ᵗᵗ pour la gratification du Frère Dᴏɴᴀᴛ, religieux, en considération du soin qu'il prend pour la recherche desd. oignons, et 16ᵗᵗ 4ˢ 2ᵈ pour les taxations, cy. 2021ᵗᵗ 13ˢ 2ᵈ

15 may : de luy, 3892ᵗᵗ pour délivrer 3860ᵗᵗ au sʳ Gᴏᴅᴇғʀᴏʏ, historiographe, sçavoir : 860ᵗᵗ pour parfait payement de 3860ᵗᵗ, tant pour les appointemens, nourriture et entretien de quatre escrivains qui travaillent sous luy à la Chambre des Comptes de Lille en Flandres, que pour autres dépenses faites depuis le 1ᵉʳ janvier de la présente année jusques au dernier du présent mois, et 3000ᵗᵗ à compte desd. dépenses, à commencer au 1ᵉʳ juin prochain, et 32ᵗᵗ 3ˢ 4ᵈ pour les taxations du trésorier........................ 3892ᵗᵗ 3ˢ 4ᵈ

De luy, 21346ᵗᵗ 8ˢ 4ᵈ pour employer 21170ᵗᵗ au remboursement des terres et héritages compris dans l'isle aux Cignes acquis au proffit de S. M., dont les particuliers desnommez en l'estat de ce jourd'huy estoient propriétaires, suivant les contracts qui en ont esté passez, et 176ᵗᵗ 8ˢ 4ᵈ pour les taxations........ 21346ᵗᵗ 8ˢ 4ᵈ

7 juin : dud. sʳ ᴅᴇ Bᴀʀᴛɪʟʟᴀᴛ, 2823ᵗᵗ 6ˢ 8ᵈ pour délivrer 2800ᵗᵗ à Gᴏʟᴇ, ébéniste, pour, avec 23000ᵗᵗ qu'il a cy-devant reçus, faire la somme de 25800ᵗᵗ pour son entier et parfait payement de deux grands cabinets de bois de chesne couverts d'ebeine, et 23ᵗᵗ 6ˢ 8ᵈ pour les taxations......................... 2823ᵗᵗ 6ˢ 8ᵈ

21 juin : de luy, 3000ᵗᵗ pour deslivrer aux prestres de la Mission establie à Fontainebleau, pour leur entretenement pendant les six premiers mois de la présente année............................. 3000ᵗᵗ

28 juin : de luy, 566666ᵗᵗ 13ˢ 4ᵈ pour employer à compte des ouvrages du canal de communication des mers en Languedoc, et du port au Cap de Cette, dont le sʳ Rɪǫᴜᴇᴛ est entrepreneur, y compris les taxations dud. trésorier....................... 566666ᵗᵗ 13ˢ 4ᵈ

6 juillet : de luy, 40333ᵗᵗ 6ˢ 8ᵈ pour employer 40000ᵗᵗ à la construction d'un grand chemin que S. M. a ordonné estre fait entre Saint-Germain et Versailles, à commencer depuis la chaussée prez le pont de Marly jusques au haut de celle qui est à la sortie du bas de Marly, et 333ᵗᵗ 6ˢ 8ᵈ pour les taxations................. 40333ᵗᵗ 6ˢ 8ᵈ

19 juillet : de luy, 2129ᵗᵗ 7ˢ 3ᵈ pour employer 2111ᵗᵗ 13ˢ 4ᵈ au remboursement des particuliers qui ont des terres et héritages depuis le Pecq jusques à Maisons et qui ont esté endommagés à cause des chasses que S. M. y a faites pendant le mois de juin dernier et le présent, et 17ᵗᵗ 11ˢ 11ᵈ pour les taxations. 2129ᵗᵗ 7ˢ 3ᵈ

16 aoust : de luy, 10083ᵗᵗ 4ˢ pour délivrer 10000ᵗᵗ aux sʳˢ Rᴇᴀᴜx, Gᴇɴᴛʏ et Bᴏᴜʀᴅɪɴ, pour leur rembourse-

ment d'une maison que les trésoriers de l'Espargne leur ont cy-devant donnée, dont ils étoient propriétaires, seize à Fontainebleau, dans la rue Basse, acquise au proffit de S. M., suivant le contrat qui en a esté passé le 10 du présent mois, et 83ᵗᵗ 4ˢ pour les taxations dud. trésorier...................... 10083ᵗᵗ 4ˢ

20 aoust : de luy, 2016ᵗᵗ 18ˢ pour délivrer 2000ᵗᵗ au sʳ Godefroy, historiographe, pour son remboursement de la dépense qu'il a faite, tant pour le voyage que S. M. luy a ordonné de faire à Gand, que pour le séjour qu'il y a fait pour son service avec trois escrivains qui ont travaillé sous luy en lad. ville pendant les mois de may, juin et juillet derniers, et 16ᵗᵗ 8ˢ pour les taxations du trésorier...................... 2016ᵗᵗ 18ᵈ

De luy, 4033ᵗᵗ 6ˢ 8ᵈ pour délivrer 4000ᵗᵗ au sʳ Mansard, architecte, à luy accordée par S. M. par gratiffication, en considération du soin qu'il prend de la conduite des bastimens des maisons royalles, et 33ᵗᵗ 6ˢ 8ᵈ pour les taxations...................... 4033ᵗᵗ 6ˢ 8ᵈ

De luy, 1613ᵗᵗ 6ˢ 8ᵈ pour délivrer 1600ᵗᵗ aux gondoliers vénitiens du canal de Versailles, à eux accordée par gratiffication pendant la présente année 1678, et 13ᵗᵗ 6ˢ 8ᵈ pour les taxations...................... 1613ᵗᵗ 6ˢ 8ᵈ

24 septembre : de luy, 10668ᵗᵗ 12ˢ pour employer au payement des maisons, terres et héritages compris dans les plants d'arbres, fossé et grand chemin nouveau qui a esté fait autour du bastiment de l'Arc de triomphe au bout du faubourg Saint-Antoine, y compris les taxations du trésorier...................... 10668ᵗᵗ 12ˢ

4 octobre : de luy, 8066ᵗᵗ 13ˢ 4ᵈ pour délivrer la somme de 8000ᵗᵗ à Germain, pour employer à compte des achats de grands et petits plants d'arbres nécessaires tant aux jardins qu'aux parcs et advenues des maisons royalles, et 66ᵗᵗ 13ˢ 4ᵈ pour les taxations......... 8066ᵗᵗ 13ˢ 4ᵈ

De luy, 3025ᵗᵗ pour employer 3000ᵗᵗ pour la gratiffication accordée par S. M. aux officiers des bastimens, jardins, parcs et dépendances de Fontainebleau, en considération du bon estat de leur entretenement, et ce pendant la présente, et 25ᵗᵗ pour les taxations.... 3025ᵗᵗ

29 octobre : dud. sʳ de Bartillat, 10890ᵗᵗ pour délivrer 10800ᵗᵗ à Chaulier, marchand, pour son payement de 36 aulnes de gros tissu blanc, de 4 aulnes, à 300ᵗᵗ l'aulne, qu'il a fournies pour le service de S. M., et 90ᵗᵗ pour les taxations...................... 10890ᵗᵗ

22 novembre : de luy, 12618ᵗᵗ pour délivrer 12513ᵗᵗ 14ˢ 4ᵈ aud. Germain, pour parfait payement de 20513ᵗᵗ 14ˢ 4ᵈ à quoy monte la dépense qu'il a faite tant en achat que voiture de grands et petits plants pour les advenues, parcs et jardins de maisons royalles, et ce jusques au 13 du présent mois, et 104ᵗᵗ 5ˢ 8ᵈ pour les taxations...................... 12618ᵗᵗ

29 novembre : de luy, 106480ᵗᵗ pour délivrer 105602ᵗᵗ au sʳ Briçonnet, sçavoir : 88000ᵗᵗ pour, avec 212000ᵗᵗ qu'il a cy-devant receus, faire la somme de 300000ᵗᵗ pour parfait payement de la terre de Glatigny acquise au proffit de S. M., et 17600ᵗᵗ pour les intérests de la somme de 88000ᵗᵗ depuis le 1ᵉʳ janvier 1675 jusques au dernier décembre 1678, et 875ᵗᵗ pour les taxations...................... 106480ᵗᵗ

6 décembre : de luy, 5019ᵗᵗ 19ˢ 5ᵈ pour délivrer 4978ᵗᵗ 10ˢ 6ᵈ au sʳ Marbre Cramoisy[1], pour son parfait payement de 16978ᵗᵗ 16ˢ 6ᵈ, tant pour diverses impressions qu'il a faites dans l'Imprimerie Royalle que pour plusieurs fournitures de caractères et reliures de livres qu'il a fait faire pour le service du Roy, et 41ᵗᵗ 8ˢ 11ᵈ pour les taxations.................. 5019ᵗᵗ 19ˢ 5ᵈ

12 décembre : de luy, 122236ᵗᵗ 15ˢ 5ᵈ pour délivrer 121226ᵗᵗ 11ˢ 5ᵈ au sʳ Formont, banquier, pour son remboursement de 3830 pièces de gros plomb et 440 pièces de petit plomb d'Angleterre pesant 1188096 livres, à raison de 100ᵗᵗ le millier, qu'il a vendu et livré, tant pour servir dans les bastimens et fontaines de Versailles que pour les autres maisons royalles, et 1010ᵗᵗ 4ˢ 5ᵈ pour les taxations...................... 122236ᵗᵗ 15ˢ 5ᵈ

De luy, 12100ᵗᵗ pour délivrer 12000ᵗᵗ aud. Formont, pour pareille somme qu'il a fait tenir à Rome au sʳ Errard, directeur de l'Accadémie de peinture et sculpture que S. M. y a establie, pour employer à l'entretenement de lad. Accadémie pendant 1678, et 100ᵗᵗ pour les taxations...................... 12100ᵗᵗ

20 décembre : de luy, 3025ᵗᵗ pour délivrer 3000ᵗᵗ au sʳ Le Nostre, controlleur général des bastimens, à luy accordée par gratiffication, en considération du soin qu'il prend de la conduitte des ouvrages des jardins des maisons royalles, et 25ᵗᵗ pour les taxations........ 3025ᵗᵗ

Janvier 1679 : de Mᵉ Gédéon du Metz, garde du trésor royal, 6077ᵗᵗ 15ˢ 7ᵈ pour délivrer 6027ᵗᵗ 11ˢ aux cy-après nommez, sçavoir : 2100ᵗᵗ à la veuve et héritiers du sʳ de Saint-André, trésorier général des galères, pour son remboursement de ce qu'il a advancé au sʳ Mosnier pour employer en achat d'oiseaux et animaux qu'il a fait en Levant; 2727ᵗᵗ 11ˢ aud. Mosnier, pour parfait payement de 4827ᵗᵗ 11ˢ à quoy monte la dépense qu'il a faite tant en achat d'oiseaux et animaux que pour leur nourriture et conduite jusques dans la mesnagerie

---

[1] Il ne s'appelait pas Marbre, mois Mabre.

de Versailles, et 1200ᵗᵗ à luy accordée par gratiffication, et 50ᵗᵗ 4ˢ 7ᵈ pour les taxations, cy..... 6077ᵗᵗ 15ˢ 7ᵈ

7 febvrier : de luy, 2331ᵗᵗ 5ˢ 4ᵈ pour employer 2312ᵗᵗ au remboursement de plusieurs particuliers dont les terres ont esté endommagées par la reveue que S. M. a faite l'année dernière 1678 dans la plaine sçituée entre la Borde, Certrouville, Houilles et Montesson, suivant l'estimation qui en a esté faite, et 19ᵗᵗ 5ˢ 4ᵈ pour les taxations......................... 2331ᵗᵗ 5ˢ 4ᵈ

De luy, 3968ᵗᵗ 16ˢ pour délivrer 3968ᵗᵗ 16ˢ au sʳ Godefroy, sçavoir : 936ᵗᵗ pour parfait payement de 3936ᵗᵗ tant pour les appointemens et nourriture de quatre escrivains qui travaillent sous luy à la Chambre des Comptes de Lille en Flandres, que pour autres dépenses faites depuis le 1ᵉʳ juin jusques au dernier octobre de l'année dernière 1678, et 3000ᵗᵗ à compte desd. dépenses à commencer au 1ᵉʳ novembre dernier, et 32ᵗᵗ 16ˢ pour les taxations....................... 3968ᵗᵗ 16ˢ

Janvier 1679 : dud. sʳ du Metz, 25694ᵗᵗ 2ˢ 7ᵈ pour parfait payement des dépenses des Gobelins de l'année 1678, y compris 212ᵗᵗ 6ˢ 10ᵈ pour les taxations du trésorier........................ 25694ᵗᵗ 2ˢ 7ᵈ

De luy, 3000ᵗᵗ pour délivrer aux PP. de la Mission de Fontainebleau, et 25ᵗᵗ pour les taxations.... 3025ᵗᵗ

Dud. sʳ du Metz, 3000ᵗᵗ pour délivrer à M. de Saumery, pour les réparations des murs du parc de Chambord, et 25ᵗᵗ 10ˢ pour les taxations............... 3025ᵗᵗ 10ˢ

De luy, 13287ᵗᵗ pour délivrer au sʳ Errard, directeur de l'Accadémie de Rome, y compris 109ᵗᵗ 16ˢ pour les taxations......................... 13287ᵗᵗ

De luy, 302500ᵗᵗ, sçavoir : 300000ᵗᵗ pour employer à la continuation des nouveaux bastimens de Versailles, et 2500ᵗᵗ pour les taxations............. 302500ᵗᵗ

Juin 1679 : de luy, 100833ᵗᵗ 6ˢ 8ᵈ, sçavoir : celle de 100000ᵗᵗ pour employer à compte des parfaits payemens de tous les ouvrages faits tant à Versailles qu'aux autres maisons royalles, et 833ᵗᵗ 6ˢ 8ᵈ pour les taxations dud. trésorier........................ 100833ᵗᵗ 6ˢ 8ᵈ

De Mᵉ Estienne Jehannot de Bartillat, 131083ᵗᵗ 6ˢ 8ᵈ pour employer à compte des ouvrages du canal de communication des mers en Languedoc, y compris les taxations............................ 131083ᵗᵗ 6ˢ 8ᵈ

Dud. sʳ de Bartillat, 57205ᵗᵗ 15ˢ pour employer aud. canal, y compris les taxations.......... 57205ᵗᵗ 15ˢ

DÉPENSE.

LE LOUVRE ET LES THUILLERIES.

MAÇONNERIE, CHARPENTERIE ET COUVERTURE.

20 febvrier : aux entrepreneurs de la maçonnerie du Louvre, à compte des ouvrages qu'ils font...... 500ᵗᵗ

A Pierre Denis, pour la closture qu'il a faite pour le magazin des marbres.................... 550ᵗᵗ

6 mars : à Charuel, couvreur, à compte des ouvrages et réparations de couvertures du Louvre et des Thuilleries........................... 1200ᵗᵗ

24 novembre : à Yvon et Charuel, à compte *idem*. 400ᵗᵗ

13 mars 1678 - 1ᵉʳ janvier 1679 : à Rose[1], carrier, à compte des pierres de liais qu'il fournit pour le bastiment du Louvre (3 p.)................... 4800ᵗᵗ

15 avril - 1ᵉʳ may : à Picard, terrassier, à compte des fouilles et transports de terre qu'il fait pour dresser les terres de la grande terrasse du jardin des Thuilleries (2 p.)............................ 1600ᵗᵗ

[1] Ce nom est aussi écrit Roze et Roye.

1ᵉʳ may - 11 juillet : à Dubourg, maçon, pour son parfait payement de 1447ᵗᵗ pour les murs de closture qu'il a refaits au Louvre (2 p.)............... 1347ᵗᵗ

1ᵉʳ may : à Loistron et consors, à compte du premier labour des arbres des avenues des Thuilleries.... 200ᵗᵗ

11 juillet - 24 novembre : à Mazière, à compte des ouvrages qu'il fait aux deux escaliers de la grande terrasse des Thuilleries (4 p.).................. 6400ᵗᵗ

Somme de ce chapitre......... 16997ᵗᵗ

MENUISERIE ET SERRURERIE.

1ᵉʳ febvrier : à Prou, menuisier, pour divers ouvrages et réparations........................ 322ᵗᵗ

21 mars : à Chevalier, menuisier, pour ses ouvrages de menuiserie aux écuries................ 324ᵗᵗ 4ˢ

30 novembre : à luy, pour ses réparations. 1000ᵗᵗ

19 juin : à Lucas, serrurier, pour ses ouvrages à la grande gallerie du Louvre.................. 410ᵗᵗ

11 juillet : à Barbier, menuisier, pour plusieurs caisses pour les orangers....................... 386ᵗᵗ

4 octobre : à luy, pour huict grands bancs de bois pour le jardin des Thuilleries................ 430ᵗᵗ

9 mars 1679 : à Buirette, mennisier, pour payement de 14300ᴴ pour les ouvrages qu'il a faits dans la grande gallerie du Louvre..................... 8800ᴴ

Somme de ce chapitre....... 11672ᴴ 4ˢ

VITRERIE, PLOMBERIE ET PAVÉ.

30 novembre : à Claude Carré, à compte des ouvrages et réparations de pavé dans le jardin.......... 400ᴴ

PEINTURE, SCULPTURE ET MARBRERIE.

11 mars : à Mesnard, marbrier, pour réparations qu'il a faites aux pavez de marbre des vestibulles des Thuilleries................................... 130ᴴ

A Lespagnandel et consors, parfait payement de 25067ᴴ 16ˢ 8ᵈ pour ouvrages de sculpture qu'ils ont faits au peristille de la grande façade du Louvre... 867ᴴ 16ˢ 8ᵈ

A eux, pour six modelles de sculpture qu'ils ont faits pour le Louvre......................... 199ᴴ

5 juin : à Gonthier et veuve Gervaise, à compte des ouvrages de peinture qu'ils font aux Thuilleries.. 400ᴴ

26 juillet : à compte des ouvrages de peinture qu'ils font à la chambre et grand cabinet du Roy *idem*.. 600ᴴ

25 septembre : à Dasté, peintre, pour avoir nettoyé plusieurs tableaux du cabinet du Roy....... 227ᴴ 10ˢ

A Le Moyne, autre peintre, pour six volets de peinture qu'il a faits pour couvrir trois tableaux du cabinet du Roy................................... 450ᴴ

9 mars 1679 : à Magnier et consors, sculpteurs, pour payement de 24927ᴴ 10ˢ pour les ouvrages de sculpture en stuc de la grande gallerie du Louvre ès années 1668, 69, 70 et 71..................... 7827ᴴ 10ˢ

A Gaspard Marsy, sculpteur, pour payement de 43000ᴴ pour les restablissemens d'architecture des deux faces de la grande gallerie du Louvre................ 2500ᴴ

Somme de ce chapitre.... 13201ᴴ 16ˢ 8ᵈ

JARDINAGES ET FOUILLES.

8 may - 17 aoust : à Rigault, pour son remboursement de pareille somme payée aux ouvriers jardiniers qui ont travaillé au jardin des Thuilleries (3 p.)....... 1974ᴴ

4 octobre : à luy, pour son remboursement de ce qu'il a payé aux ouvriers qui ont arrosé les ormes et pisceas................................... 602ᴴ 11ˢ

5 juin - 15 décembre : à Picard, terrassier, pour parfait payement de 3958ᴴ 16ˢ à quoy montent les fouilles pour le régallement de la grande terrasse des Thuilleries (4 p.)............................... 2358ᴴ 16ˢ

5 juin : à Loistron et Huvilliers, pour leur parfait payement de 565ᴴ pour les labours qu'ils ont faits aux arbres des avenues..................... 165ᴴ 10ˢ

20 juin : à Feuillastre et Boursaut, à compte du conroy qu'ils font dans le grand bassin.......... 300ᴴ

26 juillet : à Feuillastre, pour son parfait payement de 874ᴴ pour restablissement de glaise du grand bassin des Thuilleries.............................. 574ᴴ

27 septembre : à Robert, pour treillages qu'il a faits à la haute allée des Thuilleries............... 750ᴴ

30 novembre : aux ouvriers qui ont arrosé les plantes du grand jardin..................... 419ᴴ

Somme de ce chapitre....... 7143ᴴ 17ˢ

PARTIES EXTRAORDINAIRES.

21 mars : à Catherine Salmer, pour trois panneaux de marqueterie qu'elle a fournis............. 1050ᴴ

30 may - 10 aoust : à Le Duc, battelier, pour son parfait payement de 1106ᴴ à quoy montent les tombereaux de sable qu'il a fournis pour la terrasse du jardin des Thuilleries (3 p.)........................ 1106ᴴ

30 aoust : à Loistron et Besnard, à compte du second labour qu'ils ont fait aux plans d'arbres.... 200ᴴ

24 novembre : à Ricq, pour marchandises de briques et autres fournis aux Capucins du Louvre.... 323ᴴ 14ˢ

Somme de ce chapitre....... 2679ᴴ 14ˢ

PALAIS-ROYAL.

13 febvrier - 21 aoust : à Le Maistre, à compte des réparations de maçonnerie qu'il fait en plusieurs endroits (2 p.)............................... 1500ᴴ

6 mars : à Yvon, couvreur, à compte de ses réparations de couverture..................... 800ᴴ

13 mars : Riberpré, maçon, pour les réparations faites dans le logement occupé par M. le chevalier de Beuvron................................... 292ᴴ 10ˢ

A Le Comte, charpentier, *idem*............... 125ᴴ

A Le Grand, serrurier, *idem*............. 101ᴴ 9ˢ

A Huart, menuisier, *idem*................. 516ᴴ 10ˢ

A Mesnard, marbrier, *idem*................. 50ᴴ

A Dionis, menuisier, *idem*................. 400ᴴ

A Mesnard, pour plusieurs foyers de marbre... 104ᴴ

26 juillet : à Huart, réparations de menuisierie.. 391ᴴ

21 mars : à la veuve Coignet, à compte des ouvrages de peinture faits par feu son mary............ 150ᴴ

4 juillet - 26 novembre : à Bernolin [1], pour parfait

---

[1] Ou Barnouin.

ANNÉE 1678. — ARC DE TRIOMPHE.

payement de 1590ᵗᵗ pour ouvrages et réparations de maçonnerie, charpenterie et autres (2 p.)........ 1590ᵗᵗ

11 juillet-30 novembre : à DE LA PORTE, doreur, à compte des ouvrages de peinture et dorure qu'il fait tant au Palais-Royal qu'autres endroits (3 p.)........ 950ᵗᵗ

30 novembre : à VINOT, charpentier, à compte des poutres qu'il remet au Palais-Royal........ 1200ᵗᵗ

A LE ROY, menuisier, à compte de réparations. 1000ᵗᵗ

Somme de ce chapitre........ 9170ᵗᵗ 9ˢ

COLLÈGE ROYAL ET LA BASTILLE.

10 febvrier : à DORBAY, à compte des ouvrages et réparations qu'il fait à la Bastille............... 1200ᵗᵗ

A CLIQUIN et CHARPENTIER, charpentiers, à compte idem................... 1500ᵗᵗ

Somme de ce chapitre........ 2700ᵗᵗ

JARDIN ROYAL.

31 aoust : au sʳ DACQUIN, premier médecin du Roy, pour ses gages de surintendant des démonstrations intérieures des plantes et opérations médicinalles, et ce pendant lad. année 1678................ 3000ᵗᵗ

Au sʳ DACQUIN le jeune, docteur en médecine de la faculté de Paris, pour ses gages de démonstrateur des plantes etc........... 1500ᵗᵗ

Au sʳ FAGON, médecin, pour ses gages de démonstrateur desd. plantes pour l'année 1672........ 1500ᵗᵗ

A luy, pour pareils gages de l'année 1678... 1500ᵗᵗ

A luy, pour ses gages de sous-démonstrateur desd. plantes pour lad. année 1678........... 1200ᵗᵗ

A PIERRE BEAUPRÉ, garçon du laboratoire dud. jardin, pour ses gages de lad. année 1678........... 200ᵗᵗ

A JEAN REMY, autre garçon dud. laboratoire, idem. 200ᵗᵗ

A BRÉMANT, pour ses gages et entretenement dud. jardin............. 2500ᵗᵗ

A CHAILLOU, portier dud. jardin, pour ses appointemens idem................ 450ᵗᵗ

Somme de ce chapitre........ 12050ᵗᵗ

OBSERVATOIRE.

13 mars : à BERGERON et consors, à compte des ouvrages de maçonnerie qu'ils font............ 800ᵗᵗ

30 octobre : à MIGON, mathématicien, pour un azimutal¹................. 387ᵗᵗ

¹ C'est-à-dire un cercle azimutal servant à mesurer les azimuts.

18 décembre : à GOSSELIN et LE GUERN, arquebusiers, pour plusieurs instrumens de mathématiques.... 433ᵗᵗ

A VATEL, paveur, pour les ouvrages de pavé neuf qu'il a faits au pourtour du bastiment......... 1130ᵗᵗ 14ˢ

Somme de ce chapitre....... 2750ᵗᵗ 14ˢ

MAISON DES GOBELINS.

14 mars-18 décembre : à SAINT-DENIS, maçon, pour ouvrages et réparations de maçonnerie (5 p.).. 3200ᵗᵗ

18 juillet : à luy, pour les ouvrages qu'il fait à la chapelle........................ 400ᵗᵗ

14 mars : à PROU, menuisier, pour ouvrages qu'il a faits................ 502ᵗᵗ 11ˢ

19 juin-26 juillet : à VAUTRIN, serrurier, pour son parfait payement de 384ᵗᵗ 10ˢ pour ouvrages qu'il a faits (2 p.)............... 384ᵗᵗ 10ˢ

21 aoust : à LE CONTE, couvreur, pour ouvrages et réparations qu'il a faites............ 208ᵗᵗ 2ˢ

25 septembre : à la veuve MAZELINES, pour le plomb et soudures qu'elle a fournis pour les Gobelins. 280ᵗᵗ 16ˢ

Somme de ce chapitre....... 4975ᵗᵗ 19ˢ

ARC DE TRIOMPHE.

1ᵉʳ febvrier-13 mars : à BENOIST, pour les ouvriers qui ont fait divers ouvrages (2 p.)............ 291ᵗᵗ 1ˢ 6ᵈ

21 avril : à luy, pour les ouvriers qui ont achevé de planter les arbres de la demie-lune......... 132ᵗᵗ 2ˢ

5 juin-30 aoust : à luy, pour les ouvriers qui ont arrosé les arbres de la demie-lune (2 p.)...... 329ᵗᵗ 7ˢ

21 avril : à luy, pour son remboursement aussi de pareille somme qu'il a payée aux ouvriers qui ont travaillé à faire l'arpentage dud. Arc de triomphe.... 153ᵗᵗ 13ˢ

1ᵉʳ febvrier-13 juin : à BENOIST et PETIT, pour leur parfait payement de 6145ᵗᵗ 12ˢ 6ᵈ pour les rigolles et fossez qu'ils ont faits pour planter des arbres à la demie-lune (5 p.)................. 6145ᵗᵗ 12ˢ 6ᵈ

27 mars-25 septembre : à THÉVENOT, à compte des ouvrages de maçonnerie qu'il fait (9 p.)...... 24750ᵗᵗ

27 mars-18 décembre : à POTHERY, carrier, à compte des pierres de Saint-Cloud qu'il a fournies (8 p.). 14500ᵗᵗ

27 mars-18 décembre : à DEFER, carrier, à compte des pierres idem (7 p.)............. 15400ᵗᵗ

15 may : à CHARUEL, couvreur, pour son parfait payement des couvertures de thuilles qu'il fait.... 165ᵗᵗ 2ˢ

20 juin : à BILLION, à compte des pierres de Saint-Cloud qu'il fournit................ 400ᵗᵗ

4 juillet 1678-1ᵉʳ janvier 1679 : à MANCION, à compte des pierres d'Arcueil et de Saint-Cloud qu'il fournit (4 p.)... 1700ᵗᵗ
25 septembre : à DESJARDINS, pour desdommagement des labours et semences faites............... 100ᵗᵗ
1ᵉʳ janvier 1679 : à GUILBERT et à la veuve FAUVEAU, à compte des pierres qu'ils fournissent........ 400ᵗᵗ
15 janvier 1679 : à GORILLON et veuve BAUDRY, pour quarante-trois perches un quart de terre.. 263ᵗᵗ 16ˢ 6ᵈ

Somme de ce chapitre.... 64730ᵗᵗ 14ˢ 6ᵈ

ORANGERIE ET PÉPINIÈRE DU ROULLE.

13 febvrier : à CALLOU, jardinier, pour ouvrages qu'il a faits à la pépinière..................... 324ᵗᵗ
20 febvrier : à GIRARD, à compte des ouvrages de maçonnerie qu'il fait...................... 600ᵗᵗ
27 febvrier : à GARNIER, jardinier, pour les soins qu'il prend de la pépinière, par gratification........ 200ᵗᵗ
14 octobre : à GARNIER et consors, pour fumiers. 352ᵗᵗ
9 mars : à TRUMEL, jardinier, par gratification. 300ᵗᵗ
14 mars : à MALHERBE, vannier, pour 1800 mannes d'osier.......................... 300ᵗᵗ
14 mars-11 décembre : à GERMAIN, pour son remboursement de ce qu'il a payé aux ouvriers qui travaillent à lad. pépinière (6 p.)............ 6721ᵗᵗ 19ˢ 8ᵈ
15 may : à luy, pour son parfait payement de 2876ᵗᵗ 14ˢ pour achapts de grands et menus plants d'arbres venant de Flandres............. 3760ᵗᵗ 14ˢ
30 may : à JANSON, vitrier, pour diverses réparations de vitrerie qu'il a faites à la pépinière du Roulle en 1676 et 1677...................... 263ᵗᵗ 19ˢ
5 juin-12 novembre : à BOITARD, pour plusieurs pots de terre qu'il a fournis (2 p.).......... 575ᵗᵗ 10ˢ
5 juin : à HOUISTE et consors, pour voitures d'arbres et arbrisseaux et autres pour led. jardin..... 1476ᵗᵗ 5ˢ
12 novembre : à COLAS, jardinier, pour fumiers. 692ᵗᵗ

Somme de ce chapitre..... 15566ᵗᵗ 7ˢ 8ᵈ

FONTAINEBLEAU.

MAÇONNERIE.

27 janvier-13 febvrier : à CHERETTE et consors, à compte de leurs ouvrages de maçonnerie (3 p.). 7000ᵗᵗ
28 septembre-3 octobre : à CHERETTE et CLÉMENT, à compte idem (2 p.)..................... 882ᵗᵗ 6ˢ
14 mars : à CHARETTE[1] et consors, pour leur remboursement de pareille somme qu'ils ont payée aux ouvriers qui ont posé la première pierre des nouveaux bastimens.................................... 60ᵗᵗ
27 janvier-6 mars : à HERSANT, à compte des réparations qu'il fait (2 p.)..................... 600ᵗᵗ
13 febvrier 1678-6 juillet 1680 : à VARIN et HERSANT[2], maçons, pour payement de 32589ᵗᵗ 11ˢ 1ᵈ pour les ouvrages qu'ils ont faits en divers endroits du chasteau pendant l'année 1678 (9 p.)............. 32589ᵗᵗ 11ˢ 1ᵈ
6 mars 1678-6 juillet 1680 : à VIGNEUX et consors, pour payement de 118470ᵗᵗ 15ˢ 6ᵈ pour les ouvrages de maçonnerie faits au chasteau de Fontainebleau et lieux en dépendans, en l'année 1678 (9 p.)... 105868ᵗᵗ 15ˢ 6ᵈ
18 décembre : à VIGNEUX et CLÉMENT, à compte des ouvrages de maçonnerie idem................ 2000ᵗᵗ
14 mars : à COUSIN, pour remboursement de pareille somme qu'il a payée aux ouvriers qui ont travaillé aux démolitions des logemens de monsieur le marquis de Seignelay................................ 91ᵗᵗ 18ˢ
24 novembre : à BIGNET, pour les ouvrages et réparations faits à l'hostel de Saint-Agnan........ 160ᵗᵗ 19ˢ

Somme de ce chapitre.... 149253ᵗᵗ 9ˢ 7ᵈ

CHARPENTERIE.

27 janvier : à MORTILLON, pour parfait payement de 1330ᵗᵗ.......................... 1330ᵗᵗ
6 mars 1678-6 juillet 1680 : à luy, parfait payement de divers ouvrages de charpenterie faits au chasteau de Fontainebleau en 1679 (13 p.)... 11388ᵗᵗ 17ˢ 10ᵈ
11 décembre : à luy, pour réparations au restablissement de la glacière bruslée dans le parc... 493ᵗᵗ 17ˢ 6ᵈ
23 febvrier-1ᵉʳ aoust : à CLIQUIN et consors, à compte des ouvrages qu'ils font aux nouveaux bastimens de Fontainebleau (9 p.)...................... 28800ᵗᵗ

Somme de ce chapitre.... 41012ᵗᵗ 15ˢ 4ᵈ

COUVERTURE.

27 janvier : à la veuve GROGNET, pour plusieurs réparations qu'elle a faites aux couvertures......... 264ᵗᵗ
13 febvrier : à elle, pour plusieurs réparations faites en 1676 et 1677...................... 270ᵗᵗ
A elle, pour les ouvrages qu'elle a faits sur la gallerie d'Ulisse, sur le pan du jardin des Pins, pendant 1675 et 1676.......................... 302ᵗᵗ 10ˢ

---

[1] Il nous paraît très-probable que CHARETTE est le même que le CHERETTE des articles précédents.
[2] Ou HARSANT.

27 janvier-18 décembre : à elle, à compte des ouvrages de couvertures qu'elle fait pour les nouveaux bastimens (7 p.)......................... 11800ᴸᵗ

17 aoust 1678-6 juillet 1680 : à Chanuel, couvreur, parfait payement de 1403ᴸᵗ 3ˢ 6ᵈ pour les ouvrages de couverture qu'il a faits à la Surintendance en 1678 (3 p.)........................... 1403ᴸᵗ 3ˢ 6ᵈ

Somme de ce chapitre.... 14039ᴸᵗ 13ˢ 6ᵈ

MENUISERIE.

27 janvier-10 aoust : à Saubet[1], menuisier, à compte des ouvrages qu'il fait (9 p.)............. 8165ᴸᵗ 5ˢ

30 may : à luy, pour son remboursement de pareille somme qu'il a payée pour desmolir plusieurs ouvrages de menuiserie en plusieurs appartemens........ 82ᴸᵗ 17ˢ

6 mars 1678-23 aoust 1680 : à Lavier, menuisier, parfait payement de 33201ᴸᵗ 4ˢ 7ᵈ pour les ouvrages de menuiserie faits aud. chasteau pendant l'année 1678 (11 p.).......................... 33201ᴸᵗ 4ˢ 7ᵈ

18 aoust : à La Chapelle, menuisier, pour journées d'ouvriers qui ont travaillé au chasteau..... 788ᴸᵗ 14ˢ

24 novembre : à Cuissin, pour les ouvrages faits à l'hostel Saint-Agnan...................... 68ᴸᵗ

18 décembre : à Barrois, à compte des ouvrages qu'il a faits dans l'appartement de M. de Chasteauneuf. 300ᴸᵗ

Somme de ce chapitre..... 42605ᴸᵗ 0ˢ 7ᵈ

SERRURERIE.

26 janvier : à la veuve Rossignol, pour parfait payement de 2083ᴸᵗ 1ˢ pour ses ouvrages de serrurerie en 1677.............................. 483ᴸᵗ 1ˢ

27 janvier-24 novembre : à elle, à compte de ses ouvrages (8 p.)....................... 11800ᴸᵗ

18 novembre-24 novembre : à Benoist, à compte du gros fer qu'il fournit (3 p.)................ 2400ᴸᵗ

25 septembre : à Hasté, pour un balcon de fer qu'il a fait................................ 328ᴸᵗ 18ˢ

12 novembre 1678-6 juillet 1680 : à la veuve Nicolas Lobel, pour parfait payement de la somme de 1055ᴸᵗ 13ˢ 6ᵈ pour les ouvrages de serrurerie faits en divers endroits du chasteau de Fontainebleau pendant l'année 1678 (2 p.)....................... 1055ᴸᵗ 13ˢ 6ᵈ

Somme de ce chapitre.... 16067ᴸᵗ 12ˢ 6ᵈ

VITRERIE.

5 may-18 décembre : à Tisserant, vitrier, à compte

[1] Ou Sobet.

des ouvrages de vitrerie qu'il fait aux nouveaux bastimens (5 p.)............................. 3000ᴸᵗ

PEINTURE, SCULPTURE ET MARBRERIE.

13 febvrier : à du Bois, peintre, à compte des ouvrages qu'il fait, tant aux caisses de l'orangerie qu'à divers endroits............................... 651ᴸᵗ

15 may 1678-6 juillet 1680 : à luy, parfait payement de 3277ᴸᵗ 12ˢ 7ᵈ pour les peintures qu'il a faites dans l'appartement de Mᵐᵉ de Montespan et en divers endroits du chasteau en 1678 (5 p.).......... 3277ᴸᵗ 12ˢ 7ᵈ

30 may-30 aoust : à Girardon, sculpteur, à compte des ouvrages de sculpture qu'il fait au tabernacle de la belle chapelle (3 p.).................... 1500ᴸᵗ

30 may : à Chausson, marbrier, pour son payement de plusieurs chambranles et foyers............. 237ᴸᵗ

5 juin : à Cuissis, sculpteur, pour les chapiteaux et consoles qu'il a faites.................... 210ᴸᵗ

12 juin : à Mesnard, marbrier, pour trois chambranles de marbre............................. 390ᴸᵗ

10 aoust : à Pasquier, marbrier, pour payement de chambranles et autres ouvrages de marbre qu'il a fournis................................. 506ᴸᵗ

14 septembre-30 octobre : à Friquet, peintre, pour divers ouvrages (2 p.)................... 1400ᴸᵗ

24 novembre : à Girard, pour avoir restably des bustes............................... 328ᴸᵗ

Somme de ce chapitre..... 8499ᴸᵗ 12ˢ 7ᵈ

PLOMBERIE.

27 febvrier-24 novembre : à la veuve Girard, à compte des ouvrages de plomberie qu'elle fait (6 p.).. 13000ᴸᵗ

PAVÉ.

20 mars-11 décembre : à Aubry, paveur, à compte des ouvrages de pavé qu'il fait aux cours du chasteau de Fontainebleau (7 p.)...................... 8144ᴸᵗ 16ᵈ

20 mars-24 novembre : à Duchemin, à compte de ses ouvrages de pavé idem (8 p.)............. 5600ᴸᵗ

Somme de ce chapitre...... 13744ᴸᵗ 16ˢ

JARDINAGES ET FOUILLES.

27 janvier-4 juillet : à Louis Desbouts, jardinier, à compte de la taille et coupe du derrière des grandes palissades du parc (4 p.)................... 2100ᴸᵗ

27 janvier-27 mars : à luy, pour parfait payement de 2403ᴸᵗ 4ˢ à quoy montent les fouilles et transports de terre qu'il a faits pour planter les allées du lieu appelé la Garenne (4 p.).................... 2403ᴸᵗ 4ˢ

6 mars : à luy, pour plusieurs ouvrages de glacis qu'il a faits............................. 500tt

5-19 juin : à luy, pour son remboursement de ce qu'il a payé aux ouvriers qui ont planté de la charmille dans la Garenne (2 p.).............. 349tt 13ˢ 2ᵈ

11 juillet : à luy, à compte du restablissement de l'allée des genièvres..................... 100tt

18 juillet : à luy, pour avoir dressé le carré qui est entre les cascades....................... 150tt

26 juillet : à luy, pour le relèvement des buis.. 250tt

1ᵉʳ aoust : à luy, pour le régallement des allées de la Garenne............................ 450tt

24 novembre : à luy, pour parfait payement de 1089tt 7ˢ 6ᵈ........................ 209tt 7ˢ

18 décembre : à luy, pour ce qu'il a payé aux ouvriers qui ont planté des ormes dans les allées de la garenne du parc............................ 78tt 4ˢ

8 janvier 1679 : à Goué et Desbouts, pour ce qu'ils ont payé aux ouvriers qui ont fait des rigolies pour planter des ormes et charmilles dans les allées nouvelles, et autres dépenses..................... 124tt 15ˢ

8 mai-4 juillet : à Goué, pour parfait payement de 576tt pour charmilles qu'il a fournies (2 p.).... 576tt

4 juillet : à luy, pour avoir planté des ormes.... 63tt

8 janvier 1679 : à luy, pour avoir deffriché les places vuides de la Garenne..................... 61tt 15ˢ

27 janvier-25 avril : à Gabriel Desbouts, à compte du sable qu'il transporte dans les allées du jardin des Pins (4 p.)........................ 880tt

27 janvier-4 juillet : à Nivelon, pour son parfait payement de 648tt pour tranchées qu'il a faites dans l'allée des meuriers blancs (2 p.)............ 648tt

14 mars : aux jardiniers qui ont travaillé à donner les niveaux pour planter................. 88tt

À Béruland, pour son remboursement de pareille somme qu'il a payée pour plusieurs menues dépenses pour les bastimens et jardins de Fontainebleau........ 282tt 5ˢ

27 mars-19 juin : à Mathieu Reolée et consors, pour parfait payement de 8000tt 15ˢ pour fouilles et transports de terre dans le parc appelé la Garenne (5 p.) 8000tt 15ˢ

3 avril-24 novembre : à Le Clerc, à compte des routtes qu'il fait dans la forest de Fontainebleau pour la chasse (7 p.)......................... 1160tt

30 octobre : à luy, pour avoir rempli des trous. 150tt

25 avril-23 may : à Benard, pour remboursement de pareille somme payée aux ouvriers jardiniers qui ont donné les niveaux aux allées du parc (3 p.)... 551tt 14ˢ

1ᵉʳ aoust : à Le Plaist, pour fouille et transport de terre dans le canal..................... 482tt

À luy, pour divers ouvriers et jardiniers qui ont travaillé à relever les buis................. 273tt 8ˢ

À luy, pour plusieurs menues dépenses.... 196tt 9ˢ

4 juillet : à Chastillon, pour avoir sablé les allées de l'orangerie........................ 318tt

28 septembre-24 novembre : aux ouvriers qui ont travaillé dans les jardins (2 p.)......... 605tt 8ˢ 6ᵈ

24 novembre : aux ouvriers qui ont travaillé aux terreaux............................. 87tt

18 décembre : à ceux qui ont voituré des fumiers et terreaux pour les orangers................ 318tt 4ˢ

Somme de ce chapitre.... 31897tt 1ˢ 8ᵈ

PARTIES EXTRAORDINAIRES.

27 janvier : aux ouvriers qui ont mis la première pierre aux bastimens qui se font la présente année, par gratification............................ 33tt

13 febvrier : à Beignet, pour les ouvriers qui ont travaillé à la découverte des eaux des environs du chasteau et autres ouvrages................ 450tt 6ˢ

13 febvrier 1678-8 janvier 1679 : à Chastillon, pour diverses fournitures pour l'orangerie (2 p.)..... 535tt

30 may-30 septembre : à Béruland, pour diverses menues dépenses (7 p.)................ 1052tt 8ˢ

25 avril-18 aoust : à Muzard[1], fontainier, à compte du nettoyement des aqueducs des fontaines (7 p.) 2850tt

4 juillet : à luy, à compte des transports de sable qu'il fait............................... 160tt

24 may : à Thévenet, archer de la Prévosté de l'Hostel, pour avoir accéléré les matériaux pour les bastimens pendant trente-huit jours, à 4tt par jour....... 156tt

5 juin : à Huret, pour avoir nettoyé et curé un lavoir hors le parc......................... 40tt

5-13 juin : à Bescher, taulpier, pour taulpes qu'il a prises (2 p.)........................ 160tt

4 juillet : à Berthier, rocailleur, à compte du restablissement des cascades................. 500tt

À Petit, garde de la forest, pour avoir fait voiturer les matériaux pour les bastimens............ 120tt

À Langloix, notaire, pour plusieurs marchez qu'il a faits............................. 158tt 5ˢ

18 juillet : à Moreau, taillandier, pour outils qu'il a fournis........................... 223tt 16ˢ

10 aoust : à Le Roy, nattier, pour avoir natté le Jeu de paulme............................. 339tt

À Le Dru, pour trois bateaux qu'il a livrez pour mettre sur le canal..................... 519tt

[1] On trouve aussi Mizart et Musard.

ANNÉE 1678. — SAINT-GERMAIN.

Aux ouvriers de Fontainebleau, par gratiffication. 100ᵗᵗ
12 aoust : à Bazin, pour le restablissement du Jeu de paulme... 500ᵗᵗ
20 aoust : à Samuel Hamen, gratiffication en consideration de ce qu'il s'est cassé la cuisse......... 40ᵗᵗ
25 aoust : à Bury, marchand, pour 287 aulnes de treillis qu'il a fournis pour le Jeu de paulme. 261ᵗᵗ 16ˢ
30 aoust : à Padelain, pour avoir ramonné 450 cheminées... 270ᵗᵗ
6 septembre : à Dorbay, architecte, pour la conduite qu'il a eu des bastimens................. 2000ᵗᵗ
Au sʳ Petit fils, en considération des soins qu'il prend des bastimens.............................. 1200ᵗᵗ
30 septembre 678 - 1ᵉʳ janvier 1679 : à Tiger, charron, pour plusieurs ouvrages de charonnages qu'il a faits (2 p.)...................................... 419ᵗᵗ 2ˢ
3 - 23 octobre : aux ouvriers qui ont nettoyé les cours du chasteau (2 p.)......................... 150ᵗᵗ 10ˢ
14 octobre : à Ollivier, tabletier, pour un trou-madame et plusieurs billards............. 267ᵗᵗ 4ˢ
23 octobre : à Varin, pour treillages d'eschalats qu'il a faits en divers endroits du parc......... 328ᵗᵗ 6ˢ
A Aubert, archer de la Prévosté, pour avoir fait accélérer les matériaux pour les bastimens......... 612ᵗᵗ
30 octobre : à Hénaut, dit La Grandeur, palefrenier, pour avoir dressé et arrousé les terres du manège. 138ᵗᵗ
3 novembre : à Mazancourt, pour conduire le travail des routes................................. 600ᵗᵗ
24 novembre : à Sainton, pour ce qu'il a payé aux voituriers du terreau et fumiers pour les orangers de Fontainebleau............................... 183ᵗᵗ 19ˢ
A luy, pour ce qu'il a payé pour achapt de diverses marchandises................................. 568ᵗᵗ 6ˢ
A la veuve de la Tour, pour dédommagement de démolitions.................................. 100ᵗᵗ
A Bazin, maistre des jeux de paumes, parfait payement de 832ᵗᵗ 10ˢ.................................... 332ᵗᵗ 10ˢ
1ᵉʳ janvier 1679 : A Harny, taillandier, pour ouvrages et fournitures.............................. 292ᵗᵗ 11ˢ
A Beunier, chaudronnier, pour divers ouvrages par luy faits..................................... 144ᵗᵗ 10ˢ
5 febvrier 1679 : aux chartiers et gens de journées qui ont nettoyé les appartemens et cours du chasteau. 193ᵗᵗ 3ˢ
Somme de ce chapitre...... 15848ᵗᵗ 12ˢ

SAINT-GERMAIN.

MAÇONNERIE.

14 febvrier - 1ᵉʳ décembre : à Antoine de la Rue, maçon, à compte des ouvrages et réparations qu'il fait à Saint-Germain (9 p.).................... 21300ᵗᵗ
30 mars : à luy, pour son parfait payement de 23377ᵗᵗ 9ˢ 6ᵈ idem................. 977ᵗᵗ 9ˢ 6ᵈ
19 juillet - 19 novembre : à luy, à compte des ponceaux qu'il a fait sur le nouveau chemin (6 p.). 12800ᵗᵗ
21 mars - 19 juin : à la veuve de Lespine, à compte des ouvrages de maçonnerie faits par feu son mary (2 p.)............................. 600ᵗᵗ
Somme de ce chapitre.... 35677ᵗᵗ 9ˢ 6ᵈ .

CHARPENTERIE ET COUVERTURE.

14 febvrier - 1ᵉʳ décembre : à Aubert, charpentier, à compte de ses ouvrages et réparations (9 p.).. 10000ᵗᵗ
30 mars : à luy, pour parfait payement de 6933ᵗᵗ 6ˢ 6ᵈ pour ouvrages de charpenterie........... 233ᵗᵗ 6ˢ 6ᵈ
A luy, pour parfait payement de 10377ᵗᵗ 6ˢ 5ᵈ pour ouvrages de charpenterie............ 377ᵗᵗ 6ˢ 5ᵈ
20 febvrier : à Dimanche, couvreur, à compte de ses ouvrages....................................... 1500ᵗᵗ
30 may : à Charuel, couvreur, parfait payement de 8152ᵗᵗ 11ˢ pour réparations extraordinaires. 1252ᵗᵗ 11ˢ
17 juin : à luy, pour parfait payement des réparations extraordinaires................... 640ᵗᵗ 17ˢ 6ᵈ
26 novembre : à luy, à compte de ses ouvrages. 800ᵗᵗ
Somme de ce chapitre...... 14804ᵗᵗ 1ˢ 5ᵈ

MENUISERIE.

6 mars - 11 may : à Lavier, menuisier, pour parfait payement de 4146ᵗᵗ 12ˢ 9ᵈ pour ses ouvrages au manège de Monseigneur le Dauphin (3 p.)...... 3846ᵗᵗ 12ˢ 9ᵈ
30 juillet - 6 novembre : à luy, à compte de ses ouvrages (4 p.)....................... 7200ᵗᵗ
30 juillet : à Joly, pour deux portes qu'il a faites. 73ᵗᵗ
Somme de ce chapitre.... 11119ᵗᵗ 12ˢ 9ᵈ

SERRURERIE.

13 febvrier 1678 - 22 janvier 1679 : à Piot, serrurier, à compte de ses ouvrages (9 p.)............ 7900ᵗᵗ
30 avril : à Rouillé, serrurier, à compte idem. 168ᵗᵗ 8ˢ
Somme de ce chapitre........ 8068ᵗᵗ 8ˢ

VITRERIE.

6 mars 1678 - 22 janvier 1679 : à Mercier, vitrier, à compte de ses ouvrages (9 p.)............ 5600ᵗᵗ
28 may : à luy, pour son parfait payement de 6236ᵗᵗ 5ˢ 6ᵈ pour ouvrages qu'il a faits en 1677... 536ᵗᵗ 5ˢ 6ᵈ
Somme de ce chapitre..... 6136ᵗᵗ 5ˢ 6ᵈ

PEINTURE, SCULPTURE ET MARBRERIE.

20 febvrier 1678 - 1ᵉʳ janvier 1679 : à Pasquier, marbrier, pour chambransles et foyers de marbre qu'il a posez dans les appartemens du chasteau de Saint-Germain (2 p.)................. 1828ᴸᴸ 15ˢ

6 mars - 1ᵉʳ décembre : à Poisson, à compte des ouvrages de peinture qu'il fait en divers endroits (3 p.).. 3000ᴸᴸ

6 mars - 15 may : à luy et consors, pour leur parfait payement de 3335ᴸᴸ pour ouvrages qu'ils ont fait dans l'oratoire et cabinet de la Reyne (2 p.)........ 935ᴸᴸ

28 may : à luy, pour son parfait payement de 4496ᴸᴸ 17ˢ 6ᵈ pour ouvrages de peinture........ 496ᴸᴸ 17ˢ 6ᵈ

Somme de ce chapitre..... 6260ᴸᴸ 12ˢ 6ᵈ

PLOMBERIE.

Néant.

PAVÉ.

21 mars : à Marchand, paveur, pour parfait payement de 2068ᴸᴸ 8ˢ 3ᵈ pour divers ouvrages de pavé. 1068ᴸᴸ 8ˢ 3ᵈ

17 juin : à luy, pour parfait payement de ses ouvrages aux nouvelles écuries............. 344ᴸᴸ 1ˢ 3ᵈ

17 juin - 19 novembre : à luy, pour ses ouvrages du chemin qui conduit de Saint-Germain à Versailles (6 p.)....................... 45000ᴸᴸ

7 aoust - 19 novembre : à luy, à compte de ses ouvrages dans la rue aux Vaches (2 p.).... 2667ᴸᴸ 1ˢ 8ᵈ

17 aoust - 19 décembre : à luy, à compte de ses ouvrages de la rue de Lorraine (5 p.)...... 8164ᴸᴸ 7ˢ 6ᵈ

7 aoust : à Manseron, paveur, pour son payement des réparations qu'il a faites en divers endroits.. 77ᴸᴸ 13ˢ 6ᵈ

Somme de ce chapitre.... 57321ᴸᴸ 12ˢ 2ᵈ

JARDINAGES ET FOUILLES.

13 avril : à Rabaille, terrassier, pour avoir nettoyé les fossez du vieil chasteau................ 36ᴸᴸ

A Mesnager, pour avoir rempli plusieurs trous dans la garenne du Vézinet................ 212ᴸᴸ 11ˢ

11 may : à luy, pour transports de terre... 112ᴸᴸ 19ˢ

28 may : à luy, pour les ouvriers qui ont tracé les allées du jardin du Val............... 291ᴸᴸ 10ˢ 4ᵈ

A luy, pour le sable qu'il a employé à changer l'allée en terrasse.................... 591ᴸᴸ 5ˢ

17 juin : à luy, pour les ouvriers qui ont dressé le nouveau chemin de la cavée de Marly..... 476ᴸᴸ 6ˢ 4ᵈ

19 juillet : à luy, pour les ouvriers qui ont travaillé au nouveau jardin................. 155ᴸᴸ 15ˢ 6ᵈ

A luy, pour ceux qui ont sablé la grande place du manège................... 371ᴸᴸ 16ˢ 6ᵈ

4 octobre - 1ᵉʳ décembre : à luy, pour régallement de terres (5 p.)...................... 1391ᴸᴸ

1ᵉʳ may - 5 juin : à Frade, jardinier, pour parfait payement de 1687ᴸᴸ pour les labours qu'il a faits aux arbres des avenues (2 p.).................... 987ᴸᴸ

27 juin - 4 octobre : à luy, parfait payement de 710ᴸᴸ 4ˢ 6ᵈ pour les fossez qu'il relève dans la plaine du Vézinet (3 p.)....................... 710ᴸᴸ 4ˢ 6ᵈ

7 aoust 1678 - 22 janvier 1679 : à luy, pour parfait payement de 1978ᴸᴸ 8ˢ 2ᵈ pour avoir fait abattre les adots d'une pièce de plant au Vézinet (6 p.)... 1978ᴸᴸ 8ˢ 2ᵈ

30 aoust : à luy, à compte du second labour... 350ᴸᴸ

11 may : à de Bray, pour transports de terre. 461ᴸᴸ 8ˢ 2ᵈ

19 juillet : à luy, pour restablissement de la grande allée du parc................... 1232ᴸᴸ 14ˢ 6ᵈ

28 may - 30 octobre : à Guinchestre¹, pour les ouvriers qui ont travaillé aux nouvelles routes dans la forest (7 p.)...................... 3929ᴸᴸ 14ˢ

7 aoust : à luy, pour les ouvriers qui ont arraché les souches des arbres morts................ 520ᴸᴸ 15ˢ

4 octobre - 19 novembre : à luy, parfait payement du transport des terres à la nouvelle allée (2 p) 959ᴸᴸ 15ˢ 10ᵈ

22 janvier 1679, à luy, pour employer au payement des arpenteurs et buscherons qui ont travaillé aux nouvelles routes de la forest de Crouy........ 241ᴸᴸ 9ˢ 6ᵈ

28 may : à Guémard, pour 219 bottes d'eschalats qu'il a fourniz pour le jardin du Val........... 240ᴸᴸ 5ˢ

28 may - 10 juillet : à de Lalande, pour les six derniers mois de 1677 et les six premiers mois de 1678 de l'entretenement des nouvelles palissades (2 p.)... 300ᴸᴸ

5 juin : à luy, pour les labours qu'il a faits sur la grande terrasse................... 132ᴸᴸ 15ˢ

17 octobre : à luy, pour restablissement de palissades du parc...................... 200ᴸᴸ

17 juin : à Brulé, arpenteur, pour avoir alligné le chemin qui conduit de Saint-Germain à Versailles... 75ᴸᴸ

12 décembre 1678 - 22 janvier 1679 : à Pasquier, pour parfait payement de 1660ᴸᴸ 10ˢ pour restablissement du grand chemin de Saint-Germain en la forest de Crouy (2 p.)....................... 1660ᴸᴸ 10ˢ

Somme de ce chapitre... 17619ᴸᴸ 13ˢ 10ᵈ

PARTIES EXTRAORDINAIRES.

1ᵉʳ febvrier : à Briot, miroitier, pour ses ouvrages en divers appartemens de Saint-Germain........ 308ᴸᴸ

14 febvrier : à Guinchestre, pour ses ouvrages aux nouvelles routes de la forest........... 617ᴸᴸ 10ˢ

---

¹ Ou Quinchestre.

14 febvrier-19 novembre : à Henant, dit La Grandeur, pour l'entretien du nouveau manège de Monseigneur le Dauphin à Saint-Germain (4 p.).............. 771ʰ

30 mars : à Bauslé, pour avoir vuidé une fosse dans l'appartement de M. de Pomponne à Saint-Germain. 38ʰ

13 avril : à Fontaine, pour avoir frotté et nettoyé les principaux appartemens des chasteaux de Saint-Germain................................... 150ʰ

27 juin : à luy, pour avoir frotté les appartemens du Roy....................................... 90ʰ

13 avril : à Ferron, nattier, pour avoir raccommodé de vielles nattes et en avoir mis de neuves en plusieurs endroits de la Chancellerie................. 54ʰ 4ˢ

30 avril 1678 - 22 janvier 1679 : à Ozanne, pour remboursement de plusieurs dépenses (4 p.).... 1559ʰ 8ˢ

19 juillet : à luy, pour toille qu'il a fournie pour le Jeu de paulme...................... 336ʰ 5ˢ

12 juin : à Cucci, fondeur, pour les ouvrages de bronze et cuivre qu'il a faits pour les appartemens... 358ʰ 15ˢ

27 juin : à Le Tellier, pour avoir nettoyé les fossez du vieil chasteau.......................... 47ʰ

12 juillet 1678-13 janvier 1679 : à Soulaigre, pour le nettoyement de toutes les cours et passages du vieil chasteau pendant l'année 1678 (2 p.)....... 1152ʰ

30 juillet - 19 décembre : à Antoine Thévenet, archer de la Prévosté de l'Hostel, pour ses soins à faire fournir le pavé nécessaire à la chaussée du nouveau chemin de Saint-Germain à Versailles (3 p.)........... 850ʰ

28 aoust : à Antoine Lescuier, dessignateur, pour avoir levé le plan des chasteaux de Saint-Germain. 300ʰ

1ᵉʳ décembre : à luy, à compte du travail qu'il fait à la carte de la forest de Saint-Germain........... 300ʰ

8 septembre : à Mesnager, pour les ouvriers qui ont travaillé au nouveau chemin........... 247ʰ 18ˢ 6ᵈ

4 octobre : à Joly, dit La Pointe, pour une année de ses gages, escheue le 24 septembre dernier, de l'entretien des cages des ormes de l'avenue des Loges...... 100ʰ

17 octobre : à Feuillastre, pour restablissement des fontaines................................ 1000ʰ

A Adam, vuidangeur, pour fosses qu'il a vuidées à la Chancellerie................................ 84ʰ

26 novembre : à de Lalande, pour dépenses faites au jardin du Boulingrin..................... 382ʰ

22 janvier 1678 : à luy, pour son payement des treillages de perches pour la closture des glacières. 247ʰ 10ˢ

11 décembre : à Branland, marchand, pour 2000 carreaux de Hollande........................ 620ʰ

22 janvier 1679 : à Yvon, couvreur, pour son payement d'avoir couvert de paille une nouvelle glacière dans le petit bois du jardin du Boulingrin........ 137ʰ 16ˢ 3ᵈ

A Laporte et Chaufournier, pour avoir voituré des sables de rivière au nouveau manège de Monseigneur le Dauphin................................ 139ʰ 15ˢ

A Claude et Georges Fontaine, pour avoir mis en couleur et frotté les planchers des principaux appartemens des chasteaux..................... 342ʰ

A Bazonnier, pour ouvrages de pavé faits au Jeu de paulme du chasteau................. 558ʰ 6ˢ 8ᵈ

Aux chartiers qui ont travaillé à remplir les glacières du Roy.......................... 1349ʰ 15ˢ 6ᵈ

Somme de ce chapitre.... 12141ʰ 3ˢ 11ᵈ

PAVILLON ET JARDIN DU VAL.

14 febvrier - 6 mars : à La Rue et Bergeron, à compte des ouvrages de maçonnerie qu'ils font (2 p.).. 4700ʰ

30 mars : à eux, parfait payement de 53797ʰ 8ˢ 10ᵈ pour ouvrages qu'ils ont faits aux murs de terrasse et de closture du jardin du Val[1]......... 1019ʰ 8ˢ 10ᵈ

14 febvrier - 30 avril : à de Bray, à compte du transport de terre qu'il fait pour planter les espaliers contre les murs de terrasse (4 p.)................ 2500ʰ

14 febvrier - 30 avril : à Le Moyne[2], à compte des terres qu'il passe à la claye (3 p.).......... 332ʰ 5ˢ

14 febvrier : à luy, pour fumier qu'il a fourny pour led. jardin........................... 69ʰ 12ˢ

A Bedin, pour avoir défriché la partie basse dud. jardin...................................... 82ʰ 0ˢ 4ᵈ

A luy, à compte des trous qu'il fait pour planter les arbres du verger....................... 99ʰ 4ˢ 6ᵈ

A Picou, jardinier, pour avoir régallé les trous dans led. jardin, où l'on a pris du sable............ 55ʰ

30 mars - 30 avril : à la veuve Élizabeth Bertin, pour parfait payement de 536ʰ pour fumiers de vaches qu'elle a fournis (2 p.).............................. 536ʰ

27 juin : à Bertin, pour fumiers......... 64ʰ 8ˢ

30 mars : à Blottière, buscheron, pour neuf milliers de plan d'érables par luy fournis........... 81ʰ

A Guitel, jardinier, pour treillages...... 224ʰ 17ˢ

15 avril : à Lavien, menuisier, pour son parfait payement de 1173ʰ 19ˢ pour ouvrages qu'il a faits. 531ʰ 19ˢ

Somme de ce chapitre[3].... 9276ʰ 14ˢ 8ᵈ

---

[1] Cet article est biffé et en marge on a écrit : *inutile*. Il n'est pas compté dans l'addition finale.

[2] Ou Le Moine.

[3] Ce chapitre paraît incomplet. Il se termine par une date :

VERSAILLES.

MAÇONNERIE.

30 janvier - 4 décembre : à Message et Léonnard Painoutot, maçons, à compte de leurs ouvrages de maçonnerie aux aqueducs et puits de Satory (14 p.).. 59350tt

23 may - 4 octobre : à eux, à compte de leurs ouvrages à l'aqueduc de Roquancourt (6 p.).... 10350tt

30 janvier - 11 décembre : à Antoine Bergeron et consors, à compte des nouveaux bastimens du costé de l'église (12 p.)..................... 240900tt

13 febvrier - 14 octobre : aud. Bergeron, à compte des réparations qu'il fait en divers endroits (6 p.).. 5616tt

13 febvrier - 8 may : à luy, à compte des ouvrages qu'il fait à la Mesnagerie (2 p.)................ 2800tt

20 febvrier - 26 juillet : à luy, à compte de la maçonnerie qu'il fait à la fontaine de l'Arc de triomphe (4 p.)........................... 3050tt

20 febvrier : à luy, à compte du déversoir de l'estang du Val......................... 1500tt

27 febvrier - 8 may : à luy, à compte des murs de closture pour l'augmentation de Trianon (3 p.).... 3400tt

21 avril : à luy, pour son parfait payement de 7737tt 14ˢ.......................... 837tt 14ˢ

21 avril - 23 may : à luy, à compte de l'aqueduc de l'estang de Trappes (2 p.)................. 1000tt

21 avril 1678 - 1ᵉʳ janvier 1679 : à luy, pour la maçonnerie des rampes de Trianon pour descendre au canal (11 p.)............................. 16750tt

8 may : à luy, à compte de la maçonnerie qu'il fait au bassin des Trois Fontaines............. 1300tt

1ᵉʳ aoust : à luy, à compte des hangards qu'il fait à la Mesnagerie............................ 800tt

14 septembre - 23 octobre : à luy, pour le déversoir des étangs de Trappes (2 p.)................ 2700tt

23 octobre : à luy, pour les murs qu'il fait au bout du canal du costé de la Ménagerie............. 800tt

A luy, pour les ouvrages de la nouvelle fontaine. 400tt

12 novembre : à luy, à compte des ouvrages faits à Trianon........................... 2900tt

4 décembre 1678 - 1ᵉʳ janvier 1679 : à luy, à compte des ouvrages du canal (2 p.)................ 2700tt

30 janvier - 3 avril : à Dorbay, à compte de ses ouvrages au bastiment du grand Commun du Roy (3 p.). 11500tt

« 23 may 1678 », à la suite de laquelle ne se trouve point d'indication de dépense.

15 avril : à luy, pour son parfait payement de 13743tt 17ˢ pour les ouvrages de maçonnerie qu'il a faits à l'hostel de la Chancellerie............. 1443tt 17ˢ

1ᵉʳ may - 14 octobre : à luy, à compte de la maçonnerie qu'il fait aux nouveaux bastimens (6 p.)..... 22200tt

15 may : à luy et consors, fournitures de pierre de molière, ais de batteaux et autres ustancilles... 1111tt 10ˢ

5 juin - 14 septembre : à Gabriel Dorbay et Girardot, à compte de leurs ouvrages aux nouveaux bastimens (5 p.)............................. 41283tt 7ˢ

12 novembre : à Dorbay, pour ouvrages de maçonnerie qu'il a faits au chasteau............... 2900tt

4 décembre : à luy, à compte des ouvrages de l'aisle droite............................. 1000tt

24 décembre : à luy, à compte des ouvrages de l'aisle gauche.............................. 400tt

30 may : à Gabriel et Dorbay, pour les ouvrages de maçonnerie qu'ils ont faits par augmentation à l'hostel de Vermandois....................... 3544tt 16ˢ 8ᵈ

A eux, pour parfait payement de 54506tt 13ˢ 8ᵈ pour lesd. ouvrages................... 1506tt 13ˢ 8ᵈ

30 janvier : à Gabriel, à compte des ouvrages qu'il fait aux nouveaux bastimens du costé de la Grotte (13 p.)........................... 134400tt

20 febvrier : à luy, à compte des pilliers qu'il fait pour soustenir le comble de la chapelle........ 400tt

26 juin : à luy, à compte de la démolition de la terrasse du costé du grand parterre........... 2300tt

1ᵉʳ aoust - 4 décembre : à luy, pour le restablissement du petit chasteau (2 p.)................ 25000tt

23 octobre : à luy, pour le restablissement de la grand gallerie........................ 11000tt

4 décembre : à Jacques Gabriel, à compte des ouvrages de la rampe de Trianon............. 1000tt

30 janvier - 13 juin : à Bricard, pour son parfait payement de 19566tt 15ˢ pour ouvrages faits aux estangs des Graissets (4 p.).................... 9166tt 15ˢ

6 mars : à luy, à compte des ouvrages de maçonnerie qu'il fait aux bondes des estangs de Trappes... 1800tt

18 juillet - 18 décembre : à luy, à compte de la maçonnerie qu'il fait aux ponts des rigolles des Graissets (6 p.)............................. 5600tt

6 febvrier - 4 décembre : à Angland et consors, à compte des puits et aqueducs de la montagne de Roquancourt (8 p.)............................ 107800tt

6 febvrier : à Jeannot [1], à compte de la maçonnerie qu'il fait pour loger les portiers du grand parc. 1300tt

---

[1] Ou Janot.

ANNÉE 1678. — VERSAILLES.

13 mars : à luy, pour ouvrages de maçonnerie.. 475ʰ

13 mars-12 juin : à luy et consors, à compte des ponts qu'ils font en divers endroits de la plaine de Trappes (2 p.)........................ 2200ʰ

13 mars-30 may : à luy, pour les murs qu'il fait pour l'augmentation du potager (2 p.)..... 1408ʰ 16ˢ

21 avril-15 may : à luy et consors, pour parfait payement de 1000ʰ pour les ouvrages de maçonnerie qu'ils ont faits à la chapelle de Saint-Quentin (3 p.).. 1000ʰ

21 avril : à eux, à compte des tranchées qu'ils font à la plaine de Montigny..................... 600ʰ

25 avril-19 juin : à eux, à compte des tranchées qu'ils font pour traverser les tranchées de la plaine de Trappes (5 p.)........................ 2900ʰ

27 febvrier : à AUMASSON, à compte de l'aqueduc de l'estang de la Mesnagerie................. 600ʰ

18 décembre : au même, à compte des ponts qu'il fait.................................... 1200ʰ

27 febvrier : à ROSSIGNOL, pour avoir crespy et enduy le grand escallier pour le peindre à fresque...... 37ʰ 5ˢ

25 avril-15 may : à luy, pour remboursement de pareille somme qu'il a payée aux ouvriers qui ont travaillé aux ouvrages à fresque et en plastre du grand escallier (2 p.)............................ 334ʰ 4ˢ

6 mars : aux ouvriers qui ont travaillé au bassin de Trappes....................... 589ʰ 16ˢ 6ᵈ

14-30 octobre : à ceux qui ont restably la cisterne (3 p.)................................ 2933ʰ 5ˢ 6ᵈ

30 octobre : à DUEZ, pour ce qu'il a payé aux maçons qui ont restably la citerne............. 1135ʰ 14ˢ

21 mars-15 juin : à VIGNEUX, à compte des murs du grand parc (3 p.).................... 4300ʰ

8 may : à luy et consors, à compte de la maçonnerie qu'ils font à la figure du bout du parc........ 1500ʰ

21 mars : à PICARD, à compte de ses ouvrages de maçonnerie.......................... 450ʰ

30 may-11 juillet : à FRANÇOIS DREUX et GILBERT SALTON, à compte des ouvrages de maçonnerie qu'ils font aux ponts pour traverser les tranchées de la plaine du Bois d'Arcy (3 p.)................... 700ʰ

19 juin : à BÉZIAU, pour parfait payement de 1259ʰ 13ˢ pour ouvrages de maçonnerie faits aux escuries des gardes du corps....................... 59ʰ 13ˢ

26 juin-30 novembre : à LAFONTAINE, à compte des ponts pour traverser les tranchées de la plaine de Trappes (8 p.).............................. 13250ʰ

14 septembre : à luy, pour les ponts pour traverser les tranchées de la plaine de Montigny........ 1600ʰ

30 octobre : à luy, pour ses ouvrages de maçonnerie en divers endroits...................... 1500ʰ

Somme de ce chapitre [1]... 78258ʰ 7ˢ 4ᵈ

CHARPENTERIE.

6 febvrier : à CAILLET, à compte de ses ouvrages de charpenterie aux deux pavillons de l'avant-cour et aux aisles du chasteau...................... 300ʰ

20 febvrier : à luy, à compte de ses ouvrages à la Mesnagerie............................. 300ʰ

6 mars-4 décembre : à luy, à compte de ses ouvrages et réparations (4 p.)..................... 1200ʰ

27 mars-3 avril : à luy, pour parfait payement de 205ʰ 14ˢ pour un bastard d'eau qu'il a fait à l'estang de Trappes........................... 205ʰ 14ˢ

3 avril-14 septembre : à luy, à compte des vieux bois de charpente qu'il a employés dans les changemens des appartemens (3 p.).................... 900ʰ

26 juin : à luy, pour son parfait payement de 1366ʰ 13ˢ pour la charpenterie qu'il a faite au petit parc aux Cerfs........................... 866ʰ 13ˢ

25 septembre : à luy, pour les ouvrages qu'il a faits au commun du Roy.................... 929ʰ

23 octobre : à luy, pour les eschaffauts des sculpteurs (2 p.)......................... 741ʰ 17ˢ 8ᵈ

A luy, pour grilles de bois des soupapes... 117ʰ 10ˢ

13 febvrier-4 juillet : à GODET et MAILLARD, à compte de leurs ouvrages aux moulins à six aisles (2 p.). 2500ʰ

27 may : à MAILLARD, charpentier, pour parfait payement de 1002ʰ pour ses ouvrages à Trianon..... 402ʰ

4 juillet-18 décembre : à luy, à compte du restablissement des moulins de Trianon (4 p.)......... 1850ʰ

4 juillet-23 octobre : à luy, pour les baraques et couverts qu'il fait pour les orangers de Trianon (3 p.). 2000ʰ

16 febvrier-4 octobre : à CLIQUIN et consors, à compte des ouvrages de charpenterie qu'ils font pour les nouveaux bastimens (9 p.).................. 7460ʰ

20 febvrier-3 avril : à POICTEVIN, à compte des ouvrages de divers endroits (2 p.)................ 2400ʰ

21 mars : à la veuve GALLOT, à compte de ses ouvrages de charpenterie aux pompes de Versailles........ 260ʰ

---

[1] Sous les dates du 30 octobre et 12 novembre se trouvaient dix-neuf articles qui ont été biffés et que nous jugeons inutiles de rapporter ici, car, suivant une note placée en marge, «les partyes cy-accolées sont nulles pour estre rapportées aux fol. 220 et 206,» observation dont nous avons constaté l'exactitude.

23 may - 1er juin : à BRICARD [1], charpentier, à compte de ses ouvrages à la Chambre du Conseil (3 p.).. 6700ᵗᵗ

18 juillet - 12 novembre : à luy, à compte de ses ouvrages aux combles de l'avant-cour (5 p.)..... 11500ᵗᵗ

13 juin : à VIGNON, à compte des ouvrages qu'il fait sur les combles des deux pavillons des estangs des Graissets................................. 324ᵗᵗ

23 octobre : à GRILLON, dit LE CHAT, et consors, à compte des ouvrages qu'ils ont faits aux moulins à six aisles................................. 800ᵗᵗ

12 novembre - 4 décembre : à CHARPENTIER et consors, à compte de leurs ouvrages (2 p.).......... 6250ᵗᵗ

12 mars 1679 : à LUCAS, pour parfait payement de 18742ᵗᵗ 17ˢ 2ᵈ pour les ouvrages qu'il a faits à l'hostel de Vermandois................... 4742ᵗᵗ 17ˢ 2ᵈ

Somme de ce chapitre.. 119889ᵗᵗ 11ˢ 10ᵈ

COUVERTURE.

5 febvrier - 1er may : à YVON, à compte des ouvrages de couverture de la Mesnagerie (2 p.)....... 4700ᵗᵗ

3 avril : à luy, à compte de ses ouvrages aux pavillons des deux estangs...................... 1200ᵗᵗ

21 avril - 14 octobre : à YVON et CHARUEL, à compte de leurs ouvrages à la petite escurië (5 p.)...... 3200ᵗᵗ

1er may - 5 juin : à eux, à compte de ceux des nouveaux bastimens (2 p.).................... 7600ᵗᵗ

1er may : à eux, pour ceux de Trianon........ 400ᵗᵗ

4 juillet - 11 décembre : à YVON, à compte de ses ouvrages aux nouveaux bastimens (7 p.)........ 2400ᵗᵗ

27 mars : à VILLAIN et consors, couvreurs, pour avoir couvert de roseaux les glacières du grand parc. 85ᵗᵗ 16ˢ

4 octobre : à eux, pour avoir couvert de roseaux les escuries des gardes du corps................ 200ᵗᵗ

1er janvier 1679 : à VILAIN et LEGENDRE, couvreurs, pour parfait payement de 539ᵗᵗ pour les couvertures des escuries des gardes du corps................ 339ᵗᵗ

1er may : à DAINOT, pour diverses réparations de couvertures qu'il a faites à l'hostel de Guitry.. 233ᵗᵗ 13ˢ 8ᵈ

13 juin : à DUHAMEL, à compte des ouvrages de couvertures qu'il fait aux deux pavillons des estangs des Graissets................................ 237ᵗᵗ 10ˢ

23 octobre : à DUVAL, couvreur, à compte.... 400ᵗᵗ

12 mars 1679 : à BESSIN, pour parfait payement de 4591ᵗᵗ 3ˢ 4ᵈ pour les ouvrages qu'il a faits à l'hostel de Vermandois...................... 391ᵗᵗ 3ˢ 4ᵈ

Somme de ce chapitre....... 43087ᵗᵗ 3ˢ

[1] Ou BRICART.

MENUISERIE.

1er febvrier - 23 may : à BARBIER, à compte des caisses qu'il fait pour l'orangerie de Versailles (2 p.).... 800ᵗᵗ

15 janvier 1679 : à luy, à compte de cent caisses qu'il fait pour le jardin de Trianon................ 500ᵗᵗ

10 febvrier : à TESSIER, pour un modelle qu'il a fait des gradins de l'Arc de triomphe.............. 60ᵗᵗ

13 febvrier - 24 novembre : à LAVIER, à compte des réparations qu'il fait en divers endroits du chasteau et dépendances (3 p.)........................ 2800ᵗᵗ

20 febvrier - 4 décembre : à DU CONS, à compte de ses ouvrages aux nouveaux bastimens (10 p.)... 16400ᵗᵗ

3 avril : à luy, pour huit grandes portes...... 940ᵗᵗ

6 mars : à DANGLEBERT [2], menuisier, parfait payement de 16753ᵗᵗ 8ˢ pour ouvrages de menuiserie qu'il fait à la Surintendance des bastimens de Versailles... 3353ᵗᵗ 8ˢ

15 may : à luy, pour son parfait payement de 5412ᵗᵗ pour ses ouvrages...................... 1512ᵗᵗ

4 juillet : à luy, à compte de ses ouvrages aux nouveaux bastimens........................ 2000ᵗᵗ

21 mars 1678 - 1er janvier 1679 : à DANGLEBERT et DIONIS, à compte idem (10 p.)............. 28600ᵗᵗ

15 may : à DIONIS, pour parfait payement de 6263ᵗᵗ 17ˢ pour ses ouvrages de menuiserie idem......... 63ᵗᵗ 17ˢ

30 may : à DIONIS et BUIRETTE, pour parfait payement de 10779ᵗᵗ 15ˢ pour ouvrages de menuiserie faits en 1671 et 1672................................ 1379ᵗᵗ 15ˢ

21 mars - 24 décembre : à PROU et BUIRETTE, pour leurs ouvrages aux nouveaux bastimens (11 p.). 16800ᵗᵗ

13 mars - 14 septembre : à PROU, à compte idem (6 p.)............................... 3363ᵗᵗ 19ˢ

21 mars : à BERGERAT et LACROIX, menuisiers, à compte idem.................................. 800ᵗᵗ

1er may - 1er aoust : à COUVREUR, menuisier, à compte de ses ouvrages de menuiserie dans la salle du Conseil (5 p.).................................. 2900ᵗᵗ

14 septembre - 23 octobre : à COUVREUR et PAYEN, à compte de leurs ouvrages (2 p.)............. 1000ᵗᵗ

1er may - 30 octobre : à CLASSE, à compte de ses ouvrages au pavillon du grand Commun (8 p.). 2302ᵗᵗ 1ˢ 8ᵈ

15 may - 14 septembre : à TANEVOT et MAUGÉ, à compte de leurs ouvrages aux nouveaux bastimens (5 p.). 3500ᵗᵗ

15 mars - 14 septembre : à MANTONNOIS, à compte idem (5 p.)............................. 2150ᵗᵗ

24 décembre : à MANTONNOIS et RIVET, idem.. 1200ᵗᵗ

[2] On écrit tantôt DANGLEBERT, tantôt ANGLEBERT

ANNÉE 1678. — VERSAILLES.

15 may-4 juillet : à La Chapelle[1] et la veuve Tavernier, idem (3 p.)........................ 1800ʰ
24 novembre : à la veuve Tavernier et Benoist, à compte idem........................... 500ʰ
26 juillet-24 novembre : à Descodets, à compte idem (4 p.).............................. 2700ʰ
30 aoust-14 septembre : à Saint-Yves, à compte de ses ouvrages (2 p.)................... 700ʰ
14 octobre : à Chevalier, idem............ 1200ʰ
14 octobre-12 novembre : à Carel, idem (2 p.). 1400ʰ
1ᵉʳ janvier 1679 : à luy à compte des ouvrages de l'appartement de Mᵐᵉ de Richelieu........... 400ʰ
23 octobre : à Davignon, à compte des ouvrages qu'il a faits........................... 500ʰ
30 novembre : à Lobel et Fressay, pour réparations qu'ils ont faites....................... 586ʰ
12 mars 1679 : à Foache, pour parfait payement de 3607ʰ 14ˢ pour les ouvrages qu'il a faits à l'hostel de Vermandois........................ 2721ʰ 14ˢ

Somme de ce chapitre... 104932ʰ 14ˢ 8ᵈ

SERRURERIE.

5 febvrier-4 décembre : à Bigot, à compte de la ferrure qu'il fait pour les moulins à six aisles (12 p.). 6650ʰ
5 febvrier-24 décembre : à Pierre Marie, serrurier, à compte de ses ouvrages et de ses fournitures de gros fer (15 p.)............................ 19800ʰ
12 febvrier : à Rombault, pour parfait payement de 1134ʰ 4ˢ pour divers ouvrages............ 134ʰ 4ˢ
13 mars-15 avril : à luy, à compte des ouvrages de serrurerie qu'il fait aux moulins à six aisles (2 p.). 1250ʰ
3 febvrier-4 décembre : à Godignon[2], à compte de ses ouvrages et du gros fer qu'il fournit (13 p.).. 11400ʰ
3 febvrier-4 décembre : à Picard[3], à compte idem (14 p.).......................... 14100ʰ
26 juin-23 octobre : à Picard et Godignon, à compte de la grille de fer au bout du canal (3 p.)... 3600ʰ
20 febvrier-28 juillet : à de Lobel, pour parfait payement des deux balustrades de fer qu'il a faites pour la fontaine de l'Arc de triomphe (4 p.)......... 16700ʰ
21 mars : à luy, à compte de cinq portes de fer qu'il fait................................. 1500ʰ
16 septembre-4 décembre : à luy, à compte des balcons qu'il fait (2 p.).................... 2400ʰ

2 avril-18 décembre : à luy, à compte de ses ouvrages et du gros fer qu'il fournit (7 p.).......... 7800ʰ
25 septembre-24 décembre : à la veuve de Lobel, à compte de ses ouvrages (3 p.)............ 4000ʰ
2 avril-4 décembre : à Boudet[4], à compte de ses ouvrages et du gros fer qu'il fournit (8 p.)..... 7800ʰ
18-26 juillet : à luy, pour clouds et chevilles de fer (2 p.)............................. 838ʰ 5ˢ
1ᵉʳ may-11 décembre : à Richard, à compte de ses ouvrages aux nouveaux bastimens et du gros fer qu'il fournit (6 p.)......................... 3800ʰ
8 may-30 octobre : à Harman[5], dit Hollande, à compte de ses ouvrages aux nouveaux bastimens de Versailles (5 p.)......................... 1200ʰ
4 décembre : à luy, pour les ouvrages de la pompe du potager........................... 70ʰ 12ˢ 6ᵈ
8 may-14 octobre : à Lionnois, à compte de ses ouvrages (6 p.)......................... 2100ʰ
5 juin 1678-26 febvrier 1679 : à Sermet, à compte idem (6 p.).......................... 2300ʰ

Somme de ce chapitre.... 107543ʰ 1ˢ 6ᵈ

VITRERIE.

13 mars-4 décembre : à Lespinousse, vitrier, à compte de ses ouvrages (6 p.)................. 2050ʰ
21 avril-11 décembre : à Janson, vitrier, à compte de ses ouvrages aux nouveaux bastimens (7 p.).... 3100ʰ
20 juin-14 octobre : à Briot, à compte de ses ouvrages idem (3 p.)....................... 1100ʰ

Somme de ce chapitre......... 6250ʰ

PEINTURE ET DORURE.

13 febvrier-8 may : à la veuve Thiercelin[6], peintre, pour parfait payement de 2478ʰ 15ˢ pour ouvrages de peinture faits par feu son mary dans le petit parc de Versailles (2 p.).................... 1078ʰ 15ˢ
18 juillet-24 novembre : à elle, à compte des ouvrages de grosse peinture qu'elle fait (3 p.).... 1000ʰ
13 febvrier : à Goy, à compte des grosses peintures qu'il fait.............................. 500ʰ
A de Sève, peintre, pour parfait payement de 750ʰ pour un tableau pour la chambre des bains..... 150ʰ
27 febvrier-11 décembre : à Coypel, à compte des plafonds qu'il fait pour l'appartement et le cabinet du Roy (5 p.)......................... 2700ʰ

---

[1] Ou Chapelle.
[2] Ou Goudignon.
[3] Ou Le Picard.

[4] Ce nom est écrit une fois Baudet.
[5] Ou Armand.
[6] Ou Thiercelin.

21 mars : à la veuve BOULOGNE, à compte des ouvrages de peinture de feu son mary............... 250ʰ

3 avril : à LA BARONNIÈRE, pour son parfait payement de 3175ʰ pour la dorure des portes et croisées de l'appartement bas......................... 375ʰ

4 juillet : à luy, pour la dorure du grand escallier (2 p.)............................. 600ʰ

1ᵉʳ aoust - 14 octobre : à luy, à compte des grosses peintures qu'il fait (2 p.)................ 1000ʰ

25 septembre : à luy, pour la dorure des dessus de portes de l'appartement des bains.......... 1008ʰ

30 aoust - 24 novembre : à luy, pour parfait payement de 3086ʰ pour la dorure qu'il fait dans l'appartement de Mᵐᵉ de Montespan (4 p.)............... 3086ʰ

15 avril - 11 décembre : à DE LA FOSSE, peintre, à compte des tableaux qu'il fait au chasteau (2 p.). 1000ʰ

15 avril : à GONTHIER, à compte de la peinture qu'il fait à la pièce ionique................ 300ʰ

Aux sʳˢ LE MOYNE, à compte de celle de la pièce dorique.............................. 1000ʰ

A eux, pour leur parfait payement de 4800ʰ pour celle de la pièce octogone..................... 200ʰ

4 - 30 octobre : à eux, à compte de leurs ouvrages (2 p.)............................. 1000ʰ

1ᵉʳ janvier 1679 : à eux, parfait payement de 700ʰ pour avoir peint cinquante caisses de l'orangerie.. 200ʰ

8 may 1678 - 8 janvier 1679 : au sʳ LOIR, à compte des plafonds qu'il fait pour le grand appartement de la Reyne (3 p.)............................. 1400ʰ

15 may - 30 octobre : à HOUASSE, à compte des tableaux du cabinet du Roy (2 p.)............. 1000ʰ

15 may - 14 septembre : à LE HONGRE, à compte des restablissemens de peinture qu'il fait à Trianon (4 p.) 2800ʰ

12 juin : à BAILLY, pour son parfait payement de 5610ʰ pour les ouvrages de peinture et dorure qu'il a faits à la fontaine de Flore...................... 900ʰ

12 novembre : à luy, pour plusieurs racomodages de peintures........................... 241ʰ

18 juillet - 24 novembre : à YVART, peintre, pour achapt de couleurs (2 p.)................ 833ʰ 11'

18 juillet - 24 novembre : à BONNEMER, pour les peintres qui ont travaillé à fresques au grand escallier de Versailles (3 p.)....................... 6278ʰ 10'

26 juillet : à VIGNON, à compte des tableaux qu'il fait pour la salle des gardes.................... 400ʰ

10 aoust : à CHAMPAGNE, à compte des platsfonds qu'il fait................................ 400ʰ

10 aoust - 11 décembre : à AUDRAN, à compte des tableaux qu'il fait pour les platsfonds de la salle des gardes (2 p.)............................. 900ʰ

10 aoust - 11 décembre : à BLANCHARD, à compte idem (2 p.)....................... 800ʰ

11 décembre : A CORNEILLE, idem........... 300ʰ

Somme de ce chapitre...... 31900ʰ 16'

SCULPTURE.

20 febvrier - 12 juin : à SIBRAYQUE, à compte d'une figure de marbre qu'il fait pour le parterre d'eau à Versailles (2 p.).......................... 500ʰ

20 febvrier : à LA PERDRIX, à compte idem.... 300ʰ

A GRANIER, idem................. 300ʰ

A UTINOT, idem................. 300ʰ

A MAGNIER, idem................. 300ʰ

A DROUILLY, idem................. 300ʰ

A JOUVENET, idem................. 300ʰ

A GUÉRIN, idem................. 300ʰ

A DESJARDINS, idem............... 300ʰ

A MASSOU, idem................. 300ʰ

A LE GROS, idem................. 300ʰ

A MAZELINES, idem................. 300ʰ

A BUISTER, idem................. 300ʰ

A GIRARDON, idem................. 400ʰ

20 febvrier - 4 décembre : à LESPAGNANDELLE, idem (3 p.)............................. 1300ʰ

20 febvrier : à TUBY, idem................ 400ʰ

A MARSY, idem................. 400ʰ

A REGNAUDIN, idem................ 400ʰ

23 febvrier - 10 aoust : à HOUZEAU, idem (2 p.). 600ʰ

12 juin : aux héritiers de GILLES GUÉRIN, idem.. 300ʰ

27 mars : à DROUILLY, pour une figure posée au bassin de la Renommée..................... 150ʰ

A BUISTER, idem................. 150ʰ

A LE GROS, idem................. 150ʰ

A MAZELINE, idem................. 150ʰ

A REGNAUDIN, idem................. 150ʰ

A JOUVENET, idem................. 150ʰ

A MASSOU, idem................. 150ʰ

27 mars - 12 novembre : à RAON, idem (3 p.).. 700ʰ

23 febvrier : à LE GROS et BENOIST, à compte des ornemens de l'Arc de triomphe.............. 1500ʰ

2 avril : à LE GROS et MASSOU, pour le parfait payement de 1859ʰ..................... 359ʰ

3 avril 1678 - 1ᵉʳ janvier 1679 : à eux, à compte de leurs travaux à l'Arc de triomphe (10 p.)..... 9900ʰ

23 may : à eux, à compte des grouppes d'enfans de plomb et estain qu'ils font pour la continuation de l'allée d'eau du petit parc (2 p.)................ 1400ʰ

20 febvrier - 2 avril : à Mazelines et consors, pour leur parfait payement de 4346ᶠᵗ 6ˢ pour plusieurs modelles de la fontaine de l'Arc de triomphe (2 p.)... 3846ᶠᵗ 6ˢ

3 avril - 4 décembre : à Mazelines et consors, à compte des ouvrages de sculpture qu'ils font aux deux pyramides de la fontaine de l'Arc de triomphe (10 p.).. 11700ᶠᵗ

15 may - 18 juillet : à Houzeau et Mazelines, à compte desd. pyramides (2 p.).................. 1400ᶠᵗ

10 aoust - 18 décembre : à Mazelines, Jouvenet et Legeret, à compte de leurs ouvrages de stuc à Versailles (3 p.)......................... 2100ᶠᵗ

12 novembre : à Mazelines et consors, pour plusieurs modèles de sculpture.................... 722ᶠᵗ

30 aoust : à Houzeau et Le Conte, à compte de leurs ouvrages de stuc........................ 400ᶠᵗ

30 octobre - 24 novembre : à Houzeau et consors, à compte de leurs ouvrages (2 p.).............. 900ᶠᵗ

6 mars - 3 avril : à Girardon, sculpteur, à compte de ses ouvrages de sculpture pour la fontaine de Saturne (2 p.)................................ 2000ᶠᵗ

14 mars - 18 décembre : à Tuby, sculpteur, à compte de bas-reliefs de plomb et d'estain (2 p.)...... 1800ᶠᵗ

14 mars : à luy, à compte des bases de bronze qu'il fait pour la chapelle de Versailles........... 1500ᶠᵗ

5 juin : à luy, à compte des vazes[1] de bronze qu'il fait.................................. 600ᶠᵗ

12 juin : à luy, à compte des bas-reliefs qu'il fait dans l'appartement bas....................... 500ᶠᵗ

11 décembre : à luy, à compte des bas-reliefs de l'appartement des bains....................... 1000ᶠᵗ

12 juin - 12 novembre : à Tuby et Coisvaux, à compte des trophées de métal qu'ils font au grand escallier (5 p.).................................. 3400ᶠᵗ

18 décembre : à eux, à compte des ornemens des niches du grand escalier..................... 400ᶠᵗ

15 avril - 5 juin : à Perreau, à compte des réparations de sculpture qu'il fait aux figures de plomb des fontaines du petit parc (2 p.)..................... 400ᶠᵗ

4 juillet : à luy, à compte des chapiteaux qu'il fait aux deux pavillons des aisles................ 400ᶠᵗ

14 septembre : à luy, à compte de ses ouvrages à l'Arc de triomphe............................ 425ᶠᵗ

24 novembre - 11 décembre : à la veuve Perreau, pour parfait payement de 824ᶠᵗ (2 p.)........ 424ᶠᵗ

25 avril - 14 septembre : à Caffieri, pour parfait payement de 4400ᶠᵗ pour la sculpture de huict portes du grand escalier (5 p.).................... 4400ᶠᵗ

15 may - 18 décembre : à luy, à compte des chapiteaux de plomb et estain pour la chapelle (3 p.). 3200ᶠᵗ

26 juillet - 30 novembre : à luy, à compte de ses ouvrages (6 p.)............................ 3286ᶠᵗ

12 novembre - 18 décembre : à luy, à compte de la sculpture qu'il fait aux chambranles des portes et des croisées (2 p.)........................... 2300ᶠᵗ

18 décembre : à luy, à compte de la sculpture des chapiteaux du grand escalier................ 600ᶠᵗ

12 juin : à Mansy, à compte du piédestal de la figure de la Renommée.......................... 400ᶠᵗ

30 juillet - 18 décembre : à luy, à compte des enfans et ornemens de métal qu'il fait (3 p.)........ 3000ᶠᵗ

12 juin : à Poissant, à compte des paneaux qu'il fait à la descente de Trianon..................... 320ᶠᵗ

11 juillet : à luy, à compte de la sculpture qu'il fait aux glaçons de la rampe de Trianon......... 600ᶠᵗ

30 juillet - 14 décembre : à Poissant et Couet, à compte desd. glaçons (3 p.)..................... 1400ᶠᵗ

26 juin - 14 septembre : à Regnaudin, à compte du groupe de marbre blanc qu'il fait (2 p.)....... 600ᶠᵗ

10 aoust - 24 décembre : à Lespingola et Buirette, à compte des ornemens qu'ils font au cabinet de la Renommée (2 p.)............................. 900ᶠᵗ

30 octobre : à Lespingola, à compte, idem... 200ᶠᵗ

30 aoust 1678 - 1ᵉʳ janvier 1679 : à Le Hongre, à compte des ouvrages de stuc qu'il fait (5 p.)... 1550ᶠᵗ

14 septembre - 18 décembre : à Le Clerc et Briquet, à compte de la sculpture faite aux chambranles de l'appartement de Mᵐᵉ de Montespan (2 p.).......... 800ᶠᵗ

25 septembre : à Desjardins et consors, à compte de leurs ouvrages........................... 250ᶠᵗ

30 octobre - 24 décembre : à Le Comte, à compte des vazes de bronze qu'il fait (2 p.)............ 400ᶠᵗ

4 décembre : à Pasquier, à compte des goullettes de la fontaine de l'Arc de triomphe............ 1400ᶠᵗ

24 décembre : à luy, pour quatre cent soixante-trois carreaux de Hollande................... 641ᶠᵗ 12ˢ

18 décembre : à Dossier, à compte d'une figure de marbre blanc pour le parterre d'eau.......... 300ᶠᵗ

Somme de ce chapitre..... 83324ᶠᵗ 10ˢ [2]

MARBRERIE.

5 febvrier - 4 décembre : à Misson et consors, à compte des ouvrages de marbre du vestibule du grand escallier (18 p.)............................ 28164ᶠᵗ 2ˢ

---

[1] N'y a-t-il pas ici erreur de copie et ne faudrait-il pas lire *bazes*, comme à l'article précédent, au lieu de *vazes*?

[2] Le total exact est 83323ᶠᵗ 18ˢ.

20 febvrier : à eux, à compte de leurs ouvrages à la chapelle.......................... 2000tt

A eux, à compte de deux cuves de marbre du cabinet des bains....................... 1200tt

6 mars-5 juin : à eux, à compte de ceux qu'ils font pour la gallerie basse (3 p.)............... 3000tt

6 mars-4 juillet : à eux [1], à compte de leurs ouvrages à la fontaine et à un des pavillons de la Renommée (5 p.)............................. 5000tt

26 juillet : à Misson et Derbais, à compte de leurs ouvrages............................ 490tt 12s

14 septembre : à Misson et consors, pour le grand sallon................................ 1000tt

25 septembre : à eux, pour le bassin de la cour. 1000tt

20 febvrier-18 décembre : à Hanuche, à compte des ouvrages qu'il fait au salon de l'appartement de la Reyne (7 p.)............................. 4800tt

24 novembre : à luy, pour journées de travail.. 100tt

27 febvrier-24 novembre : à Pasquier, à compte de ses ouvrages du grand escallier (5 p.)......... 2400tt

6 mars-18 juillet : à Pasquier et consors, à compte idem (6 p.)............................. 6000tt

14-25 septembre : à luy, pour ses ouvrages de la Renommée (2 p.).......................... 976tt

1er janvier 1679 : à Pasquier, sculpteur, et Mesnard, marbrier, à compte des gouletles de la fontaine de l'Arc de triomphe............................ 600tt

6 mars-14 octobre : à Mathault [2], marbrier, à compte de ses ouvrages au grand escallier (6 p.)....... 3400tt

19 juin 1678-8 janvier 1679 : à luy, à compte des lambris et pyramides qu'il fait à la fontaine (2 p.). 1600tt

24 décembre : à luy, pour plusieurs journées employées à l'appartement de la Reyne........ 231tt 15s

3 avril : à Le Gru et consors, à compte des travaux du grand escallier (2 p.)......................... 1600tt

15 avril : à Mesnard, marbrier, à compte de ses ouvrages................................ 300tt

15-21 avril : à du Chesnoy, à compte du pavé de pierre de Caen pour la salle du Conseil (2 p.).. 1000tt

15 may 1678-1er janvier 1679 : à luy, à compte du pavé de pierre de Caen qu'il fournit en divers endroits (12 p.)................................ 6400tt

1er may : à luy, pour diverses réparations qu'il a faites aux ouvrages de marbre de la gallerie basse... 430tt 7s

---

[1] A plusieurs reprises, le registre porte : à Misson et Mesnard.....

[2] On trouve aussi ce nom écrit Matauld et Mathau.

A luy, pour avoir remis en place les carreaux de la petite cour............................. 185tt 9s

13 juillet : à luy, à compte des quatre piédestaux qu'il fait pour la fontaine de l'Arc de triomphe...... 400tt

18 juillet : à luy, à compte des chambranles de marbre qu'il fait............................... 300tt

21 avril-18 décembre : à Philippes Dezaigres [3], pour les ouvrages de marbre qu'il fait au grand escallier (2 p.)............................. 1200tt

17 aoust : à luy, à compte de ses ouvrages aux deux bassins................................ 400tt

Somme de ce chapitre........ 74178tt 5s

PAVÉ.

13 febvrier-18 décembre : à Marchand, à compte de ses ouvrages de pavé (10 p.)............. 19700tt

14 may : à luy, pour son parfait payement de 30049tt 7s pour ouvrages de pavé faits en 1676 et en 1677................................ 1849tt 7s

23 octobre-12 novembre : à Bazanier [4], pour parfait payement de 929tt 3s 4d pour pavé de liais qu'il fournit pour le Jeu de paulme (2 p.)............ 929tt 3s 4d

Somme de ce chapitre.... 22478tt 10s 4d

PLOMBERIE ET CONDUITTE DE PLOMB ET DE FER.

13 janvier-4 décembre : à Vitry, à compte de ses ouvrages à diverses conduites de plomb (9 p.). 12900tt

1er febvrier-12 novembre : à Marquet, pour divers ouvrages et réparations qu'il a faites dans le petit parc (3 p.)................................ 2322tt

1er febvrier : à Denis, pour parfait payement de 2891tt à quoy monte la soudure qu'il a fournye pour les ouvrages et réparations des fontaines........ 145tt 10s 6d

13 febvrier-18 décembre : à Le Roy, plombier, à compte de ses ouvrages (10 p.)............. 21300tt

13 febvrier : à Martier [5], idem................ 600tt

13 febvrier-18 décembre : à la veuve Mazelines, à compte idem (7 p.)........................ 6200tt

30 octobre : à elle, pour une figure de bronze. 550tt

13 febvrier-18 décembre : à Alais [6], à compte de ses ouvrages (10 p.)........................ 14800tt

Somme de ce chapitre... 58817tt 10s 6d

---

[3] Ou Dezègre.

[4] Ou Bazonier.

[5] Ne serait-ce pas Marquet qu'il audrait lire ici au lieu de Martier ?

[6] Ou Allain.

JARDINAGES.

20-27 febvrier : aux ouvriers qui ont travaillé en divers endroits du petit parc (2 p.).......... 515ʰʰ 13ˢ

14 mars : à ceux qui ont arraché les ormes de la pépinière proche la pompe............... 396ʰʰ 8ˢ 4ᵈ

21 mars : à ceux qui ont travaillé dans les pépinières du grand parc...................... 102ʰʰ 12ˢ

3 avril : à ceux qui ont travaillé à margotter et esplucher les pépinières de Versailles............ 186ʰʰ 2ˢ

1ᵉʳ may : à ceux qui ont travaillé à esplucher les ormes des allées du grand parc, suivant le rolle du 30 avril......................... 108ʰʰ 12ˢ

30 may : à ceux qui ont esbourjonné les arbres de la pépinière de Saint-Antoine............... 72ʰʰ 12ˢ

18 décembre : à ceux qui ont travaillé à faire des routes dans le grand parc............... 353ʰʰ 5ˢ

24 décembre : à ceux qui ont travaillé dans l'orangerie de Versailles à enlever les sapins...... 218ʰʰ 11ˢ

20 febvrier : à Benoist, pour ceux qui ont travaillé à l'Arc de triomphe..................... 159ʰʰ 9ˢ

21 mars-24 décembre : à Houdouin et Collinot, à compte des trous et rigolles et des labours qu'ils font pour planter des grands et menus plans (6 p.). 16000ʰʰ

6 juin : à eux, pour leur parfait payement de 6990ʰʰ 2ˢ pour labours qu'ils ont faits aux plans d'arbres des avenues..................... 2490ʰʰ 2ˢ

1ᵉʳ aoust : à eux, pour leur parfait payement de 28593ʰʰ 18ˢ pour les nouveaux plans d'arbres de l'augmentation du petit parc............... 6593ʰʰ 18ˢ

19 juin : à Collinot, pour 1064 bottes de buis qu'il a fournies........................... 532ʰʰ

1ᵉʳ may : à Thiéry, jardinier, à compte du labour qu'il fait aux plans d'arbres (2 p.).......... 1300ʰʰ

1ᵉʳ may-21 aoust : à Charles Rouvo [1], jardinier, pour son parfait payement de 519ʰʰ 1ˢ pour treillages de perches autour des bosquets du petit parc (4 p.).. 519ʰʰ 1ˢ

14 may : à de Bar, jardinier, pour parfait payement de 7604ʰʰ 1ˢ 6ᵈ pour treillages de bois.... 1140ʰʰ 1ˢ 6ᵈ

23 may-30 aoust : à Marais, pour parfait payement de 613ʰʰ 3ˢ 4ᵈ pour treillages (3 p.)...... 613ʰʰ 3ˢ 4ᵈ

12 juin : à George et consors, jardiniers, pour parfait payement de 330ʰʰ pour onze arpens de bois nains qu'ils ont plantez...................... 130ʰʰ

19 juin : à Vaultier, à compte des treillages qu'il fait................................ 208ʰʰ 7ˢ

30 aoust : à Bouillette et Boucher, jardiniers, pour leur parfait payement de mil oignons de jonquilles. 176ʰʰ

24 novembre : à de la Quintinie, pour achapt d'arbres fruitiers....................... 912ʰʰ 16ˢ

30 novembre : à Germain, pour achapt de perches qu'il a fait............................ 500ʰʰ

Somme de ce chapitre.... 33228ʰʰ 13ˢ 2ᵈ

FOUILLES DE TERRES.

30 janvier : à Lefebvre et Le Roux, terrassiers, à compte des tranchées qu'ils font pour conduire les eaux du Chesnay et de Glatigny................ 600ʰʰ

13 febvrier : à eux, à compte du réservoir de Satory. 500ʰʰ

6 mars-12 novembre : à eux, à compte des tranchées qu'ils font (10 p.)................ 8042ʰʰ 2ˢ

30 may : à eux, pour leur parfait payement de 2374ʰʰ 2ˢ idem........................ 724ʰʰ 2ˢ

1ᵉʳ may-5 juin : à eux, parfait payement de 1173ʰʰ 2ˢ pour les labours des plans d'arbres (3 p.)... 1173ʰʰ 2ˢ

12 juin : à eux, pour leur parfait payement de 4549ʰʰ 10ˢ pour tranchées................. 549ʰʰ

25 septembre : à eux, pour leur parfait payement de 8025ʰʰ 5ˢ 6ᵈ pour tranchées........ 1125ʰʰ 5ˢ 6ᵈ

30 aoust : à eux, à compte du second labour qu'ils font................................. 300ʰʰ

30 janvier-12 novembre : à Lefèvre, à compte des fouilles et transports de terre qu'il fait à l'estang des Graissets et autres endroits (16 p.)......... 10305ʰʰ

13 juin : à luy, pour parfait payement de 12452ʰʰ 13ˢ pour transports de terre................ 367ʰʰ 13ˢ

21 aoust : à luy, pour parfait payement de 2192ʰʰ pour la cisterne de la Surintendance.............. 392ʰʰ

12 novembre : à luy, pour les terres qu'il a enlevées de devant les bastimens.................... 472ʰʰ

11 décembre : à luy, à compte des terres qu'il transporte et rigolles pour écouler les eaux qui sont dans les prez de la nouvelle augmentation du grand parc.. 400ʰʰ

30 janvier-1ᵉʳ aoust : à Réglée [2] et consors, à compte des fouilles pour le réservoir de Satory (6 p.).. 11955ʰʰ

6 mars : à eux, à compte des terres qu'ils font pour rehausser l'allée le long du mur du parc....... 450ʰʰ

4 juillet : à eux, à compte des transports qu'ils font au bout de la croisée du canal................. 400ʰʰ

25 septembre : à eux, parfait payement de 2259ʰʰ 6ˢ 8ᵈ pour transports hors le grand parc.... 29ʰʰ 6ˢ 8ᵈ

---

[1] On trouve Rouvot et Rouxot.

[2] Ou Réglé.

20 febvrier : à Réglée et Gonnor, à compte des fouilles qu'ils font hors le grand parc............... 700"
3 avril : à eux, pour transports de terres au réservoir de Satory........................ 1150"
21 avril : à eux, pour transports de terres à la figure du bout du canal..................... 400"
25 avril : à eux, idem au bout du canal du costé de la Mesnagerie........................ 500"
4 juillet-4 octobre : à eux, à compte des transports de terres, etc. (6 p.)................... 4400"
1er may-30 aoust : aud. Mathieu Réglé, pour fouilles et transports de terre qu'il fait au bout du canal du costé de la Mesnagerie (8 p.).................. 5305"
14 septembre-4 décembre : à luy et consors, à compte de celles qu'il transporte au bout du canal dans le jardin bas de Trianon (5 p.)................. 8850"
13 juin : à Réglée et Matelin, à compte des tranchées qu'ils ont faites (2 p.)................ 1530"
30 janvier-1er may : aux ouvriers qui ont régallé le fonds des étangs des Graissets suivant les rolles, jusqu'au 30 avril (12 p.)................... 575" 7ˢ 4ᵈ
5 febvrier : à ceux qui ont défriché le bois dans les étangs des Graissets................. 60" 19ˢ
6 febvrier-13 avril : à ceux qui ont régallé des trous aux environs de Jardy (9 p.)........ 4368" 10ˢ 8ᵈ
13 febvrier-25 avril : à ceux qui ont régallé des trous dans le parc aux Cerfs (4 p.)........ 1819" 8ˢ 6ᵈ
8 may : à ceux qui ont fait des trous au bout du parc aux Cerfs.................... 695" 17ˢ
10 aoust : à ceux qui ont travaillé dans la nouvelle enceinte du parc aux Cerfs............ 126"
20 febvrier : pour divers ouvrages..... 757" 16ˢ 2ᵈ
27 febvrier-30 novembre : à ceux qui ont travaillé dans le grand parc à faire des chemins et remplir des trous (25 p.)....................... 17706" 14ˢ 10ᵈ
6 mars : à ceux qui ont fait des chemins de traverses sur la montagne de Satory............ 881" 7ˢ 4ᵈ
A ceux qui ont travaillé à nettoyer les réservoirs de la Grotte........................ 942" 7ˢ
27 mars-14 octobre : à ceux qui ont travaillé au bassin de Trappes, suivant les rolles (11 p.).... 6219" 5ˢ 7ᵈ
3 avril-24 décembre : à ouvriers qui ont travaillé en divers endroits dans le petit parc de Triannon (13 p.)....................... 18759" 3ˢ 6ᵈ
3 avril : à ceux qui ont remply des trous le long de la coste de Satory, suivant le rolle........ 405" 7ˢ 4ᵈ
15 may-30 aoust : à ceux qui ont remply des trous proche l'un des moulins de Satory (2 p.). 1517" 10ˢ 8ᵈ

3 avril : à ceux qui ont rempli des trous du costé de Trianon....................... 350" 17ˢ
15 avril : à ceux qui ont travaillé à labourer la pépinière du grand parc................ 100" 2ˢ
A ceux qui ont transporté les terres devant l'hostel de Coislin....................... 56" 19ˢ
15 avril-24 décembre : à ceux qui ont travaillé à faire et régaller des routes dans le bois du costé de Satory (6 p.)..................... 2593" 3ˢ 2ᵈ
21 avril-24 novembre : à ceux qui ont travaillé en divers endroits du grand parc (4 p.)...... 757" 1ˢ
21 avril-1er aoust : à ceux qui ont rabattu les ados des allées du grand parc (7 p.)......... 4865" 18ˢ 4ᵈ
21 avril : à ceux qui ont comblé des trous sur le territoire de Chaville................. 333" 1ˢ
24 avril : à ceux qui ont labouré la pépinière de Saint-Antoine........................ 104" 12ˢ
25 avril-30 may : à ceux qui ont recomblé les trous des carrières de Buc (4 p.)........... 4598" 3ˢ 8ᵈ
8-30 may : à ceux qui ont travaillé dans le petit parc à restablir le gazon des Trois Fontaines (2 p.). 3264" 14ˢ
8 may-18 juillet : à ceux qui ont dressé l'allée de Saint-Antoine (4 p.)................ 4001" 5ˢ 4ᵈ
8 may : à ceux qui ont fait des trous autour de la demie-lune du canal................. 123" 9ˢ
15 may : à ceux qui ont restably les huict bassins de l'Encelade...................... 482" 7ˢ
15 may-26 juillet : à ceux qui ont travaillé à élaguer des arbres (2 p.)................ 124" 9ˢ 4ᵈ
14 septembre : à ceux qui ont travaillé à la nouvelle fontaine....................... 265" 19ˢ
25 septembre : à ceux qui ont passé des recoupes pour le parc...................... 1878" 6ˢ
4-30 octobre : à ceux qui ont régallé les allées qui vont à Trianon (4 p.)............. 817" 17ˢ
30 octobre-30 novembre : à ceux qui ont porté des terres du costé de Trianon (3 p.)...... 789" 19ˢ 6ᵈ
24 novembre : à ceux qui ont travaillé à enterrer la charmille..................... 776" 17ˢ
A ceux qui ont fait des couches au potager. 152" 12ˢ
24 novembre-4 décembre : à ceux qui ont élargi les grandes rigolles (4 p.)............. 1282" 5ˢ 2ᵈ
30 novembre : à ceux qui ont enterré les pierres dans le parc....................... 441" 4ˢ
A ceux qui ont remply des trous d'où l'on a tiré la pierre........................ 454" 5ˢ
A ceux qui ont voituré des fumiers...... 319" 10ˢ
11 décembre : à ceux qui ont travaillé à poser des conduites de fer dans le petit parc......... 571" 2ˢ

24 décembre : à ceux qui ont travaillé à régaler la grande allée de Satory.................. 251ᴴ 4ˢ

1ᵉʳ janvier 1679 : à ceux qui ont transporté les terres qui estoient en butte dans le grand parc... 154ᴴ 5ˢ 6ᵈ

A ceux qui font des tranchées pour la conduite des eaux à Trianon....................... 383ᴴ 2ˢ

30 janvier-12 juin : à Rivière et Vallée [1], terrassiers, pour parfait payement de 14171ᴴ 7ˢ 9ᵈ pour transports de terre à l'estang des Graissets (18 p.). 13151ᴴ 7ˢ 9ᵈ

30 janvier-30 aoust : à eux, pour parfait payement de 5860ᴴ 16ˢ à quoy monte la fouille de terre qu'ils ont faite au réservoir et rigolles de Jardy (5 p.). 3880ᴴ 16ˢ

2 avril : à eux, pour avoir osté le conroy de la bonde de l'estang des Graissets................ 306ᴴ 19ˢ

2-15 avril : à eux, à compte du gazon qu'ils posent sur la chaussée de l'estang des Graissets (2 p.).. 460ᴴ

19 juin-18 décembre : auxd. Rivière et Nicolas Vallée, à compte des rigolles qu'ils ont fait et eslargy à l'estang des Graissets, pour y mener les eaux de pluie (18 p.)................................ 7103ᴴ 10ˢ

30 janvier-30 mars : à Lambert, pour son parfait payement de 1533ᴴ pour tranchées qu'il a faites au Bois d'Arcy [2] (4 p.)......................... 1533ᴴ

3 avril-8 juin : à luy, à compte des tranchées qu'il fait (5 p.)................................. 1617ᴴ

13-27 febvrier : à luy, pour les ouvriers qui ont travaillé à l'estang de Trappes (3 p.)......... 1576ᴴ 9ˢ

30 janvier-26 juin : à Petit et Gaulard, pour parfait payement de 1441ᴴ 5ˢ pour les fouilles qu'ils font pour conduire les eaux de l'estang de Trappes à l'aqueduc de Satory (7 p.)........................... 9551ᴴ 5ˢ

26 juin-18 juillet : à Gaulard et Coquelart [3], pour parfait payement de 604ᴴ pour tranchées (2 p.).. 604ᴴ

30 janvier-10 aoust : à Loistron et Houet, à compte des fouilles et rigolles qu'ils font pour l'estang de Trappes (13 p.).............................. 19070ᴴ

3 avril-1ᵉʳ may : à eux, à compte des tranchées qu'ils font à la plaine de Montigny (4 p.)......... 1900ᴴ

10 aoust-30 novembre : à eux, à compte de la chaussée qu'ils font à l'estang de Trappes (6 p.)..... 6336ᴴ 15ˢ

4 décembre 1678-8 janvier 1679 : à eux, à compte des terres qu'ils transportent sur l'aqueduc de la décharge du grand canal de Versailles (3 p.)..... 1850ᴴ

30 janvier-21 mars : à Billet [4] et Guignard, pour parfait payement de 3187ᴴ 10ˢ pour rigolles qu'ils ont faites pour l'estang de Bois d'Arcy (4 p.)... 2687ᴴ 10ˢ

3 avril-5 juin : à eux, à compte (3 p.)..... 2600ᴴ

30 janvier 1678-10 janvier 1679 : à Boursault et Feuillastre, à compte du conroy qu'ils font à la chaussée de l'estang du Bois d'Arcy (16 p.).......... 30975ᴴ

8 may-4 octobre : à Boursault et Dupuis, à compte des transports et fouilles de la nouvelle orangerie. 10200ᴴ

4 décembre : à eux, à compte des terres qu'ils transportent à la pièce au dessous du Dragon....... 600ᴴ

5 juin-11 décembre : à Boursault et Bonnissant, à compte des fouilles et transports qu'ils ont faits pour la chaussée de l'estang du Bois d'Arcy (7 p.)...... 8050ᴴ

14 septembre : A Feuillastre, pour le conroy de l'Isle Royalle............................... 300ᴴ

30 octobre : à luy, pour restablissement des tuyaux de graisserie.......................... 171ᴴ

30 janvier-3 avril : à Laumosnier et du Mans, pour leur parfait payement de 1416ᴴ pour les terres qu'ils transportent pour régaler le marché (4 p.)..... 1016ᴴ

23 may-12 novembre : à Jacques du Mans, pour parfait payement de 2140ᴴ pour rigolles (4 p.)..... 2140ᴴ

1ᵉʳ febvrier-20 novembre : à Houdouin et Collinot, pour les trous et rigolles qu'ils font pour les nouveaux plants de l'augmentation du parc (4 p.)..... 14000ᴴ

6 mars-5 juin : à Guiot et Simon, pour leur parfait payement de 5330ᴴ pour les tranchées qu'ils ont faites pour conduire les eaux de l'estang de Trappes à l'aqueduc de Satory (5 p.)........................... 5230ᴴ

12 juin-18 juillet : à eux, pour leur parfait payement de 2110ᴴ pour tranchées (3 p.)............... 2110ᴴ

30 aoust-24 décembre : à eux, pour parfait payement des tranchées qu'ils font (3 p.)......... 655ᴴ 17ˢ 6ᵈ

6-30 mars : à Janson et Lasnier, pour leur parfait payement de 996ᴴ pour tranchées (2 p.)....... 996ᴴ

3 avril-26 juin : à eux, pour leur parfait payement de 2182ᴴ 10ˢ pour tranchées (2 p.).... 2182ᴴ 10ˢ

6 mars-30 may : à Colin, pour son parfait payement des routes qu'il a faites pour la chasse aux environs de Versailles, autour de la Fausse-Repose (7 p.). 4938ᴴ 5ˢ

1ᵉʳ aoust : à luy, pour 596 toises et demie de routes qu'il a faites dans les bois de Jardy........ 446ᴴ 12ˢ

1ᵉʳ janvier 1679 : à luy, pour parfait payement de 1214ᴴ 14ˢ pour routes qu'il a faites à Glatigny et autres endroits...................... 414ᴴ 14ˢ

6 mars : à Brissenicue, pour 33 thoises cubes de terre qu'il a fait porter pour l'augmentation du potager. 74ᴴ 15ˢ

---

[1] Ou Valée.
[2] On l'appelle une fois le Bois Robert.
[3] Ou Coquelin.
[4] Ou Billette.

6 mars-30 may : à THIERRY[1], jardinier, pour son parfait payement de 4426ᵗᵗ 2ˢ pour routtes qu'il a faites pour la chasse à Porchefontaine (7 p.).......... 3426ᵗᵗ 2ˢ

13 juin 1678-1ᵉʳ janvier 1679 : à luy, pour parfait payement de routtes faites aux environs de Versailles pour la chasse (4 p.).................. 7056ᵗᵗ 7ˢ 6ᵈ

15 janvier 1679 : à luy, pour ce qu'il a payé aux gens de journée qui luy ont aidé à lever les plans des environs de Versailles..................... 97ᵗᵗ 1ˢ

13 mars-22 avril : à LUBUREUX, pour son parfait payement de 1032ᵗᵗ pour tranchées faites pour conduire les eaux de l'estang de Trappes à Satory (4 p.). 1032ᵗᵗ

1ᵉʳ may-26 juin : à luy, pour parfait payement de 2967ᵗᵗ pour tranchées *idem* (4 p.).......... 2967ᵗᵗ

15 may : à luy, pour avoir arraché les pieux et vannes du bastardeau de l'estang de Trappes........ 250ᵗᵗ

26 juin-18 juillet : à luy, pour son parfait payement de 1914ᵗᵗ pour tranchées (2 p.)............. 1814ᵗᵗ

30 aoust-4 décembre : à luy, pour parfait payement de 707ᵗᵗ 10ˢ pour tranchées aux estangs de Trappes et de Bois d'Arcy (3 p.)................ 707ᵗᵗ 10ˢ

11 juillet : à LUBUREUX et POULLINET, à compte des tranchées............................... 100ᵗᵗ

20 mars-12 novembre : à GILLES ALLIOT, pour parfait payement de tranchées qu'il a faites à l'estang de Trappes (9 p.)...................... 4447ᵗᵗ

20 mars-12 novembre : à CLAUDE ALLÈVRE[2], *idem* (9 p.)................................... 5201ᵗᵗ

20 mars-18 juillet : à DE LESPINE[3], pour son parfait payement *idem* (5 p.)................... 381ᵗᵗ

15 avril-30 may : à LE COEUR et TRENET, pour parfait payement de 1431ᵗᵗ, pour routtes qu'ils ont faites pour la chasse (2 p.)....................... 1431ᵗᵗ

21 avril-21 aoust : à PIERRE MARTIN et MOYAU, pour parfait payement de 5413ᵗᵗ 10ˢ pour les tranchées de l'estang de Trappes (6 p.)................ 5413ᵗᵗ 10ˢ

21 avril-26 juillet : à QUENTIN[4], pour parfait payement de 612ᵗᵗ pour tranchées qu'il a faites du Chesnay à l'estang de Clagny (3 p.)................. 612ᵗᵗ

25 avril-18 juillet : à MALLET, pour parfait payement de 2497ᵗᵗ 10ˢ pour tranchées faites à l'estang de Trappes (6 p.)................................ 2497ᵗᵗ

1ᵉʳ may-12 novembre : à BAZONNET[5] et PAILLART[6], terrassiers, pour parfait payement de 3197ᵗᵗ 5ˢ pour tranchées faites à l'estang de Trappes (6 p.).. 3197ᵗᵗ 3ˢ

8 may-4 juillet : à MONTIGNY et consors, pour parfait payement de 939ᵗᵗ 19ˢ pour tranchées (3 p.). 939ᵗᵗ 19ˢ

8 may-10 aoust : à SANTON[7] et DREUX, à compte des tranchées qu'ils font pour conduire l'eau de l'estang de Trappes (6 p.)....................... 2900ᵗᵗ

26 juillet : à GILBERT et SANTON, *idem*...... 200ᵗᵗ

23 may : à JEANNOT, *idem*................ 600ᵗᵗ

23 may-12 novembre : à LUCAS et CHAILLOU, parfait payement de 3115ᵗᵗ *idem* (5 p.)...... 3115ᵗᵗ

23 may-18 juillet : à LE ROY, pour parfait payement de tranchées *idem* (5 p.)................ 1010ᵗᵗ

23 may-18 juillet : à CHESNEAU[8], pour parfait payement de 1197ᵗᵗ pour tranchées *idem* (3 p.)... 1197ᵗᵗ

23 may-4 décembre : à PARENT[9] et LA MAZURE, pour parfait payement de 6031ᵗᵗ 11ˢ 6ᵈ pour les rigolles de la plaine de Bouviers (9 p.)................ 6031ᵗᵗ 11ˢ 6ᵈ

23 may-21 aoust : à DE BERNE, pour son parfait payement des tranchées qu'il a faites (6 p.)...... 3239ᵗᵗ

23 may-5 juin : à GABRIEL et RIOBOURT, pour tranchées (2 p.)........................ 700ᵗᵗ

26 juin : à LA ROCHE et GABRIEL, pour tranchées. 300ᵗᵗ

18 juillet : à FOUET et GABRIEL, *idem*........ 100ᵗᵗ

12 novembre : à LOUIS GABRIEL et consors, pour parfait payement de 1358ᵗᵗ 10ˢ pour tranchées. 258ᵗᵗ 10ˢ

23 may-18 juillet : à CHASTEL, pour parfait payement de 1393ᵗᵗ pour tranchées (3 p.)........... 1393ᵗᵗ

23 may-12 novembre : à CHARLES GUYARD et JEAN BUNEL, pour parfait payement de 3612ᵗᵗ 15ˢ pour tranchées (6 p.)....................... 3612ᵗᵗ 15ˢ

30 octobre : à eux, à compte des terres qu'ils enlèvent au bas des réservoirs.................... 110ᵗᵗ

23 may-18 juillet : à LA CROIX et MORIN[10], parfait payement des tranchées qu'ils ont faites (7 p.).. 1984ᵗᵗ 10ˢ

23 may-14 septembre : à DE LA MOTTE[11], pour tranchées de Trappes (4 p.)............... 1881ᵗᵗ 16ˢ

30 may-4 octobre : à LA LOURCEY, à compte des fossez qu'il fait (3 p.)......................... 1950ᵗᵗ

12 juin-30 aoust : à OGER[12], pour tranchées qu'il fait (5 p.)................................. 1900ᵗᵗ

19 juin-21 aoust : à DUVAL, parfait payement de 1187ᵗᵗ

---

[1] Ou THIERRY.
[2] Ou ALLÈVE.
[3] Ou LESPINE.
[4] Ou QUANTIN.
[5] Ou BAZONNET.
[6] Ou PILLART.
[7] Ou SAUTON.
[8] Ou CHESNE.
[9] Ou PARAN.
[10] Ou MARIN.
[11] Ou LA MOTUE.
[12] Ou OGIER.

ANNÉE 1678. — VERSAILLES.

10ᵉ à quoy montent 237 toises de tranchées pour conduire l'eau de l'estang de Trappes (3 p.)... 1187ᵗᵗ 10ˢ

19 juin-18 juillet : à Sernon, pour son parfait payement des tranchées (2 p.).................. 330ᵗᵗ

19 juin-12 novembre : à La Roche, pour parfait payement de 1320ᵗᵗ pour tranchées (3 p.)........ 1320ᵗᵗ

19 juin-18 juillet : à Banon, pour parfait payement de 357ᵗᵗ *idem* (3 p.)..................... 357ᵗᵗ

19 juin : à Drufin, pour tranchées......... 200ᵗᵗ

18 juillet : à Ruffin, pour tranchées........ 204ᵗᵗ

19 juin : à Paillot, *idem*................. 100ᵗᵗ

26 juin : à Petau et consors, à compte des rigolles qu'ils font à l'estang des Graissets et pour l'eslargissement desd. rigolles (2 p.)................... 420ᵗᵗ

4 juillet-14 septembre : à La Lourcey et Petau, pour les rigolles des Graissets (3 p.)............. 3550ᵗᵗ

24 novembre-18 décembre : à Nole et La Lourcey, pour rigolles à compte (2 p.)................. 950ᵗᵗ

18 juillet : à Le Jongleur, pour les ouvriers qui ont nettoyé l'aqueduc de Roquancourt......... 246ᵗᵗ 12ˢ

10 aoust-24 novembre : à luy, pour divers ouvriers qui ont travaillé à faire des tranchées (2 p.). 1235ᵗᵗ 12ˢ

23-31 octobre : à luy, pour son remboursement de ce qu'il a payé aux ouvriers qui ont travaillé sous sa conduite à faire des puits, aqueducs et tranchées pour conduire des eaux à Trianon (5 p.).............. 4815ᵗᵗ 12ˢ

30 aoust-25 septembre : à Anselin, à compte des tranchées qu'il fait (2 p.).................... 278ᵗᵗ 5ˢ

30 aoust : à Soulot et Courtin, pour leur payement d'avoir cassé des roches................. 246ᵗᵗ

14 septembre-4 décembre : à Potel, à compte des routtes du bois de Verrières (3 p.)......... 7300ᵗᵗ

12 novembre : à Racine, pour parfait payement de 1729ᵗᵗ 15ˢ pour tranchées............... 629ᵗᵗ 15ˢ

18 febvrier 1678 : à La Massonnière, entrepreneur des fouilles de terre du grand canal, parfait payement de 482900ᵗᵗ pour les fouilles et transports de terre dud. canal, grande pièce et croisée d'iceluy du costé de Trianon et de la Ménagerie, y compris toutes les augmentations qu'il a faites aud. canal.................. 500ᵗᵗ

Somme de ce chapitre.... 405832ᵗᵗ 2ˢ 4ᵈ

GAGES ET ENTRETENEMENS D'OFFICIERS.

31 juillet 1678-26 janvier 1679 : à Le Jongleur, ayant la conduite des ouvrages de Roquancourt pour la recherche des eaues pour Versailles, pour ses gages de l'année 1678 (2 p.).................... 2000ᵗᵗ

30 avril : à Le Franc, préposé aux ouvrages des jardins de Clagny, pour le premier quartier de ses gages de cette année............................. 225ᵗᵗ

A La Croix, préposé à divers atteliers des parcs, pour le premier quartier *idem*................... 225ᵗᵗ

A Bregy, préposé aux routtes qui se font dans les bois, *idem*....................................... 225ᵗᵗ

16 juin : à la veuve et héritiers de Robelin, préposé aux ouvrages sous la montagne de Rocquancourt pour la recherche des eaues, pour le premier quartier *idem*. 300ᵗᵗ

24 octobre : à de Loüyt, préposé au magazin des démolitions des bastimens de Versailles, pour ses gages du premier et troisième quartier de la présente année... 450ᵗᵗ

26 janvier 1679 : à luy, pour ses appointemens extraordinaires. 2000ᵗᵗ

A Collinot, jardinier, pour ses gages et entretenemens des allées et pallissades du petit parc pendant lad. année 1678................................. 8800ᵗᵗ

A Dupuis, autre jardinier, pour ses gages et entretenemens de l'orangerie et parterre à fleurs de Versailles pendant lad. année.................... 3000ᵗᵗ

22 janvier 1680 : à luy, pour l'augmentation de ses gages et entretenemens de l'orangerie de Versailles pendant les années 1677 et 1678.............. 1400ᵗᵗ

26 janvier 1679 : à luy, pour ses gages et entretenemens des allées du tour du canal de Versailles pendant l'année 1678........................ 2200ᵗᵗ

A Vaultier, autre jardinier, pour ses gages et entretenemens du jardin potager en 1678......... 3000ᵗᵗ

A Le Bouteux, pour ses gages et entretenemens des jardins, orangers et jasmins de Trianon, *idem*.. 17500ᵗᵗ

A luy, pour l'entretenement des fontaines de Trianon.. 500ᵗᵗ

A Denis, fontainier, pour ses gages et entretenemens des fontaines de Versailles *idem*............ 10000ᵗᵗ

A du Chesnoy, marbrier, pour l'entretenement des marbres pendant l'année 1678, y compris l'augmentation de 350ᵗᵗ à luy accordée pour les derniers six mois de la présente année........................... 1350ᵗᵗ

A Bertier, rocailleur, pour l'entretenement de toutes les rocailles et grottes de Versailles *idem*...... 2400ᵗᵗ

A Fleurand, jardinier de Clagny, sçavoir : 1200ᵗᵗ pour ses gages, et 6750ᵗᵗ pour l'entretenement des jardins dud. lieu............................... 7950ᵗᵗ

A Popinet, ayant le soin de visiter tous les moulins de Versailles, pour ses gages de lad. année...... 1200ᵗᵗ

Aux quatre gondoliers Vénitiens qui sont sur le canal

de Versailles, pour leurs gages de lad. année, à 1200^{lt} chacun............................ 4800^{lt}

Aux cinq meusniers de la montagne de Satory, pour leurs gages de lad. année, déduction faite des journées qu'ils ont manqué au service.............. 3967^{lt}

Sçavoir :

A Fonteray..................... 780^{lt}
A Hébert...................... 797^{lt}
A Haran...................... 797^{lt}
A la veuve Hanigue.............. 798^{lt}
A Valée...................... 795^{lt}

Auxd. meusniers, pour l'entretenement des graisses et chevilles desd. cinq moulins de Satory pendant lad. année 1678............................. 500^{lt}

A ceux des moulins de Versailles et Trianon pour leurs gages de lad. année..................... 3300^{lt}

Sçavoir :

A Godet..................... 1000^{lt}
A Dupré..................... 500^{lt}
A Maillard................... 800^{lt}
Et à François Estienne........... 1000^{lt}

A eux, pour l'entretenement des graisses et chevilles desd. moulins pendant lad. année............. 475^{lt}

A Grillon et Levé, meusniers des deux nouveaux moulins de Clagny, pour leurs gages de lad. année, à 800^{lt} chacun............................. 1600^{lt}

A eux, pour l'entretenement des graisses et chevilles desd. moulins......................... 200^{lt}

A Bailly, peintre, pour l'entretenement des peintures et dorures des fontaines de Cerès, Flore, Bachus et de celles du Labirinthe, au petit parc de Versailles, pendant lad. année 1678......................... 700^{lt}

A Dauvergne, préposé pour pezer le fer qui s'employe aux bastimens, pour ses gages idem............. 1080^{lt}

A Le Maire le jeune, pour l'entretenement des soupapes et autres ouvrages de cuivre des fontaines pendant le premier quartier de lad. année........... 225^{lt}

A Lagaude, aussi fondeur, pour led. entretenement des ouvrages de cuivre desd. fontaines pendant les trois derniers quartiers........................ 675^{lt}

A Jamin, préposé pour pezer et distribuer le plomb des bastimens et fontaines, pour ses gages de lad. année. 900^{lt}

A Desmoulins, archer de la Prevosté, qui a le soin de faire accélérer les matériaux pour les bastimens, pour ses gages de lad. année...................... 1080^{lt}

24 mars 1679 : à la veuve de Charlemagne, préposé à divers atteliers de Versailles, pour neuf mois de ses gages écheus le dernier septembre 1678............ 675^{lt}

Somme de ce chapitre........ 86902^{lt}

VAISSEAUX SUR LE CANAL.

20 febvrier : aux nommez Le Moyne, peintres, à compte des ouvrages qu'ils font à un des yacks.......... 400^{lt}

20 febvrier-15 avril : à La Baronnière, doreur, pour parfait payement de 1700^{lt} pour la dorure qu'il a faite à un des yacks (2 p.)..................... 600^{lt}

21 mars-13 juin : à luy, pour parfait payement de 1180^{lt} pour peinture et dorure de deux chaloupes qui sont sur le canal (2 p.)..................... 1180^{lt}

21 mars : à Prou, menuisier, pour ouvrages faits à deux chalouppes......................... 325^{lt}

A Caffieri, sculpteur, pour parfait payement de 1737^{lt} pour ouvrages faits à deux chalouppes du canal.. 637^{lt}

15 avril-30 may : à Laquier, pour plusieurs drogues qu'il a fourny pour les vaisseaux qui sont sur le canal (2 p.)............................... 915^{lt} 7^s 6^d

8 may : à Noiret, pour diverses marchandises fournies pour les chalouppes du canal........ 1142^{lt} 12^s

23 may : à Trognon, cordier, pour cordages fournis pour lesd. chalouppes.................. 320^{lt} 10^s

18 aoust : aux mariniers qui ont servy sur le canal à arracher les herbes..................... 382^{lt}

12 novembre : aux mariniers extraordinaires qui ont travaillé sur le canal..................... 924^{lt}

14 septembre : aux quatre gondolliers Vénitiens qui sont sur le canal, par gratification pour la présente année, à 400^{lt} chacun........................ 1600^{lt}

26 febvrier 1679 : à Consolin, capitaine des vaisseaux, pour ses appointemens................. 1800^{lt}

Au s^r Consolin Lazarin, lieutenant, idem.... 1000^{lt}
A Michel Beuze, contre-maistre, idem....... 600^{lt}
A Le Comte, charpentier desd. vaisseaux, idem. 840^{lt}
A Jacques Fosse, calfateur, idem............ 835^{lt}
A Jean Bremar, matelot, idem.............. 540^{lt}
A Jaques Douville, autre matelot, idem..... 540^{lt}
A François Le Comte, idem................ 534^{lt}
A Jean Kervel, idem...................... 525^{lt}
A Jean-Baptiste Rossignol, idem............ 471^{lt}
A Michel Lavienne, idem.................. 540^{lt}
A Pierre Sallé, idem...................... 540^{lt}
A Adancourt, idem....................... 522^{lt}
A Andrien Peley, idem................... 480^{lt}
A Jean Pitrot, autre matelot, pour quatre mois de service........................... 180^{lt}

A Jean Delaune, autre matelot, pour le mois de décembre, étant entré au service le 1er dud. mois.... 45ᵗᵗ
A La Simonnière, forçat sur lesd. vaisseaux, pour sa nourriture de lad. année.................. 350ᵗᵗ
A Chastillon, autre forçat, *idem*.......... 350ᵗᵗ
Somme de ce chapitre..... 19118ᵗᵗ 9ˢ 6ᵈ

PARTIES EXTRAORDINAIRES.

30 janvier-5 febvrier : à Colin, à compte des routes qu'il fait pour la chasse sur la hauteur de la Fausse-Repose (2 p.)......................... 3300ᵗᵗ
30 janvier 1678-15 janvier 1679 : aux ouvriers qui ont fait des routes dans le grand parc, suivant les rolles (4 p.)............................. 2353ᵗᵗ 15ˢ 8ᵈ
30 janvier 1678-8 janvier 1679 : à ceux qui ont rempli les glacières de Versailles, Trianon, la Mesnagerie, Satory et Clagny (2 p.)................ 4030ᵗᵗ 6ˢ
6 febvrier : à ceux qui ont régalé des trous dans des bois du grand parc, suivant le rolle finy le 2 du mois de febvrier........................... 576ᵗᵗ 10ˢ 2ᵈ
6-13 febvrier : à ceux qui ont fait divers ouvrages, suivant les rolles (2 p.)................ 938ᵗᵗ 9ˢ 8ᵈ
6 febvrier-27 mars : à ceux qui ont travaillé en divers endroits du petit parc (2 p.)................ 974ᵗᵗ
13 febvrier : à ceux qui ont posé la première pierre aux nouveaux bastimens, par gratiffication......... 100ᵗᵗ
30 aoust : à ceux qui ont travaillé à poser les bois des charpentes........................... 146ᵗᵗ 9ˢ
14 octobre 1678-15 janvier 1679 : à ceux qui ont porté de l'eau bonne à boire dans les atteliers (3 p.)................................ 779ᵗᵗ 3ˢ 6ᵈ
23 octobre : à ceux qui ont arrousé les talus des estangs de Trappes........................... 479ᵗᵗ 19ˢ
30 octobre 1678-15 janvier 1679 : à ceux qui ont voituré des fumiers dans le nouveau potager (3 p.) 1419ᵗᵗ 5ˢ
30 octobre-24 novembre : à ceux qui ont travaillé au restablissement de la citerne (3 p.)........ 1373ᵗᵗ 9ˢ
30 octobre-12 novembre : à ceux qui ont travaillé à nettoyer les petites cours (2 p.).......... 1096ᵗᵗ 10ˢ
30 octobre : aux ouvriers et rocailleurs qui ont travaillé à la nouvelle fontaine................. 124ᵗᵗ 10ˢ
30 octobre : à ceux qui ont porté du sable de rivière dans la petite cour................... 1654ᵗᵗ 18ˢ
12 novembre : à ceux qui ont travaillé à régaler les allées du grand parc................... 112ᵗᵗ 1ˢ
A ceux qui ont travaillé à régaler les talus du Bois d'Arcy............................. 505ᵗᵗ 1ˢ
A ceux qui ont travaillé à remplir les voultes du pont des routes du bois de Satory................ 204ᵗᵗ

A ceux qui remplissent les trous au buisson des Graviers..................... 110ᵗᵗ 4ˢ
A ceux qui ont couvert de terre les ponts proche Trianon............................. 120ᵗᵗ 16ˢ
A ceux qui ont travaillé à la recherche des eaux pour Trianon (2 p.)...................... 1383ᵗᵗ 4ˢ
24 décembre : à ceux qui ont travaillé à regarnir les charmes du tour du canal................ 114ᵗᵗ 6ˢ
15 janvier : à ceux qui ont esté de Paris travailler à Versailles, par gratiffication............. 1252ᵗᵗ 10ˢ
A ceux qui ont travaillé à arracher le bois dans le petit parc de Trianon........................ 110ᵗᵗ 7ˢ
A ceux qui ont travaillé à lever les sapins de l'orangerie................................. 650ᵗᵗ 0ˢ 10ᵈ
1ᵉʳ febvrier : à Germain, à compte des achapts d'arbres qu'il fait pour planter aux environs de Versailles. 4500ᵗᵗ
A Ladoireau, pour une manivelle qu'il a fourny pour les pompes........................... 411ᵗᵗ 6ˢ
6 mars : à luy, pour une manivelle *idem*..... 861ᵗᵗ 6ˢ
1ᵉʳ febvrier : à Robelin, pour les ouvriers qui ont fait des routes du costé de Jardy, suivant le rolle finy le 29 janvier................................. 336ᵗᵗ 7ˢ
15 may-19 juin : à Robelin¹, tailleur de pierre, à compte des pierres de Meudon qu'il taille pour les bassins (2 p.)............................. 300ᵗᵗ
14 octobre : à luy, pour les ouvrages qu'il a faits aux bassins de l'allée d'eau.................. 150ᵗᵗ
5 febvrier-24 décembre : à Cucci, fondeur et ébéniste, à compte de la balustrade de bronze doré qu'il fait pour le grand escalier (7 p.)................. 16000ᵗᵗ
5 febvrier-29 mars : à luy, pour son parfait payement de 6012ᵗᵗ 18ˢ pour ouvrages de bronze qu'il a faits dans l'appartement des bains (2 p.)........... 2712ᵗᵗ 18ˢ
30 may : à luy, pour parfait payement de 2324ᵗᵗ pour ouvrages d'orfévrerie et bronze doré du grand miroir de marbre de la chambre des bains............ 1124ᵗᵗ
15 may-24 novembre : à luy, à compte de ses ouvrages (6 p.)................................. 9500ᵗᵗ
14 octobre : à luy, pour ferrures de cuivre doré pour les croisées des appartemens............... 600ᵗᵗ
8 janvier 1679 : à luy, à compte de la dorure de l'appartement des bains...................... 800ᵗᵗ
15 janvier 1679 : à luy, à compte d'un cabinet d'orgues qu'il fait pour le chasteau de Versailles.... 1000ᵗᵗ
5 febvrier-8 may : à Poullain et Le Roux pour leur parfait payement de 577ᵗᵗ 19ˢ pour avoir thoisé le moislon du mur du grand parc (2 p.)............. 577ᵗᵗ 19ˢ

¹ Ou Roblin.

13 febvrier : à BREMIER, carreleur, pour réparations de carreaux qu'il a faites en divers endroits...... 97ᵗᵗ 17ˢ

A HUBIN, esmailleur, pour menues ouvrages d'esmail qu'il a faits............................. 159ᵗᵗ

13 febvrier-12 novembre : à LESCHIQUIER, chaudronnier, à compte de ses ouvrages et des coquilles de cuivre pour la fontaine de l'Arc de triomphe (8 p.)... 6600ᵗᵗ

13 febvrier-30 octobre : à LA GAUDE, fondeur, pour ouvrages de cuivre pour les fontaines (3 p.). 1733ᵗᵗ 13ˢ

21 avril-30 may : à luy, pour parfait payement de 1371ᵗᵗ 10ˢ pour ouvrages de cuivre qu'il a faits aux moulins de Clagny (3 p.)............. 1371ᵗᵗ 10ˢ

18 febvrier : à EMOND et MUZARD, pour parfait payement de 17013ᵗᵗ 2ˢ pour les ouvrages qu'ils ont faits aux moulins de Trianon............... 3213ᵗᵗ 2ˢ

28 febvrier : au sʳ EMOND, pour parfait payement de 9500ᵗᵗ pour ses ouvrages à la salle des festins.. 2300ᵗᵗ

18 febvrier : à GODET et EMONNET, pour parfait payement de 86797ᵗᵗ à quoy montent les ouvrages qu'ils font aux moulins............................. 7637ᵗᵗ

20 febvrier-29 mars : à MASSELIN, chaudronnier, pour parfait payement de huit vases de cuivre rouge qu'il a faits pour l'Arc de triomphe (2 p.)........ 1878ᵗᵗ 5ˢ

29 mars 1678-15 janvier 1679 : à luy, à compte des ornemens, vases, piramides et plaques de cuivre qu'il fait à la fontaine de l'Arc de triomphe, au petit parc (7 p.)................................ 4400ᵗᵗ

27 febvrier : à M. DE ROQUANCOURT, pour le fortage de 119 thoises de pierre de mollière qui ont esté fouillées sur ses terres........................ 119ᵗᵗ

A THIÉRY, à compte des routes qu'il fait sur les cotteaux des environs de Versailles................. 600ᵗᵗ

6 mars : à BANNOIS, manœuvre, en considération de ce qu'il s'est rompu une jambe............... 40ᵗᵗ

6 mars-15 may : à LANGLOIS, carrier, à compte des pierres de Meudon qu'il fournit (4 p.)........ 2800ᵗᵗ

6-15 mars : à LE TORT, taillandier, parfait payement des racommodages qu'il a fait aux manivelles (2 p.)... 468ᵗᵗ

6 mars : au sʳ COUPLET, pour menues dépenses qu'il a faites pour niveler les eaux de Versailles...... 300ᵗᵗ

6 mars-30 may : à la veuve LE MAIRE, pour son parfait payement de 8307ᵗᵗ 18ˢ pour fournitures de robinets et soupapes faites en 1677 (2 p.)........ 1807ᵗᵗ 18ˢ

1ᵉʳ aoust-24 novembre : à elle, à compte de trois robinets et ouvrages de cuivre qu'elle fournit (3 p.). 3300ᵗᵗ

13 mars-15 may : à BERTHIER, rocailleur, pour son parfait payement de 2132ᵗᵗ 16ˢ (2 p.)..... 1132ᵗᵗ 16ˢ

14 octobre : à luy, pour rochers de Gros-Rouvre qu'il fait voiturer........................ 400ᵗᵗ

13 mars-25 septembre : à LE MAIRE, fayancier, à compte des vases de fayance qu'il fournit (2 p.). 2800ᵗᵗ

20 mars 1678-8 janvier 1679 : à CHAUVET, battelier, pour dosses de batteau qu'il fournit pour la plaine de Trappes (5 p.)..................... 2908ᵗᵗ 9ˢ 6ᵈ

27 mars-3 avril : à LE MAIRE le jeune, fondeur, à compte des robinets et soupapes qu'il fournit (3 p.) 5300ᵗᵗ

29 mars : à BERGERON, maçon, à compte des murs de closture qu'il fait à Trianon.............. 1500ᵗᵗ

15 avril : à luy, pour remboursement de ce qu'il a payé au nommé LA PIERRE, manœuvre, par gratification, en considération de ce qu'il a eu la jambe fracassée... 40ᵗᵗ

29 mars : à LE HONGRE, peintre, à compte de ses ouvrages............................. 920ᵗᵗ

3 avril-30 may : à HAMONNET, fondeur, pour son parfait payement de 2353ᵗᵗ pour boestes de cuivre qu'il a faites (2 p.)............................ 2353ᵗᵗ

10 aoust-4 décembre : à luy, à compte des ouvrages de cuivre et tuyaux de descente *idem* (2 p.).... 3085ᵗᵗ

15 avril : à DU PONT, vasnier, pour plusieurs mannes d'ozier qu'il a fournis pour lever des pisceas..... 364ᵗᵗ

1-30 may : à CHARLEMAGNE, voiturier, pour journées de voiture employées à transporter du fumier en divers endroits (2 p.)....................... 560ᵗᵗ

8 may : à LOUISE SIMON, lingère, pour 578 aunes de treillis pour les moulins de Versailles......... 414ᵗᵗ

8 may-30 aoust : à DENIS LE RICHE et consors, marchands de bois, pour parfait payement de fournitures de perches pour treillages (4 p.)........... 3091ᵗᵗ 1ˢ

19 may : à DENIS, fontainier, pour diverses fournitures de soudures faites en 1677.............. 2856ᵗᵗ 14ˢ

18 décembre : à DENIS, ingénieur, en considération de l'augmentation arrivée à l'entretenement des fontaines de Versailles depuis le marché de 10000ᵗᵗ par an.. 3420ᵗᵗ

30 may : à BAUDOUIN, corroyeur, pour huit cuirs de bœufs qu'il a vendus pour les pompes...... 286ᵗᵗ 10ˢ

30 may-11 décembre : à DUFOUR, marchand, pour fournitures de clous de batteaux et de roues, chevilles et autres (6 p.)....................... 1457ᵗᵗ 1ˢ 6ᵈ

30 may : à COLLOT, pour quarante dessus d'ajustages de cuivre........................... 120ᵗᵗ

30 may-4 décembre : à FRANÇOIS PERRAULT, greffier des Bastimens, pour plusieurs visites et thoisés d'ouvrages qu'il a faits (2 p.).................... 1504ᵗᵗ 10ˢ

30 may : à MAGNONOT, tailleur de pierre, par gratification, en considération de ce qu'il a eu le bras cassé. 30ᵗᵗ

Aux tailleurs de pierre, pour le May de l'Ascencion qu'ils ont planté devant les bastimens, par gratification............................. 300ᵗᵗ

À Baston, manœuvre, par gratiffication, en considération de ce qu'il a eu la jambe fracassée........ 30ᵗᵗ

À Le Jongleur, pour remboursement de pareille somme qu'il a payée aux ouvriers qui ont posé les tuyaux et les cuvettes dans l'aqueduc de Roquancourt...... 386ᵗᵗ 7ˢ

11 juillet : à luy, pour ceux qui ont posé des tuyaux de grais............................. 287ᵗᵗ 13ˢ

5 juin : à Bailly, peintre, pour plusieurs desseins de broderie de point d'Espagne............. 541ᵗᵗ 10ˢ

À Dupuis, hostellier du *Mouton Rouge*, à Versailles, pour dépense de bouche faite par Messieurs de l'Académie................................ 1517ᵗᵗ

13 juin : à Le Tellier, piqueur, par gratiffication, en consideration de ce qu'il a eu la teste cassée...... 60ᵗᵗ

20 juin : à Duez, ouvrier en ciment, pour avoir restably le bassin de la Syrenne.................. 729ᵗᵗ

4-26 juillet : à luy, pour avoir restably celuy de la Piramide du parc (2 p.)................ 1949ᵗᵗ 3ˢ

4 juillet-24 novembre : à luy, pour parfait payement des ouvrages du bassin de la cour (6 p.)... 9036ᵗᵗ 15ˢ

26 juin : à Gauland, pour avoir fait baqueter¹ les eaux pendant l'hyver......................... 200ᵗᵗ

À Douceur, ingénieur, pour une machine qu'il a faite pour eslever les eaux.................... 1000ᵗᵗ

11 juillet : à Le Gris, pour quatorze muids de ciment qu'il a fouray......................... 350ᵗᵗ

12 juillet : à Coulon, pour son parfait payement de 37361ᵗᵗ 6ˢ pour tuyaux de fer qu'il a fournis.. 4361ᵗᵗ 6ˢ

À Desvaugoins, aussi pour son parfait payement de 61565ᵗᵗ 16ˢ pour tuyaux de fer, corps de pompe et manivelles qu'il a fournis................. 5565ᵗᵗ 16ˢ

18 juillet-12 novembre : à Langrené, ingénieur, 4465ᵗᵗ 12ˢ pour parfait payement de la cisterne qu'il fait dans le logis de la Surintendance, et 600ᵗᵗ pour son travail (6 p.)............................: 5065ᵗᵗ

18 juillet : à Le Roy, nattier, pour avoir natté le cabinet du Roy et de la Reyne.................. 175ᵗᵗ 2ˢ

25 septembre-30 novembre : à luy, pour fournitures de nattes (2 p.)........................'.. 752ᵗᵗ 10ˢ

18 juillet : à Martinot, horloger, pour cercles de fer qu'il a livrez pour les cadrans................ 520ᵗᵗ

14 septembre-24 décembre : à luy, à compte de l'horloge qu'il fait (2 p.)..................... 1100ᵗᵗ

18 juillet : à Payen, pour l'inspection qu'il a eue sur les ouvriers qui ont travaillé aux estangs des Graissets depuis le 1ᵉʳ novembre jusqu'au 6 juin......... 300ᵗᵗ

¹ Terme de jardinier, d'après le *Dict. de Trévoux*, qui signifie ôter de l'eau avec une pelle ou une écope.

26 juillet : à de Richebourg, marchand de bois, pour bois qu'il a livré pour les pompes........... 1010ᵗᵗ

À Buny, marchand linger, pour 619 aunes de treillis qu'il a fournis pour les moulins........... 403ᵗᵗ 8ˢ

30 octobre : à luy, pour cinq pièces de treillis pour le Jeu de paulme....................... 325ᵗᵗ 5ˢ

26 juillet : à Collette, pour plusieurs menues marchandises............................ 83ᵗᵗ 9ˢ

1ᵉʳ aoust : à Deshayes, par gratiffication, en considération de ce qu'il a eu l'œil crevé............. 60ᵗᵗ

21 aoust : à de la Marre, potier de terre, pour son payement de 63 toises de thuyaux de grais...... 756ᵗᵗ

25 septembre-12 novembre : à luy, pour thuyaux de grais (2 p.)......................... 1544ᵗᵗ

10 aoust : à Edme La Gnaude², fondeur, à compte de ses ouvrages........................ 400ᵗᵗ

26 aoust-18 décembre : à Prudhomme, à compte de plusieurs arpentages qu'il a faits pour les bastimens du Roy (2 p.)............................ 700ᵗᵗ

14 septembre : à Cassegrain, mouleur, pour avoir monté plusieurs antiques de Rome dans le jardin. 208ᵗᵗ 15ˢ

14 septembre-4 décembre : à Langelin, boisseleur, pour parfait payement de 652ᵗᵗ pour quarante-huit vazes de boisselage pour les ifs (2 p.)............. 652ᵗᵗ

25 septembre : à Lequet et consors, pour sable de rivière................................. 237ᵗᵗ 2ˢ

25 septembre-4 décembre : à Noiret, marchand, pour robinets, contre-cœurs de fer et autres marchandises (3 p.)............................... 5778ᵗᵗ 7ˢ

25 septembre : à Croquoison, par gratiffication, en considération de ce qu'il a eu la jambe cassée..... 40ᵗᵗ

4 octobre : à Lejeune et Duval, pour avoir vuidé les fosses en divers appartemens............... 118ᵗᵗ 19ˢ

14 octobre : à Monnet, pour avoir posé le parquet de la chambre de Monseigneur le Dauphin......... 88ᵗᵗ

À Trognon, pour cordages qu'il a livrez pour les moulins.................................. 242ᵗᵗ 4ˢ

À Marais, pour treillages de bois de chastaignier autour de la nouvelle fontaine............... 118ᵗᵗ 6ˢ

À Morel, artificier, à compte de l'artifice qu'il fournit aux magazins du Roy..................... 300ᵗᵗ

À Caresme, autre artificier, *idem*.......... 300ᵗᵗ

À Bersaucourt, espinglier, à compte du fil de fer qu'il fournit............................... 1000ᵗᵗ

² Ne serait-ce pas le même que le fondeur La Gaude, dont il est question dans ce chapitre et dont le nom aurait été estropié par le copiste ?

23 octobre : à BLÉRY, charpentier, par gratiffication, en considération de ce qu'il est tombé.......... 40ʰ

A LESPÉRANCE, *idem*, en considération de ce qu'il a eu le bras cassé............................ 40ʰ

30 octobre : à CLÉRAMBOURG, pour avoir décrotté les parquets des appartemens............... 73ʰ 15ˢ

A AUMONT, compagnon charpentier, par gratifficaction, en considération de ce qu'il a eu la jambe cassée.. 40ʰ

30 octobre-24 novembre : à PASCAL[1], pour carrosses pour les officiers des bastimens (2 p.)...... 699ʰ 10ˢ

30 octobre : à LE MIRE, compagnon maçon, par gratiffication, en considération de ce qu'il a esté blessé. 40ʰ

3 novembre : à POCQUELIN, pour une grande glace de miroir pour la chambre des bains............ 1500ʰ

12 novembre : à FRANÇOIS, noircisseur, pour avoir noircy le Jeu de paulme.................. 60ʰ

A FRANÇOIS PAULET, charpentier, en considération de ce qu'il est tombé en travaillant au chasteau...... 40ʰ

23 novembre : à LEMBERT, garçon fontainier, par gratiffication, pour s'estre plongé dans le réservoir de Satory.................................. 60ʰ

24 novembre : à OLIVIER, tabletier, pour fournitures qu'il a faites......................... 196ʰ

A DESCLUZEAUX, pour vingt-quatre journées de son temps............................. 96ʰ

30 novembre : aux chartiers qui ont voituré des fumiers pour les jardins..................... 116ʰ 4ˢ

A BORGNON, paumier, pour fournitures..... 225ʰ 4ˢ

4 décembre : à LANGEVIN et consors, pour 4039 bottes de rozeau qu'ils ont coupé pour couvrir les escuries des gardes du corps du Roy.................. 201ʰ 19ˢ

A ALLEN, marchand, pour vingt saulmons d'estain fin qu'il a fournis....................... 5108ʰ 16ˢ

9 décembre : aux tailleurs de pierre et autres ouvriers, en considération des médailles d'or et d'argent mises dans les massifs de maçonnerie de l'Arc de triomphe de Versailles................................ 110ʰ

11 décembre : à HENOC, facteur d'orgues, pour avoir rétably l'orgue de la Grotte de Versailles....... 180ʰ

18 décembre : à luy, à compte d'une orgue qu'il a faite pour le service du Roy................... 1000ʰ

Aux palfreniers des écuries de la Reyne, pour 360 voies de fumier qu'ils ont fourny au jardin potager et à celuy de l'orangerie (2 p.)................... 216ʰ

Aux matelots et mariniers qui ont servy sur le canal de Versailles pendant le séjour du Roy.......... 488ʰ

[1] Ou PASCUAL.

A CARON, arpenteur, pour avoir levé le plan de la forest de Crouy............................. 450ʰ

A EDELINCK le jeune, graveur, à compte de la planche qu'il a gravée, représentant le grand grouppe de marbre de la Grotte[2]......................... 500ʰ

21 décembre : A CLAUDE MATHIEU, dessignateur, pour plusieurs desseins..................... 200ʰ

24 décembre : à DU PLESSIS, VOYER, CULAMBOUR et CRETÉ, manouvriers, en considération des blessures qu'ils se sont faites en travaillant aux aqueducs proche le magazin de Roquancourt................. 160ʰ

8 janvier 1679 : à MAUGIN, charon, à compte d'un binard neuf qu'il a fait pour les bastimens de Versailles 500ʰ

15 janvier 1679 : à SPIRE BRAY, espinglier, pour ouvrages de fil de laton qu'il a faits à une petite bibliotèque en l'appartement de M. Bontemps........ 67ʰ 12ˢ

A BRIOT, miroitier, pour plusieurs journées de son travail avec ses compagnons................ 507ʰ 5ˢ

13 aoust 1679 : au sʳ PETIT, prieur de Choisy, sçavoir : 600ʰ pour ses dixmes sur les terres enfermées dans le parc de Versailles, dépendant de son prieuré ; 93ʰ pour trois arpens de pré enfermez *idem* ; 140ʰ pour le revenu de 2800ʰ de fonds de terre et pré dépendans *idem*, et 200ʰ pour le revenu du pré Saint-Pierre enfermé *idem* ; le tout pour l'année 1678................ 1093ʰ

Somme de ce chapitre.. 198753ʰ 19ˢ 10ᵈ

CLAGNY.

MAÇONNERIE.

18 juin : à BERGERON, pour son parfait payement de 1657ʰ 2ˢ pour les ouvrages qu'il a faits au réservoir de Glatigny............................. 872ʰ 2ˢ

14 febvrier-21 juin : à BAILLY, à compte des murs de closture du jardin (3 p.)................. 1800ʰ

30 avril-15 octobre : à luy, à compte des murs de terrasses de Clagny (2 p.)................. 900ʰ

14 febvrier-3 avril : à GAULAND, pour le changement des deux alcôves (2 p.)................ 820ʰ

5 juin : à luy, à compte de plusieurs ouvrages.. 200ʰ

14 febvrier-23 septembre : à VIGNEUX, à compte des réparations qu'il fait (3 p.)................ 650ʰ

14 febvrier 1678-4 janvier 1679 : à luy, à compte des

[2] Le Soleil ou Apollon servi par les Nymphes, groupe de sept figures par Girardon et Regnaudin. La planche de Jean Edelinck, qui porte la date de 1678, est à la Chalcographie du Louvre, n° 1274.

ANNÉE 1678. — CLAGNY.

ouvrages qu'il fait à la ménagerie et pépinière de Glatigny (6 p.)............................ 4150tt
10 octobre : à luy, à compte des réparations de l'orangerie de Clagny 300tt
14 febvrier 1678-20 janvier 1679 : à Caucuy, pour la maçonnerie du potager (8 p.)........... 5200tt
4 febvrier 1678-20 janvier 1679 : à Le Maistre et consors, pour les ouvrages du principal corps de logis et de l'aile du chasteau de Clagny (19 p.)..... 124550tt
4 mars 1678-4 janvier 1679 : à Rosdier[1], à compte des tranchées qu'il a fait aux murs (5 p.)....... 530tt
13 mars : à Champion, pour les maçons qui ont fait plusieurs menus ouvrages............... 140tt 17'
23 may : à Boquet, pour les tranchées des murs. 60tt
6 novembre : à de La Haye, maçon, à compte des modelles des corniches de plastre qu'il a fait aux appartemens du bas chasteau de Clagni.................. 100tt

Somme de ce chapitre..... 140272tt 19'

CHARPENTERIE.

4 mars-7 may : à Cliquin et consors, pour les ouvrages des nouveaux bastimens (2 p.).............. 5000tt
4 mars 1678-11 janvier 1679 : à Laporte, pour ses ouvrages de la ménagerie et potager de Glatigny (7 p.) 6800tt
5 juin-23 septembre : à luy, à compte de ses ouvrages pour les ruches (2 p.)................... 1800tt
22 febvrier-1er juin : à Yvon, couvreur, à compte de la couverture du dosme (2 p.)............... 500tt
13 mars-2 septembre : à Duval, couvreur, pour la couverture de l'orangerie (4 p.)............. 1800tt
10 juillet 1678-20 janvier 1679 : à luy, à compte des ouvrages de Glatigny et de Clagny (4 p.).... 2700tt
12 juin 1678-11 janvier 1679 : à Poitevin et consors, à compte des ouvrages de Clagny (6 p.) .. 14900tt
21 juin : à luy, à compte des pieux qu'il fournit. 200tt

Somme de ce chapitre......... 33700tt

MENUISERIE.

14 febvrier-26 aoust : à Carel, pour parfait payement de 4225tt pour ses ouvrages de Clagny (4 p.).. 2725tt
17 septembre 1678-11 janvier 1679 : à luy, à compte de ses ouvrages de menuiserie (3 p.)......... 1200tt
14 febvrier 1678-4 janvier 1679 : à Coutan[2], à compte idem (7 p.)...................... 8400tt

[1] Ou Rodier.
[2] Quelquefois ce nom est écrit Contan.

14 febvrier 1678-4 janvier 1679 : à Nivet, à compte idem (7 p.)........................... 7800tt
14 febvrier 1678-11 janvier 1679 : à Davignon, à compte idem (9 p.)....................... 1700tt
26 juin : à luy, à compte des ouvrages de la mesnagerie de Glatigny............................... 100tt
22 febvrier 1678-4 janvier 1679 : à Desgodets, à compte de ses ouvrages de menuiserie (4 p.).... 900tt
22 febvrier-26 aoust : à Langouron, à compte idem (4 p.).................................... 1350tt
22 febvrier-5 juillet : à Drouilly, à compte de ses ouvrages et réparations (3 p.).............. 320tt
25 septembre : à Barbier, pour douze grandes cuves de bois pour le jardin...................... 722tt
24 décembre : à Classe et Rombault, pour ouvrages faits à huit pompes qui sont dans le jardin du chasteau de Clagny............................. 535tt

Somme de ce chapitre........ 25752tt

SERRURERIE.

14 febvrier 1678-11 janvier 1679 : à Marchand, à compte des ouvrages qu'il fait en divers endroits de la ménagerie et potager de Glatigny et Clagny (11 p.) 2200tt
22 febvrier 1678-4 janvier 1679 : à Castain, à compte du gros fer qu'il fournit et de ses ouvrages au bastiment de Clagny (7 p.)......................... 5700tt
4 mars-20 décembre : à Boy, à compte de ses ouvrages (6 p.).................................... 1600tt
13 mars-1er décembre : à Hasté, à compte idem (5 p.).................................... 1000tt

Somme de ce chapitre........ 10500tt

VITRERIE ET PAVÉ.

23 avril-25 octobre : à Jacquet, vitrier, à compte de ses ouvrages de vitrerie (4 p.)............. 850tt
21 juin : à Marchand, paveur, à compte des ouvrages de Glatigny............................... 300tt

Somme de ce chapitre........ 1150tt

PEINTURE ET DORURE.

14 febvrier-27 décembre : à Le Hongre, à compte de la peinture des treillages (5 p.)............ 1420tt
22 febvrier-9 octobre : à la veuve Thibincelin[3], pour grosses peintures du dosme de treillages (3 p.)... 450tt
30 octobre : à Vigoureux, à compte de la peinture en

[3] Ou Thierselin.

couleur de bronze faite sur les ferrures des armoires des garde-meubles 100ʰ

Somme de ce chapitre 1970ʰ

SCULPTURE.

14 febvrier - 17 avril : à Houzeau et consors, pour le parfait payement de 1700ʰ 13ˢ pour ouvrages de sculpture qu'ils ont faits à la grande gallerie (2 p.) 800ʰ 13ˢ

30 juillet - 9 septembre : à Houzeau, à compte de ses ouvrages (2 p.) 240ʰ

14 febvrier : à Paris, pour son parfait payement de 360ʰ pour la sculpture du chapiteau d'une colonne 60ʰ

10 juillet - 6 novembre : à luy, à compte de ses ouvrages (3 p.) 340ʰ

1ᵉʳ décembre 1678 - 11 janvier 1679 : à Paris et Martin, à compte *idem* (2 p.) 900ʰ

5 juillet - 9 octobre : à Martin, à compte de ses ouvrages (3 p.) 700ʰ

22 juillet : à luy, pour deux bas-reliefs et figures. 270ʰ

17 avril : à Raon et Paris, pour le parfait payement de 236ʰ 16ˢ 36ʰ 16ˢ

13 mars - 16 juin : aud. Raon, à compte de ses ouvrages (2 p.) 720ʰ

22 febvrier - 1ᵉʳ octobre : à Drouilly, à compte *idem* (5 p.) 1800ʰ

28 may 1678 - 20 janvier 1679 : à Raon et Drouilly, à compte *idem* (8 p.) 3700ʰ

7 aoust : à eux, à compte des ouvrages et ornemens de plomb qu'ils font sur le dosme 800ʰ

1ᵉʳ décembre : à eux, à compte des corniches de stuc des appartemens attiques de Clagny 900ʰ

1ᵉʳ octobre : à Drouilly et Lixe, à compte du pavé de marqueterie de marbre de la chambre des bains de Clagny 400ʰ

22 febvrier 1678 - 11 janvier 1679 : à Barbe et Briquet, à compte de leurs ouvrages (6 p.) 2750ʰ

22 febvrier - 27 décembre : à Le Hongre et Jouvenet, à compte *idem* (3 p.) 576ʰ 13ˢ 4ᵈ

22 febvrier : à Poissant, pour son parfait payement de 864ʰ pour ouvrages de sculpture 84ʰ

A Couet, pour parfait payement de 864ʰ pour pareils ouvrages 25ʰ

21 aoust : à luy, pour six consolles 90ʰ

22 febvrier - 17 avril : à Champion, pour son remboursement de ce qu'il a payé à plusieurs sculpteurs qui ont réparé plusieurs corniches rompues (2 p.) ... 209ʰ 17ˢ

4 mars - 17 avril : à Pallu, pour parfait payement de 361ʰ 8ˢ pour ouvrages de sculpture (2 p.) 161ʰ 8ˢ

4 janvier 1679 : à luy, à compte 120ʰ

13 mars - 17 avril : à Perrin, pour parfait payement de 354ʰ 18ˢ pour ouvrages de sculpture (2 p.) .. 177ʰ 18ˢ

11 janvier 1679 : à luy, à compte 100ʰ

13 mars 1678 - 4 janvier 1679 : à Derigné, à compte de ses ouvrages de sculpture (3 p.) 300ʰ

13 mars : à Mazeline, *idem* 191ʰ

26 juin : à Mazeline et La Perdrix, pour parfait payement de 1220ʰ pour les ouvrages du petit modèle du chasteau 220ʰ

5 juillet - 6 novembre : à Hutinot et La Perdrix, à compte *idem* (3 p.) 900ʰ

7 aoust - 27 décembre : à Desjardins et Le Hongre, à compte *idem* (4 p.) 2600ʰ

20 novembre : à Fremery, à compte des modèles de cuivre qu'il fournit 100ʰ

Somme de ce chapitre 20273ʰ 5ˢ 4ᵈ

MARBRERIE ET PLOMBERIE.

14 febvrier 1678 - 4 janvier 1679 : à Lixe, à compte des chambranles de marbre qu'il fait (6 p.) 3000ʰ

5 juin - 27 décembre : à Lixe et Drouilly, à compte des ouvrages de pavé de marbre de la chambre des bains du chasteau (3 p.) : 1400ʰ

26 febvrier 1678 - 4 janvier 1679 : à Allain, plombier, à compte de ses ouvrages (8 p.) 20000ʰ

Somme de ce chapitre 24400ʰ

JARDINAGES.

21 mars : à Huby et consors, pour arbrisseaux et fleurs qu'ils ont fourny pour le jardin de Clagny 499ʰ 9ˢ

5 juin : à Tuierry, jardinier, pour son parfait payement de 1290ʰ 16ˢ pour labours aux plans d'arbres des avenues 190ʰ 16ˢ

30 aoust : à luy, à compte du second labour ... 300ʰ

26 juillet : à Fresnay, jardinier, pour tin, saulge et autres qu'il a livrez pour le jardin de Clagny 63ʰ

10 aoust : à Dumant et consors, pour fournitures de perches, bottes d'osier et mannes pour les jardins de Clagny 1115ʰ

22 febvrier - 1ᵉʳ juin : à Toucnant, jardinier, pour parfait payement des treillages de Glatigny (3 p.) ... 451ʰ 7ˢ

6 septembre : à luy, à compte de ses gages .. 1200ʰ

22 febvrier - 17 avril : à Boussant[1] et Noblet, à compte des transports de terre qu'ils font (3 p.) 550ʰ

26 febvrier - 24 novembre : à Lefranc, pour son remboursement de ce qu'il a payé aux jardiniers qui ont

---

[1] Ou Boussard.

ANNÉE 1678. — CLAGNY.

labouré les avenues de Glatigny, travaillé à la pépinière de Clagny et arrosé les plantes (5 p.)..... 7633ᵗᵗ 11ˢ

11 aoust : à luy, pour plusieurs ruches...... 146ᵗᵗ

24 décembre : à luy, pour fournitures...... 1515ᵗᵗ

4 mars - 25 octobre : à Caillaud, terrassier, à compte du curage des estangs de Glatigny (8 p.)...... 1580ᵗᵗ

20 novembre : à luy, à compte du transport de viel moilon............................ 100ᵗᵗ

8 décembre : à luy, à compte du transport des terres du jardin potager de Glatigny............... 200ᵗᵗ

13 mars - 30 juillet : à Champion, pour son remboursement de ce qu'il a payé aux jardiniers qui ont travaillé au potager (3 p.)..................... 1562ᵗᵗ 9ˢ

25 mars - 17 avril : à du Costé et Bourert, pour parfait payement de 46588ᵗᵗ 13ˢ pour fouilles et transports (2 p.)................................. 588ᵗᵗ 13ˢ

12 avril : à Rivière et consors, pour avoir relevé les terres éboulées........................ 153ᵗᵗ

8 décembre : à La Rivière et Vallée, pour parfait payement de 4525ᵗᵗ pour transports de terre du jardin de Clagni.................................. 75ᵗᵗ

1ᵉʳ juin : à Bart, jardinier, à compte des treillages de bois de Glatigny........................ 150ᵗᵗ

21 juin : à Mathieu Réglé et consors, pour parfait payement de 10268ᵗᵗ 14ˢ pour les fouilles et transports de terre de Glatigny.................. 68ᵗᵗ 14ˢ

A Jolly et consors, terrassiers, pour reste et parfait payement de 120ᵗᵗ........................ 90ᵗᵗ

21 juin - 21 aoust : à Le Honore, à compte des impressions de peinture en vert des jardins potagers de Glatigny (2 p.)............................... 510ᵗᵗ

26 juin : à Grandfort, à compte des fouilles de Glatigny.................................. 150ᵗᵗ

12 novembre : à Colin, terrassier, à compte des routtes de Glatigny............................. 800ᵗᵗ

26 novembre : à Quincoestre, terrassier, pour ce qu'il a payé aux gens de journée qui ont travaillé aux nouvelles routes de la forest de Crouy.......... 794ᵗᵗ 8ˢ

26 novembre - 1ᵉʳ décembre : à Frades, à compte desd. nouvelles routes (2 p.)..................... 3600ᵗᵗ

26 novembre - 1ᵉʳ décembre : à Claude Briou[1], terrassier, à compte des routes de la forest de Crouy (2 p.). 1700ᵗᵗ

26 novembre : aux gens de journées desd. routtes. 327ᵗᵗ 17ˢ

26 novembre - 1ᵉʳ décembre : à Boursault et consors, à compte idem (2 p.)..................... 1350ᵗᵗ

30 octobre : à Rodier, tailleur de pierres, à compte des trous et tranchées faites à Clagny............. 135ᵗᵗ

1ᵉʳ décembre : à Bentin, à compte des nouvelles routes de la forest de Crouy...................... 900ᵗᵗ

A Bulé, idem........................ 350ᵗᵗ

A Porlier, idem....................... 700ᵗᵗ

A Tranchain, idem................... 330ᵗᵗ

A Avisse, idem....................... 160ᵗᵗ

11 décembre : aux ouvriers qui ont relevé les éboulis des rigolles de l'estang de Clagny.......... 158ᵗᵗ 1ˢ

12 décembre : à Levesque, à compte du transport de terre fait à la grande chaussée des estangs de Rets en la forest de Crouy............................ 350ᵗᵗ

Aux ouvriers qui ont travaillé aux nouvelles routes. 740ᵗᵗ 17ˢ 6ᵈ

A ceux qui ont travaillé aux rigolles...... 85ᵗᵗ 16ˢ

30 décembre : à ceux qui ont fait une tranchée sur la chaussée de l'estang de Clagny............ 1059ᵗᵗ 1ˢ

Somme de ce chapitre.... 32382ᵗᵗ 19ˢ 6ᵈ

PARTIES EXTRAORDINAIRES.

20 juin : à Poictevin et consors, pour perches, fil de fer et autres fournitures pour Clagny....... 1652ᵗᵗ 18ˢ

26 juin : à Alexandre, marchand de bois, pour bois qu'il a fournis pour les moulins de Clagny...... 265ᵗᵗ

4 juillet : à Hyver, en considération de ce qu'il a eu la cuisse cassée......................... 60ᵗᵗ

13 juillet : à Classe, menuisier, pour plusieurs perches qu'il a fournies......................... 1478ᵗᵗ

14 febvrier - 1ᵉʳ décembre : à Hénon, fondeur, pour la garniture de cuivre des portes et croisées (5 p.). 1800ᵗᵗ

22 febvrier - 27 décembre : à Beaumexy[2], pour ses journées pour le soin qu'il a de faire presser les ouvriers (6 p.)................................ 450ᵗᵗ

4 mars : à Plot, pour avoir tenu les rolles des manœuvres............................. 60ᵗᵗ

19 mars 1678 - 11 janvier 1679 : à Champion, qui a le soin de peser le fer, pour ses journées (5 p.). . 500ᵗᵗ

7 may - 11 aoust : à luy, pour menues dépenses qu'il a faites (3 p.)............................ 1000ᵗᵗ

21 juin : à luy, pour distribuer aux tailleurs de pierre. 100ᵗᵗ

17 septembre 1678 - 4 janvier 1679 : à luy, pour ce qu'il a payé aux jardiniers de Glatigny (4 p.). 1281ᵗᵗ 10ˢ

27 décembre : à luy, pour ce qu'il a distribué aux charpentiers et maçons de Clagny, par gratiffication... 60ᵗᵗ

---

[1] Ou Biou.

[2] Ou Beaumesny.

14 may 1678-11 janvier 1679 : à Descluzeaux, archer de la Prévosté, pour le soin qu'il a de faire fournir les matériaux (3 p.)........................ 900ᴧ

14 may 1678-4 janvier 1679 : à Descouttes, à compte de ses journées pour le nettoyement de la cour de la ménagerie (7 p.)..................... 740ᴧ

24 novembre : à luy, à compte des fumiers qu'il fait porter aux jardins de Clagny................ 150ᴧ

14 septembre 1678-15 janvier 1679 : à Gourlier[1] et Le Riche, jardiniers, pour fournitures de fil de fer et autres menues dépenses dud. jardin (2 p.)... 1856ᴧ 2ˢ

12 juin : à Lescbiquier, chaudronnier, pour fournitures et raccommodage d'arrosoirs............. 131ᴧ

26 juin-11 aoust : à Bourgeois, marinier, à compte de quatorze pierres de mesure (2 p.)........... 900ᴧ

1ᵉʳ octobre : à luy, à compte des pierres qu'il fournit pour faire des figures au chasteau de Clagny..... 200ᴧ

7 aoust : à de Langre, dessignateur, à compte de ses journées........................... 60ᴧ

12-30 novembre : aux ouvriers qui ont eslevé les esboulis des rigolles qui conduisent à l'estang (3 p.). 275ᴧ 8ˢ 4ᵈ

20 décembre : à La Hogue, à compte de la pierre de Saint-Leu qu'il a livrée au port de Marly...... 300ᴧ

1ᵉʳ janvier 1679 : aux ouvriers qui ont travaillé à l'estang de Glatigny..................... 58ᴧ 2ˢ

16 avril : à Bréau, pour le soing qu'il a pris des bastimens de Clagny...................... 3000ᴧ

Somme de ce chapitre..... 17278ᴧ 0ˢ 4ᵈ

RÉPARATIONS
DE DIVERSES MAISONS ROYALLES.

1ᵉʳ febvrier : à Benoist, pour avoir emply une des glacières du petit parc de Vincennes........ 188ᴧ 17ˢ 6ᵈ

6 mars : à luy, pour son remboursement de ce qu'il a payé aux ouvriers qui ont travaillé dans le grand parc de Vincennes....................... 152ᴧ 11ˢ

27 may : à luy, pour ce qu'il a payé aux ouvriers qui ont mis des espines à une bresche du parc de Beauté, à Vincennes........................ 26ᴧ 13ˢ 6ᵈ

1ᵉʳ febvrier : à la veuve Vierney[2], à compte des ouvrages et réparations de vitrerie qu'elle fait en diverses maisons royalles............................ 600ᴧ

Au sʳ Guymont, commis de la manufacture des glaces, pour plusieurs glaces de miroirs qu'il a fournis pendant 1677............................ 1465ᴧ

1ᵉʳ febvrier 1678-1ᵉʳ janvier 1679 : à Le Roy, serrurier, pour menus ouvrages à Vincennes (4 p.). 1347ᴧ 16ˢ

15 avril-12 juin : à Le Roy, menuisier, pour son parfait payement de 2524ᴧ 15ˢ pour ouvrages et réparations qu'il a faits en divers endroits des maisons royalles (2 p.)............................ 1124ᴧ 15ˢ

26 juillet : à luy, pour ouvrages idem........ 800ᴧ

20 febvrier 1678-1ᵉʳ janvier 1679 : à Le Jeune, vuidangeur, pour avoir dégorgé plusieurs fosses (2 p.). 264ᴧ

20 febvrier : au sʳ Esmery, concierge du chasteau de Compiègne, tant pour les ouvriers qui ont travaillé aux réparations dud. chasteau que par gratification. 795ᴧ 10ˢ

6 mars-25 septembre : à Angland, maçon, à compte des ouvrages et réparations de maçonnerie qu'il fait au chasteau de Vincennes (4 p.)................. 3600ᴧ

21 aoust : à Gabriel Angland, maçon, à compte des ouvrages qu'il fait au parc de Beauté, à Vincennes. 400ᴧ

6 mars : à Duval, couvreur, pour réparations de couvertures au chasteau et dépendances de Monceaux en 1674........................... 151ᴧ 13ˢ

A Thibaut, jardinier, pour plusieurs menues fournitures qu'il a faites pour le jardin du petit parc de Vincennes............................ 403ᴧ 2ˢ

15 janvier 1679 : à luy, pour l'entretien des espalliers du jardin de Vincennes................. 90ᴧ

21 mars : à Caillou et consors, pour rigolles et fossez qu'ils ont faits pour planter des arbres dans le Cours de la Reyne........................ 378ᴧ 11ˢ

3 avril : à Tessier, menuisier, payement d'un modelle de couverture qu'il a fait pour le Louvre....... 108ᴧ

A Guyot, jardinier, pour 662 bottes de buis qu'il a fournies........................... 264ᴧ 16ˢ

A Marie Le Lièvre, fille de la veuve Vierney, à compte de ses ouvrages de vitrerie en divers endroits des maisons royalles (2 p.)................... 1000ᴧ

15 avril-26 juillet : à Charuel, couvreur, à compte des réparations de couvertures qu'il fait en divers endroits (2 p.)........................... 1400ᴧ

25 septembre-24 décembre : à luy, à compte des réparations extraordinaires qu'il fait à l'hostel des Ambassadeurs (3 p.)....................... 2700ᴧ

14 septembre : à Yvon et Charuel, pour les réparations de couvertures des maisons royalles........ 800ᴧ

5 juin : aud. Yvon, à compte desd. réparations. 700ᴧ

25 septembre-4 décembre : à luy, à compte des réparations de couvertures du Palais (2 p.)....... 1800ᴧ

---
[1] Ou Gourelien.
[2] Voir plus bas le payement fait à sa fille Marie Le Lièvre, à la date du 3 avril.

ANNÉE 1678. — LOYERS DE MAISONS.

15 avril-11 juillet : à Lavier, menuisier, à compte de ses ouvrages au chasteau de Madrid (3 p.).... 1300ᵗᵗ

1ᵉʳ may-5 juin : à Loistnon et Petit, parfait payement de 957ᵗᵗ 17ˢ pour les trous et premier labour des plans d'arbres des avenues de Vincennes (2 p.).... 657ᵗᵗ 17ˢ

30 aoust : à eux, à compte du second labour desd. plans.................................. 300ᵗᵗ

11 may-25 septembre : à Vinot, charpentier, à compte des poutres qu'il pose en divers endroits des maisons royalles (3 p.)......................... 2400ᵗᵗ

15 may : à Aubry, paveur, pour parfait payement de 837ᵗᵗ 8ˢ 6ᵈ pour réparations de pavé faites aux maisons royalles......................... 237ˢ 8ˢ 6ᵈ

A Carré, paveur, pour réparations de pavé faites tant à l'Observatoire qu'autres maisons royalles... 332ᵗᵗ 18ˢ

24 may : à Pasquier, marbrier, pour parfait payement de 2200ᵗᵗ pour quatre grandes colonnes, un chambransle et corniche de cheminée de marbre pour le chasteau de Saint-Cloud........................ 1000ᵗᵗ

5 juin : à Gaulard, jardinier, pour parfait payement de 696ᵗᵗ pour les labours aux avenues de Vincennes 296ᵗᵗ

A Le Loutre, maçon, à compte de ses ouvrages en divers endroits......................... 400ᵗᵗ

A Janson, maçou, pour les réparations de Saint-Léger. 400ᵗᵗ

A La Baronnière, à compte des grosses peintures qu'il fait en divers endroits.................. 346ᵗᵗ 11ˢ

13 juin-10 aoust : à Jacquet, vitrier, à compte de ses ouvrages au chasteau de Vincennes (2 p.)...... 900ᵗᵗ

25 aoust : à Poictevin, charpentier, pour payement de ses ouvrages en divers endroits........ 1123ᵗᵗ 10ˢ

25 septembre : à de la Ponte, peintre, pour la peinture et dorure qu'il a fait aux maisons royalles... 500ᵗᵗ

30 octobre : à Avielle, paveur, pour les réparations de pavé de l'hostel des Ambassadeurs.......... 500ᵗᵗ

4 décembre : à Bricard, charpentier, à compte des ouvrages et réparations de charpenterie faites à la pompe du Pont-Neuf......................... 700ᵗᵗ

24 décembre : à Janson, vitrier, à compte de ses ouvrages en divers endroits................ 600ᵗᵗ

1ᵉʳ janvier 1679 : aux ouvriers qui ont travaillé aux thuyaux de Vincennes.................. 187ᵗᵗ 5ˢ

A ceux qui ont remply de glace les glacières du petit parc................................. 510ᵗᵗ 18ˢ

18 octobre 1678-8 janvier 1679 : à Louis Germain, jardinier, pour parfait payement des achats et voitures des grands et petits plants pour les parcs et advenues des maisons royalles (3 p.)............. 22513ᵗᵗ 14ˢ 4ᵈ

8 janvier 1679 : à Houisse, Garnier et consors, voituriers, pour voitures d'arbres aux jardins des maisons royalles.............................. 490ᵗᵗ

22 janvier 1679 : aux principal, procureur et boursiers du collège de Cambray, pour leur dédommagement, à cause des bastimens du Collège Royal...... 1180ᵗᵗ

Somme de ce chapitre.... 57437ᵗᵗ 6ˢ 10ᵈ

LOYERS DE MAISONS.

26 janvier 1679 : au sʳ Petit, pour une année du loyer de sa maison occupée par les officiers du Roy à Versailles........................... 1200ᵗᵗ

Au sʳ abbé Colbert, pour le loyer de sa maison, rue Vivien, occupée par la bibliotèque du Roy pendant l'année 1678........................... 3000ᵗᵗ

Au sʳ de Pontraincourt, pour le loyer d'une maison et maneige occupés par les officiers et pages de la grande escurie du Roy pendant lad. année........ 4030ᵗᵗ

Au sʳ de la Quintinie, pour le loyer de sa maison pendant la dernière demi-année, occupée par les peintres qui travailloient au grand escallier de Versailles... 400ᵗᵗ

15 mars : à la dame Cornuel, pour le loyer de huict maisons occupées par les mousquetaires pendant l'année 1678, à raison de 180ᵗᵗ chacune........ 1440ᵗᵗ

Au sʳ Houel, pour le loyer de deux maisons idem. 360ᵗᵗ

Au sʳ Roger, pour le loyer de deux maisons idem. 360ᵗᵗ

A la veuve Havart, pour le loyer d'une maison idem. 180ᵗᵗ

A la veuve Massonnet, pour le loyer de deux maisons idem................................. 360ᵗᵗ

Aux héritiers de la veuve Perrier, pour le loyer de deux maisons scizes et occupées comme dessus idem. 500ᵗᵗ

A la dame Dastry, pour le loyer de deux maisons pendant lad. année 1678.................. 500ᵗᵗ

Somme de ce chapitre........ 12330ᵗᵗ

ACQUISITIONS DE MAISONS ET HÉRITAGES.

9 febvrier : à M. le marquis d'Urfé, pour son remboursement de sa maison qui a esté démolie pour servir aux bastimens de Fontainebleau.......... 20000ᵗᵗ

13 febvrier : à Claude Chauvin, pour 28 perches de terre labourables comprises dans le cours de Vincennes, acquises au proffit du Roy............... 189ᵗᵗ

A Marie de Vaux, veuve du sʳ Barbet, pour une pièce de terre labourable dont elle estoit propriétaire, acquise au proffit de Sa Majesté pour servir aux avenues du palais des Thuilleries........................ 334ᵗᵗ

20 febvrier : à Noel Houiste, pour son remboursement

de 37 perches de terre labourable comprises dans lesd. avenues............................ 200ᵗᵗ

30 may : à Vincent Dumay et sa femme, pour trois quartiers de terre labourable, sçizes à la Croix brisée, près Vincennes, vendus au proffit de Sa Majesté.. 598ᵗᵗ 10ˢ

Au sʳ Perrier et sa femme, pour trois quartiers de terre labourable au terroir de Villiers, près le Roulle, vendus au proffit de Sa Majesté........... 622ᵗᵗ 10ˢ

4 juillet : à la dame de Pallière, pour 110 perches de terre labourable, comprises dans les avenues du palais des Thuilleries............................. 495ᵗᵗ

21 aoust : à la veuve de Hierosme Cousinet, notaire, pour un arpent de terre sçiz au haut du fauxbourg Saint-Antoine et les intérests et non-jouissances depuis le jour du contract........................ 1248ᵗᵗ 15ˢ

11 may : à Marguerite Barbare, veuve Pierre Pinguet, pour une petite maison sçize à Fontainebleau, acquise au proffit de Sa Majesté par contract du dernier avril dernier............................. 2270ᵗᵗ 15ˢ

A Nicolas Costeret et sa femme, pour une autre petite maison tenante à celle cy-dessus, acquise le même jour.............................. 850ᵗᵗ 15ˢ

A Jean Baillet et sa femme, pour une autre petite maison acquise comme dessus......... 1034ᵗᵗ 13ˢ 4ᵈ

A Jacques Charlier et sa femme, pour une autre petite maison idem................. 1145ᵗᵗ 16ˢ 8ᵈ

A Jean Barbare et sa femme, pour une autre petite maison acquise comme dessus........... 1099ᵗᵗ 8ˢ 4ᵈ

31 octobre : aux sʳˢ Gentil, Réaux et Bourdin, pour une autre maison sçize et acquise comme dessus. 10000ᵗᵗ

30 novembre 1679 : à Catherine Pluyette et autres créanciers exerçant les droits de Barbe Bonnefoy, femme de Jean Cavillet, pour prix et non-jouissance d'une maison bastie sur 12 perches de terre proche l'Arc de triomphe, fauxbourg Saint-Antoine........... 172ᵗᵗ

A Edme L'Avantureux et sa femme, pour prix et non-jouissance d'une maison bastie sur 60 perches de terre proche led. Arc...................... 3150ᵗᵗ

Aux nommez Robert, héritiers de Jean de Loches, pour prix et non-jouissance d'une maison et 1 arpent 4 perches de terre sçizes idem................. 1960ᵗᵗ

A Nicolas Milon et sa femme, pour prix et non-jouissance de 29 perches 1/2 de terres, sçizes et acquises idem............................ 179ᵗᵗ 18ˢ

A Pierre du Very et sa femme, pour prix et non-jouissance de 2 arpens 12 perches 1/2 de terres sçizes et acquises idem................... 1742ᵗᵗ 10ˢ

Aux héritiers de Genevieffe et Guillaume Baudin, pour prix et non-jouissance de 55 perches de terre en deux pièces, l'une contenant 34 perches 1/4 et l'autre 20 perches 3/4, sçizes et acquises idem........ 428ᵗᵗ 3ˢ 6ᵈ

A Jean-Baptiste Tavernier et sa femme, pour prix et non-jouissance de 39 perches 1/2 de terre sçizes et acquises idem........................... 475ᵗᵗ

Au sʳ Cousinet, secrétaire du Roy, pour prix et non-jouissance d'un arpent 7 perches 1/2 16 pieds de terre en deux pièces, l'une de 45 perches 2/3 et l'autre de 6 perches 3/4 et 50 pieds, sçizes et acquises comme dessus........................... 752ᵗᵗ 13ˢ 2ᵈ

Aux religieuses de Notre-Dame de la Victoire de Piquepuce, pour prix et non-jouissance de 23 perches 3/4 de terres situées et acquises comme ci-dessus. 163ᵗᵗ 12ˢ 6ᵈ

Somme de ce chapitre..... 50665ᵗᵗ 0ˢ 6ᵈ

BIBLIOTÈQUE ET ACCADÉMIE DES SCIENCES.

13 febvrier – 15 avril : à Gosselin et Tanguy, pour parfait payement de niveaux et autres instrumens de mathématique qu'ils font (2 p.)............... 583ᵗᵗ 5ˢ

6 mars – 30 septembre : au sʳ Couplet, pour plusieurs menues dépenses faites pour MM. de l'Académie des Sciences (4 p.)....................... 1722ᵗᵗ 10ˢ

21 mars : à Bergeron, maçon, pour son parfait payement de 5360ᵗᵗ 2ˢ pour ouvrages faits à la bibliotèque du Roy............................... 360ᵗᵗ

3 avril – 18 aoust : au sʳ Clément, à compte des dépenses qui se font à la bibliotèque du Roy (2 p.)..... 2000ᵗᵗ

26 janvier 1679 : à luy, en considération du service qu'il rend dans lad. bibliotèque et du soin qu'il prend des planches de taille-douce que Sa Majesté fait graver. 1200ᵗᵗ

6 avril : au sʳ Duvivier, mathématicien, pour avoir travaillé à diverses cartes géographiques......... 1000ᵗᵗ

15 avril : à Cousin et Luéritier, pour avoir transcript plusieurs cayers du Dictionnaire de l'Accadémie françoise............................... 97ᵗᵗ 10ˢ

3 aoust : à Estienne Villard, pour avoir aydé au sʳ Picard pour les observations astronomiques qu'il a faits en Dannemarck......................... 300ᵗᵗ

10 aoust : à La Roche, loueur de carrosses, pour en avoir fourny à MM. de l'Accadémie des Sciences. 120ᵗᵗ

14 septembre : au sʳ Oudot, pour la musique de voix et d'instrumens qu'il a fait chanter dans la chapelle du Louvre le jour de Saint-Louis pour la messe qui est dite pour MM. de l'Accadémie............... 200ᵗᵗ

20 septembre : au sʳ abbé Tallement, pour les descriptions qu'il a fait des maisons royales........... 1200ᵗᵗ

25 septembre : à Nicolas Planquer, pour son remboursement de ce qu'il a payé pour les frais du voyage que

plusieurs architectes ont fait pour visiter les carrières de plusieurs endroits...................... 729ᴸ 7ˢ

A Pascal, pour trente journées de louages de carrosses pour MM. de l'Accadémie.................. 510ᴸᴸ

26 aoust : au sʳ Godefroy, historiographe, pour dépenses qu'il a faites, tant au voyage que séjour qu'il a fait à Gand pour le service de Sa Majesté, avec trois secrétaires qui ont travaillé sous luy pendant les mois de may, juin et juillet derniers...................... 2000ᴸᴸ

8 octobre : au sʳ Romer, mathématicien de l'Accadémie des Sciences, sçavoir : 1200ᴸᴸ pour ses appointemens ordinaires de cette année et 200ᴸᴸ par gratification extraordinaire, en considération de son assiduité en lad. Accadémie 1400ᴸᴸ

30 octobre : à Pierre Dipy et François Lacroix, interprètes de langues turque et arabe, pour les cinq premiers mois de la présente année, en considération du travail extraordinaire qu'ils font à la bibliotèque du Roy à traduire des livres turcs et arabes qui y sont....... 600ᴸᴸ

23 décembre : au sʳ Hugenet, gentilhomme hollandois, de lad. Accadémie des Sciences, pour ses appointemens de cette année............................. 6000ᴸᴸ

14 mars 1679 : aud. sʳ Godefroy, historiographe, sçavoir : 936ᴸᴸ pour parfait payement de 3936ᴸᴸ, tant pour les appointemens et nourriture de quatre escrivains qui travaillent sous luy à la Chambre des Comptes de l'Isle en Flandre, que pour autres dépenses faites depuis le 1ᵉʳ juin jusques au dernier octobre 1678, et 3000ᴸᴸ à compte desd. dépenses, à commencer du 1ᵉʳ novembre dernier................................. 3936ᴸᴸ

25 avril 1679 : au Père Chifflet, jésuite, en considération des ouvrages historiques qu'il fait, et ce pour une année de sa pension escheue le 20 mars dernier.. 600ᴸᴸ

Somme de ce chapitre...... 25644ᴸᴸ 12ˢ

ACCADÉMIE DE PEINTURE,
SCULPTURE ET ARCHITECTURE DE PARIS ET DE ROME.

26 febvrier : au sʳ de la Live, pour pareille somme qu'il a fait tenir à Rome pour dépense de l'Accadémie en 1678.............................. 6000ᴸᴸ

16 avril : à Lavinon, sculpteur, pour luy donner moyen d'aller à l'Accadémie de Rome............... 200ᴸᴸ

25 novembre : à Verdier, peintre, 2000ᴸᴸ pour une année d'appointemens et 600ᴸᴸ pour faire le voyage de Rome pour se perfectionner encore davantage dans la peinture, cy en tout..................... 2600ᴸᴸ

15 janvier 1679 : aux sʳˢ Gittard, Dorbay, Bruant, Le Pautre, Mignard, Mansard et Félibien, architectes, tant pour leurs assistances aux conférences de l'Accadémie royale d'architecture pendant l'année 1678 que pour les jours de visites et voyages faits en diverses carrières pour visiter les pierres nécessaires aux bastimens de Sa Majesté............................... 4235ᴸᴸ

7 febvrier - 7 avril 1679 : au sʳ Formont, pour pareille somme qu'il a fait tenir à Rome pour le parfait payement des dépenses de l'Accadémie en 1678 (2 p.)... 25178ᴸᴸ

Somme de ce chapitre......... 38213ᴸᴸ

GRATIFICATIONS DES GENS DE LETTRES.

1ᵉʳ may : au sʳ Mauroy, en considération de son application aux belles-lettres................... 300ᴸᴸ

18 juillet : au sʳ Cassagne père, par gratification, et pour luy donner moyen de faire eslever son fils.. 600ᴸᴸ

16 juin 1679 : au sʳ abbé Gallois, en considération de son application aux belles-lettres............ 2000ᴸᴸ

Au Père Le Cointe, par gratification, en considération des Annales ecclésiastiques qu'il compose.. 1500ᴸᴸ

Au sʳ Carcavy, en considération de la profonde connoissance qu'il a des matématiques, idem...... 2000ᴸᴸ

Au sʳ de Rouval¹, en considération de son application aux belles-lettres....................... 2000ᴸᴸ

Au sʳ Perrault, idem.................. 2000ᴸᴸ

Au sʳ abbé Tallemant, idem............. 1500ᴸᴸ

Au sʳ Dufourny, par gratification, idem..... 1200ᴸᴸ

Au sʳ de Lacroix, interprète en langue turque, en considération de ses services en cette qualité...... 1200ᴸᴸ

Au sʳ Dippy, interprète en langue arrabe.... 1000ᴸᴸ

Au sʳ du Bouchet, en considération de son application aux belles-lettres......................... 1500ᴸᴸ

Au sʳ Quinault, idem.................. 1500ᴸᴸ

Au sʳ Blondel, par gratification, en considération de sa connoissance particulière des matématiques.. 1500ᴸᴸ

Au sʳ Baluze, en considération des ouvrages de littérature qu'il compose....................... 1200ᴸᴸ

Au sʳ Perrault, médecin, en considération de la connoissance particulière qu'il a de la chimie..... 2000ᴸᴸ

Au sʳ Duhamel, secrétaire de l'Académie des Sciences, par gratification, en considération de son application aux belles-lettres et à lad. Accadémie............ 1500ᴸᴸ

Au sʳ Duclos, en considération de la profonde connoissance qu'il a de la chimie................. 2000ᴸᴸ

Au sʳ Michault, en considération de son application aux belles-lettres....................... 1200ᴸᴸ

¹ Lisez d'Hérouval.

Au sr Bourdelin, appoticaire, en considération du travail qu'il a fait sur l'analize des plantes....... 1500tt
Au sr Dodart, en considération de son application aux matématiques...................... 1500tt
Au sr Huet, par gratiffication, en considération de son application aux belles-lettres............... 1500tt
Au sr de La Hire, par gratiffication, en considération de la connoissance particulière qu'il a des matématiques............................. 1500tt
Au sr Charpentier, en considération de la connoissance qu'il a des belles-lettres.................. 1500tt
Au sr Borelly, en considération de son application à la phisique.......................... 1200tt
Au sr Picard, en considération de la connoissance particulière qu'il a des matématiques............ 1500tt
Au sr Félibien, en considération de son application aux belles-lettres........................ 1200tt
Au sr Du Verney, 1500tt en considération des dissections anatomiques qu'il fait, et 600tt pour la nourriture et entretien d'un garçon qui travaille sous luy.. 2100tt
Au sr Despréaux, en considération de son application aux belles-lettres..................... 2000tt
Au sr Racine, idem........,........... 1500tt
Au sr Mariotte, de l'Accadémie des Sciences, pour sa gratiffication......................... 1500tt
Au sr de Clairambault, idem............. 1200tt
Au sr abbé Bizot, par gratiffication, à compte des années passées............................... 2000tt

Somme de ce chapitre......... 49400tt

GRAVEURES DE PLANCHES.

1er febvrier : à Baudet, graveur, pour quatre planches qu'il a gravées, à raison de 200tt chacune...... 800tt
13 mars : à luy, pour une planche qu'il a gravée. 500tt
25 avril : à luy, pour une planche représentant un Silenne............................... 330tt
23 may - 24 novembre : à luy, pour parfait payement d'une planche représentant un Saint Étienne (2 p.). 1000tt
4 juillet : à luy, pour quatre planches....... 930tt
18 aoust : à luy, à compte d'une planche qu'il grave. 300tt
1er febvrier : à Chastillon[1], pour six planches qu'il a gravées............................. 540tt
13 mars : à luy, pour six planches idem...... 500tt
13 juin : à luy, pour six planches idem....... 540tt
23 may 1678 - 15 janvier 1679 : à luy, à compte des planches qu'il grave (4 p.)................ 684tt

[1] Une fois il est appelé de Chastillon.

1er febvrier : à La Pointe, graveur, à compte de la carte qu'il grave de la Généralité de Paris.......... 200tt
1er febvrier : au sr Clément, pour parfait payement de 1136tt 11' pour les impressions de taille-douce faites à la bibliotèque du Roy..................... 636tt 13'
24 novembre : à luy, pour parfait payement de 2132tt 9' pour impressions de taille-douce (2 p.)..... 1132tt 9'
30 febvrier : à Marot, graveur, pour parfait payement de 1250tt pour les planches qu'il a gravées de la façade du Louvre............................ 350tt
13 mars : à Edelinck le jeune, à compte d'une planche qu'il grave............................. 300tt
4 juillet : à Edelinck, pour une planche qu'il a gravée................................ 300tt
14 septembre : à luy, pour une planche qu'il grave représentant le Déluge[2]................... 350tt
13 mars : à Brisard, à compte d'une planche qu'il grave................................. 250tt
A Picard, parfait payement de 1500tt pour une planche qu'il a gravée d'après la Peste du Poussin....... 800tt
10 aoust : à Picard, à compte d'une planche qu'il grave................................. 300tt
13 mars : à Rousselet, pour son parfait payement de 1500tt pour une planche qu'il a gravée........ 700tt
21 mars - 18 juillet : à Audran, à compte d'une planche qu'il grave de l'Histoire de Porus (3 p.)..... 1931tt 5'
21 mars : à Le Paultre, pour une planche qu'il a gravée................................ 350tt
1er juin : à luy, pour une planche idem...... 500tt
4 juillet : à luy, à compte des planches qu'il grave 150tt
14 septembre : à luy, pour huict planches qu'il a gravées................................ 202tt
14 octobre : à luy, pour trois planches idem... 132tt
1er janvier 1679 : à luy, pour une planche idem. 350tt
8 janvier 1679 : à luy, pour onze planches idem. 484tt
3 avril : à Chasteau, graveur, à compte d'une planche qu'il grave............................. 600tt
15 avril - 14 octobre : à Guérard, autre graveur, à compte idem (2 p.)...................... 220tt
15 janvier 1679 : à luy, pour trois planches qu'il a gravées................................ 132tt
21 avril : à Chéron, parfait payement de 1500tt pour poinçons et carrés de médailles qu'il a faits..... 200tt
Au sr Loir, pour parfait payement de 2260tt pour poinçons idem........................... 660tt

[2] D'après Alexandre. Voy. Véronèse, Robert-Dumesnil, n° 1 ; Chalcographie du Louvre, n° 2.

ANNÉE 1678. — GAGES PAYÉS PAR ORDONNANCES.

4 juillet : à luy, pour mille jettons d'argent qu'il a fournis.................................. 981ʰ 4ˢ
18 juillet : à luy, pour autres mille jettons... 986ʰ
23 octobre : à luy, pour mille jettons pour Messieurs de l'Accadémie........................ 978ʰ
21 avril : au sʳ Clérion, pour poinçons...... 300ʰ
23 may : à Le Moyne, pour quatre planches qu'il a gravées................................ 360ʰ
A Bailly, pour quatre grands cartouches *idem*. 310ʰ
8 juillet : à Germain, à compte des poinçons qu'il grave................................... 250ʰ
25 septembre : au sʳ Silvestre, pour deux planches qu'il a gravées............................ 1000ʰ
12 novembre : à La Boissière, graveur, pour trois planches qu'il a gravées................... 132ʰ
8 janvier 1679 : à Bored (*sic*), pour quinze planches en bois................................ 140ʰ
A Tournier, pour une planche qu'il a gravée... 44ʰ
A Bonnard, pour graveures par luy faites...... 148ʰ
A Richer, pour l'écriture qu'il a gravée sur onze planches................................... 81ʰ
26 janvier 1679 : au sʳ Patigny, graveur, pour avoir desseigné et gravé les configurations de la lune et les étoilles satelites de Jupiter............... 1080ʰ

Somme de ce chapitre...... 24094ʰ 11ˢ

GAGES PAYEZ PAR ORDONNANCES.

1ᵉʳ febvrier : à Fleurant, jardinier, ayant soin du jardin de Clagny, pour trois ans trois mois de ses gages finis le dernier décembre 1677, à raison de 1200ʰ par an.. 3900ʰ
7 février 1680 : au sʳ Vandermeulen, peintre flamand, pour ses appointemens 1678............. 6000ʰ
5 juin 1680 : à Menard, marbrier, pour l'entretenement des marbres de la chapelle du Palais-Royal, pour ses gages à cause dudit entretenement pendant une année escheue le dernier mars 1678............ 150ʰ
11 décembre 1678 : à Barthélemy et Baltazart Dambresne, jardiniers, pour deux mois de leurs appointemens escheus le 30 novembre, pour avoir travaillé aux arbres, plantes, avenues et pépinières des maisons royales. 200ʰ
12 juin : à Dambresne, jardinier flamand, sçavoir : 375ʰ pour sept mois et demi de ses gages pour avoir eu soin des plants d'arbres des jardins et advenues, et 200ʰ par gratification et pour luy donner moyen de s'en retourner en son pays....................... 575ʰ
26 febvrier 1678 : au sʳ Francine, par gratification, en considération du soin qu'il a pris des fontaines des maisons royalles pendant les années 1675, 1676 et 1677, et ce à raison de 3000ʰ par an, cy.......... 9000ʰ
31 avril 1678 - 10 juillet 1679 : à Chevillard, fontainier, ayant l'entretenement des fontaines de Vincennes, pour les deux quartiers dud. entretenement (2 p.). 300ʰ
31 avril : à Rigault, préposé aux ouvrages du jardin des Thuilleries pour ses gages du premier quartier. 225ʰ
A Benoist, préposé aux ouvrages de l'Arc de triomphe, *idem*................................... 225ʰ
18 avril - 23 may : à Guillaume Le Coustillier, jardinier, ayant l'entretenement du jardin du Val, pour le premier quartier dud. entretenement (2 p.)...... 1000ʰ
18 avril : à Goeren, concierge du pavillon du Val, pour ses gages du premier quartier............. 45ʰ
31 may : à Goeren, concierge du chasteau du Val, pour payement de 300ʰ pour le premier quartier de ses appointemens........................... 250ʰ
26 janvier 1679 : à Goeren et Clérambault, portiers du grand parterre de Saint-Germain, pour leurs gages de 1678.................................. 720ʰ
4 juillet : aux prestres de la Mission establie à Fontainebleau, pour leur subsistance et entretenement pendant la présente année.................... 6000ʰ
3 septembre : au sʳ Mansard, architecte, pour ses appointemens de cette année..................... 6000ʰ
4 octobre : à la veuve Dernay, ayant l'entretenement de la moitié du grand parterre de Fontainebleau, par gratification............................. 200ʰ
A la veuve Largentier, ayant l'entretenement de l'autre moitié................................. 200ʰ
A Gabriel Desbouiz, ayant l'entretenement du petit jardin de l'Estang....................... 150ʰ
18 avril : à Boisseau, pour le premier quartier de ses gages.................................... 175ʰ
4 octobre : à Chastillon, ayant l'entretenement de l'orangerie, par gratification.............. 200ʰ
18 avril 1678 - 16 janvier 1679 : à luy, gages extraordinaires et premier quartier de ses gages (2 p.).. 500ʰ
4 octobre : à Nivelon, ayant l'entretenement du Mail, *idem*.................................... 100ʰ
A la veuve Lefebvre, ayant celuy des arbres fruictiers, *idem*................................... 375ʰ
A Louis Desboutz, ayant celuy des allées et palissades du parc, par gratification............... 400ʰ
18 avril : à luy, premier quartier de ses gages.. 400ʰ
4 octobre : à la veuve Voltigent, ayant le soin des batteaux qui sont sur le canal dud. Fontainebleau, par gratification............................ 100ʰ
18 avril : à elle, premier quartier de ses gages.. 50ʰ

4 octobre : à la veuve Toulet, concierge de la Surintendance, par gratifficalion 200ᵗᵗ

18 avril : à elle, premier quartier de ses gages.. 50ᵗᵗ

4 octobre : à Musart, ayant le soin et conduite des fontaines dud. chasteau, par gratification 200ᵗᵗ

A Besnard, concierge de l'hostel d'Albret aud. Fontainebleau, *idem*. 150ᵗᵗ

20 octobre : au s^r Beaubrun, trésorier de l'Accadémie royale de peinture et sculpture, pour l'entretenement de lad. Accadémie pendant les trois premiers quartiers de l'année 1678 .... 3000ᵗᵗ

19 novembre : au s^r du Vivier, mathématicien, pour six mois de ses appointemens, et en considération du travail qu'il fait à la carte de la Généralité de Paris. 1000ᵗᵗ

8 décembre : à M. Geoffroy Balouze, prestre chapelain des Gobelains, pour ses appointemens de cette année 300ᵗᵗ

12 décembre : à Clément Garnier, jardinier, par gratiffication, en considération du soin particulier qu'il a de la pépinière du Roulle 200ᵗᵗ

15 janvier 1679 : à luy, pour ses gages 400ᵗᵗ

A Trumel, jardinier, *idem*. 600ᵗᵗ

15 janvier 1679 : à luy, pour ses gages 1200ᵗᵗ

24 décembre : au s^r Le Nostre[1], Controlleur général des Bastimens, par gratification, en considération de ses soins à la conduite des jardins. 3000ᵗᵗ

15 janvier 1679 : au s^r Le Brun, Premier Peintre du Roy, pour payement de ses appointemens de 1678. 8800ᵗᵗ

Au s^r de Beaulieu, mathématicien qui enseigne aux garçons jardiniers de la pépinière du Roulle, pour le dernier quartier de ses appointemens 1678........ 75ᵗᵗ

A Louis Germain, préposé aux ouvrages de la pépinière, pour ses gages de 1678 .... 900ᵗᵗ

A Esmery, garde des plants et avenues des Thuilleries, pour une année de ses gages 100ᵗᵗ

A Frade, jardinier, pour ses gages et entretenement des plants d'arbres des avenues et pépinière de Saint-Germain-en-Laye 965ᵗᵗ

A Herny, jardinier, employé à la recherche des plants et fleurs pour les maisons royalles, pour ses gages. 600ᵗᵗ

20 janvier 1679 : à Antoine Lefranc, ecclésiastique, tant pour célébrer la messe à la Savonnerie l'année 1678 que pour menus frais faits à lad. chapelle....... 240ᵗᵗ

A Trélet, jardinier des Gobelins, pour ses gages de l'année 1678........................... 400ᵗᵗ

A la veuve Barault, portière aud. lieu, *idem*.. 300ᵗᵗ

A Rochon, concierge de lad. maison, *idem*... 1200ᵗᵗ

[1] Voir plus bas d'autres payements faits à Le Nostre.

A Josse Ven den Kerchove, teinturier et marqueur des ouvrages de tapisserie de la manufacture, *idem*.. 1500ᵗᵗ

A Ferdinand et Horace Megliorini et Philippes Bianchi, lapidaires Florentins, travaillant en lad. manufacture, pour leurs appointemens de l'année 1678, sçavoir : aud. Ferdinand Megliorini, 2520ᵗᵗ, à raison de 210ᵗᵗ par mois, et aux deux autres, chacun 1920ᵗᵗ, à raison de 160ᵗᵗ par mois, et 690ᵗᵗ pour leur remboursement de plusieurs journées d'ouvriers............... 7050ᵗᵗ

26 janvier 1679 : à Yvon, couvreur, pour la moitié de l'entretenement des couvertures des maisons royalles pendant 1678 .... 4145ᵗᵗ

A Duval, couvreur, pour l'entretenement des couvertures de Monceaux, *idem*. 500ᵗᵗ

18 avril - 4 juin : à luy, pour deux quartiers de l'entretien des couvertures de Vincennes (2 p.)..... 700ᵗᵗ

26 janvier 1679 : à Charruel, couvreur, pour l'autre moitié du susd. entretenement 4145ᵗᵗ

A Camaye et Chambois, pour l'entretenement des couvertures du chasteau de Compiègne........... 400ᵗᵗ

Au s^r Petit, ayant la conduite des ouvrages et bastimens du chasteau de Fontainebleau, pour ses appointemens 3600ᵗᵗ

18 avril : à Petit, portier de la cour du Cheval Blanc, pour le premier quartier de ses gages 50ᵗᵗ

18 avril 1678 - 26 janvier 1679 : à Galland, ayant le soin de la nourriture des carpes et des cignes qui sont aux estangs de Fontainebleau, pour deux quartiers de 1678 (2 p.) 541ᵗᵗ

18 avril 1678 - 26 janvier 1679 : à La Tour, concierge du chasteau de Fontainebleau, pour ses gages à cause du nettoyement des cours et autres (2 p.)... 475ᵗᵗ

A Fossier, commis pour peser et distribuer le fer et le plomb qui s'employent aux bastimens du Roy, pour ses gages de 1677 .... 1200ᵗᵗ

A luy, pour ses gages de l'année 1678....... 700ᵗᵗ

A Lamy, portier des Thuilleries du costé du pont Rouge, pour trois quartiers de ses gages écheus le dernier décembre. 225ᵗᵗ

A Bailly, portier de la manufacture de la Savonnerie, sçavoir : 300ᵗᵗ pour ses gages et 60ᵗᵗ pour l'entretien des ornemens et blanchissage du linge de la chapelle de lad. manufacture pendant 1677 et 1678 .... 360ᵗᵗ

Au s^r Ballon, ayant la direction des plants des advenues des bastimens et jardins, pour ses gages de l'année 1678........................... 1800ᵗᵗ

A Antoine de la Rue, maçon, pour l'entretenement des plattes-formes et dalles des couvertures du viel chasteau de Saint-Germain-en-Laye pendant 1678... 400ᵗᵗ

ANNÉE 1678. — GAGES PAYÉS PAR ORDONNANCES.

Au sʳ Petit fils, ayant la conduite des ouvrages et bastimens de Saint-Germain-en-Laye, pour ses appointemens de 1678........................ 1200ᵗᵗ
6 aoust 1678 : à luy, pour ses appointemens extraordinaires............................... 900ᵗᵗ
15 febvrier 1678 : au sʳ Belinzani, pour ses appointemens à cause du soin qu'il prend du commerce et des manufactures........................... 4000ᵗᵗ
25 mars : au sʳ Cassini, célèbre mathématicien, pour ses appointemens 1678................... 9000ᵗᵗ
18 avril 1678-31 mars 1679 : à La Croix, portier de la basse court du Palais-Royal du costé de la rue de Richelieu, et du magazin des Antiques, pour une année de ses gages escheus le dernier décembre (2 p.).. 450ᵗᵗ
6 may : aux sʳˢ Cocagne et Desrues, commis pour l'exécution des réglemens des toilles en Normandie, pour leurs appointemens de l'année 1678............. 3600ᵗᵗ
18 juin : au sʳ Lefedvre, controlleur général des Bastimens, pour la résidence qu'il a faite à Versailles et les soins qu'il a pris des bastimens qui s'y sont faits pendant lad. année.......................... 2400ᵗᵗ
18 avril 1678-26 janvier 1679 : au sʳ Clinchant, garde du palais des Thuilleries, pour le nettoyement des cours et appartemens dud. palais en 1678 (2 p.). 2075ᵗᵗ
18 avril : à luy, comme concierge de la grande salle des machines et de la salle des comédies aud. palais, pour le nettoyement idem (2 p.)............ 556ᵗᵗ 5ˢ
Au sʳ Le Nostre, ayant l'entretenement du grand parterre des Thuilleries, pour le premier quartier.. 875ᵗᵗ
A luy, ayant l'entretenement des parterres et gazons nouvellement augmentez en suite des quarrez de broderie dud. grand parterre, pour le premier quartier.... 625ᵗᵗ
A luy, ayant l'entretenement du petit jardin à fleurs, pour led. quartier.......................... 375ᵗᵗ
A luy, ayant l'entretenement de la palissade de jasmins d'Espagne, idem........................... 375ᵗᵗ
A la veuve Carbonnet, ayant l'entretenement de toute la haute allée des maronniers d'Inde, pisceas et ormes, jusques et compris la moitié du fer à cheval, pour le premier quartier............................ 75ᵗᵗ
26 janvier 1679 : à elle, pour son logement pendant l'année 1678............................ 200ᵗᵗ
18 avril : à Guillaume Masson, à Claude et Élisabeth Lejuge, ayant chacun pour un tiers l'entretenement du grand parterre au lieu entrelassé fait de neuf ausd. Thuilleries, pour le premier quartier......... 512ᵗᵗ 10ˢ
Aux filles de deffunt Bouchard, ayant l'entretenement des orangers, idem...................... 225ᵗᵗ

A Descots, ayant l'entretenement de toutes les allées, contr'allées et fer à cheval, pour led. quartier... 900ᵗᵗ
A Lamy, portier desd. Thuilleries du costé du pont Rouge, pour led. quartier................... 75ᵗᵗ
A Gratian Bouticourt, concierge du Palais-Royal, pour ses gages idem........................... 112ᵗᵗ 10ˢ
A luy, ayant le nettoyement des chambres, idem. 56ᵗᵗ 5ˢ
A Bouticourt, jardinier, ayant l'entretenement du jardin dud. Palais-Royal, pour le premier quartier.. 375ᵗᵗ
A Lacroix, portier de la basse court dud. Palais-Royal du costé de la rue de Richelieu et du magazin des Antiques, pour idem........................... 112ᵗᵗ 10ˢ
A Michel Thibault, jardinier, ayant l'entretenement du jardin de Vincennes, pour idem........... 375ᵗᵗ
A Jean-Baptiste de Lalande, ayant l'entretenement du vieil jardin de Saint-Germain, pour idem...... 125ᵗᵗ
A luy, ayant l'entretenement des orangers, idem. 125ᵗᵗ
A La Lande, ayant l'entretenement du boulingrin, des allées et palissades de l'enclos du petit bois, idem. 84ᵗᵗ 10ˢ
A luy, ayant l'entretenement du jardin potager, pour led. premier quartier de ses gages............. 50ᵗᵗ
A luy, ayant l'entretenement dud. boulingrin, pour idem................................... 200ᵗᵗ
A la veuve Lalande, ayant l'entretenement du grand parterre nouvellement planté, pour led. quartier 337ᵗᵗ 10ˢ
A Claude Patenostre, concierge du chenil proche le tripot, pour led. quartier................... 45ᵗᵗ
A Claude Bellier, ayant l'entretenement du potager, idem................................... 112ᵗᵗ 10ˢ
A la veuve Lavechef, ayant celuy du jardin et parterre de devant les grottes, pour idem........... 112ᵗᵗ 10ˢ
A elle, ayant les canaux et collines....... 18ᵗᵗ 15ˢ
A Thomasse Lefebvre, veuve Franchon, ayant la petite escurie du Roy aud. Saint-Germain, pour led. quartier 50ᵗᵗ
A Pierre Bertin, concierge du chasteau neuf, pour ses gages idem............................. 93ᵗᵗ 15ˢ
Au sʳ Soulaigre, concierge du vieil chasteau, pour ses gages dud. premier quartier de 1678....... 56ᵗᵗ 10ˢ
A luy, ayant le soin de l'horloge dud. chasteau de Saint-Germain, pour idem...................... 18ᵗᵗ 15ˢ
A Chevillard, concierge de la surintendance des bastimens aud. Saint-Germain, pour led. quartier idem. 50ᵗᵗ
A la veuve Bray, ayant l'entretenement de la moitié du grand parterre du Tibre, à Fontainebleau, pour ses gages dud. premier quartier................ 250ᵗᵗ
A la veuve Poinet, ayant l'entretenement de l'autre moitié dud. parterre, pour idem............. 250ᵗᵗ
A la veuve Latour, ayant l'entretenement des canaux et de l'estang, idem...................... 50ᵗᵗ

A Dubois, peintre, ayant le nettoyement et entretenement des peintures, pour led. quartier....... 150ᵗᵗ

A René Nivelon, ayant l'entretenement du Mail, pour led. quartier........................ 28ᵗᵗ 10ˢ

A la veuve Gnognet, ayant celuy des couvertures du chasteau et dépendances dud. Fontainebleau, *idem*. 750ᵗᵗ

A la veuve Girard, ayant celuy des plombs, *idem*. 100ᵗᵗ

A Louis Dubois, concierge du logis de la Fontaine, pour ses gages dud. premier quartier......... 27ᵗᵗ 10ˢ

A Vahin, qui a espouzé la veuve Lefebvre, ayant l'entretenement des arbres fruictiers et potagers, pour ses gages *idem*........................ 206ᵗᵗ 5ˢ

A Gervais, portier du parc dud. chasteau de Fontainebleau, pour led. quartier................ 75ᵗᵗ

Aux religieux de la Trinité aud. Fontainebleau, pour led. quartier........................... 75ᵗᵗ

Aux religieux de la Charité, *idem*......... 450ᵗᵗ

A Tisserand, pour l'entretenement des vitres dud. Fontainebleau, pour led. quartier............ 300ᵗᵗ

Au sʳ Coquinot, garde-meuble dud. chasteau de Fontainebleau, pour led. quartier.............. 75ᵗᵗ

A Thierry, concierge du chenil, pour ses gages dud. premier quartier........................ 25ᵗᵗ

A Vieuxpont, pour l'entretenement du potager et arbres fruictiers, pour led. quartier................ 45ᵗᵗ

Somme de ce chapitre..... 122585ᵗᵗ 10ˢ

GAGES SUIVANT L'ESTAT
DU 7 FEBVRIER 1679.

GAGES ET APPOINTEMENS DES SURINTENDANS, INTENDANS, CONTROLLEURS ET TRÉSORIERS DES BASTIMENS.

A nous, en lad. qualité de Surintendant et Ordonnateur général desd. bastimens, jardins, tapisseries et manufactures, la somme de 12000ᵗᵗ pour nos gages à cause de nostred. charge...................... 12000ᵗᵗ

A nous, en lad. qualité de lad. charge et pension attribuée et unie à icelle.................... 3000ᵗᵗ

A nous, comme Surintendant et Ordonnateur général des bastimens du chasteau de Monceaux...... 2400ᵗᵗ

Au sʳ Coquard de la Motte, conseiller du Roy en ses conseils, intendant et ordonnateur ancien desd. bastimens, jardins, tapisseries et manufactures, pour trois quartiers de ses gages...................... 4500ᵗᵗ

Au sʳ Gobert, aussy conseiller esd. conseils, intendant et ordonnateur alternatif desd. bastimens, etc., pour trois quartiers de ses gages.................. 4665ᵗᵗ

Au sʳ....., aussy conseiller esd. conseils, intendant et ordonnateur triennal desd. bastimens, jardins et manufactures, pour trois quartiers de ses gages, dont il ne sera rien payé, attendu que lad. charge a esté supprimée par édit du Roy du....., partant cy............ Néant.

Au sʳ Le Nostre, controlleur général ancien desd. bastimens, etc., pour trois quartiers de ses gages et augmentations d'iceux.................... 4088ᵗᵗ 18ˢ 9ᵈ

Au sʳ Perrault, controlleur alternatif desd. bastimens, etc., pour trois quartiers de ses gages et augmentation d'iceux, cy..................... 4125ᵗᵗ

Au sʳ Lefebvre, controlleur général triennal desd. bastimens, etc., pour trois quartiers de ses gages et augmentation d'iceux...................... 4133ᵗᵗ

A Mᵉ Charles Le Bescue, conseiller du Roy, trésorier général desd. bastimens, etc., pour trois quartiers de ses gages à cause de sad. charge et augmentation d'iceux, cy.............................. 2100ᵗᵗ

A Mᵉ Charles Le Bescue, aussy conseiller du Roy, trésorier général alternatif desd. bastimens, etc., pareille somme de........................... 2100ᵗᵗ

A Mᵉ Sébastien François de la Planche, conseiller du Roy, trésorier général desd. bastimens, etc., pareille somme de................................ 2100ᵗᵗ

Somme de ce chapitre.... 45203ᵗᵗ 18ˢ 9ᵈ

OFFICIERS QUI ONT GAGES
POUR SERVIR GÉNÉRALEMENT DANS TOUTES LES MAISONS ET BASTIMENS DE SA MAJESTÉ.

Au sʳ Le Brun, pour ses appointemens pendant lad. année, la somme de 8800ᵗᵗ qui luy ont esté cy-devant ordonnez par gratiffication, à cause de la conduite et direction des peintures des maisons royalles, et aussy de celle qu'il a, sous nos ordres, de la manufacture des Gobelins, pour, avec 3200ᵗᵗ employez dans l'estat de la Maison du Roy, faire la somme de 12000ᵗᵗ à luy accordée par chacun an, partant cy................... Néant.

Au sʳ Blondel, professeur de l'Accademie d'architecture establie au Palais-Royal, pour y tenir les conférences d'architecture et y enseigner publiquement, pour ses gages pendant lad. année................ 1200ᵗᵗ

Au sʳ Le Peautre, autre architecte, pour ses gages pendant lad. année....................... 500ᵗᵗ

Au sʳ Mansard..., architecte, pour pareils gages. 500ᵗᵗ

Au sʳ Dorbay, autre architecte, *idem*....... 1000ᵗᵗ

Au sʳ Gittard, autre architecte, *idem*...... 500ᵗᵗ

Au sʳ Mignard, autre architecte, *idem*...... 500ᵗᵗ

Au sʳ Bruant, autre architecte, *idem*...... 500ᵗᵗ

ANNÉE 1678. — GAGES DES OFFICIERS DES BÂTIMENTS.

Au s' Félibien, historiographe des Bastimens du Roy, pour ses gages à cause de lad. charge......... 1200tt

A Charles Errard, peintre, retenu pour servir Sa Majesté, la somme de 1200tt pour ses gages, dont il sera payé de trois quartiers pendant lad. année, à cause du service actuel qu'il rend à Sa Majesté......... 900tt

A Jean-Baptiste Champagne, autre peintre, pour ses gages, la somme de 400tt, dont il sera payé seulement de la moitié........................... 200tt

A Nicolas Loir, autre peintre, pour ses gages, dont il ne sera payé que de la moitié............. 200tt

A Noel Coipel, autre peintre, pareille somme. 200tt

A François-Marie Borzon, autre peintre, idem. 200tt

A Jacques Bailly, peintre en mignature, idem.. 200tt

Au s' Friquet, autre peintre, idem........... 200tt

A Claude Goy, autre peintre, idem........... 120tt

A André Félibien, ayant la garde des figures et le soin de tenir nets et polir les marbres des maisons royalles, pour ses gages........................... 400tt

A ..... Anguier, sculpteur, pour ses gages... 200tt

A Jacques Houzeau, autre sculpteur, faisant ordinairement les modelles et ornemens, tant au Louvre qu'ailleurs, pour ses gages la somme de 400tt, dont il luy sera payé seulement celle de.................... 150tt

A François Girardon, autre sculpteur, pour ses gages, idem................................. 200tt

A Thomas Regnaudin, idem................ 150tt

A Gaspard Marsy, idem.................... 200tt

A Louis Legros, idem..................... 150tt

A Pierre Mazelines, idem.................. 150tt

A Philippes Buister, idem.................. 150tt

A Mathieu Lespagnandel, idem............. 150tt

A Philippes Caffiers, idem................. 150tt

A Baptiste Tubi, idem.................... 200tt

A Menard, marbrier, idem................ 30tt

A Dominico Cucci, qui fait toutes les garnitures de bronze doré des portes et croisées des maisons royalles.... 60tt

A Le Clerc, graveur, pour ses gages idem.... 100tt

A Israel Silvestre, graveur, pour faire les desseins d'architecture, veües et perspectives des maisons royalles, carrouselz et autres assemblées publiques, la somme de 400tt pour ses gages et appointemens que Sa Majesté luy a accordé par brevet, de laquelle il sera payé entièrement.............................. 400tt

Au s' Goyton, imprimeur en taille-douce..... 100tt

A François Villedot de Clermont, maistre des œuvres de maçonnerie des bastimens du Roy, tant pour ses gages anciens qu'augmentation d'iceux, la somme de 1200tt,

dont il sera payé de la moitié, attendu le service actuel qu'il rend à Sa Majesté................... 600tt

A Libéral Bruant, maistre des œuvres de charpenterie, pour avoir l'œil sur tous les charpentiers des maisons royalles, la somme de 1200tt, de la quelle il ne sera payé que de la moitié, partant cy............. 600tt

A Antoine Bergeron, maçon, pour ses gages... 30tt

A Claude Bressy, idem.................... 30tt

A Jean Dorbais, idem..................... 30tt

A Jacques Gabriel, idem................... 30tt

A Jacques Mazières le jeune, idem........... 30tt

A ..... Hanicle, idem.................... 30tt

A Pierre Thévenot, idem.................. 30tt

A Poncelet Cliquin, charpentier, pour ses gages. 30tt

A Paul Charpentier, autre charpentier, idem... 30tt

A Jean Bricart, idem..................... 30tt

A Pierre Dionis, menuisier, idem............ 30tt

A Jean d'Anglebert, idem.................. 30tt

A Claude Bergerat, idem.................. 30tt

A Antoine Saint-Yves, idem................ 30tt

A Charles Lavien, idem................... 30tt

A Claude Buirette, autre menuisier, pour ses gages. 30tt

A Jacques Prou, idem.................... 30tt

A François Couvreux, idem................ 30tt

A la veuve Somer, idem................... 30tt

A ..... Boulle, autre ébéniste, idem........ 30tt

A Denis du Chesne, serrurier, idem.......... 30tt

A la veuve de Lobel, idem................. 30tt

A Antoine-Charles de Jasson, vitrier, idem.... 30tt

A Charles Jacquet, idem.................. 30tt

A Estienne Yvon, couvreur, idem........... 30tt

A Nicolas du Valz, idem.................. 30tt

A Dimanche Chanuel, idem................ 30tt

A Gilles Le Roy, plombier, idem............ 30tt

A Jean Allain, idem..................... 30tt

A Philippes Vitry, idem................... 30tt

A la veuve Mazelines, idem................ 30tt

A Antoine Vatel, paveur, idem............. 30tt

A Hubert Misson, marbrier, idem........... 30tt

A Claude Briot, mirouetlier, idem........... 30tt

A La Baronnière, peintre et doreur, idem..... 30tt

A Gosselin et Tanguy, armuriers, retenus pour travailler aux instrumens de mathématique nécessaires pour l'Accadémie des Sciences.................. 200tt

A Thuret, orloger, retenu pour entretenir toutes les pendules de l'Accadémie des Sciences, tant celles qui sont à l'Observatoire que dans lad. Accadémie... 300tt

A Masselin, chaudronnier, pour ses gages..... 30tt

A Padelain et Varisse, ramoneurs de cheminées, pour avoir soin de tenir nettes toutes celles des maisons royalles à Paris, Saint-Germain, Fontainebleau et autres lieux, la somme de 200ᵗᵗ, sur quoy leur sera payé 30ᵗᵗ à chacun, et les racommodages de cheminées leur seront payez par ordonnance, partant cy.................... 60ᵗᵗ

A Daniel Fossier, garde du magazin du Roy où se mettent les démolitions et matériaux nécessaires pour les bastimens de Sa Majesté, pour ses gages....... 400ᵗᵗ

A Charles Mollet, jardinier retenu pour travailler aux desseins des parterres et jardins de Sa Majesté lors qu'il luy sera commandé, pour ses gages la somme de 1000ᵗᵗ, dont il ne luy sera payé que la moitié, partant cy...................................... 500ᵗᵗ

A André Le Nostre, aussi retenu pour travailler ausd. desseins de jardins et parterres, pour ses gages.. 1200ᵗᵗ

Au sʳ François Francines, intendant de la conduite et mouvement des eaux et fontaines de Sa Majesté, la somme de 3000ᵗᵗ, sçavoir : 1800ᵗᵗ d'anciens gages et 1200ᵗᵗ d'augmentation, dont il sera payé de trois quartiers, cy................................... 2250ᵗᵗ

A luy, ayant l'entretenement des fontaines de Rungis, palais de Luxembourg, Croix-du-Tiroir, chasteau du Louvre, pour ses gages à cause dud. entretenement. 700ᵗᵗ

A Pierre Francines, ingénieur, pour le mouvement des eaux et ornemens des fontaines, outre ce qui luy est ordonné dans l'estat de Fontainebleau, la somme de 600ᵗᵗ, dont il luy sera payé trois quartiers............ 450ᵗᵗ

A luy, ayant la conciergerie de la maison du grand regard des fontaines de Rungis hors le fauxbourg Saint-Jacques, suivant l'arrest du Conseil du 28 juin 1675, la somme de 100ᵗᵗ du fonds laissé dans l'estat des finances sous le nom du trésorier général des Bastimens, cy. 100ᵗᵗ

Au sʳ Perrault, l'un de nos commis, ayant le soin de la visite de tous les ouvrages ordonnez pour Sa Majesté en ses bastimens, et de tenir la main à ce que tous les ordres par nous donnez pour l'exécution des volontez de Sa Majesté soient ponctuellement exécutez et avec diligence requise, pour ses appointemens........ 2000ᵗᵗ

Au sʳ Billet, autre commis, tenant sous nous le registre des ordonnances, recepte et dépense desd. bastimens, pour ses appointemens............... 900ᵗᵗ

A ....., commis de l'intendant en exercice... 600ᵗᵗ

A ....., commis du controlleur général desd. bastimens en exercice, pour en son absence avoir l'œil à ce qui est du controlle général, pour ses appointemens. 600ᵗᵗ

Aux trois premiers commis en titre d'office des trois trésoriers généraux desd. bastimens, pour leurs gages, à raison de 300ᵗᵗ chacun par an, dont sera payé seulement à chacun 200ᵗᵗ, cy................... 600ᵗᵗ

A Daniel Fossier, garde des magazins des marbres pour lesd. bastimens, pour ses appointemens pendant lad. année............................. 600ᵗᵗ

Somme................... 31100ᵗᵗ

OFFICIERS SERVANT SA MAJESTÉ
POUR L'ENTRETENEMENT DES MAISONS ET CHASTEAUX CY-APRÈS NOMMEZ.

LOUVRE.

A René de Louvigny, concierge du chasteau du Louvre, pour tenir nettes les grandes et petites galleries, les ouvrir et fermer, pour ses gages tant anciens qu'augmentation d'iceux.................... 100ᵗᵗ

PALAIS DES THUILLERIES.

Au sʳ Clinchant, garde-clef du palais des Thuilleries, pour parfait paiement de 300ᵗᵗ pour ses gages pendant lad. année, dont les trois premiers quartiers luy ont esté cy-devant ordonnez........................ 75ᵗᵗ

A luy, comme concierge de la grande salle nouvellement construite au palais des Thuilleries pour dancer les balets et représenter les grandes comédies et machines, pour ses appointemens de la présente année, à cause de lad. charge, à condition d'entretenir deux vallets pour tenir lad. salle nette, fermer et ouvrir les portes et fenestres, et d'avoir l'œil à la décoration, machines et amphithéatre, pour parfait paiement de 2000ᵗᵗ de gages, dont les trois premiers quartiers luy ont esté cy-devant ordonnez.......................... 500ᵗᵗ

A André Le Nostre, ayant l'entretenement des parterres nouvellement plantez à la face des Thuilleries, pour ses gages à cause dud. entretenement consistant à nettoyer, battre et ratteler la grande terrasse en face du palais, la grande allée du milieu, contre allée, tour et place du grand rondeau, avec les palissades de la demie lune plantée de sapins, ifs, cyprès, jusques au premier maronnier d'Inde de la grande allée du milieu et allée de traverse plantée de buis qui ferme où estoit l'estang, l'allée d'ormes du bout des parterres où est le milieu du rondeau finissant à droite à l'allée du Mail, à gauche à la grande terrasse du costé de la rivière, huit quarrez de parterre en broderie, lesquels seront tondus et nettoyez et entretenus en tous leurs contenus, ainsi que les plattes bandes et allées de traverses et tours des bassins, entretenir de labours et fumiers les arbrisseaux verds dud. parterre, mesme les garnir dans les saisons de fleurs de pareille espèce qui y sont, lesquelles il fera lever, replanter, couvrir et regarnir à ses frais, la somme de 3500ᵗᵗ pour led. entretenement et augmentation pendant lad. année, dont les quatre quartiers luy ont esté cy-devant ordonnez, partant cy...................... Néant.

A luy, pour les parterres en gazon, qui ont esté depuis augmentez, en suite des huict quarrez de broderie cy-dessus, la somme de 2500ᵗᵗ pour led. entretenement et augmentation pendant lad. année, dont les quatre quartiers lui ont esté cy-devant ordonnez, partant cy. Néant.

A luy, pour l'entretenement d'un jardin à fleurs entre le grand parterre et l'allée des meuriers, qu'il doit toujours tenir remply de fleurs, particulièrement durant l'hiver, et, pour cet effet, fournir de fumiers, terrots et autres choses nécessaires, la somme de 1500ᵗᵗ pour led. entretenement, dont les quatre quartiers luy ont esté cy-devant ordonnez, partant cy............... Néant.

A luy, pour l'entretenement d'un espalier de jasmins d'Espagne dans toute la longueur du mur de terrasse et l'allée des meuriers, fournir le fumier, terrots et autres choses nécessaires, la somme de 1500ᵗᵗ pour led. entretenement, dont les quatre quartiers luy ont esté cy-devant ordonnez, partant cy.................... Néant.

A la veuve CARBONNET, ayant l'entretenement de la haute allée des maronniers d'Inde et pisceas, jusques à l'extrémité du fer à cheval en la place des meuriers blancs qui y estoient plantez, la somme de 300ᵗᵗ pendant lad. année, dont les trois premiers quartiers luy ont esté cy-devant ordonnez, partant cy.................. 75ᵗᵗ

A PIERRE DESGOTS, ayant l'entretenement du parc des Thuilleries, depuis le grand parterre jusques au bout de la demie lune qui regarde sur le fossé, et depuis la terrasse du costé de l'eau, y compris, dans toute sa longueur, jusques au parterre en platte bande, de l'autre costé, à la réserve du quarré où estoit le Labirinthe, entretenir toutes les allées, labourer les plants d'arbres de tous les quarrez de l'amphitéâtre et tenir le tout dans la plus grande propreté, la somme de 3600ᵗᵗ pour led. entretenement pendant lad. année, dont les trois premiers quartiers luy ont esté ordonnez............. 900ᵗᵗ

A FRANÇOISE et ANNE BOUCHAND, ayant l'entretenement des orangers du Roy en sa grande orangerie du jardin des Thuilleries, parterres à fleurs et autres jardins derrière, la somme de 1200ᵗᵗ pour leurs gages à cause dud. entretenement, sçavoir : 800ᵗᵗ d'anciens gages et 400ᵗᵗ d'augmentation, dont elles seront seulement payées de 900ᵗᵗ pour lad. année, en fournissant l'inventaire et dénombrement des orangers qui sont dans lad. orangerie

appartenant à S. M., de laquelle somme de 900ᵗᵗ les trois premiers quartiers leur ont esté cy-devant ordonnez, partant cy................................. 225ᵗᵗ

A GUILLAUME MASSON et à CLAUDE et ÉLISABETH LE JUGE, ses deux belles-sœurs, chacun pour un tiers de l'entretenement des plattes-bandes et tapis de gazon le long de la haute allée, d'une ormoye, d'un quarré de bois vert et d'un boullingrin de l'austre costé desd. plattes-bandes, avec la grande allée qui les sépare, la somme de 2050ᵗᵗ pour leurs gages et entretenement, dont les trois premiers quartiers leur ont esté ordonnez cy-devant pendant lad. année, partant cy........... 512ᵗᵗ 10ˢ

Somme................ 2287ᵗᵗ 10ˢ

COURS DE LA REYNE.

A PASQUIER, portier de la porte du Cours de la Reyne du costé des Thuilleries, pour ses gages de la présente année...................................... 50ᵗᵗ

A la veuve FRANÇOIS HUVILLIERS, portier de l'autre porte du costé de Chaillot, et pour garder tous les plans des Thuilleries, pour ses gages pendant la présente année...................................... 150ᵗᵗ

Somme.................... 200ᵗᵗ

PALAIS-ROYAL.

A GRATIAN BOUTICOURT, concierge dud. palais, la somme de 450ᵗᵗ pour ses gages pendant lad. année, dont les trois premiers quartiers luy ont esté cy-devant ordonnez.................................. 112ᵗᵗ 10ˢ

A luy, au lieu de FRANÇOIS HUET, dit POICTEVIN, ayant la charge du nettoyement des chambres et soin d'icelles, la somme de 225ᵗᵗ pour ses gages pendant lad. anuée, dont les trois premiers quartiers luy ont esté cy-devant ordonnez, partant cy.................... 56ᵗᵗ 5ˢ

A PIERRE CLINCHANT, pourveu par S. M., par son brevet du 7 janvier 1666, de la charge de garde meuble et machines du Palais-Royal dont estoit pourveue ANNE DUBOIS, fille de JEAN DUBOIS, et MARIE LHUILLIER, la somme de 225ᵗᵗ pour ses gages pendant lad. année, dont les trois premiers quartiers luy ont esté cy-devant ordonnez...................................... 56ᵗᵗ 5ˢ

A SIMON LE VACHER, portier de la porte de la rue des Bons-Enfans et de la rue de Richelieu, pour ses gages pendant lad. année....................... 150ᵗᵗ

A ESTIENNE MESTIVIER, portier de la grande porte dud. Palais-Royal............................. 150ᵗᵗ

A NICOLAS BOUTICOURT, jardinier du jardin dud. Palais-Royal, la somme de 1500ᵗᵗ pour ses gages pendant lad.

année, dont les trois premiers quartiers ont esté cy-devant ordonnez, partant cy...................... 375ᴸ

Somme.................... 900ᴸ

COLLÈGE DE FRANCE.

A Duclos, concierge dud. collège, pour deux quartiers de ses gages............................ 25ᴸ

MADRID.

A Jean Ricard, concierge du chasteau de Madrid, pour ses gages, dont il sera payé de trois quartiers.... 150ᴸ

SAINT-GERMAIN.

A François Francines, ayant l'entretenement des fontaines et grottes dud. chasteau de Saint-Germain, pour ses gages à cause dud. entretenement, la somme de 1200ᴸ, attendu le dépérissement de la pluspart des grottes, celle de........................ 800ᴸ

A Nicolas Bertrand, ayant l'entretenement des terrasses et descentes du chasteau neuf, la somme de 150ᴸ, dont il sera payé seulement celle de 30ᴸ, attendu le dépérissement des terrasses.................. 30ᴸ

A Jean-Baptiste de la Lande, ayant celuy du vieux jardin et des nouvelles palissades dans le parc, à la réserve du grand parterre et allées qui sont autour, la somme de 500ᴸ pour ses gages pendant lad. année, dont il luy a esté cy-devant ordonné trois quartiers....... 125ᴸ

A luy, ayant l'entretenement de l'orangerie, la somme de 500ᴸ pour ses gages pendant lad. année, dont il a esté cy-devant ordonné trois quartiers, partant cy.. 125ᴸ

A la veuve Jean de la Lande, autre jardinier, ayant celuy du grand parterre nouvellement replanté et augmenté de plusieurs allées autour dans le vieil jardin, la somme de 1350ᴸ pour ses gages pendant lad. année, dont les trois premiers quartiers luy ont esté cy-devant ordonnez, partant cy........................ 337ᴸ 10ˢ

A Jean de la Lande, autre jardinier, ayant celuy des allées et palissades de l'enclos du petit bois de Saint-Germain, la somme de 450ᴸ, dont il sera payé de 337ᴸ 10ˢ pour ses gages de lad. année, dont il luy a esté cy-devant ordonné trois quartiers, partant cy........ 84ᴸ 7ˢ 6ᵈ

A luy, ayant l'entretenement du potager, la somme de 200ᴸ pour ses gages pendant lad. année, dont il luy a esté cy-devant ordonné trois quartiers, partant cy.. 50ᴸ

A luy, ayant l'entretenement du boulingrin et jardin de gazon, la somme de 800ᴸ pour ses gages pendant lad. année, dont il luy a esté cy-devant ordonné trois quartiers, partant cy...................... 200ᴸ

A Claude Bellier, ayant l'entretenement du jardin potager et des deux parterres à costé de la fontaine du chasteau neuf, la somme de 600ᴸ, dont il sera payé de 450ᴸ seulement pour ses gages pendant lad. année, dont il luy a esté cy-devant ordonné trois quartiers..... 112ᴸ 12ˢ

A François Lavecher, au lieu de François Bellier, son beau-père, ayant l'entretenement du jardin et parterre devant les grottes dud. chasteau neuf, la somme de 600ᴸ, dont il sera payé de 450ᴸ seulement pour ses gages pendant lad. année, de laquelle il luy en a esté cy-devant ordonné trois quartiers, partant cy........ 112ᴸ 12ˢ

A luy, ayant l'entretenement des jardins, des canaux et colines dud. chasteau, au lieu de François Bellier, la somme de 100ᴸ, dont il sera payé de 75ᴸ seulement pour ses gages pendant lad. année, de laquelle il luy en a esté cy-devant ordonné trois quartiers, partant cy.. 18ᴸ 15ˢ

A Pierre Goeren, concierge du pavillon du Val, la somme de 1200ᴸ pour ses gages pendant lad. année, dont il luy a esté cy-devant ordonné trois quartiers, partant........................... 300ᴸ

A Guillaume Le Coustillier, jardinier ayant l'entretenement du jardin du Val dans le parc proche Carrières, la somme de 4000ᴸ pour ses gages, à cause dud. entretenement, dont il luy a esté cy-devant ordonné trois quartiers, partant cy........................ 1000ᴸ

A Claude Patenostre, concierge du chenil proche le tripot dud. Saint-Germain, la somme de 180ᴸ pour ses gages pendant lad. année, dont il luy a esté cy-devant ordonné trois quartiers.................... 45ᴸ

A Pierre Bertin, concierge et garde-meuble dud. chasteau neuf, la somme de 475ᴸ pour ses gages pendant lad. année, dont il luy en a esté cy-devant ordonné trois quartiers, partant cy............... 118ᴸ 15ˢ

A Thomasse Lefebvre, veuve Franchon, ayant l'entretenement de la petite escurie du Roy, la somme de 400ᴸ, dont elle sera payé de 200ᴸ seulement, pour ses gages pendant lad. année, dont il luy a esté cy-devant ordonné trois quartiers........................ 50ᴸ

A Henry Soulaigre, au lieu de Catherine Ferrand, sa mère, concierge et garde-meuble dud. vieux chasteau, la somme de 225ᴸ pour ses gages pendant lad. année, dont il luy a esté cy-devant ordonné trois quartiers, partant cy........................ 56ᴸ 10ˢ

A luy, pour l'entretenement de l'horloge du vieux chasteau, la somme de 75ᴸ pour ses gages pendant lad. année, dont il luy a esté cy-devant ordonné trois quartiers, partant cy........................ 18ᴸ 15ˢ

A Julien Duvau, portier du vieux chasteau, pour trois quartiers de ses gages..................... 75ᴸ

A Louis Guillot, portier dud. chasteau neuf... 75ᴸ

ANNÉE 1678. — DIVERSES DÉPENSES.

A Claude Tailler, portier de la porte du parc au bas des descentes dud. chasteau, pour pareils gages.... 75ᵗᵗ

A Chevillard, concierge de la Surintendance de Saint-Germain, la somme de 200ᵗᵗ pour ses gages pendant lad. année, dont il luy a esté cy-devant ordonné trois quartiers, partant cy...................... 50ᵗᵗ

A Poisson, peintre, pour ses gages pendant lad. année 30ᵗᵗ

A Charles de la Rue, maçon, pour ses gages... 30ᵗᵗ
A René du Fay, charpentier, idem............ 30ᵗᵗ
A Millot, menuisier, idem.................. 30ᵗᵗ
A Louis Piot, serrurier, idem.............. 30ᵗᵗ
A Le Mercier, vitrier, idem................ 30ᵗᵗ

Somme............... 4039ᵗᵗ 16ˢ 6ᵈ

SAINT-LÉGER.

Au sʳ de Garsault, concierge du chasteau de Saint-Léger, pour deux quartiers de ses gages....... 225ᵗᵗ

POUGUES.

A Jean Adrien, garde des fontaines de Pougues, pour trois quartiers de ses gages pendant lad. année... 75ᵗᵗ

VINCENNES.

A Michel Thibault, jardinier, ayant le soin et entretenement de tous les jardins dépendans dud. chasteau, la somme de 1500ᵗᵗ pour ses gages pendant lad. année, dont il lui a esté cy-devant ordonné trois quartiers, partant cy............................ 375ᵗᵗ

VERSAILLES.

A Jamin, concierge de la Surintendance des bastimens de Versailles, pour ses gages pendant lad. année.. 200ᵗᵗ

L'entretenement ordinaire des autres concierges, jardiniers et autres officiers dud. chasteau de Versailles est payé par ordonnances particulières séparément, partant cy................................... Néant.

JARDIN MÉDICINAL.

Les gages des officiers et entretenement ordinaire dud. jardin médicinal du fauxbourg Saint-Victor, montant à 21000ᵗᵗ, se paye par estat séparé, partant cy... Néant.

HOSTEL DES AMBASSADEURS.

A Sébastien Pouget, concierge dud. hostel, la somme de 400ᵗᵗ, dont il luy sera seulement payé....... 100ᵗᵗ

CHASTEAU-THIERRY.

Led. chasteau et domaine a esté cy-devant engagé et alliéné à M. le duc de Bouillon, partant cy..... Néant.

VILLERS-COTTERETZ.

Le chasteau et domaine de Villers-Cotteretz a esté baillé à M. le duc d'Orléans en augmentation de son appanage, partant cy........................... Néant.

Somme totalle du présent estat... 84981ᵗᵗ 5ˢ 3ᵈ

Laquelle somme de 84981ᵗᵗ 5ˢ 3ᵈ sera payée aux dénommez au présent estat par led. sʳ Le Besgue, trésorier général des Bastimens du Roy en exercice pendant l'année 1678, et des deniers de sa charge, et rapportant par luy le présent estat par nous expédié et certifficaction du Controlleur général desd. bastimens et jardins de S. M. du service que lesd. officiers sujets à aucuns entretenements auront bien et deüement faits, ainsy qu'ils sont obligez par leurs charges, emplois et quittances sur ce suffisantes, lad. somme de 84981ᵗᵗ 5ˢ 3ᵈ sera passée et allouée en dépense de vos comptes à Paris, lesquels nous prions ainsi le faire sans difficulté.

Fait à Saint-Germain-en-Laye, le 7 febvrier 1679.

Signé : COLBERT.

DIVERSES DÉPENSES.

1ᵉʳ febvrier : à Bonnemer, peintre, pour plusieurs ouvrages qu'il a faits sur la moire de soye........ 570ᵗᵗ
18 juillet : à luy, pour cinq tableaux en broderie. 300ᵗᵗ
14 octobre : à luy, pour quatre petits tableaux qu'il a faits................................. 200ᵗᵗ
1ᵉʳ febvrier – 30 octobre : à Bailly, pour plusieurs dessins de broderie et point d'Espagne qu'il a faits (4 p.). 1944ᵗᵗ
15 febvrier : à Raon, sculpteur, pour le voyage qu'il a fait à Rouen pour faire descharger des caisses d'ouvrages de sculpture venant de Rome............... 100ᵗᵗ
21 avril : à luy, pour avoir conduit quarante-une caisses de creux et moules de plusieurs figures venant de Rome................................... 600ᵗᵗ
16 febvrier : à la veuve Balin, orfévre, pour 1200 jettons d'argent pour l'Accadémie françoise... 1167ᵗᵗ 19ˢ
6 mars : à elle, pour 1000 jettons d'argent. 964ᵗᵗ 15ˢ
24 décembre : à elle, pour l'ornement d'un orloge en globe................................. 2200ᵗᵗ
19 febvrier – 3 avril : à Germain, pour achapts de grand et petit plan d'arbres pour les jardins des maisons royales (2 p.)............................. 5500ᵗᵗ
15 avril : aud. Germain, pour nourriture de 80 cignes qui sont sur la rivière de Seyne pendant trois mois échus le dernier mars........................ 450ᵗᵗ

11 juillet : à luy, pour la nourriture de 120 cignes pendant trois mois échus le dernier juin........ 630ᴸ
14 octobre : à luy, pour la nourriture de 150 cignes pendant trois mois..................... 782ᴸ
8 janvier 1679 : à luy, pour la nourriture *idem*. 782ᴸ
8 janvier 1679 : à luy, pour la nourriture *idem*. 782ᴸ
27 febvrier : à la veuve Charmeton, peintre, par gratiffication............................ 300ᴸ
13 mars : à François Boucault et consors, pour avoir curé la rivière des Gobelins.................. 69ᴸ
A la veuve Le Maire, pour plusieurs ouvrages de cuivre qu'il a faits pour le moulin de la Monnoye des galleries du Louvre........................ 435ᴸ 15ˢ
6 mars : à Prou, menuisier, pour cinq bordures qu'il a faites à cinq tableaux du cabinet du Roy....... 200ᴸ
A Caffieri, pour la sculpture desd. cinq bordures. 702ᴸ
25 septembre : à luy, pour deux lances qu'il a faites pour Monseigneur le Dauphin............... 121ᴸ
6 mars : à La Baronnière, pour la dorure desd. cinq bordures............................. 351ᴸ
A Charuel, couvreur, à compte des ouvrages qu'il fait à la Savonnerie........................ 400ᴸ
A Banier, par gratification, en considération de ce qu'il s'est cassé une jambe en travaillant à l'Arc de triomphe............................ 30ᴸ
13 mars : à Descluseaux, pour la voiture du Havre à Paris de 41 caisses qui viennent de Civita-Vecchia. 890ᴸ
30 aoust : à Descluseaux, garde de la Prevosté, pour avoir vacqué à Paris pendant vingt-une journées pour faire fournir des voitures................ 84ᴸ
13 mars : à La Roche, pour carosses qu'il a fournis pour MM. de l'Accadémie des Sciences......... 990ᴸ
1ᵉʳ may : à luy, pour plusieurs voyages de carosses pour mener des officiers des bastimens aux maisons royales............................. 853ᴸ
13 mars : à Thierriat, pour voiture de Lyon à Paris de vingt-six caisses d'oignons de tubéreuses pour lesd. maisons........................... 356ᴸ 12ˢ
3 avril : à Padelain, ramonneur, pour plusieurs cheminées qu'il a ramonnées................. 322ᴸ 9ˢ
15 avril : à Bricard, charpentier, à compte des ouvrages de charpenterie qu'il fait pour la pompe du Pont-Neuf.............................. 400ᴸ
A Hanicle, maçon, à compte des murs de closture du bois de Boulogne........................ 400ᴸ
24 novembre : à compte d'ouvrages à Madrid.. 600ᴸ
15 avril : à Martinot, horloger, pour une horloge qu'il a vendue pour le service du Roy............. 6000ᴸ
21 avril : à Dorée et Barin, pour 900 bottes de roseaux qu'ils ont fourny pour couvrir les escuries des gardes du corps........................ 67ᴸ 10ˢ
A Gosselin et consors, pour la ferrure qu'ils ont faite à une machine proposée par le sʳ de Saint-Félix.. 500ᴸ
A Guyot, voiturier, pour avoir amené depuis Rouen jusques à Paris lesd. 41 caisses............. 400ᴸ
A Liard et consors, preneurs de taulpes, pour avoir pris dans les maisons royalles 2702 taulpes.. 472ᴸ 17ˢ
24 novembre : à André et Liards, pour avoir pris 2073 taulpes......................... 362ᴸ 15ˢ
18 juillet : à eux, pour taulpes qu'ils ont prises dans les maisons royalles.................... 564ᴸ 11ˢ
25 avril : à Defer, carrier, à compte des pierres de Saint-Cloud qu'il fournit................ 1200ᴸ
A Janson, maçon, à compte des ouvrages de maçonnerie qu'il fait au haras de Saint-Léger........ 400ᴸ
1ᵉʳ may : à Le Dru, battelier, pour avoir conduit de Paris à Valvin, pour Fontainebleau, vingt-quatre contre-cœurs et six chambranles de marbre......... 115ᴸ
1ᵉʳ may-12 juin : à luy, pour les potteaux qu'il a plantés sur les bords de la rivière depuis Paris jusques à Meulan pour y mettre les défenses de nuire aux cignes qui sont sur lad. rivière (2 p.)............. 336ᴸ
1ᵉʳ may-14 septembre : à luy, pour parfait payement des pieux qu'il a plantés pour clore les deux bouts de l'île des Cignes (2 p.)................. 1600ᴸ
1ᵉʳ may : à La Croix fils, en considération du voyage qu'il va faire aux Indes pour apprendre les langues orientales............................ 1200ᴸ
23 may : aux ouvriers qui ont accomodé les ormes de Saint-Germain et du Roulle............... 190ᴸ 18ˢ
28 may : à Barbe, voiturier, pour la voiture de 18 blots de marbre du port aux magazins à Paris. 360ᴸ
30 may : au sʳ abbé de la Vau, pour la nourriture de deux Capucins qui travaillent au Louvre à faire des remèdes pour la médecine, pour trois mois finis le 25 aoust, à 3ᴸ par jour...................... 273ᴸ
A Guilloneт, ferblannier, pour plusieurs pancartes de fer blanc qu'il a livrées pour mettre à divers potteaux au long de la rivière...................... 290ᴸ 6ˢ
5 juin-12 novembre : à Frades, jardinier, pour parfait payement de 404ᴸ pour la closture d'eschalatz faite aux remises de la plaine Saint-Denis (2 p.)...... 404ᴸ
12 novembre : à Jaquet, vitrier, à compte des vitres de Vincennes........................ 400ᴸ
23 novembre : à La Bru, jardinier, à compte d'une pépinière d'ormes proche Seaux............. 200ᴸ
24 novembre : à Anglard, maçon, pour réparations faites à la Meutte du bois de Boulogne........ 988ᴸ

ANNÉE 1678. — DIVERSES DÉPENSES.

A luy, pour ouvrages faits à Vincennes....... 675##

24 novembre 1678 - 1ᵉʳ janvier 1679 : à Thierry, jardinier, pour parfait payement de 3333## 10ˢ pour les routes qu'il a faites au bois de Béranger pour la chasse (2 p.)........................... 1533## 10ˢ

24 novembre : à Loir, pour mil jettons d'argent distribuez à MM. de l'Académie françoise..... 1000## 17ˢ

A Cousin, Henry et Lhéritier, pour avoir transcript des cahiers du Dictionnaire de l'Accadémie françoise. 150##

4 décembre : à Baudet, graveur, pour six planches qu'il a gravées pour le Roy, représentans les statues et bustes antiques........................ 1460##

A Boult, tapissier, pour 36 chaises de bois de noyer, garnies et couvertes de moquade pour l'Accadémie françoise................................. 378##

25 septembre : à luy, pour lits, traversins et autres marchandises qu'il a fournis pour les Pères Capucins qui sont au Louvre...................... 180## 15ˢ

A Le Clerc, marchand, pour fournitures faites aux Pères Capucins qui demeurent au Louvre, de 150 boisseaux de genièvre pour faire des rémèdes pour les malades........................ 187## 10ˢ

A La Boissière, graveur, pour avoir gravé deux planches pour le service du Roy................. 400##

11 décembre : à Yvart, peintre, pour son remboursement de menuiserie, sculpture et dorure de plusieurs bordures d'estampes.................. 254## 12ˢ

A Audran, graveur, à compte des planches qu'il grave pour le service du Roy.................... 400##

16 décembre : à La Perrière, Garçon et Messager, marchands, pour drogues, alambics, fioles de verre et achapt de menues nécessitez par eux fournies aux Pères Capucins qui travaillent au Louvre........ 1200## 2ˢ

11 juillet - 18 décembre : à Morel, artificier, à compte de l'artifice qu'il a fourny dans le magazin du Roy (2 p.). .... 800##

11 juillet - 18 décembre : à Caresme, artificier, à compte (2 p.)............................ 800##

18 décembre : à Poitou, Combond et veuve Somen, ébénistes, pour trois panneaux de parquets d'ébène pour le Louvre.............................. 1050##

21 décembre : à Desgodets, dessignateur, pour plusieurs desseins et plants des maisons royales.... 200##

A Robert, jardinier, par gratification, en considération des soins qu'il prend des jardins des maisons royales................................. 400##

A Lambert, architecte, par gratification, en considération de ses travaux dans les bastimens de S. M.. 3000##

17 mars 1679 : à M. de Saumery, capitaine et gouverneur du chasteau de Chambord, pour employer au payement des ouvriers qui ont fait les réparations aux brèches des murs du parc...................... 3000##

20 janvier 1679 : à Jean Jans, tapissier en la manufacture des Gobelins, pour les ouvrages de tapisserie de haute lisse qu'il a fait pour le service du Roy pendant lad. année 1678.................. 22881## 9ˢ 5ᵈ

A Jean Lefebvre, autre tapissier, pour ceux qu'il a faits idem....................... 13443## 3ˢ 9ᵈ

A Jean Mosin, autre tapissier, pour les ouvrages de basse lisse qu'il a faits idem............. 11843## 6ˢ

A de la Croix, tapissier, pour ses ouvrages de basse lisse idem......................... 7066## 5ˢ 4ᵈ

A Simon Fayait, brodeur en lad. manufacture, à compte de ses ouvrages...................... 107## 15ˢ

A Lourdet, tapissier et directeur de la Savonnerie, pour 70 aunes 11 douzièmes de tapis, façon de Turquie, qu'il a fait faire et livrez dans les magazins de S. M. pour la grande gallerie du Louvre............... 11700##

A Baudrin Yvart, peintre en la manufacture des Gobelins, pour pareille somme qu'il a payée, sçavoir : 8058## 15ˢ pour ouvrages de peinture des desseins de tapisserie, et 3060## pour 85 aunes quarrées des desseins du tapis de pied de la grande gallerie du Louvre... 11118## 15ˢ

A Dupont, tapissier et directeur de la Savonnerie, à compte des tapisseries qu'il fait en la manufacture de la Savonnerie............................ 8500##

A Pierre de Mouchy, blanchisseur de laine en la manufacture des Gobelins, pour avoir reblanchy 655 livres et demie de laine pour employer aux ouvrages de Sa Majesté.................................. 131## 1ˢ 9ᵈ

14 febvrier 1679 : au sʳ Mabre Cramoisy, imprimeur, pour paiement de 1678## 10ˢ 6ᵈ, tant pour diverses impressions qu'il a faites dans l'Imprimerie Royale que pour fournitures de caractères et relieures de livres qu'il a fait faire pour le service de S. M. jusqu'au 1ᵉʳ janvier 1676............................ 4978## 10ˢ 6ᵈ

12 juin : à Colson, menuisier en ebeyne, pour avoir mis au naturel divers animaux et avoir fait plusieurs squelets pour la salle du Jardin Royal......... 466## 19ˢ

A Allen le fils, pour seize saulmons d'Angleterre qu'il a fournis........................... 5192## 13ˢ

20 aoust : à luy, pour dix-huit saulmons d'estain qu'il a fournis.......................... 3626## 2ˢ

19 juin : à Dudart, menuisier, pour ouvrages qu'il a faits aux escuries de M. le comte d'Armagnac.. 130## 9ˢ

A Julin, battelier, pour avoir mis dessus la rivière de Seyne deux chalouppes pour y faire la sculpture.. 200##

11 juillet - 20 aoust : à Baptiste Gervais, artificier, à

compte de l'artifice qu'il fournit dans les magazins du Roy (2 p.)............................... 1000ᴴ

11 juillet : à Formont, banquier, pour 33478 livres de plomb d'Angleterre............... 3682ᴴ 11ˢ 6ᵈ

30 novembre : à luy, pour 3830 pièces de gros plomb et 440 pièces de petit plomb d'Angleterre pour les nouveaux bastimens et fontaines de Versailles et autres maisons royalles, pezant ensemble 1188496 livres, à 102ᴴ le millier....................... 121226ᴴ 11ˢ

18 juillet : à Garçon, marchand espicier, pour la pension des Pères Capucins qui travaillent au Louvre. 1227ᴴ

26 juillet : à Somer et Poitou, pour trois panneaux de parquets de marqueterie de laton qu'ils ont faits. 1050ᴴ

A Thuret, horloger, pour trois pandules qu'il a fournies pour l'Accadémie des Sciences.......... 320ᴴ

A Allain, plombier, pour ouvrages qu'il a faits à l'église de la Sainte-Chapelle du Palais........ 1000ᴴ

A Noiret, marchand, pour plusieurs marchandises qu'il a fournies aux Pères Capucins, au Louvre. 450ᴴ 9ˢ

A Moncin, charron, pour son parfait payement de 1600ᴴ pour deux grands binards qu'il a fournis pour les grands fardeaux des bastimens............... 700ᴴ

12 aoust : au sʳ de la Quintinie, pour une année de loyer de sa maison qu'occupe le sʳ Le Brun..... 800ᴴ

18 aoust : au sʳ Le Bouteux, pour achapt de rosiers. 400ᴴ

19 aoust : au sʳ Picard, pour le voyage qu'il va faire vers les sources des rivières d'Estampes....... 800ᴴ

25 aoust : au sʳ Perrault, greffier de l'Escritoire, pour plusieurs visites et toisez qu'il a faits......... 600ᴴ

14 septembre : au sʳ de Lubert, trésorier général de la marine, pour son remboursement de ce qu'il a payé au sʳ Mossier pour achapt d'oyseaux............ 1200ᴴ

25 septembre : à Bochon, pour plusieurs voitures qu'il a fait pour les bastimens.................. 500ᴴ

1ᵉʳ octobre : à Coisvaux, à compte du portraict du Roy et de celuy de Monseigneur le Dauphin........ 1500ᴴ

17 octobre : à Petit, pour son remboursement de pareille somme qu'il a payée aux ouvriers qui ont accommodé le chemin de Saint-Cloud à Juvisy.... 189ᴴ 18ˢ

30 octobre : à Paschal, loueur de carosses, pour ceux qu'il a fournis pour MM. de l'Académie........ 510ᴴ

1ᵉʳ janvier 1679 : à La Bru et Thevenin, jardiniers, pour parfait payement de 293ᴴ 17ˢ pour avoir labouré 5 arpens et demi 37 perches trois quarts de terre près Seaux............................. 93ᴴ 17ˢ

16 may : à la femme du sʳ de la Petitière, par gratiffication, en considération de ses soings à la direction de la manufacture d'Auxerre............... 1000ᴴ

10 juillet : à Gole, ebéniste, pour payement de 2580oᴴ pour deux grands cabinets de bois de chesne couvert d'ebeine et enrichis de divers ornemens de bronze et de marqueterie................... 2800ᴴ

20 novembre : à Charlier, marchand, pour 36 aunes de gros tissu blanc de quatre aunes de large, fabrique de Paris, à 300ᴴ l'aune................. 10800ᴴ

1ᵉʳ décembre : aux particuliers cy-après nommez pour les domages qu'ils ont soufferts sur les terres dont ils sont propriétaires, scizes entre le Pecq et Maisons, à cause des chasses de S. M., suivant l'estimation qui en a esté faite, sçavoir :

A M. le président de Maisons, pour le domage fait sur 50 arpens de prairie à luy appartenant. 666ᴴ 13ˢ 4ᵈ

A Dufour, sur 5 arpens de prairie....... 13ᴴ 6ˢ 8ᵈ

A la dame de Carrières, sur 30 arpens...... 560ᴴ

Au sʳ de la Neufville, pour 1 arpent 85 perches. 20ᴴ

A Bajonnet, pour 21 arpens........... 157ᴴ 10ˢ

A Marin Auvray, pour 6 arpens et demi...... 65ᴴ

Au sʳ du Besloy, pour 11 arpens un quart.... 56ᴴ 5ˢ

A Buret, pour 8 arpens................ 40ᴴ

Aux héritiers de Plessart, pour demy arpent. 2ᴴ 10ˢ

A Macé Villain, pour 1 arpent et demy..... 7ᴴ 10ˢ

A Delaunay, pour 9 arpens trois quarts.... 48ᴴ 15ˢ

Au sʳ Antoine, porte-arquebuse de S. M., pour 4 arpens et demy........................... 60ᴴ

A Raffron, pour 3 quartiers............ 3ᴴ 15ˢ

A la dame Dassy, sur 2 arpens un quart... 11ᴴ 6ˢ 8ᵈ

Au sʳ de Moncrif, sur 18 arpens et demy quartier... .... 241ᴴ 13ˢ 4ᵈ

A Guibert, pour 10 arpens trois quarts.... 53ᴴ 15ˢ

Au sʳ de la Lane, pour 7 arpens.......... 29ᴴ

Au curé du Pecq, pour 5 quartiers...... 12ᴴ 13ˢ 4ᵈ

A Vincent Le Gresle, pour 3 arpens........ 30ᴴ

Au sʳ de Grivel, pour 2 arpens............ 10ᴴ

A Heurtier, pour 2 arpens............. 10ᴴ

A la veuve Bertin, fermière de Vaux, sur 15 arpens de terre semés en bled.................. 12ᴴ

Somme de ce chapitre.... 312439ᴴ 2ˢ 7ᵈ

ANNÉE 1679.

RECEPTE.

24 décembre 1678 : du sr DU METZ, garde du trésor royal, la somme de 6278,164ʰʰ 13ˢ 4ᵈ pour délivrer au sʳ DE LA PLANCHE, trésorier général des Bastimens du Roy, artz et manufactures, pour employer au fait de sa charge, mesmes celle de 6226279ʰʰ au payement des dépenses à faire, tant pour le Louvre, les Thuilleries, Saint-Germain, Fontainebleau, Versailles, ses dépendances et autres maisons royalles, que pour les ouvrages à faire aux Gobelins, Arc de triomphe et Observatoire, entretenement des Accadémies des gens de lettres et de peinture, sculpture et architecture de Paris et de Rome, gages et appointemens des officiers desd. bastimens, et autres dépenses mentionnées dans l'estat de ce jourd'huy, ainsy qu'il est cy-après libellé, et ce pendant l'année 1679, et 51885ʰʰ 13ˢ 2ᵈ pour les taxations dud. trésorier, à raison de 2ᵈ pour livre, cy.......................... 6278,164ʰʰ 13ˢ 4ᵈ

VERSAILLES.

Pour les ouvrages à faire aux bastimens de la grande escurie, suivant l'estimation qui en a esté faite. 297554ʰʰ

Pour les ouvrages à faire aux bastimens de la petite escurie, pareille somme de.............. 297554ʰʰ

Pour les ouvrages à faire aux deux corps de logis entre les pavillons de l'anti-cour dud. chasteau de Versailles, estimé à 172136ʰʰ 10ˢ.................. 324273ʰʰ

Pour le rehaussement des deux pavillons au bout desd. corps de logis........................ 30000ʰʰ

Pour le bastiment d'une aisle de 82 toises d'estendüe du costé de l'orangerie jusqu'au premier estage. 154378ʰʰ

Pour la maçonnerie et grilles nécessaires pour la fermeture de la cour.................... 15000ʰʰ

Pour achever les ouvrages à faire aux appartemens des deux corps de logis de la cour des fontaines et pour eslever les deux lanternes, par estimation.......... 75000ʰʰ

Pour les amortissemens du comble de face, les ornemens au-dessus du faiste, les lucarnes de la cour de la fontaine, achever les figures et y en mettre deux nouvelles, par estimation................ 30000ʰʰ

Pour la dorure des balcons des croisées, le restablissement du grand balcon du milieu, et pour mettre des balcons sur les neuf avant-corps du costé du jardin, y compris la dorure..................... 15000ʰʰ

Pour achever l'attique et les figures du corps de logis en face, et y faire un cadran............... 4500ʰʰ

Pour le restablissement du pavé de marbre de la cour et y adjouter ce qui sera nécessaire pour le rendre parfait............................. 6000ʰʰ

Pour les ouvrages de stuc, de menuiserie et de serrurerie pour les appartemens du petit chasteau... 15000ʰʰ

Pour restablir le vestibule dud. chasteau et y mettre des colonnes de marbre *idem*.................. 10000ʰʰ

Pour achever les ouvrages de marbre, de bronze, de stuc, de peinture et de menuiserie du grand escalier... .... 40000ʰʰ

Pour les ouvrages de stuc du plafonds du vestibule dud. escallier, incrustemens de marbre et autres ouvrages............................. 20000ʰʰ

Pour achever les tableaux de la seconde pièce et poser tous les tableaux du grand appartement du Roy. 12000ʰʰ

Pour les ouvrages de maçonnerie, de marbre et autres qui sont à faire pour l'escallier de la Reyne.... 25000ʰʰ

Pour achever les ouvrages de marbre, les tableaux et les autres ornemens du sallon de la Reyne, ensemble tous les autres tableaux de cet appartement... 18000ʰʰ

Pour achever le ceintre de la grande gallerie, la crespir et enduire, faire le passage, dresser l'aire, poser les lambourdes, faire les chambranles de marbre et autres ouvrages............................ 40000ʰʰ

Pour ravaler la face du costé des jardins et y faire des figures et trophées..................... 8000ʰʰ

Pour les deux pieds d'estaux des deux figures de la pièce ionique, l'estrade de marbre de la chambre, les colonnes, les bases et les chapiteaux de l'alcôve, refaire le pavé de marbre sous les cuves et autres ouvrages de l'appartement des bains................. 12000ʰʰ

Pour les ouvrages de stuc et peinture de la chapelle, anges et figures bronze doré et autres ornemens. 35000ʰʰ

Pour les deux escalliers de pierre des petites cours... .... 8000ʰʰ

Pour continuer les ouvrages de pavé qui sont à faire tant au chasteau que dans la ville 20000ᴸᵗ

Pour le transport des terres et les murs de closture du nouveau potager, contenant vingt arpens 120000ᴸᵗ

Pour la nouvelle pièce d'eau au-dessus du Dragon, faire porter les pisceas et autres ouvrages..... 20000ᴸᵗ

Pour achever les figures de marbre du parterre d'eau, cy................................. 12000ᴸᵗ

Pour mettre en bon estat les pompes, les conduites des fontaines, restablir les regards, robinets, adjustages, soupapes et autres ouvrages de cuivre desd. fontaines, par estimation............................. 30000ᴸᵗ

Pour tout ce qui reste à faire des ouvrages de marbre, de cuivre et autres de la fontaine de l'Arc de triomphe. 60000ᴸᵗ

Pour achever les deux cabinets et tous les autres ouvrages de la fontaine de la Renommée 10000ᴸᵗ

Pour la continuation des aqueducs de la montagne de Roquancourt........................ 150000ᴸᵗ

Pour faire la conduite de grais et de plomb des eaux de la montagne de Roquancourt, et suivant l'estimation qui en a esté faite....................... 236000ᴸᵗ

Pour les aqueducs des eaux de Trianon idem. 50000ᴸᵗ

Pour la conduite desd. eaux, par estimation. 120000ᴸᵗ

Pour les aqueducs et conduites de l'eau des estangs des Graissets............................. 169000ᴸᵗ

Pour eslargir les rigolles de tous les estangs. 40000ᴸᵗ

Pour la conduite des tuyaux de fer dans l'aqueduc de Satory, par estimation.................. 60000ᴸᵗ

Pour tous les ouvrages à faire à Trianon... 60000ᴸᵗ

Pour ceux du bout du canal du costé de la Mesnagerie et autres ouvrages à faire à lad. Mesnagerie... 30000ᴸᵗ

Pour la recherche des eaux du costé de Saint-Cyr... .... 10000ᴸᵗ

Pour tous les plans du parc, celuy de Quincaux, et autres ez environs de Versailles 30000ᴸᵗ

Pour les ouvrages de plomberie et autres des fontaines idem............................... 100000ᴸᵗ

Pour les gages des jardiniers, fontainiers, meusniers, rocailleurs, fondeur et autres ouvriers servant à Versailles................................ 55000ᴸᵗ

Pour les appointemens et solde de tous ceux qui servent sur les vaisseaux qui sont sur le canal.... 25000ᴸᵗ

Pour employer au remboursement de plusieurs particuliers dont les maisons seront acheptées au proffit de S. M................................. 500000ᴸᵗ

Pour employer en achapt de terres et bois. 200000ᴸᵗ

Pour continuer les ouvrages du bastiment de Clagny. 300000ᴸᵗ

Pour l'entretenement des jardins potagers et autres de Clagny et Glatigny................. 40000ᴸᵗ

Pour les dépenses extraordinaires et nouvelles de Versailles.............................. 200000ᴸᵗ

Total................... 4139259ᴸᵗ

LE LOUVRE, ARC DE TRIOMPHE

ET AUTRES DÉPENSES.

Pour la continuation des bastimens du Louvre. 300000ᴸᵗ

Pour les ouvrages à faire au jardin des Thuilleries, par estimation......................... 10000ᴸᵗ

Pour employer au remboursement des maisons, que S. M. a acquises, qui sont comprises dans l'enceinte du Louvre.............................. 50000ᴸᵗ

Pour les ouvrages de l'Arc de triomphe.... 100000ᴸᵗ

Pour achever l'Observatoire............. 20000ᴸᵗ

Pour les ouvrages des manufactures des Gobelins et de la Savonnerie...................... 100000ᴸᵗ

Pour les grands ouvrages d'argenterie..... 100000ᴸᵗ

Pour la continuation du Jardin Royal et gages d'officiers................................. 24000ᴸᵗ

Pour les graveures de planches.......... 15000ᴸᵗ

Pour les loyers de maisons.............. 10000ᴸᵗ

Pour l'entretenement de toutes les couvertures des maisons royalles...................... 17000ᴸᵗ

Pour l'entretenement de l'Accadémie des Sciences et gratiffication des gens de lettres........... 120000ᴸᵗ

Pour l'entretenement des Accadémies de peinture, sculpture et architecture, de Paris et de Rome. 30000ᴸᵗ

Pour les gages des officiers des bastimens et préposez aux ouvrages....................... 200000ᴸᵗ

Total................... 1096000ᴸᵗ

FONTAINEBLEAU.

Pour les ouvrages à faire au nouveau bastiment, par estimation............................. 421020ᴸᵗ

Pour les ouvrages et réparations à faire pour restablir led. chasteau........................ 85000ᴸᵗ

Total................... 506020ᴸᵗ

SAINT-GERMAIN

ET AUTRES MAISONS ROYALLES.

Pour les ouvrages et réparations à faire à Saint-Germain, le Val, Monceaux, Vincennes et autres maisons royalles............................ 75000ᴸᵗ

ANNÉE 1679. — RECETTE.

Pour régaler et achever l'avenue des Loges dans la forest de Saint-Germain.................. 10000ᵗᵗ
Pour employer à compte de ce qui est deub aux ouvriers qui ont travaillé les années précédentes. 200000ᵗᵗ
Pour les dépenses extraordinaires et imprévues desd. maisons royalles..................... 200000ᵗᵗ
Total................... 485000ᵗᵗ

TAXATIONS.

Pour les taxations du sʳ DE LA PLANCHE, de la somme de 6226279ᵗᵗ à quoy montent les dépenses mentionnées au présent estat, à raison de 2ᵈ pour livre. 51885ᵗᵗ 13ˢ 4ᵈ
Somme totale........ 6278164ᵗᵗ 13ˢ 4ᵈ

18 mars 1679 : dud. sʳ DU METZ, la somme de 201666ᵗᵗ 13ˢ 4ᵈ pour employer 200000ᵗᵗ à compte des dépenses à faire pour la continuation des ouvrages de l'église des Invalides, et 1666ᵗᵗ 13ˢ 4ᵈ pour les taxations dud. trésorier................ 201666ᵗᵗ 13ˢ 4ᵈ

De luy, la somme de 10083ᵗᵗ 6ˢ 8ᵈ pour délivrer 10000ᵗᵗ au sʳ ERRARD, directeur de l'Académie de peinture et sculpture que S. M. a establie à Rome, à compte des dépenses qu'il y fait pour l'entretenement de lad. Académie pendant la présente année, et 83ᵗᵗ 6ˢ 8ᵈ pour les taxations........................ 10083ᵗᵗ 6ˢ 8ᵈ

4 avril 1679 : dud. sʳ DU METZ, la somme de 3874ᵗᵗ 2ˢ 4ᵈ pour délivrer 3842ᵗᵗ au sʳ GODEFROY, historiographe, sçavoir : 842ᵗᵗ pour parfait payement de 3842ᵗᵗ, tant pour l'entretien et nourriture de quatre escrivains qui travaillent sous luy à la Chambre des Comptes de Lille en Flandres que pour autres dépenses faites depuis le 1ᵉʳ novembre de l'année dernière jusques au dernier mars de la présente année, et 3000ᵗᵗ à compte desd. dépenses, à commencer au 1ᵉʳ du présent mois, et 32ᵗᵗ 2ˢ 4ᵈ pour les taxations dud. trésorier............ 3874ᵗᵗ 2ˢ 4ᵈ

8 avril : de luy, la somme de 20166ᵗᵗ 13ˢ 4ᵈ pour délivrer 20000ᵗᵗ à la dame MANUEL pour son parfait payement de 26000ᵗᵗ pour le prix d'une maison dont elle est propriétaire, sçize rue Saint-Honoré, comprise dans le dessein du chasteau du Louvre, acquise au proffit de S. M. par contrat passé pardevant notaires le 11 avril 1677, et 168ᵗᵗ 13ˢ 4ᵈ pour les taxations. 20166ᵗᵗ 13ˢ 4ᵈ

15 avril : de luy, la somme de 3293ᵗᵗ 17ˢ 5ᵈ pour délivrer 3266ᵗᵗ à M. le duc DE GESVRES pour son remboursement de pareille somme qu'il a advancée aux ouvriers qui ont travaillé au restablissement des réparations à faire à la capitainerie des chasses du chasteau de Monceaux, et ce pendant les années 1677 et 1678, et 27ᵗᵗ 4ˢ 5ᵈ pour les taxations.................. 3293ᵗᵗ 17ˢ 5ᵈ

Dud. sʳ DU METZ, la somme de 11610ᵗᵗ 14ˢ 2ᵈ pour employer 11514ᵗᵗ 15ˢ au payement des ouvrages qui ont esté faites pendant l'année dernière dans l'enclos du Palais à Paris, et 95ᵗᵗ 19ˢ 2ᵈ de taxations. 11610ᵗᵗ 14ˢ 2ᵈ

25 avril : de luy, la somme de 2420ᵗᵗ pour délivrer 2400ᵗᵗ au sʳ HENRY, trésorier général des galères, pour son remboursement de pareille somme qu'il a payée au sʳ MOSNIER, pour employer en achapt d'oyseaux et animaux de Levant pour la mesnagerie du chasteau de Versailles, et 20ᵗᵗ pour les taxations dud. trésorier.. 2420ᵗᵗ

De luy, la somme de 14453ᵗᵗ 6ˢ 1ᵈ pour employer 14333ᵗᵗ 17ˢ 2ᵈ au remboursement de plusieurs particuliers dont les terres et héritages ont esté pris pour faire le nouveau chemin de Saint-Germain à Versailles, suivant l'estimation qui en a esté faite, et 119ᵗᵗ 8ˢ 11ᵈ pour les taxations dud. trésorier............ 14453ᵗᵗ 6ˢ 1ᵈ

De luy, la somme de 11557ᵗᵗ 13ˢ 10ᵈ pour délivrer 11462ᵗᵗ 3ˢ 6ᵈ à la veuve et enfans du feu sʳ RATABON, Surintendant des Bastimens du Roy, sçavoir : 9100ᵗᵗ pour le remboursement de pareille somme payée par led. sʳ RATABON au sʳ DE LA PLANCHE, trésorier général desd. Bastimens, pour les taxations, frais de compte et autres dépenses faites en l'année de son exercice 1660, sur le compte par luy rendu à la Chambre de Paris, et 2362ᵗᵗ 3ˢ 6ᵈ pour remboursement de pareille somme payée par led. feu sʳ RATABON à la veuve du sʳ JAMIN, architecte à Fontainebleau, suivant l'arrest du Conseil du 22 juillet....., contradictoirement rendu, tant pour le payement de la somme principalle que pour les interests et les dépenses qui restoient à payer, de celle de 3250ᵗᵗ 17ˢ 6ᵈ que led. feu sʳ JAMIN avoit advancée par les ordres dud. feu sʳ RATABON pour ouvrages faits dans le chasteau de Fontainebleau, et 95ᵗᵗ 10ˢ 4ᵈ pour les taxations dud. trésorier............... 11557ᵗᵗ 13ˢ 10ᵈ

9 may : dud. sʳ DU METZ, la somme de 7454ᵗᵗ 4ˢ 1ᵈ pour délivrer 7392ᵗᵗ 12ˢ au sʳ DE LUBERT, trésorier général de la marine, sçavoir : 5858ᵗᵗ 17ˢ pour son remboursement de pareille somme qu'il a payée à Toulon suivant les ordres du sʳ ARNOUL, tant pour achapt de diverses fleurs que pour l'entretenement d'un jardin aud. Toulon servant à y eslever lesd. fleurs pour ceux des maisons royalles, et 1533ᵗᵗ 15ˢ pour advances qu'il a faites en achapts d'oignons de fleurs et arbrisseaux verts qu'il a envoyé le 10 febvrier dernier, y compris la voiture depuis Toulon jusques à Lyon et autres menus frais, et 61ᵗᵗ 12ˢ 1ᵈ pour les taxations........... 7454ᵗᵗ 4ˢ 1ᵈ

De luy, la somme de 43635ᵗᵗ 5ˢ 3ᵈ pour délivrer

3274ʰ 13ˢ 2ᵈ à Marin Fargy, couvreur, et à Gabriel Pelet, sa femme, sçavoir : 34700ʰ pour le parfait payement de 104100ʰ pour le prix principal de trois maisons sçizes rue Saint-Vincent, dont ils estoient propriétaires, comprises dans l'enclos du chasteau du Louvre, acquises au proffit de S. M. par contract passé par devant notaires, et 8574ʰ 13ˢ 2ᵈ pour les interests de lad. somme de 34700ʰ depuis le 10 may 1673, compensation faite des loyers par eux reçeus à cause de partie desd. maisons dont ils ont joui jusques à la fin de l'année dernière 1678, et 360ʰ 12ˢ 1ᵈ pour les taxations du trésorier.......................... 43635ʰ 5ˢ 3ᵈ

9 may : dud. sʳ du Metz, la somme de 22183ʰ 6ˢ 8ᵈ pour délivrer 22000ʰ au sʳ Billonnois pour son remboursement d'une maison dont il estoit propriétaire, sçize rue Jean-Saint-Denis, acquise au proffit de S. M. par contrat passé par devant nottaires le 7 avril 1679, comprise dans l'enclos du chasteau du Louvre, et 183ʰ 6ˢ 8ᵈ pour les taxations............. 22183ʰ 6ˢ 8ᵈ

10 juin : de luy, la somme de 7764ʰ 3ˢ 4ᵈ pour délivrer 7700ʰ aux nommez Frades et Loistron, terrassiers, pour le défrichement et labour de 550 arpens que S. M. a ordonné estre faits dans son parc du bois de Boulogne, à raison de 14ʰ l'arpent, suivant le marché qui en a esté passé, et 64ʰ 3ˢ 4ᵈ pour les taxations.... 7764ʰ 3ˢ 4ᵈ

13 juin : de luy, la somme de 3025ʰ pour délivrer 3000ʰ aux prestres de la Mission establie à Fonainebleau, pour leur entretenement pendant les six premiers mois 1679, et 25ʰ pour les taxations......... 3025ʰ

4 juillet : dud. sʳ du Metz, la somme de 5944ʰ 2ˢ 6ᵈ pour délivrer 5895ʰ aux nommez cy-après pour le remboursement de deux maisons sçizes à Fontainebleau dans la grande rue proche le marché, dont ils étoient propriétaires, sçavoir : 2995ʰ à Jean François et Magdelaine Héron, et 2900ʰ au sʳ Fournier, advocat, suivant les contracts qui en ont esté passez au proffit de S. M. par devant Langlois, notaire aud. Fontainebleau, le 15 juin dernier, et 49ʰ 2ˢ 6ᵈ pour les taxations... 5944ʰ 2ˢ 6ᵈ

22 aoust : de luy, la somme de 1613ʰ 6ˢ 8ᵈ pour délivrer 1600ʰ aux gondolliers vénitiens du canal de Versailles, à eux accordée pour leur gratiffication pendant la présente année, et 13ʰ 6ˢ 8ᵈ de taxations 1613ʰ 6ˢ 8ᵈ

16 septembre : de luy, la somme de 3922ʰ 8ˢ 4ᵈ pour délivrer 3890ʰ au sʳ Godefroy, historiographe, sçavoir : 890ʰ pour son parfait payement de 3890ʰ, tant pour la nourriture et entretien de quatre escrivains qui travaillent sous luy à la Chambre des Comptes de Lille en Flandres que pour autres dépenses qu'il a faites pour le service de S. M. depuis le 1ᵉʳ avril jusques au dernier aoust de la présente année, et 3000ʰ à compte desd. dépenses à commencer au 1ᵉʳ septembre, et 32ʰ 8ˢ 4ᵈ pour les taxations......................... 3922ʰ 8ˢ 4ᵈ

20 septembre : de luy, la somme de 472794ʰ 5ˢ pour délivrer au sʳ Riquet de Bonrepos, entrepreneur du canal de communication des mers et du port au Cap de Cette en Languedoc, pour employer à compte desd. ouvrages, y compris les taxations dud. trésorier à raison de 11ᵈ pour livre.................. 472794ʰ 5ˢ

Dud. sʳ du Metz, la somme de 566666ʰ 13ˢ 4ᵈ pour délivrer aud. sʳ Riquet de Bonrepos pour employer à compte desd. ouvrages du canal de communication des mers et du port au Cap de Cette, y compris les taxations dud. trésorier, idem............. 566666ʰ 13ˢ 4ᵈ

De luy, la somme de 125000ʰ pour délivrer aud. sʳ Riquet de Bonrepos pour employer à compte desd. ouvrages, y compris les taxations............. 125000ʰ

De luy, la somme de 3025ʰ pour employer 3000ʰ au payement des gratiffications que S. M. a accordé pendant la présente année aux officiers qui ont des entretenemens dans le chasteau, parc, jardins et dépendances de Fontainebleau, en considération du bon estat de leurs entretenemens, et 25ʰ pour les taxations......... 3025ʰ

30 septembre : de luy, la somme de 5545ʰ 16ˢ 8ᵈ pour délivrer 5500ʰ à Brigide Convenset, veufve du feu sʳ de la Loy, concierge de la maison de Laminoy et ses dépendances, comprise dans le parc de mon chasteau de Fontainebleau, pour son remboursement de lad. conciergerie, que led. feu sʳ de la Loy avoit achepté du sʳ Gillet suivant le contrat passé le 26 octobre 1658, et 45ʰ 16ˢ 8ᵈ pour les taxations......... 5545ʰ 16ˢ 8ᵈ

20 octobre : dud. sʳ du Metz, la somme de 10298ʰ 0ˢ 10ᵈ pour délivrer 10212ʰ 18ˢ 9ᵈ au sʳ Hinart, maistre de la manufacture de tapisserie establie à Beauvais, pour six tentures de tapisserie qu'il a vendues et livrées pour le service de S. M., et 85ʰ 2ˢ 1ᵈ pour les taxations du trésorier.............................. 10298ʰ 0ˢ 10ᵈ

11 novembre : de luy, la somme de 16133ʰ 3ˢ 4ᵈ pour délivrer 16000ʰ au sʳ Dargenson pour son remboursement du prix principal d'une place dont il estoit propriétaire, acquise au proffit de S. M. pour servir à la construction d'un des pavillons de la façade du chasteau du Louvre du costé des Pères de l'Oratoire, suivant le contract passé par devant nottaires, et 133ʰ 3ˢ 4ᵈ pour les taxations......................... 16133ʰ 3ˢ 4ᵈ

De luy, la somme de 151250ʰ pour employer 150000ʰ à compte des murs de maçonnerie, escarpemens et autres ouvrages à faire pour enclore le nouveau parc que S. M.

ANNÉE 1679. — LOUVRE ET TUILERIES.

a ordonné estre fait dans la forest de Saint-Germain-en-Laye, et 1250ᴸ pour les taxations............ 15125oᴸ

De luy, la somme de 302500ᴸ pour employer 300000ᴸ à compte des ouvrages de maçonnerie, charpenterie, remuemens de terre et autres à faire au nouveau bastiment que S. M. fait faire au vallon de Marly, et 2500ᴸ pour les taxations....................... 302500ᴸ

6 décembre : de luy, la somme de 8537ᴸ 12ˢ 10ᵈ pour employer 7475ᴸ 7ˢ au payement des particuliers dont les terres ont esté endommagées pendant la présente année, sçavoir : 4612ᴸ à cause des reveues et campemens des trouppes que le Roy a fait dans les plaines entre Hachères et Poissy, de Houilles, la Borde et Certrouville; 870ᴸ 5ˢ à cause des chasses que S. M. a faites entre le Pecq et Vaux, près Saint-Germain-en-Laye; 825ᴸ à cause de plusieurs carrières qui ont esté ouvertes aux environs du nouveau bastiment du vallon de Marly; et 2168ᴸ 2ˢ à cause des pierres qui ont esté deschargées et voiturées pour les bastimens des maisons royalles le long de la rivière de Seyne entre le pont du Pecq et celui de Marly, le tout suivant l'estimation qui a esté fait desd. dégats, et 62ᴸ 5ˢ 10ᵈ pour les taxations. 8537ᴸ 12ˢ 10ᵈ

12 décembre : dud. sʳ ᴅᴜ Mᴇᴛᴢ, la somme de 107428ᴸ 14ˢ 10ᵈ pour délivrer 106540ᴸ 18ˢ aud. sʳ Fᴏɴᴍᴏɴᴛ, banquier, pour son remboursement des marbres de diverses couleurs, tant des Pyrenées que de Languedoc, qu'il a fourny dans les magazins des bastimens, à Paris, pour le service du Roy, et 887ᴸ 16ˢ 10ᵈ pour les taxations...................... 107428ᴸ 14ˢ 10ᵈ

De luy, la somme de 4961ᴸ 8ˢ pour délivrer 4920ᴸ 8ˢ au sʳ Mᴏꜱɴɪᴇʀ, sçavoir : 3420ᴸ 8ˢ pour son parfait payement de 5920ᴸ pour l'achapt qu'il fait en Levant de divers animaux qu'il a conduit et nourry jusques dans la mesnagerie de Versailles, 1500ᴸ à luy accordée par gratification, et 41ᴸ pour les taxations........ 4961ᴸ 8ˢ

De luy, la somme de 6000ᴸ pour délivrer aux prestres de la Mission de Fontainebleau, pour leur subsistance et entretenement pendant les six derniers mois 1679, y compris les taxations............ 3000ᴸ

24 janvier : dud. sʳ ᴅᴜ Mᴇᴛᴢ, sçavoir : la somme de 3031ᴸ 6ˢ 1ᵈ pour délivrer à la dame ᴅᴇ Cᴀʀʀɪèʀᴇ, et 1968ᴸ 14ˢ 11ᵈ à la veuve Oʟʟɪᴠɪᴇʀ, pour le remboursement de leurs murs et espalliers qui ont esté abbatus pour faire celuy du Val lez Saint-Germain, et 33ᴸ 6ˢ 8ᵈ pour les taxations................... 4033ᴸ 6ˢ 8ᵈ

9 décembre : de luy, la somme de 4297ᴸ pour la construction d'un bastiment de bois pour servir à passer la rivière de Bidassoa et remettre la Reyne d'Espagne entre les mains des officiers du Roy Catholique, et 35ᴸ 10ˢ pour les taxations.................. 4332ᴸ 17ˢ

23 décembre : de luy, la somme de 6000ᴸ pour les appointemens de 1678 du sʳ Vᴀɴᴅᴇʀᴍᴇᴜʟᴇɴ, peintre du Roy, et 50ᴸ pour les taxations............. 6050ᴸ

26 décembre : de luy, pour remboursement à plusieurs particuliers, dénommez en l'estat de ce jourd'huy, de leurs terres et héritages compris dans le dessein du vallon de Marly....................... 23235ᴸ 18ˢ 9ᵈ

30 décembre : dud. sʳ ᴅᴜ Mᴇᴛᴢ, la somme de 200000ᴸ pour augmentation de dépenses faites en la grande et petite escurie de Versailles, et 100000ᴸ pour la continuation des bastimens au vallon de Marly, et 2500ᴸ pour les taxations....................... 302500ᴸ

13 janvier 1680 : dud. sʳ ᴅᴇ Bᴀʀᴛɪʟʟᴀᴛ, garde du trésor royal, la somme de 1000ᴸ pour remboursement au sʳ Hᴇɴʀʏ de plusieurs achapts faits en Levant, et 8ᴸ 6ˢ 8ᵈ pour les taxations.................. 1008ᴸ 6ˢ 8ᵈ

13 febvrier 1680 : dud. sʳ ᴅᴇ Bᴀʀᴛɪʟʟᴀᴛ, la somme de 18119ᴸ pour le parfait payement des tapisseries, broderies et autres ouvrages faits dans les manufactures des Gobelins et de la Savonnerie pendant 1679, et 150ᴸ 18ˢ pour les taxations.................. 18269ᴸ 18ˢ

23 avril : dud. sʳ ᴅᴇ Bᴀʀᴛɪʟʟᴀᴛ, la somme de 400000ᴸ pour employer aux dépenses des bastimens de 1679, et 3333ᴸ 6ˢ 8ᵈ pour les taxations...... 403333ᴸ 6ˢ 8ᵈ

12 may : dud. sʳ ᴅᴇ Bᴀʀᴛɪʟʟᴀᴛ, la somme de 3000ᴸ pour délivrer à M. ᴅᴇ Sᴀᴜᴍᴇʀʏ, gouverneur de Chambord, pour le restablissement des bresches des murailles du parc dud. chasteau de Chambord pendant 1679, et 25ᴸ pour les taxations....................... 3025ᴸ

DÉPENSE.

LE LOUVRE ET LES THUILLERIES.

MAÇONNERIE.

18 juin : à Pɪɴᴀʀᴛ, maçon, à compte des murs de closture qu'il fait proche le Louvre, au dessous de l'appartement où logent M. de Vivonne et Mᵐᵉ de Thiange... .... 600ᴸ

9 juillet-6 aoust : à luy, à compte des ouvrages et réparations qu'il fait (2 p.)................ 1900ᴸ

14 janvier 1680 : à PASTEL, autre maçon, sur ses ouvrages de l'année 1664................. 6000ᴴ

Somme de ce chapitre......... 8500ᴴ

CHARPENTERIE ET COUVERTURE.

18 juin : à JOMBERT, DUCHESNE et ANCELLE, compagnons charpentiers, pour plusieurs journées employées à mettre des chevrons pour soutenir les arbres........ 82ᴴ 10ˢ

MENUISERIE.

18 juin : à la veuve CHEVALIER, menuisier, à compte de ses ouvrages et réparations faites à la petite escurie et autres endroits du Louvre.................. 800ᴴ

9 juillet : à JACQUES PROU, pour ouvrages de menuiserie qu'il a fait au cabinet où sont les tableaux de S. M................................... 496ᴴ

23 juillet 1679 - 7 janvier 1680 : à TANNEVOT et MAUGÉ, pour parfait payement de 2113ᴴ 12ˢ 6ᵈ pour leurs ouvrages au Louvre dans l'appartement de M. de Vivonne (4 p.)...................... 2113ᴴ 12ˢ 6ᵈ

2 octobre : à LE ROY, menuisier, à compte de ses ouvrages............................... 600ᴴ

Somme de ce chapitre..... 4009ᴴ 12ˢ 6ᵈ

SERRURERIE.

23 juillet : à LUCAS, serrurier, pour ouvrages faits aux galleries du Louvre dans le lieu où se monnoyent les médailles........................... 758ᴴ 18ˢ

VITRERIE, PLOMBERIE ET PAVÉ.

Néant.

PEINTURE, SCULPTURE ET MARBRERIE.

16 avril - 27 aoust : à la veuve FRANCISQUE [1], sculpteur, à compte des chapiteaux et pilastres que led. FRANCISQUE a fait au Louvre (2 p.)...................... 600ᴴ

18 juin : à GAILLART et LA MARRE, peintres, pour avoir peint en verd les eschalats de l'espalier de jasmin des Thuilleries...................... 260ᴴ 10ˢ

9 juillet : à BAUDRAIN YVART, peintre, pour couleurs qu'il a fournies pour les tableaux du cabinet du Roy au Louvre................................... 28ᴴ 16ˢ

18 juin : aux héritiers de QUILLERIER, peintre, parfait payement de 1319ᴴ pour ouvrages faits au cabinet de l'appartement de Monseigneur le Dauphin aux Thuilleries, années 1666, 1667, 1668 et 1669...... 3397ᴴ

[1] FRANCESCO TEMPORITI était mort dès 1674. Voy. le *Dictionnaire critique* de Jal.

Aux héritiers de NOCRET, peintre, parfait payement de 36262ᴴ pour ouvrages faits dans la chambre, antichambre et salle des gardes de la Reyne, années 1669, 1670 et 1671.......................... 4762ᴴ

Aux sʳˢ AUDRAN, HOUASSE et JOUVENET, parfait payement de 4884ᴴ pour ouvrages faits dans la gallerie de l'audience du pallais des Thuilleries esd. années.... 159ᴴ

16 juillet : à BONNEMER, pour quatre tableaux représentant l'*Histoire de Deucalion et Pirat après le déluge*............................... 400ᴴ

18 juin : à GOUGEON LA BARONNIÈRE, doreur, pour payement de 6868ᴴ à quoy montent les dorures qu'il a faites en 1669, 1670 et 1671 à l'appartement de la Reyne................................. 4368ᴴ

Somme de ce chapitre....... 13975ᴴ 6ˢ

JARDINAGES ET FOUILLES.

7 may : aux ouvriers qui ont travaillé au jardin à oster des gravois sur la terrasse du costé de la rivière, et autres ouvrages................................ 223ᴴ

25 juin - 12 novembre : à ceux qui ont arrosé les nouveaux plants d'ormes, pisceas et ifs du jardin des Thuilleries jusqu'au 8 octobre (3 p.)............. 636ᴴ

11 juin : à FEUILLASTRE et consors, pour avoir rétabli avec de la glaise le grand bassin des Thuilleries.. 831ᴴ

25 juin : à LOISTRON et BESNARD, pour payement de 595ᴴ 11ˢ pour les labours et trous du palais et pour les arbres des advenues.................... 195ᴴ 11ˢ

23 juillet : à eux, à compte du premier labour qu'ils ont fait aux plants d'arbres des advenues des Thuilleries............................... 200ᴴ

25 septembre : à eux, sur le deuxième labour. 200ᴴ

Somme de ce chapitre...... 2285ᴴ 11ˢ

PARTIES EXTRAORDINAIRES.

9 avril : à la veuve BRO, pour avoir frotté et mis en couleur plusieurs planches................. 40ᴴ

23 avril : à CHAUVET et JULIEN, marchands, pour avoir fourny 750 toises d'ais de batteaux......... 309ᴴ 10ˢ

30 avril : à BOULLE, ébéniste, pour avoir raccommodé un parquet de bois..................... 70ᴴ

14 may : à VUATEBOS, vannier, pour fourniture de plusieurs panniers, mannes et oziers........... 82ᴴ 15ˢ

23 juillet - 10 décembre : à la veuve SOMER et PHILIPPES POITOU, ébénistes, pour six panneaux de parquet d'ébène et de marqueterie pour le Louvre...... 2100ᴴ

11 septembre : à JEAN VENDET, pour la ferrure de plu-

sieurs caisses qui sont dans l'orangerie du jardin des Thuilleries 334ᴸᴸ 10ˢ

Somme de ce chapitre 2936ᴸᴸ 15ˢ

PALAIS-ROYAL.

31 mars : à Jean Nicolie, serrurier, à compte de ses ouvrages 400ᴸᴸ

18 juin : à la veuve Bersaucourt, espinglier, pour ouvrages de fil de laton et fil de fer qu'elle a fait faire aux grilles du jardin 89ᴸᴸ 12ˢ

2 juillet : à Jean Vendet, menuisier, pour une grande cuve de bois qu'il a fournie pour le petit bassin du jardin 168ᴸᴸ 13ˢ

11 septembre-17 décembre : à Mathieu et Pinard, maçons, à compte du pied d'estal du cheval de bronze de la cour du Palais-Royal (2 p.) 1000ᴸᴸ

17 décembre : à eux, sur les réparations de maçonnerie qu'ils font 300ᴸᴸ

A Janson, vitrier, sur ses ouvrages et réparations. 300ᴸᴸ

Somme de ce chapitre 2258ᴸᴸ 5ˢ

COLLÈGE ROYAL ET LA BASTILLE.

Néant.

JARDIN ROYAL.

12 febvrier : à Tannequin, jardinier, pour avoir fourny des plantes aud. jardin et deux cent cinquante tombereaux de terreau 312ᴸᴸ 10ˢ

9 avril : à de la Mare, jardinier, pour avoir labouré et replanté une partie des palissades 807ᴸᴸ 11ˢ

A Langlois, pour plusieurs cloches et paillassons qu'il a fournis 48ᴸᴸ 18ˢ

21 avril : à Dionis, chirurgien, à compte des dépenses qu'il a faites dans plusieurs anatomies 500ᴸᴸ

Au sʳ Charas, appoticaire, à compte de ses dépenses dans la confection de plusieurs remèdes 500ᴸᴸ

25 juin : à Louis Vigneux, pour plusieurs réparations de maçonnerie qu'il a faites aud. jardin et autres ouvrages 116ᴸᴸ 15ˢ

Somme de ce chapitre 2285ᴸᴸ 14ˢ

OBSERVATOIRE.

30 avril : à Le Vasseur, terrassier, pour une rigolle qu'il a fait pour détourner les eaux du bastiment de l'Observatoire 73ᴸᴸ 4ˢ

23 juillet : à Janson, vitrier, à compte des croisées qu'il garnit 400ᴸᴸ

6 aoust : à Antoine Bergeron et Jaques Mazières, sur leurs ouvrages de maçonnerie 600ᴸᴸ

A Poitevin, charpentier, pour son payement d'un gros mast[1] de charpenterie qu'il a fait et fourny pour poser la grande lunette qui est à l'Observatoire 650ᴸᴸ

24 septembre-12 novembre : à Thomas Furet, sur la serrurerie de la rampe du grand escalier du bastiment de l'Observatoire (2 p.) 2800ᴸᴸ

26 novembre : à Jacquet, menuisier, sur ses ouvrages à l'appartement du sʳ Romer 72ᴸᴸ 5ˢ

Somme de ce chapitre 4595ᴸᴸ 9ˢ

MAISON DES GOBELINS.

12 mars : à Vaultrain, serrurier, à compte de ses ouvrages 200ᴸᴸ

A Le Gouge, charpentier, à compte de ses ouvrages et réparations 600ᴸᴸ

12 mars-10 décembre : à Saint-Denis, maçon, *idem* (5 p.) 3500ᴸᴸ

19 mars : à Blancheton, serrurier, pour ouvrages faits à la fonderie de Dominique Cucci 60ᴸᴸ 4ˢ

16 avril : à Prou, menuisier, pour les ouvrages qu'il a faits 1014ᴸᴸ 8ˢ 6ᵈ

28 may : à Martinot, orloger, pour raccommodages faits à l'orloge 60ᴸᴸ

Somme de ce chapitre 5434ᴸᴸ 12ˢ 6ᵈ

ARC DE TRIOMPHE.

5 mars-31 mars : à Pierre Thévenot, à compte des ouvrages de maçonnerie qu'il a fait à l'Arc de triomphe (10 p.) 27425ᴸᴸ

11 juin : à luy, pour payement de 1191ᴸᴸ 16ˢ 8ᵈ pour les rétablissemens et réparations faites au model dud. Arc en 1677 et 1678, pour plusieurs voyages qu'a faits led. Thévenot en divers lieux 391ᴸᴸ 16ˢ 8ᵈ

5 mars-10 décembre : à Louis Poterv, carreyer, à compte des grandes pierres de Saint-Cloud qu'il fournit (6 p.) 8300ᴸᴸ

5 mars-3 décembre : à Benoist et Denise, terrassiers, à compte des terres qu'ils enlèvent autour dud. Arc de triomphe (13 p.) 15700ᴸᴸ

12 mars : au sʳ de la Planche, pour remboursement de pareille somme payée à divers ouvriers. 129ᴸᴸ 15ˢ 6ᵈ

[1] Ou mât.

16 avril-23 décembre : à Mansion, carreyer, à compte des pierres d'Arcueil qu'il fournit pour led. Arc de triomphe (6 p.) .... 4000#

16 avril : à Guilbert, à compte *idem* .... 600#

11 juin-13 aoust : à Guillebert et la veuve Fauveau, pour payement de 1448# 11s 9d pour les pierres d'Arcueil qu'ils ont livrées (2 p.) .... 448# 11s 9d

4 juin-10 décembre : à Defer, à compte des pierres de Saint-Cloud qu'il fournit (11 p.) .... 17400#

23 juin : à Noel Sanson, à compte des pierres d'Arcueil qu'il fournit .... 600#

2 juillet-3 décembre : à la veuve Artier, sur les pierres d'Arcueil qu'elle fournit (6 p.) .... 3600#

3 septembre : aux ouvriers qui ont travaillé à arrouser les arbres nouvellement plantez au pourtour dud. Arc de triomphe .... 489# 7s

2 octobre : à Bourtier, carreyer, sur les pierres de Senlis qu'il fournit .... 300#

A Billon, autre carreyer, *idem* .... 400#

Somme de ce chapitre... 79784# 10s 11d

ORANGERIE ET PÉPINIÈRE DU ROULLE.

26 febvrier 1679-14 janvier 1680 : à Germain, pour son remboursement de pareille somme pour les journées des ouvriers qui ont travaillé au jardin de la pépinière du Roulle (7 p.) .... 6745# 13s 6d

19 mars-16 juillet : à Fortier, Pierre Caillou et consors, pour payement de 1291# 10s pour fouilles, régallement et transports de terre au jardin destiné à planter la pépinière (3 p.) .... 961# 10s

26 novembre : à Caillou et Jullien, sur les fouilles de terres, régallement et nettoyement de lad. pépinière. .... 200#

11 juin-10 décembre : à Hanicle, maçon, sur les ouvrages et réparations qu'il fait aux murs de closture du nouvel enclos de la pépinière (7 p.) .... 15200#

6 aoust-11 septembre : aux ouvriers jardiniers et autres qui ont travaillé au jardin de la pépinière du Roulle (2 p.) .... 1994# 13s 8d

29 octobre : à Houist, Garnier et Charles, voituriers, pour voitures d'arbres, arbrisseaux, plantes et oignons pour lad. pépinière .... 570# 10s

A Colas, jardinier, pour 73 thoises cubes de terre de grand fumier qu'il a livré pour lad. pépinière.... 590#

10 décembre : à Commandeur, fayancier, pour 96 petits vazes de fayance pour lad. pépinière........ 219#

7 avril : aux jardiniers cy-après nommez, par gratification, en considération du bon estat de leur entretenement de lad. pépinière .... 1000#

Sçavoir :

A Antoine Trumel .... 600#
A Louis Garnier .... 200#
A Jean Frades .... 100#
Et à Louis Germain .... 100#

Somme de ce chapitre ..... 27481# 7s 2d

FONTAINEBLEAU.

MAÇONNERIE.

5 febvrier : à Vigneux et Clément, à compte des ouvrages qu'ils ont faits pendant 1678 .... 9000#

29 may-30 aoust : à Clément, maçon, à compte de ses ouvrages au chasteau et à la Surintendance de Fontainebleau (10 p.) .... 34800#

30 septembre 1679-10 janvier 1680 : à Clément et La Joue, sur les réparations de maçonnerie qu'ils font au chasteau (2 p.) .... 6000#

19 juillet : à Hersant, maçon, pour payement de 1567# 14s 3d pour ses ouvrages en 1678.... 867# 14s

20 juin 1679-10 janvier 1680 : à Varin et Hersant, sur la maçonnerie de l'hostel du Maine (11 p.). 31900#

21 septembre : aux maçons et appareilleurs, pour ouvrages faits au bastiment de M. de Chasteauneuf. 1519# 7s

Somme de ce chapitre .... 84087# 1s

CHARPENTERIE.

5 febvrier : à Mortillon, charpentier, pour la construction de deux glacières dans le parc .... 1350#

1er avril : à luy, pour parfait payement de 865# pour les ouvrages qu'il a faits pendant les années 1674 et 1677 .... 265#

29 may 1679-8 septembre 1680 : à Mortillon père, pour parfait payement de 7242# 14s pour les ouvrages qu'il a faits en 1679 (8 p.) .... 4940# 4s

6-15 juillet : à luy, sur ses ouvrages au pavillon de M. de Chasteauneuf (2 p.) .... 1500#

21 aoust-4 septembre : à Mortillon fils, sur ses ouvrages (3 p.) .... 700#

15 juillet-1er septembre : à Sainson [1], charpentier, à compte de ses ouvrages (9 p.) .... 18000#

1er septembre : à luy, sur ses ouvrages à l'hostel du Mayne .... 2400#

[1] Ou Sinson.

15-31 juillet : à luy, sur ceux de la Surintendance (2 p.)............................ 3800ʰ

Somme de ce chapitre....... 32955ʰ 4ˢ

COUVERTURE.

29 janvier-23 juillet : à la veuve GROGNET, couvreur, pour payement de 15055ʰ 19ˢ pour ses ouvrages et réparations de couverture (3 p.)........... 5255ʰ 19ˢ

13 aoust-22 novembre : à elle, sur ses ouvrages et réparations (5 p.)....................... 4600ʰ

3-10 décembre : à DIMANCHE, couvreur, sur ses ouvrages (2 p.)........................... 2100ʰ

30 aoust : à CHARUEL, idem.............. 500ʰ

3 juillet 1680 : à luy, pour payement de 2030ʰ 6ˢ 8ᵈ pour ses ouvrages de couverture........ 1530ʰ 6ˢ 8ᵈ

Somme de ce chapitre..... 13986ʰ 5ˢ 8ᵈ

MENUISERIE.

29 janvier : à TESSIER, menuisier, pour un modelle de bastiment à faire à la Magdelaine............ 280ʰ

21 juin : à TEXIER, pour ses ouvrages de menuiserie et autres dépenses qu'il a faites aud. modelle.... 218ʰ

19 febvrier-21 juin : à LAVIEN, pour payement des bois qu'il fournit et des journées qu'il a faites pour led. modelle, montant à 2783ʰ (3 p.)........... 2383ʰ

16 juin-30 décembre : à luy, sur ses ouvrages de menuiserie (7 p.)....................,... 14909ʰ 3ˢ

28 may : à SORET, menuisier, à compte des réparations qu'il fait........................... 350ʰ 17ˢ

21 juin : à THOMAS SAURET[1], pour payement de 14496ʰ pour ses ouvrages au chasteau en 1678. 6796ʰ

16 juin 1679-6 janvier 1680 : à luy, pour payement de 10331ʰ 1ˢ pour ouvrages de menuiserie et nouveaux accommodemens du chasteau en 1679 (10 p.). 10331ʰ 1ˢ

13 aoust-16 octobre : à GERBINVILLIERS[2], menuisier, pour payement de 1347ʰ pour ses caisses et autres fournitures pour le feu d'artifice tiré à Fontainebleau au mariage de la Royne d'Espagne (2 p.)......... 1347ʰ

10 septembre 1679-3 juillet 1680 : à CHAPELLE, menuisier, pour payement de 577ʰ pour ouvrages par luy faits (3 p.)......................... 577ʰ

3 juillet 1680 : à BARROIS, pour payement de 321ʰ 15ˢ pour ouvrages idem..................... 21ʰ 15ˢ

Somme de ce chapitre...... 37213ʰ 16ˢ

---

[1] C'est évidemment le même individu que le SORET de l'article précédent.

[2] Le 16 octobre, ce menuisier est appelé DESGUERREVILLIERS.

SERRURERIE.

4 juin : à la veuve ROSSIGNOL, serrurier, pour menus ouvrages qu'elle a faits à l'hostel de Saint-Agnan.. 34ʰ

20 juin-30 aoust : à elle, parfait payement de 7320ʰ 18ˢ à quoy montent ses ouvrages de serrurerie en 1679 (6 p.)............................ 7320ʰ 18ˢ

6 aoust : à elle, pour payement de 21915ʰ 2ˢ 8ᵈ pour ses ouvrages de serrurerie pendant l'année 1678. 10110ʰ

21 juin : à MICHEL BENOIST, serrurier, parfait payement de 5173ʰ 14ˢ pour ses ouvrages au chasteau. 2773ʰ 14ˢ

20 juin-10 septembre : à luy, parfait payement de 2030ʰ 17ˢ 5ᵈ pour ouvrages de serrurerie faits à Fontainebleau (6 p.).................... 2030ʰ 17ˢ 5ᵈ

Somme de ce chapitre..... 22269ʰ 9ˢ 5ᵈ

VITRERIE.

21 juin : à GUILLAUME TISSERANT, vitrier, parfait payement de 3825ʰ 13ˢ pour les ouvrages qu'il a faits au chasteau en 1678....................... 825ʰ 13ˢ

20 juin-10 septembre : à luy, sur les ouvrages qu'il a faits (5 p.)......................... 1000ʰ

Somme de ce chapitre....... 1825ʰ 13ˢ

PEINTURE, SCULPTURE ET MARBRERIE.

7 may-20 aoust : à GIRARDON, sculpteur, pour parfait payement de 1826ʰ pour ouvrages faits au tabernacle de la belle chapelle de Fontainebleau (2 p.).... 1826ʰ

25 septembre-22 octobre : à luy, sur ses ouvrages (2 p.)............................. 2000ʰ

21 juin-19 juillet : à JAQUES FRIQUET, peintre, pour payement de 4045ʰ pour les ouvrages qu'il a faits au modelle du bastiment de la Magdelaine proche Fontainebleau (2 p.)......................... 3069ʰ

17 aoust-10 septembre : à luy, pour payement de 1177ʰ pour les ouvrages idem (2 p.)......... 1177ʰ

21 juin : à HOUZEAU et LE HONGRE, sculpteurs, pour leurs ouvrages idem...................... 385ʰ

17 aoust : à LE HONGRE, sculpteur, à compte du modelle qu'il fait pour la Magdelaine............ 60ʰ

21 juin : à LEGERET, autre sculpteur, idem..... 90ʰ

A BRIQUET, autre sculpteur, idem........... 230ʰ

21 aoust-10 septembre : à DUBOIS, peintre, sur ses ouvrages idem (3 p.).................... 1000ʰ

12 novembre : à CHAUSSON, marbrier, pour le pavé de Caen et pierre de liais qu'il a faits dans la gallerie des Cerfs................................ 630ʰ

Somme de ce chapitre........ 10467ʰ

PLOMBERIE.

18 juin : à la veuve Girard, plombière, sçavoir : 76ʰ 10ˢ pour le plomb qu'elle a fourni et employé en l'hostel de M. le duc de Saint-Agnan, et 226ʰ 15ˢ pour le rétablissement de vieux plombs qu'elle a fait aud. Fontainebleau........................ 303ʰ 5ˢ

19 juillet : à elle, parfait payement de 15074ʰ 7ˢ pour 86139 livres de plomb, y compris la soudure, à 3ˢ 6ᵈ la livre...................... 2074ʰ 7ˢ

3 juillet - 23 décembre : à elle, parfait payement de 10110ʰ 6ˢ pour le plomb qu'elle fournit pour ses ouvrages, et 159ʰ 6ˢ 8ᵈ pour menues réparations en divers endroits (6 p.).................. 6269ʰ 12ˢ 8ᵈ

Somme de ce chapitre...... 8647ʰ 4ˢ 8ᵈ

PAVÉ.

21 aoust - 1ᵉʳ septembre : à Marchand, paveur, sur ses ouvrages au bastiment de M. de Chasteauneuf à Fontainebleau (2 p.)................. 700ʰ

20 juin - 4 septembre : à Duchemin, autre paveur, pour parfait payement de 4003ʰ 5ˢ pour ses ouvrages aux bastimens de la Surintendance, à l'hostel d'Albret et en divers endroits de Fontainebleau (11 p.).. 4003ʰ 5ˢ

20 juin - 4 septembre : à Aubry, autre paveur, parfait payement de 6012ʰ 15ˢ pour ses ouvrages à l'hostel du Mayne et en divers endroits dud. lieu (9 p.) 6012ʰ 15ˢ

Somme de ce chapitre......... 10716ʰ

JARDINAGES ET FOUILLES.

30 avril : à Desbouts et Nivelon, jardiniers, pour leur parfait payement de 1217ʰ à quoy montent les ouvrages qu'ils ont faits.................... 717ʰ

6 juillet - 30 aoust : à eux, sur les ouvrages de compartiment de gazon dans le jardin du Roy et celuy des Pins (5 p.)............................ 455ʰ

20 aoust : à la veuve Louis Desbouts, parfait payement de 3726ʰ 7ˢ 2ᵈ pour le régallement des allées du parc et autres ouvrages qu'elle a faits au jardin de Fontainebleau................... 376ʰ 7ˢ 2ᵈ

30 avril : à Michel Hersant, pour transport de terres aud. Fontainebleau................... 568ʰ 8ˢ

23 may : aux ouvriers qui ont travaillé à l'orangerie et autres endroits, suivant le rolle fini le 27 avril. 125ʰ 3ˢ

10 juillet : à Michel Le Bouteux, jardinier, sçavoir : 400ʰ en considération du voyage qu'il a fait pour remettre en bon état l'orangerie du chasteau, et 200ʰ à deux garçons pour les soins desd. orangers..... 600ʰ

26 avril - 15 juillet : à divers, pour menues dépenses (2 p.)............................ 361ʰ 10ˢ 10ᵈ

Somme de ce chapitre....... 3203ʰ 9ˢ

PARTIES EXTRAORDINAIRES.

22 janvier - 5 febvrier : au sʳ de La Planche, pour remboursement de pareille somme payée à divers ouvriers (2 p.)...................... 1881ʰ 18ˢ

26 mars : à luy, pour les ouvriers qui ont travaillé à la garenne du parc.................... 405ʰ 3ˢ

16 avril : à luy, pour divers ouvriers qui ont travaillé aux allées nouvelles entre la Héronnière..... 86ʰ 16ˢ

A luy, pour ceux qui ont travaillé à deffricher les allées.................................. 494ʰ 16ˢ

A luy, pour menues dépenses........... 121ʰ 16ˢ

23 avril : à luy, pour divers ouvriers et gens de journées qui ont travaillé à couper les terres derrière les plans des allées de la garenne................... 216ʰ

5 febvrier : à Antoine Guiard, pour le soin qu'il a eu de nettoyer le lavoir de Fontainebleau.......... 60ʰ

A Berthier, rocailleur, parfait payement de 660ʰ, à quoy montent les ouvrages qu'il a faits pour le restablissement des rocailles.................... 310ʰ

15 octobre : à luy, sçavoir : 293ʰ 10ˢ qu'il a payé aux compagnons rocailleurs qui ont rétably les cascades du chasteau, et 120ʰ pour vingt-six journées qu'eux led. Berthier a employé aud. rétablissement.......... 413ʰ

26 febvrier : au sʳ de Compiègne, pour son dédommagement de quelques logemens qui ont esté démolis.. 200ʰ

25 avril : à la veuve Voltigent, pour avoir nettoyé le grand canal........................ 100ʰ

7 octobre : à Voltigent, pour avoir nettoyé et coupé les herbes du canal et du parc de Fontainebleau.. 100ʰ

20 may : à Bézard, pour avoir fait cinq grandes routtes dans les bois Gautier proche la forest de Fontainebleau, contenant 2410 thoises, à 10ˢ la thoise. 1205ʰ

18 juin : à ...., pour son remboursement de ses dépenses de Fontainebleau depuis le 22 may jusqu'au 10 juin............................ 65ʰ 19ˢ

21 juin : à Guillaume Le Clerc, terrassier, pour payement de 1403ʰ 14ˢ pour les routtes qu'il a faites en 1678............................ 2439ʰ 14ˢ

26 avril - 4 septembre : à luy, pour payement de 1212ʰ pour 2913 thoises de routtes qu'il a fait dans les bois de la Boessière, et 1127 thoises dans les Forts Marlottes de la forest de Fontainebleau (2 p.)............ 1212ʰ

13 aoust - 23 décembre : à Mathurin Tiger, charron, pour plusieurs ouvrages de charronnage qu'il a faits pour les jardins de Fontainebleau (2 p.)...... 518ʰ 2ˢ 4ᵈ

ANNÉE 1679. — SAINT-GERMAIN.

30 avril : à Pierre Hamon, pour son remboursement de menues dépenses pour l'orangerie............ 81ᵗᵗ

A luy, pour ce qu'il a payé aux ouvriers qui ont rétably le conroy au bout du grand canal........ 49ᵗᵗ 18ˢ

A luy, idem à ceux qui ont planté dans les places vuides de la garenne dans le parc............ 239ᵗᵗ

A luy, idem à ceux qui ont transporté les matéreaux qui estoient dans le chasteau de Fontainebleau en plusieurs appartemens..................... 249ᵗᵗ 8ˢ

1ᵉʳ septembre - 7 octobre : aux ouvriers qui ont travaillé en divers endroits du chasteau (2 p.).. 937ᵗᵗ 13ˢ

26 avril - 17 septembre : à divers particuliers pour menues dépenses faites pour les bastimens, suivant les estats (10 p.)...................... 1444ᵗᵗ 1ˢ 8ᵈ

10 septembre : à Vallée et Carlus, manœuvres blessez, par gratification........................ 40ᵗᵗ

16 septembre : à Hastié, pour avoir défriché de bruyères une route de 2293 thoises de long pour la comodité de la chasse................... 86ᵗᵗ 12ˢ 6ᵈ

26 avril - 21 septembre : à luy, sur les routtes qu'il fait dans les Forts de Marlotte (5 p.)........ 1270ᵗᵗ 6ˢ

16 septembre : à Muzar, fontainier, par gratification, en considération du soin qu'il prend des fontaines et conduites de Fontainebleau..................... 100ᵗᵗ

26 avril - 21 septembre : à Bidault[1] et Besnard, pour payement de 714ᵗᵗ 10ˢ pour 5021 thoises de long de routtes, sur 2 thoises de large, dans la playne de Samois, pour la comodité de la chasse (3 p.)........ 714ᵗᵗ 10ˢ

26 septembre : à Jouet, jardinier, pour payement de 1949ᵗᵗ 18ˢ à quoy montent les ouvrages pour avoir deffriché et planté de nouveaux plans les carrez de la garenne du parc de Fontainebleau.......... 653ᵗᵗ 10ˢ

27 septembre : à la veuve Granjon, poseur de pierres, par gratification, à cause d'une blessure qu'il s'est faite, et dont il est mort, travaillant aux bastimens de Fontainebleau............................... 100ᵗᵗ

7 octobre : à Pierre Soin, chirurgien, pour avoir pensé et médicamenté plusieurs ouvriers qui ont travaillé auxd. bastimens........................ 100ᵗᵗ

7 octobre : à Dousang, qui a esté blessé travaillant auxd. bastimens......................... 20ᵗᵗ

A Simon Besché, tant pour les taupes qu'il a prises pendant la présente année dans les parcs et jardins de Fontainebleau que pour celles que son deffunt père y a prises en 1678.................... 180ᵗᵗ 10ˢ 8ᵈ

26 avril - 7 octobre : à La Tour, Varin et consors, parfait payement de 1483ᵗᵗ 10ˢ pour les routtes qu'ils ont faites dans la forest de Fontainebleau pour la comodité de la chasse (2 p.)................ 1483ᵗᵗ 10ˢ

26 novembre : à Arvier, taillandier, pour ouvrages et outils qu'il a faits et fournis aux jardiniers de Fontainebleau................................ 226ᵗᵗ 15ˢ

A Caresme, Morel et Gervais, artificiers, pour les dépenses du feu d'artiffice qui a esté tiré au mariage de la Reyne d'Espagne..................... 1632ᵗᵗ 5ˢ

10 décembre : à Palfroid, taillandier, pour plusieurs outils de charpenterie qu'il a fournis........ 154ᵗᵗ 10ˢ

26 avril - 21 aoust : à Duché et ses associez, carriers, pour payement de 440ᵗᵗ pour les roches qu'ils cassent dans les routes de Bois-Gautier (5 p.)......... 440ᵗᵗ

A eux, pour payement de onze thoises cubes de roches, à raison de 9ᵗᵗ 2ˢ la thoise, qu'ils ont cassé dans les routes des ventes de Bourbon..................... 100ᵗᵗ

A Le Cours et consors, pour idem........... 200ᵗᵗ

6 juillet : à La Cour, Sarazin et Laurent, sçavoir : aud. Laurent, à compte des roches qu'il casse, 38ᵗᵗ 19ˢ, et aux autres, pour merrin qu'ils ont fourni pour les batteaux du canal, 7ᵗᵗ 10ˢ, cy, en tout.......... 46ᵗᵗ 9ˢ

20 juin : à Nivelon, pour avoir donné un labour, dressé et tiré au rateau le terrain de la lisse de la petite escurie............................. 47ᵗᵗ 13ˢ

6 juillet : à Tirpré et Géant, pour payement de 632 thoises de routes sur 2 thoises de large, à raison de 2ˢ la thoise courant....................... 63ᵗᵗ 4ˢ

A Michel Serré, pour payement de 40ᵗᵗ pour 4 thoises et demi de roches qu'il casse (2 p.)............ 40ᵗᵗ

6 aoust : à Chables[2], pour avoir cassé 2 thoises et demi cubes de pierre......................... 30ᵗᵗ

30 aoust : à Langlois, notaire, et Denis, le clerc[3], pour leurs vacations d'expéditions................. 144ᵗᵗ

3 juillet 1680 : à Beurrier, chaudronnier, pour payement de 214ᵗᵗ 3ˢ pour ouvrages de chaudronnerie pour Fontainebleau........................... 214ᵗᵗ 3ˢ

Somme de ce chapitre..... 20919ᵗᵗ 3ˢ 2ᵈ

SAINT-GERMAIN.

MAÇONNERIE.

15 mars - 2 septembre : à Antoine de la Rue, maçon, à compte des ouvrages et réparations qu'il fait aud. chasteau (9 p.)........................ 33120ᵗᵗ 10ˢ

---

[1] Ou Bidau.
[2] Ne faut-il pas lire Charles?
[3] Le texte porte Le Clerc, comme s'il s'agissoit d'un nom propre; mais le sens indique suffisamment que Denis est le clerc du notaire Langlois.

23 avril : à luy, à compte des ouvrages qu'il fait aux chaussées des estangs de Retz............. 1000tt
4 juin-10 juillet : à luy, à compte des ouvrages de la Chancellerie (2 p.)..................... 2500tt
20 juin-9 septembre : à luy, sur ses ouvrages des nouveaux bastimens des escuries du Roy et de l'hostel du Mayne (4 p.)......................... 14400tt
24 aoust : à luy, sur les murs de la forest depuis le Val jusqu'à Herblay.................. 1000tt
5 septembre 1679-14 janvier 1680 : à luy, sur les murs de closture du nouveau parc (6 p.)...... 9200tt
2 octobre 1679-7 janvier 1680 : à Jean de la Rue, sur les murs de closture du nouveau parc (5 p.). 25800tt
5 septembre-2 octobre : à Soissons, autre maçon *idem* (3 p.)............................. 3600tt
31 octobre-3 décembre : à Soissons et Jean de la Rue, *idem* (3 p.)............................. 3200tt
24 décembre 1679-7 janvier 1680 : à Jean de la Rue, sur les murs de closture du nouveau parc commencez par Soissons (2 p.)....................... 4000tt
5 septembre 1679-7 janvier 1680 : à Barbier, maçon, sur les murs de closture du nouveau parc Saint-Germain (6 p.)........................ 6800tt
23 septembre 1679-7 janvier 1680 : à Gourdon, autre maçon, sur les murs *idem* (4 p.)....... 3600tt
23 septembre 1679-7 janvier 1680 : à Thoriat[1], sur la maçonnerie des murs en retour des escarpemens de la forest de Saint-Germain (4 p.)......... 4500tt
2 octobre 1679-7 janvier 1680 : à Chapel[2], autre maçon, sur lesd. murs de closture qu'il fait dans la forest au pourtour de la vente Saint-Léger (5 p.). 5100tt
2 octobre : à Bailly et Leguay, à compte des escarpemens et murs de lad. forest................ 3300tt
12 octobre 1679-7 janvier 1680 : à Beziau[3], à compte des murs de closture de lad. forest (4 p.) 9200tt
22 octobre 1679-7 janvier 1680 : à La Roche, autre maçon, sur *idem* (4 p.)...................... 2300tt
31 octobre 1679-7 janvier 1680 : à La Flèche, autre maçon, sur *idem* (4 p.).................... 2500tt
31 octobre 1679 : à Robelin, sur les escarpements de la forest............................. 150tt
14 janvier 1680 : à Robelin et Godard, sur *idem*. 200tt
31 octobre 1679-7 janvier 1680 : à Louis Cano, autre maçon, à compte de la maçonnerie qu'il fait à la bresche du mur en face de Chambourcy (4 p.)...... 1350tt

[1] Ou Toriat.
[2] Ou Chapelle.
[3] Ou Beziaux.

5 novembre 1679-14 janvier 1680 : à Dugay[4], maçon, à compte desd. murs de closture (2 p.)... 4000tt
19 novembre : à Bourdon, *idem*........... 300tt
Somme de ce chapitre..... 141120tt 10s

CHARPENTERIE ET COUVERTURE.

15 mars 1679-14 janvier 1680 : à Jacques Aubert, charpentier, à compte des ouvrages et réparations qu'il fait au chasteau (6 p.).................. 18100tt
4 juin : à luy, à compte de ses ouvrages pour la machine à eslever l'eau.................... 4000tt
14 janvier 1680 : à luy, sur ses ouvrages à la machine du sr Deville....................... 2500tt
4 juin-17 septembre : à luy, sur ses ouvrages aux nouvelles escuryes de l'hostel du Mayne (3 p.).. 8200tt
24 décembre : à luy, sur ses pilotis de l'avant-becq au-dessus de La Frête.................... 800tt
30 juillet-5 novembre : à Charruel, pour parfait payement de 10348tt pour ouvrages de couverture faits à la Chancellerie et aux remises des carrosses du Manège (5 p.)........................... 8748tt
23 septembre-24 décembre : à Gouges, sur ses ouvrages de charpenterie des deux esperons (ou avant-becqs) qui se font sur la rivière d'Oyse (4 p.).. 2400tt
Somme de ce chapitre........ 44748tt

MENUISERIE.

21 janvier-14 febvrier : à Couvreur, menuisier, à compte du parquet qu'il a fourny dans la salle des comédies (2 p.)....................... 1935tt 3s 4d
17 avril 1679-14 janvier 1680 : à Lavier, menuisier, à compte de ses ouvrages (10 p.)...... 18200tt
2 septembre 1680 : à la veuve dud. Lavier, menuisier, pour payement de 21781tt 7s pour ouvrages faits en 1679............................... 3581tt 7s
26 novembre : à Drouet, Dubois et Renard, menuisiers, pour le payement des chassis d'hiver qu'ils ont fait dans l'appartement des parfums de S. M..... 154tt 15s
Somme de ce chapitre..... 23871tt 5s 4d

SERRURERIE.

17 avril 1679-12 septembre 1680 : à Louis Piot[5], serrurier, pour payement de ses ouvrages faits en 1679 (10 p.)........................ 10269tt 2s
3-24 juillet : à Roullier, sur ses ouvrages de ser-

[4] Ou Dugué.
[5] Le scribe écrit tantôt Piot, tantôt Piac.

ANNÉE 1679. — SAINT-GERMAIN.

rurerie aux nouvelles escuries et à l'hostel du Mayne (2 p.)............................... 550ʰ
9 septembre-2 octobre : à luy, sur ses ouvrages aux chasteaux (2 p.)......................... 2400ʰ
14 janvier 1680 : à Macé, à compte du fer qu'il fournit aux avant-becqs sur la rivière d'Oyse....... 100ʰ

Somme de ce chapitre....... 13319ʰ 2ˢ

VITRERIE.

15 mars 1679-2 septembre 1680 : à Le Mercier, parfait payement de 8534ʰ 9ˢ pour ouvrages et réparations faits en 1679 (12 p.).............. 8534ʰ 9ˢ
24 juillet : à luy, à compte des ouvrages de 1678. 800ʰ

Somme de ce chapitre........ 9334ʰ 9ˢ

PEINTURE, SCULPTURE ET MARBRERIE.

10 juillet : à Poisson, peintre, parfait payement de ses ouvrages de 1678................. 249ʰ 5ˢ 5ᵈ
9 septembre 1679-2 septembre 1680 : à luy, parfait payement de ses ouvrages de peinture durant l'année 1679 (6 p.)........................... 9456ʰ
23 juillet : à Le Hongre, sculpteur, pour ouvrages faits à l'appartement de Mˡˡᵉ de Blois.......... 384ʰ
25 septembre-12 novembre : à Leclerc et Briquet, sculpteurs, pour payement de 1737ʰ 9ˢ pour la sculpture en bois sur les chambranles de la menuiserie de l'appartement au-dessus de celuy du Roy (3 p.).... 1737ʰ 9ˢ
17 décembre : aux mesmes, pour leurs sculptures en bois............................... 273ʰ
23 septembre-24 décembre : à Jouvenet, parfait payement de 2800ʰ pour ouvrages de sculpture en stuc qu'il a faits à l'appartement des parfums au vieil chasteau (3 p.)................................. 2800ʰ
12 octobre : à Vautrain, pour plusieurs bas-reliefs qu'il a posez en divers endroits de la Surintendance. 425ʰ

Somme de ce chapitre.... 15324ʰ 14ˢ 5ᵈ

PLOMBERIE.

7 may : à Feuillastre, fontainier, parfait payement de 539ʰ 3ˢ 11ᵈ à quoy montent les restablissemens à la conduite des fontaines de Saint-Germain..... 639ʰ 3ˢ

PAVÉ.

9 avril-1ᵉʳ may : à Georges Marchand, paveur, pour parfait payement de ses ouvrages pendant le mois de mars au bourg de Saint-Germain (2 p.).... 1496ʰ 11ˢ 11ᵈ
7 may : à luy, pour les ouvrages de pavé neuf qu'il a fait aux escuries de la Chancellerie et pour autres réparations............................ 937ʰ 17ˢ 2ᵈ

28 may : à luy, parfait payement de 4981ʰ 11ˢ 8ᵈ pour le pavé du nouveau chemin de Saint-Germain à Versailles........................ 2813ʰ 11ˢ 8ᵈ
9 juillet : à luy, pour avoir fait deux chaussées de gros pavé neuf, l'une pour aller au port de Marly, et l'autre à la porte du costé de Satori, au dehors du parc aux Cerfs................................ 4075ʰ 15ˢ
12 octobre-3 décembre : à luy, sur les ouvrages de pavé qu'il a faits en divers endroits des chasteaux de Saint-Germain¹ (3 p.)................. 5000ʰ

Somme de ce chapitre.... 14323ʰ 15ˢ 9ᵈ

JARDINAGES ET FOUILLES.

14 febvrier : à La Lande, pour avoir entretenu les nouvelles pallissades du parc pendant les six derniers mois de l'année dernière.................... 150ʰ
9 avril : à Mesnager, pour son parfait payement de 1416ʰ 1ˢ 7ᵈ à quoy montent les transports de terre qu'il a faits sur le nouveau chemin de Saint-Germain.. 266ʰ
A luy, pour transports de terre qu'il a faits dans le bourg de Saint-Germain............. 144ʰ 11ˢ 3ᵈ
A Levesque, terrassier, pour parfait payement de 997ʰ 8ˢ à quoy montent les transports de terre qu'il a faits aux chaussées des estangs de Rets et Crony. 447ʰ 8ˢ

Somme de ce chapitre..... 1007ʰ 19ˢ 3ᵈ

PARTIES EXTRAORDINAIRES.

14 febvrier-17 juillet : à La Grandeur, pour avoir entretenu le manège de Monseigneur le Dauphin, depuis le 5 septembre 1678 jusqu'au dernier juin (3 p.). 621ʰ
15 mars-17 décembre : à Lescuyer, pour avoir levé les plans et marqué les allignemens des ouvrages à faire à Saint-Germain (2 p.)................ 680ʰ
15 mars : au sʳ de la Planche, pour son remboursement de pareille somme qu'il a payée à divers ouvriers qui ont nettoyé les neiges............ 415ʰ 10ˢ 10ᵈ
15 mars : à Le Normand, pour avoir débarassé les glaces des arches du pont du Pecq........ 350ʰ
9 avril-24 décembre : à Berthier, rocailleur, pour réparations aux grottes du vieux chasteau (2 p.). 622ʰ 10ˢ
9 avril-26 novembre : à Jean Ozanne, pour remboursement de menues dépenses faites pendant les trois premiers quartiers (3 p.).............. 1516ʰ 15ˢ 3ᵈ
17 avril : au sʳ Courdoumier, pour le dédommager de

¹ A la suite du dernier article du compte, qui est de 2000ʰ, se trouve la note suivante : «Cette ordonnance de 2000ʰ, ne se trouvant point employée en despense dans le compte de 1679 arresté à la Chambre des Comptes, n'a pas esté imputée à s'ouvrir dans son parfait payement.»

la perte qu'il a soufferte dans sou bois taillis, à cause du restablissement de la grande chaussée..... 42ʰ 12ˢ 6ᵈ

28 may : à MESNAGER, pour un puisart qu'il a fait dans la cave de la Chancellerie et un fonty qu'il a remply au boulingrin......................... 68ʰ 14ˢ 6ᵈ

A luy, pour avoir nettoyé l'abreuvoir de Saint-Germain............................ 52ʰ 7ˢ

26 novembre : à luy, pour toille qui a esté employée aux croisées des écuries du Roy........... 95ʰ 18ˢ

28 may : à DE LA RUE, pour payement de 6708ʰ 8ˢ pour les pouteaux¹ qu'il a fait sur le nouveau chemin de Saint-Germain à Versailles............... 708ʰ 8ˢ

23 avril : aux ouvriers qui ont travaillé à restablir les chemins près les murs de la forest de Saint-Germain................................ 64ʰ 14ˢ

20 juin : à ceux qui ont travaillé au rétablissement du grand chemin de Saint-Germain à Poissy. 449ʰ 16ˢ 6ᵈ

17 juillet : à ceux qui ont fait plusieurs chemins aux environs de Louciennes............. 378ʰ 18ˢ 10ᵈ

24 aoust-3 septembre : à ceux qui ont travaillé aux modelles des escarpemens pour renfermer la forest de Saint-Germain (2 p.)................. 405ʰ 2ˢ

6-23 septembre : à ceux qui ont travaillé aux escarpemens sur la rivière de Seyne, pour servir de closture au nouveau parc (3 p.)............... 9500ʰ

17 septembre-20 octobre : aux arpenteurs et buscherons qui ont tracé les routes dans les espines de la forest (2 p.)........................ 727ʰ 10ˢ

22 octobre-17 décembre : aux ouvriers qui ont travaillé aux escarpemens entre Carrière-sous-Poissy et Denonvol (7 p.)................... 3808ʰ 17ˢ 2ᵈ

26 novembre : à ceux qui ont escarpé partie de la coste entre Carrière-sous-Poissy et Andrezy.. 413ʰ 10ˢ

31 octobre-24 décembre : à ceux qui ont travaillé à voiturer des terres dans l'allée du nouveau mail (3 p.)........................... 4306ʰ 15ˢ 4ᵈ

31 décembre : à ceux qui ont mis en couleur et frotté les planchers des principaux appartemens de Saint-Germain, depuis le 11 septembre dernier jusqu'au 21 du présent mois....................... 475ʰ 1ˢ 4ᵈ

5 novembre : à ceux qui ont pompé l'eau de la fondation de l'avant-becq du mur en retour des escarpemens de la coste de Vanve (2 p.)...... 2263ʰ 19ˢ 6ᵈ

5 novembre : à ceux qui ont nettoyé et transporté les immondices des appartemens et cours des chasteaux et escuries............................ 257ʰ 7ˢ

12 novembre : à ceux qui ont travaillé à la fondation de l'avant-becq du costé de Conflans.......... 244ʰ

A ceux qui ont pompé les eaues de la fondation de l'avant-becq du costé de Morcourt............ 169ʰ

19 novembre : aux ouvriers qui ont travaillé à pomper l'eau et enlever les terres éboulées dans le puisard de la machine du sʳ DEVILLE (2 p.)............. 835ʰ 3ˢ

19-26 novembre : à ceux qui ont travaillé à remplir de terre le batardeau, pour piloter l'avant-becq du mur en retour au-dessus de la Frète (2 p.).. 231ʰ 15ˢ 6ᵈ

19 novembre-3 décembre : à ceux qui ont pompé l'eau pour fonder deux avant-becs sur la rivière d'Oyse et travaillé aux fondations desd. avant-becs et de celuy de la Frète (13 p.).................. 3442ʰ 5ˢ 8ᵈ

10 décembre : à ceux qui ont espierré les routes..... .... 481ʰ 5ˢ

10 décembre 1679-14 janvier 1680 : à ceux qui ont travaillé à ruyner les garennes² de Maisons (5 p.).... .... 5366ʰ 15ˢ

10 décembre : à ceux qui ont travaillé à l'avant-becq du costé de Morcourt..................... 171ʰ

A ceux de la fouille des terres pour la conduite de l'eau................................. 324ʰ 13ˢ

7 janvier 1680 : à ceux de l'avant-becq du costé de Conflans........................... 82ʰ

14 janvier 1680 : à ceux qui ont travaillé à pomper l'eau du batardeau sur lad. rivière......... 116ʰ 7ˢ

7 janvier 1680 : à ceux qui ont remply de glace les glacières........................... 507ʰ 9ˢ

A ceux qui ont remply de terre la grande digue. 204ʰ

4 juin : au sʳ DEVILLE, pour la machine à eslever [l'eau], à compte des ouvrages de fer corroyé.. 1200ʰ

17 juillet : à DESCHAMPS, briquetier, pour le voyage qu'il a fait, avec deux garçons, d'Amiens à Saint-Germain, pour l'établissement de la briqueterie à Louciennes 200ʰ

A FRADDE³, à compte du premier labour qu'il a fait aux plants de l'advenue de Saint-Germain en divers endroits.......................... 300ʰ

25 septembre : à luy, à compte du second labour aux mesmes plants........................ 300ʰ

3 septembre-10 décembre : à luy, pour payement de 3241ʰ 10ˢ pour les escarpemens qu'il a faits au-dessus de la Frète (3 p.)..................... 2641ʰ 10ˢ

---

¹ Ne faut-il pas lire *ponteaux* ou *ponceaux*? On sait combien les *n* et les *u* se ressemblent dans les écritures de cette époque.

² Les terriers de lapins.

³ Ou FRADES.

6 aoust-10 décembre : à Mesny [1], à compte des espines qu'il fait arracher pour les routes dans la forest de Saint-Germain (4 p.)........................ 1121^{lt} 12^s

6 aoust-10 décembre : à Bertin, *idem* (4 p.). 6879^{lt}

23 septembre-19 novembre : à Bertin [2], de Maisons, parfait payement de 1912^{lt} à quoy montent cent vingt-sept thoises ½ d'escarpemens, pour les murs de closture, *idem* (3 p.)......................... 1912^{lt} 10^s

6 aoust : à La Pointe, pour avoir voituré des bois dans la forest pour rétablir les palis d'Achères aux Loges... .... 99^{lt} 15^s

3 septembre : à Cucci, fondeur, pour plusieurs moulures de bronze pour arrester les glaces du cabinet de la Reyne au vieil chasteau................ 119^{lt} 10^s

4 juin : à La Lande, pour ce qu'il a payé aux ouvriers qui ont fait des tranchées pour planter des ormes sur la terrasse du boulingrin.................. 262^{lt} 14^s

19 novembre : à de la Lande, de l'orangerie, pour 64 sommes [3] de charbon qu'il a consommées pour conserver les arbres de l'orangerie du Roy, à Saint-Germain, pendant les années 1677 et 1678............ 288^{lt}

3 septembre-30 décembre : à Crosnier, terrassier, parfait payement de 1765^{lt} pour les escarpemens qu'il a faits pour les clostures du nouveau parc de Saint-Germain (5 p.)....................... 1635^{lt}

3 septembre-24 décembre : à Laurent [4], pour parfait payement de 10770^{lt} pour ses escarpemens, pour lesd. clostures (5 p.)........................ 6670^{lt}

3 septembre : aux arpenteurs qui ont travaillé à alligner les routes............................ 859^{lt} 8^s

23 septembre-5 novembre : à Bailly et Le Guay [5], à compte des escarpemens qu'ils font (2 p.)..... 2700^{lt}

31 octobre : à Duguay, *idem*............. 500^{lt}

23 septembre : à Bresle, *idem*............. 400^{lt}

2 octobre : à La Palus, au lieu de Pierre Bresle, à compte *idem*........................... 400^{lt}

19 novembre 1679-7 janvier 1680 : à luy [6], parfait payement de 2025^{lt} à quoy montent 135 thoises d'escarpemens (3 p.)............................ 925^{lt}

---

[1] Ou Mesnil.
[2] Ou Bertuin.
[3] Le sens de ce mot se comprend aisément. Il équivaut à charge : une somme est la charge d'un cheval ou d'une autre bête de somme (voy. le *Dictionnaire de Trévoux*).
[4] Ou Laurens.
[5] Le second article dit Bailly et Dugué ; mais il s'agit évidemment des mêmes individus, comme le prouverait au besoin l'article suivant.
[6] Une fois il est nommé Pallu.

12 octobre : à la veuve Masse [7], pour son payement des bois qu'elle a livrez pour les pilotis sur la rivière d'Oise............................... 972^{lt} 17^s

22 octobre-17 décembre : à Feuillastre, parfait payement de 1570^{lt} pour les escarpemens près Carrières (3 p.)............................. 1570^{lt}

22 octobre : à Varisse, pour avoir ramonné plusieurs cheminées, depuis le 1er may jusqu'au 12 octobre, auxd. chasteaux......................... 485^{lt} 16^s

14 janvier 1680 : à luy, pour avoir demeuré à Saint-Germain depuis le 12 octobre jusqu'au dernier décembre, à 30^s par jour...................... 120^{lt}

22 octobre : à Cuerpy, sur le transport de terre pour la conduite des tuyaux de la machine du s^r De Ville................................ 100^{lt}

31 octobre : au s^r Gouges, sur les pilotis qu'il fait. .... 800^{lt}

A Adam, pour avoir vuidé deux fosses d'aisance à la Chancellerie........................... 44^{lt}

17 décembre : à luy, pour vuidange de fosses à la Capitainerie............................ 45^{lt}

3 décembre : à Adam, pour les routtes qu'il a faites dans la forest...... .... 1534^{lt} 8^s

31 décembre : à luy, pour l'ouverture d'une carrière proche les clostures du nouveau parc.......... 300^{lt}

31 octobre-5 novembre : à Henry, pour le décombrement et ouverture d'une carrière à moisions prez de la Maladrerie (2 p.).................... 260^{lt}

5 novembre-24 décembre : à Robelin, parfait payement de 817^{lt} 10^s pour les escarpemens par luy faits (3 p.)............................ 667^{lt} 10^s

12 novembre : à Brisolier, pour fourniture de clouds pour les chasteaux.................... 181^{lt} 8^s 6^d

14 novembre : à Jollivet, passager sur la rivière d'Oyse, pour avoir passé les ouvriers qui travaillent à la closture de la forest de Saint-Germain......... 30^{lt}

26 novembre-17 décembre : à Jullien [8], archer de la Prevosté, pour le soin qu'il a pris de faire fournir tous les matériaux nécessaires pour les clostures du nouveau parc (2 p.)......................... 376^{lt}

26 novembre : à Jolly, pour les restablissemens des palis de la forest, du 1er jusqu'au dernier octobre.. 45^{lt}

A Hardel, pour quarante-six journées de louage des chevaux qui ont travaillé auxd. palis, depuis le 1er juillet jusqu'au dernier octobre................. 115^{lt}

---

[7] Ou Massé.
[8] Ou Julien.

A Cornecq, pour cordages qu'il a fournis pour les chevaux, idem........................ 81ᴸᴸ 0ˢ 6ᵈ

A Martinot, horloger, sçavoir : 70ᴸᴸ pour son remboursement de ce qu'il a payé à deux hommes qui ont sonné l'heure jour et nuit sur la grosse cloche de la paroisse Saint-Germain pendant 14 journées, et 50ᴸᴸ pour les soins et séjour dud. Martinot pendant led. temps. 120ᴸᴸ

10 décembre : à Noiret, marchand, pour une grande cloche de cuivre de fonte pour l'horloge.... 1605ᴸᴸ 12ˢ

31 décembre : à luy, pour fourniture de plaques et clouds pour les bastimens de Saint-Germain . 299ᴸᴸ 10ˢ

17 décembre : à Le Duc, batelier, pour menues dépenses pour mener des salpestres pour le mail de Saint-Germain......................... 120ᴸᴸ

A ...., à compte des meubles et ustancils qu'il fournit à la Charité de Saint-Germain.......... 2800ᴸᴸ

24 décembre : à Macé, serrurier, sur le gros fer qu'il fournit................................ 250ᴸᴸ

A Ponlier, pour le transport des terres d'une cave à la Chancellerie...................... 214ᴸᴸ

A Rabailles, pour transport de terre pour paver devant l'hostel de Duras, à Saint-Germain....... 253ᴸᴸ

14 janvier 1680 : à Gilles Lefeuvre, sur le réservoir qu'il fait proche Choisy................ 400ᴸᴸ

11 juillet 1679 : au sʳ Soulaigre, concierge du vieil chasteau, pour avoir tenu propres et nettoyé les cours et autres lieux les cinq premiers mois......... 600ᴸᴸ

7 janvier 1680 : A ...., pour meubles et ustancils de l'hospital, à compte.................. 500ᴸᴸ

Somme de ce chapitre.. 10947ᴸᴸ 1ˢ 11ᵈ

PAVILLON ET JARDIN DU VAL.

9 avril : à Le Coustillier, pour treillages de closture aud. jardin....................... 187ᴸᴸ 10ˢ

16 avril : à la veuve Renesson, pour payement d'un morceau de terre..................... 21ᴸᴸ 5ˢ

1ᵉʳ may : à Jean Fragues, pour le restablissement fait aux ormes de la grande advenue......... 74ᴸᴸ 14ˢ

A Berthelemy Laurent, pour dédommagement des murs de son clos qui ont esté abattus à cause du jardin du Val............................. 360ᴸᴸ

7 may-26 novembre : à Jacques Aubert, charpentier, pour ses ouvrages de charpenterie (6 p.) 1330ᴸᴸ 16ˢ 8ᵈ

7 may : à Lavier, charpentier, pour ouvrages faits au Val................................. 94ᴸᴸ 8ˢ

A La Rue, pour ouvrages de maçonnerie faits au jardin du Val......................... 1114ᴸᴸ 14ˢ

3 juillet : au sʳ Deville, pour dellivrer aux charpentiers qui ont travaillé à la roue pour eslever l'eau de la rivière au Val........................ 85ᴸᴸ 4ˢ

20 aoust-17 septembre : à luy, à compte du fer corroyé et corps de pompe qu'il fait venir de Liège pour servir à la machine (2 p.)............ 3200ᴸᴸ

24 juillet : aux ouvriers qui ont travaillé à nettoyer le fonds de la rivière au-dessus de l'endroit où l'on construit lad. machine................... 717ᴸᴸ 12ˢ

30 juillet : à ceux qui ont travaillé à entretenir des batardeaux et faire des glacis pour le mouvement de la roue................................ 569ᴸᴸ 11ˢ

6 aoust : aux charpentiers qui ont travaillé à fabriquer la roue pour eslever l'eau de la rivière au Val. 295ᴸᴸ 6ˢ

17 septembre-31 décembre : aux charpentiers qui ont travaillé à lad. machine jusqu'au 25 du mois de décembre (4 p.)........................ 575ᴸᴸ 14ˢ

6 aoust : aux ouvriers qui ont travaillé au glacis qui sert à eslever l'eau.................. 980ᴸᴸ 2ˢ

3-9 septembre : à ceux qui ont travaillé à vuider un atterissement de sable au-dessus de la machine (2 p.).
.... 484ᴸᴸ 10ˢ 2ᵈ

17 septembre-2 octobre : à ceux qui ont remply de terre une digue au-dessous de la machine (2 p.). 610ᴸᴸ 17ˢ 6ᵈ

22 octobre : à ceux qui ont travaillé à remplir la digue au-dessous de la machine............ 556ᴸᴸ 8ˢ 4ᵈ

5 novembre : à ceux qui ont vuidé et transporté des terres au pourtour du puisard de lad. machine. 204ᴸᴸ 15ˢ

23 septembre-24 décembre : à Cherfy, terrassier, pour payement de 310ᴸᴸ 10ˢ 6ᵈ pour la fouille qu'il a faite pour la conduite des tuyaux de lad. machine (3 p.)................................. 210ᴸᴸ 10ˢ 6ᵈ

19 novembre-17 décembre : à Reskin et Paul, ouvriers liégeois qui ont conduit l'ouvrage de lad. machine depuis le 12 juin jusqu'au 30 novembre (2 p.). 2580ᴸᴸ

Somme de ce chapitre.... 26232ᴸᴸ 18ˢ 2ᵈ

VERSAILLES.

MAÇONNERIE.

22 janvier : à Bricard, maçon, à compte des ponts qu'il fait................................. 500ᴸᴸ

5 mars-17 avril : à luy, pour parfait payement de ses ouvrages aux bondes et aqueducs des estangs des Graissets (3 p.)..................... 7760ᴸᴸ

7 may 1679-6 janvier 1680 : à luy, sur ses ouvrages aux aqueducs des estangs des Graissets (8 p.). 9500ᴸᴸ

ANNÉE 1679. — VERSAILLES.

7 octobre 1679 - 6 janvier 1680 : à luy, sur la maçonnerie de l'aqueduc du clos Tutin (4 p.)... 19000^{tt}

22 janvier 1679 - 5 janvier 1680 : à Louis Vigneux, à compte des pierres qu'il fait arriver pour la grande escurie et sur ses ouvrages dud. lieu (13 p.). 536000^{tt}

22 janvier 1679 - 14 janvier 1680 : à Anglart, Dorbay et Girardot, maçons, pour les puits et aqueducs qu'ils font à Roquencourt pour conduire l'eau à Trianon [1] (22 p.)........................... 161400^{tt}

7 may : à eux, à compte des aqueducs pour conduire l'eau à Versailles........................ 14000^{tt}

22 octobre - 3 décembre : à eux, sur leurs ouvrages de maçonnerie dans le nouveau réservoir de Trianon (3 p.)................................. 6450^{tt}

5 novembre - 3 décembre : à eux, sur l'aqueduc et puits du Chesnay (2 p.).................. 3500^{tt}

10 décembre : à eux, sur l'aqueduc et regard proche Bailly.................................. 2100^{tt}

19 mars - 14 may : à Dorbay, sur la maçonnerie qu'il fait dans les galetas de l'aisle gauche du chasteau de Versailles (3 p.)........................ 3300^{tt}

9 juillet : à luy, sur les ouvrages qu'il fait au changement des appartemens de M. Tilladet et de M. le premier escuyer du Roy..................... 1000^{tt}

22 janvier 1679 - 17 janvier 1680 : à Jacques Gabriel, à compte de la grande aisle du costé de l'Orangerie (13 p.)................................. 25650^{tt}

26 febvrier 1679 - 7 janvier 1680 : à luy, à compte de ses ouvrages en divers endroits du chasteau (10 p.)................................ 3750^{tt}

16 avril : à luy, pour plusieurs models de plastre qu'il a faits................................. 830^{tt}

4 juin - 2 octobre : à luy, sur ses ouvrages en divers endroits du chasteau et grande gallerie (3 p.). 15900^{tt}

29 janvier - 9 avril : à Message et Painroutot, pour les puits et aqueducs de Satory (3 p.)....... 8500^{tt}

16 avril 1679 - 14 janvier 1680 : à eux, à compte de l'aqueduc de Saint-Cir (10 p.)........... 36625^{tt}

6 aoust - 3 septembre : à luy, sur l'aqueduc qui mène les eaux de Saint-Cir à la Ménagerie (2 p.)... 8375^{tt}

18 juin - 15 octobre : à Ménage et Pacillot, sur la maçonnerie pour descente dans l'aqueduc de Satory (4 p.)................................. 2650^{tt}

5 febvrier 1679 - 14 janvier 1680 : à Pierre Bergeron et consorts, à compte du bastiment en aisle entre les deux pavillons de l'avant-court du costé de la pompe (13 p.)................................ 18400^{tt}

26 febvrier : à luy, pour divers ouvrages à la Mesnagerie................................... 800^{tt}

À luy, pour réparations en divers endroits de Versailles.................................. 800^{tt}

9 avril - 3 décembre : à luy et consors, à compte des murs de terrasse à la figure du bout du canal du costé de la Mesnagerie (11 p.)................. 17400^{tt}

9 avril - 29 octobre : à luy, à compte des murs de closture et de la chapelle du nouveau cimetière, à Versailles (7 p.)........................... 28800^{tt}

30 juillet - 31 décembre : à luy, sur les ouvrages de maçonnerie de la nouvelle fontaine dans le petit parc (4 p.).................................. 3850^{tt}

16 juillet - 31 décembre : à luy, sur les rampes de la descente de Trianon au canal de Versailles (5 p.). 5225^{tt}

6 aoust - 31 décembre : à luy, sur la fontaine de l'Arc de triomphe (3 p.)..................... 2950^{tt}

31 décembre : à luy, sur ses ouvrages à la nouvelle fontaine du petit parc................... 1200^{tt}

5 febvrier 1679 - 14 janvier 1680 : à Mazière et Hanicle, à compte du bastiment en aisle qu'ils font entre les deux pavillons de l'avant-cour du costé de l'église (13 p.).................................. 19950^{tt}

16 juillet : à Hannicle, sur sa maçonnerie au bout du canal.................................. 400^{tt}

5 febvrier 1679 - 14 janvier 1680 : à Tévenot, à compte de la maçonnerie de la petite escurie (13 p.). 58580^{tt}

13 febvrier 1679 - 14 janvier 1680 : à La Fontaine, pour les murs du nouveau potager (13 p.). 17700^{tt}

29 janvier : à luy, à compte des murs du magazin.. .... 700^{tt}

23 avril : à luy, parfait payement de 3035^{tt} 9^s 4^d pour les ouvrages faits à l'aqueduc de l'estang de la Mesnagerie et à plusieurs regards de pompes... 985^{tt} 9^s 4^d

7 may - 2 décembre : à luy, sur l'augmentation des ailes des ponts des rigolles qui conduisent les eaux des estangs de Trappes et Bois-d'Arcy à l'aqueduc de Satory (9 p.)............................. 6300^{tt}

19 mars 1679 - 7 janvier 1680 : à Bailly et Lespée, à compte de leurs ouvrages de maçonnerie aux murs de closture de la nouvelle pièce d'eau, proche le Dragon, dans le parc (23 p.)..................... 4250^{tt}

19 novembre - 3 décembre : à L'Épée, maçon, sur le réservoir de la Mesnagerie (2 p.)......... 2750^{tt}

14 may : à Nicolas Langlois, pour payement de 4160^{tt} pour dix pierres qu'il a livrées pour continuer l'allée d'eau du petit parc................. 1360^{tt}

20 juin : à de La Rue, maçon, sur ses ouvrages de la nouvelle faisanderie du Vézinet.......... 1500^{tt}

10 décembre : à luy, sur les murs de closture du nouveau parc............................... 1600^{tt}

23 juillet : à HONORÉ DIEZ, ouvrier en ciment, pour son remboursement de ce qu'il a payé aux ouvriers maçons et autres qui ont rétably le fer à cheval de Trianon............................ 1024ᵗᵗ 15ˢ

5 aoust : à luy, pour avoir rejointé avec du ciment le mur de douve du bassin du Dragon........ 492ᵗᵗ 18ˢ

A luy, pour avoir rétabli et rejointé avec du ciment les joues du mur de douve du bassin entre les deux rampes de Trianon.................... 261ᵗᵗ 16ˢ

26 novembre : à luy, à compte de ses ouvrages pour le pavé de marbre de la cour de Versailles..... 800ᵗᵗ

13 septembre - 2 décembre : à SIMON, sur la maçonnerie du mur de revestement de la chaussée de l'estang du bois d'Arcy (4 p.)................... 1035oᵗᵗ

3 décembre : à LA ROCHE, maçon, sur les murs du nouveau parc........................... 950ᵗᵗ

10 décembre : à THORIAC, sur les murs de closture du nouveau parc........................ 2700ᵗᵗ

Somme de ce chapitre.... 249898ᵗᵗ 18ˢ 4ᵈ

CHARPENTERIE.

19 febvrier 1679 - 5 janvier 1680 : à POICTEVIN, charpentier, à compte de ses ouvrages et provisions de bois de la grande escurie (11 p.)............. 68000ᵗᵗ

23 febvrier - 20 aoust : à PONCELET CLEQUIN[1], parfait payement de 5906ᵗᵗ 12ˢ pour le bois de charpente qu'il a fourni pour encaisser les arbres verts et arbrisseaux pour la nouvelle pièce d'eau (4 p.)........ 5906ᵗᵗ 12ˢ

16 may 1679 - 14 janvier 1680 : à CLIQUIN et CHARPENTIER, charpentiers, à cause des bois qu'ils fournissent pour la petite escurie (10 p.)................ 79500ᵗᵗ

4 juin : à eux, sur les ceintres de charpenterie des grands appartemens..................... 2000ᵗᵗ

29 janvier : à MAILLARD, charpentier, à compte des nouveaux couverts des orangers de Trianon..... 300ᵗᵗ

30 avril - 20 aoust : à la veuve et aux héritiers MAILLARD, pour les ouvrages qu'il a faits aux pompes des moulins du sʳ FRANCINE et de DENIS (2 p.).. 973ᵗᵗ 12ˢ

26 mars : au sʳ DE LA PLANCHE, pour son remboursement de pareille somme qu'il a payée à divers ouvriers et charpentiers qui ont travaillé au bastardeau de Satory................................ 303ᵗᵗ 6ˢ

A PAUL CHARPENTIER, à compte d'une lanterne. 600ᵗᵗ

23 avril - 17 septembre : à luy, à compte de ses ouvrages au chasteau (3 p.).................. 2800ᵗᵗ

26 mars - 16 may : à JEAN BRICART, charpentier, à compte d'une lanterne (2 p.)............... 1400ᵗᵗ

13 avril 1679 - 7 janvier 1680 : à luy, sur la charpenterie de l'aisle d'entre les deux pavillons de l'avant-cour du costé de la pompe (10 p.)............ 5350oᵗᵗ

16 avril : à POTOT, pour avoir monté quatre figures au-dessus des colonnes de l'avant-corps du chasteau. 44ᵗᵗ

20 aoust : à luy, sur ses ouvrages de charpenterie du chasteau.............................. 66ᵗᵗ

11 septembre - 5 novembre : à luy, pour payement de 746ᵗᵗ pour les façons de vieil bois qu'il a pris au magazin et employez en divers endroits du chasteau (2 p.). 746ᵗᵗ

4 juin : à CAILLET, sur la charpenterie de la Mesnagerie................................ 800ᵗᵗ

25 juin : à luy, pour ouvrages de charpenterie faits pour la serre et bois du potager de Versailles. 840ᵗᵗ 1ˢ 6ᵈ

16 juillet : à ESTIENNE FONTENET, pour ouvrages de charpenterie faits aux moulins de Satory........ 250ᵗᵗ

13 aoust - 26 novembre : à CHAUDY, sur ses ouvrages de la chapelle du nouveau cimetière (2 p.).... 2000ᵗᵗ

11 octobre : à luy, sur ses ouvrages au comble de la chapelle du chasteau de Versailles........... 1000ᵗᵗ

13 aoust - 5 novembre : à LE CLERC, sur les lices et chevalets roulants qu'il fait pour le transport des terres du hault de la montagne de Satory (2 p.)..... 1700ᵗᵗ

20 aoust - 29 octobre : à PETIT, charpentier, à compte de ses ouvrages pour couvrir les orangers de Trianon (3 p.)............................... 2200ᵗᵗ

11 octobre 1679 - 14 janvier 1680 : à LE CERF, sur ses ouvrages de charpenterie au chasteau (3 p.)... 1100ᵗᵗ

16 octobre 1679 - 14 janvier 1680 : à SINSON, sur ses ouvrages, tant en divers endroits du chasteau qu'à la Surintendance (6 p.)...................... 2200oᵗᵗ

26 novembre : à VIGNON, charpentier, sur ses ouvrages des Graissets........................... 200ᵗᵗ

31 décembre : à AUBERT, sur les pilotis et palissades qu'il fait pour les closlures du nouveau parc.... 600ᵗᵗ

Somme de ce chapitre... 248829ᵗᵗ 11ˢ 6ᵈ

COUVERTURE.

12 febvrier 1679 - 14 janvier 1680 : à ESTIENNE YVON, couvreur, à compte des ouvrages qu'il a faits en divers endroits du chasteau et ailleurs (6 p.)........ 6700ᵗᵗ

23 juillet 1679 - 14 janvier 1680 : à luy, sur ses ouvrages de la petite escurie (8 p.).......... 16900ᵗᵗ

5 mars : à YVON et CHARUEL, à compte de leurs ouvrages................................ 800ᵗᵗ

23 juillet - 29 octobre : à CHARUEL, sur la couverture d'une des aisles qui se bastissent entre les deux pavillons de l'avant-cour (4 p.).................... 6000ᵗᵗ

---

[1] Il faut lire CLIQUIN.

30 juillet 1679 - 5 janvier 1680 : à Duval, sur la couverture de la grande escurie (6 p.)............ 9200tt
25 septembre - 3 décembre : à Liévain, sur ses ouvrages de couverture au bastiment en aile entre les pavillons de l'avant-cour du costé de la pompe (3 p.). 2800tt
29 octobre - 3 décembre : à Regnard, sur la chapelle du nouveau cimetière (3 p.)............... 1800tt

Somme de ce chapitre......... 44200tt

MENUISERIE.

22 janvier - 9 avril : à du Cons, menuisier, à compte de ses ouvrages pour la couverture des orangers de Trianon (3 p.).......................... 3900tt
11 juin : à luy, sur ses ouvrages dans les appartemens des combles de l'aisle du costé de l'églize...... 1000tt
25 juin : à luy, pour payement de 3299 thoises de bois, planches de sapin, qu'il a fourni pour douze cents brouettes pour les Suisses................ 1979tt 8s
23 juillet - 3 décembre : à luy, à compte de ses ouvrages en divers endroits du chasteau et dépendances (3 p.).......................... 4700tt
22 janvier : à Buirette, à compte de ses ouvrages de menuiserie.......................... 1200tt
12 febvrier - 16 octobre : à Pnou et Buirette, à compte de leurs ouvrages (6 p.).................. 10700tt
23 avril - 20 aoust : à eux, sur leurs ouvrages dans le garde-meuble (4 p.)..................... 4700tt
4 juin : à eux, sur leurs ouvrages à l'appartement de la Reyne............................ 800tt
23 juillet : à eux, sur leurs ouvrages pour les petits appartemens........................... 800tt
13 aoust 1679 - 14 janvier 1680 : à eux[1], sur leurs ouvrages de l'aisle de l'avant-cour du costé de l'églize (5 p.)............................. 11400tt
28 may - 18 juin : à Buirette et Girault, parfait payement de 1800tt pour la façon de douze cents brouettes pour les Suisses (3 p.)................... 1800tt
5 febvrier : à Jacques Pnou, menuisier, à compte des ouvrages des appartemens du petit chasteau.... 1200tt
23 avril : à luy, pour parfait payement de 1950tt pour les huit portes qu'il a faites................ 1150tt
23 juillet : à luy, pour un plancher de bois de sapin, assemblé à languettes, posé dans la grande gallerie de Versailles........................ 619tt 17s 6d
9 juillet : à luy, pour divers ouvrages dans les grands appartemens du Roy..................... 182tt

[1] A partir du 19 novembre, la veuve Buirette est substituée à Buirette dans l'article de payement.

A luy, à compte de ses ouvrages de l'aisle droite du chasteau............................ 800tt
22 octobre : à luy, sur les cinq portes de menuiserie qu'il fait............................ 800tt
17 novembre 1679 - 7 janvier 1680 : à luy, sur les ouvrages des bureaux des bastimens en aisle vers l'église (3 p.)............................ 2400tt
24 décembre 1679 - 7 janvier 1680 : à luy, sur l'appartement de Monsieur au chasteau (2 p.)..... 2800tt
29 janvier : au sr de la Planche, pour remboursement de pareille somme payée à divers menuisiers... 180tt
5 febvrier : à La Chapelle et veuve Tavernier, pour ouvrages faits......................... 400tt
12 febvrier - 11 juin : à Dionis et Danglebert, à compte de leurs ouvrages en divers endroits (3 p.).... 2800tt
4 juin : à eux, sur leurs ouvrages de l'appartement du Roy.............................. 800tt
25 juin - 31 décembre : à eux, sur leurs ouvrages du bastiment en aisle entre les deux pavillons de l'avant-cour du costé de la pompe (8 p.)........... 23800tt
5 mars : à Mantonnois et Rivet, à compte des ouvrages qu'ils font dans l'appartement de Mme la duchesse de Toscane........................... 1000tt
4 juin : à Mantonnois, sur ses ouvrages en divers endroits des Attiques..................... 1200tt
17 novembre : à luy, sur ceux de la petite escurie. 800tt
12 mars - 23 juillet : à Barbier, menuisier, parfait payement de 900tt pour cent caisses de menuiserie de bois de chesne pour le jardin de Trianon (3 p.).. 900tt
11 octobre : à luy, parfait payement de 2247tt pour plusieurs caisses d'assemblage de bois de chesne qu'il a fournies à l'orangerie..................... 947tt
19 mars : à Couvreur et Payen, pour leur parfait payement de 1400tt à quoy montent leurs ouvrages dans l'appartement de Monseigneur................. 400tt
6 aoust 1679 - 7 janvier 1680 : à Couvreur[2] et Descodetz, sur les ouvrages qu'ils font dans la petite escurie (6 p.).............................. 16400tt
26 mars : à Charles Lavier, à compte de ses ouvrages............................. 800tt
31 mars : à Falaise et son associé, pour avoir déposé et reposé les lambris et parquet des appartemens de Mme de Montespan.................. 75tt 18s 6d
31 mars - 3 septembre : à Michel, pour menus ouvrages qu'il a faits au chasteau et à la Ménagerie (2 p.)............................ 774tt 10s

[2] On trouve quelquefois Couvreux.

16 avril-23 octobre : à CAREL[1], sur ses ouvrages de la grande escurie (3 p.) 2100ʰ

30 avril-22 octobre : à MAUGÉ et TANNEVOT, parfait payement de 4332ʰ 10ˢ pour les ouvrages de menuiserie de l'appartement de M. le comte de Vermandois et de Mme la comtesse de Soissons (2 p.) 832ʰ 10ˢ

7 may : à SAINT-YVES, parfait payement de 752ʰ pour ses ouvrages dans la gallerie de Mme de Montespan. 52ʰ

11 juin : à CLASSE, pour les menus ouvrages faits aux lucarnes et ailleurs.................. 421ʰ 18ˢ

2 octobre 1679-14 janvier 1680 : à luy, sur ses ouvrages en divers endroits du chasteau (3 p.) .. 1000ʰ

29 octobre : à luy, sur les bois qu'il fournit et roulettes qu'il fait pour la machine à transporter des terres au nouveau potager..................... 600ʰ

26 novembre : à luy, sur les lices qu'il fait pour le transport des bonnes terres de la montagne de Satory au nouveau potager....................... 200ʰ

18 juin-6 aoust : à COUSTAN, à compte des lucarnes du chasteau (2 p.)..................... 2000ʰ

15 juillet-24 décembre : à luy, sur la menuiserie de la grande et de la petite escurie (5 p.) 4200ʰ

3 juillet : aux menuisiers qui ont fait les échaffauts pour les peintres dans l'appartement du Roy et de la Reyne.............................. 212ʰ 5ˢ

9 juillet-12 novembre : à DE LA CROIX et BERGERAT, à compte de leurs ouvrages en divers endroits du chasteau (3 p.) 3000ʰ

5 aoust-24 décembre : à NIVET, sur ses ouvrages de la grande escurie (5 p.) 3200ʰ

20 aoust-10 novembre : à CAQUELANT, sur ses ouvrages de menuiserie pour les nouvelles couvertures des orangers et jasmins d'Espagne de Trianon (4 p.). 9600ʰ

26 novembre : à DEVILLE et consors, sur leurs ouvrages de la petite escurie..................... 1200ʰ

3 décembre : à LANGOURON, sur ceux de la grande escurie................................ 400ʰ

A GROSSEVAL, sur ceux de la petite escurie..... 400ʰ

10 décembre 1679-20 janvier 1680 : à DAVIGNON, sur ceux de la grande escurie (2 p.) 600ʰ

17 décembre : à FONTENELLES, sur ceux de la grande escurie................................ 400ʰ

24 décembre : à LE ROY, sur ses ouvrages..... 500ʰ

A LA CHAPELLE et BACOUEL, sur leurs ouvrages de la petite escurie......................... 1500ʰ

7 janvier 1680 : à DE LA VILLE et GROSSEVAL, sur la menuiserie d'un des pavillons de la petite escurie. 2000ʰ

[1] Ou CAREL.

14 janvier 1680 : à FRIQUET, menuisier, sur la menuiserie de la machine à transporter les terres au nouveau potager......................... 181ʰ

Somme de ce chapitre...... 138808ʰ 7ˢ

SERRURERIE.

22 janvier-24 septembre : à LIONNOIS, serrurier, à compte de ses ouvrages (5 p.) 3400ʰ

22 janvier-14 may : à SIMON DELOBEL, parfait payement de 10000ʰ pour les vingt-six balcons de fer des croisées du chasteau (3 p.) 4300ʰ

29 janvier-25 septembre : à luy, sur ses ouvrages à la fontaine de l'Arc de triomphe (7 p.) 11400ʰ

29 janvier-25 septembre : à luy, pour cinq portes de fer qu'il fait pour le grand escalier (5 p.) 7900ʰ

26 febvrier-25 septembre : à la veuve LOBEL, à compte des ouvrages qu'elle fait faire en divers endroits du chasteau et comble du grand escalier (7 p.) 5600ʰ

29 janvier-31 décembre : à RICHARD, à compte de ses ouvrages (9 p.)....................... 5400ʰ

30 juillet : à luy, pour fournitures de clouds et boulons de fer pour les brouettes des Suisses.... 245ʰ 1ˢ

3 décembre : à luy, sur les ansettes des paniers servans au transport des bonnes terres dans le nouveau potager................................ 300ʰ

12 febvrier-10 décembre : à ROMBAULT SERMET[2], à compte de ses ouvrages (6 p.)............. 3800ʰ

10 décembre : à luy, sur ses ouvrages pour la machine du potager............................. 300ʰ

19 febvrier-4 juin : à PICARD, à compte de ses ouvrages (4 p.)................................ 4000ʰ

30 avril-10 décembre : à NICOLAS DEZEUTRES, à compte de ses ouvrages aux bastimens de Versailles (8 p.). 9300ʰ

2 juillet : à DEZEUTRES, dit PICARD[3], pour plusieurs boulons de fer pour les brouettes des Suisses. 246ʰ 1ˢ 6ᵈ

26 mars : à GODIGNON et PICARD, pour leur parfait payement de 4727ʰ 5ˢ à quoy montent les ouvrages de serrurerie de la grande grille de fer........ 1127ʰ 6ˢ

31 mars-17 décembre : à GODIGNON[4], à compte de ses ouvrages (10 p.)..................... 10500ʰ

26 febvrier-3 décembre : à PIERRE MARIE, idem (12 p.)............................... 18100ʰ

[2] Il est appelé tantôt ROMBAULD, tantôt SERMET; quelquefois les deux noms sont réunis comme nous les donnons ici.
[3] Ce DEZEUTRES est-il le même individu que le PICARD de l'article précédent? C'est possible, et c'est pour cette raison que nous avons rapproché leurs articles.
[4] Ou GOUDIGNON.

ANNÉE 1679. — VERSAILLES.

4 juin : à luy, pour ouvrages par luy faits pour les équipages des sapins de l'orangerie de Versailles. 166^{tt}
12 novembre : à luy, pour trois grands vazes de fer à bouquet............................ 600^{tt}
26 febvrier - 10 décembre : à Estienne Boudet[1], à compte de ses ouvrages et de sa fourniture de gros fer (10 p.)............................ 12900^{tt}
25 juin : à luy, sur la grille de fer des rampes qui descendent de Trianon vers le canal.......... 1500^{tt}
A luy, sur deux grilles de fer qu'il fait à la nouvelle fontaine.............................. 800^{tt}
16 juillet - 10 décembre : à luy, pour clouds et boullons par luy fournis pour les brouettes des Suisses (3 p.).............................. 1117^{tt} 4^s
12 mars - 26 novembre : à Herman, dit Hollande, à compte de ses ouvrages (3 p.)................ 826^{tt}
9 avril : à Luchet, pour avoir ferré quarante croisées................................. 220^{tt}
6 aoust - 10 décembre : à luy, sur les grilles et portes de fer de la grande cour du chasteau (9 p.).. 32500^{tt}
23 may : à Baron, pour la serrurerie qu'il a fait à la petite bibliothèque du Roy .... 351^{tt}
28 may 1679 - 14 janvier 1680 : à Castan, tant à compte de la fourniture de gros fer pour la grande écurie que provision de fer et charbon (8 p.)....... 13500^{tt}
20 aoust : à Marchand, pour ses menus ouvrages au chasteau............................. 79^{tt}
3 septembre : à Pasquier, pour 2000 visses et leurs escrous pour les moulins de Versailles et de Satory, à 3 sols chacune........................... 300^{tt}
15 septembre - 26 novembre : à Hasté, à compte du gros fer qu'il a fourny pour les travaux de l'estang des Graissets (2 p.)........................ 450^{tt}
11 octobre - 26 novembre : à luy, sur ses ouvrages de serrurerie de moitié de la fermeture de l'avant-cour (2 p.).................................. 2400^{tt}
11 octobre - 12 novembre : à Hasté l'aisné, sur les deux grandes portes de fer pour les grandes arcades des deux passages de la cour de Versailles (2 p.)... 1600^{tt}
2 octobre - 24 décembre : à Tavernier, sur ses ouvrages (2 p.)........................... 1600^{tt}
A Bouchen, sur les ouvrages qu'il fait aux moulins de Satory.............................. 87^{tt} 11^s 6^d
11 octobre - 24 décembre : à Forderin[2] sur ses ouvrages de serrurerie de la moitié de la fermeture de l'avant-cour (2 p.)........................... 2600^{tt}

[1] Ou Boutet.
[2] Ou Forderin.

COMPTES DES BÂTIMENTS. — I.

12 novembre - 17 décembre : à Cuvillier, sur les grilles des deux descentes (3 p.)............. 6500^{tt}
26 novembre : à Vallerant, sur ses ouvrages de la nouvelle fontaine du petit parc .... 800^{tt}
Somme de ce chapitre...... 66815^{tt} 4^s

VITRERIE.

19 febvrier - 3 décembre : à Lespinouze, vitrier, à compte de ses ouvrages (7 p.)............. 5200^{tt}
19 febvrier 1679 - 14 janvier 1680 : à Janson, idem (7 p.)................................ 4200^{tt}
7 may - 23 juillet : à Briot, vitrier, à compte de ses ouvrages (3 p.)......................... 1200^{tt}
Somme de ce chapitre........ 10600^{tt}

PEINTURE ET DORURE.

29 janvier - 16 octobre : à la veufve Tiercelin, pour ses ouvrages de grosse peinture en divers endroits (5 p.)................................ 2800^{tt}
27 aoust - 12 novembre : à elle, sur ses ouvrages aux berceaux et treillages de Trianon (2 p.)...... 2500^{tt}
26 febvrier - 3 septembre : à Champagne, sur les tableaux et ornemens du plafond de l'antichambre du grand appartement du Roy à Versailles (5 p.)... 3800^{tt}
14 janvier 1680 : à luy, sur ses ouvrages pour l'antichambre de la Reyne.................. 500^{tt}
26 febvrier - 17 décembre : à Blanchard, sur les tableaux du plafond de l'antichambre et du sallon de l'appartement hault du Roy (7 p.)............. 3500^{tt}
26 febvrier - 17 décembre : à de la Fosse, sur les tableaux desd. platsfonds (7 p.).............. 3500^{tt}
5 mars 1679 - 7 janvier 1680 : Paul Goujon, dit La Baronnière, peintre et doreur, à compte de ses ouvrages de grosse peinture aux appartemens du Roy (12 p.)............................... 32100^{tt}
23 - 30 avril : à luy, à compte de la dorure qu'il fait au grand escalier (2 p.),................. 1200^{tt}
14 may : à luy, pour payement de 4800^{tt} pour la dorure de la fontaine de Cérès dans le petit parc.. 1300^{tt}
16 - 23 juillet : à luy, sur les ouvrages de peinture et dorure qu'il fait aux platfonds des appartemens du Roy (2 p.)............................. 3500^{tt}
6 aoust : à La Baronnière fils, doreur, sur ses ouvrages aux appartemens de la Reyne............... 900^{tt}
13 aoust 1679 - 7 janvier 1680 : à luy, sur ses ouvrages de grosse peinture au chasteau (6 p.)...... 6628^{tt} 5^s
11 octobre : à luy, sur ses ouvrages aux petits appartemens bas de Versailles.................. 1800^{tt}
12 mars - 19 novembre : à Le Hongre, à compte des

caisses qu'il peint en couleur de fayance, grilles et autres ouvrages de Trianon (7 p.)................ 3100tt

26 mars-26 novembre : à Coipel, à compte des tableaux qu'il fait pour le grand appartement du Roy (3 p.)........................... 1500tt

17 décembre : à luy, sur ses ouvrages pour le sallon du grand appartement de la Reyne........... 500tt

9 avril : à Bailly, peintre, pour avoir verny quinze vazes... 52tt

7 may : à luy, parfait payement de 5000tt pour les peintures et dorures du bassin de la fontaine de Saturne dans le petit parc..................... 1400tt

25 septembre : à la veuve Bailly, pour réparations de peintures à toutes les fontaines du petit parc.. 996tt

9 avril-10 décembre : à Audran, peintre, sur un tableau qu'il fait pour un plafond du grand appartement du Roy (5 p.)........................... 2800tt

25 juin : à Focus, pour seize petits tableaux de paysages qu'il a faits dans les appartemens de MM. les ducs de Chevreuse et de Beauvilliers........ 480tt

16 juillet-10 décembre : à Vignon, peintre, sur les tableaux de la salle des gardes de l'appartement de la Reyne (2 p.).......................... 900tt

23 juillet-3 septembre : à Hérault, peintre, sur les paysages de l'appartement du Roy (2 p.)...... 600tt

23 juillet-17 décembre : à Gonthier, peintre, sur ses ouvrages dans l'oratoire de la Reyne (3 p.). 1000tt

6 aoust : aux Le Moyne, sur leurs peintures de la première pièce de l'appartement bas des marbres... 800tt

2 octobre : à eux, sur leurs peintures dans l'appartement de M.me de Montespan................ 400tt

26 novembre-10 décembre : à luy, sur leurs peintures et dorures dans les pièces de l'appartement bas du Roy (2 p.)................................ 2000tt

20 aoust-29 octobre : à eux, sur leurs ouvrages du chasteau (3 p.)........................ 3200tt

17 décembre : à eux, sur leurs ouvrages sur deux glaces des orgues de la chapelle............ 120tt

13 aoust-17 décembre : à Paillet, peintre, pour ses ouvrages dans la petite pièce de l'appartement bas de Versailles (5 p.)............................ 3500tt

25 septembre : à luy, pour remboursement de menues dépenses qu'il a faites pour les ouvrages de peinture du grand escalier.................. 336tt 2s

14 janvier 1680 : à luy, sur ses ouvrages de l'appartement des bains........................ 500tt

13 aoust-31 décembre : à Houasse, peintre, sur ses ouvrages (3 p.)........................... 2300tt

16 octobre : à luy, sur ses ouvrages au plafond qui précède la salle des gardes............... 500tt

3 décembre : à luy, sur la première pièce de l'appartement hault du Roy................... 100dtt

27 septembre 1679-7 janvier 1680 : à La Porte, doreur, sur ses ouvrages de dorure (7 p.).... 12300tt

11 octobre 1679-14 janvier 1680 : à Auguier, peintre, sur ses ouvrages de la seconde pièce de l'appartement bas du Roy (3 p.)........................ 1300tt

16 octobre-17 décembre : à Boulogne et Toutin, sur leurs ouvrages de l'antichambre de l'appartement de la Reyne (3 p.)................................. 1300tt

17 octobre : à Boulogne, sur ses ouvrages de l'appartement bas du Roy........................ 400tt

22 octobre : aux peintres qui ont travaillé à la peinture à fresque du grand escalier........... 3601tt

29 octobre-10 décembre : à Corneille, sur le plafond de l'antichambre du grand appartement de la Reyne (2 p.)................................. 900tt

26 novembre 1679-7 janvier 1680 : à Baptiste Monnoyer, sur les tableaux de fleurs qu'il fait poser dans les attiques des chambres du Roy (3 p.)........ 1900tt

10 décembre : à de Sève, sur ses ouvrages... 800tt

17 décembre : à Testelin, pour deux grands tableaux de 12 pieds de haut et 8 de large, d'après les desseins de M. Le Brun, histoire et paysage........... 1852tt 10s

31 décembre 1679-7 janvier 1680 : à Le Page, doreur, sur ses ouvrages (2 p.)................ 1500tt

31 décembre : à Garré, pour la dorure de plusieurs bordures de tableaux du cabinet du Roy...... 342tt

7 janvier : à Rousseau, pour ses ouvrages pour une des pièces au hault du grand escalier.......... 500tt

Somme de ce chapitre..... 118707tt 17s

SCULPTURE.

22 janvier : à Coisevaux, sculpteur, à compte des deux figures qu'il fait........................ 400tt

24 septembre : à luy, à compte de la figure d'Apollon pour mettre à la façade du bastiment qui regarde le parterre d'eau............................ 200tt

5 mars-16 avril : à Jean-Baptiste Tubi et Coisveau, sculpteurs, à compte des ouvrages de sculpture, de bronze et de métail qu'ils font (2 p.)....... 1800tt

3 septembre-24 décembre : à eux, sur les trophées de stuc et ornemens de sculpture qu'ils font au-dessus de la corniche de la grande gallerie (4 p.)..... 3200tt

22 octobre : à eux, sur les ornemens de sculpture qu'ils font aux quatre niches du grand escalier de Versailles............................. 600tt

ANNÉE 1679. — VERSAILLES.

5 mars-23 avril : à Baptiste Tubi, pour parfait payement de 20834^{tt} 4' 10° à quoy montent les ouvrages qu'il a faits à la fontaine de Flore, au bas-relief de la cheminée de la pièce octogone, et la figure de plastre du parterre (3 p.).............................. 20347^{tt} 4' 10^d

18 juin : à luy, à compte des bas-reliefs de métail pour le dessus des portes de la pièce en suite du grand escalier.. 700^{tt}

18 juin-31 décembre : à luy, à compte des bazes de bronze doré pour les colonnes et pillastres de la grande gallerie (2 p.)......................... 1600^{tt}

13 aoust : à luy, sur les trois figures de plastre qu'il a faites et posées sur des piédestaux de bois au parterre d'eau.. 300^{tt}

22 octobre : à luy, sur ses ouvrages de sculpture pour la grande gallerie...................... 1000^{tt}

4 novembre : à luy, pour parfait payement de 3197^{tt} pour les vazes de bronze doré du petit sallon proche le grand escalier........................ 597^{tt}

12 novembre : à luy, parfait payement de 6088^{tt} pour la sculpture et bas-reliefs de bronze sur les dessous[1] des portes du cabinet des bains............ 688^{tt}

9 juillet : à luy, parfait payement de 8000^{tt} à quoy montent les deux chevaux marins posez sur le canal de Versailles................................ 1900^{tt}

22 janvier-11 juin : à Mazeline, pour les grouppes d'enfans de plomb et d'estain qu'il a faits dans le petit parc (2 p.).............................. 1400^{tt}

2 juillet : à luy, pour la sculpture du bastiment attenant le chasteau dans l'appartement de MM. de Chevreuse et de Saint-Aignan................ 180^{tt}

9 juillet : à luy, sur sa figure de marbre pour le parterre d'eau................................... 300^{tt}

29 janvier-10 décembre : à Mazeline, Houzeau et Blanchard, à compte des ornemens de plomb et d'estain et marbre pour la fontaine de l'Arc de triomphe et sur leurs ouvrages des pyramides (13 p.)....... 19600^{tt}

19 febvrier-26 novembre : à eux, à compte de leurs ouvrages de stuc à la corniche et ornemens des sallons du bout de la grande gallerie et au grand sallon de l'appartement de la Reine (4 p.),................ 2500^{tt}

5 aoust-11 octobre : à eux, sur les ornemens de plomb aux deux lanternes au-dessus des combles du chasteau (3 p.)................................ 2200^{tt}

31 mars-14 may : à Mazeline, Jouvenet et Legeret, à compte des ornemens de stuc qu'ils font dans les appartemens (2 p.)........................... 1400^{tt}

[1] Il faut sans doute lire *dessus*.

23 avril : à Mazeline et Jouvenet, pour modèles de figures.............................. 523^{tt} 7^s

3 septembre : à eux, sur les ornemens de plomb des deux lanternes des combles de Versailles...... 1500^{tt}

16 octobre-17 décembre : à Mazelines et Le Hongre, sur leurs ouvrages de stuc dans le nouvel appartement de Monsieur à Versailles (2 p.)................. 1800^{tt}

A eux, sur leurs ouvrages de stuc au sallon vers l'appartement de la Reyne..................... 600^{tt}

12 novembre : à Le Hongre, Mazeline et Jouvenet, sur leurs ouvrages de stuc................. 1000^{tt}

12 novembre-17 décembre : à eux, sur les ornemens de plomb des lanternes du chasteau (2 p.)... 2100^{tt}

17 décembre-14 janvier : à Le Hongre et Mazeline, sur les grouppes d'enfans de la fontaine de la Renommée (2 p.)......................... 1200^{tt}

18 juin : à Houzeau, à compte d'une figure de marbre blanc pour le parterre d'eau.................. 200^{tt}

20 aoust : à luy, sur la sculpture d'un bassin pour la nouvelle fontaine........................... 400^{tt}

12 novembre-17 décembre : à luy, sur les douze vazes de pierre qu'il fait (2 p.)................ 600^{tt}

25 juin : aud. Jouvenet, à compte d'une figure de marbre pour le parterre d'eau............... 300^{tt}

19 febvrier-20 aoust : aud. Le Hongre, à compte de ses ouvrages de stuc dans plusieurs appartemens du chasteau (2 p.)............................. 1300^{tt}

14 may 1679-7 janvier 1680 : à luy, à compte d'une figure de marbre pour le parterre d'eau (2 p.)... 600^{tt}

14 may-20 aoust : à luy, sur les ornemens de la face du chasteau regardant le parterre d'eau (2 p.)... 900^{tt}

20 aoust : à luy, sur une figure de pierre pour la balustrade du chasteau..................... 200^{tt}

19 mars-18 juin : à Le Hongre et Desjardins, sur leurs ouvrages de stuc dans le grand salon, cabinet et chambre de la Reyne (5 p.)............... 5500^{tt}

5 novembre : à Desjardins, sur sa figure de marbre blanc pour le parterre d'eau.................. 300^{tt}

22 janvier : à Masson, pour les grouppes d'enfans qu'il fait............................. 600^{tt}

29 janvier-2 octobre : à Buyster, pour la figure qu'il fait pour le parterre d'eau (3 p.)........... 900^{tt}

29 janvier-23 avril : à Caffieri, pour les chambranles des portes et des croisées (7 p.)..... 5400^{tt}

26 mars : à luy, à compte de deux chapiteaux.. 700^{tt}

23 avril : à luy, parfait payement de 3300^{tt} pour les ouvrages de stuc qu'il a faits à la gallerie basse.. 1300^{tt}

30 avril : à luy, pour deux cadres d'oves de sculpture qu'il fait...................................... 285^{tt}

4 juin : à luy, sur les bordures des tableaux du cabinet du Roy............................ 400tt

4 juin-27 aoust : à luy, sur la sculpture des petits appartemens du Roy (3 p.)............... 4800tt

11 juin-11 septembre : à luy, sur la sculpture de la corniche de l'endroit où étoit la chapelle (4 p.). 2300tt

13 aoust : à luy, sur ses ouvrages aux voultes des deux petites galleries à costé du grand escalier...... 600tt

11 septembre-17 décembre : à luy, sur la sculpture des ornemens des cabinets des petits appartemens du Roy (4 p.). 2300tt

2 octobre-12 novembre : à luy, sur les ouvrages aux portes, bayes et feintes, de la première pièce de l'appartement hault du Roy (2 p.)................ 1900tt

16 octobre : à luy, parfait payement de 2720tt pour les ornemens qu'il a tailler dans la pierre de la corniche de la grande gallerie et ailleurs............... 420tt

10 décembre : à luy, sur ses ouvrages aux plafonds des petites galleries à costé du grand escalier.. 2200tt

20 aoust 1679-7 janvier 1680 : à CAFFIERS et LESPAGNANDEL, sur leurs ouvrages de stuc de la corniche de la grande gallerie (5 p.)................ 3900tt

31 décembre : à CAFFIERS, LESPAGNANDEL et LEGERET, sur leurs ouvrages de stuc à lad. corniche....... 300tt

14 janvier 1680 : à MAZELINE et CAFFIERS, sur leurs ouvrages du petit appartement au-dessus de celuy du Roy.. 1500tt

19 febvrier-11 octobre : à LE GROS, BENOIST et MASSOU, pour les ornemens de marbre et de métail de la fontaine de l'Arc de triomphe (4 p.)................. 4200tt

19 febvrier 1679-14 janvier 1680 : à eux, à compte des groupes d'enfans et bassins de métail (5 p.). 4000tt

2 octobre : à eux, à compte des corniches et ornemens du plafonds du salon de la Reyne............ 300tt

19 novembre : à eux, sur leurs ouvrages de stuc. 1000tt

9 juillet-3 décembre : à LE GROS, sur sa figure de marbre pour le parterre d'eau (3 p.)........ 800tt

20 aoust-3 décembre : à MASSOU, sur une figure idem (2 p.).. 500tt

19 febvrier-3 décembre : à HUTINOT, sur une figure idem (2 p.)................................. 600tt

19 febvrier-3 décembre : à LA PERDRIX, sur une figure idem (2 p.)............................. 600tt

9 avril-3 septembre : à HUTINOT et LA PERDRIX, à compte des ornemens de plomb et estain qu'ils font aux lucarnes du chasteau (7 p.)............... 14800tt

12 octobre : à LA PERDRIX et consors, pour plusieurs consolles de bois pour les grandes et petites lucarnes du chasteau............................. 768tt

29 octobre-24 décembre : à LECOMTE, LA PERDRIX et HUTINOT, sur les ornemens des lucarnes de Versailles (3 p.)............................... 3900tt

31 mars-17 décembre : à LE COMTE [1], sur les modelles de quatre vazes de bronze pour les jardins (4 p.). 1150tt

24 décembre : à luy, sur les figures de pierre qu'il fait.. 300tt

7 janvier 1680 : à luy, sur les six vazes de pierre pour la balustrade du petit chasteau de Versailles.... 200tt

26 febvrier-18 juin : à LESPAGNANDEL, à compte d'une figure qu'il fait pour le parterre d'eau (2 p.).... 600tt

20 janvier : à REGNAUDIN, à compte de deux figures de pierre qu'il a faites....................... 400tt

12 mars-3 décembre : à luy, à compte du groupe et figure de marbre blanc qu'il fait (3 p.)...... 1100tt

7 may : à luy, parfait payement de 17229tt pour les ouvrages de la fontaine de Cœrès dans le petit parc. 729tt

20 aoust : à luy, sur une figure de pierre pour la balustrade du chasteau...................... 200tt

5 mars-12 novembre : à MANSY, sculpteur, à compte de deux figures pour le parterre d'eau (4 p.).. 1600tt

5 mars-11 juin : à luy, à compte des ornemens en stuc de la pièce ensuite du grand escalier (2 p.). 1600tt

16 avril : à luy, pour parfait payement de 1800tt à quoy monte la figure de la Renommée qu'il a faite. 700tt

4 juin-23 juillet : à luy, sur les bas-reliefs qu'il fait à la face du chasteau qui regarde le parterre d'eau (2 p.)... 800tt

23 juillet-20 aoust : à luy, sur la sculpture du fronton du chasteau (2 p.)..................... 900tt

24 septembre-12 novembre : à luy, sur les figures de grenouilles pour la fontaine de Latonne (2 p.).. 1000tt

12 novembre 1679-7 janvier 1680 : à luy, sur les ornemens du piédestal de la figure de la Renommée (3 p.)... 1100tt

12 mars : à FRANÇOIS GIRARDON, à compte de deux figures qu'il fait pour la balustrade.......... 400tt

19 mars : à luy, pour avoir restably la fontaine de la Pyramide..................................... 200tt

Aud. GIRARDON et consors, pour parfait payement de 10600tt à quoy montent les ouvrages de sculpture en marbre qu'ils ont faits à la balustrade de la fontaine de la Renommée...................................... 3400tt

6 may : à luy, parfait payement de 19460tt pour les ouvrages de la fontaine de Saturne........... 2660tt

23 may : à luy, pour une figure qu'il a faite et posée dans la Grotte...................................... 125tt

[1] Ou LE CONTE.

ANNÉE 1679. — VERSAILLES.

18 juin : à luy, à compte de la figure et du grouppe de marbre pour le parterre d'eau............... 400ᵗᵗ

23 juillet-17 septembre : à luy, sur la sculpture du fronton du chasteau (3 p.)................. 1700ᵗᵗ

19 mars : à BOURELIER et veuve CLAUDE PERRAU, pour leurs ouvrages....................... 530ᵗᵗ

17 décembre : à la veuve PERRAULT, sur les vazes de pierre qu'elle fait.................. 150ᵗᵗ

A BOURRELIER, sur *idem*.................. 150ᵗᵗ

A LE CLERC et BRIQUET, pour parfait payement de 900ᵗᵗ à quoy montent les ouvrages qu'ils ont faits aux chambranles des croisées....................... 100ᵗᵗ

5 janvier 1680 : à eux, sur les consolles pour les lucarnes de menuiserie de la petite escurie...... 800ᵗᵗ

31 mars : à GRENIER, à compte de ses modelles de vases............................... 150ᵗᵗ

9 avril-29 octobre : à DOSSIER, à compte d'une figure de marbre blanc pour le parterre d'eau (2 p.)... 600ᵗᵗ

16 avril-17 septembre : à BUIRETTE et LESPINGOLA, pour les ornemens de plomb et d'estain des pavillons de la fontaine de la Renommée (3 p.).......... 2000ᵗᵗ

24 décembre : à BUIRETTE, sur *idem*........ 500ᵗᵗ

26 novembre : à LESPINGOLA, sur les groupes d'enfans de plomb et d'estain *idem*................ 500ᵗᵗ

30 avril 1679-14 janvier 1680 : à FOSTEL, pour réparations faites en divers endroits aux statues des fontaines et autres (4 p.)................. 1044ᵗᵗ 9ˢ 8ᵈ

26 novembre : à FOSTEL, sur les vazes qu'il fait du costé de la Grotte....................... 300ᵗᵗ

14 may-12 novembre : à VAN CLEF, à compte des modelles et cires pour deux vazes de bronze (2 p.).. 300ᵗᵗ

14 may : à ANDRÉ, sur les models et cires pour des vazes de bronze......................... 150ᵗᵗ

14 may-12 novembre : à CLÉRION, à compte de deux modelles de vazes de bronze (2 p.)........... 300ᵗᵗ

4 juin : à POISSANT, COUET et consors, parfait payement du 2898ᵗᵗ pour les ouvrages et ornemens de glaçons faits dans la pierre de taille des rampes et terrasse du grand escalier de Trianon.............. 578ᵗᵗ 4ˢ

2 juillet : à DROUILLY, sur une figure de marbre blanc pour le parterre d'eau.................... 300ᵗᵗ

23 juillet 1679-7 janvier 1680 : à MAGNIER, sur une figure de marbre blanc *idem* (2 p.)............ 600ᵗᵗ

20 aoust : à GARNIER, sculpteur, sur une figure de marbre blanc *idem*..................... 400ᵗᵗ

16 octobre : à luy, sur les modèles qu'il fait pour les vazes de bronze pour les jardins de Versailles.... 300ᵗᵗ

12 novembre : à GRAVIER[1], sur quatre modèles de vazes de bronze........................ 300ᵗᵗ

27 aoust-17 décembre : à GRENOBLE et LE BRUN, autre sculpteur, sur les trophées de pierre pour mettre sur la grande balustrade (4 p.)................. 900ᵗᵗ

24 septembre : aux héritiers GUÉRIN, à compte de la figure de marbre blanc qu'il a commencée pour le parterre d'eau.......................... 300ᵗᵗ

16 octobre : à la veuve BARBE, sculpteur, pour ouvrages de sculpture en bois sur les chambranles d'alcôve de Mᵐᵉ la duchesse de Richelieu à Versailles..... 145ᵗᵗ 5ˢ

22 octobre : à BANNUCHE, sculpteur, sur ses ouvrages du sallon de la Reyne..................... 300ᵗᵗ

20 novembre : à PALLUS, DESRINIERS et PERRIN, sur leur sculpture en bois..................... 300ᵗᵗ

5 janvier 1680 : à PALLUS et DESRIGNIER, sur les consolles pour les lucarnes de menuiserie de la grande escurie............................... 300ᵗᵗ

3 décembre : à MAZIÈRE, sur ses ouvrages aux consoles de l'avant-cour....................... 300ᵗᵗ

A ROGER, sur la figure de marbre qu'il fait pour le parterre d'eau........................... 300ᵗᵗ

A SYBRAIQUE, *idem*................... 300ᵗᵗ

10 décembre : à MUSNIER, sur les ornemens de sculpture qu'il fait.......................... 300ᵗᵗ

17 décembre : à DE SAINT-ANDRÉ, sur ses modèles pour deux vazes de bronze..................... 150ᵗᵗ

31 décembre : à AUBRY, sur les six vazes qu'il fait pour la ballustrade du chasteau................. 200ᵗᵗ

A GUYOT, LUCAS et GÉRARD, sur les six vazes *idem*. 300ᵗᵗ

7 janvier 1680 : à RAON, sur sa figure de marbre blanc pour le parterre d'eau.................... 300ᵗᵗ

Somme de ce chapitre... 157907ᵗᵗ 10ˢ 6ᵈ

MARBRERIE.

29 janvier-5 novembre : à MISSON et DERBAIS, marbriers, à compte de leurs ouvrages au grand escalier (7 p.)............................... 9600ᵗᵗ

29 janvier : à eux, pour la pièce ensuitte dud. escalier................................ 2000ᵗᵗ

29 janvier : à eux, pour les ouvrages qu'ils font à la gallerie en entrant aud. escallier............. 1200ᵗᵗ

5 febvrier-19 novembre : à eux, à compte de deux cuves de l'appartement des bains (3 p.)........... 2400ᵗᵗ

12-31 febvrier : à eux, à compte de leurs ouvrages, (3 p.)............................... 5400ᵗᵗ

---

[1] Ce GRAVIER ne serait-il pas le même individu que le GARNIER de l'article précédent et le GRENIER nommé plus haut? Le copiste a souvent fait des erreurs de noms plus graves.

7 avril-12 novembre : à eux, à compte des ouvrages, colonnes et pilastres de la grande gallerie (8 p.). 20600ᵗᵗ

16 avril : à eux, à compte de leurs ouvrages en haut du grand escallier.......................... 600ᵗᵗ

18 juin-11 octobre : à eux, sur leurs ouvrages de la fontaine de la Renommée (2 p.)............ 2200ᵗᵗ

16 juillet-25 septembre : à eux, sur leurs ouvrages de la gallerie basse (2 p.)................... 1800ᵗᵗ

16 juillet-22 octobre : à eux, sur les colonnes de la chapelle (5 p.)......................... 7700ᵗᵗ

13 aoust-22 octobre : à eux, sur leurs ouvrages à l'Arc de triomphe (2 p.).................... 2700ᵗᵗ

11 octobre : à eux, sur leurs ouvrages aux piédestaux de la pièce ionique et à la chambre des bains.... 400ᵗᵗ

A eux, sur leurs ouvrages du bassin de la cour. 400ᵗᵗ

22 octobre : à eux, sur le pavé de marbre de la petite cour................................. 800ᵗᵗ

19 novembre 1679-14 janvier 1680 : à eux, sur leurs ouvrages du vestibule entre la cour du chasteau et le jardin (3 p.)................................ 4500ᵗᵗ

26 décembre : à eux, pour plusieurs foyers et chambranles qu'ils ont fournis et mis en place en divers endroits.............................. 1351ᵗᵗ 15ˢ

2 octobre : à Misson, sur les socles qu'il met aux escaliers des petits appartemens du Roy et de la Reyne. 600ᵗᵗ

29 janvier-2 juillet : à Misson et Ménard, à compte de l'un des pavillons de la fontaine de la Renommée (2 p.)..:............................... 1700ᵗᵗ

5 mars-23 juillet : à Pasquier et Mesnard, à compte des goulettes de marbre qu'ils font à la fontaine de l'Arc de triomphe (4 p..).................. 2800ᵗᵗ

11-25 juin : à Pierre Mesnard, sur les goulettes *idem* (2 p.)................................. 700ᵗᵗ

30 avril-12 novembre : à luy, sur les chambranles de la grande gallerie (4 p.)................... 1600ᵗᵗ

14 may-31 décembre : à Nicolas Mesnard, *idem* (4 p.)................................. 1200ᵗᵗ

30 avril : à luy, à compte de deux croisées.... 400ᵗᵗ

11 juin-26 décembre : à Pierre et Nicolas Mesnard, sur leurs ouvrages du cabinet de la fontaine de la Renommée dans le parc (3 p.).................. 1600ᵗᵗ

13 aoust : à Mesnard, sur ses ouvrages au sallon vers l'appartement du Roy...................... 400ᵗᵗ

3 septembre : à luy, sur les bazes et chapiteaux qu'il fait..................................... 400ᵗᵗ

29 janvier-29 septembre : à Pasquier, Mathau et Roch Duchesnoy, sur leurs ouvrages à un des cabinets de la Renommée (4 p.)...................... 3000ᵗᵗ

16 avril-25 septembre : à François Pasquier, à compte de ses ouvrages au grand escalier (2 p.).. 600ᵗᵗ

16 avril-17 décembre : à luy, sur les foyers, attiques et chambranles de marbre pour la grande et la petite gallerie et les appartemens du Roy (17 p.)....... 8700ᵗᵗ

28 may : à luy, sur ses ouvrages de l'un des pavillons de la fontaine de la Renommée dans le parc..... 600ᵗᵗ

11 juin-2 juillet : à luy, sur les goulettes de la fontaine de l'Arc de triomphe (2 p.)................ 900ᵗᵗ

26 mars 1679-14 janvier 1680 : à Duchesnoy, à compte des socles et foyers de marbre et pavez de Caen qu'il fournit en divers endroits du chasteau (7 p.). 3100ᵗᵗ

31 may-16 octobre : à luy, sur quatre piédestaux pour la fontaine de l'Arc de triomphe (4 p.)... 2500ᵗᵗ

31 mars : à luy, à compte des chambranles qu'il fait au chasteau.............................. 800ᵗᵗ

23 avril : à luy, à compte de ses ouvrages.... 600ᵗᵗ

14 may-24 décembre : à luy, sur les bazes et chapiteaux qu'il fait pour le vestibule au-dessous de la grande gallerie (7 p.)............................ 2600ᵗᵗ

6 aoust : à luy, parfait payement de 2673ᵗᵗ pour ouvrages de pavé de Caen et de liais dans la salle du Conseil..................................... 173ᵗᵗ

26 novembre : à luy, parfait payement de 5714ᵗᵗ 11ˢ pour plusieurs foyers, chambranles et autres ouvrages en divers endroits des appartemens........... 714ᵗᵗ 11ˢ

14 janvier 1680 : à luy, sur le pavé de Caen qu'il met dans la salle des gardes de l'appartement de Monsieur à Versailles................................ 300ᵗᵗ

16 avril-14 may : à Mathau, à compte des deux bassins des Pyramides (2 p.).................. 2200ᵗᵗ

16 avril 1679-14 janvier 1680 : à luy, à compte des chambranles et revestemens de marbre qu'il fait pour la grande gallerie (6 p.)..................... 4200ᵗᵗ

30 juillet 1679-7 janvier 1680 : à luy, sur ses ouvrages de la gallerie basse ou petite gallerie (3 p.). 1600ᵗᵗ

13 aoust : à luy, sur ses ouvrages de la fontaine de l'Arc de triomphe........................ 1000ᵗᵗ

12 mars-23 juillet : à Dezaigre¹, à compte de deux bassins de marbre pour la fontaine de l'Arc de triomphe (4 p.)................................. 1900ᵗᵗ

14 may-17 décembre : à luy, sur les chambranles et embrazures de croisées de la grande gallerie (6 p.) 2700ᵗᵗ

23 juillet : à luy, sur les niches de marbre du grand escalier................................. 300ᵗᵗ

16 avril-12 novembre : à Chausson, à compte des chambranles de la grande gallerie (6 p.)...... 2850ᵗᵗ

---

¹ Ou Desaigres.

23 avril-17 décembre : à Hanuche, sur ses ouvrages au salon de l'appartement de la Reyne (7 p.).. 4100ᵗᵗ

24 décembre : à luy, sur ses ouvrages de la chambre des bains................................. 600ᵗᵗ

7 may : à Sibray[1], à compte d'une figure de marbre pour le parterre d'eau..................... 300ᵗᵗ

4 juin : à Le Gros et Massou, sur leurs ouvrages de marbre et de métail aux piramides de la fontaine de l'Arc de triomphe.......................... 1200ᵗᵗ

Somme de ce chapitre...... 122589ᵗᵗ 6ˢ

PAVÉ.

29 janvier-10 décembre : à Marchand, paveur, à compte des ouvrages qu'il a faits en divers endroits du chasteau et de la ville de Versailles (10 p.)... 18500ᵗᵗ

28 may : à luy, pour les ouvrages de divers endroits des estangs des Graissets............... 3282ᵗᵗ 10ˢ

11 juin-4 octobre : à luy, parfait payement de 4062ᵗᵗ 10ˢ pour 750 thoises de long de pavé qu'il a fait dans l'aqueduc de Satory de 3 pieds un quart de large (2 p.)................................. 4062ᵗᵗ 10ˢ

23 juillet : à luy, sur le petit pavé d'échantillon de la nouvelle fontaine........................ 1000ᵗᵗ

A luy, sur le pavé du bassin entre les rampes de Trianon................................... 1600ᵗᵗ

13 aoust : à luy, sur ses ouvrages à la Ménagerie et à la Ville neuve............................ 1000ᵗᵗ

2 juillet-3 septembre : à Collin, sur le pavé de grais pour les escuries et pour les cours de la grande escurie (2 p.).................................. 2500ᵗᵗ

Somme de ce chapitre......... 31945ᵗᵗ

PLOMBERIE ET CONDUITTES DE PLOMB ET DE FER.

27 janvier-31 décembre : à Desvaucoins, à compte des thuyaux de fer qu'il fournit pour les fontaines de Versailles (14 p.)......................... 84000ᵗᵗ

19 febvrier 1679-7 janvier 1680 : à Gilles Le Roy, plombier, à compte des conduites de plomb auxd. fontaines (10 p.)............................ 26700ᵗᵗ

12 mars : à luy, à compte de ses ouvrages à la grande gallerie................................. 1000ᵗᵗ

12 mars 1679-7 janvier 1680 : à Manquet, sur les tuyaux de plomb qu'il fournit pour les fontaines de Versailles (6 p.)............................ 6900ᵗᵗ

29 octobre : à luy, sur ses ouvrages à la fontaine de l'Arc de triomphe......................... 1200ᵗᵗ

---
[1] Il faut lire Sibrayque.

12 mars 1679-7 janvier 1680 : à Philippes Vitry, sur les tuyaux de plomb par luy fournis (13 p.). 33500ᵗᵗ

6 aoust-2 octobre : à luy, sur les lucarnes qu'il revest au chasteau (5 p.)..................... 5800ᵗᵗ

12 mars-11 octobre : à la veuve Mazelines, sur la conduite des aqueducs de la montagne de Roquancourt (3 p.)................................... 4300ᵗᵗ

12 mars 1679-14 janvier 1680 : à Coulon, maistre de forges, à compte des thuyaux de fer de fonte qu'il fournit (14 p.)............................. 59000ᵗᵗ

26 mars : au sʳ de la Plancue, pour son remboursement de pareille somme payée à divers ouvriers qui ont posé des thuyaux...................... 1757ᵗᵗ 8ˢ

9 avril-13 aoust : aux ouvriers qui ont travaillé à poser les thuyaux pour la conduite des eaux de Versailles à Trianon (6 p.)......................... 1644ᵗᵗ 1ˢ 8ᵈ

16 avril-27 aoust : à Le Jongleur, pour délivrer aux ouvriers qui ont posé les thuyaux pour la conduitte des eaux de Versailles à Trianon (2 p.)....... 1074ᵗᵗ 10ˢ

16 avril : à Philippes de la Mare, pour 52 thoises de thuyaux de graisserie qu'il a livrés.......... 338ᵗᵗ

10 novembre : à luy, pour plusieurs thuyaux de graisserie fournis au magazin de Roquancourt... 467ᵗᵗ 10ᵗᵗ

12 novembre : à luy, pour quarante thuyaux de graisserie.................................. 480ᵗᵗ

16 avril : à Claude Denis, fontainier, pour 2368 livres de soudure qu'il a livré pour les conduittes des fontaines................................... 883ᵗᵗ

23 juillet : à luy, pour 4892 livres de soudure pour ouvrages extraordinaires sur lesd. conduites. 1385ᵗᵗ 13ˢ

14 may-3 septembre : aux compagnons plombiers qui, sous la conduite de Vitry, ont travaillé à souder plusieurs thuyaux de Versailles, Trianon et autres (2 p.)................................... 599ᵗᵗ 10ˢ

14 may-31 décembre : à Charlot, à compte des plombs qu'il fournit pour le bastiment de la grande escurie et autres de Versailles (10 p.)....... 5450ᵗᵗ

28 may-3 décembre : à Le Breton, à compte des thuyaux de fer qu'il fournit (5 p.)......... 19000ᵗᵗ

28 may : à Legris, pour douze muids de ciment employé à poser des thuyaux au grand aqueduc de Roquencourt............................. 300ᵗᵗ

4 juin 1679-7 janvier 1680 : à Allain, à compte des conduites de plomb qu'il fournit pour les fontaines de Versailles (10 p.)........................ 60700ᵗᵗ

13 aoust-22 octobre : à luy, sur ses ouvrages sur le dosme et lanterne et revestement des lucarnes du chasteau (4 p.)............................. 6400ᵗᵗ

2 octobre-10 décembre : à Robillard, plombier,

sur ses ouvrages aux pavillons et à la petite escurie (4 p.).................................. 19000tt

19 novembre-24 décembre : à luy et Houdayer, sur leurs ouvrages de plomberie de la petite escurie de Versailles (2 p.).............................. 11000tt

29 octobre : au sr Le Houx, sur ses tuyaux de fer pour les conduites des fontaines............. 3000tt

25 septembre : aux srs Ily et Grégoire, sur leurs tuyaux de fer......................... 3000tt

19 novembre : au sr La Coste, pour avoir posé et rellevé 55 toises de tuyaux de fer sur la terrasse du parterre de Triannon................... 199tt 11s

Somme de ce chapitre.... 408129tt 3s 8d

JARDINAGES.

22 janvier-31 mars : au sr de la Planche, pour remboursement de pareille somme payée à divers ouvriers qui ont travaillé dans le potager (3 p.)... 1448tt 6s 6d

22 janvier : à luy, *idem* dans le petit parc... 508tt

29 janvier-26 febvrier : à luy, *idem* dans l'orangerie (6 p.)............................. 5692tt 12s

9 avril 1679-14 janvier 1680 : aux ouvriers qui ont travaillé, dans le petit et le grand parc et dans la pépinière, à planter et à échenillier des ormes, à planter de la charmille, etc. (31 p.)............. 15654tt 14s 2d

9 avril 1679-14 janvier 1680 : à ceux qui ont travaillé, dans le nouveau potager, à labourer, à planter du plant de fraizes et à voiturer des fumiers et bonnes terres prises à Satory (45 p.)............. 9492tt 16s 11d

9 avril-14 may : à ceux qui ont travaillé à lever les sapins qui sont dans l'orangerie (7 p.)... 7064tt 5s 2d

28 may-3 septembre : à ceux qui ont travaillé à lever des terres et à gazonner autour de la pièce d'eau du Dragon et en divers endroits (8 p.)........ 11406tt

28 may-4 juin : à ceux qui ont levé les bois du chemin au pourtour de la nouvelle pièce d'eau ou du Dragon (2 p.)............................. 967tt 15s 6d

4-18 juin : à ceux qui ont régallé et gazonné les terres des deux costez de la chaussée de l'Isle Royalle (3 p.)............................. 2581tt 14s

25 juin-10 décembre : à ceux qui ont gazonné les goulettes de la nouvelle fontaine de l'Arc de triomphe (4 p.)............................. 4423tt 6s 6d

25 juin : à ceux qui ont travaillé à lever les buis du parterre de l'orangerie, les mettre en pépinière et redresser les ormes autour du canal du grand parc. 245tt 9s

2-23 juillet : à ceux qui ont redressé les ormes du pourtour du canal (4 p.)................ 562tt 19s 2d

9 juillet : à ceux qui ont retiré des sables du bassin d'Apollon.......................... 1471tt 19s

16-30 juillet : à ceux qui ont deffriché des terres derrière la Ménagerie (3 p.)............. 735tt 6s

16 juillet : à ceux qui ont posé des tuyaux aux environs de Roquencourt.................. 377tt 1s

3 juillet-6 aoust : à ceux qui ont arrosé les sapins de la nouvelle orangerie et autour de la grande pièce d'eau (2 p.)............................. 237tt 13s

3 aoust-1 octobre : à ceux qui ont remply des tranchées pour conduire les eaux à Trianon (3 p.). 1587tt 3s

17 septembre : à ceux qui ont travaillé à fouiller des puits pour la recherche des eaux de la place de Versailles............................. 313tt 14s

2-11 octobre : à ceux qui ont rétabli l'aqueduc sur les reins de la voulte de l'orangerie (2 p.)... 742tt 12s

11 octobre : à ceux qui ont travaillé à plusieurs réparations du chasteau.................. 897tt 4s

16 octobre : à ceux qui ont travaillé à rétablir les fautes de plusieurs réservoirs.............. 1058tt

19-26 novembre : à ceux qui ont nettoyé l'allée au bout du canal (4 p.)................ 806tt 3s

3-31 décembre : à ceux qui ont travaillé à gazonner et à battre des pieux autour des Trois Fontaynes (7 p.)............................. 6262tt 18s

10 décembre 1679-14 janvier 1680 : à ceux qui ont sablé l'allée proche la grille du canal vers Trianon (5 p.).............................. 1123tt 16s

14 janvier 1680 : à ceux qui ont planté du bois derrière la Mesnagerie (2 p.)............... 145tt 13s

7 janvier 1680 : à ceux qui ont planté du bois le long du mur du grand parc de Versailles....... 197tt 9s

19-26 novembre : aux Suisses qui ont fait des troux pour poser les poteaux de la machine servant à porter des terres dans le nouveau potager (2 p.)...... 563tt 17s

29 janvier : à Henry Dupuis, jardinier, pour paille fournie à l'orangerie.................... 102tt

26 mars-28 may : à luy, parfait payement de 1482tt pour 3720 troux pour planter les arbres du quinkonge (2 p.)............................. 1482tt

29 janvier : à Le Roy, nattier, pour nattes fournies à l'orangerie............................. 640tt 7s

12 mars-9 juillet : à Pierre Bary[1], jardinier, parfait payement de 733tt 8s 4d pour treillages de perches de chastaignier qu'il a faits (4 p.)........... 733tt 8s 4d

12 mars : à Langevin, pour payement de 1088 bottes de roseaux........................... 54tt 8s

---

[1] Ou Bar.

ANNÉE 1679. — VERSAILLES.

26 mars-17 décembre : à Houdouin et Colinot, jardiniers, à compte des trous, rigolles et plantages qu'ils font (5 p.)......................... 12000ᵗᵗ

25 juin : à eux, parfait payement de 2500З ͭͭ 19ˢ pour les labours, rigolles et trous faits aux grands et petits plans d'arbres du parc et advenues en 1678. 9003ᵗᵗ 19ˢ

26 novembre : à Colinot, sur les treillages de perches qu'il fait aux nouveaux jardins de Trianon...... 300ᵗᵗ

31 mars : à Malherbe, vannier, pour mannes d'osier qu'il a fournies....................... 266ᵗᵗ 4ˢ

9 avril-14 may : à François et André Marin [1], parfait payement de 967ᵗᵗ 10ˢ pour 2150 bottes de perches de chastaignier (2 p.)...................... 967ᵗᵗ 10ˢ

16 avril : à Gourlier, pour 900 bottes de perches de chastaignier............................ 414ᵗᵗ

9 juillet : à Crestien Frichot et autres, pour besches, pioches, planches de sapin et autres qu'ils ont vendues pour l'attelier des Suisses............... 463ᵗᵗ 12ˢ

23 juillet : à Buret, Le Clerc et consors, pour besches, pioches et brouettes fournis pour l'attelier des Suisses........................... 352ᵗᵗ 10ˢ

A Jean Pallefroit, pour 670 perches à crocq et autres qu'il a livrées pour soutenir les arbres du tour du canal et ailleurs............................. 210ᵗᵗ 2ˢ

4 juin : à Richon, voiturier, pour deux cent trente-deux journées de chevaux pour voiturer les grands sapins de l'orangerie........................... 696ᵗᵗ

24 décembre : aux d'Ambresne, jardiniers flamands qui ont travaillé dans les parcs et advenues de Versailles pendant novembre et décembre................ 200ᵗᵗ

Somme de ce chapitre... 106309ᵗᵗ 13ˢ 3ᵈ

FOUILLES DE TERRE.

22 janvier-17 avril : à Noel et Lalourcy [2], terrassiers, parfait payement de 9951ᵗᵗ pour les rigolles qu'ils ont faites pour les estangs des Graissets (3 p.).. 3081ᵗᵗ

7 may-2 septembre : à La Lourcy et consors, parfait payement de leurs ouvrages aux estangs des Graissets (7 p.)............................. 13175ᵗᵗ 10ˢ

7 octobre 1679-7 janvier 1680 : à La Lourgey et Herpin, sur leurs travaux des Graissets et des Marottes (5 p.)............................... 8000ᵗᵗ

22 janvier-17 avril : à Vallée, terrassier, parfait payement de 4624ᵗᵗ 2ˢ pour les ouvrages qu'il a faits pour les étangs des Graissets (3 p.)...... 1024ᵗᵗ 2ˢ

7 may-3 décembre : à luy et consors, à compte de l'eslargissement des rigolles des estangs des Graissets et du Chesnay (13 p.)................. 21576ᵗᵗ 10ˢ

12 febvrier-9 avril : à Houet, à compte des fouilles et transports de terre qu'il fait au bout du canal (3 p.) 900ᵗᵗ

2 septembre 1679-6 janvier 1680 : à luy, à compte de ses travaux de rigolles et de gazonnement au réservoir des Graissets (6 p.)................... 20800ᵗᵗ

23 octobre : à luy, sur le gazon qu'il fait au réservoir du Chesnay.......................... 300ᵗᵗ

9 juillet-6 aoust : à Houet et Mazure, à compte des travaux des Graissets (2 p.)............... 5050ᵗᵗ

12 febvrier-2 octobre : à Réglé et consors, pour transport de terre dans le jardin bas du Trianon et à costé des rampes (14 p.)....................... 23996ᵗᵗ 14ˢ

4 juin-16 octobre : à luy et consors, sur les bonnes terres qu'ils transportent vers la Ménagerie au bout du canal (7 p.)......................... 10062ᵗᵗ 11ˢ

19 febvrier-4 juin : à Le Roux et consors, à compte des rigolles qu'ils font au bout du canal vers la Ménagerie (2 p.)........................... 1100ᵗᵗ

12 mars-25 juin : à Le Roux et consors, parfait payement de 4466ᵗᵗ pour les fouilles de terre de la butte de Montbauron au nouveau cimetière (4 p.)...... 4466ᵗᵗ

27 aoust-3 décembre : à eux, parfait payement de 1676ᵗᵗ 2ˢ 6ᵈ pour le transport des terres de la butte de Montbauron au nouveau cimetière (4 p.).. 1676ᵗᵗ 2ˢ 6ᵈ

16 avril 1679-7 janvier 1680 : à Le Roux, Le Maigre et Le Bœuf, à compte de la fouille et transport de terre d'un réservoir sur la plaine de Satory (13 p.). 29110ᵗᵗ

9 juillet-8 décembre : à eux, sur les rigolles le long du canal (2 p.)....................... 1700ᵗᵗ

25 juin : à Lefebvre et Le Roux, parfait payement de 1263ᵗᵗ pour les labours et trous qu'ils ont faits aux plans d'arbres des remises à gibier des plaines de Saclay et de Trappes pendant l'année 1678.............. 663ᵗᵗ

23 juillet-25 septembre : à eux, pour le premier et second labour aux plants d'arbres et remises à gibier de la plaine de Trappes (2 p.)................ 600ᵗᵗ

5 mars 1679-14 janvier 1680 : à Lefebvre et consors, terrassiers, à compte des fouilles et transports de terre du parc aux Cerfs au nouveau potager de Versailles (17 p.)............................ 20676ᵗᵗ 16ˢ

12 aoust-3 décembre : à Lefebvre, sur les rigolles des Graissets (6 p.)..................... 2050ᵗᵗ

11 septembre-3 décembre : à luy et consors, sur leurs fouilles au réservoir de Saint-Cyr (4 p.).. 9050ᵗᵗ

25 septembre-28 décembre : à luy, sur ses tranchées pour la conduite des eaux de Roquancourt à Versailles (3 p.)............................. 950ᵗᵗ

---

[1] Ou Marie.
[2] Ou Lalourcey.

16 octobre : à luy, sur les fouilles de terre du réservoir proche la Ménagerie.................. 950tt

26 febvrier : à Souberillard, pour avoir fouillé plusieurs puits pour la recherche des eaux de Trianon.... 134tt

Au sr de la Planche, pour remboursement de pareille somme payée à divers ouvriers............ 280tt 18s

29 janvier-30 juillet : à Boursault et Dupuys[1], à compte du transport de terre à la pièce d'eau de la nouvelle orangerie (3 p.)..................... 1850tt

14 may 1679-14 janvier 1680 : à eux, pour leurs transports de terre à la pièce d'eau en bas du Dragon (12 p.)............................. 14609tt 10s

29 janvier-30 avril : à Boursault et consors, à compte de la fouille et transport de terre de l'estang de Bois-d'Arcy (3 p.)....................... 4959tt 15s

30 avril : à luy et consors, pour les petits murs qu'ils ont faits à la chaussée de Bois-d'Arcy.... 146tt 0s 10d

16 avril 1679-6 janvier 1680 : à Boursault, Bonissant et Gornot, à compte de la fouille et transport de terre du réservoir à la plaine de Satory (12 p.). 28690tt

29 octobre 1679-6 janvier 1680 : à Dupuis, terrassier, sur les rigolles des estangs des Graissetz (5 p.). 1800tt

12 mars-28 may : à Loistron et consors, terrassiers, pour parfait payement de 8789tt 13s 4d pour les terres qu'ils transportent de la grande pièce d'eau au potager (7 p.)............................. 8789tt 13s 4d

14 may : à eux, 2309tt pour parfait payement de 32770tt pour les fouilles de l'estang de Trappes, et 6tt 3s pour la levée des terres des glacis aux berges de l'estang........................ 2370tt 3s

28 may : à eux, pour des rigoles pour écouler l'eau de la pièce d'eau dans le grand parc......... 1200tt

11 juin 1679-14 janvier 1680 : à eux, sur la fouille et transport de terre du nouveau réservoir de Trianon (13 p.).......................... 31782tt

15 mars : à Levesque, sur le transport de terre qu'il fait aux chaussées des estangs de Rets et Crouï.. 200tt

29 mars 1679-7 janvier 1680 : aux terrassiers cy-après nommez, à compte de l'eslargissement de la grande rigolle qui conduit l'eau de l'estang de Trappes dans l'aqueduc de Satory, et pour la fouille et transport de terres de l'estang de Bois-d'Arcy, sçavoir :

A Louis Morin[2] (12 p.)................. 4820tt
A Gabriel et Lanselin[3] (9 p.)........... 2660tt

A Claude Pillart[4] (11 p.)............. 5020tt
A Lheureux (12 p.).................. 3600tt
A Claude Allaire[5] (8 p.).............. 3020tt
A Pierre Duval[6] (12 p.).............. 4320tt
A Jacques Le Roy et Trevet (9 p.)....... 3670tt
A Lespine (11 p.).................... 3670tt
A Jean Moyeu et Pierre Martin (11 p.).. 3330tt
A La Rivière (8 p.).................. 2830tt
A François Simon (8 p.).............. 2210tt
A Auger[7] (11 p.)................... 12203tt 19s 2d
A Claude Robert (9 p.)............... 2030tt
A Jean Poulain (7 p.)................ 1420tt
A Guyot (7 p.)...................... 5770tt
A Aubé (5 p.)....................... 1010tt
A Arcis[8] (3 p.)................... 520tt
A Lhopital (3 p.).................... 430tt
A Le Maistre (3 p.).................. 430tt

9 avril : à divers terrassiers, à compte du travail qu'ils font pour l'eslargissement des grandes rigolles qui conduisent les eaux des estangs de Trappe et Bois-d'Arcy dans l'aqueduc de Satory................. 6050tt

14 may : aux ouvriers qui ont fait des tranchées dans la nouvelle fontaine pour y planter des ormes. 994tt 16s

A ceux qui ont porté de bonne terre à l'Isle Royalle............................... 74tt 7s

28 may : à ceux qui ont fait des rigolles pour découvrir des thuyaux de la conduite de Satory... 263tt 18s

19-25 juin : à ceux qui ont travaillé à faire du conroy à l'endroit des grandes décharges des rigolles, du 5 au 23 juin (2 p.)..................... 146tt 2s 2d

23-30 juillet : aux ouvriers qui ont fait une tranchée pour les tuyaux de l'un des réservoirs........ 260tt 7s

2 juillet : à ceux qui ont régallé les terres dessus des rigolles qui conduisent les eaues de pluie dans les estangs de Trappes et Bois-d'Arcy....... 82tt 19s 4d

8 décembre : à ceux qui ont travaillé à faire du conroy à un des réservoirs de la plaine de Satory.... 291tt 5s

10-31 décembre : à ceux qui ont régallé les terres dessus les petits aqueducs sous Roquancourt (2 p.). 616tt

31 décembre : à ceux qui ont enlevé les éboulis de la rigolle de l'estang de Bois-d'Arcy.......... 44tt 6s

9 avril : à Martin Billet et consors, à compte des

---

[1] Ou Dupuis.
[2] Il est plusieurs fois nommé Morrien.
[3] Ils sont aussi appelés Louis et Gabriel Lanselin ou Lancelin.
[4] Ou Picart.
[5] Ou Laisé.
[6] Dans les derniers articles, son nom est associé à celui d'un autre terrassier nommé La Roche.
[7] Ou Augier.
[8] Quelquefois on a écrit Aris.

transports de terres qu'ils font dans le nouveau cimetière............................... 1000ᴴ

7 may-9 juillet : à La Rivière et consors, sur l'élargissement des rigolles des estangs des Graissetz (3 p.)............................... 3000ᴴ

2 septembre : à eux, parfait payement de la somme de 17929ᴴ 6ˢ 8ᵈ pour l'élargissement de la grande rigolle de Béchenay....................... 27ᴴ 6ˢ 8ᵈ

14 may-2 juillet : à Prevost, parfait payement de 1568 thoises de routtes et 392 thoises de hayes faites le long des estangs des Graissetz, montant à la somme de 1176ᴴ (3 p.).......................... 1176ᴴ

27 may-11 septembre : au sʳ de Surbeck, major du régiment des gardes Suisses, à compte du remuement des terres que led. régiment a fait pour fermer la grande pièce d'eau et pour transporter les terres dans le potager (6 p.)................................ 51900ᴴ

30 juillet-23 octobre : au sʳ Clausen, major du régiment Stoupe, pour parfait payement de la somme de 29126ᴴ 5ˢ 3ᵈ pour 7766 thoises trois quarts cubes qu'il a fait fouiller et transporter par les soldats dud. régiment pour creuser l'estang du Bois-d'Arcy, à 3ᴴ 15ˢ la thoise cube (6 p.)........................... 29126ᴴ 5ˢ 3ᵈ

4 juin : à Denize, sur les terres qu'il enlève au pourtour de l'Arc de triomphe pour y planter des arbres. 1550ᴴ

2 juillet : à Bricand, sur sa maçonnerie des estangs des Graissets........................... 24000ᴴ

9 juillet-17 décembre : à Lambert, sur les transports de terre, le remplage et rehaussement des murs et dedans de la grande escurye (4 p.)............ 1170ᴴ

23 juillet : à Bertrand, pour avoir tenu les controlles des terrassiers pendant trois mois............. 150ᴴ

12 aoust 1679-6 janvier 1680 : à Cloud, sur ses ouvrages à la chaussée de l'estang proche Vaucresson (8 p.)................................ 1515oᴴ

15 septembre : à Crescot, terrassier, sur les rigolles des Graissetz........................ 500ᴴ

23 septembre 1679-6 janvier 1680 : à Bellizan, sur les rigolles de l'estang des Graissetz (5 p.)..... 2420ᴴ

23 septembre 1679-6 janvier 1680 : à Bertin¹, sur idem (5 p.)............................. 950ᴴ

23 septembre : à Chevreuse, sur idem....... 100ᴴ

23 septembre-7 octobre : à La Billardière, sur idem (2 p.)................................ 450ᴴ

23 octobre 1679-6 janvier 1680 : à Bazannet, sur idem (4 p.)........................... 1100ᴴ

¹ Ou Berthin.

5 novembre : aux Suisses qui ont porté et mis par tas les bonnes terres du nouveau potager........ 387ᴴ 6ˢ

29 octobre-6 novembre : à Harpin, terrassier, sur les fouilles du réservoir proche la Scelle (2 p.).. 750ᴴ

29 octobre 1679-6 janvier 1680 : à Voisin, au lieu et place de Cosme, sur les rigolles des Graissets et autres adjacentes (4 p.)......................... 750ᴴ

5 novembre-17 décembre : à Le Coeur et Hevenard, sur leurs ouvrages pour dresser le Mail (3 p.).. 8000ᴴ

14 décembre : à Gazon et consors, sur leurs transports dans le nouveau potager.............. 3000ᴴ

17 décembre : à Thévenot, sur la fouille et transport de la petite escurie...................... 2300ᴴ

14 janvier 1680 : à Thévenot et Le Maistre, sur les fouilles de la petite escurie................. 650ᴴ

Somme de ce chapitre.... 499365ᴴ 3ˢ 3ᵈ

GAGES ET ENTRETENEMENS.

5 mars : à Baltazar et Dambresne, jardiniers, pour trois mois de leurs appointemens écheus au 1ᵉʳ de ce mois.................................. 300ᴴ

17 avril : à Bertrand, préposé, pour neuf mois de ses gages................................. 450ᴴ

A Payen, idem, pour quatorze mois de ses gages. 750ᴴ

23 septembre : à Payen, préposé aux travaux des Graissets, pour six mois de ses appointemens........ 450ᴴ

20 aoust 1679-24 febvrier 1680 : à de la Croix, préposé aux ouvrages qui se font aux puits et aqueducs de Roquancourt et de Saint-Cyr, sur ses appointemens (2 p.)................................ 1000ᴴ

11 octobre : à Champion, qui a soin de peser le fer et le plomb qui s'employent aux bastimens de Clagny, à compte de ses journées................... 100ᴴ

23 octobre : à Bertrand, pour un quartier de ses appointemens escheu le dernier septembre........ 150ᴴ

29 octobre 1679-20 janvier 1680 : à Beaumont, ayant le soin de peser le plomb qui s'employe au bastiment de Clagny, à compte de ses journées (2 p.)...... 100ᴴ

12 novembre : à Prudhomme, à compte du travail qu'il fait, tant à lever le plan des bois des environs de Versailles, avec trois autres arpenteurs, qu'autres ouvrages.................................. 1000ᴴ

26 novembre : à la veuve La Grandeur, pour avoir entretenu le manège de Monseigneur le Dauphin jusqu'au 26 aoust dernier, à raison de 3ᴴ par jour.. 171ᴴ

30 novembre 1679-20 febvrier 1680 : à Le Jongleur, ayant le soin et recherche des eaux des environs de Versailles et la conduite des ouvrages de Roquencourt (2 p.)................................. 2000ᴴ

30 avril : à BAILLY, peintre, ayant l'entretenement des fontaynes de Versailles, pour ses appointemens de l'année 1679 pour led. entretenement............ 700tt

30 avril : A DAUVERGNE, préposé à recevoir le fer des bastimens, pour *idem*.................... 1080tt

A POPINET, ayant la visite des moulins de Versailles, pour ses appointemens des trois premiers quartiers de 1679............................ 900tt

A LE BOUTEUX, ayant l'entretenement des jardins de Trianon, pour ses appointemens de 1679..... 1750tt

Aux cinq meuniers de la montagne de Satory pour leurs appointemens de lad. année, à cause de la conduite desd. moulins..................... 4000tt

Sçavoir :

A HÉBERT..................... 800tt
A VALLÉE..................... 800tt
A HARAM..................... 800tt
A la veuve HINIZ.................. 800tt
Et à........................ 800tt

20 febvrier 1680 : à eux, pour l'entretenement des graisses, chevilles et ustanciles pour lesd. moulins pendant lad. année, à raison de 100tt à chacun..... 500tt

30 avril : aux meusniers de Versailles et Trianon, pour leurs appointemens pendant lad. année... 3300tt

Sçavoir :

A MARC GAUDET, ayant la conduite des deux plus près de Clagny................ 1000tt
A DUPRÉ, le plus esloigné, *idem*...... 500tt
A la veuve MAILLARD, pour la conduite de celuy de retour..................... 800tt
A FRANÇOIS ANTHOINE, pour les deux de Trianon........................... 1000tt

A ceux des deux nouveaux moulins de Clagny, pour leurs appointemens de lad. année, à 800tt chacun. 1600tt

A eux, pour leurs graisses, chevilles et ustanciles pendant *idem*........................... 200tt

A ceux de Versailles et Trianon, pour *idem*... 475tt

Sçavoir :

Aud. GAUDET..................... 150tt
A DUPRÉ..................... 75tt
A la veuve MAILLARD.................. 100tt
A FRANÇOIS ANTHOINE.............. 150tt

A DENIS, fontainier, ayant la conduite des fontaines, pour ses appointemens de 1679............ 10000tt

A DUCHESNOY, ayant l'entretenement des marbres de Versailles, pour *idem*.................... 1800tt

A JAMIN, préposé pour recevoir et distribuer le plomb *idem*........................... 1080tt

Aux jardiniers de Versailles cy-après nommez pour leurs entretenemens et appointemens pendant lad. année........................... 15800tt

Sçavoir :

A JEAN COLINOT, ayant celuy de toutes les allées et palissades du petit parc........... 8800tt
A DUPUIS, ayant celuy des orangers et jardin à fleurs....................... 4000tt
A VAUTIER, ayant celuy du potager... 3000tt

A DUPUIS, pour l'entretenement des allées du tour du canal........................... 2200tt

7 may : à PINAULT, dit LA FLEUR, garde de la Prevosté de l'Hostel, pour une année de service qu'il a rendu à faire voiturer les matériaux................. 1080tt

3 septembre : à luy, pour ses gages pendant les trois premiers quartiers 1679................. 770tt

10 juillet : au sr DE LA QUINTINIE, ayant la direction des jardins fruictiers et potagers de S. M. sçavoir : 2000tt pour ses appointemens de lad. année, et 2000tt pour sa gratification..................... 4000tt

20 aoust : à BRUGY, préposé au bastiment de Versailles, à compte de ses appointemens........ 1000tt

10 septembre : à DESMOULINS, archer de la Prévosté, pour ses appointemens des six premiers mois.... 540tt

18 novembre : à DESLOUYT, préposé au magazin des démolitions, sur ses appointemens.......... 1200tt

22 décembre : à FRANÇOIS BONNEMER, peintre, ayant l'entretenement des peintures du chasteau de Versailles, à compte de ses appointemens............. 300tt

20 febvrier 1680 : à LE BOUTEUX, ayant l'entretenement des fontaynes de Trianon, pour ses appointemens de lad. année à cause dud. entretenement....... 500tt

30 avril 1679 : à BERTHIER, rocailleur, ayant l'entretenement des rocailles de Versailles, pour ses appointemens de lad. année...................... 2400tt

A LA GAUDE, fondeur, ayant l'entretenement des robinets, adjustages, soupapes et autres des fontaynes de Versailles, pour ses appointemens des trois premiers quartiers 1679............................ 675tt

20 febvrier 1680 : à JEAN LE MAIRE, fondeur, ayant l'entretenement des adjustages et ouvrages de cuivre des fontaines de Versailles, pour le dernier quartier de ses appointemens........................ 225tt

A PAUL TOUCHANT, jardinier des jardins fruitiers et potagers de Glatigny, pour ses appointemens de 1679. 2450tt

ANNÉE 1679. — VERSAILLES.

30 avril 1679 : à Ollivier Fleurant, jardinier des jardins de Clagny, pour ses gages de 1679...... 10200^{tt}

Somme de ce chapitre......... 92946^{tt}

VAISSEAUX SUR LE CANAL.

19 mars : à Jean et Jean (sic) Le Moyne, peintres, parfait payement de 2303^{tt} à quoy monte la peinture et dorure qu'ils ont faite à l'un des yacks du canal. 103^{tt}

30 avril - 6 aoust : aux officiers et matelots qui ont servy sur le canal, pour leur solde et nourriture pendant l'année 1679 (2 p.).................. 11102^{tt} 10^s

13 - 20 aoust : aux mariniers extraordinaires qui ont travaillé à ramer sur le canal (2 p.)........ 305^{tt} 10^s

17 septembre : aux mariniers extraordinaires qui ont ramé sur le canal pour la Reyne et les Ambassadeurs d'Espagne........................... 300^{tt} 10^s

3 septembre : aux quatre gondoliers vénitiens du canal, par gratification à eux accordée par le Roy la présente année........................... 1600^{tt}

30 aoust : à eux, pour leurs appointemens de lad. année........................... 4800^{tt}

Somme de ce chapitre...... 18211^{tt} 10^s

PARTIES EXTRAORDINAIRES.

22 janvier : à Le Jongleur, pour remboursement de pareille somme qu'il a payée aux ouvriers qui ont travaillé près le magazin de Roquancourt.... 465^{tt} 5^s 4^d

29 janvier - 31 mars : au s^r de la Planche, pour remboursement de pareille somme payée à divers ouvriers qui ont transporté des cailloux, régalé la terre le long des murs de Trianon, travaillé à la nouvelle fontaine du parc de Versailles, et à divers scieurs de long ou charpentiers (22 p.)................... 12996^{tt} 1^s 4^d

9 avril : à divers ouvriers qui ont travaillé à planter une pépinière pour le Roy près Sceaux........ 419^{tt} 9^s

A ceux qui ont descouvert deux conduittes des moulins de Clagny et planté de la charmille...... 530^{tt} 16^s 6^d

16 avril : à ceux qui ont planté de la charmille derrière le bois de Trianon.............. 386^{tt} 18^s

A ceux qui ont arraché de petits plans en plusieurs villages........................... 755^{tt} 16^s

23 avril : à ceux qui ont travaillé à remplir des tranchées............................. 641^{tt} 13^s

A ceux qui ont travaillé dans le grand parc. 665^{tt} 16^s

14 may - 18 juin : à ceux qui ont défriché des brierres[1] le long des vieux murs de Satory pour planter des bois (3 p.)........................... 1245^{tt} 12^s

[1] Bruyères.

23 may : à ceux qui ont travaillé dans le petit parc à dresser les terres autour du rondeau de la nouvelle fontaine........................... 1089^{tt} 18^s

1er may - 3 décembre : à ceux qui ont voituré de l'eau bonne à boire dans les ateliers des bastimens de Versailles (10 p.)........................... 6369^{tt} 6^s 6^d

28 may : à ceux qui ont travaillé d'extraordinaire à raticer et régaler les allées et rendre propre le petit parc............................. 175^{tt} 7^s

11 - 18 juin : à ceux qui ont travaillé à faire le petit réservoir au-dessus du grand aqueduc de Roquancourt............................. 323^{tt} 17^s

A ceux qui ont levé les bois du chemin du pourtour de la nouvelle pièce d'eau proche le Dragon (2 p.). 844^{tt} 8^s

18 juin : aux charretiers qui ont voituré du gazon à l'Isle Royalle....................... 232^{tt} 12^s

Aux ouvriers qui ont arrousé les arbres et relevé les brèches du pourtour de l'Arc de triomphe... 181^{tt} 17^s

30 juillet : aux ouvriers et charrons qui travaillent à faire des brouettes pour le transport des terres de l'estang de Bois-d'Arcy................... 967^{tt}

13 aoust - 29 octobre : aux ouvriers qui ont travaillé à rétablir l'aqueduc dans les rains de la voulte de l'orangerie (2 p.)...................... 1701^{tt} 10^s

20 aoust : à divers particuliers pour bois de charronnage fourni pour faire quatre cents brouettes pour le transport des terres de Bois-d'Arcy........ 213^{tt} 10^s

20 aoust - 24 septembre : aux manœuvres et maçons qui ont travaillé à rétablir l'aqueduc du parterre de l'orangerie (6 p.)..................... 2836^{tt} 16^s

Aux ouvriers qui ont travaillé à lever une conduite de deux poulces d'eau proche Saint-Antoine... 1232^{tt} 18^s

22 aoust - 6 novembre : à ceux qui ont travaillé aux rigolles de Trappes et de Bois-d'Arcy et à racommoder les brouettes (6 p.).............. 1662^{tt} 17^s 4^d

4 juin : à ceux qui ont travaillé à lever le comble du quatrième moulin de Satory pour mettre des courbes à la platteforme dud. moulin.............. 40^{tt} 10^s

22 octobre : à ceux qui ont travaillé dans le petit parc à rétablir plusieurs fautes dans des réservoirs. 1197^{tt} 12^s

29 octobre : à ceux qui ont travaillé au rétablissement de la machine servant à transporter les bonnes terres pour le nouveau potager................... 154^{tt} 10^s

A ceux qui ont travaillé à régaler les terres de Roquancourt......................... 322^{tt} 13^s

5 novembre : à ceux qui ont travaillé à nettoyer le devant des rampes de Trianon............. 248^{tt} 9^s

19 novembre : à ceux qui ont travaillé à réparer le conroy du pourtour du réservoir de Trianon.. 168^{tt} 12^s

26 novembre : à ceux qui ont travaillé à récurer les petits aqueducs sous la montagne de Roquancourt jusqu'au 11 novembre 294ᴸ 1ˢ

7-14 janvier 1680 : aux ouvriers et gens de journée du petit parc (2 p.)..................... 1428ᴸ 14ˢ

14 janvier 1680 : à ceux qui ont enlevé le moillon du mur de closture qui fermoit la cour du chasteau de Versailles..................................... 322ᴸ 12ˢ

A ceux qui ont enlevé des terres dans le passage près l'escalier de la Reyne.................... 102ᴸ 6ˢ

29 janvier : à Le Roy, nattier, parfait payement de 568ᴸ 14ˢ pour la natte mise au Jeu de paulme. 168ᴸ 14ˢ

22 octobre : à luy, pour ses fournitures de nattes. 500ᴸ

29 janvier-17 décembre : à Baudouin, corroyeur, pour plusieurs peaux de vaches et de veaux pour les pompes de Versailles (2 p.)................. 524ᴸ

29 janvier-16 juillet : à Domenico Cucci, fondeur, pour parfait payement de 31200ᴸ pour la balustrade de bronze doré du grand escalier de Versailles (3 p.). 7400ᴸ

13 aoust-17 septembre : à luy, sur les ornemens de piédestaux et consoles de bronze doré de la balustrade du grand escalier (2 p.).................. 2800ᴸ

14 janvier 1680 : à luy, sur les chassis de cuivre qu'il fait pour les portes de fer du grand escalier.... 1500ᴸ

26 febvrier-10 décembre : à luy, à compte des ornemens de bronze doré qu'il a faits (6 p.)...... 7200ᴸ

26 febvrier-31 mars : à luy, à compte du cabinet qu'il fait (2 p.).......................... 2200ᴸ

23 avril : à luy, parfait payement de 1800ᴸ pour les ornemens de bronze qu'il a faits aux quatre piédestaux de la chambre des bains................... 600ᴸ

25 juin-19 novembre : à luy, sur la dorure des garnitures des portes et croisées de l'appartement des bains (2 p.)................................. 1000ᴸ

19 novembre : à luy, sur les ornemens de bronze doré qu'il fait pour les deux cuves de marbre de l'appartement des bains............................ 400ᴸ

28 may-22 octobre : à luy, sur les garnitures de bronze doré des portes et croisées du petit appartement du Roy au petit chasteau (4 p.)................ 4200ᴸ

18 juin : à luy, à compte d'un cabinet d'orgues pour le Roy............................... 1200ᴸ

29 janvier : à Germain, pour parfait payement de 1002ᴸ pour achapt et voiture de perches...... 502ᴸ

4 juin : à Louis Germain, pour payement de 7206ᴸ pour achapt et voiture de grands et menus plans d'arbres pour l'augmentation du parc et autres endroits. 2206ᴸ 12ˢ

A luy, pour plusieurs giroflées doubles qu'il a fournies pour planter dans des vazes............. 228ᴸ 16ˢ

29 janvier-22 octobre : à Chauvet, batelier, parfait payement de 8114ᴸ 14ˢ à quoy montent les dosses de batteaux et planches de sapin qu'ils ont fournis pour transporter les caisses des sapins de l'orangerie de Versailles (8 p.)............................. 6914ᴸ 14ˢ

5 novembre : à luy, pour dosses de batteau et planches qu'il a livrez pour faire plusieurs eschafaux aux peintres de Versailles....................... 1259ᴸ

31 janvier : à Cocheny, à compte des desseins de la grande escurie...................... 100ᴸ

12 febvrier : à Pierre Dentu, compagnon charpentier, gratification pour luy donner moyen de se faire penser............................ 30ᴸ

A Louis Chenet, idem................. 30ᴸ

14 febvrier : à Edme Boursault et consorts, pour parfait payement de 1836ᴸ 10ˢ à quoy montent les ouvrages qu'ils ont faits aux nouvelles routes de la forest de Crouy.............................. 486ᴸ 10ˢ

A Léveillé et Biou, terrassiers, pour le parfait payement de 2623ᴸ 17ˢ 6ᵈ, idem........... 923ᴸ 17ˢ 6ᵈ

A Porlier, pour son parfait payement de la somme de 937ᴸ 10ˢ............................. 237ᴸ 10ˢ

A Bertuin, idem de 990ᴸ 13ˢ............. 90ᴸ 13ˢ

A Avisse, idem de 388ᴸ................. 228ᴸ

A Frade, idem de 4863ᴸ 10ˢ............ 1263ᴸ

A Bulé, idem de 428ᴸ 10ˢ................ 78ᴸ

9 febvrier : à Nicolas Glanda, compagnon sculpteur, gratification pour luy donner moyen de se faire penser. 40ᴸ

A Pierre de Louvy, pour des crocs qu'il a fournis pour tirer de la glace.................... 207ᴸ 10ˢ

26 febvrier : à Estienne Enoc, faiseur d'orgues, pour son parfait payement de 2000ᴸ.......... 1000ᴸ

13 aoust : à Enoc et Cliquot, facteurs d'orgues, à compte de l'orgue de la chapelle de Versailles.. 2000ᴸ

5 mars-30 avril : à Ricuon, voiturier, pour journées de chevaux qu'il a fournies pour voiturer les sapins (4 p.).................................. 3903ᴸ

5 mars : à Emonnet, fondeur, pour parfait payement de 987ᴸ 12ˢ pour quatre tuyaux de descente.... 687ᴸ 12ˢ

12 mars-30 avril : à Le Sueur, marchand de bois, pour les bois de charpente qu'il a fournis pour servir aux puits de Roquancourt (2 p.)............. 805ᴸ 16ˢ

11 juin : à luy, pour plusieurs planches de sapin qu'il a livrez pour le nouveau potager.......... 280ᴸ 10ˢ

19 mars : à Martin Masselin, chaudronnier, pour par-

---

[1] A 3ᴸ environ par journée.

fait payement de 3344ᴴ 5ˢ à quoy montent quatorze grands vazes de cuivre et autres ouvrages... 2344ᴴ 5ˢ

23 avril-20 aoust : à luy, à compte de ce qu'il fait pour les quatre piramides de la fontaine de l'Arc de triomphe (5 p.)............................... 3600ᴴ

30 juillet-22 octobre : à luy, sur les garnitures de cuivre qu'il fait pour les mangeoires de la petite escurie (3 p.)..................................... 5000ᴴ

13 novembre : à luy, pour douze paires d'arrouzoirs de cuivre rouge et autres ouvrages qu'il a fournis pour les jardins........................... 977ᴴ 2ˢ

19 mars : à Lescuiquier, chaudronnier, pour parfait payement de 5518ᴴ à quoy montent les ouvrages de cuivre.................................... 2518ᴴ

28 may-25 juin : à luy, parfait payement de 2040ᴴ pour cent godets de cuivre qu'il a livrés pour les moulins (2 p.)................................. 2040ᴴ

13 aoust : à luy, pour sept cent trente-deux thuyaux de cuivre pour la fontaine de l'Arc de triomphe. 1132ᴴ 10ˢ

2 octobre-17 décembre : à luy, sur ses ouvrages à la fontaine de l'Arc de triomphe (2 p.).......... 1800ᴴ

26 mars : à La Montagne, par gratification, pour luy donner moyen de se faire penser............. 40ᴴ

30 mars-24 décembre : à La Gaude, fondeur, pour robinets et fournitures de cuivre pour les fontaines de Versailles (4 p.).................... 3315ᴴ 2ˢ

6 avril : à Mʳ du Désert, pour le dédommager de 3 arpens et demy de bois qui luy appartenoient.. 1050ᴴ

6-30 avril : à Couplet, pour menues dépenses faites pour niveler à Versailles et aux environs (2 p.). 1317ᴴ 3ˢ

6 avril 1679-14 janvier 1680 : à Noiret, marchand, pour fil de fer, cloud, robinets, contre-cœurs et autres, par luy livrez en divers endroits (7 p.).... 1365ᴴ 10ˢ

6 avril : à Brulé, arpenteur, pour cinquante-trois jours qu'il a vacqué à tracer les routtes de la forest de Crouy... 212ᴴ

9 avril : à la veuve Guillaume Le Coeur, par gratification... 100ᴴ

9 avril-3 décembre : à Caros, arpenteur, qui a levé le plan des bois des environs de Versailles (4 p.) 2700ᴴ

9 avril : au sʳ Martinot, à compte des horloges et cadrans qu'il fait.................................. 400ᴴ

16 avril 1679-14 janvier 1680 : à Ambroise Duval, fondeur, à compte des vazes de bronze qu'il fait pour les jardins de Versailles (4 p).................. 4100ᴴ

14 may : à Le Jeune et Duval, pour avoir vuidé une fosse d'aisance dans un des corps de garde du chasteau de Versailles............................. 178ᴴ 13ˢ

16 avril-14 may : aux scieurs de long qui ont débité du bois pour lever les sapins de l'orangerie (5 p.). 510ᴴ

16 avril : à Jean Legris, pour dix muids de ciment qu'il a fourny............................ 300ᴴ

17 avril : à Biou et Lesveillé, pour avoir espierré plusieurs routtes de la forest de Crouy........... 60ᴴ

22 avril : à Descluzeaux, garde de la Prévosté, à compte de ses journées, pour le soin qu'il prend de faire voicturer la pierre d'Arqueil............... 300ᴴ

23 avril 1679-7 janvier 1680 : à la veuve Lemaire, à compte des robinets, tampons, soupapes et autres ouvrages qu'elle a fourny (8 p.).......... 10010ᴴ 18ˢ

11 juin 1679-7 janvier 1680 : à Jean Le Maire¹, autre fondeur, idem (8 p.)................. 9000ᴴ

4 juin : à luy, à compte d'un robinet de cuivre d'un pied de diamètre pour les fontaines.......... 1200ᴴ

30 juillet : à luy, à compte d'un robinet d'un pied, et autres ouvrages............................... 400ᴴ

6 aoust : à luy, à compte d'un robinet d'un pied de diamètre et de deux de 8 pouces pour les fontaines. 800ᴴ

23 avril : à Doucet, Girou et Girault, ouvriers, en considération de leurs blessures.............. 60ᴴ

30 avril-10 décembre : à Paillet, pour plusieurs voyages de carrosses pour mener le sʳ Le Brun à Versailles et autres maisons royalles (3 p.)......... 932ᴴ

30 avril : à Dufour, pour 4215 livres de cloud qu'il a fourny.......................... 535ᴴ 7ˢ 6ᵈ

A Jacques André, par gratification, pour se faire penser.. 40ᴴ

1ᵉʳ may : à La Rue, à compte des ponteaux de la grande chaussée en Crouy............... 2500ᴴ

7 may : à Robelin, parfait payement de 690ᴴ pour dix bassins de pierre de Meudon qu'il a taillés pour l'allée d'eau du petit parc............. 240ᴴ

7 may-16 juillet : à Pascal, loueur de carrosse, pour plusieurs voyages qu'il a faits pour mener les officiers des bastimens à Versailles et ailleurs (2 p.)........ 556ᴴ

14 may-12 novembre : à Prevost, fondeur, à compte des six vazes de bronze qu'il fond pour Versailles (3 p.)................................... 2200ᴴ

18 juin : à Prevost, balancier, pour plusieurs racommodages aux poids de la plomberie de Versailles.. 78ᴴ

23 may : aux tailleurs de pierre de l'Arc de triomphe et de l'aqueduc de Roquancourt, pour le May de l'Assention, par gratification........................ 100ᴴ

23 may-24 juin : à Jomart, dessinateur, pour les

---
¹ On l'appelle aussi Le Maire jeune.

journées employées à copier les plans, eslévations et profils de la grande escurie (2 p.)................. 200ᴴ

28 may : à Violette, par gratiffication, pour avoir rétabli l'équipage de la soupape du réservoir de Satory. 40ᴴ

A Fleury, cordier, pour cordages.......... 531ᴴ 7ˢ

A Collinot, pour fourniture de sable de rivière, perches, fil de fer et autres pour le petit parc. 214ᴴ 12ˢ 6ᵈ

A Rich, marchand, pour quatre cents besches avec leurs manches, plusieurs pelles et autres choses pour Versailles................................. 651ᴴ

A Feuillastre, pour ce qu'il a payé aux ouvriers qui ont recherché des eaux depuis Bethemont jusqu'à Abécourt.................................. 106ᴴ

A Baudet, graveur, à compte d'une planche représentant les bas-reliefs et ornemens du grand escalier de Versailles.................................. 800ᴴ

4 juin-9 juillet : à Prudhomme, arpenteur, pour arpentages faits à Versailles et aux environs (2 p.). 1203ᴴ

4 juin : à Le Dru, battelier, pour plusieurs poteaux de bois et affiches qu'il a plantées au long des rivières de Seine et d'Oize pour conserver les cignes....... 140ᴴ

2 juillet : à luy, pour deux cent quatre-vingt-dix-sept tombereaux de sable de rivière pour le manège de la grande escurie du Roy................ 445ᴴ 10ˢ

4 juin : à Philippes Richer, compagnon charpentier, par gratiffication, à cause d'un bras cassé et d'une coste enfoncée, travaillant au transport des sapins de l'orangerie.................................. 40ᴴ

A Berthier, rocailleur, parfait payement de 1100ᴴ pour fouille des roches de Gros-Rouvre pour la décoration des fontaines....................... 700ᴴ

6 juin : au sʳ Henri, trésorier des gallères, pour pareille somme que luy payée par sʳ Mosnier pour achapt d'oyseaux et animaux de Levant pour la Ménagerie. 2400ᴴ

11 juin : au sʳ Allen, marchand, pour vingt saulmons d'estain d'Angleterre pour les fontaines.... 4902ᴴ 15ˢ

20 aoust : à luy, pour vingt-quatre saulmons d'estain idem.................................. 5419ᴴ 10ˢ

11 juin-25 septembre : à La Houssoy, marchand de bois, pour plusieurs planches fournies pour le nouveau potager (2 p.)....................... 1462ᴴ 16ˢ 6ᵈ

11 juin : à Lagnier, pour diverses marchandises de goudron, bray, arcanson¹, huile de noix et autres pour les vaisseaux du canal................... 1259ᴴ 4ˢ

¹ Le *bray* était une composition de gomme résine et autres matières gluantes, qui servait à calfater les bordages des vaisseaux. L'*arcanson* est une espèce de poix résine. (Voyez *Dictionnaire de Trévoux*.)

A Courtois, pour cordages pour les vaisseaux. 574ᴴ 16ˢ

18 juin : au sʳ Perrault père, à compte des toisez et estimations des ouvrages des bastimens........ 1200ᴴ

Au sʳ Perrault filz, à compte idem.......... 800ᴴ

25 juin : à Ginier, marchand, pour cinquante-quatre cerceaux de cuves pour les puits de Roquancourt, fournis en janvier 1678, à 30ˢ la pièce............ 81ᴴ

25 juin-12 novembre : à Bersaucourt, espinglier, pour ouvrages de treillage, fil de laton et fil de fer faitz en divers endroits du chasteau et grilles du petit parc (2 p.).................................. 694ᴴ 7ˢ

4-25 juin : à Crestien, Frichot, Poitevin et consors, pour pioches, besches et hottes qu'ils ont fournis pour l'attelier des Suisses qui travaillent à la grande pièce d'eau (2 p.)............................. 771ᴴ 18ˢ

25 juin : à Jean Coussan, manœuvre qui a esté blessé en travaillant aux bastimens, par gratiffication.... 30ᴴ

9 juillet : à Colson, pour plusieurs squeletz pour garnir la salle du Jardin Royal des plantes...... 788ᴴ 2ˢ

9 juillet-27 septembre : à la veuve Grandfont et Desvaux, à compte des journées de chevaux qui voiturent de l'eau bonne à boire pour les ouvriers qui travaillent à la grande escurie (3 p.)...................... 600ᴴ

23 juillet : à Bonneuille, bardeur, par gratiffication pour avoir eu une jambe rompue en travaillant aux bastimens de Versailles..................... 30ᴴ

6 juillet-30 aoust : à Morin, voiturier, sçavoir : 2000ᴴ pour voiture de Rouen à Paris de trois cent trois caisses remplies de sculptures, venues de Rome avec quarante vazes de terre et une galliotte dorée pour le canal de Versailles, et 250ᴴ pour ses soins extraordinaires (2 p.). 2250ᴴ

30 juillet : à Martin, chirurgien, pour avoir pensé les ouvriers blessez dans les bastimens pendant 1676, 1677 et 1678, à 400ᴴ par an.................. 1200ᴴ

A Jean Pallefroit, pour remboursement de journées aux hommes qui ont mené avec chevaux, de Louciennes au canal, un batteau pris sur la rivière de Seyne. 592ᴴ

22 octobre : à Palfroid, pour louage de plusieurs bannes et thoilles qu'il a fournies aux peintres qui travaillent à Versailles..................... 135ᴴ 10ˢ

30 juillet : aux menuisiers Suisses qui ont racomodé les brouettes qui se sont cassées dans le travail du transport des terres que fait le régiment des gardes Suisses dans la grande pièce d'eau............... 283ᴴ 10ˢ

20 aoust-22 octobre : aux menuisiers qui ont garni de planches et réparé les brouettes pour le transport de terres à Bois-d'Arcy et à Versailles (3 p.).... 635ᴴ 18ˢ

ANNÉE 1679. — VERSAILLES.

6 aoust : à Esloy Rico, pour plusieurs besches et pioches............ 768ᴧ

A Charbonnier, serrurier, pour six cents boutlons de fer pour les brouettes servans à transporter les terres de Bois-d'Arcy...................... 450ᴧ

8 aoust : aux charrons pour brouettes qu'ils ont faites pour idem........................ 2224ᴧ

13 aoust-16 octobre : à Leclerc, Huguet et Lhéritier, taillandiers, pour besches et pioches livrées pour l'attelier des Suisses qui travaillent à la nouvelle pièce d'eau proche le potager (3 p.)................... 541ᴧ 3ˢ

13 aoust : à Michel Louis, manœuvre, qui a eu le bras cassé en travaillant à la grande aisle............ 30ᴧ

20 aoust-24 septembre : aux charpentiers et autres qui ont travaillé aux changemens et à rétablir les ailes du premier moulin de Satory (4 p.)......... 739ᴧ 7ˢ

20 aoust : à Ancommois, compagnon menuisier, blessé en travaillant dans l'antichambre du Roy......... 30ᴧ

3 septembre-10 décembre : à Guillois, ferblanier, pour parfait payement de 900ᴧ à quoy montent les rozeaux de fer blanc qu'il fait pour les fontaines des Lézards et de Latonne dans le parc de Versailles (4 p.)... 900ᴧ

3 septembre-16 octobre : à Dufour, marchand, pour clouds, chevillettes et autres qu'il a livrez pour les bastimens (2 p.)..................... 975ᴧ 14ˢ

3 septembre : à Le Jeune, pour plusieurs fosses d'aisances qu'il a vuidées et dégorgemens qu'il a faits à Versailles........................ 322ᴧ 5ˢ

11 septembre : à Peniglan, manœuvre blessé, par gratification..................... 20ᴧ

18 septembre-29 octobre : à Gilles Mary, pour quatre-vingt-seize journées de chevaux qui ont voituré de l'eau bonne à boire dans les ateliers (2 p.).... 110ᴧ 7ˢ

A Bailly, pour cent onze journées de chevaux qui ont voituré l'eau bonne à boire pour les Suisses du régiment Stoupe (2 p.)....................... 127ᴧ 13ˢ

18 septembre : à Donnet, pour vingt-quatre journées idem........................ 27ᴧ 12ˢ

21 septembre : à divers particuliers qui ont rangé le bois de démolition dans le magazin de l'hostel de Guise, et autres ouvrages................... 299ᴧ 12ˢ

25 septembre : à de la Marre : potier de terre, pour avoir fourni et voituré, de Chavigni à Roquancourt, 42 thoises de tuyaux de graisserie............ 539ᴧ

25 septembre-31 décembre : à Ladoireau, sur les quatre trophées de bronze doré qu'il fait pour les deux cabinets de la fontaine de la Renommée (3 p.).. 4400ᴧ

4 juin 1679-14 janvier 1680 : à Vateeos, vannier, sçavoir : pour six cents hottes avec les bretelles qu'il a livrées pour les Suisses, 271ᴧ 16ˢ, et le surplus pour diverses fournitures (2 p.).............. 1032ᴧ 10ˢ

4 juin : à Giniens et Gourlier, marchands de bois, pour deux mille huit cent trois fagots qu'ils ont fournis pour faciliter le chemin qui a esté fait pour voiturer les grands sapins de l'orangerie............. 324ᴧ 5ˢ

Aux veuves Alexandre et Godet, meuniers, pour sept rouets de bois de chesne qu'ils ont fourny pour les moulins de Clagny et Satori................. 371ᴧ

2-11 octobre : à Duez, à compte de l'aire de ciment qu'il fait pour poser le pavé de marbre de la cour de Versailles (2 p.)..................... 2100ᴧ

11 octobre : à Baronnet, qui s'est rompu la jambe, par gratiffication..................... 30ᴧ

A la veuve Herbieu, garde-moulin de la grande tour de Satory, en considération de ce que son mary a esté tué en travaillant à devestir les ailes dud. moulin.... 40ᴧ

Aux compagnons marbriers, charpentiers et autres qui ont rétably des colonnes de devant le vestibule de la petite cour du chasteau.................... 264ᴧ

5 novembre : à la veuve Brenier, carreleur, pour réparations en divers endroits du chasteau...... 78ᴧ 10ˢ

19 novembre : à Le Maire, fayancier, à compte des vazes qu'il a fourny pour le petit parc......... 500ᴧ

26 novembre : à Pepin, qui a eu la jambe cassée en travaillant à l'Arc de triomphe............... 40ᴧ

A Edme Pougnot, loueur de carrosses, pour dix journées qu'il a mené M. l'abbé Picaud et autres pour niveler aux environs de Versailles................. 120ᴧ

26 novembre-17 décembre : à Gascoin, ferblannier, à compte des rozeaux et autres ouvrages de laton qu'il fait pour les fontaines de Versailles (3 p.)...... 700ᴧ

3 décembre : à Barré, chartier, pour parfait payement de 2138ᴧ pour voitures faites à Versailles pour les bastimens........................ 138ᴧ

Aux Suisses qui ont transporté plusieurs démolitions du chasteau et battu des pieux dans les Trois Fontaines du petit parc........................ 202ᴧ 16ˢ

10 décembre : à Butterfiel, pour un niveau qu'il a fait pour niveler aux environs de Versailles....... 80ᴧ

A Lafleur, pour divers voyages de carrosse pour mener plusieurs officiers des bastimens qui ont esté niveler les eaues aux environs de Versailles........ 446ᴧ 10ˢ

A la veuve Ballin, pour vingt-neuf médailles d'argent qu'elle a livré à plusieurs graveurs pour l'Histoire du Roy........................ 306ᴧ

17 décembre : à Briot, miroitier, sur les glaces au tein qu'il fournit........................ 500ᴧ

31 décembre : à Spire Bré, espinglier, pour ouvrages

.de fil de fer et de laton qu'il a faits en divers endroits de Versailles.................... 174" 16' 6ᵈ

14 janvier 1680 : à Rousseau, cordier, pour ses ouvrages à la machine à transporter des terres au nouveau potager........................... 211" 10ˢ

A Guillaume Boucher, taillandier, pour ouvrages de serrurerie et ferrures au moulin de Satory.. 126" 0' 6ᵈ

Somme de ce chapitre........ 22117"

CLAGNY.

MAÇONNERIE.

31 janvier 1679-20 janvier 1680 : à Le Maistre, Girard, Gabriel et Hardouin, maçons, à compte de leurs ouvrages de maçonnerie au corps de logis principal, à l'aile et à l'orangerie en retour de lad. aile, à Clagny (15 p.)......................... 24400"

4 juin-27 septembre : à eux, à compte de l'achèvement du grand escalier (5 p.)............ 4100"

7 febvrier-28 may : à Bailly, à compte des murs de closture et de terrasse pour Clagny (2 p.)...... 600"

19 febvrier-7 décembre : à Cochery, maçon, sur ses ouvrages de maçonnerie pour la fermeture de la cour principalle du bastiment de Clagny (11 p.).. 11900"

30 avril : à luy, à compte des logemens des jardiniers de Glatigny.......................... 200"

15 aoust : à luy, sur ses ouvrages au réservoir de Glatigny............................... 700"

19 septembre : à luy, idem à la ménagerie.... 300"

16 avril-11 septembre : à Vigneux, à compte des ouvrages qu'il fait tant à la ménagerie qu'à la pépinière et orangerie de Glatigny (7 p.).............. 2700"

16 avril-29 octobre : à Lassurance, appareilleur, à compte de plusieurs petits ouvrages qu'il fait pour le bastiment de Clagny (6 p.).................. 800"

30 avril : à Gaillard, maçon en plastre, pour plusieurs ouvrages idem........ .... 100"

21 may 1679-5 janvier 1680 : à Rodier [1], tailleur de pierre, à compte des tranchées qu'il fait dans les murs et scellement de tringles pour porter les tapisseries (6 p.)................... 1195"

28 may : à de la Haye [2], maçon, à compte des modèles des corniches des appartemens de Clagny... 75"

6 novembre : à luy, à compte d'un apenty où se préparent les cires des mouches à miel du jardin pépinière de Clagny........................ 100"

15 juillet : à Galland, maçon, à compte du changement qui a esté fait aux deux chambres d'alcôve. 100"

23 juillet : à luy, sur les tringles qu'il a scellées au logement attique du corps de logis principal.... 100"

19 aoust-7 décembre : à luy, sur ses ouvrages et réparations (4 p.)........................ 350"

Somme de ce chapitre.......... 47730"

CHARPENTERIE.

31 janvier-19 aoust : à La Porte, charpentier, à compte des ouvrages qu'il a fait à l'aisle où seront les cuisines (7 p.)....................... 4500"

30 juillet-5 aoust : à luy, sur ses ouvrages au logement du jardinier (2 p.)...................... 900"

3 septembre : à luy, sur la charpenterie de la ménagerie et pépinière de Glatigny............... 900"

15 octobre-17 décembre : à luy, à compte des changemens des ouvrages de charpenterie pour la terrasse de l'orangerie (3 p.)......... .... 1800"

5 janvier 1680 : à luy, sur le faux comble du ceintre de l'orangerie............................ 500"

12 febvrier-11 octobre : à Poictevin, charpentier, sur ses ouvrages pour les appuys du treillage du jardin de l'orangerie (2 p.)................. 700"

7 may : à Louis Grillon, pour un rouet à dix pieds de diamètre avec sa garniture pour un des deux moulins nouveaux de Clagny.................. 150"

28 may : aux charpentiers qui ont travaillé à poser les chemins de fer desd. deux moulins neufs. 263" 14ˢ

Somme de ce chapitre........ 9713" 14ˢ

COUVERTURE.

25 mars-6 novembre : à Duval, couvreur, à compte des ouvrages de couverture qu'il fait au bastiment de Clagny, à l'aisle et orangerie (5 p.)......... 1900"

MENUISERIE.

7 febvrier 1679-6 janvier 1680 : à Vivet, menuisier, à compte de partie de la menuiserie qu'il fait pour l'aisle en retour du corps de logis principal, où doivent être les cuisines et portes du salon (14 p.).......... 8900"

7 febvrier 1679-6 janvier 1680 : à Coustan, menuisier, à compte de partie de la menuiserie de l'aisle en retour du corps de logis principal et aux offices dud. bastiment (15 p.)..................... 11100"

7 febvrier 1679-6 janvier 1680 : à Davignon, sur

---

[1] Ou Rodières.
[2] Ou La Haye.

ANNÉE 1679. — CLAGNY.

divers petits ouvrages au bastiment et à la ménagerie de Glatigny (11 p.)........................ 1670ᵗᵗ
19 mars 1679-6 janvier 1680 : à CAREL, à compte de ses ouvrages de menuiserie, tant à la salle à manger, cabinet au-dessus, que porte du salon, et à l'aile en retour du logis principal (12 p.)............ 5300ᵗᵗ
19 mars-23 juillet : à DESGODETZ, sur ses ouvrages en divers endroits (4 p.)..................... 900ᵗᵗ
8 avril-2 octobre : à LANGOUNON, à compte de ses ouvrages pour les cuisines et offices, le garde-meuble et la ménagerie (6 p.)....................... 1220ᵗᵗ
28 may : à BUIRETTE, à compte du modèle de menuiserie qu'il fait pour la gallerie de Clagny....... 300ᵗᵗ
2 juillet : à DROUILLY, sur la sculpture qu'il fait à Glatigny............................. 120ᵗᵗ
20 janvier 1680 : à LE MAIRE, menuisier, sur plusieurs petits ouvrages..................... 75ᵗᵗ

Somme de ce chapitre......... 29585ᵗᵗ

SERRURERIE.

7 febvrier-24 décembre : à HASTÉ, serrurier, à compte des ouvrages qu'il fait pour les estages attiques de l'aisle en retour (9 p.)....................... 1900ᵗᵗ
7 febvrier-7 décembre : à SÉBASTIEN BOY, sur ses ouvrages desd. attiques et de l'aisle en retour, pour la ferrure des portes et des croisées (11 p.)........ 3150ᵗᵗ
7 febvrier 1679-20 janvier 1680 : à MARCHAND, sur ses ouvrages de serrurerie dans les galletas de l'aisle de Clagny et à la ménagerie (13 p.)............ 3020ᵗᵗ
7 febvrier-14 décembre : à CASTAN, serrurier, à compte de la fourniture et livraison de gros fer qu'il a employé au bastiment de l'aisle en retour et offices dud. bastiment (13 p.)........................ 6600ᵗᵗ
24 décembre : à LUCHET, autre serrurier, sur ses ouvrages.............................. 55ᵗᵗ

Somme de ce chapitre......... 14725ᵗᵗ

VITRERIE ET PAVÉ.

7 febvrier-14 décembre : à JACQUET [1], vitrier, à compte de ses ouvrages au bastiment de Clagny (9 p.). 1460ᵗᵗ
13 aoust 1679-5 janvier 1680 : à MARCHAND, paveur, sur ses ouvrages aux cuisines et offices du bastiment de Clagny (4 p.)................... 2500ᵗᵗ

Somme de ce chapitre.......... 3960ᵗᵗ

PEINTURE ET DORURE.

7 febvrier 1679-20 janvier 1680 : à LE HONGRE,

[1] Ou JAQUET.

peintre, à compte de ses ouvrages de grosse peinture et de l'impression faite sur la menuiserie et aux platfonds de l'appartement bas et de l'aisle (13 p.).... 2900ᵗᵗ
12 febvrier-17 décembre : à la veuve TIERCELIN, peintre, à compte de la peinture en vert de montagne qu'elle a faite à l'orangerie de Clagny (7 p.).... 1100ᵗᵗ
8 avril : à la veuve SILVAIN, à compte de l'impression en jaune qu'elle a faite..................... 75ᵗᵗ
30 juillet-19 aoust : à BENOIST, pour parfait payement de 200ᵗᵗ pour avoir peint le modelle de la gallerie (2 p.)............................. 200ᵗᵗ
3 septembre-14 décembre : à JAMARD [2], dessignateur, à compte des journées employées à coppier les desseins du bastiment de Clagny (3 p.)................ 300ᵗᵗ
5 janvier : à BRIQUET, sur ses ouvrages à la menuiserie............................... 200ᵗᵗ
A RAON, idem........................ 300ᵗᵗ
A DROUILLY, idem..................... 300ᵗᵗ
A PERIN, sculpteur en bois, idem........... 200ᵗᵗ
20 janvier : à PALUS, sur la sculpture de la menuiserie............................... 120ᵗᵗ
A DESRIGNIER, idem.................... 100ᵗᵗ

Somme de ce chapitre.......... 5795ᵗᵗ

SCULPTURE.

31 janvier-6 novembre : à MARTIN DESJARDINS, sculpteur, à compte des ouvrages qu'il fait dans le fronton du pavillon du milieu vers la cour (5 p.)........ 1000ᵗᵗ
8 avril : à luy, à compte de la sculpture qu'il fait au dedans du salon...................... 200ᵗᵗ
5 mars : à MARTIN [3], sculpteur, à compte des ornemens qu'il fait au pavillon où doibt estre la chapelle. 120ᵗᵗ
28 novembre : à luy, sur la sculpture en pierre pour les bastimens........................ 100ᵗᵗ
31 janvier-11 novembre : à JOUVENET, sur ses ouvrages de sculpture dans le grand sallon (7 p.)...... 1050ᵗᵗ
31 janvier-2 octobre : à DESRIGNIER, à compte de la sculpture qu'il fait aux chambranles des portes et croisées (7 p.)............................. 1170ᵗᵗ
31 janvier-11 octobre : à PALLUS [4], idem (9 p.) 1450ᵗᵗ
31 janvier-17 décembre : à BRIQUET et BARBE [5], à compte de la sculpture qu'ils font sur la menuiserie des appartemens bas (10 p.)................. 2900ᵗᵗ

[2] Ou JOMARD.
[3] Il s'agit probablement ici de MARTIN DESJARDINS.
[4] On trouve une fois LA PALLUS.
[5] A partir du 2 octobre, les noms de BARBE et BRIQUET sont remplacés tantôt par le nom de veuve BRIQUET, tantôt par celui de veuve BARBE.

7 febvrier-2 octobre : à RAON et DROUILLY, sur leurs ouvrages de stuc et plastre au dehors du sallon et aux appartemens attiques de l'aisle regardant Glatigny (5 p.)............................ 1700ᵗᵗ

13 may-20 novembre : à DROUILLY, sur sa sculpture aux faces extérieures de Clagny (6 p.)........ 1400ᵗᵗ

6 may-17 décembre : à RAON, sur ses ouvrages de sculpture du sallon (8 p.)............... 2550ᵗᵗ

7 febvrier-11 novembre : à LE HONGRE, sur les ornemens de sculpture du grand sallon (4 p.)....... 650ᵗᵗ

7 febvrier : à HOUSEAU, parfait payement de 348ᵗᵗ à quoy montent ses ouvrages de sculpture à Clagny. 108ᵗᵗ

19 febvrier-11 décembre : à PERRIN, sur la sculpture des chambranles aux appartemens bas et hauts de Clagni (5 p.)............................ 740ᵗᵗ

21 avril : à HUTINOT et LA PERDRIX, pour parfait payement de 1080ᵗᵗ à quoy montent les ornemens de plomb qu'ils ont faits aux dosmes.................. 180ᵗᵗ

21 avril-19 septembre : à PARIS et MARTIN, sur leurs ouvrages en stuc aux corniches et aux attiques de l'aisle de Clagny (4 p.)...................... 960ᵗᵗ

8 avril : à FRANÇOIS, sculpteur, à compte des consolles de pierre dure qu'il a faites................ 60ᵗᵗ

6 may : à SIBRAYQUE, sur la figure qu'il fait pour le parterre d'eau, par ordonnance du 7 may...... 300ᵗᵗ

17 décembre : à HOUZEAU fils, sur ses ouvrages. 120ᵗᵗ

Somme de ce chapitre......... 16758ᵗᵗ

MARBRERIE.

12 febvrier : à LIXÉ[1] et DROUILLY, à compte de leurs ouvrages du pavé de marqueterie de la chambre des bains.................................. 300ᵗᵗ

12 mars-14 décembre : à LISQUI, marbrier, à compte des chambranles attiques et foyers de marbre des principaux appartemens de Clagny (11 p.)........ 6700ᵗᵗ

6 may 1679-5 janvier 1680 : à luy, à compte du pavé, de bas appareil par bandes, d'Arcueil, dont il pave les cuisines et offices (6 p.)............... 3900ᵗᵗ

18 juin : à luy, à compte de la marqueterie de marbre de la chambre et alcôve des bains............ 300ᵗᵗ

11 novembre : à luy, sur le pavé de Caen et de liais qu'il fait pour l'aisle qui regarde le jardin de l'orangerie................................ 120ᵗᵗ

Somme de ce chapitre......... 11320ᵗᵗ

[1] C'est évidemment le même que le LISQUI de l'article suivant.

PLOMBERIE.

31 janvier 1679-20 janvier 1680 : à ALAIN, plombier, à compte de ses fournitures et livraisons de plomb (12 p.)............................ 14000ᵗᵗ

15 octobre-14 décembre : à CHARLOT, sur les changemens de plomb de la terrasse de l'orangerie de Clagny (3 p.).................................. 2000ᵗᵗ

Somme de ce chapitre......... 16000ᵗᵗ

JARDINAGES.

31 janvier-28 novembre : à CHAMPION, pour distribuer aux ouvriers qui ont travaillé au jardin potager de Glatigny (3 p.)........................ 432ᵗᵗ 13ˢ

7 febvrier : à luy, pour des fumiers...... 201ᵗᵗ 10ˢ

27 septembre : à luy, pour avoir eu le soing de peser le plomb qui s'employe auxd. bastimens, à compte de ses journées........................ 100ᵗᵗ

12 febvrier : à MASSE, parfait payement d'une arcade de menuiserie pour l'orangerie de Clagny........ 60ᵗᵗ

A LAVIER, à compte des ais qu'il a mis au pourtour des treillages du jardin de lad. orangerie...... 200ᵗᵗ

26 febvrier : à LE COMTE, DE SEINE et consors, pour fournitures de paille, ozier, rateaux et autres dépenses qu'ils ont faites...................... 277ᵗᵗ 3ˢ

19 mars : à LE MAISTRE et consors, pour fournitures de paille, cerceaux, ozier et maunes........ 256ᵗᵗ 13ˢ

16 avril-17 décembre : à divers ouvriers qui ont travaillé au jardin de Clagny, fourni et voituré des perches, fait des treillages, voituré du terrot et fumiers, porté de l'eau pour arroser les plantes et orangers, et autres ouvrages (16 p.)...................... 3457ᵗᵗ 5ˢ

20 aoust : à BOURILLON, tonnelier, pour avoir démonté et remonté les cuves où on met l'eau pour arroser.. 98ᵗᵗ

11 novembre : à LA RIVIÈRE et consors, sur leurs ouvrages du réservoir de Glatigny.............. 200ᵗᵗ

17 décembre : à MORA, pour 43 toises cubes de fumier qu'il a fourny...................... 786ᵗᵗ

Somme de ce chapitre......... 6069ᵗᵗ 3ˢ

FOUILLES DE TERRES.

31 janvier : à GAILLAUD, terrassier, à compte du transport de terres qu'il a fait au potager de Glatigny. 100ᵗᵗ

4 juin : à luy, sur plusieurs vuidanges et nettoyement des gravois du dedans dud. bastiment........ 120ᵗᵗ

12 febvrier-7 décembre : à LA RIVIÈRE et consors, à compte du transport de terre qu'ils font au potager de Clagni (4 p.).......................... 450ᵗᵗ

ANNÉE 1679. — MARLY.

19 febvrier : à Rosdier, à compte des tranchées et trous qu'il fait.......................... 100ᵗᵗ

19 febvrier-21 may : à la veuve Grandfort, à compte des fouilles et transport de terre aud. potager (2 p.). 200ᵗᵗ

28 may 1679-5 janvier 1680 : à Lambert et Chevreuse, à compte des terres qu'ils transportent pour le rehaussement de la cour du bastiment de Clagni (8 p.)............................ 2750ᵗᵗ

11 juin : à Martin, sur le transport de terres pour rehausser led. bastiment.................. 1000ᵗᵗ

25 juin : à Thierry, parfait payement de 1579ᵗᵗ 4ˢ pour les trous et labours faits aux plants d'arbres des advenues du parc de Clagny et Glatigny..... 979ᵗᵗ 4ˢ

15 juillet-7 décembre : à Patron, sur le transport de terre pour le rehaussement dud. bastiment (5 p.). 1350ᵗᵗ

23 juillet-25 septembre : à Thierry, sur le premier et le deuxième labour qu'il fait aux plants d'arbres des advenues (2 p.)........................ 600ᵗᵗ

11 septembre-2 octobre : à Thévenin, terrassier, sur le transport des terres pour le régallement de la court (2 p.)................................ 750ᵗᵗ

Somme de ce chapitre........ 8399ᵗᵗ 4ˢ

PARTIES EXTRAORDINAIRES.

31 janvier : à Samuel Mouton, carreyer, à compte de trois auges de pierre qu'il a fournies......... 400ᵗᵗ

31 janvier-14 décembre : à Hénon, fondeur, à compte des fiches de cuivre qu'il fournit pour les portes et croisées des appartemens bas de Clagny (12 p.).... 3200ᵗᵗ

31 janvier-2 juillet : à Rosdier[1], tailleur de pierre, à compte des tranchées qu'il fait pour les tringles à porter les tapisseries (5 p.)................... 1100ᵗᵗ

31 janvier-14 décembre : à La Croix, pour plusieurs copies de devis et toisez pour Clagny (3 p.)...... 90ᵗᵗ

7 febvrier-17 décembre : à Beaumesny, à compte de ses journées pour avoir pris soin de presser les ouvriers qui travaillent à Clagny et de pezer le plomb (8 p.) . 360ᵗᵗ

12 febvrier-24 décembre : à Champion, à compte des journées qu'il a passées à pezer le fer et le plomb, et pour distribuer aux ouvriers qui travaillent à Clagny (9 p.)................................ 1182ᵗᵗ 6ˢ

5 janvier 1680 : à luy, pour achapt et voiture de fumiers pour le potager de Glatigny............ 120ᵗᵗ

6-26 mars : au sʳ de la Planche, pour son remboursement de pareille somme qu'il a payée à divers ouvriers (3 p.)................................ 1429ᵗᵗ 18ˢ

Ou Rodier.

19 mars : à Lassurance, appareilleur, à compte de plusieurs petits ouvrages qu'il a faits............ 150ᵗᵗ

A Descluzeaux, garde de la Prevosté, à compte de ses appointemens pour le soin qu'il prend de faire voicturer les matéreaux....................... 300ᵗᵗ

9 avril : à Buoy, marchand, pour 402 aulnes de treilly qu'il a fourny pour le nouveau moulin....... 267ᵗᵗ 5ˢ

18 juin : à Denis, fontainier, pour une pompe pour eslever l'eau d'un puits à la ferme de la ménagerie de Glatigny............................ 250ᵗᵗ

25 juin : à Bourillon, tonnelier, pour avoir démonté et remonté dix-huit cuves et les avoir garnies de cerceaux.............................. 465ᵗᵗ

Aux ouvriers qui ont porté de l'eau pour le parterre et orangerie de Clagny................ 250ᵗᵗ 14ˢ

A ceux qui ont fourni des chevaux de somme à porter de l'eau pour arroser les plantes et les orangers de Clagny (2 p.)............................ 394ᵗᵗ 15ˢ 6ᵈ

23 juillet : à Potery, carreyer, sur les trois auges qu'il a fournies pour les escuries de Clagny......... 200ᵗᵗ

A Trognon, cordier, pour plusieurs cordages pour les moulins............................. 300ᵗᵗ 4ˢ

30 juillet : à Pageois, greffier de l'Escritoire, à compte de ses vaccations pour la vérifficalion des ouvrages. 300ᵗᵗ

6 aoust-24 décembre : à Leschiquier, chaudronnier, pour avoir raccomodé les arrosoirs du jardin de Clagny (2 p.)................................ 456ᵗᵗ 5ˢ

3 septembre : à Gilles Gromet, à compte des dosses de batteaux qu'il a fournis pour poser sous les murs du réservoir du potager de Glatigny............ 200ᵗᵗ

27 septembre : à Vanisse, ramonneur, sur le nettoyement des cheminées.................. 36ᵗᵗ

29 septembre : à Bonenfant, frotteur, pour avoir mis en couleur trois appartemens de Clagny....... 54ᵗᵗ

11 novembre : à la veuve Grandfort et Desvaux, à compte des journées de leurs chevaux qui ont voituré l'eau bonne à boire aux ouvriers............ 200ᵗᵗ

Somme de ce chapitre.... 11706ᵗᵗ 17ˢ 6ᵈ

MARLY[2].

MAÇONNERIE.

2 juillet-3 décembre : à Dorbay, Angland et Girardot, maçons, à compte des puits, tranchées, rigolles et

---

[2] Les dépenses de Marly sont placées sur le registre de 1679 tout à la fin du volume, après les Diverses Dépenses. Cela tient sans doute à ce que les payements et probablement les

aqueducs qu'ils font pour conduire les eaux à Marly (7 p.).. 32700ᴴ
3 juillet-3 décembre : à BAILLY et L'ÉPÉE, à compte des pavillons de l'aisle gauche du bastiment de Marly (7 p.)... 133900ᴴ
10 juillet-3 décembre : à ROCHER, maçon, à compte des pavillons de l'aisle droite (7 p.).......... 87400ᴴ
24 juillet 1679-7 janvier 1680 : à GOBIN, maçon, sur ses ouvrages pour l'establissement d'une briqueterie à Louciennes (3 p.)................................... 1850ᴴ
23 décembre : aux maçons qui ont travaillé au crespy et enduits des murs de face............ 569ᴴ 12ˢ 6ᵈ
24 décembre : à LAVENANT, pour vingt muids de chaux qu'il a fournis.. 600ᴴ
31 décembre : à luy, pour vingt futailles de chaux idem.. 100ᴴ
A MESNAGER, pour plusieurs dépenses à cause des fournitures qu'il a faites pour les enduits des murs de face.. 326ᴴ 10ˢ
Somme de ce chapitre.... 257446ᴴ 2ˢ 6ᵈ

CHARPENTERIE ET COUVERTURE.

10 juillet 1679-7 janvier 1680 : à LAPORTE, charpentier, sur ses ouvrages de l'aisle gauche du bastiment de Marly (8 p.)..................................... 40500ᴴ
12 octobre-24 décembre : à RENARD¹, couvreur, sur ses ouvrages au grand bastiment (2 p.)......... 900ᴴ
3 décembre : à DUVAL, couvreur, sur ses ouvrages à Marly.. 1400ᴴ
Somme de ce chapitre......... 42800ᴴ

MENUISERIE.

24 juillet-10 décembre : à CHARLES LAVIER, menuisier, à compte de ses ouvrages au grand bastiment du valon de Marly (5 p.)..................... 10200ᴴ
23 septembre-10 décembre : à RIVET, sur la menuiserie des pavillons de l'aisle droite (3 p.)...... 8000ᴴ
Somme de ce chapitre......... 18200ᴴ

SERRURERIE.

24 juillet-23 septembre : à FRANÇOIS MARCHAND, serrurier, à compte de ses ouvrages au grand bastiment du valon de Marly (3 p.)..................... 5700ᴴ

---

travaux n'ont commencé que vers le milieu de l'année, au mois de juillet. Il nous a paru plus rationnel d'intercaler ce chapitre particulier avant les chapitres généraux, qui se trouvent toujours rejetés à la fin du compte annuel.

¹ Or REGNARD.

6 novembre-3 décembre : à luy, sur ses ouvrages de l'aisle droite (2 p.)....................... 4300ᴴ
Somme de ce chapitre......... 10000ᴴ

VITRERIE, PLOMBERIE ET PAVÉ.

12 octobre : à CHARLOT, plombier, sur ses ouvrages au grand bastiment........................... 500ᴴ
12 novembre-3 décembre : à luy, idem au pavillon de l'aisle droite (2 p.)................................. 3000ᴴ
17 décembre : à MARCHAND, paveur, sur les ouvrages qu'il fait.. 1000ᴴ
Somme de ce chapitre......... 4500ᴴ

SCULPTURE, PEINTURE ET DORURE.

26 novembre : à SIMON et RAMBOURS, peintres, à compte de leurs ouvrages aux pavillons de Marly...... 1500ᴴ
24 décembre : à LE HONGRE, sculpteur, pour son ouvrage sur le modelle général du bastiment de Marly. 78ᴴ
Somme de ce chapitre......... 1578ᴴ

JARDINAGES ET FOUILLES.

3 juillet : à MARIN et consors, terrassiers, sur leurs fouilles et transports de terre............. 14700ᴴ
3 juillet : à GUINCHESTRE, pour port de terres... 150ᴴ
6 aoust-10 décembre : à luy, parfait payement de 1881ᴴ 10ˢ pour les routes qu'il a faites en face du grand bastiment (5 p.)................................. 1881ᴴ 10ˢ
3 juillet : à MESNAGER, pour l'ouverture de deux carrières à moislon près le port de Marly......... 285ᴴ
24 juillet : à luy, pour avoir découvert 53 thoises à moislon pour led. bastiment de Marly........... 200ᴴ
6 aoust : à luy, pour l'ouverture d'une carrière contenant 15 thoises et demy............................. 155ᴴ
6 aoust 1679-7 janvier 1680 : à MARON et MATHIEU RÉGLÉ, terrassiers, sur les transports de terre qu'ils font aux terrasses du grand bastiment (6 p.)...... 87800ᴴ
3 septembre : à AUZANNE, pour son remboursement d'ustencils qu'il a fournis pour l'establissement d'une nouvelle briqueterie à Louciennes........ 77ᴴ 15ˢ 6ᵈ
9 septembre-22 octobre : aux ouvriers qui ont travaillé à dresser les terrasses (4 p.)........ 1312ᴴ 15ˢ 8ᵈ
7 janvier 1680 : à ceux qui ont travaillé à décharger et voiturer de la chaux........................ 135ᴴ
23 septembre : à FONTAYNE, à compte de l'ouverture qu'il fait d'une carrière à Montesson pour les bastimens de Marly............................. 150ᴴ
17 décembre : à ADAM, terrassier, sur les rigolles qu'il fait pour détourner les eaux des ravines des attelliers. 200ᴴ

ANNÉE 1679. — RÉPARATIONS DE MAISONS ROYALES.

14 janvier 1680 : aux maçons et manœuvres qui ont travaillé aux enduits pour les peintures à fresque. 560ᶠᵗ 2ˢ

Somme de ce chapitre.... 107737ᴴ 3ˢ 2ᵈ

PARTIES EXTRAORDINAIRES.

3 juillet : aux ouvriers qui ont abattu les bois et tiré les allignemens dans le vallon de Marly... 460ᵗᵗ 14ˢ 8ᵈ

6 aoust : à ceux qui ont travaillé aux allignemens des terrasses de l'aisle gauche du bastiment... 501ᵗᵗ 17ˢ 6ᵈ

3 septembre : à ceux qui ont travaillé au modèle dud. bastiment...................... 389ᵗᵗ 16ˢ 8ᵈ

23 septembre-6 novembre : à ceux qui ont travaillé aux crespis et enduits pour les peintures à fresque du premier bastiment (2 p.)............ 1710ᵗᵗ 15ˢ 6ᵈ

5 novembre-24 décembre : à ceux qui ont travaillé pour faire un chemin ferré par le passage des matériaux en face dud. bastiment (4 p.)........... 1607ᵗᵗ 4ˢ

24 juillet : aux dénommez cy-après, la somme de 150ᵗᵗ

Sçavoir :

A ARNOULT, qui a eu son fils écrasé sous une mine de terre au vallon de Marly....... 40ᵗᵗ

A ROBINDONT, dont le fils a esté tué en travaillant aux caves..................... 40ᵗᵗ

A LAMY, qui a eu la cuisse cassée..... 30ᵗᵗ

Et à ...., pour la perte de son fils travaillant auxd. caves.................. 40ᵗᵗ

13 aoust : à GOBIN, briquetier, à compte de la briqueterie qu'il establit près Louciènes pour les bastimens. 600ᵗᵗ

13 aoust-10 décembre : à VOLEMAN[1], archer de la Prevosté de l'Hostel, pour ses soins d'avoir fait servir les atteliers du valon de Marly, de juin à décembre (3 p.). 724ᵗᵗ

21 aoust : aux cy-après nommez qui ont esté blessez sous une mine de terre aud. vallon........... 80ᵗᵗ

Sçavoir :

A PIERRE GRENOT, terrassier.......... 40ᵗᵗ
A PIERRE LE ROUX, autre terrassier..... 20ᵗᵗ
Au nommé BAUCHAMP, piqueur........ 20ᵗᵗ

12 novembre : aux arpenteurs qui ont alligné les routtes en face du grand bastiment........... 291ᵗᵗ

19 novembre : à JEAN OZANNE, pour fourniture de vingt-quatre lits garnis pour servir aux ouvriers malades qui travaillent au bastiment............ 1032ᵗᵗ

24 décembre : à ...., boucher, pour la viande qu'il a fournie pour les malades des atteliers........ 192ᵗᵗ

Somme de ce chapitre...... 7739ᵗᵗ 8ˢ 4ᵈ

---

[1] Ou VOLEMEND.

RÉPARATIONS
DE DIVERSES MAISONS ROYALES.

22 janvier-10 décembre : à la veuve DELOBEL[2], serrurier, à compte de ses ouvrages et réparations aux maisons royalles (3 p.)................... 1800ᵗᵗ

22 janvier : à YVON et CHARUEL, à compte de leurs ouvrages............................. 400ᵗᵗ

31 décembre : à YVON, couvreur, idem...... 400ᵗᵗ

22 janvier-10 décembre : à DIMANCHE CHARUEL, couvreur, idem (7 p.)................... 3976ᵗᵗ 11ˢ

29 janvier-5 novembre : à JOSEPH, charpentier, idem (5 p.).............................. 4800ᵗᵗ

17 décembre : à JOSEPH et SIMON, sur leurs ouvrages de charpenterie................... 1200ᵗᵗ

29 janvier : à ESMERY, concierge du chasteau de Compiègne, sçavoir : 609ᵗᵗ pour son remboursement de pareille somme payée à divers ouvriers, et 150ᵗᵗ par gratiffication.............................. 759ᵗᵗ

A COGNET, horloger, pour ouvrages faits à la Samaritaine de la pompe du Pont-Neuf.............. 115ᵗᵗ

29 janvier-25 juin : à THOMAS LE TORT, taillandier, pour ouvrages faits aux grands crics du magazin de lad. pompe (2 p.)......................... 145ᵗᵗ

11 septembre-29 octobre : à luy, parfait payement de 392ᵗᵗ à quoy montent les ouvrages et réparations faites à la pompe et Samaritaine du Pont-Neuf (2 p.). 392ᵗᵗ 15ˢ

5 febvrier-14 may : à HANICLE, maçon, à compte de ses réparations aux murs du bois de Boulogne et autres maisons royalles (4 p.)................. 4700ᵗᵗ

12 febvrier-16 avril : à PADELAIN, pour avoir ramonné plusieurs cheminées desd. maisons (2 p.).... 849ᵗᵗ 13ˢ

19 febvrier : à CARRÉ, paveur, parfait payement des réparations faites auxd. maisons.......... 357ᵗᵗ 15ˢ

19 febvrier-7 may : à JANSON, vitrier, à compte de ses ouvrages au Louvre, au Pallais-Royal et aux Thuilleries (3 p.)........................... 900ᵗᵗ

5 mars-17 septembre : à FRANÇOIS DE LA PORTE, doreur, à compte des ouvrages qu'il a faits tant au Palais-Royal qu'à Vincennes (4 p.).............. 2700ᵗᵗ

5 mars-3 décembre : à LOUIS GERMAIN, pour achapt et voicture de grands et menus plants pour les maisons royalles (6 p.)....................... 22000ᵗᵗ

12 mars : à la veuve CHARMETON, peintre, par gratifficationn pour l'année dernière 1678, en considération du

---

[2] Elle est aussi nommée la veuve LOBEL.

service que feu son mary a rendu dans les maisons royalles............................... 200ᴴ

19 mars : à René Bouffé, pour avoir voituré cinq cent vingt bottes de buys pour les jardins des maisons royalles 67ᴴ 14ˢ

19 mars-17 décembre : à Claude Le Roy, fils, serrurier, à compte de ses ouvrages au chasteau et donjon de Vincennes (4 p.)...................... 1400ᴴ

26 mars : à Pierre Chevallier, menuisier, à compte de ses ouvrages de menuiserie.............. 400ᴴ

26 mars-11 septembre : à Le Roy, menuisier, *idem* (4 p.)................................... 2700ᴴ

26 mars : à Anglard, maçon, à compte des ouvrages qu'il a faits et fait faire à Vincennes, ez années 1676 et 1677................................... 2000ᴴ

7 may-10 décembre : à luy, sur ses ouvrages de maçonnerie du donjon de Vincennes (5 p.)........ 8800ᴴ

9 avril : aux ouvriers qui ont travaillé à arracher et botteler le plan de charmille de la demye lune de la nouvelle enceinte dud. chasteau.............. 541ᴴ 6ˢ

14 may : à ceux qui ont eschenillé les ormes du cours de Vincennes, du 3 au 28 avril.......... 236ᴴ 18ˢ

12 novembre 1679-14 janvier 1680 : aux ouvriers qui ont planté du petit plan dans le bois de Boulogne (7 p.)................................. 6642ᴴ 18ˢ

31 décembre : à ceux qui ont travaillé à vuider les terres qui estoient le long des croisées de l'Académie françoise et ailleurs.......................... 363ᴴ

16 avril : à Follin, maçon, pour ouvrages qu'il a faits au logement de M. de Beringhen.......... 2818ᴴ 14ˢ

A Le Comte, charpentier, *idem*............. 511ᴴ 6ˢ

A Duchesne, couvreur, *idem*. 108ᴴ 6ˢ

A Justine, menuisier, *idem*.............. 166ᴴ 15ˢ

A Tourtier, serrurier, *idem*.............. 277ᴴ 1ˢ

A Gilles Le Roy, plombier, *idem*......... 294ᴴ 14ˢ

A Le Guay, paveur, *idem*................. 393ᴴ 19ˢ

23 avril-28 may : à Faissenet, menuisier, à compte de ses ouvrages de menuiserie pour le donjon et autres endroits de Vincennes (2 p.)................. 800ᴴ

9 juillet-17 décembre : à Faissenet et Delobel, menuisiers, *idem* (3 p.)........................ 1200ᴴ

30 avril-12 novembre : à Jacquet, vitrier, à compte de ses ouvrages de vitrerie à Vincennes (3 p.)... 1400ᴴ

30 avril : à Tureau, serrurier, pour ouvrages faits à l'Hostel des Ambassadeurs extérieurs....... 629ᴴ 6ˢ

A Béal, vitrier, *idem*..................... 243ᴴ 5ˢ

A Parent, serrurier, pour ouvrages au chasteau de la Bastille................................. 430ᴴ

14 may 1679-7 janvier 1680 : à Michel Thibault, jardinier, pour menues dépenses dans le petit parc de Vincennes et pour avoir entretenu et rétabli les pieux et la haye de closture de la petite garenne du parc de Vincennes pour la conservation des arbres (3 p.).. 1084ᴴ

15-23 may : à Varisse, pour avoir ramonné plusieurs cheminées aux chasteaux de Saint-Germain, de Fontainebleau et des Thuilleries, du 1ᵉʳ janvier au dernier avril (2 p.)...................'..... 635ᴴ 8ˢ

23 may : à Dubourg, maçon, pour ouvrages et réparations faites à l'orangerie des Thuilleries et autres endroits................................... 299ᴴ 10ˢ

4 juin : à Aniel, paveur, parfait payement de 695ᴴ 4ˢ pour ses ouvrages et réparations à l'Hostel des Ambassadeurs................................ 195ᴴ 4ˢ

17 juin-20 aoust : à Loistron et Frades, à compte des défrichemens et labours qu'ils font dans le parc de Boulogne (2 p.)........................... 4500ᴴ

25 juin : à Frade, parfait payement de 1615ᴴ pour les labours faits aux remises à gibier des plaines de Saint-Denis et de Houille pendant l'année 1678.... 965ᴴ 5ˢ

25 juin-25 septembre : à Loistron et Petit, terrassiers, pour parfait payement de 997ᴴ pour le premier et le deuxième labour des arbres des advenues de Vincennes (3 p.)................................ 997ᴴ

18 juin : à Labrus, Landry et consors, pour le labour de cinq arpens de terre plantez en pépinière d'ormes et tillots près Seaux...................... 43ᴴ 15ˢ

10 juillet : à Camaye et Chambois, couvreurs, pour la première demie année de l'entretenement du chasteau de Compiègne........................... 200ᴴ

28 décembre : à eux, pour ouvrages et réparations de couverture aud. lieu.................... 675ᴴ 16ˢ

23 juillet-5 novembre : aux nommez Liards, pour taupes qu'ils ont prises dans les jardins des maisons royalles (2 p.)...................... 912ˢ 12ˢ 6ᵈ

20 aoust : à La Bruer et consors, pour le deuxième labour qu'ils ont fait à cinq arpens de terre plantez en pépinière sur le terroir d'Aulneau près Seaux... 46ᴴ

11 septembre : à Gournay, plombier, pour ce qu'il a payé aux plombiers et manœuvres qui ont travaillé au restablissement des conduites de la pompe du Pont-Neuf au jardin des Thuilleries................... 237ᴴ

16 octobre : à Clément et La Joue, maçons, pour menus ouvrages et réparations faits en divers endroits du Louvre et autres maisons royalles......... 360ᴴ 15ˢ

22 octobre : à Mathieu et Pinard, maçons, *idem*. 1200ᴴ

5 novembre : au sʳ De la Quintinie, pour son remboursement de ce qu'il a payé pour fournitures et entre-

tien des jardins de S. M., depuis le 1ᵉʳ octobre 1678 jusqu'au 18 novembre 1679............ 3436ᴸ 7'

2 décembre : à Ollivier, sur les réparations de maçonnerie, charpenterie et autres ouvrages qu'il fait au chasteau de Saint-Léger................. 1245ᴸ

10 décembre : à Dionis, menuisier, sur ses ouvrages en divers endroits........................ 800ᴸ

10 janvier 1680 : à Varin et Moquot, sur leurs ouvrages et réparations de maçonnerie du chasteau de Chambord............................... 1500ᴸ

14 janvier 1680 : à Besnard et Denise, sur les trous qu'ils ont fait dans le parc de Boulogne pour planter des arbres.................................. 600ᴸ

7 janvier 1680 : à Le Roy, nattier, parfait payement de 1973ᴸ 3ˢ pour les nattes qu'il a fournies pour les orangeries des maisons royalles............... 973ᴸ 3ˢ

Somme de ce chapitre..... 99027ᴸ 11ˢ 6ᵈ

MANUFACTURES DE FRANCE.

12 mars : au sʳ Hervé Guymont, pour plusieurs glaces de miroirs qu'il a vendues................ 1010ᴸ

5 novembre : au sʳ Isnard[1], pour six tentures de tapisserie, fabrique de Beauvais, représentant des paysages et verdures..................... 10298ᴸ 0ˢ 10ᵈ

Somme de ce chapitre..... 11308ᴸ 0ˢ 10ᵈ

MANUFACTURES DES GOBELINS
ET DE LA SAVONNERIE.

Néant.

ACQUISITIONS DE MAISONS ET HÉRITAGES.

2 mars : à M. le duc de Noailles, pour son remboursement de l'hostel de Noailles et ses dépendances, scis à Versailles, acquis au proffit de S. M., suivant la visitte et estimation qui en a esté faite............ 72000ᴸ

A MM. Desmaretz et Desormes, pour leur remboursement d'une maison à eux appartenant, sçize idem. 28000ᴸ

A Mᵐᵉ de Bonneuil, pour son remboursement d'une maison idem....................... 21000ᴸ

Au sʳ Daquin, premier médecin de S. M., pour son remboursement idem................... 17000ᴸ

Au sʳ du Coudray, pour son remboursement d'une maison derrière l'hostel de Lozeun, idem........ 14000ᴸ

A M. le prince de Soubize et Mᵐᵉ de Béthune, pour une maison idem.................... 11900ᴸ

8 mars : à M. le duc de Roquelaure, pour son remboursement de l'hostel de Roquelaure et ses dépendances, idem............................. 19870ᴸ

A M. le duc de Duras, pour son remboursement idem............................. 19870ᴸ

26 avril : à la dame Manuel, pour parfait payement de 26000ᴸ pour le prix d'une maison comprise dans l'enclos du Louvre................... 20000ᴸ

15 may : aux propriétaires des héritages et terres prises pour faire un nouveau chemin pour aller en Crouy. 795ᴸ 10ˢ 1ᵈ

Au sʳ de Lalande, pour son remboursement des terres dont il estoit propriétaire, comprises dans la nouvelle terrasse du Boulingrin.................. 352ᴸ 7ˢ

30 juillet : au sʳ Fournier, prix d'une portion de maison à luy appartenante, sçize à Fontainebleau.. 2900ᴸ

A la demoiselle Rollin, pour 17 perches et demye de terre sçizes à la remise des Colomnes........ 70ᴸ 10ˢ

A Jean, François et Magdeleine Héron, pour le prix d'une maison sçize à Fontainebleau proche le marché, circonstance et dépendances............... 2995ᴸ

2 octobre : à Claude Vivray, Michel Bourdin et sa femme, Jacques de Lafosse, Jean Dubois et sa femme, tant pour le prix principal que pour les non-jouissances de 53 perches de terre sçizes au terroir de Clichy et comprises dans une des remises à gibier proche led. Clichy............................. 238ᴸ 10ˢ

23 décembre : à Estienne Cocu, dit de Vaux, pour 88 perches et demye de terre en trois pièces sçizes au terroir de Neuilly...................... 253ᴸ

7 may 1679 : à Louis Billonnois, pour son payement du prix d'une maison sçize rue Jean-Saint-Denis, comprise dans l'enclos du Louvre............ 22183ᴸ 6ˢ

Somme de ce chapitre..... 253428ᴸ 3ˢ 1ᵈ

OUVRAGES D'ARGENTERIE.

Aux orfévres desnommez cy-après, sçavoir :

22 janvier - 30 juin : à Girard Débonnaire, à compte (2 p.)............................ 35000ᴸ

A Merlin, idem (2 p.)................ 16000ᴸ

A de Launay, idem (2 p.).............. 14500ᴸ

A Cousinet, idem (2 p.).............. 3000ᴸ

A Alexis Loir, idem (2 p.)............ 6000ᴸ

A Claude de Villers, idem (2 p.)........ 8000ᴸ

Somme de ce chapitre........ 82500ᴸ

ACHAT DE MARBRE, PLOMB ET ESTAIN.

29 juin : au sʳ Pierre Formont, banquier, pour plu-

---
[1] C'est Hinard le fondateur de la manufacture de Beauvais.

sieurs blocs de marbre blanc de Carare, de Campan, et plusieurs colomnes de marbre verd qu'il a livrez pour les bastimens du Roy.................... 42951ᵗᵗ 2ˢ

23 juillet : à la veuve Borzon, peintre, à compte des blotz de marbre qu'elle a livrez............. 3000ᵗᵗ

14 septembre : au sʳ Allen, marchand, pour 385370 livres de plomb d'Angleterre qu'il a fournis au magazin du Roy......................... 38922ᵗᵗ 7ˢ 6ᵈ

25 septembre : à luy, pour trente-six pièces d'estain d'Angleterre pesant 12364 livres, à raison de 75ᵗᵗ le cent................................ 9273ᵗᵗ

11 octobre : à luy, pour 242184 livres de plomb d'Angleterre, à raison de 102ᵗᵗ le millier..... 24702ᵗᵗ 15ˢ

26 novembre : à luy, pour 1200 pièces *idem*, pesans 362446 livres, aud. prix.............. 36969ᵗᵗ 10ˢ

17 décembre : à Misson et Derbais, pour plusieurs blots de marbre blanc et noir de Barbanson. 9666ᵗᵗ 16ˢ

Somme de ce chapitre... 165485ᵗᵗ 10ˢ 6ᵈ

BIBLIOTÈQUE ET ACCADÉMIE DES SCIENCES.

24 mars-17 septembre : à Nicolas Clément, pour parfait payement de 3017ᵗᵗ pour les impressions des estampes qui se gravent pour le Roy et reliures de livres de la Bibliotèque (3 p.)................. 2017ᵗᵗ

23 may-2 juillet : à Migon, pour parfait payement de 840ᵗᵗ pour les globes et autres instrumens de matématiques qu'il a fournis pour l'Accademie (2 p.). 840ᵗᵗ

25 avril : au sʳ Romer, matématicien, pour payement de 800ᵗᵗ pour les frais de voyage faits en Angleterre pour y faire diverses observations astronomiques. 400ᵗᵗ

9 juillet-19 novembre : à Loir, graveur, pour 3000 jettons d'argent pour estre distribuez aux assemblées de MM. de l'Accademie (3 p.).............. 2919ᵗᵗ 17ˢ

16 juillet : aux sʳˢ Cousin et Lhéritier, pour trente et une journées qu'ils ont employées chacun aux transcriptions des cahiers du Dictionnaire de l'Accademie françoise................................. 232ᵗᵗ

3 décembre : aud. Lhéritier, pour avoir transcript plusieurs cahiers du Dictionnaire de l'Accademie françoise.................................. 175ᵗᵗ

5 novembre : à Roettier, pour la dernière demie année de sa pension, en considération des médailles qu'il a gravé de l'Histoire du Roy................. 750ᵗᵗ

A luy, à compte desd. médailles *idem*........ 800ᵗᵗ

26 novembre : à Chéron, graveur de médailles, à compte de celles de l'Histoire de S. M. qu'il grave. 800ᵗᵗ

10 décembre : à Tanguy, Le Guern et Gosselin, à compte des instrumens de mathématique qu'ils font pour lad. Accademie........................ 800ᵗᵗ

23 décembre : au sʳ Carcavy, pour les dépenses faites, tant à l'Accademie qu'à la bibliotèque du Roy et cabinet des médailles en 1679........... 3873ᵗᵗ 14ˢ 6ᵈ

Somme de ce chapitre.... 13607ᵗᵗ 11ˢ 6ᵈ

ACCADÉMIE DE PEINTURE,

SCULPTURE ET ARCHITECTURE DE PARIS ET DE ROME.

15 janvier : à Beaubrun, trésorier de l'Académie de peinture et sculpture, pour l'entretenement de lad. Accademie pendant le quartier d'octobre dernier.... 1000ᵗᵗ

1ᵉʳ avril : à luy, pour l'entretenement de lad. Académie pendant l'année 1679.................... 4000ᵗᵗ

7 avril-16 juin : au sʳ Formont, banquier, pour remboursement de pareille somme qu'il a fait remettre à Rome au sʳ Errard, à compte des dépenses de l'Académie (2 p.)............................... 20000ᵗᵗ

9 juillet 1679-7 janvier 1680 : aux sʳˢ Bruant, Dorbay, Mignard, Mansard, Gittard et Félibien, architectes, pour leur assistance aux conférences de l'Académie pendant les deuxième et troisième quartiers de l'année 1679 (3 p.).................... 1397ᵗᵗ

7 décembre : au sʳ de la Rue, pour son remboursement de pareille somme qu'il a fait remettre à Rome au sʳ Errard, à compte des dépenses......... 10600ᵗᵗ

Somme de ce chapitre........ 36997ᵗᵗ

GRATIFICATION DES GENS DE LETTRES.

12 aoust 1680 : au sʳ Godefroy, historiographe, en considération de son aplication aux recherches de l'histoire................................. 3600ᵗᵗ

Au sʳ abbé Gallois, en considération de son aplication aux belles-lettres........................ 2000ᵗᵗ

Au sʳ Perrault, médecin, en considération de la connoissance particulière qu'il a de la phisique........ 2000ᵗᵗ

Au sʳ Carcavy, en considération de la profonde connoissance qu'il a des mathématiques.......... 2000ᵗᵗ

Au sʳ Perrault, en considération de son aplication aux belles-lettres............................ 2000ᵗᵗ

Au sʳ abbé Bizot, en considération de son aplication *idem*................................... 2000ᵗᵗ

Au sʳ du Clos, médecin, en considération de la profonde connoissance qu'il a de la chimie......... 2000ᵗᵗ

Au sʳ Despréaux, en considération de son aplication aux belles-lettres........................ 2000ᵗᵗ

Au sʳ Racine, en considération des ouvrages de poësie qu'il compose et donne au public............ 2000ᵗᵗ

Au sʳ du Vernay, anatomiste, en considération du travail qu'il fait en l'Académie des Sciences, 1500ᵗᵗ, et 600ᵗᵗ pour l'entretenement d'un garçon........... 2100ᵗᵗ

Au sʳ d'Érouval, en considération de son aplication à la recherche des tiltres et histoires........... 2000ᵗᵗ

Au sʳ Blondel, en considération de la connoissance qu'il a des mathématiques................ 1500ᵗᵗ

Au sʳ du Boucuet, en considération des ouvrages d'histoire qu'il compose..................... 1500ᵗᵗ

Au sʳ Charpentier, en considération de son aplication aux belles-lettres....................... 1500ᵗᵗ

Au sʳ Dodart, en considération de son aplication aux mathématiques..................... 1500ᵗᵗ

Au sʳ Quinault, en considération de son aplication aux belles-lettres.......................... 1500ᵗᵗ

Au sʳ abbé Tallemant, en considération de son aplication idem............................ 1500ᵗᵗ

Au sʳ du Hamel, secrétaire de l'Accadémie des Sciences............................... 1500ᵗᵗ

Au sʳ Bourdelin, en considération du travail qu'il fait à l'Académie des Sciences pour l'analise des plantes. 1500ᵗᵗ

Au Père Le Cointe, en considération des ouvrages qu'il compose sur l'Histoire ecclesiastique......... 1500ᵗᵗ

Au sʳ de Lahyre, en considération de la connoissance particulière qu'il a des mathématiques........ 1500ᵗᵗ

Au sʳ Picard, en considération de la mesme connoissance............................... 1500ᵗᵗ

Au sʳ Mariotte, célèbre mathématicien, pour l'assiduité qu'il a rendue à l'Accadémie des Sciences. 1500ᵗᵗ

Au sʳ d'Herbelot, en considération de son aplication aux belles-lettres et de la parfaite connoissance qu'il a de la langue orientale.................... 1500ᵗᵗ

Au sʳ Dufourny, auditeur des comptes......... 1500ᵗᵗ

Au sʳ Huet, sous-précepteur de Monseigneur le Dauphin, en considération de la profonde connoissance qu'il a de toutes sortes de sciences et des ouvrages qu'il a donnez au public...................... 1500ᵗᵗ

Au sʳ de Lacroix, interprète en langue turque, en considération des services qu'il rend en cette qualité. 1200ᵗᵗ

Au sʳ Félibien, en considération du travail qu'il fait pour l'histoire des Maisons royalles.......... 1200ᵗᵗ

Au sʳ Balluze, en considération des ouvrages de litérature qu'il donne au public................ 1200ᵗᵗ

Au sʳ Dippy, interprète en langue arabe, en considération du service qu'il rend en cette qualité.... 1000ᵗᵗ

Au sʳ Michauld, en considération de son aplication aux belles-lettres........................ 1200ᵗᵗ

Au sʳ Borel, en considération de son aplication à la phisique en l'Académie des Sciences......... 1200ᵗᵗ

Somme de ce chapitre........ 53200ᵗᵗ

GRAVEURES DE PLANCHES.

5 mars : à Guillaume Chasteau, graveur, pour la planche qu'il grave d'après le tableau du Poussin. 800ᵗᵗ

A Loir, pour avoir gravé deux mille jettons d'argent pour distribuer aux assemblées de Messieurs de l'Académie............................... 1961ᵗᵗ 7ˢ

30 avril : à luy, pour mille jettons d'argent.. 973ᵗᵗ 5ˢ

12 mars : à Estienne Baudet, pour, avec 1000ᵗᵗ qui luy a esté cy-devant ordonné, faire 1300ᵗᵗ¹ pour une planche qu'il a gravée pour le Roy................. 300ᵗᵗ

4 avril : à luy, pour quatre planches qu'il a gravées pour le Roy........................... 800ᵗᵗ

25 juin-22 octobre : à luy, à compte d'une planche représentant les figures, bas-reliefs et ornemens du grand escalier (3 p.)....................... 1700ᵗᵗ

10 décembre : à luy, pour quatre planches, l'une représentant Bacchus, et les trois autres des bustes antiques............................... 930ᵗᵗ

12 mars-16 avril : à Louis Chastillon, parfait payement de 540ᵗᵗ à quoy montent six planches de plantes qu'il a gravées (2 p.).................... 540ᵗᵗ

28 may : à luy, parfait payement de 836ᵗᵗ pour dix-neuf planches de beaux morceaux d'architecture antique de Rome............................... 636ᵗᵗ

27 aoust : à luy, pour avoir gravé six planches de plantes qui sont au Jardin Royal, à 90ᵗᵗ chacune.. 540ᵗᵗ

19 mars : à Gilles de la Boissière, pour cinq planches d'architecture..................... 220ᵗᵗ

25 septembre : à luy, pour deux planches de médaillons antiques du cabinet du Roy.............. 160ᵗᵗ

12 novembre : à luy, pour une planche......... 44ᵗᵗ

19 mars-16 juillet : à Georges Tournier, pour dix planches *idem* (2 p.)...................... 440ᵗᵗ

13 aoust : à luy, pour une planche double qu'il a gravée de beaux morceaux d'architecture antique de Rome................................ 88ᵗᵗ

19 mars-23 avril : à Daniel Marot, pour trois planches (2 p.).............................. 132ᵗᵗ

19 mars-22 octobre : à Edelinck, parfait payement de 800ᵗᵗ pour une planche qu'il a gravée représentant la statue de Latonne qui est dans les jardins (3 p.). 800ᵗᵗ

---
¹ Il y a au registre 13000ᵗᵗ, mais c'est évidemment une erreur.

4 juin : à luy, sur une planche d'après Véronèze, représentant le *Déluge*........................ 400ᵗᵗ

17 septembre : à Edelinck le jeune, parfait payement de 2500ᵗᵗ pour une planche qu'il a gravée, représentant le grand groupe de marbre blanc du milieu de la Grotte de Versailles......................... 400ᵗᵗ

22 octobre : à luy, à compte d'une planche qu'il a gravée d'après une figure de marbre, représentant l'Hyver, dessigné pour le parterre d'eau de Versailles.... 200ᵗᵗ

31 décembre : à luy, sur les planches qu'il grave sur les figures de marbre qui se font pour le parterre d'eau de Versailles......................... 400ᵗᵗ

26 mars : à Bernard, pour un carré qu'il a livré représentant un Alcion......................... 90ᵗᵗ

A Jean Le Paultre[1], pour une planche...... 528ᵗᵗ

23 avril : à luy, pour trois planches........ 176ᵗᵗ

4 juin : à luy, pour trois planches.......... 132ᵗᵗ

A luy, sçavoir : 350ᵗᵗ pour la planche représentant la collation donnée à Versailles pendant les festes de l'année 1668, et 44ᵗᵗ pour une planche des Antiquitez de Rome............................. 394ᵗᵗ

16 juillet : à luy, pour trois planches....... 132ᵗᵗ

23 juillet : à luy, à compte des planches représentant les fontaines de Versailles................... 300ᵗᵗ

11 septembre : à luy, pour une planche représentant les illuminations de la feste de Versailles de l'année 1668............................. 400ᵗᵗ

12 novembre : à luy, pour trois planches..... 176ᵗᵗ

16 octobre : à Le Pautre fils, graveur, pour deux planches qu'il a gravées, représentant deux fontaines de Versailles............................ 240ᵗᵗ

12 novembre : à luy, à compte des planches représentant diverses fontaines du petit parc........... 200ᵗᵗ

A P. Le Pautre, pour une planche double et deux simples........................... 176ᵗᵗ

9 avril : à La Pointe, pour parfait payement de 1300ᵗᵗ pour avoir gravé la carte des environs de Paris.. 300ᵗᵗ

9 avril-14 may : à Picard, parfait payement de 1350ᵗᵗ pour la planche qu'il a gravée d'après le tableau de Lanfran représentant la *Séparation de saint Pierre et de saint Paul* (2 p.)........................... 1050ᵗᵗ

3 septembre : à luy, à compte d'une planche qu'il grave d'après un tableau du cabinet du Roy.... 300ᵗᵗ

23 avril : à Richer, graveur, pour avoir escrit douze planches et inscriptions de plusieurs autres....... 94ᵗᵗ

9 juillet : à luy, pour treize planches........ 115ᵗᵗ

12 novembre : à luy, pour avoir écrit l'inscription de quatorze planches de beaux morceaux d'architecture antique de Rome........................... 105ᵗᵗ

23 avril : à Nicolas Bonard[2], pour avoir gravé trois planches........................... 184ᵗᵗ 10ˢ

9 juillet : à luy, pour avoir escript plusieurs inscriptions sur vingt-quatre planches d'architecture antique de Rome........................... 1668ᵗᵗ

12 novembre : à luy, pour avoir gravé deux planches. 208ᵗᵗ

14 may-10 décembre : à Audran, graveur, à compte des planches qu'il grave d'après les tableaux du sʳ Le Brun (3 p.)......................... 2000ᵗᵗ

23 may : à Germain, graveur, parfait payement de 853ᵗᵗ 2ˢ pour les poinçons, carrez et médailles qu'il fait pour l'Histoire du Roy................... 603ᵗᵗ 2ˢ

4 juin : à François, graveur, pour trois planches représentans des morceaux d'architecture antique de Rome............................. 132ᵗᵗ

4 juin-25 septembre : à Rottier, graveur, à compte des médailles de l'Histoire de S. M. (2 p.).... 1400ᵗᵗ

18 juin : à Brebes (sic), pour deux planches de beaux monumens antiques de Rome............... 88ᵗᵗ

30 juillet : à Le Clerc, pour une planche qu'il a gravée et plusieurs desseins d'animaux qu'il a faits pour l'Académie des Sciences................... 104ᵗᵗ

26 novembre : à luy, pour avoir achevé de graver une planche représentant la deffaite du comte de Marsin. 300ᵗᵗ

16 octobre : à Berrain, graveur, parfait payement de 825ᵗᵗ pour quinze desseings qu'il a faits de plusieurs festes et illuminations faites à Versailles........... 475ᵗᵗ

30 octobre : à Silvestre, pour deux planches qu'il a gravées, l'une représentant le jardin de la Diane de Fontainebleau, et l'autre le jardin de Monceaux... 1000ᵗᵗ

12 novembre : à Guérard, pour avoir gravé une planche double et quatre simples............. 264ᵗᵗ

12 febvrier 1680 : à Jean Patigny, graveur, pour ouvrages par luy faits à l'Observatoire............ 270ᵗᵗ

Somme de ce chapitre........ 26069ᵗᵗ 4ˢ

LOYERS DE MAISONS.

20 décembre : à la dame Cornuel, pour le loyer de huit maisons dont elle est propriétaire, scizes à la Halle-Barbier, occupées par les mousquetaires du Roy pendant l'année 1679, à raison de 180ᵗᵗ par an chacune. 1440ᵗᵗ

Au sʳ de la Quintinie, pour le loyer de sa maison,

---

[1] Ce nom est écrit tantôt Le Paultre, tantôt Le Pautre.

[2] Ou Bonart.

scize à Versailles, occupée par M. Le Brun, depuis le 1ᵉʳ janvier jusqu'au dernier octobre........ 666ᴴ 12ˢ

20 febvrier 1680 : au sʳ Petit père, pour le loyer de sa maison à Versailles, occupée par les officiers des Bastimens pendant l'année 1679.............. 1200ᴴ

A M. l'abbé Colbert, pour le loyer de sa maison occupée par la bibliotèque du Roy, à Paris........ 3000ᴴ

Aux principal, procureur et bourciers du collège de Cambray, pour le dédommagement des bastimens du Collège Royal pendant l'année 1679........ 1180ᴴ

Au sʳ de Poitrincourt, héritier de la dame de Poix, pour le loyer de sa maison occupée par la grande escurie du Roy, à Paris...................... 4030ᴴ

Aux cy-après nommez, pour le loyer de leurs maisons occupées par les mousquetaires du Roy, scizes à la Halle-Barbier, en 1679..................... 2260ᴴ

Sçavoir :

Au sʳ Houel..................... 360ᴴ
Au sʳ Roger..................... 360ᴴ
A la veuve Hayart............... 180ᴴ
A la veuve Massonnet........... 360ᴴ
Aux héritiers de la veuve Perrier.... 500ᴴ
A la dame d'Astry............... 500ᴴ

Somme de ce chapitre....... 13776ᴴ 13ˢ

GAGES PAYEZ PAR ORDONNANCE.

29 janvier : à Paul Touchart, jardinier de Glatigny, pour reste de ses gages depuis le mois de juin 1676 jusques au dernier décembre 1678 et pour ceux d'un garçon... 550ᴴ

10 febvrier - 23 aoust : au sʳ Romer, mathématicien, pour une année de ses appointemens qui escherront le 30 décembre prochain, 1600ᴴ, et 400ᴴ pour le voyage qu'il a fait en Angleterre (2 p.)............. 2000ᴴ

24 febvrier : à Joseph Rottier, graveur de médailles, pour six mois de ses appointemens qui escheront le dernier juin................................ 750ᴴ

28 may : à Menand, marbrier, ayant l'entretien des marbres de la chapelle du Palais-Royal, pour une année dud. entretenement escheue le dernier mars..... 150ᴴ

6 juin : au sʳ Godefroy, historiographe, sçavoir : 842ᴴ pour payement de 3842ᴴ à quoy montent les appointemens, nourriture et entretien de quatre escrivains qui travaillent sous luy à la Chambre des Comptes de Lille en Flandres, et autres dépenses faites depuis le 1ᵉʳ novembre 1678 jusqu'au dernier mars dernier, et 3000ᴴ à compte desd. dépenses à commencer du 1ᵉʳ avril...... 3842ᴴ

29 septembre : à luy, pour lad. dépense depuis le 1ᵉʳ avril jusqu'au dernier aoust............. 3890ᴴ

10 juillet 1679 - 20 febvrier 1680 : au sʳ Petit père, ayant le soin des bastimens et autres ouvrages qui se font à Fontainebleau, pour une demye année de ses appointemens escheus au 31 décembre (2 p.)......... 3600ᴴ

A Galland, ayant la nourriture des cignes et carpes des estangs de Fontainebleau, pour le deuxième quartier de ses gages........................ 270ᴴ 10ˢ

1ᵉʳ aoust : à Prud'homme, arpenteur, à compte de son travail à lever le plan des bois de Versailles et pour le thoisé qu'il fait aux réservoirs de Satori....... 1000ᴴ

23 aoust : à Le Coustillyé, jardinier, ayant l'entretenement du jardin du Pavillon royal, pour le second quartier de ses gages de lad. année 1679......... 1000ᴴ

A Goenen, concierge dud. pavillon, pour le second quartier de ses gages escheu le dernier juin..... 400ᴴ

8 septembre : au sʳ Camuset, pour plusieurs voyages qu'il a faits dans les villes et lieux de l'establissement de la manufacture des bas de laine au tricot...... 2000ᴴ

7 febvrier 1581 : à luy, à cause du soin qu'il prend de lad. manufacture, pour ses appointemens ... 2000ᴴ

11 septembre : au sʳ Perrault père, à compte des thoisés qu'il fait................. 1000ᴴ

11 septembre : à Perrault fils, à compte idem. 800ᴴ

10 décembre : à luy, pour payement de 2352ᴴ pour plusieurs journées et vaccations qu'il a employées à faire plusieurs thoisez depuis le 1ᵉʳ janvier 1677 jusques au 1ᵉʳ janvier 1679...................... 752ᴴ

30 septembre : au sʳ Dorbay, en considération du soin qu'il prend des bastimens de Fontainebleau et dépendances pendant la présente année.......... 2000ᴴ

2 octobre : à Jean-Baptiste de Lalande, ayant l'entretenement de l'orangerie de Saint-Germain, pour avoir labouré et entretenu les pallissades du parc pendant les six premiers mois de la présente année........ 150ᴴ

A La Pointe, pour avoir entretenu les cages qui renferment des ormes de la grande advenue des Loges pendant une année finie le 23 septembre dernier... 100ᴴ

7 octobre : à Gervais, garde du parc de Fontainebleau, pour plusieurs voyages qu'il a faits pour arrester des bois et pour chercher des ouvriers pour travailler aux bastimens de Fontainebleau 60ᴴ

A Le Clerc, pour voyages qu'il a faits pour accélérer les matériaux et avoir pressé les ouvriers qui travaillent aux bastimens de Fontainebleau 30ᴴ

3 octobre : aux cy-après nommez, à cause du bon estat

de leurs entretenemens des parcs et jardin de Fontainebleau pendant 1679......................... 2000ᵗᵗ

Sçavoir :

A la veuve de Bray................	200ᵗᵗ
A la veuve Largentier.............	200ᵗᵗ
A Desbouts.....................	150ᵗᵗ
A Nivelon.....................	100ᵗᵗ
A Vabin......................	200ᵗᵗ
A la veuve Louis Desbouts.........	400ᵗᵗ
A Henry Voltigent...............	200ᵗᵗ
A la veuve Toulet................	200ᵗᵗ
A Muzard......................	200ᵗᵗ
A Besnard.....................	150ᵗᵗ

28 octobre : au sʳ Desrues, commis pour l'exécution des règlemens des tailles en Normandie, pour plusieurs voyages extraordinaires par luy faits au sujet desd. manufactures........................... 600ᵗᵗ

23 octobre 1679-20 febvrier 1680 : à la veuve Carbonnet, ayant l'entretenement de la haute allée du jardin des Thuilleries, pour une année de son logement escheue le dernier décembre 1679 (2 p.)............ 200ᵗᵗ

13 avril : au sʳ Hugens, célèbre mathématicien, pour six mois de ses appointemens escheus au 1ᵉʳ avril 1679. .... 3000ᵗᵗ

16 avril : à Jean Patigny, graveur, pour les trois premiers quartiers, en considération du travail qu'il fait à l'Observatoire à dessigner et graver la grande figure et les phases de la lune..................... 810ᵗᵗ

30 avril : à Jacques Rigault, préposé aux ouvrages du jardin du palais des Thuilleries, pour le premier quartier de ses appointemens................... 225ᵗᵗ

A Bailly, portier de la manufacture establie à Chaillot, pour ses appointemens de l'année, et 30ᵗᵗ pour l'entretenement de la sacristie.................. 330ᵗᵗ

A du Val, couvreur, ayant l'entretenement des couvertures du chasteau de Vincennes, pour le premier quartier dud. entretenement.................. 350ᵗᵗ

A luy, ayant celui des couvertures du chasteau de Monceaux..................................... 125ᵗᵗ

A Lacroix, portier de la porte du Palais-Royal du costé de la rue de Richelieu, pour ses appointemens de lad. année................................... 450ᵗᵗ

A Jean Breman, ayant l'entretenement des plantes médicinales du jardin du Roy, idem............. 2500ᵗᵗ

A Philbert Chaillou, portier dud. jardin, idem. 450ᵗᵗ

Aux ouvriers de la pépinière du Roulle et au sʳ de Beaulieu, ingénieur qui enseigne les mathématiques et l'aritmétique aux garçons jardiniers de lad. pépinière. 4365ᵗᵗ

Sçavoir :

A Antoine Trumel, jardinier, pour ses gages de lad. année.......................	1200ᵗᵗ
A Clément Garnier, autre jardinier...	400ᵗᵗ
A Octavien Herny, autre jardinier qui cherche les fleurs.......................	600ᵗᵗ
A Louis Germain, ayant la conduite des ouvriers............................	900ᵗᵗ
A Jean Frades, ayant l'entretenement des labours............................	965ᵗᵗ
Au sʳ de Beaulieu, ingénieur........	300ᵗᵗ

28 may : à Descluzeaux, garde de la Prévosté de l'Hostel, pour ses vaccations pendant quatre mois à faire voiturer et accélérer les matériaux de Versailles et autres.. 480ᵗᵗ

26 juin : au sʳ Cassini, célèbre mathématicien, pour ses appointemens de l'année 1679.......... 9000ᵗᵗ

6 juillet : à du Vivier, pour ses appointemens et ceux des gens qui servent avec luy pour faire les cartes des provinces du royaume................... 2000ᵗᵗ

10 juillet : au sʳ Balon, ayant la direction des plantes des jardins et advenues des maisons royales.... 1800ᵗᵗ

10 juillet 1679-20 febvrier 1980 : au sʳ Petit fils, ayant le soin des bastimens de Saint-Germain et valon de Marly, pour une année de ses appointemens au dernier décembre 1679........................ 1200ᵗᵗ

A Yvon, couvreur, ayant l'entretenement de la moitié des couvertures des maisons royales......... 4145ᵗᵗ

A Charruel, couvreur, ayant l'autre moitié.. 6145ᵗᵗ

Au sʳ Fossier, commis pour recevoir et pezer le plomb et le fer pour les maisons royales............ 600ᵗᵗ

20 febvrier : à luy, pour les menues dépenses et réparations à faire aux bastimens en 1679........ 700ᵗᵗ

11 juillet : au sʳ Mansard, architecte, pour ses appointemens de l'année 1679................ 6000ᵗᵗ

Aux Prestres de la Mission de Fontainebleau, pour leur subsistance pendant les six premiers mois de l'année 1679................................ 3000ᵗᵗ

19 aoust : aux sʳˢ Cocaigne et Desnues, commis pour l'exécution des règlemens des toiles en Normandie, pour leurs appointemens des six premiers mois..... 1800ᵗᵗ

24 aoust : à Mathieu et Pinart, jeunes architectes ayant le soin de la closture du nouveau parc de Saint-Germain-en-Laye, à compte de leurs appointemens. 1200ᵗᵗ

Au sʳ Duclavier, pour avoir pensé les ouvriers qui travaillent dans les bastimens pendant les années 1676, 1677 et 1678......................... 1200ᵗᵗ

20 octobre : au s' Butterfel, à compte du travail du grand planisphère d'argent pour le Roy........ 600ᵗᵗ
31 octobre : au s' Lambert, architecte, à compte de ses appointemens...................... 2000ᵗᵗ
20 febvrier 1680 : à Camaye et Chambois, couvreurs, pour l'entretenement des couvertures du chasteau de Compiègne pendant les six derniers mois.......... 200ᵗᵗ
Au s' Lefebvre, controlleur des Bastimens, en considération du soin qu'il prend des ouvrages qui se font à Versailles pendant lad. année............ 2400ᵗᵗ
Au s' Bréau, en considération de la conduite qu'il a des bastimens de Clagny, pour ses appointemens. 3000ᵗᵗ
26 mars : à Lancelin, pour le parfait payement de ses appointemens pendant sept mois, à commencer du 25 may jusques au 25 décembre, à 30ˢ par jour. 215ᵗᵗ
A Luer[1], pour le parfait payement de ses appointemens pendant sept mois, à raison de 30ˢ par jour, pour avoir pris soin des labours du parc de Boulogne....... 65ᵗᵗ
5 avril : au s' Clérambault, pour ses appointemens de 1679.......................... 1200ᵗᵗ
7 avril : au s' Belouze, chapelain des Gobelins, pour quinze mois de ses appointemens escheus le dernier mars................................. 375ᵗᵗ
28 may : à Clequin[2], charpentier, par gratification, en considération de ses soings et industrie pour le transport et élévation de deux grandes pierres du fronton du Louvre et autres ouvrages................ 2000ᵗᵗ
10 juillet : au s' Clément, en considération des services qu'il rend dans la bibliothèque du Roy et du soin qu'il prend de l'impression des planches en taille-douce. 600ᵗᵗ
26 septembre : à Jean Remy, garçon du laboratoire du Jardin Royal, pour ses gages de l'année 1679... 200ᵗᵗ
A Beaupré, autre garçon dud. laboratoire, pour ses gages de lad. année..................... 200ᵗᵗ
Au s' Daquin le jeune, démonstrateur de l'intérieur des plantes du Jardin Royal, pour ses gages de l'année 1679.............................. 1500ᵗᵗ
Au s' Daquin, surintendant des démonstrations intérieures, pour *idem*..................... 3000ᵗᵗ
Au s' Fagon, sous-démonstrateur, pour *idem*.. 1500ᵗᵗ
A luy, démonstrateur desd. plantes, pour *idem*. 1500ᵗᵗ
Somme de ce chapitre...... 99174ᵗᵗ 10ˢ

---

[1] Ou Lués.
[2] Il faut sans doute lire Cliquin.

GAGES SUIVANT L'ESTAT
DU 19 MAY 1680.

Estat des gages des officiers des bastimens du Roy, jardins, tapisseries et manufactures de S. M., et appointemens des personnes rares en l'architecture, peinture, sculpture et autres arts, qu'elle veut estre entretenues pour son service en ses chasteaux du Louvre, des Thuileries, Palais-Royal, Saint-Germain-en-Laye, Versailles, Madrid, Vincennes et autres lieux à elle appartenant, pendant l'année 1679, expédié par nous, Jean-Baptiste Colbert, chevalier, marquis de Seignelay et autres lieux, Conseiller ordinaire du Roy en tous ses conseils, Controleur général des finances, commandeur et grand trésorier des Ordres de S. M., Secrétaire d'Estat, Surintendant et Ordonnateur général de ses bastimens, arts et manufactures de France, suivant le pouvoir à nous donné par S. M.

PREMIÈREMENT :

GAGES ET APPOINTEMENS DES SURINTENDANT, INTENDANS, CONTROLLEURS ET TRÉSORIERS DESDITS BASTIMENS.

A nous, en lad. qualité de Surintendant et Ordonnateur général desd. bastimens, jardins, tapisseries et manufactures, pour nos gages à cause de notre charge. 12000ᵗᵗ
A nous, en lad. qualité de lad. charge et pension attribuée à icelle...................... 3000ᵗᵗ
A nous, comme Surintendant et Ordonnateur général des bastimens du chasteau de Monceaux....... 2400ᵗᵗ
Au s' Coquart de la Motte, conseiller du Roy en ses conseils, intendant et ordonnateur ancien desd. bastimens, jardins, tapisseries et manufactures, pour trois quartiers de ses gages................... 4500ᵗᵗ
Au s' Gobert, aussy conseiller du Roy ezd. conseils, intendant et ordonnateur alternatif desd. bastimens, jardins, tapisseries et manufactures, pour trois quartiers de ses gages........................ 4665ᵗᵗ
Au s' Le Nostre, controlleur général ancien desd. bastimens, etc., pour trois quartiers...... 4080ᵗᵗ 18ˢ 9ᵈ
Au s' Perrault, controlleur général alternatif desd. bastimens, etc., pour trois quartiers de ses gages et augmentation d'iceux..................... 4125ᵗᵗ
Au s' Lefebvre, controlleur général trienal desd. bastimens, pour trois quartiers de ses gages et augmentations d'iceux........................ 4133ᵗᵗ
A Mᵉ Charles Le Bescue, conseiller du Roy, trésorier général desd. bastimens, pour trois quartiers de ses gages et augmentation d'iceux................. 2100ᵗᵗ

A luy, aussy conseiller du Roy, trésorier général alternatif desd. bastimens, pareille somme........ 2100ᵗᵗ

A Mᵉ Sébastien-François de la Planche, aussy conseiller du Roy, trésorier général triennal desd. bastimens, pareille somme........................ 2100ᵗᵗ

Total............... 45203ᵗᵗ 18ˢ 9ᵈ

OFFICIERS QUI ONT GAGES
POUR SERVIR GÉNÉRALLEMENT DANS TOUTES LES MAISONS ET BASTIMENS DE SA MAJESTÉ.

Au sʳ Le Brun, pour ses appointemens pendant lad. année, la somme de 8800ᵗᵗ à luy ordonnée par gratification, à cause de la conduitte et direction des peintres des maisons royalles, et aussy de celles qu'il a sous nos ordres de la manufacture des Gobelins, pour, avec 3200ᵗᵗ employez dans l'estat de la Maison du Roy, faire la somme de 12000ᵗᵗ à luy accordée par chacun an...... 8800ᵗᵗ

Au sʳ Blondel, professeur de l'Accadémie d'architecture establie au Palais-Royal, pour y tenir les conférences et y enseigner publiquement, pour ses gages... 1200ᵗᵗ

Au sʳ Mansard, architecte, pour ses gages pendant lad. année................................ 500ᵗᵗ

Au sʳ Dorbay, autre architecte, idem........ 1000ᵗᵗ

Au sʳ Gittard, idem..................... 500ᵗᵗ

Au sʳ Mignard, idem..................... 500ᵗᵗ

Au sʳ Bruant, idem...................... 500ᵗᵗ

Au sʳ Félibien, historiographe des Bastimens du Roy, pour ses gages à cause de lad. charge......... 1200ᵗᵗ

A Charles Errard, peintre, retenu pour servir S. M., la somme de 1200ᵗᵗ pour ses gages, dont il sera payé de trois quarts pour lad. année à cause du service actuel qu'il rend à S. M. pour ses bastimens........ 900ᵗᵗ

A Jean-Baptiste Champagne, autre peintre, pour ses gages, la somme de 400ᵗᵗ, dont il sera seulement payé de la moitié......................... 200ᵗᵗ

A Noel Coypel, autre peintre, pareille somme... 200ᵗᵗ

A Bailly, peintre en mignature, idem........ 200ᵗᵗ

A Friquet, autre peintre, idem............. 200ᵗᵗ

À Claude Goy, autre peintre, idem.......... 120ᵗᵗ

A André Félibien, ayant la garde des figures et le soin de tenir nets et polir les marbres des maisons royalles................................. 400ᵗᵗ

A..... Anguier, sculpteur, pour ses gages.. 200ᵗᵗ

A Jacques Houseau, autre sculpteur, faisant ordinairement les models et ornemens, tant au Louvre qu'ailleurs, pour ses gages la somme de 400ᵗᵗ, dont il luy sera payé................................ 150ᵗᵗ

A François Girardon, autre sculpteur, idem... 200ᵗᵗ

A Thomas Regnaudin, idem............... 150ᵗᵗ

A Gaspard Marsy, idem.................. 200ᵗᵗ

A Louis Legros, idem.................... 150ᵗᵗ

A Mathieu Lespagnandel, idem............ 150ᵗᵗ

A Philippes Caffiers, idem............... 150ᵗᵗ

A Baptiste Tuby, idem.................. 200ᵗᵗ

A Pierre Mazelines, idem................ 150ᵗᵗ

A Menard, marbrier, pour ses gages.......... 30ᵗᵗ

A Dominico Cucci, qui fait toutes les garnitures de bronze doré des portes et croisées des maisons royalles, pour ses gages........................... 60ᵗᵗ

A Le Clerc, graveur, pour ses gages......... 100ᵗᵗ

A Israel Silvestre, graveur, pour faire les desseins d'architecture, vues et perspectives des maisons royalles, carousels et autres assemblées publiques, pour ses gages et appointemens que S. M. luy a accordé par brevet, de laquelle il sera payé entièrement............. 400ᵗᵗ

A Goyton, imprimeur en taille-douce......... 100ᵗᵗ

A François Villedot, de Clermont, maistre des œuvres de maçonnerie des bastimens du Roy, tant pour ses gages anciens qu'augmentation d'iceux, la somme de 1200ᵗᵗ, dont il sera payé de la moitié, attendu le service actuel qu'il rend à S. M...................... 600ᵗᵗ

A Libéral Bruant, maistre des œuvres de charpenterie, pour avoir l'œil sur tous les charpentiers des maisons royalles, la somme de 1200ᵗᵗ, de laquelle il ne sera payé que de la moitié........................ 600ᵗᵗ

A Antoine Bergeron, maçon................ 30ᵗᵗ

A Jean Dorbay, idem.................... 30ᵗᵗ

A Jacques Gabriel, idem................. 30ᵗᵗ

A Jacques Mazières le jeune, idem.......... 30ᵗᵗ

A..... Hanicle, idem................... 30ᵗᵗ

A Pierre Tuevenot, idem................. 30ᵗᵗ

A Poncelet Cliquin, charpentier............ 30ᵗᵗ

A Paul Charpentier, idem................ 30ᵗᵗ

A Jean Bricart, idem.................... 30ᵗᵗ

A Pierre Dionis, menuisier................ 30ᵗᵗ

A Jean Danglebert, idem................. 30ᵗᵗ

A Antoine Saint-Yves, idem............... 30ᵗᵗ

A Claude Bergerat, idem................. 30ᵗᵗ

A Jacques Prou, idem................... 30ᵗᵗ

A François Couvreux, idem............... 30ᵗᵗ

A la veuve Somer, idem.................. 30ᵗᵗ

A..... Boulle, idem.................... 30ᵗᵗ

A Denis du Chesne, serrurier.............. 30ᵗᵗ

A la veuve de Lobel, idem................ 30ᵗᵗ

A Antoine-Charles Janson, vitrier........... 30ᵗᵗ

A Charles Jacques, idem................. 30ᵗᵗ

A Estienne Yvon, couvreur................ 30ᵗᵗ

ANNÉE 1679. — GAGES DES OFFICIERS DES BÂTIMENTS.

A Nicolas Duval, idem................. 30ᵗᵗ
A Dimanche Chabuel, idem............. 30ᵗᵗ
A Gilles Le Roy, plombier............. 30ᵗᵗ
A Jean Allain, idem................... 30ᵗᵗ
A Philippes Vitry, idem............... 30ᵗᵗ
A la veuve Mazelines, idem............ 30ᵗᵗ
A Antoine Vatel, paveur............... 30ᵗᵗ
A Hubert Misson, marbrier............. 30ᵗᵗ
A Claude Briot, miroitier............. 30ᵗᵗ
A La Baronnière, peintre et doreur.... 30ᵗᵗ
A Gosselin et Tanguy, armuriers, retenus pour travailler aux instrumens de mathématique nécessaires pour l'Accadémie des Sciences............... 200ᵗᵗ
A Thuret, orlogeur, retenu pour entretenir toutes les pendules de l'Accadémie des Sciences, tant celles qui sont à l'Observatoire que dans lad. Accadémie, pendant l'année 1679............................ 300ᵗᵗ
A Masselin, chaudronnier, pour ses gages.... 30ᵗᵗ
A Padelain et Varisse, ramonneurs de cheminées, pour avoir soin de tenir nettes toutes celles des maisons royalles à Paris, Saint-Germain, Fontainebleau et autres lieux, la somme de 200ᵗᵗ, sur quoy leur sera payé 30ᵗᵗ à chacun, et les recommddages de cheminées leur seront payez par ordonnances.................... 60ᵗᵗ
A Daniel Fossier, garde du magasin du Roy où se mettent les démolitions et matériaux nécessaires pour les bastimens de S. M..................... 400ᵗᵗ
A Charles Mollet, jardinier, retenu pour travailler aux desseins des parterres et jardins de S. M. lorsqu'il luy sera commandé, pour ses gages la somme de 1000ᵗᵗ, dont il ne luy sera payé que la moitié........ 500ᵗᵗ
A André Le Nostre, aussy retenu pour travailler ausd. desseins de jardins et parterres, pour ses gages.. 1200ᵗᵗ
Au s' François Francines, intendant de la conduite et mouvement des eaux et fontaines de S. M., la somme de 3000ᵗᵗ, sçavoir : 1800ᵗᵗ d'anciens gages et 1200ᵗᵗ d'augmentation, dont il sera payé de trois quarts.... 2250ᵗᵗ
Aud. s' Francines, ayant l'entretenement des fontaines de Rungis, palais de Luxembourg, Croix-du-Tiroir, chasteau du Louvre, pour ses gages à cause dud. entretenement................................ 7000ᵗᵗ
A Pierre Francines, ingénieur pour le mouvement des eaux et ornemens des fontaines, outre ce qui luy est ordonné dans l'estat de Fontainebleau, la somme de 600ᵗᵗ, dont il luy sera payé trois quarts seulement..... 450ᵗᵗ
A luy, ayant la conciergerie de la maison du regard des fontaines de Rungis hors le fauxbourg Saint-Jacques, suivant l'arrest du Conseil du 28 juin 1675, la somme de 100ᵗᵗ du fond laissé dans l'estat des finances sous le nom du trésorier général des bastimens............ 100ᵗᵗ
Au s' Perrault, l'un de nos commis, ayant le soin de la visite de tous les ouvrages ordonnez par S. M. en ses bastimens et de tenir la main à ce que tous les ordres par nous donnez pour l'exécution des volontez de S. M. soient ponctuellement exécutez et avec diligence requise, pour ses appointemens.................... 2000ᵗᵗ
Au s' Billet, autre commis, tenant sous nous le registre des ordonnances, recepte et dépense desd. bastimens, pour ses appointemens.................... 900ᵗᵗ
A ....., commis de l'intendant en exercice... 600ᵗᵗ
A ....., commis du controlleur général desd. bastimens en exercice, pour, en son absence, avoir l'œil à ce qui est du controlle général, pour ses appointemens.. 600ᵗᵗ
Aux trois premiers commis en titre d'office des trois trésoriers généraux desd. bastimens, pour leurs gages, à raison de 300ᵗᵗ chacun, dont il sera seulement payé à chacun 200ᵗᵗ......................... 600ᵗᵗ
A Daniel Fossier, garde du magazin des marbres, pour ses appointemens de 1679............. 600ᵗᵗ
Total.................. 38440ᵗᵗ [1]

OFFICIERS SERVANT SA MAJESTÉ
POUR L'ENTRETENEMENT DES MAISONS ET CHASTEAUX CY-APRÈS NOMMEZ.

LOUVRE.

A René de Louvigny, concierge du chasteau du Louvre, pour tenir nettes les grandes et petites galeries, les ouvrir et fermer, pour ses gages, tant anciens qu'augmentation d'iceux......................... 100ᵗᵗ

PALAIS DES THUILLERIES.

Au s' Clinchant, garde-clef du palais des Thuilleries, pour ses gages pendant lad. année........... 300ᵗᵗ
A luy, comme concierge de la grande salle nouvellement construite au palais des Thuilleries pour danser les ballets et représenter les grandes comédies et machines, pour ses appointemens de la présente année à cause de lad. charge, à condition d'entretenir deux valets pour tenir lad. salle nette, ouvrir et fermer les portes et fenestres, et d'avoir l'œil à la décoration, machine et amphithéâtre, pour ses gages.................. 2000ᵗᵗ
A André Le Nostre, ayant l'entretenement des parterres

---
[1] Le total exact est 38790ᵗᵗ.

nouvellement plantez à la face du palais des Thuilleries, pour ses gages à cause dud. entretenement concistant à nettoyer, battre et rateler la grande terrasse en face du palais, la grande allée du milieu, contr'allée, tour et place du grand rondeau avec les palissades de la demie-lune plantée de sapins, ifs, ciprez, jusques au premier maronnier d'Inde de la grande allée du milieu, et allée de traverse plantée de buis qui ferme le carré où estoit l'estang, l'allée d'ormes du bout des parterres où est le milieu du rondeau, finissant à droite, et allée du Mail à gauche, et la grande terrasse du costé de la rivière, huit carrez de parterre en broderie, lesquels seront tondus, nettoyez et entretenus en tous leurs contenus ainsy que les plattes bandes et allées de traverses et tours des bassins; entretenir de labours et fumiers les arbrisseaux verds dud. parterre, mesme les garnir dans les saisons de fleurs de pareille espèce qui y sont; lesquels il fera lever, replanter, couvrir, regarnir à ses frais, pour led. entretenement et augmentation pendant lad. année. 3500ᴴ

A luy, pour les parterres en gazon qui ont esté depuis augmentez ensuitte des huit quarrez de broderie cydessus, la somme de 2500ᴴ pour led. entretenement et augmentation pendant lad. année............ 2500ᴴ

A luy, pour l'entretenement d'un jardin à fleurs entre le grand parterre et l'allée des meuriers qu'il doibt tousjours tenir remply de fleurs, particulièrement durant l'hyver, et pour cet effect fournir de fumiers, terrots et autres choses nécessaires....................... 1500ᴴ

A luy, pour l'entretenement d'un espalier de jasmin d'Espagne dans toutte la longueur du mur de terrasse de l'allée des meuriers, fournir le fumier, terrots et autres choses nécessaires....................... 1500ᴴ

A la veuve Carbonnet, ayant l'entretenement de la haute allée des maronniers d'Inde et pisceas, jusques à l'extrémité du fer à cheval en la place des meuriers blancs qui y estoient plantez.................... 400ᴴ

A Pierre Desgotz, ayant l'entretenement du parc des Thuilleries depuis le grand parterre jusques au bout de la demie-lune qui regarde sur le fossé, et depuis la terrasse du costé de l'eau, y compris dans toute sa longueur, jusques au parterre en platte bande de l'autre costé, à la réserve du quarré où estoit le Labirinthe; entretenir toutes les allées, labourer les plans d'arbres de tous les quarrez de l'Amphitéâtre, et tenir le tout dans la plus grande propreté........................ 3600ᴴ

A François et Anne Bouchard, ayant l'entretenement des orangers du Roy en sa grande orangerie dud. jardin des Thuilleries, parterres à fleurs et autres jardins derrière, la somme de 1200ᴴ pour leurs gages à cause

dud. entretenement, savoir : 800ᴴ d'anciens gages et 400ᴴ d'augmentation, dont elles seront payées de 900ᴴ pour lad. année, en fournissant l'inventaire et dénombrement des orangers qui sont dans lad. orangerie appartenant à S. M...................... 900ᴴ

A Guillaume Massou et à Claude et Elizabeth Le Juge, ses deux belles-sœurs, chacun pour un tiers de l'entretenement des plates-bandes et tapis de gazon le long de la haute allée, d'une ormoye, d'un quarré de bois vert et d'un boulingrin de l'autre costé desd. plattes-bandes avec la grande allée qui les sépare, pour leurs gages et entretenement............................. 2050ᴴ

A Lamy, portier du jardin des Thuilleries du costé du Pont Rouge............................. 300ᴴ

Total.................... 18350ᴴ

COURS DE LA REYNE.

A Pasquier, portier de la porte du cours de la Reyne du costé des Thuilleries, pour ses gages......... 50ᴴ

A Jacques Dublisson, portier de l'autre porte du costé de Chaillot et pour garder tous les plants des Thuilleries, pour ses gages..................... 150ᴴ

Total..................... 200ᴴ

PALAIS-ROYAL.

A Gratian Bouticourt, concierge dud. palais... 450ᴴ

A luy, au lieu de François Huet, dit Poictevin, ayant le soin du nettoyement des chambres et le soin d'icelles, pour ses gages........................... 225ᴴ

A Pierre Clinchant, pourveu de S. M., par son brevet du 7 janvier 1666, de la charge de garde-meuble et machines du Palais-Royal dont estoit cy-devant pourveue Anne Dubois et Marie Lhuillier, pour ses gages.. 225ᴴ

A Simon Le Vacher, portier de la porte de la rue des Bons-Enfans et de la rue de Richelieu......... 150ᴴ

A Estienne Mestivier, portier de la grande porte du Palais-Royal........................... 150ᴴ

A Nicolas Bouticourt, jardinier du jardin dud. palais, pour ses gages........................... 1500ᴴ

Total..................... 2700ᴴ

COLLÈGE DE FRANCE.

A du Clos, concierge dud. Collège, pour deux quartiers de ses gages........................ 25ᴴ

MADRID.

A Jean Ricard, concierge du chasteau de Madrid, pour ses gages, dont il sera payé de trois quarts..... 150ᴴ

SAINT-GERMAIN-EN-LAYE.

A François Francines, ayant l'entretenement des fontaines et grottes des chasteaux dud. Saint-Germain, pour ses gages à cause dud. entretenement, la somme de 1200ᵗᵗ; attendu le dépérissement de la pluspart des grottes, celle de........................ 800ᵗᵗ

A Jean-Baptiste de Lalande, ayant l'entretenement du vieux jardin et des nouvelles palissades dans le parc, à la réserve du grand parterre et allées qui sont autour. 500ᵗᵗ

A luy, ayant l'entretenement de l'orangerie.... 500ᵗᵗ

A la veuve Jean de Lalande, jardinier, ayant l'entretenement du grand parterre nouvellement replanté et augmenté de trois allées autour dans le vieil jardin. 1350ᵗᵗ

A Jean de Lalande, autre jardinier, ayant celuy des palissades et allées de l'enclos du petit bois de Saint-Germain, la somme de 450ᵗᵗ, dont il sera payé de. 337ᵗᵗ 10ˢ

A luy, ayant l'entretenement du potager...... 200ᵗᵗ

A luy, ayant l'entretenement du boulingrin et jardin de gazon............................ 800ᵗᵗ

A la veuve Bellier, ayant l'entretenement du jardin potager et des deux parterres à costé de la fontaine du chasteau neuf, la somme de 600ᵗᵗ, dont elle sera payée de 450ᵗᵗ seulement...................... 450ᵗᵗ

A François Lavechef, au lieu de François Bellier, son beau-père, ayant l'entretenement du jardin et parterre de devant les grottes dud. chasteau neuf, la somme de 600ᵗᵗ, dont il sera payé de 450ᵗᵗ seulement..... 450ᵗᵗ

A luy, ayant l'entretenement du jardin, des canaux et collines dud. chasteau, au lieu de François Bellier, la somme de 100ᵗᵗ, dont il sera payé de 75ᵗᵗ seulement. 75ᵗᵗ

A Pierre Goëren, concierge du pavillon du Val. 1200ᵗᵗ

A Guillaume Le Coustillier, jardinier, ayant l'entretenement du jardin du Val dans le parc, proche Carrières............................... 4000ᵗᵗ

A Claude Patenostre, concierge du chenil proche le tripot dud. Saint-Germain............... 180ᵗᵗ

A Pierre Bertin, concierge du chasteau neuf.. 475ᵗᵗ

A Thomasse Lefebvre, veuve Franchon, ayant l'entretenement de la petite escurie du Roy, la somme de 400ᵗᵗ, dont elle sera payée de 200ᵗᵗ seulement........ 200ᵗᵗ

A Henry Sollaigre, au lieu de Catherine Ferrand, sa mère, concierge et garde-meuble du vieux chasteau. 225ᵗᵗ

A luy, ayant l'entretenement de l'horloge dud. vieux chasteau............................... 75ᵗᵗ

A Jules du Vau, portier du vieux chasteau, pour trois quarts de ses gages........................ 75ᵗᵗ

A Louis Guillot, portier du chasteau neuf..... 75ᵗᵗ

A Claude Tailler, portier de la porte du parc au bas des descentes dud. chasteau................. 75ᵗᵗ

A Goëren, portier du parc de Saint-Germain.. 360ᵗᵗ

A Cleramboust, portier de la porte du grand parterre de Saint-Germain, pour ses gages............ 360ᵗᵗ

A Chevillard, concierge de la Surintendance de Saint-Germain................................. 200ᵗᵗ

A Poisson, peintre, pour ses gages.......... 30ᵗᵗ

A Charles de la Rue, maçon, *idem*........... 30ᵗᵗ

A Aubert, charpentier, *idem*............... 30ᵗᵗ

A Millot, menuisier, *idem*................. 30ᵗᵗ

A Louis Piot, serrurier, *idem*............. 30ᵗᵗ

A Charles Le Mercier, vitrier, *idem*.......... 30ᵗᵗ

Total.................. 13,143ᵗᵗ 10ˢ

SAINT-LÉGER.

Au sʳ de Gansault, concierge du chasteau de Saint-Léger, pour deux quartiers de ses gages........ 225ᵗᵗ

POUGUES.

A Jean Adrien, garde des fontaines de Pougues, pour trois quartiers de ses gages................... 75ᵗᵗ

VINCENNES.

A Michel Thibault, jardinier, ayant le soin et entretenement de tous les jardins dépendans dud. chasteau, la somme de............................ 1500ᵗᵗ

A Chevillard fontainier, ayant l'entretenement des fontaines dud. chasteau, pour led. entretenement, la somme de............................ 600ᵗᵗ

VERSAILLES.

A Jamin, concierge de la Surintendance des bastimens de Versailles, pour ses gages................ 200ᵗᵗ

L'entretenement ordinaire des autres concierges, jardiniers et autres officiers dud. chasteau de Versailles est payé par estat séparé, partant............. Néant.

JARDIN MÉDECINAL.

Les gages des officiers et entretenemens ordinaires dud. jardin médecinal du fauxbourg Saint-Victor, montant à 21000ᵗᵗ, se payent par estat séparé.......... Néant.

HOSTEL DES AMBASSADEURS.

A Sébastien Pouget, concierge dud. hostel, la somme de 400ᵗᵗ, dont il luy sera seulement payé celle de.. 100ᵗᵗ

CHASTEAU-THIERRY.

Led. chasteau et domaine a esté cy-devant engagé à M. le duc de Bouillon, partant.............. Néant.

VILLERS-COTTERETZ.

Le chasteau et domaine de Villers-Cotteretz a esté baillé à M. le duc d'Orléans en augmentation de son apanage, partant cy........................... Néant.

Somme totalle du présent estat.. 121712ʰ 8ˢ 9ᵈ [1]

Laquelle somme de 121712ʰ 8ˢ 9ᵈ sera payée aux dénommez au présent estat par le sʳ DE LA PLANCHE, trésorier général des bastimens du Roy en exercice pendant l'année dernière 1679, des deniers de sa charge, et rapportant par luy le présent estat par nous expédié et les certifications du controlleur général desd. bastimens et jardins de S. M., du service que lesd. officiers sujets à aucuns entretenemens auront bien et denement fait, ainsy qu'ils sont obligez par leurs charges et emplois, et quittances sur ce suffisantes, lad. somme de 121712ʰ 8ˢ 9ᵈ sera passée et allouée en la dépense de son compte par Messieurs des Comptes à Paris, lesquels nous prions ainsy le faire sans difficulté.

Fait à Fontainebleau, le 19 may 1680.

ESTAT DES GAGES DES OFFICIERS

Que le Roy veut et entend estre entretenus en son chasteau de Fontainebleau, et autres dépenses que S. M. commande y estre faites pour la conservation et entretenement d'iceluy durant l'année 1679, expédié par nous, JEAN-BAPTISTE COLBERT, chevallier, marquis de Seignelay et autres lieux, conseiller ordinaire du Roy en tous ses conseils et au Conseil royal, commandeur et grand trésorier des ordres de S. M., controlleur général des finances, ministre et secrétaire d'Estat, Surintendant et Ordonnateur général des bastimens de S. M., arts et manufactures de France, suivant le pouvoir à nous donné par S. M.

Au sʳ marquis DE SAINT-HÉREM, capitaine et concierge dud. chasteau, pour ses gages, la somme de 3800ʰ, outre 1200ʰ employez dans l'estat des bois de S. M. de la maistrise de Melun et Fontainebleau......... 3800ʰ

A nous, en lad. qualité de Surintendant et Ordonnateur général desd. bastimens, jardins, tapisseries et manufactures, la somme de 3800ʰ pour nos gages de l'année 1679, outre 1200ʰ employez dans l'estat des bois de la maistrise de Melun et Fontainebleau....... 3800ʰ

A LOUIS COQUINOT, garde-meuble du Roy, ayant la charge de faire tendre et nettoyer les meubles dud. chasteau et veiller à la conservation d'iceux, la somme de 300ʰ pour ses gages pendant lad. année............... 300ʰ

A la veuve DE BRAY, ayant l'entretenement de la moitié du grand parterre du Roy, anciennement appellé le Tibre, nouvellement refait et replanté de neuf, pour la tonture des buis des deux quarrez d'iceluy du costé de la chaussée, nettoyement desd. quarrez, de toutes les allées, perrons, terrasses et palissades plantées et à planter, augmentation du rondeau, allées et parterres d'alentour et de la grande allée de la chaussée qui va de la cour de l'Ovalle au chenil, suivant le devis et marché qui en ont esté faits pour sond. entretenement.......... 1000ʰ

A la veuve NICOLAS POIRET, jardinier, ayant celuy de l'autre moitié dud. grand parterre et augmentation dud. rondeau, suivant le devis et marché qui en ont esté faits.................................. 1000ʰ

A GABRIEL DESBOUTS, autre jardinier, ayant l'entretenement du petit jardin de l'Estang et du jardin des Pins nouvellement défriché et remis en estat, allée royalle, allée solitaire et allée du pourtour desd. jardin des Pins, allée des ormes, du chenil, et allignement des canaux qui font la séparation du parc dans led. chenil, jusques et commençant le long de la closture du jardin de la fontaine de la Granderie et finissant au bout de la grande allée attenant le pavillon, eu esgard à l'augmentation d'entretenement dud. jardin des Pins, suivant le devis et marché qui en ont esté faits............... 700ʰ

A CHASTILLON, autre jardinier, ayant l'entretenement du jardin appellé de la Reyne et des orangers de S. M., pour ses appointemens à cause dud. entretenement, la somme de 1200ʰ, à la charge de fournir 200ʰ par chacun an à la veuve de BONAVENTURE NIVELON, vivant jardinier dud. lieu, et tondre les buis, nettoyer les quatre quarrez dud. jardin, les allées et terrasses d'iceluy, ensemble d'entretenir les palissades des buis qui sont tant contre lesd. terrasses que contre les murs dud. chasteau, filarias, ciprès et les salettes de gazon, ou allées et quarrez, comme aussy de fournir les charbons nécessaires pour l'orangerie, faire racommoder les caisses desd. orangers, rafraischir les terres toutes et quantes fois que besoin sera, faire sortir au printemps lesd. orangers dans le jardin et les faire rentrer dans lad. orangerie, et généralement faire et fournir tout ce qui sera nécessaire pour led. jardin de l'orangerie, suivant le devis et marché qui en ont esté faits.................................. 1200ʰ

A JEAN CRAMAIGEAS, ayant espousé CATHERINE DE SERMAGNAC, veuve de REMY LE ROUX, auquel S. M. a accordé, par son brevet du ....., la jouissance du logement et

---

[1] Le chiffre exact est 121562ʰ 8ˢ 9ᵈ.

du quarré qui est au milieu des palissades dud. jardin des Pins, à la charge de le faire planter d'arbres fruictiers à ses dépens sans aucuns gages.......... Néant.

A la veuve DE LA TOUR, pour l'entretenement et nettoyement du jardin de la conciergerie dud. chasteau, ensemble des arbres fruictiers, allées et palissades d'iceluy, la somme de 75ᵗᵗ, de laquelle elle ne sera payée que de celle de........................... 45ᵗᵗ

A JACQUES BESNARD, ayant l'entretenement et nettoyement de l'hostel d'Albret, des plattes bandes, bordures et compartimens qui y sont plantez et des allées et palissades, la somme de 360ᵗᵗ, dont il ne sera payé que de celle de............................. 100ᵗᵗ

A CHASTILLON, à condition qu'il baillera 100ᵗᵗ à la veuve COTTARD, pour luy ayder à nourrir et entretenir elle et ses enfans tant qu'elle vivra, et pour avoir, par led. CHASTILLON, soin de nettoyer l'estang et canaux dud. chasteau, oster les herbes, joncs et ordures qui s'y pourront amasser, fournir les batteaux et ustancils à cet effet, et faire en sorte que les lieux soient toujours nets et que l'eau ne se perde, la somme de 750ᵗᵗ, dont il ne luy sera payé que............................. 200ᵗᵗ

A JEAN DU BOIS, peintre, ayant le soin et nettoyement des peintures, tant à fresque qu'à huille, anciennes et modernes, des salles, galleries, chambres et cabinets dud. chasteau, la somme de 600ᵗᵗ pour ses appointemens de lad. année, à la charge de restablir celles qui sont gastées et nettoyer les bordures des tableaux, et de fournir de bois, charbon et fagots pour brusler esd. salles, galleries, chambres et cabinets où sont lesd. tableaux, pour la conservation d'iceux, et ce pendant lad. année 1679. 600ᵗᵗ

A la veuve GNOGNET, ayant l'entretenement et restablissement de toutes les couvertures d'ardoise et de thuille dud. chasteau, jeu de paume couvert, orangerie, gallerie, hostel d'Albret, de Ferrare, des religieux, et généralement de toutes les maisons dépendant dud. chasteau et appartenant à S. M................. 3000ᵗᵗ

A la veuve ANDRÉ GIRARD, plombier, pour le restablissement et entretenement des plomberies dud. chasteau et lieux qui en dépendent et restablir les plombs rompus............................ 400ᵗᵗ

A RENÉ NIVELON, pour le nettoyement et entretenement du jeu de mail et des palissades d'iceluy, ensemble du berceau des meuriers entre les canaux du chenil, la somme de 150ᵗᵗ, dont il ne sera payé que.. 112ᵗᵗ 10ˢ

Aud. PIERRE FRANCINES, ayant l'entretenement et nettoyement des cisternes, réservoirs, regards, conduittes de bassin des fontaines dud. chasteau, en sorte que les eaux ayent toujours leur cours ordinaire........... 1320ᵗᵗ

A WARIN, ayant l'entretenement des arbres fruictiers qui sont plantez dans les quarrez du grand parterre de Fontainebleau et le long de la muraille du costé de la Coudre, des allées d'ypreaux, nettoyement des tablettes du canal, labours du pied des arbres fruictiers et des plattes bandes de l'allée des meuriers, ensemble le nettoyement des ruisseaux et fossez qui escoulent les eaux du parc, suivant le devis et marché qui en ont esté faits................................. 825ᵗᵗ

A la veuve LOUIS DESBOUTZ, jardinier, ayant l'entretenement de toutes les tontures du devant des grandes palissades dans les cinq principales allées, en toute leur hauteur, et les tontures des petites allées de traverses à vingt pieds de haut, la tonture du derrière desd. grandes et petites palissades à dix pieds de haut, les plattes bandes au pied du devant desd. palissades dans les grandes et petites allées de quatre pieds de large, et les labours et défrichemens au derrière d'icelles grandes palissades de dix pieds de large, et au derrière des petites de six pieds de large; plus les tontures des palissades de l'allée nouvelle du costé des pins, qui conduit à Avon, seront faites devant et derrière, et les plattes bandes de labours comme dessus, en la longueur de lad. allée contenant 600 toises ou environ, avec le nettoyement de la grande place en face des cascades et teste du canal, lesd. tontures, plattes bandes, labours et nettoyemens dans le meilleur estat qu'il se pourra dans chacune des années desd. entretenemens; plus, de faire ces dégorgemens généralement quelconques au pied de toutes les palissades; la somme de 2000ᵗᵗ pour lad. entretenement et augmentation pendant 1679................... 2000ᵗᵗ

Aux religieux de la Très-Sainte-Trinité du couvent fondé aud. Fontainebleau, tant pour l'entretenement d'une lampe d'argent garnie de ses chaisnons que LL. MM. ont donnée pour brusler jour et nuit devant le très-saint sacrement de l'autel, que pour la fourniture et entretenement des ornemens et paremens d'autel, linge et luminaire pour la célébration du service divin..... 300ᵗᵗ

Aux religieux de l'hospital de la Charité dud. Fontainebleau, pour la pension que S. M. leur fait par chacun an pour la subsistance des malades dud. lieu, la somme de 1800ᵗᵗ pour lad. pension pendant l'année 1679. 1800ᵗᵗ

A VOLTIGEANT, ayant l'entretenement de tous les basteaux appartenans à S. M. sur le canal, pour led. entretenement................................. 200ᵗᵗ

A LOUIS DU BOIS, au lieu de MARTIN JAMIN, concierge du logis de la fontaine dud. chasteau et jardinier des jardins en dépendans, la somme de 150ᵗᵗ pour ses gages de concierge et jardinier, à la charge de bien et soigneusement entretenir lesd. jardins, labours au pied des arbres, rateler les allées, tondre les pallissades et généralement tout ce qui sera nécessaire dans led. entretenement............................... 150ʰ

A Nicolas Tuiery, ayant la garde et conciergerie du chenil et entretenement des allées faites dans le parc d'iceluy................................ 100ʰ

A Gallant, ayant le soin et nourriture des carpes et cignes du canal et des estangs dud. chasteau... 1082ʰ

A Nicolas Dupont, gentilhomme ordinaire de la vénerie du Roy et Nicolas Dupont, son fils, en survivance l'un et l'autre, suivant le brevet de S. M. du ....., par forme de pension, à cause de l'entretenement de la vollière qu'il avoit auparavant qu'elle fust couverte en orangerie.................................. 600ʰ

A Desplat, ayant la charge de la garde de la basse cour des cuisines............................ 50ʰ

A Robert Jamin, ayant la charge de la garde de la basse cour du Cheval Blanc............... 37ʰ 10ˢ

A Jacques Besnard, ayant la garde et conciergerie de l'hostel d'Albret, pour l'entretenement de lad. maison, cour et escurie qui en dépendent.............. 100ʰ

A la veuve Toulet, concierge du pavillon où logent Messieurs les surintendans des finances, pour ses gages, à condition de nettoyer led. pavillon, cour et escurie d'iceluy............................... 200ʰ

A Charles Gervais, portier du parc de Fontainebleau, pour ses gages............................. 300ʰ

A Guillaume Tisserand, vitrier, ayant l'entretenement des vitres du chasteau et dépendances d'iceluy, pour ses gages................................. 1200ʰ

A Cosme Petit, portier de la cour du Cheval Blanc, idem...................................... 100ʰ

A Jacques Dorchemen de la Tour, pour avoir le soin de distribuer, retirer et garder les clefs de tous les logemens dud. chasteau, idem................. 300ʰ

A luy, ayant le soin de monter et d'entretenir l'orloge, idem..................................... 100ʰ

Somme totalle du présent estat... 27122ʰ

Laquelle somme de 27122ʰ sera payée aux desnommez au présent estat par le sʳ de la Planche, trésorier général des bastimens du Roy en exercice l'année dernière 1679, des deniers de sa charge, et rapportant le présent estat par nous expédié, ensemble les certifications du controlleur des bastimens et jardins de S. M.; du service que les officiers sujets à aucuns entretenemens auront bien et deuement fait, ainsy qu'ils sont obligés par leur charges et employs, et quittances sur ce suffisantes, lad.

somme de 27122ʰ sera passée et allouée en la dépense de son compte par Messieurs des Comptes à Paris, lesquels nous prions ainsy le faire sans difficulté.

Fait à Fontainebleau, le 19 may 1680.

DIVERSES DÉPENSES.

22 janvier : à André et Martin Liard, pour trois mille trois cent quarante-sept taupes............ 585ʰ 14ˢ

16 avril : à eux, pour deux mille quatre cent quarante-deux taupes....................... 427ʰ

22 janvier-1ᵉʳ septembre : à Jean Gervais, artificier, parfait payement de 6022ʰ pour l'artifice et fusées volantes qu'il a fourni et livré pour le magazin du Roy (4 p.).................................... 4522ʰ

27 aoust-1ᵉʳ septembre : à Caresme, autre artificier, parfait payement de 6325ʰ pour idem (2 p.).... 4725ʰ

A Morel, autre artificier, parfait payement de 5481ʰ 15ˢ pour idem.................... 3881ʰ 15ˢ

7 avril : à Caresme, Gervais et Morel, à compte de l'artiffice qu'ils ont livré.................. 1500ʰ

27 janvier-3 décembre : à Richon, voicturier, à compte de plusieurs voictures qu'il fait de Paris à Versailles (5 p.)................................ 3600ʰ

27-29 janvier : au sʳ de la Planche, pour son remboursement de pareille somme qu'il a payée à divers scieurs de long (3 p.)................... 469ʰ 1ˢ

30 janvier : au sʳ de la Croix fils, gratification pour le dédommager des poursuittes que les Arméniens luy ont faites............................... 600ʰ

30 avril : à luy, pour sa subsistance pendant lad. année....................................

13 febvrier : à Pierre Alain, maçon, gratification pour avoir visité les carrières qui sont sur les deux bords de la rivière de Seine..................... 200ʰ

26 febvrier : à La Pierre, pour avoir nettoyé pendant 1674 les poinçons et médailles du Roy........ 40ʰ

A François Lucas, idem pendant quatre années. 160ʰ

A Bailly, pour avoir peint plusieurs médailles sur les conquestes du Roy.......................... 750ʰ

5 mars : à Rezy, arpenteur, pour avoir levé le plan de l'isle des Cygnes........................... 60ʰ

6 mars-11 juin : à Coisevau, sculpteur, à compte des bustes qu'il fait représentant le Roy et Monseigneur le Dauphin (2 p.)......................... 1000ʰ

5 mars : à la veuve Janson, maçon, à compte des réparations que le défunt a faites à Saint-Léger..... 250ʰ

12 mars : à Mathieu et Descombes, pour plusieurs plans, élévations et profils................... 400ʰ

ANNÉE 1679. — DIVERSES DÉPENSES.

16 mars - 4 septembre : aux entrepreneurs de l'église des Invalides, à compte de leurs ouvrages (6 p.). 56000ᵗᵗ

19 mars : à Bonnemer, peintre, pour un tableau représentant des Jeux d'enfans............... 100ᵗᵗ

16 avril : à luy, pour un grand tableau, fait de tapisserie, représentant le Roy à cheval.......... 1850ᵗᵗ

25 septembre : à luy, pour un grand tableau, de douze pieds de haut, où sont représentez plusieurs figures.... .... 427ᵗᵗ 10ˢ

26 mars : à la veuve Ballin, orphévre, pour huit médailles d'argent..................... 105ᵗᵗ 9ˢ 6ᵈ

14 may : à elle, pour vingt-quatre médailles de l'Observatoire pour servir à l'Histoire du Roy.... 245ᵗᵗ 14ˢ

26 mars : A Gaspard Marsy, à compte du modelle du cheval de bronze qu'il fait pour le Roy........ 150ᵗᵗ

A Girardon, idem...................... 150ᵗᵗ

1ᵉʳ avril : à Dominique Cucci, ébéniste, à compte de deux grands cabinets.................... 1000ᵗᵗ

9 avril : au sʳ Thieriat, pour la voiture de cinquante-neuf caisses remplies d'oignons de tubéreuses.. 772ᵗᵗ 7ˢ

9 avril 1679 - 7 janvier 1680 : à Germain, pour la nourriture et garde de cent soixante-dix cignes qui sont sur la rivière de Seine pendant neuf mois, à raison d'un sol par jour, et 100ᵗᵗ par gratification (4 p.).. 2699ᵗᵗ 10ˢ

9 avril : à Charles Handy, serrurier, pour réparations qu'il a faites au Palais en 1677........... 375ᵗᵗ 19ˢ

16 avril - 26 novembre : à Fossier, pour employer aux menues dépenses des bastimens (3 p.)........ 2800ᵗᵗ

17 avril : à Guillerot, menuisier, pour divers ouvrages................................. 360ᵗᵗ

23 avril : à Borzon, à compte de dix-huit blots de marbre qu'il a livrez aux magazins du Roy..... 6000ᵗᵗ

23 avril - 25 septembre : à la veuve Somer et à Poictou, ébénistes, pour six panneaux de parquet d'ébeine et de marqueterie de laton, de chacun trois pieds en carré (2 p.)................................. 2100ᵗᵗ

23 avril : à Allain, plombier, parfait payement de 3967ᵗᵗ 4ˢ pour les ouvrages et fourniture de plomb sur la couverture de la Sainte-Chapelle, à Paris. 1967ᵗᵗ 4ˢ

A Baltazar et Dambresne, jardiniers flamans, sçavoir : 200ᵗᵗ pour deux mois de leurs gages, et 600ᵗᵗ par gratification pour s'en retourner en leur pays...... 800ᵗᵗ

26 avril : à Camuset, pour plusieurs voyages qu'il a faits................................. 4000ᵗᵗ

7 may : à La Roze, carrier, parfait payement de 7541ᵗᵗ 5ˢ pour les pierres de liais des Chartreux qu'il a livrez pour le Louvre en 1677............ 741ᵗᵗ 5ˢ

A Hemmonnet, fondeur, pour trente-neuf boettes de bronze pezant 1117 livres, à 20ˢ la livre, y compris une inscription pour l'Arc de triomphe estimée 24ᵗᵗ. 1141ᵗᵗ

A Henry, gratiffication pour le soing qu'il a pris des cignes qui sont depuis Paris jusqu'à Saint-Cloud. 100ᵗᵗ

A Jean Fraques, pour le soing desd. cignes depuis Suresne jusqu'à Poissy................... 100ᵗᵗ

14 may : à Cassegrin, mouleur, pour plusieurs menues dépenses pour mouler le cheval de Niobé. 201ᵗᵗ 14ˢ

25 septembre : à luy, pour journées qu'il a employées avec des sculpteurs à décaisser plusieurs caisses venues de Rome, où il avoit plusieurs figures et autres ouvrages pour le Roy............................. 273ᵗᵗ

23 may : à M. de Saumery, pour le rétablissement des brèches des murailles du parc de Chambord pendant 1679................................. 3000ᵗᵗ

28 may - 15 novembre : à Mangin, charron, à compte des binards qu'il fournit et raccommode pour les bastimens du Roy, et des roues qu'il leur met (4 p.). 2100ᵗᵗ

28 may : à Pierre Caillou et consors, sur les fouilles, transport et régallement de terres faits dans le jardin et pépinière d'arbres fruittiers près de Chaillot..... 300ᵗᵗ

2 juin : à Boulogne, peintre, pour son paiement d'un tableau de l'*Histoire des Géans*, de quatre pieds en carré................................. 350ᵗᵗ

A luy, pour deux tableaux qu'il a fait en Lombardie, sçavoir : 1000ᵗᵗ pour le premier, représentant l'*Ausmone de saint Roch*, d'après Carrache, composé de dix-huit ou vingt figures, de quinze pieds de long, et 600ᵗᵗ pour l'autre tableau, représentant une *Nativité*, d'après le Corrège................................. 1600ᵗᵗ

A Tételin, pour un tableau pour servir de patron aux portières de broderies représentant la figure de *Jupiter assis sur un aigle*...................... 300ᵗᵗ

11 juin : à Fayet, brodeur, pour fourniture et façon de deux carrez à fonds de moire bleue, faits pour le service de S. M......................... 220ᵗᵗ

2 - 30 juillet : à Noiret, marchand, à compte des contre-cœurs et autres marchandises qu'il a livrées au magazin du Roy (2 p.)................... 2400ᵗᵗ

3 juillet : à La Rue, maçon, sur ses ouvrages de la faizanderie de Vézinet................... 2000ᵗᵗ

11 juillet : à Loistron et Frades, à compte des défrichement et labour qu'ils font dans le parc de Boulogne................................. 2000ᵗᵗ

24 juillet : au sʳ Buisson, pour son remboursement de ce qu'il a payé pour nourriture et voyage de deux charrons qu'il a emmené de Picardie, et pour la dépense de deux brouettes et deux camions à trois roues pour le transport des terres des bastimens........ 211ᵗᵗ 10ˢ

30 juillet : à LE DRU, voiturier, pour avoir déchargé et rechargé des caisses et vazes venus de Rome.. 440ᵗᵗ

4 juin : à luy, pour avoir voituré, de Paris à Valvin, plusieurs pisceas, ifs, jasmins et grenadiers pour l'orangerie de Fontainebleau................ 68ᵗᵗ

30 juillet : à JOSEPH MESSAGER, terrassier, pour l'ouverture d'une carrière sur le clos du sʳ SOULAIGNE. 250ᵗᵗ

A luy, pour l'ouverture d'autre carrière sur la terre de PRENEL.......................... 110ᵗᵗ

A GEORGES LA FONTAINE, à compte d'une carrière dont il fait l'ouverture sur la terre du sʳ DE LA BONNETIÈRE. 100ᵗᵗ

6 juin : au sʳ DE LUBERT, sçavoir : 5858ᵗᵗ 17ˢ pour achapt de diverses fleurs et entretenement d'un jardin à Toulon servant à les y eslever, et 1533ᵗᵗ 15ˢ pour achapt d'oignons, fleurs et arbrisseaux.......... 7392ᵗᵗ 12ˢ

3 septembre : à COUPLET, pour remboursement de plusieurs dépenses qu'il a faites pour l'Académie des Sciences et pour l'Observatoire........... 668ᵗᵗ 13ˢ

A BAPTISTE DASTE[1], peintre, pour avoir nettoyé et verni plusieurs tableaux qui sont au cabinet du Roy, au Louvre............................. 346ᵗᵗ 7ˢ

Au sʳ OUDOT, musicien, pour la musique de voix et d'instrumens chantez le jour Saint-Louis dernier en la chapelle du Louvre pour Messieurs de l'Académie françoise............................. 300ᵗᵗ

4 septembre : à un sergent et dix soldats qui ont gardé le feu d'artifice et fait retirer ceux qui empeschoient les ouvriers................................ 12ᵗᵗ

A DESGOUTTIÈRES, plombier, pour une pompe qu'il a faite pour prendre dans les bassins l'eau nécessaire pour arrouser................................ 75ᵗᵗ

28 septembre : au sʳ BURY, marchand, pour plusieurs aunes de thoile et bannes qu'il a vendues et livrées pour couvrir les bastimens de Marly.......... 1587ᵗᵗ 10ˢ

2 octobre : à la veuve du sʳ MIGON, pour plusieurs instrumens de mathématiques dud. deffunt qu'elle a vendus pour l'Académie des Sciences............ 613ᵗᵗ

5 octobre : à Messieurs les interessez en la nouvelle compagnie du Levant, par gratiffication, en considération de deux cent quarante-trois pièces de drap qu'ils ont envoyé de ce royaume dans les échelles du Levant..
.... 2430ᵗᵗ

19 novembre : à eux, en considération de cent dix-neuf pièces de drap idem................. 1190ᵗᵗ

7 octobre : à JAQUES BOTTÉ, par gratification, pour avoir esté mordu d'une vipère de celles qu'il fournit pour les dissections de l'Académie des Sciences........ 40ᵗᵗ

A PETIT, pour plusieurs voyages et frais qu'il a faits pour accélérer les ouvrages qui se font pendant la présente année au chasteau de Fontainebleau....... 90ᵗᵗ

16 octobre : aux nommez LOUVET, JARIS, CHARPENTIER et autres, voituriers, pour plusieurs voitures de caisses venues de Rome, dans lesquelles il y avoit plusieurs figures et bustes de marbre qu'ils ont voituré à la gallerie des antiques, au Palais-Royal........... 218ᵗᵗ

29 octobre : à COLSON, menuisier, pour raccommodage de plusieurs modèles de machines qui sont à la bibliothèque du Roy, pour l'Académie des Sciences. 320ᵗᵗ 5ˢ

A PREVOST, balancier, pour avoir réparé et raccommodé les poids et balances servans à pezer le fer et le plomb qui s'employent aux bastimens du Roy, à Versailles. 78ᵗᵗ

19 novembre : à LE ROY, nattier, à compte des nattes qu'il fournit......................... 500ᵗᵗ

18 décembre : à LE MOSNIER, parfait payement de 5920ᵗᵗ 8ˢ de l'achapt qu'il a fait en Levant de divers animaux, et 1500ᵗᵗ de gratiffication.......... 4920ᵗᵗ 8ˢ

24 janvier 1680 : à Mᵉ NICOLAS SAUNIER, fermier général des gabelles de France, pour son remboursement de ce qu'il a fait payer à Bayonne pour la construction d'un bastiment de bois fait sur le bord de la rivière de Bidassoa au-dessus d'Andaye, lors du passage de la Reyne d'Espagne, et pour servir à la remettre entre les mains du Roy Catholique, son mary.............. 4297ᵗᵗ 7ˢ

Somme de ce chapitre... 149359ᵗᵗ 14ˢ 6ᵈ

ANNÉE 1680.

RECEPTE.

24 febvrier : de Mᵉ ESTIENNE JEHANNOT, sʳ DE BARTILLAT, garde du trésor royal, la somme de 6623600ᵗᵗ, faisant, avec 600000ᵗᵗ reçue dud. sʳ DE BARTILLAT, dès le 13 janvier dernier, la somme de 7223600ᵗᵗ pour délivrer à Mᵉ CHARLES LE BÈGUE, trésorier général des bastimens, arts et manufactures de France, pour employer au fait

[1] Ou DASTÉ.

ANNÉE 1680. — RECETTE.

de sa charge et au payement des sommes ordonnées par S. M., tant pour les bastimens de ses maisons royalles que pour autres ouvrages à faire pendant la présente année 1680, ainsy qu'il est cy-après libellé, ensemble la somme de 60196ᴸ 13ˢ 4ᵈ pour les taxations dud. trésorier de la somme de 7223600ᴸ, à raison de 2ᵈ pour livre, revenant toutes les susd. sommes reçeues dud. sʳ ᴅᴇ Bᴀʀᴛɪʟʟᴀᴛ à celle de......... 7283796ᴸ 13ˢ 4ᵈ
(Comptant au trésor royal en douze mois, sçavoir : 600000ᴸ comptant et les 6623600ᴸ en dix mois également.)

VERSAILLES.

Pour les ouvrages à faire au bastiment de la grande aile du costé de l'orangerie et les bastimens qui y sont adossez............................. 800000ᴸ
Pour achever ceux de la grande escurie... 500000ᴸ
Pour ceux de la petite escurie, y compris les fouilles et transports de terre à faire au devant... 500000ᴸ
Pour achever deux aisles de l'avant-cour, les pavillons et corps de garde, les murs de terrasse avec les balustrades de pierre au-dessus et sur le mur circulaire qui ferme lad. avant-cour.................... 90000ᴸ
Pour les quatre groupes de figures qui doivent estre sur les loges des sentinelles dud. avant-cour.... 4800ᴸ
Pour les ouvrages à faire au bastiment sur la grande aisle et à la cour du Commun............ 150000ᴸ
Pour les amortissemens et boursaux des combles, la dorure des ornemens, comme aussi des lucarnes et des lenternes, avec les cadrans, cloches et orloges.. 16600ᴸ
Pour achever les ouvrages de marbre du vestibule sous le salon........................... 13200ᴸ
Pour dorer les portes dud. vestibule, celles du grand escallier, des nouveaux passages de la cour au jardin, les grilles de la cour et avant-cour, et tous les balcons... 17000ᴸ
Pour les ouvrages de marbre du grand escalier de la Reyne................................. 30000ᴸ
Pour ceux des portes de fer qui doivent fermer les arcades en simétrie du grand escalier du Roy.. 12000ᴸ
Pour achever les ouvrages de marbre, menuiseries, sculpture, peinture, glaces et bronze, à faire dans la grande gallerie...................... 200000ᴸ
Pour ceux de marbre de l'alcôve de la chambre des bains.................................. 10000ᴸ
Pour achever plusieurs ouvrages de peinture, dorure, sculpture, ce qui reste à faire au grand escalier, aux fermetures de la cour, et autres.............. 10000ᴸ

Pour les ouvrages de pavé à faire dans les cours et dans la ville.......................... 20000ᴸ
Pour achever les groupes et figures de marbre du parterre d'eau............................. 30000ᴸ
Pour faire la muraille de la grande pièce d'eau au-dessous du Dragon........................ 40000ᴸ
Pour les murs du potager, faire les enduits, les treillages pour les espalliers, et le bassin pour la fontaine du milieu................................. 114000ᴸ
Pour les transports des bonnes terres pour led. potager.................................... 60000ᴸ
Pour achever la grande pièce d'eau près le potager... .... 85000ᴸ
Pour la charpenterie des costés du Mail, et pour le dresser............................... 6000ᴸ
Pour achever les ouvrages de marbre, de fer, de cuivre, dorure, etc. de la fontaine de l'Arc de triomphe. 50000ᴸ
Pour les ouvrages à faire au cabinet de la Renommée et le piédestal de la figure................. 20000ᴸ
Pour la continuation des ouvrages à faire aux aqueducs de la montagne de Roquancourt........ 100000ᴸ
Pour ceux de Trianon, *idem*............. 50000ᴸ
Pour achever le réservoir dud. Trianon..... 57000ᴸ
Pour la continuation des ouvrages des aqueducs pour amener l'eau bonne à boire du Chesnay devant le chasteau................................. 20000ᴸ
Pour ceux de Saint-Cir pour amener de l'eau à la Ménagerie............................. 50000ᴸ
Pour le conroi et la maçonnerie du réservoir qui se fait pour recevoir l'eau des aqueducs de Saint-Cir. 30000ᴸ
Pour achever et faire les conduites de plomb et de fer de tous les réservoirs..................... 300000ᴸ
Pour les réservoirs, rigoles et autres ouvrages pour la conduite des eaux des estangs des Graissets.. 220000ᴸ
Pour les travaux à faire aux deux estangs de Trapes et de Bois-d'Arcy........................ 200000ᴸ
Pour les dédommagemens et achapts des terres sur lesquelles se font tous les estangs, réservoirs et aqueducs, et pour le remboursement de tous bois, de trois lieues aux environs de Versailles.................... 400000ᴸ
Pour achever l'ouvrage à faire pour l'ornement du bout du canal du costé de la Ménagerie....... 6000ᴸ
Pour tous les plans du parc et des avenues.. 30000ᴸ
Pour tous les ouvrages de plomberie et autres à faire aux fontaines............................ 200000ᴸ
Pour les gages des jardiniers, fontainiers, meusniers, rocailleur, fondeur et autres ouvriers servans à Versailles............................. 60000ᴸ

Pour les appointemens et solde de tous ceux qui servent sur les vaisseaux qui sont sur le canal.... 30000tt
Pour continuer les ouvrages du bastiment de Clagny.. .... 100000tt
Pour l'entretenement des jardins potager et autres de Clagny et Glatigny................... 40000tt
Pour dépenses extraordinaires et imprévues. 200000tt
Somme.................. 4871600tt

LE LOUVRE, ARC DE TRIOMPHE
ET AUTRES DÉPENSES.

Pour la continuation du bastiment du Louvre. 300000tt
Pour les ouvrages à faire aux Thuilleries.... 30000tt
Pour employer en remboursement des maisons comprises dans le dessein du Louvre.......... 100000tt
Pour continuer les ouvrages de l'Arc de triomphe.... .... 100000tt
Pour achever l'Observatoire............. 30000tt
Pour les ouvrages des manufactures des Gobelins et de la Savonnerie....................... 120000tt
Pour les grands ouvrages d'argenterie..... 100000tt
Pour l'entretenement du Jardin Royal et des officiers.. .... 24000tt
Pour les graveures de planches.......... 15000tt
Pour les loyers de maisons............. 6000tt
Pour l'entretenement de toutes les couvertures des maisons royales..................... 17000tt
Pour l'entretenement de l'Accadémie des Sciences et gratifications de gens de lettres.......... 120000tt
Pour l'entretenement des Accadémies de peinture, sculpture et architecture de Paris et de Rome.. 40000tt
Pour les gages des officiers des bastimens et préposez aux ouvrages....................... 200000tt
Somme............... 1202000tt

FONTAINEBLEAU, SAINT-GERMAIN, MARLY,
CHAMBORD ET AUTRES MAISONS ROYALLES.

Pour les ouvrages à faire à la vénerie au bout du chenil de Fontainebleau.................. 80000tt
Pour tous les ouvrages et réparations à faire aud. chasteau................................ 30000tt
Pour achever la closture du nouveau parc de Saint-Germain................................ 100000tt
Pour la nouvelle pompe, conduite et réservoirs des eaues pour le Val..................... 40000tt
Pour la continuation des ouvrages à faire au pavillon et dépendance de Marly.................. 300000tt

Pour les ouvrages à faire, tant au chasteau de Chambord qu'en celuy de Blois.............. 100000tt
Pour ceux du Palais-Royal, Monceaux, Vincennes, Madrid, parc de Boulogne, le Val, Compiègne et autres................................ 100000tt
Pour employer à compte de ce qui est deub aux ouvriers qui ont travaillé les années précédentes. 200000tt
Pour les ouvrages de l'église des Invalides. 200000tt
Somme.................. 1150000tt

TAXATIONS.

Pour les taxations dud. s^r Le Bègue, de la somme de 7223600tt à quoy montent les dépenses mentionnées au présent estat, à raison de 2^d pour livre. 60196tt 13^s 4^d
Somme totale du présent estat. 7283796tt 13^s 4^d

13 febvrier: dud. s^r DE BARTILLAT, la somme de 6000tt pour délivrer au s^r DEVILLE, gentilhomme liégeois, pour sa dépense pendant le temps qu'il a esté à construire une machine pour eslever l'eau sur la terrasse de Saint-Germain, et gratification, et 50tt pour les taxations. 6050tt
(Comptant au trésor royal.)

24 febvrier: de luy, la somme de 926tt 10^s pour délivrer au s^r GODEFROI, historiographe, pour le parfait paiement des dépenses qu'il a faites à la Chambre des Comptes de l'Isle, et 3000tt à compte de celles à faire, et 32tt 13^s 10^d pour les taxations. 3959tt 3^s 10^d
(Comptant au trésor royal.)

23 mars: dud. s^r DE BARTILLAT, pour remboursement des sommes payées aux particuliers cy-après nommez pour les terres et héritages compris dans le dessein du chasteau de Marly................. 7884tt 8^s 8^d

Sçavoir:
Aux s^r et dame DUPONT, pour 84 perches de bois estimez à.................. 225tt 2^s 6^d
Aux s^r et d^{lle} TANIER, pour 4 arpens, 45 perches trois quarts de bois........ 1410tt
Aux s^r et dame DE CHAUNOY, pour 10 arpens 90 perches de bois et pré........ 3855tt 18^s
A Louis LEFEBVRE et consors, pour 5 arpens 53 perches de pré.............. 1819tt
Au s^r CONVOY, pour cinq quartiers de pré............................ 476tt 5^s
A la veuve THOMAS, pour 15 perches de pasture............................ 33tt
Et pour les taxations dud. trésorier.... 65tt 3^s 2^d
Total................ 7884tt 8^s 8^d

ANNÉE 1680. — RECETTE.

11 juin : de luy, la somme de 93297ᴴ 11ˢ pour remboursement au sʳ Formont des marbres qu'il a livrez pour les maisons royalles, et 777ᴴ 9ˢ 10ᵈ pour les taxations............................ 94075ᴴ 10ˢ

(Sur la ferme des gabelles de France, payement d'octobre 1680.)

15 juin : de luy, la somme de 3000ᴴ pour délivrer aux prestres de la Congrégation de la Mission de Fontainebleau, pour leur subsistance des six premiers mois 1680............................ 3000ᴴ

(Sur la deuxième partie employée à cet effect dans l'estat des gabelles 1680.)

25 juin : de luy, la somme de 11679ᴴ pour le deffrichement et labour de 871 arpens de terre fait par Migasse dans l'enceinte des palis de la forest de Fontainebleau, et 97ᴴ 6ˢ 6ᵈ pour les taxations.... 11776ᴴ 6ˢ 6ᵈ

(Comptant au trésor royal.)

De luy, la somme de 34232ᴴ 2ˢ pour délivrer à Marot, charpentier, pour les palis vieux et neufs faits dans les gardes de la Belle-Croix et de la Croix-de-Vitry dans la forest de Fontainebleau, et 285ᴴ 5ˢ 4ᵈ pour les taxations............................ 34517ᴴ 7ˢ 4ᵈ

(Comptant au trésor royal.)

Dud. sʳ de Bartillat, pour dellivrer au sʳ Godefroy, sçavoir : 966ᴴ 14ˢ pour parfait paiement des dépenses de la Chambre des Comptes de l'Isle, depuis le 1ᵉʳ febvrier jusqu'au dernier juin 1680, et 3000ᴴ à compte desd. dépenses à commencer au 1ᵉʳ juillet aud. an, et 33ᴴ 11ˢ 2ᵈ pour les taxations.................. 4000ᴴ 5ˢ 2ᵈ

(Comptant au trésor royal.)

De luy, la somme de 3000ᴴ pour les jardiniers et autres officiers des bastimens de Fontainebleau, par gratiffication, et 25ᴴ pour les taxations.......... 3025ᴴ

(Comptant au trésor royal.)

De luy, la somme de 1600ᴴ pour délivrer aux quatre gondoliers vénitiens du canal de Versailles, par gratification, et 13ᴴ 6ˢ 8ᵈ pour les taxations...... 1613ᴴ 6ˢ 8ᵈ

(Comptant au trésor royal.)

17 aoust : de luy, la somme de 30000ᴴ pour la continuation d'un balustre d'argent pour le service du Roy, et 250ᴴ pour les taxations................ 30250ᴴ

(Comptant au trésor royal.)

31 aoust : de luy, la somme de 7322ᴴ 15ˢ pour remboursement au sʳ Pavillon de plusieurs oignons de fleurs acheptez en Provence pour les jardins des maisons royalles, et 61ᴴ 4ˢ 7ᵈ pour les taxations.. 7383ᴴ 19ˢ 7ᵈ

(Comptant au trésor royal.)

De luy, la somme de 3000ᴴ pour remboursement d'une portion de l'hostel de Foix, prise pour les bastiments de Fontainebleau, et 25ᴴ pour les taxations...... 3025ᴴ

(Comptant au trésor royal.)

3 septembre : de luy, la somme de 1088ᴴ 18ˢ pour délivrer au nommé Marot, pour, avec 34232ᴴ 2ˢ ordonnée le 25 juin dernier, faire 35321ᴴ pour le parfait payement des palis qu'il a faits dans la garde de la Belle-Croix et de la Croix-de-Vitry, dans la forest de Fontainebleau, et 9ᴴ 3ˢ 8ᵈ pour les taxations, cy........... 1098ᴴ 1ˢ 8ᵈ

(Comptant au trésor royal.)

12 octobre : dud. sʳ de Bartillat, la somme de 126018ᴴ pour délivrer au sʳ Carlo Solaro, pour cent vingt-quatre blocs et six colonnes de marbre qu'il a livrez dans les magazins du Roy, et 1050ᴴ 3ˢ pour les taxations. 127068ᴴ 3ˢ

(Comptant au trésor royal 60000ᴴ, et en novembre 1680 le surplus, 67068ᴴ 3ˢ.)

De luy, la somme de 165804ᴴ pour délivrer au sʳ Formont, banquier, pour les marbres qu'il a livrez dans les magazins du Roy, et 1381ᴴ 14ˢ pour les taxations du trésorier........................... 167185ᴴ 14ˢ

(Comptant au trésor royal.)

16 novembre : de luy, la somme de 3000ᴴ pour délivrer au sʳ Le Nostre, par gratification de 1679 à cause du service qu'il rend dans les maisons royalles, et 25ᴴ pour les taxations.................... 3025ᴴ

(Comptant au trésor royal.)

De luy, pour délivrer aux prestres de la Mission de Fontainebleau, pour leur subsistence et entretenement pendant les six derniers mois 1680.......... 3000ᴴ

(Sur les deuxièmes parties de l'estat des Fermes unies, trois premiers quartiers 1680, 1500ᴴ ; sur le quatrième quartier, 1500ᴴ.)

14 décembre : de luy, pour parfait payement des dépenses faites par le sʳ Godefroy à la Chambre des Comptes de l'Isle jusqu'au dernier décembre 1680, et 33ᴴ 5ˢ pour les taxations................. 4023ᴴ 5ˢ

(Comptant au trésor royal.)

De luy, la somme de 6000ᴴ pour délivrer à Vendermeulen, peintre flamand, pour ses appointemens 1679, et 50ᴴ pour les taxations.................. 6050ᴴ

(Comptant au trésor royal.)

14 janvier 1681 : du sʳ du Metz, garde du trésor royal, la somme de 15500ᴴ pour délivrer au sʳ Mathé, pour le prix d'une maison vendue par Edouart Foresi pour le restablissement d'un hostel de la Monnoye à Reims, et 129ᴴ 3ˢ 4ᵈ pour les taxations.. 15629ᴴ 3ˢ 4ᵈ

(Comptant au trésor royal.)

21 janvier 1681 : dud. s' du Metz, la somme de 3000ᴧ pour délivrer au s' de Saumery, gouverneur de Chambord, pour le restablissement des bresches des murailles dud. chasteau pendant 1680, et 25ᴧ pour les taxations du trésorier......................... 3025ᴧ
(Comptant au trésor royal.)

8 febvrier : dud. s' du Metz, la somme de 200000ᴧ pour les dépenses desd. bastimens 1680, et 1666ᴧ 13ˢ 4ᵈ pour les taxations dud. trésorier..... 201666ᴧ 13ˢ 4ᵈ
(Comptant au trésor royal, 100000ᴧ, et en mars 1681, 101666ᴧ 13ˢ 4ᵈ.)

22 mars : dud. s' du Metz, la somme de 5699ᴧ pour délivrer au s' de Lubert, trésorier de la marine, pour remboursement d'achapt et transport de fleurs pour les jardins des maisons royales pendant 1680, et 47ᴧ pour les taxations dud. trésorier................ 5746ᴧ

10 juin : de luy, la somme de 200000ᴧ pour employer au payement des dépenses faites pour les bastimens pendant l'année dernière 1680 et les précédentes, et 1666ᴧ 13ˢ 4ᵈ pour les taxations...... 201666ᴧ 13ˢ 4ᵈ
— (Comptant au trésor royal.)

20 septembre 1680 : dud. s' de Bartillat, 1171ᴧ pour délivrer au s' de Lubert, trésorier de la marine, pour son remboursement de pareille somme qu'il a advancée au Havre-de-Grâce pour du caillou et autres marchandises pour les maisons royales, et 9ᴧ 15ˢ pour les taxations......................... 1180ᴧ 15ˢ

Du 20 octobre : dud. s' de Bartillat, 2120ᴧ pour délivrer au s' Petit, prieur de Choisy-aux-Bœufs, pour son indemnité, tant à cause des dixmes et autres revenus qu'il avoit à prendre sur les terres dépendans dud. prieuré et l'église de Choisy, comprise dans les augmentations faites au parc de Versailles, pour les années 1678 et 1679, à raison de 1060ᴧ par an, outre et par-dessus la somme de 1093ᴧ dont a esté fait fondz dans chascun des estatz expediez pour les dépenses générales desd. bastimens desd. années et les précédentes, que pour pareils dixmes sur partie des terres dud. prieuré comprises dans l'enclos des anciens murs dud. parc, et 17ᴧ 13ˢ 4ᵈ pour les taxations.................. 2137ᴧ 3ˢ 4ᵈ

20 octobre 1681 : dud. s' du Metz, 6000ᴧ pour.délivrer au s' Vandermeulen, peintre flamand, pour ses appointemens de l'année 1680, et 50ᴧ pour les taxations du trésorier............................ 6050ᴧ

1ᵉʳ novembre 1681 : dud. s' du Metz 320342ᴧ 1ˢ 10ᵈ pour employer au payement des dépenses faites dans les bastimens pendant l'année 1680 et les précédentes, et 2669ᴧ 10ˢ 4ᵈ pour les taxations...... 323011ᴧ 12ˢ 2ᵈ

1ᵉʳ novembre 1681 : de M. le duc de Mazarin, 5200ᴧ, et 5650ᴧ de Jean de la Marche, Jean Colurel, et de Nicolas Liénard, charons, et ce en conséquence de l'arrest du Conseil du 17 décembre 1678, laquelle somme provient de vente de bois couppez dans le parc de Beauté, à Vincennes 10850ᴧ

DÉPENSE.

LE LOUVRE ET LES THUILLERIES.

MAÇONNERIE, CHARPENTERIE ET COUVERTURE.

16 juin-24 novembre : à Nicolas de Saint-Denis, sur les ouvrages de maçonnerie qu'il fait au sallon entre la gallerie d'Apollon et la grande gallerie du Louvre (3 p.)................................ 1700ᴧ

21 juin 1681 : à Noel Le Maistre, maçon, parfait payement de 21286ᴧ 11ˢ pour ouvrages de maçonnerie faits au Palais-Royal, la Tournelle et Hostel des Ambassadeurs, depuis l'année 1667 jusques et y compris l'année 1672......................... 5186ᴧ 11ˢ

Somme de ce chapitre....... 6886ᴧ 11ˢ

MENUISERIE ET SERRURERIE.

31 mars : à Le Roy, menuisier, sur ses ouvrages au Louvre dans l'appartement de Mᵐᵉ de Thiange, M. le mareschal de Vivonne, et autres endroits....... 500ᴧ

5 janvier 1681 : à Prou, sur ses ouvrages au grand sallon pour y mettre les tableaux du cabinet du Roy. 1000ᴧ

16 juillet 1681 : à luy, parfait payement de 9083ᴧ 8ˢ 4ᵈ à quoy montent les ouvrages de menuiserie qu'il a faits au cabinet des tableaux au Louvre en 1673, 1674 et 1675.......................... 1783ᴧ 8ˢ 4ᵈ

25 mars 1681 : à Dionis, menuisier, parfait payement de 5532ᴧ 5ˢ pour ouvrages de menuiserie faits au Louvre, Thuilleries, Palais-Royal, et autres maisons royales ès années 1675, 76, 77, 78, 79 et 80....... 1132ᴧ 5ˢ

14 may 1681 : à Danglebert et Bergerat, autres menuisiers, parfait payement de 3722ᴧ 10ˢ pour ouvrages faits aux appartemens de M. le mareschal de Grandmont et de M. le marquis de Bellefond au Louvre en 1664.................................. 522ᴧ 10ˢ

ANNÉE 1680. — OBSERVATOIRE.

25 may 1681 : à CHEVALIER, autre menuisier, parfait payement de 3553ᴸ 9ˢ pour ouvrages faits aux Thuilleries, grande et petite escurie, en 1678...... 153ᴸ 9ˢ

16 juillet 1681 : à DOYART, serrurier, parfait payement de 2101 6ᴸ 1ˢ 10ᵈ pour ouvrages de serrurerie faits au Louvre, à l'Observatoire et autres maisons royalles, en 1673 et 1674.................... 1216ᴸ 1ˢ 10ᵈ

Somme de ce chapitre..... 6307ᴸ 14ˢ 2ᵈ

VITRERIE, PLOMBERIE ET PAVÉ.

9 juillet 1681 : à la veuve VIERREY et CHARLES JANSON, vitriers, parfait payement de 4361 1ᴸ 1ˢ 11ᵈ pour ouvrages faits au Louvre, Thuilleries, Versailles, Palais-Royal et autres maisons royalles, depuis 1667 jusques et y compris 1679 .... 2511ᴸ 1ˢ 11ᵈ

PEINTURE, SCULPTURE ET MARBRERIE.

17 mars : à JEAN MEUSNIER, sculpteur, parfait payement de 858ᴸ pour les ouvrages de stuc et ornemens faits dans l'appartement de Mᵐᵉ de Thiange au Louvre. 558ᴸ

21 avril : à PIERRE BOUIN, autre sculpteur, pour ornemens qu'il a faits aux portes et placards de l'appartement de Mᵐᵉ de Thiange.................. 135ᴸ

6 janvier 1681 : à GARCY, pour ouvrages de dorure aux bordures des tableaux du cabinet du Roy.... 421ᴸ

9 avril : à GONTIER, peintre, parfait payement de 18240ᴸ pour ouvrages de peinture faits au Louvre et Versailles depuis 1666 jusques et compris 1680. 4690ᴸ

A luy et à la veuve GERVAISE, peintres, parfait payement de 28969ᴸ pour ouvrages de peinture faits au Louvre et Thuilleries en 1667, 68, 69, 70 et 71. 5469ᴸ

Somme de ce chapitre........ 11273ᴸ

JARDINAGES ET FOUILLES.

21 avril : à FROMENTIN et DENIS, jardiniers, pour trois cents bottes de buis qu'ils ont livrées pour regarnir les parterres du jardin des Tuilleries.............. 140ᴸ

16 juin : à FEUILLASTRE, fontainier, pour rétablissement aux fontaines du jardin des Tuilleries...... 50ᴸ

24 novembre : à BESNARD, jardinier, pour ouvrages faits au jardin du Louvre devant l'appartement de Mᵐᵉ de Thiange 515ᴸ 10ˢ

Somme de ce chapitre........ 705ᴸ 10ˢ

PARTIES EXTRAORDINAIRES.

11 febvrier : à PHILIPPES POITOU et veuve SOMER, ébénistes, pour trois panneaux de parquet de marqueterie d'ébène et de laiton qu'ils ont faits pour le Louvre. 1050ᴸ

PALAIS-ROYAL.

5 febvrier : à CLAUDE MATHIEU et THOMAS PINARD, maçons, à compte du pied d'estail qu'ils font pour le cheval de bronze qui est dans une des cours du Palais-Royal............................... 200ᴸ

24 mars : à YVON, couvreur, sur ses ouvrages et réparations 600ᴸ

29 septembre : à PIERRE MESNARD, marbrier, pour ses appointemens à cause de l'entretenement des marbres et figures de la chapelle du Palais-Royal pendant une année escheüe le dernier mars 1680.......... 150ᴸ

16 juillet 1681 : à LE LOUTRE, maçon, parfait payement de 3955ᴸ 5ˢ pour ouvrages faits au Palais-Royal, grande et petite escurie, et autres maisons royalles, en 1677 et 1678 .... 455ᴸ 5ˢ

23 juillet 1681 : à BASTARD, charpentier, parfait payement de 8440ᴸ 7ˢ pour ouvrages au Palais-Royal, Vincennes et Savonnerie en 1669, 1673 et 1675. 4690ᴸ 7ˢ

23 juillet 1681 : à luy et à LE MAISTRE, parfait payement de 3500ᴸ pour ouvrages de maçonnerie, charpenterie, couverture et autres qu'ils ont faits pour la construction et réparation de la cuisine du Commun de Monsieur au Palais-Royal en 1669.......... 2000ᴸ

Somme de ce chapitre....... 8095ᴸ 12ˢ

COLLÈGE ROYAL ET LA BASTILLE.

Néant.

JARDIN ROYAL.

13 octobre : à M. DAQUIN, premier médecin du Roy, pour remboursement des avances qu'il a faites pour le renouvellement des drogues simples qui se desmontrent aud. Jardin Royal 300ᴸ

OBSERVATOIRE.

21 janvier : à COUPLET, ingénieur, pour son remboursement de plusieurs menues dépenses faites pour l'Observatoire et ailleurs.................. 287ᴸ 10ˢ

5 febvrier-16 juin : à luy, pour ce qu'il a payé aux manœuvres et conducteurs de tombereaux qui ont deschargé des gravois et terres pour aplanir la terrasse basse de l'Observatoire, jusqu'au 19 aoust 1679, suivant le rolle (2 p.)...................... 267ᴸ 13ˢ 6ᵈ

5 febvrier : à THOMAS FURET, serrurier, pour les ouvrages et menues réparations de serrurerie qu'il a faites en divers endroits...................... 39ᴸ 2ˢ

11 febvrier-21 avril : à luy, pour raccommodages de vitraux des croisées (2 p.)................ 1100ᴧ

11 febvrier-16 juin : à luy, à compte des ouvrages de serrurerie de la rampe qu'il fait pour le grand escalier (3 p.)........................... 2600ᴧ

5 febvrier : à Charpentier, nattier, pour avoir fourni une natte doublée de toille à une croisée de l'Observatoire................................... 60ᴧ

A Jaquet, menuisier, pour les ouvrages qu'il a faits dans la tour de l'Observatoire où le le sʳ Romer fait ses observations........................... 232ᴧ

17 mars : à Bertrand, Girard et consors, pour plusieurs tombereaux de gravois pour former la terrasse de l'Observatoire................... 170ᴧ 6ᵈ

7 avril : à Janson, vitrier, sur ses ouvrages... 300ᴧ

20 novembre : au sʳ Romer, mathématicien, pour le payement des ouvriers qui ont travaillé au grand globe de l'Observatoire............................. 433ᴧ

Somme de ce chapitre..... 5489ᴧ 11ˢ 6ᵈ

MAISON DES GOBELINS.

6 octobre : à Vautrain, serrurier, sur ses ouvrages à lad. maison................................. 400ᴧ

25 may 1681 : à luy¹, parfait payement de 1073ᴧ 2ˢ 6ᵈ pour ouvrages de serrurerie à lad. maison en 1678 et 1679............................ 473ᴧ 2ˢ 6ᵈ

1ᵉʳ juillet 1681 : à Jomart, maçon, parfait payement de 10085ᴧ 6ˢ 3ᵈ pour ouvrages à lad. maison en 1678 et 1679.................. 395ᴧ 6ˢ 3ᵈ

27 febvrier 1681 : au sʳ Ferré, chapelain des Gobelins, pour avoir célébré la messe pendant l'année 1680. 300ᴧ

Somme de ce chapitre...... 1568ᴧ 8ˢ 9ᵈ

ARC DE TRIOMPHE.

5 febvrier 1680-23 juillet 1681 : à Henry de Fer, carrier, parfait payement de 40687ᴧ 10ˢ 9ᵈ pour pierre fournie pour l'Arc de triomphe (3 p.).. 6687ᴧ 10ˢ 9ᵈ

17 mars 1680-23 juillet 1681 : à Louis Pothert, carrier, parfait payement de 2403ᴧ 13ˢ pour fournitures de pierre pour led. Arc (2 p.)...... 1239ᴧ 13ˢ

9 juin : à Denise et Benoist, terrassiers, parfait payement de 19196ᴧ 2ˢ 6ᵈ pour les transports de terre qu'ils ont faits autour dud. Arc............... 1946ᴧ 2ˢ 6ᵈ

¹ Le registre porte Gautrain; mais c'est une erreur évidente. Il faut lire Vautrain, comme à l'article précédent.

23 juillet 1681 : à Sanson, carrier, parfait payement de 1292ᴧ 7ˢ 6ᵈ pour fournitures de pierres d'Arcueil pour led. Arc...................... 192ᴧ 7ˢ 6ᵈ

A la veuve Antier, carrier, parfait payement de 3794ᴧ 2ˢ pour fournitures idem............ 194ᴧ 2ˢ

A Mension, carrier, parfait payement de 7066ᴧ 6ˢ idem............................. 1366ᴧ 6ˢ

Somme de ce chapitre..... 11626ᴧ 1ˢ 9ᵈ

ORANGERIE ET PÉPINIÈRE DU ROULLE.

28 janvier-22 décembre : à Louis Germain, pour son remboursement de ce qu'il a payé à divers ouvriers qui ont travaillé à la pépinière du Roulle jusqu'au 20 décembre, et pour fournitures et voitures de fumiers pour les jardins fruitiers et la pépinière (10 p.). 9092ᴧ 2ˢ 2ᵈ

28 avril-22 décembre : à luy, pour ce qu'il a payé aux voituriers des arbrisseaux et fleurs pour diverses maisons royalles jusqu'au 10 décembre (2 p.)..... 2114ᴧ

14 juillet : à luy, parfait payement de 1318ᴧ 7ˢ 8ᵈ pour le treillage du pourtour des murs du jardin fruitier de lad. pépinière.................. 418ᴧ 7ˢ 8ᵈ

5 febvrier : à Denis Jullien et Pierre Caillot, terrassiers, parfait payement de 343ᴧ 10ˢ pour le régallement des terres et rigolles faites au pourtour des murs du nouveau jardin fruitier de la pépinière... 143ᴧ 10ˢ

17 mars-14 avril : à Oriant et Duhamel, jardiniers, sur leur fourniture d'eschallats et façon de treillages le long des murs dud. jardin (2 p.)............ 900ᴧ

21 avril : à Vendet, serrurier, sur la ferrure de plusieurs caisses pour led. jardin............... 200ᴧ

8 septembre : à luy, pour avoir ferré plusieurs caisses dud. jardin, où il a employé 3200 pesant de fer, à raison de 4ˢ 6ᵈ la livre........................ 720ᴧ

18 aoust-24 novembre : à Maluerée, vannier, pour des mannes et hottes d'ozier qu'il a fournis pour lever des pisceus (2 p.)................. 565ᴧ 16ˢ

20 octobre : au sʳ Charpentier, pour arbrisseaux qu'il a fournis........................... 64ᴧ

3 novembre : à Collas, jardinier, pour 79 toises de fumiers............................. 632ᴧ

Somme de ce chapitre... 14849ᴧ 15ˢ 10ᵈ

FONTAINEBLEAU.

MAÇONNERIE.

6 febvrier : à Hausant et Varrin, entrepreneurs, sur

ANNÉE 1680. — FONTAINEBLEAU.

leurs ouvrages des escuries de la Coudre, et réparations aux maisons dépendantes dud. chasteau...... 2700^{tt}

14 juin 1681 : à eux, parfait payement de 7182^{tt} 13^s 2^d pour ouvrages de maçonnerie faits aud. chasteau, de 1678 jusques et compris 1680....... 700^{tt} 13^s 2^d

17 mars-7 décembre : aud. Harsant, sur ses ouvrages et réparations (6 p.)..................... 9069^{tt}

1er may : à eux, sur leurs ouvrages de maçonnerie à la vieille Poste......................... 100^{tt}

6 febvrier-7 décembre : à Nicolas Clément et Jaques La Joüe, sur leurs ouvrages aux escuries du chenil, à la petite escurie et autres endroits (10 p.)...... 4162o^{tt}

1er may : à eux, sur leurs ouvrages à la vieille Poste. .... 100^{tt}

25 febvrier : à Claude Musart, sur les ouvrages de maçonnerie qu'il a fait faire en 1678 à l'aqueduc entre le quarré du parterre, escalier des cascades et fossez dud. chasteau........................... 50^{tt}

19 may : à André Pauly, maçon, pour ses ouvrages de maçonnerie pour les nouvelles escuries de Monseigneur le Dauphin....................... 183^{tt} 15^s

Somme de ce chapitre..... 54523^{tt} 8^s 2^d

CHARPENTERIE

25 febvrier : à Louis Mortillon et Pierre Mourand, charpentiers, sur leurs ouvrages au chasteau et dépendances de Fontainebleau................. 150^{tt}

19 mars-1er may : à eux[1], sur leurs ouvrages à la Surintendance (3 p.)................... 2500^{tt}

24 avril : à eux, sur leurs ouvrages aux escuries de la vénerie............................. 500^{tt}

11 may 1681 : à eux, parfait payement de 4038^{tt} 6^s 6^d pour ouvrages en divers endroits......... 888^{tt} 6^s 6^d

16 aoust : à Mortillon, à compte d'une poutre qu'il fait mettre dans la salle des comédies......... 250^{tt}

7 décembre : à luy, sur ses ouvrages du chenil. 250^{tt}

25 febvrier-19 aoust : à Marot, charpentier, sur les travées de palis qu'il fait dans la forest dud. Fontainebleau (5 p.).......................... 3532^{tt} 14^s

12 avril-7 décembre : à luy, sur ses ouvrages des escuries de la vennerie (5 p.)............ 1100^{tt}

1er may : à luy, sur ses ouvrages aux escuries de Madame la Dauphine..................... 3900^{tt}

3 juillet : à luy, sur ses ouvrages de charpenterie. 500^{tt}

19 may : à Mareschaux, charpentier, pour ses ouvrages

[1] Au lieu de Mourand, on trouve une fois Moreau; il s'agit très-probablement du même individu.

de peyne seulement, pour la construction des escuries de Monseigneur le Dauphin............... 114^{tt} 1^s

Somme de ce chapitre..... 55374^{tt} 1^s 6^d

COUVERTURE

25 febvrier 1680-26 juillet 1681 : à la veuve Grognet, couvreur, parfait payement de 11835^{tt} 18^s 3^d pour ouvrages de couverture qu'elle a faits au chasteau et dépendances en 1679 et 1680 (6 p.)..... 5135^{tt} 18^s 3^d

1er may : à elle, sur celles de la vieille Poste... 100^{tt}

24 avril-3 juin : à Dimanche Charruel, couvreur, parfait payement de 555^{tt} 18^s 4^d pour ouvrages de couvertures sur les escuries et remises de la Surintendance. .... 555^{tt} 18^s 4^d

Somme de ce chapitre..... 5791^{tt} 16^s 7^d

MENUISERIE

6 febvrier : à Thomas Sauret, menuisier, sur les ouvrages qu'il fait pour les bordages du mail de Fontainebleau............................... 391^{tt} 5^s 2^d

17 mars : à luy, sur l'appartement de M. de Chasteauneuf............................. 1200^{tt}

1er may 1680-3 novembre 1681 : à luy, parfait payement de 11902^{tt} pour ouvrages et réparations dud. chasteau et escuries de la vennerie (6 p.).. 10310^{tt} 14^s 10^d

1er may 1680-3 juin 1681 : à Lavien, menuisier, parfait payement de 6554^{tt} 10^s 4^d pour ouvrages aud. chasteau et dépendances (2 p.)........ 6554^{tt} 10^s 4^d

1er may-6 juin : à La Chapelle, sur ses ouvrages au petit bastiment de la Surintendance (2 p.).... 1200^{tt}

Somme de ce chapitre.... 19656^{tt} 10^s 4^d

SERRURERIE

25 febvrier 1680-3 juin 1681 : à Benoist, serrurier, parfait payement de 1086^{tt} 18^s 1^d pour ses ouvrages aud. chasteau et à la Surintendance (4 p.)... 1086^{tt} 18^s 1^d

25 febvrier 1680-3 juin 1681 : à la veuve Rossignol, parfait payement de 7519^{tt} 8^s 6^d pour ses ouvrages aud. chasteau, à la Surintendance, escuries de la vennerie et autres endroits (7 p.)................. 7519^{tt} 8^s 6^d

18 aoust : à elle, pour menues réparations faites en divers endroits en 1677 et 1678........... 50^{tt} 12^s

1er may 1680-3 juin 1681 : à Jean Cuvillier, serrurier, parfait payement de la somme de 1218^{tt} 11^s 6^d pour ses ouvrages au logement de M. de Chasteauneuf (3 p.).......................... 1218^{tt} 11^s 6^d

Somme de ce chapitre..... 9875^{tt} 10^s 1^d

VITRERIE.

25 febvrier - 3 novembre : à Guillaume Tisserant, vitrier, sur ses ouvrages au chasteau de Fontainebleau (3 p.)........................... 750ʰ

PEINTURE, SCULPTURE ET MARBRERIE.

25 febvrier : à François Girardon, sculpteur, à compte du tabernacle de marbre et bronze qu'il fait pour la belle chapelle dud. chasteau.................. 800ʰ

4 avril 1680 - 3 juin 1681 : à Jean Dubois, peintre, parfait payement de 5100ʰ 2ᵈ pour ouvrages de peinture et dorure en divers endroits (3 p.)........ 4100ʰ 2ᵈ

1ᵉʳ may : à René Gérard, sculpteur, sur le rétablissement des figures de marbre du jardin de l'estang du chasteau............................ 150ʰ

3 juin 1681 : à Friquet, peintre, pour son payement des ouvrages qu'il a faits à deux rideaux dans la grande chapelle............................ 350ʰ

A Duchesnoy, marbrier, pour son payement d'ouvrages au chasteau............................ 120ʰ

Somme de ce chapitre...... 5520ʰ 0ˢ 2ᵈ

PLOMBERIE.

25 febvrier - 3 juin : à la veuve Girard, plombier, parfait payement de 3533ʰ 7ˢ 2ᵈ pour ouvrages faits au chasteau, à la Surintendance et aux escuries de la vennerie (5 p.)........................ 3533ʰ 7ˢ 2ᵈ

15 décembre : à elle, pour ouvrages et réparations en divers endroits du chasteau.............. 259ʰ 9ˢ

Somme de ce chapitre..... 3792ʰ 16ˢ 2ᵈ

PAVÉ.

25 febvrier - 1ᵉʳ may : à la veuve Duchemin, paveur, sur les réparations qu'il a faites aux cours du chasteau, à la Surintendance et aux escuries de Madame la Dauphine (3 p.)......................... 500ʰ

24 avril - 7 décembre : à Jaques Duchemin, sur ses ouvrages de pavé des escuries, remises et cours de la Surintendance et des escuries de Madame la Dauphine (3 p.)............................ 950ʰ

1ᵉʳ may : à Aubry, sur ses ouvrages aux escuries de Madame la Dauphine................... 900ʰ

A luy, sur celles de la vennerie............ 300ʰ

17 may : à Marchand, sur celles de Monseigneur et de Madame la Dauphine................... 250ʰ

Somme de ce chapitre.......... 2900ʰ

JARDINAGES ET FOUILLES.

25 febvrier - 10 décembre : à Dominique Hastier, terrassier, sur les routtes qu'il fait dans la forest de Brières, prez Fontainebleau (2 p.)............ 903ʰ 17ˢ 6ᵈ

25 febvrier : à luy, à compte des palis qu'il fait dans la forest de Fontainebleau................. 300ʰ

12 avril : à luy et Gouet, sur leurs transports de terre dans le parc de Fontainebleau, pour le passage de l'eschelle servant à tondre................... 850ʰ

17 may : à eux, sur les trous qu'ils remplissent en la garenne de Gros-Bois idem............. 800ʰ

28 may - 4 juillet : à eux, sur les ornières qu'ils bouchent dans la forest idem (2 p.)........... 550ʰ

5 juin - 23 octobre : à eux, sur les routes qu'ils font dans la forest (2 p.).................... 735ʰ

3 juillet : à Hastier, parfait payement de 2366ʰ 18ˢ 6ᵈ pour les routtes qu'il a faites pour la chasse dans la forest............................ 409ʰ 18ˢ 6ᵈ

A Gouet, pour avoir arraché de l'érable et charmille pour regarnir les palissades du parc....... 103ʰ 10ˢ

A luy, pour avoir arraché du plant de charmille et l'avoir replanté en divers endroits du parc.... 164ʰ 3ˢ

A Hastier et Gouet, parfait payement de 428ʰ 9ˢ pour ports de terres dans le parc.............. 28ʰ 8ˢ

28 juillet : à Gouet, pour ce qu'il a payé à divers jardiniers qui ont travaillé à Fontainebleau... 39ʰ 16ˢ 8ᵈ

29 aoust : à luy, pour diverses menues dépenses pour led. chasteau......................... 170ʰ 14ˢ

17 octobre : à Gouet et Hastier, parfait payement de 642ʰ 17ˢ pour ports de terres au mail de Fontainebleau........................... 92ʰ 17ˢ

28 may : à Chablé et Desprez, jardiniers, sur les ornières qu'ils ont bouchées dans la forest...... 150ʰ

28 may - 4 juillet : à de Caen, carrier, parfait payement de 179ʰ 1ˢ pour avoir cassé des roches pour les routes de la forest (3 p.)............... 179ʰ 1ˢ

28 may - 4 juillet : à Trochet, carrier, parfait payement de 195ʰ 17ˢ 9ᵈ idem (3 p.)....... 195ʰ 17ˢ 9ᵈ

28 may - 4 juillet : à Queue d'asne et consors, carriers, pour parfait payement de 859ʰ 16ˢ 8ᵈ pour avoir cassé 64 toises et demie 50 pieds cube de roche (3 p.)............................ 859ʰ 16ˢ 8ᵈ

5 juin : à Aubour, sur les roches qu'il a cassé pour les routtes.......................... 70ʰ

16 juin - 4 juillet : à Delestre, parfait payement pour 14 toises et demie 27 pieds cube de roches pour les routes (2 p.).................... 193ʰ 17ˢ 6ᵈ

ANNÉE 1680. — SAINT-GERMAIN.

18 juin-6 aoust : à Migasse, sur les desfrichemens et labours qu'il fait dans l'enceinte des palis de la forest (3 p.)............................ 3900ᴧ

3 juillet : à la veuve Louis Desbouts, jardinier, pour son payement d'avoir fait planter des ormes et tillots dans le parc de Fontainebleau.......... 276ᴧ 11ˢ 8ᵈ

A Gabriel Desbouts et Nicolas Gouet, jardiniers, pour rigoles et plans dans les jardins des Pins. 198ᴧ 11ˢ

4 juillet-17 novembre : à Chastillon, jardinier de l'orangerie de Fontainebleau, pour remboursement de ses menues dépenses jusqu'au 28 septembre (2 p.)...
.... 479ᴧ 8ˢ 6ᵈ

21 juillet : à Jeanty, pour remboursement de diverses menues dépenses jusqu'au 20 juillet...... 678ᴧ 11ˢ 8ᵈ

4 aoust : à Claude Muzart, fontainier, pour ce qu'il a payé à divers ouvriers qui ont travaillé à Fontainebleau jusques au 3 aoust................. 74ᴧ 16ˢ 8ᵈ

25 aoust : à Tiger, charon, pour plusieurs ouvrages pour les jardins...................... 329ᴧ 7ˢ

15 octobre : à Nivelon, jardinier, parfait payement de 213ᴧ 6ˢ pour ouvrages faits au Mail........ 153ᴧ 6ˢ

23 octobre-5 novembre : à Videron, sur ses labours dans l'enceinte des palis (2 p.)............ 650ᴧ

4-11 novembre : à Gitton, pour ce qu'il a payé à divers ouvriers jusqu'au 5 octobre.......... 473ᴧ 8ˢ 6ᵈ

11 novembre : à Hamon, pour remboursement de menues dépenses idem................ 144ᴧ 4ˢ 6ᵈ

18 janvier 1681 : à Foucault, pour menues dépenses depuis le 10 novembre jusqu'au 3 décembre... 180ᴧ 1ˢ

13 febvrier 1681 : à Rousseau, pour menues dépenses pendant le mois de janvier.............. 103ᴧ 15ˢ

Somme de ce chapitre.... 20288ᴧ 19ˢ 1ᵈ

PARTIES EXTRAORDINAIRES.

25 febvrier : à Nicolas Beurier, chaudronnier, sur ses ouvrages et marchandises de chaudronnerie.. 100ᴧ

A Marot, marchand de bois, à compte des travées de palis qu'il fait faire dans la forest........... 8000ᴧ

A Le Maire, pour trois voyages qu'il a faits de Fontainebleau à Sainct-Germain-en-Laye........... 60ᴧ

17 mars : à Antoine Foucault, pour les gens de journée qui ont travaillé à Fontainebleau et diverses autres menues dépenses, depuis le 1ᵉʳ octobre 1679 jusqu'à ce jour................... 708ᴧ 14ˢ 10ᵈ

30 juin : à Dorchemer et Foucault, pour ce qu'ils ont payé aux ouvriers qui ont nettoyé les cours du chasteau, et autres ouvrages extraordinaires........ 965ᴧ

22 may 1680-12 janvier 1681 : à Louis Dorchemer, dit La Tour, pour ce qu'il a payé à ceux qui ont remply les glacières (2 p.)............ 3203ᴧ 13ˢ 4ᵈ

3 juin 1681 : à la veuve Dorchemer, dit La Tour, pour les frottages de parquet qu'elle a fait faire dans les appartemens du chasteau............ 460ᴧ 13ˢ 9ᵈ

4 avril : à Simon Edelin, pour son remboursement de ce qu'il a payé pour plusieurs menues réparations jusqu'au 23 mars...................... 231ᴧ 13ˢ

27 may : à Jean Le Dau, batelier, pour voiture de 103 caisses de giroflées doubles, du port Saint-Paul à Valvin.............................. 100ᴧ

4 juin : au sʳ Pageois, greffier de l'Escritoire, pour plusieurs toises d'ouvrages............... 1200ᴧ

16 juin : à Hamon, pour ce qu'il a payé aux ouvriers qui ont travaillé en divers endroits......... 852ᴧ 19ˢ

23 juin : à Olivier, tablettier, pour douze boules d'yvoire qu'il a faites pour un grand Trou-Madame pour Fontainebleau...................... 57ᴧ

30 juin : à Zabillon Nivelon, sur le deffrichement des arbres du Mail........................ 60ᴧ

3 septembre : à René Vidron, sur ses deffrichemens et labours dans l'enceinte du palis de la forest.... 5000ᴧ

15 septembre : à Louis Salledray, concierge de la Chancellerie de Fontainebleau, pour son remboursement de ce qu'il a payé pour frottage de parquet et carreau à lad. Chancellerie................ 33ᴧ 1ˢ 3ᵈ

8 décembre : à Thuret, pour le rétablissement des orloges du chasteau...................... 117ᴧ

3 juin 1681 : à Jamin, pour son payement des frottages de parquets, carreaux et planchers qu'il a faits en divers appartemens du chasteau en 1678 et 1679. 267ᴧ 17ˢ

Somme de ce chapitre.... 21417ᴧ 12ˢ 2ᵈ

SAINT-GERMAIN.

MAÇONNERIE.

22 janvier-15 décembre : à Antoine de la Rue, maçon, sur ses ouvrages et réparations de maçonnerie aud. chasteau (10 p.).................... 39500ᴧ

4 aoust-24 novembre : à luy, sur ses ouvrages aux chasteaux et hostel du Mayne (3 p.)........ 1700ᴧ

22 janvier 1680-12 janvier 1681 : à Jean de la Rue, sur les murs de closture du nouveau parc depuis le jardin du Val jusqu'à Harblay (12 p.)....... 57950ᴧ

22 janvier-4 febvrier : à luy, sur les murs de closture dud. parc de Saint-Germain, depuis Andresy jusqu'à Montrecourt (2 p.)...................... 2700ᴧ

14 mars-5 may : à luy, sur les ouvrages commencez par le nommé Soissons (2 p.).............. 1800ᴸᵗ

20 juin-2 septembre : à lny, sur la maçonnerie du socle de pierre qu'il fait pour poser la grille du nouveau jardin (4 p.)........................ 8400ᴸᵗ

6 octobre : à luy, sur ses ouvrages pour les murs du manège............................. 1000ᴸᵗ

5 janvier 1681 : à luy, sur ses ouvrages et réparations de maçonnerie.................. 1000ᴸᵗ

23 mars 1681 : à Antoine et Jean de la Rue, parfait payement de 68495ᴸᵗ 16ˢ 11ᵈ à quoy montent les ouvrages de maçonnerie faits par eux et Charles de la Rue, leur père, tant en particulier qu'en société avec Gabriel Abry, depuis 1667 jusqu'en 1680..... 4295ᴸᵗ 16ˢ 11ᵈ

19 may 1681 : à eux, parfait payement de 138500ᴸᵗ 7ˢ 6ᵈ à quoy montent les murs de closture du nouveau parc............................ 11750ᴸᵗ 7ˢ 6ᵈ

9 mars 1681 : à de la Rue et Bengeron, parfait payement de 121398ᴸᵗ 6ˢ pour les ouvrages de maçonnerie qu'ils ont faits au chasteau du Val.... 1820ᴸᵗ 5ˢ

22 janvier-7 juillet : à Tauriac, maçon, sur ses ouvrages aux murs de closture (7 p.)......... 15000ᴸᵗ

22 janvier-5 may : à Dugué et Bailly, sur leurs ouvrages idem (4 p.).................. 8600ᴸᵗ

8 avril-7 juillet : à Duguay idem (2 p.)....... 2900ᴸᵗ

22 janvier-19 juillet : à Beziau, maçon, parfait payement de 33102ᴸᵗ 12ˢ 6ᵈ à quoy montent les murs du nouveau parc de Saint-Germain (8 p.). 23802ᴸᵗ 12ˢ 6ᵈ

22 janvier-14 mars : à Roblin[1], sur lesd. murs de closture (3 p.)..................... 1400ᴸᵗ

18 febvrier-9 juin : à de la Pallu, sur lesd. murs de closture............................ 4500ᴸᵗ

7 juillet 1680-19 janvier 1681 : à de la Pallu et Roblin, parfait payement de 6736ᴸᵗ 0ˢ 7ᵈ pour lesd. ouvrages (3 p.)......................... 636ᴸᵗ 0ˢ 7ᵈ

22 janvier-11 febvrier : à La Flèche, sur lesd. ouvrages (2 p.)......................... 2650ᴸᵗ

14 mars-7 juillet : à La Flèche et Henry Feuillastre, sur lesd. murs de closture (5 p.).......... 8200ᴸᵗ

22 janvier-7 juillet : à Gourdon idem (7 p.). 11600ᴸᵗ

23 mars 1681 : à Gourdon et Forgeot, parfait payement de 17702ᴸᵗ 10ˢ pour ouvrages de closture dud. parc................................. 1702ᴸᵗ 10ˢ

22 janvier-12 may : à Chappel[2], sur les murs de closture (5 p.)....................... 5800ᴸᵗ

22 janvier : à Geabro, autre maçon, pour avoir travaillé pendant 22 jours et demi aux cheminées de l'hostel de la Surintendance de Sainct-Germain pour les empescher de fumer, à raison de 3ᴸᵗ par jour...... 67ᴸᵗ 10ˢ

28 janvier 1680-19 janvier 1681 : à de la Roche, maçon, parfait payement de 4753ᴸᵗ 0ˢ 7ˢ pour ouvrages aux murs de closture (4 p.).......... 1503ᴸᵗ 0ˢ 7ᵈ

4 febvrier-11 juin : à Cano, sur ses ouvrages auxd. murs (3 p.)........................... 750ᴸᵗ

4 febvrier : à Jean de la Noue, maçon, pour les ouvrages et réparations de maçonnerie qu'il a faits à la capitainerie dud. chasteau............ 423ᴸᵗ 2ˢ 6ᵈ

11 febvrier 1680-19 janvier 1681 : à Jaques Barbier, maçon, parfait payement de 14663ᴸᵗ 7ˢ 6ᵈ pour ouvrages auxd. murs de closture (7 p.). 6663ᴸᵗ 7ˢ 6ᵈ

28 avril-4 aoust : à Adam, maçon, parfait payement de 3416ᴸᵗ à quoy montent les murs de closture qu'il a faits (4 p.).......................... 3416ᴸᵗ

18 aoust : à Bertuin, sur le remplissage de la digue de la machine du moulin de Palfour avec moislon. 300ᴸᵗ

15 décembre : à Mathieu et Pinart, pour leur soin à la conduite des murs de closture............. 800ᴸᵗ

Somme de ce chapitre... 232630ᴸᵗ 13ˢ 1ᵈ

CHARPENTERIE.

4 febvrier 1680-23 mars 1681 : à Jean Jaques Aubert, charpentier, parfait payement de 26506ᴸᵗ pour ses ouvrages pour les pilotis et pallissades de la Frette, proche Maisons, dans le nouveau parc (6 p.). 19106ᴸᵗ 10ˢ

8 avril-6 octobre : à luy, sur ses ouvrages de la machine du moulin de Palfour (6 p.)......... 9700ᴸᵗ

6 may 1680-30 mars 1681 : à luy, parfait payement de 131273ᴸᵗ 2ˢ 9ᵈ pour ouvrages aud. chasteau et dépendances depuis 1674 jusques et compris 1680 (6 p.)............................ 38623ᴸᵗ 2ˢ 5ᵈ

4 aoust-2 septembre : à luy, sur les pavillons des portes de la nouvelle closture du parc (2 p.)... 5000ᴸᵗ

22 septembre 1680-12 janvier 1681 : à luy, sur ses ouvrages pour les remises de l'hostel du Mayne (5 p.)............................. 5000ᴸᵗ

25 febvrier 1680-19 janvier 1681 : à Marie et Ruault, autres charpentiers, parfait payement de 865ᴸᵗ 10ˢ pour ouvrages auxd. clostures (2 p.)...... 715ᴸᵗ 10ˢ

21 juillet : à Marie, sur ses ouvrages aux pavillons des portes de la nouvelle closture............. 300ᴸᵗ

14 mars 1680-19 janvier 1681 : à Le Gouge[3], charpentier, parfait payement de 4851ᴸᵗ 15ˢ 10ᵈ pour ou-

---

[1] Ou Roblin.
[2] Ou Chapel.

[3] Ou La Gouge.

ANNÉE 1680. — SAINT-GERMAIN.

vrages aux avant-becs et arcades desd. murs de closture............ 1651ᵗᵗ 15ˢ 10ᵈ

Somme de ce chapitre.... 70096ᵗᵗ 18ˢ 3ᵈ

COUVERTURE.

28 avril 1680-19 janvier 1681 : à Dimanche Charuel, parfait payement de 19025ᵗᵗ 14ˢ 7ᵈ pour ouvrages aux chasteaux et dépendances en 1675, 76, 78 et 80 (4 p.).................... 8935ᵗᵗ 14ˢ 7ᵈ

20 juin 1680-19 janvier 1681 : à luy, parfait payement de 4501ᵗᵗ 3ˢ 8ᵈ pour ouvrages aux logemens des portes de closture du nouveau parc (4 p.). 4501ᵗᵗ 3ˢ 8ᵈ

18 aoust-6 octobre : à luy, sur ses ouvrages aux escuries et remises de carosses de l'hostel du Mayne (3 p.)............... 2100ᵗᵗ

Somme de ce chapitre..... 15536ᵗᵗ 18ˢ 3ᵈ

MENUISERIE.

28 janvier-1ᵉʳ juillet : à Lavier, menuisier, sur ses ouvrages aux chasteaux et dépendances de Sainct-Germain-en-Laye (7 p.)................ 14400ᵗᵗ

20 juin-4 aoust : à luy, sur ses ouvrages aux portes de la nouvelle closture (2 p.)............ 3500ᵗᵗ

2 septembre : à la veuve Lavier, menuisier, sur ses ouvrages de l'hostel du Mayne.......... 1400ᵗᵗ

27 octobre 1680-12 janvier 1681 : à elle, sur ses ouvrages aux chasteaux (5 p.)............ 5600ᵗᵗ

19 janvier 1681 : à elle, parfait payement de 4707ᵗᵗ 12ˢ 6ᵈ pour ouvrages aux portes de la nouvelle closture du parc et logemens des portiers du nouveau parc.................. 1207ᵗᵗ 12ˢ 6ᵈ

28 juillet-11 aoust : à Thomin, parfait payement de 500ᵗᵗ pour ouvrages à la nouvelle closture (2 p.). 500ᵗᵗ

28 juillet 1680-19 janvier 1681 : à Selincourt, parfait payement de 904ᵗᵗ 10ˢ idem (3 p.)... 904ᵗᵗ 10ˢ

1ᵉʳ juillet-11 aoust : à Tessier, parfait payement de 500ᵗᵗ idem (2 p.)................. 310ᵗᵗ

1ᵉʳ juillet-11 aoust : à la veuve Payen, parfait payement de 500ᵗᵗ idem (2 p.)............. 500ᵗᵗ

1ᵉʳ juillet-11 aoust : à Le Roy, parfait payement de 500ᵗᵗ idem (2 p.)................. 500ᵗᵗ

Somme de ce chapitre..... 28822ᵗᵗ 2ˢ 6ᵈ

SERRURERIE.

4 febvrier 1680-30 mars 1681 : à Rouillé, parfait payement de 8594ᵗᵗ 9ˢ 6ᵈ pour ouvrages qu'il a faits aux chasteaux de Sainct-Germain en 1679 et 1680 (7 p.)........................ 6944ᵗᵗ 9ˢ 6ᵈ

20 juin-15 décembre : à luy, sur les grilles de fer du nouveau jardin (5 p.)................. 4400ᵗᵗ

4 febvrier 1680-6 janvier 1681 : à Louis Piot[1], serrurier, sur ses ouvrages (10 p.).......... 8150ᵗᵗ

2 juin-6 octobre : à luy, sur ses ouvrages de l'hostel du Mayne (3 p.)................... 1300ᵗᵗ

20 juin-15 décembre : à luy, sur ses grilles de fer de la closture du nouveau jardin (6 p.)....... 6500ᵗᵗ

6 octobre : à luy, sur ses ouvrages de la machine du moulin de Palfour.................. 500ᵗᵗ

19 janvier 1681 : à luy, pour ouvrages de serrurerie qu'il a faits pour partie des portes et logemens des portiers dud. nouveau parc............. 1000ᵗᵗ 4ˢ

18 febvrier 1680-19 janvier 1681 : à de la Baume, serrurier, parfait payement de 672ᵗᵗ 15ˢ 9ᵈ pour le gros fer qu'il fournit pour les avant-becqs et esperon sur la rivière d'Oyse, du costé de Conflans, pour la closture du nouveau parc (3 p.)............ 194ᵗᵗ 15ˢ 9ᵈ

25 febvrier : à Minet, serrurier, pour le fer qu'il a fourny pour les arcades de la chaussée du pont de Poissy........................ 31ᵗᵗ 10ˢ

6 octobre : à Minet[2], pour 399 livres pezant de gros fer pour les portes de la nouvelle closture. 151ᵗᵗ 17ˢ 4ᵈ

8 avril 1680-19 janvier 1681 : à Pernelle et Marlin, parfait payement de 1690ᵗᵗ 17ˢ 6ᵈ pour les ouvrages de serrurerie et gros fer qu'ils ont fournis pour l'avant-becq et palissades servans à la closture du nouveau parc (5 p.)...................... 1390ᵗᵗ 17ˢ 6ᵈ

2 juin-15 décembre : à Boudet, sur ses ouvrages pour la balustrade de fer du nouveau jardin (6 p.)... 7700ᵗᵗ

2 juin 1680-19 janvier 1681 : à Consenet, parfait payement de 1973ᵗᵗ 9ˢ à quoy monte la ferrure des portes de la nouvelle closture dud. parc (4 p.). 1973ᵗᵗ 9ˢ

Somme de ce chapitre..... 40237ᵗᵗ 3ˢ 1ᵈ

VITRERIE.

4 febvrier 1680-5 janvier 1681 : à Charles Mercier, vitrier, sur ses ouvrages aux chasteaux de Sainct-Germain (13 p.)...................... 7200ᵗᵗ

13 avril : aux héritiers Robert Morel, vitrier, et à Charles Mercier, 8994ᵗᵗ 15ˢ 11ᵈ, savoir : auxd. héritiers Morel, 27ᵗᵗ 12ˢ 4ᵈ pour parfait payement de 22977ᵗᵗ 12ˢ 4ᵈ pour ouvrages de vitrerie faits par led. Morel au chasteau et dépendances de Sainct-Germain depuis 1664 jusqu'au dernier juin 1671, et aud.

---
[1] Quelquefois ce nom est écrit Piau.
[2] C'est sans doute le même individu que le Minet de l'article précédent.

Mercier, 8977ʰ 3ˢ 7ᵈ pour parfait payement de 42667ʰ 3ˢ 7ᵈ à quoy montent les ouvrages de vitrerie qu'il a faits auxd. chasteau et dépendances depuis le 1ᵉʳ juillet 1671 jusqu'en 1680.............. 8994ʰ 15ˢ 11ᵈ

Somme de ce chapitre... 16194ʰ 15ˢ 11ᵈ

PEINTURE, SCULPTURE ET MARBRERIE.

24 mars 1680-13 avril 1681 : à Jean Poisson, peintre, parfait payement de 20072ʰ 1ˢ 7ᵈ pour peinture et dorure auxd. chasteaux et dépendances pendant les années 1673, 74, 75, 76 et 80 (9 p.).. 12672ʰ 1ˢ 7ᵈ

21 juillet 1680-19 janvier 1681 : à luy, parfait payement de 822ʰ pour impressions de peinture en huile aux portes dud. Sainct-Germain (2 p.).......... 822ʰ

21 avril : à Misson, marbrier, pour les réparations qu'il a faites au pavé de marbre du vestibule d'entre l'appartement du Roy et celuy de Monseigneur. 71ʰ 10ˢ

9 juin 1680-19 janvier 1681 : à Meusnier et consors, sculpteurs, parfait payement de 3515ʰ pour sculpture en pierre faite aux frontons des portes de la nouvelle closture du parc (4 p.)............. 3515ʰ

29 décembre : à Le Grand, sculpteur, pour un bas-relief à l'appartement de M. le prince de Conty... 55ʰ

A Le Moyne, pour avoir peint plusieurs glaces de miroir............................. 200ʰ

Somme de ce chapitre.... 17335ʰ 11ˢ 7ᵈ

PLOMBERIE.

23 juin-6 octobre : à Gilles Le Roy, plombier, sur les ouvrages qu'il fait aux chasteaux de Sainct-Germain-en-Laye (4 p.)..................... 8000ʰ

PAVÉS.

14 mars : à Georges Marchand, paveur, pour ses ouvrages de pavé faits à la chaussée de l'estang de Retz-en-Croiiy............................ 573ʰ 10ˢ

31 mars 1680-13 avril 1681 : à luy, parfait payement de 17058ʰ 14ˢ 4ᵈ pour ouvrages de pavé faits en divers endroits dud. Sainct-Germain en 1678, 1679 et 1680 (3 p.)..................... 5658ʰ 14ˢ 4ᵈ

31 mars-12 may : à luy, sur ses ouvrages du chasteau et dépendances (2 p.)............... 3900ʰ

28 avril-10 novembre : à luy, sur le rétablissement qu'il fait du pavé de la chaussée de Sainct-Germain-en-Laye à Versailles (4 p.).................. 11300ʰ

Somme de ce chapitre..... 21432ʰ 4ˢ 4ᵈ

JARDINAGES ET FOUILLES.

4 febvrier : à Michel Porlier, pour avoir fouillé et transporté les terres d'une fosse d'aysance de la maison de la Chancellerie................... 46ʰ 11ˢ 3ᵈ

A Quinchestre, terrassier, pour les gens de journée qui ont osté les terres qui empeschoient le mouvement des balanciers de la machine de la rivière de Seyne. 166ʰ 19ˢ

11 febvrier-8 avril : à luy, parfait payement de 1466ʰ 15ˢ pour les fouilles et transports de terre pour paver la rue de la Petite-Vacherie qui conduit à l'hostel de Nouailles (3 p.)................. 1466ʰ 15ˢ

18 febvrier : à Billardière, autre terrassier, pour ce qu'il a payé aux ouvriers qui ont travaillé à rétablir le batardeau pour la closture du nouveau parc... 379ʰ 17ˢ

25 febvrier-14 mars : à luy, pour ce qu'il a payé aux ouvriers qui ont transporté les terres éboulées des escarpemens entre la Frette et Harblay (2 p.). 227ʰ 19ˢ

18 febvrier-23 juin : à Boubert, dit Picard [1], terrassier, parfait payement de 4510ʰ 10ˢ pour transports de terre au nouveau jardin du Boulingrin (5 p.). 4510ʰ 10ˢ

18 febvrier-17 novembre : à Jean Ozanne, pour ce qu'il a payé aux jardiniers et gens de journée qui ont travaillé jusqu'au 9 novembre à dresser les terres de la grande place à l'entrée du nouveau jardin du Boulingrin et celles du Mail (11 p.)........... 11477ʰ 16ˢ 8ᵈ

12 may : à luy, pour ce qu'il a payé à ceux qui ont rétably des fossez à Vézinet................. 65ʰ 7ˢ

26 may : à luy, pour ceux qui ont travaillé à rétablir le chemin de Sainct-Germain à Versailles...... 120ʰ 6ˢ

24 novembre : à luy, pour ce qu'il a payé aux gens de journée qui ont transporté les terres qui estoient proche les logemens des portiers du nouveau parc de Sainct-Germain, pendant le mois d'octobre.. 334ʰ 9ˢ 3ᵈ

8 décembre : à luy, pour les ouvriers qui ont nettoyé le chasteau neuf...................... 349ʰ 9ˢ

29 décembre : à luy, pour les ouvriers qui ont remply de glace les glacières de Sainct-Germain... 1733ʰ 1ˢ 6ᵈ

A luy, pour remboursement de diverses menues dépenses depuis le 1ᵉʳ avril jusqu'au dernier aoust. 402ʰ 14ˢ

25 febvrier : à de la Lande, jardinier, pour reste et parfait payement de 471ʰ 10ˢ pour le rétablissement des treillages du petit parc................ 271ʰ 10ˢ

A luy, sur les trous et rigolles qu'il fait aux deux costés du nouveau mail.................. 200ʰ

17 mars : à luy, sur les arbres plantés au Mail. 200ʰ

24 mars : à luy, pour remboursement de dépenses extraordinaires qu'il a faites au jardin du Boulingrin en 1679............................. 476ʰ 15ˢ

12 may : à la veuve de la Lande, pour terreaux et

---

[1] Ou Picart.

autres dépenses au parterre en face du vieil chasteau pendant 1679............................ 278ᵗᵗ

6 octobre : à DE LA LANDE, pour avoir garni de perches le corps des pallissades................ 134ᵗᵗ

20 octobre : à luy, pour plants d'arbres au nouveau jardin............................. 362ᵗᵗ 12ˢ

25 febvrier-12 may : à MOREL, terrassier, parfait payement de 9711ᵗᵗ 4ˢ pour les routtes qu'il a faites pour la chasse dans la forest des Alluetz, près Sainct-Germain-en-Laye (3 p.)................. 4211ᵗᵗ 4ˢ

26 may : à luy, pour ceux qui ont travaillé dans le nouveau parc........................ 1374ᵗᵗ 10ˢ

31 mars : à JEAN FRADES, parfait payement de 1118ᵗᵗ 12ˢ pour ses labours de 1679...... 518ᵗᵗ 12ˢ

24 mars : à luy, pour 65 thoises de treillage de perches à la faizanderie de Vézinet........... 178ᵗᵗ 15ˢ

14 mars-17 avril : à luy, parfait payement de 829ᵗᵗ 12ˢ pour les cages de chastaignier faites pour conserver les ormes plantez au nouveau mail (2 p.). 829ᵗᵗ 12ˢ

31 may : à luy, pour avoir labouré la faizanderie de la plaine de Vézinet........................ 136ᵗᵗ

8 avril 1680-6 janvier 1681 : à luy, sur le rétablissement des treillages du petit parc et de la grande terrasse (11 p.)................................ 3200ᵗᵗ

14 may-14 juillet : à luy, sur ses labours aux arbres de la route des Loges et autres (2 p.)....... 600ᵗᵗ

8 décembre : à luy, pour ce qu'il a payé aux ouvriers du parc pendant cinq semaines finies le 30 novembre.. .... 382ᵗᵗ 3ˢ 6ᵈ

17 mars : à BLOTTIÈRE, pour avoir échenillé 3300 ormes dans le grand jardin................ 99ᵗᵗ

31 mars : à LOUIS RABAILLES[1], terrassier, pour avoir nettoyé et dressé les fossez du vieil chasteau...... 36ᵗᵗ

28 avril : à luy, pour avoir vuidé les immondices des caves de l'hostel de la Surintendance.......... 55ᵗᵗ

26 may : à luy, pour payement des terres qu'il a enlevées pour mettre la rue qui conduit à l'hostel de Nouailles en estat de paver............. 71ᵗᵗ 17ˢ 6ᵈ

9 juin-21 juillet : à luy, parfait payement de 1599ᵗᵗ 13ˢ 10ᵈ pour transport de terres de salpestre au nouveau jardin (2 p.)............ 1599ᵗᵗ 13ˢ 10ᵈ

21 juillet-29 septembre : à luy, parfait payement de 2677ᵗᵗ 10ˢ pour le sable de rivière qu'il voiture au nouveau jardin (4 p.).................. 2677ᵗᵗ 10ˢ

20 octobre-1ᵉʳ décembre : à luy, sur ses transports de terre à l'entrée du nouveau jardin (2 p.).... 800ᵗᵗ

8 avril : à ROBERT et consors, jardiniers, sur le gazon qu'ils posent dans le nouveau jardin à l'entrée du petit parc................................ 900ᵗᵗ

5 may : à la veuve JEAN ROBERT et DEHORS, sur le gazon *idem*........................... 850ᵗᵗ

8 avril-12 may : à MESNAGER, pour le payement des ouvriers qui ont restably le chemin de Sainct-Germain à Versailles (2 p.).................... 199ᵗᵗ 17ˢ

28 avril : à MUSTEL, terrassier, pour le transport et régallement qu'il fait autour de la nouvelle escurie du manège......................... 74ᵗᵗ 17ˢ 2ᵈ

19 may-15 juillet : à luy, parfait payement de 220ᵗᵗ pour le restablissement du bassin à l'entrée du parterre d'eau à Sainct-Germain (2 p.)........... 220ᵗᵗ

19 may : à luy, pour avoir entretenu le manège de Monseigneur le Dauphin pendant 116 journées.. 232ᵗᵗ

1ᵉʳ juillet : à luy, sur le sable de rivière qu'il fournit pour le nouveau jardin.................. 400ᵗᵗ

28 juillet : à luy, parfait payement de 903ᵗᵗ 17ˢ 4ᵈ pour voitures de terre et sable *idem*...... 703ᵗᵗ 17ˢ 4ᵈ

25 aoust : à luy, pour 152 battelées de sable de rivière *idem*........................... 349ᵗᵗ 12ˢ

19 may-21 juillet : à NICOLLE, voiturier, parfait payement de 2492ᵗᵗ 16ˢ 8ᵈ pour les terres de sulpestre qu'il a voiturées de Paris au port du Pec pour le nouveau mail (3 p.)................... 2492ᵗᵗ 16ˢ 8ᵈ

9 juin-21 juillet : à luy, parfait payement de 604ᵗᵗ 5ˢ pour terraux voiturés du port du Pec au nouveau jardin (2 p.).......................... 604ᵗᵗ 5ˢ

2 juin-15 juillet : à DEHORS, parfait payement de 3031ᵗᵗ 12ˢ pour gazon qu'il pose au nouveau jardin (2 p.).......................... 1281ᵗᵗ 12ˢ

21 juillet : à HARDEL, voiturier, pour voiture de quarante-un voyes de terraux du port du Pec au nouveau jardin............................ 47ᵗᵗ 5ˢ

6 octobre : à luy, pour terres voiturez *idem*.. 204ᵗᵗ

28 juillet : à CHERFI, parfait payement de 495ᵗᵗ 6ˢ pour la vuidange de quatre fosses d'aysance. 195ᵗᵗ 0ˢ 6ᵈ

28 juillet-2 septembre : à HÉMON[2], parfait payement de 1260ᵗᵗ pour sable de rivière (3 p.)....... 1260ᵗᵗ

11 aoust : à GONTIER, sur ses transports de terre à la nouvelle closture du parc................. 150ᵗᵗ

18 aoust : à RATTARD, sur ses transports *idem*... 50ᵗᵗ

A LE BOUTEUX fils, en considération de la conduite qu'il a eue de plusieurs ouvrages de terrasses et jardinages jusqu'au 1ᵉʳ aoust................. 500ᵗᵗ

25 aoust : à MALARD, terrassier, pour transport de terre à la nouvelle closture............... 230ᵗᵗ

---

[1] On trouve aussi ROBAILLE.

[2] Ou ÉMOND.

A Le Gueux, pour 26 charretées de terre qu'il a voiturées à la grande terrasse................ 104ᵗᵗ

6 octobre-5 novembre : à Descondes, sur ses transports de terre pour allonger le nouveau mail de Sainct-Germain (2 p.)........................ 356ᵗᵗ

6 octobre : à Bertin, sur le remplissage de la digue du moulin de Palfour...................... 1000ᵗᵗ

A Potin, sur ses fossés aux avenues de Sainct-Germain................................... 600ᵗᵗ

27 octobre : à Jolly, pour avoir entretenu les cages des ormes pendant une année............... 100ᵗᵗ

8 décembre : à Cuvyer, pour les hommes qui ont ramassé du gland dans la forest............ 980ᵗᵗ 16ˢ

Somme de ce chapitre..... 54145ᵗᵗ 8ˢ 2ᵈ

PARTIES EXTRAORDINAIRES.

22 janvier : à Ozanne, pour payer les gens de journées et chartiers qui ont tiré, chargé et voituré la glace des mares de la forest de Sainct-Germain dans les glacières du Roy au jardin du Boulingrin, dans la semaine finie le 13 de ce mois................. 603ᵗᵗ 4ˢ 8ᵈ

28 janvier 1680-19 janvier 1681 : à luy, pour son remboursement de diverses menues dépenses faites pour le service du Roy en novembre et décembre 1679 et en 1680 (3 p.)...................... 1336ᵗᵗ 12ˢ 11ᵈ

4 febvrier : à luy, pour le payement des gens de journée qui ont travaillé à nettoyer les cours, offices et galleries du chasteau neuf de Sainct-Germain..... 127ᵗᵗ 8ˢ

18 febvrier-8 avril : à luy, pour les ouvriers et chartiers qui ont nettoyé, redressé et sablé la grande place du nouveau manège (2 p.)............ 858ᵗᵗ 11ˢ 4ᵈ

17 avril : à luy, pour ceux qui ont travaillé à tracer les routes pour la chasse................ 525ᵗᵗ 10ˢ

28 avril : à luy, pour payer les ouvriers qui ont travaillé au nouveau jardin pendant cinq semaines finies le 20 du présent mois................. 1060ᵗᵗ 7ˢ 4ᵈ

17 avril : à luy, pour le payement des arpenteurs, experts et vignerons qui ont visité, mesuré et estimé les terres occupées et endommagées par les murs de closture.................................. 173ᵗᵗ 4ˢ

5 may : à luy, pour le payement de ceux qui ont travaillé aux allignemens des routtes dans la forest des Alluetz pendant quatre semaines......... 209ᵗᵗ 14ˢ

23 juin-7 juillet : à luy, pour le payement des mariniers et pescheurs qui ont travaillé à descouvrir le pourtour des avant-becqz sur la rivière d'Oyse (2 p.).. 431ᵗᵗ

25 aoust : à luy, pour achapt de meubles pour vingt pavillons des portes du nouveau parc...... 1936ᵗᵗ 10ˢ

22 septembre : à luy, pour ce qu'il a payé aux hommes qui ont gardé les portes du nouveau parc depuis le 6 juin jusqu'au 27 juillet............... 206ᵗᵗ 10ˢ

6-12 janvier 1681 : à luy, pour ce qu'il a payé aux hommes qui ont travaillé à nettoyer et transporter les nèges des courts et terrasses des chasteaux jusqu'au 12 janvier (2 p.)..................... 334ᵗᵗ 6ˢ

28 janvier-24 mars : à du Mesnil, pour payer ceux qui ont travaillé à ruyner les terriers des garennes de Maisons et de Garenne, et autres dépenses jusqu'au 16 mars (3 p.)..................... 8141ᵗᵗ 4ˢ

28 janvier : à luy, pour avoir fait oster et détourner par plusieurs gens de journées les souches et espines provenant des routtes ci-devant faites dans la forest de Sainct-Germain, pendant la semaine finie le 20 de ce mois.............................. 85ᵗᵗ 10ˢ

28 janvier-1ᵉʳ juillet : à Billardière, pour payer aux ouvriers à journées qui ont travaillé à pomper et transporter les terres de la fondation de l'avant-becq sur la rivière de la Seyne, pour la fondation du nouveau parc (5 p.)........................ 979ᵗᵗ 2ˢ

28 janvier : à Arthur Audeville[1], loueur de chevaux, pour ceux qu'il a fournis pendant novembre et décembre pour les bastimens de Sainct-Germain, y compris leur nourriture...................... 75ᵗᵗ

26 may : à luy, pour 27 journées de chevaux qu'il a fournies pour les affaires des Bastimens........ 81ᵗᵗ

4 febvrier-12 may : à Desplanches, voiturier par eau, pour parfait payement de 1932ᵗᵗ pour le loyer et conduite de son bateau pour amener des cerfs de la forest de Compiègne dans le nouveau parc de Sainct-Germain (4 p.)........................... 1932ᵗᵗ

11 febvrier 1680-11 febvrier 1681 : à Antoine Lescuyer, dessignateur, pour avoir travaillé à lever les plans et donner les allignemens nécessaires à Sainct-Germain et Marly en 1679 et 1680 (4 p.)..... 960ᵗᵗ

6 janvier 1681 : à luy, pour avoir travaillé à lever les plans de tous les estages du vieil chasteau de Sainct-Germain................................. 720ᵗᵗ

11 febvrier : à Le Roy, nattier, pour la natte fournie à l'appartement de M. le duc de Chevreuse.. 68ᵗᵗ 6ˢ 5ᵈ

18 febvrier : à Pierre de Volmant, garde de la Prévosté de l'Hostel, pour avoir fait fournir les matériaux nécessaires pour les bastimens pendant les mois de décembre et janvier derniers................ 240ᵗᵗ

20 febvrier-15 juillet : à Soulaigne, concierge du vieil chasteau, pour avoir nettoyé et entretenu tant les appartemens que les cours du chasteau de Sainct-Germain

---

[1] Ou Haudeville.

ANNÉE 1680. — SAINT-GERMAIN.

pendant les six derniers mois de 1679 et les six premiers de 1680 (2 p.)......................... 1200ᵗᵗ

25 febvrier : à Buiot, miroitier, pour son payement d'avoir mis au tein et posé plusieurs glaces de miroirs dans l'appartement de Mademoiselle de Blois.... 425ᵗᵗ

14 mars : à Morel, sur les routtes qu'il fait pour la chasse dans la forest des Alluetz............. 500ᵗᵗ

23 juin : à luy, pour le payement des ouvriers qui ont travaillé en divers endroits du nouveau parc. 2753ᵗᵗ 10ˢ

21 juillet : à luy, pour le payement des gens de journée qui ont rempli les boutis des sangliers, et autres ouvrages du nouveau parc.............. 2274ᵗᵗ 10ˢ

24 mars–9 juin : au sʳ Auger, administrateur de la Charité de Sainct-Germain, pour son remboursement de ce qu'il a payé pour vingt-six ouvriers qui sont demeurés malades aud. hospital (3 p.)..... 2185ᵗᵗ 3ˢ 4ᵈ

21 mars : à Rabaille, pour ce qu'il a payé aux ouvriers qui ont travaillé avec luy à frotter et mettre en couleur les appartemens des chasteaux..... 459ᵗᵗ 4ˢ 6ᵈ

8 avril : à La Pointe, pour avoir rétabli 126 toises de palis dans lad. forest....................... 250ᵗᵗ

21 avril : à Hervé Guymont, pour plusieurs glaces de miroirs pour les appartemens.............. 1735ᵗᵗ

28 avril : à Padelain, ramonneur, pour les cheminées qu'il a ramonnées pendant quarante-cinq jours à Sainct-Germain................................ 270ᵗᵗ 14ˢ

25 aoust : à luy, pour avoir ramonné 305 cheminées *idem*............................... 274ᵗᵗ

28 avril : au sʳ de Quexilly, pour ce qu'il a payé à Desjardins, serrurier de Compiègne, pour la ferrure de loges pour mettre les cerfs conduits à Sainct-Germain-en-Laye............................ 33ᵗᵗ

5 may : à luy, pour ce qu'il a payé pour entretenir la menuiserie d'un batteau envoyé à Compiègne pour amener les cerfs dans le nouveau parc.............. 66ᵗᵗ

28 avril–18 aoust : à Jollivet, passager du bac de Conflans, pour avoir passé pendant quatre mois les ouvriers, chevaux et charettes employez aux murs de closture du nouveau parc (2 p.)......... 233ᵗᵗ 6ˢ 8ᵈ

28 avril : à Jullien, garde de la Prevosté de l'Hostel, pour les soins qu'il a pris de faire avancer lesd. murs de closture.............................. 360ᵗᵗ

12 may : à Brissolier, marchand, pour clouds fournis pour les bastimens...................... 110ᵗᵗ

2 juin : à Cherfy, vuidangeur, sur la vuidange des fosses du vieil chasteau................... 300ᵗᵗ

9 juin : à de la Lande, jardinier, pour son remboursement de vingt-cinq sommes de charbon consommé en l'orangerie........................ 157ᵗᵗ 15ˢ

A Arthus Hardel, pour avoir voituré, du Pecq au nouveau jardin, 83 voyes de terreau.......... 190ᵗᵗ 5ˢ

20 juin : à Mathieu, pour ce qu'il a payé aux gens de journée qui ont travaillé à oster les terres qui couvroient les éperons sur la rivière d'Oyse........... 61ᵗᵗ 14ˢ

23 juin : à Mustel, sur les terres et sable qu'il fait voiturer au nouveau manège................. 200ᵗᵗ

4 aoust : à luy, pour avoir entretenu le manège de Monseigneur le Dauphin pendant 57 jours finis le 13 may dernier................................ 142ᵗᵗ 10ˢ

15 juillet : à Spekdem, parfait payement des dépenses qu'il a faites pour l'establissement de vingt-six lits à la Charité................................ 67ᵗᵗ 4ˢ

4 aoust : à Fontaine, pour avoir frotté et mis en couleur les appartemens du chasteau............. 416ᵗᵗ

18 aoust : à Pierre de Vollemant, pour les soins qu'il a eus de faire voiturer les matériaux nécessaires pour la closture du nouveau parc pendant 77 jours...... 308ᵗᵗ

25 aoust–22 septembre : au sʳ Deville, gentilhomme liégeois, pour remboursement de ce qu'il a payé aux ouvriers qui ont couvert de terre les tuiaux de bois de la machine du moulin de Palfour, depuis le 30 juillet jusqu'au 24 septembre (2 p.).............. 178ᵗᵗ 19ˢ

21 febvrier 1681 : à luy, pour la dépense qu'il a faite à construire la machine pour eslever l'eau sur la terrasse du chasteau de Sainct-Germain......... 6000ᵗᵗ

22 septembre : à Ranekin[1] Sualem, charpentier liégeois, pour le soin qu'il a eu de la machine du moulin de Palfour pendant may et juin derniers......... 150ᵗᵗ

6 aoust : à luy et Paul Sualem, pour le soin *idem* pendant juillet et aoust.................. 900ᵗᵗ

29 décembre : à eux, pour le soin *idem* pendant quatre mois................................. 1800ᵗᵗ

22 septembre : à Maillot, vanier, pour paniers et manes fournies pour la faisanderie du Vezinet.. 56ᵗᵗ 12ˢ

6 octobre : à Langot, pour journées d'ouvriers de lad. machine pendant trois semaines............ 150ᵗᵗ 3ˢ

13 octobre : aux héritiers Archambault, pour une année du loyer dud. moulin.............. 600ᵗᵗ

22 décembre : à Coignet, orloger, pour restablissement des orloges...................... 201ᵗᵗ 10ˢ

A Noiret, pour fournitures de clouds et autres en divers endroits du chasteau................... 159ᵗᵗ 10ˢ

A Gontier, pour avoir travaillé avec onze frotteurs aux planchers pendant 29 jours............ 522ᵗᵗ

6 janvier 1681 : à Bullé, arpenteur, pour avoir travaillé avec des experts au mesurage, arpentage et esti-

---
[1] Ou Renkin.

mation des terres prises pour faire les murs de closture de Sainct-Germain.................. 331ᴛ 12ˢ

Somme de ce chapitre..... 52108ᴛ 3ˢ 5ᵈ

BASTIMENT DU VAL.

22 janvier : à Quinquestre, terrassier, pour payer les gens de journées qui ont travaillé à nettoyer la conduitte des thuiaux et oster les terres au-dessous des balanciers de la machine qui doit conduire l'eau de la rivière de Seyne aud. chasteau, pendant trois semaines finies le 13 du présent mois...................... 180ᴛ 8ˢ

22 janvier - 4 febvrier : à Jaques Aubert, charpentier, sur ses ouvrages de la machine de Palfour (2 p.). 10700ᴛ

22 janvier : à Archambault, pour loyer dud. moulin de Palfour pendant les sept derniers mois de l'année dernière, à raison de 1250ᴛ par an......... 729ᴛ 3ˢ 4ᵈ

A Ozanne, pour employer au payement du moilon et voiture d'icelluy employé à la grande digue faite au-dessus de la machine...................... 645ᴛ

4 febvrier : à Grandpré, Le Saintongeois et Le Champenois, charpentiers, pour avoir travaillé pendant 27 journées à lad. machine.................... 132ᴛ 6ˢ

Au sʳ Deville, pour ce qu'il a payé à Paul et Rankem Sualem, ouvriers liégeois, qui ont travaillé *idem*. 990ᴛ

12 may : à Rankin Sualem, charpentier liégeois, pour avoir entretenu la machine depuis le 20 décembre 1679 1680 jusqu'au 30 avril, à raison de 50ˢ par jour. 325ᴛ

15 juillet : à Prudhomme, pour 600 pots de terre cuitte qu'il a livrez au jardinier du Val pour y eslever des fleurs et des plantes.................. 108ᴛ

Somme de ce chapitre.... 13809ᴛ 17ˢ 4ᵈ

VERSAILLES.

MAÇONNERIE.

14 janvier 1680 - 6 janvier 1681 : à Bricard, sur la maçonnerie de l'aqueduc du clos Tutin (14 p.). 84000ᴛ

14 janvier 1680 - 19 janvier 1681 : à luy, sur ses ouvrages de l'aqueduc des estangs des Graissetz et autres (17 p.).................... 132000ᴛ

21 janvier - 1ᵉʳ septembre : à Bergeron, sur la maçonnerie du bastiment en aile, pavillon et piédestaux de l'avant-cour du costé de la pompe (7 p.)..... 43800ᴛ

21 janvier - 3 novembre : à luy, sur les murs de terrasse de la figure du bout du canal du costé de la Mesnagerie (6 p.)........................ 6200ᴛ

21 janvier - 28 septembre : à luy, sur les réparations de divers endroits du chasteau (2 p.)......... 4000ᴛ

17 mars : à luy, sur les socles de pierre qu'il fait en divers endroits..................... 1000ᴛ

1ᵉʳ juillet : à luy, sur la chapelle du nouveau cimetière............................. 1000ᴛ

7 juillet - 1ᵉʳ décembre : à luy, sur la maçonnerie qu'il fait à la salle de la Charité (5 p.)...... 15000ᴛ

14 juillet - 1ᵉʳ décembre : à luy, sur la maçonnerie de la chaussée de l'Isle Royalle (6 p.)......... 24500ᴛ

4 aoust - 10 novembre : à luy, sur les ouvrages de la salle de bal (3 p.)..................... 3500ᴛ

21 janvier - 1ᵉʳ septembre : à Mazière et Hanicle, sur leurs ouvrages au pavillon à l'aile gauche de l'avant-cour du costé de l'église.................. 46200ᴛ

22 septembre : à eux, sur leurs ouvrages aux offices de Mᵐᵉ la Dauline..................... 1500ᴛ

21 janvier - 1ᵉʳ décembre : à Jaques Gabriel, sur ses ouvrages de la grande aisle (12 p.)........ 42200ᴛ

21 janvier - 6 octobre : à luy, sur ses ouvrages en divers endroits du chasteau et de la grande gallerie de Versailles (10 p.)..................... 65700ᴛ

21 janvier - 7 avril : à Dorbay, Girardot et Anglart, sur la maçonnerie de l'aqueduc de Bailly, prez Trianon (4 p.)............................. 6750ᴛ

21 janvier 1680 - 12 janvier 1681 : à eux, sur l'aqueduc qu'ils font sous la montagne de Roquencourt (13 p.)........................... 97800ᴛ

11 febvrier : à eux, sur les murs et arches du pont pour porter le plomb de la conduitte de Roquancourt 4400ᴛ

18 febvrier 1680 - 12 janvier 1681 : à eux, sur leurs ouvrages du petit aqueduc, proche le Chesnay, pour conduire les eaux à la place de Versailles (12 p.). 32250ᴛ

31 mars - 6 octobre : à eux, sur la maçonnerie des murs du nouveau réservoir de Trianon (7 p.).. 21600ᴛ

28 janvier - 6 febvrier : à Dorbay, sur ses ouvrages de maçonnerie dans les appartemens de l'aisle gauche, en avant du chasteau (2 p.)................. 2000ᴛ

4 aoust : à luy, sur ses ouvrages et réparations à la Chancellerie....................... 1000ᴛ

21 juin : à Anglard et Girardot, parfait payement de 45164ᴛ 10ˢ pour ouvrages de maçonnerie et percement faits à la montagne de Satory en 1672...... 64ᴛ 10ˢ

21 janvier - 11 aoust : à Peroutot[1] et Mesnage, sur la maçonnerie de l'aqueduc de Saint-Cir (6 p.). 14950ᴛ

---

[1] Ou Pairoutot.

ANNÉE 1680. — VERSAILLES.

6 octobre : à PEROUTOT, sur la couverture des puits de l'aqueduc de Satory.................... 500tt

21 janvier- 6 octobre : à THÉVENOT, sur les transports de terre qu'il fait à la petite escurie[1] (6 p.).. 6145ott

21 janvier- 8 décembre : à luy[2], sur ses ouvrages de maçonnerie à la petite escurie (13 p.)...... 283000tt

1er-21 juillet : à luy, sur ses transports pour relever le devant de l'entrée de l'avant-cour (3 p.).... 2900tt

21 janvier 1680-6 janvier 1681 : à AUMASSON, dit LA FONTAINE, et consors[3], sur les murs de closture du nouveau potager (13 p.)..................... 17660ott

4 febvrier-6 octobre : à LA FONTAINE, sur les ponts des rigolles et autres ouvrages de la plaine de Satory (5 p.)................................. 3300tt

24 mars-1er juillet : à luy, sur ses ouvrages de maçonnerie du moulin de Launay (4 p.)......... 2500tt

1er septembre : à luy, pour ouvrages faits au réservoir de l'estang du Val et ailleurs......... 6104tt 17s 5d

21 janvier-17 mars : à L'ESPÉE[4], sur les escuries de la Pompe et logement des Suisses (3 p.)...... 3000tt

28 janvier-4 aoust : à luy, sur les murs du réservoir de la Mesnagerie pour recevoir les eaues de Saint-Cyr (10 p.)............................. 17350tt

28 janvier-14 may : à luy et BAILLY, sur les murs de closture de la nouvelle pièce d'eau proche le Dragon (6 p.)................................. 9600tt

17 mars-15 décembre : à L'ÉPÉE, parfait payement de 4208tt 0s 8d pour les dez de pierre et massifs qu'il fait en divers endroits du petit parc (2 p.)...... 4208tt 0s 8d

6 may-1er décembre : à L'ESPÉE et BAILLY, sur les murs de la pièce des Sapins (8 p.)......... 28700tt

29 juin : à BAILLY, VIGNEUX et L'ÉPÉE, entrepreneurs, parfait payement de 36863tt pour ouvrages de maçonnerie faits pour la construction de partie des murs du nouveau parc du costé de Satory et de Gallye... 7068tt

26 janvier-5 novembre : à VIGNEUX, sur le bastiment de la grande escurie (12 p.)................ 29313att

4 febvrier-13 octobre : à CLAUDE SIMON, sur le mur de revestement de la chaussée de l'estang de Bois-d'Arcy et de Trappes et les ponts des rigolles desd. estangs (12 p.)................................ 22030tt

15 juillet 1681 : à luy, pour parfait payement de 4211:9tt 15s 7d pour ouvrages de maçonnerie à la plaine de Satory........................ 9719tt 15s 7d

14 avril : à DUEZ, pour ses réparations de l'aqueduc sous l'orangerie..................... 423tt

21 juin : à luy, parfait payement de 16143tt 4s 4d pour ouvrages de ciment faits à la salle de bal, au petit parc et autres endroits............... 2443tt 4s 8d

23 juin-17 novembre : à LA PENSÉE et AULANGE, sur les bancs de pierre de liais qu'ils font pour divers endroits du petit parc (5 p.).................. 8900tt

27 octobre : à eux, sur la maçonnerie des regards du petit parc........................... 500tt

28 juillet 1680-16 juillet 1681 : à CROQUOISON et AUVENT, parfait payement de 12460tt pour ouvrages de maçonnerie aux ponts des rigolles des estangs de Trapes et Bois-d'Arcy et réservoir de Satory........ 12460tt

16 juillet 1681 : aud. CROQUOISON, pour son payement d'ouvrages de maçonnerie aux ponts des rigolles de Montigny et de murs aux rigolles de Gastines près Versailles............................ 2594tt 19s 6d

11 aoust : à BEZIAU, sur ses bancs de pierre pour les allées du petit parc................... 4000tt

28 septembre 1680-27 janvier 1681 : à BOURDON et MARTIN, sur les trois cent cinquante bornes de pierre qu'ils fournissent au pourtour de la grande escurie (5 p.)............................. 4900tt

19 octobre-13 novembre : à LA ROZÉE, sur la grande escurie (2 p.).......................... 1400tt

Somme de ce chapitre....: 2002218tt 7s 10d

CHARPENTERIE.

21 janvier-24 novembre : à CHARPENTIER et CLIQUIN[6], sur leurs ouvrages de la petite escurie (10 p.).. 4650ott

21 janvier-8 décembre : à SIMSON, sur la charpenterie de la grande aisle du chasteau et dépendances de Versailles (10 p.)....................... 86500tt

21 janvier-16 mars : à BRICARD, sur la charpenterie aux deux aisles d'entre les pavillons de l'avant-cour (3 p.)............................... 3500tt

21 juillet-4 aoust : à luy, sur ses ouvrages pour le rehaussement des quatre pavillons de l'avant-cour du chasteau (2 p.)......................... 11000tt

21 janvier-15 aoust : à VIGNON, sur ses ouvrages de l'estang des Graissetz (7 p.)................ 2850tt

25 aoust-29 septembre : à luy, sur ses ouvrages au réservoir du Chesnay et Vaucresson (2 p.)...... 400tt

---

[1] Il est souvent difficile de distinguer s'il s'agit des fouilles ou de la maçonnerie, le registre portant simplement : pour la petite escurie.

[2] Quelquefois le nom de THÉVENOT est suivi de celui de LE MAISTRE.

[3] Quelquefois il y a : et SAUTON, à la place de : et consors.

[4] Tantôt L'ESPÉE est seul, tantôt il est nommé avec BAILLY.

[6] Quelquefois CLIQUIN est nommé seul.

27 octobre : à luy, sur ses ouvrages à l'estang des Marottes.................................. 200ᴸᴸ

29 décembre : à luy, sur ses ouvrages en divers endroits.................................... 300ᴸᴸ

21 janvier-5 novembre : à POITEVIN, sur ses ouvrages de la grande escurie (11 p.)............... 4260oᴸᴸ

5 febvrier : à CHAUDY, sur ses ouvrages du comble de la chapelle du nouveau cimetière........... 1000ᴸᴸ

15 septembre-13 octobre : à luy, sur ses ouvrages aux offices de M.ᵐᵉ la Daufine (2 p.)........ 1500ᴸᴸ

25 febvrier : à PETIT, sur ses ouvrages aux voultes de la grande escurie........................ 1000ᴸᴸ

18 aoust-10 novembre : à luy, sur ses ouvrages pour la couverture des orangers et jasmins en pleine terre de Trianon (4 p.)................... 10500ᴸᴸ

25 febvrier : à LA PORTE, sur ses ouvrages aux voultes de la grande escurie........................ 1000ᴸᴸ

16 mars-27 octobre : à POTOT, sur ses échafaudages pour les maçons et sculpteurs de la grande aisle et en divers endroits du chasteau (8 p.)........ 3265ᴸᴸ 10ˢ

15 septembre : à CAILLET et POTOT, sur leurs ouvrages en divers endroits du petit parc............. 1100ᴸᴸ

6 octobre-1ᵉʳ décembre : à eux, sur leurs ouvrages à la salle du bal (3 p.)..................... 2900ᴸᴸ

18 aoust 1680-11 may 1681 : à CAILLET, parfait payement de 7284ᴸᴸ 6ˢ 8ᵈ pour ouvrages au chasteau depuis 1676 jusques et compris 1678 (2 p.).... 1078ᴸᴸ 6ˢ 8ᵈ

31 mars : à LE CLERC, parfait payement de 2404ᴸᴸ 18ˢ pour ses ouvrages des lisses et planches pour la machine qui sert à transporter les bonnes terres du potager de Versailles............................. 704ᴸᴸ 18ˢ

14 juillet : à luy, pour le rétablissement qu'il a fait au premier moulin de Satory.............. 80ᴸᴸ 15ˢ

27 octobre : à luy, sur le rétablissement des moulins de Clagny............................... 341ᴸᴸ 10ˢ

10 novembre : à luy, sur le payement tant de ses journées que de ses compagnons.................. 239ᴸᴸ

8 décembre 1680-19 janvier 1681 : à luy, pour réparations et rétablissement à la charpenterie des moulins de Satory (2 p.)........................ 841ᴸᴸ 5ˢ

7 juillet : à CORDELLE, dit BERICHON, sur ses plattes formes et dosses de bateau pour les murs de la pièce des Sapins... 1600ᴸᴸ

18 aoust-10 novembre : à luy, pour ses ouvrages de la salle de la Charité (4 p.)................ 5000ᴸᴸ

8 septembre : à GRIMAULT, charpentier, pour ouvrages en divers endroits....................... 81ᴸᴸ 5ˢ

19 janvier 1681 : à luy¹, pour réparations aux regards des fontaines.................... 54ᴸᴸ 5ˢ

22 septembre-27 octobre : à GRILLON, dit LE CHAT, pour le rétablissement des pompes de Versailles (2 p.)............................... 338ᴸᴸ 10ˢ

22 décembre : à luy, pour le restablissement des pompes du sʳ FRANCINES.................. 119ᴸᴸ

19 janvier 1681 : à GRILLON et consors, pour ce qu'ils ont fait pendant quarante-trois journées à la grande pompe..................................... 64ᴸᴸ 10ˢ

23 juillet : à LE CHAT, pour les ouvrages qu'il a faits pour le logement de LE MAIRE, fondeur, proche l'estang de Clagny.............................. 238ᴸᴸ 10ˢ 10ᵈ

25 may 1681 : à LE CHAT et FONTENAY, parfait payement de 6600ᴸᴸ pour ouvrages faits en 1678 pour mettre à six ailes de moulins.............. 1100ᴸᴸ

17 novembre-1ᵉʳ décembre : à BOURGUIGNON, sur ses ouvrages à la salle de la Charité (2 p.)...... 5000ᴸᴸ

12 octobre : à GIRARDIN, dit BOURGUIGNON, pour avoir démonté les échaffauts du sallon de Clagny et pour autres menus ouvrages qu'il a faits à Glatigny..... 100ᴸᴸ

22 septembre : à SAVARY et consors, pour avoir restably les pontons du bout du canal........... 68ᴸᴸ 5ˢ

6 octobre : à PIART, sur ses ouvrages pour la machine du moulin de Launay.................... 218ᴸᴸ

25 may 1681 : à MAILLARD et GAUDET, parfait payement de la somme de 6600ᴸᴸ pour ouvrages de charpenterie qu'ils ont faits pour mettre six aisles à six moulins en 1678....................... 600ᴸᴸ

16 juillet : à HENRY DUCERF, parfait payement de 1410ᴸᴸ 3ˢ 4ᵈ pour ouvrages à l'aisle droite du chasteau en 1679 et 1680..................... 310ᴸᴸ 3ˢ 4ᵈ

Somme de ce chapitre.... 234293ᴸᴸ 13ˢ 10ᵈ

COUVERTURE.

21 janvier-1ᵉʳ décembre : à YVON, sur ses ouvrages de couverture de la petite escurie (11 p.).... 27450ᴸᴸ

21 janvier-1ᵉʳ septembre : à luy, sur ses ouvrages en divers endroits du chasteau de Versailles et dépendances (7 p.).. 1335oᴸᴸ

26 janvier-13 novembre : à DUVAL, sur ses ouvrages de la grande escurie (9 p.)................... 19800ᴸᴸ

24 juillet : à CHARLES ESTIENNE YVON et CHARUEL, parfait payement de 25720ᴸᴸ pour ouvrage de couverture au chasteau².

31 mars : à LIÉVIN, couvreur, parfait payement de

---

¹ Ici ce nom est écrit GRIMOULT.
² La somme n'est pas portée.

ANNÉE 1680. — VERSAILLES.

4896ᴵᴵ 17ˢ pour la couverture à l'aisle du costé de la pompe entre les pavillons de l'avant-cour du chasteau (2 p.).................................. 2400ᴵᴵ

2 juin-1ᵉʳ décembre : à CHARUEL, sur ses ouvrages de couverture à la grande aisle (5 p.).......... 15000ᴵᴵ

21 juillet-4 aoust : à luy, sur ceux de la Surintendance (2 p.)............................ 6000ᴵᴵ

11 aoust : à RENARD, pour ouvrages faits au magazin des gondoliers vénitiens................. 163ᴵᴵ 5ˢ

29 septembre : à REGNARD, sur ses ouvrages à un pavillon de l'avant-cour..................... 200ᴵᴵ

19 janvier 1681 : à luy, sur ses ouvrages à la salle de la Charité............................. 500ᴵᴵ

Somme de ce chapitre....... 84263ᴵᴵ 5ˢ

MENUISERIE.

21 janvier-15 septembre : à BACOUEL, LA CHAPELLE et TESSIER, sur la menuiserie de la petite escurie du Roy (9 p.).................................. 12000ᴵᴵ

15 septembre : à BENOIST, LA CHAPELLE et veuve TAVERNIER, parfait payement de 2862ᴵᴵ 12ˢ pour ouvrages au corps de logis du milieu entre les deux pavillons du chasteau en 1678................... 162ᴵᴵ 12ˢ

21 janvier : à BARDIER, pour quatre-vingt-dix-huit roulettes de bois pour la machine à transporter des terres au nouveau potager, et autres ouvrages........ 305ᴵᴵ

28 juillet : à luy, pour quarante-sept caisses de menuiserie qu'il a livrées pour les plants et arbrisseaux de l'orangerie de Versailles................... 100ᴵᴵ

28 janvier-8 septembre : à DIONIS et DANGLEBERT, sur leurs ouvrages à une des ailes de l'avant-cour vers la pompe (6 p.)........................ 11300ᴵᴵ

16 juin-11 aoust : à eux, sur leurs ouvrages de menuiserie pour les croisées du grand appartement du Roy et de la Reyne (2 p.).................... 4400ᴵᴵ

1ᵉʳ juillet-1ᵉʳ septembre : à eux, sur leurs ouvrages de la Surintendance (3 p.)................ 6000ᴵᴵ

3 novembre : à DIONIS et aux héritiers DANGLEBERT, sur leurs ouvrages à la Surintendance........ 2000ᴵᴵ

28 janvier-3 novembre : à COUVREUR et à la veuve DESGODETZ, sur leurs ouvrages à la petite escurie (10 p.).................................. 14900ᴵᴵ

28 janvier-6 octobre : à PROU¹ et veuve BUIRETTE, sur leurs ouvrages de l'appartement de l'aisle gauche de l'avant-cour (4 p.)..................... 5500ᴵᴵ

22 septembre 1680-16 juillet 1681 : à PROU et

¹ Son nom est plusieurs fois écrit PROUST; mais il n'y a pas de doute sur l'identité de l'individu.

LE ROY, parfait payement de leurs ouvrages de l'aisle gauche de l'avant-cour (4 p.)........... 7737ᴵᴵ 6ˢ 8ᵈ

5 febvrier : à LE ROY, sur ses ouvrages de la salle des gardes de l'appartement de Monsieur......... 300ᴵᴵ

16 juillet 1681 : à luy, parfait payement de 15749ᴵᴵ 6ˢ 8ᵈ pour ouvrages en divers endroits du chasteau en 1680.............................. 3899ᴵᴵ 6ˢ 8ᵈ

16 juillet 1681 : à PROU et à la veuve BUIRETTE, parfait payement de la somme de 14976ᴵᴵ 7ˢ 1ᵈ pour ouvrages aux appartemens du Roy et de la Reyne au chasteau en 1679.............................. 6376ᴵᴵ 7ˢ 1ᵈ

28 janvier : à PROU, sur ses ouvrages en l'appartement du Roy du petit chasteau................ 800ᴵᴵ

11 aoust : à luy, sur ses ouvrages de l'appartement de la Reyne............................ 5000ᴵᴵ

11 febvrier-7 avril : à luy, sur ses ouvrages à l'appartement de M. le prince de Marcillac (2 p.).. 1500ᴵᴵ

24 mars : à luy, sur ses ouvrages à l'appartement de Monsieur.............................. 800ᴵᴵ

14 avril 1680-16 juillet 1681 : à luy, parfait payement de 59484ᴵᴵ 3ˢ 2ᵈ pour ouvrages en divers endroits du chasteau en 1678, 1679 et 1680 (7 p.). 17484ᴵᴵ 3ˢ 2ᵈ

2 juin : à luy, sur ouvrages au garde-meuble... 800ᴵᴵ

23 juin : à luy, sur les croisées de l'appartement bas du chasteau............................ 1000ᴵᴵ

23 juin-1ᵉʳ décembre : à luy, sur les croisées de la grande gallerie (4 p.)..................... 8000ᴵᴵ

16 juillet 1681 : à BUIRETTE, parfait payement de 16831ᴵᴵ 19ˢ 4ᵈ pour divers ouvrages..... 2931ᴵᴵ 19ˢ 4ᵈ

28 janvier 1680-9 juillet 1681 : à CAQUELANT, parfait payement de 33056ᴵᴵ pour les nouvelles couvertures et autres des jasmins et orangers en pleine terre de Trianon en 1679, 1680 et 1681 (8 p.)........ 23456ᴵᴵ

16 juin-10 novembre : à luy et à la veuve TAVERNIER, sur leurs ouvrages de la petite escurie (4 p.)... 4400ᴵᴵ

11 febvrier-20 octobre : à BARTHELLEMY DUCORS, sur ses ouvrages à la petite escurie (8 p.)....... 16700ᴵᴵ

11 febvrier 1680-25 may 1681 : à luy, parfait payement de 41600ᴵᴵ 13ˢ 1ᵈ pour ouvrages en divers endroits du chasteau, à la petite escurie, aux Trois Fontaines et autres endroits en 1677, 78, 79 et 80 (5 p.). 10050ᴵᴵ 13ˢ

6 janvier 1681 : à luy, sur le logement des Pères de la Mission.............................. 600ᴵᴵ

11 febvrier-31 mars : à CLASSE, parfait payement de 2951ᴵᴵ 14ˢ à quoy montent les ouvrages de menuiserie, roulettes et bois pour la machine à porter les bonnes terres (2 p.).......................... 1951ᴵᴵ 14ˢ

24 mars-3 novembre : à luy, sur ses ouvrages de la petite escurie (4 p.)..................... 3100ᴵᴵ

80.

16 juin 1680-8 juin 1681 : à luy, parfait payement de 10480ᵗᵗ 19ˢ pour ouvrages en divers endroits du chasteau en 1678, 79 et 80 (4 p.).......... 7230ᵗᵗ 19ˢ

20 octobre : à luy, sur ses ouvrages au pavillon de l'avant-cour au-dessus du corps de garde françois. 600ᵗᵗ

11 febvrier 1680-27 janvier 1681 : à Coustan, sur ses ouvrages de la grande escurie (13 p.).... 20400ᵗᵗ

27 octobre 1680-25 may 1681 : à luy, parfait payement de 3332ᵗᵗ pour ouvrages aux lucarnes des combles du chasteau en 1679 et 1680 (2 p.)......... 1432ᵗᵗ

11 febvrier 1680-17 janvier 1681 : à Nivet, sur ses ouvrages à la grande escurie (12 p.)......... 17100ᵗᵗ

25 aoust-19 octobre : à Rivet [1], *idem* (3 p.). 1100ᵗᵗ

11 febvrier - 6 octobre : à Lucquet, Deville et Grosseval, sur leurs ouvrages à la petite escurie de Versailles (10 p.).................. 18700ᵗᵗ

24 mars-10 novembre : à Grosseval, sur ses ouvrages à la petite escurie (5 p.)............ 2600ᵗᵗ

18 febvrier-1ᵉʳ juillet : à Mantonnois, sur ses ouvrages à la petite escurie (2 p.)............ 2500ᵗᵗ

28 avril : à luy, sur ses ouvrages à l'appartement de M. de Bellingan [2]..................... 600ᵗᵗ

1ᵉʳ juillet 1681 : à luy, parfait payement de 12261ᵗᵗ 16ˢ pour ouvrages en divers endroits depuis 1674 jusques et compris 1680................. 2611ᵗᵗ 16ˢ

18 febvrier : à Gaubay, sur ses ouvrages aux gradins dans le parc........................ 600ᵗᵗ

23 juin : à luy, pour ouvrages aux banquettes du petit parc et pour cent caisses de menuiserie dans l'orangerie............................ 1173ᵗᵗ

24 novembre : à luy, sur ses ouvrages au chasteau et autres endroits de Versailles............. 508ᵗᵗ

25 febvrier 1680-27 janvier 1681 : à Davignon, sur ses ouvrages à la grande escurie (10 p.)...... 5150ᵗᵗ

11 may : à Fonvielle et Davignon, sur *idem*.. 400ᵗᵗ

10 juillet-11 décembre : aud. Fontvielle, sur *idem* (6 p.).............................. 2600ᵗᵗ

29 décembre : à luy, sur ses quatre portes pour fermer le manège....................... 500ᵗᵗ

26 febvrier 1680-14 juin 1681 : à Carel, parfait payement de ses ouvrages à la grande escurie et au chasteau (6 p.).................... 4567ᵗᵗ 16ˢ 11ᵈ

26 febvrier - 5 novembre : à Langouron, sur ses ouvrages à la grande escurie (5 p.).......... 1300ᵗᵗ

[1] Nous rapprochons ce nom du précédent, parce qu'il nous semble y avoir ici une erreur de copie. Il est probable que ces trois payements faits à Rivet doivent s'appliquer à Nivet, ou *vice versa*.

[2] Probablement M. de Beringhen, le grand écuyer.

28 avril-13 octobre : à Justine et Brazillier, sur la chapelle du chasteau et sur celle du nouveau cimetière (5 p.).............................. 8000ᵗᵗ

25 aoust-1ᵉʳ décembre : à eux, sur leurs ouvrages en divers endroits du chasteau (4 p.).......... 6500ᵗᵗ

27 octobre : à eux, sur leurs ouvrages au corps de garde françois........................ 2000ᵗᵗ

27 may 1680-25 may 1681 : à Bergerat et Delacroix, parfait payement de 40814ᵗᵗ 17ˢ pour ouvrages en divers endroits du chasteau (2 p.)..... 1814ᵗᵗ 17ˢ

2 juin : à Michel, pour cent caisses d'assemblage pour l'orangerie............................ 274ᵗᵗ 10ˢ

14 may 1681 : à Miché [3], parfait payement de 1227ᵗᵗ pour ouvrages à Versailles et à la Mesnagerie en l'année 1679............................. 627ᵗᵗ

7 juillet 1680-21 juin 1681 : à Saint-Yves et Huet, parfait payement de 1458ᵗᵗ pour ouvrages à l'appartement bas du Roy au chasteau (3 p.)......... 1458ᵗᵗ

14 juillet-6 octobre : à Croissant, sur ses ouvrages au pavillon de l'aisle de l'avant-cour vers la pompe (3 p.).............................. 3500ᵗᵗ

27 octobre : à luy, sur ses ouvrages de la petite escurie.................................. 1000ᵗᵗ

29 décembre : à Paniset, sur divers endroits des travaux des Graissetz.................... 200ᵗᵗ

Somme de ce chapitre... 290603ᵗᵗ 0ˢ 10ᵈ

SERRURERIE.

21 janvier-7 juillet : à Hasté, sur les portes et grilles de la moitié de l'avant-cour (6 p.).......... 6000ᵗᵗ

28 janvier 1680-23 juillet 1681 : à luy, parfait payement de 4791ᵗᵗ 13ˢ 4ᵈ pour deux portes pour entrer du chasteau dans le jardin du costé de la Grotte et de la chapelle (5 p.)..................... 2691ᵗᵗ 13ˢ 4ᵈ

25 aoust-12 septembre : à luy, sur ses ouvrages et fournitures pour l'estang des Graissetz (2 p.)... 1600ᵗᵗ

21 janvier-3 novembre : à Dezeustres [4], dit Picard, sur les ouvrages qu'il a faits en divers endroits du chasteau (7 p.)......................... 1400ᵗᵗ

28 janvier-15 décembre : à luy, sur ses ouvrages aux nouvelles couvertures des orangers et jasmins en pleine terre de Trianon (2 p.)................... 1100ᵗᵗ

14 may-7 juillet : à luy, sur ses ouvrages et fournitures de gros fer pour l'avant-cour du costé de la pompe (3 p.).............................. 3800ᵗᵗ

[3] C'est probablement le même individu que le Michel de l'article précédent.

[4] Ou Dezeutres. Il est quelquefois nommé Picard, mais plus souvent Dezeutres tout court.

ANNÉE 1680. — VERSAILLES.

14 may : à luy, pour le rétablissement qu'il a fait à la grille de fer du bout du canal, du costé de la Mesnagerie.............................. 409ᵗᵗ 15ˢ
24 novembre : à luy, pour supports de fer à la conduitte de Satory..................... 596ᵗᵗ 5ˢ
26 juillet 1681 : à luy, parfait payement de 72038ᵗᵗ pour ouvrages en divers endroits de Versailles depuis 1673 jusques et compris 1680........... 6638ᵗᵗ 6ˢ
21 janvier-15 septembre : à CUVILLIER, sur les portes et grilles de fer aux descentes du chasteau, sçavoir du costé de l'églize et du costé de la pompe (4 p.). 4500ᵗᵗ
21 janvier : à TAVERNIER, dit LYONNOIS [1], pour deux cents boulons de fer avec leurs clavettes et rondelles pour les brouettes à transporter les terres....... 136ᵗᵗ 17ˢ
5 febvrier-6 octobre : à luy, sur ses ouvrages aux bastimens de Versailles (4 p.).............. 2800ᵗᵗ
14 may-3 novembre : à luy, sur le gros fer de la chapelle du nouveau cimetière (4 p.)........... 4100ᵗᵗ
22 septembre-22 décembre : à luy, sur le gros fer de la chapelle [2] de la Charité (2 p.)......... 3000ᵗᵗ
10 novembre : à luy, pour deux cents boulons, clavettes et rondelles pour les brouettes d'Arcy.. 120ᵗᵗ 10ˢ
A luy, pour deux cent soixante-trois supports à la conduitte de Satory.................... 1300ᵗᵗ
26 janvier-9 décembre : à CASTAN [3], sur ses ouvrages de gros fer à la grande escurie (11 p.)....... 23700ᵗᵗ
28 janvier-22 décembre : à PIERRE MARIE, à compte de ses ouvrages en divers endroits (10 p.)... 19100ᵗᵗ
14 may-2 septembre : à luy, sur les grilles de fer pour la ferrure des portes et croisées de l'aisle de l'avant-cour du chasteau du costé de l'églize (3 p.).... 4100ᵗᵗ
10 novembre : à luy, pour cent douze supports à la conduitte de Satory.................... 566ᵗᵗ 6ˢ
1ᵉʳ juillet : à BOUDET et MARIE, pour le gros fer de la fontaine de la Piramide des cascades..... 386ᵗᵗ 17ˢ 6ᵈ
2 juillet : à eux, parfait payement de 156386ᵗᵗ 0ˢ 9ᵈ pour ouvrages en divers endroits de Versailles et Trianon en 1670, 1671, 1672 et 1673........ 4586ᵗᵗ 0ˢ 9ᵈ
28 janvier-29 décembre : aud. BOUDET, sur ses ouvrages en divers endroits du chasteau (3 p.).... 4000ᵗᵗ
5 febvrier-17 novembre : à luy, sur ses ouvrages de gros fer au bastiment de la petite escurie (10 p.). 18800ᵗᵗ
10 novembre : à luy, pour cent vingt-quatre supports à la conduitte de Satory................ 609ᵗᵗ 2ˢ 6ᵈ
2 juin : à luy, parfait payement de 39890ᵗᵗ 2ˢ pour ouvrages en divers endroits de Versailles depuis 1674 jusques et compris 1679................ 10990ᵗᵗ 2ˢ
28 janvier-22 septembre : à GODIGNON [4], sur ses ouvrages à la petite escurie (4 p.)............ 3000ᵗᵗ
17 mars-6 octobre : à luy, sur ses ouvrages en divers endroits (3 p.)........................ 3800ᵗᵗ
2 juin-29 septembre : à luy, sur ceux de la Surintendance (3 p.)......................... 3300ᵗᵗ
1ᵉʳ septembre-22 décembre : à luy, sur ceux de la grande aisle (4 p.)....................... 4000ᵗᵗ
25 may : à luy, parfait payement de 25323ᵗᵗ 14ˢ pour ouvrages en divers endroits de Versailles depuis 1677 jusqu'en 1679.................... 723ᵗᵗ 14ˢ
28 janvier-24 mars : à LUCHET, à compte des pillastres, grilles et portes de fer qu'il fait pour la fermeture de la cour du chasteau (3 p.).............. 6500ᵗᵗ
17 mars-14 may : à luy, sur les barrières et tourniquets de cuivre pour les allées du petit parc de Versailles (3 p.)................................ 11000ᵗᵗ
27 octobre : à luy, sur les grilles des escuries. 1000ᵗᵗ
10 novembre : à luy, pour deux cents supports à la conduitte de Satory.................. 1006ᵗᵗ 17ˢ 6ᵈ
11 aoust 1680-12 janvier 1681 : à LUCHET et DE LOBEL, sur les grilles de fer pour fermer les cours des grandes et petites écuries (6 p.).................. 30000ᵗᵗ
5 febvrier : à la veuve DE LOBEL, sur ses ouvrages au chasteau.............................. 800ᵗᵗ
5 febvrier-24 mars : à DE LOBEL, sur ses ouvrages aux portes de fer du vestibule du chasteau (2 p.)... 3300ᵗᵗ
18 febvrier-1ᵉʳ juillet : à luy, sur ses ouvrages de l'Arc de triomphe (3 p.).................... 3000ᵗᵗ
28 avril-2 juin : à luy, sur les portes de fer pour l'escalier de l'appartement du Roy (2 p.)...... 4000ᵗᵗ
2 juin : à luy, sur ses ouvrages pour le balcon du fondz de la cour du chasteau................ 800ᵗᵗ
4 aoust-6 octobre : à luy, sur les quatre portes de fer de l'escalier de la Reyne (2 p.)............. 1500ᵗᵗ
28 janvier : à VALLERAN, sur le treillage de fer de la nouvelle fontaine du petit parc.............. 1200ᵗᵗ
31 mars : à luy, sur les ouvrages qu'il fait à la gallerie d'eau................................ 400ᵗᵗ
27 may : à luy, sur une grille qu'il fait à l'avenue de la Ménagerie........................... 250ᵗᵗ
28 juillet-15 décembre : à luy, sur ses ouvrages en divers endroits du chasteau et du p'tit parc (2 p.). 2000ᵗᵗ
22 septembre-3 novembre : à uy, sur ses ouvrages

---
[1] Il est souvent appelé LIONNOIS ou TAVERNIER tout court.
[2] Ou de la salle.
[3] Ou CASTAIN.
[4] On trouve aussi GAUDIGNON ou GOUDIGNON.

de treillage à l'Arc de triomphe et à la salle de bal (3 p.)............................... 4100ᴴ

28 janvier : à DE LA BAUNE, sur le gros fer et crampons pour les esperons et avant-becqs sur la rivière d'Oise............................... 100ᴴ

A PARNEL et MARLIN, sur idem sur la rivière de Seyne, proche la Frette....................... 300ᴴ

5 febvrier : à LOUIS RICHARD, sur les ouvrages de la petite escurie........................... 1600ᴴ

17 mars-17 novembre : à luy, sur ses ouvrages au chasteau et dépendances (6 p.)............. 9300ᴴ

28 avril-8 decembre : à luy, sur le gros fer qu'il fournit à la Surintendance [1] (7 p.)......... 12100ᴴ

10 novembre : à luy, pour cent soixante-cinq supports aux conduites de Satory et cent deux boulons de fer au magazin d'Arcy............................. 1040ᴴ 6ˢ

25 may : à luy, parfait payement de 12191ᴴ 11ˢ 6ᵈ pour ouvrages faits en 1678 et 1679.... 2691ᴴ 11ˢ 6ᵈ

11 febvrier-7 juillet : à GILLES FORDRIN, sur les grilles de fer pour la closture de l'avant-cour du chasteau (4 p.)................................. 5000ᴴ

16 juin-1ᵉʳ decembre : à FORDRIN et consors, sur leurs ouvrages de la petite escurie (7 p.)........ 26100ᴴ

11 febvrier : à MOINERY, sur ses ouvrages en divers endroits................................ 500ᴴ

2 juin : à luy, sur les tringles de fer dorées qu'il fait au petit appartement du chasteau........... 1000ᴴ

1ᵉʳ juillet-25 aoust : à luy, sur les portes de fer qu'il fait pour mettre les glaces des cinq portes de l'escalier de la Reyne (2 p.)......................... 2000ᴴ

25 febvrier-4 aoust : à AUGER, sur ses ouvrages de serrurerie pour les portes et croisées de la grande escurie (5 p.)................................. 2000ᴴ

25 febvrier 1680-27 janvier 1681 : à PIERRE HARMANT [2], sur ses ouvrages de serrurerie aux croisées de la grande escurie (15 p.)................... 3400ᴴ

17 mars-20 octobre : à JEAN HARMANT, dit HOLLANDE [3], sur ses ouvrages pour Versailles (5 p.)... 1421ᴴ 15ˢ 6ᵈ

25 aoust-10 novembre : à luy, parfait payement de 1090ᴴ 15ˢ pour ouvrages tant à la machine du moulin de Launay qu'à l'aqueduc de Satory...... 1090ᴴ 15ˢ

14 avril : à luy, pour quatre brouettes et deux clefs pour tourner les robinets à l'aqueduc de Satory. 93ᴴ 14ˢ

19 may : à luy, pour avoir percé cent cinq essieux de fer et livré cent quatre-vingt-treize boulons pour les brouettes servans au transport des terres..... 197ᴴ 1ˢ

7 juillet-3 novembre : à luy, pour crochets qu'il a fournis pour le treillage du potager (2 p.)... 1067ᴴ 9ˢ

22 decembre : à luy, pour divers ouvrages faits en 1680............................... 779ᴴ 7ˢ

25 febvrier 1680-27 janvier 1681 : à MARCHAND, sur ses ouvrages aux portes et croisées de la grande escurie (9 p.)........................ 5600ᴴ

17 mars : à SERMET, sur les grilles du petit parc. 500ᴴ

20 octobre : à luy, sur ses ouvrages de la pompe et autres endroits.......................... 500ᴴ

7 juillet : à ROMBAULT SERMET, pour le rétablissement de la grande grille du petit parc...... 435ᴴ 19ˢ

18 aoust : à ROMBAULT, sur ses ouvrages et réparations en divers endroits...................... 500ᴴ

1ᵉʳ juillet : à la veuve ROMBAULT, parfait payement de 11795ᴴ 11ˢ 6ᵈ pour ouvrages faits par son mary depuis 1677 jusques et compris 1680......... 845ᴴ 11ˢ 6ᵈ

17 mars-4 aoust : à DORLOT, sur ses treillages pour les fontaines de l'Encelade et des Sapins dans le petit parc (6 p.).............................. 2900ᴴ

29 septembre : à luy, sur ses tringles de fer pour les appartemens du chasteau................. 500ᴴ

10 novembre : à luy, sur ses ouvrages en divers endroits.................................. 500ᴴ

22 avril : à MINARD, pour trois cents boulons de fer pour les camions servans au transport des terres de l'estang du bois d'Arcy........................ 293ᴴ 11ˢ

7 juillet : à luy, pour deux cents boulons idem. 182ᴴ 5ˢ

1ᵉʳ juillet : à HARDY, pour soixante ancettes [4] pour la machine du sʳ FRANCINE................. 265ᴴ

29 septembre-9 decembre : à BELIN, sur les rampes des escaliers et consoles de lanternes pour la grande escurie (3 p.)........................... 1150ᴴ

29 septembre : à LA MOTTE, sur la ferrure des portes des galletas........................... 400ᴴ

5 octobre : à ROLLIN, sur la ferrure des portes et croisées de la grande escurie.............. 600ᴴ

5 octobre-9 decembre : à DE VERT [5], sur les grandes portes au manège et autres ouvrages à la grande escurie (3 p.)............................. 1350ᴴ

21 novembre : à luy, sur ses ouvrages aux arcades de la petite galerie......................... 300ᴴ

---

[1] Ou à la grande aile.
[2] Ce nom est aussi écrit ARMAN et ARMAND.
[3] Il est souvent appelé ARMAN, ou HOLLANDE tout court.
[4] Terme de marine qui s'applique à des bouts de cordes ayant un usage déterminé. Voy. le *Dictionnaire de Trévoux*.
[5] Ce nom est parfois écrit VER.

ANNÉE 1680. — VERSAILLES.

29 octobre : à Sezille, sur ses ouvrages pour la grande escurie 100ᵗᵗ
5 novembre : à Bouchon, sur ses rampes aux deux escaliers de la grande escurie 200ᵗᵗ
13 novembre : à Boy, sur la serrure des portes et croisées de la petite galerie du chasteau de Clagny.. 300ᵗᵗ
   Somme de ce chapitre ... 31191ᵗᵗ 12ˢ 1ᵈ

VITRERIE.

26 janvier 1680-27 janvier 1681 : à la veuve de Gaillard, sur la vitrerie de la grande escurie (3 p.). 900ᵗᵗ
11 febvrier-1ᵉʳ décembre : à Janson, sur ses ouvrages au chasteau et dépendances (7 p.).......... 3500ᵗᵗ
4 aoust-28 septembre : à luy, sur ses ouvrages de la grande et la petite escurie (3 p.)............ 5000ᵗᵗ
10 novembre-15 décembre : à luy, sur ses ouvrages pour les couvertures des orangers de Trianon (2 p.) 800ᵗᵗ
5 febvrier-1ᵉʳ décembre : à Lespinouze, parfait payement de 18960ᵗᵗ 5ˢ 4ᵈ pour ouvrages au chasteau, Mesnagerie et dépendances, depuis 1677 jusques et compris 1680 (7 p.)..................... 8310ᵗᵗ 5ˢ 4ᵈ
2 juin-4 aoust : à luy, sur ses ouvrages de la grande et petite escurie (2 p.)................. 3100ᵗᵗ
15 décembre : à luy, sur ses ouvrages à la salle de la Charité................................ 300ᵗᵗ
28 juillet : à Grudé, sur ses ouvrages de vitrerie de la grande escurie....................... 300ᵗᵗ
5 octobre 1680-27 janvier 1681 : à Le Court, sur les vitres de la grande escurie (2 p.)............ 350ᵗᵗ
29 novembre-15 décembre : à Samson, sur ses ouvrages de la grande escurie (2 p.)............ 350ᵗᵗ
21 novembre : à Girard et Destapes, sur ses ouvrages de la grande escurie................. 200ᵗᵗ
11 décembre : à La Mare, sur idem........ 150ᵗᵗ
21 juin : à la veuve Longet, parfait payement de la somme de 105702ᵗᵗ 11ˢ 9ᵈ pour ouvrages au chasteau et à la Ménagerie................. 402ᵗᵗ 11ˢ 9ᵈ
   Somme de ce chapitre..... 23663ᵗᵗ 5ˢ 1ᵈ

PEINTURE et DORURE.

21 janvier-11 aoust : aux Le Moyne, peintres, sur leurs ouvrages aux platfonds de l'appartement des bains (5 p.)................................ 4500ᵗᵗ
21 avril-28 juillet : à eux, sur leurs peintures du cabinet du Labirinthe (2 p.)................ 800ᵗᵗ
21 avril-2 juin : à eux, sur leurs peintures à l'appartement de Mᵐᵉ de Montespan (2 p.)....... 900ᵗᵗ
28 juillet : à eux, sur leurs ouvrages aux deux chambres joignant la gallerie de Mᵐᵉ de Montespan... 800ᵗᵗ

27 may-28 juillet : à eux, sur leurs peintures et dorures dans l'appartement de Mademoiselle (2 p.). 1100ᵗᵗ
23 juin : à eux, sur leurs ouvrages des rideaux du petit appartement du Roy................. 1000ᵗᵗ
25 aoust-22 décembre : à eux, pour avoir peint en couleur de marbre les platfonds des trois vestibules autour du grand escalier (2 p.)................ 568ᵗᵗ
16 juillet : à eux, parfait payement de 29202ᵗᵗ pour ouvrages en divers endroits du chasteau depuis 1671 jusques et compris 1680.................... 3302ᵗᵗ
11 aoust : à eux, sur les peintures des couvertures de moëre blanche...................... 500ᵗᵗ
23 juillet : à Jean Le Moyne, payement des ouvrages de peinture faits pour un dessein de la portière de la Paix.................................... 394ᵗᵗ
21 janvier-27 may : à Gonthier, peintre, sur ses ouvrages de peinture et dorure à l'appartement et à l'oratoire de la Reyne (4 p.).................. 1900ᵗᵗ
4 aoust : à luy, sur ses ouvrages de peinture et dorure à l'appartement des bains................. 800ᵗᵗ
21 janvier-11 aoust : à Paillet, peintre, sur idem à l'appartement des bains (3 p.)............ 1900ᵗᵗ
24 mars : à luy, sur idem à l'appartement bas.. 400ᵗᵗ
A luy, pour son remboursement de plusieurs menues dépenses................................ 289ᵗᵗ
21 juillet 1680-19 janvier 1681 : à luy, pour ce qu'il a payé aux peintres qui ont travaillé à la grande gallerie du chasteau jusqu'au 11 janvier (6 p.). 9087ᵗᵗ 2ˢ
25 aoust-8 décembre : à luy, pour ce qu'il a payé pour achapt de couleurs et ustanciles nécessaires aux ouvrages de peinture de la grande gallerie (2 p.). 1755ᵗᵗ 9ˢ
28 juillet : à luy, sur ses ouvrages de la salle des gardes de l'appartement de la Reyne......... 1000ᵗᵗ
21 janvier-16 juin : à Champagne, sur les tableaux de l'appartement, du passage et de l'oratoire de la Reyne (3 p.)............................... 1400ᵗᵗ
23 juin : à luy, sur ses ouvrages dans l'antichambre de l'appartement du Roy................... 1000ᵗᵗ
18 aoust : à luy, sur les tableaux des platfonds du grand appartement du Roy................. 1000ᵗᵗ
15 avril : à luy, parfait payement de 22800ᵗᵗ pour ouvrages au chasteau depuis 1671 jusques et compris 1680...................................... 8700ᵗᵗ
28 janvier-28 juillet : à Bon Boullogne [1], sur ses ouvrages de l'appartement des bains (2 p.)...... 1300ᵗᵗ
24 mars : à luy, sur les platfonds de la première pièce de l'appartement bas...................... 400ᵗᵗ

---

[1] Ou Boulongne.

A luy, sur les tableaux pour le dessus des portes. 300tt
27 may 1680-9 avril 1681 : à luy, parfait payement de 4000tt pour ouvrages à la seconde pièce à l'appartement bas des bains en 1679 et 1680 (2 p.) ... 1900tt
9 avril : à la veuve Louis Boulogne[1], parfait payement de 17073tt pour ouvrages aux appartements attiques du chasteau depuis 1671 .... 123tt
28 janvier 1680-9 avril 1681 : à Boulogne et Toutain[2], parfait payement de 5000tt pour ouvrages aux dessus, de porte portes et cheminées des petits appartemens du Roy et de la Reyne au chasteau (5 p.). 3400tt
28 janvier-4 aoust : à Houasse, sur ses peintures au platfonds de la première pièce de l'appartement hault du Roy (4 p.)........................ 4100tt
5 febvrier : à luy, sur ses ouvrages en la salle des gardes.. 700tt
23 juin 1680-9 avril 1681 : à Audran, Jouvenet et Houasse, parfait payement de 1760tt pour tableaux et ornemens au-dessus des portes et autres endroits de la salle des gardes (2 p.)........................ 1760tt
5 febvrier 1680-9 avril 1681 : à Audran, parfait payement de 9320tt pour ouvrages à la salle des gardes et chambre de Diane depuis 1671 jusques et compris 1680 (2 p.)................................ 2820tt
1er juillet : à luy, sur ses tableaux de la deuxième pièce de l'appartement du Roy................. 1000tt
5 febvrier 1680-9 avril 1681 : à Jouvenet, parfait payement de 2920tt pour ouvrages à la salle des gardes du Roy en 1678 (2 p.) 1120tt
28 janvier-28 juillet : à de la Fosse, sur le platfonds de la deuxième pièce de l'appartement hault du Roy (3 p.).. 2600tt
24 mars : à luy, sur ses tableaux pour la chambre de Diane.. 400tt
26 juillet : à Blanchard, La Fosse et Audran, pour le payement des peintures et dorures faites à la chambre qui précède la salle des gardes du grand appartement du Roy en 1680................................ 800tt
28 janvier 1680-15 avril 1681 : à Blanchard, parfait payement de 15800tt pour ouvrages et plafonds à la chambre du grand appartement du Roy et à celle de Diane depuis 1671 jusques et compris 1680 (5 p.) 8300tt
28 janvier-6 octobre : à La Baronnière père, sur ses ouvrages en divers appartemens (9 p.)....... 27100tt
28 janvier-6 octobre : à La Baronnière fils, sur ses ouvrages idem (9 p.)........................... 23300tt

[1] C'est la veuve du père de Bon Boulogne, Louis Boulogne, premier du nom, mort en 1674.
[2] Ou Toutin.

28 janvier-6 octobre : à Delaporte[3], doreur, sur ses ouvrages idem (10 p.)........................... 20900tt
28 janvier-6 octobre : à Le Page, doreur, sur ses ouvrages idem (10 p.)......................... 14800tt
5 febvrier-7 avril : à la veuve Tiercelin, sur ses grosses peintures aux treillages du petit parc (4 p.)... 3700tt
5 febvrier-9 avril : à Corneille, parfait payement de 10680tt pour ouvrages à l'antichambre de la Reyne, depuis 1671 jusques et compris 1680 (2 p.)... 5280tt
28 juillet : à luy, sur les platfonds de l'appartement du Roy.. 1000tt
11 avril-9 juillet : à Jean-Baptiste Monnoyer, parfait payement de 4000tt pour des tableaux de fleurs qu'il a faits pour les appartements attiques du Roy et de la Reyne (2 p.)................................ 2100tt
11 febvrier 1680-9 avril 1681 : à Gilbert de Sève, parfait payement de la somme de 13550tt pour ouvrages à la chambre de la Reyne depuis 1671 jusques et compris 1680 (3 p.)............................. 7650tt
9 avril 1681 : à Pierre de Sève, parfait payement de 1800tt pour ouvrages au cabinet du Roy depuis 1671 jusques et compris 1680.................... 900tt
11 febvrier-18 aoust : à Coypel, sur ses ouvrages du sallon de marbre et cabinet de l'appartement de la Reyne (4 p.)....................................... 3100tt
1er juillet : à luy, sur les platfonds des appartemens du chasteau...................................... 1000tt
7 juin 1681 : à luy, parfait payement de 33194tt 10c pour ouvrages en divers endroits de Versailles depuis 1673 jusques et compris 1680......... 14789tt 10c
11 febvrier : à Daste[4], peintre, pour avoir agrandi neuf tableaux du cabinet du Roy........... 188tt 3c
1er juillet-20 octobre : à luy, pour avoir nettoyé les peintures et dorures des divers appartemens de Versailles (2 p.)...................................... 603tt
18 febvrier-28 juillet : à Rousseau, parfait payement de 3600tt pour tableaux faits en 1679 et 1680 pour la première pièce au-dessus de l'appartement hault du Roy (3 p.)....................................... 3100tt
18 febvrier-28 juillet : à Vignon, peintre, sur ses ouvrages dans la salle des gardes (2 p.)........ 1400tt
25 febvrier : à Bonnemer, sur les rétablissemens de peinture qu'il fait à Trianon et aux fontaines du petit parc.. 485tt
A luy, en considération du soin qu'il prend pour le nettoyement des tableaux du chasteau de Versailles. 400tt

[3] Ou Laporte.
[4] Est-ce Daete ou Dasti? Ce nom ne se trouve dans aucun dictionnaire biographique.

14 avril : à luy, sçavoir : 400ᵗᵗ pour un tableau de *Jupiter foudroyant les géants* et 270ᵗᵗ pour divers desseins pour broderies...................... 670ᵗᵗ

23 juin : à luy, pour un tableau sur la *Conqueste de la Franche-Comté*.......................... 828ᵗᵗ

21 juillet 1680-9 juillet 1681 : à luy, parfait payement de 1100ᵗᵗ pour cinq tableaux au platfonds du cabinet de Monseigneur le Dauphin (2 p.)....... 1100ᵗᵗ

17 mars : à Francart et Ricard, sur leurs peintures à la première pièce du grand appartement du Roy. 400ᵗᵗ

25 aoust : à Bambour et Francart, sur leurs ouvrages aux deux pavillons de la Renommée dans le petit parc. 2000ᵗᵗ

24 mars : à Friquet, sur deux tableaux pour l'appartement de Monseigneur le Dauphin........... 300ᵗᵗ

A Le Hongre, pour peintures en divers endroits. 600ᵗᵗ

23 avril-9 décembre : à luy, sur l'impression de peinture sur la menuiserie et la brique des voultes de la grande écurie (10 p.)........................ 2320ᵗᵗ

16 juin : à luy, sur les ouvrages de peinture qu'il a faits à Trianon........................ 400ᵗᵗ

12 janvier 1681 : à luy, pour avoir peint en façon de porcelaine quatre caisses pour le jardin de Trianon. 64ᵗᵗ

9 avril 1681 : à luy, parfait payement de 41617ᵗᵗ pour ouvrages de peinture à Versailles et à Trianon depuis 1670 jusques et compris 1680........... 197ᵗᵗ

7 avril : à la veuve Bailly, peintre, pour réparations extraordinaires de peinture de bronze aux fontaines du petit parc............................ 360ᵗᵗ

1ᵉʳ juillet : à Bailly, sur la dorure d'un des cabinets de la Renommée........................ 600ᵗᵗ

5 octobre 1680-9 juillet 1681 : à luy, parfait payement de 5576ᵗᵗ 15ˢ pour ouvrages de dorure au chasteau (2 p.)............................ 4976ᵗᵗ 15ˢ

7 avril : à la demoiselle Chasteau, pour un tableau en mignature pour S. M., d'après M. Le Brun, représentant la *Famille de Darius*................... 700ᵗᵗ

14 avril : à Despesches, pour son remboursement de plusieurs dépenses qu'il a faites pour desseins pour une tenture de tapisserie pour S. M.............. 889ᵗᵗ

21 avril : à Dufour, pour réparations de peinture par luy faites à la Ménagerie.................. 70ᵗᵗ

14 may-3 novembre : à Bourgault, sur ses grosses peintures aux ailes de l'avant-cour, à la petite escurie et à Trianon (6 p.)...................... 1350ᵗᵗ

21 juin 1681 : à Bourgault et à la veuve Tiercelin, parfait payement de 26467ᵗᵗ 11ˢ 11ᵈ pour ouvrages de grosse peinture en divers endroits de Versailles, Trianon et la Ménagerie en 1678, 1679 et 1680. 7567ᵗᵗ 11ˢ 11ᵈ

19 may-16 juin : à Dubois et Marguillier, doreurs, parfait payement de 240ᵗᵗ pour la dorure à feu des deux cadrans du chasteau (2 p.)................ 240ᵗᵗ

2 juin : à Hérault, sur ses tableaux pour la deuxième pièce du grand appartement du Roy.......... 300ᵗᵗ

A Hilaire, pour avoir doré plusieurs bordures dans le cabinet du Roy........................ 625ᵗᵗ

16 juin : à Jean Gancy, pour dorure de plusieurs bordures *idem*............................. 480ᵗᵗ

7 juillet : à Anguier et Lebreton, pour avoir trassé les desseins de peintures de M. Le Brun dans la grande gallerie du chasteau...................... 1004ᵗᵗ

4 aoust : à Anguier, sur ses ouvrages à la deuxième pièce de l'appartement bas du Roy........... 1000ᵗᵗ

6 octobre : à luy, sur ses peintures à l'appartement des bains............................... 500ᵗᵗ

18 aoust : à Anguier et Francart, sur leurs peintures à l'appartement de Madame la Dauphine...... 1000ᵗᵗ

18 aoust-22 novembre : à Mesnage, sur les grosses peintures en vert qu'il fait aux treillages du nouveau potager (5 p.)........................ 4000ᵗᵗ

2 septembre : à Verdier, sur ses ouvrages de peinture............................... 2000ᵗᵗ

5 novembre-9 décembre : à Binoist, sur ses grosses peintures en brique à la grande escurie (2 p.)... 1000ᵗᵗ

9 juillet : à la veuve Loir, parfait payement de 39500ᵗᵗ pour ouvrages au chasteau de Versailles en 1671, 1672 et 1678........................ 11300ᵗᵗ

1ᵉʳ juillet : à Nocret, parfait payement de 3600ᵗᵗ pour ouvrages au cabinet de la Reyne depuis 1671 jusques et compris 1676...................... 1100ᵗᵗ

21 juin : à Goy, parfait payement de 68306ᵗᵗ 14ˢ 8ᵈ pour ouvrages de peinture et dorure en divers endroits du chasteau et à Trianon........... 8206ᵗᵗ 14ˢ 8ᵈ

Somme de ce chapitre.... 276212ᵗᵗ 5ˢ 7ᵈ

SCULPTURE.

21 janvier-5 febvrier : à Mazeline, sculpteur, sur les boursaux[1] de plomb des combles du chasteau de Versailles (2 p.)........................ 2000ᵗᵗ

2 juin : à luy, sur ses trophées du chasteau.. 300ᵗᵗ

9 juin : à luy, pour ouvrages et réparations aux ornemens des vaisseaux qui sont sur le canal...... 1038ᵗᵗ

4 aoust : à luy, sur sa figure de marbre pour le parterre d'eau........................... 500ᵗᵗ

---

[1] Le boursseau, d'après le *Dictionnaire de Trévoux*, est le faîtage de plomb qui recouvre l'arête du toit et garantit le haut des ardoises.

21 janvier-1ᵉʳ juillet : à Mazeline et Le Hongre, pour parfait payement de 6830ᴧ pour ornemens de plomb et estain au comble d'un des pavillons de la fontaine de la Renommée (4 p.)............................ 5230ᴧ

17 mars : à eux, sur leurs ouvrages aux deux lanternes du chasteau............................. 700ᴧ

21 janvier-2 juillet : à Jouvenet, Mazeline et Caffier, parfait payement de 8380ᴧ 17ˢ pour la sculpture qu'ils font à la menuiserie du petit appartement au-dessus de celuy du Roy (4 p.).................. 6980ᴧ 17ˢ

17 mars-9 juillet : auxd. Mazeline et Jouvenet, entier payement des ouvrages de sculpture en plastre et stuc faits au chasteau (2 p.)............... 895ᴧ

17 mars 1680-2 juillet 1681 : à Mazeline, Jouvenet et Legeret, parfait payement de 8558ᴧ pour leurs ouvrages aux appartemens du Roy et autres (2 p.).. 2258ᴧ

24 juin-18 aoust : à Mazelines[1], Le Hongre et Jouvenet, sur les ornemens de métail qu'ils font pour les admortissemens et boursaux des combles du chasteau (4 p.)... 10000ᴧ

18 aoust 1680-9 juillet 1681 : à eux, parfait payement de 3615ᴧ 13ˢ 4ᵈ pour ouvrages au grand escalier de la Reyne (3 p.)............... 1205ᴧ 13ˢ 4ᵈ

15 septembre-6 octobre : à Mazeline et Jouvenet, sur les amortissemens et boursaux des combles du chasteau (3 p.)... 2500ᴧ

5 febvrier 1680-2 juillet 1681 : à Mazeline, Houzeau et Blanchard, parfait payement de 53337ᴧ 13ˢ pour ouvrages à l'Arc de triomphe en 1679 et 1680 (6 p.)...................................... 16932ᴧ 13ˢ

27 octobre-22 décembre : à Houzeau et Mazeline, pour leurs ouvrages de sculpture en pierre de la cascade de l'Isle Royalle (2 p.)........................ 900ᴧ

23 juillet 1681 : à luy, parfait payement de 795ᴧ pour ouvrages à la fontaine du Gouffre........ 295ᴧ

9 juillet 1681 : à Buister, Le Gros, Massou, Drouilly, Jouvenet et Mazelines, pour leur payement du restablissement des figures de la Renommée en 1679.... 120ᴧ

21 janvier : à Jouvenet, sur les chapiteaux, trophées et consolles de pierre qu'il fait à la face principalle du chasteau.. 200ᴧ

18 aoust : à luy, sur la figure de marbre pour le parterre d'eau.. 500ᴧ

3 novembre : à luy, sur les masques des fontaines de l'avant-cour...................................... 200ᴧ

9 juillet 1681 : à Desjardins et Jouvenet, parfait payement de 1640ᴧ pour ouvrages aux souches de cheminées du dessus des combles du chasteau en 1678... 1390ᴧ

23 juillet 1681 : aud. Desjardins, payement de quatre trophées qu'il a faits au-dessus des croisées du chasteau vis-à-vis la Grotte................. 600ᴧ

21 janvier-31 mars : à Buirette, sur les ornemens de plomb et estain à l'un des pavillons de la fontaine de la Renommée (2 p.).......................... 1000ᴧ

21 janvier-31 mars : à Lespingola, sur les groupes d'enfans à l'un des pavillons de la fontaine de la Renommée (2 p.).................................. 1000ᴧ

11 may 1681 : à luy, parfait payement de 400ᴧ pour une figure de pierre qu'il a faite pour le dessus de la corniche du chasteau en 1678.................. 200ᴧ

25 febvrier 1680-1ᵉʳ juillet 1681 : à Buirette et Lespingola, pour parfait payement de 21430ᴧ pour les trophées de plomb et estain à la fontaine de la Renommée (8 p.)............................. 15530ᴧ

21 janvier-18 febvrier : à Philippes Caffier[2], sur la sculpture des petits cabinets des appartemens du Roy (2 p.).. 1900ᴧ

21 janvier : à luy, sur celle des portes pour la première pièce du grand appartement du Roy...... 800ᴧ

18 febvrier-8 septembre : à luy, parfait payement de 2791ᴧ 17ˢ 6ᵈ pour bordures pour les tableaux du cabinet du Roy (2 p.)........................... 2391ᴧ 17ˢ 6ᵈ

7 avril : à luy, sur ses ouvrages en bois....... 600ᴧ

1ᵉʳ juillet : à luy, sur ses ornemens de sculpture pour la grande gallerie................................ 1000ᴧ

1ᵉʳ juillet-1ᵉʳ décembre : à luy, sur les chapiteaux de l'ordre françois de métail pour les colonnes et pillastres de la grande gallerie (4 p.)................ 5500ᴧ

25 aoust-15 décembre : à luy, sur les chapiteaux des colonnes et pillastres de la grande aisle (4 p.).. 3500ᴧ

16 juillet 1681 : à luy, parfait payement de 36154ᴧ 19ˢ pour ouvrages en divers endroits du chasteau en 1678, 1679 et 1680................................. 4754ᴧ 19ˢ

24 mars-19 may : à Caffiers et Lespingola, sur leurs ouvrages de stuc aux trophées de la grande gallerie (3 p.)... 4400ᴧ

18 febvrier 1680-9 juillet 1681 : à Caffiers, Lespagnandel et Legeret, parfait payement de 15789ᴧ 6ˢ 8ᵈ pour trophées et roses de métail pour la grande gallerie, en 1679 et 1680 (5 p.)............. 7189ᴧ 6ˢ 8ᵈ

18 febvrier : à Lespagnandel, sur une figure pour la grande gallerie.................................. 300ᴧ

1ᵉʳ décembre : à luy, sur l'appartement des bains. 100ᴧ

---

[1] On trouve tantôt Mazelines, tantôt Mazeline.

[2] On écrit Caffier et Caffiers.

21 janvier : à Coisveaux et Tubi, sur les trophées de stuc de la corniche de la grande gallerie....... 400tt

18 febvrier-11 aoust : à Coizevaux[1], sur les trophées idem (4 p.)........................... 4000tt

2 juin : à luy, sur un groupe de figures pour l'avant-cour................................. 500tt

7 juillet-10 novembre : à luy, parfait payement de 1571tt pour les consolles à la face de la cour du chasteau (2 p.)............................. 1500tt

1er-15 septembre : à luy, sur les huit trophées de pierre des quatre pavillons de l'avant-cour du chasteau (2 p.)............................... 1800tt

6 octobre : à luy, sur la restauration des Termes du petit parc.............................. 800tt

15 décembre 1680 : à luy, sur les ornemens de plomb qu'il fait pour les quatre pavillons de l'avant-cour. 1800tt

16 juillet 1681 : à luy, parfait payement de 1320tt pour ouvrages en divers endroits en 1678 et 1679. 720tt

13 juillet 1681 : à luy, parfait payement de 12893tt pour ouvrages aux quatre pavillons de l'avant-cour en 1678, 1679 et 1680................... 1671tt

17 mars : à Le Comte, Arcis et Coizevaux, sur leurs trophées de la grande gallerie.............. 600tt

6 may : à Coisevaux et consors, sur leurs ouvrages au sallon du bout de lad. gallerie.............. 400tt

3 juin : à luy et Arcis, sur leurs ornemens à la corniche d'un des salons au bout de la grande gallerie. 300tt

28 juillet : à Le Comte, Arcis et Magnier, sur leurs ouvrages de la petite escurie.............. 500tt

23 juillet 1681 : à Magnière, Houzeau et Le Comte, parfait payement de 2712tt pour ouvrages de sculpture à l'escalier et antichambre du petit appartement de la Reyne en 1679 et 1680..................... 1412tt

17 mars-17 novembre : à Baptiste Tuby, sur une figure pour le parterre d'eau (2 p.).......... 1400tt

9 juin : à luy, sur le groupe de figures qu'il fait pour un des piédestaux de l'avant-cour............ 500tt

12 janvier 1681 : à luy, pour quatre blots de pierre de Saint-Leu pour faire le groupe d'un des piédestaux de l'avant-cour du chasteau............. 347tt 10s

16 juin : à luy, sur les bazes de bronze doré qu'il fait pour les colonnes et pillastres de la grandegallerie. 1000tt

27 octobre-17 novembre : à luy, sur ses modèles de cire et ses ouvrages en bronze pour la fontaine du grand escalier (2 p.)........................ 1000tt

21 janvier-10 juillet : à Clérion, sculpteur, pour par-

[1] On trouve aussi Coyzevaux et Coizevox.

fait payement de 550tt pour deux modelles de cire de vazes de bronze (2 p.)..................... 250tt

18 febvrier : à luy, sur les trophées d'enfans de la grande gallerie......................... 200tt

5 febvrier : à Le Hongre, sculpteur, sur le groupe d'enfans d'un des pavillons de la Renommée....... 400tt

14 may-18 aoust : à luy, sur sa figure de marbre pour le parterre d'eau (2 p.)................... 800tt

2 juin : à luy, sur ses trophées au-dessus des croisées de la grande gallerie..................... 400tt

2 juillet 1681 : à luy, parfait payement de 7122tt 17s 4d pour ouvrages de sculpture en divers endroits du chasteau en 1678, 1679 et 1680......... 2372tt 17s 4d

5 febvrier : à Mansy, sur la sculpture du palmier de la fontaine de la Renommée................. 400tt

25 febvrier 1680-16 juillet 1681 : à Gaspard Marsy, parfait payement de 20586tt pour ouvrages en divers endroits de Versailles depuis 1674 jusques et compris 1680 (3 p.).......................... 5754tt

18 aoust : à luy, sur les deux figures qu'il fait pour le parterre d'eau....................... 500tt

16 juin-13 octobre : à luy, sur le groupe d'un des piédestaux de l'avant-cour (2 p.)............ 1500tt

8 septembre : à luy, sur les ornemens aux consolles des bancs de pierre...................... 500tt

11 febvrier : à Le Gnos et Massou, sur leurs ornemens de stuc au salon de la Reyne............ 600tt

28 juillet-11 aoust : à eux, sur six dessus de porte de métal pour le sallon de l'appartement de la Reyne (2 p.)............................... 2100tt

25 febvrier 1680-12 janvier 1681 : à eux, sur les ornemens de métal pour les nouveaux piédestaux quarrez et guéridons de l'Arc de triomphe (2 p.)...... 1300tt

28 avril-3 novembre : à eux, sur les trophées de la grande gallerie (4 p.).................... 2500tt

9 juin : à eux, sur les grouppes d'enfans pour l'allée d'eau............................... 1500tt

23 juillet 1681 : à eux, parfait payement de 32624tt pour ouvrages en divers endroits depuis 1677 jusques et compris 1680......................... 2224tt

16 juin-24 novembre : à Massou, sur ses trophées de la grande gallerie (2 p.).................. 800tt

16 juin : à Le Gnos, sur ses trophées idem..... 400tt

3 novembre : à luy, sur sa figure de marbre pour le parterre d'eau........................ 500tt

9 juillet 1681 : à Massou, parfait payement de 1935tt pour ouvrages de sculpture depuis 1674 jusques et compris 1680.......................... 535tt

18 febvrier-3 novembre : à Dossier, sur une figure

de marbre blanc pour le parterre d'eau à Versailles
(4 p.).............................. 1400ʰ

18 febvrier-18 aoust : à Regnaudin, sur une figure
idem (2 p.)............................ 900ʰ

18 aoust : à luy, pour son payement d'une figure de
Bacchus qu'il a moulée en plastre et posée autour de la
fontaine de la Renommée................. 150ʰ

9 juillet : à Regnaudin et Le Hongre, parfait payement
de 310ʰ pour ouvrages au grand escallier en 1674. 10ʰ

25 febvrier : à Morelli, sculpteur italien, pour une
figure de marbre et dix bustes qu'il a livrez.... 5550ʰ

A Fontelle, sur ses ouvrages aux corniches du chasteau............................. 500ʰ

27 may : à luy, pour plusieurs rétablissemens de sculpture et stuc qu'il fait aux appartemens et dépendances
du chasteau........................... 400ʰ

23 juin : à luy, pour plusieurs vazes et consolles qu'il
a faits à l'aile droite de l'avant-cour du chasteau.. 675ʰ

1ᵉʳ juillet : à luy, sur les trophées pour le corps de
garde suisse (2 p.)..................... 1000ʰ

21 juillet : à luy, sur ses ornemens au grand vestibule
qui regarde le parterre d'eau............... 1000ʰ

18 aoust-1ᵉʳ septembre : à luy, sur divers ouvrages et
réparations du chasteau (2 p.)............ 1500ʰ

27 octobre : à luy, sur ses ouvrages aux bancs de
pierre du petit parc..................... 300ʰ

8 décembre : à luy, pour plusieurs rétablissemens de
plombs dans le parc................... 172ʰ 10ˢ

25 febvrier : à Girardon, sur le groupe et figures du
parterre d'eau........................ 600ʰ

16 juin-3 novembre : à luy, sur le groupe de figures
pour un des piédestaux de l'avant-cour (2 p.)... 1500ʰ

18 aoust-1ᵉʳ septembre : à luy, sur les ornemens qu'il
fait aux consolles des bancs du petit parc (2 p.). 1400ʰ

24 novembre : à luy, sur des modelles, tant petits que
grands, d'une figure du Roy à cheval........ 1500ʰ

28 juillet-4 aoust : à Girardon et Tuby, sur les boursaux pour les combles du chasteau (2 p.)..... 3000ʰ

25 febvrier : à Drouilly, sur ses ouvrages.... 300ʰ

A Grenoble et Le Brun, sur leurs trophées de la grande
gallerie............................. 300ʰ

1ᵉʳ décembre : à Grenoble, sur la sculpture des trophées de la grande aisle................. 300ʰ

17 mars 1680-9 juillet 1681 : à Le Hongre et Desjardins, parfait payement de 7901ʰ 13ˢ 4ᵈ pour ouvrages
de stuc au grand salon, chambre et cabinets de la Reyne
(2 p.)........................... 2401ʰ 13ˢ 4ᵈ

24 mars-17 novembre : à Roger, sur une figure de
marbre blanc pour le parterre d'eau (3 p.).... 1300ʰ

15 décembre : à luy, pour un trophée au-dessus d'une
croisée de l'appartement du Roy............. 200ʰ

24 mars-27 octobre : à Flamant, sur ses trophées et
masques à la façade du chasteau de la grande gallerie en
face du parterre d'eau (6 p.)............. 2800ʰ

29 septembre-17 novembre : à luy, pour son payement et celui des ouvriers qui ont travaillé à la restauration de dix-huit figures antiques à l'allée d'eau (2 p.)..
.... 1419ʰ

7 avril-18 juin : à Briquet et Le Clerc, parfait payement de 1253ʰ pour ouvrages en bois qu'ils ont faits sur
les consolles de la petite escurie (2 p.)...... 1253ʰ

18 juin : à eux, idem [1]................. 453ʰ

14 avril : à La Perdrix et consors, parfait payement
de 19920ʰ pour ouvrages et ornemens de plomb faits
aux lucarnes du chasteau................. 1220ʰ

13 octobre : à La Perdrix, pour les ornemens de
plomb et estain de deux grandes lucarnes..... 760ʰ

24 novembre : à luy, sur une figure de marbre pour
le parterre d'eau....................... 300ʰ

28 avril : à Le Comte, sur ses deux figures pour les
niches de la face du chasteau qui regarde le parterre
d'eau............................... 400ʰ

23 juin : à luy, parfait payement de 360ʰ pour six
vazes de pierre pour la balustrade du chasteau de Versailles............................. 160ʰ

14 juillet : à luy, parfait payement de 1100ʰ pour
quatre modelles de vazes pour les jardins...... 50ʰ

11 aoust-10 novembre : à luy, sur la sculpture du
fronton de la façade de la petite escurie (3 p.).. 2400ʰ

25 aoust : à luy, sur les quatre trophées de la corniche de la grande gallerie................ 1000ʰ

10 novembre : à Le Comte et Picard, sur une figure
représentant Mercure................... 200ʰ

A Picard, parfait payement de 1000ʰ pour ouvrages
de sculpture au chasteau en 1678, 1679 et 1680. 500ʰ

1ᵉʳ décembre : à Raon, Le Comte et consors, sur leurs
ouvrages à la petite escurie (2 p.)............ 800ʰ

2 juin : à Raon, sur ses ouvrages de la grande escurie............................... 100ʰ

23 juillet 1681 : à luy, parfait payement de 760ʰ pour
ouvrages en divers endroits du chasteau en 1678, 1679
et 1680............................. 500ʰ

10 juillet-9 décembre : à Raon et Granier, sur leurs
ouvrages de la grande escurie (6 p.)........ 3000ʰ

14 juillet : à Raon et Mazière, parfait payement de

---

[1] Une somme de 453ʰ est répétée deux fois et semble faire double emploi.

551ᵗᵗ pour vazes et consoles à l'aisle gauche de l'avant-cour................................. 251ᵗᵗ

18 aoust : à Mazière, sur les trophées des dessus de porte du corps de garde françois............ 500ᵗᵗ

2 juin : à Derigné, sculpteur, sur ses ouvrages de la grande escurie........................... 100ᵗᵗ

A Pallu, sur idem..................... 100ᵗᵗ

2 juin-5 octobre : à Martin, sur la sculpture des deux frontons sur le devant de la grande escurie (2 p.). 220ᵗᵗ

2 juin-9 décembre : à Langlois et Meusnier, sur la sculpture des consolles de la grande escurie (4 p.). 770ᵗᵗ

11 aoust : à eux, sur leurs ouvrages de la petite escurie................................. 200ᵗᵗ

2 juin : à Houzeau, sur ses trophées au-dessus des croisées de la grande gallerie.............. 400ᵗᵗ

23 juin : à luy, parfait payement de 762ᵗᵗ pour douze vazes pour la balustrade du chasteau......... 162ᵗᵗ

28 juillet : à luy, sur le groupe de marbre blanc qu'il fait pour le parterre d'eau............. 500ᵗᵗ

18 aoust : à luy, sur ses ouvrages pour le Gouffre de la nouvelle fontaine du petit parc.......... 500ᵗᵗ

23 juin : à Aubry, sculpteur, parfait payement de 360ᵗᵗ pour six vases de pierre pour la balustrade du chasteau.
.... 160ᵗᵗ

A Bourlier, pour six vazes idem........... 210ᵗᵗ

15 décembre : à Aubry, pour les six vazes de pierre qu'il a faits et posez sur le mur de closture de la grande escurie................................. 536ᵗᵗ

A Bourlier, pour six pareils vazes 536ᵗᵗ

23 juin : à Meusnier, pour quatre vazes de pierre pour la balustrade du chasteau............... 240ᵗᵗ

15 décembre : à luy, pour quatre vazes pour le mur de closture de la grande escurie............. 355ᵗᵗ

23 juin : à Guyot, Gérard et Lucas, p. payement de 360ᵗᵗ pour six vazes pour la balustrade du chasteau.... 60ᵗᵗ

A la veuve Perreau, parfait payement de 360ᵗᵗ pour idem................................. 210ᵗᵗ

15 décembre : à elle, pour six vazes pour le mur de closture de la grande escurie............ 536ᵗᵗ

14 juillet : à Granier, parfait payement de 1100ᵗᵗ à quoy montent quatre modelles de vazes faits en cire pour estre jettez en brouze pour les jardins de Versailles. 350ᵗᵗ

3 novembre : à Pierre Granier, sur sa figure de marbre pour le parterre d'eau.............. 1000ᵗᵗ

A Van Clève, sculpteur, parfait payement de 550ᵗᵗ pour deux modelles idem...................... 250ᵗᵗ

A André, parfait payement de 550ᵗᵗ pour deux modelles idem................................. 250ᵗᵗ

28 juillet : à Buister, sur ses trophées au-dessus des croisées vers la Grotte................. 1000ᵗᵗ

15 septembre : à luy, sur sa figure de marbre pour le parterre d'eau........................ 200ᵗᵗ

28 juillet : à Friquet, pour son payement des sculpteurs de la petite escurie............... 119ᵗᵗ

11 aoust-22 septembre : à Couет, sur ses consolles au bastiment de la grande escurie (2 p.)........ 200ᵗᵗ

18 aoust 1680-27 janvier 1681 : à Briquet et Pallu, sur leurs ouvrages aux portes du manège de la grande escurie (4 p.)......................... 1000ᵗᵗ

11 décembre : à Briquet, idem............ 300ᵗᵗ

18 aoust : à Sibbaique, sur la figure de marbre qu'il fait pour le parterre d'eau................ 500ᵗᵗ

8 septembre-3 novembre : à Roussel, sur les ornemens aux consolles des bancs de pierre du petit parc (2 p.)................................. 600ᵗᵗ

29 septembre : à Ancis, pour quatre vazes de pierre qu'il a faits et posez sur la balustrade du chasteau. 268ᵗᵗ

13 octobre-3 novembre : à luy, sur les masques de la petite escurie (2 p.)................. 600ᵗᵗ

6 octobre : à Boulogne, sur ses ouvrages à la petite escurie................................. 1600ᵗᵗ

A Anguier, sur sa figure de marbre pour l'appartement des bains................................. 1000ᵗᵗ

10 novembre : à Clerion, sur un trophée de la grande gallerie................................. 200ᵗᵗ

23 juillet 1681 : à Legeret, payement des ouvrages de sculpture à la machine des Fables d'Ésope... 270ᵗᵗ 10ˢ

Somme de ce chapitre.... 221870ᵗᵗ 7ˢ 2ᵈ

MARBRERIE.

21 janvier-1ᵉʳ juillet : à Misson et Derbais, sur le pavé de marbre de la petite cour du chasteau (4 p.). 3700ᵗᵗ

21 janvier-1ᵉʳ septembre : à eux, sur leurs ouvrages du vestibule du chasteau (8 p.)............ 14900ᵗᵗ

28 janvier : à eux, sur les huit collonnes de marbre de la chapelle du chasteau..................... 2000ᵗᵗ

7 avril-12 aoust : à eux, sur leurs ouvrages au cabinet des bains (2 p.)..................... 2600ᵗᵗ

9 juin : à eux, pour plusieurs blots de marbre qu'ils ont fourni au magazin du Roy.......... 8450ᵗᵗ 10ˢ

1ᵉʳ juillet-3 octobre : à eux, sur leurs ouvrages de pavé de marbre pour l'escalier de la Reine (4 p.). 6000ᵗᵗ

10 novembre-15 décembre : à eux, sur leurs ouvrages de la grande gallerie (2 p.)......... 1000ᵗᵗ

25 febvrier-4 aoust : à Misson, Le Grue et Derbais, sur leurs ouvrages de marbre à la fontaine de la Renommée (2 p.)............................ 1600ᵗᵗ

25 febvrier-4 aoust : à eux, sur leurs ouvrages de l'Arc de triomphe (3 p.).................. 4000tt
21 janvier-21 avril : à PASQUIER, sur l'une des petites galleries près le grand escalier (4 p.)..... 3000tt
18 febvrier-13 octobre : à luy, sur les chambranles et foyers qu'il fournit au chasteau (2 p.)....... 900tt
25 febvrier-24 mars : à PASQUIER, MATHAU et du CHESNOY, sur leurs ouvrages à la fontaine de la Renommée (2 p.)............................. 1200tt
25 febvrier : à PASQUIER, sur ses ouvrages à l'Arc de triomphe............................. 600tt
24 mars-27 octobre : à luy, sur ses ouvrages à l'escalier de la Reyne (7 p.).................. 6800tt
6 may : à luy, pour ce qu'il a payé aux compagnons marbriers qui ont démoly et transporté au magasin les marbres des croisées de l'appartement du Roy et rétabli un chambranle de celuy de la Reine......... 264tt 5ˢ
27 may-16 juin : à luy, sur ses ouvrages des appartemens de l'aîle droite de l'avant-cour (2 p.)... 2000tt
18 aoust : à luy, sur divers ouvrages....... 1000tt
A luy, pour le rétablissement qu'il a fait au pavé de fayance du sallon de Trianon................ 58tt
10 novembre-15 décembre : à luy, sur ses ouvrages pour la grande gallerie (2 p.).................. 1000tt
21 janvier-16 juin : à CHAUSSON[1], sur le pavé de marbre pour le pallier de l'escalier de l'appartement de la Reyne (4 p.)......................... 1600tt
21 janvier-15 décembre : à PIERRE MESNARD, sur les chambranles et embrazures des croisées de marbre pour la grande gallerie du chasteau (3 p.)......... 2000tt
24 mars-27 octobre : à PIERRE MESNARD et CUVILLIERS, sur leurs ouvrages à l'escalier de la Reyne (7 p.). 5800tt
25 febvrier-15 décembre : à NICOLAS MESNARD, sur ses ouvrages de la grande gallerie (3 p.)...... 1300tt
24 mars-1ᵉʳ septembre : à luy, sur ses ouvrages à l'escalier de la Reyne (3 p.).................. 1800tt
5 may-1ᵉʳ juillet : à luy, sur ses ouvrages en divers endroits (2 p.)........................... 1400tt
28 janvier-12 aoust : à HANUCHE, sur ses ouvrages au sallon du grand appartement de la Reyne (4 p.). 2100tt
18 febvrier-24 mars : à luy, sur ses ouvrages de la chambre des bains (2 p.).................... 900tt
25 aoust-1ᵉʳ septembre : à luy, sur ses ouvrages à l'escalier de la Reyne (2 p.).................. 1500tt
28 janvier-28 avril : à MATHAU[2], sur ses ouvrages dans une des petites galleries basses à costé du grand escalier (3 p.)............................ 2300tt
19 may-27 octobre : à luy, sur ses ouvrages à l'escalier de la Reyne (6 p.).................... 6900tt
19 may : à luy, sur ceux de l'Arc de triomphe. 1000tt
10 novembre-15 décembre : à luy, sur ceux de la grande gallerie (2 p.).................... 1000tt
28 janvier-13 octobre : à ROCH DUCHESNOY, marbrier, sur les socles, foyers et chambranles de marbre de divers endroits du chasteau (4 p.)............ 4000tt
28 janvier-17 mars : à luy, sur les bazes et socles de marbre pour le vestibule sous le sallon (2 p.)... 600tt
25 febvrier-16 juin : à luy, sur ses ouvrages en divers endroits (4 p.)......................... 2400tt
25 febvrier-24 mars : à luy, sur le pavé de Caen dans la salle des gardes de Monsieur (2 p.).... 900tt
5 may-15 décembre : à luy, sur ses ouvrages pour le bas escalier de la Reyne (6 p.)............. 4100tt
27 may-25 aoust : à JACQUES DUCHESNOY, sur le pavé de marbre blanc et noir du grand sallon près l'appartement de la Reyne (3 p.).................. 1700tt
22 septembre : à DUCHESNOY, sur ses réparations aux marbreries du chasteau.................... 1000tt
27 octobre 1680-19 janvier 1681 : à luy, sur ses chambranles et foyers pour la grande aile (2 p.).. 1500tt
17 novembre-15 décembre : à ROCH DUCHESNOY, sur ses ouvrages à la Surintendance (2 p.)........ 2000tt
5 febvrier : à DEZÈGRES[3], sur l'Arc de triomphe. 300tt
25 febvrier-15 décembre : à luy, sur ses ouvrages pour la grande gallerie (3 p.)................. 1800tt
24 mars-27 octobre : à luy, sur l'escalier de la Reyne (7 p.)................................. 5700tt
28 juillet-1ᵉʳ septembre : à GHIERT, sur ses ouvrages pour l'escalier de la Reyne (3 p.)............ 2500tt
8 septembre : à luy, pour journées d'ouvriers employées à poser du pavé de marbre à l'escalier de la Reyne................................. 122tt 10ˢ
10 novembre-15 décembre : à luy, sur ses ouvrages de la grande gallerie (2 p.)................ 1000tt
28 septembre-5 novembre : à LIXE[4], sur le pavé de bas appareil qu'il fait et pose par bande aux escaliers de la grande escurie (3 p.).................... 1900tt

Somme de ce chapitre...... 121195tt 5ˢ

PAVÉ.

21 janvier-9 juin : à MARCHAND, sur le pavé des rigolles des Graissetz (3 p.)................. 2400tt

---

[1] Le 5 mai et le 16 juin, la veuve CHAUSSON est nommée en place de son mari.
[2] Ou MATHAULT.
[3] Ce nom s'écrit aussi DEZAIGRE.
[4] Ou LISQUE.

ANNÉE 1680. — VERSAILLES.

28 janvier 1680-9 janvier 1681 : à luy, sur le pavé en divers endroits du chasteau (8 p.)........ 19500ʰʰ

14 avril : à luy, pour les réparations du pavé de Trianon.................................... 193ʰʰ

14 may-4 aoust : à luy, pour parfait payement de 3165ʰʰ 3ˢ 4ᵈ pour ouvrages de gros pavé faits pour empescher les eaux de ravines de tomber dans les aqueducs de Roquancourt et du Chesnay (3 p.) 3165ʰʰ 3ˢ 4ᵈ

9 juin-3 novembre : à luy, pour ses ouvrages à la petite escurie (6 p.)....................... 3150oʰʰ

30 juin-1ᵉʳ septembre : à luy, sur ses ouvrages à la chaussée qui aboutit à l'avant-cour et au pavé de l'avant-cour (5 p.).............................. 14000ʰʰ

30 juin : à luy, sur ses ouvrages aux tuyaux de la pompe au bout de l'estang.................. 600ʰʰ

A luy, sur ses ouvrages de l'aqueduc de Saint-Cir. 400ʰʰ

11 aoust-15 décembre : à luy, sur ses ouvrages au nouveau chemin qui va de Saint-Germain à Versailles (4 p.).. 12000ʰʰ

20 octobre : à luy, sur ses ouvrages à la surintendance des offices de Madame la Dauphine.......... 1000ʰʰ

21 mars-21 novembre : à PIERRE COLLIN, sur ses ouvrages aux cours et aux chaussées de la grande escurie (6 p.)................................. 7700ʰʰ

Somme de ce chapitre..... 92458ʰʰ 3ˢ 4ᵈ

PLOMBERIE ET CONDUITES DE PLOMB ET DE FER.

21 janvier-1ᵉʳ septembre : à ALLAIN, plombier, sur ses ouvrages et fournitures pour les bastimens et fontaines (6 p.)................................ 31000ʰʰ

1ᵉʳ juillet-13 octobre : à luy, sur ses ouvrages à la petite escurie (4 p.)........................... 28000ʰʰ

7 juillet : à luy, *idem* pour les moulins....... 4000ʰʰ

4 aoust : à luy, *idem* pour le bastiment de la Surintendance... 5000ʰʰ

8 septembre-6 octobre : à luy, *idem* pour les pavillons de l'avant-cour (2 p.).................. 5000ʰʰ

22 septembre-3 novembre : à luy, *idem* à la grande aisle (3 p.).................................... 8000ʰʰ

20 novembre : à luy, *idem* aux conduittes d'eau bonne à boire du Chesnay............................. 2000ʰʰ

21 janvier-7 avril : à LE ROY, plombier, sur ses ouvrages et fournitures pour les bastimens et fontaines (4 p.)...................................... 9000ʰʰ

1ᵉʳ septembre-10 novembre : à luy, sur *idem* aux offices et Commun du Roy (2 p.)........... 5000ʰʰ

22 janvier-11 aoust : à VITRY, plombier, sur ses ouvrages et fournitures pour les bastimens et fontaines (8 p.).. 30500ʰʰ

1ᵉʳ juillet-1ᵉʳ septembre : à luy, sur *idem* pour la petite escurie (3 p.)....................... 29000ʰʰ

2 juin-4 aoust : à luy, sur les conduittes des fontaines du petit parc (3 p.)....................... 6000ʰʰ

1ᵉʳ septembre-6 octobre : à luy, sur ses ouvrages aux pavillons de l'avant-cour (2 p.)........... 6000ʰʰ

1ᵉʳ septembre : à luy, sur ses ouvrages pour les Graissetz et le Chesnay.................... 1000ʰʰ

13 octobre-3 novembre : à luy, sur ses plomberies pour la conduite de la fontaine de la salle de bal (2 p.)....................................... 9500ʰʰ

3 novembre : à luy, sur ses ouvrages pour la conduitte d'eau bonne à boire du Chesnay............ 3000ʰʰ

21 janvier-20 octobre : à la veuve MAZELINE, plombier, sur ses ouvrages pour les bastimens et fontaines (2 p.)....................................... 3500ʰʰ

8 septembre : à elle, sur *idem* pour la conduitte des deux fontaines de l'avant-cour............. 1000ʰʰ

21 janvier-3 novembre : à ROBILLARD et HOUDAYER, plombiers, sur leurs ouvrages à la petite escurie et ailleurs (11 p.)................................. 10700ʰʰ

21 janvier-11 aoust : à MARQUET, plombier, sur ses ouvrages et fournitures pour les bastimens et fontaines (5 p.)................................. 5100ʰʰ

7 juillet : à luy, sur ses ouvrages et fournitures pour l'Arc de triomphe......................... 1000ʰʰ

25 aoust-6 octobre : à luy, sur *idem* pour un des pavillons de l'avant-cour du chasteau (3 p.).... 9000ʰʰ

13 octobre : à luy, pour restablissement de plombs de divers endroits du petit parc........... 1930ʰʰ 10ˢ

21 janvier 1680-20 avril 1681 : à luy, parfait payement de 97479ʰʰ 3ˢ 4ᵈ pour tuiaux de fer de fonte qu'il a fourny pour les fontaines de Versailles en 1679 et 1680 (10 p.)...................................... 42000ʰʰ

26 janvier 1680-17 janvier 1681 : à CHARLOT, plombier, sur ses ouvrages et fournitures pour la grande escurie (13 p.).............................. 85000ʰʰ

6 octobre : à luy, sur ses ouvrages pour les pavillons de l'avant-cour.......................... 1000ʰʰ

28 janvier-15 décembre : au sʳ DESVAUGOINS, pour les tuiaux de fer de fonte qu'il fournit pour les conduites des fontaines de Versailles (12 p.)......... 80881ʰʰ

23 juin : à luy, sur ses tuiaux de fer pour les Graissetz................................... 6000ʰʰ

28 juillet : à luy, sur la conduitte de fer pour la plaine de Satory................................. 3000ʰʰ

25 aoust : à luy, sur les boistes de fer de fonte qu'il a fourni pour la petite escurie............ 1000ʰʰ

11 febvrier 1680-20 avril 1681 : à LE BRETON, par-

fait payement de 28412ᴴ pour tuiaux de fer de fonte pour les fontaines, fournis en 1679 et 1680 (5 p.) . . 24000ᴴ

21 avril : à DE LA MARRE, pottier de terre, pour 54 thoises de tuiaux de grais de 6 pouces, à 5ᴴ la thoise, et 16 thoises de 8 pouces, à 8ᴴ, pour Roquancour. 398ᴴ

2 juin : au sʳ DE LOUVIGNY, sur ses tuiaux de fer pour Versailles............................... 1500ᴴ

A LA COSTE, pour avoir rellevé une conduite de fer d'un pied qui alloit à la fontaine de Saturne et l'avoir reposée pour le bosquet des Sources........... 443ᴴ

3 novembre : à DENIS DE LA COSTE, parfait payement de 3752ᴴ pour 395 toises de tuyaux de fer qu'il a reposez à Satory...................... 2752ᴴ 10ˢ

7 juillet-1ᵉʳ décembre : à VAUDRY, sur ses fournitures de plomb au réservoir du Chesnay (2 p.)...... 2000ᴴ

27 octobre : à luy, sur ses fournitures pour la conduite des Graissetz........................... 500ᴴ

22 septembre : à LA HAYE, pour soudure et journées d'ouvriers employées au raccommodement de la troisième conduite de fer de l'aqueduc de Satory....... 321ᴴ 3ˢ

12 janvier 1681 : à luy, journées d'ouvriers et soudures employées pour racomoder la pompe du moulin de Launay................................ 138ᴴ

19 janvier 1681 : à luy, pour 1431 livres de plomb fournis pour faire des vantouzes sur les conduites de l'Arc de triomphe........................ 220ᴴ 4ˢ 8ᵈ

Somme de ce chapitre.... 561684ᴴ 7ˢ 8ᵈ

JARDINAGES.

21 janvier : aux ouvriers, chartiers et gens de journées qui ont voituré des sables et sablé l'allée d'eau du bout du canal de Trianon................... 93ᴴ 2ˢ

21 janvier-17 mars : à ceux qui ont planté du bois proche le mur du grand parc et labouré un carré de terre proche Trianon, jusqu'au 2 mars (2 p.)..... 518ᴴ 16ˢ

21 janvier-2 juin : à ceux qui ont échenillé les ormes dans les allées du grand et du petit parc, de Trianon et de la vieille faisanderie (8 p.).......... 9389ᴴ 8ˢ 6ᵈ

28 janvier 1680-19 janvier 1681 : à ceux qui ont travaillé à charger et à voiturer des terres et des fumiers jusqu'au 11 janvier (17 p.).......... 9265ᴴ 15ˢ 2ᵈ

28 janvier : à ceux qui ont travaillé dans le petit parc à découvrir les deux conduites des moulins pour les rétablir, arraché les sapins morts autour de la pièce d'eau, et autres ouvrages, pendant deux semaines finies le 20 du présent mois........................ 2198ᴴ 3ˢ

28 janvier-27 octobre : à ceux qui ont arraché et replanté les ormes du grand et du petit parc, eslagué les ormes, charrié des perches, etc. (24 p.). 28334ᴴ 14ˢ 9ᵈ

28 janvier-25 febvrier : à ceux qui ont labouré et deffriché des terres et les ont planté en bois le long du canal, du costé de la Mesnagerie (2 p.)... 1955ᴴ 0ˢ 2ᵈ

25 febvrier : à ceux qui ont travaillé à la rigolle de l'estang de Trappes et ailleurs........... 541ᴴ 19ˢ 4ᵈ

17 mars : à ceux qui ont démoly l'hostel de Noailles, jusqu'au 24 febvrier................... 1038ᴴ 14ˢ

24 mars : à ceux qui ont travaillé à la rigolle du moulin de Launay jusqu'au 23 mars........ 995ᴴ 3ˢ 10ᵈ

28 juillet : à ceux qui ont travaillé aux modèles de gazon et transports de terres dans la salle du bal du petit parc jusqu'au 13 juillet............. 193ᴴ 10ˢ

22 septembre : à ceux qui ont dressé les terres des allées et glacis du bout du canal du costé de la Mesnagerie jusqu'au 17 septembre............. 292ᴴ 16ˢ

22 décembre : à ceux qui ont planté du buys autour du parterre d'eau..................... 1080ᴴ 13ˢ

28 avril-6 may : à ceux qui ont fouillé des rigolles le long du Mail et autres ouvrages pour la conservation des arbres, jusqu'au 27 avril (2 p.)...... 1258ᴴ 16ˢ 6ᵈ

22 septembre-27 octobre : à ceux qui ont arrosé les arbres et fauché les gazons de l'augmentation de Trianon (2 p.)...................... 263ᴴ 12ˢ

21 janvier-11 febvrier : à LE JONGLEUR, fontainier, pour ce qu'il a payé aux ouvriers qui ont régalé les terres de dessus les petits aqueducs au bas de Roquencourt et nettoyé les conduittes (2 p.).... 608ᴴ 18ˢ 6ᵈ

21 janvier : à DUPUIS, jardinier, pour ce qu'il a payé pour la dépense que les officiers de M. le prince de Nassau ont faite à Versailles pendant soixante-douze journées qu'ils ont travaillé à transplanter de gros arbres dans le parc........................ 400ᴴ

19 may : à luy, sur ses rigolles et fossez, pour la continuation du plant d'arbres autour du canal... 233ᴴ 2ˢ

29 décembre : à luy, pour les ouvriers qui ont travaillé à labourer et arroser les gros ormes nouvellement plantez au Mail...................... 564ᴴ

5 febvrier-3 novembre : à COLLINOT, sur ses treillages d'eschalats au petit parc (4 p.)........ 2200ᴴ

27 octobre : à luy, sur les treillages d'eschalats de l'Arc de triomphe...................... 500ᴴ

14 avril-14 may : à HOUDOUIN et COLLINOT, parfait payement de 18314ᴴ 13ˢ 2ᵈ pour leurs labours, trous et rigolles des plants des advenues de Versailles en 1679 (2 p.)......................... 8314ᴴ 13ˢ 2ᵈ

14 may-24 novembre : à eux, à compte de leurs labours (3 p.)........................... 6500ᴴ

27 may : à HOUDOUIN, pour le deffrichement dans

l'allée du pourtour du grand parc de Versailles et fossés hors le mur pour en esloigner les charrois. 335ᵗᵗ 13ˢ 8ᵈ

24 novembre : à luy, pour son remboursement de ce qu'il a payé aux ouvriers qui ont travaillé aux plants d'arbres du grand parc.................. 99ᵗᵗ 3ˢ

29 décembre : à luy, pour les ouvriers qui ont arraché des petits plans de chesne et chastaignier au Chesnay et à Villepreux........................ 187ᵗᵗ 14ˢ

11 febvrier : à Denis, fontenier, pour 3206 livres de soudure et 2051 livres de plomb pour souder et recharger les conduites du petit parc.......... 2070ᵗᵗ 19ˢ

3 novembre : à luy, pour soudures et réparations des fontaines du petit parc.................. 155 2ᵗᵗ

25 febvrier : aux Suisses qui ont travaillé à abattre des pieux autour du Marais, de l'Encelade et de la Renommée........................... 617ᵗᵗ 14ˢ

17 mars : aux Suisses qui ont abattu des pieux dans les allées de l'Encelade................. 47ᵗᵗ 14ˢ

25 febvrier : à Vitry, plombier, pour ce qu'il a payé aux compagnons qui ont travaillé sous sa conduitte à souder les tuyaux des fontaines du petit parc... 202ᵗᵗ 10ˢ

17 mars-14 avril : à Mariage, jardinier, parfait payement de 302ᵗᵗ pour 302 toises de gazon qu'il pose au Marais[1] (2 p.)......................... 302ᵗᵗ

17 mars-7 avril : à luy, pour parfait payement de 768ᵗᵗ pour tranchées faites pour planter des ormes à la pièce sous le Dragon (2 p.)............ 768ᵗᵗ

19 may-13 octobre : à Mariage et consors, jardiniers, pour le gazon et treillage qu'ils ont faits en divers endroits du petit parc (7 p.)............. 929ᵗᵗ 16ˢ

15 septembre-13 octobre : à luy, pour restablissement des treillages du parc aux Cerfs (2 p.)...... 767ᵗᵗ 11ˢ

24 mars : à Langevin, pour avoir échenillé les arbres du grand bouquet du petit parc............. 200ᵗᵗ

24 mars-7 avril : à La Bru, jardinier, parfait payement de 252ᵗᵗ pour 336 toises de gazon posées dans le bosquet des Sources (2 p.)................ 252ᵗᵗ

27 may-4 aoust : à luy, sur le gazon qu'il pose dans le milieu de l'Allée Royale du petit parc (4 p.). 2343ᵗᵗ 13ˢ

25 aoust-3 novembre : à luy, sur la recoupe qu'il pose dans la grande allée du petit parc (2 p.)... 400ᵗᵗ

15 septembre-17 novembre : à La Bru et Potel, sur les recoupes, transports de sable et de gazon qu'ils font au petit parc et au Fer à cheval (2 p.)....... 2300ᵗᵗ

21 avril : à Jullien et Paumier, jardiniers, pour cent

[1] Dans l'article du 14 avril, la pièce du Marais est désignée sous le nom de *pièce des Trois Fontaines*.

quatre-vingt-dix-sept belles giroflées pour mettre sur la terrasse de Monseigneur le Dauphin.......... 411ᵗᵗ

A Bunel et consors, parfait payement de 429ᵗᵗ 10ˢ pour avoir eschenillé les ormes des trois avenues du chasteau de Versailles et autres............ 79ᵗᵗ 10ˢ

27 may : à Adrien Bregy et de la Noue, pour 83 thoises de fumier livrées au nouveau potager......... 747ᵗᵗ

9 juin-8 décembre : à eux, pour fumiers par eux voiturez à l'ancien et au nouveau potager (4 p.). 2554ᵗᵗ 5ˢ

18 aoust : à eux, pour arrousages des nouveaux plants du potager......................... 412ᵗᵗ 10ˢ

12 janvier 1681 : à la veuve Bregy, pour 54 toises de fumier pour l'orangerie de Versailles......... 486ᵗᵗ

2 juin-8 septembre : au sʳ Jacquier, pour voitures et fumiers fournis au nouveau potager (2 p.).. 1396ᵗᵗ 4ˢ

23 juin : à La Violette et consors, pour le payement d'avoir coupé les herbes des bassins et réservoirs du petit parc............................... 73ᵗᵗ 13ˢ

7 juillet : à Claude Follet, jardinier, pour cent soixante-deux bottes de buis pour le petit parc.... 81ᵗᵗ

19 janvier 1681 : à luy, pour six cent soixante-douze bottes de buis pour les parterres............ 336ᵗᵗ

7 juillet : à Arnault, pour ce qu'il a payé aux ouvriers qui ont deffriché les allées des nouveaux jardins de Trianon................................ 215ᵗᵗ 15ˢ

A la veuve Charlemagne, pour fumiers qu'elle a fournys pour le potager..................... 96ᵗᵗ

A Jouvel, pour deux cent quatre-vingt-seize bottes de perches de chastaignier............... 142ᵗᵗ 6ˢ 1ᵈ

11 aoust : à luy, pour cinquante bottes *idem* pour la salle du bal........................... 24ᵗᵗ 9ˢ

14 juillet : à Le Roux et Lefebvre, à compte sur leurs labours aux remises à gibier des plaines de Trappes et de Saclay................................ 300ᵗᵗ

15 décembre : à Le Roux et Le Maigre, sur leurs recoupes du petit parc.................... 1600ᵗᵗ

28 juillet-29 septembre : à Pallefroy, parfait payement de 1634ᵗᵗ pour perches de chastaignier et autres fournitures pour le parc aux Cerfs (2 p.)...... 1634ᵗᵗ

4 aoust : à Doré, jardinier, pour vingt orangers qu'il a livrez pour les jardins de Trianon.......... 700ᵗᵗ

A Durand, pour divers ouvrages qu'il a faits dans le grand parc......................... 374ᵗᵗ 10ˢ 9ᵈ

11 aoust : à luy et Delaforge, pour avoir nettoyé les réservoirs vers la Grotte.................. 135ᵗᵗ

25 aoust : à eux, pour avoir nettoyé plusieurs réservoirs pour les eaues des fontaines............ 135ᵗᵗ

11 aoust : à La Falaise, pour les ouvriers du petit parc............................. 147ᵗᵗ 18ˢ 4ᵈ

18 aoust : à luy, pour divers transports de terre pour la cuve des bains.................. 53ᴧ 15ˢ
18 aoust 1680-12 janvier 1681 : à LE MOYNE, sur ses treillages du nouveau potager (3 p.)......... 2400ᴧ
8 septembre-17 novembre : à THIERRY, sur les routtes qu'il fait dans le bois de Trappes (3 p.)...... 4900ᴧ
13 octobre : à luy, pour avoir tondu les pallissades du parc de Glatigny en 1680............ 232ᴧ 10ˢ
24 novembre : à luy et LA COURT, sur les trous et labours aux réservoirs de Satory et avenues de Marly. 1500ᴧ
15 septembre : à FEUILLASTRE, sur le conroy et glaize qu'il fait à l'Isle Royalle................ 1200ᴧ
15 décembre : à LOISTRON, sur les sables qu'il transporte au nouveau potager................. 500ᴧ
22 décembre : à DEHONS, pour avoir alligné et redressé les terres de la figure du bout du canal.... 150ᴧ

Somme de ce chapitre... 113240ᴧ 11ˢ 8ᵈ

FOUILLES DE TERRE.

14 janvier-19 may : à OGIER, terrassier, parfait payement de 12342ᴧ pour 2244 toises cubes, à 5ᴧ 10ˢ la toise, sur les fouilles et transports de terres à l'estang de Bois-d'Arcy (5 p.)................ 10862ᴧ
20 octobre : à luy, sur l'élargissement de la chaussée de la gorge de Montigny................ 700ᴧ
17 novembre-22 décembre : à luy, parfait payement de 1881ᴧ 12ˢ 6ᵈ pour transports de terres pour l'aprofondissement de la rigolle de l'estang de Trappes (3 p.)..................... 1381ᴧ 12ˢ 6ᵈ
14 janvier-7 avril : à GUIOT[1], terrassier, parfait payement de 16175ᴧ pour 3235 toises de fouilles et transports de terres à l'estang de Bois-d'Arcy (5 p.). 13725ᴧ
19 may-15 décembre : à GUYOT et AUVERT, sur le conroy de terre franche qu'ils font autour de l'estang de Trappes et à la rigolle dud. estang (8 p.).. 5330ᴧ 10ˢ
4 aoust : à eux, sur fouilles et transports de terre au réservoir du Chesnay............... 1500ᴧ
20 octobre-10 novembre : à GUYOT, sur le nettoyement de la grande rigolle de Trappes[2] (3 p.)...... 2100ᴧ
14 avril-19 may : à AUVERT, parfait payement de 584ᴧ pour 73 thoises de fouilles et transports de terres à l'estang de Bois-d'Arcy (2 p.)............... 584ᴧ
14 janvier-19 may : à LESPINE, terrassier, parfait payement de 780ᴧ pour 97 thoises et demie cubes de terre qu'il a transportée pour la fouille de l'estang de Bois-d'Arcy (2 p.)...................... 184ᴧ

14 janvier-19 may : à LHEUREUX, parfait payement de 2555ᴧ pour 511 thoises, à 5ᴧ la thoise, pour transports de terre aud. estang (5 p.)............... 2065ᴧ
14 juillet : à luy, pour 145 thoises et demie cube fouillées à la plaine de Satory............ 436ᴧ 10ˢ
4 aoust-8 septembre : à LHEUREUX et LE ROY, sur leurs transports de terre à la Surintendance (2 p.).. 523ᴧ 6ˢ
1ᵉʳ septembre-1ᵉʳ décembre : à eux, sur leurs transports de terre à la chapelle du nouveau cimetière de Versailles (4 p.)..................... 3895ᴧ 15ˢ
13 octobre : à eux, pour terres enlevées à l'avantcour................................ 347ᴧ
14 janvier-19 may : à MOREAU, terrassier, parfait payement de 3410ᴧ 17ˢ 6ᵈ pour 524 thoises trois quarts, à 6ᴧ 10ˢ la thoise, de fouilles et transports de terres à l'estang de Bois-d'Arcy (5 p.)......... 2840ᴧ 17ˢ 6ᵈ
14 janvier-19 may : à CLAUDE PILLARD, parfait payement de 2503ᴧ 10ˢ pour 417 thoises un quart, à 6ᴧ la thoise, pour idem.................. 1803ᴧ 10ˢ
14 juillet : à luy, pour 74 thoises qu'il a fouillées à une rigolle de la plaine de Satory........... 222ᴧ
14 janvier-19 may : à LE MAISTRE, terrassier, parfait payement de 3141ᴧ 5ˢ pour 448 thoises trois quarts cubes de fouilles et transports de terres à l'estang de Bois-d'Arcy (5 p.)...................... 2711ᴧ 5ˢ
14 janvier-19 may : à JACQUES ANCIS[3], parfait payement de 2580ᴧ 7ˢ 11ᵈ pour 355 thoises onze douzièmes, à 7ᴧ 5ˢ la thoise, de fouilles idem (5 p.). 2180ᴧ 7ˢ 11ᵈ
14 janvier-19 may : à AUBÉ, parfait payement de 5331ᴧ 12ˢ 6ᵈ pour 819 thoises et demie cube de fouilles et transports de terre............. 4851ᴧ 12ˢ 6ᵈ
14 janvier-19 may : à ROBERT, parfait payement de 1541ᴧ 6ˢ 8ᵈ pour 192 thoises deux tiers cube idem (5 p.)........................... 1181ᴧ 6ˢ 8ᵈ
14 janvier-19 may : à LHOSPITAL, parfait payement de 3852ᴧ 15ˢ pour 531 thoises quinze trente-sixièmes cube idem (5 p.).................... 3422ᴧ 15ˢ
14 juillet : à LHOSPITAL le jeune, pour 44 toises cubes fouillées à une rigolle de la plaine de Saclay.... 132ᴧ
14 janvier-19 may : à MORIN, parfait payement de 2808ᴧ pour 351 thoises cubes, à 8ᴧ la thoise, de fouilles à l'estang de Bois-d'Arcy (5 p.)............. 2368ᴧ
14 juillet : à luy, pour 141 thoises et demie cubes de terres qu'il a fouillées à une rigolle de la plaine de Satory............................. 424ᴧ 10ˢ
8 septembre-6 octobre : à luy, parfait payement de

---

[1] Ou GUYOT.
[2] Ou Bois-d'Arcy.

[3] On trouve aussi ARIS ; c'est probablement une erreur du scribe.

1237ᴴ 10ˢ pour le régallement des terres de l'ancien réservoir sur la plaine de Satory (8 p.).... 1237ᴴ 10ˢ

20 octobre-1ᵉʳ décembre : à luy, parfait payement de 1981ᴴ pour le remplage des trous de carrière des Essarts à la plaine de Satory (3 p.)............ 1981ᴴ

14 janvier-19 may : à Duval et Laroche [1], parfait payement de 2500ᴴ 13ˢ pour 303 thoises un neuvième, à 8ᴴ 5ˢ la thoise, de fouilles et transports de terre à l'estang de Bois-d'Arcy (5 p.)................ 2160ᴴ 13ˢ

14 juillet : à Duval, pour 119 thoises et demie cubes qu'il a fouillées à la playne de Satory....... 358ᴴ 10ˢ

22 septembre-6 octobre : à luy, parfait payement de 520ᴴ pour le régallement des puits de Satory (2 p.) 520ᴴ

14 janvier 1680-19 janvier 1681 : à Vallée, terrassier, sur ses ouvrages aux rigolles et réservoir du Chesnay (12 p.)........................ 3235ᴴ

17 mars-19 may : à luy, parfait payement de 3888ᴴ pour le transport des terres de l'ancien cimetière de Versailles dans le nouveau (2 p.)............ 3888ᴴ

1ᵉʳ septembre-6 octobre : à luy, sur ses fouilles de terres au Graissetz (3 p.)................ 3700ᴴ

14 janvier-1ᵉʳ décembre : à La Lourcey [2] et consors, sur leurs transports de terres au réservoir [3] des Marottes (6 p.)........................... 14700ᴴ

16 mars : à La Lourcey et Harpin, sur leurs fouilles aux rigolles de la Selle................ 3150ᴴ

2 juin-27 octobre : à La Lourcey et consors, sur leurs transports de terre au réservoir des Graissetz (6 p.)............................ 9750ᴴ

14 janvier-28 juillet : à Houet et consors, sur leurs fouilles et transports de terre aux estangs de Bechevet et ailleurs (2 p.).................... 3250ᴴ

4 febvrier-2 juin : à eux, sur idem aux estangs des Graissetz (4 p.).................... 8000ᴴ

7 avril : à eux, parfait payement de 3160ᴴ 2ˢ 6ᵈ pour travaux à l'aqueduc de décharge du canal.. 210ᴴ 2ˢ 6ᵈ

5 may : à Houet et Mazure, sur leurs ouvrages à l'estang de Vaucresson.................. 2500ᴴ

18 juillet-1ᵉʳ décembre : à Houet et Loistron, sur leurs ouvrages au nouveau chemin de Saint-Germain et Marly (8 p.)........................... 7800ᴴ

21 janvier : à Loistron et consors, sur leurs ouvrages au réservoir de Roquancourt.............. 3300ᴴ

5 febvrier-1ᵉʳ décembre : à Loistron, sur le nouveau réservoir de Trianon (11 p.)............... 57050ᴴ

5 febvrier : à luy, parfait payement de 1722ᴴ pour conroy au petit bassin nouveau dans l'augmentation du petit parc de Trianon.................. 922ᴴ

1ᵉʳ septembre 1680-19 janvier 1681 : à luy, sur les bonnes terres du nouveau potager (5 p.)..... 14670ᴴ

19 janvier 1681 : à luy, sur le sable qu'il transporte au nouveau potager..................... 400ᴴ

14 janvier 1680-19 janvier 1681 : à Cloud, sur ses fouilles et transports de terre à la chaussée de l'estang de Vaucresson (15 p.)................. 24700ᴴ

14 janvier-28 juillet : à Bellissant, sur ses rigolles aux brières de la Selle et à Vaucresson (6 p.).. 1650ᴴ

15 septembre : à luy, parfait payement de 4583ᴴ 5ˢ 8ᵈ pour ses ouvrages aux estangs des Graissetz. 513ᴴ 5ˢ 8ᵈ

14 janvier-1ᵉʳ décembre : à Bazonnet, sur ses rigolles au-dessous de Roquancourt, aux Graissetz et aux brières de la Selle (5 p.)..................... 700ᴴ

14 janvier 1680-19 janvier 1681 : à Bertin, sur ses transports de terre à l'estang des Graissetz (10 p.) 2500ᴴ

6 octobre-1ᵉʳ décembre : à luy, sur les glaizes qu'il transporte aux estangs des Marottes et de Vaucresson (3 p.)............................ 4600ᴴ

3 novembre : à luy et Guilbert, sur des glaizes qu'ils transportent aux réservoirs du Chenay........ 1450ᴴ

14 janvier-19 décembre : à Dupuis et Guignard [4], sur leurs fouilles et transports de terre à Roquancourt et aux brières de la Selle (14 p.)................. 4630ᴴ

14 janvier-4 febvrier : à Boursault et Bonnissant, sur leurs fouilles et transports de terre dans les plaines de Satory (2 p.)...................... 5540ᴴ

21 janvier : à eux, sur idem à la Mesnagerie.. 600ᴴ

7 avril-25 aoust : aud. Boursault, sur les fouilles du réservoir de Satory (4 p.)................ 3650ᴴ

5 may : à Boursault et Gonot, sur idem...... 1100ᴴ

24 mars-7 avril : à Boursault et Dupuis, sur leurs transports de terre à la pièce sous le Dragon (2 p.). 2000ᴴ

2 juin-3 novembre : à eux, sur les transports de terre et conroi qu'ils font dans la pièce des Sapins dans le petit parc (6 p.).......................... 7250ᴴ

14 janvier 1680-12 janvier 1681 : à Le Roux et Le Maigre, sur leurs fouilles et transports de terre au réservoir de Satory (9 p.)............ 21656ᴴ 10ˢ

17 mars : à eux, parfait payement de 2431ᴴ pour ri-

---

[1] Trois fois Duval est nommé seul.
[2] Ce nom affecte les orthographes les plus variées; nous avons adopté celle qui revient le plus fréquemment.
[3] Ou à l'estang.

[4] Ce nom est écrit aussi Grignard; à partir du 15 août, Dupuis est seul nommé.

golles pour continuer le plan des allées du bout de la croisée du canal derrière la Mesnagerie......... 431ʰ

2 juin-3 novembre : à eux, sur le transport de sable dans les allées du petit parc (4 p.)........... 7478ʰ

8 septembre : à eux, sur la recouppe qu'ils battent à la salle du bal....................... 2500ʰ

10 novembre-1ᵉʳ décembre : à eux, sur une rigolle à la queue de l'estang de Trappes (2 p.)....... 1000ʰ

24 novembre : à LE MAIGRE, sur la tranchée du Chesnay............................... 300ʰ

28 juillet : à JAQUES LE ROUX, pour avoir enlevé des gravois de la démolition de l'hostel de Guitry.... 200ʰ

14 janvier-13 octobre : à GUILLEBERT [1], sur les glaizes du réservoir du Chesnay (10 p.)......... 21800ʰ

21 janvier-5 may : à LE COEUR, ÉVRARD et MIMBIEL, sur leurs fouilles et transports de terres pour dresser l'allée du Mail (8 p.).................... 22000ʰ

1ᵉʳ juillet-1ᵉʳ décembre : à LE COEUR et MIMBIEL, pour transports de terre pour dresser le Mail (6 p.). 23300ʰ

24 mars-7 avril : à LE COEUR et MIMBIEL, sur le transport de bonnes terres et sables pour les rampes et le jardin de Trianon (3 p.).................. 2800ʰ

14 avril : à eux, sur la figure du bout du canal. 600ʰ

A eux, pour terres boueuses qu'ils ont transportées le long du canal vers la Ménagerie......... 247ʰ 17ˢ

A eux, pour onze cent quatre-vingt-dix-huit tombereaux de sable pour sabler les allées de Trianon. 299ʰ 10ˢ

A eux, pour fouilles et transports vers la Ménagerie et Trianon................................. 775ʰ

7 juillet : à LE COEUR, pour avoir remply l'aqueduc qui passe au travers la faizanderie........... 1370ʰ

4 aoust : à LE COEUR et MIMBIEL, sur leurs transports de terre dans l'avant-cour................ 554ʰ

13 octobre : à eux, pour terres enlevées à la chaussée de l'Isle Royalle..................... 1055ʰ 5ˢ

20 octobre : à eux, sur le transport de terre devant l'hostel de Chevreuse................... 200ʰ

21 janvier-1ᵉʳ juillet : à GILLES LEFEBVRE, sur transports de terre du parc aux Cerfs au nouveau potager et sur les bonnes et méchantes terres dud. potager (9 p.)................................ 12837ʰ

5 febvrier-6 octobre : à luy, sur le réservoir de Saint-Cyr pour la Ménagerie (10 p.)............ 25250ʰ

14 may : à LE ROUX et LEFEBVRE, sur les premiers labours aux remises à gibier dans la plaine de Trapes. 300ʰ

A eux, parfait payement de 1063ʰ 2ˢ 6ᵈ pour ceux qu'ils ont faits en 1679................. 463ʰ 2ˢ 6ᵈ

[1] Ou GUILBERT.

21 janvier-28 avril : à LEFEBVRE et MENU, sur les fouilles et transports de terre qu'ils font aux rigolles des Graissetz au-dessus du Chesnay (4 p.)...... 500ʰ

12 may-15 septembre : à MENU, parfait payement de 3051ʰ 4ˢ pour fouilles de terre à l'estang des Graissetz (4 p.)............................... 901ʰ 4ˢ

21 janvier-1ᵉʳ décembre : à RÉGLÉ [2] et consors, sur les fouilles et transports de terre du bassin du bout du canal du costé de la Ménagerie (9 p.)........... 18400ʰ

21 janvier-7 avril : à luy, sur les transports du bassin d'entre les deux rampes de Trianon (4 p.).... 4600ʰ

3 novembre : à RÉGLÉ et consors, pour avoir conduit les niveaux au bout du canal et sablé les terres du costé de la Ménagerie.......................... 134ʰ 8ˢ

17 novembre : à eux, pour les journées d'hommes et tombereaux pour eslargir des rigolles au petit parc. 90ʰ

22 décembre : à eux, pour transports de sable au terrain proche le canal................... 259ʰ

16 juillet 1681 : à eux, parfait payement de 127334ʰ 5ˢ 8ᵈ pour transport de terre à Trianon, à la Ménagerie, Versailles et Satory, depuis 1676 jusques au 22 may 1681...................... 5707ʰ 5ˢ 8ᵈ

21 janvier-17 mars : à GONNOT, sur ses fouilles au canal du moulin de Launay (3 p.)............. 1700ʰ

17 mars : à BOURSAULT et GONNOT, sur les fouilles de la plaine de Satory..................... 2100ʰ

21 janvier 1680-6 janvier 1681 : au sʳ JACQUIER [3], sur ses fouilles à la grande pièce d'eau proche le nouveau potager et transports de terre aud. potager et allées du Mail (13 p.)...................... 6913ʰ 12ˢ

14 juillet : à luy, pour voitures de gravois de la démolition de l'hostel de Guitry.............. 420ʰ

4 aoust : à luy, pour le régallement des terres du chasteau de Versailles...................... 873ʰ

20 octobre : à luy, pour fumiers voiturés au nouveau potager................................. 243ʰ

4 febvrier-17 mars : à ALLEINE [4], sur la rigolle qui va de l'estang du Val au canal du moulin de Launay (2 p.)............................... 1050ʰ

31 mars-19 may : à luy, parfait payement de 858ʰ pour 104 thoises transportées à l'estang du bois d'Arcy (3 p.)............................... 858ʰ

14 juillet : à luy, pour 25 thoises cube qu'il a fouillées à la plaine de Satory................... 75ʰ

[2] Une seule fois le nom de MATELIN est cité après celui de RÉGLÉ.

[3] Ou JAQUIER.

[4] Ou ALLAINE.

ANNÉE 1680. — VERSAILLES.

4 febvrier-19 décembre : à Voisin, sur ses rigolles des brières de la Selle et du bois de Ruelle près les Graissetz (13 p.)........................ 5700ʰ

4 febvrier : à Potault et consors, sur leurs fouilles et transports aux Marottes.................. 4350ʰ

11 febvrier-11 aoust : à Lambert, sur le régallement et enlèvement de terre de la principale cour de la grande escurie (8 p.)......................... 3100ʰ

17 mars-13 octobre : à Lamy et Caillot, sur labours de terres au nouveau potager (5 p.)........ 2600ʰ

17 mars : à Bunel, sur l'eschenillage des arbres des advenues............................. 350ʰ

31 mars : à Bunel et La Roche, sur leurs transports à la contr'allée Saint-Antoine................ 200ʰ

7 avril 1680-6 janvier 1681 : à Bunel et Prevost, sur *idem* (6 p.)........................ 4850ʰ

24 mars-17 novembre : aud. Prevost, sur la fouille des terres de la contr'allée Saint-Antoine (4 p.). 1800ʰ

17 mars-7 avril : à Roquet et Le Prou[1] parfait payement de 420ʰ pour avoir eschenillé le bosquet des Sources (2 p.) 420ʰ

17 mars : à Garnier, pour son remboursement des ouvriers qui ont fait des tranchées pour poser des tuyaux à Roquancourt et au Chesnay.......... 768ʰ 12ˢ 8ᵈ

24 mars-28 juillet : aux sʳˢ Grillet et de la Brosse, sur les transports de bonnes terres de Satory au nouveau potager (5 p.)..................... 4953ʰ 10ˢ

24 mars : à Evrard, pour avoir eschenillé le bosquet entre le Labirinte et la fontaine de Latone..... 200ʰ

24 mars-19 may : à Beurier, parfait payement de 1134ʰ 13ˢ 4ᵈ pour 129 thoises un tiers cube qu'il a transportées pour la fouille de l'estang du bois d'Arcy, à 8ʰ chaque (3 p.).................. 1134ʰ 13ˢ 4ᵈ

31 mars-24 avril : aux ouvriers qui ont travaillé sous Le Jongleur à pozer des thuyaux à l'aqueduc du Chesnay (2 p.)......................... 1907ʰ 12ˢ 11ᵈ

28 avril-15 décembre : à ceux qui ont curé les aqueducs de Roquancourt (2 p.).............. 488ʰ 10ˢ

19 may : à ceux qui ont travaillé à transporter les terres au moulin de Launay, et autres ouvrages, depuis le 24 avril jusqu'au 18 may........... 1078ʰ 11ˢ

14 juillet-4 aoust : à ceux qui ont travaillé à l'avant-cour du chasteau (2 p.) 2582ʰ 12ˢ 4ᵈ

14 juillet : aux voituriers qui ont transporté des terres *idem*................................ 526ʰ 10ˢ

27 octobre : aux ouvriers à journées de l'aqueduc de Satory et ailleurs...................... 371ʰ 16ˢ

17 novembre : à ceux qui ont travaillé à l'augmentation du jardin de Trianon depuis le 21 octobre jusqu'au 9 novembre........................... 65ʰ 2ˢ

A ceux qui ont fait porter par des chevaux de somme de l'eau bonne à boire aux Suisses qui transportent les terres à la pièce proche le nouveau potager depuis le 22 juillet jusqu'au 28 octobre.......... 411ʰ 19ˢ 6ᵈ

A ceux qui ont travaillé dans le petit parc à faire des tranchées à l'Arc de triomphe pendant trois semaines finies le 9 du présent mois............... 785ʰ 3ˢ 6ᵈ

24 novembre-22 décembre : à ceux du moulin de Launay et autres endroits (2 p.)......... 1276ʰ 12ˢ

29 décembre : à ceux qui ont relevé les nèges des rigolles de Trappes et ailleurs............ 1217ʰ 8ˢ 6ᵈ

22 avril 1680-19 janvier 1681 : à Le Vasseur, sur les rigolles qu'il a faites à Buzanval près les Graissetz (12 p.)............................. 14200ʰ

11 may-13 octobre : à Surbeck, major des gardes Suisses, sur les transports de terre faits par des Suisses pour la grande pièce d'eau près le nouveau potager (6 p.)................................ 105436ʰ 10ˢ

14 juillet : à luy, pour ce qu'il a payé aux charrons qui ont raccommodé les brouettes servant aud. transport de terre 122ʰ

A luy, pour ce qu'il a payé aux ouvriers qui ont travaillé à l'avant-cour du chasteau jusqu'au 8 juillet. 912ʰ

12 may-4 aoust : au sʳ Crespy, major du régiment d'infanterie du Roy, sur les fouilles et transports que font les soldats pour creuser l'estang de Bois-d'Arcy (4 p.)............................. 129320ʰ

11 aoust : à luy, parfait payement de 13785ʰ pour régallement devant le corps de garde suisse...... 7865ʰ

12 may-27 octobre : à Duplessis, terrassier, sur ses rigolles de l'estang des Graissetz (6 p.)........ 2150ʰ

1ᵉʳ juin-1ᵉʳ décembre : à luy, sur *idem* au réservoir des Marottes (4 p.)..................... 2800ʰ

14 may : à La Falaize, pour rigolles dans la grande pièce d'eau proche le potager.......... 100ʰ 17ˢ 7ᵈ

2 juin-1ᵉʳ juillet : à luy, pour avoir remply diverses tranchées et divers transports dans le petit parc de Versailles (3 p.)........................ 656ʰ 6ˢ 2ᵈ

14 may-2 juin : à Merceron, dit La Violette, et consors, sur le sable qu'il tire du bassin d'Apollon dans le petit parc (2 p.).................... 325ʰ 10ˢ

19 may-28 juillet : à Claude Maigret, pour transports de terre au petit parc (2 p.)........ 576ʰ 8ˢ 2ᵈ

---

[1] Au second article du compte, ce dernier nom est transformé en L'Espron.

27 may-3 novembre : à luy, sur les recoupes qu'il bat dans les allées du petit parc (7 p.).......... 1600^{tt}

16 juin-22 septembre : à luy, pour son payement et celui des ouvriers qui ont travaillé aux transports de terre de la salle de bal du petit parc (5 p.)...... 7105^{tt} 5^s

3 novembre-1er décembre : à luy, sur les transports des terres qu'il a enlevées devant la Surintendance (2 p.)................................ 900^{tt}

10 novembre : à luy, sur ses transports de terre du chemin de Roquancourt................... 900^{tt}

1er décembre : à luy, sur les sables qu'il transporte au parterre d'eau (2 p.).................... 1400^{tt}

2 juin : à La Cour, pour son payement des trous qu'il a remplis dans le grand parc............ 42^{tt} 15^s

9 juin : à Denize et Benoist, parfait payement de 19196^{tt} 2^s 6^d à quoy montent les transports de terre à l'Arc de triomphe, fauxbourg Saint-Antoine[1].

21 juillet-4 aoust : à Denize, sur ses transports du chemin de Roquancourt (2 p.)............... 1900^{tt}

1er septembre-19 décembre : à luy, sur l'aplanissement du chemin de Saint-Germain à Versailles (7 p.).. .... 5400^{tt}

1er juillet-18 aoust : à Masson et consors, parfait payement du régallement de l'avant-cour du chasteau (4 p.)........................ 3354^{tt} 15^s

11 aoust : à eux, sur leurs transports de terre devant le corps de garde suisse................... 700^{tt}

22 septembre-8 décembre : à Tierce et Masson, sur leurs ouvrages aux terrasses des corps de garde françoises (3 p.).................... 2736^{tt} 5^s

13 octobre : à Tierce, pour terres enlevées aux offices de Madame la Dauphine............. 123^{tt} 15^s

8 décembre : à luy, pour son payement d'une tranchée dans l'avant-cour........................ 1200^{tt}

7 juillet : à Durand et consors, pour le sable qu'ils ont tiré du bassin d'Apollon............. 134^{tt} 5^s

8 décembre : à luy, pour ceux qui ont fouillé derrière l'Isle Royalle............................ 59^{tt} 8^s

14 juillet : à Potel, parfait payement de 9034^{tt} 18^s 6^d pour 1340 thoises et demie de routes au Buisson de Verrières.......................... 1734^{tt} 18^s 6^d

29 septembre : à La Bru et Potel, sur le gazon de l'Allée Royalle........................... 100^{tt}

14 juillet : à Simon, pour 29 thoises un quart cube fouillées à la playne de Satory............. 87^{tt} 15^s

28 juillet-22 septembre : à luy, parfait payement de

[1] Il n'y a pas de somme portée à la suite de cet article.

210^{tt} pour 280 thoises quarrés de gazon qu'il pose à l'estang de Bois-d'Arcy (2 p.)................ 210^{tt}

27 octobre : à luy, sur les labours des réservoirs de Satory et glacis........................ 300^{tt}

24 novembre-1er décembre : à luy, sur ses voitures de grès de Gros-Rouvre (2 p.).............. 796^{tt}

14 juillet-4 aoust : à Thierry, sur ses routes dans les bois de Trappes (2 p.).................. 5400^{tt}

4-11 aoust : à Thévenot, sur ses transports pour le devant de la petite escurie (2 p.)........: .... 5000^{tt}

18 aoust : à Gilbert, pour enlèvement de terres et gravois de la cour du chasteau................ 48^{tt}

18 aoust-6 octobre : à Feuillastre, sur leurs glaizes de l'Isle Royalle (2 p.).................... 400^{tt}

2 septembre 1680-27 janvier 1681 : à Marcel Lambert, sur ses transports de terre pour le régallement des cours de la grande escurie (5 p.).......... 3600^{tt}

22 septembre-10 novembre : à Potin, terrassier, sur ses fossez des avenues de Saint-Germain à Versailles (2 p.)................................ 900^{tt}

22 septembre : à la veuve La Mazière, pour transports de terre à la place devant le chasteau.... 83^{tt} 2^s

6 octobre : à Chatel, sur le régallement des trous de carrière du Buisson des Graviers............. 300^{tt}

13 octobre 1680-19 janvier 1681 : à Bachelard, sur les bonnes terres qu'il transporte au nouveau polager (5 p.).................................. 6700^{tt}

27 octobre : à Bailly, sur le labour du glacis de l'estang d'Arcy.............................. 400^{tt}

3 novembre : à Bertrand, préposé aux travaux des Graissetz, pour les gages du troisième quartier.. 150^{tt}

3 novembre-8 décembre : à Thevenot, préposé pour le remplage de la petite escurie (2 p.)........ 1500^{tt}

3 novembre : à Payen, préposé *idem*........ 225^{tt}

10 novembre : à luy, pour son remboursement des gens de journée qui ont aidé à tirer les niveaux de la plaine de Saclay....................... 1234^{tt} 7^s

19 janvier 1681 : à Bouillon, sur les rigolles des Graissetz............................... 500^{tt}

Somme de ce chapitre.... 931506^{tt} 9^s 7^d

GAGES ET ENTRETENEMENS D'OFFICIERS.

14 janvier-23 juillet : à Gervais Bertrand, préposé aux travaux des Graissetz, pour ses gages du quartier d'octobre de l'année dernière et du quartier d'avril de 1680 (2 p.)............................ 300^{tt}

14 juillet-30 octobre : au s^r de La Quintinie, pour ses gages de l'année 1680 (2 p.)............. 2000^{tt}

ANNÉE 1680. — VERSAILLES.

30 octobre : à luy, par gratification, en considération de ses soins extraordinaires pendant lad. année.. 2000ᵗᵗ

1ᵉʳ septembre : à Joseph Payen, préposé aux travaux des Graissetz, pour ses gages des six premiers mois de l'année 1680........................ 450ᵗᵗ

6 novembre : à Jean Perrault, expert des Bastimens, sur des thoisez à Versailles............... 1200ᵗᵗ

8 décembre : au sʳ Perrault père, sur ses toisez pour les Bastimens pendant 1679............. 2000ᵗᵗ

8 septembre 1680-6 janvier 1681 : à Claude Caron, arpenteur, tant pour ses peines que pour le payement des ouvriers qui ont travaillé à des cartes des bois et terres de Versailles (2 p.)............. 1715ᵗᵗ 19ˢ

13 novembre : à Pageois, greffier, pour avoir pris les grosseurs des bois du bastiment de la grande escurie. 300ᵗᵗ

13 novembre 1680-27 janvier 1681 : à Valentin Beaumeny, sur ses journées à pezer le fer et le plomb du bastiment de la grande escurie (3 p.)......... 154ᵗᵗ

1ᵉʳ décembre : à Bourgault et Matis, pour avoir levé le plan de la plaine de Rochefort prez Versailles.. 334ᵗᵗ

29 décembre : à Hamet, greffier, sur ses vacations pour avoir pris les grosseurs et longueurs des bois employez à la grande escurie................. 150ᵗᵗ

5 janvier 1681 : à Collinot, ayant l'entretenement du petit parc, pour ses gages pendant l'année 1680 à cause dud. entretenement..................... 8800ᵗᵗ

A luy 5000ᵗᵗ, sçavoir : 1500ᵗᵗ pour quatre garçons et un cheval d'augmentation qu'il a eu en 1679; 1500ᵗᵗ pour mesme augmentation en 1680, et 2000ᵗᵗ pour les augmentations dud. entretenement à luy accordez depuis le mois de juillet 1680................. 5000ᵗᵗ

A Dupuis, jardinier, ayant l'entretenement de l'orangerie de Versailles, pour ses gages à cause dud. entretenement......................... 4000ᵗᵗ

Aud. Dupuis, jardinier, ayant celui des allées du tour du canal dud. Versailles, pour lad. année..... 2200ᵗᵗ

A Vaultier, jardinier, ayant celuy du potager, pour lad. année......................... 3000ᵗᵗ

A Denis, fontainier, ayant celuy de toutes les fontaynes du petit parc, pour lad. année....... 10000ᵗᵗ

A luy, pour les augmentations dud. entretenement, 3420ᵗᵗ, sçavoir : 1000ᵗᵗ pour un compagnon plombier; 1620ᵗᵗ pour trois garçons fonteniers, et 800ᵗᵗ pour les soudures extraordinaires pour lad. année..... 3420ᵗᵗ

A Berthier, rocailleur, ayant l'entretenement de toutes les rocailles des fontaines dud. Versailles, pour lad. année............................ 2400ᵗᵗ

A Le Maire, fondeur, ayant celuy des robinets, ajustages et autres menus ouvrages de cuivre desd. fontaines, idem................................. 900ᵗᵗ

A Duchesnoy, marbrier, ayant celuy des ouvrages de marbre dud. Versailles, idem............. 1800ᵗᵗ

A Bailly, peintre, ayant celuy des peintures des fontaines du petit parc, idem.................. 700ᵗᵗ

Aux meusniers des moulins des environs de Versailles, tant pour leurs gages que pour entretenir lesd. moulins de graisses et chevilles et ce pour lad. année 1680, sçavoir : à Marc Gaudet, 1000ᵗᵗ; à Guillaume Dupré, 500ᵗᵗ; à la veuve Maillard, 800ᵗᵗ; à François Antoine, 1000ᵗᵗ; à Julien, Louis Grillon, Jaques Hébert, Louis Vallée, Pierre Hahan, à la veuve Hinc et à la veuve Demien, à chacun 800ᵗᵗ, pour leurs gages....... 8900ᵗᵗ

Aux mesmes, pour graisses et chevilles, sçavoir : à Marc Gaudet, 150ᵗᵗ; à Dupré, 75ᵗᵗ; à François Antoine, 150ᵗᵗ; et aux huit autres, 100ᵗᵗ à chacun. 1175ᵗᵗ

Aux quatre gondolliers vénitiens servans sur le canal de Versailles, pour leurs gages de lad. année 1680, à 1200ᵗᵗ chacun........................ 4800ᵗᵗ

A Ollivier Fleurant, ayant l'entretenement du jardin et orangerie de Clagny, pour lad. année...... 10200ᵗᵗ

A Paul Touchard, ayant celuy des jardins potagers de Glatigni, idem......................... 2450ᵗᵗ

A Le Bouteux, ayant celuy des jardins de Trianon et des orangers et jasmins plantez en pleine terre. 17500ᵗᵗ

A luy, pour l'entretenement des fontaines dud. Trianon................................. 700ᵗᵗ

A Claude Popinet, ayant le soin de visiter et faire tenir en bon estat tous lesd. moulins, pour ses gages. 1200ᵗᵗ

A Jamin, commis, pour pezer et distribuer le plomb et le cuivre qui s'employent aux bastimens et fontaines dud. Versailles, pour ses gages.................. 1080ᵗᵗ

A Dauvergne, commis pour pezer le fer, etc.. 1080ᵗᵗ

A Le Jongleur, ayant la conduite et recherche des eaux, pour ses gages.................... 2000ᵗᵗ

A Deslouyt, commis au magasin des démolitions, pour ses gages......................... 900ᵗᵗ

A luy, pour parfait payement de sesd. gages des années précédentes........................ 50ᵗᵗ

A La Croix, commis pour l'exécution des marchés faits avec les entrepreneurs des acqueducs et réservoirs des environs de Versailles, pour ses gages...... 900ᵗᵗ

24 janvier 1681 : à Doussor, greffier de l'Escritoire, pour avoir vacqué à plusieurs toisez des bastimens de Versailles............................ 300ᵗᵗ

6 febvrier 1681 : à Antoine Trumel, jardinier de la pépinière du Roulle, pour ses gages de 1680... 1200ᵗᵗ

Somme de ce chapitre..... 107054ᵗᵗ 19ˢ

VAISSEAUX SUR LE CANAL.

6 febvrier 1681 : aux quatre gondoliers vénitiens, par gratification 1600ʰʰ

4 aoust 1680-5 janvier 1681 : au sʳ Consolin, capitaine desd. vaisseaux, pour ses appointemens pendant l'année 1680 (3 p.)........................ 1800ʰʰ

Au sʳ Lazarin, lieutenant, *idem* (3 p.)...... 1000ʰʰ

A Michel Beuze, contre-maistre, *idem* (3 p.).. 600ʰʰ

A Jacques Le Comte, charpentier, *idem* (3 p.). 840ʰʰ

A Nicolas Mansieu, charpentier, *idem* (3 p.).. 840ʰʰ

A Jaques Fossé, calfateur, *idem* (3 p.)...... 840ʰʰ

A Jaques Douville, autre calfateur, *idem* (3 p.). 840ʰʰ

A Jean Bremant, matelot, *idem* (3 p.)....... 540ʰʰ

A Pierre Sallé, autre matelot, *idem* (3 p.)... 540ʰʰ

A Jean Quiernel, autre matelot, *idem* (3 p.).. 540ʰʰ

A Noel Cotté, autre matelot, *idem* (3 p.).... 540ʰʰ

A Guillaume Ledoux, autre matelot, *idem* (3 p.) 540ʰʰ

A Laurens Maillé, autre matelot, *idem* (3 p.). 540ʰʰ

A Louis Croqué, autre matelot, *idem* (3 p.)... 540ʰʰ

A Jean Candonet [1], charpentier, *idem* (3 p.)... 840ʰʰ

A Antoine Bouzant [2], charpentier, *idem* (3 p.). 840ʰʰ

A Guillaume Gallandre, autre charpentier, *idem* (3 p.)............................. 840ʰʰ

1ᵉʳ décembre 1680-5 janvier 1681 : à Michel La Vienne, matelot, pour six mois de gages (2 p.).. 270ʰʰ

A Chastillon, autre matelot, pour une année de gages (3 p.).................................. 340ʰʰ

5 janvier 1681 : à La Violette, matelot, pour sa solde pendant sept mois écheüs le dernier décembre... 315ʰʰ

Somme de ce chapitre......... 15585ʰʰ

PARTIES EXTRAORDINAIRES.

14 janvier : aux ouvriers et gens de journées qui ont relevé les esboulis de la rigolle de l'estang de Trappes depuis le 2ᵉ jusqu'au 13 janvier............ 76ʰʰ 19ˢ

1ᵉʳ septembre : à ceux qui ont travaillé à creuser la grande rigolle du bout de l'estang de Trappes... 44ʰʰ 6ˢ

19 janvier 1681 : à ceux qui ont vuidé les nèges des rigolles de Trappes et de Satory, jusqu'au 18 du présent mois (2 p.)............................... 502ʰʰ 14ˢ

28 janvier-1ᵉʳ septembre : aux gens de journées et autres qui ont fait porter par des chevaux de l'eau bonne à boire dans les attelliers des bastimens de Versailles et dans les cuvettes de plomb de l'estang de Bois-d'Arcy (10 p.)................................. 2723ʰʰ 7ˢ

[1] Ou Candon.
[2] La première fois il est appelé Jean Bouzant.

28 avril-13 octobre : aux ouvriers qui ont travaillé à faire du conroy le long de la rigolle du moulin de Launay (5 p.)............................... 3468ʰʰ 13ˢ

19 may : à ceux qui ont travaillé à mettre en place et souder de vieux tuyaux pour la conduite du moulin de Launay................................... 141ʰʰ

28 avril : à ceux qui ont voituré à la journée les brouettes servans au transport des terres de l'estang du bois d'Arcy.................................. 606ʰʰ

19 may 1680-12 janvier 1681 : aux ouvriers qui ont travaillé à nettoyer les aqueducs de Bailly, Roquancourt et du Chesnay (6 p.).................... 973ʰʰ 11ˢ

23 juin 1680-19 janvier 1681 : à ceux qui ont travaillé à journées dans le petit parc (4 p.).. 3242ʰʰ 8ˢ 6ᵈ

11 aoust : à ceux qui ont travaillé à descendre des marbres de la gallerie du chasteau de Versailles et ailleurs..................................... 219ʰʰ 3ˢ

25 aoust : à ceux qui ont travaillé extraordinairement pour les Bastimens, par gratification........ 215ʰʰ

8 septembre : à ceux qui ont enlevé des gravois dans les cours du chasteau...................... 115ʰʰ 10ˢ

6 octobre : à ceux qui ont osté les terres et gravois dans la gallerie d'eau........................ 102ʰʰ 7ˢ

27 octobre : à ceux qui ont enlevé les gravois de la serre des orangers à la ferme................ 78ʰʰ 11ˢ 6ᵈ

22 décembre : à ceux qui ont transporté les vieux plombs de divers endroits du chasteau... 1092ʰʰ 15ˢ 6ᵈ

A ceux qui ont remply les glacières... 5243ʰʰ 4ˢ 2ᵈ

A ceux qui ont remply les deux glacières de Trianon. 859ʰʰ 14ˢ 6ᵈ

7 avril : aux soldats Suisses qui ont transporté des démolitions et nettoyé le chasteau............. 68ʰʰ 12ˢ

A ceux qui ont sablé et ragréé les cours de la Ménagerie..................................... 115ʰʰ

1ᵉʳ décembre : à ceux qui ont travaillé à divers endroits du chasteau............................. 460ʰʰ 3ˢ

9 juin : aux charpentiers qui ont travaillé à racomoder les batteaux qui ont servi aux illuminations faites à Versailles en 1676......................... 183ʰʰ 15ˢ

28 juillet : à ceux qui ont racommodé les pompes du sʳ Francine, à Versailles, jusqu'au 10 juillet. 266ʰʰ 10ˢ

28 juillet-15 septembre : à ceux qui ont racommodé les brouettes et tombereaux servans au transport de terre de l'estang de Bois-d'Arcy (2 p.)........ 1988ʰʰ 12ˢ

A ceux qui ont racommodé les brouettes servans au transport de terre que font les soldats Suisses à la grande pièce d'eau............................ 277ʰʰ

15 septembre : aux charpentiers, charrons et autres

ANNÉE 1680. — VERSAILLES.

ouvriers du moulin de Launay et de l'estang du bois d'Arcy........................... 214ᵗᵗ

13 octobre : aux charrons qui racomodent les brouettes à transporter des terres................ 228ᵗᵗ

21 janvier-5 febvrier : à la veuve Toulot, loueur de chevaux, pour ceux qu'elle a fournis à Messieurs de l'Académie pour aller niveler aux environs de Versailles (2 p.)........................... 302ᵗᵗ

21 janvier-14 avril : à Gilles Gibon [1], charon, parfait payement de 1500ᵗᵗ pour cinquante tombereaux qu'il a faits pour le transport des terres de l'estang du bois d'Arcy (4 p.).......................... 1500ᵗᵗ

2 juin-15 septembre : à luy, parfait payement de 845ᵗᵗ 16ˢ pour camions par luy faits pour led. estang (3 p.)............................. 845ᵗᵗ 16ˢ

21 janvier-10 novembre : à Christophle Paillet, peintre, pour son remboursement du port de plusieurs tableaux et bordures du cabinet du Roy au chasteau de Versailles (3 p.)....................... 639ᵗᵗ 15ˢ

21 janvier : à Berthier, rocailleur, pour avoir rétably les deux grandes nappes d'eau du Théâtre du petit parc de Versailles....................... 90ᵗᵗ 10ˢ

25 aoust-17 novembre : à luy, pour voitures de grais de Gros-Roure, qu'il fait venir pour la salle de bal (6 p.)............................ 2840ᵗᵗ

21 janvier 1680-19 janvier 1681 : à Jean Le Maire, fondeur, sur les robinets, soupapes et autres ouvrages de cuivre qu'il fait pour les fontaines et le corps de pompe du moulin de Launay (10 p.)......... 7013ᵗᵗ 18ˢ

21 janvier-8 décembre : à la veuve Lemaire, fondeur, sur idem (3 p.)....................... 2600ᵗᵗ

9 juin : à elle, pour plusieurs robinets et brides à canon qu'elle a fourni dans les magasins du Roi. 1955ᵗᵗ 16ˢ

11 aoust : à elle, pour quinze soupapes de cuivre de 15 pouces de diamètre et deux robinets de 6 pouces pour les fontaines de Versailles................ 1494ᵗᵗ

6-13 octobre : à elle, parfait payement de 1151ᵗᵗ 2ˢ pour deux robinets de cuivre pour la conduite des Graisselz (2 p.)............................ 1151ᵗᵗ 2ˢ

28 janvier-15 septembre : à Claude Hue, mareschal, pour parfait payement de 3114ᵗᵗ 17ˢ pour ferrure de cent paires de roues et cent tombereaux pour transporter les terres de Bois-d'Arcy (4 p.)........... 3114ᵗᵗ 17ˢ

28 janvier-14 avril : à Ferquin, charron, parfait payement de 480ᵗᵗ pour trente-quatre tombereaux qu'il a livrez pour Bois-d'Arcy (3 p.)............ 480ᵗᵗ

28 janvier-15 novembre : à Enocq et Clicquot, facteurs d'orgues, à compte de celle qu'ils font pour la chapelle du Roy (3 p.)..................... 4500ᵗᵗ

7 avril : à Enocq, pour augmentation au cabinet d'orgues au chasteau...................... 444ᵗᵗ

24 janvier 1681 : à luy, pour un cabinet d'orgues pour estre mis dans un des appartemens du chasteau de Versailles............................. 2000ᵗᵗ

28 janvier-10 novembre : à Adrien Gascoin, ferblanlier, parfait payement de 4053ᵗᵗ 19ˢ pour roseaux de cuivre de laton et autres pour garnir les fontaines de Latone et du Marais (6 p.).............. 3653ᵗᵗ

7 avril : à luy, pour plusieurs rétablissemens aux roseaux du Marais...................... 377ᵗᵗ

28 janvier : à de Lobel, tapissier, pour deux cents paillasses à coucher les ouvriers et diverses autres fournitures............................. 949ᵗᵗ 17ˢ

A Bersaucourt, espinglier, parfait payement de 1897ᵗᵗ 2ˢ pour les ouvrages de fer et de latton et treillages aux grilles de fer du bout du canal et autres endroits. 497ᵗᵗ 2ˢ

A Potueny, carreyer, pour la voiture par luy faite, du port de Marly à Versailles, de vingt-cinq blots de liais de Senlis pour servir aux marches de l'escalier de la Reyne.............................. 693ᵗᵗ

A Trognon, cordier, pour plusieurs cordages qu'il a fournis pour servir à la machine à transporter des terres au nouveau potager................... 250ᵗᵗ 19ˢ

17 mars-13 octobre : à luy, pour les chables et cordages qu'il a fournis pour les moulins à eaue de Versailles (3 p.)............................. 824ᵗᵗ 3ˢ

28 janvier-21 avril : à Dominique Cucci, fondeur, à compte des chassis de bronze doré qu'il fait pour les cinq portes du grand escalier de Versailles (4 p.)... 5200ᵗᵗ

14 may : à luy, sur le cabinet d'orgues de l'antichambre du Roy...................... 1000ᵗᵗ

19 may 1680-6 janvier 1681 : à luy, sur les ouvrages et garnitures de bronze doré qu'il fait pour les portes et croisées des appartemens du chasteau (9 p.).... 20500ᵗᵗ

4 aoust : à luy, à compte des garnitures de bronze pour les portes de l'appartement du Roy et de la Reyne au chasteau........................... 5000ᵗᵗ

1ᵉʳ juillet 1681 : à luy, parfait payement de 55902ᵗᵗ 15ˢ pour ouvrages de bronze en cuivre doré faits aud. chasteau en 1677, 78, 79 et 80........ 6911ᵗᵗ 15ˢ

28 janvier 1680-6 janvier 1681 : à Ladoireau, autre fondeur, à compte des quatre pentes de trophées de bronze qu'il fait pour les pavillons de marbre de la fontaine de la Renommée dans le petit parc (7 p.)... 7600ᵗᵗ

15 febvrier-29 septembre : à Claude Cabon, arpenteur, pour ses peynes et celles des ouvriers qu'il a occu-

---

[1] Ou Gibou.

pez à l'arpentage et aux plants des bois et terres des environs de Versailles (5 p.).............. 4059ᴸ 5ˢ 4ᵈ

12 may-9 juin : à luy, pour reste et parfait payement de ses peines et vaccations pour avoir travaillé à la carte et à l'arpentage des bois et terres des environs de Versailles, depuis le 6 décembre 1678 jusqu'au 6 du présent mois (2 p.)....................... 3200ᴸ

11 febvrier-18 aoust : à Noibet, pour brides à canon de cuivre, clouds et autres fournitures (5 p.). 7217ᴸ 4ˢ

25 febvrier-7 avril : à luy, parfait payement de 3909ᴸ à quoy montent les trois grandes cloches de fonte qu'il a fournies pour l'horloge de Versailles (2 p.)..... 2709ᴸ

25 aoust : à luy, sur les boestes de fer de fonte fournies pour servir aux pilliers de la petite escurie..... 1000ᴸ

1ᵉʳ septembre-20 octobre : à luy, sur ses brides de fonte et soupapes pour les Graisselz (2 p.)..... 1500ᴸ

1ᵉʳ septembre-13 octobre : à luy, pour plusieurs besches, hoyaux et autres marchandises de fer qu'il a livrées (2 p.)............................. 2526ᴸ 3ˢ

4 febvrier : à Le Vasseur et Baillant, marchands de bois, pour deux mille neuf cent soixante-quinze fagotz pour servir à planter des ormes à l'allée du Mail... 243ᴸ 10ˢ

A Jullain, batelier, pour les planches et dosses de batteau qu'il a fournies et livrées pour divers endroits de Versailles............................... 587ᴸ

11 febvrier-14 avril : à Louis Frère, charron, parfait payement de 420ᴸ pour quatorze tombereaux qu'il a faits pour transporter les terres du bois d'Arcy (3 p.). 420ᴸ

11 febvrier : à Le Moyne, fondeur, pour son payement d'un robinet de 8 pouces et autres ouvrages de cuivre qu'il a fournis et livrez au magazin du Roy... 939ᴸ 11ˢ

18 febvrier-14 avril : à Cleret, charron, parfait payement de 144ᴸ pour huit paires de roues pour les tombereaux servans à porter les terres du bois d'Arcy (2 p.)............................. 144ᴸ

18 febvrier-17 novembre : à Ambroise Duval, fondeur, sur huit vazes de bronze qu'il fond pour les jardins de Versailles (4 p.)...................... 3900ᴸ

25 febvrier : à Jomart, dessignateur, sur les journées qu'il a employées à dessigner les plants et eslévations de la grande aisle......................... 100ᴸ

17 mars : à Couplet, ingénieur, pour son remboursement de diverses menues dépenses qui ont esté faites pour niveler aux environs de Versailles...... 162ᴸ 1ˢ

A de la Tour, marchand de bois, pour deux mille cent fagots pour servir à planter les ormes de l'allée du Mail....................... 262ᴸ 10ˢ

17 mars 1680-21 juin 1681 : à Martinot, horlogeur, pour parfait payement de 4000ᴸ sur les ouvrages de Versailles (2 p.)....................... 2300ᴸ

17 mars : à la veuve Accard, charron, pour dix roues pour les petits tombereaux................. 30ᴸ

A Bécart, compagnon maçon, par gratification pour sa blessure............................. 30ᴸ

17 mars-22 septembre : à Biet, charon, parfait payement des camions qu'il a livrez pour le transport des terres de Bois-d'Arcy (5 p.)................. 888ᴸ

Au sʳ Jaquier, pour voitures qu'il a fournies pour les échafauz........................... 88ᴸ

31 mars : à luy, pour journées de chevaux et tombereaux pour voiturer le sable, gazon et autres ouvrages dans le petit parc de Versailles........... 236ᴸ 10ˢ

8 décembre : à luy, pour 494 thoises de dosses de batteaux.......................... 370ᴸ 12ˢ 6ᵈ

17 mars-14 avril : à Girault, charron, camions pour l'estang de Bois-d'Arcy, parfait payement de 216ᴸ pour douze paires de roues (2 p.)................. 216ᴸ

17 mars-14 avril : à Dumesnil, autre charron, sur idem (2 p.)............................ 150ᴸ

17 mars : à Royer, charron, pour quinze roues pour les petits tombereaux..................... 45ᴸ

A Dupuis, charron, pour quinze roues idem..... 45ᴸ

A la veuve Marchand, pour vingt-quatre roues, à 6ᴸ pièce............................... 144ᴸ

22 avril : à elle, pour quatorze grandes roues.. 90ᴸ

16 juin-4 aoust : à elle, pour quarante-huit roues pour lesd. camions (2 p.)................. 288ᴸ

17 mars-4 aoust : à la veuve de Landrin¹, charron, pour soixante-quatorze roues qu'il a fournies (4 p.). 444ᴸ

17 mars : à Jumel, piqueur, par gratification, pour une blessure........................... 30ᴸ

24 mars : à Durel, autre piqueur, pour ce qu'il a payé à cinq chartiers qui ont amené du plan de charme de Saint-Germain à Versailles................ 193ᴸ 15ˢ

24 mars-29 décembre : à Dufour, marchand, pour clouds et chevilles de fer par luy fournis pour les charrettes (3 p.)........................ 1758ᴸ 1ˢ 5ᵈ

27 may : à luy, pour 8800 pezant de clouds de roues et petites chevilles de fer pour les bastimens de Versailles............................ 1114ᴸ

24 mars : à Prudhomme, à compte de son remboursement des dépenses qu'il a faites avec trois arpenteurs pour les plants et arpentages des bois........ 1600ᴸ

A Migasse, marchand de bois, pour son payement de

---

¹ Landrin est encore porté au compte le 17 mars ; mais, à partir du 22 avril, sa femme a pris sa place.

ANNÉE 1680. — VERSAILLES.

six voitures chargées à quatre chevaux, pour la construction des chaloupes........................... 130ʰ
A Lefebvre, charron, pour vingt-quatre roues qu'il a fournies pour les tombereaux................. 124ʰ
22 avril : à luy, pour dix petites roues *idem*.... 62ʰ
16 juin-4 aoust : à luy, pour cinquante-quatre grandes roues *idem* (2 p.)........................... 324ʰ
25 mars-19 octobre : à Beaumeny, pour recevoir et pezer le fer et le plomb du bastiment de la grande escurie (6 p.)................................. 300ʰ
31 mars : à Jean Allain, plombier, pour remboursement de ce qu'il a payé à plusieurs plombiers qui ont travaillé aux conduites à réparer des fontaines du petit parc et pour 3101 livres de soudure....... 2472ʰ 11ˢ
A la veuve Cuvier, pour le bois de charonage qu'elle a livré pour quinze tombereaux........... 307ʰ 5ˢ
13 octobre : à elle, pour bois qu'elle a fourny à racomoder les brouettes..................... 779ʰ
31 mars : aux mariniers extraordinaires qui ont ramé sur les barques du canal lorsque le Roy y a mené Madame la Dauphine....................... 456ʰ
A Honoré Duez, ouvrier en ciment, pour ce qu'il a payé aux ouvriers qui ont travaillé à rétablir le Fer à cheval de Trianon et autres endroits.......... 262ʰ 2ˢ
2 juin-14 juillet : à luy, sur l'aire du ciment qu'il fait pour poser le pavé de marbre de la cour du chasteau (2 p.)................................. 1600ʰ
16 juin-15 septembre : à luy, à compte des enduits qu'il fait à l'Arc de triomphe et aux corps de garde (3 p.)................................. 4000ʰ
4 aoust : à luy, sur ses ouvrages de ciment en divers endroits du chasteau.................... 2500ʰ
27 octobre-10 novembre : à luy, sur ses ouvrages à la salle de bal (2 p.)........................ 2000ʰ
7 avril-16 juin : à André Garnier, maréchal, sur la ferrure des roues des camions (2 p.).......... 300ʰ
A La Varenne, pour trois cent vingt bottes de perches de chastaignier pour le petit parc............ 150ʰ
A Le Cauchois, pour deux mille deux cent soixante-quatre brouettes pour les terres du bois d'Arcy. 5999ʰ 12ˢ
A Lhéritier, charron, pour plusieurs ouvrages pour l'orangerie................................ 324ʰ 15ˢ
A luy, pour réparation de plusieurs chariots et brouettes................................. 152ʰ 6ˢ
A Champion, pour ce qu'il a payé aux ouvriers travaillant aux démolitions..................... 100ʰ
7 avril-10 juillet : à luy, sur ses journées pour pezer le fer et le plomb qui s'employent au bastiment de la grande escurie (2 p.).................. 200ʰ

7 avril : à Baudouin, corroyeur, pour deux cuirs de vache pour les pompes du moulin de Launay..... 80ʰ
11 aoust : à luy, pour plusieurs peaux de vaches pour les pompes............................. 746ʰ
29 décembre : à luy, pour huit peaux de vaches pour *idem*.................................. 270ʰ
7 avril : à Poussin, fondeur, pour deux robinets de huit pouces et autres fournitures de cuivre qu'il a faites pour les fontaines de Versailles........... 1762ʰ 5ˢ
21 avril-15 décembre : à luy, parfait payement de 2155ʰ 10ˢ pour trois robinets de cuivre de huit pouces pour les fontaines (4 p.)............... 2155ʰ 10ˢ
29 décembre : à luy, pour deux robinets de huit pouces et deux de six................... 2049ʰ 10ˢ
12 janvier 1681 : à luy, pour deux robinets de cuivre livrez au magazin........................ 1636ʰ 6ˢ
14 avril : à Manigault, charron, pour six paires de roues.................................. 108ʰ
A Lambert, autre charron, pour deux tombereaux. 60ʰ
A Debras, parfait payement de quatre paires de roues.................................. 72ʰ
A Raffron, voiturier, pour plusieurs voitures du port de Marly à Versailles.................... 114ʰ
18 aoust : à luy, pour le soin qu'il a eu de recevoir les cailloux venans du Havre pour le service du Roy. 30ʰ
21 avril-18 aoust : à Masselin, chaudronnier, sur les ornemens de cuivre qu'il fait pour les amortissemens des combles du chasteau (3 p.)............ 3000ʰ
4 aoust-1ᵉʳ septembre : à luy, pour les mangeoires et rateliers de la grande escurie (2 p.)......... 3000ʰ
12 aoust : à luy, à compte des quatre esguilles de la fontaine de l'Arc de triomphe................ 500ʰ
21 juin 1681 : à luy, parfait payement de 20955ʰ 10ˢ pour ouvrages de cuivre et chaudronnerie qu'il a faits en divers endroits de Versailles en 1678 et 1680. 4955ʰ 10ˢ
21 avril : à Durand, fondeur, pour avoir rebruny et mis en couleur les vazes, ornemens et buffets de la fontaine du Marais........................ 106ʰ
8 septembre : à Durand et consors, pour seize cent dix bottes de rozeaux pour couvrir les escuries de la ferme................................ 120ʰ 14ˢ
21 avril : au sʳ Guimont, pour vingt-quatre glaces de miroir de 26 pouces qu'il a fourny pour Trianon.. 240ʰ
A luy, pour plusieurs glaces de miroirs pour les appartemens du chasteau de Versailles......... 4270ʰ
28 avril : à Hamet, greffier de l'Escritoire, sur ses vérifications de plusieurs mémoires d'ouvrages.... 120ʰ

10 juillet-12 octobre : à luy[1], sur ses vacations pour avoir pris les grosseurs des bois de charpente de la grande escurie (2 p.).................................. 270ʰ
28 avril : à Bury, marchand, pour treillis qu'il a fournis pour les aisles des moulins de Versailles... 545ʰ 2ˢ
8 septembre : à luy, pour plusieurs bannes de toile.. .... 1244ʰ 9ᶜ
6 may : à Jouvelle, marchand de bois, pour treize mille neuf cents fagots qu'il a livrez pour les plants d'ormes de l'allée du Mail et de la pièce des sapins. 1112ʰ
2 juin : à luy, pour quatre cent trente-huit bottes de perches de chastaignier qu'il a fournies pour les treillages du petit parc...................... 210ʰ 11ˢ 6ᵈ
12 may : au sʳ Desvaucoins, pour cent cinq essieux de fer qu'il a livrez pour les tombereaux, pezant 12800 livres, à raison de 13 livres le cent........... 1664ʰ
14 may : à Bourdonné et consors, voituriers, pour avoir voituré de Rouen au port de Marly, par eau, plusieurs cailloux.................................. 113ʰ 11ˢ
A Lafleur, loueur de carrosses, pour plusieurs louages de carrosses pour mener à Versailles les officiers des Bastimens.................................. 282ʰ
19 may-22 septembre : à Noel, pour sept cordes de bois qu'il a livrées dans les magasins de l'estang du bois d'Arcy (2 p.)............................ 126ʰ
19 may : aux mariniers de Poissy et du Pec qui ont ramé sur le canal de Versailles pour la promenade de S. M................................... 337ʰ 10ˢ
27 may : à Malerbe, vanier, pour plusieurs manes d'ozier qu'il a fournies pour le plan d'ormes de l'allée du Mail................................... 219ʰ
2 juin-26 décembre : à Prevost, balancier, pour avoir racomodé les poids et balances du magasin de Versailles (2 p.)................................ 124ʰ
9 juin : à Jonichon, manœuvre, qui a eu la teste cassée en travaillant aux bastimens de la Surintendance de Versailles............................... 20ʰ
16 juin-24 novembre : aux nommez La Garde[2], scieurs de long, pour le bois qu'ils ont scié, tant pour les moulins que pour les vaisseaux du canal et la construction des barques pour les bassins des fontaines du petit parc (4 p.)................................ 141ʰ 19ˢ
16 juin : à Cercey, manœuvre, pour luy donner moyen de se faire panser la cuisse qu'il a eu cassée en travaillant au transport des terres du petit parc............ 20ʰ
A de la Lande, marchand de bois, pour les pièces de bois courbes pour faire les barques qui se mettent dans les grands bassins du petit parc.......... 117ʰ 18ˢ 9ᵈ
A Mora, marchand de bois, pour idem... 75ʰ 12ˢ 6ᵈ
23 juin : à Martin, chirurgien, pour les soins qu'il a eus et les médicamens qu'il a donnez aux ouvriers blessez et tombez malades, travaillant pour les bastimens pendant 1679................................. 600ʰ
Au sʳ Clavier, autre chirurgien, pour idem.... 600ʰ
A Bara, marchand de bois, pour cent cinquante bottes de perches de chastaignier qu'il a fournies pour les treillages du petit parc................. 73ʰ 1ˢ 6ᵈ
1ᵉʳ juillet-8 septembre : à Mangin, charron, parfait payement de 1570ʰ pour trois cents brouettes de bois qu'il a fournies (2 p.).................... 1570ʰ
1ᵉʳ juillet : à Morin, pour cinq mille neuf cents cailloux noirs ou pavez voiturez de Rouen au port de Marly pour servir à Versailles................. 70ʰ 16ˢ
7 juillet 1680-16 janvier 1681 : à Boucher, taillandier, pour ouvrages de fer qu'il a faits aux moulins de Satory (2 p.)......................... 1084ʰ 17ˢ 4ᵈ
7 juillet : à Lescuiquier, chaudronnier, sur l'armement de cuivre qu'il fait pour les mangeoires de la petite escurie.......................... 500ʰ
4 aoust : à luy, sur ses ouvrages de chaudronnerie pour la machine du moulin de Launay......... 300ʰ
25 aoust : à luy, sur ses ouvrages de cuivre pour les bastimens de Versailles....................... 500ʰ
20 octobre : à luy, sur ses ouvrages de cuivre pour couvrir les regards du petit parc............. 400ʰ
1ᵉʳ juillet 1681 : à luy, parfait payement de 19586ʰ 6ˢ pour ouvrages de chaudronnerie faits tant au chasteau, parc, qu'aux moulins de Versailles en 1677, 78, 79 et 80............................... 1987ʰ 6ˢ
14 juillet : à Flamand, en considération de ce qu'il a esté blessé en travaillant................. 20ʰ
A Le Noble, voiturier par terre, pour voitures de pavez de Marly à Versailles.................. 122ʰ 15ˢ
22 juillet : aux tailleurs de pierre, par gratification, à cause du May de l'Ascension................ 300ʰ
28 juillet-27 octobre : à Poitou, ébéniste, sur une estrade de bois de raport pour la chambre du grand apartement de la Reyne (3 p.).................. 2100ʰ
28 juillet : à la veuve Charlemagne, pour voitures qu'elle a faites de plusieurs démolitions au magazin du Roy.. 72ʰ
11 aoust : à elle, pour plusieurs voitures du bois qui a servi à eschafauder les ceintres des croisées de la grande aisle.. 162ʰ
20 octobre : à elle, pour quatre vingt-huit journées de

---

[1] Son nom est deux fois écrit Amet.
[2] Ou Garde.

ANNÉE 1680. — VERSAILLES.

voitures à trois chevaux pour voiturer des démolitions du chasteau et du parc........................ 297ᵗᵗ

28 juillet : à Paillet, pour remboursement de ce qu'il a payé pour plusieurs louages de carosses qui ont mené M. Le Brun à Saint-Germain et à Versailles..... 289ᵗᵗ

4 aoust : à Masson et consors, pour remboursement de ce qu'ils ont fourni aux ouvriers qui ont travaillé à régaller les terres de l'avant-cour du chasteau.... 857ᵗᵗ 11ˢ

11 aoust : à Pasturel, pour la voiture de cinq mille trois cent vingt-cinq cailloux, de Rouen au port de Marly............................ 63ᵗᵗ 18ˢ

18 aoust : à Colson, pour avoir remis au naturel plusieurs animaux morts pour la ménagerie de Versailles, et autres dépenses...................... 793ᵗᵗ

A Jullin, battelier, pour plusieurs planches et dosses de batteau fournis pour Versailles............. 851ᵗᵗ 8ˢ

A Leleu, marchand de bois, pour vingt-quatre frains qu'il a fournis pour les moulins de Versailles.... 192ᵗᵗ

18 aoust-20 octobre : à Briot, miroitier, parfait payement de 654ᵗᵗ 10ˢ pour réparations et posages de glaces dans les appartemens du chasteau (2 p.).... 654ᵗᵗ 10ˢ

18 aoust : à Denis de la Coste, sur la conduite qu'il pose à Satory...................... 500ᵗᵗ

1ᵉʳ septembre : à luy, sur son travail pour avoir relevé la conduite du Chesnay................. 2000ᵗᵗ

26 septembre : à luy, pour avoir relevé et reposé les tuiaux de fer de la conduite de Glatigni....... 600ᵗᵗ

25 aoust-1ᵉʳ septembre : à de Louet, pour ce qu'il a payé aux soldats qui ont travaillé à plusieurs démolitions au chasteau de Versailles (2 p.)........... 365ᵗᵗ 18ˢ

15 septembre : à luy, pour son remboursement des mariniers qui ont ramé sur le canal et autres ouvriers qui ont travaillé à une illumination à Trianon. 1130ᵗᵗ 15ˢ

6 octobre : à luy, pour ce qu'il a payé à divers ouvriers........................... 524ᵗᵗ 9ˢ

2 septembre : à Maron et Réglé, pour leurs ouvriers qui ont nettoyé et enlevé les gravois du pourtour du chasteau de Versailles.............. 857ᵗᵗ 8ˢ 6ᵈ

8 septembre-29 décembre : à de la Houssaye, marchand de bois, pour plusieurs solives et fournitures pour les bastimens de Versailles et la pompe du moulin de Launay (3 p.)...................... 2186ᵗᵗ 6ˢ

8 septembre : à Lagnier, marchand, pour goudron, huile de noix et autres fournitures....... 953ᵗᵗ 14ˢ 6ᵈ

A Padelain, pour avoir ramoné quatre cent quatre cheminées à Versailles................ 290ᵗᵗ 18ˢ

A Ferrier, battelier, pour deux cent seize muids de sable de rivière pour le petit parc.......... 66ᵗᵗ 8ˢ

15 septembre : à Bregy et La Noue, pour fumiers qu'ils ont voituré au nouveau potager...... 394ᵗᵗ 10ˢ

1ᵉʳ décembre : à la veuve Bregy, pour 50 thoises cubes de fumier qu'elle a fourny pour le jardin de Clagny. 513ᵗᵗ

29 septembre : à Palfroy, pour voiture de vingt-six figures de marbre, de Paris à Versailles...... 228ᵗᵗ 8ˢ

A Vatebotz, pour deux cents hottes et cent pelles de bois pour Versailles.................... 110ᵗᵗ

A Gosselin et Le Guern, arquebusiers, pour une jauge et des soupapes de cuivre pour les fontaines de Versailles et pour les modèles d'icelles................ 375ᵗᵗ

A la veuve Pierre Limault, charpentier, qui a esté tué en échafaudant à la petite escurie du Roy, par gratification............................. 30ᵗᵗ

6 octobre : à Mesnager, pour deux cent quatre-vingt-quinze bottes de perches de chastaignier pour le petit parc............................. 177ᵗᵗ

7 octobre : à Le Jongleur, pour tuyaux de grais de douze pouces posez pour les eaux de la Ménagerie à Versailles............................. 768ᵗᵗ

13 octobre : à Collette, pour cire blanche qu'il a fournie pour une petite illumination à Trianon. 909ᵗᵗ 15ˢ

A Mallo, pour idem, pour une autre illumination à Trianon le 14 septembre................ 115ᵗᵗ

A Vilain, pour couvertures de rozeaux aux escuries de la ferme.......................... 56ᵗᵗ

27 octobre : à Defer et Mouton, pour sable de rivière qu'ils ont voituré au petit parc........... 453ᵗᵗ 2ˢ

3 novembre : à Fleury, cordier, pour des cordages à la petite escurie..................... 156ᵗᵗ

17 novembre : à Rousseau, tourneur, pour cent pommes de bois au petit parc................ 30ᵗᵗ

24 novembre : à Bray, espinglier, pour laton et fil de fer en divers endroits................. 130ᵗᵗ 8ˢ

12 janvier 1681 : à luy, pour les ouvrages de fil de fer qu'il a faits aux croisées des offices de la Bouche du Roy............................... 75ᵗᵗ

24 novembre : à Le Roy, nattier, sur des nattes aux orangeries.......................... 500ᵗᵗ

1ᵉʳ décembre : à Ricuon, sur ses voitures de marbre au magasin du Roy..................... 1000ᵗᵗ

A Prudhomme, sur ses arpentages........... 600ᵗᵗ

22 décembre : à Denis, fontainier, pour menues fournitures pour la pompe du moulin de Launay.. 114ᵗᵗ 4ˢ

29 décembre : à Gnou, voiturier, pour avoir voituré deux pierres à faire des figures............. 120ᵗᵗ

10 janvier 1681 : à Révérend, manœuvre, qui a eu la jambe cassée en travaillant................ 30ᵗᵗ

A Lhéritier, charron, pour 35 toises de rateliers de charonnage pour les escuries de la Surintendance.. 61ᴸᴸ

19 janvier 1681 : à Rochon, compagnon charpentier, blessé, par gratification.................... 30ᴸᴸ

A Boulle, ébéniste, pour un cabinet d'orgues de bois de raport, garni d'ornemens de bronze, pour estre mis dans un des appartemens du chasteau........ 8000ᴸᴸ

30 janvier 1681 : à La Motte, voiturier par terre, sur ses voitures à Versailles.................... 3000ᴸᴸ

23 juillet 1681 : à la veuve Potel, taillandier, pour son payement d'une manivelle pour les pompes, livrée en 1679............................... 170ᴸᴸ

26 novembre 1680 : au sʳ Petit, prieur de Choisy-aux-Bœufs, pour l'indemniser des dixmes et autres revenus qu'il avoit à prendre sur les terres dépendantes dud. prieuré, comprises dans l'augmentation du parc de Versailles, pour les années 1678 et 1679..... 2120ᴸᴸ

23 juillet 1681 : à Desmoulins, hostelier à Versailles, pour son payement du pain et du vin qu'il a fourny aux ouvriers pour leur faire faire diligence.......... 60ᴸᴸ

21 juin 1681 : à la veuve Borzon, parfait payement de 12960ᴸᴸ pour la quantité de dix-huit blots de marbre livrez dans les magasins en 1678........... 3960ᴸᴸ

7 novembre : au sʳ de Ludert, trésorier de la marine, pour son remboursement de ce qu'il a payé au Havre-de-Grâce pour du caillou pincé [1] et autres marchandises pour les maisons royalles.................. 1161ᴸᴸ 15ˢ

Somme de ce chapitre..... 253038ᴸᴸ 11ˢ

CLAGNY.

MAÇONNERIE.

4 febvrier-9 décembre : à Cauchy, sur ses ouvrages de maçonnerie pour la closture de la principalle cour du chasteau (11 p.)........................ 9700ᴸᴸ

25 aoust : à luy, sur ses ouvrages du chasteau.. 400ᴸᴸ

4 febvrier-21 juillet : à Rodier, tailleur de pierre, sur les tranchées et scellement des tringles pour attacher les tapisseries dans le chasteau (6 p.)......... 590ᴸᴸ

27 janvier 1681 : à luy, sur ses tranchées aux avenues............................... 60ᴸᴸ

14 avril-16 juin : à Hardouin, Le Maistre et autres, associez, sur leurs ouvrages à l'aile des offices du chasteau de Clagny (2 p.).................... 1000ᴸᴸ

19 octobre 1680-27 janvier 1681 : à Lassurance,

[1] Du caillou brisé à coups de pince.

sur la taille et posage de la voulte de la chapelle du chasteau (4 p.)............................. 1350ᴸᴸ

21 novembre-9 décembre : à La Rozée, sur des bornes pour la cour du chasteau (2 p.)............. 1200ᴸᴸ

15 décembre : à Lépée, pour réparations. 1376ᴸᴸ 1ˢ 9ᵈ

29 décembre : à La Giroflée et consors, pour ragréemens à la chapelle du chasteau............... 60ᴸᴸ

Somme de ce chapitre..... 15736ᴸᴸ 1ˢ 9ᵈ

CHARPENTERIE.

11 febvrier-22 juin : à La Porte, charpentier, sur ses ouvrages aux orangeries et offices du chasteau de Clagny (4 p.)........................ 2000ᴸᴸ

25 febvrier : à la veuve Gaudet, pour les ouvrages faits par feu son mary aux moulins de Clagny en 1677.. 88ᴸᴸ

11 aoust-22 septembre : à Jaques Le Clerc, pour ouvrages et restablissement de charpenterie au premier moulin de Clagny (2 p.).................... 547ᴸᴸ

12 octobre : à Girardin, dit Le Bourguignon, charpentier, pour avoir démonté les eschafaux du salon du chasteau............................... 100ᴸᴸ

17 novembre : à Benichon, pour les bois qu'il a fournis aux moulins de Clagny et de Satory..... 513ᴸᴸ 10ˢ

Somme de ce chapitre....... 3248ᴸᴸ 10ˢ

COUVERTURE.

4 febvrier-13 novembre : à Duval, couvreur, sur ses ouvrages à l'aisle et orangerie en retour du chasteau (5 p.)............................... 1800ᴸᴸ

14 avril : à Yvon, sur ses ouvrages du dosme de Clagny.................................. 200ᴸᴸ

Somme de ce chapitre.......... 2000ᴸᴸ

MENUISERIE.

4 febvrier-11 décembre : à Coustan [2], menuisier, sur ses ouvrages du chasteau de Clagny (6 p.)..... 1800ᴸᴸ

7 mars : à luy, sur ses ouvrages à la ménagerie de Glatigny.............................,.... 200ᴸᴸ

23 avril-28 juillet : à luy, sur ses ouvrages à l'aile du bastiment de Clagny (4 p.)................. 1350ᴸᴸ

29 octobre : à luy, sur ses ouvrages de 1675 et 1676 idem............................... 2000ᴸᴸ

27 janvier 1681 : à luy, sur ses ouvrages pour la petite gallerie du chasteau.................... 400ᴸᴸ

4 febvrier-9 décembre : à Nivet, autre menuisier, sur ses ouvrages aud. chasteau (7 p.)........ 2350ᴸᴸ

[2] Ou Coutant.

4 febvrier : à Cazot, pour les modillons et rozes de la corniche de la gallerie du chasteau............ 60ᵗᵗ
11 febvrier-18 aoust : à Davignon, sur ses ouvrages et réparations aud. chasteau (5 p.).......... 1040ᵗᵗ
16 febvrier-9 décembre : à Carel, sur *idem*. 1000ᵗᵗ
23 avril : à la veuve Desgodets, sur *idem*..... 200ᵗᵗ
A Langouhon, sur ses ouvrages au garde-meuble du chasteau............................... 150ᵗᵗ
 Somme de ce chapitre......... 10550ᵗᵗ

SERRURERIE.

4 febvrier-12 aoust : à Castan[1], serrurier, sur le gros fer et grilles de lucarnes pour le chasteau de Clagni (7 p.)................................ 3300ᵗᵗ
11 febvrier-2 juin : à Marchand, sur ses ouvrages pour les chambres en galletas du bastiment de Clagny (4 p.)................................. 1540ᵗᵗ
25 juin : à luy, sur la serrurerie à la mesnagerie de Glatigny.................................... 120ᵗᵗ
11 aoust : à luy, sur ses ouvrages et réparations de serrurerie au chasteau.................... 350ᵗᵗ
5 novembre-9 décembre : à luy, sur la ferrure des croisées de la petite gallerie (2 p.).......... 1000ᵗᵗ
21 avril-11 décembre : à Boy, sur la ferrure des portes et croisées des appartemens des Attiques (5 p.) 1020ᵗᵗ
19 octobre : à luy, sur la ferrure de la menuiserie de l'orangerie............................... 400ᵗᵗ
25 mars-11 décembre : à Hasté, sur ses ouvrages aux portes et croisées des Attiques (6 p.)...... 1700ᵗᵗ
27 janvier 1681 : à luy, sur les ferrures polies qu'il fait pour les portes et croisées des principaux appartemens du chasteau.......................... 200ᵗᵗ
11 aoust : à Romuault Sermet, pour les modelles de serrurerie qu'il a faits pour les moulins de Clagni.. 60ᵗᵗ
9 décembre : à de Ver, sur la ferrure pour les arcades de menuiserie de la petite gallerie............ 350ᵗᵗ
 Somme de ce chapitre......... 10040ᵗᵗ

VITRERIE ET PAVÉ.

11 febvrier-12 octobre : à Jaquet, vitrier, sur ses ouvrages et réparations au chasteau de Claguy (7 p.). 1910ᵗᵗ
5 novembre-11 décembre : à la veuve Jaquet, sur *idem* (2 p.)................................ 500ᵗᵗ
11 febvrier-30 juin : à Marchand, paveur, sur ses ouvrages à la principale cour du chasteau (5 p.). 3500ᵗᵗ
28 septembre : à Jamson, sur ses ouvrages et réparations de vitrerie........................ 200ᵗᵗ
 Somme de ce chapitre......... 6110ᵗᵗ

[1] Ou Castain.

PEINTURE ET DORURE.

26 febvrier-30 juin : à Le Honore, peintre, sur l'impression de grosse peinture qu'il fait sur la menuiserie des appartemens du chasteau (5 p.).......... 600ᵗᵗ
13 novembre : à luy, sur ses grosses peintures au treillage du potager de Glatigny............... 120ᵗᵗ
23 avril-11 aoust : à la veuve Tiercelin, sur ses ouvrages de grosse peinture au dosme et treillage du jardin de Clagny (2 p.)............................. 270ᵗᵗ
28 avril-22 juin : à Jomard, dessignateur, sur ses journées employées à copier plusieurs desseins des bastimens de Clagny (2 p.).................... 200ᵗᵗ
 Somme de ce chapitre......... 1190ᵗᵗ

SCULPTURE.

4 febvrier-11 décembre : à Briquet, sculpteur, sur la sculpture en bois qu'il fait aux portes du vestibule (8 p.). 1900ᵗᵗ
11 febvrier-28 septembre : à Drouilly, autre sculpteur, à compte de ses ouvrages aud. chasteau, à la chapelle (5 p.).................................. 1050ᵗᵗ
30 juin-21 novembre : à luy, sur les trois figures de pierre qu'il fait pour le chasteau (2 p.)...... 400ᵗᵗ
11 febvrier-28 septembre : à Raon, autre sculpteur, sur ses ouvrages au chasteau et à la chapelle (8 p.). 2300ᵗᵗ
30 juin-29 décembre : à luy, sur les cinq figures de pierre qu'il fait aud. chasteau (3 p.)........ 900ᵗᵗ
12 octobre : à luy, sur la sculpture du grand vestibule du chasteau.............................. 150ᵗᵗ
16 febvrier 1680-27 janvier 1681 : à Pallu, sur ses ouvrages de sculpture aux portes et chambranles du chasteau (5 p.)............................. 1110ᵗᵗ
16 febvrier-11 may : à Houzeau le fils, sculpteur, sur les deux figures et autres ouvrages qu'il fait (2 p.). 220ᵗᵗ
16 febvrier-10 juillet : à Perrin, sur sa sculpture en bois à l'une des portes du vestibule (2 p.).... 320ᵗᵗ
16 febvrier : à Derigner, sur *idem*........ 120ᵗᵗ
25 febvrier-19 octobre : à Martin, sur la sculpture de la chapelle et du chasteau (7 p.).......... 940ᵗᵗ
25 febvrier : à Paris, sur la sculpture qu'il fait à la chapelle.................................. 100ᵗᵗ
21 mars : à Le Honore, sur la sculpture de pierre du chasteau.................................. 120ᵗᵗ
7 avril-5 novembre : à la veuve Barbe, sur ses ouvrages de sculpture en bois à deux portes du vestibule (3 p.).................................. 370ᵗᵗ
2 juin : à elle, sur la sculpture en bois du modèle de la gallerie du chasteau.................... 100ᵗᵗ

28 avril : à Magnier, sur deux figures qu'il fait pour l'un des avant-corps du vestibule............. 400^{tt}

19 may : à Le Comte, sur deux figures de pierre qu'il fait pour l'un des costez de l'avant-corps du chasteau de Clagny............................. 400^{tt}

Somme de ce chapitre......... 10900^{tt}

MARBRERIE.

4 febvrier 1680-27 janvier 1681 : à Lixe, marbrier, sur le pavé de marbre blanc et noir des deux vestibules du chasteau de Clagny (11 p.)............. 10100^{tt}

14 avril : à luy, sur les chambranles, attiques, foyers, revestement et pavé qu'il fait au chasteau, deux vestibules et petite gallerie (2 p.)................... 2700^{tt}

5 may-10 juillet : à luy, sur ses ouvrages de marbre, de pierre de Caen et de liais, *idem* (4 p.)...... 3550^{tt}

2 septembre : à luy, sur ses ouvrages de pavé de liais au coridor............................. 150^{tt}

Somme de ce chapitre......... 16500^{tt}

PLOMBERIE.

4 febvrier-28 juillet : à Jean Allain, à compte des plombs qu'il fournit pour les bastimens du chasteau de Clagny (6 p.)........................ 4500^{tt}

4 aoust-3 novembre : à luy, sur ses ouvrages pour la conduitte des moulins (4 p.)............. 17000^{tt}

21 juillet : à Charlot, pour le plomb qu'il fournit pour la terrasse au-dessus de l'orangerie............. 400^{tt}

1er septembre-3 novembre : à Vitry, sur ses ouvrages pour la deuxième conduite des moulins (3 p.). 13500^{tt}

Somme de ce chapitre......... 35400^{tt}

JARDINAGES.

21 janvier-17 mars : à Nicolas Mora, pour soixante-quatre thoises cube de fumier pour les jardins du chasteau de Clagny, à raison de 12^{tt} la thoise (2 p.). . 768^{tt}

21 janvier : à Louis Jouvele, pour trois cent cinquante bottes de perches pour rétablir les treillages des parterres, à raison de 55^{tt} le cent............. 192^{tt} 10^s

11 febvrier : à Denis Champion, pour ce qu'il a payé, tant pour achapt de fumiers que pour les faire voiturer, charger et descharger au potager de la Mesnagerie. 250^{tt}

17 mars : à Le Franc, pour ce qu'il a payé aux ouvriers jardiniers qui ont travaillé aux jardin et orangerie de janvier au 2 avril (2 p.)................. 537^{tt} 5^s

24 mars : à Thierry et consors, pour treillages qu'ils ont faits........................... 307^{tt} 10^s

14 may : à luy, parfait payement de 1354^{tt} 18^s pour les labours, trous et fossez faits au parc et advenues de Clagny en 1679................. 754^{tt} 18^s

14 may-14 juillet : à luy, sur ses labours aux advenues de Clagny et de Glatigny (2 p.).......... 600^{tt}

13 octobre : à Bregi, pour voitures de fumiers au jardin de Clagny......................... 459^{tt}

1er décembre : à sa veuve, pour cinquante-sept thoises cube de fumier par elle fournis............. 513^{tt}

Somme de ce chapitre......... 4382^{tt} 3^s

FOUILLES DE TERRES.

28 janvier : aux ouvriers qui ont travaillé à descouvrir les deux conduittes des moulins de Clagny, porté des terres aux escuries de la Pompe et voituré plusieurs démolitions du chasteau pendant deux semaines finies le 20 du présent mois..................... 470^{tt} 14^s

6 may : à ceux qui ont travaillé au rétablissement de la chaussée de l'estang de Clagny pendant la semaine finie le 27 avril dernier.................. 78^{tt} 12^s

4 febvrier-28 septembre : à Lambert, terrassier, sur les fouilles et le nettoyement de la principalle cour dud. chasteau (3 p.)..................... 620^{tt}

2 juin : à luy, sur les fouilles à l'aqueduc de l'orangerie............................. 100^{tt}

16 febvrier : à Caillot, sur les fouilles pour les réservoirs de Glatigny....................... 250^{tt}

25 febvrier : à du Mans et Rivière, sur les terres et sables qu'ils transportent à la serre et réservoir de Glatigny................................ 75^{tt}

12 octobre : à Rivière, sur sa fouille pour le réservoir de Glatigny......................... 60^{tt}

25 mars : à Boursault, pour le rétablissement du conroy de glaise au pourtour de la bonde d'un des estangs de Glatigny............................ 30^{tt}

31 mars : à Mimbiel, sur les fouilles et transports de terre pour descouvrir l'aqueduc du nouveau moulin de Clagny............................. 400^{tt}

7 avril : à luy et Le Cœur, sur *idem*......... 600^{tt}

12 may : à La Coste, sur le travail qu'il fait pour relever et reposer les conduites de Glatigny pour les eaux du Chesnay........................ 500^{tt}

14 juillet-4 aoust : à Bunel, sur la tranchée pour la nouvelle conduite des moulins de Clagny (2 p.). . 550^{tt}

12 octobre : à Boussard, pour port de bonnes terres au potager de Glatigny................. 60^{tt}

3 décembre : à Lefebvre, terrassier, pour transport de tuiaux de plomb de la chaussée de l'estang de Clagny au bassin de la Ménagerie................ 90^{tt}

Somme de ce chapitre......... 3884^{tt} 6^s

ANNÉE 1680. — MARLY.

PARTIES EXTRAORDINAIRES.

11 febvrier : à MICHEL HAMET, greffier de l'Escritoire, pour avoir vacqué aux vérifications des mémoires de maçonnerie et autres ouvrages pour le bastiment de Clagny.................... 120ᵗᵗ

16 febvrier : à DENIS CHAMPION, à compte de ses journées à recevoir et pezer le fer et le plomb pour led. bastiment de Clagny.................... 100ᵗᵗ

17 mars : aux nommez LIARDS, pour deux mille cinq cent neuf taupes qu'ils ont prises dans les jardins et advenues.................... 439ᵗᵗ 1ˢ 6ᵈ

A JOUVENEL, marchand de bois, pour neuf cent sept bottes de perches pour les treillages........ 498ᵗᵗ 16ˢ

21 mars-21 novembre : à HÉRON, fondeur, pour les fiches de cuivre pour les portes et croisées de la chapelle du chasteau (2 p.).................... 200ᵗᵗ

24 mars : à LA FLEUR, loueur de carrosses, pour plusieurs voyages qu'il a fournis pour mener les officiers des Bastimens à Clagny et ailleurs............... 306ᵗᵗ

2 juin-22 décembre : à LA COSTE, parfait payement de 7182ᵗᵗ 2ˢ pour relevée des conduites de fer de Glatigny et autres ouvrages (2 p.)........... 4582ᵗᵗ 2ˢ

2 juin : à MASSELIN, chaudronnier, pour six paires d'arozoirs fournis pour le potager de Glatigny... 150ᵗᵗ

18 aoust : à BOITARD, potier de terre, pour les pots qu'il a livrez pour planter des oignons de fleurs dans le chasteau du jardin de Clagny.................... 639ᵗᵗ 9ˢ

27 octobre : à la veuve LE MAIRE, pour un robinet de 8 pouces pour la conduite des moulins...... 891ᵗᵗ 18ˢ

13 novembre : à LA HOGUE, voiturier par eaue, pour quarante et un tonneaux dix pieds de pierre de Saint-Leu, pour la voulte de la chapelle dud. chasteau, à 4ᵗᵗ 10ˢ le tonneau.......................... 188ᵗᵗ

11 décembre : à RAFFRON, sur ses voitures de pierre de taille pour la chapelle du chasteau de Clagny.. 200ᵗᵗ

Somme de ce chapitre...... 8315ᵗᵗ 6ˢ 6ᵈ

MARLY.

MAÇONNERIE.

4 febvrier : à DORBAY, GIRARDOT et ANGLARD, sur leurs ouvrages de maçonnerie aux petits aqueducs du vallon de Marly.................... 500ᵗᵗ

18 febvrier-22 décembre : à LE ROSSIGNOL[1], maçon, pour ce qu'il a payé aux maçons qui ont travaillé aux crespis et enduits pour les peintures à fresque et aux reprises des murs de face des pavillons du chasteau de Marly (10 p.).................... 6372ᵗᵗ 8ˢ 10ᵈ

22 febvrier-1ᵉʳ décembre : à BAILLY et L'ESPÉE, sur leurs ouvrages au grand bastiment (13 p.)... 154700ᵗᵗ

19 may-1ᵉʳ décembre : à ROCHER, sur ses ouvrages de maçonnerie à l'aisle droite de la pièce d'eau dud. chasteau et aux murs de closture (10 p.)........ 18300ᵗᵗ

7 juillet-1ᵉʳ décembre : à MESNAGE et QUÉTEL, maçons, sur leurs puits et aqueducs à Marly (8 p.).... 27100ᵗᵗ

28 juillet : à GOBIN, parfait payement de 2661ᵗᵗ 7ˢ 1ᵈ à quoy montent les ouvrages de maçonnerie et couverture faits pour l'establissement d'une briqueterie construite à Louveciennes.................... 211ᵗᵗ 7ˢ 1ᵈ

5 novembre : à DESMARETS et consors, gratification pour le May.................... 60ᵗᵗ

Somme de ce chapitre.. 207243ᵗᵗ 15ˢ 11ᵈ

CHARPENTERIE.

22 janvier 1680-6 janvier 1681 : à LA PORTE, charpentier, sur ses ouvrages et par advance, à cause des provisions de bois qu'il fait pour le bastiment de Marly (14 p.).................... 40600ᵗᵗ

COUVERTURE.

18 febvrier-19 may : à PIERRE RENARD, sur ses ouvrages aux pavillons du chasteau de Marly (2 p.). 1000ᵗᵗ

13 octobre-5 novembre : à luy, sur ses ouvrages au grand bastiment du valon de Marly (3 p.)..... 4500ᵗᵗ

Somme de ce chapitre.......... 5500ᵗᵗ

MENUISERIE.

22 janvier-2 juin : à LAVIER, sur ses ouvrages de menuiserie au nouveau bastiment de Marly (6 p.).. 12200ᵗᵗ

29 septembre 1680-19 janvier 1681 : à la veuve LAVIER, idem (3 p.).................... 2400ᵗᵗ

28 janvier 1680-3 janvier 1681 : à RIVET, sur ses ouvrages au nouveau bastiment, aux pavillons de l'aisle droite et au grand pavillon du vallon (14 p.).. 30000ᵗᵗ

Somme de ce chapitre.......... 44600ᵗᵗ

SERRURERIE.

22 janvier-1ᵉʳ juillet : à MARCHAND, serrurier, sur ses ouvrages et fournitures de gros fer pour le bastiment de Marly (8 p.).................... 11240ᵗᵗ

21 juillet-11 aoust : à ROUILLÉ, sur idem (2 p.). 3100ᵗᵗ

18 juillet 1680-12 janvier 1681 : à BOUTTÉ, sur ses ouvrages aud. bastiment et aux pavillons (8 p.).. 9200ᵗᵗ

---
[1] Ou ROSSIGNOL. A côté du nom de ROSSIGNOL figure une fois celui de GOURDON.

24 novembre : à Noiret, marchand, pour son fléau de fer............................... 191ᴸ 16ˢ

Somme de ce chapitre...... 2373₁ᴸ 16ˢ

VITRERIE.

Néant.

PAVÉ.

22 janvier-14 mars : à Marchand, paveur, parfait payement de 4672ᴸ pour ses ouvrages à la chaussée qui va au bastiment de Marly (3 p.)............ 4172ᴸ

PEINTURE ET DORURE.

31 mars-6 octobre : à Monier, Nocret et Bonnemer, peintres, sur les peintures à fresque qu'ils font aux pavillons du chasteau de Marly (4 p.)......... 5000ᴸ

31 mars-6 octobre : à Rambour et Simon, autres peintres, à compte *idem* (4 p.)............ 5000ᴸ

20 juin : à Lescuyer, dessignateur, pour avoir tracé les allignemens des ouvrages à faire aud. chasteau pendant avril et may, à raison de 4ᴸ par jour...... 240ᴸ

1ᵉʳ décembre 1680-12 janvier 1681 : à Poisson, sur ses grosses peintures (2 p.)................ 1000ᴸ

1ᵉʳ décembre 1680-12 janvier 1681 : à Desoziers, sur *idem* (2 p.)........................ 1000ᴸ

Somme de ce chapitre......... 12240ᴸ

SCULPTURE.

Néant.

MARBRERIE.

28 may-15 décembre : à Pierre Lixe, marbrier, sur ses ouvrages pour les bastimens du valon de Marly (5 p.)............................. 8200ᴸ

PLOMBERIE.

25 febvrier 1680-12 janvier 1681 : à Adam Charlot, plombier, sur ses ouvrages pour les bastimens du valon de Marly (7 p.)...................... 17000ᴸ

19 may : à luy, pour son payement de plusieurs journées de ses compagnons employez à travailler à la fonaine du chasteau de Marly................. 200ᴸ

Somme de ce chapitre......... 17200ᴸ

JARDINAGES ET FOUILLES.

14 janvier : à Denis Voisin, terrassier, sur les rigolles qu'il fait dans les plaines de Bailly, proche Marly, et autres................................ 200ᴸ

22 janvier 1680-6 janvier 1681 : à Mathieu Réglé

et Hugues Matelin, dit Maron, sur les fouilles et transports de terre dud. vallon de Marly (15 p.).. 10785oᴸ

13 octobre : à eux, pour ceux qui ont esteint le feu qui estoit dans le bois.................. 131ᴸ

22 janvier-14 avril : à Joseph Mesnager, pour employer au payement des ouvriers et gens de journées qui ont travaillé au rétablissement des chemins des environs de Marly, et autres dépenses (4 p.)...... 919ᴸ 18ˢ 6ᵈ

5 may : à luy, pour ce qu'il a payé aux ouvriers qui ont dégorgé le thuiau du jet d'eau dud. vallon... 195ᴸ

26 may-13 octobre : à luy, pour le payement des cimens et sables fournis et voiturez pour les enduits des murs de face des pavillons dud. vallon (4 p.).. 930ᴸ 5ˢ

7 juillet-4 aoust : à luy, pour le payement des gens de journée qui ont travaillé avec le sʳ Lescuyer à faire le toisé des terres du vallon de Marly (2 p.).... 158ᴸ 14ˢ

22 septembre : à luy, pour le payement des ouvriers et jardiniers qui ont dressé les terres autour de la pièce d'eau jusqu'au 14 septembre............. 546ᴸ 17ˢ

5 novembre : à luy, pour payer les ouvriers qui ont dressé les terrasses du chasteau pendant trois sepmaines finies le 2 du présent mois................ 107ᴸ 19ˢ

19 janvier 1681 : à luy, pour les ouvriers qui ont travaillé à nettoyer les nèges.............. 55ᴸ 1ˢ

25 febvrier : à Garnier, pour ce qu'il a payé aux ouvriers et gens de journées qui ont travaillé sous la conduite de Le Jongleur à poser des thuiaux de grais et les maçonner dans les acqueducs du valon pendant cinq semaines finies le 24 febvrier........... 830ᴸ 0ˢ 6ᵈ

22 avril : à Loistnox et Houet, sur les fossez qu'ils font pour la conservation des arbres.......... 1800ᴸ

24 novembre-8 décembre : à Bertin, sur les plants d'arbres de l'avenue de Marly (2 p.)......... 1600ᴸ

8 décembre : à Potin, sur les fossez qu'il fait dans lad. avenue............................. 600ᴸ

29 décembre : à Deschamps, pour l'establissement d'une briqueterie à Luciennes.............. 514ᴸ

Somme de ce chapitre..... 116438ᴸ 15ˢ

PARTIES EXTRAORDINAIRES.

21 janvier : à Thieriat, pour voitures de caisses d'oignons de fleurs et autres, de Lyon à Paris, pour Marly et autres maisons royales................... 345ᴸ 15ˢ

22 janvier : à Ozanne, pour employer au payement des chartiers qui ont voituré la chaux pour les crespis et enduits des peintures à fresque aux murs de face et pavillons de Marly pendant la semaine finie le 3 décembre dernier........................ 100ᴸ 10ˢ

Aux boucher, boulanger et chirurgien qui ont fourny

ANNÉE 1680. — RÉPARATIONS DE DIVERSES MAISONS.

les viandes et remèdes nécessaires aux ouvriers malades du bastiment de Marly pendant le mois de décembre dernier.......................... 182ᵗᵗ 17ˢ

4 febvrier : à Joseph Mesnager, pour les nourritures et remèdes qu'il a fournis aux femmes qui sont tombées malades en travaillant aux bastimens de Marly... 217ᵗᵗ

29 décembre : à luy, pour ce qu'il a payé aux ouvriers qui ont nettoyé les nèges des pavillons pendant deux semaines........................... 147ᵗᵗ 7ˢ 6ᵈ

31 mars - 26 may : à Vollemant, garde de la Prevosté, pour le soin qu'il a eu de faire fournir les matériaux nécessaires du 1ᵉʳ febvrier au 25 may (2 p.)...... 460ᵗᵗ

31 mars : aux veuves Dariot et Artois, en considération de ce que leurs maris ont esté tuez en travaillant aux bastimens de Marly..................... 80ᵗᵗ

7 avril : à Pasturel et Baudouin, voituriers, pour deux mille deux cent soixante-quatre brouettes par eux voiturées de Rouen au port de Marly........ 679ᵗᵗ 4ˢ

14 avril : à eux, pour avoir fait charger et descharger des bateaux lesd. brouettes................. 40ᵗᵗ

2 juin : à Pasturel et Vasseur, voituriers, pour avoir voituré de Rouen au port de Marly neuf mille trois cents pavez du Havre, à raison de 12ᵗᵗ le millier.. 111ᵗᵗ 12ˢ

21 avril : à Monin, autre voiturier, pour avoir voituré de Rouen à Marly six milliers de cailloux du Havre. 72ᵗᵗ

16 juin : à Jullien, autre voiturier par terre, pour avoir voituré quatorze mille deux cents pavez du Havre, à raison de cent sous le millier............... 71ᵗᵗ

7 juillet : à Bury, pour treillis et bannes de toiles qu'il a livrées pour les aisles des moulins de Versailles, et pour couvrir les peintures à fresque dud. vallon de Marly............................ 617ᵗᵗ 16ˢ

18 aoust : à Le Loup, fondeur, pour un robinet de deux pouces et demi et sept soupapes de différentes grandeurs qu'il a fournies................... 406ᵗᵗ 16ˢ

13 octobre : à Hemon, pour deux cent treize battelées de sable de rivière pour servir aux crépys et enduits des murs de face des pavillons............. 142ᵗᵗ 16ˢ

Somme de ce chapitre..... 3674ᵗᵗ 13ˢ 6ᵈ

CHAMBORD ET BLOIS.

22 janvier 1680 - 6 janvier 1681 : à Maugé et Tanevot, menuisiers, sur leurs ouvrages (10 p.)... 10100ᵗᵗ

22 janvier 1680 - 6 janvier 1681 : à Cuvillier, serrurier, sur ses ouvrages, à compte (11 p.).... 8300ᵗᵗ

22 febvrier 1680 - 6 janvier 1681 : à Lefebvre, plombier, sur le plomb qu'il doit fournir pour le rétablissement des couvertures et plombs desd. chasteaux de Chambord et de Blois......................... 8750ᵗᵗ

22 febvrier : à Antoine Desgodets, à compte du voyage qu'il va faire pour le service du Roy auxd. chasteaux de Chambord et de Blois..................... 300ᵗᵗ

25 febvrier 1680 - 6 janvier 1681 : à Varin et Mocquot [1], entrepreneurs, sur leurs ouvrages et réparations de maçonnerie auxd. chasteaux (11 p.)...... 20600ᵗᵗ

25 febvrier 1680 - 6 janvier 1681 : à Poiremolle [2], paveur, sur ses ouvrages (8 p.)............. 3200ᵗᵗ

25 febvrier : à Ferrand, tailleur de pierre, par gratification, en considération des blessures qu'il s'est fait en travaillant............................ 60ᵗᵗ

25 febvrier - 24 septembre : à Mangot, maçon, sur ses ouvrages au chasteau de Blois (2 p.).............. 840ᵗᵗ

25 febvrier - 3 novembre : à Clément et Raby, charpentiers, sur leurs ouvrages (7 p.).......... 7300ᵗᵗ

8 décembre 1680 - 6 janvier 1681 : à la veuve Clément et Raby, charpentiers, idem (3 p.)....... 2500ᵗᵗ

24 avril 1680 - 6 janvier 1681 : à Cormier [3], serrurier, sur ses ouvrages (7 p.)................. 1850ᵗᵗ

24 avril 1680 - 6 janvier 1681 : à Valentin Tesnier [4], sur ses ouvrages de couverture (5 p.)........ 1300ᵗᵗ

7 juillet 1680 - 6 janvier 1681 : à Bonnet, menuisier, sur ses ouvrages (5 p.).................... 3100ᵗᵗ

4 aoust 1680 - 6 janvier 1681 : à Prou et Poussier [5], vitriers, sur leurs ouvrages (4 p.)............ 690ᵗᵗ

4 aoust 1680 - 6 janvier 1681 : à Grouard, sculpteur, sur ses ouvrages (5 p.).................... 600ᵗᵗ

3 novembre 1680 - 6 janvier 1681 : à Laporte, peintre, idem (3 p.)......................... 600ᵗᵗ

7 febvrier 1681 : à M. de Saumery, gouverneur du chasteau de Chambord, pour ce qu'il a payé pour le restablissement des brèches du parc dud. chasteau en 1680. .... 3000ᵗᵗ

8 décembre : à Margery et Marchand, vitriers, sur leurs ouvrages......................... 30ᵗᵗ

A Leroux et Haburt, autres vitriers, idem...... 90ᵗᵗ

Somme de ce chapitre......... 73210ᵗᵗ

RÉPARATIONS
DE DIVERSES MAISONS ROYALLES.

21 janvier : à Dominique Varisse, pour avoir ramonné

---

[1] On trouve aussi Varrin et Mocquot.
[2] Ou Poiremolle.
[3] Un article de 200ᵗᵗ porte Crosnier au lieu de Cormier; mais c'est sans doute une erreur de copiste.
[4] Ou Tenier.
[5] On trouve aussi : à Prou et consors.

six cent soixante-seize cheminées des maisons royalles. 461ᴧ 12ˢ

5 febvrier-28 juillet : à Mathieu et Pinard, maçons, sur les ouvrages et réparations de maçonnerie qu'ils font au Louvre, Palais-Royal et ailleurs (3 p.)..... 3000ᴧ

14 may : à eux, parfait payement de 1600ᴧ pour la maçonnerie qu'ils ont faite pour le piédestal du cheval de bronze dans une des cours du Palais-Royal..... 400ᴧ

15 décembre : à Mathieu et consors, sur leurs ouvrages et réparations de maçonnerie à la Monnoye..... 800ᴧ

5 febvrier : aux ouvriers qui ont échenillé la pépinière du Roy près Sceaux................. 148ᴧ 10ˢ

6 febvrier-19 may : à Germain, parfait payement de 22346ᴧ 9ˢ à quoy monte la dépense faite pour l'achapt et voiture des grands et petits plants d'arbres pour les avenues et parcs des maisons royalles (2 p.).. 3346ᴧ 9ˢ

20 octobre-22 décembre : à luy, sur les achapts de grands et petits plans pour les maisons royalles (3 p.).. .... 16000ᴧ

29 décembre : à luy, pour ce qu'il a payé aux ouvriers qui ont eslagué les arbres du Cours-la-Reyne.. 68ᴧ 10ˢ

11 febvrier-17 mars : à Charuel¹, sur les réparations de couvertures extraordinaires qu'il fait en divers endroits des maisons royalles (3 p.)................ 1200ᴧ

28 juillet 1680-23 janvier 1681 : à luy, pour l'entretenement des couvertures des maisons royalles pendant l'année 1680 (2 p.)................. 6144ᴧ 10ˢ

28 juillet 1680-23 janvier 1681 : à Yvos, couvreur, pour l'autre moitié desd. entretenemens des maisons royalles (2 p.).................... 4144ᴧ 10ˢ

11 febvrier : à Anglard, sur ses réparations de maçonnerie au donjon de Vincennes et ailleurs..... 800ᴧ

11 febvrier-28 juillet : à Virot et Delorme, charpentiers, sur leurs ouvrages et réparations (2 p.).. 1400ᴧ

18 febvrier-14 avril : à Besnard et Denize, terrassiers, parfait payement de 2279ᴧ 10ˢ pour cinq mille trois cent cinquante-neuf trous pour planter les arbres de la route de Passy à Boulogne (2 p.)....... 1079ᴧ 10ˢ

14 may-24 novembre : à eux, sur leurs labours aux arbres des allées et routtes du parc de Boulogne et de l'Arc de triomphe (3 p.).................. 600ᴧ

18 febvrier-14 may : à Frades et Robert, parfait payement de 2347ᴧ 17ˢ pour les fossez et rigolles faites pour conserver le jeune plant du parc et avenues de Boulogne (3 p.)..................... 2347ᴧ 17ˢ

17 mars : à eux, pour avoir eschenillé les arbres desd. avenues...................... 150ᴧ

¹ Ou Charruel.

25 febvrier-14 avril : à Le Pot, jardinier, pour ce qu'il a payé aux ouvriers jardiniers qui ont planté du petit plant et gland dans le bois de Boulogne, depuis le 22 janvier jusqu'au 6 avril (3 p.)....... 9292ᴧ 4ˢ 6ᵈ

17 mars : à Gault et consors, sur les fossez qu'ils font dans le parc de Vincennes pour conserver le petit plant d'arbres......................... 250ᴧ

24 mars : à La Porte, doreur, à compte de ses ouvrages au Louvre et ailleurs................. 300ᴧ

A Le Tort, taillandier, pour avoir fait quelques rétablissemens aux mouvemens de la pompe du Pont-Neuf, et autres ouvrages..................... 116ᴧ

A Le Roy fils, serrurier, sur ses ouvrages au donjon de Vincennes........................ 300ᴧ

Aux ouvriers qui ont eslagué les arbres des advenues des maisons royalles.................... 163ᴧ 18ˢ

7 avril : à Le Jeune, vuidangeur, pour avoir vuidé deux fosses d'aisance à la bibliothèque du Roy et un tuyau au Palais-Royal......................... 140ᴧ

21 avril : à Malherbe, vannier, pour mannes, hottes et cribles qu'il a fournis pour les jardins des maisons royalles............................ 217ᴧ 4ˢ

14 may-14 juillet : à Loistnon et veuve Petit, parfait payement de 1358ᴧ 3ˢ 8ᵈ pour les labours, trous et fossez faits aux advenues de Vincennes (3 p.)... 1358ᴧ 3ˢ 8ᵈ

14 may-14 juillet : à Loistnon et Besnard, sur idem aux advenues des Tuilleries (2 p.).......... 400ᴧ

14 may : à eux, parfait payement de 599ᴧ 0ˢ 6ᵈ pour labours faits auxd. advenues en 1679..... 199ᴧ 0ˢ 6ᵈ

27 may : à la veuve de Lobel, sur les ouvrages de serrurerie qu'elle fait en diverses maisons royalles. 1000ᴧ

9 juin : aux Liands, preneurs de taupes, pour la quantité de deux mille huit cent quarante-neuf taupes qu'ils ont prises dans les jardins des maisons royalles de janvier à mars 1680................. 498ᴧ 11ˢ

3 novembre : à eux, parfait payement de 258ᴧ 13ˢ pour quatorze cent soixante-dix-huit taupes prises dans les jardins des maisons royalles............. 83ᴧ 15ˢ

1ᵉʳ juillet : à Charles Jaquet, sur les ouvrages de vitrerie qu'il a fait en divers endroits........... 400ᴧ

14 juillet : à la veuve Gautier, pour quatre cent cinquante ormes de tige qu'elle a vendus et livrés pour planter dans la route du parc de Boulogne......... 225ᴧ

14 juillet-24 novembre : à Thierry² et consors, sur les labours qu'ils font au plant d'arbres du parc de Boulogne (3 p.)......................... 2200ᴧ

² Ou Thierry ou La Court.

ANNÉE 1680. — MANUFACTURE DES GOBELINS.

4 aoust : à LA BRU et consors, pour avoir fait deux labours à la pépinière du Roy à Seaux............ 108ᵗᵗ
18 aoust : à DUVAL, pour l'entretenement des couvertures du chasteau de Vincennes, des six premiers mois 1680................................. 700ᵗᵗ
A luy, pour celles du chasteau de Monceaux, des six premiers mois 1680...................... 250ᵗᵗ
15 septembre : à JEAN COTTEREAU, marchand, pour oignons de fleurs qu'il a vendus et livrez pour les jardins des maisons royalles................. 1599ᵗᵗ 11ˢ
26 décembre : à RIBLE et RAVOISIN, sur le nouveau plan du parc de Beauté, proche Vincennes...... 60ᵗᵗ
A SABOT, pour ouvrages et réparations de maçonnerie aux murs du parc...................... 576ᵗᵗ
A SEIGNEUR, jardinier, pour plants d'arbres dans led. parc...................................... 200ᵗᵗ
A LE MAISTRE et MOCQUOT, pour l'abatis des arbres morts dud. parc de Beauté................ 69ᵗᵗ 14ˢ
A eux, pour pareils ouvrages et toisé du canal dud. parc.. 57ᵗᵗ
A APRIN (ARPIN?), pour avoir remply de glace les glacières de Vincennes.................... 405ᵗᵗ 16ˢ
29 décembre : à COIGNET, horlogeur, pour rétablissement à l'horloge de la Samaritaine....... 62ᵗᵗ 10ˢ
6 janvier 1680 : à GILLET, fontainier, pour avoir rétably la conduite de plomb qui mène l'eau du grand réservoir du fauxbourg Saint-Jacques aux Tuilleries et au Palais-Royal.......................... 1200ᵗᵗ
23 janvier 1681 : à CAMAYE et CHAMBOIS, pour l'entretenement des couvertures du chasteau de Compiègne pendant l'année 1680...................... 400ᵗᵗ
23 juillet 1681 : à THIBAULT, jardinier du petit parc de Vincennes, pour son remboursement de la dépense qu'il a faite aud. parc en 1680............ 429ᵗᵗ 6ˢ
9 juillet 1681 : à JANSON, maçon, parfait payement de 6459ᵗᵗ 9ˢ pour ouvrages de maçonnerie et autres qu'il a faits au chasteau de Saint-Léger en 1667... 309ᵗᵗ 9ˢ
Somme de ce chapitre.... 65763ᵗᵗ 11ˢ 8ᵈ

MANUFACTURES DE FRANCE.

6 febvrier 1680 : à JEAN CAMUSET et ANDRÉ SALANTIN, sçavoir : aud. CAMUZET 2000ᵗᵗ, et aud. SALANTIN 500ᵗᵗ, pour plusieurs voyages qu'ils ont faits dans les villes et lieux des establissemens de la manufacture des bas de laine au tricot...................... 2500ᵗᵗ
17 may : à JEAN CAMUSET, pour plusieurs voyages faits pendant les années dernières dans les villes et lieux des establissemens susdits.................. 4000ᵗᵗ

25 mars 1681 : à luy, pour ses appointemens d'une année à cause du soin qu'il prend de l'establissement et augmentation de la manufacture au tricot..... 2000ᵗᵗ
28 mars 1681 : à SALLANTIN, pour avoir travaillé à la visitte de diverses manufactures............ 1000ᵗᵗ
28 may 1680 : aux sʳˢ COCAGNE et DESNUES, commis pour l'exécution des règlemens des toilles, sçavoir : 1800ᵗᵗ pour six mois de leurs appointemens escheus le dernier décembre de l'année dernière 1679, et aud. DESNUES, 600ᵗᵗ par augmentation à cause de divers voyages qu'il a faits........................... 2400ᵗᵗ
25 novembre : au sʳ COCAGNE, commis pour l'exécution des règlemens des thoilles en Normandie, 1350ᵗᵗ pour neuf mois de ses appointemens écheus au dernier septembre de la présente année............... 1350ᵗᵗ
27 décembre : au sʳ DESNUES, commis idem, pour pareils appointemens, et 300ᵗᵗ pour voyage...... 1650ᵗᵗ
Somme de ce chapitre......... 14900ᵗᵗ

MANUFACTURES DES GOBELINS
ET DE LA SAVONNERIE.

21 janvier : au sʳ DENIS, maçon, sur les réparations de maçonnerie qu'il a faites à la maison royalle des Gobelins.................................. 600ᵗᵗ
31 décembre : à JEAN JANSS, pour ouvrages de tapisserie de haute lisse qu'il a faits en lad. manufacture pendant l'année 1680................. 20429ᵗᵗ 0ˢ 8ᵈ
A JEAN LEFEBVRE, autre tapissier, pour pareils ouvrages................................ 17771ᵗᵗ 19ˢ 7ᵈ
A JEAN MOSIN, autre, pour ouvrages de tapisserie de basse lisse faits en 1680............. 15334ᵗᵗ 10ˢ 4ᵈ
A JEAN DE LA CROIX, autre, pour pareils ouvrages idem.................................. 5146ᵗᵗ 3ˢ
A FERDINAND MEGLIORINI et PHILIPPES BRANCHY, lapidaires florentins, tant pour leurs gages de l'année 1680, à raison de 2520ᵗᵗ pour led. MEGLIORINI, et 1920ᵗᵗ pour led. BRANCHY, que leur remboursement de 1046ᵗᵗ 5ˢ d'une part, qu'ils ont payé pour deux cent soixante-dix-neuf journées de trois hommes, par chacun jour, qui ont servy à scier et polir les pierres fines manière de Florence, mises en œuvre par lesd. MEGLIORINI et BRANCHY, et de 397ᵗᵗ d'autre part, pour achapt d'emery et autres drogues servans à travailler lesd. pierres, cy.. 5883ᵗᵗ 5ˢ
A YVART, peintre, pour les ouvrages par luy faits pendant lad. année........................ 13678ᵗᵗ 7ˢ
A CHARLES TROISDAMES, marchand de soye, pour trois cent trente-deux livres six gros pesant de nuances de diverses couleurs qu'il a fournies pour employer aux

ouvrages faits pendant lad. année, à raison de 14ʰ 8ˢ la livre........................... 4781ʰ 8ˢ 2ᵈ

A Josse van den Kerchove, teinturier, pour ses gages de lad. année.......................... 1500ʰ

A Jeanne Haffrey, veuve Lourdet, tapissier et directeur de la manufacture de la Savonnerie, pour quatre-vingt-sept aunes et demie, un cinquième et un quarante-huitième de tapis façon de Turquie, faites en lad. année, à raison de 165ʰ l'aune.................. 14475ʰ

A Louis Dupont, tapissier et directeur *idem*, pour cinquante-neuf aunes deux et demie tiers de tapis, façon de Turquie, faites *idem*, à raison de 165ʰ l'aune. 9740ʰ

A Antoine Le Franc, écclésiastique, tant pour avoir célébré la messe à la chapelle de la Savonnerie, que pour menus frais faits à lad. chapelle.............. 240ʰ

A Tréhet, jardinier des Gobelins, pour ses gages pendant lad. année......................... 400ʰ

A Barbe Vautrain, veuve Bernard, portière des Gobelins, *idem*........................... 300ʰ

A Claude Nivelon, dessignateur aux Gobelins, pour ses appointemens pendant les neuf derniers mois de l'année 1680........................... 825ʰ

A Gilles Patigny, *idem*, pour ses appointemens. 225ʰ

A Jaques Clément, chirurgien des Gobelins, pour ses gages de l'année 1680..................... 300ʰ

A Jaques Rochon, concierge desd. Gobelins, pour ses gages *idem*........................... 1200ʰ

23 mars 1681 : à Bailly, portier de la Savonnerie, sçavoir : 150ʰ pour ses gages des six derniers mois 1680, et 30ʰ pour le blanchissage du linge de la sacristie et le soin qu'il a eu de la chapelle pendant lad. année. 180ʰ

27 febvrier 1681 : au sʳ Febret, chapellain de la maison des Gobelins, pour avoir dit la messe durant lad. année 1680 en la chapelle de lad. maison et avoir instruit les enfans d'icelle maison.............. 300ʰ

Somme de ce chapitre.... 113309ʰ 12ˢ 9ᵈ

OUVRAGES D'ARGENTERIE.

19 juillet 1680-26 janvier 1681 : à Alexis Loir et François de Villiers, orfèvres, pour parfait payement de 127504ʰ 17ˢ 6ᵈ pour la ballustrade d'argent qu'ils font pour le service de S. M. (4 p.)...... 103668ʰ 0ˢ 6ᵈ

ACQUISITIONS DE MAISONS ET HÉRITAGES.

22 septembre : à Marguerite Patin et autres héritiers Houdé, pour 55 perches un quart de terres comprises dans le pourtour de l'Arc de triomphe du fauxbourg Saint-Antoine........................ 392ʰ 5ˢ.

25 febvrier : à damoiselle Marie Faure, femme et procuratrice du sʳ de Chaunoy, pour 6 arpens 90 perches de bois sçiz au terroir de Marly...... 3855ʰ 18ˢ

Au sʳ Thonier et sa femme, pour 4 arpens 45 perches trois quarts de bois taillis sçiz au terroir de Marly. 1410ʰ

17 mars : à Robelin, pour 19 perches de terres sçizes au terroir de Neuilly, comprises dans les advenues des Thuilleries........................... 31ʰ 12ˢ

22 juin : à Claude Coret, veuve d'André Morin, et autres ez noms, pour le prix de partie de la place sur laquelle estoit bastie l'hostellerie du Dauphin à Roquancourt........................... 4800ʰ

27 octobre : à la veuve Coret, pour prix et non-jouissance de plusieurs terres enclozes dans le parc.. 4339ʰ 5ˢ

A la veuve Bonnard, pour prix et non-jouissance de deux pièces de terre enclozes *idem*...... 1049ʰ 7ˢ 6ᵈ

A la veuve François Crosnier, ez noms, pour plusieurs pièces enclozes *idem*................. 920ʰ

A Desmartins et la veuve Périn, pour 2 arpens et demie de terres enclozes *idem*, pour........ 948ʰ 15ˢ

10 novembre : à damoiselle Élizabeth Le Caron, veuve du sʳ de la Grand'maison, pour une maison, ferme et héritages encloz dans le grand parc du chasteau de Versailles............................ 11200ʰ

Estat du 10 novembre : à Claude Cavet et Geneviève Malvilain, sa femme, et consors, pour 4 arpens 88 perches de terre enclozes *idem*............ 1126ʰ 5ˢ 6ᵈ

A Claude Gourlier et Marie Maugé, sa femme, ez noms qu'ils procèdent, pour 7 arpens et demy de terre encloz *idem*........................ 1318ʰ 10ˢ

Contract du 31 octobre : à Nicolas Macé et Jeanne Tristan, sa femme, pour un arpent de terre encloz *idem*........................... 46ʰ

Contract du 23 novembre : à la dame Nicolle du Val, veuve du sʳ Anne de Paris, conseiller en la Grande Chambre, pour plusieurs pièces de terres encloses *idem*........................... 1389ʰ 10ˢ

Contract du 20 novembre : à Guillaume Desmoulins et Catherine Crouan, sa femme, ez noms qu'ils procèdent, pour 30 perches et demy de prez *idem*.... 189ʰ

Contract du 21 novembre : à François Mercier et Jeanne Guillot, sa femme, et consors, pour 18 perches en vigne *idem*........................ 93ʰ

Contract du 18 novembre : à Jaques Laisné, tuteur de Geneviefve Laisné, sa fille, et consors, pour 3 quarts de terre *idem*........................ 34ʰ 10ˢ

Contract du 24 novembre : à François Verdier et consors, pour 62 perches et demy de terre *idem*.. 235ᵗᵗ 6ˢ

Contract du 21 novembre : à François Thévenon et Barbe Bonnet, sa femme, pour un demy arpent de terre *idem*................................... 23ᵗᵗ

Contract du 15 novembre : à Louise Vendorme, veuve de Nicolas Le Gendre, pour un demy arpent de terre enclos *idem*......................... 95ᵗᵗ 19ˢ

Contract du 21 novembre : à Nicolas de Saint-Mars et Geneviève de la Leu, pour 40 perches *idem*... 207ᵗᵗ

Contract du 23 novembre : à Louise Mesle, veuve de Cristophle Laniel, pour 1 arpent 3 quartiers de terre enclos *idem*........................ 201ᵗᵗ 5ˢ

Contract du 22 novembre : à Guillaume Desmoulins et Catherine Chouant, sa femme, pour 21 arpens 22 perches de terres *idem*................. 5623ᵗᵗ 10ˢ

7 may 1681 : au sʳ Mathé, de Vitry-la-Ville, pour une maison acquise pour le Roy pour l'establissement d'un Hostel de la Monnoye à Reims............ 15500ᵗᵗ

8 septembre 1680 : à M. le duc de Foix, pour son remboursement d'une portion de l'hostel de Foix, qui a esté prise pour servir aux bastimens du chasteau de Fontainebleau, en 1678.................... 3000ᵗᵗ

10 décembre : au sʳ Petit, prieur de Choisy-aux-Bœufs, pour son dédommagement des terres comprises dans l'ancien parc de Versailles, à cause des dixmes de son prieuré, pendant l'année 1679......... 1093ᵗᵗ

15 décembre : aux chanoines de la Sainte-Chapelle de Paris, pour prix et non-jouissance de 82 perches de terre à l'Arc de triomphe, fauxbourg Saint-Antoine.. 582ᵗᵗ 4ˢ

20 décembre : au sʳ Ratabon et consors, pour *idem* de 4 arpens 7 perches et demy de terre encloses dans le parc de Versailles....................... 1863ᵗᵗ 5ˢ 8ᵈ

A Masson et sa femme, pour *idem* d'un arpent et demy de terre *idem*......................... 862ᵗᵗ 10ˢ

A Jean Crosnier et sa femme, pour *idem* d'un arpent 75 perches *idem*....................... 322ᵗᵗ

A Louise Marie Crespin, pour *idem* de 3 arpens et demy de terre *idem*.................... 741ᵗᵗ 15ˢ

A Gourlier, pour *idem* d'un arpent 83 perches de terre *idem*................................. 250ᵗᵗ 14ˢ

A Métay et sa femme, pour *idem* de trois quartiers de terre *idem*................................. 138ᵗᵗ

A Veillard, pour *idem* de 5 arpens 53 perches sçiz *idem*............................ 751ᵗᵗ 10ˢ 6ᵈ

22 décembre : au sʳ prieur de Rennemoulin, pour dédommagement et non-jouissance de 50 arpens de bois dépendant dud. prieuré pendant 1679 et 1680. 1350ᵗᵗ

1ᵉʳ juillet 1681 : aux principal, procureur et boursiers du collège de Cambray, pour le dédommagement de leurs bastimens abbatus pour la construction du Collège Royal, pendant 1680.................... 1180ᵗᵗ

3 janvier 1681 : à la dame Pajot, veuve du sʳ de Moussy, pour prix et non-jouissance de 4 arpens cinq douzièmes de terre sçizes et encloses dans l'augmentation du parc de Versailles............... 901ᵗᵗ 7ˢ 6ᵈ

6 janvier 1681 : au sʳ de la Rablière, pour *idem* de 6 arpens 81 perches et demy de terre sçizes et comprises dans le dessein des bastimens du valon de Marly. 2750ᵗᵗ

9 may 1680 : à M. le maréchal de la Feuillade, pour le remboursement de sa maison sçize à Versailles. 25000ᵗᵗ

Somme de ce chapitre..... 95816ᵗᵗ 4ˢ 8ᵈ

BIBLIOTÈQUE ET ACADÉMIE DES SCIENCES.

28 janvier 1680 : à Loir, graveur, pour douze cents jettons d'argent pour distribuer aux assemblées de MM. de l'Académie.................. 1180ᵗᵗ 7ˢ

6 avril : au sʳ Cassini, célèbre mathématicien, pour ses appointemens des six premiers mois 1680..... 4500ᵗᵗ

Au sʳ Huggens, autre célèbre mathématicien, pour ses appointemens *idem*.................. 3000ᵗᵗ

14 avril : au sʳ du Vernay, anatomiste de lad. Académie, par gratification, en considération de ses bons services............................ 2000ᵗᵗ

17 avril : au Père Chifflet, jésuite, pour une année de sa pension escheue le dernier mars dernier... 600ᵗᵗ

28 avril : au sʳ Butterfield, faiseur d'instrumens de mathématique, à compte d'une planisphère d'argent qu'il fait pour le service de S. M................ 600ᵗᵗ

27 may : aud. Loir, pour mil jettons d'argent pour distribuer *idem*........................ 955ᵗᵗ

14 juillet : au sʳ Clément, pour le soing qu'il a eu de l'impression des planches de taille-douce qui se font à lad. bibliothèque pendant une année finie le dernier juin 1680............................ 1200ᵗᵗ

18 aoust : aud. Loir, pour mil jettons d'argent pour *idem*............................ 976ᵗᵗ 8ˢ 7ᵈ

19 aoust : à Joseph Roettier, sur les poinçons, carrez et autres ouvrages qu'il grave pour les médailles de l'Histoire du Roy..................... 2000ᵗᵗ

8 septembre : aud. Loir, pour mil jettons d'argent pour *idem*......................... 977ᵗᵗ 9ˢ

Au sʳ Oudot, maistre de musique, pour son remboursement de ce qu'il a payé aux musiciens et joueurs d'instrumens qui ont joué et chanté pendant la messe qui s'est dite le jour de Saint-Louis, au Louvre, pour Messieurs de l'Académie françoise, et pour sa composition. 300ᵗᵗ

6 octobre : aux nommez Gosselin et Tangui, sur leurs instrumens de mathématique pour l'Académie des Sciences.................................... 500ᵗᵗ

13 octobre : à Lucas, serrurier, pour un pied de fer qu'il a fait à un globe pour lad. Académie....... 80ᵗᵗ

17 novembre : à Loir, graveur, pour mil jettons d'argent à Messieurs de l'Académie......... 975ᵗᵗ 11ˢ 9ᵈ

10 décembre : au sʳ Carcavy, pour son remboursement des dépenses de l'Académie des Sciences et bibliotèque du Roy pendant 1680 .... 4326ᵗᵗ 15ˢ

15 décembre : à Roettiers, graveur, parfait payement de 5000ᵗᵗ pour plusieurs cires, poinçons et carrez de médailles qu'il a faits pour le service du Roy..... 800ᵗᵗ

21 décembre : au sʳ Patru, doyen de l'Académie, par gratification, à cause de sa maladie.......... 1500ᵗᵗ

27 décembre : à Thuret, horloger, pour une machine du mouvement des planettes............... 3000ᵗᵗ

12 janvier 1681 : à Joseph du Vernay, pour la dépense qu'il a faite pendant les années 1678, 1679 et 1680, pour les sujets dissequeletz (dissequez) à l'Académie des Sciences..................... 378ᵗᵗ 18ˢ

24 janvier 1681 : à Desmoulins, hostelier à Versailles, pour la dépense qu'ont faite chez luy plusieurs de Messieurs de l'Académie des Sciences, depuis le 8 mars 1679 jusqu'au 2 juillet 1680, pendant lequel temps ils ont travaillé à vérifier les niveaux pour la construction des aqueducs des environs de Versailles....... 1334ᵗᵗ 14ˢ

Somme de ce chapitre..... 31185ᵗᵗ 3ˢ 4ᵈ

ACADÉMIE DE PEINTURE,
SCULPTURE ET ARCHITECTURE DE PARIS ET DE ROME.

7 avril 1680-12 janvier 1681 : aux sʳˢ Gittard, Bruant, Dorbay, Mansard et Félibien, architectes, pour plusieurs journées de leurs assistances aux conférences de l'Accadémie pendant les quatre quartiers de l'année 1680 (3 p.)................................. 2156ᵗᵗ

7 avril 1680-9 janvier 1681 : au sʳ Beaubrun, trésorier de lad. Académie, pour l'entretenement d'icelle pendant les quatre quartiers de l'année 1680 (4 p.). 4000ᵗᵗ

8 novembre : au sʳ Rousselet et consors, pour faire leurs estudes à l'Académie de Rome.......... 200ᵗᵗ

24 novembre : au sʳ Canonville et Desforests, peintres, et consors, pour idem................ 800ᵗᵗ

26 novembre-17 décembre : au sʳ de la Luie, pour ce qu'il a payé et fait tenir à Rome au sʳ Errard pour l'entretenement de l'Académie de peinture, et autres dépenses (2 p.)......................... 32480ᵗᵗ

Somme de ce chapitre........ 39636ᵗᵗ

GRATIFFICATIONS AUX GENS DE LETTRES.

29 septembre : au sʳ Romer, mathématicien, par gratiffication, en considération des découvertes qu'il a faites dans l'astronomie........................... 1000ᵗᵗ

6 avril 1681 : au sʳ Michault, en considération de son application à l'histoire.................... 1200ᵗᵗ

Au sʳ Clérambault, idem................ 2000ᵗᵗ

Au Père Chifflet, jésuitte, idem........... 600ᵗᵗ

Au sʳ Duchesne, idem 1000ᵗᵗ

Au sʳ de la Hire, en considération de son application aux belles-lettres......................... 1500ᵗᵗ

Au sʳ Huet, sous-précepteur de Monseigneur le Dauphin, en considération de la profonde connoissance qu'il a de toutes sortes de sciences, et des ouvrages qu'il a donnez au public......................... 1500ᵗᵗ

Au sʳ Georges, en considération de divers ouvrages historiques qu'il a donnez au public........... 1000ᵗᵗ

Au sʳ du Bouchet, en considération de divers ouvrages qu'il a donnez au public.................. 1500ᵗᵗ

Au sʳ Marchand, en considération de son application à la recherche des plantes simples curieuses pour le Jardin Royal...................................... 1200ᵗᵗ

Au sʳ abbé Tallemant, en considération de son application aux belles-lettres et de diverses pièces d'éloquence qu'il donne au public...................... 1500ᵗᵗ

Au sʳ Despréaux, en considération de divers ouvrages qu'il donne au public..................... 2000ᵗᵗ

Au sʳ Racine, en considération de divers ouvrages de poésie qu'il donne au public............... 2000ᵗᵗ

Au sʳ Félibien, en considération de divers ouvrages qu'il donne au public..................... 1200ᵗᵗ

Au sʳ Dipy, interprette en langue arabe, en considération de ses services en cette qualité.......... 1000ᵗᵗ

Au sʳ de Vyon d'Érouval, en considération de son application à la recherche des anciens tiltres et mémoires servant à l'histoire....................... 2000ᵗᵗ

Au sʳ de la Croix, interprette en langue turque, en considération de ses services en cette qualité ... 1200ᵗᵗ

Au sʳ Baluze, en considération de divers ouvrages concernans les Conciles et l'Histoire ecclésiastique qu'il a donnez au public........................ 1200ᵗᵗ

Au sʳ Quinault, en considération de son application aux belles-lettres....................... 1500ᵗᵗ

Au s⁰ Charpentier, de l'Académie françoise, en considération de divers ouvrages d'éloquence qu'il a composez et donnez au public.................... 1500ᵗᵗ
Au s⁰ Mariotte, en considération de son application aux belles-lettres......................... 1500ᵗᵗ
Au s⁰ Carcavy, en considération de son assiduité à l'Académie des Sciences................... 2000ᵗᵗ
Au s⁰ Picard, *idem*.................... 1500ᵗᵗ
Au s⁰ Blondel, *idem*................... 1500ᵗᵗ
Au s⁰ Perrault, *idem*................... 2000ᵗᵗ
Au s⁰ Perrault, médecin, en considération de la connoissance particulière qu'il a de la chimie...... 2000ᵗᵗ
Au s⁰ Duclos, en considération de la profonde connoissance qu'il a de la chimie............... 2000ᵗᵗ
Au s⁰ abbé Gallois, en considération de son application aux belles-lettres................ 2000ᵗᵗ
Au s⁰ Bourdelin, apothicaire, en considération du travail qu'il fait sur l'analize des plantes......... 1500ᵗᵗ
Au s⁰ Borel, en considération de son application à la phisique...................................... 1200ᵗᵗ
Au s⁰ Dodart, en considération de son application aux expériences de la phisique................. 1500ᵗᵗ
Au s⁰ du Vernay, en considération des dissections anatomiques qu'il fait........................ 1500ᵗᵗ
Au s⁰ du Hamel, secrétaire de l'Académie des Sciences, en considération de son application aux belles-lettres et à lad. Académie............................. 1500ᵗᵗ

Somme de ce chapitre.......... 49300ᵗᵗ

GRAVEURES DE PLANCHES.

11 febvrier : à Nicolas Guérard, graveur, pour une planche qu'il a gravée pour le Roy, représentant l'élévation et le profil du Collizée de Rome.......... 132ᵗᵗ
A Estienne Baudet, autre graveur, pour quatre planches représentant deux figures et deux bustes antiques du cabinet de S. M..................... 1060ᵗᵗ
17 mars : à luy, sur une planche représentant le grand escalier................................. 1200ᵗᵗ
20 janvier 1681 : à luy, sur les planches qu'il grave.. .... 1000ᵗᵗ
11 febvrier : à Chastillon, autre graveur, pour son payement de six planches, sçavoir : une double, représentant le plan des Termes de Dioclétian, et cinq simples, de beaux morceaux d'architecture antique de Rome . 308ᵗᵗ
21 avril : à Chastillon, autre, pour trois planches d'architecture représentant le Panthéon de Rome. 425ᵗᵗ
15 décembre : à luy, pour six planches de diverses plantes, à 90ᵗᵗ chacune.................... 540ᵗᵗ
18 febvrier : à Sertin, pour une planche représentant une Sainte Catherine..................... 350ᵗᵗ
A Pierre Le Pautre[1], pour deux planches représentant deux veües de l'arc de Constantin, à Rome..... 176ᵗᵗ
25 febvrier : à Sébastien Le Pautre, pour plusieurs journées employées avec autres à faire le plan et eslévation du portail de l'église Saint-Gervais, à Paris.... 132ᵗᵗ
A Jean le Pautre père, graveur, à compte de ses ouvrages.................................... 300ᵗᵗ
14 avril : à Le Pautre, pour une planche représentant le bassin de Flore....................... 500ᵗᵗ
14 may : à Sébastien Le Pautre, pour avoir dessigné plusieurs portails des églizes de Paris......... 222ᵗᵗ
23 juin : à Jean Le Pautre, pour deux planches qu'il a gravées, représentant le portail de l'église de Saint-Gervais de Paris............................ 330ᵗᵗ
18 aoust : à luy, pour deux planches qu'il a gravées pour S. M., l'une pour l'élévation du portail de l'église Saint-Nicolas-du-Chardonneret, et l'autre les mesures de chaque partie dud. portail................. 360ᵗᵗ
17 novembre : à luy, pour quatre desseins et quatre planches représentant les eslévations et profils de diverses églises de Paris............................ 660ᵗᵗ
29 décembre : à Le Pautre, pour divers plans et profils qu'il a gravez........................ 259ᵗᵗ
25 febvrier : à Sébastien Le Clerc, graveur, pour deux planches qu'il a gravées, représentant les beaux morceaux d'architecture du Panthéon de Rome.......... 250ᵗᵗ
17 novembre : à luy, pour plusieurs planches pour l'Académie des Sciences................... 320ᵗᵗ
14 avril : à Richer, autre graveur, pour les inscriptions qu'il a gravées en plusieurs planches.......... 126ᵗᵗ
A Bonnard, pour les inscriptions qu'il a gravées en plusieurs planches d'architecture.......... 108ᵗᵗ 10ˢ
28 avril : à Silvestre, autre graveur, pour deux planches qu'il a gravées, représentant la veüe de Monceaux, et l'autre le Marais dans le petit parc........... 200ᵗᵗ
15 décembre : à luy, pour deux planches, l'une du plan du chasteau et jardins de Versailles, et l'autre du théâtre dud. lieu................................ 1000ᵗᵗ
A Ferne, graveur, parfait payement de 1660ᵗᵗ pour poinçons, carrez et médailles qu'il a gravez..... 910ᵗᵗ
A Edelinck, pour une planche d'une des figures de marbre du parterre d'eau.................. 250ᵗᵗ

---

[1] La famille des Le Pautre étant fort nombreuse et encore peu connue, nous avons reproduit littéralement les articles du compte, de crainte d'attribuer à un des membres de la famille des ouvrages exécutés par un de ses parents. Voyez sur la généalogie de ces graveurs le *Dictionnaire critique* de Jal.

A la veuve et héritiers Jean Edelinck, parfait payement de 1750ᵗᵗ pour quatre planches de quatre figures du parterre d'eau.......................... 1150ᵗᵗ

15 décembre 1680-24 janvier 1681 : à Chasteau, parfait payement de 1700ᵗᵗ pour une planche de la *Mane du Poussin* (2 p.).................. 600ᵗᵗ

25 may : à Roettiers, 1500ᵗᵗ, sçavoir : 1200ᵗᵗ pour quatre quarrez de médailles et deux poinçons de l'Histoire du Roy, et 300ᵗᵗ par gratification, en considération du soin extraordinaire qu'il a pris à graver lesd. ouvrages................................ 1500ᵗᵗ

Somme de ce chapitre...... 15168ᵗᵗ 10ˢ

LOYERS DE MAISONS.

14 juillet : aux héritiers du sʳ Petit, pour le loyer d'une maison à eux appartenante, scize à Versailles, occupée par les officiers de S. M. pendant les six premiers mois de 1680....................... 600ᵗᵗ

13 febvrier 1681 : au sʳ Hosdier, pour le loyer de la maison à nous appartenante, scize à Paris rue Vivien, servant à la biblioteque du Roy, sçavoir : 1000ᵗᵗ pour la dernière demie année 1678, et 2000ᵗᵗ pour la dernière année 1680....................... 3000ᵗᵗ

19 janvier 1681 : au sʳ Desjardins et autres, pour le loyer du moulin de Palfour occupé par la machine qui doit eslever et conduire l'eau de la rivière de Seyne au chasteau du Val, et ce pour les six derniers mois 1680.. 650ᵗᵗ

23 febvrier 1681 : à M. le Coadjuteur de Rouen pour le loyer de sa maison scize rue Vivien, occupée par la biblioteque du Roy, pour les six derniers mois de l'année 1680......................... 3000ᵗᵗ

Au sʳ de Poitrincourt, pour le loyer de sa maison et manège occupée par la grande escurie de S. M., à Paris, pendant l'année 1680.................. 4030ᵗᵗ

Au sʳ chevalier Houel, pour le loyer, pendant les six derniers mois 1680 de deux maisons scizes à Paris à la Halle Barbier, occupées par les mousquetaires du Roy............................ 360ᵗᵗ

Au sʳ Roger, pour le loyer de deux maisons *idem*. 360ᵗᵗ

A la veuve Massonnet, pour le loyer de deux maisons idem............................. 360ᵗᵗ

Aux héritiers de la veuve Perrier, pour le loyer de deux maisons *idem*..................... 360ᵗᵗ

A la dame Cornuel, pour le loyer de neuf maisons idem.......................... 1620ᵗᵗ

Aux héritiers Petit, pour les six derniers mois de loyer de leurs maisons................... 600ᵗᵗ

Somme de ce chapitre......... 14940ᵗᵗ

GAGES PAYEZ PAR ORDONNANCES.

4 febvrier : à Joseph Payen, pour ses gages de la dernière demie année 1679, à cause du soin qu'il a des ouvrages des Graissetz.................. 450ᵗᵗ

25 febvrier : à Valentin Beaumeny, à compte de ses journées qu'il employe à recevoir et pezer le plomb du bastiment de la grande escurie de Versailles..... 50ᵗᵗ

21 febvrier-29 septembre : au sʳ Romer, pour ses appointemens des six premiers mois 1680, en considération de son application aux mathématiques (2 p.)... 1600ᵗᵗ

30 mars : au sʳ Bellinzani, sçavoir : 4000ᵗᵗ pour ses appointemens, et 1000ᵗᵗ pour divers voyages, à cause des soins qu'il a pris pour ce qui regarde le commerce et les manufactures........................ 5000ᵗᵗ

31 mars : à Baltazard et Barthelemi d'Ambreine, jardiniers flamands, sçavoir : 300ᵗᵗ pour leurs gages du quartier de janvier, et par gratification 400ᵗᵗ.... 700ᵗᵗ

6 janvier 1681 : au sʳ Dambreine, jardinier flamand, pour avoir travaillé pendant novembre et décembre aux arbres des avenues des maisons royalles....... 200ᵗᵗ

3 avril-14 may : à La Croix, commis aux acqueducs des environs de Versailles, sur ses appointemens depuis 1677 (2 p.)........................ 2000ᵗᵗ

3 avril : à Deslouit, commis au magasin des démolitions, sur ses appointemens............... 1000ᵗᵗ

7 avril : à Bertrand, commis aux ouvrages des Graissetz, pour ses gages du premier quartier....... 150ᵗᵗ

7 avril 1680-9 janvier 1681 : au sʳ Le Brun, premier peintre du Roy, pour les quartiers de ses appointemens de 1680 (4 p.)................ 8800ᵗᵗ

14 avril-1ᵉʳ décembre : à Villard[1], niveleur, sur ses gages, pour le soin qu'il prend du nivellement des eaux des environs de Versailles, pour deux années de ses appointemens (2 p.)..................... 2400ᵗᵗ

23 may : à François Dorbay, architecte, par gratification............................ 1000ᵗᵗ

28 may 1680-21 janvier 1681 : au sʳ David Vivier, géographe du Roy, pour une année et huit mois de ses appointemens eschus le 31 may 1681 (2 p.). 3333ᵗᵗ 6ˢ 8ᵈ

2 juin-15 décembre : à Antoine Desgodetz, commis à la conduite des réparations à faire au chasteau de Chambord, sur ses appointemens (2 p.).......... 900ᵗᵗ

30 juin : à Joseph Roettiers, graveur, pour ses gages des six premiers mois 1680................ 750ᵗᵗ

14 juillet 1680-22 febvrier 1681 : au sʳ Ballon, di-

---

[1] Ou Villiard.

recteur des plants des advenues des maisons royalles, pour ses gages de l'année 1680 (2 p.)....... 1800ᵗᵗ

A la veuve VIEUXPONT, ayant l'entretenement du jardin potager et fruittier du jardin neuf de Fontainebleau, pour ses gages............................. 90ᵗᵗ

A BAILLY, portier de la Savonnerie, pour ses gages, idem................................. 150ᵗᵗ

30 juin 1680-23 febvrier 1681 : à la veuve CARDONNET, pour l'année 1680 du loyer qu'elle occupe à cause de l'entretenement qu'elle a dans le jardin des Tuilleries (2 p.).................................... 200ᵗᵗ

23 juillet 1680-8 avril 1681 : au sʳ MANSARD, architecte des bastimens du Roi, pour ses appointemens de l'année 1680 (2 p.)..................... 6000ᵗᵗ

4 aoust : au sʳ MANSARD, par gratification, en considération du service actuel qu'il rend à Versailles.. 4000ᵗᵗ

11 aoust : à ROBERT PRUDHOMME, parfait payement de 4902ᵗᵗ 5ˢ pour la dépense qu'il a faite pour le payement des gens de journées qui luy ont aydé à lever les plans des bois des environs de Versailles 1300ᵗᵗ, et 500ᵗᵗ à compte du travail qu'il fait pour lad. carte... 1800ᵗᵗ

A PERAULT le fils, greffier de l'Escritoire, sur ses toisez depuis le commencement de 1679............ 1400ᵗᵗ

30 aoust : au sʳ DE LA CROIX, pour son fils envoyé en Levant, pour sa pension pendant l'année 1680. 1200ᵗᵗ

18 aoust : au sʳ CRESPY, major du régiment d'infanterie du Roy, par gratification, en considération du soin qu'il a pris du travail que les soldats dud. régiment ont fait à l'estang du bois d'Arcy prez Versailles....... 1500ᵗᵗ

23 aoust : au sʳ VILLETTE, ingénieur, par gratification, en considération du voyage qu'il a fait de Lion en cette ville de Paris et du séjour qu'il a fait en lad. ville pour faire voir au Roy et à la Cour un miroir ardent d'une grandeur extraordinaire................. 1200ᵗᵗ

29 septembre : au sʳ PETIT, commis des Bastimens à Saint-Germain-en-Laye, pour augmentation de ses appointemens 1680, outre 1200ᵗᵗ pour ses appointemens ordinaires........................... 1200ᵗᵗ

23 febvrier 1681 : au sʳ PETIT, controlleur des bastimens à Saint-Germain-en-Laye, à sçavoir : 1600ᵗᵗ pour ses appointemens ordinaires de l'année dernière 1680 et 800ᵗᵗ pour ses appointemens extraordinaires de lad. année........................... 2400ᵗᵗ

13 octobre 1680-19 janvier 1681 : à LE POT, inspecteur des ouvrages et plants du parc de Boulogne et Versailles, pour parfait payement de ses appointemens pendant l'année 1680, à raison de 75ᵗᵗ par mois (2 p.) 665ᵗᵗ

13 octobre 1680-26 may 1681 : au sʳ CASSINI, mathématicien, pour ses appointemens du troisième et quatrième quartiers 1680 (2 p.).............. 4500ᵗᵗ

27 novembre : au sʳ HUGENS, pour ses appointemens des six derniers mois de la présente année..... 3000ᵗᵗ

15 décembre : au sʳ LE NOSTRE, par gratification, en considération des soins qu'il prend des jardins des maisons royalles......................... 3000ᵗᵗ

31 janvier 1681 : au sʳ VAN DER MEULEN, peintre flamand, pour ses appointemens de l'année 1679.. 6000ᵗᵗ

12 novembre : aud. sʳ VAN DER MEULEN, pour ses appointemens de l'année 1680............... 6000ᵗᵗ

23 febvrier 1681 : à la Mission de Fontainebleau, pour leur subsistance en 1680........ 2800ᵗᵗ

1ᵉʳ décembre : au sʳ LAMBERT, architecte, à compte de ses appointemens..................... 2000ᵗᵗ

15 avril 1681 : à luy, pour le travail de l'application qu'il a donnée aux travaux des estangs de Trappes et des Gressets............................. 2000ᵗᵗ

6 janvier 1681 : à GERMAIN, pour la nourriture des cignes qui sont sur la rivière de Seyne pendant les trois derniers mois 1680.................... 897ᵗᵗ

24 janvier 1681 : à FRANÇOIS PERRAULT père, parfait payement de 7000ᵗᵗ pour tous les toisez qu'il a faits des bastimens jusqu'à ce jourd'huy............ 2800ᵗᵗ

16 febvrier 1681 : à ANTOINE TRUMEL, jardinier de la pépinière du Roule, pour ses gages de 1680... 1200ᵗᵗ

4 may 1681 : à luy, par gratiffication en 1680. 600ᵗᵗ

16 febvrier 1681 : à CLÉMENT GARNIER, autre jardinier de lad. pépinière, pour ses gages............ 400ᵗᵗ

4 may 1681 : à luy, par gratiffication......... 200ᵗᵗ

16 febvrier 1681 : à OCTAVIEN HERNY, ayant le soin et la recherche des fleurs et arbrisseaux, pour ses gages des six premiers mois 1680..................... 300ᵗᵗ

4 may 1681 : à la veuve dud. OCTAVIEN HERNY, par gratiffication........................... 250ᵗᵗ

16 febvrier 1681 : à LOUIS GERMAIN, ayant la conduite des ouvriers de la pépinière du Roule et des plants d'arbres des avenues des maisons royalles, pour ses gages pendant l'année 1680........................ 900ᵗᵗ

4 may 1681 : à LOUIS GERMAIN et à LOUIS LE POT, par gratiffication........................... 200ᵗᵗ

16 febvrier 1681 : à FRADE, ayant l'entretenement des labours et plants des avenues et pépinières de Saint-Germain-en-Laye, pour lad. année 1680........ 965ᵗᵗ

4 may 1681 : à luy, par gratification........ 150ᵗᵗ

16 febvrier 1681 : au sʳ DE BEAULIEU, ingénieur et professeur en mathématique, qui enseigne l'aritmétique et la géométrie aux jardiniers de la pépinière du Roule, pour ses soins pendant lad. année............. 300ᵗᵗ

A André Landry, ayant le soin de garder les arbres des avenues des Thuilleries, pour ses gages de lad. année 1680 .... 100tt

A Noel de la Croix, portier de la basse cour du Palais-Royal du costé de la rue Richelieu, pour ses gages des trois premiers quartiers 1680 .... 337tt 15s

Au sr Clément, ayant le soin des planches que le Roy fait graver et de l'impression qu'il fait faire dans sa bibliothèque, pour ses appointemens des six derniers mois de l'année 1680 ..:....................... 600tt

A Daniel Fossier, commis aux magazins des marbres à Paris, pour ses gages de lad. année 1200tt

A luy, pour ses gages extraordinaires pendant lad. année 700tt

A Philbert Chaillou, portier du Jardin Royal des plantes à Paris, pour ses gages de lad. année ... 450tt

A Jean Brémant, jardinier, ayant l'entretenement dud. jardin, pour ses gages, *idem* 2500tt

11 mars 1681 : à Guilleu Malo, par gratiffication, en considération de divers mémoires qu'il a faits pour les bastimens de S. M 1200tt

8 avril 1681 : au sr Gobert, intendant desd. bastimens, par gratiffication, pour avoir pris soin pendant deux ans des ouvrages des Gressets 6000tt

Au sr Gobert fils, par gratiffication, pour avoir travaillé sous la conduite de son père à celle desd. ouvrages des Gressets 2000tt

19 avril 1681 : au sr Bréau, pour avoir vacqué pendant lad. année 1680 aux travaux de la grande escurie à Versailles 3000tt

7 aoust 1681 : au sr Dacquin, pour ses gages de surintendant des démonstrations intérieures des plantes et opérations médécinalles pour l'année 1680 .... 3000tt

13 septembre 1681 : au sr Dacquin, médecin de la Faculté de Paris et démonstrateur de l'intérieur desd. plantes, pour ses gages pendant l'année 1680 .. 1500tt

7 aoust 1681 : au sr Fagon, médecin, démonstrateur de l'intérieur desd. plantes du Jardin Royal, pour ses gages pendant lad. année 1500tt

A luy, pour ses gages de sous-démonstrateur desd. plantes, *idem* 1200tt

A Antoine Josson, apoticaire, tant pour avoir enseigné le cours de chimie aud. Jardin Royal pendant lad. année 1680 que pour son remboursement des drogues, instrumens et autres dépenses nécessaires 1000tt

A Pierre Beaupré, garçon du laboratoire dud. Jardin Royal, pour ses gages pendant l'année 1680 ... 200tt

A Jean Remy, autre garçon dud. laboratoire, pour ses gages *idem*........................... 200tt

Somme de ce chapitre..... 120288tt 1s 8d

GAGES SUIVANT L'ESTAT
DU 30 MARS 1681.

GAGES ET APPOINTEMENS DES SURINTENDANT, INTENDANS, CONTROLLEURS ET TRÉSORIERS DESDITS BASTIMENS.

A nous, en lad. qualité de Surintendant et Ordonnateur général desd. bastimens, jardins, tapisseries et manufactures, la somme de douze mil livres pour nos gages à cause de nostre dite charge................ 12000tt

A nous, en lad. qualité de lad. charge et pension attribuée et unie à icelle 3000tt

A nous, comme Surintendant et Ordonnateur général des bastimens du chasteau de Monceaux 2400tt

Au sr Coquart de la Motte, conseiller du Roy en ses conseils, intendant et ordonnateur ancien desd. bastimens, jardins, tapisseries et manufactures, pour trois quartiers de ses gages..................... 4500tt

Au sr Gobert, aussy conseiller du Roy esd. conseils, intendant et ordonnateur alternatif desd. bastimens, jardins, etc., pour trois quartiers de ses gages.... 4665tt

Au sr Le Nostre, controlleur général ancien desd. bastimens, jardins, etc., pour trois quartiers de ses gages et augmentation d'iceux 4080tt 18s 9d

Au sr Perrault, controlleur général alternatif desd. bastimens, jardins, etc., pour trois quartiers de ses gages et augmentation d'iceux................. 4125tt

Au sr Lefebvre, controlleur général triennal desd. bastimens, etc., pour trois quartiers de ses gages et augmentation d'iceux.................... 4133tt

A Me Charles Le Bègue, conseiller du Roy, trésorier général desd. bastimens, etc., pour trois quartiers de ses gages à cause de sad. charge et augmentation d'iceux................................ 2100tt

A Me Charles Le Bègue, aussy conseiller du Roy, trésorier général alternatif desd. bastimens, etc.. 2100tt

A Me Sébastien François de la Planche, aussy conseiller du Roy, trésorier général desd. bastimens, etc. 2100tt

Somme 45203tt 18s 9d

OFFICIERS QUI ONT GAGES
POUR SERVIR GÉNÉRALEMENT
DANS TOUTES LES MAISONS ROYALLES ET BASTIMENS
DE SA MAJESTÉ.

Au sr Le Brun, pour ses appointemens pendant lad.

année, la somme de 8800ᴸ à luy ordonnée par gratification à cause de la conduite et direction des peintures des maisons royalles, et aussy de celle qu'il a, sous nos ordres, de la manufacture des Gobelins, pour, avec 3200ᴸ employé dans l'estat de la Maison du Roy, faire la somme de 12000ᴸ à luy accordée par chacun an et dont il a esté payé, partant cy........................ Néant.

Au s' BLONDEL, professeur à l'Accadémie d'architecture establie au Palais-Royal, pour y tenir les conférences et y enseigner publiquement, pour ses gages..... 1200ᴸ

Au s' MANSARD, architecte, pour ses gages pendant lad. année............................ 500ᴸ

Au s' DORBAY, autre architecte, pour ses gages. 1000ᴸ

Au s' FÉLIBIEN, historiographe des Bastimens du Roy, pour ses gages à cause de lad. charge........ 1200ᴸ

A CHARLES ERRARD, peintre, retenu pour servir S. M., la somme de 1200ᴸ pour ses gages, dont il sera payé de trois quartiers pour lad. année à cause du service actuel qu'il rend à S. M. dans ses bastimens........ 900ᴸ

A JEAN-BAPTISTE CHAMPAGNE, autre peintre, pour ses gages, la somme de 400ᴸ, dont il sera payé seulement de la moitié.............................. 200ᴸ

A NOËL COYPEL, autre peintre, pareille somme. 200ᴸ

A BAILLY, peintre en mignature, pareille somme. 200ᴸ

A FRIQUET, autre peintre, pareille somme.... 200ᴸ

A CLAUDE GOY, autre peintre.............. 120ᴸ

A ANDRÉ FÉLIBIEN, ayant la garde des figures et le soin de tenir nets et polir les marbres des maisons royalles, pour ses gages........................... 400ᴸ

A ANGUIER, sculpteur, pour ses gages........ 200ᴸ

A JAQUES HOUZEAU, autre sculpteur, faisant ordinairement les modelles et ornemens, tant au Louvre qu'ailleurs, pour ses gages la somme de 400ᴸ, dont il luy sera payé seulement...................... 150ᴸ

A FRANÇOIS GIRARDON, autre sculpteur, pour ses gages.............................. 200ᴸ

A THOMAS REGNAUDIN, idem............... 150ᴸ

A GASPARD MARSY, idem.................. 200ᴸ

A LOUIS LE GROS, idem................... 150ᴸ

A PHILIPES BUISTER, idem.................. 150ᴸ

A MATHIEU L'ESPAGNANDEL, idem............ 150ᴸ

A PHILIPES CAFFIERS, idem................. 150ᴸ

A BAPTISTE TUBY, idem................... 200ᴸ

A PIERRE MAZELINES, idem................. 150ᴸ

A MESNARD, marbrier, pour ses gages........ 30ᴸ

A DOMINICO CUCCI, qui fait toutes les garnitures de bronze doré des portes et croisées des maisons royalles. 60ᴸ

A LE CLERC, graveur, pour ses gages........ 100ᴸ

A ISRAEL SILVESTRE, autre graveur, pour faire les desseins d'architecture, veues et perspective des maisons royalles, carouzels et autres assemblées publiques, la somme de 400ᴸ pour ses gages et appointemens que S. M. luy a accordé par brevet, de laquelle il sera payé entièrement............................ 400ᴸ

A GOITON, imprimeur en taille-douce........ 100ᴸ

A FRANÇOIS VILDOT, de Clermont, maistre des œuvres de maçonnerie des bastimens du Roy, tant pour ses gages anciens qu'augmentation d'iceux, la somme de 1200ᴸ, dont il sera payé de la moitié, attendu le service actuel qu'il rend à S. M........................ 600ᴸ

A LIBÉRAL BRUANT, maistre des œuvres de charpenterie, pour avoir l'œil sur tous les charpentiers des maisons royalles, la somme de 1200ᴸ, dont il ne sera payé que de la moitié........................... 600ᴸ

A ANTOINE BERGERON, maçon.............. 30ᴸ
A JEAN DORBAY, autre maçon.............. 30ᴸ
A JACQUES GABRIEL, idem................. 30ᴸ
A JACQUES MAZIÈRES, idem................ 30ᴸ
A ..... HANICLE, idem.................... 30ᴸ
A PIERRE THÉVENOY, idem................ 30ᴸ
A PONCELET CLIQUIN, charpentier.......... 30ᴸ
A PAUL CHARPENTIER, autre charpentier..... 30ᴸ
A JEAN BRICART, idem................... 30ᴸ
A PIERRE DIONIS, menuisier............... 30ᴸ
A CLAUDE BERGERAT, idem................ 30ᴸ
A JAQUES PROU, idem................... 30ᴸ
A COUVREUX, idem..................... 30ᴸ
A la veuve SOMER, ébéniste............... 30ᴸ
A ..... BOULE, idem.................... 30ᴸ
A DENIS DUCHESNE, serrurier.............. 30ᴸ
A CHARLES JANSON, vitrier................ 30ᴸ
A ESTIENNE YVON, couvreur............... 30ᴸ
A NICOLAS DUVAL, idem.................. 30ᴸ
A DIMANCHE CHARRUEL, idem.............. 30ᴸ
A GILLES LE ROY, plombier............... 30ᴸ
A JEAN ALLAIN, idem................... 30ᴸ
A PHILIPES VITRY, idem.................. 30ᴸ
A la veuve MAZELINES, idem............... 30ᴸ
A ANTOINE VATEL, paveur................ 30ᴸ
A HUBERT MISSON, marbrier.............. 30ᴸ
A CLAUDE BRIOT, miroitier................ 30ᴸ
A LA BARONNIÈRE, peintre et doreur......... 30ᴸ

A GOSSELIN et TANGUY, armuriers, retenus pour travailler aux instrumens de matématique nécessaires pour l'Académie des Sciences..................... 30ᴸ

A TURRET, orlogeur, retenu pour entretenir toutes les pendules de l'Académie des Sciences, tant celles qui sont à l'Observatoire que dans lad. Académie....... 300ᴸ

A Masselin, chaudronnier, pour ses gages pendant lad. année... 30ᵗᵗ

A Padelain et Varisse, ramonneurs de cheminées, pour avoir soin de tenir nettes toutes celles des maisons royalles de Paris et Saint-Germain, Fontainebleau et autres lieux, la somme de 200ᵗᵗ, sur quoy leur sera payé 30ᵗᵗ à chacun, et les racomodages de cheminées leur seront payez par ordonnance, partant cy........ 60ᵗᵗ

A Daniel Fossier, garde du magasin du Roy où se mettent les démolitions et matériaux pour les bastimens de S. M., pour ses gages................... 400ᵗᵗ

A Charles Mollet, jardinier, retenu pour travailler aux desseins des parterres et jardins de S. M. lorsqu'il luy sera commandé, pour ses gages la somme de 1000ᵗᵗ, dont il ne luy sera payé que la moitié, partant cy. 500ᵗᵗ

A André Le Nostre, aussy retenu pour travailler aud. dessein de jardins et parterres, pour ses gages.. 1200ᵗᵗ

Au sʳ François Francines, intendant de la conduite et mouvement des eaues et fontaines de S. M., la somme de 3000ᵗᵗ, sçavoir : 1800ᵗᵗ d'anciens gages et 1200ᵗᵗ d'augmentation, dont il sera payé de trois quartiers, montant à.. 2250ᵗᵗ

A luy, ayant l'entretenement des fontaines de Rungis, palais de Luxembourg, Croix-du-Tiroir et chasteau du Louvre, pour ses gages à cause dud. entretenement... 7000ᵗᵗ

A Pierre Francines, ingénieur pour le mouvement des eaues et ornemens des fontaines, outre pour ce qui luy est ordonné dans l'estat de Fontainebleau, la somme de 600ᵗᵗ, dont il sera payé de trois quartiers seulement, cy... 450ᵗᵗ

A luy, ayant la conciergerie de la maison du regard des fontaines de Rungis, hors le fauxbourg Saint-Jacques, suivant l'arrest du Conseil du 28 juin 1675, la somme de 100ᵗᵗ du fondz laissé dans l'estat des finances sous le nom du trésorier des Bastimens.............. 100ᵗᵗ

Au sʳ Perrault, l'un de nos commis, ayant le soin de la visite de tous les ouvrages ordonnez par S. M. en ses bastimens et de tenir la main à ce que tous les ordres par nous donnez pour l'exécution des volontez de S. M. soient ponctuellement exécutez avec diligence requise, pour ses appointemens............................ 2000ᵗᵗ

A......., commis de l'intendant desd. bastimens en exercice... 600ᵗᵗ

A......., commis du controlleur général desd. bastimens en exercice pour, en son absence, avoir l'œil à ce qui est du controlle général, pour ses appointemens... 600ᵗᵗ

Aux trois premiers commis en tiltre d'office des trois trésoriers généraux desd. bastimens, pour leurs gages, à raison de 300ᵗᵗ chacun, dont il leur sera payé seulement 200ᵗᵗ... 600ᵗᵗ

A Daniel Fossier, garde des magasins des marbres pour lesd. bastimens, pour ses appointemens pendant lad. année... 600ᵗᵗ

Somme................... 27590ᵗᵗ

OFFICIERS SERVANT SA MAJESTÉ
POUR L'ENTRETENEMENT DES MAISONS ET CHASTEAUX CY-APREZ NOMMEZ.

LOUVRE.

A René de Louvigny, concierge du chasteau du Louvre, pour tenir nettes les grandes et petites galleries, les ouvrir et fermer, pour ses gages tant anciens que nouveaux.. 100ᵗᵗ

COURS DE LA REYNE.

A Pasquier, portier de la porte du cours de la Reyne du costé des Thuilleries, pour ses gages de lad. année 1680... 50ᵗᵗ

A Jaques Dubuisson, portier de l'autre porte, du costé de Chaliot, et pour garder tous les plants des Thuilleries.. 150ᵗᵗ

PALAIS-ROYAL.

A Simon le Vacher, portier de la porte de la rue des Bons-Enfans et de la rue de Richelieu, pour ses gages. 150ᵗᵗ

A Estienne Mestivier, portier de la grande porte du Palais-Royal....................................... 150ᵗᵗ

COLLÈGE DE FRANCE.

A Duclos, concierge du Collège de France, pour deux quartiers de ses gages pendant lad. année....... 25

MADRID.

A Jean Ricard, concierge du chasteau de Madrid, pour ses gages, dont il sera payé de trois quartiers.... 150ᵗᵗ

SAINT-GERMAIN-EN-LAYE.

A François Francines, ayant l'entretenement des fontaines et grottes des chasteaux dud. Saint-Germain, pour ses gages à cause dud. entretenement, la somme de 1200ᵗᵗ; attendu le déperissement de la pluspart des grottes, celle de.................................. 800ᵗᵗ

A Julien du Vau, portier du vieux chasteau, pour trois quartiers de ses gages................................ 75

ANNÉE 1680. — GAGES DES OFFICIERS DES BÂTIMENTS.

A Louis Guillot, portier du chasteau neuf, pour pareils gages........................ 75ʰ

A Claude Tailler, portier de la porte du parc de Saint-Germain au bas des descentes du chasteau, pour pareils gages........................... 75ʰ

A Poisson, peintre, pour ses gages pendant lad. année............................... 30ʰ

A Charles de la Rue, maçon, pour ses gages... 30ʰ
A Aubert, charpentier................... 30ʰ
A François Millot, menuisier............ 30ʰ
A Louis Piot, serrurier................. 30ʰ
A Charles Le Mercier, vitrier........... 30ʰ

Somme................... 1205ʰ

SAINT-LÉGER.

Au s^r de Garsault, concierge du chasteau de Saint-Léger, pour deux quartiers de ses gages....... 225ʰ

POUGUES.

A Jean Adrien, garde des fontaines de Pougues, pour trois quartiers de ses gages.................. 75ʰ

VERSAILLES.

A René Jamin, concierge de la Surintendance des bastimens à Versailles........................ 200ʰ

L'entretenement ordinaire des autres concierges, jardiniers et autres officiers dud. chasteau de Versailles est payé par estat séparé, partant cy........... Néant.

JARDIN MÉDECINAL.

Les gages des officiers et entretenemens ordinaire dud. jardin médecinal du fauxbourg Saint-Victor, montant à 21000ʰ, se payent par estat séparé, partant cy. Néant.

HOSTEL DES AMBASSADEURS.

A Sébastien Pouget, concierge dud. hostel, la somme de 400ʰ, dont il luy sera payé seulement celle de.. 100ʰ

CHASTEAU-THIERRY.

Le chasteau et domaine de Chasteau-Thierry a esté engagé à M. le duc de Bouillon, partant cy.... Néant.

VILLERS-COTTERETZ.

Le chasteau et domaine de Villers-Cotteretz a esté baillé à M. le duc d'Orléans en augmentation de son apanage, partant cy..................... Néant.

Somme totale du présent estat.. 75373ʰ 18ˢ 9ᵈ

Laquelle somme de 75373ʰ 18ˢ 9ᵈ sera payée aux dénommez au présent estat par le s^r Le Bègue, trésorier général des Bastimens du Roy en exercice pendant l'année dernière 1680, des deniers de sa charge; et, raportant par luy le présent estat par nous expédié et les certifications du controlleur général desd. bastimens et jardins de S. M. du service que lesd. officiers sujets à aucuns entretenemens auront bien et duement fait, ainsy qu'ils sont obligez par leurs charges et employs, et quittances sur ce suffisantes, ladite somme de 75373ʰ 18ˢ 9ᵈ sera passée et allouée en la dépense de son compte par M^{rs} des Comptes à Paris, lesquels nous prions ainsy le faire sans difficulté.

Fait à Saint-Germain en Laye, le xxxe jour de mars 1681.

Signé : COLBERT.

GAGES DES OFFICIERS
À CAUSE DES ENTRETENEMENS QU'ILS ONT DANS LES MAISONS ROYALES.

PREMIÈREMENT :
PALAIS DES THUILLERIES.

Au s^r Clinchant, garde-clef du palais des Thuilleries, pour ses gages pendant la dernière demie année 1680, cy................................. 150ʰ

A luy, comme concierge de la salle des machines nouvellement construite au palais des Thuilleries pour danser les balets et représenter les comédies et machines, pour ses appointemens de la dernière demie année à cause de lad. charge, à condition d'entretenir deux valets pour tenir la salle nette, ouvrir et fermer les portes et fenestres, et d'avoir l'œil à la décoration, machine et amphitéâtre, la somme de........................ 1000ʰ

A luy, ayant le soin de nettoyer et tenir propres toutes les chambres et cours dud. palais, pour les six derniers mois............................... 1000ʰ

A André Le Nostre, ayant l'entretenement des parterres nouvellement plantez à la face des Thuilleries, pour ses gages à cause dudit entretenement concistant à nettoyer, battre et rateler la grande terrasse en face dud. palais, la grande allée du milieu, contr'allée, tour et place du grand rondeau avec les pallissades de la demie-lune plantée de sapins, ifs, ciprez, jusqu'au premier maronnier d'Inde de la grande allée du milieu, et allée de traverse plantée de buis qui ferme le quarré où estoit l'estang, l'allée d'ormes du bout des parterres où est le milieu du rondeau, finissant à droit de l'allée du

Maii, à gauche de la grande terrasse du costé de la rivière, huit quarrez de parterre en broderie, lesquels seront tondus, nettoyés et entretenus en tout leur contenu, ainsi que les plattes-bandes, et allées de traverse, et tour des bassins; entretenir de labour et fumiers les arbrisseaux verds dud. parterre, mesme les garnir dans les saisons de fleurs de pareille espèce qui y sont; lesquels il fera lever, replanter, couvrir et regarnir à ses frais, la somme de 1750ᵗᵗ pour led. entretenement et augmentation pour les six derniers mois, cy......... 1750ᵗᵗ

Aud. Le Nostre, pour les parterres en gazon qui ont esté depuis augmentez ensuite des huit quarrez de broderie cy-dessus, la somme de 1250ᵗᵗ pour led. entretenement et augmentation pendant lesd. derniers six mois................................. 1250ᵗᵗ

A luy, pour l'entretenement d'un jardin à fleurs entre le grand parterre et l'allée des meuriers qu'il doit toujours tenir remply de fleurs, particulièrement durant l'hiver, et pour cet effet fournir des fumiers, terrots et autres choses nécessaires, la somme de 750ᵗᵗ pour lesd. derniers six mois................................. 750ᵗᵗ

A luy, pour l'entretenement d'un espalier de jasmins d'Espagne dans toute la longueur du mur de terrasse et l'allée des meuriers, fournir le fumier, terrot et autres choses nécessaires, la somme de 750ᵗᵗ pour lesd. derniers six mois................................. 750ᵗᵗ

A la veuve Carbonnet, ayant l'entretenement de la haute allée des maronniers d'Inde et pisceas jusqu'à l'extrémité du fer à cheval, en la place des meuriers blancs qui y estoient plantez, pendant les derniers six mois................................. 200ᵗᵗ

A Pierre Desgots, ayant l'entretenement du parc des Thuilleries depuis le grand parterre jusques au bout de la demie-lune qui regarde sur le fossé, et depuis la terrasse du costé de l'eau, y compris dans toute sa longueur, jusqu'au parterre en platte-bande de l'autre costé, à la réserve du quarré où estoit le Labirinthe; entretenir toutes les allées, labourer les plants d'arbres de tous les quarrez de l'Amphitéâtre, et tenir le tout dans la plus grande propreté, pendant lesd. derniers six mois. 1800ᵗᵗ

A Françoise et Anne Bouchard, ayant l'entretenement des orangers du Roy en sa grande orangerie du jardin des Thuilleries, parterres à fleurs et autres jardins derrière, la somme de 1200ᵗᵗ pour leurs gages à cause dud. entretenement, sçavoir : 800ᵗᵗ d'anciens et 400ᵗᵗ d'augmentation, dont elles seront payées de 450ᵗᵗ pour lesd. six derniers mois, en fournissant l'inventaire et dénombrement des orangers qui sont dans lad. orangerie appartenant à S. M........................... 450ᵗᵗ

A Guillaume Masson et à Claude et Elisabeth Le Juge, ses deux belles-sœurs, chacun pour un tiers de l'entretenement des plattes-bandes et tapis de gazon le long de la haute allée, d'un ormoy, d'un quarré de bois verd, et d'un boulingrin de l'autre costé desd. plattes-bandes avec la grande allée qui les sépare, pour leurs gages et entretenemens pendant lesd. derniers six mois, la somme de............................ 1025ᵗᵗ

A Lamy, portier des Thuilleries du costé du Pont Rouge la somme de 150ᵗᵗ pour ses gages pendant lesd. derniers six mois........................ 150ᵗᵗ

Somme.................. 10275ᵗᵗ

PALAIS-ROYAL.

A Gratian Bouticourt, concierge dud. Palais-Royal, pour ses gages pendant lesd. derniers six mois.... 225ᵗᵗ

A luy, au lieu de François Huet, dit Poictevin, ayant le soin du nettoyement des chambres, 112ᵗᵗ 10ˢ pour ses gages pendant lesd. derniers six mois.... 112ᵗᵗ 10ˢ

A Pierre Clinchant, pourveu de S. M., par son brevet du 7 janvier 1666, de la charge de garde-meubles et machines du Palais-Royal, dont estoit cy-devant pourveu Anne Dubois et Marie Lhuillier, pour ses gages pendant lesd. derniers six mois.................. 112ᵗᵗ 10ˢ

A Nicolas Bouticourt, jardinier du jardin dud. palais, la somme de 750ᵗᵗ pour ses gages pendant lesd. derniers six mois............................. 750ᵗᵗ

Somme.................. 1200ᵗᵗ

SAINT-GERMAIN-EN-LAYE.

A Jean-Baptiste de la Lande, ayant l'entretenement du vieux jardin et des nouvelles palissades dans le parc, à la réserve du grand parterre et allées qui sont autour, pour ses gages pendant lesd. derniers six mois... 250ᵗᵗ

A luy, ayant l'entretenement de l'orangerie, pour ses gages pendant les six derniers mois........... 250ᵗᵗ

A la veuve Jean de la Lande, jardinier, ayant l'entretenement du grand parterre nouvellement replanté et augmenté de trois allées autour dans le vieil jardin, pour ses gages pendant lesd. derniers six mois....... 675ᵗᵗ

A Jean de la Lande, autre jardinier, ayant celui des palissades et allées de l'enclos du petit bois de Saint-Germain, pour ses gages idem............ 168ᵗᵗ 10ˢ

A luy, ayant l'entretenement du potager, idem. 100ᵗᵗ

Aud. de la Lande, ayant l'entretenement du boulingrin et jardin de gazon, pour ses gages idem.... 400ᵗᵗ

A la veuve Bellier, ayant l'entretenement du jardin potager et des deux parterres à costé de la fontaine du chasteau neuf, la somme de 600ʰ, dont elle sera payée de 225ʰ pour lesd. derniers six mois............. 225ʰ

A François Lavechef, au lieu de François Bellier, son beau-père, ayant l'entretenement du jardin et parterre du devant des grottes dud. chasteau neuf, la somme de 600ʰ, dont il sera payé de 225ʰ.......... 225ʰ

A luy, ayant l'entretenement du jardin, des canaux et collines dud. chasteau, au lieu de François Bellier, la somme de 100ʰ par an, dont il sera payé de 37ʰ 10ˢ pour ses gages pendant les six derniers mois.. 37ʰ 10ˢ

A Pierre Goëren, concierge du pavillon du Val, pour ses gages............................. 600ʰ

A Guillaume Le Coustillier, jardinier, ayant l'entretenement du jardin du Val dans le parc, proche Carrière, pour les six derniers mois............. 2000ʰ

A Claude Patenostre, concierge du chenil proche le tripot de Saint-Germain, idem................ 90ʰ

A Pierre Bertin, concierge dud. chasteau neuf, idem................................ 237ʰ 10ˢ

A Thomasse Lefebvre, veuve Franchon, ayant l'entretenement de la petite escurie du Roy, la somme de 400ʰ par an, dont elle sera payée de 100ʰ seulement pour ses gages idem..................... 100ʰ

A Henry Soulaigre, au lieu de Catherine Ferrand, sa mère, concierge et garde-meuble du vieux chasteau, pour ses gages pendant lesd. derniers six mois... 113ʰ

A luy, ayant l'entretenement de l'horloge dud. vieux chasteau, pour ses gages idem............. 37ʰ 10ˢ

A Goeren, portier de la porte du parc de Saint-Germain, pour ses gages, idem.................. 180ʰ

A Clérembourst, portier de la porte du grand parterre, idem.................................. 180ʰ

A Chevillard, concierge de la Surintendance de Saint-Germain, idem..................... 100ʰ

Somme.................... 5969ʰ

VINCENNES.

A Michel Thibault, jardinier, ayant le soin et entretenement de tous les jardins dépendans dud. chasteau, pour ses gages pendant lesd. derniers six mois... 750ʰ

A Chevillard, fontainier, ayant l'entretenement des fontaines dud. chasteau, pour lesd. derniers six mois. 300ʰ

Somme...................... 1050ʰ

Somme totale du contenu au présent estat.. 18494ʰ

Laquelle somme de 18494ʰ sera payée aux denommez au présent estat par le sieur Le Bègue, trésorier général des Bastimens du Roy en exercice pendant l'année dernière 1680, des deniers de sa charge; et, raportant par luy, etc. (Voy. ci-dessus, col. 1358.)

Fait à Saint-Germain en Laye, le 30 mars 1661.

Signé : COLBERT.

ESTAT DES GAGES DES OFFICIERS

que le Roy veut et entend estre entretenus en son chasteau de Fontainebleau, et autres dépenses que S. M. commande y estre faites pour la conservation et entretenement d'iceluy durant l'année 1680, expédié par nous, Jean-Baptiste Colbert, chevalier, marquis de Seignelay et autres lieux, conseiller ordinaire du Roy en tous ses conseils et au Conseil royal, commandeur et grand trésorier de ses ordres, controlleur général des finances, ministre et secrétaire d'Estat, Surintendant et Ordonnateur général des bastimens de S. M., artz et manufactures de France, suivant le pouvoir à nous donné par S. M.

Au sʳ marquis de Saint-Hérem, capitaine et concierge dud. chasteau, pour ses gages, la somme de 3800ʰ, outre 1200ʰ employez dans l'estat des bois de S. M. de la maistrise de Melun et Fontainebleau......... 3800ʰ

A nous, en lad. qualité de Surintendant et Ordonnateur général desd. bastimens, etc., la somme de 3800ʰ pour nos gages de lad. année 1680, outre 1200ʰ employez dans l'estat des bois de la maistrise de Melun et de Fontainebleau................................ 3800ʰ

A Louis Coquinot, garde-meuble du Roy, ayant la charge de faire tendre et nettoyer les meubles dud. chasteau et veiller à la conservation d'iceux, pour ses gages.. 300ʰ

A la veuve de Bray, ayant l'entretenement de la moitié du grand parterre du Roy, anciennement appelé le Tibre, nouvellement refait et replanté de neuf, pour la tonture des buis des deux quarrez d'iceluy du costé de la chaussée, nettoyement desd. quarrez, de toutes les allées, perrons, terrasses et palissades plantées et à planter, augmentation du rondeau, allées et parterres d'alentour et de la grande allée de la chaussée qui va de la cour de l'Ovale au chenil, suivant devis et marché qui en ont esté faits.................................. 1000ʰ

A la veuve Nicolas Poiret, jardinier, ayant celuy de l'autre moitié dud. grand parterre et augmentation dud. grand rondeau, suivant le marché et devis qui ont esté faits................................. 1000ʰ

A Gabriel Desboutz, autre jardinier, ayant l'entretenement du petit jardin de l'Estang et du jardin des Pins nouvellement défriché et remis en estat, allée royalle, allée solitaire et allée de pourtour dud. jardin des Pins, allée des ormes, du chenil, et alignement des canaux qui font la séparation du parc dans led. chenil, jusques et commençant le long de la closture du jardin de la fontaine de la Granderie et finissant au bout de la grande allée attenant le pavillon, eu égard à l'augmentation d'entretenement dud. jardin des Pins, suivant le devis et marché qui ont esté faits. 700ᴸ

A Chastillon, autre jardinier, ayant l'entretenement du jardin appellé de la Reyne et des orangers de S. M., pour ses appointemens à cause dud. entretenement, la somme de 1200ᴸ, à la charge de fournir 200ᴸ par chacun an à la veuve Bonnaventure Nivelon, vivant jardinier dud. lieu, et tondre les buis, nettoyer les quatre quarrez dud. jardin, les allées et terrasses d'iceluy, ensemble d'entretenir les palissades des buis qui sont tant contre lesd. terrasses que contre les murs dud. chasteau, filerias, ciprez, et les sallettes de gazon en ovalles et quarrées, comme aussi de fournir les charbons nécessaires pour l'orangerie, faire racomoder les caisses desd. orangers, rafraischir les terres, toutes fois et quantes que besoin sera, faire sortir au printemps lesd. orangers dans le jardin et les faire rentrer dans lad. orangerie, et généralement faire et fournir tout ce qui sera nécessaire pour led. jardin de l'orangerie, suivant le devis et marché qui en ont esté faits 1200ᴸ

A Jean Cramarigeas, ayant espouzé Catherine de Sermagnac, veuve de Remy Le Roux, auquel S. M. a accordé, par son brevet du . . . ., la jouissance du logement et du quarré qui est au milieu des palissades dud. jardin des Pins, à la charge de se faire planter d'arbres fruictiers à ses dépens, sans aucuns gages. . . . . Néant.

A la veuve La Tour, pour l'entretenement et nettoyement du jardin de la conciergerie dud. chasteau, ensemble des arbres fruictiers, allées et palissades d'icelui, la somme de 75ᴸ, de laquelle elle ne sera payée que de celle de 45ᴸ

A Jacques Besnard, ayant l'entretenement et nettoyement de l'hostel d'Albret, des plattes-bandes, bordures et compartimens qui y sont plantez, et des allées et palissades, la somme de 360ᴸ, dont il ne sera payé que de celle de. 100ᴸ

A Chastillon, à condition qu'il baillera 100ᴸ à la veuve Cottard pour luy ayder à nourrir et entretenir elle et ses enfans tant qu'elle vivra, et pour avoir par led. Chastillon soin de nettoyer l'estang et canaux dud. chasteau, oster les herbes, les joncs et ordures qui s'y pourront trouver et amasser, fournir les batteaux et ustancils nécessaires à cet effet, et faire en sorte que les lieux soient toujours nets et que l'eau ne se perde, la somme de 750ᴸ, dont il ne sera payé que celle de 200ᴸ

A Jean Dubois, ayant le soin et nettoyement des peintures tant à fresque qu'à huisle, anciennes et modernes, des salles, galleries, chambres et cabinets dud. chasteau, la somme de 600ᴸ pour ses appointemens de lad. année, à la charge de restablir celles qui sont gastées et nettoyer les bordures des tableaux, et de fournir de bois, charbon et fagots pour brusler esd. salles, galleries, chambres et cabinets où sont lesd. tableaux, pour la conservation d'iceux, et ce pendant lad. année 1680. 600ᴸ

A la veuve Grognet, ayant l'entretenement et restablissement de toutes les couvertures d'ardoise et de thuile dud. chasteau, jeu de paulme couvert, orangerie, galleries, hostel d'Albret, de Ferrare, des religieux, et généralement de toutes les maisons dépendantes dud. chasteau et appartenant à S. M., la somme de. 3000ᴸ

A la veuve André Girand, plombier, pour le rétablissement et entretenement des plomberies dud. chasteau et lieux qui en dépendent 400ᴸ

A René Nivelon, pour le nettoyement et entretenement du jeu de mail et des palissades d'iceluy, ensemble du berceau des meuriers entre les canaux du chenil, la somme de 150ᴸ, dont il ne luy sera payé que celle de. 112ᴸ 10ˢ

Au sr Pierre Francines, ayant l'entretenement et le nettoyement des cisternes, réservoirs, regards, conduites des bassins des fontaines dud. chasteau, en sorte que les eaux ayent toujours leur cours ordinaire 1320ᴸ

A Varin, ayant l'entretenement des arbres fruictiers qui sont plantez dans les quarrez du grand parterre de Fontainebleau et le long de la muraille du costé de la Coudre, les allées d'ypréaux, nettoyement des tablettes du canal, labours du pied des arbres fruictiers et des plattes-bandes de l'allée des meuriers, ensemble le nettoyement des ruisseaux et fossez qui escoulent les eaux du parc, suivant le devis et marché qui en ont esté faits. . . 825ᴸ

A la veuve Louis Desnouts, jardinier, ayant l'entretenement de toutes les tontures du devant des grandes palissades dans les cinq principales allées en toute leur hauteur, et les tontures des petites allées de traverses à vingt pieds de haut, la tonture du derrière desd. grandes et petites palissades à dix pieds de haut, les plattes-bandes au pied du devant desd. palissades dans les grandes et petites allées de quatre pieds de large, et les labours et défrichemens au derrière d'icelles grandes palissades de dix pieds de large, et au derrière des petites de six pieds de large, plus les tontures des palissades de l'allée nouvelle du costé des pins qui conduit à Avon seront faites devant et derrière, et les plattes-bandes de labours comme

ANNÉE 1680. — GAGES DES OFFICIERS DES BÂTIMENTS.

dessus en la longueur de lad. allée contenant 600 thoises ou environ, avec le nettoyement de la grande place en face des cascades et teste du canal, lesd. tontures, plattes-bandes, labours et nettoyement dans le meilleur estat qu'il se poura dans chacune des années desd. entretenemens, plus de faire les dégorgemens généralement quelconques au pied de toutes les palissades, la somme de 2000ᵗᵗ pour led. entretenement et augmentation pendant lad. année 1680......................... 2000ᵗᵗ

Aux religieux de la Très-Sainte Trinité du couvent fondé aud. Fontainebleau, tant pour l'entretenement d'une lampe d'argent garnie de ses chaisnons, que LL. MM. ont donné pour brusler nuit et jour devant le très-saint sacrement de l'autel, que pour la fourniture et entretenement des ornemens et paremens d'autel, linge et luminaire pour la célébration du service divin..... 300ᵗᵗ

Aux religieux de l'hospital de la Charité dud. Fontainebleau, pour la pension que S. M. leur fait par chacun an pour la subsistance des malades dud. lieu... 1800ᵗᵗ

A VOLTIGEANT, ayant l'entretenement de tous les bateaux appartenant à S. M. sur le canal, pour leur entretenement.................................. 200ᵗᵗ

A LOUIS DUBOIS, au lieu de MARTIN JAMIN, concierge du logis de la fontaine dud. chasteau, et jardinier des jardins en dépendant, la somme de 150ᵗᵗ pour ses gages de concierge et jardinier, à la charge de bien et soigneusement entretenir lesd. jardins, labourer au pied des arbres, rateler les allées, tondre les pallissades et généralement tout ce qui sera nécessaire dans led. entretenement. 150ᵗᵗ

A NICOLAS THIERRY, ayant la garde et conciergerie du chenil en dépendant et entretenement des allées faites dans le parc d'iceluy................................ 100ᵗᵗ

A GALLAND, ayant le soin et nouriture des carpes et cignes du canal et des estangs dud. chasteau... 1082ᵗᵗ

A NICOLAS DU PONT, gentilhomme ordinaire de la vénerie du Roy, et NICOLAS DU PONT, son fils, en survivance l'un de l'autre, suivant le brevet de S. M. du........, par forme de pension à cause de l'entretenement de la vollière qu'il avoit auparavant qu'elle fust convertie en orangerie.................................. 600ᵗᵗ

A DESPLAT, ayant la charge de garde de la basse cour des cuisines................................ 50ᵗᵗ

A ROBERT JAMIN, ayant la charge de garde de la basse cour du Cheval Blanc.................... 37ᵗᵗ 10ˢ

A JACQUES BESNARD, ayant la garde et conciergerie de l'hostel d'Albret, pour l'entretenement de lad. maison, cour et escurie qui en dépendent............. 100ᵗᵗ

A la veuve TOULET, concierge du pavillon où logent Mʳˢ les Surintendans des finances, pour ses gages et à condition de nettoyer led. pavillon, cour et escurie d'iceluy.................................. 200ᵗᵗ

A CHARLES GERVAIS, portier du parc........ 300ᵗᵗ

A GUILLAUME TISSERANT, vitrier, ayant l'entretenement des vitres du chasteau et dépendances d'iceluy.. 1200ᵗᵗ

A COSME PETIT, portier de la cour du Cheval Blanc, pour ses gages........................... 200ᵗᵗ

A JAQUES DORCHEMER DE LA TOUR, pour avoir le soin de distribuer, retirer et garder les clefs de tous les logemens dud. chasteau, pour ses gages............ 300ᵗᵗ

A luy, ayant soin de monter et d'entretenir l'horloge dud. chasteau............................ 100ᵗᵗ

Somme totale du présent estat.. 27122ᵗᵗ

Laquelle somme de 27122ᵗᵗ sera payée aux dénommez au présent estat par le sʳ LE BÈGUE, trésorier général des Bastimens du Roy en exercice l'année dernière 1680, des deniers de sa charge; et, raportant le présent estat, etc.

Fait à Saint-Germain en Laye, le 23ᵉ jour de mars 1681.

Signé : COLBERT.

GRATIFFICATIONS A DIVERS OFFICIERS
DE FONTAINEBLEAU POUR L'ANNÉE 1680.

3 juillet : à la veuve DE BRAY, ayant la moitié du grand parterre................................. 300ᵗᵗ

A la veuve LARGENTIER, ayant l'autre moitié... 300ᵗᵗ

A GABRIEL DESBOUTS, ayant le soin du jardin de l'Estang.................................... 150ᵗᵗ

A RENÉ NIVELON, ayant celuy du mail....... 100ᵗᵗ

A VARIN, ayant celuy des arbres fruictiers..... 200ᵗᵗ

A la veuve LOUIS DESBOUTS, ayant celuy des allées du parc.................................... 400ᵗᵗ

A VOLTIGEANT, ayant celuy des batteaux...... 150ᵗᵗ

A la veuve TOULET, concierge de la Surintendance. 200ᵗᵗ

A CLAUDE MUSARD, ayant la conduite des fontaines. 200ᵗᵗ

A JACQUES BESNARD, concierge de l'hostel d'Albret.. .... 150ᵗᵗ

Somme.................... 2150ᵗᵗ

DIVERSES DÉPENSES.

28 janvier-24 mars : à MOREL, artificier, à compte de l'artifice qu'il a fait et livré dans le magazin du Roy (2 p.).................................. 1400ᵗᵗ

28 janvier-24 mars : à CARESME, autre artificier, *idem* (2 p.).................................. 1400ᵗᵗ

24 mars : à CALEMARD, autre artificier, *idem*.. 600"
A GERVAIS, autre, *idem*................ 600"
28 janvier : à DENIZE et BERNARD, jardiniers, sur les trous qu'ils font pour planter des arbres dans la routte, depuis la porte de Passy jusqu'à celle de Boulogne. 600"
A LE POY, pour son remboursement de ce qu'il a payé aux ouvriers jardiniers et gens de journées qui ont planté du petit plant et du gland dans le parc de Boulogne pendant la semaine finie le 20 courant...... 1595" 1' 8ᵈ
5 febvrier : à PIERRE SEVIN, ingénieur, pour son payement des instrumens de mathématique qu'il a fournis pour niveler les eaux de Versailles........... 60"
11 febvrier-31 mars: à NICOLAS RICHON, voiturier, sur les voitures de marbre qu'il a faites de dessus les ports dans les magazins du Roy (2 p.)........... 2200"
24 mars : à LOIR, graveur, pour mil jettons pour distribuer à Messieurs de l'Académie des Sciences. 981" 19'
A la veuve LE BAS, faiseur d'instrumens, pour plusieurs lunettes et autres fournitures par elle faites à lad. Académie................ 253"
31 mars : à ERGO, thoiseur, à compte des thoisez qu'il fait des marbres des magazins du Roy........ 300"
7 avril : à LOUIS GERMAIN, jardinier, pour son remboursement de la nourriture de cent soixante-dix cignes qui sont sur la rivière de Seyne pendant les trois premiers quartiers de l'année 1680 [1], y compris 90" pour la subsistance de JACQUES FOUBERT qui a soin de leur donner à manger (3 p.)........................ 2591"
25 aoust : aux nommez LIARDS, pour les taupes qu'ils ont prises dans les jardins des maisons royalles pendant 1680...................... 196" 10' 6ᵈ
13 octobre : à HARDEL, pour louages des chevaux

[1] Pendant le quartier de juillet, août et septembre, le registre porte cent soixante-quinze cygnes ; aussi ce quartier est-il plus fort que les deux autres.

qu'il a fournis pour les bastimens depuis le 1ᵉʳ avril jusqu'au 17 aoust....................... 148"
15 avril : au sʳ FORMONT, pour marbres par luy fournis........................... 93297" 11'
29 septembre : au sʳ FOSSIER, pour menues dépenses par luy faites pour les bastimens............ 800"
26 avril 1681 : au sʳ GODEFROY, historiographe, parfait payement des dépenses par luy faites à la Chambre des Comptes de l'Isle jusqu'au dernier décembre 1680. 3990"
6 septembre : au sʳ PAVILLON, pour ce qu'il a payé pour l'achapt par luy fait en Provence de plusieurs oignons de fleurs pour les jardins des maisons royalles.. 7322" 16'
7 novembre : au sʳ DE LUBERT, pour ce qu'il a payé au Havre de Grâce pour du caillou pincé et autres marchandises pour ses maisons royalles.......... 1180" 15'
A luy, pour ce qu'il a payé à Toulon pour l'achapt, entretien et transport de fleurs pour les maisons royalles.. .... 5699" 1'
Somme de ce chapitre... 125215" 14' 2ᵈ

INVALIDES.

21 may-1ᵉʳ décembre : à MICHEL HARDOUIN et SIMON PIPAULT, maçons, à compte de leurs ouvrages de maçonnerie pour la construction de l'église des Invalides (7 p.)..................... 80000"
16 décembre : à CAREL, menuisier, pour avoir rétably et changé le modèle de lad. église, compris la sculpture.................... 190"
16 febvrier 1681 : à BACOUEL, pour les ouvrages de menuiserie qu'il a faits à un pavillon pour mettre led. modelle................................ 270"
A LECOMTE, vitrier, pour ses ouvrages aud. pavillon (2 p.).............................. 145" 12'
A MANGIN, serrurier, *idem*............ 134" 15' 6ᵈ
Somme de ce chapitre..... 80740" 7' 6ᵈ

RÉCAPITULATION

DES

SOMMES DÉPENSÉES DANS LES BÂTIMENTS DU ROI

DE 1664 À 1680.

COMPTES DES BÂTIMENTS DU ROI.

ANNÉES.	MAÇONNERIE.	CHARPENTERIE.	COUVERTURE.	PLOMBERIE.	SERRURERIE.	MENUISERIE.	
1664......	522912^{tt} 10^s	147300^{tt}	31400^{tt}	67965^{tt} 5^s	18385^{tt} 5^s	29961^{tt} 16^s	2
1665......	617507^{tt} 14^s	134682^{tt} 17^s 6^d	52300^{tt}	62900^{tt}	33821^{tt} 15^s	33133^{tt} 9^s 8^d	7
1666......	352185^{tt} 15^s	57000^{tt}	27500^{tt}	62700^{tt}	41360^{tt}	166885^{tt} 6^s 8^d	19
1667......	480000^{tt}	27000^{tt}	9600^{tt}	24322^{tt} 2^s 10^d	30800^{tt}	78633^{tt} 19^s 10^d	11
1668......	606600^{tt}	36664^{tt} 5^s 8^d	8800^{tt}	26336^{tt} 7^s 3^d	22500^{tt}	30291^{tt} 14^s	12
1669......	782718^{tt} 15^s	18616^{tt} 19^s	7500^{tt}	8000^{tt}	29955^{tt} 18^s 4^d	24455^{tt} 14^s 10^d	10
1670......	672261^{tt} 14^s	26846^{tt}	5000^{tt}	3836^{tt} 5^s	59892^{tt} 12^s 9^d	34637^{tt} 18^s 6^d	17
1671......	612500^{tt}	14000^{tt}	5000^{tt}	//	19790^{tt} 4^s	9871^{tt} 3^s 5^d	4
1672......	57841^{tt} 8^s 4^d	5420^{tt} 19^s 6^d	Avec la charpenterie.	7939^{tt} 9^s	Avec la plomberie.	Avec la plomberie.	1
1673......	11220^{tt} 19^s	Avec la maçonnerie.	8500^{tt}	505^{tt} 10^s	Idem.	4486^{tt} 10^s	
1674......	30703^{tt} 9^s	Idem.	Avec la maçonnerie.	900^{tt}	13494^{tt} 11^s 10^d	Avec la serrurerie.	2
1675......	7794^{tt} 19^s	Idem.	Idem.	//	Avec la menuiserie.	8605^{tt} 7^s	1
1676......	6716^{tt}	Idem.	Idem.	//	1918^{tt} 4^s	Avec la serrurerie.	
1677......	12182^{tt}	Idem.	Idem.	//	3204^{tt} 2^s	Idem.	
1678......	16997^{tt}	Idem.	Idem.	//	11672^{tt} 4^s	Idem.	1
1679......	8500^{tt}	82^{tt} 10^s	//	//	758^{tt} 18^s	4009^{tt} 12^s 6^d	1
1680......	6886^{tt} 11^s	//	//	//	6307^{tt} 14^s 2^d	Avec la serrurerie.	1
Total par chapitre.	4811738^{tt} 14^s 4^d	467613^{tt} 11^s 8^d	155600^{tt}	265404^{tt} 19^s 1^d	293861^{tt} 9^s 1^d	424972^{tt} 12^s 5^d	95

RÉCAPITULATION DES DÉPENSES.

VITRERIE.	PAVÉ.	JARDINAGES.	FOUILLES ET TRANSPORTS DE TERRES.	RÉPARATION D'ANCIENS BÂTIMENTS.	PARTIES EXTRAORDINAIRES.	TOTAL PAR ANNÉE.
2060ʰ	//	1940ʰ	//	4715ʰ	//	855409ʰ 16ˢ
4278ʰ 10ˢ	1172ʰ	775ʰ	//	//	//	1015666ʰ 18ˢ 2ᵈ
10700ʰ	89500ʰ	21192ʰ 3ˢ 4ᵈ	//	//	12334ʰ 9ˢ 6ᵈ	1036297ʰ 11ˢ 2ᵈ
6620ʰ 2ˢ	21455ʰ 8ˢ 4ᵈ	53058ʰ 14ˢ 8ᵈ	//	//	10361ʰ 10ˢ	858378ʰ 4ˢ 4ᵈ
6002ʰ 4ˢ	4777ʰ 14ˢ 8ᵈ	28809ʰ 0ˢ 6ᵈ	//	//	13620ʰ 17ˢ 6ᵈ	908548ʰ 1ˢ 7ᵈ
4824ʰ	11300ʰ	81933ʰ 3ˢ 1ᵈ	11721ʰ 11ˢ 2ᵈ	//	26124ʰ 11ˢ 3ᵈ	1107875ʰ 9ˢ 8ᵈ
2800ʰ	15421ʰ 1ˢ 5ᵈ	50051ʰ 13ˢ 3ᵈ	15257ʰ 10ˢ	Quai du cours. 76800ʰ	15329ʰ 14ˢ	1150306ʰ 16ˢ 3ᵈ
3500ʰ	//	39849ʰ 5ˢ 5ᵈ	14859ʰ	Pierres dures. 2261ʰ 10ˢ	18222ʰ 18ˢ 6ᵈ	789051ʰ 6ˢ 4ᵈ
1500ʰ	Avec la vitrerie.	18359ʰ 1ˢ 4ᵈ	10054ʰ 4ˢ	//	5280ʰ 4ˢ 6ᵈ	116521ʰ 7ˢ 8ᵈ
139ʰ 10ˢ	//	1230ʰ 15ˢ 2ᵈ	Avec les jardinages.	//	15016ʰ 16ˢ 3ᵈ	43044ʰ 0ˢ 5ᵈ
Avec la serrurerie.	Avec la plomberie.	8785ʰ 16ˢ 6ᵈ	Idem.	//	12090ʰ	86215ʰ 4ˢ
Avec la menuiserie.	//	7691ʰ 10ˢ	Idem.	//	2808ʰ 2ˢ	44587ʰ 18ˢ
Avec la serrurerie.	//	6875ʰ 13ˢ	Idem.	//	5219ʰ 15ˢ 6ᵈ	29460ʰ 17ˢ 6ᵈ
//	279ʰ 16ˢ	6852ʰ	Idem.	//	1343ʰ	28977ʰ 18ˢ
//	400ʰ	7143ʰ 17ˢ	Idem.	//	2679ʰ 14ˢ	52094ʰ 11ˢ 8ᵈ
//	//	2285ʰ 11ˢ	Idem.	//	2936ʰ 15ˢ	32548ʰ 12ˢ 6ᵈ
2511ʰ 1ˢ 11ᵈ	//	705ʰ 10ˢ	Idem.	//	1050ʰ	28733ʰ 17ˢ 1ᵈ
44935ʰ 7ˢ 11ᵈ	144306ʰ 0ˢ 5ᵈ	337538ʰ 14ˢ 3ᵈ	51892ʰ 5ˢ 2ᵈ	83776ʰ 10ˢ	144418ʰ 8ˢ	8183718ʰ 10ˢ 4ᵈ

ANNÉES.	MAÇONNERIE.	CHARPENTERIE.	COUVERTURE.	PLOMBERIE.	SERRURERIE.	MENUISERIE.	PE... ET...
1664.....	33633₁ᴴ	8000ᴴ	12056₁ᴴ 13ˢ 6ᵈ	Avec la couverture.	Avec la peinture.	37082ᴴ 11ˢ	855
1665.....	200965ᴴ 3ˢ	11190ᴴ 17ˢ 6ᵈ	123790ᴴ	Idem.	32530ᴴ 4ˢ	23475ᴴ	790
1666.....	117960ᴴ	82ᴴ	1500ᴴ	64452ᴴ 4ˢ	11500ᴴ	3514ᴴ	329
1667.....	33350ᴴ	2200ᴴ	4800ᴴ	68135ᴴ 2ˢ	8423ᴴ 10ˢ	8314ᴴ 8ˢ	390
1668.....	90284ᴴ	8175ᴴ	3200ᴴ	13500ᴴ	9635ᴴ 7ˢ 10ᵈ	9386ᴴ 15ˢ	358
1669.....	385153ᴴ	46500ᴴ	//	33033ᴴ	18289ᴴ 3ˢ	15821ᴴ 11ˢ	57
1670.....	745821ᴴ	161852ᴴ	20300ᴴ	46639ᴴ 15ˢ 8ᵈ	57835ᴴ 18ˢ	46210ᴴ 14ˢ	2000
1671.....	785571ᴴ	94350ᴴ	27800ᴴ	86069ᴴ	94005ᴴ 13ˢ	80150ᴴ 16ˢ 6ᵈ	82
1672.....	467198ᴴ 13ˢ 2ᵈ	100625ᴴ	23700ᴴ	19200ᴴ	74436ᴴ 16ˢ 8ᵈ	73944ᴴ 18ˢ	73
1673.....	50943ᴴ	12900ᴴ	2200ᴴ	27769ᴴ 19ˢ 6ᵈ	24164ᴴ 10ˢ	17389ᴴ 15ˢ	24
1674.....	47397ᴴ 18ˢ 6ᵈ	26307ᴴ 11ˢ 10ᵈ	Avec la charpenterie.	108568ᴴ 12ˢ 9ᵈ	38690ᴴ 5ˢ	49865ᴴ 8ˢ 8ᵈ	68
1675.....	55997ᴴ 6ˢ 7ᵈ	15908ᴴ 7ˢ 8ᵈ	Idem.	137516ᴴ 13ˢ	31253ᴴ 11ˢ	37227ᴴ	47
1676.....	83768ᴴ 0ˢ 6ᵈ	Avec la maçonnerie.	Avec la maçonnerie.	74889ᴴ 2ˢ 6ᵈ	52500ᴴ 6ˢ 9ᵈ	30503ᴴ 12ˢ 6ᵈ	58
1677.....	221014ᴴ 12ˢ 2ᵈ	13029ᴴ 16ˢ	6445ᴴ 11ˢ	57920ᴴ 7ˢ	59742ᴴ 1ˢ 6ᵈ	19655ᴴ 8ˢ 8ᵈ	51
1678.....	782584ᴴ 7ˢ 4ᵈ	119889ᴴ 11ˢ 10ᵈ	43087ᴴ 3ˢ	58817ᴴ 10ˢ 6ᵈ	107543ᴴ 1ˢ 6ᵈ	104932ᴴ 14ˢ 8ᵈ	31
1679.....	2498989ᴴ 18ˢ 4ᵈ	248829ᴴ 11ˢ 6ᵈ	44200ᴴ	408129ᴴ 3ˢ 8ᵈ	166815ᴴ 4ˢ	138808ᴴ 7ˢ	118
1680.....	2002218ᴴ 7ˢ 10ᵈ	234293ᴴ 13ˢ 10ᵈ	84263ᴴ 5ˢ	561684ᴴ 7ˢ 8ᵈ	311916ᴴ 12ˢ 1ᵈ	290603ᴴ 0ˢ 10ᵈ	276
Total par chapitre.	8905547ᴴ 7ˢ 5ᵈ	1104133ᴴ 10ˢ 2ᵈ	505847ᴴ 12ˢ 6ᵈ	1766324ᴴ 18ˢ 3ᵈ	1099282ᴴ 4ˢ 4ᵈ	986886ᴴ 0ˢ 10ᵈ	1363

[1] L'impossibilité de donner plus de développement au tableau des dépenses de Versailles a entraîné la réunion de plusieurs chapitres. Ainsi, en 1672, huit au... d'*officiers* et *Vaisseaux sur le canal*. Cette distinction, que les exigences typographiques ont empêché d'indiquer au tableau, persiste de 1676 à 1680. Durant... dant la période qui nous occupe, car, avant l'année 1672, la construction et la décoration des vaisseaux du canal étaient déjà commencées; seulement les somm... compris dans ces autres chapitres. C'est ce qui nous a décidé à réunir aux Parties extraordinaires les articles qui ne figurent au compte de Versailles que pe...

RÉCAPITULATION DES DÉPENSES. 1373

RE RIE.	VITRERIE.	PAVÉ.	JARDINAGES.	FOUILLES DE TERRES.	ACQUISITIONS D'HÉRITAGES.	PARTIES EXTRAORDINAIRES.	TOTAL PAR ANNÉE.
LES[1].							
ure.	2076ʰʰ	"	148773ʰʰ 7ˢ 6ᵈ	Avec les jardinages.	42261ʰʰ 8ˢ 3ᵈ	"	780599ʰʰ 13ˢ 3ᵈ
	4871ʰʰ 18ˢ	19700ʰʰ	90063ʰʰ 3ˢ	Idem.	"	"	585656ʰʰ 0ˢ 6ᵈ
	1900ʰʰ	22600ʰʰ	30426ʰʰ 16ˢ 8ᵈ	"	"	4598ʰʰ 2ˢ 6ᵈ	291448ʰʰ 14ˢ 2ᵈ
	1900ʰʰ	8176ʰʰ 1ˢ	17493ʰʰ 15ˢ 8ᵈ	"	"	4823ʰʰ 16ˢ	196656ʰʰ 18ˢ 8ᵈ
	5444ʰʰ 15ˢ	5300ʰʰ	152626ʰʰ 11ˢ 6ᵈ	"	"	5436ʰʰ 14ˢ	338864ʰʰ 10ˢ 3ᵈ
	3200ʰʰ	5100ʰʰ	28572ʰʰ 13ˢ 6ᵈ	22945ʰʰ 8ˢ 4ᵈ	"	60422ʰʰ 7ˢ 11ᵈ	676153ʰʰ 3ˢ 9ᵈ
	10000ʰʰ	3400ʰʰ	65871ʰʰ 7ˢ 1ᵈ	143305ʰʰ 14ˢ 10ᵈ	"	130911ʰʰ 9ˢ 4ᵈ	1632800ʰʰ 16ˢ 11ᵈ
13ˢ 6ᵈ	1490ʰʰ	30879ʰʰ 12ˢ	180884 10ˢ 10ᵈ	475478ʰʰ 2ˢ 6ᵈ	"	407104ʰʰ 9ˢ 10ᵈ	2481408ʰʰ 12ˢ 2ᵈ
3ˢ 4ᵈ 17ˢ	1350ʰʰ	32251ʰʰ 15ˢ	12340ʰʰ 1ˢ 11ᵈ	403336ʰʰ 17ˢ 7ᵈ	"	503006ʰʰ 14ˢ 7ᵈ	2022499ʰʰ 14ˢ 9ᵈ
12ˢ 5ˢ	5300ʰʰ	22300ʰʰ	13722ʰʰ 4ˢ 3ᵈ	34771ʰʰ 8ˢ 3ᵈ	"	120891ʰʰ 11ˢ 7ᵈ	491171ʰʰ 5ˢ 7ᵈ
18ˢ 13ˢ	12900ʰʰ	35200ʰʰ	21946ʰʰ 2ˢ 8ᵈ	77139ʰʰ 18ˢ	"	226158ʰʰ 15ˢ 6ᵈ	882124ʰʰ 0ˢ 5ᵈ
7ˢ 11ˢ	Avec la menuiserie.	25938ʰʰ 18ˢ	37156ʰʰ 3ˢ 2ᵈ	106014ʰʰ 12ˢ 5ᵈ	"	210753ʰʰ 19ˢ 5ᵈ	809233ʰʰ 9ˢ 3ᵈ
5ˢ 1ˢ	8800ʰʰ	19545ʰʰ 11ˢ	20317ʰʰ 8ˢ 2ᵈ	69814ʰʰ 7ˢ 5ᵈ	"	251592ʰʰ 1ˢ 4ᵈ	742053ʰʰ 15ˢ 8ᵈ
15ˢ	15100ʰʰ	29035ʰʰ 5ˢ	32421ʰʰ 1ˢ 6ᵈ	163154ʰʰ 12ˢ 1ᵈ	"	306790ʰʰ 4ˢ 3ᵈ	1090011ʰʰ 17ˢ 2ᵈ
18ˢ 5ˢ	6250ʰʰ	22478ʰʰ 10ˢ 4ᵈ	33228ʰʰ 13ˢ 2ᵈ	40583ʰʰ 2ˢ 4ᵈ	"	304774ʰʰ 9ˢ 4ᵈ	217882ʰʰ 3ˢ
0ˢ 6ᵈ 6ᵈ	10600ʰʰ	31945ʰʰ	106309ʰʰ 13ˢ 3ᵈ	499365ʰʰ 3ˢ 3ᵈ	"	332331ʰʰ 10ˢ	4885528ʰʰ 4ˢ 6ᵈ
7ˢ 2ᵈ 5ˢ	23663ʰʰ 5ˢ 1ᵈ	92458ʰʰ 3ˢ 4ᵈ	113240ʰʰ 11ˢ 8ᵈ	931506ʰʰ 9ˢ 7ᵈ	"	375678ʰʰ 10ˢ	5640804ʰʰ 4ˢ 8ᵈ
2ˢ 6ᵈ	140405ʰʰ 18ˢ 1ᵈ	406308ʰʰ 15ˢ 8ᵈ	942598ʰʰ 5ˢ 6ᵈ	3332684ʰʰ 16ˢ 7ᵈ	42261ʰʰ 8ˢ 3ᵈ	3245274ʰʰ 15ˢ 7ᵈ	25725836ʰʰ 4ˢ 8ᵈ

extraordinaires. En 1673, le nombre des chapitres qui n'ont pu figurer au tableau n'est plus que de cinq. Il se réduit à deux les années suivantes : *Gages* 1680, le total des dépenses affectées aux vaisseaux sur le canal s'élève à 191990ʰʰ 12ˢ 6ᵈ ; mais ce chiffre ne représente pas la somme entière dépensée peu- es à d'autres chapitres. Pour avoir une évaluation exacte de ce que ces vaisseaux ont coûté, il faudrait réunir à la somme que nous indiquons ici les chiffres

COMPTES DES BÂTIMENTS DU ROI.

ANNÉES.	MAÇONNERIE.	CHARPENTERIE.	COUVERTURE.	PLOMBERIE.	SERRURERIE.	ME
						CHÂ
1664............	104466ʰ	6948ʰ	2800ʰ	Avec les couvertures.	"	10
1665............	61617ʰ	7250ʰ	3800ʰ	Idem.	7700ʰ	22
1666............	5516ʰ	1900ʰ	"	"	4743ʰ 12ˢ 6ᵈ	8
1667............	6600ʰ	2800ʰ	"	"	4400ʰ	5
1668............	14128ʰ 9ˢ 4ᵈ	6460ʰ	3100ʰ	"	8843ʰ 1ˢ	16
1669............	133100ʰ	22100ʰ	14900ʰ	49700ʰ	21589ʰ 6ˢ	50
1670............	326400ʰ	23214ʰ	6600ʰ	1500ʰ	16610ʰ 8ˢ	26
1671............	128297ʰ 17ˢ 9ᵈ	15600ʰ	4000ʰ	"	12100ʰ	22
1672............	51691ʰ 1ˢ 9ᵈ	14480ʰ	Avec la charpenterie.	Avec la serrurerie.	16857ʰ	16
1673............	23733ʰ 13ˢ 11ᵈ	3004ʰ 16ˢ 8ᵈ	Idem.	Idem.	21850ʰ 4ˢ 6ᵈ	Avec
1674............	27793ʰ	19362ʰ 14ˢ 4ᵈ	Idem.	7133ʰ 5ˢ 8ᵈ	8217ʰ 13ˢ 5ᵈ	12
1675............	39834ʰ	21110ʰ 7ˢ	Idem.	4469ʰ 9ˢ 5ᵈ	27522ʰ 5ˢ 7ᵈ	Avec
1676............	37100ʰ	6400ʰ	Idem.	1925ʰ 3ˢ 6ᵈ	6300ʰ	5
1677............	19000ʰ	19600ʰ	Idem.	"	7597ʰ 12ˢ	11
1678............	35677ʰ 9ˢ 6ᵈ	14804ʰ 1ˢ 5ᵈ	Idem.	"	8068ʰ 8ˢ	11
1679............	141120ʰ 10ˢ	44748ʰ	Idem.	639ʰ 3ˢ	13319ʰ 2ˢ	23
1680............	232630ʰ 13ˢ 1ᵈ	70096ʰ 18ˢ 3ᵈ	15536ʰ 18ˢ 3ᵈ	8000ʰ	40237ʰ 3ˢ 1ᵈ	28
Total par chapitre.	1388705ʰ 15ˢ 4ᵈ	299878ʰ 17ˢ 8ᵈ	50736ʰ 18ˢ 3ᵈ	73367ʰ 1ˢ 7ᵈ	225955ʰ 16ˢ 1ᵈ	262

1. La somme que nous inscrivons ici dans la colonne des *Partiss extr*

RÉCAPITULATION DES DÉPENSES.

URE PTURE.	VITRERIE.	PAVÉ.	JARDINAGES.	FOUILLES ET TRANSPORTS DE TERRES.	BÂTIMENT DU VAL.	PARTIES EXTRAORDINAIRES.	TOTAL PAR ANNÉE.

GERMAIN.

17ˢ	″	″	3464ᴴ 10ˢ	Avec les jardinages.	″	58104ᴴ 5ˢ 6ᵈ	183891ᴴ 17ˢ 6ᵈ
12ˢ	3500ᴴ	″	44547ᴴ 13ˢ 10ᵈ	Idem.	″	″	184046ᴴ 5ˢ 10ᵈ
	1800ᴴ	″	1536ᴴ 16ˢ 2ᵈ	Idem.	″	23641ᴴ 7ˢ 2ᵈ	54723ᴴ 15ˢ 10ᵈ
5ˢ	1500ᴴ	4013ᴴ 9ˢ 4ᵈ	16519ᴴ 15ˢ	Idem.	″	2253ᴴ 15ˢ	47050ᴴ 4ˢ 4ᵈ
5ˢ 3ᵈ	2493ᴴ 9ˢ 6ᵈ	2200ᴴ	3874ᴴ 2ˢ	Idem.	″	3635ᴴ 6ˢ 8ᵈ	7355ᴴ 5ˢ 9ᵈ
	7357ᴴ 5ˢ	5700ᴴ	47517ᴴ 19ˢ 2ᵈ	Idem.	″	30952ᴴ 2ˢ	513527ᴴ 17ˢ 2ᵈ
0ˢ	4900ᴴ	4500ᴴ	34915ᴴ 7ˢ 1ᵈ	14313ᴴ 16ˢ 2ᵈ	″	20030ᴴ 18ˢ 1ᵈ	643196ᴴ 15ˢ 8ᵈ
	5400ᴴ	2800ᴴ	965ᴴ 15ˢ	82565ᴴ 17ˢ 10ᵈ	″	50826ᴴ 7ˢ 4ᵈ	334129ᴴ 14ˢ 11ᵈ
	Avec la menuiserie.	Avec les jardinages.	18944ᴴ 14ˢ 7ᵈ	Avec les jardinages.	″	16320ᴴ 3ˢ 5ˢ	140459ᴴ 19ˢ 9ᵈ
0ˢ	2000ᴴ	Idem.	12377ᴴ 4ˢ 8ᵈ	Idem.	″	9435ᴴ 1ˢ 6ᵈ	89532ᴴ 11ˢ 3ᵈ
2ˢ	Avec la plomberie.	Avec la plomberie.	7274ᴴ 3ˢ 6ᵈ	Idem.	″	6766ᴴ 8ˢ 6ᵈ	104375ᴴ 17ˢ 5ᵈ
0ˢ	Avec la serrurerie.	Idem.	13874ᴴ 1ˢ 7ᵈ	Idem.	″	8810ᴴ 14ˢ 3ᵈ	128073ᴴ 7ˢ 10ᵈ
	Idem.	Idem.	8235ᴴ 3ˢ 6ᵈ	Idem.	78382ᴴ 18ˢ	5115ᴴ 2ˢ 2ᵈ	150358ᴴ 7ˢ 2ᵈ
3ˢ	4151ᴴ 1ˢ	17508ᴴ 19ˢ 11ᵈ	16750ᴴ 15ˢ 10ᵈ	Idem.	75858ᴴ 15ˢ 1ᵈ	8041ᴴ 5ˢ 6ᵈ	186260ᴴ 5ˢ 4ᵈ
ˢ 6ᵈ	6136ᴴ 5ˢ 6ᵈ	57321ᴴ 12ˢ 2ᵈ	17619ᴴ 13ˢ 10ᵈ	Idem.	9276ᴴ 14ˢ 8ᵈ	12141ᴴ 3ˢ 11ᵈ	178425ᴴ 14ˢ 3ᵈ
ˢ 5ᵈ	9334ᴴ 9ˢ	14333ᴴ 15ˢ 9ᵈ	1007ᴴ 19ˢ 3ᵈ	Idem.	26232ᴴ 18ˢ 2ᵈ	109475ᴴ 1ˢ 11ᵈ	399396ᴴ 18ˢ 10ᵈ
ˢ 7ᵈ	16194ᴴ 15ˢ 11ᵈ	21432ᴴ 4ˢ 4ᵈ	54145ᴴ 6ˢ 2ᵈ	Idem.	13809ᴴ 17ˢ 4ᵈ	52108ᴴ 3ˢ 5ᵈ	570349ᴴ 15ˢ 11ᵈ
ˢ 9ᵈ	64757ᴴ 5ˢ 11ᵈ	129800ᴴ 1ˢ 6ᵈ	303572ᴴ 3ˢ 2ᵈ	225697ᴴ 14ˢ	203561ᴴ 3ˢ 3ᵈ	417657ᴴ 6ˢ 4ᵈ	3981358ᴴ 14ˢ 9ᵈ

464 sous la rubrique : *Plans et avenues des châteaux.*

ANNÉES.	MAÇONNERIE.	CHARPENTERIE.	COUVERTURE.	PLOMBERIE.	MENU
					CHÂT
1664	85411ʰ 9ˢ	26799ʰ	29155ʰ 15ˢ	Avec la couverture.	2317
1665	13001ʰ 15ˢ	3500ʰ	6162ʰ 2ˢ 11ᵈ	Idem.	480
1666	12797ʰ	2412ʰ	2600ʰ	Idem.	355
1667	10872ʰ 19ˢ 6ᵈ	4922ʰ	1478ʰ 12ˢ	Idem.	285
1668	6964ʰ 15ˢ 6ᵈ	1868ʰ 11ˢ	200ʰ	1314ʰ 8ˢ	9
1669	8762ʰ 0ˢ 8ᵈ	2607ʰ 3ˢ	1800ʰ	"	229
1670	1425ʰ 10ˢ	1842ʰ 16ˢ	1800ʰ	565ʰ 11ˢ 1ᵈ	450
1671	800ʰ	21107ʰ 8ˢ 10ᵈ	Avec la charpenterie.	Avec la charpenterie.	17
1672	12062ʰ 10ˢ	Avec la maçonnerie.	Avec la maçonnerie.	Avec la menuiserie.	39
1673	926ʰ 13ˢ	Idem.	Idem.	2538ʰ 1ˢ 9ᵈ	Avec l
1674	36612ʰ 4ˢ 4ᵈ	Idem.	Idem.	1000ʰ	44
1675	19112ʰ 10ˢ	Idem.	Idem.	900ʰ	48
1676	3475ʰ 18ˢ	Idem.	Idem.	510ʰ 9ˢ	52
1677	170ʰ	1300ʰ	Avec la charpenterie.	122ʰ 10ˢ	27
1678	149253ʰ 9ˢ 7ᵈ	41012ʰ 15ˢ 4ᵈ	14039ʰ 13ˢ 6ᵈ	13000ʰ	426
1679	84087ʰ 1ˢ	32955ʰ 4ˢ	13986ʰ 5ˢ 8ᵈ	8647ʰ 4ˢ 8ᵈ	372
1680	54523ʰ 8ˢ 2ᵈ	55374ʰ 1ˢ 6ᵈ	5791ʰ 16ˢ 7ᵈ	3792ʰ 16ˢ 2ᵈ	196
Total par chapitre	500259ʰ 3ˢ 9ᵈ	195700ʰ 19ˢ 8ᵈ	77014ʰ 5ˢ 8ᵈ	32391ʰ 0ˢ 8ᵈ	1645

RÉCAPITULATION DES DÉPENSES.

URERIE.	PEINTURE ET SCULPTURE.	VITRERIE.	JARDINAGES.	PAVÉ.	PARTIES EXTRAORDINAIRES.	TOTAL PAR ANNÉE.
AINEBLEAU.						
9ᴴ	33737ᴴ 4ˢ	2761ᴴ	70789ᴴ 9ˢ 6ᵈ	″	″	293057ᴴ 17ˢ 6ᵈ
46ᴴ 4ˢ	42829ᴴ 18ˢ 7ᵈ	803ᴴ	3056ᴴ 16ˢ	″	″	77609ᴴ 7ˢ 6ᵈ
0ᴴ	2480ᴴ	1304ᴴ 10ˢ	4191ᴴ 6ˢ 8ᵈ	Avec la peinture.	6521ᴴ 3ˢ 9ᵈ	37459ᴴ 6ˢ 10ᵈ
29ᴴ 8ˢ	2817ᴴ 10ˢ	700ᴴ	3752ᴴ 15ˢ	717ᴴ 5ˢ	3456ᴴ 11ˢ 6ᵈ	32979ᴴ 4ˢ
4ᴴ 4ˢ	500ᴴ	44ᴴ 6ˢ	3168ᴴ 7ˢ	698ᴴ 10ˢ	2303ᴴ 13ˢ 11ᵈ	19086ᴴ 15ˢ 5ᵈ
0ᴴ	1156ᴴ	2428ᴴ	4272ᴴ 18ˢ 8ᵈ	300ᴴ 7ˢ 3ᵈ	16815ᴴ 5ˢ 1ᵈ	41033ᴴ 14ˢ 8ᵈ
38ᴴ 4ˢ	1346ᴴ 18ˢ	900ᴴ	3339ᴴ 18ˢ	425ᴴ 13ˢ	5169ᴴ 15ˢ 4ᵈ	23155ᴴ 8ˢ 5ᵈ
menuiserie.	″	500ᴴ	1346ᴴ 4ˢ 4ᵈ	Avec les jardinages.	20343ᴴ 17ˢ 11ᵈ	45835ᴴ 0ˢ 1ᵈ
Idem.	″	Avec la menuiserie.	1794ᴴ 7ˢ	Idem.	6047ᴴ 3ˢ	23878ᴴ 2ˢ
″	″	Avec la plomberie.	4600ᴴ 4ˢ	Idem.	4278ᴴ 9ˢ	12343ᴴ 7ˢ 9ᵈ
menuiserie.	245ᴴ	Avec la menuiserie.	8377ᴴ 15ˢ	Idem.	15460ᴴ 18ˢ 8ᵈ	58596ᴴ 7ˢ
dem.	″	Idem.	595ᴴ 5ˢ	Avec la plomberie.	23092ᴴ 13ˢ	48550ᴴ 8ˢ
dem.	″	Idem.	1730ᴴ	Idem.	18149ᴴ 15ˢ	29124ᴴ 10ˢ
8ᴴ 1ˢ	568ᴴ 1ˢ 6ᵈ	Avec la serrurerie.	1739ᴴ 16ˢ	162ᴴ	10817ᴴ 3ˢ	19497ᴴ 11ˢ 6ᵈ
7ᴴ 12ˢ 6ᵈ	8499ᴴ 12ˢ 7ᵈ	3000ᴴ	31897ᴴ 1ˢ 8ˢ	13744ᴴ 16ˢ	15848ᴴ 12ˢ	348968ᴴ 13ˢ 9ᵈ
9ᴴ 9ˢ 5ᵈ	10467ᴴ	1825ᴴ 13ˢ	3203ᴴ 9ˢ	10716ᴴ	20919ᴴ 3ˢ 2ᵈ	246290ᴴ 5ˢ 11ᵈ
5ᴴ 10ˢ 1ᵈ	5520ᴴ 0ˢ 2ᵈ	750ᴴ	20288ᴴ 19ˢ 1ᵈ	2900ᴴ	21417ᴴ 12ˢ 2ᵈ	199890ᴴ 14ˢ 3ᵈ
ᴴ 13ˢ	110167ᴴ 4ˢ 10ᵈ	15016ᴴ 9ˢ	160604ᴴ 11ˢ 11ᵈ	29664ᴴ 11ˢ 3ᵈ	190641ᴴ 16ˢ 6ᵈ	1557356ᴴ 14ˢ 7ᵈ

COMPTES DES BÂTIMENTS DU ROI.

ANNÉES.	MAÇONNERIE.	CHARPENTERIE.	COUVERTURE.	PLOMBERIE.	MENUISERIE.	SERR...
						CHÂT...
1664.............	7000ʰ	"	4000ʰ	Avec la couverture.	3000ʰ	
1665.............	14860ʰ	12000ʰ	2000ʰ	Idem.	9941ʰ 17ˢ 6ᵈ	Avec la...
1666.............	26100ʰ	3132ʰ	3594ʰ 4ˢ	Idem.	6405ʰ 10ˢ	760
1667.............	107405ʰ 12ˢ	1000ʰ	1200ʰ	Idem.	3391ʰ 10ˢ	530
1668.............	101833ʰ 12ˢ 6ᵈ	"	"	"	600ʰ	70
1669.............	44300ʰ	354ʰ 4ˢ	"	300ʰ	400ʰ	90
1670.............	71251ʰ 18ˢ 7ᵈ	7300ʰ	250ʰ	"	2156ʰ 18ˢ 6ᵈ	187
1671.............	12079ʰ 12ˢ	"	"	"	2800ʰ	Avec la...
1672.............	1500ʰ	Avec la maçonnerie.	Avec la maçonnerie.	"	"	240
1673.............	1000ʰ	1000ʰ	Idem.	Avec la maçonnerie.	372ʰ	50
1674.............	"	"	"	"	"	
1675.............						
1676.............						
1677.............	A partir de l'année 1675, le château de Vincennes ne forme plus sur les Comptes un chapitre distinct.					
1678.............						
1679.............						
1680.............						
Total par chapitre..	387930ʰ 15ˢ 1ᵈ	24786ʰ 4ˢ	11044ʰ 4ˢ	300ʰ	29067ʰ 16ˢ	1928...

RÉCAPITULATION DES DÉPENSES.

1379

...URE, ...E, ETC.	VITRERIE.	PAVÉ.	JARDINAGES ET PLANTS D'ARBRES.	FOUILLES ET TRANSPORTS DE TERRES.	COURS DE VINCENNES.	PARTIES EXTRAORDINAIRES.	TOTAL PAR ANNÉE.
...NNES.							
...^{H}	"	"	5299^H 17^s	"	"	"	30299^H 17^s
...^{H} 7^s	Avec la peinture.	Avec la peinture.	32885^H 14^s 2^d	"	"	"	104072^H 18^s 8^d
	2604^H 5^s	5300^H	39970^H 1^s 11^d	"	"	300^H	106364^H 0^s 11^d
	400^H	3770^H	34634^H 7^s	"	"	5440^H 14^s	166546^H 13^s
	300^H	"	19401^H 12^s 4^d	"	"	1306^H 12^s	124141^H 16^s 10^d
	500^H	"	3397^H 19^s	42076^H	"	17692^H 11^s	109920^H 14^s
5^s	1100^H	2000^H	121^H 15^s	36343^H 15^s	"	2132^H	131501^H 7^s 7^d
	700^H	"	"	11633^H	20505^H 10^s 6^d	2737^H 19^s 6^d	51195^H 2^s
	Avec la serrurerie.	1399^H 8^s	Avec le pavé.	1376^H 15^s	Avec le pavé.	212^H 15^s	6888^H 18^s
	500^H	"	1819^H 7^s	"	"	423^H 11^s	5614^H 18^s
	"	"	"	"	"	20552^H 10^s	20552^H 10^s
	6104^H 5^s	12469^H 8^s	137530^H 13^s 5^d	91429^H 10^s	20505^H 10^s 6^d	50798^H 12^s 6^d	857098^H 16^s

ANNÉES.	MAÇONNERIE.	CHARPENTERIE.	COUVERTURE.	MENUISERIE ET VITRERIE.	SERRURERIE.	PL
						CHÂ
1671.............	"	"	"	"	"	
1672.............	10000ʰ	4237ʰ 8ˢ	Avec la charpenterie.	17700ʰ	6647ʰ 5ˢ	
1673.............	1009ʰ	Avec la maçonnerie.	4800ʰ	5800ʰ	Avec la couverture.	Avec
1674.............	"	"	"	"	"	
1675.............	"	"	"	"	"	
Total par chapitre..	11000ʰ	4237ʰ 8ˢ	4800ʰ	23500ʰ	6647ʰ 5ˢ	
						CHÂ
1674.............	"	"	"	"	"	
1675.............	228326ʰ 13ˢ	56195ʰ 16ˢ	Avec la charpenterie.	24199ʰ 8ˢ 4ᵈ	35487ʰ 7ˢ 4ᵈ	
1676.............	212760ʰ	29400ʰ	3578ʰ 16ˢ	16206ʰ 14ˢ	29665ʰ 12ˢ	
1677.............	186308ʰ	22100ʰ	8126ʰ 14ˢ	27245ʰ	17675ʰ	
1678.............	140272ʰ 19ˢ	33700ʰ	"	25752ʰ	10500ʰ	
1679.............	47720ʰ	9713ʰ 14ˢ	1900ʰ	29585ʰ	14725ʰ	
1680.............	15736ʰ 1ˢ 9ᵈ	3248ʰ 10ˢ	2000ʰ	10550ʰ	10040ʰ	
Total par chapitre...	831123ʰ 13ˢ 9ᵈ	154358ʰ	15605ʰ 10ˢ	133538ʰ 2ˢ 4ᵈ	118092ʰ 19ˢ 4ᵈ	
						CHÂ
1679.............	257446ʰ 2ˢ 6ᵈ	42800ʰ	Avec la charpenterie.	18200ʰ	10000ʰ	
1680.............	207243ʰ 15ˢ 11ᵈ	40600ʰ	5500ʰ	44600ʰ	23731ʰ 16ᵉ	
Total par chapitre...	464689ʰ 18ˢ 5ᵈ	83400ʰ	5500ʰ	62800ʰ	33731ʰ 16ᵉ	

RÉCAPITULATION DES DÉPENSES.

...ERIE.	PEINTURE, DORURE.	SCULPTURE, ORNEMENTS ET MARBRERIE.	JARDINAGES.	PAVÉ.	FOUILLES ET TRANSPORTS DE TERRES.	PARTIES EXTRAORDINAIRES.	TOTAL PAR ANNÉE.
...NON.								
"	"	"	"	"	"	139275ᴸ 16ˢ 6ᵈ	139275ᴸ 16ˢ 6ᵈ
"	13790ᴸ	24311ᴸ 10ˢ	1117ᴸ 10ˢ 2ᵈ	Avec les jardinages.	1025ᴸ	40481ᴸ 7ˢ 6ᵈ	121710ᴸ 0ˢ 8ᵈ
"	9786ᴸ	Avec la peinture.	2385ᴸ	6090ᴸ	Avec les jardinages.	7170ᴸ 3ˢ	37031ᴸ 3ˢ
"	"	"	"	"	"	9495ᴸ 14ˢ	9495ᴸ 14ˢ
"	"	"	"	"	"	4798ᴸ 18ˢ	4798ᴸ 18ˢ
"	23576ᴸ	24311ᴸ 10ˢ	3502ᴸ 10ˢ 2ᵈ	6090ᴸ	1025ᴸ	201221ᴸ 19ˢ	312311ᴸ 12ˢ 2ᵈ
...NY.							
"	"	"	"	"	"	127176ᴸ 10ˢ 8ᵈ	127176ᴸ 10ˢ 8ᵈ
...rrurerie.	1200ᴸ	7271ᴸ 4ˢ	69561ᴸ 14ˢ	Avec les jardinages.	33782ᴸ 3ˢ	7791ᴸ 6ˢ	463815ᴸ 11ˢ 8ᵈ
7ᴸ 13ˢ	3358ᴸ 6ˢ 8ᵈ	12992ᴸ	38470ᴸ 12ˢ	1100ᴸ	32870ᴸ	9850ᴸ 5ˢ	409559ᴸ 18ˢ 8ᵈ
5ᴸ 13ˢ	1550ᴸ	16456ᴸ 19ˢ 8ᵈ	45614ᴸ 11ˢ	Avec la vitrerie.	9400ᴸ	13188ᴸ 1ˢ	366069ᴸ 18ˢ 8ᵈ
ᴸ	1970ᴸ	24673ᴸ 5ˢ 4ᵈ	32382ᴸ 19ˢ 6ᵈ	Idem.	"	17278ᴸ 0ˢ 4ᵈ	307679ᴸ 4ˢ 2ᵈ
ᴸ	5795ᴸ	28078ᴸ	6069ᴸ 3ˢ	Idem.	8399ᴸ 4ˢ	11706ᴸ 17ˢ 6ᵈ	183651ᴸ 18ˢ 6ᵈ
ᴸ	1190ᴸ	27400ᴸ	4382ᴸ 3ˢ	Idem.	3884ᴸ 6ˢ	8315ᴸ 6ˢ 6ᵈ	128256ᴸ 7ˢ 3ᵈ
ᴸ 6ˢ	15063ᴸ 6ˢ 8ᵈ	116871ᴸ 9ˢ	196481ᴸ 2ˢ 6ᵈ	1100ᴸ	88335ᴸ 13ˢ	195306ᴸ 7ˢ	1986209ᴸ 9ˢ 7ᵈ
...mberie.	1578ᴸ	Avec la peinture.	107737ᴸ 3ˢ 2ᵈ	Avec la plomberie.	Avec les jardinages.	7739ᴸ 8ˢ 4ᵈ	450000ᴸ 14ˢ
	12240ᴸ	8200ᴸ	116438ᴸ 15ˢ	4172ᴸ	Idem.	3674ᴸ 13ˢ 6ᵈ	483601ᴸ 0ˢ 5ᵈ
	13818ᴸ	8200ᴸ	224175ᴸ 18ˢ 2ᵈ	4172ᴸ	"	11414ᴸ 1ˢ 10ᵈ	933601ᴸ 14ˢ 5ᵈ

ANNÉES.	PALAIS-ROYAL.	MADRID.	BLOIS, CH... AMBO...
1664	2152³ᵗᵗ	"	5918
1665	9923ᵗᵗ 4ˢ 9ᵈ	400ᵗᵗ	6000
1666	3555ᵗᵗ	"	8021
1667	12692ᵗᵗ 11ˢ 4ᵈ	7300ᵗᵗ	4596
1668	7785ᵗᵗ 17ˢ 8ᵈ	4300ᵗᵗ	12165
1669	17742ᵗᵗ 15ˢ 6ᵈ	1900ᵗᵗ	47739
1670	7835ᵗᵗ 9ˢ 7ᵈ	2851ᵗᵗ 3ˢ 9ᵈ	77487
1671	9007ᵗᵗ 1ˢ 6ᵈ	"	16000
1672	10296ᵗᵗ 10ˢ 2ᵈ	20ᵗᵗ	532
1673	5723ᵗᵗ 8ˢ 8ᵈ	Avec Compiègne.	3000
1674	21722ᵗᵗ 10ˢ 4ᵈ	"	
1675	19577ᵗᵗ 9ˢ	"	
1676	3507ᵗᵗ 3ˢ 6ᵈ	"	
1677	10762ᵗᵗ 19ˢ	"	
1678	9170ᵗᵗ 9ˢ	"	
1679	2258ᵗᵗ 5ˢ	"	
1680	8095ᵗᵗ 12ˢ	"	73210
Total par chapitre	181179ᵗᵗ 7ˢ	16771ᵗᵗ 3ˢ 9ᵈ	254670

RÉCAPITULATION DES DÉPENSES.

AU ET HARAS INT-LÉGER.	MONCEAUX.	COMPIÈGNE.	LA BASTILLE.	LES INVALIDES.	TOTAL PAR ANNÉE.
DNS ROYALES.					
"	"	"	"	"	27441ʰ 3ˢ
100ʰ	"	"	4234ʰ 4ˢ	"	23657ʰ 8ˢ 9ᵈ
500ʰ	"	"	"	"	17076ʰ 19ˢ
402ʰ 10ˢ	"	d	1616ʰ 10ˢ	"	108607ʰ 11ˢ 4ᵈ
362ʰ 5ˢ	9373ʰ 10ˢ	"	678ʰ	"	43665ʰ 11ˢ 2ᵈ
85ʰ 12ˢ	1090ʰ	"	3000ʰ	"	77658ʰ
"	"	"	270ʰ 2ˢ	"	88444ʰ 0ˢ 4ᵈ
"	"	1815ʰ 16ˢ 8ᵈ	375ʰ 9ˢ	"	27198ʰ 7ˢ 2ᵈ
51ʰ 5ˢ 2ᵈ	277ʰ 6ˢ 8ᵈ	107ʰ 15ˢ 6ᵈ	2300ʰ	"	21484ʰ 17ˢ 6ᵈ
Compiègne.	Avec Compiègne.	1687ʰ 11ˢ 6ᵈ	"	"	10411ʰ 0ˢ 2ᵈ
"	"	"	2694ʰ 5ˢ 2ᵈ	"	24416ʰ 15ˢ 6ᵈ
"	"	"	Avec le Collège Royal.	"	19577ʰ 9ˢ
"	"	"	"	"	3507ʰ 3ˢ 6ᵈ
"	"	"	2787ʰ 15ˢ	"	13550ʰ 14ˢ
"	"	"	Avec le Collège Royal.	"	9170ʰ 9ˢ
"	"	"	"	"	2258ʰ 5ˢ
"	"	"	"	80740ʰ 7ˢ 6ᵈ	162045ʰ 19ˢ 6ᵈ
1ʰ 12ˢ 2ᵈ	10740ʰ 16ˢ 8ᵈ	3611ʰ 3ˢ 8ᵈ	17956ʰ 5ˢ 2ᵈ	80740ʰ 7ˢ 6ᵈ	680171ʰ 13ˢ 11ᵈ

COMPTES DES BÂTIMENTS DU ROI.

ANNÉES.	MAISON DE LA POMPE DU PONT-NEUF.	COLLÈGE ROYAL.	VAL-DE-GRACE.	ENCLOS DU PALAIS.	OBSERVA...
					BÂTI
1664..................	12500ʰ	″	″	″	″
1665..................	7800ʰ	3000ʰ	″	″	″
1666..................	4200ʰ	800ʰ	300000ʰ 14ˢ 2ᵈ	″	″
1667..................	2527ʰ	7300ʰ	30600ʰ 17ˢ 9ᵈ	″	″
1668..................	614ʰ 11ˢ 6ᵈ	4172ʰ	″	5306ʰ 12ˢ 9ᵈ	″
1669..................	″	″	″	3206ʰ	134283ʰ
1670..................	2544ʰ 13ˢ	″	″	8600ʰ	103684ʰ
1671..................	″	″	″	8746ʰ 13ˢ 2ᵈ	118367ʰ
1672..................	321ʰ	″	″	1001ʰ 17ˢ 6ᵈ	61273ʰ
1673..................	″	″	″	284ʰ 4ˢ	20682ʰ
1674..................	1050ʰ	″	″	14500ʰ	10919ʰ
1675..................	1748ʰ 10ˢ	225ʰ 10ˢ	″	Avec le Pont-Neuf.	14796ʰ
1676..................	358ʰ 10ˢ	772ʰ	″	Idem.	12684ʰ
1677..................	″	1180ʰ	″	″	26414ʰ
1678..................	″	2700ʰ	″	″	2750ʰ
1679..................	″	″	″	″	4595ʰ
1680..................	″	″	″	″	5489ʰ
Total par chapitre....	33664ʰ 4ˢ 6ᵈ	20149ʰ 10ˢ	330601ʰ 11ˢ 11ᵈ	41645ʰ 7ˢ 5ᵈ	515942ʰ

RÉCAPITULATION DES DÉPENSES.

...TRIOMPHE.	PÉPINIÈRE DU ROULE.	JARDIN ROYAL.	RÉPARATIONS À DIVERSES MAISONS.	MAISON DES GOBELINS.	TOTAL PAR ANNÉE.
s.					
"	"	"	"	"	12500ʰ
"	"	"	"	"	10800ʰ
"	"	"	"	"	305000ʰ 14ˢ 2ᵈ
"	"	"	"	"	40427ʰ 17ˢ 9ᵈ
"	"	"	"	"	10093ʰ 4ˢ 3ᵈ
...3ʰ 16ˢ	"	"	"	15036ʰ 13ˢ	266729ʰ 15ˢ
...0ʰ 11ˢ 6ᵈ	"	"	"	"	210139ʰ 13ˢ 6ᵈ
...4ʰ 3ˢ 6ᵈ	43588ʰ 1ˢ 4ᵈ	"	"	2100ʰ	274836ʰ 16ˢ 6ᵈ
"	14952ʰ 4ˢ 3ᵈ	15911ʰ 16ˢ 8ᵈ	"	5394ʰ 10ˢ 7ᵈ	98854ʰ 18ˢ 5ᵈ
...5ʰ 11ˢ	6921ʰ 7ˢ 10ᵈ	Avec l'Arc de triomphe.	"	143ʰ 15ˢ 3ᵈ	37217ʰ 9ˢ 3ᵈ
...5ʰ	19800ʰ 18ˢ 8ᵈ	22868ʰ 12ˢ 9ᵈ	38815ʰ 8ˢ 3ᵈ	1641ʰ 7ˢ	123820ʰ 19ˢ 8ᵈ
...0ʰ 12ˢ	12328ʰ 3ˢ 9ᵈ	14079ʰ 4ˢ	28632ʰ 3ˢ	Avec l'Observatoire.	86100ʰ 13ˢ 9ᵈ
...0ʰ	18031ʰ 10ˢ 6ᵈ	11469ʰ 10ˢ	23377ʰ 19ˢ 6ᵈ	626ʰ 17ˢ	75921ʰ 2ˢ 6ᵈ
...7ʰ 7ˢ 9ᵈ	15350ʰ 3ˢ 1ᵈ	18540ʰ 8ˢ	31798ʰ 2ˢ	4197ʰ 3ˢ	139277ʰ 10ˢ 10ᵈ
...0ʰ 14ˢ 6ᵈ	15566ʰ 7ˢ 8ᵈ	12050ʰ	57437ʰ 6ˢ 10ᵈ	4975ʰ 19ˢ	160211ʰ 2ˢ
...4ʰ 10ˢ 11ᵈ	27481ʰ 7ˢ 2ᵈ	2285ʰ 14ˢ	99027ʰ 11ˢ 6ᵈ	5434ʰ 12ˢ 6ᵈ	218609ʰ 5ˢ 1ᵈ
...6ʰ 1ˢ 9ᵈ	14849ʰ 15ˢ 10ᵈ	300ʰ	65763ʰ 11ˢ 8ᵈ	1568ʰ 8ˢ 9ᵈ	99597ʰ 9ˢ 6ᵈ
...8ʰ 8ˢ 11ᵈ	188870ʰ 0ˢ 1ᵈ	97505ʰ 5ˢ 5ᵈ	344852ʰ 2ˢ 9ᵈ	41119ʰ 6ˢ 1ᵈ	2170138ʰ 12ˢ 2ᵈ

COMPTES DES BÂTIMENTS DU ROI.

ANNÉES.	GAGES PAYÉS PAR ORDONNANCE.	GAGES SUIVANT L'ÉTAT.	GAGES DES OFFICIERS SERVANT dans TOUTES LES MAISONS.	GAGES PARTICULIERS DES MAISONS ROYALES.	GAGES DES DE FONTAI
					GAGES, APPOINTE
1664................	"	38480# 12ˢ 6ᵈ	31590#	15126# 10ˢ	186
1665................	38185# 1ˢ	47189# 12ᵈ 6ᵈ	34035#	16326# 10ˢ	191
1666................	117669# 8ˢ 6ᵈ	47614# 12ˢ 6ᵈ	23110#	16326#	192
1667................	90390#	95891# 2ˢ 6ᵈ	Avec les gages suivant l'état.	Avec les gages suivant l'état.	224
1668................	71963# 4ˢ 3ᵈ	38579# 18ˢ 9ᵈ	40690#	22271# 15ˢ	228
1669................	48609# 17ˢ	38679# 17ˢ 9ᵈ	40120#	21521# 10ˢ	228
1670................	78478# 2ˢ 6ᵈ	41079# 18ˢ 9ᵈ	40490#	19751# 10ˢ	259
1671................	99895# 13ˢ	41078# 18ˢ 9ᵈ	34750#	22774# 10ˢ	214
1672................	140442# 7ˢ 1ᵈ	45204# 18ˢ 9ᵈ	38490#	30240# 10ˢ	219
1673................	129675# 0ˢ 7ᵈ	45203# 18ˢ 9ᵈ	38560#	29514# 10ˢ	219
1674................	146896# 16ˢ	45203# 18ˢ 9ᵈ	38970#	32384# 10ˢ	244
1675................	81790# 19ˢ 1ᵈ	40203# 18ˢ 9ᵈ	35590#	34289# 10ˢ	271
1676................	73764#	"	"	"	
1677................	96643# 3ˢ 4ᵈ	45203# 18ˢ 9ᵈ	26450#	10671# 4ˢ 6ᵈ	
1678................	122585# 10ˢ	45203# 18ˢ 9ᵈ	31100#	8677# 6ˢ 6ᵈ	
1679................	99174# 10ˢ	45203# 18ˢ 9ᵈ	38790#	37568# 10ˢ	271
1680................	120288# 1ˢ 8ᵈ	45203# 18ˢ 9ᵈ	27590#	21074#	292
Total par chapitre....	1556451# 14ˢ	750227# 4ˢ	520325#	338518# 6ˢ	3243

RÉCAPITULATION DES DÉPENSES.

...TIFICATIONS AUX ...DE LETTRES.	GRATIFICATIONS AU COMMERCE.	MANUFACTURES DE FRANCE.	GRATIFICATIONS AUX OUVRIERS BLESSÉS.	ACADÉMIES DE PEINTURE.	ACADÉMIE DES SCIENCES ET BIBLIOTHÈQUE DU ROI.	TOTAL PAR ANNÉE.
...TIFICATIONS, ACADÉMIES.						
3500ʰ	652ʰ 10ˢ	″	″	4000ʰ	″	185954ʰ 12ˢ 6ᵈ
3800ʰ	5060ʰ	″	″	″	″	242701ʰ 3ˢ 6ᵈ
3000ʰ	″	″	″	″	″	318925ʰ 1ˢ
2300ʰ	″	″	″	″	B. 8165ʰ 15ˢ 4ᵈ	308151ʰ 17ˢ 10ᵈ
2300ʰ	″	262088ʰ 2ˢ 2ᵈ	″	″	18280ʰ 14ˢ 10ᵈ	567028ʰ 15ˢ
6350ʰ	100600ʰ	517624ʰ 18ˢ 8ᵈ	5365ʰ	″	18576ʰ 16ˢ	922303ʰ 19ˢ 5ᵈ
3862ʰ 19ˢ 4ᵈ	101495ʰ	238148ʰ 11ˢ 6ᵈ	10299ʰ	″	51916ʰ 14ˢ	708426ʰ 16ˢ 1ᵈ
1075ʰ	″	91909ʰ 15ˢ 2ᵈ	11230ʰ	″	29087ʰ 8ˢ 8ᵈ	452207ʰ 5ˢ 7ᵈ
1000ʰ 17ˢ	6150ʰ	98651ʰ 13ˢ 4ᵈ	2400ʰ 2ˢ 2ᵈ	8786ʰ 4ˢ	26034ʰ 18ˢ	523392ʰ 10ˢ 4ᵈ
300ʰ	6040ʰ	45046ʰ	10485ʰ	41715ʰ 7ˢ	42147ʰ 5ˢ 6ᵈ	485278ʰ 1ˢ 10ᵈ
850ʰ	″	34200ʰ	″	34291ʰ 5ˢ	37718ʰ 12ˢ 8ᵈ	452986ʰ 2ˢ 5ᵈ
50ʰ	″	18000ʰ	″	19603ʰ	35644ʰ 7ˢ 6ᵈ	352742ʰ 15ˢ 4ᵈ
09ʰ	″	1800ʰ	″	22944ʰ	35729ʰ 1ˢ 6ᵈ	206046ʰ 1ˢ 6ᵈ
00ʰ	″	1900ʰ	″	23571ʰ	24660ʰ 2ˢ 6ᵈ	294899ʰ 9ˢ 1ᵈ
00ʰ	″	″	″	38213ʰ	25644ʰ 12ˢ	320824ʰ 7ˢ 3ᵈ
0ʰ	″	11308ʰ 0ˢ 10ᵈ	″	36997ʰ	13607ʰ 11ˢ 6ᵈ	362971ʰ 11ˢ 1ᵈ
0ʰ	″	14900ʰ	″	39636ʰ	31185ʰ 3ˢ 4ᵈ	378449ʰ 3ˢ 9ᵈ
7ʰ 16ˢ 4ᵈ	219997ʰ 10ˢ	1335577ʰ 1ˢ 8ᵈ	39779ʰ 2ˢ 2ᵈ	269756ʰ 16ˢ	398399ʰ 3ˢ 4ᵈ	7083289ʰ 13ˢ 6ᵈ

ANNÉES.	LOYERS DE MAISONS.	ACHATS DE MAISONS.	REMISES DE LA PLAINE SAINT-DENIS.	GOBELINS, BEAUVAIS, LA SAVONNERIE.	GRAVU... DE PLAN...
1664...........	7596^H	"	6999^H	"	"
1665...........	"	"	"	"	"
1666...........	"	"	"	"	"
1667...........	"	"	"	"	"
1668...........	"	"	"	"	"
1669...........	"	533667^H 19^s	"	198460^H 10^s 11^d	"
1670...........	"	424492^H 11^s	"	"	"
1671...........	25040^H 10^s 10^d	83339^H 3^s 7^d	"	171522^H 19^s 10^d	2318...
1672...........	20808^H 6^s 8^d	202772^H 6^s	"	121771^H 3^s	1892...
1673...........	17312^H 3^s 4^d	184558^H 12^s 10^d	"	118794^H 4^s 6^d	5002...
1674...........	13130^H	82238^H 9^s 7^d	"	117004^H 16^s 8^d	1660...
1675...........	12820^H	305221^H	"	140723^H 3^s 9^d	14513
1676...........	14470^H	10226^H	"	92668^H 11^s 9^d	23840
1677...........	13820^H	47090^H 9^s 2^d	"	42300^H	19558
1678...........	12330^H	50665^H 0^s 6^d	"	"	24094
1679...........	13776^H 13^s	253428^H 3^s 1^d	"	"	26069
1680...........	14940^H	95816^H 4^s 8^d	"	113309^H 12^s 9^d	15168
TOTAL par chapitre......	166043^H 13^s 10^d	2273513^H 19^s 5^d	6999^H	1116555^H 3^s 2^d	18696...

RÉCAPITULATION DES DÉPENSES.

1389

OUVRAGES ARGENTERIE.	ACHATS DE MARBRE, PLOMB ET ÉTAIN.	FÊTE DE VERSAILLES.	LECTEURS ET PROFESSEURS ROYAUX.	DIVERSES DEPENSES.	TOTAL PAR ANNÉE.
IRSES.					
"	"	"	"	83861₶ 5ˢ 7ᵈ 8ᵈ	853210₶ 7ˢ 8ᵈ
"	"	"	"	1025580₶ 13ˢ 10ᵈ	1025580₶ 13ˢ 10ᵈ
00668₶ 6ˢ 2ᵈ	"	"	"	476196₶ 2ˢ 6ᵈ	656864₶ 8ˢ 8ᵈ
00999₶ 16ˢ 11ᵈ	"	"	"	1484684₶ 9ˢ 3ᵈ	1745684₶ 6ˢ 2ᵈ
00000₶	"	117033₶ 2ˢ 9ᵈ	"	874878₶ 1ˢ 6ᵈ	1491911₶ 4ˢ 3ᵈ
17999₶ 18ˢ 1ᵈ	127084₶ 6ˢ 2ᵈ	"	"	511679₶ 9ˢ 6ᵈ	1508892₶ 3ˢ 8ᵈ
16393₶ 9ˢ	203477₶ 0ˢ 4ᵈ	"	"	1103585₶ 1ˢ 10ᵈ	2277948₶ 2ˢ 2ᵈ
19267₶ 15ˢ	762771₶ 1ˢ 5ᵈ	"	"	1225938₶ 12ˢ 3ᵈ	2421069₶ 2ˢ 11ᵈ
"	558182₶ 8ˢ 11ᵈ	"	"	153864₶ 9ˢ 2ᵈ	1076328₶ 8ˢ 9ᵈ
7000₶	113500₶ 10ˢ 4ᵈ	"	"	1775534₶ 15ˢ 2ᵈ	2231702₶ 6ˢ 2ᵈ
1200₶	344932₶ 13ˢ	"	"	1348892₶ 6ˢ	1953998₶ 5ˢ 3ᵈ
0000₶	106942₶ 6ˢ	"	21100₶	329810₶ 16ˢ 8ᵈ	961130₶ 6ˢ 5ᵈ
"	199024₶ 6ˢ 6ᵈ	"	"	78020₶ 1ˢ 10ᵈ	418249₶ 0ˢ 1ᵈ
"	102225₶ 2ˢ	"	"	80349₶ 14ˢ 7ᵈ	305343₶ 5ˢ 9ᵈ
"	"	"	"	312439₶ 2ˢ 7ᵈ	399528₶ 14ˢ 1ᵈ
500₶	165485₶ 10ˢ 6ᵈ	"	"	149359₶ 14ˢ 6ᵈ	690619₶ 5ˢ 1ᵈ
668₶ 0ˢ 6ᵈ	"	"	"	125215₶ 14ˢ 2ᵈ	468118₶ 2ˢ 1ᵈ
397₶ 5ˢ 8ᵈ	2683625₶ 5ˢ 2ᵈ	117033₶ 2ˢ 9ᵈ	21100₶	11894644₶ 13ˢ	20506178₶ 3ˢ

COMPTES DES BÂTIMENTS. — I.

CHAPITRES.	LOUVRE ET TUILERIES.	VERSAILLES.	SAINT-GER...
	RÉCAPITULATION, PAR CHAPITRE, DE LA DÉ...		
Maçonnerie...	4811738ʰ 14ˢ 4ᵈ	8905547ʰ 7ˢ 5ᵈ	1388705ʰ ...
Charpenterie...	467613ʰ 11ˢ 8ᵈ	1104133ʰ 10ˢ 2ᵈ	299878ʰ ...
Couverture...	155600ʰ	505847ʰ 12ˢ 6ᵈ	50736ʰ ...
Plomberie...	265404ʰ 19ˢ 1ᵈ	1766324ʰ 18ˢ 3ᵈ	73367ʰ
Serrurerie...	293861ʰ 9ˢ 1ᵈ	1099282ʰ 4ˢ 4ᵈ	225955ʰ ...
Menuiserie...	424972ʰ 12ˢ 5ᵈ	986886ʰ 0ˢ 10ᵈ	262267ʰ
Peinture...	950408ʰ 18ˢ	1363592ʰ 19ˢ	335400ʰ
Sculpture...	7251ʰ	1884687ʰ 12ˢ 6ᵈ	Avec la pei...
Vitrerie...	44935ʰ 7ˢ 11ᵈ	140405ʰ 18ˢ 1ᵈ	64757ʰ
Pavé...	144306ʰ 0ˢ 5ᵈ	406308ʰ 15ˢ 8ᵈ	129800ʰ
Jardinages...	337538ʰ 14ˢ 3ᵈ	942598ʰ 5ˢ 6ᵈ	303572ʰ
Fouilles...	51892ʰ 5ˢ 2ᵈ	3332684ʰ 16ˢ 7ᵈ	225697ʰ
Divers...	83776ʰ 10ˢ	42261ʰ 8ˢ 3ᵈ	203561ʰ
Parties extraordinaires...	144218ʰ 8ˢ	3245274ʰ 15ˢ 7ᵈ	417657ʰ
Total par château...	8183718ʰ 10ˢ 4ᵈ	25725836ʰ 4ˢ 8ᵈ	3981358ʰ

RÉCAPITULATION DES DÉPENSES.

BÂTIMENTS DU ROI DE 1664 À 1680.

FONTAINEBLEAU	VINCENNES	TRIANON	CLAGNY	MARLY	TOTAL PAR CHAPITRE
80259ʰ 3ˢ 9ᵈ	387930ʰ 15ˢ 1ᵈ	11000ʰ	831123ʰ 13ˢ 9ᵈ	46468ʰ 18ˢ 5ᵈ	17300995ʰ 8ˢ 1ᵈ
95700ʰ 19ˢ 8ᵈ	24786ʰ 4ˢ	4237ʰ 8ˢ	154358ʰ	8340ʰ	2334108ʰ 11ˢ 2ᵈ
77014ʰ 5ˢ 8ᵈ	11044ʰ 4ˢ	4800ʰ	15605ʰ 10ˢ	5500ʰ	826148ʰ 10ˢ 5ᵈ
32391ʰ 0ˢ 8ᵈ	300ʰ	2400ʰ	106200ʰ	21700ʰ	2268087ʰ 19ˢ 7ᵈ
81387ʰ 13ˢ	19283ʰ 5ˢ 6ᵈ	6647ʰ 5ˢ	118092ʰ 19ˢ 4ᵈ	33731ʰ 16ˢ	1878242ʰ 8ˢ 4ᵈ
64508ʰ 18ˢ 4ᵈ	29067ʰ 16ˢ	23500ʰ	133538ʰ 2ˢ 4ᵈ	62800ʰ	2087541ʰ 5ˢ 10ᵈ
60167ʰ 4ˢ 10ᵈ	65848ʰ 12ˢ	23576ʰ	15063ʰ 6ˢ 8ᵈ	13818ʰ	2877875ʰ 16ˢ 3ᵈ
Avec la peinture.	Avec la peinture.	24313ʰ 10ˢ	116871ʰ 9ˢ	8200ʰ	2041321ʰ 11ˢ 6ᵈ
5016ʰ 9ˢ	6104ʰ 5ˢ	Avec la menuiserie.	14133ʰ 6ˢ	4172ʰ	289524ʰ 11ˢ 11ᵈ
9664ʰ 11ˢ 3ᵈ	12469ʰ 8ˢ	6090ʰ	1100ʰ	Avec la plomberie.	729738ʰ 16ˢ 10ᵈ
9604ʰ 11ˢ 11ᵈ	137530ʰ 13ˢ 5ᵈ	3502ʰ 10ˢ 2ᵈ	196481ʰ 2ˢ 6ᵈ	224175ʰ 18ˢ 2ᵈ	2306003ʰ 19ˢ 1ᵈ
//	91429ʰ 10ˢ	1025ʰ	88335ʰ 13ˢ	//	3791064ʰ 18ˢ 9ᵈ
//	20505ʰ 10ˢ 6ᵈ	//	//	//	350104ʰ 12ˢ
641ʰ 16ˢ 6ᵈ	50798ʰ 12ˢ 6ᵈ	201221ʰ 19ˢ	195306ʰ 7ˢ	11414ʰ 1ˢ 10ᵈ	4456733ʰ 6ˢ 9ᵈ
356ʰ 14ˢ 7ᵈ	857098ʰ 16ˢ	312311ʰ 12ˢ 2ᵈ	1986209ʰ 9ˢ 7ᵈ	933601ʰ 14ˢ 5ᵈ	43537491ʰ 16ˢ 6ᵈ

89.

COMPTES DES BÂTIMENTS DU ROI.

RÉCAPITULATION, PAR ANNÉE, DE LA DÉ...

ANNÉES.	LOUVRE ET TUILERIES.	VERSAILLES.	SAINT-GERMAIN.	FONTAINEBLEAU.	VINCENNES.	TR...
1664	85540g# 16ˢ	780599# 13ˢ 3ᵈ	183891# 17ˢ 6ᵈ	293057# 17ˢ 6ᵈ	30299# 17ˢ	
1665	1015666# 18ˢ 2ᵈ	585656# 0ˢ 6ᵈ	184046# 5ˢ 10ᵈ	77609# 7ˢ 6ᵈ	104072# 18ˢ 8ᵈ	
1666	1036297# 11ˢ 2ᵈ	291448# 14ˢ 2ᵈ	54723# 15ˢ 10ᵈ	37459# 6ˢ 19ᵈ	106364# 0ˢ 11ᵈ	
1667	858378# 4ˢ 4ᵈ	196656# 18ˢ 8ᵈ	47050# 4ˢ 4ᵈ	32979# 4ˢ	166546# 13ˢ	
1668	908548# 1ˢ 7ᵈ	338864# 10ˢ 3ᵈ	73559# 5ˢ 9ᵈ	19086# 15ˢ 5ᵈ	124141# 16ˢ 10ᵈ	
1669	1107875# 9ˢ 8ᵈ	676153# 3ˢ 9ᵈ	513527# 17ˢ 2ᵈ	41033# 14ˢ 8ᵈ	109920# 14ˢ	
1670	1150306# 16ˢ 3ᵈ	1632800# 16ˢ 11ᵈ	643196# 15ˢ 8ᵈ	23155# 8ˢ 5ᵈ	131501# 7ˢ 7ᵈ	
1671	78905# 6ˢ 4ᵈ	2481408# 12ˢ 2ᵈ	334129# 14ˢ 11ᵈ	45835# 0ˢ 1ᵈ	51195# 2ˢ	139275
1672	116521# 7ˢ 8ᵈ	2022499# 14ˢ 9ᵈ	140459# 19ˢ 9ᵈ	23878# 2ˢ	6888# 18ˢ	121710
1673	43044# 0ˢ 5ᵈ	491171# 5ˢ 7ᵈ	89532# 11ˢ 3ᵈ	12343# 7ˢ 9ᵈ	5614# 18ˢ	37031
1674	86215# 4ˢ	882124# 0ˢ 5ᵈ	104375# 17ˢ 5ᵈ	58596# 7ˢ	20559# 10ˢ	9495
1675	44587# 18ˢ	809233# 9ˢ 3ᵈ	128073# 7ˢ 10ᵈ	48550# 8ˢ	″	4798
1676	29460# 17ˢ 6ᵈ	742053# 15ˢ 8ᵈ	150358# 7ˢ 2ᵈ	29124# 10ˢ	″	
1677	28977# 18ˢ	1090011# 17ˢ 2ᵈ	186260# 5ˢ 7ᵈ	19497# 11ˢ 6ᵈ	″	
1678	52094# 11ˢ 8ᵈ	2178821# 3ˢ	178425# 14ˢ 3ᵈ	348968# 13ˢ 9ᵈ	″	
1679	32548# 12ˢ 6ᵈ	4885528# 4ˢ 6ᵈ	399396# 18ˢ 10ᵈ	246290# 5ˢ 11ᵈ	″	
1680	28733# 17ˢ 1ᵈ	5640804# 4ˢ 8ᵈ	570349# 15ˢ 11ᵈ	199890# 14ˢ 3ᵈ	″	
TOTAL GÉNÉRAL par chapitre	8183718# 10ˢ 4ᵈ	25725836# 4ˢ 8ᵈ	3981358# 14ˢ 9ᵈ	1557356# 14ˢ 7ᵈ	857098# 16ˢ	312311#

RÉCAPITULATION DES DÉPENSES.

BÂTIMENTS DU ROI DE 1664 À 1680.

LAGNY.	MARLY.	CHÂTEAUX DIVERS.	BÂTIMENTS DIVERS.	GRATIFICATIONS, ETC.	DÉPENSES DIVERSES.	TOTAL GÉNÉRAL PAR ANNÉE.
"	"	27441# 3ˢ	12500#	185954# 12ˢ 6ᵈ	853210# 7ˢ 8ᵈ	3222365# 4ˢ 5ᵈ
"	"	23657# 8ˢ 9ᵈ	10800#	242701# 3ˢ 6ᵈ	1025580# 13ˢ 10ᵈ	3269790# 16ˢ 9ᵈ
"	"	17076# 19ˢ	305000# 14ˢ 2ᵈ	318925# 1ˢ	656864# 8ˢ 8ᵈ	2824160# 11ˢ 9ᵈ
"	"	108607# 11ˢ 4ᵈ	40427# 17ˢ 9ᵈ	308151# 17ˢ 10ᵈ	1745684# 6ˢ 2ᵈ	3504482# 17ˢ 5ᵈ
"	"	43665# 11ˢ 2ᵈ	10093# 4ˢ 3ᵈ	567028# 15ˢ	1491911# 4ˢ 3ᵈ	3576899# 4ˢ 6ᵈ
"	"	77658#	266729# 15ˢ	922303# 19ˢ 5ᵈ	1508892# 3ˢ 8ᵈ	5224094# 17ˢ 4ᵈ
"	"	88444# 0ˢ 4ᵈ	210139# 13ˢ 6ᵈ	708426# 16ˢ 1ᵈ	2277948# 2ˢ 2ᵈ	6865919# 16ˢ 11ᵈ
"	"	27198# 7ˢ 2ᵈ	274836# 16ˢ 6ᵈ	452207# 5ˢ 7ᵈ	2421069# 2ˢ 11ᵈ	7016207# 4ˢ 2ᵈ
"	"	21484# 17ˢ 6ᵈ	98854# 18ˢ 5ᵈ	523392# 10ˢ 4ᵈ	1076328# 8ˢ 9ᵈ	4152018# 17ˢ 10ᵈ
"	"	10411# 0ˢ 2ᵈ	37217# 9ˢ 3ᵈ	485278# 1ˢ 10ᵈ	2251702# 6ˢ 2ᵈ	3463346# 3ˢ 5ᵈ
76# 10ˢ 8ᵈ	"	24416# 15ˢ 6ᵈ	123820# 19ˢ 8ᵈ	452986# 2ˢ 5ᵈ	1953998# 5ˢ 3ᵈ	3843758# 6ˢ 4ᵈ
15# 11ˢ 8ᵈ	"	19577# 9ˢ	86100# 13ˢ 9ᵈ	352742# 15ˢ 4ᵈ	961130# 6ˢ 5ᵈ	2918610# 17ˢ 3ᵈ
59# 18ˢ 8ᵈ	"	3507# 3ˢ 6ᵈ	75921# 2ˢ 6ᵈ	206046# 1ˢ 6ᵈ	418249# 0ˢ 1ᵈ	2064280# 16ˢ 7ᵈ
59# 18ˢ 8ᵈ	"	13550# 14ˢ	139277# 10ˢ 10ᵈ	294899# 9ˢ 1ᵈ	305343# 5ˢ 9ᵈ	2443888# 10ˢ 4ᵈ
79# 4ˢ 2ᵈ	"	9170# 9ˢ	160211# 2ˢ	320824# 7ˢ 3ᵈ	399528# 14ˢ 1ᵈ	3955723# 19ˢ 2ᵈ
11# 18ˢ 6ᵈ	450000# 14ˢ	2258# 5ˢ	218609# 5ˢ 1ᵈ	362971# 11ˢ 1ᵈ	690619# 5ˢ 1ᵈ	7471875# 0ˢ 6ᵈ
6# 7ˢ 3ᵈ	483601# 0ˢ 5ᵈ	162045# 19ˢ 6ᵈ	99597# 9ˢ 6ᵈ	378449# 3ˢ 9ᵈ	468118# 2ˢ 1ᵈ	8159846# 14ˢ 5ᵈ
9# 9ˢ 7ᵈ	933601# 14ˢ 5ᵈ	680171# 13ˢ 11ᵈ	2170138# 13ˢ 2ᵈ	7083289# 13ˢ 6ᵈ	20506178# 3ˢ	73977269# 19ˢ 1ᵈ

RELEVÉ GÉNÉRAL DES ARTISTES

ET GENS DE MÉTIERS

NOMMÉS DANS LES COMPTES DES BÂTIMENTS DU ROI

DE 1664 À 1680.

On avait songé à joindre à cette publication les listes des artistes et des ouvriers cités dans les comptes, en les classant par profession. Ces listes une fois dressées, on a reconnu que la plupart d'entre elles, et surtout les plus étendues, ne présentaient qu'un intérêt médiocre. Il y a bien peu de noms dignes d'être conservés parmi les trois cent cinq jardiniers qui figurent à la table. Les deux cent soixante-treize terrassiers, comme les trois cent quarante-cinq propriétaires vendant au Roi, qui une maison ou un terrain pour l'achèvement du Louvre, qui un champ ou un bois pour l'accroissement du parc de Versailles, méritaient, encore moins que les jardiniers, d'être détachés de la table générale pour former une liste spéciale. De plus, la nature des travaux portés au compte laisse souvent une certaine incertitude sur la profession de l'individu : tel figure parmi les jardiniers qui aurait aussi bien pu être rangé dans les terrassiers, et réciproquement. Enfin la longueur de ces énumérations de noms propres, qui s'élèvent à plus de trois mille cinq cents, a fait adopter le parti suivant. Après un relevé général et alphabétique des métiers cités dans les comptes, avec la mention du nombre d'artistes ou d'ouvriers de chaque profession, on donnera seulement la liste de tous les artistes anciens ou contemporains, architectes, dessinateurs, graveurs, musiciens, peintres, sculpteurs, et celle des artisans dont l'industrie se rattache à l'art; tels sont les armuriers, brodeurs, calligraphes, facteurs d'orgues, mouleurs, orfévres, potiers de terre, relieurs, tapissiers. Enfin il a semblé que les littérateurs, les savants, les ingénieurs, et aussi les médecins et chirurgiens avaient droit à figurer dans ce relevé des noms les plus saillants. Ces listes permettront aux lecteurs qui ne s'intéressent qu'à une catégorie de savants, de littérateurs ou d'artistes, de connaître rapidement les renseignements que peut offrir ce volume. La table alphabétique qui vient ensuite comprend tous les noms de personnes ou de lieux cités dans les comptes; on y a fait entrer toutes les indications de choses présentant un intérêt quelconque. On trouvera à la fin de l'Introduction quelques détails sur le plan qui a présidé à la rédaction de la table générale.

Voici d'abord le relevé sommaire, par profession, des ouvriers ou artistes nommés dans ce volume :

Appareilleurs 3	Balancier..................... 1	Calfateur..................... 1
Archers de la Prévôté 10	Banquiers 11	Calligraphe................... 1
Architectes 36	Boisseleur.................... 1	Capitaines de navires 4
Armateurs [1] 5	Bourrelier.................... 1	Carriers...................... 47
Armuriers..................... 5	Brodeurs...................... 3	Carrossiers 3
Arpenteurs et toiseurs......... 17	Brûleur de goudron............ 1	Chandeliers................... 3
Artificiers [2] 27	Bûcherons..................... 4	Chapelains 3
Aubergistes, hôteliers......... 6		Charbonniers................. 2

[1] Ou constructeurs de vaisseaux. — [2] Et ouvriers employés aux illuminations.

COMPTES DES BÂTIMENTS DU ROI.

Charpentiers	124	Jardiniers	305	Plâtriers	4
Charrons[1]	40			Plombiers	38
Chaudronniers	13	Laboureurs	8	Portiers des châteaux	76
Chaufourniers	4	Libraires	4	Poseur de pierres	1
Cirier	1	Lieutenant de garenne	1	Potiers, faïenciers	23
Cloutiers	5	Limousin	1	Préposés aux Bâtiments	142
Commerçants[2]	54	Lingères	8	Propriétaires	345
Commis des manufactures	38	Littérateurs et savants	145	Puisatiers	2
Cordiers	9	Lunetiers	3		
Corroyeurs	2			Quincailliers	2
Couvreurs	36	Machinistes	2		
		Maçons	180	Ramoneurs	6
Dessinateurs	10	Maîtres de forges[4]	4	Relieurs	4
Doreurs[3]	15	Maîtres écrivains, copistes	10	Rocailleurs	9
		Marbriers	38	Rubannier	1
Ébénistes	7	Marchands[5]	123		
Épingliers	2	Marchands de bois	67	Scieurs de long	7
		Maréchaux	2	Sculpteurs	133
Facteurs d'orgues	5	Matelots ou bateliers	37	Sellier	1
Ferblantiers	4	Médecins et chirurgiens	33	Serruriers	142
Fermiers	4	Menuisiers	182	Sous-lieutenant des toiles de	
Fleuristes	5	Meuniers[6]	17	chasse	1
Fondeurs	37	Miroitiers	8	Stucateurs	2
Fontainiers	30	Mouleurs	2		
Fripiers	4	Musiciens	2	Tabletier	1
Frotteurs de parquets	16			Tailleurs de pierres	17
		Nattiers	7	Tapissiers	34
Gainiers	2	Niveleur	1	Taupiers	7
Garçons de laboratoire	2	Noircisseur	1	Teinturiers	2
Gardes du Trésor	2	Notaires	7	Terrassiers	273
Graveurs en médailles	11			Tonneliers	5
Graveurs en taille-douce	43	Orfévres, ciseleurs et émailleurs	23	Tourneurs	6
Greffiers de l'Écritoire	5	Ouvriers en ciment	10	Trésoriers des Bâtiments	3
		Ouvriers divers	33	Trésoriers de la marine	6
Horlogers	8	Ouvriers blessés ou tués[7]	143	Tuiliers et briquetiers	5
Hydrographe	1	Ouvriers en pierres fines	10		
				Vanniers	16
Imprimeurs	4	Paumiers	2	Vidangeurs	8
Ingénieurs	24	Paveurs	20	Vignerons	12
Intendants des Bâtiments	2	Pêcheurs	2	Vitriers ou verriers	61
Intendant de la marine	1	Peintres[8]	153	Voituriers, loueurs de chevaux	135
Interprètes et traducteurs	10	Piqueurs de grès	2		

[1] Avec les taillandiers.
[2] Ou industriels, fabricants, etc.
[3] Beaucoup de doreurs sont en même temps peintres.
[4] Voy. fondeurs.
[5] Sous cette désignation sont confondus les marchands de toute nature, bonnetiers, drapiers, marchands de vin, de fumier, de sable, épiciers, etc.
[6] Beaucoup de ces meuniers sont en même temps charpentiers.
[7] Sur ce nombre, il y a trente-sept ouvriers tués.
[8] Dans ce nombre sont compris des peintres en bâtiment.

LISTE

DES ARTISTES, LITTÉRATEURS ET SAVANTS

NOMMÉS DANS LES COMPTES DES BÂTIMENTS

DE 1664 À 1680.

ARCHITECTES.

BLONDEL (François).
BRUANT (Libéral).
BRUANT (Sébastien).
BULLET (Pierre).
COTTARD (Pierre).
DAVILER (Charles-Augustin) jeune.
DE LA HOUSSAYE.
DE LESPINE (Nicolas).
DESGODETS (Antoine).
DESGOTS (Claude) jeune.
DORBAY (François).
DUVAL l'aîné.
DUVAL le jeune.
DUVIVIER.
FÉLIBIEN (André).
GITTARD (Daniel).
GITTARD (Pierre).
HINARD (Pierre).
JAMIN (François ?).
LAMBERT (Pierre).
LE DUC (Gabriel).
LE MUET (Pierre).
LE NOSTRE (André).
LE PAULTRE (Antoine).
LE VAU (François).
LE VAU (Louis).
MANSARD (Jules-Hardouin).
MAROT (Daniel).
MAROT (Jean).
MATHIEU (Claude).
MIGNARD (Pierre).
PERRAULT (Claude).
PINART.
ROSSI (Mathias).

THÉVENIN.
TURPIN.

ARMURIERS ET FABRICANTS D'INSTRUMENTS DE MATHÉMATIQUES.

BUTTERFIELD.
GOSSELIN (Georges).
LE GUERN.
LE BAS (Philippe).
TANGUY.

BRODEURS.

BALLAN (Philbert).
FAYAIT (Simon).
REMY (Jacques).

CALLIGRAPHE.

JARRY (Nicolas).

DESSINATEURS.

BERAIN (Jean).
COCHERY.
DE LANGRE.
DESPECHES, pour tapisseries.
GISSEY (Henri DE).
JOMART.
LESCUYER (Antoine).
NIVELON (Claude), aux Gobelins.
PATIGNY (Gilles), aux Gobelins.
VIGNEUX (Louis).

ÉBÉNISTES.

ARMAND (Jean).
BOULLE (André-Charles).

COMBORD.
GOLLE (Pierre).
MACÉ (Jean).
POITOU (Philippe).
SOMMER (Jacques).

FACTEURS D'ORGUES.

CLIQUOT.
DESNOTS.
HÉNOC (Étienne).
JOYEUX (Jean).
PAMPES.

GRAVEURS EN MÉDAILLES.

BERNARD (Thomas).
CHÉRON.
CLÉRION.
DUFOUR.
FERME.
GERMAIN (Pierre).
HÉRARD (Girard-Léonard).
LOIR (Louis).
ROETTIERS (Joseph).
THOMASSIN, graveur en cachets.
VARIN (Jean).

GRAVEURS EN TAILLE-DOUCE.

AUDRAN (Girard).
AUGUSTIN VÉNITIEN.
BAUDET (Étienne).
BONNART (Nicolas).
BORED.
BOSSE (Abraham).
BREBES.
BRISARD.

CHASTEAU (Guillaume).
CHASTILLON (Louis).
CHAUVEAU (François).
DE LA POINTE.
DORBAY.
EDELINCK (Gérard).
EDELINCK (Jean).
FRANÇOIS.
GANTREL (Étienne).
GIFFART (Pierre).
GRIGNON.
GUÉRARD (Nicolas).
LA BOISSIÈRE (Gilles).
LA POINTE.
LE CLERC (Sébastien).
LE MOYNE.
LE PAULTRE (Jean).
LE PAULTRE (Pierre).
LE PAULTRE (Sébastien).
LE PAULTRE fils.
MARC-ANTOINE RAIMONDI.
MAROT (Daniel).
MASSON (Antoine).
MELLAN (Claude).
NATALIS.
PAPILLON (Jean), graveur en bois.
PATIGNY (Jean).
PICARD (Étienne).
REGNESSON (Nicolas).
RICHER, graveur de lettres.
ROUSSELET (Gilles).
SCOTIN (Gérard).
SILVESTRE (Israël).
TOURNIER (Georges).
VAN DER BANC (Pierre).

INGÉNIEURS.

ANASPAIZE.
BEAULIEU (Sébastien DE PONTAULT, s' DE).
BEAUPLAN (Levasseur DE).
BERTHE.
BRIOYS.
BRUTIN (Jean).
CHAUVIGNY (S' DE).
CHOISY (Jean).
COUPLET (Claude-Antoine).
DEVILLE.
DOUCEUR.
DUPONT.
GUERRIER.

HÉMONT.
HENSE.
LALOUETTE (François).
LANGRENÉ.
LE ROY.
MADIOT (Nicolas).
PETIT.
REUSNIER.
RIQUET (Pierre-Paul).
SAINT-FÉLIX.
SEVIN (Pierre).

INTERPRÈTES ET TRADUCTEURS.

BARBERETS.
COMPIÈGNE (S' DE).
DIPPI (Pierre).
FERRAND.
FLAMENT (Pierre).
GUITMEYER (Fabien).
LA CROIX (Jean Poitis DE).
LA CROIX fils.
O'NEIL (Hughes).
SAUVIN.

LITTÉRATEURS ET SAVANTS [1].

ALLATIUS (Leo), litt.
AUZOUT (Adrien), math.
BALUZE (Étienne), hist.
BEELERUS, litt.
BELLORI, hist.
BENSERADE (Isaac DE), poëte.
BEHING (Vitus), sav.
BIZOT (L'abbé), numismate.
BOILEAU-DESPRÉAUX (Nicolas), poëte.
BOURDELIN (Claude), chimiste.
BOURZEIS (L'abbé Amable DE), litt.
BOUST (Guy), prof.
BOYER (Claude), litt.
BRANDON, sav.
BUOT, math.
CAPPELAIN (Claude), prof.
CARCAVI (Pierre DE), math.
CASSAGNE (L'abbé), préd.
CASSINI (Jean-Dominique), astron.
CHAPELAIN (Jean), poëte.
CHARPENTIER (François), litt.
CHIFFLET (Le P. Pierre-François), antiquaire.
CLAIRAMBAULT (Pierre DE), gén.
CLÉMENT (Nicolas), érudit.

CONRART (Valentin), litt.
CORNEILLE (Pierre), p. dram.
CORNEILLE (Thomas), p. dram.
CORRINGIUS, sav.
COTIN (L'abbé Charles), préd.
COTELIER (Jean-Baptiste), érudit.
COURTOIS (Paul), prof.
DATI (Carlo), sav.
DAUBUN (Sébastien), prof.
DAUVERGNE (Jacques), prof.
DE FLAVIGNY (Valérien), prof.
DE LA VOYE, math.
DENIAU (Mathurin), prof.
DESMARETS (Jean), poëte.
DESPERRIERS (Jacques), prof.
DOUJAT (Jean), hist.
DOUVRIER (Louis), érudit.
DUBOIS (Philippe), prof.
DU BOUCHET (Jean), gén.
DU CANGE (Charles DU FRESNE, sieur), érudit.
DU FOURNY (Honoré-Caille), gén.
DUHAMEL (Jean-Baptiste), astron.
DU PERIER (Charles), litt.
DUPUIS, math.
DUVIVIER (David), math.
FERRARI (Ottavio), prof.
FLÉCHIER (Esprit), préd.
FLEURY (Jacques), orient.
FONTAINE (Toussaint), prof.
FRÉNICLE DE BESSY (Bernard), math.
GALLAND (Antoine), orient.
GALLOIS (L'abbé Jean), litt. et érudit.
GEORGES, hist.
GERVAIS (Jean), prof.
GEVARTIUS (Jean-Gaspard), érudit.
GODEFROY (Denis), hist.
GODOUIN (Jean), prof.
GOMBAULT (Jean-Ogier DE), poëte.
GOMBERVILLE (Marin-Leroy DE), litt.
GRATIANI, litt.
GRINDORGE, acad. à Caen.
GRONOVIUS (Jean-Frédéric), érudit.
GUICHARD, prof.
HALLÉE, prof.
HEINSIUS (Nicolas), sav.
HERBELOT (Barthélemy D'), orient.
HÉRODVAL (DE VYON D'), gén.
HÉVÉLIUS, astron.
HUBY (Jean), prof.

---

[1] Bien que les abréviations qui accompagnent les noms cités ici soient toutes faciles à comprendre, en voici, pour plus de clarté, l'explication : acad. veut dire académicien ; astron. astronome ; gén. généalogiste ; hist. historien ; litt. littérateur ; math. mathématicien ; orient. orientaliste ; p. dram. poëte dramatique ; préd. prédicateur ; prof. professeur ; sav. savant ; voy. voyageur.

LISTE DES ARTISTES, LITTÉRATEURS ET SAVANTS.

Huet (Pierre-Daniel), érudit.
Huygens (Christian), astron.
Justel (Henri), érudit.
Kemps, sav.
La Chambre (Marin Cureau de), litt.
La Hire (Philippe de), math.
Langlet (Pierre), prof.
Laury, sav.
Lavoye, astron.
Leclerc (Michel), p. dram.
Le Cointe (Le P.), érudit.
Lefebvre (Tannegui), érudit.
Le Laboureur (Jean), hist.
Lenglet, sav.
Lestocq (Guillaume), prof.
Le Vavasseur, astron.
Le Vayer (L'abbé), litt.
Lhéritier (Nicolas), hist.
Loir, math.
Marchand, bot.
Mariotte (Edme), physicien.
Mauroy, litt.
Maury (Jean), poète.
Mesnage (Gilles), érudit.
Meurisse, voyageur.
Mézeray (François-Eudes de), hist.
Michault, hist.
Migon, math.
Molière (Jean-Baptiste Poquelin, dit), p. dram.
Moreau (Jean-Baptiste), prof.
Niquet (Antoine), math.
Noel (Louis), prof.
Nyon (Pierre), prof.
Ogier (François), préd.
Ollier (L'abbé), litt.
Ollier de Bessac, litt.
Paquine, math.
Patru (Olivier), lit.
Pecquet (Jean), anatomiste.
Perrault (Charles), litt.
Perrot d'Ablancourt (Nicolas), litt.
Petit (Pierre), poète.
Picard (Jean), astron.
Pigis (Jacques), prof.
Pivert, math.
Priolo (Benjamin), hist.
Pure (L'abbé Michel de), préd.
Quinault (Philippe), p. dram.
Racine (Jean), p. dram.
Reumer (Olaus), astron.
Richer (Jean), astron.
Roberval (Gilles Personne de), math.
Saint-Réal (César Vichard de), hist.

Sainte-Marthe (Pierre-Gaucher, dit Scévole de), hist.
Scudéry (Georges de), litt.
Sorbière (Samuel), litt.
Tallemant des Réaux (L'abbé François), litt.
Tavernier (Nicolas), prof.
Valois (Adrien et Henri de), hist.
Van Slèbe (Le P.), voyageur.
Varillas (François), hist.
Vattier (Pierre), orient.
Vavasseur, acad.
Villard (Étienne), astron.
Viviani (Vincenzo), math.
Vossius (Isaac), érudit.
Wagenseil (J.-Christ), sav.
Ytier (Edme), orient.

MACHINISTES.
Taraquin (Blaise).
Vigarani (Carlo de).

MÉDECINS, CHIRURGIENS.
Bongars.
Borel (Pierre).
Borelli (Jean-Alphonso).
Clavier.
Clément (Jacques).
Daquin Antoine.
Daquin (Louis-Henri).
Daquin (Pierre).
Daquin jeune.
Dionis.
Dodart (Denis).
Duclavier.
Du Clerc.
Du Clos (Samuel Cottereau).
Du Vernay (Joseph-Guichard).
Fagon.
Gayant.
Hauton.
Hofman (Gaspard).
La Beurthe.
Lottin (Claude).
Martin (Éloy).
Mentel (Jacques).
Munos (Louis).
Pasquin.
Reynesius.
Soin (Pierre).
Théroude.
Vaillant.
Vallot (Antoine).
Van der Linden (Joannes-Antonides).

Vatou (Louis).
Viliotto.

MOULEURS.
Cassegrain (Guillaume).
Langlois (François).

MUSICIENS.
François, organiste.
Lulli (Jean-Baptiste).
Oudot, maître de musique.

ORFÈVRES.
Ballin (Claude).
Ballin (Pierre).
Chouill, ciseleur.
Cousinet (René).
Débonnaire (Gérard).
De Launay (Nicolas).
Gravet (Jean).
Hobin, émailleur.
Jeger (Jacob).
Le Roy (Thomas).
Loir (Alexis).
Loir (Guillaume).
Marcadé.
Merlin (Thomas).
Perigon (Jacques), joaillier.
Pétau (Nicolas), orfèvre et graveur.
Poullt, émailleur.
Roussillion, ciseleur.
Tel (Jacques du).
Verbeck.
Viaucourt (Jean).
Villers (Claude de).
Villers (François de).

OUVRIERS EN PIERRES FINES, LAPIDAIRES.
Bavay.
Branc.
Chefdeville (François).
Chéron.
Dubois (André).
Dubois (Jean).
Gachetti (Jean-Ambroise).
Louette (Claude).
Migliorini (Ferdinand).
Migliorini (Horace).

PEINTRES.
Anguier (Guillaume).
Audran (Claude).
Bahuche (Marguerite).

BAILLY (Jacques).
BALLIN (Michel).
BAPTISTE. — Voy. MONNOYER.
BARROIS.
BAUDESSON (Nicolas).
BEAUBRUN (Charles DE).
BEAUBRUN (Henri DE).
BERNAERT (Nicasius).
BERNARD (Samuel).
BERTHOLET.
BLANCHARD (Gabriel).
BOEL (Pierre).
BONNEMER (François).
BORZONE (Francesco-Maria).
BOULLE (Pierre).
BOULONGNE (Bon).
BOULONGNE (Louis).
BOURDON (Sébastien).
BOURGAULT.
BOUTILLIER.
BOUTIN.
BRUNET (François).
BUNEL (Jacob).
CANONVILLE.
CARRACHE (Annibal).
CHAMPAGNE (Henry).
CHAMPAIGNE (Jean-Baptiste).
CHAMPAIGNE (Philippe DE).
CHANTOISEAU.
CHARMETON (Georges).
CHASTEAU (D^{lle}).
CLÉMENT.
COIGNET (Jean-Jacques).
COLONNE.
CORNEILLE (Michel).
CORRÉGE.
COTELLE (Jean).
COYPEL (Noël-Nicolas).
CRUCHET (Michel).
CRUCHET.
CUSSAT.
DASTÉ (Baptiste).
DEBRAY.
DEGARY.
DE LA FOSSE (Charles).
DE LIRE.
DE SÈVE (Gilbert).
DE SÈVE (Pierre).
DESFORÊTS.
DESOZIERS.
DE TROY (François).
DOMINIQUIN.
DORIGNY (Michel).
DUBOIS (Jean).

DUFOUR.
DUMÉE.
DUMOUSTIER.
DUPAS.
DUPRÉ (Daniel).
ECMAN (Jean).
EDME (Silvain).
ERRARD (Charles).
FEUILLET.
FOCUS (Georges).
FOUET.
FRANCART (François).
FRANCART (Gilbert).
FRIQUET DE VAUROZE.
GAILLARD (Nicolas).
GARCY (Jean).
GÉRARD.
GERMON (Jacques).
GERVAISE (Jacques).
GIRARD.
GONTIER (Léonard).
GOUJON. — Voy. LA BARONNIÈRE.
GOY (Claude).
GRESLET.
GUERCHIN.
GUIDE (LE).
HÉRAULT (Charles).
HERMAN.
HOUASSE (René-Antoine).
HUILLOT.
JOUVENET (Jean).
JUMEL (Pierre).
KINDER.
KUKLER (Balthasar).
LABBÉ.
LA BARONNIÈRE (Paul GOUJON, dit).
LA BRETONNIÈRE.
LA MARRE.
LANFRANC.
LA PORTE (François), p. et d.
LE BRETON.
LE BRUN (Charles).
LEFEBVRE (Charles).
LEFEBVRE (Claude).
LE HONGRE (Louis).
LE MOYNE (Jean).
LE MOYNE (Louis).
LOIR (Nicolas).
MAUPERCHER (Henri).
MESNAGE.
MEUSIER.
MICHEL-ANGE.
MICHEL-ANGE DE CARAVAGE.
MIGNARD (Nicolas).

MIGNARD (Pierre).
MONNOYER (Jean-Baptiste).
MORIN.
MOSNIER (Pierre).
NADAUD (Jean).
NICASIUS. — Voy. BERNAERT.
NOCRET (Jean).
PAILLET (Antoine).
PAILLET (Christophle).
PATEL (Pierre).
PLATTE-MONTAGNE (Nicolas DE).
POISSON (Jean).
POLEMBOURG (Corneille).
POUSSIN (Nicolas).
PRIMATICE (LE).
QUILLERIER (Noël).
RADON.
RAMBOUR.
RAPHAËL.
REGNARD. — Voy. SAINT-ANDRÉ.
RICARD.
ROBERT (Nicolas).
ROSSIGNOL.
ROUSSEAU (Jacques).
ROYER (Pierre).
SAINT-ANDRÉ (Simon REGNARD DE).
SAUVAN.
SILVAIN (Edme).
SIMON.
SPADA (LE).
TESTELIN.
TIERCELIN.
TOUTIN.
TROTTIER.
VALENTIN.
VAN DER MEULEN (Adam-Frans).
VAUDROZE (DE). — Voy. FRIQUET.
VERDIER (François).
VÉRONÈSE (Alexandre).
VÉRONÈSE (Paul).
VIGNON (Claude-François).
VIGOUREUX.
WITTE (DE).
YVART (Baudrin).
ZENDER, peintre en miniat.

POTIERS DE TERRE, FAÏENCIERS.

BARDERY.
BLÉREAU (Jean).
BOITARD.
BRANLARD.
CUENU (François).
CHICANNEAU.
COMMANDEUR.

LISTE DES ARTISTES, LITTÉRATEURS ET SAVANTS.

DE LA MARE (François).
DE LA MARE (Nicolas).
DE LA MARE (Philippe).
DE SAINT-ÉTIENNE.
ESTIENNE (Nicolas).
GIRARD (Élie).
HAINCEVILLE (Robert DE).
JOACHIM.
LEGENDRE (Jean).
LE MAIRE (Pierre).
MONTAILLY.
PRUDHOMME.
RÉVÉREND.
TESSIER (Philippe).
TIBOUT (Louis).
VUATIER (Joachim).

RELIEURS.

DUBOIS (Gilles).
LA TOUR.
LE VASSEUR.
MÉRIUS.

SCULPTEURS.

ANDRÉ.
ANGUIER.
ANGUIER l'aîné (François).
ANGUIER le jeune (Michel-André).
ARCIS (Marc D').
AUBRY.
BAPTISTE. — Voy. TUBY.
BARBE.
BENOIST (Antoine).
BERNARD (Philbert).
BERNIN (Le Cavalier).
BERNIN (Paolo).
BERTRAND.
BIDAULT (Nicolas).
BLANCHARD (Étienne).
BLANCHARD (Jacques).
BLANCHARD (Jean).
BOISSARD (Michel).
BOLOGNE (Jean).
BOUIN (Pierre).
BOULOGNE.
BOURELIER.
BRIQUET (Noël).
BUIRETTE (Jacques).
BUYSTER (Philippe).
BUYSTER (Pierre).
CACCIA (Francesco).
CAFFIERI (Philippe).
CARBON (Jean).
CHESNEAU (Pierre).

CLÉRION (Jean-Jacques).
COLLET (Gratien).
CORROYER.
COSSON (Claude).
COUET (Henri).
COYSEVOX (Antoine).
COCCI (Dominique).
CUISSIN.
DAVAU (Gilles).
DE LA HAYE (Pierre).
DE LA ROCHE (François).
DELLA MONICA.
DESJARDINS (Martin).
DESBIGNIER.
DIOT.
DOSSIER (Nicolas).
DROUILLY.
DUVAL.
FLAMEN (Anselme).
FLURY MACRON.
FONTELLE (François).
FRANÇOIS (Louis).
FRÉMERY (Martin).
GARNIER.
GÉRARD (René).
GIRARD.
GIRARDON (François).
GODON.
GRANIER (Pierre).
GRENIER.
GRENOBLE (Alexandre).
GRENOBLE (Jacques).
GROUARD.
GUÉRIN (Gilles).
GUÉRIN (Jean).
GUYOT (Antoine).
HOUZEAU (Jacques).
HOUZEAU fils.
HUTINOT (Pierre).
IMBERT (Gaspard).
JACQUIN.
JOUVENET (Noël).
JULIO.
LANGLOIS.
LA PERDRIX.
LAVIRON (Pierre).
LE BRUN.
LE CLERC.
LE GENDRE (Laurent).
LE GENDRE (Nicolas).
LEGERET (Jean).
LEGRAND (Henri).
LE GREU (Jean), marbrier.
LE GROS (Louis).

LE GROS (Pierre).
LE HONGRE (Étienne).
LERAMBERT (Louis).
LESPAGNANDEL (Mathieu).
LESPINGOLA (François).
LUCAS.
MAGNIER (Jean).
MAGNIER (Laurent).
MAGNIER (Nicolas).
MARSY (Balthazar DE).
MARSY (Gaspard DE).
MARSY (S^te DE).
MASSÉ (Nicolas).
MASSOU (Benoît).
MAZELINES (Pierre).
MAZIÈRE (Simon).
MEUSNIER (Jean).
MEUSNIER (Michel).
MILLET (Louis).
MORELLI.
MUSNIER.
PALLUS.
PARIS (Jacques).
PASQUIER (François).
PERREAU (Claude).
PERRIN, sculpteur en bois.
PICARD.
PILLON (Germain).
POISSANT (Antoine).
POISSANT (Nicolas).
POISSANT (Thibault).
PROU (Jacques).
RAON (Jean).
REGNAUDIN (Thomas).
ROGER (Léonard).
ROUSSEAU (Michel).
ROUSSEL.
SAINT-ANDRÉ (DE).
SANSON (Jacques).
SARAZIN (Jacques).
SARAZIN (Pierre).
SIBBAYQUE.
TEMPORITI (Francesco).
THÉODON.
TUBY (Jean-Baptiste).
VAN CLÈVE.
VAN OBSTAL (Girard).
VAUTRIN.
VION (Pierre).

STUCATEURS.

FASSY (Pietro).
GALLI (Antonio).

TAPISSIERS.

Bastier (Louis).
Béragles (Philippe).
Bellier.
Bensu (Jean).
Bertrand (Jacques), à Aubusson.
Boult (Jacques).
Delacroix (Jean).
Delobel.
De Magne.
De Villers (Pierre).

Dubourg (Maurice).
Dupont (Louis).
Ferault (Augustin).
Guimont (Isaac).
Henry (François).
Jans (Jean) l'aîné.
Jans le jeune.
Lacombe (Veuve).
Laurens (Girard).
Laurent (Henri).
Lavergne (Barjou), à Felletin.
Lefebvre (Jean).

Lescabé (Gilles).
Le Sieur.
Lourdet (Philippe).
Lourdet (Simon).
Lourdet.
Macé.
Montigny.
Mosin (Jean).
Rossignol.
Tribault (René).
Vesser (Pierre).
Villars.

TABLE ALPHABÉTIQUE
DES COMPTES DES BÂTIMENTS DE 1664 À 1680.

EXPLICATION DES ABRÉVIATIONS.

arch	architecte.		men.	menuisier.
art	artificier.		peint.	peintre.
charp	charpentier.		prop.	propriétaire
couv.	couvreur.		sc.	sculpteur.
grav.	graveur en taille-douce.		ser.	serrurier
grav. en méd.	graveur en médailles.		tap.	tapissier.
jard.	jardinier.		ter.	terrassier.
maç.	maçon.		vitr.	vitrier.
mat.	matelot.		voit.	voiturier.

Les noms de personnes sont imprimés en petites capitales; les noms de lieux et de vaisseaux et les titres d'ouvrages en italiques.

A

AABL ou ASSE (Élias), Suédois, directeur de la manufacture de goudron, 101, 312, 369.

Abbécourt, 1183.

Abbeville (Commerçants d'), 55, 61, 99.
—— (Manufactures d'), 174, 221, 285, 372.

Abecedario de Mariette, 366.

ABLANCOURT (Perrot D'). — Voy. PERROT.

ABOT, constructeur de chaloupes, 908.

ABRAHAM (Jean), charp., 527, 602, 683, 688, 741, 749.

ABRY (Gabriel), maç., 342, 431, 530, 604, 1251.
—— (Les héritiers de), 606.

Acacias (Fournitures d'), 816.

Académie d'architecture, 499, 647, 648, 657, 678, 721, 737, 781, 782, 788, 812, 854, 883, 925, 930, 938, 990-991, 1013, 1017, 1085-1086, 1096, 1113, 1116, 1204, 1215, 1235, 1343, 1353.
—— de la Crusca, 113, 162, 299, 451, 566, 715.

Académie française, 647, 1113, 1199, 1231, 1343.
—— française (Chaises de noyer pour l'), 1109.
—— française (Jetons pour l'), 1010, 1106, 1109, 1342, 1343.
—— française (Messe de la Saint-Louis pour Messieurs de l'). — Voyez SAINT LOUIS.
—— française (Transcription du Dictionnaire de l'), 647, 712, 713, 780, 853, 854, 924, 989, 1084, 1109, 1203.
—— de France à Rome, 99, 105, 106, 150, 171, 173, 175, 177, 216, 233, 235, 274, 309, 312, 315, 357, 358, 359, 389, 400, 473, 480, 486, 553, 586, 589, 648, 675, 678, 679, 681, 713-714, 737, 739, 740, 781-782, 812, 854-855, 883, 925, 938, 941, 990-991, 1010, 1013, 1017, 1020, 1022, 1085-1086, 1113, 1116, 1117, 1204, 1235, 1343.
—— de peinture et de sculpture, 10, 43, 44, 51, 96, 102, 111, 150, 158, 160, 218, 277, 284, 359, 448, 485, 486, 549, 552, 573, 586, 589, 647, 648, 678, 713-714, 737, 739, 781-782, 812, 854-855, 883, 925, 938, 990-991, 1013, 1017, 1085-1086, 1091, 1113, 1116, 1204, 1235, 1343-1344.

Académie de peinture et de sculpture (Expositions des tableaux de l'), 550, 713.
—— de peinture et de sculpture (Fête de l'), 551.
—— de peinture et de sculpture (Statue du Roi pour la cour de l'), 735.
—— de Saint-Luc de Paris, 420.
—— des sciences, 151, 230, 231, 232, 270-271, 300, 359, 383-384, 388, 447-448, 463, 471, 475, 476, 502-504, 544, 565, 566, 576, 589, 646-647, 678, 683, 711-713, 723, 739, 740, 779-781, 782, 783, 804, 812, 853-854, 856, 863, 883, 924-925, 926, 938, 989-990, 992, 993, 1002, 1017, 1084-1085, 1107, 1116.

1203-1204, 1205, 1206, 1208, 1231, 1232, 1235, 1313, 1342-1343, 1346, 1367.
Académie ou Académie des sciences (La nouvelle), 151.
—— de mathématiques ou des sciences, 676.
—— des sciences (Horloges de l'), 384, 647, 659, 712, 723, 791, 863, 1002, 1098, 1111, 1217, 1354.
—— des sciences (Instruments et livres pour l'), 209, 270, 448, 463, 646, 659, 723, 791, 863, 1002, 1098, 1203, 1204, 1217, 1231, 1343, 1354. — Voy. Instruments de mathématiques.
—— des sciences (Laboratoire de l'), 448, 64$.
Acadie (L'), 476.
Accard (La veuve d'), charron, 1316.
Accart, ouvrier, 827, 898.
Acher (Gilles), charp., 222.
Achères (Côtes d'), près Saint-Germain, 89, 117, 435, 1121.
—— (Palis d'), 691, 1141.
—— (Plants d'), 532, 549.
Acier (Manufacture d'), 233.
Acis et Galathée (Figures d'), 808, 831.
Actes des Apôtres (Tenture des), 287, 288, 898.
Adam, maç., 736, 1252.
—— ter., 32, 771, 1196.
—— vidangeur, 1037, 1142.
Adancourt, mat., 1064.
Adnet, paveur, 752, 822.
Adrian ou Adrien (Jean), garde des fontaines de Pougues, 297, 466, 581, 664, 728, 796, 869, 1008, 1105, 1222, 1357.
Agates achetées pour le Roi, 219, 398, 503, 736. — Voyez Armoires pour mettre les agates du Roi.
Aignan (Louis), marchand de bois, 268.
Airault (Jean), tailleur de pierres blessé, 387.
Aire du dôme du Val-de-Grâce, 164.
—— de ciment, 1186, 1317. — Voyez Ciment (Ouvrages de).
—— de pierre de liais, 81.
Ais de bateau (Fournitures d'), 428, 502, 1040, 1124, 1192. — Voyez Dosses de bateaux.
Ajustages de cuivre pour fontaines, 81, 525, 529, 627, 671, 700, 719, 754,

767, 785, 833, 911, 942, 1068, 1115, 1176, 1309.
Alain (Pierre), maç., 1228.
Alambics, 1109.
Albâtre oriental (Bustes d'), 394.
Albo (Jean), maître teinturier, 557.
Albret (Hôtel d'), à Fontainebleau, 272, 273, 467, 584, 586, 667, 669, 731, 732, 733, 798, 799, 800, 871, 872, 873, 1091, 1131, 1225, 1227, 1363, 1364, 1365.
Alcyon (Carré de médaille représentant un), 1207.
Alençon (Le prêt d'), 115, 173.
—— (Manufactures d'), 152. — Voyez Manufactures de point de France.
—— (Recette générale des finances d'), 173, 233, 488, 675.
Alep, en Syrie, 121, 479, 646, 712.
Alexandre (Histoire d'), en gravure, 474, 543, 544, 709, 927, 994, 1088.
—— (Histoire d'), peinte en miniature, 672.
—— (Histoire d'), tenture de tapisserie, 287, 288, 445.
—— marchand de bois, 1078.
—— men., 756, 912.
—— (La veuve d'), meunier, 1186.
Alexandrie, 924.
Alexis, marbrier, 983.
Allain (Jean), plombier, 626, 693, 764, 833, 845, 863, 904, 918, 946, 966, 983, 1002, 1052, 1076, 1098, 1111, 1166, 1192, 1217, 1229, 1293, 1317, 1327, 1354.
Allaine (Claude), ter., 1172, 1304.
Allan, maç., 210.
Allatius (Léon Allacci ou), littérateur italien, 62.
Alleaume, vitr., 773.
Allemagne, 279, 491.
—— (Livres achetés en), 503.
—— (Poêles d'), 606.
—— (Tableaux apportés d'), 312, 365.
Allen, marchand de plomb d'Angleterre, 643, 735, 778, 852, 877, 923, 989, 1071, 1183, 1203.
Allen fils, marchand de plomb, 1110.
Allèvre (Claude), ter., 1059.
Alliot (Gilles), ter., 1059.
Alluets (La forêt des), près Saint-Germain, 1257, 1259, 1261.
Ambassadeur turc reçu à Saint-Germain, 434.

Ambassadeurs (Hôtel des). — Voy. Hôtel.
Amboise, 206.
—— (Dépenses du château d'), 42, 95, 148-149, 175, 206, 219, 268-269, 356-357, 442-443, 542, 640, 707.
—— (Réparation des trois ponts du château d'), 312, 370.
Ameau (Roch), ter., 24.
Amérique (Voyage en), 271.
—— (Bœuf de France envoyé dans les îles françaises d'), 552.
—— (Filles envoyées dans les îles d'), 675, 736.
Amiens, 1140. — Voyez Manufactures de camelots d'Amiens.
Amiral (M. l'). — Voy. Vermandois.
Amour, statue, 193.
—— sur un cygne, figure de plomb, 77.
Amour de Mars (L'), planche gravée, 994.
Amours déguisés (Ballet des), 1.
Amphitrite, statue pour Versailles, 617.
Amsterdam (Vaisseau acheté à), 374.
Anasfaize, ingénieur, 934.
Anatomie. — Voyez Dissections anatomiques.
Ancelin, vidangeur, 691.
Ancelle, compagnon charpentier, 1123.
Ancettes, terme de marine, 1276.
Andaye, 1232.
André (Jacques), ouvrier blessé, 1182.
—— apothicaire, 774.
—— entrepreneur de la manufacture des draps pour le Levant, 371.
—— sc., 1161, 1289.
—— taupier. — Voy. Liard (André).
Andrezy, près Saint-Germain, 1139, 1250.
Andromède (Histoire d'), tapisserie, 558.
Anémones (Fourniture d'), 531, 541.
Anges (Figures d'), 165.
Anglart (Gabriel), ter., 850, 1080.
—— (Jean), ter., 263, 265, 351, 488, 534, 535.
—— (Jeanne). — Voy. Anglart (Jean).
—— (Robert), maçon, 34, 91, 93, 105, 141, 160, 200, 226, 262, 263, 291, 349, 376, 436, 437, 460, 533, 535, 573, 608, 664, 692, 729, 755, 774, 796, 849, 858, 921, 957, 971, 986, 1040, 1080, 1108, 1109, 1145, 1194, 1199, 1264, 1329, 1335.

TABLE ALPHABÉTIQUE.

ANGLEBERT, men. — Voy. DANGLEBERT.
Angleterre, 63, 379.
—— (Draps façon d'). — Voy. Manufactures.
—— (Étain d'), 735, 778, 989, 1110, 1183, 1203.
—— (Hôtel de la reine d'), 151, 206, 207, 209, 210, 222, 280, 281, 362, 374, 468.
—— (Laines d'), 559.
—— (Le roi d'), 469, 479.
—— (Livres achetés en), 270.
—— (Plomb d'), 234, 239, 274, 312, 384, 397, 643, 735, 778, 852, 923, 989, 1020, 1111, 1203. — Voy. Plomb.
ANGOMMOIS, compagnon menuisier blessé, 1185.
ANGOULESME (Hôtel d'), à Saint-Germain, 101.
ANGUIEN. — Voy. ENGHIEN.
ANGUIER (Guillaume), peintre, 344, 406, 433, 510, 613, 734, 759, 829, 851, 901, 962, 988, 1156, 1282.
—— sc., 21, 103, 133, 165.
—— l'aîné (François), sc., 164, 165, 462.
—— le jeune (Michel-André), sc., 164, 165, 406, 575, 615, 658, 722, 763, 789, 862, 945, 1001, 1097, 1215, 1290, 1353.
ANIEL, paveur, 1200.
Animaux achetés pour le Roi, 488, 679, 680, 704, 714, 735, 736, 854, 885, 978, 1183, 1232. — Voy. *Levant* (Animaux achetés dans le).
—— empaillés, 975, 1321.
—— (Planches gravées d'), 875.
Anjou (Manufactures d'), 445, 556, 850.
ANJOU (Naissance du duc d'), 670.
Annales ecclésiastiques. — Voy. LECOINTE (Le Père).
ANNE D'AUTRICHE (Appartement d') au Louvre, 69, 71.
—— (Portrait d'), 72.
Annonciade (Religieuses de l') de Meulan. — Voy. *Meulan*.
ANSELIN, ter., 1061.
ANTEBAULT (François), vannier, 50.
Antes de moulins. — Voy. *Eutes*.
ANTINOÜS (Tête d'), 394.
Antiques (Salle des). — Voy. Louvre.
—— (Gravure de figures et bustes), pour le Roi, 278, 468, 469.

Antiques (Architecte envoyé dans le Midi pour lever le plan des bâtiments), 366, 481. — Voy. Architecture antique.
Antiquités de Rome (Planches des), 1207.
ANTOINE (François), meunier de Trianon, 570, 572, 654, 718, 837, 971, 972, 1063, 1175, 1310.
—— men., 774.
—— porte-arquebuse du Roi, prop., 1112.
Anvers, 57.
APOLLON (Cabinets d') et de Diane, 5, 46.
—— (Fontaine d'), à Versailles, 421, 428, 430, 509, 513, 527.
—— (Galerie d'). — Voy. Louvre.
—— (Les douze tableaux de l'histoire d'), au Louvre, 812.
—— (Notice sur la galerie d'), 5.
—— (Statue d'), 363, 418, 469, 648.
—— (Statue d'), par Coysevox, 1156.
—— (Tête d'), en marbre, 394, 479.
—— (Tête d'), en bas-relief, 359.
—— ou le Soleil servi par les Nymphes, groupe de marbre, 1072.
Apparaux de la galère du Roi, 280.
APRIN, ouvrier, 1337.
Aqueduc glaisé fait à Versailles, 942.
Arbre de cuivre pour le Marais de Versailles, 521.
Arbres ou arbrisseaux verts, 337, 364, 578, 661, 725, 734, 792, 865, 1005, 1100, 1118, 1147, 1219, 1359.
Arbrisseaux (Achat d'), 280, 470, 472, 481, 598, 651, 669, 673, 835, 840, 843, 846, 876, 883, 918, 1014, 1027, 1244, 1350.
Arc de triomphe de la porte Saint-Antoine (Construction de l'), 311, 313, 316, 375, 387, 389-390, 412-413, 458, 485, 504, 570, 601, 687, 739, 748, 812, 819, 857, 883, 890, 937, 948, 1017, 1026-1027, 1090, 1107, 1113, 1116, 1126-1127, 1235, 1243-1244, 1307, 1335.
—— (Demi-lune de l'), 1026.
—— (Dessins pour l'), 546, 1012.
—— (Gratifications aux ouvriers de l'), 455, 567.
—— (Inscription pour l'), 1230.
—— (Maisons et terrains acquis ou loués autour de l'), 381, 451, 488, 562, 923, 1019, 1088, 1084, 1340, 1341.
Arc de triomphe de la porte Saint-Antoine

(Modèle de l'), 390, 412, 456, 504, 1126.
—— (Modèle gravé de l'), 994.
—— (Peinture de l'), 345.
—— (Trophées et captifs sculptés pour l'), 412, 504.
Arcanson, poix résineuse, 1183.
ARCE, marbrier, 278.
ARCHAMBAULT (Les héritiers), 1262, 1263.
ARCHIMÈDE. — Voy. Vis d'Archimède.
Architecture antique (Planches gravées de morceaux d'), 1206, 1207, 1208, 1345, 1346.
Arcis (Jacques), ter., 1172, 1300.
—— (Marc d'), sc., 1285, 1290.
Arcs de triomphe d'Autun, 876.
Arcueil (Conduite des eaux d'), 279, 280, 358, 499.
—— (Dessin de l'aqueduc d'), 546.
—— (Eaux d'), 210.
—— (Pierre d'). — Voy. Pierre.
Arcy. — Voy. *Bois d'Arcy*.
Argent blanc ciselé, 157.
Argenterie (Grands ouvrages d'), pour le Roi, 6, 7, 9, 46, 51, 52, 61, 119, 120, 157, 171, 174, 175, 224, 233, 235, 236, 239, 309, 380, 389, 397, 443-444, 483, 485, 486, 640, 707, 778, 852, 1116, 1202, 1235, 1339.
Argenteuil (Sources d'), 341.
ARMAGNAC (Logement du comte d') aux Tuileries, 243, 829.
—— (Écuries du comte d'), 1110.
ARMAND (Jean), ébéniste, 13, 14, 19, 40, 73, 124, 181, 244, 245, 279, 294, 343, 363, 405, 478.
—— ser. — Voy. HARMANT.
ARMAY. — Voy. ARMAND (Jean).
Armée ou soldats d'argent du Dauphin 213, 281, 313, 366.
Armes d'architecture, 134.
—— de France en sculpture, 504.
Armoires pour mettre les agates, cristaux et raretés de S. M., 315, 319, 320, 322, 323, 328.
—— de chêne pour le garde-meuble, 481.
—— ornées de sculpture pour le garde-meuble, 398, 610, 612.
—— tournant sur un pivot, 611.
ARNAUD (Jacques), charp., 415.
ARNAULT, jard., 1298.
—— portier de l'Opéra, 913.
ARNOUL. — Voy. ARNOULT (Le s').

ARNOULT (Le s⁺), 49, 120, 153, 395, 680.
— intendant de la marine, 365, 371, 1118.
— ouvrier tué, 1197.
Arpentages. — Voy. CARON, MIGON, PRU-DHOMME.
Arpenteurs, 1141, 1174, 1197, 1314, 1316.
Arras (Manufactures de la ville d'), 62, 109.
Arrosoirs (Fourniture d'), 475, 550, 747, 1079, 1181, 1194, 1329.
Artichauts (Achats d'), 84.
ARTIER (La veuve d'), carrier, 1127, 1244.
Artifices. — Voy. Boîtes, Feux d'artifice.
Artois (Arbres achetés en), 400, 472.
ARTOIS (La veuve d'), ouvrier tué, 1333.
ARTHUR (Alain), constructeur de vaisseaux, 373.
ARVIER, taillandier, 1134.
Ascension. — Voy. MAY.
Asperges (Plant d'), 606.
ASSE (Élias), Suédois, brûleur de goudron. — Voy. AAHL.
Assomption de la Vierge (L'), tableau, 642.
Assurances (Établissement des) à Paris, 284, 380.
ASTREY (Dame D'). — Voy. DASTRICQ.
Astrologie, 715.
Astronomiques (Observations), 270, 470, 476, 480, 503, 549, 554, 647, 780-781, 1084, 1203.
Atres (Fourniture d') en fer, 753.
AUBÉ, ter., 1172, 1300.
AUBERT (Gilles), marchand, 110.
— (Jean-Jacques), charp., 728, 751, 795, 821, 868, 892, 895, 951, 1034, 1136, 1143, 1148, 1222, 1252, 1263, 1367.

AUBERT, archer de la Prévôté, 1033.
AUBOUR, carrier, 1248.
AUBOUST, prop., 779.
AUBRY (Léonard), paveur, 13, 22, 23, 74, 83, 85, 88, 98, 129, 138, 141, 151, 185, 195, 196, 198, 207, 246, 250, 257, 294, 323, 324, 389, 408, 411, 412, 422, 463, 515, 576, 619, 659, 670, 674, 686, 698, 705, 723, 989, 1030, 1081, 1131, 1247.
— (Léonard), verrier, 503, 647, 781.
— sc., 1162, 1289.
Aubusson (Tapisseries d'), 489.
— (Tapissiers d'), 119, 152.
AUDEBERT, dit LE BLANC, 286.
AUDEVILLE (Arthur), loueur de chevaux, 1260.
AUDIERNE (Charles), ser., 76.
AUDINET, ser., 612.
AUDIVERT, scr. — Voy. OSDIVERT.
AUDRAN (Claude), peint., 345, 494, 510, 614, 694, 758, 828, 962, 1047, 1124, 1155, 1279.
— (Girard), grav., 362, 407, 474, 543, 642, 709, 806, 851, 874, 927, 988, 994, 1088, 1109, 1208.
AUGER (Louis), ser., 150, 916, 1275.
— (René), manœuvre, 130.
— administrateur de la Charité, à Saint-Germain, 1261.
— ter., 1172.
Auges d'écurie, 128.
— de pierre, 1193, 1194.
AUGUIER, peintre. — Voy. ANGUIER.
AUGUSTE (Buste d'), 394, 479.
AUGUSTIN VÉNITIEN (Estampes d'), 275.
AUGUSTINS (Les), 553.
AULARGE, maç., 1266.
Aulnœau (Pépinière d'), près Sceaux, 1200.

AUMASSON (Léonard), maç., 955, 1041.
— dit LA FONTAINE, maç., 1265.
AUMONT (Buste du maréchal D'), 674.
— compagnon charpentier blessé, 1071.
— garde de la Prévôté de l'Hôtel, 458, 569, 652, 717.
Aumône de saint Roch (L'), tableau, 1230.
Aunes (Fournitures de plants d'), 339.
AUREN, ouvrier, 846.
Aurillac, 152.
Autun (Arcs de triomphe d'), 876.
Auvergne, 241, 671.
— (Manufactures d'), 556, 557, 850.
AUVERT, maç., 1266.
— ter., 1299.
AUVRAY (Marin), prop., 1112.
— marchand bonnetier à Paris, 371, 557.
— voit., 955.
Auxerre, 52.
— (Manufactures d'), 286, 444, 558, 640, 707, 1112.
AUXERRE (Nicolas D'), men., 252, 335.
— (Les héritiers de Nicolas D'), 192.
AUZANNE. — Voy. OZANNE.
AUZOUT (Adrien), mathématicien, 163, 228.
Avant-becs ou éperons sur les rivières, 1136, 1137, 1139, 1140, 1252, 1253, 1254, 1259, 1260, 1275.
AVIELLE, paveur, 1081.
Avignon, 366, 669.
AVISSE, ter., 1078, 1180.
Avoine semée dans l'avenue de Vincennes, 438.
Avon, près Fontainebleau, 732, 799.
Azimutal (Cercle), 1025.

B

BABIN (Pierre), marchand de papier. — Voy. BABUIN.
Bacchus, planche gravée, 1206.
— statue de plâtre, 1287.
BACHELARD, ter., 1308.
BACOUEL (Jacques), men., 208, 1151, 1269, 1368.
BAFOU (Christophe), men., 443.
BABUCHE (Marguerite), peint., 215.
Baignoires de marbre, 936. — Voy. Cuves.

BAILLANT, marchand de bois, 1315.
BAILLET (Jean) et sa femme, prop., 1083.
BAILLON. — Voy. BALLON (Gilles).
BAILLOT, commis des manufactures en Bourgogne et Bresse, 850.
BAILLY (Jacques), peint. et grav., 14, 49, 100, 153, 193, 210, 275, 293, 364, 398, 421, 462, 480, 509, 527, 547, 575, 613, 658, 671, 672, 695, 722, 735, 759, 768, 776, 789, 802, 829,

841, 862, 875, 894, 900, 932, 956, 961, 971, 1001, 1009, 1010, 1047, 1063, 1069, 1089, 1097, 1106, 1155, 1175, 1215, 1228, 1281, 1310, 1353.
BAILLY (Suzanne BOURGEOIS, veuve), 1155, 1281.
— loueur de chevaux, 1185.
— maç., 843, 914, 979, 1072, 1135, 1141, 1146, 1187, 1195, 1251, 1265, 1330.

TABLE ALPHABÉTIQUE.

BAILLY, portier de la Savonnerie, 717, 785, 858, 922, 997, 1092, 1211, 1339, 1349.
—— ter., 1308.
Bailly (Aqueduc et regards de), près Marly, 1145, 1264, 1312.
—— (Plaines de), 1331.
—— (Recherche des eaux à), 906, 909, 967, 969.
BAJOUNET, prop., 1112.
Balances pour les bâtiments, 1232, 1319.
Balanciers de la Monnaie, 1011, 1012.
Baleines de la fontaine d'Apollon, 509, 527.
BALLAN ou BALLAND (Philbert), brodeur, 446, 559, 708, 777, 851, 988.
BALLE ou BALLET (Denis), carrier, 263, 351, 953.
BALLIN (Claude), orfévre, 46, 102, 157, 224, 301, 380, 444, 543, 554, 555, 707, 777, 803, 852, 934, 941, 1010.
—— (Veuve), 1106, 1186, 1229.
—— (Michel), peint., 183, 314, 366.
—— (Pierre), orfévre, 216.
BALLON (Gilles), préposé aux plants des avenues royales, 54, 256, 280, 316, 337, 340, 364, 459, 469, 571, 653, 718, 785, 808, 842, 859, 898, 930, 934, 997, 1092, 1212, 1348.
—— prop., 853.
BALOUZE (Geoffroy), prêtre des Gobelins, 771, 1091.
BALTHAZARD (François), marchand, 110.
Balustrade d'argent pour le Roy, 1339.
—— de fer, 168, 1254.
—— de menuiserie, 37, 74.
—— dorée, 17.
Balustres, 148.
—— d'argent, 1237.
—— de marbre, 80, 710, 923.
BALUZE (Étienne), historien, 163, 227, 298, 377, 450, 564, 649, 715, 783, 856, 926, 992, 1086, 1205, 1344.
Bancs de pierre pour Versailles. — Voy. *Versailles*, petit parc.
—— pour la salle du Conseil, 743.
BANDEVILLE (Dame DE), prop., 236, 285.
BANIER, ouvrier blessé, 1107.
Banne (Charbon de), 504.
Bannées, 637.
Bannes (Fourniture de), 529, 770, 771, 816, 841, 842, 912, 1231, 1333.

BAPTISTE, batelier, 526.
—— peint. — Voy. MONNOYER.
—— sc. — Voy. TUBY.
Baquetage des eaux, 1069.
BAR (Pierre), jard. — Voy. BART.
BARA, marchand de bois, 1320.
BARAN (Dominique). — Voy. BARREAU.
BARANGUE, procureur au Châtelet, prop., 884.
—— (Veuve), 924.
BARANJON, receveur de l'archevêché de Paris, 740, 779.
Baraquans (Manufacture de). — Voy. *Manufactures*.
BARAT (Claude et Gilles), maç., 261.
—— entrepreneur de la manufacture des basins et futaines, 286, 370.
BARAU. — Voy. BARREAU.
BARBADE (Louis), maç., 318, 483.
BARBARE (Jean) et sa femme, prop., 1083.
—— (Marguerite), veuve PIRGUET, prop., 1083.
Barbarie (Moutons de), 101.
BARBE (Catherine), veuve du s' MANUEL. — Voy. MANUEL.
BARBE, sc., 481, 895, 965, 983, 1075, —— (Veuve), 1162, 1190, 1326.
—— voit., 1108.
1190.
BARBÉ (Antoine), maç., 199, 261, 330, 443, 471, 472, 533, 639, 775, 888.
BARBÉ (Louis), maç., 395.
BARBERET, interprète, 105.
BARBERY, potier de terre, 188.
BARBET, charbonnier, 504.
—— (Veuve). — Voy. DE VAUX (Marie).
BARBEY. — Voy. BARBÉ.
BARBIER (Guillaume), men., 14, 20, 27, 38, 49, 77, 185, 246, 256, 326, 432, 530, 541, 601, 611, 638, 684, 687, 693, 704, 706, 743, 747, 756, 815, 826, 827, 844, 848, 934, 945, 959, 1022, 1044, 1074, 1150, 1269.
—— (Jacques), maç., 1135, 1252.
—— (Louis), jard., 423, 515, 541.
—— (Louis), prop., 646, 929.
BARMILLON, manœuvre blessé, 455.
BARBIN, marchand papetier, 304, 529, 771, 837, 918.
BARBINI (Hieronimo), Vénitien, 149.
Bardeur (Ouvrier), 1184.
BAREAU (Antoine), charp., 76, 132.
BAREUX (Antoine), charp. — Voy. BAREAU.

Barillet (Enseigne du), 453.
BARIN, 1107.
BARLIER (Veuve), 189.
BARON (Laurens), tailleur de pierres, 388.
—— (Laurent), ter., 41, 1061.
—— marchand de lattes, 772.
—— ser., 1153.
BARONNET, ouvrier blessé, 1186.
BARRALS (Guillaume), 279.
BARRAULT. — Voy. BARREAU.
BARRÉ, charretier, 933, 977, 1013, 1186.
—— employé aux illuminations, 912.
BARREAU (Dominique), portier des Gobelins, 53, 107, 156, 219, 446, 559.
—— (Veuve), portière des Gobelins, 852, 923, 1091.
BARROIS, manœuvre blessé, 1067.
—— men., 1029, 1129.
—— peint., 759, 829, 901.
BART (Pierre), jard., 967, 984, 1077, 1168.
BARTHOLET, marchand de marbres, 455.
BARTILLAT (Estienne JEHANNOT, sieur DE), commis au Trésor, puis garde du Trésor royal, 1-10, 59-66, 115-122, 169-178, 231-240, 307-318, 389-400, 485-492, 585-596, 673-684, 737, 740-742, 1013-1022, 1122, 1231, 1232, 1233, 1236-1240.
BARYE (Jacques), jard., 582.
Bas-reliefs, 126, 146, 164, 193, 417, 420, 421, 511, 513, 514, 548, 616, 1049, 1075, 1137, 1157, 1160.
—— d'argent, 62, 99.
—— de bronze pour dessus de porte, 1157.
—— de marbre, d'ivoire et de bronze, 310, 358.
—— de marbre, représentant une tête d'Apollon, 359.
—— de plomb et d'étain, 1049.
—— peints, 181.
BASALE, vitr., 669.
BASAN (Dominique), portier de l'hôtel des manufactures, 286. — Voy. BAREAU.
Basilique (Gravure d'une vue perspective d'une), 544.
BASLE (Denis). — Voy. BALLE.
BASSET (Michel), vitr., 167, 229, 482.
Bassins d'argent, 6, 46, 51, 52, 157, 224, 235, 300, 301, 380,

91.

Bassins de cuivre, 333, 334.
—— de marbre, 643.
BASTARD (Charles), ouvrier, 534.
—— (Guillaume), manœuvre tué, 567.
—— (Jacques), ouvrier, 567.
—— ou LE BASTARD (Pierre), charp., 11, 12, 18, 30, 67, 68, 74, 75, 90, 91, 131, 132, 141, 190, 191, 201, 203, 209, 241, 250, 251, 271, 278, 294, 318, 329, 411, 437, 463, 499, 576, 599, 601, 637, 652, 659, 674, 686, 706, 723, 734, 746, 755, 774, 790, 817, 818, 849, 863, 946, 958, 1242.
—— (Richard), piqueur à Vincennes, 350, 352, 374, 438, 457, 535, 569.
Bastardeau. — Voy. Batardeaux.
BASTIEN, jard., 747.
BASTIER (Louis), tap., 118, 152, 219.
Bastille (Dépenses de la), 76, 191, 251, 329, 413, 500-501, 601, 736, 739, 746, 817-818, 888, 947, 1025, 1125, 1199, 1242.
—— (Corps de garde du pavillon de la), 251.
BASTON, manœuvre blessé, 1069.
BASVILLE (M. DE). — Voy. LAMOIGNON.
BATAILLE (D^{elle}), prop., 991.
Batardeaux, digues pour détourner le cours de l'eau, 825, 895, 1042, 1059, 1140, 1144, 1147, 1256.
Bateau d'ardoise coulé à fond, 848.
—— (Indemnité à un marinier pour la perte de son), 986.
Bateaux pour transporter des cerfs, 469.
—— de Fontainebleau, de Versailles. — Voy. Fontainebleau, Versailles (canal).
Bâtiment sur la Bidassoa pour le passage de la reine d'Espagne, 1122, 1232.
BATISSIER, commis des manufactures d'Orléans et de Moulins, 557, 850.
Batiste, étoffe, 771.
BATTARD (Pierre), charp. — Voy. BASTARD.
—— (Richard), 212.
Bottelées de sable, 1258.
BAUBÉ (Jean), ser., 269.
BAUBERT, voit., 745, 946.
BAUCHAMP, piqueur blessé, 1197.
BAUCHERON (Nicolas), jard., 516, 633.
BAUDESSON (Nicolas), peintre de fleurs, 752, 758, 822.

BAUDET (Étienne), grav., 52, 875, 998, 994, 1087, 1109, 1183, 1206, 1345.
BAUDIER, marchand, 976.
BAUDIN (Jean), marchand, 97.
—— greffier en chef du Parlement du Dauphiné, 373.
—— jard., 636, 698.
—— (Les héritiers de Geneviève et de Guillaume), prop., 1083.
BAUDOUIN (Étienne), contrôleur général de la Maison du Roi, 314, 381, 382.
—— (François), ter., 23, 425.
—— (Gilles), couv., 314.
—— (Martin), corroyeur, 280, 526, 633, 703, 769, 839, 909, 975, 1068, 1179, 1318.
—— prop., 138.
—— voit., 1333.
BAUDRY (Veuve), prop., 1027.
—— ouvrier blessé, 1011.
Baugé, 38.
BAULE, ser., 775.
BAUR (M.), libraire, 484.
BAUTRU (M. DE), prop., 561.
BAVAY, ouvrier en pierres fines, 386.
Bayonne, 1232.
BAZANNET, ter. — Voy. BAZONNET.
BAZARD, fontenier, 34.
Bazin, maître des jeux de paume, 148, 348, 1033.
—— (Veuve), plombier, 39.
Bazin (Rideaux de), 50, 196.
—— (Manufactures de) et futaine. — Voy. Manufactures.
BAZONNET, ter., 1059, 1173, 1302.
—— voit., 195.
BAZONNET (Jean), paveur, 208, 1038, 1052.
BÉAL, vit., 849, 1199.
BEAUBRUN (Les), peint., 72.
—— (Henri et Charles), peint., trésoriers de l'Académie, 44, 51, 96, 150, 158, 172, 217, 218, 284, 359, 448, 552, 573, 648, 713, 781, 855, 925, 990, 1091, 1204, 1343.
BEAUFORT (Le duc DE), 172, 339, 548.
BEAUFRAND (Germaine), manœuvre blessé, 567, 568.
BEAUGRAND (Pierre), jard., 34.
Beaujolais (Manufactures de), 850.
BEAULIEU (Sébastien DE PONTAULT, sieur DE), premier ingénieur du Roi, 163, 227, 298, 361, 378, 379, 450, 523, 1091, 1211, 1212, 1350.

BEAUMENIL ou BEAUMENY (Valentin), préposé aux Bâtiments, 981, 996, 1078, 1174, 1193, 1303, 1317, 1348.
Beaumont, en Nivernais, 96.
BEAUPLAN (Levasseur DE), ingénieur-géographe, 106, 153, 174, 209, 283, 361, 362.
BEAUPRÉ (Pierre), garçon du laboratoire de chimie, 747, 818, 889, 1025, 1213, 1351.
—— ouvrier, 891.
BEAURAINS (Sieur DE), prop., 55, 232, 274.
BEAURAN (Thomas), marchand de bois, 222.
BEAUREGARD (D^{elle} DE), prop., 28.
Beauté (Le parc de), à Vincennes, 1079, 1080, 1240, 1337.
—— (Canal du parc de), 1337.
Beauvais, 54, 222.
—— (Acquisition d'héritages pour la manufacture de), 54, 221, 222.
—— (Construction de l'hôtel de la manufacture de), 10, 109, 176, 221, 222, 223, 285.
—— (Manufacture de tapisseries de), 8, 9, 49, 62, 152, 176, 207, 286.
—— (Ouvriers étrangers attirés à), 207, 385, 558, 641, 707.
—— (Tapisseries de) fournies pour le Roi, 172, 312, 385, 396, 444, 489, 555, 1120, 1201. — Voy. HINART.
BEAUVAIS (François), fontenier, 348.
—— (Sieur DE), notaire, 484, 674, 716, 805.
BEAUVILLIER (Appartement du duc DE) à Versailles, 1155.
Beauvoisis (Manufactures du), 445, 557, 850.
BÉCARD, compagnon maç. blessé, 1316.
Béchenay (Grande rigole de) à Versailles, 1173.
BÉCHERET (Antoine), men., 501.
Bêches et pioches pour les ouvriers de Versailles, 1185, 1315. — Voy. Brouettes.
Béchevet (Étangs de), 1301. — Voy. Béchenay.
BECOT (François), ter., 262.
BECQUET (Veuve), marchande de bannes, 912.
BEDIN, jard., 1038.
BÉGNÉ, maç., 749.
BÉGUIN l'aîné, entrepreneur de la manu-

TABLE ALPHABÉTIQUE.

facture des basins et futaines, 286, 370, 371.
Béguin, fondeur, 626.
Behagles (Philippe), tap., 366.
Beignet, employé à Fontainebleau, 1032.
Beklerus, professeur à Strasbourg, 57, 115, 162, 229, 299, 380, 451, 566.
Belaire (Veuve), 189.
Belin, ser., 1276.
Belissant (Nicolas), jard., 95, 147.
Bellavoine (François), ouvrier à Trianon, 541.
Bellefin, greffier des Bâtiments, 474, 547, 631.
Bellefond (Appartement du marquis de) au Louvre, 1240.
Bellejambe (Louis), art., 306.
Bellequeue (Louis), men., 150.
Bellet (Léonard), voit. par eau, 504.
Belleville (Jean), maç. blessé, 455.
Bellier (Claude), jard. du potager de Saint-Germain, 90, 296, 465, 580, 663, 727, 795, 868, 1007, 1094, 1103.
——— (La veuve de Claude), 1221, 1360.
——— (François), jard. du parterre de Saint-Germain, 296, 580, 663, 727, 728, 795, 868, 1007, 1104, 1221, 1361.
——— ou Belliers (Paul), voit., 48, 49.
——— tap., 771.
Bellingem (M. de). — Voy. Beringhen.
Bellinzani (Le sieur de), chargé des manufactures, 373, 478, 558, 656, 717, 787, 859, 931, 999, 1093, 1348.
Bellissant ou Bellizan, ter., 1173, 1302.
Bellonze, batelier, 771.
Belloni, écrivain italien, 681.
Belouze. — Voy. Balouze.
Benard (Jacques), fontenier, 192.
——— jard. — Voy. Besnard.
——— marchand de bois, 221.
——— peint. — Voy. Bernard (Samuel).
Benoist (Antoine?), sc., 126, 1048, 1159.
——— (François), peint., 15, 25, 44, 104, 962, 1190, 1282.
——— (Jean), préposé aux ouvrages de l'Arc de triomphe, 456, 534, 569, 719, 859, 1026, 1090, 1126, 1243, 1307.

Benoist, préposé ou percement de la montagne de Versailles, 622, 652, 766.
——— préposé au contrôle des pieux sur le quai le long du cours, 374, 375.
——— préposé en divers lieux, 622, 625, 699, 784, 856, 919, 922, 947, 969, 1053, 1079.
——— (Michel), ser., 37, 1029, 1130, 1246.
——— (Simon), 47.
——— men., 1045, 1269.
——— receveur de la communauté de la Monnaie de Paris, 562.
Benserade (Isaac de), poëte, 1, 56, 114, 161, 227, 298, 377, 450, 564, 649, 709, 715, 814, 877.
Bera (Guillaume), manufacturier, 150.
Berain (Jean), dessinateur et grav., 478, 544, 642, 840, 927, 928, 994, 1208.
Béranger (Le bois de), 1109.
Beraudier ou Béraldis, marchand de glaces, 313, 366, 488, 553.
Berdier-Dumets (Louis), chanoine de Saint-Nicolas du Louvre, 315.
Bergen, garde-magasin du Louvre, 655.
——— marchand, 339.
Bergerat (Claude), men., 15, 19, 35, 37, 72, 78, 91, 127, 142, 184, 201, 252, 294, 416, 437, 463, 493, 506, 576, 611, 659, 694, 723, 757, 790, 827, 863, 959, 1002, 1044, 1098, 1151, 1216, 1240, 1272, 1354.
Bergere (Bergerat?), men., 210.
Bergeron (Antoine), maç., 10, 11, 17, 18, 67, 76, 121, 132, 145, 178, 179, 191, 203, 207, 239, 240, 241, 261, 265, 274, 294, 300, 317, 331, 384, 388, 401, 413, 415, 448, 462, 491, 492, 504, 505, 540, 576, 595, 600, 607, 634, 658, 686, 692, 704, 722, 741, 748, 790, 815, 819, 821, 853, 862, 885, 892, 893, 896, 943, 947, 955, 956, 957, 990, 1002, 1025, 1038, 1089, 1068, 1072, 1084, 1098, 1126, 1216, 1251, 1263, 1264, 1354.
——— le jeune (Pierre), maç., 754, 824, 957, 1145, 1146.
Berthon, charp., 1324.
Bering (Vitus), historiographe du roi de Danemark, 115, 162.
Beringhen (Henri de), premier écuyer du Roi, 154, 214, 284, 315, 369, 382, 551.

Beringhen (Appartement de M. de) à Versailles, 1145, 1199, 1271.
Beringy. — Voy. Bering.
Bernaert (Nicasius), peint. d'animaux, 289, 391, 613.
Bernard (Barbe Vautrain, veuve), portière des Gobelins, 1339.
——— (Charles), portier du Val-de-Grâce, 168.
——— (François), paveur, 222.
——— (Philbert), sculpteur-marbrier, 124, 142, 164, 182, 201, 243, 319, 343, 406, 437, 495, 513, 617, 743, 762, 829, 922, 952, 965.
——— (Samuel), peint., 293, 281, 434.
——— (Thomas), grav. en méd., 1207.
——— jard. — Voy. Besnard.
Bernardino, tailleur de pierres. — Voy. Rossi.
Bernier, carreleur. — Voy. Bremier.
——— huissier du Cabinet, propriétaire, 397.
Bernin (le Cavalier), sc., 61, 63, 64, 65, 97, 99, 100, 102, 105, 106, 116, 120, 149, 150, 158, 161, 178, 213, 226, 240, 277, 281, 282, 359, 393, 400, 473, 492, 553, 675, 683, 713, 717.
——— (Paolo), sc. 105, 121, 161, 178, 226, 240, 282, 393, 400, 473, 492, 675, 683, 713, 717.
Bernouin, ouvrier, 1024.
Berny (Orangers provenant de), 835.
Berrier, secrétaire du Conseil d'État, 675, 736.
Berry, 328.
——— (Manufactures du), 445, 556, 850.
Bersancourt (Jean de), épinglier, 20, 26, 80, 92, 134, 193, 253, 328, 341, 430, 502, 519, 541, 631, 703, 768, 769, 840, 909, 1070, 1125, 1184, 1314.
Bersu (Jean), tap., 46.
Bertancourt. — Voy. Bersaucourt.
Bertault, voit., 953.
Berthaud (Jean), carrier, 524.
Berthe (La veuve du s'), ingénieur, 368.
Berthelot, entrepreneur de la manufacture de canons, 287.
Bertheville (Claude), plombier, 222.
Berthier (Charles), rocailleur, 334, 344, 348, 349, 419, 428, 521, 606, 629, 656, 702, 717, 768, 785, 838, 842,

908, 909, 971, 978, 1032, 1062, 1067, 1132, 1138, 1176, 1183, 1309, 1313.
BERTHIER, men., 38, 94.
BERTHIN ou BERTIN (Pierre), concierge de Saint-Germain, 296, 465, 532, 580, 606, 664, 728, 786, 795, 860, 868, 1008, 1038, 1094, 1104, 1141, 1221, 1252, 1259, 1361.
—— (Veuve Élisabeth), fermière du Val, à Saint-Germain, 1038, 1112.
—— ter., 906, 1078, 1173, 1180, 1302, 1332.
BERTHOLET, peint., 495.
BERTIN (François), prop., 991.
—— (Jean), 33.
BERTON, ser., 343.
BERTRAND (Gervais), préposé aux travaux de l'étang des Graissets, 1308, 1348.
—— (Jacques), tap. d'Aubusson, 119, 152.
—— (Jean), tailleur de pierres, 525, 619.
—— (Jean), voit., 85.
—— (Nicolas), préposé à l'entretien des terrasses et descentes de Saint-Germain, 296, 465, 580, 663, 727, 794, 867, 1007, 1103.
—— chargé du contrôle des terrassiers, 1173, 1174, 1243.
—— sculpteur-marbrier, 690, 753, 773, 845.
BERTY (M. Adolphe), 106, 118.
BESANÇON (Marie), veuve CARDÉ. — Voy. CARDÉ.
BESCH (Sieur DE), gentilhomme suédois, 283, 274, 287.
BESCHE (Louis), 153.
BESCHET (Simon), taupier, 1032, 1133.
BESNARD (Jacques), concierge de l'hôtel d'Albret, 272, 273, 467, 584, 586, 667, 668, 669, 731, 733, 798, 800, 871, 873, 1091, 1211, 1225, 1227, 1363, 1365, 1366.
—— jard., 1024, 1031, 1124, 1183, 1201, 1241, 1335, 1336, 1367.
—— ser., 389.
BESNIER, huissier du Cabinet, prop., 453.
BESSIN, couv., 1043.
BESTINAN, jard., 188.
Béthemont, près Saint-Germain, 1183.
BÉTHUNE (Armand DE), duc de CHARROST, 328, 1012.
—— (La marquise DE), 328, 1201.

BETIN, voit., 846.
BETTE (Jean), ter., 518, 520, 622, 623, 632, 699, 702, 765, 768, 836, 840, 841, 905, 911.
—— (Le réservoir de Jean), à Versailles, 839, 896.
—— (La veuve de Jean), 1012.
BÉTULAU ou BÉTULAND, préposé à Fontainebleau, 603, 688, 750, 820, 891, 950, 1031, 1032.
BEUF, marbrier. — Voy. BŒUF.
BEURIER (Nicolas), chaudronnier, 950, 1033, 1134, 1249.
—— ter., 1305.
BEUSSELIN (François), jard., 93.
BEUTTNER (Benedic), Allemand, 289.
BEUVRON (Le chevalier DE), 1024.
BEUZE (Michel), contre-maître des vaisseaux de Versailles, 1064, 1311.
BEZARD, ter., 1132.
BEZAUT (Jean), voit., 47.
BEZIAU, maç., 1041, 1135, 1251, 1266.
BIARMOIS (Jean), commis des manufactures de Berry et Sologne, 445, 556.
Biblia critica, 270.
Bibliothèque du Roi, 151, 162, 175, 218, 219, 221, 230-232, 270-271, 276, 278, 279, 299, 300, 364, 369, 378, 379, 383-384, 388, 392, 447-448, 450, 459, 473, 475, 486, 502-504, 565, 566, 571, 647, 683, 711-713, 740, 779-781, 787, 853-854, 924-925, 927, 989-990, 992, 993, 1084-1085, 1203-1204, 1232, 1336, 1342-1343, 1351.
—— (Fontaine de la), 289.
—— (Impression des planches à la) — Voy. Impression, Planches gravées.
—— (Jardin de la), 448, 502, 712.
—— (Machine à élever l'eau à la), 924.
—— (Maison occupée par la), 209, 270, 311, 367, 478, 563, 645, 711, 782, 855, 928, 995, 1082, 1209, 1347.
—— (Puits de la), 854.
—— (Tableaux de la), 742.
Bibliothèque historique de la France, 212.
Bibliothèques ou livres achetés par le Roi, 106, 118, 120, 151, 153, 171, 233, 239, 270, 271, 274, 276, 358, 367, 392, 395, 448, 486, 502, 683, 934.
BICHERETS, men., 328.
Bidassoa (Construction d'un bâtiment de bois sur la), 1122, 1232.

BIDAUD, vitr., 211.
BIDAULT (Nicolas), sc., 514.
—— ter., 1133.
BIENFAICT (Jean), voit., 196.
—— (Laurent), ter., 129, 130.
Bière (Forêt de), 235, 317, 489, 554, 1248.
BIET, charron, 1316.
BIGNET, maç., 36, 1028.
BIGOT (Jean-Baptiste), avocat au Parlement, 213, 311, 383, 594, 645.
—— (Martin), voit., 442.
—— ser., 703, 826, 899, 960, 1045.
Billard (Jeu de), 76, 1033.
BILLARDIÈRE. — Voy. LA BILLARDIÈRE.
BILLAUDEL (Jacques), men., 37, 94, 204.
BILLE (Jean), jard., 516.
BILLET, commis des Bâtiments du Roi, 464, 577, 660, 724, 791, 864, 1003, 1099, 1217.
—— ou BILLETTE (Martin), ter., 970, 1057, 1058, 1172, 1173.
BILLON (Anne), carrier à Senlis, 249, 278, 317, 473, 497, 523, 599, 742, 1026, 1127.
BILLONNOIS (Louis), prop., 1119, 1202.
BILLOT (Michel), commis des manufactures de Poitou et d'Anjou, 445, 556.
Binart, chariot à quatre roues, 189, 208, 280, 326, 327, 428, 473, 546, 552, 671, 734, 801, 909, 933, 1011, 1072, 1111, 1230.
BINET (Nicolas), ter., 257.
—— vannier, 136.
BINOIST, peint. — Voy. BENOIST (François).
BIOU, ter., 1180, 1182.
BIZOT (L'abbé Pierre), numismate, 735, 803, 877, 1087, 1204.
BLAEU (Jean), libraire à Amsterdam, 216.
BLANCHARD (Étienne et Jacques), sc., 474, 480, 618, 624, 696, 762, 846, 876, 902, 1157, 1283.
—— (Étienne), sc., 75, 132.
—— (Gabriel), peintre, 407, 408, 510, 694, 759, 828, 899, 1048, 1154, 1279.
—— (Jean), sc., 75, 132.
BLANCHET (Jacques), prop., 29.
—— (Marin), plâtrier, 330.
—— (Simon), 28.
BLANCHETON, ser., 748, 1126.
Blanchissage de laines. — Voy. DE MOUCHY.

TABLE ALPHABÉTIQUE. 1411

BLANDIN (Isaac), 477.
BLANGY, ser., 916.
BLÉREAU (Jean), portier, 501.
BLÉRY, charp. blessé, 1071.
BLIQUE, ouvrier blessé, 824.
Blois, 356.
—— (Dépenses du château de), 42, 95, 148-149, 206, 268-269, 356-357, 442-443, 456, 542, 640, 707, 776, 849, 1236, 1333-1334.
BLOIS (Marie-Anne de Bourbon, dite Melle DE), ensuite princesse de Conti, 548, 549.
—— (Appartement de Melle DE) au Palais-Royal, 817; à Saint-Germain, 1137, 1261.
—— (Tableau de l'autel de Melle DE) à Saint-Germain, 752.
BLONDEL (François), architecte, mathématicien et professeur en mathématiques, 565, 649, 657, 714, 721, 782, 788, 856, 857, 878, 879, 926, 930, 993, 999, 1086, 1205, 1215, 1345, 1353.
—— (Jean), voit., 241, 803.
—— commis des Fermes, 217.
BLONDET, quincaillier, 188.
—— bourgeois de Paris, 289.
BLOQUIÈRE, jard., 33.
BLOTTIÈRE, bûcheron, 1038, 1257.
BOCHERON (Nicolas). — Voy. BAUCHERON.
BOCQUET (Marie), prop., 710.
BODIN, commis des manufactures de Touraine, de Bretagne et du Maine, 557, 850.
BOEL (Pierre), peint. flamand, 366, 385, 477.
Bœuf de France transporté aux Indes, 552.
BOEUF ou LE BOEUF, marbrier, 215, 249, 275, 386, 455, 560, 643, 740, 778.
BOILEAU (Gilles), payeur des rentes de l'Hôtel de Ville, 113, 163, 814, 876.
BOILEAU-DESPRÉAUX (Nicolas), poëte, 780, 927, 993, 1087, 1204, 1344.
Bois d'Arcy (Magasin de), 1275, 1319.
—— (Ponts des tranchées de), 1041, 1265, 1266.
—— (Transports de terre pour l'étang et l'aqueduc de), 957, 969, 978, 1015, 1057, 1058, 1059, 1065, 1146, 1147, 1171, 1172, 1173, 1178, 1184, 1284, 1205, 1276, 1299, 1300, 1304, 1305, 1306, 1308,

1311, 1312, 1313, 1315, 1316, 1317, 1349.
Bois de rapport (Ouvrages en), 17, 126.
—— Voy. Estrades de marqueterie, Parquets en bois de rapport.
Bois-Gautier (Routes de), près Fontainebleau, 1134.
Bois nain (Plantation de), à Versailles, 1053.
BOISLE, voit., 672.
BOISSARD (Michel), sc., 15, 71.
BOISSEAU (Catherine), prop., 439.
—— (Philippe), 356.
—— employé aux bâtiments, 1090.
—— voit., 502.
—— dit CHASTILLON. — Voy. CHASTILLON (Jacques-Philippe).
Boisselage. — Voy. Vases de boisselage.
BOISSELIER, jard., 698.
BOISSET, garde du corps du Roi, 251.
BOISSIÈRE, couv., 755.
BOIT (Charles), tuilier, 262.
BOITARD ou BOISTARD, potier de terre, 639, 920, 948, 986, 1014, 1027, 1329.
Boîtes à mettre des estampes, 476.
—— d'artifice, 306, 313, 359, 429, 553, 770, 812, 841.
—— de bronze, 1129, 1130.
—— de fonte ou de cuivre pour fontaines, 833, 1068, 1294, 1315.
BOIVIN, batelier, 348.
—— ter., 447.
Bologne, 299.
BOLOGNE (Jean), sc., 479.
BONARD, grav. — Voy. BONNARD.
BONENFANT, frotteur de parquets, 632, 704, 1194.
BONGARS, chirurgien, 480.
BONISSANT (Guillaume), voit., 195, 516, 518, 524, 527, 620, 622, 625, 630, 699, 765, 836, 840, 841, 905, 969, 1058, 1171, 1302.
BONNAIRE (Silvain), charp., 36.
BONNARD (Claude), prop., 28.
—— (Veuve), prop., 1340.
—— (Nicolas), grav., 1089, 1208, 1346.
BONNEAU (Anne), femme CONNESTABLE. — Voy. CONNESTABLE.
—— (Jean), charp., 190, 210.
BONNEFOY (Barbe), femme de Jean CAVILLET, prop., 1083.
BONNEMAIRE. — Voy. BONNEMER.

BONNEMER (François), peint., 106, 708, 803, 851, 876, 900, 933, 962, 988, 1047, 1106, 1124, 1176, 1229, 1280, 1281, 1331.
BONNET (Barbe), prop., 1341.
—— (François), carrier, 352.
—— men., 1334.
—— ter., 766.
BONNETIER (Paul), ter., 41.
BONNEUIL (Mme DE), prop., 1201.
BONNEUILLE, bardeur, 1184.
BONNICHON, procureur des Récollets de Versailles, 701.
Bonnière (Étang de), 486, 588.
BONNISSANT, voit. — Voy. BONISSANT.
BONSERGENT, doreur, 419.
BONTEMPS (Mathieu), voit., 52.
—— premier valet de chambre du Roi, prop., 310, 381, 807, 897, 956, 973, 1072.
—— ser., 481.
—— (Veuve), 49.
BONTOUR, ter., 351.
BOQUET (Adrien) et sa femme, prop., 316, 382, 391.
—— (François), charp., 130, 211, 409.
—— maç., 1073.
BORDE (Dame de la). — Voy. DE LA BORDE.
Borde (Terre de la), 396, 453, 1021.
Bordeaux (Fermiers du convoy de), 8.
—— (Le comptable de), 492.
—— (La comptabile de), 554.
—— (Prêt de), 3.
BORDIER, voit., 188, 213.
Bordures de bois doré pour les tapisseries sur toile d'argent, 740.
—— de miroir, 192, 416, 421, 422.
—— de tableaux, 14, 245, 253, 404, 545, 584, 742, 757, 799, 801, 802, 903, 933, 1107, 1109, 1156, 1159, 1225, 1241, 1282, 1284, 1364.
—— garnies d'argent, 391, 434.
BOREB, grav., 1089.
BOREL (Pierre), médecin et chimiste, 449, 565, 648, 714, 783, 856, 992, 1206, 1345.
—— lunetier, 781.
BORELLI (Jean-Alphonse), physicien et médecin, 926, 1087.
BORGNON (Louis), paumier, 257, 774, 1071.
BORINGUET, ter. — Voy. BORNIQUET.

BORNAT, arpenteur, 97, 110, 111, 154.
Bornes de pierre pour Versailles, 1266.
BORNIQUET, ter., 346, 347, 623, 633, 636, 969.
BORZONE (Francesco-Maria), peint. et marbrier, 14, 21, 69, 193, 293, 384, 396, 437, 455, 462, 488, 560, 575, 643, 657, 710, 722, 789, 862, 923, 1001, 1097, 1203, 1229.
—— (Veuve), 1323.
BOSQUET, compagnon sc. blessé, 848.
BOSSE (Abraham), grav., 285, 469, 543, 641.
Bossu (Élisabeth), veuve de Jacques LÉGER, marchand de Saint-Quentin, 558.
BOTTÉ (Jacques), fournisseur de vipères, 1232.
BOUBART ou BOUBERT, dit PICARD, ter., 519, 847, 919, 1021, 1023, 1077, 1256.
BOUBÉ (Philippe), 33.
BOUBERT, garde-magasin au Louvre, 655.
—— ter. — Voy. BOUBART.
BOUCAULT (François), 1107.
BOUCHARD, employé aux Tuileries, 130.
—— (Françoise LENOSTRE, veuve de Simon), chargée de l'orangerie des Tuileries, 74, 188, 295, 464, 578, 579.
—— (Françoise et Anne, filles de feu), jard. des Tuileries, 654, 662, 726, 793, 866, 1005, 1093, 1101, 1219, 1359.
—— (René), ser., 68.
BOUCHER (Denis), couv. blessé, 804.
—— (François), ter., 518, 533.
—— (Guillaume), ser. taillandier, 1153, 1187, 1320.
—— (Louis), carrier, 317, 401, 429, 472, 497, 523.
—— jard., 1054.
BOUCHON, ser., 1277.
BOUCLE, voit., 632.
BOUDET (Étienne), ser. — Voy. BOUTET.
BOUDIN (Louis), prop., 923.
—— (La veuve de Simon), ouvrier tué, 387.
BOUFFÉ (René), jard., 1199.
BOUILLETTE (Macé), concierge du Collége de France, 296.
—— jard., 1054.
BOUILLON (Le duc DE), 297, 466, 582, 665, 729, 796, 869, 1009, 1106, 1322, 1357.
—— ter., 1308.

BOUIN (Pierre), sc., 1241.
BOUIS (Claude-Charles), jard. de l'orangerie à Fontainebleau, 147, 160, 205, 260, 267, 368, 272, 354, 356, 369, 441, 457, 467, 472, 537, 562.
BOULANGER, ser., 638.
BOULARD (François), abbé de Sainte-Geneviève de Paris, 108.
—— jard., 747.
Boulay (Rocailles du), 701.
Boules d'ivoire pour le jeu de trou-madame, 1250.
Boulingrin. — Voy. Saint-Germain, Tuileries.
BOULLE (André-Charles), ébéniste, 631, 659, 701, 723, 770, 790, 840, 863, 1002, 1098, 1124, 1216, 1323, 1354.
—— peint., 367.
BOULLIN, prop., 29.
BOULMER (Pierre), ser., 208, 278, 403.
BOULOGNE, jard. au Jardin Royal, 747, 818, 888.
—— sc., 1290.
—— (Le bois de), 671, 802, 849, 850, 1108, 1119, 1199, 1200, 1201, 1213, 1230, 1236, 1336, 1349, 1367.
—— (Allées et routes du bois de), 1335, 1336.
—— (Maison du portier du bois de), 74.
—— (Portes du bois de), 775, 802, 849.
—— (Réparations aux murs du bois de), 775, 850, 988, 1107, 1198.
—— (Route de Passy à), 1335, 1367.
BOULOGNE (Bon), peint., 366, 613, 827, 1010, 1156, 1230, 1278, 1279.
—— (Louis), peint., 245, 320, 406, 494, 510, 533, 575, 597, 658, 695, 722, 758.
—— (La veuve du s'), 827, 900, 962, 1047, 1279.
—— (Les filles du s'), peint., 695, 827.
BOULT (Jacques), tap., 632, 647, 1109.
Bourbon (Bains de), 4, 58.
—— (Filles envoyées à l'île), 675.
BOURBON (Hôtel de), 118.
—— (Vente de), dans la forêt de Saint-Germain, 89, 90, 347, 435, 532.
—— (Vente de), à Fontainebleau, 1134.
Bourbonnais. — Voy. Marbres.

BOURCEAU (Edme). — Voy. BOURSAULT.
BOURDALOUE, fontenier, 976.
BOURDELIN (Claude), chimiste, 163, 228, 271, 300, 378, 450, 503, 565, 647, 648, 714, 781, 782, 856, 926, 992, 1087, 1205, 1345.
BOURDILLON (François), ter., 23.
BOURDIN (Michel) et sa femme, prop., 1018, 1083, 1202.
BOURDON (Sébastien), peint., 407, 494, 597.
—— (Veuve de Sébastien), 597.
—— maç., 1136, 1266.
—— marbrier, 40, 473.
BOURDONNÉ, voit. par eau, 803, 913, 1319.
BOURGEOIS, vitr., 562.
BOURELIER, sc., 1161, 1289.
BOURET, marchand, 954.
BOURGAULT, arpenteur, 1309.
—— peint., 1281.
BOURGEOIS (Guillaume), vitr., 217, 218, 775.
—— (Michel), doreur, 528.
—— (La veuve de Jean), ouvrier tué, 651.
—— batelier, 848, 1079.
—— carrier, 632.
—— voit., 410.
Bourges (Manufactures de), 707.
Bourgogne (Manufactures de), 445, 556, 850.
BOURGOIS (Jean), marchand, 357.
BOURGOIS (Veuve Jacques), 29.
BOURGUIGNON, dit RÉGNIER. — Voy. RÉGNIER.
BOURILLON, tonnelier, 1192, 1194.
BOURLIER, sc. — Voy. BOURELIER.
BOURLON, maç., 210.
BOURNEUF, commis des manufactures en Provence et Dauphiné, 851.
BOURNIQUET (Claude), ter., 41.
BOURON (Louis), jard., 324, 325, 327.
BOURSAULT (Edme), ter., 23, 82, 88, 136, 137, 140, 195, 254, 255, 256, 258, 302, 337, 338, 340, 347, 364, 424, 425, 427, 516, 518, 522, 524, 538, 620, 621, 622, 625, 630, 698, 699, 765, 768, 834, 836, 840, 905, 911, 969, 1024, 1058, 1077, 1171, 1180, 1302, 1304, 1328.
Bourseaux des combles de Versailles, 1233, 1282, 1283, 1287.
Bourses de jetons, 471, 674, 736.
BOURTIER, carrier, 1127.
BOURTOT, ouvrier, 848.

TABLE ALPHABÉTIQUE.

Bourzeis (L'abbé Amable de), théologien et littérateur, 57, 114, 161, 227, 298, 377, 448, 563.
Bouzzon (François). Voy. Bouzone.
Boussart (Mathurin), prop., 108.
—— jard., 920, 985, 1076, 1328.
Boussenot, artificier, 770.
Boussole, 271, 552.
Boust (Guy), professeur en Sorbonne, 879.
Boutant, potier de terre. — Voy. Boitard..
Bouteroue, lieutenant de l'Amirauté de Dunkerque, 925.
Boutet (Étienne), ser., 136, 194, 254, 303, 332, 416, 417, 508, 540, 612, 635, 694, 757, 826, 899, 960, 1046, 1153, 1254, 1273.
Bouticourt (Gratian), concierge du Palais-Royal, 662, 726, 794, 867, 1006, 1094, 1102, 1220, 1360.
—— (Nicolas), concierge et jard. du Palais-Royal, 131, 295, 296, 464, 465, 579, 594, 727, 746, 867, 1006, 1094, 1102, 1220, 1360.
Boutillier, peint. et doreur, 421.
Boutin, peint., 773, 845.
Boutis de sangliers, 1261.
Bouton (Guillaume), prop., 44.
Boutrai, Boutray ou Boutraict (Louis), ser., 31, 90, 140, 198, 259, 297, 342, 343, 432, 465, 530, 581, 604, 664.
—— (La veuve), 604.
Bouté, ser., 1330.
Bouviers (Rigoles de la plaine de), 1060.
Bouis (Claude-Charles.) — Voy. Bouis.
Bouzant (Antoine), charp., 1311.
Bouzin, jard., 324, 325.
Boy (Sébastien), ser., 772, 845, 916, 981, 1074, 1189, 1277, 1325.
Boyer (Claude), poëte et prédicateur, 56, 113, 163.
—— chaudronnier, 627.
Bracard, ser., 211.
Bracony (Étienne), maç., 35.
Bractin, ingénieur. — Voy. Brutin.
Brai (Fourniture de), 268, 355, 1183.
Brancarts d'argenterie, 46, 51, 157, 300, 301.
Branch ou Branchy, lapidaire, 445, 559, 708, 777, 852, 922, 1092, 1338.
Branche (Jean), manœuvre blessé, 387.
Brandon, littérateur, 57, 114, 162, 227.
Branlard, marchand de fayence, 1037.

Bray (Spire), épinglier, 1072, 1186, 1187, 1322.
—— (La veuve), jard. — Voy. De Bray.
Brazillier, men., 1272.
Bré (Spire). — Voy. Bray.
Bréau (Pierre), maç., 294, 410, 462, 547, 576, 658, 722, 790, 813, 1351.
—— préposé au bâtiment de Claguy, 787, 860, 911, 931, 998, 1079, 1213.
Bredis, grav., 1208.
Brécourt, marbrier, 278, 384, 454.
Brégy (Adrien), préposé à Glatigny et à Versailles, 859, 1062, 1176, 1298, 1322, 1328.
—— (La veuve), 1298, 1322, 1328.
Breilly (Louis), vitr., 128, 207, 468.
Brémant (Jean), chargé de l'entretien du Jardin Royal, 601, 687, 719, 747, 818, 839, 947, 1025, 1211, 1351.
—— (Jean), mat., 1064, 1311.
Brémar (Jean). — Voy. Brémant.
Bremier, carreleur, 769, 839, 840, 909, 974, 1067.
—— (La veuve), 1186.
Bresle (Pierre), ter., 1141.
Bresse (Manufactures de), 850.
Bressy (Charles), maç., 16, 50, 74, 189, 190, 294, 462, 576.
—— (Claude), maç., 658, 722, 790, 862, 1002, 1098.
Brest, 210, 470.
Bretagne (Carte de), 174, 209, 362.
—— (Don gratuit de), 1, 59, 115, 169, 232, 307, 587.
—— (Manufactures de), 556, 557, 850.
Breteau (Étienne), men., 184, 185, 192, 252, 508.
Breton (Mathurin), ser., 135, 180, 194.
—— (Maurice), 32.
Brettrau (Jeanne), concierge des Tuileries, 98, 106, 164, 155.
Breuil (Jacques du), prop., 29.
Briais ou Briest (Gabriel), jard. de Vincennes, 354, 438, 466, 571, 581, 638, 664, 706, 718, 735.
Briant (Jean), manœuvre blessé, 387.
Briare (Canal de), 479.
Briault, manœuvre blessé, 455.
Bricard (Antoine), maç., 30, 32, 85, 86.
—— maç., 958, 1040, 1144, 1145, 1173, 1263.
—— ou Bricart (Jean), charp., 17, 75,
103, 132, 190, 294, 414, 462, 576, 659, 686, 746, 755, 817, 862, 987, 1002, 1013, 1043, 1081, 1098, 1107, 1147, 1148, 1216, 1266, 1354.
Bricard (Pierre), charp., 349, 357, 500.
Brice (Germain), 75, 248.
—— (Germaine), lingère, 248.
—— (Vincent), vigneron, 260.
—— prop., 232, 274.
Briçonnet (Le président), 173, 221, 452, 1020.
Briçonnet, marchand épicier, 979.
Brides à canon, 1313, 1315.
—— de cuivre, 279, 358.
Bridier, chargé de solliciter les ouvriers de Versailles, 786, 857.
Brie (La veuve de), manœuvre tué, 567.
Brienne (Cabinet de médailles du comte de), 240, 281.
Brière, fontenier, 409.
Brière (Forêt de). — Voy. Bierre.
Brierres (Bruyères arrachées, 1177.
Briest (Gabriel), jard. — Voy. Briais.
Briffault, voit., 888.
Brigantin (Construction d'un), 237, 290.
Brillard (Thomas), prop., 646, 782, 929, 995.
Brion (Simon), manœuvre, 249.
—— (Le palais), 16, 239, 280, 775.
Briot (Claude), miroitier, 346, 349, 435, 436, 463, 476, 526, 533, 541, 576, 599, 624, 659, 671, 691, 700, 723, 768, 776, 790, 840, 863, 895, 911, 975, 1002, 1036, 1046, 1072, 1098, 1154, 1186, 1217, 1261, 1321, 1334.
Briot (Claude), ter., 1077.
Brioys, ingénieur, 104.
Briquet (Noël), sc., 514, 618, 894, 903, 918, 956, 983, 1050, 1075, 1130, 1137, 1161, 1190, 1288, 1290, 1326.
—— (La veuve), 1190.
Briqueterie établie à Luciennes. — Voy. Luciennes.
Buisard, grav., 1088.
Briseuille, ser., 343.
Brisolier, quincaillier, 1142, 1261.
Brissard (Nicolas), prop., 173, 216.
Brisse (Antoine), marchand, 221.
Brisseau, ferblantier, 305, 528, 541, 628, 672, 701, 768, 780, 803, 841.
Brisseniche, ter., 1058.

COMPTES DES BÂTIMENTS DU ROI.

BRISSONNET, vannier, 307.
BRO, BROC ou BROT (Claude), frotteur de parquets, 188, 411, 522, 528, 629, 632, 704, 754.
—— (La veuve), 1124.
BROASSIN, maç., 957.
BROCARD, ser., 774.
Brocarts, 103, 118, 151, 174, 176, 277, 280, 312, 395, 396, 397, 553, 682, 736.
—— à fond d'argent trait, broché d'or, nué de fleurs au naturel, 392, 483.
—— à fond d'or ciselé, broché d'argent, 682.
—— de broderie, 102.
—— d'or et d'argent, 63, 66, 102, 171, 236, 237, 238, 309, 311, 313, 315, 316, 370, 371, 393, 400, 477, 490, 492, 595, 673, 679, 682.
—— de Venise, 234, 277.
—— or, argent et bleu, représentant des Renommées, 316.
—— (Habit de), à fleurs d'or, 220.
Brocatelle (Fourniture de), 313.
—— à fleurs nuées, 483.
—— (Manufactures de), 370, 371.
Broderie (Parterres en). —— Voy. Tuileries, Versailles.
—— (Patron de portières en), 1230.
—— sur une tapisserie peinte sur du gros de Tours, 934.
—— (Tableaux en), 1106.
Broderies (Fournitures de), 594, 595, 851.
—— de point d'Espagne. —— Voy. Dessins.
BROMIER, maç., 755.
BROSSON, marchand d'Alexandrie, 924.
BROT, frotteur. —— Voy. BRO.
Brouettes pour le transport des terres, 1178, 1184, 1185, 1230, 1273, 1275, 1276, 1312, 1313, 1317, 1320, 1333.
—— pour les Suisses qui travaillent à Versailles, 1149, 1152, 1153, 1169, 1184, 1306.
BROUTEL ou BROUTET. —— Voy. DUVAL.
BRUANT (Libéral), arch., maître des œuvres de charpenterie des Maisons Royales, 648, 657, 658, 713, 721, 722, 781, 789, 790, 858, 862, 931, 990, 999, 1002, 1085, 1096, 1098, 1204, 1215, 1216, 1343, 1354.
—— (Sébastien), arch., maître des œuvres de charpenterie, 283, 293, 462, 576.
BRULÉ, arpenteur, 1036, 1181, 1262.
BRUNEAU (La dame). —— Voy. BUREAU.
BRUNELET (Claude), chaufournier, 48.
BRUNET (François), peint. et doreur, 79, 168, 229.
—— huissier des ballets de Sa Majesté, 390, 451.
BRUSLÉ, ouvrier, 956, 1037.
BRUTIN ou BRUTTIN, ingénieur, 430, 522, 528, 562, 594, 629, 630, 645.
—— (La pompe de), 644.
Bruxelles, 372, 444.
—— (Manufactures de). —— Voy. Manufactures de camelots façon de Bruxelles.
Bruyères (Fournitures de bottes de), 262.
Buc (Aqueduc de), 471.
—— (Carrières de), 1056.
—— (Machine de), 427, 430.
—— (Montagne de), 528.
—— (Moulin de), 522, 594, 630.
BUCAN, notaire à Versailles, 28.
Buffet d'or pour le Roi, 391, 443.
—— pour l'argenterie, 220.
Buffles (Manufactures des), 177, 444.
Buires d'argent, 235, 301.
BUIRETTE (Claude), men., 72, 127, 183, 184, 212, 213, 245, 294, 322, 335, 345, 402, 416, 432, 448, 463, 494, 504, 507, 576, 596, 600, 610, 659, 686, 689, 693, 723, 742, 748, 751, 756, 781, 790, 815, 818, 826, 863, 889, 948, 959, 1002, 1023, 1044, 1098, 1149, 1189.
—— (Anne TUBY, veuve de Claude), 1149, 1269, 1270.
—— (Denis), men., 13, 19, 72, 384, 498, 550.
—— (Jacques), sc., 1050, 1161, 1284.
Buis (Achat, bordures et plantations de), 129, 130, 248, 324, 325, 408, 496, 520, 531, 536, 578, 603, 661, 666, 685, 698, 745, 747, 750, 792, 797, 798, 809, 817, 865, 866, 871, 894, 905, 918, 984, 1004, 1031, 1032, 1053, 1080, 1167, 1199, 1219, 1224, 1241, 1296, 1298, 1362, 1363.
—— sauvages, 662, 726, 793, 1006.
BUISSE (Charles). —— Voy. BOIS.
BUISSON (Laurent), plombier, 12, 189, 242.
Buisson (Nicolas), fontenier, 27.
—— charron, 1230.
BUISTER (Philippe), sc. —— Voy. BUYSTER.
BULÉ, ter., 1078, 1180.
BULLE (Claude), estaffier du Bernin, 106.
BULLÉ, arpenteur. —— Voy. BROLÉ.
BULLET (Pierre), arch., 713.
BUNEL (Jacob), peint., 215.
—— (Jean), ter., 1060, 1298, 1305, 1328.
BUOT, mathématicien, 163, 228, 300, 378, 449, 491, 554, 565, 650, 714, 782, 842, 856, 926.
BUQUET, fontenier, 712.
BUREAU (La dame), 676, 736.
BURET (François), prop., 991, 1112.
—— marchand, 1169.
—— men. —— Voy. BUIRETTE.
BURY, marchand linger, 1033, 1070, 1231, 1319, 1333.
—— (La dame), lingère, 912.
Bustes, 79, 80, 100, 150, 152, 172, 182, 208, 216, 362, 418, 427, 475, 480, 511, 545, 546, 674, 812, 817, 933, 1232.
—— (Achat de), 97, 99, 474, 669, 674, 672, 675, 803, 946, 1287.
—— antiques (Achat de), 803.
—— d'albâtre oriental (Achat de), 394, 479.
—— de M. le Prince et de M. le Chancelier, 550.
—— du Dauphin, 1228.
—— du Roy, 98, 150, 209, 277, 279, 359, 555, 735, 1228.
—— (Planches représentant des), 1109, 1206.
—— (Restauration de), 406, 407, 418, 427, 470, 551, 669, 1030.
BUTER (Jacques), garçon jard., 148.
BUTTERFEL ou BUTTERFIELD, fabricant d'instruments de mathématiques, 1186, 1213, 1343.
BUTTIN, curateur des enfants du duc d'Elbeuf, 369.
BUYSTER (Philippe), sc., 15, 22, 70, 71, 79, 98, 123, 164, 183, 230, 245, 259, 275, 293, 359, 419, 462, 545, 575, 618, 658, 722, 763, 789, 829, 862, 903, 964, 1001, 1048, 1097, 1158, 1283, 1290, 1353.
—— (Pierre), sc., 514.
Buzanval (Rigoles faites à), 1306.

TABLE ALPHABÉTIQUE.

C

Cabaris, carrier, 388, 413.
Cabinet des antiques (Le), 102.
—— des antiques (Inventaire du), 66.
—— des livres (Le), 46.
Cabinet des manuscrits (Le), par M. L. Delisle, 120.
Cabinet des médailles (Le), 1204.
—— des médailles (Scellé sur le), 153.
—— des registres, médailles et raretés (Le), 5, 101, 240, 281, 314, 315, 365, 367, 544, 545.
—— du Roi (Le), 236, 245, 276, 359, 365, 469, 473, 1206.
—— du Roi (Tableaux du), 279, 358, 362, 407, 474, 475, 479, 542, 544, 596. 642, 678, 683, 741, 742, 816, 887, 888, 1023, 1047, 1107, 1156, 1159, 1207, 1231, 1241, 1280, 1282, 1284, 1313. — Voy. Louvre.
Cabinets, meubles, 5, 20, 21, 22, 27, 46, 61, 63, 66, 98, 102, 118, 151, 169, 170, 172, 177, 216, 217, 236, 279, 310, 359, 397, 478, 680, 1012, 1179, 1229.
—— d'ébène, enrichis d'ornements, 735, 1018, 1112,
—— d'orgues. — Voy. Orgues.
Caccia (Francesco), sc., 70.
—— (La veuve), 126.
Cachet (Antoine), ser., 98, 261, 330, 443.
—— (Étienne), ser., 69, 199.
Cadeau, marchand drapier, 63, 105.
Cadrans d'horloge, 167, 491, 554, 1069, 1114.
—— (Plaques de), 478.
—— solaires, 231, 278, 281.
Caen, 56, 113, 162, 298, 367, 388, 478, 847.
—— (Académie de), 476.
—— (Pavé de, Pierre de). — Voyez Pavé, Pierre.
—— (Recette générale de), 61, 233.
Caffard ou caphard, étoffe, 370, 373.
Caffaud (Jacques), prop., 991.
Caffieri (Philippe), sc., 22, 71, 81, 123, 182, 243, 253, 293, 321, 322, 343, 404, 421, 462, 512, 545, 575, 614, 615, 635, 658, 672, 684, 690, 696, 722, 743, 753, 762, 789, 801,

815, 831, 862, 887, 903, 909, 933, 945, 965, 972, 1001, 1049, 1050, 1064, 1097, 1107, 1158, 1159, 1216, 1283, 1284, 1353.
Caffon (Étienne), ter., 32.
Cage de fer et fil de laiton, à Versailles, 935.
Cages pour les ormes, 1259. — Voy. Ormes.
Cagnet (D^{elle}), jard., 47, 325, 516, 933.
Caillaud, ter., 984, 1077, 1192, 1305, 1328.
Caillet, charp., 825, 897, 958, 1042, 1148, 1267.
Caillot, ter. — Voy. Caillaud.
Caillou (Pierre), voit., 749, 890, 949, 1080, 1127, 1230, 1244.
—— ter., 44.
Cailloux noirs pour la grotte de Versailles, 135, 1320. — Voy. Havre (Cailloux du).
—— pincés, 1323, 1368.
Caisses d'orangers, 37, 38, 40, 77, 94, 127, 145, 149, 185, 189, 204, 246, 248, 323, 326, 328, 354, 476, 498, 499, 583, 602, 611, 684, 688, 693, 731, 743, 798, 812, 826, 827, 844, 845, 871, 915, 916, 917, 959, 980, 981, 1022, 1030, 1044, 1047, 1125, 1150, 1224, 1271, 1272.
—— d'orangers en argent, 157, 188. — Voy. Vases d'orangers en argent.
—— de statues apportées de Rome, 1230, 1231, 1232.
—— de tableaux, 365.
—— goudronnées pour moulins, 630.
—— peintes en façon de porcelaine. — Voy. Vases façon de porcelaine.
—— pour les jardins, 501, 537, 601, 638, 706, 756, 815, 829, 876, 877, 1244, 1269.
—— pour les sapins, 1180.
Calais, 7, 55, 97.
Calandre pour apprêter les camelots, 372.
Calemard, art., 1367.
Caligula (Buste de), 394, 479.
Calles (Honoré), plombier, 38.
Callou, jard., 1027.
Calvas, manœuvre blessé, 387.

Camaye (Jean), couv., 105, 149, 159, 212, 226, 275, 368, 375, 457, 561, 572, 655, 706, 707, 775, 786, 849, 858, 987, 996, 1092, 1200, 1213, 1337.
Cambronne, garde des palis de Fontainebleau, 567, 603.
Cambrai. — Voy. Collège.
Caméléon (Gravure d'un), 469.
Camelot (Denis), ouvrier, 262.
Camelots (Manufactures de). — Voy. Chameau, Manufactures.
Camions à trois roues, 1230.
Camo (Jean), garde des portes de la galerie des peintures, 327, 456, 569.
Campani (Lunettes de), 676, 712.
Camus, ter., 427.
Camusat, commis des manufactures dans les Trois-Évêchés, 850.
Camuset (Jean), marchand bonnetier, 106, 217, 371, 557, 640, 1210, 1229, 1337, 1338.
Canal du Languedoc, 392, 479, 492, 554, 680, 682, 735, 804, 877, 886, 943, 1018, 1022, 1120.
Candelot. — Voy. Caudelot.
Candonet (Jean), charp., 1311.
Canevas pour illuminations, 912.
Cannes, 134.
Cannes (Achat de), 675.
—— de cuivre, 700.
Canons de fer (Fonte de), 233, 274, 287.
—— sculptés du canal de Versailles, 333, 362, 392, 427, 428, 430.
Canonville, peint., 1343.
Canto, voit., 442.
Caon (Louis), maç., 1135, 1252.
Cappelain (Claude), professeur en langue hébraïque, 878, 879.
Captifs (Groupe en sculpture des), 504.
Capucins travaillant au Louvre à faire des remèdes de médecine, 1024, 1108, 1109, 1111.
Caquelart (Jacques), men., 165, 229, 482, 1151, 1270.
Caramany (Le s^r de), maître de camp du régiment de Royal-Roussillon, 283, 368, 477, 571.
Carbonnet (Claude), jard., 129, 154, 155, 187, 225, 295.

92.

CARBONNET (Anne PELLETIER, veuve), 187, 214, 248, 284, 328, 369, 464, 474, 497, 563, 573, 578, 646, 661, 711, 725, 785, 793, 855, 858, 866, 929, 995, 1005, 1093, 1101, 1211, 1219, 1349, 1359.
—— (Jean), jard., 103.
Carcassonne (Drap de), envoyé à Paris, 287, 371, 372.
—— (Drap de), envoyé dans le Levant, 285.
CARCAVI (Pierre DE), mathématicien, 57, 114, 162, 218, 228, 233, 270, 276, 300, 314, 367, 378, 383, 384, 448, 449, 503, 564, 649, 683, 712, 713, 714, 740, 782, 853, 856, 924, 926, 990, 1086, 1204, 1343, 1345.
CARDÉ (Marie BESANÇON, veuve de GILLES), prop., 454.
CARDON (Jean), sc., 15, 71.
—— dit LA VIGNE, loueur de carrosses, 304.
CAREL ou CARREL (Étienne), men., 19, 37, 128, 185, 192, 246, 252, 335, 440, 844, 916, 981, 1045, 1073, 1151, 1189, 1271, 1325, 1368.
—— (Jean), men., 19.
CARELLE, rocailleur, 520.
CARESME (Thomas), art., 313, 363, 429, 470, 546, 670, 770, 977, 1070, 1109, 1134, 1228, 1366.
CARET, men., 73.
CARLUS, manœuvre blessé, 1133.
Carmes déchaussés de Charenton (Les), 431, 541, 542.
CARNAVALET (Hôtel). — Voy. *Paris*.
CARON (Andre), prop., 48, 58, 104, 111, 154, 155, 214, 284, 369, 562, 645.
—— (Claude), arpenteur, 1072, 1181, 1309, 1314, 1315.
—— marchand de bois, 427.
Carpes (Fourniture de), 633.
—— (Nourriture de). — Voy. *Fontainebleau*, *Versailles* (Canal de).
CARRACHE (Annibal), peint., 237, 282, 542, 642, 1230.
CARRÉ (Claude), paveur, 150, 414, 500, 599, 672, 686, 736, 775, 817, 849, 922, 945, 986, 1023, 1081, 1198.
Carreaux d'argent pour les Fables d'Ésope, 877.
—— de terre cuite, 169, 188, 268. — Voy. Faïence (Carreaux de).
CARREL (Étienne), men. —- Voy. CAREL.

CARRELET, men., 133. — Voy. CAREL.
Carrés de médailles, 735, 803, 877, 994, 1088, 1207, 1208, 1343, 1346, 1347. — Voy. Cires, Médailles, Poinçons.
Carroyers de Saint-Cloud, 179.
CARRIÈRES (La dame DE), 1112, 1122.
Carrières, près de Saint-Germain, 580, 593, 644, 663, 710, 728, 795, 868, 1008, 1104, 1139, 1142, 1221, 1361.
Carrières (Ouverture de nouvelles), 1142.
—— à Marly, 567, 1121, 1196.
—— à Montesson, 1196.
—— à Saint-Germain, 1142.
—— visitées par les architectes du Roi, 1084, 1085, 1086, 1228. — Voy. Marbres.
CARROUGET, CARROUSEL ou CARROUZET (Simon), prop., 48, 58, 111, 154, 155.
Corrousel de 1662 (Gravure du), 279, 547.
—— (Impression du), 884
—— (Peinture du), 547.
—— (Reliure du), 474.
Carrousels (Dessins de), 575, 658, 722, 790, 862, 1001, 1097, 1216, 1354.
Carte (Infanterie de), 366.
Cartes géographiques, 106, 278, 283, 361, 362, 471, 476, 480, 523, 544, 547, 549, 550, 646, 647, 709, 806, 925, 990, 1084, 1088, 1091, 1207, 1212, 1309, 1315.
—— marines (Achat de), 271.
CASSAGNE (L'abbé Jacques), littérateur, 57, 161, 227, 299, 377, 449, 564, 649, 715, 856, 1086.
CASSEGNAIN (Guillaume), sc. et mouleur, 130, 207, 209, 242, 276, 550, 1070, 1230.
CASSET, garde des daims de Fontainebleau, 52.
CASSIE (La veuve). — Voy. CACCIA.
CASSIN (Nicolas), maç., 167.
CASSINI (Jean-Dominique), astronome, 299, 378, 476, 564, 566, 649, 650, 713, 714, 783, 855, 925, 992, 1093, 1212, 1342, 1349.
CASSON, entrepreneur de la manufacture des draps pour le Levant, 371.
CASSU (Antoine), voit., 26.
CASTAN ou CASTAIN, ser., 845, 916, 981, 1074, 1153, 1189, 1273, 1325.
CASTEL, ser., 757.

CASTELAIN, maitre de la verrerie de Nevers, 98, 119, 152.
CASTELLAN. — Voy. CASTELAIN.
CASTELLOT (Henry), men., 217, 277, 561, 775.
CATHERINE (Pierre), men., 775, 849.
CAUCHY, maç., 1073, 1323. — Voy. COCHERY.
—— dessinateur. — Voy. COCHERY.
CAUDELOT, toiseur, 734, 802, 877, 1012.
CAULLE (Martin), men., 127.
CAULY (Jacques), laboureur, 108.
Cavale (Achat d'une), 144.
CAVÉ (Étienne), jard., 33.
—— (Guillaume), jard., 33.
CAVET (Claude) et sa femme, prop., 1340.
CAVILLET (Jean), prop., 1083.
Cayenne (Savants envoyés à), 379, 476, 549, 647, 712, 780.
CAZE, banquier, 934.
CAZOT, men., 1325.
Célestins de Porchefontaine (Les), 258, 305.
Cerceaux de cuve, 1184.
CERCEY, manœuvre blessé, 1319.
Cercle azimutal. — Voy. Azimutal.
Cerclé [sarclé] (Plant), 538.
CÉRÈS (Bassin et figure de). — Voy. *Versailles*.
Cerfs envoyés au roi d'Angleterre, 469, 479.
—— transportés de Compiègne à Saint-Germain, 1260, 1261.
Cerfouir, ou sarfouir, 347.
CERNEL (Marin), ouvrier, 130.
Certrouville, 1021, 1121.
CERTROUVILLE (Roussel DE), chevau-léger, prop., 99.
—— (Les enfants du S[t] DE), 939.
CÉSAR (Buste de JULES), 394, 479.
CESSIER, art., 429.
Cette (Port du cap de), 316, 317, 369, 680, 682, 730, 804, 877, 943, 1018, 1120.
CHABANE (Louis), voit., 129, 187, 247.
CHABLÉ, jard., 1248.
CHABLES [CHARLES?], casseur de pierres, 1134.
Chablis (Vente de bois et), 235.
Chaillot, 295, 464, 579, 726, 794, 866, 1006, 1102, 1220, 1356.
—— (Manufacture de). — Voy. SAVONNERIE.

TABLE ALPHABÉTIQUE. 1417

Chaillot (Pépinières d'arbres fruitiers près), 1230. — Voy. *Roulle* (Pépinière du).
—— (Pièces de terre acquises par le Roi à), 393, 395, 645, 741, 742.
Chaillou (Philbert), portier du Jardin Royal, 601, 687, 719, 747, 818, 889, 947, 1025, 1211, 1351.
—— ter., 1060.
Chaînes de cuivre, 277, 278.
—— de fer pour les pompes et moulins, 526, 527, 702, 910, 916.
—— d'or données en présent, 681, 713.
Chaires de chœur, 165.
—— de marbre blanc, 213.
Chalcographie du Louvre, 236, 279, 281, 404, 473, 474, 542, 543, 544, 545, 547, 1072, 1088.
Chaleur, fondeur, 700.
Châlons (Recette des finances de), 390.
Chaloupes amenées à Paris, 1012.
—— du canal de Versailles. — Voy. *Versailles.*
Chamblin (Louis), marchand de bois, 528, 631.
Chambois (Valéran), couv., 105, 149, 159, 212, 226, 868, 875, 457, 561, 572, 655, 706, 775, 786, 849, 858, 929, 987, 996, 1092, 1200, 1213, 1337.
Chambon, voit., 306, 307.
Chambord (Appartements de), 268.
—— (Château de), 483.
—— (Cheminées et colombages de), 268.
—— (Construction de l'église paroissiale de), 366.
—— (Cuisines de), 356.
—— (Dépenses du château de), 42, 95, 148-149, 156, 206, 268-269, 309, 310, 311, 315, 356-357, 391, 396, 442-443, 456, 542, 640, 707, 775, 850, 1201, 1230, 1333-1334, 1348.
—— (Faisanderie de), 309, 310, 314, 356, 357, 391, 393, 399, 442, 443, 542.
—— (Parc de), 6, 484, 489, 490, 492.
—— (Potager de), 268.
—— (Rétablissement des murs du parc de), 42, 95, 96, 148, 206, 269, 309, 310, 356, 391, 393, 542, 675, 850, 885, 944, 1012, 1022, 1110, 1122, 1230, 1239, 1334.

Chambord (Rivière et digue de), 542.
—— (Terrasses de), 149.
—— (Terres encloses dans le parc de), 46.
Chambourcy, 1135.
Chambranles et foyers de marbre, 31, 124, 244, 249, 259, 345, 359, 362, 384, 396, 404, 418, 419, 469, 470, 476, 495, 500, 512, 549, 552, 599, 618, 619, 745, 753, 802, 805, 875, 1013, 1030, 1035, 1052, 1076, 1081, 1108, 1163, 1164, 1191, 1291, 1292, 1327.
Chambray (Le s' de), 234, 277.
Chambre (Marin Cureau de la). — Voy. La Chambre.
Chambre de justice, 37, 169, 173, 177, 684.
—— des comptes, 554.
Chameau (Camelots à poil de), 444.
Chamillart (M. de), intendant de Normandie, 847.
Champagne (Charles), marchand de bois, 222.
—— (Henry), peint., 293.
Champagne (Dessin des villes frontières de), 100.
—— (Manufactures de), 445, 557, 850.
Champaigne (Jean-Baptiste de), peint., 125, 182, 242, 405, 442, 510, 694, 758, 828, 899, 1001, 1047, 1097, 1154, 1215, 1278, 1353.
—— (Philippe de), peint., 462, 575, 657, 721, 789, 861.
Champion (Antoine), entrepreneur de la manufacture de fer-blanc, 96.
—— (Denis), tailleur de pierres, 388.
Chancelier (M. le). — Voy. Séguier.
Chandelier (Nicolas), drapier, 61.
Chandeliers d'argent, 7, 9, 235, 301.
Chandelles (Fourniture de), 218, 267, 529.
Change d'argent, 109.
Chantoiseau, marchand, 306, 313, 365, 524, 840, 913.
—— peint., 412.
Chapelain (Claude), marchand de fer, 279, 304, 528.

Chapelain (Jean), poète, 57, 114, 161, 227, 298, 377, 449, 563, 649.
—— (Les héritiers de), 714.
—— (Pierre), voit., 442.
Chapelle, ou Chapel, maç., 1135, 1251.
—— men., 1129.
Chapotot ou Chapoteau, jardinier, 423, 551.
Charas, apothicaire chimique, 602, 687, 747, 818, 1125.
Charbon (Fourniture de), 148, 503, 504, 793.
—— de banne. — Voy. Banne.
Charbonnier, ser., 1185.
Chardelle (Martin), préposé aux dépenses de la Bibliothèque, 270, 271, 503, 647, 781.
Charenton (Carmes déchaussés de). — Voy. Carmes.
—— (Pères de la Charité de). — Voy. Charité.
Charité (Mathieu), voit., 241, 803.
Charité (Hôpital de la) de Saint-Germain, 236, 283, 1143, 1261, 1262.
—— (Pères de la), à Charenton, 59.
—— (Pères de la) du faubourg Saint-Germain, à Paris, 98, 152, 388, 567, 650.
—— (Religieux de la), à Fontainebleau, 45, 103, 154, 159, 273, 467, 585, 654, 608, 733, 799, 800, 873, 1095, 1226, 1365.
Charlemagne (Jacques), préposé aux jardins des Maisons Royales, 568, 717, 784, 839, 858, 908.
—— (La veuve), 1063, 1298, 1320.
—— voit., 1068.
Charleroi, 218, 275.
Charles (Antoine), ter., 706.
—— voit., 890, 1127.
Charles IX, roi de France, 204.
Charlier (Jacques), prop., 1088.
—— (Marcelin), marchand de soie, 119, 153, 235, 282, 312, 313, 371, 395, 433, 490, 553, 681, 735, 741, 804, 813, 876, 1019, 1112.
—— (Michel), tourneur, 148.
Charlot (Adam), plombier, 772, 845, 1166, 1192, 1196, 1294, 1331.
Charmes (Fourniture de), 620, 1066, 1316.
—— de marque, 527.
Charmeton (Georges), peint., 303, 510, 759.

CHARMETON (La veuve et les héritiers de), 759, 787, 829, 859, 876, 1107, 1198.

Charmilles (Plant de), 257, 281, 1010, 1031, 1056, 1167, 1177, 1199, 1248.

CHARMONT (D^{lle}), jard., 840.

CHARON (Jeanne), femme de PICHET, vannier, 501.

Charonne, 534.

—— (Abbesse et Religieuses de), 452.

CHARPENTIER (François), érudit, 57, 114, 162, 227, 298, 377, 450, 564, 649, 714, 783, 856, 926, 992, 1087, 1205, 1345.

—— (Louis), charp., 603.

—— (Michel), prop., 29, 175, 211, 239, 283, 316, 382, 383, 391, 453, 590, 644.

—— (Paul), charp., 11, 68, 91, 121, 177, 241, 294, 303, 318, 331, 401, 415, 432, 462, 493, 499, 506, 576, 609, 629, 659, 692, 723, 755, 790, 825, 863, 895, 1002, 1025, 1043, 1098, 1147, 1216, 1266, 1354.

—— jard., 1244.

—— marguillier de Notre-Dame de Choisy, 42.

—— nattier, 1343.

—— rocailleur, 429, 520.

—— voit., 1232.

CHARPON, voit., 946.

CHARRAS, apothicaire. — Voy. CHARAS.

CHARRIER (Jean), commis des manufactures en Berry et en Sologne, 556, 850.

CHARTON, prop., 853.

Chartrain (Manufactures du pays), 445.

CHARUEL (Dimanche), couv., 572, 596, 601, 604, 654, 659, 689, 719, 723, 735, 746, 749, 751, 774, 775, 776, 785, 790, 815, 819, 821, 849, 857, 863, 892, 895, 922, 930, 951, 955, 987, 998, 1002, 1021, 1026, 1029, 1034, 1043, 1080, 1092, 1098, 1107, 1129, 1136, 1148, 1198, 1212, 1217, 1246, 1253, 1268, 1269, 1335, 1354.

Chasses. — Voy. Indemnités.

Châssis en bois pour recouvrir les fleurs, 596.

CHASTEAU (Guillaume), grav., 542, 642, 806, 874, 927, 994, 1088, 1206, 1347.

—— (D^{lle}), peint. en miniature, 1281.

CHASTEL, ter., 1060, 1308.

CHASTELAIN (Jacques), ter., 264, 350, 351, 425, 438, 517, 522, 527, 542, 622.

CHASTELAIN commis à la manufacture des serges de Seignelay, 988.

CHASTENET (Jean), maç., 203.

CHASTILLON (Jacques-Philippe BOISSEAU, dit), jard. de l'orangerie de Fontainebleau, 442, 466, 536, 537, 573, 583, 603, 655, 666, 688, 717, 731, 786, 798, 820, 858, 859, 871, 891, 930, 997, 998, 1032, 1090, 1224, 1225, 1249, 1363.

—— (Louis), grav., 543, 928, 993, 1087, 1206, 1345.

—— mat., 1065, 1311.

Châtaigniers (Bottes de), 25.

—— (Fournitures de), 324, 336.

—— (Perches de), 1298, 1317, 1319, 1320, 1322.

CHÂTEAUNEUF (Appartement de M. DE) à Fontainebleau, 1029, 1128, 1131, 1246.

Château-Thierry (Château et domaine de), engagés au duc de Bouillon, 297, 466, 582, 665, 729, 796, 869, 1009, 1105, 1222, 1357.

—— (Ville de), 392.

Châtelet (Le). — Voy. *Paris*.

CHAUDÉ (Claude), charbonnier, 503.

CHAUDY, charp., 693, 755, 1148, 1267.

CHAUFFOURNIER, voit., 1038.

Chaume (Couvertures de), 755, 829, 958, 959.

CHAUMETON (Étienne), ouvrier blessé, 388.

CHAUNOY (Le s^r DE), prop., 1340.

Chauny (Le port de), 410, 545.

CHAUSSÉE (René), ter., 350, 351, 352, 438, 534, 535, 538, 552, 603, 623, 631, 638, 674, 699, 702, 706, 734, 766, 774, 802, 836, 841, 849, 876, 910.

—— (La veuve), 921, 1011.

CHAUSSON, marbrier, 1030, 1180, 1164, 1291.

—— (La veuve), 1291.

CHAUVEAU (François), grav., 183, 215, 244, 279, 293, 311, 359, 404, 462, 475, 544, 547, 575, 658, 709, 722, 789, 805, 862, 874, 927.

—— (Les héritiers de), 994.

CHAUVERY (M. DE), prop., 562.

CHAUVET (Jean), marchand de bois ou batelier, 428, 502, 744, 770, 803, 840, 842, 910, 911, 946, 975, 1068, 1124, 1180.

CHAUVIGNY (Le s^r DE), ingénieur-constructeur de vaisseaux, 284, 285, 372.

CHAUVIN (Charles), prop., 644.

—— (Claude), prop., 1082.

—— (Claude), ter., 92, 143.

—— (Jeanne). — Voy. LE ROY (Denis).

—— (Louis), ter., 23, 202, 339, 351, 435.

—— prop., 2, 59.

CHAUVRY, prop., 646.

Chaux (Muids ou futailles de), 1195.

—— (Poinçons de), 48, 268.

—— (Queues de), 261.

CHAVETON, Limousin, blessé, 387.

Chavigny, 1185.

Chaville, près Versailles, 1056.

CHEFDEVILLE (François), ouvrier en pierres fines, 386, 446, 471, 558.

—— ou CHEDEVILLE (Nicolas), jard., 327, 336, 362, 423, 526, 540, 599, 687.

Chemin ferré pour le transport des matériaux, 1197.

Cheminées (Ouvrages faits pour empêcher les) de fumer, 898.

—— (Paravents de) peints, 81.

—— (Ramonage de). — Voy. VARISSE.

—— (Souches de), 71.

Chemins de fer des moulins, 1188.

CHENEDÉ, procureur du Roi en l'Élection de Paris, 372, 373.

CHENET (Louis), charp., blessé, 1180.

CHENNEVIÈRES (M. le marquis DE), 5.

CHENU (François), faiencier, 47.

CHENUER, voit., 748.

Cherbourg, 712.

CHÉREAU (Étienne), ter., 144.

CHERETTE ou CHARETTE, maç., 1027, 1028.

CHERFY, terrassier vidangeur, 1142, 1144, 1258, 1261.

CHÉRON (Charles-François), graveur en méd., 874, 876, 928, 1088, 1203.

—— ouvrier en pierres fines, 558.

CHEROUVRIER, voit. par eau, 505, 687, 734, 747, 803, 1012.

CHERTEMPS, commis des Bâtiments, 295.

Chesnay (Le), 1297, 1304, 1328.

—— (Aqueduc et puits du), 1145, 1234, 1264, 1305, 1312.

—— (Conduites des eaux du), 1054, 1059, 1170, 1293, 1294, 1305, 1321.

—— (Réservoir du), 1266, 1295, 1299, 1301, 1302, 1303.

TABLE ALPHABÉTIQUE.

Chesnay (Tranchée du), 1303.
Chesneau (Charles), voit., 247, 429, 770, 803.
——— (Pierre), sc., 80, 216, 407.
——— ter., 1060.
Cheval de bronze fait pour le Roi, 1229.
——— de bronze (Voiture du) de Nancy à Paris, 488, 548.
——— de bronze de la cour du Palais-Royal, 1125, 1242, 1335.
Cheval Blanc (Cour du). — Voy. *Fontainebleau*, cour du Cheval Blanc.
Chevalets roulants. — Voy. *Lices*.
Chevalier, (Pierre), meu., 14, 102, 128, 183, 208, 246, 250, 323, 363, 403, 470, 493, 494, 499, 596, 684, 743, 757, 815, 850, 886, 946, 1022, 1045, 1199, 1241.
——— (La veuve), 1123.
——— fontenier, 425.
——— marchand de bois, 471, 550, 672.
Chevallier (Denis), jard., 496.
——— (Jean), voit. par eau, 367, 411.
——— marchand de toiles cirées, 770.
Chevaux barbes achetés à Tunis, 240.
——— d'Espagne, 283.
——— en plomb, 428.
——— marins, sculptés, 761.
——— tombés dans le canal, 651.
Chevillard (Jean), fontenier à Vincennes, 27, 81, 82, 85, 93, 100, 111, 144, 160, 225, 265, 297, 439, 458, 466, 581, 664, 729, 796, 869, 931, 997, 1090, 1222, 1361.
——— (Pierre), fontenier, 27.
——— concierge de la Surintendance de Saint-Germain, 728, 795, 868, 1094, 1105, 1222, 1361.
Chevillettes pour bateaux, 973.
Chevo (Michel), ter., 520.
Chevreau (La veuve d'André), ter., 535.
——— (Étienne), maç., 93, 141, 200, 202, 203, 263, 347, 351, 435, 438.
——— (Étienne), prop., 381.
——— (Pierre), 645.
——— ouvrier, 144.
Chèvrefeuilles (Fourniture de), 515, 527.
Chevreuse (Appartement du duc de) à Saint-Germain, 1260.
——— (Appartement du duc de) à Versailles, 1155, 1257.
——— (Hôtel de), à Versailles, 1303.
Chevreuse, ter., 1173, 1193.
Chevreuse (Manufactures de), 707.

Chicanneau, faïencier, 843.
Chicomores. — Voy. *Sycomores*.
Chifflet (Le Père Pierre-François), jésuite, théologien et antiquaire, 925, 934, 992, 1085, 1342, 1344.
Chiffres de bronze, 166.
——— sculptés, 181.
Chimie (Cours de), 687, 747, 1351.
Chineau, commis de la manufacture de serges, 640.
Chiourme (La) de la galère du Roi, 237, 290.
Choisy (Jean), ingénieur, 503.
Choisy-aux-Bœufs, près Versailles, 7, 29, 42.
——— (Cimetière de), 251, 258, 424.
——— (Couvent de Saint-Pierre, à), 7, 42, 274, 358, 431.
——— (Le pré Saint-Pierre, à), 481, 503.
——— (Le prieur de), 7, 111, 152, 231, 274, 358, 359, 394, 398, 430, 431, 480, 563, 673, 710, 804, 877, 935, 1012, 1072, 1239, 1323, 1341.
——— (Notre-Dame de), 42.
——— (Paroisse de), 481, 503, 804, 1240.
——— (Réservoir fait près de), 1143.
Chopin (La veuve de), peintre, tué, 568.
Choplet, marchand de bois, 770, 840.
Choqueux (Pierre), miroitier, 332.
Choeill, ciseleur, 230.
Chouplin (Claude), 151.
Chrestien, marchand taillandier, 747, 1169, 1184.
Christ au Jardin des Oliviers (Le), tableau, 237, 282.
Chuppin, préposé à Versailles, 898.
Cicéron (Buste de), 394, 479.
Ciment (Bassin de), 409, 638.
——— (Chappe de), 601.
——— (Ouvrages et fournitures de), 88, 135, 139, 202, 212, 214, 281, 505, 526, 527, 600, 676, 686, 702, 748, 889, 948, 949, 976, 1069, 1147, 1166, 1182, 1266, 1317, 1332.
Cinabre (Mine de), 480.
Cire (Modèles en), 166, 167, 1285, 1286, 1288.
——— pour les illuminations de Versailles, 306.
Cires de médailles, 1343.
Cisterne (Antoine), manœuvre blessé, 568.

Citronniers (Achat de), 483.
——— doux, 138.
Civette (Squelette d'une), 270.
Civita-Vecchia, 1107.
Clagny, abreuvoir de l'étang, 907.
——— aile des cuisines ou offices, 1188, 1189, 1323.
——— aile en retour du corps de logis principal, 1188, 1189, 1190, 1191, 1324.
——— amphithéâtre de l'orangerie, 844.
——— appartements, 981, 982, 983, 1191, 1194.
——— aqueduc de l'orangerie, 1328.
——— aqueduc des moulins, 914, 919.
——— aqueduc du nouveau moulin, 1328.
——— armoires du garde-meuble, 1075.
——— attiques du château, 917, 1189, 1191, 1325.
——— avenues, 847, 985, 1076, 1193, 1323, 1328.
——— balustrades de fer des balcons, 916.
——— bateaux sur l'étang, 307.
——— chambre des bains, 982, 1075, 1076, 1191.
——— chambres en galetas, 1325.
——— chapelle, 1190, 1324, 1326, 1329.
——— chaussée de l'étang, 17, 18, 23, 137, 1328.
——— cour de la ménagerie, 1079. — Voy. *Glatigny*, ménagerie.
——— cour du château, 1323, 1324, 1325, 1328.
——— cuisines et offices, 843, 1189, 1191, 1324.
——— démolition du vieux bâtiment, 985.
——— (Dépenses de), 741, 772-773, 811, 843-848, 914-921, 931, 937, 943, 979-986, 1014, 1016, 1072-1079, 1115, 1116, 1187-1194, 1323-1329.
——— dessins et modèle du nouveau bâtiment, 982, 985, 1076, 1190, 1326.
——— dôme, 980, 982, 986, 1073, 1075, 1191, 1324.
——— écuries, 1194.
——— écuries de la pompe, 1328.
——— étang, 27, 194, 426, 517, 519, 522, 526, 528, 588, 591, 676, 837, 847, 919, 1059, 1077, 1079, 1268, 1328.

Clagny, ferme, 62, 339, 508.
—— figures de pierre pour le château, 1326, 1327.
—— fronton du pavillon du milieu, 1190.
—— (gages des préposés au bâtiment de), 786, 787, 857, 858, 859, 860, 931, 995, 996, 998, 1061, 1062, 1078, 1079, 1089, 1174, 1310.
—— garde-meuble, 1189, 1325.
—— garnitures de cuivre des portes et croisées, 1078, 1325.
—— glacières, 1065.
—— grand escalier, 1187.
—— grande galerie, 1075, 1189, 1325.
—— jardin de l'orangerie, 1188, 1191, 1192.
—— jardins, 423, 773, 846, 916, 918, 919, 920, 979, 981, 983, 1011, 1016, 1062, 1072, 1076, 1077, 1089, 1177, 1194, 1310, 1322, 1327, 1329.
—— lavoir, 980.
—— les deux nouveaux moulins, 845, 914, 915, 916, 917, 918, 919, 920, 931, 979, 980, 981, 983, 985, 1063, 1067, 1078, 1175, 1177, 1186, 1188, 1194, 1267, 1324, 1325, 1327, 1328.
—— les trois moulins ou tours construits sur les bords de l'étang pour élever l'eau, 505, 506, 517, 526, 527, 591, 607, 609, 613, 623, 626, 627, 630, 654, 655, 718, 755, 785, 811, 825, 835, 837, 838, 843, 844, 847, 848, 896.
—— (Les meuniers de). — Voy. Meuniers.
—— (Logement des meuniers de), 915, 917, 979.
—— ménagerie, 915, 916, 921, 1327, 1328.
—— modèle de la galerie, 1190.
—— murs de clôture et de terrasse, 1187.
—— nouveau bâtiment, 843, 844, 882, 886, 979, 1073, 1074, 1187.
—— orangerie, 773, 843, 844, 914, 915, 916, 918, 979, 980, 981, 1073, 1187, 1188, 1190, 1192, 1194, 1310, 1324, 1325, 1327.
—— (Orangers achetés pour), 813, 846, 848.
—— parc, 195.

Clagny, pépinière, 337, 338, 918, 1077.
—— petite galerie, 1277, 1324, 1325, 1327.
—— pompes pour élever l'eau de l'étang, 528, 629, 1074.
—— potager, 523, 628, 843, 846, 847, 914, 915, 919, 920, 980, 1073, 1074, 1077, 1116, 1192, 1193, 1235, 1327. — Voy. *Glatigny* (Potager de).
—— salle à manger, 1189.
—— salon, 1190, 1191, 1268, 1324.
—— sculpture des chambranles des portes et des croisées, 1190, 1191.
—— sculpture des faces extérieures, 1191.
—— sculpture du vestibule, 1326, 1327.
—— sculpture en bois du modèle de la galerie, 1326.
—— (Seigneurie de), 108.
—— (Sources de), 341.
—— statues, 983.
—— (Terres acquises à), 779.
—— treillage du dôme du jardin, 984, 1074, 1326.
—— vestibule, 1327.
Claie (Terres passées à la), 1038.
Claies d'osier, 746.
CLAIRAMBAULT (Nicolas), 151, 221.
—— (Pierre DE), généalogiste, 925, 927. 992, 1087, 1213, 1344.
CLAMBERGEAU (Michel), voit., 519.
Clapet pour fontaines, 975.
CLASSE, méd., 898, 1044, 1074, 1078, 1151, 1270, 1271.
CLAUSEN, major du régiment Stoupe, 1173.
Clavecins (Fournitures de), 481.
CLAVIER, chirurgien, 1320.
CLÉMENT (La veuve d'André), scr., 573.
—— (Jacques), chirurgien des Gobelins, 1339.
—— (Nicolas), employé à la bibliothèque du Roi, 459, 476, 502, 571, 642, 655, 712, 779, 787, 854, 857, 924, 930, 989, 994, 997, 1084, 1088, 1090, 1203, 1213, 1342, 1351.
—— (Nicolas), maç., 1027, 1028, 1128, 1200, 1245.
—— (M. Pierre), écrivain, 9, 52.
—— charp., 1334.
—— (La veuve de), charp., 1334.
—— jard. du Roulle, 364, 409, 784.

CLÉMENT, peint. en miniature, 391.
CLÉRAMBAULT (Nicolas et Pierre DE). — Voy. CLAIRAMBAULT.
CLÉRAMBOURG, frotteur, 1071.
CLÉRAMBOUST, portier du grand parterre de Saint-Germain, 857, 929, 996, 1222, 1361.
CLÉRENBAULT (François), ter., 518.
CLÉRET, charron, 1315.
CLÉRION (Jean-Jacques), sc., 105, 106, 1285, 1286, 1290.
—— grav. en méd.[1], 803, 874, 928, 1089.
Clermont, 658, 722, 790, 862, 1001, 1097, 1216, 1354.
Clichy, 45.
—— (Église Saint-Sauveur et Saint-Médard de), 44.
—— (Remises à gibier de), 1016, 1202.
—— (Terres acquises à), 561.
CLIGNE, ter., 836.
CLIGNET (Jean), charp., 582, 665, 729, 797, 870.
—— (Nicolas), charp., 582, 665, 729, 797, 870.
CLINCHAMP ou CLINCHANT (Pierre), concierge des Tuileries, 178, 226, 291, 295, 296, 376, 411, 460, 464, 573, 578, 579, 656, 660, 662, 719, 725, 726, 785, 792, 858, 865, 931, 999, 1004, 1093, 1106, 1218, 1358.
CLINCHANT (Pierre), garde de la salle des machines du Palais-Royal[2], 794, 867, 1006, 1102, 1220, 1360.
CLIQUET, charp. — Voy. CLIGNET.
CLIQUIN (Poncelet), charp., 11, 68, 91, 121, 177, 241, 294, 303, 318, 331, 401, 415, 432, 462, 493, 506, 576, 596, 609, 629, 659, 683, 692, 693, 723, 741, 755, 790, 826, 840, 844, 863, 895, 915, 947, 979, 1002, 1025, 1028, 1042, 1073, 1098, 1147, 1213, 1216, 1266, 1354.
CLIQUOT, facteur d'orgues, 1180, 1313.
Cloaque fait dans une écurie, 121.
Cloches pour l'horloge de Versailles, 1315.
—— à melons, 85, 428, 691, 1125.
—— d'eau, 81.
Clos Tutin (Aqueduc du), 1145, 1263.
CLOSMESNIL (Julien), plombier, 414, 506.

---
[1] Peut-être Jean-Jacques, le sculpteur. — [2] C'est probablement le même individu que le concierge des Tuileries.

TABLE ALPHABÉTIQUE. 1421

Clou, directeur de la manufacture de serges à Gournay, 372, 640, 776.
Cloud, ter., 1173, 1302.
Cocagne, commis aux manufactures de Normandie, 922, 988, 1093, 1212, 1338.
Cocaigne, commis des manufactures de Languedoc, 445, 556, 850.
Cochery, charp., 101.
—— dessinateur, 848, 920, 985, 1180.
—— maç., 979, 1187.
Cochin (Louis), men., 38.
Cocu (Étienne), dit de Vaux, prop., 1202.
Cœur de Roy, maître des eaux et forêts de Coucy, 283, 284, 318, 410, 551.
Cognassiers, arbres, 143, 579, 662, 726, 793, 866, 1006.
Cognet (Antoine), horloger. — Voy. Coignet.
—— (Jean), charp., 443.
Coiffart (Laurent), voit., 130.
Coignet (Antoine), horloger, 75, 131, 190, 552, 824, 889, 1198, 1262, 1337.
—— (Charles), prop., 177, 223.
—— (Jean-Jacques), peint., 151, 208, 468, 743.
—— (La veuve), 946, 1024.
Coignette. — Voy. Coignet.
Coigniers. — Voy. Cognassiers.
Coins de médailles, 502.
Coipel. — Voy. Coypel.
Coislin (Hôtel de), à Versailles, 1056.
Coisvaux, sc. — Voy. Coysevox.
Coit, sc. — Voy. Couet.
Colas (Antoine), jard. du Roule, 890, 949, 1027, 1127, 1244.
Colbert (Jean-Baptiste), marquis de Seignelay, surintendant des Bâtiments, 11, 52, 58, 60, 118, 120, 175, 220, 232, 272, 273, 292, 311, 366, 461, 466, 499, 573, 574, 582, 583, 656, 666, 679, 720, 787, 788, 797, 806, 860, 870, 999, 1000, 1095, 1106, 1214, 1223, 1352, 1358, 1362, 1366.
—— (Le s'), abbé du Bec, prop., 270, 367, 478, 563, 645, 711, 782, 855, 928, 995, 1082, 1209.
—— (Lettres de), publiées par M. Pierre Clément, 9, 52.
Colchos (Les Cabanes de), planche gravée, 545.

Colen (Maillard), Flamand, 456.
Colin (Claude), marchand de fer, 262.
—— (Jean), piqueur employé aux Tuileries et à Versailles, 248, 250, 257, 304, 305, 324, 326, 362, 400, 408, 410, 423, 428, 429, 458, 472, 496, 498, 501, 523, 540, 551, 569, 597, 652, 717, 768, 784, 858, 1065.
Colinot ou Collinot (Jean), jard., 337, 338, 339, 422, 516, 520, 521, 541, 620, 623, 629, 632, 654, 685, 698, 718, 765, 766, 785, 806, 834, 836, 837, 846, 894, 904, 905, 906, 907, 918, 967, 970, 972, 984, 1053, 1058, 1062, 1169, 1176, 1183, 1296, 1309.
Colisée de Rome (Le), gravure, 1345.
Collation donnée à Versailles en 1680 (La), planche gravée, 1207.
Collé (Martin), men., 46, 184.
Collège de Cambrai. — Voy. Paris, collége.
—— de France. — Voy. Paris (collége).
—— des Quatre-Nations. — Voy. Paris (collége).
—— Royal. — Voy. Paris (collége).
Collet (Gratien), compagnon sculpteur, 131.
Colletet, marchand d'estampes, 275.
Collette, marchand, 772, 1070, 1322.
Collin (Pierre), paveur, 1165, 1293.
—— (Robert), men., 38.
Colombages de Chambord, 268.
Colombier, employé à Versailles, 898.
Colonne, peint., 614, 632.
Colonnes de marbre rouge, 124, 169, 230, 244.
—— (Fournitures de), 67, 70, 125, 130, 153, 164, 165, 166, 167, 179, 189, 384, 396, 404, 410, 769, 914.
—— (Remise des), 1202.
Colot (Jean), fondeur, 24, 40, 47, 81, 87, 92, 142, 244, 253, 279, 358, 525, 627, 700, 754, 767, 834, 911, 975, 1068.
Colson, empailleur, 631, 889, 947, 975, 1110, 1184, 1232, 1321.
Combaut (Hôtel de), 118, 150.
Combord, ébéniste, 109.
Comédies (Machines des), 151.
Comète (Gravure du cours de la), 642.
Comite, officier de galères, 237, 240, 280, 360, 361, 460, 483.

Commandeur, faïencier, 1127.
Commerce (Gratifications au), 55, 110, 157, 370-374, 380, 485, 707.
—— du Nord (Compagnie établie pour le), 313, 380, 393, 447.
Compagnie des Indes-Occidentales, 552.
—— du Levant, 552, 640, 876.
—— du Levant (Nouvelle), 1231, 1232.
Compagnies d'assurances, 215. — Voyez Assurances.
Compiègne, 456.
—— (Corps de garde du château de), 849.
—— couvertures, 105, 149, 159, 212, 226, 275, 368, 375, 457, 572, 655, 706, 786, 849, 858, 929, 987, 996, 1092, 1200, 1213, 1337.
—— (Dépenses du château de), 117, 212, 213, 217, 218, 360, 561-562, 639, 706-707, 739, 775, 812, 849, 860, 922, 938, 986, 1080, 1198, 1236.
—— forêt, 152, 153, 1260.
—— glacière, 215, 360, 457, 639, 707, 776.
Compiègne, chargé de la volière de Fontainebleau, 104.
—— (Le s' de), interprète, 276, 300, 379, 477, 650, 712, 715, 780, 854, 856, 927, 992.
—— (Le s' de), prop., 1132.
Concert de musique (Le), tableau, 544.
Conches (Forges de), en Normandie, 552.
Conciles (Ouvrages concernant les). — Voy. Baluze.
Condé. — Voy. Prince (M. le).
Conférences de l'Académie d'architecture, 854, 925, 990, 999, 1086, 1204.
—— de l'Académie de peinture (Impression et reliure des), 359.
Conflans, 1140, 1254.
—— (Bac de), 1261.
Congis (Logement de M. de), 499, 578.
Congnet (Pierre), cloutier, 442.
Connestable (Édouard) et A. Bonneau, sa femme, prop., 398, 453.
Conquabet (Antoine). — Voy. Sainte-Marie.
Conquête de la Franche-Comté (La), tableau, 1281.
Conrart (Valentin), littérateur, 57, 114, 161, 227, 298, 377, 449, 564, 649, 714.
Conroy (Ouvrages de), 81, 82, 147, 188,

COMPTES DES BÂTIMENTS. — I. 93

205, 206, 255, 267, 324, 341, 355, 409, 424, 425, 519, 521, 522, 531, 537, 604, 621, 625, 702, 703, 769, 811, 814, 816, 840, 841, 843, 910, 911, 970, 976, 977, 978, 1015, 1057, 1058, 1133, 1172, 1234, 1299, 1312, 1328.
Conseil de commerce, 110.
Conseil d'État, 216, 886.
Consoles, 80, 1075.
—— de marbre, 588.
—— de pierre dure, 1191.
CONSOLIN, capitaine de la galère du Roi, 237, 240, 280, 290, 340, 360, 361, 396, 431, 460, 482, 483, 528, 551, 594, 626, 701, 767, 838, 908, 972, 1064, 1311.
—— (Lazarin), lieutenant des vaisseaux de Versailles, 1064.
CONSTANCE (Le frère), 704.
CONSTANT (Nicaise), couv., 582, 665, 730, 870.
Constantin (L'Arc de), à Rome (planche gravée), 1346.
Constantinople, 934.
—— (Narcisses de). — Voy. Narcisses.
CONTI (Appartement du prince DE) à Saint-Germain, 1255.
—— (Le prince DE), 549.
CONTIN, marchand de bois. — Voy. COURTIN.
Contre-cœurs de cheminées, 71, 188, 244, 321, 343, 344, 345, 525, 532, 548, 551, 763, 769, 770, 1070, 1108, 1181, 1230.
—— (Modèles en bois de), 614.
Contretable d'autel, 37.
CONTY (Antoine), appareilleur, 130.
CONVERSET (Brigitte), concierge à Fontainebleau, 1120.
Convoy, prop., 1236.
COPIN (Nicolle), mère d'ouvrier tué, 804.
COQUART (Louis), charretier tué, 387.
COQUART DE LA MOTTE, intendant des Bâtiments, 292, 461, 571, 574, 656, 719, 720, 788, 860, 1000, 1095, 1214, 1352.
COQUELART ou COQUELIN, ter., 1057.
Coquillages pour les grottes, 79.
—— pour Versailles, 703.
Coquilles (Bassins en), 134.
—— (Casques de), 135.
—— de cuivre, 1067.

Coquilles de marbre, 253, 332.
COQUINAULT ou COQUINOT (Louis), garde-meuble de Fontainebleau, 272, 466, 583, 666, 730, 797, 870, 1095, 1223, 1362.
CORBECQ, cordier, 1143.
Corbeil (Manufacture près de) 177, 444.
—— (Moulins sur la rivière de), 177, 218, 894, 444.
Cordages (Fourniture de) pour bateaux et moulins, 700, 767, 771, 842, 908, 912, 950, 973, 977, 986, 1064, 1070, 1183, 1184, 1194, 1322.
Corde (Fournitures de), 130, 221, 306, 436, 529, 599, 631, 685, 744.
Cordeliers (Maison aux), occupée par la bibliothèque du Roi, 209.
CORDELLE, dit BERICHON, charp., 1267.
Cordier, art., 771.
CORET (Claude). — Voy. MORIN.
CORIOLAN (Tenture de l'histoire de), 445.
CORMIER, scr., 1334.
Cornalines achetées pour le Roi, 398.
Corne en lames pour fanaux, 430.
CORNEILLAU, commis général du canal de Briare, 479.
CORNEILLE (Michel), peint., 52, 106, 510, 614, 695, 758, 828, 900, 1048, 1156, 1280.
—— (Pierre), poëte dramatique, 51, 56, 112, 162, 227, 298, 377, 450, 564, 649, 714.
—— (Thomas), poëte dramatique, 56, 113, 163.
Cornouailles (Étain de), 234, 239, 274.
CORNU (Jean), manœuvre, 103.
CORNUEL (Dame), prop., 178, 214, 284, 365, 563, 865, 929, 995, 1082, 1208, 1347.
CORRÉGE, peint. italien, 1230.
CORRET (La veuve), prop., 29.
CORRINGIUS, médecin et historien allemand, 57, 115, 162, 228, 299, 380, 451, 566, 650, 715.
CORROYER, sc., 14, 15.
CORSENET, scr., 1254.
Cortési, comédien italien, 870.
COSME, ter., 1174.
—— valet de chambre du Bernin, 106.
COSP (La veuve), prop., 177, 223.
COSQUINO. — Voy. COQUINAULT.

COSSART (Abraham), drapier, 99, 212.
—— (Madeleine), prop., 779.
—— (Noël), drapier, 99, 212.
—— drapier, 50.
COSSETTE (Paul), vitr., 260, 952.
COSSON (Claude), sc. marbrier, 15, 71.
—— (Jean), men., 502.
—— couv., 755.
COSTELLIER. — Voy. COTTELIER.
COSTERET (Nicolas) et sa femme, prop., 1083.
COTELLE (Jean), peint., 280, 271, 780.
Coterets pour métiers de tapisserie, 53.
COTIN (L'abbé Charles), prédicateur, 56, 113, 163.
Cotonnines, grosses toiles à voiles, 939.
COTTARD (Pierre), arch., 461, 574, 657, 721, 789, 860, 888.
COTTART (Martin), préposé à Saint-Germain, 140.
—— (La veuve), 584, 667, 731, 798, 871, 1225, 1363.
COTTÉ (Noël), mat., 1311.
COTTELIER, savant employé à la bibliothèque du Roi, 299, 378, 379, 450, 477, 565, 566, 713, 783, 856.
COTTEREAU (Jean), marchand, 1337.
—— maître écrivain à Blois, 269, 356.
COTTÉZIE. — Voy. CONTÉSI.
Couches de fumier, 129, 130. — Voy. Fumiers.
—— de potager, 1056.
Coucy (Forêt de), 284, 318, 410, 478, 499, 545, 551.
COUET (Henry), sc., 166, 407, 743, 846, 887, 918, 982, 1050, 1075, 1161, 1290.
—— (Jacqueline), femme DE LOCHES, prop., 487, 561.
COUETTE, charp., 634.
Couleurs (Achat de), 1047.
COULOMBIER, men., 478.
COULON (Itier), marchand de bois, 47.
—— (Jean), vigneron, 89.
—— fondeur, 626, 764, 833, 841, 904, 1069, 1166.
COUPLET (Claude-Antoine), ingénieur de l'Académie des sciences, 270, 300, 378, 448, 450, 503, 505, 565, 600, 646, 648, 686, 714, 747, 780, 782, 853, 856, 924, 926, 948, 989, 993, 1067, 1084, 1181, 1231, 1242, 1315.
COURCELLES (Sr DE), prop., 454.

TABLE ALPHABÉTIQUE.

Cordonnier, prop., 1138.
Cours la Reine, 395, 452, 485, 599, 685, 744, 816, 932, 1010, 1080, 1335.
—— (Gages des officiers du), 43, 112, 160, 295, 376, 464, 579, 662, 717, 726, 793-794, 858, 866, 1006, 1102, 1220, 1356.
—— (Quai du), 375, 387, 389, 401, 457, 485.
Course de bagues (Machine pour une), 426, 477.
Courtin, marchand de bois, 633.
—— ter., 1061.
Courtois (Paul), professeur au Collége Royal, 879.
—— cordier, 700, 767, 771, 908, 1184.
—— vigneron, 710.
Cousin (Le président Louis), écrivain et traducteur, 713, 780, 853, 854, 924, 989, 1084, 1109, 1203.
—— maç., 1028.
Cousinet (Jérôme), notaire, 1083.
—— (René), orfévre, 51, 102, 157, 224, 301, 380, 443, 444, 555, 778, 1202.
—— secrétaire du Roi, prop., 1084.
Coussan (Jean), manœuvre blessé, 1184.
Coustan, men., 772, 844, 915, 980, 1073, 1151, 1188, 1271, 1324.
Coustelier. — Voy. Cottelier.
Coustillien, jard., 533.
Coustubier (Pierre), dit Montargis, art., 213, 218, 281, 771, 840.
Coutil (Fourniture de), 633, 679.
—— rouge pour les ailes des moulins, 703.
Couvreux ou Couvreur (François), men., 127, 184, 191, 246, 251, 259, 323, 345, 354, 416, 507, 610, 634, 659, 693, 723, 752, 766, 790, 863, 1002, 1044, 1098, 1136, 1150, 1216, 1269, 1354.
Covet (Jacqueline), femme de Loches. — Voy. Couet.
Coypel (Noël-Nicolas), peint., 17, 71, 75, 125, 134, 182, 242, 293, 321, 407, 422, 462, 509, 575, 597, 612, 635, 648, 657, 695, 722, 758, 789, 827, 861, 899, 900, 961, 1001, 1046, 1097, 1155, 1215, 1280, 1353.
Coysevox (Antoine), sc., 244, 1049, 1111, 1156, 1228, 1285.

Cramarigeas (Jean), jard., 272, 467, 583, 667, 731, 798, 871, 1224, 1363.
Cramoisy (Mabre), imprimeur, 924, 1020, 1110.
—— (Sébastien), imprimeur et libraire, 117, 151, 217, 474, 814, 877.
Crapaudine pour fontaine, 975.
Crépi (Ouvrages de), 755.
Crépin, préposé à Fontainebleau, 355.
Créqui (Hôtel de), à Saint-Germain, 892, 939.
Crescot, ter., 1173.
Crespin (Antoinette), lingère, 770, 841, 912.
—— (Léonard), prop., 29.
—— (Louise-Marie), prop., 1341.
Crespy, major du régiment d'infanterie du Roi, 1306, 1349.
Cresson (Pierre), manœuvre blessé, 168.
Crété, ouvrier blessé, 1072.
Cribles (Fourniture de), 1336.
Crics pour lever les marbres, 669.
—— de la pompe du Pont-Neuf, 1198.
Cristaux. — Voy. Armoire à mettre les cristaux du Cabinet du Roi.
Crivano (Jouano), Vénitien, 149.
Crocs ou crochets de fer, 22, 104.
—— pour tirer de la glace, 1180.
Croissant, men., 1272.
Croix-Brisée (Maison et terrains acquis à la), sur le chemin de Vincennes, 313, 316, 381, 382, 1083.
Croix-du-Tiroir (Fontaines de la), 210, 294, 463, 577, 660, 724, 791, 864, 1003, 1099, 1217, 1355.
Cromelin (Rachel), 641.
—— marchand de Saint-Quentin, 641.
—— (Marie Mestayer, veuve), 641.
Croqué (Louis), mat., 1311.
Croquoison, maç., 1266.
—— ouvrier blessé, 1070.
Crosnier (François), prop., 29.
—— (La veuve François), prop., 1340.
—— (Jean-Baptiste) et sa femme, prop., 28, 991, 1341.
—— curé de Sèvres, 560.
—— fournisseur de fumier, 956.
—— ter., 1141.
Crouan (Catherine), prop., 1340, 1341.
Croy (Étangs de Rets en la forêt de), — Voy. Rets.
—— (Plan de la forêt de), 1072.

Croy (Routes de la forêt de), 1036, 1077, 1078, 1180, 1181, 1182, 1202.
Cruchet (Jean), peint., 24.
—— (Michel), peint., 15, 25, 80.
—— compagnon peint., 134.
Crucifix, par Le Brun, 220.
—— sculpté en bois, 334.
Crusca (Académie de la). — Voy. Académie.
Cucci (Domenico), sc. et ciseleur, 5, 46, 98, 118, 126, 151, 169, 170, 177, 181, 216, 217, 218, 242, 243, 293, 310, 319, 320, 344, 349, 359, 397, 408, 421, 433, 462, 478, 522, 575, 606, 615, 624, 658, 680, 685, 691, 700, 703, 722, 735, 744, 754, 766, 767, 789, 816, 839, 862, 876, 888, 895, 909, 974, 1001, 1012, 1037, 1066, 1097, 1126, 1141, 1179, 1216, 1229, 1314, 1353.
Cucurbites et fioles pour laboratoire, 503.
Cuffaut (Urbain), ser., 74.
Cuffier. — Voy. Caffieri.
Cuirs de vache (Fournitures de), 280, 633, 703, 769, 839, 909, 910, 933, 975, 1068. — Voy. Peaux de vache.
Cuisinier (Jean), maç., 206, 269, 356.
—— (Macé), maç., 268, 269, 356.
Cuissin (Jean), men., 38.
—— (Nicolas), men., 38.
—— (Pierre), men., 38, 145, 204, 266, 354, 440, 476, 536, 537, 1029.
—— sc., 1030.
Cuissotte (Anne de la), femme de Saint-Yon, prop., 453.
Culambour, ouvrier blessé, 1072.
Culasses de mousquets pour artifices, 770.
Curiosités achetées pour le Roi, 219, 736, 853, 854, 924.
Cussat, Cussar ou Cussac, peint., 314, 366, 470, 759, 816, 851.
Cussin, men. — Voy. Cuissin.
Cossinet, men., 94.
Cusson. — Voy. Casson.
Cusst (Pierre de), rocailleur, 22, 25, 80, 85.
Cuves de marbre, 680, 697, 738, 807, 832, 1014, 1015, 1051, 1114, 1162, 1179.
—— des bains de Versailles, 1299.

1424　COMPTES DES BÂTIMENTS DU ROI.

Cuvettes d'argent, 157, 301.
CUVIER (Jean), marchand do bois, 276.
—— (La veuve), 1317.
CUVILLIER (Jean), ser., 757, 1154, 1246, 1273, 1333.
CUVILLIERS, marbrier, 1291.
CUVYER, préposé à Saint-Germain, 1259.

CUXAT. — Voy. CUSSAT.
Cyclope (Figure de) pour Versailles, 618.
Cygnes (Nourriture de), sur la Seine, à Paris, 934, 996, 1010, 1106, 1107, 1229, 1230, 1350, 1368.
—— (Poteaux pour mettre les défenses de nuire aux), 1108, 1183.

Cygnes de plomb et étain pour Versailles, 624.
—— de Fontainebleau. — Voy. *Fontainebleau* (Cygnes et carpes de).
Cyprès (Fourniture de), 26, 186, 260, 324, 496, 533, 583, 661, 666, 725, 731, 792, 798, 865, 871, 1004, 1100, 1219, 1224, 1358, 1363.

D

DABLIN (Jean), charp., 261.
DAGON (Marc), ter., 264.
DAGUERRE, prop., 639.
DAGUET, treillageur, 955.
DAGUIN, médecin. — Voy. DAQUIN.
Daims, 41, 47, 49, 50, 52.
DAINOT, couv., 1043.
DALBINE, commis des manufactures en Guyenne, Saintonge, Limousin et Auvergne, 557. 850.
DALEY, voit. par eau, 908.
DALIBERT, banquier, 365, 371.
DALIEZ, art., 553.
—— prop., 310, 381.
DALLEMAGNE, batelier, 771.
—— ter., 624.
Dalot, terme de marine, 18.
Damas rouge cramoisi (Fourniture de), 313, 370, 386, 489, 491, 553, 675, 736.
DAMBRESNE (Balthazard), jard., 282, 327, 361, 375, 457, 472, 569, 651, 718, 1089, 1169, 1174, 1229, 1348.
—— (Barthélemy), jard., 361, 375, 457, 472, 525, 569, 651, 718, 1089, 1169, 1229, 1348.
—— (Les), jard. flamands, 786, 857, 930, 997, 1011, 1089, 1348.
DAMBROISEVILLE, carrier, 498.
—— (La dame), 523.
DAMBROSME (DAMBRESNE?), 783.
DAMESME (Pierre), portier du château neuf de Saint-Germain, 795, 868.
DAMOISELET, écrivain en lettres d'or, 840.
Danemark (Observations astronomiques en), 554, 1084.
—— (Reine de), 172.
—— (Roi de), 115.
DANGLEBERT (Jean), men., 15, 20, 37, 73, 74, 78, 94, 127, 142, 184, 209, 230, 245, 271, 276, 294, 306, 322, 383, 402, 416, 447, 463, 507, 508,

538, 576, 610, 611, 659, 694, 723, 757, 780, 790, 863, 960, 990, 1002, 1044, 1098, 1150, 1216, 1240, 1269.
DANGLEBERT (Les héritiers de), 1269.
DANIS, marbrier, 710.
DANJEAU, ouvrier blessé, 848.
Dantzick, 57, 162, 228, 299, 451, 566.
DANZERRE, men., 133.
DAQUIN (Antoine), premier médecin du Roi, 687, 747, 818, 889, 947, 1025, 1201, 1213, 1242, 1351.
—— (Louis-Henri), médecin, 602.
—— (La veuve et les enfants de), 602, 717.
—— (Pierre), docteur régent de la faculté de médecine de Paris, 747.
—— jeune, docteur en médecine, démonstrateur de l'intérieur des plantes, 947, 1025, 1213, 1351.
DARCÉ, marbrier, 384, 454.
DARDOUSELLE (La veuve), 221.
DARESSE DE LA HARAUDIÈRE (Gabriel), chargé de nettoyer les canaux de Fontainebleau, 272, 467, 584.
DARET (Jean), men., 73, 98, 669, 670.
D'ARGENSON, prop., 1120.
DARIEST ou DARIES. — Voy. GALLAND.
DARIOT (La veuve de), ouvrier tué, 1333.
DARLY (François), vidangeur, 209, 520, 529, 551, 599, 603, 674, 686, 703, 736, 745, 769, 775, 817, 876, 888.
DARQUEVILLE (Boulanger), maître des requêtes, 644.
D'ARSY, vidangeur. — Voy. DARLY.
DARTINA, sc., 209.
DARTINS, carrier, 265.
DASST (La dame), prop. — Voy. DASTRICQ.
DASTÉ (Baptiste), peint., 1023, 1231, 1280.
DASTRICQ, DASSY ou DASTRY (La dame), prop., 8, 42, 104, 155, 178, 214,

284, 364, 563, 855, 929, 995, 1082, 1112, 1209.
DATI (Carlo), philologue, 62, 113, 162, 228, 299, 380, 451, 566, 650, 715.
DAUBE (Jean), vitr., 330.
DAUBUN (Sébastien), professeur au Collége Royal, 879.
DAUPUIN, employé aux illuminations, 898.
—— marchand, 771, 827.
—— men., 959.
DAUPHIN (M. le), 99, 215, 284, 311, 359, 369, 491, 593, 709, 740, 742, 743, 804, 943, 1034, 1037, 1088, 1107, 1174, 1205, 1245, 1298, 1344.
—— (Armée d'argent du). — Voy. Armée.
—— (Maisons occupées par les femmes et les officiers du), 562.
—— (Parc aux lièvres pour les plaisirs du), 606, 740, 779.
Dauphin (Hôtellerie du), à Rocquancourt, 1340.
Dauphin (Le), vaisseau, 110.
—— *Couronné* (Le), vaisseau, 284.
DAUPHINE (Mme la), 1317.
Dauphiné, 669.
—— (Manufactures du), 444, 445, 556, 557, 850.
—— (Mines du), 373.
—— (Parlement du), 373.
Dauphins de bronze, 133, 624.
DARQUAY (Louis), marchand de paille, 429.
DAOSSERY (La veuve de), maç., 48.
DAUVAL (Richard), frotteur de parquets, 37.
DAUVERGNE (Jacques), professeur en langue arabique et syriaque, 879.
—— (Noël), préposé aux Maisons Royales, 281, 327, 337, 339, 374, 423, 427, 457, 468, 540, 569, 652,

TABLE ALPHABÉTIQUE.

716, 770, 784, 842, 858, 931, 999, 1063, 1175, 1310.
Daval, prop., 852.
Davau (Gilles), sc., 470, 504.
Daveau (La dame), prop., 680, 711.
Davesne, scr., 612.
David (Tenture de l'histoire de), 219.
David jouant de la harpe, tableau du Guide, 358.
David, loueur de mulets, 305, 629.
Davignon, voit., 769.
—— men., 844, 915, 980, 1045, 1074, 1188, 1271, 1325.
Daviler jeune, arch., 781.
Davin (Laurent), charp., 218.
Davise (Louis), voit., 26.
Dayart, men., 128.
De Bar, jard., 1054.
De Bard, Allemand, 104.
De Baure, tailleur de pierres, 595.
De Beaune, entrepreneur de la manufacture de baracans, 641.
Debeine (Jean), prop., 28.
De Belleville (Le sʳ), 672.
De Berle (Nicolas), préposé à l'orangerie du Roule, 458.
De Berne, ter., 1060.
De Blaru (Mᵐᵉ), prop., 803.
Débonnaire (Gérard), orfévre, 46, 157, 224, 301, 380, 444, 555, 707, 778, 852, 1202.
De Bonnière (Catherine), femme Brunet, 451.
De Bouzy (Govart), armateur, 110.
Debras, charron, 1318.
De Bray (La veuve Anne), chargée du parterre du Tibre, à Fontainebleau, 147, 272, 466, 537, 573, 583, 666, 730, 797, 870, 997, 1090, 1094, 1211, 1224, 1362, 1366.
—— (Marin), men., 330.
—— peint. de marines, 210, 283.
—— ter., 690, 753, 823, 893, 894, 955, 1036, 1038.
De Brie (Étienne), plâtrier, 47.
De Brien (Pierre-Denis), marchand, 110.
De Buc, prop., 644, 772, 840, 913.
De Caen, carrier, 1248.
De Chaunot (Le sʳ et la dame), prop., 1236, 1340.
De Commans (La veuve), prop., 223.
Décorations de théâtre, 51, 787.
Défaite du comte de Marsin (La), planche gravée, 1208.

De Faverolles (Les héritiers du sʳ), 846.
Defer (André), carrier, 67.
Defer (Henri), carrier, 125, 130, 200, 263, 352, 428, 819, 948, 1026, 1108, 1127, 1243, 1322.
Definet ou Defins (Claude), bûcheron, 356, 442.
De Flavigny (Valérien), professeur en langue hébraïque, 878.
De Fontaine, prop., 28.
Défrichements à Versailles, 834.
Degary, peint., 276.
De Grivel, prop., 1112.
Dehons (Charles), ter., 496.
—— jard. à Clagny, 984, 1258, 1299.
De la Balle (Denis), carrier, 200.
De la Baune, scr., 1275.
De la Bazinière (Logis du sʳ), 150.
De la Bonnetière, prop., 1231.
De la Borde (La dame), prop., 453, 779.
De la Borde (Plaine), près Saint-Germain, 779, 1121.
De la Brosse, auditeur des Comptes, 44.
De la Buissonnière, major au régiment des gardes suisses, 307.
De la Chambre (Marin Cureau). — Voy. La Chambre.
De la Coste (Denis), fondeur, 1321.
De la Cour (Charles), vitr., 561, 562.
—— (Magdeleine), veuve de Pierre Lorget, vitr. — Voy. Lorget.
—— entrepreneur d'une manufacture de draps, 109.
Delacroix ou La Croix (Jean), tap. de basse lice, 53, 107, 165, 221, 287, 289, 386, 447, 559, 708, 777, 851, 922, 988, 1110, 1338.
—— (Noël), portier du Palais-Royal, 571, 718, 794, 867, 998, 1093, 1094, 1211, 1351.
—— (Philippe), men., 127, 184, 211, 416, 506, 611, 694, 757, 827, 959, 1044, 1151, 1272.
—— copiste de mémoires, 848.
—— interprète. — Voy. La Croix.
—— préposé à Saint-Germain, 858.
—— préposé à Versailles. — Voy. La Croix.
De la Feuille, marchand de tableaux, 487, 553.
De la Flesche (Jean), maç., 139, 197.
De la Fleur, garde de la Prévôté de l'Hôtel, 374.

Delafollye (Pierre), marchand de soie, 53, 219, 386, 446, 559.
De la Fontaine (Pierre), marchand, 110.
Delaforge, jard., 1298.
De la Fosse (Charles), peint., 126, 407, 408, 510, 695, 759, 828, 899, 1047, 1154, 1279.
—— (Jacques), prop., 45, 1202.
De la Garde (Silvain), maç., 42, 148, 776.
De Lagny, caissier de la Compagnie du commerce du Nord, 380, 447.
De la Grange, jard., 703.
—— voit., 49, 802.
De la Guipière, prop., 991.
De la Haraudière (Gabriel). — Voy. Danesse.
De la Haye (Pierre), sc., 77.
—— maç., 843, 1073, 1187, 1188.
De la Houssaye, arch., 291.
—— marchand de bois, 1321.
Delaire (Antoine), piqueur, 148.
De la Lande, marbrier, 710.
—— marchand de bois, 1319.
—— prop., 779.
De la Lane, prop., 1112.
De la Leu (Geneviève), prop., 1341.
De la Live ou de la Luie, banquier (?), 990, 1085, 1343.
De la Loge, 651.
De la Londe (La veuve), marchande, 637.
De la Loy, concierge de la maison de Laminoy à Fontainebleau, 1120.
De Lalun (René), jard., 336, 529, 630.
—— (René), recailleur, 85, 362.
De la Malle (Denis), voit., 32.
De la Mare (Catherine), veuve de Guillaume Fessier, ouvrier tué, 804.
De la Marre (Charles), prop., 392, 452.
—— (Nicolas et François), potiers de terre, 913, 976, 1185.
—— (Philippe), potier de terre, 93, 976, 1070, 1166, 1295.
—— jard., 1225.
—— (La veuve), scr., 221.
De la Marvelière, prop., 223.
De la Massonnière, préposé, 651.
De la Monica, marbrier. — Voy. Della Monica.
De la Mothe, mousquetaire, 59, 64, 99.
—— exécuteur testamentaire de l'archevêque de Paris, 562.
—— intendant des Bâtiments. — Voy. Coquart.

1426 COMPTES DES BÂTIMENTS DU ROI.

DE LA MOTHE, ter., 1060.
DE LA NEUFVILLE (Philippe), maç., 222.
DE LA NEUVILLE, garde du Roi, 710.
—— (Le s') et la demoiselle Marie-Marthe PATENOSTRE, sa femme, prop., 560, 991, 1112.
DE LANGRE, dessinateur, 848, 920, 1079.
DELANNOY (Jean), maç., 36.
DE LA NOUE, jard., 1298, 1322.
—— maç., 1252.
DE LA PALLU, maç., 1251.
DE LA PAUZE (Jean), surveillant des ouvrages de Compiègne, 218.
DE LA PETITHIÈRE (Dame), directrice de la manufacture des points de France, 286, 363, 444, 558, 641, 707, 1112.
DE LA PIE, jard., 502.
DE LA PLAIGNE (Charles), prop., 177, 223.
DE LA PLANCHE (Sébastien-François), trésorier des Bâtiments, 1-4, 58, 108, 115, 157, 170, 173, 231, 292, 307, 308, 461, 484, 574, 585, 596, 657, 674, 721, 788, 809, 826, 835, 841, 861, 935, 938, 942, 1000, 1096, 1113, 1117, 1118, 1126, 1132, 1138, 1149, 1166, 1167, 1177, 1193, 1215, 1223, 1227, 1228, 1352.
—— directeur d'une manufacture de tapisseries, 214.
—— (Les s"). prop., 45, 238, 282.
DE LA POINTE, grav., 283, 544, 806.
DE LA PORTE, doreur. — Voy. LA PORTE.
DE LA POTTERIE, maître du fourneau du moulin de la Chapelle, ou maître de forges, 526, 626.
DE LA PRÉE, receveur du domaine de Blois, 42.
DE LA QUINTINIE, directeur des potagers des Maisons Royales, 459, 534, 570, 571, 594, 634, 654, 718, 787, 834, 857, 877, 930, 934, 994, 997, 998, 1012, 1054, 1062, 1082, 1111, 1176, 1200, 1208, 1308, 1309.
DE LA RABLIÈRE, prop., 1342.
DE L'ARC ou DELARC, peint., 183, 695, 758, 829, 901.
DE LA RIVETTA (Antonio), Vénitien, 149.
DE LA RIVIÈRE (Anne), ter., 518, 520, 523, 524, 970, 985, 1172, 1173, 1192.
DE LA ROCHE (Antoine), préposé aux ouvrages du quai, 570.

DE LA ROCHE (François), sc., 515.
—— maç., 1252.
—— préposé aux ouvrages de Versailles, 860, 908.
DE LA RUE (Antoine), maç., 1033, 1034, 1092, 1134, 1250, 1251.
—— (Charles), maç., 30, 139, 196, 197, 258, 290, 342, 369, 431, 436, 465, 529, 530, 573, 581, 604, 655, 664, 689, 717, 728, 751, 786, 795, 820, 821, 859, 868, 892, 893, 930, 951, 955, 998, 1008, 1038, 1105, 1146, 1182, 1222, 1230, 1251, 1357.
—— (Jean), maç., 1135, 1139, 1143, 1250, 1251.
—— (Romain), maç., 86.
—— banquier, 1204.
DE LA SALLE (Jacques), concierge de Saint-Germain, 296.
DE LA SAUSSAYE, préposé à Chambord, 149, 456.
DELASTRE, marchand, 978.
DE LA TOUR, concierge de Fontainebleau. — Voy. DORCHEMER.
—— (La veuve), garde-clefs de Fontainebleau, 48, 106, 147, 268, 750, 871, 891, 929, 930, 1033, 1225, 1250, 1363.
—— marchand de bois, 1315.
DELAUNAY (Anne), prop., 395.
—— (Charles), prop., 644, 991, 1112.
—— (Jean), rocailleur, 22, 51, 79, 85, 93, 135, 138, 192, 253, 303.
—— (Noël), prop., 44.
—— (Les héritiers de), 853.
DE LAUNAY (Nicolas), orfévre, 1202.
DELAUNE (Jean), mat., 1065.
DE LAUNOY, maç., 749.
DE LA VARDE (Marguerin), couv., 211.
DE LA VAU (L'abbé), 1108.
DE LA VIEUXVILLE, Général des finances en Bretagne, 373.
DE LA VIGNE (Aubin), marchand de vin, 282.
DE LA VILLE, men., 1151.
DE LA VOYE, mathématicien, 379.
DELÉCHAUT, ter., 699, 701.
DELÈGRE, marbrier. — Voy. DESAIGRE.
DE LÉRIS, auteur du Dictionnaire des théâtres, 51.
DELESPINE (Louis), jard., 33.
DE LESPINE (Nicolas), arch., 213, 238, 282, 383, 746, 802.

DE LESPINE, maç., 951.
—— ter., 1059, 1172, 1299.
—— Voy. LESPINE.
DELESTRE, carrier, 1248.
Deligence (La), vaisseau, 374.
DE LIONNE ou DELION (Étienne), nattier, 196, 326, 426, 501.
DELISLE (M. Léopold), 120.
DE L'ISLE, cuisinier, 103.
DELLA MONICA (Marie). sc. marbrier, 127, 210.
DELOBEL (Christophle), ser., 168, 417, 432.
—— (Louis), ser., 752.
—— (Nicolas), ser., 463, 508, 540, 576, 611, 612, 635, 659, 694, 701, 704, 723, 752, 757, 790, 826, 863, 898, 960, 986, 1002, 1045, 1046, 1274.
—— (La veuve), 1029, 1046, 1098, 1159, 1198, 1216, 1274, 1336.
—— (Simon), ser., 1152.
—— men., 474, 988, 1045, 1199.
—— tap., 1314.
DE LOCHES (Jean), prop., 487, 561.
DELORME, charp., 1335.
—— marchand de drap, 371.
DE LORMOY ou DE LORMÉ, chargé de la faisanderie de Saint-Germain, 754, 954.
DELOT, fabricant de voitures, 911.
DE LOUVT (Pierre). — Voy. DESLOUIT.
DELOY (Gilles), carrier blessé, 567.
DE LUBERT, trésorier général de la marine, 1111, 1118, 1231, 1239, 1323, 1368.
Déluge (Le), tableau de Véronèse, 1207.
DE LYON (Marie), veuve de Nicolas SENOS, loueuse de bannes, 529.
DE MARC (Catherine), entrepreneur de la manufacture de points de Venise, 61, 97, 152.
DE MARLE, jard., 745.
DE MARNE, maç., 27.
—— tap., 208.
DE MARSY, sc. — Voy. MARSY.
DEMAS (Jeanne), veuve de François LALOUETTE. — Voy. LALOUETTE.
DEMÉBAUMONT (Jean), prop., 108, 109.
Demi-cercles pour observations astronomiques, 70.
DEMIEN (La veuve de), meunier, 1310.
Démons (Habits de) pour allumer les feux d'artifice, 429.

TABLE ALPHABÉTIQUE.   1427

De Mor, entrepreneur, 849.
De Mouceaux (M. et Mme), prop., 310, 311, 315, 365.
De Mouchy (Jean), bonnetier et blanchisseur de laines, 53, 156, 219, 220, 386, 446, 559, 708, 777, 852.
—— (La veuve), 922.
—— (Jean), ser., 165, 229, 482.
—— (Pierre), blanchisseur de laines aux Gobelins, 1110.
—— marchand de plomb, 778.
De Moussy (La dame Pajot, veuve du s'), prop., 1342.
Demy, ouvrier blessé, 388.
De Nalen, fondeur, 936.
Deniau (Mathurin), professeur au Collége Royal, 879.
De Niert (Jean), marchand de plomb, 55.
Denis (Claude), ingénieur-fontenier, 85, 364, 415, 428, 528, 571, 572, 609, 629, 654, 692, 702, 703, 718, 764, 785, 807, 833, 837, 904, 907, 934, 967, 971, 980, 1052, 1062, 1068, 1147, 1166, 1175, 1194, 1297, 1309, 1322.
—— (Jean), ser., 46.
—— (Pierre), maç., 890, 948, 1021, 1338.
—— art., 771.
—— clerc de notaire, 1134.
—— jard., 1241.
—— (L'abbé), pilote hydrographe, 110.
Denise, ter., 1126, 1173, 1201, 1243, 1307, 1335, 1367.
Denisson (Pierre), plombier, 38, 191.
Denonval, près Saint-Germain, 1139.
Dentelle de soie noire, 220.
Dentu (Pierre), charp. blessé, 1180.
De Pallière (La dame), prop., 1083.
De Paris (La veuve du s'). — Voy. Du Val (Nicolle).
Depessant, maç., 746.
De Pierre, charp., 844, 914, 915.
De Plessant (Les héritiers de), prop., 1112.
De Pont-Saint-Pierre, marchand de Lyon, 46.
Depost (Denise Pinchard, veuve de Roch), rubanier, 446, 559.
De Princé (La veuve du s'), prop., 779.
De Prou (Les créanciers de M.), 835.
Derbais (Jérôme), marbrier, 275, 391, 422, 454, 512, 546, 619, 643, 669,

697, 752, 763, 832, 904, 1051, 1162, 1163, 1203, 1290, 1291.
De Reine (Jean), jard., 33.
De Richebourg, marchand de bois, 1070.
Derigner, sc., 1076, 1289, 1326.
Deron (Jean), marchand de toile, 262.
Dersigny (Valentin), miroitier, 22, 79, 190.
Desaigre ou Dezaygre (Philippe), marbrier, 420, 619, 697, 763, 832, 966, 1052, 1164, 1292.
Desaigues, marbrier. — Voy. Desaigre.
De Saint-Étienne, faïencier, 430. — Voy. Estienne (Nicolas).
De Saint-Mars (Nicolas) et sa femme, prop., 1341.
Desbois (Jacques), prop., 8, 155, 178, 365.
Desbouts (Gabriel), jard., 730, 797, 798, 871, 891, 997, 1031, 1090, 1131, 1211, 1224, 1249, 1362, 1366.
—— (Jean), jard., 272, 354, 355, 441, 466, 583, 603, 666, 950.
—— (Louis), jard., 147, 205, 267, 273, 467, 536, 584, 608, 688, 732, 750, 799, 820, 872, 997, 1030, 1031, 1090.
—— (La veuve Louis), 1131, 1211, 1226, 1249, 1364, 1366.
Descente de croix, tableau du Guerchin, 166.
Deschamps (Laurent et Mathieu), marbriers, 215.
—— (Nicolas), maître de navire, 61, 99.
—— briquetier, 1140, 1332.
—— voit. par eau, 413.
Descluzeaux (Louis Raymond, dit), garde de la Prévôté de l'Hôtel, préposé à Clagny, 96, 111, 158, 225, 291, 375, 459, 476, 571, 670, 735, 786, 857, 908, 931, 995, 1071, 1079, 1167, 1182, 1194, 1212.
Descordes, voit., 1259.
Description historique de Fontainebleau par l'abbé Guilbert, 111, 264, 272.
Descriptions des Bâtiments par Félibien, 50.
De Seine, marchand, 1192.
Des Essarts, ter., 327.
Des Essarts, marchand, 474.
De Sève (Gilbert), peint., 92, 142, 201, 220, 345, 437, 510, 545, 695, 758, 828, 851, 900, 961, 988, 1046, 1156, 1280.

De Sève (Pierre) le jeune, peint., 828, 900, 961, 1280.
Desfebves (Catherine), prop., 645.
Desforests, peint., 1343.
Desgerbinvilliers, men., 1012.
Desgodets (Antoine), arch., 478, 550, 670, 802, 1228, 1334, 1348.
Descodetz ou Desgaudets, men., 772, 844, 916, 980, 1045, 1074, 1150, 1189.
—— (La veuve), 1269, 1325.
Descots (Antoine), jard., 496.
—— (Pierre ou Jean), jard., 98, 129, 186, 246, 257, 295, 325, 409, 411, 423, 464, 496, 578, 598, 655, 661, 726, 787, 793, 865, 1005, 1094, 1101, 1219, 1359.
—— jeune, arch., 854.
Descouttes, piqueur, 996, 1079.
Descouttières, plombier, 1231.
Desgranges, jard., 549.
Deshayes, ouvrier blessé, 1070.
Des Hayes (Jean), charp., tué, 568.
Deshors, jard., 598.
Desjardins (François), marchand de bois, 221.
—— (Martin), sc., 421, 504, 514, 618, 696, 762, 822, 831, 845, 846, 894, 902, 917, 956, 964, 982, 1048, 1050, 1075, 1076, 1158, 1190, 1191, 1283, 1284, 1287, 1289, 1326.
—— ouvrier blessé, 50.
—— prop., 1347.
—— scr., 213, 1261.
Deslauriers (Antoine), jard., 129, 327, 409, 457, 496, 516, 541, 570, 598, 653, 1027.
—— carrier blessé, 387.
Deslots (Claude), chaudronnier, 196, 475, 550.
Deslouit ou De Louvy (Pierre), préposé à Versailles, 630, 636, 653, 716, 784, 858, 908, 1062, 1176, 1180, 1310, 1321, 1348.
Desmaretz (Jean), poète, 56.
—— maç., 1330.
Desmaretz, prop., 1201.
Desmartins, prop., 1340.
Desmoulins (Claude), carrier, 200, 263, 352.
—— (Guillaume) et sa femme, prop., 1340, 1341.
—— archer, préposé aux travaux de Versailles, 369, 459, 570, 652,

719, 786, 857, 930, 998, 1063, 1176.
DESMOULINS, aubergiste à Versailles, 703, 771, 1323.
DESNOTS, 166.
—— facteur d'orgues, 138, 704.
DESORMES, prop., 1201.
DESOUCHES, tuilier, 268.
DESOZIERS, peint., 1331.
DESPECHES, dessinateur de tapisseries, 1281.
DESPERRIERS (Jacques), professeur en théologie, 879.
DESPLANCHES, voit. par eau, 1260.
DES PLANQUES (Pierre), marchand de bois, 221.
DESPLATS (Charles), garde de la basse-cour de Fontainebleau, 273, 668, 783, 800, 873, 1227, 1365.
DESPOTS (La veuve), marchande de laines, 219.
DESPREZ (Louis), voit., 502, 538.
—— jard., 1248.
DES RÉAUX. — Voy. TALLEMANT DES RÉAUX.
DESRIGNIER, sc. en bois, 982, 1162, 1190.
DESRUES (Noël), commis des manufactures de Picardie et Beauvoisis, 445, 557, 850.
—— commis aux manufactures des toiles de Normandie, 922, 988, 1093, 1211, 1212, 1338.
Dessin de fauconnerie peint sur fond d'or, 558.
Dessins achetés pour le Roi, 490, 553, 673, 841, 920, 1072.
—— à la plume, 804.
—— d'animaux pour l'Académie des sciences, 1208.
—— d'architecture pour les élèves de l'Académie, 713.
—— de Bérain pour les illuminations de Versailles, 840, 1208.
—— de broderie de point d'Espagne, 1010, 1069, 1106, 1281.
—— de Perrault pour le Louvre, l'Arc de triomphe, etc., 1012.
—— des Maisons Royales. — Voy. Maisons Royales.
—— des vaisseaux du Roi, 283.
—— de tapisseries et de meubles, 932, 1281.
—— et plans pour les bâtiments du Roi, 478, 549, 671, 1180, 1183, 1190. — Voy. Plans.

Dessins faits pour le Dauphin, 311, 359, 740, 804.
Dessus de portes de métal, 1286.
DESTAN (Charles), prop., 46.
DESTAPES, vitr., 1277.
DESVAUGOINS, fondeur, 833, 904, 914, 966, 975, 1069, 1165, 1294, 1319.
DESVAUX, voit., 1184, 1194.
Détrempe (Peinture en), 495, 758.
DE TROY (François), peint., 545, 690.
Deucalion et Pyrrha, tableau, 1124.
DE VALLÈS (Antoine), prop., 153, 172, 216.
Devants de cheminée, 759.
DE VARENNES, entrepreneur de la manufacture des draps pour le Levant, 371.
DE VAUX (Marie), veuve du s' BARBET, prop., 1082.
DEVAUX, vitr., 222.
DE VERT, ser., 1276, 1325.
DEVILLE (Daniel), men., 38.
—— (Machine du s'), gentilhomme liégeois, 1136, 1140, 1142, 1144, 1236, 1262, 1263.
—— men., 1151, 1271.
DE VILLERS (Pierre), tap., 219.
DEVIN, voit., 429.
Devise du Roi, 123.
Devises des tapisseries du Roi, 275, 480.
—— (Garniture d'orfévrerie en vermeil d'un livre de), 209, 276.
—— (Livre de), par BAILLY, 275, 364.
—— peintes, 14, 49, 100, 153, 210, 275.
DE VITRY (François-Jean-Claude-Nicolas et Anne), prop., 314, 382.
DEZÈGRES. — Voy. DESAIGRE.
DEZEUTRES (Nicolas), dit PICARD, ser., 1152, 1272, 1273.
D'HERBAIS (Jérôme). — Voy. DERBAIS.
D'HOURLES, prop., 169.
DIANE (Cabinets d'APOLLON et de). — Voy. APOLLON.
—— (Statue de), 418, 469.
—— (Tapisserie des chasses de), 219.
—— (Tapisserie représentant l'histoire de), 122, 155, 445.
Diane (Le Bain de), tableau, 237, 282.
—— (Le Jardin de), à Fontainebleau (planche gravée), 1208.
Dictionnaire critique. — Voy. JAL.
—— de l'Académie française. — Voy. Académie.

Dictionnaire des théâtres, 51.
Dieppe, 548.
—— (Manufacture de draps à), 109.
—— (Paroisse Saint-Jacques, à), 110.
Dijon, 381, 934.
DIMANCHE, couv. — Voy. CHARUEL.
Dîmes (Dédommagement pour), 7.
Dinan, 936.
—— (Marbre de). — Voy. Marbre.
Dioclétien (Les Thermes de), estampe, 1345.
DIONIS (Pierre), men., 14, 16, 37, 72, 94, 127, 168, 184, 245, 252, 266, 276, 294, 304, 322, 329, 402, 416, 429, 463, 493, 498, 507, 538, 552, 576, 599, 610, 634, 659, 686, 694, 704, 723, 736, 756, 773, 775, 790, 817, 827, 853, 863, 888, 946, 959, 987, 1002, 1024, 1044, 1098, 1150, 1201, 1216, 1240, 1269, 1354.
—— chirurgien, 747, 1125.
DIOT, sc., 982.
DIPPI (Pierre), interprète et professeur de langue arabe, 121, 160, 228, 276, 300, 378, 379, 450, 477, 482, 564, 565, 566, 647, 649, 650, 712, 715, 780, 781, 783, 854, 879, 924, 926, 990, 993, 1085, 1086, 1205, 1344.
Dissections anatomiques, 270, 448, 450, 648, 649, 747, 783, 993, 1087, 1125, 1232, 1343, 1345.
—— (Planches de), 927. — Voy. DU VERNAY.
DISSES (Jean), fontenier, 39, 41, 85, 86, 88, 95, 134, 139, 214.
Distillation (Vaisseaux de cuivre rouge pour), 231.
Diverses dépenses, 5, 6, 45-55, 96-109, 158, 206-224, 273-285, 290, 357-370, 468-484, 545-554, 669-674, 734-736, 801-805, 875-878, 932-936, 1009-1014, 1106-1112, 1228-1232, 1366-1368.
DIVINI (Eustatio DE), lunetier, 676, 712.
DODART (Denis), médecin et physicien, 565, 648, 714, 782, 856, 926, 993, 1087, 1205, 1345.
—— (Recueil des plantes, par), 543.
DOMAR (Adrien), cordier, 221.
DOMINIQUIN, peint., 237, 282, 362, 474, 544.
DONAT (Le frère), religieux de l'ordre de Saint-François, 941, 942, 1018.
Donjon. — Voy. Vincennes.

TABLE ALPHABÉTIQUE.

Donnet, loueur de chevaux, 1185.
Dorbay (François), arch., 151, 216, 365, 455, 549, 571, 648, 667, 714, 721, 781, 786, 788, 857, 862, 930, 950, 990, 997, 999, 1033, 1085, 1096, 1204, 1210, 1215, 1343, 1348, 1353.
—— (François), maç., 190, 250, 294, 307, 328, 462, 576, 608, 658, 692, 701, 722, 790, 947, 957, 1002, 1025, 1039, 1040, 1098, 1145, 1194, 1264, 1329.
—— (Jean), maç., 1216, 1354.
—— grav., 928, 994.
Dorchemier (Antoine de la Tour, dit), 148, 537.
—— (Jacques de la Tour, dit), concierge de Fontainebleau, 148, 272, 278, 355, 442, 467, 468, 573, 583, 586, 603, 655, 667, 669, 688, 718, 731, 733, 734, 786, 798, 801, 859, 871, 874, 1092, 1227, 1366.
—— (Louis de la Tour, dit), préposé à Fontainebleau, 1249, 1250.
Doré, jard., 1298.
Dorée, marchand de roseaux, 1107.
Dorigny (Michel), peint., 35, 91, 437.
—— (La veuve), 142, 201.
—— père et fils, entrepreneurs de la manufacture des baracans, 640.
Dorlot, ser., 1276.
Dormand, taillandier, 22.
Dosses de bateaux, 415, 630, 770, 840, 910, 911, 946, 975, 1068, 1180, 1267, 1315, 1316, 1321.
Dossier (Nicolas), sc., 514, 671, 697, 762, 830, 902, 918, 965, 983, 1050, 1161, 1286.
Dotte (La dame), directrice de la manufacture des points de France à Reims, 286, 558, 707.
Douai, 333.
Doublet (La veuve), charp., 241, 493.
Doucet (Jacques), carrier, 200, 263, 748.
—— (La veuve), 351, 352.
—— ouvrier blessé, 1182.
Douceur, ingénieur, 1069.
Douches de marbre, 546.
Douelle (Robert), vitr., 105.
Dougeon (Michel), prop., 29.
Doujat (Jean), historien et professeur, 377, 879.
Dousano, ouvrier blessé, 1133.

Dousseau ou Doussot, greffier de l'Écritoire, 410, 1310.
Docville (Jacques), mat., 1064, 1311.
Douvrier (Louis), érudit, 56, 116.
Doyart (Étienne), ser., 12, 20, 27, 68, 69, 78, 92, 123, 180, 184, 242, 275, 294, 306, 319, 403, 417, 421, 463, 493, 505, 576, 596, 600, 659, 687, 723, 743, 748, 790, 819, 863, 1241.
Drambon (Terre et seigneurie de), achetées pour le Roi, 310, 381.
Draps d'or et d'argent, 65, 101, 312, 313.
—— (Fabriques de), 99, 109, 151, 212, 285, 287.
—— fournis pour le Roi, 50.
Dravet (Moulin appelé), 117, 149.
Dreux (François), maç., 1041.
—— (Pierre), jard., 33.
—— ter., 1060.
—— (La veuve), prop., 177, 223.
Dreux (Manufactures de la ville de), 444, 556, 850.
Droit (Jérôme), jard., 336.
—— men. — Voy. Drouet.
Droits de la Reine sur les Pays-Bas (Impression, reliure et port des), 172, 212, 216, 217, 228, 285, 377.
Drouet (Nicolas), men., 259, 690, 752, 821, 951, 1136.
Drouilly, men., 844, 915, 916, 980, 1074.
—— sc. marbrier, 618, 697, 743, 762, 772, 819, 832, 845, 902, 917, 965, 982, 1048, 1075, 1076, 1161, 1189, 1190, 1191, 1283, 1287, 1326.
Drufin, ter., 1061.
Du Beslox, prop., 1112.
Dublet (La veuve). — Voy. Doublet.
Dubois (André), ouvrier en pierres fines, 447, 558, 708, 777, 852.
—— (Anne), fille de Jean Dubois et de Marie Lhuillier, garde de la salle des machines au Palais-Royal, 579, 662, 727, 794, 867, 1006, 1102, 1220, 1360.
—— (Gilles), relieur, 275, 334, 476, 503.
—— (Jean) et sa femme, prop., 45, 1202.
—— (Jean), men., 38.
—— (Jean), ouvrier en pierres fines, 386, 446, 558, 708, 777, 922.

Dubois (Jean), peint., 39, 94, 95, 205, 272, 441, 467, 584, 667, 695, 731, 732, 750, 799, 872, 949, 1030, 1095, 1130, 1225, 1247, 1364.
—— (Jean), ser., 150.
—— (Jean-Baptiste), marchand de bois, 306, 527.
—— (Les héritiers de Philippe), professeur en langue grecque, 878.
—— (Louis), concierge du logis de la Fontaine, 733, 800, 873, 1095, 1226, 1365.
—— (Marguerite et Élisabeth, filles de Gilles), 503.
—— (Michel), jard., 515.
—— (Simon), doreur, 420, 1282.
—— men., 1136.
—— vitr., 217.
Du Bouchet, historien, 856, 927, 993, 1086, 1205, 1344.
Dubourg (Maurice), tap., 54.
—— maç., 1022, 1200.
Dubourneuf, commis des manufactures en Languedoc, Provence et Dauphiné, 557.
Du Breuil, (Jacques), prop., 101, 399, 453.
—— concierge du château de Marimont, 869.
Dubuisson (Jacques), portier du cours la Reine, 1220, 1356.
—— (Jean), marchand de bois, 47.
—— prop., 118, 150.
Duc, marchand de brocart, 103, 237, 309, 312, 313, 316, 370, 386, 393, 397, 477, 489, 491, 553, 675, 736.
Du Cange (Charles du Fresne, s'), historien et érudit, 783.
Ducerf (Henry), charp., 1268.
Duché (Claude), scieur de long, 356.
—— carrier, 1134.
Duchemin (Jacques), paveur, 205, 267, 354, 441, 536, 688, 950, 1030, 1131, 1247.
—— (La veuve), 1247.
—— marchand de bois, 703.
Duchesne (Claude), maç., 67.
—— (Denis), ser., 13, 20, 27, 69, 123, 135, 180, 242, 259, 276, 294, 463, 576, 659, 723, 790, 826, 863, 1002, 1098, 1216, 1354.
—— (Gilles), commis des manufactures de basse Normandie, 445, 557, 850.
—— (Jean) le jeune, commerçant, 55.

DUCHESNE (Louis), ser., 78.
—— (Rolin), maç., 67.
—— compagnon charp., 1123.
—— couv., 1199.
—— (La veuve), prop., 779.
—— ter., 82.
DOCHESNOY (Jacques), marbrier, 1292.
—— (Roch), marbrier, 163, 552, 619, 670, 697, 763, 802, 822, 832, 838, 875, 895, 903, 907, 933, 966, 971, 1051, 1052, 1062, 1163, 1164, 1175, 1247, 1291, 1292, 1310.
DUCLAVIER, médecin, 1212.
DU CLERC, concierge du Collége de France. Voy. DUCLOS.
—— médecin et chimiste, 449.
DUCLOS (Jacques), men., 261.
—— (Jacques), ser., 261.
—— (Louis), concierge du Collége de France, 465, 579, 663, 727, 794, 867, 1006, 1103, 1220, 1356.
—— (Louis), vannier, 598.
—— (Samuel COTTEREAU), médecin, 163, 227, 300, 378, 565, 649, 714, 783, 856, 926, 992, 1086, 1204, 1345.
DU CORNOY, ouvrier blessé, 716.
DU CORS (Barthélemy), men., 611, 694, 756, 827, 897, 959, 1044, 1149, 1270.
DU COSTÉ (Simon), voit., 248, 324, 325, 409, 497, 501, 546, 745, 772, 847, 848, 887, 919, 985, 1077.
DU COUDRAY, employé à Versailles, 628.
—— prop., 1201.
DUDART, men., 1110.
DUDÉSERT, maître à danser de la Reine, prop., 560, 1181.
DUEZ (Honoré), ouvrier en ciment, 638, 744, 745, 769, 816, 818, 888, 921, 949, 976, 1041, 1069, 1147, 1186, 1266, 1317.
DUFAUX (Martin), doreur, 15, 21, 27, 71, 78, 193.
DUFAY (René), charp., 30, 86, 139, 197, 258, 297, 342, 432, 465, 530, 581, 604, 664.
—— (La veuve), 604, 689, 751, 821, 1008, 1105.
DU FEY (Jean), tor., 24.
DUFOUR (Gilles), cloutier, 390, 413, 633, 1068, 1182, 1185, 1316.
—— (Jacques), prop., 644, 1112.
—— grav. en méd., 934.

DUFOUR, peint., 901, 1281.
DU FOURNY (Honoré-Caille), généalogiste, 1086, 1205.
DUFRESNE (Bibliothèque du s'), 106, 118.
—— (La veuve), 106, 118, 151.
DUFRICHE, jard., 802.
DUGARDIEN (Philippe), commerçant, 55.
DUGAY ou DUGUÉ, maç., 1135, 1136, 1141, 1251.
DU GLET, marchand, 803.
DUHAMEL, (Jean-Baptiste), astronome et physicien, 227, 783, 856, 926, 992, 1086, 1205, 1345.
—— banquier, 170, 358.
—— couv., 1043.
—— jard., 1244.
DU HANOIS ou DUHARNOIS (Jean), cordier, 199.
—— (La veuve), 130, 189, 306, 529, 631, 771, 912.
DOLAC, chaudronnier, 705.
DU LABY (Denis), jard., 33.
DU MANCEL (Charles), prop., 233, 278.
DU MANS (Jacques), jard., 919, 970, 985, 1058, 1076, 1328.
DUMAS (Le s'), 360.
DUMAY (Vincent) et sa femme, prop., 1083.
DUMÉE (Charles), marchand de bois, 47.
—— peint., 259.
DUMESNIL, charron, 1316.
DU MESNIL, employé aux Bâtiments, 803, 1260.
DU METZ (Gédéon), garde du Trésor royal, 684, 809, 810, 813, 878, 881, 883-885, 935, 938-944, 1020, 1021, 1092, 1113, 1116-1122, 1238, 1239, 1240.
DUMONT (Étienne ou Jacques), conducteur des bâtiments, 166, 230, 651.
—— (Thomas), ter., 41, 267.
—— ouvrier blessé, 388.
DEMOULIN (M.), libraire, 313.
—— archer. — Voy. DESMOULINS.
DU MOUSSEAU, prop., 741, 779.
DEMOUSTIER, peint., 215.
DEMOUTIER ou DUMOUSTIER (Alexandre), men., 73, 508.
DU MUR (Charlotte), femme de Michel VERRIER. — Voy. VERRIER.
Dunkerque, 64, 110, 456.
—— (Amirauté de), 925.
—— (Le), vaisseau, 110.

DU NOYER, entrepreneur de la manufacture des glaces de Venise, 103.
DUPAS, peint., 408.
DUPERET (Jean), jard., 33.
DU PERIER (Charles), poète, 56, 113, 163, 378.
DU PERRON (La veuve de), ouvrier tué, 189.
DU PLAT, fondeur, 627.
DUPLESSIS (Jean), rocailleur, 520, 522, 703.
—— ouvrier blessé, 1072.
—— ter., 1306.
DUPONT (Louis), tap. à la Savonnerie, 150, 386, 558, 641, 708, 776, 851, 922, 988, 1110, 1339.
—— (Nicolas), garde de la volière de Fontainebleau, 51, 273, 467, 585, 668, 733, 800, 873, 1227, 1365.
—— (Nicolas) fils, garde de la volière de Fontainebleau, 273, 467, 585, 668, 733, 800, 873, 1227, 1365.
—— auteur d'un modèle de l'arsenal de Toulon, 734.
—— et sa femme, prop., 779, 1236.
—— (La veuve de), manœuvre tué, 567.
DU PORT, vannier, 948, 1068.
DUPRÉ (Daniel), peint. et doreur, 79, 172, 217.
—— (Guillaume), meunier à Clagny et Versailles, 654, 718, 837, 971, 972, 1063, 1175, 1310.
—— (Nicolas), ouvrier en ciment, 526.
DUPUIS (Henry), jard. de l'orangerie de Versailles, 25, 51, 83, 129, 136, 187, 225, 255, 290, 325, 336, 337, 338, 423, 424, 425, 427, 434, 457, 529, 605, 620, 622, 625, 628, 699, 702, 716, 746, 765, 766, 768, 835, 836, 838, 841, 846, 847, 906, 907, 972, 1058, 1062, 1168, 1171, 1176, 1296, 1309.
—— charron, 1316.
—— hôtelier du *Mouton Rouge*, à Versailles, 1069.
—— ou DUPUY, mathématicien, 450, 471, 486, 543, 565, 646, 648, 714.
—— ter., 919, 1302.
DU QUESNAY ou DUQUESNOY, prop., 28, 561.
DURAND, doreur, 829, 900.
—— fondeur, 529, 627, 700, 1318.
—— jard., 1298, 1307.

TABLE ALPHABÉTIQUE.

Durant, fleuriste, 248.
—— ouvrier blessé, 388.
Duras (Hôtel de), à Saint-Germain, 1143.
—— (Le duc de), prop., 1202.
Durel, piqueur. — Voy. Duret.
Du Remard (Guillaume), jard., 499.
Duret (Jean), men., 16.
—— piqueur, 978, 1316.
Duretal, près Baugé, 38, 48, 49.
Dury (La veuve et les héritiers de Jean), maç., 401.
Dusol (La veuve), 168.
Dutarte, balayeur, 52.
Du Tartre (Nicolas), marchand de bois, 261.
Du Tel (Jacques), orfévre, 51, 102, 157, 224, 301, 380.
Du Tertre, couv., 206.
Dutraict, men., 213, 217.
Duval (Abraham), entrepreneur de la manufacture de toiles fines, 370.
—— (Ambroise), fondeur, 80, 134, 152, 194, 253, 334, 340, 345, 420, 523, 527, 701, 767, 1181, 1315.
Duval (Christophle), commis des Bâtiments, 295.
—— (François), vidangeur, 946, 978, 1012, 1070, 1181.
—— (Gilles), ter., 87.
—— (Jacques), marchand de bois, 187, 248, 325.
—— (Julien). — Voy. Duvau.
—— (Nicolas), couv., 210, 273, 551, 572, 600, 844, 863, 915, 931, 980, 987, 999, 1002, 1043, 1078, 1080, 1092, 1098, 1149, 1188, 1195, 1211, 1217, 1268, 1324, 1337, 1354.
—— (Nicolle), veuve du s' Anne de Paris, prop., 28, 1340.
—— entrepreneur des bâtiments du Val-de-Grâce, 482
—— l'aîné, arch., 166, 167.
—— le jeune, arch., 167.
—— marchand de plomb, 710.
—— sc., 624.
Duval, ter., 1060, 1172, 1301.
Duval-Broutel (Antoine), maç., 167, 229.
Duvau (Julien), portier du vieux château de Saint-Germain, 795, 868, 954, 1008, 1104, 1221, 1356.
Duvaux, taillandier, 703.
Du Vernay (Joseph-Guichard), médecin-anatomiste, 783, 855, 927, 993, 1087, 1205, 1342, 1343, 1345.
Du Very (Pierre), et sa femme, prop., 562, 923, 1083.
Duvivier ou Vivier (David), géographe-mathématicien, 278, 361, 379, 471, 476, 547, 647, 712, 783, 925, 990, 993, 1084, 1091, 1212, 1348.
—— (Françoise), veuve Dufresne. — Voy. Dufresne (La veuve).
—— (Jean), vigneron, 89.
—— arch., 106, 283.
—— prop., 29.
Duvoir, prop., 213, 284, 365.

E

Eau bonne à boire pour les ouvriers de Versailles. — Voy. Versailles : Fontaines, Eau bonne à boire.
Eau de mer (Secret pour dessaler l'), 388.
Eaux (Conduites des). — Voy. Versailles, Fontainebleau.
Échafauds, 169, 322, 401, 402, 498, 739, 741, 826, 1042, 1180, 1316.
Échalas (Ouvrages d'), 83, 138, 734, 802, 893, 1036.
Échelles, 77, 247.
—— doubles, 147, 536.
—— servant à tondre les arbres, 1248.
Échenillage d'arbres, 129, 144, 186, 203, 328, 340, 351, 1167, 1199, 1257, 1295, 1297, 1298, 1305, 1335.
Echoppes de la Halle-Barbier. — Voy. Halle-Barbier.
Ecman ou Ecment (Jean), peint. en miniature, 434, 545.
Écop. — Voy. Ésope.
Écu de France (Enseigne de l'), 453.
Edelin (Simon), employé à Fontainebleau, 1250.
Edelinck (Gérard), grav., 544, 642, 709, 806, 874, 927, 994, 1088, 1206, 1207, 1346.
Edelinck (Jean) le jeune, grav., 927, 994, 1072, 1088, 1207.
—— (La veuve et les héritiers de Jean), 1347.
Eome (Silvain), peint., 46.
Ednet (Mathieu), carrier, 524.
Élagage d'arbres, 1056.
Élan (Squelette d'un), 270.
Eleuf (Les enfants du duc d'), 154, 214, 284, 315, 369, 562, 646.
Éléments (La tapisserie), 287, 288, 316, 367, 480, 547.
Elmet (Antoine), ter., 83.
Émail (Ouvrages d'), 804, 875, 934, 1067.
Embattures de fer, 703.
Émeri pour tailler les pierres fines, 386, 1338.
Émery, concierge de Compiègne. — Voy. Esmery.
Émond, Émonnet. — Voy. Hémont, Hémonnet.
Empaillés (Animaux), 631.
Enchaperonnements de murs, 331.
Enchâssures de tableaux, 71.
Enée portant Anchise, tableau du Dominiquin, 362.

Enfants assis sur des dauphins, en argent, pour une grotte, 555.
—— (Figures d'), 165, 213, 334, 417, 420, 523, 527, 676, 709, 1050.
—— (Figures d') en argent, 380.
—— (Groupes d'), en plomb et étain, 1157, 1158, 1159, 1161.
—— (Tableaux représentant des) en miniature, 545.
Enghien (Plan d'), 546.
Enocq. — Voy. Henoc.
Enseignes de maisons, 282, 453.
Entes de moulins, 912.
Entre-fenêtre (Pièces de tapisserie d'), 287, 288.
Entrelacs de pierre ou de marbre, 616, 617, 618, 697.
—— des appuis de croisées à Versailles, 513.
Éperons. — Voy. Avant-becs.
Épicéas, arbres, 455, 470.
Épices, 471.
—— de MM. des Comptes, 157.
—— des procureurs, 109, 309.
Épictète (Buste d'), 394, 479.
Épines blanches, 630.
—— (Plantation d'), 606.

Épinettes (Fourniture d'), 398, 399, 481.
Épluchage d'arbres, 875, 954, 1011, 1053. — Voy. Échenillage d'arbres.
Équipages des sapins de Versailles, 1153.
Érables (Plantation d'), 186, 247, 324, 496, 598, 620, 809, 810, 1038, 1248.
Ergo, toiseur, 1367.
Ermery, laboureur, 956.
Errard (Charles), peint., 20, 26, 39, 75, 79, 87, 95, 99, 216, 274, 293, 322, 357, 359, 422, 462, 473, 553, 575, 657, 681, 713, 721, 789, 854, 861, 925, 944, 990, 991, 1001, 1020, 1022, 1097, 1117, 1204, 1215, 1343, 1353.
—— (La femme du peintre), 1012.
—— (Jean), plombier, 262.
—— sc. et grav. — Voy. Hérard.
Erreurs d'addition, 27, 41, 55, 90, 109, 128, 160, 161, 257, 298, 302, 325, 326, 330, 334, 351, 370, 374, 376, 434, 435, 442, 484, 505, 506, 508, 529, 533, 545, 554, 555, 558, 559, 568, 608, 611, 618, 620, 624, 625, 627, 634, 637, 646, 651, 656, 657, 664, 665, 674, 686, 687, 691, 694, 695, 713, 724, 726, 730, 736, 749, 754, 759, 767, 772, 777, 787, 796, 797, 805, 806, 825, 835, 837, 842, 864, 870 (voir l'errata), 874, 878, 895, 904, 907, 914, 921, 936, 937, 952, 954, 959, 960, 961, 965, 967, 971, 979, 984, 991, 999, 1004, 1006, 1016, 1050, 1218, 1223.
Esbaupin (Jacques), chargé de payer les dépenses du Bernin en France, 99, 149.
Escaliers de fer, 917.
Escarpolette fournie à Saint-Germain, 199.
Eschard, jard., 186.
Esclaves (Figures d') pour le grand escalier de Versailles, 737.

Esmery, concierge du château de Compiègne, 707, 776, 786, 849, 860, 922, 986, 1080, 1198.
—— garde des plants et avenues des Tuileries, 1091.
Esmond ou Edmond, men., 528, 959.
Esmonni, voit., 423.
Esnon (Jacques), tuilier, 526.
Ésope (Bosquet d'), à Versailles, 255.
—— (Carreaux d'argent fournis pour les Fables d'), 877.
—— (Étui pour renfermer les Fables d'), 912.
—— (Figure d'), 761.
—— (La machine des Fables d'), 801, 811, 875, 932, 975, 1010, 1290.
—— (Le modèle des Fables d'), 777, 803.
—— (Les Fables d'), 762.
—— (Oiseaux et animaux pour la machine des Fables d'), 876.
—— (Ornements en émail pour la machine des Fables d'), 804, 875, 934, 976.
—— (Ouvrages pour enfermer la machine des Fables d'), 1011.
—— (Pompe de la machine des Fables d'), 934.
—— (Rocailles pour la machine des Fables d'), 934.
Espagne (Ambassadeurs d'), 1177.
—— (Draps façon d'). — Voy. Manufacture de draps.
—— (Le Roi d'), 1122, 1232.
—— (Mariage de la reine d'), 1122, 1129, 1134, 1177, 1232.
—— (Point d'), 1010, 1079, 1106.
Essarts (Trous de carrière aux), 1301.
Essieux (Fourniture d') en fer, 1319.
Estame (Bas d'). — Voy. Manufacture de bas de laine.
Estampes achetées pour le Roi, 171, 216, 219, 271, 275, 470. — Voy. Planches gravées.

Estienne (François), entrepreneur de la manufacture des bas de soie, 171.
—— (François), meunier de Trianon. — Voy. Antoine.
—— (Laurent), jard., 33, 89, 90.
—— (Nicolas), faïencier, 51, 85.
Estoille (L'), vaisseau, 110.
Estrades de bois de rapport, 19, 40, 124, 181, 343, 406, 519, 631, 701, 770, 840, 841, 1320.
—— de marbre, 1114.
—— de marqueterie, 13, 14, 126, 591, 676. — Voy. Marqueterie (Estrades de).
Estrades (M. d'), 452.
Estran, banquier, 97.
Estrées (Le cardinal d'), 676.
Étain (Fourniture d'), 133, 135, 191, 234, 239, 274, 392, 473, 486, 513, 514, 559-560, 643, 735, 778, 852, 877, 923, 989, 1020, 1183, 1203.
Étalons distribués dans les provinces, 682.
Étampes (Sources des rivières d'), 1111.
État des aides et entrées, 176.
Étuis d'argenterie, 301, 302.
—— de bassins, couverts de vache roussie, 155.
—— de cuir, doublés de revêche, 224, 483.
—— (Fourniture d'), 554, 707.
Eu, 429.
Évangélistes (Les quatre), tableaux de Valentin, 394, 479, 542.
Évêchés (Manufactures des trois), Metz, Toul et Verdun, 557, 850.
Évette (Charles), prop., 29.
Évrard, ter., 1174, 1303, 1305.
Evre (Étienne), facteur d'orgues. — Voy. Hénoc.
Exposition des tableaux de l'Académie de peinture, 550, 713.

F

Faglin, charp., 468.
Fagon, médecin ordinaire de la Reine, 687, 747, 818, 889, 947, 1025, 1213, 1351.
Faïence (Caisses peintes en couleur de), 1155.
—— (Carreaux de), 418, 420, 421, 428, 430, 539, 540, 541, 547, 636, 843, 978.
Faïence (Fabrique de), à Lisieux, 547.
—— (Fournitures de), 429, 634.
—— (Manufacture de), à Saint-Cloud, 472.
—— (Pavé de), 1291.

Faïence (Peinture en), 539.
—— (Pots de), 51, 85, 942, 975.
—— (Vases de). — Voy. Vases.
—— Voy. Pots de terre.
Faisanderie (Bois de la), près Versailles, 541.
Faisans (Paillassons pour les), 954.

TABLE ALPHABÉTIQUE.

Faissenet, men., 1199.
Faivit (Simon), brodeur. — Voy. Fayait.
Falaise, men., 1150.
——— parqueteur, 15.
Famille de Darius (La), d'après Le Brun, miniature, 1281.
Fanaux de vaisseau, 430.
Fanchon (La veuve). — Voy. Lefebvre, (Thomasse).
Farcy (Marin), maître couvreur à Paris, prop., 312, 381, 397, 452, 590, 644, 1119.
Fassy (Pietro), stucateur, 106, 158, 224, 225.
Faucille (Nicolas), vigneron, 260.
Falcon, banquier, 549.
Fauconnerie (La), tableau, 708.
——— tapisserie, 220.
Faure (D^{me} Marie), femme du s^r de Chaunoy, 1340.
Fausse-Reposé (Routes pour la chasse à la), 1058, 1065.
Faustine (Tête de), 394, 479.
Fauteuils dorés, 172.
Fautrel, cabaretier, 912.
Fauveau (La veuve de), carrier, 1027, 1127.
——— plombier, 133, 135.
Favet (Denis), vidangeur, 261.
Favielle, men., 844.
Fayait (Simon), brodeur, 446, 559, 708, 777, 851, 934, 988, 1110, 1230.
Fayet. — Voy. Fayait.
Fayox (Étienne), marchand de bois, 102, 151, 153, 241, 318, 470.
Février (Edme), jard., 41.
Fécamp (Manufactures de). — Voy. Manufactures en Normandie.
Félibien (André), architecte, historiographe des Bâtiments du Roi, ayant la garde des figures et marbres des Maisons Royales, 50, 113, 161, 162, 227, 293, 298, 359, 449, 462, 483, 564, 575, 648, 649, 657, 715, 721, 722, 781, 783, 789, 856, 861, 862, 926, 990, 992, 1001, 1085, 1087, 1097, 1204, 1205, 1215, 1343, 1344, 1353.
Felletin (Tapisseries de), 311, 362.
Femmes illustres de l'Ancien Testament (Les), tapisserie de Felletin, 311, 362.
Fenel, marchand de bois, 910, 978.
Fer (Fournitures de gros), 20, 78, 250, 319, 403, 413, 493, 743, 1045, 1046, 1143, 1153, 1254, 1272, 1275.
Ferault (Augustin), tap. rentraiteur, 219, 558.
Fer-blanc, 279, 304, 430, 632, 701, 768.
——— (Fabriques de). — Voy. *Nivernois*.
Fermagnac (Catherine de). — Voy. Sermagnac.
Ferme, grav. en méd., 928, 994, 1346.
Ferme des aides, 10, 238.
——— des gabelles, 62, 1237.
Fermes (Les cinq grosses), 1, 64, 309, 488.
Fermes-Unies (Les), 590, 1238.
Ferquin, charron, 1313.
Ferrand (Alexandre), prop., 645.
——— (Catherine), concierge de Saint-Germain, 297, 581, 664, 728, 795, 868, 1008, 1104, 1221, 1361.
——— (François), valet de chambre du duc d'Orléans, 99.
——— (Jean), men., 44, 104.
——— tailleur de pierres, 1334.
——— traducteur, 481.
Ferrare (Hôtel du Grand-), à Fontainebleau, 35, 584, 667, 732, 799, 872, 1225, 1364.
Ferrare (Le cardinal de), 35.
Ferrari (Ottavio), professeur d'éloquence et archéologue, 62, 113, 162, 228, 299, 380, 451, 566, 648, 715.
Ferraud (Catherine). — Voy. Ferrand.
Ferré (Benjamin), ser., 37.
Ferret ou Ferré, chapelain des Gobelins, 851, 989, 1243, 1339.
Ferrier, batelier, 910, 1321.
Ferron, nattier, 1037.
Ferry, armateur, 285.
——— art., 313.
Fers à marquer les livres, 271.
Fescamp (Vallée de), près Vincennes, 314, 382.
Fessier (Guillaume). — Voy. De la Mare (Catherine).
Fête-Dieu (Dépenses pour la), 968, 976.
Feu (Précautions pour empêcher l'accident du), 498.
——— (Ustensiles pour éteindre le), 218, 277.
Feu d'artifice tiré à Fontainebleau, 1129, 1134. — Voy. *Feux d'artifice*.
——— tiré à la naissance du duc d'Anjou, 670.

Feuillastre (Henry), ter., 519, 521, 537, 1251.
——— (Jacques) le jeune, fontenier, 23, 81, 82, 137, 187, 188, 199, 205, 255, 305, 324, 341, 409, 424, 431, 441, 521, 522, 531, 598, 599, 623, 625, 630, 691, 744, 764, 769, 816, 841, 843, 888, 893, 945, 951, 953, 969, 976, 1024, 1037, 1058, 1124, 1137, 1142, 1183, 1241, 1299, 1308.
Feuillet (Les enfants de), peint., 917.
——— men., 898.
Feuillette (Jacques), fripier, 20.
Feux d'artifice livrés dans le magasin du Roi, 1109, 1111, 1228, 1231, 1366, 1367.
——— tirés à Versailles, 302, 306, 307, 313, 359, 363, 365, 429, 468, 469, 470, 553, 670, 671, 770, 771, 840, 977, 1070.
Fevel, art., 840.
Ficelle (Achat de), 771, 913.
Fiches de cuivre pour les portes et croisées, 1329.
Fiévé (Jean), commis à la conduite des bâtiments de Saint-Léger, 262, 330.
Fil de fer (Ouvrages de), 891, 973, 1070, 1078, 1079, 1125, 1181, 1183, 1184, 1187, 1322.
Fil de laiton (Manufacture de), 233.
——— (Ouvrages de) et de treillis, 80, 92, 134, 138, 148, 193, 253, 430, 472, 519, 541, 631, 701, 703, 768, 771, 840, 977, 1072, 1125, 1184, 1187, 1322.
Fileries et arbustes, 26, 423, 583, 666, 731, 798, 871, 1224, 1363.
Filigranes (Dessins d'arrangement de), 50.
Fillet (François), ter., 425, 517, 528, 622.
Fimel. — Voy. Fenel.
Finsson, charp., 481.
Flagy (Pierre), prop., 42, 43, 104, 155, 365.
Flamand, ouvrier blessé, 1320.
Flamands (Jardiniers), 256. — Voy. Dambresne.
Flamant ou Flamen (Auselme), sc., 1288.
Flament (Pietro), interprète, 103, 119.
Flammes de pierre sur les cheminées, 513.

Flandre (Arbres et fleurs achetés en), 257, 282, 316, 335, 337, 364, 400, 472, 497, 669, 672, 1027.
—— (Tapisserie de), 176, 219.
—— (Voyage d'Errard en), pour acheter des objets d'art, 99.
Fléaux de fer (Achat de), 1331.
Fléchier (Esprit), prédic., 56, 113, 163, 229, 298, 378, 450, 566, 649, 715.
Fleurant (Olivier), jard. de Clagny, 919, 985, 1062, 1089, 1177, 1310. — Voy. **Florant**.
Fleurs achetées pour le Roi, 247, 469, 523, 540, 669, 683, 736, 769, 920, 1012, 1118, 1289, 1368.
—— gravées, 469.
—— peintes. — Voy. **Monnoyer** et Tableaux de fleurs.
Fleury (Jacques), orientaliste, 113.
—— (Pierre), jard., 33.
—— cordier, 168.
—— (La veuve), 436, 599, 685, 744, 770.
—— fils, cordier, 985, 1183, 1322.
—— (Les héritiers de), 805.
Flexelles frères (MM. de), prop., 310, 381.
Florant ou **Florent**, jard., 847, 920, 1011.
—— (La veuve), 552.
Florence, 228.
—— (Ouvrages de pierres fines, façon de), 922, 1338.
Florentins travaillant en pierres fines, 289, 386.
Fly, marchand de plomb, 97.
Flury Macron, sc., 199, 330, 420.
Foache, men., 481, 1045.
Focus (Georges), peint. de paysages, 1155.
Foix (Hôtel de) à Fontainebleau, 1238, 1341.
Foix (Le duc de), 1341.
Follet (Claude), jard., 1298.
Follin, maç., 1199.
Fontaine (Claude et Georges), frotteurs de parquets, 824, 894, 1037, 1038, 1262.
—— (Laurent), locataire de l'hôtel de Provence, 103, 104, 106, 155.
—— (Toussaint), professeur au Collége Royal, 879.
—— jard. du Val, 955.
—— maç., 1196.

Fontainebleau, 10, 49, 58, 240, 368, 456, 472, 562, 786, 1223, 1228, 1232.
—— abreuvoir, 40, 148.
—— allée de la garenne, 1032, 1132.
—— allée des genièvres, 1032.
—— allée des mûriers blancs, 1031, 1226, 1364.
—— allée d'ypréaux, 668, 732, 799, 872, 1226, 1364.
—— allée du pourtour du jardin des Pins, 666, 730, 798, 871, 1224.
—— allée nouvelle conduisant à Avon, 732, 750, 799, 872, 1226, 1364, 1365.
—— allée qui va de la cour de l'Ovale au chenil, 1224, 1362.
—— allée royale, 666, 730, 798, 871, 1224, 1363.
—— allée solitaire, 666, 730, 798, 871, 1224, 1363.
—— allées des ormes, du chenil, 666, 731, 871, 1224, 1363.
—— allées du parc, 583, 730, 731, 732, 797, 799, 871, 872, 950, 1031, 1090, 1132, 1224, 1226, 1362, 1366.
—— allées entre les cascades et le canal, 668, 731, 872.
—— appartement de la Reine mère, 39, 40, 205.
—— appartement de Mme de Montespan, 536, 1030.
—— appartement de Mme de Navailles, 204.
—— appartement de M. de Châteauneuf, 1029, 1128, 1131, 1246.
—— appartement de M. de Seignelay, 1028.
—— appartement du Dauphin, 536.
—— arbres fruitiers, 467, 583, 584, 667, 668, 731, 732, 798, 799, 871, 872, 950, 1090, 1095, 1225, 1226, 1363, 1364, 1366.
—— bassin de l'Étoile du grand parterre, 354.
—— bateaux de l'étang, 442, 668, 800, 1225.
—— bateaux du canal, 36, 47, 145, 146, 148, 206, 266, 273, 467, 536, 585, 668, 733, 749, 800, 872, 873, 950, 1031, 1090, 1134, 1226, 1365, 1366.
—— berceau de mûriers, 584, 732, 799, 872, 1225, 1364.

Fontainebleau, bois de la Boissière, 1132.
—— (Bois Gautier près la forêt de), 1132.
—— bonde du canal, 537, 538.
—— canal, 36, 52, 145, 147, 148, 203, 205, 206, 265, 266, 267, 353, 355, 375, 441, 442, 467, 537, 584, 585, 667, 668, 731, 732, 798, 800, 858, 871, 872, 873, 1132, 1133, 1225, 1226, 1363, 1364, 1365.
—— canaux du chenil, 872, 1225, 1363, 1364.
—— capitainerie, 488, 538.
—— carré d'eau du grand parterre, 602, 603, 604.
—— carrière, 37.
—— chancellerie, 680, 711, 1250.
—— chenil, 273, 467, 585, 666, 667, 668, 731, 732, 733, 749, 798, 799, 800, 819, 872, 873, 1095, 1224, 1227, 1235, 1245, 1365.
—— clocher de la paroisse, 353, 439, 440.
—— clocher de la Sainte-Chapelle, 535.
—— conciergerie, 38, 943, 1363.
—— conduites des eaux, 39, 41, 668, 732.
—— cour de la Chancellerie, 884.
—— cour de la Conciergerie, 147.
—— cour de la Surintendance, 147, 148, 538, 1247, 1366.
—— cour de l'Ovale, 40, 147, 1224.
—— cour des cuisines, 146, 148, 278, 467, 538, 586, 668, 733, 800, 873, 1227, 1365.
—— cour des fontaines, 147.
—— cour du Cheval Blanc, 35, 41, 52, 147, 161, 225, 273, 291, 375, 459, 466, 538, 571, 586, 668, 719, 733, 749, 800, 801, 873, 874, 1092, 1227, 1365, 1366.
—— cours du château, 48, 147, 442, 537, 604, 655, 786, 1030, 1033, 1247.
—— cygnes et carpes, 48, 99, 111, 155, 158, 205, 268, 290, 355, 375, 460, 573, 655, 720, 785, 858, 931, 998, 1092, 1210, 1227, 1365.
—— démolition du logement du marquis de Seignelay, 1028.
—— dépenses du château, 1, 7, 35-41, 47, 59, 93-95, 144-148, 159, 170, 174, 203-206, 237, 265-268, 353-356, 439-442, 463, 489, 535-

TABLE ALPHABÉTIQUE. 1435

538, 572, 573, 577, 586, 588, 602-604, 653, 659, 675, 678, 687-689, 723, 737, 789, 791, 810, 812, 819-820, 863, 883, 890-891, 938, 949-951, 1003, 1013, 1017, 1027-1033, 1099, 1113, 1116, 1118, 1128-1134, 1200, 1235, 1244-1250.

Fontainebleau (*Description de*), par l'abbé Guilbert, 111, 204, 272.

—— écurie de la Dauphine, 1245, 1247.

—— écurie de la Reine mère, 36, 37.

—— écurie de la vénerie, 1245, 1246, 1247.

—— écurie du chenil, 1245.

—— écurie du Dauphin, 1245, 1246, 1247.

—— écuries, 206, 267, 275, 440, 535, 537.

—— écuries de la Surintendance, 1246, 1366.

—— entretien des peintures. — Voy. Du Bois (Jean), peint.

—— escalier de la cour du Cheval Blanc, 602, 688.

—— espaliers, 267, 355, 441, 668.

—— étangs, 206, 267, 268, 272, 442, 460, 584, 667, 731, 798, 858, 872, 873, 1094, 1225, 1227, 1363, 1365. —— (Feu d'artifice tiré à), 1129, 1134.

—— fontaine de la Granderie, 583, 666, 731.

—— fontaines, 60, 273, 355, 535, 584, 666, 668, 732, 787, 799, 872, 1003, 1032, 1091, 1099, 1133, 1217, 1225, 1364, 1366. — Voy. Francines (Pierre).

—— (Forêt de), 41, 95, 117, 147, 157, 218, 235, 355, 442, 470, 479, 537, 538, 567, 603, 1032, 1237, 1245, 1248.

—— forts de Marlotte, 1132, 1133.

—— gages des officiers, 3, 8, 43, 65, 112, 159, 176, 226, 238, 272-273, 315, 376, 377, 395, 466-468, 486, 571, 573, 577, 582-586, 655, 656, 665-669, 718, 724, 730-734, 786, 787, 797-801, 859, 864, 870-874, 876, 930, 931, 941, 997, 999, 1009, 1019, 1090, 1091, 1092, 1094, 1095, 1120, 1210, 1211, 1217, 1223, 1228, 1237, 1355, 1362-1366.

Fontainebleau, galerie des Cerfs, 36.

—— galerie d'Ulysse, 39, 204, 1028.

—— galerie d'Ulysse, (salon du bout de la) 354.

—— galeries, 667, 732, 799.

—— garde de Belle-Croix, 1237, 1238.

—— garde de la Croix-de-Vitry, 1237, 1238.

—— garde-meuble, 58.

—— garenne du grand parc, 1030, 1031, 1132, 1133.

—— garenne du gros bois, 1248.

—— geôle, 47.

—— glacières, 52, 106, 147, 355, 442, 537, 603, 688, 750, 820, 891, 949, 951, 1028, 1128, 1250.

—— (Gland ramassé dans la forêt de), 442.

—— grande allée attenante au pavillon, 731, 798, 1363.

—— grande écurie, 537.

—— grottes et cascades, 37, 39, 40, 95, 147, 267.

—— héronnière, 1132.

—— horloges, 146, 273, 468, 586, 668, 734, 801, 874, 950, 1227, 1250, 1366.

—— hôtels d'Aibret, de Ferrare, de Foix, de la Coudre, du Maine, de Saint-Aignan. — Voy. ces mots.

—— houx et genièvres, 470, 501, 639, 706.

—— jardin de Diane, estampe, 1208.

—— jardin de la Conciergerie, 467, 584, 667, 731, 798, 1225, 1363.

—— jardin de la fontaine de la Granderie, 798, 871, 1224, 1363.

—— jardin de la Reine, 583, 666, 731, 798, 871, 1124, 1363.

—— jardin de l'Étang, 272, 466, 666, 730, 797, 871, 1090, 1224, 1247, 1363, 1366.

—— jardin de l'orangerie, 537, 1224.

—— jardin des Pins, 272, 467, 583, 603, 667, 688, 730, 731, 798, 871, 1028, 1031, 1131, 1224, 1225, 1249, 1363.

—— jardin du Tibre, appelé aussi parterre du Roi ou grand parterre, 37, 39, 40, 41, 93, 95, 144, 148, 272, 353, 354, 355, 441, 466, 583, 666, 730, 732, 797, 870, 871, 1090, 1094, 1131, 1224, 1226, 1362, 1364, 1366.

Fontainebleau, jeu de paume couvert, 584, 667, 732, 799, 872, 1032, 1033, 1225, 1364.

—— jeu du mail, 584, 667, 732, 799, 872, 1090, 1095, 1225, 1246, 1248, 1249, 1250, 1364.

—— la belle chapelle, 36, 87, 38, 40, 94, 146, 1247.

—— lavoir, 1132.

—— les Mathurins, 37.

—— logis de la Fontaine, 273, 467, 585, 668, 733, 800, 873, 1095, 1226, 1365.

—— (Maison de Laminoy comprise dans le parc de), 1120.

—— maisons acquises par le Roi, 46, 711, 884, 923, 1017, 1019, 1082, 1083, 1119, 1120, 1202, 1237.

—— maîtrise, 582, 583, 666, 730, 797, 870, 1223, 1362.

—— manège, 1033.

—— modèle de bâtiment pour la Madeleine, 1129, 1130.

—— nouveaux bâtiments, 1029, 1030, 1116.

—— offices et cuisine, 48, 52, 148.

—— orangerie, 97, 145, 146, 147, 148, 203, 204, 265, 267, 272, 354, 355, 356, 369, 442, 466, 538, 573, 584, 586, 602, 666, 667, 688, 731, 732, 733, 750, 786, 798, 799, 820, 859, 871, 872, 873, 930, 950, 998, 1030, 1032, 1090, 1131, 1133, 1224, 1225, 1231, 1249, 1363, 1364.

—— orangerie en pleine terre, 147, 148, 205, 266, 267, 268, 272, 354, 355, 441, 457, 467, 502, 536, 537.

—— orangers, 95, 145, 160, 536, 586, 666, 731, 798, 871, 1224, 1363.

—— palissades des allées, 732, 733, 798, 799, 820, 871, 872, 873, 950, 1030, 1090, 1226, 1227, 1364.

—— parc, 48, 52, 98, 148, 205, 225, 267, 273, 361, 375, 441, 460, 536, 571, 585, 668, 720, 801, 860, 872, 874, 951, 1095, 1132, 1210, 1211, 1227, 1248, 1366.

—— parc aux daims, 35, 50, 52.

—— parc du chenil, 585, 733, 800, 873, 1227, 1365.

—— pavillon de l'étang, 266, 819.

—— pêche de l'étang, 267, 268.

Fontainebleau, petite écurie, 1134, 1245.
—— plafond du cabinet de la Reine, 145.
—— (Plantation de gland dans la forêt de), 355, 537, 538, 603.
—— pose de la première pierre des nouveaux bâtiments (1678), 1028, 1032.
—— potager, 801, 874, 1095, 1349. — Voy. Arbres fruitiers.
—— prêtres de la Congrégation, 393, 571, 799.
—— recherche des eaux, 1032.
—— religieux, 799, 872, 1295, 1364. — Voy. Mission, Trinité (Religieux de la).
—— rétablissement des rocailles, 1132.
—— (Roche de) cassée pour les routes, 701, 1248.
—— Rondeau (Le grand), 41, 95, 147, 206, 353, 354, 441, 537, 666, 780, 871, 923, 1224, 1362.
—— (Routes pour la chasse dans la forêt de), 1031, 1132, 1133, 1134, 1248.
—— (rue Basse, à), 1019.
—— salle des Comédies, 1245.
—— salle des Gardes, 37, 354.
—— Surintendance, 52, 146, 273, 467, 586, 668, 733, 800, 874, 1028, 1091, 1128, 1129, 1131, 1227, 1245, 1246, 1247, 1365, 1366.
—— tabernacle de la belle chapelle, 1030, 1130, 1247.
—— tapis de l'allée des ypréaux, 536, 603.
—— (Tapisserie représentant le château de), 366.
—— terrasses, 147, 148, 355.
—— (Toisés d'ouvrages faits à), 1250.
—— tripot, 148.
—— (Vieille poste, à), 1245, 1246.
—— volière, 104, 273, 585, 668, 733, 800, 873, 1227, 1365.
FONTELLE (François), sc., 514, 615, 1161, 1287.
FONTENAY ou FONTENET (Étienne), charp., 506, 609, 692, 755, 825, 897, 958, 1148, 1268.
FONTENELLES, men., 1151.
FONTENOY (Guillaume), marchand de bois, 47.
FONTERAY, meunier de Satory, 1063.
Fontis, 281, 823, 895, 953, 1139.

Fonts baptismaux, 39.
FONTVIELLE, men., 1271.
Forçats de la galère du Roi, 237, 240, 280, 360, 361, 460, 483.
FORDRIN (Gilles), ser., 1153, 1275.
FOREST (Antoine), jard., 187, 248, 474, 497.
—— (Édouard), prop., 1238.
—— (Jean), vigneron, 89.
Forez (Manufactures du), 444.
Forge construite près de la grande galerie du Louvre, 224.
FOREAU (Jean), tailleur de pierres. — Voy. FORGET.
FORGEOT, maç., 1251.
FORGET (Étienne), couv., 261.
—— (Jean), tailleur de pierres, 331, 339, 414.
FONMONT (Pierre), banquier, 52, 59, 97, 189, 216, 232, 239, 274, 312, 314, 315, 357, 358, 373, 374, 384, 394, 395, 396, 397, 454, 455, 473, 488, 489, 553, 560, 589, 643, 675, 679, 680, 710, 712, 713, 717, 781, 854, 883, 923, 925, 944, 991, 1020, 1086, 1111, 1121, 1202, 1204, 1237, 1238, 1368.
FORTIER (Pierre), piqueur, 348.
—— fripier, 429.
—— ter., 1127.
FOSSARD, jard., 691.
Fosse (Ancel), charron, 77.
—— (Jacques), calfateur, 1064, 1311.
Fosses d'aisances, 209, 211, 261, 269, 276, 442, 529, 551, 691, 769, 1142, 1256, 1258. — Voy. TOLMAY, DABLY, LE JEUNE, CHERFY.
—— d'aisances à privé, 140.
FOSSIER (Daniel), garde du magasin des marbres, 48, 49, 97, 111, 128, 130, 149, 160, 222, 225, 249, 291, 294, 308, 327, 361, 376, 410, 459, 463, 474, 548, 570, 577, 653, 659, 675, 717, 723, 785, 786, 791, 859, 864, 875, 930, 933, 998, 1003, 1004, 1010, 1092, 1099, 1100, 1212, 1217, 1218, 1229, 1351, 1355, 1356, 1368.
FOUBAIN, voit., 186.
FOUBERT (La dame), lingère, 326.
—— (Jacques), chargé de donner la nourriture aux cygnes de la Seine, 1367.
FOUCAULT (Antoine), employé à Fontainebleau, 1249.

FOUCAULT, préposé à l'Observatoire, 859.
—— (S^r et dame), prop., 395, 452.
FOUCAUT (Antoine), préposé à Versailles, 84.
FOUCHER (Louis), laboureur, 89.
FOUET, peint., 126.
—— ter., 1060.
FOUQUET (Bibliothèque de), 102, 153.
—— (Marie), duchesse DE BÉTHUNE, 328.
—— (Nicolas), surintendant des finances, 187.
FOUQUIGNON (Pierre), voit., 326, 328, 409, 497, 498, 501, 551, 598.
FOURAULT (Jean), charp., 155, 273, 639.
—— (Pierre), maç., 273, 361.
FOURCHÉ (Macé), jard. du petit parc de Versailles, 25, 84, 96, 137, 159, 195, 256, 257, 290, 374, 469, 570, 572, 653.
FOURCOY, fontenier, 305.
FOURDRINIER (La machine du s^r), 825, 841, 896, 913, 976.
—— (La veuve), 913.
Fourneau à fondre du bronze, 230.
Fourneaux (Fourniture de), 212, 213.
FOURNIER (Germain), fripier, 20, 21.
—— avocat, prop., 1119, 1202.
—— commis tenant les rôles d'ouvriers, 857, 913.
—— compagnon men. blessé, 804.
FOURNY (Arnoult) et consors, prop., 452.
FOURQUOY, ouvrier en ciment, 601.
FOURREAU (Louis), ser., 281.
Fours (Loyer des) de la Reine, 154, 213, 284.
FOY (Jean), maç., 775.
Foyers de cuivre, 80.
—— 197, 244, 476, 495, 670, 845, 1024. — Voy. Chambranles.
—— de marqueterie, 127.
FRADES (Jean), jard., 89, 335, 346, 348, 431, 434, 435, 499, 516, 531, 532, 572, 598, 606, 631, 652, 690, 691, 716, 753, 754, 784, 823, 824, 859, 893, 911, 929, 933, 953, 954, 955, 967, 999, 1011, 1036, 1077, 1091, 1108, 1119, 1128, 1140, 1143, 1180, 1200, 1212, 1230, 1257, 1335, 1350.
FRAGUES (Jean). — Voy. FRADES.
Fraisiers (Plantations de) à Versailles, 1167.

TABLE ALPHABÉTIQUE. 1437

FRANCART (François), peint. d'ornements, 126, 180, 208, 220, 289, 334, 368, 385, 386, 419, 420, 510, 613, 635, 700, 704, 767.

——— (Gilbert ou Gilles), peint. de l'Académie de Saint-Luc, 420, 540, 541, 1281, 1282.

Francfort, 448.

FRANCINES (François), intendant de la conduite et mouvements des eaux, ayant l'entretien des fontaines et grottes de Saint-Germain, 294, 296, 348, 463, 465. 577, 580, 660, 663, 724, 727, 787, 791, 794, 813, 864, 867, 1003, 1097, 1099, 1103, 1221, 1355, 1356.

FRANCINES (Pierre), chargé de l'entretien des fontaines de Fontainebleau, 60, 273, 294, 463, 467, 577, 584, 660, 667, 724, 732, 791, 799, 864, 872, 1003, 1099, 1217, 1225, 1355, 1364.

——— ou FRANCINI, chargé des fontaines des Maisons Royales, 877, 904, 1017, 1089, 1147, 1217, 1265, 1276.

FRANCISQUE. — Voy. TEMPORITI.

FRANCOEUR (Vincent), carrier, 497.

FRANÇOIS (Jean), prop., 991, 1119.

——— (Louis), sc., 514, 616, 697, 710, 1191.

——— grav., 1208.

——— noircisseur, 1071.

——— organiste, 341.

——— ouvrier blessé, 567.

——— ter., 129, 187.

Franges d'or et d'argent, 339.

FRANQUES (François), frotteur de parquets, 442.

FRATTIOLY, 209.

FRAZIOL (Laurent), ouvrier blessé, 130.

Freins pour les moulins, 1321.

FREMERY (Martin), men. et sc., 126, 127, 185, 245, 1076.

FRÉMONT, marchand, 771.

FRÉNICLE DE BESSY (Bernard), mathématicien, 163, 228, 300, 378, 449, 565, 649, 714.

FRÈRE (Louis), charron, 1315.

FRESCHIN (René), prop. incendié, 532.

FRESNAY, men., 988, 1045.

——— ou FRESNET (Pierre), jard., 180, 247, 324, 408, 410, 529, 817, 984, 1076.

FRESNE, marchand, 771.

FRESNEAU (Claude), couv., 18, 49, 77, 90, 132, 133, 141, 191, 199, 279, 349, 552.

FRESNET, men. — Voy. FRESNAY.

Fresque (Peinture à), 244, 245, 320, 344, 405, 406, 494, 584, 597, 608, 667, 781, 799, 872, 896, 935, 958, 962, 1041, 1047, 1156, 1197, 1225, 1330, 1331, 1332, 1333, 1364.

FRICOT (Chrestien), marchand, 1169, 1184.

——— cordier, 631, 770, 840, 972.

FRIOLET (Étienne), poseur de pierres, 651.

FRIQUET, men., 1152.

——— DE VAUROZE, peint., 510, 613, 695, 759, 828, 901, 1001, 1030, 1097.

1180, 1215, 1247, 1281, 1290, 1353.

FRISARD (Robert), lieutenant de la garenne du Louvre, 316, 382.

FROMENTEL (Florent), scr., 35, 36, 37, 92, 94, 142, 143, 201, 211, 294, 389, 463.

FROMENTIN, (Jean), marchand de fumier, 129, 249, 497, 745.

——— (Philippe), prop., 211.

——— jard., 1241.

FROUART (Michel), ter., 26.

FRUCHER (Louis), jard., 34.

FRUICTIER (Jacques), men., 34, 91, 142, 201, 263, 350, 437, 533.

Fuite en Égypte, tableau, 237, 282.

Fumiers (Achat et transport de), 26, 129, 137, 143, 147, 186, 188, 203, 204, 205, 249, 267, 346, 348, 423, 424, 472, 474, 475, 496, 497, 498, 502, 533, 584, 538, 539, 540, 576, 582, 598, 636, 638, 639, 661, 705, 706, 725, 745, 749, 753, 792, 793, 822, 823, 865, 866, 890, 891, 893, 919, 949, 955, 956, 1005, 1027, 1032, 1033, 1038, 1079, 1100, 1101, 1192, 1193, 1219, 1244, 1295, 1322, 1327, 1328, 1359. — Voy. *Versailles* (Potager de).

——— de vaches, 894, 1038.

——— (Grands), 1127.

FURET (Thomas), scr., 1126, 1242, 1243.

Fuseaux pour les moulins, 837.

Fusée volante, 308, 363, 365, 1228.

Futailles pour l'arrosage, 84.

G

Gabelles, 6, 62, 174, 234.

GABRIEL (Jacques), entrepreneur de maçonnerie, 210, 251, 275, 294, 330, 389, 414, 462, 505, 576, 607, 608, 658, 692, 723, 751, 754, 790, 824, 843, 862, 895, 957, 1002, 1040, 1098, 1145, 1187, 1216, 1264, 1354.

——— (Louis), ter., 1060.

GACHETTI. — Voy. GIACETTI.

GAFFAREL, libraire (?), 216.

GAGE (Jacques), charp., 36.

Gages d'officiers, 8, 43-44, 65, 110-112, 120, 157-170, 224-226, 290-298, 315, 374-377, 395, 461-468,

508-586, 587, 589, 651-669, 678, 716-734, 737, 739, 740, 784-801, 812, 856-874, 883, 929-932, 938, 995-1009, 1017, 1089-1106, 1113, 1116, 1209-1228, 1235, 1348-1366.

GAGNÉ (Laurent), contrôleur de la Maison du Roi, prop., 710.

Gaignage du menu gibier, 309, 310, 542.

GAILLARD (Christophe), 400.

——— (Nicolas), peint. et doreur, 421, 524, 1123.

——— jard., 186.

——— maç., 1187.

GAILLARD (La veuve de), vitr., 1277.

Galathée (Gravure de la) de Raphaël, 994.

Galère du Roi sur la Seine, 237, 280, 290, 360, 361, 460, 482, 486, 678.

Galériens logés à la Tournelle, 275, 278, 279, 281, 671.

Galiotes du canal de Versailles. — Voy. *Versailles*.

GALLAND (Antoine), orientaliste, 113.

——— (Jean DARIES, dit), chargé de l'entretien des cygnes de Fontainebleau, 47, 48, 99, 111, 146, 155, 158, 205, 206, 267, 268, 290, 355, 356, 375, 460, 573, 655, 720, 785,

858, 931, 998, 1092, 1210, 1227, 1365.
GALLAND, maç., 1072, 1188.
GALLANDRE (Guillaume), charp., 1311.
GALLI (Antonio), stucateur, 125, 183, 204, 266, 441.
—— (La veuve), 183, 266, 353, 440, 441.
GALLIEN (OEuvres de), annotées par HOFMAN, 216.
GALLIER (François), ter., 535.
GALLOIS (L'abbé Jean), érudit et savant, 300, 378, 379, 450, 565, 648, 714, 783, 856, 926, 992, 1086, 1204, 1345.
—— (La veuve de Julien), manœuvre, 387.
—— (La veuve Pierre), 651.
GALLOT ou GALOT, charp., 609, 634, 1042.
GALLOT, ser., 612.
Gallye, près Versailles, 1265. — Voy. Val-de-Gally.
GALO (Pietro), ouvrier milanais, 640.
Gand, 1019, 1085.
GANTREL (Étienne), grav., 545, 642.
GANZEL (Jean), voit., 130.
GARANGEAU, men., 471, 670.
GARÇON, marchand épicier, 1109, 1111.
GARCY (Jean), peint. doreur, 1241, 1282.
Garde-meuble de la couronne, 182, 398, 483.
GARDINIER (Grégoire), capitaine de navire, 55.
Garennes des Tuileries, de Saint-Germain, du Vésinet. — Voy. Tuileries, Saint-Germain, Vésinet.
GARFAULT, capitaine du haras de Saint-Léger. — Voy. GARSAULT.
GARNIER (André), maréchal, 1317.
—— (Clément), batteur de ciment, 600.
—— (Clément), jard. du Roule, 40, 638, 655, 706, 719, 785, 857, 890, 934, 999, 1027, 1091, 1212, 1350.
—— (Denis), prop., 991.
—— (Jean), prop., 48, 211.
—— (Louis), batteur de ciment, 505.
—— (Louis), jard. du Roule, 1128.
—— préposé à Marly, 1332.
—— sc., 551, 669, 1161.
—— ter., 1305.
—— voit., 1081, 1127.
GAROCHE (Martin), ter., 89.

GAROT. — Voy. GUÉRAULT.
GARRÉ, doreur, 1156.
GARREAU (Claude), locataire d'une maison appartenant au Roi, 311.
GARROT, receveur des consignations, 853.
GARSAULT (Le sr DE), capitaine et concierge du haras de Saint-Léger, 330, 491, 567, 639, 664, 682, 728, 796, 869, 1008, 1105, 1222, 1357.
GASCOIN (Adrien), ferblantier, 977, 1186, 1314.
GASPARD (DE MARSY?), 249.
GASSION (Mosnier). — Voy. MOSNIER.
Gastines (Rigoles de), près Versailles, 1266.
GAUDET ou GODET (Marc), charp. et meunier des moulins de Versailles, 506, 609, 634, 653, 654, 718, 755, 773, 825, 837, 897, 958, 971, 972, 1042, 1063, 1175, 1268, 1310.
—— (La veuve), 1186, 1324.
GAULLARD (Roch), jard. — Voy. GOLARD.
GAULMIN, ouvrier blessé, 387.
GAULT, ter., 887, 1336.
GAULTIER (Jean), vitr., 260.
—— charp., 448.
—— marchand de damas, 340.
GAURAY, men., 1271.
GAUTHEROT (Jacques), ter., 351.
GAUTIER (Jacques), marchand, 488.
—— (Jean), marchand, 221.
—— (Noël), marbrier, 153.
—— (La veuve), jard., 1336.
—— tonnelier, 305.
GAYANT, chirurgien, 163, 228, 270, 300, 378, 449, 565, 649.
Gaze d'argent, 306.
Gazelle, 101.
—— (Planche gravée représentant une), 283.
Gazon (Fourniture de), 496, 620, 745.
GAZON (Françoise), prop., 29.
—— ter., 1174.
GEARDO, maç., 1251.
GÉANT, ter., 1134.
Gênes, 158, 225, 374.
—— (Damas, façon de), 340.
—— (Marbres de). — Voy. Marbres.
—— (Point de), 61.
Geniévres arrachés dans la forêt de Fontainebleau, 470, 501.
GENOELS (Abraham), peint. de paysages, 289, 368, 385.
GENROUIN, préposé à Saint-Germain, 436.

Gens de lettres (Pensions aux). — Voy. Gratifications.
GENTIL (François), voit., 537.
—— (Henry), tonnelier, 305.
—— manœuvre blessé, 387.
GENTI ou GENTIL, prop., 1018, 1083.
GEOFFROY (Jean), ter., 264, 351.
Géométrie (Gravure d'un livre de), 805.
GEORGES (Simon), carrier, 352.
—— historien, 1344.
—— jard., 1053.
GÉRARD (René), sc., 1162, 1247, 1289.
—— peint. et doreur, 230.
GERBEVILLIERS ou GERBINVILLIERS, art., 671, 1129.
GERMAIN (Louis), jard., préposé à la pépinière du Roule, aux plants des Maisons Royales et à la nourriture des cygnes sur la Seine, 571, 620, 632, 638, 652, 669, 706, 716, 735, 748, 769, 784, 801, 819, 869, 876, 890, 931, 932, 948, 949, 984, 999, 1010, 1019, 1054, 1066, 1081, 1091, 1106, 1107, 1127, 1128, 1179, 1198, 1212, 1229, 1244, 1335, 1350, 1367.
—— (Pierre), grav. en méd., 1089, 1208.
GERNON (Jacques), peint., 80. 81.
GERREBON, charp., 945.
GERVAIS (Charles), portier de Fontainebleau, 47, 147, 148, 225, 375, 460, 538, 571, 604, 656, 719, 750, 801, 874, 1095, 1210, 1227, 1366.
—— (Jean-Baptiste), art., 779, 977, 1012, 1110, 1134, 1228, 1367.
—— (Philippe), prop., 45.
GERVAISE (Jacques), peint., 181, 243, 320, 344, 407, 433, 743.
—— (La veuve), 495, 1023, 1241.
GESSÉ. — Voy. GISSEY (Henri DE).
GEVARTIUS (Jean-Gaspard), littérateur flamand, 57.
GHIBET, marbrier, 1292.
GIACETTI (Jean-Ambrogio), lapidaire florentin, 445, 559, 708, 777, 859.
GIBON (Gilles), charron, 1313.
GIFFART (Pierre), grav., 545, 642, 709, 805, 875.
GILBERT (Étienne et Guillaume), prop., 44.
—— (Germain), prop., 645.
—— (Jeanne), femme BOCQUET, 382.

TABLE ALPHABÉTIQUE.

GILBERT, marchand, 771.
—— ter., 1060, 1308.
GILLESON, marchand de fumier, 205.
GILLET (Pierre), maç., 474.
—— concierge à Fontainebleau, 1120.
—— plombier-fontenier, 684, 686, 744, 816, 970, 1337.
GISÉ, vannier, 423.
GIRARD (André), plombier, 38, 46, 94, 146, 204, 266, 272, 357, 414, 415, 426, 440, 467, 584.
—— (La veuve André), 535, 536, 602, 667, 688, 732, 750, 799, 820, 872, 891, 950, 951, 1030, 1095, 1131, 1225, 1247, 1364.
—— (Élie), faïencier, 632.
—— (François), charp., 268, 356, 357, 442.
—— (Jean), maç., 329, 472, 500, 639, 813, 819, 888, 890, 949, 988, 1027, 1187. — Voy. VUIET.
—— (Marie), veuve CHEVREAU, prop., 645.
—— (Pierre), men., 269.
—— (Pierre), voit., 533, 1243.
—— employé à Saint-Germain, 458.
—— peint., 482.
—— sc., 1030.
—— vitr., 1277.
GIRARDIN, dit LE BOURGUIGNON. -- Voy. LE BOURGUIGNON.
GIRARDON (François), sc., 13, 40, 69, 94, 124, 133, 182, 193, 252, 279, 293, 332, 333, 365, 406, 418, 462, 470, 495, 511, 548, 575, 617, 658, 697, 722, 759, 760, 789, 803, 831, 862, 882, 901, 902, 963, 1001, 1030, 1048, 1049, 1072, 1097, 1130, 1160, 1161, 1215, 1229, 1247, 1287, 1353.
GIRARDOT, maç., 608, 692, 755, 825, 957, 971, 1040, 1145, 1194, 1264, 1329.
GIRAULT (Jean), charp., 167, 170.
—— charron, 1316.
—— men., 757, 827, 898, 1149.
—— ouvrier blessé, 1182.
GIRIÉ (François), marchand de bois, 85, 137, 306.
—— (La veuve François), 195.
—— (Guillaume), fermier, 427, 525.
GIRIER (Mathieu), marchand, 255.
—— (Mathurin), fermier des Célestins, 25, 258.
—— marchand, 912, 1184, 1186.

GIRIER, marchand de plomb et étain, 778, 852, 877, 923, 977, 989.
Giroflées doubles, 636, 698, 1179.
—— (Fourniture de), 1298.
GIRON (François), ouvrier blessé, 651.
GIROU, ouvrier blessé, 1182.
—— ter., 745.
Girouette, 627.
GIROUST (Gilles), jard., 90.
GISSEY (Henri DE), dessinateur du Cabinet et concierge des Tuileries, 178, 218, 226, 293, 295, 296, 304, 307, 308, 313, 366, 376, 411, 460, 464, 573, 578, 579, 656, 660, 662, 670, 725, 726, 805.
GITTARD (Daniel), arch., 721, 781.
—— (Pierre), arch., 461, 574, 648, 657, 713, 788, 857, 930, 990, 999, 1085, 1096, 1204, 1215, 1343.
GITTON, employé à Fontainebleau, 1249.
GIVRY (Le s' DE), écuyer de la petite écurie du Roi, 499.
Glaces de miroir (Fournitures de), 21, 22, 79, 176, 190, 259, 260, 313, 328, 329, 332, 346, 366, 436, 474, 476, 488, 533, 553, 587, 624, 637, 671, 691, 700, 738, 754, 768, 772, 823, 827, 833, 840, 841, 911, 913, 934, 975, 1071, 1080, 1141, 1186, 1201, 1261, 1318, 1321.
—— de Venise (Établissement d'une fabrique de), 63, 79, 96, 98, 103, 117, 118, 149, 150, 152, 156.
—— (Étamage de), 526, 533, 541, 1261.
—— (Manufacture des), au faubourg Saint-Antoine, 280, 286, 974. — Voy. GUYMONT.
—— (Peinture de), 1255.
Glaçons de plomb, 613.
—— sculptés, 420, 1050, 1161.
Glaises. — Voy. Terre glaise.
GLANDA (Nicolas), compagnon sc. blessé, 1180.
Glatigny (Achat de la terre de), 813, 853, 1020.
—— avenues, 847, 1077, 1328.
—— bois, 920.
—— conduites des eaux, 1054, 1321, 1328, 1329.
—— écuries, 916.
—— étangs, 985, 1077, 1079, 1328.
—— gages des préposés, 858, 859, 995, 1078, 1209.

Glatigny, jardins, 918, 943, 1011, 1016, 1076, 1077, 1299.
—— laiterie, 983.
—— lapinière, 984, 985.
—— logements des jardiniers, 1187, 1188.
—— ménagerie, 914, 979, 981, 983, 985, 986, 1073, 1074, 1187, 1188, 1189, 1193, 1194, 1324, 1325.
—— nouveaux moulins, 918.
—— orangerie, 1187, 1188.
—— pépinière, 985, 1073, 1187, 1188.
—— potager et jardin fruitier, 882, 886, 919, 980, 983, 984, 985, 1073, 1074, 1077, 1116, 1176, 1192, 1193, 1310, 1326, 1328, 1329.
—— potagers (les huit), 979.
—— réparations au bâtiment, 916, 1073, 1189, 1268.
—— réservoir, 766, 804, 810, 811, 824, 825, 835, 836, 882, 896, 905, 910, 969, 1072, 1187.
—— réservoir du potager, 1194, 1328.
—— routes, 1058.
—— (Terroir de), 452.
GLATIGNY (Les s' et dame DE), 813, 853.
Globe (Le grand) de l'Observatoire, 1243.
Globes de cristal remplis d'eau de diverses couleurs, 306.
—— de marbre blanc, 278, 844, 470, 491, 554, 810, 882, 842.
—— pour l'Académie des sciences, 1203, 1343.
Gloire-de-Paradis (La), vaisseau, 284.
Gobelins (Acquisition et agrandissement de la maison des), 175, 177, 223, 224, 234, 238, 282.
—— (Apprentis des), 53, 107, 155, 156, 220, 445, 559, 989.
—— (Brasserie et moulins des), 210, 211.
—— (Chapelle des), 1026, 1339.
—— (Dessins et peintures pour les), — Voy. NIVELON (Claude), Tapisseries (Dessins de), YVART (Baudrin).
—— (Établissement d'une fonderie aux), 748.
—— (Fournitures de tapisseries des), 287, 288, 316, 398, 445, 480, 594, 595, 944, 1338.
—— (Horloge des), 474.
—— (Laines et soies fournies aux), 219, 386, 446, 559, 777, 1338.

95.

Gobelins (Loyer de la maison occupée par les), 106.
—— (Manufacture de tapisseries des), 4, 10, 53, 54, 60, 66, 96, 106, 107, 117, 122, 155, 156, 158, 171, 173, 177, 219, 220, 221, 233, 235, 249, 287-289, 290, 293, 309, 316, 345, 367, 385, 386, 392, 397, 400, 420, 428, 445, 460, 462, 469, 473, 477, 478, 485, 558-559, 575, 588, 590, 641, 657, 679, 681, 682, 708-709, 721, 740, 776-777, 789, 812, 851-852, 860, 861, 883, 886, 922, 923, 938, 988-989, 1013, 1017, 1021, 1091, 1092, 1096, 1110, 1116, 1122, 1201, 1215, 1235, 1338-1339, 1353.
—— (Ouvriers des), 50, 54, 102, 107, 117, 150, 155, 157, 215, 572, 655, 708, 777.
—— (Rivière des), 487, 518, 519, 523, 1107.
—— (Travaux aux bâtiments et aux ateliers des), 101, 152, 207, 209, 210, 211, 275, 318, 363, 389, 445, 468, 500, 552, 559, 586, 600, 686, 737, 748, 818-819, 889-890, 948, 1026, 1113, 1126, 1243, 1338.
Gobert (André), men., 38, 145, 204, 440, 536, 750.
—— (La veuve André), 602, 820, 949.
—— (Jean), men., 38, 94.
—— intendant des Bâtiments du Roi, 860, 1000, 1095, 1214, 1352.
—— fils, 1351.
—— ter., 887.
Gobin, maç., briquetier, 1195, 1197, 1330.
Gobard (Nicolas), ter., 23.
—— maç., 1135.
Godefroy (Denis), historien, 56, 114, 161, 227, 299, 310, 377, 392, 395, 400, 449, 450, 451, 490, 491, 550, 564, 589, 592, 594, 596, 649, 650, 681, 682, 712, 715, 781, 854, 884, 885, 924, 926, 938, 940, 943, 989, 993, 1018, 1019, 1021, 1085, 1117, 1119, 1204, 1209, 1210, 1236, 1237, 1238, 1368.
Godet (Marc). — Voy. Gaudet.
Godets de cuivre pour les moulins, 280, 521, 525, 539, 627, 636, 637, 694, 705, 767, 854, 911, 912, 976, 1181.
Godignon (Henri), jard., 472.

Godignon (Louis), jard., 472.
—— ser. — Voy. Goudignon.
Godon, sc. marbrier, 470.
Godouin (Jean), professeur en langue hébraïque, 878, 879.
Goeben (Pierre), concierge du pavillon du parc de Saint-Germain, 465, 580, 663, 691, 719, 728, 783, 784, 795, 857, 868, 929, 955, 996, 1008, 1090, 1104, 1210, 1221, 1222, 1361.
Goiton ou Goyton, imprimeur en taille-douce, 780, 998, 1001, 1097, 1216, 1354.
Gollard (Roch), jard., 32, 336, 350, 351, 352, 438, 534, 535, 623, 638, 699, 706, 774, 849, 921, 970, 987, 1011, 1057, 1069, 1081.
Golle (Pierre), ébéniste, 63, 102, 118, 151, 172, 216, 236, 279, 301, 631, 701, 770, 773, 841, 1011, 1018, 1112.
Gombaud (Jean Ogier de), poëte, 57, 114.
Gomberville (Marin Leroy de), romancier et poëte, 56, 113, 163.
Gondoliers vénitiens de Versailles, 742, 784, 785, 811, 839, 885, 908, 940, 972, 1019, 1062, 1063, 1064, 1119, 1177, 1237, 1310, 1311.
Gonnor ou Gonnot, jard., 919, 1065, 1171, 1302, 1304.
Gontier (Léonard), peint., 124, 153, 180, 181, 220, 243, 320, 344, 406, 433, 495, 510, 549, 613, 685, 758, 829, 900, 962, 1023, 1047, 1155, 1241, 1278.
—— (Robert), voit. 365, 1258.
—— fontenier, 211.
—— frotteur de parquets, 1262.
Gordier (Jean), manœuvre blessé, 455.
Gorée (Pierre), ouvrier blessé, 651.
Goret, marchand, 976.
—— voit., 195.
Gorneti (Jean-Ambrogio), lapidaire. — Voy. Giacetti.
Gorillon, prop., 1027.
Gosselin (Georges), armurier, 232, 278, 281, 364, 383, 388, 448, 463, 502, 576, 646, 669, 712, 723, 780, 791, 854, 863, 964, 1002, 1026, 1084, 1098, 1108, 1203, 1217, 1322, 1343, 1354.
—— ter., 32.
Gossoin, horloger, 167.

Gouchet (Martin), marchand de bois, 221.
Goudignon, ser., 757, 826, 898, 960, 1045, 1152, 1274.
Goudron (Brûleur de), 101.
—— (Établissement d'une manufacture de), 312, 369.
—— (Fourniture de), pour les vaisseaux de Versailles, 1183, 1321.
Gouet. — Voy. Gov (Claude).
—— ou Goué (Nicolas), jard., 1031, 1248, 1249.
Gouges, charp., 1136, 1142.
Gouion (Paul), peint. et doreur. — Voy. La Baronnière.
—— greffier de l'Écritoire, 215, 368, 877, 911.
Goulettes de fontaine, 1050, 1051.
—— de marbre, 1163, 1164, 1167.
Goulier (Nicolle), prop., 29.
Goupy (Jean), jard., 33.
Gourdes (Marais des), 316, 382, 400, 409, 452, 454.
Gourdon, maç., 1135, 1251, 1329.
Gouret, carrier, 702.
Gourlier (Claude) et sa femme, prop., 1340, 1341.
—— (Louis) l'aîné, prop., 28, 29, 119, 120, 153.
—— jard., 1079, 1169.
—— (La veuve de), ter., 256.
—— marchand de bois, 1186.
Gournay (Manufacture de serges à), 372, 640, 707, 776.
Gournay, plombier, 1200.
Gov (Jean), laboureur, 89.
Goy (Claude), peint. et doreur, 17, 136, 192, 243, 253, 306, 334, 359, 418, 482, 509, 575, 613, 635, 658, 722, 752, 758, 789, 828, 862, 901, 962, 1046, 1192, 1215, 1282, 1353.
—— marchand de bois, 976.
Goyer (Julien), ter., 34.
Goyon (Jean), chaudronnier, 71, 280, 435.
Goyton. — Voy. Goiton.
Graines (Achat de), 877.
Graisses et chevilles pour les moulins, 837, 971, 972, 1175, 1310.
Graissets (Bonde et aqueduc de l'étang des), 958, 969, 1057, 1115, 1144, 1165, 1263.
—— (Étang et rigolles des), près Versailles, 968, 969, 970, 1015, 1040,

TABLE ALPHABÉTIQUE.

1043, 1054, 1055, 1057, 1061, 1069, 1148, 1153, 1169, 1170, 1171, 1173, 1174, 1234, 1266, 1272, 1292, 1294, 1295, 1301, 1302, 1304, 1305, 1306, 1308, 1309, 1315, 1348, 1350, 1351.
Graissets (Les deux pavillons de l'étang des), 1043.
——— (Ponts des rigoles des), 1040.
Gramont (Le maréchal de), 106, 166, 172, 222.
——— (Appartement du maréchal de), au Louvre, 11, 15, 73, 1240.
——— (Hôtel du maréchal de), acquis par le Roi, 64, 101, 106, 117, 150, 152, 156, 172, 207, 222, 672.
——— (Tableaux de l'hôtel de), 989.
Grand Écuyer (Logement du) au Louvre, 15.
Grand-Escu-de-France (Le), vaisseau, 110.
Grandfort, ter., 1077.
——— (La veuve de), voit., 1184, 1193, 1194.
Grandie, entrepreneur de la manufacture des draps pour le Levant, 371.
Grandlouis, jard., 745, 750.
Grandmont (Hôtel de). — Voy. Gramont (Hôtel du maréchal de).
Grandpré, charp., 1263.
Grangé, gardien de scellés, 153.
——— pêcheur, 268.
Granier (Pierre), sc., 964, 1048, 1161, 1162, 1288, 1289. — Voy. Garnier.
Granjon (La veuve de), poseur de pierres tué, 1133.
Graphomètre (Achat d'un), 271.
Grassel, marchand à Nuremberg, 289.
Grasset ou Grassot (Albert) et consors, prop., 177, 223.
Gratiani, secrétaire d'État du duc de Modène, 57, 115, 162, 229, 270, 299, 380, 451, 566, 648, 715.
Gratifications aux gens de lettres français et étrangers, 56-58, 62, 109, 112-116, 119, 158, 161-163, 176, 226-229, 238, 298-300, 315, 377-380, 395, 448-451, 486, 563-566, 586, 589, 648-650, 714-715, 739, 782-783, 812, 855-856, 883, 925-927, 938, 991-993, 1017, 1086-1087, 1116, 1204-1206, 1235, 1344-1345.
——— aux ouvriers, 130, 640, 651, 948. — Voy. Ouvriers blessés.
Graubois (La veuve de Marin), prop., 28.

Gravel ou Gravelle (L'abbé), résident à Mayence, 491, 503, 554.
Gravelle (Les s^r et dame de), prop., 400, 454.
Gravet (Jean), orfèvre, 100, 157, 224, 301, 380.
——— (La veuve), 490, 555.
Gravier, sc. — Voy. Granier.
Graviers (Le buisson ou le bois des), 1066, 1308.
Gravures en bois, 642.
——— représentant la lune. — Voy. Lune.
——— représentant les constellations célestes, 990.
——— sur cuivre. — Voy. Planches gravées.
Grégoire, maître de forges, 1167.
Grenadiers, arbres, 579, 662, 726, 793, 835, 866, 1006, 1231.
Grenan en Nivernais, 96.
Grenest (Jacques), ter., 537.
Grenier, sc. — Voy. Granier.
Grenoble (Alexandre), sc., 15, 71, 514, 515.
——— (Jacques), sc., 615, 1162, 1287.
Grenoble, 455, 501.
Grenot (Pierre), ter. blessé, 1197.
Grès (Ferrer des), 769.
——— (Fouille de), 644. — Voy. *Grosrouvre*.
——— (Mur de), 36.
——— (Ouvrages de) ou de gresserie, 701, 842.
——— (Piédestaux de), 93, 95, 144.
——— (Roches de), pour les fontaines de Versailles, 889, 910.
——— (Sphinx de). — Voy. Sphinx.
——— (Tablettes de), 353, 524, 525, 529, 608.
Greslé (La veuve de), chaufournier, 975.
Greslet, peint., 949.
Greslon, meunier des moulins de l'étang, 977.
Gresserie (Tuyaux de) ou de grès, 93, 137, 188, 341, 409, 428, 598, 630, 632, 764, 823, 841, 913, 968, 974, 976, 1058, 1069, 1070, 1115, 1166, 1185, 1295, 1332. — Voy. Grès.
Gresset (Étienne), manœuvre, 249.
Grignon, grav., 545, 642.
Grillet, ter., 1305.
Grillon (Louis), dit Le Chat, charp. et meunier à Versailles, 958, 1043, 1063, 1188, 1268, 1310.

Grimault ou Grimoult, charp., 1267, 1268.
Grimbois (Berthélemy), men., 192, 252, 334, 335, 416, 507, 541, 611.
Grindorge, de l'Académie de Caen, 476.
Griveau, portier de la Savonnerie, 682, 709.
Grognet (François), voit., 504.
——— (Jean), maç. et couvreur, 35, 93, 94, 145, 146, 203, 265, 266, 272, 353, 439, 440, 467, 535, 572, 584, 602, 667, 687, 732, 749, 799, 819, 872, 890, 949.
——— (La veuve de), 1028, 1029, 1095, 1129, 1225, 1246, 1364.
Gromet (Gilles), marchand de bois, 842, 1194.
Gronovius (Jean-Frédéric), philologue et professeur à Leyde, 62, 113, 162, 228, 299, 380, 451, 566.
Gros-rouvre (Roches ou grès du), 837, 910, 1067, 1183, 1308, 1313.
Grosseval, men., 1151, 1271.
Grottes. — Voy. *Fontainebleau*, *Saint-Germain*, *Versailles*.
——— d'appartement, 343.
Gnot, voit., 685, 1322.
Gnouard, sc., 1334.
Groupe de bronze représentant le *Rapt des Sabines*, 394.
Groupes de marbre, 252, 1050. — Voy. *Versailles* (grotte).
Gruau, espèce de grue, 77.
Gruchet, jard., 984.
Grubé, vitr., 1277.
Guadet, meunier. — Voy. Gaudet.
Guémard, jard., 1036.
Guénand, doreur, 334, 340, 419.
Guénon (Nicolas), ouvrier en soie, 175, 215.
Guérard (Nicolas), grav., 1088, 1208, 1345.
Guérault ou Garot (Jean), miroitier, 21, 79, 259, 329.
Guerchin, peint., 166.
Guerdons et girandoles, 304.
Guéret, men., 757.
Guéridons d'argenterie, 7, 9.
——— (Dorure des), 476, 672.
——— représentant les *Quatre Saisons*, 364.
——— sculptés, 320, 321, 470.
Guérin (Gilles), sc., 98, 135, 169, 252, 293, 333, 417, 462, 514, 546, 575.

615, 624, 658, 722, 760, 789, 829, 862, 902, 964, 1002, 1048.
GUÉRIN (Les héritiers de Gilles), 1162.
—— (Jean), portier du Palais-Cardinal, 296, 464, 579.
—— (Jean), sc., 193.
GUÉRINET (Anne), prop., 108.
—— (Étienne), prop., 108.
GUERNE, armurier. — Voy. LE GUERN.
GUERRIER (Jean), vitr., 269, 600.
—— ingénieur, 379.
GUESDON (Claude), femme DU BREUIL, prop., 453.
GUESNON, maç., 328.
GUESTON, capitaine de navire, 399, 456.
GUIARD (Antoine), ouvrier en ciment, 978, 1132.
GUIBERT, prop., 1112.
GUICHARD, entrepreneur de la manufacture de Saint-Quentin, 373.
—— professeur en théologie de la maison de Navarre, 879.
Guichet (Port du). — Voy. Louvre (guichet).
GUIDE (LE), peint., 237, 282, 358, 394, 479, 542.
GUIGNARD (Geneviève), veuve d'Antoine MIVERT, prop., 645.
—— (Jean), ter., 518, 528, 534, 621, 672, 1057, 1058, 1302.
—— employé à Versailles, 838.
GUIGNY (Vincent), prop., 883.
GUILBERT (Henri), prop., 314, 382.
—— (L'abbé Pierre), auteur de la Description de Fontainebleau, 111, 204, 272.

GUILBERT carrier, 1027, 1127.
—— ter., 1302, 1303.
GUILLAUME (Pierre), manœuvre blessé, 387.
GUILLEBERT, ter. — Voy. GUILBERT.
GUILLEMAIN, ter., 895.
GUILLEMEAU (Louis), scr., 140, 260.
GUILLEMIN (Simonne), veuve de Gervais OUDIN, ouvrier tué, 73, 249.
GUILLEMOT (Louis). — Voy. GUILLEMEAU.
GUILLEBOT, men., 1229.
GUILLIGOT, marchand de sable, 978.
GUILLIN (Henri), garde-meubles de Fontainebleau, 58.
Guillochis, 619, 944.
—— de marbre, 832.
GUILLOIS ou GUILLOIR, ferblanquier, 912, 977, 1185.
Guillon (Guillaume), bûcheron, 356.
GUILLONET, ferblantier, 1108.
GUILLOT (Benjamin), carrier, 251, 257, 331.
—— (Claude), carrier, 331.
—— (Jeanne), prop., 1340.
—— (Louis), portier du château neuf de Saint-Germain, 868, 1008, 1104, 1221, 1357.
—— (Philippe), prop., 29.
—— (Pierre), carrier, 487, 561.
—— sergent au régiment des gardes, 771.
GUILLOUARD (Philippe), payeur de gages, 523.
—— préposé à la construction du quai le long du Cours, 375, 457.
GUIMONT (Isaac), tap., 118, 152.

GUINCHESTRE. — Voy. QUINCHESTRE.
GUINEBAULT, voit., 604.
GUINOT (Jean). ter., 256. 347. 424, 425.
GUIOT. — Voy. GUYOT.
GUISE (Hôtel de), à Versailles, 693, 630, 644, 1185.
GUISE (Mlle DE), capitaine de la volière du Roi, 295, 390, 393, 410, 452, 593, 644.
GUITEL, jard., 753, 1038.
GUITMEYER (Fabien), traducteur en allemand, 228.
GUITRY (Démolition de l'hôtel de), 1303, 1304.
—— (Hôtel de), à Versailles, 1043.
GUITTON (Michel), 262.
—— échalasseur, 362.
Guyancourt (Remises à gibier de), 939.
GUYARD (Charles), ter., 1060.
Guyenne, 217.
—— (Manufactures de), 445, 556. 557, 860.
GUYMONT (Henri HERVÉ DE), commis de la manufacture des glaces, 624, 754, 772, 823, 841, 913, 934, 974, 975, 1079, 1201, 1261, 1318.
GUYON (Carlos), ter., 41, 148.
GUYOT (Antoine), sc., 14, 15, 181, 421, 427, 470, 1162, 1289.
—— (Claude), jard., 516, 531, 1058, 1080.
—— ter., 1172, 1299.
—— voit., 1108.

H

HABERT (Jacques), maç., 370, 443.
HABURNT, vitr., 1334.
Hachères. — Voy. Achères.
HACHETTE, éditeur, 73.
HADENCOURT, employé à Versailles, 838.
HADRAN (Daniel), maç., 268.
HAFFREY (Jeanne). — Voy. LOURDET (Veuve).
HAINGEVILLE (Robert DE), faïencier, 429.
Haincheville, 429.
HALEN, fondeur de Liège, 1011.
Halle-Barbier (La), louée pour les mousquetaires, 8, 42, 43, 66, 104, 122,

155, 178, 213, 240, 284, 316, 365, 646, 711, 782, 855, 929, 995, 1208, 1347.
Hallée, professeur en droit canon du collège de Navarre, 879.
HAMEL (Séraphin), 734.
HAMELIN (Pierre), maç., 86, 250.
HAMER (Samuel), ouvrier blessé, 1033.
HAMET (Michel), greffier de l'Écritoire, 1309, 1318, 1319, 1329.
HAMOIS (La veuve), cordière. — Voy. DU HANOIS.
HAMON (Pierre), dit LE BRETON, men., 38, 94.

HAMON (Pierre), employé aux Bâtiments, 1133, 1249, 1250.
—— couv., 217.
HAMONNET, fondeur. — Voy. HÉMONNET.
HANDEBAULT, vannier, 131.
HANICLE (Jean), maç., 500, 775.
—— (Pierre), maç., 102, 103, 152, 153, 269, 279, 281, 294, 342, 414, 462, 468, 500, 547, 576, 658, 723, 790, 802, 815, 850, 863, 886, 921, 988, 1002, 1098, 1107, 1127, 1146, 1198, 1216, 1264, 1854.
HANIGLE (La veuve de), meunier de Satory. — Voy. HINC.

HANO, charretier, 836.

HANCHES (Les), marbriers, 619, 671, 698, 763, 832, 903, 933, 965, 1051, 1162, 1165, 1291.

HARAN ou HARAM (Pierre), meunier de Satory, 971, 1063, 1175, 1310.

Haras, 82, 84, 90, 141, 491.

—— de Roussillon, 283, 368, 477.

—— du royaume (Inspection des), 567, 682, 716. — Voy. *Saint-Léger* (Haras de).

HARAUDIÈRE (Gabriel DARESSE DE LA). — Voy. DARESSE.

Harblay. — Voy. *Herblay.*

HARCOURT (Logis de la comtesse D'), 153.

HARDEL, voit., 1142, 1258, 1262, 1367.

HARDOUIN (Michel), maç., 1187, 1323, 1368.

HARDY (Charles), ser., 319, 343, 403, 411, 417, 433, 499, 508, 539, 548, 597, 599, 612, 634, 686, 694, 743, 745, 757, 817, 826, 888, 946, 1229, 1276.

HARLAY (M. DE), Procureur général du Parlement, 736.

HARMAND, ébéniste. — Voy. ARMAND.

HARMANT (Jean), dit HOLLANDE, ser., 1046, 1153, 1275, 1276.

—— (Pierre), 1275.

HARNY, taillandier, 1033.

HARODARD, ser., 690, 694.

HARPIN, ter., 1174, 1301.

HARSANT, maç. — Voy. HERSANT.

HAS (Paul), vigneron, 89.

HASTÉ, ser., 916, 917, 981, 1029, 1074, 1153, 1189, 1272, 1325.

HASTIÉ (Dominique), ter., 1133, 1248.

HAULMOIR (Pierre), 136.

HAUTEFEUILLE, aubergiste à Versailles, 307.

HAUTEMPS (Guillaume), prop., 29.

HAUTON, médecin à Caen, 388.

HAVARD (Antoine), prop., 43, 104.

—— (La veuve), 155, 213, 284, 365, 563, 855, 929, 935, 1062, 1209.

HAVEAU (Pierre), men., 46.

HAVILLE (Pierre), maç., 76.

Havre-de-Grâce (Les clefs du) présentées à Charles IX, 204.

—— (Matelots du), 52, 360, 361, 908.

—— (Pavés ou cailloux du), 504, 505, 677, 747, 802, 1239, 1318, 1323, 1333, 1368.

—— (Port du), 549, 1107.

HAY (Jacques), charron, 534.

HAY (Jean DU), concierge de la Coudre, à Fontainebleau, 52, 111, 206, 209, 267, 273, 275, 375, 455, 467, 586.

—— (Martin), 651.

Haye-aux-Prêtres (La), à Saint-Germain, 7, 89.

HAYOT, jard., 639.

HÉBERT (Jacques), meunier de Satory, 971, 1063, 1175, 1310.

—— jard., 673.

—— (La veuve de), ouvrier tué, 651.

HEINSIUS (Nicolas), philologue hollandais, 57, 114, 162, 228, 299, 379, 451.

Helmstadt (Académie d'), 57, 228, 299, 451, 566, 715.

HÉLYOT, jard., 394, 479.

HÉMERY (Jacques), plombier, 39.

HÉMON, marchand de sable, 1333.

—— voit., 1258.

HÉMONNET, fondeur, 977, 1067, 1068, 1180, 1229.

HÉMONT (Nicolas), charp., 527, 630.

—— ingénieur des pompes, 701, 702, 840, 897, 911, 978, 1067.

HÉNART, men., 611.

HÉNAULT, men., 844.

HÉNAUT, dit LA GRANDEUR, palefrenier, 1033, 1037.

—— (Jacques), briquetier, 527, 909.

HENDERIXSEN ou HENDRICHEN, marchand à Dunkerque, 110.

HENOC (Étienne), facteur d'orgues, 180, 249, 528, 630, 769, 1071, 1180, 1313, 1314.

HENRI IV, roi de France, 35.

HENRIQUET, ouvrier, 206.

HENRY (François), tap., 49, 50, 101, 196, 339.

—— ou HERNY (Octavien), jard. préposé aux jardins royaux, 458, 501, 553, 569, 652, 669, 706, 719, 784, 859, 930, 999, 1091, 1142, 1212, 1230, 1350.

—— copiste, 1109.

—— taillandier, 951.

—— ter., 622.

—— trésorier général des galères, 1118, 1122, 1183.

—— (La veuve de), tailleur de pierres, 189.

HENSE, ingénieur, 712.

HÉRARD (Girard-Léonard), sc. et gr. en méd., 515, 550, 618, 671, 697, 735, 762, 780, 804, 831, 874, 875.

HÉRARD (Les héritiers de), 994.

—— (La veuve de), 831, 903, 932.

—— peint. — Voy. ERRARD.

HÉRAULT (Charles), peint., 509, 1155, 1282.

HERBELOT (Barthélemy D'), orientaliste, 565, 649, 715, 991, 993, 1205.

HERBET, men., 775.

HERBIEU (La veuve de), garde-moulin de Satory, 1186.

Herblay, 1135, 1250, 1256.

Hercule (Les Travaux d'), tableaux du Guide, 358.

Hercule Farnèse (Moule de l'), 105, 207, 242, 276, 339, 469.

HERCULE FARNÈSE (statue), 277.

HERENNIUS (Buste de QUINTUS), 394, 479.

HERMAN, dit HOLLANDE, ser. — Voy. HARNANT.

—— peint., 695, 758, 829.

HERMEL (René), ter., 24.

HERMIER (Pierre), men., 16, 71, 239, 280.

HERNIER, maç., 608.

HERNY (Octavien). — Voy. HENRY.

—— voit., 639.

HÉRON (Jean et François), prop., 1202.

—— (Magdeleine), prop., 1119, 1202.

—— (Sulpice), bûcheron, 442.

—— fondeur, 913, 976, 986, 1078, 1193, 1329.

Héronnières. — Voy. *Fontainebleau*, *Noisy*, *Vincennes*.

HÉROUARD, maç., 101.

—— prop., 169.

HÉROUVAL (DE VYON D'), généalogiste, 56, 113, 163, 783, 993, 1086, 1205, 1344.

HERPIN, ter., 1169.

HERSAN (Pierre). — Voy. HESLAN.

—— piqueur de grès, 608, 689.

HERSANT (Mathurin), maç., 265, 353, 439, 538, 749, 949, 1028, 1128, 1244, 1245.

—— (Michel), ter., 1131.

HERTIER (Nicolas), men., 303.

—— (La veuve), 212.

HERVÉ DE GUYMONT. — Voy. GUYMONT.

HESLAN (Pierre), jard., 92, 187, 188, 196, 202, 264, 275, 324, 350, 408, 436, 469, 475, 546.

HESSEIN (La demoiselle), prop., 238, 282.

HEURTIER, prop., 1112.

HEVELIUS, astronome allemand, 57, 115, 162, 228, 299, 380, 451, 650, 715.
HEVERARD, ter. — Voy. ÉVRARD.
HILAIRE, doreur, 1282.
HILLAIRIN (Le s' D'), prop., 28.
HINART (Louis), entrepreneur de la manufacture de Beauvais, 9, 49, 54, 152, 172, 207, 286, 312, 385, 390, 444, 489, 555, 558, 641, 707, 1120, 1201.
—— arch., 98, 547.
HINC ou HINIZ, meunier de Satory, 971.
—— (La veuve), 1063, 1175, 1310.
Histoire byzantine (Impression de l'), 884.
Histoire de France (Médailles de l'), 803.
—— (Ouvrages sur l'), 926.
Histoire de Pyrrhus (L'), gravure, 927.
—— des Français en terre sainte, traduite de l'hébreu, 481.
—— des Géants, tableau, 1230.
—— des Maisons Royales. — Voy. FÉLIBIEN.
Histoire du Roi (Médailles de l'), 552, 735, 803, 876, 928, 1186, 1203, 1208, 1229, 1342.
—— du Roi, peinte sur du gros de Tours, 1017.
—— du Roi (Tenture de l'), 220, 287, 288, 445.
—— ecclésiastique (Ouvrages concernant l'). — Voy. BALUZE.
Hiver (Planche gravée d'après une statue représentant l'), 1207.
—— (Tapisserie représentant l'), 288.
HOCHAR (Claude), tailleur, 220.
HOFMAN (Gaspard), éditeur de Gallien, 216.
HOLIZAPHEL (Balthazar) et consors, prop., 383, 392.
Hollandais (Charpentiers), 218.)
Hollande, 63, 110, 177, 228, 279, 283, 286.
—— (Achat de rosiers de), 984.
—— (Basins et futaines de). — Voy. Manufactures.
—— (Carreaux de), 421, 428, 1037, 1050.
—— (Draps, façon de). — Voy. Manufactures.
—— (Ouvriers en drap de), 151.
—— (Terre de), 85, 189, 630, 634, 670, 910.
—— (Toiles fines de), 370.
HOLLANDE. — Voy. HARMANT.

HOMÈRE (Buste d'), 394, 479.
Hôpital. — Voy. Paris.
HONEST (Michel), vitr. 40.
Horloge à pendule, 22.
—— à pendule (Invention de l'), 228.
—— à pendule (Expérience de l') pour les longitudes, 379.
—— en globe, 1106.
—— du Pont-Neuf, 75, 131, 190.
—— du Val-de-Grâce, 167.
—— vendue au Roi, 1107.
—— des châteaux royaux. — Voy. Fontainebleau, Saint-Germain, Versailles.
HOSDIER, prop., 383, 1347.
HOSSIER, prop., 315.
HOSEDRE (Louis), prop., 923.
Hôtel des Ambassadeurs, 50, 98, 101, 158, 275, 281, 407, 468, 471, 669, 670, 734, 849, 921, 1080, 1081, 1199, 1200, 1239, 1357.
—— (Gages des officiers de l'), 43, 112, 160, 297, 376, 466, 581, 665, 729, 796, 869, 1009, 1105, 1222.
HOUART (Jacques), marchand de bois, 47.
HOUASSE (René-Antoine), peint., 407, 510, 614, 694, 758, 759, 803, 829, 851, 899, 952, 962, 988, 989, 1047, 1124, 1155, 1156, 1279.
HOCHART (Antoine), men., 127, 128, 184.
HOUDAYER, plombier, 1167, 1294.
HOUDÉ (Les héritiers de), prop., 1339.
HOUDIN, corroyeur, 910.
—— jard., 423.
HOUDOUIN (Louis), jard., 138, 336, 338, 423, 424, 427, 515, 519, 522, 539, 620, 622, 628, 698, 699, 702, 765, 766, 768, 776, 834, 835, 836, 841, 906, 911, 967, 970, 1011, 1053, 1058, 1169, 1296, 1297.
HOUEL (Le chevalier), prop., 42, 104, 155, 213, 284, 364, 563, 645, 711, 855, 929, 995, 1082, 1209, 1347.
HOUELLE. — Voy. HOUEL.
HOUET (Nicolas), ter., 425, 517, 518, 539, 621, 766, 970, 977, 1057, 1170, 1301, 1332.
Houilles (Plaine de), 1021, 1121.
—— (Remises à gibier de la plaine de), 691, 754, 778, 779, 933, 1200.
HOUISSE ou HOUISTE (Noël), dit MATHOU, voit., 409, 474, 475, 496, 527, 639,

734, 745, 749, 933, 953, 1027, 1081, 1082, 1127.
HOUPPIN (Jean), notaire, 222.
HOURSEL. — Voy. OURSEL.
Houx (Fourniture de), 325, 336, 470, 501, 639, 706.
HOUZEAU (Jacques), sc., 21, 27, 45, 78, 125, 131, 132, 133, 181, 190, 193, 201, 244, 253, 293, 302, 321, 332, 404, 405, 418, 420, 437, 462, 510, 512, 513, 575, 617, 624, 635, 658, 671, 696, 704, 722, 761, 762, 789, 830, 862, 902, 918, 962, 963, 983, 1001, 1048, 1049, 1076, 1097, 1130, 1157, 1158, 1191, 1215, 1283, 1285, 1289, 1353.
—— fils, sc., 1191, 1326.
HOZEBRE (Louis), prop., 884.
HUART, men., 1024.
HUBAC (Laurent) fils, charp. de vaisseaux, 283.
HUBERT, ouvrier en ciment, 702.
HUBERT (La dame), 674.
—— (Louis), voit., 304, 470, 498, 499, 529, 546.
—— (Pierre), tailleur de pierres, 568.
—— marbrier, 278, 384.
HUBIN, émailleur, 804, 875, 976, 1067.
HUBY (Guillaume), maç., 67, 121.
—— (Jacques), maç., 11.
—— (Jean), professeur de la maison de Navarre, 879.
—— marchand de fleurs, 933, 1076.
HUE (Claude), maréchal, 1313.
HUET (François) dit POITEVIN, concierge du Palais-Royal, 296, 579, 662, 726, 794, 867, 1006, 1102, 1220, 1360.
—— (Pierre-Daniel), évêque d'Avranches et érudit, 56, 113, 162, 227, 298, 314, 367, 377, 449, 564, 649, 715, 993, 1087, 1205, 1344.
—— men., 1272.
HUFFRAY (Magdeleine), prop., 27, 28.
HUGÉ, vitr., 638.
HUGENEY. — Voy. HUYGENS.
HUGOT, voit., 307.
HUGUET, taillandier, 1185.
HUGUEVILLE (La veuve Marguerite), prop., 399, 400, 453, 484.
Huile de noix (Fourniture d'), 1321.
HUILLOT, peint., 344, 345.
HULOT (Nicolas), couv., 269, 653.
—— (Pierre), couv., 103, 160, 226, 291, 414.

TABLE ALPHABÉTIQUE. 1445

Huppin, batelier, 633.
Hurault (La veuve de Jacques), appareilleur tué, 455.
Hurbi, jard., 984.
Huret, employé à Fontainebleau, 1032.
Hurnot (Pierre), sc., 321, 345, 475, 511, 618, 670, 697, 762, 830, 902, 964, 983, 1048, 1076, 1159, 1160, 1191.
—— men., 196.

Huvelier, marchand de fumier, 706, 776, 834.
Huvilliers (François), portier du cours la Reine, préposé à la garde des avenues des Tuileries, 249, 374, 410, 457, 476, 484, 498, 502, 520, 552, 569, 598, 630, 639, 653, 662, 672, 685, 726, 734, 744, 793, 816, 888, 945, 1011, 1023.
—— (La veuve), 1006, 1102.

Huygens (Christian), physicien et astronome, 57, 115, 158, 228, 299, 377, 380, 451, 552, 566, 650, 713, 782, 855, 925, 1085, 1211, 1342, 1350.
Hy, maître de forges, 1167.
Hyacinthes (Achat d'oignons d'), 918, 933.
—— orientales, 423.
Hyéres, 206.
Hyvet, ouvrier blessé, 1078.

I

Ifs (Fournitures d'), 324, 325, 327, 408, 423, 424, 501, 553, 620, 630, 661, 698, 725, 755, 770, 792, 809, 865, 933, 1004, 1070, 1100, 1124, 1219, 1231, 1358.
Île des Cygnes, vis-à-vis e cours la Reine, à Paris, 932, 1108, 1228.
—— (Terres et héritages acquis par le Roi dans l'), 1018.
Île-de-France (Gravure de la carte de l'), 544.
Îles françaises d'Amérique. — Voy. Amérique.
Illustre Théâtre (L') de Molière, 323.
Imbert (Gaspard), sc., 443.
—— (Remy), commis des manufactures du pays Chartrain, de l'Orléanais et du Vendômois, 445, 556, 850.
Impression de gravures en taille-douce, 502, 642, 655, 712, 780, 787, 854, 857, 924, 930, 989, 994, 997, 1088, 1208, 1213, 1342, 1351. — Voy. Clément (Nicolas).
—— de livres, 781, 884, 1110.
Imprimerie royale, 14, 16, 68, 151, 215, 216, 401, 468, 884, 998, 1020, 1110.

Incrustations de marbre, 164, 166, 1114.
Incurables (Hôpital des). — Voy. *Paris* (hôpital général).
Indemnités pour dégâts causés par les chasses du Roi, 1018, 1021, 1112, 1121.
—— pour dommages causés par les campements et revues de troupes, 1121.
Indes (Savants envoyés aux), 379, 470, 1108.
Indes-Occidentales (Compagnie des) Voy. Compagnie.
Innocents (Charnier des). — Voy. *Paris*.
Inscriptions gravées, 1089, 1207, 1208, 1346.
Instruction pour arrêter les états des Bâtiments, 879.
Instruments d'argent pour les enfants d'honneur du Dauphin, 491, 554.
—— de mathématiques (Achat d'), 231, 232, 388, 447, 448, 463, 470, 473, 502, 503, 576, 646, 659, 712, 723, 780, 791, 854, 863, 924, 990, 1002, 1026, 1084, 1098, 1203, 1204, 1217, 1231, 1342, 1343, 1354, 1367.

Interprètes en langue arabe et en langue turque. — Voy. Dippi, Lacroix (Paitis de).
Intestins d'un lion, planche gravée, 364.
Invalides (Modèle de l'église des), 1368.
—— (Travaux de l'église des), 1117, 1229, 1368.
Inventaires des livres de miniature des plantes, coquilles, médailles et autres raretés du Cabinet du Roi, 101, 102.
Ibis (Statue d'), 616.
Irlande (Bœuf d'), 552.
Isaye le jeune, ter., 23, 129, 186, 247, 255, 340, 341, 422, 424, 427, 497, 502, 539, 598, 630.
Isnard. — Voy. Hinart.
Italie, 158, 170.
—— (Artistes et savants envoyés en), 52, 279, 365, 366, 481, 482, 803, 853, 854, 1085.
—— (Livres sur l'histoire d'), acquis pour le Roi, 120, 153.
—— (Marbres d'), 215.
Ivart. — Voy. Yvart.
Ivon (Charles), couv. — Voy. Yvon.

J

Jarach, amateur, 490, 553.
—— directeur de la manufacture des buffles à Corbeil, 444.
Jacinthes (Fournitures de), 423.
Jacob, marchand de poissons, 633.
Jacquelin (Jean), jard., 188, 277.
Jacquemart, verrier, 691.
Jacques (Claude), jard., 423, 516.

Jacquet ou Jacques (Charles), vitr., 85, 91, 128, 143, 185, 199, 201, 211, 230, 246, 264, 404, 350, 404, 437, 447, 463, 502, 533, 552, 576, 637, 659, 685, 705, 723, 774, 790, 846, 849, 863, 917, 921, 981, 987, 1002, 1074, 1081, 1098, 1108, 1189, 1199, 1216, 1325, 1336.

Jacquet ou Jacques (La veuve), 1325.
—— men., 1126, 1243.
Jacquier (Pierre), trompette de la maison de ville de Lyon, 426, 477.
—— intéressé dans la manufacture des serges, 286, 372.
—— jard., 1298, 1304.
—— voit., 1316.

1446 COMPTES DES BÂTIMENTS DU ROI.

JACQUIN, sc. en bois, 983.
JAL (*Dictionnaire critique* de), 39, 40, 91, 314, 345, 370, 420, 672, 1123, 1346.
JAMABD (Thomas), maç., 76, 191, 209, 250, 251, 294, 362, 462, 468, 500.
—— (La veuve), 498, 500, 595.
—— dessinateur. — Voy. JOMART.
JAMÉ (Guillaume), vitr., 46.
JAMEDIY (François), jard., 257.
JAMELIN, fondeur, 700.
JAMIN (Martin), concierge du logis de la Fontaine, à Fontainebleau, 48, 273, 467, 585, 668, 733, 800, 873, 1226, 1365.
——— (René), concierge de la Surintendance de Versailles, préposé aux ateliers de Trianon et au magasin au plomb, 458, 632, 652, 702, 716, 729, 784, 796, 858, 869, 908, 997, 1009, 1068, 1105, 1176, 1222, 1310, 1357.
—— (Robert), concierge de la cour du Cheval blanc, à Fontainebleau, 48, 52, 147, 273, 467, 538, 586, 668, 733, 800, 873, 1227, 1250, 1365.
—— (La veuve du s'), arch., à Fontainebleau, 1118.
JAMOIS (Jean), voit., 413.
JANOT (Louis), maç., 331, 339, 415, 505, 529, 608, 692, 754, 775, 825, 896, 956, 1040, 1041.
JANS (Jean), l'aîné, tap. de haute lisse, 53, 107, 156, 220, 288, 289, 316, 367, 368, 385, 386, 398, 447, 480, 559, 708, 777, 851, 922, 988, 1110, 1338.
—— le jeune, tap., 107, 289.
JANSON (Antoine-Charles), vitr., 1002, 1027, 1046, 1081, 1098, 1125, 1126, 1154, 1198, 1210, 1241, 1243, 1277, 1325, 1354.
—— (La veuve), 987.
—— maç., 141, 987, 1081, 1108, 1337.
—— (La veuve), 1228.
—— ter., 1058.
JAQUET. — Voy. JACQUET.
JARAQUIS (Blaise et Pierre), 118.
Jardin médicinal. — Voy. Jardin Royal des plantes.
Jardin Royal des plantes (Butte du), 747.
—— Royal des plantes (Dépenses du), 678, 683, 687, 746-747, 812, 818, 888-889, 938, 947, 1017, 1025, 1110, 1116, 1125, 1184, 1206, 1235, 1242, 1344.
Jardin Royal des plantes (Gages des officiers du), 10, 49, 64, 110, 120, 159, 176, 225, 238, 290, 297, 309, 374, 393, 466, 479, 486, 581, 589, 601-602, 665, 719, 729, 739, 796, 869, 883, 938, 1009, 1017, 1105, 1116, 1211, 1213, 1222, 1351, 1357.
—— Royal des plantes (Pavillon au bout du), 947.
—— Royal des plantes (Salle des écoles au), 601.
Jardins fruitiers et potagers des Maisons Royales. — Voy. DE LA QUINTINIE.
Jardy, près Versailles, 968, 1055, 1058.
—— (Le prieur de), 430.
—— (Réservoir de), 1015, 1057.
—— (Routes du côté de), 1066.
JARIS, voit., 1232.
JARRY (Jean), charp., 36, 145, 265, 266, 749, 950.
—— (Nicolas), calligraphe et enlumineur, 5, 53.
Jasmins (Achat de), 85, 127, 394, 473, 480, 578, 579, 984, 1006, 1062, 1231.
—— d'Espagne ou de Portugal, 25, 105, 247, 422, 501, 540, 541, 549, 654, 662, 1151.
—— d'Espagne (Palissades de), 295, 661, 725, 720, 793, 866, 945, 1005, 1093, 1101, 1219, 1359.
—— en pleine terre, 1267, 1270, 1272, 1310.
Jauge de cuivre, 627, 1322.
JAVOLIN (Jean), jard., 267.
JEAN (Thomas), 986.
—— maç., 821.
—— patron de bateau, 840.
JEANNEAU, marchand d'osier, 27.
JEANNOT (Louis), maç. — Voy. JANOT.
JEANS. — Voy. JANS.
JEANTY, employé à Fontainebleau, 1249.
JEGER (Jacob), orfèvre allemand, 61, 99.
JEHANNEAU (Pierre), charp., 76.
JEHANNOT (Louis), maç. — Voy. JANOT.
JESSEY. — Voy. GISSEY (Henri DE).
Jetons d'argent (Fourniture de), 55, 109, 157, 308, 554, 671, 674, 735, 736, 780, 804, 875, 877, 934, 1010, 1089, 1106, 1109, 1203, 1206, 1342, 1343, 1367.
Jeu de masse, 272.
—— de paume du Louvre, 250.
Jeux d'enfants, tableau, 1229.
JOACHIM, faïencier à Lisieux, 427, 978.
JOCQUET, prop., 644.
JOLIVET, marinier, 435, 893, 954, 1142, 1261.
JOLLIN (Anne), veuve de Maurice DU BOURG, tap., 54.
JOLLY (Guillaume), prop., 104.
—— (Jean), compagnon de rivière, 434.
—— (Pierre), men., 954, 1034, 1142.
—— maç., 749.
JOLY (Denis), plombier et fontenier, 18, 19, 23, 34, 77, 91, 92, 133, 138, 142, 155, 191, 201, 208, 252, 303, 331.
—— (Jacques), préposé aux ouvrages de maçonnerie des Tuileries, 458, 569.
—— (Jérôme), marchand de chevaux, 144.
—— dit LA POINTE, jard., 1037, 1210, 1259, 1261.
—— ter., 919, 920, 985, 1077.
JOMART, dessinateur, 1182, 1190, 1315, 1326.
—— maç., 1243.
JOMBERT, charp., 888, 1123.
JONGLEUR. — Voy. LE JONGLEUR.
JONICHON, manœuvre tué, 1319.
JONNEAU, 51.
Jonquilles (Fourniture d'oignons de), 477, 620, 689, 736, 847, 1054.
JORAN (Louis), manœuvre blessé, 568.
JOSEPH, charp., 651, 987, 1198.
JOSIAS, piqueur des ouvriers des jardins de Clagny et Glatigny, 847, 858, 996.
JOSSON (Antoine), apothicaire, 1351.
JOUAN (Barthélemy), jard., 32.
—— ouvrier en glaces, 96.
JOUET, jard., 1133.
JOURDAIN (Jean), couv. blessé, 568.
JOURDIN, employé à Saint-Germain, 753.
JOURLET, corroyeur, 912, 933.
JOUSSET, miroitier, 176, 217, 259, 260.
—— (La veuve), 328, 474, 533.
JOUVEL, jard., 1260.
JOUVELIN (Pierre), piqueur, 338.
JOUVELLE (Louis), marchand de bois, 1319, 1327.

TABLE ALPHABÉTIQUE. 1447

Jouvenel, marchand de bois, 1329.
Jouvenet (Jean), peint., 345, 407, 494, 510, 613, 694, 758, 845, 1124, 1279.
—— (Noël), sc. et stucateur, 618, 636, 696, 705, 763, 773, 830, 902, 918, 965, 982, 1048, 1049, 1075, 1137, 1157, 1158, 1190, 1283.
Jouy, 29.
Joyeux (Jean), facteur d'orgues, 305.
—— fournisseur de tuyaux en bois, 842, 975.
Jubé (François), goujat tué, 568.
Jubilot (Paul), men., 335.
Jubin (Michel), prop., 28.
—— (La veuve), 168.
Judée (Arbres de), 295, 578, 579, 661, 662, 726, 793, 866, 1006.
Julien (Charles), charp., 88, 140, 147, 152, 153, 218, 234, 235, 317, 349, 350, 356.
—— (François), manœuvre blessé, 387.
—— ou Julienne (Jacques), jard. et ter., 195, 202, 213, 255, 264, 324, 336, 341, 352, 424, 436, 516, 529, 554, 598, 933, 1297.
Julien ou Julin, batelier, 975, 1110, 1124, 1315, 1321.
—— meunier à Versailles, 1310.
—— taillandier, 910, 977.
—— (La veuve), 977.
Julienne (Achat de pieds de), 984.
Julienne. — Voy. Julien (Jacques).
Julin, batelier. — Voy. Julien.
—— marchand de bois, 769.
Jullien (Denis), ter., 890, 1127, 1297.
—— archer de la Prévôté, 1142, 1261.
—— voit., 1333.
Jullienne (François), manœuvre tué, 567.
Julio, sc., 105.
Jumeau (La veuve de René), manœuvre tué, 455.
Jumel (Jean), vigneron, 89.
—— (Pierre), peint., 275, 407, 674, 759, 877.
Jumel, jard., 975.
—— piqueur, 1316.
Jumelle, employé aux illuminations, 827.
Junon (Statue de), 618.
—— (Tête de), 394, 479.
Jupin, jard., 138.
Jupiter assis sur un aigle, tableau pour servir de patron de broderies, 1280.
—— *foudroyant les géants*, tableau, 1281.
—— (*Triomphe de*), planche gravée, 543.
Jupiter (Gravure des satellites de), 1089.
Jurigny (Guillaume), ouvrier, 97.
Juris canonici..., livre acheté pour le Roi, 270.
Justel (Henri), érudit, 227, 270, 378, 450.
Justine, men., 1199, 1272.
Juvenelle, laboureur, 848.
Juvisy, 1111.

K

Keller (Balthazar), fondeur, 359.
Kemps, savant, 379, 448, 565, 712, 714.
Kerchove (Josse), teinturier et marqueur aux Gobelins, 107, 368, 385, 386, 851, 852, 923, 988.
Kervel (Jean), mat., 1064.
Kinder, peint. en miniature, 709, 802.
Kukler (Balthasar), peint., 39, 95.

L

La Baronnière (Paul Goujon, dit), peint. et doreur, 71, 79, 81, 92, 124, 172, 180, 217, 244, 250, 254, 320, 329, 332, 344, 391, 406, 422, 433, 434, 468, 476, 494, 499, 509, 545, 576, 597, 599, 614, 635, 659, 672, 695, 723, 745, 752, 758, 759, 773, 791, 801, 802, 828, 829, 863, 887, 900, 933, 961, 972, 1002, 1047, 1064, 1081, 1098, 1107, 1124, 1154, 1217, 1279, 1354.
—— fils, doreur, 758, 1154, 1279.
La Bastide, charp., 755, 825.
Labré, paveur, 218.
—— peint., 828.
La Beurthe, chirurgien, 270.
La Billardière, ter., 1173, 1256, 1260.
Labis, marchand, 908, 910, 976.
La Boissière (Gilles de), grav., 476, 544, 642, 805, 874, 927, 994, 1089, 1109, 1206.
La Boissière (Avenue de), 98.
—— (Dîmes de), 398, 481, 563.
—— (Maison de), 48.
La Bonneterie (La demoiselle de), prop., 453, 778.
Laboratoire du Roi au Jardin Royal, 476, 503, 712, 714, 747, 781, 818, 889, 1025, 1213, 1351, 1352.
Laborde (Mathurin), ter., 90.
Labre, jard., 689.
La Bretonnière, peint., 408.
La Bru, La Bruet ou La Brus, jard., 1108, 1111, 1200, 1297, 1307, 1337.
La Boisse, employé à Fontainebleau, 52.
La Buissière (Dîmes de). — Voy. *La Boissière.*
Labyrinthe de Versailles. — Voy. *Versailles.*
La Cerisaye, ouvrier malade, 568.
La Chambre (Marin Cureau de), érudit et médecin ordinaire du Roi, 57, 114, 161, 227, 300, 368, 378, 459, 572, 602, 656, 687, 718, 747, 818, 889, 947.
La Chapelle (Michel Rigalleau, dit), voit., 188, 189, 325, 409, 410, 469, 497, 499, 501, 546, 597, 598, 685, 744, 745, 748, 749, 816, 887, 898.
—— (La veuve), 946.
—— men., 1029, 1045, 1150, 1151, 1246, 1269.
La Chapelle (Moulin de), près Clagny, 526.
La Chesnaye, voit., 643, 673.
Lacolay, employé au canal, 908.

96.

LA COMBE (La veuve), raccommodeuse de tapisseries, 155.
LA COSSART, prop., 741.
LA COSTE, ter., 1328, 1329.
—— (Denis DE), fondeur, 1167, 1295.
La Coudre (Écuries de), 1245.
—— (Hôtel de), à Fontainebleau, 52, 111, 273, 375, 467, 584, 586, 668, 782, 799, 872, 1226, 1364.
LA COUR (Pierre), maç., 258.
—— carrier, 1134.
LA COURT, ter., 1299, 1307, 1336.
LA COUSTURE (La veuve de), ouvrier tué, 651.
LA CREUSE (Jean), maç., 415, 505.
—— (Les héritiers de), 608.
LA CROIX (François PAITIS DE), interprète en langue turque, 121, 161, 228, 276, 300, 378, 379, 450, 477, 479, 482, 564, 565, 566, 646, 647, 649, 650, 712, 715, 780, 781, 783, 853, 854, 924, 926, 990, 993, 1085, 1086, 1205, 1344, 1349.
—— fils, interprète, 646, 925, 990, 1108, 1228, 1349.
—— men. — Voy. DE LA CROIX (Philippe).
—— portier du Palais-Royal. — Voy. DE LA CROIX (Noël).
—— préposé à Versailles, 653, 716, 784, 986, 1062, 1174, 1198, 1310, 1348.
—— ter., 1060.
LADOIREAU, ser. et fondeur, 920, 977, 1066, 1185, 1314.
LADVENUE (Nicolas), men., 128.
LADVOCAT (Marguerite), veuve du s' DE SAVORNY, 206.
LA FALAISE, jard., 1298, 1299, 1306.
LA FAYE, maç., 210.
La Ferrière, en Nivernais, 96.
LA FERTÉ, jard., 984.
La Ferté, près Saint-Valery, 399, 477.
—— (Forêt de), 326.
La Ferté-au-Col ou la Ferté-sous-Jouarre, 174, 221, 286, 289, 371, 447, 641.
LA FEUILLADE (Le maréchal DE), 1342.
—— (Hôtel de), à Versailles, 1342.
LA FILLE (Françoise), prop., 46.
LA FLÈCHE, maç., 1135, 1251.
LA FLESCHE, ser., 605, 689, 952.
LA FLEUR, carrossier, 1186, 1319, 1329.
LA FONTAINE (Georges), ter., 1231.
—— maç., 251, 608, 754, 958, 979,
1041, 1042, 1146, 1265. — Voy. AUMASSON dit LA FONTAINE.
LA FONTAINE, treillageur, 409.
LA FORGE (Le duc DE), 211.
—— (Hôtel de), acquis par le Roi, 176 211, 231, 274.
LA FOREST, jard., 328.
LA FOSSE, marchand de fer, 911, 974.
—— peint. — Voy. DE LA FOSSE.
LA FRANCE (François PICART, dit), 41, 47.
—— ouvrier blessé, 804.
La Frète ou la Frette, près Saint-Germain, 1256.
—— (Avant-bec au-dessus de), 1136, 1140, 1252, 1275.
LA GARDE (Claude), maç., 442.
—— (Les), scieurs de long, 1319.
LA GAUDE, fondeur, 700, 978, 1063, 1067, 1070, 1176, 1181.
LA GIROFLÉE, maç., 1324.
LAGNIÉ ou LAGNIER, marchand épicier, 429, 972, 977, 1183, 1321.
Lagny (Moulin de). — Voy. Clagny.
LA GRANDBARBE, marchand, 909.
LA GRANDE (Simon), charp., 741.
LA GRANDEUR, chargé du manége du Dauphin, 1138.
—— (La veuve), 1174.
LA GRANDMAISON. — Voy. LE CARON.
LA GRUE, marbrier. — Voy. LE GRUE.
LAGUIER, épicier. — Voy. LAGNIÉ.
LA HACHE (Paul), paveur, 147.
LA HAYE, commis à la manufacture de Gournay, 776.
—— maç., 979.
—— plombier, 1295.
La Haye, 158.
LA HIRE (Philippe DE), géomètre, 1087, 1205, 1344.
LA HOGUE, sergent, 736.
—— voit. par eau, 986, 1079, 1329.
LA HOUSSOY, marchand de bois, 1183.
LAISNÉ (Jacques) et Geneviève, sa fille, prop., 27, 1340.
—— (Jean), jard., 32, 44.
—— fondeur, 548.
—— voyageur au Levant, 310, 365.
Laiton (Ouvrages de), 26, 768, 942. — Voy. Fil de laiton, Parquets de marqueterie de laiton.
LA JODE (Jacques), maç., 1128, 1200, 1245.
LA LANDE (Jean DE), jard. du boulingrin à Saint-Germain, 31, 32, 46, 88, 139,
140, 160, 198, 296, 348, 436, 465, 532, 580.
LA LANDE (Les héritiers de Jean DE), 606.
—— (La veuve de Jean DE), 753, 794, 795, 822, 867, 868, 963, 1007, 1094, 1103, 1221, 1256, 1360.
—— (Jean DE), jard. du grand parterre, puis du boulingrin de Saint-Germain, 296, 465, 531, 580, 605, 656, 663, 690, 727, 795, 822, 867, 893, 953, 996, 1007, 1036, 1037, 1094, 1103, 1138, 1141, 1202, 1221, 1257, 1360.
—— (Jean-Baptiste DE), jard. de l'orangerie de Saint-Germain, 87, 226, 260, 296, 346, 465, 532, 580, 605, 663, 727, 753, 794, 822, 859, 867, 892, 893, 953, 1007, 1094, 1103, 1141, 1210, 1221, 1261, 1360.
—— (Louis DE), jard. à Saint-Germain, 87, 88.
—— l'aîné, jard. à Saint-Germain, 690.
LALANDE, écrivain, 101.
—— jard., 32.
—— marbrier, 278, 284, 454, 643.
LALLEMANT (Jean et Robert), entrepren. de la fabrique des baracons, 173, 174, 221, 285, 286, 371, 447, 641.
—— chaudronnier, 637.
—— employé aux illuminations, 826.
LALOITTE (La veuve), 131.
LALOUETTE (François), ingénieur, 303, 631, 632, 771.
—— (La veuve), 529.
—— ouvrier en pierres fines. — Voy. LOUETTE.
LA LOURCEY (Edme), ter., 518, 621, 633, 692, 699, 703, 835, 1060, 1061, 1169, 1301.
—— (Réservoir de) ou réservoir au haut du petit parc, 677, 768.
LALOYER (Denis), portier du château neuf de Saint-Germain, 297, 465, 581, 664, 728.
LALUN (René), jard., 81, 257, 324, 327, 423, 471.
LALUNE. — Voy. LALLN.
LA MARE, vitr., 1277.
LA MARRE, peint., 1123.
LA MASSONIÈRE, entrepreneur des fouilles de terre du grand canal de Versailles, 518, 620, 1061.

TABLE ALPHABÉTIQUE.

LAMAYE (Jean). — Voy. CAMAYE.
LA MAZIÈRE (La veuve). — Voy. LA MAZURE.
LA MAZURE, ter., 1060.
——— (La veuve), 1308.
LAMBELEY, 27.
LAMBERT (Marcel), ter., 1057, 1173, 1305, 1308, 1328.
——— (Marie), veuve TARAQUIN, 161.
——— arch., chargé des alignements de Versailles, 786, 998, 1109, 1213, 1350.
——— charron, 1318.
——— ser., 123, 180, 597, 604, 775.
Lambris de bois de rapport, 321.
LAMEAU (La veuve). — Voy. PARQUET (Marie).
LA MEILLERAYE (Buste du duc DE), 362.
LAMINOY (Maison de), à Fontainebleau, 1120.
LAMOIGNON (Guillaume DE), marquis de Bâville, premier président du Parlement, 108, 151, 153, 414, 500, 600.
LA MONTAGNE, ouvrier blessé, 1181.
——— peint. — Voy. PLATTE-MONTAGNE.
LA MOTHE, jard., 620.
LA MOTTE, ser., 1276.
LAMOTTE, voit. par cau, 1323.
LAMOUREUX, prop., 779.
Lampe d'argent donnée à la Trinité de Fontainebleau, 585, 668, 733, 800, 873, 1226, 1365.
LAMY (Michel), fermier, 352.
——— charp., 751.
——— ouvrier blessé, 1197.
——— portier du jardin des Tuileries, 653, 716, 717, 784, 857, 931, 998, 1092, 1094, 1220, 1360.
——— ter., 1305.
——— toiseur, 691.
LANCELIN (Nicolas), prop., 29.
——— employé aux Bâtiments, 1213.
Lances pour le Dauphin, 1107.
LANDAIS, trésorier général de l'artillerie, intéressé dans la manufacture des serges, 286, 372.
LANDRIN (Claude), 155, 302.
——— charron, 1316.
——— gainier, 224.
LANDRY (André), jard., 956, 1200, 1351.
——— maç., 817.
La Neuville (Forêt de), 427.
LANFRANC, peint., 1207.
LANGELIN, boisseleur, 1070.

LANGEMACH, Hollandais, 646.
LANGEVIN, 1071, 1168, 1297.
LANGLACÉ (Jean), men., 252.
LANGLET (Pierre), professeur au Collège Royal, 879.
LANGLOIS (François), mouleur, 553.
——— (Nicolas), carrier, 251, 257, 413, 1067, 1146.
——— couv. blessé, 804.
——— jard., 747, 818, 888, 1125.
——— marchand drapier à Troyes, 286, 372.
——— notaire à Fontainebleau, 1032, 1119, 1134.
——— sc., 1289.
LANGOT, employé au moulin de Palfour, 1262.
LANGOURON (Bertrand), men., 208.
——— (Étienne), men., 128.
——— men., 844, 915, 980, 1074, 1151, 1189, 1271, 1325.
LANGRAND, manœuvre blessé, 456.
LANGRENÉ ou LANGREVÉ (Pierre), ouvrier en ciment, 212, 281, 527, 600, 601, 632, 686, 703, 748, 771, 889, 948.
——— ingénieur, 1069.
Languedoc, 158, 217, 317, 366, 369, 780.
——— (Canal du). — Voy. Canal.
——— (Don gratuit de), 59.
——— (États du), 886, 943.
——— (Ferme des gabelles du), 65, 886, 943.
——— (Manufactures du), 444, 556, 557, 850.
——— (Marbres du). — Voy. Marbres.
LANGUET (Étienne), men., 330.
LANIEL (Louise MESLE, veuve de Christophle), prop., 28, 645, 928, 1341, LA NODE. — Voy. DE LA NOUE.
LANQUINEUX (Charles), tailleur de pierres, 250.
LANSELIN (Gabriel), ter., 1171.
Lanternes de fer-blanc, 131.
——— des combles de Versailles, 1147, 1157, 1158.
——— (Fourniture de), 207.
——— (Modèles de), 383.
LA PALUS, ter., 1141.
LA PERDRIX, sc., 762, 830, 846, 902, 918, 964, 983, 1048, 1075, 1159, 1191, 1288.
LA PERRIÈRE, marchand, 1109.

LA PESNAYE, concierge à Fontainebleau, 375.
LA PETITIÈRE (La dame). — Voy. DE LA PETITIÈRE.
LAPIE (Claude), couv., 76.
LA PIERRE, employé à la Monnaie des médailles, 1228.
——— manœuvre blessé, 1068.
Lapinière de Glatigny, 984, 985.
Lapis (Cabinets ornés de), 680.
La Pissotte (Chemin de), 487, 561.
LAPLACE, préposé à la grande terrasse de Saint-Germain, 458.
LA POINTE, grav., 709, 875, 1088, 1207.
——— jard. — Voy. JOLY.
——— voit., 1141.
LA PORTE (François DE), peint. et doreur, 759, 817, 888, 901, 962, 1025, 1081, 1156, 1198, 1280, 1334, 1336.
——— charp., 979, 980, 984, 1073.
1188, 1195, 1267, 1324, 1330.
——— voit., 1038.
LA POTERIE, charp. blessé, 567.
LA PRÉE, préposé à Chambord, 484.
LAQUAY, LAQUÉ ou LAQUIER (François), marchand de poix, 268, 305, 355, 408, 839, 908, 1064.
LARDENOIS (Lucien), marchand de bois, 222.
LARGENTIER, jard., 441, 997.
——— (La veuve), 1090, 1211, 1360.
LA RICHARDIÈRE, ouvrier, 131.
LA RIVIÈRE, ter. — Voy. DE LA RIVIÈRE.
——— voit., 327.
LA ROCHE, maç., 1135, 1147.
——— préposé au jardin du Palais-Royal, 601, 716, 745, 784.
——— préposé aux ouvrages des Bâtiments, 652, 655, 716, 857, 859, 898, 911, 1060, 1061.
——— ter., 1301, 1305.
——— voit., 101, 630, 671, 748, 771, 802, 842, 911, 933, 978, 1010, 1084, 1107.
La Rochelle, 283, 379, 476.
LA ROCHETTE, voit., 186.
LA ROZE, carrier. — Voy. ROZE.
LA ROZÉE, maç., 1266, 1324.
LA RUE, maç. — Voy. DE LA RUE.
LA SAUSSAYE (Robert), jard., 496, 527, 597, 598. — Voy. DE LA SAUSSAYE.
La Selle (Le réservoir proche), 1174.
——— (Rigolles de), 1301, 1302, 1305.

LA SIMONNIÈRE, forçat des bateaux de Versailles, 1065.
LASNIER (Étienne), tailleur de pierres, 262.
—— (Fiacre), ter., 263, 264, 265, 350, 351, 425, 438, 517, 518, 522, 528, 534, 621, 836, 1058.
LASSURANCE, appareilleur, 1187, 1194, 1323.
LA TAILLE, manœuvre blessé, 455.
LATONE (Planche gravée représentant), 1206.
—— (Statue de), en marbre, 252, 333, 406, 418, 509. — Voy. *Versailles* (Fontaine de Latone).
LA TOUR. — Voy. DORCHEMER.
—— relieur, 646, 670, 924.
—— ter., 1133.
LA TREILLE, jard., 425.
LAUBEL, ser. — Voy. DELOBEL.
LAUMOSNIER, ter., 970, 1058.
LAUNAY (Canal du moulin de), 1304.
—— (Le moulin de), à Versailles, 913, 1265, 1268, 1275, 1295, 1296, 1305, 1306, 1312, 1313, 1318, 1320, 1321, 1322.
—— (Pompe du moulin de), 1295, 1313, 1318, 1320, 1321, 1322.
LAURE, entrepreneur de la manufacture des organsins, 640, 707.
LAURENS (Girard), tap., 386.
LAURENT (Barthélemy), prop. au Val-Saint-Germain, 1143.
—— (Henri), tap., 53, 54, 107, 156, 220, 288, 289, 368, 385.
—— (Léonard). — Voy. SAINT-LAURENS.
—— casseur de roches, 1134.
—— men., 898.
—— ter., 1141.
—— logé au Palais-Royal, 98.
Laurier-cerise, 423.
Lauriers (Fournitures de), 26.
LAURY, savant, 163.
—— (La veuve de), charp. blessé, 567.
LAUVERGNAC, charron. — Voy. LÉGER (Hilaire).
LAUZUN (Hôtel de), à Versailles, 1201.
Laval (Marbriers de), 619, 632, 671, 672.
LA VALÉE, ter. — Voy. VALLÉE.
LA VALETTE, ouvrier, 131.
LA VALLIÈRE (Appartements de M*lle* DE), 153, 180, 213, 259, 260, 276, 344,

349, 359, 367, 406, 434, 549, 685.
LA VALLIÈRE (Enfants de M*lle* DE), 548.
—— (Le marquis DE), 415, 549, 608.
—— (Logement du marquis DE) à Paris, 921.
LAVANTUREUX (Edme) et sa femme, prop., 1083.
LA VARENNE, treillageur, 1317.
LAVECHEF (François), jard. de Saint-Germain, 90, 296, 465, 580, 663, 727, 795, 868, 1007, 1008, 1104, 1221, 1361.
—— (La veuve), 1094.
LAVENANT, maç., 1195.
LAVENU, men., 184.
LA VERGNE (Barjon), tap. de Felletin, 311, 362.
LAVIENNE (Michel), mat., 1064, 1311.
LAVIER (Charles), men., 19, 77, 78, 86, 128, 132, 133, 139, 184, 190, 192, 197, 199, 252, 259, 261, 276, 294, 303, 323, 335, 345, 414, 416, 432, 463, 478, 500, 507, 530, 539, 551, 576, 605, 611, 634, 659, 671, 704, 723, 743, 752, 756, 790, 815, 819, 821, 827, 843, 844, 849, 863, 892, 894, 898, 945, 951, 955, 959, 981, 1002, 1029, 1034, 1038, 1044, 1081, 1098, 1129, 1136, 1143, 1150, 1192, 1195, 1246, 1253, 1330.
—— (La veuve), 1136, 1253, 1330.
LA VIGNE (André), voit., 49.
—— (Aubin), prop., 234.
La Ville l'Evesque (Terroir de), 314, 316, 332, 393, 452, 478.
LA VIOLETTE, mat., 840, 1298, 1311.
LAVIRON (Pierre), sc., 1085.
LAVOYE, astronome, 228.
LAZARIN, lieutenant du grand vaisseau de Versailles, 1311. — Voy. CONSOLIN.
LE BARBIER (Louis), 995.
LE BAS (Philippe), armurier et faiseur d'instruments de mathématiques, 364, 447, 473, 503, 646, 712, 853, 863, 876, 924, 990.
—— (La veuve), 924, 948, 1367.
LE BASCLE D'ARGENTEUIL, 218.
LE BASTARD (Richard), commis à Vincennes, 265.
—— charp. — Voy. BASTARD (Pierre).
LE BASTIER (Louis), tap. — Voy. BASTIER.
LE BÈGUE (Simon), chaudronnier, 231.

LE BERTON, ser. — Voy. LE BRETON.
LE BÈGUE (Charles), trésorier des Bâtiments, 4, 59, 65, 109, 115, 122, 170, 231, 232, 240, 292, 318, 461, 554, 574, 657, 721, 787, 788, 861, 881, 1000, 1013, 1096, 1106, 1214, 1215, 1232, 1236, 1358, 1361.
LE BEUF, marbrier. — Voy. BŒUF.
LE BLANC. — Voy. AUDEBERT.
LE BLON, marchand de Francfort, 448.
LE BŒUF (Vrain), charp., 318, 395, 483.
—— ter., 1170.
LE BOISSEL (Denis), marchand, 110.
LE BORGNE, men., 308.
LE Bourguignon (GIRARDIN, dit), charp., 1268, 1324.
LE BOUTEUX (Claude), prop., 45.
—— (Michel), jard., 305, 422, 431, 483, 549, 570, 637, 653, 705, 717, 785, 806, 838, 843, 907, 971, 1062, 1111, 1131, 1175, 1176, 1310.
—— fils, jard., 1258.
—— ouvrier, 218.
LE BRETON (Guillaume), jard., 256.
—— (Mathurin), ser., 69, 90, 123, 191, 508, 605, 612, 674.
—— fondeur, 168, 341, 1166, 1294, 1295.
—— men., 204.
—— peint., 847, 1282.
LE BRUN (Charles), peint., 96, 126, 157, 158, 206, 208, 220, 234, 282, 293, 461, 474, 543, 544, 574, 575, 642, 653, 657, 672, 709, 721, 789, 806, 808, 829, 861, 927, 978, 994, 996, 1000, 1010, 1091, 1096, 1111, 1156, 1182, 1208, 1209, 1215, 1281, 1321, 1348, 1352.
—— (Jean), voit., 478, 545.
—— sc., 1162, 1287.
LE CAMUS (Les s*rs*), prop., 104, 178, 214, 284, 365, 563, 646, 995.
LE CANON (Élizabeth), veuve du s*r* DE LA GRANDMAISON, prop., 1340.
LE CAUCHOIS, men., 1317.
LE CERF, charp., 1148.
LE CHAMPENOIS, charp., 1263.
LE CHANDELIER (Nicolas), marchand drapier, 99.
LE CHAT, meunier, 978.
LE CLERC (François), tourneur, 305, 771, 842.
—— (Guillaume), ter., 1132.

TABLE ALPHABÉTIQUE.

Le Clerc (Jacques), charp., 1324.
—— (Jacques), ser., 213, 217, 562.
—— (Jean), maç., 36.
—— (Louis), charp., 538, 844, 914, 1148, 1267.
—— (Louis), préposé au château de Compiègne, 359, 360, 457, 561, 572, 639. — Voy. Le Clerc (Pierre).
—— (Michel), auteur dramatique, 56, 113, 163.
—— (Philippe), entrepreneur de la manufacture de moquette, 174, 221, 289, 558.
—— (Pierre), garde-clefs de Compiègne, 212.
—— (Sébastien), grav., 281, 359, 374, 407, 457, 478, 547, 570, 642, 655, 719, 789, 805, 862, 874, 927, 993, 1001, 1097, 1208, 1216, 1346, 1353.
—— commis aux bâtiments du Val-de-Grâce, 169.
—— entrepreneur des manufactures de ligatures, damas, caffart, 370, 873.
—— jard., 26.
—— jard. à Fontainebleau, 1031, 1210.
—— marchand, 1109.
—— sc., 168, 169, 618, 753, 903, 952, 1050, 1137, 1161, 1288.
—— taillandier, 1169, 1185.
Le Cocq (Jacques) et sa femme, prop., 487, 561.
Le Cœur, ter., 1059, 1174, 1303, 1328.
—— (La demoiselle), femme Vitry, 991.
—— (La veuve Guillaume), 1181.
Le Cointe (Blaise), jard., 497.
—— (Le Père), érudit et historien, 57, 66, 102, 114, 155, 162, 219, 227, 298, 377, 449, 564, 649, 715, 783, 926, 992, 1086, 1205.
Le Comte (François), mat., 1064.
—— (Jacques), charp., 946, 1024, 1064, 1199, 1311.
—— (Jean), administrateur des Incurables, 108.
—— ou Le Conte (Louis), sc., 1049, 1050, 1159, 1160, 1285, 1288, 1327.
—— 363, 1026.
—— marchand, 1192.
—— vitr., 1308.
Le Conte, jard., 256, 630.

Le Cours, carrier. — Voy. La Cour.
—— vitr., 846, 1277.
Le Coustelier ou Le Coustillier (Guillaume), jard., 347, 434, 465, 580, 606, 663, 728, 795, 823, 868, 893, 894, 953, 955, 997, 1008, 1090, 1104, 1143, 1210, 1221, 1361.
Leddet (Louis), marchand de bois, 268.
Le Doux (Guillaume), mat., 1311.
—— (La veuve), prop., 55, 232.
Le Dreux. — Voy. Le Dru, batelier.
Le Dru (Pierre), marbrier, 418, 549, 805.
—— charp. et batelier, 307, 469, 633, 745, 816, 847, 888, 946, 974, 1024, 1032, 1108, 1143, 1183, 1231, 1250.
Le Duc (Gabriel), arch., 166, 167, 229, 482.
—— (Jean), charp., 251.
—— marchand de soie, 102.
Lefébure (Jacques), logé au Palais-Royal, 98.
Le Fébure, prop. — Voy. Le Febvre.
Le Febvre (Charles), compagnon charp., 387.
—— (Charles), peint., 503.
—— (Claude), peint. de portraits, 399, 480.
—— (François), prop., 108, 645.
—— (François), ser., 221.
—— (Gabriel), art., 313, 365.
—— (La veuve Gabriel), 771.
—— (Gilles), ter., 1143, 1303, 1304.
—— (Jacques), jard. à Fontainebleau, 41, 52, 147, 205, 267, 273, 354, 355, 441, 442, 467, 536, 537, 538, 584, 603, 668, 732.
—— (La veuve Jacques), 750, 799, 872, 997, 1090, 1095.
—— (Jean), tap., 53, 107, 156, 220, 221, 287, 288, 289, 316, 367, 368, 385, 386, 447, 708, 777, 851, 922, 988, 1110, 1338.
—— (Louis), prop., 1236.
—— (Thomasse), veuve Fanchon, chargée de l'entretien de la petite écurie de Saint-Germain, 296, 465, 581, 664, 728, 795, 868, 1008, 1094, 1104, 1221, 1361.
—— charron, 1317.
—— contrôleur général des Bâtiments,

120, 159, 290, 292, 368, 456, 461, 483, 574, 657, 720, 786, 787, 788, 806, 860, 861, 998, 1000, 1093, 1096, 1213, 1214, 1352.
Le Febvre entrepreneur d'une manufacture de draps, 109.
—— plombier, 1333.
—— ter., 835, 906, 911, 931, 968, 969, 1011, 1054, 1170, 1171, 1296, 1328.
Le Feré (Michel), voit. — Voy. Le Fèvre.
Lefèvre (Madeleine), 48.
—— (Michel), voit., 478, 545.
Le Flamand (La veuve de), ouvrier tué, 650.
Lefouin, notaire à Paris, 54, 150, 222, 223, 369.
Le Franc (Antoine), prêtre des Gobelins et de la Savonnerie, 777, 851, 923, 1091, 1339.
—— (Claude), lingère, 307, 839.
—— préposé à Versailles et Clagny, 652, 653, 716, 772, 784, 846, 848, 858, 918, 983, 984, 985, 1061, 1076, 1077, 1327.
Le Gay (Robert), ter., 247.
Le Gendre (Jean), charp., 506, 609, 692, 755, 825, 958, 959.
—— (Jean), potier, 638.
—— (Laurent), sc., 79.
—— (Louis), administrateur des Incurables, 108.
—— (Louise Vendorme, veuve de Nicolas), prop., 1341.
—— (Nicolas), marguillier de Notre-Dame de Trianon, 42.
Legendre (Nicolas), sc., 27, 69, 70, 79, 80, 123, 125, 182, 243, 319, 343, 406, 420, 495, 513.
—— couv., 897, 913, 1043.
—— miroitier, 422.
Le Gentil, prop., 123.
Léger (André), vigneron, 89.
—— (Claire), voit., 95.
—— (Hilaire), dit Lauvergnac, charron, 355, 538, 820.
—— (Jacques), marchand de Saint-Quentin, 558.
—— (La veuve), lingère, 633.
Le Gerand (Edme), men., 127, 189.
Legeret (Jean), sc., 635, 697, 762, 803, 822, 875, 1010, 1049, 1130, 1157, 1159, 1283, 1284, 1290.
Le Gouge, charp., 1126, 1262.

LE GOUST ou LE GOUX (Guillaume), manœuvre blessé, 387.
LE GOUSTILLIER (Guillaume), concierge de Saint-Germain, 296.
LE GOUX (Jacques), marchand, 270.
LEGRAND (Henri), sc. et stucateur, 71, 80, 92, 125, 182, 208, 243, 319, 334, 343, 405, 406, 419, 495, 513, 617, 829, 1255.
—— (Louis), ser., 12, 75, 180, 319, 475, 638, 822, 1024.
—— (La veuve et les héritiers de Louis), 498, 672.
—— maç., 821, 920.
—— secrétaire du Roi, prop., 399, 453, 590, 644, 939, 940, 991.
—— (La veuve), men., 105.
LE GRAS (Étienne), commis des manufactures de Bourgogne, 445, 556, 850.
LE GRESLE (Vincent), prop., 1112.
LE GREU (Jean), sc. marbrier, 13, 15, 21, 27, 39, 70, 80, 95, 124, 134, 142, 164, 181, 193, 201, 244, 254, 320, 362, 384, 404, 420, 437, 454, 512, 619, 643, 697, 752, 763, 832, 904, 989, 1051, 1290, 1291.
LE GRIS (Jean), marchand de ciment, 1069, 1166, 1182.
LEGROS (Louis), sc., 862, 1001, 1097, 1216, 1353.
—— (Pierre), sc., 125, 199, 253, 261, 330, 332, 417, 418, 511, 513, 615, 616, 624, 635, 674, 695, 761, 774, 789, 830, 902, 918, 933, 963, 983, 1048, 1159, 1283, 1286.
LE GROG (Jean), marbrier. — Voy. LE GREU.
LE GRUÉ, marbrier. — Voy. LE GREU.
LE GUAY, maç. — Voy. DUGAY.
—— paveur, 1199.
LE GUERN, arquebusier, 712, 1026, 1203, 1322.
LE GOEUX, voit., 1259.
LE HONGRE (Étienne), sc., 126, 181, 188, 190, 245, 302, 321, 322, 333, 349, 353, 357, 405, 414, 418, 495, 500, 510, 512, 513, 541, 616, 617, 635, 696, 705, 735, 743, 760, 811, 832, 842, 846, 894, 903, 917, 956, 963, 982, 1050, 1075, 1130, 1137, 1158, 1191, 1196, 1283, 1286, 1287, 1326.
—— (Louis), peint., 15, 22, 72, 78, 79, 132, 303, 333, 357, 362, 404, 414, 421, 495, 539, 614, 635, 704, 773, 845, 901, 917, 962, 981, 1047, 1068, 1074, 1077, 1154, 1155, 1189, 1281, 1325.
LE HOUX, fondeur, 1167.
—— vitr., 1334.
LE JEUNE, jard., 599, 601.
—— vidangeur, 946, 978, 1012, 1070, 1080, 1181, 1185, 1336.
LE JONGLEUR, fontenier, employé à la recherche des eaux, 836, 882, 906, 996, 1061, 1069, 1166, 1174, 1177, 1296, 1310, 1322, 1332.
LE JUGE (Les demoiselles Claude et Élisabeth), jard. des Tuileries, 464, 579, 654, 662, 793, 866, 998, 1006, 1093, 1102, 1220, 1360.
—— jard. des Tuileries, 295.
LE LABOUREUR (Jean), historien, 57, 114, 162, 227, 299, 377, 449, 565, 649, 715, 926.
—— (Les héritiers du s'), 856, 926.
LELET, jard., 552.
LELEU (Françoise), prop., 400, 454.
—— (Hôtel du s'), 223.
—— marchand de bois, 1321.
—— receveur du revenu de l'archevêché de Paris, 232, 274.
LE LIÈVRE (Brice), charp., 36.
—— (Étienne), paveur, 261.
—— (Jacques), piqueur, 347, 409.
—— (Marie), vitr., 1080.
—— ter., 247, 325, 326.
LELONG (Étienne), ser., 357.
LE LOUP (Jacques), fondeur, 527, 627, 671, 691, 700, 767, 1333.
LE LOUTRE (Gilles), maç., 548, 549.
—— (Lucas), maç., 499, 595, 608, 671, 683, 686, 734, 775, 815, 848, 921, 946, 947, 987, 1081, 1242.
LE MAIGRE, ter., 1270, 1298, 1302, 1303.
LE MAIRE l'aîné (Jean), fondeur, 971, 973.
—— le jeune (Jean), fondeur, 909, 1063, 1068, 1176, 1182, 1268, 1309, 1313.
—— (Nicolas), fondeur, 81, 135, 193, 194, 221, 252, 258, 279, 302, 339, 348, 358, 413, 421, 520, 554, 655, 700, 719, 750, 767, 785, 833, 838, 877, 908, 909, 920, 973, 985.
—— (La veuve), 1067, 1107, 1182, 1313, 1329.
LE MAIRE (Pierre), faïencier, 21, 40, 196, 256, 333, 421, 428, 490, 526, 542, 549, 636, 909, 939, 950, 954, 975, 1068, 1186.
—— (Pierre), fondeur, 626, 627.
—— (Pierre), verrier, 85.
—— marchand de bois, 268, 356.
—— men., 1189.
—— prop., 29.
—— 1249.
LE MAISTRE (Antoine), ser., 13, 20, 27, 69, 78, 123, 135, 180, 208, 242, 276.
—— (Edme), 138.
—— (Françoise RICHARDOT, veuve d'Antoine), 230, 271, 332.
—— (Noël), maç., 250, 328, 411, 499, 1239, 1242.
—— (Pierre), maç., 236, 275, 285, 310, 311, 318, 363, 389, 401, 412, 493, 504, 595, 599, 843, 914, 979, 1024, 1073, 1174, 1187, 1323.
—— (Les héritiers de), prop., 313, 382.
—— marchand, 912, 1192.
—— ter., 1172, 1300, 1337.
LE MARINIER (Nicolas), taillandier, 196, 341.
LE MASSON (Louis), choufournier, 261.
LE MASSONET (François), prop., 42.
LEMBERT, garçon fontenier, 1071.
LE MENESTREL (Antoine), trésorier général des Bâtiments, 1-10, 51, 55, 122, 169, 173, 211, 224, 232, 292, 389, 399, 409, 422, 423, 425, 429, 430, 434, 435, 439, 448, 455, 461, 471, 574, 592, 657, 673, 684, 721, 736, 788.
LE MERCIER (André), fontenier, 582, 626, 631, 870.
—— (Charles), vitr., 530, 664, 690, 728, 795, 821, 868, 892, 1008, 1105, 1137, 1222, 1357.
LE MIRE, compagnon maç. blessé, 1071.
—— fournisseur de carreaux d'argent, 877.
LE MOINE (Pierre), employé à l'Académie des sciences, 231.
—— men., 213.
LEMOSIN (La veuve Nicolas). — Voy. LIMOSIN.
LE MOUSSAU (Henri), appareilleur blessé, 387.
LEMOYNE (Élisabeth), 453.

TABLE ALPHABÉTIQUE. 1453

Le Moyne (Les), peint., 407, 597, 695, 743, 759, 815, 829, 887, 901, 945, 961, 973, 1023, 1047, 1064, 1155, 1177, 1255, 1277, 1278.
—— (Jean), peint., 334, 344, 433, 494, 509, 510, 605, 613, 1177, 1278.
—— (Louis), peint., 334, 344, 433, 494, 509, 510, 605, 613.
—— (Philippe), notaire, 314, 382, 392, 478.
—— fondeur, 1315.
—— grav., 1089.
—— jard., 1038, 1299.
Le Muet (Pierre), arch., 166, 167, 292.
Lenfant (Claude), jard., 502.
Lenglet, savant, 713.
Le Noble, 59.
—— voit. par eau, 1320.
Le Noir, marchand de dessins, 673.
—— (Les), carriers, 498.
Le Normand, marinier, 893, 1138.
Le Nostre (André), arch. dessinateur de jardins, 294, 295, 463, 464, 482, 574, 577, 578, 598, 654, 660, 661, 724, 725, 791, 792, 793, 808, 864, 865, 866, 930, 1003, 1004, 1005, 1098, 1099, 1100, 1101, 1217, 1218, 1219, 1238, 1350, 1355, 1358, 1859.
—— (Françoise), veuve Bouchard. — Voy. Bouchard.
—— contrôleur général des Bâtiments, 117, 161, 292, 431, 461, 656, 720, 788, 861, 999, 1020, 1091, 1096, 1214, 1352.
Léonard, libraire, 503.
Léonard, voit., 102, 202, 203.
Lepage (Claude), tourneur, 303.
—— (Laurens), voit., 357.
Le Page (Étienne, André, Jean et Pierre), prop., 313, 381, 382.
—— doreur, 1156, 1280.
Le Paultre (Famille des), 1346.
—— (Antoine), arch., 648, 657, 714, 721, 746, 781, 789, 817, 858, 930, 946, 990, 999, 1085, 1096.
—— (Jean), grav., 475, 641, 709, 805, 874, 928, 993, 994, 1088, 1207, 1345, 1546.
—— (Pierre), grav., 1346.
—— (Sébastien), grav., 1346.
—— (Le fils), grav., 928, 994, 1207.
Lépée, maç. — Voy. L'Espée.

Le Père (Guillaume), sr de la Butte, prop., 398, 453.
Le Petit (Pierre), chargé d'achats de livres, 270.
Le Picard (Nicolas), ser., 474.
Le Plaist, jard., 1031, 1032.
Le Poivre, employé à Versailles, 772.
Le Por (Louis), inspecteur des plants de Boulogne et Versailles, 1336, 1349, 1350, 1367.
Le Poupet (Pierre), commis des manufactures de Guyenne et de Saintonge, 445, 556, 850.
Le Prieur, jard., 620, 984.
Le Prince, vitr., 185.
Le Prou, ter., 1305.
Lequet, marchand de sable, 1070.
Lerambert (Louis), sc., 20 f/100, 124, 150, 152, 182, 193, 208, 218, 244, 253, 293, 303, 333, 362, 420, 462, 475.
—— (Les héritiers de), 514, 618.
Le Rat (Robert), jard., 33.
Le Riche (Denis), marchand de bois, 1068.
—— (René), frotteur, 21.
—— jard., 835, 1079.
—— préposé aux Bâtiments, 209, 255.
Le Roi (J.-A.), bibliothécaire de Versailles, 10.
Le Rond (Étienne), ser., 269.
Le Rossignol. — Voy. Rossignol.
Le Roux (Catherine de Sermagnac, veuve de Remy), 272, 583, 667, 731, 798, 871, 1224, 1363.
—— (François), chandelier, 529, 770.
—— (Jacques), maç., 1303.
—— (Jean), agent de banque, 215, 284, 380.
—— (Julien), jard., 325, 328, 515, 518, 523, 528, 968, 969, 1011, 1054, 1066, 1170, 1298, 1302, 1303.
—— (Pierre), ter. blessé, 1197.
—— (Sébastien), 28.
—— compagnon charp. blessé, 744.
—— voit., 188, 768.
Le Roy (Armand), gainier, 155, 224, 301, 483, 554, 555, 707, 912.
—— (Charles), plombier, 179.
—— (Charles), ser. — Voy. Le Roy (Claude).
—— (Claude), ser., 35, 92, 142, 201,

213, 263, 350, 437, 533, 605, 637, 706, 774, 849, 921, 987.
Le Roy (Claude) fils, ser., 1199, 1336.
—— (Denis), ser., 92.
—— (Jeanne Chauvin, veuve de), 560.
—— (François), nattier, 527, 540, 599, 632, 637, 704, 705, 770, 848, 920, 978, 985, 1032, 1069, 1168, 1179, 1201, 1232, 1260, 1322.
—— (Gilles), plombier, 12, 19, 31, 39, 68, 87, 94, 122, 179, 191, 241, 242, 280, 294, 319, 331, 342, 402, 415, 432, 463, 472, 506, 540, 576, 610, 625, 634, 659, 690, 693, 704, 723, 752, 763, 764, 790, 822, 883, 863, 892, 904, 921, 966, 987, 1002, 1052, 1098, 1165, 1199, 1217, 1255, 1293, 1354.
—— (Jacques), marchand de bois, 268.
—— (Jacques), ter., 1060, 1172, 1300.
—— (Jeanne). — Voy. Pasquier.
—— (Thomas), orfévre, 208, 209, 276.
—— (Vincent), men., 269, 335, 416, 428, 443, 815, 817, 921, 946, 987, 1025, 1080, 1123, 1151, 1239, 1253, 1270.
—— frotteur, 893.
—— ingénieur, 340.
—— prop., 2, 59.
Le Royer (Denis). — Voy. Royer.
Leroyer (Louis), jard., 85.
Le Sage (Jean), marchand de bois, 221.
—— arpenteur, 97, 138.
Le Saintongeois, charp., 1263.
Les Andelys, 281.
Lesbâcle, prop., 174.
Leschiquier, chaudronnier, 637, 705, 767, 773, 834, 839, 910, 974, 1067, 1079, 1181, 1194, 1320.
Lescuyer (Antoine), dessinateur, 1037, 1138, 1160, 1331, 1332.
—— (Simon), prop., 42, 104, 178, 214, 284, 365, 563.
Lesdiguières (Hôtel de), 106.
Le Sec (Mme), 846.
Leseigle (Jean), ter., 34.
Lesgaré (Gilles), apprenti aux Gobelins, 53.
—— (Robert), jard., 409.
Les Groux (Lieu dit), près Saint-Germain, 99.
Lesieur, jard., 32.

LE SIEUR, tap. de haute lisse, 776.
LESLAN (Pierre), ter., 144. — Voy. HESLAN.
LESLÈS (Le s' DE), receveur général des finances d'Artois, 257.
LESNÉ (Claude), jard., 104.
—— (Jean), jard., 104.
LE SOURD, maç., 217, 775, 849.
LESPAGNANDEL (Mathieu), sc., 39, 123, 146, 167, 182, 230, 243, 293, 321, 343, 404, 421, 462, 504, 512, 575, 614, 635, 658, 684, 690, 696, 722, 743, 762, 789, 815, 831, 862, 887, 902, 903, 945, 964, 1001, 1023, 1048, 1097, 1159, 1160, 1216, 1284, 1353.
LESPAIS, jard., 745.
L'ESPÉE ou LÉPÉE, maç., 931, 979, 1146, 1195, 1265, 1324, 1330.
LESPÉRANCE, ouvrier blessé, 1071.
L'ESPERON, ter., 985.
LESPINE (Tristan), maç., 30, 86, 101, 139, 160, 196.
—— (La veuve), 197, 431, 604, 689, 891, 1034. — Voy. DE L'ESPINE.
LESPINGOLA (François), sc., 106.
—— (La veuve), 714, 781, 854.
—— fils, sc., 714, 903, 964, 1050, 1161, 1284.
LESPINOUSE, vitr., 1046, 1154, 1277.
LESSI, écrivain italien, 681.
LESTOCQ (Guillaume), professeur en Sorbonne, 879.
LESTROUVE, maç., 169.
LE SUEUR, marchand de bois, 976, 1180.
LE TAVERNIER (Jean-Baptiste), prop., 313, 382.
LE TELLIER (Marguerite), femme BAUDOUIN, 314, 382.
—— (Michel), 46.
—— (Appartement de Michel) à Saint-Germain, 139, 140.
—— employé à Saint-Germain, 1037.
—— piqueur blessé, 1069.
—— plombier, 210.
LE TENDRE (Jean), Suisse blessé, 387.
LE TORT (Thomas), taillandier, 633, 702, 817, 837, 842, 910, 978, 987, 1067, 1198, 1336.
LE VACHER (Nicolas), manœuvre blessé, 567.
—— (Simon), portier du Palais-Royal, 727, 1102, 1220, 1356.
—— (La veuve de), chaufournier, 912.

Levant (Animaux achetés dans le), 553, 593, 673, 679, 680, 704, 735, 842, 854, 885, 934, 939, 944, 978, 1020, 1118, 1121, 1183, 1232.
—— (Compagnie du). — Voy. Compagnie.
—— (Marchandises exportées dans le), 371, 372, 552, 640, 707, 1231, 1232.
—— (Raretés achetées dans le), 310, 683, 805, 854, 884, 925, 939, 1012, 1122.
—— (Tapisseries façon du), 641. — Voy. *Turquie*.
—— (Voyages dans le), 503, 925, 990, 1349.
LE VASSEUR (François), ter., 89.
—— (Jean), prop., 314, 382.
—— garde des plaisirs du Roi, 562.
—— jard. 967.
—— libraire et relieur, 476, 503, 853, 924.
—— marchand de bois, 1315.
—— ter., 1126, 1306.
LE VASSEUR DE BEAUPLAN. — Voy. BEAUPLAN.
LE VAU (François), arch., 10, 54, 293, 461, 574, 648, 655, 657, 672, 714, 718, 721, 781, 788, 858.
—— (Louis), arch., 157, 185, 292, 461.
—— entrepreneur de la manufacture de canons, 287.
LE VAVASSEUR, astronome, 566, 647, 714.
LE VAYER (L'abbé), 56.
LEVÉ (François), maç., 10, 35, 93, 145.
—— (La veuve), 203.
—— meunier des moulins de Clagny, 976, 1063.
LEVEILLÉ, ter., 1180, 1182.
LEVEQUIN, frotteur de parquets, 213.
LEVESQUE, ter., 1078, 1138, 1171.
Levesque (La vallée), 392.
LE VIEUX (André), administrateur des Incurables, 108.
Leyde, 62, 113, 114, 162, 228, 239, 274, 299, 451, 566.
LHÉRITIER (Nicolas), historien, 56, 113, 162, 227, 298, 377, 449, 648, 715.
—— (Robert), jard., 144, 202, 203, 264.
—— charron-taillandier, 842, 848, 912, 976, 1185, 1317, 1323.

LHÉRITIER, copiste, 713, 853, 854, 924, 989, 1084, 1109, 1203.
LHERMINIER (Allain), plombier, 12, 31, 106, 122, 133, 179, 328.
LHEUREUX, ter., 1059, 1172, 1300.
LHOMME (Jean), conv., 148, 269, 443, 484.
LHOPITAL, ter., 1172, 1300.
LHOSPITAL le jeune, ter., 1300.
LHUILLIER (François), voit., 326.
—— (Marie). — Voy. DUBOIS (Anne).
Liais (Pavé de). — Voy. Pavé de liais, Pierre de liais.
LIARD (Les), taupiers, 209, 525, 632, 670, 701, 734, 768, 802, 875, 876, 911, 932, 1011, 1108, 1200, 1329, 1336, 1367.
—— (André), taupier, 46, 98, 149, 150, 472, 1108, 1228.
—— (François), taupier, 277, 361, 472, 553.
—— (Jacques), taupier, 46, 88, 98, 149, 150, 361, 472, 553.
—— (Marin ou Martin), taupier, 46, 98, 277, 1228.
—— (Pierre), 33.
LIAULT (Philippe), haut bailli et lieutenant général de Saint-Valery, 477.
Libages (Fournitures de), 200, 203, 212, 263, 265, 352.
Lices et chevalets roulants pour transports de terres, 1148, 1151.
Liége, 277, 1011, 1144.
LIÉGEARD, chargé des fouilles des marbres du Bourbonnais, 283, 384, 454, 472, 559, 643, 709, 778.
LIÉGEOIS (Pierre), art., 302, 307.
LIÉTARD, voit., 41.
LIÉVAIN ou LIÉVIN, couv., 1149, 1268.
Ligature ou légature, étoffe, 370, 371.
LIGÉ (Hilaire), charp., 36.
Lille (Copies de titres prises à la Chambre des Comptes de), 310, 392, 400, 451, 490, 491, 550, 589, 592, 594, 596, 650, 682, 712, 713, 781, 854, 884, 924, 938, 940, 943, 989, 1018, 1021, 1086, 1117, 1119, 1209, 1236, 1237, 1238, 1368.
—— (Entreprise des voitures de), 483.
LIMAULT (La veuve de Pierre), charp., 1322.
LIMET (Gabriel), charron, 552.
Limoges (Recette générale de), 233.
LIMOSIN (Magdeleine RAIMOND, veuve de

Nicolas), procureur au Châtelet, 398, 453.
Limousin (Manufactures de), 556, 557, 850.
Lionne (Appartement de M. de) à Saint-Germain, 258, 259.
—— (Hugues de), ministre, 672.
—— (M. de), premier écuyer de la grande écurie, 670.
Lionnois (Tavernier, dit), ser., 1046, 1152, 1153, 1273.
Lions (Forêt de), 281, 327, 339, 350, 427, 468, 476, 484, 520, 801, 1010.
Lisieux, 427, 547.
Lisqui, marbrier, 1191. — Voy. Lixe.
Lit (Bois de) doré, 740.
—— sculpté, 801.
Livre dédié au Roi, 681.
Lixe (Pierre), marbrier, 846, 918, 1075, 1076, 1292, 1327, 1331.
Lobel. — Voy. Delobel.
Loches (Jean de), prop., 1083.
Loges (Avenue des). — Voy. Saint-Germain.
—— (Les), près Saint-Germain, 1141.
—— (Routes des), 823, 1037.
Loges pour mettre des cerfs, 1261.
Loggia dei Lanzi, à Florence, 479.
Loir (Alexis), orfèvre, 157, 224, 444, 555, 707, 778, 852, 1202, 1339.
—— (Guillaume), orfèvre, 102.
—— (Louis), grav. en méd., 806, 874, 877, 928, 934, 1088, 1089, 1109, 1203, 1206, 1342, 1343, 1367.
—— (Nicolas), peint. et grav., 81, 92, 100, 142, 220, 222, 244, 283, 293, 312, 321, 365, 396, 399, 400, 404, 421, 460, 462, 490, 494, 510, 558, 572, 575, 590, 595, 613, 654, 657, 681, 690, 695, 708, 718, 721, 752, 758, 777, 780, 787, 789, 828, 861, 900, 961, 1001, 1047, 1097.
—— (La veuve de), 1282.
—— mathématicien, 550.
Loison, archer de la Prévôté de l'Hôtel, 375, 458.
Loistron (Jérôme), jard., 638.
—— ter., 623, 631, 638, 674, 699, 702, 706, 734, 766, 774, 802, 836, 841, 849, 876, 905, 906, 910, 945, 970, 977, 987, 1022, 1023, 1024, 1057, 1081, 1119, 1124, 1171,

1200, 1230, 1299, 1301, 1302, 1332, 1336.
Lombardie, 1230.
Londres, 100, 286, 358.
Londy (De), entrepreneur de la manufacture de ligatures, damas, caffart, 370, 373.
Long (Jacques), marchand de drap, 287.
Lopinet, marchand de mastic, 833.
Loret, ter., 835.
Lorget (Pierre), vitr., 22, 73, 81, 136, 167, 254, 294.
—— (Madeleine de la Cour, veuve de), vitr., 128, 136, 167, 185, 194, 230, 254, 323, 335, 417, 463, 509, 542, 576, 611, 634, 639, 659, 694, 701, 723, 758, 790, 827, 863, 899, 961, 1277.
Lorion, voit., 324.
Lorraine (Dessin des villes frontières de), 100.
Lorraine (Appartement du chevalier de) au Palais-Royal, 599, 745, 746, 817, 884.
Lortie, concierge du grand jardin à Saint-Germain, 691, 719, 783, 784.
Lottin (Claude), chirurgien de Versailles, 99, 340.
Louette (Claude), ouvrier en pierres fines, 558, 708, 777, 922.
Louis (Le grand), jard. aux Tuileries, 328.
Louis (Michel), manœuvre blessé, 1185.
Louis XIV, 102, 118, 542, 586.
—— (Bustes de). — Voy. Bustes du Roi.
—— (Promenade de) sur le canal de Versailles, 1317, 1319.
—— (Visite de) aux Gobelins, 220.
—— (Visite de) au Louvre. — Voy. Louvre.
Lourdet (Philippe), tap., 215, 367, 385, 444.
—— (Jeanne Haffrey, veuve), 444, 558, 641, 708, 776, 851, 922, 988, 1839.
—— (Simon), tap., entrepreneur de la Savonnerie, 10, 51, 96, 107, 149, 177, 209, 238, 239, 280, 287, 316.
—— tap., directeur de la Savonnerie, 1110.
Louvet, ser., 599.
—— voit., 1232.

Louvier (Claude), jard., 541.
Louvigny (René de), concierge du château du Louvre, 295, 464, 577, 660, 724, 792, 865, 1004, 1100, 1218, 1295, 1356.
—— (Le s^t de), fondeur, 1295.
Louvin, marchand de terreau, 745.
Louvre, appartement de la Reine, 73, 181.
—— appartement de la Reine mère, 69, 71, 72, 73, 182.
—— appartement de Mme de Montausier, 15, 182.
—— appartement de Mme de Thiange, 1122, 1240, 1241.
—— appartement de Melle de la Vallière, 180, 213, 685.
—— appartement de M. de Guitry, 494.
—— appartement de M. de Navailles, 11.
—— appartement de M. de Vivonne, 1122, 1123, 1240.
—— appartement du Dauphin, 742.
—— appartement du grand écuyer, 15.
—— appartement du maréchal de Gramont, 11, 15, 73, 1240.
—— appartement du marquis de Bellefond, 1240.
—— appartement du Roi : chambre, 123, 181, 182, 321 ; — cabinet, 322 ; — garde-robe, 494.
—— (Avant-corps de l'entrée du), 243, 244.
—— bibliothèque du Roi, 182, 678, 683, 684, 685.
—— (Cabinet des tableaux du Roi au), 744, 1123, 1231, 1240. — Voy. Cabinet du Roi (Tableaux du).
—— (Capucins du). — Voy. Capucins.
—— (Catalogue du musée du), 282.
—— (Chalcographie du). — Voy. Chalcographie.
—— chapelle, 1084, 1231.
—— chapiteaux, 320, 405, 406, 407, 743, 887.
—— (Colonnes fournies pour le), 67, 189, 320, 404, 454, 812.
—— corps de garde, 2, 45, 127, 208.
—— (Corps de garde suisse près le), 73.
—— (Dépenses du château du), 1, 3, 6, 7, 11-16, 19, 59, 66, 67-74, 97, 98, 100, 101, 103, 105, 115, 116,

97.

1456 COMPTES DES BÂTIMENTS DU ROI.

121-131, 149, 160, 170, 174, 177-189, 207, 208, 212, 225, 234, 237, 239-250, 254, 317-328, 367, 401-411, 470, 471, 485, 491-499, 586, 588, 595-599, 658, 675, 683-685, 737, 739, 741-745, 810, 812, 815-816, 882, 885-888, 943-946, 1004, 1013, 1022-1024, 1113, 1116, 1121-1125, 1198, 1235, 1239-1241, 1335, 1336.

Louvre (Dessins de Perrault pour le), 1012.

—— (Dessins du Bernin pour le), 105, 158.

—— escaliers, 401, 402.

—— estampes représentant la façade, 1088.

—— (Estampes représentant le), 927, 928, 994.

—— façade, 317, 401, 402, 405, 407, 498, 684, 739, 743, 744, 812, 815, 882, 887, 937, 945, 1016, 1023.

—— façade des escaliers, 241.

—— fondations, 102, 106.

—— fontaines, 294, 463, 577, 660, 724, 791, 864, 1003, 1099, 1217, 1355.

—— fossés, 16.

—— fronton, 124, 181, 182, 743.

—— gages des officiers, 3, 8, 43, 65, 112, 160, 238, 295, 376, 458, 459, 464, 577-578, 660, 724-725, 792, 865, 1004, 1100, 1214, 1218, 1353, 1356.

—— galerie d'Apollon, 61, 98, 107, 118, 125, 149, 169, 180, 181, 183, 184, 215, 243, 245, 320, 322, 402, 407, 485, 494, 495, 739, 742, 812, 815, 816, 888, 937.

—— galerie de l'audience, 743.

—— (Galerie des peintures au), 13, 15, 69, 71, 72, 180, 327, 456, 569, 887.

—— (Galeries du), 945, 1123.

—— garenne, 316.

—— garnitures de bronze de la galerie d'Apollon, 816, 888.

—— grand escalier, 317, 320, 485, 497.

—— grande et petite écurie, 11, 12, 13, 14, 16, 67, 71, 73, 121, 128, 154, 180, 183, 246, 319, 322, 323, 327, 328, 403, 468, 471, 493, 494, 495, 498, 499, 595, 596, 646, 684,

743, 815, 886, 887, 945, 1022, 1123, 1241, 1242, 1347.

Louvre, grande galerie, 12, 68, 69, 102, 124, 129, 131, 169, 171, 181, 183, 184, 186, 188, 207, 224, 243, 244, 245, 246, 287, 295, 319, 320, 321, 322, 327, 385, 386, 401, 402, 403, 404, 405, 406, 408, 456, 485, 493, 494, 569, 596, 597, 678, 683, 742, 776, 1022, 1023.

—— grandes pierres de Meudon pour le fronton, 411, 497, 546, 595, 596, 599, 651, 655, 677, 683, 685, 710, 715, 716, 739, 741, 742, 804, 1213.

—— gratifications aux ouvriers, 215, 277, 387, 388, 455, 471, 567, 672.

—— gravure des ornements de la galerie d'Apollon, 478, 544, 642.

—— gravure représentant l'élévation des grandes pierres du fronton, 993.

—— gros pavillon du côté de l'écurie, 402.

—— guichet, 52, 189, 454, 488, 499, 559.

—— (Incendie du), 215.

—— jardin, 16, 74, 247, 481, 1241.

—— jardin neuf, 295.

—— jeu de paume, 250.

—— magasin, 216.

—— magasin des marbres. — Voy. Marbres (Magasin des).

—— maisons et terrains achetés pour l'accroissement du Louvre et des Tuileries, 3, 6, 55, 64, 106, 116, 117, 118, 150, 151, 154, 156, 169, 171, 172, 173, 174, 176, 214, 216, 218, 221, 222, 223, 236, 239, 285, 391, 397, 398, 399, 453, 480, 594, 710, 711, 740, 779, 940, 991, 1116, 1117, 1119, 1120, 1202, 1235.

—— manège de la grande écurie, 67, 185, 187, 214.

—— médailles posées dans les fondations, 189, 367.

—— (Modèle du bâtiment du), 14, 15, 45, 72, 126, 127, 180, 181, 183, 184, 185, 188, 215, 218, 219, 245, 317, 320, 322, 405, 495, 781, 789.

—— modèle du grand escalier, 404, 406.

—— modèle du troisième ordre, 245, 321, 406, 495.

—— modèles de couverture, 1080.

Louvre, modèles de la façade, 320.

—— modèles de sculpture, 1023.

—— (Monnaie du). — Voy. Monnaie.

—— musée, 100.

—— (Nouveau dessin du), 116, 234, 277.

—— (Ouvriers blessés en travaillant au), 98, 189, 249, 283, 387-388, 455, 471, 480, 567, 568, 744, 804.

—— pavillons de la façade, 937, 945.

—— (Pavillons du), 14, 70, 180.

—— peintures de la galerie d'Apollon, 485, 882, 887, 945.

—— petite galerie, 742.

—— petit escalier, 812, 815.

—— (Pierres fournies pour le), 67, 179, 241, 249, 278, 317, 318, 326, 387, 401, 472, 497, 498, 1021, 1229.

—— plafond de la galerie d'Apollon, 812.

—— plafonds, 71, 123, 124, 320.

—— (Plan des maisons aux environs du), 291.

—— portail et péristyle, 317, 401, 404, 405, 406, 651, 888, 1023.

—— puits de la petite écurie, 595.

—— (Quartier du), 111.

—— salle des antiques, 13, 15, 70, 71, 72, 182, 407, 647, 648.

—— salon entre la galerie d'Apollon et la grande galerie, 1239.

—— tapis de la grande galerie, 446, 1110.

—— toisés des travaux, 110, 877.

—— (Visite du Roi aux bâtiments du), 388, 455.

—— voûte du salon, 126.

Loyers de maisons, 121, 154, 155, 178, 213, 214, 240, 270, 284, 361, 364, 369, 400, 481, 482, 484, 480, 562-563, 593, 645, 678, 739, 782, 812, 855, 883, 938, 994-995, 1082, 1116, 1208-1209, 1235, 1347.

Lozeun. — Voy. Lauzun.

Lucas (François), scr., 945, 1022, 1123, 1228, 134 3.

—— charp., 817, 1043.

—— sc., 427, 1162, 1289.

—— ter., 44, 1060.

Lucet, carrier, 200.

Luchet, scr., 818, 1153, 1189, 1274.

Luciennes (Briqueteries établies à), 1140, 1195, 1196, 1197, 1330, 1332.

TABLE ALPHABÉTIQUE. 1457

Luciennes (Chemins aux environs de), 1139.
—— (Port de), 913, 1184.
Lucquet, men., 1271.
Luer ou Loéé, jard., 1213.
Lulli (Jean-Baptiste), musicien, 746.
Lune (Dessin et gravure des taches de la), 712, 780, 874, 990, 1089.
—— (Dessins de la figure et des phases de la), 1211.
—— (Planches gravées représentant l'excentricité des planètes de la) et de Mars, 543.

Lunette (Pose de la grande), de l'Observatoire, 1126.
Lunettes (Achat de), 676, 712, 876, 924, 948, 1367.
Luxembourg (Fontaines du), 294, 463, 577, 660, 724, 791, 864, 1003, 1099, 1217, 1355.
Lyon, 46, 63, 66, 150, 470, 473, 803, 932, 939, 1009, 1012, 1018, 1107, 1118, 1332, 1349.—Voy. Reynon.
—— (Brocards de), 312, 316, 370, 392, 393, 397, 400, 477, 489, 490, 553, 595, 682. — Voy. Brocarts.
Lyon (Hôtel de). — Voy. Paris.
—— (Manufactures d'or de Milan, d'organsins, à). — Voy. Manufactures.
—— (Trompette de la maison de ville de). — Voy. Jacquier.
Lyonnais (Ferme des gabelles du), 65.
—— (Manufactures du), 444, 445, 557, 850.
Lyonne (Hugues de). — Voy. Lionne.
Lyonnois, menuisier, 757, 771, 827, 898.
—— ser. — Voy. Lionnois.

M

Mabille (Laurent), art., 306, 313, 365, 366, 771.
—— voit., 673.
Macaire (Jean), commis des manufactures de Picardie et Beauvoisis, 445, 557, 850.
—— maire de Beauvais, 54, 221, 385.
Macé (Denis), voit., 497, 528.
—— (Jean), ébéniste, 13, 14, 17, 40, 126, 184, 245, 294, 329, 406, 463, 500, 519, 576, 631, 659, 701, 723, 745, 770, 841, 946.
—— (Nicolas), men. — Voy. Massé.
—— (Nicolas) et sa femme, prop., 1340.
—— jard., 25, 52.
—— ser., 1137, 1143.
—— tap., 742, 802.
Maceron, paveur. — Voy. Marceron.
Machine à battre le blé, 473.
—— à couper le blé, 448.
—— à courir la bague, 426, 477.
—— à curer les ports de mer, 456.
—— à moudre le blé, 502.
—— à transporter des terres, 1148, 1151, 1152, 1168, 1187, 1267, 1269, 1270, 1314.
—— à vider l'eau, 631, 632.
—— du chapelet de Versailles, 825.
—— du moulin de Launay, du moulin de Palfour. — Voy. Launay, Palfour.
—— du mouvement des planètes, 1343.
—— du s' Deville. — Voy. Deville.
—— du s' Fourdrinier. — Voy. Fourdrinier.

Machine du s' Francine, 1268, 1276.
—— numérique, 781.
—— pour élever l'eau sur la terrasse de Saint-Germain, 1236, 1256, 1262.
—— pour élever les eaux, 1069, 1136.
—— pour enlever et monter les grandes pierres du fronton du Louvre, 596, 741.
—— pour éteindre les incendies, 646.
—— pour voguer à tout vent, 416.
—— proposée par le s' de Saint-Félix, 1108.
Machines (Fournitures de), 279.
—— hydrauliques, 383, 712.
Maçon (Étienne), ter., 41.
—— (Guillaume). — Voy. Masson.
—— (Léonard), jard., 515, 528.
—— (Mathieu). — Voy. Masson.
Macquaire. — Voy. Macaire.
Macron (Fleury). — Voy. Fleury Macron.
—— employé à Versailles, 135.
Madeleine (La), tableau, 394, 479.
Mademoiselle (Appartement de) au Palais-Royal, 17.
—— (Appartement de) à Versailles, 1278.
Madiot (Nicolas), ingénieur, 49, 100, 111, 161, 226.
Madrid (Dépenses du château de), 34, 90, 141, 199, 261, 330, 443, 639, 706, 776, 1081, 1107, 1236.
—— (Gages des officiers de), 3, 8, 43, 65, 112, 160, 238, 296, 376, 465, 580, 663, 727, 794, 867, 1007, 1103, 1214, 1220, 1356.
—— (Manufacture de bas de soie au château de), 171, 640.

Magasin de plomb. — Voy. Jamin.
—— des antiques, 543, 718.—Voy. Palais-Royal (magasin des antiques au).
Magien (Étienne), marinier, 48, 52.
Magnan (Jean), jard., 41, 97, 272.
Magneux, 896.
Magnien (Jean), sc., 79.
—— ou Magnière (Laurent), sc., 79, 100, 124, 182, 243, 319, 321, 343, 406, 420, 495, 513, 617, 697, 743, 762, 829, 902, 964, 1023, 1048, 1161, 1285, 1327.
—— (Nicolas), sc., 79.
Magnonot, tailleur de pierre blessé, 1068.
Mahault, marbrier. — Voy. Mathault.
Mai de l'Ascension (Gratifications pour le), 97, 130, 215, 277, 387, 471, 567, 672, 847, 848, 920, 986, 1068, 1182, 1320, 1330.
Maigret (Claude), ter., 1306, 1307.
—— maç., 818.
Maillard (Bonaventure), 523.
—— (Jean), manœuvre blessé, 387.
—— charp. et meunier, 751, 771, 785, 821, 825, 837, 838, 896, 971, 972, 1042, 1063, 1147, 1268.
—— (La veuve et les héritiers de), 1147, 1175, 1310.
—— voit., 651.
Maillé (Laurent), mat., 1311.
Maillot, vannier, 1262.
Maine (Hôtel du), à Fontainebleau, 1128, 1131.
—— (Hôtel du), à Saint-Germain, 954, 1135, 1136, 1137, 1250, 1252, 1253, 1254.

1458   COMPTES DES BÂTIMENTS DU ROI.

Maine (Manufactures du), 445, 556, 557, 850.
Maisons (Le président de), 1112.
Maisons, 1018, 1112, 1141, 1252.
—— (Garennes de), 1140, 1260.
Maisons Royales (Description des), 1084.
—— Voy. Félibien, Tallemant (abbé).
—— (Planches gravées représentant les) et les villes du royaume, 477, 480, 487, 502, 575, 658, 678, 709, 722, 790, 862, 1001, 1097, 1216, 1354.
—— (Plans et élévations des), 98, 546, 547, 550, 670, 734, 1109, 1228, 1260. — Voy. *Versailles* (Plan de).
—— (Tableaux et dessins représentant les), 103, 151, 276, 358, 407, 468, 546, 669, 801, 802, 875, 929, 1011. — Voy. Patel.
Major (La demoiselle), prop., 645, 711.
Malard, ter., 1258.
Malherbe, vannier, 890, 948, 976, 1014, 1027, 1169, 1244, 1319, 1336.
Mallard (Robert), jard., 33.
—— tailleur de pierre, blessé, 804.
Mallé (Guillaume), vitr., 185.
Mallet, ter., 1059.
Mallo ou Malo, cirier, 772, 1322.
Malnoury, fondeur, 626.
Malo (Guilleu), écrivain, 1351.
Malte (Portrait d'un grand maître de), 394, 479.
Malvilsin (Geneviève), prop., 1340.
Mancel ou Mancelle (Anne), prop., 166, 229.
Mancel (Jacques), voit. par eau, 341.
Manchine ou Mangine (Mancini), intendant du Bernin, 102, 105.
Mancion, carrier. — Voy. Mansion.
Mardat, directeur des créanciers de Fouquet, 120, 153.
Mandonnet, entrepreneur de la manufacture des ligatures, damas, caffart, 370, 373.
Mangeau, jard., 750.
Mangin, charron. — Voy. Maugin.
—— couv. blessé, 1012.
Mangot (Léonard), maç. et carreleur, 268, 356, 443, 1334.
Manière, sc. — Voy. Magnier.
Manivelle (Raccommodage d'une), 702, 1067.
Manivelles de fer ou de cuivre, 196, 633, 700, 767, 768, 899, 910, 920, 975, 976, 977, 978, 1066, 1069, 1323.
Manne du Poussin (Planche gravée de la), 1347.
Mannequins (Fourniture de), 472.
Mannes d'osier, 97, 131, 196, 248, 327, 409, 430, 499, 501, 523, 537, 629, 745, 748, 890, 948, 953, 976, 1014, 1027, 1068, 1076, 1124, 1169, 1192, 1244, 1262, 1336.
Mannet (La veuve de), charp., 493.
Mans (Le), 277.
Mansard (Jules Hardouin), arch., 931, 938, 985, 990, 999, 1019, 1085, 1090, 1096, 1204, 1212, 1215, 1343, 1349, 1353.
Mansieu (Nicolas), charp., 1311.
Mansion, carrier, 1027, 1127, 1244.
Mantonnois, men. — Voy. Mentonnois.
Manuel (Catherine Barbe, veuve du s'), gentilhomme ordinaire du feu duc d'Orléans, prop., 940, 991, 1117, 1202.
Manufactures d'acier et de fil de laiton, 274.
—— de baraquans (bouracans), 174, 221, 286, 371, 447, 641.
—— de bas de laine ou de bas d'estame au tricot, façon d'Angleterre, 217, 286, 371, 372, 557, 640, 1210, 1337, 1338.
—— de bas de soie, 217.
—— de bas de soie au château de Madrid, 171, 640.
—— de basins à Saint-Quentin, 373, 641.
—— de basins et futaines de Hollande, 286, 370.
—— de camelots, à Amiens, 373, 557, 641.
—— de camelots, façon de Bruxelles, 372, 444, 640.
—— de canons, 287.
—— de coutils, à Saint-Quentin, 558.
—— de drap, à Dieppe, 109.
—— de drap, à Fécamp et à Rouen, 63, 151, 212.
—— de drap, en Normandie, 62, 99.
—— de drap, façon d'Angleterre, d'Espagne et de Hollande, à Abbeville, 174, 221, 285, 372.
—— de draps destinés pour le Levant, 371.
—— de France, 152, 233, 285-289, 308, 370-374, 385-386, 392, 444-447, 478, 481, 485, 486, 491, 555-558, 593, 707-708, 716, 776, 787, 850, 922, 931, 1093, 1201, 1337-1338, 1348.
Manufactures de glaces. — Voy. Glaces.
—— de laines, 106.
—— de ligatures, damas, caffart et autres étoffes, à Meaux, 370, 373.
—— de moquette et brocatelle, 174, 221, 289, 558.
—— d'or de Milan, à Lyon, 373, 640.
—— d'organsins, 640, 707.
—— d'ouvrage de fil, point de Venise, Gênes et autres, 61, 97, 171. — Voy. Pluimers et De Marc.
—— de peaux de buffle, près Corbeil, 177, 394, 444.
—— de point de France, 217, 286, 289, 444, 558, 641, 707, 1112.
—— de serges, aux environs de Seignelay, 52, 988.
—— de serges, façon de Londres, à Auxerre, 640.
—— de serges, façon de Londres, à Gournay, 372, 640, 707, 776.
—— de serges, façon de Londres, à Troyes, 286, 372.
—— de tapisseries.—Voy. *Beauvais, Felletin,* Gobelins (les), Savonnerie (la).
—— de toiles fines, façon de Hollande, 370.
—— (Règlements généraux des), 373, 640.
—— Voy. *Arras, Auvergne, Auxerre, Beaujolais, Beauvoisis, Berry, Bourges, Bourgogne, Bresse, Bretagne,* Brocatelle, *Champagne, Chartrain* (Pays), *Chevreuse, Corbeil, Dauphiné, Dieppe,* Draps, *Dreux, Évêchés* (les Trois-), *Forez, Gournay, Guyenne, Languedoc, Limousin, Lyonnais, Madrid, Maine, Moulins, Nivernais, Normandie, Orléanais, Paris, Perche, Picardie, Poitou, Provence, Reims, Saintonge, Sedan, Seignelay, Sologne, Touraine, Tours, Troyes, Vendômois.*
Manuscrits (Achat de), 502, 503, 854, 924, 939, 1012.
—— de la bibliothèque du Roi, 276, 712.
Marais, jard., 847, 1070.
Marat (Grégoire), scieur de long, 356, 443.

TABLE ALPHABÉTIQUE. 1459

Marbre (Achats et fournitures de), 52, 61, 97, 98, 158, 215, 217, 234, 235, 275, 278, 290, 313, 384, 394, 397, 454-455, 486, 487, 488, 526, 548, 559-560, 643, 671, 680, 709-710, 778, 805, 883, 923, 989, 1121, 1202-1203, 1229, 1237, 1238, 1323, 1368.
—— (Balustres de), 643.
—— (Binarts à voiturer le), 473.
—— (Blocs de), 98, 100, 103, 170, 215, 216, 249, 274, 277, 312, 327, 363, 391, 410, 454, 455, 475, 489, 560, 643..
—— (Carreaux de), 362, 384, 512, 643.
—— (Guillochis de), 591.
—— (Incrustement de) de diverses couleurs, 737.
—— jaspé, 15.
—— (Pavé de), 163, 164, 181, 244, 587, 588.
—— (Pavé de marqueterie de), 278.
—— (Pieds de table de), 512.
—— (Plancher en forme de), 239, 280.
—— (Revêtement de), 618, 619.
—— (Table de), 244.
—— (Têtes antiques de), 394.
—— vert (Colonnes de), 1203.
Marbres blancs et noirs de Barbanson, 1203.
—— de Bourbon, 362, 454, 472, 479.
—— de Bourbonnais, 283, 384, 559, 643, 673, 709, 778.
—— de Campan, 1203.
—— de Carrare, 290, 456, 560, 1203.
—— de Dinan, 391, 404, 454.
—— de Gênes, 225, 234, 274, 312, 314, 384, 455, 488, 560, 589.
—— de Grèce, 740.
—— de Languedoc, 384, 560, 1121.
—— de Liége, 551.
—— de Picardie, carrières, 552.
—— de Provence, 215, 384, 560, 681, 710.
—— des Pyrénées, 315, 384, 394, 397, 454, 489, 560, 984, 1121.
—— d'Italie, 384, 396, 455, 560, 742.
—— (Magasin des) du Roi au Louvre, rue Saint-Nicaise, 310, 325, 327, 381, 384, 391, 410, 454, 455, 463, 475, 497, 548, 560, 669, 802, 877, 1004, 1021, 1217, 1229, 1238, 1351, 1355, 1367.
Marc, maç., 755, 771, 773, 843, 914, 920, 979.
Marcadé, orfévre, 777, 803, 875.
Marceron, paveur, 690, 752, 822, 892, 952, 1035.
Marchais, sous-lieutenant des toiles de chasse, 469, 479, 691.
Marchand (François), ser., 845, 916, 981, 1074, 1153, 1189, 1195, 1196, 1276, 1325, 1330.
—— (Georges), paveur, 698, 764, 822, 834, 846, 892, 895, 904, 917, 952, 955, 986, 981, 1035, 1052, 1074, 1131, 1137, 1138, 1165, 1189, 1196, 1247, 1255, 1292, 1293, 1325, 1331.
—— (Gilbert), 630.
—— (Paul), goujat tué, 567.
—— chirurgien, botaniste, 163, 227, 300, 378, 450, 565, 648, 714, 783, 818, 926, 947, 992, 1344.
—— (La veuve de), charron, 1316.
—— vitr., 1334.
Marches de liais, 410, 411, 429, 472, 497, 523.
Marcillac (Appartement du prince de), à Saint-Germain, 690, 751, 752.
—— (Appartement du prince de), à Versailles, 694, 756, 1270.
Marcottes d'œillets, 984.
Mareschal, commis des manufactures en Champagne et dans les Trois-Évêchés, 557, 850.
—— entrepreneur d'une manufacture de draps, 109.
—— jard., 918, 919, 984.
Marescaux (Barthélemy et Pierre), charp., 52.
—— charp., 1245.
Margery, vitr., 269, 1334.
Marguillier, doreur, 1282.
Mariage, jard., 1297.
Maricourt, jard., 933.
Marie (Antoine), charp., 215, 217, 775, 1252.
—— (Pierre), ser., 22, 27, 78, 92, 135, 194, 199, 254, 306, 330, 331, 332, 416, 417, 508, 540, 551, 612, 635, 694, 757, 826, 899, 960, 1045, 1152, 1153, 1273.
—— jard., 33.

Marie, ouvrier blessé, 977.
Marie (La), vaisseau, 373.
Marie de Médicis (Portrait de), 71.
Marie-Thérèse d'Autriche, 72.
Mariette (L'*Abecedario* de), 366.
Marigault, charron, 1318.
Marimont (Dépenses du château et du parc de), 456, 483, 582, 665, 736.
—— (Dessin et plans du château de), 368, 547.
—— (Gages des officiers de), 582, 665, 729, 797, 869-870, 1009.
—— (Jardin et parc de), 797.
Marin (François et André), jard., 1169.
—— jard., 25.
—— jard. de l'orangerie de Versailles, 806, 808, 836, 839. — Voy. Trumel.
—— manufacturier, 52.
—— ter., 1196.
—— vigneron, 260.
Marinier, chaudronnier, 333, 334, 424, 420.
—— (La veuve), 521, 627, 636.
Mariotte (Edme), physicien, 300, 378, 449, 564, 648, 714, 782, 856, 927, 992, 1087, 1205, 1345.
Marissal, entrepreneur de la manufacture de camelots, à Amiens, 373, 641.
Marlin, ser., 1254, 1275.
Marly, 631.
—— aile gauche et aile droite du château, 1195, 1196, 1197.
—— (Aqueduc et rigoles pour conduire les eaux à), 342, 348, 456, 468, 476, 486, 518, 523, 545, 547, 548, 569, 633, 1194, 1195, 1329, 1330.
—— avenues, 1299, 1331, 1332.
—— carrière, 567, 1121.
—— caves, 1197.
—— (Chemin de la cavée de), 1035.
—— dépenses du château, 1194-1197, 1231, 1235, 1260, 1329-1333.
—— incendie dans le bois, 1332.
—— jet d'eau, 1332.
—— modèle général du bâtiment, 1196, 1197.
—— nouveau bâtiment du vallon, 1121, 1122, 1195, 1330, 1331.
—— nouveau chemin, 1301.
—— ouverture de carrières près le port, 1196.
—— pavillons du château, 1330-1333.
—— pièce d'eau, 1330, 1331, 1332.
—— (Pont de), 1018, 1121.

Marly (Port de), 1079, 1138, 1314, 1318, 1319, 1320, 1321, 1333.
——— terrasses du grand bâtiment, 1196, 1332.
——— (Terres et héritages compris dans le dessein de) et achetés par le Roi, 1122, 1236, 1340, 1342.
MAROLLES (Michel DE), abbé de VILLELOIN, littérateur, 171, 216, 227, 300, 345.
MARON (Claude), ter., 22, 23, 26, 83, 87, 93, 137, 143, 195, 202, 203, 218, 255, 256, 264, 337, 346, 348, 425, 435, 476, 517, 522, 531, 545, 605, 624, 699, 766, 772, 823, 847, 893, 894, 906, 919, 955, 969, 1196, 1321.
——— (Guillaume), jard., 129.
——— (Jacques), ter., 26.
——— (Nicolas), ter., 26.
MARONGE (Philippe), estaffier du Bernin, 106.
Maroquin (Peaux de) du Levant pour reliures, 117, 151, 175, 221, 240, 279, 364, 448, 854.
MAROT (Daniel), arch. et grav., 1206.
——— (Jean), arch., 344, 349, 367, 434, 928, 994, 1088.
——— charp., 1237, 1238, 1245.
——— marchand de bois, 1249.
Marottes (Étang ou réservoir des), 1169, 1267, 1301, 1302, 1305, 1306.
MARQUET, fonton. et plomb., 343, 415, 426, 458, 637, 966, 1052, 1165, 1294.
Marqueterie, 126, 127, 164, 1075.
——— (Panneaux de), 631, 1024.
——— (Table de), 244. — Voy. Estrade, Parquet.
Marronniers d'Inde, 188, 248, 502, 536, 537, 540, 578, 661, 725, 750, 792, 865, 1004, 1005, 1093, 1100, 1101, 1219, 1358, 1359.
Mars, planète. — Voy. Lune.
——— (Figure représentant le mois de), 353, 405.
MARSANO (Joseph), jard., 247.
Marseille, 153, 240, 244, 279, 287, 360, 365, 373, 446, 470, 1012.
MARSERON. — Voy. MARCERON.
MARSIGNY (Le s' DE), 480.
MARSIN (Le comte DE). — Voy. *Défaite du comte de Marsin*.
MARSOLLIER, marchand de soie, 103, 237, 280, 309, 312, 313, 316, 370, 386, 393, 397, 477, 489, 491, 553, 675, 736.
MARSY (Les s"), sc., 277, 329, 333, 696, 743, 760, 830.
MASSY (Balthazard DE), sc., 13, 40, 69, 94, 124, 134, 252, 293, 406, 417, 418, 462, 495, 510, 511, 513, 575, 615, 658, 722.
——— (Gaspard DE), sc., 13, 21, 40, 69, 94, 124, 134, 181, 192, 218, 249, 252, 282, 293, 331, 333, 362, 406, 417, 418, 462, 495, 510, 511, 513, 575, 615, 658, 722, 789, 830, 862, 902, 903, 918, 964, 1001, 1023, 1048, 1050, 1097, 1160, 1216, 1229, 1286, 1353.
MARTIAL, jard., 568.
——— (La veuve), 394.
MARTIER, fontenier. — Voy. MARQUET.
MARTIN (Éloy), chirurgien, 103, 196, 340, 387, 460, 478, 571, 655, 719, 974, 1184, 1319.
——— (Jacques), portier du vieux château de Saint-Germain, 297, 465, 581, 664, 691, 728.
——— (Jean), jard., 335.
——— (Pierre), ter., 1059, 1172, 1193.
——— charp. et maç., 602, 683, 688, 741, 748, 749, 818, 828, 850, 888, 1266.
——— sc. — Voy. DESJARDINS.
——— secrétaire du Roi, 59.
MARTINEAU. — Voy. MARTINOT.
MARTINET (Jean), fontenier et ter., 26, 101, 205, 206, 256, 267, 341, 355, 424, 519, 520, 598, 623, 625, 627, 630, 769.
MARTINOT (Gilles), horloger, 22, 81, 87.
——— (Henry), horloger, 525.
——— horloger, 146, 326, 428, 474, 633, 703, 1069, 1107, 1126, 1143, 1181, 1315.
MARY (Gilles), voit., 1185.
Masques de satyres, 15.
——— sculptés au Louvre, 15, 243, 245.
MASSAC (DE), prop., 2, 45, 59.
Massé (Nicolas), sc., 14, 80, 125, 245.
——— (Nicolas[1]), men., 14, 72, 78, 127, 192, 916, 981, 1192.
——— (La veuve), marchande de bois, 1142.

MASSELIN (Martin), chaudronnier, 637, 767, 773, 833, 834, 839, 894, 911, 921, 975, 1011, 1067, 1098, 1180, 1181, 1217, 1318, 1329, 1355.
MASSON (Antoine), grav., 642.
MASSON (Claude), ter., 84.
——— ou MASSOU (Guillaume), jard. des Tuileries, 130, 186, 195, 295, 328, 464, 579, 654, 662, 793, 806, 931, 998, 1006, 1093, 1102, 1220, 1360.
——— (Mathieu), jard., 24, 46, 83, 84, 96, 137, 159, 257, 290, 336, 337, 374, 422, 459.
——— marchand de fleurs, 639.
——— et sa femme, prop., 1341.
——— sc. — Voy. MASSOU (Benoît).
——— ter., 745, 1307, 1391.
MASSONNET, prop., 104, 155, 214, 284, 365.
——— (La veuve), 563, 855, 1082, 1209, 1347.
MASSOU (Benoît), sc., 125, 126, 319, 334, 418, 421, 511, 513, 615, 616, 624, 635, 695, 761, 762, 773, 830, 903, 918, 933, 963, 982, 983, 1048, 1158, 1159, 1165, 1283, 1286.
——— (Guillaume). — Voy. MASSON.
Mastic à feu, 134.
——— (Ouvrages de), 39, 95, 135, 139, 197, 199, 214, 305, 429, 680, 665, 729. — Voy. Toiles de mastic.
MATELIN (Hugues), dit MARON, ter., 1055, 1332.
Matelots du canal de Versailles. — Voy. *Versailles* (canal).
MATHAULT ou MATUAU (Jean), marbrier, 421, 495, 511, 618, 673, 697, 763, 832, 903, 965, 1051, 1163, 1164, 1291, 1292.
MATHÉ, prop., 1238, 1341.
MATHELIN, men., 185.
Mathématiques (Planche gravée de), 543.
MATHURION (Sébastien), ser., 165, 229.
MATHIAS, élève du Bernin. — Voy. ROSSI.
MATHIEU (Claude), arch. et maç., 1072, 1125, 1200, 1212, 1228, 1242, 1252, 1262, 1335.
——— (François), appareilleur, 130.
——— vitr., 101.
MATHOT. — Voy. HOUSSE.
MATHURINS. — Voy. *Fontainebleau*.

---

[1] Peut-être le même que le sculpteur du même nom.

TABLE ALPHABÉTIQUE.

Matis, arpenteur, 1309.
Maubron (Claude), men., 42.
Mauclair, ter., 264.
Maudun (Jacques), couv., 150.
—— men., 1044, 1123, 1151, 1333.
Maugé (Marie), prop., 1340.
Maugin (Charles), ser., 13.
—— (Christophle), ser., 508.
—— (Sébastien), charron, 189, 208, 280, 326, 327, 341, 478, 546, 612, 671, 734, 801, 899, 933, 1011, 1072, 1111, 1230, 1320, 1368.
—— vitr., 850.
Maujan (Jean), men., 72, 127, 128.
Maulevrier (M. de), prop., 561.
Maupassant (M. de), concierge du château de Marimont, 582, 665, 729, 797.
Maupercher (Henri), peint., 39.
Maurecourt, près Saint-Germain, 1140.
Maurice (Jean), prop., 991.
—— hôtelier du Pélican, à Versailles, 480, 633.
—— marchand, 817.
Mauroy, littérateur, 1086.
Maury (Jean), poète latin, 56, 113, 163, 229, 298, 378, 450, 564, 649, 715.
Maury et Ribot, voit., 26, 528.
Mavant (Jean), men., 252.
Mayence, 491, 503, 554.
Mazancourt, chargé des routes, 1033.
Mazard. — Voy. Muzard.
Mazarin (Buste du cardinal de), 362.
—— (Le duc de), 202, 203, 1240.
—— (Palais), 100.
Mazeline (Louis), plombier, 133, 150, 210, 222, 280, 415, 506.
—— (La veuve), 180, 206, 506, 610, 625, 686, 693, 752, 764, 833, 863, 889, 904, 966, 1002, 1026, 1052, 1098, 1166, 1217, 1294, 1354.
Mazelines (Pierre), sc., 334, 341, 343, 418, 430, 513, 539, 616, 624, 635, 695, 700, 761, 767, 773, 789, 830, 839, 845, 862, 902, 918, 963, 982, 1001, 1048, 1049, 1076, 1097, 1157, 1158, 1159, 1216, 1282, 1283, 1353.
Mazeray, maç., 251, 258.
Mazière (Simon), sc., 1162, 1288, 1289.
Mazières (André), entrepreneur de maçonnerie, 10, 11, 17, 18, 46, 66, 67, 76, 121, 132, 178, 179, 191, 203,

207, 239, 240, 241, 251, 274, 293, 317, 331, 388, 401, 413, 415, 462, 491, 492, 504, 505, 540, 576, 595, 600, 607, 658, 722, 741, 790, 815, 819, 862, 885, 943, 948.
Mazières (Jacques) le jeune, maç., 294, 462, 576, 658, 723, 790, 862, 1002, 1098, 1126, 1146, 1216, 1264, 1354.
Mazierre (Jérôme), huissier de la Chambre, 153.
Mazure, ter., 1170, 1301.
Mazurier (Simon), vigneron, 260.
Meaux (Manufactures de damas et caffarts, de brocatelles et moquettes à).
— Voy. Manufactures de tigatures.
Médailles de l'Histoire du Roi, 552, 735, 803, 876, 928, 932, 994, 1186, 1203, 1208, 1228, 1229, 1342.
—— d'or avec le portrait du Roi, 941, 1010.
—— (Estampes gravées représentant des), 544, 545, 642, 709, 805, 806, 874, 927, 994.
—— faites ou achetées pour le Roi, 102, 155, 216, 218, 240, 270, 271, 281, 291, 311, 314, 357, 367, 369, 478, 503, 1071. — Voy. Carrés, Cires, Coins, Poinçons.
—— peintes en miniature, 275, 1228.
—— en pierre pour Versailles, 616.
Médaillons antiques (Planche gravée de), 1206.
Migliorini, ouvriers en pierres fines. — Voy. Migliorini.
Meilleur (Noël), vannier, 953.
Méléagre (Tenture de l'Histoire de), 288.
Melique ou Melite, men., 706, 774, 922.
Mellan (Claude), grav., 278, 359, 468, 469, 543, 806, 928.
Mellier, cloutier, 913.
Melonnière, 143.
Melun (Maîtrise de), 272, 582, 583, 666, 730, 797, 870, 1223, 1362.
—— (Terre de Hollande de), 630, 670.
Mémoires du duc de Saint-Simon, 18, 410.
—— *inédits sur la vie des académiciens,* 125, 206.
Mémoires pour les Bâtiments du Roi, 1351.
Mémoires pour servir à l'histoire des Maisons Royales et Bastimens de France, 483.

Mémoires (Vérification de) d'entrepreneurs, 1318, 1329.
Ménage (Nicolas), jard., 496, 620, 768.
Ménager ou Ménage (Joseph), jard., à Saint-Germain, 753, 823, 893, 895, 953, 954, 955, 970, 1035, 1036, 1037, 1138, 1139, 1258, 1322.
Ménand (La veuve), prop., 645, 711.
Menanteau (Hélie), men., 149, 269, 356.
Ménard, marbrier. — Voy. Mesnard.
Menestrel. — Voy. Le Menestrel.
Menet. — Voy. Minet.
Mentel (Jacques), médecin, 392, 448.
Mentonnois (François), men., 502, 638, 693, 701, 827, 850, 898, 959, 1044, 1150, 1271.
Menu, ter., 1304.
Merceron, paveur. — Voy. Marceron.
—— dit La Violette, 1306.
Mercier (André), fontenier, 665, 729.
—— (Catelin), voit., 52.
—— (Charles), vitr., 581, 605, 752, 894, 952, 1034, 1254, 1255.
—— (François) et sa femme, prop., 1340.
—— (François), fontenier, 277.
—— (Madeleine), femme Guilbert, 314, 382.
—— marchand de plomb, 384.
Mercure (Fontaine de), à Saint-Germain, 296.
—— (Statue de), 1288.
Merius ou Merius, relieur, 646, 670.
—— (La veuve), 924.
Merlin (Thomas), orfèvre, 51, 102, 157, 224, 301, 380, 391, 434, 444, 555, 707, 778, 852, 1202.
Merrain, 1134.
Mesle (Louise). — Voy. Laniel.
Meslin (Louis), jard., 34, 89.
Mesnage (Gilles), érudit, 56, 113, 161.
—— ou Mesnager, maç., 958, 1039, 1145, 1195, 1196, 1330.
—— peint., 1282.
Mesnage (Joseph), préposé à Marly, 1231, 1332, 1333.
Mesnard (Les), marbriers, 51, 103, 126, 134, 197, 225, 345, 476, 575, 654, 658, 718, 722, 763, 786, 789, 817, 832, 833, 857, 929, 965, 996, 1001, 1023, 1024, 1030, 1051, 1089, 1097, 1209, 1216, 1353.

COMPTES DES BÂTIMENTS. — I.

98

MESNARD (Nicolas), marbrier, 81, 87, 133, 134, 158, 290, 374, 456, 512, 541, 568, 619, 697, 763, 903, 1163, 1291.
—— (Pierre), marbrier, 81, 87, 133, 134, 193, 213, 253, 290, 329, 332, 354, 418, 419, 463, 495, 512, 541, 545, 572, 619, 697, 763, 862, 903, 1163, 1242, 1291.
MESNIL (Thomas), men., 133, 208, 230.
MESNY ou MESNIL, employé à Saint-Germain, 1141.
MESSAGER, marchand, 1109.
MESSIER, marchand de bois, 769, 841, 909.
MESTAYER (Marie), veuve CROMELIN. — Voy. CROMELIN.
MESTIVIER (Étienne), portier du Palais-Royal, 1102, 1220, 1356.
Mesure de la terre, 270.
Metamorphoses d'Ovide. — Voy. OVIDE.
MÉTAY et sa femme, prop., 1341.
MÉTEIL, puisatier, 195.
MÉTEZEAU (Anne), veuve BAUDOUIN, 314, 381.
Métiers à faire du drap, 286.
—— de tapisserie, 153, 220, 289.
Meudon (Carrières de), 487, 497, 546.
—— (Ouvriers blessés en travaillant à la carrière de), 455.
—— (Pierre de). — Voy. Pierre.
—— (Terre de), 85.
Meulan, 1108.
—— (Religieuses de l'Annonciade de), 593, 673, 682, 735.
MEULEBECQUE (Nicolas), marchand de Dunkerque, 110.
MEUNIER, peint., 52.
Meuniers de Clagny, Satory, Trianon et Versailles, 785, 786, 807, 811, 824, 837, 838, 907, 931, 971, 972, 977, 1063, 1175.
MEURIER, savant. — Voy. MEURISSE.
MEURISSE ou MEURICE, savant envoyé à Cayenne, 379, 476, 549, 647, 712.
—— (Les héritiers du s'), 780.
—— entrepreneur de la manufacture des camelots à Amiens, 557.
MEUSNIER (Jean), manœuvre blessé, 387.
—— (Jean), sc., 1241, 1255, 1289.
—— (Jean), vitr., 95, 146.
—— (Michel), sc., 648.
Meutte. — Voy. *Muette (La)*.
MÉZERAY (François-Eudes DE), historien, 56, 114, 163, 377, 449, 564, 649.

MICHAULT, historien, 927, 993, 1086, 1205, 1344.
MICHÉ. — Voy. MICHEL.
MICHEL (M. Francisque), 370.
—— (Pierre), men., 128, 208, 753, 1150, 1272.
MICHEL-ANGE BUONAROTTI, peint. et sc., 244, 320, 321, 322, 344, 405, 494, 597.
MICHEL-ANGE DE CARAVAGE, peint., 394, 479.
MICHON (Sébastien), voit., 357.
Microscopes (Achat de), 358.
MIGASSE, laboureur, 1237, 1249.
—— marchand de bois, 1316.
MIGLIORINI (Ferdinand et Horace), ouvriers en pierres fines, 386, 445, 559, 708, 852, 922, 1092, 1338.
—— (Horace), lapidaire, 386, 445, 559, 708, 777, 852, 922, 1092.
MIGNARD (Nicolas), peint., 182.
—— (Pierre), arch., 366, 481, 648, 657, 713, 721, 781, 789, 858, 930, 990, 999, 1085, 1096, 1204, 1215.
—— (Pierre), peint., 126, 151, 165, 172, 217, 242, 321, 805.
MIGNER ou MIGNIER (Bustes et tableaux vendus à la mort du feu s'), 599, 630, 675, 736.
MIGNON. — Voy. MIGON.
—— (Nicolas), marchand de bois, 221.
MIGON, arpenteur et mathématicien, 249, 327, 410, 448, 478, 803, 990, 1025, 1203.
—— (La veuve), 1231.
Milan (Or de). — Voy. Manufactures.
Milanière de Noisy, 909.
MILLARD (Bonaventure), préposé au Palais-Royal, 499, 551, 599. 630, 647, 670, 713, 784, 801.
—— (Edme), jard., 531.
—— (Pierre), voit., 328, 426, 430, 475.
MILLET (Louis), sc., 166, 183, 244.
—— (Raoulin), jard., 33.
—— ser., 211, 390, 412.
MILLON (Adrien), men., 30. — Voy. MILLOT.
—— (Pierre), marchand de vin, et sa femme, prop., 313, 381.
MILLOT (Adrien), men., 86, 139, 197, 259, 297, 345, 465, 581, 664, 728, 795, 868, 1008, 1105, 1222.
—— (François), men., 1357.

MILON (Nicolas) et sa femme. prop., 1083.
MIMMEL, ter., 1303, 1328.
MINARD, ser., 1276.
MINART (Léonard), maç., 35.
Mines de cinabre et de vif-argent, 480.
MINET ou MENET, ser., 1254.
MINGOT (Jean), prop., 45.
—— préposé aux plants de Versailles. 341.
Miniature (Carrousel de 1662 peint en). 547.
—— (Devises en), 14, 49, 100, 153, 210.
—— (Plantes, coquilles et médailles du Cabinet du Roi en), 101, 102, 233, 271, 274.
—— (Tableaux en), 223, 281, 391, 433, 545, 613, 672, 802, 1281.
—— (Tapisseries du Roi en), 547.
Miniatures (Volumes de), 480.
Minimes de Vincennes. — Voy. *Vincennes.*
Miroir ardent d'une grandeur extraordinaire, 1349.
—— ardent vendu au Roi, 314, 365.
Miroirs, 417, 421, 422, 541. — Voy. Glaces de miroir.
—— en argenterie, 380.
Mission (Les Pères de la), à Fontainebleau, 6, 47, 62, 97, 120, 150, 159, 172, 174, 226, 234, 240, 276, 312, 366, 397, 478, 488, 492, 590, 593, 596, 655, 682, 717, 742, 784, 814, 857, 885, 930, 940, 996, 1018, 1022, 1090, 1119, 1121, 1212, 1237, 1238, 1350.
—— (Logement des Pères de la) à Versailles, 1270.
MISSON (Hubert), marbrier, 39, 124, 164, 181, 244, 278, 343, 344, 362, 384, 404, 418, 433, 470, 512, 619, 643, 659, 697, 723, 734, 745, 752, 763, 790, 802, 832, 863, 904, 909, 934, 952, 965, 1002, 1050, 1051, 1098, 1162, 1163, 1203, 1217, 1255, 1290, 1291, 1354.
—— (Mathieu), marbrier, 294, 463, 576.
MITHRIDATE (Buste de), 394, 479.
MIVERT (Antoine), 645.
MOCEREAU (Charles), prop., 45.
Modèles d'architrave, frise et corniche du Louvre, 401.
—— de chapiteau de l'ordre français, 597.

TABLE ALPHABÉTIQUE.

Modèles de cuivre, 1076.
—— de fontaines, 512.
—— de lanternes, 383.
—— de l'ordre français, 596, 671.
—— de l'ordre ionique, 513.
—— de machines, 270, 271, 283, 383, 384, 388, 447, 448, 471, 503, 545, 646, 713, 853, 1232. — Voy. Machines hydrauliques.
—— de pompes, 934.
—— de sculpture, 1049, 1097, 1158.
—— de vases, 275, 670, 1160, 1161, 1162, 1286, 1288.
—— d'ornements de comble, 612.
—— en cire. — Voy. Cire.
—— en plâtre, 843, 844, 1145.
—— en plâtre pour les vaisseaux, 470.
—— (Nouveaux) de pompes, 277, 383, 384, 1231.
Modène (Le duc de), 115, 229, 299, 451, 566, 715.
—— (Pierre), charp., 741.
Moreau, ter., 1300.
Moillon, 17, 18, 202, 745, 920, 1077.
Moinery, ser. — Voy. Monnerie.
Moire, 220.
—— bleue, 1230.
—— (Peinture de couvertures de) blanche, 1278.
—— (Peinture sur de la) de soie, 1106.
Mois (Figures en plomb et étain doré des douze), à Versailles, 587, 738.
—— (Tenture des), 288.
Moïse sauvé des eaux, gravure, 927.
Moissant (Marie). — Voy. Montmoignon.
Moisy (Ferry), art., 302, 365, 771.
Molière (Jean-Baptiste Poquelin, dit), 56, 114, 161, 227, 299, 328, 377, 450, 564.
Mollet (Charles), jard., 16, 74, 294, 295, 324, 336, 463, 536, 577, 659, 723, 724, 791, 863, 1003, 1099, 1217, 1355.
—— (Claude), jard., 188, 481.
—— (Pierre), jard., 578, 661, 726, 793, 866.
Monceaux (Dépenses du château de), 63, 64, 109, 117, 155, 156, 171, 173, 232, 234, 273, 357, 361, 443, 456, 461, 551, 572, 573, 639, 656, 675, 706, 788, 860, 931, 988, 999, 1000, 1080, 1092, 1095, 1116, 1117, 1118, 1211, 1236, 1337, 1352.

Monceaux (Planches gravées représentant), 1208, 1346.
—— (Plans et élévations du château de), 546.
—— (Réparations à la chapelle de), 850.
—— (Terres acquises à), 561.
Moncheny, ter., 202, 203, 265, 352.
—— (Les héritiers), 439, 534.
Moncler (Jacques), ter., 351.
Moncrif (Le s^r de), prop., 1112.
Monod (Nicolas), jard., 336.
Mongin, charron. — Voy. Maugin.
Monginet, employé à Versailles, 529.
Monmerqué (M. de), 217.
Monnaie de Paris, 562.
—— du Louvre, 1011, 1107, 1123, 1335.
—— (Hôtel de la) à Reims, 1238, 1341.
—— (Officiers de la), 382.
Monnaies (Diminution des) en 1666, 55, 109.
—— (Livre sur les), 925.
Monnerie ou Monnery, ser., 757, 758, 1275.
Monnerot, prop., 117, 172, 222.
Monnet (René), prop., 361.
—— parqueteur, 1070.
Monnot, men., 323, 410.
Monnoyer (Jean-Baptiste), peint. de fleurs, 126, 181, 182, 289, 293, 344, 368, 385, 407, 433, 494, 851, 901, 988, 1156, 1280.
Monpassan (Le s^r de), concierge de Marimont. — Voy. Maupassant.
Monsieur, frère du Roi, 482. — Voy. Orléans (Duc d').
Montagne, peint. — Voy. Platte-Montagne.
Montaiglon (M. Anatole de), 313.
Montailly ou Montallier, potier de terre, 169, 230.
Montargis, art. — Voy. Cousturier.
Montausier (Appartement de Mme de) au Louvre, 15, 182.
Montbauron (Butte de), 1170.
Montbéon (Prieuré de), 482.
Montelby. — Voy. Motelet.
Montespan (Appartements de Mme de). — Voy. *Fontainebleau*, *Saint-Germain*, *Tuileries*, *Versailles*.
—— (Portrait de Mme de), 690.
Montesson, 1021.

Montesson (Carrière ouverte à), 1196.
Montfrauld ou *Monfraud* (Château de) près de Chambord, 483, 484.
Monthuret ou Monthurel (François), prop., 173, 216.
Montigny, tap., 908, 912.
—— ter., 1060.
Montigny (Chaussée de la gorge de), 1299.
—— (Plaine de), 1041, 1057.
—— (Ponts pour traverser les tranchées de la plaine de), 1041.
—— (Rigoles de), 1266.
Montmartre, 118, 153.
Montmoignon (Marie Moissart, veuve de Pierre), charp., 18, 76.
Montmorency, 138.
Montpescher. — Voy. Maupercher (Henri).
Montréal, en Piémont, 162, 228.
Montrecourt, près Saint-Germain, 1250.
Montreuil, près Versailles, 560.
—— près Vincennes, 209, 203, 264, 265, 381, 534.
Monvoisin (Jean), maç., 222.
Moquot, maç., 1201, 1334, 1337.
Mora (Nicolas), voit., 1192, 1327.
—— marchand de bois, 1320.
Moran. — Voy. *Murano*.
Morasse (Dominico), Vénitien, 149.
Morceau (Nicolas), jard. — Voy. Morsan.
Morcourt. — Voy. *Maurecourt*.
Moreau (Jean-Baptiste), professeur en médecine, 879.
—— taillandier, 1082.
Morée (Marie), 48.
Morel (André), marchand de bois, 48, 104.
—— (Claude), art., 429, 468, 546, 671, 771, 1070, 1109, 1134, 1228, 1366.
—— (Denis), vitr., 31.
—— (Jean), vitr., 198.
—— (Louis), ouvrier tué, 804.
—— (Pierre), vitr., 31.
—— (Robert), vitr., 30, 90, 140, 260, 297, 346, 433, 465.
—— (La veuve), 433, 530.
—— (Les héritiers de), 1254.
—— employé aux Bâtiments, 104.
—— ter., 1257, 1261.
Morelli, sc. italien, 1287.
Moret (Château de), 38, 205.
—— (Étang de), 206.
Moret (Louis), prop., 645.

98.

Morin (Claude Coret, veuve d'André), prop., 1340.
—— (Louis), ter., 1060, 1171, 1300, 1301.
—— (Nicolas), 28.
—— (La mère de Pierre), manœuvre tué, 567.
—— cordier, 206, 950.
—— fontenier, 976.
—— peint., 845.
—— voit. par eau, 1184, 1320, 1333.
Morlière (Vuasse), ser., 562.
Morlière, men., 217.
Morsan (Jean), jard., 44, 104.
—— (Nicolas), jard., 32, 89.
Mortiers pour les illuminations, 307, 529.
Mortille (Pierre), ouvrier blessé, 567.
Mortillon (Louis), charp., 1128, 1245.
—— (Pierre), charp., 36, 47, 93, 145, 203, 204, 266, 353, 440, 537, 602, 688, 749, 949, 1028, 1128.
Moscovie (Navire envoyé en), 554.
Mosin (Jean), tap., 445, 559, 708, 777, 851, 922, 988, 1110, 1338.
Mosnier (Gassion), chargé de fournir des bêtes fauves, 101, 488, 553, 593, 673, 679, 680, 703, 704, 735, 805, 842, 885, 934, 944, 978, 1020, 1111, 1118, 1121, 1183, 1232.
—— (Pierre), peint. de fleurs, 480, 1331.
Motel, Motelay ou Moteley. — Voy. Motelet.
Motelet (André), frotteur de parquets, 15, 37, 73, 74, 75, 80, 86, 126, 135, 145, 146, 183, 188, 194, 197, 213, 244, 258, 259, 348, 426, 436, 475, 522, 532, 534.

Motelet fils, frotteur de parquets, 145.
Moucnin, marchand de bois, 842, 910, 912.
Mouchy (Jean de). — Voy. de Mouchy.
Moulage de figures antiques, 1070.
—— de la colonne Trajane, 550. — Voy. *Trajane*.
—— du cheval de Niobé, 1230.
Moulard (Gabriel), ter., 26, 48.
Moules de statues, 105, 150, 207, 242, 276, 359, 469, 550, 553.
Moulin, men., 473.
Moulinier (Pierre), prop., 2, 45.
Moulins (Manufactures de), 557, 850.
Moulins à eau, 1814. — Voy. *Corbeil*.
—— à six ailes, 942, 958, 978, 1042, 1043, 1045, 1268.
—— à vent, 117, 153, 216, 313, 381, 382, 416, 487, 526, 703, 772. — Voy. *Clagny, Satory, Trianon, Versailles*.
—— de Plancy, à Saint-Léger, 262, 330.
—— de retour. — Voy. *Versailles*.
—— horizontal, 468.
Moullard (Pierre), ter., 26.
Mourand (Pierre), charp., 1245.
Mousquetaires. — Voy. *Halle-Barbier*.
Moussard, voit. par eau, 701, 750.
Mousset (Jean), portier du Palais-Cardinal, 296, 465, 579.
—— (Louise Moyer), veuve de Guillaume), prop., 678, 711.
Moussy, marchand, 474.
Mouton (Jean), carrier, 67.
—— (Philippe), carrier, 352.
—— (Samuel), carrier, 130, 179, 200, 263, 340, 428, 595, 633, 685, 702, 741, 914, 948, 1193, 1322.
—— ter., 624.

Mouton Rouge (Hôtel du), à Versailles, 1069.
Moyad ou Moyeu (Jean), ter., 1069, 1172.
Moyen (Charles), prévôt de Poissy, 88, 140, 198, 260, 318.
—— (Louise). — Voy. Mousset.
Moyeu (Jean). — Voy. Moyad.
Muette (La), au bois de Boulogne, 671, 1108.
Mugnos. — Voy. Munos.
Muguet, libraire, 270.
Mulet de la pompe de Versailles, 51.
Mulets loués pour la fête de Versailles, 305.
Mulette (Laurent), marinier, 551.
Mullard (Jean), commis des manufactures du pays Chartrain, de l'Orléanais et du Vendômois, 445.
Mulot (Adrien), men. — Voy. Millot.
—— (Jean), jard., 248.
Munos (Louis), chirurgien du corps de la Reine, 50, 58, 103, 159, 213, 357, 481, 563.
Murano (Manufacture des glaces de), 103, 119.
Murateur (Ouvrier), 632.
Mûriers blancs. — Voy. *Tuileries* (allée des mûriers blancs aux).
Musard. — Voy. Muzard.
Musnier, sc., 1162.
Mustel, ter., 1258, 1262.
Muzard (Claude), fontenier, 41, 147, 197, 199, 206, 214, 341, 355, 421, 425, 426, 427, 441, 519, 603, 626, 631, 700, 703, 750, 764, 842, 843, 997, 1032, 1067, 1091, 1133, 1211, 1245, 1249, 1366.
Muzel, vitr., 217.
Myrthes (Achat de), 256.

N

Nadaud (Jean), peint., 181.
Nancy (Carrière de), 38.
—— (Cheval de bronze de), 488, 548.
Nannet, charp., 241. — Voy. Nennert.
Naples (Peintures sur du gros de), 900, 1009. — Voy. *Tapisserie*.
Narcisses (Achat d'oignons de), 876, 918.
—— de Constantinople, 423, 551.
—— doubles, 639, 933.
Nassau (Les officiers du prince de), 1296.

Nasses (Les), carriers, 498.
Natalis, grav. flamand, 277.
Nativité (La), tableau, 1230.
Nattes (Fourniture de), 72, 196, 326, 348, 426, 482, 527, 539, 540, 599, 632, 637, 704, 705, 770, 823, 848, 920, 978, 985, 1037, 1069, 1168, 1179, 1201, 1232, 1243, 1260, 1322.
Navailles (Appartement de M. de) au Louvre, 11.

Navailles (Appartement de Mme de) à Fontainebleau, 204.
Navarre (Collège de). — Voy. *Paris*.
Navire perdu, 55.
Nef d'or enrichie de pierreries, faite pour le Roi, 100, 157, 224, 301, 380, 490, 555.
Neiges (Enlèvement des), 198, 954, 1138, 1260.
Nelle, marchand de vin, 594.
Nemours, 701.

TABLE ALPHABÉTIQUE. 1465

Nennert (La veuve), charp., 177, 178.
Neptune (Statue de), pour Versailles, 618.
Nepveu (Damien ou Domin), jard., 497, 537.
Nerville (Barthélemy), vigneron, 89.
Neuilly (Clôture des remises de), 552.
—— (Port de), 410.
—— (Terres acquises à) pour l'avenue des Tuileries, 1340.
—— (Terroir de), 1202.
Neuville (Forêt de), 327.
Nevers, 671.
—— (Verrerie de). — Voyez Verrerie.
Nicasius, peint. d'animaux, 368, 945.
Nicolas (Jean), tuteur, 28.
Nicolay (La veuve du président de), 55, 232, 274.
Nicole, ouvrier, 456.
Nicolle (Jean), ser., 78, 343, 384, 403, 417, 432, 448, 493, 508, 539, 612, 635, 694, 704, 743, 757, 780, 817, 826, 1125.
Nicolle (Jacques), marguillier de Saint-Pierre de Choisy, 431.
—— marchand de paille, 979.
—— voit., 1258.
Nicquet (Antoine), mathématicien, 163, 228, 270, 283, 300, 361, 378, 379, 388, 447, 448, 449, 471, 503, 545, 549, 565, 633, 646, 648, 713, 714, 780, 781, 853.
Nioot, voit., 483, 803, 876, 932.
Niobé. — Voy. Moulage.
Nion, maç., 210.
Niveaux (Acquisition de), 1084, 1186.
Nivellements pour amener les eaux à Versailles, 633, 1007, 1181, 1186, 1304, 1308, 1313, 1315, 1343, 1348, 1367.

—— (Planches gravées pour les), 993.
Nivelon (La veuve Bonaventure), jard., 442, 583, 666, 731, 798, 871, 1224, 1363.
—— (Claude), dessinateur aux Gobelins, 1339.
—— (Nicolas), 47.
—— (René), ayant l'entretien du jeu du mail à Fontainebleau, 272, 467, 584, 667, 732, 799, 871, 872, 997, 1031, 1090, 1095, 1131, 1134, 1211, 1225, 1249, 1364, 1366.
—— (Zabulon), jard., 1250.
Nivernais (Manufacture de fer blanc de la province de), 60, 96, 289.
—— (Manufacture de canons en), 287.
Nivet, men., 844, 915, 980, 1074, 1151, 1188, 1271, 1324.
Noailles (Démolition de l'hôtel de) à Versailles, 1296.
—— (Hôtel de) à Saint-Germain, 1256, 1257.
—— (Hôtel de) à Versailles, 1201.
Noailles (Le duc de), prop., 236, 285, 1201.
Noblet (Jean), concierge de l'hôtel de la Reine d'Angleterre, 150, 206, 281, 362.
—— ter., 985, 1076.
Noce de Picardie (Tapisserie représentant une), 396.
—— de village, tableau, 237, 282.
Noclet, ter., 438.
Nocret (Jean), peint., 125, 182, 242, 321, 359, 405, 494, 510, 694, 758, 828, 900, 1284, 1331.
—— (Les héritiers de), 1124.
Noël (Louis), professeur en philosophie, 878, 879.
—— (Pierre), doreur, 419, 695.
—— maç., 888, 946.

Noël, marchand de bois, 1319.
—— ter., 1169.
Noiret (Denis), fondeur, 213, 244, 525, 627, 633, 700, 767, 770, 833, 842, 875, 894, 911, 973, 974, 1064, 1070, 1111, 1143, 1181, 1230, 1262, 1315, 1331.
Noisette ou Noizet (René), voit., 216, 249, 277, 327, 341, 342, 363, 387, 410, 428, 475, 497, 526, 548, 633, 643, 671, 709, 734, 769.
—— (La veuve), 778, 805, 842, 920, 933.
Noisy (Acquisition de la terre et seigneurie de), 853, 878.
—— (Hérounière et milanière de), 840, 909.
—— (Jardin de), 802.
—— (Prieuré de), 65, 877.
—— (Recherche des eaux à), 937.
Nole, ter., 1061.
Nollet (Antoine), jard., 516, 523.
Normandie (Carte de), 106, 153, 174, 209, 362.
—— (Forêts de), 501, 552.
—— (Manufactures de), 445, 552, 557, 850.
—— (Manufactures de toiles de), 922, 1093, 1211, 1212, 1338. — Voy. Manufactures.
Nostre-Dame-de-Bon-Secours (La), vaisseau, 372.
Notre-Dame (Cloître de). — Voy. Paris.
Notre-Dame-du-Val-de-Grâce. — Voy. Val-de-Grâce.
Nourry ou Nourrit (Denis), frotteur de parquets, 411, 429, 528, 629, 632, 704, 754.
Noyers (Achat de), 336, 324.
Nyon (Pierre), professeur en philosophie, 878, 879.

O

Observations astronomiques. — Voy. Astronomiques.
Observatoire de Paris (Dépenses de l'), 172, 207, 212, 213, 274, 281, 291, 317, 388, 401, 403, 413, 503, 504-505, 600-601, 681, 686-687, 716, 747-748, 814, 818-819, 883, 889, 937, 947-948, 989, 1017, 1025,
1081, 1113, 1116, 1125-1126, 1231, 1235, 1242-1243.
Observatoire de Paris (Dessins de l'), 546.
—— (Escalier de l'), 1126, 1243.
—— (Gages des officiers préposés à l'), 278, 376, 669, 652, 717, 784, 859.

Observatoire de Paris (Gratifications aux ouvriers de l'), 277, 471, 567.
—— (Gravure représentant l'), 362.
—— (Gravures pour l'), 874, 928, 994, 1208, 1211. — Voy. Patigny.
—— (Lunette posée à l'), 1126.
—— (Médaille de l'), 1229.
—— (Modèle en bois de l'), 276.

1466   COMPTES DES BÂTIMENTS DU ROI.

Observatoire de Paris (Ouvriers blessés en travaillant à l'), 387, 567, 568, 651.
—— (Pendules de l'), 659, 723, 791, 863, 1002, 1098, 1126, 1217, 1354.
—— (Terrasses de l'), 281, 504, 505, 600, 601, 678, 686, 687, 889, 1242, 1243.
—— (Tour de l'), 1243.
OCTAVIEN, jard., 257, 328, 455, 458, 470, 652, 716.
ODEAU (Noël), jard., 90.
OEillets (Achat d') pour le Roi, 247, 491, 515, 552, 984.
OGIER (François), écrivain, 56, 113, 163, 227, 299, 377.
—— ter., 1060, 1299.
Oignons de fleurs (Fourniture d'), 455, 470, 481, 541, 552, 639, 672, 803, 835, 876, 895, 918, 933, 941, 942, 984, 1118, 1231, 1237, 1329, 1332, 1337, 1368.
Oise (Éperons de la rivière d'), 1136, 1137, 1140, 1142, 1254, 1259, 1262, 1275.
—— rivière, 1183.
Oiseaux de proie, 101.
—— et animaux achetés dans le Levant. — Voy. Levant.
—— sculptés pour Versailles, 697, 762.
OLIVIER, horloger, 781.
—— jard., 597, 715.
—— marchand de sable, 978.
—— ter., 985.
—— (La veuve), aubergiste, 911.
OLLIER (L'abbé), écrivain, 57, 114.
—— DE BESAC, 57, 114.
OLLIVIER, entrepreneur, 1201.
—— tabletier, 1033, 1071, 1250.
—— (La veuve), prop., 1122.
OMAERT (Jean), marchand, 110.
ONEIL (Hugues), traducteur, 285.
Onyx achetés pour le Roi, 398.
Or filé, 6, 46.
—— fourni aux Gobelins, 53.
Orangers (Achat d') pour le Roi, 98, 102, 105, 160, 187, 188, 206, 240, 247, 248, 256, 277, 394, 422, 459, 473, 479, 480, 483, 549, 568, 813, 835, 843, 846, 876, 1298.
—— (Caisses d'). — Voy. Caisses.

Orangers de Portugal, 670.
—— en pleine terre, 146, 147, 160, 476. — Voy. Fontainebleau, Trianon.
—— offerts au Roi, 328, 651.
—— (Vases d') en faience, 472, 549.
—— (Voiture ou transport d'), 20, 47, 48, 49, 95, 147, 187, 256, 260, 483, 501, 670, 846.
Oratoire (Les Pères de l'), 1120. — Voy. LE COINTE (Le Père), de l'Oratoire.
ORCEAU, marchand de damas, 675, 736.
ORDELLALAY (Jacques), laboureur, 443.
Ordinaire des revenus casuels, 177.
Ordonnances de marine (Impression des), 884.
Ordre français (L'), 596, 597, 671, 1284.
Ordres et règlements sur les Bâtiments, 806, 879.
OREFROY (Louis), tourneur, 304.
Orfévrerie employée en reliures, 209.
Organsins (Manufactures d'), à Lyon, 640, 707.
Orgues (Cabinet d') de la chapelle des Tuileries, 180, 249.
—— (Cabinet d') en bois de rapport garni d'ornements de bronze, 1323.
—— (Cabinet d') pour Versailles, 1066, 1179, 1314.
—— de la Grotte de Versailles. — Voy. Versailles (grotte).
—— (Fourniture d'), 398, 399, 481, 1071, 1179, 1180.
ORIANT (Mathieu), jard., 129, 496, 745, 1244.
ORIEN. — Voy. ORIANT.
Orléanois (Manufactures de l'), 445, 556, 557. 850.
Orléans (Achat d'orangers à), 431, 483, 540, 705, 843.
—— (Ormes d'), 497.
—— (Traité des restes de la Généralité d'), 176.
ORLÉANS (Gaston duc D'), frère de Louis XIII, 6, 940.
—— (Le duc D'), 75, 99, 298, 466, 582, 665, 729, 796, 869, 1009, 1106, 1223, 1357.
—— (Apanage du duc D'). — Voy. Villers-Cotterêts.
—— (Portrait de la duchesse D'), 359.

Ormes (Armer les), 744, 1257.
—— (Cages pour les), 1259.
—— (Épluchage des), 1053, 1257.
—— (Fourniture d'), 336, 350, 400, 423, 427, 436, 469, 472, 474, 475, 497, 529, 535, 546, 552, 603, 669, 688, 735, 810, 955, 1023, 1031, 1093, 1100, 1108, 1124, 1141, 1167, 1172, 1199, 1210, 1249, 1295, 1296, 1297, 1315, 1319, 1336.
—— (Pépinière d'), 348, 352, 1200; — Voy. Sceaux (Pépinière près).
Ormoire (Armoire), 780, 916.
Ormoy, près Auxerre, 286.
Ormoye, plantation d'ormes, 1102, 1220.
ORRAN (Pierre), nattier, 482.
OSANE, employé à la manufacture des serges de Gournay, 372.
OSDIVERT, ser., 772, 826, 845, 916, 981.
Osier (Fournitures d'), 136, 187, 189, 304, 307, 325, 326, 336, 355, 423, 427, 429, 598, 887, 1076, 1192.
Oudenarde, 447, 491, 552.
OUDIN (Gervais), ouvrier tué, 249.
OUDOT, maître de musique, 1084, 1231, 1342.
OUEST (Noël), voit. — Voy. HOUISSE ou HOUSSE.
OUSSEL, marchand, 166, 394, 398, 479.
OUSTRY (La veuve de), ouvrier tué, 388.
Outardes (Achat d'), 675.
Outils de jardinage, 84, 531, 630, 951. — Voy. Bêches, Brouettes, Pelles.
Ouvriers blessés ou tués (Gratifications aux), 50, 152, 168, 189, 387-388, 455-456, 567-568, 650-651, 715-716, 719, 804, 824, 848, 920, 986, 1033, 1078, 1107, 1133, 1197, 1212, 1333, 1334. — Voy. Louvre, Observatoire, Tuileries, Versailles, et les autres châteaux royaux.
—— malades, 1333.
OVIDE (Impression des Métamorphoses d'), 814, 877.
—— (Planches des Métamorphoses d'), 709, 805.
OZANNE (Jean), jard., 690, 691, 753, 823, 859, 893, 894, 954, 1037, 1138, 1196, 1197, 1256, 1259, 1260, 1263, 1332.

TABLE ALPHABÉTIQUE. 1467

P

PACILLOT, maç., 1145.
PADELAIN ou PADELIN, ramoneur, 257, 435, 463, 473, 576, 606, 632, 659, 672, 723, 769, 775, 791, 803, 823, 863, 893, 912, 1003, 1010, 1033, 1099, 1107, 1198, 1217, 1261, 1321, 1355.
—— (Antoine), ramoneur, 152.
—— (Jacques), ramoneur, 152.
—— (Jean), ramoneur, 294, 327.
—— (Léonard), ramoneur, 31, 51.
Padoue (Université de), 113, 162, 228, 299, 451, 566, 715.
PAGE (Pasquet), commis aux manufactures de Lyonnois et de Dauphiné, 445, 557, 850.
PAGEOIS, greffier de l'Écritoire, 986, 1194, 1250, 1309.
PAGET (André), commis des Bâtiments, 295.
—— caissier de la Compagnie du commerce du Nord, 380, 447.
PAILLARD, ser., 37, 94.
PAILLART ou PILLART, ter., 1059.
Paillasses à coucher les ouvriers, 1314.
Paillassons pour les faisans, 954.
—— pour les jardins, 206, 636.
PAILLET (Antoine), peint., 125, 243, 321, 404, 614, 694, 758, 816, 828, 900, 962, 1155, 1278.
—— (Christophle), peint., 1313.
—— carrossier, 1182, 1321.
PAILLOT, ter., 1661.
PAIROUTOT (Léonard), maç., 958, 1039, 1146, 1264, 1265.
PAITIS DE LA CROIX, interprète. — Voy. LA CROIX.
Palais-Cardinal. — Voy. Palais-Royal.
Palais de justice. — Voy. Paris (palais).
Palais-Royal (Appartement de Madame au), 329, 745.
—— (Appartement de Mademoiselle au), 17.
—— (Appartement de Mlle de Blois au), 817.
—— (Appartement de Mesdames au), 406.
—— (Appartement du chevalier de Lorraine au), 599, 745, 746, 817, 884.

Palais-Royal (Appartement du duc d'Orléans au), 75, 250, 329.
—— (Basse-cour du), 718, 794, 1093, 1094.
—— (Chapelle du). 51, 103, 158, 225, 290, 374, 456, 572, 654, 786, 857, 929, 996, 1089, 1209, 1242.
—— (Cheval de bronze de la cour du), 1125, 1242, 1335.
—— (Cour des cuisines au), 599.
—— (Cuisine du commun de Monsieur au), 1242.
—— (Dépenses du), 14, 16-17, 69, 72, 73, 74-75, 98, 103, 105, 124, 128, 131-132, 152, 184, 185, 189-190, 197, 207, 208, 209, 211, 212; 241, 245, 250, 254, 318, 328-329, 332, 403, 406, 411-412, 495, 499-500, 599, 686, 745-746, 817, 888, 946, 1024-1025, 1125, 1198, 1236, 1239, 1240, 1241, 1242, 1335, 1336, 1337.
—— (Gages des officiers du), 3, 8, 43, 65, 112, 160, 238, 295-296, 376, 464-465, 571, 579, 662, 726-727, 794, 867, 998, 1006, 1093, 1094, 1102-1103, 1214, 1220, 1351, 1356, 1360.
—— (Jardin du), 716, 739, 745, 784, 794, 817, 867, 1006, 1094, 1102, 1125, 1220, 1360.
—— (Magasin des antiques au), 718, 794, 867, 1093, 1094, 1232.
—— (Petite salle du), 2.
—— (Plantations d'arbres au), 686.
—— (Réservoir du), 686.
—— (Rondeau du), 745.
—— (Salle de l'académie d'architecture ou des architectes au), 499, 657, 721, 788, 1096, 1215, 1353.
—— (Salle de l'académie de peinture au), 549.
—— (Salle des gardes au), 75.
—— (Salle des machines et comédies au), 296, 579, 662, 726, 746, 794, 1102, 1220, 1360.
—— (Vente de bois coupé dans le jardin du), 594.
Palaiseau (Canton de), 939.

PALAISEAU ou PALEZEAU, trompette du Roi, 492, 561.
PALET (Élisabeth), veuve de F. CACCIA, 70.
Palfour (Loyer du moulin de), 1347.
—— (Machine du moulin de), 1252, 1254, 1259, 1262, 1263, 1347.
PALFROID, taillandier, 1134.
PALVROY, voit., 1322.
PALIOT (Nicolas), charp., 241.
Palis, clôture, 88, 117, 152, 153, 157, 234, 309, 317, 349, 355, 356, 537, 567, 603, 634, 691, 820, 857, 942, 1141, 1142, 1237, 1238, 1245, 1248, 1249, 1250, 1261.
PALLEFROIT (Jean), jard., 1169, 1184, 1298.
PALLUS ou PALUS, sc. en bois, 983, 1075, 1162, 1190, 1289, 1290, 1326.
PAMPES ou PAMPET, facteur d'orgues, 398, 481.
Pancartes de fer-blanc pour mettre des défenses de nuire aux cygnes, 1108.
Paniers pour colombiers, 50.
PANNETIER (Jean), scieur de long, 262.
Panthéon de Rome (Le), planche gravée, 1345, 1346.
Papillon (Jean), grav. en bois, 642, 709, 875.
—— (Jean), ter., 13, 45, 101, 129, 131, 186, 188, 198, 210, 247, 280.
PAPIN (Gabriel), plombier, 39.
PAPION, bourrelier, 1012.
PAQUIÉ, marchand, 767.
PAQUINE (?), mathématicien, 992.
Parc aux lièvres pour le Dauphin. — Voy. Saint-Germain.
PARENT (La veuve Jacques), prop., 395, 452.
—— (Le fils de la veuve), élève peint., 648, 713, 781, 855, 925, 990.
—— (Pierre), ser., 413, 736, 1199.
—— arpenteur, 97.
—— ter., 1060.
PARFAIT (Jean), employé aux illuminations, 429, 529, 913.
Paris (Denis), jard., 651.
—— (Guillaume), plombier, 262.
—— (Jacques), sc., 169, 230, 405, 918, 982, 1075, 1191, 1326.

1468　COMPTES DES BÂTIMENTS DU ROI.

Paris (Mathurin de), men., 38.
Paris, 46, 52, 54, 59, 66, 97, 100, 101, 102, 187, 218, 275, 277, 289, 304, 328, 330, 365, 370, 371, 379, 384, 463, 470, 478, 483, 484, 486, 488, 501, 529, 545, 549, 552, 553, 577, 659, 669, 670, 673, 723, 786, 791, 803, 863, 912, 934, 943, 962, 1003, 1009, 1012, 1099, 1107, 1108, 1184, 1217, 1228, 1231, 1258, 1322, 1332, 1355.
—— (Abbaye de Sainte-Geneviève de), 62, 108.
—— (Archevêque de), 231, 232, 273, 274, 358, 394, 398, 430, 481, 563, 673, 740, 779.
—— (Carte de la Généralité de), 278, 361, 379, 471, 480, 547, 549, 550, 646, 647, 709, 806, 925, 990, 1088, 1091, 1207.
—— charnier des Saints-Innocents, 489, 564.
—— Châtelet (Le), 453.
—— Châtelet (Réparations au), 398, 481, 547, 552.
—— Châtelet (Ouvrages du nouveau), 742, 813.
—— collége de Cambrai, 50, 58, 111, 160, 214, 281, 367, 481, 552, 673, 710, 804, 877, 934, 935, 1082, 1209, 1342.
—— collége de Navarre, 879.
—— collége des Quatre-Nations (vue du), 543.
—— Collége Royal ou Collége de France, 17, 50, 75-76, 103, 111, 113, 132, 184, 191, 211, 214, 250-251, 278, 281, 329, 413, 481, 502, 545, 552, 710, 734, 746, 804, 817, 877, 878-879, 888, 935, 947, 1012, 1025, 1089, 1125, 1209, 1242, 1342.
—— Collége de France (gages des professeurs du), 878-879.
—— Collége de France (gages du concierge du), 43, 112, 160, 296, 376, 465, 579, 663, 727, 794, 867, 1006, 1103, 1220, 1356.
—— couvent de Saint-Antoine-de-Traisnel, 352.
—— dessins du portail de plusieurs églises, 1346.
—— église des Petits-Pères, autel de marbre, 678, 734, 802.
—— église Saint-Germain-l'Auxer-rois, 66, 101, 221, 229, 232, 274, 299, 311, 369, 489, 554.
Paris, église Saint-Gervais, plan et élévation du portail, 1346.
—— église Saint-Hippolyte, 215, 446.
—— église Saint-Honoré, chapitre, 381.
—— église Saint-Marcel, chapitre, 229.
—— église Saint-Nicolas-du-Chardonnet, vue du portail (planche gravée), 1346.
—— église Saint-Nicolas-du-Louvre, 315, 383.
—— église Saint-Roch, 312, 362, 381, 399, 453, 498.
—— église Saint-Thomas-du-Louvre, 173, 222.
—— (Élection de), 372, 382.
—— (Établissement des assurances dans), 284.
—— fabrique de velours, 235, 804, 1112.
—— faubourg Saint-Antoine, 117, 149, 150, 280, 286, 313, 314, 381, 382, 412, 413, 1019, 1083, 1307, 1341.
—— faubourg Saint-Germain, 2, 8, 45, 98, 152, 567.
—— faubourg Saint-Jacques, 166, 864, 1003, 1099, 1217, 1337, 1355.
—— faubourg Saint-Marcel, 234, 282.
—— faubourg Saint-Victor, 10, 49, 64, 110, 120, 159, 225, 238, 309, 374, 393, 581, 665, 729, 796, 869, 1009, 1105, 1222, 1357.
—— fossés, 102.
—— Halle-Barbier. — Voy. ce mot.
—— hôpital des Incurables, 108.
—— hôpital des Pauvres enfermés, 62, 97.
—— hôpital des Petites-Maisons, 210.
—— hôpital des Quinze-Vingts, 119, 151.
—— hôpital général des Incurables, ses directeurs, 709.
—— hôtel Carnavalet, 73.
—— hôtel de Lyon, 813.
—— hôtel de Provence ou de Villequier, 104, 106, 154, 255, 214, 284, 315, 369, 562, 646.
—— hôtel de Rostaing, 3, 45, 232, 274.
—— hôtel de Vendôme (petit). 116, 154, 214, 276, 313, 381.
Paris, hôtel de Villequier. — Voy. Hôtel de Provence.
—— hôtel Séguier, 20.
—— manufactures, 640, 223.
—— Notre-Dame (cloître), 285, 363.
—— Observatoire. — Voy. ce mot.
—— Palais (ouvrages faits dans l'enclos du), 152, 153, 207, 269, 291, 357, 414, 500, 599-600, 686, 746, 817, 889, 1080, 1118, 1229.
—— Palais (réparations à la salle de la Chancellerie dans le), 742, 746.
—— Palais Brion. — Voy. Brion.
—— Palais (conciergerie du), 207, 269, 276, 279, 357, 414, 500.
—— Parlement, 640, 776.
—— Pères de la Charité du faubourg Saint-Germain. — Voy. Charité.
—— pont de bois allant au cloître Notre-Dame, 285, 363.
—— pont Marie, sa réfection, 236, 285, 310, 311, 363.
—— Pont-Neuf (Cheval de bronze du), 362.
—— Pont-Neuf (figure et horloge de la Samaritaine sur le), 75, 132, 889, 1198, 1337.
—— Pont-Neuf (maison de la pompe du), 131-132, 190, 250, 323, 329, 413, 414, 500, 600, 671, 817.
—— Pont-Neuf (modèle de la pompe du), 383, 413.
—— Pont-Neuf (pompe du), 17, 75, 101, 131-132, 190, 426, 686, 746, 889, 987, 1013, 1081, 1107, 1198, 1200, 1336.
—— pont Rouge, 67, 101, 121, 241, 277, 317, 1092, 1094, 1220, 1360.
—— port de la porte Saint-Bernard, 413.
—— port du Guichet, près les Tuileries, 249, 499, 548.
—— port Saint-Paul, 1250.
—— porte de la Conférence, 67, 121, 241, 249, 317, 395, 452.
—— porte de Richelieu, 172.
—— porte Saint-Antoine, 200. — Voy. Arc de triomphe.
—— porte Saint-Jacques, 172, 207, 216, 401.
—— porte Saint-Jacques (fausse), 153, 274.
—— porte Saint-Marcel (fausse), 177, 223.

TABLE ALPHABÉTIQUE.

Paris, prieuré de Saint-Denis de la Chartre, 231, 274.
—— quai de l'École, 218.
—— quai des Tuileries, 67, 101, 121, 178, 209, 317, 318, 493.
—— recette générale, 176, 233, 311.
—— rue Champfleury, 173, 239, 283, 316, 383, 391, 398, 399, 453, 590, 940.
—— rue de la Contrescarpe, 813.
—— rue d'Angoumois (Charlot), 217.
—— rue de Beauvais, 54, 70, 72, 173, 221, 236, 285, 397, 398, 452, 453, 454, 480.
—— rue de Grenelle-Saint-Honoré, 20.
—— rue de la Harpe, 209.
—— rue de Richelieu, 296, 464, 571, 579, 727, 794, 867, 1006, 1093, 1094, 1102, 1211, 1220, 1351, 1356.
—— rue de Seine, 2, 45, 59.
—— rue de Vaugirard, 308.
—— rue des Bons-Enfants, 296, 464, 579, 662, 727, 794, 867, 1006, 1102, 1220, 1356.
—— rue des Poulies, 118, 154.
—— rue du Bouloi, 20.
—— rue du Chantre, 399, 453, 487, 561, 592, 741, 779, 940.
—— rue du Coq, 55.
—— rue du Louvre, 231, 274.
—— rue de Fromenteau, 106, 154, 173, 214, 236, 284, 285, 314, 369, 381, 382, 383, 400, 454.
—— rue Jean-Fleury. — Voy. Rue Champfleury.
—— rue Jean-Jacques-Rousseau, 20.
—— rue Jean-Saint-Denis, 1119, 1202.
—— rue Neuve-des-Petits-Champs, 548, 669.
—— rue Neuve-Saint-Honoré, 645.
—— rue Saint-André-des-Arts, 813.
—— rue Saint-Honoré, 181, 245, 369, 453, 940, 1117.
—— rue Saint-Jacques, 167.
—— rue Saint-Nicaise, 119, 151, 154, 310, 369, 381.
—— rue Saint-Thomas, 106, 174, 218.
—— rue Saint-Vincent, 312, 381, 397, 452, 453, 590, 594, 1119.
—— rue Vivien, 270, 307, 383, 478, 995, 1347.
—— (Soie de), 681.

Paris, Sainte-Chapelle (chanoines de la), propriétaires, 1341.
—— Sainte-Chapelle (clocher de la), 322, 349, 357, 414, 500.
—— Sainte-Chapelle (couverture de la), 1129.
—— Sainte-Chapelle (ouvrages à la), 59, 1111.
—— Sainte-Chapelle (ouvriers blessés en travaillant à la), 455.
—— Tournelle (la), 275, 278, 281, 1239.
—— (Velours de), 235, 804, 813, 1112.
—— vieille porte Saint-Honoré, 169.
Paris. — Voy. Invalides, Louvre, Luxembourg, Observatoire, Palais-Royal, Tuileries, Val-de-Grâce.
Pariset, men., 1272.
Parisot, contrôleur général des manufactures, 62.
Parlement (Le). — Voy. Paris.
Parmentier (Orangers de feu Martial) vendus au Roi, 459, 479.
—— (La veuve), 479.
Parnel, ser., 1275.
Parquet (Marie), veuve de Jacques Lameau, 529.
Parquets d'ébène, 1109.
—— de bois de rapport, 73, 406, 499, 546.
—— de chêne, 38.
—— de marqueterie, 126, 156, 183, 207, 242, 278, 320, 407, 469, 670, 734, 801, 875, 933, 946, 1009.
—— de marqueterie d'ébène avec laiton et étain, 126, 278, 329, 546, 1111, 1124, 1229, 1241.
Parties casuelles (Ordinaire des), 9.
Pascal, loueur de carrosses, 1071, 1085, 1111, 1182.
Pasquier (Antoine) et Jeanne Le Roy, sa femme, prop., 487, 561, 592, 644.
—— (Les créanciers de), 741, 779.
—— (François), sc. et marbrier, 15, 17, 21, 31, 71, 164, 230, 278, 362, 420, 470, 500, 512, 539, 599, 618, 697, 753, 763, 773, 802, 822, 833, 850, 888, 895, 903, 946, 955, 966, 1030, 1035, 1050, 1051, 1081, 1163, 1164, 1291.
—— (Jean), marbrier, 125, 130.
—— lunetier, 712.

Pasquier, portier du cours la Reine, 793, 1006, 1102, 1220, 1356.
—— ser., 694, 758, 899, 910, 961, 1153.
—— ter., 1036.
Pasquin, médecin, 378, 449, 565, 648, 714, 782, 856, 926, 992.
Passavant (Didier), commis des manufactures de Champagne, 445, 557.
Pastel (Jean), maç., 11, 121, 188, 492, 1123.
—— (Jean), men., 72.
Pastenel (Pierre), voit., 548, 1321, 1333.
Pataut, vitr. — Voy. Patot.
Patel (Pierre), peint., 103, 151, 183, 194, 209, 276, 293, 358, 407, 462, 468, 546, 562, 575, 645, 658, 669, 711, 722, 782, 789, 801, 855, 862, 875.
—— (La veuve de), 929, 1010.
Patenostre (Claude), concierge du chenil de Saint-Germain, 296, 465, 580, 663, 728, 795, 868, 1008, 1094, 1104, 1221, 1361.
—— (Pierre), chevau-léger, 99.
—— (La demoiselle). — Voy. De la Neufville.
Patigny (Gilles), dessinateur aux Gobelins, 1339.
—— (Jean), grav., 473, 543, 642, 712, 780, 781, 874, 928, 990, 994, 1089, 1208, 1211.
Patin (Marguerite), prop., 1339.
Patot (François), vitr., 199, 261, 639.
Patriarcha (Jacomo), tailleur de pierres, 106, 158, 224, 225.
Patriau (Jullien), prop., 29.
Patron, charp., 1193.
Patu (Olivier), doyen de l'Académie, 1343.
Paul, charp. — Voy. Charpentier (Paul).
—— charp. liégeois. — Voy. Scalem.
—— (La veuve Jean), 640.
Paulas, jard., 33, 34.
Paulet (François), charp., 1071.
Pauly, men., 204.
Paulmier (Marie), jard., 248.
Pauli (André), maç., 1245.
Paumier, jard., 1297.
Pauvres enfermés (Hôpital des): — Voy. Paris.
Pavés bizets, 686, 803.
—— de bois pour les pompes, 978.
—— de Caen, 619, 822, 983, 1051, 1130, 1164, 1191, 1292.

COMPTES DES BÂTIMENTS. — I.

Pavés de grès, 23, 140, 324, 434, 619, 1165.
—— de liais, 22, 208, 1052. — Voy. Pierre de liais.
—— de marbre, 134, 230, 1022, 1076, 1290, 1292, 1327.
—— en marbre de compartiment, 738.
—— (Fourniture de), 504, 505, 687, 802, 803, 814, 889.
Pavie (Pierre), men., 37, 94, 145, 148.
Pavillon, trésorier général des galères, 884, 925, 939, 1012, 1237, 1368.
Payen (Germain), ter., 23, 351, 438.
—— (Joseph), préposé aux travaux des Graissets, 1069, 1174, 1308, 1309, 1348.
—— (Nicolas), ter., 535.
—— employé à Fontainebleau, 52.
—— men., 1044, 1150.
—— (La veuve de), men., 1253.
Pays-Bas, 172.
Paysages (Tableaux de), 14, 21, 39, 193, 276, 282, 1155.
Peaux de vache fournies pour les pompes, 527, 909, 912, 1179, 1318. — Voy. Cuirs de vache.
Pêche de l'étang de Fontainebleau, 267, 268.
Pecq (Le), près Saint-Germain, 99, 1018, 1112, 1121, 1262.
—— (Curé du), 1112.
—— (Enlèvement des glaces au port du), 435, 893, 954, 1138.
—— (Mariniers du), 1319.
—— (Port du), 1268.
Pecquet (Jean), anatomiste, 228, 299, 300, 378, 450, 565, 649, 715.
Peinture à fresque. — Voy. Fresque.
—— de vernis, 22.
—— sur du gros de Naples. — Voy. Bonnemer, *Naples*, Tapisserie, *Tours*.
Pelault, préposé à Clagny, 919, 920, 931.
Pelé ou Peley (Adrien), mat., 838, 1064.
Pèlerins d'Emmaüs (Gravure des) de Paul Véronèse, 642.
Pelet (Gabrielle), prop., 1119.
Pélican (Auberge du), à Versailles, 480, 633.
Pelissary, trésorier général de la marine, 279, 395, 448, 488, 553.
Pellequey, prop., 169.
Pelles et outils fournis pour Versailles, 1183.

Pellet (Gabrielle ou Marguerite), femme Fancy, 312, 381.
Pelletier (Anne), veuve Carbonnet. — Voy. Carbonnet.
—— (Claude), ouvrier, 27.
—— (Luc), employé, 50.
Penart (Claude), tailleur de pierres, 29.
Pendule de mer, 475.
—— pour l'Académie des sciences. — Voy. Académie des sciences.
—— sonnante, 647.
Penel, ouvrier blessé, 456.
Pennautier, marchand de draps, 287.
Pepin, ouvrier blessé, 1186.
Pépinières des Maisons Royales. — Voy. Roule.
Percement de la montagne pour envoyer de l'eau à Versailles. — Voy. Versailles.
Perche (Manufactures du), 444, 656, 850.
Perches pour armer ou soutenir les arbres, 85, 136, 137, 187, 195, 255, 472, 685, 910, 1078, 1169.
Péréfixe (Hardouin de), archevêque de Paris, 563.
Périer (Laurent), jard., 25, 48, 84, 96.
—— (Nicolas), prop., 563.
Periglan, manœuvre blessé, 1185.
Perignon (La veuve de), Limousin, 249.
Perigon (Jacques), joaillier, 240.
Périn (La veuve), prop., 1340.
Périn, sc. en bois. — Voy. Perrin.
Pernelle, ser., 1356.
Pernain (Barthellemy), prop., 28.
Perrault (Charles), littérateur, contrôleur général des Bâtiments, 57, 114, 162, 163, 217, 227, 294, 298, 377, 449, 463, 464, 563, 577, 649, 656, 657, 660, 714, 720, 724, 782, 788, 791, 856, 861, 864, 926, 992, 999, 1003, 1086, 1096, 1099, 1204, 1214, 1217, 1345, 1352, 1355.
—— (Claude), arch. et médecin, 228, 281, 300, 368, 378, 449, 565, 649, 714, 782, 803, 856, 926, 992, 1012, 1086, 1204, 1345.
—— père (François), greffier de l'Écritoire, 670, 734, 801, 877, 920, 932, 1012, 1111, 1184, 1210, 1309, 1349, 1350.
—— fils (Jean), expert toiseur des Bâtiments, 1184, 1210, 1309.
Perreau (Claude), sc., 832, 903, 964, 973, 1049.

Perreau (La veuve), 1049, 1161, 1289.
Perrier et sa femme, prop., 1083.
—— (La dame), prop., 8, 84, 104, 155, 178, 214, 284, 364, 855, 929, 995.
—— (Les héritiers de la veuve), 1082, 1209, 1347.
Perrin, employé aux illuminations, 901.
—— sc. en bois, 983, 1076, 1162, 1190, 1191, 1396.
Perrot, (Henri), ter., 95.
—— préposé aux manufactures, 152, 373, 481.
—— d'Ablancourt (Nicolas), littérateur, 57.
Perse (Ouvrages à fond d'or et de soie, façon de), 150.
Personne de Roberval (Gilles), professeur en mathématiques. — Voy. Roberval.
Peste (Gravure de la) du Poussin, 993, 1088.
Petau, ter., 1061.
Petit (Charles), fontenier, 23, 255.
—— (Les héritiers de Charles), 424.
—— (Charles), ter., 81, 82, 497, 623, 638, 699, 766, 774, 906, 970, 987, 1026, 1057, 1081, 1111, 1200.
—— (La veuve de Charles), 1336.
—— (Cosme), portier de la cour du Cheval Blanc, 161, 225, 291, 375, 459, 571, 655, 719, 750, 801, 874, 1092, 1207, 1352.
—— (La veuve de Jean), ouvrier tué, 567.
—— père (Louis), contrôleur des bâtiments de Versailles, puis de Fontainebleau, 49, 100, 111, 138, 154, 161, 225, 291, 308, 335, 376, 429, 458, 459, 518, 570, 645, 646, 653, 718, 785, 820, 855, 859, 876, 928, 930, 995, 997, 1092, 1209, 1210, 1232.
—— fils (Louis), contrôleur des bâtiments de Saint-Germain, 111, 141, 154, 161, 198, 226, 260, 291, 318, 347, 367, 376, 434, 435, 459, 532, 549, 570, 606, 653, 691, 718, 719, 753, 785, 859, 929, 997, 1033, 1093, 1212, 1349.
—— (Nicolas), voit., 47.
—— (Pierre?), poète, 56, 113, 163.
—— (Pierre), vigneron, 47.
—— charp., 755, 805, 897, 914, 1148, 1207.

TABLE ALPHABÉTIQUE.

Petit, ingénieur, prop., 154, 214, 284, 369, 562, 563, 782, 1082.
—— (Les héritiers de), 1347.
—— prieur de Saint-Pierre, à Choisy, 42, 480, 563, 673, 710, 804, 877, 935, 1012, 1072, 1240, 1323, 1341.
—— surveillant de la Ménagerie de Versailles, 58.
Petit-Bourbon (Magasin du), 52, 317, 818, 395, 483.
Petites-Maisons (Hôpital des). — Voy. Paris.
Petit-Maine (Claude), ter., 35, 92, 93, 265.
—— (Jacques), concierge de la Ménagerie de Vincennes, 92, 105, 143, 352.
Petits-Pères (Église des). — Voy. Paris.
Peully (Jean), laboureur, 89.
Pezai ou Pezat (Jean et Jacques), vitr., 217, 561.
Philipon, marchand, 679, 703, 707.
Philippes (Charles), marchand, 104.
—— marchand de Rouen, 218, 277.
—— prop., 169.
Philosophe (Buste de), en marbre, 479.
Physique (Instruments pour les expériences de), 270.
Piart, charp., 1268.
Pic (Pierre), manœuvre, 49.
—— jard., 816.
Picard (Denis), préposé à Chambord, 269.
—— (Étienne), grav., 474, 544, 642, 874, 927, 993, 1088, 1207.
—— (François), fondeur, 80, 134, 165, 198, 230, 344, 427.
—— (Jean), astronome et mathématicien, 163, 228, 270, 300, 378, 449, 480, 554, 564, 649, 714, 780, 781, 782, 856, 926, 992, 1084, 1087, 1111, 1186, 1205, 1345.
—— ou Le Picart (Nicolas), ser., 363, 508, 540, 612, 635, 694, 757, 826, 898, 899, 960, 1045, 1152.
—— jard., 835.
—— maç., 1041.
—— sc., 1288.
—— ter. — Voy. Boubart.
—— (La veuve de), ouvrier tué, 659.
Picardie, 9, 399, 1230.
—— (Carrières de marbre de), 552.
—— (Manufactures de), 445, 557, 850.

Picardie (La butte de), à Versailles, 968.
Picart (François), dit La France. — Voy. La France.
Picéas, arbres, 501, 620, 630, 669, 755, 765, 770, 808, 945, 949, 1005, 1023, 1068, 1094, 1101, 1115, 1124, 1219, 1231, 1359.
Picenne. — Voy. Épictète.
Pichet (Jean), vannier, 501.
Pichon, tailleur de pierres, 986.
Pichot (Marie), vannière, 748.
Picot (Robert), ter., 34.
Picou, jard, 1038.
Picq ou Pic (Pierre), fleuriste, 26, 895.
Picquet de Sautour (la demoiselle du), dame de la Borde. — Voy. De la Borde.
Piédestaux, 81, 98, 95, 144, 164, 166, 185, 192, 193, 230, 391, 434, 1114.
Piédouches, 745, 802, 933.
Piémont, 162.
Piennes (Le marquis de), prop., 878.
Piénot (Nicolas), voit., 47.
Pierraille (Voiture de), pour les allées de Versailles, 528.
Pierre (Mathurin), ter., 541.
Pierreau (Fabien), administrateur des Incurables, 108.
Pierres pour assembler et écouler les eaux, 341, 519, 809, 906, 956.
Pierres à faire des figures, 1322.
—— d'Arcueil, 263, 280, 352, 748, 1027, 1127, 1182, 1191, 1244.
—— de Caen, 87, 1327. — Voy. Pavé de Caen.
—— de liais, 134, 179, 249, 278, 317, 401, 410, 473, 944, 1021, 1130, 1164, 1191, 1266, 1327. — Voy. Aire de pierre de liais.
—— de liais des Chartreux, 1229.
—— de Meudon, 251, 257, 331, 411, 413, 497, 596, 683, 685, 715, 716, 741, 1066, 1067, 1182.
—— de molière (meulière), 388, 413, 521, 702, 1040, 1067.
—— de roche, 81.
—— de Saint-Cloud, 125, 179, 189, 200, 244, 263, 340, 352, 1026, 1027, 1108, 1126, 1127.
—— de Saint-Leu, 10, 401, 498, 1079, 1285, 1329.
—— de Senlis, 249, 278, 401, 411, 472, 473, 497, 523, 599, 737, 742, 1127, 1314.
—— de taille, 250, 1329.

Pierres de Tonnerre pour statues, 363, 469.
—— de Trossy, 317, 498.
—— de Vernon, 241, 249, 278, 318, 326, 387, 428, 473, 523, 803.
Pierres fines (Travaux en), 289, 386, 446, 447, 777, 1338. — Voy. Branch, Magliorini.
—— gravées, achetées pour le Roi, 503.
Pietrapané, charp., 435.
Pigeons (Achat de), 675.
—— de Provence, 240.
Pigis (Jacques), professeur en langue grecque, 878.
—— doyen des professeurs au Collége Royal, 879.
Pignon (Adrien), men., 34, 91.
—— (La veuve), 73, 142.
Pillart (Claude), ter., 1172, 1300.
—— (Jean), couv., 18.
Pillon (Germain), sc., 75.
Pilote hydrographe, 110.
Pilotis, 1148.
—— sur la rivière d'Oise, 1142.
Pinan (Philippe et Antoine), scieurs de long, 262.
Pinard, men., 921.
Pinart (Thomas), maç., 1121, 1125, 1200, 1242, 1252, 1335.
—— arch., 1212.
Pinassel (Nicolas), marbrier, 184, 421.
Pinault, dit La Fleur, archer de la Prévôté de l'Hôtel, préposé aux ouvrages de Saint-Germain, 368, 459, 570, 717, 786, 931, 954, 996, 1176.
Pinaut (Toussaint), charp., 36.
Pinchard (Denise). — Voy. Depost.
Pinet (Robert), nattier, 848.
Pinette, perruq., 710.
Pinguet (Pierre), prop., 1083.
Pinson, marchand plâtrier, 306.
Pinsson (Jean), jard., 499.
Piot (Louis), ser., 626, 689, 728, 752, 795, 821, 868, 892, 894, 951, 955, 1008, 1034, 1105, 1136, 1222, 1254, 1357.
Pipault (Simon), maç., 200, 263, 641, 1368.
Piquepuce, près Vincennes, 264, 383, 392, 452.
—— (Religieuses de Notre-Dame-de-la-Victoire de), 1084.
—— (Religieux flamands de), 851.
Piquet (Jacques), commis des manufac-

tures de haute Normandie, 445, 557, 850.
Piquet de Sautour (La demoiselle de), 396.
Pirogali, Milanais, 373.
Piscéas. — Voy. Picéas.
Pitan. — Voy. Pitau.
Pitau (Nicolas), orfévre et grav., 281, 358, 391, 443, 468.
—— (La veuve), 543.
Piteux (Jean), jard., 89.
Pitrot, comite de la galère du Roi, 360, 838.
—— (Jean), mat., 1064.
Pivert, mathématicien, 226, 361, 379, 469, 471, 480, 549, 565, 647.
Plafonds de croisées, façon de marbre, 608.
Plancher en bois de sapin assemblé à languettes, 1149.
Planches gravées, 183, 215, 236, 244, 271, 278, 279, 281, 283, 285, 311, 358, 359, 362, 364, 398, 404, 407, 459, 468, 469, 473, 474, 476, 477, 478, 480, 542-545, 571, 641-643, 709, 740, 805-808, 812, 874-875, 883, 927-928, 938, 993-994, 1017, 1072, 1084, 1087-1089, 1109, 1116, 1183, 1206-1208, 1235, 1345-1347, 1351.
—— de cuivre à graver, 271, 407, 478.
—— de sapin, 47.
Plançons (Fourniture de), 257, 336.
Plancy (Moulin de), à Saint-Léger, 262, 330.
Planisphère d'argent exécuté pour le Roi, 1213, 1342.
Planquen (Nicolas), 1084.
Plans et élévations des Maisons Royales. — Voy. Maisons Royales.
Plant pour les avenues des Maisons Royales, 32, 33, 34, 51, 89, 90, 117, 195, 198, 213, 257, 374, 468, 672, 678, 801, 812, 846, 859, 876, 883, 932, 997, 1010, 1016, 1019, 1081, 1089, 1092, 1198, 1335, 1349, 1350.
Plantes (Démonstration de l'intérieur des), 747, 818, 947, 1025, 1213, 1351. — Voy. Daquin.
—— et oiseaux peints en miniature, 171, 283, 274. — Voy. Jarry, Miniatures.
—— gravées, 469, 543, 544, 641, 643, 806, 875, 1206.

Plessis-lez-Tours (Rétablissements aux couvertures du château de), 592, 672.
Platigny (Le s' de), prop., 28.
Plâtre (Fourniture de), 750.
Platte-Montagne (Nicolas de), peint., 321, 404, 495.
Plattelet (Marguerite), lingère, 773.
Plomb (Achat et fourniture de) pour les Bâtiments, 7, 18, 19, 38, 39, 49, 55, 77, 91, 94, 122, 133, 135, 146, 179, 191, 192, 201, 208, 234, 239, 252, 266, 274, 303, 325, 328, 331, 376, 384, 392, 397, 402, 472, 473, 486, 506, 559-560, 592, 643, 681, 710, 735, 778, 852, 877, 882, 923, 983, 989, 1020, 1111, 1192, 1202-1203, 1293-1295, 1327.
Plot, teneur de rôles, 1078.
Plumiers, entrepreneur de la manufacture de points de Venise, 61, 97, 162, 171.
Pluvinel (Dame), veuve de Poix. — Voy. Poix.
Pluvette (Catherine), 1083.
Pocquelin (Charles), commis des manufactures de Dreux et du Perche, 444, 556, 850.
—— (Louis), commis des manufactures de Languedoc, 444.
—— (Pierre) commis des manufactures de Lyonnais, Forez et Dauphiné, 444, 445.
—— miroitier, 541, 637, 1071.
Poêles, 85, 89.
—— d'Allemagne en fonte, 606.
—— de faïence, 637.
—— de fer, 894.
Poictevin, charp. — Voy. Poitevin.
Poids (Fournitures de), 671, 1182, 1319.
Poinçons de médailles, 735, 803, 877, 932, 934, 1088, 1089, 1208, 1228, 1343, 1346, 1347.
—— de roches, 85.
Point de France (Manufacture de). — Voy. Manufactures.
Pointe-des-Deux-Chemins (Lieu dit *la*), 383.
Poiremolle, paveur, 1334.
Poiret (Nicolas), jard., 147, 272, 466, 537, 583, 666, 730, 871.
—— (La veuve), 797, 1094, 1224, 1362.

Poissant (Antoine), sc., 70, 80, 123, 134, 321, 334, 419, 469, 500, 513, 617, 697, 735, 761, 846, 918, 1050, 1075, 1161.
—— (Nicolas), sc., 359, 405.
—— (Thibault), sc., 13, 14, 15, 21, 22, 27, 39, 70, 71, 80, 94, 105, 123, 134, 181, 209, 243, 277.
—— (Les héritiers de), 359, 405.
Poisson (Jean), peint., 30, 86, 139, 197, 259, 343, 433, 530, 581, 605, 664, 690, 728, 752, 795, 822, 868, 892, 895, 952, 1008, 1035, 1105, 1137, 1222, 1255, 1331, 1357.
—— (Louise ou Anne), prop., 369, 472, 562.
Poissy, 140, 318, 1121, 1139, 1230.
—— (Mariniers de), 1319.
—— (Pont de), 1254.
Poitevin (Antoine), charp., 236, 311, 363, 474, 501, 599, 604, 608, 609, 687, 755, 772, 813, 843, 844, 921, 1042, 1073, 1078, 1081, 1084, 1126, 1147, 1188, 1267.
—— (La veuve Nicolas), prop., 316, 382.
Poitou (Manufactures du), 445, 556, 850.
Poitou (Philippe), ébéniste, 1109, 1111, 1125, 1129, 1241, 1320.
Poitrincourt (Le s' de), prop., 1082, 1209, 1347.
Poix (Jacques de), jard., 90.
—— (La dame Pluvinel, veuve de), prop., 154, 214, 284, 315, 369, 562, 646, 782, 855, 928, 995, 1209.
Polembourg (Corneille), peint., 237, 282.
Police, ser., 748.
Pologne (Inventaire et vente du Roi de), 675, 676, 736.
Pompe du Pont-Neuf. — Voy. Pont-Neuf.
Pompes. — Voy. *Versailles*, Tuileries, etc.
Pomponne (Hôtel de), à Versailles, 825.
Ponceaux, petits ponts, 1034, 1139, 1182.
Poncy, jard., 248.
Portchartrain (Hôtel de), à Paris, 106.
Pont (Château du). — Voy. *Ponts-de-Cé*.
Pont Marie. — Voy. *Paris*.
Pont Neuf. — Voy. *Paris*.
Pont Rouge. — Voy. *Paris*.
Ponteaux. — Voy. Ponceaux.
Pontet (Aubin), piqueur, 148.
—— jard., 804.

TABLE ALPHABÉTIQUE.   1473

Pontoise (Chemin de Saint-Germain à), 954.
PONTRAINCOURT. — Voy. POITRINCOURT.
PONTSAINPIERRE (MM. DE), banquiers à Lyon, 150.
Ponts-de-Cé (Réparations au château des), 175, 217.
Ponts et chaussées (Visite des), 10, 54.
Ponts roulants, 911.
POPINEAU, prop., 853.
POPINET (Claude), préposé à la conduite des moulins, 764, 766, 769, 785, 841, 857, 907, 997, 1062, 1175, 1310.
POQUELIN (Pierre), commerçant, 110. — Voy. POCQUELIN.
Porcelaines (Achat de), 490, 491, 675, 939.
—— (Vases de faïence, façon de). — Voy. Vases.
Porchefontaine, près Versailles, 258, 1058.
—— (Religieux Célestins de), 258, 305.
PORET (Simon), couv., 167.
PORLIER (Anne), prop., 42.
—— (Michel), ter., 1078, 1143, 1180, 1255.
PORQUET (Jean), maç., 150.
Port du Guichet (Le), près les Tuileries. — Voy. *Paris*.
Porte-mèches pour les illuminations de Versailles, 529.
Porte-mortier, 848.
PORTERET, batelier, 770.
Portes de fer, 37, 90, 92, 135, 417, 757, 814, 826, 828, 1045, 1152.
PORTET, ter., 836, 837, 848.
PORTIER, 770.
Portière de la Paix (Dessin de la), 1278.
Portique (Élévation d'un), planche gravée, 545.
Portrait de la duchesse d'Orléans, 359.
—— du Roi assis sur son trône en habits royaux, 460.
—— du Roi en médaille, 941.
Portraits de la Reine, 172, 217, 399, 481.
Portraits du Dauphin, 172, 217, 399, 481, 1111. — Voy. Bustes.
Portraits du Roi, 151, 172, 217, 314, 398, 545, 803, 805, 1111. — Voy. Bustes.
—— équestres du Roi, 314, 366, 367, 470, 492, 554, 805, 1228.

Portugal (Jasmins de), 549.
—— (Livres importés de), 502.
—— (Orangers de), 670.
Porus (*La Défaite de*), planche gravée, 994, 1088.
POTAULT, ter., 1305.
POTEAU, frotteur de parquets, 213.
Poteaux placés le long de la Seine et de l'Oise pour la conservation des cygnes, 1108, 1183. — Voy. Cygnes.
POTEL (Jean), manœuvre, 249.
—— (Pierre), taillandier, 135, 196, 384, 414, 508, 600, 632, 700, 768, 875, 910, 924, 976.
—— (La veuve), 1323.
—— ter., 1061, 1297, 1307.
POTELET, ser., 899, 986.
POTHERY (Louis), carrier, 200, 263, 340, 352, 595, 769, 914, 948, 986, 1026, 1126, 1194, 1243, 1314.
POTIER (Simon), ser., 123, 132, 180, 250, 319, 389, 417.
Potiers de terre, 169, 188, 230, 501, 986.
Potin (Tournant de robinet en), 211.
POTIN, ter., 1259, 1308, 1332.
POTOT (Gaspard), charp., 191, 251, 306, 331, 415, 506, 523, 755, 844, 1148, 1267.
POTRY, jard., 887.
Pots de terre, 501, 638, 639, 920, 948, 1014, 1027, 1263, 1329. — Voy. Faïence (Pots de).
Poudre à canon, 771.
POUGET (Sébastien), concierge de l'hôtel des Ambassadeurs, 297, 466, 581, 665, 729, 796, 869, 1009, 1105, 1222, 1357.
POUGNOT (Edme), loueur de carrosses, 1186.
Pougues (Fontaines de), 297, 466, 581, 728, 796, 869, 1008, 1105, 1222.
—— (Gages des officiers de), 43, 112, 160, 297, 376, 466, 581, 664, 728, 796, 869, 1008, 1105, 1222, 1357.
POULAIN (Jean), ter., 1172.
—— ou POULIN, batteur de ciment, 600, 748, 839, 948.
—— marchand bonnetier, 371, 557.
—— toiseur, 1066.
Poules (Achat de), 675.
POULET, émailleur, 934.
POULIN, ser., 687.
POULLIER, ouvrier, 910.
POULLINET, ter., 1059.

POULVÉ, capitaine des charrois, 47, 49.
POURIL, voit., 188.
POUSSIÈRE ou POUSSIER (Louis), vitr., 443, 1334.
POUSSIN (Nicolas), peint., 542, 927, 993, 1088, 1206, 1337.
—— (Olivier), ser., 190.
—— fondeur, 1318.
Pouteaux. — Voy. Ponceaux.
POUTET, marchand de fleurs, 875.
POUTON, ouvrier blessé, 804.
POYANT, entrepreneur, 236, 310, 363.
PRAT (Noël), dit CHAMPAGNE, jard., 194, 247.
PRÉE (Claude), prop., 50, 111, 154, 213, 284, 369, 562.
Premier président au Parlement. — Voy. LAMOIGNON.
Premier (M. le) écuyer de la petite écurie du Roi. — Voy. BERINGHEN.
PRENEL, prop., 1231.
PREUDHOMME. — Voy. PRUDHOMME.
PRÉUILLY (Jean), jard., 34.
PRÉVILLON (Charles), voit., 350.
Prévillon, ouvrier blessé, 387.
PREVOST (Claude), garçon des Tuileries, 529, 771, 827, 913.
—— (Denis), fondeur et cloutier, 80, 134, 165, 193, 427, 443, 771, 1182.
—— (Emé), ser., 167.
—— (Étienne), ter., 41.
—— (Jean), fondeur, 168, 230, 344.
—— balancier, 671, 875, 1182, 1232, 1319.
—— entrepreneur de la manufacture de camelots, 372, 444.
—— (La veuve), 640.
—— mon., 969.
—— ter., 1173, 1305.
PRIEUR, jard., 188.
PRIMATICE (LE), peint., 204.
Prince (Buste de M. le), 550, 671.
PRINCÉ (Mme), prop., 741.
PRIOLO (Benjamin), historien, 56.
PROU (Étienne), men., 15.
—— (Jacques), men., 13, 15, 54, 72, 101, 127, 128, 152, 183, 184, 207, 245, 246, 289, 292, 323, 345, 402, 403, 416, 432, 446, 463, 469, 494, 504, 507, 559, 576, 596, 600, 610, 659, 672, 684, 687, 689, 693, 708, 723, 742, 756, 757, 777, 790, 801, 815, 818, 827, 863, 887, 889, 897, 933, 948, 959, 973, 1002,

1022, 1026, 1044, 1064, 1098, 1107, 1123, 1126, 1149, 1150, 1216, 1240, 1269, 1270, 1354.
PROU (Jacques), sc., 925.
—— (Jean-Jacques-Joachim), vitr., 42, 47, 149, 269, 356, 443.
—— (La veuve), 776, 849, 1334.
—— (Pierre), employé aux Bâtiments, 550.
PROVENÇAL, scr., 363.
Provence, 158, 217, 366, 455, 458, 537, 647, 673, 712, 1368.
—— (Hôtel de). — Voy. *Paris*.
—— (Manufactures de), 556, 557, 850.

Provence (Marbres de). — Voy. Marbres.
—— (Pigeons de), 240.
—— (Plantes et fleurs venues de), 876, 941, 942, 1012, 1237.
Provinces-Unies, 114, 162.
PRUDHOMME (Robert), arpenteur, 96, 703, 913, 1070, 1174, 1183, 1210, 1316, 1322, 1349.
—— copiste, 647, 711, 712.
—— potier, 1263.
PRUNEAU (Michel), men., 38.
PRUNIER, employé à empêcher les cheminées de fumer, 898.
—— men., 977.

PUGOLLE, préposé à Clagny, 920.
PULLEU (Claude), prop., 42, 104, 178, 214, 284, 364.
PURE (L'abbé Michel DE), prédicateur, 56, 113, 163.
PUSIER (Louis), jard., 89.
PUTEAUX, jard., 745.
PUTHOMME (Nicolas), prop., 27.
PUYMORIN, maître des forges de Couches, 529, 552, 626.
Pyramide (Modèle de la) des Tuileries, 498.
Pyramides en treillages, 409.
Pyrrhus, planche gravée, 994.

Q

Quadrans de pompe, 132.
QUENILLY (Le s' DE), 1261.
QUENTIN, ter., 1059.
QUESNEL (Philippe), rocailleur, 135, 194, 195, 302, 345, 521, 629, 703, 934.
QUÉTEL, maç., 1330.
QUEUE-D'ASNE, carrier, 1248.

QUIDET, jard., 956.
QUIERNEL (Jean), mat., 1311.
QUILLERIER (Noël), peint. et doreur, 125, 182, 193, 243, 321, 1128.
QUINAULT (Philippe), poëte, 56, 113, 163, 227, 378, 450, 564, 649, 715, 783, 856, 926, 992, 1086, 1205, 1344.

QUINCHESTRE, ter., 895, 1036, 1077, 1196, 1256, 1263.
Quinze-Vingts (Hôpital des). — Voy. *Paris*.
QUIQUE (Adrien), marchand de bois, 222, 223.

R

RABAILLE (Louis), ter., 956, 1035, 1143, 1257, 1261.
RABAROU (Roch), prop., 29.
RABILLY, ter., 89.
RABON, peint., 752.
—— (Nicolas), peint., 216.
—— (Pierre), peint., 220, 491, 492, 554.
RABY, charp., 1334.
RACAUT (Nicolas), charp., 42.
RACINE (Jean), poëte dramatique, 56, 113, 163, 227, 298, 377, 450, 564, 649, 715, 856, 926, 993, 1087, 1205, 1344.
—— ter., 1061.
RAFFRON, prop., 1112.
—— voit., 1318, 1329.
RAGUENET, marchand, 891.
RAGUIN OU RAGAIN (Jean), marchand cirier, 306, 529.
RAIMON (Louis), employé aux Bâtiments, 46.
RAIMONDI (Marc-Antoine), grav., 275.
Ramasse, sorte de traîneau, 78, 81, 192, 591.

RAMBOUR, peint., 759, 828, 901, 1196, 1281, 1331.
RAMEAU (Jean), ouvrier blessé, 168.
—— (La veuve de Jean), 168.
—— (Jean), ter., 84, 623.
RAMELLY, ter., 956.
RAON (Jean), sc., 106, 363, 412, 421, 469, 514, 548, 616, 647, 697, 762, 830, 902, 917, 964, 982, 1048, 1075, 1106, 1190, 1191, 1288, 1396.
RAOUL, charp., 844.
RAPHAËL (Dessin de) représentant la *Transfiguration*, 673.
—— (La Galathée de), 994.
—— (Le Saint Michel de), 927.
Rapport (Ouvrage de), 244.
RATABON, surintendant des Bâtiments du Roi, 1118.
—— prop., 1341.
Ratisbonne, 454.
RATTAND, voit., 1258.
RAVET (Charles), jard., 89.
—— (Jacques), jard., 33, 89.
RAVOISIN, arpenteur, 1337.

RAYMOND (Louis), dit DESCLUZEAUX. — Voy. DESCLUZEAUX.
—— (Louis), tailleur de pierres, 130, 131.
—— (Magdeleine). — Voy. LIMOSIN.
—— employé à la manufacture des serges de Gournay, 372.
RÉAUX, prop., 1018, 1083.
RÉBECCA (Histoire de), peinte en miniature, 672.
REBOURS (Claude), veuve de Vincent THURIN, prop., 452.
Recette de 1664, 1-12; de 1665, 59-66; de 1666, 115-122; de 1667, 169-178; de 1668, 231-240; de 1669, 307-318; de 1670, 389-400; de 1671, 485-492; de 1672, 585-596; de 1673, 673-684; de 1674, 737-742; de 1675, 809-814; de 1676, 881-886; de 1677, 935-944; de 1678, 1013-1022; de 1679, 1113-1122; de 1680, 1231-1240.
Recherche des eaux aux environs de *Versailles*, 836, 882, 906, 909, 910,

937, 967, 996, 1061, 1062, 1115, 1168, 1174, 1183.
Recherche des eaux pour Trianon, 1066, 1171.
Recherches sur le commerce des étoffes de soie, d'or et d'argent, par Fr. Michel, 370.
—— *sur Molière et sur sa famille*, par Eud. Soulié, 323.
RECIER (Jacques), men., 94.
Récollets (Les), à Saint-Germain, 396, 492, 533.
—— (Couvent des), à Versailles, 588, 592, 593, 628, 673, 677, 701, 740.
Recoupes, 18, 82, 84, 130, 187, 198, 326, 328, 409, 423, 496, 497, 498, 515, 524, 526, 540, 598, 1056, 1297, 1298, 1303, 1307.
Recueil des plantes, de DODART, 543, 544.
Regards de fontaines, 1115, 1260, 1268, 1320.
REGLÉ (Mathieu), ter., 517, 621, 699, 906, 970, 1031, 1054, 1055, 1077, 1170, 1196, 1304, 1321, 1331.
REGNARD (Pierre), couv., 1149, 1195, 1269, 1330.
REGNAUDIN (Thomas), sc., 13, 40, 69, 94, 124, 133, 182, 193, 252, 293, 332, 343, 366, 418, 462, 495, 511, 575, 616, 658, 696, 722, 760, 789, 831, 862, 902, 963, 1001, 1048, 1050, 1072, 1097, 1160, 1216, 1287, 1353.
REGNAULT (Denis), 28.
—— carrier, 189, 200, 263.
—— couv., 206, 219.
—— scr., 289.
REGNESSON (Nicolas), grav., 544.
REGNIER, dit BOURGUIGNON, men., 145, 146.
—— vitr., 774.
Reims, 152.
—— (Établissement d'un hôtel de la monnaie à), 1238, 1341.
—— (Manufacture des points de France à), 286, 558, 707.
Reine mère (Testament de la), 178.
Religion (Maison appelée la), à Saint-Germain, 589.
Reliures de livres, 275, 359, 474, 476, 503, 670, 781, 854, 924, 1020, 1110, 1203. — Voy. Maroquin.
—— en orfévrerie, 276.

Remises à gibier. — Voy. *Guyancourt, Houilles, Saclay, Saint-Denis, Saint-Germain, Toussus-la-Ville, Versailles.*
REMOND (Magdeleine), prop., 398.
REMY (Étienne), men., 127, 184, 246, 259, 323, 345.
—— (Guillaume), jard., 335.
—— (Jacques), brodeur, 63, 102.
—— (Jean), garçon de laboratoire, 747, 818, 889, 1025, 1213, 1352.
—— (Pierre), ecclésiastique, 453, 480.
—— fabricant de voitures, 637.
—— ter., 699.
RENARD (Gilles), prop., 237, 280.
—— (Pierre), couv. — Voy. REGNARD.
—— men., 1136.
—— pêcheur, 268.
Renard marin (Planche gravée représentant un), 364.
RENAUDIN (Thomas), sc. — Voy. REGNAUDIN.
RENAULT, carrier. — Voy. REGNAULT.
RENÉ (Claude et Julien), ouvriers tués, 567.
RENÉE DE FRANCE, 35.
RENESSON (La veuve), prop., 1143.
RENIER (Germain), men., 38.
RENKIN ou RENACQUIN, charp. — Voy. SUALEM.
Rennemoulin (Le prieur de), 1341.
Rennes, 210.
RENOMMÉE (Statue de la), 515, 1160.
Renoncules (Fourniture de), 531.
RENOUARD, préposé aux Bâtiments, 735.
Rentes sur l'Hôtel de ville de Paris, 813, 814.
RENTIER, épicier, 777.
Rentrature. — Voy. Tapisseries (Raccommodage de).
Repas chez Simon le Pharisien, tableau, 100.
Ressorts de fer pour illuminations, 757.
Retables d'autel, 252, 802.
Rets (Étangs de), en la forêt de Crouy, 1078, 1135, 1171, 1256.
REUMER (Olaus), astronome danois, 647, 712, 780, 855, 925, 990, 992, 1085, 1108, 1203, 1209, 1243, 1344, 1383. 1126.
Reusner, ingénieur allemand, 279.
REVANT (André), carrier, 67.
RÉVÉREND, faïencier, 430, 472, 634, 637.
—— manœuvre, 1322.

RÉVÉREND, marchand de bois, 912, 975.
Révêche, étoffe de doublure, 224.
Revue de troupes, 1012.
REYNAULT (Jacques), 108.
REYNESIUS, médecin, 113, 162.
REYNET, marchand, 526.
REYNON (Silvio et Bernardin), marchands de Lyon, 65, 101, 118, 151, 170, 174, 176, 218, 234, 236, 238, 277, 310, 311, 312, 313, 315, 316, 359, 371, 392, 393, 395, 396, 397, 400, 476, 477, 490, 553, 595, 673, 674, 679, 682, 736.
RIBEMPRÉ, maç., 946, 1024.
RIBLE, arpenteur, 1337.
RIBOT et MAURY, voit., 26, 528.
RICARD (Jean), concierge de Madrid, 296, 465, 580, 663, 727, 794, 867, 1007, 1103, 1220, 1356.
—— peint., 1281.
RICH (Éloy), marchand taillandier, 1183, 1185.
RICHARD (Louis), ser., 1046, 1152, 1275.
—— (Pierre), chanoine de Saint-Nicolas-du-Louvre, 315.
—— men., 611.
—— (La veuve de), ouvrier tué, 920.
RICHARDOT. — Voy. LEMAISTRE (Antoine).
RICHAUD (René), jard., 33, 89, 144, 202, 203.
RICHE (Paul), fripier, 20.
RICHEFEU, compagnon blessé, 568.
RICHELIEU (Appartement de la duchesse DE), à Saint-Germain, 821, 822.
—— (Appartement de la duchesse DE), à Versailles, 1045, 1162.
—— (Le duc DE), 651.
RICHER (Étienne), commis des manufactures du pays Chartrain, de l'Orléanais et du Vendômois, 445, 556.
—— (Germain), ser., 269, 357.
—— (Jean), professeur en mathématiques et astronome, 163, 228, 270, 271, 300, 378, 449, 470, 476, 549, 565, 566, 647, 650, 712, 714.
—— (Philippe), compagnon charp. blessé, 1183.
—— commis des manufactures en Lyonnois et en Beaujolois, 850.
—— graveur de lettres, 1089, 1207, 1346.
RICHERETZ, men., 323.
RICHON (Barbe), veuve de J. MAUJAN, 72.

Richon (Nicolas), voit., 1367.
—— (Pierre), voit., 351, 438, 887, 946, 978, 1169, 1180, 1228, 1322.
Ricondeau (Hilaire), ouvrier, 97.
Ricq, briquetier, 1024.
Rigalleau (Michel), dit La Chapelle. — Voy. La Chapelle.
Rigault (Charles), paveur, 185.
—— (Jacques), piqueur, préposé en divers endroits, 248, 326, 475, 496, 502, 541, 569, 598, 599, 630, 652, 685, 717, 741, 744, 765, 770, 771, 784, 816, 835, 840, 846, 847, 858, 887, 918, 933, 1023, 1090, 1211.
Rigaut, voit., 264.
Rigouts (Jacques). — Voy. Rigault.
Riobourt, ter., 1060.
Riquet (Claude), manufacturier, 289.
—— (Pierre-Paul), s' de Bonrepos, entrepreneur des ouvrages du port du cap de Cette et du canal du Midi, 316, 317, 369, 392, 479, 492, 554, 680, 682, 735, 804, 877, 943, 1018, 1120.
Ristous (Terrassiers). — Voy. Terrassiers.
Rivault (Germain), jard., 137, 186, 230, 280, 374, 469.
Rivet, men., 1044, 1150, 1195, 1271, 1330. — Voy. Nivet.
Rivière, jard., 920, 1057, 1077, 1328.
Robais (Josse). — Voy. Van Robais.
Robbe (Anne), charp., 269, 600.
Robelin, maç., 1135, 1142, 1182, 1251.
—— préposé aux ouvrages des Bâtiments, 375; 456, 523, 548, 569, 652, 717, 784, 837, 842, 859, 908, 909, 910, 969, 998, 1066.
—— (La veuve et les héritiers de), 1062.
—— prop., 1340.
Robert (Claude), ter., 1172, 1300.
—— (François), jard., 26.
—— (Jean-Louis), jard., 324, 325, 327, 496, 598, 802, 887, 984, 1024, 1109, 1257, 1335.
—— (La veuve de Jean-Louis), 1258.
—— (Nicolas), jard., 325.
—— (Nicolas), point. et grav., 218, 233, 271, 275, 469, 543, 544, 643, 806, 875.
—— men., 403.
—— préposée à Clagny, 773.
—— (Les), prop., 1083.
—— voit., 188.

Robert-Dumesnil (*Le Peintre-graveur* de), 544, 1088.
Roberval (Gilles Personne de), professeur en mathématiques, 163, 228, 300, 378, 449, 564, 649, 714, 782, 878.
Robillard, plombier, 1166, 1167, 1294.
Robin (Nicolas), préposé à Chambord, 269.
Robindont, ouvrier tué, 1197.
Robineau (Charles), administrateur des Incurables, 108.
Robinets à trois eaux, 155.
—— de cuivre, 87, 142, 194, 244, 252, 253, 258, 348, 525, 527, 554, 588, 627, 700, 750, 811, 814, 909, 911, 973, 974, 977, 978, 1016, 1067, 1068, 1070, 1115, 1176, 1181, 1182, 1309, 1313, 1315, 1318, 1333.
Rocaille (Ouvrages de), 51, 79, 85, 192, 195, 253, 302, 303, 334, 344, 345, 349, 367, 430, 521, 591, 629, 633, 656, 701, 702, 703, 717, 768, 823, 908, 971, 1062, 1176.
—— (Échantillons de), 546.
Rochefort (Plaine de), près Versailles, 1309.
Rocher, maç., 1195, 1330.
Rochers artificiels, 194.
Roches cassées pour Versailles, 1061.
—— pour Fontainebleau, 1134.
Rochon (Jacques), concierge des Gobelins, 54, 96, 106, 107, 155, 219, 220, 288, 386, 446, 559, 641, 709, 777, 851, 923, 988, 1091, 1111, 1339.
—— compagnon charp. blessé, 1323.
Rocquencourt (M. de), 1067.
Rocquencourt, 1185.
—— (Aqueduc, puits et réservoir de), 910, 957, 967, 968, 971, 973, 974, 975, 977, 1016, 1039, 1040, 1061, 1069, 1072, 1115, 1145, 1166, 1170, 1172, 1174, 1178, 1179, 1180, 1182, 1184, 1234, 1264, 1293, 1301, 1305, 1312.
—— (Chemin de), 1307.
—— (Conduites et rigoles de), 1295, 1296, 1302, 1305.
—— (Étang de), 1015.
—— (Hôtellerie du Dauphin à), 1338.
—— (Magasin de), 957, 958, 1166, 1177.

Rocquencourt (Préposés à), 998.
—— (Recherche des eaux de), 906, 910, 937, 967, 996, 1061, 1062.
Rodier, maç. et tailleur de pierres, 1073, 1078, 1187, 1193, 1323.
Roettiers (Joseph), grav. en médailles, 1203, 1208, 1209, 1342, 1343, 1347, 1348.
Roger (Jean), jard., 339.
—— (Léonard), sc., 229, 363, 421, 469, 514, 617, 830, 902, 1162, 1287, 1288.
—— (Louis), prop., 42, 104, 155, 214, 284, 365, 563, 855, 929, 995, 1082, 1209, 1347.
Roger (Aqueduc de la vallée), 968, 974.
Roinault, prop., 175, 223.
Rollin, ser., 1276.
—— (La demoiselle), prop., 1202.
Romagot (François), charp., 148, 268, 356, 483.
Romaine, sorte de balance, 875.
Rombault, ser. — Voy. Sermet.
Rome (Ville de), 62, 63, 97, 99, 102, 105, 106, 150, 171, 173, 175, 177, 209, 216, 225, 226, 232, 233, 235, 274, 283, 312, 357, 365, 366, 367, 395, 503, 548, 550, 675, 676, 712, 713, 781, 782, 854, 876, 925, 990, 991, 1012, 1070, 1085, 1086, 1106, 1184, 1204, 1206, 1208, 1230, 1231, 1232. — Voy. Académie de France à Rome, Colisée, Panthéon.
Romer. — Voy. Reumer.
Rommangon. — Voy. Romagou.
Rondeau, scr., 443.
Rongis ou *Rungis* (Aqueduc de), 279, 280, 474.
—— (Fontaines de), 294, 358, 463, 552, 577, 660, 864, 1003, 1099, 1217, 1355.
Roquelaure (Le duc de), prop., 1201.
—— (Hôtel de), à Versailles, 1202.
Roquet, ter., 1305.
Rosdier, ter., 1193.
Rose (Arnoul), carrier. — Voy. Roze.
Roseaux coupés dans les étangs, 206, 267.
—— de cuivre et de laiton, 1314.
—— de fer-blanc, 912, 1185, 1186.
Rosiers (Achat de), 1111.
—— de Hollande. — Voy. *Hollande*.
Rossi (Bellardino ou Bernardino), tailleur de pierres, 106, 158, 224, 225.

TABLE ALPHABÉTIQUE.

Rossi (Mathias ou Mathia), arch., 105, 158, 226.
Rossignol (Jacques), scr., 37, 94, 145, 204, 266, 354, 440.
—— (La veuve de Jacques), 354, 440, 536, 602, 688, 749, 820, 891, 949, 999, 1029, 1130, 1246.
—— (Jean-Baptiste), mat., 1064.
—— jard., 348.
—— maç., 608, 633, 755, 896, 957, 958, 1041, 1329.
—— peint., 759.
—— tap., 482.
Rostaing (Hôtel du marquis de) à Paris. — Voy. Paris (hôtels).
Rosty ou Roty (Jacques), jard., 422, 502, 541.
Roue pour élever l'eau de la rivière du Val à Saint-Germain, 1144.
Rouen, 49, 52, 61, 97, 99, 104, 218, 277, 339, 341, 670, 913, 1012, 1106, 1108, 1184, 1333.
—— (Coadjuteur de), 1347.
—— (Pavés ou cailloux venant de), 632, 672, 734, 803, 1319, 1320, 1321.
—— (Port de), 547, 549.
—— (Prêt de), 3.
—— (Recette des finances de), 174, 333.
Roues (Fourniture de) pour camions et tombereaux, 1316, 1317, 1318.
Rouet pour moulin, 1188.
Rouseau (Claude), manœuvre, 5, 55.
Rouillé, ser., 954, 977, 1034, 1136, 1137, 1253, 1254, 1330.
Roule (Avenues du), 653.
—— (Dépenses de la pépinière du), 324, 410, 428, 457, 458, 469, 472, 475, 496, 497, 501-502, 550, 568, 571, 638-639, 652, 655, 706, 716, 719, 748-749, 784, 785, 812, 819, 857, 859, 883, 890, 931, 988, 999, 1014, 1016, 1027, 1108, 1127-1128, 1211, 1212, 1244, 1310, 1350.
Roule (Jardin fruitier de la pépinière du), 1244.
—— (Maison et terrain sis au), 314, 382, 393, 398, 453, 561, 562, 852, 853.
—— (Orangerie du), 399, 423, 458, 459, 474, 475, 498, 501-502, 549, 562, 573, 652, 678, 706, 716, 740, 748-749, 784, 819, 883, 890, 948-949, 1027, 1127-1128, 1244.
—— (Parterre à fleurs du), 749.
—— (Pépinière du), 362, 364, 408, 454, 459, 470, 472, 473, 478, 551, 853, 948-949, 1091, 1230.
Rouleaux à faire de la tapisserie, 54.
Roulin (François), prop., 923.
Roullier, ser. — Voy. Rouillé.
Roulons, barreaux de bois, 36.
Roumagon ou Roumagou. — Voy. Romagot.
Rousseau (Jacques?), peint., 1156, 1280.
—— (Michel), ser., 367.
—— (Simonne), prop., 28.
—— cordier, 1187.
—— employé à Fontainebleau, 1249.
—— tourneur, 1322.
Roussel (Guillaume), prop., 399, 453.
—— sc., 1290.
Rousselet (Claude), sellier, 262.
—— (Gilles), grav., 279, 358, 542, 642, 806, 851, 874, 925, 988, 994, 1088.
Roussillon, ciseleur, 230.
Roussillon, 217.
—— (Haras de). — Voy. Haras.
Routes dans la forêt de Fontainebleau. — Voy. Fontainebleau (routes).
—— pour la chasse aux environs de Versailles, 1058, 1059, 1062, 1065, 1067, 1077, 1078, 1109.
Rouvault ou Rouveau (Louis et Même), jard., 459, 568.
Rouvelle (La veuve), 189.
Rouvière, curateur des enfants du duc d'Elbœuf, 154, 214, 284.
Rouvine (Jean-Baptiste), jard., 105.
Rouvoy, jard., 1063.
Roy, frotteur de parquets, 754.
Royal-Roussillon (Régiment de). — Voy. Caramani.
Roye (Étienne), tourneur, 527.
Royer (Denis), tonnelier, 304.
—— (Pierre), compagnon peint., 341.
—— charron, 1316.
—— marchand de bois, 526.
Roze (Arnoul), carrier, 179, 249, 278, 317, 318, 326, 944, 1021, 1229.
Rozi ou Rozy (Charles), arpenteur, 44, 1228.
Ruault, charp., 1252.
Ruchel, ser., 473.
Ruches (Fourniture de), 1077.
Rué ou Rue (Christophe), serrurier, 269, 356.
Rueil, 335.
—— (Rigoles du bois de), 1305.
Ruffin, marchand, 909.
—— ter., 1061.
Rullier, jard., 33.
Rungis. — Voy. Rongis.

S

Sabatier, chandelier, 218.
Sabines (Le Rapt des), groupe de bronze, 394, 479.
Sable de rivière (Fourniture de), 129, 187, 195, 325, 422, 423, 434, 496, 520, 521, 522, 533, 540, 598, 698, 745, 753, 769, 816, 846, 888, 910, 946, 978, 1038, 1065, 1070, 1183, 1257, 1258, 1321, 1322, 1333.
—— (Transport ou voitures de), 25, 26, 49, 137, 187, 198, 202, 246, 247, 409, 515, 517, 524, 810, 953, 955, 1024, 1032, 1035, 1295, 1297, 1299, 1302, 1303, 1304, 1307, 1316, 1332.
Sablonnière de Versailles, 256.
Sabot, maç., 1337.
Saclay (Niveaux de la plaine de), 1308.
—— (Remises à gibier de), 939, 1170, 1298.
—— (Rigoles de la plaine de), 1300.
Saglin (Robert), charp., 278.
Sainfoin planté à Vincennes, 774.
Sainson ou Sinson, charp., 1128, 1129, 1148, 1266.
Saint-Agnan, 482.
Saint-Aignan (Appartement de M. de) à Versailles, 1157.
—— (Hôtel) à Fontainebleau, 1028, 1029, 1130, 1131.
Saint-André (Simon Regnard de), peint., 314, 367, 398, 480, 828.
—— (de), sc., 1162.
—— (Le s' de), trésorier général des galères, 1012.
—— (La veuve et les héritiers du s' de), 1020.

Saint-Antoine (Mme de), 352.
Saint-Antoine (Chemin du bois de), au grand parc de Versailles, 521.
—— (Contre-allée de) à Versailles, 1305.
—— (Pépinière de), 1053, 1056.
—— (Sources et conduites d'eau de), 341, 1178.
Saint-Antoine-de-Traisnel (Couvent de). — Voy. Paris (couvent).
Saint Benoît (Statue de) au Val-de-Grâce, 164.
Saint Charles (Chapelle de). — Voy. Val-de-Grâce.
Saint-Ciprien (Le), vaisseau, 285.
Saint-Cloud, 49, 375, 428, 473, 701, 702, 1230.
—— (Carriers de), 179, 351.
—— (Château de), 1081.
—— (Chemin de) à Juvisy, 1111.
—— (Manufactures de faïence de), 472.
—— (Pierre de). — Voy. Pierre.
—— (Pont de), 98.
—— (Port de), 341.
Saint-Cyr (Abbesse de), 978.
—— (Aqueduc de) à la Ménagerie, 1145, 1234, 1164, 1265, 1293, 1303.
—— (Curé de), 28.
—— (Gages des préposés à), 1174.
—— (Recherche des eaux à), 1115.
—— (Réservoir de), 1170, 1234.
Saint-Denis (Nicolas de), maç., 1026, 1126, 1239.
Saint-Denis (Clôture d'échalas de la plaine de), 802.
—— (Garde-chasse de la plaine de), 118, 153.
—— (Plaine de), 109, 198, 674.
—— (Remises à gibier de la plaine de), 9, 44, 104, 327, 362, 423, 471, 488, 680, 734, 802, 850, 933, 1016, 1108, 1200.
—— (Réparations de couvertures à l'église de), 279, 553.
Saint-Denis-de-la-Chartre (Prieuré de). — Voy. Paris (prieuré).
Saint Esprit (Le), vaisseau, 399, 456.
Saint Étienne, planche gravée, 1087.
—— (Martyre de), tableau de Carrache, 542.
Saint-Félix (Machine proposée par le s^r de), 1108.

Saint-François, tableau du Guide, 542.
Saint-François (Ordre de), 941, 942.
Saint-Germain, Château et jardins.
—— appartement au-dessus de celui du Roi, 1137.
—— appartement de la duchesse de la Vallière, 259, 260, 344, 349, 367, 434.
—— appartement de la duchesse de Richelieu, 821, 822.
—— appartement de la marquise de Montespan, 344, 349, 367, 434, 474, 605, 606, 689, 690, 751, 752, 753, 823.
—— appartement de la Reine, cabinet, 345, 952, 1035, 1141.
—— appartement de Mlle de Blois, 1137, 1261.
—— appartement de M. de Lionne, 258, 259.
—— appartement de M. de Pomponne, 589, 1037.
—— appartement de M. Le Tellier, 139, 140.
—— appartement des parfums, 1136, 1137.
—— appartement du Dauphin, 474.
—— appartement du duc de Chevreuse, 1260.
—— appartement du maréchal de Villeroi, 849.
—— appartement du prince de Conti, 1255.
—— appartement du prince de Marcillac, 690, 751, 752.
—— appartement du Roi, 32, 197, 198, 259, 343, 344, 345, 348, 402, 432, 433, 458, 478, 533, 605, 823.
—— appartement du Roi, bronzes du cabinet, 606.
—— appartement du Roi, garde-robe, 690.
—— appartement du Roi (grotte du petit), 343, 344, 345, 655.
—— appartement du Roi (pompe du petit), 436.
—— appartement du Roi (vestibule entre l') et celui de Monseigneur, 1255.
—— (Aqueduc pour amener les eaux de Marly à), 342, 348, 486.
—— (Ateliers de), 374.
—— avenues des châteaux, 32, 33, 34, 54, 87, 198, 347, 348, 435,

436, 531, 532, 606, 716, 784, 929, 999, 1011, 1036, 1091, 1259, 1350.
Saint-Germain, avenues des Loges, 953, 1037, 1116, 1210, 1257.
—— boulingrin, 5, 32, 46, 88, 198, 260, 296, 348, 432, 436, 465, 532, 533, 580, 592, 651, 656, 663, 689, 690, 727, 795, 822, 868, 893, 953, 1007, 1037, 1038, 1094, 1103, 1139, 1221, 1259, 1360.
—— boulingrin (treillage de fer du), 604, 605.
—— cabinet du milieu de la terrasse, 343, 345.
—— canaux, 1094, 1221, 1361.
—— capitainerie, 1142, 1252.
—— carte de la forêt, 1037.
—— (Cerfs transportés à), 1260, 1261.
—— Chancellerie, 679, 751, 752, 951, 1037, 1135, 1136, 1139, 1142, 1143, 1256.
—— Chancellerie (armes sculptées à la porte de la), 345.
—— chapelle du vieux château, 259, 343, 346.
—— charmille, 898.
—— château neuf, 1, 6, 7, 9, 59, 105, 111, 116, 149, 196, 208, 211, 212, 214, 322, 368, 476, 577, 580, 605, 606, 663, 664, 786, 794, 795, 860, 867, 868, 954, 1008, 1094, 1103, 1104, 1221, 1256, 1259, 1357, 1361.
—— château vieux, 30, 31, 86, 87, 97, 101, 139, 198, 261, 297, 342, 348, 431, 436, 529, 532, 573, 581, 594, 606, 664, 690, 691, 728, 754, 784, 787, 795, 860, 868, 929, 996, 1008, 1035, 1037, 1092, 1094, 1104, 1137, 1138, 1141, 1221, 1257, 1260, 1261, 1356, 1361.
—— chaussée (grande), 1139.
—— chenil, 296, 465, 580, 663, 728, 795, 868, 1008, 1094, 1104, 1221, 1361.
—— commun du Roi, 140.
—— corps de garde français, 751, 820.
—— cour des cuisines, 88, 261, 589.
—— cour du vieux château, 952.
—— cuisines, 260.
—— demi-lune, 88.
—— (Dépenses des châteaux de), 30-34, 68, 78, 85-90, 139-141, 170,

TABLE ALPHABÉTIQUE.

174, 196-199, 237, 257, 258-261, 296-297, 311, 313, 316, 340, 342-349, 426, 428, 431-436, 463, 475, 476, 519, 529-533, 546, 586, 588, 604-606, 659, 675, 678, 689-691, 723, 737, 739, 751-754, 791, 810, 812, 820-824, 863, 883, 892-893, 937, 938, 939, 951-956, 996, 1003, 1013, 1017, 1033-1038, 1099, 1108, 1113, 1116-1117, 1134-1144, 1200, 1217, 1250-1263.

Saint-Germain, écurie de la Chancellerie, 1137.

—— écurie (petite), 296, 435, 465, 581, 664, 728, 795, 868, 1008, 1094, 1104, 1221, 1361.

—— écuries (nouvelles), 1035, 1135, 1137, 1139, 1258.

—— escalier du vieux château, 86.

—— faisanderie, 812.

—— fontaine de la Pissotte, 689, 751, 821.

—— fontaine de Mercure, 296, 465.

—— fontaine du château neuf, 580, 663, 1104.

—— fontaines, 465, 580, 663, 727, 794, 795, 867, 893. 953, 1007, 1037, 1103, 1104, 1137, 1221, 1356, 1360.

—— forêt, 9, 88, 89, 90, 117, 140, 157, 218, 235, 260, 604, 691, 893, 1036, 1135. — Voy. Marais. Routes, Vente.

—— (Fort de), 55.

—— gages des officiers, 3, 8, 43, 65, 112, 154, 160, 238, 296, 297, 376, 458, 459, 465, 570, 653, 655, 663, 727-728, 785, 794-796, 858, 859, 860, 867-868, 929, 930, 997, 1007-1008, 1090, 1093, 1094, 1103-1105, 1210, 1214, 1221-1222, 1349, 1355, 1356, 1357, 1360-1361.

—— galerie des grottes, 86, 87, 88.

—— galerie du château neuf, 391, 434.

—— garenne, 45, 1260.

—— garenne du Vésinet. — Voy. Vésinet.

—— glacières, 32, 88, 140, 198, 530, 531, 532, 533, 606, 753, 754, 893, 954, 1037, 1038, 1140, 1256, 1259.

—— gratification aux ouvriers, 471, 567.

—— grille du nouveau jardin, 1251, 1254.

—— grottes, 30, 79, 86, 87, 88, 139, 198, 296, 465, 580, 663, 727, 794, 867, 1007, 1103, 1138, 1221, 1356.

Saint-Germain, horloges du château, 87, 297, 465, 581, 664, 728, 795, 824, 868, 1008, 1094, 1104, 1221, 1262, 1361.

—— jardin des canaux et collines, 465, 580, 728.

—— jardin en gazon, 88, 465, 580, 663, 727, 795, 868, 953, 1007, 1103, 1221, 1360.

—— jardin et parterre de devant les grottes, 465, 1094, 1361.

—— jardin (nouveau), 1035, 1257, 1258, 1259.

—— jardin du boulingrin (nouveau), 1256.

—— jardin (vieux), 663, 727, 794, 795, 867, 1007, 1094, 1221, 1360.

—— jardins, 5, 46, 198, 260, 296, 361, 465, 472, 552, 663, 691, 719, 794, 795, 867, 968, 1007, 1008, 1103, 1104, 1221.

—— jeu de paume, 86, 87, 348, 690, 1037, 1038.

—— machine du moulin de Palfour pour élever l'eau sur la terrasse. — Voy. Palfour.

—— mail, 1143, 1256.

—— mail (nouveau), 1256, 1257, 1258, 1259.

—— mail (allée du nouveau), 1139.

—— manége, 942, 951, 952, 953, 954, 1035, 1136, 1251, 1259, 1262.

—— manége du Dauphin, 1034, 1037, 1038, 1138, 1258, 1262.

—— marais de la forêt, 337.

—— murs et escarpements pour la clôture du nouveau parc dans la forêt, 1120, 1121, 1135, 1136, 1139, 1140, 1141, 1142, 1212, 1222, 1235, 1236, 1251, 1252, 1253, 1254, 1255, 1256, 1258, 1260, 1261, 1262.

—— murs et palissades du parc, 86, 87, 88, 530, 604, 663, 1036.

—— murs de clôture (indemnités pour les terres occupées ou endommagées par les), 1259, 1262, 1263.

—— orangerie, 89, 141, 161, 198, 260, 346, 436, 465, 530, 532, 580, 605, 663, 727, 794, 822, 867, 892, 1007, 1094, 1103, 1141, 1210, 1221, 1261, 1360.

—— oratoire de la Reine, 942, 952, 1035.

—— ouvriers blessés, 387, 455.

Saint-Germain, parc, 30, 46, 98, 139, 296, 465, 580, 728, 784, 893, 929, 996, 1008, 1036, 1221, 1222, 1257, 1258, 1260, 1261, 1357, 1361.

—— parc aux cerfs, 1138.

—— parc aux lièvres au bout de la grande terrasse pour le Dauphin, 606, 740, 779.

—— parterre d'eau (bassin à l'entrée du), 1258.

—— parterre de devant les grottes. 580, 663, 728, 795, 868, 1007. 1103, 1221.

—— parterre (grand), 296, 346, 434, 435, 465, 531, 580, 593, 605, 606, 663, 690, 691, 727, 783, 794, 795, 857, 867, 996, 1007, 1090, 1103, 1221, 1222, 1360, 1361.

—— parterre (bassins du grand), 531, 691.

—— parterre (nouveau), 347, 434, 691, 1007, 1094, 1360.

—— parterre (vieux), 1103.

—— parterres (les deux) à côté de la fontaine du château, 727, 795, 868, 1007, 1221.

—— pavillon du parc, 296, 465, 663, 728, 795, 868, 1008, 1259.

—— pavillons pour les portiers du nouveau parc, 1252, 1253, 1254, 1259, 1260.

—— pépinières, 335, 348, 435, 531, 572, 681, 1092.

—— (Pierrées conduisant les eaux à), 348.

—— plan des châteaux et forêt, 1037, 1138.

—— plantation de gland dans la forêt, 347, 691.

—— poêles fournis au château, 606.

—— potager, 140, 296, 465, 580, 606, 656, 663, 727, 795, 868, 1007, 1094, 1103, 1104, 1221, 1360.

—— remises à gibier, 824, 954, 1011.

—— routes dans la forêt pour la chasse. 854, 1036, 1139, 1141, 1142, 1257, 1259, 1260.

—— salle des comédies, 1136.

—— Surintendance des bâtiments, 141, 728, 795, 822, 868, 1094, 1105, 1137, 1222, 1252, 1257, 1361.

—— terrasse (figure octogone du bout de la), 530.

—— terrasse (grande), 342, 346, 348,

431, 435, 456, 458, 486, 530, 531, 589, 590, 593, 604, 605, 606, 644, 679, 681, 689, 690, 711, 754, 822, 823, 892, 953, 1036, 1257, 1259.
Saint-Germain, terrasse (nouvelle), 953.
—— terrasse du boulingrin (nouvelle), 1141, 1202.
—— terrasses, 30, 31, 32, 86, 87, 90, 101, 160, 198, 290, 296, 369, 432, 433, 457, 465, 580, 663, 681, 691, 717, 727, 751, 786, 794, 859, 867, 930, 1007, 1103.
—— (Terres et héritages acquis par le Roi à), 99, 560, 589, 590, 593, 644, 679, 710, 711, 939, 1202.
—— tripot, 663, 689, 728, 795, 868, 1008, 1094, 1104, 1221, 1361.
—— (Val de), travaux du bâtiment, 139, 197, 821, 822, 823, 824, 883, 886, 892, 894-895, 931, 955-956, 1017, 1038, 1116, 1143-1144, 1221, 1236, 1251, 1263, 1361.
—— (Val de), avenues, 955, 956, 1144.
—— (Val de), conduite, réservoir et eaux, 1235.
—— (Val de), démolition du pavillon et de la faisanderie, 894, 955.
—— (Val de), espaliers, 955, 1038.
—— (Val de), faisanderie, 533, 754, 823.
—— (Val de), jardin, 296, 434, 465, 580, 606, 663, 691, 728, 795, 823, 868, 893, 894, 895, 938, 955, 956, 997, 1008, 1035, 1036, 1038, 1090, 1104, 1122, 1143-1144, 1221, 1250, 1263, 1361.
—— (Val de), melonnière, 531.
—— (Val de), roue pour élever l'eau de la rivière, 1144.
—— (Val de), terres acquises pour le bâtiment et le jardin, 886, 941, 991, 1122, 1143.
—— (Val de), verger, 1038.
—— vente de Saint-Léger dans la forêt, 1135.
—— (Ville de), 101, 360, 423, 644, 679, 810, 1106, 1121, 1138, 1249, 1316, 1321, 1358, 1362, 1366.
—— (Ville de), abreuvoir, 952, 1139.
—— (Ville de), chemin allant à la forêt de Crouy, 1036.
—— (Ville de), chemin allant à Poissy, 1139.

Saint-Germain (Ville de), chemin allant à Pontoise, 954.
—— (Ville de), chemin allant à Versailles. — Voy. Versailles.
—— (Ville de), horloge de la paroisse, 1143.
—— (Ville de), hôtel des Fermes, 434.
—— (Ville de), hôtels de Créqui, de Duras, du Maine, de Noailles. — Voy. ces mots.
—— (Ville de), incendie, 532.
—— (Ville de), les Récollets, 396, 492, 533.
—— (Ville de), maison appelée la Religion, sise rue de Pontoise, 589.
—— (Ville de), maladrerie, 1142.
—— (Ville de), pavé des rues, 940, 1137.
—— (Ville de), routes des environs, 1138, 1139, 1141.
—— (Ville de), rue aux Vaches, 1035.
—— (Ville de), rue de la Petite-Vacherie, 1256.
—— (Ville de), rue de l'Hôpital-de-la-Charité, 954.
—— (Ville de), rue de Lorraine, 1035.
—— (Ville de), rue de Pontoise, 711.
—— (Ville de), rue du Jeu-de-Paume, 453, 939.
Saint-Germain-l'Auxerrois (Église). — Voy. Paris.
Saint-Gervais (Église). — Voy. Paris.
SAINT-HEREM (Marquis DE), capitaine et concierge du château de Fontainebleau, 466, 488, 538, 582, 665, 730, 797, 870, 943, 1223, 1362.
Saint-Hippolyte (Église). — Voy. Paris.
Saint-Honoré (Église). — Voy. Paris.
Saint Honoré (Maison ayant pour enseigne l'image de), 282.
Saint-Jacques (Paroisse), à Dieppe, 110.
Saint-Jean (La fête de la), 645.
—— (Statue de), en bois, 334.
SAINT-JEAN (La dame DE), 876.
SAINT-LAURENT (Léonard DE), ter., 23, 24, 256.
Saint-Léger (Acquisitions faites pour le Roi à), 206, 278, 593, 639.
—— (Château de), 49, 171, 199, 206, 261-262, 330, 443, 639, 706, 987, 1081, 1201, 1228, 1337.
—— (Démolition du vieux château de), 199.

Saint-Léger (Fermes et terres dépendant du château de), 330.
—— (Gages des officiers de), 43, 112, 160, 297, 376, 466, 581, 664, 728, 796, 869, 1008, 1105, 1222, 1357.
—— (Haras de), 90, 141, 199, 261-262, 330, 491, 551, 567, 590, 593, 639, 682, 1108.
SAINT-LÉGER (Le marquis DE), capitaine de Fontainebleau, 272. — Voy. SAINT-HÉREM.
Saint-Leu, 145.
—— (Pierre de). — Voy. Pierre.
—— (Port de), 411.
Saint-Lô, 480.
Saint-Louis (Fête de la), 713.
—— (Messe de la), dite dans la chapelle du Louvre pour les Académiciens, 1084, 1231, 1342, 1343.
Saint-Louis (Le), vaisseau, 110.
Saint-Malo, 373.
Saint-Mandé, 102, 187, 188, 634, 644.
—— (Bibliothèque de Fouquet à), 120, 153.
Saint Marcel (Église). — Voy. Paris.
SAINT-MARTIN (Mme DE), 644.
Saint-Martin (Curé de la paroisse), à Saint-Valery, 477.
—— (Jour de la), 562.
Saint-Maur, 59.
Saint Médard (Église) de Clichy, 44.
Saint Michel (Maison de l'Image de), 383.
Saint Michel, par Raphaël, estampe, 927.
Saint-Nicolas-du-Chardonnet (Église). — Voy. Paris.
Saint-Nicolas-du-Louvre (Église). — Voy. Paris.
Saint Paul ravi au troisième ciel, tableau du Poussin, 542.
Saint-Pierre (Chapelle de). — Voy. Val-de-Grâce.
—— de Choisy. — Voy. Choisy-aux-Bœufs.
—— (Le pré), à Choisy, 7, 42, 274, 394, 431, 481, 1072.
Saint-Pierre (Le), galiotte, 110.
Saint-Quentin (Manufacture de basins, de coutils, à). — Voy. Manufactures.
Saint-Quentin (Chapelle de), 1041.
SAINT-RÉAL (César VICHARD DE), historien, 113, 114, 162, 227, 299, 378, 450.
Saint-Roch (Église). — Voy. Paris.

TABLE ALPHABÉTIQUE. 1481

Saint-Roch (*L'Aumône de*), tableau, 1230.
Saint-Sacrement (Autel du). — Voy. Val-de-Grâce.
Saint-Sauveur (Église), à Clichy, 44.
Saint Sébastien, tableau du Guide, 394, 479.
Saint-Simon (Claude de Rouvroy, duc de), 410.
—— (*Mémoires* du duc de), 18, 410.
Saint-Thomas-du-Louvre (Église de). — Voy. *Paris*.
Saint-Valery, en Picardie, 399, 477.
Saint-Yon (Le s' de) et sa femme, prop., 398, 453, 480.
Saint-Yves (Antoine), men., 14, 20, 37, 45, 72, 79, 94, 127, 184, 185, 252, 294, 335, 416, 463, 507, 576, 611, 659, 723, 756, 790, 863, 898, 1002, 1045, 1098, 1151, 1216, 1272.
Sainte-Anne (Chapelle de). — Voy. Val-de-Grâce.
Sainte Catherine, planche gravée, 1346.
Sainte Cécile, tableau du Dominiquin, 474, 544.
Sainte-Chapelle. — Voy. *Paris*, *Vincennes*.
Sainte-Geneviève (Abbaye de). — Voy. *Paris* (abbaye).
Sainte-Marie (Antoine Conqcaret, dit), ter., 41.
—— (Antoine de), préposé aux Bâtiments royaux, 24, 50, 95, 98, 111, 154, 161, 225, 278, 291, 376, 388, 413, 460, 484, 504, 569, 600, 652, 687, 717, 784.
Sainte-Marthe (Pierre Gaucher, dit Scévole de), historien, 56, 113, 163, 227, 478, 564, 649, 715.
Sainte Scolastique (Statue de) au Val-de Grâce, 164.
Sainton (François), maç., 36.
—— (Jean), jard., 536, 891, 1033.
Saintonge (Manufactures de), 445, 556, 557, 850.
Saisons (Guéridons représentant les Quatre), 364.
—— (Tenture de tapisserie des), 287, 288, 480, 547.
Salandin (André), commis aux manufactures de France, 1337, 1338.
Salicon (Le s'), 59.
Sallé (Michel), men., 139, 259.
—— (Pierre), mat., 1064, 1311.

Sallebray (Louis), concierge de la Chancellerie de Fontainebleau, 1250.
Sallettes de gazon, 583, 666, 731, 798, 871, 1224, 1363.
Salmarre (Claude), prop., 29.
Salmon, nattier, 72.
Salpêtre pour le mail de Saint-Germain, 1143.
—— (Terres de), 1257, 1258.
Samaritaine. — Voy. *Paris* (Pont-Neuf).
Samin (René), préposé à recevoir le fer et le plomb de Trianon, 568.
Samois (Routes de la plaine de), 1133.
Samson (*Le*), vaisseau, 110.
Samson, vitr., 1277.
—— voit., 651.
Sanguin, prop., 29.
Sanson (Jacques), sc. et marbrier, 40, 205, 500, 513, 617, 619, 697, 761, 846, 918.
—— (Jean), employé aux Bâtiments, 48.
—— (Louis), manœuvre, 5.
—— (Noël), carrier, 1127, 1244.
—— voit., 55.
—— (La veuve de), porte-mortier tué, 848.
Sapin, portier du Jardin Royal, 601.
Sapins de l'orangerie de Versailles, 1167, 1168, 1169, 1180, 1183, 1186.
—— (Fournitures de), 326, 620, 725, 792, 840, 865, 1004, 1100, 1219, 1358.
Sarazin (Jacques), sc., 213.
—— (Pierre), sc., 156.
—— marchand de bois, 1134.
—— men., 213, 217, 277.
Sartrouville. — Voy. *Cartrouville*.
Satory, 924, 1138, 1167, 1265, 1266, 1304, 1365.
—— (Acquisition de biens près des moulins de), 853.
—— (Batardeau de), 1147.
—— (Conduites et rigoles de la plaine de), 906, 1265, 1273, 1274, 1275, 1294, 1295, 1300, 1311, 1321.
—— (Glacières de), 1065.
—— grand réservoir et aqueducs, 835, 956, 958, 968, 970, 1015, 1016, 1039, 1054, 1055, 1057, 1058, 1059, 1071, 1115, 1145, 1146, 1165, 1170, 1171, 1172, 1183, 1210, 1265, 1266, 1275, 1295, 1299, 1301, 1302, 1306, 1308.

Satory (Meuniers de). — Voy. *Meuniers*.
—— (Montagne de), 631, 968, 969, 974, 1055, 1056, 1148, 1151.
—— (Montagne de), son percement, 957, 969, 1264.
—— (Moulins du), 718, 785, 786, 825, 827, 837, 897, 899, 958, 1055, 1063, 1148, 1153, 1175, 1178, 1185, 1186, 1187, 1267, 1320, 1324.
—— (Ouvrages faits à), 896, 1307.
—— plantation de bois, 1177.
—— ponts des routes du bois, 1065.
—— règlement des puits, 1301.
Saucanyé (La veuve), men., 220.
Sauge (Fournitures de), 1076.
Saumier (Catherine). — Voy. Sommer.
Saumery (M. de), capitaine et gouverneur de Chambord, 46, 148, 309, 310, 311, 314, 391, 393, 399, 489, 490, 492, 542, 675, 707, 775, 850, 885, 944, 1012, 1022, 1109, 1122, 1230, 1239, 1334.
Saumons d'étain, 1071, 1110, 1183.
—— de plomb, 778.
Saumur (L'Académie de), 116.
Saunier (Nicolas), fermier général des gabelles de France, 1232.
Sacret (Thomas), men. — Voy. Soret.
Sautereau (Cosme), art., 302, 363, 469.
Sauton (Gilbert), maç., 1041, 1060, 1265.
—— (Gilles), tailleur de pierres, 331, 339, 414.
—— ter., 1060.
Sautray (Thomas), fondeur, 160, 230.
Sauvage (Jacques), voit., 262.
Sauvan, peint. d'Avignon, 366.
Sauvin, traducteur de livres allemands, 379.
Savart (Julien et Marguerite), prop., 883, 923.
Savary (Claude), 47.
—— charp., 1268.
—— préposé aux manufactures, 286.
Savonnerie (Manufacture et ouvrages de la), 10, 60, 66, 96, 102, 117, 122, 149, 151, 153, 171, 177, 208, 209, 210, 211, 215, 233, 278, 280, 287, 309, 316, 385, 392, 397, 400, 444, 469, 485, 558-559, 594, 595, 641, 682, 708-709, 717, 740, 774, 776-777, 785, 812, 851-852, 883, 886, 922-923, 938, 987, 988-989, 997, 1013, 1017, 1091, 1107, 1116, 1132.

1201, 1235, 1242, 1338-1339, 1349.
Savonnerie (Chapelle de la), 682, 1092, 1339.
—— (Infirmerie de la), 210.
SAVORNY (Le s' DE), capitaine du château de Saint-Léger, 206.
SAVOYARD, charp., 609, 632.
SAVOYART, ouvrier tué, 387.
Scabellons, 22, 81.
—— de marbre, 210, 213, 473, 515, 817.
SCARNIUR (Marie), portière du château de Marimont, 582, 665, 730, 797, 870.
SCARRON DE VAURÉ, prop., 153, 173, 214, 313, 381.
Sceaux (Labours de terres à), 1112.
—— (Pépinière d'ormes près), 1108, 1177, 1200, 1335, 1337.
SCIPION (Tenture de l'Histoire de), 219, 386.
SCOTIN (Gérard), grav., 642, 709, 1346.
SCUDÉRY (Georges DE), écrivain, 114, 163.
Sculptures (Creux et moules de) venant de Rome, 1106, 1184.
Seaux d'argent, 235, 301, 380.
—— de cuivre jaune, 196.
—— goudronnés, 104.
SÉBASTIEN, maître des œuvres de charpenterie. — Voy. BRUANT (Sébastien).
SÉCLET, ser., 305, 417, 596, 684, 743, 757, 815.
Sedan (Fabrique de draps de), 63, 105.
—— (Vues gravées de la ville de), 543.
SEGLAS (Joachim et Marin), ouvriers tués, 568.
—— (La veuve), 568.
SÉGUIER (Buste de M.), 550, 671.
—— (Hôtel). — Voy. Paris.
SÉGUIN, doyen de Saint-Germain-l'Auxerrois, 66, 101, 232, 274, 299, 311, 369.
Seignelay (Terre de), 52.
—— (Manufacture de serges à), 52, 988.
SEIGNELAY (Logement du marquis DE) à Fontainebleau, 1028.
SEIGNEUR, jard., 1337.
SEIGNEURBEY, ser., 123, 190.
SEIGNEURY. — Voy. SEIGNEUREY.
Seine (La), rivière, 342, 908, 1139, 1183, 1184, 1228, 1229, 1256, 1260, 1263, 1347, 1368.

Seine (Bateaux du Roi sur la), 528, 551, 589, 626, 678, 1110.
—— (Grande digue établie sur la) par le s' Deville, 1140, 1275. — Voy. Cygnes, Galère du Roi sur la Seine.
Seine-et-Oise (Département de), 939.
SELINCART (Henriette), femme d'Israël SILVESTRE, 221.
—— avocat en Parlement, prop., 173, 221.
SELINCOURT, men., 1253.
—— voit., 956.
Selles, en Berry, 328.
SELVINCOURT, prop. — Voy. SELINCART.
SENEQUIN (Jean), marchand de bois, 221.
SENESCHAL, prop., 55, 232, 274.
Senlis (Pierre de). — Voy. Pierre.
SENOS, marchand, 305.
—— (La veuve Nicolas). — Voy. DE LYON.
Séparation de saint Pierre et de saint Paul, tableau de Lanfranc, 1207.
SEPTEMBRE, statue, 353, 405.
SEPTIER, ser., 916.
SERAFINO (Servetti), Prontuario di termini dell' arte di edificare, 546.
Serges (Manufacture de). — Voy. Manufactures.
SERGENT (Thomas), marchand, 110.
SERLIO (Sébastien), arch., 35.
SERMAGNAC (Catherine DE), veuve de Remy LE ROUX. — Voy. LE ROUX.
SERMET (Rombault), ser., 757, 826, 899, 960, 1045, 1046, 1074, 1152, 1276, 1325.
—— (La veuve de), 1276.
SERNÉ (Michel), ter., 1134.
SERRON, ter., 1061.
Serrures à bosse, 1523.
SERTIN, grav. — Voy. SCOTIN.
SÈVE (Gibert DE), peint. — Voy. DE SÈVE.
SÉVIGNÉ (Mme DE), 73.
SEVIN (Pierre), ingénieur, 271, 470, 502, 1367.
Sèvres, 487, 560.
—— (Carrières à), 561.
SEZILLE, ser., 1277.
SIBERT, fondeur, 986, 1011.
SIBILLE (Mathurin), jard., 781.
SIBRAYQUE, sc., 618, 635, 696, 830, 902, 946, 965, 1048, 1162, 1165, 1191, 1290.
SIFFLAIT ou SIFFAIT (Anselme), chaudronnier, 525, 539, 636, 854.

SIFFLAIT ou SIFFAIT (La veuve), 627, 636, 705, 767.
Silène, planche gravée, 1087.
SILLETTE, ter., 835.
SILVAIN (Edme), peint., 167, 220, 482, 846.
—— (La veuve), 1190.
SILVESTRE (Israël), grav., 50, 100, 221, 236, 279, 293, 398, 462, 477, 543, 547, 575, 576, 642, 658, 709, 722, 740, 790, 804, 806, 862, 928, 1001, 1089, 1097, 1208, 1216, 1346, 1353.
SILVIO. — Voy. REYNON.
SIMON (Claude), maç., 1147, 1265.
—— (François), ter., 409, 410, 469, 597, 598, 651, 970, 1058, 1172, 1307, 1308.
—— (Louise), lingère, 703, 771, 816, 842, 910, 1068.
—— (René), manœuvre blessé, 568.
—— charp., 1198.
—— ouvrier blessé, 388.
—— peint., 759, 828, 901, 1196. 1331.
—— voit., 188.
—— (La veuve), 912.
SIMONET (François), ser., 21, 22, 508.
Simples (Gravures représentant des), 543.
Singe et dauphin pour le Labyrinthe de Versailles, 696.
SINSON. — Voy. SAINSON.
Sirène (Figure de), 367.
Société de l'Histoire de l'art français, 483.
SOCQUARD (Jean), préposé à Versailles, 84.
Soie (Fournitures de), 219, 386, 1338.
—— Voy. DE LA FOLLYE, TROIS-DAMES.
Soin (Pierre), chirurgien, 1133.
SOISSONS, maç., 1135, 1251.
—— (Appartement de la comtesse DE) aux Tuileries, 495.
—— (Appartement de la comtesse DE) à Versailles, 1151.
SOLANO (Carlo), marbrier, 1238.
SOLEIL (Les chevaux du), figures de marbre blanc, 252, 417.
Soleil de plomb pour le clocher de la Sainte-Chapelle, 349.
—— sculpté aux cheminées des Tuileries, 15.
—— sculpté sur le tympan de Vincennes, 201.

TABLE ALPHABÉTIQUE. 1483

Sologne (Manufactures de), 445, 556, 850.
Sommer ou Somer (Jacques), ébéniste, 126, 156, 183, 207, 242, 278, 294, 321, 407.
—— (La veuve), 463, 469, 499, 546, 576, 631, 659, 670, 723, 784, 790, 801, 863, 875, 933, 946, 1002, 1009, 1024, 1098, 1109, 1111, 1124, 1216, 1229, 1241, 1354.
Sorbière (Samuel), littérateur, 56, 114, 161, 229, 298, 378.
Sorbonne (La maison de), 879.
Sorel, prop., 474.
Soret ou Sauret (Thomas), men., 602, 688, 760, 820, 891, 949, 1029, 1119, 1246.
Soubise (Le prince de), prop., 1201.
Soublié, ouvrier, 630.
Soubrillard, puisatier, 1171.
Souches (Arrachage des), 194, 603, 1036.
—— de cheminées, 14, 321.
Soudure (Fourniture de), 1052, 1068, 1166, 1297, 1317.
Soulaigre (Henry), concierge du vieux château de Saint-Germain, 32, 88, 97, 140, 198, 261, 297, 366, 367, 436, 465, 532, 581, 594, 606, 664, 691, 728, 754, 787, 795, 824, 860, 868, 929, 996, 1008, 1037, 1094, 1104, 1143, 1221, 1260, 1361.
—— prop., 1231.
Souleur (Nicole), veuve du Hanois. — Voy. Du Hanois.
Soulié (M. Eudore), 323.

Soulot, ter., 1061.
Soupapes de fontaines, 258, 525, 700, 811, 973, 1016, 1042, 1067, 1068, 1115, 1176, 1182, 1183, 1313, 1315, 1322, 1333.
Soupente, 197.
Souverain, ter., 89.
Soyes (Jacques), prop., 29.
—— (Nicolas), marchand, 110.
Spada (Le), peint., 544.
Spekuem, marchand, 1262.
Sphinx de gresserie, 39, 95, 146.
—— de marbre, 193, 253, 419.
—— de marbre gravés, 993.
—— (Piédestaux de), 473.
Spladinz (Jean), marchand, 110.
Squelettes gravés, 469.
—— (Préparation et montage de), 270, 889, 947, 975, 1110, 1184.
Statue du Roi faite à Rome, 312.
—— équestre du Roi, 735.
Statues antiques (Gravure de), 359, 543.
—— antiques (Planches gravées représentant des) et des bustes, 1109, 1345.
—— antiques (Réparation de), 244, 803, 1288.
—— de bois, 983.
—— de marbre achetées par le Roi, 675, 1287.
—— portées de Paris à Versailles, 1322.
Steinville (Jean), jard., 211, 409.
Stilman (Gabriel), jard. de Marimont, 869.
Stockholm, 114, 162, 299, 451.

Stoupe (Les Suisses du régiment), 1173, 1185.
Strasbourg, 115, 162, 229, 451, 566.
Stuc (Ouvrages de), 13, 21, 40, 64, 71, 124, 125, 126, 182, 204, 266, 319, 343, 406, 419, 485, 486, 495, 511, 513, 514, 539, 587, 615, 616, 617, 618, 635, 697, 737, 738, 760, 761, 811, 830, 832, 881, 903, 935, 983, 1014, 1023, 1049, 1050, 1075, 1114, 1156, 1157, 1158, 1159, 1191, 1283, 1284, 1286, 1287.
Sualem (Paul), charp. liégeois, 1144, 1262, 1263.
—— (Rennequin), charp. liégeois, 1144, 1262, 1263.
Subleau, trésorier général de la marine, 372, 679, 680, 683, 736, 835, 854.
Suède (Roi de), 228.
Suif (Fourniture de) pour illuminations, 912, 913.
Suisses (Brouettes et outils pour les), qui travaillent à Versailles, 1149, 1152, 1153, 1184, 1185, 1312.
—— (Gardes), 48, 111, 154, 155, 210.
—— travaillant à la grande pièce d'eau et au nouveau potager, 1168, 1169, 1173, 1174, 1184, 1186, 1306, 1312.
Suplijan, manœuvre blessé, 387.
Surbeck (Le s' de), major du régiment suisse, 1173, 1306.
Suresnes, 1230.
Sycomores (Fournitures de), 129, 324, 410, 598.

T

Tableaux (Achat de), 237, 282, 311, 362, 394, 422, 434, 487, 490, 545, 553, 672, 675, 943, 1010, 1012, 1156, 1156, 1229, 1230, 1281.
—— achetés à l'étranger, 312, 365.
—— agrandis, 1280.
—— collés sur toile, 218.
—— de fleurs, 181, 752, 758, 822, 1156, 1280.
—— de grotesque, 100.
—— de pierre de rapport, 363, 406, 473.
—— du Cabinet du Roi. —Voy. Cabinet du Roi.

Tableaux en miniature. — Voy. Miniature.
—— faits par les pensionnaires du Roi, 482.
—— (Nettoiement de), 1280.
Tables d'argenterie, 7, 9, 235.
—— de bois de rapport, 773.
—— de marbre, 39, 213, 229.
—— de pierre de rapport, 279.
Taillier (Claude), portier du parc de Saint-Germain, 297, 465, 581, 664, 728, 795, 868, 1008, 1105, 1222, 1357.
Tallemant (L'abbé François), de l'Aca-

démie française, 783, 856, 926, 992, 1084, 1086, 1205, 1344.
Tallemant des Réaux (Gédéon), auteur des Historiettes, 217.
—— des Réaux (Gédéon), maître des requêtes et intendant, 217.
Talon, intendant de police et finance à Oudenarde, 447, 491, 552, 672.
—— marbrier, 278, 454.
Tambois (Valeran), couv. — Voy. Chambois.
Tambour du Val-de-Grâce, 164, 166.
Tampons de fontaines, 1182.
Tancre (Gilles), ter., 24.

TANGUY, armurier et fabricant d'instruments de mathématiques, 646, 659, 712, 723, 780, 791, 854, 863, 924, 1002, 1084, 1098, 1203, 1217, 1343, 1354.

TANJER (M. et Mᵐᵉˢ), prop., 1236.

TANNEQUIN, jard., 747, 1125.

TANNEVOT (Jean), men., 126, 127, 185, 1044, 1123, 1151, 1333.

Tapis. — Voy. Savonnerie, Turquie.

—— de pied (Fourniture de), 238, 288.

Tapisseries (Achat et fourniture de), 51, 172, 173, 207, 214, 287, 288, 311, 312, 316, 385, 386, 396, 398, 444, 445, 480, 489, 594, 595, 676, 736, 742, 802, 944, 1110, 1120, 1201, 1338. — Voy. Beauvais, Flandres, Gobelins.

—— (Châssis pour des), 933.

—— de Felletin. — Voy. Felletin.

—— de peinture en teinture, 672, 703, 711, 735, 776, 803.

—— (Dessins et peintures pour servir de modèles à des), 54, 100, 156, 219, 220, 288, 386, 477, 558, 559, 1110, 1281.

—— (Gravure des) du Roi, 374, 407.

—— (Livre des devises des) du Roi peintes en miniature, 210, 275, 547.

—— (Marque des), 53.

—— offertes au duc de Toscane, 316.

—— peintes sur du gros de Naples, 1009.

—— peintes sur du gros de Tours, 813, 875, 876, 883, 932, 933, 934, 938, 1017.

—— (Peinture d'animaux pour des), 477.

—— pourries par l'humidité, 219.

—— (Raccommodage de), 152, 156, 219, 289, 386, 398, 445, 446, 480, 558, 559, 852.

—— relevées d'or, 152, 219, 445, 676.

—— sur de la toile d'argent, 680, 740, 1013.

—— (Tableau en), représentant le château de Fontainebleau, 366.

—— (Tableau en), représentant le Roi à cheval, 1229.

—— (Tentures de). — Voy. Actes des apôtres, ALEXANDRE, ANDROMÈDE, Broderies, CORIOLAN, DAVID, DIANE (Histoire de), Éléments (Les), Fauconnerie (La), Femmes illustres de l'Ancien Testament, Histoire du Roi, Hiver, MÉLÉAGRE (Histoire de), Mois (Les), Noce de Picardie, Portière de la Paix, Saisons (Les), SCIPION (Histoire de), Terre, Verdures.

TARADE (Jacques), charp., 77, 199.

—— maç., 639.

TARAQUIN (La veuve de Blaise), machiniste, 151.

—— fils (Pierre), 156.

TARDIEU, chaudronnier, 271.

Targettes, 126.

TARTAISE (Jean), maç., 35, 93, 144, 145, 203, 265.

Taupes prises dans les jardins royaux. — Voy. BESCHET, LIARD.

TAUREAU, ser., 471, 670, 674, 849.

TAURIAC, maç., 1135, 1147, 1251.

TAVENEY (Louis et Antoine), marchands plâtriers, 306.

TAVERNIER (Jean-Baptiste) et sa femme, prop., 1084.

—— (Nicolas), professeur en langue grecque, 878.

—— dit LIONNOIS, ser. — Voy. LIONNOIS.

TAVERNIER (La veuve), men., 416, 756, 1045, 1150; 1269, 1270.

Taxes des usurpateurs de noblesse, 173, 236.

TECRENER, libraire, 217.

Teinture (Drogues de), 777.

Teinturier des Gobelins. — Voy. VAN DER KERCHOVE.

Teinturiers (Règlements généraux des), 373, 481, 482.

Telleux. — Voy. Tilleuls.

Temple de la Gloire (Le), cabinet, 61, 66, 98, 118, 151, 169, 170, 217.

—— de la Vertu (Le), cabinet, 61, 65, 98, 118, 151, 169, 170, 217.

TEMPORITI (Francesco), sc., 183, 218, 243, 320, 364, 390, 405, 412, 419, 463, 504, 515, 575, 597, 601, 614, 615, 635, 658, 671, 696, 697, 722, 743, 762.

—— (La veuve), 762, 1123.

Tendelets de chaloupes, 339, 340.

TÉNIER ou TESNIER (Valentin), couv., 1334.

Termes d'étain avec pattes et glaçons, 514.

—— de marbre, 193, 253.

—— de pierre, 20, 21, 22, 27, 39.

Termes (Figures de), 332, 408, 420, 587.

—— gravés, 475.

TERRADE (Pierre), charp., 18.

Terrassiers ristons, 26, 50.

Terre cuite (Carreaux de), 169. — Voy. Faïence (Carreaux de).

—— de Hollande. — Voy. Hollande, Terreau.

—— glaise, 147, 186, 188, 256, 324, 337, 520, 524, 526, 970, 1024, 1124, 1299, 1302, 1303, 1308, 1328.

—— grasse, 810.

Terre (Tapisserie de la), 288.

—— sainte (Histoire des Français en), 481.

Terreau (Achat et transport de), 188, 264, 326, 409, 426, 661, 725, 745, 747, 793, 823, 836, 866, 1005, 1032, 1033, 1101, 1125, 1192, 1219, 1256, 1258, 1262, 1359.

Terrier (Lieu dit le), à Montreuil, 560.

Terrines de suif pour illuminations, 529, 770. — Voy. Suif.

TERSEMITTE, directeur de la Compagnie du commerce du Nord, 447.

TESSAQUEL, voit., 687.

TESSIER (Jean), marchand de fer, 632, 551, 606, 770.

—— (Philippe), potier de terre, 85, 89.

—— caissier de la Compagnie du commerce du Nord, 380.

—— men., 1044, 1080, 1129, 1253, 1269.

TESTELIN, peint., 1013, 1156, 1230.

TESTU, charp., 749, 819.

—— piqueur de grés, 95, 529, 608, 701, 769, 842.

Têtes de lion en sculpture, 15, 16, 772.

TEXIER, men. — Voy. TESSIER.

THAUBY (Pierre), prêtre, 446.

THÉODON (Jean), sc., 925, 964.

THÉRIAT. — Voy. THIÉBIAT.

THÉROUDE (Edmond), rocailleur, 430, 521, 546, 633.

—— chirurgien, 569.

THÉTIS (Statue de), 617.

—— (Palais de). — Voy. Versailles (grotte).

THÉVENET, archer de la Prévôté de l'Hôtel, 1032, 1037.

TABLE ALPHABÉTIQUE.

THÉVENET ou THÉVENOT, piqueur de grès, 529, 608.
THÉVENIN, arch., 167.
—— jard., 1111.
—— (Les héritiers de Didier), ouvrier tué, 387.
—— ter., 1193.
THÉVENON (François), et sa femme, prop., 1341.
THÉVENOT (Pierre), maç., 218, 236, 275, 285, 310, 318, 363, 389, 401, 412, 462, 493, 504, 576, 659, 701, 705, 723, 748, 769, 774, 790, 819, 842, 863, 876, 890, 948, 1002, 1027, 1098, 1126, 1146, 1174, 1216, 1265, 1308, 1354.
THIANGE (Appartement de Mme DE) au Louvre, 1122, 1240, 1241.
THIBAULT (Michel), jard., 718, 728, 774, 796, 857, 869, 921, 987, 997, 1008, 1011, 1080, 1094, 1105, 1199, 1200, 1222, 1337, 1361.
—— (René), tap., 47.
THIBAUT, compagnon ser., 229.
THIBON, marchand de fumier, 894, 956.
THIBOUST (Nicodème), ter., 24, 41, 95.
THIBOUT (Charles), jard., 34.
—— (Jacques), vitr., 16, 73.
THIÉRIAT, voit., 483, 704, 803, 876, 932, 1009, 1012, 1107, 1229, 1332.
THIERRY (Nicolas), concierge du chenil de Fontainebleau, 273, 467, 585, 668, 733, 800, 873, 1095, 1227, 1365.
—— jard., 847, 919, 985, 1011, 1053, 1059, 1067, 1076, 1109, 1327, 1328, 1336.
—— ter., 1193, 1299, 1308.
THIRIAT. — Voy. THÉRIAT.
THOMAS (Martin), charp., 222.
—— (La veuve), prop., 1236.
THOMASSEAU, employé à Chambord, 269.
THOMASSIN (Simon?), grav. en cachets, 271.
THOMIN (Jean), prop., 991.
—— (Les héritiers de Louise), prop., 991.
—— men., 1253.
THORIER et sa femme, prop., 1340.
THORIAT ou THORIAC, maç. — Voy. TAURIAC.
THOU (Les créanciers de M. DE), 876.
THUILLEAU (Jean et Pierre), jard., 34, 89, 195, 255.
THULARD (Pierre), voit., 147.

THURET (Claude), horloger, 384.
—— (Isaac), horloger, 230, 271.
—— horloger, 475, 647, 659, 712, 723, 791, 863, 950, 1002, 1098, 1111, 1217, 1250, 1343, 1354.
THURIN (La veuve Vincent), prop., 397, 452.
Thym (Fournitures de), 1076.
TIBÈRE (Buste de), 394, 479.
TIBOU (Nicodème). — Voy. THIBOUST.
TIBOUT (La veuve de Louis), faïencier, 47.
Tibre (Jardin du). — Voy. Fontainebleau.
TIERCE, ter., 1307.
TIERCELIN, peint., 759, 827, 845. 900, 901, 917, 962, 982.
—— (La veuve), 1046, 1074, 1154, 1190, 1280, 1281, 1326.
TIFFAINE, jard., 933.
TIGER (Mathurin), charron, 750, 891, 1033, 1132, 1249.
TILLADET (Appartement de M.) à Versailles, 1145.
TILLECOURT (Le s^r DE), chargé de l'entretien des daims de Fontainebleau, 50.
TILLORIE, maç., 91.
Tilleuls (Achats et plantations de), 83, 256, 316, 326, 335, 364, 410, 469, 496, 529, 546, 597, 598, 620, 629, 633, 703, 809, 810, 1200, 1249.
—— donnés au Roi par le duc de Saint-Simon, 410.
Tillots. — Voy. Tilleuls.
Tinettes à mettre des orangers, 677.
TIRION (Thibaut), men., 37.
—— (Toussaint), men., 37, 94.
TIRPRÉ, ter., 1134.
TIRQUET, prop., 711.
TISSART, marchand, 308.
TISSERAND (Guillaume), vitr., 40, 95, 146, 267, 354, 356, 440, 457, 536, 573, 653, 720, 750, 801, 819, 874, 891, 949, 1029, 1095, 1130, 1227, 1247, 1366.
—— (Jacques), vitr., 205.
Tissu (Gros) acquis pour le Roi, 735, 741, 804, 805, 1112.
TITIEN (Tableaux du), 220.
Toiles cirées, 102, 308, 770, 908.
—— d'argent (Tapisserie sur). — Voy. Tapisseries.
—— d'argent trait, 236, 675, 682, 736.
—— de chasse, 479.

Toiles de ciment, 86.
—— de mastic ou mastiquées, 85, 86, 134, 135, 341, 408, 421, 427, 519, 631.
—— d'or, 490, 492, 553, 595, 673, 736.
—— pour couvrir des espaliers, 630, 841.
—— pour doubler les tapisseries, 219.
—— pour jeux de paume, 1087.
Toisés des ouvrages des bâtiments du Roi, 215, 801, 932, 1111, 1193, 1210, 1309, 1332, 1350, 1367.
TOISON (Charles), maç., 34, 91, 141, 200.
Toison d'or (La), tragi-comédie, 51.
TOLMAY ou TOLMÉ (François), vidangeur, 16, 31, 89, 131, 140, 151, 186, 211, 269, 276, 327, 974.
—— (La veuve), 276, 411, 441, 442.
Topographie historique du vieux Paris, 106, 118.
Torchères d'argent, 235.
TORILLON (Antoine), marchand de bois, 222.
TOROLLE, jard., 835.
TOSCANE (Appartement de la duchesse DE) à Versailles, 1150.
—— (Le duc DE), 299, 566, 715.
—— (Présent de tapisseries au duc DE), 316.
TOUCHART (Paul), jard., 984, 1076, 1176, 1209, 1310.
TOUCHIN. — Voy. TOUSCHAIN.
TOULET (François), concierge de la Surintendance à Fontainebleau, 52, 273, 467, 586, 669, 733.
—— (La veuve), 147, 800, 873, 874, 997, 1091, 1211, 1227, 1365, 1366.
Toulon, 101, 285, 365, 470, 560, 939, 1018, 1118, 1368.
—— (Jardin de fleurs pour le Roi à), 1118, 1231.
—— (Modèle de l'arsenal de), 734.
TOULOT (La veuve), loueur de chevaux, 1313.
TOULZAT (Pierre), charp., 169.
Touraine (Manufactures de), 445, 556, 557, 850.
Tournai, 289.
TOURNEL, men., 844.
TOURNELLE (LA). — Voy. Paris.
TOURNELLE, charp. et prop., 779.

TOURNIER (Georges), grav., 362, 407, 468, 544, 642, 1089, 1206.

Touriquets de cuivre pour les allées du petit parc de Versailles, 1274.

Tours (Fabriques de damas à), 313, 316, 370, 386.

—— (Tapisseries peintes sur du gros de). — Voy. Tapisseries.

Tours pour élever l'eau à Clagny, 505.

TOURTIER, ser., 1199.

TOURVILLE (S' DE), constructeur de vaisseaux, 373.

TOUSCHAIN (Jacques), ser., 148, 269, 356.

Toussus-la-Ville (Remises à gibier de), 939.

TOUTIN ou TOUTAIN, peint., 1156, 1279.

Traité d'astronomie (Planche pour un), 543.

—— des rentes rachetées, 173.

Trajane (Colonne), 345.

—— (Transport à Paris des creux de la colonne), 548, 549, 550, 551.

TRANCHAIN, ter., 1078.

TRANCHANT (S' DE), prop., 117, 149.

—— (Thomas), ouvrier, 150.

Transfiguration (La), dessin de Raphaël, 673.

Trappes (Achat de terres pour l'étang de), 1015.

—— (Aqueducs et étang de), 957, 969, 970, 1015, 1039, 1040, 1041, 1042, 1055, 1057, 1058, 1059, 1060, 1061, 1065, 1146, 1171, 1172, 1234, 1265, 1299, 1350.

—— (Déversoir des étangs de), 1039.

—— (Plaine de), 1068.

—— (Ponts de la plaine de), 1041, 1265, 1266.

—— (Remises à gibier de la plaine de), 1170, 1298, 1303.

—— (Rigoles de), 1178, 1296, 1299, 1303, 1306, 1311.

—— (Routes du bois de), 1299, 1308.

Travaille-Ribaud (Faisanderie de), dans le parc de Chambord, 442.

Travaux d'Hercule (Les), tableaux.—Voy. HERCULE.

TRECHET, TRÉCHEF ou TRÉBET (Gaspard), jard. des Gobelins, 54, 107, 156, 219, 386, 446, 559, 708, 777, 852, 923, 1091, 1339.

Treillages (Fourniture et peinture de), 422, 441, 503, 541, 598, 605, 620, 623, 629, 690, 698, 747, 753, 765, 802, 814, 822, 823, 827, 835, 845, 846, 888, 893, 905, 914, 916, 917, 942, 950, 953, 955, 956, 981, 984, 1024, 1033, 1037, 1038, 1053, 1068, 1074, 1076, 1077, 1143, 1154, 1192, 1244, 1256, 1257, 1296, 1297, 1327.

Treillages de châtaignier, 823, 967, 1070, 1168, 1169.

—— de fer, 604, 605, 814.

Treilles de perches, 195.

Treillis (Ouvrages de). — Voy. Fil de laiton.

—— (Toile de) pour ailes de moulins, 703, 770, 842, 910, 976, 1033, 1068, 1070, 1194, 1319, 1333.

TRENET, ter. — Voy. TREVET.

TRESCHET (Marie), 262.

TRESMES (Le duc DE), surintendant du château de Monceaux, 109, 157, 273, 357.

TREVET (Nicolas), carrier, 525.

—— ter., 1059, 1172.

Trévoux (Dictionnaire de), 77, 78, 336, 347, 355, 370, 554, 939, 1069, 1183, 1276.

Trianon, 28, 29, 415, 423, 476, 486, 551, 808, 813, 824, 895, 899, 901, 956, 962, 1056, 1264, 1273, 1295.

—— (Achat d'arbres, plantes et fleurs pour), 423, 774.

—— allées, 539, 540, 1298, 1303.

—— bassin entre les deux rampes, 1304.

—— bassin (nouveau) du parc, 1302.

—— berceaux et treillages, 1154.

—— bois (petit), 634.

—— cabinet des parfums, 539, 540, 634, 635, 636, 637, 677, 681, 705.

—— cabinets de treillages, 541.

—— canal, 1295.

—— (Carreaux de faïence fournis à). Voy. Faïence (Carreaux de).

—— (Cimetière de), 424.

—— combles du château, vases, sculptures et ornements, 588, 635, 636, 705, 773, 774, 842.

—— conduite des eaux, 1057, 1061, 1115, 1145, 1166, 1168, 1234.

—— cour, 677.

—— démolition de la grange, 427.

—— (Dépenses de), 416, 417, 418, 419, 420, 421, 422, 428, 429, 430, 457, 458, 496, 538-542, 545, 634-637, 704-705, 773-77, 842-843, 960, 962, 1039, 1042, 1043, 1047, 1115, 1155, 1177, 1178, 1280, 1281, 1282, 1293, 1303, 1304, 1318.

Trianon (Dîmes de), 231, 274, 358, 398, 481, 563.

—— église démolie, 258.

—— (Église ou paroisse Notre-Dame de), 7, 42, 274, 359, 394, 431.

—— fer à cheval, 1147, 1317.

—— fer à cheval (ornements du) vers le canal, 1050, 1161.

—— fontaine de l'eau bonne à boire, 677.

—— fontaines, 540, 588, 637, 653, 717, 785, 838, 843, 907, 971, 1062, 1176, 1310.

—— gages des officiers, 568, 569, 570, 652, 653, 785, 1310.

—— glacières, 542, 636, 1065, 1312.

—— illuminations, 1321, 1322.

—— jardins, 138, 195, 422, 423, 424, 425, 429, 431, 472, 539, 541, 636, 677, 717, 838, 907, 971, 1044, 1055, 1062, 1150, 1170, 1175, 1303, 1310.

—— jardins (augmentation des), 1296, 1306.

—— jardins (nouveaux), 1169.

—— magasin et logements des jardins, 305, 415.

—— (Moulins de), 425, 427, 525, 539, 572, 607, 609, 634, 636, 637, 654, 655, 718, 773, 785, 837, 838, 842, 843, 896, 907, 978, 1042, 1063, 1067, 1175.

—— orangerie, 540, 717, 1062.

—— orangerie en pleine terre, couverte, 541, 838, 907, 1042, 1147, 1148, 1149, 1151, 1267, 1270, 1272, 1277, 1310.

—— (Orangers de), 422, 426, 431, 677, 705, 843, 1298.

—— (Orangers, jasmins et tubéreuses fournis à), 422.

—— parterres, 810.

—— pavé de faïence du salon, 1291.

—— pavillons des deux côtés, 677.

—— peinture en faïence des croisées et grilles de fer, 539, 1155.

—— plafonds, 420, 540, 541, 635, 677, 704.

—— (Pompe et tuyaux de), 428, 1166.

—— (Pont de), 132, 1066.

TABLE ALPHABÉTIQUE. 1487

Trianon : réservoir, 425, 810.
—— réservoir (nouveau), 1145, 1171, 1178, 1234, 1264, 1302.
—— (Rigoles de la grande allée qui va de) au parc de Versailles, 539.
—— terrasse du parterre, 467.
—— (Tuyaux de plomb posés à), 415, 540.
—— (Vases et bassins pour), 541, 636, 637.
—— volières, 677.
Tringles scellées dans le mur pour porter les tapisseries, 1187, 1188, 1193, 1823.
Trinité (Religieux de la) à Fontainebleau, 273, 467, 585, 668, 733, 800, 873, 1095, 1226, 1365.
Tripet (René), voit. par eau, 411.
Trissement (Pierre), ser., 493.
Tristan (Jeanne), prop., 1340.
Tritons en sculpture, 252, 333, 367, 419, 420, 427, 527.
Trochet, carrier, 1248.
Trognon, cordier, 771, 842, 913, 973, 977, 1064, 1070, 1194, 1314.
Troisdames (Charles), marchand de soie, 1338.
Trois-Évêques (Collège des), 151.
Troisvoisins, paveur, 889.
Troncuin, 984.
Trône du Roi aux Tuileries, 239.
Trophées de bronze doré, 1185, 1284.
—— d'enfants de la grande galerie de Versailles, 1286.
—— sculptés, 193, 418, 513, 737, 1157, 1160, 1282, 1283, 1284, 1285, 1287.
Trossy (Pierre de). — Voy. Pierre.
Trottier, peint. doreur, 759, 901.
Trou-madame (Jeu de), 1033, 1250.
Troyes (Manufactures de serges à), 286, 372.
Truchain (Jacques), ser., 42.
Trudon, marchand, 913.
Trumeau (Simon), ter., 24, 889.
—— ouvrier blessé, 715.
Trumel (Antoine), jard. de la pépinière du Roule, 457, 459, 470, 571, 573, 651, 652, 719, 749, 784, 857, 890, 999, 1027, 1091, 1128, 1212, 1310, 1350.
—— (Marin), jard., 25, 51, 83, 84, 92, 136, 137, 144, 159, 188, 195, 202, 213, 248, 255, 257, 275, 290,
336, 337, 338, 341, 374, 422, 425, 426, 429, 459, 475, 498, 516, 517, 521, 570, 572, 620, 622, 625, 628, 653, 698, 703, 718, 766, 785, 834, 835, 836, 837, 928.
Trumel (Les héritiers de), 841, 933.
—— (La veuve), 906.
Tryen, men., 204.
Tubéreuses (Achat de), 394, 422, 473, 480, 669, 704, 774, 804, 835, 875, 939, 1009, 1017, 1107, 1229.
Tuby (Jean-Baptiste), sc., 22, 31, 40, 79, 80, 87, 94, 124, 126, 181, 182, 194, 243, 245, 253, 333, 343, 419, 462, 513, 575, 615, 616, 624, 658, 696, 722, 748, 760, 761, 789, 830, 831, 902, 963, 964, 1001, 1048, 1049, 1097, 1156, 1157, 1216, 1285, 1287, 1353.
Tuileries (Château des) :
—— allées du jardin, 496, 578, 725, 1005, 1093, 1094, 1100, 1101, 1102, 1219, 1358.
—— allée à compartiment d'arbres, 211.
—— allée des grenadiers, 295, 579, 662, 726, 793, 866, 1006.
—— allée de traverse plantée de buis, 578, 661, 725, 792, 865, 1004, 1100, 1219, 1358.
—— allée d'ormes, 578, 661, 725, 792, 865, 1004, 1100, 1219, 1358.
—— allée du mail, 129, 578, 597, 598, 661, 725, 792, 865, 1004, 1100, 1219, 1359.
—— allée du milieu (grande), 248, 578, 661, 725, 792, 865, 1004, 1100, 1219, 1358, 1360.
—— allée haute des marronniers d'Inde, 1093, 1101, 1102, 1219, 1359, 1360.
—— allée haute des mûriers blancs, 103, 295, 464, 573, 578, 654, 661, 725, 785, 793, 858, 865, 866, 1005, 1024, 1101, 1211, 1219, 1359.
—— allées (nouvelles), 411, 578.
—— allées (amphithéâtre des nouvelles), 662, 726, 793, 866, 1006, 1101, 1219, 1359.
—— appartement bas (grand), 495.
—— appartement de la comtesse de Soissons, 495.
—— appartement de la Reine, 123, 124, 128, 182, 242, 245, 405, 406, 494, 946, 1124.
Tuileries : appartement de Mme de Montespan, 403, 406, 495.
—— appartement du comte d'Armagnac, 243, 329.
—— appartement du Dauphin, 127, 182, 184, 185, 242, 243, 245, 321, 405, 495, 1123.
—— appartement du Roi, 123, 124, 125, 126, 127, 182, 242, 243, 321, 495.
—— appartement haut, ou de commodité, du Roi, 182, 242, 243, 244.
—— appartement du Roi : cabinet, 1023.
—— appartement du Roi : chambre, 238, 239, 244, 407, 1022.
—— appartement du Roi : tableau du plafond de la chambre, 596.
—— appartement du Roi : trône, 239.
—— appartements : grande chambre, 494.
—— bassin (grand) ou bassin octogone, 186, 187, 188, 324, 408, 409, 744, 888, 1024, 1124.
—— bassins, 816.
—— bassins (nouveaux), 187.
—— bassin de l'orangerie, 888.
—— boulingrin, 1360.
—— capitainerie (Démolition de la), 396.
—— commun du Roi, 186.
—— (Conduites du regard des), 816, 1338.
—— cour des machines, 324.
—— cuisines, 816.
—— demi-lune, 725, 726, 792, 793, 865, 866, 1004, 1005, 1100, 1101, 1219, 1358, 1359.
—— dépenses du palais et du jardin, 7, 12, 14, 15, 16, 67-74, 98, 100, 106, 115, 121-131, 177-189, 196, 237, 241-250, 291, 295, 315, 317-328, 334, 358, 391, 401-411, 428, 468, 475, 485, 491-499, 545, 546, 573, 595-599, 675, 737, 739, 741-745, 810, 812, 815-816, 882, 885-888, 943-946, 1004-1006, 1013, 1022-1024, 1113, 1116, 1121-1125, 1198, 1200, 1235, 1239-1241.
—— dessins des ornements des appartements, 180.
—— dôme du palais, 70, 123, 124, 125, 126, 181, 183, 243, 405, 661, 793.

101.

1488 COMPTES DES BÂTIMENTS DU ROI.

Tuileries : égout du palais, 887.
—— escalier, 404.
—— escalier et terrasse du jardin, 485.
—— fer à cheval, 1093, 1094, 1101, 1219, 1359.
—— (Figures et termes pour les), 408.
—— fontaines, 496, 1241.
—— gages des officiers, 3, 8, 43, 65, 112, 160, 178, 238, 295, 376, 457, 458, 459, 464, 568, 569, 570, 578-579, 652, 653, 654, 655, 656, 660-662, 725, 785, 792, 858, 865-866, 930, 931, 998, 999, 1004-1006, 1090, 1091, 1092, 1093, 1094, 1100-1102, 1211, 1214, 1218-1220, 1351, 1358-1360.
—— galerie, 244, 245, 403, 406, 407, 408, 494.
—— galerie des peintures, 124, 323, 404, 498.
—— galerie (grande), 125.
—— (Garenne des), 662, 726, 793, 866.
—— garnitures de bronze des portes et fenêtres, 126, 186, 242, 243, 320, 744, 789. — Voy. Cucci.
—— glacières du jardin, 326.
—— gratifications aux ouvriers, 277, 471, 567, 672.
—— groupes de figures pour le jardin, 945.
—— horloge, 326, 474.
—— jardin, 46, 66, 98, 101, 102, 105, 122, 129-130, 179, 186, 187, 188, 189, 246, 247, 248, 249, 280, 295, 317, 324, 325, 327, 361, 395, 403, 408, 409, 454, 474, 475, 487, 497, 488, 494, 496, 497, 498, 501, 551, 568, 569, 570, 578, 596, 597, 598, 661, 678, 685, 739, 744, 787, 793, 816, 930, 931, 945, 946, 1017, 1021, 1023, 1090, 1101, 1116, 1200, 1219, 1220, 1241, 1349.
—— jardin (avenue du), 328, 364, 399, 408, 409, 454, 474, 475, 487, 497, 498, 499, 561, 569, 590, 598, 645, 653, 685, 711, 779, 816, 853, 888,

991, 1011, 1022, 1024, 1082, 1083, 1091, 1124, 1336, 1340, 1351.
Tuileries : labyrinthe, 662, 726, 793, 866, 1005, 1101, 1219, 1359.
—— magasin du Roi, 68, 249.
—— orangerie, 74, 189, 247, 248, 295, 323, 328, 409, 410, 464, 498, 579, 654, 662, 726, 744, 793, 866, 1005, 1093, 1101, 1125, 1200, 1219, 1220, 1359.
—— orgue de la chapelle, 180, 249.
—— (Ouvriers blessés en travaillant aux), 103, 131, 189, 471, 1011.
—— palissades de jasmins, 295, 464, 578, 661, 662, 725, 866, 945, 1005, 1093, 1101, 1123, 1219, 1359.
—— parterre à fleurs, 579, 662, 726, 793, 865, 866, 887, 1005, 1093, 1101, 1219, 1359.
—— parterre en broderie, 578, 661, 725, 792, 865, 1004, 1005, 1093, 1100, 1101, 1219, 1359.
—— parterre en plate-bande, 726, 793, 1005, 1101, 1219, 1359.
—— parterre (grand), 129, 186, 187, 225, 406, 408, 464, 578, 579, 661, 662, 684, 726, 793, 865, 866, 1005, 1006, 1093, 1101, 1219, 1359.
—— parterre neuf, 295, 408, 409, 578, 725, 792, 793, 865, 1004, 1093, 1100, 1358.
—— parterres en gazon, 661, 725, 792, 865, 1220, 1359.
—— pavillon (gros), 127, 246, 403, 404, 406, 493, 495, 886.
—— (Pavillons des), 70.
—— plafonds, 125, 403, 404, 407, 408.
—— plan du jardin, 543.
—— planches gravées des ornements des portes, 544.
—— pompe du jardin, 186, 744.
—— (Rondeau des), 578, 661, 725, 792, 865, 1004, 1100, 1219, 1358.
—— salle des comédies, 67, 125, 131, 241, 323, 492.
—— salle des gardes, 124, 321.

Tuileries : salle des gardes du Dauphin, 404.
—— salle des machines et ballets, 116, 130, 156, 189, 295, 464, 498.
—— salle (nouvelle) des ballets et grandes comédies, 578, 661, 725, 792, 865, 945, 1004, 1093, 1100, 1218, 1358.
—— salon (grand), 326.
—— sculptures de la façade, 243, 245.
—— (Tableaux de Sébastien Bourdon aux), 597.
—— (Tapis exécutés pour les), 280.
—— terrasse, 401, 408, 409, 485, 578, 661, 812, 882, 937, 1017, 1024.
—— terrasse des mûriers, 403.
—— terrasse dite du s' Renart, 186.
—— terrasse du côté de la rivière, 578, 725, 726, 792, 793, 865, 866, 946, 1004, 1005, 1100, 1101, 1124, 1219, 1359.
—— terrasse (grande) en face du palais, 661, 725, 792, 865, 887, 946, 1004, 1022, 1023, 1100, 1219, 1358.
—— (Terres ajoutées au jardin et aux avenues des), 499, 711, 991, 1082, 1083.
—— (Vestibule des), 124, 125, 243, 404, 1023.
—— volière du Roi (grande), 295, 390, 393, 452.
—— vues du palais, 236, 279, 404, 543.
Tulipes (Oignons de), 248, 531, 541, 552, 905.
Tumier (Jacques), men., 19, 20.
Tunis, 240.
Tureau, ser., 1199.
Turgis (Madeleine), veuve Verbeck, 52, 102. — Voy. Verbeck.
Turpin (Nicolas), prop., 28.
—— arch. (?), 552.
Turquie (Tapisseries ou tapis façon de), 60, 66, 96, 107, 117, 149, 171, 177, 215, 287, 309, 385, 558, 776, 851, 922, 1110, 1339.
Tuyaux de bois, 842.
—— sans soudure, 508.

U

Ulysse (Galerie d'). — Voy. Fontainebleau.

Urfé (Le marquis d'), prop., 1082.
Utinot. — Voy. Hutinot.

Uxelles (Mme Anne De Blé d'). 315.

TABLE ALPHABÉTIQUE.

V

Vaçant, marchand de bois, 269.
Vafland (Claude), employé aux illuminations, 529.
Vaillain, médecin. — Voy. Vaillant.
Vaillant (Philippe), prop., 222.
——— médecin, 271, 314, 357, 367, 473, 503, 803, 853.
Vaillaud (Georges), jard., 33.
Vaisseaux (Achat de) en Zélande, 64.
——— de Versailles. — Voy. Versailles.
——— (Peinture de), 210.
——— (Sculpture de) par Girardon, 365.
——— de verre pour laboratoire, 503.
Val (Le bâtiment du). — Voy. Saint-Germain.
Valanty, banquier, 270.
Val-de-Gally, près Versailles, 108.
Val-de-Grâce (Bâtiments de l'église et abbaye du), 115, 117, 163-170, 178, 229-230, 278, 399, 482.
——— autel du Saint-Sacrement, 165, 166.
——— (Autels du), 164, 165, 229, 230.
——— chapelle Sainte-Anne, 165.
——— chapelles Saint-Pierre et Saint-Charles, 164, 166.
——— grilles pour les chapelles, 165.
——— horloge, 167.
——— pavé, 482.
——— peintures de la coupole, 165.
——— vitraux du portail, 482.
Valcourt (Le s' de), gentilhomme flamand, 270.
Valdon, marbrier, 455, 548, 643.
Vallée. — Voy. Vallée.
Valentin, peint., 394, 479, 542, 642.
Valentinay (Le s' de), prop., 238, 283, 311, 383, 594, 645.
Vallée (Jacques), charp., 36, 526.
——— (Louis), meunier de Satory, 971, 1063, 1175, 1310.
——— (Nicolas), ter., 919, 970, 985, 1057, 1077, 1169, 1301.
——— fondeur, 633, 769, 912, 976.
——— manœuvre blessé, 1133.
Valleran, ser., 1154, 1274.
Valleroy (La veuve), jard., 905.
Vallery, fontenier, 436, 458.
Vallet (Pierre), doreur, 304, 420, 421, 524, 614.

Vallet (Pierre), cinquantenier du quartier du Louvre, 111.
Vallot (Antoine), médecin, directeur du Jardin Royal, 49, 64, 110, 120, 159, 176, 225, 238, 290, 309, 374, 393, 479.
Valois (Les frères Henri et Adrien de), historiens, 56, 113, 162, 229, 298, 377, 449, 564, 649, 715.
——— (Logis de Mlle de), à Paris, 669.
Valvin, près Fontainebleau, 147, 1108, 1231, 1250.
Van Clef, sc. — Voy. Van Clève.
Van Clève, sc., 1161, 1289.
Van der Kerchove (Josse), teinturier et marqueur des tapisseries des Gobelins, 53, 156, 219, 445, 446, 559, 708, 777, 1092, 1133g.
——— (François), fils de Josse, 446.
Van der Banc (Pierre), grav., 474, 544, 642.
Vanderbos, men., 210.
Van der Linden (Joannes-Antonides), médecin, 216.
Van der Manacker (Corneille), marchand, 110.
Van der Meulen (Adam-Frans), peint., 51, 100, 117, 121, 154, 158, 173, 176, 226, 235, 289, 290, 312, 365, 395, 398, 400, 460, 480, 490, 571, 590, 654, 681, 718, 787, 860, 931, 944, 999, 1089, 1122, 1238, 1240, 1350.
Van Leuven. — Voy. Van Lewen.
Van Lewen, de Leyde, 239, 274.
Van Meusbre, marchand, 637.
Vannier (Jacques), fondeur, 166.
——— ter., 623, 632, 745, 760, 835, 905.
Van Obstal (Girard), sc., 134, 142, 146, 193, 201, 302, 310, 358, 437.
Van Robais (Josse ou Georges), entrepreneur d'une manufacture de draps, 174, 221, 286, 372.
Vansleue (Le Père) Dominicain, voyageur en Levant, 503, 925, 934.
Vente-aux-Prêtres (La), dans la forêt de Saint-Germain, 7.
Vanve (Côte de), près Saint-Germain, 1139.

Varancot (François), men., 76, 736, 746.
Varillas (Antoine), historien, 56, 114, 163, 227, 299, 378, 450.
Varin (Jean), grav. en méd., intendant des Bâtiments, 102, 169, 171, 216, 291, 292, 367, 461, 478, 552, 574, 656, 684, 710, 720, 735.
——— (Les héritiers du s'), 788, 934.
——— jard., 872, 950, 976, 1033, 1095, 1133, 1211, 1226, 1364, 1366.
——— maç., 1028, 1128, 1201, 1244, 1245, 1334.
Varisse (Dominique), ramoneur, 1334.
——— (Jean), ramoneur de cheminées, 31, 51, 103, 138, 152, 196, 199, 215, 294, 327, 342, 435, 463, 469, 525, 532, 576, 659, 669, 691, 703, 723, 784, 774, 791, 823, 841, 848, 850, 863, 877, 950, 954, 975, 1003, 1013, 1099, 1142, 1194, 1200, 1217, 1355.
Vases antiques (Modèles de), 275.
——— d'argent, 6, 46, 52, 224, 235, 380.
——— d'argent pour orangers, 157, 188, 300, 301.
——— de boiselage pour les ifs, 1070.
——— de bronze, 79, 80, 133, 134, 193, 216, 420, 475, 511, 523, 527, 637, 934.
——— de bronze gravés, 543.
——— de cire, modèles, 79, 133.
——— de cuivre, 301, 424, 521, 705, 911.
——— de cuivre rouge, 834, 1067.
——— de faïence, 21, 40, 47, 196, 230, 472, 526, 542, 636, 909, 975, 1068, 1127, 1186.
——— de fleurs, 192.
——— de pierre, 14, 70.
——— de terre, 1184.
——— façon de porcelaine, 256, 333, 526, 542, 975, 1281.
——— sculptés, 181.
Vasseur, voit., 1333.
Vatebat ou Vatebois, vannier. — Voy. Vuatebos.
Vatel (Antoine), paveur, 35, 40, 91, 95, 129, 143, 185, 198, 202, 211,

246, 260, 276, 294, 324, 346, 408, 434, 438, 463, 515, 531, 576, 619, 659, 690, 698, 701, 705, 723, 748, 764, 790, 863, 1002, 1026, 1098, 1217, 1354.

VATOU (Louis), chirurgien, 168.

VATRIN (Barbe), portière aux Gobelins, 708, 777.

VATTIER (Pierre), orientaliste, 56, 113, 161.

VAUCHÉ (Jean), charp., 150.

Vaucresson (Étang près de), 1173, 1301, 1302.

—— (Réservoir de), 1266.

VAUDRY, plombier, 1295.

VAUGANTIER (La veuve), jard., 33.

VAUTIER ou VAULTIER (Jacques), jard. du potager de Versailles, 424, 460, 516, 521, 570, 572, 628, 653, 703, 718, 764, 785, 834, 837, 905, 907, 919, 967, 972, 1053, 1062, 1176, 1309.

VAUTRIN, ser., 1026, 1126, 1243.

—— ou VAUTRAIN, sc., 31, 1137.

VAUTRAIN (Barbe). — Voy. BERNARD (La veuve).

Vaux (Ferme de), 1112.

—— village près Saint-Germain, 1121.

Vaux-le-Vicomte (Pépinières de), 83, 102, 248.

VAVASSEUR, académicien, 714.

VEILLARD, prop., 1341.

Vélin (Peintures en miniature sur). — Voy. JARRY.

VELLEREY (Léonard), charp., 330.

Velours (Fournitures de), 118, 119, 151, 153, 171, 174, 175, 176, 215, 234, 235, 238, 282, 311, 312, 313, 371, 393, 395, 396, 397, 477, 483, 490, 553, 595, 673, 805.

—— d'or trait, 234, 315.

—— rouge cramoisi, fabrique de Paris, 813, 876.

—— vert à deux poils, 490, 553.

VÉNARD (Claude), ser., 69, 432.

VENDET (Jean), men., 1124, 1125, 1244.

VENDÔME (Petit hôtel de). — Voy. *Paris*.

Vendômois (Manufactures du), 445.

VENDOMME (Louise). — Voy. LE GENDRE.

Venise, 100, 232, 274.

—— (Brocart de), 234.

—— (Glaces de), 63, 96, 98, 103, 117, 118, 119, 152, 156, 176, 217, 260, 488, 553.

Venise (Point de), 61, 97.

Ventouses sur des conduites de fontaines, 1295.

Vents (Dégâts causés par les grands), 489, 535, 536, 638, 542.

VERBECK, orfévre, 52, 102.

—— (La dame), 157.

VERDIER (François), peint., 851, 930, 988, 999, 1085, 1282.

—— (François), prop., 1341.

Verdures, tapisseries, 172, 206, 219, 482, 553, 555, 556, 1901.

Verges de laiton doré pour fixer les glaces, 366, 675.

VERJUS (Le s'), 502.

VERMANDOIS (Louis de Bourbon, comte DE), amiral de France, 548.

—— (Logement du comte DE) à Paris, 669, 921, 987.

—— (Logement du comte DE) à Versailles, 1040, 1043, 1045, 1151.

—— (Logement des gens du comte DE) à Versailles, 811, 824, 825.

VERMANT, cloutier, 262.

VERNAKSEL (Antoinette), femme de Louis HOSDRAE, prop., 923.

VERNEIL, couv., 107.

VERNEUIL (Maison de la duchesse DE), acquise par le Roi, 589, 644.

Vernon (Carrières de), 278.

—— (Pierre de). — Voy. Pierre.

VÉRON, vannier, 775.

VÉRONÈSE (Alexandre), peint., 1088.

—— (Paul), peint., 100, 642, 1207.

Verrerie de Nevers, 98, 119, 152.

Verres de lunettes (Fabrication de), 712, 781.

VERRIER (Michel), voit., 44.

Verrières (Routes du bois ou buisson de), 1061, 1307.

Versailles (CHÂTEAU) :

Aile droite du château, 1040, 1150, 1268.

—— du château du côté de l'orangerie, 1149, 1233. — Voy. Aile (Grande) et bâtiments en aile.

—— gauche du château, 614, 1040, 1145, 1264.

—— (Grande), 1185, 1233, 1264, 1266, 1267, 1269, 1274, 1284, 1287, 1292, 1293, 1320.

—— (Plan de la grande), 1315.

Ailes de la cour du château (Les deux), 507, 587, 591.

—— de l'avant-cour (Les deux), 1233, 1266, 1269, 1281, 1287, 1291.

—— Voy. Bâtiments, Pavillons.

Appartement bas, 507, 611, 613, 737, 738, 760, 830, 832, 881, 904, 936, 1155, 1270, 1275, 1278, 1279.

—— bas (Grande chambre de l'), 81.

—— bas (Portes de bois de l'), 696.

—— de la Dauphine, 1282.

—— de la Dauphine : offices, 1264, 1267, 1293, 1307.

—— de la Reine, 21, 509, 510, 513, 587, 591, 610, 615, 616, 617, 618, 619, 676, 693, 694, 695, 697, 698, 701, 758, 769, 807, 828, 833, 833, 900, 1016, 1047, 1051, 1149, 1151, 1154, 1163, 1269, 1270, 1278, 1279, 1291.

—— de la Reine : antichambre, 1154, 1156, 1280, 1285.

—— de la Reine : cabinet, 828, 1069, 1158, 1280, 1282, 1287.

—— de la Reine : chambre, 510, 519, 612, 631, 758, 961, 1158, 1280, 1287, 1320.

—— de la Reine (Petite chambre de l'), 610, 693, 696, 756, 1155, 1278.

—— de la Reine : oratoire, 610, 693, 696, 756, 1155, 1278.

—— de la Reine : salle des gardes, 510, 610, 614, 694, 758, 1155, 1278.

—— de la Reine : théâtre élevé dans la salle des gardes, 528.

—— de la Reine : salon, 763, 903, 936, 965, 1014, 1051, 1114, 1155, 1157, 1158, 1159, 1162, 1165, 1286, 1287, 1291, 1292.

—— de la Reine : salon de marbre, 1280.

—— de Madame, 611.

—— de Mademoiselle, 1278.

—— de Mme de Montespan, 509, 1047, 1050, 1150, 1155, 1277.

—— de Mme de Montespan : galerie, 973, 1151, 1277.

—— de Mme de Richelieu, 1045, 1162.

—— de Mme la comtesse de Soissons, 1151.

—— de Mme la duchesse de Toscane, 1150.

TABLE ALPHABÉTIQUE. 1491

Versailles (Château) :
Appartement de Monsieur, 507, 510, 513, 591, 611, 613, 734, 810, 1150, 1270.
— de Monsieur (Nouvel), 1158.
— de Monsieur (Salle des gardes de l'), 1164, 1270, 1292.
— de M. Bontemps, 1072.
— de M. de Beringhen, 1145, 1271.
— de M. de la Vallière. — Voy. La Vallière.
— de M. de Saint-Aignan, 1157.
— de M. de Tilladet, 1145.
— des bains, 807, 897, 911, 1114, 1155, 1162, 1179, 1277, 1278, 1282, 1284, 1290.
— des bains : cabinet, 588, 697, 738, 763, 936, 1051, 1291.
— des bains (Dessus de porte du cabinet de l'), 1157.
— des bains (Dorure des portes de l'), 1047.
— des bains (Plafond du cabinet de l'), 961. — Voy. Chambre des bains.
— des tapisseries sur toile d'argent, 740.
— donnant sur la terrasse, 961.
— du Dauphin, 513, 610, 611, 1070, 1150, 1281.
— du comte de Vermandois. — Voy. Vermandois.
— du duc de Beauvilliers, 1155.
— du duc de Chevreuse, 1155, 1157.
— du prince de Marcillac, 694, 756, 1270.
— du Roi, 614, 693, 694, 697, 738, 833, 962, 1046, 1150, 1151, 1154, 1155, 1163, 1164, 1270, 1279, 1280, 1283, 1284, 1291.
— du Roi : antichambre, 193, 510, 511, 512, 758.
— du Roi (Antichambre du grand), 1154, 1185, 1278.
— du Roi (Cabinet d'orgues de l'antichambre de l'), 1314.
— bas du Roi, 510, 513, 515, 587, 676, 697, 807, 811, 1047, 1049, 1154, 1155, 1156, 1159, 1179, 1272, 1278, 1279, 1282.
— bas du Roi : cabinet octogone, 510, 615, 758, 759, 760, 829, 832, 900, 902, 903, 962, 974, 1046, 1047, 1069, 1280.
— bas du Roi (Bas-relief pour la cheminée du cabinet octogone de l'), 1157.
Appartement bas du Roi (Figures des Douze Mois pour le cabinet octogone de l'), 587, 738, 830, 531.
— bas du Roi : pièce ionique, 512, 738, 758, 759, 760, 763, 828, 829, 832, 899, 900, 903, 962, 1047, 1114, 1163.
— du Roi : bibliothèque, 1153.
— du Roi : chambre, 20, 80, 510, 511, 512, 542, 631, 759.
— haut du Roi, 21, 510, 514, 587, 591, 611, 616, 618, 619, 676, 738, 769, 832, 833, 884, 899, 900, 903, 1016, 1114, 1149, 1155, 1156, 1159, 1269, 1278, 1279, 1281, 1282.
— haut du Roi : salon, 511, 763, 1154.
— du Roi (Petits cabinets de l'), 1284.
— haut du Roi (Pièce au-dessus de l'), 1280, 1283.
— du Roi : pièce dorique, 591, 613, 829, 901, 961, 1047.
— du Roi : salle des gardes de, 510, 511, 610, 613, 614, 615, 619, 694, 811, 832, 833, 1047, 1048, 1279, 1280.
— du Roi (Pièce précédant la salle des gardes de l'), 1156.
— du Roi (Grand salon de l'), 612, 1051.
— du Roi (Terrasse allant de l') à celui de la Reine, 527.
Appartements (Grands), 759, 828, 936, 1147, 1287.
— (Modèles des portes de bronze pour les grands), 696.
— (Petits), 961, 1114, 1149.
— (Tableaux des grands), 827.
Appentis pour les gardes du corps contre les murs des écuries du Roi, 807.
Atelier (Enceinte du nouvel), 256.
Attiques du château, 507, 508, 509, 510, 513, 514, 515, 594, 610, 612, 613, 615, 696, 697, 758, 827, 900, 962, 1114, 1150, 1156.
— (Appartements des), 1279, 1280.
— (Cabinets des), 695.
Avant-cour, 426, 427, 486, 515, 517, 519, 608, 613, 619, 621, 622,
676, 1265, 1293, 1300, 1303, 1305, 1306, 1307, 1321.
Avant-cour (Fermeture de l'), 1153, 1233.
— (Grille de l'), 1113, 1153, 1233, 1272, 1274, 1275.
— (Groupes placés sur les loges des sentinelles de l'), 1233, 1285, 1286, 1287.
— (Les deux fontaines de l'), 1294.
— (Masques des fontaines de l'), 1283.
— (Vases et consoles de l'), 1162, 1287, 1289.
Balcon du fond de la cour du château, 1274.
— (Colonnes et chapiteaux du) de la cour du château, 420.
— (Les douze figures de *Mois* du) 609, 632.
Balcons, 19, 508, 587, 613, 1045, 1113, 1114, 1152, 1233.
— (Statues au-dessus des), 417, 418, 419, 512, 513, 514, 523, 618.
Balustrade du château (Figures et vases pour la), 1158, 1160, 1162, 1288, 1289, 1290.
Balustrades, 24, 418, 510, 587.
Bâtiment central entre les deux pavillons du château, 1269.
— en aile entre les deux pavillons de l'avant-cour du côté de l'église, 1039, 1040, 1146, 1148, 1149, 1150, 1264, 1273.
— en aile entre les deux pavillons de l'avant-cour du côté de la pompe, 1145, 1148, 1149, 1150, 1263, 1269, 1272.
Bâtiments en aile (Les deux), 591, 607, 609, 611, 612, 1042, 1113.
— (Nouveaux), 251, 1042, 1043, 1044, 1046, 1113.
— (Pose de la première pierre des nouveaux), 1065.
Bustes, 79, 80, 418, 419, 421, 427, 511, 514.
Cabinet d'orgues, 1066, 1179, 1314, 1323.
Caves, 1013.
Chambre de Diane, 1279.
— des bains, 510, 588, 591, 613, 614, 615, 738, 828, 900, 936, 962, 1015, 1046, 1049, 1066, 1071, 1163, 1165, 1179, 1291.
— des bains (Alcôve de la), 1233.

Versailles (Château) :
Chambre des bains : garde-robe, 959.
— des bains (Grand miroir de marbre enrichi d'orfévrerie et de bronze doré pour la), 1066.
—. du Conseil, 1043, 1044, 1051, 1164.
Chancellerie (Hôtel de la), 608, 677, 692, 693, 701, 763, 766, 807, 829, 898, 957, 1040, 1264.
Chapelle, 486, 510, 587, 607, 609, 610, 807, 826, 829, 881, 895, 896, 897, 902, 957, 958, 962, 963, 1014, 1040, 1049, 1050, 1051, 1114, 1148, 1163, 1272.
— (Ancienne), 419, 1159.
— (Bas-reliefs du fronton de la), 903, 936, 963, 965.
— (Colonnes de la), 1290.
— du Roi, 512.
— (Modèle de la), 827, 831.
— (Orgues de la), 1180, 1314.
— (Peinture sur deux glaces des orgues de la), 1155.
— (Plafond de la), 1014.
— (Sacristie de la), 756.
Château (Petit), 1040, 1149, 1160, 1179, 1270.
— (Vieux), 509, 629.
Commun de la Reine, 824.
— du Roi, ou grand commun, 134, 897, 959, 1039, 1042, 1044, 1293.
— (Cour du), 23, 1013, 1233.
Chenil (Cour du), 23.
Clefs de croisées représentant des masques, 760, 761, 762, 763, 807, 839, 1288, 1290.
Combles (Amortissements et boursaux des), 1233, 1282, 1283, 1287, 1318.
— de l'avant-cour, 1043.
Corps de garde, 507, 1182, 1233, 1317.
— français (Pavillon de l'avant-cour au-dessus du), 1271.
— français (Trophée du), 1272, 1289, 1307.
— suisse, 1287, 1306, 1307.
Cour commune, 82, 84.
— (Coquilles de la), 420.
— des fontaines, 1113.
— (Pavé de la grande), 942, 966, 1147, 1163, 1186, 1290, 1317.
— (Pavé de marbre de la), 1114, 1147, 1163, 1186, 1290, 1317.

Cours du château, 85, 508, 515, 518, 587, 619, 966, 1153, 1179, 1186, 1234, 1308, 1312.
— (Basses-), 807.
— (Petites), 421, 508, 1052, 1065, 1114.
— (Petites), frontons, 514, 515, 615.
Demi-lune, 26, 237, 676, 698.
Démolition du dedans des deux pavillons du château, 340.
Dépenses du château, 1, 6, 7, 17-29, 49, 59, 76-85, 98, 111, 116, 124, 132-138, 170, 174, 184, 191-196, 208, 237, 242, 251-258, 277, 323, 330-342, 358, 414-431, 463, 475, 476, 485, 488, 505-529, 532, 545, 546, 586-589, 591, 592, 595, 669, 675-677, 680, 681, 692-704, 737-739, 751, 754-772, 810, 811-812, 824-842, 881-882, 895-914, 935-937, 956-979, 1013-1016, 1022, 1039-1072, 1113-1116, 1233-1235, 1241, 1263-1323.
Dessus de portes, 1279, 1286.
Écurie des gardes du corps, 958, 1041, 1043, 1071, 1108.
— des pompes et logement des Suisses, 755, 957, 1265.
— (Grande), 1017, 1113, 1122, 1145, 1147, 1149, 1151, 1153, 1162, 1166, 1173, 1180, 1183, 1184, 1233, 1265, 1266, 1267, 1268, 1271, 1273, 1274, 1275, 1276, 1277, 1281, 1282, 1288, 1289, 1290, 1292, 1294, 1309, 1317, 1318, 1319, 1348, 1351.
— (Grande) : cours, 1165, 1293, 1305, 1308.
— (Grande) : frontons, 1289.
— (Petite), 587, 609, 610, 612, 613, 621, 1043, 1113, 1122, 1146, 1147, 1148, 1150, 1151, 1161, 1167, 1174, 1181, 1233, 1265, 1266, 1268, 1269, 1270, 1272, 1273, 1274, 1275, 1277, 1281, 1285, 1288, 1289, 1290, 1293, 1294, 1308, 1315, 1320, 1322.
— (Petite) : fronton, 1288.
Écuries, 101, 486, 507, 607, 609, 611, 618, 619, 622, 703, 807, 1165.
— (Grilles des), 1274.

Escalier de la Reine, 587, 609, 1114, 1179, 1233, 1285, 1290, 1291, 1292, 1314.
— de la Reine (Bas), 1292.
— de la Reine (Passage près l'), 1179.
— de la Reine (Les cinq portes de l'), 1274, 1275.
— (Grand) ou escalier du Roi, 511, 513, 514, 515, 523, 587, 607, 609, 610, 619, 693, 737, 738, 755, 759, 760, 761, 762, 763, 769, 811, 829, 830, 831, 832, 833, 881, 896, 897, 900, 901, 903, 904, 935, 958, 961, 962, 963, 964, 965, 966, 995, 1014, 1047, 1049, 1050, 1051, 1052, 1082, 1114, 1152, 1162, 1164, 1233, 1283, 1287.
— (Balustrade de bronze doré du grand), 767, 881, 909, 935, 974, 1014, 1066, 1179.
— (Châssis de bronze doré pour les cinq portes du grand), 1314.
— (Fontaine dans la niche du palier du grand), 737, 761, 807, 904, 964, 1285.
— (Galerie basse avant le grand), 1014.
— (Galeries à côté du grand), 1159, 1162, 1291, 1292.
— (Modèle du grand), 529, 757, 763, 964, 965.
— (Niches du grand), 1156, 1164.
— (Peinture et dorure du grand), 1014, 1041, 1154, 1155, 1156.
— (Pièces au haut du grand), 1156, 1157, 1160, 1162.
— (Pièce proche le grand), 965.
— (Planche gravée représentant le grand), 1345.
— (Planche gravée représentant les bas-reliefs et ornements du grand), 1183, 1206.
— (Portes de bois du grand), 959, 965, 1014, 1050, 1233.
— (Portes de fer du grand), 1179, 1233, 1274.
— (Portes de fer de la galerie voûtée du grand), 935, 960, 1152.
— (Salon proche le grand), 1157.
— (Vestibule au haut du grand), 1014, 1050, 1163.
— (Vestibules autour du grand), 1278.

TABLE ALPHABÉTIQUE.   1493

Versailles (Château) :
Escaliers, 486, 591, 612, 768, 1114, 1163.
— (Rampes d'), 508, 903.
Fer à cheval, 305, 524, 1297. — Voy. Demi-lune.
Figures des douze Mois, 759, 760, 761, 762, 831, 974.
— et bas-reliefs à la façade du château, 511, 512, 513, 514, 515, 615, 616.
— placées au-dessus des colonnes de l'avant-corps du château, 1148, 1284.
Fronton (Sculptures du), 831, 1160, 1161.
Gages des officiers et employés, 154, 297, 458, 459, 466, 570, 572, 581, 651, 653, 664, 678, 729, 784, 785, 796, 811, 837-838, 858, 859, 860, 869, 930, 937, 971-972, 973, 997, 998, 999, 1009, 1016, 1061-1064, 1105, 1115, 1174-1177, 1214, 1222, 1234, 1308-1310, 1349, 1357.
Galerie, 509, 510, 511, 513, 514, 515, 587, 588.
— basse, ou petite galerie sous la terrasse, 966, 1051, 1158, 1163, 1164, 1276.
— (Cabinets aux deux bouts de la), 513.
— d'eau, 1274, 1312.
— (Grande), 1040, 1114, 1145, 1149, 1157, 1163, 1164, 1165, 1233, 1264, 1270, 1288, 1290, 1291, 1292, 1312.
— (Colonnes et pilastres de la grande), 1284, 1285.
— (Corniche en stuc de la grande), 1159, 1284, 1285.
— (Peintures de la grande), 1278, 1282.
— (Salons aux bouts de la grande), 1157, 1285.
— (Sculptures de la grande), 1284, 1285, 1286.
— (Trophées de la grande), 1156, 1284, 1285, 1286, 1287, 1288, 1289, 1290.
— (Vestibule sous la grande), 1164.
Garde-meuble, 252, 1149, 1270.
— (Armoires du), 610, 612, 756. — Voy. Magasin.

Garnitures de bronze des portes et croisées, 421, 522, 587, 588, 624, 738, 839, 909, 1066, 1179, 1314.
Glaces pour les appartements, 1318, 1321.
Gratifications aux ouvriers, 471, 567.
Horloge, 81, 428, 474, 525, 633, 703, 1069, 1114, 1181, 1238, 1282.
— (Cloches pour l'), 1315.
Lanternes au-dessus des combles du château, 1147, 1157, 1158, 1166, 1233, 1283.
Magasin, 98, 111, 138, 161, 225, 1146, 1148, 1290, 1291, 1315, 1318, 1319, 1320, 1322.
— de plomb, 702, 716. — Voy. Jamin (René).
— des démolitions, 1062, 1176, 1348.
Manège, 1017, 1174, 1183, 1271, 1276, 1290.
Masques de la façade du château sur le parterre d'eau, 1288.
Offices de la bouche du Roi, 1322.
— de Monsieur, 1013.
— du Roi et de la Reine, 1013, 1293.
Ornements des lucarnes, 1151, 1159, 1160, 1161, 1162, 1166, 1233, 1271, 1288.
Ouvriers blessés ou travaillant au château, 99, 100, 103, 196, 340, 387, 455, 460, 478, 479, 568, 650, 651, 655, 913, 974, 977, 1067, 1068, 1069, 1070, 1071, 1072, 1180, 1181, 1182, 1183, 1184, 1185, 1186, 1316, 1319, 1320, 1322, 1323.
Paravents de cheminée, 81.
Pavillon de la Reine, 587, 608, 609, 807, 1042.
— du Roi, 76, 137, 191, 506, 523, 807, 1042.
Pavillons (Les quatre) de l'avant-cour, 507, 508, 509, 513, 518, 524, 610, 1113, 1233, 1266, 1269, 1285, 1293, 1294.
— des ailes (Les deux), 1049.
Perrons du château, 132.
Plafonds, 510, 511, 513, 676, 738, 758, 827, 881, 897, 1114, 1159.
— (Peinture de), 591, 613, 614, 811, 900, 936, 961, 962, 1016, 1046, 1047, 1048, 1154, 1155, 1156, 1277, 1278, 1279, 1280, 1281.

Portes de fer, 757, 759, 828, 1045.
— de fer du vestibule, 1274.
— de fer pour les grandes arcades des deux passages de la cour, 1153, 1272.
— de menuiserie pour le château, 1149, 1150.
— des appartements, 1044.
— Voy. Escalier (Grand).
Rehaussement de la face du château, 607.
Salle de billard, 612.
Salon de marbre, 1280.
Sculptures en bois aux portes et croisées, 612, 614, 615, 756, 757, 1050, 1158, 1161. — Voy. Garnitures de bronze des portes et croisées.
Souches de cheminée (Sculpture des), 420, 1284.
Surintendance, 508, 517, 610, 611, 612, 613, 694, 756, 757, 796, 869, 1009, 1044, 1105, 1148, 1222, 1269, 1274, 1275, 1292, 1293, 1300, 1307, 1319, 1357.
— (Citerne de la), 623, 632, 1054, 1069.
— (Écuries de la), 1323.
Tableaux et peintures des appartements, 1114, 1155, 1156.
— du salon, 69.
Terrasses, 628, 632, 693, 702, 704, 769, 771, 1040.
— (Anciennes) du château, 256.
Théâtres portatifs, 19.
Tringles de fer doré pour les appartements, 1275, 1276.
Trophées et consoles au château, 614, 615, 616, 618, 1157, 1160, 1282, 1283, 1284, 1285, 1287, 1288.
Vases des lucarnes, 419, 513, 514.
Vestibule, 80, 134, 511.
— dorique, 633.
— (Grand), 936, 965, 1114, 1287, 1290.
— ou passage entre la cour du château et le jardin, 1163, 1233.
— sous le salon, 1233, 1292.
Volière pour mettre à un des cabinets de la cour, 676.
Volières, 23, 50, 509, 612, 613, 617, 624, 695, 696, 899.
— (Les deux) au-dessus des petites fontaines de la cour, 676.

COMPTES DES BÂTIMENTS. — I.

1494   COMPTES DES BÂTIMENTS DU ROI.

Versailles (PARCS, EAUX et FONTAINES) :
Allée d'eau et groupes pour lad. allée, 235, 251, 257, 330, 331, 332, 333, 339, 414, 417, 418, 421, 423, 425, 426, 430, 515, 521, 617, 709, 761, 1048, 1146, 1176, 1286.
— d'eau (Bassins de l'), 414, 420, 1066, 1182.
— d'eau (Fontaine de la Pyramide en haut de l'), 415, 417, 509, 511, 527, 617, 808, 1069, 1160, 1164, 1273.
— d'eau (Planche gravée représentant l'), 805.
— d'eau (Restauration de dix-huit figures antiques pour l'), 1288.
— d'eau (Vases de l'), 809.
— de la Cascade, 808.
— de la Montagne, 620.
— de la Pyramide, 808.
— de l'Étoile, 521.
— de Saint-Antoine, 1056.
— (Contre-) de Saint-Antoine, 1305.
— de Satory, 1057.
— des chênes verts, 25.
— des tilleuls, 23, 24, 809.
— du berceau d'eau, 515, 528.
— du bois vert, 621.
— du grand parc, 1065.
— du Mail, 1303, 1304, 1315, 1319.
— du Rondeau, 24, 25, 83, 84, 337.
— du tour de l'Île Royale, 905.
— (Grande), 194, 195, 629, 765.
— (Bosquets à droite et à gauche de la grande), 613.
— (Demi-lune de la grande), 620, 621.
— le long du mur du parc, 1054, 1297.
— Royale, 337, 521, 755, 765, 770, 1297, 1307.
Allées du petit parc, 1178, 1303, 1307.
— du tour du canal, 422, 424, 808, 810, 811, 838, 841, 905, 907, 967, 1062, 1168, 1176, 1303, 1309.
Aqueducs, 24, 341, 486, 518, 519, 621, 625, 1145.
— de la montagne de Picardie, 754.
— de la plaine de Satory, 956. — Voy. *Bailly, Chesnay, Graissets, Rocquencourt, Satory.*

Aqueduc du moulin de retour, 622, 677, 692, 699, 700, 766.
— pour la décharge des eaux du canal, 518, 588, 591, 607, 677, 754, 808, 824, 1057, 1301.
— sous l'orangerie, 1266.
— sur les reins de la voûte de l'orangerie, 1168, 1178.
Arbres (Achat d'), 84, 195, 256, 257, 341.
— arrachés, 702.
— (Arrosage des), 24, 25, 83, 84, 431, 620, 631.
Arbres de Vaux-le-Vicomte transportés à Versailles, 83, 102.
— fruitiers, 84, 136.
— (Plants d'), 82, 83, 335, 336, 423, 424, 457, 620, 628, 1296, 1297. — Voy. Sapins.
Barques pour les bassins des fontaines, 1319, 1320.
Bassin d'Apollon sur un char traîné par quatre chevaux, 333, 419, 421, 430, 509, 513, 527, 588, 591, 616, 623, 625, 699, 808, 809, 814, 834, 836, 977, 1168, 1306, 1307.
— d'Apollon (Bateau sur le), 526.
— de décharge, 136, 692.
— de dessus la terrasse, 676, 703, 965.
— de la Sirène, 526, 1069.
— derrière le petit parc, 839.
— des Cygnes, 251, 419, 424.
— des Fontaines, 77, 133, 134, 331.
— des Lézards, 676.
— du bout du parterre de gazon, 82.
— en ovale, 193.
— (Grand) du petit parc, 82.
Bassins (Nouveaux), 132, 338, 619, 622. — Voy. ci-après, Fontaines, Pièces d'eau.
Berceau d'eau, 518.
Bosquet d'Ésope. — Voy. ci-après : Labyrinthe.
— des Sources, 1295, 1297, 1305.
— (Vieux), 835.
Cabinet des bosquets, 332, 333, 334, 335, 341.
Canal, 235, 237, 251, 255, 256, 290, 330, 333, 334, 337, 338, 341, 363, 415, 416, 419, 424, 425, 426, 427, 431, 505, 517, 518, 519, 521, 522, 524, 588,

592, 607, 620, 621, 623, 625, 628, 629, 630, 633, 651, 652, 677, 692, 699, 755, 766, 806, 808, 809, 813, 824, 835, 836, 906, 908, 911, 939, 977, 1019, 1039, 1061, 1071, 1119, 1146, 1167, 1169, 1170, 1296, 1317, 1319.
Canal (Bateaux du), 135, 192, 251, 339, 340, 341, 360, 361, 392, 396, 460, 474, 486, 528, 589, 594, 626, 633, 693, 700, 701, 739, 767-768, 770, 771, 811, 838-839, 882, 908-909, 937, 972-973, 1016, 1064-1065, 1115, 1184, 1235, 1237, 1282, 1311, 1312, 1319.
— (Bateaux marnais du), 974.
— (Bâtiments sur le), 695.
— (Brèche du), 702.
— (Brigantins du), 339, 340, 396, 431.
— (Chaloupe biscaïenne du), 339.
— (Chaloupes du), 335, 340, 396, 431, 483, 838, 908, 909, 910, 913, 937, 939, 961, 974, 973, 1016, 1064, 1317.
— (Chevaux ou monstres marins au bout du), 591, 616, 811, 831, 881, 902, 912, 937, 961, 963, 1055, 1157.
— (Croisée du) de la Ménagerie, à Trianon, 486, 895, 1054, 1055, 1061, 1115.
— (Demi-lunes des deux bouts du), 255, 256, 522, 1056.
— (Figure du bout du), 1299, 1303.
— (Figure du bout du), du côté de la Ménagerie, 1146, 1263.
— (Galiote dorée du), 1184.
— (Galiotes du), 334, 335, 340, 342, 396, 419, 483, 700.
— (Glaçons pour le), 965.
— (Gondoles du), 972, 1016.
— (Grille au bout du), 1045, 1273, 1314.
— (Grille pour empêcher la sortie des carpes du), 808.
— (Iacks ou yachts du), 839, 908, 937, 972, 973, 1064, 1177.
— (Pièce du bout du), 699, 765, 809, 834, 835, 905.
— (Pontons du bout du), 1268.
— (Rampes et ornements du) vers

TABLE ALPHABÉTIQUE. 1495.

Versailles (PARCS, EAUX et FONTAINES) :
Trianon et la Ménagerie, 824, 882, 896, 937, 956, 969, 970, 1016, 1039, 1146, 1147, 1153, 1154, 1165, 1168, 1170, 1234, 1304.
Canal (Salon au bout du), 629.
— (Vaisseau du), 334, 335, 340, 341, 416, 418, 419, 421, 427, 430, 483, 767, 811, 839, 900, 978.
— (Vaisseau du), ses canons, 333, 362, 392, 427, 428, 430.
— (Voûte sous le), 425.
Citernes, 425, 426, 519, 521, 1041, 1065.
Collation donnée en 1668, planche gravée, 1207.
Conduites des eaux, 17, 18, 19, 23, 50, 77, 78, 82, 83, 191, 331, 426, 486, 506, 526, 588, 591, 626, 676, 693, 763, 764, 809, 810, 814, 833, 904, 975, 976, 1016, 1052, 1115, 1234, 1293, 1294.
— de fer, 700, 763, 764, 812, 833, 904, 966, 1056, 1069, 1115, 1165, 1166, 1167, 1234, 1294, 1296.
— des nouveaux moulins, 882. — Voy. Tuyaux.
Course de bagues, 426.
Eau bonne à boire (Aqueduc de l'), 630, 1234, 1293, 1294.
— bonne à boire (Transport de l'), 426, 519, 525, 1065, 1178, 1184, 1185, 1194, 1306, 1311.
Étang des Graissets. — Voy. *Graissets*.
— du Val, 518, 621, 625, 677, 969, 1304.
— du Val (Déversoir de l'), 699, 765, 1039.
— (Vieil), 969.
Étangs, 85, 255, 256, 427, 808, 1293.
Faisanderie, 608, 957.
— (Aqueduc de la), 1303.
— (Nouvelle), 937.
Ferme, 608, 755.
— (Écuries de la), 1318, 1322.
— (Serre d'orangers à la), 1312.
Fête de Versailles (Salle de bal pour la), 303, 304, 305, 306.
— de Versailles (Salle de collation pour la), 305.

Fête de Versailles (Salle de festin pour la), 302, 303, 304, 305, 306.
Fêtes données à Versailles, 235, 236, 237, 302-308, 365, 366, 427, 429, 430, 468, 470, 755, 772, 840.
— données à Versailles (Dessins et gravures représentant les), 928, 1207, 1208.
Feu d'artifice, 313, 365, 429, 770, 840, 977, 1070.
— (Gravure du), 928.
Figure du bout du parc, 1041.
Figures d'Amphitrite, de Cyclope, d'Iris, de Junon, de Vulcain, de Zéphire. — Voy. ces mots.
— de Thétis. — Voy. ci-après : Grotte.
Fontaine d'Apollon. — Voy. Bassin d'Apollon.
Fontaine de Bacchus, 692, 693, 696, 698, 699, 754, 760, 764, 765, 768, 808, 809, 810, 811, 829, 830, 900, 964, 1063.
— de Cérès, 616, 677, 695, 696, 738, 760, 808, 811, 829, 831, 900, 902, 1063, 1154, 1160.
— de Flore, 696, 738, 760, 808, 811, 829, 830, 836, 900, 1047, 1063, 1157.
— de Flore (*Vue de la*), planche gravée, 1346.
— de la cour, 591, 615, 624, 676, 695, 701, 1051, 1069, 1163.
— de la Couronne, 333, 419, 513.
— de la Montagne, 505, 526, 808.
— de la Pyramide. — Voy. Allée d'eau.
— de l'Arc de triomphe, 937, 941, 957, 960, 962, 963, 964, 1015, 1039, 1044, 1048, 1049, 1050, 1051, 1052, 1053, 1067, 1115, 1146, 1152, 1157, 1159, 1163, 1164, 1165, 1167, 1173, 1178, 1182, 1186, 1234, 1274, 1275, 1283, 1291, 1292, 1294, 1295, 1296, 1317.
— de l'Arc de triomphe (Aiguilles de cuivre, guéridons, pyramides avec piédestaux de la), 974, 1015, 1049, 1051, 1067, 1164, 1165, 1181, 1286, 1318.
— de l'Arc de triomphe (Balustrades de la), 1045.

Fontaine de l'Arc de triomphe (Cuve en forme de tombeau à la), 1015.
— de l'Arc de triomphe (Médailles posées dans la maçonnerie de la), 1071.
— de la Renommée, 824, 826, 827, 832, 833, 841, 882, 898, 900, 902, 903, 904, 905, 936, 942, 960, 961, 964, 965, 1015, 1050, 1051, 1161, 1163, 1287, 1290, 1291, 1297.
— de la Renommée (Balustrade de fer et marbre de la), 963, 1160.
— de la Renommée (Cabinets de la), 1163, 1185, 1234, 1281.
— de la Renommée (Figure et piédestal de la), 1160, 1234.
— de la Renommée (Groupes d'enfants des pavillons de la), 1158, 1161, 1284, 1286.
— de la Renommée (Les huit figures de la), 942, 1048, 1283.
— de la Renommée (Palmier de la), 1286.
— de la Renommée (Pavillons de marbre de la), 936, 959, 962, 965, 966, 1015, 1050, 1051, 1115, 1163, 1164, 1281, 1283, 1284, 1286, 1314.
— de la Renommée (Trophées de la), 1284, 1315.
— de la salle de bal. — Voy. ci-après : Salle de bal.
— de la salle du Conseil, 808, 942.
— de la terrasse du château, 526, 676, 696, 760, 807, 829, 832, 904.
— de Latone, 252, 333, 406, 418, 509, 1185, 1305, 1314.
— de Latone (Réservoir de la), 837.
— de l'Encelade, 814, 824, 826, 827, 830, 834, 836, 837, 839, 842, 882, 896, 899, 901, 902, 903, 904, 905, 909, 910, 1276, 1297, 1306.
— de l'Encelade (Les huit bassins de la), 1056.
— de Saturne, 769, 808, 809, 811, 831, 881, 901, 906, 937, 961, 964, 1045, 1155, 1160, 1295.
— des Bosquets, 808.
— des Lézards, 700, 1185.
— des Sapins, 1276. — Voy. Pièce des Sapins.

Versailles (Parcs, Eaux et Fontaines):
Fontaine des Trois-Fontaines, 941, 942, 966, 968, 970, 974, 978, 1039, 1056, 1168, 1186, 1270, 1297.
— du Berceau d'eau, 808.
— du Cabinet d'eau, 808.
— du Dôme, 677, 766.
— du Donjon, 808, 942.
— du Dragon. — Voy. Pièce du Dragon.
— du Gouffre, 1283.
— du Pavillon d'eau, 622, 677, 808, 841, 899, 906, 909, 937, 957, 960, 962, 963, 966, 974.
— du Pavillon d'eau (Pyramides de cuivre pour la), 974.
— (Rondeau de la nouvelle), 1178.
— vis-à-vis celle de Latone, 512.
Fontaines, 132, 133, 193, 252, 258, 342, 428, 458, 506, 520, 525, 526, 627, 629, 650, 654, 655, 718, 739, 785, 807, 811, 813, 837, 838, 877, 882, 907, 908, 909, 937, 966, 971, 1016, 1020, 1039, 1062, 1063, 1068, 1111, 1115, 1165, 1166, 1175, 1176, 1181, 1234, 1268, 1280, 1281, 1296, 1297, 1309, 1313, 1317.
— des Quatre-Saisons, 591, 677.
— des Quatre-Saisons (Pavillons pour couvrir les), 912. — Voy. Fontaines de Bacchus, Cérès, Flore, Saturne.
— (Figures et ornements des), 192, 253, 332, 333, 367, 418, 419, 420, 429, 523, 524, 618, 617, 758, 882, 886, 903, 961, 964, 971, 974, 1049, 1065, 1067, 1155.
— (Nouvelles), 1158, 1165, 1172, 1274.
— (Peintures des), 1310.
— (Planches gravées représentant les), 1207.
— (Treillages faits autour des), 520, 827, 834, 898, 1274, 1276.
Fumiers fournis au potager, 26, 137, 257, 422, 423, 424, 625, 628, 703, 764, 834, 905, 967, 979, 1056, 1065, 1068, 1071, 1167, 1298, 1304, 1322.
Glacières, 82, 132, 194, 255, 339, 426, 427, 429, 522, 523, 628, 632, 769, 906, 973, 975, 979, 1065, 1312.

Glacières du grand parc, 1043.
— du petit parc, 913, 968, 973.
— neuve, 258.
— proche la pompe, 913.
Glissoire. — Voy. Ramasse.
Grille du petit parc, 20, 1184, 1276.
— (Grande), 1162.
— près le réservoir, 80.
Grilles, 24, 27, 78, 587, 809, 898, 1013, 1163, 1273.
Grotte ou palais de Thétis, 22, 79, 80, 81, 85, 132, 133, 134, 135, 138, 192, 193, 194, 195, 196, 252, 331, 332, 333, 334, 417, 418, 514, 525, 610, 677, 692, 702, 769, 831, 897, 910, 1040, 1062, 1272, 1284, 1290.
— (Chandeliers de la), 196, 419, 428, 521, 807.
— (Coquilles de la), 253, 332, 421.
— (Couture des toiles de la), 769.
— (Glaces pour la), 332, 366.
— (Bordures de glaces de la), 528.
— (Glaçons de marbre pour la), 964.
— (Gravure de la), 475, 543.
— (Gravure du groupe de la), 1072, 1207.
— (Grilles de la), 810.
— (Groupes et figures de la), 192, 193, 194, 252, 331, 332, 333, 417, 418, 419, 511, 513, 514, 615, 681, 697, 761, 807, 963, 964, 1160.
— (Orgue de la), 135, 138, 191, 194, 196, 331, 341, 528, 631, 704, 756, 769, 1071.
— (Portes de la), 192, 194, 196.
— (Réparations de la), 629, 768.
— (Réservoir au-dessus de la), 677, 960, 973, 1016, 1055, 1298.
— (Rideaux de la), 196, 426.
— (Rocaille de la), 253, 428, 429, 521.
— (Socles de marbre de la), 738, 759, 760, 808.
— (Sphinx de la), 253.
— (Vases de la), 1161.
Groupe de Flore, 616.
Groupes d'enfants en plomb pour le petit parc, 1157.
Haras, 101.
— (Cour du), 82, 84.
Illuminations, 303, 304, 306, 307, 365, 510, 524, 527, 528, 529,

756, 757, 759, 765, 767, 770, 771, 811, 827, 828, 829, 837, 840, 857, 895, 897, 898, 899, 901, 911, 912, 913, 914, 959, 962, 974, 1312.
Indemnités pour les étangs et conduites des eaux, 1234.
Jardins, 235, 252, 256, 324, 472, 515, 516, 526, 551, 552, 739, 811, 882. — Voy. Parterres.
Jardin à fleurs ou jardin du Roi, 21, 23, 26, 84, 96, 159, 195, 257, 338, 374, 513, 1176.
Jeu de paume, 196, 257, 1052, 1070, 1071, 1179.
Labyrinthe, 255, 616, 617, 618, 620, 694, 695, 696, 697, 698, 701, 702, 703, 716, 756, 758, 764, 809, 825, 829, 898, 901, 902, 969, 1305.
— (Le), peint en miniature, 802.
— (Le), planche gravée, 805.
— (Bancs du), 697, 762.
— (Cabinet du), 1277.
— (Chapiteaux en bois du), 830, 831.
— (Dauphins pour une fontaine du), 624.
— (Écriteaux des fontaines du), 768.
— (Figure d'Ésope au), 761. — Voy. Ésope.
— (Fontaines du), 677, 693, 700, 701, 1063.
— (Groupes d'animaux en plomb du), 695, 696, 697, 760, 761, 762.
— (Les deux pavillons du), 882, 897, 899, 960.
— (Rocailles du), 629, 701, 702, 768, 838.
— (Vers écrits en lettres d'or au), 840.
Laiterie, 26, 937.
Mail, 1174, 1234, 1296, 1303.
Machines d'eau, 77, 133, 486, 506.
Ménagerie, 17, 18, 19, 20, 21, 22, 23, 24, 26, 27, 50, 58, 77, 78, 80, 81, 82, 83, 85, 133, 135, 136, 192, 193, 251, 252, 254, 255, 256, 258, 341, 416, 423, 486, 506, 507, 508, 522, 523, 591, 598, 628, 628, 630, 631, 632, 679, 764, 755, 808, 809, 836, 841, 882, 895, 896, 897, 899, 901, 905, 906, 912, 937, 958, 959, 968, 1016, 1021, 1039,

TABLE ALPHABÉTIQUE.

Versailles (Parcs, Eaux et Fontaines):
1042, 1043, 1055, 1115, 1118, 1121, 1145, 1146, 1148, 1150, 1165, 1168, 1170, 1183, 1234, 1272, 1273, 1277, 1281, 1296, 1302, 1303, 1304, 1312, 1321, 1322.
Ménagerie (Animaux achetés pour la). — Voy. *Levant*, Mosnier.
— (Appartements de la), 332.
— (Aqueduc de la), 958, 1146.
— (Avenue de la), 1274.
— (Bassins des volières de la), 976.
— (Bassins et canaux de la), 254. 769.
— (Chapelle de la), 220.
— (Conduites et tuyaux de la), 841.
— (Cour des gazelles de la), 23.
— (Cour octogone de la), 78, 80, 82, 83, 84, 85.
— (Cour des poules de la), 25.
— (Décharge des eaux de la), 518.
— (Étang de la), 810, 1041.
— (Glacières de la). 523, 836, 839, 913, 1065.
— (Grille du parc du côté de la), 23.
— (Grotte de la), 22, 77, 81, 85, 957.
— (Hangars de la), 957, 1039.
— (Horloge de la) 326, 633.
— (Les trois pièces d'eau de la), 623.
— (Porte cochère de la), 757.
— (Réservoir de la), 82, 1146, 1171, 1265.
— (Salon octogone de la), 332.
Montagne du petit parc, 509, 524, 527, 588.
— (Réservoir de la), 518, 519, 520, 521, 621, 626, 699, 754.
— (Rocher de la), 522.
Moulin de Launay. — Voy. Launay.
— de l'Étang, 977.
— de retour pour ramener l'eau du canal dans l'étang de Clagny, 588, 607, 609, 623, 630, 676, 677, 700, 718, 755, 785, 807, 825, 896, 1175.
Moulins, 840, 841, 857, 899, 907, 911, 912, 960, 976, 997, 1062, 1063, 1067, 1068, 1070, 1153, 1175, 1293, 1310, 1319, 1320, 1321, 1333.
— (Les cinq) à vent pour élever l'eau, 427, 487, 505, 506, 519, 521,

527, 588, 607, 609, 612, 621, 627, 630, 644 677, 679, 692, 702, 718, 755, 807, 809, 810, 840.
Moulins (Les douze) à six ailes. — Voy. Moulins à six ailes.
— (Les nouveaux), 882.
Nivellements pour amener les eaux à Versailles. — Voy. Nivellements.
Orangerie et nouvelle orangerie, 25, 83, 84, 85, 102, 133, 136, 159, 194, 256, 257, 336, 341, 374, 429, 430, 459, 512, 549, 570, 611, 616, 620, 628, 632, 653, 693, 806, 810, 812, 826, 834, 836, 837, 907, 928, 959, 972, 1044, 1047, 1053, 1058, 1062, 1066, 1071, 1113, 1150, 1153, 1167, 1168, 1169, 1176. 1178, 1180, 1182, 1183, 1186, 1269, 1271, 1272, 1298, 1309, 1317, 1322.
— (Jardin de l'), 84, 96, 136, 137. 192.
— (Pièce d'eau de la nouvelle), 1171.
Parc (Grand), 85, 137, 195, 255, 257, 302, 336, 337, 338, 339, 422, 423, 425, 487, 519, 522, 539, 591, 836, 841, 968, 1053, 1055, 1056, 1065, 1167, 1168, 1171, 1177, 1295, 1298, 1307.
— (Augmentation du grand), 942, 1054.
— (Réparation des brèches du grand), 505, 608.
— (Enceinte nouvelle du grand), 941, 942, 956, 957, 958, 968, 1016, 1041, 1066, 1146, 1147, 1148, 1265, 1295.
— (Nouveaux plans de l'augmentation du grand), 1058.
Parc (Petit), 7, 20, 22, 23, 24, 25, 26, 27, 29, 83, 84, 96, 136, 137, 159, 193, 195, 254, 255, 257, 302, 340, 374, 425, 459, 486, 507, 516, 517, 519, 524, 528, 570, 591, 612, 629, 653, 654, 806, 824, 834, 836, 837, 841, 905, 907, 910, 967, 968, 972, 1046, 1049, 1053, 1056, 1062, 1065, 1167, 1178, 1179, 1183, 1265, 1266, 1267, 1271, 1274, 1294, 1295, 1297, 1298, 1306, 1309, 1312, 1316, 1317, 1319, 1320, 1321.

Parc (Amphithéâtre du petit), 505, 512, 517, 520, 521, 524, 525, 527.
— (Les dix-huit bassins de l'Amphithéâtre du petit), 942.
— (Rocailles pour l'Amphithéâtre du petit), 527.
— (Bancs de pierre du petit), 1266, 1286, 1287, 1290.
— (Fausse-braie du petit), 340.
— (Jet d'eau au bout du petit), 253.
— (Palissades du petit), 520, 1062. 1280, 1297, 1319, 1320, 1322.
— (Pièce d'eau du petit), 486, 505. 521, 522, 524, 525, 529, 588, 608, 622, 625.
— (Pièce d'eau nouvelle du petit). 701, 1146.
Parc aux cerfs, 1055, 1297, 1298. 1303.
— (Hangar dans le), 958.
— (Petit), 1042, 1170.
Parcs, 108, 338, 361, 427, 481, 698. 967, 1169.
Parterre à fleurs, 7, 82, 133, 422. 423, 459, 491, 1062.
— d'eau, 607, 615, 621, 622, 625, 702, 834, 1156, 1158, 1287, 1288, 1296, 1307.
— d'eau (Globe du), 842.
— d'eau (Gravures des figures du). 1307, 1346, 1347.
— d'eau (Les deux bassins du), 677, 692, 693, 696, 699.
— d'eau (Modèle du), 618.
— d'eau (Les vingt-quatre figures de marbre et les quatre groupes du), 738, 760, 810, 811, 829, 830, 831, 857, 881, 902, 903, 937, 962, 963, 964, 965, 1016, 1048. 1050, 1115, 1157, 1158, 1159, 1160, 1161, 1162, 1191, 1234, 1282, 1283, 1285, 1286, 1287. 1288, 1289, 1290.
— en broderie, 83.
— en gazon, 25, 82, 83, 136, 195. 305, 339, 518, 809.
— (Grand), 505, 517, 1040.
— (Nouveau), 83.
Pépinières, 84, 195, 254, 255, 257, 335, 337; 525, 765, 766, 836, 968, 1053, 1056, 1167.
Percement de la montagne de Satory,

1498   COMPTES DES BÂTIMENTS DU ROI.

Versailles (Parcs, Eaux et Fontaines) : 608, 621, 622, 623, 651, 652, 677, 699, 755, 825, 957.
Pièce d'eau en place du parterre, 588.
— de l'Étoile, 515, 516, 520, 521, 524, 525, 526.
— de l'Île Royale, 588, 692, 808, 809, 810, 811, 882, 901, 1058, 1172, 1178, 1264, 1299, 1303, 1307, 1308.
— de l'Île Royale (Cascade de la), 1283.
— de l'Île Royale (Mare proche la), 905.
— de l'Île Royale (Plantation du tour de la), 738, 1167.
— haute de l'Île Royale, 942.
— des Sapins, 1265, 1267, 1302, 1319.
— (Grande) des Suisses, 1168, 1171, 1173, 1184, 1185, 1234, 1304, 1306, 1312.
— du Dragon, 519, 973, 1115, 1147, 1167, 1297, 1302.
— nouvelle proche le Dragon, 1058, 1146, 1147, 1153, 1154, 1171, 1177, 1178, 1234, 1265.
— du Marais, 515, 521, 525, 528, 529, 588, 591, 613, 620, 624, 628, 631, 632, 697, 808, 809, 812, 832, 900, 962, 1297, 1314, 1318.
— du Marais (Buffets de la), 608, 617, 627, 677, 696, 1318.
— du Marais (Corbeilles de cuivre pour les deux tables à manger de la), 627.
— du Marais (Gravure de la), 1346.
— du Marais (Masques et consoles de plomb pour les buffets de la), 696, 761.
— du Marais (Rocher de rocaille au au milieu de la), 629.
Pompes, 23, 51, 77, 82, 83, 85, 138, 506, 519, 520, 525, 526, 527, 608, 609, 623, 627, 629, 630, 631, 676, 681, 692, 693, 699, 702, 807, 824, 825, 842, 897, 907, 911, 936, 959, 960, 973, 975, 976, 978, 1041, 1066, 1070, 1115, 1268, 1276, 1318.
Pompe des Chapelets, 769. — Voy. Machine du chapelet.
— des moulins, 1147.
— du potager, 1046.

Pompe du s' Francine, 1268.
— (Grande), 612, 897, 899, 1268.
— (Modèles de), 339.
— (Nouvelle), 837, 841, 896, 910.
— proche la Grotte, 701, 826.
— (Rondeau proche la), 23, 79, 81, 85, 341.
— (Tour de la), 302.
Portes (Les douze) à barreaux du mur de clôture, 959.
— de fer, 757, 759, 828, 1045.
Potager, 7, 24, 25, 83, 84, 96, 132, 137, 159, 256, 257, 331, 337, 374, 422, 424, 459, 460, 505, 506, 517, 520, 521, 522, 523, 524, 550, 570, 622, 628, 653, 703, 764, 806, 825, 826, 834, 836, 837, 896, 901, 905, 906, 907, 962, 972, 1056, 1058, 1062, 1071, 1148, 1167, 1171, 1176, 1298, 1309.
— (Espaliers ou treillages du), 630, 703, 967, 1234, 1276, 1299.
— (Nouveau), 1065, 1115, 1151, 1152, 1167, 1168, 1170, 1173, 1174, 1178, 1180, 1183, 1185, 1267, 1269, 1282, 1298, 1299, 1302, 1303, 1304, 1305, 1306, 1314.
— (Fontaine au milieu du nouveau), 1234.
— (Murs du nouveau), 942, 956, 1041, 1115, 1146, 1234, 1265.
— (Pièce d'eau près du nouveau). — Voy. Pièce des Suisses.
Puits, 17, 18, 486, 487, 907, 1168.
— de la montagne, 567.
— pour élever l'eau de la rivière des Gobelins, 518.
Quinconce, 1168.
Ramasse ou glissoire, 191, 192, 591, 609, 628.
Remises à gibier, 766, 768, 836, 841, 911, 1011.
Réservoir de Jean Bette, 839, 896. — Voy. Bette.
— de La Lourcey, 677, 768, 809. — Voy. La Lourcey.
— de l'étang du Val, 957, 1265.
— du bosquet, 518.
— du château, 25, 80, 132, 192, 255, 341.
— du pavillon, 907.
— hors le petit parc, 824, 896, 942.

Réservoir neuf, 235, 237.
— sous la terrasse, 807.
Réservoirs, 424, 486, 487, 518, 526, 527, 588, 591, 622, 625, 626, 629, 631, 809, 1060, 1168, 1172, 1178, 1298.
— (Balustrades des), 808, 910.
— (Les trois) sous les allées du Parterre d'eau, 487, 505, 517, 519, 520, 522, 524, 591, 607, 621, 622, 625, 626.
— Voy. *Glatigny*, Grotte, Latone (Fontaine de), Montagne du petit parc, Salle des festins, *Satory*.
Rigoles, 24, 81, 84, 194, 255, 336, 337, 338, 340, 622, 623, 628, 699, 765, 905, 906, 969, 970, 1056, 1058, 1115, 1169, 1170, 1304.
Rocaille (Ouvrages de), 591, 629, 633, 656, 702, 703, 717, 768, 908, 971, 1062, 1176, 1309.
Routes et avenues nouvelles du grand parc, 970, 1053, 1065.
Sablonnière sur le chemin de la Ménagerie, 256, 337.
Salle de bal, 1264, 1266, 1267, 1275, 1296, 1303, 1307, 1313, 1317.
— de bal (Fontaine de la), 1294.
— des festins, 517, 588, 608, 619, 620, 622, 625, 626, 692, 698, 763, 766, 1067.
— des festins (Ponts tournants de la), 630.
— des festins (Réservoir de la), 520, 607, 677, 698, 702.
Sapins et ifs pour le parc, 24, 27, 83, 84, 187, 424, 425, 521, 620, 629, 698, 1053, 1066.
Serre, 517, 1148, 1312.
Sphinx de marbre, 253, 334, 419, 420, 810.
Statues de Termes, 253, 332, 420, 514.
Statues de Termes du petit parc (Restauration des), 1285.
Statues et groupes de marbre, 588, 591, 615, 1114, 1156, 1160.
Taupes prises dans les parcs. — Voy. Liard.
Théâtre d'eau ou du parc, 515, 520, 524, 617, 620, 761, 762, 809, 1313.
— d'eau (Figures des bassins du), 591, 624, 695, 696, 808.

TABLE ALPHABÉTIQUE. 1499

Versailles (Parcs. Eaux et Fontaines) :
Théâtre (Les trois fontaines au bout des trois perspectives du), 677.
— (Gravure du), 1346.
Treillages du petit parc. — Voy. ci-dessus : Parc (Petit).
Tripot, 681.
Tuyaux des fontaines, 83, 136, 137, 196, 340, 415, 518, 519, 529, 572, 626, 627, 630, 681, 904, 914, 1068, 1165, 1166, 1167, 1180, 1297.
Vases, 617, 618, 1155, 1186, 1289.
— de bronze, 216, 420, 511, 523, 527. 900, 1050, 1157, 1160, 1161, 1162, 1181, 1182, 1315.
— de cuivre, 834, 1181.
— de pierre, 1158, 1160, 1161, 1288, 1289, 1290. — Voy. Vases.
— (Gravure des) et statues, 543.

Versailles (Ville et Environs) :

Abreuvoir, 26, 81, 82, 85, 904, 966.
Achat de maisons, terres et héritages, à Versailles, 4, 7, 42, 62, 65, 96, 108, 111, 119, 120, 152, 153, 178, 216, 231, 274, 358, 359, 393, 394, 399, 430, 431, 453, 481, 561, 644, 673, 679, 710, 804, 840, 884, 923, 924, 935, 939, 1012, 1072, 1115, 1118, 1181, 1201, 1202, 1240, 1323, 1340, 1341, 1342.
Arpentages aux environs de Versailles, 138, 1183, 1309, 1315, 1316.
Auberge de l'image Notre-Dame, 703.
— du Mouton rouge, 1069.
— du Pélican, 480, 633, 645.
Avenue (Grande), 23, 426, 517, 587, 621, 680, 699, 765, 810.
Avenues, 26, 83, 136, 195, 336, 338, 339, 341, 364, 423, 426, 427, 431, 522, 529, 560, 621, 628, 702, 766, 768, 811, 967, 1053, 1169, 1234, 1296, 1298, 1305.
Bibliothèque, 547.
Canton de Versailles, 939.
Charité (Salle de la), 1264, 1267, 1268, 1269, 1273, 1277.
Chaussée de l'Étang, 258.
— de Versailles à Saint-Germain, 82, 84, 338, 1018, 1035, 1037, 1118, 1138, 1139, 1255, 1256, 1258, 1293, 1308.
Chaussée du côté du bourg, 587.
Chaussées, 27, 905.
Chemin (Nouveau) de Versailles à Saint-Germain, 1301, 1307.
Cimetière (Ancien), 137, 1301.
— (Nouveau), 1170, 1173, 1301.
— (Nouveau) : murs de clôture et chapelle, 1146, 1148, 1149, 1264, 1267, 1272, 1273, 1300.
Couvent des Récollets.—Voy. Récollets.
Église ou paroisse, 191, 195, 252, 332, 334, 335, 416, 418, 422, 452, 507, 525, 825, 827, 831.
— (Horloge de l'), 633.
— (Tableaux pour l'), 828.
Histoire des rues de Versailles, par J. A. Le Roi, 10.
Hôtels de Chevreuse, de Coislin, de Guise, de Guitry, de La Feuillade, de Lauzun, de Noailles, de Pomponne, de Roquelaure, de Vermandois. — Voy. ci-dessus : Auberge.
Incendies arrivés à Versailles, 9, 10, 51, 506, 523, 757.
Logement des gens du comte de Vermandois, 811, 824, 825, 836, 840.
— des jardiniers et fonteniers, 937, 1014.
— des matelots, 607, 677, 692, 693, 809, 827.
— des meuniers, 609, 611, 612, 824, 937.
— des portiers du parc, 956, 1040.
— des principaux de Versailles, 1013, 1014.
Maisons, 101.
— (Alignement des), 786.
— (Loyers des), 1347.
Musée de Versailles, 220.
Pères de la Mission (Les). — Voy. Mission.
Plan et carte de la ville et des environs, 283, 523, 1181, 1183, 1210, 1234, 1309, 1315, 1346, 1349.
Ponts des environs de Versailles, 1044.
Presbytère, 108, 191.
Prieuré, 119, 152, 231, 273, 358, 394, 398, 430, 481, 563, 673.
Rue Mazières, 10.
Rues et places, 810.

Toisé d'ouvrages, 631, 633, 703, 877, 911, 913, 1066, 1068, 1070, 1174, 1184.
Village (Ancien), 710.
Ville neuve, 676, 836, 1165.
— (Pavé de la), 737, 881, 935, 966, 1014, 1115, 1165, 1234.
Vues de Versailles, 194, 253.

Vert de montagne, couleur, 1190.
Vessier ou Vézier (Pierre), tap., 107, 156, 219, 289, 368, 385, 386, 446, 559, 708, 777, 851, 852, 922.
Vésinet (Faisanderie nouvelle du), 1146, 1230, 1257, 1262.
——— (Fossés du), 1256.
——— (Garenne du), 7, 9, 12, 48. 87, 89, 90, 260, 435, 532, 751, 820, 821, 823, 1035.
——— (Plaine du), 87, 88, 89, 198, 335, 347, 1036.
——— (Plants de la plaine du), 318, 1036.
Vézinier, employé aux illuminations, 912.
Viabey ou Vierney (Pierre), vitr., 16, 17, 22, 73. 128, 185, 294.
——— (La veuve de), 185, 208, 246, 323, 404, 417, 463, 496, 502, 576, 597, 600, 639, 648, 659, 686, 713, 723, 742, 749, 790, 815, 817, 849, 863, 887, 890, 922, 986, 1079, 1080, 1241.
——— (Les héritiers de la veuve), 849.
Viaucourt (Jean), orfévre, 51, 102, 157, 224, 300, 380, 444, 555, 707.
——— (La veuve), 777.
Victon, prop., 853.
Videron ou Vidron (René), jard., 1249, 1250.
Vieillard (Jean), hôtelier à Vincennes, 29.
——— ter., 623.
Vier (Jean), voit., 534.
Vierge (Figure de la), 168.
——— (Statue en bois de la), 334.
Vierge (La), planche gravée, 994.
— (La), tableau du Guide, 394. 479.
Vierge-du-Port (La), vaisseau, 873.
Vierney. — Voy. Viabey.
Viette, chaudronnier, 627, 834, 904.
——— prop., 316, 382, 391.
Vieuxpont, jard., 801, 874, 1095.
——— (La veuve), 1349.

1500 COMPTES DES BÂTIMENTS DU ROI.

Vif argent (Mine de), 480.
Vigan (Antoine), plombier, 12.
Vigarani (Carlo de), machiniste, 51, 81, 746, 913.
Vignacourt (Portrait en pied d'Alof de), 894.
Vigneron, carrier, 498.
Vignes, 99, 381, 679.
Vigneux (Louis), dessinateur, 546, 671, 734.
—— (Louis), maç., 746, 843, 914, 958, 979, 1028, 1041, 1072, 1073, 1125, 1128, 1145, 1187, 1265.
Vignon (Antoine ou Étienne), jard., 35, 104, 143, 158, 297, 458.
—— (Claude-François), peint., 407, 408, 510, 613, 694, 758, 900, 1047, 1155, 1280.
—— (Jean), jard., 35, 104, 154, 158, 264, 297, 458.
—— charp., 1043, 1148, 1266, 1267.
—— jard., 202.
Vigoureux, peint., 1074.
Vilain, couv. — Voy. Villain.
Viliotto, médecin, 57, 162, 228.
Villacerf (M. de), 978.
Villain (Macé), prop., 1112.
—— (Mathieu), jard., 34.
—— couv., 897, 913, 958, 959, 1043, 1322.
—— marchand, 924.
Villard (Étienne), astronome, 1084.
—— niveleur, 1348.
Villaroy (Remises à gibier de), 939.
Villart de Grescourt (Jean), commis des manufactures de Touraine et du Maine, 445, 556, 850.
Ville-d'Amesfort (La), navire, 492.
Ville-d'Avray (Chemin de) à Versailles, 560.
Villedo (François), maç., 11, 30, 32, 45, 85, 86.
—— (François), de Clermont, maître des œuvres de maçonnerie des Maisons Royales, 658, 722, 790, 862, 1001, 1097, 1216, 1354.
—— (Guillaume), maç., 30, 32, 85, 86.
—— (Michel), entrepreneur de maçonnerie, 59, 97, 191, 210, 293, 462, 576.
Ville-l'Évesque (Terroir de la), 314, 316, 382, 393, 452, 478.
Villeloin. — Voy. Marolles.

Villepreux (Plant d'arbres arraché à), 1297.
Villequier (Hôtel de). — Voy. Paris.
Villeroi (Appartement du maréchal de) à Saint-Germain, 349.
Villeromard (M. de), fondeur, 430.
Villers (Claude de), orfévre, 100, 157, 224, 301, 444, 555, 707, 778, 852, 1202.
—— (François de), orfévre, 1339.
Villes (Vues de), estampes, 477.
Villette (François), ingénieur artificier, 313, 314, 365, 1349.
Villers-Coterets (Château de), donné en apanage au duc d'Orléans, 297, 466, 582, 665, 729, 796, 869, 1009, 1106, 1223, 1357.
Villiers, près le Roule, 1083.
Villiers, raccommodeur de tapisseries, 398, 480.
Villot (M. Frédéric), 282.
Vin accordé aux ouvriers par le Roi, 471.
Vincennes, 29, 116, 313, 471.
—— (Acquisition de terres pour le Roi à), 8, 99, 117, 149, 314, 316, 382, 392, 393, 438, 439, 452, 478, 487, 492, 535, 561, 589, 644, 645, 710, 779, 884, 923, 991, 1082.
—— (Aqueduc de), 141, 200, 202.
—— avenues, 83, 92, 93, 136, 143, 144, 202, 264, 314, 336, 341, 349, 350, 352, 364, 399, 454, 457, 498, 534, 535, 569, 638, 774, 849, 876, 884, 921, 1011, 1081, 1200, 1336.
—— avenue (grande), 200, 202, 203, 263, 264, 265, 349, 350, 351, 352, 374, 381, 436, 438, 485, 533, 534, 535, 644, 645, 779, 803.
—— avenue (éperons de l'), 438, 533, 535.
—— bassins, 921.
—— (Bois des pins à), 143, 264.
—— corps de garde, 265.
—— cours, 143, 212, 535, 561, 589, 779, 921, 1199.
—— couvertures, 105, 160, 226, 376, 437, 664, 705, 796, 858, 931, 1092, 1311, 1337.
—— dépenses du château et du parc, 1, 11, 34, 35, 59, 64, 66, 70, 91-93, 120, 141-144, 152, 200-203, 253, 262-265, 278, 291, 328, 349-

352, 357, 392, 396, 436-439, 533-535, 573, 637-638, 675, 705-706, 739, 774, 812, 849, 921, 922, 938, 986, 987, 1011, 1017, 1080, 1081, 1108, 1109, 1116, 1198, 1199, 1236, 1242, 1336, 1337.
Vincennes : donjon, 143, 1199, 1335, 1336.
—— écusson du tympan du côté de la cour, 201.
—— espaliers, 1080.
—— étang, 438, 439.
—— (Fête de), 551.
—— fontaines et eaux, 91, 92, 93, 105, 111, 144, 201, 297, 439, 534, 581, 664, 796, 869, 931, 1090, 1222, 1361.
—— gages des officiers, 297, 376, 458, 466, 569, 571, 581, 652, 664, 718, 728-729, 796, 869, 997, 1008, 1009, 1094, 1105, 1214, 1222, 1361-1362.
—— garenne, 999, 1200.
—— glacières, 35, 105, 143, 265, 638, 706, 922, 1079, 1081, 1337.
—— héronnière, 92, 264, 351.
—— jardins, 297, 438, 581, 664, 796, 869, 1009, 1094, 1222, 1361.
—— jeu de paume, 774.
—— melonnière, 264, 350.
—— ménagerie, 92, 143, 202, 352, 988.
—— (Minimes de), 59.
—— parc, 92, 104, 142, 144, 154, 158, 202, 203, 264, 534, 561, 571, 718, 921, 1079, 1080, 1200, 1336, 1337.
—— parc (clôture du), 91, 200.
—— parc (pont dormant du), 142.
—— (Parc de Beauté à), 1079, 1080, 1240, 1337.
—— (Pépinière d'ormes à), 264, 439.
—— pompe, 93, 144, 265.
—— portail, 681.
—— portique du château, 533.
—— remises à gibier, 350, 352, 774, 849, 921, 987.
—— réservoir, 142.
—— (Sainte-Chapelle de), 705.
—— terrasses, 92.
—— terrasses du portique du château, 200, 263.
—— tuyaux, 1081.
Vincent (Pierre), 520.

TABLE ALPHABÉTIQUE. 1501

Vinci (Tableaux de Léonard de), achetés pour le Roi, 943, 1012.
Vinet, ouvrier blessé, 920.
Vinot, garde des Antiques du Roi, 410, 479, 575, 658.
—— marchand, 394, 479.
Vintalon (Jean), ser., 333.
Viocourt. — Voy. Viaucourt.
Violette, fontenier, 1183.
Vion (Pierre), ec., 80.
Viot, voit., 691, 753.
Vipère (Homme mordu par une), 1232.
Virot, chap., 1025, 1081, 1335.
Vis d'Archimède, 631.
Visé (La veuve de Charles de), 48.
Vite, peint. — Voy. Witte.
Vitré (Antoine), imprimeur, 217.
Vitruve (Planches pour la traduction de), par Perrault, 281, 358, 362, 407, 468, 473, 474, 543, 544, 645, 642, 709.
Vitry (Thomas), jard., 33.
—— (Philippe), plombier, 743, 764, 833, 863, 904, 966, 1002, 1052, 1098, 1166, 1217, 1293, 1294, 1297, 1327, 1354.

Vitry prop., 991.
Viviani (Vincenzo), mathématicien, 56, 113, 162, 228, 299, 380, 451, 566, 650, 715.
Vivien, mathématicien. — Voy. Duvivier.
Vivonne (Appartement de M. de) au Louvre, 1122, 1123, 1240.
Vivray (Claude), prop., 1202.
Voille, voit., 423.
Voisin (Denis), ter., 1174, 1305, 1331.
Voisin (Bois de), près Versailles, 644.
Voitrin. — Voy. Vautrin.
Volants de moulins, 912.
Volemant ou Volmant (Pierre de), archer de la Prévôté, préposé à Marly, 1197, 1260, 1262, 1333.
Volets pour couvrir les tableaux, 220, 1023.
Voltier, copiste, 780.
Voltigeant ou Voltighen (Henri), concierge du bateau du Roi à Fontainebleau, 47, 148, 206, 273, 442, 467, 585, 668, 733, 820, 950, 997, 1132, 1211, 1226, 1365, 1366.

Voltigeant (La veuve), 800, 873, 1090, 1132.
Vossius (Isaac), érudit hollandais, 58, 114, 162, 228, 299, 380, 451, 566.
Voyages de long cours (Encouragements accordés aux), 60.
Voyer, ouvrier blessé, 1072.
Vuangenseil ou Wagenseil (J.-Christ), 56, 162, 228.
Vuarin. — Voy. Varin.
Vuatebos (François), vannier, 97, 188, 189, 248, 327, 409, 430, 499, 523, 628, 629, 746, 933, 1124, 1185, 1322.
Vuatier (Joachim), faïencier de Lisieux, 547.
Vuiet (Honoré), dit Girard, maç., 501, 749, 819.
Vuillard. — Voy. Villart de Grescourt.
Vuiot. — Voy. Vinot.
Vulcain (Statue de), pour Versailles, 617.
Vuret (Girard). — Voy. Vuiet.
Vyon d'Hérouval. — Voy. Hérouval.

W

Wagenseil. — Voy. Vuangenseil.
Warin, jard. — Voy. Varin.

Willard de Gricourt (Jean). — Voy. Villart de Grescourt.

Witte (De), peintre flamand, 311, 362.

Y

Yonne (Département de l'), 482.
Ypréaux achetés en Flandres pour les Maisons Royales, 257, 282, 316, 364, 472, 669.
Ysaye le jeune. — Voy. Isaye.
Ytier (Edme), orientaliste, 113.
Yvart (Daudrin), peint., 54, 71, 100, 125, 156, 219, 288, 386, 446, 550, 559, 708, 713, 759, 777, 851, 901, 922, 945, 962, 1047, 1109, 1110, 1123, 1338.

Yvon, couv., 68, 179, 191, 226, 279, 342, 402, 415, 432, 475, 553, 595, 596, 634, 636, 683, 693, 719, 749, 755, 772, 773, 774, 775, 776, 780, 785, 825, 843, 844, 849, 858, 896, 915, 921, 930, 946, 959, 980, 987, 998, 1002, 1021, 1024, 1043, 1073, 1080, 1092, 1198, 1212, 1242, 1268, 1324, 1335.
—— (Charles), couv., 12, 19, 31, 50,

77, 87, 100, 122, 149, 158, 294, 463, 576, 659.
—— (Étienne), couv., 215, 241, 252, 258, 290, 319, 368, 456, 493, 506, 530, 572, 609, 610, 669, 723, 790, 863, 1098, 1148, 1216, 1268, 1354.
—— fils (peut-être Étienne), couv., 122.
—— (Laurent), tonnelier, 305.

Z

Zaquet (Jean), lapidaire. — Voy. Gialetti.
Zélain, marchand bonnetier, 371, 557.

Zélande, 64, 110.
Zender, peint. en miniature, 672.

Zéphire (Figure de), pour Versailles, 617.
Zuccaty, ouvrier, 219.

TABLE DES MATIÈRES

CONTENUES DANS CE VOLUME.

	Page.
INTRODUCTION	1

	Colonnes.
ANNÉE 1664 : Recette	1
Dépense	11

Château du Louvre : Maçonnerie; charpenterie.... 11
Couverture; plomberie; serrurerie et gros fer.... 12
Réparations des anciens bâtiments; peinture, sculpture et ornements de la petite galerie.... 13
Ouvrages de menuiserie, peintures et autres ornements. 14
Vitrerie vieille et nouvelle; jardinages.... 16

Palais des Tuileries. — Palais Royal : Maçonnerie; menuiserie.... 16
Peinture, sculpture, ornement, serrurerie, vitrerie... 17

Maison de la pompe du Pont-Neuf. — Collège Royal... 17

Château de Versailles : Maçonnerie.... 17
Charpenterie; couverture et plomberie.... 18
Menuiserie.... 19
Peintures, sculptures, ornements et serrurerie.... 20
Vitrerie; jardinages, ménagerie, fouilles et transports de terres.... 22
Acquisitions des terres et héritages qui ont été enfermés dans le parc de Versailles au profit de S. M.... 27

Château de Saint-Germain : Maçonnerie du grand escalier en terrasse; charpenterie; menuiserie; peintures, ornements et vitrerie.... 30
Couvertures; jardinages.... 31
Plants et avenues desd. châteaux.... 32

Château de Madrid. — Château de Vincennes : Maçonnerie; couverture et plomberie; menuiserie.... 34
Peintures, sculptures, ornements et serrurerie; jardinages et plants d'arbres.... 35

Château de Fontainebleau : Maçonnerie, compris le cabinet de l'étang et les cascades.... 35
Charpenterie; serrurerie et gros fer.... 36
Menuiserie.... 37
Couvertures et plomberies.... 38

Peinture, sculpture et ornement.... 39
Vitrerie; jardinages, plants et autres ouvrages.... 40

Blois, Chambord, Amboise..... 42

Loyers de la Halle-Barbier et échoppes y attenantes occupées par les Mousquetaires du Roi.... 42

Gages, appointements et entretenement des officiers des maisons, bâtiments de Sa Majesté, arts et manufactures de France.... 43

Remises de la plaine Saint-Denis.... 44

Diverses dépenses.... 45

Gratifications de Sa Majesté pour le fait du commerce.... 55

Pensions et gratifications aux gens de lettres.... 56

Dépenses de l'année 1663.... 58

ANNÉE 1665 : Recette.... 59
Dépense.... 67

Château du Louvre : Maçonnerie; charpenterie.... 67
Couverture; plomberie; serrurerie.... 68
Peinture, sculpture et ornements.... 69
Menuiserie.... 72
Vitrerie.... 73
Ouvrages de pavé; jardinages.... 74

Palais-Royal : Maçonnerie; charpenterie; menuiserie et serrurerie.... 74
Peinture, sculpture et ornements.... 75

Maison de la pompe du Pont-Neuf. — Collège Royal.... 75

La Bastille.... 76

Château de Versailles : Maçonnerie; charpenterie.... 76
Couverture et plomberie; menuiserie.... 77
Serrurerie; peintures, sculptures et ornements.... 78
Vitrerie; jardinages, fouilles et transports de terre... 81
Pavé et fontaines.... 85

Château de Saint-Germain : Maçonnerie.... 85

Colonnes.
Réparations de maçonnerie; charpenterie; menuiserie;
  peintures, sculptures et ornements............... 86
Couvertures et plomberies; jardinages et autres me-
  nues dépenses.................................... 87
Serrurerie; vitrerie................................. 90

Château de Madrid. — *Ouvrages du haras de Saint-Léger.* 90

Château de Vincennes : Maçonnerie; charpenterie; couvertures et plomberie; menuiserie; peintures,
  sculptures, ornements, serrurerie, vitrerie et pavé. 91
Jardinages et plants d'arbres........................ 92

Château de Fontainebleau : Maçonnerie; charpenterie... 93
Serrurerie; menuiserie; couvertures; peintures, sculp-
  tures, ornements et ouvrages de pavé............. 94
Vitrerie; jardinages................................. 95

Blois, Chambord, Amboise........................... 95

Diverses dépenses.................................. 96

Gratifications de Sa Majesté pour le fait du commerce.... 110

*Gages, appointements et entretenements des officiers des
  maisons, bâtiments de Sa Majesté, arts et manufactures de France*................................ 110

Pensions et gratifications aux gens de lettres........ 112

ANNÉE 1666 : Recette............................... 115
Dépense.. 121

Château du Louvre : Maçonnerie; charpenterie....... 121
Couverture; plomberie.............................. 122
Serrurerie; peinture, sculpture et ornements....... 123
Menuiserie... 127
Vitrerie... 128
Ouvrages de pavé; jardinage........................ 129
Parties extraordinaires............................ 130

Palais-Royal : Charpenterie; parties extraordinaires.. 131

Maison de la pompe du Pont-Neuf.................... 131

Collége Royal...................................... 132

Château de Versailles : Maçonnerie; charpenterie; cou-
  vertures... 132
Plomberie; menuiserie; peintures, sculptures et orne-
  ments.. 133
Serrurerie... 135
Vitrerie; jardinages............................... 136
Pavé; parties extraordinaires...................... 138

Château de Saint-Germain : Maçonnerie; charpenterie;
  menuiserie; peintures, sculptures et ornements;
  jardinages....................................... 139
Serrurerie; vitrerie; parties extraordinaires...... 140

Château de Madrid. — *Ouvrages du haras de Saint-Léger.* 141

Colonnes.
Château de Vincennes : Maçonnerie; charpenterie...... 141
Couverture et plomberie; menuiserie; peinture, sculp-
  ture et ornements; serrurerie.................... 142
Vitrerie; pavé; jardinages et plants d'arbres...... 143
Parties extraordinaires............................ 144

Château de Fontainebleau : Maçonnerie.............. 144
Charpenterie; serrurerie; menuiserie............... 145
Couvertures; peintures, sculptures et ornements; vi-
  trerie; jardinages............................... 146
Parties extraordinaires............................ 147

Blois, Chambord, Amboise........................... 148

Diverses dépenses.................................. 149

Ouvrages d'argenterie. — *Gratification de Sa Majesté pour
  le fait du commerce.* — *Gages, appointements et entretenements des officiers des bâtiments de Sa Majesté..* 157

Pensions et gratifications accordées aux gens de lettres... 161

Bâtiments du Val-de-Grâce.......................... 163

ANNÉE 1667 : Recette............................... 169
Dépense.. 177

Château du Louvre : Charpenterie................... 177
Maçonnerie... 178
Couverture; plomberie.............................. 179
Serrurerie; peinture, sculpture et ornements....... 180
Menuiserie... 183
Vitrerie; pavé..................................... 185
Jardinages... 186
Parties extraordinaires............................ 188

Palais-Royal : Maçonnerie.......................... 189
Charpenterie; serrurerie; peinture, sculpture et ornements.. 190

Maison de la pompe du Pont-Neuf.................... 190

Collége Royal. — *La Bastille*...................... 191

Château de Versailles : Maçonnerie; charpenterie; cou-
  verture; plomberie............................... 191
Menuiserie; peinture, sculpture et ornements....... 192
Serrurerie; vitrerie; jardinages................... 194
Pavé... 195
Parties extraordinaires............................ 196

Château de Saint-Germain : Maçonnerie.............. 196
Charpenterie; menuiserie; peinture, sculpture et ornements.. 197
Jardinages; serrurerie; pavé; vitrerie; parties extraordinaires....................................... 198

Château de Madrid. — *Château de Saint-Léger.*...... 199

Château de Vincennes : Maçonnerie.................. 200
Charpenterie; couverture et plomberie; menuiserie;
  peinture, sculpture et ornements; serrurerie; vitrerie... 201

TABLE DES MATIÈRES.

Colonnes.

Pavé; jardinages et plants d'arbres: parties extraordinaires 202

Château de Fontainebleau : Maçonnerie; charpenterie.... 203
Serrurerie; menuiserie; couverture et plomberie: peinture, sculpture et ornements 204
Pavé; vitrerie; jardinages: parties extraordinaires.... 205

Blois, Chambord, Amboise........................ 206

Diverses dépenses 207

Ouvrages d'argenterie............................ 224

Gages, appointements et entretenements des officiers des bâtiments de Sa Majesté 224

Pensions et gratifications accordées aux gens de lettres... 226

Bâtiments du Val-de-Grâce....................... 229

Bibliothèque du Roi 230

ANNÉE 1668 : Recette 231
Dépense 239

Château du Louvre : Maçonnerie.................. 239
Charpenterie; couverture; plomberie 241
Serrurerie; peinture, sculpture et ornements...... 242
Menuiserie................................... 245
Vitrerie; ouvrages de pavé; jardinages........... 246
Parties extraordinaires 249

Palais-Royal : Maçonnerie; charpenterie; menuiserie; peinture; parties extraordinaires 250

Maison de la pompe du Pont-Neuf. — Collège Royal.... 250

La Bastille....................................... 251

Château de Versailles : Maçonnerie; charpenterie 251
Couverture; plomberie; menuiserie; peinture, sculpture et ornements........................ 252
Serrurerie; vitrerie; jardinages 254
Pavé; parties extraordinaires 257

Château de Saint-Germain : Maçonnerie; charpenterie; couverture................................. 258
Menuiserie; peinture, sculpture et ornements; serrurerie...................................... 259
Vitrerie; pavé; jardinages; parties extraordinaires.. 260

Château de Madrid. — Ouvrages du haras de Saint-Léger. 261

Château de Vincennes : Maçonnerie 262
Serrurerie; menuiserie......................... 263
Vitrerie; jardinages et plants d'arbres............ 264
Parties extraordinaires 265

Château de Fontainebleau : Maçonnerie; charpenterie... 265
Couverture; plomberie ; serrurerie; menuiserie; peinture, sculpture et ornements................. 266
Pavé; vitrerie; jardinages; parties extraordinaires... 267

Colonnes.

Blois, Chambord, Amboise........................ 268

Ouvrages faits dans l'enclos du Palais............... 269

Bibliothèque du Roi et Académie des sciences......... 270

Gages des officiers des bâtiments de Fontainebleau et entretenement des jardins...................... 272

Château de Monceaux............................ 273

Diverses dépenses 273

Manufactures de France.......................... 285

Gages et appointements d'officiers................. 290
Gages des officiers des bâtiments de Sa Majesté, jardins, arts et manufactures de France, et des appointements des officiers servant dans toutes les Maisons Royales............................. 292
Officiers servant Sa Majesté pour l'entretenement des maisons et châteaux ci-après déclarés : le Louvre; Palais et jardin des Tuileries; Palais de la Reine Mère; Palais Cardinal........................ 295
Collège de France; Madrid; Saint-Germain....... 296
Saint-Léger; Pougues; Vincennes; Versailles; Jardin Médicinal; Hôtel des Ambassadeurs; Château-Thierry; Villers-Cotterets...................... 297

Pensions et gratifications des gens de lettres........... 298

Ouvrages d'argenterie 300

Fête de Versailles................................ 302

ANNÉE 1669 : Recette............................ 307
Dépense............................. 317

Château du Louvre : Maçonnerie 317
Charpenterie................................. 318
Couverture; plomberie; serrurerie; peinture, sculpture, dorure et autres ornements.............. 319
Menuiserie................................... 322
Vitrerie; ouvrages de pavé 323
Jardinages.................................... 324
Fouilles et transports de terre................... 325
Parties extraordinaires 326

Palais-Royal : Maçonnerie....................... 328
Charpenterie; peinture, sculpture et ornements; menuiserie..................................... 329

Maison de la pompe du Pont-Neuf. — Collège Royal. — La Bastille..................................... 329

Haras de Saint-Léger. — Château de Madrid........ 330

Château de Versailles : Maçonnerie................ 330
Charpenterie; plomberie; serrurerie.............. 331
Peinture, sculpture, dorure et autres ornements..... 332
Menuiserie................................... 334
Vitrerie; jardinages........................... 335
Fouilles et transports de terre................... 337

	Colonnes.
Pavé; parties extraordinaires	339
Château de Saint-Germain : Maçonnerie; charpenterie; couverture; plomberie; serrurerie	342
Ouvrages de peinture, sculpture et autres ornements.	343
Menuiserie	345
Vitrerie; pavé; jardinages et transports de terres	346
Parties extraordinaires	347
Château de Vincennes : Maçonnerie; charpenterie; plomberie	349
Serrurerie; menuiserie; vitrerie; jardinages; fouilles et transports de terre	350
Parties extraordinaires	351
Château de Fontainebleau : Maçonnerie; charpenterie; couverture; peinture, sculpture et ornements	353
Menuiserie; serrurerie; pavé; vitrerie; jardinages	354
Parties extraordinaires	355
Blois, Chambord, Amboise	356
Château de Monceaux. — Ouvrages faits dans l'enclos du Palais	357
Diverses dépenses	357
Manufactures de France	370
Gages et appointements des officiers des bâtiments	374
Gages des officiers des maisons, bâtiments de Sa Majesté et appointements des personnes rares en architecture, peinture, sculpture et autres arts, entretenus pour son service pendant l'année 1669, suivant l'état qui en a été expédié le 27 décembre de ladite année	376
Pensions et gratifications des gens de lettres	377
Ouvrages d'argenterie. — Commerce de France	380
Acquisitions de maisons et autres héritages	381
Bibliothèque du Roi et Académie des sciences	383
Achats de marbres	384
Manufactures	385
Gratifications	387
Observatoire	388
Maison des Gobelins. — Arc de triomphe et Quai le long du Cours	389
ANNÉE 1670 : RECETTE	389
DÉPENSE	401
Château du Louvre : Maçonnerie; quai du Cours; charpenterie	401
Couverture; plomberie; menuiserie	402
Serrurerie	403

	Colonnes.
Vitrerie; peinture, sculpture, dorure et autres ornements	404
Ouvrages de pavé; jardinages	408
Fouilles et transports de terre	409
Parties extraordinaires	410
Palais-Royal : Maçonnerie; charpenterie; serrurerie; parties extraordinaires	411
Arc de triomphe : Maçonnerie; serrurerie; sculpture et ornements	412
Parties extraordinaires	413
Observatoire : Maçonnerie; parties extraordinaires	413
Collége Royal. — *La Bastille.* — *Maison de la pompe du Pont-Neuf*	413
Ouvrages de l'enclos du Palais	414
Château de Versailles : Maçonnerie	414
Charpenterie; couverture; plomberie	415
Menuiserie; serrurerie	416
Vitrerie; peinture, sculpture, dorure et ornements	417
Pavé; jardinages	422
Fouilles et transports de terre	424
Parties extraordinaires	426
Château de Saint-Germain : Maçonnerie	431
Charpenterie; couverture; plomberie; menuiserie	432
Vitrerie; peinture, sculpture et ornements	433
Pavé; jardinages; fouilles et transports de terre	434
Parties extraordinaires	435
Château de Vincennes : Maçonnerie	436
Charpenterie; couverture; menuiserie; serrurerie; vitrerie, peinture, sculpture et ornements	437
Pavé; jardinages; fouilles et transports de terre	438
Parties extraordinaires	439
Château de Fontainebleau : Maçonnerie; charpenterie	439
Couverture; plomberie; menuiserie; serrurerie; vitrerie; peinture, sculpture, dorure et ornements	440
Pavé; jardinages; parties extraordinaires	441
Blois, Chambord, Amboise	442
Château de Monceaux. — Château de Madrid. — Haras de Saint-Léger. — Ouvrages d'argenterie	443
Manufactures de France	444
Commerce de France. — Bibliothèque et Académie	447
Pensions et gratifications aux gens de lettres	448
Gratifications des gens de lettres étrangers, suivant l'état du 1er janvier 1671. — Acquisitions de maisons	451
Achat de marbres	454
Gratifications	455

TABLE DES MATIÈRES.

Colonnes.

Gages et appointements des officiers des bâtiments....... 456

Gages et appointements des officiers des bâtiments, suivant l'état signé par nous le 21 janvier 1671............ 461
Officiers qui ont gages pour servir généralement dans toutes les maisons et bâtiments de Sa Majesté.... 461
Officiers servant Sa Majesté pour l'entretenement des maisons et châteaux ci-après déclarés : Louvre; Palais des Tuileries; Cours de la Reine; Palais Cardinal.................................. 464
Collége de France; Madrid; Saint-Germain-en-Laye.. 465
Saint-Léger; Pougues; Vincennes; Versailles; Jardin Médicinal ; Hôtel des Ambassadeurs ; Château-Thierry; Villers-Coterets..................... 466
Gages des officiers de Fontainebleau, suivant l'état par nous signé le 22 janvier 1671................. 466

Diverses dépenses 468

ANNÉE 1671 : Recette........................... 485
Dépense.................................... 491

Louvre et palais des Tuileries : Maçonnerie.......... 491
Charpenterie; couverture; serrurerie; menuiserie.... 493
Peinture et dorure 494
Sculpture, marbrerie........................ 495
Vitrerie; jardinages........................ 496
Fouille et transport de terre; pierres dures; parties extraordinaires 497

Palais-Royal : Maçonnerie, etc.................... 499

Ouvrages faits dans l'enclos du Palais. — Maison de la pompe du Pont-Neuf. — Maison des Gobelins. — La Bastille.................................. 500

Orangerie et jardin du Roule..................... 501

Collége Royal. — Bibliothèque et Académie des sciences.. 502

Arc de triomphe. — Observatoire.................. 504

Versailles : Maçonnerie........................... 505
Charpenterie; couverture; plomberie; menuiserie... 506
Serrurerie................................. 508
Vitrerie; peinture et dorure 509
Sculpture et marbrerie....................... 510
Pavé; jardinages........................... 515
Fouilles et transports de terres................. 516
Parties extraordinaires........................ 519

Château de Saint-Germain : Maçonnerie............. 529
Charpenterie; couverture; serrurerie; menuiserie; vitrerie; peinture et dorure....................... 530
Pavé; jardinages; fouilles et transport de terres; parties extraordinaires............................. 531

Château de Vincennes : Maçonnerie; serrurerie et menuiserie; vitrerie; peinture, dorure, sculpture, marbrerie..................................... 533

Colonnes.

Fouilles et transport de terres; parties extraordinaires; Cours de Vincennes................... 534

Château de Fontainebleau : Maçonnerie; charpenterie, couverture et plomberie..................... 535
Serrurerie et menuiserie; vitrerie; pavés et jardinages; parties extraordinaires.................. 536

Château de Trianon........................... 538

Blois, Chambord, Amboise. — Graveurs de planches.... 542

Diverses dépenses............................... 545

Ouvrages d'argenterie............................ 554

Manufactures de France........................... 555

Manufactures des Gobelins et de la Savonnerie......... 558

Achat de marbres, plomb et étain................... 559

Acquisitions de maisons et autres héritages............. 560

Château de Compiègne........................... 561

Loyers de maisons............................... 562

Pensions et gratifications des gens de lettres........... 563

Pensions et gratifications des gens de lettres étrangers... 566

Gratifications des ouvriers et des blessés aux bâtiments... 567

Gages et appointements des préposés aux bâtiments....... 568

Gages et entretenements d'officiers.................. 572
Gages des officiers des bâtiments payés par état du 3 février 1672............................. 573
Officiers qui ont gages pour servir généralement dans toutes les Maisons Royales..................... 574
Officiers servant Sa Majesté pour l'entretenement des maisons et châteaux ci-après déclarés : Louvre.... 577
Palais des Tuileries.......................... 578
Cours de la Reine Mère; Palais Cardinal; Collége de France................................. 579
Madrid; Saint-Germain....................... 580
Saint-Léger; Pougues, Vincennes; Versailles; Jardin Médicinal; Hôtel des Ambassadeurs............. 581
Château-Thierry; Villers-Coterets; château de Marimont....................................... 582
Gages des officiers entretenus au château de Fontainebleau, suivant l'état du 29 janvier 1672.......... 582

ANNÉE 1672 : Recette........................... 585
Dépense.................................... 595

Le Louvre et les Tuileries : Maçonnerie; charpenterie et couverture.................................. 595
Plomberie, serrurerie et menuiserie.............. 596
Peinture, sculpture, marbrerie et autres ornements; vitrerie et pavé; jardinages..................... 597

	Colonnes.
Fouilles et transports de terre; parties extraordinaires	598
Palais-Royal. — *Ouvrages dans l'enclos du Palais*	599
Pompe du Pont-Neuf. — *Maison des Gobelins.* — *Observatoire*	600
La Bastille. — *Arc de triomphe.* — *Jardin Royal*	601
Fontainebleau : Maçonnerie, charpenterie et couverture; plomberie, vitrerie et menuiserie	602
Pavé et jardinages; parties extraordinaires	603
Saint-Germain-en-Laye : Maçonnerie, charpenterie et couverture; plomberie et serrurerie	604
Menuiserie et vitrerie; peinture, sculpture et autres ornements; pavé, jardinage et fouilles	605
Parties extraordinaires	606
Versailles : Maçonnerie et graisserie	607
Charpenterie; couverture	609
Plomberie; menuiserie	610
Vitrerie; serrurerie	611
Peinture et dorure	612
Sculpture	614
Marbrerie	618
Pavé	619
Jardinages; fouilles et transports de terre	620
Garnitures de bronze doré; glaces de miroir; figures de plomb et étain doré	624
Ouvrages de conroi; conduites de plomb	625
Conduites de fer; entretenements de la galiote et chaloupes; ouvrages de cuivre pour les fontaines	626
Parties extraordinaires	628
Trianon : Maçonnerie; charpenterie, couverture; menuiserie et vitrerie; plomberie; serrurerie	634
Peinture et dorure; sculpture et autres ornements	635
Pavé et jardinages; fouilles et transports de terre; parties extraordinaires	636
Vincennes : Maçonnerie, charpenterie et couverture; plomberie, menuiserie, serrurerie et vitrerie	637
Pavé, jardinages et Cours; fouilles et transports de terre; parties extraordinaires	638
Orangerie et jardin du Roule	638
Madrid. — *Saint-Léger.* — *Monceaux.* — *Château de Compiègne*	639
Blois, Chambord, Amboise. — *Ouvrages d'argenterie.* — *Commerce de France.* — *Manufactures de France*	640
Manufactures des Gobelins et de la Savonnerie. — *Graveurs de planches*	641
Achat de marbre, plomb et étain. — *Acquisitions de maisons, terres et héritages*	643

	Colonnes.
Loyers de maisons	645
Bibliothèque et Académie des sciences	646
Académie de peinture, sculpture, etc.	647
Pensions et gratifications des gens de lettres	648
Pensions et gratifications des gens de lettres étrangers	650
Gratifications des ouvriers blessés aux bâtiments	650
Gages des officiers et préposés aux bâtiments	651
Gages des officiers des bâtiments suivant l'état	656
Officiers qui ont gages pour servir généralement dans toutes les maisons et bâtiments de Sa Majesté	657
Officiers servant Sa Majesté pour l'entretenement des maisons et châteaux ci-après déclarés : Louvre; Palais des Tuileries	660
Cours de la Reine Mère; Palais-Royal	662
Collège de France; Madrid; Saint-Germain	663
Saint-Léger; Fougues, Vincennes; Versailles	664
Jardin Médicinal; Hôtel des Ambassadeurs; Château-Thierry; Villers-Coterets; château de Marimont	665
Gages des officiers des bâtiments du château de Fontainebleau	665
Diverses dépenses	666
ANNÉE 1673 : Recette	673
Dépense	683
Le Louvre et les Tuileries : Maçonnerie et charpenterie; couvertures	683
Plomberie et serrurerie; menuiserie; peinture, sculpture et autres ornements	684
Vitrerie et pavé; jardinages et fouilles; parties extraordinaires	685
Palais-Royal. — *Ouvrages de l'enclos du Palais et pompe du Pont-Neuf.* — *Maison des Gobelins.* — *Observatoire*	686
Arc de triomphe et Jardin Royal. — *Fontainebleau :* Maçonnerie; charpenterie et couverture	687
Plomberie, vitrerie et menuiserie; pavé, jardinages et fouilles; parties extraordinaires	688
Saint-Germain : Maçonnerie, charpenterie et couverture; plomberie, serrurerie et menuiserie	689
Peintures, sculpture et autres ornements; vitrerie; pavé, jardinages et fouilles	690
Parties extraordinaires	691
Versailles : Maçonnerie; charpenterie	692
Couverture; plomberie; menuiserie	693
Vitrerie; serrurerie; peintures et dorure	694
Sculpture	695
Marbrerie	697

TABLE DES MATIÈRES.

Colonnes.
Pavé ; jardinages ; fouilles et transports de terre..... 698
Garnitures de bronze doré ; glaces de miroirs ; conduites de fer ; entretenement de la galiote et autres vaisseaux............................ 700
Hôtel de la Chancellerie ; église des Récollets ; parties extraordinaires......................... 701
Trianon : Maçonnerie et charpenterie ; couverture, serrurerie et plomberie ; menuiserie et vitrerie ; peinture, sculpture et autres ornements............ 704
Pavé, jardinages et fouilles ; parties extraordinaires.. 705
Vincennes : Maçonnerie, couverture et plomberie ; serrurerie, charpenterie, menuiserie et vitrerie..... 705
Pavé, jardinages et fouilles ; parties extraordinaires.. 706
Orangerie et jardin du Roule. — Madrid, Saint-Léger, Monceaux et Compiègne..................... 706
Blois, Chambord et Amboise. — Ouvrages d'argenterie. — Commerce de France. — Manufactures de France. 707
Manufactures des Gobelins et de la Savonnerie........ 708
Gravures de planches. — Achat de marbre, plomb et étain. 709
Acquisitions de maisons et héritages................ 710
Loyers de maisons. — Bibliothèque et Académie des sciences................................. 711
Académie de peinture, sculpture et architecture de Paris et de Rome................................ 713
Pensions aux gens de lettres...................... 714
Gratifications................................. 715
Gages des officiers et préposés aux bâtiments......... 716
Gages des officiers des bâtiments du Roi pour l'année 1673, suivant l'état expédié le 4 février 1674.......... 720
Officiers qui ont gages pour servir généralement dans toutes les maisons et bâtiments de Sa Majesté..... 721
Officiers servant Sa Majesté pour l'entretenement des maisons et châteaux ci-après déclarés : Louvre... 724
Palais des Tuileries........................... 725
Cours de la Reine Mère ; Palais-Royal............. 726
Collège de France ; Madrid ; Saint-Germain........ 727
Saint-Léger ; Pougues ; Vincennes................ 728
Versailles ; Jardin Médicinal ; Hôtel des Ambassadeurs ; Château-Thierry ; Villers-Coterets ; Château de Marimont................................... 729
Gages des officiers du château de Fontainebleau... 730
Diverses dépenses.............................. 734

ANNÉE 1674 : RECETTE....................... 737
DÉPENSE............................. 741
Le Louvre et les Tuileries : Maçonnerie, charpenterie et couverture............................. 741
Menuiserie, serrurerie et vitrerie................ 742

Colonnes.
Peinture, sculpture et marbrerie ; plomberie et pavé. 743
Jardinages et fouilles ; parties extraordinaires...... 744
Palais-Royal................................. 745
Ouvrages de l'enclos du Palais. — Pompe du Pont-Neuf. — Collège Royal. — La Bastille. — Jardin Royal. 746
Observatoire................................. 747
Maison des Gobelins. — Arc de triomphe. — Orangerie et pépinière du Roule..................... 748
Fontainebleau : Maçonnerie, charpenterie et couverture ; menuiserie, serrurerie et vitrerie.............. 749
Peinture, sculpture et marbrerie ; plomberie et pavé ; jardinages et fouilles ; parties extraordinaires.... 750
Saint-Germain : Maçonnerie ; charpenterie et couverture ; menuiserie................................ 751
Serrurerie ; vitrerie, pavé et plomberie ; peinture, sculpture et marbrerie..................... 752
Jardinages et fouilles ; parties extraordinaires....... 753
Versailles : Maçonnerie........................ 754
Charpenterie et couverture..................... 755
Menuiserie................................. 756
Serrurerie.................................. 757
Vitrerie ; peinture et dorure.................... 758
Sculpture et figures de plomb et étain............ 759
Marbrerie ; plomberie et conduites de plomb et de fer....................................... 763
Pavé ; jardinages............................. 764
Fouilles et transports de terre.................. 765
Ouvrages de cuivre........................... 766
Vaisseaux sur le canal......................... 767
Parties extraordinaires........................ 768
Clagny..................................... 772
Trianon.................................... 773
Vincennes. — Réparations de diverses Maisons Royales.. 774
Manufactures de France. — Manufactures des Gobelins et de la Savonnerie.......................... 776
Ouvrages d'argenterie......................... 777
Achat de marbre, plomb et étain. — Acquisitions d'héritages.................................... 778
Bibliothèque et Académie des sciences............. 779
Académie de peinture, sculpture et architecture à Paris et à Rome................................. 781
Loyers de maisons. — Pensions aux gens de lettres.... 782
Gages payés par ordonnances................... 783
Gages suivant l'état du 20 janvier 1677............ 787
Officiers qui ont gages pour servir généralement dans toutes les maisons et bâtiments de Sa Majesté.... 788
Officiers servant Sa Majesté pour l'entretenement des

COMPTES DES BÂTIMENTS DU ROI.

Colonnes.

maisons et châteaux ci-après déclarés : Louvre; Palais des Tuileries.......................... 792
Cours de la Reine Mère........................ 793
Palais-Royal; Collège de France; Madrid, Saint-Germain................................. 794
Saint-Léger; Pougues; Vincennes; Versailles; Jardin Médicinal; Hôtel des Ambassadeurs; Château-Thierry; Villers-Cotterets....................... 796
Château de Marimont........................... 797
Gages des officiers du château de Fontainebleau.... 797

Diverses dépenses............................. 801

Gravures de planches.......................... 805

Ordres et règlements sur les Bâtiments.......... 806

ANNÉE 1675 : RECETTE........................ 809
 DÉPENSE................................ 815

Le Louvre et les Tuileries : Maçonnerie, charpenterie et couverture; menuiserie, serrurerie, vitrerie; peinture, sculpture et marbrerie................. 815
Jardinages et fouilles; parties extraordinaires..... 816

Palais-Royal. — Ouvrages de l'enclos du Palais et pompe du Pont-Neuf. — Collège Royal et la Bastille...... 817

Jardin Royal. — Observatoire, Maison des Gobelins..... 818

Arc de triomphe. — Orangerie et pépinière du Roule..... 819

Fontainebleau : Maçonnerie, charpenterie et couverture; menuiserie, serrurerie et vitrerie............ 819
Plomberie et pavé; jardinages et fouilles; parties extraordinaires............................. 820

Saint-Germain : Maçonnerie..................... 820
Charpenterie et couverture; menuiserie, serrurerie et vitrerie.................................. 821
Peinture, sculpture et marbrerie; plomberie et pavé; jardinages et fouilles....................... 822
Parties extraordinaires....................... 823

Versailles : Maçonnerie........................ 824
Charpenterie et couverture..................... 825
Serrurerie; menuiserie et vitrerie.............. 826
Peinture et dorure............................ 827
Sculpture et figures de plomb et étain.......... 829
Marbrerie..................................... 832
Plomberie, conduites de fer et ajustages pour les fontaines.................................... 833
Pavé; jardinages.............................. 834
Fouilles et transports de terre................ 835
Gages et entretenements des officiers........... 837
Vaisseaux sur le canal......................... 838
Parties extraordinaires....................... 839

Trianon....................................... 842

Clagny : Maçonnerie; charpenterie et couverture..... 843

Colonnes.

Menuiserie.................................... 844
Serrurerie et vitrerie; peinture et dorure; sculpture et marbrerie................................ 845
Pavé et jardinages............................ 846
Fouilles et transports de terre; parties extraordinaires.................................... 847

Réparations de diverses Maisons Royales........... 848

Manufactures de France......................... 850

Manufactures des Gobelins et de la Savonnerie..... 851

Ouvrages d'argenterie. — Achat de marbre, plomb et étain. — Acquisitions d'héritages............ 852

Bibliothèque et Académie des sciences............ 853

Académie de peinture, sculpture et architecture à Paris et à Rome....................................... 854

Loyers de maisons. — Gratifications des gens de lettres.. 855

Gages payés par ordonnance..................... 856

Gages des officiers des bâtiments du Roi pour l'année 1675, suivant l'état expédié le 26 janvier 1676.......... 860
Officiers qui ont gages pour servir généralement dans toutes les maisons et bâtiments de Sa Majesté.... 861
Officiers servant Sa Majesté pour l'entretenement des maisons et châteaux ci-après déclarés : Louvre; Palais des Tuileries........................ 865
Cours de la Reine............................. 866
Palais-Royal; Collège de France; Madrid; Saint-Germain..................................... 867
Saint-Léger; Pougues; Vincennes; Versailles; Jardin Médicinal; Château-Thierry; Villers-Cotterets; Château de Marimont........................ 869
Gages des officiers du château de Fontainebleau.... 870

Gravures de planches........................... 874

Diverses dépenses............................. 875

Gages des lecteurs et professeurs royaux......... 878

Forme de l'instruction pour arrêter les états des Bâtiments. 879

ANNÉE 1676 : RECETTE......................... 881
 DÉPENSE............................... 885

Louvre et Tuileries : Maçonnerie, charpenterie et couverture................................... 885
Menuiserie, serrurerie et vitrerie.............. 886
Peinture, sculpture et marbrerie; jardinages et fouilles...................................... 887
Parties extraordinaires....................... 888

Palais-Royal. — Collège Royal. — La Bastille. — Jardin Royal....................................... 888

Ouvrages de l'enclos du Palais et pompe du Pont-Neuf. — Observatoire. — Maison des Gobelins............ 889

TABLE DES MATIÈRES.

Colonnes.

Arc de triomphe. — *Orangerie et pépinière du Roule*..... 890
Fontainebleau : Maçonnerie, charpenterie et couverture. 890
   Menuiserie, serrurerie et vitrerie; plomberie et pavé;
   jardinages et fouilles; parties extraordinaires.... 891
Saint-Germain : Maçonnerie; charpenterie et couverture; menuiserie; serrurerie et vitrerie; peinture, sculpture et marbrerie; pavé et plomberie; jardinages et fouilles................................. 892
   Parties extraordinaires....................... 893
Bâtiment du Val............................. 893
Versailles : Maçonnerie, charpenterie et couverture.... 895
   Menuiserie................................. 897
   Serrurerie................................. 898
   Vitrerie; peinture et dorure................... 899
   Sculpture.................................. 901
   Marbrerie................................. 903
   Pavé; plomberie et conduites de plomb et de fer; jardinages................................. 904
   Fouilles................................... 905
   Gages et entretenements d'officiers............. 907
   Vaisseaux sur le canal........................ 908
   Parties extraordinaires....................... 909
Clagny : Maçonnerie; charpenterie................. 914
   Couverture; menuiserie....................... 915
   Serrurerie................................. 916
   Vitrerie; pavé; peinture et dorure; sculpture...... 917
   Marbrerie; plomberie; jardinages............... 918
   Fouilles................................... 919
   Parties extraordinaires....................... 920
Réparations de diverses Maisons Royales............ 921
Manufactures de France. — Manufactures des Gobelins et de la Savonnerie........................... 922
Achat de marbre, plomb et étain. — Acquisitions d'héritages... 923
Bibliothèque et Académie des sciences.............. 924
Académie de peinture, sculpture et architecture de Paris et de Rome. — Gratifications aux gens de lettres..... 925
Gravures de planches........................... 927
Loyers de maisons.............................. 928
Gages payés par ordonnances....................... 929
Diverses dépenses............................... 932
ANNÉE 1677 : RECETTE...................... 935
   DÉPENSE................................ 943
Le Louvre et les Tuileries : Maçonnerie, charpenterie et couverture................................. 943
   Menuiserie et serrurerie; vitrerie, plomberie et pavé;

Colonnes.

peinture, sculpture et marbrerie; jardinages et fouilles.................................. 945
   Parties extraordinaires....................... 946
Palais-Royal................................. 946
Collège Royal. — La Bastille. — Jardin Royal. — Observatoire....................................... 947
Maison des Gobelins. — Arc de triomphe. — Orangerie et pépinière du Roule........................ 948
Fontainebleau : Maçonnerie; charpenterie et couverture; menuiserie; serrurerie et vitrerie; peinture, sculpture et marbrerie.......................... 949
   Plomberie; pavé; jardinages et fouilles; parties extraordinaires................................. 950
Saint-Germain : Maçonnerie; charpenterie et couverture; menuiserie; serrurerie.................... 951
   Vitrerie; peinture, sculpture et marbrerie; pavé.... 952
   Jardinages et fouilles........................ 953
   Parties extraordinaires....................... 954
Bâtiment du Val.............................. 955
Versailles : Maçonnerie........................ 956
   Charpenterie; couverture..................... 958
   Menuiserie................................. 959
   Serrurerie................................. 960
   Vitrerie; peinture et dorure................... 961
   Sculpture.................................. 962
   Marbrerie................................. 965
   Pavé; plomberie et conduites de fer............. 966
   Jardinages; fouilles de terre.................. 967
   Gages et entretenements des officiers............ 971
   Vaisseaux sur le canal....................... 972
   Parties extraordinaires....................... 973
Clagny : Maçonnerie; charpenterie................ 979
   Couverture; menuiserie....................... 980
   Serrurerie; vitrerie et pavé; peinture et dorure.... 981
   Sculpture................................. 982
   Marbrerie; plomberie; jardinages............... 983
   Fouilles de terres; parties extraordinaires........ 985
Réparations de diverses Maisons Royales............ 986
Manufactures de France. — Manufactures des Gobelins et de la Savonnerie............................. 988
Achat de marbre, plomb et étain. — Bibliothèque et Académie des sciences............................. 989
Académie de peinture, sculpture et architecture de Paris et de Rome................................... 990
Acquisitions d'héritages. — Gratifications aux gens de lettres....................................... 991
Gravure de planches............................ 993
Loyers de maisons.............................. 994

	Colonnes.
Gages payés par ordonnances	995
Gages suivant l'état	999
Officiers qui ont gages pour servir généralement dans toutes les maisons et bâtiments de Sa Majesté	1000
Officiers servant sa Majesté pour l'entretenement des maisons et châteaux ci-après déclarés : Louvre; Palais des Tuileries	1004
Cours de la Reine Mère; Palais-Royal; Collège de France	1006
Madrid; Saint-Germain	1007
Saint-Léger; Pougues; Vincennes	1008
Versailles; Jardin Médicinal; Hôtel des Ambassadeurs; Château-Thierry; Villers-Coterets	1009
Diverses dépenses	1009
ANNÉE 1678 : RECETTE	1013
DÉPENSE	1021
Le Louvre et les Tuileries : Maçonnerie, charpenterie et couverture	1021
Menuiserie et serrurerie	1022
Vitrerie, plomberie et pavé; peinture, sculpture et marbrerie; jardinages et fouilles	1023
Parties extraordinaires	1024
Palais-Royal	1024
Collège Royal et la Bastille. — Jardin Royal. — Observatoire	1025
Maison des Gobelins. — Arc de triomphe	1026
Orangerie et pépinière du Roule	1027
Fontainebleau : Maçonnerie	1027
Charpenterie; couverture	1028
Menuiserie; serrurerie; vitrerie	1029
Peinture, sculpture et marbrerie; pavé; jardinages et fouilles	1030
Parties extraordinaires	1032
Saint-Germain : Maçonnerie	1033
Charpenterie et couverture; menuiserie; serrurerie; vitrerie	1034
Peinture, sculpture et marbrerie; pavé; jardinages et fouilles	1035
Parties extraordinaires	1036
Pavillon et jardin du Val	1038
Versailles : Maçonnerie	1039
Charpenterie	1042
Couverture	1043
Menuiserie	1044
Serrurerie	1045
Vitrerie; peinture et dorure	1046
Sculpture	1048
Marbrerie	1050

	Colonnes.
Pavé; plomberie et conduites de fer	1052
Jardinages	1053
Fouilles de terre	1054
Gages et entretenements d'officiers	1061
Vaisseaux sur le canal	1064
Parties extraordinaires	1065
Clagny : Maçonnerie	1072
Charpenterie; menuiserie	1073
Serrurerie; vitrerie et pavé; peinture et dorure	1074
Sculpture	1075
Marbrerie et plomberie; jardinages	1076
Parties extraordinaires	1078
Réparations de diverses Maisons Royales	1079
Loyers de maisons. — Acquisitions de maisons et héritages	1082
Bibliothèque et Académie des sciences	1084
Académie de peinture, sculpture et architecture de Paris et de Rome	1085
Gratifications des gens de lettres	1086
Gravure de planches	1087
Gages payés par ordonnances	1089
Gages suivant l'état du 7 février 1679	1095
Officiers qui ont gages pour servir généralement dans toutes les maisons et bâtiments de Sa Majesté	1096
Officiers servant Sa Majesté pour l'entretenement des maisons et châteaux ci-après : Louvre; Palais des Tuileries	1100
Cours de la Reine; Palais-Royal	1102
Collège de France; Madrid; Saint-Germain	1103
Saint-Léger; Pougues; Vincennes; Versailles; Jardin Médicinal; Hôtel des Ambassadeurs; Château-Thierry	1105
Villers-Coterets	1106
Diverses dépenses	1106
ANNÉE 1679 : RECETTE	1113
DÉPENSE	1121
Le Louvre et les Tuileries : Maçonnerie	1121
Charpenterie et couverture; menuiserie; serrurerie; peinture, sculpture et marbrerie	1123
Jardinages et fouilles; parties extraordinaires	1124
Palais-Royal. — Collège Royal et la Bastille. — Jardin Royal. — Observatoire	1125
Maison des Gobelins. — Arc de triomphe	1126
Orangerie et pépinière du Roule	1127
Fontainebleau : Maçonnerie, charpenterie	1128
Couverture; menuiserie	1129

TABLE DES MATIÈRES.

Colonnes.

Serrurerie; vitrerie; peinture, sculpture et marbrerie............................ 1130
Plomberie; pavé; jardinages et fouilles........... 1131
Parties extraordinaires...................... 1132

Saint-Germain : Maçonnerie.................... 1134
Charpenterie et couverture; menuiserie; serrurerie. 1136
Vitrerie; peinture, sculpture et marbrerie; plomberie; pavé............................. 1137
Jardinages et fouilles; parties extraordinaires...... 1138

Pavillon et jardin du Val...................... 1143

Versailles : Maçonnerie....................... 1144
Charpenterie............................. 1147
Couverture............................... 1148
Menuiserie............................... 1149
Serrurerie................................ 1152
Vitrerie; peinture et dorure.................... 1154
Sculpture................................ 1156
Marbrerie................................ 1162
Pavé.................................... 1165
Jardinages............................... 1167
Fouilles de terre........................... 1169
Gages et entretenements..................... 1174
Vaisseaux sur le canal; parties extraordinaires..... 1177

Clagny : Maçonnerie......................... 1187
Charpenterie; couverture; menuiserie........... 1188
Serrurerie; vitrerie et pavé; peinture et dorure.... 1189
Sculpture................................ 1190
Marbrerie................................ 1191
Plomberie; jardinages; fouilles de terres......... 1192
Parties extraordinaires....................... 1193

Marly : Maçonnerie.......................... 1194
Charpenterie et couverture; menuiserie; serrurerie. 1195
Vitrerie, plomberie et pavé; sculpture, peinture et dorure; jardinages et fouilles................ 1196
Parties extraordinaires....................... 1197

Réparations de diverses Maisons Royales............. 1198

Manufactures de France. — Manufactures des Gobelins et de la Savonnerie. — Acquisitions de maisons et héritages.................................. 1201

Ouvrages d'argenterie. — Achat de marbre, plomb et étain...................................... 1202

Bibliothèque et Académie des sciences............... 1203

Académie de peinture, sculpture et architecture de Paris et de Rome. — Gratification des gens de lettres.... 1204

Gravures de planches........................... 1206

Loyers de maisons............................. 1208

Gages payés par ordonnances.................... 1209

Gages suivant l'état du 19 mai 1680............... 1214

Colonnes.

Officiers qui ont gages pour servir généralement dans toutes les maisons et bâtiments de Sa Majesté. 1215
Officiers servant Sa Majesté pour l'entretenement des maisons et châteaux ci-après nommés : Louvre; Palais des Tuileries....................... 1218
Cours la Reine; Palais-Royal; Collége de France; Madrid................................ 1220
Saint-Germain-en-Laye...................... 1221
Saint-Léger; Pougues; Vincennes; Versailles; Jardin Médicinal; Hôtel des Ambassadeurs; Château-Thierry................................ 1222
Villers-Coterets........................... 1223
Gages des officiers de Fontainebleau............. 1223

Diverses dépenses............................. 1228

ANNÉE 1680 : Recette........................ 1231
Dépense................................. 1239

Le Louvre et les Tuileries : Maçonnerie, charpenterie et couverture; menuiserie et serrurerie............ 1239
Vitrerie, plomberie et pavé; peinture, sculpture et marbrerie; jardinages et fouilles; parties extraordinaires................................ 1241

Palais-Royal. — Collége Royal et la Bastille. — Jardin Royal. — Observatoire........................ 1242

Maison des Gobelins. — Arc de triomphe............. 1243

Orangerie et pépinière du Roule................... 1244

Fontainebleau : Maçonnerie..................... 1244
Charpenterie............................. 1245
Couverture; menuiserie; serrurerie.............. 1246
Peinture, sculpture et marbrerie; plomberie; pavé. 1247
Jardinages et fouilles........................ 1248
Parties extraordinaires....................... 1249

Saint-Germain : Maçonnerie.................... 1250
Charpenterie............................. 1252
Couverture; menuiserie; serrurerie.............. 1253
Vitrerie.................................. 1254
Peinture, sculpture et marbrerie; plomberie; pavé; jardinages et fouilles....................... 1255
Parties extraordinaires....................... 1259

Bâtiment du Val.............................. 1263

Versailles : Maçonnerie........................ 1263
Charpenterie............................. 1266
Couverture............................... 1268
Menuiserie............................... 1269
Serrurerie................................ 1272
Vitrerie; peinture et dorure.................... 1277
Sculpture................................ 1282
Marbrerie................................ 1290
Pavé.................................... 1292
Plomberie et conduites de plomb et de fer........ 1293
Jardinages............................... 1295

COMPTES DES BÂTIMENTS DU ROI.

Colonnes.
Fouilles de terres 1299
Gages et entretenements d'officiers............. 1308
Vaisseaux sur le canal; parties extraordinaires..... 1311

Clagny: Maçonnerie........................... 1323
   Charpenterie; couverture; menuiserie............ 1324
   Serrurerie; vitrerie et pavé.................... 1325
   Peinture et dorure; sculpture.................. 1326
   Marbrerie; plomberie; jardinages............... 1327
   Fouilles de terres............................ 1328
   Parties extraordinaires........................ 1329

Marly: Maçonnerie........................... 1329
   Charpenterie; couverture; menuiserie; serrurerie... 1330
   Pavé; peinture et dorure; marbrerie; plomberie; jardinages et fouilles...................... 1331
   Parties extraordinaires........................ 1332

Chambord et Blois............................ 1333

Réparations de diverses Maisons Royales............ 1334

Manufactures de France......................... 1337

Manufactures des Gobelins et de la Savonnerie........ 1338

Ouvrages d'argenterie. — Acquisitions de maisons et héritages................................ 1339

Bibliothèque et Académie des sciences.............. 1342

Académie de peinture, sculpture et architecture de Paris et de Rome............................. 1343

Gratifications aux gens de lettres.................. 1344

Gravures de planches.......................... 1345

Loyers de maisons............................. 1347

Gages payés par ordonnances..................... 1348

Gages suivant l'état du 30 mars 1681............... 1352
   Officiers qui ont gages pour servir généralement dans toutes les maisons royales et bâtiments de de Sa Majesté................................ 1352
   Officiers servant Sa Majesté pour l'entretenement des maisons et châteaux ci-après désignés : Louvre; Cours de la Reine; Palais-Royal; Collége de France; Madrid; Saint-Germain-en-Laye........................ 1356

Colonnes.
Saint-Léger; Pougues; Versailles; Jardin Médicinal; Hôtel des Ambassadeurs; Château-Thierry; Villers-Coterets.............................. 1357
Gages des officiers à cause des entretenements qu'ils ont dans les maisons royales : Palais des Tuileries.. 1358
Palais-Royal; Saint-Germain-en-Laye............. 1360
Vincennes.................................... 1361
Gages des officiers de Fontainebleau.............. 1362
Gratifications à divers officiers de Fontainebleau pour l'année 1680................................ 1366

Diverses dépenses 1366

Invalides..................................... 1368

Pages.
RÉCAPITULATION DES SOMMES DÉPENSÉES DANS LES BÂTIMENTS DU ROI DE 1664 À 1680.. 1369
Louvre et Tuileries............................. 1370
Château de Versailles.......................... 1372
Château de Saint-Germain...................... 1374
Château de Fontainebleau...................... 1376
Château de Vincennes.......................... 1378
Châteaux de Trianon, de Clagny et de Marly...... 1380
Diverses Maisons Royales....................... 1382
Bâtiments divers............................... 1384
Gages, appointements, gratifications, académies... 1386
Dépenses diverses.............................. 1388
Récapitulation, par chapitre, de la dépense des Bâtiments de 1664 à 1680......................... 1390
Récapitulation, par année, de la dépense des Bâtiments de 1664 à 1680......................... 1392

RELEVÉ GÉNÉRAL DES ARTISTES ET GENS DE MÉTIER NOMMÉS DANS LES COMPTES DES BÂTIMENTS DE 1664 À 1680............. 1395

LISTE DES ARTISTES, LITTÉRATEURS ET SAVANTS NOMMÉS DANS LES COMPTES DES BÂTIMENTS DE 1664 À 1680............. 1397

TABLE ALPHABÉTIQUE DES COMPTES DES BÂTIMENTS DE 1664 À 1680................. 1403

TABLE DES MATIÈRES 1503

ERRATA.

Col. 9, note 1, lig. 3 et 4 : M. Ch. Clément; *lisez :* M. Pierre Clément.

Col. 26, lig. 29 : Louis Davise, Maury Ribot...; *lisez :* Louis Davise, Maury, Ribot...

Col. 105, lig. 8 : à Jean Lamaye; *lisez :* à Jean Camaye.

Col. 119, lig. 29 : Marcellin Chadlier; *lisez :* Marcellin Charlier.

Col. 125, lig. 4 : à Nicolas Masse; *lisez :* à Nicolas Massé.

Col. 133, lig. 21 : à Charlel Lavier; *lisez :* à Charles Lavier.

Col. 153, dernière lig.; col. 173, lig. 13; col. 214, lig. 24; col. 313, lig. 6; col. 381, lig. 13 : Scaron de Vaure; *lisez :* Scaron de Vauré.

Col. 172, lig. 38 : dans l'estat des galleries; *lisez :* dans l'estat des gabelles.

Col. 181, lig. 12 : à Jean Armany; *lisez :* à Jean Armand.

Col. 184, lig. 28, et col. 192, lig. 19 : à Masse; *lisez :* à Massé.

Col. 264, lig. 44, et col. 534, lig. 9 : à Fiacre, Lasnier...; *lisez :* à Fiacre Lasnier...

Col. 265, lig. 30 : aux héritiers de Tartaise; *lisez :* aux héritiers de Tartaise...

Col. 365, lig. 13 et 14 : s^t de Monceaux; *lisez :* de Mouceaux.

Col. 369, lig. 1 : arheer; *lisez :* archer.

Col. 391, lig. 23 et col. 443, lig. 38 : Pitan, orfèvre; *lisez :* Pitau, orfèvre.

Col. 409, lig. 1 : plant d'herbes; *lisez :* plant d'arbres.

Col. 410, lig. 24 : pont de Chauny; *lisez :* port de Chauny.

Col. 417, lig. 16 : à Séceet; *lisez :* à Séclet.

Col. 421, lig. 4; col. 635, lig. 28; col. 1158, lig. 39 : Masson; *lisez :* Massou.

Col. 447, lig. 22 : directeurs et caissiers; *lisez :* directeur et caissiers.

Col. 454, lig. 25 : Darce; *lisez :* Darcé (voy. col. 384).

Col. 479, lig. 36, et col. 658, lig. 5 : au s^r Vuiot; *lisez :* au s^r Vinot.

Col. 539, lig. 33, et col. 598, lig. 36 : à Isaye le jeune; *lisez :* à Isaye le jeune.

Col. 540, lig. 31 : les recoupes des trois volées; *lisez :* les recoupes des trois allées (le manuscrit porte *volées*).

Col. 582, lig. 33 : Somme totalle du présent estat, 97708^{tt} 8^s 9^d; *lisez :* Somme totalle du présent estat, 98603^{tt} 8^s 9^d.

Col. 627, lig. 29 : moulins de Lagny; *lisez :* moulins de Clagny.

Col. 686, lig. 4 : à Aubry, paveur; *lisez :* à Aubry, paveur...

Col. 726. *Supprimez la note. Le total est bien* 14950^{tt}.

Col. 730, note, dernière ligne : 113378^{tt} 8^s 9^d; *lisez :* 113278^{tt} 8^s 9^d.

Col. 731, lig. 24 : Catherine de Fermagnac; *lisez :* Catherine de Sermagnac.

Col. 797, note 2, dernière ligne : 116758^{tt} 8^s 9^d; *lisez :* 116558^{tt} 8^s 9^d.

Col. 817-818, titre courant : Année 1675, Palais-Royal; *lisez :* Année 1675, Observatoire, Gobelins.

Col. 877, lig. 30 : prieur de Noisy; *lisez :* prieur de Choisy (le manuscrit porte *Noisy*).

Col. 927, lig. 40 : aud. Picard; *lisez :* aud. PICARD...

Col. 1037, lig. 1 : à HENANT; *lisez :* à HÉNAUT (voy. col. 1033).

Col. 1040, lig. 8 : à GABRIEL DORBAY et GIRARDOT; *lisez :* à GABRIEL, DORBAY et GIRARDOT.

Col. 1088, note 2, *substituez la note suivante :* D'après ALEXANDRE VERONÈSE. Voy. Robert-Dumesnil, VII, p. 175, n° 1. — Chalcographie du Louvre, n° 268.

Col. 1145, lig. 8, *effacez le renvoi.*

Col. 1169, lig. 16 : à CHRESTIEN FRICHOT; *lisez :* à CHRESTIEN, FRICHOT...

Col. 1202, lig. 16 : à la demoiselle Rollin; *lisez :* à la demoiselle ROLLIN.

Col. 1211, lig. 15 : pour l'exécution des règlements des tailles; *lisez :* ...des toilles.

Col. 1279, lig. 10 : dessus, de porte portes et...; *lisez :* dessus de porte, portes et...

Col. 1316, lig. 45 : plants, *lisez :* plans.

FIN DU TOME PREMIER.

www.ingramcontent.com/pod-product-compliance
Lightning Source LLC
Chambersburg PA
CBHW070852300426
44113CB00008B/811